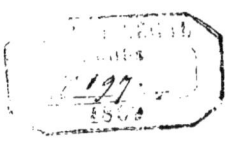

ŒUVRES COMPLÈTES

DE SAINT AUGUSTIN

ÉVÊQUE D'HIPPONE

TABLE DES TRAITÉS COMPRIS DANS LE TOME XXI

Les quatre-vingt-trois Questions diverses (Un Livre) 1
A Simplicien sur diverses Questions (Deux Livres) 117
Des huit Questions de Dulcitius (Un Livre). 179
De la foi aux choses qu'on ne voit pas (Un Livre) 209
Sur la Foi et le Symbole (Un Livre) 223
Sur la Foi et les Œuvres (Un Livre). 242
Manuel a Laurent, ou livre de la Foi, de l'Espérance et de la Charité 287
Sur le Combat chrétien (Un Livre). 364
Sur la manière d'enseigner la Doctrine chrétienne aux Ignorants (Un Livre) . . 393
Sur la Continence (Un Livre) 444
Sur le bien du Mariage (Un Livre). 476
Sur la sainte Virginité (Un Livre). 511
Sur le bien du Veuvage (Livre ou Epître adressée à la veuve Julienne) 587
A Pollentius sur les Mariages adultères (Deux Livres). 588

Traduits par M. H. Barreau, docteur ès-lettres.

Besançon. — Imprimerie d'Outhenin-Chalandre fils.

ŒUVRES COMPLÈTES

DE

SAINT AUGUSTIN

ÉVÊQUE D'HIPPONE

TRADUITES EN FRANÇAIS ET ANNOTÉES

PAR MM.

PÉRONNE
Chanoine titulaire de Soissons, ancien professeur
d'Ecriture sainte et d'éloquence sacrée.

ÉCALLE
Professeur au grand séminaire de Troyes, traducteur
de la *Somme contre les Gentils*.

VINCENT
Archiprêtre de Vervins.

CHARPENTIER
Doct. en théol., trad. des *Œuvres de S. Bernard*.

H. BARREAU
Docteur ès-lettres et en philosophie, chevalier de plusieurs ordres.

renfermant

 LE TEXTE LATIN ET LES NOTES DE L'ÉDITION DES BÉNÉDICTINS

TOME VINGT-UNIÈME

OUVRAGES EXÉGÉTIQUES SUR DIVERSES QUESTIONS DE L'ANCIEN ET DU NOUVEAU TESTAMENT
ET SUR QUELQUES POINTS DE DOGME ET DE MORALE EXPLIQUÉS PAR LE SAINT DOCTEUR

PARIS

LIBRAIRIE DE LOUIS VIVÈS, ÉDITEUR

RUE DELAMBRE, 13

1869

PRÉFACE

DU

TOME SIXIÈME DE L'ÉDITION DES BÉNÉDICTINS

On donne dans ce sixième volume différents opuscules de saint Augustin, qui ont pour but la règle des mœurs ; ouvrages remarquables et précieux en eux-mêmes, mais qui gagneront encore de la lumière et de la clarté a être mieux classés. En effet, dans les éditions précédentes, ils étaient dispersés çà et là sans ordre, les uns dans le deuxième ou troisième volume parmi les livres exégétiques, d'autres dans le sixième parmi les livres polémiques, d'autres enfin dans le neuvième après les Traités *sur saint Jean*. Cette disposition adoptée autrefois par Erasme, et conservée néanmoins plus tard par les théologiens de Louvain, nous avons jugé à propos de la changer dans cette nouvelle édition, afin que tous les ouvrages du même genre, et qui appartiennent au même ordre d'idées, se trouvant ainsi réunis à la suite les uns des autres, le lecteur studieux put mieux les comprendre, et en graver plus facilement les enseignements dans son esprit.

Nous donnons d'abord les livres des *Questions*, parmi lesquels figurent principalement les livres *à Simplicien*, que saint Augustin composa, étant évêque, et qui sont tout à fait dignes de ce grand génie. Dans certains écrits antérieurs, saint Augustin ne s'était pas exprimé d'une manière assez exacte sur les dons de la foi et de la grâce ; il revient sur ses pas dans cet ouvrage qu'il écrivit dans les premières années de son épiscopat, corrige et rejette son erreur,

IN TOMUM SEXTUM PRÆFATIO

Exhibentur hoc sexto volumine Opuscula varia Augustini, quæ conducunt ad informandos mores : præclara quidem illa, et ingentis per se pretii, sed ordinis melioris accessione habitura splendorem hic novum ac lucem. Nempe istæ lucubrationes in editionibus ante vulgatis, sic distractæ erant, ut quædam in tomo secundo ac tertio inter exegeticos libros, quædam vero inter polemicos tomo sexto, tomo nono aliæ post Tractatus *in Joannem* legerentur : quam dispositionem Erasmi olim cura institutam, tametsi postea recepta est a Lovaniensibus Theologis, mutare hac nova editione decrevimus, ut quæ ejusdem generis aut similis argumenti sunt, ea continenter ac ordinate perlecta et intelligantur melius a studiosis, et eorum altius animis mentibusque mandentur.

Principio damus quæstionum libros quosdam, in quibus sunt nominandi præ cæteris libri *ad Simplicianum*, Augustino jam episcopo cum illos edidit, quam dignissimi. Nam qui prius de fidei et gratiæ donis non recte senserat in scriptionibus aliquot suis, hoc in opere sub exordium episcopatus sui scripto resipiscens emendavit abjecitque errorem suum, « apostolico præcipue, »

éclairé surtout, » comme il le confesse lui-même dans le livre *de la prédestination des saints*, « par le témoignage de l'Apôtre, » (I *Cor.*, IV. 7) tout en reconnaissant qu'il devait aussi cette lumière au don et à l'inspiration de Dieu. Le livre adressé à Simplicien ressemble à une controverse où saint Augustin paraît douter ; c'est pourquoi le lecteur a besoin d'être attentif et de se tenir sur ses gardes. Cependant saint Augustin déclare que déjà dans ce livre, « avant l'apparition de l'hérésie pélagienne, » il a parlé du don de persévérance, de manière « à ne pas laisser douter, que la grâce de Dieu ne nous était pas donnée à cause de nos mérites, et, qu'il a suffisamment montré que le commencement de la foi était un don de Dieu, » et que de tout ce qu'il a dit sur ce sujet, il résulte évidemment que la persévérance finale est un don de celui qui nous a prédestinés à son royaume et à sa gloire. »

Après les *Questions* viennent les *Opuscules* qui traitent plus particulièrement de la morale. Le premier de ces livres, *de la foi aux choses que l'on ne voit pas*, nous l'avons restitué à saint Augustin, dont Érasme et les théologiens de Louvain l'avaient injustement dépossédé. Vient en second lieu l'opuscule, *de la foi et du symbole*, que nous devons citer comme une œuvre approuvée par les évêques du concile d'Hippone, puisque c'était pour leur obéir que saint Augustin, qui n'était pas encore évêque, avait traité ce sujet dans cette assemblée plénière de toute l'Afrique. Puis, cédant aux prières et aux instances de ses amis, il a fait un livre de ce discours. Nous avons placé en troisième lieu le livre *de la foi et des œuvres*, publié contre ceux qui pensaient qu'il fallait admettre au baptême tout le monde indistinctement, en réservant, après le baptême, les instructions sur la morale, et que les baptisés seraient sauvés par le mérite de la foi chrétienne, quand même ils ne quitteraient en rien leurs habitudes coupables. Le saint docteur, jugeant que cette troisième opinion était très-pernicieuse, la combattit à plusieurs reprises, mais toujours dans les formes les plus pacifiques et les plus

---

sicuti in libro *de prædestinatione sanctorum* profitetur, « convictus testimonio, » (*ex* I *Cor.*, IV, 7) quod nihilominus divino muneri ac revelationi tribuendum Vir sanctus ibidem agnoscit. Quanquam ergo illa ad Simplicianum disputatione rem alicubi verset in utramque partem, dubitanti parum dissimilis, (quod profecto disputandi genus lectorem postulat sagacem vigilantemque :) attamen se jam tum, « ante quam Pelagiana hæresis appareret, » sic disseruisse dicit de dono perseverantiæ scribens, ut neque « remanserit aliquid, quo vocetur in dubium gratiam Dei non secundum merita nostra dari, » et « satis egerit etiam initium fidei esse donum Dei, » utque « ex iis quæ ibi dicta sunt, consequenter eluceat, etiam usque in finem perseverantiam nonnisi ab eo donari, qui nos prædestinavit in suum regnum et gloriam. »

Finitis quæstionibus series incipit Opusculorum, quæ ad mores magis attinent. Primum ex his librum, *de Fide rerum quæ non videntur*, restitutum imus Augustino, cui perperam fuerat Erasmi et Lovaniensium Theologorum sententia ereptus. Subsequitur Opusculum *de Fide et Symbolo*, quod Hipponensis concilii Episcopis acceptum referre debemus, quorum jussione Augustinus episcopalibus nondum infulis exornatus id argumenti tractavit in illo totius Africæ « plenario » consessu; quem etiam Tractatum amicis studiosissime instantibus in librum redigere compulsus est. Proxime adjungitur liber *de Fide et Operibus,* in eos publicatus, qui sentiebant et omnes citra discrimen admittendos ad baptismum, et præcepta morum nonnisi post baptismum tradenda, et demum baptizatos Christianæ fidei merito salvandos esse, etiamsi mores quantumlibet iniquos nunquam mutarent. Quam tertiam opinionem cum perniciosissimam judicaret S. Doctor,

amicales ; car il savait qu'elle avait pour auteur des hommes vraiment catholiques et pieux. Les ayant rencontrés sur le champ de bataille, dans le livre XXI *de la Cité de Dieu*, chap. xvii, voici comme il s'exprime : « Je vois qu'ici j'ai affaire avec des amis, et que notre combat sera pacifique. » Après les ouvrages déjà classés, nous avons dû trouver une place pour *l'Enchiridion* qui renferme la doctrine *sur la foi, l'espérance et la charité*, ouvrage d'or en vérité, qu'on devrait avoir en main nuit et jour. Le livre *du Combat chrétien* a presque le même objet, et renferme la règle de la foi avec les préceptes de la vie morale. Ces livres concernant la foi sont suivis de l'ouvrage sur *la Manière d'instruire les ignorants,* qu'il a composé à la prière de Deogratias, diacre de Carthage, chargé d'apprendre à ceux qui ignorent les saintes lettres, les premiers éléments de la foi. Avec le traité *de la Continence*, on voit se succéder d'autres ouvrages sur des sujets, qui ont une liaison naturelle entre eux, *sur le Bien du mariage, sur la sainte Virginité, sur le Bien du veuvage, sur les Mariages adultères.* Puis *sur le Mensonge, et contre le Mensonge.* Et pour ne pas les énumérer tous ici, qu'il nous suffise de dire que nous les avons tous rangés dans un ordre qui nous a paru logique et convenable.

Mais une chose capitale, à notre avis, c'est qu'on passe en revue les critiques qui ont été faites sur ces opuscules, et les doutes qu'on a pu élever sur leur authenticité ; tout bien examiné, certains ouvrages qui passaient pour apocryphes ont été rétablis comme authentiques ; et d'autres qu'on regardait comme authentiques, ont été exclus comme apocryphes, ou du moins comme douteux. Ainsi nous regardons comme douteux le traité *du symbole aux catéchumènes*, et certains autres petits livres ou sermons que nous avons transportés du tome neuvième dans celui-ci, et que nous plaçons dans la dernière partie de ce volume, imprimés en plus petits caractères.

Pour établir de l'ordre dans l'Appendice, il a fallu du soin et un grand travail. On ne con-

---

convellendam suscepit non semel, sed manu amica semper et pacifica; quia profectam ab auctoribus haud dubie catholicis ac piis : quibus dum occurrit in lib. XXI *de Civitate Dei*, c. xvii. « Nunc jam, ait, cum misericordibus nostris agendum esse video et pacifice disputandum. » Hinc longe abesse non oportuit *Enchiridion*, quo doctrina traditur, *de Fide, Spe, et Caritate :* opus vere aureum, nocturna et diurna manu versandum. Liber *de Agone Christiano* eodem fere spectat, « fidei Regulam continens et præcepta vivendi. » Hos *de Fide* libros excipit Opus *de Catechizandis rudibus*, editum rogatu diaconi Carthaginensis Deogratias, ad quem sæpius primis fidei elementis imbuendi deducebantur sacrarum litterarum rudes. Succedunt simul cum Tractatu *de Continentia*, quæ materiæ et argumenti sui affinitate conjunctæ sunt inter se lucubrationes, *de Bono conjugali, de sancta Virginitate, de Bono Viduitatis, de Conjugiis adulterinis.* Postea *de Mendacio* et *contra Mendacium :* ac, ne singula persequamur, ordine omnia certo proprioque sunt collocata.

Verum, quod rei caput existimamus, Criticorum in ipsa Opuscula judicium, si quis forte injecit de auctore scrupulum, ad examen vocatur; quædam quæ pro notis haberi volebant, genuina esse monstrantur; alia e contrario quæ solebant genuinis adjungere, vel repudiantur ut nota, vel aliquo discrimine separantur in dubia. Hujus posterioris generis sunt Tractatus *de Symbolo ad Catechumenos*, et alii quidam ex tomo nono translati huc libelli sive Sermones, quos in extrema voluminis parte minutioribus typis excusos repræsentamus.

In adornanda quoque Appendice nec exigua cura, nec inanis labor impensus est. Opusculorum subditititiorum quæsiti sunt et reperti plerumque auctores. Hugoni Victorino vindicatur Libellus

naissait pas les auteurs des opuscules controuvés ; il a fallu les chercher ; et on a été ordinairement assez heureux pour les rencontrer. Hugues de Saint-Victor est reconnu pour avoir écrit le livre *de la Substance de l'amour*, et on lui attribue également l'ouvrage *des sept péchés et des sept dons du Saint-Esprit*. Le livre *de l'Echelle du paradis* appartient à Guignes-le-Charteux ; celui *de la Connaissance de la vraie vie*, à Honorius d'Autun ; celui de la *Vie chrétienne*, à Fastidius Brito ; Paulin d'Aquilée serait l'auteur *des Enseignements salutaires* ; Ambroise Autpert, *du Conflit des vices et des vertus*; Eloi de Noyon, *de la Droiture de la vie catholique*, et ensuite, *de la Vanité du monde ;* Valérien, évêque de Cymèle, *de l'Avantage de la discipline*, etc. Nous avons montré également que le livre *de l'Amitié* était tiré d'Aelrède, abbé de Riéval, l'exposition du cantique *Magnificat*, d'Hugues de Saint-Victor ; le livre *de la Contrition du cœur*, d'Anselme ; et d'Alcuin, le traité *de l'Antechrist*. Nous ne dirons rien ici des autres opuscules qui sont extraits et formés, comme nous le dirons à leur place, de passages extraits de saint Augustin et d'autres écrivains, les uns ayant probablement pour auteur Jean, abbé de Fécamp, comme *les Méditations*, etc., et d'autres, Alcher, moine de Cîteaux, ou quelque compilateur qui n'est guère plus ancien, comme les livres de *l'Esprit et de l'âme, le Manuel, sur l'Amour de Dieu*, etc. On trouvera un avertissement en tête de chaque opuscule, où nous indiquerons tout ce qui est digne de l'attention du lecteur, comme marqué au coin du bon sens et de l'érudition.

de substantia dilectionis ; eidemque ipsi redditur Opus *de septem vitiis et donis Spiritus sancti*. Liber *de scala paradisi* restituitur Guigoni Carthusiano : *De cognitione veræ vitæ* Honorio Augustodunensi : *De vita Christiana* Fastidio Britoni : Paulino Aquileiensi *De salutaribus documentis* : *De conflictu vitiorum et virtutum* Ambrosio Autperto : *De rectitudine catholicæ conversationis*, ac proinde etiam *De vanitate sæculi* Eligio Noviomensi : *De bono disciplinæ* Valeriano Cymelensi episcopo, etc. Libellus *de amicitia* ex Aelredo abbate Rhievallensi, Expositio Cantici *Magnificat* ex Hugone Victorino, ex Anselmo liber *de Contritione cordis*, et Tractatus *de Antichristo* ex Alcuino decerptus ostenditur : ne quid hic addamus de iis opusculis, quæ suo loco observamus ex Augustino aliisque scriptoribus delibata conflataque, quædam auctore forte Joanne abbate Fiscamnensi, puta *Meditationes*, etc., quædam autem Alchero monacho Cisterciensi, aut non multum antiquiore consarcinatore, scilicet *De spiritu et anima, Manuale*, ac *De diligendo Deo*, etc. Præfixis demum Admonitionibus in Opuscula quid probum, quid eruditum, quid lectu dignum sit indicamus.

SUR LE LIVRE

DES

QUATRE-VINGT-TROIS QUESTIONS

ON LIT AU LIVRE PREMIER DES RÉTRACTATIONS, CHAPITRE XXVI.

Entre autres ouvrages que nous avons écrits, il y en a un d'une grande dimension qui, cependant ne forme qu'un seul livre, intitulé : *Des quatre-vingt-trois questions diverses*. Ces questions étaient dispersées sur plusieurs feuilles; car depuis les premiers temps de ma conversion, après mon retour en Afrique (1), les frères m'interrogeaient, quand j'avais du loisir, et je les dictais, suivant l'occasion, sans garder un plan déterminé. Parvenu à l'Episcopat, j'ai fait rassembler toutes ces questions pour en former un livre, en numérotant chaque article, de manière à donner toute facilité au lecteur, de choisir ce qui lui conviendrait. Voici donc ces questions par ordre :

I. — L'âme existe-t-elle par elle-même?
II. — Du libre arbitre.
III. — Dieu est-il l'auteur du mal dans l'homme?
IV. — Quelle est la cause du mal dans l'homme?
V. — L'animal sans raison peut-il être heureux?
VI. — Du mal.
VII. Qu'est-ce que l'âme proprement dite dans l'être animé?
VIII. — L'âme a-t-elle par elle-même son mouvement propre?
IX. — La vérité peut-elle être perçue par les sens corporels? J'ai dit à ce propos : « Tout ce qui tombe sous les sens du corps et qu'on appelle sensible, est soumis à toutes les variations du temps. » Il est certain que cette parole ne serait pas vraie si on l'appliquait à l'état des corps ressuscités et devenus incorruptibles. Mais sur la terre les choses surnaturelles ne sont point accessibles à nos sens, à moins qu'elles ne soient manifestées par une révélation divine.
X. — Le corps vient-il de Dieu?
XI. — Pourquoi le Christ est-il né d'une femme?
XII. — Il y a un endroit qui a pour titre : *Pensée d'un sage*. Je dois dire que cette pensée ne m'appartient pas. Quelques frères à qui j'en donnais connaissance, et qui recueillaient avec soin toutes mes paroles, la trouvèrent très-belle et voulurent l'insérer dans mes écrits. Elle appartient à un nommé Fonteus de Carthage, dont la pensée était qu'il faut purifier son cœur pour voir Dieu. Il l'écrivit

(1) Saint Augustin revint en Afrique après la mort du tyran Maxime, arrivée vers le milieu de l'année 388. C'est donc vers cette époque qu'il commença à dicter ces pensées détachées, dont on forma plus tard le livre suivant.

IN LIBRUM DE QUÆSTIONIBUS OCTOGINTA-TRIBUS

LIBRI I RETRACTATIONUM, CAPUT XXVI.

Est etiam inter illa quæ scripsimus quodam prolixum opus, qui tamen unus deputatur liber, cujus est titulus : *De diversis quæstionibus octoginta-tribus*. Cum autem dispersæ fuissent per chartulas multas, quoniam ab ipso primo tempore conversionis meæ, postea quam in Africam venimus, sicut interrogabar a fratribus, quando me vacantem videbant, nulla a me servata ordinatione dictatæ sunt, jussi eas jam episcopus colligi, et unum ex eis librum fieri, adhibitis numeris, ut quod quisque legere voluerit, facile inveniat. Harum quæstionum est.

I. — Utrum anima a se ipsa sit.
II. — De libero arbitrio.
III. — Utrum Deo auctore sit homo deterior.
IV. — Quæ sit causa ut si homo deterior.
V. — Utrum animal irrationale beatum esse possit.
VI. — De malo.
VII. — Quæ proprie in animante anima dicatur.
VIII. — Utrum per se anima moveatur.
IX. — Utrum corporeis sensibus percipi veritas possit. In qua illud quod dixi : « Omne quod corpereus sensus attingit, quod et sensibile dicitur, sine ulla intermissione temporis commutatur, » sine dubio verum quidem non est in corporibus resurrectionis incorruptibilibus; sed nunc ea nullus nostri corporis sensus attingit, nisi forte divinitus tale aliquid reveletur.
X. — Utrum corpus a Deo sit.
XI. — Quare Christus de femina natus sit.
XII. — Loco, ubi titulus est : *Sententia cujusdam sapientis :* non est mea, sed quia per me innotuit quibusdam fratribus, qui tunc a me ista diligentissime, colligebant, et placuit eis, inter nostra eam scribere voluerunt. Est autem cujusdam Fontei Carthaginien-

étant encore païen, mais il mourut chrétien après avoir reçu le baptême.

XIII. — Comment prouver que les hommes sont d'une nature plus excellente que les bêtes?

XIV. — Le corps de Notre-Seigneur Jésus-Christ n'était pas un fantôme.

XV. — De l'intelligence.

XVI. — Du Fils de Dieu.

XVII. — De la science de Dieu.

XVIII. — De la Trinité.

XIX. — De Dieu et de la créature.

XX. — Où est Dieu?

XXI. — Est-ce que Dieu n'est pas l'auteur du mal? Etre attentif ici pour ne pas mal interpréter le passage où je dis : « Dieu n'est pas l'auteur du mal (II *Sent.*, dist. 37, ch. *Cum igitur*), parce qu'il est l'auteur de toutes les choses qui existent, et en tant qu'elles existent, elles sont toutes bonnes. » Il ne faut donc pas supposer que la punition des méchants ne vienne pas de Dieu, quoique cette punition soit un mal pour eux. J'ai parlé de la sorte, comme on dit dans l'Ecriture : « Dieu n'a pas fait la mort, » (*Sag.*, I, 13) quoiqu'on dise ailleurs : « La mort et la vie appartiennent au Seigneur. » (*Eccli.*, XI, 14.) La punition des méchants, qui vient de Dieu, est donc à la vérité un mal pour eux, mais elle est un acte qui est bon en Dieu, parce qu'il est juste que les méchants soient punis, et tout ce qui est juste ne peut pas manquer d'être bon.

XXII. — Dieu n'éprouve aucun besoin.

XXIII. — Du Père et du Fils. J'ai dit en cet endroit que le Père a engendré la sagesse par laquelle il est sage, mais j'ai mieux traité cette question par la suite dans le livre de la Trinité.

XXIV. — Si le mal et le bien dépendent du libre arbitre de la volonté. Cette proposition est très-vraie; mais pour que l'homme soit libre de faire le bien, il a besoin d'être rendu libre par la grâce de Dieu.

XXV. — De la croix de Jésus-Christ.

XXVI. — De la différence des péchés.

XXVII. — De la Providence.

XXVIII. — Pourquoi Dieu a voulu faire le monde.

XXIX. — Y a-t-il dans l'univers quelque chose qui soit le haut ou le bas?

XXX. — Tout a-t-il été créé pour l'avantage de l'homme?

XXXI. — Cette question ne m'appartient pas, mais à Cicéron (TULL., *Off.* I). Comme j'avais donné connaissance aux frères de cette pensée, ils l'ont insérée dans le recueil qu'ils faisaient, pour se rappeler comment ce philosophe avait divisé et défini les vertus de l'âme.

XXXII. — Un homme peut-il connaître une chose mieux qu'un autre homme, de sorte que la connaissance d'une chose puisse se développer indéfiniment.

XXXIII. — De la crainte.

XXXIV. — Ne faut-il aimer que d'être sans crainte.

XXXV. — Que faut-il aimer? J'ai dit à ce propos : « Il faut aimer l'objet dont la possession n'est autre chose que la connaissance. » Je n'approuve pas complètement cette manière de parler. Car les chrétiens de Corinthe n'étaient pas sans la possession de Dieu quand l'Apôtre leur disait : « Ne

---

sis, de mente mundanda ad videndum Deum, quod Paganus quidem scripsit, sed Christianus baptizatus est mortuus.

XIII. — Est : Quo documento constet homines bestiis excellere.

XIV. — Non fuisse corpus Domini nostri Jesu Christi phantasma.

XV. — De intellectu.

XVI. — De Filio Dei.

XVII. — De scientia Dei.

XVIII. — De Trinitate.

XIX. — De Deo et creatura.

XX. — De loco Dei.

XXI. — Utrum Deus auctor mali non sit. Ubi videndum est, ne male intelligatur quod dixi : « Mali auctor non est, quia omnium quæ sunt auctor est : quia in quantum sunt, in tantum bona sunt. » (II *Sent.*, dist, 37, cap. *Cum igitur*.) Et ne hinc putetur non ab illo esse pœna malorum, quæ utique malum est iis qui puniuntur. Sed hoc ita dixi quemadmodum dictum est : « Deus mortem non fecit : » (*Sap.*, I, 13) cum alibi scriptum sit : « Mors et vita a Domino Deo est. » (*Eccli.*, XI, 14.) Malorum ergo pœna, quæ a Deo est, malum est quidem malis; sed in bonis Dei operibus est, quoniam justum est ut mali puniantur, et utique bonum est omne quod justum est.

XXII. — Deum non pati necessitatem.

XXIII. — De Patre et Filio. Ubi dixi quod eam ipse genuerit, qua sapiens dicitur, sapientiam : sed melius istam questionem in libro postea *de Trinitate* tractavimus.

XXIV. — Utrum et peccatum et recte factum in libero sit voluntatis arbitrio. Quod ita esse omnino verissimum est : sed ut ad recte faciendum liberum sit, Dei gratia liberatur.

XXV. — De cruce Christi.

XXVI. — De differentia peccatorum.

XXVII. — De providentia.

XXVIII. — Quare Deus mundum facere voluerit.

XXIX. — Utrum aliquid sit sursum aut deorsum in universo.

XXX. — Utrum omnia in utilitatem hominis creata sint.

XXXI. — Nec ipsa mea est, sed Ciceronis (TULLIUS, *Off.* I) : verum quia et hæc per me innotuit fratribus, inter ista quæ colligebant scripserunt eam, volentes nosse quemadmodum virtutes animi ab illo divisæ ac definitæ sint.

XXXII. — Utrum rem ullam alius alio magis intelligat, atque ita ejusdem rei per infinitum eat intelligentia.

XXXIII. — De metu.

XXXIV. — Utrum non aliud amandum sit quam metu carere.

XXXV. — Quid amandum sit. In qua illud quod dixi : « Id esse amandum, quod nihil est aliud habere, quam nosse, » non satis approbo. Neque enim Deum non ha-

savez-vous pas que vous êtes le temple de Dieu et que le Saint-Esprit habite en vous? » (IV *Cor.*, III, 16.) Et pourtant ils ne le connaissaient pas, ou du moins ils ne le connaissaient pas comme il fallait le connaître. J'ai dit également : « Nul homme ne connait donc la vie bienheureuse, et demeure encore misérable.» J'ai voulu dire ne la connaît comme il faudrait la connaître. Quel est l'homme, en effet, qui ignore absolument cette vie, surtout parmi ceux qui font usage de leur raison, puisque du moins ils savent qu'ils veulent être heureux?

XXXVI. — Il faut entretenir la charité. J'ai dit en cet endroit : « Dieu et l'âme qui aime Dieu , voilà la charité proprement dite, charité parfaite et consommée, quand on n'aime pas autre chose. » Si la chose est vraie, comment l'Apôtre a-t-il dit : « Personne ne hait sa propre chair ? » (*Eph.*, V, 29) voulant dire que les époux devaient aimer leurs épouses? C'est pourquoi j'ai dit que cet amour de Dieu était « la charité proprement dite; » car la chair qu'on aime n'est pas aimée d'une affection propre, mais à cause de l'âme à laquelle elle est unie pour la servir. Malgré qu'on paraisse en effet l'aimer pour elle-même, puisque nous ne voulons pas qu'elle soit difforme, cependant il faut rapporter sa perfection à un autre objet, à celui qui donne à toutes choses leur beauté.

XXXVII. — De celui qui est toujours né.

XXXVIII. — De la conformation de l'âme.

XXXIX. — Des aliments.

XL. — La nature des âmes étant la même, pourquoi les volontés sont-elles différentes?

XLI. — Dieu ayant fait toutes choses, pourquoi n'a-t-il pas fait toutes les choses égales?

XLII. — Comment Notre-Seigneur Jésus-Christ, la sagesse de Dieu, était-il dans le sein de sa mère, et dans le ciel?

XLIII. — Pourquoi le Fils de Dieu a-t-il paru sous la forme humaine, et le Saint-Esprit sous la forme d'une colombe? (*Matth.*, III, 16.)

XLIV. — Pourquoi Notre-Seigneur Jésus-Christ a-t-il tant tardé à venir? En cet endroit, j'ai rappelé que le genre humain avait ses âges, comme l'homme individuel, et j'ai dit : « Le Maître ne devait pas venir du ciel pour former l'homme à son exemple avant le temps de sa jeunesse. » Et j'ai ajouté comme preuve ce que dit l'Apôtre (*Gal.*, III, 23), que les hommes étaient sous la garde de la loi, comme les petits enfants sous la garde de leur pédagogue. Mais on peut se demander pourquoi nous avons dit ailleurs (liv. I *de la Genèse contre les Manichéens*, XXXIII) que le Christ était venu au sixième âge du genre humain, comme au temps de sa vieillesse. Ce que nous avons dit de la jeunesse se rapporte à la vigueur et à la ferveur de la foi, qui opère par la charité; et ce que nous avons dit de la vieillesse se rapporte à l'ordre des temps. On peut donc appliquer l'une et l'autre en prenant l'universalité des hommes; on ne le pourrait pas en prenant l'âge de chaque individu; ainsi on ne peut pas dire du corps qu'il est en même temps jeune et vieux ; on peut le dire de l'âme ; elle peut avoir la jeunesse pour la vivacité, et la vieillesse pour la gravité.

XLV. — Contre les mathématiciens.

XLVI. — Des idées.

XLVII. — Pourrons-nous voir un jour nos pensées? J'ai dit en cet endroit : « Il faut croire que les

---

bebant, quibus dictum est ; « Nescitis quia templum Dei estis vos, et Spiritus Dei habitat in vobis? » (I *Cor.*, III, 16.) Nec tamen eum noverant, vel non sicut noscendus est noverant. Item quod dixi : « Nemo igitur beatam vitam novit, et miser est : » novit dixi, quomodo noscenda est. Nam quis eam penitus nescit, eorum dumtaxat qui jam ratione utuntur, quando quidem beatos se esse velle noverunt?

XXXVI. — De nutrienda caritate. Ubi dixi : « Deus igitur, et animus quo amatur, caritas proprie dicitur purgatissima et consummata, si nihil aliud amatur. » Quod si verum est, quomodo ergo Apostolus ait : « Nemo unquam carnem suam odio habuit? » (*Ephes.*, V, 29.) Et ex hoc admonet ut diligantur uxores. Sed ideo dictum est, « proprie dilectio dicitur, » quoniam caro diligitur quidem, nec tamen proprie, sed propter animam cui subjacet ad usum. Nam etsi propter se ipsam videtur diligi, cum eam nolumus esse deformem, sed aliud referendum est decus ejus, ad illud scilicet, a quo decora sunt omnia.

XXXVII. — De semper nato.

XXXVIII. — De conformatione animæ.

XXXIX. — De alimentis.

XL. — Cum animarum natura una sit, unde hominum diversæ voluntates.

XLI.—Cum omnia Deus fecerit, quare non æqualiter fecerit.

XLII. — Quemadmodum Dei sapientia Dominus Jesus Christus et in utero matris fuerit, et in cœlis.

XLIII. — Quare Filius Dei in homine apparuit, et Spiritus sanctus in columba. (*Matth.*, III, 16.)

XLIV. — Quare tanto post venit Dominus Jesus Christus. Ubi cum generis humani tanquam unius hominis ætates commemorarem, dixi : « Nec oportuit venire divinitus magistrum, cujus imitatione in mores optimos formaretur, nisi tempore juventutis. » Et adjunxi ad hoc valere quod Apostolus dicit, sub lege tanquam sub pædagogo parvulos custoditos. (*Gal.*, III, 23.) Sed potest movere cur alibi dixerimus, Christum in generis humani sexta ætate tanquam in senectute venisse. (Lib. I *de Genesi cont. Manich.*, cap. XXIII.) Hoc ergo quod de juventute dictum est, ad vigorem fervoremque fidei refertur, quæ per dilectionem operatur ; illud autem de senectute ad temporum numerum. Potest enim intelligi utrumque in universitate hominum, quod non potest in ætatibus singulorum : sicut in corpore non potest esse simul et juventus et senectus, in animo autem potest; illa propter alacritatem, ista propter gravitatem.

XLV. — Adversus mathematicos.

XLVI. — De ideis.

XLVII. — Utrum aliquando cogitationes nostras videre possimus. Ubi quod dixi : « Angelica corpora, qualia

corps angéliques, comme nous espérons les avoir, seront très-brillants et transparents comme l'air. » Si l'on entendait que le corps n'aura ni ses membres, ni même la substance de la chair, quoique incorruptible, on se tromperait. Mais cette question sur la vue de nos pensées est beaucoup mieux traitée dans l'ouvrage de la *Cité de Dieu*. (liv. XXII, ch. XXIX.)

XLVIII. — Des choses croyables.

XLIX. — Pourquoi les enfants d'Israël sacrifiaient-ils les animaux comme victimes ?

L. — De l'égalité du Fils.

LI. — De l'homme fait à l'image et à la ressemblance de Dieu. Que signifie ce que j'ai dit en cet endroit : « L'homme sans la vie n'est plus un homme ? » puisqu'on appelle encore homme son cadavre. J'aurais donc dû dire : N'est plus proprement un homme, au lieu de dire : « N'est plus un homme. » J'ai dit également : « Ce n'est pas sans raison que l'on remarque qu'autre chose est l'image et la ressemblance de Dieu, autre chose être à l'image et à la ressemblance de Dieu, comme nous savons que l'homme a été fait. » Il ne faut donc pas comprendre de cette manière, comme si l'homme ne pouvait pas être appelé l'image de Dieu, d'après cette parole de l'Apôtre : « L'homme ne doit pas couvrir sa tête, puisqu'il est l'image et la gloire de Dieu. » (1 *Cor.*, XI, 7.) On dit aussi que l'homme est fait à l'image de Dieu, ce qu'on ne dirait pas du Fils de Dieu; qui est seulement l'image et non à l'image.

LII. — Sur cette parole : « Je me repens d'avoir fait l'homme. » (*Gen.*, VI, 6, 7.)

LIII. — De l'or et de l'argent que les Israélites empruntèrent aux Egyptiens. (*Exod.*, III, 32; XII, 35.)

LIV. — Sur cette parole de l'Ecriture : « Mon bonheur c'est de m'attacher à Dieu. » (*Ps.* LXXII, 28.) J'ai dit en cet endroit : « Ce qui vaut mieux que toute âme, c'est Dieu. » J'aurais dû dire : « Ce qui vaut mieux que tout esprit créé. »

LV. — Sur cette parole de l'Ecriture : Il y a soixante reines, quatre-vingt concubines, et des jeunes filles sans nombre. » (*Cant.*, VI, 7.)

LVI. — Des quarante-six années qu'on a mis à bâtir le temple.

LVII. — Des cent cinquante-trois poissons.

LVIII. — De saint Jean-Baptiste.

LIX. — Des dix vierges.

LX. — « Nul, excepté mon Père, ne sait ce jour, ni cette heure, pas même les anges du ciel ni le Fils de l'homme. » (*Matth.*, XXIV, 36.)

LXI. — Sur ce qui est écrit dans l'Evangile (*Matth.*, XIV, 18), que Notre-Seigneur a « nourri la multitude sur la montagne avec cinq pains. » J'ai dit en cet endroit que « les deux poissons signifiaient deux personnes, la personne royale et la personne sacerdotale, à qui était réservée l'onction sainte exclusivement. » Il aurait fallu dire presque exclusivement, puisque les prophètes recevaient aussi l'onction. J'ai dit également : « Saint Luc, en nous montrant Jésus qui remonte au ciel après l'abolition du péché, remonte, dans sa généalogie, par Nathan jusqu'à David; car Nathan était envoyé comme prophète pour réprimander David qui, par sa pénitence, obtint le pardon de son péché. » Il ne faut pas entendre ce passage comme si le pro-

---

nos speramus habituros, lucidissima atque ætherea esse credendum est : » si hoc sine membris, quæ nunc habemus, et sine substantia, quamvis incorruptibilis, tamen carnis accipiatur, erratur. Multo autem melius in opere *de Civitate Dei*, quæstio ista tractata est, de videndis cogitationibus nostris. (Lib. XXII, cap. XXIX.)

XLVIII. — De credibilibus.

XLIX. — Quare filii Israel sacrificabant visibiliter pecorum victimas.

L. — De æqualitate Filii.

LI. — De homine facto ad imaginem et similitudinem Dei. Ubi quid est, quod dixi : « Homo sine vita non recte appellatur? » cum dicatur homo etiam cadaver hominis. Ergo saltem dicere debui, non proprie dicitur; ubi dixi : « non recte dicitur. » Item dixi : « Neque inscite distinguitur, quod aliud sit imago et similitudo Dei, aliud ad imaginem et similitudinem Dei, sicut hominem factum accipimus. » Quod non ita intelligendum est, quasi homo non dicatur imago Dei, cum dicat Apostolus : « Vir quidem non debet velare caput, cum sit imago et gloria Dei : » (1 *Cor.*, XI, 7) sed dicitur etiam ad imaginem Dei quod Unigenitus non dicitur, qui tantummodo imago est, non ad imaginem.

LII. — De eo quod dictum est : « Pœnitet me fecisse hominem. » (*Gen.*, VI, 6, 7.)

LIII. — De auro et argento, quod Israelitæ ab Ægyptiis acceperunt. (*Exod.*, III, 22, et XII, 35.)

LIV. — De eo quod scriptum est (*Ps.* LXXII, 28) : « Mihi autem adhærere Deo, bonum est. » Ubi quod dixi : « Quod autem est omni anima melius, id Deum dicimus, » magis dici debuit, omni creato spiritu melius.

LV. — De eo quod scriptum est : « Sexaginta sunt reginæ, octoginta concubinæ, et adolescentulæ quarum non est numerus. » (*Cant.*, VI, 7.)

LVI. — De annis quadraginta sex ædificati templi.

LVII. — De centum quinquaginta tribus piscibus.

LVIII. — De Joanne Baptista.

LIX. — De decem virginibus.

LX. — « De die autem et hora nemo scit, neque Angeli cœlorum, neque Filius hominis, nisi Pater solus. » (*Matth.*, XXIV, 36.)

LXI. — De eo quod scriptum est in Evangelio, turbas Dominum in monte pavisse de quinque panibus. (*Matth.*, XIV, 18; *Joan.*, VI, 10.) Ubi quod dixi : « Duos pisces duas illas significare personas, regiam scilicet et sacerdotalem, ad quas etiam sacrosancta illa unctio pertinebat; » dicendum potius fuit, maxime pertinebat, quoniam unctos aliquando legimus et prophetas. Item quod dixi : « Lucas qui tanquam ascendentem post abolitionem peccatorum sacerdotem Christum insinuavit, per Nathan ascendit ad David : » (*Luc.*, III, 23) quia Nathan propheta missus erat, cujus correptione David ipsius peccati abolitionem pœnitendo impetravit, « non sic accipiendum est, tanquam ipse fuerit

phète Nathan eût été le même que Nathan, fils de David, puisqu'il n'est point question que ce dernier ait été envoyé comme prophète. Il est dit seulement que « le prophète Nathan avait été envoyé; » pour faire entendre que le mystère se trouve, non dans le même homme, mais dans le même nom.

LXII. — Sur ce qui est écrit dans l'Evangile « que Jésus baptisait plus que Jean, quoiqu'il ne baptisât pas lui-même, mais plutôt ses disciples. » (*Jean*, IV, 1.) J'ai dit en cet endroit : « Ce voleur à qui Jésus disait : En vérité, je vous le dis; vous serez aujourd'hui avec moi dans le paradis; cet homme n'avait pas même reçu le baptême. » J'ai répété ce qu'on avait dit avant nous, et ce que des évêques avaient écrit dans leurs lettres (1) : mais comment pourrait-on prouver que ce voleur n'avait pas été baptisé? Je l'ignore. Nous avons traité cette question avec plus de soin dans nos opuscules postérieurs, et surtout dans celui qui est adressé à Vincent Victor *Sur l'origine de l'âme*. (L. III, ch. IX.)

LXIII. — Du Verbe.

LXIV. — Sur la Samaritaine. (*Jean*, IV, 7.)

LXV. — Sur la résurrection de Lazare. (*Ibid.*, 11.)

LXVI. — Sur ce passage de l'Ecriture : « Ignorez-vous, mes frères (car je parle à des hommes instruits de la loi), que la loi ne domine sur l'homme que pendant sa vie? » (*Rom.*, VII, 1.) Jusqu'à cet endroit : « C'est lui aussi qui rendra la vie à nos corps mortels par son Esprit qui habite en vous. » En voulant expliquer en cet endroit ce que dit l'Apôtre : « Nous savons que la loi est spirituelle, mais moi je suis charnel, » (*Ibid.*, VII, 14) j'ai dit : « Oui, je consens aux désirs de la chair, tant que je ne suis pas délivré par la grâce de l'Esprit. » Cette explication ne doit pas être entendue comme si l'homme spirituel, établi déjà sous l'empire de la grâce, ne pouvait plus tenir le même langage et répéter ce que dit l'Apôtre jusqu'à cet endroit : « Malheureux homme que je suis! qui me délivrera de ce corps de mort? » (*Rom.*, VII, 24.) C'est ce qui m'a été démontré plus tard, comme je l'ai déjà reconnu. En expliquant cette autre parole de l'Apôtre : « Le corps est mort à cause du péché, » (*Ibid.*, 10) je disais : « Oui, le corps mort, tant qu'il sera dans cette condition, où le besoin des choses temporelles sera un tourment pour l'âme. » Mais j'ai mieux compris plus tard pourquoi on disait que notre corps était mort. C'est parce qu'il est soumis à la loi de la mort, qu'il ne connaissait pas avant le péché.

LXVII. — Sur ce passage de l'Ecriture : « Car je crois que les souffrances de la vie présente n'ont aucune proportion avec cette gloire qui doit un jour éclater en nous, » (*Rom.*, VIII, 18) jusqu'à cet endroit : « Car nous ne sommes sauvés qu'en espérance. » En expliquant dans ce passage cette parole : « La créature elle-même sera délivrée de cet asservissement à la corruption, » je disais : « Oui, la créature elle-même, c'est-à-dire l'homme, qui a perdu par le péché l'empreinte de l'image divine n'est plus qu'une créature. » Il ne faut pas entendre ici que l'homme aurait perdu toute empreinte de l'image divine. S'il n'avait rien perdu, on ne dirait

---

(1) Et en particulier saint Cyprien. Lettre 73 à Juba.

Nathan propheta, qui filius David : quia nec hic dictum est, quia ipse propheta missus erat : sed dictum est, « quia Nathan propheta missus erat, » ut mysterium non in eodem homine, sed in eodem nomine intelligatur.

LXII. — De eo quod scriptum est in Evangelio (*Joan.*, IV, 1), quod « baptizabat Jesus plures quam Joannes, quamvis ipse non baptizaret, sed discipuli ejus. » Ubi quod dixi : « Latro ille cui dictum est : Amen dico tibi, hodie mecum eris in paradiso; qui nec ipsum baptismum acceperat : » (*Luc.*, XXIII, 43) hoc quidem et alios ante nos rectores sanctæ Ecclesiæ posuisse in suis litteris invenimus (Inter eos CYPRIANUS, epist 73, *ad Jubai*.); sed quibus documentis satis possit ostendi quod non fuerit baptizatus ille latro, ignoro. De qua re in posterioribus quibusdam opusculis nostris diligentius disputatum est, maxime in eo quod ad Vincentium Victorem *de animæ origine* scripsimus. (Lib. III *de an. orig.*, cap. IX.)

LXIII. — De Verbo.

LXIV. — De muliere Samaritana. (*Joan.*, IV, 7.)

LXV. — De resurrectione Lazari. (*Ibid.*, XI, 43.)

LXVI. — De eo quod scriptum est : « An ignoratis, fratres, scientibus enim Legem loquor, quia Lex dominatur homini, in quantum tempus vivit? » (*Rom.*, VII, 1.) Usque ad eum locum in quo scriptum est : « Vivificabit et mortalia corpora vestra per inhabitantem spiritum ejus in vobis. » (*Rom.*, VIII, 11.) Ubi illud quod ait Apostolus : Scimus autem quia Lex spiritalis est, ego autem carnalis sum : » (*Rom.*, VII, 14) exponere volens, dixi, « id est carni consentio, nondum spiritali gratia liberatus : » quod non sic accipiendum est, quasi spiritalis homo jam sub gratia constitutus, etiam de se ipso non possit hoc dicere, et cætera usque ad eum locum ubi dictum est : « Miser ego homo, quis me liberabit de corpore mortis hujus? » (*Rom.*, VII, 24.) Quod postea didici, sicut jam sum ante confessus. Rursus exponens quod ait Apostolus : « Corpus quidem mortuum est propter peccatum. » (*Rom.*, VII, 10.) « Mortuum, inquam, corpus dicit, quamdiu tale est, ut indigentia rerum temporalium molestet animam. » Sed multo melius mihi postea visum est, ideo mortuum corpus dictum, quod habeat jam moriendi necessitatem, quam non habuit ante peccatum.

LXVII. — De eo quod scriptum est (*Rom.*, VIII, 18) : « Existimo enim quod indignæ sint passiones hujus temporis ad futuram gloriam quæ revelabitur in nobis : » usque ad id quod dictum est : « Spe enim salvi facti sumus. » Ubi cum exponerem quod scriptum est : « Et ipsa creatura liberabitur a servitute interitus ; » dixi : « Et ipsa creatura, id est ipse homo, cum jam signaculo imaginis propter peccatum amisso remansit tantummodo creatura. » Quod non ita accipiendum est, quasi totum amiserit homo quod habebat imaginis Dei.

pas : « Réformez-vous par le renouvellement de votre esprit, » (*Rom.*, XII, 2) ni « transformons-nous sur le même modèle. » (II *Cor.*, III, 18.) Mais s'il eût tout perdu, on ne pourrait pas dire non plus : « L'homme marche ici-bas comme une ombre, et c'est en vain qu'il s'agite. » (*Ps.* XXXVIII, 7.) J'ai dit également : « Que les anges supérieurs vivaient de la vie spirituelle, et les anges inférieurs de la vie animale. » Je trouve que cette expression est trop hasardée pour pouvoir se justifier ou par l'Ecriture, ou par la raison. Si la preuve est possible, elle n'est pas facile.

LXVIII. — Sur ces paroles : « O homme, qui es-tu donc pour oser répondre à Dieu ? » (*Rom.*, IX, 20) j'ai dit en cet endroit : « Supposez un homme qui a commis des fautes légères, ou, s'il a commis des fautes graves et nombreuses, il en gémit, et il s'en repent dans le fond de son cœur et se rend digne de la miséricorde de Dieu; on ne dira pas qu'il est l'auteur de son salut, car il eût été perdu si Dieu l'avait abandonné; c'est donc Dieu qui lui a fait miséricorde en se laissant toucher par ses prières et sa douleur. C'est peu de vouloir si Dieu ne fait miséricorde. Mais Dieu, qui nous appelle à la paix, ne nous fait pas miséricorde si la bonne volonté n'est pas déjà dans le cœur. » Ces paroles s'appliquent à l'homme déjà pénitent. Car c'est encore Dieu dont la miséricorde prévient notre volonté, et sans elle la bonne volonté qui vient du Seigneur n'existerait pas. Il faut rapporter à cette miséricorde la vocation elle-même qui prévient la foi. C'est pourquoi je disais un peu plus loin en parlant de cette vocation : « Or, cette vocation qui opère, suivant l'opportunité des temps, soit à l'égard des individus, soit à l'égard des peuples et du genre humain, est l'œuvre d'une haute et profonde combinaison providentielle. (*Jér.*, 1, 5.) C'est en vertu de ce mystère qu'il a été dit : Je t'ai sanctifié dans le sein de ta mère, et avant que tu fusses formé dans le sein de ses entrailles, je t'ai connu. Et encore : J'ai aimé Jacob, et j'ai haï Esaü, etc. » (*Rom.*, IX, 13.) Quant à ce témoignage : « Avant que tu fusses formé dans le sein de ses entrailles, je t'ai connu, » (*Mal.*, I, 2, 3) je ne pourrais pas dire en quel endroit de l'Ecriture je l'ai rencontré.

LXIX. — Sur cette parole de l'Ecriture : « Alors le Fils sera assujetti à celui qui lui aura assujetti toutes choses. »

LXX. — Sur ce passage de l'Apôtre : « La mort a été absorbée par la victoire. O mort, où est ta victoire? O mort, où est ton aiguillon ? Or, l'aiguillon de la mort, c'est le péché, et la force du péché c'est la loi. » (I *Cor.*, XV, 54, 55.)

LXXI. — Sur cette parole de l'Ecriture : « Portez les fardeaux les uns des autres, et ainsi vous accomplirez la loi de Jésus-Christ. » (*Gal.*, VI, 2.)

LXXII. — Des temps éternels.

LXXIII. — Sur cette parole de l'Ecriture : « Et par sa forme extérieure, il parut semblable à un homme. » (*Philip.*, XI, 7.)

LXXIV. — Sur ce passage de l'Epître de saint Paul aux Colossiens (1, 14) : « Nous avons en lui le prix de notre rédemption et de la rémission de nos péchés; car il est l'image de Dieu invisible. »

LXXV. — De l'héritage de Dieu.

LXXVI. — Sur cette parole de l'Apôtre saint Jacques

Nam si omnino non amisisset, non esset propter quod diceretur : « Reformamini in novitate mentis vestræ. » (*Rom.*, XII, 2.) Et : « In eamdem imaginem transformamur. » (I *Cor.*, III, 18.) Sed rursum si totum amisisset, nihil maneret unde diceretur : « Quanquam in imagine ambulet homo, tamen vane conturbatur. » (*Ps.* XXXVIII, 7.) Item quod dixi : « Spiritaliter summos Angelos vivere, infimos vero animaliter : » audacius dictum est de infimis, quam ut possit vel Scripturis sanctis vel ipsis rebus ostendi : quia et si forsitan potest, difficillime potest.

LXVIII. — De eo quod scriptum est : « O homo tu quis es, qui respondeas Deo ? » (*Rom.*, IX, 20.) Ubi dixi : « Quia etiamsi levioribus quisque peccatis, aut certe quamvis gravioribus et multis, tamen magno gemitu et dolore pœnitendi misericordia Dei dignus fuerit, non ipsius est, qui sic relinqueretur interiret; sed miserentis Dei, qui ejus precibus doloribusque subvenit. Parum est enim velle, nisi Deus misereatur; sed Deus non miseretur, qui ad pacem vocat, nisi voluntas præcesserit ad pacem. » Hoc dictum est, post pœnitentiam. Nam est misericordia Dei etiam ipsam præveniens voluntatem, quæ si non esset, non præpararetur voluntas a Domino. Ad eam misericordiam pertinet et ipsa vocatio, quæ etiam fidem prævenit. De qua paulo post cum agerem dixi : « Hæc autem vocatio, quæ sive in singulis hominibus, sive in populis atque in ipso genere humano per temporum opportunitates operatur, altæ et profundæ ordinationis est. Quo pertinet etiam illud : In utero sanctificavi te. » (*Jer.*, 1, 5.) Et : « Cum esses in renibus patris tui, vidi te. Et Jacob dilexi, Esau autem odio habui, etc. » (*Rom.*, IX, 13.) Quamvis testimonium illud : « Cum esses in renibus patris tui, vidi te; » (*Mal.*, I, 2) unde mihi tanquam scriptum sit, occurrerit, nescio.

LXIX. — De eo quod scriptum est : « Tunc et ipse Filius subjectus erit ei qui illi subjecit omnia. »

LXX. — De eo quod Apostolus dicit : « Absorpta est mors in victoriam : ubi est mors contentio tua ? ubi est mors aculeus tuus? Aculeus autem mortis peccatum, virtus vero peccati lex. » (I *Cor.*, XV, 54, 55.)

LXXI. — De eo quod scriptum est : « Invicem onera vestra portate, et sic adimplebitis legem Christi. » (*Gal.*, VI, 2.)

LXXII. — De temporibus æternis.

LXXIII. — De eo quod scriptum est : « Et habitu inventus ut homo. » (*Phil.*, II, 7.)

LXXIV. — De eo quod scriptum est in epistola Pauli ad Colossenses : « In quo habemus redemptionem et remissionem peccatorum, qui est imago Dei invisibilis. » (*Col.*, I, 14.)

LXXV. — De hæreditate Dei.

LXXVI. — De eo quod Apostolus Jacobus dicit : « Vis

(II, 20) : « Voulez-vous savoir, ô homme insensé, que la foi sans les œuvres est inutile? »
LXXVII. — De la crainte; est-elle un péché?
LXXVIII. — De la beauté des idoles.
LXXIX. — Pourquoi les mages de Pharaon firent-ils des prodiges comme Moïse, serviteur de Dieu? (*Exod.*, VII, 22.)
LXXX. — Contre les Apollinaristes.
LXXXI. — Du Carême et de la Pentecôte.
LXXXII. — Sur cette parole de l'Ecriture : « Car le Seigneur châtie celui qu'il aime, et il frappe de verges tous ceux qu'il reçoit parmi ses enfants. » (*Heb.*, XI, 6.)
LXXXIII. — Du mariage, au sujet de cette parole que dit Notre-Seigneur : « Quiconque renvoie sa femme hors le cas de fornication. » (*Matth.*, XIX, 9.) L'ouvrage commence ainsi : « L'âme existe-t-elle par elle-même? »

autem scire, o homo inanis, quia fides sine operibus otiosa est. » (*Jac.*, II, 20.)
LXXVII. — De timore, utrum peccatum sit.
LXXVIII. — De pulchritudine simulacrorum.
LXXIX. — Quare magi Pharaonis fecerunt miracula quædam sicut Moyses famulus Dei. (*Exod.*, VII, 22.)
LXXX. — Adversus Apollinaristas.
LXXXI. — De quadragesima et quinquagesima.
LXXXII. — De eo quod scriptum est : « Quem enim diligit Dominus corripit; flagellat autem omnem filium quem recipit. » (*Heb.*, XII, 6.)
LXXXIII. — De conjugio in eo quod Dominus ait : « Si quis dimiserit uxorem suam excepta causa fornicationis. » (*Matth.*, XIX, 9.) Hoc opus sic incipit : « Utrum anima a se ipsa sit. »

LES QUATRE-VINGT-TROIS
QUESTIONS DIVERSES

DE

SAINT AURÉLIUS AUGUSTIN
ÉVÊQUE D'HIPPONE

LIVRE UNIQUE [1].

QUESTION I. — *L'âme existe-t-elle par elle-même?* — Tout ce qui est vrai est vrai par la vérité, et toute âme est âme en ce qu'elle est une âme véritable. Donc toute âme puise son être dans la vérité, pour qu'elle soit une âme réelle. Or, autre chose est l'âme, autre chose est la vérité. Car la vérité n'admet rien de faux, tandis que l'âme tombe souvent dans l'erreur. L'âme, tirant son être de la vérité, n'existe donc pas par elle-même. Or, la vérité c'est Dieu : Dieu est donc le principe qui donne à l'âme son existence.

QUESTION II. — *Le libre arbitre.* — Tout ce qui est fait ne peut pas être égal à la cause qui le produit; autrement la justice qui rend à chacun suivant son mérite n'aurait plus aucune raison d'être. C'est pourquoi Dieu ayant fait l'homme, quoiqu'il l'ait fait très-bon, n'a pas pu le faire son égal. Or, le mérite de l'homme c'est d'être bon par la volonté, plutôt que par la nécessité. Dieu a donc dû donner à l'homme une volonté libre.

QUESTION III. — *Dieu est-il l'auteur du mal dans l'homme?* — On ne peut pas dire qu'un homme sage a causé la perdition d'un autre homme; car ce ne serait pas une faute légère; je dirai même que la faute serait si grande, qu'un homme sage, quel qu'il soit, n'en saurait être capable. Or, Dieu est infiniment supérieur à tout homme sage. Donc on ne pourrait jamais dire que Dieu soit l'auteur du mal dans l'homme. Car la volonté de Dieu est bien plus excellente que

(1) Commencé vers la fin l'année 388.

S. AURELIJ AUGUSTINI, HIPPONENSIS EPISCOPI

DE

DIVERSIS QUÆSTIONIBUS
OCTOGINTA-TRIBUS.

LIBER UNUS.

QUÆST. I. — *Utrum anima a se ipsa sit.* — Omne verum a veritate verum est; et omnis anima eo anima est, quo vera anima est. Omnis igitur anima a veritate habet ut omnino anima sit. Aliud autem anima est, aliud veritas. Nam veritas falsitatem nunquam patitur, anima vero sæpe fallitur. Non igitur, cum a veritate anima est, a se ipsa est. Est autem veritas Deus : Deum igitur habeat auctorem ut sit anima.

QUÆST. II. — *De libero arbitrio.* — Omne quod fit, ei a quo fit par esse non potest. Alioquin justitia, quæ sua cuique tribuere debet, de rebus auferatur necesse est. Hominem ergo Deus cum fecit, quanquam optimum fecerit; non tamen id fecit quod erat ipse. Melior autem homo est qui voluntate, quam qui necessitate bonus est. Voluntas igitur libera danda homini fuit.

QUÆST. III. — *Utrum Deo auctore fit homo deterior.* — Nullo sapiente homine auctore fit homo deterior. Non enim parva ista culpa est, imo tanta est, quæ in sapientem (*a*) quemvis hominem cadere nequeat. Est autem Deus omni homine sapiente præstantior. Multo minus igitur Deo auctore fit homo deterior. Multo enim præstantior Dei voluntas, quam hominis sapientis est. Illo autem auctore cum dicitur, illo volente dicitur. Est ergo vitium volun-

(*a*) Editi Rat. Er. id est, ab Augustino Ratisponensi, a Desiderio Erasmo, et libri aliquot Mss. *quamvis*.

la volonté de l'homme sage. Or, quand je dis qu'on est l'auteur, je veux dire qu'on a voulu. C'est donc par un vice de la volonté que l'homme est tombé. Et si la volonté de Dieu est complétement étrangère à cette chute, comme la raison nous l'enseigne, il nous faut chercher d'où elle vient.

QUESTION IV. — *Quelle est la cause du mal dans l'homme?* — Pour expliquer la chute de l'homme, il faut en trouver la cause, soit en lui-même, soit dans un autre, soit dans le néant. Est-ce le néant? La cause est nulle. Ou bien si vous prenez le néant dans ce sens que l'homme est tiré du néant, ou formé des éléments qui sont tirés du néant, dès lors la cause se retrouve dans l'homme même, puisque le néant a fourni la matière de son être. Si elle est ailleurs, il faut la trouver, ou en Dieu, ou dans un autre homme, ou dans un être qui ni soit ni Dieu, ni homme. Or, il ne peut pas être question de Dieu ; puisque Dieu est la cause de tous les biens. Si elle est dans l'homme, a-t-il cédé à la force, ou à l'entraînement? La force supposerait un être plus puissant que Dieu ; car Dieu a créé l'homme dans une condition si excellente, que sa volonté de rester juste ne pouvait, sans son consentement, être ébranlée par aucun obstacle. Si nous accordons que l'homme a été dépravé par le conseil d'un autre homme, nous aurons à nous demander de nouveau par qui cet instigateur a été lui-même dépravé. Impossible, en effet, que celui qui l'a porté au mal ne fût mauvais. Reste cette autre cause qui ne serait ni Dieu, ni l'homme; mais quelle qu'elle soit cependant, elle aurait employé la violence ou la persuasion. Quant à la violence, nous dirons ce qui a été dit plus haut; quant à la persuasion, de quelque nature qu'elle soit, comme elle n'a pu contraindre l'homme malgré lui, il faut dire que la cause de la dépravation de l'homme est *dans sa volonté*, qu'il ait été, ou non, entraîné par un autre.

QUESTION V. — *L'animal sans raison peut-il être heureux?* — L'animal privé de raison est privé de la faculté de connaître. Or, tout animal, privé de la faculté de connaître, ne peut pas être heureux. Donc les animaux sans raison n'ont pas les conditions voulues pour être heureux.

QUESTION VI. — *Le mal.* — Tout ce qui existe est ou corporel ou incorporel. Le corporel appartient à l'espèce sensible; l'incorporel à l'espèce intelligible. Donc tout ce qui existe ne peut pas exister sans appartenir à une espèce. Partout où il y a espèce quelconque, là vous avez nécessairement un certain mode d'existence, et ce mode est quelque chose de bien. Donc le souverain mal n'a aucun mode d'existence, car il exclut tout bien. Il n'existe donc pas, vu qu'il n'appartient à aucune espèce, et ce nom de mal signifie absolument privation d'espèce.

QUESTION VII. — *Qu'est-ce que l'âme proprement dite dans l'animal?* — L'âme peut se con-

---

tatis quo est homo deterior : quod vitium si longe abest a Dei voluntate, ut ratio docet, in quo sit quærendum est.

QUÆST. IV. — *Quæ sit causa ut sit homo deterior.* — Ut sit homo deterior aut in ipso causa est, aut in alio aliquo, aut in nihilo. Si in nihilo, nulla causa est. Aut si ita accipitur in nihilo, quod homo ex nihilo factus est, vel ex iis quæ ex nihilo facta sunt ; rursum in ipso erit causa, quod ejus quasi materies est nihilum. Si in alio aliquo, utrum in Deo, an in quolibet alio homine; an in eo quod neque Deus, neque homo sit. Sed non in Deo; bonorum enim Deus causa est. Si ergo in homine, aut vi, aut suasione. Sed vi nullo modo, ne sit Deo valentior. Si quidem Deus ita optime hominem fecit, ut si vellet manere optimus, nullo resistente impediretur. Suasione autem alterius hominis si concedimus hominem depravari, rursum quærendum erit, suasor ipse a quo depravatus sit. Non enim potest pravus non esse talium suasor. Restat nescio quid, quod nec Deus, nec homo sit : sed tamen hoc quidquid est, aut vim intulit, aut suasit. De vi hoc respondetur quod supra : de suasione autem quidquid est, quia suasio non cogit invitum, ad ejusdem hominis voluntatem causa depravationis ejus redit, sive aliquo, sive nullo suadente depravatus sit.

QUÆST. V. — *Utrum animal irrationale beatum esse possit.* — Animal quod caret ratione, caret scientia. Nullum autem animal quod scientia caret, beatum esse potest. Non igitur cadit in animalia rationis expertia ut beata sint.

QUÆST. VI. — *De malo.* — Omne quod est, aut est corporeum, aut incorporeum. Corporeum sensibili, incorporeum autem intelligibili specie continetur. Omne igitur quod est, sine aliqua specie non est. Ubi autem aliqua species, necessario est aliquis modus, et modus aliquid boni est. Summum ergo malum nullum modum habet, caret enim omni bono. Non est igitur; quia nulla specie continetur, totumque hoc nomen mali de speciei privatione repertum est.

QUÆST. VII. — *Quæ proprie in animante anima dicatur.* — Anima aliquando ita dicitur, ut cum

cevoir de deux manières : ou bien elle est unie à l'intelligence, comme lorsque nous disons que l'homme est composé d'une âme et d'un corps ; ou bien nous la considérons à part, sans l'intelligence. Sous ce dernier rapport, elle nous apparaît d'après les actes qui nous sont communs avec les animaux. Car les animaux sont privés de la raison, qui est le caractère propre de l'intelligence.

QUESTION VIII. — *L'âme a-t-elle son mouvement propre?* — On sent que notre âme a son mouvement propre, du moment qu'on sent en soi-même une volonté. Car si nous voulons, ce n'est pas un autre qui veut pour nous. Et ce mouvement de l'âme est spontané, Dieu lui ayant accordé cette faculté, et cependant ce n'est pas un mouvement qui transporte d'un lieu à un autre, comme le mouvement du corps. Car le propre du corps, c'est de changer de lieu. Et lorsque l'âme, par sa volonté, c'est-à-dire par ce mouvement qui n'est pas local, transporte son corps d'un lieu à un autre, cela ne veut pas dire qu'elle se déplace elle-même. C'est ainsi que nous voyons un corps se mouvoir sur un gond, à travers un grand espace, sans que le gond change de lieu.

QUESTION IX. — *La vérité peut-elle être perçue par les sens corporels?* (I *Rétr.*, 26.) — Tout ce qui tombe sous le sens corporel, et qu'on appelle sensible, est soumis à un perpétuel changement. Ainsi, lorsque nous voyons croître les cheveux de notre tête, notre corps s'incliner vers la vieillesse, ou notre jeunesse se développer comme une fleur, il y a là un mouvement qui ne s'arrête pas, et qui est sans interruption. Or, ce qui est mobile ne peut pas être perçu ; on ne perçoit que ce qui est saisissable par la science, et ce qui est sujet à une perpétuelle mobilité est insaisissable. Il ne faut donc pas attendre des sens du corps l'expression sincère de la vérité. Qu'on ne vienne pas dire que, parmi les objets sensibles, il y en a qui restent toujours dans le même état, comme le soleil et les étoiles ; exemples qui ne seraient pas suffisamment convaincants. Au moins on sera forcé de convenir qu'il n'existe pas d'objet sensible qui n'ait son pendant imaginaire, sans qu'on puisse distinguer l'un de l'autre. Car, pour ne pas entrer dans un plus grand détail, les sensations que nous éprouvons dans le corps, même lorsque les objets ne sont pas présents, nous les éprouvons, à cause de l'image de ces objets, comme s'ils étaient présents, ou pendant le sommeil, ou dans la folie. Sous l'influence de ces impressions, il ne nous est pas possible de distinguer si les objets se font sentir à nos sens mêmes, ou si nos sensations ne sont qu'imaginaires. Si donc nous sommes trompés par les images des choses sensibles, sans que nos sens puissent en discerner

---

mente intelligatur ; veluti cum dicimus hominem ex anima et corpore constare : aliquando ita, ut excepta mente dicatur. Sed cum excepta mente dicitur, ex iis operibus intelligitur quæ habemus cum bestiis communia. Bestiæ namque carent ratione, quæ mentis semper est propria.

QUÆST. VIII. — *Utrum per se anima moveatur.* — Moveri per se animam sentit, qui sentit in se esse voluntatem. Nam si volumus, non alius de nobis vult. Et iste motus animæ spontaneus est ; hoc enim ei tributum est a Deo : qui tamen motus, non de loco in locum est, tanquam corporis. Localiter enim moveri corporis proprium est. Et cum anima voluntate, id est, illo motu qui localis non est, corpus suum tamen localiter movet, non ex eodem monstratur et ipsa localiter moveri. Sicut videmus a cardine moveri aliquid per magnum spatium loci, et tamen ipsum cardinem (a) non moveri loco.

QUÆST. IX. — *Utrum corporeis sensibus percipi veritas possit.* — Omne quod corporeus sensus attingit, quod et sensibile dicitur, sine ulla intermissione temporis commutatur (1 *Retr.*, XXVI) : velut cum capilli capitis nostri crescunt, vel corpus vergit in senectutem, aut in juventam efflorescit, perpetuo id fit, nec omnino intermittit fieri. Quod autem non manet, percipi non potest : illud enim percipitur quod scientia comprehenditur. Comprehendi autem non potest quod sine intermissione mutatur. Non est igitur expectanda sinceritas veritatis a sensibus corporis. Sed ne quis dicat esse aliqua sensibilia eodem modo semper manentia, et quæstionem nobis de sole atque stellis afferat, in quibus facile convinci non potest ; illud certe nemo est qui non cogatur fateri, nihil esse sensibile quod non habeat simile falso, ita ut internosci non possit. Nam ut alia prætermittam, omnia quæ per corpus sentimus, etiam cum ea non adsunt sensibus, imagines tamen eorum patimur tanquam prorsus adsint, vel in somno, vel in furore. Quod cum patimur, utrum sensibus ea ipsis sensibus sentiamus, aut imagines sensibilium sint, discernere non valemus. Si igitur sunt imagines sensibilium falsæ, quæ discerni ipsis sensibus nequeunt, et nihil

(a) Hic Rat. et tres codices Mss. addunt, *siquidem impartibilem.*

la fausseté, si, d'autre part on ne peut percevoir que ce qui est discerné du faux, il s'ensuit que le criterium de la vérité ne peut pas résider dans les sens. C'est pourquoi, on nous donne un avis salutaire quand on nous exhorte à nous détacher du monde, qui est corporel et sensible, pour nous tourner avec une ardeur entière vers Dieu, c'est-à-dire, vers la vérité que nous saisissons dans notre intelligence et dans l'intérieur de notre âme, qui demeure toujours et qui est toujours la même, ne se confondant avec aucune ombre d'erreur, dont on ne puisse la discerner.

QUESTION X. — *Le corps vient-il de Dieu?* — Tout ce qui est bon vient de Dieu; tout ce qui appartient à une espèce est bon, en tant qu'il est de l'espèce; et tout ce que l'espèce contient est de l'espèce. Or, tout corps, pour être corps, est contenu dans quelque espèce. Donc tout corps vient de Dieu.

QUESTION XI. — *Pourquoi le Christ est-il né d'une femme?* — Quand Dieu délivre il ne fait pas son œuvre à moitié, mais il délivre en totalité ce qui est en voie de perdition. Donc la sagesse et la vertu de Dieu, c'est-à-dire son Fils unique, en prenant la nature humaine, a voulu la libération de l'homme. Or, la libération de l'homme a dû s'opérer dans l'un et l'autre sexe. Donc, comme il prenait le sexe masculin qui est le plus honorable, il était nécessaire que la libération du sexe féminin fût une conséquence de ce mystère, par l'incarnation dans le sein d'une femme.

QUESTION XII. — *Sentiment d'un sage, Fontéus de Carthage, sur la nécessité de purifier son âme pour voir Dieu.* — Travaillez, dit-il, ô malheureux mortels! travaillez pour que le malin esprit ne souille pas votre corps, pour éviter, qu'en se glissant par les sens, il n'altère la pureté de votre âme, et n'obscurcisse la lumière de votre esprit. Ce poison entre par toutes les ouvertures des sens; il s'applique aux figures, se mêle aux couleurs, s'attache aux sons, se cache dans la colère, sous la séduction de la parole, s'embusque dans les odeurs, se mêle aux saveurs, et plongeant les sens dans les affections ténébreuses, au moyen d'un tourbillon rapide, il répand les nuages sur toute la surface de l'intelligence, pour empêcher l'esprit de s'illuminer de la lumière de la raison. Or, cette lumière est un rayon de la lumière céleste, et comme un miroir où se réfléchit la présence divine, car en lui brille la divinité; en lui la volonté pure; en lui le mérite d'une vie sainte. Dieu est présent partout, et il est avec chacun de nous, lorsque notre esprit pur et sans tache se croit en sa présence. De même que notre vue, si elle est malade, ne peut pas croire à la présence des objets qu'elle ne peut apercevoir; car c'est en vain que les objets

---

percipi potest nisi quod a falso discernitur, non judicium veritatis constitutum in sensibus. Quamobrem saluberrime admonemur averti ab hoc mundo, qui profecto corporeus est et sensibilis, et ad Deum, id est veritatem, quæ intellectu et interiore mente capitur, quæ semper manet et ejusdem modi est, quæ non habet imaginem falsi, a qua discerni non possit, tota alacritate converti.

QUÆST. X. — *Utrum corpus a Deo sit.* — Omne bonum a Deo : omne speciosum bonum, in quantum speciosum est; et omne quod species continet speciosum est. Omne autem corpus, ut corpus sit, specie aliqua continetur. Omne igitur corpus a Deo.

QUÆST. XI. — *Quare Christus de femina natus sit.* — Deus cum liberat, non partem aliquam liberat ; sed totum liberat, quod forte in periculo est. Sapientia ergo et Virtus Dei, qui dicitur unigenitus Filius, homine suscepto liberationem hominis indicavit. Hominis autem liberatio in utroque sexu debuit apparere. Ergo, quia virum oportebat suscipere, qui sexus honorabilior est, consequens erat ut feminei sexus liberatio hinc appareret, quod ille vir de femina natus est.

QUÆST. XII. — *Sententia cujusdam sapientis, Fontei scilicet Carthaginensis, de mente mundanda ad videndum Deum.* — Agite, o, inquit, miseri mortales, hoc agite ne unquam polluat hoc domicilium malignus spiritus, ne sensibus immixtus incestet animæ sanctitatem, lucemque mentis obnubilet. Serpit hoc malum per omnes aditus sensuales, dat se figuris, accommodat coloribus, adhæret sonis, latet in ira, in fallacia sermonis, odoribus se subjicit, infudit saporibus, ac turbidi motus illuvie tenebrosis affectibus (a) tenebrat sensus, quibusdam nebulis implet omnes meatus intelligentiæ, per quos expandere lumen rationis radius mentis solet. Et quia radius æthereæ lucis est, in eoque speculum divinæ præsentiæ : in hoc enim Deus, in hoc voluntas innoxia, in hoc recte facti meritum relucet : Deus ubique præsens est; tunc autem unicuique nostrum simul est, cum mentis nostræ illibata puritas in ejus præsentia se esse putaverit. Ut enim visus oculorum, si fuerit vitiatus,

(a) Er. et septem Mss. *tenebrati sensus.*

se placent devant nos yeux, s'ils ne jouissent pas de toute leur intégrité; ainsi Dieu, qui n'est absent nulle part, montre en vain sa présence à l'âme souillée, l'aveuglement de l'esprit ne peut l'apercevoir.

QUESTION XIII. — *Comment prouver que l'homme est supérieur à l'animal?* — Parmi toutes les preuves que l'on peut donner, pour montrer que l'homme est supérieur aux animaux par la raison, en voici une qui est évidente, c'est que l'animal peut être dompté et apprivoisé par l'homme, et l'homme jamais par l'animal.

QUESTION XIV. — *Le corps du Christ n'était pas un fantôme.* — Si le corps du Christ était un fantôme, le Christ a trompé; et s'il a trompé, il n'est pas la vérité. Or, le Christ est la vérité. Donc son corps n'était pas un fantôme.

QUESTION XV. — *De l'intellect.* — Tout ce qui se connaît se comprend. Or, ce qui se comprend est limité pour soi. Je dis que l'intellect se connaît; il est donc limité pour lui. Il ne veut pas être infini, quand même il le pourrait, parce qu'il veut rester dans sa propre connaissance, à cause de l'amour dont il s'aime.

QUESTION XVI. — *Du Fils de Dieu.* — Dieu est la cause de tout ce qui existe. Or, étant la cause de tout ce qui existe, il est aussi le principe de sa sagesse, et il n'a jamais été sans elle. Donc il est la cause éternelle de sa sagesse éternelle, et il n'a jamais existé sans sa sagesse. De plus, s'il est dans la nature de Dieu d'être Père éternel, et s'il n'a jamais été sans être Père, jamais il n'a été sans Fils.

QUESTION XVII. — *De la science de Dieu.* — Tout ce qui est passé n'est plus; tout ce qui est futur n'est pas encore; donc le passé et l'avenir n'existent pas. Mais en Dieu, tout existe; il n'y a donc pour lui ni passé ni futur, mais tout est présent.

QUESTION XVIII. — *De la Trinité.* — Dans tout être, il faut considérer l'essence, l'espèce, et sa qualité particulière. Donc toute créature, du moment qu'elle existe d'une certaine façon, si elle est à une grande distance de ce qui n'est pas, et avec des convenances qui unissent toutes ses parties, doit avoir une cause triple qui lui donne son être, son genre et sa convenance intime. Or, la cause, c'est-à-dire l'auteur de la créature, c'est Dieu. Il faut donc admettre la Trinité; la chose la plus excellente, la plus intelligente, la plus heureuse que la raison puisse imaginer. C'est pourquoi quand on cherche la vérité, il n'est pas possible de poser plus de trois sortes de questions, savoir si la chose est, ce qu'elle est, et avec quelles qualités bonnes ou mauvaises elle se présente.

quidquid vivere non potuerit, adesse non putat; frustra enim circumstat oculos præsens imago rerum, si oculis integritas desit : ita etiam Deus qui nusquam deest, frustra pollutis animis præsens est, quem videre mentis cæcitas non potest.

QUÆST. XIII. — *Quo documento constet homines bestiis antecellere.* — Inter multa, quibus ostendi potest, hominem ratione bestiis antecellere, hoc omnibus manifestum est, quod belluæ ab hominibus domari et mansuefieri possunt, homines a belluis nullo modo.

QUÆST. XIV. — *Non fuisse corpus Christi phantasma.* — Si phantasma fuit corpus Christi, fefellit Christus : et si fefellit, veritas non est. Est autem veritas Christus. Non igitur phantasma fuit corpus ejus.

QUÆST. XV. — *De intellectu.* — Omne quod se intelligit, comprehendit se. Quod autem se comprehendit, finitum est sibi. Et intellectus intelligit se. Ergo finitus est sibi. Nec infinitus esse vult, quamvis possit; quia notus sibi esse vult, amat enim se.

QUÆST. XVI. — *De Filio Dei.* — Deus omnium quæ sunt, causa est. Quod autem omnium rerum causa est, etiam sapientiæ suæ causa est : nec unquam Deus sine sapientia sua. Igitur sempiternæ sapientiæ suæ causa est sempiterna : nec tempore prior est quam sua sapientia. Deinde si Patrem sempiternum esse inest Deo, nec fuit aliquando non Pater, nunquam sine Filio fuit.

QUÆST. XVII. — *De scientia Dei.* — Omne præteritum jam non est; omne futurum nondum est : omne igitur et præteritum et futurum deest. Apud Deum autem nihil deest : nec præteritum igitur nec futurum, sed omne præsens est apud Deum.

QUÆST. XVIII. — *De Trinitate.* — Omne quod est, aliud est quo constat, aliud quo discernitur, aliud quo congruit. Universa igitur creatura si et est quoquo modo, et ab eo quod omnino nihil est plurimum distat, et suis partibus sibimet congruit, causam quoque ejus trinam esse oportet, qua sit, qua hoc sit, qua sibi amica sit. Creaturæ autem causam, id est, auctorem Deum dicimus. Oportet ergo esse Trinitatem, qua nihil præstantius, intelligentius et beatius invenire perfecta ratio potest. Idcoque etiam cum veritas quæritur, plus quam tria genera quæstionum esse non possunt, utrum omnino sit, utrum hoc an aliud sit, utrum approbandum improbandumve sit.

QUESTION XIX. — *De Dieu et de la créature.*
— Ce qui est immuable est éternel, car il existe toujours de la même manière. Mais ce qui est changeant, est soumis au temps, car il n'est pas toujours de la même manière ; et c'est pourquoi on ne peut pas le dire éternel. Ce qui est changeant ne demeure pas ; ce qui ne demeure pas, n'est pas éternel. Et il y a cette différence entre ce qui est immortel et éternel, c'est que tout ce qui est éternel est immortel, et tout ce qui est immortel ne peut pas positivement s'appeler éternel ; parce que, quoique comme être il possède la vie, du moment qu'il subit des changements, on ne l'appelle pas proprement éternel, parce qu'il n'est pas toujours dans le même état ; et malgré cela on peut avec raison l'appeler immortel, parce qu'il vit toujours. Mais l'être qui change, et qu'on dit vivant par la présence de l'âme, n'étant point lui-même une âme, ne peut d'aucune manière être réputé immortel, et beaucoup moins encore éternel. Dans l'être éternel, lorsqu'on veut parler rigoureusement, il n'y a rien de passé, comme s'il n'était plus, et rien de futur, comme s'il n'était pas encore ; mais tout ce qui y est, y est absolument.

QUESTION XX. — *Où est Dieu ?* — Dieu n'est pas quelque part. Ce qui est quelque part est renfermé dans un lieu ; ce qui est renfermé dans un lieu, est corps. Or, Dieu n'est pas un corps ; il n'est donc pas quelque part. Et cependant comme il est, et qu'il n'est pas dans un lieu, en lui sont renfermées toutes choses, plutôt qu'il n'est quelque part. Et cependant elles ne sont pas en lui, comme s'il était lui-même un lieu. Car un lieu, c'est un espace qu'un corps occupe en longueur, en hauteur et en largeur. Or, Dieu n'est rien de pareil. Et toutes choses sont donc en lui, et il n'est pas un lieu. On dit cependant, mais improprement, que le temple de Dieu est sa demeure (*Ps.* v, 8) ; non qu'il y soit contenu, mais parce qu'il y est présent. Son temple, c'est plutôt l'âme pure.

QUESTION XXI. — *Dieu est-il ou n'est-il pas l'auteur du mal ?* — Supposez un être qui soit l'auteur de tout ce qui existe, et dont la bonté consiste à donner l'être à tout ce qui est, le non-être ne peut lui appartenir en aucune manière. Or, tout ce qui est défectueux s'éloigne de ce qui est l'être, et tend au non-être. Mais être et n'avoir aucun défaut, c'est le bien, et le mal c'est d'être défectueux. Or, celui à qui le non-être n'appartient pas n'est pas la cause de ce qui est défectueux, c'est-à-dire de la tendance au non-être ; parce que, pour m'exprimer ainsi, il est la cause de l'être. Il ne peut donc être que la cause du bien, et pour cela il est lui-même le souverain bien. C'est pourquoi n'appelons pas auteur du mal celui qui est l'auteur de toutes

QUÆST. XIX. — *De Deo et creatura.* — Quod incommutabile est, æternum est : semper enim ejusdem modi est. Quod autem commutabile est, tempori obnoxium est : non enim semper ejusdem modi est, et ideo æternum non recte dicitur. Quod enim mutatur, non manet : quod non manet, non est æternum. Idque inter immortale et æternum interest, quod omne æternum immortale est, non omne immortale satis subtiliter æternum dicitur : quia etsi semper aliquid vivat, tamen si mutabilitatem patiatur, non proprie æternum appellatur, quia non semper ejusdem modi est : quamvis immortale, quia semper vivit, recte dici possit. Vocatur autem æternum interdum etiam quod immortale est. Illud vero quod et mutationem patitur, et animæ præsentia, cum anima non sit, vivere dicitur, neque immortale ullo modo, et multo minus æternum intelligi potest. In æterno enim, cum proprie dicitur, neque quidquam præteritum quasi transierit, neque quidquam futurum quasi nondum sit, sed quidquid est, tantummodo est.

QUÆST. XX. — *De loco Dei.* — Deus non alicubi est. Quod enim alicubi est, continetur loco : quod continetur loco, corpus est. Deus autem non est corpus. Non igitur alicubi est : et tamen quia est, et in loco non est, in illo sunt potius omnia, quam ipse alicubi. Nec tamen ita in illo, ut ipse sit locus. Locus enim in spatio est quod longitudine et latitudine et altitudine corporis occupatur : nec Deus tale aliquid est. Et omnia igitur in ipso sunt (*Psal.* v, 8), et locus non est. Locus tamen Dei abusive dicitur templum Dei, non quod eo contineatur, sed quod ei præsens sit. Id autem nihil melius quam anima munda intelligitur.

QUÆST. XXI. — *Utrum Deus auctor mali non sit.* — Quisquis omnium quæ sunt auctor est, et ad cujus bonitatem id tantum pertinet ut sit omne quod est, non esse ad eum pertinere nullo pacto potest. Omne autem quod deficit, ab eo quod est esse deficit, et tendit in non esse. Esse autem et in nullo deficere bonum est, et malum est deficere. At ille ad quem non esse non pertinet, non est causa deficiendi, id est, tendendi ad non esse : quia, ut ita dicam, essendi causa est. Boni igitur tantummodo causa est : et propterea ipse summum bonum est. Quocirca mali auctor non est, qui omnium quæ sunt auctor est ;

les choses qui existent, parce que, en tant qu'elles existent, elles ne peuvent être que bonnes. (I *Retr.*, 26.)

Question XXII. — *Dieu n'éprouve aucun besoin.* — Où rien ne manque, il n'y a aucun besoin ; où il n'y a aucun défaut, il n'y a aucune privation. Or, il n'y a rien de défectueux en Dieu ; donc il n'y a aucun besoin.

Question XXIII. — *Du Père et du Fils.* — Tout ce qui est chaste est chaste par la chasteté, tout ce qui est éternel est éternel par l'éternité, tout ce qui est beau, l'est par la beauté, et tout ce qui est bon, par la bonté. Donc aussi tout ce qui est sage est sage par la sagesse, et tout ce qui est semblable, l'est par la ressemblance. Mais ce qui est chaste par la chasteté peut l'être de deux manières ; ou en ce sens qu'il engendre la chasteté de manière à être chaste de la chasteté qu'il produit, et dont il est le principe et la raison d'être ; ou en ce sens que, n'étant peut-être pas chaste, il le devient en participant à la chasteté ; et ainsi de toute autre chose. Car notre âme, suivant notre foi et notre raison, obtient l'éternité ; mais elle ne devient éternelle qu'en participant à l'éternité. Or, Dieu n'est pas éternel de cette manière, mais parce qu'il est l'auteur de l'éternité même. On peut dire la même chose de la beauté et de bonté. C'est pourquoi quand on dit que Dieu est sage, et qu'il est sage de cette sagesse, sans laquelle il n'est pas permis de croire qu'il ait pu ou puisse exister, on veut dire qu'il est sage, non par participation à la sagesse, comme notre âme qui peut également être ou n'être pas sage, mais parce qu'il engendre lui-même cette sagesse dont on dit qu'il est sage. (Liv. VI, *de la Trinité*, ch. 2 ; I *Rétr.*, 26.) Ainsi les choses qui sont par participation chastes, éternelles, belles, bonnes ou sages, reçoivent ces perfections comme il a été dit, si bien qu'elles peuvent n'être ni chastes, ni éternelles, ni belles, ni bonnes, ni sages ; mais la chasteté même, l'éternité, la beauté, la bonté, la sagesse ne subissent d'aucune manière ou la corruption, ou la temporalité, s'il est permis de parler ainsi, ni la laideur ni la malice. Donc les choses qui sont semblables par participation, peuvent devenir dissemblables ; mais la ressemblance elle-même ne peut d'aucune manière et sous aucun rapport être dissemblable. D'où il résulte que, le Fils étant la ressemblance du Père, les autres choses qui sont semblables entre elles ou semblables, à Dieu ne l'étant que par la participation qui vient de lui, (car il est l'espèce première qui les spécialise pour ainsi dire, et la forme d'après laquelle elles sont façonnées), le Fils, dis-je, étant la ressemblance du Père, ne peut pas lui être dissemblable. Il est la même chose que le Père, de manière que l'un est fils, l'autre père ; l'un la ressemblance, et l'autre le type de ressemblance ; l'un substance

---

quia in quantum sunt; in tantum bona sunt. (I *Retr.*, xxvi.)

Quæst. XXII. — *Deum non pati necessitatem.* — Ubi nulla indigentia, nulla necessitas : ubi nullus defectus, nulla indigentia. Nullus autem defectus in Deo : nulla ergo necessitas.

Quæst. XXIII. — *De Patre et Filio.* — Omne castum castitate castum est, et omne æternum æternitate æternum est, et omne pulchrum pulchritudine, et omne bonum bonitate. Ergo et omne sapiens sapientia, et omne simile similitudine. Sed duobus modis castum castitate dicitur, vel quod eam gignat; ut ea sit castum castitate quam gignit, et cui principium atque causa est ut sit; aliter autem cum participatione castitatis quidque castum est, quod potest aliquando esse non castum : atque ita de cæteris intelligendum est. Nam et anima æternitatem vel intelligitur vel creditur consequi, sed æterna æternitatis participatione fit. Non autem ita æternus Deus, sed quod ipsius æternitatis est auctor. Hoc et de pulchritudine et de bonitate licet intelligi. Quamobrem cum sapiens Deus dicitur, et ea sapientia sapiens dicitur, sine qua eum vel fuisse aliquando, vel esse posse nefas est credere, non participatione sapientiæ sapiens dicitur, sicuti anima, quæ et esse et non esse sapiens potest : sed quod ipse eam genuerit, qua sapiens dicitur, sapientiam. (I *Retr.*, xxvi ; Lib. VI *de Trinit.*, cap. ii.) Item illa quæ participatione sunt vel casta, vel æterna, vel pulchra, vel bona, vel sapientia, recipiunt, ut dictum est, ut possint nec casta esse, nec æterna, nec pulchra, nec bona, nec sapientia : at ipsa castitas, æternitas, pulchritudo, bonitas, sapientia, nullo modo recipiunt aut corruptionem, aut, ut ita dicam, temporalitatem, aut turpitudinem, aut malitiam. Ergo etiam illa quæ participatione similia sunt, recipiunt dissimilitudinem : at ipsa similitudo nullo modo ex aliqua parte potest esse dissimilis. Unde fit, ut cum similitudo Patris Filius dicitur, quia ejus participatione similia sunt, quæcumque sunt vel inter se vel Deo similia, (ipsa est enim species prima, qua sunt, ut ita dicam, speciata, et forma qua formata sunt omnia ;) ex nulla parte Patri potest esse

et l'autre aussi substance, d'où provient une même substance. Car si la substance n'est pas la même, la ressemblance n'est plus la ressemblance ; ce que toute raison parfaite déclare impossible.

QUESTION XXIV. — *Le bien et le mal dépendent-ils du libre arbitre de la volonté?* — Tout ce qui se fait par hasard se fait sans cause, et tout ce qui se fait sans cause n'est pas l'œuvre de la providence. Si donc il y a des choses qui se font par hasard dans ce monde, le monde n'est pas gouverné tout entier par la providence. Si le monde n'est pas gouverné par la providence, il y a donc quelque nature, quelque substance qui n'est pas l'œuvre de la providence. Or tout ce qui est, en tant qu'il est, est bon ; et celui-là est souverainement bon, par la participation duquel toutes les autres choses sont bonnes. Tout être qui est changeant, en tant qu'il existe, est bon, non par lui-même, mais par la participation au bien immuable. Or, cet être bon, par la participation duquel toutes les choses sont bonnes, quelles qu'elles soient, est bon, non par un autre, mais par lui-même, et c'est lui que nous appelons aussi la Providence divine. Rien n'arrive donc par hasard en ce monde. Ceci étant posé, voici la conséquence : c'est que tout ce qui arrive en ce monde est l'œuvre ou de la volonté divine, ou de notre volonté. Car Dieu est beaucoup et infiniment plus parfait et plus juste que l'homme le meilleur et le plus juste. Or, le juste qui gouverne et dirige toutes choses ne permet pas que personne soit puni ou récompensé sans l'avoir mérité. Mais ce qui mérite la peine, c'est le péché, et ce qui mérite la récompense c'est la bonne action. Or, ni le bien, ni le mal ne peut être imputé justement à celui qui n'a pas agi par sa propre volonté. Donc le bien et le mal dépendent du libre arbitre de la volonté.

QUESTION XXV. — *De la croix du Christ.* — La sagesse de Dieu a pris la nature humaine pour montrer comment nous devions vivre dans la justice. Or, une des conditions pour bien vivre, c'est de ne pas craindre ce qui n'est pas à craindre. Mais la mort n'est pas à craindre. Il fallait donc que cela fût démontré par la mort de cet homme, en qui s'est incarnée la sagesse de Dieu. Or, il y a des hommes qui, sans craindre la mort, ont en horreur un certain genre de mort. Cependant comme la mort elle-même n'est pas à craindre, l'homme qui vit dans la droiture et la justice ne doit craindre aucun genre de mort. C'est donc ce qu'il fallait

---

dissimilis. Idem igitur quod Pater, ita ut iste Filius sit, ille Pater, id est, iste similitudo, ille cujus similitudo est ; (a) iste substantia, ille substantia, ex quo una substantia. Nam si non una est, recipit dissimilitudinem similitudo ; quod fieri posse omnis verissima negat ratio.

QUÆST. XXIV. — *Utrum peccatum et recte factum in libero sit voluntatis arbitrio.* — Quidquid casu fit, temere fit, non fit providentia. Si ergo casu aliqua fiunt in mundo, non providentia universus mundus administratur. Si non providentia universus mundus administratur, est ergo aliqua natura atque substantia quæ ad opus providentiæ non pertineat. Omne autem quod est, in quantum est, bonum est. Summe enim est illud bonum, cujus participatione sunt bona cætera. Et omne quod mutabile est, non per seipsum sed boni immutabilis participatione, in quantum est, bonum est. Porro illud bonum, cujus participatione sunt bona cætera (b) quæcumque sunt, non per aliud, sed per seipsum bonum est, quam divinam etiam providentiam vocamus. Nihil igitur casu fit in mundo. Hoc constituto, consequens videtur, ut quidquid in mundo geritur, partim divinitus geratur, partim nostra voluntate. Deus enim quovis homine optimo et justissimo longe atque incomparabiliter melior et justior est. Justus autem regens et gubernans universa, nullam pœnam cuiquam sinit immerito infligi, nullum præmium immerito dari. Meritum autem pœnæ, peccatum ; et meritum præmii, recte factum est. Nec peccatum autem, nec recte factum imputari cuiquam juste potest, qui nihil fecerit propria voluntate. Est igitur et peccatum et recte factum in libero voluntatis arbitrio.

QUÆST. XXV. — *De cruce Christi.* — Sapientia Dei hominem ad exemplum, quo recte viveremus, suscepit. Pertinet autem ad vitam rectam, ea quæ non sunt metuenda non metuere. Mors autem metuenda non est. Oportuit ergo idipsum illius hominis, quem Dei Sapientia suscepit, morte monstrari. Sunt autem homines, qui quamvis mortem ipsam non timeant, genus tamen aliquod ipsius mortis horrescunt. Nihilominus autem, ut ipsa mors metuenda non est, ita nullum genus mortis bene et recte viventi homini metuendum est. Nihilominus igitur hoc quoque illius hominis cruce ostendendum fuit. Nihil enim erat

(a) Isthæc verba, *iste substantia, ille substantia*, absunt a novem Mss. — (b) Rat. et octo Mss. *quantumcumque sunt.* Alii quatuor, *quantacumque sunt.*

QUESTION XXVI. — *De la différence des péchés.* — Autres sont les péchés d'infirmité, autres ceux d'ignorance, autres ceux de malice. L'infirmité est opposée à la force, l'ignorance à la science, la malice à la bonté. Si donc on connaît bien ce que c'est que la vertu et la sagesse de Dieu, on peut se faire une idée de ce que sont les péchés véniels. Et si l'on connaît ce que c'est que la bonté de Dieu, on peut distinguer quels sont les péchés qui méritent une punition certaine en cette vie et en l'autre. Ce sujet bien étudié, on peut juger avec fondement quels sont ceux qu'on doit dispenser d'une pénitence douloureuse et pénible, quoiqu'ils conviennent de leurs péchés; et quels sont ceux qui n'ont aucun salut à espérer, à moins qu'ils n'offrent à Dieu, comme sacrifice, un cœur brisé par la pénitence?

QUESTION XXVII. — *De la Providence.* — Il peut se faire que la divine Providence se serve d'un méchant pour punir et pour aider. Car l'impiété des Juifs a causé leur perte et a sauvé les Gentils. Il peut se faire aussi que la divine Providence se serve de l'homme bon pour perdre et pour sauver, comme dit l'Apôtre : « Aux uns nous sommes odeur de vie pour la vie, et aux autres odeur de mort pour la mort. » (II *Cor.*, II, 16 ; liv. XI *de la Genèse.*) Mais comme toute tribulation est ou une punition pour l'impie ou une épreuve pour le juste, parce que le même battoir (*tribula*) d'où vient le nom de tribulation, fait tomber la paille et dépouille le froment; d'autre part, comme la paix avec l'exemption des inquiétudes temporelles, est un moyen qui profite aux bons et corrompt les méchants, tout cela est l'œuvre de la providence pour le bien des âmes. Et cependant le ministère de la tribulation n'appartient pas aux bons, ni la paix au choix des méchants. C'est pourquoi les méchants qui ne sont que des instruments aveugles sont jugés, non pour la justice qui vient de Dieu, mais pour le fait de leur malveillance. De même que les bons, en voulant faire du bien, ne sont pas responsables du mal qui arrive, mais leur bonne intention a droit à la récompense ; ainsi toute créature est une occasion de mérite pour les âmes raisonnables par son influence sensible ou cachée, fâcheuse ou utile. Car sous l'empire d'un Dieu qui gouverne bien toutes ses créatures, il n'y a rien d'irrégulier dans l'univers, rien d'injuste, que cet ordre nous échappe ou qu'il nous soit connu. Il est vrai que l'âme pécheresse est parfois blessée. Cependant comme elle est où il convient qu'elle soit, et qu'elle y souffre ce qu'il est juste qu'elle

---

inter omnia genera mortis illo genere exsecrabilius et formidolosius.

QUÆST. XXVI. — *De differentia peccatorum.* — Alia sunt peccata infirmitatis, alia imperitiæ, alia malitiæ. Infirmitas contraria est virtuti, imperitia contraria est sapientiæ, malitia contraria est bonitati. Quisquis igitur novit quid sit virtus et sapientia Dei, potest existimare quæ sint peccata venialia. Et quisquis novit quid sit bonitas Dei, potest existimare quibus peccatis certa pœna debeatur et hic et in futuro sæculo. Quibus bene tractatis, probabiliter judicari potest, qui non sint cogendi ad pœnitentiam luctuosam et lamentabilem, quamvis peccata fateantur ; et quibus nulla omnino speranda sit salus, nisi sacrificium obtulerint Deo spiritum contribulatum per pœnitentiam.

QUÆST. XXVII. — *De providentia.* — Fieri potest, ut per malum hominem divina providentia et puniat et opituletur. Nam Judæorum impietas et (a) Judæos supplantavit, et Gentibus saluti fuit. Item fieri potest, ut divina providentia per hominem bonum et damnet et adjuvet, sicut ait Apostolus : « Aliis sumus odor vitæ in vitam, aliis autem odor mortis in mortem. (II *Cor.*, II, 16. Lib. XI, *de Genes. ad litteram*, cap. 6.) Sed cum omnis tribulatio aut pœna impiorum sit, aut exercitatio justorum ; quia eadem tribula et paleas concidit, et frumenta paleis exuit, unde tribulatio nomen accepit : rursus cum pax et quies a molestiis temporalibus et bonis lucretur, et corrumpat malos : omnia hæc divina providentia pro meritis moderatur animarum. Sed tamen non sibi eligunt boni ministerium tribulationis, nec mali amant pacem. Quare ipsi quoque, per quos id agitur quod ignorant, non justitiæ quæ refertur ad Deum, sed malevolentiæ suæ mercedem accipiunt. Quemadmodum nec imputatur, quod ipsis prodesse volentibus nocetur alicui, sed bono animo benevolentiæ præmium tribuitur : ita etiam cætera creatura pro meritis animarum rationalium vel sentitur vel latet, vel molesta vel commoda est. Summo enim Deo cuncta bene administrante quæ fecit, nihil inordinatum in universo, nihilque injustum est, sive scientibus sive nescientibus nobis. Sed in parte offenditur

(a) Er. et undecim Mss. *Judam supplantavit.*

souffre, elle ne dépare en rien par cette difformité l'empire universel de Dieu. C'est pourquoi, comme nous ne connaissons pas tout ce que Dieu fait pour notre bien avec un ordre providentiel, nous apportons seulement notre bonne volonté pour nous conformer à la loi ; dans tout le reste, c'est la loi qui nous mène, puisque la loi elle-même est immuable et qu'elle gouverne les choses temporelles avec une régularité admirable. Donc, «gloire à Dieu au plus haut des cieux, et paix sur la terre aux hommes de bonne volonté.» (*Luc*, II, 14.)

QUESTION XXVIII. — *Pourquoi Dieu a-t-il voulu créer le monde?* — Quand on demande pourquoi Dieu a voulu créer le monde, on demande la cause de la volonté de Dieu; mais toute cause est efficiente. Or, tout ce qui est efficient est supérieur à ce qui est effet. Il n'y a donc rien au-dessus de la volonté de Dieu. Il ne faut donc pas en rechercher la cause.

QUESTION XXIX. — *Y a-t-il quelque chose en haut ou en bas dans l'univers?* — « Goutez les choses qui sont en haut. » (*Col.*, III, 2.) On nous commande de goûter les choses qui sont en haut, c'est-à-dire les choses spirituelles, qu'il ne faut pas se figurer dans les lieux et les parties élevées de ce monde, mais qu'il faut apprécier par le mérite de leur excellence, pour ne pas fixer notre cœur à une partie de ce monde, nous qui devons nous dépouiller du monde tout entier. Or, le haut et le bas ne se trouvent que dans les parties de ce monde, car l'univers lui-même n'a ni haut ni bas. Il est corporel, puisque tout ce qui est visible est corporel. Or, dans le corps universel, il n'y a ni haut ni bas. Car le mouvement ayant lieu dans six directions, je parle du mouvement en ligne droite, et non circulaire, en avant et en arrière, à droite et à gauche, en haut et en bas, je ne vois pas pourquoi le corps universel qui n'a ni avant ni arrière, ni droite ni gauche, aurait un haut et un bas. Mais on est trompé par la vue des objets, parce qu'il est difficile de résister au témoignage des sens et à l'habitude. Car le mouvement du corps ne nous est pas si facile la tête en bas, que s'il s'agit de la tourner de droite à gauche, ou d'avant en arrière. C'est pourquoi, sans aller plus loin, je laisse à chacun d'examiner la question comme il l'entendra.

QUESTION XXX. — *Tout a-t-il été créé pour l'utilité de l'homme?* — Comme il y a une différence entre l'honnête et l'utile, il y en a une aussi entre la jouissance et l'usage. Car quoique tout ce qui est honnête puisse être, sous certains rapports, présenté comme utile, et tout ce qui est utile, comme honnête. Cependant, comme il est plus suivant la langue et l'usage d'appeler honnête ce qui est désirable en soi, et utile ce

anima peccatrix : tamen quia pro meritis ibi est, ubi talem esse decet, et ea patitur quæ pati talem æquum est, universum regnum Dei nulla sua fœditate deformat. Quamobrem quoniam non omnia novimus quæ de nobis bene agit ordo divinus, in sola bona voluntate secundum legem agimus, in cæteris autem secundum legem agimur, cum lex ipsa incommutabilis maneat, et omnia mutabilia pulcherrima gubernatione moderetur. « Gloria igitur in altissimis Deo, et in terra pax hominibus bonæ voluntatis. » (*Luc.*, II, 14.)

QUÆST. XXVIII. — *Quare Deus mundum facere voluerit.* — Qui quærit quare voluerit Deus mundum facere, causam quærit voluntatis Dei. Sed omnis causa efficiens est. Omne autem efficiens majus est, quam id quod efficitur. Nihil autem majus est voluntate Dei. Non ergo ejus causa quærenda est.

QUÆST. XXIX. — *Utrum aliquid sit sursum aut deorsum in universo.* — Quæ « sursum sunt sapite. » (*Col.*, III, 2.) Ea quæ sursum sunt sapere jubemur, spiritalia scilicet, quæ non locis et partibus hujus mundi sursum esse intelligenda sunt, sed merito excellentiæ suæ; ne in ejus mundi parte figamus animum nostrum, quo universo nos debemus exuere. Sursum autem ac deorsum in hujus mundi partibus est. Nam universus nec ipse habet sursum aut deorsum. Corporeus est enim; quia omne visibile corporeum est. Nihil autem in universo corpore sursum aut deorsum est. Cum enim in sex partes motus fieri videatur, qui rectus dicitur, id est, qui circularis non est, in anteriora et posteriora, in dexteriora et sinisteriora, in superiora et inferiora, nulla omnino ratio est, cur universo corpori ante hac post nihil sit, et dextera ac læva, sit autem sursum ac deorsum. Sed eo considerantes decipiuntur, quod sensibus et consuetudini difficile obstititur. Non enim tam facilis est nobis conversio corporis, quæ fit, si quis capite deorsum moveri velit, quam facilis est a dextra in lævam, vel ab anteriore in posteriorem partem. Quamobrem remotis verbis secum ipsi animo satagendum est, ut hoc cernere valeat.

QUÆST. XXX. — *Utrum omnia in utilitatem hominis creata sint.* — Ut inter honestum et utile interest, ita et inter fruendum et utendum. Quanquam enim omne honestum utile, et omne utile honestum esse, subtiliter defendi queat : tamen quia magis proprie atque usitatius honestum dicitur, quod propter se

QUESTION XXX.

qui se rapporte à quelque autre fin, nous parlons ici en tenant compte de cette différence, restant persuadés que l'honnête et l'utile ne sont nullement opposés l'un à l'autre. Car c'est par ignorance et d'après l'opinion vulgaire qu'on les trouve en opposition. On dit donc que nous jouissons d'une chose, quand elle nous procure du plaisir, et que nous en usons, quand elle n'est qu'un moyen de nous en procurer. Ainsi toute la perversité ou le vice de la nature humaine, c'est de vouloir user des choses dont il faut jouir, et de vouloir jouir des choses dont il faut user. Comme tout ordre, c'est-à-dire toute vertu consiste à jouir de ce dont il faut jouir, et à user de ce dont il faut user. Or, il faut jouir de ce qui est honnête, et user de ce qui est utile. J'appelle honnêteté toute beauté intellectuelle, c'est-à-dire spirituelle pour employer l'expression propre ; et utilité, la divine Providence. C'est pourquoi, malgré que plusieurs choses visibles soient belles et appelées honnêtes dans un sens plus impropre, cependant la beauté même qui rend beau tout ce qui est beau, n'est visible d'aucune manière. Egalement il y a plusieurs choses utiles qui sont visibles; mais l'utilité elle-même par laquelle elles sont utiles, et que nous appelons la divine Providence, n'est pas visible. Il n'est pas besoin de dire que sous le nom de visible on comprend toutes les choses corporelles. Il faut donc jouir de belles choses invisibles, c'est-à-dire honnêtes; faut-il dire de toutes? C'est une autre question ; quoique peut-être il convient de n'appeler honnêtes que celles dont on doit jouir ; mais il faut user de toutes les choses utiles, suivant le besoin qu'on a de chacune. On croit avec raison que les animaux eux-mêmes jouissent de la nourriture et de tout plaisir corporel; mais il n'y a que l'animal doué de raison qui puisse user de quelque chose. Car il n'est pas donné aux êtres privés de raison de savoir comment une chose se rapporte à une autre; et parmi les êtres raisonnables, les insensés ne le savent pas davantage. On ne peut donc pas user d'une chose, quand on ne sait pas où il faut la rapporter; et personne ne peut le savoir que le sage. C'est pourquoi nous disons avec raison que l'homme abuse quand il n'use pas bien. Et la chose dont on use mal n'est pas avantageuse; et ce qui n'est pas avantageux n'est pas utile. Or, ce qui est utile, n'est utile que par l'usage; et ainsi personne n'use que de ce qui est utile. On n'use donc pas quand on use mal. Donc la raison parfaite de l'homme, qui est la vertu, use d'abord d'elle-même pour connaître Dieu, afin de jouir de celui dont elle tient l'être. Elle se sert des autres animaux doués de raison pour en faire sa société, et des animaux qui en sont privés pour exercer son empire. Elle rapporte aussi sa vie à la jouissance de Dieu, car c'est ainsi qu'elle est heureuse. Elle

---

ipsum expetendum est, utile autem quod ad aliud aliquid referendum est ; secundum hanc differentiam nunc loquimur, illud sane custodientes, ut honestum et utile nullo modo sibimet adversentur. Adversari enim hæc sibi aliquando imperite ac vulgariter existimantur. Frui ergo dicimur ea re, de qua capimus voluptatem. Utimur ea, quam referimus ad id unde voluptas capienda est. Omnis itaque humana perversio quod etiam vitium vocatur, fruendis uti velle, atque utendis frui. Et rursus omnis ordinatio, quæ virtus etiam nominatur, fruendis frui, et utendis uti. Fruendum est autem honestis utendum vero utilibus. Honestatem voco intelligibilem pulchritudinem, quam spiritalem nos proprie dicimus; utilitatem autem, divinam providentiam. Quapropter quanquam sint multa pulchra visibilia, quæ minus proprie honesta appellantur; ipsa tamen pulchritudo, ex qua pulchra sunt, quæcumque pulchra sunt, nullo modo est visibilis. Item multa utilia visibilia ; sed ipsa utilitas, ex qua nobis prosunt quæcumque prosunt, quam divinam providentiam dicimus, visibilis non est. Notum sane sit visibilium nomine omnia corporalia contineri. Oportet ergo frui pulchris invisibilibus, id est, honestis : utrum autem omnibus, alia quæstio est ; quanquam fortasse honesta non nisi quibus fruendum est, dici deceat. Utilibus autem utendum est omnibus, ut quoque corum opus est. Et frui quidem cibo et qualibet corporali voluptate non adeo absurde existimantur et bestiæ : uti autem aliqua re non potest nisi animal quod rationis est particeps. Scire namque quo quidque referendum sit, non datum est rationis expertibus; sed neque ipsis rationalibus stultis. Nec uti quisque potest ea re, quo quo referenda sit nescit ; nec quisquam potest scire nisi sapiens. Quare abuti rectius dici solent, quæ non bene utuntur. Non enim cuiquam prodest id quo male utitur ; et quod non prodest, non utique utile est. Utile autem quidquid est, utendo est utile : ita nemo utitur nisi utili. Non ergo utitur, quisquis male utitur. Perfecta igitur hominis ratio, quæ virtus vocatur, utitur primo se ipsa ad intelligendum Deum, ut eo fruatur, a quo etiam

use donc aussi d'elle-même, et sa misère commence lorsque, poussée par l'orgueil, elle se rapporte à elle-même, et non à Dieu. Elle se sert aussi de certains corps pour les animer et faire le bien, comme du sien, par exemple ; elle use de quelques autres qu'elle emploie ou rejette par raison de santé ; de quelques-uns pour exercer sa patience ; de ceux-ci pour opérer des actes de justice ; de ceux-là pour lui fournir des moyens de connaître la vérité ; ceux-mêmes dont elle n'use pas lui donnent lieu de pratiquer la tempérance. Ainsi tout est en rapport avec elle, l'être sensible comme l'être non sensible, car il n'y a pas une troisième catégorie. Elle juge de tout ce dont elle use, hormis Dieu dont elle ne juge pas, parce que c'est selon Dieu qu'elle juge du reste ; elle n'use pas de Dieu, mais elle en jouit. Car Dieu ne peut pas être rapporté à quelque chose, puisque tout ce qui peut se rapporter à une autre chose est au-dessous de la chose à laquelle il se rapporte. Or, il n'y a rien au-dessus de Dieu, je ne dis pas seulement par le lieu, mais par l'excellence de sa nature. Donc tout ce qui a été fait a été fait pour l'usage de l'homme, parce que la raison qui a été donnée à l'homme se sert de tout avec une discrétion intelligente. Avant sa chute l'homme n'usait point des créatures pour s'exercer à la patience ; et depuis la chute il n'y cherche point non plus cette utilité, à moins qu'il ne soit converti, et déjà, autant que possible, quoique dans une condition mortelle, l'ami de Dieu, parce qu'il est librement son serviteur.

QUESTION XXXI. — *Sentiment de Cicéron, sur la division et la définition des vertus.....* (CIC., *De Invent.*, liv. II.) — 1. La vertu est une habitude de l'âme conforme à l'état de la nature et à la raison. En étudiant toutes ses parties, on aura une complète idée de ce que nous appelons l'honnêteté. Elle a donc quatre parties : la prudence, la justice, la force et la tempérance. La prudence est la science de ce qui est bon, mauvais et indifférent. Ses parties sont la mémoire, l'intelligence et la prévoyance. La mémoire nous rappelle les choses passées ; l'intelligence perce de son regard les choses présentes ; par la prévoyance l'esprit voit ce qui doit être avant qu'il n'arrive. La justice est une habitude de l'âme qui, tout en ménageant l'utilité commune, rend à chacun ce qui lui appartient. Elle a son origine dans la nature ; ensuite certaines choses étant passées en coutume, à cause de leur utilité, la crainte des lois et la religion ont sanctionné ce qui avait été inspiré par la nature et approuvé par la coutume. Le droit vient de la nature ; ce n'est pas l'opinion qui l'a fait naître, mais

facta est. Utitur autem cæteris rationalibus animantibus ad societatem, irrationalibus ad eminentiam. Vitam etiam suam ad id refert, ut fruatur Deo : ita enim beata est. Ergo et se ipsa utitur ; quæ profecto inchoat miseriam per superbiam si ad se ipsam, non ad Deum referatur. Utitur etiam corporibus quibusdam vivificandis ad beneficentiam ; sic enim utitur suo corpore : quibusdam assumendis vel respuendis ad valetudinem, quibusdam tolerandis ad patientiam, quibusdam ordinandis ad justitiam, quibusdam considerandis ad aliquod veritatis documentum : utitur etiam iis a quibus se abstinet, ad temperantiam. Ita omnibus et sensis et non sensis utitur ; nec aliquid tertium est. Judicat autem de omnibus quibus utitur : de solo Deo non judicat, quia secundum Deum de cæteris judicat ; nec eo utitur, sed fruitur. Neque enim ad aliquid aliud Deus referendus est. Quoniam omne quod ad aliud referendum est, inferius est quam id ad quod referendum est, Nec est aliquid Deo superius, non loco, sed excellentia (a) suæ naturæ. Omnia ergo quæ facta sunt, in usum hominis facta sunt, quia omnibus utitur (b) judicando ratio, quæ homini data est. Et ante lapsum quidem non utebatur tolerandis, nec post lapsum utitur nisi conversus, et quanquam ante mortem corporis, jam tamen quantum potest Dei amicus, quia libenter servus.

QUÆST. XXXI. — *Sententia Ciceronis quemadmodum virtutes animi ab illo divisæ ac definitæ sint.* (Cic., lib. II, *de Invent.*) — 1. Virtus est animi habitus naturæ modo atque rationi consentaneus. Quare omnibus partibus ejus cognitis tota vis erit simplicis honestatis considerata. Habet igitur partes quatuor, prudentiam, justitiam, fortitudinem, temperantiam. Prudentia est rerum bonarum et malarum neutrarumque scientia. Partes ejus, memoria, intelligentia, providentia. Memoria est per quam animus repetit illa quæ fuerunt. Intelligentia, per quam ea perspicit quæ sunt. Providentia, per quam futurum aliquid videtur antequam factum est. Justitia est habitus animi, communi utilitate conservata, suam cuique tribuens dignitatem. Ejus initium est ab natura profectum : deinde quædam in consuetudinem ex utilitatis ratione venerunt : postea res et ab natura profectas et ab consuetudine probatas, legum metus et religio sanxit. Natura jus est, quod non opinio ge-

(a) Er. et plures Mss. *sed excellentia substantiæ.* — (b) Codices duo, *judicandi ratio.*

QUESTION XXXI.

il a été gravé dans le cœur de l'homme par une force innée, comme le sont la religion, la piété, la bienveillance, la vindicte publique, le respect, la vérité. La religion s'occupe de cette nature supérieure qu'on appelle divine, et lui rend un culte. Par la piété, on remplit envers les parents et la patrie les devoirs de la bienveillance, et on a pour eux une déférence convenable. La bienveillance est à la fois le souvenir de l'amitié, et le désir de récompenser les services. La vindicte repousse la violence, l'injustice, et tout ce qui peut être nuisible, avec l'intention de se défendre ou de punir. Le respect attribue des honneurs, et une sorte de culte aux hommes qui se distinguent par quelque dignité. La vérité exprime d'une manière inaltérable ce qui est, ce qui a été, ou ce qui sera. Puis il y a un droit qui vient de la coutume, faiblement indiqué par la nature, mais entretenu et fortifié par l'usage, comme la religion et les autres vertus dont nous avons parlé, lesquelles, bien que fondées sur la nature, se sont implantées plus fortement par l'habitude, ou celles que leur antiquité a consacrées dans les usages avec l'approbation du peuple. De ce genre sont le pacte, l'égalité, la loi, la chose jugée : le pacte, quand une chose est convenue entre quelques personnes. L'égalité, qui est la même mesure pour tous. La chose jugée,

c'est ce qui est réglé par les décisions d'un seul ou de plusieurs. La loi, c'est le droit écrit, promulgué devant le peuple pour être observé. La force consiste à affronter avec réflexion les dangers, et à supporter les fatigues. Cette vertu a plusieurs parties : la magnificence, la confiance, la patience, la persévérance. La magnificence consiste à méditer et à exécuter des choses grandes et élevées avec une large et généreuse disposition de l'âme ; par la confiance l'âme s'appuie sur elle-même, avec une espérance certaine de réussir dans les choses grandes et honnêtes. La patience, c'est la volonté ferme et persévérante de supporter des travaux ardus et difficiles en vue de l'honnêteté et de l'utilité. La persévérance est une constance inébranlable dans une résolution bien réfléchie. La tempérance est l'empire ferme et réglé de la raison sur la passion et les mouvements déréglés de l'âme. Elle renferme la continence, la clémence, la modestie. La continence soumet la passion au joug de la prudence. La clémence retient par un sentiment de bienveillance l'âme agitée et poussée témérairement à la haine. La modestie assure à la pudeur honnête une autorité glorieuse et solide.

2. Toutes ces vertus, il faut les rechercher pour elles-mêmes, et non par un motif d'intérêt.

nuit, sed quædam innata vis inseruit, ut religionem, pietatem, gratiam, vindicationem, observantiam, veritatem. Religio est quæ superioris cujusdam naturæ, quam divinam vocant, curam cerimoniamque affert. Pietas, per quam sanguine conjunctis patriæque benevolens officium, et diligens tribuitur cultus. Gratia, in qua amicitiarum et officiorum, alterius memoria, et (a) alterius remunerandi voluntas continetur. Vindicatio, per quam vis aut injuria, et omnino omne quod obfuturum est, defendendo aut ulciscendo propulsatur. Observantia, per quam homines aliqua dignitate antecellentes, cultu quodam et honore dignamur. Veritas, per quam immutata ea quæ sunt aut fuerunt aut futura sunt dicuntur. Consuetudine autem jus est quod aut leviter a natura tractum aluit, et majus fecit usus, ut religionem ; et si quid eorum quæ ante diximus, a natura profectum, majus factum propter consuetudinem videmus : aut quod in morem vetustas vulgi approbatione perduxit. Quod genus pactum est, par, (b) lex, judicatum. Pactum est quod inter aliquos convenit. Par, quod in omnes æquale est. Judicatum, de quo alicujus aut aliquorum jam sententiis constitutum est.

Lege jus est, quod in eo scriptum, quod populo expositum est ut observet, continetur. Fortitudo est considerata periculorum susceptio, et laborum perpessio. Ejus partes, magnificentia, fidentia, patientia, perseverantia. Magnificentia, est rerum magnarum et excelsarum cum animi ampla quadam et splendida propositione agitatio atque administratio. Fidentia est per quam magnis et honestis in rebus multum ipse animus in se fiduciæ certa cum ipse collocavit. Patientia est honestatis aut utilitatis causa rerum arduarum ac difficilium voluntaria ac diuturna perpessio. Perseverantia est in ratione bene considerata stabilis et perpetua permansio. Temperantia est rationis in libidinem atque in alios non rectos impetus animi firma et moderata dominatio. Ejus partes, continentia, clementia, modestia. Continentia est per quam cupiditas consilii gubernatione regitur. Clementia, per quam animi temere in odium alicujus illecti concitatique comitate retinentur. Modestia per quam pudor honestus (c) claram et stabilem comparat auctoritatem.

2. Atque hæc omnia propter se solum, ut nihil adjungatur emolumenti, petenda sunt. Quod ut mons-

(a) Hic deerat *alterius* : restituitur ex Mss. et ex Cicer. — (b) Vox *lex* abest a Rat. et tribus Mss. — (c) Rat. et tres Mss. *caram*.

Cette démonstration n'entre pas dans notre plan, et nous ferait sortir de la brièveté qu'il nous impose. Or, il faut éviter non-seulement les vices qui leur sont contraires, comme la lâcheté l'est à la force, l'injustice à la justice; mais encore d'autres défauts qui paraissent s'en rapprocher, comme s'ils étaient de la même famille, mais qui en sont très-éloignés. C'est ainsi que la défiance, pour être opposée à la confiance, est un vice. Mais l'audace n'en est pas moins un, quoiqu'elle ne soit point opposée à la confiance, qu'elle l'avoisine même. De cette manière auprès de chaque vertu on trouvera un vice; soit qu'on le désigne par un nom particulier, comme l'audace voisine de la confiance, l'opiniâtreté, de la persévérance, la superstition, de la religion; soit qu'il n'ait pas encore de nom déterminé; toutes choses que nous rangeons parmi celles qu'il faut éviter comme contraires au bien. Nous avons assez parlé de ce genre d'honnêteté, qu'il faut rechercher absolument et pour soi. Occupons-nous maintenant de l'espèce qui comporte aussi l'utile, et que nous appelons cependant encore l'honnête.

3. Il y a plusieurs choses qui nous attirent et par leur dignité et par leur utilité. Telles sont la gloire, le rang, la grandeur, l'amitié. La gloire est une grande renommée accompagnée de louanges. Le rang, c'est une autorité honnête, entourée de culte, d'honneur et de respect. La grandeur, c'est la puissance, la majesté ou la possession de grandes richesses. L'amitié, c'est la volonté qu'on a de faire du bien à quelqu'un, à cause de l'affection qu'on a pour lui, avec la réciprocité d'autre part. Comme il est ici question des causes civiles, nous parlons des fruits de l'amitié comme de l'amitié, pour montrer qu'on peut les rechercher, et pour ne pas nous exposer aux reproches que pourraient nous faire ceux qui pensent que nous parlons de toute espèce d'amitié. En effet, les uns pensent qu'il faut rechercher l'amitié pour ses avantages, d'autres qu'on doit la rechercher pour elle-même, et d'autres enfin veulent l'un et l'autre. Que faut-il penser en réalité de ces opinions? Nous pourrons l'examiner ailleurs.

QUESTION XXXII. — *L'un peut-il comprendre une chose mieux qu'un autre, et ainsi l'intelligence de cette chose peut-elle s'étendre à l'infini?* — Celui qui comprend une chose autrement qu'elle n'est, se trompe; et celui qui se trompe, ne comprend pas ce en quoi il se trompe. Donc celui qui comprend une chose autrement qu'elle n'est, ne la comprend pas. Rien ne peut donc être compris que comme il est. Or, quand nous comprenons une chose autrement qu'elle n'est, c'est comme si nous ne la comprenions pas, puisque nous ne la comprenons pas comme

---

tretur, neque ad hoc nostrum institutum pertinet, et a brevitate præcipiendi remotum est. Propter se autem vitanda sunt, non ea modo quæ iis contraria sunt, ut fortitudini ignavia, et justitiæ injustitia; verum etiam illa quæ propinqua videntur et finitima esse, absunt autem longissime. Quod genus fidentiæ contrarium est diffidentia, et ea re vitium est : audacia, non contrarium, sed appositum ac propinquum, et tamen vitium est. Sic unicuique virtuti finitimum vitium reperietur, aut certo jam nomine appellatum, ut audacia quæ fidentiæ, pertinacia quæ perseverantiæ finitima est, superstitio quæ religioni propinqua est; aut sine ullo certo nomine : quæ omnia item uti contraria rerum bonarum in rebus vitandis reponemus. Ac de eo quidem genere honestatis, quod omni ex parte propter se petitur, satis dictum est. Nunc de eo, in quo utilitas quoque adjungitur, quod tamen honestum vocamus, dicendum videtur.

3. Sunt igitur multa quæ nos, cum dignitate, tum fructu quoque suo ducunt. Quo in genere est gloria, dignitas, amplitudo, amicitia. Gloria est frequens de aliquo fama cum laude. Dignitas, alicujus honesta et cultu et honore et verecundia digna auctoritas. Amplitudo est (a) potentia, aut majestas, aut aliquarum copiarum magna abundantia. Amicitia, voluntas erga aliquem rerum bonarum, illius ipsius causa quem diligit, cum ejus pari voluntate. Hic quia de civilibus causis loquimur, fructus ad amicitiam adjungimus, ut eorum quoque causa petenda videatur, ne forte qui nos de omni amicitia dicere existimarint reprehendant. Quanquam sunt qui propter utilitatem modo petendam putent amicitiam, sunt qui propter se ipsam, sunt qui et propter se et propter utilitatem. Quorum quid verissime statuatur, alius locus erit considerandi.

QUÆST. XXXII. — *Utrum rem ullam alius alio magis intelligat, atque ita ejusdem rei per infinitum eat intelligentia.* — Quisquis ullam rem aliter quam ea res est intelligit, fallitur : et omnis qui fallitur, id in quo fallitur non intelligit. Quisquis igitur ullam rem aliter quam est intelligit, non eam intelligit. Non ergo

---

(a) Aliquot Mss. et Ciceroniani libri, *potentiæ aut majestatis.*

elle est. Il ne faut donc pas douter qu'il existe une manière parfaite de comprendre, laquelle ne peut être dépassée; par conséquent l'intelligence d'une chose ne peut pas s'étendre à l'infini, et nul ne peut la comprendre plus qu'un autre.

QUESTION XXXIII. — *De la crainte.* — Il n'est pas douteux que la crainte ne peut avoir que deux objets : ou de perdre ce qu'on aime et qu'on possède, ou de ne pas obtenir ce qu'on espère. L'homme qui aime à ne rien craindre et qui possède cette disposition, pourrait-il craindre de la perdre? Il est plusieurs choses que nous aimons, que nous possédons, et que nous craignons de perdre; c'est pour cela que nous les conservons avec crainte. Mais l'exemption de la crainte, personne ne peut la conserver avec crainte. D'autre part, celui qui aime cette disposition, sans l'avoir encore, mais espérant l'obtenir, ne doit pas craindre de n'y pas arriver, car cette crainte ne serait pas autre chose que la crainte. Or, toute crainte fuit quelque chose, et cette chose ne peut pas se fuir elle-même. Donc la crainte n'est pas un objet de crainte. Ne peut-on pas dire avec raison que la crainte craint quelque chose, puisque c'est l'âme qui craint, quand elle éprouve de la crainte? Veuillez donc réfléchir, pour mieux comprendre, qu'on ne craint jamais qu'un mal futur et prochain. Or, il faut que celui qui craint ait en vue de fuir quelque chose; donc celui qui craint de craindre tombe dans la plus grande absurdité, parce qu'en fuyant il tombe dans ce qu'il fuit. En effet, comme on ne craint pas autre chose, si ce n'est un mal qui peut arriver, craindre que la crainte n'arrive, c'est embrasser ce qu'on repousse. Comme tout cela répugne, en effet, il s'ensuit qu'on ne craint rien, quand on ne désire que l'exemption de toute crainte. C'est pourquoi il est impossible de n'aimer que cela, et de ne pas le posséder. Savoir maintenant si c'est la seule chose qu'on doive aimer, c'est une autre question. Il est bien certain que l'homme inaccessible à la crainte n'est point tourmenté par la cupidité, affaibli par l'inquiétude, agité par le souffle d'une joie vaine et immodérée. En effet, la convoitise n'étant autre chose que l'amour des choses périssables, s'il les désirait, il devrait nécessairement craindre ou de perdre ces biens, qu'il posséderait, ou de ne pas les obtenir. Or, il ne craint pas, donc il ne désire pas. Celui qui est tourmenté par une peine d'esprit, est nécessairement tourmenté par la crainte. Car ceux qui sont inquiets des maux présents, craignent aussi les maux futurs. Or, si cet homme n'a pas de crainte, il n'a pas non plus d'inquiétude. Enfin, en se livrant à une vaine joie, il se réjouirait des choses qu'il peut perdre; par con-

---

potest quidquam intelligi, nisi ut est. Nos autem aliquid non ita ut est intelligimus, velut hoc ipsum nihil intelligi, quod non ita ut est intelligitur. Quare non est dubitandum esse perfectam intelligentiam, qua præstantior esse non possit; et ideo non per infinitum ire quod quæque res intelligitur, nec eam posse alium alio plus intelligere.

QUÆST. XXXIII. — *De metu.*— Nulli dubium est non aliam metuendi esse causam, nisi ne id quod amamus, aut adeptum amittamus, aut non adipiscamur speratum. Quare quisquis hoc ipsum non metuere amaverit atque habuerit, quis metus est ne id possit amittere? Multa enim quæ amamus et habemus, metuimus amittere; ita ea custodimus metu : non metuere autem nemo potest custodire metuendo. Item quisquis amat non metuere, atque id nondum habet, speratque se habiturum, non eum oportet metuere ne non adipiscatur. Hoc enim metu nihil aliud metuitur quam idem metus. Porro metus omnis aliquid fugit, et nulla res se ipsam fugit. Non igitur metuitur metus. Sed si quis existimat non recte dici quod metus aliquid metuat, cum anima potius ipso metu metuat; illud attendat, quod cognitu facile est, nullum metum esse nisi futuri et imminentis mali. Necesse est autem ut qui metuit, aliquid fugiat. Quisquis itaque metuere metuit, est profecto absurdissimus, quia fugiendo habet idipsum quod fugit. Nam quoniam non metuitur nisi aliquid mali accidat, metuere ne accidat metus, nihil aliud est nisi amplecti quod respuis. Quod si repugnans est, sicuti est, nullo prorsus modo metuit, quisquis nihil aliud amat quam non metuere. Et propterea nemo potest hoc solum amare, non habere. Utrum autem hoc solum amandum sit, alia quæstio est. Jam quem non exanimat metus, nec cupiditas eum vastat, nec ægritudo macerat, nec ventilat gestiens et vana lætitia. Si enim cupit, quia nihil aliud est cupiditas nisi amor rerum transeuntium, metuat necesse est, ne aut amittat eas cum adeptus fuerit, aut non adipiscatur. Non autem metuit : non ergo cupit. Item si angitur animi dolore, necesse est etiam metu agitari : quoniam quorum malorum præsentium est anxietudo, eorum est et imminentium metus. Metu autem caret: ego et anxietudine. Item si lætetur inaniter, de iis rebus lætatur, quas potest amittere : quare metuat necesse est ne amittat. Sed

séquent, il devrait craindre de les perdre; or, vous dites que cet homme ne craint rien, donc il ne se livre pas à une vaine joie.

QUESTION XXXIV. — *Faut-il ne pas aimer autre chose, que d'être sans crainte?* — Si c'est un vice de ne pas craindre, il ne faut pas le désirer. Mais l'homme parfaitement heureux ne craint pas, et pourtant il n'est pas vicieux. Donc ce n'est pas un vice que d'être sans crainte. Mais l'audace est un vice. Donc celui qui est sans crainte n'est pas pour cela audacieux, quoique tout homme audacieux soit sans crainte. De même tout cadavre ne craint rien. C'est pourquoi comme c'est une chose commune entre l'homme heureux, l'audacieux et le cadavre que d'être sans crainte, mais que le premier possède cet avantage par tranquillité d'âme, l'audacieux par témérité, le cadavre par insensibilité; il s'ensuit qu'il faut aimer être sans crainte pour être heureux, mais que cela ne suffit pas, si nous ne voulons pas être audacieux ni cadavres.

QUESTION XXXV. — *Que faut-il aimer?* — 1. Comme tout ce qui est sans vie est sans crainte, et que cependant on ne pourra jamais nous persuader de nous ôter la vie pour être exempts de crainte, il s'ensuit qu'il faut désirer vivre sans crainte. Mais encore comme la vie exempte de crainte, si elle est privée d'intelligence, n'est pas une chose à désirer, il faut donc désirer vivre sans crainte avec l'intelligence. Est-ce la seule chose qu'on doive désirer? Ne doit-on pas aussi désirer l'amour? Oui, sans doute, puisqu'on n'aime rien sans l'amour. Mais si on aime l'amour à cause des objets que l'on doit aimer, on ne peut pas dire qu'on aime l'amour pour l'amour. Car aimer n'est pas autre chose que rechercher un objet pour lui-même. Faut-il donc rechercher l'amour pour lui-même, quand la privation de l'objet aimé produit une véritable misère? Ensuite comme l'amour est un mouvement de l'âme, et que tout mouvement tend à quelque chose, demander ce qu'il faut aimer, c'est demander quel est l'objet vers lequel il faut se porter. Donc, s'il faut aimer l'amour, tout amour n'est pas d'aimer. En effet, il y a un amour coupable qui entraîne l'âme au-dessous d'elle-même; on l'appelle plutôt passion, et il est la racine de tous les maux. C'est pourquoi il ne faut rien aimer de ce qui peut faire défaut à l'amour qui persévère et qui jouit. Quel est donc l'objet qu'il faut désirer d'aimer, si ce n'est celui qui ne peut nous faire défaut tant que nous l'aimons? Or, cet objet est possédé en même temps que connu. (I *Retr.*, XXVI.) Mais connaître l'or ou tout autre objet corporel, ce n'est pas le posséder; il ne faut donc pas l'aimer. D'autre

---

nullo modo metuit: nullo modo igitur lætatur inaniter.

QUÆST. XXXIV. — *Utrum non aliud amandum sit, quam metu carere.* — Si vitium est non metuere, non est amandum. Sed nemo beatissimus metuit, et nemo beatissimus in vitio est. Non est itaque vitium non metuere. At audacia vitium est. Non ergo quisquis non metuit, audax est; quanquam omnis qui audet, non metuat. Item cadaver omne non metuit. Quapropter cum commune sit non metuere beatissimo et audaci et cadaveri, sed beatissimus id habeat per tranquillitatem animi, audax per temeritatem, cadaver quia omni sensu caret; neque non amandum est non metuere, quoniam beati esse volumus; neque solum amandum, quoniam audaces et inanimes esse nolumus.

QUÆST. XXXV. — *Quid amandum sit.* — 1. Quoniam quidquid non vivit non metuit, neque vita carendum quisquam persuaserit, ut metu etiam carere possimus; amandum est sine metu vivere. Sed rursus quia vita metu carens, etiam, si intelligentia careat, non est appetenda; amandum est sine metu cum intellectu vivere. Idne solum amandum? an amor quoque ipse amandus est? Ita vero, quando sine hoc illa non amantur. Sed si propter alia quæ amanda sunt amor amatur, non recte (*a*) amari dicitur. Nihil enim aliud est amare, quam propter se ipsam rem aliquam appetere. Num igitur propter se ipsum amor appetendus est, cum quando desit quod amatur, ea sit indubitata miseria? Deinde cum amor motus quidam sit, neque ullus sit motus nisi ad aliquid, cum quærimus quid amandum sit, quid sit illud ad quod moveri oporteat, quærimus. Quare si amandus est amor, non utique omnis amandus est. Est enim et turpis, quo animus se ipso inferiora sectatur, quæ magis proprie cupiditas dicitur, omnium scilicet malorum radix. Et ideo non amandum est, quod manenti et fruenti (*b*) amori auferri potest. Cujus ergo rei amor amandus est, nisi ejus quæ non potest deesse dum amatur? Id autem est, quod nihil est aliud habere quam (*c*) nosse. (I *Retr.*, XXVI.) Porro aurum et omne corpus non hoc est habere quod nosse:

(*a*) Sic Rat. et octodecim Mss. At Er. et Lov. *non recte amor dicitur.* — (*b*) Rat. et octo Mss. *amatori.* — (*c*) Quatuor Mss. cum Eugypio, *quam sicut noscendum est nosse.* Et infra: *Nemo igitur beatam vitam sicut noscenda est, novit.* Additamentum summum est ex I Retract., 26.

part, comme on peut aimer, sans le posséder, non seulement un objet indigne d'amour, comme un corps doué de beauté, mais aussi des objets dignes d'être aimés, comme la vie bienheureuse ; comme on peut aussi posséder sans aimer, des chaînes, par exemple ; on demande avec raison si quelqu'un peut ne pas aimer quand il le possède, c'est-à-dire quand il le connaît, un objet qu'on ne peut connaître sans le posséder. Or, nous voyons des hommes, par exemple, apprendre le calcul dans le seul but de s'enrichir, ou de plaire aux autres ; et ensuite possédant cette science, rapporter leur science acquise à la même fin qu'ils avaient en l'acquérant. Cependant posséder une science, ou la connaître, c'est la même chose. Il peut donc arriver qu'on possède, sans l'aimer, une chose qu'il suffit de connaître, pour la posséder. Et pourtant un bien qu'on n'aime pas, peut-on dire qu'on le possède ou qu'on le connaisse parfaitement? Comment, en effet, connaître la valeur d'un bien dont on ne jouit pas? Or, on ne jouit pas quand on n'aime pas ; donc celui qui n'aime pas ce qu'il faut aimer ne le possède pas, quoiqu'on puisse être aimé sans être possédé. On ne peut donc pas connaître la vie bienheureuse et être malheureux ; parce que s'il faut l'aimer telle qu'elle est, la connaître c'est la posséder. (1 *Retr.*, XXVI.)

2. Les choses étant ainsi, vivre heureusement n'est-ce pas connaître et posséder quelque chose d'éternel? Car il n'y a que ce qui est éternel qui soit digne de notre confiance, et qui ne puisse pas échapper à notre amour, et c'est cela même dont la possession n'est pas autre chose que la connaissance. Ce qui est éternel est au-dessus de toutes choses, et nous ne pouvons le posséder qu'au moyen de ce qui est supérieur en nous, c'est-à-dire par l'intelligence. Or, tout ce que nous possédons par l'intelligence, nous le possédons par la connaissance, et il n'est pas possible de connaître parfaitement un bien, sans l'aimer parfaitement. Pourtant l'intelligence n'est pas seule à aimer, comme elle n'est pas seule à connaître. Car l'amour est un désir, et nous voyons que le désir réside aussi dans les autres parties de l'âme ; de sorte que s'il est conforme à l'intelligence et à la raison, on jouira intérieurement d'une grande paix et tranquillité pour contempler ce qui est éternel. Donc l'âme doit aimer dans ses autres parties ce grand bien qu'elle connaît par l'intelligence. Et parce que l'objet de l'amour a pour effet nécessaire d'affecter celui qui aime ; ainsi quand l'objet aimé est éternel, il imprime à l'âme son éternité. C'est pourquoi la vie bienheureuse, c'est celle qui est éternelle. Mais quel être éternel, si ce n'est Dieu, peut communiquer à l'âme son éternité? Or, l'amour des choses dignes d'être aimées, c'est la

non itaque amandum est. Et quoniam potest aliquid amari, nec haberi, non solum ex his quæ amanda non sunt, ut pulchrum aliquod corpus, sed etiam eorum quæ amanda sunt, ut beata vita ; et rursus potest aliquid haberi, nec amari, ut compedes : jure quæritur utrum possit quispiam id quod habere nihil est nisi nosse, non amare cum habeat, id est, noverit. Sed cum videamus nonnullos non ob aliud, verbi gratia, discere numeros, nisi ut eadem disciplina pecuniosi fiant, aut hominibus placeant ; quam cum didicerint, ad eumdem finem referunt, quem sibi cum discerent, proposuerant ; neque ullam disciplinam aliud sit habere quam nosse : fieri potest, ut habeat quisque aliquid, quod habere, ne sit quod nosse, neque amet tamen. Quanquam bonum quod non amatur, nemo potest perfecte habere vel nosse. Quis enim potest nosse quantum sit bonum, quo non fruitur? Non autem fruitur, si non amat : nec habet igitur quod amandum est, qui non amat ; etiam si amare possit, qui non habet. Nemo igitur beatam vitam novit, et miser est (I *Retr.*, XXVI) : quoniam si amanda est, sicuti est, hoc est eam nosse quod habere.

2. Quæ cum ita sint, quid est aliud beate vivere, nisi æternum aliquid cognoscendo habere? Æternum est enim, de quo solo recte fiditur, quod amanti auferri non potest : idque ipsum est, quod nihil sit aliud habere quam nosse. Omnium enim rerum præstantissimum est quod æternum est : et propterea id habere non possumus, nisi ea re qua præstantiores sumus, id est mente. Quidquid autem mente habetur, noscendo habetur ; nullumque bonum perfecte noscitur, quod non noscendo habetur. Neque ut sola mens potest cognoscere, ita et amare sola potest. Namque amor appetitus quidam est : et videmus etiam cæteris animi partibus inesse appetitum, qui si menti rationique consentiat, in tali pace et tranquillitate vacabit mente contemplari quod æternum est. Ergo etiam cæteris suis partibus amare animus debet hoc tam magnum quod mente cognoscendum est. Et quoniam id quod amatur, afficiat ex se amantem necesse est ; fit ut sic amatum quod æternum est, æternitate animum afficiat. Quocirca ea demum vita beata, quæ æterna est. Quid vero æternum est, quod æternitate animum afficiat, nisi Deus? Amor autem rerum amandarum, caritas vel dilectio melius dicitur.

TOM. XXI.

charité ou mieux la dilection. C'est pourquoi il faut méditer de toutes les puissances de notre âme ce très-salutaire précepte : « Vous aimerez le Seigneur votre Dieu de tout votre cœur, de toute votre âme et de tout votre esprit; » (*Matth.*, XXII, 37; *Deut.*, VI, 5) et cet autre que nous enseigne le Seigneur Jésus : « La vie éternelle, c'est de vous connaître, vous seul vrai Dieu, et celui que vous avez envoyé, Jésus-Christ. » (*Jean*, XVII, 3.)

QUESTION XXXVI. — *Il faut nourrir la charité.* — 1. J'appelle charité, l'amour de ce qui n'est pas inférieur à celui qui aime, c'est-à-dire ce qui est éternel, et qu'on peut aimer éternellement. Dieu donc et l'âme qui aime Dieu, voilà la charité dans son état le plus pur et le plus parfait, s'il ne s'y mêle point d'autre amour; on l'appelle aussi la dilection. Mais lorsque Dieu est plus aimé que l'âme, au point que l'homme aime mieux être à Dieu qu'à lui-même, c'est alors qu'il est dans la voie du souverain bien pour son âme, et conséquemment pour son corps; puisque nous n'avons plus aucun souci de satisfaire aucun désir, prenant les choses à tout hasard et comme elles se présentent. Or, le poison de la charité, c'est le désir d'acquérir ou de conserver les biens temporels. Son aliment, c'est la diminution de la cupidité; sa perfection, l'extinction de la cupidité. Le signe de son progrès, c'est de craindre peu; le signe de sa perfection, c'est de ne rien craindre, « car la cupidité est la racine de tous les maux, comme la parfaite dilection chasse toute crainte; » (I *Tim.*, VI, 10; I *Jean*, IV, 18.) Quiconque veut nourrir la charité, doit s'appliquer à éteindre la cupidité. Or, la cupidité, c'est le désir d'acquérir ou de conserver les biens temporels. Pour diminuer cette passion, il faut commencer par craindre Dieu, le seul qu'on ne puisse craindre sans l'aimer. C'est la voie qui conduit à la sagesse, et rien n'est plus vrai que cette parole : « Le commencement de la sagesse, c'est la crainte de Dieu. » (*Prov.*, I, 7; IX, 10; *Eccli.*, I, 16; *Ps.* C, 10.) Il n'est personne qui ne soit plus porté à fuir la douleur, qu'à rechercher le plaisir, puisque nous voyons même les bêtes les plus féroces, s'éloigner de ce qui les attire le plus par la crainte des mauvais traitements; et c'est en les habituant à ce régime, qu'on les dompte et qu'on les apprivoise. Il est vrai que la raison a été donnée à l'homme; mais cette raison, pervertie par le mal, se met au service de la cupidité, et pour éloigner la crainte des hommes, elle vous dit qu'on peut ensevelir dans les ténèbres les actes que l'on commet; elle invente mille ruses et mille tromperies pour cacher les péchés. D'où il arrive que les hommes que n'attire pas encore la beauté de la vertu, s'ils ne

---

Quare omnibus cogitationis viribus considerandum est saluberrimum illud præceptum : « Diliges Dominum Deum tuum in toto corde tuo, et in tota anima tua, et in tota mente tua : » (*Matth.*, XXII, 37; *Deut.*, VI, 5) et illud quod ait Dominus Jesus, « Hæc est autem vita æterna, ut cognoscant te solum verum Deum, et quem misisti Jesum Christum. » (*Joan.*, XVII, 3.)

QUÆST. XXXVI. — *De nutrienda caritate.* — 1. Caritatem voco, (*a*) qua amantur ea quæ non sunt præ ipso amante contemnenda : id est, quod æternum est, et quod amare ipsum æternum potest. Deus igitur et animus quo (*b*) amatur, caritas proprie dicitur purgatissima et consummata, si nihil aliud amatur (I *Retr.*, XXVI) : hanc et dilectionem dici placet. Sed cum Deus magis diligitur quam animus, ut malit homo ejus esse quam suus, tunc vere animo summeque consulitur consequenter et corpori, nobis id non curantibus aliquo appetitu satagente, sed tantum prompta et oblata sumentibus. Caritatis autem venenum est, spes adipiscendorum aut retinendorum temporalium. Nutrimentum ejus est, imminutio cupiditatis : perfectio, nulla cupiditas. Signum profectus ejus, imminutio timoris : signum perfectionis ejus, nullus timor : quia et « radix est omnium malorum cupiditas, » (I *Tim.*, VI, 10), et « consummata dilectio foras mittit timorem. » (I *Joan.*, IV, 18.) Quisquis igitur eam nutrire vult, instet minuendis cupiditatibus. Est autem cupiditas, amor adipiscendi aut obtinendi temporalia. Hujus minuendæ initium est, Deum timere, qui solus timeri sine amore non potest. Ad sapientiam enim tenditur, et nihil verius eo quod dictum est : « Initium sapientiæ timor Domini. » (*Prov.*, I, 7 et 9, 10; *Eccli.*, I, 16; *Psal.* C, 10.) Nemo est quippe qui non magis dolorem fugiat, quam appetat voluptatem : quando quidem videmus etiam immanissimas bestias a maximis voluptatibus absterreri dolorum metu; quod cum in earumdem consuetudinem verterit, domitæ et mansuetæ vocantur. Quapropter quoniam inest homini ratio, quæ cum servit cupiditati perversione miserabili, ut homines non timeantur, suggerit latere posse commissa, et ad tegenda occulta peccata astutissimas fallacias

(*a*) Ita Mss. At editi, *Caritatem voco motum animi quo*, etc. — (*b*) Quidam Mss. *quo amantur.*

sont pas détournés du péché par la crainte des châtiments, que prêchent au nom de la vérité des hommes saints et divins ; et s'ils n'admettent pas que leurs crimes, qu'ils dérobent aux hommes, ne sont pas cachés à Dieu, ces hommes sont plus difficiles à dompter que les bêtes féroces. Pour inspirer la crainte de Dieu, il faut montrer que la divine Providence gouverne tout, et le montrer moins par des raisonnements, peu compris de celui qui n'a pas encore goûté la beauté de la vertu, que par des exemples soit récents, s'il s'en rencontre, soit tirés de l'histoire, et surtout de celle que nous a laissée la divine Providence, et qui a reçu la plus haute consécration de la religion dans l'Ancien et le Nouveau Testament. Mais il est bon de présenter en même temps et les châtiments du péché, et les récompenses de la vertu.

2. Après que le pécheur, quittant l'habitude du péché, aura trouvé plus facile ce qu'il croyait onéreux, il faut commencer à lui faire goûter la douceur de la piété, lui peindre la beauté de la vertu, en sorte que la liberté de l'amour l'emporte sur la servitude de la crainte. Puis il faut rappeler aux fidèles qu'après avoir reçu le sacrement de la régénération, dont l'effet a dû se faire sentir vivement à leur âme, ils doivent comprendre la différence qu'il y a entre les deux hommes, l'ancien et le nouveau, l'extérieur et l'intérieur, le terrestre et le céleste, c'est-à-dire entre celui qui recherche les biens charnels et temporels, et celui qui recherche les biens spirituels et éternels. Il faut aussi les prévenir qu'ils n'ont point à attendre de Dieu les biens périssables et passagers, qu'il abandonne aux méchants mêmes, mais les biens solides et éternels, qu'on ne peut obtenir qu'en foulant aux pieds ce qu'on appelle dans le monde les biens et les maux. C'est ici surtout qu'il faut proposer ce magnifique et unique exemple de l'Homme-Dieu, qui, tout en montrant par ses miracles qu'il avait le souverain empire sur les choses du monde, méprisa ce que les ignorants estiment comme de grands biens, et souffrit ce qu'ils regardent comme de grands maux. Et de peur qu'on ne redoute d'autant plus d'embrasser ce genre de vie, qu'on l'honore davantage, il faut démontrer par les promesses et les exhortations du Christ, par la multitude innombrable des apôtres, des martyrs, des saints qui ont marché sur ses traces, qu'il ne faut point désespérer d'en faire autant.

3. Les attraits des voluptés charnelles une fois surmontés, il faut être vigilant pour ne pas laisser glisser dans son cœur le désir de plaire aux hommes, ou par quelques faits éclatants, ou par quelques pratiques difficiles de continence

---

comparat ; eo fit, ut homines, quos nondum delectat pulchritudo virtutis, nisi pœnis a peccando deterreantur, quæ verissime per sanctos et divinos viros prædicantur, et quod celant hominibus, Deo celari non posse consentiunt, difficilius domentur quam feræ. Ut autem timeatur Deus, divina providentia regi universa persuadendum est ; non tam rationibus, quas qui potest inire, potest jam et pulchritudinem sentire virtutis, quam exemplis vel recentibus si qua occurrunt, vel de historia, et ea maxime quæ ipsa divina providentia procurante, sive in Vetere, sive in Novo Testamento excellentissimam auctoritatem religionis recepit. Simul autem agendum est de pœnis peccatorum, et de præmiis recte factorum.

2. Jam vero cum aliqua non peccandi consuetudo, quod onerosum putabatur, facile esse persuaserit ; (a) incipiat gustari dulcedo pietatis, et commendari pulchritudo virtutis, ut caritatis libertas præ servitute timoris emineat. Tunc jam persuadendum est fidelibus præcedentibus regenerationis sacramentis, quæ necesse est plurimum moveant, quid intersit inter duos homines, veterem et novum, exteriorem et interiorem, terrenum et cœlestem ; id est, inter eum qui bona carnalia et temporalia, et eum qui spiritalia et æterna sectatur : monendumque ne peritura beneficia et transeuntia expectentur a Deo, quibus et improbi homines abundare possunt ; sed firma et sempiterna, pro quibus accipiendis omnia quæ in hoc mundo bona putantur et mala, penitus contemnenda sunt. Hic præstantissimum illud et unicum exemplum (b) Dominici hominis proponendum est, qui cum se tot miraculis tantam rerum potestatem habere monstraret, et ea sprevit quæ magna bona, et ea sustinuit quæ magna mala imperiti putant : quos mores et disciplinam, ne tanto minus quisquam aggredi audeat, quanto illud magis honorat, et de pollicitationibus atque hortationibus ejus, et de imitantium multitudine Apostolorum, Martyrum, Sanctorumque innumerabilium, quam non sint illa desperanda ostendendum est.

3. At ubi fuerint carnalium voluptatum illecebræ superatæ, cavendum est ne subrepat atque succedat cupiditas placendi hominibus aut per aliqua facta mirabilia, aut per difficilem continentiam sive pa-

---

(a) Cisterciensis codex, incipiat. — (b) Eugypius in duobus Mss. exemplum Domini proponendum est : loco scilicet ad I. Retract., 19, emendato : ubi Augustinus Christum a se aliquando dictum esse hominem Dominicum non probat.

et de patience, ou par quelque libéralité, ou par le renom de la science ou de l'éloquence. Dans ce désir de plaire se retrouve l'ambition des honneurs. A toutes ces tentations, il faut opposer ce qui a été écrit sur le mérite de la charité et sur l'inanité de la vaine gloire, et faire voir combien il est honteux de vouloir plaire à ceux qu'on ne voudrait pas imiter. Car, ou ils ne sont pas bons, et alors quel avantage d'être loué par des méchants; ou ils sont bons, alors pourquoi ne pas les imiter? Ceux qui sont bons, sont bons par la vertu. Or, la vertu n'ambitionne pas ce qui est au pouvoir des autres hommes. Donc celui qui imite les bons, n'ambitionne la louange de personne; celui qui imite les méchants n'est digne d'aucune louange. Si vous désirez plaire aux hommes, afin de les gagner à l'amour de Dieu, alors ce n'est plus leur approbation, mais autre chose que vous cherchez. Mais celui qui désire plaire a nécessairement lieu de craindre; d'abord que par ses fautes secrètes il ne soit compté par le Seigneur au nombre des hypocrites; et ensuite qu'en voulant plaire par de bonnes œuvres, il ne perde en vue de cette récompense celle que Dieu doit donner.

4. Après avoir vaincu cette passion, il faut se mettre en garde contre l'orgueil. Car il est difficile qu'on veuille se regarder comme les autres hommes, quand on ne désire plus leur plaire, et qu'on se croit plein de vertus. Ici donc la crainte est encore nécessaire, pour qu'on ne nous enlève pas ce que nous croyons avoir, et qu'on ne nous jette pas, pieds et mains liés, dans les ténèbres extérieures. Ainsi la crainte de Dieu n'est pas seulement le commencement, mais la perfection de la sagesse. Or, le vrai sage est celui qui aime Dieu par dessus tout, et son prochain comme soi-même. Quant aux périls et aux difficultés qui sont à redouter dans cette voie, et aux remèdes qu'il faut apporter, c'est une autre question.

QUESTION XXXVII. — *De celui qui est toujours né.* — Celui qui est toujours né est meilleur que celui qui naît toujours. Car celui qui naît toujours n'est pas encore né; et jamais il n'est né ni ne sera né, s'il naît toujours. Autre chose est de naître, autre chose d'être né. C'est pourquoi il ne sera jamais fils, celui qui n'est jamais né. Or le fils, parce qu'il est né, est toujours fils; donc il est toujours né.

QUESTION XXXVIII. — *De la conformation de l'âme.* — Comme autre chose est la nature, autre chose l'éducation, autre chose l'usage, bien que tout cela se trouve dans une seule âme, sans aucune diversité de substance; de plus comme autre chose est l'esprit, autre chose la vertu, autre chose la tranquillité, quoique également dans une seule et même substance : et, comme enfin l'âme est d'une autre substance

---

tientiam, aut per aliquam largitionem, aut nomine scientiæ vel eloquentiæ, in eo genere est et cupiditas honoris. Contra quæ omnia proferantur ea, quæ scripta sunt de laude caritatis, et de inanitate jactantiæ : doceaturque quam sit pudendum eis placere velle, quos nolis imitari. Aut enim boni non sunt, et nihil magnum est a malis laudari : aut boni sunt, et eos oportet imitari. Sed qui boni sunt, virtute boni sunt : virtus autem non appetit quod in aliorum hominum potestate est. Qui ergo imitatur bonos, nullius hominis appetit laudem : qui malos, non dignus est laude. Si autem placere hominibus ideo vis, ut eis prosis ad diligendum Deum; non jam hoc, sed aliud cupis. Qui autem placere cupit, necessarium adhuc habet timorem : primum, ne occulte peccando inter hypocritas a Domino computetur; deinde, si benefactis placere appetit, ne hanc mercedem aucupans perdat quod daturus est Deus.

4. Sed devicta ista cupiditate, cavenda superbia est. Difficile est enim ut dignetur consociari hominibus, qui eis placere jam non desiderat, et plenum se virtutibus putat. Itaque adhuc necessarius est timor, ne illud etiam quod videtur habere, auferatur ab eo (*Matth.*, xxv, 29) : et manibus ac pedibus ligatis mittatur in tenebras exteriores. (*Matth.*, xxii, 13.) Quapropter Dei timor non solum inchoat, sed etiam perficit sapientem. Is est autem qui summe diligit Deum, et proximum tanquam se ipsum. Quæ autem in hoc itinere pericula difficultatesque metuendæ sint, et quibus remediis uti oporteat, alia quæstio est.

QUÆST. XXXVII. — *De semper nato.* — Melior est semper natus, quam qui semper nascitur. Quia qui semper nascitur, nondum est natus; et nunquam natus est aut natus erit, si semper nascitur. Aliud est enim nasci, aliud natum esse. Ac per hoc nunquam filius, si nunquam natus : filius autem quia natus, est semper filius : semper igitur natus.

QUÆST. XXXVIII. — *De conformatione animæ.* — Cum aliud sit natura, aliud disciplina, aliud usus, et hæc in una anima intelligantur nulla diversitate substantiæ : item cum aliud sit ingenium, aliud virtus, aliud tranquillitas, similiter unius ejusdemque

que Dieu, quoique créée par lui ; et que d'un autre côté Dieu est cette Trinité très-sainte que plusieurs connaissent de nom, et très-peu en réalité ; il nous faut approfondir, avec le plus grand soin, cette parole du Seigneur Jésus : Nul ne vient à moi, si le Père ne l'attire (*Jean*, VI, 44); nul ne vient au Père si ce n'est par moi (*Jean*, XIV, 6); c'est lui-même qui vous enseignera toute vérité. (*Jean*, XVI, 13.)

QUESTION XXXIX. — *Des aliments.* — Qu'est-ce qui reçoit une chose, et la transforme? L'animal prenant la nourriture. Qu'est-ce qui est reçu et transformé? Cette même nourriture. Qu'est-ce qui est reçu et non transformé? La lumière reçue par les yeux et le son par les oreilles. Or, c'est par le corps que l'âme saisit ces objets. Mais que reçoit-elle par elle-même pour se l'assimiler? C'est une autre âme qu'elle prend en amitié et qu'elle forme à sa ressemblance. Et quelle est la chose qu'elle saisit par elle-même sans la transformer? La vérité. C'est pourquoi nous devons connaître ce qui a été dit à Pierre : « Tue et mange; » (*Actes*, X, 13) et ce qui est dit dans l'Évangile : « Et la vie était la lumière des hommes. » (*Jean*, I, 4.)

QUESTION XL. — *La nature des âmes étant la même, pourquoi dans les hommes des volontés différentes?* — De la diversité des points de vue naissent dans les âmes, des appétits divers ; de la diversité des appétits naissent des combinaisons différentes pour acquérir ; de la diversité des combinaisons résultent des habitudes différentes, et des habitudes différentes, des volontés diverses. Or, c'est l'ordre des choses qui forme les divers points de vue, ordre caché, mais certainement établi par la divine Providence. Il ne faut pas croire pour cela que la nature des âmes soit différente, parce que les volontés sont diverses ; puisque la même âme change de volonté suivant la diversité des temps. Ainsi l'homme tantôt veut être riche, tantôt il méprise les richesses pour devenir sage ; dans le goût des choses temporelles, il choisit le négoce dans un temps, et la milice dans un autre.

QUESTION XLI. — *Dieu ayant fait toutes choses pourquoi ne sont-elles pas égales?* — Parce-qu'elles ne seraient pas toutes choses, si elles étaient égales. Car alors n'existerait pas cette variété infinie d'espèces qui composent l'univers, et qui comprend les créatures de premier ordre, de second ordre, et ainsi de suite jusqu'aux dernières. Cet ensemble, c'est ce qu'on appelle « toutes choses. »

QUESTION XLII. — *Comment le Christ était-il en même temps dans le sein de sa mère et dans le ciel?* — Il y était comme la parole de l'homme qui est toute pour plusieurs, et toute pour chacun en particulier.

---

substantiæ : et cum anima sit alterius substantiæ, quam Deus, quanquam ab illo facta; ipse autem Deus sit sacratissima illa, et multis verbo, re paucis cognita Trinitas : diligentissime investigandum est, quod ait Dominus Jesus : « Nemo venit ad me, nisi quem Pater attraxerit : et : Nemo venit ad Patrem, nisi per me; et : Ipse vos in omnem veritatem inducet. » (*Joan.*, VI, 44, et XIV, 6, et XVI, 13.)

QUÆST. XXXIX. — *De alimentis.* — Quid est quod accipit eam rem, quam commutat? ut animal cibum. Quid est quod accipitur, et commutatur? ut idem cibus. Quid est quod accipitur, et non commutatur? ut oculis lux, et sonus auribus. Sed hæc per corpus accipit anima : quid est autem quod per se ipsam accipit, et commutat in se? ut aliam animam, quam recipiendo in amicitiam sui similem facit. Et quid est quod per se ipsam accipit, et non commutat? ut veritatem. Quare cognoscendum est et quid sit Petro dictum : « Macta et manduca : » (*Act.*, X, 13) et quid in Evangelio : « Et vita erat lux hominum. » (*Joan.*, I, 4.)

QUÆST. XL. — *Cum animarum natura una sit, unde hominum diversæ voluntates.* — Ex diversis visis diversus appetitus animarum est, ex diverso appetitu diversus adipiscendi successus, ex diverso successu diversa consuetudo, ex diversa consuetudine diversa est voluntas. Diversa autem visa ordo rerum facit : occultus quidem, sed sub divina providentia certus tamen. Non itaque ob hoc putandum est diversas esse naturas animarum, quia diversæ sunt voluntates : cum etiam unius animæ voluntas pro temporum diversitate varietur. Si quidem alio tempore dives esse cupit, alio tempore contemptis divitiis sapiens esse desiderat : et in ipso temporalium appetitu alio tempore uni homini negotiatio, et alio tempore militia placet.

QUÆST. XLI. — *Cum omnia Deus fecerit, quare non æqualia fecit?* — Quia non essent omnia, si essent æqualia : non enim essent multa rerum genera, quibus conficitur universitas, primas et secundas, et deinceps usque ad ultimas ordinatas habens creaturas : et hoc est quod dicitur, omnia.

QUÆST. XLII. — *Quomodo Christus et in utero matris fuit et in cœlis?* — Quomodo verbum hominis, quod etsi multi audiunt, totum audiunt singuli.

QUESTION XLIII. — *Pourquoi le Fils de Dieu est-il venu sous la forme humaine, et le Saint-Esprit sous la forme d'une colombe?* — Parce que le Fils de Dieu est venu pour donner aux hommes dans sa vie une règle de conduite ; et le Saint-Esprit est venu pour signifier la récompense elle-même où l'on parvient en vivant bien. Or, si l'un et l'autre ont pris une forme visible, c'est pour que les hommes charnels puissent, par des degrés mystérieux, passer des objets perçus par les yeux du corps, à des objets que l'intelligence seule peut comprendre. C'est ainsi que les paroles produisent un son et s'envolent ; tandis que les idées cachées sous les paroles, quand le discours enseigne quelque chose de divin et d'éternel, ne s'envolent pas de la même manière.

QUESTION XLIV. — *Pourquoi Notre-Seigneur Jésus-Christ est-il venu si longtemps après, et non pas aussitôt après le péché de l'homme?* — Parce que toute beauté vient de la souveraine beauté, qui est Dieu ; or, la beauté temporelle se perfectionne et s'achève par les choses qui disparaissent et se succèdent. Ainsi, dans tout homme et dans chaque homme tout âge et chaque âge a sa beauté depuis l'enfance jusqu'à la vieillesse. Donc comme il serait absurde de vouloir que l'homme dans les conditions de cette vie eût une jeunesse perpétuelle, sans se soucier des avantages qui se succèdent aux autres âges ; ce serait également une absurdité de vouloir que le genre humain, dans son universalité, n'eût qu'un seul âge ; car de même que l'homme, il a ses différents âges. Il ne fallait donc pas que le Maître divin, dont l'exemple et les leçons devaient former l'éducation du genre humain, vint autrement qu'au temps de la jeunesse. (II *Retr.*, 26.) L'Apôtre a donc raison de dire que le genre humain était gardé sous la loi comme l'enfant sous un pédagogue (*Gal.*, III, 23), en attendant l'arrivée de celui qui devait venir, d'après la promesse des prophètes. Car autre chose est l'action de la Providence dans la conduite de chaque homme en particulier, autre chose son action dans le gouvernement général de l'humanité. Car les hommes qui sont parvenus à une certaine sagesse dans les âges précédents, n'étaient pas éclairés autrement que par la même vérité, chacun suivant l'opportunité de son temps ; et pour que cette vérité devint la sagesse du peuple, le Fils de Dieu s'est fait homme, quand le genre humain fut arrivé à l'âge convenable.

QUESTION XLV. — *Contre les Mathématiciens.* — 1. Les anciens, n'appelaient pas mathématiciens ceux qu'on appelle aujourd'hui de ce nom ; mais ceux qui calculaient le mouvement du ciel et des astres, et dont il est dit avec raison dans

---

QUÆST. XLIII. — *Quare Filius Dei in homine apparuit, et Spiritus sanctus in columba.* — Quia ille venit, ut exemplum vivendi demonstraret hominibus ; iste, ut donum ipsum, quo bene vivendo pervenitur, significaret, apparuit. Utrumque autem visibiliter factum est propter carnales, ab iis quæ oculis corporeis cernuntur, ad ea quæ mente intelliguntur, sacramentorum gradibus transferendos. Nam et verba sonant et transeunt ; nec tamen ea quæ verbis significantur, cum aliquid divinum atque æternum loquendo exponitur, similiter transeunt.

QUÆST. XLIV. — *Quare tanto post venit Dominus Jesus Christus, et non in principio peccati hominis.* — Quia omne pulchrum a summa pulchritudine est, quod Deus est : temporalis autem pulchritudo rebus decedentibus succedentibusque peragitur. Habet autem decorem suum in singulis quibusque hominibus singula quæque ætas ab infantia usque ad senectutem. Sicut ergo absurdus est, qui juvenilem tantum ætatem vellet esse in homine temporibus subdito, invideret enim cæteris pulchritudinibus, quæ cæteris ætatibus suas vices atque ordinem gerunt : sic absurdus est, qui in ipso universo genere humano unam ætatem desiderat : nam et ipsum tanquam unus homo ætates suas agit. Nec oportuit venire divinitus magistrum, cujus imitatione in mores optimos formaretur, nisi tempore juventutis. (II *Retr.*, XXVI.) Ad hoc valet quod Apostolus dicit, sub lege tanquam sub pædagogo parvulos custoditos (*Gal.*, III, 23), donec veniret cui servabatur, qui per Prophetas promissus erat. Aliud enim est quod divina providentia quasi privatim cum singulis agit, aliud quod generi universo tanquam (*a*) publice consulit : Nam et quicumque singuli ad certam sapientiam pervenerunt, nonnisi eadem veritate suarum singillatim ætatum opportunitate illustrati sunt : a qua veritate, ut populus sapiens fieret, ipsius generis humani opportuna ætate homo susceptus est.

QUÆST. XLV. — *Adversus Mathematicos.* — 1. Non eos appellarunt Mathematicos veteres, qui nunc appellantur ; sed illos qui temporum numeros motu cœli ac siderum pervestigarunt, de quibus rectissime

---

(*a*) Duo Mss. *tanquam publicis utilitatibus consulit.*

les saintes Ecritures : Il ne méritent pas de pardon ; car s'ils ont pu pénétrer les secrets de la création, comment n'ont-ils pas trouvé plus facilement encore le Maître du monde? (*Sages.*, XIII, 8. *Liv.* VIII *de la Cité de Dieu*, ch. VI.) En effet l'âme humaine, dans l'appréciation des choses visibles, peut reconnaître qu'elle est supérieure au monde visible. Et pourtant comme elle ne peut pas se dissimuler que, sous le rapport de la sagesse, elle passe par des phases très-variables de croissance et de décroissance, elle sait qu'elle trouve au-dessus d'elle l'immuable vérité, et s'attachant à elle, suivant qu'il est écrit : « Mon âme s'est attachée à vous, » (*Ps.* VI, 9) elle devient bienheureuse, parce qu'elle trouve en elle-même le Créateur et le Maître des choses visibles, ne cherchant plus extérieurement les choses visibles, même au Ciel. Car cette recherche ne produit rien, ou si elle produit quelque chose après un grand travail, c'est encore une peine inutile, à moins que la beauté du dehors ne fasse découvrir l'ouvrier qui est caché au dedans, et qui donne à l'âme comme au corps le degré de beauté qui convient à chacun.

2. Quant à ceux qui s'appellent maintenant mathématiciens, et veulent faire dépendre nos actions des corps célestes, nous vendre aux étoiles et recevoir de nous le prix de cette vente ; tout ce que nous pouvons dire en peu de mots et avec vérité contre eux, c'est qu'ils ne répondent que sur la foi des constellations. Or, dans les constellations on distingue, selon eux, différentes parties dont trois cent soixante forment le zodiaque ; ce qui donnerait dans l'accomplissement du mouvement céleste, quinze degrés par heure, de sorte que l'évolution de quinze degrés se ferait pendant l'intervalle de temps que durerait une heure. Ils disent encore que chaque degré se divise en soixante minutes. Mais ils ne trouvent plus dans les constellations, d'après lesquelles ils se vantent de prédire l'avenir, la division des minutes. Or, la conception des jumeaux qui est le résultat d'un seul acte conjugal, d'après le témoignage des médecins, dont la science est bien plus sûre et plus certaine, se fait si vite en un clin d'œil, qu'on aurait à peine le temps de compter deux secondes. D'où vient donc néanmoins dans les jumeaux une si grande diversité d'actions, d'événements et d'inclinations, quoiqu'ils aient été conçus sous la même constellation ? Et pourquoi le mathématicien n'a-t-il vu qu'une seule constellation pour deux hommes, comme pour un seul homme ? Que s'ils veulent s'en tenir aux constellations qui président à la naissance, les jumeaux les confondent encore puisque le plus souvent

dicitur in Scripturis sanctis (*Sap.*, XIII, 8, et 9. Lib. VIII, *De Civit. Dei.* cap. 6) : Iterum nec his debet ignosci ; si enim tantum potuerunt scire, ut possent æstimare sæculum, quomodo hujus Dominum non facilius invenerunt ? Mens enim humana de visibilibus judicans, potest agnoscere omnibus visibilibus se ipsam esse meliorem. Quæ tamen cum etiam se propter defectum profectumque in sapientia fatetur esse mutabilem, invenit supra se esse incommutabilem veritatem : atque ita adhærens post ipsam, sicut dictum est : « Adhæsit anima mea post te ; » (*Psal.* VI, 9) beata efficitur, intrinsecus inveniens etiam omnium visibilium Creatorem atque Dominum ; non quærens extrinsecus visibilia, quamvis coelestia : quæ aut non inveniuntur, aut cum magno labore frustra inveniuntur, nisi ex eorum quæ foris sunt pulchritudine, inveniatur artifex qui intus est, et prius in anima superiores, deinde in corpore inferiores pulchritudines, operatur.

2. Adversus eos autem qui nunc appellatur Mathematici, volentes actus nostros corporibus cœlestibus subdere, et nos vendere stellis, ipsumque pretium, quo vendimur, a nobis accipere, nihil verius et brevius dici potest, quam eos non respondere, nisi acceptis constellationibus. In constellationibus autem notari partes, (*a*) quales trecentas sexaginta dicunt habere signiferum circulum : motum autem cœli per unam horam fieri in quindecim partibus, ut tanta mora quindecim partes oriantur, quantam tenet una hora. Quæ partes singulæ sexaginta minutas habere dicuntur. Minutas autem minutarum jam in constellationibus, de quibus futura prædicere se dicunt, non inveniunt. Conceptus autem geminorum quoniam uno concubitu efficitur, testantibus medicis, quorum disciplina multo est certior atque manifestior, tam parvo puncto temporis contingit, ut in duas minutas minutarum non tendatur. Unde ergo in geminis tanta diversitas actionum et eventuum et voluntatum, quos necesse est eamdem constellationem conceptionalem habere et amborum unam constellationem (*b*) dari Mathematico, tanquam unius hominis ? Si autem ad (*c*) genitales constellationes se tenere voluerint, ipsis geminis excluduntur, qui plerumque ita post invicem funduntur

(*a*) Sic Mss. Editi vero, *partes æquales trecentas*, etc. — (*b*) Ita in Mss. At in excusis, *dare Mathematicos*. — (*c*) Duo Mss. *ad nativas*.

ils sortent du sein maternel de telle manière qu'il faut en revenir aux portions de minutes; division de temps que les mathématiciens ne distinguent, ni ne peuvent distinguer dans les constellations. On dit qu'ils ont prédit souvent la vérité; c'est que les hommes perdent le souvenir de leurs mensonges et de leurs erreurs; uniquement attentifs à ce qui arrive conformément à leurs prédictions, ils oublient ce qui les dément; ils ont annoncé des événements qui se sont accomplis, non en vertu de leur prévision qui est nulle, mais par un pur effet du hasard aveugle. Si l'on veut en faire honneur à leur science il faudra de même attribuer la puissance divinatoire aux parchemins écrits; car il en sort souvent les réponses qu'on désire. Or, si un manuscrit contient souvent, par hasard, un vers qui annonce l'avenir, peut-on s'étonner qu'il sorte aussi de l'esprit d'un homme une prédiction non par calcul, mais par hasard?

QUESTION XLVI. — *Des idées*. (*Cité de Dieu*, liv. VII, ch. 28.) — 1. On dit que Platon est le premier qui ait employé ce mot. Cela ne veut pas dire que si ce nom n'existait pas avant Platon, les choses elles-mêmes qu'il a appelées idées, n'aient pas existé ou n'aient pas été connues; mais on les nommait les uns d'une façon, les autres d'une autre. Car il est permis de donner un nom quelconque à une chose qu'on vient de découvrir, et qui n'est pas encore désignée dans la langue usuelle. Mais il n'est pas vraisemblable qu'avant Platon il n'y ait pas eu d'autres philosophes, et qu'ils n'aient pas compris ce que Platon appelle des idées, quel que soit le sens attaché à ce mot. Car il est d'une si grande importance de les connaître, que sans cette connaissance personne ne mériterait le nom de sage. Il est croyable que, hors de la Grèce, chez les autres nations, il y a eu des sages; et Platon lui-même l'atteste suffisamment par les voyages qu'il a entrepris pour se perfectionner dans la sagesse, et aussi dans ses livres. Il faut donc croire que les sages, s'ils ont existé, n'ont pas ignoré les idées, quoique peut-être ils leur aient donné un autre nom. Mais en voilà assez sur ce point; l'essentiel c'est de connaître et d'examiner la chose, chacun ayant la liberté d'employer les termes qu'il lui plaira d'employer, pourvu qu'il la connaisse.

2. Nous pouvons traduire en latin le mot idées par formes ou espèces, en nous conformant au sens littéral. Si nous les appelons raisons, nous nous écartons de la propriété des termes; car le mot grec λόγοι signifie raisons et non idées. Néanmoins en employant ce terme, on ne s'écarte pas de la vraie signification. Car les idées

---

ex utero, ut hoc temporis intervallum rursus ad minutas minutarum revertatur, quas tractandas in constellationibus nunquam accipiunt, nec possunt tractare. Cum autem multa vera eos prædixisse dicatur, ideo fit, quia non tenent homines memoria falsitates erroresque eorum; sed non intenti, nisi in ea quæ illorum responsis provenerint, ea quæ non provenerint obliviscuntur : et ea commemorant, quæ non arte illa, quæ nulla est, sed quadam obscura rerum sorte contingunt. Quod si peritiæ illorum volunt tribuere, dicant artificiose divinare etiam mortuas membranas scriptas quaslibet, de quibus plerumque pro voluntate sors exit. Quod si non arte de codicibus exit sæpe versus futura prænuntians, quid mirum si etiam ex animo loquentis, non arte, sed sorte exit aliqua prædictio futurorum?

QUÆST. XLVI. — *De Ideis*. (Lib. VII, *de Civit. Dei*, cap. 28.)—1. Ideas Plato primus appellasse perhibetur: non tamen si hoc nomen, ante quam ipse institueret, non erat, ideo vel res ipsæ non erant, quas ideas vocavit, vel a nullo erant intellectæ : sed alio fortasse atque alio nomine ab aliis atque aliis noncupatæ sunt. Licet enim cuique rei (*a*) incognitæ, quæ nullum habeat usitatum nomen, quodlibet nomen imponere. Nam non est veri simile, sapientes aut nullos fuisse ante Platonem; aut istas, quas Plato, ut dictum est, ideas vocat, quæcumque res sint, non intellexisse. Si quidem tanta in eis vis constituitur, ut nisi his intellectis sapiens esse nemo possit. Credibile est etiam præter Græciam fuisse in aliis gentibus sapientes : quod etiam Plato ipse non solum peregrinando sapientiæ perficiendæ gratia satis testatus est, sed etiam in libris suis commemorat. Hos ergo, si qui fuerunt, non existimandum est ideas ignorasse, quamvis alio fortasse eas nomine vocaverint. Sed de nomine hactenus dictum sit : rem videamus, quæ maxime consideranda atque noscenda est, in potestate constitutis vocabulis, ut quod volet quisque, appellet rem quam cognoverit.

2. Ideas igitur Latine possumus vel formas vel species dicere, ut verbum e verbo transferre videamur. Si autem rationes eas vocemus, ab interpretandi quidem proprietate discedimus; rationes enim Græce λόγοι appellantur, non ideæ : sed tamen quisquis hoc vocabulo uti voluerit, a re ipsa non (*b*) aberrabit. Sunt namque ideæ principales formæ quæ-

---

(*a*) Quatuor Mss. *rei cognitæ*. — (*b*) Omnes prope Mss. *non abhorrebit*.

sont certaines formes principales, certaines raisons fixes et immuables des choses, lesquelles n'ont pas été formées, et sont par conséquent éternelles, permanentes et contenues dans l'intelligence divine. Et comme elles n'ont pas un commencement ni une fin, elles servent de type à tout ce qui peut commencer et finir, à tout ce qui paraît et disparaît. Toute âme ne peut pas les voir, excepté l'âme raisonnable, par la partie qui fait sa supériorité, c'est-à-dire par l'intelligence elle-même et par la raison, qui est comme sa face et son œil intérieur et intelligible. Et on ne peut pas dire que toute âme raisonnable soit propre à cette intuition, mais seulement celle qui est sainte et pure, c'est-à-dire qui possède cet œil capable de voir ces choses, un œil sain, net, serein, semblable aux objets qu'il veut considérer. Quel homme chrétien et vraiment religieux, fût-il encore incapable de cette contemplation, oserait nier, je dis plus, ne reconnaîtrait pas que tous les êtres qui existent, c'est-à-dire qui appartiennent à un genre spécial et à une nature propre, ont reçu de Dieu l'existence; que c'est Dieu qui donne la vie à tout ce qui vit; que le bien-être de tout ce qui existe dans l'univers, l'ordre même qui règle le cours du temps et préside aux changements des êtres variables, est contenu et gouverné par les lois du Dieu souverain? Cela posé et admis, qui oserait dire que Dieu a fait l'œuvre de la création, sans avoir un plan raisonnable? Si on ne peut ni le dire ni le croire, il faut donc que tout ait été créé avec raison. L'homme n'a pas la même raison d'être que le cheval. Il serait absurde de le penser. Donc tous les êtres ont leur raison propre d'existence. Mais où trouverons-nous ces raisons d'être, si ce n'est dans la pensée du Créateur? En effet, il ne voyait rien hors de lui qui pût lui servir de modèle pour ses œuvres; le supposer ce serait une impiété. Mais si ces raisons de toutes les choses créées ou à créer sont contenues dans la pensée divine; si dans la pensée divine, il n'y a rien qui ne soit éternel et immuable; si Platon appelle idées ces raisons premières des choses, il s'ensuit que non-seulement les idées existent, mais qu'elles sont vraies, parce qu'elles sont éternelles, toujours les mêmes et toujours immuables; et c'est par leur participation que tout existe, de quelque manière que ce soit. Or, l'âme raisonnable est supérieure à tous les êtres créés de Dieu; elle approche de Dieu quand elle est pure; et plus elle s'attache à lui par la charité, plus elle est pénétrée de cette lumière intelligible que Dieu lui donne, plus elle est en quelque sorte illuminée pour mieux voir, non par les yeux du corps, mais par cet œil intérieur qui fait

dam, vel rationes rerum stabiles atque incommutabiles, quæ ipsæ formatæ non sunt, ac per hoc æternæ ac semper eodem modo sese habentes, quæ in divina intelligentia continentur. Et cum ipsæ neque oriantur, neque intereant; secundum eas tamen formari dicitur omne quod oriri et interire potest, et omne quod oritur et interit. Anima vero negatur eas intueri posse, nisi rationalis, ea sui parte qua excellit, id est, ipsa mente atque ratione, quasi quadam facie vel oculo suo interiore atque intelligibili. Et ea quidem ipsa rationalis anima non omnis et quælibet, sed quæ sancta et pura fuerit, hæc asseritur illi visioni esse idonea: id est, quæ illum ipsum oculum, quo videntur ista, sanum et sincerum et serenum et similem his rebus, quas videre intendit habuerit. Quis autem religiosus et vera religione imbutus, quamvis nondum possit hæc intueri, negare tamen audeat, imo non etiam profiteatur, omnia quæ sunt, id est, quæcumque in suo genere propria quadam natura continentur, ut sint, Deo auctore esse procreata, eoque auctore omnia quæ vivunt vivere, atque universalem rerum incolumitatem, ordinemque ipsum quo ea quæ mutantur, suos temporales cursus certo moderamine celebrant, summi Dei legibus contineri et gubernari? Quo constituto atque concesso, quis audeat dicere Deum irrationabiliter omnia condidisse. Quod si recte dici vel credi non potest, restat ut omnia ratione sint condita. Nec eadem ratione homo, qua equus: hoc enim absurdum est existimare. Singula igitur propriis sunt creata rationibus. Has autem rationes ubi arbitrandum est esse, nisi in ipsa mente Creatoris? Non enim extra se quidquam positum intuebatur, ut secundum id constitueret quod constituebat: nam hoc opinari sacrilegum est. Quod si hæ rerum omnium creandarum creatarumve rationes in divina mente continetur, neque in divina mente quidquam nisi æternum atque incommutabile potest esse; atque has rerum rationes principales appellat ideas Plato: non solum sunt ideæ, sed ipsæ veræ sunt, quia æternæ sunt, et ejusmodi atque incommutabiles manent; quarum participatione fit, ut sit quidquid est, quoquo modo est. Sed anima rationalis inter eas res, quæ sunt a Deo conditæ, omnia superat; et Deo proxima est, quando pura est; cique in quantum caritate cohæserit, in tantum ab eo lumine illo intelligibili perfusa quodam modo et illustrata cernit, non per corporeos oculos, sed per ipsius sui

son excellence, c'est-à-dire par son intelligence, ces raisons divines dont la vision la rend bienheureuse. Ces raisons, comme nous l'avons dit, on peut les appeler idées ou formes, ou apparences ou raisons. Tout le monde peut les appeler comme il voudra, mais il est réservé à quelques esprits seulement de voir ce qui est vrai.

Question XLVII. — *Pourrons-nous un jour voir nos pensées?* — On demande comment après la résurrection et la transformation du corps qui est promise aux saints, nous pourrons voir nos pensées. On peut le conjecturer d'après cette partie de notre corps qui possède plus de lumière : car les corps angéliques dont nous espérons être revêtus, il faut croire qu'ils seront brillants et de substance éthérée (1 *Retr.*, 26; *Cité de Dieu*, liv. XXII, ch. 29); si donc la plupart des sentiments de notre âme viennent se peindre dans nos yeux, il est probable que rien ne restera caché des pensées de notre âme, lorsque notre corps tout entier aura une transparence telle, que nos yeux mortels comparés à cet état ne sont plus qu'une chair grossière.

Question XLVIII. — *Des choses à croire.* — Il y a trois espèces de choses à croire. Les unes que l'on croit toujours sans jamais les comprendre, comme l'histoire qui déroule les faits du temps et de l'homme. Les autres que l'on comprend dès qu'on les croit, comme les raisonnements de l'esprit humain sur les nombres ou sur les sciences. En troisième lieu celles que l'on croit d'abord et que l'on comprend ensuite, comme les choses divines, dont l'intelligence est le privilége de ceux qui ont le cœur pur, c'est-à-dire de ceux qui observent les préceptes qui nous sont donnés pour bien vivre.

Question XLIX. — *Pourquoi les enfants d'Israël offraient-ils des animaux en sacrifice?* (*De la Cité de Dieu*, liv. X, ch. 5, 6.) — Parce qu'il y a les sacrifices spirituels dont ce peuple grossier devait présenter les images, afin que le peuple ancien qui était esclave fût la figure du peuple nouveau. Cette différence des deux peuples, nous pouvons la remarquer dans chacun de nous en particulier, puisque tout homme sortant du sein de sa mère est obligé de vivre comme le vieil homme, jusqu'à ce qu'il arrive à l'âge de la jeunesse; c'est alors qu'il peut s'élever au-dessus des goûts charnels, se tourner par la force de sa volonté vers les choses spirituelles, et se renouveler intérieurement. Or, ce que produit dans un homme bien élevé le développement de la nature et de l'éducation, il était très-convenable que la divine Providence le reproduisît, suivant les mêmes proportions dans tout le genre humain.

---

principale, quo excellit, id est, per intelligentiam suam, istas rationes, quarum visione sit beatissima. Quas rationes, ut dictum est, sive ideas, sive formas, sive species, sive rationes licet vocare, et multis conceditur (*a*) appellare quod libet, sed paucissimis videre quod verum est.

Quæst. XLVII. — *Utrum aliquando cogitationes nostras videre possimus.* — Quæri solet quomodo post resurrectionem atque immutationem corporis, quæ sanctis promittitur, cogitationes nostras videre possimus. Conjectura itaque capienda est ex ea parte corporis nostri, quæ plus habet lucis: quoniam angelica corpora, qualia nos habituros speramus, lucidissima atque ætherea esse credendum est (1 *Retr.*, xxvi; lib. XXII, *de Civit. Dei*, cap. 29) : si ergo multi motus animi nostri nunc agnoscuntur in oculis, probabile est quod nullus motus animi latebit, cum totum fuerit corpus æthereum, in cujus comparatione isti oculi caro sunt.

Quæst. XLVIII. — *De credibilibus.* — Credibilium tria sunt genera. Alia sunt quæ semper creduntur, et nunquam intelliguntur : sicut est omnis historia, temporalia et humana gesta percurrens. Alia quæ mox, ut creduntur, intelliguntur : sicut sunt omnes rationes humanæ, vel de numeris, vel de quibuslibet disciplinis. Tertium, quæ primo creduntur, et postea intelliguntur : qualia sunt ea quæ de divinis rebus non possunt intelligi, nisi ab his qui mundo sunt corde; quod fit præceptis servatis, quæ de bene vivendo accipiuntur.

Quæst. XLIX. — *Quare filii Israel sacrificabant visibiliter pecorum victimas.* (Lib. X, *de Civit. Dei.* cap. 5 et 6.) Quia sunt etiam sacra spiritalia, quorum imagines carnalem populum celebrare oportebat, ut præfiguratio novi populi servitute veteris fieret. Quorum duorum populorum differentiam etiam in unoquoque nostrum licet advertere, cum quisque ab utero matris veterem hominem necesse est agat, donec veniat ad juvenilem ætatem; ubi jam non est necesse carnaliter sapere, sed potest ad spiritalia voluntate converti, et intrinsecus regenerari. Quod ergo in uno homine recte educato, ordine (*b*) naturæ disciplinæque contingit, hoc proportione in universo genere humano fieri per divinam providentiam, peragique pulcherrimum est.

(*a*) Sic plerique Mss. Editi autem, *et multis conceditur appellare nominibus, sed*, etc. — (*b*) Fossatensis codex, *naturæ disciplinæque agit*. Alii quidam, *naturæ disciplinæque contingit*.

QUESTION L. — *L'égalité du Fils.* — Dieu, en tant qu'il engendre, ne pouvant engendrer plus grand que lui, (car rien n'est supérieur à Dieu), a dû engendrer son égal. S'il l'a voulu sans pouvoir le faire, il est impuissant; s'il l'a pu, sans vouloir le faire, il est jaloux. D'où il faut conclure qu'il a engendré un Fils qui lui est égal.

QUESTION LI. — *De l'homme créé à l'image et ressemblance de Dieu.* — 1. La divine Ecriture nous parle de l'homme extérieur et intérieur, et les distingue au point que l'Apôtre a dit : « Si notre homme extérieur se corrompt, notre homme intérieur se renouvelle de jour en jour. » (II *Cor.*, IV, 16; *De la Trin.*, liv. II, ch. 1.) On peut donc demander si un des deux a été fait à l'image et ressemblance de Dieu. Or, s'il y en a un, il serait absurde de demander lequel des deux. Qui pourrait en effet hésiter à nommer celui qui se renouvelle plutôt que celui qui se corrompt? Mais le sont-ils tous deux? Voilà une grande question. Car si l'homme extérieur signifie Adam, et l'homme intérieur le Christ, il faut dire alors l'un et l'autre. Mais comme Adam, après que Dieu l'eut créé, n'est pas resté dans l'innocence, et qu'en aimant les choses charnelles il est devenu charnel, il ne serait pas absurde de penser que sa chute a entraîné pour lui la perte de l'image et de la ressemblance de Dieu. C'est pourquoi il est renouvelé pour devenir lui-même intérieur; comment donc est-il encore extérieur? Est-ce selon le corps? En sorte qu'il soit intérieur selon l'âme, que sa résurrection et son renouvellement soient intérieurs, c'est-à-dire s'opèrent par la mort à sa première vie, qui est le péché, et par sa régénération à la vie nouvelle, qui est la justice. C'est ainsi, en effet, que l'Apôtre mentionne les deux hommes, l'un le vieil homme que nous devons dépouiller, l'autre, le nouveau, que nous devons revêtir. (*Col.*, III, 9.) L'un qu'il appelle encore l'image de l'homme terrestre (I *Cor.*, XV, 49), parce qu'il représente le péché du premier homme qui est Adam; l'autre, l'image de l'homme céleste, parce qu'il représente la justice du second Adam qui est Jésus-Christ. Or, l'homme extérieur qui se corrompt maintenant, sera renouvelé par la future résurrection, lorsqu'il aura payé la dette de la nature, en subissant la mort, d'après cette loi qui a été portée contre lui dans le paradis terrestre.

2. Qu'il ne soit pas inconvenant de dire que même le corps a été fait à l'image de Dieu, c'est une chose facile à comprendre, si l'on fait attention à ces paroles : « Tout ce que Dieu a fait est très-bon. » (*Gen.*, I, 31.) En effet, personne ne

QUÆST. L. — *De æqualite Filii.* — Deus, quem genuit, quoniam meliorem se generare non potuit, (nihil enim Deo melius,) generare debuit æqualem. Si enim voluit, et non potuit, infirmus est : si potuit, et non voluit, invidus est. Ex quo conficitur æqualem eum genuisse Filium.

QUÆST. LI. — *De homine facto ad imaginem et similitudinem Dei.* — 1. Cum exteriorem et interiorem hominem divina Scriptura commemoret, et in tantum eos discernat, ut ab Apostolo dictum sit : « Et si exterior homo noster corrumpitur, sed interior renovatur de die in diem : » (II *Cor.*, IV, 16) quæri potest, utrum unus horum factus sit ad imaginem et similitudinem Dei (Lib. II *de Trinit.*, cap. 1.) Nam illud stultum est quærere, si unus, quis horum? Quis enim dubitat eum potius qui renovatur, quam eum qui corrumpitur, dicere ? Utrum autem ambo, magna quæstio est. Nam si exterior homo est Adam, et interior Christus, bene ambo intelliguntur. Sed cum Adam, sicut a Deo factus est, bonus non manserit, et diligendo carnalia carnalis effectus sit, non absurde videri potest, hoc ipsum ei fuisse (a) cadere, imaginem Dei et similitudinem amittere. Ac per hoc ipse renovatur, ut ipse sit interior : quomodo ergo est ipse et exterior? An secundum corpus? ut interior sit secundum animam, et (b) interioris sit resurrectio et renovatio, quæ nunc fit secundum mortem prioris vitæ, id est peccati, et regenerationem novæ vitæ, id est justitiæ? Quos item duos homines sic appellat, ut unum veterem, quem debemus exuere, alterum novum, et eum induendum commemoret (*Col.*, III, 9) : quorum rursus illum appellat imaginem terreni hominis, quia secundum peccatum primi hominis geritur, qui est Adam ; alterum imaginem cœlestis hominis, quia secundum justitiam secundi hominis geritur, qui est Jesus Christus. (I *Cor.*, XV, 49.) Exterior autem homo, qui nunc corrumpitur, futura resurrectione renovabitur, cum istam mortem persolverit, quam naturæ debet, lege illa, quæ in paradiso (c) data est.

2. Quomodo autem non sit incongruum, quod dicitur etiam corpus factum ad similitudinem Dei, facile intelligit, qui diligenter attendit quod dictum est : « Et fecit Deus omnia bona valde. » (*Gen.*, I, 31.)

(a) Sic Mss. At editi, *hoc ipsum ei fuisse cavere imagine Dei.* — (b) Er. et Lov. *et interior sit.* Melius Rat. et Mss. *interioris.* — (c) Hic editi addunt, *per præceptum.* Navarricus codex, *post præceptum,* quod a cæteris fere Mss. abest.

doute que Dieu ne soit lui-même essentiellement bon. Or, c'est en plus d'un sens qu'une chose peut être dite semblable à Dieu ou par la vertu et la sagesse, puisqu'il possède la puissance et la sagesse incréée; ou seulement par la vie, puisqu'il est lui-même la vie souveraine et primitive; ou par la simple existence, puisqu'il est lui-même l'existence souveraine et absolue. C'est pourquoi les choses qui existent simplement, sans avoir la vie et l'intelligence, n'ont avec lui qu'une ressemblance bien faible et bien imparfaite, en ce sens qu'elles sont bonnes dans leur genre, tandis qu'il est lui le bien par excellence et la source de tous les biens. Les êtres qui ont la vie sans avoir la raison, ont une part plus grande à sa ressemblance. Car tout ce qui vit existe, et tout ce qui existe n'est pas vivant pour cela. Enfin les êtres doués de raison se rapprochent tellement de Dieu, que rien ne lui ressemble davantage dans le création. Car ce qui participe à la raison a aussi la vie et l'existence. Or, la vie suppose l'existence, mais non l'intelligence. C'est pourquoi l'homme étant capable de participer à la sagesse, selon l'homme intérieur, se trouve tellement sous ce rapport semblable à Dieu, qu'il n'y a pas entre eux de nature intermédiaire, et c'est pour cela qu'aucun être n'est plus rapproché de Dieu. Car il a la raison, la vie et l'être; c'est donc la créature la plus excellente.

3. Si par l'homme extérieur, on entend cette vie qui se manifeste en nous par les sensations corporelles, au moyen des cinq sens que nous connaissons, et qui nous sont communs avec les animaux (*De la Trin.*, liv. II, ch. 1), vie exposée à être détruite par les souffrances sensibles qui viennent de tant de côtés; ce n'est pas sans raison que, sous ce rapport encore, on dirait que l'homme est fait à la ressemblance de Dieu, non-seulement parce qu'il vit, comme vivent les animaux, mais encore et surtout parce qu'il se soumet à l'empire de l'intelligence qui le gouverne avec les lumières de la sagesse, bien supérieur en cela aux animaux privés de raison. De plus le corps de l'homme, seul entre les animaux, n'est pas incliné vers la terre, mais se présente de face et se dresse vers le ciel qui est le principe des choses visibles; quoiqu'il soit évident qu'il n'ait pas sa vie propre, mais qu'il ne vive que par la présence de l'âme; cependant il est bon, non-seulement parce qu'il est et en tant qu'il est; mais encore étant tel et plus propre à contempler le ciel, on peut dire avec raison qu'il a été créé à l'image et ressemblance de Dieu plus que les autres animaux. Toutefois, comme il ne serait pas juste de donner le nom

---

Nemo enim dubitat quod sit ipse primitus bonus. Multis enim modis dici res possunt similes Deo : aliæ secundum virtutem et sapientiam factæ, quia in ipso est virtus et sapientia non facta : aliæ in quantum solum vivunt, quia ille summe et primitus vivit : aliæ in quantum sunt, quia ille summe et primitus est. Et ideo quæ tantummodo sunt, nec tamen vivunt aut sapiunt, non perfecte, sed exigue sunt ad similitudinem ejus; quia et ipsa bona sunt in ordine suo, cum sit ille super omnia bonus, a quo omnia bona procedunt. Omnia vero quæ vivunt et non sapiunt, paulo amplius participant similitudinem. Quod enim vivit, etiam est, non autem quidquid est, etiam vivit. Jam porro quæ sapiunt, ita illi similitudine sunt proxima, ut in creaturis nihil sit propinquius. Quod enim participat sapientiæ, et vivit et est : quod autem vivit, necesse est ut sit, non necesse est ut sapiat. Quare cum homo possit participes esse sapientiæ secundum interiorem hominem, secundum (*a*) ipsum ita est ad imaginem, ut nulla natura interposita formetur; et ideo nihil sit Deo conjunctius. Et sapit enim, et vivit, et est : qua creatura nihil est melius.

3. Quod si exterior homo vita illa accipitur, qua per corpus sentimus quinque notissimis sensibus, quos cum pecoribus habemus communes (Lib. II, *de Trinit.*, cap. 1) : Nam et ipsa molestiis sensibilibus, quæ persecutionibus ingeruntur, corrumpi potest : non immerito et iste homo participes dicitur similitudinis Dei; non solum quia vivit, quod etiam in bestiis apparet; sed amplius quod ad mentem (*b*) convertitur se regentem, quam illustrat sapientia, quod in bestiis non potest ratione carentibus. Corpus quoque hominis, quia solum inter animalium terrenorum corpora, non pronum in alvum prostratum est, cum sit visibile, sed ad intuendum cœlum erectum, quod est principium visibilium ; quanquam non sua, sed animæ præsentia vivere cognoscatur : tamen non quia quia est, et in quantum est, utique bonum est ; sed etiam quia tale est, ut ad contemplandum cœlum sit aptius; magis in hoc ad imaginem et similitudinem Dei, quam cætera corpora animalium factum jure videri potest. Tamen quia homo sine vita non recte

---

(*a*) Editi, *secundum se ipsum*. At Mss. *secundum ipsum*, id est hominem interiorem. — (*b*) Lov. *convertit se regentem, quem,* etc., dissentientibus editis aliis et Mss.

d'homme à un corps privé de la vie, l'homme extérieur ne sera donc ni le corps seul, ni la vie des sens seule. Peut-être cette dénomination conviendrait-elle aux deux choses réunies. (I *Retr.*, 26.)

4. Ce n'est pas sans raison non plus qu'on dit l'image et la ressemblance de Dieu, en parlant du Fils de Dieu, et qu'on dit à l'image et à la ressemblance de Dieu, en parlant de l'homme. (*De la Trin.*, liv. VII, ch. dernier; I *Retr.*, 26.) D'autres pensent que c'est avec intention qu'on a employé ces deux expressions image et ressemblance, en disant que, s'il n'y avait qu'une chose un seul mot aurait pu suffire. Ils veulent donc que ce soit l'intelligence qui ait été créée à l'image de Dieu, elle qui se forme sur la vérité elle-même, sans intermédiaire, et qu'on appelle aussi l'esprit; non cet Esprit saint qui est de la même substance que le Père et le Fils, mais l'esprit de l'homme. Voici comment l'Apôtre fait cette distinction : « Personne, dit-il, ne sait ce qui se passe en l'homme, si ce n'est l'esprit de l'homme; et personne ne sait ce qui se passe en Dieu, si ce n'est l'Esprit de Dieu. » (I *Cor.*, II, 11.) Il dit encore de l'esprit de l'homme : « Que Dieu sauve votre esprit, votre âme et votre corps. » (I *Thess.*, V, 23.) Or, cet esprit est l'œuvre de Dieu, comme les autres créatures, suivant cette parole des Proverbes : « Sachez que Dieu connaît le cœur de l'homme, et que celui qui a donné l'esprit à tous, connaît tout. » (*Prov.*, XVI, 2.) Donc il n'y a pas de doute que cet esprit ne soit fait à l'image de Dieu, puisqu'il a l'intelligence de la vérité; car il tient à elle par lui-même sans intermédiaire. Ces mêmes hommes entendent que le reste de la nature humaine a été fait seulement à la ressemblance de Dieu, parce que toute image est semblable, disent-ils; mais tout ce qui est semblable ne peut s'appeler image, si ce n'est improprement et par abus. Mais il faut prendre garde d'aller trop loin dans ces matières, et s'en tenir au principe salutaire, que si le corps occupe un lieu dans l'espace, on ne doit pas croire qu'il en soit de même de la substance de Dieu. En effet, l'idée d'une chose moindre dans sa partie que dans le tout, ne convient pas à la dignité de l'âme, combien moins conviendra-t-elle à la majesté de Dieu?

QUESTION LII. — *Sur cette parole :* « Je me repens d'avoir créé l'homme. » (*Gen.*, VI, 7.) — Les saintes Ecritures voulant nous faire passer du sens terrestre et humain au sens supérieur et divin, n'ont pas dédaigné d'employer les paroles qui sont en usage même parmi les hommes les moins sensés. C'est pourquoi les locutions qui expriment les passions de notre âme, quoique Dieu soit loin de les approuver, comme le com-

---

appellatur (I *Retr.*, XXVI) : non corpus solum homo exterior, neque sola vita quæ in sensu est corporis, sed utrumque simul rectius fortasse intelligitur.

4. Neque inscite distinguitur, quod aliud sit imago et similitudo Dei (Lib. VII *de Trinit.* cap. *ultimo.*) qui etiam Filius dicitur, aliud ad imaginem et similitudinem Dei, sicut hominem factum accipimus. (I *Retr.*, XXVI.) Sunt etiam qui non frustra intelligant duo dicta esse ad imaginem et similitudinem : cum si una res esset, unum nomen sufficere potuisse asserunt. Sed ad imaginem mentem factam volunt, quæ nulla interposita substantia ab ipsa veritate formatur, qui etiam spiritus dicitur : non ille Spiritus-sanctus, qui est ejusdem substantiæ, cujus et Pater et Filius, sed spiritus hominis. Nam ita hos discernit Apostolus : « Nemo scit quid agatur in homine, nisi spiritus hominis; et nemo scit quid agatur in Deo, nisi Spiritus Dei. » (I *Cor.*, II, 11.) Item de spiritu hominis dicit : « Salvum faciat spiritum vestrum et animam et corpus. » (I *Thess.*, V, 23.) Et iste enim factus est a Deo, sicut et cætera creatura. Scriptum est enim in Proverbiis hoc modo : « Scito quoniam Dominus corda hominum novit, et qui finxit spiritum omnibus, ipse scit omnia. » (*Prov.*, XVI, 2.) Ergo iste spiritus ad imaginem Dei nullo dubitante factus accipitur, in quo est intelligentia veritatis : hæret enim veritati nulla interposita creatura. Cætera hominis ad similitudinem facta videri volunt : quia omnis quidem imago similis est, non autem omne quod simile est, etiam imago proprie, sed forte abusive dici potest. Sed cavendum in talibus ne quid nimis asseverandum putetur, illa re sane salubriter custodita, ne quoniam corpus quodlibet per localia spatia porrectum est, aliquid tale credatur esse substantia Dei. Nam res quæ in parte minor est quam in toto, nec dignitati animæ convenit; quanto minus majestati Dei?

QUÆST. LII. — *De eo quod dictum est :* « Pœnitet me fecisse hominem. » (*Gen.*, VI, 7.) — Divinæ Scripturæ a terreno et humano sensu ad divinum et cœlestem nos erigentes, usque ad ea verba descenderunt, quibus inter se stultissimorum etiam utitur consuetudo. Itaque earum etiam affectionum nomina, quas animus noster patitur, quas longissime a Deo esse sejunctas jam qui melius sapit intelligit,

prend tout homme sage, se trouvent dans nos saints livres, et ces hommes qui ont écrit ces livres sous l'inspiration du Saint-Esprit n'ont pas hésité à s'en servir d'une manière très-opportune. (*De la Cité de Dieu*, liv. XV, ch. 25.) Ainsi, par exemple, comme il est difficile à l'homme de se venger sans colère, ils ont appelé colère la vengeance de Dieu, quoiqu'elle s'accomplisse sans ce trouble qui vient de cette passion. De même, comme un époux veille par jalousie à la chasteté de son épouse, ils ont appelé jalousie cette Providence divine, qui en paroles et en actes empêche l'âme de se corrompre et de se prostituer en quelque sorte, en suivant de côté et d'autre les dieux étrangers. Ainsi encore ils ont donné des mains à Dieu pour exprimer sa puissance d'opération; des pieds, pour signifier sa puissance qui s'étend à conserver et gouverner toutes choses; des oreilles, des yeux, pour indiquer qu'il peut tout voir et tout entendre; une face, pour rappeler qu'il se manifeste et se fait connaître; et ainsi des autres expressions, précisément parce que nous-mêmes, à qui ce langage est adressé, nous nous servons de nos mains pour travailler, de nos pieds pour marcher, et nous transporter où nous voulons; de nos oreilles, de nos yeux et de nos autres sens pour nous mettre en rapport avec les objets matériels, et de notre figure pour nous faire connaître. Voilà d'après quelle règle il faut tout expliquer. Pour la question qui nous occupe, on peut dire que, quand nous abandonnons une chose commencée pour en faire une autre, nous paraissons agir sous l'influence du repentir. Ainsi quoique la divine Providence aux yeux de l'homme réfléchi, paraisse gouverner le monde d'après un ordre invariable, cependant pour s'accommoder à l'intelligence de l'homme faible, on dit d'une chose qui existe, mais qui vient à disparaître contre l'espérance qu'on avait de sa durée, que Dieu s'est comme repenti de l'avoir faite.

QUESTION LIII. — *De l'or et de l'argent que les Israélites empruntèrent aux Egyptiens.* — 1. Quiconque examine l'économie des deux Testaments, accommodée suivant la convenance des temps, aux âges du genre humain, comprendra suffisamment, j'en suis persuadé, ce qui convenait proprement au premier âge, et ce qui convenait au second âge du genre humain. Sous la conduite de la Providence qui gouverne tout avec un ordre admirable, nous voyons toute la suite des générations, depuis Adam jusqu'à la fin des siècles, se développer comme se développe la vie d'un homme, passant par les différents degrés des âges depuis l'enfance jusqu'à la vieillesse. C'est pourquoi on ne manquera pas de remarquer différents degrés dans les vertus,

---

non dubitaverunt illi viri per quos locutus est Spiritus sanctus, opportunissime in libris ponere. (Lib. XV, *de Civit. Dei*, cap. 25.) Ut, verbi gratia, quoniam difficillimum est ut homo aliquid vindicet sine ira, vindictam Dei quæ omnino sine ista perturbatione fit, iram tamen vocandam judicaverunt. Item quia conjugis castitatem zelando viri custodire consueverunt, illam Dei providentiam per quam præcipitur atque agitur ne anima corrumpatur, et deos alios atque alios sequens quodam modo meretricetur, zelum Dei appellaverunt. Sic et manum Dei, vim qua operatur, et pedes Dei, vim qua in omnia (*a*) custodienda et gubernanda pertendit; et aures Dei vel oculos Dei, vim qua omnia percipit atque intelligit; et faciem Dei, vim qua se manifestat atque dignoscitur; et cætera in hunc modum, propterea scilicet quia nos ad quos sermo fit, et manibus solemus operari, et pedibus incedere, et quo fert animus pervenire, et auribus atque oculis cæterisque sensibus corporis corporalia percipere, et facie innotescere : et si quid aliud ad hanc tanquam regulam pertinet. Hoc modo igitur, quoniam mutare cœptum aliquod et in aliud transferre non facile solemus nisi pœnitendo, quanquam divina providentia serena mente intuentibus appareat cuncta certissimo ordine administrare, accommodatissime tamen ad humilem humanam intelligentiam ea quæ incipiunt esse, neque perseverant quantum perseveratura sperata_sunt, quasi per pœnitentiam Dei dicuntur ablata.

QUÆST. LIII. — *De auro et argento quod Israelitæ ab Ægyptiis acceperunt.* (*Exod.*, XII, 35.) — 1. Quisquis duorum Testamentorum dispensationes, pro temporum congruentia, generis humani diligenter ætatibus distributas intueter; satis (quantum existimo) intelligit, quid proprie priori ætati generis humani, quid posteriori conveniat. Divina enim providentia pulchre omnia moderante, ita universa generationum series ab Adam usque ad finem sæculi administratur, tanquam unius hominis a pueritia usque ad senectutem temporis sui tractum ætatis gradibus terminantis. Et ideo virtutum etiam gradus in moribus, donec veniatur ad summam hominis perfectamque virtutem,

a) Rat et septem Mss. *constituenda*.

QUESTION LIII.

jusqu'à ce que l'homme arrive à la vertu complète et parfaite, si l'on a soin d'apporter un esprit de piété à la lecture des saints Livres; car il ne faut pas qu'en voyant les moindres devoirs imposés aux faibles et de plus grands aux forts, on puisse s'imaginer que le moins est un péché en comparaison du plus, et penser que ces détails sont indignes de Dieu. Mais il serait trop long de discuter ici sur les degrés des vertus. Cependant pour nous renfermer dans la question présente, concernant la tromperie, nous dirons qu'il appartient à la vertu réelle et parfaite de ne tromper personne et de pratiquer cette parole : « Dites oui, oui; non, non. » (*Matth.*, v, 37.) Mais ce commandement est fait pour ceux qui ont reçu la promesse du royaume des cieux, comme un commandement spécial exigeant une vertu plus grande, à cause de la récompense; car « le royaume des cieux souffre violence, et il faut se faire violence pour y entrer. » (*Matth.*, xi, 12.) Il faut donc voir par quels degrés on arrive à ce sommet de perfection. Or, dans le parcours de ces degrés nous rencontrons ceux qui avaient la promesse du royaume de la terre, et qui prenaient plaisir à cette promesse comme des enfants; puis obtenant de Dieu qui est le seul maître de toutes choses, les joies de la terre qui étaient l'objet de leur ambition, ils partaient de là pour s'avancer et entrer dans le progrès spirituel, et s'élever jusqu'à l'espérance des biens célestes. Par conséquent comme c'est une vertu sublime et presque divine, de ne tromper personne; comme c'est un vice très-bas de tromper tout le monde, entre ces deux extrêmes du vice et de la vertu il y a un degré, c'est de ne tromper personne parmi ses amis ou les étrangers, excepté les ennemis. C'est à cette occasion qu'a été dite cette parole du poète, qui est presque passée en proverbe : « Ruse ou vertu, qu'importe à l'égard d'un ennemi. » (*Énéide*, ii.) Mais on peut aussi tromper un ennemi injustement, par exemple quand une paix momentanée, c'est-à-dire une trêve, a été conclue, et n'est point observée, ou autre chose. C'est donc une plus grande vertu et une plus grande perfection, lorsque, malgré la volonté qu'on a de tromper un ennemi, on ne le trompe néanmoins que par une inspiration divine. Car Dieu connaît seul, ou du moins connaît beaucoup mieux et plus clairement que les hommes, si on est digne de peine ou de récompense.

2. On peut donc dire que Dieu ne trompe personne par lui-même, car il est le Père de la vérité, la vérité, et l'esprit de vérité; cependant comme il appartient à la justice et à la vérité de rendre à chacun suivant ses mérites, il se sert des dis-

---

oportet eum distinguere, qui divinis lectionibus pium animum intendit : ne forte cum invenerit aliquando parvis parva, aliquando majora majoribus imperari, reputans in comparatione (*a*) majorum peccata esse illa quæ minora sunt, non arbitretur decuisse ut talia Deus hominibus imperaret. Sed nunc de virtutum gradibus nimis longum est disputare. Verumtamen quod ad præsentem quæstionem discutiendam satis est, quantum ad decipiendum attinet, summa et perfecta virtus est neminem decipere, atque illud exhibere quod dictum est : « Sit in ore vestro : Est est : Non non. » (*Matth.*, v, 37.) Sed quia hoc eis imperatum est, quibus jam regnum cœlorum promissum est ; magna autem virtus est hæc implere majora, quibus debetur hoc præmium; « Regnum enim cœlorum vim patitur, et qui vim faciunt, diripiunt illud : » (*Matth.*, xi, 12) quærendum est quibus gradibus ad istam summitatem perfectionemque veniatur : in quibus utique gradibus inveniuntur illi, quibus adhuc terrenum regnum promittebatur, quo promisso tanquam parvuli præluderent, et ab uno Deo, qui est omnium Dominus, interim terrenis gaudiis, quibus adhuc inhiabant, impetratis, inde proficientes et spiritu crescentes auderent etiam sperare cœlestia. Sicut ergo summa et prope divina virtus est, neminem decipere : Sic ultimum vitium est, quemlibet decipere. Ab hoc ultimo vitio ad illam summam virtutem tendentibus gradus est, neminem quidem vel amicum, vel ignotum, sed tamen inimicum aliquando decipere. Unde etiam illud a Poeta dictum prope jam proverbii consuetudinem obtinuit : « Dolus an virtus quis in hoste requirat ? » (*Æneid.*, ii.) Sed quoniam et ipse hostis potest plerumque injuste decipi, veluti cum pactum aliquod fit de temporali pace, quas inducias vocant, et non servatur fides, et cætera talia : multo est purgatior summæque illi virtuti propinquior, qui quanquam velit hostem decipere, non eum tamen decipit nisi auctoritate divina. Deus enim novit vel solus, vel certe longe excellentius quam homines atque sincerius, qua quisque pœna præmiove sit dignus.

2. Quapropter Deus quidem per se ipsum neminem decipit ; est enim Pater Veritatis, et Veritas, et Spiritus Veritatis : dignis tamen digna distribuens (quoniam hoc quoque pertinet ad justitiam et veritatem) utitur animis pro meritis et dignitatibus, quæ

(*a*) Exensi, *majoru*. Sed melius decem Mss. *majorum*.

positions qu'il remarque dans les esprits suivant le degré de leur mérite et de leur dignité, à l'égard de celui qui mérite d'être trompé; mais Dieu ne le trompe pas par lui-même, ni même par un homme qui connaît la charité, et qui pratique ce précepte : que votre bouche ne prononce pas d'autre parole : Oui, oui; non, non; ni par un ange à qui ne conviendrait pas le rôle de trompeur. Mais il se servira d'un homme qui ne s'est pas encore dépouillé de la vieille habitude de la ruse; ou d'un ange, que sa volonté perverse a relégué dans les derniers rangs de la création, pour venger les péchés des hommes, ou pour éprouver et purifier ceux qui renaissent à la vie divine. Nous lisons qu'un roi (Achab) a été trompé par les oracles des faux prophètes; (III Rois, XXII, 6), et le saint Livre nous apprend que cette déception n'a pas eu lieu sans un jugement de Dieu, parce que ce roi méritait d'être trompé; mais cette mission fut dévolue non pas à un ange de vérité, dont la nature n'aurait pu se prêter convenablement à cet office de tromperie; elle fut donnée à un ange de mensonge, qui la réclama comme étant dans son rôle. Il y a dans l'Ecriture sainte des endroits clairs et intelligibles, dont le lecteur pieux et attentif sait se servir pour comprendre ceux qui sont plus obscurs. Car notre Dieu a tellement ménagé l'ordonnance des Ecritures sous l'inspiration du Saint-Esprit, et en vue de notre salut, qu'il s'y trouve tout à la fois des passages clairs pour nourrir notre foi, et des passages obscurs pour l'exercer. Ce gouvernement ineffable et sublime de toutes choses, qui est l'œuvre de la divine Providence, contribue à graver de plus en plus la loi naturelle dans l'âme raisonnable, afin que dans le cours de cette vie, et dans la conduite des choses de la terre, les hommes conservent et appliquent cet exemple d'administration. C'est pourquoi un juge trouve indigne de sa personne de frapper lui-même le coupable et le criminel. Il charge le bourreau, dont l'âme basse est propre à cet office, de frapper un homme condamné par la loi, et qui même serait capable par sa cruauté de frapper un innocent. Le juge ne remplit donc pas cette fonction par lui-même, ni par un prince, ni par un avocat, ni par aucun autre officier, à qui ne conviendrait pas ce genre de ministère. C'est pourquoi encore nous nous servons des animaux privés de raison pour certaines choses, que l'homme ne pourrait pas sans cruauté exécuter par lui-même. Il est certain que le voleur est digne d'être lacéré par des morsures; cependant l'homme ne fait pas cette exécution par lui-même, ni par son fils, ni par son domestique, ni par un esclave; il lance le chien de la maison qui s'acquitte de cette fonction, suivant les convenances et le degré de sa nature. Lorsqu'un homme a mérité un châtiment qu'un autre homme ne peut pas infliger, la justice a

---

sunt in gradibus earum, ut si quisquam dignus est decipi, non solum per se ipsum eum non decipiat, sed neque per talem hominem, qui jam congruenter diligit, et custodire persistit : « Sit in ore vestro : Est est, Non non : » neque per angelum, cui non convenit persona fallaciæ : sed aut per talem hominem, qui nondum se hujusmodi cupiditatibus exuit; aut per talem angelum, qui pro suæ voluntatis perversitate vel ad vindictam peccatorum, vel ad exercitationem purgationemque eorum qui secundum Deum renascuntur, in infimis naturæ gradibus ordinatus est. Legimus enim deceptum regem (Achab) falso vaticinio pseudoprophetarum (III Reg., XXII, 6) : et ita legimus, ut neque sine divino judicio factum inveniamus, quoniam dignus erat ille sic decipi; neque per eum angelum, quem deceptionis officium suscipere non deceret; sed per angelum erroris, qui sibi ultro tales partes imponi cum lætitia postulavit. Quibusdam enim Scripturarum locis apertius aliquid exponitur, quos diligens et pius lector etiam in aliis locis, in quibus minus aperitur, intelligat. Deus enim noster sic ad salutem animarum divinos libros Spiritu sancto moderatus est, ut non solum manifestis pascere, sed etiam obscuris exercere nos vellet. Ex hac igitur ineffabili atque sublimi rerum administratione, quæ fit per divinam providentiam, quasi transcripta est naturalis lex in animam rationalem, ut in ipsa vitæ hujus conversatione moribusque terrenis homines talium distributionum imagines servent. Hinc est quod judex damnatum percutere indignum sua persona et nefarium judicat : ejus tamen jussu hoc facit carnifex, qui pro sua cupiditate sic ordinatus est in officio, ut percutiat legum moderatione damnatum, qui posset etiam innocentem sua crudelitate percutere. Nam neque per se ipsum hoc judex facit, neque per principem vel advocatum, aut aliquem in officio suo, cui tale ministerium non convenienter imponitur. Hinc est etiam, quod irrationalibus animantibus utimur ad eas res, quas per homines agi nefarium est. Nam utique dignus est fur morsu lacerari : id tamen homo non per se ipsum agit, aut per filium, aut per domesticum, aut etiam

établi des ministères subalternes capables de remplir cet office, et elle s'en sert non-seulement pour châtier le coupable, qu'elle a condamné à subir un supplice mérité, mais encore elle veut que ses instruments soient d'une nature propre à cette exécution. Les Egyptiens méritaient donc d'être victimes d'une fraude, et le peuple d'Israël vivait à une époque où les mœurs du genre humain ne répugnaient pas à employer la tromperie envers un ennemi. Dieu voulut donc, ou plutôt, vu la disposition de leurs cœurs, il permit que les Israélites empruntassent aux Egyptiens des vases d'or et d'argent (*Exod.*, III, 22), objets de convoitise pour un peuple ambitieux d'un royaume terrestre, avec l'intention de ne pas les rendre, et qu'ils les acceptassent avec promesse de les remettre. Dieu voulut donc que cette spoliation fût, suivant la disposition de ces âmes, une juste récompense d'un long et pénible travail, et en même temps une punition pour les Egyptiens qui perdaient justement, pour n'avoir pas payé ce qu'ils devaient. Dieu n'est pas trompeur; qui ne comprend que ce serait un crime et une impiété de le croire? Mais récompensant suivant la justice les mérites et les personnes, quelquefois il agit par lui-même dans les circonstances qui conviennent à sa dignité et qui exigent son intervention directe; comme s'il est question d'éclairer les âmes et de les rendre sages et heureuses, par le don qu'il leur fait de lui-même; d'autres fois il se sert des créatures, selon la place qu'elles occupent dans la hiérarchie des êtres, commandant à l'une, laissant agir l'autre, mais embrassant tout dans les soins de sa providence, jusqu'aux petits oiseaux, comme dit le Seigneur dans l'Evangile (*Matth.*, X, 29; *Luc*, XII, 27), jusqu'à la beauté d'une fleur, jusqu'au nombre des cheveux de notre tête, dirigeant toutes choses, suivant qu'il est écrit : « Elle atteint avec force, d'une extrémité à l'autre, et dispose tout avec douceur. » (*Sagesse*, VIII, 1.)

3. Dieu se sert donc du ministère des âmes pour exécuter ses lois et punir ceux qui le méritent, tout en restant lui-même dans le calme d'une tranquillité parfaite, selon qu'il est écrit avec une clarté évidente : « Comme vous êtes juste, vous disposez tout avec justice, et vous regardez comme indigne de votre puissance de condamner celui qui ne doit pas être puni, car votre force est le commencement de la justice, et parce que vous êtes le maître de tous, vous pouvez pardonner à tous. Vous montrez votre puissance à qui doute de la plénitude de votre puissance, et vous humiliez l'audace de ceux qui ne vous connaissent pas. Et vous, le domi-

per famulum suum : sed per canem, quam bestiam talia facere pro naturæ suæ gradibus decet. Cum igitur quosdam pati aliquid deceat, quod alios facere non deceat; ministeria quædam sunt media, quibus digna injunguntur officia ; ut eis utens ipsa justitia, non solum talia pati quemque imperet, qualia pati cum decet, sed etiam iis facientibus, quos talia facere non minus decet. Quapropter cum et Ægyptii deceptione digni essent (*Exod.*, III, 22), et populus Israel pro illa ætate generis humani in tali adhuc gradu morum constitutus esset, ut non indigne hostem deciperet; factum est ut juberet Deus, vel potius pro illorum cupiditate permitteret, ut vasa aurea et argentea, quibus adhuc (*a*) terreni regni appetitores inhiabant, et peterent ab Ægyptiis non reddituri, et acciperent quasi reddituri. Quam et mercedem tam diuturni laboris atque operis pro talium animarum gradu non injustam Deus esse voluit; et pœnam illorum quos digne fecit amittere, id quod reddere debuerunt. Non itaque Deus deceptor est, quod credere nefarium et impium esse quis non intelligat? sed meritorum et personarum justissimus distributor, faciens quædam per se ipsum, quæ illo solo digna sunt, eique soli conveniunt ; sicuti est illuminare animas, et se ipsum eis ad perfruendum præbendo, sapientes beatasque præstare, alia per servientem sibi creaturam, integerrimis legibus pro meritis ordinatam, quædam eorum jubens, quædam permittens, usque ad passerum administrationem, sicut Dominus in Evangelio dicit (*Matth.*, X, 29), et usque ad fœni decorem, usque ad numerum etiam capillorum nostrorum divina providentia pertendente atque veniente. (*Luc.*, XII, 27.) De qua etiam dictum est: « Pertendit a fine usque ad finem fortiter, et disponit omnia suaviter. » (*Sap.*, VIII, 1.)

3. Quod autem per animarum ministeria suis legibus servientia Deus puniat, et digne digna supplicia retribuat, cum ipse tranquillissimus maneat, apertissime ita scriptum est (*Sap.*, XII, 15, etc.) : « Ipsum quoque qui puniri (*b*) non debeat, condemnare, exterum æstimas a tua virtute. Virtus enim tua justitiæ initium est, et ob hoc quod omnium dominus es, omnibus te parcere facis. Virtutem enim tu ostendis, qui non crederis esse in virtute consummatus,

---

(*a*) Sic Rat. et Mss. At Er. et Lov. *terrenæ rei.* — (*b*) Rat. et Lov. *qui puniri debeat, condemnas, et exterum existimas.* Emendantur ad Er. et ad Mss.

TOM. XXI. 3

nateur de la puissance, vous êtes tranquille dans vos jugements, et vous nous gouvernez avec un grand respect. » (*Sagesse*, XII, 15, etc.)

4. Ainsi donc les choses de la terre sont comme des degrés qui nous élèvent jusqu'à la justice du ciel, qui est l'aliment des âmes plus fortes, comme le Seigneur nous le montre, en disant : « Si vous n'êtes fidèles pour le bien des autres, qui le sera pour le vôtre? » (*Luc*, XVI, 12.) Ce qui montre encore que les âmes sont formées en passant par différents degrés, c'est cette parole du Seigneur : « J'ai encore beaucoup de choses à vous dire, mais vous ne pourriez pas les porter maintenant. » (*Jean*, XVI, 12.) Ecoutez encore l'Apôtre : « Je n'ai pu, mes frères, vous parler comme à des hommes spirituels, mais comme à des hommes charnels; je vous ai donné le lait pour breuvage, et non la nourriture des forts; vous ne pouviez pas en recevoir une autre, et vous ne le pouvez pas encore, car vous êtes encore charnels. » (I *Cor.*, III, 1.) La manière dont on traitait ces hommes suivant le degré de leurs dispositions, montre aussi la conduite de la providence envers le genre humain, de sorte que, suivant l'opportunité des temps, elle fait des prescriptions propres à un peuple charnel, et d'autres propres à un peuple spirituel. Il n'est donc pas étonnant qu'on ait prescrit de tromper un peuple qui le méritait, à ceux qui du reste étaient capables de tromper un ennemi. Ils n'étaient pas encore assez avancés pour qu'on leur dise : « Aimez vos ennemis; » (*Matth.*, V, 44) mais ils ne pouvaient comprendre que cette maxime : « Aimez votre prochain, et haïssez votre ennemi. » (*Ibid.*, 43.) A cette époque, il n'était pas possible, sous le nom de prochain, d'entendre la chose dans son sens le plus large. Il a donc fallu commencer, sous un pédagogue, l'éducation du genre humain, pour en réserver au Maître le perfectionnement; et cependant c'est le même Dieu qui a donné le pédagogue aux enfants, c'est-à-dire la loi par son serviteur, et plus tard le Maître, c'est-à-dire l'Evangile, par son Fils unique.

QUESTION LIV. — Sur cette parole : *C'est un bien de m'attacher à Dieu*. (*Ps.* LXXII, 28.) — Tout ce qui existe change ou ne change pas. De plus l'âme, quelle qu'elle soit, est plus excellente que le corps, quel qu'il soit, car ce qui vivifie vaut mieux que ce qui est vivifié. Or, que le corps soit vivifié par l'âme et non l'âme par le corps, cela ne fait doute pour personne. Tout ce qui, sans être un corps est quelque chose, doit être une âme, ou quelque chose de supérieur à l'âme, car il n'y a plus rien au-dessous du corps. Si vous dites qu'il y a la matière d'où se forme le corps, je persiste à dire que, privée de toute forme, elle n'est encore que le néant. De même

---

sed in iis qui sciunt audaciam traducis. Tu autem Dominus virtutum cum tranquillitate judicas, et cum magna reverentia disponis nos. »

4. Item quod primo in terrenis rebus fit gradus ad cœlestem justitiam, quæ (*a*) jam firmioribus imperatur, Dominus ostendit, cum ait : « Si in alieno fideles non fuistis, vestrum quis dabit vobis ? » (*Luc.*, XVI, 12.) Et quod pro suis gradibus animæ doceantur, et ipse Dominus demonstrat dicens : « Multa habeo vobis dicere, sed nunc non potestis portare illa. » (*Joan.*, XVI, 12.) Et Apostolus, cum ait : « Ego, fratres, non potui vobis loqui quasi spiritalibus, sed quasi carnalibus; lac vobis potum dedi, non escam; neque enim poteratis, sed neque adhuc potestis; adhuc enim estis carnales. » (I *Cor.*, III, 1.) Quod enim in istis secundum gradus suos actum est, hoc in universo genere humano agi cognoscimus, ut alia carnali populo, alia spiritali, pro temporum congruentia juberentur. Non ergo mirum, si hostem decipi dignum decipere jussi sunt, qui erant adhuc digni hostem decipere. Non enim jam erant idonei quibus diceretur : « Diligite inimicos vestros : » (*Matth.*, V, 44) sed tales erant quibus tantummodo dici oporteret : « Diliges proximum tuum, et oderis inimicum tuum. » (*Ibid.*, 43.) Adhuc enim ille proximus quam late intelligendus esset, non erat temporis tradere. Inchoatio ergo quædam facta est sub pædagogo, ut magistro perfectio servaretur : cum tamen idem Deus, et pædagogum parvulis dederit, legem illam scilicet per famulum suum ; et magistrum grandioribus, id est, Evangelium per Unicum suum.

QUÆST. LIV. — De eo quod scriptum est : *Mihi autem adhærere Deo bonum est*. (*Psal.* LXXII, 28.) — Omne quod est, aut eodem modo semper est, aut non. Et omnis anima omni corpore melior est. Melius est enim omne quod vivificat, quam id quod vivificatur : corpus autem ab anima vivificari, non a corpore animam, nemo ambigit. Quod autem corpus non est, et tamen aliquid est, aut anima est, aut ea melius aliquid. Deterius enim omni corpore nihil est : quia et si materiam quis dixerit, unde ipsum corpus fit; recte, quoniam caret omni specie, ni-

(*a*) Er. et Lov. *quæ jam infirmioribus*. Verius aliquot Mss. *quæ jam firmioribus*. Aut sicut quidam codex, *non infirmioribus*.

entre le corps et l'âme, vous ne trouvez rien qui soit au-dessus du corps ni au-dessous de l'âme. Car s'il y avait un être intermédiaire, il serait vivifié par l'âme, ou il la vivifierait, ou ce ne serait ni l'un ni l'autre; ou bien il vivifierait le corps, ou serait vivifié par lui, ou ce ne serait ni l'un ni l'autre. Or, tout ce qui est vivifié par l'âme est corps; et si c'est un autre être qui vivifie l'âme, il est supérieur à l'âme. D'un autre côté ce qui donne la vie au corps, c'est l'âme; quant au corps, il ne donne la vie à rien. Si vous dites que cet être intermédiaire est neutre, ne recevant et ne donnant point la vie, alors cet être n'est rien, ou il est supérieur à l'âme et au corps. Mais y a-t-il un être semblable dans la nature? c'est une autre question. Pour le moment, la raison nous démontre qu'outre le corps et l'âme, il n'y a rien qui soit au-dessus du corps et au-dessous de l'âme. Or, l'être supérieur à l'âme nous l'appelons Dieu (I *Rétr.* 1, 26), et tout homme qui le connaît lui est uni. Tout ce que l'on comprend est vrai, et il n'en est pas de même de ce que l'on croit. Or, tout ce qui est vrai, mais inaccessible aux sens et à l'intelligence, est seulement l'objet de la foi, mais ne peut être saisi par les sens ou l'intelligence. Donc ce qui comprend Dieu est uni à Dieu. Or, l'âme raisonnable comprend Dieu, car elle comprend ce qui est éternel et immuable. Quant au corps, il est exposé à tous les changements de temps et de lieu, et l'âme raisonnable elle-même est tantôt sage, et tantôt insensée. Or, ce qui est immuable vaut mieux que ce qui est changeant. Cependant il n'y a rien au-dessus de l'âme, excepté Dieu. Donc, puisqu'elle comprend quelque chose d'immuable, il n'y a pas de doute qu'elle comprend Dieu. Or, Dieu est la verité même, à laquelle s'unit l'âme raisonnable par l'intelligence; et comme c'est une jouissance pour l'âme, on dit avec raison : « C'est un bien pour moi de m'attacher à Dieu. »

QUESTION LV. — Sur cette parole : *Il y a soixante reines, quatre-vingts concubines, et des jeunes filles sans nombre.* (*Cantiq.*, VI, 7.) — Le nombre *dix* peut signifier la science de l'univers. Si on l'applique aux choses spirituelles et intelligibles qui sont figurées par le nombre *six*, on a dix fois six, c'est-à-dire soixante; si on l'applique aux choses terrestres et corruptibles qui sont figurées par le nombre huit, on a dix fois huit c'est-à-dire quatre-vingts. Les reines sont donc les âmes qui règnent dans le monde intelligible et spirituel; les concubines sont celles qui reçoivent leur récompense sur la terre, et dont il est dit : « Elles ont reçu leur récom-

---

hil dicitur. Rursus inter corpus et animam, quod melius sit corpore, deterius anima, non invenitur. Si quid enim esset medium, aut vivificaretur ab anima, aut vivificaret animam, aut neutrum : aut vivificaret corpus, aut vivificaretur a corpore, aut neutrum. At quidquid vivificatur ab anima, corpus est : si quid autem vivificat animam, melius est quam anima. Rursum quo vivificatur corpus, anima est : quod vivificatur a corpore, nihil est. Neutrum vero, id est, nullius vitæ (a) indigens nullamque vitam tribuens, aut omnino nihil est, aut aliquid et corpore et anima melius. Sed utrum quid tale sit in rerum natura, alia quæstio est. Nunc interim ratio comperit, nihil inter corpus et animam esse, quod sit corpore melius, anima deterius. Quod autem est omni anima melius, id Deum dicimus (I *Retr.*, XXVI) : cui, quisquis eum intelligit, junctus est. Quod enim intelligitur verum est, nec omne quod creditur verum est. Quidquid autem verum est, atque a sensibus et a mente sejunctum est, credi tantum, non tamen sentiri aut intelligi potest. Deo igitur junctum est quod intelligit Deum. Intelligit autem rationalis anima Deum. Nam intelligit quod semper ejusmodi est, neque ullam patitur mutationem. At et corpus per tempus et locos, et anima ipsa rationalis, quod aliquando sapiens, aliquando stulta est, mutationem patitur. Quod autem semper eodem modo est, melius profecto est quam id quod non ita est. Nec quidquam est melius rationali anima, nisi Deus. Cum igitur intelligit aliquid, quod semper eodem modo sese habet, ipsum sine dubio intelligit. Hæc autem est ipsa veritas; cui quia intelligendo anima rationalis jungitur, et hoc bonum est animæ, recte accipitur id esse quod dictum est : « Mihi autem adhærere Deo bonum est. »

QUÆST. LV. — De eo quod scriptum est : *Sexaginta sunt reginæ, octoginta concubinæ, et adolescentulæ quarum non est numerus.* (*Cant.*, VI, 7.) — Denarius numerus potest significare universitatis scientiam. Quæ si ad interiora et intelligibilia referatur, quæ senario numero significantur, fit quasi decies sexies, quod est sexaginta : si ad terrena et corruptibilia, quæ octonario numero significari possunt, fiunt decies octies, quod est octoginta. Reginæ ergo, sunt animæ regnantes in intelligibilibus et spiritalibus. Concubinæ, quæ mercedem accipiunt terrenorum, de quibus dictum est : « Acceperunt mercedem suam. » (*Matth.*, VI, 2.) Adolescentulæ quarum non est nume-

(a) Lor. *intelligens* : corrupte ac repugnantibus editis aliis et Mss.

pense. » (*Matth.*, VI, 2.) Les jeunes filles qui sont sans nombre, sont celles dont la science n'est pas fixée, et qui peuvent se perdre dans toute espèce de doctrines; quant au nombre, il signifie comme nous l'avons dit, une science certaine, positive et inébranlable.

QUESTION LVI. — *Sur les quarante-six années qu'il a fallu pour bâtir le temple.* (*Jean*, II, 20; liv. IV *De la Trinité*, V.) — Six, neuf, douze, dix-huit, tous ces nombres réunis font quarante-cinq; ajoutez-y l'unité, et vous aurez quarante-six; ce nombre pris six fois donne deux cent soixante-seize. Or, on dit que la conception humaine se fait et s'achève dans cette progression : que les six premiers jours le germe a la ressemblance du lait, les neuf jours suivants il se convertit en sang, ensuite pendant douze jours il se solidifie; puis, pendant les dix-huit jours suivants, il arrive à sa formation complète avec les linéaments de tous les membres, et depuis cette époque jusqu'au moment de l'enfantement il ne fait plus que croître en grandeur. Si donc à quarante-cinq vous ajoutez l'unité qui est le nombre générateur; puisque six, neuf, douze et dix-huit font quarante-cinq; cette unité produit quarante-six. Multipliez quarante-six par le nombre six qui est en tête de la série, et on aura deux cent soixante-seize, c'est-à-dire neuf mois et six jours, que l'on compte depuis le huitième jour des calendes d'avril, jour où l'on croit que le Seigneur a été conçu, parce que c'est aussi le jour où il est mort, jusqu'au huitième jour des calendes de janvier qui est le jour de sa naissance. Il n'est donc pas absurde de dire qu'on a mis quarante-six ans à bâtir le temple, qui figurait le corps du Christ, de sorte que l'on compte autant d'années pour cette construction, que l'on compte de jours pour la formation parfaite du corps du Seigneur.

QUESTION LVII. — *Des cent cinquante-trois poissons.* (*Jean*, XXI, 11.) — 1. « Tout est à vous, vous êtes au Christ, et le Christ est à Dieu. » (I *Cor.*, III, 22, 23.) En commençant par le chef suprême, on trouve un, deux, trois, quatre objets. De même il est écrit : « L'homme est le chef de la femme, le Christ est le chef de l'homme, et Dieu est le chef du Christ. » (1 *Cor.*, XI, 3.) En comptant de la même manière, on trouve également un, deux, trois, et quatre. Or, un, deux, trois et quatre additionnés donnent dix. C'est pourquoi le nombre dix représente bien la doctrine qui nous montre Dieu créateur, et le monde créature. Lorsque le corps, dans son état de perfection et d'immortalité, est soumis à l'âme qui est aussi dans son état de perfection et d'immortalité; lorsque d'un autre côté l'âme est soumise au Christ, et le Christ à Dieu, non comme inférieur et d'une

---

rus, quarum non est determinata scientia, et diversis dogmatibus periclitari possunt : ut numerus, quod dictum est, significet certam et indubitatam confirmationem scientiæ.

QUÆST. LVI. — *De annis quadraginta sex ædificati templi.* (*Joan.*, II, 20. Lib. IV *de Trinit.* cap. 5.) — Sex, novem, duodecim, decem et octo, hæc in unum fiunt quadraginta quinque. Adde ergo ipsum unum, fiunt quadraginta sex : hoc sexies, fiunt ducenta septuaginta sex. Dicitur autem conceptio humana sic procedere et perfici, ut primis sex diebus quasi lactis habeat similitudinem, sequentibus novem diebus convertatur in sanguinem, deinde duodecim diebus solidetur, reliquis decem et octo diebus formetur usque ad perfecta lineamenta omnium membrorum, et hinc jam reliquo tempore usque ad tempus partus magnitudine augeatur. Quadraginta ergo quinque diebus addito uno, quod significat summam : quia sex et novem et duodecim et decem et octo in unum coactis, fiunt quadraginta quinque : addito ergo, ut dictum est, uno, fiunt quadraginta sex. Qui cum fuerint multiplicati per ipsum senarium numerum, qui hujus ordinationis caput tenet, fiunt ducenti septuaginta sex : id est, novem menses et sex dies, qui computantur ab octavo Kal. Aprilis, quo die conceptus Dominus creditur, quia eodem die etiam passus est, usque ad octavum Kal. Januarias, quo die natus est. Non ergo absurde quadraginta sex annis dicitur fabricatum esse templum, quod corpus ejus significabat : ut quot anni fuerunt in fabricatine templi, tot dies fuerint in corporis Domini perfectione.

QUÆST. LVII. — *De centum quinquaginta tribus piscibus.* (*Joan.*, XXI, 11.) — 1. « Omnia vestra, vos autem Christi, Christus autem Dei. » (I *Cor.*, III, 22 et 23.) Si a capite numerentur, inveniuntur unum, duo, tria, quatuor. Item : « Caput mulieris vir, caput viri Christus, caput autem Christi Deus. » (I *Cor.*, XI, 3.) Si eodem modo numerentur, inveniuntur similiter unum, duo, tria et quatuor. Porro unum et duo et tria et quatuor simul ducta fiunt decem. Quapropter disciplinam, quæ insinuat conditorem Deum et conditam creaturam, recte significat denarius numerus. Et cum corpus perfectum atque inexterminabile subditur animæ perfectæ atque inexterminabili, rursusque ipsa subditur Christo et ille Deo, non tanquam dissimilis aut alterius naturæ, sed tanquam Patri Filius, hoc

autre nature, mais comme le Fils à son Père, tout cet ordre hiérarchique est très-bien figuré par ce même nombre *dix*, selon l'espérance que nous avons pour l'autre vie après la résurrection du corps. Et c'est peut-être pour cette raison, que les ouvriers envoyés à la vigne reçoivent un denier (*denarium*) de récompense. (*Matth.*, xx, 2.) Or, comme un, deux, trois, quatre additionnés font dix, ainsi, un, deux, trois, quatre multipliés par quatre font quarante.

2. Or, si le nombre quatre est un symbole significatif du corps, à cause des quatre éléments qui le composent, le sec, l'humide, le froid et le chaud, et à cause des quatre dimensions qui forment la substance solide du corps, longueur, hauteur, largeur et profondeur; on peut dire, sans être déraisonnable, que le nombre quarante représente la vie temporelle du Christ sur la terre, lorsqu'il prit un corps pour notre salut, et qu'il daigna se montrer visiblement aux hommes. Car un, deux, trois, quatre qui désignent le Créateur et la créature étant multipliés par quatre, c'est-à-dire figurés par le corps qu'a pris le Sauveur dans le temps, donnent quarante. Car il y a cette différence entre quatre et quatre fois, que quatre marque l'état fixe, et quatre fois, le mouvement. Donc, comme quatre se rapporte au corps, quatre fois se rapporte au temps; et par là se trouve indiqué le mystère opéré corporellement et dans le temps, en vue de ceux qui étaient esclaves de l'amour du corps et soumis aux variations du temps. Donc le nombre quarante, comme nous l'avons dit, peut très-bien figurer l'œuvre même de la providence dans le temps. Et c'est peut-être pour cette raison que le Seigneur a jeûné quarante jours (*Matth.*, iv, 2), pour montrer l'indigence de ce monde, qui accomplit son développement par le mouvement des corps et la succession des temps; comme aussi, quand il a passé quarante jours avec ses disciples après sa résurrection (*Act.*, i, 3), c'était par allusion, je pense, à l'œuvre qu'il a accomplie dans le temps pour notre salut; or, le nombre quarante, en comptant les parties qui le divisent, arrive au nombre cinquante, et donne à ce nombre une importance particulière; puisque les parties qui divisent ce nombre sont égales entre elles; pour signifier que l'action de l'homme, dans le temps, dirigée avec équité dans son développement visible et corporel, le fait arriver à la perfection. Cette perfection, comme nous l'avons dit, est figurée par le nombre dix. C'est ainsi que le nombre quarante, en l'abrégeant pour le réduire à ses quatre parties égales, produit le nombre dix, ce qui le fait arriver au nombre cinquante, comme nous l'avons dit. En effet *un*, qui est renfermé quarante fois dans quarante, deux,

---

totum eodem numero denario recte significatur, quod post resurrectionem corporis speratur futurum in æternum. Et fortasse propterea qui conducuntur ad vineam, denarium accipiunt mercedis nomine. (*Matth.*, xx, 2.) Sicut autem unum et duo et tria et quatuor simul decem fiunt, sic unum et duo et tria et quatuor quater ducta quadraginta fiunt.

2. Si autem quaternarius numerus recte corpus significat, propter quatuor notissimas naturas, quibus constat, siccam et humidam, frigidam et calidam; et quod progressio a puncto ad longitudinem, a longitudine ad latitudinem, a latitudine ad altitudinem, soliditatem corporis facit, quæ rursus quaternario numero continetur : non absurde intelligitur quadragenarius numerus temporalem dispensationem significare, quæ pro salute nostra gesta est, cum Dominus corpus assumpsit, et visibiliter hominibus apparere dignatus est. Unum enim et duo et tria et quatuor, quæ significant Creatorem et creaturam, quater ducta, id est, per corpus temporaliter demonstrata, fiunt quadraginta. Nam inter quatuor et quater hoc interest, quod quatuor in statu sunt, quater in motu. Ergo ut quatuor referuntur ad corpus, ita quater ad tempus : insinuaturque sacramentum corporaliter et temporaliter gestum, propter eos qui corporum amore implicati erant, et temporibus subditi. Quadragenarius ergo numerus, ut dictum est, temporalem ipsam dispensationem non incongrue significare creditur. Et fortasse hoc est, quod quadraginta dies Dominus jejunavit (*Matth.*, iv, 2) : sæculi hujus, quod motu corporum et temporibus agitur, ostendens inopiam : et quadraginta dies post resurrectionem cum discipulis fuit (*Act.*, i, 3) : hanc ipsam illis, credo, dispensationem temporalem, quam pro salute nostras gessit, insinuans. Quadragenarius autem numerus, partibus suis, quæ illum metiuntur, computatis, usque ad quinquagenarium numerum pervenit, idipsum commendans; quando quidem ipsæ partes, quæ illum metiuntur, æquales inter se sunt : quia cum æquitate administrata corporalis et visibilis temporaliter actio perfectionem homini comparat. Quæ perfectio, sicut dictum est, denario numero significatur : sicut quadragenarius numerus æqualibus suis partibus in summam redactis denarium numerum parit, quoniam ad quinquagenarium, sicut supra dictum est, pervenit. Unum enim quod

vingt fois, quatre, dix fois, cinq, huit fois, huit, cinq fois, dix, quatre fois, et vingt, deux fois, tous ces nombres réunis ensemble donnent cinquante. Il n'y a pas d'autre nombre qui puisse diviser en parties égales le nombre quarante, excepté ceux que nous avons énumérés, et qui étant additionnés donnent le nombre cinquante. Le Seigneur ayant donc passé quarante jours avec ses disciples après sa résurrection (*Act.*, I, 9 et II, 1), leur recommandant l'œuvre qu'il avait accomplie pour nous dans le temps, il monta ensuite au ciel, et après dix autres jours, il envoya le Saint-Esprit, pour les perfectionner spirituellement dans l'amour des choses invisibles, eux qui n'avaient cru jusque-là qu'aux choses visibles et temporelles. Ainsi les dix jours après lesquels le Seigneur envoya le Saint-Esprit servent à indiquer la perfection qui est l'œuvre du Saint-Esprit, car c'est ce nombre dix que forme le nombre quarante, lorsque par l'addition de ses diviseurs, il devient le nombre cinquante; et c'est ainsi que la vie temporelle, gouvernée par une juste direction, parvient à la perfection figurée par le nombre dix, lequel ajouté à quarante donne le nombre cinquante. Donc, puisque la perfection qui est l'œuvre du Saint-Esprit pendant notre vie char-

nelle, quoique nous ne suivions pas les lois de la chair, s'allie très-bien avec la vie du temps, nous avons raison de penser que le nombre cinquante désigne l'Eglise, mais l'Eglise pure et sainte, qui embrasse la foi de la vie présente et l'espérance de la vie future, c'est-à-dire, réunissant le nombre quarante au nombre dix. Le nombre cinquante appartient donc à cette Eglise; mais comme l'Eglise se recrute parmi trois sortes d'hommes, les Juifs, les Gentils, et les Chrétiens charnels; ou bien comme elle est marquée du sceau de la Trinité, ce nombre cinquante qui la figure étant répété trois fois donne cent-cinquante. Car cinquante multipliés par trois font cent-cinquante. Si à ce nombre vous ajoutez les trois unités qui figurent le grand et sublime mystère par lequel nous avons été lavés et régénérés au nom du Père et du Fils et du Saint-Esprit (*Matth.*, XXVIII, 19), vous aurez cent cinquante-trois. C'est le nombre des poissons que l'on trouve dans le filet qui a été jeté à droite (*Jean*, XXI, 6, 11); et ces poissons qui sont grands figurent les hommes parfaits et propres au royaume des cieux. Quant à la parabole du filet jeté à gauche (*Matth.*, XIII, 48), elle nous montre qu'on prend les bons et les mauvais, et qu'on en fait la séparation sur le rivage. En effet, l'Eglise

habent quadraginta quadragies, et duo quod habent vicies, et quatuor quod habent decies, et quinque quod habent octies, et octo quod habent quinquies, et decem quod habent quater, et viginti quod habent bis, simul ducta fiunt quinquaginta. Nullus enim alius numerus metiri per partes æquales quadragenarium numerum potest, præter hos quos numeravimus, et computatis ad quinquagenarium numerum perduximus. Peractis ergo Dominus quadraginta diebus post resurrectionem cum discipulis suis (*Act.*, I, 9 et II, 1) : id est, commendans eis quod pro nobis temporaliter gestum est, ascendit in cœlum : et post alios decem dies misit Spiritum sanctum, quo perficerentur spiritaliter ad invisibilia capienda, qui visibilibus temporalibusque crediderant. Ipsis videlicet decem diebus post quos misit Spiritum sanctum, eamdem perfectionem quæ per Spiritum sanctum confertur denario numero indicans, quem quadragenarius computatis æqualibus partibus suis edit, et fit quinquagenarius : sicut temporali dispensatione cum æquitate administrata pervenitur ad perfectionem, quam denarius numerus significat, qui denarius simul cum quadragenario quinquogenarium facit. Ergo quoniam perfectio quæ fit per Spiritum sanctum, quamdiu adhuc in carne

ambulamus, quamvis non vivamus carnaliter, cum ipsa dispensatione temporali copulatur, recte videtur quinquagenarius numerus ad Ecclesiam pertinere, sed jam purgatam atque perfectam, quæ temporalis dispensationis fidem atque æternitatis futuræ (a) spem caritate amplexatur, id est, quasi quadragenarium numerum denario numero copulans. Hæc autem Ecclesia, ad quam pertinet quinquagenarius numerus, sive quia ex tribus generibus hominum eligitur, Judæis et Gentibus et carnalibus Christianis, sive quia sacramento Trinitatis imbuitur, numero quo significatur ter ducto, ad centenarium et quinquagenarium pervenit. Quinquaginta enim ter ducta fiunt centum quinquaginta. Quo cum addideris ipsa tria, quia insigne et eminens debet esse quod in nomine Patris et Filii et Spiritu sancti lavacro regenerationis abluitur (*Matth.*, XXVIII, 19) : fiunt centum quinquaginta tres. Qui numerus piscium invenitur, quia in dexteram partem missa sunt retia (*Joan.*, XXI, 6 et 11) : et ideo magnos, id est, perfectos et regno cœlorum aptos habet. Nam illa similitudo reticuli non in dexteram missi, simul cepit bonos et malos, qui separantur in littore. (*Matth.*, XIII, 48.) Nunc enim intra retia præceptorum et sacramento-

(a) Navarricus Ms. *spe et caritate amplexatur.*

sur la terre contient dans les filets des commandements de Dieu et des sacrements les bons et les méchants ; mais on en fera la séparation à la fin du siècle, comme on sépare les poissons à la *fin* de la mer, c'est-à-dire, sur le rivage. Les justes règnent d'abord dans le temps, comme il est dit dans l'Apocalypse (xxi, 7), et ensuite dans l'éternité au sein de cette cité, dont nous lisons aussi la description : là où l'œuvre du temps, figurée par le nombre quarante ayant son terme, il ne reste plus que le nombre dix (*denarius*), le denier que recevront comme récompense les saints qui ont travaillé dans la vigne.

3. Ce nombre, pris en lui-même, peut aussi s'appliquer à la sainteté de l'Eglise, qui est l'œuvre de Notre-Seigneur Jésus-Christ. Car le nombre sept enfermant toute la création, puisque le nombre trois est attribué à l'âme, et le nombre quatre au corps, l'incarnation même s'exprimerait par le nombre sept fois trois. En effet le Père a envoyé le Fils, et le Père est dans le Fils, et le Fils est né de la Vierge par le don du Saint-Esprit voilà bien trois : le Père, le Fils et le Saint-Esprit. De plus le nombre sept est dans l'homme auquel s'est uni le Fils dans l'incarnation, pour le rendre éternel. Le nombre total est donc de vingt-un, c'est-à-dire, trois fois sept. Or, cette union de la nature humaine dans la personne du Fils de Dieu a eu pour but la délivrance de l'Eglise, dont le Christ est le chef (*Ephés.*, v, 23) ; mais cette Eglise ayant été réparée dans l'âme et dans le corps, voilà encore le nombre sept. Or, en multipliant le nombre vingt-un par sept, à cause de ceux qui sont délivrés par l'Homme-Dieu, on trouve pour produit cent quarante-sept. A cette somme, il faut ajouter le nombre six qui est un signe de perfection, parce qu'il se forme des parties qui le composent, sans qu'il y ait ni plus ni moins. En effet ce nombre mesure l'unité qui s'y trouve six fois ; deux, qui s'y trouve trois fois ; trois, qui s'y trouve deux fois ; ces nombres additionnés, un, deux, trois, donnent six. Peut-être n'est-ce pas sans rapport avec ce nombre mystérieux, que Dieu a mis six jours pour terminer toutes ses œuvres. (*Gen.*, ii, 2.) Donc, si à cent quarante-sept vous ajoutez six, qui est un signe de perfection, vous avez cent cinquante-trois le nombre des poissons qui se trouvèrent dans le filet, lorsque le Seigneur ordonna de le jeter à la droite de la barque ; mais on n'y trouve pas les pêcheurs qui appartiennent à la gauche.

QUESTION LVIII. — *Sur Jean-Baptiste.* — 1. Jean-Baptiste, d'après certains passages que nous lisons dans l'Evangile, et pour des raisons qui ne sont pas sans valeur, peut être considéré

---

rum Dei, in Ecclesia quæ nunc est, simul boni malique versantur. Fit autem separatio in fine sæculi, tanquam in fine maris, id est, in littore ; cum regnant justi primo temporaliter, sicut in Apocalypsi scriptum est (*Apoc.*, xxi, 7) : deinde in æternum in illa civitate quæ ibi describitur, ubi jam conquiescente dispensatione temporali, quæ quadragenario numero significatur, denarius remanet quam mercedem sancti qui operantur in vinea percepturi sunt.

3. Potest etiam, si numerus iste consideretur, occurrere ad Ecclesiæ sanctitatem, quæ per Dominum nostrum Jesum Christum facta est : ut quoniam septenario numero creatura constat, cum ternarius animæ et quaternarius corpori tribuitur, susceptio ipsa hominis ducatur ad tria septies. Quia et Pater misit Filium, et pater in Filio est, et dono Spiritus sancti de virgine natus est. Et hæc sunt tria, Pater et Filius et Spiritus sanctus. Septies autem, ipse homo temporali dispensatione susceptus, (*a*) ut fieret sempiternus. Fit ergo summa numeri viginti unum, id est, tria septies. Hæc autem hominis susceptio ad liberationem valuit Ecclesiæ, qui caput est (*Ephes.*, v, 23) : (*b*) ut ipsa Ecclesia, propter animam et corpus, in eodem septenario numero reparetur. Ducuntur itaque viginti unum septies, propter eos qui per Dominicum hominem liberantur, et fiunt simul centum quadraginta septem. Cui additur senarius numerus, signum perfectionis, quia partibus suis, quæ illum metiuntur, constat, ita ut nihil minus nihilque amplius inveniatur. Metitur quippe illum unum, quod habet sexies ; et duo, quæ habet ter ; et tria, quæ bis habet : quæ simul ducta, unum et duo et tria, sex fiunt. Quod fortasse ad illud etiam sacramentum pertinet, quod Deus sexta die perfecit omnia opera sua. (*Gen.*, ii, 2.) Ad centum ergo et quadraginta septem cum sex addideris, quod est signum perfectionis, fiunt centum quinquaginta tria : qui numerus piscium invenitur, postea quam jussu Domini in dexteram partem missa sunt retia, ubi peccatores qui ad sinistram pertinent, non inveniuntur.

QUÆST. LVIII. — *De Joanne Baptista.* — 1. Joannes Baptista, considerata scriptura quæ de illo in Evangelio legitur, multis probabilibus documentis non

---

(*a*) Editi, *susceptus est.* Verbum *est* non exstat in Mss. — (*b*) Ita in Mss. At in excusis, *cui caput est Christus. At ipsa Ecclesia, propter animam et corpus, in eodem septenario numero reperitur.*

comme la personnification de la prophétie, le Seigneur ayant surtout dit de lui : « Il est plus que prophète. » (*Matth.*, XI, 9.) En effet, il représente toutes les prophéties concernant le Christ, depuis l'origine du monde jusqu'à l'arrivée du Sauveur. Or, l'Évangile est personnifié dans le Seigneur, but des prophéties, et s'étend par la prédication dans tout le monde, depuis la venue du Seigneur. Or, la prophétie diminue, lorsqu'arrive l'événement prédit. Aussi le Seigneur dit-il : « La loi et les prophètes vont jusqu'à Jean-Baptiste ; depuis c'est la prédication du royaume de Dieu. » (*Luc*, XVI, 16.) Jean disait aussi : « Il faut qu'il croisse, et moi, que je diminue. » (*Jean*, III, 30.) Tout cela était figuré par le jour de leur naissance, et par le genre de mort qu'ils ont souffert. Jean vient au monde, lorsque les jours commencent à diminuer ; et le Christ, lorsqu'ils commencent à croître. Jean est diminué de la tête par la mort qu'il endure ; mais le Christ est élevé en croix. Donc, après que la prophétie représentée dans la personne de Jean eut montré du doigt, comme présent, celui qu'elle avait annoncé depuis l'origine du monde, elle commença à diminuer, en même temps que l'on vit croître la prédication du royaume de Dieu. Voilà pourquoi Jean donne le baptême de la pénitence (*Matth.*, III, 11) ; car c'est par la pénitence que finit la vie ancienne, et que commence la vie nouvelle.

2. Or, ce ne sont pas seulement les prophètes proprement dits qui parlent dans l'ancienne loi ; mais toute l'histoire de l'Ancien Testament est elle-même une histoire parlante, comme le remarquent ceux qui la méditent avec piété, et que la lumière divine éclaire dans leurs recherches. Mais voici surtout des figures lumineuses : le juste Abel immolé par son frère (*Gen.*, IV, 8), et le Sauveur par les Juifs ; l'Arche de Noë sur les eaux (*Ibid.*, VII, 1), comme l'Église gouvernée à travers le déluge du monde ; Isaac conduit pour être immolé à Dieu (*Ibid.*, XXII, 3), et le bélier que l'on reconnaît au milieu des buissons pour prendre sa place comme le Crucifié ; les deux Fils d'Abraham, l'un de la servante, l'autre de la femme libre, figurant les deux testaments (*Gal.*, IV, 22) ; deux peuples représentés dans les deux jumeaux, Esaü et Jacob (*Gen.*, XXV, 23) ; Joseph souffrant persécution de la part de ses frères (*Ibid.*, XLV, 8), et honoré par les étrangers, comme le Seigneur persécuté par les Juifs, et glorifié parmi les Gentils. Il serait trop long de tout rapporter ; et l'Apôtre conclut en disant : « Toute cette histoire n'était qu'une figure, écrite pour nous, qui vivons à l'époque finale des siècles. » (1 *Cor.*, X, 11.) Or, l'époque finale des siècles est comme la vieillesse, et en

---

absurde creditur prophetiæ gestare personam, et eo maxime quod de illo Dominus dicit : « Plus quam Propheta. » (*Matth.*, XI, 9.) Hic si quidem totius prophetiæ, quæ ab exordio generis humani usque ad adventum Domini de Domino facta est, imaginem gestat. Est autem Evangelii persona in ipso Domino, quæ per prophetiam prænuntiabatur, cujus augetur prædicatio per universum orbem terrarum ab ipso Domini adventu : prophetia autem minuitur postquam id quod prænuntiabat advenit. Itaque Dominus dicit : « Lex et Prophetæ usque ad Joannem Baptistam, ab hinc regnum Dei prædicatur. » (*Luc.*, XVI, 16.) Et Joannes ipse : « Illum, inquit, oportet crescere, me autem minui. » (*Joan.*, III, 30.) Quod et diebus quibus nati sunt, et mortibus quibus passi sunt, figuratum est. Nascitur namque Joannes ex quo dies incipiunt minui : nascitur Dominus ex quo dies incipiunt crescere. Capite ille minuitur, dum occiditur : hic vero attollitur in cruce. Postquam ergo prophetia ipsa in Joanne constituta digito ostendit præsentem, quem venturum ab exordio generis humani cecinerat, incipit minui, atque inde crescere prædicatio regni Dei. Et ideo baptizavit Joannes in pœnitentiam (*Matth.*, III, 11) : finitur enim vetus vita usque ad pœnitentiam : atque inde incipit nova. 2. Non autem tantum ii sunt qui proprie Prophetæ appellati sunt, sed in ipsa Veteris Testamenti historia prophetia non silere colligitur ab eis qui pie quærunt, et ad hæc investiganda divinitus adjuvantur. Maxime tamen illis evidentioribus rerum figuris apparet : quod Abel justus a fratre interficitur (*Gen.*, IV, 8) : et Dominus a Judæis : quod arca Noe (*Ibid.*, VII, 1) : tanquam in diluvio sæculi Ecclesia gubernatur : quod Isaac immolandus Deo ducitur, et aries pro illo in sentibus tanquam crucifixus agnoscitur (*Ibid.*, XXII, 3) : quod in duobus Abrahæ filiis, uno de ancilla, altero de libera, duo Testamenta intelliguntur (*Gal.*, IV, 22) : quod duo populi in geminis, Esau scilicet et Jacob, præmonstrantur (*Gen.*, XXV, 23) : quod Joseph a fratribus persecutionem passus, ab alienis honoratur (*Ibid.*, XLV, 8) : sicut Dominus Judæis persequentibus, apud gentes clarificatus est. Longum est commemorare singula, cum ita concludat Apostolus et dicat : « Hæc autem in figura contingebant eis, scripta sunt autem propter nos, in quos finis sæculorum devenit. » (1 *Cor.*, X, 11.) Finis autem sæculo-

prenant le genre humain comme un seul homme, elle est marquée par le sixième âge, époque où vint le Seigneur. Car il y a six âges dans la vie d'un homme ; celui du berceau, l'enfance, l'adolescence, la jeunesse, l'âge mûr, la vieillesse. (*Liv. I de la Gen. contre les Manich.*) Le premier âge du genre humain va d'Adam à Noë ; le second âge, de Noë jusqu'à Abraham ; deux époques bien distinctes et bien connues. Le troisième âge, depuis Abraham jusqu'à David, suivant la division établie par l'Evangéliste saint Mathieu (I, 17) ; le quatrième âge, depuis David jusqu'à la transmigration de Babylone ; le cinquième âge, depuis la transmigration de Babylone jusqu'à la venue du Seigneur ; le sixième âge commence à la venue du Seigneur et doit se continuer jusqu'à la fin des siècles. C'est pendant cet âge que l'homme extérieur, qu'on appelle aussi le vieil homme s'anéantit par la corruption de la vieillesse, et que l'homme intérieur se forme et se renouvelle de jour en jour. (II *Cor.*, IV, 16.) Ensuite c'est le repos éternel, figuré par le sabbat. C'est en conformité de cet ordre d'idées, que l'homme a été créé le sixième jour à l'image et à la ressemblance de Dieu. (*Gen.*, I, 27.) Or, personne n'ignore que la vie de l'homme, quand elle est capable de se gouverner elle-même,

s'appuie sur la connaissance et sur l'action. En effet toute action faite sans connaissance n'a pas de but, et toute connaissance que ne suit pas l'action est stérile. Mais la première vie de l'homme, incapable de se gouverner, ne connaît que l'empire des cinq sens, la vue, l'ouïe, l'odorat, le goût, le toucher. Et voilà pourquoi les deux premiers âges du genre humain sont renfermés en dix générations, son berceau en quelque sorte et son enfance. Car on double le nombre cinq, puisque la génération exige le concours des deux sexes. Il y a donc dix générations d'Adam à Noë, et dix autres de Noë à Abraham ; et ces deux époques figurent, comme nous l'avons dit, le premier âge et l'enfance de l'humanité. Mais l'adolescence, la jeunesse et l'âge mûr, c'est-à-dire d'Abraham à David, et de David à la transmigration de Babylone, et ensuite jusqu'à la venue du Sauveur, sont figurés par quatorze générations, en doublant le nombre sept à cause de la génération des deux sexes, puisqu'on ajoute au nombre cinq à cause des sens corporels, le nombre deux qui signifie la connaissance et l'action. Or, la vieillesse comprend ordinairement autant de temps que les autres âges réunis. La vieillesse commençant vers la soixantième année, et pouvant se prolonger jusqu'à cent vingt ans, il est évident qu'elle peut être aussi

---

rum tanquam senectus veteris hominis, cum totum genus humanum tanquam unum hominem constitueris, sexta ætate signatur, qua Dominus venit. Sunt enim ætates sex etiam in uno homine ; infantia, pueritia, adolescentia, juventus, gravitas, et senectus. (Lib. I *de Gen., contra Manich.*, cap. 23.) Prima itaque generis humani ætas est ab Adam usque ad Noe. Secunda, a Noe ad Abraham : qui articuli sunt evidentissimi et notissimi. Tertia, ab Abraham usque ad David : sic enim Matthæus Evangelista partitur. (*Matth.*, I, 17.) Quarta, a David usque ad transmigrationem in Babyloniam ; quinta, a transmigratione in Babyloniam usque ad adventum Domini. Sexta, ab adventu Domini usque in finem sæculi speranda est : qua exterior homo tanquam senectute corrumpitur, qui etiam vetus dicitur, et interior renovatur de die in diem. (II *Cor.*, IV, 16.) Inde requies sempiterna est, quæ significatur sabbato. Huic rei congruit quod homo sexto die factus est ad imaginem et similitudinem Dei. (*Gen.*, I, 27.) Nemo autem ignorat hominum vitam jam aliquid administrantem, cognitione et actione fulciri.

Nam et actio temeraria est sine cognitione, et sine actione ignava cognitio. Sed prima vita hominis, cui nulla administratio recte creditur, quinque sensibus corporis dedita est ; qui sunt visus, auditus, olfactus, gustus, tactus. Et ideo duæ primæ ætates generis humani denis generationibus definiuntur, tanquam infantia et pueritia ; quinario scilicet geminato, quoniam generatio utroque sexu propagatur. Sunt ergo generationes decem ab Adam usque ad Noe, et inde usque ad Abraham aliæ decem ; quas duas ætates infantiam et pueritiam generis humani esse diximus. Adolescentia vero et juventus et gravitas, id est, ab Abraham usque ad David, et inde usque ad transmigrationem in Babyloniam, et inde usque ad adventum Domini, quatuor denis generationibus figurantur ; septenario geminato ad eamdem (*a*) generationem utriusque sexus, cum quinario qui est in sensibus corporis, actio et cognitio addita fuerit. Senectus autem solet etiam tantum tenere temporis, quantum reliquæ omnes ætates. Nam cum a sexagesimo anno senectus dicatur incipere, et possit humana vita usque ad centum viginti annos pervenire, manifestum

---

(*a*) Rat. et decem Mss. *ad eamdem rationem.*

longue, à elle seule, que tous les autres âges ensemble. Quant au dernier âge du genre humain, qui commence à la venue du Sauveur jusqu'à la fin du monde, on ne sait de combien de générations il se compose, Dieu jugeant utile de laisser la chose dans l'incertitude, selon la parole de l'Évangile (*Matth.*, XXIV, 36), et selon le témoignage de l'Apôtre, qui dit que le jour du Seigneur viendra comme le voleur pendant la nuit. (1 *Thess.*, v, 2.)

3. Il n'y a pas de doute que le genre humain a été visité à son sixième âge par la venue du Seigneur, comme nous le montre le développement des générations. Cette visite a été marquée par la manifestation de la prophétie qui était comme cachée dans les cinq âges précédents ; et Jean personnifiait cette prophétie, comme nous l'avons dit ; c'est pourquoi il naît de parents vieux, comme pour marquer la vieillesse du siècle où la prophétie commençait à se manifester ; et la mère de Jean reste cachée pendant cinq mois, selon cette parole : « Elisabeth se tenait renfermée pendant cinq mois. » (*Luc*, I, 24.) Or, au sixième mois, elle est visitée par Marie mère du Seigneur ; et l'enfant tressaille dans le sein de sa mère, comme si, au premier avénement du Seigneur, lorsqu'il daigna paraître dans son humilité, la prophétie ne faisait que commencer à se manifester ; mais renfermée encore dans le sein maternel, pour ainsi dire, elle n'avait pas encore cette clarté qui pouvait la faire briller et reconnaître aux yeux de tout le monde, comme nous croyons qu'elle éclatera au second avénement du Seigneur, quand il viendra dans sa gloire ; Elie devant être le précurseur de cet avénement, comme Jean le fut du premier. De là cette parole du Seigneur : « Elie est déjà venu, et les hommes l'ont maltraité, et si vous voulez le connaître, c'est Jean-Baptiste lui-même qui doit venir. » (*Matth.*, XVII, 12.) Le héraut précurseur de chaque avénement aura donc le même esprit et la même puissance, soit dans la personne de celui qui est déjà venu, soit dans la personne de celui qui viendra. C'est pourquoi on a dit de Jean, sous l'inspiration de l'esprit prophétique qui remplissait son père, qu'il serait le précurseur du Messie avec l'esprit et la puissance d'Elie. (*Luc*, I, 17.) Or, Marie, après avoir passé trois mois avec Elisabeth, se retira dans sa maison. (*Ibid.*, 56.) Ce nombre me paraît signifier le dogme de la sainte Trinité, et le baptême au nom du Père et du Fils et du Saint-Esprit, pour purifier le genre humain, par la grâce de l'humble avénement du Seigneur, et le préparer à l'élévation glorieuse de son futur avénement.

QUESTION LIX. — *Les dix vierges.* — 1. Parmi les paraboles du Seigneur, il y en a une qui exerce

---

est solam senectutem posse tam longam esse, quam omnes ætates cæteræ priores sunt. Ætas igitur ultima generis humani, quæ incipit a Domini adventu, usque in finem sæculi, quibus generationibus computetur incertum est : et hoc utiliter Deus voluit latere, sicut in Evangelio scriptum est (*Matth.*, XXIV, 36) : et Apostolus attestatur dicens, diem Domini tanquam furem in nocte esse venturum. (1 *Thes.*, v, 2.)

3. Sed tamen sexta ætate visitatum esse genus humanum humili Domini adventu, superius distinctis generationibus edocetur. Qua visitatione incœpit manifestari prophetia, quæ superioribus quinque ætatibus latuit : cujus prophetiæ personam quoniam Joannes gestabat, ut supra dictum est, ideo ex senibus parentibus nascitur, tanquam senescente sæculo prophetia illa innotescere incipiat : et quinque mensibus se occultat mater ejus, sicut scriptum est : « Occultabat se Elisabeth mensibus quinque. »(*Luc.*, I, 24.) Sexto autem mense visitatur a Maria matre Domini : et exultat infans in utero, tanquam primo adventu Domini quo in (*a*) humilitate apparere dignatus est, prophetia manifestari incipiat : sed tanquam in utero, id est, nondum tam evidenter, ut omnes sicut in luce manifestam esse fateantur : quod futurum credimus secundo adventu Domini, quo in claritate venturus est ; cujus adventus præcursor speratur Elias, sicut hujus Joannes fuit. Et ideo dicitur a Domino : « Elias jam venit, et multa ei homines fecerunt, et si vultis scire, ipse est Joannes Baptista, qui venturus est. » (*Matth.*, XVII, 12.) Quia in eodem spiritu et in eadem virtute, tanquam præcedentis præconis officio et hic jam venit, et ille venturus est. Propterea et istum Joannem per spiritum quo pater ejus vates impletus est, dicitur præcursorem Domini futurum esse in spiritu et virtute Eliæ. (*Luc.*, I, 17.) Peractis autem Maria cum Elisabeth mensibus tribus, discedit. (*Ibid.*, 56.) Quo numero mihi videtur significari fides Trinitatis, et baptisma in nomine Patris et Filii et Spiritus sancti, quo per humilem Domini adventum genus humanum imbuitur, et futuro adventu claritatis ejus (*b*) extollitur.

QUÆST. LIX. — *De decem virginibus.* — 1. Inter

(*a*) Navarricus liber, *in humanitate*. — (*b*) Rat. Er. et undecim. Mss. *excolitur*. Alter e Vaticanis, *excoli datur*.

particulièrement l'esprit des interprètes, c'est celle des dix vierges. Plusieurs ont exposé à ce sujet leur sentiment, sans dépasser les limites de la foi ; mais comment faut-il l'expliquer dans toutes ses parties, c'est à quoi nous devons nous attacher. J'ai lu dans un certain écrit, du genre de ceux qu'on appelle apocryphes, non pas des choses contre la foi catholique, mais des réflexions peu en harmonie avec le sujet, si on considère toutes les parties de la parabole. Mais je ne veux pas être téméraire pour juger ce livre, de peur que mon embarras prouve moins l'inconvenance de cet écrit, que ma lenteur d'esprit à le bien comprendre. J'exposerai donc tout ce qui me parait raisonnable sur cette parabole, et je le ferai avec tout le soin et la brièveté possible.

2. Le Seigneur fut donc interrogé en particulier par ses disciples sur la fin des temps, et entre autres choses, il leur dit (*Matth.*, xxv, 1, etc.): « Le royaume des cieux sera semblable à dix vierges, qui, après avoir pris leurs lampes, s'en allèrent au-devant de l'Epoux. Cinq d'entre elles étaient folles ; les cinq autres étaient sages. Les cinq folles, en prenant leurs lampes, ne prirent point d'huile avec elles ; les sages au contraire, prirent de l'huile dans des vases avec leurs lampes. Comme l'Epoux tardait à venir, elles s'assoupirent toutes et s'endormirent. Cependant vers minuit, on entendit crier : Voici l'Epoux qui vient, allez au-devant de lui, aussitôt toutes les vierges se levèrent et préparèrent leurs lampes. Alors les folles dirent aux sages : Donnez-nous de votre huile, car nos lampes vont s'éteindre. Les sages leur répondirent : De peur qu'il n'y en ait point suffisamment pour vous et pour nous, allez plutôt chez les marchands et achetez-en. Mais pendant qu'elles allaient en acheter, l'Epoux arriva ; celles qui étaient prêtes entrèrent avec lui dans la salle des noces, et la porte fut fermée. Enfin, les autres vierges vinrent à leur tour et dirent : Seigneur, Seigneur, ouvrez-nous ? Mais il leur répondit : En vérité je vous assure que je ne vous connais pas. Veillez donc, car vous ne savez ni le jour, ni l'heure. » Les dix vierges, dont cinq sont admises et cinq exclues, signifient la séparation des bons et des méchants. Si le nom de la virginité est honorable, pourquoi est-il commun aux unes et aux autres ? Ensuite que signifie le nombre cinq d'un côté comme d'un autre ? On se demande aussi avec étonnement ce que signifie l'huile ; de même pourquoi les sages ne veulent pas en donner aux autres qui en demandent ; car puisqu'elles sont parfaites, elles ne doivent pas être jalouses que l'Epoux les reçoive, c'est-

---

parabolas a Domino dictas solet quærentes multum exercere ista, quæ de decem virginibus posita est. Et quidem hinc multa senserunt, quæ non sunt præter fidem : sed quomodo partibus omnibus ejus conveniat expositio, id elaborandum est. Legi etiam in quadam scriptura, ex earum genere quæ apocryphæ nominantur, (*a*) non quod sit contra catholicam fidem, sed huic loco mihi minus congruere visa est, consideranti omnes hujus similitudinis partes. De qua tamen expositione temere nihil audeo judicare, ne forte non ejus inconvenientia mihi angustias fecerit, sed mea tarditas in ea convenientiam non invenerit. Quid autem mihi videatur non absurde hoc loco accipi, quantum potero breviter et diligenter exponam.

2. Interrogatus igitur Dominus noster secreto a discipulis de consummatione sæculi, inter multa alia quæ locutus est, hoc quoque dixit (*Matth.*, xxv, 1, etc.) : « Tunc simile æstimabitur regnum cœlorum decem virginibus, quæ acceperunt lampades suas, et venerunt obviam sponso. Quinque autem ex eis erant fatuæ, et quinque prudentes. Sed quinque fatuæ acceptis lampadibus suis, non sumpserunt oleum secum : prudentes autem acceperunt oleum secum in vasis suis cum lampadibus. Tardante autem sponso, dormitaverunt omnes, et dormierunt. Media autem nocte clamor factus est : Ecce sponsus venit, surgite obviam ei. Tunc surrexerunt virgines illæ, et aptaverunt lampades suis. Et dixerunt illæ stultæ ad sapientes : Date nobis de oleo vestro, quia lampades nostræ extinguuntur. Responderunt autem sapientes, dicentes : Ne forte non sufficiat nobis et vobis, ite potius ad vendentes, et emite vobis. Et dum irent emere, venit sponsus, et quæ paratæ erant intraverunt cum eo ad nuptias, et clausa est janua. Novissime autem veniunt et reliquæ virgines, dicentes : Domine, Domine, aperi nobis. At ille respondens ait : Amen dico vobis : Nescio vos. Vigilate ergo, quia nescitis diem, neque horam. » Decem utique virginum quod quinque admittuntur, quinque excluduntur, bonorum et malorum discretionem significat. Quapropter si virginitatis nomen honorabile est, cur receptis exclusisque commune est ? Deinde quid sibi vult numerus in utraque parte quinarius ? Quid autem significat oleum, mirum videtur. Item quod sapientes petentibus non communicant : cum

(*a*) Nonnulli Mss. *quod non sit.*

à-dire Notre-Seigneur Jésus-Christ qui est véritablement désigné par ce nom; ne faut-il pas aussi qu'elles soient miséricordieuses, en donnant de ce qu'elles ont, puisque le Seigneur lui-même l'a prescrit, en disant : « Donne à celui qui te demande. » (*Luc*, VI, 30.) Et pourquoi en donnant de leur huile auraient-elles craint qu'il n'y en eût pas assez pour les unes et pour les autres? Toutes ces difficultés embarrassent la question; et pourtant la parabole étant bien considérée, je dis qu'il faut une grande prudence pour l'expliquer, quand il s'agit de montrer que toutes les parties s'accordent ensemble, et que l'une n'est point une difficulté pour l'autre.

3. Les cinq vierges me paraissent donc signifier l'abstention des cinq sortes de plaisirs charnels. Il faut en effet s'abstenir du plaisir déréglé de la vue, de celui de l'oreille, de l'odorat, du goût et du toucher. Or, cette continence peut n'avoir en vue que la présence de Dieu, pour lui plaire dans la joie intérieure de la conscience; ou bien elle se propose le regard des hommes, pour obtenir une gloire toute humaine. De là les cinq vierges sages et les cinq vierges folles; mais elles sont vierges les unes comme les autres, parce qu'elles pratiquent la continence, quoique sous une inspiration différente. Elles ont leurs lampes, qu'elles portent à la main, ce sont les œuvres qu'elles pratiquent dans l'état de continence, selon cette parole : « Que vos œuvres luisent devant les hommes. » (*Matth.*, V, 16.) Toutes « prennent donc leurs lampes et vont au devant de l'Epoux. » Il faut entendre tout ceci des chrétiens, car ceux qui ne sont pas chrétiens ne peuvent pas aller au-devant de l'Epoux, qui est le Christ. « Mais les cinq vierges folles, en prenant leurs lampes, ne prirent point d'huile avec elles. » Il y en a beaucoup qui, malgré leur grande confiance dans la bonté du Christ, ne goûtent pas d'autre joie, en vivant dans la continence, que la gloire humaine. Ils n'ont donc pas d'huile avec eux; car je pense que l'huile signifie la joie. C'est pour cela, dit le Psaume, que Dieu, qui est votre Dieu, vous a donné l'onction avec l'huile de l'allégresse. (*Ps.* XLIV, 8.) Or, celui qui ne cherche pas sa joie dans le désir intérieur de plaire à Dieu, n'a pas d'huile avec lui. « Les vierges sages au contraire prirent de l'huile dans des vases avec leurs lampes; » c'est-à-dire, elles ont mis la joie de leurs œuvres dans leur cœur et dans leur conscience, selon cet avis de l'Apôtre : « Que tout homme s'éprouve lui-même, et il aura la gloire en lui, sans la chercher ailleurs. » (*Gal.*, VI, 4.) « Comme l'Epoux tardait à venir, elles s'assoupirent toutes et s'endormirent. » Tous ceux qui

et invidere fas non sit cas quæ ita perfectæ sunt, ut a sponso recipiantur, quo nomine nullo dubitante Dominus noster Jesus Christus significatur; et misericordes esse oportet ad præstandum ex eo quod habent, præscribente illa sententia ejusdem Domini dicentis : Omni poscenti te tribue. (*Luc.*, VI, 30.) Quid est autem quod possit dando non sufficere utrisque ? Hæc maxime augent quæstionis difficultatem : quanquam et cætera diligenter considerata, ut omnia in unam rationem concurrant, nihilque in unam partem dicatur quod impediat aliam, magna cautio adhibenda est.

3. Videntur itaque mihi quinque virgines significare quinque partitam continentiam a carnis illecebris. Continendus est enim animi appetitus a voluptate oculorum, a voluptate aurium, a voluptate olfaciendi, gustandi, tangendi. Sed quia ista continentia partim coram Deo fit, ut illi placeatur in interiori gaudio conscientiæ; partim coram hominibus tantum, ut gloria humana capiatur; quinque dicuntur sapientes, et quinque stultæ : utræque tamen virgines, quia utraque continentia est, quamvis diverso fomite gaudeat. Lampades autem sunt, quia manibus gestantur, opera quæ secundum continentiam istam fiunt. Dictum est autem : Luceant opera vestra coram hominibus. Omnes vero « acceperunt lampades suas, et venerunt obviam sponso. » (*Matth*, V, 16.) Intelligendum est ergo Christi nomine censeri de quibus agitur. Non enim possunt qui Christiani non sunt, sponso Christo venire obviam. « Sed quinque fatuæ acceptis lampadibus suis non sumpserunt oleum secum. » Multi enim quamvis de Christi bonitate plurimum sperent; gaudium tamen non habent, dum continenter (*a*) vivunt, nisi in laudibus hominum. Non ergo habent oleum secum. Nam ipsam lætitiam oleo significari arbitror. Propterea unxit, inquit, te Deus, Deus tuus, oleo exultationis. (*Psal.* XLIV, 8.) Qui autem non propterea gaudet, quia Deo intrinsecus placet, non habet oleum secum. « Prudentes autem acceperunt secum oleum in vasis suis cum lampadibus, » id est, lætitiam bonorum operum in corde atque conscientia posuerunt; sicut Apostolus monet (*Gal.*, VI, 4) : « Probet autem se homo, inquit, et tunc in semetipso habebit gloriam, et non in altero. » « Tardante vero sponso dormitaverunt omnes : » quia ex utroque genere continentium hominum, sive

(*a*) Er. et Lov. *non vivunt*. Expungenda negatio, quæ abest a Rat. et Mss.

gardent la continence, soit pour trouver leur joie en Dieu, soit pour la rechercher dans la gloire des hommes, meurent dans l'intervalle du temps, jusqu'à l'avénement du Seigneur, où se fera la résurrection des morts. « Mais au milieu de la nuit, » c'est-à-dire lorsque personne ne le sait ni ne s'y attend; car, comme dit le Seigneur lui-même : Personne ne sait rien ni du jour ni de l'heure (*Matth.*, XXIV, 36); et comme dit l'Apôtre : Le jour du Seigneur arrivera, comme un voleur pendant la nuit (I *Thess.*, V, 2); pour montrer qu'il sera complètement caché, jusqu'à ce qu'il arrive. « On entendit crier : Voici l'Epoux qui arrive, allez au-devant de lui. » En un clin d'œil, au son de la dernière trompette, nous ressusciterons tous. (I *Cor.*, XV, 52.) « Toutes les vierges se levèrent donc et préparèrent leurs lampes, » c'est-à-dire, se disposèrent à rendre compte de leurs œuvres. Il nous faudra donc comparaître devant le tribunal du Christ, afin que chacun reçoive la récompense de ce qu'il a fait pendant sa vie, ou le bien ou le mal. (II *Cor.*, V, 10.) « Alors les folles dirent aux sages : Donnez-nous de votre huile; car nos lampes vont s'éteindre. » Ceux qui n'ont d'autre appui que la gloire humaine, se trouvent, quand elle vient à leur manquer, dans une complète indigence; et par habitude l'âme se tourne toujours du côté où étaient ses désirs. C'est pourquoi ils veulent avoir encore auprès de Dieu, qui voit le fond des cœurs, le témoignage des hommes qui ne voient que la superficie. Mais que répondent les vierges sages? « Il n'y en aurait peut-être pas assez pour vous et pour nous. » Car chacun rendra compte pour soi-même; et l'appui d'un témoignage étranger ne servira de rien auprès de Dieu, qui connaît les secrets du cœur; et à peine chacun pourra-t-il se suffire à lui-même avec le témoignage de sa conscience. Qui pourra se glorifier d'avoir un cœur assez pur? (*Prov.*, XX, 9.) C'est pourquoi l'Apôtre disait : « Il m'importe peu d'être jugé par vous ou par le tribunal des hommes; mais je ne me juge pas non plus moi-même. » (I *Cor.*, IV, 3.) C'est pourquoi l'homme, pouvant à peine ou ne pouvant d'aucune manière porter sur lui-même un jugement sûr, comment pourra-t-il juger un autre homme, puisque personne ne sait ce qui se passe dans l'homme, si ce n'est l'esprit de l'homme? (I *Cor.*, II, 12.) « Allez plutôt chez les marchands, et achetez-en. » Ce n'est pas un conseil qu'elles donnent, mais plutôt un reproche qu'elles adressent indirectement à leur vanité. Car les flatteurs vendent de l'huile, en louant faussement ou sans savoir; ils trompent les âmes, et leur procurant une vaine joie comme à des insensés, ils se procurent à eux-mêmes quelque profit de leurs flatteries, soit des aliments, soit de l'argent, soit des honneurs, soit un autre avantage temporel, la vanité ne comprenant pas cette parole : Ceux qui

---

eorum qui coram Deo exultant, sive eorum qui in laudibus hominum acquiescunt, moriuntur hoc intervallo temporis, donec sub adventu Domini fiat resurrectio mortuorum. « Media autem nocte, » id est, nullo sciente aut sperante : quippe cum ipse Dominus dicat. De die autem illa et hora nemo scit (*Matth.*, XXIV, 36): et Apostolus : Dies Domini tanquam fur in nocte, ita veniet (I *Thess.*, V, 2) : ex quo significatur cum penitus latere, cum venerit : « clamor factus est : Ecce sponsus venit, surgite obviam ei. » In ictu oculi et in novissima tuba omnes resurgemus. (I *Cor.*, XV, 52.) Ergo « surrexerunt omnes virgines illæ, et aptaverunt lampades suas, » id est, rationes reddendas operum suorum. Oportet enim nos exhiberi ante tribunal Christi, ut illic recipiat unusquisque quod gessit in corpore, sive bonum, sive malum. (II *Cor.*, V, 10.) « Et dixerunt stultæ ad sapientes : Date nobis de oleo vestro, quia lampades nostræ exstinguuntur. » Quorum enim facta aliena laude fulciuntur, eadem subtracta deficiunt; et de consuetudine id semper inquirit, unde gaudere animus solet. Itaque hominum, qui corda non vident, testimonium volunt habere apud Deum, qui cordis inspector est. Sed quid responderunt sapientes? « Ne forte non sufficiat nobis et vobis. » Unusquisque enim pro se rationem reddet, nec alieno testimonio quisquam adjuvatur apud Deum, cui secreta cordis apparent; et vix sibi quisque sufficit, ut ei testimonium perhibeat conscientia sua. Quis enim gloriabitur mundum se habere cor? (*Prov.*, XX, 9.) Inde est quod Apostolus ait : Mihi autem minimum est, ut a vobis judicer, aut ab humano die, sed neque memetipsum judico. (I *Cor.*, IV, 3.) Quapropter cum de se ipso quisque aut non omnino aut vix possit veram ferre sententiam, quomodo potest de alio judicare, cum sciat nemo quid agatur in homine, nisi spiritus hominis? (I *Cor.*, II, 12.) « Ite magis ad vendentes, et emite vobis. » Non consilium dedisse putandæ sunt, sed crimen earum ex obliquo commemorasse. Vendunt enim oleum adulatores, qui sive falsa, sive ignorata laudando, animas in errorem mittunt, et eis vana gaudia tanquam fatuis conciliando,

vous flattent vous trompent. (*Isaie*, III, 12.) La réprimande du juste vaut mieux que la louange du pécheur. Le juste, dit l'Ecriture, me réprimandera avec miséricorde, et me corrigera, mais l'huile du pécheur ne coulera pas sur ma tête. (*Psaume* CXL, 5). « Allez donc plutôt chez les marchands et achetez-en ; » c'est-à-dire, voyons maintenant ce que peuvent pour vous ceux qui vous vendaient des louanges, et qui vous trompaient au point de vous faire chercher la gloire qui vient, non de Dieu, mais des hommes. « Mais pendant qu'elles allaient en acheter, l'Epoux arriva ; » c'est-à-dire, pendant qu'elles se tournaient au dehors et vers les joies accoutumées, ne connaissant pas les joies intérieures, celui qui juge arriva ; « et celles qui étaient prêtes, » c'est-à-dire, qui avaient devant Dieu le bon témoignage de leur conscience, « entrèrent avec lui dans la salle des noces ; » c'est-à-dire là où l'âme pure s'unit pour être fécondée au Verbe de Dieu pur, parfait et éternel. « Et la porte fut fermée ; » c'est-à-dire, après la réception de ceux qui ont revêtu la vie des anges ; car, dit l'Ecriture, nous ressusciterons tous, mais nous ne serons pas tous transformés. (I *Cor.*, XIII, 51.) L'entrée du royaume des cieux fut fermée. Car, après le jugement, les prières ni les mérites n'ont plus lieu. « Enfin les autres vierges vinrent à leur tour et dirent : Seigneur, Seigneur, ouvrez-nous. » On ne dit pas qu'elles aient acheté de l'huile ; c'est pourquoi il faut croire qu'étant privées de toutes les ressources de la gloire humaine, et réduites à la misère et à une grande affliction, elles n'ont plus qu'à implorer Dieu. Mais après le jugement, sa sévérité devient inexorable, autant qu'avant le jugement, sa miséricorde s'est montrée sans limites. C'est pourquoi il leur répond : « En vérité, je vous assure que je ne vous connais pas. » Voilà la règle que suit le gouvernement de Dieu, c'est-à-dire sa sagesse, c'est qu'on n'entrera point dans son royaume, quand on n'aura paru observer ses préceptes, non pour lui plaire, mais pour plaire aux hommes. Et il conclut ainsi : « Veillez donc, parce que vous ne savez ni le jour ni l'heure. » Non-seulement on ne connaît pas le dernier jour où viendra l'Epoux, mais personne ne sait le jour ni l'heure de sa mort en particulier. Quiconque se tiendra prêt pour l'heure du sommeil, c'est-à-dire pour la mort que tous doivent subir, se trouvera également tout préparé, quand retentira au milieu de la nuit cette voix qui doit éveiller tous les hommes.

4. Quand on dit que les vierges sont venues

---

aliquam de his mercedem, sive ciborum, sive pecuniæ, sive honoris, sive alicujus commodi temporalis accipiunt, non (*a*) intelligentibus quod dictum est : Qui vos felices dicunt, in errorem vos mittunt. (*Isa.*, III, 12.) Melius est autem objurgari a justo, quam a peccatore laudari. « Emendabit me, inquit, justus in misericordia, et arguet me, oleum autem peccatoris non impinguet caput meum. » (*Psal.* CXL, 5.) « Ite ergo magis ad vendentes, et emite vobis » id est, videamus nunc quid vos adjuvant, qui vobis laudes vendere consueverunt, et vos in errorem inducere, ut non coram Deo, sed ab hominibus gloriam quæreretis. « Euntibus autem illis emere, venit sponsus, » id est, inclinantibus se illis in ea quæ foris sunt et solitis gaudere quærentibus, quia gaudia interna non noverant, venit ille qui judicat : « et quæ paratæ erant, » id est, quibus bonum coram Deo testimonium conscientia perhibebat : « intraverunt cum eo ad nuptias, « id est, ubi munda anima puro et perfecto sempiternoque Dei Verbo (*b*) fecundanda copulatur. « Et clausa est janua, » id est, receptis illis qui sunt in angelicam vitam immutati : Omnes enim, inquit, resurgemus, sed non omnes immutabimur (I *Cor.*, XIII, 51) : clausus est aditus ad regnum cœlorum. Non enim post judicium patet precum aut meritorum locus. « Novissime autem veniunt et reliquæ virgines, dicentes : Domine, Domine, aperi nobis. » Non dictum est, quod emerint oleum : et ideo intelligendæ sunt, nullo jam remanente de alienis laudibus gaudio, in angustiis et magnis afflictionibus redire ad implorationem Dei. Sed magna est ejus severitas post judicium, cujus ante judicium ineffabilis misericordia prærogata est. Itaque respondens ait : « Amen dico vobis quod nescio vos : » ex illa scilicet regula, qua non habet ars Dei, hoc est sapientia Dei, ut intrent in gaudium ejus, qui non coram Deo, sed ut placerent hominibus, visi sunt aliquid secundum præcepta ejus operari. Atque ita concludit : « Vigilate ergo, qui nescitis diem neque horam. » Non modo illius ultimi temporis, quo venturus est sponsus, sed suæ quisque diem dormitionis et horam nescit. Quisquis autem paratus est usque ad somnum, id est, usque ad mortem quæ omnibus debetur, paratus etiam invenietur cum illa vox media nocte sonuerit, qua omnes evigilaturi sunt.

4. Quod vero sponso dixit obviam venire virgines,

(*a*) Er. et Lov. *non intelligentes*. Melius Rat. et Mss. *non intelligentibus*, ipsis nimirum fatuis, a quibus mercedem accipiunt adulatores.
— (*b*) Sic potiores Mss. Editi vero, *fecundata*.

au-devant de l'Epoux, il faut entendre que ces vierges représentent l'Epoux. Comme lorsqu'on dit de tous les chrétiens qui accourent à l'Eglise, que ce sont les enfants qui accourent à leur mère, puisque c'est cette réunion qui forme celle qui s'appelle notre mère. Maintenant l'Eglise est une fiancée; elle est vierge, prête à se laisser conduire à ses noces, c'est-à-dire qu'elle se garde de la corruption du siècle. Mais quand le moment sera venu, elle s'unira à l'Epoux, après avoir dépouillé le vêtement de sa mortalité, pour entrer dans la jouissance immortelle. Je vous ai tous fiancés à un seul homme, dit l'Apôtre, pour vous présenter au Christ comme une chaste vierge (II *Cor.*, xi, 2); vous tous, dit-il, comme une vierge, passant du pluriel au singulier; en sorte qu'on peut dire vierges et vierge. Mais pourquoi sont-elles au nombre de cinq, nous l'avons expliqué, je pense, suffisamment. Mais maintenant nous voyons en énigme, tandis qu'alors, dans le siècle futur, nous verrons face à face; maintenant nous ne voyons qu'en partie, mais alors nous verrons pleinement, (I *Cor.*, xiii, 12.) Or, ce don que nous avons de pouvoir lire même en énigme et en partie dans les Ecritures, sans nous écarter de la foi catholique, est un gage que l'Eglise vierge a reçu comme présent au premier avénement de son fiancé, en attendant le jour de ses noces, lorsqu'il viendra en dernier lieu dans toute sa gloire, et qu'elle le contemplera face à face. Il nous a donc donné comme gage le Saint-Esprit, comme dit l'Apôtre. (II *Cor.*, v, 5.) C'est pourquoi cette explication n'a d'autre valeur que d'être conforme à la foi; elle ne détruit en rien les autres explications qui seraient également conformes à la foi.

QUESTION LX. — *Personne ne sait rien de ce jour, ni de l'heure, ni les anges du ciel, ni le Fils de l'homme, excepté le Père.* (*Matth.*, xxiv, 36.) — On dit que Dieu sait, pour dire qu'il fait savoir, comme dans ce passage de l'Ecriture : « Le Seigneur votre Dieu vous tente pour savoir si vous l'aimez. » En s'exprimant ainsi on ne veut pas dire que Dieu ne saurait pas; il s'agit des hommes, qui ont besoin de savoir s'ils ont fait des progrès dans l'amour de Dieu, et qui ne peuvent s'en assurer pleinement, qu'au moyen des épreuves qui arrivent. Le mot *tente* signifie donc permet que vous soyez tenté. Ainsi quand on dit que Dieu ne sait pas, on veut dire ou qu'il n'approuve pas, c'est-à-dire qu'il ne reconnait pas un acte comme conforme à ses préceptes et à ses enseignements. C'est le sens de ces mots : « Je ne vous connais pas; » (*Matth.*, xxv, 12) ou bien qu'il a des raisons pour laisser dans l'ignorance, ceux qu'il trouve mieux de ne pas instruire. Ainsi quand on dit que le Père seul connait, on veut

---

sic intelligendum puto, ut ex ipsis virginibus constet ea quæ dicitur sponsa : tanquam si omnibus Christianis in Ecclesiam concurrentibus filii ad matrem concurrere dicantur, cum ex ipsis filiis congregatis constet ea quæ dicitur mater. Nunc enim desponsata est Ecclesia, et virgo est ad nuptias perducenda, id est, cum se continet a corruptione sæculari : illo autem tempore nubet, cum universa mortalitate in ea pereunte, immortali conjunctione (*a*) fruetur. Desponsavi, inquit, vos uni viro virginem castam exhibere Christo. (II *Cor.*, xi, 2.) Vos, inquit, virginem : a plurali ad singularem concludens. Ideo et virgines dici possunt, et virgo. Cur autem quinque dictæ sint, ut mihi videtur expositum est. Sed videmus nunc in ænigmate, tunc autem facie ad faciem (I *Cor.*, xiii, 12) : et nunc ex parte, tunc autem ex toto. Ipsum autem in ænigmate et ex parte nunc in Scripturis aliquid cernere) quod tamen sit secundum catholicam fidem, ex illo pignore contingit, quod accepit virgo Ecclesia humili adventu sponsi sui, quæ illi ultimo adventu cum veniet in claritate nuptura est, cum jam facie ad faciem contuebitur. Dedit enim nobis pignus Spiritum sanctum, sicut dicit Apostolus. (II *Cor.*, v, 5.) Et ideo ista expositio nihil certum intuetur, nisi ut secundum fidem sit; neque aliis præjudicat, quæ nihilo minus secundum fidem esse potuerint.

QUÆST. LX. — *De die autem illo et hora nemo scit, neque Angeli cælorum, neque Filius hominis, nisi Pater solus.* (*Matth.*, xxiv, 36.) — Sicut scire Deus dicitur, etiam cum scientem facit, sicut scriptum est : « Tentat vos Dominus Deus vester, ut sciat si diligatis eum. » Non enim sic dictum est hoc, quasi nesciat Deus : sed ut ipsi sciant quantum in Domini dilectione profecerint; quod, nisi tentationibus quæ accidunt, non plene ab hominibus agnoscitur. Et ipsum « Tentat, » pro eo positum est, quod tentari sinit. Sic cum dicitur nescire, aut pro eo dicitur, quod non approbat, id est, in disciplina et doctrina sua non agnoscit, sicut dictum est : « Nescio vos : » (*Matth.*, xxv, 12) aut pro eo quod utiliter nescientes facit, quod scire inutile est. Ideo bene accipitur, id quod dictum est, solum

(*d*) Omnes prope Mss. *fetatur.*

dire que c'est par lui que le Fils a la connaissance, et quand on dit que le Fils ne sait pas, on veut dire qu'il laisse ignorer aux hommes, c'est-à-dire, qu'il ne leur révèle pas ce qu'il leur est inutile de savoir.

QUESTION LXI. — *De ce qui est écrit dans l'Evangile, que le Seigneur a nourri sur la montagne une grande multitude avec cinq pains.* (*Jean*, VI, 9.) — 1. Les cinq pains d'orge, avec lesquels le Seigneur a rassasié une grande multitude sur la montagne, signifient l'ancienne loi, soit parce qu'elle fut donnée à un peuple charnel, soumis à l'empire des cinq sens; car cette multitude était aussi composée de cinq mille hommes, soit parce qu'elle fut donnée par Moïse qui a écrit cinq livres. Les pains étaient d'orge, pour figurer ou la loi elle-même qui fut donnée comme aliment de l'âme, mais sous une enveloppe matérielle, ainsi que la moelle de l'orge revêtue d'une enveloppe très-tenace, ou bien pour figurer le peuple lui-même, qui n'était pas encore dépouillé de ses désirs charnels, qui, comme la paille de l'orge, emprisonnaient son cœur, c'est-à-dire que ce peuple était si peu circoncis de cœur, que les tribulations de quarante années qu'il passa dans le désert, n'avaient pu lui ouvrir l'intelligence ni le dépouiller de son enveloppe; c'est ainsi que l'orge, quoique battue dans l'aire, ne perd point la sienne. C'est pourquoi la loi ancienne convenait à ce peuple.

2. Quant aux deux poissons qui servaient d'assaisonnement au pain, ils me paraissent représenter les deux autorités qui étaient à la tête du peuple pour le diriger et le gouverner sagement, l'autorité royale et l'autorité sacerdotale, qui étaient consacrées l'une et l'autre par l'onction sainte. (I *Retr.*, 26.) Leur fonction était de résister aux tempêtes et aux flots populaires, de briser souvent les violences séditieuses de la multitude comme des ondes furieuses, de céder quelquefois sans compromettre le devoir, de se conduire enfin dans le gouvernement d'une nation turbulente, comme les poissons au sein d'une mer orageuse. Ces deux autorités figuraient Notre-Seigneur Jésus-Christ; car seul il les posséda l'une et l'autre, non en figure, mais en réalité. D'abord Notre-Seigneur Jésus-Christ est notre Roi ; il nous a montré par son exemple à combattre et à vaincre, s'étant chargé de nos péchés, et luttant contre les séductions et les assauts de l'ennemi, lui qui ayant quitté son corps mortel, attaqua résolument les principautés et les puissances, les dépouilla, et en triompha dans sa personne. Il est notre chef, pour nous délivrer de l'Egypte, c'est-à-dire des oppressions

---

scire Patrem, sic dictum esse, quia facit Filium scire : et quod dictum est, nescire Filium, sic dictum esse, quia facit nescire homines, id est, non prodit eis quod inutiliter scirent.

QUÆST. LXI. — *De eo quod scriptum est in Evangelio, turbas Dominum in monte pavisse de quinque panibus.* (*Joan.*, VI, 9.) — 1. Quinque panes hordeacei, quibus in monte Dominus turbas pavit, significant veterem legem : sive quia nondum spiritualibus, sed adhuc carnalibus data est, id est, quinque corporis sensibus deditis; nam et ipsæ turbæ quinque millia hominum fuerunt : sive quia per Moysen lex ipsa data est; Moyses enim quinque libros scripsit. Et quod hordeacei erant panes, bene significant, vel ipsam legem, quæ ita data erat, ut in ea vitale animæ alimentum corporalibus sacramentis obtegeretur; hordei enim medulla tenacissima palea tegitur : vel ipsum populum nondum exspoliatum carnali desiderio, quod tanquam palea cordi ejus inhærebat; id est, nondum corde circumcisum, ita ut nec triturationne tribulationum, cum per deserta quadraginta annis duceretur, intellectu revelato carnalia integumenta deponeret, sicut nec hordeum areæ tritura illo pa-leari tegmine exuitur. Itaque illi populo congruenter lex talis data est.

2. Duo autem pisces, qui saporem suavem pani dabant, duas illas personas videntur significare quibus populus ille regebatur, ut per eas consiliorum moderamen acciperet, regiam scilicet et sacerdotalem, ad quas etiam sacrosancta illa unctio pertinebat (I *Retr.*, XXVI) : quarum officium erat procellis ac fluctibus popularibus nunquam frangi atque corrumpi, et violentas turbarum contradictiones tanquam adversantes undas sæpe disrumpere, interdum eis custodita sua integritate cedere ; prorsus more piscium tanquam in procelloso mari, sic in turbulenta populi administratione versari. Quæ tamen duæ personæ Dominum nostrum præfigurabant. Ambas enim solus ille sustinuit, et non figurate, sed proprie solus implevit. Nam et rex noster est Dominus Jesus Christus, qui nobis pugnandi et vincendi demonstravit exemplum, in carne mortali peccata nostra suscipiens, tentationibus inimici neque illecebrosis neque terribilibus cedens : postremo exuens se carne, principatus et potestates (*a*) expolians fiducialiter, et triumphans eas in semetipso. (*Col.*, II, 15.) Itaque ipso duce

---

(*a*) Plures Mss. *exemplans*.

QUESTION LXI.

et des durs travaux de notre pèlerinage ; il ensevelit dans les eaux du sacrement du baptême les péchés qui nous poursuivent, en nous faisant échapper à la mort. De plus, tant que nous espérons la terre promise que nous ne voyons pas encore, il nous conduit à travers le désert, en nous consolant avec la parole de Dieu dans les saintes Ecritures, comme les Israélites avec la manne qui tombait du ciel. C'est encore sous la conduite de ce même chef que nous espérons entrer un jour dans la Jérusalem céleste, comme dans la terre de promission, et nous y établir éternellement sous son gouvernement et sa protection. Ainsi Notre-Seigneur Jésus-Christ est véritablement notre Roi. Il est aussi notre Pontife éternel selon l'ordre de Melchisédech (*Ps.* CIX, 4), s'étant lui-même offert en holocauste pour nos péchés, et ayant institué la célébration du même et semblable sacrifice, en mémoire de sa passion, afin que le sacrifice offert à Dieu par Melchisédech (*Gen.*, XIV, 18) pût se renouveler sous nos yeux par tout l'univers dans l'Eglise du Christ. Or, comme il s'est chargé de nos péchés en qualité de notre roi, pour nous montrer à combattre et à vaincre ; c'est ce rôle et cette dignité royale que l'Evangéliste saint Matthieu (*Matth.*, I, 1) a en vue, quand il fait la généalogie du Christ selon la chair depuis Abraham, le père du peuple fidèle, et la continue par la ligne descendante jusqu'à David, en qui le sceptre s'affermit d'une manière éclatante ; puis partant de Salomon né de la femme qu'avait séduite son père, il continue la branche royale jusqu'à la naissance du Seigneur. Un autre évangéliste, saint Luc (III, 23), voulant aussi donner la généalogie du Seigneur, selon la chair, mais dans la ligne sacerdotale, à laquelle appartient la purification et l'abolition du péché, l'établit, non par le commencement du livre, comme saint Matthieu, mais arrivé à l'endroit du baptême de Jésus, qui indiquait la purification de nos péchés, il raconte, en suivant les degrés, l'origine de ses ancêtres : mais il abandonne la ligne descendante qu'avait suivie saint Matthieu, pour montrer que le Christ descendait en quelque sorte pour se charger du fardeau de nos péchés ; et suivant l'ordre contraire, par la ligne ascendante, il nous fait voir le Christ montant après l'abolition du péché. Il ne lui donne pas non plus les mêmes ancêtres que saint Matthieu. Car la souche sacerdotale n'était plus la même que la souche royale, la première ayant pour origine un des fils de David qui, d'après la coutume, avait épousé une femme de la tribu sacerdotale, ce qui faisait que Marie descendait de l'une et l'autre, c'est-à-dire de la tribu royale et

---

ab oneribus et laboribus hujus peregrationis nostræ tanquam ab Ægypto liberamur, et persequentia nos peccata sacramento baptismatis nobis evadentibus obruuntur : et quamdiu in spe sumus ejus promissionis, quam nondum videmus, tanquam per deserta ducimur, consolante nos in sanctis Scripturis verbo Dei, sicut illos manna de cœlo : et eodem ipso duce in Jerusalem cœlestem, tanquam in terram promissionis introduci nos posse præsumimus, et in æternum ibi (*a*) regente ipso et custodiente servari. Ita Dominus noster Jesus Christus ostenditur rex noster. Ipse est etiam sacerdos noster in æternum secundum ordinem Melchisedech (*Psal.* CIX, 4), qui se ipsum obtulit holocaustum pro peccatis nostris, et ejus sacrificii similitudinem celebrandam in suæ passionis memoriam commendavit, ut illud quod Melchisedech obtulit Deo (*Gen.*, XIV, 18), jam per totum orbem terrarum in Christi Ecclesia videamus offerri. Ergo quoniam rex noster peccata nostra suscepit, ut nobis pugnandi et vincendi demonstraret exemplum, eorumdem peccatorum susceptionem regiamque personam Matthæus evangelista significans (*Matth.*, I, 1), generationem ejus quæ est secundum carnem ab Abraham suscipiens, qui pater est populi fidelis, et successionem prolis deorsum versus enumerans pervenit ad David, in quo regni stabilimentum manifestissimum apparet ; atque inde per Salomonem, natum de illa in qua pater ejus peccaverat, stirpem regiam prosecutus usque ad generationem Domini perducit. Lucas vero alius evangelista (*Luc.*, III, 23), quoniam et ipse generationem Domini, quæ secundum carnem est, sed in sacerdotali persona explicandam suscepit, ad quam personam pertinet mundatio et abolitio peccatorum, non a principio libri, sicut Matthæus, sed ab illo loco ubi baptizatus est Jesus, ubi peccatorum nostrorum mundationem præfiguravit, incipit parentum ejus originem gradatim prosequi ; neque deorsum versus, sicut ille qui eum ad susceptionem peccatorum tanquam descendentem ostendebat, sed sursum versus, tanquam is qui eum post abolitionem peccatorum tanquam ascendentem insinuabat ; nec eos parentes, quos ille, nominans. Alia enim erat origo sacerdotalis, quæ per unum ex filiis David, sicuti assolet, de tribu sacerdotali matrimonium sortientem, effecerat ut Maria de utraque tribu, id est, de regia et sacerdotali cognationem du-

(*a*) Sic Mss. Editi autem, *regnantes*.

sacerdotale. Aussi dans le recensement qui eut lieu pour Joseph et Marie, on a écrit qu'ils étaient de la maison, c'est-à-dire de la famille de David. (*Luc*, II, 4.) De plus Elisabeth qui était la parente de Marie, était de la tribu sacerdotale. (*Luc*, I, 36.) Ainsi saint Matthieu qui voulait représenter le Christ Roi descendant sur la terre pour se charger de nos péchés, descend de David par Salomon, parce que Salomon était fils de la femme avec laquelle avait péché David ; et saint Luc voulant représenter le Christ Pontife remontant au ciel après l'abolition du péché (I *Retr.*, XXVI), remonte à David par Nathan, parce que Nathan avait été envoyé comme prophète pour avertir David, qui fit pénitence de son péché et en obtint le pardon. (II *Rois*, XII, 1.) C'est pourquoi après David, saint Luc et saint Matthieu ne diffèrent plus dans les noms des ancêtres. Car la ligne ascendante de l'un présente les mêmes noms de David à Abraham, que la ligne descendante de l'autre, d'Abraham à David. A partir de David, la race se divise en deux branches, la branche royale et la branche sacerdotale ; saint Matthieu, comme nous l'avons dit, établit la descendance de la branche royale, et saint Luc l'ascendance de la branche sacerdotale, pour montrer que Notre-Seigneur Jésus-Christ notre roi et notre prêtre devait descendre de la race sacerdotale, sans être de la tribu sacerdotale, c'est-à-dire de la tribu de Lévi, puisqu'il était de la tribu de Juda, c'est-à-dire de la tribu de David, dont personne ne fut attaché au service de l'autel. C'est pourquoi il est particulièrement appelé le fils de David selon la chair, parce que saint Luc, dans sa généalogie ascendante, et saint Matthieu dans sa généalogie descendante, se rencontrent dans la personne de David. Il était donc nécessaire que le Christ qui devait abolir les sacrifices offerts par le sacerdoce lévitique suivant l'ordre d'Aaron, n'appartînt pas à la tribu de Lévi ; afin qu'il fût bien constaté que l'abolition du péché n'appartenait pas à cette tribu ni à ce sacerdoce, qui n'était que l'ombre temporelle du sacerdoce futur ; mais qu'il était réservé au Seigneur de l'accomplir, par l'oblation de son holocauste figuré dans l'ancienne loi ; et dont il a établi le mémorial en souvenir de sa passion, pour être célébré dans son Eglise, afin de montrer qu'il est prêtre éternel, non selon l'ordre d'Aaron, mais selon l'ordre de Melchisédech. (*Hébr.*, VI, 20. *Ps.* CIX, 4.) On pourrait encore approfondir davantage les raisons de ce mystère. Mais il nous suffit d'avoir montré que les deux poissons figuraient les deux autorités, l'autorité royale et l'autorité sacerdotale, et nous ne pousserons pas plus loin nos investigations.

ceret. Nam et quando censiti sunt Joseph et Maria, scriptum est eos fuisse de domo, id est de genere David. (*Luc.*, II, 4.) Et Elisabeth, quæ nihilo minus cognata Mariæ scribitur, erat de tribu sacerdotali. (*Luc.*, I, 36.) Sicut autem Matthæus, qui tanquam descendentem ad suscipienda peccata nostra regem Christum insinuat, per Salomonem a David descendit; quia Salomon de illa in qua David peccaverat, natus est : ita Lucas, qui tanquam ascendentem post abolitionem peccatorum sacerdotem Christum insinuat (I *Retr.*, XXVI), per Nathan ascendit ad David; quia Nathan propheta missus fuerat (II *Reg.*, XII, 1), cujus correptione David ipsius peccati abolitionem pœnitendo impetravit. Itaque postea quam transiit Lucas personam David, non dissonat a Matthæo in nominibus (*a*) generatorum. Nam eos nominat ascendens a David usque ad Abraham, quos ille descendens ab Abraham usque ad David. A David enim in duas familias, regiam et sacerdotalem, origo illa distributa est, quarum duarum familiarum, sicut dictum est, regiam descendens Matthæus, sacerdotalem ascendens Lucas secutus est : ut Dominus noster Jesus Christus rex et sacerdos noster et cognationem duceret de stirpe sacerdotali, et non esset tamen de tribu sacerdotali, hoc est, de tribu Levi, sed esset de tribu Juda, hoc est, de tribu David, ex qua tribu nemo intendit altari. Ideo et filius David maxime dicitur secundum carnem, quia et Lucas ascendens, et Matthæus descendens, in David sibi obviam facti sunt. Oportebat enim ut evacuaturus sacrificia, quæ secundum ordinem Aaron in Levitico sacerdotio fiebant, non esset de tribu Levi, ne ad ipsam tribum, et ad ipsum sacerdotium quod temporaliter umbra erat futuri, pertinere videretur mundatio peccatorum, quam Dominus oblatione holocausti sui, quod in veteri sacerdotio figurabatur, implevit : et holocausti ejus (*b*) imaginem ad memoriam passionis suæ in Ecclesia celebrandam dedit, ut esset sacerdos in æternum, non secundum ordinem Aaron, sed secundum ordinem Melchisedech. (*Hebr.*, VI, 20; *Psal.* CIX, 4.) Cujus rei sacramentum diligentius adhuc considerari potest. Sed propter duos pisces, in quibus duas personas, regiam et sacerdotalem figuratas esse diximus, hactenus hinc tractatum esse sufficiat.

(*a*) In plerisque Mss. *generationum*. *Nam eos*. etc. — (*b*) Tres Mss. Regius, Navarricus et Michaelinus, *magnitudinem et imaginem*. Quanquam ibi Michaelinus caret copulativa particula *et*. Confer locum persimilem supra, pag. 49, 1ª col., lin. 14.

QUESTION LXI.

3. Il est dit aussi dans le récit de l'Evangile, que la multitude s'assit sur l'herbe, pour montrer que ceux qui vivaient sous l'empire de l'Ancien Testament, dans l'attente d'un royaume temporel et d'une Jérusalem temporelle n'avaient qu'une espérance tout à fait terrestre. « Car toute chair est comme l'herbe, et la gloire de l'homme c'est la fleur de l'herbe des champs. » (*Isaie*, XL, 6.) Il est dit aussi qu'on remplit douze corbeilles des morceaux qui restaient, pour montrer que la loi elle-même mieux connue et mieux expliquée, quoique délaissée et abandonnée par les Juifs, a été recueillie par les disciples du Seigneur dont les principaux étaient au nombre de douze. A cette époque, le Nouveau Testament n'était pas encore écrit, et le Seigneur nourrissait l'âme de ses disciples, en brisant, pour ainsi dire, les duretés de la loi et l'écorce qui en renfermait l'esprit, et leur expliquait après sa résurrection les anciennes Ecritures, depuis Moïse et les Prophètes (*Luc*, XXIV, 27), leur montrant tout ce qu'elles renfermaient touchant sa personne. C'est alors que deux de ses disciples le reconnurent à la fraction du pain.

4. Dans une seconde circonstance le Seigneur a nourri le peuple avec sept pains (*Matth.*, XV, 34; *Marc*, VIII, 5), comme pour figurer la prédication du Nouveau Testament. Aucun des évangélistes n'a dit que ces pains fussent d'orge, comme saint Jean l'a dit des cinq pains. Cette distribution des sept pains appartient à l'ordre de grâce dans l'Eglise, qui est nourrie, comme on le sait, par la distribution si connue des sept dons du Saint-Esprit. On ne parle pas non plus ici de deux poissons représentant les deux personnes, le roi et le prêtre qui recevaient l'onction sainte. Sous l'ancienne loi, on mentionne quelques petits poissons, qui figurent les premiers disciples du Seigneur Jésus qui crurent en lui, qui furent oints en son nom, et envoyés pour prêcher l'Evangile et affronter au nom de ce poisson mystérieux la mer turbulente de ce monde, en qualité d'ambassadeurs du Christ, pour employer l'expression de saint Paul. Cette seconde multitude n'était pas, comme l'autre, composée de cinq mille hommes qui figuraient les hommes charnels, vivant sous l'empire de la loi, ou des cinq sens. Ici le nombre est de quatre mille hommes, pour figurer les hommes spirituels, à cause des quatre vertus que doivent pratiquer ici bas, ceux qui vivent spirituellement, la prudence, la tempérance, la force et la justice. La première de ces vertus est la connaissance des choses qu'il faut fuir ou rechercher; la seconde, la répression du penchant qui porte aux jouissances temporelles; la troisième, une grande

---

3. Quod autem super fœnum turba illa discubuit, significat eos qui Testamentum Vetus acceperant, quia regnum eis temporale et Jerusalem temporalis promittebatur, in spe carnali collocatos fuisse. « Omnis enim caro fœnum, et claritas hominis ut flos fœni. » (*Isa.*, XL, 6.) Quod autem de reliquiis fragmentorum duodecim cophini buccellarum repleti sunt, significabat de ipsius legis adapertione et disputatione, quam Judæi reliquerant et deseruerant, repletos fuisse discipulos Domini, in quibus duodenarius numerus principatum tenet. Nondum enim erat scriptura Novi Testamenti, quando Dominus, quasi frangendo et aperiendo quod durum et clausum erat in lege, discipulis implevit, cum eis post resurrectionem aperuit Scripturas veteres, incipiens a Moyse et omnibus Prophetis, interpretans illis in omnibus Scripturis quæ de ipso erant. Nam et tunc cum duo illorum in panis fractione cognoverunt. (*Luc.*, XXIV, 27.)

4. Et ideo secunda pastio populi, quæ de septem panibus facta est (*Matth.*, XV, 34; *Marc.*, VIII, 5), ad Novi Testamenti prædicationem recte intelligitur pertinere. Non enim ab aliquo Evangelista dictum est, quod isti panes hordeacei fuerint, sicut de illis quinque dixit Joannes. Hæc ergo pastio de panibus septem ad gratiam pertinet Ecclesiæ, quæ notissima illa septenaria sancti Spiritus operatione (*a*) refecta cognoscitur. Et ideo non hic duo pisces fuisse scribuntur, sicut in veteri lege, ubi duo soli ungebantur, rex et sacerdos; sed pauci pisces, id est, qui primi Domino Jesu Christo crediderunt, et in ejus nomine uncti sunt, et missi ad prædicandum Evangelium, et ad sustinendum turbulentum mare hujus sæculi, ut pro ipso magno pisce, id est, pro Christo legatione fungerentur, sicut Paulus apostolus dicit. (II *Cor.*, V, 20.) Neque in ipsa turba quinque millia hominum fuerunt, sicut illic, ubi carnales legem accipientes, id est, quinque sensibus carnis dediti significantur; sed quatuor millia potius, quo numero significantur spiritales, propter quatuor animi virtutes, quibus in hac vita spiritaliter vivitur, prudentiam, temperantiam, fortitudinem, et justitiam. Quarum prima est cognitio rerum appetendarum et fugiendarum : secunda, refrenatio cupiditatis ab iis quæ temporaliter delectant : tertia, firmitas animi adversus ea quæ tempo-

(*a*) Verbum *refecta* restitutum hic est ex aliquot Mss.

fermeté pour supporter les épreuves de cette vie; la quatrième se mêle aux autres vertus, c'est l'amour du Dieu et du prochain.

5. Il y avait d'une part cinq mille hommes, et d'une autre quatre mille hommes, sans compter les femmes et les enfants. Cette exception des femmes et des enfants me paraît avoir sa signification, et nous montrer que parmi l'ancien peuple, il y avait des hommes faibles pour accomplir la justice de la loi, comme l'apôtre saint Paul nous dit l'avoir accompli lui-même d'une manière irréprochable (*Philipp.*, III, 6); et qu'il y avait des hommes qui se laissaient entraîner facilement au culte des idoles. Ces deux sortes de personnes dont le caractère est la faiblesse et l'erreur, sont figurées par les femmes et les enfants. Car la femme est faible pour l'action, et l'enfance très-portée à l'amusement. Or, qu'y a-t-il de plus semblable à l'amusement des enfants, que le culte des idoles? Et l'Apôtre en effet compare à ces jeux d'enfant ce genre de superstition, quand il dit : Ne servez pas les idoles (1 *Cor.*, X, 7) comme quelques-uns dont il est écrit : « Le peuple s'est assis pour manger et pour boire, et ils se sont levés pour jouer. » (*Exod.*, XXXII, 6.) Ils étaient comme des femmes, et dans les fatigues qu'ils avaient à supporter pour attendre l'accomplissement des promesses de Dieu, ils ne surent pas persévérer comme des hommes courageux, et tentèrent le Seigneur;

ou bien ils ressemblaient à des enfants, ceux qui se sont assis pour manger et pour boire, et qui se sont levés pour jouer. Il y avait donc de ces hommes dans l'ancienne loi; il y en a aussi dans la nouvelle, qui n'ont pas le courage de former en eux l'homme parfait (*Ephés.*, IV, 13), soit par faiblesse, soit par légèreté d'esprit ; et ils ressemblent à des femmes et à des enfants. On dit aux uns : « Conservons fermement jusqu'à la fin le commencement de ses dons; » (*Hebr.*, III, 4) et aux autres : « Ne soyez pas comme des enfants soumis à l'empire des sens; mais soyez comme des enfants sans malice, afin de devenir parfaits par l'assujettissement des sens. » (I *Cor.*, XIV, 20.) C'est pourquoi les hommes de cette sorte ne sont pas comptés ni dans l'Ancien, ni dans le Nouveau Testament; mais on compte d'une part cinq mille hommes, et d'une autre quatre mille hommes, en faisant exception des femmes et des enfants. (*Jean*, VI, 10; *Matth.*, XIV, 21; *Ibid.* XV, 38.)

6. Dans l'une et l'autre circonstance, le peuple est sur la montagne, à cause du Christ lui-même que l'Ecriture appelle habituellement la montagne, et il convenait que le peuple ancien, comme le peuple nouveau fût nourri sur la montagne, avec cette différence, que, dans la seconde circonstance, on ne s'assied plus sur l'herbe mais sur la terre. Dans la première, il fallait voiler la grandeur du Christ sous une espérance

---

raliter molesta sunt : quarta, quæ per cæteras omnes diffunditur, dilectio Dei et proximi.

5. Sane et ibi quinque millia hominum, et hic quatuor millia exceptis mulieribus et pueris fuisse memorantur : quod mihi videtur ad hoc pertinere, ut intelligamus, et in populo Veteris Testamenti fuisse quosdam infirmos ad implendam justitiam quæ secundum legem est, in qua justitia apostolus Paulus sine querela se conversatum esse dicit (*Philip.*, III, 6); fuisse item alios qui facile seducerentur in cultum idolorum. Quæ duo genera, id est, infirmitatis et erroris, mulierum et puerorum nominibus figurata sunt. Infirmus est enim mulierum sexus ad actiones, et facilis ad lusum pueritia. Quid autem lusui puerili tam simile est, quam idola colere ? quando et Apostolus ad hoc retulit hoc genus superstitionis, cum ait : « Neque idolis servientes, quemadmodum quidam eorum, sicut scriptum est : Sedit populus manducare et bibere, et surrexerunt ludere. » (I *Cor.*, X, 7; *Exod.*, XXXII, 6.) Mulieribus ergo similes erant, qui in laboribus exspectationis, quo usque ad promissa Dei per-

venirent, non viriliter perseverantes tentaverunt Deum : pueris autem, qui sederunt manducare et bibere, et surrexerunt ludere. Non solum autem ibi, sed etiam in populo Novi Testamenti qui non perdurant occurrere in virum perfectum (*Ephes.*, IV, 13), vel infirmitate virium, vel mentis levitate, mulieribus et pueris comparandi sunt. Nam illis dicitur : « Si tamen initium substantiæ ejus usque in finem firmum retineamus : » (*Hebr.*, III, 14) illis autem : « Nolite pueri effici sensibus, sed malitia infantes estote, ut sensibus perfecti sitis. » (I *Cor.*, XIV, 20.) Et ideo neque in vetere, neque in novo Testamento tales admittuntur ad numerum ; sed sive ibi quinque millia, sive hic quatuor millia, exceptis mulieribus et pueris fuisse dicuntur. (*Joan.*, VI, 10 ; *Matth.*, XIV, 21; *ibid.*, XV, 38.)

6. Quamvis vero et illic et hic propter ipsum Christum, qui assidue in Scripturis mons appellatur, ut congruenter in monte uterque populus pasceretur; hic tamen non in fœno discumbitur, sed in terra. Ibi enim celsitudo Christi propter carnales homines et

charnelle et sous des désirs terrestres à cause des hommes charnels et de la Jérusalem terrestre ; mais dans la seconde, il n'y a plus de convoitise charnelle, et les convives du Nouveau Testament viennent s'asseoir sur la fondation solide d'une espérance permanente, comme sur la pierre de la montagne, sans prendre l'herbe pour siége.

7. L'Apôtre dit avec raison : « Avant la prédication de la foi, nous étions sous la garde de la loi. » (*Gal.*, III, 23.) C'est aussi dans ce sens, à mon avis, que le Seigneur disait, en parlant de ceux qu'il devait nourrir avec les cinq pains : « Ils n'ont pas besoin de s'en aller, donnez-leur vous-mêmes à manger ; » (*Matth.*, XIV, 16) montrant par ces paroles figuratives qu'il fallait les garder, tandis que ses disciples lui disaient de les renvoyer. Quant à l'autre multitude qui fut nourrie des sept pains, le Seigneur dit qu'il en avait véritablement compassion, parce que c'était déjà le troisième jour qu'ils n'avaient pas mangé. Dans toute la durée du genre humain, la troisième époque est celle où la grâce de la foi chrétienne fut donnée au monde. La première époque est avant la loi, la seconde sous la loi, et la troisième sous la grâce. Il y a bien à la vérité une quatrième époque, c'est celle où nous entrerons dans la Jérusalem céleste, pour y jouir d'une paix pleine et entière ; c'est vers ce but que tend tout homme qui croit véritablement au Christ ; et c'est pour cela que le Seigneur dit qu'il veut nourrir toute cette multitude d'hommes, pour qu'ils ne tombent pas en défaillance dans la route. Cette conduite du Seigneur, lorsqu'il daigna paraître au milieu de nous sous la forme humaine pendant sa vie temporelle, et nous donner comme gage le Saint-Esprit pour nous nourrir du pain de ses sept dons (II *Cor.*, v, 5), en y ajoutant comme assaisonnement quelques petits poissons fournis par les Apôtres : cette conduite du Seigneur n'a-t-elle pas pour but de nous donner les forces nécessaires, pour arriver à la palme de notre vocation céleste? « Car nous marchons ici-bas avec la foi, sans avoir encore la réalité. » (II *Cor.*, v, 7.) Et l'apôtre saint Paul lui-même nous dit qu'il n'a pas encore conquis le royaume de Dieu ; « mais oubliant, dit-il, ce qui est en arrière, je me porte vers les choses qui sont en avant, pour répondre à ma vocation, et obtenir la palme céleste. Cependant nous marchons ici-bas avec le don qui nous a été fait. » (*Philip.*, III, 13.) Car si nous sommes fidèles à suivre le Seigneur pendant trois jours, et à prendre la nourriture qu'il nous donne, nous ne tomberons pas en défaillance sur la route.

8. Ici sans doute on ne parviendra pas à être à l'abri de la faim ; mais on nous laisse de quoi manger. Ce n'est pas sans raison que le Sei-

---

Jerusalem terrenam carnali spe et desiderio tegitur : hic autem remota omni cupiditate carnali, convivas novi Testamenti, spei permanentis firmamentum, tanquam ipsius montis soliditas, nullo fœno interposito continebat.

7. Et quoniam rectissime dicit Apostolus : « Prius autem quam veniret fides, sub lege custodiebamur : » (*Gal.*, III, 23) hoc significare videtur et Dominus, cum dicit de his quos quinque panibus pasturus erat : « Non opus habent ire, sed date illis vos manducare. » (*Matth.*, XIV, 16.) Sub his autem verbis figuraliter tanquam (*a*) custodiendi detinentur, cum hoc admonuissent discipuli, ut dimitteret eos. Hujus vero turbæ, quæ ad septem panes pertinet, ultro se misereri dixit, quod jam tertius dies esset, ex quo ei jejuni hæsissent. (*Matth.*, XV, 32.) In toto enim sæculo generis humani tertium tempus est, quo fidei Christianæ gratia data est. Primum est ante legem, secundum sub lege, tertium sub gratia. Et quoniam quartum adhuc restat, quo ad plenissimam pacem Jerusalem cœlestis venturi sumus, quo tendit quisquis recte credit in Christum ; propterea se dicit turbam illam reficere Dominus, ne deficiant in via. Ista enim dispensatio, qua nobis Dominus temporaliter et visibiliter in homine apparere dignatus est, et dedit nobis pignus Spiritum sanctum (II *Cor.*, v, 5), cujus operatione septenaria vegetaremur, Apostolica auctoritate quasi paucorum piscium sapore conjuncto : hæc ergo dispensatio quid aliud agit, nisi ut ad palmam supernæ vocationis sine defectu virium pervenire possimus? « Per fidem enim ambulamus, et non per speciem. » (II *Cor.*, v, 7.) Et ipse apostolus Paulus nondum se dicit comprehendisse regnum Dei : « Sed ea quæ retro sunt oblitus, in ea quæ ante sunt extentus, secundum intentionem sequor, inquit, ad palmam supernæ vocationis. Verumtamen in quod pervenimus, in eo ambulemus ; » (*Philip.*, III, 13) quia tertio die Domino adhærentes et ab illo pasti, non deficiemus in via.

8. Etiam hic sane perveniri ad comedendi finem non potuit, sed reliquæ sunt escæ. Non enim frustra de futuro dictum est : « Putasne veniens Filius ho-

(*a*) Sic plures Mss. Editi vero, *tanquam custodia*.

gneur a dit en parlant de l'avenir : « Pensez-vous que le Fils de l'homme, quand il viendra, trouvera de la foi sur la terre? » (*Luc*, XVIII, 8.) Et je crois qu'il en sera ainsi, à cause des femmes et des enfants. Mais cependant on a rempli sept corbeilles des morceaux qui restaient, pour désigner les sept Eglises, dont il est parlé dans l'Apocalypse (I, 4), c'est-à-dire, tout homme qui persévèrera jusqu'à la fin. Car celui qui a dit : « Pensez-vous que le Fils de l'homme, quand il viendra, trouvera de la foi sur la terre? » a voulu dire qu'à la fin du repas on peut laisser et abandonner la nourriture ; mais comme il a dit aussi : « Celui qui persévèrera jusqu'à la fin sera sauvé, » (*Matth.*, XXIV, 13) il a donné l'espérance qu'il y aura toujours les sept Eglises pour recevoir les sept pains avec plus d'abondance, et les conserver dans des cœurs qui se dilateront pour persévérer, et dont les sept corbeilles sont l'emblème.

QUESTION LXII. — Sur ces paroles de l'Evangile : *Jésus baptisait plus de monde que Jean, quoiqu'il ne baptisât pas lui-même, mais ses disciples.* (*Jean*, IV, 1.) — On demande si ceux qui ont été baptisés dans le temps où le Seigneur baptisait par ses disciples plus que Jean, recevaient aussi le Saint-Esprit. Car il est dit dans un autre endroit de l'Evangile : « L'Esprit n'a-

vait pas encore été donné, parce que Jésus n'avait pas encore été glorifié. » (*Jean*, VII, 39.) La réponse est facile, et on peut dire que le Seigneur Jésus, qui ressuscitait bien les morts, pouvait empêcher de mourir ces hommes, et les laisser vivre jusqu'après sa glorification, c'est-à-dire après sa résurection et son ascension, pour qu'ils fussent à même de recevoir le Saint-Esprit. Mais une réflexion se présente à mon esprit ; c'est le larron, à qui fut adressée cette parole : « En vérité, je te le dis, tu seras aujourd'hui avec moi dans le paradis. » (*Luc*, XXIII, 43.) Cet homme n'avait pas même reçu le baptême. Il est vrai que Cornélius et les autres Gentils qui croyaient comme lui, avaient reçu le Saint-Esprit, avant d'être baptisés. (*Act.*, X, 44.) Cependant je ne vois pas comment ce larron a pu dire, sans l'inspiration du Saint-Esprit : « Souvenez-vous de moi, Seigneur, quand vous serez dans votre royaume. » (*Luc*, XXIII, 42.) Car, « personne ne peut dire : Seigneur Jésus, dit l'Apôtre, si ce n'est avec l'inspiration du Saint-Esprit. » (I *Cor.*, XII, 3.) Aussi le Seigneur a montré lui-même l'efficacité de cette foi, en disant : « En vérité, je te le dis, tu seras aujourd'hui avec moi dans le paradis. » Dieu qui commande à tout avec puissance et justice, a voulu que le baptême fût en quelque sorte appliqué au

---

minis inveniet fidem super terram? » (*Luc.*, XVIII, 8.) Et credo ita futurum, propter mulieres et pueros. Sed tamen septem sportas reliquiæ fragmentorum impleverunt, ad quas Ecclesia septiformis, quæ in Apocalypsi etiam describitur (*Apoc.*, I, 4), pertinet, id est, omnis qui perseveraverit usque in finem. Ille enim qui dixit : « Putasne veniens Filius hominis, inveniet fidem super terram? » significavit quidem in extremo (*a*) convivii relinqui posse et deseri escas suas : sed quoniam ipse item dixit : « Qui perseveraverit usque in finem, hic salvus erit; » (*Matth.*, XXIV, 13) significavit non defuturam Ecclesiam, quæ septenario numero eosdem panes abundantius recipiat, et (*b*) latitudine cordis, quæ ipsam perseverantiam in sportis videtur significare, contineat.

QUÆST. LXII. — De eo quod scriptum est in Evangelio : *Quia baptizabat Jesus plures quam Joannes : quamvis ipse non baptizaret, sed discipuli ejus.* (*Joan.*, IV, 1.) — Quæritur utrum qui baptizati sunt illo tempore, quo scriptum est Dominum per discipulos suos baptizasse plures quam Joannes, acceperint Spiritum sanctum. Alio enim loco Evangelii sic

dicitur : « Spiritus enim nondum erat datus, quia Jesus nondum erat clarificatus. » (*Joan.*, VII, 39.) Et facillime quidem ita respondetur, quod Dominus Jesus, qui etiam mortuos suscitabat, poterat neminem illorum mori sinere, donec post ejus clarificationem, id est, resurrectionem a mortuis et ascensionem in cœlum, acciperent Spiritum sanctum. Sed occurrit animo latro ille, cui dictum est : « Amen dico tibi, hodie mecum eris in paradiso » qui nec ipsum baptismum acceperat. (I *Retr.*, XXVI; *Luc.*, XXIII, 43.) Quanquam Cornelius, et qui cum eo ex gentibus crediderant, Spiritum sanctum etiam priusquam baptizarentur acceperint (*Act.*, X, 44) : non tamen video quomodo et ille latro sine Spiritu sancto dicere potuerit : « Memento mei, Domine, dum veneris in regnum tuum. » (*Luc.*, XXIII, 42.) « Nemo enim dicit, Dominus Jesus, ait Apostolus, nisi in Spiritu sancto. » (I *Cor.*, XII, 3.) Cujus fidei fructum ipse Dominus monstravit dicens : « Amen dico tibi, hodie mecum eris in paradiso. » Quomodo ergo ineffabili potestate dominantis Dei atque justitia deputatum est etiam baptisma credenti latroni, et pro accepto habitum in

---

(*a*) Editi, *convivio.* At Mss. plerique, *convivii.* — (*b*) Editi, *latitudinem cordis.* Concinnius Mss. *latitudine cordis.* Sed ex his plures sic prosequuntur : *quæ ipsa perseverantia in sportis videtur significari, contineat.*

larron, à cause de sa foi, et considéré comme reçu dans une âme libre, puisque son corps crucifié ne pouvait pas le recevoir. C'est ainsi que le Saint-Esprit était donné d'une manière cachée, avant la glorification du Seigneur. Mais après la manifestation du Seigneur, il fut donné avec éclat. C'est pourquoi, on a dit : « L'Esprit n'avait pas encore été donné ; » (*Jean*, VII, 39) c'est-à-dire, il n'avait pas été manifesté pour être à la connaissance de tout le monde. C'est ainsi que le Seigneur n'avait pas encore reçu sa glorification parmi les hommes, quoique sa glorification éternelle n'ait pas discontinué. C'est ainsi que sa venue sur la terre s'appelle son apparition parmi les hommes. Mais en venant sur la terre, il y était déjà. « Il vint dans son propre domaine ; » et encore : « Il était dans ce monde et le monde a été fait par lui. » (*Jean*, I, 11.) La venue du Seigneur, c'est donc sa manifestation corporelle ; et pourtant avant cette manifestation, c'est lui qui parlait par la bouche des saints prophètes comme Verbe et sagesse de Dieu. C'est ainsi que la venue du Saint-Esprit a été sa manifestation parmi les hommes, lorsqu'il apparut visiblement sous la figure d'une flamme divisée sur les apôtres, et que ceux-ci commencèrent à parler diverses langues. (*Act.*, II, 3.) Car si le Saint-Esprit n'avait pas été dans l'homme, avant la glorification visible du Seigneur, comment David aurait-il pu dire : « Ne me retirez pas votre Saint-Esprit ? » (*Ps.* IV, 13.) Comment Elisabeth aurait-elle été remplie de ce divin Esprit pour prophétiser, ainsi que Zacharie son époux ? (*Luc*, I, 41, 67, et II, 25) Comment Anne, Siméon dont il est écrit qu'ils furent remplis du Saint-Esprit, auraient-ils annoncé ce que nous lisons dans l'Evangile ? Dieu, dans ses opérations, agit donc tantôt d'une manière cachée, tantôt d'une manière visible, par le moyen de ses créatures ; et la conduite de la providence, dans le gouvernement du monde, consiste à tout diriger d'une manière admirable suivant l'ordre et la différence des temps et des lieux ; la divinité elle-même n'étant nullement assujettie aux changements des lieux ni aux variations des temps. Or, le Seigneur avait certainement en lui le Saint-Esprit, comme homme, lorsqu'il vint à Jean pour être baptisé (*Matth.*, III, 13) ; et cependant, après son baptême, on vit le Saint-Esprit descendre sur lui sous la forme d'une colombe. Nous pouvons donc penser qu'avant son apparition visible et manifeste, tous les hommes saints ont pu le posséder d'une manière particulière. Il est clair qu'en parlant ainsi, nous voulons qu'il soit bien entendu que la manifestation visible du Saint-Esprit, c'est-à-dire sa venue, a été pour le monde une grande et incomparable bénédiction, puisqu'il a ré-

---

animo libero, quod in corpore crucifixo accipi non (*a*) poterat : sic etiam Spiritus sanctus latenter dabatur ante Domini clarificationem ; post manifestationem autem divinitatis ejus manifestius datus est. Et hoc dictum est : « Spiritus autem nondum erat datus ; » (*Joan.*, VII, 39) id est, nondum sic apparuerat, ut omnes eum datum esse faterentur. Sicut etiam Dominus nondum erat clarificatus inter homines, sed tamen clarificatio ejus æterna nunquam esse destitit. Sicut et adventus ejus ea ipsa dicitur demonstratio in carne mortali. Nam illuc venit, ubi erat : quia « In sua propria venit, et in hoc mundo erat, et mundus per ipsum factus est. » (*Joan.*, I, 11.) Sicut ergo Domini adventus intelligitur demonstratio corporalis, tamen ante hanc demonstrationem ipse in omnibus Prophetis sanctis tanquam Dei Verbum et Dei Sapientia locutus est : sic et adventus Spiritus sancti, demonstratio Spiritus sancti est ipsis etiam oculis carneis, quando visus est ignis divisus super eos, et cœperunt loqui linguis. (*Act.*, II, 3.) Nam si non erat in hominibus Spiritus sanctus ante Domini visibilem clarificationem, quomodo dicere potuit David : « Et Spiritum sanctum tuum ne auferas a me ? » (*Psal.* L, 13.) Aut quomodo impleta est Elisabeth et Zacharias vir ejus ut prophetarent, et Anna, et Simeon, de quibus omnibus scriptum est, quod impleti Spiritu sancto illa quæ in Evangelio legimus dixerint ? (*Luc.*, I, 41, 67 ; II, 25.) Ut autem quædam latenter, quædam vero per creaturam visibilem visibiliter Deus operetur, pertinet ad gubernationem providentiæ, qua omnes divinæ actiones locorum temporumque (*b*) ordine ac distinctione pulcherrima peraguntur, cum ipsa divinitas nec teneatur nec migret locis, nec tendatur varieturve temporibus. Quomodo autem ipse Dominus secum habebat utique Spiritum sanctum in ipso homine quem gerebat, quando ut baptizaretur venit ad Joannem, et tamen postea quam baptizatus est, descendere in eum Spiritus sanctus visus est in columbæ specie (*Matth.*, III, 13) : sic intelligendum est et ante manifestum et visibilem adventum Spiritus sancti quoscumque homines sanctos eum latenter habere potuisse. Ita sane hoc diximus, ut intelligamus etiam

(*a*) Septem Mss. *non potest.* — (*b*) Editi, *ordines* pro quo Vatic. cod. auctoritate reponimus, *ordine ac.*

pandu ses dons avec plénitude, et avec une abondance qu'il n'est pas possible de dire ni d'imaginer.

QUESTION LXIII. — *Du Verbe.* — Au commencement était le Verbe. (*Jean*, 1, 1.) Le mot grec λόγος signifie en latin *raison* ou *parole*. Mais ici le mot parole ou verbe convient mieux pour marquer non-seulement le rapport avec le Père, mais aussi le rapport de la puissance créatrice avec les œuvres qui ont été faites par le Verbe. Or, la raison, même quand elle n'agit pas, s'appelle toujours la raison.

QUESTION LXIV. — *La femme samaritaine.* — 1. Il y a dans l'Evangile des choses mystérieuses figurées par les paroles et les actions de Notre-Seigneur Jésus-Christ. Tout le monde ne les comprend pas, et quelques-uns voulant les interpréter d'une manière peu réfléchie et peu prudente, émettent des opinions dangereuses pour le salut, et trompeuses sous le rapport de la vérité. Parmi ces faits mystérieux, nous citerons celui-ci, où il est écrit que le Seigneur, vers la sixième heure du jour, vint auprès du puits de Jacob, et qu'étant fatigué du voyage, il s'est assis, qu'il a demandé à boire à une femme samaritaine (*Jean*, IV, 5), et les autres détails qui sont racontés dans ce chapitre de l'Evangile, et qui sont des sujets de discussion et d'interprétation. La première règle qu'il faut observer ici, comme dans tout autre passage de l'Ecriture, et qu'il faut observer avec soin, c'est de ne rien dire qui ne soit conforme à la foi.

2. Notre-Seigneur vint donc au puits vers la sixième heure du jour. Le puits me représente comme une profondeur ténébreuse, et je vois les parties basses de ce monde, c'est-à-dire la terre où le Seigneur Jésus est venu vers la sixième heure, c'est-à-dire au sixième âge du monde, l'âge du vieil homme dont nous devons nous dépouiller pour nous revêtir du nouveau, qui est créé à l'image de Dieu. (*Ephés.*, IV, 22.) En effet, le sixième âge, c'est la vieillesse, comme le premier âge est celui du berceau; le second, l'enfance; le troisième, l'adolescence; le quatrième, la jeunesse; le cinquième, l'âge mûr; c'est pourquoi la vie de l'homme qui se développe dans les conditions temporelles du corps, se termine par le sixième âge, la vieillesse. C'est à cet âge du genre humain, comme je l'ai dit, qu'est venu le Seigneur, notre créateur et notre réparateur, afin que, par la mort du vieil homme, il formât en lui l'homme nouveau, pour le transporter dans le royaume céleste, pur de toutes les souillures de la terre. Donc le puits, comme il a été dit, signifie, par sa profondeur ténébreuse, les peines et les erreurs de cette vie; or, le vieil homme est extérieur, et le nouvel homme est intérieur. C'est pourquoi l'Apôtre a dit (II *Cor.*,

ista ipsa visibili demonstratione Spiritus sancti, qui adventus ejus dicitur, ineffabili vel etiam incogitabili modo largius in hominum corda plenitudinem ejus infusam.

QUÆST. LXIII. — *De Verbo.* — « In principio erat Verbum. » (*Joan.*, 1, 1.) Quod Græce λόγος dicitur, Latine et rationem et verbum significat. Sed hoc loco melius verbum interpretamur, ut significetur non solum ad Patrem respectus, sed ad illa etiam quæ per Verbum facta sunt operativa potentia. Ratio autem, etsi nihil per illam fiat, recte ratio dicitur.

QUÆST. LXIV. — *De muliere Samaritana.* — 1. Evangelica sacramenta in Domini nostri Jesu Christi dictis factisque signata non omnibus patent, et ea nonnulli minus diligenter minusque sobrie interpretando, afferunt plerumque pro salute perniciem, et pro cognitione veritatis errorem : inter quæ illud est sacramentum, quod scriptum est, Dominum hora diei sexta venisse ad puteum Jacob (*Joan.*, IV, 5), fessumque ab itinere sedisse, et a muliere Samaritana potum petisse, et cætera quæ in eodem Scripturarum loco discutienda et pertractanda dicuntur. De qua re id primo tenendum est, quod in omnibus Scripturis summa vigilantia custodiri oportet, ut secundum fidem sit sacramenti divini expositio.

2. Hora igitur diei sexta venit ad puteum Dominus noster. Video in puteo tenebrosam profunditatem. Admoneor ergo intelligere mundi hujus infimas partes, id est, terrenas, quo venit Dominus Jesus hora sexta, id est, sexta ætate generis humani, tanquam in senectute veteris hominis, quo jubemur exui, ut induamur novo, qui secundum Deum creatus est. (*Ephes.*, IV, 22.) Nam sexta ætas senectus est ; quoniam prima infantia, secunda pueritia, tertia adolescentia, quarta juventus, quinta gravitas. Veteris itaque hominis vita, quæ secundum carnem temporali conditione peragitur, sexta ætate senectute concluditur. Qua senectute, ut dixi, humani generis Dominus noster et creator nobis et reparator advenit; ut moriente scilicet vetere homine, novum in se constitueret, quem exutum labe terrena in cœlestia regna transferret. Ergo nunc puteus, ut dictum est, mundi hujus terrenum laborem et errorem tenebrosa profunditate significat. Et quoniam exterior est homo vetus, et novus interior; dictum est enim ab Apostolo

iv, 16.) : Si notre homme extérieur se corrompt, celui qui est intérieur se renouvelle de jour en jour. C'est donc avec raison, puisque toutes les choses visibles se rapportent à l'homme extérieur, et que le chrétien doit y renoncer, c'est donc avec raison que le Seigneur vient au puits vers la sixième heure du jour, c'est-à-dire vers le milieu du jour, lorsque le soleil visible commence à pencher vers son déclin, puisque, par suite de notre vocation, nous sentons diminuer en nous l'amour des choses visibles pour nous attacher aux choses invisibles, afin que l'homme redevenu intérieur retourne à la lumière intérieure qui ne s'éteint jamais, ne cherchant pas les choses qui se voient, comme dit l'Apôtre, mais les choses qui ne se voient pas. Car les choses visibles sont passagères, et les choses invisibles sont éternelles. (II *Cor.*, iv, 18.)

3. Quand on dit qu'étant fatigué il vint auprès du puits, c'est pour marquer l'infirmité de la chair ; quand on dit qu'il s'est assis, c'est pour marquer l'humilité ; parce qu'il a daigné, avec notre nature, prendre nos faiblesses et se montrer humble parmi les hommes. Le prophète a dit en parlant de cette infirmité de la chair : C'est un homme qui vient pour souffrir et qui est instruit dans l'infirmité. (*Isaïe*, LIII, 3.) Et au sujet de l'humilité, voici ce que dit l'Apôtre : Il s'est humilié et s'est fait obéissant jusqu'à la mort. (*Philip.*, ii, 8.) On peut dire aussi dans un autre sens qu'il s'est assis, suivant l'habitude des docteurs, non pour donner un exemple d'humilité, mais pour indiquer l'autorité du Maître.

4. Mais pourquoi demande-t-il à boire à une femme samaritaine qui était venue puiser de l'eau, puisqu'il annonce ensuite qu'il donnera à tous ceux qui le voudront, l'abondance des eaux spirituelles ? Cela veut dire que le Seigneur avait soif de la foi de cette femme, parce qu'elle était samaritaine, et que Samarie représentait l'idolâtrie. En effet, les Samaritains séparés du peuple Juif, avaient consacré le culte de leur âme aux simulacres des animaux muets, c'est-à-dire aux veaux d'or. Or, Notre-Seigneur était venu pour amener dans la forteresse de la foi chrétienne et de la religion incorruptible la multitude des nations livrées à l'idolâtrie. « Car, disait-il, ceux qui se portent bien n'ont pas besoin de médecin ; ce sont ceux qui sont malades. » (*Matth.*, ix, 12.) Il désire donc la foi de ces hommes pour lesquels il a répandu son sang. Jésus dit donc à la Samaritaine : « Femme, donnez-moi à boire. » (*Jean*, iv, 7.) On va savoir comment il avait soif. Voilà que ses disciples arrivent un instant après, revenant d'acheter des vivres à la ville voisine, et ils lui disent : « Maître, mangez. Jésus leur dit :

(II *Cor.*, iv, 16) : Et si exterior homo noster corrumpitur, sed interior renovatur de die in diem : rectissime omnino, (quoniam omnia visibilia ad exteriorem hominem pertinent, quibus Christiana disciplina renuntiatur), hora sexta venit Dominus ad puteum, id est, medio die, unde jam incipit sol iste visibilis declinare in occasum : quoniam et nobis vocatis a Christo visibilium delectatio minuitur, ut invisibilium amore homo (*a*) interior recreatus, ad interiorem lucem quæ nunquam occidit, revertatur, secundum Apostolicam disciplinam, non quærens quæ videntur, sed quæ non videntur : « Quæ enim videntur, temporalia sunt ; quæ autem non videntur, æterna sunt. » (*Ibid.*, 18.)

3. Quod autem fatigatus venit ad puteum, infirmitatem carnis significat ; quod sedit, humilitatem : quia et imbecillitatem carnis pro nobis suscepit, et homo hominibus tam humiliter apparere dignatus est. De hac infirmitate carnis Propheta dicit : Homo in plaga positus, et sciens ferre imbecillitatem. (*Isa.*, LIII, 3.) De humilitate vero Apostolus loquitur dicens : Humiliavit se, factus subditus usque ad mortem. (*Philip.*, ii, 8.) Quanquam illud quod sedit, quoniam solent sedere doctores, possit alio intellectu non humilitatis modestiam, sed magistri demonstrare personam.

4. Sed quæri potest, quare a muliere Samaritana, quæ hydriæ aqua implendæ gratia venerat, bibere postulaverit, cum ipse postea spiritalis fontis affluentiam se petentibus dare posse prædicaverit ? Sed scilicet sitiebat Dominus mulieris illius fidem, quæ quoniam Samaritana erat, et solet Samaria idolatriæ imaginem sustinere : ipsi enim separati a populo Judæorum, simulacris mutorum animalium, id est, vaccis aureis animarum suarum decus addixerant : venerat autem Dominus noster Jesus, ut gentium multitudinem, quæ simulacris serviebat, ad (*b*) munimentum fidei Christianæ et incorruptæ religionis adduceret. Non est enim, inquit, opus sanis medicus, sed male habentibus. (*Matth.*, ix, 12.) Eorum ergo fidem sitit, pro quibus sanguinem fudit. Dixit ergo ad eam Jesus : « Mulier, da mihi bibere. » (*Joan.*, iv, 7.) Et ut noveris quid sitiebat Dominus noster, post paululum veniunt discipuli ejus, qui perrexerant in civitatem ut cibos emerent, et dicunt ei : « Rabbi, manduca. Ille autem dixit eis : Ego habeo escam

---

(*a*) Er. et Lov. *exterior* : repugnantibus Mss. et Rat. — (*b*) Mss. aliquot, *ad monumentum*. Et quidam, *ad monimentum*.

J'ai autre chose à manger. Les disciples se dirent donc les uns aux autres : Quelqu'un lui aurait-il apporté quelque chose ? Jésus leur dit : Ma nourriture, c'est de faire la volonté de mon Père, et d'achever son œuvre. » (*Ibid.*, xxxi, etc.) Or, cette volonté du Père qui envoie son Fils, cette œuvre que le Fils doit achever, n'est-ce pas de nous amener à la foi, en nous délivrant des ténèbres pernicieuses de ce monde ? Telle est la nourriture du Sauveur, tel est son breuvage. C'est pourquoi il avait soif au sujet de cette femme, afin d'accomplir en elle la volonté du Père, et d'achever son œuvre. Mais cette femme, prenant les paroles de Jésus dans un sens charnel, lui répondit : « Vous qui êtes juif, comment me demandez-vous à boire à moi qui suis une femme samaritaine ? Les Juifs n'ont pas de rapport avec les Samaritains. »(*Ibid.*, ix, etc.) Notre-Seigneur lui dit : « Si vous saviez le don de Dieu, et qui est celui qui vous a dit : Donnez-moi à boire, vous lui en auriez plutôt demandé à lui-même, et il vous aurait donné une eau vive. » Il voulait lui faire entendre que l'eau qu'il lui demande n'est pas celle qu'elle entend ; mais il voulait dire qu'il avait soif de sa foi, et qu'il désirait, si elle avait soif elle-même, lui donner le Saint-Esprit. Car c'est ainsi qu'il faut entendre l'eau vive, qui est un don de Dieu, comme il le dit lui-même : « Si vous saviez le don de Dieu. » Saint Jean l'évangéliste s'exprime de la même manière dans un autre endroit, lorsqu'il dit que Jésus s'était arrêté et criait : « Si quelqu'un a soif, qu'il vienne et qu'il boive (*Jean*, vii, 37, 38) ; si quelqu'un croit en moi, comme dit l'Ecriture, je ferai jaillir de son cœur des sources d'eau vive ; » parce qu'il faut croire d'abord pour mériter ces dons. Or, ces sources d'eau vive qu'il voulait donner à cette femme, sont une récompense de la foi, qu'il souhaitait avec l'ardeur de la soif à cette femme. Car l'eau vive, suivant l'interprétation du Seigneur, doit s'entendre du Saint-Esprit que devaient recevoir tous ceux qui croiraient en lui.(*Ibid.*, 39.) Or, le Saint-Esprit n'était pas encore donné, parce que Jésus n'était pas encore glorifié. C'est donc le Saint-Esprit qu'il donna à son Eglise après sa glorification, suivant cette expression de l'Ecriture : En montant aux cieux, il emmena la captivité captive, et répandit ses dons sur les hommes. (*Ps*. lxvii, 19 ; *Ephés.*, iv, 8.)

5. Mais cette femme ne peut pas sortir de ses pensées charnelles, car elle répond ainsi : « Seigneur, vous n'avez point de vase pour puiser, le puits est profond, comment pourriez-vous me donner cette eau vive ? Etes-vous plus grand que notre père Jacob, qui nous a donné ce puits, et qui a bu de cette eau, lui, ses enfants et ses troupeaux ? »(*Jean*, iv, 11, etc.) Mais le Seigneur

manducare, quam vos nescitis. Dicunt ergo discipuli ejus ad alterutrum : Numquid aliquis attulit ei manducare? Dixit eis Jesus : Cibus meus est, ut faciam ejus voluntatem qui me misit, et ut perficiam opus ejus. » (*Ibid.*, 34, etc.) Numquid hic intelligitur alia voluntas Patris, qui eum misit, et opus ejus quod se perficere velle respondit, nisi ut nos ad fidem suam a pernicioso mundi errore converteret ? Qualis est ergo cibus ejus, talis et potus. Quapropter hoc in illa muliere sitiebat, ut faceret in ea voluntatem Patris, et perficeret opus ejus. Sed carnaliter intelligens respondit : « Tu cum sis Judæus, quomodo a me bibere petis, cum sim mulier Samaritana? Non enim coûtuntur Judæi Samaritanis. » (*Ibid.*, 9, etc.) Cui Dominus noster dixit : « Si scires donum Dei, et quis est qui dicit tibi : Da mihi bibere ; tu magis petisses ab eo, et dedisset tibi aquam vivam : » ut hinc ei ostenderet, non se talem aquam petisse, qualem ipsa intellexerat ; sed quia ipse sitiebat fidem ejus, eidemque sitienti Spiritum sanctum dare cupiebat. Hanc enim recte intelligimus aquam vivam, quod est donum Dei, sicut ipse ait : « Si scires donum Dei. » Et sicut idem Joannes evangelista testatur alio loco dicens, quod stabat Jesus, et clamabat : Si quis sitit, veniat et bibat : qui credit in me, sicut dicit Scriptura, flumina de ventre ejus fluent aquæ vivæ. » (*Joan.*, vii, 37, 38.) Consequenter omnino : Qui credit, inquit, in me, flumina de ventre ejus fluent aquæ vivæ : quia primo credimus, ut hæc dona mereamur. Sed ergo flumina aquæ vivæ, quæ illi mulieri volebat dare, merces est fidei, quam prius in illa sitiebat. Cujus aquæ vivæ interpretationem ita subjicit : « Hoc autem, inquit, dicebat de Spiritu quem accepturi erant hi qui in eum credituri erant. Nondum autem erat Spiritus datus, quia Jesus nondum fuerat clarificatus. » (*Ibid.*, 39.) Hoc itaque donum Spiritus sancti est, quod post suam clarificationem dedit Ecclesiæ, sicut alia Scriptura dicit : Ascendens in altum captivam duxit captivitatem, dedit dona hominibus. (*Psal.* lxvii, 19 ; *Ephes.*, iv, 8.)

5. Sed adhuc illa mulier carnaliter sapit : sic enim respondit : « Domine, neque hauritorium habes, et puteus altus est, unde mihi habes dare aquam vivam? Numquid tu major es patre nostro Jacob, qui dedit nobis hunc puteum, et ipse ex eo bibit, et filii ejus, et pecora ejus ? » (*Joan.*, iv, 11, etc.) Nunc vero

revient toujours à l'explication de sa pensée; « Tout homme, dit-il, qui boira de cette eau, aura encore soif; mais celui qui boira de l'eau que je donnerai n'éprouvera plus jamais la soif; car cette eau que je donnerai deviendra en lui une source qui jaillira jusqu'à la vie éternelle. » Mais cette femme est toujours dans son idée charnelle. Que répond-elle en effet? « Seigneur, donnez-moi de cette eau, afin que je n'aie plus soif, et que je ne vienne plus ici pour en puiser. Jésus lui dit : Allez, appelez votre mari, et venez ici. » Jésus sachant bien qu'elle n'avait pas de mari, on se demande pourquoi il lui a parlé de la sorte. Car cette femme lui ayant dit : « Je n'ai pas de mari, » Jésus lui dit : « Vous avez raison, vous n'avez pas de mari; vous en avez eu cinq, et celui que vous avez maintenant n'est pas votre mari, vous avez donc dit la vérité. » Mais il ne faut pas ici donner une interprétation charnelle, pour ne pas ressembler encore à la femme samaritaine. Car si nous avons déjà goûté quelque chose du don de Dieu, il faut nous élever à des pensées spirituelles.

6. Suivant quelques interprètes, les cinq maris sont les cinq livres de Moïse. Quand à ce qui est dit : « Celui que vous avez maintenant n'est pas votre mari; » (*Jean*, IV, 18) ils entendent que le Seigneur a voulu parler de lui-même, comme s'il eût dit : Les cinq livres de Moïse sont comme les cinq maris que vous avez eus pour maîtres; mais celui que vous avez maintenant, c'est-à-dire, celui que vous écoutez, qui parle avec vous, n'est pas votre mari, parce que vous ne croyez pas encore en lui. Mais cette femme qui ne croyait pas encore au Christ, était toujours soumise par le lien de la sujétion à l'autorité des cinq autres maris, c'est-à-dire des cinq livres; on peut donc se demander comment on lui aurait dit : « Vous avez eu cinq maris, » comme si elle ne les avait plus, quoique vivant toujours sous leur dépendance? De plus les cinq livres de Moïse ont pour unique but la prédication du Christ, comme il le dit lui-même : « Si vous croyiez à Moïse vous croiriez aussi à moi-même; car ce qu'il a écrit me concernait. » (*Jean*, v, 46.) Comment alors supposer que pour appartenir au Christ, il faudrait quitter les cinq livres de Moïse, puisqu'au contraire l'homme qui embrasse la foi du Christ, loin d'abandonner ces cinq livres, s'y attache avec plus d'ardeur, en les entendant dans le sens spirituel?

7. Il y a donc une autre interprétation. Les cinq maris sont les cinq sens corporels; l'œil qui nous est donné pour recevoir la lumière visible, avec les différentes couleurs et formes des corps; l'oreille pour percevoir les voix et les nuances des sons; le troisième réside dans les narines et nous fait jouir de l'agrément varié des odeurs;

---

jam Dominus exponit quid dixerit : « Omnis, inquit, qui biberit de aqua ista, sitiet iterum : qui autem biberit de aqua, quam ego dedero, non sitiet in sempiternum ; sed aqua illa quam dedero, fiet in eo fons aquæ salientis in vitam æternam. » Sed adhuc mulier prudentiam carnis amplectitur. Quid enim respondit? « Domine, da mihi hanc aquam, ut neque sitiam, neque veniam huc haurire. Dicit ei Jesus : Vade, voca virum tuum, et veni huc. » Cum sciret eam virum non habere, cur hoc dixerit, quæritur. Namque cum mulier dixisset : « Non habeo virum : » dicit ei Jesus : « Bene dixisti, non habere te virum; quinque enim viros habuisti, et nunc quem habes, non est tuus vir; hoc verum dixisti. » Sed non sunt hæc carnaliter accipienda, ne huic ipsi adhuc mulieri Samaritanæ similes videamur. Sed de illo dono Dei si aliquid jam gustavimus, spiritaliter ista tractemus.

6. Quinque viros, quinque libros qui per Moysen ministrati sunt, nonnulli accipiunt. Quod autem dictum est : « Et nunc quem habes, non est tuus vir, » (*Joan.*, IV, 18) de se ipso Dominum dixisse intelligunt, ut iste sit sensus : Primo quinque libris Moysi, quasi quinque viris servisti ; nunc autem quem habes, id est, quem audis, qui loquitur tecum, non est tuus vir, quia nondum in eum credidisti. Sed quoniam nondum credens Christo, adhuc utique illorum quinque virorum, id est quinque librorum copulatione tenebatur, potest movere quomodo dici potuerit : « Quinque viros habuisti, » quasi nunc eos jam non haberet, cum adhuc utique ipsis subdita viveret. Deinde cum quinque libri Moysi nihil aliud quam Christum prædicent, sicut ipse ait : « Si crederetis Moysi, crederetis forsitan et mihi, ille enim de me scripsit : » (*Joan.*, v, 46) quomodo potest intelligi a quinque illis libris recedere hominem, ut ad Christum transeat, cum ille qui credit in Christum, non relinquendos quinque illos libros, sed spiritaliter intelligendos multo avidius amplectatur?

7. Est ergo alius intellectûs, ut quinque viri intelligantur quinque corporis sensus : unus qui ad oculos pertinet, quo lucem istam visibilem et quoslibet colores formasque corporum cernimus : alter aurium, quo vocum et omnium sonorum momenta sentimus : tertius narium, quo varia odorum suavitate delecta-

le quatrième, c'est le goût pour sentir ce qui est doux et ce qui est amer, et pour faire le discernement de toutes les saveurs ; le cinquième, c'est le toucher qui, s'étendant à tous les corps, distingue le chaud et le froid, le mou et le dur, l'uni et l'âpre, et en général tout ce qui appartient au tact. Ces cinq sens forment en quelque sorte toute la vie de l'homme, dans son premier âge, par une nécessité de notre nature mortelle, et nous naissons tellement dans cette condition depuis le péché du premier homme, que, tant que la lumière de l'intelligence ne nous est pas rendue, nous sommes soumis à l'empire des sens, et notre vie se passe sans aucune idée de la vérité. Tels sont nécessairement les enfants du premier et du second âge, qui n'ont pas encore l'usage de la raison. Or, ces sens qui sont naturels, et sous l'empire desquels vit le premier âge, nous ont été donnés comme l'œuvre de Dieu, et on les appelle avec raison les maris, parce qu'ils sont légitimes. Ils sont en nous, non comme résultat d'un vice propre, mais comme l'œuvre de la nature suivant la loi de Dieu. Mais supposons l'homme arrivé à cet âge où l'on peut être capable de raison ; s'il peut saisir aussitôt la vérité, il n'est plus dès lors soumis à l'empire des sens, mais il aura pour mari un esprit raisonnable qui commandera aux sens, en soumettant le corps à l'obéissance ; l'âme alors ne sera plus dans la dépendance des cinq maris, c'est-à-dire, des cinq sens naturels, mais elle aura pour époux le Verbe divin auquel elle s'unira et s'attachera, puisque l'esprit de l'homme s'attache au Christ qui est le chef de l'homme (I *Cor.*, XI, 3), pour jouir de l'éternelle vie dans un embrassement spirituel, sans aucune crainte de séparation. Qui pourra en effet nous séparer de la charité du Christ ? (*Rom.*, VIII, 35.) Mais la Samaritaine était encore enveloppée dans les ténèbres de l'erreur, figure de cette multitude livrée aux vaines superstitions ; c'est pourquoi après le règne des cinq sens, auquel est soumis le premier âge, comme nous l'avons dit, le Verbe de Dieu ne l'avait pas encore acceptée comme épouse ; c'était encore le démon qui la possédait dans un commerce adultère. C'est pourquoi le Seigneur voyant qu'elle était charnelle, et qu'elle pensait d'une manière charnelle, lui dit : « Allez, appelez votre mari et venez ici. » C'est-à-dire, détachez-vous de cette affection charnelle que vous avez et qui vous empêche de comprendre mes paroles ; « appelez votre mari, » c'est-à-dire, venez ici avec l'esprit d'intelligence. En effet l'esprit de l'homme est en quelque façon le mari de l'âme, pour gouverner l'affection charnelle, comme on gouverne une épouse. Je ne parle pas

---

mur : quartus in ore gustus, qui dulcia et amara sentit, et omnium saporum habet examen : quintus per totum corpus tangendo dijudicat calida et frigida, mollia et dura, levia et aspera, et quidquid aliud est quod tangendo sentimus. Istis itaque carnalibus quinque sensibus prima hominis ætas imbuitur necessitate naturæ mortalis, qua ita post peccatum primi hominis nati sumus, ut nondum reddita luce mentis carnalibus sensibus subditi, carnalem vitam sine ulla veritatis intelligentia transeamus. Tales necesse est esse infantes et parvulos pueros, qui nondum possunt accipere rationem. Et quia naturales sunt isti sensus, qui primam ætatem regunt, et Deo artifice nobis tributi sunt, recte dicuntur Viri, id est mariti, tanquam legitimi : quoniam non eos error vitio proprio, sed Dei artificio natura contribuit. Cum autem quisque venerit ad eam ætatem, ut jam possit capax esse rationis, si veritatem statim comprehendere potuerit, non jam illis sensibus rectoribus utetur, sed habebit virum, spiritum rationalem, cui sensus illos in famulatum redigat, servituti subjiciens corpus suum : cum anima non jam quinque viris, id est, quinque corporis sensibus subdita est, sed Verbum divinum habet legitimum virum, cui copulata et inhærens, cum et ipse spiritus hominis hæserit Christo, quia caput viri Christus est (I *Cor.*, XI, 3) : amplexu spiritali æterna vita sine ullo separationis timore perfruitur. Quis nos enim separare poterit a caritate Christi ? (*Rom.*, VIII, 35.) Sed quoniam illa mulier errore tenebatur, (*a*) qui significabat multitudinem sæculi vanis superstitionibus subjugati, post tempora illa quinque carnalium sensuum, quibus prima ætas, ut diximus, regitur, non eam Verbum Dei acceperat in conjugium, sed complexu adulterino diabolus obtinebat. Itaque illi Dominus dicit, videns eam esse carnalem, id est, carnaliter sapere : « Vade, voca virum tuum, et veni huc, » id est, remove te ab affectione carnali, in qua nunc constituta es, unde non potes intelligere quæ loquor : « et voca virum tuum, » id est, spiritu (*b*) intelligentiæ præsens esto. Est enim animæ quasi maritus quodam modo spiritus hominis, qui animalem affectionem tanquam conjugem regit. Non ille Spiritus sanctus, qui cum Patre et Filio incommutabilis manet, et dignis animis

---

(*a*) Rat. et plerique Mss. *qua*. Tumque ex his codex Vaticanus, *significat multitudinem pravorum sæculi*, Navarricus, *multitudinem puerorum*. — (*b*) Aliquot Mss. *intelligente*.

QUESTION LXIV.

ici du Saint-Esprit, qui demeure d'une manière immuable avec le Père et le Fils, et qui est donné d'une manière immuable aux âmes qui en sont dignes. Mais je parle de l'esprit de l'homme, suivant cette parole de l'Apôtre : Personne ne sait ce qui se passe dans l'homme, que l'esprit de l'homme. (I *Cor*., II, 11.) L'Esprit saint, c'est l'esprit de Dieu, dont l'Apôtre dit aussi : Personne ne connaît les choses de Dieu, que l'esprit de Dieu. Donc, lorsque l'esprit de l'homme est présent, c'est-à-dire attentif et soumis pieusement à Dieu, l'homme comprend le langage spirituel. Mais le démon profite de l'absence de l'esprit pour tromper l'âme et la dominer, et alors c'est le règne de l'adultère. « Appelez donc, dit le Seigneur, appelez votre mari ; » c'est-à-dire l'esprit qui est en vous, et avec lequel l'homme peut comprendre les choses spirituelles, éclairé par la lumière de la vérité ; qu'il soit donc ici présent, pendant que je vous parle, afin que vous puissiez recevoir l'eau spituelle. Cette femme ayant répondu : « Je n'ai pas de mari, vous avez raison, lui dit le Seigneur, car vous avez eu cinq maris ; » c'est-à-dire les cinq sens corporels, qui vous ont gouverné dans le premier âge ; « et maintenant celui que vous avez n'est pas votre mari ; » car vous n'avez pas en vous l'esprit qui comprend Dieu, pour pouvoir former avec lui une union légitime ; mais c'est le démon qui vous trompe et qui vous domine pour vous corrompre dans un commerce adultère.

8. L'homme intelligent comprendra peut-être encore mieux que les cinq sens corporels sont figurés par les cinq maris, s'il fait attention que cette femme samaritaine fait cinq réponses dans un sens charnel, et qu'à la sixième réponse elle nomme le Christ. Car voici sa première réponse : (*Jean*, IV, 9, etc.) « Vous qui êtes juif, comment me demandez-vous à boire ? » Voici la seconde : « Seigneur, vous n'avez point de vase pour puiser, et le puits est profond. » Voici la troisième : « Seigneur, donnez-moi cette eau, afin que je n'aie plus soif, et que je ne vienne plus en chercher ici. » Voici la quatrième : « Je n'ai pas de mari. » Voici la cinquième : « Je vois que vous êtes un prophète ; nos pères ont adoré sur cette montagne. » Cette réponse est encore charnelle. Car un lieu terrestre avait été donné aux hommes charnels, pour prier ; mais le Seigneur annonce que les hommes spirituels sauront prier en esprit et en vérité. Le Seigneur ayant ainsi parlé, la femme samaritaine, dans sa sixième réponse, confesse qu'il est le Christ, le docteur universel ; car elle dit : « Je sais que le Messie viendra, celui qu'on appelle le Christ ; lorsqu'il sera venu, c'est lui qui nous annoncera toutes choses. » Mais ici elle se trompe encore, puisque celui dont elle espère la venue, elle ne voit pas qu'il est arrivé. Cependant le Seigneur dans sa miséricorde, la

---

incommutabiliter datur : sed spiritus hominis, de quo Apostolus dicit : Nemo scit quæ sunt in homine, nisi spiritus hominis. (I *Cor*., II, 11.) Nam ille Spiritus santus, Spiritus Dei est ; de quo iterum dicit sic : « Et quæ Dei sunt nemo scit, nisi Spiritus Dei. » Hic ergo spiritus hominis cum præsens est, id est intentus, et se pietate subjicit Deo, intelligit homo quæ spiritaliter dicuntur. Cum autem diaboli error, tanquam absente intellectu, in anima dominatur, adulter est. « Voca ergo, inquit, virum tuum, » id est, spiritum qui in te est, quo potest homo intelligere spiritalia, si eum lux veritatis illustret ; ipse adsit, cum loquor tibi, ut spiritalem possis accipere aquam. Et cum illa diceret : « Non habeo virum : Bene, inquit, dixisti ; quinque enim viros habuisti, » id, est, quinque sensus carnis, qui te in prima ætate rexerunt ; « et nunc quem habes, non est tuus vir, » quia non est in te spiritus, qui intelligit Deum, cum quo legitimum possis habere connubium ; sed error diaboli potius dominatur, qui te adulterina contaminatione corrumpit.

8. Et fortasse ut intelligentibus indicaret, quinque memoratos corporis sensus quinque virorum nomine significari, post quinque responsiones carnales ista mulier sexta responsione nominat Christum. Nam prima ejus responsio est : « Tu cum sis Judæus, quomodo a me bibere petis ? » Secunda : « Domine, neque haurritorium habes, et puteus altus est. » Tertia : « Domine, da mihi hanc aquam, ut neque sitiam, neque veniam huc haurire. » Quarta : « Non habeo virum. Quinta : « Video quia propheta es, patres nostri in monte hoc adoraverunt. » (*Joan*., IV, 9, etc.) Nam et ista responsio carnalis est. Carnalibus enim datus fuerat locus terrenus, ubi orarent : spiritales autem in spiritu et veritate oraturos Dominus dixit. Quod postea quam locutus est, sexta mulieris responsio Christum fatetur omnium istorum esse doctorem : dicit enim : « Scio quia Messias veniet, qui dicitur Christus : cum venerit, ipse nobis annuntiabit omnia. » Sed adhuc errat, quia eum quem (a) venturum sperat, venisse non videt. Verumtamen misericordia

(a) Quatuor Mss. *quem præsentem videbat, venturum memorabat. Tamen misericordia*, etc.

délivre de cette erreur comme d'une pensée adultère. Car Jésus lui dit : « Je suis le Messie, moi qui vous parle. » A cette parole, elle ne répond rien, mais laissant là son urne, elle court à la ville, pour montrer que non-seulement elle croyait à l'Évangile et à la venue du Seigneur, mais encore pour l'annoncer. Ce n'est pas sans raison qu'elle s'en va, sans emporter son urne, car l'urne pourrait bien figurer l'amour de ce monde, c'est-à-dire la convoitise avec laquelle les hommes puisent le plaisir dans la profondeur ténébreuse que figurait le puits, en consumant leur vie dans les jouissances de la terre. Après une jouissance, ils sont altérés d'une autre jouissance, comme « celui qui boit de cette eau, dit le Seigneur, il aura encore soif. » (*Jean.*, IV, 13.) Il était donc nécessaire que cette femme, en croyant au Christ, renonçât au monde, et qu'en laissant là son urne, elle montrât qu'elle abandonnait la convoitise du siècle, croyant non-seulement de cœur pour être justifiée, mais confessant de bouche et manifestant sa foi pour être sauvée.

QUESTION LXV. — *De la résurrection de Lazare.* (*Jean*, XI, 1.) — Quoique nous adoptions avec une foi pleine et entière l'histoire de la résurrection de Lazare, comme la rapporte l'Évangile, cependant je ne doute pas que cette histoire ne renferme une allégorie. Lorsqu'une histoire peut fournir une allégorie, les faits ne perdent rien pour cela de leur certitude. Ainsi saint Paul trouve dans l'histoire des deux fils d'Abraham la figure des deux Testaments. (*Gal.*, IV, 22.) Dira-t-on pour cela qu'Abraham n'a pas existé, ou qu'il n'a pas eu deux fils ? Lazare dans le sépulcre sera donc aussi pour nous une figure allégorique, représentant l'âme ensevelie dans le péché, c'est-à-dire le genre humain tout entier ; le Seigneur lui-même, dans un autre endroit, représente cette âme sous la figure de la brebis égarée (*Luc*, XV, 4) ; il a laissé les quatre-vingt-dix-neuf autres sur les montagnes, et il est descendu pour la délivrer. Le Seigneur interroge donc les personnes présentes et leur dit : « Où l'avez-vous mis ? » (*Jean*, XI, 34.) Je pense que, par cette demande, il veut nous faire comprendre que notre vocation est un secret particulier. Car notre prédestination est une chose inconnue pour nous ; et une marque de ce secret, c'est l'interrogation que fait Notre-Seigneur, comme s'il ne savait pas, tandis que c'est nous qui ne savons pas. C'est pourquoi l'Apôtre dit (1 *Cor.*, XIII, 12) : Je veux connaître comme je suis connu. C'est ainsi que dans un autre endroit, le Seigneur montre qu'il ne connaît pas les pécheurs, quand il dit : Je ne vous connais pas (*Matth.*, VII, 23.) C'est là ce que figurait Lazare dans son sépulcre ; pour montrer que le péché n'appartient pas à l'école et à la doctrine du Sauveur. Cette interrogation ressemble encore à celle de la Genèse : Adam, où es-tu ? (*Gen.*, III,

---

Domini nunc error iste tanquam adulter expellitur. Dicit enim ei Jesus : « Ego sum, qui tecum loquor. » Quo audito illa non respondit, sed statim relicta hydria sua abiit in civitatem festinans, ut Evangelium et Domini adventum, non tantum crederet, sed etiam prædicaret. Nec hoc quod relicta hydria discessit, negligenter prætereundum est. Hydria enim fortasse amorem sæculi hujus significat, id est, cupiditatem, qua sibi homines de tenebrosa profunditate, cujus imaginem puteus gerit, hoc est, de terrena conversatione hauriunt voluptatem : qua percepta iterum in ejus appetitum inardescant, sicut « de aqua illa qui biberit, inquit, sitiet iterum. » (*Joan.*, IV, 13.) Oportebat autem ut Christo credens, sæculo renuntiaret, et relicta hydria cupiditatem sæcularem se reliquisse monstraret ; non solum corde credens ad justitiam, sed etiam ad salutem ore confessura et prædicatura quod credidit. (*Rom.*, X, 10.)

QUÆST. LXV. — *De resurrectione Lazari.* (*Joan.*, XI, 1.) — Quanquam secundum Evangelicam historiam resuscitatum Lazarum plena fide teneamus ; tamen et in allegoria significare aliquid non dubito. Neque cum res factæ allegorizantur, gestæ rei fidem amittunt. Sicut duorum filiorum Abrahæ allegoriam Paulus exponit duo esse Testamenta (*Gal.*, IV, 22) : nunquid ideo, aut Abraham non fuit, aut illos filios non habuit ? Ergo et in allegoria accipiamus Lazarum in monumento, animam terrenis peccatis obrutam, id est, omne humanum genus : quam alio loco Dominus per ovem perditam significat (*Luc.*, XV, 4) : propter quam liberandam relictis nonaginta novem in montibus, descendisse se dicit. Quod autem interrogat dicens : « Ubi eum posuistis ? » (*Joan.*, XI, 34.) vocationem nostram quæ fit in occulto, arbitror significare. Prædestinatio enim vocationis nostræ occulta est : cujus secreti signum est interrogatio Domini quasi nescientis, cum ipsi nesciamus : sicut dicit Apostolus : Ut cognoscam, sicut et cognitus sum. (I *Cor.*, XIII, 12.) Vel quod ignorare se peccatores alio loco Dominus ostendit dicens : Non novi vos (*Matth.*, VII, 23) : quod significabat Lazarus sepultus ; quia in disciplina et præceptis ejus non sunt peccata. Huic

QUESTION LXV.

10.) Parce qu'il avait péché, il se cachait de la présence de Dieu. Le sépulcre marque donc l'enfoncement du pécheur pour le dérober aux regards ; de sorte que l'homme mort figure le pécheur ; et l'homme enseveli, le pécheur qui se cache aux regards de Dieu. Mais quand il dit : « Otez la pierre, » le Seigneur veut marquer, je pense, ceux qui voulaient imposer le fardeau de la circoncision aux Gentils convertis, et qui ont été réfutés par l'Apôtre (*Gal.*, II, 3, etc.) ; ou bien il veut marquer ceux qui ont une vie corrompue dans l'Eglise, et qui sont un objet de scandale pour ceux qui voudraient croire. « Marthe lui dit : Seigneur, il y a déjà quatre jours qu'il est dans le tombeau, et il sent mauvais. » (*Jean.*, XI, 39.) La terre est le dernier des quatre éléments ; elle signifie la corruption du péché, c'est-à-dire des convoitises charnelles. Tu es terre, dit le Seigneur à Adam après son péché, et tu retourneras en terre. (*Gen.*, III, 39.) La pierre étant enlevée, Lazare sortit de son tombeau, les pieds et les mains enveloppés, et la figure couverte de son suaire. Sa sortie du sépulcre signifie l'âme qui abandonne les vices charnels. Mais il est encore enveloppé de ses bandelettes, pour marquer que lorsque nous avons quitté la voie charnelle, pour nous consacrer de cœur au service de Dieu, nous ne pouvons pas, tant que nous habiterons notre demeure corporelle, nous affranchir des servitudes de la chair, selon cette parole de l'Apôtre : Mon âme obéit à la loi de Dieu ; mais mon corps obéit encore à la loi du péché. (*Rom.*, VII, 25.) Sa figure était encore couverte de son suaire, pour montrer que pendant cette vie, nous ne pouvons pas avoir une connaissance pleine et entière, suivant cette autre parole de l'Apôtre : Nous voyons maintenant en énigme et comme à travers un miroir ; plus tard nous verrons face à face. (I *Cor.*, XIII, 12.) Jésus dit alors : « Déliez-le et laissez-le marcher ; » (*Jean*, XI, 44) c'est-à-dire qu'après cette vie tous les voiles tomberont, pour que nous puissions voir face à face. Nous pouvons remarquer ici la différence qui existe entre l'Homme-Dieu qui nous a délivrés, et les autres hommes, en ce que Lazare n'est délivré de ses liens qu'en sortant du tombeau ; c'est-à-dire que l'âme même rendue à la vie de la grâce, ne peut être affranchie de tout péché et de l'ignorance qu'après la dissolution du corps, tant qu'elle ne voit le Seigneur qu'en énigme et à travers un miroir ; l'Homme-Dieu au contraire qui n'a été soumis ni au péché ni à l'ignorance laisse dans son sépulcre les enveloppes et son suaire. Seul, il est resté intact dans le sépulcre, pour montrer qu'il n'avait aucun péché ; seul, il n'a point été retenu par ses enveloppes, pour montrer que rien ne lui était caché, et que rien ne pouvait le retarder dans sa marche.

---

interrogationi simile est illud in Genesi, Adam ubi es? Quoniam peccaverat, et se absconderat a facie Dei. (*Gen.*, III, 10.) Quam occultationem hic sepultura significat : ut peccantis habeat similitudinem moriens ; sepultus, absconditi a facie Dei. « Auferte autem lapidem, » quod ait, illos puto significare, qui venientibus ad Ecclesiam ex Gentibus onus circumcisionis imponere volebant ; contra quos multipliciter scribit Apostolus (*Gal.*, II, 3, etc) : vel eos qui in Ecclesia corrupte vivunt, et offensioni sunt credere volentibus. Dicit illi Martha, « Domine jam quarta dies est, et putet. » (*Joan.*, XI, 39.) Ultimum quatuor elementorum terra est : significat ergo putorem terrenorum peccatorum, id est, cupiditatum carnalium. Terra es, inquit Adæ Dominus, cum peccasset, et in terram ibis. (*Gen.*, III, 19.) Et sublato lapide exiit de monumento involutus manibus et pedibus, et facies ejus tecta erat sudario. Quod autem exiit de monumento, animam significat recedentem a carnalibus vitiis. Quod vero institis obvolutus, hoc est, quod etiam a carnalibus recedentes et mente servientes legi Dei, adhuc tamen in corpori constituti alieni a molestiis carnis esse non possumus, dicente Apostolo : Mente servio legi Dei, carne autem legi peccati. (*Rom.*, VII, 25.) Quod autem facies ejus sudario tecta erat, hoc est, quod in hac vita plenam cognitionem habere non possumus, sicut Apostolus dicit : Nunc videmus per speculum in ænigmate, postea autem facie ad faciem. (I *Cor.*, XIII, 12.) Et dixit Jesus : « Solvite eum, et sinite ire : » (*Joan.*, XI, 44) hoc est, quod post hanc vitam auferentur omnia velamenta, ut facie ad faciem videamus. Quantum autem intersit inter hominem quem Dei Sapientia gestabat, per quem liberati sumus, et cæteros homines, hinc intelligitur, quod Lazarus nisi exiens de monumento non solvitur ; id est, etiam renata anima nisi resolutione corporis libera ab omni peccato et ignorantia esse non potest, quamdiu per speculum et in ænigmate videt Dominum : illius autem linteamina et sudarium, qui peccatum non fecit, et nihil ignoravit, in monumento inventa sunt. (*Joan.*, XX, 7 ; *Isa.*, LIII, 9.) Ipse enim solus in carne non tantum monumento non est oppressus, ut aliquod peccatum in eo inveniretur, sed nec linteis implicatus, ut eum aliquid lateret, aut ab itinere retardaret.

QUESTION LXVI. — Sur ces paroles de l'Écriture : *Ignorez-vous, mes frères, car je parle ici à des personnes instruites de la loi, ignorez-vous que la loi est obligatoire pour l'homme, tant qu'il vit ;* jusqu'à cet endroit du chapitre : *Il vivifiera vos corps mortels par le Saint-Esprit qui habite en vous.* (*Rom.*, VII, 1, etc.) — 1. L'Apôtre, dans une comparaison où il parle de l'homme et de la femme, en disant que la femme est soumise à la loi de l'homme, nous offre trois points à considérer, la femme, l'homme, et la loi ; la femme qui est enchaînée à l'homme par le lien de la loi, ce lien se rompant par la mort du mari, de sorte que la femme est libre pour épouser un autre mari. Voici ses paroles : « La femme et soumise à la loi de son mari, tant qu'il vit ; mais s'il vient à mourir, elle est affranchie de cette loi. Tant que vit le mari, elle serait donc adultère, si elle allait avec un autre homme ; mais si son mari vient à mourir, elle est affranchie de cette loi, de manière qu'elle n'est pas adultère, si elle prend un autre homme. » Telle est la comparaison de l'Apôtre. Ensuite il expose le sujet de sa pensée qu'il explique et prouve par sa comparaison, en montrant qu'il y a également trois choses à considérer, l'homme, le péché, et la loi. Il dit donc que l'homme est sous le joug de la loi, tant qu'il vit dans le péché, de même que la femme est sous le joug du mari, tant que le mari est vivant. Or, ici, il faut entendre par le péché, la circonstance qui vient de la loi. Et le péché, sous ce rapport, est plus grand par l'excédant qu'y ajoute la loi ; vu qu'étant déjà péché, il le devient encore davantage par le caractère de la prévarication. En effet, quand il n'y a pas de loi, il ne peut y avoir de prévarication. (*Rom.*, IV, 15.) Et c'est pourquoi l'Apôtre dit que le pécheur se met au-dessus de la loi, et que le péché existe par la loi. (*Rom.*, VII, 13.) Il dit donc que la loi, quoique défendant le péché, n'a pas été donnée pour délivrer du péché, mais en quelque sorte pour le mettre en évidence, pour que l'âme qui en est esclave comprenne la nécessité d'implorer la grâce du libérateur, afin de s'en affranchir. Car la loi fait connaître le péché. (*Rom.*, III, 21.) Il dit encore dans un autre endroit (*Rom.*, VII, 13) : « Le péché, pour être connu comme péché, a produit en moi la mort par une bonne chose. » Là où n'agit pas la grâce du libérateur, on peut donc dire que la défense du mal augmente le désir de le commettre. Et en cela la loi est utile, pour que l'âme sente qu'elle est incapable par elle-même de se soustraire à la servitude du péché ; et par ce moyen l'orgueil s'affaiblissant et finissant par s'éteindre, l'homme se soumet à

QUÆST. LXVI. — De eo quod scriptum est : *An ignoratis, fratres, scientibus enim legem loquor, quia lex dominatur homini, quantum tempus vivit* : usque ad eum locum in quo scriptum est : *Vivificabit et mortalia corpora vestra per inhabitantem Spiritum ejus in vobis.* (*Rom.*, VII, 1, etc.) — 1. Apostolus in hac similitudine, in qua de viro et muliere loquitur, quoniam mulier tenetur lege viri, tria quædam consideranda commendat, mulierem, virum, et legem : mulierem scilicet subjugatam viro per vinculum legis, quo vinculo morte viri liberatur, ut cui vult nubat. Sic enim dicit : « Mulier enim sub viro vivo marito juncta est legi : si autem mortuus fuerit vir ejus, evacuata est a lege viri. Igitur vivente viro vocabitur adultera, si fuerit cum alio viro : si autem mortuus fuerit vir ejus, liberata est a lege, ut non sit adultera, si fuerit cum alio viro. » Huc usque similitudo est. Deinde incipit rem loqui, cui explanandæ ac probandæ similitudinem induxit. In qua etiam re tria similiter attendenda sunt, homo, peccatum, lex. Tamdiu enim dicit sub lege esse hominem, quamdiu vivit peccato ; quemadmodum tamdiu mulier sub lege viri est, quamdiu vivit (*a*) vir. Hoc autem peccatum hic intelligendum est, quod accessit per legem. Quod peccatum supra modum esse : quoniam cum jam appareat esse peccatum, fit tamen, et adjuncta prævaricatione (*b*) cumulatur. Ubi enim non est lex, nec prævaricatio. (*Rom.*, IV, 15.) Et hoc est quod dicit : « Ut fiat supra modum peccator, aut (*c*) peccatum per mandatum. » (*Rom.*, VII, 13.) Quapropter legem, quamvis a peccando prohibeat, non tamen sic dicit datam, ut liberaret a peccato ; sed ut demonstraret peccatum, cui serviens anima debet se ad gratiam liberatoris convertere, ut a peccato liberetur. Per legem enim cognitio peccati. (*Rom.*, III, 21.) Et alio loco dicit : « Sed peccatum, ut appareat peccatum, per bonum operatum est mihi mortem. » (*Rom.*, VII, 13.) Ubi ergo non est gratia liberatoris, auget peccandi desiderium prohibitio peccatorum. Quod quidem ad hoc utile est, ut sentiat anima se ipsam non sibi sufficere ad extrahendum se de servitute peccati, atque hoc modo detumescente atque extincta omni superbia, subdatur liberatori suo, sinceriterque homo dicat : Adhæsit anima mea post te

---

(*a*) Rat. et quatuor Mss. *viro*. — (*b*) Sic potiores Mss. At editi *cumulatum*, vel *cumulatius*. — (*c*) Editi, *aut peccans peccatum*. Verbum *peccans* a Mss. abest, et a Græco textu Apostoli.

son libérateur et lui dit avec sincérité : Mon âme s'attache à vous. (*Ps.* LXII, 9.) Cette disposition indique qu'on n'est déjà plus sous la loi du péché, mais qu'on passe sous l'empire de la justice. On appelle cette loi, loi du péché, non pour dire que la loi soit mauvaise, mais parce qu'elle est imposée à des pécheurs. On l'appelle aussi loi de mort, parce que la mort est la solde du péché (*Rom.*, VI, 23), que le péché est l'aiguillon de la mort, et que la puissance du péché c'est la loi. (I *Cor.*, XV, 56.) Car le péché nous fait tomber dans la mort. C'est pourquoi nous péchons plus gravement, quand nous violons une loi qui existe, que s'il n'y avait aucune loi. Mais quand la grâce nous est donnée, le commandement de la loi, qui était un fardeau écrasant, devient facile et doux à accomplir. Ainsi la loi de péché et de mort, c'est-à-dire cette loi donnée à des hommes qui étaient dans le péché et dans la mort, nous ordonne seulement de ne pas convoiter et nous convoitons cependant. Mais la loi de l'esprit de vie (*Rom.*, VIII, 2) qui appartient à la grâce, nous affranchit de la loi du péché et de mort, et fait que nous ne convoitons plus, que nous accomplissons les prescriptions de la loi non plus comme des esclaves poussés par la crainte, mais comme des amis mus par la charité, soumis à la justice source de cette loi. Nous devons donc pratiquer la justice non plus comme des esclaves, mais comme des enfants libres, par amour plutôt que par crainte. L'Apôtre a donc dit avec grande vérité : Avons-nous détruit la loi par la foi? Tout au contraire, car nous l'avons établie. (*Rom.*, III, 31.) En effet, c'est la foi qui fait accomplir ce que la loi ordonne. La loi est donc consolidée par la foi. Otez la foi, vous n'avez plus que la loi qui ordonne, et des coupables qui ne l'accomplissent pas, jusqu'à ce que, gémissant sous le poids de leurs péchés et de leur impuissance à faire les œuvres prescrites, ils se convertissent à la grâce du libérateur.

2. Nous avons considéré trois choses dans la comparaison de l'Apôtre, la femme, l'homme et la loi ; et trois choses également dans le sujet auquel se rapporte la comparaison, l'âme, le péché, et la loi du péché. Il y a cette différence, c'est que dans la comparaison, l'homme meurt, la femme peut épouser un autre homme, elle est affranchie de la loi du mari, et dans le sujet principal, c'est l'âme elle-même qui meurt au péché, pour devenir l'épouse du Christ. Or, en mourant au péché, elle meurt aussi à la loi du péché. « C'est pourquoi, mes frères, dit-il, vous aussi vous êtes morts à la loi par la mort corporelle du Christ, et vous pouvez être à un autre, à celui qui est ressuscité d'entre les morts, afin que vous portiez du fruit pour Dieu. Lorsque nous étions soumis à la chair, » dit-il, c'est-à-dire, enchaînés dans les désirs charnels, « les

---

quod est jam non esse sub lege peccati (*Psal.* LXII, 9) : sed in lege justitiæ. Lex autem peccati dicitur, non quia lex ipsa peccatum est, sed quia peccatoribus imponitur. Ideo etiam lex mortis, quia stipendium peccati mors (*Rom.*, VI, 23) : aculeus mortis peccatum, virtus autem peccati lex. (I *Cor.*, XV, 56.) Peccando enim ad mortem labimur. Vehementius enim peccamus lege prohibente, quam si nulla lege prohiberemur. Accedente autem gratia, idipsum quod lex onerose jusserat, jam sine onere ac libentissime implemus. Lex ergo peccati et mortis, id est, quæ imposita est peccantibus atque morientibus, jubet tantum ne concupiscamus, et tamen concupiscimus. (*Rom.*, VIII, 2.) Lex autem spiritus vitæ quæ pertinet ad gratiam, et liberat a lege peccati et mortis, facit ut non concupiscamus, et impleamus jussa legis, non jam servi legis per timorem, sed amici per caritatem, et servi justitiæ unde illa lex promulgata est. Justitiæ autem non serviliter, sed liberaliter serviendum est, id est, caritate potius, quam timore. Ideoque verissime dictum est : Legem ergo evacuamus per fidem? Absit : sed legem statuimus. (*Rom.*, III, 31.) Hoc enim efficit fides, quod lex jubet. Statuitur ergo lex per fidem : quæ fides si non sit, jubet tantum lex, et non implentes jussa, reos tenet, ut eos gementes et non valentes implere quæ jussa sunt, ad gratiam liberatoris aliquando convertat.

2. Cum ergo tria quædam in illa similitudine videamus, mulierem, virum, et legem ; et rursum in hac re propter quam similitudo adhibita est, tria, animam, peccatum, et legem peccati : hoc solum hic diversum est, quod in illa similitudine vir moritur, ut nubat mulier cui volet, et a lege viri solvatur ; hic autem ipsa anima moritur peccato, ut nubat Christo ; cum autem moritur peccato, moritur etiam legi peccati. « Itaque, ait, Fratres mei, et vos mortui estis legi per corpus Christi, ut sitis alterius qui ex mortuis resurrexit, ut fructificemus Deo. Cum enim essemus in carne, » inquit, id est, carnalibus desideriis obstricti teneremur, « passiones peccatorum quæ per legem sunt, operabantur in membris nostris, ut fruc-

passions qui sont l'objet de la loi travaillaient dans nos membres, et nous faisaient produire des fruits de mort. » (*Rom.*, VII, 4, 5.) La concupiscence que la loi défend se développait en l'absence de la foi, et le crime de la prévarication venait mettre le comble aux péchés. Car s'il n'y avait pas de loi, il n'y aurait pas de prévarication. (*Rom.*, IV, 15.) L'Apôtre dit que ces passions qui viennent de la loi, travaillent dans nos membres pour nous faire produire des fruits de mort. Notre âme était sous l'empire de ces passions, comme une femme sous l'autorité d'un mari, avant que la grâce nous fût donnée par la foi. L'homme meurt donc à ses passions, du moment qu'il obéit de cœur à la loi de Dieu ; quoique ces passions ne soient pas encore mortes, tant qu'il est soumis dans sa chair à la loi du péché. L'homme qui est sous l'empire de la grâce, garde donc encore quelque reste de concupiscence, sans en être esclave, et sans en être dominé, jusqu'à ce qu'on ait mortifié tout ce qu'il y a de vivace dans une habitude mauvaise. C'est pour cela que notre corps est encore appelé corps de mort, tant qu'il n'est pas parfaitement soumis à l'esprit. Or, cette soumission sera parfaite, quand notre corps lui-même, qui est mortel, sera vivifié.

3. Tout ce qui précède nous fait comprendre qu'il y a dans tout homme quatre états différents et successifs, jusqu'à ce qu'il s'établisse dans la vie éternelle. Il fallait et il était juste que, notre nature ayant péché, et ayant perdu la béatitude spirituelle figurée par le paradis, nous naissions avec une vie animale et charnelle. Le premier état a donc précédé la loi ; le second, c'est la loi ; le troisième, la grâce ; et le quatrième, c'est la paix complète. Avant la loi, c'est l'ignorance du péché, c'est la poursuite des concupiscences charnelles. Sous l'empire de la loi, le péché nous est défendu, mais la force de l'habitude contractée fait pécher, parce que la foi ne vient pas encore à notre aide. Le troisième état de l'homme, c'est lorsque nous croyons pleinement à notre libérateur, sans rien attribuer à nos mérites ; mais nous confiant avec amour à sa miséricorde, nous résistons à l'entraînement de l'habitude mauvaise, malgré la force de ses sollicitations ; pourtant cette force qui nous harcèle n'en est pas moins pénible pour nous, quoique nous ne lui cédions pas. Le quatrième état, c'est la complète soumission de l'homme à l'empire de l'esprit ; rien ne fait plus résistance ; tout est soumis, tout est d'accord, tout est dans une paix parfaite. C'est l'état dont nous jouirons, quand notre corps mortel sera vivifié ; lorsque, corruptible, il sera revêtu d'incorruptibilité, et que, mortel, il sera revêtu d'immortalité. (I *Cor.*, XV, 53.)

---

tum ferrent morti. » (*Rom.*, VII, 4, 5.) (a) Aucta concupiscentia, quam lex prohibet, ubi non erat fides, et ad cumulum peccatorum prævaricationis crimen est adjectum : quia ubi non est lex, nec prævaricatio. (*Rom.*, IV, 15.) Has dicit passiones, quæ per legem sunt, operatas in membris nostris, ut fructum ferrent morti. Sub istis passionibus, tanquam sub viro dominante, agebat anima ante quam veniret gratia per fidem. His ergo passionibus moritur, qui jam servit mente legi Dei; quamvis ipsæ passiones nondum mortuæ sint, quamdiu carne servit legi peccati. Restat ergo adhuc aliquid ei qui est sub gratia, quod eum non vincat, nec captivum ducat, donec mortificetur totum quod consuetudine prava roboratum est, et unde corpus etiam nunc mortuum esse dicitur, quamdiu non perfecte servit spiritui. Continget autem ut perfecte serviat, cum fuerit et ipsum mortale corpus vivificatum.

3. Ex quo comprehendimus quatuor esse differentias etiam in uno homine, quibus gradatim peractis in vita æterna manebitur. Quia enim oportebat atque id justum erat, ut postea quam natura nostra peccavit, amissa beatitudine spirituali, quæ paradisi nomine significatur, animales carnalesque nasceremur; prima est actio ante legem, secunda sub lege, tertia sub gratia, quarta in pace. Ante legem actio est, cum peccatum ignoramus, et sequimur carnales concupiscentias. Sub lege est actio, cum jam prohibemur a peccato, et tamen consuetudine ejus victi peccamus, quoniam nos nondum adjuvat fides. Tertia actio est, quando jam plenissime credimus liberatori nostro, nec meritis nostris aliquid tribuimus, sed ejus misericordiam diligendo, jam non vincimur delectatione consuetudinis malæ, cum ad peccatum nos ducere nititur; sed tamen adhuc eam interpellantem patimur, quamvis ei non tradamur. Quarta est actio, cum omnino nihil est in homine quod resistat spiritui, sed omnia sibimet concorditer juncta et connexa unum aliquid firma pace custodiunt : quod fiet mortali corpore vivificato, cum corruptibile hoc induerit incorruptionem, et mortale hoc induerit immortalitatem. (I *Cor.*, XV, 53.)

(a) Octo Mss. *ut fructum ferrent morti auctam concupiscentiam, cum lex prohibet* : quidam vero, *prohiberet*.

4. Le premier état de l'homme se trouve exposé par ce témoignage de l'Apôtre (*Rom.*, v, 12, 13) : « Le péché est entré dans ce monde par un seul homme, et la mort par le péché, et ainsi la mort a passé à tous les hommes par ce seul homme en qui tous ont péché. » Le péché était dans le monde, avant même le temps de la loi ; mais il n'était pas imputé, puisque la loi n'existait pas. Il dit encore (*Rom.*, vii, 8) : « Car sans la loi, le péché est mort ; et moi je vivais, lorsque je n'avais point de loi. » L'Apôtre dit : Le péché était mort, cela veut dire, comme plus haut, qu'il n'était pas imputé, c'est-à-dire qu'il était caché. C'est ce qu'il montre dans les paroles suivantes, quand il dit : « Le péché, pour faire paraître sa corruption, m'a donné une chose qui était bonne, mais il m'a tué par le commandement même, » c'est-à-dire par loi ; parce que la loi est bonne, lorsqu'on l'observe avec droiture. (I *Tim.*, i, 8.) En disant que « le péché a fait paraître sa corruption, » l'Apôtre exprime toujours la même pensée, voulant dire qu'il était mort et n'était pas imputé, parce qu'avant la défense de la loi, il n'était pas mis en évidence.

5. Le second état de l'homme est décrit par les témoignages de l'Apôtre, comme il suit : La loi, en venant a donné lieu à l'abondance du péché (*Rom.*, v, 20) ; car elle a fait naître la prévarication qui n'existait pas. Ajoutez ces autres paroles que nous avons déjà citées (*Rom.*, vii, 5) : « Lorsque nous étions assujettis à la chair, les passions criminelles, étant excitées par la loi, agissaient dans les membres de notre corps, et leur faisaient produire des fruits de mort. » Et cet autre passage : « Que dirons nous donc ? La loi est-elle péché ? Loin de nous cette pensée. Mais je n'ai connu le péché que par la loi ; car je n'aurais point connu la convoitise, si la loi n'avait dit : Vous ne convoiterez point. (*Exod.*, xx, 17.) Or, à l'occasion du commandement, le péché a produit en moi toute concupiscence. » Il dit un peu plus loin : « Le commandement étant survenu, le péché a commencé à revivre. Et moi je suis mort ; et il s'est trouvé que le commandement qui devait servir à me donner la vie a servi à me donner la mort. Car à l'occasion du commandement le péché m'a séduit, et m'a tué par le commandement même. » Quand il dit : « Je suis mort, » il veut faire entendre qu'il a connu son état de mort, parce que le péché de prévarication n'est pas douteux pour celui qui connaît la défense de la loi, et qui ne craint pas de l'enfreindre. Quand il dit : « Le péché m'a séduit à l'occasion du commandement ; » cela veut dire, ou qu'on est plus fortement tenté de pécher, quand la chose est défendue ; ou que l'homme en obéissant à la loi, non par un motif de foi, qui vient de la grâce, s'attribue à lui-

---

4. Ad primam actionem demonstrandam ista testimonia interim occurrunt : « Per unum hominem peccatum in hunc mundum intravit, et per peccatum mors, et sic per omnes homines pertransiit, in quo omnes homines peccaverunt. » (*Rom.*, v, 12, 13.) Usque ad legem enim peccatum in hoc mundo fuit. « Peccatum autem non deputabatur cum lex non esset. » Et iterum : « Sine lege enim peccatum mortuum est ; ego autem vivebam aliquando sine lege. » (*Rom.*, vii, 8.) Quod enim hic dicit : « Mortuum est : » hoc est quod superius dicit, non deputabatur, id est, latebat. Quod manifestat in consequentibus dicens : « Sed peccatum, ut appareat peccatum, per bonum operatum est mihi mortem : » (I *Tim.*, i, 8) id est, per legem ; quia bona est lex, si quis ea legitime utatur. Si ergo hic ait : « Ut appareat peccatum : » manifestum est quod superius ideo dicebat, mortuum et non deputari, quia non apparebat ante quam lege prohibente ostenderetur.

5. Ad secundam actionem ista testimonia conveniunt ; Lex autem subintravit, ut abundaret delictum. (*Rom.*, v, 20.) Accessit enim et prævaricatio, quæ non erat. Et illud quod jam commemoratum est : « Cum essemus enim in carne, passiones peccatorum quæ per legem sunt, operabantur in membris nostris, ut fructum ferrent morti. » (*Rom.*, vii, 5, etc.) Et illud : « Quid ergo dicemus ? Lex peccatum est ? Absit : sed peccatum non cognovi nisi per legem. Nam concupiscentiam nesciebam, nisi lex diceret : Non concupisces. (*Exod.*, xx, 17.) Occasione autem accepta peccatum per mandatum operatum est in me omnem concupiscentiam. » Et paulo post : « Adveniente, inquit, mandato peccatum revixit. Ego autem mortuus sum, et inventum est mihi mandatum quod erat ad vitam, hoc esse ad mortem. Peccatum enim occasione accepta per mandatum, fefellit me, et per illud occidit. » Quod ergo ait : « Mortuus sum : » vult intelligi, mortuum me esse cognovi : quia jam etiam prævaricatione peccat, qui videt per legem quid facere non debeat, et tamen facit. Quod autem ait : « Fefellit me peccatum, occasione accepta per mandatum : » sive quia suasio delectationis ad peccatum vehementior est, cum adest prohibitio ; sive quia etiam si quid homo fecerit secundum jussa legis, si adhuc non sit fides, quæ in gratia est, vult sibi hoc tribuere, non Deo, et superbiendo plus peccat. Sequitur ergo, et

même plutôt qu'à Dieu, le mérite de son œuvre, et il pèche davantage par l'orgueil. L'Apôtre continue donc en disant (*Rom.*, VII, 12, etc.) : « Ainsi la loi est sainte, et le commandement est saint, juste et bon. Quoi donc ? Ce qui était bon, est-il devenu mortel pour moi ? Nullement, mais c'est le péché qui, pour faire paraître sa corruption, m'a donné la mort par une chose qui était bonne, en sorte que par le commandement même le péché s'est fortifié sans mesure. Car nous savons que la loi est spirituelle ; mais moi je suis charnel ; » c'est-à-dire j'obéis à la chair, tant que je ne suis pas affranchi par la grâce spirituelle (I *Retr.*, XXVI), « étant vendu pour être assujetti au péché, » c'est-à-dire me livrant au péché pour jouir des voluptés temporelles. « Car j'ignore ce que je fais, » c'est-à-dire, je ne reconnais pas que j'agisse suivant les préceptes de la vérité qui renferme la vraie science. C'est dans ce sens que le Seigneur dit aux pécheurs : « Je ne vous connais pas. » (*Matth.*, VII, 23.) Mais parce que les péchés ne se trouvent pas dans les règles des préceptes positifs que renferme la vérité, la vérité dit aux pécheurs : Je ne vous connais pas. Les ténèbres n'existent que parce qu'on ne les voit pas, et les péchés de même ne sont pas un objet de connaissance. C'est pour cela, je pense, que le Psalmiste a dit : « Qui connaît ses péchés ? » (*Ps.* XVIII, 13.) « Je ne fais pas le bien que je veux, et au contraire je fais le mal que je hais. Or, si je fais ce que je ne veux pas, je consens à la loi, et je reconnais qu'elle est bonne, Et maintenant ce n'est plus moi qui fais cela, mais c'est le péché qui habite en moi. Car je sais qu'il n'y a rien de bon en moi, c'est-à-dire dans ma chair. Je trouve en moi la volonté de faire le bien, mais je ne trouve point le moyen de l'accomplir. Et je ne fais pas le bien que je veux ; et je fais au contraire le mal que je ne veux pas. Or, si je fais ce que je ne veux pas, ce n'est plus moi qui le fais, mais c'est le péché qui habite en moi. Lors donc que je veux faire le bien, je trouve en moi une loi qui s'y oppose, parce que le mal réside en moi. Car selon l'homme intérieur, je trouve du plaisir dans la loi de Dieu. Mais je sens dans les membres de mon corps une autre loi qui combat contre la loi de mon esprit, et qui me tient captif sous la loi du péché, qui est dans les membres de mon corps. » (*Rom.*, VII, 19 et suiv.) C'est ainsi que parle l'homme placé sous l'empire de la loi, n'étant pas encore sous la loi de grâce ; quoiqu'il ne veuille pas pécher, il est entraîné par le péché. L'habitude charnelle est plus forte que la volonté, et nous sommes enchaînés par ce lien naturel de la mortalité, qui nous vient d'Adam. L'homme, dans cette condition, doit donc implorer le secours de Dieu, et reconnaître que c'est sa faute, s'il est tombé,

---

dicit : « Itaque lex quidem sancta, et mandatum sanctum et justum et bonum Quod ergo bonum est, mihi factum est mors? Absit : sed peccatum ut appareat peccatum, per bonum operatum est mihi mortem, ut fiat supra modum peccator, aut peccatum delinquens per mandatum. Scimus autem quia lex spiritalis est, ego autem carnalis sum, » (*Rom.*, VII, 12, etc.) id est, carni consentio, nondum spiritali gratia liberatus : « Venumdatus sub peccato, » id est, peccans pretio temporalium voluptatum. (I *Retr.*, XXVI.) « Quod enim operor, ignoro : » id est, non agnosco esse in præceptis veritatis, ubi est vera scientia. Secundum hanc locutionem dicit Dominus peccatoribus : Non novi vos. (*Matth.*, VII, 23.) Non enim cum aliquid latet, sed quia peccata non inveniuntur in regulis præceptorum, quas habet veritas, ideo ipsa veritas peccatoribus dicit : « Non novi vos. » Sicut enim tenebræ oculis non videndo, ita peccata mente ignorando sentiuntur. Ex ista locutione dictum arbitror in Psalmis : Delicta quis intelligit? (*Psal.* XVIII, 13.) « Non enim quod volo, hoc ago; sed quod odi, illud facio. Si autem quod nolo, hoc ago, consentio legi quoniam bona est. Nunc autem jam non ego operor illud, sed id quod in me habitat peccatum. Scio enim quia non habitat in me, hoc est, in carne mea bonum. Velle enim adjacet mihi, perficere autem bonum non invenio. Non enim quod volo, facio bonum ; sed quod nolo malum, hoc ago. Si autem quod nolo, hoc facio, jam non ego operor illud, sed id quod habitat in me peccatum. Invenio ergo legem mihi volenti facere bonum, quoniam malum mihi adjacet. Condelector enim legi Dei secundum interiorem hominem. Video autem aliam legem in membris meis repugnantem legi mentis meæ, et captivantem me in lege peccati, quæ est in membris meis. » (*Rom.*, VII, 19, etc.) Huc usque sunt verba hominis sub lege constituti, nondum sub gratia; qui etiamsi nolit peccare, vincitur a peccato. Invalit enim consuetudo carnalis et (*a*) naturale vinculum mortalitatis, quo de Adam propagati sumus. Imploret ergo auxilium, qui sic positus est, et noverit suum fuisse quod cecidit, non suum esse quod surgit. Jam enim liberatus agno-

(*a*) Aliquot Mss. *natale*.

et que c'est une grâce, s'il se relève. Après sa délivrance, il reconnaît la grâce de son libérateur et s'écrie : « Malheureux homme que je suis, qui me délivrera de ce corps de mort? La grâce de Dieu, par Jésus-Christ Notre-Seigneur. » (*Rom.*, VII, 24.)

6. Voilà déjà le langage de l'homme sous l'empire de la grâce, dans ce troisième état dont nous avons parlé, où la chair mortelle résiste encore au bien, mais sans avoir la force de vaincre l'homme, et de le captiver pour commettre le mal. « Ainsi, dit l'Apôtre, je suis moi-même soumis et à la loi de Dieu par l'esprit, et à la loi du péché par la chair. » (*Rom.*, VII, 25.) « Il n'y a donc pas maintenant de condamnation pour ceux qui sont en Jésus-Christ; parce que la loi de l'esprit de vie qui est en Jésus-Christ, m'a affranchi de la loi du péché et de la mort. C'est ce qui était impossible à la loi, la chair la rendant faible et impuissante ; » (*Rom.*, VIII, 1 etc.) c'est-à-dire que les désirs charnels étaient plus forts que la loi; c'est pour cela que la loi n'était pas accomplie, parce qu'on n'avait pas encore l'amour de la justice, pour remplir l'âme d'un bonheur intérieur, et la détacher de l'amour des choses temporelles. La loi perdait donc toute sa force sous l'empire de la chair, et ne pouvait pas rendre justes des hommes entièrement livrés à la chair. Mais Dieu a envoyé son Fils revêtu d'une chair semblable à celle du péché. Cette chair n'était pas une chair de péché, puisqu'elle n'était pas née d'une passion charnelle; et cependant elle portait la ressemblance du péché, puisqu'elle était une chair mortelle. Or, Adam ne mérita la mort que par le péché. Mais que fit le Seigneur? « Il se fit victime pour le péché, et il a condamné le péché dans la chair ; » c'est-à-dire en prenant la chair de l'homme pécheur, et en nous donnant le modèle d'une vie nouvelle, il a condamné le péché dans sa propre chair, pour que l'esprit de l'homme brûlât de l'amour des biens éternels, et ne se laissât plus entraîner comme un captif aux caprices de ses passions. « Afin que la justice de la loi, dit l'Apôtre, soit accomplie en nous, qui ne marchons pas selon la chair, mais selon l'esprit. » C'est pourquoi l'amour accomplit les préceptes de la loi, quand la crainte ne le pouvait pas. « En effet, ceux qui sont charnels aiment et goûtent les choses de la chair; » c'est-à-dire, qu'ils convoitent les biens charnels, comme s'ils étaient le souverain bien ; « mais ceux qui sont spirituels aiment et goûtent les choses de l'esprit. Car la prudence de la chair, c'est la mort; mais la prudence de l'esprit, c'est la vie et la paix; parce que la prudence de la chair est ennemie de Dieu. » En disant qu'elle est *ennemie*, l'Apôtre montre de quelle manière, pour qu'on ne pense pas qu'il a

---

scens gratiam liberatoris sui dicit : « Miser ego homo, quis me liberabit de corpore mortis hujus? Gratia Dei per Jesum Christum Dominum nostrum. » (*Rom.*, VII, 24.)

6. Et incipiunt jam verba dici hominis sub gratia constituti, in actione quam tertiam demonstravimus, quæ habet quidem reluctantem mortalitatem carnis, sed non vincentem atque captivantem ad consensionem peccandi. Sic enim dicit : « Igitur ipse ego mente servio legi Dei, carne autem legi peccati. (*Rom.*, VII, 25.) Nulla ergo condamnatio est nunc his qui sunt in Christo Jesu. Lex enim spiritus vitæ in Christo Jesu, liberavit me a lege peccati et mortis. Quod enim impossibile erat legi, in quo infirmabatur per carnem, » (*Rom.*, VIII, 1, etc.) id est, per desideria carnalia : ideo enim non implebatur lex, quia ipsius justitiæ nondum erat caritas, quæ (*a*) interiore delectatione teneret mentem, ne ad peccatum delectatione rerum temporalium traheretur. Ergo infirmabatur lex per carnem, id est, non efficiebat justos deditos carni. Sed « Deus Filium suum misit in similitudinem carnis peccati. » Non enim caro peccati erat, quæ non de carnali delectatione nata erat : sed tamen inerat ei similitudo carnis peccati, quia mortalis caro erat. Mortem autem non meruit Adam nisi peccando. Sed quid fecit Dominus? « De peccato damnavit peccatum in carne : » id est, suscipiendo carnem hominis peccatoris, et docendo quemadmodum viveremus, peccatum in ipsa carne damnavit, ut æternorum caritate spiritus flagrans non duceretur captivus in consensionem libidinis. « Ut justitia, inquit, legis impletur in nobis, qui non secundum carnem ambulamus, sed secundum spiritum. » Itaque præcepta legis per caritatem impleta sunt, quæ per timorem non poterant. « Qui enim secundum carnem sunt, quæ carnis sunt sapiunt : » id est, carnalia bona pro summis bonis concupiscunt. « Qui autem secundum spiritum, quæ sunt spiritus sentiunt. Prudentia enim carnis mors est : prudentia autem spiritus vita et pax. Quia prudentia carnis inimica est in Deum. » Ipse ostendit quid dixerit, « inimica : » ne quis putaret ex adverso aliud venire principium. Subjungit enim, et

---

(*a*) Sic Er. et quatuor Mss. Alii cum Rat. *interiore dilectione teneret mentem*. At Lov. *dilectione teneret interiora mentis*.

changé de principe, car il ajoute : « Elle n'est pas soumise à la loi, et ne peut pas l'être. Donc, agir contre la loi, c'est être ennemi de Dieu ; non pas qu'on puisse nuire à Dieu, mais on se nuit à soi-même en résistant à la volonté de Dieu ; car c'est regimber contre l'aiguillon, comme une voix du ciel le dit à saint Paul, lorsqu'il persécutait l'Eglise. (*Act.*, IX, 5.) On dit donc que cette prudence de la chair « n'est pas soumise à la loi, et qu'elle ne peut pas l'être, » comme si l'on disait : La neige ne réchauffe pas et ne peut pas réchauffer ; car tant qu'elle est neige, elle ne réchauffe pas ; mais elle peut fondre et devenir presque bouillante au point de réchauffer ; dans ce sens, elle n'est plus neige. Ainsi on a la prudence de la chair, lorsque l'âme convoite les biens temporels comme s'ils étaient le souverain bien. Tant que l'âme est possédée de cette convoitise, elle ne peut pas être soumise à la loi de Dieu, c'est-à-dire, elle ne peut accomplir ce qu'ordonne la loi. Mais sitôt qu'elle commence à désirer les biens spirituels, elle cesse d'exister comme prudence de la chair, en ne résistant plus à l'esprit. En effet quand l'âme se porte vers les choses terrestres, on dit qu'elle a la prudence de la chair ; quand elle se porte vers les choses d'en haut, on dit qu'elle a la prudence de l'esprit ; sans qu'on veuille dire pourtant que la prudence de la chair soit un être distinct que l'âme prenne ou quitte à sa volonté ; on veut dire que c'est une affection de l'âme qui cesse d'exister, lorsque l'âme se tourne tout entière vers les choses d'en haut. « Or, ceux qui vivent selon la chair, dit l'Apôtre, ne peuvent pas plaire à Dieu ; » c'est-à-dire tous ceux qui s'abandonnent aux voluptés charnelles. Car de peur qu'on n'entende ces paroles de ceux qui ne sont pas encore sortis de cette vie, il ajoute avec un grand à-propos : « Quant à vous, vous ne vivez pas selon la chair, mais selon l'esprit. » Il est donc évident qu'il parle à ceux qui sont encore de ce monde. Mais ils vivaient selon l'esprit, parce qu'ils se reposaient complètement dans la foi, dans l'espérance et dans l'amour des choses spirituelles. « Si toutefois, dit-il, l'esprit de Dieu habite en nous ; or, celui qui n'a point l'esprit de Jésus-Christ, n'est point à lui. Mais si Jésus-Christ est en vous, quoique le corps soit mort à cause du péché, l'esprit est vivant à cause de la justice. » Il dit que le corps est mort (1 *Retr.*, XXVI), tant qu'il est dans les conditions de cette vie, parce que l'exigence de ses propres besoins est un embarras pour l'âme, et que les mouvements qui naissent de là, la sollicitent à la recherche des biens terrestres. Cependant l'âme sait résister à ces entraînements déréglés, elle ne consent pas au mal, parce qu'elle est soumise à la loi de Dieu, et sous l'empire de

dicit : « Legi enim Dei non est subjecta, nec enim potest. » Ergo facere contra legem, hoc est inimicum esse in Deum : non quia Deo aliquid nocere potest, sed sibi nocet quisquis resistit voluntati Dei : hoc est enim adversus stimulum calces mittere, ut Paulo apostolo, cum adhuc Ecclesiam persequeretur (*Act.*, IX, 5) : divinitus dictum est. Sic est autem dictum, « Legi enim Dei non est subjecta, nec enim potest : » tanquam si diceretur : Nix non calefacit, nec enim potest. Quamdiu enim nix est, non calefacit : sed revolvi potest et fervere, ut calefaciat : sed cum hoc facit, jam nix non est. Sic et prudentia carnis dicitur, cum anima pro magnis bonis temporalia bona concupiscit. Quamdiu enim appetitus talis inest animae, legi Dei subjecta esse non potest : id est, non potest implere quae lex jubet. Sed cum spiritalia bona desiderare coeperit, et temporalia contemnere, desinet esse carnis prudentia, et spiritui non resistet. Eadem namque anima cum inferiora appetit, prudentiam carnis habere dicitur ; cum superiora, prudentiam spiritus : non quia prudentia carnis substantia est, qua induitur anima vel exuitur ; sed ipsius animae affectio est, quae omnino esse desinet, cum se totam ad superna converterit. « Qui autem in carne sunt, inquit, Deo placere non possunt : » id est, qui (*a*) voluptatibus carnis acquiescunt. Ne quis enim de his dictum putaret, qui de hac vita nondum excesserunt, opportunissime subjunxit : « Vos autem non estis in carne, sed in spiritu. » Utique adhuc in hac vita constitutis loquitur. In spiritu enim erant, quia (*b*) in fide et spe et caritate spiritalium rerum acquiescebant. « Si tamen, inquit, Spiritus Dei habitat in vobis. Si quis autem Spiritum Christi non habet, hic non est ejus. Si autem Christus in vobis, corpus quidem mortuum est propter peccatum, spiritus autem vita est propter justitiam. » Mortuum corpus dicit, quamdiu tale est, ut indigentia rerum corporalium molestet animam (1 *Retr.*, XXVI) : et quibusdam motibus ex ipsa indigentia venientibus, ad appetenda terrena sollicitet. Quibus tamen quamvis exsistentibus mens ad illicita facienda non consentit, quae jam servit legi Dei, et sub gratia constituta est. Ad hoc enim

(*a*) Sex Mss. *voluntatibus carnis.* — (*b*) Duo Mss. *fidei, spei et caritati spiritalium rerum acquiescebant.* Alter e Navarricis, *in fide et spe et caritate spiritalibus rebus acquiese.*

la grâce. C'est ce que voulait dire l'Apôtre par ces paroles (*Rom.*, VII, 25) : « Je suis soumis à la loi de Dieu par l'esprit, et à la loi du péché par la chair. » Tel est l'homme sous l'état de grâce ; il n'a pas encore la paix parfaite, qu'il n'obtiendra que par la résurrection et la transformation de son corps.

7. L'Apôtre a donc encore à nous décrire cet état de paix après la résurrection du corps, qui est comme le quatrième acte de la vie humaine ; si toutefois il convient de l'appeler un acte, puisqu'il est le suprême repos. Il poursuit donc en disant : « Si donc l'Esprit de celui qui a ressuscité Jésus habite en vous, celui qui a ressuscité Jésus-Christ rendra aussi la vie à vos corps mortels, à cause de son esprit qui habite en vous. » (*Rom.*, VIII, 11.) Ces paroles sont une preuve évidente de la résurrection du corps ; elles prouvent aussi que tant que nous vivrons ici-bas, notre corps mortel sera toujours un fardeau pour nous, et la source de toutes sortes d'excitations charnelles. Quoiqu'on ne cède pas, quand on est sous l'empire de la grâce et qu'on est soumis à la loi de Dieu par l'Esprit, cependant on est esclave de la loi du péché par la chair. L'homme se perfectionne dans ces différents degrés ; tout est bon, rien n'est mal ; et la loi n'est pas mauvaise, parce qu'elle montre à l'homme son état d'asservissement dans les liens du péché, afin qu'il embrasse la foi pour implorer le secours du libérateur, pour être délié, relevé et rétabli dans un état meilleur. Ainsi dans le premier état qui précède la loi, l'homme ne combat point contre les voluptés de ce monde ; dans le second état, sous la loi, nous combattons mais nous sommes vaincus ; dans le troisième, nous combattons mais nous remportons la victoire ; dans le quatrième, il n'y a plus de combat, mais une paix parfaite, et un repos éternel. Tout est revenu à l'obéissance dans la partie inférieure de notre être ; il y avait révolte auparavant, parce que nous avions secoué le joug de Dieu, notre souverain Maître.

QUESTION LXVII. — Sur ces paroles de saint Paul : *Or, j'estime que les souffrances de la vie présente, n'ont aucune proportion avec cette gloire qui doit un jour éclater en nous*, jusqu'à cet endroit : *Car nous ne sommes sauvés qu'en espérance.* — 1. Ce chapitre est obscur, parce que nous ne voyons pas assez clairement ce que l'Apôtre entend par créature. Selon la doctrine catholique, on entend par créature, toutes les œuvres qu'a faites et créées Dieu le Père, par son Fils unique, dans l'unité du Saint-Esprit. Ce ne sont donc pas seulement les corps, mais encore nos âmes et tous les esprits qui sont désignés sous le nom de créature. Or, l'Apôtre en disant : « La créature elle-même sera affranchie

---

valet quod supra dictum est : « Mente servio legi Dei, carne autem legi peccati. « (*Rom.*, VII, 25.) Et ille homo nunc describitur esse sub gratia, qui nondum habet perfectam pacem, quæ corporis resurrectione et immutatione est futura.

7. Restat ergo ut de ipsa pace dicat resurrectionis corporis, quæ quarta est actio ; si tamen eam actionem dici oportet, quæ summa requies est. Sequitur enim, et dicit : « Si ergo Spiritus ejus qui suscitavit Jesum a mortuis, habitat in vobis, qui suscitavit Jesum per inhabitantem Spiritum ejus in vobis. » (*Rom.*, VIII, 11.) Hic et de resurrectione corporis evidentissimum testimonium est, et satis apparet, quamdiu in hac vita sumus, non deesse molestias per mortalem carnem, neque titillationes quasdam delectationum carnalium. Quamvis enim non cedat, qui sub gratia constitutus mente servit legi Dei, tamen carne servit legi peccati. His gradibus homine perfecto, nulla substantia invenitur malum ; neque lex mala est, quæ ostendit homini in quibus peccatorum vinculis jaceat, ut per fidem implorato liberatoris auxilio, et solvi, et erigi, et firmissime constitui mereatur. In prima ergo actione, quæ est ante legem, nulla pugna est cum voluptatibus hujus sæculi : in secunda, quæ sub lege est, pugnamus, sed vincimur : in tertia pugnamus et vincimus : in quarta non pugnamus, sed perfecta et æterna pace requiescimus. (*a*) Subditur enim nobis quod inferius nostrum est, quod propterea non subdebatur, quia superiorem nobis deserueramus Deum.

QUÆST. LXVII. — De eo quod scriptum est : *Existimo enim quod non sint condignæ passiones hujus temporis ad futuram gloriam, quæ revelabitur in nobis* : usque ad id quod dictum est : *Spe enim salvi facti sumus.* — 1. Hoc capitulum obscurum est ; quia non satis hic apparet, quam nunc vocet creaturam. Dicitur autem secundum catholicam disciplinam creatura, quidquid fecit et condidit Deus Pater, per unigenitum Filium, in unitate Spiritus sancti. Ergo non solum corpora, sed etiam animæ nostræ ac spiritus creaturæ nomine continentur. Sic autem dictum

---

(*a*) Rat. et plerique, Mss. *Subjungitur :* et infra, *non subjungebatur*. Alii duo libri : *Subjugatur :* et post, *non subjugabatur*.

de cet asservissement à la corruption, pour participer à la liberté et à la gloire des enfants de Dieu; » comme si nous n'étions pas créatures, mais enfants de Dieu, et que la créature dût être affranchie pour passer à la liberté de notre gloire. Il dit également : « Nous savons que jusqu'à cette heure toutes les créatures gémissent et souffrent, et non-seulement elles, mais aussi nous-mêmes; » comme s'il voulait établir une distinction entre nous et les créatures. Nous allons donc examiner ce chapitre dans ses parties.

2. « Or, j'estime, dit-il, que les souffrances de la vie présente n'ont aucune proportion avec cette gloire qui doit éclater un jour en nous. » (*Rom.*, VIII, 18.) Rien n'est plus clair. Il avait dit auparavant : « Si vous faites mourir par l'esprit les passions de la chair, vous vivrez. » (*Ibid.*, 13.) Cette mortification ne peut pas avoir lieu sans souffrance, et pour souffrir, il faut la patience. Aussi l'Apôtre venait-il de dire : « Pourvu toutefois que nous souffrions avec lui, afin que nous soyons glorifiés avec lui. » (*Ibid.*, 17.) Quant à ces expressions : « L'attente des créatures est la manifestation des enfants de Dieu, » (*Ibid.*, 19) voici, je pense, quel est le sentiment de l'Apôtre : Tout ce qui souffre en nous, c'est la créature; lorsque nous faisons des œuvres de mortification corporelle; quand nous souffrons la faim et la soif par abstinence; lorsque nous mettons un frein aux désirs de la chair par la chasteté ; lorsque nous pratiquons la patience, en supportant des injures blessantes et de cruels outrages ; lorsque nous mettons de côté nos intérêts et nos plaisirs pour travailler au bien de notre mère la sainte Église, tout cela ne peut pas se faire sans souffrance et sans douleur, et c'est la créature qui souffre. Le corps souffre, aussi bien que l'âme qui est une créature, et qui attend la manifestation des enfants de Dieu ; c'est-à-dire qu'elle attend le moment où viendra l'effet de la promesse, et la gloire à laquelle elle est destinée. Le Fils de Dieu ne pouvant pas être appelé créature, puisque par lui a été fait tout ce que Dieu a fait (III *Sent.*, dist. II, 1); c'est nous évidemment, qu'on appelle de ce nom avant la manifestation de la gloire, et on nous appelle aussi les enfants de Dieu, quoiqu'à titre d'adoption, le Fils unique l'étant par nature. Donc l'attente de la créature, c'est-à-dire notre attente, c'est la manifestation des enfants de Dieu, comme si l'on disait : nous attendons la manifestation de ce qui est promis, lorsque nous serons réellement ce que nous sommes maintenant par l'espérance. « Car nous sommes les enfants de Dieu, mais ce que nous serons un jour ne paraît pas encore ; nous savons que, quand il viendra dans sa gloire, nous serons semblables à lui, parce que nous le verrons

---

est : « Ipsa creatura liberabitur a servitute interitus, in libertatem gloriæ filiorum Dei : « quasi nos non simus creatura, sed filii Dei, in quorum gloriæ libertatem liberabitur a servitute creatura. Item dicit : « Scimus enim quia omnis creatura congemiscit et dolet usque adhuc, non solum autem illa, sed et nos ipsi : » tanquam aliud simus nos, aliud omnis creatura. Totum ergo capitulum particulatim considerandum est.

2. « Existimo enim, inquit, quod indignæ sint passiones hujus temporis ad futuram gloriam, quæ revelabitur in nobis : » (*Rom.*, VIII, 18) hoc manifestum est. Dixerat enim superius : « Si autem spiritu facta carnis mortificaveritis, vivetis. » (*Ibid.*, 13.) Quod fieri non potest sine molestia, cui patientia necessaria est. Quo pertinet et quod paulo ante ait : « Si tamen compatimur, ut et conglorificemur. » (*Ibid.*, 17.) Quod itaque ait : « Nam expectatio creaturæ revelationem filiorum Dei expectat : » (*Ibid.*, 19) hoc eum puto dicere. Nam et hoc ipsum quod in nobis dolet, cum facta carnis mortificamus, id est, cum esurimus aut sitimus per abstinentiam, dum frenamus delectationem concubitus per castitatem, dum injuriarum lacerationes et contumeliarum aculeos per patientiam sustinemus, dum neglectis atque rejectis voluptatibus nostris pro fructu matris Ecclesiæ laboramus ; quidquid in nobis in hac atque hujusmodi attritione dolet, creatura est. Dolet enim corpus et anima, quæ utique creatura est, et expectat revelationem filiorum Dei ; id est, expectat quando appareat quod vocatum est, in ea gloria in quam vocatum est. (III *Sent.*, dist. 11, cap. 1.) Quia enim Filius Dei unigenitus non potest appellari creatura, quando quidem per ipsum facta sunt omnia quæcumque Deus fecit ; distincte etiam nos vocamur creatura ante illam evidentiam gloriæ, et distincte vocamur filii Dei, quamvis hoc adoptione mereamur : nam ille unigenitus natura filius est. Ergo « expectatio creaturæ, » id est, expectatio nostra, « revelationem filiorum Dei expectat, » id est, expectat quando appareat quod promissum est, quando re ipsa manifestum sit quod nunc spe sumus. « Filii enim Dei sumus, et nondum apparuit quid erimus. Scimus autem quoniam cum apparuerit, similes ei erimus, quoniam videbimus eum sicuti est. « (I *Joan.*, III, 2.) Ipsa est revelatio filiorum Dei, quam nunc ex-

tel qu'il est. » (I *Jean*, III, 2.) Voilà la manifestation des enfants de Dieu qu'attend la créature ; cela ne veut pas dire que la créature attende la manifestation d'une autre nature qui ne soit pas la sienne ; mais la créature, telle qu'elle est maintenant, attend qu'elle soit ce qu'elle doit être, comme si l'on disait en présence d'un peintre qui travaille avec des couleurs préparées pour un tableau : voilà des couleurs qui attendent la manifestation de l'image ; les couleurs qui sont maintenant des couleurs ne changeront pas de nature, ou ne cesseront pas d'être des couleurs ; seulement elles seront arrivées à un état plus glorieux.

3. « Car, dit l'Apôtre, la créature est assujettie à la vanité, » (*Rom.*, VIII, 20) ce qui veut dire : « Vanité des hommes vains, et tout est vanité. (*Eccl.*, I, 2.) Que reste-t-il à l'homme de tout le labeur dans lequel il se consume sous le soleil ? » On a dit à l'homme : Tu mangeras ton pain, à force de travail. (*Gen.*, III, 19.) « Toute créature est donc assujettie à la vanité, non point volontairement. » On a bien fait de dire : « Non point volontairement. » En effet le péché de l'homme a été volontaire, mais sa condamnation n'a pas été volontaire. Son péché a été son œuvre, quand il a violé le commandement de la vérité ; et son châtiment a été d'être sujet à l'erreur. Ce n'est donc pas volontairement que la créature est assujettie à la vanité, « mais à cause de celui qui l'y a assujettie avec l'espérance, » c'est-à-dire à cause de la justice et de la bonté de Dieu, qui ne pouvait pas laisser le péché sans punition, et qui ne voulait pas laisser le pécheur sans guérison.

4. « Car la créature elle-même » (*Rom.*, VIII, 21 ; I *Rétr.*, XXVI), c'est-à-dire l'homme lui-même, qui par son péché a perdu le cachet de sa ressemblance divine, et qui n'est plus qu'une créature ; c'est pourquoi la créature elle-même, celle qui n'est pas encore appelée la forme parfaite des enfants, et qui ne porte que le nom de créature, sera affranchie de l'assujettissement à la corruption. En disant : « Elle-même aussi sera affranchie, » il nous fait entendre qu'elle sera affranchie comme nous ; c'est-à-dire qu'il ne faut pas désespérer de ceux qui ne sont pas encore appelés les enfants de Dieu, parce qu'ils n'ont pas encore cru, et qu'ils ne sont encore que la créature ; mais ils croiront aussi eux-mêmes, et ils seront affranchis de l'assujettissement à la corruption, comme nous qui sommes déjà les enfants de Dieu, quoique nous ne soyons pas encore ce que nous serons un jour. Ils seront donc délivrés de l'assujettissement à la corruption, pour participer à la liberté et à la gloire des enfants de Dieu ; c'est-à-dire, que d'esclaves ils deviendront libres, et que de la mort ils passeront à la vie glorieuse qu'auront les enfants de Dieu.

---

pectat expectatio creaturæ : non quod creatura revelationem expectet alterius naturæ, quæ non sit creatura ; sed ipsa qualis nunc est, expectat quando sit qualis futura est : tanquam si diceretur : Operante pictore subjectis sibi coloribus et ad opus ejus paratis, expectatio colorum manifestationem imaginis expectat : non quia tunc sunt alii, et alii erunt, aut non colores erunt ; sed tantum quod aliam dignitatem habebunt.

3. « Vanitati enim, inquit, creatura subjecta est. » (*Rom.*, VIII, 20.) Hoc est illud : Vanitas (*a*) vanitantium, et omnia vanitas. (*Eccl.*, I, 2.) « Quæ abundantia est homini in omni labore suo, quem ipse laborat sub sole? « Cui dictum est : » In labore manducabis panem tuum. » (*Gen.*, III, 19.) « Vanitati ergo creatura subjecta est, non sponte. » Bene additum est, « non sponte. » Homo quippe sponte peccavit, sed non sponte damnatus est. Peccatum itaque fuit spontaneum, contra præceptum facere veritatis : peccati autem pœna, subjici fallaciæ. Non ergo sponte creatura subjecta est vanitati : « sed propter eum qui subjecit eam in spe, » id est, propter ejus justitiam atque clementiam, qui neque impunitum reliquit peccatum, neque insanabilem voluit esse peccantem.

4. « Quia et ipsa creatura, » (*Rom.*, VIII, 21) id est, ipse homo, cum jam signaculo imaginis propter peccatum amisso remansit tantummodo creatura : (I *Retr.*, XXVI) : « et ipsa itaque creatura, » id est, ipsa quæ nondum vocatur filiorum forma perfecta, sed tantum vocatur creatura, « liberabitur a servitute interitus. » Quod itaque ait, « et ipsa liberabitur ; » facit intelligi, et ipsa, quemadmodum et nos, id est, et de ipsis non est desperandum, qui nondum vocantur filii Dei, quia nondum crediderunt, sed tantum creatura : quia et ipsi credituri sunt, et liberabuntur a servitute interitus, quemadmodum nos qui jam filii Dei sumus, quamvis nondum apparuerit quid erimus. Liberabuntur ergo a servitute interitus, « in libertatem gloriæ filiorum Dei, » id est, et ipsi erunt ex servis liberi, et ex mortuis gloriosi in vita perfecta, quam habebunt filii Dei.

(*a*) Editi, *vanitatum*. At. Mss. *vanitantium*. Sic aliquando se in Latinis libris legisse testatur Augustinus I. Retract., VII.

5. « Car nous savons que toute créature gémit et souffre jusqu'à cette heure. » Toute créature est renfermée dans l'homme, non pas que l'homme contienne en lui-même les anges, les vertus supérieures, les puissances, ou le ciel, la terre et la mer et tout ce qui s'y trouve, mais parce que toute créature est partie spirituelle, partie animale, et partie corporelle. En commençant par les êtres inférieurs, nous voyons que la créature corporelle occupe les espaces, que la créature animale vivifie les corps, et que la créature spirituelle gouverne la créature animale, et alors elle la gouverne bien, lorsqu'elle se soumet à l'autorité de Dieu ; mais quand elle enfreint ses préceptes, elle tombe dans l'anarchie, et les créatures inférieures lui suscitent mille peines et mille embarras par leur révolte. L'homme qui vit par le corps s'appelle donc l'homme charnel ou animal ; charnel, parce qu'il recherche les plaisirs de la chair ; animal, parce qu'il suit le penchant désordonné de son âme, l'esprit ne gouvernant plus, et cessant de maintenir les règles de l'ordre naturel, parce que l'homme a cessé lui-même de se soumettre à Dieu. Soumettre l'âme à l'esprit et le corps à l'âme, ce qu'on ne peut faire qu'autant qu'on se soumet à Dieu, parce que de même que l'homme est le chef de la femme, le Christ est le chef de l'homme, (1 *Cor.*, XI, 3) voilà ce qu'on appelle l'homme spirituel. Cette vie sur la terre n'est pas exempte de tribulation, mais plus tard elle sera parfaitement heureuse. Et comme les esprits célestes vivent de la vie spirituelle (1 *Retr.*, XXVI), les esprits terrestres de la vie animale, les bêtes et autres animaux de la vie charnelle, le corps n'ayant pas une vie propre, mais étant vivifié, il s'ensuit que toute créature est dans l'homme, puisqu'il est esprit pour comprendre, âme pour sentir, et corps pour se mouvoir d'un lieu à un autre. Toute créature gémit donc et souffre dans l'homme. Toute créature, dit l'Apôtre, non comme totalité, mais comme généralité ; comme si l'on disait que tous les hommes qui ont l'usage de la vue voient le soleil ; cette expression n'aurait pas rapport à l'homme tout entier, mais seulement au sens de la vue ; ainsi toute créature est dans l'homme, parce qu'il a une intelligence, une âme et un corps ; mais on ne veut pas dire que toute créature en totalité soit en lui, puisqu'en dehors de lui sont les anges qui ont l'intelligence, la vie et l'être, les animaux qui ont la vie et l'être, et les corps qui ont seulement l'être, suivant cette gradation que la vie est plus que l'être inanimé, et que l'intelligence est plus que la vie purement animale. Donc, comme l'homme misérable gémit et souffre, toute créature gémit et souffre jusqu'à cette heure. On peut bien dire « jusqu'à cette heure ; » car malgré que certains élus soient déjà dans le sein d'Abraham, et que le larron

---

5. « Scimus enim quia omnis creatura congemiscit et dolet usque adhuc. » (*Rom.*, VIII, 22.) Omnis creatura in homine numeratur, non quod in eo sint omnes Angeli, et super eminentes Virtutes ac Potestates, aut cœlum et terra et mare et omnia quæ in eis sunt ; sed quia omnis creatura partim spiritalis est, partim animalis, partim corporalis. Quod ut ab inferioribus consideremus, corporalis creatura per loca tenditur, animalis autem vivificat corporalem, spiritalis animalem regit, et tunc bene regit, cum ipsa regendam se subjicit Deo : cum autem transgreditur præcepta ejus, laboribus et ærumnis per eadem ipsa quæ regere poterat implicatur. Qui ergo vivit ex corpore, carnalis homo vel animalis vocatur : carnalis, quia carnalia sectatur ; animalis autem, quia fertur dissoluta lascivia animæ suæ, quam non regit spiritus, neque coercet intra metas naturalis ordinis ; quia et ipse se non subdit regendum Deo. Qui autem spiritu animam regit, et per animam corpus (quod facere non potest, nisi Deum habeat et ipse rectorem, quoniam sicut caput mulieris vir, ita caput viri Christus est), (I *Cor.*, XI, 3) vocatur spiritalis. Quæ vita cum aliqua molestia nunc agitur, post autem nullam patietur. Et quoniam summi Angeli spiritaliter vivunt, infimi autem animaliter (I *Retr.*, XXVI) : bestiæ vero et omnia pecora carnaliter, corpus autem non vivit, sed vivificatur ; omnis creatura in homine est, quia et intelligit spiritu, et sentit anima, et localiter corpore movetur. Omnis itaque creatura in homine congemiscit et dolet. Non enim totam, sed omnem dixit : tanquam si quis dicat, quod solem omnes homines vident qui sunt incolumes, sed non toti vident, quia tantum oculis vident : ita in homine omnis creatura est, quia et intelligit et vivit et corpus habet ; sed non tota creatura in ipso est, quia sunt præter ipsum et Angeli, qui intelligant et vivant et sint, et pecora quæ vivant et sint, et corpora quæ tantummodo sint ; cum ipsum vivere magis sit, quam non vivere, et ipsum intelligere magis sit, quam sine intellectu vivere. Cum ergo miser homo congemiscit et dolet, omnis creatura congemiscit et dolet usque adhuc. « Usque adhuc » autem recte dixit : quia

QUESTION LXVII.

admis avec le Seigneur dans le Paradis ait cessé de souffrir (*Luc*, XVI, 23), du moment qu'il a cru, cependant jusqu'à cette heure, toute créature gémit et souffre, parce que ceux qui ne sont pas délivrés, représentent également toute créature dans l'esprit, dans l'âme et dans le corps.

6. « Et non-seulement, » dit-il, toute créature gémit et souffre, « mais nous-mêmes aussi ; » c'est-à-dire que dans l'homme le corps, l'âme et l'esprit ont à souffrir en même temps des difficultés de la vie, mais nous-mêmes aussi, outre les souffrances du corps, « nous gémissons en nous-mêmes, comme possédant les prémices de l'esprit. » Il dit très-bien : « comme possédant les prémices de l'esprit, » voulant désigner ceux dont les esprits sont offerts à Dieu en sacrifice, et consumés par le feu de la divine charité. Telles sont les prémices de l'homme, parce que la vérité subjugue d'abord notre esprit, et avec lui tout ce qui en dépend. Les prémices sont donc offertes à Dieu quand on peut dire : Je suis soumis à la loi de Dieu par l'esprit, mais à la loi du péché par la chair (*Rom.*, VII, 25) ; et encore, c'est à Dieu que j'obéis dans mon esprit. (*Rom.*, I, 9.) Cet esprit dont il est dit : « L'esprit est prompt, mais la chair est faible. » (*Matth.*, XXVI, 41.) Mais comme ce même homme peut dire : Malheureux homme que je suis, qui me délivrera de ce corps de mort ? (*Rom.*, VII, 24), comme on peut dire à tout autre dans le même cas : « Il rendra la vie à vos corps mortels, à cause de l'esprit qui habite en vous, » (*Rom.*, VIII, 11) le sacrifice n'est donc pas encore un holocauste ; il sera holocauste, lorsque la mort sera absorbée par la victoire, lorsqu'on lui dira : O mort, où est ta victoire ? O mort, où est ton aiguillon ? (I *Cor.*, XV, 55.) Maintenant donc, toute créature, non-seulement sous le rapport du corps, « mais nous-mêmes aussi, comme possédant les prémices de l'esprit, » c'est-à-dire sous le rapport de l'âme, puisque nous avons offert à Dieu nos âmes comme prémices, « nous gémissons en nous-mêmes, » en dehors du corps, « dans l'attente de l'adoption des enfants de Dieu, qui sera la délivrance de nos corps ; » et le corps lui-même participant au bienfait de cette adoption qui nous est destinée, manifestera que nous sommes affranchis complètement, délivrés de toutes les misères, et enfants de Dieu sous tous les rapports. « Ici nous sommes sauvés en espérance, mais quand on voit ce qu'on a espéré, ce n'est plus de l'espérance. » (*Rom.*, VIII, 24.) Alors se trouvera réalisé ce que nous espérons maintenant, lorsque viendra ce que nous serons, c'est-à-dire, que nous serons semblables à lui, parce que nous le verrons tel qu'il est. (I *Jean*, III, 2.)

7. En expliquant ainsi ce passage, nous évi-

---

etiamsi sint aliqui jam in sinu Abrahæ (*Luc.*, XVI, 23) : et latro ille cum Domino in paradiso constitutus (*Ibid.*, XXIII, 43) : illo die quo credidit dolere destiterit : tamen usque adhuc omnis creatura congemiscit et dolet, quia in iis qui nondum liberati sunt, omnis est, propter spiritum et animam et corpus.

6. « Non solum autem, » inquit, omnis creatura congemiscit et dolet, « sed et nos ipsi : » (*Rom.*, VIII, 23) id est non solum in homine corpus et anima et spiritus simul dolent ex difficultatibus corporis, sed et nos ipsi, exceptis corporibus, « in nobis ipsis congemiscimus, primitias habentes spiritus. » Et bene dixit, « primitias habentes spiritus : » id est, quorum jam spiritus tanquam sacrificium oblati sunt Deo, et divino caritatis igne comprehensi sunt. Hæ sunt primitiæ hominis ; quia veritas primum spiritum nostrum obtinet, ut per hunc cætera comprehendantur. Jam ergo habet primitias oblatas Deo, qui dicit : Mente servio legi Dei, carne autem legi peccati. (*Rom.*, VII, 25.) Et qui dicit : Deus cui servio in spiritu meo. (*Rom.*, I, 9.) Et de quo dicitur : Spiritus quidem promptus est, caro autem infirma. (*Matth.*, XXVI, 41.) Sed quoniam adhuc dicit : Infelix ego homo, quis me liberabit de corpore mortis hujus ? (*Rom.*, VII, 24.) et adhuc talibus dicitur : « Vivificabit et mortalia corpora vestra propter Spiritum manentem in vobis : » (*Rom.*, VIII, 11) nondum est holocaustum : erit autem, cum absorbebitur mors in victoriam ; cum ei dicetur : Ubi est mors contentio tua ? ubi est mors aculeus tuus ? (I *Cor.*, XV, 55.) Nunc ergo, inquit, non solum omnis creatura, id est, cum corpore, « sed etiam nos ipsi primitias habentes spiritus : » id est, nos animæ, quæ jam primitias mentes nostras obtulimus Deo, « in nobis ipsis congemiscimus, » id est, præter corpus : « adoptionem expectantes, redemptionem corporis nostri, » id est, ut et ipsum corpus accipiens beneficium adoptionis filiorum, qua vocati sumus, totos nos liberatos, transactis omnibus molestiis, ex omni parte Dei filios esse manifestet. « Spe enim salvi facti sumus : spes autem quæ videtur, non est spes. » (*Rom.*, VIII, 24.) Tunc ergo erit res quæ nunc spes est, cum apparuerit quid erimus ; id est, similes illi, quoniam videbimus eum sicuti est. (I *Joan.*, III, 2.)

7. Hoc capitulum si hoc modo, ut tractatum est, aperiatur, non incidimus in illas molestias, quibus

tons les difficultés, qui font dire à plusieurs interprètes que les anges et les vertus supérieures sont dans la douleur et les gémissements, avant notre complète délivrance, prenant trop à la lettre cette parole : « Toute créature gémit et souffre. » Nous savons sans doute que les anges s'intéressent à nous, à cause de leur dignité et de leur soumission à Dieu, qui a daigné nous envoyer son Fils unique ; cependant l'intérêt qu'ils nous portent ne suppose point la douleur ni les gémissements ; autrement ils seraient malheureux, et plus malheureux que Lazare, qui repose maintenant dans le sein d'Abraham. (*Luc*, XVI, 23.) Il faut remarquer surtout que, selon l'Apôtre, cette créature qui gémit et qui souffre est la même qui est assujettie à la vanité, et il ne serait pas permis de parler ainsi des créatures si sublimes et si excellentes, qu'on appelle les vertus et les puissances. L'Apôtre dit aussi que la créature sera affranchie de l'assujettissement à la corruption ; nous ne pouvons supposer dans cette condition les anges qui ont au ciel une vie bienheureuse. Cependant il ne faut rien affirmer à la légère ; la parole de Dieu demande pour être traitée une grande réserve et une grande attention ; et peut-être que cette créature qui souffre et gémit pourrait s'expliquer d'une manière différente, et jusqu'à un certain point s'appliquer, sans être téméraire, aux anges du ciel, tant que Dieu les charge de pourvoir aux besoins de notre infirmité. Mais soit qu'on adopte notre explication, ou qu'on en suive une autre, l'essentiel est de ne point violer ou attaquer la foi catholique. Car je sais que les hérétiques, à l'occasion de ce chapitre, n'ont pas épargné les inepties et les impiétés.

QUESTION LXVIII. — Sur cette parole de l'Ecriture : *O homme, qui es-tu, pour oser répondre à Dieu?* (*Rom.*, IX, 20.) — 1. L'Apôtre paraît avoir ici en vue les esprits curieux, quand il dit : « O homme, qui es-tu, pour oser contester avec Dieu ? » Or, c'est sur cela même qu'on élève une question ; on est curieux sur les paroles mêmes qui condamnent la curiosité. Les impies, ajoutant l'injure, disent que l'Apôtre se trouvant embarrassé pour répondre à la question, gourmande ceux qui l'ont faite, parce qu'il ne peut donner la solution qu'on cherche. Quelques hérétiques (les Manichéens), dont le talent est de tromper, en se vantant d'une science qu'ils n'ont pas, ennemis de la loi et des prophètes, traitent de faussetés et d'interpolations tous les passages que l'Apôtre en cite, et parmi ces passages falsifiés, il leur plaît surtout de signaler celui-ci, comme si Paul n'eût pas dit : « O homme, qui es-tu, pour oser contester avec Dieu ? » C'est que s'ils acceptent ces paroles, eux qui ne calomnient que pour tromper, ils se tairont désormais et n'o-

plerique homines dicere coguntur, omnes Angelos sublimesque Virtutes in dolore et gemitibus esse, antequam nos penitus liberemur, quoniam dictum est, « Omnis creatura congemiscit et dolet. » Quamvis enim adjuvent nos (*a*) pro sua sublimitate, dum obtemperant Deo, qui pro nobis etiam unicum Filium suum dignatus est mittere : tamen sine gemitu et doloribus id facere credendi sunt, ne miseri existimentur, felicorque sit de numero nostro Lazarus ille, qui jam in Abrahæ sinu requiescit. (*Luc.*, XVI, 23.) Præsertim quia dixit, eamdem creaturam quæ congemiscit et dolet, vanitati esse subjectam : quod de summis et excellentibus Virtutum Potestatumque creaturis nefas est credere. Deinde liberandam eam dixit a servitute interitus : quo illos cecidisse, qui in cœlis agunt vitam beatissimam, non possumus credere. Tamen nihil temere confirmandum est, sed pia diligentia etiam atque etiam verba divina tractanda sunt ; ne forte quæ congemiscit et dolet et vanitati subjecta est, possit aliquo modo alio intelligi, ut de summis Angelis, quamdiu nostræ infirmitati jussu Domini nostri opitulantur, non impie possit existimari. Sed sive illa quam exsecuti sumus, sive alia aliqua hujus capituli expositio proferatur ; id tantum cavendum est, ne violet aut vulneret catholicam fidem. Scio enim (*b*) vanos hæreticos de hoc capitulo multa impia et inepta jactasse.

QUÆST. LXVIII. — De eo quod scriptum est : *O homo, tu quis es, qui respondeas Deo?* (*Rom.*, IX, 20.) — 1. Cum videatur Apostolus corripuisse curiosos, dicendo : « O homo, tu quis es, qui respondeas Deo ? » de hoc ipso illi quæstionem movent, et in ea sententia non desinunt esse curiosi, qua objurgata est ipsa curiositas : et impii quidem cum contumelia, ut dicant Apostolum in solvenda quæstione defecisse, et objurgasse quærentes, quia non poterat quod quærebatur exponere. Nonnulli autem (Manichæi) hæretici, quia non decipiunt, nisi cum scientiam quam non exhibent pollicentur, et adversantes Legi et Prophetis, quæcumque de illis Apostolus sermoni suo inseruit, falsa et a corruptoribus immissa esse criminantur, etiam hoc inter ipsa quæ interpolata dicunt,

(*a*) Sic Rat. Er. et undecim Mss. At Lov. *per suas sublimitates*. — (*b*) Florus et codex Regius, *varios*.

seront plus promettre aux ignorants qu'ils veulent séduire, de savantes discussions sur la volonté du Dieu tout-puissant. Enfin, il y a des hommes qui lisent les Ecritures avec simplicité et bonne foi, et qui nous demandent ce qu'on peut répondre à ces accusations malveillantes ou calomnieuses. Pour nous, voulant nous attacher sagement à l'autorité apostolique, et persuadés que les livres, qui sont sous la garde de l'enseignement catholique, ne sont point falsifiés, reconnaissons pour être dans la vérité, que ceux à qui les décrets divins sont cachés, sont faibles et indignes de les comprendre. Puis à ceux qui murmurent et s'indignent de ne pas comprendre les desseins de Dieu, répondons, quand ils commenceront à dire : « Il fait donc miséricorde à qui il lui plaît et il endurcit qui il lui plaît. Pourquoi se plaint-il? Car qui est-ce qui résiste à sa volonté? » (*Rom.*, IX, 18, 19.) Quand ils se serviront de ces paroles ou pour calomnier les Ecritures, ou pour cacher leurs péchés, afin de pouvoir mépriser les préceptes qui nous forment à une vie sainte; répondons-leur, dis-je, avec confiance : « O homme, qui es-tu pour oser contester avec Dieu ? » (*Ibid.*, 20.) Gardons-nous de les ménager, et de donner les choses saintes aux chiens, et de jeter nos perles devant les pourceaux (*Matth.*, VII, 6); si tant est que nous ne soyons pas nous-mêmes des chiens et des pourceaux, et qu'inspirés par le Saint-Esprit, nous puissions entrevoir sur le mérite des âmes, même imparfaitement et en énigme, quelque chose de sublime, de très-supérieur aux idées vulgaires.

2. Car ce n'est pas aux saints que l'Apôtre interdit ici les recherches; mais à ceux qui ne sont pas assez enracinés et affermis dans la charité, pour pouvoir comprendre avec tous les saints la largeur, la longueur, la hauteur et la profondeur, et tout ce que dit l'Apôtre en cet endroit. (*Ephés.*, III, 18.) Il ne défend donc pas les recherches, puisqu'il dit : L'homme spirituel juge toutes choses, et il n'est donné à personne de le juger. (I *Cor.*, II, 15.) Il dit encore : Pour nous, nous n'avons pas reçu l'esprit de ce monde, mais l'esprit qui vient de Dieu (*Ibid.*, 12), pour connaître tous les dons qu'il nous a faits. A qui donc fait-il cette défense, si ce n'est à ces hommes de boue et de terre, qui n'étant point encore régénérés ni fortifiés par la nourriture spirituelle, portent l'image de cet homme qui, tiré le premier de la terre, était terrestre ? (I *Cor.*, XV, 47.) Et qui, n'ayant pas voulu se soumettre à celui qui était son créateur, a mérité, après son péché, d'entendre cette parole : Tu es terre, et tu retourneras en terre. (*Gen.*,

---

numerare maluerunt, negare Paulum dixisse : « O homo, tu quis es, qui respondeas Deo ? » Quoniam si ipsis dicatur ad decipiendos homines calumniantibus, procul dubio tacebunt, nec audebunt ullam de voluntate omnipotentis Dei imperitis quos decipere cupiunt, scientiam polliceri. Quidem autem bona et pia mente Scripturas legentes quærunt, quid hic possit vel maledicentibus vel calumniantibus responderi. Sed nos et auctoritati Apostolicæ salubriter inhærentes, et libros quos catholica disciplina custodit (*a*) falsatos esse nequaquam existimantes, sentiamus quod verum est, indignos et infirmos esse ad intelligenda divina secreta, quibus ista clauduntur : et eis murmurantibus et indignantibus quod consilia Dei non discunt, cum dicere cœperint : « Ergo cujus vult misereretur, et quem vult obdurat : quid adhuc conqueritur ? Nam voluntati ejus quis resistit ? (*Ibid.*, 18, 19.) cum his ergo verbis aut calumniari Scripturas, aut latebram peccatorum suorum quærere cœperint ut præcepta contemnant, quibus ad vitam (*b*) bonam pervenitur, respondeamus fidentissime : « O homo, tu quis es, qui respondeas Deo ? » (*Ibid.*, 20.) Nec eos reverti sanctum canibus demus, aut projiciamus margaritas nostras ante porcos (*Matth.*, VII, 6) : si tamen jam ipsi canes et porci non sumus, et de meritis animarum revelante Spiritu sancto, sublime aliquid et a vulgari conjectura remotissimum, vel ex parte atque in ænigmate suspicemur.

2. Non enim Apostolus hoc loco sanctos prohibuit a quærendo, sed eos qui nondum sunt in caritate radicati et fundati, ut possint comprehendere cum omnibus sanctis latitudinem, longitudinem, altitudinem et profundum (*Ephes.*, III, 18) : et cætera quæ in eodem loco exsequitur. Non ergo prohibuit a quærendo, qui dicit : Spiritalis autem omnia judicat, ipse autem a nemine judicatur. (I *Cor.*, II, 15.) Et illud præcipue : « Nos autem non spiritum hujus mundi accepimus, sed spiritum qui ex Deo est, ut sciamus quæ a Deo donata sunt nobis. » (*Ibid.*, 12.) Quos ergo prohibuit, nisi luteos atque terrenos, qui nondum intrinsecus regenerati atque nutriti, imaginem illius hominis portant, qui primus factus est de terra terrenus ? (I *Cor.*, XV, 47.) Et quia ei a quo factus est, noluit obtemperare, in id lapsus est, unde factus est, meruitque post peccatum audire : Terra es, et in terram ibis. (*Gen.*, III, 19.) Talibus igitur hominibus

---

(*a*) Mss. *infalsatos*. — (*b*) Rat. et Cisterciensis codex omittunt *bonam*. Cæteri fere Mss. loco *pervenitur*, habent *invitantur*.

III, 19.) C'est donc à ces hommes que s'adresse l'Apôtre, quand il dit : « O homme, qui es-tu, pour contester avec Dieu? Le vase d'argile dit-il à l'ouvrier qui l'a formé, pourquoi m'avez-vous fait ainsi? » (*Rom.*, IX, 20.) Tant que tu es vase d'argile, tu n'es pas encore l'enfant de Dieu parfait, puisque tu n'as pas encore puisé cette plénitude de grâce, qui nous permet de devenir les enfants de Dieu (*Jean*, I, 12) et d'entendre cette parole : Je ne vous appellerai plus mes serviteurs, mais mes amis. (*Jean*, XV, 15.) Qui es-tu donc, pour oser répondre à Dieu, et vouloir connaître la pensée de Dieu? N'est-il pas vrai que ta prétention, même envers un homme qui est ton égal, serait une impudence, du moment que tu ne serais pas admis dans son intimité? C'est pourquoi, comme nous avons porté l'image de l'homme terrestre, portons aussi l'image de l'homme céleste (I *Cor.*, XV, 49), nous dépouillant du vieil homme et nous revêtant du nouveau (*Coloss.*, III, 9), afin qu'on ne nous dise pas comme au vase d'argile : « Est-ce que le vase d'argile dit à l'ouvrier qui l'a formé, pourquoi m'avez-vous fait ainsi ? »

3. Pour comprendre que cette parole ne s'adresse pas à l'âme sanctifiée, mais à la boue charnelle, lisez ce qui suit : « Le potier n'a-t-il pas le pouvoir de faire de la même masse d'argile un vase de gloire, et un autre destiné à l'ignominie ? » (*Rom.*, IX, 21.) Depuis que notre nature a péché dans le paradis, nous sommes entre les mains de la providence, et nous sommes formés dans notre génération mortelle, non selon le type céleste, mais selon le type terrestre, c'est-à-dire, non selon l'esprit, mais selon la chair, et nous sommes tous tirés de cette masse de boue, qui est la masse du péché. Donc puisque nous avons perdu tout mérite par le péché, et que en dehors de la miséricorde de Dieu, l'unique partage du pécheur, c'est la damnation éternelle, à quoi pense l'homme formé de cette masse, de contester avec Dieu et de lui dire : « Pourquoi m'avez-vous fait ainsi ? » Si vous voulez connaître ce mystère, cessez d'être argile, devenez enfants de Dieu par la miséricorde de celui, qui a donné ce pouvoir à tous ceux qui croiraient en son nom (*Jean*, I, 12); mais non à ceux qui, comme vous, désirent pénétrer les choses divines avant de croire. La connaissance est une récompense du mérite, et le mérite est le fruit de la foi. Or, la grâce qui nous a été donnée par la foi, ne nous était point due pour aucun mérite antérieur. Quel pouvait être en effet le mérite du pécheur et de l'impie? Or, le Christ est mort pour les impies et pour les pécheurs (*Rom.*, V, 6), pour nous appeler à la foi non à cause de nos mérites, mais par un bienfait de la grâce, afin qu'en croyant nous

---

dicit Apostolus : « O homo, tu qui es, qui respondeas Deo ? Numquid dicit figmentum ei qui se finxit, Quare sic me fecisti ? » (*Rom.*, IX, 20.) Quamdiu ergo figmentum es, nondum perfectus filius; quia nondum hausisti plenissimam gratiam, qua nobis data est potestas filios Dei fieri (*Joan.*, I, 12) quo possis audire : Jam non dicam vos servos, sed amicos (*Joan.*, XV, 15) : tu quis es, qui respondeas Deo, et velis Dei nosse consilium ? qui si hominis tibi æqualis nosse voluisses, impudenter faceres, nisi prius in amicitiam recipereris. Sicut ergo portavimus imaginem terreni, portemus et imaginem cœlestis (I *Cor.*, XV, 49) : exuentes nos veterem hominem et induentes novum (*Coloss.*, III, 9) : ut non dicatur nobis quasi luteo figmento : « Numquid dicit figmentum ei qui se finxit : Quare me sic fecisti ? »

3. Et ut manifestum sit, non sanctificato spiritu, sed carnali luto ista dici, vide quid sequitur : « Aut non habet potestatem figulus luti ex eadem conspersione facere aliud quidem vas in honorem, aliud in contumeliam ? » (*Rom.*, IX, 21.) Ex quo ergo in paradiso natura nostra peccavit, ab eadem divina providentia, non secundum cœlum, sed secundum terram, id est, non secundum spiritum, sed secundum carnem mortali generatione formamur, et omnes una massa luti facti sumus, quod est massa peccati. Cum ergo merito peccando amiserimus, et misericordia Dei remota nihil aliud peccantibus nisi æterna damnatio debeatur, quid sibi vult homo de hac massa, ut Deo respondeat et dicat : « Quare me sic fecisti ? » Si vis ista cognoscere, noli esse lutum, sed efficere filius Dei per illius misericordiam, qui dedit potestatem filios Dei fieri credentibus in nomine ejus (*Joan.*, I, 12) : (*a*) non autem, quod tu cupis, antequam credant, divina nosse cupientibus. Merces enim cognitionis meritis redditur, credendo autem meritum comparatur. Ipsa autem gratia quæ data est per fidem, nullis nostris meritis præcedentibus data est. Quod est enim meritum peccatoris et impii ? Christus autem pro impiis et peccatoribus mortuus est (*Rom.*, V, 6) : ut ad credendum non merito, sed gratia vocaremur, credendo autem etiam meritum (*b*) collocare-

---

(*a*) Locum istum ad Mss. corrigimus, quem solis in excusis vidimus corruptum hocce modo : *Non enim, quod tu cupis, antequam credant, divina datur nosse cupientibus.* — (*b*) Aliquot Mss. *compararemus.*

puissions mériter. Les pécheurs sont donc obligés de croire, pour que la foi les purifie de leurs péchés. Car ils ne savent pas ce qu'une vie sainte leur découvrira de connaissances. C'est pourquoi ils ne peuvent voir, sans vivre saintement, et ils ne peuvent vivre saintement, sans croire. Il est donc évident qu'il faut commencer par la foi, afin que les préceptes de la foi qui détachent l'homme de ce monde, lui donnent un cœur pur, pour être capable de voir Dieu. Bienheureux ceux qui ont le cœur pur, parce qu'ils verront Dieu. (*Matth.*, v, 8.) Ecoutez aussi ce chant du prophète : « Cherchez-le dans la simplicité de votre cœur. » (*Sagesse*, I, 1.) On a donc raison de dire à ceux qui demeurent dans la vieille routine d'une vie charnelle, et chez qui l'œil de l'âme est voilé de ténèbres : « O homme, qui es-tu, pour oser répondre à Dieu ? Le vase d'argile dit-il à l'ouvrier qui l'a formé, pourquoi m'avez-vous fait ainsi ? Le potier n'a-t-il pas le pouvoir de faire de la même masse d'argile un vase de gloire et un vase d'ignominie ? » Purifiez-vous du vieux levain, et devenez une pâte nouvelle (I *Cor.*, v, 7), sans rester un petit enfant dont la nourriture est le lait (I *Cor.*, III, 2), mais croissez jusqu'à l'homme parfait, pour être au nombre de ceux dont il est dit : Nous parlons le langage de la sagesse au milieu des parfaits. (I *Cor.*, II, 6.) Alors enfin se dévoileront à vos yeux, dans la vérité et au temps opportun, les mystères du Dieu tout-puissant, sur les mérites les plus cachés des âmes, et sur la grâce ou la justice.

4. Au sujet de Pharaon, il est facile de répondre que les maux dont sa cruauté avait accablé des étrangers dans son royaume, avaient préparé son endurcissement (*Exode*, v, 6); de manière que son cœur ne voulut pas croire aux signes les plus manifestes des ordres de Dieu. Ainsi de la même masse de péché Dieu a tiré des vases de miséricorde, pour les sauver, lorsque les enfants d'Israël crieraient vers lui; et des vases de colère, c'est-à-dire, Pharaon et son peuple, dont la punition servirait d'exemple à ces mêmes Israélites. Tous étaient pécheurs sans doute, Israélites comme Egyptiens, parce qu'ils appartenaient à la même masse; mais on devait traiter autrement ceux qui avaient prié le vrai Dieu dans leurs gémissements. « Il supporta donc avec une patience extrême les vases de colère, préparés pour la perdition. » (*Rom.*, IX, 22.) En disant « avec une extrême patience, » l'Apôtre montre que Dieu supporte longtemps les péchés de ce peuple, afin de laisser venir le moment de la vengeance, pour accabler les oppresseurs et délivrer les opprimés; « voulant faire paraître

---

mus. Peccatores igitur credere jubentur, (*a*) ut a peccatis credendo purgentur. Nesciunt enim quid recte vivendo visuri sint. Quapropter cum videre non possint, nisi recte vivant, nec recte vivere valeant, nisi credant ; manifestum est a fide incipiendum, ut præcepta quibus credentes a sæculo hoc avertuntur, et mundum faciant, ubi videri Deus possit. Beati enim mundo corde, quia ipsi Deum videbunt. (*Matth.*, v, 8.) Et per (*b*) prophetiam canitur : in simplicitate cordis quærite illum. (*Sap.*, I, 1.) Quapropter recte dicitur hominibus in vetustate vitæ manentibus, et propterea tenebrosum oculum animæ gerentibus : « O homo, tu qui es, qui respondeas Deo ! Numquid dicit figmentum ei qui se finxit : Quare me sic fecisti ? Aut non habet potestatem figulus luti ex eadem conspersione facere aliud quidem vas in honorem, aliud in contumeliam ? » Expurga vetus fermentum, ut sis nova conspersio (I *Cor.*, v, 7) : et in ea ipsa non adhuc parvulus in Christo ut lacte potandus sis ; sed perveni ad virum perfectum (I *Cor.*, III, 2) : ut sis inter illos de quibus dicitur : Sapientiam loquimur inter perfectos. (I *Cor.*, II, 6.) Tum demum recte et non præpostere audies, si qua sunt de animarum occultissimis meritis, et de gratia vel justitia, secreta omnipotentis Dei.

4. Nam de Pharaone facile respondetur, prioribus meritis quibus afflixit in regno suo peregrinos, dignum effectum cui obduraretur cor, ut nec manifestissimis signis jubentis Dei (*c*) crederet. (*Exod.*, v, 6.) Ex eadem ergo massa, id est, peccatorum, et vasa misericordiæ protulit, quibus subveniret, cum cum deprecarentur filii Israel ; et vasa iræ, quorum supplicio illos erudiret, id est, Pharaonem et populum ejus : quia quamvis essent utrique peccatores, et propterea ad unam massam pertinerent, aliter tamen tractandi erant qui uni Deo ingemuerant. « Pertulit ergo in multa patientia vasa iræ, quæ perfecta sunt in perditionem. » (*Rom.*, IX, 22.) Et eo ipso quo ait, « in multa patientia : » satis significavit priora eorum peccata, in quibus eos pertulit ; ut opportune tunc vindicaret, quando de illorum vindicta subveniendum erat his qui liberabantur. « Et ut notas faceret divitias gloriæ suæ in vasa misericordiæ, quæ præparavit in gloriam. » (*Ibid.*, 23.) Hic fortasse

---

(*a*) Novem Mss. *ut à peccatis credendo purgantur.* — (*b*) Mss. plerique : *Et per Prophetam.* — (*c*) Duo Mss. hic et infra in n. 5, pro *crederet*, habent *cederet*.

les richesses de sa gloire sur les vases de miséricorde, qu'il a préparés pour sa gloire. » (*Ibid.*, 23.) Ces paroles vont peut-être vous troubler et soulever encore cette question : « Il fait miséricorde à qui il lui plaît, et il endurcit qui il lui plaît. Après cela, pourquoi se plaint-il ? Car qui est-ce qui résiste à sa volonté ? » (*Ibid.*, 18-19.) Sans doute il fait miséricorde à qui il lui plaît, et il endurcit qui il lui plaît (I *Sent.*, dist. 41); mais cette volonté de Dieu ne peut pas être injuste. Son œil pénètre jusqu'aux profondeurs pour y découvrir les mérites cachés, et quoique les pécheurs ne forment qu'une seule masse dans la corruption générale, cependant ils ne sont pas tous pécheurs au même degré. Le pécheur peut compter dans sa vie antérieure des actes qui, sans le justifier le rendent digne de la justification, comme aussi il peut compter des actes qui le rendent digne de réprobation. Aussi l'Apôtre dit dans un autre endroit : Et comme ils n'ont pas fait usage de la connaissance de Dieu, Dieu les a livrés à un sens réprouvé. (*Rom.*, I, 28.) « Il les a livrés à un sens réprouvé, » comme si l'on disait : Il a endurci le cœur de Pharaon (*Exod.*, IV, 21); et cela veut dire qu'en ne faisant pas usage de la connaissance de Dieu, ils méritaient d'être livrés à un sens réprouvé.

5. Cependant, il est vrai de dire que le salut ne dépend ni de celui qui veut, ni de celui qui court, mais de Dieu qui fait miséricorde. (*Rom.*, IX, 16.) Supposez un homme qui n'a commis que des fautes légères, ou s'il a commis des fautes graves et nombreuses, il en gémit et il s'en repent dans le fond de son cœur, et se rend digne de la miséricorde de Dieu ; on ne dira pas qu'il est l'auteur de son salut, car il eût été perdu, si Dieu l'avait abandonné (I *Retr.*, XXVI). C'est donc Dieu qui lui a fait miséricorde, en se laissant toucher par ses prières et sa douleur. C'est peu de vouloir, si Dieu ne fait miséricorde. Mais Dieu qui nous invite à la paix ne nous fait pas miséricorde, si la bonne volonté n'est pas déjà dans le cœur ; car la paix sur la terre est pour les hommes de bonne volonté. (*Luc*, II, 14.) D'un autre côté personne ne peut vouloir, sans être prévenu ou appelé, soit intérieurement, là où l'œil de l'homme ne pénètre pas, soit extérieurement par la prédication ou quelques signes visibles, et il en résulte que c'est encore Dieu qui opère en nous le vouloir même. (*Philip.*, II, 13.) Rappelez-vous ce festin dont le Seigneur nous parle dans l'Evangile et qui était tout prêt (*Luc*, I, 16); tous ceux qui étaient appelés n'ont pas voulu y venir, et ceux qui sont venus n'auraient pas pu venir, s'ils n'avaient pas été appelés. C'est pourquoi ceux qui sont venus, ne doivent pas se l'attribuer à

---

conturbatus ad illam quæstionem redis : « Cujus vult miseretur, et quem vult obdurat : quid adhuc conqueritur ? Voluutati enim ejus quis resistit ? » (*Ibid.*, 18 et 19.) Prorsus cujus vult miseretur, et quem vult obdurat : sed hæc voluntas Dei injusta esse non potest. (I *Sent.*, dist. 41, c. *His tamen*.) Venit enim de occultissimis meritis : quia et ipsi peccatores cum propter generale peccatum unam massam fecerint, non tamen nulla est inter illos diversitas. Præcedit ergo aliquid in peccatoribus, quo quamvis nondum sint justificati, digni efficiantur justificatione ; et item præcedit in aliis peccatoribus quo digni sint (a) obtusione. Habes eumdem Apostolum alibi dicentem : Quoniam non probaverunt Deum habere in notitia, dedit illos Deus in reprobum sensum. (*Rom.*, I, 28.) Quod eos dedit in reprobum sensum, hoc est, quod induravit cor Pharaonis (*Exod.*, IV, 21) : quod autem illi non probaverunt Deum habere in notitia, hoc est, quod digni exstiterunt qui darentur in reprobum sensum.

5. Tamen verum est, quia non volentis neque currentis, sed miserentis est Dei. (*Rom.*, IX, 16.) Quia etiamsi levioribus quisque peccatis, aut certe quamvis gravioribus et multis, tamen magno gemitu et dolore pœnitendi, misericordia Dei dignus fuerit, non ipsius est, qui si relinqueretur, interiret, sed miserentis Dei, qui ejus precibus doloribusque subvenit. (I *Retr.*, XXVI.) Parum est enim velle, nisi Deus misereatur : sed Deus non miseretur, qui ad pacem vocat, nisi voluntas præcesserit ; quia in terra pax hominibus bonæ voluntatis. (*Luc.*, II, 14.) Et quoniam nec velle quisquam potest, nisi admonitus et vocatus, sive intrinsecus, ubi nullus hominum videt, sive extrinsecus per sermonem sonantem ; aut per aliqua signa visibilia ; efficitur ut etiam ipsum velle Deus operetur in nobis. (*Philip.*, II, 13.) Ad illam enim cœnam, quam Dominus dicit in Evangelio præparatam (*Luc.*, I, 16) : nec omnes qui vocati sunt venire voluerunt, neque illi qui venerunt, venire possent, nisi vocarentur. Itaque nec illi debent sibi tribuere qui venerunt ; quia vocati venerunt ; nec illi qui noluerunt venire, debent alteri tribuere, sed

---

(a) Rat. et Mss. *obtunsione*. Et infra *obtunsionis*, loco *obtusionis*.

eux-mêmes, puisqu'ils avaient besoin d'être appelés; et ceux qui n'ont pas voulu venir, ne doivent pas s'en prendre à d'autres qu'à eux-mêmes, puisqu'ils étaient appelés librement, s'ils avaient voulu venir. Donc la vocation opère la volonté avant le mérite. C'est pourquoi celui qui s'attribue d'être venu après avoir été invité, ne peut s'attribuer d'avoir été invité. Quant à celui qui n'est pas venu, étant invité, quoiqu'il n'eût point mérité cette invitation, il a commencé à mériter un châtiment, pour avoir négligé d'y répondre. Par là se trouvent réunies ces deux choses : Je chanterai, Seigneur, votre miséricorde et votre justice. (*Ps.* c, 1.) La miséricorde, c'est la vocation; la justice, c'est le bonheur des invités qui sont venus, et le châtiment des invités qui n'ont pas voulu venir. Est-ce que Pharaon ignorait tous les bienfaits, que l'arrivée de Joseph avait répandus sur la terre d'Egypte ? (*Gen.*, XLI.) La connaissance de ce fait était une invitation pour traiter avec bonté le peuple d'Israël, et pour acquitter sa dette de reconnaissance. Mais ne voulant pas répondre à cet appel, (*Exode*, V, 6, VII, 28) et se montrant cruel envers ceux qu'ils devaient traiter avec humanité et miséricorde, il mérita comme châtiment que son cœur fût endurci, et son esprit tellement aveuglé, qu'il demeurât incrédule, malgré les prodiges nombreux et merveilleux que Dieu fit éclater en sa présence ; et le peuple délivré put prendre une grande leçon en voyant le châtiment de ce roi, dans son endurcissement, et dans son trépas au milieu des flots de la mer Rouge, châtiment qu'il avait mérité par sa tyrannie incorrigible.

6. Or, cette vocation qui opère suivant l'opportunité des temps, soit à l'égard des individus, soit à l'égard des peuples, et du genre humain, est l'œuvre d'une haute et profonde combinaison providentielle. (I *Rétr.*, XXVI.) Ainsi s'expliquent ces paroles : Je t'ai sanctifié dans le sein de ta mère, et avant que tu fusses formé dans ses entrailles, je t'ai connu. (*Jérém.*, I, 5.) Et encore : J'ai aimé Jacob et j'ai haï Esaü (*Mal.*, I, 2, 3); toutes paroles prononcées avant la naissance de ceux qui en étaient l'objet, profond mystère que personne ne peut comprendre, excepté peut-être ceux qui aiment Dieu de tout leur cœur, de toute leur âme et de tout leur esprit, et qui aiment le prochain comme eux-mêmes. (*Deut.*, VI, 5 ; *Matth.*, XII, 37.) Leur cœur étant ainsi rempli par la charité, ils pourront peut-être comprendre avec les saints la hauteur, la longueur, la largeur et la profondeur de la pensée divine. (*Eph.*, III, 18.) Cependant, il faut s'attacher fermement à cette croyance, c'est que Dieu ne peut rien faire d'injuste, et qu'il n'y a aucune créature qui ne doive à Dieu ce qu'elle est; puisque c'est à lui qu'est dû tout honneur, toute beauté, toute harmonie entre les parties. Mais si on s'attaque à tout cela,

tantum sibi ; quoniam ut venirent, vocati erant in libera voluntate. Vocatio ergo ante meritum voluntatem operatur. Propterea et si quisquam sibi tribuit quod venit vocatus, non sibi potest tribuere quod vocatus est. Qui autem vocatus non venit, sicut non habuit meritum præmii ut vocaretur, sic inchoat meritum supplicii cum vocatus venire neglexerit. Ita erunt duo illa : Misericordiam et judicium cantabo tibi Domine. (*Psal.* c, 1.) Ad misericordiam pertinet vocatio : ad judicium pertinet beatitudo eorum qui venerunt vocati, et supplicium eorum qui venire noluerunt. Numquid ergo latebat Pharaonem quantum boni consecutæ fuerint terræ illæ per adventum Joseph? (*Gen.*, XLI.) Illius ergo rei gestæ cognitio, vocatio ejus fuit, ut populum Israel misericorditer tractans non esset ingratus. Quod autem huic vocationi obtemperare noluit, sed exercuit crudelitatem in eis, quibus humanitas et misericordia debebatur, meruit pœnam, ut induraretur illi cor, et tantam occæcitatem mentis pateretur, ut tot et tantis tamque manifestis Dei signis non crederet (*Exod.*, V, 6, et VII, 28) : quo posset ejus supplicio, sive obdurationis, sive ultimæ visibilis submersionis, erudiri populus, cujus afflictione ille, et occultæ obtusionis, et manifestæ submersionis meritum sibi comparavit.

6. Hæc autem vocatio, quæ sive in singulis hominibus, sive in populis, atque in ipso genere humano per temporum opportunitates operatur, altæ et profundæ ordinationis est. (I *Retr.*, XXVI.) Quo pertinet etiam illud : In utero sanctificavi te, et cum esses in renibus patris tui, vidi te. (*Jerem.*, I, 5.) Et : Jacob dilexi, Esau autem odio habui (*Malac.*, I, 2 et 3) : cum dictum sit antequam nascerentur. Nec comprehendi potest, nisi forte ab eis qui diligunt Deum ex toto corde et ex tota anima et ex tota mente sua, et diligunt proximos suos tanquam se ipsos. (*Deut.*, VI, 5 ; *Matth.*, XXII, 37.) Tanta enim caritate fundati possunt jam fortasse cum Sanctis comprehendere longitudinem, latitudinem, altitudinem, et profundum. (*Ephes.*, III, 18.) Illud tamen constantissima fide retinendum, neque quidquam Deum injuste facere, neque ullam esse naturam quæ non Deo debeat

si vous dépouillez complétement ce qui existe, il ne restera plus rien.

QUESTION LXIX. — Sur ces paroles : *Alors le Fils sera lui-même assujetti à celui qui lui aura assujetti toutes choses.* (I *Cor.*, XV, 28.) — 1. Ceux qui prétendent que le Fils de Dieu n'est pas égal à son Père, ne manquent pas de citer ce texte de l'Apôtre : « Lorsque toutes choses auront été assujetties au Fils, alors le Fils lui-même sera assujetti à celui qui lui aura assujetti toutes choses, afin que Dieu soit tout en tous. » En effet, l'erreur ne peut se cacher sous le voile du christianisme qu'en faussant le sens des Ecritures. Ils disent donc : S'il est égal, comment sera-t-il assujetti ? (liv. I *de la Trin.*, chap. VIII.) Cette objection revient à celle de l'Evangile : S'il est égal, comment le Père est-il plus grand ? Car le Seigneur dit lui-même : Mon Père est plus grand que moi. (*Jean*, XIV, 18.) Or, la règle de la foi catholique, c'est que quand l'Ecriture parle du Fils comme s'il était moins grand que le Père, il faut l'entendre de la nature humaine ; et quand elle montre l'égalité, il faut l'entendre de la nature divine. On comprend maintenant le sens de ces paroles : Mon Père est plus grand que moi, mon Père et moi nous sommes un. (*Jean*, X, 30.) Le Verbe était Dieu, le Verbe s'est fait chair. (*Jean*, I, 1, 14.) Il n'a point cru que ce fût pour lui une usurpation de s'égaler à Dieu ; il s'est anéanti lui-même en prenant la nature d'esclave. (*Philip.*, II, 6.) Mais il y a dans l'Ecriture des passages qui sont propres à la personne, en dehors même de l'incarnation, de manière que quand on parle du Père, il ne faut entendre que le Père ; et quand on parle du Fils, il ne faut entendre que le Fils ; or, les hérétiques, en prenant les textes comme nous les expliquons, prétendent qu'ils détruisent l'égalité. Car il est écrit (*Jean*, I, 3) : Toutes choses ont été faites par lui, j'entends par le Fils, c'est-à-dire par le Verbe de Dieu. Quel était le premier agent, si ce n'est le Père ? Or, il n'est écrit nulle part que le Fils ait fait aucune créature par le Père. Il est encore écrit (*Coloss.*, I, 15) : Que l'image du Père, c'est le Fils ; or, il n'est écrit nulle part que l'image du Fils soit le Père. Il est dit encore que l'un engendre, et que l'autre est engendré ; puis encore bien d'autres expressions de ce genre, qui n'ont point rapport à l'égalité de substance, mais à la propriété des personnes. Et comme ces hérétiques prétendent que l'égalité des personnes n'est pas possible, parce que leur esprit grossier ne peut pas s'élever jusqu'à la hauteur de ce mystère, il faut les écraser sous le poids de l'autorité. Car s'il était impossible d'admettre l'égalité entre

---

id quod est : quia Deo debetur omne decus et pulchritudo et congruentia partium ; quam si penitus (*a*) persecutus fueris, et usque ad omnes reliquias de rebus detraxeris, remanet nihil.

QUÆST. LXIX. — De eo quod scriptum est : *Tunc et ipse Filius subjectus ei erit, qui illi subjecit omnia.* — 1. Qui Filium Dei Patri æqualem non esse contendunt, solent usurpare familiarius hoc testimonium, ubi ait Apostolus : Cum autem ei omnia subjecta fuerint, tunc et ipse Filius subjectus erit ei, qui illi subjecit omnia omnia in omnibus. (I *Cor.*, XV, 28.) Non enim posset eis error oboriri palliatus nomine Christiano, nisi de Scripturis non intellectis. Dicunt enim : Si æqualis est, quomodo subjectus erit ei ? Quod utique simile est illi Evangelicæ quæstioni : Si æqualis est, quomodo major est Pater ? (Lib. I. *de Trinit.*, cap. 8.) Ipse enim Dominus ait : Quoniam Pater major me est. (*Joan.*, XIV, 18.) Regula autem catholicæ fide sic se habet, ut cum aliqua in Scripturis dicuntur de Filio, quod sit minor Patre, secundum susceptionem hominis intelligantur : cum vero ea dicuntur quibus demonstratur æqualis, secundum id quod Deus est accipiantur. Apparet ergo quemadmodum dictum sit, Pater major me est : Et : Ego et Pater unum sumus. (*Joan.*, X, 30.) Et : Deus erat Verbum. Et : Verbum caro factum est. (*Joan.*, I, 1, et 14.) Et : Non rapinam arbitratus est esse æqualis Deo, sed semetipsum exinanivit formam servi accipiens. (*Philip.*, II, 6.) Sed quoniam multa etiam secundum proprietatem personæ, excepto, quod attinet ad susceptionem hominis, de illo ita dicuntur, ut Patrem non aliud quam Patrem, et Filium non aliud quam Filium intelligi oporteat, putant hæretici in iis quæ ita dicuntur atque intelliguntur, æqualitatem esse non posse. Scriptum est enim : Omnia per ipsum facta sunt (*Joan.*, I, 3) : utique per Filium, hoc est per Verbum Dei : a quo, nisi a Patre ? Nusquam autem scriptum est, quod Filius per Patrem aliquam creaturam operatus sit. Item scriptum est (*Coloss.*, I, 15) : quod imago Patris sit Filius : nusquam autem scriptum est, quod imago Filii sit Pater. Deinde quod ille genitor, ille genitus ; et cætera hujuscemodi, quæ non ad æqualitatem substantiæ, sed ad proprietatem pertinent personarum : in quibus illi æqualitatem cum dicunt esse non posse, quoniam ad hæc penetranda (*b*) crassiores mentes adhibent,

---

(*a*) Sic Mss. Editi autem, *prosecutus fueris.* — (*b*) Rat. Er. et Mss. *grossiores.*

celui qui a tout fait, et celui par qui tout a été fait, entre l'image et le type de l'image, entre celui qui est engendré et celui qui engendre, l'Apôtre pour fermer la bouche aux hommes opiniâtres n'aurait pas dit : Il n'a point cru que ce fût pour lui une usurpation de s'égaler à Dieu. (*Philip.*, II, 6.)

2. Tout ce qui est écrit pour établir la distinction du Père et du Fils, est relatif tantôt à la propriété des personnes, tantôt au mystère de l'incarnation, pourvu qu'on maintienne la divinité, l'unité et l'égalité de substance entre le Père et le Fils. On peut donc demander ici si l'Apôtre avait en vue la propriété des personnes, ou l'incarnation, quand il a dit : « Alors le Fils lui-même sera soumis à celui qui lui aura soumis toutes choses. » (I *Cor.*, XV, 28.) Un passage de l'Ecriture s'explique ordinairement par le contexte, lorsque les circonstances qui touchent à la question sont examinées, et traitées avec une attention scrupuleuse. Or, nous trouvons que ces paroles viennent à la suite de celles-ci placées plus haut : « Mais maintenant Jésus-Christ est ressuscité d'entre les morts, et il est devenu les prémices de ceux qui sont dans le sommeil de la mort. » (*Ibid.*, 20.) L'Apôtre traitait en effet de la résurrection des morts. Or, c'est comme homme que le Seigneur est ressuscité, comme le prouve très-clairement ce qui suit : « Car c'est par un homme que la mort est venue; c'est aussi par un homme que vient la résurrection; et comme tous meurent en Adam, tous revivront aussi par Jésus-Christ. Mais chacun à son rang : Jésus-Christ d'abord, comme prémices, puis ceux qui sont à Jésus-Christ en sa présence. Après quoi viendra la consommation de toutes choses, lorsqu'il aura remis le royaume à Dieu son Père, et qu'il aura anéanti tout empire, toute domination et toute puissance. Car Jésus-Christ doit régner, jusqu'à ce que Dieu ait mis tous ses ennemis sous ses pieds. Or, la mort sera le dernier ennemi qui sera détruit. L'Ecriture dit que Dieu lui a tout mis sous les pieds et lui a tout assujetti ; il est indubitable qu'il faut en excepter celui qui lui a assujetti toutes choses. Lors donc que toutes choses auront été assujetties au Fils, alors le Fils sera lui-même assujetti à celui qui lui a assujetti toutes choses, afin que Dieu soit tout en tous. » (*Ibid.*, 21.) Il est donc évident par cette citation, que le passage se rapporte au Fils de Dieu, comme homme.

3. Mais ce chapitre dont j'ai rapporté le texte entier, soulève encore d'autres questions. On dit d'abord : « Lorsqu'il aura remis le royaume à Dieu son Père, » comme si le Père ne régnait pas

---

pondere auctoritatis urgendi sunt. Si enim in his non posset intelligi æqualitas ejus per quem facta sunt omnia et ejus a quo facta sunt, imaginis et ejus cujus imago est, geniti et genitoris; nullo modo Apostolus contentiosorum hominum ora concludens ipsum etiam verbum poneret, dicens : Non rapinam arbitratus est esse æqualis Deo. (*Philip.*, II, 6.)

2. Cum ergo ea quæ ad distinctionem Patris et Filii scripta sunt, partim propter personarum proprietates, partim propter susceptionem hominis, ita scripta sint; dum tamen divinæ substantiæ Patris et Filii deitas et unitas et æqualitas maneat : recte quæritur in hoc loco, utrum secundum personarum proprietates, an secundum hominis susceptionem Apostolus dixerit : « Tunc et ipse Filius subjectus erit ei, qui illi subjecit omnia. » (I *Cor.*, XV, 28.) Solet circumstantia Scripturæ illuminare sententiam, cum ea quæ circa scripta sunt, præsentem quæstionem contingentia, diligenti discussione tractantur. Invenimus itaque ita ventum esse ad hunc locum, ut supra diceret : « Nunc autem Christus surrexit a mortuis, primitiæ dormientium. » (*Ibid.*, 20.) Agebat enim de resurrectione mortuorum, quod in Domino secundum susceptionem hominis factum est : quanquam apertissime sequatur et dicat (*Ibid.*, 21, etc.) : « Quoniam quidem per hominem mors, et per hominem resurrectio mortuorum. Sicut enim in Adam omnes moriuntur, sic et in Christo omnes vivificabuntur. Unusquisque autem in suo ordine: initium Christus; deinde ii qui sunt Christi, in (παρουσία) præsentia ejus ; deinde finis, cum tradiderit regnum Deo et Patri, cum evacuaverit omnem principatum et omnem potestatem et virtutem. Oportet enim illum regnare, donec ponat omnes inimicos suos sub pedibus suis. *(a)* Novissima inimica destruetur mors. Omnia enim subjecit sub pedibus ejus. Cum autem dixerit, quod omnia subjecta sunt, manifestum est quia præter eum qui subjecit illi omnia. Cum autem ei omnia subjecta fuerint, tunc et ipse Filius subjectus erit ei, qui illi subjecit omnia, ut sit Deus omnia in omnibus. Manifestum est ergo, hoc secundum susceptionem hominis dictum.

3. Sed alia in hoc capitulo, cujus totum textum commemoravi, solent habere quæstionem : primo quod dictum est : « Cum tradiderit regnum Deo et Patri : » (I *Cor.*, XV, 24) quasi nunc non teneat re-

---

(a) Editi constanter : *Novissime :* repugnantibus Mss. plerisque.

maintenant. On dit encore : « Jésus-Christ doit régner jusqu'à ce que Dieu ait mis tous ses ennemis sous ses pieds; » comme s'il ne devait plus régner ensuite (liv. I *de la Trin.*, chap. VIII, 10), et qu'on doive prendre en ce sens la parole qui précède : « Après quoi viendra la fin. » On ne pourrait pas dire sans blasphème que la consommation de toutes choses sera la fin de son règne, puisqu'il est écrit dans l'Evangile : Et son règne n'aura pas de fin. (*Luc*, I, 33.) Enfin quand on dit : « Lorsque toutes choses auront été assujetties au Fils, alors le Fils lui-même sera assujetti à celui qui lui aura assujetti toutes choses ; » il y en a qui veulent entendre ces paroles, comme si maintenant quelque chose n'était pas soumis au Fils, ou que le Fils lui-même ne fût pas soumis à son Père.

4. La question s'explique par une formule de langage. Ainsi l'Ecriture a sa manière de parler, et quoique une chose soit toujours la même, on paraît lui donner une existence nouvelle, parce qu'elle se manifeste d'une manière particulière. Ainsi nous disons dans la prière : Que votre nom soit sanctifié (*Matth.*, VI, 9), comme s'il n'était pas toujours saint. Donc de même que « soit sanctifié » signifie qu'il soit reconnu pour être saint, ainsi ces paroles : « Lorsqu'il aura remis le royaume à Dieu son Père, » signifient qu'il montrera son Père comme un souverain qui règne, et cela d'une manière éclatante et qui frappera tous les yeux, tandis que maintenant son règne est caché aux fidèles qui y croient, et aux infidèles qui n'y croient pas. Il anéantira donc tout empire et toute domination, en manifestant le règne de son Père, afin qu'il soit indubitable pour tout le monde qu'il n'y a ni prince, ni roi, au ciel ou sur la terre, qui ait aucun pouvoir par lui-même, mais que tout pouvoir vient de celui par qui toutes choses ont été faites, non-seulement pour exister, mais pour être gouvernées. Au jour de cette grande manifestation, personne ne pourra mettre son espérance ni dans un prince, ni dans un homme quelconque. C'est pourquoi le Prophète a chanté ces paroles : Il est bon de mettre son espérance dans le Seigneur, plutôt que dans un homme ; il est bon de mettre son espérance dans le Seigneur, plutôt que dans les princes. (*Ps.* CXVII, 8, 9.) La méditation de ces paroles fait monter les pensées de l'âme jusqu'au royaume du Père, pour l'empêcher de mettre sa confiance dans les pouvoirs de la terre, et de s'appuyer sur elle-même par une complaisance pernicieuse. Le Christ remettra donc le royaume à Dieu et au Père, lorsque le Père sera connu et rendu comme visible dans la personne de son Fils. Son royaume actuel, ce sont les chrétiens en qui il règne par la foi. Car autre est le

gnum Pater. Deinde quod dictum est : « Oportet enim illum regnare, donec ponat omnes inimicos suos sub pedibus suis : « quasi postea non sit regnaturus, et ad hoc valeat quod supra dictum est : « Deinde finis. » (Lib. 1. *de Trinit.*, cap. 8 et 10.) Quod sacrilega opinione sic accipiunt, quasi finem dixerit, consummationem regni ejus : cum scriptum sit in Evangelio : Et regni ejus non erit finis. (*Luc.*, I, 33.) Postremo quod dictum est : Cum autem ei omnia subjecta fuerint, tunc et ipse Filius subjectus erit ei qui illi subjecit omnia ; » sic volunt intelligi, quasi nunc aut aliquid Filio non sit subjectum, aut Patri non sit ipse subjectus.

4. Genere igitur locutionis solvitur quæstio. Sic enim plerumque Scriptura loquitur, ut quod semper est, tunc fieri dicatur in aliquo, cum (*a*) in eo cognosci cœperit. Ita enim dicimus in oratione : Sanctificetur nomen tuum (*Matth.*, VI, 9.) quasi aliquando sanctum non sit. Ergo sicut sanctificetur, est sanctum esse innotescat : ita quoque : « Cum tradiderit regnum Deo et Patri, » id est, cum Patrem regnare monstraverit, ut per speciem manifestationemque clarescat, quod nunc a fidelibus creditur et ab infidelibus non putatur. Evacuabit autem omnem principatum et potestatem, manifestando utique regnum Patris, ut omnibus notum sit, nullum principium et potestatum, sive cœlestium, sive terrestrium, per se habuisse aliquid principatus et potestatis, sed ab illo ex quo sunt omnia, non solum ut sint, verum etiam ut ordinata sint. In illa enim manifestatione nulli spes aliqua remanebit in quoquam principe, aut in quoquam homine. Quod etiam nunc prophetice canitur : « Bonum est sperare in Domino, quam sperare in homine ; bonum est sperare in Domino, quam sperare in principibus : » (*Psal.* CXVI, 8 et 9) ut ista meditatione anima jam in regnum Patris assurgat, nec cujusquam potestatem præter illum magni faciens, nec sua sibi perniciosissime blandiens. Tradet ergo regnum Deo et Patri, cum per illum per speciem cognoscetur Pater. Regnum enim ejus sunt in quibus nunc regnat per fidem. Aliter enim dicitur regnum Christi secundum potestatem divinitatis, se-

(*a*) Mss. *ab eo.*

royaume du Christ, considéré dans la puissance de sa divinité, où toute créature lui est soumise, et autre est son royaume qu'on appelle l'Eglise où il règne par la foi qu'il inspire et par la prière qui lui dit : « Possédez-nous. » (*Isa.*, XVI, 13.) Il n'est rien sans doute qu'il ne possède. Mais il faut l'entendre comme cette parole : Lorsque vous étiez esclaves du péché, vous étiez libres à l'égard de la justice. (*Rom.*, VI, 20.) Il anéantira donc tout empire, toute domination, toute puissance, en ce sens que quiconque verra le Père par le Fils, ne soit tenté ou forcé de se complaire en sa propre puissance, ni en aucune puissance créée.

5. « Jésus-Christ doit régner jusqu'à ce que Dieu ait mis ses ennemis sous ses pieds ; » (I *Cor.*, XV, 25) c'est-à-dire qu'il faut que son règne s'établisse d'une manière si manifeste, que tous ses ennemis soient forcés d'avouer qu'il est le souverain. C'est ainsi qu'il faut entendre que ses ennemis seront un jour sous ses pieds. Si on applique cette expression aux justes, on dira qu'ils ont été *ennemis*, avant d'être justifiés, et qu'en croyant ils se sont soumis. Si on l'applique aux impies qui ne partageront pas la béatitude future des justes, on dira qu'ils reconnaîtront à leur grande confusion quand il donnera les signes manifestes de sa puissance, qu'il est le souverain Maître. Donc quand on dit : « Jésus-Christ doit régner jusqu'à ce que Dieu ait mis ses ennemis sous ses pieds, » il ne faut pas entendre qu'une fois ses ennemis soumis, il ne doive plus régner ; mais « Jésus-Christ doit régner, jusqu'à ce que Dieu ait mis ses ennemis sous ses pieds, » c'est-à-dire il doit opérer le développement de sa puissance à un tel point d'évidence, que ses ennemis seront dans l'impossibilité de contester sa souveraineté. Pour expliquer cette locution, en voici une autre qui lui ressemble : « Nos yeux sont tournés vers le Seigneur, jusqu'à ce qu'il prenne pitié de nous. » (*Ps.* CXXII, 2.) Cela ne veut pas dire que quand il aura eu pitié de nous, nous devrons détourner nos yeux du Seigneur. Car notre bonheur est d'autant plus grand, que nous jouissons davantage de sa contemplation. C'est ainsi qu'on a dit encore : Nos yeux ne sont dirigés vers le Seigneur que jusqu'à l'instant où sa miséricorde nous exauce, pour signifier, non pas qu'on se détourne de lui, mais qu'on n'a plus rien à lui demander. Quand le royaume du Christ sera-t-il donc arrivé à sa plus grande manifestation, si ce n'est lorsque tous ses ennemis reconnaîtront qu'il règne en souverain maître ? Autre chose est donc de ne plus se développer, et autre chose de ne plus exister. Ne plus se manifester, c'est cesser d'accroître sa manifestation, ne plus exister ce serait cesser d'être. Or, quand le règne du Christ sera-t-il plus éclatant

---

cundum quod ei cuncta creatura subjecta est, et aliter regnum ejus dicitur Ecclesia, secundum proprietatem fidei quæ in illo est, secundum quod orat qui dicit : Posside nos. (*Isa.*, XXVI, 13, sec. LXX.) Neque enim non ipse possidet omnia. Secundum quod dicitur etiam illud : Cum servi essetis peccati, liberi eratis justitiæ. (*Rom.*, VI, 20.) Evacuabit ergo omnem principatum et omnem potestatem et virtutem, ut nulli Patrem intuenti per Filium opus sit aut libeat in cujusquam creaturæ vel in sua conquiescere potestate.

5. « Oportet enim eum regnare, donec ponat omnes inimicos suos sub pedibus suis : » (1 *Cor.*, XV, 25) id est, oportet regnum ejus in tantum manifestari, donec omnes inimici ejus ipsum regnare fateantur. Hoc enim intelligitur, sub pedibus ejus futuros inimicos. Quod si de justis acceperimus, ideo dictum est « inimicos, » quia ex injustis justificantur, et ei credendo subduntur. De injustis autem qui ad justorum beatudinem futuram non pertinent, sic accipiendum est, quoniam et ipsi eum regnare ipsa regni ejus manifestatione confusi fatebuntur. Ergo : « Oportet eum regnare, donec ponat omnes inimicos sub pedibus suis, » non ita dictum est, quasi cum posuerit inimicos suos sub pedibus suis, non sit postea regnaturus : sed : « Oportet eum regnare, donec ponat omnes inimicos suos sub pedibus suis ; » oportet eum, inquit, ad tantam evidentiam regnum suum perducere, donec inimici ejus nullo modo audeant negare quod regnet. Nam scriptum est : Ita oculi nostri ad Dominum Deum nostrum, donec misereatur nostri. (*Psal.* CXXII, 2.) Nec ideo tamen, cum misertus nostri fuerit, oculos ab eo debemus avertere. In tantum enim est beatitudo nostra, in quantum ejus contemplatione perfruimur. Sic ergo et hoc dictum est. Oculorum nostrorum intentio ad Dominum non porrigitur, nisi usque ad impetrationem misericordiæ ipsius, non ut postea inde avertatur, sed ut nihil inde amplius requirat. « Donec » ergo pro eo positum est, ut non amplius, intelligas. Quo enim amplius, id est, usque ad quam majorem manifestationem manifestabitur regnum Christi, nisi quo usque omnes inimici eum regnare fateantur ? Aliud est ergo non amplius manifestari, aliud non amplius permanere. Non amplius manifestari, et non fieri manifestius : non amplius permanere, non fieri perseve-

que lorsqu'il resplendira aux yeux de ses ennemis ?

6. « Or, la mort sera le dernier ennemi qui sera détruit. » (I *Cor.*, xv, 26.) Elle ne pourra manquer d'être détruite, quand notre corps mortel aura revêtu l'immortalité. « Car il a tout mis sous ses pieds, » jusqu'à la mort, pour qu'il la détruise. « Quand l'Ecriture dit : Tout lui a été assujetti ; » (le prophète l'a dit en effet dans les psaumes :) (viii, 8) il est indubitable « qu'il faut excepter celui qui lui a assujetti toutes choses ; » voulant faire comprendre que le Père a tout mis sous la puissance du Fils, comme le Seigneur lui-même le proclame en plusieurs endroits de l'Evangile, non-seulement suivant sa nature humaine, mais encore suivant sa nature divine, et par laquelle il est égal au principe qui l'a engendré. Car il aime tout rapporter à ce principe unique, dont il est l'image, mais l'image en qui réside toute la plénitude de la divinité. (*Col.*, ii, 9.)

7. « Lors donc que toutes choses auront été assujetties au Fils, alors le Fils sera lui-même assujetti à celui qui lui a assujetti toutes choses. » (I *Cor.*, xv, 28.) Ce n'est pas qu'à présent il n'en soit pas ainsi ; mais alors la chose sera manifeste, selon la locution que nous avons expliquée plus haut. « Afin que Dieu soit tout en tous. » Dieu est la fin, comme l'Apôtre, l'a dit plus haut, en voulant abréger sa pensée, avant de l'expliquer et de la développer dans ses parties. Car il parlait de la résurrection et disait : « Le Christ d'abord, ensuite ceux qui appartiennent au Christ, parce qu'ils ont cru à son avénement ; en dernier lieu la fin. » (*Ibid.*, 23.) Dieu est donc la fin, « pour que Dieu soit tout en tous. » Autre chose est la fin qui marque la perfection, autre chose la fin qui marque la destruction ; autre celle d'une tunique qu'on finit de tisser, autre celle d'un mets qu'on consomme en le mangeant. Or, on dit que Dieu sera tout en tous, pour montrer que personne de ceux qui l'aiment, n'aura une autre volonté que la sienne, et que tous reconnaîtront la vérité de ce que dit l'Apôtre dans un autre endroit : Qu'avez-vous, que vous ne l'ayez reçu ? (I *Cor.*, iv, 7.)

8. Il en est qui interprètent autrement ce passage : « Jésus-Christ doit régner, jusqu'à ce qu'il mette tous ses ennemis sous ses pieds. » (I *Cor.*, xv, 25.) Suivant eux le mot *régner* a une autre signification que là où il est dit : « Lorsqu'il aura remis le royaume à Dieu son Père. » (*Ibid.*, 24.) Selon eux, dans ce dernier cas, il est question du règne que Dieu exerce sur toute créature ; dans le premier, *régner* a le sens de marcher contre l'ennemi, ou de défendre l'Etat ; de sorte qu'en disant : « Jésus-Christ doit régner jusqu'à ce qu'il ait mis tous ses ennemis sous ses pieds, »

---

rantius. Quando autem manifestius erit regnum Christi, quam cum omnibus claruerit inimicis ?

6. « Novissima inimica destruetur mors. » (I *Cor.*, xv, 26.) Non enim erit aliud quod destruatur, postea quam mortale hoc induerit immortalitatem. « Omnia enim subjecit sub pedibus ejus : » hoc est, ut etiam mortem destruat. « Cum autem dixerit, quia omnia subjecta sunt : » dixit utique Propheta in Psalmis : « manifestum est quia præter eum qui subjecit illi omnia : » (*Psal.* viii, 8) Patrem vult intelligi omnia Filio subjecisse, sicut multis locis idem Dominus in Evangelio commendat et prædicat, non solum propter formam servi, sed etiam propter principium de quo est, et quo æqualis est ei de quo est. Amat enim ad unum principium referre omnia, tanquam imago ejus, sed in quo inhabitat omnis plenitudo divinitatis. (*Col.*, ii, 9.)

7. « Cum autem ei omnia subjecta fuerint, tunc et ipse Filius subjectus erit ei, qui illi subjecit omnia. » (I *Cor.*, xv, 28.) Non quasi modo non ita sit, sed tunc manifestum erit, secundum locutionem superius tractatam. « Ut sit Deus omnia in omnibus. » Ipse est finis, quem superius commemoravit, cum totum primo breviter valet concludere, deinde quasi membratim explicare et exponere. Loquebatur enim de resurrectione, ubi ait : « Initium Christus, deinde ii qui sunt Christi in præsentia ejus, deinde finis. » (*Ibid.*, 23.) Ipse scilicet finis est, « ut sit Deus omnia in omnibus. » Aliter enim dicitur finis qui pertinet ad consummationem, aliter qui pertinet ad consumtionem. Aliter enim finitur tunica texendo, aliter cibus comedendo. Deus autem omnia in omnibus dicitur, ut nemo eorum qui ei cohærent, amet adversus eum suam propriam voluntatem, manifestumque sit omnibus quod idem Apostolus alio loco dicit : Quid autem habes quod non accepisti ? (I *Cor.*, iv, 7.)

8. Sunt item qui sic intelligunt hunc locum : « Oportet eum regnare, donec ponat omnes inimicos suos sub pedibus suis : » (I *Cor.*, xv, 25) ut sub alia significatione positum hic dicant « regnare ; » non sub ea quæ positum est « regnum, » de quo ait : « Cum tradiderit regnum Deo et Patri : » (*Ibid.*, 24) ut illud sic appellaverit regnum, quo universam creaturam Deus regit ; hoc autem sic appellaverit regnare, ut intelligatur tanquam adversus hostem exercitum ducere, vel defendere civitatem : ut ideo dixerit : «Opor-

l'Apôtre voudrait dire qu'un royaume de ce genre, comme ceux que possèdent les généraux d'armées, n'aura plus aucune raison d'être, quand l'ennemi sera tellement soumis qu'il ne puisse plus se révolter. On lit positivement dans l'Evangile : Et son règne n'aura pas de fin (*Luc*, I, 33), en ce sens qu'il règne pour l'éternité. Mais comme il a aussi un autre règne, où l'on combat sous sa conduite contre le démon, ce règne des combats durera jusqu'à ce qu'il ait mis tous ses ennemis sous ses pieds. Ensuite il sera terminé, lorsque nous jouirons de la paix perpétuelle.

9. J'ai voulu rapporter ces diverses interprétations, pour que nous nous arrêtions à bien considérer quel est le règne du Seigneur sur la terre, en vertu du grand mystère de son Incarnation et de sa passion. En tant qu'il est le Verbe de Dieu, son règne n'a ni fin, ni commencement, ni interruption. En tant qu'il est le Verbe fait chair (*Jean*, I, 14), il a commencé à régner dans le cœur des croyants par la foi à son incarnation, selon cette parole : Le Seigneur a régné par le bois. (*Ps.* XCV, 10.) Or, c'est par la force de ce bois qu'il a anéanti tout empire, toute domination, toute puissance. Ceux qui se sont attachés à lui par la foi, trouvent leur salut dans ses abaissements plutôt que dans sa glorification. Voilà le mystère qui est caché aux sages et aux prudents, mais qui est révélé aux petits (*Matth.*, XI, 25) ; parce qu'il a plu à Dieu de sauver ceux qui croiraient par la folie de la prédication. (I *Cor.*, I, 21.) Et parmi ces petits, l'Apôtre affirme qu'il ne sait rien que Jésus, et Jésus crucifié. (I *Cor.*, II, 2.) Cette prédication est nécessaire, tant que ses ennemis ne seront pas mis sous ses pieds ; c'est-à-dire, tant que l'orgueil du monde ne cèdera pas et ne tombera pas devant son humilité figurée, je pense, par ses pieds. Cette soumission s'est déjà opérée dans une grande partie du monde, et elle se fait tous les jours. Mais pourquoi tout cela? Afin que le Fils remette le royaume à Dieu et au Père ; c'est-à-dire, que ceux qui sont nourris dans la foi de son incarnation, il veut les conduire à la contemplation de cette nature, par laquelle il est égal à son Père. Il parlait déjà dans ce sens à ceux qui croyaient, lorsqu'il leur disait : « Si vous demeurez fidèles à mes paroles, vous serez vraiment mes disciples, et vous connaîtrez la vérité, et la vérité vous délivrera. » (*Jean*, VIII, 31.) En effet, il remettra le royaume à son Père, lorsque ses élus contemplant la vérité, reconnaîtront qu'il est égal au Père, et verront clairement le Père dans la personne du Fils unique. Maintenant il règne dans le cœur des croyants, par le côté de ses abaissements, comme ayant pris la nature de l'esclave. (*Philip.*, II, 7.) Mais alors il remettra le royaume à

---

tet eum regnare, donec ponat omnes inimicos suos sub pedibus suis; » quia talis regni, quale habent principes armatorum, nulla erit causa, hoste ita subjecto ut rebellare non possit. Nam utique dictum est in Evangelio (*Luc.*, I, 33) : Et regni ejus non erit finis, secundum quod regnat in æternum : secundum autem id quod adversus diabolum sub eo militatur, tamdiu erit utique ista militia, donec ponat omnes inimicos suos sub pedibus suis : postea vero non erit, cum pace perpetua perfruemur.

9. Hæc autem ita dicta sint, ut noverimus diligentius etiam illud considerari oportere, secundum quid regnet nunc Dominus dispensatione sacramenti sui per incarnationem atque passionem. Nam secundum id quod Verbum Dei est, tam sine fine quam sine initio et sine intermissione est regnum ejus. Secundum id autem quod Verbum caro factum est (*Joan.*, I, 14) : cœpit regnare in credentibus per fidem incarnationis suæ. Unde est etiam illud : Dominus regnavit a ligno. (*Psal.* XCV, 10.) Hinc autem evacuavit omnem principatum et omnem potestatem et virtutem, dum non per claritatem ejus, sed per humilitatem salvi fiunt credentes in eum. Hoc est absconditum a sapientibus et prudentibus, et revelatum parvulis (*Matth.*, XI, 25) : quoniam placuit Deo per stultitiam prædicationis salvos facere credentes. (I *Cor.*, I, 21.) Neque quidquam se inter parvulos scire dicit Apostolus, nisi Jesum Christum, et hunc crucifixum. (I *Cor.*, II, 2.) Qua prædicatione tamdiu opus est, donec ponantur omnes inimici sub pedibus ejus : id est, ipsi humilitati ejus, quam pedum nomine significari arbitror, cedat atque subdatur omnis superbia sæcularis; sicut ex maxima parte jam factum est, et quotidie fieri videmus. Sed quo fine ista fiunt? Ut tradat regnum Deo et Patri, id est, ut nutritos fide incarnationis suæ, perducat ad speciem qua æqualis est Patri. Jam enim eis qui crediderant, loquebatur, cum diceret : « Si manseritis in verbo meo, vere discipuli mei estis, et cognoscetis veritatem, et veritas liberabit vos. » (*Joan.*, VIII, 31.) Regnum enim tradet Patri, cum per id regnabit in contemplantibus veritatem, quo æqualis est Patri, et per se unigenitum per speciem faciet videri Patrem. Nunc enim per hoc regnat in credentibus, quo se ipsum exinanivit formam servi accipiens. (*Philip.*, II, 7.) Tunc autem tradet regnum Deo et Patri, cum evacuaverit omnem

Dieu et au Père, lorsqu'il aura anéanti tout empire, toute domination et toute puissance. Comment les anéantira-t-il, si ce n'est par l'humilité, la patience et l'infirmité? Quel empire pourra subsister, lorsque le Fils de Dieu règne dans le cœur des croyants, en raison de ce que les princes du monde l'ont jugé? Quelle domination restera debout, lorsque le Fils de Dieu par qui tout a été fait, règne dans le cœur des croyants, en raison de ce qu'il a été traduit devant les puissances de la terre, et qu'il a dit au juge : « Tu n'aurais aucun pouvoir sur moi, s'il ne t'avait été donné d'en haut? » (*Jean*, XIX, 11.) Quelle puissance pourra subsister, lorsque le Fils de Dieu par qui les cieux ont été affermis, ne règne sur les croyants que parce qu'il a été abaissé jusqu'à subir la croix et la mort? Or, c'est de cette manière que le Fils règne dans le cœur des croyants. On ne peut pas dire ou croire que le Père se soit incarné, qu'il ait été jugé et crucifié. Mais le Fils, par sa nature divine, en quoi il est égal au Père, règne avec le Père au milieu de ceux qui contemplent la vérité. Quand on dit qu'il remettra le royaume à Dieu et au Père, on entend donc que ceux qui ont maintenant la foi de son incarnation, il les conduira dans le sanctuaire visible de la divinité, sans cesser pour cela de régner ; mais le Père et le Fils se montreront aux élus comme une seule nature et comme un même objet de contemplation et de jouissance. Mais tant que les hommes ne pourront pas contempler l'égalité du Père et du Fils, dans la pure lumière de leur intelligence, il faudra que le règne du Christ soit en rapport avec la nature de l'homme, et avec la nature du Christ dans les abaissements de son incarnation, jusqu'à ce qu'il ait mis tous ses ennemis sous ses pieds ; c'est-à-dire, jusqu'à ce que tout orgueil humain se soit courbé devant l'humilité de l'incarnation.

10. Quand l'Apôtre a dit (I *Cor.*, XV, 28) : « Alors le Fils lui-même sera assujetti à celui qui lui a assujetti toutes choses, » il a voulu certainement parler du Fils comme homme, selon la nature humaine qu'il a prise. Car il s'agissait précisément de la résurrection des morts. Cependant on pourrait se demander s'il est question seulement du Christ, en tant qu'il est chef de l'Eglise (*Ephés.*, V, 23), ou s'il faut entendre le Christ tout entier, y compris le corps et les membres. Ecoutez le même Apôtre écrivant aux Galates : « Il ne dit pas : A ceux qui naîtront, comme parlant de plusieurs ; mais comme d'un seul : A celui qui naîtra de vous, c'est-à-dire au Christ. » (*Gal.*, III, 16.) Puis pour nous faire comprendre sa pensée, qui n'a pas seulement en vue le Christ né de la Vierge Marie, il ajoute : « Car vous êtes tous un en Jésus-Christ. Or, si vous êtes à Jésus-Christ, vous êtes donc de la race

---

principatum et potestatem et virtutem. Unde (*a*) evacuabit, nisi humilitate et patientia et infirmitate? Quis enim principatus non evacuetur, cum Filius (*b*) Dei propterea regnat in credentibus, quia eum principes sæculi judicaverunt? Quæ potestas non evacuetur, cum ipse per quem facta sunt omnia, propterea regnat in credentibus, quia ita subjectus est potestatibus, ut diceret homini : Non haberes in me potestatem, nisi data tibi esset de super? (*Joan.*, XIX, 11.) Quæ virtus non evacuatur, cum ipse per quem cœli solidati sunt, ideo regnat in credentibus, quia usque ad crucem mortemque infirmatus est? Hoc autem modo Filius proprie regnat in fide credentium. Non enim Pater dici aut credi potest vel incarnatus, vel judicatus, vel crucifixus. Per speciem autem, qua æqualis est Patri, cum Patre regnat in contemplantibus veritatem. Quod autem tradet regnum Deo et Patri, a fide incarnationis suæ ad speciem deitatis perducens eos qui sibi nunc credunt, non ipse amittit, sed uterque se unum ad fruendum contemplantibus præbet. Tamdiu autem opus est, ut in hominibus nondum valentibus æqualitatem Patris et Filii perspicua mentis luce contueri, per hoc regnet Christus, quod tales capere possunt, et quod proprie ipse suscepit, id est, incarnationis humilitatem, donec ponat omnes inimicos sub pedibus suis : id est, donec omnis superbia sæcularis incarnationis ejus humilitati subdatur.

10. Sane quod dictum est : « Tunc et ipse Filius subjectus erit ei, qui illi subjecit omnia : » (I *Cor.*, XV, 28) quamvis secundum susceptionem hominis dicatur, quia inde est quæstio nata, cum ageret de resurrectione mortuorum : tamen recte quæritur utrum secundum ipsum tantum dictum sit, quod est caput Ecclesiæ (*Ephes.*, V, 23) : an secundum universum Christum, annumerato corpore et membris ejus. Cum enim ait ad Galatas (*Gal.*, III, 16) : Non dicit : « Et seminibus, tanquam in multis, sed tanquam in uno : Et semini tuo, quod est Christus : » ne ipsum hoc loco solum intelligeremus Christum, qui de Maria virgine est natus ; postea dicit : « Omnes enim vos unum estis in Christo Jesu. Si autem vos

---

(*a*) Sic Rat. et Mss. At. Er. et Lov. *evacuavit*. — (*b*) Editi, *filius hominis :* quibus Mss. prope omnes dissentiunt.

d'Abraham. » (*Ibid.*, 28, 29.) Dans son Epître aux Corinthiens (I *Cor.*, XII, 12), parlant de la charité, il fait une comparaison qu'il emprunte aux membres du corps : « Et comme notre corps qui n'est qu'un, dit-il, est composé de plusieurs membres, et comme il y a plusieurs membres dans le corps, et qu'ils ne sont tous qu'un seul corps, ainsi est le Christ. » Il ne dit pas : Ainsi est le corps du Christ ; mais : Ainsi est le Christ, pour montrer que le Christ s'entend de l'universalité, c'est-à-dire du Chef avec son corps qui est l'Eglise. L'Ecriture renferme plusieurs passages où le Christ est appelé de cette manière, comme ne faisant qu'un avec ses membres, puisqu'il est dit : « Vous êtes le corps du Christ et ses membres. » (*Ibid.*, 27.) C'est pourquoi quand on dit : « Alors le Fils sera lui-même assujetti à celui qui lui aura assujetti toutes choses, » il n'est point déraisonnable d'entendre qu'il s'agit non-seulement du Fils comme chef de l'Eglise, mais de tous les saints qui sont avec lui, qui ne sont qu'un dans le Christ, une même race d'Abraham, soumise en contemplant l'éternelle vérité pour jouir de la béatitude, sans éprouver aucune résistance, ni dans le corps, ni dans l'âme, en sorte que dans cette vie où personne n'aimera sa propre indépendance, « Dieu soit tout en tous. »

QUESTION LXX. — Sur ces paroles de l'Apôtre : *La mort a été absorbée par la victoire. O mort, où est ta victoire ? O mort, où est ton aiguillon ? Or, l'aiguillon de la mort, c'est le péché, et la force du péché, c'est la loi.* (I *Cor.*, XV, 54.) — Je pense que *mort* signifie en cet endroit le penchant de la chair, qui résiste à la bonne volonté pour se complaire dans la jouissance des biens temporels. Car on ne dirait pas : « O mort, où est ta victoire ? » s'il n'y avait pas eu résistance et combat. Or, le combat est décrit dans le passage suivant : La chair s'élève contre l'esprit, et l'esprit contre la chair. Ils se combattent l'un l'autre et sont en désaccord perpétuel, de sorte que vous ne faites pas ce que vous voulez. (*Gal.*, V, 17.) Or, l'œuvre de la sanctification parfaite consiste à soumettre tout désir charnel à notre esprit éclairé et vivifié, c'est-à-dire à la bonne volonté. Maintenant nous nous passons facilement de plusieurs jouissances puériles, qu'on n'aurait pas pu refuser à notre enfance, sans nous causer de vifs chagrins. Il faut croire qu'il en sera de même un jour de tout plaisir charnel, lorsque la sainteté parfaite aura renouvelé l'homme tout entier. Mais tant que vit en nous ce principe de résistance à la bonne volonté, nous avons besoin que Dieu vienne à notre aide par le ministère des justes et des anges, afin qu'en attendant notre guérison parfaite, la chair

Christi, ergo Abrahæ semen estis. » (*Ibid.*, 28 et 29.) Et ad Corinthios cum de caritate diceret, de membris corporis similitudinem ducens : « Sicut enim corpus unum est, inquit, et membra habet multa, omnia autem membra corporis cum sint multa, unum est corpus, ita et Christus. » (I *Cor.*, XII, 12.) Non dixit, ita et Christi ; sed, ita et Christus, ostendens Christum recte appellari etiam universum, hoc est, caput cum corpore suo, quod est Ecclesia. Et multis Scripturarum locis invenimus Christum etiam hoc modo appellari, ut cum omnibus suis membris intelligatur, quibus dictum est : Vos estis corpus Christi et membra. (*Ibid.*, 27.) Non ergo absurde sic intelligimus : « Tunc et ipse Filius subjectus erit ei, qui illi subjecit omnia ; » ut Filium non solum caput Ecclesiæ, sed et omnes cum eo sanctos intelligamus, qui sunt unum in Christo, unum semen Abrahæ : subjectum autem secundum contemplationem sempiternæ veritatis, ad obtinendam beatitudinem, nullo motu animi, nulla parte corporis resistente ; « ut » in illa vita, nemine amante propriam potestatem : « sit Deus omnia in omnibus. »

QUÆST. LXX. — De eo quod Apostolus dicit : *Absorpta est mors in victoriam. Ubi est mors contentio tua ? Ubi est mors aculeus tuus ? Aculeus autem mortis peccatum : virtus vero peccati lex.* (I *Cor.*, XV, 54, etc.; *Gal.*, V, 17.) — Morte significari arbitror hoc loco carnalem consuetudinem, quæ resistit bonæ voluntati delectatione (*a*) temporalium fruendorum. Non enim diceretur ? « Ubi est mors contentio tua ? » si non restitisset et repugnasset. Ipsius contentio etiam illo loco describitur : Caro concupiscit adversus spiritum, et spiritus adversus carnem. Hæc enim invicem sibi resistunt et adversantur, ut non quæ vultis illa faciatis. Fit ergo per sanctificationem perfectam, ut omnis carnalis appetitus spiritui nostro illuminato et vivificato, id est, bonæ voluntati subjiciatur. Et sicut nunc videmus multis puerilibus delectationibus nos carere, quæ nos pueros, si denegarentur, acerrime cruciabant : ita credendum est de omni carnali delectatione futurum esse, cum perfecta sanctitas totum hominem reparaverit. Nunc autem quamdiu est in nobis quod resistat bonæ voluntati, auxilio Dei per bonos homines et bonos Angelos indigemus, ut donec sanetur

(*a*) Hic editi addunt *bonorum :* quæ vox abest a Mss.

ne nous tourmente pas jusqu'à détruire en nous la bonne volonté. Or, nous avons mérité cette mort par le péché, péché parfaitement libre, parfaitement volontaire, puisqu'il n'y avait dans le paradis terrestre aucune douleur, aucune privation qui pût, comme aujourd'hui, faire obstacle à la bonne volonté. Je suppose un homme qui n'a jamais goûté le plaisir de la chasse; il est parfaitement libre à ce sujet, s'il veut ou ne veut pas chasser; et la défense qu'on lui en ferait ne lui causerait aucune peine. Mais si abusant de cette liberté, il chasse malgré la défense de la loi, ce plaisir qui s'est glissé peu à peu dans son âme finit par le tourmenter, au point que s'il veut s'en priver, cette privation sera pour lui pénible et douloureuse, tandis qu'auparavant il n'y pensait pas et ne s'en portait pas plus mal. Donc « l'aiguillon de la mort, c'est le péché, » parce que le péché fait naître le plaisir qui résiste à la bonne volonté et qui souffre de ne pas se satisfaire. Cet amour du plaisir qui est un défaut de l'âme tombée s'appellera donc avec raison la mort. « Or, la force du péché, c'est la loi ; » parce que l'homme est bien plus coupable et plus criminel dans sa conduite, quand il viole la loi, que si la loi n'existait pas. La mort sera donc absorbée par la victoire, lorsque le travail de la sanctification aura renouvelé l'homme tout entier, et détruit l'amour charnel par l'amour spirituel.

QUESTION LXXI. — Sur ces paroles : *Portez les fardeaux les uns des autres, et vous accomplirez ainsi la loi du Christ.* (*Gal.*, VI, 2.) — 1. Comme la crainte était la gardienne de l'Ancien Testament, rien n'est plus clair, pour dire que la charité est un don du Nouveau Testament, que ce passage de l'Apôtre : « Portez les fardeaux les uns des autres, et vous accomplirez ainsi la loi du Christ. » La loi du Christ est basée sur cette pensée, et le Seigneur lui-même en nous ordonnant de nous aimer les uns les autres, a donné une si grande force à ce précepte, qu'il l'exprime en ces termes : « On reconnaîtra que vous êtes mes disciples, si vous vous aimez les uns les autres. » (*Jean*, XIII, 34.) Or, une des obligations de cet amour, c'est de porter mutuellement nos fardeaux. Cette obligation qui ne durera pas toujours, nous conduira certainement à la béatitude éternelle, là où nous n'aurons plus de ces fardeaux que nous soyons obligés de porter, en nous aidant les uns les autres. Mais ici bas, pendant que nous voyageons sur la route, portons mutuellement nos fardeaux, pour que nous puissions arriver à cette vie où l'on ne porte plus rien. Des historiens versés dans la connaissance de la nature (*Pline*, liv. VIII,

---

vulnus nostrum, non ita (*a*) molestet, ut perimat etiam bonam voluntatem. Hanc autem mortem peccato meruimus, quod peccatum erat ante omni modo in libero arbitrio, cum in paradiso nullus dolor (*b*) denegatæ delectationis voluntati bonæ hominis resistebat, sicuti nunc. Verbi gratia, si quisquam existat, quem nunquam delectavit venatio, omni modo liber est utrum venari velit, an nolit, nec cum cruciat quisquis hoc prohibet. At si ista libertate male usus, venatus fuerit contra prohibentis imperium, paulatim subrepens delectatio, mortificat animam, ut si se abstinere velit, absque molestia et sine angore non possit, cum id ante tota sanitate non ageret. Ergo « aculeus mortis peccatum est ; » quia peccato facta est delectatio, quæ jam possit resistere bonæ voluntati, et cum dolore cohiberi. Quam delectationem, quia in defectu est animæ deterioris effectæ, jure mortem vocamus. « Virtus autem peccati lex est ; » quia multo sceleratius et flagitiosius quæ lex prohibet committuntur, quam si nulla lege proliberentur. Tunc itaque absorpta erit mors in victoriam, cum per sanctificationem in omni parte hominis perfecta delectatione spiritualium delectatio carnalis obruetur.

QUÆST. LXXI. — De eo quod scriptum est : *Invicem onera vestra portate, et sic adimplebitis legem Christi.* — 1. Quia Veteris Testamenti custodia timorem habebat, non potuit apertius significari Novi Testamenti donum esse caritatem, quam hoc loco, ubi Apostolus dicit : « Invicem onera vestra portate, et sic adimplebitis legem Christi. » (*Gal.*, VI, 2.) Hanc enim Christi legem dicere intelligitur; qua ipse Dominus præcepit ut nos invicem diligamus, tantum in ea sententia præcepti pondus constituens, ut diceret : In hoc cognoscetur, quoniam discipuli mei estis, si invicem diligatis. (*Joan.*, XIII, 34.) Hujus autem dilectionis officium est, invicem onera nostra portare. Sed hoc officium, quod sempiternum non est, perducet sane ad beatitudinem æternam, ubi nulla erunt nostra onera, quæ invicem portare jubeamur. Nunc vero cum in hac vita, id est, in hac via sumus, onera invicem nostra portemus, ut ad eam vitam quæ caret omni onere pervenire possimus. Sicut enim de cervis nonnulli talium cognitionum studiosi scripse-

---

(*a*) Sexdecim Mss. *molestetur*. — (*b*) Sic Rat. et Mss. At Er. et Lov. *denegata delectatione*.

ch. XXXII) ont rapporté que les cerfs ayant à passer un détroit, pour aller dans une île chercher les pâturages, prennent leurs dispositions de manière à se décharger l'un sur l'autre du fardeau de leurs têtes, ou plutôt de leurs bois, et se mettent à la suite l'un de l'autre, celui qui vient après posant sa tête qu'il allonge sur celui qui le précède. Mais comme le chef de la bande ne peut trouver le même appui pour sa tête, on dit qu'ils se succèdent alternativement dans cette fonction; et quand le premier est fatigué sous le poids de son fardeau, il va prendre place à la suite des autres et se trouve remplacé par celui qui venait après lui. C'est ainsi que portant les fardeaux les uns des autres, ils traversent le détroit et arrivent à la terre ferme. Salomon faisait sans doute allusion à la nature ingénieuse de ces animaux, lorsqu'il dit : « Que vos entretiens soient comme les amitiés du cerf, et vos grâces comme celles du faon. » (*Prov.*, v, 19, *selon les Sept.*) Car rien ne prouve l'amitié comme le dévouement à porter le fardeau d'un ami.

2. Cependant il n'y aurait pas moyen de se soulager mutuellement, si au même moment où deux amis sont chargés, ils se trouvaient infirmes et de la même infirmité. Mais ordinairement les temps ne sont pas les mêmes et les genres d'infirmités sont différents, de sorte que nous pouvons porter les fardeaux les uns des autres. Par exemple, vous supporterez la colère de votre frère, lorsque vous n'avez rien qui vous indispose contre lui; et il supportera la vôtre, lorsque son esprit sera calme et tranquille. Cet exemple montre que pour la même infirmité, on peut, si ce n'est pas au même moment, porter les fardeaux les uns des autres; ainsi les deux frères supportent mutuellement leur colère. S'il s'agit d'un défaut qui ne soit pas le même, on peut citer un autre exemple : Voici deux hommes dont l'un s'est corrigé du bavardage, mais qui est toujours entêté; l'autre est grand parleur, mais il n'est pas opiniâtre; l'opiniâtre doit par charité supporter le bavardage de son frère, et le grand parleur l'opiniâtreté de l'autre, jusqu'à ce qu'ils soient tous deux guéris de leur maladie. Si deux personnes sont indisposées dans le même moment et de la même manière, elles ne peuvent pas exercer le support mutuel, parce que leur infirmité fait obstacle pour elle-même. Deux hommes qui sont irrités s'entendent pour se liguer contre une troisième personne et se supportent, quoique leur tolérance mutuelle soit plutôt une mutuelle consolation. Ainsi deux hommes qui ont le même sujet de tristesse se supportent mieux, et semblent se rechercher plus que si l'un était gai et l'autre triste. Mais s'ils sont cause de leur tristesse mutuelle, ils ne peuvent plus se supporter.

---

runt (*Plin.*, lib. VIII, cap. XXXII): cum fretum ad insulam transeunt pascuorum gratia, sic se ordinant, ut onera capitum suorum quæ gestant in cornibus super invicem portent, ita ut posterior super anteriorem cervice projecta caput collocet. Et quia necesse est unum esse, qui cæteros præcedens, non ante se habeat cui caput inclinet, vicibus id agere dicuntur; ut lassatus sui capitis onere ille qui præcedit, post omnes (*a*) recedat, et ei succedat cujus ferebat caput, cum ipse præiret. Ita invicem onera sua portantes, fretum transeunt, donec veniant ad terræ stabilitatem. Istam fortasse cervorum naturam intenderat Salomon, cum ait : Cervus amicitiæ et pullus gratiarum tuarum colloquantur tecum. (*Prov.*, v, 19. *sec.* LXX.) Nihil enim sic probat amicum, quemadmodum oneris amici portatio.

2. Nec tamen invicem onera nostra portaremus, si unum tempus esset infirmitatis amborum, qui onera sua sustinent, aut unum infirmitatis genus : sed diversa tempora et diversa genera infirmitatis faciunt ut onera nostra portare invicem valeamus. Verbi gratia, iram fratris tui tunc portabis, cum tu adversus eum non irasceris; ut rursus eo tempore quo te ira præoccupaverit, ille te lenitate et tranquillitate sua supportet. Hoc exemplum ad id pertinet, cum diversa sunt tempora portantium onera sua, quamvis ipsa diversa non sit infirmitas : in ambobus enim ab invicem ira portatur. Ad diversum autem infirmitatis genus aliud exemplum videndum est : veluti si quis loquacitatem in se vicerit, et pertinaciam nondum vicerit, alius vero adhuc loquax, sed jam pertinax non sit; debet ille hujus loquacitatem et iste illius pertinaciam, donec illud in illo et hoc in isto sanetur, caritate portare. Par quippe infirmitas in duobus si uno accidat tempore, tolerare se invicem non valent, cum adversum se intenditur. Nam adversus aliquem tertium, et duo irati sibi conveniunt, et se tolerant : quamquam nec tolerare se invicem dicendi sunt, sed potius se invicem consolari. Sicut et tristes de re una, magis se portant et quasi incumbunt sibi, quam si unus tristis esset et alius gauderet : si autem adversus se tristes sint, prorsus se

(*a*) Er. Rat. et Mss. *redeat*.

Quand on rencontre ces sortes de dispositions, il faut quelque peu condescendre à la maladie dont on veut guérir son prochain, et cela non pour la partager entièrement mais pour lui venir en aide; c'est ainsi qu'on se penche pour aider quelqu'un à se relever, en lui tendant la main. On ne se couche pas à côté de lui pour partager sa situation, on se penche seulement, et on relève celui qui est tombé.

3. Mais rien ne peut nous exciter à l'accomplissement de ce devoir de charité, par le support mutuel, comme la pensée de tout ce que le Seigneur a supporté pour nous. L'Apôtre nous le rappelle quand il nous dit : « Soyez dans la même disposition où a été Jésus-Christ, lui qui, ayant la nature de Dieu, n'a point cru que ce fût pour lui une usurpation de s'égaler à Dieu, et qui s'est cependant anéanti lui-même, en prenant la nature d'esclave, en se rendant semblable aux hommes, et en paraissant tel que les autres hommes. Il s'est humilié lui-même, se rendant obéissant jusqu'à la mort, et jusqu'à la mort de la croix. » (*Philipp,*, II, 5.) L'Apôtre avait dit précédemment : « Que chacun de vous ait en vue, non ses propres intérêts mais ceux des autres; » (*Ibid.*, 4) et c'est pour continuer cette pensée, qu'il a dit les paroles que nous avons rapportées : « Soyez dans la même disposition où a été Jésus-Christ. » Il a voulu nous montrer que, si le Seigneur en tant qu'il était le Verbe fait chair, et qu'il a habité parmi nous (*Jean*, I, 14), bien qu'il fût sans péché, a cependant porté le poids de nos péchés, ayant en vue, non ses propres intérêts, mais les nôtres; nous devons à son exemple, supporter volontiers nos charges mutuelles.

4. A cette pensée s'ajoute encore une autre considération, c'est que le Fils de Dieu a pris la nature humaine, et nous, nous sommes hommes, et par conséquent la maladie d'esprit ou de corps que nous voyons chez un autre, nous aurions pu ou nous pourrions l'avoir. Si donc notre frère est infirme, supportons son infirmité, et montrons-nous pour lui comme nous voudrions qu'il se montrât pour nous, si nous étions à sa place, et lui à la nôtre. C'est dans ce sens que l'Apôtre a dit : « Je me suis fait tout à tous pour les gagner tous; » (I *Cor.*, IX, 22) pensant qu'il aurait pu être atteint du même défaut, dont il désirait affranchir les autres. La conduite de l'Apôtre était surtout inspirée par un sentiment de compassion, et non par un calcul de dissimulation, comme quelques-uns le soupçonnent, surtout ceux qui, pour autoriser leurs mensonges, quand ils ne peuvent pas nier, cherchent à s'autoriser d'un grand exemple.

5. Ensuite il faut considérer que tout homme peut avoir une qualité que vous n'avez pas en-

---

tolerare non possunt. Et ideo in hujusmodi affectionibus suscipienda est aliquantulum ipsa ægritudo, de qua vis alium per te liberari; et sic suscipienda, ut ad auxilium, non ad æqualitatem miseriæ valeat : quemadmodum se inclinat, qui manum jacenti porrigit. Non enim se projicit, ut ambo jaceant; sed incurvat tantum, ut jacentem erigat.

3. Neque ulla res officiosum istum laborem ad portanda onera aliorum facit libenter impendi, nisi cum cogitamus quanta pro nobis pertulerit Dominus. Hinc enim admonens Apostolus ait : « Hoc sentite in vobis, quod et in Christo Jesu, qui cum in forma Dei esset, non rapinam arbitratus est esse æqualis Deo, sed semetipsum exinanivit formam servi accipiens, in similitudinem hominum factus, et habitu inventus ut homo, humiliavit semetipsum factus obediens usque ad mortem, mortem autem crucis. » (*Phil.*, II, 5, etc.) Superius enim dixerat : Non quæ sua sunt unusquisque intendens, sed ea quæ aliorum. (*Ibid.*, 4.) Huic sententiæ contexuit quod dictum est; nam ita sequitur : « Hoc sentite in vobis, quod et in Christo Jesu. » Ad hoc dumtaxat, ut quemadmodum ille in eo quod Verbum caro factum est, et habitavit in nobis (*Joan.*, I, 14) : et sine peccato cum esset, peccata nostra suscepit, non attendit sua; sed nostra; ita et nos libenter, ad ejus imitationem, invicem onera nostra portemus.

4. Huic cogitationi accedit etiam illa cogitatio, quia ille suscepit hominem, nos autem homines sumus : et considerare debemus, quod ægritudinem sive animi, sive corporis, quam in alio homine videmus, etiam nos habere potuimus, aut possumus. Hoc ergo exhibeamus illi, cujus infirmitatem portare volumus, quod ab illo nobis vellemus exhiberi, si forte nos in ea essemus, et ipse non esset. Ad hoc pertinet quod ipse Apostolus ait : Omnibus omnia factus sum, ut omnes lucrifacerem (I *Cor.*, IX, 22) : cogitando scilicet in eo vitio etiam se esse potuisse, unde cupiebat alium liberare. Compatiendo enim potius id agebat, non mentiendo, sicut quidam suspicantur, et hi maxime qui suis mendaciis defendendis, quæ negare non possunt, alicujus magni exempli patrocinium quærunt.

5. Deinde etiam illud cogitandum, nullum esse hominem qui non possit habere aliquod bonum, quod tu nondum habes, etiamsi lateat, in quo sine dubio

QUESTION LXXI.

core, quand même elle ne serait pas connue, et par laquelle il peut vous être supérieur. Cette pensée servira à confondre et à dompter votre orgueil, et si vous avez quelques qualités saillantes et extérieures, vous penserez que votre frère en a d'autres qui, pour être plus cachées aux autres et à lui-même, n'en sont pas moins solides et plus solides que les vôtres. Voilà pourquoi l'Apôtre ne veut pas qu'on se trompe ou qu'on se flatte, lorsqu'il dit : « Ne faites rien par un esprit de contention et de vaine gloire, mais que chacun par humilité croie les autres au-dessus de soi. » (*Philipp.*, II, 2.) Cette estime du prochain ne doit pas être une estime d'apparence, comme si elle était feinte ; mais nous devons penser réellement que notre frère possède quelque qualité cachée, par où il nous est supérieur, quand même nos qualités, par lesquelles nous paraissons avoir sur lui la supériorité, seraient plus éclatantes. Ces pensées qui corrigent l'orgueil et qui réveillent la charité, seront très-utiles pour nous faire porter patiemment, et même d'un bon cœur, les fardeaux les uns des autres. Mais quand il s'agit d'un inconnu, il ne faut jamais porter aucun jugement ; car on ne connaît bien que ses amis. Si nous avons plus de courage à supporter les défauts de nos amis, c'est qu'en nous procurant des jouissances, ils nous ont imposé des obligations.

6. Si quelqu'un fait des avances pour lier amitié avec nous, il ne faut pas les rejeter. Ce n'est pas à dire qu'il faut l'admettre sans épreuve, mais il faut désirer qu'il en soit digne et le traiter en conséquence. On peut regarder comme un ami intime, celui qui reçoit la confidence de toutes nos pensées. Si quelqu'un, par égard à notre dignité et à notre position temporelle, n'ose aspirer à notre amitié, il faut descendre jusqu'à lui et lui offrir, comme si on était son égal ou son inférieur, ce qu'il n'ose demander. Il arrive, quoique assez rarement, mais il arrive quelquefois, que celui que nous voudrions traiter comme ami, se montre plutôt à nous sous un aspect défavorable, et que ses défauts, que nous connaissons mieux que ses bonnes qualités, nous frappent tout d'abord et nous portent à le délaisser, sans avoir pris le temps de pénétrer au fond d'une âme qui est peut-être excellente. C'est pourquoi Notre-Seigneur Jésus-Christ, qui veut que nous soyons ses imitateurs, nous avertit de supporter certaines infirmités pour arriver, par ces procédés de la charité, à certaines bonnes qualités, où nous puissions nous arrêter avec complaisance. Car il dit lui-même : « Ce ne sont pas ceux qui se portent bien, mais ceux qui sont malades qui ont besoin du médecin. » (*Matth.*, IX, 12.) C'est pourquoi, si en vertu de la charité du Christ, nous ne devons pas repousser celui

---

possit te esse superior. Quæ cogitatio ad contundendam edomandamque superbiam valet, ne arbitreris quoniam tua quædam bona eminent et apparent, ideo alterum nulla habere quæ lateant, et fortassis majoris ponderis bona quibus te superat nescientem. Non enim (*a*) falli nos, aut adulatione potius uti, Apostolus jubet, cum dicit : « Nihil per contentionem neque per inanem gloriam, sed in humilitate mentis alter alterum existimantes superiorem sibi. » (*Philip.*, II, 3.) Non hæc ita debemus existimare, ut non existimemus, sed nos existimare fingamus ; sed vere existimenus aliquid occultum esse posse in alio, quo nobis superior sit, etiamsi bonum nostrum, quo illo videmur superiores esse, non sit occultum. Istæ cogitationes deprimentes superbiam, et (*b*) acuentes caritatem, faciunt onera fraterna invicem, non solum æquo animo, sed etiam libentissime sustineri. Nullo modo autem de quoquam homine incognito ferenda sententia est : et nemo nisi per amicitiam cognoscitur. Et ideo amicorum mala firmius sustinemus, quia bona eorum nos delectant et tenent.

6. Nullius itaque repudianda est amicitia sese ingerentis ad amicitiam copulandam ; non ut statim recipiatur, sed ut recipiendus optetur, atque ita tractetur, ut recipi possit. Illum enim receptum in amicitiam possumus dicere, cui omnia consilia nostra refundere audeamus. Et si quisquam est qui se non audet ingerere ad amicitiam faciendam, cum aliquo nostro temporali honore aut dignitate revocetur ; descendendum est ad eum, et offerendum illi quadam comitate et submissione animi, quod petere per se ipse non audet. Sane quamvis rarius, tamen aliquoties accidit, ut ejus quem volumus in amicitiam recipere, prius nobis innotescant mala quam bona, quibus offensi et quodam modo repercussi relinquimus eum, et ad (*c*) bonorum ejus, quæ forte occultiora sunt, indagationem non pervenimus. Admonet itaque Dominus Jesus Christus, qui nos vult effici imitatores suos, ut ejus infirma toleremus, ut ad quædam sana, in quorum delectatione acquiescamus, per caritatis tolerantiam perducamur. Ait enim : Non est opus sanis medicus, sed ægrotanti-

---

(*a*) Sic plerique Mss. At editi, *fallit*. — (*b*) Tres Mss. *et augentes caritatem*. — (*c*) Septem Mss. *et ad bona ejus* : pauloque post, *indagatione*.

qui est peut-être complètement malade, parce que le Verbe de Dieu peut toujours le guérir; combien moins devons-nous éloigner celui dont nous n'avons désespéré, que parce que, dès le premier abord, nous n'avons pas eu la patience de supporter quelques infirmités, et ce qui est plus grave, parce que nous livrant à notre ressentiment, nous avons osé juger témérairement cet homme et le condamner sans rémission, oubliant cette parole de l'Evangile (*Matth.*, VII, 1) : « Ne jugez pas et vous ne serez point jugé ; on se servira envers vous de la même mesure dont vous vous serez servi envers les autres. » Il arrive souvent que ce sont les bonnes qualités qui nous frappent tout d'abord ; mais alors encore il faut se défier d'une disposition trop bienveillante, pour qu'après avoir exagéré les perfections, vous n'en veniez pas, en reconnaissant des défauts réels qui vous surprennent dans cet ami, à vous refroidir à son égard et à le détester, ce qui serait un crime. Je dis au contraire que si votre ami se faisait plutôt connaître à vous par ses défauts que par de bonnes qualités, il faudrait encore le supporter et le traiter comme un malade qu'on cherche à guérir; ne faut-il pas à plus forte raison supporter celui dont les vertus que nous avons connues, sont des gages qui nous obligent à une plus grande bienveillance?

7. Voilà donc la loi du Christ, c'est que nous portions les fardeaux les uns des autres. Si nous aimons le Christ, nous supportons facilement les infirmités du prochain, que nous n'aimons pas encore pour le bien qui est en lui. Nous pensons que celui que nous aimons, Notre-Seigneur est mort pour notre frère. C'est cette charité que l'apôtre saint Paul veut nous inspirer quand il dit : « Ainsi votre science sera cause de la perte de ce frère encore faible, pour qui Jésus-Christ est mort. » (1 *Cor.*, VIII, 11.) Or, ne pas aimer le Christ, ce n'est pas une infirmité, c'est la mort. C'est pourquoi veillons avec soin, implorons la miséricorde de Dieu, pour ne pas délaisser Jésus-Christ, à cause de notre frère qui est faible, nous qui devons aimer ce frère qui est faible, à cause de Jésus-Christ.

QUESTION LXXII. — *Des temps éternels.* — On se demande dans quel sens l'apôtre saint Paul a pu dire : « Avant les temps éternels, » (*Tit.*, I, 2) car s'il s'agit des temps, comment pourraient-ils être éternels? L'Apôtre a voulu dire sans doute avant tous les temps. (Liv. XII *de la Cité de Dieu*, chap. XVI.) En effet, s'il eût dit, « avant les temps, » sans ajouter *éternels*, on aurait pu comprendre une époque précédée d'une autre époque. Il a préféré dire les temps éternels, plutôt que tous les temps, pour indiquer sans doute

bus. (*Matth.*, IX, 12.) Ideoque, si propter Christi caritatem etiam eum qui omni ex parte fortassis ægrotat, repellere ab animo non debemus, quoniam sanari potest per verbum Dei ; quanto minus eum, qui propterea nobis videri potest totus ægrotus, quia quædam ejus saucia in primo ingressu amicitiæ non potuimus sustinere, et quod est gravius, cum offensione animi de toto homo homine ausi sumus temerariam præjudicii ferre sententiam, non timentes quod dictum est : « Nolite judicare, ut non judicemini. (*Matth.*, VII, 1 et 2.) Et in qua mensura mensi fueritis, in eadem remetietur vobis. » Sæpe autem illa quæ bona sunt, prius apparent : in quibus etiam temerarium benevolentiæ judicium cavendum est, ne cum totum bonum putaveris, ea quæ postea mala apparuerint, securum et imparatum te inveniant, et gravius offendant; ut eum quem temere dilexeras, acerbius oderis, quod nefas est. Quia etiamsi nulla ejus bona, præcederent, et hæc quæ postea apparuerunt mala, prius eminerent, toleranda tamen erant, donec omnia cum illo ageres, quibus talia sanari solent : quanto magis cum ea bona præcesserunt, quæ tanquam pignora nos debent ad posteriora toleranda constringere?

7. Ipsa est ergo lex Christi, ut invicem onera nostra portemus. Christum autem diligendo, facile sustinemus infirmitatem alterius, etiam quem nondum propter bona sua diligimus. Cogitamus enim quia ille, quem diligimus, Dominus propter eum mortuus est. Quam caritatem apostolus Paulus nobis ingessit, cum diceret : Et peribit infirmus in tua scientia frater, propter quem Christus mortuus est. (I *Cor.*, VIII, 11.) Ut si illum infirmum, propter vitium, quo infirmus est, minus diligimus, illum in eo consideremus, qui mortuus est propter illum. Christum autem non diligere, non infirmitas, sed mors est. Quapropter ingenti cura, et implorata Dei misericordia cogitandum est, ne Christum negligamus propter infirmum, cum infirmum debeamus diligere propter Christum.

QUÆST. LXXII. — *De temporibus æternis.* — Quæri potest quomodo ab ipso apostolo Paulo dictum sit : « Ante tempora æterna. » (*Tit.*, I, 2.) Si enim tempora, quomodo æterna? Nisi forte ante omnia tempora intelligi voluit. Quia si dixisset : « ante tempora ; » neque addidisset : « æterna : » posset accipi, ante quædam tempora, quæ ante se haberent alia tempora. (Lib. XII, *de Civit. Dei*, cap. 16.) Æterna

que le temps à son origine ne succédait pas à un autre temps. Les temps éternels ne pourraient-ils pas aussi signifier l'éternité qui diffère d'avec le temps, en ce que l'un est changeant, et l'autre immuable ?

QUESTION LXXIII. — Sur ces paroles : *Et il fut reconnu pour homme par les dehors*, (*habitu.*)(*Philipp.*, II, 7.) — 1. Ce mot de dehors (*habitus*) peut s'entendre de plusieurs manières; tantôt c'est l'état, habitude proprement dite, comme l'intelligence d'une science quelconque, confirmée et fortifiée par l'usage ; tantôt, c'est l'état du corps dans le sens où l'on dit qu'un homme a plus de force et d'embonpoint qu'un autre homme, et qu'on appelle état de santé. Tantôt, c'est l'enveloppe extérieure que nous ajustons à nos membres, comme le vêtement, la chaussure, l'armure et autres choses de ce genre. Dans toutes ces significations où le mot *habitus* vient du verbe *habere* avoir, il est évident que cette expression *habitus* ne s'entend que d'une chose accidentelle, qu'on peut avoir ou ne pas avoir. (III *Sent.*, dist. 6, c. *Ne autem.*) En effet l'instruction est accidentelle pour l'âme, comme la force et l'embonpoint pour le corps ; le vêtement et l'armure pour nos membres; on comprend très-bien que notre âme resterait dans sa grossièreté, sans l'instruction ; notre corps frêle et languissant, sans la nourriture et la force que lui donne l'estomac ; l'homme serait nu sans le vêtement, désarmé sans l'armure, et nu-pieds sans la chaussure. Le mot *habitus* s'applique donc à tout ce qui ne nous est qu'accidentel. Cependant il faut faire une différence ; certains de ces accidents, pour devenir habituels, ne sont point transformés par nous, mais nous transforment plutôt en eux, tout en restant intégralement ce qu'ils sont ; comme la sagesse qui entre dans l'homme, non pour être modifiée ; mais pour modifier l'homme lui-même, en le rendant sage d'ignorant qu'il était. D'autres au contraire, subissent et opèrent en même temps des changements ; comme la nourriture qui perd sa spécialité pour devenir notre chair, tandis que réparés nous-mêmes par cette nourriture, nous passons de la maigreur et de la faiblesse à la force et à la santé. D'autres enfin, subissent un changement pour former l'habit, *habitus*, et reçoivent en quelque sorte une forme de ceux auxquels ils s'appliquent, comme le vêtement, car si vous le quittez ou l'abandonnez, il n'a plus cette forme qu'il avait en couvrant vos membres et en s'y ajustant. Donc le vêtement, quand il couvre le corps, a une forme qu'il n'avait pas auparavant, tandis que nos membres, avec ou sans ce vêtement, sont toujours les mêmes. Il y a encore une

---

autem maluit dicere, quam omnia, fortassis ideo, quia tempus non cœpit ex tempore. An tempora æterna ævum significavit : inter quod et tempus, hoc distat, quod illud stabile est, tempus autem mutabile?

QUÆST. LXXIII. — De eo quod scriptum est : *Et habitu inventus ut homo.* (*Philip.*, II, 7.) — 1. Multis modis habitum dicimus : vel habitum animi, sicut est cujuscumque disciplinæ perceptio, usu roborata atque firmata : vel habitum corporis, secundum quem dicimus alium alio esse succulentiorem et validiorem, quæ magis proprie habitudo dici solet : vel habitum eorum quæ membris nostris accommodantur extrinsecus, secundum quem dicimus vestitum, calceatum, armatum, et si quod ejusmodi est. In quibus omnibus generibus (si quidem nomen hoc ductum est ab illo verbo, quod est habere) manifestum est in ea re dici habitum, quæ accidit alicui, ita ut eam possit etiam non habere. (III *Sent.*, dist. 6. cap. *Ne autem.*) Nam et doctrina accidit animo, et succus ac robur corpori ; et vestis atque arma, non dubium est quin accidant membris nostris : ita ut et imperitus possit esse animus, si ei doctrina non accide-

ret; et exile atque languidum corpus, sine succo viscerum et robore ; et nudus sine veste et inermis sine armis, et pede nudo sine calceamentis esse homo potest. Habitus ergo in ea re dicitur, quæ nobis ut habeatur accidit. Veruntamen hoc interest, quod quædam eorum quæ accidunt nobis, ut habitum faciant, non mutantur a nobis, sed ipsa nos mutant in se, ipsa integra et inconcussa manentia : sicuti sapientia, cum accidit homini, non ipsa mutatur, sed hominem mutat, quem de stulto sapientem facit. Quædam vero sic accidunt, ut et mutent et mutentur : sicuti cibus ipse amittens speciem suam, in corpus nostrum vertitur ; et nos refecti cibo, ab exilitate atque languore in robur atque valentiam commutamur. Tertium vero genus est, cum ipsa quæ accidunt, mutantur ut habitum faciant, et quodam modo formantur ab eis, quibus habitum faciunt, sicuti est vestis : nam cum (*a*) reposita vel projecta est, non habet eam formam, quam sumit cum induitur atque inducitur membris. Ergo induta accipit formam, quam non habebat exuta : cum ipsa membra, et cum exuuntur; et cum induuntur, in suo statu maneant. Potest esse et quartum genus, cum

(*a*) Magister sententiarum, *deposita*.

quatrième espèce d'accidents, qui en donnant à l'homme une certaine forme extérieure ne subissent et n'opèrent aucun changement, comme un anneau qu'on met au doigt. Mais il ne faut pas aller trop loin, pour ne pas tomber dans la subtilité. Cependant à y regarder de près, cette quatrième espèce n'existe pas ou est très-rare.

2. L'Apôtre, en parlant du Fils unique de Dieu (*Philipp.*, II, 6, 7), sous le rapport de la divinité en tant qu'il est véritablement Dieu, dit qu'il est égal au Père; que ce n'eût point été chez lui une usurpation, c'est-à-dire convoitise du bien d'autrui, de rester toujours dans cette égalité, de ne point revêtir la nature humaine, de ne point paraître comme homme au milieu des hommes. Mais il s'est anéanti lui-même, non en changeant sa propre forme, mais en prenant la forme d'esclave, non en se transformant en homme, aux dépens de son immutabilité; mais en revêtant véritablement la nature humaine, de manière à être fait semblable aux hommes, non pour lui, mais pour ceux qui le virent sous cette forme, et reconnu par les dehors (*habitu*), comme n'étant qu'un homme; c'est-à-dire qu'ayant la nature humaine, il fut considéré simplement comme un homme. Car il ne pouvait pas être reconnu comme Dieu, par ceux dont le cœur était impur, qui ne pouvaient voir le Verbe dans le sein de son Père, à moins qu'il ne prît une forme visible pour eux, et par laquelle ils pussent être conduits à la lumière intérieure. Or, cette manière d'être n'appartient pas au premier genre d'accidents dont nous avons parlé; car la nature humaine restant ce qu'elle est, n'a pas absorbé la nature divine. Elle n'appartient pas non plus au second genre; car l'homme n'a pas changé Dieu pour être ensuite changé par lui; ni au quatrième, car la nature humaine n'a pas été prise de manière à n'opérer en Dieu, et à ne recevoir de lui aucun changement. C'est donc au troisième qu'il faut se rattacher. En effet, le Verbe par son incarnation, a voulu améliorer la nature humaine, et lui donner, par son union excellente et intime avec elle, une forme qu'il n'est pas possible d'exprimer, en la comparant au vêtement dont l'homme se couvre. Sous cette expression, les dehors (*habitus*), l'Apôtre a montré comment il voulait dire : « Il s'est fait semblable aux hommes, » car ce n'est pas par transformation, mais par les dehors (*habitu*), que le Verbe s'est revêtu de la nature humaine, pour se l'unir en quelque manière, lui imprimer sa forme, et l'associer à son immortalité et à son éternité. Cet état de l'âme qui résulte de l'étude de la sagesse et de la science s'appelle ἕξιν chez les Grecs; mais ils donnent plutôt le nom de σχῆμα à cet état du corps, lorsque nous

---

ea quæ accidunt, ad faciendum habitum, nec ea mutant quibus accidunt, nec ab eis ipsa mutantur : sicuti annulus digito, si non nimis subtiliter adtendatur. Verumtamen hoc genus aut nullum est, si diligenter discutias, aut omnino rarissimum.

2. Cum ergo Apostolus de unigenito Dei Filio loqueretur, quantum pertinet ad ejus divinitatem, secundum id quod verissimus Deus est : « æqualem » dixit esse « Patri : » (*Philip.*, II, 6 et 7) quod « non » ei fuit tanquam « rapinam, » id est, quasi alienum appetere, si semper manens in ea æqualitate, nollet homine indui, et hominibus ut homo apparere : sed « semetipsum exinanivit, » non formam suam mutans, sed « formam servi accipiens; » neque conversus aut transmutatus in hominem, amissa incommutabili stabilitate, sed (*a*) quanquam verum hominem suscipiendo, ipse susceptor in « similitudinem hominum factus, » non sibi, sed eis quibus in homine apparuit : « habitu inventus est ut homo; » id est, habendo hominem, inventus est ut homo. Non enim poterat inveniri (*b*) Deus ab iis, qui cor immundum habebant, et Verbum apud Patrem videre non poterant, nisi suscipiendo quod possent videre, et per quod ad illud lumen interius ducerentur. Iste autem habitus non est ex primo genere; non enim manens in se natura hominis naturam Dei commutavit : neque ex se secundo; non enim et mutavit homo Deum, et mutatus est ab illo : neque ex quarto; non enim sic assumptus est homo, ut neque ipse mutaret Deum, nec ab illo mutaretur : sed potius ex tertio; sic enim assumptus est, ut commutaretur in melius, et ab eo formaretur ineffabiliter excellentius atque conjunctius quam vestis cum ab homine induitur. Hoc ergo habitus nomine satis significavit Apostolus quemadmodum dixerit : « in similitudinem hominum factus : » quia non transfiguratione in hominem, sed habitu factus est, cum indutus est homine, quem sibi uniens quodam modo atque conformans, immortalitati æternitatique sociaret. Sed illum habitum, qui est in perceptione sapientiæ et disciplinæ, Græci ἕξιν vocant : hunc autem, secundum quem dicimus vestitum vel armatum, σχῆμα po-

---

(*a*) Sic Mss. octo. At editi, *sed tanquam*. — (*b*) Cisterciensis codex omittit, *Deus* : cujus vocis loco plures Mss. habent, *ut homo*.

voulons dire qu'il est vêtu ou armé. Or, c'est dans ce dernier sens que l'Apôtre parle; car les exemplaires grecs portent σχήματι, que nous avons rendu dans les exemplaires latins par *habitu*. Cette expression nous fait comprendre que le Verbe n'a éprouvé aucun changement par l'incarnation, comme nos membres ne sont point changés par le vêtement qui les couvre; et pourtant cette mystérieuse opération a uni les deux natures d'une manière inexprimable. Or, pour faire comprendre, autant que la langue humaine le permet, des mystères si profonds, et pour qu'on ne s'imagine pas que Dieu, en prenant notre fragilité humaine, ait subi en lui-même aucun changement; on a choisi dans la langue grecque le mot σχῆμα, et dans la langue latine le mot *habitus* (vêtement), pour exprimer le mystère de l'incarnation.

QUESTION LXXIV. — Sur ces paroles de l'Epître de saint Paul aux Colossiens : *En qui nous avons été rachetés et en qui nous avons reçu le pardon de nos péchés, qui est l'image de Dieu invisible.* (Col., I, 14, 15.) — Il ne faut pas confondre image, égalité et ressemblance. Quand il y a image, il y a ressemblance, sans qu'il y ait égalité. Quand il y a égalité, il y a ressemblance sans qu'il y ait image. Quand il y a ressemblance, cela ne suppose pas image, ni égalité. Je dis donc que l'image suppose la ressemblance, mais non l'égalité; l'homme voit son image dans un miroir; elle est l'expression de sa personne; il y a nécessairement ressemblance, et non égalité, parce que l'image ne possède pas tout ce que possède la personne dont elle est l'expression. Je dis en second lieu que l'égalité suppose la ressemblance sans supposer l'image; voici deux œufs tout pareils; ils sont égaux et ils se ressemblent; tout ce que vous trouvez à l'un, vous le trouvez à l'autre, et pourtant ils ne sont pas l'image l'un de l'autre, puisque aucun n'est l'expression de l'autre. Je dis ensuite que la ressemblance ne suppose ni l'image ni l'égalité; en effet, tout œuf ressemble à un autre œuf, du moment qu'il est un œuf; mais un œuf de perdrix, quoique comme œuf il ressemble à un œuf de poule, n'en est cependant pas l'image, puisqu'il n'en est pas l'expression, et il n'est pas non plus son égal, puisqu'il est plus petit et pondu par un animal d'une autre espèce. Quand je dis, ne suppose pas, il faut entendre que la chose pourrait être par exception. Il peut donc se rencontrer qu'il y ait image et égalité; par exemple, entre un père et son fils, il y aurait image, ressemblance et égalité, s'il n'y avait pas différence d'âge. Car la ressemblance du fils est tellement l'expression du père, qu'on dirait son image, et son image si parfaite qu'on dirait qu'il y a égalité entre eux, si le père n'était pas plus âgé. Il

---

tius vocant. Ex quo intelligitur de isto genere habitus locutum Apostolum; quando quidem in Græcis exemplaribus σχήματι scriptum est; quod nos in Latinis « habitu » habemus. Quo nomine oportet intelligi non mutatum esse Verbum susceptione hominis, sicuti nec membra veste induta mutantur: quanquam illa susceptio ineffabiliter susceptum suscipienti copulaverit: sed quantum verba humana rebus ineffabilibus coaptari possunt, ne mutatus intelligatur Deus humanæ fragilitatis (*a*) assumptione, electum est ut Græce σχῆμα, et Latine diceretur habitus illa susceptio.

QUÆST. LXXIV. — De eo quod scriptum est in epistola Pauli ad Colossenses : *In quo habemus redemptionem peccatorum, qui est imago Dei invisibilis.* (Colos. I, 14 et 15.) — Imago et æqualitas: ubi æqualitas et similitudo distinguenda sunt. Quia ubi imago, continuo similitudo, non continuo æqualitas, continuo similitudo, non continuo imago: ubi similitudo, non continuo imago, non continuo æqualitas. Ubi imago, continuo similitudo, non continuo æqualitas: ut in speculo est imago hominis, quia de illo expressa est; est etiam necessario similitudo; non tamen æqualitas; quia multa desunt imagini, quæ tamen insunt illi rei, de qua expressa est. Ubi æqualitas, continuo similitudo, non continuo imago : velut in duobus ovis paribus, quia inest æqualitas, inest et similitudo; quæcumque enim adsunt uni, adsunt et alteri; imago tamen non est, quia neutrum de altero expressum est. Ubi similitudo, non continuo imago, non continuo æqualitas : omne quippe ovum omni ovo, in quantum ovum est, simile est; sed ovum perdicis, quamvis in quantum ovum est, simile sit ovo gallinæ, nec imago tamen ejus est, quia de illo expressum non est; nec æquale, quia brevius est, et alterius generis animantium. Sed ubi dicitur, non continuo, utique intelligitur quia esse aliquando potest. Potest ergo esse aliqua imago, in qua sit etiam æqualitas : ut in parentibus et filiis inveniretur imago et æqualitas et similitudo, si intervallum temporis defuisset; nam et de parente expressa est similitudo filii, ut recte dicatur imago, et potest esse tanta ut recte etiam dicatur æqualitas, nisi quod pa-

(*a*) Rat. Er. et plerique Mss. *assumptor*.

est donc évident que dans certains cas, l'égalité se trouve non-seulement avec la ressemblance, mais encore avec l'image, comme nous venons de le voir. Il peut y avoir dans certains cas ressemblance et égalité, sans qu'il y ait image, comme le prouve l'exemple des deux œufs pareils. On peut rencontrer aussi ressemblance et image, sans l'égalité, comme nous l'avons montré dans le miroir. Il peut y avoir ressemblance, là où se trouve déjà l'égalité et l'image, comme nous l'avons montré dans l'exemple des parents et des enfants, avec la différence d'âge. C'est ainsi qu'une syllabe est égale à une autre syllabe, quoique l'une soit avant l'autre. Mais quand il s'agit de Dieu, on n'est plus dans les conditions du temps; on ne peut donc pas supposer que Dieu a engendré son Fils selon les lois du temps, puisque c'est par lui qu'il a créé les temps; par conséquent il faut admettre que non-seulement le Fils est l'image du Père, comme étant l'expression de lui-même et sa ressemblance, en tant qu'il est son image, mais encore son égal, et si parfaitement qu'il n'y a pas la moindre différence de temps.

QUESTION LXXV. — *De l'héritage de Dieu.* — 1. L'Apôtre dit dans son Epitre aux Hébreux : « Le testament est mis en vigueur par la mort du testateur. » (*Hebr.*, IX, 17.) C'est pourquoi le Christ étant mort pour nous, il nous donne l'assurance que le Nouveau Testament est en pleine vigueur; et l'Ancien Testament était en cela une figure du Nouveau, puisque la mort du Testateur était représentée par l'immolation d'une victime. Si donc, suivant les paroles du même Apôtre, on nous demande comment nous sommes les cohéritiers de Jésus-Christ, et les enfants et les héritiers de Dieu (*Rom.*, VIII, 17), puisque le droit d'hériter suppose la mort du testateur, sans qu'il y ait un autre moyen d'arriver à un héritage, on répondra que nous sommes devenus héritiers par la mort de Jésus-Christ, puisque nous sommes ses enfants. « Les enfants de l'Epoux, dit-il, ne jeûnent pas tant que l'Epoux est avec eux. » (*Matth.*, IX, 15.) On nous appelle donc ses héritiers, parce qu'il nous a laissé par la foi qui est établie sur la terre, et que nous possédons en cette vie, la paix de l'Eglise, selon ce témoignage : « Je vous donne ma paix, je vous laisse ma paix. » (*Jean*, XIV, 27.) Mais nous deviendrons ses cohéritiers, lorsqu'à la fin des temps la mort sera absorbée par la victoire. (I *Cor.*, XV, 54.) Alors nous serons semblables à lui, lorsque nous le verrons tel qu'il est. (I *Jean*, III, 2.) Cet héritage deviendra notre possession, non par la mort de son Père qui ne peut mourir, puisqu'il doit être lui-même notre

rens tempore præcessit. Ex quo intelligitur et aliquando æqualitatem non solum similitudinem habere, sed etiam imaginem : quod in superiori exemplo manifestum est. Potest etiam aliquando similitudo esse et æqualitas, quamvis non sit imago : ut de duobus ovis paribus dictum est. Potest etiam similitudo et imago esse, quamvis non sit æqualitas : ut in speculo ostendimus. Potest et similitudo esse, ubi et æqualitas et imago sit : sicut de filiis commemoravimus, excepto tempore, quo præcedunt parentes. Sic enim æqualem syllabam syllabæ dicimus; quamvis altera præcedat, altera subsequatur. In Deo autem, quia conditio temporis vacat; non enim potest recte videri Deus in tempore generasse Filium, per quem condidit tempora : consequens est, ut non solum sit imago ejus, quia de illo est, et similitudo, quia imago; sed etiam æqualitas tanta, ut nec temporis quidem intervallum impedimento sit.

QUÆST. LXXV. — *De hæreditate Dei.* — 1. Sicut Apostolus ad Hebræos dicit : « Testamentum testatoris morte firmatur. » (*Hebr.*, IX, 17.) Propterea mortuo pro nobis Christo, Novum Testamentum firmatum esse asserit : cujus similitudo Vetus Testamentum erat, in quo mors testatoris per victimam præfigurabatur. Si ergo quæratur quomodo simus, secundum ejusdem Apostoli verba : « cohæredes Christi, » (*Rom.*, VIII, 17) et « filii atque hæredes Dei; » cum etiam hæreditas morte decessoris firma teneatur, nec ullo alio modo possit hæreditas intelligi : respondetur, ipso quidem mortuo factos nos esse hæredes, quoniam filii ejus etiam dicti sumus. « Non jejunant, » inquit, filii sponsi, quamdiu cum illis est sponsus. (*Matth.*, IX, 15.) Hæredes ergo (*a*) ejus dicimur, quia reliquit nobis pacis Ecclesiasticæ possessionem per fidem temporalis dispensationis, quam in hac vita possidemus, quod testatus est dicens : « Pacem meam do vobis, pacem relinquo vobis. » (*Joan.*, XIV, 27.) Cohæredes autem ejus efficiemur, cum in fine sæculi mors absorbebitur in victoriam. (I *Cor.*, XV, 54.) Tunc enim similes ei erimus, quando videbimus eum sicuti est. (1 *Joan.*, III, 2.) Quam hæreditatem non ejus Patris morte adipiscimur, qui mori non potest; quando quidem ipse fit hæreditas nostra, secundum illud quod scriptum est : « Domi-

---

(*a*) Vox *ejus* abest a Rat. et pluribus Mss.

héritage, selon cette parole de l'Ecriture : « Le Seigneur est la portion de non héritage. » (*Ps.* xv, 5.) Mais au moment où nous sommes appelés à la foi, nous sommes encore de petits enfants, peu propres à la contemplation des choses spirituelles. C'est pourquoi la bonté divine, par une grande condescendance, se met à la portée de nos faibles pensées, pour nous aider dans nos efforts, et nous faire contempler ce qui n'était pas évident ni clair pour notre intelligence. C'est pourquoi il ne restera plus rien de cette figure énigmatique qui frappait nos regards, lorsque nous commencerons à voir face à face. On dit donc avec raison que ce qui disparaîtra doit mourir, suivant cette parole : « Lorsque nous serons dans un état parfait, tout ce qui est imparfait sera aboli. » (I *Cor.*, xiii, 10.) Ainsi le Père meurt en quelque sorte pour nous dans la figure énigmatique qui nous le dérobait, et il devient lui-même notre héritage, lorsqu'il se montre à nous face à face ; ce n'est pas qu'il meure lui-même, mais notre manière imparfaite de le voir est abolie par une vision parfaite, et cependant cette première manière est nécessaire pour nous accoutumer, et nous préparer à la vision complète et entière.

2. La piété admet que Notre-Seigneur Jésus-Christ, non comme Verbe qui est Dieu dans le principe, auprès de Dieu (*Jean*, i, 1), mais comme homme, qui dans son enfance croissait en âge et en sagesse (*Luc*, ii, 40), quoiqu'il soit évident que par le mystère de son incarnation, il ne soit pas un homme comme les autres hommes, la piété admet, dis-je, que par sa mort il a possédé l'héritage. Car nous ne pourrions pas être ses cohéritiers, s'il n'était pas lui-même héritier. Mais la piété n'admet pas que l'Homme-Dieu (I *Retr.*, xix) ait commencé par la vision imparfaite, avant d'arriver à la vision parfaite, quoiqu'on ait dit qu'il avançait en sagesse ; il faut donc entendre qu'il est héritier dans son corps qui est l'Eglise, dont nous sommes les cohéritiers, comme on dit que nous sommes les enfants de l'Eglise, notre mère, quoique nous-mêmes nous soyons l'Eglise.

3. On peut demander aussi, en vertu de quelle mort nous sommes devenus nous-mêmes l'héritage de Dieu, suivant cette parole : « Je vous donnerai les nations pour héritage ; » (*Ps.* ii, 8) à moins qu'on ne dise que c'est par la mort du monde, sous la domination duquel nous étions esclaves. Mais quand nous disons : « Le monde est crucifié pour moi, et je suis crucifié pour le monde, » (*Gal.*, vi, 14) alors le Christ nous possède comme son héritage, celui qui nous possédait étant mort ; en renonçant au monde, nous sommes morts pour lui et il est mort pour nous.

QUESTION LXXVI. — Sur ces paroles de saint Jacques : *Or, voulez-vous savoir, homme vain,*

---

nus pars hæreditatis meæ : » (*Psal.* xv, 5) sed quoniam, quum vocati sumus adhuc parvuli, et ad spiritalia contemplanda minus idonei, usque ad humillimas nostras cogitationes se divina miseratio porrexit, ut quomodocumque cernere niteremur, quod non evidenter atque perspicue cernebamus, idipsum moritur quod in ænigmate cernebamus, cum facie ad faciem cernere cœperimus. Convenienter ergo dicitur moriturum esse quod auferetur : « Cum autem venerit quod perfectum est, auferetur quod ex parte est. » (1 *Cor.*, xiii, 10.) Ita nobis quodam modo moritur pater in ænigmate, et idem ipse fit hæreditas, cum facie ad faciem (*a*) videtur : non quia ipse moritur, sed imperfecta in cum nostra visio perfecta visione perimitur : et tamen nisi illa prior nos nutriret, ad aliam plenissimam et evidentissimam non efficeremur idonei.

2. Quod si etiam de Domino Jesu Christo, non secundum Verbum in principio Deum apud Deum. (*Joan.*, i, 1) : sed secundum puerum, qui proficiebat ætate ac sapientia (*Luc.*, ii, 40) : pius intellectus admittit, propria illa susceptione servata, quæ communis ei cum cæteris hominibus non est, cujus tanquam morte possideat hæreditatem, manifestum est. Non enim nos cohæredes ejus esse possumus, nisi et ipse hæres sit. Si autem pietas hoc non admittit, ut primo ex parte videret homo (l *Retr.*, 19) Dominicus, deinde ex toto, quanquam in sapientia proficere dictus sit ; in corpore suo intelligatur hæres, id est Ecclesia, cujus cohæredes sumus : quemadmodum filii ejus matris dicimur, quamvis ex nobis constet.

3. Sed rursum quæri potest, cujus morte facti simus etiam nos hæreditas Dei, secundum illud : « Dabo tibi gentes hæreditatem tuam : » (*Psal.* ii, 8) nisi forte hujus mundi, quo prius tanquam dominante tenebamur. Post autem cum dicimus : « Mihi mundus crucifixus est, et ego mundo ; » (*Gal.*, vi, 14) possidet nos Christus, mortuo illo qui nos possidebat : cum ei renuntiamus morimur illi, et ipse nobis.

QUÆST. LXXVI. — De eo quod apostolus Jacobus

(*a*) Rat. Er. et viginti Mss. *possidetur*.

que la foi sans les œuvres est morte. (*Jacq.*, II, 20.) — 1. L'Apôtre saint Paul disant que l'homme est justifié par la foi sans les œuvres, a donné lieu à une fausse interprétation ; car des hommes l'ayant mal compris dans ce passage, se sont imaginé qu'il suffisait de croire en Jésus-Christ, et que, quand même ils feraient des œuvres mauvaises, criminelles et même abominables, ils seraient sauvés par la foi. Ce passage de la lettre de saint Jacques, explique en quel sens les paroles de saint Paul doivent être entendues, et l'exemple d'Abraham dont il se sert (*Rom.*, III, 28), prouverait plutôt que la foi sans les œuvres serait une foi vaine : puisque saint Paul avait choisi ce même exemple pour prouver que l'homme est justifié par la foi, sans les œuvres de la loi. Car en rappelant les bonnes œuvres d'Abraham (*Rom.*, IV, 2), qui ont accompagné sa foi, saint Jacques fait assez voir que Paul en citant ce patriarche, n'a pas voulu dire que l'homme est justifié par la foi sans les œuvres, en ce sens que l'homme qui croira n'aura pas besoin de faire le bien ; mais il veut dire que personne ne doit attribuer au mérite de ses œuvres précédentes, le don de la justification qui est dans la foi. C'est pour cela que les Juifs voulaient se préférer aux Gentils, qui avaient embrassé la foi du Christ, disant qu'ils devaient aux mérites des bonnes œuvres commandées par la loi, leur vocation à la grâce de l'Evangile, et plusieurs de ceux qui croyaient parmi eux se scandalisaient, de ce que les Gentils incirconcis avaient part à la grâce du Christ. Voilà pourquoi saint Paul dit que l'homme, sans les œuvres, c'est-à-dire sans les œuvres précédentes, pouvait être justifié par la foi. L'homme justifié par la foi pourrait-il ne pas faire le bien, quoique auparavant il n'ait fait aucune œuvre de justice, et qu'il soit arrivé à la justification de la foi, non par le mérite de ses bonnes œuvres, mais par la grâce de Dieu qui ne peut-être oisive en lui, dès qu'il fait le bien par amour ? Si l'homme qui embrasse la foi vient à mourir aussitôt, la justification de la foi reste avec lui, non en vertu des bonnes œuvres précédentes, parce que ce n'est pas par son mérite, mais par la grâce qu'il l'a obtenu ; ce n'est pas non plus en vertu de ses bonnes œuvres subséquentes, parce qu'il n'a pas eu le temps de rien faire en cette vie. Il est donc évident que ces paroles de l'Apôtre : « Nous pensons que l'homme est justifié par la foi sans les œuvres, » (*Rom.*, III, 28) ne doivent pas s'entendre, comme si l'homme, après avoir embrassé la foi, continuait d'être juste, même en vivant dans le péché. Ainsi l'exemple d'Abraham dont se sert saint Paul

---

dicit : *Vis autem scire, o homo inanis, quia fides sine operibus otiosa est.* (*Jacob.*, II, 20.) — 1. Quoniam Paulus apostolus prædicans justificari hominem per fidem sine operibus, non bene intellectus est ab eis, qui sic acceperunt dictum, ut putarent, cum semel in Christum credidissent, etiam si male operarentur, et facinorose flagitioseque viverent, salvos se esse posse per fidem : locus iste hujus epistolæ eumdem sensum Pauli apostoli, quomodo sit intelligendus, exponit. Ideoque magis Abrahæ utitur exemplo, vacuam esse fidem, *(a)* si non operetur ; quoniam Abrahæ exemplo etiam Paulus apostolus usus est, ut probaret justificari hominem per fidem sine operibus legis. (*Rom.*, III, 28.) Cum enim bona opera commemorat Abrahæ (*Rom.*, IV, 2) : quæ ejus fidem comitata sunt, satis ostendit Paulum apostolum non ita per Abraham docere justificari hominem per fidem sine operibus, ut si quis crediderit, non ad eum pertineat bene operari ; sed ad hoc potius, ut nemo meritis priorum *(b)* operum arbitretur se pervenisse ad donum justificationis, quæ est in fide. In hoc enim se Gentibus in Christum credentibus Judæi præferre cupiebant, quod dicebant se meritis bonorum operum quæ in lege sunt, ad Evangelicam gratiam pervenisse : ideoque scandalizabantur multi, qui ex eis crediderant, quod incircumcisis Gentibus Christi gratia traderetur. Unde apostolus Paulus dicit, posse hominem sine operibus, sed præcedentibus, justificari per fidem. Nam justificatus per fidem quomodo potest nisi juste deinceps operari, quamvis antea nihil operatus juste, ad fidei justificationem pervenerit, non merito bonorum operum, sed gratia Dei, quæ in illo jam vacua esse non potest, cum per dilectionem bene operatur ? Quod si cum crediderit, mox de hac vita decesserit, justificatio fidei manet cum illo, nec præcedentibus bonis operibus, quia non merito ad illam, sed gratia pervenit ; nec consequentibus, quia in hac vita esse non sinitur. Unde manifestum est, quod Paulus apostolus dicit : « Arbitramur enim hominem justificari per fidem sine operibus : » (*Rom.*, III, 28) non ita intelligendum esse, ut accepta fide, si vixerit, dicamus eum justum, etiamsi male vixerit. Ideo exemplo Abrahæ et apostolus Paulus utitur, quia sine operibus legis, quam non acceperat, per

---

(a) Duo Mss. cum Rat. *fidem sine operibus, quoniam*, etc. — *(b)* Editi cum aliquot Mss. addunt hic, *bonorum*.

QUESTION LXXVI.

montre qu'Abraham a été justifié par la foi, sans les œuvres de la loi qui n'avait pas encore été donnée; le même exemple sert à saint Jacques pour montrer que la foi d'Abraham a été accompagnée par les bonnes œuvres; et prouve comment il faut entendre la pensée de saint Paul.

2. Ceux qui s'imaginent que la doctrine de saint Jacques est contraire à la doctrine de saint Paul, pourraient croire aussi que saint Paul se contredit lui-même, quand il dit dans un autre endroit : « Ce ne sont pas ceux qui écoutent la loi qui sont justes aux yeux de Dieu, mais ce sont ceux qui la pratiquent qui seront justifiés. (*Rom.*, II, 13.) Il dit ailleurs : « Ce qui sert, c'est la foi qui agit par la charité. » (*Gal.*, V, 6.) Puis il dit encore : « Si vous vivez selon la chair, vous mourrez ; si vous faites mourir par l'esprit les passions de la chair, vous vivrez. » (*Rom.*, VIII, 13.) Il montre dans un autre endroit, quelles sont les passions de la chair, qu'il faut faire mourir par les œuvres de l'esprit, en disant : « Or, il est aisé de connaître les œuvres de la chair, qui sont la fornication, l'impureté, la luxure, l'idolâtrie, les empoisonnements, les dissensions, les inimitiés, les jalousies, les animosités, les querelles, les divisions, les hérésies, les envies, les meurtres, les ivrogneries, les débauches, et autres crimes semblables ; je vous l'ai déjà dit et je vous le répète encore, ceux qui les commettent ne posséderont point le royaume de Dieu. » (*Gal.*, V, 19, etc.) Il dit aussi aux Corinthiens : (I *Cor.*, VI, 9, etc.) « Ne vous y trompez pas ; ni les fornicateurs, ni les idolâtres, ni les adultères, ni les efféminés, ni les abominables, ni les voleurs, ni les avares, ni les ivrognes, ni les médisants, ni les ravisseurs du bien d'autrui ne seront héritiers du royaume de Dieu. C'est ce que vous avez été autrefois ; mais vous avez été lavés, vous avez été sanctifiés, vous avez été justifiés au nom de Notre-Seigneur Jésus-Christ par l'esprit de Dieu. » Tous ces passages montrent d'une manière évidente, que les hommes ne sont pas arrivés à la justification de la foi par aucune bonne œuvre précédente, et que la grâce n'a pas été accordée à leurs mérites, puisqu'il dit : « C'est ce que vous avez été autrefois. » Mais lorsqu'il dit : « Ceux qui commettent ces crimes ne posséderont pas le royaume de Dieu, » il montre aussi qu'après avoir embrassé la foi, on est obligé de faire le bien. C'est ce que dit l'apôtre saint Jacques, et saint Paul, en plusieurs endroits de ses écrits, enseigne suffisamment et clairement que tous ceux qui croient en Jésus-Christ doivent vivre dans la justice, pour ne pas encourir les derniers supplices. Notre-Seigneur lui-même nous rappelle la même vérité quand il nous dit : « Tous ceux qui me disent : Seigneur, Seigneur, n'entreront point dans le royaume des cieux ; mais celui qui fait la volonté de mon Père qui est aux

---

fidem justificatus est ; et Jacobus, quia fidem ipsius Abrahæ opera bona consecuta esse demonstrat, ostendens quemadmodum intelligendum sit, quod Paulus apostolus prædicavit.

2. Nam qui putant istam Jacobi apostoli sententiam contrariam esse illi Pauli apostoli sententiæ, possunt arbitrari etiam ipsum Paulum sibi esse contrarium, quia dicit alio loco : Non enim auditores legis justi sunt apud Deum, sed factores legis justificabuntur. (*Rom.*, II, 13.) Et alio loco : Sed fides quæ per dilectionem operatur. (*Gal.*, V, 6.) Et iterum : « Si enim secundum carnem vixeritis, moriemini ; si autem spiritu facta carnis, mortificaveritis, vivetis. » (*Rom.*, VIII, 13.) Quæ sint autem facta carnis, quæ operibus spiritalibus mortificanda sunt, alio loco demonstrat, dicens : « Manifesta autem sunt opera carnis, quæ sunt fornicationes, immunditiæ, impudicitia, idolorum servitus, veneficia, inimicitiæ, contentiones, æmulationes, animositates, dissensiones, hæreses, invidiæ, ebrietates, comessationes, et his similia, quæ prædico vobis sicut prædixi, quoniam qui talia agunt, regnum Dei non possidebunt. (*Gal.*, V, 19, etc.) Et ad Corinthios ait : Nolite errare, neque fornicatores, neque idolis servientes, neque adulteri, neque molles, neque masculorum concubitores, neque fures, neque avari, neque ebriosi neque maledici, neque rapaces regnum Dei possidebunt. Et hæc quidem fuistis, sed abluti estis, sed sanctificati estis, sed justificati estis in nomine Domini nostri Jesu Christi, et in spiritu Dei nostri. » (I *Cor.*, VI, 9, etc.) Quibus sententiis manifestissime docet, non eos præterito bono opere ad fidei justificationem pervenisse ; nec meritis eorum istam gratiam datam, quando dicit : « Et hæc quidem fuistis : » Sed cum dicit : « Qui talia agunt, regnum Dei non possidebunt, » satis ostendit, jam ex quo crediderunt, bene operari debere. Quod et Jacobus dicit, et multis omnino locis idem apostolus Paulus satis aperteque prædicat, recte vivendum omnibus qui in Christo crediderunt, ne ad pœnas perveniant. Quod et ipse Dominus commemorat, dicens : « Non omnis qui dicit mihi : Domine, Domine, intrabit in regnum cœlorum ; sed qui facit

cieux, entrera dans le royaume des cieux. » (*Matth.*, vii, 21.) Il dit encore ailleurs (*Luc*, vi, 46) : « Pourquoi m'appelez-vous : Seigneur, Seigneur, et ne faites-vous pas ce que je vous dis? Tout homme qui entend ces paroles que je dis, et les accomplit, sera comparé à un homme sage qui a bâti sa maison sur la pierre. Et tout homme qui entend ces paroles que je dis, et ne les accomplit pas, sera semblable à l'insensé qui a bâti sa maison sur le sable. » Les deux apôtres, saint Paul et saint Jacques, ne sont donc pas en contradiction l'un avec l'autre dans leur doctrine, lorsque l'un dit que l'homme est justifié par la foi sans les œuvres, l'autre disant que la foi sans les œuvres est une foi morte; parce qu'il s'agit dans le premier cas, des œuvres qui précèdent la foi, et dans le second cas des œuvres qui doivent l'accompagner, comme saint Paul le démontre lui-même en plusieurs endroits.

QUESTION LXXVII. — *La crainte est-elle un péché?* — Tout trouble est une souffrance; toute passion est un trouble. Donc, toute passion est une souffrance. Or, toute passion, lorsqu'elle est en nous, est une chose qui nous fait souffrir, et en tant qu'elle est passion, nous souffrons par elle. Or, toute passion comme chose que nous ressentons, n'est pas un péché; donc, si nous ressentons une crainte, cette crainte n'est pas un péché. C'est comme si l'on disait : Voilà un bipède, donc ce n'est pas un animal. Cette dernière conséquence serait fautive, parce qu'il y a plusieurs animaux qui sont bipèdes; il faut dire aussi que la première est fautive, parce qu'il y a beaucoup de péchés qui nous font souffrir. Il n'est donc pas logique de dire que si nous éprouvons de la crainte, ce n'est pas un péché. Néanmoins, vous dites que si nous éprouvons de la crainte, la conséquence c'est qu'il n'y a pas de péché; et pourtant vous accordez qu'il y a quelquefois péché dans les choses qui nous font souffrir.

QUESTION LXXVIII. — *De la beauté des idoles.* — L'art sublime du Dieu tout-puissant, par lequel il a tout fait de rien, et qu'on appelle sa sagesse, voilà le génie qui inspire les artistes dans les œuvres qu'ils font, et dont la beauté consiste dans une imitation parfaite. Cependant ils n'opèrent pas, comme Dieu sur le néant, mais sur une matière quelconque, le bois, le marbre, l'ivoire, ou tout autre corps qu'ils manient à leur volonté. S'il n'y a rien, ils ne peuvent rien fabriquer, parce que leur travail est un travail corporel; et cependant pour reproduire cette symétrie des parties et cette harmonie des traits, que leur main imprime sur les corps qu'ils tra-

---

voluntatem Patris mei, qui in cœlis est, ipse intrabit in regnum cœlorum. » (*Matth.*, vii, 21.) Et alibi : « Ut quid dicitis mihi : Domine, Domine, et non facitis quæ dico vobis ? » (*Luc.*, vi, 46) Et : « Omnis qui audit verba mea hæc, et facit ea, similabo eum viro prudenti, qui ædificavit domum suam supra petram : (*Matth.*, vii, 24 etc.) Et qui audit verba mea hæc, et non facit ea, similabo eum viro stulto, qui ædificavit domum suam super arenam, etc. » Quapropter non sunt sibi contrariæ duorum apostolorum sententiæ, Pauli et Jacobi, cum dicit unus justificari hominem per fidem sine operibus, et alius dicit inanem esse fidem sine operibus : quia ille dicit de operibus quæ fidem præcedunt, iste de iis quæ fidem sequuntur : sicut etiam ipse Paulus multis locis ostendit.

QUÆST. LXXVII. — *De timore, utrum peccatum sit.* — Omnis perturbatio, passio : omnis cupiditas, perturbatio : omnis igitur cupiditas passio. Omnis autem passio, cum est in nobis, ipsa passione patimur; et in quantum passio est, patimur : omnis igitur cupiditas, cum est in nobis, ipsa cupiditate patimur; et in quantum cupiditas est, patimur. Omnis autem passio, in quantum ipsa passione patimur, non est peccatum : sic et si patimur timorem, non est peccatum. Tanquam si diceretur : Si bipes est, non est pecus. Si ergo propterea hoc non est consequens, quia multa sunt pecora bipedia : propterea et illud non est consequens, quia multa sunt peccata quæ patimur. Hoc enim contra dicitur, non esse consequens, ut si patimur timorem, ideo non sit peccatum. Tu autem dicis consequens esse, ut si patimur timorem, non sit peccatum : cum tamen (*a*) concedas aliqua esse peccata quæ patimur.

QUÆST. LXXVIII. — *De pulchritudine simulacrorum.* — Ars illa summa omnipotentis Dei, per quam ex nihilo facta sunt omnia, quæ etiam sapientia ejus dicitur, ipsa operatur etiam per artifices, ut pulchra atque congruentia faciant; quamvis non de nihilo, sed de aliqua materia operentur, velut ligno, aut marmore, aut ebore, et si quod aliud materiæ genus manibus artificis subditur. Sed ideo isti non possunt de nihilo aliquid (*b*) fabricare, quia per corpus operantur : cum tamen eos numeros, et lineamentorum convenientiam, quæ per corpus corpori imprimunt,

(*a*) Rat. et sex Mss. *cum tamen constet.* — (*b*) Multis in libris verbum istud cum passiva terminatione, sicuti frequens apud Ciceronem, adhibetur tanquam deponens; proque *fabricare*, reperitur *fabricari* : et paulo post *fabricata est*, pro *fabricatum est*, etc.

vaillent, il faut que leur âme soit illuminée par la sagesse divine; c'est elle, en effet, qui a répandu dans tout l'univers matériel qu'elle a tiré du néant, cet ordre merveilleux, et cette harmonie inimitable. Il suffit de jeter les yeux autour de soi, et de contempler cette multitude d'animaux qui sortent de la matière, c'est-à-dire des éléments du monde; l'art de l'homme n'arrivera jamais à cette puissance et à cette perfection du travail divin, quand il voudra, dans ses œuvres, imiter des figures et des formes semblables. Car une statue ne représentera jamais la symétrie infinie du corps humain; et cependant, pour être ce qu'elle est, la main de l'artiste n'a fait que traduire la pensée divine, dont le corps humain est l'œuvre naturelle. Il ne faut pas néanmoins trop estimer ceux qui font ces ouvrages ou qui les admirent: car l'âme finit par s'attacher à ces objets inférieurs qui ne sont que matière et œuvre de la matière; et négligeant la sagesse souveraine elle-même d'où viennent tous les talents que nous possédons, l'homme abuse de ces dons, pour s'occuper des choses extérieures; son amour le porte sur les objets que ses mains ont travaillés, il oublie cette beauté intérieure qui est le type immuable de toutes les formes extérieures, et il tombe dans la vanité et la misère. Quant à ceux qui ont adoré ces ouvrages faits de main d'homme, on peut comprendre leur dégradation, quand on pense que s'ils eussent adoré les animaux eux-mêmes, qui sont une œuvre bien supérieure qu'ils n'ont fait qu'imiter, nous les prendrions pour les plus malheureux des hommes.

QUESTION LXXIX. — *Pourquoi les magiciens de Pharaon ont-ils fait certains prodiges, comme Moïse, le serviteur de Dieu? (Exod., VII, 11.)* — 1. Toute âme a en partie la libre possession d'elle-même, et d'autre part elle est soumise et subordonnée aux lois universelles. Donc, comme toute chose visible en ce monde est sous la tutelle d'une puissance angélique, ainsi que nous l'enseigne en quelques endroits la divine Ecriture, cette puissance, dans l'exercice de cette tutelle, doit avoir égard et aux droits particuliers et aux droits publics. Car le tout est plus que la partie, et le droit privé n'a la liberté d'action que jusqu'aux limites du droit général. Mais toute âme sera d'autant plus dans la voie de la perfection, qu'elle s'attachera moins à son intérêt particulier, pour considérer le droit général et s'y dévouer de tout cœur et en toute soumission. Or, la loi de l'univers n'est autre chose que la sagesse divine. Donc, plus l'âme s'attache à son intérêt propre, en négligeant Dieu qui préside d'une manière utile et salutaire au gouvernement de toutes les âmes, plus elle se donne à

in animo accipiant ab illa summa sapientia, quæ ipsos numeros et ipsam convenientiam longe artificiosius universo mundi corpori impressit, quod de nihilo fabricatum est: in quo sunt etiam corpora animalium, quæ jam de aliquo, id est, de elementis mundi fabricantur; sed longe potentius excellentiusque, quam cum artifices homines easdem figuras corporum et formas in suis operibus imitantur. Non enim omnis numerositas humani corporis invenitur in statua: sed tamen quæcumque ibi (*a*) invenitur, ab illa sapientia per artificis (*b*) manum trajicitur, quæ ipsum corpus humanum naturaliter fabricat. Nec ideo tamen pro magno habendi sunt, qui talia opera fabricant, aut diligunt: quia minoribus rebus intenta anima, quas per corpus corporaliter facit, minus inhæret ipsi summæ sapientiæ, unde istas potentias habet: quibus male utitur, dum foris eas exercet: illa enim, in quibus cas exercet, diligens, interiorem earum formam stabilem negligit, et manior infirmiorque efficitur. Qui vero talia opera etiam (*c*) coluerunt, quantum deviaverint a veritate, hinc intelligi potest, quia si ipsa animalium corpora colerent, quæ multo excellentius fabricata sunt, et quorum sunt illa imitamenta, quid eis infelicius diceremus?

QUÆST. LXXIX. — *Quare magi Pharaonis fecerunt quædam miracula, sicut Moyses famulus Dei. (Exod., VII, 11.)* — 1. Omnis anima partim privati cujusdam juris sui potestatem gerit, partim universitatis legibus sicut publicis coercetur et regitur. Quia ergo unaquæque res visibilis in hoc mundo habet potestatem angelicam sibi præpositam, sicut aliquot locis divina Scriptura testatur, de ea re cui præposita est, aliter quasi privato jure agit, aliter tanquam publice agere cogitur. Potentior est enim parte universitas; quoniam illud quod ibi privatim agit, tantum agere sinitur, quantum lex universitatis sinit. Sed unaquæque anima tanto est pietate purgatior, quanto privato suo minus delectata, legem universitatis intuetur, eique devote ac libenter obtemperat. Est enim lex universitatis divina sapientia. Quanto autem amplius privato suo gaudet, et neglecto Deo, qui omnibus animis utiliter ac salubriter præsidet, ipsa sibi, vel aliis quibus potuerit, vult esse pro Deo,

(*a*) Er. et Lov. *inveniuntur*: et infra, *trajiciuntur*. Sed verius Rat. et Mss. *invenitur*, etc., subaudi, *numerositas*. — (*b*) Mss. quinque, *per artificis animum*. Alii tres, *per artificis voluntatem*. — (*c*) Plures Mss. *colunt*.

elle-même ou à d'autres la place de Dieu, préférant dominer sur elle-même et sur les autres, plutôt que de reconnaître le pouvoir de Dieu ; plus aussi elle tombe dans l'abaissement, et son châtiment, ce sera d'être ramenée forcément à l'observation des lois divines qui sont des lois générales. Donc aussi, plus une âme humaine abandonne Dieu, pour rechercher son propre honneur et son indépendance, plus elle tombe sous la domination de ces puissances, qui jouissent également de leur droit personnel et veulent se faire adorer par les hommes comme des divinités. Or, la loi divine permet souvent à ces puissances et en vertu de leur droit privé, de produire quelques miracles à la prière de ceux qu'elles ont subjugués, parce qu'ils le méritaient : miracles qui n'ont lieu que dans les objets de rang infime, auxquelles ces puissances sont préposées dans l'ordre hiérarchique. Mais quand la loi divine commande comme loi universelle, toute autre volonté doit céder; et on peut dire que toute volonté particulière serait impuissante, si Dieu, dans l'exercice de son pouvoir universel, ne lui permettait d'agir. C'est pourquoi les fidèles serviteurs de Dieu reçoivent quelquefois, quand la chose est utile, et en vertu de la loi générale et pour ainsi dire impériale, c'est-à-dire par la puissance du Dieu souverain, le don de commander aux puissances inférieures, afin qu'elles opèrent certains prodiges visibles ; car c'est Dieu qui commande par leur bouche, Dieu qui habite en eux comme dans son temple, et qu'ils aiment de toute leur âme et jusqu'au renoncement de leur propre liberté. Mais dans les cérémonies de la magie, les puissances inférieures, pour mieux tromper et s'attacher leurs adorateurs, exaucent leurs prières et réalisent leurs vœux, usant de leur droit privé pour accorder certaines choses à ceux qui les honorent, qui les servent, et sont liés avec elles par des pactes mystérieux. Et lorsque les magiciens prennent le ton du commandement, ils prononcent des noms extraordinaires pour effrayer le peuple crédule, et font apparaître aux yeux étonnés certains prodiges visibles, dont les hommes, par faiblesse, s'exagèrent la grandeur, ne pouvant plus contempler les choses éternelles, que le vrai Dieu découvre par lui-même à ceux qui sont ses amis. Or, Dieu permet toutes ces illusions en vertu des lois de sa justice qui gouverne tout, distribuant à chacun, suivant les passions de son cœur et la préférence de son choix, la liberté et la servitude. S'il arrive parfois que l'homme obtienne quelque faveur pour ses passions, en invoquant le nom du vrai Dieu, il faut regarder cette faveur comme une vengeance, et non comme une grâce. Car ce n'est pas sans raison que l'Apôtre nous dit : « Dieu les a livrés aux passions de

---

suam potius in se vel in alios, quam illius in omnes diligens potestatem, tanto est sordidior, tantoque magis pænaliter divinis legibus, tanquam publicis servire cogitur. Quanto igitur etiam humana anima deserto Deo, suis honoribus vel sua potestate fuerit delectata, tanto magis subditur talibus potestatibus, quæ privato suo gaudent, et honorari ab hominibus sicut dii cupiunt : quibus divina lege sæpe conceditur, ut eis quos sibi secundum eorum merita subjugaverint, privato illo jure etiam miraculorum aliquid præstent, in his rebus exhibendorum, quibus sunt infimo, sed tamen ordinatissimo potestatum gradu præpositæ. Sed ubi divina tanquam publica lex jubet, vincit utique privatam licentiam : quanquam et ipsa privata licentia, nisi universalis potestatis divinæ permissione, nulla esset. Ideoque fit, ut sancti Dei servi, quando hoc donum eos habere utile est, secundum publicam et quodam modo imperialem legem, hoc est, summi Dei potestatem imperent infimis potestatibus ad quædam visibilia miracula facienda : in illis enim Deus ipse imperat, cujus templum sunt, et quem contempta sua privata potestate ardentissime diligunt. In magicis autem (a) imprecationibus, ad illecebram deceptionis, ut sibi subjugent eos quibus talia concedunt, præstant effectum precibus et (b) ministeriis eorum, privato illo jure largientes, quod sibi licet largiri honorantibus se, sibique servientibus, et quædam secum in sacramentis suis pacta servantibus. Et quando videntur (c) imperare magi, per sublimiorum nomina inferiores terrent ; et nonnulla visibilia, quæ propter infirmitatem carnis magna videntur hominibus non valentibus æterna contueri, quæ per se ipsum præstat dilectoribus suis verus Deus, mirantibus exhibent. Hæc autem permittit Deus juste omnia moderans, ut pro cupiditatibus et electionibus suis servitutes eorum libertatesque distribuat. Et si quando invocatione summi Dei, aliquid pro suis malis cupiditatibus impetrant, vindicta est illa, non gratia. Non enim frustra dicit Apostolus : « Tradidit illos Deus in deside-

(a) Er. Rat. et quinque Mss. *imperationibus*. Michælinus codex, *impetrationibus*. — (b) Quindecim Mss. *mysteriis*. — (c) Duo Mss. *impetrare*.

leurs cœurs. » (*Rom.*, I, 26.) En effet, la facilité de commettre certains péchés est une punition des péchés déjà commis.

2. Quant à ces paroles du Seigneur : « Satan ne peut pas chasser Satan ; » (*Marc*, III, 23) on ne doit pas en nier la vérité, parce que quelqu'un aura chassé Satan en invoquant quelques puissances inférieures. Mais il faut entendre que Satan, même en épargnant le corps ou les sens, ne fait que subjuguer davantage la volonté de l'homme pour y dominer par l'erreur de l'impiété. Dans ce cas, Satan ne sort point, mais il entre davantage dans le cœur de l'homme, pour le travailler, suivant cette parole de l'Apôtre : « Vous obéissez au prince des puissances de l'air, qui inspire maintenant les incrédules. » (*Eph.*, II, 2.) Il ne troublait point alors, il ne tourmentait pas et ne brisait pas leurs membres, mais il commandait à leur volonté, ou plutôt il régnait sur leur passion.

3. Quand on dit que les faux prophètes feront plusieurs signes et plusieurs prodiges, au point de tromper, s'il était possible, les élus (*Matth.*, XXIV, 24), le Seigneur veut nous faire comprendre que les méchants eux-mêmes font des prodiges que les saints ne peuvent pas faire, sans que pour cela ils soient plus agréables à Dieu. Dieu sans doute ne préférait pas au peuple d'Israël les magiciens de l'Egypte, quoique ce peuple ne fît pas de prodiges comme eux. Et pourtant Moïse, par la vertu de Dieu, faisait de plus grands miracles que les magiciens. Mais tous les saints n'ont pas ce pouvoir extraordinaire, pour que les hommes faibles ne tombent pas dans une erreur pernicieuse en s'imaginant que la sainteté consiste dans ces dons, plutôt que dans les œuvres de justice, par lesquelles on obtient la vie éternelle. C'est pourquoi le Seigneur ne veut pas que ses disciples mettent leur joie dans une pareille puissance, lorsqu'il leur dit : « Ne vous réjouissez pas de ce que les esprits vous obéissent ; mais réjouissez-vous de ce que vos noms sont écrits dans le ciel. » (*Luc*, X, 20.)

4. Les prodiges que font les magiciens, comme ceux qu'opèrent les saints, se ressemblent extérieurement ; mais le but et le principe sont bien différents. Les magiciens cherchent leur gloire ; les saints cherchent la gloire de Dieu. Les uns font en quelque sorte un commerce privé, un métier d'empoisonneurs, en vertu de certaines concessions faites aux puissances selon leur rang ; mais les autres sont comme les agents officiels d'une administration publique, et obéissent aux ordres du souverain qui commande à toute créature. Celui qui possède un cheval peut en être exproprié de différentes manières ; ou il

---

ria cordis eorum. (*Rom.*, I, 26.) Quorumdam enim peccatorum perpetrandorum facilitas pœna et aliorum precedentium.

2. Quod autem Dominus dicit : « Non potest Satanas Satanam excludere : » (*Marc.*, III, 23) ne forte quisquam utens nominibus aliquarum infimarum potestatum, cum dæmonium excluserit, falsam putet esse istam Domini sententiam ; ad hoc intelligat dictum, quia hoc modo Satanas, etiamsi corpori aut corporis sensibus parcit, ideo parcit, ut ipsius hominis voluntati per impietatis errorem triumpho majore dominetur. Hoc autem modo non exit Satanas, sed potius in intima ingreditur, ut in eo sic operetur, quemadmodum dicit Apostolus : « Secundum principem potestatis aeris hujus, qui nunc operatur in filiis diffidentiæ. (*Ephes.*, II, 2.) Non enim sensus corporis eorum turbabat atque torquebat, aut eorum corpora collidebat, sed in eorum voluntate, vel potius cupiditate regnabat.

3. Quod autem dicit pseudoprophetas multa signa et prodigia facturos, ita ut fallant etiam, si fieri potest, electos (*Matth.*, XXIV, 24) : admonet utique ut intelligamus quædam miracula etiam sceleratos homines facere, qualia sancti facere non possunt : nec tamen ideo potioris loci apud Deum esse arbitrandi sunt. Non enim acceptiores erant Deo, quam populus Israel, magi Ægyptiorum, quia non poterat ille populus facere quod illi faciebant : quamvis Moyses in virtute Dei majora potuerit. Sed ideo non omnibus sanctis ista tribuuntur, ne perniciosissimo errore decipiantur infirmi, existimantes in talibus factis majora dona esse, quam in operibus justitiæ, quibus æterna vita comparatur. Propterea Dominus prohibet hinc gaudere discipulos, cum ait : « Nolite in hoc gaudere, quoniam spiritus vobis subjiciuntur ; sed in hoc gaudete, quoniam nomina vestra scripta sunt in cœlis. » (*Luc.*, X, 20.)

4. Cum ergo talia faciunt magi, qualia nonnunquam sancti faciunt, talia quidem visibiliter esse apparent, sed et diverso fine et diverso jure fiunt. Illi enim faciunt quærentes gloriam suam, isti quærentes gloriam Dei : et illi faciunt per quædam potestatibus concessa in ordine suo, quasi privata commercia vel (*a*) veneficia, isti autem publica administratione, jussu ejus cui cuncta creatura subjecta est. Aliter enim cogitur possessor equum dare militi, ali-

---

(*a*) Sic Rat. et tres Mss. At Er. Lov. et alii codices, *beneficia*.

le livre sur l'injonction d'un soldat ; ou il le vend à un acheteur ; ou il le donne ou le prête à un ami. De même qu'un mauvais soldat, au mépris de la discipline militaire, abuse des insignes qu'il porte, pour effrayer les cultivateurs et extorquer leur biens sans y être autorisé par la loi ; ainsi quelquefois les mauvais chrétiens, schismatiques ou hérétiques, se servent du nom du Christ, ou des paroles et des sacrements de l'Eglise, pour commander aux puissances inférieures, qui sont forcées de céder pour rendre honneur à Jésus-Christ. Mais en cédant aux ordres des méchants, ces puissances veulent aussi séduire les hommes, et leur joie, c'est de les tromper. C'est pourquoi les prodiges ne se font pas tous de même ; les magiciens les font à leur manière, les bons chrétiens à leur manière, et les mauvais chrétiens à leur manière. Les magiciens agissent d'après un pacte particulier, les bons chrétiens au nom de la justice divine, et les mauvais chrétiens en abusant des signes de cette même justice. Il ne faut pas s'étonner que ces signes conservent leur valeur, quoique employés par les mauvais chrétiens ; car ceux qui sont étrangers à la foi, et qui ne sont nullement enrôlés dans notre milice, pourraient usurper ces mêmes signes, sans qu'ils perdissent rien de leur valeur, à cause du respect qui est dû au souverain roi. Nous en avons un exemple dans cet homme de l'Evangile (*Luc*, IX, 46), que les disciples dénoncèrent au Seigneur, en lui disant qu'il chassait les démons en son nom, quoiqu'il ne fût pas, comme eux, son disciple. Lorsque les puissances n'obéissent pas à ces signes, c'est que Dieu s'y oppose par des moyens cachés, pour des raisons justes et utiles. Car les esprits n'auraient jamais l'audace de mépriser ces signes ; ils tremblent, partout où il les aperçoivent. Mais à l'insu des hommes, Dieu commande qu'il en soit autrement, soit pour confondre les méchants, lorsque le bien l'exige, comme nous le lisons dans les actes des apôtres au sujet des fils de Scéva, à qui l'esprit immonde répondit : « Je connais Jésus, je connais Paul, mais vous, qui êtes-vous ? » (*Act.*, XIX, 14, 15). Ou bien Dieu veut instruire les bons, pour qu'ils s'attachent à faire des progrès dans la foi, et à regarder les miracles comme un don d'édification et non de vaine gloire ; ou bien Dieu établit une distinction entre les différents dons qu'il accorde aux membres de l'Eglise, selon cette parole de l'Apôtre : « Tous font-ils des miracles ? Tous ont-ils le don de guérir les maladies ? » (I *Cor.*, XII, 30.) C'est donc ordinairement pour ces raisons, comme nous l'avons dit, que Dieu, à l'insu des hommes, ordonne qu'il en soit autrement, et que malgré l'emploi des signes sacrés, les puissances inférieures n'obéissent pas à la volonté qui parle.

5. Mais souvent ces esprits mauvais ont reçu le pouvoir de nuire aux bons, pendant cette vie

---

ter cum tradit emptori, vel cuilibet donat aut commodat. Et quemadmodum plerique mali milites, quos imperialis disciplina condemnat, signis imperatoris sui nonnullos possessores territant, et ab eis aliquid, quod publice non jubetur, extorquent : ita nonnunquam mali Christiani, vel schismatici, vel hæretici per nomen Christi aut verba aut sacramenta Christiana exigunt aliquid a potestatibus, quibus honori Christi cedere indictum est. Cum autem malis jubentibus cedunt, voluntate ad seducendos homines cedunt quorum errore lætantur. Quapropter aliter magi faciunt miracula, aliter boni Christiani, aliter mali Christiani : magi per privatos contractus, boni Christiani per publicam justitiam, mali Christiani per signa publicæ justitiæ. Nec mirum est, quod hæc signa valent, cum ab eis adhibentur ; quando etiam cum usurpantur ab extraneis, qui omnino suum nomen ad istam militiam non dederunt, propter honorem tamen excellentissimi Imperatoris valent. Ex quibus fuit ille, de quo discipuli Domino nuntiaverunt, quod in nomine ejus ejiceret dæmonia, quamvis cum eis cum non sequeretur. (*Luc.*, IX, 46.) Cum autem non cedunt his signis hujusmodi potestates, Deus ipse prohibet occultis modis, cum id justum atque utile judicat. Nam nullo modo ulli spiritus audent hæc signa contemnere : contremiscunt enim hæc, ubicumque illa conspexerint. Sed nescientibus hominibus aliud jubetur divinitus, vel ad confundendos malos, cum eos oportet confundi ; sicut de Scevæ filiis in Actibus Apostolorum legimus, quibus ait immundus spiritus : « Jesum scio, et Paulum novi, vos autem qui estis ? » (*Act.*, XIX, 14 et 15) vel ad admonendos bonos, ut proficiant in fide, atque ista non jactantor, sed utiliter possint ; vel ad discernenda dona membrorum Ecclesiæ ; sicut Apostolus ait : « Numquid omnes virtutes ? numquid omnes habent dona curationum ? » (I *Cor.*, XII, 30.) Propter has igitur causas plerumque, ut dictum est, nescientibus hominibus jubetur divinitus, id est, ut his signis adhibitis hujusmodi potestates voluntati hominum non obtemperent.

5. Ut autem mali bonis sæpe temporaliter noceant,

temporelle, pour les former à une plus grande perfection, et surtout à la pratique de la patience. C'est pourquoi l'âme chrétienne doit être vigilante au milieu des tribulations pour suivre la volonté de son maître, de peur que, par ses résistances, elle ne mérite un jugement plus sévère. Car ce que disait Notre-Seigneur, comme homme, à Ponce-Pilate, Job aurait pu le dire au démon : « Tu n'aurais aucun pouvoir sur moi, s'il ne t'avait été donné d'en haut. » (*Jean*, XIX, 11.) Il ne faut donc pas considérer la volonté de celui qui a reçu le pouvoir de tourmenter les bons ; mais nous devons nous attacher à la volonté de notre Dieu, qui donne cette puissance. « Car l'affliction produit la patience, la patience l'épreuve, et l'épreuve l'espérance ; et cette espérance n'est pas vaine, parce que l'amour de Dieu a été répandu dans nos cœurs par le Saint-Esprit qui nous a été donné. » (*Rom.*, v, 3, etc.)

QUESTION LXXX. — *Contre les Apollinaristes.* — 1. Certains hérétiques, nommés Apollinaristes d'un certain Apollinaire leur chef, prétendent que Notre-Seigneur Jésus-Christ, en se faisant homme, n'avait point eu l'intelligence humaine. Quelques partisans, leurs auditeurs assidus, ont embrassé avec joie cette doctrine perverse qui mutile l'homme dans le mystère de l'incarnation, en disant que le Fils de Dieu n'avait pas pris l'intelligence, c'est-à-dire l'âme raisonnable qui distingue l'homme d'avec les animaux. Mais en y réfléchissant, ils sentirent que, s'il en était ainsi, il fallait reconnaître que le Fils de Dieu, sagesse et Verbe du Père, par qui tout a été fait, n'aurait pris avec la forme du corps humain que le corps d'un animal ; c'est pourquoi modifiant leur système, non pour se corriger, par un retour sincère dans la voie de la vérité, ni pour confesser que la sagesse de Dieu avait pris la nature humaine tout entière, sans rien excepter, ils poussèrent leur audace plus loin, ils avancèrent que le Christ n'avait point pris d'âme humaine ni rien de ce qui la concerne, et qu'il avait pris seulement la chair de l'homme. Ils se fondaient sur le témoignage de l'Evangile, dont ils ne comprenaient pas le sens, et qu'ils osaient altérer pour combattre la vérité catholique, en disant qu'il est écrit : « Le Verbe s'est fait chair, et il a habité parmi nous. » (*Jean*, I, 14 ; liv. XIV *de la Cité de Dieu*, ch. II.) D'après ces paroles ils soutiennent que le Verbe s'est uni et identifié à notre chair, sans prendre ni l'intelligence, ni l'âme humaine.

2. On peut d'abord leur répondre que l'Evan-

potestatem in eos accipiunt, ad majorem bonorum utilitatem, propter exercitationem patientiæ. Itaque anima Christiana semper invigilet in tribulationibus suis sequi voluntatem Domini sui, ne ordinationi Dei resistendo adquirat sibi gravius judicium. Quod enim ipse Dominus agens hominem Pontio Pilato dixit, hoc et Job diabolo posset dicere : « Non haberes in me potestatem, nisi data esset tibi de super. » (*Joan.*, XIX, 11.) Non ergo ejus voluntas cujus malitiæ potestas in bonos datur, sed ejus voluntas a quo hæc potestas datur, debet nobis esse carissima. « Quoniam tribulatio patientiam operatur, patientia probationem, probatio vero spem, spes autem non confundit ; quia caritas Dei diffusa est in cordibus nostris per Spiritum sanctum, qui datus est nobis. » (*Rom.*, v, 3, etc.)

QUÆST. LXXX. — *Adversus Apollinaristas.* — 1. Cum quidam hæretici, qui Apollinaristæ ex Apollinari quodam auctore suo dicti esse perhibentur, assererent Dominum nostrum Jesum Christum, in quantum homo fieri dignatus est, non habuisse humanam mentem, inhærentes eis nonnulli, et eos studiose audientes, delectati sunt quidem ea perversitate, qua ille hominem in Deo minuebat, dicens eum non habuisse mentem, hoc est rationalem animam, qua homo a pecoribus secundum animum differt. Sed cum secum ipsi cogitarent, fatendum esse, si ita est, ut unigenitus Dei Filius, Sapientia et Verbum Patris, per quod facta sunt omnia, belluam quamdam cum figura humani corporis suscepisse credatur, displicuerunt sibi, non tamen ad correctionem, ut redirent ad veritatis viam, totumque hominem a Sapientia Dei susceptum esse confiterentur, nulla diminutione naturæ : sed ampliore (*a*) usi audacia, ipsam etiam animam totumque utile hominis alienantes ab eo, solam carnem humanam eum suscepisse dixerunt, adhibentes etiam testimonium ex Evangelio ; imo illam sententiam non intelligendo, perversi configere audent adversus catholicam veritatem, dicentes scriptum esse : « Verbum caro factum est, et habitavit in nobis. » (*Joan.*, I, 14.) Sub his enim verbis ita Verbum volunt carni esse copulatum atque concretum, ut nulla ibi non solum mens, sed nec anima humana intersistat. (Lib. XIV, *de Civit. Dei*, cap. 2.)

2. Quibus primo respondendum est, ideo sic esse

(*a*) Plerique Mss. *sed ampliore ipsi audacia etiam animam totumque utile*, etc. Fossatensis liber, *sed ampliore sibi audacia etiam animam totam, quam habent alii homines, alienantes ab eo.*

gile s'exprime ainsi, pour montrer que Notre-Seigneur a pris la nature humaine tout entière, jusqu'à notre chair visible, et que les deux termes de cette union sont le Verbe, comme terme principal, et la chair, comme dernier terme. C'est pourquoi l'Evangéliste, voulant faire ressortir à nos yeux les abaissements d'un Dieu qui s'est humilié, et voulant exprimer le degré de cette humiliation, a nommé seulement le Verbe et la chair, sans rien dire de la nature de l'âme qui est inférieure au Verbe, mais supérieure à la chair. L'abaissement apparaît donc davantage, quand on dit : « Le Verbe s'est fait chair, » plutôt que si l'on disait : le Verbe s'est fait homme. Car si l'on veut prendre les mots à la lettre, un autre impie pourra se servir de ces mêmes paroles pour attaquer notre foi, et dire que le Verbe lui-même s'est changé et converti en chair, n'ayant plus rien de la nature du Verbe, puisqu'il est écrit : « Le Verbe s'est fait chair ; » comme la chair humaine, une fois réduite en cendre, n'est plus en même temps chair et cendre, mais seulement poussière. Il y a aussi une formule de langage et un adage célèbre qui dit : En changeant de nature, on n'est plus ce qu'on était. Mais ce n'est pas ainsi que nous entendons les paroles de l'Evangile ; et nos adversaires conviennent avec nous que le Verbe est resté ce qu'il était en prenant la nature de l'esclave, et qu'il ne s'est point transformé, par le moindre changement en cette nature, et qu'il faut donner ce sens à la parole que nous citons : « Et le Verbe s'est fait chair. » Du reste, si partout où l'on nomme la chair sans faire mention de l'âme, il faut supposer qu'il n'y a pas d'âme, nous devrons donc alors refuser une âme à ces hommes dont il est dit : « Et toute chair verra le Sauveur envoyé de Dieu. » (*Luc*, III, 6.) Comment entendre cette parole du psaume : « Exaucez ma prière ; car toute chair viendra vers vous, » (*Ps.* LXIV, 3) et ce passage de l'Evangile : « Vous lui avez donné puissance sur toute chair, afin qu'il donne la vie éternelle à tout ce que vous lui avez donné ?» (*Jean*, XVII, 2.) Vous comprenez par là qu'en nommant seulement la chair, on veut parler de l'homme, et que cette locution ne peut pas avoir un autre sens ; et que, quand on dit : « Le Verbe s'est fait chair, » cela ne signifie pas autre chose, sinon que le Verbe s'est fait homme. Car de même qu'on prend la partie pour le tout, quand on parle de l'homme, en nommant seulement l'âme, comme dans ce texte : « Tant d'âmes descendirent en Egypte ; » (*Gen.*, XLVI, 22 ; *Exod.*, I, 5) ainsi on prend la partie pour le tout, pour signifier l'homme, quand on nomme seulement

---

illud in Evangelio positum, quia usque ad visibilem carnem assumptio illa humanæ naturæ a Domino facta est, atque in tota illa unitate susceptionis principaliter Verbum est, extrema autem atque ultima caro. Volens itaque Evangelista commendare pro nobis (*a*) dejectionem humilitatis Dei, qui sese humiliaverit, et quo usque humiliaverit exprimens, Verbum carnemque nominavit, prætermittens animæ naturam, quæ Verbo inferior est, carne vero præstantior. Magis enim commendat humilitatem, quia dictum est : « Verbum caro factum est : » quam si diceretur, Verbum homo factum est. Nam si (*b*) nimis hæc intuentur verba, potest alius non minus perversus ex istis verbis ita calumniari fidei nostræ, ut dicat ipsum Verbum conversum et commutatum esse in carnem, et Verbum esse destitisse ; quia scriptum est : « Verbum caro factum est : » sicut caro humana, cum fit cinis, non est caro et cinis, sed ex carne cinis. Et secundum loquendi modum consuetudinemque celebriorem : quidquid sit quod non erat, desinit esse quod erat. Nec tamen ita hæc verba intelligimus ; sed etiam ipsi nobiscum ita intelligunt, ut manente Verbo quod est, ex eo quod accepit formam servi, non ex eo quod in illam formam aliqua mutatione conversum est, dictum sit : « Verbum caro factum est. » Deinde si ubicumque caro fuerit nominata et anima tacita, sic intelligendum est, ut anima ibi non esse credatur, nec illi habebunt animam de quibus dictum est : « Et videbit omnis caro salutare Dei. » (*Luc.*, III, 6.) Et illud in Psalmo : « Exaudi preces meas, ad te omnis caro veniet. » (*Psal.* LXIV, 3.) Et illud in Evangelio : « Sicut dedisti et potestatem omnis carnis, ut omne quod dedisti ei, non pereat, sed habeat vitam æternam. » (*Joan.*, XVII, 2.) Unde intelligitur, solere homines per nominationem solius carnis significari, ut secundum hanc locutionem etiam illud possit intelligi ; ut, quod dictum est : « Verbum caro factum est, » nihil sit dictum, nisi Verbum homo factum est. Sicut enim a parte totum plerumque nominata sola anima homo intelligitur, sicut est illud : « Tot animæ descenderunt in Ægyptum : » (*Gen.*, XLVI, 22 ; *Exod.*, I, 3) sic rursus a parte totum, etiam nominata sola carne homo intelligitur, sicut sunt

---

(*a*) Excusi, *dilectionem* : pro quo melius tres Mss. *dejectionem*. — (*b*) Septem Mss. *si minus*.

la chair, suivant les exemples que nous avons donnés. (*Cité de Dieu*, liv. XVI, ch. XL.)

3. Nous avons donc répondu à l'objection de nos adversaires, et quoiqu'ils se fondent sur l'Evangile, nous avons montré qu'il faudrait être plus qu'insensé, pour croire que ces paroles nous obligent à reconnaître et à confesser que le Christ Jésus, médiateur entre Dieu et les hommes (I *Tim.*, II, 5), n'a pas pris l'âme humaine. Mais je veux leur demander à mon tour comment ils répondront à nos objections, si nous leur montrons clairement, en citant des passages innombrables de l'Evangile et le récit de la vie du Sauveur, que Jésus-Christ a éprouvé des affections, qui supposent nécessairement en lui l'âme humaine. Ce n'est pas moi, mais c'est le Seigneur lui-même qui prononce ces paroles : « Mon âme est triste jusqu'à la mort. » (*Matth.*, XXVI, 38.) « J'ai le pouvoir de donner mon âme et de la reprendre de nouveau. » (*Jean*, X, 18.) « Nul n'a un plus grand amour que de donner son âme (ou sa vie) pour ses amis. » (*Jean*, XV, 13.) Un contradicteur obstiné pourrait dire que toutes ces expressions doivent être prises au figuré dans le langage du Seigneur, suivant sa coutume bien reconnue de parler en paraboles. Il est certain que cela n'est pas ; et il n'est pas besoin d'insister sur ce point. Car nous avons le récit des évangélistes, où nous voyons que le Christ est né de la Vierge Marie, qu'il a été pris par les Juifs, flagellé, crucifié, mis à mort et enseveli dans un tombeau ; on ne pourrait pas dire que tout cela a pu se faire sans que le Sauveur eût un corps. Personne, fût-il le plus insensé des hommes, ne verra dans cette histoire une figure ou une parabole ; car ce récit nous est donné par ceux qui ont été les témoins de ce qu'ils racontent. Donc, comme il est prouvé par ce récit, que le Christ a eu un corps, ainsi les affections qu'il a ressenties et qu'on ne peut ressentir qu'avec une âme, prouvent également qu'il avait une âme ; et sur ce point les évangélistes ne nous laissent aucun doute. (*Matth.*, VIII, 10 ; *Marc*, III, 5.) Car nous y voyons que Jésus fut dans l'admiration, qu'il fut indigné, qu'il fut contristé, qu'il se réjouit, et mille autres traits semblables ; sans compter d'autres situations qui supposent l'action combinée de l'âme et du corps ; ainsi il eut faim, il dormit ; il était fatigué du voyage et il s'est assis, et autres choses de ce genre. (*Matth.*, IV, 2 ; VIII, 24 ; *Jean*, IV, 6.) On ne peut pas nous objecter que les livres de l'Ancien Testament nous montrent la colère de Dieu, sa joie, et encore d'autres passions, sans qu'on puisse en conclure que Dieu ait une âme. Car ces expressions sont empruntées au langage prophétique, et n'appartiennent pas à la narration historique. D'ailleurs

---

ista quæ posuimus. (Lib. XVI, *de Civitate Dei*, cap. 40.)

3. Proinde quemadmodum nos huic objectioni corum, quam ex Evangelio proponunt, ita respondemus, ut nullus hominum ita desipiat, ut putet nos per hæc verba cogi ad credendum et confitendum, quod Mediator Dei et hominum homo Christus Jesus (I *Tim.*, II, 5) animam humanam non habuit ; sic quæro quomodo ipsi respondeant tam manifestis objectionibus nostris, quibus ostendimus per innumerabiles locos evangelicæ Scripturæ narratum de illo ab Evangelistis, quod in his affectionibus fuerit, quæ sine anima esse non possunt. Non enim ea profero, quæ ipse Dominus tam multa commemorat : « Tristis est anima mea usque ad mortem : » (*Matth.*, XXVI, 38) et : « Potestatem habeo ponendi animam meam, et iterum sumendi eam : » (*Joan.*, X, 18) et : « Majorem dilectionem nemo habet, quam ut animam suam ponat quis pro amicis suis : » (*Joan.*, XV, 13) quæ mihi pervicax contradictor potest dicere figurate a Domino dicta ; sicut multa in parabolis cum locutum esse manifestum est. Nam etsi ista non ita sunt, non tamen opus est pugnaciter agere, ubi habemus Evangelistarum narrationes, per quas eum et natum de Maria virgine cognovimus, et comprehensum a Judæis, et flagellatum, et crucifixum atque interfectum, et sepultum in monumento : quæ omnia sine corpore intelligere facta nemo potest. Nec ficte aut figurate accipienda quisquam vel dementissimus dixerit ; cum dicta sint ab eis, qui res gestas, ut meminerant, narraverunt. Sicut ergo ista corpus eum habuisse testantur, sic eum indicant habuisse animam affectiones illæ, quæ non possunt esse nisi in anima : quas nihilo minus eisdem Evangelistis narrantibus legimus. Et miratus est Jesus, et iratus, et contristatus, et exhilaratus, et multa talia innumerabilia. (*Matth.*, VIII, 10 ; *Marc.*, III, 5). Sicut etiam illa quæ conjuncta simul officia et corporis et animæ ostendunt : sicut sunt quod esuriuit, quod dormivit, quod fatigatus ab itinere sedit, et alia hujuscemodi. (*Matth.*, IV, 2 et VIII, 24 ; *Joan.*, IV, 6.) Non enim possunt dicere, etiam in veteribus libris dictam esse iram Dei et lætitiam, et nonnullos hujus generis motus, nec ideo tamen esse consequens, ut Deum habuisse animam credendum sit. Dicta sunt enim illa propheticis imaginationibus, non narratoria mani-

on dit aussi les membres de Dieu, ses mains, ses pieds, ses yeux, sa figure, et autres choses semblables; cependant ces expressions ne prouvent pas que Dieu ait un corps, comme les autres ne prouvent pas qu'il ait une âme. Or, de même que l'on prend à la lettre un récit, où l'on parle des mains et de la tête du Christ et de tout ce qui se rapporte à son corps comme existant réellement, ainsi faut-il prendre aussi dans un sens littéral, tout ce que contient ce même récit au sujet des affections de l'âme, comme se rapportant à une âme qui existe en réalité. Il serait absurde de croire à l'Evangéliste, quand il nous dit que le Christ a mangé, et de ne pas y croire quand il nous dit qu'il a éprouvé la faim. Quoique pourtant ce ne soit pas une raison d'avoir faim parce que l'on mange, attendu que nous lisons qu'un ange a mangé, sans qu'on nous dise qu'il avait faim. (*Gen.*, XVIII, 8; *Tob.*, XII, 19,) Ce n'est pas à dire non plus que tout homme mange, quand il a faim, soit qu'il s'impose une privation volontaire, soit qu'il manque de nourriture ou de la possibilité de manger. Mais quand l'Evangéliste parle de l'un et de l'autre (*Matth.*, IV, 2; IX, 11), je ne vois pas pourquoi on ne croirait pas l'un et l'autre, puisque les deux choses figurent comme un fait dans une histoire qui se suit. Or, l'action de manger prouvant la réalité du corps, la sensation de la faim prouve également la réalité de l'âme.

4. Nous ne sommes pas effrayés non plus d'une vaine et sotte objection, que nos adversaires jaloux nous jettent à la face, quand ils nous disent : Il était donc placé sous l'empire de la nécessité, s'il a véritablement ressenti ces affections de l'âme. La réponse est facile : Oui, il était placé sous l'empire de la nécessité, comme il l'était, quand il fut pris, flagellé, crucifié, mis à mort. Ils comprendront s'ils veulent quitter leur opiniâtreté, qu'il a voulu ressentir ces passions de l'âme, c'est-à-dire ces affections, par une disposition libre de sa volonté; il lui a plu de les ressentir en réalité, comme il a ressenti sans aucune nécessité, et par la même disposition de sa volonté, les infirmités du corps. (Liv. IV *de la Cité de Dieu*, chap. IX.) Nous autres hommes, nous mourons, non par un acte de notre volonté, comme nous naissons sans le vouloir; quant au Christ, sa naissance comme sa mort a été volontaire, et l'une et l'autre réelles. Ainsi nos adversaires sont d'accord avec nous pour croire à la passion réelle du Sauveur dans son corps, sans l'attribuer à la nécessité; et nous, nous persisterons à croire, sans l'attribuer à la nécessité, qu'il a ressenti dans cette âme, que nous lui reconnaissons, une affection très-réelle. Nos adversaires n'ont donc aucune raison pour refuser leur assentiment à la foi catholique, s'ils n'étaient retenus par la détestable honte de changer de sentiment, malgré sa fausseté, après l'avoir

---

festatione. Nam et membra Dei dicta sunt, et manus, et pedes, et oculi, et facies, et similia : et quemadmodum ista non indicant eum habere corpus, sic nec illa animam. Quemadmodum autem narratum aliquid, ubi nominata sunt manus Christi et caput, et cætera quæ indicant ejus corpus : ita etiam quæ de animæ affectionibus eodem narrationis tenore nominata sunt, indicant ejus animam. Stultum est autem credere narranti Evangelistæ quod manducaverit, et non ei credere quod esurierit. Etsi enim non est consequens, ut omnis qui manducat esuriat; nam et Angelum legimus manducasse (*Gen.*, XVIII, 8; *Tob.*, XII, 19) : sed esurisse non legimus : neque ut omnis qui esurit manducet, si aut officio aliquo se cohibeat, aut desit ei cibus facultasque manducandi : tamen cum utrumque narrat Evangelista (*Matth.*, IV, 2; IX, 11) : utrumque credendum est; quia utrumque sicut rerum gestarum index factum gestumque conscripsit. Sicut autem quia manducavit, sine corpore intelligi non potest : sic quia esurivit, sine anima fieri non potuit.

4. Nec illa nos terret inanis atque inepta calumnia, qua invidiose resistentes aiunt : Ergo sub necessitate positus fuit, si has affectiones animi veras habuit. Facile quippe respondemus : Ergo sub necessitate positus fuit, quia comprehensus, flagellatus, crucifixus et mortuus est : ut tandem sine pertinacia, si volunt, intelligant, sic eum passiones animi, hoc est affectiones (Lib. IV, *de Civit. Dei*, cap. 9) : voluntate dispensationis (*a*), veras tamen, ut placuit, suscepisse, quemadmodum passiones corporis eadem dispensationis voluntate sine ulla necessitate suscepit. Quemadmodum nos non voluntate morimur, sic et non voluntate nascimur : ille autem voluntate utrumque, ut oportebat, exhibuit, et tamen verissime exhibuit. Sicut ergo necessitatis nomine nec nos nec illos quisquam avellit a fide verissimæ passionis, per quam corpus ejus ostenditur : sic et nos ipso nomine necessitatis nemo deterret a fide verissimæ affectionis, per quam animam ejus agnoscimus : nec ipsos debet deterrere a consentiendo catholicæ fidei, si non eos de-

(*a*) Sic decem Mss. Editi autem hoc tantum loco, *voluntatis dispensatione.*

soutenu si longtemps et avec tant de témérité.

QUESTION LXXXI. — *Du Carême et de la Pentecôte.* — 1. Toute la sagesse, toute la science propre à éclairer l'homme consiste à distinguer le créateur et la créature, à se soumettre à l'empire de l'un, et à reconnaître la dépendance de l'autre. Or, le Créateur, c'est Dieu, de qui, en qui et par qui tout existe (*Rom.*, xi, 36), par conséquent la Trinité, Père, Fils et Saint-Esprit. La créature est ou invisible comme l'âme, ou visible comme le corps. Comme invisible, on lui attribue le nombre trois; c'est pour cela qu'on nous ordonne d'aimer Dieu de trois manières; « de tout notre cœur, de toute notre âme et de tout notre esprit. » (*Matth.*, xxii, 37; *Deut.*, vi, 5.) Au corps on attribue le nombre quatre, à cause de sa nature bien connue, chaude, froide, humide, sèche. La création dans son ensemble, correspond donc au nombre sept. C'est pourquoi la science qui a pour but de discerner le créateur et la créature, repose sur le nombre dix; tant qu'elle a rapport à la vie présente qui se succède dans le temps, elle consiste à croire; elle nourrit les hommes, comme on nourrit de lait les petits enfants, en leur montrant les événements qui surviennent et qui passent, afin de les préparer à la contemplation qui demeure toujours, sans aucune variation. Et ainsi tout homme instruit de cette manière, connaît tout ce que Dieu incarné a fait dans le temps pour le salut des hommes, tout ce qu'il doit faire dans l'avenir, s'il persévère dans la foi, s'il conserve l'espérance des promesses, et s'il accomplit avec une infatigable charité ce que Dieu nous prescrit avec autorité; c'est de cette manière qu'il remplira, comme il convient, les conditions et les devoirs de la vie présente figurée par le nombre quarante. En effet le nombre dix qui renferme les éléments de toute la science, étant augmenté quatre fois, c'est-à-dire, multiplié par le nombre qui est attribué au corps, à cause du mouvement de cette vie où la foi est nécessaire, ce nombre ainsi multiplié produit le nombre quarante. L'homme obtient la sagesse parfaite qui est un état stable est en dehors des variations du temps, qui est figuré par le nombre dix, de sorte qu'il faut ajouter dix à quarante; comme aussi les parties qui divisent également le nombre quarante étant additionnées forment le nombre cinquante. Or, voici les parties égales du nombre quarante, savoir: quarante multiplié par un, vingt par deux, dix par quatre, huit par cinq, cinq par huit, quatre par dix, deux par vingt. Donc un, deux, quatre, cinq, huit, dix, vingt étant addition-

---

terret exitiabilis pudor mutandæ, quamvis falsæ, diu tamen et cum temeritate defensæ sententiæ.

QUÆST. LXXXI. — *De quadragesima et quinquagesima.* — 1. Omnis sapientiæ disciplina, quæ ad homines crudiendos pertinet, est creatorem creaturamque dignoscere, et illum colere dominantem, istam subjectam fateri. Est autem creator Deus, ex quo omnia, per quem omnia, in quo omnia (*Rom.*, xi, 36) : et ideo Trinitas, Pater et Filius et Spiritus sanctus. Creatura vero partim est invisibilis, sicut anima; partim visibilis, sicut corpus. Invisibili ternarius numerus tribuitur; quare diligere Deum tripliciter jubemur, et toto corde, ex tota anima, et ex tota mente (*Matth.*, xxii, 37; *Deut.*, vi, 5) : corpori quaeternarius numerus, propter evidentissimam naturam ejus, id est, calidam et frigidam, humidam et siccam. Universæ ergo creaturæ tribuitur septenarius. Quapropter omnis disciplina dignoscens et discernens creatorem atque creaturam, denario numero insinuatur : quæ disciplina, quamdiu corporeis motibus temporaliter significatur, credendo constat, et rerum gestarum venientium atque transeuntium auctoritate quasi lacte parvulos nutrit; ut idoneos faciat contemplationi, quæ non venit et transit, sed semper manet : in qua quisque narratis sibi rebus divinitus temporaliter pro salute hominum gestis, sive gerendis quæ adhuc futura prædicantur, si permanserit in fide et promissa speraverit, et quæ divina auctoritas præcipit infatigabili caritate implere curaverit, recte aget vitam hujus necessitatis et temporis, quæ numero quadragenario commendatur. Quoniam denarius numerus, qui totam insinuat disciplinam, quater ductus, id est, numero qui corpori tribuitur multiplicatus, quia per (*a*) motum corporalis administratio geritur, qua dictum est fidem constare, quadragenarium numerum conficit. Ita impetrat etiam stabilem et nullius temporis indigentem sapientiam, quæ denario numero commendatur, ut ad quadraginta addantur decem : quia et partes æquales quadragenarii numeri simul ductæ ad quinquaginta perveniunt. Partes autem æquales habet quadragenarius numerus, deinde primo quadraginta in singulis, viginti in binis, decem in quaternis, octo in quinis, quinque in octonis, quatuor in denis, duas in vicenis. Unum ergo et duo et quatuor et quinque et octo et decem et viginti simul ducta

---

(*a*) Tres Mss. *per motus corporales.* Paulo post Rat. et duodecim Mss. *quam dictum est fide constare.* Et quo *dictum est vitam constare.*

nés donnent le nombre cinquante. C'est pourquoi de même que le nombre quarante, en le décomposant dans ses parties égales, produit en plus le nombre dix, et s'élève au nombre cinquante ; ainsi la vie présente qui s'appuie sur la foi à tout ce qui a été fait, et sera fait pour le salut des hommes, et se conformant pour la conduite à cette croyance, obtient l'intelligence de la sagesse parfaite et immuable ; de sorte que l'homme est éclairé, non-seulement parce qu'il croit, mais encore parce qu'il comprend.

2. C'est pourquoi l'Eglise qui est maintenant sur la terre, quoique « nous soyons les enfants de Dieu, » (I *Jean*, III, 2) avant que « n'apparaisse ce que nous serons, » (*Hab.*, II, 4) l'Eglise est dans les épreuves et les afflictions, et le juste dont elle est la mère vit de la foi. Car « si vous ne croyez, dit le Seigneur, vous ne comprendrez pas. » (*Rom.*, I, 17.) Le temps présent est donc le temps où nous guérissons et souffrons en attendant la rédemption de notre corps, et c'est le temps de notre quarantaine. « Mais nous savons que lorsque le Seigneur nous apparaîtra, nous serons semblables à lui, et nous le verrons tel qu'il est. » (*Rom.*, VIII, 23.) Alors le nombre *dix* s'ajoutera au nombre quarante, et non-seulement nous croirons tout ce qui est du domaine de la foi, mais nous serons jugés dignes de comprendre la vérité dans toute son évidence. Alors ce sera l'Eglise où il n'y a plus de douleur, aucun mélange des bons et des méchants, aucune iniquité ; mais la paix, la joie et le bonheur ; voilà l'Eglise figurée par la cinquantaine. C'est pourquoi Notre-Seigneur étant ressuscité d'entre les morts, a passé quarante jours avec ses disciples (*Actes*, I, 3), observant exactement ce nombre qui figure le temps de la vie temporelle qui se rapporte à la foi ; ensuite il monta au ciel, et après dix autres jours, il envoya le Saint-Esprit (*Actes*, II, 1) ; c'est-à-dire que le cœur de l'homme étant rempli par le souffle de l'amour et par les flammes de la charité, pour se tourner non plus vers les choses humaines et temporelles, mais vers les choses divines et éternelles, c'était le nombre dix qui s'ajoutait au nombre quarante. Voilà pourquoi le total, c'est-à-dire le nombre de cinquante jours doit être signalé par la célébration d'une grande joie.

3. Or, ces deux époques, l'une de peine et de sollicitude, l'autre de joie et de tranquillité, Notre-Seigneur les a figurées par les filets qu'on jette à la mer. (*Luc*, V, 6.) D'abord il fit jeter le filet dans la mer avant sa passion, et dans cette circonstance il est dit qu'on prit une si grande quantité de poisson, qu'on avait peine à retirer le filet, et qu'il se rompait. Or, le filet n'avait n'avait pas été jeté à la droite, parce que l'Eglise sur la terre renferme un grand nombre de méchants ; ni à la gauche, parce qu'elle renferme aussi des bons ; mais au hasard, pour indiquer

---

efficiunt quinquaginta. Quapropter sicut quadragenarius numerus, æqualibus suis partibus computatis, parit amplius denarium, et fit quinquagenarius : sic tempus fidei rerum pro salute nostra gestarum et gerendarum cum æquitate vitæ actum, impetrat intellectum stabilis sapientiæ ; ut non solum credendo, sed etiam intelligendo disciplina firmetur.

2. Et ideo ea quæ nunc est Ecclesia, quamvis «filii Dei sumus, » ante tamen quam « appareat quid erimus : » (I *Joan.*, III, 2) in laboribus et afflictionibus agit, et in ea ustus ex fide vivit. (*Hab.*, II, 4 ; *Rom.*, I, 17.) « Nisi enim credideritis, inquit, non intelligetis. » (*Isai.*, VII, 9.) Et hoc est tempus, quo ingemiscimus et dolemus, expectantes redemptionem corporis nostri, quod Quadragesima celebratur. « Scimus autem quoniam cum apparuerit, similes ei erimus ; quoniam videbimus eum sicuti est : » (*Rom.*, VIII, 23) cum addetur denarius quadragenario, ut non solum credere quæ pertinent ad fidem, sed etiam perspicuam veritatem intelligere mereamur. Talis Ecclesia, in qua nullus erit mæror, nulla permixtio malorum hominum, nulla iniquitas, sed lætitia et pax et gaudium, Quinquagesimæ celebratione præfiguratur. Propterea postea quam Dominus noster resurrexit a mortuis, quadraginta diebus peractis cum discipulis suis (*Act.*, I, 3) : eadem ipsa scilicet per hunc numerum insinuata temporali dispensatione, quæ ad fidem pertinet, ascendit in cœlum, et decem aliis diebus peractis misit Spiritum sanctum (*Act.*, II, 1) : id est, ut non ad humana et temporalia, sed ad divina et æterna contuenda quodam amoris et caritatis spiramento et incendio quadragenario denarius adderetur. Et ideo jam hoc totum, id est, quinquagenarius numerus dierum, lætitiæ celebratione signandus est.

3. Hæc autem duo tempora, id est unum laboris et sollicitudinis, alterum gaudii et securitatis, etiam retibus missis in mare Dominus noster significat. Nam ante passionem de reticulo dicitur misso in mare (*Luc.*, V, 6) : quia tantum piscium cœperunt, ut vix ad littus trahendo perducerent, et ut retia rumperentur. Non enim missa sunt in dexteram partem ; habet enim multos malos Ecclesia hujus tem-

QUESTION LXXXII.

le mélange des bons et des méchants. Quand on dit que le filet se rompait, cela signifie la naissance des hérésies qui viennent détruire la charité. Mais après sa résurrection, Notre-Seigneur voulant figurer l'Eglise du siècle futur, où seraient tous les justes et les saints, ordonne de jeter le filet à droite (*Jean*, XXI, 6) ; et on prit cent cinquante-trois grands poissons, au grand étonnement des disciples qui ne comprenaient pas que, vu leur grosseur prodigieuse, le filet ne se rompit pas. La grandeur de ces poissons figurait la grandeur de la sagesse et de la justice ; et leur nombre représentait la science perfectionnée par l'œuvre temporelle de l'incarnation, et par la régénération éternelle, et exprimée par le nombre cinquante. C'est alors que l'homme n'aura plus besoin d'auxiliaires matériels et qu'il possédera dans son esprit la foi et la sagesse. Or, nous avons dit que le nombre trois est attribué à l'âme, si vous le multipliez par cinquante, il vous donnera cent cinquante ; à ce dernier nombre ajoutez la Trinité, puisque toute perfection est consacrée au nom du Père, et du Fils et du Saint-Esprit ; nous aurons ainsi cent cinquante-trois, nombre de poissons pris dans le filet qui fut jeté sur la droite.

QUESTION LXXXII. — Sur ces paroles : *Car le Seigneur châtie celui qu'il aime, et il frappe de verges ceux qu'il reçoit parmi ses enfants.* (*Hebr.*, XII, 6.) — 1. Bien des gens murmurent sous la main de Dieu, et voyant que les justes ici-bas sont souvent éprouvés par de graves tribulations, ils demandent quel profit ils ont à servir Dieu, puisque ses serviteurs souffrent, comme les autres et sans distinction, les peines ordinaires, et ce qu'on appelle communément les maux de la vie, les maladies, les pertes, les injures et autres incommodités de ce genre ; qu'ils ont même à souffrir davantage à cause de la parole de Dieu et de la justice, puisqu'en prêchant une doctrine qui est importune aux pécheurs, ils sont en butte à leurs séditions tumultueuses, à leur haine et à leurs persécutions insidieuses. On peut d'abord répondre que s'il n'y avait pas d'autre vie que celle-ci, on aurait raison de dire qu'il ne sert à rien, qu'il est même nuisible de mener la vie du juste. Et pourtant il y a des justes qui, en comparant les douceurs et les joies intérieures qu'ils éprouvent, avec les peines et les chagrins de la vie, que souffre le genre humain dans cette condition mortelle ; en les comparant même avec les persécutions et les injures qu'on leur fait endurer pour la justice, y trouvent une si grande compensation, que même en dehors de toute espérance de la vie future, ils auraient plus de joie et de bonheur à souffrir

---

poris : neque in sinistram ; habet enim etiam bonos : sed passim, ut permixtionem bonorum malorumque significaret. Quod autem rupta sunt retia, caritate violata multas hæreses exiisse significat. Post resurrectionem vero, cum vellet Ecclesiam futuri temporis præmonstrare, ubi omnes perfecti atque sancti futuri sunt, jussit mitti retia in dexteram partem : et capti sunt ingentes pisces centum quinquaginta tres, mirantibus discipulis quod cum tam magni essent, retia non sunt disrupta. (*Joan.*, XXI, 6.) Horum magnitudo magnitudinem sapientiæ justitiæque significat ; numerus vero, ipsam disciplinam et temporali dispensatione et æterna regeneratione perfectam, quam diximus quinquagenario numero commendari. Quia enim tunc non erit opus corporalibus adjumentis, et animo continebitur fides atque sapientia ; quia animo ternarium numerum tributum diximus, quinquaginta ducimus ter, et fiunt centum quinquaginta ; cui numero Trinitas additur, quia omnis illa perfectio in nomine Patris et Filii et Spiritus sancti consecrata est : ita fiunt centum quinquaginta tres, qui numerus piscium ad dexteram partem captorum invenitur.

QUÆST. LXXXII. — De eo quod scriptum est : *Quem enim diligit Dominus, corripit ; flagellat autem omnem filium quem recipit.* (*Hebr.*, XII, 6.) — 1. Multi murmurantes sub disciplina Dei, quæstionem movent, cum vident justos sæpe graves molestias secundum hanc vitam pati : quasi propterea nihil eis prosit quod Deo serviunt ; quia vel communes labores, atque indifferenter corporum atque damnorum et contumeliarum cæterorumque omnium, quæ mala mortales putant, vel etiam cæteris ampliores patiuntur propter verbum Dei atque justitiam, quæ onerosa peccantibus in ejus prædicatores tumultuosas seditiones aut insidias aut odia concitat. Quibus respondetur, quia si vita ista sola esset hominum, aut nihil prodesse, aut etiam nocere justa vita non usquequaque absurde videretur. Quanquam non defuerint, qui justitiæ suavitatem et internum ejus gaudium cum corporalibus omnibus laboribus et molestiis, quas genus humanum pro conditione suæ mortalitatis patitur, cum omnibus etiam quæ propter ipsam justitiam in eos qui juste vivunt, injuriosissime (*a*) cogitantur, ita compensarent, ut sequestrata spe futuræ vitæ, jucundius et lætius præ amore veri-

(*a*) Tres Mss. *concitantur*.

par amour de la vérité, que les mondains n'auraient de plaisir à se plonger dans l'ivresse de leurs passions.

2. Mais il y en a qui pensent que Dieu est injuste, quand ils voient les justes accablés de douleurs et d'afflictions; ou s'ils n'osent pas dire que Dieu est injuste, ils s'imaginent du moins qu'il ne s'occupe pas des choses humaines, ou qu'il a tout réglé d'une manière définitive par la loi de la fatalité, ne voulant pas l'enfreindre lui-même, pour n'être pas accusé d'inconstance par la violation de l'ordre qu'il a établi; ou bien ils se livrent encore à d'autres suppositions, comme si Dieu était impuissant pour protéger les justes contre les maux qu'ils endurent. Nous dirons d'abord que les hommes n'auraient jamais le sentiment de la justice, si Dieu ne prenait soin des choses humaines. En effet, cette justice humaine que garde l'âme en faisant le bien, et qu'elle perd en faisant le mal, ne serait pas gravée en elle, s'il n'existait une justice immuable que trouve le juste dans sa plénitude, quand il se tourne vers elle, et qui reste intacte, lorsque le pécheur l'abandonne en se détournant de sa lumière. Or, cette justice immuable, c'est la justice de Dieu, et il ne la ferait pas briller aux yeux de l'homme qui se convertit, s'il ne prenait pas soin des choses humaines. D'ailleurs s'il laissait les justes dans l'affliction, parce qu'il ne voudrait pas déranger l'ordre qu'il a établi, il ne serait pas juste; ce n'est donc point pour cela qu'il le permet, mais parce qu'il entre dans le plan de sa providence que les justes soient affligés innocemment. D'autre part, s'imaginer que Dieu est impuissant pour protéger les justes contre les maux de la vie, c'est une folie; c'est ne pas comprendre que, s'il n'est pas permis de dire que Dieu est injuste, il ne l'est pas davantage de dire qu'il n'est pas tout-puissant.

3. Je me contente de ces courtes réflexions sur cette question, pour montrer combien il serait injuste et pernicieux d'élever des doutes sur la justice et la toute-puissance de Dieu. Reste à savoir maintenant pourquoi les justes sont ordinairement affligés pendant cette vie; c'est que probablement l'affliction leur est utile. Car depuis le péché, l'homme pour recouvrer le salut éternel doit suivre une voie de justice, qui n'est plus celle qui lui était tracée dans le paradis terrestre, lorsqu'il avait à conserver et à ne pas perdre ce même bienfait. Mais la béatitude pour l'âme est comme la santé pour le corps. Or, de même que pour le corps il y a un traitement médical, pour conserver la santé, et un autre pour

tatis torquerentur, quam luxuriosi præ cupiditate ebrietatis epulentur.

2. Sed iis tamen qui putant injustum Deum, cum justos in doloribus et laboribus vident, aut certe si non audent injustum Deum dicere, vel res humanas non curare arbitrantur, vel semel statuisse necessitates fatorum, contra quas nec ipse aliquid facit, ne ordinem rerum a se dispositum inconstantia turbare credatur; aut aliquid aliud opinantur, quod Deus in aliquo invalidus non possit a justis ista mala prohibere : dicendum est, nullam fuisse futuram justitiam in hominibus, si res humanas non curaret Deus. Quia omnis ista hominum justitia, quam et tenere animus humanus recte faciendo potest, et peccando amittere, non imprimeretur animæ, nisi esset aliqua incommutabilis justitia, quæ integra inveniretur a justis, cum ad eam converterentur, integra relinqueretur a peccantibus, cum ab ejus lumine averterentur. Quæ justitia incommutabilis utique (a) Dei est, nec eam porrigeret ad illustrandos ad se conversos, si res humanas non curaret. Si vero propterea gravia perpeti justos (b) sineret, quia contra ordinem rerum a se dispositum nollet venire, nec ipse justus esset; non quia dispositionem suam servare vult, sed quia ita disposuit ipsum ordinem rerum, ut immeritis poenis justi affligantur. In aliquo autem Deum esse invalidum ad repellenda mala quæ justi patiuntur, quisquis opinatur, ideo desipit, quia non intelligit, sicut nefas est injustum Deum dicere, ita nefas esse omnipotentem negare.

3. Quibus pro tempore susceptæ quæstionis breviter constitutis, quia et ipsum Deum et justum atque omnipotentem esse, perniciosissimæ iniquitatis est dubitare; nulla causa probabilior occurrit, cur justi homines laborent plerumque in hac vita, nisi quia hoc eis expedit. Alia est enim quæ nunc est justitia hominum ad recipiendam sempiternam salutem, tunc in paradiso constituti hominis esse debuit ad retinendam et non amittendam eamdem sempiternam salutem. Sicut enim justitia Dei est, utilia præcipere, et inobedientibus pœnas, obedientibus autem præmia distribuere : ita justitia est hominis, præceptis utilibus obedire. Sed quoniam sic est in animo beatitudo, ut in corpore sanitas : quemadmodum in ipso corpore alia præcipitur medicina, ne bona vale-

(a) Tres Mss. *Deus est.* — (b) Er. et Lor. *non sineret :* et infra, *servare non vult :* quibus duobus locis particula negans a multis Mss. abest et ab editione Rat.

la recouvrer; ainsi pour l'homme envisagé dans tous ses états, il y avait des préceptes pour l'empêcher de perdre l'immortalité, et il y en a d'autres pour l'aider à la recouvrer. Ainsi pour la santé du corps, il faut observer les prescriptions du médecin, afin de la conserver en bon état; si, faute de les observer, on tombe malade, on est obligé d'avoir recours à d'autres prescriptions pour se guérir; et souvent la maladie est telle qu'elle réclame une médication particulière, ordinairement pénible et douloureuse, mais nécessaire pour rendre la santé. Et il arrive que l'homme tout en se soumettant au médecin, souffre encore cruellement, non-seulement de la maladie elle-même, mais encore de l'emploi des médicaments; c'est ainsi que par le péché l'homme est tombé sous les maux et les souffrances de cette vie mortelle, pour n'avoir pas voulu obéir au premier précepte qui lui garantissait la vie éternelle; alors on lui a donné, comme à un malade, une seconde prescription, dont l'observation le mettra sans doute dans la voie de la justice, mais sans l'exempter des peines qu'il aura à souffrir ou de la maladie elle-même, ou de l'emploi du remède. Ce remède est ainsi désigné dans ces paroles de l'Ecriture : « Le Seigneur châtie celui qu'il aime, et il frappe de verges ceux qu'il veut recevoir parmi ses enfants. » (*Hebr.*, XII, 6.) Mais ceux qui n'obéissent point à ces salutaires commandements pour vivre dans l'iniquité augmentent de plus en plus leurs maladies; et c'est alors qu'ils ont à souffrir toutes les peines et les misères innombrables même dès cette vie; ou bien Dieu y ajoute encore des châtiments particuliers, pour leur faire sentir davantage l'état malheureux où ils se trouvent, et les avertir par miséricorde d'accepter le remède et de se convertir, pour être guéris par sa grâce. S'ils méprisent tout, et s'ils dédaignent les prescriptions et les remèdes, ils mériteront justement après cette vie la damnation éternelle. Tous ces maux ne peuvent paraître injustes qu'à celui qui renferme toute son espérance dans cette vie mortelle et terrestre, et qui ne croit point ce que Dieu nous a prédit de la vie future; il aura de plus à subir de terribles supplices pour sa persévérance dans le péché et dans son infidélité.

QUESTION LXXXIII. — Sur le mariage, d'après ces paroles du Seigneur, : *Si quelqu'un quitte son épouse excepté pour cause de fornication*, etc. (*Matth.*, v, 32.) — Si le Seigneur ne permet pas aux époux de se séparer, excepté pour cause de fornication, sans faire la même défense aux époux païens, il s'ensuit que le paganisme est considéré comme une fornication. Il est certain que le Sei-

---

tudo amittatur, alia vero, ut amissa recuperetur; sic in toto statu hominis, alia tunc præcepta data sunt, ne amitteretur immortalitas, alia nunc præcipiuntur, ut eam recipiat. Et sicut in valetudine corporis, si quis præceptis medici, quibus eadem bona valetudo custodienda est, non obtemperando in aliquem morbum inciderit, accipit alia præcepta ut sanari possit; quæ sæpe non sufficiunt, si talis est morbus, nisi adhibeantur a medico quædam adjutoria, plerumque aspera et dolores importantia, quæ tamen valent ad recuperandam salutem; unde fit ut homo, quamvis jam obtemperans medico, patiatur tamen adhuc dolores, non solum de ipso morbo nondum sanato, verum etiam de adjutorio medicinæ : ita homo per peccatum lapsus in hujus vitæ morbidam et calamitosam mortalitatem, quia primo præcepto obtemperare noluit, quo sempiternam custodiret ac teneret salutem, secunda præcepta æger accepit, quibus obtemperans jam quidem non absurde dicitur juste vivere, sed tamen molestias quas patitur, vel de ipso morbo nondum sanato patitur, vel de adjutorio medicinæ. Cui adjutorio deputatur quod scriptum est : « Quem enim diligit Dominus, corripit; flagellat autem omnem filium quem recipit. » (*Hebr.*, XII, 6.) Qui vero non obtemperantes præceptis saluberrimis inique vivunt, augent etiam atque etiam morbos suos : et aut ex ipsis patiuntur innumerabiles miseriarum labores doloresque etiam in hac vita; ut pœnis quoque adhibitis, ut quod sanum non est, tangatur et doleat, in quo malo sint, misericorditer admonentur, ut ad medicinam conversi per gratiam Dei sani fiant. Quæ omnia si contempserint, id est præcepta (*a*) verborum et dolorum, justam post hanc vitam sempiternam damnationem merebuntur. Ideoque ille potest dicere injuste ista fieri, qui solam vitam mortalem, quam nunc agimus, esse existimans, quæ divinitus prædicta sunt futura non credit, pensurus gravissima supplicia perseverantiæ peccatorum atque infidelitatis suæ.

QUÆST. LXXXIII. — De conjugio, in eo quod Dominus ait : *Si quis dimiserit uxorem suam excepta causa fornicationis*, etc. (*Matth.*, v, 32.) — Si Dominus dimittendæ conjugis solam causam fornicationis admittit, et paganum conjugium dimitti (*b*) non prohi-

---

(*a*) Ad marginem Rat. *verborum.* — (*b*) Editi, *dimitti prohibet, consequens est ut paganismus fornicatio* (vel *fornicationi*) *non deputetur.* Sed nitidior codicum aliquot Mss. lectio, negante particula verbo *prohibet* præfixa, non verbo *deputetur.*

gneur, en parlant de séparation entre les époux dans l'Evangile, n'admet que le seul cas de fornication. Ici il n'est pas question du mariage entre les païens; car lorsque l'Apôtre conseillait à l'époux fidèle de rester avec l'épouse infidèle, il s'exprime ainsi : « C'est moi qui parle, et non pas le Seigneur, » (I *Cor.*, VII, 10) pour que l'on comprenne bien que le Seigneur ne fait aucun commandement à ce sujet, et que le conseil de l'Apôtre n'est point en opposition avec un précepte du Maître qui n'ordonne pas, mais qui permet néanmoins; personne ici n'est donc lié par une loi, mais chacun peut suivre librement un conseil. Cependant, si on me dit que le Seigneur n'admet pas d'autre cause pour que l'époux quitte son épouse, que le cas de fornication, ce qui suppose un commerce illégitime, je répondrai que le Seigneur, en parlant ainsi, suppose deux époux chrétiens l'un et l'autre, de sorte qu'étant chrétiens, l'un ne peut quitter l'autre, excepté dans le cas de fornication; ici le paganisme est en dehors, puisqu'il s'agit du mariage entre fidèles. Aussi l'Apôtre paraît-il établir cette distinction, lorsqu'il dit : « Pour ceux qui sont dans le mariage, ce n'est pas moi, mais le Seigneur qui leur fait ce commandement, que la femme ne se sépare point de son mari. Si elle s'en sépare, qu'elle reste sans se marier, ou qu'elle se réconcilie avec son mari. » (*Ibid.*, 11.) On doit comprendre ici que si la femme, dans le seul cas où la séparation est permise, quitte son mari, elle doit rester sans se marier; si elle ne le peut pas, elle doit se réconcilier avec lui, soit qu'il se corrige ou qu'elle le tolère, plutôt que de se marier à un autre. Il continue en disant : « Que le mari de même ne quitte point sa femme, » (*Ibid.*) formulant en deux mots la même obligation pour l'époux comme pour l'épouse. Après avoir ainsi exposé le précepte du Seigneur il poursuit de cette manière : « Quant aux autres, ce n'est pas le Seigneur, mais c'est moi qui leur dis : Si un mari fidèle a une femme qui soit infidèle, et qu'elle consente à demeurer avec lui, qu'il ne la quitte point. Et si une femme fidèle a un mari qui soit infidèle, et qu'il consente à demeurer avec elle, qu'elle ne se sépare point de son mari. » (*Ibid.*, 12, 13.) L'Apôtre donne bien à entendre que le langage du Seigneur est que les époux ne doivent point se quitter, s'ils sont du nombre des fidèles.

bet, consequens est ut paganismus fornicatio deputetur. Solam autem fornicationis causam exceptam facere Dominum, cum de dimittenda conjuge loquitur in Evangelio, manifestum est. Paganum vero conjugium hinc non prohibetur dimitti, quia cum Apostolus de hac re consilium daret, ut fidelis volentem secum esse conjugem infidelem, non dimittat, ait : « Ego dico non Dominus : » (I *Cor.*, VII, 10) ut Dominus intelligatur, non quidem jubere ut dimittatur, ne contra jussum ejus consilium dare videatur Apostolus, sed tamen permittere; ut nemo in ea re jussionis necessitate teneatur, sed consilii voluntate libere faciat. Verumtamen si quisquam asserat solam illam fornicationem Dominum admittere ad causam relinquendæ conjugis, quæ vulgo dicitur fornicatio, id est quæ concubitu illicito perpetratur : hoc potest dicere, Dominum, cum de hac re loqueretur, de utroque fideli dixisse, et marito et uxore, ut si ambo fideles sint, neutri liceat alterum relinquere, nisi causa fornicationis; ubi non potest paganismus intelligi, quia uterque fidelis est. Sic enim et Apostolus videtur distinguere, cum ait : « His autem qui in conjugio sunt præcipio, non ego, sed Dominus, uxorem a viro non discedere; quod si recesserit, manere innuptam, aut viro suo reconciliari. » (*Ibid.*, 11.) Ubi etiam intelligitur, quod si una illa causa, qua sola relictio conjugii permittitur, mulier a viro recesserit, innupta perseverare debet : aut si se non continet, viro potius reconciliari vel correcto vel certe tolerando, quam alteri nubere. Sequitur autem et dicit : « Et vir uxorem non dimittat : » (*Ibid.*) breviter eamdem formam intimans in viro, quam præcipiebat in femina. Quibus ex præcepto Domini insinuatis ita sequitur : « Cæteris autem ego dico, non Dominus : Si quis frater habet uxorem infidelem, et hæc consentit habitare cum illo, non dimittat illam : et mulier si habet virum infidelem, et hic consentit habitare cum illa, non dimittat virum. » (*Ibid.*, 12, 13.) Ubi dat intelligi Dominum de his locutum, ut neuter alterum dimitteret, si fideles ambo essent.

AU SUJET DE L'OUVRAGE SUIVANT

On lit ce qui suit dans le Livre II Des Rétractations, *Chapitre* I.

1. Parmi les livres que j'ai écrits durant mon épiscopat (1), les deux premiers sont adressés à *Simplicien*, évêque de Milan, qui a succédé au bienheureux Ambroise, *sur diverses Questions*. Deux sont tirées de l'Epître de saint Paul aux Romains, et forment le premier livre. La première roule sur ces paroles : « Que dirons-nous donc? La loi est-elle le péché? Loin de nous cette pensée, » jusqu'à ce passage où il dit : « Qui me délivrera de ce corps de mort? La grâce de Dieu, par Jésus-Christ Notre-Seigneur. » (*Rom.*, VII, 7.) Or, dans ce chapitre, l'Apôtre dit : « La loi est spirituelle, mais moi je suis charnel, » pour montrer que la chair combat contre l'esprit, et j'ai interprété ces paroles comme s'il fallait les attribuer à l'homme vivant sous la loi, et ne vivant pas encore sous l'empire de la grâce. Car longtemps après j'ai reconnu que ces paroles pouvaient très-probablement s'appliquer aussi à l'homme spirituel. La seconde question de ce livre commence à l'endroit où l'Apôtre dit : « Et cela ne se voit pas seulement dans Sara, mais aussi dans Rebecca qui eut deux enfants à la fois d'Isaac notre père, » jusqu'à ce passage : « Si le Seigneur des armées n'avait réservé quelques-uns de notre race, nous serions devenus semblables à Sodome et à Gomorrhe. » (*Ibid.*, IX, 10.) Dans la solution de cette question, on n'a rien négligé pour laisser intact le libre arbitre de la volonté humaine, mais on a fait dominer le principe de la grâce divine, et le résultat de notre travail, c'est d'arriver à comprendre que la véritable pensée de l'Apôtre est celle-ci : « Qui met de la différence entre vous? qu'avez-vous que vous n'ayez reçu? et si vous l'avez reçu, pourquoi vous en glorifiez-vous, comme si vous ne l'aviez pas reçu? » (I *Cor.*, IV, 7.) C'est ce que voulait montrer aussi le martyr saint Cyprien (*Cypr.*, liv. III, *témoig.*, 4), quand il s'exprimait de la manière suivante : « Il ne faut se glorifier de rien, parce que nous n'avons rien qui nous appartienne. »

2. Dans le second livre, on traite les autres questions que nous avons résolues suivant notre faible pouvoir. Elles sont tirées du livre des Rois. La première est sur cette parole : « L'esprit du Seigneur se saisit de Saül, » (I *Rois*, X, 10) tandis qu'il est dit dans un autre endroit : « L'esprit

---

(1) Saint Augustin commença son épiscopat vers la fin de l'année 395. Or, saint Ambroise mourut le 4 avril 397. Ainsi l'ouvrage suivant adressé à Simplicien, successeur d'Ambroise, et écrit au commencement de l'épiscopat d'Augustin, a été composé vers la fin de l'année 397.

DE SUBSEQUENTI OPERE
Libri II Retractionum, *caput* I.

Librorum quos episcopus elaboravi, primi duo sunt *ad Simplicianum* ecclesiæ Mediolanensis antistitem, qui beatissimo successit Ambrosio, *de diversis quæstionibus* : quarum duas ex epistola Pauli apostoli ad Romanos, in primum librum contuli. Harum prior est de eo quod scriptum est : « Quid ergo dicemus? Lex peccatum est? Absit, » (*Rom.*, VII, 7) usque ad illud, ubi ait : « Quis me liberabit de corpore mortis hujus? Gratia Dei per Jesum Christum Dominum nostrum. » In qua illa Apostoli verba : « Lex spiritualis est, ego autem carnalis sum, » etc. quibus caro contra spiritum confligere ostenditur, eo modo exposui, tanquam homo describatur adhuc sub Lege, nondum sub gratia constitutus. Longe enim postea et spiritalis hominis (et hoc probabilius) esse posse illa verba cognovi. Posterior in hoc libro quæstio est, ab eo loco ubi ait : « Non solum autem, sed et Rebecca ex uno concubitu habens Isaac patris nostri. » (*Ibid.*, IX, 10.) usque ad illud ubi ait : « Nisi Dominus Sabaoth reliquisset nobis semen, sicut Sodoma facti essemus, et sicut Gomorrha similes fuissemus. » In cujus quæstionis solutione laboratum est quidem pro libero arbitrio voluntatis humanæ, sed vicit Dei gratia : nec nisi ad illud potuit pervenire, ut liquidissima veritate dixisse intelligatur Apostolus : « Quis enim te discernit? Quid autem habes quod non accepisti? Si autem et accepisti, quid gloriaris quasi non acceperis? » (I *Cor.*, IV, 7.) Quod volens etiam martyr Cyprianus ostendere (*Cyp.*, lib. III, *Testim.*, IV), hoc totum ipso titulo definivit, dicens : In nullo gloriandum, quando nostrum nihil est.

2. In secundo libro tractantur cæteræ quæstiones, et pro nostra quantulacumque facultate solvuntur, quæ sunt omnes de Scriptura quæ Regnorum appellatur. Harum prima est de eo quod scriptum est : « Et insiliit spiritus [Domini in Saul : » (I *Reg.*, X, 10) cum alibi dicatur : « Et spiritus Domini malus in Saul. »

mauvais du Seigneur tourmentait Saül. » (*Ibid.*, XVI, 14.) En développant cette question, je disais : « Quoique le vouloir dépende de nous, le pouvoir ne dépend pas de nous. » (Liv. II, quest. 1.) En parlant ainsi, nous avons voulu dire que le vouloir dépendait de nous seulement à l'instant où nous faisons ce que nous voulons, ce qui suppose avant tout et par dessus tout le vouloir lui-même. Car il n'y a pas d'intervalle entre la volonté elle-même, et l'acte de la volonté. Mais nous recevons d'en haut le pouvoir de bien vivre, lorsque la volonté est préparée par le Seigneur. (*Prov.*, XIX, 21.) La seconde question est sur ces paroles : « Je me repens d'avoir établi Saül roi. » (I *Rois*., XV, 11.) La troisième est de savoir si l'esprit immonde, qui était dans la pythonisse, a pu forcer Samuel à se montrer à Saül et à lui parler. La quatrième est sur ces paroles : « Le roi David entra et s'assit devant le Seigneur. » (*Ibid.*, XXVIII, 7.) La cinquième est sur cette parole d'Élie : « O Seigneur, faut-il que cette veuve qui m'a nourri soit ainsi affligée, que vous fassiez mourir son fils ? » (III *Rois*, XVII, 20.)

On lit dans le livre de la PRÉDESTINATION DES SAINTS, *chapitre* IV.

Vous voyez quel était en ce temps-là (en 394) mon sentiment (1) sur la foi et les œuvres, quoique d'ailleurs je prisse grand soin de faire connaître le prix et la force de la grâce. Et je vois que c'est en cela même que consiste l'erreur de ceux dont vous m'avez écrit, qui ont été peut-être assez soigneux de lire mes livres, mais non pas de profiter en les lisant, comme j'ai fait moi-même en les écrivant. Car, s'ils y avaient donné plus d'attention, ils auraient vu que j'avais traité cette question, suivant le sens véritable des divines Écritures, dans le premier des deux livres que j'ai écrits à Simplicien, d'heureuse mémoire, évêque de Milan, successeur de saint Ambroise, au commencement de mon épiscopat.

On lit plus bas dans le même livre.

Voilà pourquoi j'ai dit plus haut, que malgré mon sentiment particulier, je m'étais rendu surtout au témoignage de l'Apôtre. (I *Cor.*, IV, 7.) Car Dieu, pour résoudre cette question, m'a révélé ce que j'avais à dire dans ma réponse à Simplicien.

(1) Exposition de quelques propositions tirées de l'épître aux Romains.

(*Ibid.*, XVI, 14.) Quam cum exponerem dixi : « Quamvis sit in cujusque potestate quid velit, non est tamen in cujusquam potestate quid possit. » (Lib. II, quæst. 1.) Quod ideo dictum est, quia non dicimus esse in potestate nostra, nisi quod cum volumus sit ; ubi prius et maxime est ipsum velle. Sine ullo quippe intervallo temporis præsto est voluntas ipsa, cum volumus : sed hanc quoque ad bene vivendum de super accipimus potestatem, cum præparatur voluntas a Domino. (*Prov.*, XIX, 21.) Secunda quæstio est, quomodo dictum sit : « Pœnitet me quod constituerim regem Saul. » (I *Reg.*, XV, 11.) Tertia, utrum spiritus immundus qui erat in pythonissa, potuerit agere ut Samuel a Saule videretur, et loqueretur cum eo. (*Ibid.*, XXVIII, 27.) Quarta, de eo quod scriptum est : « Intravit rex David, et sedit ante Dominum. » (II *Reg.*, VII, 18.) Quinta, de eo quod dixit Elias : « O Domine testis hujus viduæ cum qua ego inhabito apud ipsam, tu male fecisti, occidere filium ejus. » (III *Reg.*, XVII, 20.) Hoc opus sic incipit : « Gratissimam plane. »

Ex libro De Prædestinatione Sanctorum, *caput* IV.

Videtis certe quid tunc de fide atque operibus sentiebam, quamvis de commendanda Dei gratia laborarem : in qua sententia istos fratres nostros esse nunc video ; quia non sicut legere libros meos, ita etiam in eis curaverunt, proficere mecum. Nam si curassent, invenissent istam quæstionem secundum veritatem divinarum Scripturarum solutam in primo libro duorum, quos ad beatæ memoriæ Simplicianum scripsi, episcopum Mediolanensis ecclesiæ, sancti Ambrosii successorem, in ipso exordio episcopatus mei.

Ibidem infra :

Ecce quare dixi superius, hoc (I *Cor.*, IV, 7) apostolico præcipue testimonio etiam me ipsum fuisse convictum, cum de hac re aliter saperem ; quam mihi Deus in hac quæstione solvenda, cum ad episcopum Simplicianum, sicut dixi, scriberem, revelavit.

On lit dans le livre sur le Don de la persévérance, *chapitre* xx.

J'ai commencé à être mieux inspiré dans cette discussion que j'ai adressée à Simplicien, d'heureuse mémoire, évêque de Milan, au commencement de mon épiscopat, lorsque j'ai connu et enseigné que le commencement de la foi était un don de Dieu.

Au même endroit, chapitre xxi.

On peut voir dans les derniers paragraphes du premier des deux livres que j'ai adressés, au commencement de mon épiscopat, avant l'apparition de l'hérésie pélagienne, à Simplicien, évêque de Milan, s'il y a le moindre mot qui puisse faire douter que la grâce de Dieu ne nous est pas donnée en considération d'aucun mérite, et si je n'ai pas montré suffisamment que le commencement même de la foi est un don de Dieu, et si toutes mes paroles ne concourent pas à montrer avec évidence, quoique cela ne soit pas marqué expressément, que la persévérance finale est elle-même un don de Dieu, qui nous a prédestinés pour avoir part à son royaume et à sa gloire.

Epître xxxviie *du* IIe *tome.*

A mon bienheureux maître et père Simplicien, que j'embrasse avec respect et charité sincère, Augustin, salut dans le Seigneur.

1. J'ai reçu vos lettres, comme un gracieux présent de votre sainteté; elles m'ont causé une grande joie, en me prouvant que vous ne m'oubliez pas, que vous m'aimez toujours, et je vous remercie de ce que le Seigneur a daigné vous donner pour moi des sentiments que je ne mérite pas, mais que je dois à sa miséricorde. J'y ai retrouvé cette affection paternelle, qui n'était pas nouvelle et inconnue pour moi, et ce cœur excellent dont j'ai connu et éprouvé les grandes bontés, ô mon bienheureux maître que j'embrasse avec respect et tendre charité.

2. Je me demande pourquoi mon travail de composition, qui m'a coûté en certains endroits bien des sueurs, m'a-t-il procuré aussi ce grand bonheur, que vous ayez daigné le lire? C'est que le Seigneur qui possède mon âme, a voulu me consoler au milieu de mes soucis, et me réconforter, au milieu des craintes que j'avais nécessairement, de faire quelque chute par ignorance, ou

Ex libro de Dono perseverantiæ, *caput* xx.

Plenius sapere cœpi in ea disputatione, quam scripsi ad beatæ memoriæ Simplicianum, episcopum Mediolanensis ecclesiæ, in mei episcopatus exordio, quando et initium fidei donum Dei esse cognovi et asserui.

Ibidem, caput xxi.

Videant utrum in primi libri posterioribus partibus, eorum duorum quos mei episcopatus initio, antequam Pelagiana hæresis appareret, ad Simplicianum Mediolanensem episcopum scripsi, remanserit aliquid, quo vocetur in dubium, gratiam Dei non secundum merita nostra dari : et utrum ibi non satis egerim, etiam initium fidei esse donum Dei : et utrum ex iis quæ ibi dicta sunt, non consequenter eluceat, etsi non sit expressum, etiam usque in finem perseverantiam nonnisi ab eo donari, qui nos prædestinavit in suum regnum et gloriam.

Ex II *tomo epistola* xxxvii.

Domino beatissimo et venerabiliter sincerissima caritate amplectendo patri Simpliciano, Augustinus, in Domino salutem.

Plenas bonorum gaudiorum litteras, quod sis memor mei, meque ut soles diligas, magnæque gratulationi tibi sit quidquid in me donorum suorum Dominus conferre dignatus est misericordia sua, non meritis meis, missas munere sanctitatis tuæ accepi : in quibus affectum in me paternum de tuo benignissimo corde non repentinum et novum hausi, sed expertum plane cognitumque repetivi, Domine beatissime et venerabiliter sincerissima caritate amplectende.

2. Unde autem tanta exorta est felicitas litterario labori nostro, quo in librorum quorumdam conscriptione sudavimus, ut a tua dignatione legerentur? nisi quia Dominus, cui subdita est anima mea, consolari voluit curas meas, et a timore recreare, quo me in talibus operibus necesse est esse sollicitum, necubi forte

par imprudence, quoique marchant dans le champ tout aplani de la vérité. En voyant que mon ouvrage vous plaît, je sais à qui il plaît; car je connais celui qui est avec vous. C'est celui qui donne et distribue tous les dons spirituels, et c'est lui qui parle par votre bouche pour me commander d'obéir. S'il y a quelque chose qui vous plaise dans mes écrits, c'est que Dieu a dit à son serviteur : Que cela soit, et cela fut : et quand vous approuvez cet ouvrage, c'est que Dieu vit qu'il était bon. (*Gen.*, I.)

3. Vous avez daigné me demander d'expliquer quelques petites questions, où la lenteur de mon esprit se serait embarrassée pour les comprendre, si votre mérite ne m'eût aidé en m'en donnant la clef. Je vous demande une chose, c'est de prier Dieu qu'il vienne en aide à ma faiblesse, et quand vous verrez soit les ouvrages, dont vous m'avez confié le travail avec la bonté d'un père, soit d'autres qui pourraient tomber entre vos mains sous mon nom, (car si je connais ce qui vient de Dieu, je connais aussi ce qui peut être défectueux de mon côté), soyez assez bon non-seulement pour les lire avec le soin d'un amateur, mais aussi pour les corriger avec la sévérité d'un censeur. Adieu.

indoctior vel incautior, quamvis in planissimo campo veritatis, offendam. Cum enim tibi placet quod scribo, novi cui placeat; quoniam quis te inhabitet novi. Idem quippe omnium munerum spiritalium distributor atque largitor per tuam sententiam confirmabit obedientiam meam. Quidquid enim habent illa scripta delectatione tua dignum, in meo ministerio dixit Deus : Fiat, et factum est (*Gen.*, I); in tua vero approbatione vidit Deus, quia bonum est.

3. Quæstiunculas sane, quas mihi enodandas jubere dignatus es, etsi mea tarditate implicatus non intelligerem, tuis meritis adjutus aperirem. Tantum illud quæso, ut pro mea infirmitate depreceris Deum, et sive in iis quibus me exercere benigne paterneque voluisti, sive in aliis quæcumque nostra in tuas sanctas manus forte pervenerint, (quia sicut Dei data, sic etiam mea errata cognosco,) non solum curam legentis impendas, sed etiam censuram corrigentis assumas. Vale.

LES DEUX LIVRES
A SIMPLICIEN
SUR DIVERSES QUESTIONS [1]

LIVRE PREMIER.

OU L'ON TRAITE DEUX QUESTIONS DE SIMPLICIEN, SUR L'ÉPITRE DE SAINT PAUL AUX ROMAINS.

PRÉFACE.

Il m'a été très-agréable et très-doux, Simplicien mon père, de recevoir la note des questions que vous avez bien voulu m'envoyer, et j'ai compris qu'en ne faisant pas des efforts pour y répondre, je montrerais non-seulement de la mauvaise volonté, mais encore de l'ingratitude. Déjà ces questions tirées de l'Apôtre saint Paul ont été discutées par nous et même traitées par écrit. Cependant j'ai pensé que les paroles de l'Apôtre et l'ensemble de sa doctrine demandaient plus que le travail et l'explication déjà données, et pour ne rien négliger en cette matière, je me suis appliqué de nouveau avec plus de scrupule et d'attention à cette œuvre. Car vous ne m'auriez pas adressé ces questions, s'il eût été si facile de les comprendre et de les résoudre.

QUESTION I.

1. Le passage qu'il s'agit d'expliquer commence ainsi : « Que dirons-nous donc ? La loi est-elle le péché ? Loin de nous cette pensée ; » (*Rom.*, VII, 7) jusqu'à cet endroit : « Car, selon l'homme intérieur, je trouve du plaisir dans la loi de Dieu, » et peut-être plus loin jusqu'à ces paroles : «Malheureux homme que je suis, qui me délivrera de ce corps de mort ? La grâce de Dieu par Jésus-Christ Notre-Seigneur. » Voilà la première question. En cet endroit l'Apôtre

[1] Écrits vers l'année 397.

DE
DIVERSIS QUÆSTIONIBUS AD SIMPLICIANUM
LIBRI DUO.

LIBER PRIMUS.

IN QUO SIMPLICIANI QUÆSTIONES EX EPISTOLA PAULI AD ROMANOS DUÆ TRACTANTUR.

PRÆFATIO.

Gratissimam plane atque suavissimam interrogationum tuarum dignationem mihi, pater Simpliciane, misisti : quibus nisi respondere conarer ; non solum contumax, verum etiam ingratus existerem. Et illa quidem quæ de Paulo apostolo dissolvenda proposuisti, jam a nobis erant utcumque discussa litterisque mandata. Sed tamen eadem ipsa verba Apostolica tenoremque sententiarum, non contentus inquisitione atque explicatione præterita, ne quid in ea negligentius præterissem, cautius attentiusque rimatus sum. Non enim tu ea percontanda censeres, si eorum intellectus facilis atque expeditus foret.

QUÆSTIO I.

1. Nam ex eo loco ubi scriptum est : « Quid ergo dicemus ? Lex peccatum est ? Absit : » (*Rom.*, VII, 7) usque ad eum locum, ubi ait : « Igitur lex volenti mihi bonum est, et cætera, credo usque ad illud : « Miser ego homo, quis me liberabit de corpore mortis hujus? Gratia Dei per Jesum Christum Dominum nostrum : » primam nos voluisti enodare quæstionem. (II *Retr.*, 1.) Quo loco videtur mihi Apostolus

me paraît s'être mis à la place de l'homme vivant sous la loi, et parler comme il parlerait lui-même. (II *Rétr*., 1.) Il avait dit auparavant : « Nous sommes affranchis de la loi de mort dans laquelle nous étions retenus ; de sorte que nous servons Dieu dans la nouveauté de l'esprit, et non dans l'ancienneté de la lettre. » (*Rom*., VII, 6.) Et comme par ces paroles il eût pu paraître blâmer la loi, il ajoute aussitôt : « Que dirons-nous donc ? La loi est-elle péché ? Loin de nous cette pensée. Mais je n'ai connu le péché que par la loi ; car je n'aurais point connu la convoitise, si la loi n'avait dit : Vous ne convoiterez point. »

2. Ici je me dis : Si la loi n'est pas péché, mais seulement une occasion de péché, ces paroles de l'Apôtre n'en sont pas moins un blâme. C'est pourquoi il faut observer que la loi a été donnée, non pour produire le péché, ni pour l'extirper, mais pour le faire connaître, afin que l'âme humaine qui se croyait dans une fausse sécurité d'innocence, reconnût sa culpabilité par sa confrontation avec le péché. Puis voyant que sans la grâce de Dieu, elle ne pouvait pas triompher du mal, le remords l'excitât à se convertir et à recevoir ce secours divin. L'Apôtre ne dit donc pas : Je n'ai commis le péché que par la loi ; mais : « Je n'ai connu le péché que par la loi. » (*Rom*., VII, 7.) Il ne dit pas non plus : Je n'aurais pas la concupiscence, si la loi ne disait : Vous ne convoiterez point ; mais il dit : « Je n'aurais point connu la concupiscence, si loi n'avait dit : Vous ne convoiterez point, » ce qui montre que la loi ne donne pas la concupiscence, mais qu'elle la fait connaître.

3. Si donc, faute de la grâce, on ne pouvait pas résister à la concupiscence, il s'en suivait que la concupiscence prenait plus d'empire sur l'homme ; car en ajoutant au péché le crime de la prévarication par l'infraction de la loi, la concupiscence était plus forte que si la loi n'eût pas existé. C'est pourquoi l'Apôtre ajoute : « A l'occasion du commandement, le péché a produit en moi toute concupiscence. » (*Ibid*., 8.) Le péché existait bien avant la loi, mais il ne s'était pas produit dans toute sa force par l'absence de la prévarication ; car où il n'y a pas de loi, il n'y a pas de prévarication. (*Rom*., IV, 15.)

4. Lorsqu'il dit : « Sans la loi le péché est mort, » il veut dire qu'il est caché ou censé mort, ce qu'il expliquera ensuite d'une manière plus claire. « Et moi, » dit-il, « je vivais autrefois sans loi ; » (*Rom*., VII, 8) c'est-à-dire je n'avais aucune crainte de la mort comme suite du péché ; parce que le péché ne se montrait point, en l'absence de la loi. (*Ibid*., 9.) « Mais le com-

---

transfigurasse in se hominem sub lege positum, cujus verbis ex persona sua loquitur. Et quia paulo ante dixerat : « Evacuati sumus a lege mortis, in qua detinebamur, ita ut serviamus in novitate spiritus, et non in vetustate litteræ : » (*Rom*., VII, 6) atque ita per hæc verba quasi reprehendisse legem posset videri, subjecit statim : « Quid ergo dicemus ? Lex peccatum est ? Absit. Sed peccatum non cognovi nisi per legem. Nam concupiscentiam nesciebam, nisi lex diceret : Non concupisces. »

2. Hic rursus movet : Si lex non est peccatum, sed (a) insinuatrix peccati, nihilo minus his verbis reprehenditur. Quare intelligendum est, legem ad hoc datam esse, non ut peccatum insereretur, neque ut extirparetur, sed tantum ut demonstraretur, quo animam humanam quasi de innocentia securam ipsa peccati demonstratione ream faceret : ut quia peccatum sine gratia Dei vinci non posset, ipsa reatus sollicitudine ad percipiendam gratiam converteretur. Itaque non ait : Peccatum non feci nisi per legem ; sed : « Peccatum non cognovi nisi per legem. » (*Rom*., VII, 7.) Neque rursus ait : Nam concupiscen-

tiam non habebam, nisi lex diceret : Non concupisces : sed ait : « Concupiscentiam nesciebam, nisi lex diceret : Non concupisces. » Unde apparet concupiscentiam per legem non insitam, sed demonstratam.

3. Consequens autem erat, ut quoniam nondum accepta gratia concupiscentiæ resisti non poterat, augeretur etiam : quia majores vires habet concupiscentia crimine prævaricationis adjuncto, cum etiam contra legem facit, quam si nulla lege prohiberetur. Consequenter itaque subjungit : « Occasione autem accepta peccatum per mandatum operatum est in me omnem concupiscentiam. » (*Ibid*., 8.) Erat enim et ante legem, sed non omnis erat, quando crimen prævaricationis adhuc deerat. Unde alio loco dicit : Ubi enim non est lex, nec prævaricatio. (*Rom*., IV, 15.)

4. Quod autem adjungit : « Sine lege enim peccatum mortuum est : » (*Rom*., VII, 8) pro eo positum est, ac si diceret, latet, hoc est, mortuum putatur : quod paulo post evidentius dicturus est. « Ego autem, inquit, vivebam sine lege aliquando (*Ibid*., 9) : id est, nulla ex peccato morte (b) terrebar ; quia non apparebat, cum lex non esset. « Adveniente autem

---

(a) Am. et Er. *inseminatrix*. Favet Corbeiensis vetustissimus codex, qui habet, *inseminatrix*. — (b) Sex Mss. *tenebar*.

mandement étant survenu, le péché a commencé à revivre, » (*Ibid.*, 10) c'est-à-dire s'est montré. « Et moi je suis mort, » c'est-à-dire j'ai connu que j'étais mort ; je sais au moins que la prévarication me tient sous la menace d'une mort certaine. Or, quand il dit, le péché a commencé à revivre, il fait entendre assez clairement que dans le principe le péché a existé, qu'il s'est montré, ce me semble, dans la prévarication du premier homme, puisqu'il avait reçu un commandement. (*Gen.*, II, 17.) Car l'Apôtre dit aussi dans un autre endroit : La femme s'étant laissé séduire tomba dans la prévarication. (I *Tim.*, II, 14.) Il dit encore : C'est ainsi qu'a prévariqué Adam, qui est la figure du nouvel Adam. (*Rom.*, V, 14.) Le péché ne pouvait donc pas revivre, sans qu'il eut existé autrefois. Mais il était devenu mort, étant comme enseveli dans l'oubli, depuis que les hommes mortels qui se succédaient sur la terre vivaient sans loi, suivant les concupiscences de la chair sans s'en douter car il n'y avait pas de défense. Donc, dit l'Apôtre, « je vivais autrefois sans avoir aucune loi. » Il est clair qu'en parlant ainsi, ce n'est pas lui personnellement, mais la personne du vieil homme qu'il met en scène. « Mais le commandement étant survenu, le péché a commencé à revivre. Et moi, je suis mort ; et il s'est trouvé que le commandement qui devait servir à me donner la vie, a servi à me donner la mort. » En effet, si l'on obéit au commandement, il donne la vie ; mais il s'est trouvé qu'il donnait la mort, à cause de l'infraction, de sorte que non-seulement il y a péché ; comme avant le commandement, mais le péché devient plus grand et plus pernicieux, puisque l'on pèche avec connaissance et avec prévarication.

5. « Car, dit l'Apôtre, à l'occasion du commandement, le péché m'a séduit et m'a tué par le commandement même. » (*Rom.*, VII, 11.) L'homme en effet, abusant de la loi, sent augmenter en lui par la défense même, le désir du péché ; il le trouve plus doux et se laisse séduire. Or, cette douceur est trompeuse, et comme punition, elle est suivie de nombreuses et cuisantes amertumes. Les hommes qui n'ont pas encore goûté la grâce spirituelle, se plaisent à faire ce qui est défendu, et le péché les séduit par une trompeuse douceur, et il les tue, en les rendant coupables de prévarication.

6. « Ainsi la loi est sainte, et le commandement est saint, juste et bon. » (*Rom.*, VII, 12.) Car la loi ordonne ce qu'il faut ordonner, et elle défend ce qu'il faut défendre. Quoi donc, ce qui était bon est-il devenu mortel pour moi? (*Ibid.*, 13.) Nullement. Le mal en effet est dans l'homme qui abuse, et non dans le commandement qui est bon. Car la loi est bonne si on

---

mandato, peccatum revixit; » hoc est, apparuit. (*Ibid.*, 10.) « Ego autem mortuus sum : » id est, mortuum me esse cognovi; vel quia reatus prævaricationis certum mortis supplicium comminatur. Sane quod ait : « Peccatum revixit adveniente mandato, » satis significavit hoc modo aliquando vixisse peccatum, id est notum fuisse, sicut arbitror, in prævaricatione primi hominis, quia et ipse mandatum acceperat. (*Gen.*, II, 17.) Nam et alio loco dicit : Mulier autem (*a*) seducta in prævaricatione facta est. (I *Tim.*, II, 14.) Et iterum : In similitudine prævaricationis Adæ, qui est forma futuri. (*Rom.*, V, 14.) Non enim potest reviviscere, nisi quod vixit aliquando. Sed mortuum fuerat, id est occultatum, cum mortales nati sine mandato legis homines viverent, sequentes concupiscentias carnis sine ulla cognitione, quia sine ulla prohibitione. Ergo : « Ego, inquit, vivebam sine lege aliquando. » Unde manifestat, non ex persona sua proprie, sed generaliter ex persona (*b*) veteris hominis se loqui. « Adveniente autem mandato peccatum revixit. Ego autem mortuus sum; et inventum est mihi mandatum quod erat in vitam, hoc esse in mortem. » Mandato enim si obediatur, utique vita est. Sed inventum est esse in mortem, dum sit contra mandatum, ut non solum peccatum fiat, quod etiam ante mandatum fiebat, sed hoc abundantius et perniciosius, ut jam a sciente et prævaricante peccetur.

5. « Peccatum enim, inquit, occasione accepta per mandatum, fefellit me, et per illud occidit. » (*Rom.*, VII, 11.) Peccatum non legitime utens (*f*. utenti) lege, ex prohibitione aucto desiderio, dulcius factum est, et ideo fefellit. Fallax enim dulcedo est, quam plures atque majores pœnarum amaritudines consequuntur. Quia ergo ab hominibus nondum spiritalem gratiam percipientibus suavius admittitur quod vetatur, fallit peccatum falsa dulcedine. Quia vero etiam accedit reatus prævaricationis, occidit.

6. « Itaque lex quidem sancta, et mandatum sanctum, et justum et bonum. » (*Rom.*, VII, 12.) Jubenda enim jubet, et prohibenda prohibet. « Quod ergo bonum est, mihi factum est mors? Absit. » (*Ibid.*, 13.) In male utente quippe vitium est, non in mandato

---

(*a*) Ita Mss. juxta Græc. At editi, *in prævaricatione seducta fuit.* — (*b*) Abest *veteri* a Victorino codice et vetustissimo Corbeiensi.

l'observe avec sincérité. (*Tim.*, I, 8.) Mais on abuse de la loi, du moment qu'on ne se soumet pas à Dieu avec une pieuse humilité, pour obtenir sa grâce et pouvoir accomplir la loi. La loi, pour l'homme qui en abuse, n'a donc pas d'autre effet, sinon que le péché qui était caché avant la prohibition devient manifeste par la prévarication, et cela « outre mesure; » car non-seulement il y a péché, mais encore infraction du commandement. L'Apôtre continue donc et ajoute : « Mais le péché, pour faire paraître sa corruption, s'est servi d'une chose qui était bonne pour me donner la mort, en sorte que par le commandement même le péché s'est fortifié sans mesure. » (*Rom.*, VII, 13.) On voit dans quel sens l'Apôtre avait dit plus haut : « Sans la loi le péché est mort; » (*Ibid.*, 8) ce n'est pas à dire qu'il n'existait pas, mais il ne paraissait pas ; et dans quel sens il a dit aussi : « le péché a commencé à revivre, » (*Ibid.*, 9) faisant entendre que le péché ne serait plus ce qu'il était avant la loi, mais qu'il serait manifeste comme étant une infraction à la loi ; puisqu'il vient de dire : « Mais le péché, pour faire paraître ce qu'il est, s'est servi d'une chose qui était bonne pour me donner la mort. » Il ne dit pas : Pour être péché, mais : « Pour faire paraître ce qu'il est. »

7. Il en donne ensuite la raison : « Nous savons, dit-il, que la loi est spirituelle ; mais moi je suis charnel. » (*Rom.*, VII, 14.) Il fait bien voir que pour accomplir la loi, il faut être spirituel, et on ne le devient que par la grâce. Car la loi est spirituelle, et plus on se rapproche de la loi, c'est-à-dire plus on s'élève soi-même à une affection spirituelle, plus aussi on accomplit la loi d'une manière parfaite ; en effet, on y trouve une joie d'autant plus grande, qu'on ne la porte plus avec peine comme un fardeau, mais qu'on la recherche comme une lumière vivifiante ; la loi du Seigneur est en effet pleine de lumière, elle éclaire les yeux ; elle est pleine de sainteté, elle convertit les âmes (*Ps.* XVIII, 8) ; et par la grâce qui remet les péchés et qui donne l'esprit de charité, la pratique de la justice n'est plus une chose onéreuse, mais c'est le bonheur de l'homme. Quand l'Apôtre dit : « Mais moi je suis charnel, » il donne l'explication de ce mot. Car on appelle charnels dans un sens, même ceux qui vivent sous l'empire de la grâce, qui sont déjà rachetés par le sang du Seigneur, régénérés par la foi, et voici ce que l'Apôtre leur dit : « Et moi, mes frères, je n'ai pu vous parler comme à des hommes spirituels, mais comme à des personnes encore charnelles (I *Cor.*, III, 1, 2) ; et comme des enfants en Jésus-Christ, je ne vous ai nourris que de lait, et non pas de viandes solides. » Ce langage fait bien voir qu'il s'adresse à des hommes déjà régénérés par la grâce ; ils sont

---

ipso, quod bonum est. Quoniam bona est lex, si quis ea legitime utatur. (I *Tim.*, I, 8.) Male autem utitur lege, qui non se subdit Deo pia humilitate, ut per gratiam lex possit impleri. Itaque ad nihil aliud accipit legem, qui non ea legitime utitur, nisi ut peccatum ejus quod latebat ante prohibitionem, apparere incipiat per prævaricationem. Et hoc « supra modum ; » quia jam non solum peccatum fit, sed etiam contra mandatum. Sequitur ergo, et adjungit : « Sed peccatum, ut appareat peccatum, per bonum mihi operatum est mortem, ut fiat supra modum peccator aut peccatum per mandatum. » (*Rom.*, VII, 13.) Unde manifestat quo sensu dixerit superius : « Sine lege enim peccatum mortuum est : » (*Ibid.*, 8) non quia non erat, sed quia non apparebat : et quomodo dictum sit : « Peccatum revixit ; » (*Ibid.*, 9) non ut esset quod erat et ante legem, sed ut appareret, quoniam fiebat contra legem : quando quidem hoc loco ait : « Sed peccatum, ut appareat peccatum, per bonum mihi operatum est mortem. » Non enim ait, ut sit peccatum : sed : « ut appareat peccatum. »

7. Deinde subjungit causam, cur ita sit : « Scimus enim, inquit, quia lex spiritalis est, ego autem carnalis sum. » (*Rom.*, VII, 14.) In quo satis ostendit, non posse impleri legem nisi a spiritalibus, qui non fiunt nisi per gratiam. Spiritali enim legi quanto fit quisque similior, id est, quanto magis et ipse in spiritalem surgit affectum, tanto eam magis implet ; quia tanto magis ea delectatur, jam non sub ejus onere afflictus, sed ejus lumine vegetatus : quia præceptum Domini lucidum est illuminans oculos, et lex Domini immaculata convertens animas (*Psal.* XVIII, 8) ; gratia donante peccata, et infundente spiritum caritatis, quo et non sit molesta, et sit etiam jucunda justitia. Sane cum dixisset : « Ego autem carnalis sum : » contexuit etiam qualis carnalis. Appellati sunt enim ad quemdam modum carnales, jam etiam sub gratia constituti, jam redempti sanguine Domini, et renati per fidem, quibus idem Apostolus dicit. » (I *Cor.*, III, 1 et 2.) Et ego, fratres, non potui loqui vobis quasi spiritalibus, sed quasi carnalibus, tanquam parvulis in Christo lac vobis potum dedi, non escam. Quod dicens, utique ostendit jam renatos fuisse per gratiam, qui erant parvuli in Christo et lacte potandi, et tamen eos

des enfants en Jésus-Christ, on les nourrit de lait, et pourtant il les appelle des personnes encore charnelles. Mais celui qui est sous le joug de la loi, sans être encore sous l'empire de la grâce, est tellement charnel, que loin d'être sorti de l'état du péché, il est comme vendu pour être assujetti au péché; et le prix qu'il reçoit en échange, c'est la douceur de cette volupté fatale qui le séduit, et par laquelle il se plaît à enfreindre la loi, avec d'autant plus de plaisir, que la chose est moins permise. Or, il ne peut goûter ce plaisir, comme prix de son marché, qu'autant qu'il est forcé de se livrer à la passion en esclave vendu. Il sent en effet qu'il est tyrannisé par sa passion, lui à qui une défense est faite, qui connaît parfaitement cette défense, et pourtant la viole.

8. « Car, dit l'Apôtre, j'ignore ce que je fais. » (*Rom.*, VII, 15.) En disant « j'ignore, » il ne veut pas dire qu'il ne connaît pas son péché. Autrement il contredirait ce qu'il a dit : « Mais le péché, pour faire paraître ce qu'il est, s'est servi d'une chose qui est bonne, pour me donner la mort. » (*Ibid.*, 13.) Il contredirait aussi cet autre passage : « Mais je n'ai connu le péché que par la loi. » (*Ibid.*, 7.) Comment donc le péché fait-il paraître ce qu'il est, ou comment l'Apôtre le connaît-il, s'il l'ignore. Cette parole est donc dite ici dans le sens où le Seigneur dira aux impies : « Je ne vous connais pas, » (*Matth.*, XXV, 12) car rien n'est caché à Dieu, puisque le visage du Seigneur est tourné vers ceux qui font le mal, afin d'effacer leur souvenir sur la terre. (*Ps.* XXXIII, 17.) Mais quelquefois nous disons que nous ignorons ce que nous n'approuvons pas. Ainsi donc en disant : « J'ignore ce que je fais, » c'est comme s'il disait : Je n'approuve pas. Il le fait bien voir dans la suite de son discours : « Car, dit-il, je ne fais pas ce que je veux, et je fais ce que je hais. » « Je hais » et « j'ignore » a donc ici le même sens; c'est ainsi que le Seigneur dira aux méchants : Je ne vous connais pas, et qu'on dit au Seigneur en parlant d'eux : Vous haïssez, Seigneur, tous ceux qui commettent l'iniquité. (*Ps.* V, 7.)

9. « Or, si je fais ce que je ne veux pas, je consens à la loi, et je reconnais qu'elle est bonne; » (*Rom.*, VII, 16) car d'accord avec la loi, il ne veut pas ce qu'elle défend. Il consent donc à la loi, non en faisant ce qu'elle défend, mais en n'approuvant pas ce qu'il fait. Il est vaincu, parce que la grâce ne l'a pas encore délivré, quoique par la loi il connaisse son péché, et qu'il agisse contre sa volonté. L'Apôtre poursuit en disant : « Et maintenant ce n'est plus moi qui fais cela, mais le péché qui habite en moi; » (*Ibid.*, 17) ne voulant pas dire qu'il ne consent pas au péché qu'il commet, quoiqu'il

---

adhuc carnales vocat. Qui autem nondum est sub gratia, sed sub lege, ita carnalis est, ut nondum sit renatus a peccato, sed venumdatus sub (*a*) peccato : quoniam pretium mortiferæ voluptatis amplectitur dulcedinem illam, qua fallitur, et delectatur etiam contra legem facere, cum tanto magis libet, quanto minus licet. Qua suavitate frui non potest quasi pretio conditionis suæ, nisi cogatur tanquam emptum mancipium servire libidini. Sentit enim se servum dominantis cupiditatis, qui prohibetur, et se recte prohiberi cognoscit, et tamen facit.

8. « Quod enim operor, ait, ignoro. » (*Rom.*, VII, 15.) Non ita hic dictum est : « ignoro, » quasi peccare se nesciat. Nam contrarium erit quod dixit : « Sed peccatum, ut appareat peccatum, per bonum mihi operatum est mortem. » (*Ibid.*, 13.) Et illud superius : « Sed peccatum non cognovi nisi per legem. » (*Ibid.*, 7.) Quomodo enim apparet, aut quomodo cognovit quod ignorat? Sed ita dictum est, quomodo dicturus est Dominus impiis : Non novi vos. (*Matth.*, XXV, 12.) Neque enim aliquid Deum latet, quando vultus Domini super facientes mala, ut perdat de terra memoriam eorum. (*Psal.* XXXIII, 17.) Sed dicimur aliquando ignorare quod non approbamus. Ita ergo ait : « Quod enim operor, ignoro » id est, non approbo. Quod consequenter ostendit, dicens : « Non enim quod volo, hoc ago; sed quod odi, illud facio. » Quod ergo ait : « odi; » hoc ait : « ignoro » quia et quibus dicturus es Dominus : Non novi vos ; de his illi dicitur : Odisti Domine, omnes qui operantur iniquitatem. (*Psal.* V, 7.)

9. « Si autem quod nolo, hoc facio; consentio legi, quoniam bona est. » (*Rom.*, VII, 16.) Hoc enim non vult, quod et lex : nam hoc vetat lex. Consentit ergo legi, non in quantum facit quod illa prohibet, sed in quantum non vult quod facit. Vincitur enim nondum per gratiam liberatus, quamvis jam per legem et noverit se male facere, et nolit. Quod vero sequitur, et dicit : « Nunc autem jam non ego operor illud, sed id quod in me habitat peccatum ! » (*Ibid.*, 17) non ideo dicit, quia non consentit ad faciendum peccatum, quamvis legi consentiat ad hoc improbandum.

(*a*) Editi, *sub lege a peccato.* At Mss. *sub peccato*, vel *sub peccatum.*

soit d'accord avec la loi pour le désapprouver. Il parle ici au nom de l'homme qui est sous l'empire de la loi, et qui n'est pas encore sous l'empire de la grâce. (II *Rétr.*, I.) Or, cet homme est certainement entraîné au mal par la concupiscence qui le domine et qui le séduit par l'attrait d'une chose défendue, quoiqu'il se blâme d'un autre côté par la connaissance qu'il a de la loi. Mais en disant : « Ce n'est plus moi qui fais cela, » il montre qu'il est dominé pour faire le mal. C'est en effet la passion qui le pousse, et il cède à ses efforts victorieux. Or, pour ne pas céder, et pour que l'esprit de l'homme soit armé contre la cupidité, il faut la grâce dont l'Apôtre va parler.

10. « Car je sais, dit-il, qu'il n'y a rien de bon en moi, c'est-à-dire dans ma chair. » (*Rom.*, VII, 18.) Comme science, l'homme est d'accord avec la loi, comme action, il succombe au péché. Comment sait-il qu'il n'y a rien de bon en lui, c'est-à-dire qu'il n'y a que le péché? Comment le sait-il, si ce n'est par l'héritage de la mortalité et par la sugétion à la volupté? La mortalité est une peine du péché originel, et la volupté est une punition de l'habitude du péché. Nous venons avec l'une dans cette vie, et nous contractons l'autre pendant que nous vivons. Or, ces deux choses réunies, la nature et l'habitude, donnent à la concupiscence une force extraordi-naire et insurmontable ; c'est là le péché dont il dit qu'il habite dans sa chair, où il a établi en quelque sorte sa domination et son règne. C'est pourquoi il est dit dans un Psaume : J'aime mieux être le dernier dans la maison de mon Dieu, plutôt que d'habiter sous les tentes des pécheurs. (*Ps.* LXXXIII, 11.) On voit que celui qui est humble, en quelque lieu qu'il se trouve, n'habite pas avec les pécheurs, quoiqu'il soit encore sur la terre; on voit aussi que l'habitation suppose une certaine domination. Or, si la grâce opère en nous ce que dit ailleurs l'Apôtre, que le péché ne règne plus dans notre corps mortel, pour nous faire obéir à ses désirs déréglés (*Rom.*, VI, 12), on peut dire véritablement qu'il n'habite plus en nous.

11. « Je trouve en moi, dit-il, la volonté de faire le bien, mais je ne trouve point le moyen de l'accomplir. » (*Rom.*, VII, 18.) Ces paroles, pour ceux qui ne les saisissent pas bien, paraîtraient ôter le libre arbitre. Mais comment en serait-il ainsi, puisque l'Apôtre dit : « Je trouve en moi la volonté de faire le bien ? » Il est certain que la volonté est en notre pouvoir, puisqu'elle est en nous; mais si nous n'avons pas la force d'accomplir le bien, c'est une punition du péché originel. Telle n'était pas dans le principe la nature de l'homme ; il faut admettre une punition du péché, dont la conséquence fut la mortalité qui

---

Loquitur enim adhuc ex persona hominis sub lege constituti (II *Retr.*, 1) : nondum sub gratia, qui profecto trahitur ad male operandum concupiscentia dominante atque fallente dulcedine peccati prohibiti, quamvis ex parte notitiæ legis hoc improbet. Sed propterea dicit : « Non ego operor illud, » quia victus operatur. Cupiditas quippe id operatur, cui superanti ceditur. Ut autem non cedatur, sitque mens hominis adversus cupiditatem robustior, gratia facit, de qua post dicturus est.

10. « Scio enim, inquit, quia non habitat in me, hoc est in carne mea, bonum. » (*Rom.*, VII, 18.) Ex eo quod scit, consentit legi : ex eo autem quod facit, cedit peccato. Quod si quærit aliquis unde hoc scit, quod dicit habitare in carne sua non utique bonum, id est peccatum : unde, nisi ex traduce mortalitatis et assiduitate (*a*) voluptatis? Illud est ex pœna originalis peccati, hoc est ex pœna frequentati peccati. Cum illo in hanc vitam nascimur, hoc vivendo addimus. Quæ duo, scilicet, (*b*) tanquam natura et consuetudo, conjuncta, robustissimam faciunt et invictissimam cupiditatem, quod vocat peccatum, et dicit habitare in carne sua, id est, dominatum quemdam et quasi regnum obtinere. Unde est illud in Psalmo : Elegi abjici in domo Domini, magis quam habitare in tabernaculis peccatorum (*Psal.* LXXXIII, 11) : quasi non habitat, quamvis ibi sit, qui abjectus (*c*) ibi est, ubicumque sit : unde insinuat habitationem cum quodam principatu intelligendam. Si autem per gratiam fiat in nobis quod alio loco dicit : « Ut non regnet peccatum in nostro mortali corpore ad obediendum desideriis ejus : » (*Rom.*, VI, 12) jam nec habitare proprie dicitur.

11. « Velle enim, inquit, adjacet mihi, perficere autem bonum (*d*) non invenio. » (*Rom.*, VII, 18.) His verbis videtur non recte intelligentibus velut auferre liberum arbitrium. Sed quomodo aufert, cum dicat : « Velle adjacet mihi ? » Certe enim ipsum velle in potestate est, quoniam adjacet nobis : sed quod perficere bonum non est in potestate, ad meritum pertinet originalis peccati. Non enim est hæc prima natura hominis, sed delicti pœna, per quam facta est

---

(*a*) Mss. Sorbonicus et Corbeiensis, *voluntatis*. — (*b*) Er. omittit, *tanquam*. — (*c*) Tres Vaticani codices carent particula *ibi*. — (*d*) Verbum *invenio* abest a Mss.

est comme notre seconde nature ; et la grâce du Créateur nous délivre de cette peine, quand nous nous soumettons à lui par la foi. Mais l'homme est forcé de parler ainsi, quand il vit encore sous la loi, et qu'il n'est pas sous l'empire de la grâce. Car celui qui n'est pas encore enfant de la grâce, ne fait pas le bien qu'il veut, mais il fait le mal qu'il ne veut pas, emporté par la concupiscence qui tient entre ses mains non-seulement les chaînes de la mortalité, mais encore les forces irrésistibles de l'habitude. Or, s'il fait ce qu'il ne veut pas, ce n'est plus lui qui agit, mais le péché qui habite en lui, comme nous l'avons dit et exposé plus haut.

12. « Lors donc que je veux faire le bien, je trouve en moi une loi qui s'y oppose, parce que le mal réside en moi; » (*Rom.*, VII, 21) c'est-à-dire, je trouve que la loi est une bonne chose, lorsque je veux faire ce qu'elle commande, parce que le mal réside en moi pour le commettre avec facilité. Il avait dit plus haut : « Je trouve en moi la volonté de faire le bien, » pour indiquer que cette volonté est facile. Qu'y a-t-il en effet de plus facile pour l'homme vivant sous la loi, que de vouloir le bien et de faire le mal ? Car il veut le bien sans difficulté, quoiqu'il ne le fasse pas si facilement qu'il le veut ; et il commet facilement le mal qu'il déteste, quoiqu'il ne le veuille pas ; c'est ainsi que l'homme qu'on précipite tombe sans difficulté dans l'abîme, quoiqu'il ne veuille pas et qu'il déteste cette chute. Je parle ainsi pour expliquer ce terme de l'Apôtre, *adjacet*, réside en moi. L'homme vivant sous la loi et n'étant pas encore délivré par la grâce, rend donc témoignage que la loi est bonne, et son témoignage est d'autant plus vrai qu'il se blâme lui-même d'agir contre la loi ; et il trouve que la loi est un bien pour lui, voulant faire ce qu'elle commande, et ne pouvant résister aux efforts de la concupiscence. Il comprend donc qu'il tombe de plus en plus dans l'abîme de la prévarication, et qu'il n'a plus qu'une ressource, c'est d'implorer la grâce du libérateur.

13. « Car je me plais dans la loi de Dieu, selon l'homme intérieur, » dans cette loi qui dit : Tu ne convoiteras pas. Mais je sens dans les membres de mon corps, une autre loi qui combat contre la loi de mon esprit, et qui me rend captif sous la loi du péché qui est dans les membres de mon corps. » (*Rom.*, VII, 22 ; *Exod.*, XX, 17 ; *Rom.*, VII, 23.) Cette loi qui est dans les membres de son corps, c'est le fardeau même de la mortalité sous le poids duquel nous gémissons tous. Car le corps qui se corrompt appesantit l'âme (II *Cor.*, V, 4), et souvent il l'entraîne au mal par la douceur du plaisir. (*Sag.*, IX, 15.) Or, il appelle loi, ce fardeau qui écrase et qui entraîne au mal, parce que Dieu en sa qualité de

---

ipsa mortalitas, quasi secunda natura, unde nos gratia liberat conditoris subditos sibi per fidem. Sed istæ nunc voces sunt sub lege hominis constituti, nondum sub gratia. Non enim quod vult facit bonum, qui nondum est sub gratia ; sed quod non vult malum, hoc agit, superante concupiscentia, non solum vinculo mortalitatis, sed (*a*) mole consuetudinis roborata. Si autem quod non vult, hoc facit ; jam non ipse operatur illud, sed quod habitat in eo peccatum : sicut superius dictum est et expositum.

12. « Invenio ergo, inquit, legem mihi volenti facere bonum, quoniam mihi malum adjacet : » (*Rom.*, VII, 21) id est, invenio legem bonam mihi esse, cum volo facere quod lex (*f.* jubet) habet, quoniam mihi malum adjacet, ad facile faciendum. Quia superius quod ait : « Velle adjacet mihi : » ad facilitatem dixit. Quid enim facilius homini sub lege constituto, quam velle bonum et facere malum ? Nam et illud sine difficultate vult, quamvis non tam facile faciat, quam facile vult ; et hoc quod odit facile habet, quamvis id nolit : sicut præcipitatus sine difficultate venit in profundum, quamvis id nolit atque oderit. Hoc dixi propter verbum quod ait : « adjacet. » Perhibet igitur testimonium legi, quod bona sit, homo sub ea positus et nondum gratia liberatus : perhibet omnino eo ipso quod se reprehendit facere contra legem : et invenit eam bonum sibi esse, volens facere quod illa jubet, et concupiscentia superante non valens : atque ita se prævaricationis reatu implicatum videt, ad hoc ut gratiam liberatoris imploret.

13. « Condelector enim, inquit, legi Dei secundum interiorem hominem : » (*Rom.*, VII, 22) ei utique legi, quæ dicit : Non concupisces. (*Exod.*, XX, 17.) « Video autem, inquit, legem aliam in membris meis repugnantem legi mentis meæ, et captivantem me sub lege peccati, quæ est in membris meis. » (*Rom.*, VII, 23.) Legem appellat in membris suis, onus ipsum mortalitatis, in quo ingemiscimus gravati. (II *Cor.*, V, 4.) Corpus enim quod corrumpitur aggravat animam. (*Sap.*, IX, 15.) Per quod fit etiam sæpe, ut (*b*) invito delectet quod non licet. Quam sarcinam prementem et urgentem ideo legem appel-

(*a*) Sic Er. et potiores Mss. At Lov. *mala consuetudinis.* — (*b*) Lov. *invite delectet quod licet.* Locum partim ad alias editiones restituimus, partim ad Mss.

juge, l'a décretée et imposée à l'homme comme une punition, après lui avoir dit : « Le jour où vous mangerez de ce fruit, vous mourrez de mort. » (*Gen*., II, 17.) Cette loi combat contre la loi de l'esprit qui dit : Tu ne convoiteras pas; et qui fait la joie de l'homme, selon l'homme intérieur ; et avant que l'homme ne soit dans l'état de grâce, elle le harcèle de tant de manières, qu'elle le rend captif sous la loi du péché, c'est-à-dire sous son joug. L'Apôtre en disant : « Qui est dans les membres de mon corps, » entend la même loi dont il venait de parler : « Je sens dans les membres de mon corps une autre loi. »

14. Or, tout ce qui précède, a pour but de démontrer à l'homme captif, qu'il ne doit pas présumer de ses propres forces. L'Apôtre reprochait aux Juifs de se glorifier avec orgueil des œuvres de la loi, tandis qu'ils se laissent entraîner par la concupiscence à toutes sortes de péchés, malgré la loi dont ils se glorifiaient et qui leur disait : Tu ne convoiteras pas. L'homme doit donc dire avec une grande humilité, en se voyant vaincu, perdu, captif, et malgré le bienfait de la loi plutôt prévaricateur que victorieux, il doit, dis-je, s'écrier avec une grande humilité : « Malheureux homme que je suis, qui me délivrera de ce corps de mort? La grâce de Dieu, par Jésus-Christ Notre-Seigneur. » (*Rom*., VII, 24, 25.) Voilà donc ce qui reste au libre arbitre pendant cette vie mortelle, c'est que l'homme peut, non pas accomplir la justice, à sa volonté, mais se tourner avec une piété suppliante vers celui qui lui donnera le moyen de l'accomplir.

15. Ce discours de l'Apôtre envisagé comme nous l'avons fait, dans son ensemble, pourrait faire croire qu'il regardait la loi comme mauvaise; car il dit : « La loi est survenue pour donner lieu à l'abondance du péché; » (*Rom*., V, 20) ou bien : « La loi est le ministère de la lettre gravée sur des tables de pierre, qui était un ministère de mort; » (II *Cor*., III, 7) puis : « La force du péché, c'est la loi. » (1 *Cor*., XV, 56.) Il dit ensuite : « Vous êtes morts à la loi par le corps de Jésus-Christ, pour être à un autre qui est ressuscité d'entre les morts; » et ensuite : « Les inclinations au péché étant excitées par cette loi, agissaient dans les membres de notre corps pour leur faire produire des fruits de mort ; mais maintenant nous sommes affranchis de la loi de mort, dans laquelle nous étions retenus, de sorte que nous servons Dieu dans la nouveauté de l'esprit, et non dans la vieillesse de la lettre. » (*Rom*., VII, 4, 5.) J'omets d'autres passages de ce genre, que nous trouvons dans les Epîtres de cet Apôtre. Mais il faut remarquer que l'Apôtre n'a parlé ainsi que parce que la loi augmente la concupiscence par sa nature prohibitive, et lie le coupable par la prévarication, en ordonnant ce que l'homme dans sa faiblesse ne peut accomplir, à moins que par un sentiment de piété, il

---

lat, quia jure supplicii divino judicio tributa et imposita est ab eo qui præmonuit hominem, dicens : Qua die manducaveritis, morte moriemini. (*Gen*., II, 17.) Hæc lex repugnat legi mentis dicenti : Non concupisces : cui condelectatur homo secundum interiorem hominem : et ante quam sit quisque sub gratia, ita repugnat, ut et captivet eum sub lege peccati, id est sub semetipsa. Cum enim dicit : « Quæ est in membris meis : » hanc ostendit eamdem esse de qua superius ait : « Video aliam legem in membris meis. »

14. Hoc autem totum ideo dicitur, ut demonstretur homini captivo non esse præsumendum de viribus suis. Unde Judæos arguebat tanquam de operibus legis superbe gloriantes, cum traherentur concupiscentia ad quidquid illicitum est, cum lex de qua gloriabantur, dicat : Non concupisces. Humiliter ergo dicendum est homini victo, damnato, captivo, et nec saltem accepta lege victori sed potius prævaricatori, humiliter exclamandum est : « Miser ego, homo, quis me liberabit de corpore mortis hujus? Gratia Dei per Jesum Christum Dominum nostrum. » (*Rom*., VII, 24, 25.) Hoc enim restat in ista mortali vita libero arbitrio, non ut impleat homo justitiam, cum voluerit, sed ut supplici pietate convertat ad eum, cujus dono eam possit implere.

15. In hac ergo tota, quam tractavimus, apostolici contextione sermonis, quisquis putat sensisse Apostolum quod mala sit lex, quoniam dicit : « Lex subintravit, ut abundaret delictum : » (*Rom*., V, 20) et : « Ministratio mortis in litteris figurata lapideis : » (II *Cor*., III, 7) et : « Virtus peccati lex : » (1 *Cor*., XV, 56) et : « Mortui estis legi per corpus Christi, ut sitis alterius qui ex mortuis resurrexit : » (*Rom*., VII, 4) et : « Passiones peccatorum, quæ per legem sunt, operabantur in membris nostris, ut fructum ferrent morti; nunc vero evacuati sumus a lege mortis, in qua detinebamur, ita ut serviamus in novitate spiritus, et non in vetustate litteræ : » (*Ibid*., 5) et alia si qua hujusmodi Apostolum dixisse invenimus, attendat ideo esse ista dicta, quia lex auget concupiscentiam ex prohibitione, et reum obligat ex prævaricatione, jubendo quod implere homines ex

n'invoque la grâce de Dieu. C'est pourquoi on dit que l'homme est sous la loi, tant qu'elle le domine. Or, la loi domine ceux qu'elle punit, et elle punit les prévaricateurs. Tous ceux qui ont reçu la loi, l'enfreignent, à moins qu'ils n'obtiennent par la grâce le pouvoir de l'observer. C'est ainsi qu'elle ne domine pas ceux qui sont les enfants de la grâce ; ils l'observent par la charité, sans craindre comme autrefois la damnation dont elle les menaçait.

16. Si ces paroles de l'Apôtre nous faisaient croire qu'il condamne la loi, que penserons-nous donc quand il dit : « Je trouve mon plaisir dans la loi de Dieu selon l'homme intérieur ? » Car en parlant ainsi, il fait sans aucun doute l'éloge de la loi. Mais on nous répond qu'en cet endroit l'Apôtre parle d'une autre loi, c'est-à-dire de la loi du Christ, et non de celle qui a été donnée aux Juifs. Nous demanderons à notre tour de quelle loi il voulait parler quand il disait : « La loi est survenue pour donner lieu à l'abondance du péché. » (*Rom.*, v, 20.) On me répond qu'il désignait sans aucun doute celle que les Juifs ont reçue. Voyez alors si c'est aussi de celle-là qu'il est dit : « Or, prenant occasion du commandement, le péché a produit en moi toute concupiscence. » Quelle différence voyez-vous entre « a produit en moi toute concupiscence, » et « pour donner lieu à l'abondance du péché ? » Voyez si ce n'est pas encore le même sens quand il dit : « De sorte que le commandement a rendu coupable outre mesure le pécheur ou le péché. » Car c'est la même chose de dire : « Pour que le péché fût augmenté outre mesure ; ou bien « pour donner lieu à l'abondance du péché. » Si donc nous montrons que le commandement est bon, quoique le péché en ait pris occasion pour produire toute concupiscence et s'augmenter outre mesure ; nous montrerons également que la loi est bonne, quoiqu'elle soit survenue pour donner lieu à l'abondance du péché, c'est-à-dire pour que le péché produisît toute concupiscence, et s'augmentât outre mesure. Ecoutez donc l'Apôtre quand il dit : « La loi est-elle péché ? Loin de nous cette pensée. » (*Rom.*, vii, 7.) Il s'agit ici, dira-t-on, de la loi du Christ, c'est-à-dire de la loi de grâce. Qu'on me dise alors à quelle loi se rapportent les paroles qui suivent : « Mais moi je n'ai connu le péché que par la loi ; je n'aurais point connu la concupiscence, si la loi n'avait dit : Tu ne convoiteras pas. Mais le péché ayant pris occasion du commandement, a produit en moi toute concupiscence. » Le contexte des paroles montre suffisamment que l'Apôtre en disant : « La loi est-elle péché ? Loin de nous cette pensée ; » voulait parler de cette

---

infirmitate non possunt, nisi se ad Dei gratiam pietate convertant. Et ideo sub illa esse dicuntur, quibus dominatur. Eis autem dominatur, quos punit : punit autem prævaricatores omnes. Porro qui acceperunt legem (*a*), prævaricant eam, nisi per gratiam consequantur posse quod jubet. Ita fit, ut non dominetur eis qui jam sub gratia sunt, implentibus eam per (*b*) caritatem, qui erant sub ejus timore damnati.

16. Nam si illa quæ dicta sunt, movent, ut putetur Apostolus legem reprehendere ; quid agimus de eo quod dicit : « Condelector enim Legi Dei secundum interiorem hominem ? » Hoc enim dicens, legem utique laudat. Quod cum illi audiunt, respondent, hoc loco Apostolum de alia lege dicere, id est, de lege Christi, non de illa quæ data est Judæis. Quærimus ergo ab eis, de qua lege dicat : « Lex autem subintravit ut abundaret delictum ? » (*Rom.*, v, 20) Respondent, de illa procul dubio, quam Judæi acceperunt. Vide ergo utrum ipsa sit, de qua dicitur : « Occasione accepta, peccatum per mandatum operatum est in me omnem concupiscentiam. » Quid est enim aliud, « operatum est in me omnem concupiscentiam ; » quam id quod ibi est, « ut abundaret delictum ? » Vide quoque utrum consonet etiam illa sententia, « ut fiat supra modum peccator aut peccatum per mandatum. » Hoc est enim, « ut fiat supra modum peccatum ; » quod est, « ut abundaret delictum. » Si igitur ostenderimus bonum esse mandatum, unde occasione accepta peccatum operatum est omnem concupiscentiam, ut fieret supra modum ; simul ostendemus bonam esse legem, quæ subintravit ut abundaret delictum, id est, ut operaretur peccatum omnem concupiscentiam, et fieret supra modum. Audiant ergo eumdem Apostolum dicentem : « Quid ergo dicemus ? Lex peccatum est ? Absit. » (*Rom.*, vii, 7.) Hoc, inquiunt, de Lege Christi dictum est : hoc est, de lege gratiæ. Respondeant itaque de qua intelligant illud, quod sequitur : « Sed ego peccatum non cognovi, nisi per Legem. Nam concupiscentiam nesciebam, nisi lex diceret : Non concupisces : Occasione autem accepta, peccatum per mandatum operatum est in me omnem concupiscentiam. » Ecce verborum ipsa contextio satis indicat de qua lege dixerit : « Lex peccatum est ? Absit. » De illa scilicet, per cujus mandatum occasio fuit peccato,

---

(*a*) Sic Er. et Mss. At Lov. *prævaricantur eam*. — (*b*) Ita in Mss. At in editis, *per gratiam*.

loi qui fut par ses préceptes une occasion pour le péché de produire en nous toute concupiscence. Il parlait par conséquent de cette loi, qui est survenue pour donner lieu à l'abondance du péché, et qu'on regarde comme mauvaise. Mais quoi de plus clair que les paroles qui suivent : « Ainsi la loi est véritablement sainte et le commandement est saint, juste et bon ? » On nous dit encore qu'il est question, non de la loi donnée aux Juifs, mais de l'Evangile. Tant est grande, tant est aveugle la perversité manichéenne. Ils ne veulent pas comprendre les paroles si claires et si lumineuses qui suivent : « Ce qui était bon en soi m'a-t-il donc causé la mort ? Nullement ; mais c'est le péché qui m'ayant donné la mort par une chose qui était bonne, a fait paraître ce qu'il était, de sorte que le commandement a rendu coupable outre mesure le pécheur ou le péché, » c'est-à-dire le commandement qui est juste, bon et saint ; et qui est pourtant survenu pour donner lieu à l'abondance du péché, c'est-à-dire pour qu'il s'augmentât outre mesure.

17. Si la loi est bonne, pourquoi donc l'appelle-t-on un ministère de mort ? Parce que le péché, pour faire paraître ce qu'il est, m'a donné la mort par une chose qui était bonne. N'en soyez pas étonné, puisqu'on a dit de la prédication de l'Evangile (II *Cor.*, II, 15, 16) : Nous sommes devant Dieu la bonne odeur de Jésus-Christ pour ceux qui se sauvent et pour ceux qui se perdent ; aux uns odeur de vie pour la vie, et aux autres odeur de mort pour la mort. On a dit que la loi était pour les Juifs un ministère de mort, et c'est pour cela qu'elle a été gravée sur la pierre pour figurer la dureté de leur cœur ; mais elle n'était pas ainsi pour ceux qui l'accomplissent selon la charité. Car la plénitude de la loi, c'est la charité. (*Rom.*, XIII, 10.) La loi en effet, celle qui était gravée en lettres de pierre, nous dit : Tu ne commettras point l'adultère ; tu ne commettras point l'homicide ; tu ne déroberas point ; tu ne convoiteras point, etc. (*Deut.*, V, 17) toutes choses que, suivant l'Apôtre, on accomplit par le moyen de la charité, lorsqu'il dit : « Celui qui aime son prochain, a accompli la loi. » Tous ces commandements en effet : « Tu ne commettras point d'adultère ; tu ne tueras pas ; tu ne déroberas pas ; tu ne convoiteras pas, » et les autres, sont renfermés dans cette parole : « Vous aimerez votre prochain comme vous-même. » (*Rom.*, XV, 8.) Tout cela est donc écrit dans la même loi. Pourquoi « la loi, » si elle est bonne, est-elle appelée « la force du péché ? » (1 *Cor.*, XIII, 56.) Parce que le péché se sert d'une chose qui est bonne pour donner la mort, afin qu'il s'augmente outre mesure, c'est-à-dire qu'il devienne plus fort par la prévarication. Si la loi est bonne, pourquoi « sommes-nous morts à la loi par le corps de Jésus-Christ ? »

---

ut operaretur omnem concupiscentiam. De illa ergo, quæ subintravit ut abundaret delictum, quam putant illi malam. Sed quid apertius, quam id quod paulo post ait : « Itaque lex quidem sancta, et mandatum sanctum et justum et bonum ? » Hoc rursus dicunt non de illa Lege, quæ Judæis data est, sed de Evangelio dictum est. Manichæorum est tam ineffabiliter cæca ista perversitas. Non enim attendunt quod apertissimum et manifestissimum sequitur : « Quod ergo bonum est, mihi factum est mors ? Absit. Sed peccatum, ut appareat peccatum, per bonum mihi operatum est mortem, ut fiat supra modum peccator aut peccatum per mandatum : » hoc est, per mandatum sanctum et justum et bonum ; quod tamen subintravit ut abundaret peccatum, hoc est, ut fieret supra modum.

17. Cur ergo « ministratio mortis » (II *Cor.*, III, 7) dicitur, si bona est lex ? Quia « peccatum ut appareat peccatum, per bonum mihi operatum est mortem. » Nec mireris, cum de ipsa prædicatione Evangelii dictum sit : Christi bonus odor sumus Deo, in iis qui salvi fiunt, et in iis qui pereunt (II *Cor.*, II, 15, 16) ; aliis quidem odor vitæ in vitam, aliis autem odor mortis in mortem. Ad Judæos enim dicta est lex ministratio mortis, ad quos et in lapide scripta est ad eorum duritiam figurandam ; non ad eos qui legem per caritatem implent. Plenitudo enim legis, caritas. (*Rom.*, XIII, 10.) Ipsa enim lex, quæ in litteris est figurata lapideis, dicit : Non adulterabis, non homicidium facies, non furaberis, non concupisces, etc. (*Deut.*, V, 17.) Quam legem dicit Apostolus impleri per caritatem, ita loquens : « Qui enim diligit alterum, legem implevit. Nam non adulterabis, non homicidium facies, non furaberis, non concupisces, et si quod est aliud mandatum, in hoc sermone recapitulatur : Diliges proximum tuum tanquam te ipsum : » (*Rom.*, XIII, 8) quia et hoc in eadem lege scriptum est. Cur « virtus peccati lex, » (1 *Cor.*, XV, 56) si lex bona est ? Quia peccatum per bonum operatum est mortem, ut fiat supra modum, hoc est, majores vires ex prævaricatione concipiat. Cur « mortui sumus legi per corpus Christi, » (*Rom.*,

(*Rom.*, VII, 4.) Parce que nous sommes morts à une loi qui ne servait qu'à nous perdre, étant affranchis d'un sentiment que la loi punit et condamne. Car le nom de loi porte ordinairement avec lui l'idée de menace, de terreur, de punition. C'est pourquoi le même commandement qui est une loi pour ceux qui craignent, est une grâce pour ceux qui aiment. Aussi est-il écrit dans l'Evangile (*Jean*, I, 17) : La loi a été donnée par Moïse, la grâce et la vérité sont venues par Jésus-Christ. Car la même loi qui fut donnée par Moïse comme loi de crainte, devint par Jésus-Christ une loi de grâce et de vérité, pour qu'elle fût accomplie. C'est pourquoi il est dit : « Vous êtes morts à la loi, » comme si l'on disait : Vous êtes morts à la punition de la loi « par le corps de Jésus-Christ, » en qui sont remis les péchés, qui nous rendaient dignes d'un juste supplice. Si la loi est bonne, pourquoi « les inclinations au péché sont-elles excitées par la loi, et agissent-elles dans les membres de notre corps, pour leur faire produire des fruits de mort? » Parce que l'Apôtre a voulu faire entendre ici que ces inclinations étaient une augmentation de la concupiscence, en présence de la loi qui défendait, et un crime plus digne de châtiment à cause de la prévarication ; c'est-à-dire que le péché s'est servi d'une chose qui était bonne pour donner la mort, et que le commandement a rendu coupable outre mesure le pécheur ou le péché. Si la loi est bonne, pourquoi « sommes-nous affranchis de la loi de mort, dans laquelle nous étions retenus, de sorte que nous servons Dieu dans la nouveauté de l'esprit, et non dans la vieillesse de la lettre? » Parce que la loi est une lettre pour ceux qui ne l'accomplissent pas dans un esprit de charité, ce qui est le propre du Nouveau Testament. C'est pourquoi ceux qui sont morts au péché sont affranchis de la lettre, où sont renfermés ceux qui n'accomplissent pas ce qui est écrit. Car la loi est-elle autre chose qu'une lettre morte pour ceux qui savent la lire, sans pouvoir l'accomplir? Ils connaissent cette loi, puisqu'elle leur a été donnée, mais ils la connaissent en tant qu'elle est écrite, et non en tant qu'il faut l'aimer pour la pratiquer, et pour eux elle n'est pas autre chose qu'une lettre, et une lettre qui ne les aide en rien, sinon à rendre témoignage contre leurs péchés. On est donc délivré de cette condamnation de la loi, du moment qu'on est renouvelé par l'esprit, et on n'est plus lié par la lettre qui vous punit, mais on est uni à l'esprit pour être justifié. C'est pour cela qu'on a dit : La lettre tue, mais l'esprit vivifie. (II *Cor.*, III, 6.) En effet, la loi qu'on sait lire sans la comprendre ni la pratiquer, tue sans aucun doute, et alors on l'appelle la lettre. Mais l'esprit vivifie, parce que la plénitude de la loi, c'est la charité

VII, 4) si bona est lex? Quia mortui sumus legi (*a*) damnanti, liberati ab eo affectu quem lex punit et damnat. Usitatius enim vocatur lex, quando minatur et terret et vindicat. Itaque idem præceptum timentibus lex est, amantibus gratia. Inde est illud in Evangelio : Lex per Moysen data est, gratia et veritas per Jesum Christum facta est. (*Joan.*, I, 17.) Eadem quippe lex quæ per Moysen data est, ut formidaretur, gratia et veritas per Jesum Christum facta est, ut impleretur. Sic ergo dictum est : « Mortui estis legi, » ac si diceretur : Mortui estis supplicio legis, « per corpus Christi, » per quod sunt delicta donata, quæ legitimo supplicio constringebant. Cur « passiones peccatorum quæ per legem sunt, operabantur in membris nostris, ut fructificarent morti, » si lex bona est? Quia illas hic voluit intelligi peccatorum passiones, de quibus jam sæpe dictum est, augmentum concupiscentiæ de prohibitione, et reatum pœnæ de prævaricatione : hoc est, quia per bonum operatum est mortem, ut fiat supra modum peccator aut peccatum per mandatum. Cur « liberati sumus a lege mortis, in qua detinebamur, ita ut serviamus in novitate spiritus, et non in vetustate litteræ, » si lex bona est? Quoniam lex littera est eis, qui non eam implent per spiritum caritatis, quo pertinet Testamentum Novum. Itaque mortui peccato liberantur a littera, qua detinentur rei qui non implent quod scriptum est. Lex enim quid aliud quam sola littera est eis, qui eam legere noverunt, et implere non possunt? Non enim ignoratur ab eis, quibus conscripta est : sed quoniam in tantum nota est, in quantum scripta legitur, non in quantum dilecta perficitur, nihil est aliud talibus nisi littera ; quæ littera non ais adjutrix legentium, sed testis peccantium. Ab ejus ergo (*b*) damnatione liberantur, qui per spiritum innovantur, ut jam non sint obligati litteræ ad pœnam, sed intellectui per justitiam copulati. Inde est illud : Littera occidit, spiritus autem vivificat. (II *Cor.*, III, 6.) Lex enim tantummodo lecta et non intellecta vel non impleta, utique occidit : tunc enim appellatur littera. Spiritus autem vivificat ; quia plenitudo legis est caritas (*Rom.*,

(*a*) Er. et plerique veteres codices, *dominanti*. Tum infra loco *minatur*, quinque ex iisdem Mss. habent *Dominatur*. — (*b*) Er. ac tres Mss. *dominatione*.

(*Rom.*, XIII, 10) qui a été répandue dans nos cœurs par le Saint-Esprit qui nous a été donné. (*Rom.*, V, 5.)

QUESTION II.

1. Il est temps, je pense, de passer à la seconde question que vous avez proposée, et d'expliquer tout le texte, à partir de ce verset : « Et cela ne se voit pas seulement dans Sara, mais aussi dans Rebecca qui eut deux fils à la fois d'Isaac notre père. Avant qu'ils fussent nés, et qu'ils eussent fait ni bien ni mal, » (*Rom.*, IX, 10) jusqu'à ce passage : « Si le Seigneur des armées n'avait réservé quelques-uns de notre race, nous serions devenus semblables à Sodome et à Gomorrhe. » (*Ibid.*, 29.) Ce passage est assurément plus obscur que l'autre. Il est certain que, connaissant vos sentiments pour moi, vous ne pouviez pas me commander ce travail, sans avoir demandé à Dieu pour moi la grâce de l'accomplir. Je compte donc sur ce secours et je l'entreprends avec confiance.

2. Tout d'abord je suivrai la pensée de l'Apôtre qui domine dans son Epitre ; je la suivrai sans m'en écarter. Or, sa pensée fondamentale, c'est que personne ne doit se glorifier du mérite de ses œuvres, comme osaient le faire les Israélites qui se glorifiaient d'obéir à la loi, et qui regardaient la grâce de l'Evangile qu'ils avaient reçue, comme une récompense due à leurs mérites et à leur obéissance à la loi. C'est pourquoi ils ne voulaient pas que cette même grâce fût accordée aux Gentils qu'ils en jugeaient indignes, tant qu'ils ne seraient pas initiés par les rites sacrés du Judaïsme. On voit dans les Actes des Apôtres comment cette question est résolue. (*Act.*, XV, 7.) Les Juifs ne comprenaient donc pas que la grâce de l'Evangile, par cela même qu'elle est une grâce, n'est pas une récompense des œuvres ; autrement cette grâce ne serait plus une grâce. Et l'Apôtre enseigne cette vérité en plusieurs endroits, mettant la grâce de la foi avant les œuvres, non pour anéantir les œuvres, mais pour montrer que les œuvres ne sont pas le principe de la grâce, mais n'en sont que la conséquence. D'après cette doctrine, on ne devait pas croire qu'on avait reçu la grâce, parce qu'on avait fait de bonnes œuvres, mais qu'on ne pouvait faire le bien, qu'après avoir reçu la grâce par la foi. Or, l'homme commence à recevoir la grâce, du moment qu'il commence à croire en Dieu, étant excité à la foi par un avertissement intérieur ou extérieur. Mais il est important de savoir par quels degrés successifs, et par quelles cérémonies sacramentelles la grâce entre dans l'âme plus visible et plus abon-

---

XIII, 10), quæ diffusa est in cordibus nostris per Spiritum sanctum, qui datus est nobis. (*Rom.*, V, 5.)

QUÆSTIO II.

1. Sed jam, ut arbitror, tempus est ad aliam transire quæstionem, quam sic proposuisti, ut ab eo quod scriptum est : « Non solum autem (*a*), sed et Rebecca ex uno concubitu habens Isaac patris nostri. Cum enim nondum nati essent, neque aliquid egissent bonum aut malum : » (*Rom.*, IX, 10 etc.) usque ad id quod scriptum est : « Nisi Dominus Sabaoth reliquisset nobis semen, sicut Sodoma facti essemus, et sicut Gomorrha similes fuissemus : » (*Ibid.*, 29) tota ipsa contextio differatur ; et profecto est latebrosior. Sed certe, qualem te erga me novi, jubere mihi ut aperirem ista non (*b*) posses, nisi a Domino deprecareris ut possem. Quo adjutorio fidentior factus, aggredior.

2. Et primo intentionem Apostoli, quæ per totam epistolam viget, tenebo, quam consulam. Hæc est autem, ut de operum meritis nemo glorietur, de quibus audebant Israelitæ gloriari, quod datæ sibi legi servissent, et ex hoc Evangelicam gratiam tanquam debitam meritis suis percepissent, quia legi serviebant. Unde nolebant eamdem gratiam dari Gentibus, tanquam indignis nisi Judaica sacramenta susciperent. Quæ orta quæstio in Apostolorum Actibus solvitur. (*Act.*, XV, 7.) Non enim intelligebant, quia eo ipso quo gratia est Evangelica, operibus non debetur. (*Rom.*, XI, 6.) Alioquin gratia jam non est gratia. Et multis locis hoc sæpe testatur, fidei gratiam præponens operibus, non ut opera extinguat, sed ut ostendat non esse opera præcedentia gratiam, sed consequentia : ut scilicet non se quisque arbitretur ideo percepisse gratiam, quia bene operatus est ; sed bene operari non posse, nisi per fidem perceperit gratiam. Incipit autem homo percipere gratiam, ex quo incipit Deo credere, vel interna vel externa admonitione motus ad fidem. Sed interest quibus articulis temporum vel celebratione sacramentorum gratia plenior et evidentior infundatur. Non enim cate-

---

(*a*) Editi cum Vulgata consentientes : *Non solum autem illa*. At Mss. convenientes cum Græca lectione minime addunt *illa*. Cujus quidem vocis loco in antiquis Latinis Bibliis reperire est *illi :* sed neutram vocem legisse videtur Augustinus, qui hic n. 3, putat propositionem : *Non solum autem*, compleri subintellectis hisce verbis : *Isaac promissus est*. — (*b*) Sic Mss. Editi vero , *possem*.

dante. Car les catéchumènes ne sont pas sans croire ; Corneille n'était pas sans avoir foi en Dieu, puisqu'il s'était rendu digne par ses aumônes et par ses prières de recevoir la députation d'un ange (*Act.*, x, 1) ; or, il n'aurait point fait ces œuvres s'il n'avait eu la foi, et il n'aurait point eu la foi, s'il n'eût été appelé par une lumière secrète qui avait éclairé son âme ou son esprit, ou par des signes extérieurs qui avaient frappé ses sens. Quelques-uns ont la grâce de la foi, sans qu'elle soit suffisante pour obtenir le royaume des cieux ; comme les catéchumènes, comme Corneille lui-même, avant qu'il ne fût incorporé à l'Eglise par la réception des sacrements. D'autres au contraire possèdent la grâce à un tel degré, qu'ils sont déjà membres du Christ et le temple de Dieu. Car le temple de Dieu est saint, dit l'Apôtre, et ce temple c'est vous-mêmes. Le Seigneur dit aussi : Si quelqu'un ne renaît de l'eau et du Saint-Esprit, il n'entrera point dans le royaume des cieux. La foi a donc comme ses ébauches qui ressemblent à une conception. Il ne suffit pas d'être conçu, mais il faut naître pour arriver à la vie éternelle. Cependant rien ne se fait sans une grâce de la miséricorde de Dieu, parce que les œuvres, si elles sont bonnes, sont une conséquence de cette grâce, comme nous l'avons dit, et n'en sont point le principe.

3. Telle est la doctrine que l'Apôtre voulait établir ; et il dit dans un autre endroit : « C'est la grâce de Dieu qui nous a sauvés, et cela ne vient pas de nous, car c'est un don de Dieu ; cela ne vient pas de nos œuvres, afin que personne ne se glorifie. » (*Ephés.*, II, 8.) Il applique ici ce principe à des enfants, qui ne sont pas encore nés. Car on ne pourrait pas dire que Jacob a mérité par ses œuvres la faveur de Dieu, puisqu'il n'était pas encore né, lorsqu'il fut dit d'en haut : « L'aîné sera assujetti au plus jeune. » (*Gen.*, XXV, 23.) Donc, dit l'Apôtre, « non-seulement » Isaac fut promis, lorsque l'ange dit : Je viendrai dans un an à pareil jour, et Sara aura un fils (*Rom.*, IX, 10 ; *Gen.*, XVIII, 10) ; or, Isaac n'avait point mérité par ses œuvres de naître comme enfant de la promesse, et de donner son nom à la postérité d'Abraham (*Gen.*, XXI, 12) ; c'est-à-dire que l'héritage des saints, formé dans le Christ, devait renfermer tous ceux qui se regardaient comme les enfants de la promesse, sans se glorifier de leurs mérites, mais attribuant à la grâce de leur vocation d'être les cohéritiers du Christ ; et en effet, comme ils l'étaient en vertu de la promesse, ils ne pouvaient pas l'être en vertu de leurs mérites, puisqu'ils n'existaient pas encore ; « mais on voit aussi la même chose dans Rebecca qui eut deux fils à la fois de notre père Isaac. »

chumeni non credunt, aut vero Cornelius non credebat Deo, cum eleemosynis et orationibus dignum se præberet cui Angelus mitteretur (*Act.*, x, 1) : sed nullo modo ista operaretur, nisi ante credidisset : nullo modo autem credidisset, nisi vel secretis per visa mentis aut spiritus, vel manifestioribus per sensus corporis admonitionibus vocaretur. Sed in quibusdam tanta est gratia fidei, quanta non sufficit ad obtinendum regnum cœlorum ; sicut in catechumenis, sicut in ipso Cornelio ante quam sacramentorum participatione incorporaretur Ecclesiæ. In quibusdam vero tanta est, ut jam corpori Christi et sancto Dei templo deputentur. Templum enim Dei sanctum est, inquit Apostolus, quod estis vos. (1 *Cor.*, III, 17.) Et ipse Dominus : Nisi quis renatus fuerit ex aqua et Spiritu sancto, non intrabit in regnum cœlorum. (*Joan.*, III, 5.) Fiunt ergo inchoationes quædam fidei, conceptionibus similes : non tamen solum concipi, sed etiam nasci opus est, ut ad vitam perveniatur æternam. Nihil tamen horum sine gratia misericordiæ Dei : quia et opera si qua sunt bona, consequuntur, ut dictum est, illam gratiam, non præcedunt.

3. Quam rem persuadere Apostolus volens, quia sicut alio loco dicit : (*a*) Gratia enim Dei salvi facti sumus, et non ex nobis, sed Dei donum est ; non ex operibus, ne forte quis extollatur (*Ephes.*, II, 8) : de his qui nondum nati erant, documentum dedit. Nemo enim posset dicere, quod operibus promeruerat Deum Jacob nondum natus, ut divinitus diceretur : « Et major serviet minori. » (*Gen.*, XXV, 23.) Ergo : « Non solum, » (*Rom.*, IX, 10) inquit, Isaac promissus est, cum dictum est : Ad hoc tempus veniam, et erit Saræ filius (*Gen.*, XVIII, 10) : qui utique nullis operibus promeruerat Deum, ut nasciturus promitteretur, ut in Isaac vocaretur semen Abrahæ (*Gen.*, XXI, 12) : id est, illi pertinerent ad sortem sanctorum quæ in Christo est, qui se intelligerent filios promissionis, non superbientes de meritis suis, sed gratiæ (*b*) vocationis deputantes quod cohæredes essent Christi ; cum enim promissum est ut essent, nihil utique meruerant qui nondum erant. « sed et Rebecca ex uno concubitu habens Isaac pa-

---

(*a*) Istæc verba *Gratia enim Dei salvi facti sumus, etc.*: desunt hic in Er. et plerisque Mss. — (*b*) Er. et quatuor Mss. *gratiæ vocationi.*

L'Apôtre dit avec une intention toute particulière, « deux fils à la fois, » car les deux jumeaux avaient été conçus par suite d'un seul et même acte ; de sorte qu'on ne pouvait pas dire, en invoquant le mérite : Cet enfant est né tel, parce que le père était dans telle disposition, au moment où il l'a engendré dans le sein de la mère ; ou la mère était dans telle disposition, lorsqu'elle le conçut. Car le père les a engendrés tous deux dans le même instant, et la mère aussi dans le même instant les a conçus tous deux. C'est pourquoi l'Apôtre dit avec intention : « Par un seul et même acte ; » pour ne point autoriser les astrologues, ou plutôt ceux qu'on appelle tireurs d'horoscopes, qui observent les circonstances de la naissance pour prédire la vie et le caractère d'un homme. En effet, ils ne sauraient en aucune façon expliquer ici pourquoi deux jumeaux, conçus par le même acte, au même instant, sous la même disposition du ciel et des astres, sans qu'on puisse noter la moindre différence, ont eu néanmoins une destinée si différente ; la chose est impossible ; et ils remarqueront facilement s'ils le veulent, que les réponses qu'ils vendent aux malheureux, ne sont le résultat d'aucune science, mais un pur effet du hasard. Mais revenons à notre question ; il nous suffira d'avoir fait en passant cette allusion, pour briser et confondre l'orgueil des hommes qui sont ingrats pour la grâce de Dieu, et qui osent se glorifier de leurs mérites. « Avant qu'ils fussent nés, et qu'ils eussent fait ni bien ni mal ; et non à cause de leurs œuvres, mais par la volonté de celui qui appelle, il lui fut dit : L'aîné sera assujetti au plus jeune. » (*Rom.*, IX, 11, etc.) Celui qui appelle donne donc la grâce ; celui qui la reçoit produit en conséquence de bonnes œuvres ; ce ne sont pas les bonnes œuvres qui produisent la grâce, mais c'est la grâce qui produit les bonnes œuvres. Car le feu n'échauffe pas pour être chaud, mais parce qu'il est chaud. La roue ne tourne pas avec vitesse pour être ronde, mais parce qu'elle est ronde ; ainsi on ne fait pas le bien pour recevoir la grâce, mais parce qu'on l'a reçue. Comment l'homme pourrait-il vivre dans la justice, s'il n'a pas été justifié ? Comment pourrait-il vivre dans la sainteté, s'il n'a pas été sanctifié ? ou vivre de la vraie vie, s'il n'a pas été vivifié ? Or, c'est la grâce qui justifie, pour que l'homme justifié puisse vivre dans la justice. La grâce est en premier lieu, les bonnes œuvres en second lieu. Aussi est-il dit dans un autre endroit, que celui qui fait le bien reçoit une récompense, non plus comme une grâce, mais comme une chose due. (*Rom.*, IV, 4.) C'est ainsi que l'immortalité sera la récompense des bonnes œuvres, puisqu'on la réclame elle-même comme une chose méritée. Aussi l'Apôtre nous dit-il : J'ai combattu vaillamment ; j'ai achevé ma course ; j'ai conservé la foi ; il ne me reste plus

---

tris nostri. » Vigilantissime ait : « ex uno concubitu : » gemini enim concepti erant, ne vel paternis meritis tribueretur, si quisquam forte diceret : Ideo talis natus est filius, quia pater ita erat affectus illo in tempore, quo cum sevit in utero matris : aut ita erat mater affecta, cum eum concepit. Simul enim ambos uno tempore ille sevit, eodem tempore illa concepit. Ad hoc commendandum ait : « ex uno concubitu : » ut nec astrologis daret locum, vel eis potius quos genethliacos appellaverunt, qui de natalibus nascentium mores et eventa conjectant. Quid enim dicant, cur una conceptione sub uno utique temporis puncto, eadem dispositione cœli et siderum, ut diversa singulis annotari omnino non possent, tanta in illis geminis diversitas fuerit, prorsus non inveniunt : et facile animadvertunt, si volunt, responsa illa quæ miseris venditant, nullius artis expositione, sed fortuita suspicione proferri. Sed ut de re quæ agitur potius loquamur, ad frangendam atque dejiciendam superbiam hominum ingratorum gratiæ Dei, et audentium gloriari de meritis suis, ista commemorantur. « Cum enim nondum nati fuissent, neque aliquid egissent bonum vel malum, non ex operibus, sed ex vocante dictum est ei : Quia major serviet minori. » (*Rom.*, IX, 11, etc.) Vocantis est ergo gratia ; percipientis vero gratiam consequenter sunt opera bona, non quæ gratiam pariant, sed quæ gratia pariantur. Non enim ut ferveat calefacit ignis, sed quia fervet : nec ideo bene currit rota ut rotunda sit, sed quia rotunda est : sic nemo propterea bene operatur ut accipiat gratiam, sed quia accepit. Quomodo enim potest juste vivere, qui non fuerit justificatus ? quomodo sancte vivere, qui non fuerit sanctificatus ? vel omnino vivere, qui non fuerit vivificatus ? Justificat autem gratia, ut justificatus possit vivere juste. Prima est igitur gratia, secunda opera bona : sicut alio loco dicit : Ei autem qui operatur, merces non imputatur secundum gratiam, sed secundum debitum. (*Rom.*, IV, 4.) Sicut illa immortalitas post opera bona, si tamen vel ipsa ex debito poscitur : sicut idem ait : « Bonum certamen certavi, cursum consummavi, fidem servavi ; de

qu'à attendre la couronne de justice qui m'est réservée, et que le Seigneur, qui est le juste juge, me rendra en ce grand jour. (II *Tim.*, IV, 7-8.) En disant qu'il rendra, il fait pour ainsi dire entendre que c'est une chose due. Or, comment l'Apôtre aurait-il pu présumer que cette couronne lui était due, si d'abord il n'avait pas reçu la grâce que Dieu ne lui devait en aucune manière, et par laquelle il fût justifié pour pouvoir combattre vaillamment? Car il fut un blasphémateur, un persécuteur et un impie (I *Tim.*, I, 13); mais Dieu lui fit miséricorde, comme il le reconnaît lui-même, et il crut en celui qui justifie, non l'homme pieux, mais l'homme impie, afin qu'en le justifiant il le rende pieux. (*Rom.*, IV, 5.)

4. « Non à cause de leurs œuvres, dit l'Apôtre, mais par la volonté de celui qui appelle, il lui fut dit : L'aîné sera assujetti au plus jeune. » (*Rom.*, IX, 12.) Ces paroles se rapportent à celles-ci : « Avant qu'ils fussent nés, et qu'ils eussent fait ni bien ni mal; » pour qu'on pût dire : « Non à cause de leurs œuvres mais par la volonté de celui qui appelle. » On se demande pourquoi il y a aussi ces paroles : « Afin que le décret de Dieu demeurât ferme selon son élection? » Comment justifier cette élection, et comment dire qu'il y a élection, quand il n'y a aucune différence? Si Jacob n'avait aucun mérite personnel, puisqu'il n'était pas né et n'avait rien fait, il n'y avait donc en lui aucun motif de préférence pour qu'il fût choisi. Esaü de même n'avait point mérité d'être réprouvé, puisqu'il n'était pas né et n'avait rien fait, lorsqu'on disait : « L'aîné sera assujetti au plus jeune; » comment sa réprobation peut-elle être juste? Quelle règle avons-nous, quelle raison pour comprendre cette parole : « J'ai aimé Jacob, et j'ai haï Esaü. » Il est vrai que cette parole se trouve dans un prophète, qui vivait longtemps après eux, (*Malach.*, I, 2, 3) mais elle paraît bien se rapporter à cette autre parole qui fut dite : « Et l'aîné sera assujetti au plus jeune; » et qui fut prononcée avant qu'ils fussent nés et qu'ils eussent fait ni bien ni mal. D'où vient cette élection, comment l'expliquer, lorsque ceux dont il s'agit ne sont pas encore nés, n'ont encore rien fait, et n'offrent par conséquent aucun motif de préférence? Peut-elle s'expliquer par la différence des natures? Comment le penser, puisque nous trouvons ici le même père, la même mère, la même conception, le même créateur? Dira-t-on que comme le même créateur produit de la même terre différents êtres, qui vivent et qui se reproduisent, ainsi, relativement à l'homme, il fait naître du mariage et du même acte entre les deux sexes deux enfants

---

cætero superest mihi corona justitiæ, quam reddet mihi Dominus in illa die justus judex. » (II *Tim.*, IV, 7 et 8.) Forte enim quia dixit, reddet, jam sit ex debito. Cum vero ascendens in altum captivavit captivitatem, non reddidit, sed dedit dona hominibus. (*Ephes.*, IV, 8.) Unde enim ipse Apostolus tanquam debitum reddi sibi præsumeret, nisi prius indebitam gratiam percepisset, qua justificatus bonum agonem certaret? Fuit enim blasphemus et persecutor et injuriosus; sed misericordiam consecutus est, ut ipse testatur (I *Tim.*, I, 13) : credens utique in eum qui justificat, non pium, sed impium, ut justificando pium faciat. (*Rom.*, IV, 5.)

4. « Non ex operibus, inquit, sed ex vocante dictum est ei : Quia major serviet minori. » (*Rom.*, IX, 12.) Ad hoc pertinet quod ait : « Cum enim nondum nati fuissent, neque aliquid egissent bonum aut malum : » ut possit dici : « Non ex operibus, sed ex vocante. » Unde occurrit animo quærere, cur dixerit : « Ut secundum electionem propositum Dei maneret? » Quomodo est enim justa, aut qualiscumque omnino electio, ubi nulla distantia est? Si enim nullo merito electus est Jacob nondum natus et nihil operatus, nec omnino eligi potuit nulla existente differentia, qua eligeretur. Item si nullo merito improbatus est Esau, quia et ipse nondum natus et nihil operatus erat, cum diceretur : « Et major serviet minori; » quomodo ejus improbatio justa dici potest? Qua ergo discretione, quo æquitatis examine quod sequitur intelligimus : « Jacob dilexi, Esau autem odio habui? » (*Malach.*, II, 3.) Quod quidem scriptum est id Propheta, qui longe posterior prophetavit, quam illi nati et mortui sunt : sed tamen illa sententia videtur commemorata, qua dictum est : « Et major serviet minori : » et ante quam nati et aliquid operati essent. Unde igitur ista electio, vel qualis electio, si nondum natis nondumque aliquid operatis nulla sunt momenta meritorum? An forte sunt aliqua naturarum? Quis hoc intelligat, ex uno patre, ex una matre, ex uno concubitu, ex uno creatore? An quemadmodum ex eadem terra idem creator produxit diversa animantium atque gignentium genera, ita ex eodem hominum conjugio atque complexu produxit in geminis diversam prolem, unam quam diligeret, alteram quam odisset? Nulla ergo (*a*) electione, ante quam esset quod eligeretur. Si enim bonus factus

---

(*a*) Sic Mss. At excusi, *electio est.*

jumeaux qui se ressemblent si peu, qu'il aimera l'un et haïra l'autre? Il n'y avait donc pas motif d'élection, puisque l'objet n'existait pas encore. Car si Jacob est devenu bon pour plaire à Dieu, pourquoi lui a-t-il plu avant de pouvoir devenir bon? C'est pourquoi il n'a pas été choisi pour devenir bon; mais il a dû devenir bon pour pouvoir être choisi.

5. Quand on dit : « Selon son élection, » faut-il entendre que Dieu dans sa prescience, a vu que Jacob qui n'était pas encore né serait un croyant? On sait que personne ne mérite d'être justifié en vertu de ses propres œuvres, puisqu'on ne peut faire le bien sans être déjà justifié. Cependant comme Dieu justifie les Gentils par la foi (*Gal.*, III, 8), et que la foi est un acte de libre volonté, ne peut-on pas dire que Dieu, dans sa prescience, connaissant cette volonté d'un homme qui n'est pas encore, le choisit d'avance pour le justifier? Vous dites donc que l'élection peut se faire par la prescience de Dieu, et que Dieu a prévu la foi de Jacob; mais comment pouvez-vous dire qu'il ne l'a pas choisi de même en vertu de ses œuvres? Si vous dites qu'Esaü et Jacob n'étaient pas encore nés et qu'ils n'avaient fait ni bien ni mal, je vous répondrai que l'un pas plus que l'autre n'avait également la foi. Me direz-vous que Dieu dans sa prescience vit celui qui croirait? Mais il pouvait voir aussi celui qui ferait les œuvres, et ainsi de même que vous dites qu'il a été choisi

à cause de sa foi future, un autre dira qu'il l'a été plutôt à cause de ses œuvres que Dieu connaissait d'avance par le même moyen? Pourquoi l'Apôtre fait-il donc remarquer que ce n'est pas à cause des œuvres qu'il a été dit : « L'aîné sera assujetti au plus jeune? » Si la raison est qu'ils n'étaient pas encore nés, alors non-seulement les œuvres, mais la foi elle-même n'y était pour rien, quand il s'agit de ceux qui ne sont pas encore nés. L'Apôtre ne veut donc pas qu'on donne la prescience comme la cause de l'élection du plus jeune, et de l'asservissement de l'aîné. Car voulant montrer au contraire qu'elle n'avait pas eu lieu à cause des œuvres, il insiste en disant : « Avant qu'ils fussent nés, et qu'ils eussent fait ni bien ni mal. » Autrement on aurait pu lui répondre : Mais Dieu savait d'avance ce que chacun devait faire. C'est pourquoi on se demande comment fut faite cette élection ; si les œuvres n'y sont pour rien, puisqu'ils n'étaient pas nés; si la foi n'y est pour rien, puisqu'elle n'existait pas; comment fut-elle donc faite?

6. Dirons-nous qu'il n'y a eu aucune élection, puisque Esaü et Jacob dans le sein de leur mère ne présentaient aucune différence sous le rapport de la foi, des œuvres, ni de mérites quelconques? Mais il a été dit : « Afin que le décret de Dieu demeurât ferme selon son élection. » (*Rom.*, IX, 11.) Voilà pourquoi nous cherchons l'explication de cette parole. Peut-être ici faut-il distinguer la

---

est Jacob, ut placeret; unde placuit ante quam fieret, ut bonus fieret? Non itaque electus est ut fieret bonus, sed bonus factus eligi potuit.

5. An ideo « secundum electionem, » quia omnium Deus præscius etiam futuram fidem vidit in Jacob nondum nato? ut quamvis non ex operibus suis justificari quisque mereatur, quando quidem bene operari nisi justificatus non potest, tamen quia ex fide justificat gentes Deus (*Gal.*, III, 8) : nec credit aliquis nisi libera voluntate, hanc ipsam fidei voluntatem futuram prævidens Deus, etiam nondum natum præscientia, quem justificaret, elegerit. Si igitur electio per præscientiam, præscivit autem Deus fidem Jacob; unde probas quia non etiam ex operibus elegit eum? Si propterea quia nondum nati erant, et nondum aliquid egerant bonum seu malum; ita etiam nondum crediderat aliquis eorum. Sed præscientia vidit crediturum? Ita præscientia videre poterat operaturum : ut quomodo dicitur electus propter fidem futuram, quam præsciebat Deus, sic alius possit dicere, propter futura opera potius electum, quæ

nihilominus præsciebat Deus. Quapropter unde ostendit Apostolus, non ex operibus dictum esse : « Major serviet minori? » Si quoniam nondum nati erant: non solum non ex operibus, sed nec ex fide dictum est; quia utrumque deerat nondum natis. Non igitur ex præscientia voluit intelligi factam electionem minoris, ut major ei serviret. Volens enim ostendere non ex operibus factam, propterea intulit, dicens : « Cum enim nondum nati fuissent, neque aliquid egissent bonum seu malum. » Alioquin poterat dici : Sed jam sciebat Deus, quis quid esset acturus. Quamobrem unde illa electio facta sit quæritur : quia si non ex operibus, quæ non erant in nondum natis; nec ex fide, quia nec ipsa erat; unde igitur.

6. An dicendum est quod nulla electio fuerit non existente aliqua diversitate in utero matris vel fidei, vel operum, vel quorumlibet omnino meritorum? Sed dictum est : « Ut secundum electionem propositum Dei maneret. » (*Rom.*, IX, 11.) Et ideo quærimus, quia dictum est. Nisi forte sic est distinguenda sententia, non ut intelligamus tanquam ideo « non ex

proposition, et ne pas la comprendre, comme si l'on disait : « Non à cause des œuvres, mais par la volonté de celui qui appelle, il fut dit : L'aîné sera assujetti au plus jeune, afin que le décret de Dieu demeurât ferme selon son élection. » Il faudrait donc entendre la chose d'une autre manière, comme si Dieu, dans la personne de ces deux enfants, qui ne sont pas encore nés et qui n'ont fait ni bien ni mal, voulait au contraire donner un exemple qui écartât toute idée d'élection. « Car avant qu'ils fussent nés et qu'ils eussent fait ni bien ni mal, afin que le décret de Dieu demeurât ferme suivant son élection ; » comme si l'on disait : Ils n'avaient fait ni bien ni mal, pour que Dieu pût choisir l'un plutôt que l'autre en vertu de ses bonnes œuvres ; il n'y eut donc pas d'élection à cause des œuvres, selon laquelle le décret de Dieu demeurât ferme ; car ce ne fut pas « à cause des œuvres, mais par la volonté de celui qui appelle, » et qui, en appelant à la foi, justifie l'impie par la grâce, « qu'il fut dit que l'aîné sera assujetti au plus jeune. » L'élection n'est donc pas la cause du décret ; mais c'est le décret qui est la cause de l'élection ; c'est-à-dire ce n'est pas à cause des bonnes œuvres que Dieu trouve en l'homme pour le choisir, qu'il forme son décret de justification ; mais c'est au contraire parce que Dieu a résolu de justifier ceux qui croient, qu'il trouve des œuvres dignes de l'élection pour le royaume des cieux. Car s'il n'y avait pas d'élection, il n'y aurait pas d'élus, et on ne pourrait pas dire : « Qui accusera les élus de Dieu ? » (*Rom.*, VIII, 33.) Et pourtant l'élection ne précède pas la justification, mais c'est la justification qui précède l'élection. Car personne n'est choisi, qu'il ne soit par là même préférable à celui qui est rejeté. Aussi quand on dit que Dieu nous a choisis avant l'origine du monde (*Ephés.*, I, 4), je ne vois plus qu'on puisse expliquer cette parole autrement que par la prescience de Dieu. Mais quand on dit ici : « Non à cause des œuvres, mais par la volonté de celui qui appelle, il fut dit que l'aîné sera assujetti au plus jeune ; » il ne faut pas entendre l'élection fondée sur des mérites, qui suivent la justification de la grâce, mais un pur don de la libéralité de Dieu, afin que personne ne se glorifie de ses œuvres. Car nous avons été sauvés par la grâce de Dieu, et le salut ne vient point de nous, il est un don de Dieu ; il ne vient point de nos œuvres, pour que personne ne se glorifie. (*Ephés.*, II, 8.)

7. On peut demander ici, si c'est par la foi que l'homme obtient la justification ; ou bien si la miséricorde de Dieu est tellement gratuite, qu'elle ne soit pas précédée par les mérites de la foi, et que la foi elle-même soit comptée parmi les dons de la grâce. Dans le passage qui nous occupe il est bien dit : « Ce n'est pas à cause des œuvres ; » il n'est pas dit, mais c'est à cause de la foi « qu'il fut dit que l'aîné sera assujetti au plus

---

operibus, sed ex vocante dictum esse : Major serviet minori, » sed ita potius, ut ad hoc de nondum natis et nondum aliquid operatis exemplum datum accipiatur, ne aliqua electio hic possit intelligi. « Cum enim nondum nati fuissent, neque aliquid egissent sive bonum sive malum, ut secundum electionem propositum Dei maneret ; » id est, neque aliquid egissent bonum aut malum, ut propter ipsam actionem electio aliqua fieret ejus qui bene egerat : cum ergo nulla esset electio bene agentis, secundum quam maneret propositum Dei : « non ex operibus, sed ex vocante, » id est, ex eo qui vocando ad fidem gratia justificat impium : « dictum est ei : Quia major serviet minori. » Non ergo secundum electionem propositum Dei manet, sed ex proposito electio : id est, non quia invenit Deus opera bona in hominibus quæ eligat, ideo manet propositum justificationis ipsius ; sed quia illud manet ut justificet credentes, ideo invenit opera quæ jam eligat ad regnum cœlorum. Nam nisi esset electio, non essent electi ; nec recte diceretur : Quis accusabit adversus electos Dei? (*Rom.*, VIII, 33.) Non tamen electio præcedit justificationem, sed electionem justificatio. Nemo enim eligitur, nisi jam distans ab illo qui rejicitur. Unde quod dictum est : Quia elegit nos Deus ante mundi constitutionem (*Ephes.*, I, 4) : non video quomodo sit dictum, nisi præscientia. Hic autem quod ait : « Non ex operibus, sed ex vocante dictum est ei : Quia major serviet minori : » non electione meritorum, quæ post justificationem gratiæ proveniunt, sed liberalitate donorum Dei voluit intelligi, ne quis de operibus extollatur. Gratia enim Dei salvi facti sumus ; et hoc non ex nobis, sed Dei donum est : non ex operibus, ne forte quis extollatur. (*Ephes.*, II, 8.)

7. Quæritur autem, utrum vel fides mereatur hominis justificationem ; an vero nec fidei merita præcedant misericordiam Dei, sed et fides ipsa inter dona gratiæ numeretur. Quia et hoc loco cum dixisset : « Non ex operibus ; » non ait, sed ex fide « dictum est ei : Quia major serviet minori : » ait autem : « sed ex vocante. » Nemo enim credit, qui non vocatur.

jeune. » Il est dit au contraire : « Mais par la volonté de celui qui appelle. » Car personne ne croit sans qu'il soit appelé. Or, c'est Dieu qui appelle dans sa miséricorde, sans rien accorder même aux mérites de la foi ; parce que les mérites de la foi viennent après la vocation, et ne la précèdent pas. Car comment croiront-ils en lui, s'ils n'en ont point entendu parler? Et comment en entendront-ils parler, si personne ne leur prêche? (*Rom.*, x, 14.) Si donc la miséricorde de Dieu n'est pas la première à appeler, personne ne peut croire pour commencer à être justifié, et recevoir la faculté de faire le bien. Donc la grâce précède tout mérite. Car le Christ est mort pour les impies. (*Rom.*, v, 6.) C'est donc par la volonté de celui qui appelle, et non pour aucun mérite de ses œuvres, que le plus jeune a été choisi et que l'aîné lui fut assujetti : et quand nous lisons cette parole : « J'ai aimé Jacob, » nous devons dire : C'est Dieu qui appelle, et ce n'est pas Jacob qui mérite.

8. Que dirons-nous d'Esaü, en voyant qu'il est assujetti au plus jeune, et en lisant cette parole : « J'ai haï Esaü? » Comment a-t-il mérité cette réprobation, puisqu'il n'était pas encore né, et qu'il n'avait fait ni bien ni mal, quand il fut dit : « Et l'aîné sera assujetti au plus jeune? » Peut-être faut-il penser que comme Jacob n'avait point mérité ce privilége, de même Esaü n'avait point mérité cette réprobation? Car si l'on dit que Dieu avait prévu les mauvaises œuvres de l'un pour le prédestiner à la servitude, on dira qu'il a prédestiné Jacob à la domination, parce qu'il a prévu ses bonnes œuvres, et l'Apôtre aurait eu tort de dire : « Ce n'est pas à cause des œuvres. » Or, s'il a eu raison de dire que ce n'est pas à cause des œuvres, et qu'il le prouve en montrant qu'il s'agit de ceux qui ne sont pas encore nés, et qui n'ont pu faire ni bien ni mal ; s'il est vrai aussi que ce n'est pas à cause de la foi, puisqu'ils en étaient également incapables ; on se demande pourquoi Esaü a été un objet de haine même avant sa naissance? Car il est indubitable que Dieu n'a fait aucune créature si ce n'est pour l'aimer. Et si nous disions que Dieu a créé un être pour le haïr, ce serait une absurdité qui tomberait devant ce témoignage de l'Ecriture : Car vous aimez tout ce qui est ; vous ne haïssez rien de tout ce que vous avez fait ; vous n'avez rien créé par un sentiment de haine. (*Sag.*, xi, 25.) Car en quoi le soleil a-t-il mérité d'être le soleil? Quel bien ou quel mal a fait la lune, pour être si inférieure au soleil, et pour être plus brillante que les autres astres? Mais tous ces êtres ont été créés bons, chacun dans son genre. On ne peut donc pas supposer que Dieu ait dit : J'ai aimé le soleil, et j'ai haï la lune ; ou bien j'ai aimé la lune et j'ai haï les étoiles, comme il a dit : « J'ai aimé Jacob et j'ai haï Esaü. » Dieu a aimé tous les êtres, en proportion de leur excel-

---

Misericors autem Deus vocat, nullis hoc vel fidei meritis largiens ; quia merita fidei sequuntur vocationem potius, quam præcedunt. Quomodo enim credent, quem non audierunt? Et quomodo audient sine prædicante? (*Rom.*, x, 14.) Nisi ergo vocando præcedat misericordia Dei, nec credere quisquam potest, ut ex hoc incipiat justificari, et accipere facultatem bene operandi. Ergo ante omne meritum est gratia. Etenim Christus pro impiis mortuus est. (*Rom.*, v, 6.) Ex vocante igitur minor accepit, non ex ullis meritis operum suorum, ut major ei serviret : ut etiam quod scriptum est : « Jacob dilexi » ex vocante sit Deo, non ex operante Jacob.

8. Quid deinde Esau, quod servit minori, et quod scriptum est : « Esau autem odio habui, » quibus malis suis hoc meruit, cum et ipse nondum natus fuisset, neque aliquid egisset boni aut mali, quando dictum est : « Et major serviet minori? » An forte quemadmodum illud de Jacob nullis meritis bonæ actionis dictum est, ita Esau nullis meritis malæ actionis odiosus? Si enim quia præsciebat Deus futura ejus opera mala, propterea eum prædestinavit ut serviret minori ; propterea prædestinavit et Jacob ut ei major serviret, quia futura ejus bona opera præsciebat, et falsum est jam quod ait : « Non ex operibus. » Si autem verum est, quod non ex operibus, et inde hoc probat, quia de nondum natis nondumque aliquid operatis hoc dictum ; unde nec ex fide, quæ in nondum natis similiter nondum erat : quo merito Esau odio habetur ante quam nascatur? Quod enim fecit Deus ea quæ diligeret, nulla quæstio est. Si autem dicamus eum fecisse quæ odisset, absurdum est, occurrente alia Scriptura et dicente : Neque enim odio habens aliquid constituisses, et nihil odisti horum quæ fecisti. (*Sap.*, xi, 25.) Quo enim merito sol factus est sol, aut quid offendit luna ut tanto illo inferior, vel quid promeruit ut sideribus cæteris tanto clarior crearetur? Sed hæc omnia bona creata sunt quæque in genere suo. Non enim diceret Deus : Solem dilexi, lunam autem odio habui ; aut : Lunam dilexi, stellas autem odio habui : sicut dixit : « Jacob dilexi, Esau autem odio habui. » Sed illa om-

lence; parce que Dieu a vu que tous les êtres sont bons (*Gen.*, 1), étant créés par sa volonté; mais pour haïr Esaü, il faut qu'Esaü l'ait mérité, autrement ce serait une injustice. Si nous accordons ce point, nous voilà ramenés à dire aussi que Jacob a mérité d'être aimé. S'il en est ainsi, il sera donc faux de dire que ce n'est pas à cause de leurs œuvres. Mais, direz-vous, c'est peut-être à cause du mérite de la foi? Que gagnez-vous à le dire, puisqu'ils n'étaient pas encore nés? Puisque celui qui n'est pas encore né ne peut pas avoir le mérite de la foi.

9. Aussi l'Apôtre, voyant que ces paroles lues ou entendues pourraient faire naître des difficultés dans l'esprit, se hâte d'ajouter : « Que dirons-nous donc? Est-ce qu'il y a en Dieu de l'injustice? Loin de nous cette pensée. » (*Rom.*, IX, 14, 15.) Et pour montrer qu'il n'en est pas ainsi, il donne une raison : « Car, dit-il, Dieu dit à Moïse : Je ferai miséricorde à qui il me plaira de faire miséricorde, et j'aurai pitié de qui il me plaira d'avoir pitié. » (*Exod.*, XXXIII, 19.) Ces paroles sont-elles une solution ou un nouveau nœud dans la question? Le point de la difficulté est donc là, c'est que si Dieu fait miséricorde à qui il lui plaira de faire miséricorde, et s'il a pitié de qui il lui plaira d'avoir pitié, pourquoi Esaü n'a-t-il pas eu part à cette miséricorde, comme Jacob, afin d'avoir comme lui le moyen de devenir bon? Ces paroles : « J'aurai pitié de qui il me plaira d'avoir pitié, et je ferai miséricorde à qui il me plaira de faire miséricorde, » ne signifient-elles pas que quand Dieu fait miséricorde pour appeler, il fait aussi miséricorde pour donner la foi, et que quand il aura fait miséricorde pour donner la foi, il donnera sa miséricorde, c'est-à-dire il rendra l'homme miséricordieux, afin qu'il puisse aussi faire le bien? Par là, nous sommes avertis de ne pas nous élever et nous glorifier même pour les œuvres de miséricorde, comme si elles nous appartenaient pour plaire à Dieu; puisque pour avoir l'esprit de miséricorde, il faut que Dieu l'ait donné, attendu qu'il donnera la miséricorde à qui il lui plaira de faire miséricorde. Si l'on prétend l'avoir obtenu par la foi, il faut qu'on sache que la foi est un don de Dieu, qu'elle est une inspiration de sa miséricorde, et que c'est encore par sa miséricorde que l'infidèle a eu le don de la vocation. C'est ainsi que le fidèle et l'impie sont discernés. Qu'avez-vous donc en effet, dit l'Apôtre, que vous ne l'ayez reçu? Et si vous l'avez reçu, pourquoi vous glorifiez-vous, comme si vous ne l'aviez pas reçu? (I *Cor.*, IV, 7.)

10. Tout cela est bien; mais pourquoi la miséricorde fut-elle retirée à Esaü, pour n'être point appelé ainsi, afin qu'étant appelé il reçût aussi le don de croire, et qu'en croyant il devint mi-

---

nia dilexit, quamvis excellentiæ diversis gradibus ordinata; quoniam vidit Deus quia bona sunt (*Gen.*, I.) cum dicto ejus sunt instituta : ut autem odisset Esau, nisi injustitiæ merito, injustum est. Quod si concedimus, incipit et Jacob justitiæ merito diligi. Quod si verum est, falsum est quod non ex operibus. An forte ex justitia fidei? Quid ergo te adjuvat : « Cum enim nondum nati fuissent? » Quando quidem in nondum nato nec justitia fidei poterat esse.

9. Vidit itaque Apostolus quid ex his verbis posset animo audientis vel legentis occurrere, statimque subjecit : « Quid ergo dicemus? Numquid iniquitas est apud Deum? Absit. » (*Rom.*, IX, 14 et 15.) Et quasi docens quomodo absit : « Moysi enim dicit, inquit, Miserebor cui misertus ero, et misericordiam præstabo cui misericors fuero. » (*Exod.*, XXXIII, 19.) Quibus verbis solvit quæstionem, an potius artius colligavit? Idipsum est enim quod maxime movet, si miseretur cui misertus erit, et misericordiam præstabit cui misericors fuerit, cur hæc misericordia defuit Esau, ut etiam ipse per illam esset bonus, quemadmodum per illam bonus factus est Jacob. An ideo dictum est : « Miserebor cui misertus ero, et misericordiam præstabo cui misericors fuero; » quia cui misertus erit Deus ut eum vocet, miserebitur ejus ut credat; et cui misericors fuerit ut credat, misericordiam præstabit, hoc est faciet eum misericordem, ut etiam bene operetur? Unde admonemur, nec ipsis operibus misericordiæ quemquam oportere gloriari et extolli, quod eis Deum quasi suis promeruerit : quando quidem ut haberet ipsam misericordiam, illæ præstitit, qui misericordiam præstabit cui misericors fuerit. Quod si eam credendo se meruisse quis jactat, noverit eum sibi præstitisse ut crederet, qui miseretur inspirando fidem, cujus misertus est ut adhuc infideli vocationem impertiret. Jam enim discernitur fidelis ab impio. « Quid enim habes, inquit, quod non accepisti? Si autem et accepisti, quid gloriaris quasi non acceperis? » (I *Cor.*, IV, 7.)

10. Recte quidem hoc : sed cur hæc misericordia subtracta est ab Esau, ut non sic vocaretur, ut et vocato inspiraretur fides, (*a*) et credens misericors fie-

---

(*a*) Unus o Vatic. Mss. addit, *ut crederet*.

séricordieux pour opérer des œuvres de miséricorde ? Est-ce parce qu'il ne l'a pas voulu ? Mais si Jacob a cru parce qu'il l'a voulu, Dieu ne lui a donc pas donné la foi ? Il se l'est donc donnée à lui-même par sa volonté, et par conséquent il aurait eu quelque chose sans l'avoir reçu. Serait-ce parce que personne ne peut croire sans le vouloir, ni le vouloir sans être appelé, que personne ne peut s'appeler soi-même, et que c'est Dieu qui appelle et qui donne la foi ? Personne en effet ne peut croire sans la vocation, et pourtant personne ne croit malgré sa volonté. « Comment croiront-ils, s'ils n'ont pas entendu parler de lui ? Et comment en entendront-ils parler, si personne ne leur prêche ? » (*Rom.*, x, 14.) C'est pourquoi personne ne croit sans être appelé. Mais tous ceux qui sont appelés ne croient pas pour cela. Car il y a beaucoup d'appelés et peu d'élus. (*Matth.*, xx, 16.) Les élus sont ceux qui ne ferment pas l'oreille à la voix qui appelle ; ils la suivent parce qu'ils croient, et il n'y a pas de doute qu'en croyant ils ont la volonté de croire. Que signifient les paroles qui suivent : « Cela ne dépend donc ni de celui qui veut, ni de celui qui court, mais de Dieu qui fait miséricorde ? » (*Rom.*, ix, 16.). Est-ce que nous ne pouvons pas vouloir sans être appelés, et notre vouloir est-il impuissant, si Dieu ne nous aide à l'accomplir ? Il faut donc vouloir et courir ; car ce n'est pas en vain que cette parole a retenti dans les cieux : Paix sur la terre aux hommes de bonne volonté. (*Luc*, ii, 14.) L'Apôtre a dit aussi : « Courez de manière à arriver au but. » (I *Cor.*, ix, 24.) Cependant il ne suffit pas de vouloir et de courir, mais il faut que Dieu fasse miséricorde afin que nous puissions obtenir ce que nous voulons et arriver au but que nous désirons. Il faut donc dire qu'Esaü n'a pas voulu et n'a pas couru : car s'il eût voulu et s'il eût couru, Dieu l'aurait aidé pour arriver au but, puisqu'il lui aurait aussi donné en l'appelant le don de vouloir et de courir, à moins que par le mépris de sa vocation, il n'eût mérité d'être réprouvé. Car Dieu a sa manière de nous donner le vouloir, et il a aussi sa manière de nous donner ce que nous voulons. Vouloir, c'est son affaire et la nôtre, c'est son affaire en nous appelant, et c'est la nôtre en le suivant. Quant à l'objet de nos désirs, seul il peut nous le donner, c'est-à-dire de pouvoir faire le bien, et d'obtenir la béatitude éternelle. Cependant Esaü qui n'était pas né, n'était pas dans la condition de vouloir ou de ne pas vouloir. Pourquoi donc, étant encore dans le sein de sa mère, fut-il réprouvé ? Voilà les mêmes difficultés qui reviennent toujours, et ces difficultés ne sont pas moins fatigantes par leur obscurité que par leur répétition.

11. Pourquoi donc Esaü fut-il réprouvé avant de naître, puisqu'il ne pouvait ni entendre ni rejeter la voix qui appelle, et qu'il n'était capable ni de bien ni de mal ? Si vous dites que Dieu, dans sa prescience, voyait dans l'avenir sa

---

ret ut bene operaretur? An forte quia noluit? Si ergo Jacob ideo credidit quia voluit, non ei Deus donavit fidem, sed eam sibi ipse volendo præstitit, et habuit aliquid quod non accepit. An quia nemo potest credere nisi velit, nemo velle nisi vocetur, nemo autem sibi potest præstare ut vocetur, vocando Deus præstat et fidem? quia sine vocatione non potest quisquam credere, quamvis nullus credat invitus. « Quomodo enim credent, quem non audierunt? Aut quomodo audient sine prædicante ? » (*Rom.*, x, 14.) Nemo itaque credit non vocatus : sed non omnis credit vocatus. Multi enim sunt vocati, pauci vero electi (*Matth.*, xx, 16) : utique ii qui vocantem non contempserunt, sed credendo secuti sunt; volentes autem sine dubio crediderunt. Quid est ergo quod sequitur : « Igitur non volentis neque currentis, sed miserentis est Dei? » (*Rom.*, ix, 16.) An quia nec velle possumus nisi vocati, et nihil valet velle nostrum, nisi ut perficiamus adjuvet Deus? Opus est ergo velle et currere. Non enim frustra diceretur : Et in terra pax hominibus bonæ voluntatis. (*Luc.*, ii, 14.) Et : Sic currite ut comprehendatis. (1 *Cor.*, ix, 24.) Non tamen volentis neque currentis, sed miserentis est Dei, ut quod volumus adipiscamur, et quo volumus perveniamus. Noluit ergo Esau et non cucurrit : sed et si voluisset et cucurrisset, Dei adjutorio pervenisset, qui ei etiam velle et currere vocando præstaret, nisi vocatione contempta reprobus fieret. Aliter enim Deus præstat ut velimus, aliter præstat quod voluerimus. Ut velimus enim et suum esse voluit et nostrum; suum vocando, nostrum sequendo. Quod autem voluerimus solus præstat, id est, posse bene agere, et semper beate vivere. Verumtamen Esau nondum natus, nihil horum posset velle seu nolle. Cur ergo in utero positus improbatus est? Reditur enim ad illas difficultates, non solum sua obscuritate, sed etiam nostra tam multa repetitione molestiores.

11. Cur enim est improbatus Esau nondum natus, qui nec credere poterat vocanti, nec contemnere vocationem, nec boni vel mali aliquid operari? Si præ-

mauvaise volonté, pourquoi Jacob n'aurait-il pas été choisi dans la prescience de Dieu, à cause de sa bonne volonté? Car si vous accordez une fois que l'un des deux a pu être choisi ou rejeté, sans aucun motif de mérite ou de démérite actuel, mais parce que Dieu, dans sa prescience, voyant le bien ou le mal futur, il s'ensuit que Jacob a pu être choisi à cause de ses œuvres, dont Dieu avait la prévision, quoiqu'il n'eût encore fait aucune œuvre ; et alors il ne vous servira de rien de donner pour raison qu'ils n'étaient pas nés, lorsqu'il fut dit : « Et l'aîné sera assujetti au plus jeune, » pour prouver que ce décret ne fut pas porté à cause des œuvres qui n'existaient pas encore.

12. Veuillez surtout peser avec attention ces paroles : « Cela ne dépend ni de celui qui veut ni de celui qui court, mais de Dieu qui fait miséricorde. » (*Rom.*, IX, 16.) Or, ces paroles n'ont pas tant pour but de nous dire, que nous avons besoin du secours de Dieu pour arriver au terme de nos désirs, que de nous faire comprendre ce qu'il dit dans un autre endroit : Travaillez à votre propre salut avec crainte et tremblement (*Philip.*, II, 12-13) ; car c'est Dieu qui opère en vous le vouloir et le faire selon la bonne volonté. Ce passage montre suffisamment que c'est Dieu qui opère en nous la bonne volonté. En effet, si en disant : « Cela ne dépend ni de celui qui veut ni de celui qui court, mais de Dieu qui fait miséricorde, » on comprend que la volonté de l'homme toute seule ne suffit pas pour vivre dans la justice et la sainteté, sans que la miséricorde de Dieu nous aide (III *Sent.*, dist. 36, c. *Voluntatem*) ; on peut dire aussi dans un autre sens : cela ne dépend donc pas de Dieu qui fait miséricorde, mais de l'homme qui veut ; parce que la miséricorde de Dieu toute seule ne suffit pas, s'il ne s'y trouve aussi le consentement de notre volonté. Or, voici un principe indubitable, c'est que notre vouloir ne sert de rien, si Dieu n'a pas pitié de nous ; mais je ne sais comment il faudrait dire convenablement, que la miséricorde de Dieu est inutile, si nous ne voulons pas nous-mêmes. Car si Dieu fait miséricorde, par là même nous voulons, puisque cette même miséricorde s'étend jusqu'à notre volonté. C'est Dieu en effet qui opère en nous le vouloir et le faire suivant la bonne volonté. En effet, supposé que nous demandions si la bonne volonté est un don de Dieu ; ce serait merveille qu'on fût assez téméraire pour le nier. Car ce n'est pas la bonne volonté qui précède la vocation ; mais c'est la vocation qui précède la bonne volonté. C'est pourquoi nous attribuons avec raison notre bonne volonté à Dieu qui nous appelle, sans pouvoir nous attribuer à nous-mêmes notre vocation. Quand donc nous disons : « Cela ne dépend ni de celui qui veut, ni de celui qui court, mais de Dieu qui

---

scientia Dei futuræ malæ voluntatis ejus, cur non et Jacob præscientia Dei approbatus est futuræ bonæ voluntatis ejus? Quod si semel concesseris, potuisse quemquam vel approbari vel improbari ex eo quod nondum in illo erat, sed quia Deus futurum esse præsciebat ; conficitur eum potuisse etiam ex operibus approbari, quæ in illo Deus futura esse præsciebat, quamvis nondum esset aliquid operatus ; et omnino te nihil adjuvabit quod nondum nati erant, cum dictum esset : « Et major serviet minori, » ut hinc ostendas non ex operibus dictum, quia nondum quidquam erat operatus.

12. Illa etiam verba si diligenter attendas : « Igitur non volentis neque currentis, sed miserentis est Dei : » (*Rom.*, IX, 16) non hoc Apostolus propterea tantum dixisse videbitur, quod adjutorio Dei ad id quod volumus perveniamus ; sed etiam ex illa intentione, qua et alio loco dicit : « Cum timore et tremore vestram ipsorum salutem operamini, Deus enim est qui operatur in vobis et velle et operari pro bona voluntate. » (*Philip.*, II, 12 et 13.) Ubi satis ostendit etiam ipsam bonam voluntatem in nobis operante Deo fieri. Nam si propterea solum dictum est : « Non volentis neque currentis, sed miserentis est Dei ; » quia voluntas hominis sola non sufficit ut juste recteque vivamus, nisi adjuvemur misericordia Dei (III *Sent.* dist. 36, cap. *Voluntatem*) : potest et hoc modo dici : Igitur non miserentis est Dei, sed volentis est hominis ; quia misericordia Dei sola non sufficit, nisi consensus nostræ voluntatis addatur. At illud manifestum est, frustra nos velle, nisi Deus misereatur : illud autem nescio quomodo dicatur, frustra Deum misereri, nisi nos velimus. Si enim Deus miseretur, etiam volumus : ad eamdem quippe misericordiam pertinet ut velimus. Deus enim est qui operatur in nobis et velle et operari pro bona voluntate. Nam si quæramus, utrum Dei donum sit voluntas bona, mirum si negare quisquam audeat. At enim quia non præcedit voluntas bona, vocationem, sed vocatio bonam voluntatem, propterea Deo vocanti recte tribuitur quod bene volumus, nobis vero tribui non potest quod vocamur. Non igitur ideo dictum

fait miséricorde, » ce n'est pas pour dire précisément que le secours de Dieu nous est nécessaire pour obtenir ce que nous désirons, mais plutôt pour nous faire comprendre que sans la vocation, nous n'avons pas même la bonne volonté.

13. Mais si la vocation produit la bonne volonté, de sorte que tout homme qui est appelé réponde à sa vocation, comment sera-t-il vrai de dire : Il y en a beaucoup d'appelés, mais peu d'élus ? (*Matth.*, XXII, 14.) Si cette parole est vraie, et que tout homme appelé ne réponde pas à sa vocation et qu'il appartienne à la volonté de ne pas y obtempérer, il s'en suivrait qu'on pourrait dire avec raison : donc cela ne dépend pas de Dieu qui fait miséricorde, mais de l'homme qui veut et qui court ; parce que la miséricorde ne suffit pas pour appeler, il faut l'obéissance de l'homme pour y répondre. Ne faudrait-il pas dire que ceux qui sont appelés de cette manière, sans répondre à leur vocation, aurait pu y répondre, s'ils avaient été appelés d'une autre manière, de sorte qu'on peut dire avec vérité : Il y en a beaucoup d'appelés, mais peu d'élus ? Tous à la vérité sont appelés de la même manière, mais tous ne sont pas affectés de même, et on ne trouve fidèles à leur vocation que ceux qui sont propres à la comprendre, de sorte qu'on peut dire avec vérité : Cela ne dépend ni de celui qui veut, ni de celui qui court, mais de Dieu qui fait miséricorde, et qui appelle de la manière qui convient à ceux qui entendent sa voix. Quant aux autres, ils sont appelés également ; mais ils ne sont point ébranlés par le mouvement de cette grâce, et ne sont point capables de la saisir, de sorte que tout en disant qu'ils sont appelés on sait qu'ils ne sont pas élus ; et pourtant on ne serait pas en droit de dire : Donc cela ne dépend pas de Dieu qui fait miséricorde, mais de l'homme qui veut et qui court. Car on ne peut pas subordonner à la puissance de l'homme, l'effet de la miséricorde de Dieu, de sorte que cette miséricorde devienne inutile si l'homme ne veut pas. Si Dieu en effet voulait faire miséricorde à ces hommes, il pourrait les appeler de la manière qui réussisse le mieux à les toucher, à les éclairer et à les rendre fidèles. Il est donc vrai de dire : Beaucoup sont appelés, mais peu sont élus. Les élus sont ceux qui sont appelés d'une manière convenable ; ceux qui ne répondent pas d'une manière convenable et conforme à leur vocation, ne sont pas élus, parce qu'ils ne suivent pas la grâce, quoique appelés. Il est donc vrai de dire : « Cela ne dépend ni de celui qui veut, ni de celui qui court, mais de Dieu qui fait miséricorde. » Car, quoi qu'il en appelle un grand nombre, cependant il fait miséricorde à ceux qu'il appelle de manière à les rendre fidèles à leur vocation. Il serait

putandum est : « Non volentis neque currentis, sed miserentis est Dei, » quia nisi ejus adjutorio non possumus adipisci quod volumus : sed ideo potius, quia nisi ejus vocatione non volumus.

13. Sed si vocatio ista ita est effectrix bonæ voluntatis, ut omnis eam vocatus sequatur, quomodo verum erit : Multi vocati, pauci electi ? (*Matth.*, XXII, 14.) Quod si verum est, et non consequenter vocationi vocatus obtemperat, atque ut (a) non obtemperet in ejus est positum voluntate, recte etiam dici potest : Igitur non miserentis Dei, sed volentis atque currentis est hominis : quia misericordia vocantis non sufficit, nisi vocati obedientia consequatur. An forte illi qui hoc modo vocati non consentiunt, possent alio modo vocati accommodare fidei voluntatem, ut et illud verum sit : Multi vocati, pauci electi ; ut quamvis multi uno modo vocati sint, tamen quia non omnes uno modo affecti sunt, illi soli sequantur vocationem, qui ei capiendæ reperiuntur idonei ; et illud non minus verum sit : « Igitur non volentis neque currentis, sed miserentis est Dei, » qui hoc modo vocavit, quomodo aptum erat eis qui secuti sunt vocationem ? Ad alios autem vocatio quidem pervenit : sed quia talis fuit, qua moveri non possent, (b) nec eam capere apti essent, vocati quidem dici potuerunt, sed non electi : et non jam similiter verum est : Igitur non miserentis Dei, sed volentis atque currentis est hominis : quoniam non potest effectus misericordiæ Dei esse in hominis potestate, ut frustra ille misereatur, si homo nolit ; quia si vellet etiam ipsorum misereri, posset ita vocare, quomodo illis aptum esset, ut et moverentur et intelligerent et sequerentur. Verum est ergo : Multi vocati, pauci electi. Illi enim electi, qui (c) congruenter vocati : illi autem qui non congruebant neque contemperabantur vocationi, non electi, quia non secuti, quamvis vocati. Item verum est : « Non volentis neque currentis, sed miserentis est Dei : » quia etiamsi multos vocet, eorum tamen misereatur, quos ita vocat, quomodo eis vocari aptum est, ut sequantur. Falsum est

---

(a) Huc Mss. auctoritate revocavimus negantem particulam, quæ in ante editis exciderat. — (b) Sic Mss. At editi, *ut cum capere*. — (c) Tres Vaticani codices, *qui congruebant vocationi*.

faux de dire : Donc cela ne dépend pas de Dieu qui fait miséricorde, mais de l'homme qui veut et qui court ; parce que Dieu ne fait pas en vain miséricorde, et quand il fait miséricorde, il appelle de la manière qui convient le mieux, pour que sa voix ne soit pas dédaignée.

14. On peut me dire ici : Pourquoi donc Esaü n'a-t-il pas été appelé de manière à vouloir obéir ? Nous voyons en effet que les hommes sont déterminés à croire les uns d'une façon, les autres d'une autre, tout en voyant et en entendant les mêmes choses. Siméon, par exemple, crut en Notre-Seigneur encore petit enfant, et le reconnut par l'inspiration du Saint-Esprit. (*Luc*, II, 25.) Nathanaël n'eut besoin que d'entendre cette parole : Avant que Philippe vous appelât, lorsque vous étiez sous le figuier, je vous ai vu, pour répondre : Maître, vous êtes le Fils de Dieu ; vous êtes le roi d'Israël. (*Jean*, I, 48-49.) Pierre ayant fait plus tard la même confession, mérite d'entendre qu'il est bienheureux, et que les clefs du royaume des cieux lui seront données. (*Matth.*, XVI, 16.) Après le miracle de Cana en Galilée, que saint Jean l'évangéliste rapporte comme le premier que fit Jésus, en changeant l'eau en vin, tous ses disciples crurent en lui. (*Jean*, II, 11.) Ses prédications amenèrent à la foi un grand nombre de personnes, et plusieurs refusèrent de croire même en voyant les morts ressuscités. Sa croix ainsi que sa mort fut un spectacle de frayeur et de scandale pour ses disciples, et ce fut alors que le larron crut en lui (*Luc*, XXIII, 40), quoiqu'il ne fût pas témoin de la puissance de ses œuvres, mais seulement son compagnon et son égal dans le supplice de la croix. Il y eut même un de ses disciples, après sa résurrection qui crut moins facilement, en voyant son corps glorieux, qu'en touchant les cicatrices de ses plaies (*Jean*, XX, 27) ; et plusieurs de ceux qui l'ont crucifié, après l'avoir méprisé, malgré les miracles qu'ils lui avaient vu faire, ont embrassé la foi, quand ils entendirent la prédication des apôtres, et qu'ils furent témoins des miracles qu'ils opéraient en son nom. (*Act.*, XXXVII et IV, 4.) Quand il s'agit de croire, il est donc vrai que l'un s'y détermine d'une façon et l'autre d'une autre, et que souvent la même chose dite d'une certaine manière touche le cœur, et dite d'une autre manière elle ne le touche pas ; elle impressionne l'un et n'impressionne pas l'autre ; qui donc oserait dire que Dieu serait en défaut dans les moyens d'appeler, et qu'Esaü n'aurait pas pu avoir dans son âme, et dans sa volonté tout ce qu'il fallait pour embrasser la foi qui a justifié Jacob ? D'un autre côté, il peut arriver que la volonté s'obstine à un tel point, que l'âme s'endurcisse contre tous les moyens de vocation ; et

---

autem si quis dicit : Igitur non miserentis Dei, sed volentis atque currentis est homini : quia nullius Deus frustra misereatur ; cujus autem misereatur, sic cum vocat, quomodo scit ei congruere, ut vocantem non respuat.

14. Hic dicet aliquis : Cur ergo Esau non sic est vocatus, ut vellet obedire ? Videmus enim alios aliter iisdem rebus demonstratis vel significatis ad credendum moveri, sicut exempli gratia, Simeon in Dominum nostrum Jesum Christum adhuc infantem parvulum credidit, Spiritu ei revelante cognoscens. Nathanael ad unam sententiam, quam ab illo audivit : « Priusquam te Philippus vocaret, cum esses sub arbore fici vidi te ; respondit : Rabbi, tu es Filius Dei, tu es rex Israel. » (*Joan.*, I, 48 et 49.) Quod tanto post quia confessus est Petrus, meruit audire, quod beatus sit, et quod ei darentur claves regni cœlorum. (*Matth.*, XVI, 16.) Miraculo facto in Cana Galilææ, quod initium signorum Jesu Joannes evangelista commemorat (*Joan.*, II, 11) : aqua in vinum conversa crediderunt in eum discipuli ejus. Multos loquendo (*a*) incitavit ad fidem : multi nec suscitatis mortuis crediderunt. De cruce atque morte ejus conterriti etiam discipuli titubarunt ; et tamen latro tunc credidit (*Luc.*, XXIII, 40) : cum eum non præstantiorem videret in operibus, sed consortio crucis æqualem. Unus etiam de numero discipulorum post ejus resurrectionem, non tam viventibus membris, quam recentibus cicatricibus credidit (*Joan.*, XX, 27) : multi ex eorum numero a quibus crucifixus est, qui videntes eum miracula facientem contempserant, discipulis eum prædicantibus et in nomine ejus talia facientibus crediderunt. (*Act.*, XXXVII, et cap. IV, 4.) Cum ergo alius sic, alius autem sic moveatur ad fidem, eademque res sæpe alio modo dicta moveat, alio modo dicta non moveat, aliumque moveat, alium non moveat ; quis audeat dicere defuisse Deo modum vocandi, quo etiam Esau ad eam fidem mentem applicaret voluntatemque conjungeret, in qua Jacob justificatus est ? Quod si tanta quoque potest esse obstinatio voluntatis, ut contra omnes modos vocationis obdurescat mentis aversio ; quæritur utrum

(*a*) Er. et plerique Mss. *invitavit*.

alors on peut se demander si cet endurcissement n'est pas une punition divine, Dieu abandonnant l'homme, du moment qu'il ne l'appelle pas par des moyens qui le conduiraient à la foi. Pourrait-on jamais dire que le Tout-Puissant n'a pas eu le moyen de persuader la foi ?

15. Mais pourquoi tant chercher, puisque l'Apôtre s'explique lui-même en disant : « Dieu dit dans l'Ecriture à Pharaon : Je vous ai suscité moi-même pour faire éclater en vous ma puissance, et pour rendre mon nom célèbre par toute la terre ? » (*Rom.*, IX, 17; *Exod.*, IX, 16.) Ce passage est un argument et une explication de ce qui précède : « Donc cela ne dépend ni de celui qui veut ni de celui qui court, mais de Dieu qui fait miséricorde. » Comme si on disait à l'Apôtre : Pourquoi parlez-vous ainsi, et il répond : « Dieu dit à Pharaon dans l'Ecriture : Je vous ai suscité pour faire éclater en vous ma puissance, et pour rendre mon nom célèbre par toute la terre. » Et il ne pouvait pas mieux montrer que « cela ne dépend ni de celui qui veut ni de celui qui court, mais de Dieu qui fait miséricorde. » Et voici sa conclusion : « Il est donc vrai qu'il fait miséricorde à qui il lui plaît, et qu'il endurcit qui il lui plaît; » (*Rom.*, IX, 18) disant ici plus qu'il n'avait dit précédemment. S'il a dit : « Cela ne dépend ni de celui qui veut, ni de celui qui court, mais de celui qui fait miséricorde ; il n'a pas dit également : Cela ne dépend ni de celui qui ne veut pas ni de celui qui méprise, mais de Dieu qui endurcit. Il faut donc comprendre que cette sentence : « Donc il fait miséricorde à qui il lui plaît, et il endurcit qui il lui plaît, » s'accorde si bien avec celle qui précède, que quand on dit que Dieu endurcit, cela veut dire qu'il ne veut pas faire miséricorde, sans que Dieu agisse directement pour rendre l'homme mauvais, s'abstenant seulement de lui donner ce qui le rendrait meilleur. (I *Sent.*, dist. 41, chap. I.) Si cette conduite de Dieu n'a pas pour principe la distinction des mérites, ne va-t-on pas s'écrier et dire comme l'Apôtre lui-même l'a prévu : « Vous me direz peut-être : Après cela, pourquoi se plaint-il ? Car qui est-ce qui résiste à sa volonté ? » (*Rom.*, IX, 19.) En effet Dieu se plaint souvent des hommes, comme nous le voyons en plusieurs endroits de l'Ecriture, de ce qu'ils ne veulent pas croire ni vivre dans la justice. Aussi les fidèles et ceux qui font la volonté de Dieu sont loués comme des hommes qui vivent sans reproche (*Luc*, I, 6), parce que l'Ecriture ne se plaint pas d'eux. Mais « pourquoi se plaint-il ? dit l'Apôtre ; car qui est-ce qui résiste à sa volonté, puisqu'il fait miséricorde à qui il lui plaît, et qu'il endurcit qui il lui plaît. » Cependant ne perdons pas de vue ce qui précède, et continuons le développement de notre pensée, autant que Dieu nous en fera la grâce.

---

de divina pœna sit ipsa duritia, cum Deus deserit non sic vocando, quomodo ad fidem moveri potest. Quis enim dicat modum, quo ei persuaderetur ut crederet, etiam omnipotenti defuisse ?

15. Sed quid hoc quærimus ? cum ipse subjungat Apostolus : « Dicit enim Scriptura Pharaoni : Quia ad hoc te excitavi, ut ostendam in te potentiam meam, et ut annuntietur nomen meum in universa terra. » (*Rom.*, IX, 17; *Exod.*, IX, 16.) Hoc autem subjecit Apostolus documentum, quo probaret quod supra dixerat : « Igitur non volentis neque currentis, sed miserentis est Dei. » Tanquam enim ei diceretur : Unde hoc doces ? « Dicit enim Scriptura, inquit, Pharaoni : Quia ad hoc te excitavi, ut ostendam in te potentiam meam, et ut annuntietur nomen meum in universa terra. » Utique hinc ostendens quod non volentis neque currentis, sed miserentis est Dei. Concluditque ita : « Ergo cujus vult miseretur, et quem vult obdurat : » (*Rom.*, IX, 18) cum superius non utrumque dictum sit. Neque enim quomodo dictum est : « Non volentis neque currentis, sed miserentis est Dei; » sic etiam dictum est : Non (*a*) nolentis neque contemnentis, sed obdurantis est Dei. Unde datur intelligi, quod infra utrumque posuit : « Ergo cujus vult miseretur, et quem vult obdurat, » ita sententiæ superiori posse congruere, ut obduratio Dei sit nolle misereri : ut non ab illo irrogetur aliquid quo sit homo deterior, sed tantum quo sit melior non erogetur. (I *Sent.*, dist. 41, cap. 1.) Quod si fit nulla distinctione meritorum, quis non erumpat in eam vocem ; quam sibi ipse objecit Apostolus? « Dicis itaque mihi : Quid adhuc conqueritur? Nam voluntati ejus quis resistit? » (*Rom.*, IX, 19.) Conqueritur enim Deus sæpe de hominibus, sicut per innumerabiles apparet Scripturarum locos, quod nolint credere et recte vivere. Unde fideles et facientes voluntatem Dei, conversari dicuntur sine querela (*Luc.*, I, 6) : quod de illis non quæratur Scriptura. Sed : « Quid conqueritur, ait ? Nam voluntati ejus quis resistit, » quando « cujus vult miseretur, et quem vult obdurat ? » Et tamen intueamur superiora, et inde nostram, quantum ipse Dominus adjuvat, sententiam dirigamus.

(*a*) Sic Er. et aliquot Mss. At Lov. *Non volentis*.

16. L'Apôtre venait donc de s'écrier : « Que dirons-nous donc ? Est-ce qu'il y a de l'injustice en Dieu ? Loin de nous cette pensée. » Tout esprit sage dans la piété et solide dans la foi doit s'attacher à cette pensée, comme à un roc ferme et inébranlable, c'est qu'il n'y a aucune injustice en Dieu ; il faut donc croire avec une conviction ferme et enracinée, que ce principe d'après lequel Dieu fait miséricorde à qui il lui plaît et qu'il endurcit qui il lui plaît, c'est-à-dire qu'il fait miséricorde ou ne fait pas miséricorde, selon qu'il lui plaît, que ce principe appartient à un ordre de justice, que l'esprit humain ne peut comprendre ni saisir, et dont le reflet pourtant se remarque dans les affaires et les contrats de la société humaine. Car si nous n'y trouvions les traces, et comme le cachet d'une justice supérieure, jamais notre faible pensée, malgré ses efforts, n'aurait pu pénétrer jusqu'au temple sacré, et au sanctuaire inaccessible des commandements divins. Bienheureux ceux qui ont faim et soif de la justice, parce qu'ils seront rassasiés. (*Matth.*, v, 6.) Dans cette région brûlante de notre vie et de notre condition mortelle, si nous n'étions comme rafraîchis par quelque léger souffle de la justice, nous serions bientôt desséchés, avant même d'avoir soif. Ainsi donc comme la société humaine repose sur un commerce de mutuel échange ; qu'on donne et qu'on reçoit ce qui est dû comme ce qui n'est pas dû, ne voit-on pas qu'il est impossible d'accuser d'iniquité celui qui exige ce qu'on lui doit, encore moins que celui qui le remet selon son bon plaisir, et que cela dépend non du débiteur, mais du créancier ? Voilà une image, ou, comme je l'ai dit plus haut, un vestige, dont la suprême justice qui habite le ciel, a laissé l'empreinte parmi les hommes. Tous les hommes (puisque, comme dit l'Apôtre, tous meurent en Adam, qui a été une source de péché pour tout le genre humain) (II *Cor.*, xv, 22), tous les hommes forment comme une masse de péché, ayant une dette d'expiation envers la divine et souveraine justice, et que Dieu peut exiger ou remettre sans commettre d'injustice. Les débiteurs décident avec orgueil comment il faut l'exiger des uns et la remettre aux autres ; c'est ainsi que les ouvriers, loués pour travailler à la vigne, murmurent injustement, en voyant qu'on donne aux uns autant que l'on paye aux autres. (*Matth.*, xx, 11.) C'est pourquoi l'Apôtre confond l'insolence de cette question par ces paroles : O homme, qui es-tu pour contester avec Dieu ? » (*Rom.*, ix, 20.) Car l'homme conteste avec Dieu, quand il se permet de désapprouver que Dieu se plaigne des pécheurs, comme si Dieu les forçait à pécher ; tandis que Dieu se contente de ne pas accorder à certains pécheurs la grâce de sa justification ; c'est dans ce sens que l'on dit qu'il en-

---

16. Ait enim paulo ante : « Quid ergo dicemus ? Numquid iniquitas est apud Deum ? Absit. » (*Ibid.*, 14.) Sit igitur hoc fixum atque immobile in mente sobria pietate atque stabili in fide, quod nulla est iniquitas apud Deum : atque ita tenacissime firmissimeque credatur, idipsum quod Deus cujus vult miseretur et quem vult obdurat, hoc est, cujus vult miseretur et cujus non vult non miseretur, esse alicujus occultæ atque ab humano modulo investigabilis æquitatis, quæ in ipsis rebus humanis terrenisque contractibus animadvertenda est ; in quibus nisi supernæ justitiæ quædam impressa vestigia teneremus, nunquam in ipsum cubile ac penetrale sanctissimum atque castissimum spiritalium præceptorum nostræ infirmitatis suspiceret atque inhiaret intentio. Beati qui esuriunt et sitiunt justitiam, quoniam ipsi saturabuntur. (*Matth.*, v, 6.) In ista igitur siccitate vitæ conditionisque mortalis, nisi aspergeretur de super velut tenuissima quædam aura justitiæ, citius arescoremus, quam sitiremus. Quapropter cum dando et accipiendo inter se hominum societas connectatur, dentur autem et accipian- tur vel debita vel non debita ; quis non videat iniquitatis argui neminem posse, qui quod sibi debetur, exegerit ? nec eum certe, qui quod ei debetur, donare voluerit ? hoc autem non esse in eorum qui debitores sunt, sed in ejus cui debetur arbitrio ? Hæc imago, vel, ut supra dixi, vestigium negotiis hominum de fastigio (a) summo æquitatis impressum est. Sunt igitur omnes homines, (quando quidem, ut Apostolus ait : In Adam omnes moriuntur (II *Cor.*, xv, 22) : a quo in universum genus humanum origo ducitur offensionis Dei) una quædam massa peccati, supplicium debens divinæ summæque justitiæ, quod sive exigatur, sive donetur, nulla est iniquitas. A quibus autem exigendum, et quibus donandum sit, superbe judicant debitores : quemadmodum conducti ad illam vineam injuste indignati sunt, cum tantundem aliis donaretur, quantum illis redderetur. (*Matth.*, xx, 11.) Itaque hujus impudentiam quæstionis ita retundit Apostolus : « O homo, tu quis es, qui respondeas Deo ? » (*Rom.*, ix, 20.) Sic enim respondet Deo, cum ei displicet quod de peccatoribus conque-

---

(a) Tres Vaticani Mss. *summa*. Paulo que post iidem libri habent, *a quo universum genus humanum originem ducit offensionis Dei*.

durcit certains pécheurs, non pas qu'il les excite au péché (1 *Sent.*, dist. 40, c. *Cumque prædestinatio*), mais parce qu'il leur refuse sa miséricorde. Or, il refuse sa miséricorde, lorsque d'après les lois de sa justice mystérieuse et impénétrable, il juge qu'il ne doit pas faire miséricorde. Car ses jugements sont impénétrables et ses voies incompréhensibles. (*Rom.*, XI, 33.) Et pourtant c'est avec raison qu'il se plaint des pécheurs, puisqu'il ne les force pas à pécher. Mais il veut en même temps que ceux dont il a pitié comprennent leur vocation, et qu'en entendant les plaintes du Seigneur, ils aient la componction du cœur et se convertissent à sa grâce. Ses plaintes sont donc à la fois justes et miséricordieuses.

17. Mais vous ne pouvez pas comprendre que personne ne résistant à sa volonté, il aide qui il veut aider, et il abandonne qui il veut abandonner; et que celui qu'il aide, et celui qu'il abandonne appartenant à la même masse des pécheurs, et étant coupables l'un et l'autre, il punisse l'un et pardonne à l'autre (*Liv. des* 83 *quest.*, quest. 68); voilà ce qui vous étonne. « O homme, qui es-tu, pour contester avec Dieu? » Je pense que l'Apôtre en disant : « O homme, » donne le même sens que lorsqu'il dit ailleurs : « N'est-il pas visible que vous êtes des hommes et que vous conduisez selon l'homme? » (I *Cor.*, III, 3.) Et il entend par cette expression l'homme charnel et animal, dont il dit : « Je n'ai pu vous parler comme à des hommes spirituels, mais comme à des hommes encore charnels. — Vous n'en étiez pas capables, et à présent même vous ne l'êtes pas encore, » (*Ibid.*, I, 2) et encore : « L'homme animal ne comprend point les choses de l'esprit de Dieu. » (I *Cor.*, II, 14.) Tels sont donc les hommes à qui l'Apôtre dit : « O homme, qui es-tu pour oser répondre à Dieu? Un vase d'argile dit-il à celui qui l'a formé : Pourquoi m'avez-vous fait ainsi? Le potier n'a-t-il pas le pouvoir de faire de la même masse d'argile un vase de gloire, et un vase destiné à l'opprobre? » (*Rom.*, IX, 21.) Cette comparaison montre assez qu'il parle à l'homme charnel, puisque l'argile est la matière dont le premier homme a été formé; et puisque tous les hommes, comme je l'ai rappelé d'après l'Apôtre, meurent en Adam (I *Cor.*, XV, 22), ils ne forment tous en lui qu'une même masse d'argile. On prend dans cette masse pour faire un vase de gloire, et un vase d'ignominie; et cependant il faut que le vase de gloire commence par être charnel, pour atteindre peu à peu l'âge et le degré de la perfection. Les Corinthiens étaient déjà des vases d'honneur, ils étaient déjà

---

ritur Deus, quasi quemquam Deus peccare cogat, (*a*) si tantummodo quibusdam peccantibus misericordiam justificationis suæ non largiatur (I *Sent.* dist. 40, cap. *Cumque prædestinatio*) : et ob hoc dicatur obdurare peccantes quosdam, quia non eorum miseretur, non quia impellit ut peccent. Eorum autem non misereatur, quibus misericordiam non esse præbendam, æquitate occultissima et ab humanis sensibus remotissima, judicat. Inscrutabilia enim sunt judicia ejus, et investigabiles viæ ipsius. (*Rom.*, XI, 33.) Conqueritur autem juste de peccatoribus, tanquam de his quos peccare ipse non cogit. Simul etiam ut hi quorum miseretur, hanc quoque habeant vocationem, ut dum conqueritur Deus de peccatoribus, compungantur corde, atque ad ejus gratiam convertantur. Juste ergo conqueritur, et misericorditer.

17. Sed si hoc movet, quod voluntati ejus nullus resistit, quia cui vult subvenit, et quem vult deserit; cum et ille cui subvenit, et ille quem deserit, ex eadem massa sint peccatorum, et quamvis debeat uterque supplicium, ab uno tamen exigatur, alteri donetur: si hoc ergo movet (*Lib. quæst.* LXXXIII, q. 68): « O homo, tu quis es, qui respondeas Deo ? » Arbitror enim sub eadem significatione positum, quod dictum est, « homo; » sub qua et illud dicitur : Nonne homines estis, et secundum hominem ambulatis ? (I *Cor.*, III, 3.) Ibi enim carnales et animales notantur hoc nomine, quibus dicitur : Non potui loqui vobis quasi spiritalibus, sed quasi carnalibus. (*Ibid.*, 1 et 2.) Et illud : « Nondum enim poteratis, sed neque adhuc potestis; adhuc enim estis carnales. » Et illud : Animalis autem homo non percipit quæ sunt Spiritus Dei. (I *Cor.*, II, 14.) His ergo dicitur : « O homo, tu quis es, qui respondeas Deo ? « Numquid dicit figmentum ei qui se finxit : Quare me sic fecisti? Aut non habet potestatem figulus luti, ex eadem conspersione facere aliud quidem vas in honorem, aliud in contumeliam ? » (*Rom.*, IX, 21.) Eo ipso fortasse satis ostendit se homini carnali loqui; quoniam hoc limus ipse significat, unde primus homo formatus est : et quia omnes, ut jam commemoravi, secundum eumdem Apostolum, in Adam moriuntur, unam dicit esse conspersionem omnium. (I *Cor.*, XV, 22.) Et quamvis aliud vas fiat in honorem, aliud in contumeliam ; tamen et illud quod fit in honorem, necesse est ut carnale esse incipiat, atque inde in spiritalem con-

---

(*a*) Mss. *Sed tantummodo*. Atque unus ex his Genovefæus proxime ante addit, *cum ipse neminem peccare cogat*. Alius autem ex Vatic. infra pro *largiatur et dicatur*, habet *largitur et dicitur*.

régénérés dans le Christ, et pourtant il leur parle comme à des enfants, il les appelle même charnels, en leur disant : « Je n'ai pu vous parler comme à des hommes spirituels, mais comme à des personnes charnelles ; et comme des enfants en Jésus-Christ, je ne vous ai nourris que de lait, et non de viandes solides, parce que vous n'en étiez pas alors capables, et vous ne l'êtes pas encore à présent, parce que vous êtes encore charnels. » (I *Cor.*, III, 1, 2.) Il les appelle charnels, et cependant ils sont déjà nés dans le Christ, ils sont déjà de petits enfants qu'on nourrit de lait. Et quand il dit : Vous n'en êtes pas capables à présent, il montre qu'ils feront des progrès, et que plus tard ils le deviendront, parce qu'étant régénérés spirituellement, la grâce était déjà en eux comme un germe. Ils étaient donc déjà des vases d'honneur, et pourtant on aurait eu raison de leur dire : « O homme, qui êtes-vous, pour contester avec Dieu ? » Or, si on peut parler ainsi aux enfants de la foi, on peut le faire avec plus de raison encore, quand il s'agit de ceux qui ne sont pas régénérés, ou qui sont même des vases d'ignominie. Seulement voici le principe dans lequel il faut se fixer avec une foi inébranlable, c'est qu'il n'y a pas en Dieu d'injustice ; et soit qu'il remette à l'un sa dette, soit qu'il l'exige de l'autre, ce dernier n'a pas le droit de se plaindre comme si Dieu était injuste, par plus que le premier ne doit se glorifier comme s'il l'avait mérité. L'un ne paye que ce qu'il doit, et le premier n'a que ce qu'il a reçu.

18. Mais il faut nous efforcer ici, avec le secours de Dieu, de voir comment cette parole de l'Ecriture peut être vraie : « Vous ne haïssez rien des choses que vous avez faites, » (*Sag.*, XI, 25) avec cette autre : « J'ai aimé Jacob et j'ai haï Esaü. » (*Malach.*, I, 2, 3.) Car si Esaü a été objet de haine, parce qu'il était un vase d'ignominie, et que ce soit le même potier, qui fasse un vase d'honneur et un vase d'ignominie, comment peut-on dire : « Vous ne haïssez rien des choses que vous avez faites ? » Car voilà qu'il déteste Esaü dont il a fait lui-même un vase d'ignominie. Le nœud de cette difficulté est facile à délier, si nous réfléchissons que Dieu est l'auteur de toutes les créatures. (1 *Tim.*, IV, 4.) Or, toute créature de Dieu est bonne, et l'homme est créature en tant qu'il est homme, mais non en tant qu'il est pécheur. Donc Dieu est le créateur de l'homme pour le corps et pour l'âme. Ni l'un ni l'autre n'est mauvais, et Dieu ne hait pas l'un plus que l'autre ; car il ne hait rien des choses qu'il a faites. Mais l'âme est supérieure au corps, comme Dieu est infiniment supérieur à l'âme et au corps ; lui qui les a créés et façonnés l'un et l'autre ; et il ne hait dans l'homme que le péché. Or, le péché est un désordre et une perversité dans

---

surgat (*a*) ætatem. Quando quidem jam in honorem facti erant, et in Christo jam nati erant : sed tamen quoniam parvulos adhuc alloquitur, etiam ipsos carnales appellat, dicens : « Non potui loqui vobis quasi spiritalibus, sed quasi carnalibus (1 *Cor.*, III, 1 et 2): quasi parvulis in Christo lac vobis potum dedi, non escam : neque enim poteratis, sed nec adhuc quidem potestis ; adhuc enim estis carnales. » Quamvis ergo carnales eos esse dicat ; tamen jam in Christo natos, et in illo parvulos, et lacte potandos. Et quod adjungit : Nec adhuc quidem potestis ; ostendit proficientes futurum esse ut possint : quia jam in eis spiritaliter renatis gratia fuerat (*b*) inchoata. Ergo jam vasa erant in honorem facta, quibus adhuc tamen recte diceretur : « O homo, tu quis es, qui respondeas Deo ? » Et si talibus recte dicitur, multo rectius eis qui vel nondum ita regenerati sunt, vel etiam in contumeliam facti. Illud tantummodo inconcussa fide teneatur, quod non sit iniquitas apud Deum : qui sive donet, sive exigat debitum, nec ille a quo exigit, recte potest de iniquitate ejus conqueri, nec ille cui donat, debet de suis meritis gloriari. Et ille enim, nisi quod debetur, non reddidit : et ille non habet, nisi quod accepit.

18. Sed enitendum est hoc loco, si Dominus adjuvet, videre quemadmodum et illud verum sit, quod scriptum est : « Nihil odisti eorum quæ fecisti : » (*Sap.*, XI, 25) et illud : « Jacob dilexi, Esau autem odio habui. » (*Malach.*, I, 2 et 3.) Si enim propterea Esau odio habuit, quia vas factum erat in contumeliam, et aliud vas in honorem, aliud in contumeliam idem figulus fecit, quomodo « nihil odisti eorum quæ fecisti ? » Ecce enim odit Esau, quod vas ipse fecit in contumeliam. Qui nodus ita solvitur, si intelligamus omnium creaturarum esse artificem Deum. Omnis autem creatura Dei bona est (1 *Tim.*, IV, 4) : et omnis homo in quantum homo est, creatura est, non in quantum peccator est. Est ergo creator Deus et corporis et animi humani. Neutrum horum malum, et neutrum odit Deus : nihil enim odit eorum quæ fecit. Est autem animus præstantior corpore ; Deus vero et animo et corpore, utriusque effector et con-

(*a*) Quatuor Mss. *gratiam*. — (*b*) Victorinus codex, *inchoatum*.

l'homme, un acte par lequel il se détourne de son souverain bien, le créateur, pour s'attacher à la créature. Dieu ne hait donc pas Esaü comme homme, mais il hait Esaü comme pécheur. C'est ainsi qu'on dit du Seigneur : « Il vint dans son domaine, et les siens ne l'ont pas reçu. » (*Jean*, I, 11.) Le Seigneur dit aussi à son tour : « Vous n'écoutez pas, parce que vous n'êtes pas de Dieu. » (*Jean*, VIII, 47.) Comment sont-ils les siens, comment ne sont-ils pas de Dieu ? Parce que la première parole désigne l'homme que Dieu a créé lui-même; la seconde désigne le pécheur que le Seigneur réprimande. Et cependant c'est le même qui est homme et pécheur; homme par la volonté de Dieu, et pécheur par sa propre volonté. — Si Dieu a aimé Jacob, est-ce qu'il n'était pas pécheur ? Mais il a aimé en lui, non le péché qu'il effaçait, mais la grâce qu'il donnait. Le Christ aussi est mort pour les impies (*Rom.*, V, 6), non pour les laisser dans leur impiété, mais pour les justifier quand ils auraient renoncé à leur impiété, et cru en celui qui justifie l'impie. (*Rom.*, IV, 5.) Car Dieu déteste l'impiété. C'est pourquoi il la punit dans les uns par la damnation, et en délivre les autres par la justification, suivant les décrets de ses jugements impénétrables. Et quand il prend les impies, qu'il ne justifie pas, pour en faire des vases d'ignominie, il ne hait pas en eux son ouvrage. En tant qu'ils sont impies, ils sont dignes de haine ; mais en tant qu'ils sont des vases, ils sont destinés à quelque usage, et les châtiments qu'ils subissent par les lois de la justice, profitent aux vases d'honneur. Dieu ne hait donc pas les pécheurs, ni en tant qu'ils sont des hommes qu'il a créés, ni en tant qu'ils sont des vases qu'il a façonnés pour un usage ; car il ne hait rien des choses qu'il a faites. Mais les ayant formés pour être des vases de perdition, il les fait servir à la correction des autres. Il hait en eux l'impiété dont il n'est pas l'auteur. C'est ainsi que le juge hait le vol dans l'homme, sans haïr la condamnation du voleur; car l'un est l'œuvre du voleur, et l'autre celle du juge; ainsi Dieu prend dans la masse des impies pour faire des vases de perdition ; il ne hait point ce qu'il fait; car c'est l'œuvre de sa justice punissant justement les pécheurs, et faisant servir leur punition comme une occasion de salut pour ceux dont il a pitié. C'est pour cela qu'il dit à Pharaon : « Je vous ai suscité pour faire éclater en vous ma puissance, et pour rendre mon nom célèbre par toute la terre. » (*Rom.*, IX, 17 ; *Exod.*, IX, 16.) Cette démonstration de la puissance de Dieu, et cette prédication

---

ditor, nec odit in homine nisi peccatum. Est autem peccatum hominis inordinatio atque perversitas, id est, a præstantiore conditore aversio, et ad condita inferiora conversio. Non igitur odit Deus Esau hominem, sed odit Deus Esau peccatorem. Sicut dicitur de Domino : In sua propria venit, et sui eum non receperunt. (*Joan.*, I, 11.) Quibus item ipse dicit : Vos propterea non auditis, quia non estis ex Deo. (*Joan.*, VIII, 47.) Quomodo sui, quomodo non ex Deo ? Nisi quia illud dictum est de hominibus, quos ipse Dominus fecerat ; illud de peccatoribus, quos ipse Dominus arguebat : iidem tamen ipsi et homines et peccatores ; sed homines Dei conditione, peccatores propria voluntate. Quod ergo Jacob dilexit, numquid peccator non erat ? Sed dilexit in eo, non culpam quam delebat, sed gratiam quam donabat. Nam et Christus pro impiis mortuus est (*Rom.*, V, 6) : non tamen ut impii (*a*) permanerent, sed ut justificati ab impietate converterentur, credentes in eum qui justificat impium. (*Rom.*, IV, 5.) Odit enim Deus impietatem. Itaque in aliis eam punit per damnationem, in aliis adimit per justificationem, quemadmodum ipse judicat esse faciendum illis judiciis inscrutabilibus. Et quod ex numero impiorum, quos non justificat, facit vasa in contumeliam, non hoc in eis odit quod facit : quippe in quantum impii sunt, exsecrabiles sunt ; in quantum autem vasa fiunt, ad aliquem usum fiunt, ut per eorum ordinatas pœnas vasa quæ fiunt in honorem proficiant. Non itaque odit Deus, nec quantum homines sunt, nec in quantum vasa sunt, id est, nec quod in eis facit creando, nec quod in eis facit ordinando : nihil enim odit eorum quæ fecit. Sed tamen (*b*) quod vasa eos facit perditionis, ad usum correctionis aliorum facit. Odit enim in eis impietatem, quam ipse non fecit. Sicut enim judex in homine odit furtum, sed non odit quod datur ad metallum ; illud enim fur, hoc judex facit : ita Deus quod ex conspersione impiorum facit vasa perditionis, non odit quod facit, id est, opus ordinationis suæ in pœna debita (*c*) pereuntium, in qua occasionem salutis illi quorum miseretur, inveniant. Sic Pharaoni dictum est : « Ad hoc te excitavi, ut ostendam in te, potentiam meam, et ut annuntietur nomen meum in universa terra. » (*Rom.*, IX, 17 ; *Exod.*, IX, 16.) Hæc demonstratio potentiæ Dei, et annuntiatio nominis ejus in universa

---

(*a*) Editi, *ut impii mortui permanerent.* Abest *mortui* a Mss. — (*b*) In Mss. habetur sic : *Sed tamen ut vasa eos faciat perditionis, ad usum correctionis aliorum, odit in eis impietatem*, etc. — (*c*) Omnes fere Mss. *pereuntibus.*

de son nom a pour but d'inspirer la crainte et le repentir à tous ceux qui sont appelés. Donc, quand l'Apôtre poursuit ainsi : « Si Dieu voulant montrer sa colère et faire connaître sa puissance, supporte avec une grande patience les vases qui sont préparés pour la perdition ; » (*Rom.*, 22) il sous-entend : « Qui êtes-vous pour oser contester avec Dieu ? » En faisant rapporter ces dernières paroles avec celles qui précèdent, on aurait le sens que voici : Si Dieu voulant montrer sa colère, supporte les vases de colère, qui êtes-vous pour oser contester avec Dieu ? Mais non-seulement « voulant montrer sa colère et faire connaître sa puissance, il supporte avec une grande patience les vases qui ont été préparés pour la perdition ; » mais encore, ajoute-t-il, « pour faire paraître les richesses de sa gloire sur les vases de miséricorde. » Que sert-il aux vases préparés pour la perdition, que Dieu les supporte patiemment, pour les perdre nécessairement, et qu'il se serve d'eux comme d'instruments pour le salut de ceux qu'il veut sauver? Mais il est utile que Dieu se serve d'eux pour le salut des autres, afin que suivant l'Écriture, le juste lave ses mains dans le sang du pécheur (*Ps.* LVII, 11), c'est-à-dire qu'il se purifie des œuvres mauvaises par la crainte de Dieu, en voyant la punition des réprouvés. Donc lorsqu'on dit que Dieu « voulant montrer sa colère supporte avec patience les vases de colère, » on fait entendre qu'il imprime une crainte salutaire aux autres, et « qu'il veut manifester les richesses de sa gloire sur les vases de miséricorde, qu'il a préparés pour la gloire. » En effet, cet endurcissement des impies fait voir d'un côté ce qu'il faut craindre, afin qu'on revienne à Dieu avec piété, et d'un autre côté combien il faut remercier la bonté de Dieu qui montre dans la punition des uns le bienfait qu'il accorde aux autres. Si on dit que la punition qu'il inflige aux uns n'est pas juste, il faudra dire qu'il ne donne rien aux autres, en leur faisant grâce. Or, la punition est juste, et il n'y a aucune iniquité dans la vengeance de Dieu ; qui pourrait donc assez remercier Dieu, quand il nous pardonne, quoiqu'il soit en droit de punir, sans qu'on puisse dire qu'on ne le mérite pas ?

19. « Nous sommes ceux qu'il a appelés non-seulement d'entre les Juifs, mais aussi d'entre les Gentils, » (*Rom.*, IX, 24) c'est-à-dire les vases de miséricorde qu'il a préparés pour la gloire. Il a donc appelé non tous les Juifs, mais ceux qu'il a choisis entre les Juifs ; non tous les Gentils, mais ceux qu'il a choisis entre les Gentils. Il n'y a donc en Adam qu'une même masse de pécheurs et d'impies, dans laquelle se trouvent confondus et pêle-mêle Juifs et Gentils, en dehors de la miséricorde de Dieu. Si le potier prend dans la même argile pour faire un vase d'hon-

---

terra prodest eis ut timeant, et vias suas corrigant, quibus vocatio talis congruit. Sic consequenter dicit : « Si autem volens Deus ostendere iram, et demonstrare potentiam suam, attulit in multa patientia vasa iræ, quæ perfecta sunt in perditionem : » (*Rom.*, IX, 22) subauditur : « Tu qui es, qui respondeas Deo ? » ut recurrente sententia ad verba superiora, iste sit sensus : Si volens Deus ostendere iram, attulit vasa iræ ; tu quis es, qui respondeas Deo ? Non autem solum « volens ostendere iram, et demonstrare potentiam suam attulit in multa patientia vasa iræ, quæ perfecta sunt in perditionem ; » sed etiam quod sequitur : « ut notas faceret divitias gloriæ suæ in vasa misericordiæ. » Quid enim prodest vasis perfectis in perditionem, quod ea patienter Deus sustinet, ut ordinate disperdat, utaturque illis ad instrumentum salutis aliorum, quorum misereatur ? Sed illis utique prodest, ad quorum salutem istis sic utitur ; ut sicut scriptum est, justus manus lavet in sanguine peccatoris (*Psal.* LVII, 11) : id est, mundetur ab operibus malis per timorem Dei, cum videt supplicia peccatorum. Quod ergo « volens ostendere iram attulit vasa iræ, » valet ad utilem aliis præstandum timorem : « et ut notas faceret divitias gloriæ suæ in vasa misericordiæ, quæ paravit in gloriam. » Etenim obduratio illa impiorum utrumque demonstrat, et quid timendum sit, ut quisque pietate convertatur ad Deum, et quantæ agendæ sint gratiæ misericordiæ Dei, qui in aliorum pœna quid aliis donet ostendit. Si autem illa, quam de aliis exigit, non est justa pœna ; nihil donat aliis, a quibus eam non exigit. Quia vero illa justa est, et nulla est iniquitas apud vindicantem Deum, quis sufficiat agere gratias ei, qui hoc remittit, quod si vellet exigere, nemo se recte diceret non debere ?

19. « Quos et vocavit nos, inquit, non solum ex Judæis, sed etiam ex Gentibus : » (*Rom.*, IX, 24) id est, vasa misericordiæ quæ præparavit in gloriam. Non enim omnes Judæos, sed ex Judæis : nec omnes omnino homines Gentium, sed ex Gentibus. Una est enim ex Adam massa peccatorum et impiorum, in qua et Judæi et Gentes remota gratia Dei ad unam pertinent conspersionem. Si enim figulus luti ex eadem conspersione facit aliud vas in honorem, aliud vas in contumeliam ; manifestum est autem quod et

neur et un vase d'ignominie, il est évident qu'il prend parmi les Juifs des vases d'honneur et des vases d'ignominie, comme parmi les Gentils; d'où il suit que tous les hommes appartiennent à la même masse. L'Apôtre rapporte ensuite les témoignages des prophètes, concernant les Juifs et les Gentils, mais en changeant l'ordre de priorité. Car il avait d'abord parlé des élus parmi les Juifs, et ensuite des élus parmi les Gentils. Or, dans les témoignages qu'il rapporte, il nomme d'abord les Gentils, et ensuite les Juifs (*Ibid.*, 25) : « Selon ce qu'il dit dans Osée : J'appellerai mon peuple, ceux qui n'étaient pas mon peuple; ma bien-aimée, celle que je n'avais point aimée; et il arrivera que dans le lieu même où je leur avais dit autrefois : Vous n'êtes point mon peuple, ils seront appelés les enfants du Dieu vivant. » (*Osée*, II, 23; I, 10.) Ces paroles s'appliquent aux Gentils, parce qu'ils n'avaient pas un lieu fixé pour les sacrifices, comme les Juifs à Jérusalem. Or, les apôtres ont été envoyés aux Gentils, afin que tous ceux qui croiraient, pussent, dans leur patrie, et partout où ils auraient embrassé la foi, offrir à Dieu un sacrifice de louange, du moment qu'il leur avait été donné de devenir les enfants de Dieu. (*Jean*, I, 12.) « Mais, dit l'Apôtre, c'est Isaïe qui s'écrie pour Israël. » (*Rom.*, IX, 27.) Et pour qu'on ne s'imagine pas que tous les Israélites sont voués à la perdition, il nous enseigne que parmi eux il y a des vases d'honneur et des vases d'ignominie. « Quand le nombre des enfants d'Israël, dit-il, serait égal à celui du sable de la mer, les restes seulement seront sauvés. » (*Isaïe*, X, 22.) Quant au reste de la multitude, ce sont donc des vases destinés à la perdition. « Le Seigneur, dit-il, établira sur la terre une loi parfaite et abrégée; » c'est-à-dire que la foi renfermant tout, sauvera par la grâce tous ceux qui croiront, et qu'alors seront abolies ces innombrables observances, qui étaient un joug intolérable pour cette multitude servile. Or, Dieu, par sa grâce, a établi sur la terre une loi courte et abrégée, en nous disant : « Mon joug est doux et mon fardeau est léger. » (*Matth.*, XI, 30.) C'est pourquoi l'Apôtre dit un peu plus loin : « La parole est près de vous, elle est dans votre bouche et dans votre cœur. Cette parole est la parole de foi que nous prêchons. Parce que si vous confessez de bouche que Jésus est le Seigneur, et si vous croyez de cœur que Dieu l'a ressuscité après sa mort, vous serez sauvé. Il faut croire de cœur pour obtenir la justice, et confesser de bouche pour obtenir le salut. » (*Rom.*, X, 8, etc.) Telle est la loi courte et abrégée que le Seigneur a établie sur la terre, et c'est par ce moyen, si court et si abrégé qu'il soit, que le larron a été justifié, lorsque ses membres étant attachés à la croix, et usant de la seule li-

---

ex Judæis sunt alia vasa in honorem, alia in contumeliam, sicut ex Gentibus : sequitur ut ad unam conspersionem omnes pertinere intelligantur. Deinde incipit reddere attestationes (*a*) Prophetæ singulis generibus converso ordine. Prius enim dixit (*b*) « ex Judæis, » posterius « ex Gentibus : » prius autem reddit testimonium pro Gentibus, deinde pro Judæis. « Etenim sicut Osee dicit : Vocabo non plebem meam, plebem meam, et non dilectam, dilectam : et erit in loco ubi dictum est : Non populus meus vos, ibi vocabuntur filii Dei vivi : » (*Ibid.*, 25 et 26 ; *Osee*, II, 23; *Osee*, I, 10) de Gentibus intelligitur dictum quia non habebant destinatum unum sacrificiorum locum, sicut Judæi in Jerusalem. Missi sunt autem ad Gentes Apostoli, ut in loco suo quique crederent, et ubicumque credidissent, ibi sacrificium laudis offerrent, quibus dedit potestatem filios Dei fieri. (*Joan.*, I, 1.) « Isaias autem, inquit, clamat pro Israel. » (*Rom.*, IX, 27.) Ne rursus omnes Israelitæ in perditionem isse credantur, docet et inde facta alia vasa in honorem, alia in contumeliam. « Si fuerit, inquit, numerus filiorum Israel quasi arena maris, reliquiæ salvæ fient, » (*Isa.*, X, 22.) Cætera ergo turba, vasa perfecta ad perditionem. « Verbum enim consummans et brevians, inquit, faciet Dominus super terram : » id est, ut compendio fidei per gratiam salvos faciat credentes, non per innumerabiles observationes, quibus illa multitudo serviliter onerata premebatur. Per gratiam quippe nobis verbum consummans et brevians fecit super terram, dicens : Jugum meum lene est, et sarcina mea levis est. (*Matth.*, XI, 30.) Quod et paulo post hic dicitur : « Prope (*c*) te est verbum in ore tuo et in corde tuo, hoc est verbum fidei quod prædicamus; quia si confitearis in ore tuo quia Dominus est Jesus, et credideris in corde tuo quia Deus illum suscitavit a mortuis, salvus eris. Corde enim creditur ad justitiam, ore autem confessio fit ad salutem. » (*Rom.*, X, 8, etc.) Hoc est verbum consummans et brevians, quod fecit Deus super terram, qua consummatione atque (*d*) breviatione latro justificatus

---

(*a*) Mss. *Prophetiæ*. — (*b*) Editi, *conversos ex Judæis*. Abest *conversos* a Mss. plerisque. — (*c*) Particula *te* hic addit vetustissimus Corb. codex Græco consentiens. — (*d*) Er. et Mss. *atque brevitate*.

berté qu'il avait, il crut dans son cœur pour être justifié, et confessa de bouche pour être sauvé; et aussitôt il mérita d'entendre cette parole : « Vous serez avec moi dans le paradis. » (*Luc*, XXIII, 43.) Les bonnes œuvres auraient été la suite de cette conversion, s'il lui avait été donné de vivre encore sur la terre. Et pourtant les bonnes œuvres n'avaient pas précédé, pour lui mériter cette grâce; le meurtre l'a conduit sur la croix, et la croix l'a conduit dans le paradis. L'Apôtre continue : « Et selon qu'Isaïe avait dit : Si le Seigneur des armées n'avait réservé quelques-uns de notre race, nous serions devenus semblables à Sodome et à Gomorrhe. » (*Rom.*, IX, 29; *Isaïe*, I, 9.) Il dit ici : « S'il n'avait réservé quelques-uns de notre race; » et il avait dit plus haut : « Les restes seulement seront sauvés. » Quant aux autres, ils ont été condamnés aux peines qu'ils méritaient comme des vases de perdition. Et si tous n'ont pas péri comme à Sodome et à Gomorrhe, on ne doit pas l'attribuer au mérite de qui que ce soit, mais à la grâce de Dieu, qui a voulu réserver quelque semence choisie, pour faire surgir dans tout l'univers une nouvelle moisson. Aussi l'Apôtre dit-il un peu plus loin : « De même donc en ce temps-ci quelques-uns que Dieu s'est réservés par un choix de sa grâce ont été sauvés. Si c'est par la grâce, ce n'est donc point en vue des œuvres; autrement la grâce ne serait plus grâce. Qu'est-il donc arrivé? C'est qu'Israël qui cherchait la justice, ne l'a point trouvée, mais ceux qui ont été choisis de Dieu l'ont trouvée, et les autres ont été aveuglés. (*Rom.*, XI, 5, etc.) Ainsi parmi les Juifs les vases de miséricorde ont trouvé grâce, et les vases de colère ont été aveuglés; cependant tous appartenaient à la même masse, ainsi que la multitude des Gentils.

20. Il y a dans l'Ecriture un passage, qui revient nécessairement à la question que nous traitons, et qui appuie tout ce que nous avons dit avec une grande autorité. Il se trouve dans le livre que les uns appellent Jésus Sidrach, et d'autres l'Ecclésiastique, et nous y lisons ces paroles (XXXIII, 10) : « Tous les hommes sont tirés de la boue, comme Adam a été formé de la terre. Dans la grandeur de sa sagesse, le Seigneur a séparé les hommes et a changé leurs voies. Il a élevé et béni quelques-uns d'entre eux, il les a sanctifiés et s'est uni à eux, et il en a maudit et humilié quelques autres, et il les a dispersés quand ils se sont séparés de lui. Comme l'argile est dans la main du potier qui la façonne à son gré, ainsi toutes les voies de l'homme sont à la disposition du Seigneur; ainsi l'homme est dans la main de celui qui l'a fait, et qui lui rendra selon son jugement. Le bien est contraire au mal, la vie à la mort, et le pécheur au juste.

---

est, qui defixis in cruce omnibus membris, et habens libera hæc duo, corde credidit ad justitiam, ore confessus est ad salutem; statimque audire meruit : Hodie mecum eris in paradiso. (*Luc.*, XXIII, 43.) Consequerentur enim bona opera ejus, si percepta gratia diu inter homines viveret. Sed tamen non ea præcesserant, ut eamdem gratiam mereretur, ex latrocinio fixus in cruce, ex cruce in paradisum translatus. « Et sicut prædixit, inquit, Isaias : Nisi Dominus sabaoth reliquisset nobis semen, sicut Sodoma facti essemus, et sicut Gomorrha similes fuissemus. » (*Rom.*, IX, 29; *Isa.*, I, 9.) Quod hic ait : « reliquisset nobis semen; » hoc ibi : « reliquiæ salvæ fient. » Cæteri autem tanquam perditionis vasa debito supplicio perierunt. Et ut non omnes perissent sicut in Sodoma et Gomorrha, non meritum eorum fecit, sed gratia Dei relinquentis semen, unde alia messis toto orbe consurgeret. Hoc et paulo post : « Sic ergo, inquit, et in hoc tempore reliquiæ per electionem gratiæ salvæ factæ sunt. Si autem gratia, jam non ex operibus, alioquin gratia jam non est gratia. Quid ergo? quod quærebat Israel, hoc non est consecutus, electio autem consecuta est, cæteri vero excæcati sunt. » (*Rom.*, XI, 5, etc.) Consecuta sunt vasa misericordiæ, excæcata sunt vasa iræ : ex eadem tamen conspersione, sicut in plenitudine Gentium.

20. Est locus quidam Scripturæ ad rem, de qua nunc agimus, maxime necessarius, eadem quæ tractata sunt, mira contestatione confirmans, in eo libro qui ab aliis Jesus Sirach, ab aliis Ecclesiasticus dicitur, in quo ita scriptum est (*Eccli.*, XXXIII, 10, etc.) : « Et omnes homines de solo, et ex terra (*a*) Adam creatus est. In multitudine disciplinæ Dominus separavit eos, et immutavit vias eorum. Et ex ipsis benedixit et exaltavit, et ex his sanctificavit et ad se applicavit, et ex ipsis maledixit et humiliavit : et convertit illos ad dissensionem illorum. Quasi lutum figuli in manu ipsius plasmare illud et disponere, omnes viæ ejus secundum dispositionem ejus; sic homo in manu illius qui se fecit, et reddet illi secundum judicium suum. Contrarium malo bonum est, et contra mortem vita est; sic et contra virum jus-

---

(*a*) In editis, *ex terra unde Adam*. Particula *unde* abest a Mss. et a textu græco apud LXX.

Considère toutes les œuvres du Très-Haut; elles elles sont ainsi deux à deux, et l'une opposée à l'autre. » On loue d'abord dans ce passage la sagesse de Dieu : « Dans la grandeur de sa sagesse, il a séparé les hommes; » de quoi les a-t-il séparés, si ce n'est du bonheur du paradis? « Et il a changé leurs voies, » pour qu'ils vécussent comme sujets à la mort. Alors tous les hommes ne formèrent plus qu'une masse, infectée par le péché et condamnée à la mortalité, quoique Dieu n'eût créé et formé que ce qui était bon. Tout homme, dans son individualité corporelle, offre une harmonie si parfaite de structure et de composition entre ses divers membres, que l'Apôtre la prend comme terme de comparaison pour expliquer la charité. (I *Cor.*, XII, 12.) Tout homme aussi a un esprit de vie qui anime ses membres terrestres, et toute nature humaine est un concert merveilleux, qui résulte de l'empire de l'âme et de l'obéissance du corps. Mais la concupiscence charnelle, suite du péché, voulant avoir la domination, avait infecté toute la race humaine, comme une seule et une même masse, en infiltrant partout le poison du péché originel. Et cependant, comme dit l'Ecriture : « Le Seigneur a élevé et béni quelques-uns d'entre eux; il les a sanctifiés et s'est uni à eux; et il en a maudit et humilié quelques autres, et il les a dispersés quand ils se sont séparés de lui. » C'est comme si on entendait l'Apôtre lui-même quand il dit : « Le potier n'a-t-il pas le pouvoir de faire de la même masse d'argile un vase de gloire et un vase d'ignominie? » (*Rom.*, IX, 21.) Que l'on compare notre citation et on verra la ressemblance : « Comme l'argile est dans la main du potier qui la façonne et la forme à son gré, ainsi toutes les voies de l'homme sont en la disposition du Seigneur; ainsi l'homme est dans la main de celui qui l'a fait. » Mais l'Apôtre disant : « Est-ce qu'il y a en Dieu de l'injustice? » Lisez ce qui suit dans l'Ecclésiastique : « Il rendra à l'homme, dit-il, selon son jugement. » Mais comme les réprouvés sont punis justement, et que leur punition doit avoir son utilité pour l'avantage de ceux qui sont sauvés, écoutez bien ceci : « Le bien est contraire au mal, la vie à la mort, et le pécheur au juste. Considère toutes les œuvres du Très-Haut; elles sont ainsi deux à deux, et l'une opposée à l'autre; » sans doute pour que la comparaison du mal fasse ressortir le bien. Et comme on ne devient meilleur que par la grâce, c'est comme s'il disait : « Les restes seront sauvés. » (*Ibid.*, 27.) L'Ecclésiastique poursuit et fait parler ainsi ces restes qui seront sauvés : « Et moi, j'ai été suscité le dernier, et je suis comme ceux qui recueillent les grappes échappées aux vendan-

tum peccator. Et sic intuere in omnia opera Altissimi : duo, (*a*) duo ; unum contra unum. » Primo hic commendata est disciplina Dei : « In multitudine, inquit, disciplinæ Dominus separavit eos : » unde, nisi a beatitudine paradisi ? « Et immutavit vias eorum, » ut jam tanquam mortales viverent. Tunc facta est una massa omnium, veniens de traduce peccati et de pœna mortalitatis, quamvis Deo formante et creante quæ bona sunt. In omnibus est enim species et compago corporis in tanta membrorum concordia (I *Cor.*, XII, 12) : ut inde Apostolus ad caritatem obtinendam similitudinem duceret. In omnibus est etiam spiritus vitalis terrena membra vivificans, omnisque natura hominis dominatu animæ et famulatu corporis conditione mirabili temperata : sed concupiscentia carnalis de peccati pœna jam regnans, universum genus humanum tanquam totam et unam conspersionem originali reatu in omnia permanante confuderat. Et tamen sequitur : « Ex ipsis benedixit et exaltavit, et ex ipsis sanctificavit et ad se applicavit, et ex ipsis maledixit et humiliavit, et convertit illos in dissensionem ipsorum. » Tanquam Apostolo dicente : « An non habet potestatem figulus luti ex eadem conspersione facere aliud vas in honorem, aliud in contumeliam? » (*Rom.*, IX, 21.) Ideoque illud quod contexitur, nec ab ipsa similitudine vacat : « Quasi lutum, inquit, figuli in manu ipsius plasmare illud et disponere, omnes viæ ejus secundum dispositionem ejus, sic homo in manu illius qui se fecit. » Sed quia dicit Apostolus : « Numquid iniquitas apud Deum? » vide et hic quid adjungat : « Reddet illi, inquit, secundum judicium suum. » Sed cum damnatis justa tribuantur supplicia ; tamen quia hoc ipsum in usum convertitur, quo illi proficiant quibus præbetur misericordia, attende reliqua : « Contrarium, inquit, malo bonum est, et contra mortem vita ; sic et contra virum justum peccator. Et sic intuere in omnia opera Altissimi : duo, duo ; unum contra unum : » utique ut ex deteriorum comparatione emineant proficiantque meliora. Quæ tamen quoniam per gratiam meliora sunt, tanquam diceret : « Reliquiæ salvæ fient : » (*Ibid.*, 27) sequitur et dicit ex persona reliquiarum : « Et ego novissimus vigilavi, et quasi qui racematur post vindemiatores. » Et unde probat, quia non ex

(*a*) Editi, *duo contra duo.* Abest *contra* a veteribus libris.

geurs. » Et comment montre-t-il qu'il ne doit rien à ses mérites, mais à la miséricorde de Dieu ? « Et j'ai espéré moi-même, dit-il, en la bénédiction du Seigneur, et comme celui qui vendange j'ai rempli le pressoir. » Quoiqu'il soit venu le dernier, cependant comme, d'après l'Evangile, les derniers seront les premiers (*Matth.*, XX, 16), ce nouveau peuple formé des restes d'Israël sera dans le pressoir comme une vendange abondante recueillie sur toute la surface de la terre.

21. Tout ce que l'Apôtre a voulu dire, tout ce qu'il a voulu faire entendre en montrant que l'homme n'était justifié que par la grâce, avait pour but de nous rappeler, que celui qui se glorifie doit se glorifier dans le Seigneur. (II *Cor.*, x, 17.) Qui discutera en effet les œuvres de Dieu, s'il prend dans la même masse l'un pour le perdre, l'autre pour le justifier ? Le libre arbitre de la volonté a sans doute une grande importance ; il existe en effet, mais que peut-il dans l'homme assujetti au péché ? (*Rom.*, VII, 14.) « La chair, dit l'Apôtre, s'élève contre l'esprit, et l'esprit contre la chair, de sorte que vous ne faites pas les choses que vous voudriez. » (*Gal.*, V, 17.) On nous ordonne de vivre dans la justice, et on nous promet que nous aurons pour récompense une vie éternellement heureuse. Mais qui peut vivre dans la justice et faire le bien, s'il n'est justifié par la foi ? On nous ordonne de croire, afin qu'en recevant le don du Saint-Esprit, nous puissions opérer le bien par la charité. Mais qui pourra croire, si une voix quelconque, si quelque révélation particulière ne vient toucher son cœur ? Qui peut se donner une telle révélation, qui éclaire son esprit, et excite sa volonté à croire ? Qui s'attache de cœur à ce qui ne lui plaît pas ? L'homme est-il le maître de faire arriver un événement qui puisse le réjouir, ou de se réjouir, quand cet événement arrivera ? Lorsque nous trouvons notre bonheur dans les choses qui nous portent à Dieu, cette disposition est une inspiration et un don de la grâce divine ; et nous ne la devons ni à notre propre volonté, ni à notre vigilance, ni aux mérites de nos œuvres. Car c'est Dieu qui forme et qui développe en nous les mouvements de la bonne volonté, la vigilance active, et la ferveur de la charité dans les bonnes œuvres. On nous ordonne de demander pour recevoir, de chercher pour trouver, de frapper pour qu'on nous ouvre. (*Matth.*, VII, 7.) Mais n'arrive-t-il pas que notre prière est si tiède, ou plutôt si froide et presque si nulle, je dois dire tellement nulle parfois, qu'il ne nous vient pas même une pensée de gémir sur notre état ? Car s'il y avait en nous un gémissement, ce serait déjà une prière. Que pouvons-nous conclure de tout cela ? C'est que Dieu nous permet de demander, de chercher et de frapper, et il nous ordonne même de le faire. « Donc cela ne

---

meritis suis, sed ex misericordia Dei ? « In benedictione, inquit, Domini et ipse speravi, et quasi qui vindemiat, replevi torcular. » Quamvis enim novissimus vigilaverit ; tamen quia erunt, ut dictum est, novissimi primi (*Matth.*, XX, 16) : in benedictione Domini sperans ex reliquiis Israel racematus populus implevit torcular ex ubertate vindemiæ, quæ toto orbe terrarum provenit.

21. Nulla igitur intentio tenetur Apostoli, et omnium justificatorum per quos nobis intellectus gratiæ demonstratus est, nisi ut qui glorietur, in Domino glorietur. (II *Cor.*, x, 17.) Quis enim discutiet opera Domini, ex eadem conspersione unum damnantis, alterum justificantis ? Liberum voluntatis arbitrium plurimum valet ; imo vero, est quidem, sed in venumdatis sub peccato quid valet? (*Rom.*, VII, 14.) « Caro, inquit, concupiscit adversus spiritum, et spiritus adversus carnem, ut non ea quæ vultis faciatis. » (*Gal.*, v, 17.) Præcipitur ut recte vivamus, hac utique mercede proposita ut in æternum beate vivere mereamur : sed quis potest recte vivere et bene operari, nisi justificatus ex fide ? Præcipitur ut credamus, ut dono accepto Spiritus sancti per dilectionem bene operari possimus : sed quis potest credere, nisi aliqua vocatione, hoc est, aliqua rerum testificatione tangatur ? Quis habet in potestate tali viso attingi mentem suam, quo ejus voluntas moveatur ad fidem? Quis autem animo amplectitur aliquid, quod cum non delectat ? aut quis habet in potestate ut vel occurrat quod cum delectare possit, vel delectet cum occurrerit ? Cum ergo nos ea delectant, quibus proficiamus ad Deum, inspiratur hoc et præbetur gratia Dei, non nutu nostro et industria aut operum meritis comparatur : quia ut sit nutus voluntatis, ut sit industria studii, ut sint opera caritate ferventia, ille tribuit, ille largitur. Petere jubemur ut accipiamus, et quærere ut inveniamus, et pulsare ut aperiatur nobis. (*Matth.*, VII, 7.) Nonne aliquando ipsa oratio nostra sic tepida est, vel potius frigida et pene nulla, imo omnino interdum ita nulla, ut neque hoc in nobis cum dolore advertamus? quia si vel hoc dolemus, jam oramus. Quid ergo aliud ostenditur nobis, nisi

dépend ni de celui qui veut, ni de celui qui court, mais de Dieu qui fait miséricorde. » (*Rom.*, IX, 16.) Car il est bien vrai que nous ne pouvons ni vouloir ni courir, si Dieu ne nous pousse et ne nous excite.

22. S'il y a ici quelque élection, comme semble l'indiquer cette parole : « Les restes que Dieu s'est réservés par un choix de sa grâce seront sauvés ; » (*Rom.*, XI, 5) élection qui n'ait pas rapport à ceux qui sont justifiés pour la vie éternelle, mais à ceux qui sont choisis pour la justification ; cette élection est tellement une chose cachée, que quand on considère la masse, on ne peut pas en saisir le moindre symptôme ; si d'autres ont le don d'apercevoir quelque chose, je confesse, quant à moi, mon impuissance complète. Car pour pouvoir discerner, parmi les hommes, ceux qui sont élus pour la grâce du salut, je ne verrais, pour me diriger dans cet examen, que la distinction du génie, ou une vie exempte de fautes graves, ou ces deux qualités réunies, en y ajoutant, si vous le voulez, une instruction honnête et utile. Tout homme qui n'aura que des fautes légères, (car qui peut s'en exempter?) tout homme qui aura l'esprit vif, et qui sera cultivé dans les sciences libérales, voilà donc celui qui me paraîtra digne d'être élu pour la grâce. Mais lorsque j'aurai ainsi porté mon jugement, je me vois pris en pitié par celui qui choisit les faibles selon le monde, pour confondre les forts, et les moins sages selon le monde pour confondre les sages (I *Cor.*, I, 27); et moi confus et honteux en voyant la conduite de Dieu, je suis saisi à mon tour de pitié en mettant en parallèle cet homme si sévère dans ses mœurs avec ce pauvre pécheur, cet homme si éloquent avec un grossier pêcheur. Ne voyons-nous pas que plusieurs de nos chrétiens marchent dans la voie de Dieu, quoiqu'ils soient loin d'égaler pour l'esprit, je ne dis pas certains hérétiques, mais même certains comédiens ? Ne voyons-nous pas aussi des personnes de l'un et l'autre sexe vivre d'une manière irréprochable dans la chasteté conjugale ; et néanmoins entachées d'hérésie ou de paganisme, ou si elles sont dans la vraie foi et la véritable Eglise, tellement tièdes, que nous sommes tout étonnés, en les comparant à de nouveaux convertis, de les trouver moins patients, moins sobres, ayant moins de foi, d'espérance et de charité, tandis que les nouveaux convertis sont souvent des femmes perdues et des histrions. Il nous reste donc à dire que l'élection tombe sur la volonté. Mais la volonté elle-même, s'il ne se rencontre une occasion qui l'excite et l'attire, ne peut être ébranlée d'aucune manière ; et il n'est pas au pouvoir de l'homme de faire naître cette occasion. Que voulait Saul, si ce n'est prendre, violenter, enchaîner et mettre à mort les chrétiens? (*Act.*, VIII, 3 ; IX, 1.) Quelle rage, quelle fureur, quel aveugle-

---

quia et petere et quærere et pulsare illc concedit, qui ut hæc faciamus, jubet? « Igitur non volentis neque currentis, sed miserentis est Dei : » (*Rom.*, IX, 16) quando quidem nec velle nec currere, nisi eo movente atque excitante, poterimus.

22. Quod si electio hic fit aliqua, ut sic intelligamus quod dictum est : « Reliquiæ per electionem gratiæ salvæ factæ sunt; » (*Rom.*, XI, 5) non ut justificatorum electio fiat ad vitam æternam, sed ut eligantur qui justificentur : certe ita occulta est hæc electio, ut in eadem conspersione nobis prorsus apparere non possit ; aut si apparet quibusdam, ego in hac re infirmitatem meam fateor. Non enim habeo quod intuear in eligendis hominibus ad gratiam salutarem, si ad examen hujus electionis aliqua cogitatione permittor, nisi vel majus ingenium, vel minora peccata, vel utrumque : addamus etiam, si placet, honestas utilesque doctrinas. Quisquis ergo fuerit quam minimis peccatis irretitus atque maculatus, (nam nullis quis potest?) et acer ingenio, et liberalibus artibus expolitus, eligendus videtur ad gratiam. Sed cum hoc statuero, ita me ridebit ille, qui infirma mundi elegit ut confundat fortia, et stulta mundi ut confundat sapientia (I *Cor.*, I, 27) : ut eum intuens et pudore correctus, ego irrideam multos et præ quibusdam peccatoribus castiores, et præ quibusdam piscatoribus oratores. Nonne advertimus multos fideles nostros ambulantes viam Dei, ex nulla parte ingenio comparari, non dicam quorumdam hæreticorum, sed etiam mimorum? Item non videmus quosdam homines utriusque sexus in conjugali castitate viventes sine querela, et tamen vel hæreticos vel paganos, vel etiam in vera fide et vera Ecclesia sic tepidos, ut eos mirentur meretricum et histrionum subito conversorum, non solum patientia et temperantia, sed etiam fide, spe, caritate superari ? Restat ergo ut voluntates eligantur. Sed voluntas ipsa, nisi aliquid occurrerit quod delectet atque invitet animum, moveri nullo modo potest : hoc autem ut occurrat, non est in hominis potestate. Quid volebat Saulus, nisi invadere, trahere, vincire, necare Christianos? (*Act.*, VIII, 3 et IX, 1.) Quam rabida volun-

ment! Et pourtant une voix du ciel le renverse, une vision lui apparaît, sa fureur tombe, son âme est bouleversée, et sa volonté est amenée à la foi, et le plus grand persécuteur de l'Évangile en devient le plus grand prédicateur. Cependant que dirons-nous? « Est-ce qu'il y a de l'injustice en Dieu, » (*Rom.*, IX, 14) quand il exige, ou quand il remet la dette, suivant son bon plaisir? Il n'exige pas ce qui n'est pas dû; il ne remet pas ce qui est à un autre. « Est-ce qu'il y a de l'injustice en Dieu? » Nullement. D'où vient qu'il traite ainsi l'un, et qu'il ne traite pas ainsi l'autre? « O homme, qui es-tu? » Si tu ne rends pas ce que tu dois, tu as à remercier; si tu le rends tu n'as pas à te plaindre. Croyons seulement, quoique nous ne puissions pas comprendre, que celui qui a fait et formé toute créature spirituelle et corporelle, a tout disposé avec nombre, poids et mesure. (*Sag.*, XI, 21.) Mais ses jugements sont impénétrables, et ses voies incompréhensibles. (*Rom.*, XI, 33.) Disons Alleluia; chantons le cantique de louanges, et ne disons pas : pourquoi ceci; pourquoi cela? car toutes choses ont été créées en leur temps. (*Eccl.*, XXXIX, 19, 26.)

LIVRE SECOND.

SUR CINQ OU SIX AUTRES QUESTIONS DE SIMPLICIEN, TIRÉES DES LIVRES DES ROIS.

PRÉFACE.

Je pense avoir répondu suffisamment à vos questions sur l'Apôtre saint Paul; il me reste à faire un autre traité sur celles que vous tirez du livre des Rois. Les passages que vous me chargez d'éclaircir sont, comme plusieurs ou presque tous ceux que renferment les anciens livres, des choses plutôt figuratives et enveloppées pour cette raison, sous le voile des mystères. Il est vrai que, depuis la venue de Jésus-Christ, le voile est déchiré et n'est plus suspendu devant nos yeux (II *Cor.*, III, 16); cependant nous voyons maintenant en énigme, et c'est plus tard que nous verrons face à face. Le voile en effet intercepte complétement la vue de l'objet; mais l'énigme le laisse voir comme à travers un miroir; suivant l'expression de l'Apôtre : Nous voyons maintenant en énigme à travers un miroir (1 *Cor.*, XIII, 12); la vérité n'appa-

---

tas, quam furiosa, quam cæca! qui tamen una de super voce prostratus, occurrente utique tali viso, quo mens illa et voluntas refracta sævitia retorqueretur et corrigeretur ad fidem, repente ex Evangelii mirabili persecutore mirabilior prædicator effectus est. Et tamen quid dicemus? « Numquid iniquitas est apud Deum, » (*Rom.*, IX, 14) exigentem a quo placet, donantem cui placet? qui nequaquam exigit indebitum, nequaquam donat alienum. « Numquid iniquitas est apud Deum? Absit. » Quare tamen huic ita, et huic non ita? « O homo, tu quis es? » Debitum si non reddis, habes quod gratuleris : si reddis, non habes quod quæraris. Credamus tantum (etsi capere non valemus) quoniam qui universam creaturam et spiritalem et corporalem fecit et condidit, omnia in numero et pondere et mensura disposuit. (*Sap.*, XI, 21.) Sed inscrutabilia sunt judicia ejus et investigabiles viæ ejus. (*Rom.*, XI, 33.) Dicamus alleluia, et collaudemus canticum, et non dicamus : Quid hoc? vel quid hoc? Omnia enim in tempore suo creata sunt. (*Eccli.*, XXXIX, 19 et 26.)

LIBER SECUNDUS.

IN CÆTERAS QUÆSTIONES QUINQUE VEL SEX A SIMPLICIANO PROPOSITAS EX LIBRIS REGUM.

PRÆFATIO.

Satis jam de Apostolo me ad proposita respondisse existimo : nunc ad ea quæ de libris Regnorum requisisti aliud volumen aggrediar, quæ, sicut multa et prope omnia veterum librorum, figuratiora sunt, et mysteriorum velaminibus involuta. Quamvis autem ex eo quod transierimus ad Christum, auferatur velamen (II *Cor.*, III, 16) : tamen videmus nunc in ænigmate, tunc autem (*a*) facie ad faciem. Velamen quippe omni modo intercludit aspectum; ænigma vero, tanquam per speculum, sicut idem Apostolus ait : Videmus nunc per speculum in ænigmate : (1 *Cor.*, XIII, 12) : nec evidentissimam detegit speciem, nec prorsus obtegit veritatem. (*b*) Aggrediar ergo et ista, duce Domino, tuis potius sublevatus

---

(*a*) Vetustissimus liber Corb. *faciem ad faciem :* juxta Græcum. — (*b*) In veteribus libris : *Aggrediamur ergo.* Et consequenter infra plurali numero, *sublevati, aggravati.*

raît pas dans toute son évidence ; mais elle n'est pas cachée complétement. Je vais donc aborder ces questions avec l'aide du Seigneur, et le fardeau que vous m'imposez ne sera plus rien pour moi, du moment que j'aurai le secours de vos prières. Je me trouve heureux surtout que votre lettre ne demande pas une interprétation de la prophétie ; c'est alors que j'aurais senti la difficulté de l'obéissance ; car il m'aurait fallu dans ce cas embrasser tout le plan et toute la pensée du livre, et en supposant que mon intelligence y eût suffi, la grandeur du travail m'eût arrêté, puisque, pour le mener à bonne fin, on aurait besoin d'un temps et d'un loisir qui me manquent. Mais il s'agit d'expliquer suivant la réalité, les faits qui sont contenus dans les questions que vous m'adressez ; vous voulez avoir là dessus mon sentiment et vous me priez de vous l'exposer par écrit.

QUESTION I.

1. Notre première question est tirée du premier livre des Rois, au sujet de cette parole : « L'esprit du Seigneur se saisit de Saül ; » (I *Rois*, x, 10) tandis qu'il est dit dans un autre endroit : « L'esprit mauvais du Seigneur tourmentait Saül. » (I *Rois*, XVI, 14.) Voici le passage du livre : « Aussitôt que Saül se fut retourné pour quitter Samuel, Dieu changea son cœur, et lui en donna un autre, et tous les signes qu'on lui avait annoncés lui apparurent le même jour. Il arriva bientôt à la colline de Dieu, et comme il vit venir à lui une troupe de prophètes, l'esprit du Seigneur se saisit de lui, et il se mit à prophétiser au milieu d'eux. » Samuel avait prédit à Saül qu'il en serait ainsi, lorsque par l'ordre de Dieu, il lui avait donné l'onction royale ; et cet endroit, je pense, n'offre aucune difficulté. Car l'esprit souffle où il veut (*Jean*, III, 3), et aucune âme ne peut le souiller par son contact. Sa pureté peut toucher à tout, sans subir aucune altération. Mais il impressionne les hommes d'une manière différente ; chez les uns, il dispose l'esprit de façon à lui faire voir les images des choses qu'il veut révéler ; à d'autres, il en fait goûter l'intelligence comme un fruit ; à ceux-ci il accorde ces deux inspirations ; il agit sur ceux-là sans qu'ils aient la connaissance de rien. Or, son action sur l'esprit peut avoir lieu de deux manières ; d'abord par le moyen des songes, comme nous le voyons non-seulement chez plusieurs saints, mais même chez Pharaon et le roi Nabuchodonosor, qui virent l'un et l'autre en songe ce que ni l'un ni l'autre ne put comprendre (*Gen.*, XLI, 11 ; *Dan.*, II, 1 ; IV, 1); en second lieu par la révélation extatique, que les latins appellent stupeur ; par analogie sans doute plutôt qu'avec exactitude, puisque l'esprit

---

orationibus, quam jussionibus aggravatus. Præsertim quia ex epistola tua (*a*) non hoc te intellexi quærere, quid hæc in prophetia significent : in quo re vera obtemperare mihi esset difficillimum ; quia et de tota eorumdem contexione librorum ducenda esset intentio, et si esset promptior intellectus, magnitudo tamen operis impediret ; quæ si subeunda est, prolixius otium tempusque flagitat : sed nunc ipsas rerum proprietates gestarum, quæ his verbis quorum a te facta commemoratio est, significantur, quomodo intelligerem nosse dignatus es et meis litteris aperiri.

QUÆSTIO I.

1. Et primum quidem quod de primo Regnorum libro jussisti ut exponerem, quomodo dictum sit : « Et insiluit spiritus Domini in Saul : » (I *Reg.*, cap. x, 10) cum alibi dicat : « Et spiritus Domini malus in Saul. » (I *Reg.*, XVI, 14.) Ita enim scriptum est : « Et factum est cum converteret humerum suum, ut iret a Samuel, convertit Deus in Saul cor aliud, et venerunt omnia signa illa die : et venit inde in collem, et ecce chorus prophetarum in obviam illi, et insiluit in illum spiritus Dei, et prophetavit in medio eorum. » Prædixerat enim hæc illi Samuel, cum eum jussus unxisset. Et hoc quidem non puto habere aliquid quæstionis. Spiritus enim ubi vult spirat (*Joan.*, III, 8) ; et spiritum prophetiæ nullarum animarum potest maculare contactus. Attingit enim ubique propter suam munditiam. (*Sap.*, VII, 24.) Afficit autem non omnes eodem modo, sed alios per informationem spiritus eorumdem hominum, ubi rerum demonstrantur imagines ; alios per (*f*. ductum, vel provectum) fructum mentis ad intelligentiam ; alios utraque inspiratione ; alios etiam nescientes. Sed per informationem spiritus duobus modis : aut per somnium, sicut non solum plerique sancti, sed et Pharaon et Nabuchodonosor rex vidit quod nemo eorum intelligere valebat (*Gen.*, XLI, 11 ; *Dan.*, II, 1 et IV, 1) : sed tamen videre uterque poterat : aut per demonstra-

---

(*a*) Locus veterum codicum ope redintegratus, qui in ante editis omissa hic negante particula, sic paulo post jacebat, *in quo re vera obtemperarem, nisi mihi esset difficillimum.*

est pour ainsi dire transporté en dehors des sens, pour saisir et contempler l'image des objets ; c'est ainsi que Daniel eut une vision qu'il ne comprenait pas, et que saint Pierre aperçut cette grande nappe suspendue par les quatre coins, qui descendait du ciel en terre (*Act.*, x, 11), et dont plus tard il connut la signification. L'élévation de l'esprit qui comprend a lieu d'une seule manière ; c'est lorsque le Saint-Esprit, en montrant l'image des objets, en fait connaître la signification et le but ; voilà la prophétie la plus certaine, celle que l'Apôtre appelle la vraie prophétie (I *Cor.*, XIII, 2) ; C'est ainsi que Joseph a mérité de comprendre ce que Pharaon n'avait pu que voir ; et Daniel expliquer au roi, ce que le roi avait vu sans comprendre. Mais lorsque l'esprit est frappé, non plus par les images dont il cherche à découvrir le sens, mais par la contemplation des idées elles-mêmes, comme s'il s'agissait de la justice, de la sagesse, et de toute idée immuable et divine, alors cette contemplation n'est plus du domaine de la prophétie qui nous occupe. Les deux modes de prophétie se trouvent réunis, lorsqu'on voit en esprit les images de choses et qu'on en comprend la signification, ou du moins qu'on s'exprime dans un langage intelligible, comme l'Apocalypse nous en offre quelques exemples. On peut aussi, sans le savoir, être inspiré par l'esprit de prophétie, comme Caïphe, qui était pontife lorsqu'il prophétisa au sujet de Notre-Seigneur, en disant qu'il était utile qu'un seul mourût pour toute la nation (*Jean* XI, 49) ; il ne comprenait pas ce qu'il disait, et il ne savait pas que cette parole n'était pas de lui. On trouve dans les saints Livres mille exemples de ce genre de prophétie, et je ne fais que répéter ce que vous savez mieux que moi. Ce n'est donc pas moi qui vous les apprends ; vous écoutez mon récit, pour voir si je suis exact, si je fais des progrès, et si je ne tombe pas dans quelques erreurs. Quant à cette expression : « L'esprit de Dieu se saisit de Saül, » elle montre avec quelle rapidité le souffle prophétique était sorti du sanctuaire de la divinité. Quant au mode de prophétie qui inspira Saül, nous pouvons nous en faire une idée suffisante par les paroles qui suivent : « Dieu changea le cœur de Saül et lui en donna un autre. » (1 *Rois*, x, 9.) Dieu changea donc la direction de son cœur, et le rendit capable de comprendre les images figuratives et symboliques, pour la divination prophétique.

2. La prophétie considérée dans les vrais prophètes, comme Isaïe, Jérémie et ceux que je ne nomme pas, est tout autre que la prophétie considérée dans Saül ; et il y a autant de distance entre la première et la seconde qui fut transi-

---

tionem in extasi, quod nonnulli Latini (*a*) stuporem interpretantur ; mirum si proprie, sed vicine tamen, cum sit mentis alienatio a sensibus corporis, ut spiritus hominis divino spiritu assumptus capiendis atque intuendis imaginibus vacet ; sicut Danieli demonstratum est quod non intelligebat, et Petro illud vas submissum de cœlo quatuor (*b*) lineis (*Act.*, x, 11) : nam et ipse quid illa demonstratio figuraret postea cognovit. Per fructum autem mentis ad intelligentiam uno modo, cum hæc ipsa quæ demonstrantur imaginibus quid significent et quo pertineant revelatur ; quæ certior prophetia est ; nam magis ipsam vocat Apostolus prophetiam (1 *Cor.*, XIII, 2) : sicut Joseph meruit intelligere, quod Pharao non nisi videre ; et Daniel exponit regi, quod ille cernit et nescit. Cum vero ita mens afficitur, ut non rerum imagines conjecturali examinatione intelligat, sed res ipsas intueatur, sicut intelligitur sapientia et justitia omnisque incommutabilis et divina species, ad prophetiam de qua nunc agimus non pertinet. Utroque autem munere prophetiæ donantur hi, qui et rerum imagines in spiritu vident, et quid valeant simul intelligunt, aut certe manifestis locutionibus in ipsa demonstratione informantur, sicut in Apocalypsi quædam exponuntur. Nescientes autem afficit prophetiæ spiritus, sicut Caïphas cum esset pontifex prophetavit de Domino, quod expediret unum mori pro tota gente (*Joan.*, XI, 49), cum aliud in verbis quæ dicebat attenderet ; quæ non se a seipso dicere nesciebat. Abundant in sanctis libris exempla : et res prudentiæ tuæ notissimas loquor. Non enim ista discis ex me, sed in eis me percontando probas, et cognoscere cupiens proficientem, et corrigere paratus errantem. Hoc autem verbo, quod positum est : « Et insiluit in eum spiritus : » tanquam ex abdito divinitatis secreto repentinus significatur afflatus. Horum igitur modorum quonam potius affectum esse intelligamus Saul, satis apparet ex eo quod ibi scriptum est : « Convertit Deus in Saul cor aliud. » (1 *Reg.*, x, 9.) Sic enim aliam cordis affectionem significat, (*c*) quam convertendo fecit Deus ut imaginum significantium et præfigurantium capax fieret, ad propheticam divinationem.

2. Tantum autem distat inter prophetiam prophetarum, sicut Isaias, sicut Jeremias, et cæteri hujusmodi fuerunt, atque istam transitoriam quæ in Saul

---

(*a*) Octo Mss. *pavorem*. — (*b*) Sic præcipui Mss. At editi, *linteis*. — (*c*) Editi, *quia*. Cujus loco Mss. *quam*.

toire, qu'il y en a entre la parole humaine que parlent les hommes, et la parole que la nécessité du prodige mit dans la bouche de l'ânesse du prophète Balaam. (*Nombr.*, XXII, 28.) Car l'animal reçut ce privilége pour un instant, Dieu se servant de ce moyen pour faire connaître sa volonté, sans vouloir pour cela nous offrir l'exemple d'un animal parlant au milieu des hommes. Cet exemple vous paraît peut-être offrir une trop grande différence; nous convenons en effet qu'il est moins étonnant que Dieu ait donné à un réprouvé l'esprit de prophétie pour un instant, que d'avoir fait parler une ânesse à son gré. Car l'animal est plus étranger pour l'homme, que l'homme réprouvé ne l'est pour les élus qui sont des hommes. On ne dira pas non plus qu'un homme, pour une parole sage qu'il aura prononcé, méritera pour cela d'être rangé parmi les sages. C'est ainsi qu'un homme qui aura prophétisé un jour ne sera pas compté pour cela parmi les prophètes, puisque Notre-Seigneur, dans l'Evangile, nous montre certains hommes recevant avec joie la parole de Dieu (*Matth.*, XIII, 20) ; mais cette parole ne prenant pas racine, ils ne croient que pour un temps. C'est pourquoi l'Ecriture nous rapporte qu'on disait : « Saül est-il prophète? » (I *Rois*, X, 12.) Il ne faut donc pas nous étonner, lorsque nous voyons se manifester dans un homme quelque prodige extraordinaire, que semble ne pas comporter son mérite ou son état habituel, quand Dieu veut manifester ses desseins de cette manière par la faveur d'un signe particulier.

3. Vous vous demandez peut-être, comment Saül, après avoir prophétisé, devint ensuite la proie du mauvais esprit jusqu'à en être étouffé. (I *Rois*, 16, 14.) Il ne faut pas s'en étonner. D'un côté Dieu avait besoin de faire connaître sa volonté; d'un autre côté Saül méritait d'être puni. Ces alternatives que subit l'esprit humain, c'est-à-dire une créature changeante, n'ont rien qui doive nous surprendre, surtout pendant cette vie où nous portons avec nous une chair corruptible et mortelle. Ne voyons-nous pas saint Pierre lui-même, d'après le récit de l'Evangile, montrer une si grande ardeur dans sa confession, qu'il mérita d'entendre cette parole : Tu es heureux, Simon fils de Jonas; car la chair et le sang ne t'ont pas révélé ceci, mais mon Père qui est dans le ciel? (*Matth.*, XVI, 17.) Et peu de temps après, il montre des sentiments si charnels à l'occasion de la passion du Sauveur, que Jésus lui dit : « Retire-toi de moi, Satan, tu m'es un sujet de scandale, parce que tu ne sens pas ce qui est de Dieu, mais ce qui est des hommes. » (*Ibid.*, 23.) Ceux qui savent réfléchir trouveront peut être qu'il y a une certaine analogie entre saint Pierre et Saül; saint Pierre à qui le Père

---

apparuit, quantum distat inter loquelam humanam, cum loquuntur homines, et cum eadem loquela propter necessarium prodigium asina locuta est, in qua sedebat Balaam propheta. (*Num.*, XXII, 28.) Accepit enim hoc ad tempus illud jumentum, ut Deus quod statuerat demonstraret, non ut habitu perpetuo inter homines bestia loqueretur. Aut si hoc exemplum majore differentia remotum est : multo minus mirandum est homini reprobo datam fuisse ad momentum temporis affectu transitorio prophetiam, quando ille dederat, qui et asinam cum voluit loqui fecit. Magis enim distat pecus ab homine, quam homo reprobus ab electis, sed tamen hominibus. Non enim si quisquam dixerit aliquid quod ad sapientiam pertinet, continuo sapiens existimandus est. Sic nec quisquam, si aliquando prophetaverit, jam inter prophetas numerabitur : cum et Dominus in Evangelio dicat quosdam cum gaudio verbum excipere, et radicis altitudinem non habere, sed esse temporales. (*Matth.*, XIII, 20.) Ideoque sicut consequens indicat lectio, factum est in parabolam : « Si et Saul inter prophetas. » (I *Reg.*, X, 12.) Hoc igitur mirari desinamus, cum in hominibus apparet divinitus aliquid, quorum vel meritum vel habitum excedit, cum forte vult Deus cujusdam significationis gratia tale aliquid demonstrari.

3. Si autem hoc movet, quod postea Saul malo spiritu invadente præfocabatur (I *Reg.*, XVI, 14), qui prius prophetiæ spiritum acceperat; neque hoc mirandum est. Illud enim factum est ex dispensatione aliquid significandi, hoc ex merito vindicandi. Nec movere nos debent hæc alternantia in animo humano, hoc est in creatura mutabili; præsertim eo tempore quo caro corruptibilis mortalisque portatur. An non videmus in ipso Petro, quantum indicat Evangelium, extitisse tantam confessionem, ut audire meruerit : Beatus es Simon Bar-Jona, quia non revelavit tibi caro et sanguis, sed Pater meus qui in cœlis est (*Matth.*, XVI, 17) : et paulo post tam carnaliter eum de Domini passione sensisse, ut statim audierit : Vade post me Satana, scandalum mihi es; non enim sapis quæ Dei sunt, sed quæ hominum. (*Ibid.*, 23.) Et fortasse aliquanto interius intelligentibus tantum valet ad visa illa mentis hæc differentia, qua Petrus primo intellexit Deo Patre revelante, quod Filius Dei esset Christus, et postea ne more-

révèle d'abord que le Christ est le Fils de Dieu, et qui ensuite se laisse aller à la frayeur, en apprenant qu'il doit mourir; Saül qui est inspiré d'abord par la vision prophétique, et qui finit par être la proie de l'esprit malin.

4. Quand on dit que cet esprit mauvais était appelé l'esprit du Seigneur, il faut entendre cette expression dans le sens où il est dit : « La terre est au Seigneur ; » (*Ps.* XXIII, 1) comme étant sa créature et placée sous sa domination. Si cette comparaison de langage ne paraît pas juste, par ce motif que la terre n'est pas mauvaise, puisque toute créature de Dieu est bonne (I *Tim.*, IV, 4); on ne contestera pas du moins que Saül, quoique réprouvé, criminel, ingrat pour David qu'il persécutait avec toutes les fureurs d'une jalousie implacable, était toujours appelé néanmoins l'oint du Seigneur ; car c'est ainsi que l'appelait David, lorsqu'il vengea sa mort. (II *Rois*, 1, 14.) Mais j'aime mieux dire que le mauvais esprit qui tourmentait Saül était appelé l'esprit du Seigneur, parce qu'il n'était que l'exécuteur d'un secret jugement de Dieu. Car Dieu emploie les mauvais esprits, comme ses ministres pour châtier les méchants, et éprouver les bons ; d'une façon pour les uns, et d'une autre façon pour les autres. Car quoique un esprit ne soit mauvais que parce qu'il a le désir de faire du mal, cependant il n'a le pouvoir de nuire qu'autant que le lui permet le grand Maître qui gouverne toutes choses, suivant des mérites fondés sur la vérité et la justice. Dieu sans doute n'est pas l'auteur de la mauvaise volonté; mais c'est de lui qu'émane tout pouvoir. (*Rom.*, XIII, 1.) Quoique chacun soit maître de sa volonté, chacun n'est pas maître pour cela de faire ou de souffrir ce qu'il veut. Car le Fils unique de Dieu, avant sa passion, répondit humblement au juge qui lui parlait avec orgueil et qui lui disait : J'ai le pouvoir de vous faire mourir ou de vous renvoyer ; « vous n'auriez, dit-il, aucun pouvoir sur moi, s'il ne vous avait été donné d'en haut. » (*Jean*, XIX, 11.) Le diable voulant tourmenter le saint homme Job, avait bien la volonté de nuire ; et pourtant il demanda à Dieu le pouvoir de le faire en disant: « Etendez la main, frappez-le dans sa chair ; » (*Job*, II, 5) bien qu'il dût le faire lui-même, dès qu'il en aurait la permission. C'est ainsi qu'il demandait cette permission, appelant la main du Seigneur, le pouvoir qu'il demandait pour lui-même. Nous trouvons un exemple pareil dans l'Evangile, lorsque le Seigneur dit à ses disciples (*Luc*, XXII, 31) : Voilà que cette nuit Satan a demandé de vous passer au crible comme le froment. Cet esprit fut donc appelé l'esprit mau-

---

retur extimuit; quantum valet ad distinguenda visa, quæ in spiritu hominis alienata mente imaginarie fiunt, revelatio prophetiæ qua primo afflatus est Saul, et commixtio spiritus mali quo postea premebatur.

4. Jam vero illud, quod etiam malus appellatus est spiritus Domini, sic intelligitur, quomodo dictum est, Domini est terra (*Psal.* XXIII, 1) : tanquam creatura et in ejus posita potestate. Aut si propterea non congruit hoc locutionis exemplum, quia terra non est mala : Omnis enim creatura Dei bona est (I *Tim.*, IV, 4) : illud congruat, quod ipse Saul jam reprobus et scelestus atque ingratus sancto David, persecutor etiam ejus, cum sævissimæ invidiæ facibus agitaretur, tamen adhuc Christus Domini dicebatur; sicut eum appellavit ipse David, cum vindicavit extinctum. (II *Reg.*, I, 14.) Sed magis arbitror malignum spiritum a quo vexabatur Saul, ideo dictum spiritum Domini, quod occulto Domini judicio Saulem vexabat. Utitur enim Deus ministris etiam spiritibus (*a*) malis ad vindictam malorum, vel ad bonorum probationem ; alio modo ad illam rem, alio ad istam. Quamvis enim inde sit quisque malignus (*b*) spiritus, quia mala voluntate nocere appetit: tamen nocendi potestatem non accipit nisi ab illo, sub quo sunt omnia certis et justis meritorum gradibus ordinata. Quia sicut non est mala voluntas a Deo, sic non est potestas nisi a Deo. (*Rom.*, XIII, 1.) Quamvis enim sit in cujusque potestate quid velit, non est tamen in cujusque potestate quid possit vel facere cuiquam vel a quoquam pati. Nam et ipse Filius unicus Dei passurus ad tempus humiliter homini superbe loquenti et dicenti, quod potestatem haberet occidendi eum vel dimittendi : Non haberes, inquit, in me potestatem, nisi data tibi esset de super. (*Joan.*, XIX, 11.) Diabolus etiam volens nocere justo viro Job, nocendi quidem (*c*) voluntas diabolo erat, sed tamen a Domino Deo potestatem petebat, dicens : Mitte manum tuam, et tange carnem ejus (*Job*, II, 5) : quamvis hoc esset, si permitteretur, ipse facturus. Ipsam enim permissionem petebat hoc modo, et manum Domini appellabat permissam a Domino manum suam, id est, ipsam potestatem quam volebat accipere. Cui congruit illud in Evangelio, quod Dominus discipulis ait : Hac nocte postulavit Satanas vexare vos sicut triticum. (*Luc.*, XXII, 31.) Dictus est

---

(*a*) Aliquot Mss. *immundis*. — (*b*) Lov. *Spiritus Domini*. Abest *Domini* ab Er. et Mss. — (*c*) Er. ac tres Mss. *voluntate diabolus erat.*

vais de Dieu, c'est-à-dire le ministre de Dieu pour faire subir à Saül la punition, dont l'avait trouvé digne le Juge tout-puissant. Or, cet esprit, en tant qu'il était mauvais par sa volonté, n'était pas l'esprit de Dieu; mais en tant qu'il était une créature, qu'il avait un pouvoir qui ne venait pas de lui, mais qu'il avait reçu de la justice du souverain Maître, il était l'esprit de Dieu. Du reste il suffit de lire le passage de l'Ecriture dans son contexte. (I *Rois*, xvi, 1, etc.) « Samuel, est-il dit, se leva et s'en alla au Ramatha; mais l'esprit du Seigneur se retira de Saül, et l'esprit mauvais le tourmentait par l'ordre du Seigneur. Et les serviteurs de Saül lui dirent : Voici l'esprit mauvais du Seigneur qui vous agite. » On voit comment les serviteurs ont dit : « L'esprit mauvais du Seigneur, » puisque dans le récit qui précède il est positivement écrit : L'esprit mauvais envoyé par le Seigneur. En disant l'esprit « du Seigneur, » cela veut dire l'esprit envoyé « par le Seigneur. » L'esprit mauvais avait bien la volonté de nuire à Saül et de s'emparer de lui, mais il ne le pouvait pas sans la permission de la souveraine justice. En effet si Dieu, comme dit l'Apôtre, exerce justement sa vengeance, en livrant les hommes aux désirs déréglés de leurs cœurs (*Rom.*, i, 24); il n'est pas étonnant que par la même raison il les abandonne aussi à la passion des hommes méchants, tout en conservant son immuable justice.

3. Il est bon de remarquer ici qu'on dit avec une qualification, « l'esprit mauvais de Dieu. » Quand on dit simplement : « L'esprit de Dieu, » sans qualification, il s'agit de l'esprit qui est bon. Il est donc évident que l'esprit de Dieu, bon suivant sa nature, est appelé ici mauvais à cause du ministère qu'il remplit. On peut néanmoins se demander si, par l'esprit de Dieu qui est l'esprit bon, du moment qu'on n'y ajoute rien, il faut entendre le Saint-Esprit qui est dans la Trinité consubstantiel au Père et au Fils, et dont il dit : Là où est l'Esprit du Seigneur, là se trouve la liberté. (II *Cor.*, iii, 17.) Il est encore écrit : Dieu nous a révélé par son Esprit. (I *Cor.*, ii, 10.) Et ailleurs : Personne ne connaît les choses de Dieu, si ce n'est l'Esprit de Dieu. (*Ibid.*, 11.) Et en plusieurs endroits on dit ainsi l'esprit de Dieu, pour signifier le Saint-Esprit; parce que les circonstances du discours font assez connaître qu'on parle de lui, et quelquefois même on dit l'Esprit, sans ajouter de Dieu, en désignant cependant cet Esprit de Dieu qui est saint par sa nature. Veut-on parler d'un autre esprit, quand on dit : « L'Esprit lui-même rend témoignage à notre esprit, que nous sommes les enfants de Dieu ? » (*Rom.*, viii, 16.) Puis encore : « L'Esprit lui-même

---

ergo spiritus Dei malus, hoc est, minister Dei ad faciendum in Saul, quod eum pati judex omnipotentissimus judicabat. Quoniam spiritus ille voluntate qua malus erat, non erat Dei : creatura vero qua conditus erat, et potestate quam non sua, sed Domini omnium æquitate acceperat, Dei erat. Verba etiam ipsa Scripturarum ita se habent : « Et perrexit, inquit, Samuel, et abiit in Ramatha, et spiritus Domini recessit a Saul, et comprehendit eum spiritus malignus a Domino, et suffocabat eum. Et dixerunt pueri Saul ad eum : Ecce spiritus Domini malignus suffocat te. » (I *Reg.*, xvi, 11, etc.) Hoc igitur a pueris ejus quomodo sit dictum : « Spiritus Domini malignus, » superiora verba indicant narrantis Scripturæ et dicentis : « Spiritus malignus a Domino. » Secundum enim hoc (*a*) « Domini, » quod « a Domino. » Quia per se ipsum velle nocere habebat, id est, comprehendere Saul; posse autem non habebat, nisi summa justitia sineretur. Si enim juste vindicat Deus, quemadmodum ipse dicit Apostolus, cum tradit homines in concupiscentias cordis eorum (*Rom.*, i, 24); non mirum si nihilo minus juste vindicans tradit eos etiam in concupiscentias aliorum nocere volentium, sua semper incommutabili æquitate servata.

5. Animadvertendum sane est, cum additamento dici, « spiritus Dei malus. » Cum autem tantummodo dicitur, « spiritus Dei, » etiamsi non addatur bonus, ex hoc intelligitur bonus. Unde apparet bonum spiritum secundum substantiam, malum autem secundum ministerium dici spiritum Dei. Quamquam quæri adhuc possit, utrum cum spiritus Dei dicitur, et ex hoc ipso jam, etsi nihil addatur, intelligitur bonus, ille intelligatur qui est in Trinitate consubstantialis Patri et Filio Spiritus sanctus, de quo dicitur : Ubi autem Spiritus Domini, ibi libertas. (II *Cor.*, iii, 17.) Et iterum : Nobis autem revelavit Deus per Spiritum suum. (I *Cor.*, ii, 10.) Et illud : Sic et quæ Dei sunt, nemo scit nisi Spiritus Dei. (*Ibid.*, 11.) Et multis locis hoc modo dicitur Spiritus Dei, et intelligitur Spiritus sanctus, etiamsi non addatur : quoniam ea quæ circumstant, satis indicant de quo dicatur ; ita ut aliquando nec Dei addatur, et intelligatur tamen ille Spiritus Dei principaliter sanctus. Nam quem alium commemorat, ubi dicit : Ipse Spiritus testimonium dat spiritui nostro, quia

(*a*) Editi : *Secundum enim hoc, inquit, a Domino.* Emendantur ex Mss.

aide notre faiblesse? » (*Ibid.*, 26.) Et encore : « C'est un seul et même Esprit qui opère toutes ces choses, distribuant à chacun ces dons, selon qu'il lui plait. » (I *Cor.*, XII, 11.) Et encore : « Il y a différents dons, mais c'est le même Esprit ? » (*Ibid.*, 4.) Dans tous ces passages, on n'ajoute ni saint ni de Dieu, et pourtant c'est le Saint-Esprit qu'on veut désigner. Mais je ne sais si l'on pourrait trouver quelque part un exemple, pour prouver que l'esprit de Dieu, sans autre qualification, ne serait pas le Saint-Esprit lui-même, mais un autre esprit, bon sans doute, mais créé. Les preuves qu'on allègue sont douteuses, et auraient besoin d'un témoignage plus clair et net, comme ce passage de la Genèse : « L'esprit de Dieu était porté sur les eaux. » (*Gen.*, I, 2.) Car ici je ne vois pas pourquoi cette parole ne s'appliquerait pas au Saint-Esprit? En effet, comme sous le nom d'eaux on paraît désigner cette masse informe qui vient d'être tirée du néant, et d'où sortiront toutes les créatures; qui nous empêche alors d'admettre que c'est le Saint-Esprit, l'esprit du Créateur, qui était porté au-dessus de cette matière, non d'une manière locale, circonscrite ou graduée, ce qui ne peut se dire d'un être incorporel, mais dominant tout par la puissance de sa volonté, et présidant à la formation de toutes les créatures? Cette locution, du reste, conforme à l'usage de la sainte Ecriture renfermait un sens prophétique, et figurait le mystère du baptême, qui devait régénérer le peuple de l'avenir dans l'eau et le Saint-Esprit. Quand on dit l'esprit de Dieu était porté sur les eaux, rien ne nous oblige donc à penser, comme d'autres le voudraient, qu'il s'agit ici de cet esprit qui est comme l'âme du monde matériel, et qui se manifeste dans la production et la reproduction de toutes les créatures corporelles suivant l'espèce. Car un esprit de ce genre serait une créature. Et quand l'Ecriture nous dit que l'esprit du Seigneur remplit tout l'univers (*Sag.*, I, 7), il y a aussi des hommes qui veulent entendre par là ce même esprit, créature invisible, embrassant et vivifiant par un certain souffle universel, toutes les choses visibles. Mais je ne vois pas encore ici pourquoi on n'appliquerait pas cette parole au Saint-Esprit, puisque Dieu lui-même dit par son prophète : « Je remplis le ciel et la terre. » (*Jér.*, XXIII, 24.) Car Dieu ne remplit pas le ciel et la terre, sans que ce soit aussi le Saint-Esprit. Comment donc s'étonner que l'on dise du Saint-Esprit : Il a rempli tout l'univers? Car il remplit de différentes manières, en sanctifiant, comme on le dit de saint Etienne (*Act.*, VI, 5; VII, 55) : Il

---

sumus filii Dei? (*Rom.*, VIII, 16.) Et : Ipse Spiritus adjuvat infirmitatem nostram. (*Ibid.*, 26.) Et : Hæc omnia operatur unus atque idem Spiritus, dividens (a) singula unicuique prout vult. (1 *Cor.*, XII, 11.) Et : Divisiones donationum sunt, idem autem Spiritus. (*Ibid.*, 4.) In his enim omnibus sententiis, nec Dei, nec sanctus est additum, et tamen ipse intelligitur. Sed nescio utrum manifesto aliquo exemplo probari possit, alicubi spiritum Dei dictum sine additamento, ubi Spiritus ille sanctus non significetur, sed aliquis quamvis bonus, creatus tamen et conditus. Quæ proferuntur enim dubia sunt, et indigent clariore documento; sicut illud quod scriptum est, Spiritus Dei (b) superferebatur super aquam. (*Gen.*, I, 2. *De Genesi ad litteram*, lib. I, c. VII.) Nam et ibi Spiritum sanctum accipere quid impediat, non invenio. Cum enim aquarum nomine illa materies insinuetur informis, quæ de nihilo facta est, unde omnia fierent; quid prohibet intelligere Spiritum sanctum conditoris, qui superferebatur huic materiæ, non locorum gradibus intervallisque spatiorum, quod nequaquam de ulla re incorporea recte dicitur, sed excellentia et eminentia dominantis super omnia voluntatis, ut omnia conderentur? Præsertim cum ea locutio, sicut illarum Scripturarum mos est, etiam propheticum (c) quiddam sonet, mysteriumque futuri baptismatis ex aqua et Spiritu sancto nascituri populi præfiguret. Non ergo cogit quod dictum est : Et Spiritus Dei superferebatur super aquam, illum intelligere spiritum, sicut nonnulli volunt, quo mundi moles universa ista corporea velut animatur, ad ministerium quorumque gignentium et in sua specie continendarum corporalium creaturarum. Creatura est enim quidquid est tale. Illud etiam quod scriptum est : Quoniam Spiritus Domini replevit orbem terrarum (*Sap.*, I, 7), non desunt qui eumdem spiritum velint accipi, invisibilem scilicet creaturam cuncta visibilia universali quadam conspiratione vegetantem atque continentem. Sed neque hic video quid impediat intelligere Spiritum sanctum, cum ipse Deus dicat apud Prophetam : Cœlum et terram ego impleo. (*Jer.*, XXIII, 24.) Non enim sine suo Spiritu sancto implet Deus cœlum et terram. Quid ergo mirum si de Spiritu sancto ejus dictum

---

(a) Editi, cum Vulgata, *singulis prout vult*. At vetutiss. Ms. Corb. *singula unicuique :* quod plenius respondet Græco, ἰδίᾳ ἑκάστῳ, pro quo Augustinus interdum, *propria unicuique*. Sic infra, n. 7. — (b) Sic Mss. juxta Græc. LXX. At editi, *ferebatur super aquas*. — (c) Sic Mss. Editi vero, *quoddam sonet mysterium, quo futuri baptismatis ex aqua et Spiritu sancto nascituri populi præfigurarentur*.

fut rempli du Saint-Esprit, et ainsi des autres saints; il remplit par la grâce sanctifiante comme nous avons vu quelques saints; il remplit par sa présence qui rend témoignage et règle toutes choses. Ainsi je ne sais s'il serait possible de montrer par quelque texte de l'Ecriture, quand on y parle de l'esprit de Dieu ou de l'esprit du Seigneur, sans qualification, qu'on veuille signifier autre chose que le Saint-Esprit. Mais quand même il y aurait des passages qui ne me reviennent pas, je pense pouvoir dire sans témérité, que chaque fois que l'Ecriture nomme l'esprit de Dieu sans rien ajouter, que ce soit le Saint-Esprit consubstantiel au Père et au Fils, ou quelque autre créature invisible, on ne peut pas entendre qu'il soit mauvais, à moins qu'on n'ajoute qu'il est mauvais. Or, le mauvais esprit dont Dieu se sert pour l'accomplissement de ses jugements, s'appelle aussi l'esprit de Dieu, parce qu'il est son ministre pour punir les méchants, et pour instruire et éprouver les bons.

6. Ne soyez point étonnés non plus de ce que dit l'Ecriture, que le même Saül, ayant reçu l'esprit de Dieu prophétisa, et comment après le bon esprit vint en lui le mauvais, et après le mauvais le bon esprit. (II *Rois*, XIX, 23.) Cette alternative accuse, non l'inconstance du Saint-Esprit, qui est toujours immuable avec le Père et le Fils, mais la mobilité de l'âme humaine, tandis que Dieu distribue ses châtiments ou ses faveurs, soit aux méchants pour les punir ou les corriger, soit aux bons pour les perfectionner. Dira-t-on que c'était toujours le même esprit de Dieu qui possédait Saül, mais qu'il était mauvais pour lui parce qu'il n'était pas capable d'en profiter pour se sanctifier? Cette interprétation ne me paraît pas satisfaisante; je trouve qu'il est plus sûr et plus vrai de dire que, suivant les impressions variables du cœur humain, l'esprit de Dieu qui est bon nous inspire bien, soit pour prophétiser, soit pour accomplir toute autre mission divine; et que l'esprit mauvais nous inspire mal, suivant les décrets de la justice divine qui règle tout et se sert de tout avec équité, quoique cet esprit s'appelle encore l'esprit de Dieu; et ce dernier sens est surtout conforme à cette parole : « L'esprit de Dieu se retira de Saül, et l'esprit mauvais s'empara de lui, par l'ordre du Seigneur. » (I *Rois*, XVI, 14.) On ne peut pas admettre que ce soit le même esprit qui se retire et qui s'empare. Or, dans quelques exemplaires, et notamment dans ceux qui sont une traduction littérale de l'hébreu, on lit, sans addition, l'esprit de Dieu, et on comprend qu'il s'agit de l'esprit mauvais, puisqu'il transportait Saül, et que David le calmait en jouant de la harpe. Il est clair que si

---

est : Replevit orbem terrarum? Aliter enim replet sanctificando, sicut de Stephano dicitur : Repletus est Spiritu sancto (*Act.*, VI, 5, et cap. VII, 55); et de cæteris talibus : aliter ergo replet sanctificante gratia, sicut quosdam sanctos; aliter attestante atque ordinante (*a*) præsentia, sicut omnia. Quamobrem nescio utrum certo aliquo documento Scripturarum possit ostendi, cum sine ullo additamento dicitur spiritus Dei vel spiritus Domini, aliquid aliud significari quam Spiritum sanctum. Sed etsi est forte quod in præsentia non occurrat, illud certe arbitror non temere dici, quotiens in sanctis eloquiis commemoratur spiritus Dei, neque additur aliquid, sive ille Patri et Filio consubstantialis Spiritus sanctus, sive aliqua creatura invisibilis intelligatur, malum tamen non posse intelligi, nisi addatur etiam malus. Malo enim quia bene utitur Deus ad ministerium judicii sui, appellatur etiam ipse spiritus Dei, ad vindictam malorum et disciplinam vel probationem bonorum.

6. Nec illud movere jam nos debet, quod postea scriptum est, eumdem Saulem spiritu Dei super se facto prophetasse (II *Reg.*, XIX, 23), quomodo post bonum spiritum spiritus malus, et rursum post malum bonus. Hoc enim fit, non mutabilitate Spiritus sancti, qui est incommutabilis cum Patre et Filio, sed mutabilitate animi humani, Deo cuncta distribuente, sive malis pro merito damnationis vel emendationis, sive bonis pro largitate gratiæ suæ. Quamquam videri possit etiam idem fuisse Dei spiritus semper in Saul; malus autem illi, quod ejus (*b*) sanctitatis capax non esset. Sed non recte hoc videtur. Tutior est enim ille sensus et verior, ut pro mutabilitate affectionis humanæ Spiritus Dei bonus bene afficiat, vel ad prophetiam, vel ad opus quodlibet aliud in munere divino; afficiat autem malus male, qui propter ministerium divinæ æquitatis omnia distribuentis et omnibus recte utentis dicitur et ipse spiritus Dei : præsertim quia dictum est : « Recessit ab eo Spiritus Dei, et comprehendit eum spiritus malignus a Domino. » (I *Reg.*, XVI, 14.) Nullo enim pacto potest idem videri recessisse et apprehendisse. Porro autem in nonnullis exemplaribus, et eis maxime quæ de lingua Hebræa ad verbum videntur expressa, inveniri Spiritus Dei sine additamento positus; et intelligitur malus ex eo quod arripiebat Saul, et reficiebat cum David tangendo citharam. Manifestum

(*a*) Sex Mss. *præscientia*. — (*b*) Veteres libri, *sancte*: forte pro *sancti*.

LIVRE II. — QUESTION I.

mauvais n'est pas ajouté, c'est parce qu'on venait de le dire un peu plus haut, et qu'il n'était pas nécessaire de le répéter pour comprendre. On lit donc dans ces exemplaires (*Ibid.*, 23) : « Toutes les fois que l'esprit du Seigneur transportait Saül, David prenait la harpe et la touchait de sa main, et Saül se calmait et se trouvait soulagé; car le mauvais esprit se retirait de lui. » Ici on ne dit pas l'esprit de Dieu, mais seulement l'esprit mauvais, pour compléter ce qui manquait au premier membre de la phrase. D'ailleurs, on avait ainsi raconté la chose auparavant : « Et les serviteurs de Saül lui dirent : Voici le mauvais esprit de Dieu qui vous agite; que Notre-Seigneur commande, et vos serviteurs qui sont devant vous, chercheront un homme sachant jouer de la harpe, afin qu'il en joue quand l'esprit mauvais du Seigneur vous aura saisi, et que vous en receviez de l'adoucissement. » (*Ibid.*, 15, 16.) Il n'était donc pas nécessaire, lorsqu'on répétait que l'esprit de Dieu s'emparait parfois de Saül, d'ajouter que c'était l'esprit mauvais, puisqu'on savait bien de quel esprit il s'agissait.

7. Cependant il y a une question plus importante, et qui demande une attention sérieuse; c'est que quand Saül persécutait David innocent, poussé par la fureur de l'envie et de la jalousie, « l'esprit de Dieu descendit sur lui, et il cheminait et prophétisait. » (I *Rois*, XIX, 23.) Ici il ne peut être question que du bon esprit, par lequel les prophètes voyaient les images et les apparitions des choses. Et si je dis qu'il est question ici du bon esprit, ce n'est pas parce que Saül *prophétisait*. Car dans les exemplaires traduits de l'hébreu, il est dit aussi de l'esprit mauvais (I *Rois*, XVIII, 10) : « Or, le jour suivant, le mauvais esprit envoyé de Dieu s'empara de Saül, et il prophétisait au milieu de sa maison. » On trouve souvent en différents endroits de la sainte Ecriture que la prophétie est tantôt bonne, tantôt mauvaise; vous y voyez les prophètes de Baal, et on reproche à quelques-uns de prophétiser au nom de Baal. » (III *Rois*, XVIII, 16, 22, 23, 40.) En disant que l'esprit descendu sur Saül était le bon esprit, ce n'est pas par ce que nous lisons à la suite : « Et il cheminait et prophétisait, » mais parce qu'il est dit sans addition : « Et l'esprit de Dieu descendit sur lui. » Ce passage n'est pas, comme l'autre, précédé de cette parole : « L'esprit mauvais de Dieu; » pour qu'on puisse la regarder comme sous-entendue ; au contraire tout ce qui précède montre de plus en plus que cet esprit de Dieu était bon et vraiment prophétique. En effet, David était avec Samuel, et Saül envoya des hommes pour prendre David. (I *Rois*, XIX, 20.) Or, Samuel était parmi les prophètes

est tamen, ideo non additum malus, quia paulo superius jam dictum erat, et de vicinitate Scripturæ subaudiri et intelligi poterat. Ita enim in hujusmodi exemplaribus legitur (*Ibid.*, 23) : « Igitur quandocumque spiritus Domini arripiebat Saul, tollebat David citharam et percutiebat manu sua, et refocillabatur Saul, et levius habebat : recedebat enim ab eo spiritus malus. » Sive ergo quod hic non est dictum, spiritus Dei : sed tantummodo, spiritus malus : quod ibi minus dictum erat, tanquam redditum apparet, sive quia superius ita positum erat : « Et dixerunt servi Saul ad eum: Ecce spiritus Dei malus exagitat te; jubeat Dominus noster, et servi tui qui coram te sunt quærent hominem scientem psallere cithara, ut quando arripuerit te spiritus Dei malus, psallat manu sua, et levius feras : » (*Ibid.*, 15 et 16) non opus erat, cum rursum diceretur quandocumque spiritus Dei arripiebat Saul, addere malum, quia notum erat de quo tunc diceretur.

7. Verumtamen illa quæstio major est, et non transitoria animi intentione rimanda, quod cum Saul persequeretur David innocentem, plenus invidia et livore vesanus : « factus est super eum Spiritus Dei, et ambulabat ingrediens, et prophetabat. » (I *Reg.*, XIX, 23.) Non enim potest hic nisi spiritus bonus intelligi, per quem sancti Prophetæ futurarum rerum imagines et visa cernebant; non ex eo tantum quia dictum est : « Et prophetabat : » nam in exemplaribus quæ sunt ex Hebræo, hoc quoque invenitur de spiritu malo dictum ita : « Post diem autem alterum invasit spiritus Dei malus Saul, et prophetabat in medio domus suæ. » (I *Reg.*, XVIII, 10.) Et in aliis divinarum Scripturarum locis sæpe invenitur, quod prophetia non tantum bona, sed et mala dicatur ; et prophetæ dicti sunt Baalim, et exprobratum est quibusdam quia prophetabant in Baal. (III *Reg.*, XVIII, 16, 22, 23 et 40.) Non ergo necesse est intelligi propterea bonum spiritum, qui factus est super Saul postea, quia dictum est : « Et ambulabat ingrediens, et prophetabat : » sed quia sine additamento positum est : « Et factus etiam est super eum Spiritus Dei. » Non enim sicut in illo loco dictum erat supra : « Spiritus Dei malus ; » ut hoc posset etiam in consequentibus subaudiri : quin imo superiora magis magisque attestantur illum spiritum Dei bonum fuisse et vere propheticum. David enim erat cum Samuele, et misit Saul nuntios qui apprehenderent David. (I *Reg.*, XIX, 20.) Quando autem Samuel erat inter

et dans l'assemblée des prophètes, lorsque les envoyés de Saül furent inspirés par le même esprit et se mirent à prophétiser; d'autres furent envoyés en second lieu et ils firent de même; et ceux qui vinrent en troisième lieu prophétisèrent également. Enfin Saül vint lui-même, « et l'esprit de Dieu descendit sur lui, et il cheminait et prophétisait. » Quand on dit : « L'esprit de Dieu descendit sur eux, et ils prophétisaient eux-mêmes, » il s'agit du même esprit qui animait les prophètes et Samuel qui prophétisait au milieu d'eux; et il faut nécessairement entendre ici le bon esprit. La question à examiner est donc de savoir comment ces hommes, envoyés par Saül pour prendre David et le mettre à mort, ont pu mériter d'être inspirés par cet esprit; comment Saül lui-même qui les avait envoyés, et qui venait ensuite avec l'intention de répandre le sang innocent, a pu recevoir cet esprit et prophétiser.

8. C'est ici l'occasion de rappeler ce que dit l'Apôtre dans son beau langage, pour montrer la grande voie du salut. « Quand je parlerais, dit-il, toutes les langues des hommes et des anges mêmes, si je n'ai point la charité, je ne suis que comme un airain sonnant et une cymbale retentissante. Quand j'aurais le don de prophétie, que je pénétrerais tous les mystères, et que je posséderais toutes les sciences, et quand j'aurais toute la foi possible, jusqu'à transporter les montagnes, si je n'ai point la charité, je ne suis rien. Et quand je distribuerais toutes mes richesses pour nourrir les pauvres, et que je livrerais mon corps pour être brûlé, si je n'ai point la charité, tout cela ne me sert de rien: » (I *Cor.*, XIII, 7, etc.) On voit que l'Apôtre rappelle ici les dons qui sont distribués par diverses opérations du Saint-Esprit, et dont il a dit plus haut : « Les dons du Saint-Esprit qui se manifestent au dehors, sont donnés à chacun pour l'utilité de l'Eglise. L'un reçoit du Saint-Esprit le don de parler avec sagesse; l'autre reçoit du même Esprit le don de parler avec science; un autre reçoit le don de la foi par le même Esprit; un autre reçoit du même Esprit le don de guérir les maladies; un autre le don des miracles; un autre le don de prophétie; un autre le don de discerner les esprits; un autre le don de parler diverses langues; un autre le don de les interpréter. Or, c'est un seul et même Esprit qui opère toutes ces choses, distribuant à chacun ces dons, selon qu'il lui plaît. » (I *Cor.*, XII, 7, etc.) Or, parmi les dons du Saint-Esprit, on voit bien que se trouve le don de prophétie; on peut l'avoir et n'être rien, si l'on n'a pas la charité. Il peut donc arriver que des hommes indignes de la vie éternelle et du royaume des cieux, soient gratifiés de quelques dons du Saint-Esprit, quoiqu'ils

---

prophetas et coetum prophetarum, qui illo tempore prophetabant, nuntii qui missi sunt accepto eodem spiritu prophetaverunt, missisque aliis hoc contigit, et tertiis nihilo minus : postea cum et ipse Saul venisset : « Factus est etiam super eum Spiritus Dei, et ambulabat ingrediens, et prophetabat. » Cum enim dicitur : « Factus est etiam super ipsos Spiritus Dei, et prophetabant et ipsi; » idem utique erat spiritus, qui erat in prophetis, inter quos et Samuel inventus est : ex hoc itaque necesse est intelligi illum spiritum bonum. Atque ideo quæstio diligenter discutienda est, quomodo et illi cum missi essent ad tenendum hominem et ad necem adducendum, tali spiritu affici meruerunt, et Saul ipse qui miserat, veniens et ipse, et sanguinem innocentem quærens effundere, accipere meruit illum spiritum, et prophetare.

8. Hic nimirum occurrit illud, quod apostolus Paulus apertissime exponit, supereminentem viam demonstrans : « Si linguis hominum loquar, inquit, et Angelorum, caritatem autem non habeam, factus sum velut æramentum sonans aut cymbalum tinniens. (I *Cor.*, XIII, 7, etc.) Et si habuero prophetiam, et sciero omnia sacramenta et omnem scientiam, et si habuero omnem fidem, ita ut montes transferam, caritatem autem non habeam, nihil sum. Et si distribuero omnem substantiam meam, et si tradidero corpus meum ut ardeam, caritatem autem non habeam, nihil mihi prodest. » Quo in loco manifestum est eum munera illa commemorasse, quæ Spiritus sancti divisionibus dantur, sicut superius dicit : (I *Cor.*, XII, 7, etc.) « Unicuique autem datur manifestatio Spiritus ad utilitatem; alii quidem per Spiritum datur sermo sapientiæ; alii sermo scientiæ secundum eumdem Spiritum; alteri autem fides in eodem Spiritu; alii donatio curationum in uno Spiritu; alii operationes virtutum, alii prophetia, alii dijudicatio spirituum, alteri genera linguarum. Omnia autem hæc operatur unus atque idem Spiritus, dividens propria unicuique prout vult. » Satis ergo apparet inter dona Spiritus sancti esse prophetiam, quam tamen si quis habeat, et caritatem non habeat, nihil est. Ex quo intelligitur fieri posse, ut quidam etiam indigni vita æterna regnoque cœlorum, aspergantur tamen quibusdam Spiritus sancti muneribus non habentes caritatem, sine qua illa munera

ns n'aient pas la charité, sans laquelle ces mêmes dons, tout grands qu'ils sont, ne leur profitent de rien. Car la prophétie sans la charité, comme nous l'avons vu, ne conduit pas au royaume de Dieu : tandis que la charité, sans la prophétie, y conduit infailliblement. Quand l'Apôtre, en parlant des membres du Christ, demande : « Tous sont-ils apôtres ? Tous sont-ils prophètes ? » (*Ibid.*, 29) il démontre qu'on n'a pas besoin d'avoir le don de prophétie, pour être membre du Christ. Et comment pourrait-on l'être, si l'on n'a la charité, sans laquelle l'homme n'est rien ? Or, s'il s'agissait des membres qui complètent le corps du Christ, l'Apôtre ne dirait jamais : Tous ont-ils la charité, comme il a dit : « Tous sont-ils apôtres ? Tous sont-ils prophètes ? Tous font-ils des miracles ? Tous ont-ils le don de guérir ? et le reste. »

9. On peut me dire : Il est possible qu'un homme n'ait pas le don de prophétie, tout en ayant la charité, et faisant aussi partie des membres du Christ ; mais il est impossible qu'un homme ait le don de prophétie, sans avoir la charité ; car l'homme qui a le don de prophétie sans la charité n'est rien. A peu près comme si nous disions qu'un homme qui a une âme sans intelligence n'est rien. Ce n'est pas qu'il puisse exister un homme de cette sorte ; mais on suppose que s'il existait, cet homme ne serait rien. Comme si l'on disait encore : Si un corps avait une forme sans avoir de couleur, on ne pourrait pas le voir ; ce n'est pas qu'il existe un corps sans avoir une couleur ; mais s'il existait, il serait invisible. Ce serait donc en ce sens qu'on aurait dit : Si quelqu'un a le don de prophétie sans avoir la charité, il n'est rien. Ce n'est pas qu'il puisse exister un homme qui ait le don de prophétie sans avoir la charité ; car s'il existait, le don ne servirait à rien. Il est donc nécessaire pour résoudre cette question, de montrer qu'un réprouvé a eu le don de prophétie, et, à défaut d'autres, Saül lui-même serait un exemple. Mais nous avons Balaam qui était un réprouvé (*Nombr.*, XXII, 5, 24), puisque l'Ecriture ne nous laisse pas ignorer qu'il a été condamné par le jugement de Dieu. Et pourtant il avait le don de prophétie ; et comme il n'avait pas la charité, sa volonté était de maudire le peuple de Dieu, volonté que l'ennemi avait achetée, en le payant pour maudire. Cependant Balaam, qui avait reçu le don de prophétie bénissait malgré lui. Or, cet exemple se rapporte bien à ce passage de l'Evangile où il est dit (*Matth.*, VII, 22) : « Que plusieurs diront en ce jour-là : Seigneur, Sei-

---

non nihil sunt, sed nihil eis prosunt. Prophetia quippe sine caritate, sicut jam demonstratum est, non perducit ad regnum Dei : caritas vero sine prophetia utique perducit. Cum enim loquens de membris Christi ait : Numquid omnes apostoli ? numquid omnes prophetæ ? (*Ibid.*, 29) indubitanter ostendit etiam eum qui prophetiam non habet, posse in membris Christi numerari : ubi quem locum haberet, si caritatem, sine qua homo nihil est, non haberet ? Nullo autem modo ita diceret, quando de membris agebat quibus Christi corpus impletur : Numquid omnes habent caritatem ? quemadmodum dixit : « Numquid omnes apostoli ? numquid omnes prophetæ ? numquid omnes virtutes ? numquid omnes dona habent curationum ? et cætera hujusmodi. »

9. Sed dicit aliquis, posse quidem fieri ut prophetiam quisque non habeat, et tamen habeat caritatem, atque ideo Christi membris annumeratus inhæreat : sed fieri non posse, ut prophetiam habeat, et non habeat caritatem ; nihil enim est homo habens prophetiam sine caritate. Ita fortasse, quemadmodum possumus dicere, nihil esse hominem habentem animam sine mente : non quia potest inveniri homo, qui mentem non habeat habens animam ; sed quia nihil esset, si inveniri posset. Sic etiam dici potest : Si corpus figuram haberet, colorem non habeat, videri non potest : non quia est corpus cui desit color ; sed quia si esset, cerni non posset. Ita fortasse dictum est, quod si quis habeat prophetiam, et caritatem non habeat, nihil est : non quia potest in quoquam esse prophetia sine caritate ; sed quia si esset, prodesse non posset. Opus est igitur ad solvendam istam quæstionem, ut ostendamus aliquem reprobum hoc donum habuisse prophetiæ : quod si neminem inveniremus, hoc iste ipse Saul satis ostenderet. Sed tamen ille etiam Balaam reprobus apparet (*Num.*, XXII, 5, 24) : non enim eum tacet Scriptura divino judicio esse damnatum ; et tamen prophetiam habebat ; et quia caritas ei deerat, inerat voluntas maledicendi populo Israel, quam hostis pretio comparaverat, qui eum ad maledicendum mercede conduxerat ; dono tamen illo prophetandi, quo aspergebatur, benedicebat invitus. Nec verba illa parum attestantur huic sententiæ, quæ in Evangelio scripta sunt, multos dicturos in illa die : « Domine, Domine (*Matth.*, VII, 22, etc.) : (*a*) in nomine tuo manducavimus et bibi-

---

(*a*) Editi, *coram te manducavimus*. At Mss. *in nomine tuo manducavimus* : quomodo postea Augustinus in lib. de catechizandis rudibus c. 16, et alibi sæpe.

gneur, nous avons mangé et bu en votre nom ; nous avons prophétisé en votre nom, et nous avons fait plusieurs prodiges en votre nom, et le Seigneur leur dira : Je ne vous connais pas ; retirez-vous de moi, ouvriers d'iniquité. » Nous ne pensons pas que ces paroles seront des mensonges au jour du jugement ; car là il n'y aura pas moyen de tromper ; mais aussi nous ne voyons pas qu'ils diront : Nous vous avons aimé. Ils pourront donc dire : Nous avons prophétisé en votre nom, quoiqu'ils fussent méchants et réprouvés ; mais ils ne pourront pas dire : Nous avons gardé la charité que vous avez prescrite. Car s'ils pouvaient le dire, on ne leur ferait pas cette réponse : Je ne vous connais pas. Car, dit le Seigneur, on reconnaîtra que vous êtes mes disciples, si vous vous aimez les uns les autres. (*Jean*, XIII, 35.)

10. Cet exemple de Saül est là pour abattre l'orgueil de certains hérétiques, lorsqu'ils affirment que ceux qui n'appartiennent pas à l'héritage des saints, ne peuvent en aucune manière recevoir quelque don du Saint-Esprit ; nous disons, nous, qu'ils peuvent avoir le sacrement de baptême ; qu'on doit le respecter en eux, quand ils entrent dans l'Eglise catholique, et non le réitérer comme s'ils ne l'avaient pas. Mais nous leur disons aussi qu'ils ne doivent pas se croire pour cela en sûreté pour le salut, en voyant que nous ne désapprouvons pas ce qu'ils ont réellement reçu ; mais que l'essentiel est de savoir qu'il n'y a point de société possible sans le lien de la charité, et que sans la charité, malgré les dons qu'ils possèdent, eussent-ils même ce qu'il y a de plus saint et de plus vénérable, ils ne sont rien néanmoins, et sont d'autant plus indignes de la récompense éternelle, qu'ils ont abusé de ces dons qu'ils ont reçus pendant cette vie passagère. On ne peut pas bien user des dons de Dieu, si l'on n'a pas la charité. C'est la charité qui supporte tout (1 *Cor.*, XIII, 7), plutôt que de briser l'unité dont elle est le lien le plus solide. On ne peut pas dire que le serviteur dont parle l'Evangile n'avait pas reçu un talent, ou qu'on puisse entendre par talent autre chose que quelque don de Dieu ; mais, dit le Seigneur (*Matth.*, XXV, 29), on donnera à celui qui a ; et celui qui n'a pas, on lui ôtera même ce qu'il a. On ne peut pas lui enlever ce qu'il n'a pas ; mais il lui manque une autre chose, pour qu'il mérite qu'on lui enlève ce qu'il a. Il n'a pas la charité pour profiter des dons de Dieu ; et on lui enlèvera tout ce qu'il peut posséder d'une autre manière, puisque sans la charité le reste ne sert de rien.

11. Il ne faut donc pas s'étonner que le roi Saül, dans le moment qu'il a reçu l'onction royale, ait d'abord reçu l'esprit de prophétie, et qu'ensuite ayant été réprouvé pour sa désobéissance, il ait été abandonné par l'esprit du Seigneur,

---

mus, et in nomine tuo prophetavimus, et in nomine tuo virtutes multas fecimus. » Quibus tamen dicturus est : « Non novi vos, recedite a me operarii iniquitatis. » Non enim eos mentientes putamus ista dicturos in illo judicio, ubi nullus erit fallendi locus, aut ullam vocem talium legimus, dicentium : Dileximus te. Poterunt ergo dicere : In nomine tuo prophetavimus, cum sint improbi et reprobi : non autem poterunt dicere : Dilectionem quam mandasti, tenuimus. Nam si dicent, non eis respondebitur : Non novi vos. In hoc enim cognoscetur, inquit, quia discipuli mei estis, si vos invicem diligatis. (*Joan.*, XIII, 35.)

10. Exemplum itaque hujus Saul resistit nonnullis hæreticis, qui aliquid boni de muneribus sancti Spiritus negant posse dari eis qui ad sortem sanctorum non pertinent : cum eis dicimus, habere illos posse sacramentum baptismi, quod cum ad Ecclesiam catholicam veniunt, non est in eis ullo modo violandum, aut quasi non habeant tradendum ; sed tamen eos non ideo saluti debere confidere, quia non improbamus quod illos accepisse concedimus ; sed oportere cognoscere unitatis societatem vinculo caritatis ineundam, sine qua omnino quidquid habere potuerint, quamvis per se sanctum ac venerandum, ipsi tamen nihil sunt, tanto indigniores effecti vitæ æternæ præmio, quanto illis donis non bene usi sunt, quæ in hac vita, quæ transitoria est acceperunt. Non autem bene utitur, nisi caritas ; et caritas omnia tolerat (1 *Cor.*, XIII, 7) : atque ideo non scindit unitatem, cujus ipsa est fortissimum vinculum. Non enim et servus ille non accepit talentum, aut aliquid aliud intelligitur talentum quam munus aliquod utique divinum : sed : Qui habet, dabitur ei ; qui autem non habet, et quod habet auferetur ab eo. (*Matth.*, XXV, 29.) Quod non habet auferri non potest ; sed aliud non habet, ut merito auferatur quod habet : non habet caritatem utendi, ut auferatur quidquid aliud habet, quod sine caritate non prodest.

11. Non igitur mirum est, regem Saul et eo tempore quo primum unctus est, accepisse spiritum prophetandi, et postea cum esset propter inobedientiam reprobatus, recedente ab eo spiritu Domini ar-

pour être envahi par le mauvais esprit que le Seigneur lui envoyait, et qu'on appelle aussi l'esprit du Seigneur, à cause du ministère qu'il avait à remplir. Car Dieu, dans ses desseins de justice, se sert de tout, même des esprits mauvais, pour punir, pour corriger, ou pour éprouver les hommes; et quoique la méchanceté ne vienne pas de Dieu, cependant il n'y a aucun pouvoir qui ne vienne de lui. (*Rom.*, XIII, 1.) On appelle bien aussi sommeil du Seigneur, le sommeil où étaient ensevelis les soldats de Saül, lorsque David lui enleva, pendant qu'il dormait, sa lance et sa coupe (I *Rois*, XXVI, 12); cette expression ne veut pas dire que le Seigneur fût assoupi ou endormi; mais on veut dire que le sommeil qui s'était emparé de ces hommes, avait été envoyé par le Seigneur, pour rendre insensible la présence de David en cet endroit. Il ne faut pas s'étonner non plus que Saül ait reçu de nouveau l'esprit de prophétie, lorsqu'il persécutait un innocent, avec le dessein de le prendre et de le mettre à mort, en venant dans le lieu où était l'assemblée des prophètes. Voilà qui démontre suffisamment, que pour un tel don, personne ne doit se croire en sécurité, comme étant agréable à Dieu, si l'on ne possède pas la charité; puisque ce don a été accordé même à Saül, pour une raison mystérieuse et cachée; mais enfin il lui a été accordé, quoiqu'il fût réprouvé, jaloux, ingrat, rendant le mal pour le bien, et sans que ce don de l'esprit l'ait corrigé et rendu meilleur.

QUESTION II.

1. Examinons maintenant cette autre parole : « Je me repens d'avoir établi Saül roi. » (I *Rois*, XV, 11.) Vous m'interrogez, non comme si vous aviez besoin de connaître le sens de ces paroles, mais comme un père plein de bonté et de vigilance, qui veut mettre à l'épreuve l'inexpérience de son fils, et vous me demandez comment Dieu peut se repentir, lui qui possède toute prescience. Quant à moi, lorsqu'il est question de Dieu, je croirai toujours qu'on parle d'une manière peu digne de lui, même quand on s'est efforcé d'en parler dignement. Il est certain que toutes les paroles qui composent la langue humaine ne pourront jamais être à la hauteur prodigieuse de sa puissance éternelle et de sa divinité. Ainsi quand on parle de Dieu d'une façon toute humaine et qu'on pourrait croire vulgaire, nous devons penser que c'est pour condescendre à notre faiblesse; et bien savoir que la sainte Ecriture, même quand elle parle de Dieu d'une manière qui nous paraît sublime, se rapproche encore plus de nous qu'elle ne s'élève vers Dieu; c'est pourquoi la sagesse de

---

reptum esse maligno spiritu a Domino : qui etiam spiritus Domini appellatus est propter ministerium; quia omnibus etiam spiritibus malis bene utitur Dominus, vel ad damnationem quorumdam, vel ad emendationem, vel ad probationem : et quamvis non sit malignitas a Domino, non est tamen potestas nisi a Deo. (*Rom.*, XIII, 1.) Dictusque est etiam sopor Domini, qui occupaverat milites ejusdem Saul, cum David hastam et scyphum abstulisset a capite dormientis (I *Reg.*, XXVI, 12) : non quia tunc sopor in Domino erat, ut ipse dormiret; sed quia ille sopor, qui tunc homines apprehenderat, nutu Dei erat infusus, ne David servi ejus in eo loco præsentia sentiretur. Neque illud mirum est, rursum eumdem Saul accepisse spiritum prophetiæ (I *Reg.*, XIX, 24) : cum persequeretur justum, et eum comprehensurus et necaturus venisset in locum, ubi erat congregatio prophetarum. Sic enim satis demonstratum est, neminem de tali munere jam securum esse debere, tanquam sit acceptissimus Deo, si non habeat caritatem : quando quidem illud donum et Sauli dari potuit, propter arcanum quidem alicujus sacramenti; sed tamen dari potuit reprobato, et invido, et ingrato, et reddenti mala pro bonis, et ne post ipsam quidem acceptionem spiritus correcto in melius atque mutato.

QUÆSTIO II.

1. Age jam videamus quomodo dictum sit : « Pœnitet me quod constituerim regem Saul. » (I *Reg.*, XV, 11.) Quæris enim, non utique in talium verborum intellectu rudis, sed rudimenta explorans mea paterno studio et benigna cura, quomodo pœniteat aliquid Deum, in quo sit omnis præscientia. Ego vero, cum hoc de Deo dicitur, indignum aliquid dici arbitrarer, si aliquid dignum inveniretur quod de illo diceretur. Cum vero verba omnia, quibus humana colloquia (*a*) conseruntur, illius sempiterna virtus et divinitas mirabiliter atque incunctanter excedat, quidquid de illo humaniter dicitur, quod etiam hominibus aspernabile videatur, ipsa humana admonetur infirmitas, etiam illa quæ congruenter in Scripturis sanctis de

---

(*a*) Sic Mss. Editi autem, *conseruntur* : et infra loco *humaniter*, habebant *humanitus*.

l'homme intelligent doit relever par la pensée, les expressions basses et les mettre au niveau du noble langage.

Quel est en effet l'homme qui ne sache qu'un Dieu qui prévoit tout, ne peut pas se repentir? Comme nous croyons que de ces deux expressions, repentir et prescience, l'une convient à Dieu, nous disons que l'autre ne peut avoir en lui son application. Mais en se livrant à un examen plus attentif, on se demande s'il y a vraiment prescience en Dieu; et on trouve que cette expression est loin de répondre à l'idée ineffable de la divinité; on ne s'étonne plus alors que ces deux expressions impropres pour la divinité, aient été employées par égard pour l'intelligence humaine. Qu'est-ce en effet que la prescience, si ce n'est la connaissance de l'avenir? Or, l'avenir existe-t-il pour Dieu, puisqu'il domine tous les temps? Car si la science de Dieu embrasse toutes choses, il n'y a point d'avenir pour lui, tout est présent; par conséquent ce n'est plus prescience, mais science qu'il faut dire. Mais si ce qui n'est pas encore n'existe pas plus pour lui, que pour les créatures qui suivent l'ordre du temps, il s'ensuit qu'il connaît les choses futures de deux manières; d'abord par sa prescience, avant qu'elles n'arrivent, puis par science, quand elles sont arrivées. Il faudra donc dire que la science de Dieu subit un accroissement temporel; ce qui est une grande absurdité et une grande erreur. Car Dieu ne peut connaître une chose d'avance, et la connaître au moment de l'événement, sans la connaître deux fois, par une première connaissance, avant qu'elle n'arrive, et par une seconde connaissance, quand elle est arrivée. Il arriverait donc, (chose tout à fait contraire à la vérité,) que la science de Dieu subit un accroissement temporel, puisqu'il connaîtrait comme présentes les choses qu'il connaissait comme futures, n'ayant pas sous les yeux les événements avant qu'ils n'arrivent, mais seulement la prévision. Or, si les événements que Dieu connaît dans l'avenir n'ajoutent rien à la science de Dieu en se réalisant; si sa prescience reste la même après comme avant leur accomplissement; comment la science sera-t-elle encore la prescience, puisqu'il n'y a plus rien dans l'avenir? Le futur est devenu le présent et sera bientôt le passé. Or, quand il s'agit du passé, ou du présent, on ne peut plus dire qu'on le connaît par la prescience. Il faut donc revenir à dire qu'on a la science des choses présentes, et qu'on avait la prescience des choses futures; et qu'en admettant pour Dieu un temps pour la prescience, et un temps pour la science, c'est admettre en lui la mutabilité et la loi du temps;

Deo dicta existimat, humanæ capacitati aptiora esse quam divinæ sublimitati : ac per hoc etiam ipsa transcendenda esse (a) seniore intellectu, sicut ista qualicumque transcensa sunt.

2. Quis est enim hominum, cui non occurrat in Deo cuncta præsciente, pœnitentiam esse non posse? Et certe tamen hæc duo verba sunt, pœnitentia et præscientia, quorum quia unum congruere credimus Deo, id est præscientiam, negamus in eo esse pœnitentiam. Cum vero alius liquidiore consideratione ista pertractans, quæsierit quemadmodum vel ipsa præscientia Deo congruat, et invenerit hujus etiam verbi notionem illius ineffabili divinitate longe lateque superari, non miratur utrumque de illo propter homines dici potuisse, de quo utrumque propter ipsum incongrue diceretur. Quid est enim præscientia, nisi scientia futurorum? Quid autem futurum est Deo, qui omnia supergreditur tempora? Si enim (b) scientia Dei res ipsas habet, non sunt ei futuræ, sed præsentes? ac per hoc non jam præscientia, sed tantum scientia dici potest. Si autem sicut in ordine temporalium creaturarum, ita et apud eum nondum sunt quæ futura sunt, sed ea prævenit sciendo; bis ergo ea sentit, uno quidem modo secundum futurorum præscientiam, altero vero secundum præsentium scientiam. Aliquid ergo temporaliter accedit scientiæ Dei : quod absurdissimum atque falsissimum est. Nec enim potest quæ ventura prænoscit nosse cum venerint, nisi bis innotescant, et prænoscendo ante quam sint, et cognoscendo cum jam sunt. Ita fit, ut (quod longe a veritate seclusum est) temporaliter aliquid accedat scientiæ Dei, cum temporalia quæ præsciuntur etiam præsentia sentiuntur, quæ non sentiebantur ante quam fierent, sed tantummodo præsciebantur. Si vero etiam cum venerint, quæ præsciebantur esse ventura, nihil novi accedet scientiæ Dei, sed manebit illa præscientia sicut erat etiam prius quam venirent quæ præsciebantur, quomodo jam præscientia dicetur, quando non est rerum futurarum? Jam enim præsentia sunt, quæ futura cernebat, et paulo post erunt præterita. Præteritarum autem rerum, sicut præsentium, nullo modo potest dici præscientia. Reditur ergo ad id, ut fiat rebus jam præsentibus scientia, quæ eisdem rebus futuris erat præscientia : et cum quæ præscientia erat prius, postea scientia fiat in Deo, admittit mu-

(a) In editis, saniore : pro quo in Mss. seniore. — (b) Sic Mss. excepto uno e Vatic. qui cum ante editis ferebat, in scientia res ipsas habet,

tandis que Dieu qui est véritablement absolu, ne peut subir en rien le changement ni aucun mouvement de nouveauté temporelle. Nous pensons donc qu'au lieu de prescience, il vaut mieux dire la science de Dieu, et encore faut-il savoir de quelle manière. Ordinairement chez nous, la science consiste à retenir dans notre mémoire les choses que nous avons connues par les sens ou par l'intelligence; et ainsi elle n'est autre chose que le trésor de la mémoire, où nous rassemblons les sensations et les idées, pour les appeler au besoin. Si la science en Dieu était de cette nature, de manière qu'on puisse dire en réalité : il comprend et il a compris, il sent et il a senti, elle tomberait dans le domaine du temps, et se trouverait entachée de cet esprit de mutabilité que repousse énergiquement la nature de Dieu. Et cependant il y a en Dieu science et prescience, mais suivant un mode que nous ne pouvons pas expliquer. C'est ainsi et suivant un mode ineffable qu'il se repent. La science de Dieu est infiniment supérieure à la science de l'homme, au point que la comparaison serait une chose ridicule ; et cependant l'une s'appelle science comme l'autre ; mais la science humaine est de telle nature que l'Apôtre dit : « La science sera détruite ; » (I *Cor.*, XIII, 8) et jamais on ne pourra parler ainsi de la science de Dieu. Voyons d'autres comparaisons. La colère de l'homme est tumultueuse et bouleverse l'âme ; mais la colère de Dieu dont nous parle l'Evangile : « Et la colère de Dieu demeure sur lui, » (*Jean*, III, 36) et l'Apôtre : « La colère de Dieu nous est révélée comme venant du ciel pour punir toute impiété, » (*Rom.*, I, 18) cette colère n'altère en rien le calme impassible de Dieu, pendant qu'elle exerce la vengeance sur toute créature avec une admirable équité. La miséricorde de l'homme a aussi pour principe une certaine souffrance du cœur, d'où lui vient son nom dans la langue latine. C'est pourquoi l'apôtre saint Paul nous exhorte non-seulement à nous réjouir avec ceux qui se réjouissent, mais à pleurer avec ceux qui pleurent (*Rom.*, XII, 15.) Or, pourrait-on dire, sans être insensé, que Dieu éprouve une certaine souffrance, quoique l'Ecriture proclame en mille endroits qu'il est miséricordieux? La jalousie de l'homme ne se présente pas à notre pensée sans l'image livide de l'envie : or quand nous disons que Dieu est jaloux, nous employons le même terme, mais nous n'exprimons pas la même pensée.

3. Il serait trop long de parcourir les innombrables expressions, qui sont les mêmes pour dire ce qui a rapport à Dieu, et ce qui a rapport à l'homme, malgré l'incomparable différence qui existe. Et pourtant, ce n'est pas sans raison qu'elles sont les mêmes, parce qu'étant employées dans un sens habituel et par un usage familier, elles ouvrent la voie pour l'intelli-

---

tabilitatem et temporalis est; cum sit Deus, qui vere summeque est, nec ulla ex parte mutabilis, nec ullo motu novitio temporalis. Placet ergo ut non dicamus præscientiam Dei, sed tantummodo scientiam : quæramus et hoc quomodo. Non enim scientiam solemus dicere in nobis, nisi cum sensa et intellecta memoria retinemus ; cum meminimus aliquid sensisse nos vel intellexisse, ut id cum volumus recolamus. Quod si ita in Deo est, ut possit proprie dici : Intelligit et intellexit, sentit et sensit; admittit tempus, et subrepit nihilo minus illa mutabilitas, quæ longe a Dei substantia removenda est. Et tamen et scit Deus, et præscit Deus ineffabili modo : sic eum et pœnitet ineffabili modo. Cum enim scientia Dei longe distet ab humana scientia, ita ut irridenda sit comparatio, utraque tamen scientia vocatur : et hæc quidem humana talis est, ut dicat de illa Apostolus etiam : Scientia destruetur (I *Cor.*, XIII, 8) : quod nullo modo recte de scientia Dei dici potest. Sic et ira hominis turbida est et non sine cruciatu animi : ira vero Dei, de qua dicitur in Evangelio : Sed ira Dei manet super cum (*Joan.*, III, 36) : et Apostolus : Revelatur enim ira Dei de cœlo super omnem impietatem (*Rom.*, I, 18) : illo in tranquillitate jugiter manente, in creatura subdita exercet admirabili æquitate vindictam. Misericordia quoque hominis habet nonnullam cordis miseriam, unde etiam in Latina lingua nomen accepit. Nam inde est etiam, quod non solum gaudere cum gaudentibus, sed etiam flere cum flentibus hortatur Apostolus. (*Rom.*, XII, 15.) Quis autem sano capite dixerit, ulla miseria tangi Deum ? quem tamen ubique Scriptura misericordem esse testatur, Ita zelum humanum non sine peste livoris intelligimus : zelantem vero Deum non ita sed eodem verbo, non eodem modo.

3. Longum est percurrere cætera, et sunt innumerabilia, quibus ostenditur multa divina iisdem nominibus appellari, quibus humana, cum incomparabili diversitate sejuncta sint : nec tamen frustra eadem sunt rebus utrisque indita vocabula, nisi quia hæc cognita quæ in quotidiana consuetudine versantur, et experimentis usitatioribus innotescunt, nonnullam ad in-

gence des choses plus élevées. Car si j'élague de la science humaine ce qui est variable, ces transitions qui nous font passer d'une pensée à une autre, lorsque nous méditons et que nous cherchons à voir dans notre esprit ce qui n'était pas d'abord visible pour nous, allant ainsi par nos fréquentes réflexions d'une partie à une autre, ce qui faisait dire à l'Apôtre que notre science n'existait qu'en partie (I *Cor.*, XIII, 9). Si donc j'élague toutes ces choses, pour ne laisser subsister que le foyer lumineux de la vérité éternelle qui projette partout ses rayons; si même je me contente de me l'imaginer suivant mes forces, puisque la science humaine ne saurait la posséder, alors la science de Dieu vient en moi autant qu'il est possible; et le nom de science qui appartient à Dieu, a pu aussi être appliqué à l'homme; parce qu'il y participait en quelque chose. Il est vrai que parmi les hommes on distingue ordinairement la science de la sagesse, selon cette parole de l'Apôtre (I *Cor.*, XII, 8) : « L'un reçoit du Saint-Esprit le don de parler avec sagesse; l'autre reçoit du même Esprit le don de parler avec science; » mais en Dieu ces deux dons ne font qu'un seul attribut. Il est probable qu'on fait cette distinction par rapport à l'homme, pour montrer que la sagesse a en vue les choses éternelles, et la science tout ce qui nous vient par l'expérience des sens. Mais quelle que soit cette différence, il n'en est pas moins vrai qu'elle existe, sans quoi l'Apôtre n'aurait pas fait cette distinction. Or, si on reconnaît que le nom de science doit s'appliquer aux connaissances qui nous viennent par les sens, il faut dire qu'il ne convient pas à Dieu. Car Dieu n'est pas composé d'un corps et d'une âme, comme l'homme. Il vaut donc mieux dire que la science de Dieu est toute différente de celle de l'homme, et d'une nature tout autre. Ainsi l'idée que nous avons de Dieu considéré en lui-même, est tout autre que celle que nous présente cette parole : « Dieu s'est assis devant l'assemblée des dieux. « (*Ps.* LXXXI, 1.) Cependant l'emploi du même mot n'est que pour indiquer qu'on a une idée de la chose. Ainsi je prends la colère de l'homme, et je lui ôte sa turbulence, pour lui laisser son caractère rigoureux de vengeance; de cette manière, je m'élève à la connaissance de cette juste sévérité, qu'on appelle la colère de Dieu. Je prends la miséricorde, et je mets de côté la compassion qui fait participer à la misère de celui qu'on veut soulager; il ne reste plus que cette bonté calme qui veut subvenir et délivrer; et alors j'ai une certaine idée de la miséricorde divine. La jalousie de Dieu n'est pas un terme que nous devions répudier et mépriser; dépouillons-le de cette pâ-

telligenda illa sublimia præbent viam. Cum enim dempsero de humana scientia mutabilitatem, et transitus quosdam a cogitatione in cogitationem, cum recolimus, ut cernamus animo quod in contuitu ejus paulo ante non erat, atque ita de parte in partem crebris recordationibus transilimus ; unde etiam ex parte dicit esse Apostolus nostram scientiam (I *Cor.*, XIII, 9) : cum ergo hæc cuncta detraxero, et reliquero solam vivacitatem certæ atque inconcussæ veritatis una atque æterna contemplatione cuncta lustrantis : imo non reliquero, non enim habet hoc humana scientia, sed pro viribus cogitavero ; insinuatur mihi utcumque scientia Dei : quod tamen nomen, ex eo quod sciendo aliquid non latet hominem , potuit esse rei utrique commune. Quamquam et in ipsis hominibus solet discerni a sapientia scientia, ut etiam Apostolus dicit : Alii quidem per Spiritum datur sermo sapientiæ, alii sermo scientiæ secundum eumdem Spiritum (I *Cor.*, XII, 8) : in Deo autem nimirum non sunt hæc duo, sed unum. Et in hominibus quidem hæc ita discerni probabiliter solent ut sapientia pertineat ad intellectum æternorum, scientia vero ad ea quæ sensibus corporis experimur. Sed licet alius aliam differentiam proferat, nisi tamen diversa essent non sic ab Apostolo distinguerentur. Quod sane si ita est, ut nomen scientiæ rebus, quas per sensus corporis experimur, deputatum sit; nulla est omnino scientia Dei. Non enim Deus per se ipsum ex corpore et anima constat, sicut homo. Sed melius dicitur aliam esse scientiam Dei, et non ejusdem generis, cujus ista est quæ hominum dicitur : sicut etiam idipsum quod Deus dicitur, longe aliud est, quam quemadmodum dictum est : Quia stetit in synagoga deorum. (*Psal.* LXXXI, 1.) Tamen ad non latere quoquo modo pertinet communicatio ipsa vocabuli. Sic etiam de ira hominis detraho turbulentum motum, ut remaneat vindictæ vigor; atque ita utcumque adsurgo in notitiam illius, quæ appellatur ira Dei. Item de misericordia si auferas compassionem (*a*) cum eo, quem miserearis, participatæ miseriæ, ut remaneat tranquilla bonitas subveniendi et a miseria liberandi, insinuatur divinæ misericordiæ qualiscumque cognitio. Zelum quoque Dei non repudiemus et aspernemur, cum scriptum (*b*) invenimus : sed

(*a*) In excusis, *cum ejus, quem miserearis, participatus es miseriæ* : corrupte, uti liquet ex Mss. — (*b*) Sic Er. et nostri Mss. At Lov. *inveniamus.*

leur et de cette figure troublée et sinistre de l'homme jaloux, et nous n'aurons plus que cet arrêt de la justice qui punit les séductions criminelles, et alors nous nous élevons par la pensée jusqu'à une certaine notion de la jalousie de Dieu.

4. C'est pourquoi lorsque nous voyons que Dieu dit dans l'Ecriture : « Je me repens, » il faut considérer ce qu'est ordinairement le repentir de l'homme. Il y a sans doute la volonté de changer ; mais elle est accompagnée d'une certaine contrariété, en ce que l'homme se blâme d'avoir agi témérairement. Retranchons donc ce qui vient de l'ignorance et de l'infirmité humaine, et il n'y aura plus qu'une simple volonté, c'est qu'une chose ne soit plus ce qu'elle était ; et ainsi nous aurons la règle pour comprendre en quel sens Dieu se repent. Quand on dit qu'il se repent, c'est qu'il veut qu'une chose ne soit plus dans l'état où il l'avait faite ; moyennant qu'il soit bien entendu qu'elle était ce qu'elle devait être, et que cessant d'être ainsi, c'est qu'elle ne doit plus être ainsi ; suivant une décision perpétuelle et tranquille de la souveraine justice, avec laquelle Dieu gouverne tout ce qui est changeant, avec une volonté immuable.

5. Mais comme ordinairement la prescience et la science sont des titres de gloire parmi les hommes, et que la colère elle-même est un sujet de crainte plutôt que de blâme chez les puissants, nous croyons honorer Dieu en les lui attribuant. Quant à la jalousie et au repentir, qui supposent une récrimination contre les autres ou contre soi-même, les hommes s'en forment plutôt une mauvaise opinion ; et c'est pour cela que nous sommes étonnés de voir qu'on les attribue à Dieu. Mais la sainte Ecriture fait tout avec intelligence, et en mettant les choses prises en mauvaise part, elle ne veut pas que les choses prises en bonne part soient attribuées à Dieu, dans le sens qu'on a coutume d'y attacher. En effet les choses prises en mauvaise part, nous n'oserons pas les attribuer à Dieu, telles qu'elles se rencontrent dans l'homme ; et ainsi nous apprendrons à mieux saisir celles que nous pensions lui être propres et lui convenir. Car s'il ne faut pas dire de Dieu ce qu'il ne convient pas de dire de l'homme, il s'ensuit que pour nous Dieu ne sera pas immuable, puisqu'il est dit des hommes en forme de reproche : « Ils ne changent point. » (*Ps.* LIV, 20.) C'est ainsi que dans l'homme il y a des qualités qui ne peuvent se trouver en Dieu, comme la pudeur qui est un bel ornement de la jeunesse ; comme la crainte de Dieu, qui est préconisée non-seulement dans les anciens livres ; mais que l'Apôtre loue surtout en disant : Per-

---

auferamus de humano zelo pallidam tabem doloris, et morbidam perturbationem animi ; remaneatque illud solum judicium, quo corruptio castitatis impunita esse non sinitur, et assurgimus ut incipiamus aliquo modo capere zelum Dei.

4. Quapropter cum legimus etiam Deum dicentem : « Pœnitet me ; » (1 *Reg.*, XV, 11) considerenus quod esse soleat in hominibus opus pœnitendi. Procul dubio reperitur voluntas mutandi : sed tamen cum dolore animi est ; reprehendit enim in se quod temere fecerat. Auferamus ergo ista, quæ de humana infirmitate atque ignorantia veniunt, et remaneat solum velle ut non ita sit aliquid, quemadmodum erat : sic potest aliquantum intimari menti nostræ, qua regula intelligatur quod pœnitet Deum. Cum enim pœnitere dicitur, vult non esse aliquid, sicut fecerat ut esset : sed tamen cum ita esset, ita esse debebat ; et cum ita esse jam non sinitur, jam non debet ita esse, perpetuo quodam et tranquillo æquitatis judicio, quo Deus cuncta mutabilia incommutabili voluntate disponit.

5. Sed quoniam præscientiam et scientiam cum laude solemus in hominibus appellare, iramque ipsam solet humanum genus in magnis potestatibus (a) timere potius quam reprehendere, congruenter putamus talia dici de Deo. Qui autem zelat, et quem aliquid pœnitet, quoniam vel culpari solet, vel in se culpam corrigere, atque ideo cum reprehensione ista de hominibus dici : propterea movet, cum legimus esse aliquid in Deo ejusmodi. Sed illa Scriptura omnibus consulens, propterea magis et ista ponit, ne illa quæ placent sic intelligantur in Deo, quomodo consueverunt in hominibus intelligi. Per hæc enim quæ displicent, cum ea non audemus sic intelligere in Deo, ut inveniuntur in homine, discimus etiam illa sic quærere, quæ apta esse atque convenientia putabamus. Nam si propterea non est illud de Deo dicendum, quia in homine displicet ; non dicamus incommutabilem Deum, quia de hominibus cum reprehensione dictum est : Non enim est illis commutatio. (*Psal.* LIV, 20.) Item sunt quædam, quæ in homine laudabilia sunt, in Deo autem esse non possunt : sicut pudor, quod ætatum viridiorum magnum est ornamentum : sicut timor Dei, non tantum in veteribus libris laudatur, sed Apostolus etiam dicit : Perficientes sanctificationem in timore Dei

(a) Mss. *tremere*.

fectionnez-vous de plus en plus dans la crainte de Dieu. (I *Cor.*, vii, 1.) Il est clair que Dieu ne peut pas avoir cette crainte. Il y a donc des choses qui sont des vertus pour l'homme, et qu'on ne peut pas attribuer à Dieu; comme aussi il y a des choses qui seraient répréhensibles pour l'homme et qui ne le sont pas pour Dieu; il s'agit de ne pas rester sur le même terrain, et de donner aux expressions un autre sens et une autre portée. Car un peu plus loin nous voyons que le même Samuel à qui le Seigneur avait dit : « Je me repens d'avoir établi Saül roi; » dit à son tour à Saül en parlant de Dieu : « Il n'est pas comme l'homme pour qu'il ait du repentir; » (I *Rois*, xv, 29) montrant suffisamment que, quand Dieu dit : « Je me repens, » il ne faut pas l'entendre dans le sens ordinaire, ainsi que nous l'avons expliqué du mieux que nous avons pu.

QUESTION III.

Vous me demandez encore si l'esprit immonde qui était dans la pythonisse a eu le pouvoir de faire venir Samuel en présence de Saül et de le faire parler avec lui. (I *Rois*, xxviii, 12.) Mais n'est-ce pas un plus grand prodige de voir Satan lui-même, le prince des esprits immondes s'adresser à Dieu et demander qu'il lui abandonne Job, cet homme très-juste, pour l'éprouver (*Job*, i, 11) : comme il a aussi demandé à tenter les apôtres. (*Luc*, xxii, 31.) Cette question n'offre donc aucune difficulté; parce que la vérité qui est présente partout, parle comme il lui plait, en se servant de telle ou telle créature et en s'adressant à telle ou telle créature; il importe donc peu que Dieu parle à l'un plutôt qu'à l'autre; l'essentiel, c'est ce qu'il dit. C'est ainsi que le souverain ne dit jamais une parole à des hommes innocents, tout en veillant avec sollicitude à l'intérêt de leur conservation, et que souvent il parle à des criminels qu'il condamne à la peine de mort. Si donc la question est toute résolue en ce sens, elle n'offre aucun embarras non plus en ce que l'esprit immonde a pu s'entretenir avec l'âme d'un saint homme. Dieu le créateur et le sanctificateur est infiniment plus grand que tous les saints. Si donc on s'étonne qu'il ait été permis au malin esprit de réveiller l'âme d'un juste, et de l'évoquer des profondeurs les plus secrètes de la mort; n'est-il pas plus étonnant que Satan ait pris Notre-Seigneur lui-même pour le mettre sur le pinacle du temple? (*Matth.*, v, 5.) Comment l'a-t-il fait, comment Samuel a-t-il été évoqué, nous ne pourrions pas le dire. On dira peut-être qu'il était plus facile au démon de prendre Notre-Seigneur, et de le placer où il voulait, que de réveiller l'âme de Samuel qui était mort et de la faire sortir de sa demeure. Si

---

(I *Cor.*, vii, 1) : qui utique in Deo nullus est. Sicut ergo quædam laudabilia hominum non recte dicuntur in Deo; sic quædam culpabilia hominum recte intelliguntur in Deo : non ita ut in hominibus, sed vocabulis tantummodo communibus, longe alia ratione et modo. Nam paulo post idem Samuel, cui dixerat Dominus : « Pœnitet me quod constituerim regem Saul, » (I *Reg.*, xv, 29) ipsi Sauli ait de Deo : « Quoniam non est sicut homo, ut pœniteat eum : » ubi videlicet satis ostendit etiam cum Deus dicit : « Pœnitet me; » non humano more accipiendum esse, sicut jam quantum valuimus disputavimus.

QUÆSTIO III.

1. Item quæris, utrum spiritus immundus, qui erat in pythonissa, potuerit agere ut Samuel a Saule videretur et loqueretur cum eo. (I *Reg.*, xxviii, 12.) Sed multo majoris miraculi est, quod ipse Satanas princeps omnium immundorum spirituum potuit loqui cum Deo, et petere tentandum Job justissimum virum (*Job*, i, 11) : qui etiam tentandos Apostolos petiit. (*Luc.*, xxii, 31.) Aut si hoc non ideo habet difficilem quæstionem, quia per quam voluerit creaturam, cui voluerit creaturæ, ubique præsens veritas loquitur nec propterea magni meriti est cui loquitur Deus : interest enim quid loquatur; quia et imperator multis innocentibus non loquitur, quibus providentissime consulit ad salutem; et cum multis nocentibus loquitur, quos jubet interfici : si ergo hinc propterea nulla quæstio est : nulla sit quæstio quomodo etiam immundus spiritus cum anima sancti viri loqui potuerit. Omnibus enim sanctis Deus creator et sanctificator longe utique major est. Quod si hoc movet, quod licuerit maligno spiritui excitare animam justi, et tanquam de abditis mortuorum receptaculis evocare; nonne magis mirandum est, quod Satanas ipsum Dominum assumpsit et constituit super pinnam templi? (*Matth.*, v, 5.) Quolibet enim modo fecerit, ille etiam modus quo Samueli factum est ut excitaretur, similiter latet. Nisi forte quis dixerit, faciliorem diabolo fuisse licentiam ad Dominum vivum unde voluit assumendum, et ubi voluit constituendum, quam ad Samuelis defuncti spiritum a suis sedibus excitandum. Quod si illud in Evangelio nos ideo non perturbat, quia Dominus voluit atque permisit nulla diminu-

nous ne sommes point troublés, en lisant dans l'Evangile que Notre-Seigneur a voulu et permis cette tentation, sans rien perdre de sa puissance et de sa divinité; en y lisant aussi qu'il a permis aux Juifs eux-mêmes, hommes pervers, immondes et faisant les œuvres du démon, de le prendre, de le lier, de le tourner en dérision, de le crucifier et de le faire mourir; il n'est pas absurde de croire que par une disposition particulière de la volonté divine, sans y être forcé et sans subir le joug et la domination de la puissance magique, l'esprit du saint prophète, obéissant volontairement à l'ordre de Dieu, que ne connaissait point la pythonisse ni Saül, ait consenti à se montrer devant le roi, pour lui faire entendre l'arrêt de Dieu qui le frappait. Pourquoi en effet l'âme d'un juste, si les méchants l'évoquaient au milieu d'eux, semblerait-elle perdre sa dignité, lorsque souvent nous voyons les bons sur la terre se rendre à l'invitation des méchants, traiter avec eux des affaires de la justice, s'occuper de ce qui a rapport à la correction du vice, selon les circonstances et les besoins du moment, sans rien perdre de l'éclat de leur vertu?

2. Néanmoins on peut expliquer cette apparition de Samuel d'une manière plus parfaite et plus simple, en disant que ce n'est pas l'esprit de Samuel qui a été évoqué; mais quelque fantôme, une figure imaginaire formée par les ruses du démon, que l'Ecriture a appelée du nom de Samuel, comme on appelle ordinairement les images par le nom des objets qu'elles représentent. Tout ce qui est imité par la peinture, tout ce qui est figuré avec le métal ou le bois, ou toute autre matière propre à cet usage, les visions que l'on a dans le sommeil, et en général toutes les images sont nommées comme les objets qu'elles représentent. En voyant le portrait d'un homme, ne direz-vous pas que c'est un homme? Quand nous parcourons une galerie de peintures, nous donnons à chaque tableau le nom qui lui convient, tableau ou fresque, nous disons : Voilà Cicéron; celui-ci, c'est Salluste; cet autre c'est Achille; voilà Hector; voilà le fleuve Simoïs; voilà Rome; et pourtant ce ne sont que des peintures. Les chérubins qui sont des puissances célestes, ont été représentés avec le métal, par l'ordre de Dieu, pour être placés sur l'arche du Testament (*Exod.*, XXV, 18), comme figures d'un grand mystère; et ces représentations s'appelaient les chérubins. Celui qui a un songe ne dit pas : J'ai vu l'image d'Augustin ou de Simplicien; mais : J'ai vu Augustin ou Simplicien, quoique dans l'instant où ce songe avait lieu, nous n'en eussions pas le moindre doute, tant il est vrai que sans voir les hommes, on

---

tione suæ potestatis et divinitatis id fieri; sicut ab ipsis Judæis, quanquam perversis atque immundis et facta diaboli facientibus, et teneri se, et vinciri, et illudi, et crucifigi atque interfici passus est : non est absurdum credere ex aliqua dispensatione divinæ voluntatis permissum fuisse, ut non invitus nec dominante atque subjugante magica potentia, sed volens atque obtemperans occultæ dispensationi Dei, quæ et pythonissam illam et Saulem latebat, consentiret spiritus Prophetæ sancti se ostendi aspectibus regis, divina eum sententia percussurus. Cur enim anima boni hominis, a malis vivis evocata si venerit, amittere videatur dignitatem suam; cum et vivi plerumque boni vocati ad malos veniant, et agant cum eis quod officium postulat æquitatis, servato atque inconcusso decore virtutis suæ, et illorum vitiis pro rerum præsentium vel usu vel necessitate tractatis?

2. Quanquam in hoc facto potest esse alius facilior exitus et expeditior intellectus, ut non vere spiritum Samuelis excitatum a requie sua credamus, sed aliquod phantasma, et imaginariam illusionem diaboli machinationibus factam, quam propterea Scriptura nomine Samuelis appellat, quia solent imagines rerum earum nominibus appellari, quarum imagines sunt. Sicut omnia quæ pinguntur atque finguntur ex aliqua materie metalli aut ligni, vel (*a*) cujusque rei aptæ ad opera hujusmodi, quæque etiam videntur in somnis, et omnes fere imagines, earum rerum quarum imagines sunt, appellari nominibus solent. Quis est enim, qui hominem pictum dubitet vocare hominem? Quando quidem et singulorum quorumque picturam cum aspicimus, propria quoque nomina incunctanter adhibemus : velut cum intuentes tabulam aut parietem, dicimus : Ille Cicero est, ille Sallustius, ille Achilles, ille Hector, hoc flumen Simois, illa Roma, cum aliud nihil sint quam pictæ imagines. Unde Cherubim cum sint cœlestes potestates, ficta tamen ex metallo, quod imperavit Deus, super arcam Testamenti (*Exod.*, XXV, 18) : magnæ rei significandæ gratia, non aliud quam Cherubim illa quoque figmenta vocitantur. Item quisquis videt somnium, non dicit : Vidi imaginem Augustini aut Simpliciani; sed : Vidi Augustinum aut Simplicianum : cum eo tempore, quo tale aliquid vidit, nos ignoraremus; usque adeo manifestum est, non ipsos homi-

(*a*) Editi, *cujuscumque* : pro quo Augustinus *cujusque*, quod hic Mss. constanter habent, solet usurpare.

voit leurs images. Pharaon dit aussi qu'il a vu des épis et des vaches en songe, sans dire que c'était leurs images. (*Gen.*, XLI, 18.) Si donc il est constaté qu'on appelle les images par le nom des objets qu'elles représentent, il ne faut pas s'étonner que l'Ecriture nous dise que Samuel s'est montré, pour signifier peut-être l'apparition de son image, par l'opération magique de celui qui se transforme en ange de lumière, et qui fait de ses ministres, des ministres de justice. (II *Cor.*, XI, 14.)

3. Si l'on trouvait étrange que le mauvais esprit eût prédit à Saül des choses vraies, on pourrait s'étonner aussi que les démons aient reconnu le Christ, tandis que les Juifs ne le connaissaient pas. (*Matth.*, VIII, 29.) Dieu, s'il le veut, peut se servir des mauvais esprits qui sont dans les enfers, pour faire connaître à quelqu'un la vérité, pour ce qui regarde les choses temporelles et les affaires de cette vie mortelle ; par conséquent on peut supposer, sans qu'il y ait la moindre inconvenance, que celui qui est tout-puissant et juste, voulant punir certains hommes en leur faisant connaître d'avance un malheur qui les menace, et dont ils souffrent avant qu'il n'arrive, accorde à ces esprits d'une manière particulière et mystérieuse une certaine lumière de prévision, afin qu'ils redisent aux hommes ce que les anges ont pu leur révéler. Mais ils ne participent à ces révélations qu'autant que le souverain Maître qui gouverne tout le permet ou l'ordonne. C'est pourquoi nous voyons dans les Actes des Apôtres que l'esprit de Python rend témoignage à saint Paul et fait l'œuvre d'Evangéliste. (*Act.*, XVI, 17.) Cependant les mauvais esprits mêlent le vrai avec le faux, et quand ils disent la vérité, s'ils ont pu la connaître, ils l'annoncent moins avec l'intention de l'enseigner que de tromper. C'est peut-être pour cette raison que l'image de Samuel apparaissant à Saül, lui annonçait en même temps et qu'il mourrait et qu'il serait avec lui ; ce qui était faux pour ce dernier point. Car l'Evangile nous apprend que les bons sont séparés des méchants par une grande distance, et Notre-Seigneur nous atteste qu'entre le riche orgueilleux déjà tourmenté dans les enfers, et le pauvre qui était couché naguère à sa porte couvert de plaies, il y a un immense chaos qui les sépare. (*Luc*, XVI, 26.) Samuel a pu dire aussi à Saül : « Tu seras avec moi, » sans vouloir annoncer l'égalité du bonheur, mais seulement l'égalité dans la mort puisqu'ils étaient hommes l'un et l'autre, et tous deux mortels, c'était une prédiction de mort faite à un homme vivant. Votre prudence éclairée trouvera, autant que je puis le présumer que

---

nes, sed imagines eorum videri. Et Pharao spicas se dixit vidisse in somnis et boves, non spicarum aut boum imagines. (*Gen.*, XLI, 18.) Si igitur liquido constat nominibus earum rerum quarum imagines sunt, easdem imagines appellari ; non mirum est quod Scriptura dicit Samuelem visum, etiam si forte imago Samuelis apparuit, machinamento ejus qui transfigurat se velut angelum lucis (II *Cor.*, XI, 14), et ministros suos velut ministros justitiæ.

3. Jam vero si illud movet, quomodo et a maligno spiritu Sauli vera prædicta sunt : potest et illud mirum videri, quomodo dæmones agnoverint Christum, quem Judæi non agnoscebant. (*Matth.*, VIII, 29.) Cum enim vult Deus etiam per infimos infernosque spiritus aliquem vera cognoscere, temporalia dumtaxat atque ad istam mortalitatem pertinentia, facile est, et non incongruum, ut omnipotens et justus ad eorum pœnam, quibus ista prædicuntur, ut malum quod eis impendet antequam veniat prænoscendo patiantur, occulto apparatu (*a*) ministeriorum suorum etiam spiritibus talibus aliquid divinationis impertiat, ut quod audiunt ab Angelis, prænuntient hominibus. Tantum autem audiunt, quantum omnium Dominus atque moderator vel jubet vel sinit. Unde etiam spiritus (*b*) pythonius in Actibus Apostolorum attestatur Paulo apostolo (*Act.*, XVI, 17) : et evangelista esse conatur. Miscent tamen isti fallacias, et verum quod nosse potuerint, non docendi magis quam decipiendi fine prænuntiant. Et forte hoc est quod cum illa imago Samuelis Saulem prædiceret moriturum (I *Reg.*, XXVIII, 19) : dixit etiam secum futurum : quod utique falsum est. Magno quippe intervallo post mortem separari bonos a malis in Evangelio legimus (*Luc.*, XVI, 26) : cum Dominus inter superbum illum divitem, cum jam apud inferos tormenta pateretur, et illum qui ad ejus januam ulcerosus jacebat, jam in requie constitutum, magnum chaos interjectum esse testatur. Aut si propterea Samuel Sauli dixit : « Mecum eris, » ut non ad æqualitatem felicitatis, sed ad parem conditionem mortis referatur, quod uterque homo fuerit, et uterque mori potuerit, jamque mortuus mortem vivo prænuntiabat ; perspicit, quantum opinor, prudentia tua, secundum utrumque intellectum habere exitum

---

(*a*) Editi, *mysteriorum.* At potiores Mss. *ministeriorum :* quo nomine alias nonnunquam Angelos vocat Augustinus. — (*b*) Editi, *pythonicus.* Mss. vero, *pythonius*, vel *pythonis.*

ces deux versions ont un sens raisonnable qui ne touche point à la foi. Peut-être qu'un examen plus long et plus approfondi, mais qui dépasserait les limites de mon temps et de mes forces, nous conduirait à une solution plus claire et plus nette de cette question, savoir s'il est possible ou s'il n'est pas possible que l'âme humaine, sortie de cette vie, soit évoquée par les enchantements de la magie, pour apparaître aux yeux des vivants, même avec les traits du visage qui la font voir et reconnaître. Si la chose est possible, il faudrait savoir si l'âme d'un juste, sans y être forcée par les rites de la magie, mais pour obéir à quelque décret mystérieux de la loi suprême, pourrait convenablement apparaître; et s'il était reconnu que cette apparition ne fût pas possible, alors il ne faudrait pas admettre les deux versions que nous avons mises en avant, en expliquant ce passage de l'Ecriture; on abandonnerait l'apparition réelle, pour dire que la magie diabolique a fabriqué une image fantastique de Samuel. Mais dans l'une et l'autre hypothèse, comme Satan a mille ruses pour tromper, pour former des fantômes et pour séduire l'imagination et les sens de l'homme, nous marcherons avec réserve, pour ne pas préjuger une question qui peut gagner à un examen plus approfondi, et l'opinion la plus probable pour nous, c'est que l'apparition de Samuel a été l'œuvre diabolique de la pythonisse, puisqu'il ne nous est pas donné d'avoir une autre idée ni une autre explication.

QUESTION IV.

Vous m'adressez une autre question sur cette parole de l'Ecriture : « Le roi David entra et s'assit devant le Seigneur. » (II *Rois*, VII, 18.) Que faut-il entendre ici, si ce n'est qu'il s'est assis en présence du Seigneur, soit dans le lieu où était l'arche du Testament, et où la présence du Seigneur semblait commander plus de respect et d'attention? Ou bien il s'est assis pour prier, et on ne peut bien prier qu'en présence du Seigneur, c'est-à-dire dans le recueillement du cœur. Cette parole, « devant le Seigneur, » peut aussi s'entendre dans ce sens qu'il n'y avait là personne pour entendre sa prière. Donc, soit à cause de la présence de l'arche, soit à cause de l'absence de toute personne en ce lieu, soit à cause du recueillement où était comme absorbée sa prière, on a pu dire avec raison : « Il s'assit devant le Seigneur. » Peut-être est-on surpris de voir qu'il est assis en priant. Mais Elie le saint prophète était assis, lorsque sa prière fit tomber la pluie qu'il demandait. Ces exemples nous font comprendre que rien n'est prescrit relativement à l'attitude du corps dans la prière,

---

illam lectionem qui non sit contra fidem : nisi forte profundiore et (a) perplexiore inquisitione, quæ vel virium mearum vel temporis excedit angustias, inveniatur ad liquidum, vel posse vel non posse animam humanam, cum ex hac vita emigraverit, magicis carminibus evocatam vivorum apparere conspectibus, etiam corporis lineamenta gestantem, ut non solum videri valeat, sed et agnosci. Et si potest, utrum etiam justi anima, non quidem cogatur magicis sacris, sed dignetur ostendi occultioribus imperiis summæ legis obtemperans : ut si fieri non posse claruerit, non uterque sensus in hujus Scripturæ tractatione atque expositione admittatur, sed illo excluso, imaginaria simulatio Samuelis diabolico ritu facta intelligatur. Sed quoniam, sive illud fieri possit, sive non possit, tamen fallacia Satanæ atque imaginum simulandarum callida operatio decipiendis humanis sensibus multiformis invigilat, pedetentim quidem, (b) ne inquisitionibus diligentioribus præscribamus, sed tamen potius existimemus tale aliquid factum maligno pythonissæ illius ministerio, quam diu nobis aliquid amplius excogitare atque explicare non datur.

QUÆSTIO IV.

Quod autem quæris, quid sit quod scriptum est : « Intravit rex David, et sedit ante Dominum : » (II *Reg.*, VII, 18) quid aliud intelligendum est, nisi quia sedit in conspectu Domini; sive ubi erat arca Testamenti, per quam sacratior et commendatior quædam præsentia Domini accipi potest; sive quia oraturus sedit, quod non fit recte nisi in conspectu Dei, hoc est in intimis cordis? Potest enim et sic accipi quod dictum est : « ante Dominum; » ubi nullus esset hominum, qui audiret orantem. Sive ergo propter arcam Testamenti, sive propter secretum locum semotum ab arbitris, sive propter intimum cordis ubi erat orantis affectus, convenienter dictum est : « Sedit ante Dominum. » Nisi forte quod sedens oravit, hoc movet : cum et sanctus Elias hos fecerit, quando pluviam orando impetravit. (III *Reg.*, 18, 42.) Quibus admonemur exemplis, non esse præscriptum

---

(a) Aliquot Mss. *prolixiore*. — (b) Particula *ne* restituitur hic ex Mss. Confer. lib. de octo Dulcitii quæst. in fine quæstionis 6.

pourvu que l'âme soit attentive en présence de Dieu. Nous prions debout, ainsi qu'il est écrit : Le publicain se tenait debout bien loin (*Luc*, XVIII, 13); nous prions à genoux, comme nous le lisons dans les Actes des Apôtres (*Act.*, VII, 59; XX, 36); nous prions assis, ainsi que nous le montre l'exemple de David et d'Elie. Et s'il n'était pas permis de prier, quand on est couché, le Psalmiste ne dirait pas : « Ma couche, toutes les nuits, est baignée de mes pleurs, mon lit est arrosé de mes larmes. » (*Ps.* VI, 7.) Quand on veut se livrer à la prière, on prend la position extérieure qui convient le mieux suivant la circonstance pour aider les affections de l'âme. Lorsque, sans y penser, il vous vient un désir de prier, c'est-à-dire, lorsque tout à coup il vous vient une inspiration qui exite en votre âme les mouvements de la prière par des gémissements inénarrables, restez où vous êtes en ce moment; il ne faut pas différer la prière pour chercher un lieu retiré, ou la facilité d'être debout ou prosterné. L'amour intérieur se bâtit une solitude, et souvent on oublie comment on est orienté, et quelle est l'attitude extérieure, quand ce besoin de la prière vient vous surprendre.

QUESTION V.

Examinons maintenant les paroles du prophète Elie, lorsqu'il dit : « Seigneur mon Dieu, vous qui connaissez cette veuve, qui m'a donné l'hospitalité, vous l'avez traitée bien durement, en faisant mourir son fils. » (III *Rois*, XVII, 20.) Or, ces paroles n'auraient rien de choquant, si on les prononçait comme il faut. Le prophète, en les prononçant, ne croit pas que Dieu ait voulu traiter durement cette veuve, qui avait accueilli l'homme de Dieu avec charité, pendant qu'il était auprès d'elle, en lui donnant le peu de nourriture qu'elle possédait dans sa grande et suprême misère. Il a donc parlé, comme s'il eût dit : « Seigneur mon Dieu, vous savez que cette femme m'a donné l'hospitalité, voudriez-vous l'affliger en faisant mourir son fils? » Il est sous-entendu que le Seigneur, connaissant le cœur de cette femme, dont il voyait la grande charité, et vers laquelle pour cette raison il avait envoyé le prophète Elie, ne faisait pas certainement mourir son fils pour l'affliger, mais parce qu'il voulait faire paraître un miracle pour la gloire de son nom, et pour glorifier son prophète devant la génération présente et future. C'est ainsi que Notre-Seigneur dit dans l'Evangile, que Lazare n'est pas mort pour mourir, mais pour que Dieu soit glorifié dans son Fils. (*Jean*, XI, 4.) La suite de cette histoire, et la confiance même d'Elie, tout nous

---

quomodo corpus constituatur ad orandum, dum animus Deo præsens peragat intentionem suam. Nam et stantes oramus, sicut scriptum est, Publicanus autem de longinquo stabat (*Luc.*, XVIII, 13) : et fixis genibus, sicut in Actibus Apostolorum legimus (*Act.*, VII, 59 ; XX, 36) : et sedentes, sicut ecce David et Elias. Nisi autem etiam jacentes oraremus, non scriptum esset in Psalmis, lavabo per singulas noctes lectum meum, in lacrymis meis stratum meum rigabo. (*Psal.* VI, 7.) Cum enim quisque orationem quærit, collocat membra, sicut ei occurrerit accommodata pro tempore (*a*) positio corporis ad movendum animum. Cum autem non quæritur, sed infertur appetitus orandi, hoc est, cum aliquid repente venit in mentem, quo supplicandi moveatur affectus gemitibus inenarrabilibus, quocumque modo invenerit hominem, non est utique differenda oratio, ut quæramus quo (*b*) secedamus, aut ubi stemus, aut ubi prosternamur. Gignit enim sibi mentis intentio solitudinem, et sæpe etiam obliviscitur (*c*) vel ad quam cœli partem, vel in qua positione corporis membra illud tempus invenerit.

QUÆSTIO V.

In verbis autem beati Eliæ, quibus ait : « O Domine testis hujus viduæ, cum qua ego inhabito apud ipsam, tu male fecisti ut occideres filium ejus, » (III *Reg.*, XVII, 20) nihil moveret, si vera pronuntiatio servaretur. Vox est enim non credentis quod tam male faceret Deus cum ea vidua, quæ tam pie Prophetam susceperat, eo præsertim tempore quo ibi erat, cui protulerat illa totum victum suum tam exiguum in tam magna et summa inopia. Ita ergo dictum est, ac si diceret : « O Domine testis hujus viduæ, cum qua ego inhabito apud ipsam, tune male fecisti, ut occideres filium ejus? » ut subintelligatur quod utique Dominus testis cordis illius mulieris, ubi videbat quanta esset pietas, unde etiam Eliam ipse ad eam miserat, non malefaciendi causa mortificaverat filium ejus, sed exhibendi miraculi ad gloriam nominis sui, quo tantum Prophetam et tunc viventibus et posteris commendaret : sicut dicit Dominus, non ad mortem mortuum fuisse Lazarum, sed ut glorificaretur Deus in Filio suo. (*Joan.*, XI, 4.) Et ideo consequentia probant,

---

(*a*) Sic Mss. At editi, *positi corporis*. — (*b*) Editi, *quo sedeamus*. At Mss. *quo secedamus*. Forte addendum hic, *et ubi sedeamus*. — (*c*) Editis, *obliviscitur se*. Abest *se* a Mss.

prouve qu'il ne s'agissait pas de plonger une mère dans la douleur, mais plutôt que Dieu voulait glorifier aux yeux de cette veuve son serviteur, qu'elle avait accueilli avec honneur. L'Ecriture continue son récit en disant : « Et il souffla trois fois sur l'enfant, et il cria vers le Seigneur et lui dit : Seigneur mon Dieu, faites que l'âme de cet enfant retourne en son corps, et il fut fait ainsi. » (III *Rois*, XVII, 21.) Cette prière d'Elie si courte et si pleine de confiance pour demander la résurrection de l'enfant, montre donc suffisamment quel était le sens des paroles précédentes. Cette femme elle-même montre aussi qu'elle avait compris le motif de la mort de son fils, comme Elie semblait l'avoir aussi compris, et que la parole du prophète était plutôt négative qu'affirmative. Car le prophète lui ayant remis son fils vivant, elle lui dit : « Je reconnais maintenant que vous êtes un homme de Dieu, et que la parole du Seigneur est véritable en votre bouche. » (*Ibid.*, 24.) Il y a dans l'Ecriture une foule de passages, qui n'étant pas énoncés de cette manière offrent un sens tout opposé ; par exemple, celui-ci : « Qui s'élèvera contre les élus de Dieu ? (*Rom.*, VIII, 33.) C'est Dieu qui justifie. » Si votre réponse est ainsi positive, vous avez un sens détestable. Il faut donc prononcer, comme si l'on disait : Est-ce Dieu qui justifie ? en sous-entendant, non certainement. C'est ainsi que la pensée d'Elie devient, à mon avis, claire et intelligible ; et si vous prononcez autrement, elle est obscure.

QUESTION VI.

Quant à l'esprit de mensonge qui trompa Achab (III *Rois*, XXII, 20), il faut se rappeler ce que nous avons dit plus haut, en traitant cette question d'une manière assez claire ; c'est que Dieu tout-puissant et juste, voulant distribuer les récompenses et les châtiments suivant les mérites, se sert non-seulement du ministère des justes et des saints pour le bien, mais encore du ministère des méchants pour les œuvres qui les concernent : les méchants ayant, par leur nature, un grand désir de faire le mal, et n'ayant cependant le pouvoir de nuire, qu'autant que le permet celui qui est le souverain arbitre, et qui dispose tout avec nombre, poids et mesure. (*Sages.*, XI, 21.) Or, le prophète Michée nous fait connaître comment la chose lui a été démontrée. Car ce qui est caché et profondément secret, devient évident pour les prophètes, comme si les sens étaient frappés, puisque la révélation montre l'image des objets, aussi bien que le langage pourrait le faire. Comment Dieu fait-il toutes ces choses, lui qui est tout entier partout et toujours présent ? Comment les saints anges et

---

et ipsa etiam fiducia qua credidit Elias, non ad hoc illud contigisse, ut acerbo luctu hospita ejus affligeretur ; sed potius ad hoc factum esse, ut Deus magnificentius ostenderet viduæ qualem Dei famulum suscepisset. Sequitur Scriptura, et dicit : « Et insufflavit puero ter, et invocavit Dominum, et dixit : Domine Deus meus, revertatur nunc anima pueri hujus in eum. Et factum est sic. » (III *Reg.*, XVII, 21.) Hæc ergo deprecatio, qua petiit Elias tam breviter et tam fidenter, ut resurgat puer, satis indicat quo affectu dicta sint superiora. Et ipsa mulier ostendit ad hoc mortificatum filium suum fuisse, ad quod Elias factum esse præsumpserat, cum illa verba non confirmando, sed renuendo enuntiaverat. Cum enim vivum recepisset filium suum, ait : « Ecce cognovi, quoniam homo Dei es tu, et verbum Domini in ore tuo verissimum. » (*Ibid.*, 24.) Multa sunt autem in Scripturis, quæ nisi illo modo pronuntientur, in contrariam sententiam recidunt : sicuti est, quis accusabit adversus electos Dei ? Deus qui justificat. (*Rom.*, VIII, 33.) Si quasi confirmans respondeas, vides quanta perversitas oriatur. Sic ergo pronuntiandum est, ac si diceretur : Deusne qui justificat ? ut subaudiatur : Non utique. Ac per hoc apertam puto esse illam Eliæ sententiam, quam non servata pronuntiatio faciebat obscuram.

QUÆSTIO VI.

De spiritu vero mendacii, per quem deceptus est Achab, hoc intelligamus, quod jam superius satis aperte tractatum arbitror : Deum scilicet omnipotentem et justum distributorem pœnarum præmiorumque pro meritis, non solum bonis et sanctis ministris uti ad opera congrua, sed etiam malis ad opera digna : cum illi pro sua perversa cupiditate nocere appetant, sinantur autem tantum quantum ille judicat, qui omnia in mensura et pondere et numero disponit. (*Sap.*, XI, 21.) Dixit autem hoc Michæas propheta quomodo sibi fuerit demonstratum. Occulta enim res et nimis secreta ita demonstratur prophetis, sicut potest capere sensus humanus, cum etiam rerum imaginibus in revelatione tanquam verbis instruitur. Nam quomodo Deus hæc agat, ubique totus ac semper præsens ; et quomodo ejus simplicem et incommutabilem æternamque veritatem consulant

tous les purs esprits qu'il a créés consultaient-ils cette vérité simple, immuable et éternelle, pour voir ce qui est éternellement juste en Dieu, et le réaliser dans le monde suivant la convenance des êtres inférieurs? Comment les esprits tombés eux-mêmes, qui ne sont pas restés dans la vérité, et qui ne sont plus capables, souillés qu'ils sont par leurs passions et dégradés par leur châtiment, de contempler et de consulter la vérité dans son essence intrinsèque; comment attendent-ils les manifestations extérieures par le moyen des créatures, pour se disposer à agir ou à ne pas agir; comment sont-ils forcés, par la loi éternelle qui régit l'univers, de rester enchaînés dans leur prison, et d'attendre ou que Dieu leur permette d'agir, ou d'exécuter ses ordres; voilà ce qu'il est difficile de comprendre, et ce qu'il serait trop long d'expliquer. Mais je crains que toutes mes explications n'aient point répondu à votre attente, et n'aient été un sujet d'ennui pour votre esprit sérieux; d'autant plus que pour un petit livre que vous me demandiez en réponse à vos questions, voilà que je vous en envoie deux d'une longueur démesurée, sans qu'ils contiennent peut-être rien de clair et de bien précis. C'est pourquoi je vous demanderai de prier souvent et beaucoup pour toutes mes inexactitudes; surtout je vous supplie de me donner votre avis sur cet ouvrage, en deux mots, pourvu que ces deux mots soient sérieux; dites-moi la vérité, et j'accepte la plus grande sévérité.

sancti Angeli omnesque ab eodem Deo creati sublimes et mundissimi spiritus, atque id quod in eo sempiterne justum vident, pro congruentia rerum inferiorum temporaliter peragant: quomodo etiam lapsi spiritus, qui in veritate non steterunt, propter immunditiam et infirmitatem concupiscentiarum et pœnarum suarum non valentes præsentem intrinsecus contueri et consulere veritatem, signa forinsecus per creaturam expectent, eisque moveantur sive ad faciendum aliquid sive ad non faciendum; quove modo cogantur æterna lege, qua universitas regitur, vincti atque constricti, vel (a) sinentem Deum opperiri, vel cedere jubenti, et complecti arduum et explicare longissimum est. Vereor autem ne ista ipsa quæ sunt à me dicta, et non satisfecerint expectationi, et tædio fuerint gravitati tuæ: quando quidem cum tu ex omnibus quæ interrogasti, unum a me libellum mitti velles, ego duos libros eosdemque longissimos misi, et fortasse quæstionibus tuis nequaquam diligenter expediteque respondi. Quamobrem preces tuas pro erratis meis multas et assiduas peto fieri: sententiam vero de hoc opere tuam brevissimam, sed gravissimam flagito; et dum sit verissima, severissimam non recuso.

(a) Ita melioris notæ Mss. Editi autem, *sinente Deo operari, vel cedere jubenti et compellenti, arduum et explicare longissimum est.*

AVERTISSEMENT

SUR

LE LIVRE DES HUIT QUESTIONS DE DULCITIUS

Dulcitius pour qui saint Augustin a composé ce livre, était sans aucun doute le même Dulcitius que saint Augustin cite avec éloge comme tribun et notaire, au IIe livre de ses *Rétractations*, ch. LIX. Il était en Afrique vers l'an 420, comme on peut l'inférer du même passage, chargé de faire exécuter les lois portées par l'empereur Honorius contre les Donatistes. Le même Dulcitius, désirant savoir comment il fallait répondre aux hérétiques, saint Augustin lui adressa sa lettre CCIV, qui a pour titre : *A l'illustre seigneur et honorable fils Dulcitius*. Il était très-lié avec Mercator, à qui saint Augustin écrivit les lettres dont il est parlé dans cet ouvrage, à la question IIIe, et qu'il lui envoya par Albinus, acolyte de l'Eglise romaine, partant de l'Afrique pour Rome. Laurent qui était primicier de la ville de Rome, et à qui fut adressé le livre appelé *Enchiridion*, était frère de Dulcitius, comme le dit saint Augustin dans sa réponse à la première question.

Quant à la date de cet ouvrage, il est constant qu'il n'a pu paraître qu'après l'année 419 ou plutôt 420. Car l'*Enchiridion* mentionné dans la première question, n'a pas vu le jour avant 421, comme nous le dirons en son lieu. Ce qui n'est pas moins certain, c'est que le présent livre était complètement terminé avant l'année 430, puisqu'il est énuméré dans les livres des *Rétractations*, lesquels étaient terminés vers l'an 427. On pense avec raison qu'il faut corriger une date, qui est consignée dans l'exorde de ce livre, et que les exemplaires imprimés ou manuscrits ont conservée, d'après laquelle le dimanche de Pâques, pour l'année où saint Augustin composa cet ouvrage, serait tombé le III des calendes d'Avril. Or, pendant

ADMONITIO

IN LIBRUM DE OCTO DULCITII QUÆSTIONIBUS.

De Dulcitio primum, qui libri hujus scribendi argumentum Augustino præbuit, nulli dubitamus quin ille ipse sit Tribunus et Notarius in II *Retractationum* libro, c. LIX, laudatus, qui circiter annum 420, sicuti ex eodem loco intelligitur, in Africa agebat, datis ab Imperatore Honorio contra Donatistas legibus exequendis præfectus. Ad eumdem, cum edoceri cuperet quid hæreticis illis respondere oporteret, scripta fuit Augustini epistola CCIV, cui titulus, *Domino eximio et honorabili filio Dulcitio*, præfigitur. Mercatorem porro, cui per Albinum Romanæ Ecclesiæ acolythum ex Africa proficiscentem litteras, hoc in opere ad quæstionem III citatas, misit Augustinus, Dulcitio notissimum credebat : Laurentium vero, cui urbis Romæ Primicerio inscribitur libellus dictus *Enchiridion*, Dulcitii fratrem hic ad quæstionem I respondens appellat.

Jam de subsequentis operis ætate, id omnino constat, editum esse post Christi annum 419, imo post 420, quando quidem citatus in I quæstione liber *Enchiridion* anno (uti suo dicturi sumus loco) non prius 421 prodiit. Aliud etiam non minus liquet, perfectum scilicet fuisse aliquanto ante annum 430, quippe cum in *Retractationum* libris anno fere 427, absolutis recenseatur. Quapropter haud immerito censent corrigendam hic in exordio consignatam (tametsi codices excusi et scripti eamdem omnes habeant) notam Paschatis, cujus Dominicum eo anno quo librum hunc

l'épiscopat de saint Augustin, Pâques n'arriva à cette date que dans les années 419 et 430, auxquelles nous accordons facilement qu'on ne puisse pas assigner l'apparition de cet opuscule. Au lieu de lire le III des calendes d'Avril, il faudra lire, comme le veulent certains critiques, le VII des calendes d'Avril, pour fixer cet ouvrage à l'année 422; ou bien encore, le XI des calendes d'Avril, jour où la Pâque fut célébrée en 425, pour quelques Eglises latines, comme l'affirme Bucherius.

concinnavit Augustinus, in tertium kalendas aprilis, incidisse ferunt. Id si quidem per episcopatum Augustini non contigit unquam, nisi annis 419 et 430, quibus istud opusculum assignari non posse facile concedimus. Erit igitur pro III kal. legendum, ut quidam volunt, VII kal. aprilis, ut opus ad 422 annum pertineat; aut certe reponendum XI kal. aprilis, quo die Pascha anno 425 celebratum a quibusdam Latinorum fuisse asserit Bucherius.

LIVRE II DES RÉTRACTATIONS, CHAPITRE LXV

Le livre que j'ai intitulé : *Les huit questions de Dulcitius*, ne devrait pas être mentionné dans cet ouvrage parmi mes livres, puisqu'il est composé de plusieurs morceaux qui se trouvent dans mes autres ouvrages; mais il s'y trouve quelques intercalations qui sont nouvelles, et surtout une réponse à une des questions qu'on ne trouve pas ailleurs et que j'ai faite de circonstance. Ce livre commence ainsi : *Il me semble, mon cher et bien aimé Dulcitius*.

LIBRI II RETRACTATIONUM, CAPUT LXV.

Liber quem prænotavi : *De octo Dulcitii quæstionibus*, non esset in hoc opere commemorandus inter libros meos, cum sit confectus ex iis, quæ a me in aliis antea conscripta sunt, nisi et disputationis aliquid a nobis interpositum reperiretur in eo, et uni earum quæstionum non ex opusculo aliquo alio meo responsionem, sed tunc quæ potuit occurrere, reddidissem. Hic liber sic incipit : *Quantum mihi videtur, dilectissime fili Dulciti*.

DES HUIT QUESTIONS
DE DULCITIUS

LIVRE UNIQUE [1]

Ire Question. Les pécheurs baptisés sortiront-ils de l'enfer? — II. Le sacrifice que l'on offre pour les morts leur est-il profitable? — III. Quand le Seigneur viendra, jugera-t-il aussitôt tous les hommes, ou bien les vivants mourront-ils avant d'être enlevés dans les nuées au-devant du Seigneur? — IV. Comment la bénédiction des justes est-elle promise aux enfants dans le psaume? — V. (Elle est renvoyée à la fin.) Comment David a-t-il été choisi selon le cœur de Dieu? — VI. Samuel a-t-il été réellement évoqué du tombeau par la pythonisse? — VII. Comment Sara a-t-elle échappé à la passion d'Abimélech et de Pharaon? — VIII. Enfin, l'esprit de Dieu qui était porté sur les eaux était-il le Saint-Esprit?

PRÉFACE.

Il me semble, mon cher et bien aimé Dulcitius, que je n'ai pas tardé à répondre à vos questions. J'ai reçu cette année, pendant la Pâque, dont le dimanche tombait le III des calendes d'avril, les lettres que votre amitié m'avait envoyées de Carthage. Les solennités terminées, je suis parti aussitôt pour Carthage, où une foule d'occupations, qui ne pouvait pas me manquer dans cette ville, ne me permit pas de rien écrire. De retour à Hippone, après trois mois d'absence, il m'a fallu m'occuper pendant quinze jours de nos affaires qui m'attendaient, et réclamaient mes soins depuis longtemps. Enfin, je n'ai plus voulu différer de vous répondre, et comme j'ai traité, dans plusieurs de mes opuscules, les questions que vous m'adressez, je me suis occupé d'y faire des recherches pour vous envoyer une solution ou du moins un essai de mon travail; sur une question seulement, je n'ai pu rien trouver, c'est celle où vous me demandez pourquoi le Seigneur, qui connaît l'avenir, a dit : « J'ai choisi David selon mon cœur, » (III *Rois*, VIII, 16;

(1) Écrit peut-être vers l'an 422 ou 425.

DE
OCTO DULCITII QUÆSTIONIBUS

LIBER UNUS.

Quæstio 1 est : An baptizati peccatores exituri sint de gehenna. — II. An mortuis prosit oblatio, quæ fit pro ipsis. — III. Utrum in adventu Domini mox futurum sit judicium, anve illi morituri sint, qui rapientur in nubibus obviam Domino. — IV. Quomodo justorum filiis benedictio in Psalmo promittitur. — V. (Quæ novissimo loco tractatur.) Quomodo electus David secundum cor Dei. — VI. Utrum Samuel per pythonissam vere fuerit de inferno evocatus. — VII. Quomodo stuprum Abimelech et Pharaonis effugit Sara. — VIII. Denique de Spiritu Dei qui superferebatur super aquam, an ipse sit Spiritus sanctus.

PRÆFATIO.

Qantum mihi videtur, (*a*) dilectissime fili Dulciti, non tardavi respondere interrogationibus tuis. Per Pascha quippe hoc anno, quo (*b*) Dominicus ejus fuit tertio Kalendas Aprilis, a Carthagine mihi missas litteras tuæ dilectionis accepi. Post eos autem dies sanctos confestim Carthaginem sum profectus : in qua civitate nihil me dictare permisit occupationum, quæ ibi non potest deesse, nimia multitudo. Sed postea quam inde regressus sum, peractis apud nostros quindecim diebus, qui me post absentiam diuturnam curare alia compulerunt, (nam post tres menses redire permissus sum,) rescribere ista non distuli, et abs te missis quæstionibus, quæ a me per diversa opuscula mea jam fuerant pertractatæ, ex eisdem opusculis reddere vel solutionem vel certe disceptationem meam. Denique illud tantummodo, ubi quæris quare dixerit Dominus nimirum præscius futurorum : « Elegi David secundum cor meum, » (III *Reg.*, VIII, 10; *Act.*, XIII, 22) cum ille talia et tanta commiserit,

(*a*) Aliquot Mss. *dulcissime* — (*b*) In plerisque Mss. *Dominicum.*

Act., XIII, 22) malgré les grandes fautes de ce roi. Je ne sais où j'ai traité cette question, comment je l'ai traitée, si c'est dans un de mes Livres ou dans une Epitre. C'est pourquoi me trouvant obligé à un nouveau travail, j'ai renvoyé cette question après les autres, voulant d'abord faire figurer dans ma réponse ce que j'avais tout prêt sous la main dans mes livres, pour satisfaire à votre pieux empressement et au plaisir que j'ai de vous être agréable; et d'un autre côté pour ne pas recommencer un travail qui m'eût été pénible, sans vous être plus utile.

QUESTION I.

Voici votre première question : « Les pécheurs qui ont été baptisés sortiront-ils un jour de l'enfer? Sur cette question, dites-vous, les avis sont partagés, les uns disent que, comme la récompense des justes n'a pas de fin, les tourments des pécheurs ne doivent pas non plus finir. Ils veulent que la punition soit éternelle comme la récompense. D'autres leur opposent cette parole de l'Evangile qui dit : Vous ne sortirez pas de là que vous n'ayez payé la dernière obole (*Matth.*, v, 26), donc il sortira quand il aura payé. Nous nous appuyons aussi sur cette parole de l'Apôtre : Il sera sauvé, mais en passant par le feu. (I *Cor.*, III, 15.) Nous lisons aussi ailleurs, dites-vous : Il ne l'avait pas connu, jusqu'à ce qu'elle enfanta (*Matth.*, I, 25), sans pouvoir l'interpréter en ce sens, qu'il la connut plus tard. C'est pourquoi nous désirons avoir une explication. » Telle est bien votre question.

2. Ma réponse, je la prends dans mon livre qui a pour titre : *De la Foi et des œuvres*, où je m'exprime de cette manière (ch. XIV et suiv.) : Saint Jacques s'élève avec tant de force contre ceux qui pensent que la foi sans les œuvres suffit pour le salut, qu'il les compare même aux démons. « Vous croyez, dit-il, qu'il n'y a qu'un seul Dieu; vous avez raison; les démons le croient aussi et ils tremblent. » (*Jacq.*, II, 19.) Pouvait-il rien dire de plus court, de plus vrai, de plus fort, puisque nous lisons dans l'Evangile que les démons ont fait cet aveu, en disant que le Christ était le Fils de Dieu (*Marc*, I, 24), et que Notre-Seigneur les reprenait pour les faire taire, quoiqu'il ait loué la même confession dans saint Pierre? (*Matth.*, XVI, 16.) « Que servirait-il à un homme, mes frères, dit saint Jacques, de dire qu'il a la foi, s'il n'a pas les œuvres? La foi pourra-t-elle le sauver? » (*Jacq.*, II, 14.) Il dit encore : « Que la foi sans les œuvres est morte. » (*Ibid.*, 20.) Combien sont-ils donc dans l'erreur, ceux qui avec une foi morte se promettent la vie éternelle?

ubi tractaverim, et quomodo id exposuerim, non potui reperire, et utrum sit in aliquo libro meo vel epistola nescio. Ac per hoc quoniam mihi de hoc intulisti novæ disputationis necessitatem, in hac mea rescriptione id ultimum feci, prius volens ea ponere, quæ habebam in aliis meis voluminibus præparata : ut nec studio tuæ sanctitatis (a) deessem, quod mihi est gratissimum ; nec alio modo eadem dicere cogerer, quod mihi esset laboriosissimum, nec te aliquo amplius adjuvaret.

QUÆSTIO I.

1. Prima itaque propositio tua est : « Utrum aliquando, qui sunt post baptismum peccatores, exeant de gehenna. Aliquantorum namque super hoc, inquis, diversa sententia est, respondentium, sicut justorum præmium, ita peccatorum finem non habere tormenta. Asseverare etenim cupiunt tam perpetem vindictam manere, quam præmium. Quibus contra præscribitur Evangelica illa sententia, quæ ait : Non inde exies, donec reddas novissimum quadrantem. (*Matth.*, v, 26.) Superest ergo ut hoc reddito possit exire. Credimus hoc et Apostoli definitione dicentis :

(a) Potiores Mss. *deesset*.

Ipse autem salvus erit, sic tamen quasi per ignem. (I *Cor.*, III, 15.) Sed quoniam alibi legimus, inquis : Et non cognovit eam, donec peperit (*Matth.*, I, 25) quod ita interpretari non possumus, idcirco de hoc cupimus fieri certiores. » Huc usque est propositio tua.

2. Cui respondeo ex libro meo, qui inscribitur : « *De fide et operibus*, » (cap. XIV, *et seq.*) ubi de hac re ita locutus sum : Jacobus, inquam, tam vehementius infestus est eis qui sapiunt fidem sine operibus valere ad salutem, ut illos etiam dæmonibus comparet, dicens : « Tu credis quoniam unus est Deus : bene facis, et dæmones credunt, et contremiscunt. (*Jac.*, II, 19.) Quid brevius, verius, vehementius dici potuit, cum et in Evangelio legamus hoc dixisse dæmonia, cum Christum Filium Dei confiterentur (*Marc.*, I, 24), et ab illo corriperentur, quod in Petri confessione laudatum est? (*Matth.*, XVI, 16) « Quid proderit, ait Jacobus, fratres mei, si fidem dicat se quis habere, opera autem non habeat? Numquid poterit fides salvare eum? (*Jac.*, II, 14). Dicit etiam, « quia fides sine operibus mortua est. » (*Ibid.*, 20.) Quo usque ergo falluntur, qui de fide mortua sibi vitam perpetuam pollicentur?

3. Il faut donc apporter une grande attention pour bien comprendre ce passage, certainement difficile, de l'Apôtre saint Paul (I *Cor.*, III, 3) : « Personne ne peut poser un autre fondement que celui qui a été posé, qui est Jésus-Christ. Que si l'on élève sur ce fondement un édifice d'or, d'argent, de pierres précieuses, de bois, de foin, de paille, l'ouvrage de chacun paraîtra enfin ; car le jour du Seigneur le fera connaître, et il sera découvert par le feu, et le feu mettra à l'épreuve l'ouvrage de chacun. Celui qui aura bâti un ouvrage qui subsiste, en recevra la récompense ; celui dont l'ouvrage sera consumé par le feu, en souffrira la perte ; il ne laissera pas néanmoins d'être sauvé, mais comme par le feu. » Or, il y en a qui interprètent ce texte en disant qu'on bâtit sur ce fondement un édifice d'or, d'argent, de pierres précieuses, quand on a la foi et les œuvres ; mais qu'on bâtit un édifice de foin, de bois et de paille, quand on a la même foi, et qu'on vit mal. C'est pourquoi ils pensent qu'une certaine peine du feu les purifiera pour obtenir le salut à cause du fondement de l'édifice.

4. S'il en est ainsi, il faut avouer que les hommes de cette opinion méritent des éloges pour leur charité, et les efforts qu'ils font pour admettre au baptême tout le monde indistinctement, non-seulement les adultères de l'un et l'autre sexe, réprouvés par le Seigneur, malgré une apparence d'union légitime, mais encore les femmes publiques qui ne quittent pas leur profession infâme, et que pourtant on n'admet nulle part, quelque relâché que l'on soit, sans qu'elles aient renoncé à la prostitution. Mais, d'après le principe en question, je ne vois pas pourquoi on ne les admettrait pas comme les autres. Ne vaut-il pas mieux, en effet, qu'elles bâtissent sur le fondement, même un édifice de foin, de bois et de paille, sauf à passer plus longtemps par la purification du feu, plutôt que de périr éternellement ? Il faudra donc dire que l'Apôtre nous a trompés, lorsqu'il nous dit sans obscurité et sans ambiguïté : « Quand j'aurais toute la foi possible, jusqu'à transporter les montagnes, si je n'ai point la charité, je ne suis rien. » (I *Cor.*, XIII, 2.) « Que sert-il à l'homme, mes frères, de dire qu'il a la foi, s'il n'a pas les œuvres ? La foi pourra-t-elle le sauver ? » (*Jacq.*, II, 14.) Il aura eu tort aussi quand il a dit : « Ne vous y trompez pas, ni les fornicateurs, ni les idolâtres, ni les voleurs, ni les avares, ni les adultères, ni les efféminés, ni les abominables, ni les ivrognes, ni les médisants, ni les ravisseurs du bien d'autrui ne posséderont point le royaume de Dieu. » (I *Cor.*, VI, 9, 10.) Voici encore une parole fausse : « Il est aisé de connaître les œuvres de la chair, qui sont la fornication, l'impureté, la luxure, l'idolâtrie, les empoisonnements, les

---

3. Quapropter diligenter opportet attendere quomodo accipienda sit apostoli Pauli illa sententia, plane ad intelligendum difficilis, ubi ait (I *Cor.*, III, 11, etc) : « Fundamentum enim aliud nemo potest ponere, præter id quod positum est, quod est Christus Jesus. Si quis autem superædificat super fundamentum hoc aurum, argentum, lapides pretiosos, ligna, fœnum, stipulam, uniuscujusque opus manifestabitur. Dies enim declarabit, quia in igne revelabitur, et uniuscujusque opus quale sit ignis probabit. Si cujus opus manserit, quod superædificavit, mercedem accipiet. Si cujus autem opus arserit, damnum patietur : ipse autem salvus erit, sic tamen quasi per ignem. » Quod quidam ita intelligendum putant, ut illi videantur ædificare super hoc fundamentum aurum, argentum, lapides pretiosos, qui fidei quæ in Christo est, bona opera adjiciunt ; illi autem fœnum, ligna, stipulam; qui cum eamdem fidem habeant, male operantur. Unde arbitrantur per quasdam pœnas ignis eos posse purgari ad salutem percipiendam merito fundamenti.

4. Hoc si ita est, fatemur istos laudabili caritate conari, ut omnes indiscrete admittantur ad baptismum, non solum adulteri et adultera, contra sententiam Domini falsas nuptias prætendentes, verum etiam publicæ meretrices in turpissima professione perseverantes, quas certe etiam nulla negligentissima Ecclesia consuevit admittere, nisi ab illa primitus prostitutione liberatas. Sed ista ratione cur non omni modo admittantur, omnino non video. Quis enim non malit eas posito fundamento, licet ligna, fœnum et stipulam congerant, aliquanto certe diuturniore igne purgari, quam in æternum perire ? Sed falsa erunt illa, quæ obscuritatem ambiguitatemque non habent : « Si habeam omnem fidem, ita ut montes transferam, caritatem autem non habeam, nihil sum. » (I *Cor.*, XIII, 2.) Et : « Quid proderit, fratres mei, si fidem quis dicat se habere, opera autem non habeat ? numquid poterit fides salvare eum ? » (*Jac.*, II, 14.) Falsum erit et illud : « Nolite errare, neque fornicatores, neque idolis servientes, neque fures, neque avari, neque adulteri, neque molles, neque masculorum, concubitores, neque ebriosi, neque maledici, neque rapaces regnum Dei possidebunt. » (I *Cor.* VI, 9, et 10.) Falsum et illud : « Manifesta sunt opera carnis, quæ sunt fornicationes, immunditiæ, impudicitia, luxuria, idolorum

dissensions, les inimitiés, les jalousies, les animosités, les querelles, les divisions, les hérésies, les envies, les ivrogneries, les débauches et autres crimes semblables; je vous l'ai dit, et je vous le répète encore, ceux qui les commettent, ne posséderont point le royaume de Dieu. » (*Gal.*, v, 19, etc.) Tout cela sera donc faux. Car s'il suffit de croire et d'être baptisé, quoiqu'on vive dans le crime, on sera sauvé par le feu, et ceux qui sont baptisés dans le Christ, quoiqu'ils se livrent à leurs passions, posséderont le royaume de Dieu. C'est en vain que l'Apôtre aurait dit : « Vous avez été tout cela autrefois, mais vous avez été lavés; » (I *Cor.*, vi, 11) puisque ceux qui ont été lavés sont encore tout cela. C'est en vain aussi que saint Pierre aurait dit : « Vous voyez que le baptême vous sauve, non en ôtant les souillures de la chair, mais en vous engageant au service de Dieu avec une conscience pure. » (I *Pierre*, iii, 21.) S'il est vrai que les hommes, dont la conscience est chargée de tous les crimes et de tous les forfaits, et sans être convertis par la pénitence, trouvent le salut dans le baptême; car à cause du fondement qui est posé dans le baptême, ils seront sauvés, quoiqu'en passant par le feu. Je ne vois non plus pourquoi Notre-Seigneur aurait dit : « Si vous voulez arriver à la vie, observez les commandements; » (*Matth.*, xix, 17) ni pourquoi il aurait rappelé tout ce qui tient à la règle des bonnes mœurs, s'il est possible d'arriver à la vie, sans les observer, par la foi seule qui « est morte sans les œuvres. » (*Jacq.*, ii, 26.) Et comment expliquer ce qu'il dira aux réprouvés placés à sa gauche : « Allez au feu éternel qui a été préparé pour le diable et ses anges? » (*Matth.*, xxv, 41.) Il leur reproche non pas d'avoir manqué de foi, mais de n'avoir pas pratiqué les bonnes œuvres. Car Notre-Seigneur voulant nous enseigner que la foi sans les œuvres ne suffisait pas pour arriver à la vie éternelle, nous dit qu'un jour il séparera toutes les nations qui étaient réunies dans les mêmes pâturages, et que ceux qui lui diront : « Seigneur, quand est-ce que nous vous avons vu souffrir de telle ou telle nécessité, et que nous avons manqué de vous secourir? » (*Ibid.*, 44) sont précisément ceux qui croyaient en lui, mais sans prendre aucun souci des bonnes œuvres, comme si la foi morte et toute seule eût suffi pour obtenir la vie éternelle. Dirons-nous qu'on ira au feu éternel, si on ne fait pas les œuvres de miséricorde, et qu'on n'ira pas, si on ravit le bien d'autrui, si on profane en soi-même le temple de Dieu en se traitant sans miséricorde, comme si les œuvres de miséricorde étaient utiles au salut sans la charité, suivant cette parole de l'Apôtre : « Quand je donnerais tous mes biens aux pauvres, si je n'ai pas la charité, cela ne me sert de rien; » (I *Cor.*,

servitus, veneficia, inimicitiæ, contentiones, æmulationes, animositates, dissensiones, hæreses, invidiæ, ebrietates, commessationes, et his similia, quæ prædico vobis, sicut et prædixi, quoniam qui talia agunt, regnum Dei non possidebunt. » (*Gal.*, v, 19, etc.) Falsa erunt hæc. Si enim tantummodo credant et baptizentur, quamvis in malis talibus perseverent, salvi erunt per ignem : atque ideo in Christo baptizati, etiam qui talia agunt, regnum Dei possidebunt. Frustra autem dicitur : « Et hæc quidem fuistis, sed abluti estis : » (I *Cor.*, vi, 11) quando et abluti hæc sunt. Inaniter etiam illud a Petro dictum videbitur : « Sic et vos simili forma baptisma salvos facit, non carnis depositio sordium, sed conscientiæ bonæ interrogatio : » (I *Pet.*, iii, 21) si quidem et habentes pessimas conscientias omnium flagitiorum et scelerum plenas, nec eorum malorum pœnitentia mutatas, tamen baptisma salvos facit : propter fundamentum enim quod in eodem baptismate ponitur, licet per ignem, salvi erunt. Illud quoque non video, cur Dominus dixerit : « Si vis venire ad vitam, serva mandata; » (*Matth.*, xix, 17) et commemoravit ea quæ ad bonos mores pertinent : si etiam his non servatis ad vitam veniri potest per solam fidem, quæ « sine operibus mortua est. » (*Jac.*, ii, 26.) Illud deinde quomodo verum erit, quod eis quos ad sinistram positurus est dicet : « Ite in ignem æternum, qui paratus est diabolo et angelis ejus? » (*Matth.*, xxv, 41.) Quos non increpat quia in eum non crediderunt, sed quia bona opera non fecerunt. Nam profecto ne sibi quisquam de fide, quæ sine operibus mortua est, vitam promittat æternam, propterea omnes gentes segregaturum se dixit, quæ permixtæ eisdem pascuis utebantur, ut appareat eos illos dicturos : « Domine quando te vidimus illa et illa patientem, et non ministravimus tibi? (*Ibid.*, 44) qui in eum crediderant, sed bona operari non curaverant, tanquam de ipsa fide mortua ad vitam perveniretur æternam. An forte ibunt in ignem æternum qui opera misericordiæ non fecerunt, et non ibunt qui aliena rapuerunt, vel corrumpendo in se templum Dei in seipsos immisericordes fuerunt, quasi opera misericordiæ prosint aliquid sine dilectione, dicente Apostolo : « Si distribuam omnia mea pauperibus, caritatem autem non habeam, nihil mihi prodest : » (I *Cor.*, xiii, 3) aut diligat quisquam proximum sicut se ipsum, qui non diligit se ipsum ? « Qui enim

xiii, 3) ou comme si on pouvait aimer son prochain quand on ne s'aime pas soi-même? « Car celui qui aime l'iniquité, hait son âme. » (*Ps.* x, 6.) On ne pourra pas dire, comme disent quelques-uns pour se tromper eux-mêmes, que le feu est éternel, mais que la peine n'est pas éternelle; ils disent en effet que le feu est éternel, et que ceux qui doivent être sauvés par le feu à cause de leur foi morte passeront par ce feu; qu'à la vérité le feu est éternel, mais que la combustion ou l'opération du feu ne sera pas éternelle pour eux. Tandis que Notre-Seigneur, qui prévoit tout comme souverain maitre, termine son arrêt par ces paroles : « Ainsi ils iront dans la combustion éternelle, et les justes dans la vie éternelle. » (*Matth.*, xxv, 46.) La combustion sera donc éternelle, comme le feu; et la vérité nous dit qu'ils brûleront éternellement, si elle reconnaît en eux, je ne dis pas absence de foi, mais absence de bonnes œuvres.

5. Si donc tous ces textes que nous venons de citer, et qui sont clairs comme le jour, sans compter mille autres semblables que nous pourrions trouver dans la sainte Ecriture; si tout cela est faux, alors on pourra donner créance à l'interprétation du bois, du foin et de la paille, pour dire qu'on sera sauvé par le feu, du moment qu'on aura eu la foi en Jésus-Christ, quoiqu'on ait négligé les bonnes œuvres. Mais si nos textes qui sont clairs sont aussi les plus vrais, il n'est pas douteux qu'il faille chercher une autre interprétation au texte de l'Apôtre; et c'est ainsi qu'il faut appliquer la remarque de saint Pierre, quand il dit que dans les écrits de saint Paul, il y a des passages difficiles à entendre (II *Pier.*, iii, 16), et qu'on ne doit pas détourner à un mauvais sens pour sa propre ruine; car en agissant de cette manière, on contredit les témoignages les plus évidents de l'Ecriture, on donne une fausse sécurité sur le salut aux hommes pervers, obstinés dans le mal, et qui ne veulent ni se corriger ni faire pénitence.

6. On me demandera peut-être ce que je pense du texte de l'apôtre saint Paul, et comment il faut l'interpréter. J'avoue que sur ce sujet j'aimerais mieux entendre des hommes plus capables et plus instruits, qui l'expliqueraient de manière à laisser dans toute leur force et leur vérité, les passages que j'ai cités ou que je n'ai pas cités, et par lesquels la sainte Ecriture nous montre clairement que la foi ne sert de rien, si ce n'est celle dont parle l'Apôtre, et qui agit par la charité; que la foi sans les œuvres ne peut pas sauver, ni avec le feu, ni sans le feu; car si elle sauvait par le feu, elle sauverait encore. Or, il est dit d'une manière claire et absolue : « Que sert-il à l'homme de dire qu'il a la foi, s'il n'a pas les œuvres? Est-ce que la foi pourra le sau-

diligit iniquitatem, odit animam suam. » (*Ps.* x, 6.) Neque illud dici hic poterit, in quo nonnulli se ipsos seducunt dicentes, ignem æternum dictum, non ipsam pœnam æternam : per ignem quippe, qui æternus erit, transituros arbitrantur eos, quibus propter fidem mortuam per ignem promittunt salutem; ut videlicet ignis æternus sit, combustio vero eorum, hoc est operatio ignis, non sit in eis æterna : cum et hoc prævidens Dominus, tanquam Dominus, sententiam suam ita concluserit, dicens : « Sic ibunt illi in combustionem æternam, justi autem in vitam æternam. » (*Matth.*, xxv, 46.) Erit ergo æterna combustio, sicut ignis; et eos in illam ituros Veritas dixit, quorum non fidem, sed bona opera defuisse declaravit.

5. Si ergo hæc omnia, et cœtera quæ innumerabilia per omnes Scripturas sine ambiguitate dicta reperiri possunt, falsa erunt; poterit verus esse ille intellectus de lignis, fœno et stipula, quod hi salvi erunt per ignem, qui solam in Christo fidem tenentes bona opera neglexerunt. Si autem ista et vera, et clara sunt; procul dubio in illa Apostoli sententia alius requirendus est intellectus, atque in his deputanda est, quæ Petrus dicit esse in scriptis ejus quædam difficilia intellectu (II *Pet.*, iii, 16), quæ non debent homines pervertere ad proprium suum interitum, ut contra evidentissima testimonia Scripturarum securos faciant de percipienda salute nequissimos, nequitiæ suæ pertinacissime cohærentes, nec emendando aut pœnitendo mutatos.

6. Hic a me fortasse quæratur, de ipsa Pauli apostoli sententia quid ego sentiam, et quonam modo intelligendam putem. Fateor, hinc mallem audire intelligentiores atque doctiores, qui sic eam exponant, ut illa omnia vera et inconcussa permaneant, quæ supra commemoravi, et quæcumque alia non commemoravi, quibus apertissime Scriptura testatur, nihil prodesse fidem, nisi eam quam definivit Apostolus, id est, quæ per dilectionem operatur; sine operibus autem salvare non posse, neque præter ignem, neque per ignem : quia si per ignem salvat, ipsa utique salvat. Absolute autem dictum est et aperte : « Quid prodest, si dicat quis se fidem habere, opera autem non habeat? numquid poterit fides salvare eum? » (*Jac.*, ii, 14.) Dicam tamen, quam brevissime potero, etiam ipse quid sentiam de illa sen-

ver? » (*Jacq.*, II, 14.) Je dirai cependant d'une manière aussi brève que possible, ce que je pense de ce texte de saint Paul, difficile à comprendre, pourvu qu'il soit bien entendu que, selon ma déclaration, j'aimerais mieux sur ce sujet entendre des hommes plus compétents. Le Christ est fondement dans la construction du sage Architecte. Cela n'a pas besoin d'explication, puisqu'il est dit clairement : « Personne ne peut poser d'autre fondement que celui qui a été posé, qui est Jésus-Christ. » (I *Cor.*, III, 10.) Or, si c'est le Christ, il n'y a pas à douter que ce soit la foi au Christ. Car c'est par la foi que le Christ habite dans nos cœurs, comme dit le même Apôtre. (*Ephés.*, III, 17.) Si donc, c'est la foi du Christ, c'est celle que définit l'Apôtre, et « qui opère par la charité. » (*Gal.*, v, 6.) Car on ne peut pas accepter pour fondement la foi des démons qui croient et qui tremblent, tout en confessant que Jésus est le Fils de Dieu. Pourquoi? Parce que cette foi n'opère pas par la charité, mais ne se déclare que par la crainte. C'est pourquoi la foi du Christ qui est la foi de la grâce chrétienne, parce qu'elle opère par la charité, c'est celle qui est posée sur le fondement, et qui ne laisse périr personne. Mais qu'est-ce que bâtir sur ce fondement un édifice d'or, d'argent, de pierres précieuses, de bois, de foin, de paille? Si j'essaie de mettre de la subtilité, dans ma discussion, je crains qu'elle ne devienne encore plus difficile à comprendre; je vais m'efforcer néanmoins, pourvu que le Seigneur me vienne en aide, d'exposer mon sentiment avec brièveté, et autant que je le pourrai, avec lucidité. Ecoutons d'abord cet homme qui demande au bon Maître ce qu'il faut faire de bien pour avoir la vie éternelle (*Matth.*, XIX, 16, etc.); et on lui répond que s'il veut venir à la vie, il faut qu'il observe les commandements; et comme il demandait quels étaient ces commandements, on lui dit : « Vous ne tuerez pas; vous ne commettrez pas de fornication ; vous ne déroberez par; vous ne porterez pas de faux témoignage ; honorez votre père et votre mère; et vous aimerez votre prochain comme vous-même. » En faisant tout cela dans la foi du Christ, il est certain qu'il aurait eu la foi, qui opère par l'amour. Du reste, on n'aime le prochain comme soi-même, qu'autant qu'on a l'amour de Dieu, sans lequel on ne peut s'aimer soi-même. En outre, s'il eût fait encore ce que le Seigneur ajoute, en disant (*Ibid.*, 22) : « Si vous voulez être parfait, allez, vendez ce que vous avez, et donnez-le aux pauvres, et vous aurez un trésor dans le ciel ; puis venez et suivez-moi, » il aurait bâti sur ce fondement un édifice d'or, d'argent et de pierres précieuses; il ne penserait qu'aux moyens de plaire à Dieu, et ce sont ces pensées qui seraient

tentia Pauli apostoli ad intelligendum difficili, dummodo illud, quod ad meam possessionem attinet, præcipue teneatur, quod de hac me malle dixi audire meliores. Fundamentum Christus est in structura architecti sapientis : hoc expositione non indiget. Aperte enim dictum est : « Fundamentum enim aliud nemo potest ponere præter id quod positum est, quod est Christus Jesus. » (I *Cor.*, III, 10.) Si autem Christus, procul dubio fides Christi. Per fidem quippe habitat Christus in cordibus nostris, sicut idem Apostolus dicit. (*Ephes.*, III, 17.) Porro si fides Christi, illa utique quam definivit Apostolus, « quæ per dilectionem operatur. » (*Gal.*, v, 6.) Non enim fides illa dæmonum, cum et ipsi credant et contremiscant, et Filium Dei confiteantur Jesum, potest accipi in fundamento. Quare, nisi quia non est fides quæ per dilectionem operatur, sed quæ exprimitur per timorem? Fides itaque Christi, fides gratiæ Christianæ, id est, ea fides quæ per dilectionem operatur, posita in fundamento, neminem perire permittit. Sed quid sit ædificare super hoc fundamentum, aurum, argentum, lapides pretiosos, et ligna, fœnum, stipulam, si subtilius disserere coner, vereor ne ad intelligendum difficilior sit ipsa expositio : enitar tamen, quantum Dominus adjuvat, et breviter, et quantum potero, dilucide expediret quod sentio. Ecce ille qui quæsivit a magistro bono, quid boni faceret, ut haberet vitam æternam (*Matth.*, XIX, 16, etc.); et audivit, si ad vitam venire vellet, servanda sibi esse mandata : et cum quæreret quæ mandata, dictum est ei : « Non occides, Non mœchaberis, Non furtum facies, Non falsum testimonium dices, Honora patrem tuum et matrem tuam, Et diliges proximum tuum tanquam te ipsum. » Hæc faciens in fide Christi, teneret procul dubio fidem, quæ per dilectionem operatur. Neque diligeret proximum tanquam se ipsum, nisi recepta dilectione Dei, sine qua non diligeret se ipsum. Porro si faceret etiam quod Dominus addidit, dicens : « Si vis perfectus esse, vade, vende omnia quæ habes, et da pauperibus, et habebis thesaurum in cœlo, et veni sequere me : » (*Ibid.*, 22) ædificaret super illud fundamentum, aurum, argentum, lapides pretiosos : non enim cogitaret, nisi quomodo placeret Deo : et hæ cogitationes sunt, quantum existimo, aurum, argentum, lapides pretiosi. Porro si circa divitias suas carnali quodam teneretur affectu, quamvis ex eis multas eleemosynas

l'or, l'argent et les pierres précieuses. Mais je suppose qu'il a une affection charnelle pour les richesses qu'il possède, quoiqu'il fasse beaucoup d'aumônes, et qu'il n'emploie aucun moyen de fraude ou de rapine pour les augmenter, et que même la crainte de les diminuer ou de les perdre ne le pousse à aucun acte criminel; (autrement il cesserait d'appartenir au fondement solide de l'édifice). Je suppose donc en cet homme une affection charnelle pour ces biens, de sorte qu'il ne pourrait pas en être privé sans une grande douleur; alors il bâtirait sur le fondement un édifice de bois, de foin et de paille; surtout si, étant marié, il avait, à cause de son épouse, des pensées toutes mondaines pour chercher les moyens de lui plaire. Or, ces biens qu'on aime d'une affection charnelle, on ne les perd pas sans peine; car ceux qui les possèdent, tout en ayant la foi qui opère par la charité; et sans donner à ces biens une préférence d'estime ou d'amour, cependant s'ils viennent à les perdre, subissent une peine de cette privation, et arrivent au salut en passant pour ainsi dire par les feux de la douleur. Celui qui possède ses biens comme ne les possédant pas, est d'autant plus à l'abri de cette peine et de cette douleur, qu'il est moins attaché aux choses de la terre. Quant à l'homme qui, pour les conserver ou les acquérir, se rend coupable d'homicide, d'adultère, de fornication, d'idolâtrie et d'autres crimes semblables, je ne dis pas qu'il sera sauvé à cause du fondement en passant par le feu; mais je dis qu'il s'est détaché du fondement, et qu'il sera tourmenté par le feu éternel.

7. On nous objecte une autre parole, pour nous prouver combien la foi toute seule a une grande puissance; c'est encore celle de l'Apôtre qui dit : « Si l'époux infidèle se retire, qu'on le laisse aller; car par là notre frère ou notre sœur n'ont plus d'engagement; » (I *Cor.*, VII, 15) et on prétend qu'à cause de la foi du Christ, on peut ainsi abandonner, sans être coupable, une épouse légitime, si elle ne veut pas rester avec un mari chrétien, par cela même qu'il est chrétien. Mais on ne fait pas attention que c'est avec raison qu'on laisse aller cette épouse, si elle dit à son mari : Je ne veux plus être ton épouse, à moins que tu ne continues, quoique étant chrétien, à m'apporter le fruit de tes rapines, et à exercer dans notre maison les débauches accoutumées, ou bien tout autre métier criminel et déshonorant qu'elle connaissait à son mari, et dont elle profitait pour satisfaire ses passions, faire bonne chère, ou soigner sa parure. Alors le mari entendant son épouse tenir un pareil langage, s'il était véritablement contrit de ses péchés, quand il a reçu le baptême, et s'il a la foi, qui opère par la charité, éprouvera dans son cœur, il n'en faut

---

faceret, nec ad eas augendas fraudis aliquid rapinæque moliretur, aut earum minuendarum vel amittendarum metu in aliquod facinus flagitiumve laberetur; (alioquin jam se isto modo ab illius fundamenti stabilitate subtraheret:) sed propter carnalem, ut dixi, quem in eis haberet affectum, quo talibus bonis sine dolore carere non posset, ædificaret super fundamentum illud ligna, fœnum, stipulam : maxime si et uxorem sic haberet, ut etiam propter ipsam cogitaret ea quæ sunt mundi, quomodo placeret uxori. Hæc igitur quoniam affectu dilecta carnali non sine dolore amittuntur, propterea qui ea sic habent, ut habeant in fundamento fidem, quæ per dilectionem operatur, nec huic ista ulla ratione vel cupiditate præponant, in eorum amissione passi detrimentum per ignem quemdam doloris perveniunt ad salutem. A quo dolore atque detrimento tanto est quisque securior, quanto ea vel minus amaverit, vel tanquam non habens habuerit. Qui vero propter illa vel tenenda vel adipiscenda, homicidium, adulterium, fornicationem, idololatriam, et similia quæque commiserit, non propter fundamentum per ignem salvabitur, sed amisso fundamento, æterno igne torquebitur.

7. Quamobrem et illud quod dicunt, veluti probare cupientes quantum valeat sola fides, ubi Apostolus dicit : « Quod si infidelis discedit, discedat; non est enim servituti subjectus frater vel soror in hujusmodi » (I *Cor.*, VII, 15); id est, ut propter fidem Christi etiam ipsa uxor legitima societate conjuncta, sine ulla culpa relinquatur, si cum viro Christiano, propter hoc quia Christianus est, permanere noluerit : non attendunt eo modo illam rectissime dimitti, si viro suo dicat : Non ero uxor tua, nisi mihi vel de latrocinio divitias congeras, aut nisi solita lenocinia, quibus nostram domum transigebas, etiam Christianus exerceas; aut si quid aliud vel facinorosum vel flagitiosum in viro noverat, quo delectata vel libidinem explebat, vel facilem victum habebat, vel etiam incedebat ornatior. Tunc enim ille cui hoc uxor dicit, si veraciter egit pœnitentiam ab operibus mortuis, quando accessit ad baptismum, habetque in fundamento fidem quæ per dilectionem operatur, procul dubio plus tenebitur amore divinæ gratiæ, quam carnis uxoriæ, et membrum quod eum scandalizat, fortiter amputat. Quemcumque autem in hac diremptione dolorem cordis propter carnalem

pas douter, un plus grand amour pour la grâce divine que pour une épouse charnelle, et la regardant comme un membre de scandale, il n'hésite pas à s'en séparer. Or, cette séparation est une douleur pour son cœur, à cause de son affection charnelle pour son épouse; voilà la perte qu'il éprouve; voilà le feu qui brûle le foin, et qui le sauve. Mais si le mari était avec son épouse, comme n'y étant pas, l'aimant non pour la concupiscence, mais par miséricorde dans l'espérance de la sauver, rendant plutôt qu'il n'exigeait le devoir conjugal, il est certain qu'il n'aura pas à souffrir, si son épouse vient à le quitter; car en demeurant avec elle, il ne pensait déjà qu'aux choses de Dieu et aux moyens de plaire à Dieu. (I *Cor.*, VII, 32.) C'est pourquoi plus ces pensées s'élevaient sur le fondement comme un édifice d'or, d'argent et de pierres précieuses, moins il éprouve les pertes, et moins sa construction qui n'est pas de paille subit les ravages du feu.

8. Soit que l'homme souffre en cette vie ces peines expiatoires, soit qu'il les souffre après un jugement dans l'autre vie, l'interprétation que je donne ici au texte de saint Paul, ne me paraît pas contraire à la raison et à la vérité. Et pourtant si l'on doit donner la préférence à une autre interprétation que j'ignore; je dis que nous devons garder celle-ci, plutôt que de dire aux hommes injustes, rebelles, scélérats, impurs, parricides, homicides, fornicateurs, abominables, furieux, menteurs, parjures (I *Tim.*, I, 9), ou autres ennemis de la saine doctrine conforme à l'Evangile de la gloire de Dieu : Il vous suffit de croire au Christ et de recevoir le baptême, et vous serez sauvés, même sans quitter votre vie criminelle.

9. On ne peut pas nous objecter la femme Chananéenne, en nous disant que le Seigneur lui a accordé ce qu'elle demandait après lui avoir dit : « Il n'est pas bon de prendre le pain des enfants, pour le jeter aux chiens. » (*Matth.*, XV, 26.) Comme il lit au fond des cœurs, il a vu que cette femme était changée et qu'elle méritait ses louanges. C'est pourquoi il ne lui parle plus comme si elle était un chien, mais il lui dit : « O femme, votre foi est grande. » Il l'appelle autrement, parce que son cœur est changé, et que la réprimande a porté son fruit. Je me demande s'il aurait loué dans cette femme la foi sans les œuvres, la foi autre que celle qui peut opérer par la charité, la foi morte et que saint Jacques ne craint pas d'appeler, non la foi des chrétiens, mais la foi des démons. (*Jacq.*, II, 19.) Enfin si nos adversaires ne veulent pas comprendre que cette femme Chananéenne a quitté sa mauvaise vie, lorsque Jésus-Christ lui témoigne son mépris par la dureté de ses paroles, qu'ils agissent donc en conséquence; lorsqu'ils rencontreront de ces hommes qui se contentent de croire, sans vouloir rien

---

affectum conjugis sustinebit, hoc est detrimentum quod patietur, hic est ignis per quem fœno ardente ipse salvabitur. Si autem jam sic habebat uxorem tanquam non habens, non propter concupiscentiam, sed propter misericordiam, ne forte eam salvam faceret, reddens potius quam exigens debitum conjugale; profecto nec dolebit carnaliter, cum ab illo tale connubium separabitur : neque enim in ea cogitabat, nisi quæ sunt Dei, quomodo placeret Deo. (I *Cor.*, VII, 32.) Ac per hoc in quantum aurum, argentum, et lapides pretiosos illis cogitationibus superædificabat, in tantum detrimentum nullum pateretur, in tantum ejus structura, quæ non erat fœnea, nullo incendio cremaretur.

8. Sive ergo in hac tantum vita ista homines patiuntur, sive etiam post hanc vitam talia quædam judicia subsequuntur, non abhorret, quantum arbitror, a ratione veritatis iste intellectus hujusce sententiæ. Verumtamen etiam si est alius, qui mihi non occurrit, potius eligendus, istum quamdiu tenemus, non cogimur dicere injustis, non subditis, scelestis, contaminatis, parricidis, matricidis, homicidis, fornicatoribus, masculorum concubitoribus, plagiariis, mendacibus, perjuris, et si quid aliud sanæ doctrinæ adversatur, quæ est secundum Evangelium gloriæ beati Dei (I *Tim.*, I, 9) : Si tantummodo in Christum credatis, et sacramentum baptismi ejus accipiatis, etiamsi vitam istam pessimam non mutaveritis, salvi eritis.

9. Unde nec illa nobis mulier Chananæa præscribit, quia Dominus ei quod petebat dedit, cum ante dixisset : « Non est bonum tollere panem filiorum, et mittere canibus : » (*Matth.*, XV, 26) quia ille cordis inspector mutatam vidit, quando laudavit. Et ideo non ait : O canis, magna est fides tua : sed : « O mulier, magna est fides tua. » Mutavit vocabulum, quia mutatum vidit affectum, atque illam correptionem ad fructum pervenisse cognovit. Miror autem si laudaret in ea fidem sine operibus, id est, fidem non talem quæ jam per dilectionem posset operari, fidem mortuam (*Jacob.*, II, 19), et quod Jacobus dicere minime dubitavit, fidem non Christianorum, sed dæmonum. Postremo si istam Chananæam nolunt intelligere mutasse perditos mores, quando eam Christus contemnendo et corripiendo redarguit : quoscumque invenerint tantummodo credere, vitam vero

changer à leur vie criminelle, et qui loin de la cacher, se font gloire de l'étaler en public, qu'ils guérissent, s'ils le peuvent, les enfants de ces hommes comme Notre-Seigneur a guéri la fille de la Chananéenne ; mais qu'ils se gardent bien d'en faire les membres du Christ, puisqu'ils veulent rester eux-mêmes membres d'une prostituée.

10. Dans mon livre intitulé : De la foi, de l'espérance et de la charité (chap. LXVII et suiv.), que j'ai adressé à mon fils Laurent, votre frère, voici quelles sont mes paroles sur le même sujet : Il y en a qui s'imaginent que pour être sauvé, il suffit de ne pas renoncer au nom du Christ, d'être baptisé dans l'Eglise, et de ne s'en séparer ni par le schisme, ni par l'hérésie, quand même on souillerait sa vie de toutes sortes de crimes, sans les effacer par la pénitence, ni les racheter par l'aumône, et qu'on y persévérerait opiniâtrement jusqu'au dernier jour de la vie ; ceux-là, disent-ils, seront sauvés en passant par le feu, quoique à la vérité cette punition du feu, à cause de la grandeur de leurs crimes et de leurs forfaits, doive être longue, mais sans être éternelle. Ceux qui pensent ainsi, quoique catholiques, me semblent se tromper par un excès de bienveillance toute humaine ; car la divine Ecriture bien consultée n'autorise point une pareille doctrine. J'ai écrit sur cette question un livre intitulé : *De la foi et des œuvres*, où, d'après les saintes Ecritures, autant que Dieu m'en a donné le pouvoir, j'ai démontré que la foi qui sauvait, était évidemment celle dont parle l'Apôtre saint Paul, quand il dit : « Car en Jésus-Christ, ni la circoncision ni l'incirconcision ne servent de rien, mais la foi qui agit par la charité. » (*Gal.*, v, 6.) Or, si la foi agit mal, au lieu d'agir bien, il n'est pas douteux, selon l'apôtre saint Jacques, « qu'elle est morte en elle-même. » (*Jacq.*, II, 17.) Il dit encore : « Si quelqu'un dit qu'il a la foi et qu'il n'ait pas les œuvres, la foi pourra-t-elle le sauver ? » (*Ibid.*, 14.) Or, si l'homme criminel n'a besoin que de la foi pour être sauvé, en passant par le feu, et s'il faut entendre ainsi cette parole de saint Paul : « Il sera sauvé, mais néanmoins en passant par le feu ; » (I *Cor.*, III, 15) il s'ensuit donc que la foi peut sauver sans les œuvres, et que l'apôtre saint Jacques s'est trompé et que saint Paul lui-même s'est trompé, quand il a dit : « Ne vous y trompez pas : ni les fornicateurs, ni les idolâtres, ni les adultères, ni les efféminés, ni les abominables, ni les voleurs, ni les avares, ni les médisants, ni les ivrognes, ni les ravisseurs du bien d'autrui, ne posséderont le royaume de Dieu. » (I *Cor.*, VI, 9, 19.) Si donc ces pécheurs qui ne renoncent point à cette vie criminelle, sont néanmoins sauvés à cause de la foi du Christ, comment peut-on dire qu'ils ne seront point dans le royaume de Dieu ?

---

inquinatissimam, nec saltem occultare, sed etiam libere profiteri, ac nolle mutare; sanent filios eorum, si possunt, sicut sanata est filia Chananææ mulieris; non tamen eos faciant membra Christi, cum ipsi esse non desinant membra meretricis.

10. Item in eo libro, cui titulus est : *De fide, spe, et caritate* (cap. LXVII, *et seq.*), quem scripsi ad filium meum fratrem tuum Laurentium, ista de hac re verba mea sunt. Creduntur, inquam, a quibusdam, etiam hi qui nomen Christi non relinquunt, et ejus lavacro in Ecclesia baptizantur, nec ab ea ullo schismate vel hæresi præciduntur, in quantislibet sceleribus vivant, quæ nec diluant pœnitendo, nec eleemosynis redimant, sed in eis usque ad hujus vitæ ultimum diem pertinacissime perseverent, salvi futuri per ignem ; licet pro magnitudine facinorum flagitiorumque diuturno, non tamen æterno igne puniti. Sed qui hoc credunt, et tamen catholici sunt, humana quadam benevolentia mihi falli videntur : nam Scriptura divina aliud consulta respondet. Librum autem de hac quæstione conscripsi, cujus titulus est : *De fide et operibus*, ubi secundum Scripturas sanctas, quantum Deo adjuvante potui, demonstravi eam fidem salvos facere, quam satis evidenter expressit Paulus Apostolus dicens (*Gal.*, v, 6) : « In Christo enim Jesu neque circumcisio quidquam valet, neque præputium, sed fides quæ per dilectionem operatur. » Si autem male, et non bene operatur, procul dubio, secundum Apostolum Jacobum, « mortua est in semetipsa. » (*Jacob.*, II, 17,) Qui rursus ait : « Si fidem dicat se quis habere, opera autem non habeat, numquid poterit fides salvare cum ? » (*Ibid.*, 14.) Porro autem si homo sceleratus propter fidem solam per ignem salvabitur, et sic est accipiendum quod ait beatus Paulus : « Ipse autem salvus erit, sic tamen quasi per ignem : » (I *Cor.*, III, 15) poterit ergo salvare sine operibus fides, et falsum erit quod dixit ejus coapostolus Jacobus : falsum erit et illud quod idem ipse Paulus ; « Nolite, inquit, errare; neque fornicatores, neque idolis servientes, neque adulteri, neque molles, neque masculorum concubitores, neque fures, neque avari, neque maledici, neque ebriosi, neque rapaces regnum Dei possidebunt. » (1 *Cor.*, VI, 9, 19.) Si enim etiam in istis perseverantes criminibus, tamen propter fidem Christi salvi erunt, quomodo in regno Dei non erunt?

11. Mais les témoignages de l'Apôtre, étant si clairs et si évidents, ne peuvent pas être faux. S'il y a quelque obscurité en ce qu'il dit que ceux qui bâtissent sur le fondement qui est le Christ, non un édifice d'or, d'argent et de pierres précieuses, mais un édifice de bois, de foin et de paille, seront sauvés, comme par le feu, parce qu'ils restent toujours attachés au fondement; il faut entendre ces paroles de manière à les faire accorder avec celles qui sont claires et précises. En effet, on peut dire sans absurdité que le bois, le foin et la paille, ce sont comme les attachements trop vifs aux biens temporels que Dieu nous accorde, et dont la perte est pour nous un sujet de douleur. Or, si malgré cette douleur qui est comme un feu brûlant, le Christ est dans notre cœur comme un fondement; s'il a la préférence, et si l'homme aime mieux subir cette perte qui l'afflige, plutôt que de sacrifier le Christ, alors il sauve son âme en passant par le feu. Si l'homme, au contraire, au moment de la tentation, tient aux biens temporels plus qu'au Christ, c'est que le Christ n'est pas dans son cœur comme un fondement; les biens de la terre ont la première place, et la première place dans un édifice, c'est le fondement. Or, le feu dont parle l'Apôtre dans son texte servira à une double épreuve, et pour « celui qui bâtit sur le fondement un édifice d'or, d'argent et de pierres précieuses, » et pour celui « qui bâtit un édifice de bois, de foin et de paille. » (I *Cor.*, III, 11.) Car à la suite de ces paroles, il ajoute celles-ci (*Ibid.*, 13) : « Le feu mettra à l'épreuve l'ouvrage de chacun; celui qui aura bâti un ouvrage qui subsiste, en recevra la récompense; celui dont l'ouvrage sera consumé par le feu, en souffrira la perte; il ne laissera pas néanmoins d'être sauvé, mais comme par le feu. » Le feu doit donc éprouver, non pas l'un des deux, mais l'un et l'autre.

12. Il y a encore un autre feu, c'est l'épreuve de la tribulation, dont parle l'Ecriture, en termes bien expressifs : « La fournaise éprouve les vases du potier, et l'atteinte de la tribulation, les hommes justes. » (*Eccl.*, XXVII, 6.) Ce feu produit pendant cette vie ce que dit l'Apôtre, si vous supposez qu'il éprouve deux fidèles, dont l'un est occupé des pensées de Dieu et des moyens de lui plaire; c'est-à-dire bâtit sur le fondement, qui est le Christ, un édifice d'or, d'argent, de pierres précieuses; et l'autre s'occupe de pensées mondaines, et des moyens de plaire à son épouse; il bâtit sur le même fondement un édifice de bois, de foin et de paille; l'ouvrage du premier n'est pas consumé, parce qu'il n'était pas attaché à ces biens au point que leur perte soit pour lui douloureuse; mais l'ouvrage du second est consumé, parce qu'il ne perd pas sans une grande affliction, des biens qu'il possédait avec

11. Sed quia hæc apostolica manifestissima et apertissima testimonia falsa esse non possunt; illud quod obscure dictum est, de his qui superædificant super fundamentum, quod est Christus, non aurum, argentum, lapides pretiosos, sed ligna, fœnum, stipulam, (de his enim dictum est, quod per ignem salvi erunt, quoniam fundamenti merito non peribunt,) sic intelligendum est, ut his manifestis non inveniatur esse contrarium. Ligna quippe et fœnum et stipula non absurde accipi possunt rerum sæcularium, quamvis licite concessarum, tales cupiditates, ut amitti sine animi dolore non possint. Cum autem iste dolor urit, si Christus in corde fundamenti habet locum, id est, ut ei nihil anteponatur, et malit homo, qui tali dolore uritur, rebus quas ita diligit, carere, quam Christo, per ignem fit salvus. Si autem res hujusmodi temporales ac sæculares tempore tentationis maluerit tenere quam Christum, eum in fundamento non habuit : quia hæc priore loco habuit, cum in ædificio non sit aliquid prius fundamento. Ignis enim, de quo eo loco locutus est apostolus Paulus, talis debet intelligi, ut ambo per eum transeant, id est, et qui « ædificat super hoc fundamentum, aurum, argentum, lapides pretiosos, » et qui « ædificat lignum, fœnum, stipulam. » (I *Cor.*, III, 11.) Cum enim hoc dixisset, adjunxit : « Uniuscujusque opus quale sit, ignis probabit. Si cujus opus permanserit, quod superædificavit, mercedem accipiet. Si cujus autem opus exustum fuerit, damnum patietur : ipse autem salvus erit, sic tamen quasi per ignem. » (*Ibid.*, 13, etc.) Non ergo unius eorum, sed utriusque opus ignis probabit.

12. Est quidam ignis tentatio tribulationis, de quo aperte alio loco scriptum est : « Vasa figuli probat fornax, et homines justos tentatio tribulationis. » (*Eccl.*, XXVII, 6.) Iste ignis in hac interim vita facit quod Apostolus dixit, si accidat duobus fidelibus, uni scilicet cogitanti quæ Dei sunt, quomodo placeat Deo (I *Cor.*, VII, 32), hoc est, ædificanti super Christum fundamentum aurum, argentum, lapides pretiosos ; alteri autem cogitanti ea quæ mundi sunt, quomodo placeat uxori, id est, ædificanti super idem fundamentum ligna, fœnum, stipulam : illius enim opus non exuritur, quia non ea dilexit, quorum amissione crucietur; exuritur autem opus hujus, quoniam sine dolore non pereunt, quæ cum amore possessa sunt.

amour. Mais comme en tout état de cause, il aimerait mieux être privé de ces biens que d'être privé du Christ, et que la crainte de les perdre ne lui ferait jamais abandonner le Sauveur, quoique cette perte lui cause une vive douleur, on peut dire à la vérité qu'il est sauvé, mais comme en passant par le feu, cette douleur, que lui cause la perte de ces biens qu'il aimait, étant comme un feu qui le brûle, mais sans consumer le ferme et incorruptible fondement qui fait sa force.

13. Il n'est pas incroyable que cette expiation se fasse après cette vie; mais c'est une question à examiner. Il peut donc arriver, qu'on le sache ou qu'on ne le sache pas, que certains fidèles passent par le feu d'un purgatoire, et que selon qu'ils auront aimé plus ou moins les biens périssable, plus ou moins vite arrivera pour eux l'heure de la délivrance. Mais quand il s'agit de cette expiation temporelle, il ne faut pas entendre ceux dont il est dit «.qu'ils ne posséderont pas le royaume de Dieu, » (1 *Cor.*, vi, 10) à moins que par une pénitence convenable, ils n'aient obtenu la rémission de leurs crimes. J'ai dit par une pénitence convenable, pour les engager à n'être pas stériles en aumônes; car l'Ecriture attribue à l'aumône une si grande puissance, que le Seigneur nous annonce qu'à cette marque il reconnaîtra ceux qui seront à sa droite, et que ceux qui n'auront pas porté ce fruit seront à sa gauche; lorsqu'il dira aux uns : « Venez les bénis de mon Père, entrez dans le royaume, » et aux autres : « Allez au feu éternel. » (*Matth.*, xxv, 34.) Cette réponse tirée de mes deux opuscules me paraît satisfaire suffisamment à votre question.

14. Quant à cette sentence que prononce Notre-Seigneur dans l'Evangile : « Vous ne sortirez pas de là, que vous n'ayez payé jusqu'à la dernière obole; » (*Matth.*, v, 13) je n'ai pas besoin d'y répondre, puisque vous y répondez vous-mème par un autre texte semblable qui dit : « Il ne la connut point, avant qu'elle n'eût enfanté. » (*Matth.*, I, 25.) Il est certain que pour ne rien vous cacher de ma pensée, je voudrais, s'il était possible, oui je désire, s'il se peut, avoir tort contre la vérité, dans cette question. Car quand on dit qu'un jour, en supposant tout le temps qu'on voudra, ceux qui meurent dans la communion catholique, quoiqu'ils aient vécu jusqu'à la fin dans le crime et l'iniquité, sortiront du lieu où la vengeance de Dieu les punissait, j'avoue que cette pensée touche mon cœur, à cause de l'affection que nous avons pour ceux qui ont reçu comme nous le sacrement du corps et du sang de Jésus-Christ, malgré le mépris que nous avons pour leur vie détestable, ne pouvant les corriger par la discipline de l'Eglise, ou les éloigner de la table du Seigneur. Mais je

---

Sed quoniam alterutra conditione proposita, eis potius carere mallet, quam Christo, nec timore amittendi talia deserit Christum, quamvis doleat dum amittit, salvus est quidem, sic tamen quasi per ignem urit eum rerum dolor, quas dilexerat, amissarum, sed non subvertit neque consumit fundamenti stabilitate atque incorruptione munitum.

13. Tale aliquid etiam post hanc vitam fieri incredibile non est, et utrum ita sit, quæri potest : et aut inveniri, aut latere, nonnullos fideles per ignem quemdam purgatorium, quanto magis minusve bona pereuntia dilexerunt, tanto tardius citiusque salvari: non tamen tales, de qualibus dictum est, quod « regnum Dei non possidebunt, » (I *Cor.*, vi, 10) nisi convenienter pœnitentibus eadem crimina remittantur. Convenienter autem dixi, ut steriles in eleemosynis non sint, quibus tantum tribuit Scriptura divina, ut earum tantummodo fructum se imputaturum prænuntiet Dominus dextris, et earum tantummodo sterilitatem sinistris; quando his dicturus est: « Venite benedicti Patris mei, percipite regnum : » illis autem : « Ite in ignem æternum. » (*Matth.*, xxv, 34.) Hæc de duobus opusculis meis satis puto quæstioni tuæ fuisse responsa.

14. De illa vero sententia Domini : « Non exies inde, donec reddas novissimum quadrantem : » (*Matth.*, v, 13) respondere mihi necesse non fuit, quoniam tu ipse quæstionem (a) simili ex Evangelio locutione solvisti, ubi scriptum est : « Non cognovit eam, donec peperit. » (*Matth.*, I, 25.) Sane ut non te celem de hac re cogitationem meam, vellem si fieri posset; imo vero volo, si fieri potest, in hac quæstione veritate superari. Illud enim quod dicitur, quandoque, etsi (b) post plurimum temporis, eos qui in catholica communione moriuntur, quamvis usque in finem vitæ hujus flagitiosissime et sceleratissime vixerint, de pœnis ultricibus exituros , familiarius meum tangit affectum, quem habemus erga eos, qui nobiscum corporis et sanguinis Christi sacramenta communicant; quamvis eorum mores perditos oderimus, quos disciplina Ecclesiastica emendare non

(a) Sic meliores Mss. At editi, *similem ex Evangelii lectione.* — (b) Editi, *et si plurimi temporis.* Emendantur ex Mss.

suis forcé de me rendre à la vérité, que la sainte Ecriture nous enseigne si clairement. Et ce qui est opposé à l'Écriture n'est plus une vérité qu'on puisse croire ni enseigner. Il faut donc, en attendant de nouvelles preuves, nous attacher à cette parole : « Ne vous y trompez pas : ni les fornicateurs, ni les idolâtres, etc., ne posséderont le royaume de Dieu. » (I *Cor.*, VI, 9-10.) Si les objections qu'on nous apporte ne peuvent obscurcir la clarté de ces paroles, et leur prêter un autre sens, l'Apôtre nous donne encore d'autres armes, pour nous en servir, quand il dit : « Sachez et comprenez bien que nul fornicateur, nul impudique, nul avare, dont le vice est une idolâtrie, ne sera héritier du royaume de Jésus-Christ et de Dieu. Que personne ne vous séduise par de vains discours. » (*Ephés.*, V, 5-6.) Donc lorsqu'on nous dira que les fornicateurs, les impudiques et les avares seront sauvés comme par le feu, et qu'ils posséderont l'héritage de Jésus-Christ et de Dieu, ne fermons pas l'oreille à cette vive réclamation de l'Apôtre : « Nul fornicateur, nul impudique, nul avare ne sera l'héritier du royaume de Jésus-Christ et de Dieu. » Et pour vaincre nos hésitations il ajoute : « Que personne ne vous séduise par de vains discours. »

QUESTION II.

1. Voici votre seconde question : « L'offrande que l'on fait pour les défunts, peut-elle être utile à leurs âmes. Il est évident que chacun demeure responsable de ses propres actes; et que dans l'enfer, personne ne peut plus rien contre l'arrêt du Seigneur. Sur quoi plusieurs disent que si la mort ne ferme pas tout accès à la miséricorde, il est plus facile à l'âme de se procurer à elle-même quelque soulagement par la confession de ses péchés, que de l'obtenir par l'intervention des autres. »

2. J'ai déjà parlé sur ce sujet dans le livre que j'ai écrit naguères à saint Paulin, évêque de Nole. Il me consultait pour savoir si la sépulture que l'on donnait aux morts, dans les tombeaux des martyrs, pouvait être profitable aux âmes. Je prends dans ce livre le passage que je vous adresse ici (*Liv. Du soin des morts*, ch. 1) : Il y a longtemps, vénérable Paulin, mon frère dans l'épiscopat, que je vous dois une réponse, puisque vous m'avez écrit par les gens de notre religieuse fille Flora, pour me demander s'il était utile à un défunt d'être enseveli près du tombeau d'un saint. Car c'était la faveur que cette veuve avait sollicitée de vous, pour son fils

possumus, aut a mensa Dominica separare : sed (*a*) ea veritate vinci volo, quæ sacris litteris apertissimis non resistit. Non enim quæ resistit, dicenda est ulla ratione veritas, vel putanda. Sed interim donec audiamus tale aliquid aut legamus, auscultemus ei qui dicit : « Nolite errare, neque fornicatores, neque idolis servientes, etc., regnum Dei possidebunt. » (1 *Cor.*, VI, 9, 10.) Quia sic talia sunt, quæ contra dicuntur, ut horum verborum apostolicorum manifestationem in alios sensus ducere nequeant, profecto adversus ea nos instruxit, et paratos esse voluit idem Apostolus dicens : « Hoc autem scitote intelligentes, quoniam omnis fornicator, aut immundus, aut avarus, quod est idolorum servitus, non habet hæreditatem in regno Christi et Dei, nemo vos seducat inanibus verbis. » (*Ephes.*, V, 5, 6.) Cum ergo audierimus quosdam fornicatores, et immundos, et avaros per ignem salvari, ut habeant hæreditatem in regno Christi et Dei, non obsurdescamus contra istum reclamantem et dicentem : « Omnis fornicator, aut immundus, aut avarus non habet hæreditatem in regno Christi et Dei : » et ne acquiescamus illis verbis contra continuo subjicientem : « Nemo vos seducat inanibus verbis. »

QUÆSTIO II.

1. Secunda tua quæstio est : « Utrum oblatio quæ fit pro quiescentibus, aliquid eorum conferat animabus; cum evidenter nostris aut sublevemur actibus, aut gravemur : si quidem legamus, quod in inferno nemo jam possit Domino confiteri. Ad quod multi dicunt, quod si (*b*) aliquis beneficii in hoc loco possit esse post mortem, quanto magis sibi anima ferret ipsa refrigerium, sua per se illic confitendo peccata, quam in eorum refrigerium ab aliis oblatio procuratur?

2. Dixi aliquid de hac re in eo libro, quem nuper ad sanctum Paulinum Nolanum episcopum scripsi, cum me consuluisset, utrum sepultura, quæ fit in Memoriis Martyrum, prosit aliquid spiritibus mortuorum. Inde est hoc, quod his ad te litteris insero. (*Ex lib. de cura pro mortuis*, cap. 1.) Diu, inquam, Sanctitati tuæ, coepiscope venerande Pauline, rescriptorum debitor fui, ex quo mihi scripsisti per homines filiæ nostræ religiosissimæ Floræ, quærens a me, utrum prosit cuique post mortem, quod corpus ejus apud Sancti alicujus Memoriam sepelitur. Hoc enim abs te vidua memorata petierat, pro defuncto

(*a*) Sic Mss. Editi autem, *a veritate vinci* : et infra loco *apertissimis*, habebant *apertissime*. — (*b*) Plerique Mss. *aliquid beneficii in hoc loco*.

QUESTION II.

mort en cette contrée; et vous lui aviez répondu, pour la consoler, que le corps de son cher Cynégius avait été enseveli conformément aux désirs de son cœur maternel, dans la basilique du bienheureux confesseur Félix. C'est à cette occasion et par les mêmes messagers, que vous m'écriviez, me posant cette question et me demandant une réponse pour avoir mon sentiment, sans me dissimuler le vôtre. Car il vous semble, dites-vous, que ce n'est pas une chose vaine, que les âmes religieuses et fidèles soient portées à prendre ces soins pour leurs défunts. Vous ajoutez que ce n'est pas sans raison que l'Eglise universelle a coutume de prier pour les morts; de sorte qu'on peut croire qu'il est utile à l'homme, après sa mort, de trouver, par les soins de ses amis, un lieu de sépulture, où il puisse se promettre la protection des saints.

3. Les choses étant ainsi, reste à savoir si cette opinion n'est pas contraire à ce que dit l'Apôtre : « Nous paraîtrons tous devant le tribunal du Christ, afin que chacun reçoive suivant ce qu'il a fait pendant sa vie, ou le bien ou le mal. » (II *Cor.*, v, 10.) Vous semblez ne pas avoir tenu compte suffisamment de ces paroles. Car cette sentence de l'Apôtre nous avertit, que c'est avant la mort qu'il faut faire ce qui peut être utile après la mort; et non plus lorsque vient le moment de recueillir les fruits de ce qu'on a fait pendant la vie. Voici comment la question se résout : c'est que pendant qu'on est sur la terre, il y a un certain genre de vie, qui donne droit aux défunts de trouver du soulagement dans les soins de l'amitié; et que suivant les actes qu'ils ont accomplis pendant leur vie, les œuvres que l'on fait pour eux après leur mort leur sont avantageuses. Il y en a pour qui ces secours sont complétement inutiles; d'abord ceux dont les œuvres sont si mauvaises, qu'ils ne sont pas dignes d'en profiter; ou bien ceux dont la vie est si irréprochable, qu'ils n'en ont nullement besoin. Le genre de vie que l'homme a eu sur la terre, explique donc comment sont utiles ou inutiles toutes les œuvres, que la piété vous inspire de faire pour lui après la mort. Car le mérite qui les rend profitables, s'il est nul pendant cette vie, est nul aussi après la mort. Ce n'est donc pas en vain que l'Eglise ou la piété des amis apporte tous ses soins religieux pour les morts; et cependant chacun reçoit, selon ce qu'il a fait pendant sa vie, ou le bien ou le mal, le Seigneur rendant à chacun selon ses œuvres. Donc, pour que vos soins soient profitables à l'homme après sa mort, il faut qu'il en ait acquis le droit pendant cette vie qu'il a passée sur la terre.

4. J'ai parlé aussi dans le même sens, en en-

---

in eis partibus filio suo, et rescripseras consolans eam, idque etiam nuntians de cadavere fidelis juvenis Cynegii, quod materno et pio affectu desideravit, esse completum, ut scilicet in beatissimi Felicis confessoris basilica poneretur. Qua occasione factum est, ut per eosdem perlatores litterarum tuarum etiam mihi scriberes, ingerens hujuscemodi quæstionem; atque ut responderem quid mihi exinde videretur exposcens, nec tacens ipse quid sentias. Nam dicis videri tibi, non esse inanes motus animorum religiosorum atque fidelium pro suis ista curantium. Adjungis etiam, vacare non posse quod universa pro defunctis Ecclesia supplicare consuevit : ut hinc et illud conjici possit, homini prodesse post mortem, si fide suorum humando ejus corpori talis provideatur locus, in quo appareat opitulatio etiam isto modo quæsita Sanctorum.

3. Sed cum hæc ita sint, quomodo huic opinioni contrarium non sit, quod ait Apostolus : « Omnes enim adstabimus ante tribunal Christi, ut ferat unusquisque secundum ea quæ per corpus gessit, sive bonum, sive malum, » (II *Cor.*, v, 10) non te satis videre significas. Hæc quippe apostolica sententia ante mortem admonet fieri, quod possit prodesse post mortem; non tunc quando jam recipiendum est, quod quisque gesserit ante mortem. Verum hæc ita solvitur quæstio, quoniam quodam vitæ genere adquiritur, dum in hoc corpore vivitur, ut aliquid adjuvent ista defunctos : ac per hoc secundum ea quæ per corpus gesserunt, eis quod post corpus religiose pro illis facta fuerint, adjuvantur. Sunt enim quos omnino nihil adjuvant ista ; sive pro eis fiant, quorum tam mala sunt merita, ut neque talibus digni sint adjuvari; sive pro eis quorum tam bona, ut talibus non indigeant adjumentis. Genere igitur vitæ, quod gessit quisque per corpus, efficitur ut prosint vel non prosint, quæcumque pro illo pie fiunt, cum reliquerit corpus. Nam meritum, per quod ista prosint, si nullum comparatum est in hac vita, frustra quæritur post hanc vitam. Ita fit ut neque inaniter Ecclesia, vel suorum cura pro defunctis, quod potuerit religionis impendat; et tamen ferat unusquisque secundum ea quæ gessit per corpus, sive bonum, sive malum, reddente Domino unicuique secundum opera ejus. Ut enim hoc quod impenditur, possit ei prodesse post corpus, in ea vita est acquisitum, quam gessit in corpore.

4. Dixi etiam tale aliquid ad Laurentium, quod

TOM. XXI.

voyant à Laurent un ouvrage (*Manuel* ou *Enchiridion*, ch. CIX, CX) où je lui dis : « Depuis le moment de la mort jusqu'à la résurrection générale, les âmes vont habiter des demeures particulières, selon que chacune a mérité la peine ou le repos, d'après la vie qu'on a menée sur la terre. Il ne faut pas non plus refuser de croire que les âmes des morts sont soulagées par la piété des vivants, lorsqu'on offre pour eux le sacrifice du médiateur, et qu'on fait pour eux des aumônes dans l'Eglise. Mais ces témoignages de la charité ne sont utiles qu'à ceux qui ont mérité, pendant leur vie, d'en recevoir l'application. La vie de l'homme sur la terre n'a peut-être pas été assez bonne pour pouvoir se passer de ce secours, ni assez mauvaise pour que ce secours ne lui soit pas utile; comme aussi elle a pu être tellement sainte, qu'elle n'a plus besoin de rien, ou tellement criminelle, qu'après la mort, tout est perdu sans ressource. C'est pourquoi vous amassez pendant cette vie, et quand vous la quittez vous avez l'espérance du soulagement, ou la certitude de la damnation. Il ne faut donc pas espérer qu'après la mort, on pourra mériter auprès de Dieu ce qu'on aura négligé sur la terre. Car les pieux services que l'Eglise a coutume de célébrer pour la recommandation des morts, n'ont rien de contraire à cette parole de l'Apôtre « Nous paraîtrons tous devant le tribunal du Christ, afin que chacun reçoive selon ce qu'il a fait en cette vie, ou le bien ou le mal; » (II *Cor.*, V, 10) parce que pendant cette vie chacun a dû se rendre digne de pouvoir en profiter après sa mort. Or, tous n'en profitent pas ; et pourquoi n'en profitent-ils pas, si ce n'est parce que la vie de chacun n'a pas été la même sur la terre ? Donc les sacrifices ou les aumônes que l'on fait pour tous les chrétiens défunts, sont des actions de grâces pour les justes, des actes de propitiation pour les imparfaits; et si les réprouvés n'en tirent aucun soulagement, c'est au moins une espèce de consolation pour les vivants. Ceux qui en profitent peuvent obtenir délivrance entière, ou adoucissement à leur peine.

QUESTION III.

1. Voici votre troisième question : « Faut-il croire que le jugement futur aura lieu, sitôt que viendra Notre-Seigneur, ou après un intervalle de temps? Car nous lisons, dites-vous, que quand il viendra, ceux qui vivront encore seront transportés dans les nuées, à travers les airs, au-devant du Christ (1 *Thess.*, IV, 17), et qu'ils seront toujours avec le Seigneur. Je voudrais savoir si le jugement accompagnera la venue du Sei-

ita se habet (*In Enchiridio*, c. CIX et CX): Tempus autem, inquam, quod inter hominis mortem et ultimam resurrectionem interpositum est, animas abditis receptaculis continet, sicut unaquæque digna est vel requie vel ærumna, pro eo quod sortita est in carne dum viveret. Neque negandum est defunctorum animas pietate suorum viventium relevari, cum pro illis sacrificium Mediatoris offertur, vel eleemosynæ in Ecclesia fiunt. Sed eis hæc prosunt, qui cum viverent, ut hæc sibi postea possent prodesse, meruerunt. Est enim quidam vivendi modus, nec tam bonus, ut non requirat ista post mortem; nec tam malus, ut ei non prosint ista post mortem. Est vero talis in bono, ut his non egeat, et rursus talis in malo, ut nec his valeat, cum hæc vita transierit, adjuvari. Quocirca hic omne meritum comparatur, quo post hanc vitam possit relevari quispiam, vel gravari. Nemo autem speret, quod hic neglexit, cum obierit, apud Deum promereri. Non igitur ista, quæ pro defunctis commendandis frequentat Ecclesia, illi apostolicæ sunt adversa sententiæ, qua dictum est : « Omnes enim astabimus ante tribunal Christi, ut ferat unusquisque secundum ea quæ per corpus gessit, sive bonum sive malum : » (II *Cor.*, V, 10) quia etiam hoc meritum sibi quisque cum in corpore viveret comparavit, ut ei possent ista prodesse. Non enim omnibus prosunt : et quare non omnibus prosunt, nisi propter differentiam vitæ, quam quisque gessit in corpore? Cum ergo sacrificia, sive altaris, sive quarumcumque eleemosynarum pro baptizatis defunctis omnibus offeruntur, pro valde bonis gratiarum actiones sunt, pro non valde malis propitiationes sunt, pro valde malis, etiamsi nulla sunt adjumenta mortuorum, qualescumque vivorum consolationes sunt. Quibus autem prosunt, aut ad hoc prosunt, ut sit plena remissio, aut certe ut tolerabilior fiat ipsa damnatio.

QUÆSTIO III.

1. Tertia tua quæstio est : « Utrum statim in adventu Domini credendum sit futurum esse judicium, an spatio interposito temporis. In cujus diebus adventus, quoniam legimus, inquis, quod qui superabunt, rapientur in nubibus obviam Christo in aera, et sic semper cum Domino futuri sunt : nosse desidero, utrum mox judicium comitetur adventum ; et ii qui rapientur in nubes, an solvantur in mortem?

gneur, et si ceux qui seront transportés dans les nuées passeront par la mort, ou bien leur transformation remplacera-t-elle pour eux la mort ? »

2. Vous me demandez s'il faut croire que le jugement futur aura lieu sitôt que viendra Notre-Seigneur ; et je réponds que nous avons le symbole, par lequel nous confessons que le Christ quittera la droite de son Père pour venir juger les vivants et les morts. Or, puisqu'il viendra dans ce but, pourquoi n'accomplirait-il pas de suite ce qu'il se propose ? Quant à ceux qui seront transportés dans les nuées, j'ai eu l'occasion de discuter ce sujet dans une lettre que j'ai écrite à mon fils Mercator (lettre CXCIII, ch. 4), que vous connaissez sans doute, et qui me consultait sur différentes objections des Pélagiens, qui nient que la mort soit la peine du péché. Vous pouvez lire ma réponse dans ce qui suit. En ce qui concerne ceux que désigne l'Apôtre au sujet de la résurrection des morts et dont il dit : « Nous qui resterons vivants, nous serons aussi transportés dans les nuées, à travers les airs, au-devant du Christ, et ainsi nous serons toujours avec le Seigneur, » (I *Thess.*, IV, 17) il y a sans doute quelque difficulté, mais dans le sujet lui-même, et non au point de vue de la négation des Pélagiens. Car si les hommes des derniers temps ne doivent pas mourir, je ne vois pas ce que gagnerait à cela la cause pélagienne, puisqu'il peut arriver en ce moment ce qui est arrivé déjà deux fois pour Enoch et pour Elie. Il est certain qu'en prenant à la lettre les paroles de l'Apôtre, on peut croire qu'au moment où le Seigneur viendra et que les morts ressusciteront, ceux qui seront vivants alors seront revêtus d'immortalité, comme les autres saints, et « transportés avec eux dans les nuées. » Je n'ai jamais compris autrement les paroles de l'Apôtre, toutes les fois que j'ai voulu les méditer.

3. Mais je voudrais sur cette question avoir l'avis de quelque docteur plus compétent ; car ceux qui pensent que certains mortels passeront, sans mourir, de cette vie à l'immortalité, pourraient bien avoir tort aux yeux de l'Apôtre qui dit : « Insensé, ce que vous semez ne prend point vie, s'il ne meurt auparavant. » (I *Cor.*, XV, 36.) Dans la plupart des exemplaires, nous lisons cette parole : « Nous ressusciterons tous ; » or, comment cela pourrait-il se faire, si nous ne mourons pas tous? Il n'y a pas résurrection, là où il n'y a pas mort. Les exemplaires qui portent : « Nous dormirons tous, » nous expriment cette idée d'une manière encore plus claire et plus nette ; et on peut dire que la sainte Ecri-

---

nisi forte ad vicem mortis ipsam immutationem debeamus accipere. » (I *Thes.*, IV, 17.)

2. Huic interrogationi tuæ, quâ quæris, utrum in adventu Domini mox credendum sit futurum esse judicium, puto quod sufficiat fides symboli, qua confitemur Christum a Patris dextera esse venturum ad vivos et mortuos judicandos. Cum ergo ipsa sit ei causa veniendi, quid aliud acturus est mox ut venerit, nisi propter quod veniet ? De illis autem qui rapientur in nubibus, in quadam epistola, quam scripsi ad filium meum nomine Mercatorem, (*a*) procul dubio notissimum vobis, cum me consuluisset de quibusdam quæstionibus Pelagianorum, qui negant mortem peccato esse retributam, quatenus disputaverim, in subditis lege. (*Ex epistola* CXCIII *ad Mercatorem*, c. IV.) Illi autem, inquam, de quibus dixit Apostolus, cum loqueretur de resurrectione mortuorum. (I *Thess.*, IV, 17.) « Et nos viventes qui reliqui sumus, simul cum illis rapiemur in nubibus obviam Christo in aera, et ita semper cum Domino erimus ; » afferunt quidem aliquid quæstionis, sed (*b*) per se ipsos, non propter istos : nam et si non sunt etiam ipsi morituri, quid istos adjuvent omnino non video, cum talia de his dici possint, qualia de illis dicta sunt duobus : Enoch scilicet et Elia. Sed re vera, quantum ad verba beati Apostoli pertinet, videtur asserere quosdam in fine sæculi adveniente Domino, cum futura est resurrectio mortuorum, non esse morituros, sed vivos repertos, in illam immortalitatem, quæ sanctis etiam cæteris datur, repente mutandos, et simul « cum illis rapiendos, » sicut dicit, « in nubibus. » Nec aliquid aliud mihi visum est, quotiens de his verbis volui cogitare.

3. Sed vellem hinc potius audire doctiores : ne illis etiam qui putant aliquos morte non præcedente vivificatos, ad vitam perpetuam transituros, dicere inveniatur Apostolus : « Stulte, tu quod seminas, non vivificatur, nisi (*c*) moriatur. » (I *Cor.*, XV, 36.) Nam et illud quod in plerisque codicibus legitur : « Omnes resurgemus, » unde fieri poterit, nisi omnes moriamur ? Resurrectio quippe, nisi mors præcesserit, nulla est. Et quod nonnulli codices habent : « Omnes dormiemus, » multo facilius et apertius id cogit intelligi : et si quid aliud tale in sanctis litteris

---

(*a*) Editi, *quæ incipit : Procul dubio notissimum vobis*. Sinceriores sunt Mss. plerique, hisce verbis, *quæ incipit*, merito carentes : quippe cum epistolæ hoc loco laudatæ initium sit : *Litteræ dilectionis tuæ*. — (*b*) Sic Mss. At Editi, *propter se ipsos*. — (*c*) Editi *prius moriatur* Abest *prius* a Mss. et a Græco textu Apost.

ture, dans tous les passages qu'elle nous offre sur ce sujet, nous force à penser que tout homme, pour arriver à l'immortalité, doit passer par la mort. Pourquoi l'Apôtre dit-il donc : « Nous qui vivons et qui sommes réservés jusqu'à son avénement, nous ne préviendrons point ceux qui sont morts. Car dès que le signal aura été donné par la voix de l'archange et par la trompette de Dieu, le Seigneur lui-même descendra du ciel, et ceux qui seront morts en Jésus-Christ ressusciteront les premiers. Ensuite nous qui vivons et qui serons demeurés jusqu'alors, nous serons en-'evés avec eux sur les nuées pour aller dans les airs au-devant de Jésus-Christ, et ainsi nous serons éternellement avec le Seigneur? » (I *Thes.*, IV, 13, etc.) Je voudrais, comme je l'ai dit, entendre à ce sujet un docteur plus compétent; et si je pouvais comprendre, par une autre explication donnée à ces paroles, que tous les hommes qui vivent ou qui vivront après nous passeront par la mort, je réformerais tout ce que j'ai pu dire ou penser autrement. Il ne faut pas que nous soyons des docteurs indociles ; car, certes, il est plus facile de corriger un cœur dépravé qu'un esprit entêté; et du reste tout ce que nous avons écrit n'a pas eu d'autre but que de nous procurer à nous-mêmes ou aux autres un exercice utile et instructif, sans la moindre prétention de don-

ner à nos paroles aucune autorité canonique.

4. Mais si les paroles de l'Apôtre ne présentent pas un autre sens, et qu'il ait voulu dire réellement ce que ses paroles semblent dire, savoir, qu'à la fin du monde et à l'avénement du Seigneur, il y aura des hommes qui, sans quitter leur corps, se revêtiront de l'immortalité, de sorte que la vie absorbera la mort; s'il en est ainsi, nous avons eu raison d'enseigner, dans la règle de la foi, que le Seigneur viendra pour juger les vivants et les morts, sans entendre par là que les vivants soient les justes, et les morts, les pécheurs et les impies; mais les vivants, ceux qui n'ont pas quitté leurs corps, et les morts, ceux qui les ont quittés, quand le Seigneur viendra. Si donc il en est ainsi, il faudra examiner comment il faut entendre ces paroles : « Ce que vous semez ne prend pas vie, s'il ne meurt auparavant; » (I *Cor.*, XV, 36) et : « Nous ressusciterons tous, » (*Ibid.*, 51) ou bien : « Nous dormirons tous. » Il ne faut pas qu'elles soient en contradiction avec cette autre opinion qui veut que certains hommes entreront dans la vie éternelle avec leurs corps sans mourir.

5. Mais quelle que soit la vraie et la plus raisonnable de ces deux opinions, que peut y gagner la cause des Pélagiens, soit que tous les hommes payent le tribut à la mort, soit que

invenitur, ad id videtur impellere, ut nullus hominum existimetur immortalitatem, nisi mors præcesserit, adepturus. Proinde ubi dixit Apostolus (I *Thes.*, IV, 13, etc.) : « Et nos viventes qui reliqui sumus in adventum Domini, non præveniemus eos qui ante dormierunt. Ipse enim Dominus in jussu et in voce Archangeli et in tuba Dei descendet de cœlo, et mortui in Christo resurgent (*a*) primo : deinde nos viventes, qui reliqui sumus, simul cum illis rapiemur in nubibus obviam Christo in aera, et ita semper cum Domino erimus. » Vellem, sicut dixi, his verbis audire doctiores : et si mihi potuerint hæc ita exponi, ut in eis possit intelligi, omnes homines, qui vivunt vel post nos victuri sunt, esse morituros, corrigerem quod hinc aliquando aliter sensi. Neque enim debemus esse indociles doctores ; et certe melius homo corrigitur (*b*) pravus, quam frangitur durus : cum iis quæ scribimus, ita nostra vel aliorum exerceatur et erudiatur infirmitas, ut tamen in eis nulla velut canonica constituatur auctoritas.

4. Si autem in his verbis Apostoli nullus alius sensus poterit reperiri, et hoc eum intelligi voluisse

claruerit, quod videntur ipsa verba clamare ; id est, quod futuri sint in fine sæculi et adventu Domini, qui non exspolientur corpore, sed superinduantur immortalitate, ut absorbeatur mortale a vita : huic sententiæ procul dubio conveniet, quod in Regula fidei confitemur, venturum Dominum, judicaturum vivos et mortuos : ut non hic intelligamus vivos justos, mortuos autem injustos, quamvis judicandi sint justi et injusti ; sed vivos quos nondum exiisse, mortuos autem quos jam exiisse de corporibus, adventus ejus inveniet. Quæ si ita esse constiterit, illa verba excutienda erunt, quomodo sic accipiamus : « Tu quod seminas, non vivificatur, nisi moriatur : » (1 *Cor.*, XV, 36) et : « Omnes resurgemus, » sive : « Omnes dormiemus : » (*Ibid.*, 51) ut non adversentur huic sententiæ, qua quidam creduntur etiam cum suis corporibus in æternum non gustata morte victuri.

5. Sed utrumlibet horum veracior et perspicacior intellectus (*c*) inveniatur, quid ad causam pertinebit istorum, sive omnes debita morte plectantur, sive aliquibus ab hac (*d*) conditione parcatur ; cum tamen

(*a*) Editi, *primi*. At Mss. *primo* : juxta Græc. πρῶτον. — (*b*) Aliquot Mss. *parvus*. — (*c*) Nonnulli Mss. *inveniat*. — (*d*) Hic editi addunt, *exceptis* : quod a Mss. abest.

quelques-uns en soient exemptés, puisqu'il est constant que ni l'âme ni le corps ne seraient morts, si le péché n'avait pas été la cause de cette mort; comme il est certain aussi que la puissance de la grâce qui fait revivre les justes dans la béatitude éternelle, est plus merveilleuse que s'ils n'eussent pas expérimenté la mort? Je me contente de cette réflexion à l'adresse de ceux dont vous me parlez, quoique je pense bien qu'ils ne persistent plus à dire qu'Adam, sans le péché, n'aurait pas été moins mortel.

6. Mais pour revenir à la question de la résurrection, comme il s'agit de savoir s'il est vrai que quelques-uns ne doivent pas mourir, mais qu'ils échangeront leur condition mortelle contre l'immortalité, sans passer par la mort, j'avoue que cette question demande un examen plus approfondi; si vous connaissiez, par vos lectures, vos entretiens, et les discussions sérieuses que vous auriez pu avoir, ou que vous aurez, quelque chose de décisif et de positif sur ce sujet, je vous prie de vouloir me l'envoyer. Car, s'il faut vous l'avouer, j'aime mieux m'instruire que d'instruire; c'est l'avis que nous donne l'apôtre saint Jacques, quand il dit : « L'homme doit être prompt pour écouter, et lent pour parler. » (*Jacq.*, I, 19.) Pour s'instruire, il suffit de se laisser aller aux douces invitations de la vérité; mais pour enseigner, il faut céder aux exigences de la charité. Il serait donc à désirer qu'il n'y eût pas cette nécessité où est un homme d'instruire un autre homme, et que nous fussions tous instruits par Dieu lui-même (*Isaï.*, LIV, 13), quoiqu'il soit vrai de dire que l'homme, tout en paraissant instruire les autres, apprend lui-même ce qui a rapport à la vraie piété. Car « ce n'est pas celui qui plante qui est quelque chose, ni celui qui arrose; mais c'est Dieu qui donne l'accroissement. » (I *Cor.*, III, 7.) Or, si les apôtres qui plantent et qui arrosent ne sont rien, à moins que Dieu ne donne l'accroissement, que serons-nous donc, vous et moi, et tous ceux de notre époque, quand nous croyons être des docteurs?

QUESTION IV.

1. Voici votre quatrième question : Pourquoi David a-t-il dit : Le postérité du juste sera grande sur la terre; la race des justes sera bénie (*Ps.* CXI, 2), puisque nous savons que les enfants des justes sont maudits quelquefois, et que les enfants des impies sont bénis?

2. Je prends ma réponse à cette question dans l'explication que j'ai donnée, quand j'exposais ce psaume en présence du peuple (*Explication du Ps.* CXI, n. 2) : « Heureux l'homme qui craint

---

constet non solum mortem animæ, verum etiam corporis secuturam non fuisse, si peccatum non præcessisset; et gratiæ mirabiliore virtute justos a morte ad æternam beatitudinem reviviscere, quam in mortis experientiam non venire? Hæc propter illos, de quibus mihi scripsisti, satis dicta sint : quamvis eos jam non existimem dicere, etiam si non peccasset Adam, fuisse vel corpore moriturum.

6. Cæterum quod attinet ad quæstionem resurrectionis, propter illos qui creduntur non esse morituri, sed ex hac mortalitate ad immortalitatem sine morte media transituri, inquisitio diligentior adhibenda est, et si quid hinc absolutum ac definitum disputatione rationabili atque perfecta vel audisti, vel legisti, vel etiam ipse adhuc audire aut legere aut excogitare potueris, peto mihi mittere non graveris. Ego enim, quod confitendum est caritati tuæ, plus amo discere quam docere : nam hoc admonemur etiam dicente apostolo Jacobo : « Sit autem omnis homo velox ad audiendum, tardus autem ad loquendum. » (*Jac.*, I, 19.) Ut ergo discamus, invitare nos debet suavitas veritatis; ut autem doceamus, cogere necessitas caritatis : ubi potius (*a*) optandum est, ut transeat ista necessitas, qua hominem docet aliquid homo, et simus omnes docibiles (*b*) Dei (*Isa.*, LIV, 13) : quamvis et hoc simus, cum ea quæ ad veram pietatem pertinent discimus, etiam quando illa docere videtur homo. Quia « neque qui plantat, est aliquid, neque qui rigat, sed qui incrementum dat Deus. » (I *Cor.*, III, 7.) Cum itaque si Deus incrementum non daret, nihil essent Apostoli plantatores et rigatores; quanto magis ego vel tu vel quilibet hujus temporis homines, quando nobis videmur esse doctores?

QUÆSTIO IV.

1. Quarta tua quæstio est : « Quare dixerit David : Potens in terra erit semen ejus, generatio rectorum benedicetur (*Psal.* CXI, 2) : cum sciamus justorum filios et fuisse et esse maledictos, et injustorum et fuisse et esse benedictos. »

2. Huic quæstioni de Psalmi ipsius expositione respondeo, quem cum in populo tractarem dixi (*Ex Enarratione in Psalmum* CXI, n. 2) : Beatus enim

---

(*a*) Sic Mss. Editi autem, *orandum est*. — (*b*) Mss. *docibiles Deo*.

le Seigneur, et qui met ses délices à accomplir sa loi ! » Dieu qui seul peut juger avec vérité et miséricorde, verra les progrès du juste dans l'accomplissement de sa loi. Car « la vie de l'homme est une tentation sur la terre, » comme dit le saint homme Job (VII, 1). Il est encore écrit : « Le corps qui se corrompt appesantit l'âme, et cette dépouille terrestre abat l'esprit et le trouble de mille soins. » (*Sag.*, IX, 15.) Or, celui qui nous juge, c'est le Seigneur, et nous ne devons pas juger avant le temps où le Seigneur viendra pour mettre au jour, ce qui était caché dans les ténèbres, et pour mettre à découvert les pensées du cœur; et c'est alors que chacun recevra de Dieu la louange qu'il mérite. C'est donc Dieu qui verra les progrès de chacun; mais l'homme qui fera ses délices de la loi de Dieu, aimera la paix qui édifie, et l'espérance sera dans son cœur; parce qu'il aimera cette loi, et que la paix est pour les hommes de bonne volonté. (*Luc*, II, 14.)

3. C'est pourquoi « sa postérité sera grande sur la terre. » (*Ps.* CXI, 2.) La semence qui promet la moisson, ce sont les œuvres de miséricorde, comme le témoigne l'Apôtre quand il dit : « Ne nous lassons donc pas de faire le bien, puisque nous en recueillerons le fruit en son temps. » (*Gal.*, VI, 9.) Il dit encore : « Celui qui sèmera peu, moissonnera peu. » (II *Cor.*, IX, 6.) N'est-on pas bien puissant, mes frères, quand on achète le royaume des cieux, comme Zachée, avec la moitié de ses biens (*Luc*, XIX, 8), ou comme la veuve avec deux oboles (*Marc*, XII, 42), l'un devant posséder autant que l'autre ? N'est-on pas bien puissant, quand le riche donne son trésor, et le pauvre un verre d'eau froide, afin de posséder ce même royaume? Il y a des hommes qui, pour un intérêt temporel, font des sacrifices de ce genre, ou pour que Dieu les récompense ici-bas, ou pour obtenir la faveur du monde. Mais « la race des justes sera bénie, »(*Ps.* CXI, 2) c'est-à-dire les œuvres de ceux qui sont aimés du Dieu d'Israël, et qui ont le cœur pur (*Ps.* LXXII, 1); or, un cœur pur ne résiste pas, quand un père réprimande; il est plein de confiance, quand il promet; mais Dieu ne bénit pas ceux dont le pied chancelle, s'égare et glisse, comme il est dit dans un autre psaume, parce qu'ils s'indignent en voyant la prospérité des pécheurs (*Ibid.*, 2), et ils s'imaginent que leurs œuvres sont perdues, parce qu'elles ne trouvent pas ici-bas leur récompense. Mais l'homme qui craint le Seigneur et qui dispose son cœur dans la droiture pour être le temple saint de Dieu, ne cherche point la gloire des hommes; il ne désire point les richesses de la terre; et pourtant, « la gloire et

---

« vir qui timet Dominum, in mandatis ejus volet nimis. » Viderit Deus, qui solus et veraciter et misericorditer judicat, quantum iste proficiat in mandatis ejus. Quoniam « tentatio est vita humana super terram, » (*Job*, VII, 1) sicut sanctus Job dicit. Et iterum scriptum est : « Quoniam corpus quod corrumpitur, aggravat animam; et deprimit terrena inhabitatio sensum multa cogitantem. » (*Sap.*, IX, 15.) Qui autem judicat nos, Dominus est : nec ante tempus judicare debemus, donec veniat Dominus, et illuminet abscondita tenebrarum, et manifestabit cogitationes cordis et tunc laus erit unicuique a Deo. (I *Cor.*, IV, 4 et 5.) Viderit ergo ille quantum quisque proficiat : in mandatis ejus tamen volet nimis, qui pacem illius coædificationis adamaverit; nec jam desperare debet, quoniam in mandatis ejus volet nimis, et pax in terra hominibus bonæ voluntatis. (*Luc.*, II, 14.)

3. Inde « potens in terra erit semen ejus. » (*Psal.* CXI, 2.) Semen futuræ messis, opera esse misericordiæ : Apostolus testis est, qui dicit (*Gal.*, VI, 9) : « Bonum autem facientes non deficiamus : tempore enim proprio metemus (a). » Et iterum : Hoc autem, inquit, qui parce seminat, parce et metet. » (II *Cor.*, IX, 6.) Quid autem, Fratres, potentius, quam ut regnum cœlorum non solum Zacchæus emat dimidio rerum suarum (*Luc.*, XIX, 8), sed et vidua duobus minutis (*Marc.*, XXII, 42), et tantumdem ibi uterque possideat? Quid potentius, quam ut idem regnum et thesauris diviti et calice aquæ frigidæ pauperi valeat? Sunt autem qui ista faciant dum terrena conquirunt, aut hic mercedem sperantes a Domino, aut hominibus placere cupientes. Sed : « Generatio rectorum benedicetur : » (*Psal.* CXI, 2) id est, opera eorum quorum bonus Deus Israel, qui recto sunt corde (*Psal.* LXXII, 1); rectum autem cor est, non resistere patri emendanti, et credere pollicenti : non eorum quibus commoventur pedes, et effunduntur gressus atque labuntur, sicut in alio Psalmo canitur, dum zelant in peccatoribus pacem peccatorum videntes (*Ibid.*, 2), et putant perire opera sua, quia non eis merces redditur peritura. At iste vir qui timet Dominum, et in templum sanctum Dei conversione recti cordis aptatur, nec gloriam hominum quærit, nec terrenas divitias concupiscit : et tamen : « Gloria et divitiæ in domo ejus. » (*Psal.* CXI, 3.) Do-

(a) Editi renitentibus Mss. addunt, *non deficientes*.

QUESTION VI.

les richesses sont dans sa maison. » (*Ps.* CXI, 3.) Sa maison, c'est son cœur où il habite sous l'œil de Dieu, avec l'espérance de la vie éternelle, et cette habitation est plus opulente pour lui, qu'un palais de marbre et de riches lambris, rempli de flatteurs, avec la crainte de la mort éternelle. « Sa justice subsistera dans tous les siècles; » voilà sa gloire, voilà ses richesses. Le pécheur brille dans la pourpre et le lin (*Luc*, XVI, 9); il a des festins somptueux; mais tout cela ne paraît un instant, que pour disparaître aussitôt, et lorsque la mort sera venue, il désire une goutte d'eau comme celle qui tient au bout du doigt, et sa langue se dessèche à crier. — Voilà comment je me rappelle avoir expliqué le psaume en question, et je pense que cette réponse satisfait à votre quatrième question. Quant à votre cinquième question, j'y répondrai, comme je l'ai dit, après avoir répondu aux autres.

QUESTION VI.

1. Voici votre sixième question : Est-il vrai, comme le raconte le livre des Rois, que la pythonisse ait évoqué de l'enfer le prophète Samuel? (I *Rois*, XXVIII, 7.)

2. Simplicien, évêque de Milan, d'heureuse mémoire, me fit autrefois la même question, et voici, quelle fut ma réponse (Liv. II *des Questions de Simplicien*, quest. III) : Vous demandez si l'esprit immonde qui était dans la pythonisse a eu le pouvoir de faire venir Samuel en présence de Saül pour le faire parler avec lui. Mais n'est-ce pas un plus grand prodige de voir Satan lui-même s'adresser à Dieu, et lui demander de lui abandonner Job (*Job*, I, 2), cet homme très-juste, pour l'éprouver, comme il a aussi demandé à tenter les apôtres? (*Luc*, XXII, 31.) Cette question n'offre donc aucune difficulté sous ce rapport; parce que la vérité, qui est présente partout, parle comme il lui plaît, en se servant de telle ou telle créature, et en s'adressant à telle ou telle créature. Il importe donc peu que Dieu parle à l'un plutôt qu'à l'autre, l'essentiel, c'est ce qu'il dit. Il arrive que le souverain ne dit jamais une parole à des hommes très-honorables, tout en veillant avec sollicitude à l'intérêt de leur conservation; et souvent il parle à des criminels qu'il condamne à la peine de mort. Si donc la question est toute résolue en ce sens, elle n'offre aucun embarras non plus en ce que l'esprit immonde a pu s'entretenir avec un saint homme. Dieu le créateur et le sanctificateur est infiniment plus grand que tous les saints. Si on s'étonne que le malin esprit ait pu réveiller l'âme d'un juste, et l'évoquer des profondeurs les plus

mus enim ejus cor ejus est, ubi Deo laudante opulentius habitat cum spe vitæ æternæ, quam hominibus adulantibus in marmoratis laqueatisque tectis cum timore mortis æternæ. Hujus enim « justitia manet in sæculum sæculi. » Ipsa ejus gloria, ipsæ divitiæ. Illius autem purpura et byssus et epulæ splendidæ (*Luc.*, XVI, 19), ei cum præsto sunt, transeunt; et cum ad finem venerint, aquæ guttam ex digito stillante desiderans, ardens lingua clamabit. (*a*) [Hæc sunt quæ in dicto Psalmo exposuisse me memini, et ad quæstionis tuæ quarto loco propositæ solutionem satis esse nunc existimo.] Quinto autem loco id proposuisti, unde post omnia disputaturum me esse promisi.

QUÆSTIO VI.

1. Sexta tua propositio est : « Utrum juxta historiam libri Regnorum pythonissa ipsum prophetam Samuelem de inferno evocaverit. » (I *Reg.*, XXVIII, 7.)

2. Hoc a me beatæ memoriæ Simplicianus Mediolanensis episcopus aliquando quæsivit. (Ex lib. II, *quæst. ad Simplicianum* , q. 3.) Quid ergo ei responderim, subditum lege. Item quæris, inquam, utrum spiritus immundus, qui erat in pythonissa, potuerit agere ut Samuel a Saule videretur et loqueretur cum eo. Sed multo majoris miraculi est, quod ipse Satanas princeps omnium immundorum spirituum potuit loqui cum Deo, et petere tentandum Job justissimum virum (*Job*, I, 11) : qui etiam tentandos Apostolos petiit. (*Luc.*, XXI, 31.) Aut si hoc non ideo habet difficilem quæstionem, quia per quam voluerit creaturam, cui voluerit creaturæ, ubique præsens veritas loquitur, nec propterea magni meriti est cui loquitur Deus : interest enim quid loquatur; quia et imperator cum multis innocentibus non loquitur, quibus providentissime consulit ad salutem; et cum multis nocentibus loquitur, quos jubet interfici : si ergo hinc propterea nulla quæstio est; nulla sit quæstio quomodo etiam immundus spiritus cum anima sancti viri loqui potuerit. Omnibus enim sanctis Deus creator et sanctificator longe utique major est. Quod si hoc movet, quod licuerit maligno spiritui excitare animam justi, et tanquam de abditis mortuorum receptaculis evocare; nonne magis

(*a*) Absunt isthæc a quinque Mss.

secrètes de la mort ; n'est-il pas plus étonnant que Satan ait pris Notre-Seigneur lui-même, pour le mettre sur le pinacle du temple ? (*Matth.*, IV, 5.) Comment l'a-t-il fait ? Comment Samuel a-t-il été évoqué ? Nous ne pourrions pas le dire. On dira peut-être qu'il était plus facile au démon de prendre Notre-Seigneur, et de le placer où il voulait, que de réveiller l'âme de Samuel qui était mort, et de la faire sortir de sa demeure. Mais si nous ne sommes pas troublés, en lisant dans l'Evangile, que Notre-Seigneur a voulu et permis cette tentation sans rien perdre de sa puissance et de sa divinité ; en y lisant aussi qu'il a permis aux Juifs eux-mêmes, hommes pervers, immondes et faisant les œuvres du démon, de le prendre, de le lier, de le tourner en dérision, de le crucifier et de le faire mourir ; il n'est pas absurde de croire que, par une disposition particulière de la volonté divine, sans y être forcé, et sans subir le joug et la domination de la puissance magique, l'esprit du saint prophète, obéissant volontairement à l'ordre de Dieu, que ne connaissait point la pythonisse ni Saül, ait consenti à se montrer devant le roi, pour lui faire entendre l'arrêt de Dieu qui le frappait. Pourquoi, en effet, l'âme d'un juste, si les méchants l'évoquaient au milieu d'eux, semblerait-elle perdre sa dignité, lorsque souvent nous voyons les bons, sur la terre, se rendre à l'invitation des méchants, traiter avec eux des affaires de la justice, s'occuper de ce qui a rapport à la correction du vice, selon les circonstances et les besoins du moment, sans rien perdre de l'éclat de leur vertu.

3. Mais on peut expliquer cette apparition de Samuel d'une manière plus claire et plus simple, en disant que ce n'est pas l'esprit de Samuel qui a été évoqué, mais quelque fantôme, une figure imaginaire, formée par les ruses du démon, que l'Ecriture a appelée du nom de Samuel, comme on appelle ordinairement les images par le nom des objets qu'elles représentent. Tout ce qui est imité par la peinture, tout ce qui est figuré avec le métal, le bois ou tout autre matière propre à cet usage, les visions que l'on a dans le sommeil, et en général toutes les images sont nommées comme les objets qu'elles représentent. En voyant le portrait d'un homme, ne direz-vous pas que c'est un homme ? Quand nous parcourons une galerie de peintures, nous donnons à chaque tableau le nom qui lui convient. Tableau, ou fresque, nous disons : Voilà Cicéron ; celui-ci, c'est Salluste ; cet autre, c'est Achille ; voilà Hector ; voilà le fleuve Simoïs ; voilà Rome ; et pourtant ce ne sont que des peintures.

mirandum est, quod Satanas ipsum Dominum assumpsit et constituit super pinnam templi ? (*Matth.*, IV, 15.) Quolibet enim modo fecerit, ille etiam modus quo Samueli factum est ut excitaretur, similiter latet. Nisi forte quis dixerit, faciliorem diabolo fuisse licentiam ad Dominum vivum unde voluit assumendum, et ubi voluit constituendum, quam ad Samuelis defuncti spiritum a suis sedibus excitandum. Quod si illud in Evangelio nos ideo non perturbat, quia Dominus voluit atque permisit nulla diminutione suæ potestatis et divinitatis id fieri ; sicut ab ipsis Judæis, quanquam perversis atque immundis et facta diaboli facientibus, et teneri se, et vinciri, et illudi, et crucifigi atque interfici passus est : non est absurdum credere ex aliqua dispensatione divinæ voluntatis permissum fuisse, ut non invitus nec dominante atque subjugante magica potentia, sed volens atque obtemperans occultæ dispensationi Dei, quæ et pythonissam illam et Saulem latebat, consentiret spiritus Prophetæ sancti se ostendi aspectibus regis, divina eum sententia percussurus. Cur enim anima boni hominis, a malis vivis evocata si venerit, amittere videatur dignitatem suam ; cum et vivi plerumque boni vocati ad malos veniant, et agant cum eis quod officium postulat æquitatis, servato atque inconcusso decore virtutis suæ, et illorum vitiis pro rerum præsentium vel usu vel necessitate tractatis ?

3. Quanquam in hoc facto potest esse alius facilior exitus et expeditior intellectus, ut non vere spiritum Samuelis excitatum a requie sua credamus, sed aliquod phantasma, et imaginariam illusionem diaboli machinationibus factam, quam propterea Scriptura nomine Samuelis appellat, quia solent imagines rerum earum nominibus appellari, quarum imagines sunt. Sicut omnia quæ pinguntur atque finguntur ex aliqua materie metalli aut ligni, vel cujusque rei aptæ ad opera hujusmodi, quæque etiam videntur in somnis, et omnes fere imagines, earum rerum quarum imagines sunt, appellari nominibus solent. Quis est enim, qui hominem pictum dubitet vocare hominem ? Quando quidem et singulorum quorumque picturam cum adspicimus, propria quoque nomina incunctanter adhibemus : velut cum intuentes tabulam aut parietem, dicimus : Ille Cicero est, ille Sallustius, ille Achilles, ille Hector, hoc flumen Simois, illa Roma ; cum aliud nihil sint quam pictæ imagines. Unde Cherubim cum sint cœlestes potes-

Les Chérubins qui sont des puissances célestes, ont été représentés avec le métal, par l'ordre de Dieu, pour être placés sur l'arche du Testament (*Exod.*, XXV, 18), comme figures d'un grand mystère; et ces représentations s'appelaient les Chérubins. Celui qui a un songe ne dit pas : J'ai vu l'image d'Augustin ou de Simplicien; mais : J'ai vu Augustin ou Simplicien, quoique dans l'instant où ce songe avait lieu, nous n'en eussions pas le moindre soupçon; tant il est vrai que sans voir les hommes, on voit leurs images. Pharaon dit aussi qu'il a vu en songe des épis et des vaches (*Gen.*, XLI, 18), sans dire que c'étaient leurs images. Si donc il est constaté qu'on donne aux images le nom des objets qu'elles représentent, il ne faut pas s'étonner que l'Ecriture nous dise que Samuel se soit montré, pour signifier peut-être l'apparition de son image, par l'opération magique de celui qui se transforme en ange de lumière, et qui fait de ses ministres des ministres de la justice. (II *Cor.*, XI, 14.)

4. Si l'on trouvait étrange que le mauvais esprit eût prédit à Saül des choses vraies, on pourrait s'étonner aussi que les démons ait reconnu le Christ, tandis que les Juifs ne le connaissait pas. Dieu, s'il le veut, peut se servir des mauvais esprits qui sont dans les enfers, pour faire connaître à quelqu'un la vérité, en ce qui regarde les choses temporelles et les affaires de cette vie mortelle; par conséquent on peut supposer, sans qu'il y ait la moindre inconvenance, que celui qui est tout-puissant et juste, voulant punir certains hommes par la connaissance d'un malheur qui les menace, et dont ils souffrent avant qu'il n'arrive, accorde à ces esprits d'une manière particulière et mystérieuse une certaine lumière de prévision, afin qu'ils redisent aux hommes ce que les anges ont pu leur révéler. Mais il ne participent à ces révélations qu'autant que le souverain Maître qui gouverne tout le permet ou l'ordonne. C'est pourquoi nous voyons dans les Actes des Apôtres (XVI, 17), que l'esprit de Python rend témoignage à saint Paul et fait l'œuvre d'évangéliste. Cependant les mauvais esprits mêlent le vrai avec le faux, et quand il disent la vérité, s'ils ont pu la connaître, c'est moins avec l'intention de l'enseigner qu'avec l'intention de tromper. C'est pour cette raison sans doute que l'image de Samuel, apparaissant à Saül, lui annonçait en même temps et qu'il mourrait, et qu'il serait avec lui (I *Rois*, XXVIII, 19), ce qui était faux pour ce dernier point. Car l'Evangile nous apprend que les bons sont séparés des méchants par une grande distance; et Notre-Seigneur nous atteste qu'entre le riche orgueilleux, déjà tourmenté dans les enfers, et le pauvre, naguère couché à sa porte, couvert de

---

tates, ficta tamen ex metallo, quod imperavit Deus, super arcam Testamenti (*Exod.*, xxv, 18), magnæ rei significandæ gratia, non aliud quam Cherubim illa quoque figmenta vocitantur. Item quisquis videt somnium, non dicit : Vidi imaginem Augustini aut Simpliciani; sed : Vidi Augustinum aut Simplicianum : cum eo tempore, quo tale aliquid vidit, nos ignoraremus; usque adeo manifestum est, non ipsos homines, sed imagines eorum videri. Et Pharao spicas se dixit vidisse in somnis et boves, non spicarum aut boum imagines. (*Gen.*, XLI, 18.) Si igitur liquido constat nominibus earum rerum, quarum imagines sunt, easdem imagines appellari; non mirum est quod Scriptura dicit Samuelem visum, etiamsi forte imago Samuelis apparuit, machinamento ejus qui transfigurat se velut angelum lucis, et ministros suos velut ministros justitiæ. (II *Cor.*, XI, 14.)

4. Jam vero si illud movet, quomodo et a maligno spiritu Sauli vera prædicta sunt : potest et illud mirum videri, quomodo dæmones agnoverint Christum, quem Judæi non agnoscebant. (*Matth.*, VIII, 29.) Cum enim vult Deus etiam per infimos infernosque spiritus aliquem vera cognoscere, temporalia dumtaxat atque ad istam mortalitatem pertinentia, facile est, et non incongruum, ut omnipotens et justus ad eorum pœnam, quibus ista prædicuntur, et malum quod eis impendet ante quam veniat prænoscendo patiantur, occulto apparatu ministeriorum suorum etiam spiritibus talibus aliquid divinationis impertiat, ut quod audiunt ab Angelis, prænuntient hominibus. Tantum autem audiunt, quantum omnium Dominus atque moderator vel jubet vel sinit. Unde etiam spiritus pythonius in Actibus Apostolorum attestatur Paulo apostolo (*Act.*, XVI, 17), et evangelista esse conatur. Miscent tamen isti fallacias, et verum quod nosse potuerint, non docendi magis quam decipiendi fine prænuntiant. Et forte hoc est quod cum illa imago Samuelis Saulem prædiceret moriturum (I *Reg.*, XXVIII, 19), dixit etiam secum futurum : quod utique falsum est. Magno quippe intervallo post mortem separari bonos a malis in Evangelio legimus, cum Dominus inter superbum illum divitem, cum jam apud inferos tormenta pateretur, et illum qui ad ejus januam ulcerosus jacebat, jam in requie constitutum, magnum chaos interjec-

plaies, il y a un immense chaos qui les sépare. (*Luc*, XVI, 26.) Samuel a pu dire aussi à Saül : « Tu seras avec moi, » sans avoir en vue une égalité de bonheur, mais seulement l'égalité dans la mort, puisqu'ils étaient hommes l'un et l'autre, et tous deux mortels ; c'était une prédiction de mort faite à un vivant. Votre prudence éclairée trouvera, je le présume, que ces deux versions ont un sens raisonnable, qui ne touche point à la foi. Peut-être qu'un examen plus approfondi et plus long, mais qui dépasserait les limites de mon temps et de mes forces, nous conduirait à une solution plus claire et plus nette de cette question, savoir, s'il est possible ou s'il n'est pas possible, que l'âme humaine, sortie de cette vie, soit évoquée par les enchantements de la magie, pour apparaître aux yeux des vivants, même avec les traits du visage qui la font voir et reconnaître. Si la chose est possible, il faudrait savoir si l'âme d'un juste, sans y être forcée par les rites de la magie, mais pour obéir à quelque décret mystérieux de la loi suprême, pourrait convenablement apparaître. S'il était reconnu que cette apparition ne fût pas possible, alors il faudrait abandonner les deux versions que nous avons mises en avant, pour expliquer ce passage de l'Ecriture. On abandonnerait donc l'apparition réelle pour dire que la magie a fabriqué une image fantastique de Samuel. Mais dans l'une et l'autre hypothèse, comme il n'en est pas moins vrai que Satan a mille ruses pour tromper, pour former des fantômes et pour séduire l'imagination et les sens de l'homme, nous marcherons avec réserve, pour ne pas préjuger une question qui peut gagner à un examen plus approfondi ; et l'opinion la plus probable pour nous, c'est que l'apparition de Samuel a été l'œuvre diabolique de la pythonisse, puisqu'il ne nous est pas donné d'avoir une autre idée ni une autre explication.

5. Voilà ce que j'ai écrit sur la pythonisse et sur Samuel. Mais j'ai bien fait de dire qu'il fallait mettre une grande réserve, tout en disant que l'apparition de Samuel était l'œuvre diabolique de la pythonisse, pour ne pas préjuger une question qui demandait un examen plus sérieux. Car plus tard, en y réfléchissant, j'ai trouvé dans le livre de l'Ecclésiastique, qui renferme un éloge de tous les patriarches l'un après l'autre, que Samuel était cité avec honneur, comme ayant prophétisé même après sa mort. (*Eccl.*, XLVII, 23.) On m'objectera peut-être que ce livre ne figure pas dans le canon des Hébreux ; mais que dirons-nous de Moïse que l'on voit mourir dans le Deutéronome, et que nous voyons aussi dans

---

tum esse testatur. (*Luc.*, XVI, 26.) Aut si propterea Samuel Sauli dixit : « Mecum eris, » ut non ad æqualitatem felicitatis, sed ad parem conditionem mortis referatur, quod uterque homo fuerit, et uterque mori potuerit, jamque mortuus mortem vivo prænuntiabat ; perspicit, quantum opinor, prudentia tua, secundum utrumque intellectum habere exitum illam lectionem qui non sit contra fidem : nisi forte profundiore et perplexiore inquisitione, quæ vel virium mearum vel temporis excedit angustias, inveniatur ad liquidum, vel posse vel non posse animam humanam, cum ex hac vita emigraverit, magicis carminibus evocatam vivorum apparere conspectibus, etiam corporis lineamenta gestantem, ut non solum videri valeat, sed et agnosci. Et si potest, utrum etiam justi anima, non quidem cogatur magicis sacris, sed dignetur ostendi occultioribus imperiis summæ legis obtemperans : ut si fieri non posse claruerit, non uterque sensus in hujus Scripturæ tractatione atque expositione admittatur, sed illo excluso, imaginaria simulatio Samuelis diabolico ritu facta intelligatur.

Sed quoniam, sive illud fieri possit, sive non possit, tamen fallacia Satanæ atque imaginum simulandarum callida operatio decipiendis humanis sensibus multiformis invigilat, pedetentim quidem, ne inquisitionibus diligentioribus præscribamus, sed tamen potius existimemus tale aliquid factum maligno pythonissæ illius ministerio, quamdiu nobis aliquid amplius excogitare atque explicare non datur.

5. Hæc sunt quæ tunc de pythonissa et Samuele scripsi. (*a*) Sed quam non frustra dixerim, pedetentim nos in (*b*) hac re gesta simulatam Samuelis imaginem maligno pythonissæ ministerio præsentatam existimare debere, ne inquisitionibus diligentioribus præscribamus, mea posterior inquisitio declaravit, quando inveni in libro Ecclesiastico (*Eccl.*, XLVII, 23), ubi patres laudantur ex ordine, ipsum Samuelem sic fuisse laudatum, ut prophetasse etiam mortuus diceretur. Sed si et huic libro ex Hebræorum, quia in eorum non est, canone contradicitur : quid de Moyse dicturi sumus, qui certe et in Deuteronomio mortuus (*Deut.*, XXXIV, 5), et in Evangelio cum Elia

---

(*a*) Rat. Am. Er. et e Vat. Mss. duo prætereunt sequentes tredecim versus, atque ad verbum scripsi, proxime subjungunt : *Septima tua propositio est.* — (*b*) Sic potiores Mss. At editi, *in hoc genere simulatam*.

QUESTION VII.

l'Evangile apparaître parmi les vivants avec Elie qui n'est pas mort? (*Deut.*, XXXIV, 5; *Matth.*, XVII, 3.)

QUESTION VII.

1. Voici votre septième question : Comment répondre à ceux qui disent que Sara a été déshonorée, prétendant qu'Abimélech ne l'a quittée qu'après avoir été averti en songe, et qu'elle a été livrée à Pharaon? (*Gen.*, XII, 15; XX, 2.)

2. Comment peut-on prétendre qu'elle a été livrée à Pharaon? Je ne vois rien dans l'Ecriture qui m'autorise à le penser. Pharaon, sans doute, l'a prise pour épouse, et à cause de Sara, Abraham fut comblé de présents par les Egyptiens. Mais l'Ecriture ne dit point que Sara ait été introduite dans la couche de Pharaon, et que ce roi ait abusé d'elle; Dieu, en effet, l'affligea de plusieurs calamités pour empêcher cet adultère. On sait qu'autrefois les femmes que le roi choisissait pour épouses, n'étaient pas introduites immédiatement dans la couche royale. Mais, ainsi que nous le lisons dans le livre d'Esther (II, 12), on prenait soin d'elles pendant quelques mois, pendant une année entière; on parfumait leur corps avec les onguents, les eaux de senteur, et les aromates, avant que le roi ne les reçût dans sa couche. On faisait donc pour Sara ces dispositions, lorsque Pharaon, accablé et effrayé par les maux qui lui arrivaient, rendit à Abraham son épouse. Mais comme Abimélech fut averti en songe de renvoyer Sara, nos contradicteurs prétendent que le sommeil et le songe ne vinrent au roi, qu'après qu'il eut joui de l'épouse d'Abraham. Mais, sans parler du temps qu'il fallait, comme je l'ai dit, pour préparer une femme avant qu'elle ne fût admise dans la couche du roi, dira-t-on que Dieu, pour empêcher Abimélech de toucher à Sara, n'a pas pu le plonger dans le sommeil et l'avertir en songe?

3. Voici ce qui est arrivé dans la Mauritanie de Sétif. Car le Dieu des saints patriarches est aussi notre Dieu. Un jeune catéchumène, nommé Celtichius, aimait une veuve qui avait résolu de garder la continence; il l'enleva pour l'épouser. Avant de toucher à cette femme, il tomba dans un profond sommeil, et effrayé par un songe qu'il eut, il ramena cette veuve à l'évêque de Sétif, qui mettait tout en œuvre pour la retrouver. Je parle ici d'une histoire contemporaine. Le jeune homme fut baptisé et converti par ce miracle dont il était l'objet; il devint un saint évêque, et la jeune veuve garda la continence.

---

qui mortuus non est, legitur apparuisse viventibus? (*Matth.*, XVII, 3.)

QUÆSTIO VII.

1. Septima tua propositio est : Qualiter satisfaciendum sit eis, qui dicunt Saram stuprum non effugisse cum dicant Abimelech ab ejus conventione somnio esse revocatum, et immissum in ejus copulam Pharaonem. » (*Gen.*, XII, 15; *Gen.*, XX, 2.)

2. Quomodo dicant immissum in ejus copulam Pharaonem, non video; cum ad hoc credendum Scriptura non cogat. Accepit enim eam quidem in uxorem, continuoque ditatus est Abraham multis Ægyptiorum muneribus propter illam : sed non scriptum est, quod eum ea Pharao dormierit, eique permixtus sit; quoniam Deus eum multis magnisque cladibus affligendo id facere non permisit. Non enim placitæ regibus ad conjugium feminæ mox etiam carne copulabantur. Sed sicut legimus in libro, qui prænotatur Esther (*Esther.*, II, 12), per aliquot menses, imo per totum annum, unguentis, (*a*) pigmentis, aromatis accurabantur earum corpora, priusquam corpori regio miscerentur. Hoc ergo spatio facta sunt illa quæ scripta sunt, donec Pharao contritus et exterritus marito restituisset uxorem. Abimelech autem quoniam somnio est ab ejus commixtione prohibitus, ideo qui Saram stuprum non vitasse contendunt, putant utique regem, ut somniaret, nonnisi post ejus concubitum dormire potuisse. Quasi vero, ut omittam tempus quo accurabantur, ut supra dixi, ad voluptatem regiam corpora feminarum, non potuerit Deus, prius quam convenirent, cum mergere in somnum, et admonere per somnium.

3. Dicam quod factum est in Mauritania Sitifensi. Neque enim Deus sanctorum Patrum, non ipse est etiam Deus noster. Viduam in proposito continentiæ constitutam (*b*) Celtichius quidam catechumenus juvenis rapuit, ut haberet uxorem. Ante quam concumberent, pressus somno et territus somnio, Sitifensi episcopo eamdem vehementissime requirenti, revocavit intactam. Vivunt adhuc de quibus loquor. Ille baptizatus et ipso in se facto miraculo conversus ad Dominum, ad episcopatum venerabili probitate pervenit, illa in sancta viduitate persistit.

(*a*) In melioris notæ Mss. loco *pigmentis*, legitur *lomentis*. In aliis, *linimentis*. In Vaticanis duobus, *fomentis aromatum*. — (*b*) Rat. Am. et Sorbonicus Ms. *Celcichius*. Vaticani codices duo, *Celitichius*. Corbeiensis et Floriacensis, *Celticius*. Germanensis denique, *Cletitius*. In Carthaginensis Concilii epistola ad Cœlestinum undecimus inter episcopos Celticius nominatur.

4. J'ai aussi écrit contre Faustus (liv. XXII, chap. XXXIII) le Manichéen qui calomniait Abraham, en l'accusant d'avoir vendu honteusement son épouse à deux rois, et voici ce que j'écrivais : Faustus appelle infâme celui qui est un époux juste et fidèle; il prétend que par avarice et par gourmandise, il a vendu successivement à deux rois, Abimélech et Pharaon, Sara son épouse qui était très-belle, en disant faussement qu'elle était sa sœur; or, la bouche de Faustus ne dit pas la vérité, et ne sait pas distinguer ce qui est honnête de ce qui est honteux ; elle calomnie et tourne tout en mal. Si l'action d'Abraham paraît être un trafic infâme, c'est pour ceux qui n'ont pas la lumière de la loi éternelle, pour distinguer le bien du mal, qui confondent la constance avec l'opiniâtreté, et la confiance avec l'audace; tout paraît mauvais pour ceux qui n'ont pas l'œil bon, et les objections qu'on nous fait n'ont pas d'autre principe. Abraham n'a donc point voulu le déshonneur de son épouse, et ne l'a point vendue pour l'adultère; mais de même que Sara donna sa servante à Abraham, sans qu'il y eût ni complaisance de sa part, ni passion de l'autre, mais parce qu'elle envisageait cette action comme un moyen qui donnait des enfants à son mari, l'ordre de la famille n'étant en rien troublé, et Sara paraissant commander, tandis qu'Abraham obéissait; ainsi faut-il considérer en cette circonstance la conduite d'Abraham ; il savait que son épouse était chaste, qu'elle lui était pleinement attachée de cœur, et que son âme était le sanctuaire de la pudeur; il dit donc qu'elle est sa sœur au lieu de dire qu'elle est son épouse, pour ôter à des hommes étrangers et impies la pensée de le tuer et d'emmener Sara captive; il était du reste plein de confiance que Dieu ne permettrait rien de honteux ni de criminel. Sa foi et sa confiance ne l'ont pas trompé. Car Pharaon, effrayé par les prodiges et tourmenté par des maux sans nombre à cause de Sara, finit par savoir en songe qu'elle était l'épouse d'Abraham, et il la lui rendit en tout honneur. Abimélech instruit aussi par une vision, agit de la même manière.

QUESTION VIII.

1. Enfin vous me demandez une explication « sur l'esprit de Dieu qui était porté sur les eaux. » Car, dites-vous, les uns disent que c'est le Saint-Esprit; et d'autres, que c'est l'âme du monde, par ce motif, que l'historien n'aurait pas pu placer le Créateur parmi les créatures, ni donner une place particulière à Celui qui est partout, conjointement avec le Père et le Fils.

---

4. Quid autem dixerim contra Faustum Manichæum (Ex lib. XXII *contra Faustum*, cap. XXXIII), cum calumniaretur patri Abrahæ, quod uxorem suam duobus regibus ad concubitum venditasset, (*a*) indicant quæ subjeci : Quod autem justum , inquam, et fidelem virum matrimonii sui infamissimum nundinatorem appellans, avaritiæ ac ventris causa duobus regibus, Abimelech ac Pharaoni, diversis temporibus Saram conjugem suam sororem mentitum, quia erat pulcherrima, in concubitum asserit venditasse ; non ore veridico a turpitudine separat honestatem, sed ore maledico totum vertit in crimen. Hoc enim Abrahæ factum lenocinio simile videtur, sed non valentibus ex illius æternæ legis lumine a peccatis recte facta discernere, quibus et constantia, pertinacia videri potest; et virtus fiduciæ, vitium putatur audaciæ; et quæcumque similiter objiciuntur quasi non recte agentibus a non recte cernentibus. Neque enim Abraham flagitio consensit uxoris, ejusque vendidit adulterium : sed sicut illa famulam suam non libidini mariti permisit, sed officio generandi ultro intulit, nequaquam turbato ordine naturali, ubi ejus potestas erat jubens potius obedienti, quam cedens concupiscenti ; sic et ipse conjugem castam; et casto corde sibi cohærentem, de cujus animo, ubi pudicitiæ virtus habitat , nullo modo dubitabat, tacuit uxorem, dixit sororem, ne se occiso ab alienigenis atque impiis captiva possideretur; certus de Deo suo, quod nihil eam turpe ac flagitiosum perpeti sineret. Nec eum fides ac spes fefellit. Namque Pharao territus monstris, multisque propter eam malis afflictus, ubi ejus esse uxorem divinitus didicit, illæsam cum honore restituit. Abimelech autem somnio commonitus et edoctus , similiter fecit.

QUÆSTIO VIII.

1. Novissime exponendum poscis de « spiritu Dei qui superferebatur super aquam. » (*Gen.*, 1, 2.) « Quidam enim asseverant, inquis, Spiritum sanctum; alii mundanum spiritum dicunt, dicentes quia non potuit historiographus cum creaturis enumerare creatorem, nec huic locum aliquem deputare, qui ubique sit totus, cum Patre videlicet atque Filio. »

(*a*) Sic aliquot Mss. Alii cum editis, *indignansque subjeci*.

2. J'ai déjà donné mon sentiment sur cette question, dans le premier des douze livres que j'ai écrits sur la Genèse (chap. v, et suiv.); j'ai fait mon possible pour expliquer les faits suivant le sens de l'histoire, plutôt que suivant le sens allégorique. Il me suffit de transcrire ici ce passage de mon livre : — Dieu possède une bonté souveraine, sainte et juste, et il a pour ses œuvres un amour qui a sa source non dans le besoin, mais dans l'excès de sa bonté. Avant que cette parole ne fût prononcée : «Dieu dit : Que la lumière soit, et la lumière fut; » (*Gen.*, I, 3) l'Ecriture nous montrait déjà la disposition de Dieu par cette parole qui précède : « Et l'esprit de Dieu était porté sur les eaux. » L'eau peut signifier ici toute la matière corporelle, comme pour faire entendre que c'est de là que sont tirés et formés tous les êtres, que nous pouvons distinguer dans leurs espèces; on lui donnerait le nom d'eau, parce que nous voyons que tous les êtres sur la terre, suivant leurs espèces, se forment et se développent dans une nature humide; ou bien l'eau signifierait une certaine vie spirituelle, qui était comme flottante avant qu'elle se fût attachée à sa fin. Quoi qu'il en soit, il est certain que l'esprit de Dieu était porté sur la création, qui était soumise à la bonne volonté du Créateur, quelle que fût déjà cette création dans son ébauche, avant qu'elle ne prît sa forme et sa perfection. Et ainsi, quand Dieu disait par son Verbe : « Que la lumière soit, » tous les êtres devaient être maintenus, chacun suivant sa nature, dans sa faveur ou ses généreux desseins, et se trouver bons précisément pour avoir plu à Dieu, suivant cette parole de l'Ecriture : « Et la lumière fut. Et Dieu vit que la lumière était bonne. » Il faut remarquer que dès l'origine, lorsque la création n'était encore qu'ébauchée, et qu'on l'appelait le ciel et la terre, en prévision du perfectionnement qui allait suivre, on voit poindre déjà l'idée de la Trinité. L'Ecriture nous dit en effet : « Dans le principe, Dieu créa le ciel et la terre. » Dieu, c'est le Père, le principe, c'est le Fils qui est principe, non relativement au Père, mais relativement à la créature qui a été faite par lui, surtout de la créature spirituelle, et par conséquent de toute la création; puis l'Ecriture ajoute : « L'Esprit de Dieu était porté sur les eaux, » pour compléter l'idée de la Trinité. De même aussi, quand il s'agit de former et d'achever la création, en mettant tous les êtres à leur place, on voit reparaître l'idée de la Trinité, le Verbe de Dieu, le Père du Verbe, dans cette parole : « Dieu dit; » puis la Bonté infinie par laquelle Dieu se complaît dans chacune de ses œuvres, à mesure qu'il les achève d'après le type qui leur convient, suivant cette parole : « Dieu vit que cela était bon. »

---

2. Quid ergo istorum ego senserim, ex primo libro eorum quos de Genesi duodecim, sicut potui, non secundum allegorias, sed secundum rerum gestarum fidem scripsi, in hoc opusculum transtuli. (Ex lib. I, *de Genes. ad litterum.* cap. v, *et seq.*) Inest, inquam, Deo benignitas summa et sancta et justa, et quidam, non ex indigentia, sed ex beneficentia veniens amor in opera sua. Propterea prius quam scriberetur : « Dixit Deus : Fiat lux ; » præcessit Scriptura, dicens : « Et spiritus Dei superferebatur super aquam. » (*Gen.*, I, 3.) Quia aquæ nomine appellare voluit totam corporalem materiam, ut eo modo insinuaret unde facta et formata sint omnia, quæ in suis generibus jam dignoscere possumus ; appellans aquam, quia ex humida natura videmus omnia in terra per species varias formari atque concrescere : sive spiritalem vitam quamdam ante formam conversionis quasi fluitantem ; superferebatur utique Spiritus Dei : quia subjacebat scilicet bonæ voluntati creatoris, quidquid illud erat, quod formandum perficiendumque inchoaverat ; ut dicente Deo in Verbo suo : « Fiat lux ; » in bona Voluntate, hoc est, in beneplacito ejus, pro modo sui generis maneret quod factum est. Et ideo rectum est quod placuerit Deo, Scriptura dicente : « Et facta est lux. Et vidit Deus lucem quia bona est. » Ut quemadmodum in ipso exordio inchoatæ creaturæ, quæ cœli et terræ nomine, propter id quod de illa perficiendum erat, commemorata est, Trinitas insinuatur creatoris : (nam dicente Scriptura : « In principio fecit Deus cœlum et terram, » intelligimus Patrem in Dei nomine, et Filium in principii nomine, qui non Patri, sed per se ipsum creatæ primitus, ac potissimum spiritali creaturæ et consequenter etiam universæ creaturæ principium est ; dicente autem Scriptura : « Spiritus Dei superferebatur super aquam, » completam commemorationem Trinitatis agnoscimus :) ita et in conversione atque perfectione creaturæ, ut rerum species digerantur, eadem Trinitas insinuetur ; Verbum Dei scilicet, et Verbi Generator, cum dicitur : « Dixit Deus ; » et sancta Bonitas, in qua Deo placet quidquid ei pro suæ naturæ modulo perfectum placet, cum dicitur : « Vidit Deus quia bonum est. »

3. Mais pourquoi parle-t-on d'abord de la création quoique imparfaite, avant de parler de l'Esprit de Dieu, car voici comment s'exprime l'Ecriture : « La terre était informe et nue, et les ténèbres couvraient la face de l'abîme; » puis elle ajoute : « Et l'Esprit de Dieu était porté sur les eaux? » Comme l'amour qui naît de la privation et du besoin s'attache avec tant de force à l'objet de ses affections, n'aurait-on pas dit de l'Esprit de Dieu, en qui se trouve la bonté et l'amour par excellence, qu'il était porté sur l'œuvre de la création, pour montrer que Dieu ne travaille pas par nécessité, et que, quand il aime, son amour n'est qu'une surabondance de bonté? C'est pourquoi l'Apôtre, voulant parler de la charité, dit qu'il veut montrer une voie qui est au-dessus de toutes les voies. (I *Cor.*, XII, 31.) Et dans un autre endroit, il appelle « l'amour de Jésus-Christ un amour qui surpasse toute connaissance. » (*Eph.*, III, 19.) Comme il s'agissait de dire que l'Esprit de Dieu était porté sur quelque chose, il fallait donc montrer d'abord cette matière ébauchée sur laquelle il était porté; non pas d'une manière locale, mais par sa puissance souveraine et supérieure à tout.

QUESTION V.

1. J'arrive maintenant à la question que j'ai renvoyée en dernier lieu; prêtez-moi un peu d'attention. Vous demandez pourquoi le Seigneur, lui qui connaît l'avenir, a-t-il dit : J'ai choisi David selon mon cœur, malgré les crimes si grands et si nombreux de cet homme. (*Act.*, XIII, 22.)

2. Cette parole, si on l'applique à David qui fut roi d'Israël, après la réprobation et la mort de Saül, montre précisément que Dieu qui connaît l'avenir, a prévu la grande piété et le sincère repentir de David, et qu'il serait du nombre de ceux dont il dit dans ses Psaumes : « Heureux celui à qui son iniquité a été pardonnée, et dont le péché a été couvert. Heureux l'homme à qui Dieu n'a point imputé son crime. » (*Ps.* XXXI, 1.) Dieu savait donc que David pécherait, mais qu'il effacerait son péché par une pieuse humilité et par une sincère pénitence. Pourquoi ne dirait-il pas : « J'ai trouvé David selon mon cœur? » Il ne devait plus lui imputer son péché, puisqu'il faisait tant de bien, vivant dans une grande piété, et offrant à Dieu pour ses péchés le sacrifice d'un cœur contrit. C'est donc pour cela qu'il a dit avec beaucoup de vérité : « J'ai trouvé David selon mon cœur. » Sans doute il n'était pas selon le cœur de Dieu, lorsqu'il péchait; mais il était selon le cœur de Dieu, quand il satisfaisait pour ses péchés par une digne pénitence. Ce qui l'aurait empêché d'être selon le cœur de Dieu,

---

3. Sed cur commemorata prius, quamvis imperfecta creatura, postea commemoratur Spiritus Dei, prius dicente Scriptura : « Terra autem erat invisibilis et incomposita, et tenebræ erant super abyssum ; » ac deinde inferente : « Et spiritus Dei superferebatur super aquam? » An quoniam egenus atque indigus amor ita diligit, ut rebus quas diligit subjiciatur, propterea cum commemoraretur Spiritus Dei, in quo sancta ejus benevolentia dilectioque intelligitur, superferri dictus est? ne facienda opera sua, per indigentiæ necessitatem potius, quam per abundantiam beneficentiæ Deus amare putaretur. Cujus rei memor Apostolus dicturus de caritate, supereminentem viam demonstraturum se ait. (I *Cor.*, XII, 31.) Et alio loco : « Supereminentem, inquit, scientiæ caritatem Christi. » (*Ephes.*, III, 19.) Cum ergo sic oporteret insinuari Spiritum Dei, ut superferri diceretur, commodius factum est, ut prius insinuaretur aliquid inchoatum, cui superferri diceretur : non autem loco, sed omnia superante ac præcellente potentia.

QUÆSTIO V.

1. Jam nunc illud quod disserendum distuleram, paulisper intende. Quæris enim « quare dixerit Dominus, nimirum præscius futurorum : Elegit David secundum cor meum ; cum talia tantaque ipse homo commiserit. » (*Act.*, XIII, 22.)

2. Quod quidem, si de ipso David, qui reprobato Saule et extincto fuit rex Israel, dictum intelligamus; magis quia Deus præscius futurorum est, prævidit in eo tantam pietatem tamque veracem pœnitentiam, ut esset in eorum numero, de quibus ipse dicit : « Beati quorum remissæ sunt iniquitates, et quorum tecta sunt peccata. Beatus vir, cui non imputavit Dominus peccatum. » (*Psal.* XXXI, 1.) Cum ergo præsciret cum Deus peccaturum, et peccata sua pia humilitate et sincera pœnitentia deleturum, cur non diceret : « Inveni David secundum cor meum ; » cui non erat imputaturus peccatum tam multa bona facienti, et cum tanta pietate viventi, et ipsa pietate pro peccatis suis sacrificium contriti spiritus offerenti? Propter hæc omnia verissime dictum est : « Inveni David secundum cor meum. » Quia licet secundum cor Dei non esset, quod ille peccavit : tamen secundum cor Dei fuit, quod pro peccatis suis congrua pœnitentia satisfecit. Hoc solum ergo in illo se-

c'était son péché que Dieu ne lui imputa point. Or, ce péché étant effacé, et ne lui étant point imputé, que reste-t-il pour qu'on ne dise pas en toute vérité : « J'ai trouvé David selon mon cœur ? »

3. Si cette parole est prise dans un sens prophétique et appliquée au Christ, la question n'offre aucune difficulté, à moins qu'on ne nous demande comment le Christ pourrait s'appeler du nom de David. Nous répondrons que le Christ comme homme était de la race de David, et qu'il en descendait. Nous ne manquons pas d'exemples pour faire voir que ce nom s'applique au Christ. Ouvrons le prophète Ezéchiel, et nous y verrons clairement que Jésus-Christ est appelé David, lorsque Dieu, dans la personne du Père, parle ainsi (*Ezech.*, XXXIV, 23, 24) : « Et je susciterai sur elles le pasteur unique pour les paître ; David, mon serviteur lui-même aura soin de les paître, et il sera pour elles un pasteur. Mais moi qui suis le Seigneur, je serai leur Dieu, et mon serviteur David, prince au milieu d'elles ; moi, le Seigneur, j'ai parlé. » Il dit dans un autre endroit (*Ezech.*, XXXVII, 22) : « Un seul roi commandera à tous, et désormais ils ne seront plus divisés en deux peuples et en deux royaumes ; ils ne se souilleront plus à l'avenir par leurs abominations et par toutes leurs iniquités ; je les retirerai des lieux où ils avaient péché, et je les purifierai, et ils seront mon peuple, et je serai leur Dieu. Mon serviteur David sera leur roi, et un seul pasteur les conduira. » Le prophète Osée, dans sa prédiction sur le temps où les Juifs seraient dispersés, et sur le temps où ils embrasseraient ensuite la foi, annonce aussi la venue du Christ sous le nom de David. Voici les paroles de sa prophétie (ch. III, 4) : « Les enfants d'Israël seront pendant de longs jours sans roi et sans prince, sans sacrifice et sans autel, sans sacerdoce et sans cérémonies. » Tel est maintenant l'état des Juifs, comme tout le monde le sait. Mais l'apôtre saint Paul, parlant aux Gentils, s'exprime ainsi : « Comme donc autrefois vous ne croyiez point en Dieu, et que maintenant vous avez obtenu miséricorde, à cause de l'incrédulité des Juifs, ainsi les Juifs sont maintenant tombés dans l'incrédulité, pour donner lieu à la miséricorde que vous avez reçue, afin qu'à leur tour ils reçoivent miséricorde. » (*Rom.*, XI, 30, 31.) Voilà ce que le prophète Osée, longtemps auparavant, annonçait comme suite de sa prophétie, quand il disait (ch. III, 5) : « Et ensuite les enfants d'Israël reviendront, et ils chercheront le Seigneur leur Dieu et David leur roi, et ils éprouveront une sainte horreur devant le Seigneur, à la vue des merveilles qu'il

---

cundum cor Dei non fuit, quod illi Deus non imputavit. Hoc itaque ablato, id est non imputato, quid remansit, nisi unde verissime diceretur : « Inveni David secundum cor meum ? »

3. Si autem hoc prophetice dictum de Christo velimus accipere, nullus nodus quæstionis occurret ; nisi forte ut quæratur a nobis, quomodo Christum recte isto nomine vocare potuerit. Sed respondemus propter semen David, ex quo carnem Christus assumpsit. Nec sine exemplo rationem hujus in Christo nominis reddimus. Invenimus quippe apertissime Jesum Christum, apud prophetam Ezechielem David esse appellatum, ubi legitur ex persona Dei Patris : (*Ezech.*, XXXIV, 23 et 24) : « Et suscitabo super pecora mea pastorem unum, qui pascat ea, servum meum David, et ipse pascet ea, et ipse erit his in pastorem : ego autem Dominus ero eis in Deum, et servus meus David princeps in medio eorum ; ego Dominus locutus sum. » Et alio loco (*Ezech.*, XXXVII, 22, etc.) « Et rex, inquit, unus erit omnibus imperans, et non erunt ultra duæ gentes, nec dividentur amplius in duo regna, neque polluentur ultra in idolis suis et abominationibus suis et in cunctis, iniquitatibus suis, et salvos eos faciam de universis (*a*) sedibus suis in quibus peccaverunt, et mundabo eos. Et erunt mihi populus, et ego ero eis Deus ; et servus meus David rex super eos, et pastor unus erit omnium eorum. » Osee quoque Propheta, cum prænuntiaret tempus Judæorum, quale nunc habent, et in Christum eos postea credituros, eumdem Christum David nomine prophetavit, dicens (*Osee.*, III, 4) : « Quoniam diebus multis sedebunt filii Israel sine rege, sine principe, sine sacrificio, sine altari, sine sacerdotio, sine manifestationibus. » Sic nunc esse Judæos ambigit nemo. Sed quod ait apostolus Paulus, Gentibus loquens (*Rom.*, XI, 30 et 31) : « Sicut enim vos aliquando non credidistis Deo, nunc autem misericordiam consecuti estis in illorum incredulitate ; sic et isti nunc non crediderunt in vestra misericordia, ut et ipsi misericordiam consequantur : » hoc Propheta iste tanto ante prædicens, secutus adjunxit (*Osee.*, III, 5) : « Et postea revertentur filii Israel, et inquirent Dominum Deum suum et David regem suum, et stupescent in Domino et in bonis ipsius in novissimis diebus. » Ecce et hic per David nomen prophetatus est Christus ; quoniam quando ista pro-

---

(*a*) Unus e Vatic. Mss. *sordibus*. Apud LXX, est ἀνομιῶν.

réserve pour le dernier des jours. » On voit donc, bien qu'ici le Christ est annoncé sous le nom de David, puisqu'à l'époque où avaient lieu ces prophéties, David, le roi d'Israël, était mort depuis longtemps. Or, comme Notre-Seigneur Jésus-Christ devait naître selon la chair, de la race de David, il n'est donc pas étonnant que la prophétie lui donne ce nom. Pourtant l'apôtre saint Paul, dans la citation qu'il fait aux Actes des Apôtres (ch. XIII, 21), paraît bien n'avoir en vue que le roi David, qui succéda à Saül. Car voici ses paroles : « Ensuite ils demandèrent un roi, et Dieu leur donna Saül, fils de Cis, de la tribu de Benjamin, qui régna quarante ans. Ayant rejeté Saül, il leur donna David pour roi, à qui il rendit témoignage, disant : J'ai trouvé David, fils de Jessé, homme selon mon cœur, qui accomplira toutes mes volontés. » Mais voici les autres paroles qu'il ajoute : « Dieu, selon sa promesse, a fait sortir de sa race Jésus, le Sauveur d'Israël. » (*Ibid.*, 23.) Or, ces dernières paroles sembleraient indiquer que le témoignage de l'Apôtre, dans sa pensée, s'appliquait plutôt à Notre-Seigneur Jésus-Christ qu'au roi David. Il est vrai, comme nous l'avons dit plus haut, que ses péchés lui ont été remis, et qu'ils ne lui ont pas été imputés à cause de sa pénitence sincère, et que, par cette raison, il a été trouvé selon le cœur de Dieu; mais comment a-t-il fait toutes les volontés de Dieu? L'Ecriture sans doute le loue comme un grand roi, en racontant son règne et ses actions; mais on remarque qu'il n'a pas détruit les hauts lieux où le peuple allait sacrifier contre la défense du Seigneur, le sacrifice n'étant permis que dans le tabernacle de l'alliance, et étant défendu sur les hauts lieux mêmes en l'honneur du vrai Dieu. Or, ce fut le roi Ezéchias, de la race de David, qui renversa plus tard ces hauts lieux, et qui mérita pour cet acte une juste louange. (IV *Rois*, XVIII, 4.)

4. J'ai répondu, selon mon pouvoir, à vos questions. Si vous trouvez ou pouvez trouver quelque chose de mieux, il nous sera très-agréable que vous nous le fassiez savoir. Mais je vous répéterai, comme je l'ai dit plus haut, qu'il m'est plus agréable d'apprendre que d'enseigner.

phetabantur, ille David rex Israel jam olim ante dormierat : Dominus autem Jesus ex ejus semine fuerat in carne venturus; propter quod prophetico loquendi modo appellabatur David. Videtur autem apostolus Paulus hoc testimonium ita posuisse in Actibus Apostolorum, ut non nisi de illo rege David qui Sauli successit, possit intelligi. Nam inter cætera (*Act.*, XIII, 21) : « Et exinde, inquit, postulaverunt regem, et dedit illis Deus Saul filium Cis, virum de tribu Benjamin, annis quadraginta. Et amoto illo suscitavit illis David regem, cui et testimonium perhibens dixit : Inveni David filium Jesse, virum secundum cor meum, qui faciet omnes voluntates meas. » Sed quoniam secutus adjungit et dicit : « Hujus Deus ex semine, secundum promissionem, adduxit Israel Salvatorem Jesum : » (*Act.*, XIII, 23) altius significavit in Domino Jesu potius esse intelligendum illud testimonium, qui vere fecit omnes voluntates Dei Patris, quam in illo rege David; qui licet secundum superiorem disputationem, remissis peccatis et non imputatis, propter ipsam quoque piam pœnitentiam, non immerito dici possit inventus secundum cor Dei; tamen omnes voluntates Dei quomodo fecit? Qui cum excellentissime laudaretur, quando ejus tempora et facta Scriptura narravit, notatus est tamen, quod non destruxit excelsa, ubi sacrificabat populus Dei contra præceptum Dei, qui tantummodo in tabernaculo testimonii sibi sacrificari jusserat; quamvis et in eisdem excelsis eidem sacrificaretur Deo : quæ postmodum excelsa ex ipsius David semine propagatus rex Ezechias (IV *Reg.*, XVIII, 4) : cum testimonio magnæ suæ laudis evertit.

4. Sicut potui, respondi inquisitionibus tuis. Si quid de istis rebus invenisti melius, sive invenire potueris, gratissimum habebimus, si nos feceris nosse. Ego enim, quod et supra de me commemoravi, magis amo discere, quam docere.

AVERTISSEMENT SUR LE LIVRE SUIVANT

Nous avons pris soin de restituer à saint Augustin le petit ouvrage suivant. Les théologiens de Louvain avaient prononcé qu'il n'était pas de lui, et l'avaient relégué dans l'appendice, avec cette censure qu'ils avaient empruntée à Erasme : « Ce petit livre est composé de divers lambeaux des lettres de saint Augustin, surtout pour ce qui a rapport aux sentences. » Erasme ajoutait que l'auteur de ce livre était probablement Hugues de Saint-Victor. Mais il nous suffit, pour faire tomber cette opinion, de montrer l'exemplaire de *Jemmapes*, dont l'écriture est bien antérieure au temps où vivait Hugues, et qui porte en tête le nom d'Augustin. Ce livre est en effet de son style et digne de lui. Du reste, Erasme ne savait pas que saint Augustin, dans sa ccxxxi^e lettre au comte Darius, trouvée depuis l'édition de Frobénius, et publiée dans l'édition de Louvain, prouve que cet ouvrage lui appartient bien, quand il dit : « Je vous ai aussi envoyé d'autres livres que vous ne m'avez pas demandés, voulant faire plus que vous ne demandiez : *Sur la Foi des choses qu'on ne voit pas ; sur la Patience ; sur la Continence ; sur la Providence*, et un volume considérable *sur la Foi, l'Espérance et la Charité*. » Bellarmin ignorait sans doute ce passage, lui qui, d'après les théologiens de Louvain, veut que ce livre soit mis au nombre des apocryphes, d'autant plus qu'il n'est pas désigné dans les *Rétractations*. Et pourtant il tient pour authentiques les livres de *la Patience* et de *la Continence* qui n'y sont nullement désignés, mais parce qu'ils sont mentionnés par Possédius et Bède. Or, ces opuscules faisaient partie de ces traités populaires, que saint Augustin se réservait de corriger avec ses lettres, comme il le dit à Quodvultdeus dans sa lettre cciv^e, n° 2, lorsqu'il aurait terminé les deux volumes sur la révision de ses livres.

ADMONITIO IN SUBSEQUENTEM LIBRUM

Augustino restituendum curavimus opusculum subsequens, quod quidem a Lovaniensibus Theologis abjudicatum ipsi, et amandatum in Appendicem fuerat, præfixa illa, quam ab Erasmo mutuati sunt, censura. « Libellus hic ex diversis Augustini epistolis consarcinatus est, maxime quod ad sententias attinet. » Addebat Erasmus, probabile videri opus esse Hugonis Victorini : quam ejus conjecturam refellit vel sola ejusdem libri scriptura in Gemmeticensi codice ante Hugonis ætatem exarata, et gerens in fronte nomen Augustini. Res etiam ac phrasis non Hugonem refert, sed prorsus Augustinum : qui postremo, quod Erasmum fugiebat, in epistola ccxxxi ad Darium Comitem, post Frobenianam editionem reperta, et in Plantiniani Lovaniensium primum vulgata, suum esse librum contestatur his verbis n. 4. « Misi et alios libros, quos non petisti, ne hoc tantummodo facerem quod petisti, *de fide rerum quæ non videntur, de patientia, de continentia, de providentia*, et unum grandem *de fide et spe et caritate*. » Is haud dubie locus prætériit etiam Bellarminum, qui Lovanienses secutus, hunc librum spuriis accensendum eo lubentius volebat, quod notatus non inveniatur in Retractationibus : libros tamen ipse nunc laudatos : De patientia et de continentia, quamvis nulla ibidem facta sit de illis mentio, pro genuinis habens, quia a Possidio et a Beda vulgato citantur. Hæc nimirum opuscula ex iis sunt Tractatibus popularibus, qui Augustino, sicuti ad Quodvultdeum in epistola ccxxiv, n. 2, scribit, post absoluta jam duo de librorum recensione volumina, retractandi cum Epistolis restabant. Nobiscum vero

Bernard Vindingen est du même sentiment que nous dans sa critique de saint Augustin, et il pense avec raison qu'il faut changer le titre que portent les éditions imprimées : *De la foi des choses invisibles*, puisqu'il s'agit dans ce livre, non-seulement des choses qui ne peuvent jamais tomber sous le sens de la vue, mais de celles qui seraient visibles si on les rendait présentes. On peut fixer la date de cet ouvrage après l'année 399, l'année même où Honorius publia des lois contre les idoles, et cette date n'est pas douteuse d'après ce qu'on lit au n° 10, sur le renversement des idoles.

consentit Bernardus Vindingus in Critico Augustiniano; et titulum qui in editis præfixus erat : *De fide rerum invisibilium*, emendandum haud immerito censet; quando de fide hic agitur, non earum tantummodo rerum quæ corporeis oculis attingere numquam licet, sed quarumdam etiam quæ iis si præsentes exhiberentur, videri possent. Opusculum post annum 399, quo leges ab Honorio contra idola datæ sunt, collocandum esse, ex iis quæ n. 10, de idolorum subversione leguntur, nemo non agnoscet.

DE LA FOI

AUX

CHOSES QU'ON NE VOIT PAS

LIVRE UNIQUE [1]

OU L'ON DÉMONTRE QUE LES CHRÉTIENS NE SONT PAS COUPABLES DE TÉMÉRITÉ, MAIS LOUABLES DANS LEUR FOI, QUAND ILS CROIENT DES CHOSES QU'ILS NE VOIENT PAS DE LEURS YEUX.

Chapitre I. — 1. Plusieurs trouvent que la religion chrétienne est ridicule, qu'on ne peut pas l'embrasser, parce qu'elle contient non des choses que l'on peut voir, mais des choses qu'il faut croire sans les voir. Notre intention est donc de réfuter ces hommes, qui poussent la prudence jusqu'à ne vouloir pas croire ce qu'ils ne voient pas ; et, si nous ne pouvons mettre sous leurs yeux les choses divines que nous croyons, nous leur prouverons cependant que dans les choses humaines il faut croire des choses qu'on ne voit pas. Et d'abord nous dirons à ces hommes qui sont assez insensés pour faire tout dépendre de la vue, et qui ne veulent croire que ce qu'ils voient de leurs yeux, que non-seulement ils croient, mais qu'ils connaissent une foule de choses qui échappent au sens de la vue. Il y a dans notre esprit une foule de notions de ce genre ; notre esprit lui-même est invisible à nos yeux, et pour n'en citer qu'un exemple, la conviction que nous avons, c'est-à-dire la pensée qui nous fait croire ou ne pas croire à quelque chose, tout cela n'est pas du domaine des yeux ; et cependant qu'y a-t-il de plus simple, de plus clair, de plus certain pour la vue intérieure de l'âme ? Comment donc ne pas croire ce que nous ne voyons pas de nos yeux, puisque l'expérience nous prouve que nous n'hésitons pas à croire ou à ne pas croire, en dehors de tout témoignage de la vue ?

2. Mais, dira-t-on, les pensées que nous avons dans notre âme, nous pouvons les voir par la vue de l'esprit, sans qu'il soit nécessaire de les

[1] Ecrit après l'année 399.

DE FIDE
RERUM QUÆ NON VIDENTUR

LIBER UNUS.

IN QUO DEMONSTRATUR, NOS IN CHRISTIANA RELIGIONE, NON CULPABILI TEMERITATE, SED LAUDABILI FIDE CREDERE RES, QUAS OCULIS NOSTRIS NON VIDEMUS.

Caput. I. — 1. Sunt qui putant Christianam religionem propterea ridendam potius quam tenendam, quia in ea, non res quæ videatur ostenditur, sed fides rerum quæ non videntur, hominibus imperatur. Nos ergo ad hos refellendos, qui prudenter sibi videntur nolle credere, quod videre non possunt, etsi non valemus humanis aspectibus monstrare divina quæ credimus, tamen humanis mentibus etiam illa quæ non videntur credenda esse monstramus. Ac primum isti, quos oculis carneis sic stultitia fecit obnoxios, ut quod per eos non cernunt, non sibi existiment esse credendum, admonendi sunt quam multa non solum credant, verum etiam sciant? quæ talibus oculis videri non possunt. Quæ cum sint innumerabilia in ipso animo nostro, cujus invisibilis est natura, ut alia taceam, fides ipsa qua credimus, sive cogitatio qua nos vel credere aliquid, vel non credere novimus, cum prorsus aliena sit ab istorum conspectibus oculorum, quid tam nudum, tam clarum, quid tam certum est interioribus visibus animorum? Quomodo ergo credendum non est quod corporeis oculis non videmus, vel non credere, ubi corporeos oculos adhibere non possumus, sine ulla dubitatione videamus?

2. Sed, inquiunt, ista quæ in animo sunt, cum possimus ipso animo cernere, non opus habemus per oculos corporis nosse : quæ autem dicitis vos ut cre-

voir par les yeux du corps, tandis que les choses que vous enseignez dans l'ordre de la foi, vous ne les montrez ni extérieurement à nos yeux, ni intérieurement à notre esprit, pour que nous puissions les voir par la pensée. Voilà ce qu'on dit, comme si l'on exigeait la foi pour tout objet qui peut être présenté aux sens. Il est certain qu'il y a, dans l'ordre temporel, des choses que nous devons croire, sans les voir, afin que nous méritions de voir les choses éternelles que nous croyons. Mais vous ne voulez croire que ce que vous voyez; vous croyez que ce corps est présent, parce que vos yeux le voient; vous croyez à votre volonté, à votre pensée, parce que tout cela est dans votre esprit, et que vous le voyez par la vue de votre esprit; dites-moi donc, je vous prie, comment voyez-vous la volonté de votre ami, et sa disposition à votre égard? Toute volonté échappe à la vue du corps. Verriez-vous dans votre âme ce qui se passe dans l'âme d'un autre? Si vous ne le voyez pas, comment pouvez-vous payer de retour la bienveillance d'un ami, à moins de croire ce que vous ne pouvez voir? Vous me direz peut-être que la volonté d'autrui vous est manifestée par ses œuvres. Donc vous voyez les œuvres, vous entendez les paroles, mais vous croyez à la volonté de votre ami, que vous ne pouvez ni voir ni entendre. Car cette volonté n'est pas une couleur ni une figure, pour être vue des yeux, ni un son ou un chant, pour être entendue par les oreilles; elle n'est pas non plus votre volonté, pour qu'elle soit une impression de votre cœur. Il faut donc dire que, puisque vous ne la voyez, ni ne l'entendez, ni ne la sentez en vous-même, vous devez y croire, si vous ne voulez pas que votre vie se passe dans l'isolement, sans aucune amitié, ou que l'affection qu'on vous témoigne demeure sans retour de votre part. Pourquoi disiez-vous donc qu'il ne fallait croire que ce qu'on voyait des yeux du corps ou des yeux de l'esprit? Voilà que dans votre cœur, vous croyez à un cœur qui n'est pas le vôtre, et vous donnez votre foi, quand vous n'avez rien vu ni des yeux du corps ni des yeux de l'esprit. Vous voyez de vos yeux le visage de votre ami; vous voyez dans votre âme votre foi pour lui; mais la foi de votre ami, vous n'y aurez confiance qu'autant que vous y croirez, puisque vous ne la voyez pas. Il est vrai que l'homme peut tromper, en simulant la bienveillance, et en cachant des pensées méchantes; et s'il n'y a pas de malveillance dans son cœur, il peut attendre quelque profit de votre amitié, et il dissimule, parce qu'il n'a pas la charité.

3. Mais vous dites que vous croyez à votre ami, dont vous ne pouvez pas voir le cœur, parce que vous l'avez mis à l'épreuve dans vos afflictions, et que vous avez connu les sentiments qu'il

---

damus, nec foris ostenditis, ut ea per oculos corporis noverimus, nec intus in animo nostro sunt, ut ea cogitando videamus. Sic ista dicunt, quasi quisquam credere juberetur, si jam sibi præsentatum posset videre quod creditur. Ideo utique debemus credere nonnulla etiam temporalia, quæ non videmus, ut æterna etiam mereamur videre, quæ credimus. Sed quisquis es, qui non vis credere nisi quod vides, ecce præsentia corpore corporeis, oculis vides, præsentes voluntates et cogitationes tuas, quia in animo tuo sunt, ipso animo vides : dic mihi, obsecro te, amici tui erga te voluntatem quibus oculis vides? Nulla enim voluntas corporeis oculis videri potest. An vero etiam hoc vides animo tuo, quod in animo agitur alieno? Quod si non vides, quomodo (a) amicali benevolentiæ vicem rependis, si quod non potes videre, non credis? An forte dicturus es, alterius voluntatem per ejus opera te videre? Ergo facta visurus, et verba es auditurus, de amici autem voluntate id quod videri et audiri non potest crediturus. Non enim voluntas illa color est aut figura, ut oculis in- geratur; vel sonus aut cantilena, ut auribus illabatur; aut vero tua est, ut tui cordis affectione sentiatur. Restat itaque, ut nec visa, nec audita, nec apud te intus (b) conspecta credatur, ne tua vita deserta sine ulla amicitia relinquatur, vel impensa tibi dilectio vicissim abs te non rependatur. Ubi est ergo quod dicebas, te credere non debere, nisi quod videres aut extrinsecus corpore, aut intrinsecus corde? Ecce ex corde tuo, credis cordi non tuo; et quo nec carnis nec mentis dirigis aciem, accommodas fidem. Amici faciem cernis corpore tuo, fidem tuam cernis animo tuo : amici vero non abs te amatur fides, si non in te mutuo illa sit fides, qua credas quod in illo non vides. Quamvis homo possit et fallere fingendo benevolentiam, tegendo malitiam : aut si nocere non cogitat, tamen expectando a te aliquam commoditatem, simulat, quia caritatem non habet.

3. Sed dicis, ideo te credere amico, cujus videre cor non potes, quia in tuis tentationibus eum probasti, et cujusmodi animum erga te haberet in tuis periculis, ubi te non deseruit, cognovisti. Numquid

(a) Aliquot Mss. *amicabili*. — (b) Sic Mss. Editi vero, *conscripta*.

aurait pour vous s'il vous survenait d'autres peines. Faudra-t-il donc, pour nous assurer de l'affection de nos amis, nous souhaiter quelque calamité? Alors personne ne sera heureux en amis, qu'autant qu'il sera malheureux et dans l'adversité, on ne jouira véritablement de l'affection d'un ami, qu'en passant par les tourments de la souffrance et de la crainte. Et comment ne pas redouter, plutôt que désirer un bonheur qu'on ne peut acheter qu'au prix de l'infortune? Néanmoins il est vrai qu'on peut avoir un ami dans la prospérité; mais c'est dans l'adversité qu'on le met plus sûrement à l'épreuve.

Chapitre II. — Disons pourtant que vous ne voudriez rien risquer pour le mettre à l'épreuve, si vous n'aviez pas foi à son amitié. Et par là même que vous vous risquez avant l'épreuve, c'est que déjà vous y croyez. Dirons-nous que nous ne devons croire que ce que nous voyons, puisque nous croyons à nos amis, même avant de les avoir mis à l'épreuve; et même quand nous avons reconnu leur fidélité dans nos malheurs, nous croyons, plutôt que nous ne la voyons, à leur bienveillance pour nous? Notre confiance est si grande que nous pensons voir en quelque sorte avec les yeux de notre foi ce que nous croyons; tant il est vrai que nous devons croire, quand nous ne pouvons pas voir.

4. Otez cette bonne foi dans l'ordre des choses humaines, ne voyez-vous pas que partout il y a trouble et horrible confusion? Comment s'établira l'affection mutuelle, puisque l'affection est une chose invisible, si je ne dois pas croire ce que je ne vois pas? Il n'y aura plus d'amitié sur la terre, puisque l'amitié repose sur une affection mutuelle. Comment pourrez-vous recevoir d'un autre une marque d'amitié, si vous ne croyez pas qu'il vous l'a donnée? Or, s'il n'y a plus d'amitié, il n'y a plus aucun lien dans les mariages, ni dans les familles, ni dans la société; car l'union suppose l'amitié. Il n'y aura donc plus d'affection réciproque entre les époux, puisque l'un ne croira pas à l'affection de l'autre ne la voyant pas. Ils n'auront pas le désir d'avoir des enfants, du moment qu'ils ne croiront pas à la réciprocité de leur affection. S'ils ont des enfants qui grandissent, ceux-ci aimeront d'autant moins leurs parents qu'ils ne verront pas dans leurs cœurs les sentiments de la piété paternelle, parce qu'elle est invisible, supposé qu'en croyant ce qu'on ne voit pas, on soit coupable de témérité plutôt que louable dans sa foi. Que dirai-je des autres rapports entre les frères, les sœurs, les gendres, les beaux-pères, et tous ceux que rapprochent les liens du sang et de l'affinité, si l'affection est une chose incertaine, si la vo-

ergo, ut amicorum probetur erga nos caritas, videtur tibi nostra optanda calamitas? Nec quisquam erit ex amicis certissimis felix, nisi fuerit adversus rebus infelix : ut videlicet explorato alterius amore non fruatur, nisi suo dolore vel timore cruciatur. Et quomodo in habendis veris amicis optari ea, non potius timeri felicitas potest, quam probare nisi infelicitas non potest? Et tamen verum est haberi posse amicum etiam in rebus prosperis, probari autem certius in rebus adversis.

Caput II. — Sed utique ut eum probes, periculis tuis nec te committeres, nisi crederes. Ac per hoc cum te committis ut probes, credis ante quam probes. Certe enim si rebus non visis credere non debemus, quando quidem et nondum certius probatis amicorum cordibus credimus; et cum ea malis nostris bona probaverimus, etiam tunc corum erga nos benevolentiam credimus potius, quam videmus : nisi quia tanta fides est, ut non incongruenter quibusdam oculis ejus nos judicemus videre quod credimus : cum propterea credere debeamus, quia videre non possumus.

4. Si auferatur hæc fides de rebus humanis, quis

non attendat quanta earum perturbatio, et quam horrenda confusio subsequatur? Quis enim mutua caritate diligetur ab aliquo, cum sit invisibilis ipsa dilectio, si quod non video, credere non debeo? Tota itaque peribit amicitia, quia non nisi mutuo amore constat. Quid enim ejus poterit ab aliquo recipere, si nihil ejus creditum fuerit exhiberi? Porro amicitia pereunte, neque connubiorum neque cognationum et affinitatum vincula in animo servabuntur; quia et in his utique amica consensio est. Non ergo conjugem conjunx vicissim diligere poterit, quando se diligi, quia ipsam dilectionem non potest videre, non credit. Nec filios habere desiderabunt, quos vicissim sibi (a) reddituros esse non credunt. Qui si nascantur et crescant, multo minus ipsi parentes suos amabunt, quorum erga se amorem in eorum cordibus, quia est invisibilis, non videbunt; si ea quæ non videntur, non laudabili fide, sed culpabili temeritate creduntur. Quid jam de cæteris necessitudinibus dicam, fratrum, sororum, generorum atque socerorum, et qualibet consanguinitate et affinitate junctorum, si caritas incerta, voluntasque suspecta est, et filiis parentum, et parentibus filio-

(a) Codex Vatic. credituros.

lonté est une chose suspecte, et chez les parents envers les enfants, et chez les enfants envers les parents? Car la bienveillance ne sera plus une dette sacrée, dont on puisse se croire responsable du moment qu'on ne le voit pas chez les autres, et que par conséquent on n'y croira pas. Or, cette défiance n'est pas dans la nature; il est odieux de ne pas croire à l'affection de nos amis, parce que nous ne la voyons pas, et de ne pas la payer de retour, parce que nous ne reconnaissons pas notre dette; je ne vois plus que perturbation dans les choses humaines, si nous ne croyons que ce que nous voyons; tout est renversé de fond en comble, si nous ne croyons plus à la volonté des autres que nous ne voyons pas. Je ne veux pas dire jusqu'à quel point se démentent ceux qui nous reprochent de croire ce que nous ne voyons pas, par la foi qu'ils accordent à l'opinion et à l'histoire, surtout à l'égard des lieux qu'ils n'ont pas vus; et pourtant ils ne disent pas : Nous ne croyons pas, parce que nous n'avons pas vu. S'ils le disaient, ils seraient forcés d'avouer que leurs parents ne sont peut-être pas leurs parents; car ils n'y croient que sur la foi des autres, sans qu'on ait pu leur montrer un fait passé; ils n'ont donc pas vu les événements de ce temps-là, mais ils ont cru, sans la moindre hésitation, à la parole des autres. Sans cela, il faut devenir impie et incrédule vis-à-vis de ses parents, sous le prétexte de n'être pas crédule et téméraire dans les choses que nous ne voyons pas.

Chapitre III. — Si donc notre obstination à ne vouloir croire que ce que nous voyons, entraîne la destruction de toute concorde et la ruine de toute société humaine, jugeons de là combien la foi est nécessaire pour les choses divines, quoique nous ne les voyons pas; refuser de croire, c'est violer l'amitié, c'est surtout violer la religion, c'est le plus grand des malheurs.

5. Mais, direz-vous, quoique je ne puisse pas voir la bienveillance d'un ami à mon égard, je puis la découvrir à plusieurs indices; tandis que vous voulez nous faire croire des choses sans les voir, et vous ne nous donnez aucun signe pour les reconnaître. Je prends acte en passant de l'aveu que vous faites, qu'il faut croire certaines choses sur la foi de certains indices; et ainsi il demeure constant qu'il ne faut pas refuser de croire tout ce qu'on ne voit pas; nous rejetterons donc, comme un faux principe, ce qu'on dit, qu'il ne faut pas croire ce qu'on ne voit pas. Or, on se trompe grossièrement quand on pense que nous croyons au Christ, sans preuves. Où trouverez-vous des preuves plus claires, que les prédictions que nous voyons accomplies? Vous qui pensez qu'il n'existe pas de preuves pour vous obliger à croire sur le Christ les choses que

---

rum, (a) dum benevolentia non redditur debita; quia nec deberi putatur, quando in alio quæ non videtur, esse non creditur? Porro si non ingeniosa, sed odiosa est ista cautela, ubi nos amari non credimus, quod amorem amantium non videmus, vicemque non rependimus, quibus cam nos debere, mutuam non putamus : usque adeo res humanæ perturbantur, si quod non videmus, non credamus, ut omnino funditus evertantur, si nullas credamus hominum voluntates, quas utique videre non possumus. Omitto dicere quam multa isti, qui nos reprehendunt, quia credimus quæ non videmus, credant famæ et historiæ, vel de locis, ubi ipsi non fuerunt; nec dicant : Non credimus, quia non vidimus. Quoniam si hoc dicant, coguntur fateri incertos sibi esse parentes suos : quia et hinc aliis narrantibus, nec tamen quia jam præteritum est id ostendere valentibus, crediderunt, nullum retinentes illius temporis sensum, et tamen aliis inde loquentibus adhibentes sine ulla dubitatione consensum : quod nisi fiat, incurratur necesse est adversus parentes infidelis impietas, dum quasi vitatur in his quæ videre non possumus credendi temeritas.

Caput III. — Si ergo non credentibus nobis quæ videre non possumus, ipsa humana societas, concordia pereunte, non stabit; quanto magis est fides, quamvis quæ non videntur, rebus adhibenda divinis : quæ si non adhibeatur, non amicitia quorumlibet hominum, sed ipsa summa religio violatur, ut summa miseria consequatur.

5. Sed amici hominis, inquies, erga me benevolentiam quamquam videre non possum, multis tamen indiciis indagare possum : vos autem quæ vultis ut non visa credamus, nullis indiciis potestis ostendere. Interim non parum est, quod fateris quorumdam indiciorum perspicuitate res aliquas, etiam quæ non videntur, credi oportere : etiam sic enim constat, non omnia quæ non videntur, non esse credenda; jacetque illud abjectum atque convictum, quod dicitur, ea quæ non videntur, non debere nos credere. Multum autem falluntur, qui putant nos sine ullis de Christo indiciis credere in Christum. Nam quæ sunt indicii clariora, quam ea quæ nunc videmus

---

(a) Plures Mss. *dum benevolentia non redditur debitum.*

vous ne voyez pas, remarquez ce qui est sous vos yeux. Ecoutez l'Eglise qui vous parle un langage maternel. Moi, dit-elle, moi que vous voyez répandue et portant des fruits par toute la terre, je n'ai pas toujours été telle que vous me voyez, mais il est écrit (*Gen.*, XXII, 18) : « Dans ta race seront bénies toutes les nations. » Quand Dieu bénissait Abraham, il me promettait : Je m'étends chez tous les peuples dans la bénédiction du Christ; l'ordre des générations qui se succèdent, prouve que le Christ est de la race d'Abraham. Montrons-le brièvement. Abraham engendra Isaac, Isaac engendra Jacob, Jacob engendra douze fils, desquels est sorti le peuple d'Israël; car Jacob s'appelait aussi Israël. Un de ces douze fils fut Juda, qui donna son nom aux Juifs, d'où est né la vierge Marie qui enfanta le Christ. Et voilà que dans le Christ, c'est-à-dire dans la postérité d'Abraham, toutes les nations sont bénies, comme vous le voyez avec étonnement; et vous craignez de croire en lui, vous qui devriez plutôt craindre de ne pas y croire. Hésitez-vous ou refusez-vous de croire à l'enfantement d'une Vierge, vous qui devriez croire que rien n'était plus convenable pour l'homme-Dieu que de naître de cette manière? Et en effet, vous entendez le Prophète qui vous fait cette prédiction (*Isaïe*, VII, 14) : « Voilà qu'une Vierge concevra dans son sein, et enfantera un fils, et on l'appellera Emmanuel, c'est-à-dire Dieu avec nous. » Vous ne douterez pas qu'une Vierge soit mère, si vous voulez croire qu'un Dieu prend naissance; qu'il continue à gouverner le monde, et qu'il vient comme homme au milieu des hommes; qu'il donne à sa mère la fécondité, sans rien lui rien ôter de sa virginité. C'est ainsi qu'il devait naître comme homme, sans cesser d'être Dieu, afin que par sa naissance il devînt notre Dieu. C'est pourquoi vous entendez le Prophète qui dit : « Votre trône, ô Dieu, est un trône éternel; le sceptre de l'équité est le sceptre de votre empire. Vous aimez la justice, et vous haïssez l'iniquité; c'est pourquoi Dieu, votre Dieu vous a sacré d'une onction de joie au-dessus de tous ceux qui doivent y participer. » (*Ps.* XLIV, 7-8.) Cette onction spirituelle est celle qu'un Dieu a donnée à un Dieu, je veux dire le Père à son Fils; c'est pour cela que nous l'appelons le Christ du mot grec χρισμα qui signifie onction. Je suis l'Eglise, dont parle le psaume, et où l'on annonce comme présent ce qui doit arriver plus tard : on dit donc au Christ : « La reine votre épouse est restée debout à votre droite, revêtue d'or et entourée de broderies, » c'est-à-dire dans le sanctuaire de la sagesse, avec la variété des langues. C'est là qu'on me dit (*Ibid.*,

prædicta et impleta? Proinde qui putatis nulla esse indicia, cur de Christo credere debeatis quæ non vidistis, attendite quæ videtis. Ipsa vos Ecclesia ore maternæ dilectionis alloquitur. Ego, quam miramini per universum mundum fructificantem atque crescentem, qualem me conspicitis aliquando non fui. Sed : « In semine tuo benedicentur omnes gentes. » (*Gen.*, XXII, 18.) Quando Deus Abrahæ benedicebat, me promittebat : per omnes enim gentes in Christi benedictione diffundor. Semen Abrahæ Christum succedentium generationum ordo testatur. Quod ut breviter colligam, Abraham genuit Isaac, Isaac genuit Jacob, Jacob genuit duodecim filios, ex quibus ortus est populus Israel. Jacob quippe ipse appellatus est Israel. In his duodecim filiis genuit Judam, unde nomen est Judæorum, ex quibus nata est virgo Maria, quæ peperit Christum. Et ecce in Christo, id est, in semine Abrahæ benedici omnes gentes, videtis et stupetis; et adhuc in eum credere timetis, in quem non credere potius timere debuistis. An credere dubitatis vel recusatis virginis partum, cum magis credere debeatis, sic decuisse nasci hominem Deum? Et hoc namque accipite per Prophetam fuisse prædictum : « Ecce virgo accipiet in utero, et pariet filium, et vocabunt nomen ejus Emmanuel, quod est interpretatum, nobiscum Deus. » (*Isa.*, VII, 14.) Non ergo dubitabitis virginem parientem, si velitis credere Deum nascentem; mundi regimen non relinquentem, et ad homines in carne venientem; matri fecunditatem afferentem, integritatem non auferentem. Sic hominem nasci oportebat, etsi semper erat Deus, ex quo nascendo fieret nobis Deus. (*a*) Hinc de eo rursus Propheta dicit : « Thronus tuus, Deus, in sæculum sæculi; virga directionis, virga regni tui. Dilexisti justitiam, et odisti iniquitatem, propterea unxit te, Deus, Deus tuus oleo exultationis præ participibus tuis. » (*Psal.* XLIV, 7 et 8.) Ista unctio spiritalis est, qua Deus unxit Deum, Pater scilicet Filium : unde appellatum a chrismate, id est, ab unctione novimus Christum. Ego sum Ecclesia, de qua illi in codem Psalmo dicitur, et tanquam factum quod futurum fuerat prænuntiatur : « Astitit regina a dextris tuis, in vestitu deaurato, circumamicta varietate, » id est, (*b*) in sacramento sapientiæ, linguarum varietate decorata. Ibi mihi dicitur (*Ibid.*, 10, etc.) : « Audi filia, et vide, et inclina aurem tuam,

---

(*a*) Aliquot Mss. *Huic Deo rursus.* — (*b*) Ita Mss. At editi, *sacrario.*

10 et suiv.) : « Ecoutez, ô ma fille, voyez et prêtez une oreille attentive, et oubliez votre peuple et la maison de votre père, et le Roi sera épris de votre beauté; c'est lui qui est votre Dieu, prosternez-vous devant lui. Les filles de Tyr viendront vous offrir des présents, et les grands de la terre imploreront vos regards. Toute la gloire de la fille du Roi vient de son cœur; ses vêtements sont resplendissants d'or et de broderies. A sa suite paraîtront une multitude de vierges; ô Roi, les compagnes de l'Epouse vous seront présentées. On les amènera avec joie, avec allégresse; on les introduira dans le palais du Roi. Pour vous, ô Epouse, à la place de vos pères, il vous est né des enfants; vous les établirez princes sur la terre; ils perpétueront le souvenir de votre nom dans toute la suite des âges, et les peuples vous glorifieront dans tous les siècles et dans l'éternité. »

6. Ne voyez-vous pas cette Reine entourée d'une postérité royale? Ne voit-elle pas l'accomplissement des promesses qui lui ont été faites selon cette parole : « Ecoutez, ma fille, et voyez? » N'a-t-elle pas abandonné les vieux cultes du monde, selon cette parole : « Oubliez votre peuple et la maison de votre Père? » Ne confesse-t-elle pas partout le Christ comme son Seigneur, selon cette parole : « Le Roi a été épris de votre beauté; c'est lui qui est votre Dieu? » Ne voit-elle pas toutes les cités des nations prier le Christ et lui offrir des présents, selon cette parole : « Les filles de Tyr viendront l'adorer avec des présents? Est-ce que l'orgueil des riches n'est pas tombé et ne viennent-ils pas implorer l'Eglise, selon cette parole : « Et les grands de la terre imploreront vos regards? » N'est-elle pas la fille du Roi à qui elle a reçu ordre de dire : « Notre Père qui êtes aux cieux, » (*Matth.*, VI, 9), celle qui dans les saints se transforme de jour en jour en l'homme intérieur, selon cette parole : « Toute la gloire de la fille du Roi vient de son cœur; » quoiqu'elle éblouisse extérieurement les yeux par l'éclat de ses prédicateurs et par la variété des langues, qui sont comme ses vêtements resplendissants d'or et de broderies? Quand la bonne odeur de son nom se fut répandue dans tous les lieux du monde, les vierges ne sont-elles pas venues pour se consacrer à Jésus-Christ, selon cette parole : « A sa suite paraîtront une multitude de vierges; ô Roi, les compagnes de l'Epouse vous seront présentées? » Et pour qu'on ne dise pas qu'on les amenait comme des captives dans une prison, l'Ecriture ajoute : « Elles sont venues avec joie, avec allégresse; on les introduira dans le palais du Roi. Ne voyez-vous pas les enfants qu'elle met au monde; et parmi eux j'en vois qui sont comme des pères qu'elle établit partout ses chefs selon cette parole : « Il vous est né des

et obliviscere populum tuum, et domum patris tui ; quia concupivit rex speciem tuam : quoniam ipse est Dominus Deus tuus, et adorabunt eum filiæ Tyri in muneribus, vultum tuum deprecabuntur omnes divites plebis. » Omnis gloria ejus filiæ regis intrinsecus, in fimbriis aureis circumamicta varietate. Adducentur regi virgines post eam, proximæ ejus adducentur tibi : adducentur in lætitia et exultatione, adducentur in templum regis. Pro patribus tuis nati sunt tibi filii, constitues eos principes super omnem terram. Memores erunt nominis tui, in omni generatione et generatione. Propterea populi confitebuntur tibi in sæculum, et in sæculum sæculi. »

6. Si hanc reginam non videtis, jam etiam regia prole fecundam. Si non videt impletum, quod audivit esse promissum, cui dictum est : « Audi, Filia, et vide. » Si non reliquit ritus pristinos mundi, cui dictum est : « Obliviscere populum tuum, et domum patris tui. » Si non ubique Christum Dominum confitetur, cui dictum est : « Concupivit rex speciem tuam, quia ipse est Dominus Deus tuus. » Si non videt civitates gentium Christo preces fundere, et munera offerre, de quo illi dictum est : « Adorabunt eum filiæ Tyri in muneribus. » Si non etiam superbia deponitur divitum, et ab Ecclesia deprecantur auxilium, cui dictum est : « Vultum tuum deprecabuntur omnes divites plebis..» Si non agnoscit filiam regis, cui dicere jussa est : « Pater noster qui es in cœlis; » (*Matth.*, VI, 9) et in sanctis suis in interiore homine renovatur de die in diem, de qua dictum est : « Omnis gloria ejus filiæ regis intrinsecus : » quamvis et oculos extraneorum (*f.* fulgente) fulgentes fama prædicatorum suorum in diversitate linguarum, velut in fimbriis aureis et vestis varietate perstringat. Si non postea quam diffamatur in quocumque loco odore bono ejus, etiam consecrandæ virgines adducuntur ad Christum, de quo dicitur, et cui dicitur : « Adducentur regi virgines post eam, proximæ ejus adducentur tibi. » Et ne quasi captivæ in aliquem velut carcerem viderentur adduci : « Adducentur, inquit, in lætitia et exultatione, adducentur in templum regis. » Si non parit filios, ex quibus habeat tanquam patres, quos constituat sibi utique rectores, cui dicitur : « Pro patribus tuis nati sunt tibi filii, constitues eos principes super omnem terram : » quorum se orationibus mater et prælata et subjecta

enfants pour être des pères; vous les établirez princes sur la terre. » Comme une mère qui ordonne et qui obéit, elle se recommande à leurs prières selon cette parole : « Ils perpétueront le souvenir de votre nom dans toute la suite des âges. » N'est-ce pas pour entendre les prédications de ces pères, où le nom de l'Eglise est répété sans cesse, que les foules innombrables viennent à elle, et qu'elles chantent en leurs propres langues, sans interruption, le cantique d'action de grâces, selon cette parole : « Les peuples vous glorifieront dans tous les siècles et dans l'éternité? »

CHAPITRE IV. — Peut-on trouver des témoignages plus évidents, et les yeux de nos ennemis peuvent-ils se détourner quelque part, sans être frappés et sans être forcés d'avouer qu'ils sont du plus grand éclat? Or, si toutes ces preuves ne sont pas évidentes pour vous, vous aurez peut-être raison de dire que rien ne vous fera jamais croire ce que vous n'avez pas vu. Mais si les choses que vous voyez ont été prédites longtemps auparavant, si elles se sont accomplies d'une manière évidente, si la vérité se montre à vous par les effets qui ont précédé et qui ont suivi, ô restes de l'infidélité! croyez donc ce que vous ne voyez pas, et rougissez de ce que vous voyez.

7. Regardez-moi, vous dit l'Eglise, regardez-moi, vous qui me voyez quand même vous ne voudriez pas me voir. Ceux qui vivaient en Judée du temps du Christ ont connu, comme témoins, sa naissance miraculeuse d'une vierge, sa passion, sa résurrection, son ascension; toutes ses paroles, toutes ses actions si divines, vous ne les avez pas vues, et vous refusez d'y croire. Mais voyez ce qui est sous vos yeux, regardez, méditez; il ne s'agit pas du passé, il ne s'agit pas de l'avenir; c'est le présent qu'on met sous vos regards. Est-ce une chose vaine et légère, est-ce pour vous un miracle nul et sans importance, qu'au nom d'un crucifié le genre humain tout entier marche avec détermination? Vous n'avez pas vu l'accomplissement de ce qui a été prédit, sur la naissance humaine du Christ : « Voilà qu'une vierge concevra dans son sein et enfantera un fils. » (*Isaïe*, VII, 14.) Mais vous avez vu l'accomplissement de la prophétie faite à Abraham : « Dans votre postérité seront bénies toutes les nations. » (*Gen.*, XXII, 18.) Vous n'avez pas vu les miracles du Christ qui ont été prédits : « Venez et voyez les œuvres du Seigneur, les prodiges qu'il a opérés sur la terre. » (*Ps.* XLV, 9.) Mais vous voyez les effets de cette prédiction : « Le Seigneur m'a dit : Tu es mon fils, je t'ai engendré aujourd'hui. Demande-moi, et je te donnerai les nations pour héritage, et la terre pour empire. » (*Ps.* II, 7, 8.) Vous n'avez pas vu s'accomplir la prophétie sur la passion du

---

commendat; unde subjunctum est : « Memores erunt nominis tui, in omni generatione et generatione. » Si non propter eorum [em] patrum prædicationem, in qua nominis ejus sine intermissione meminerunt, tam magnæ in ea multitudines congregantur, eique laudem gratiæ sine fine linguis propriis confitentur, cui dicitur : « Propterea populi confitebuntur tibi in sæculum, et in sæculum sæculi. »

CAPUT IV. — Si non ista ita demonstrantur esse perspicua, ut non inveniant oculi inimicorum in quam partem avertantur, ubi non eadem perspicuitate feriantur, ut ex ea fateri (*a*) manifeste cogantur : merito fortasse dicitis, quod nulla vobis ostendantur indicia, quibus visis credatis etiam illa quæ non videtis. Si vero hæc, quæ videtis, et longe ante prædicta sunt, et tanta manifestatione complentur; si ipsa veritas et præcedentibus vobis et consequentibus declarat effectibus, o reliquiæ infidelitatis, ut credatis quæ non videtis, iis erubescite quæ videtis.

7. Me attendite, vobis dicit Ecclesia; me attendite, quam videtis, etiamsi videre nolitis. Qui enim temporibus illis in Judæa terra fideles fuerunt, ex virgine nativitatem mirabilem, ac passionem, resurrectionem, ascensionem Christi, omnia divina dicta ejus et facta præsentes præsentia didicerunt. Hæc vos non vidistis, propterea credere recusatis. Ergo hæc aspicite, in hæc intendite, hæc quæ cernitis cogitate, quæ non præterita narrantur, nec futura prænuntiantur, sed præsentia demonstrantur. An vobis inane vel leve videtur, et nullum vel parvum putatis esse miraculum divinum, quod in nomine unius crucifixi universum genus currit humanum? Non vidistis quod prædictum et impletum est de humana Christi nativitate : « Ecce virgo in utero accipiet, et pariet filium : » (*Isa.*, VII, 14) sed videtis quod prædictum et impletum est ad Abraham Dei verbum : « In semine tuo benedicentur omnes gentes. » (*Gen.*, XXII, 18.) Non vidistis quod de mirabilibus Christi prædictum est : « Venite, et videte opera Domini, quæ posuit prodigia super terram : » (*Ps.* XLV, 9.) sed videtis quod prædictum est : « Dominus dixit ad me : Filius meus es tu, ego hodie genui te : postula a me, et

---

(*a*) In Mss. *manifesta*.

Christ : « Ils ont percé mes mains et mes pieds ; ils ont compté tous mes os ; ils m'ont regardé et considéré attentivement ; ils ont partagé mes vêtements, et ils ont tiré ma robe au sort. » (*Ps.* XXI, 17, etc.) Mais vous voyez de vos yeux l'accomplissement d'une autre prophétie qu'on trouve dans le même Psaume : « Les peuples les plus reculés se souviendront du Seigneur et se tourneront vers lui ; toutes les nations se prosterneront devant lui. A lui appartient l'empire, et il règnera sur tous les peuples. » Vous n'avez pas vu s'accomplir la résurrection du Christ, prédite dans le psaume, et où le Christ lui-même parle ainsi du traître et de ses persécuteurs : « Ils sortaient dehors et parlaient tous contre moi ; tous mes ennemis murmuraient contre moi, tous méditaient ma perte ; ils ont formé un complot contre moi. » (*Ps.* XL, 7, etc.) Et en même temps pour montrer qu'ils ne peuvent rien, en faisant mourir celui qui doit ressusciter, il ajoute : « Celui qui dort ne pourra-t-il pas se réveiller ? » Et peu après quand il a prédit du traître précisément ce qu'en raconte l'Evangile (*Jean*, XIII, 18) : « Celui qui mangeait mon pain, s'est élevé avec insolence contre moi ; » c'est-à-dire, il m'a foulé aux pieds. Puis il ajoute : « Mais vous, Seigneur, ayez pitié de moi et ressuscitez-moi, et je rendrai à mes ennemis ce qu'ils méritent. » Tout cela s'est accompli ; le Christ s'est endormi, il s'est réveillé, c'est-à-dire il est ressuscité, comme il le dit dans une autre prophétie du Psalmiste : « Je me suis endormi et j'ai été plongé dans un sommeil profond, et je me suis réveillé parce que le Seigneur est mon appui. » (*Ps.* III, 6.) Vous n'avez pas vu tout cela, mais vous voyez son Eglise, avec l'accomplissement de cette prédiction : « Seigneur, mon Dieu, les nations viendront à vous des extrémités de la terre et diront : Nos pères ont adoré des idoles mensongères, et elles ne pouvaient rien. » (*Jérém.*, XVI, 19.) Bon gré, mal gré, vous êtes témoins de ce changement, quand même vous penseriez que les idoles ont eu, ou ont encore quelque pouvoir ; il n'en est pas moins vrai que les peuples en foule les ont abandonnées, rejetées, brisées comme des vanités, et que vous les entendez dire : « Vraiment nos pères ont adoré des idoles mensongères qui ne pouvaient rien ; si l'homme se fait des dieux, voilà que ces dieux ne sont rien. » N'allez pas croire que les nations dont parle la prophétie viendront à Dieu, en se rendant dans un lieu particulier, et qu'on doive ainsi entendre cette parole : « Les nations viendront à vous des extrémités de la terre. » Comprenez, si vous le pouvez, que pour venir au Dieu des chrétiens, qui est le Dieu souverain et véritable, les

dabo tibi gentes hæreditatem tuam, et possessionem tuam terminos terræ. » (*Psal.* II, 7, 8.) Non vidistis quod prædictum est et impletum de passione Christi : « Foderunt manus meas et pedes meos, dinumeraverunt omnia ossa mea ; ipsi vero consideraverunt et conspexerunt me ; diviserunt sibi vestimenta mea, et super vestem meam miserunt sortem : » (*Psal.* XXI, 17, etc.) sed videtis quod in eodem Psalmo prædictum est, et nunc apparet impletum : « Commemorabuntur et convertentur ad Dominum universi fines terræ, et adorabunt in conspectu ejus universæ patriæ gentium, quoniam Domini est regnum, et ipse dominabitur gentium. » Non vidistis quod de resurrectione Christi prædictum atque completum est, loquente Psalmo ex persona ejus prius de traditore et persecutoribus ejus : « Egrediebantur foras, et loquebantur simul in unum ; adversum me insusurrabant omnes inimici mei, adversum me cogitabant mala mihi ; verbum iniquum disposuerunt adversum me. » (*Psal.* XL, 7.) Ubi, ut ostenderet nihil eos valuisse occidendo resurrecturum, subjecit atque ait : « Numquid qui dormit, non adjiciet ut resurgat ? » Et paulo post cum de ipso suo traditore per eamdem prophetiam prædixisset, quod in Evangelio quoque scriptum est : « Qui edebat panes meos, ampliavit super me calcaneum ; » (*Joan.*, XIII, 18) hoc est, conculcavit me : continuo subdidit : « Tu autem Domine miserere mei, et resuscita me, et reddam illis. » Impletum est hoc, dormivit Christus, et evigilavit, hoc est, resurrexit : qui per eamdem prophetiam in alio Psalmo ait : « Ego dormivi et somnum cepi, et exsurrexi, quoniam Dominus suscipit me. » (*Psal.* III, 6.) Verum hoc non vidistis, sed videtis ejus Ecclesiam, de qua similiter dictum et impletum est : « Domine Deus meus, ad te gentes venient ab extremo terræ, et dicent : Vere mendacia coluerunt patres nostri simulacra, et non est in illis utilitas. » (*Jerem.*, XVI, 19.) Hoc certe sive velitis seu nolitis aspicitis, etiam si adhuc aliquam putatis esse vel fuisse in simulacris utilitatem : certe tamen innumeros gentium populos relictis vel abjectis vel confractis hujusmodi vanitatibus audistis dicere : « Vere mendacia coluerunt patres nostri simulacra, et non est in illis utilitas : si faciet homo deos, et ecce ipsi non sunt dii. » Nec putetis autem ad unum aliquem Dei locum gentes prædictas fuisse venturas, quoniam dictum est : « Ad te gentes venient ab extremo terræ. » Intelligite si potestis, ad

peuples n'auront pas besoin de se déplacer, mais de croire. Un autre prophète l'a prédit en disant : « Le Seigneur sera terrible envers eux ; il anéantira tous les dieux de la terre, et les nations les plus lointaines l'adoreront, chacune dans le lieu de sa patrie. » (*Sophon.*, II, 11.) L'un dit : « Toutes les nations viendront à vous ; » l'autre : « Chacun l'adorera dans le lieu de sa patrie. » Donc les nations viendront à lui, sans quitter leur patrie, parce que la foi leur fera trouver Dieu dans leur cœur. Vous n'avez pas vu s'accomplir la prophétie sur l'ascension du Christ : « Elevez-vous, Seigneur, au-dessus des cieux. » Mais vous avez vu ce qui en est résulté : « Et sa gloire éclate sur toute la terre. » (*Ps.* CVII, 6.) Vous n'avez pas vu les choses qui ont été faites et accomplies pendant la vie du Christ; mais vous voyez celles qui sont maintenant sous vos yeux dans l'Eglise. Les unes et les autres ont été prédites, comme nous vous le montrons ; mais nous ne pouvons pas également les mettre sous vos yeux, parce que nous n'avons pas le pouvoir de faire que le passé redevienne le présent.

Chapitre V. — 8. Mais de même que nous croyons aux sentiments de nos amis, que nous ne voyons pas, d'après les indices que nous voyons ; ainsi l'Eglise que nous voyons maintenant est la garantie du passé et de l'avenir, pour toutes les choses que nous ne voyons pas, mais qu'elle nous montre dans les livres, où elle est prédite elle-même. Les choses passées ne sont plus visibles ; les choses présentes ne sont pas toutes visibles ; mais au moment de la prédiction, rien ne paraissait encore. Lorsque le temps fut venu pour l'accomplissement de ce qui était prédit, tout prit sa place dans un ordre régulier, et les prophéties déjà accomplies comme celles qui s'accomplissent encore, nous montrent le Christ et l'Eglise ; et dans cet ordre de prophéties, il faut mentionner le jugement dernier, la résurrection des morts, la damnation éternelle des impies avec le démon, et la récompense éternelle des bons avec le Christ ; tout cela est également prédit comme devant arriver. Pourquoi donc ne pas croire les premières prophéties, ainsi que les dernières que nous ne voyons pas ; puisque nous avons sous les yeux les prophéties du milieu qui s'accomplissent et qui rendent témoignage des autres ; sans compter que nous trouvons dans les livres sacrés toutes ces prophéties, les premières, les secondes et les dernières, comme nous pouvons le savoir et le lire nous-mêmes ? Peut-être les infidèles diront-ils qu'elles ont été fabriquées par les chrétiens, pour donner plus d'autorité aux articles de la foi, en faisant croire que tout cela avait été annoncé d'avance.

Deum Christianorum, qui summus et verus est Deus, non ambulando venire gentium populos; sed credendo. Nam res eadem ab alio Propheta sic prænuntiata est (*Sophon.*, II, 11): « Prævalebit, inquit, Dominus adversus eos, et exterminabit omnes deos gentium terræ; et adorabunt eum unusquisque de loco suo omnes insulæ gentium. » Quod ait ille : « Ad te omnes gentes venient : » hoc ait iste : « Adorabunt eum unusquisque de loco suo. » Ergo venient ad eum non recedentes de loco suo, quia credentes in eum invenient eum in corde suo. Non vidistis quod prædictum et impletum est de ascensione Christi : (*Psal.* CVII, 6) « Exaltare super cœlos Deus : » sed videtis quod continuo sequitur : « Et super omnem terram gloria tua. » Illa de Christo jam facta atque transacta omnia non vidistis, sed ista præsentia in ejus Ecclesia videre vos non negatis. Utraque vobis prædicta monstramus : utraque autem vobis impleta propterea demonstrare videnda non possumus, quia revocare in conspectum præterita non valemus.

Caput. V. — 8. Sed quemadmodum voluntates amicorum quæ non videntur, creduntur per indicia quæ videntur : sic Ecclesia quæ nunc videtur, omnium quæ non videntur, sed in eis litteris ubi et ipsa est prædicta monstrantur, et index est præteritorum, et prænuntia futurorum. Quia et præterita quæ jam non possunt videri, et præsentia quæ (*a*) nec possunt videri omnia, cum prænuntiarentur, nihil horum poterat tunc videri. Cum ergo fieri prædicta cœperunt, ex illis quæ facta sunt usque ad ista quæ fiunt, de Christo et Ecclesia quæ prædicta sunt ordinata serie cucurrerunt : ad quam seriem pertinent de die judicii, de resurrectione mortuorum, de impiorum æterna damnatione cum diabolo, et de piorum æterna remuneratione cum Christo, quæ similiter prædicta ventura sunt. Cur ergo res primas et novissimas quas non videmus non credamus, cum testes utrarumque res medias quas videmus habeamus, atque in propheticis libris et primas et medias et novissimas vel audiamus prænuntiatas ante quam fierent, vel legamus? Nisi forte arbitrantur homines infideles a Christianis illa esse conscripta, ut ista quæ jam credebant majus haberent pondus auctoritatis, si ante quam venirent, putarentur esse promissa.

(*a*) Mss. *quæ nunc possunt videri, omnia cum*, etc.

CHAPITRE VI. — 9. Si l'on avait un pareil soupçon, que l'on consulte les exemplaires des Juifs nos ennemis. Ils peuvent y lire toutes ces prophéties que nous avons citées, et sur le Christ en qui nous croyons, et sur l'Eglise que nous voyons depuis son laborieux enfantement à la foi, et qui doit vivre jusqu'à son entrée dans la béatitude du royaume éternel. Or, en lisant ces témoignages, ils ne devront pas s'étonner que les Juifs qui possèdent ces livres ne les comprennent pas, aveuglés qu'ils sont par les ténèbres de la haine. Ces mêmes prophètes avaient prédit qu'ils ne comprendraient pas; cette prophétie devait donc s'accomplir comme les autres, et par un juste et secret jugement de Dieu, ils devaient porter la peine de leurs crimes. Il est vrai que celui qu'ils ont crucifié, à qui ils ont donné du fiel et du vinaigre, a prié sur la croix pour ceux qui devaient se convertir, quand il dit à son Père : « Mon Père, pardonnez-leur, ils ne savent ce qu'ils font; » (*Luc*, XXIII, 34) quant aux autres que, pour des raisons très-cachées, il devait abandonner à leur endurcissement, voici ce qu'il a prédit longtemps auparavant par son prophète : « Ils m'ont donné du fiel pour nourriture; ils m'ont présenté du vinaigre pour étancher ma soif; que la table de leurs sacrifices soit pour eux un écueil, leurs victimes de paix, un piège. Que leurs yeux s'obscurcissent, afin qu'ils ne voient pas, et que leur dos soit toujours courbé sous la servitude. » (*Ps.* LXVIII, 22.) Ils portent partout avec eux les témoignages les plus éclatants de notre religion; mais leurs yeux sont couverts d'un bandeau; et ce qui est pour nous une preuve de vérité, devient pour eux une cause de réprobation. Leur destruction ne devait pas les anéantir; mais cette secte fut dispersée dans le monde, pour porter les prophéties de la grâce que nous avons reçue, pour convaincre les infidèles, et servir ainsi les chrétiens. Ce que je dis, vous pouvez le lire aussi dans les prophéties où il est écrit (*Ps.* LXVIII, 12) : « Ne les faites pas mourir, Seigneur, pour qu'ils n'oublient pas votre loi; dispersez-les par votre puissance. » Ils n'ont donc pas cessé d'exister, parce qu'ils n'ont pas oublié les paroles de leurs livres. Car s'ils venaient à oublier les saintes Ecritures, quoiqu'ils ne les comprennent pas, ils cesseraient d'exister comme Juifs; s'ils ne connaissaient plus rien de la loi et des prophètes, leur existence serait inutile. Ils n'ont donc pas été mis à mort, mais dispersés; et quoiqu'ils n'aient pas cru pour être sauvés, leur mémoire est un dépôt qui renferme les témoignages de notre foi; leurs livres sont les nôtres, leurs cœurs nous sont hostiles, mais leurs exemplaires sont nos témoins.

CAPUT VI. — 9. Quod si suspicantur, inimicorum nostrorum Judæorum codices perscrutentur. Ibi legant ista, quæ commemoravimus, prænuntiata de Christo in quem credimus, et Ecclesia quam (*a*) cernimus ab initio laborioso fidei usque ad sempiternam beatitudinem regni. Sed cum legunt, non mirentur quod ista illi, quorum codices sunt, propter inimicitiarum tenebras non intelligunt. Nam eos non intellecturos ab eisdem Prophetis ante prædictum est : quod ut cætera oportebat impleri, et occulto justoque judicio Dei meritis eorum pœnam debitam reddi. Ille quippe, quem crucifixerunt, et cui fel et acetum dederunt, quamvis in ligno pendens, propter eos quos fuerat in lucem de tenebris educturus, dixerit Patri : « Ignosce illis, quia nesciunt quid faciunt : » (*Luc.*, XXIII, 34) tamen propter cæteros, quos occultioribus causis fuerat deserturus, per Prophetam tanto ante prædixit (*Psal.* LXVIII, 22, etc.) : « Dederunt in escam meam fel, et in siti mea potaverunt me aceto; fiat mensa eorum coram ipsis in muscipulam, et in retributionem et in scandalum; obscurentur oculi eorum, ne videant, et dorsum illorum semper incurva. » Cum causæ itaque nostræ præclarissimis testimoniis circumquaque ambulant oculis obscuratis, ut per eos hæc probentur, ubi et ipsi reprobantur. Ideo factum est, ne sic delerentur, ut eadem (*b*) secta omnino nulla esset; sed dispersa est super terras, ut portans in nos collatæ gratiæ prophetias ad convincendos firmius infideles, nobis ubique prodesset. Et hoc ipsum quod dico, accipe quemadmodum fuerit prophetatum (*Psal.* LVIII, 12) : « Ne occideris eos, inquit, ne quando obliviscantur legem tuam, disperge eos in virtute tua. » Non sunt ergo occisi, in eo quod non sunt quæ apud eos legebantur et audiebantur obliti. Si enim Scripturas sanctas, quamvis eas non intelligant, penitus obliviscerentur, in ipso Judaico ritu occiderentur : quia cum Legis et Prophetarum nihil nossent Judæi, prodesse non possent. Ergo occisi non sunt, sed dispersi : ut (*c*) quamvis in fide, unde salvi fierent, non haberent; tamen unde nos adjuvaremur, memoria retinerent, in libris suffragatores, in cordibus nostri hostes, in codicibus testes.

(*a*) Mss. Vatic. et Gallicani, *quam tenemus*. Et ex his quidam, *ab initio laboriosæ fidei*. — (*b*) Sic potiores Mss. At editi, *ut eadem facta omnino nulla essent*. — (*c*) Codex Vatic. *ut quamvis fidem*.

CHAPITRE VII.

Chapitre VII. — 10. Quand même nous n'aurions pas dans les prophéties tous les témoignages que nous avons sur le Christ et sur l'Eglise, comment ne pas croire, quand nous voyons que le genre humain a été éclairé tout à coup d'une lumière divine? Quand nous voyons les faux dieux abandonnés, leurs statues brisées partout, leurs temples détruits, ou convertis à d'autres usages; quand nous voyons extirpées ces vaines superstitions qui s'étaient enracinées dans le cœur du genre humain, et que le seul vrai Dieu est adoré par toute la terre? Et cette révolution s'est faite par un seul homme, qui a été un objet de moquerie; qui a été pris, lié, flagellé, souffleté, couvert d'opprobres, crucifié, mis à mort; ses disciples qu'il a choisis comme des hommes sans lettres, sans science, parmi les pêcheurs et les publicains, pour leur confier l'enseignement de sa doctrine, ont annoncé sa résurrection et son ascension, et remplis du Saint-Esprit, ils ont fait retentir la prédication de l'Evangile dans toutes les langues, qu'ils n'avaient jamais apprises. On les entendit, les uns crurent à leur parole: les autres n'y croyant pas devinrent furieux contre ces prédicateurs. Les fidèles combattirent jusqu'à la mort pour la vérité, sans rendre le mal, mais en le souffrant, et ils furent victorieux en recevant la mort sans la donner. Alors le monde s'est converti à cette religion; tous les cœurs ont embrassé l'Evangile, les hommes, les femmes, les petits et les grands, les savants et les ignorants, les sages et les insensés, les forts et les faibles, les nobles et les gens du peuple, les puissants et les simples ouvriers; alors l'Eglise s'est répandue parmi toutes les nations, au point que pas une secte opposée à la foi catholique, pas une sorte d'erreur ne s'élève assez ennemie de la vérité chrétienne, pour ne pas affecter et ambitionner de se mettre sous la protection glorieuse du nom du Christ; et encore on arrêterait les progrès de l'erreur, si la contradiction n'était pas une condition de vie pour la saine doctrine. Comment le Crucifié aurait-il pu faire ce grand changement, s'il n'eût pas été Dieu, sans parler ici des prophéties? Mais ce grand mystère de la foi chrétienne ayant été prédit par les prophètes dont la voix était la voix de Dieu, et s'étant accompli conformément à l'oracle divin, quel est l'homme assez insensé pour dire que les Apôtres ont menti, en disant que le Christ était venu, comme les prophètes avaient annoncé qu'il viendrait, sans même garder le silence sur cette mission des Apôtres? Car ils avaient dit: « Il n'est pas d'idiome, il n'est pas de langues, dans lesquelles on n'en-

Caput. VII. — 10. Quanquam etiam si de Christo et Ecclesia testimonia nulla præcederent, quem non movere deberet ut crederet, repente illuxisse divinam humano generi claritatem, quando videmus relictis diis falsis, et eorum confractis usquequaque simulacris, templis subversis, sive in usus alios commutatis, atque ab humana veternosissima consuetudine tot vanis ritibus exstirpatis, unum verum Deum ab omnibus invocari? Et hoc esse factum per unum hominem ab hominibus illusum, comprehensum, vinctum, flagellatum, (*a*) expalmatum, exprobratum, crucifixum, occisum : discipulis ejus, quos idiotas, et imperitos, et piscatores, et publicanos, per quos ejus magisterium commendaretur, elegit, annuntiantibus ejus resurrectionem, ascensionem, quam se vidisse dixerunt, et impleti Spiritu sancto, hoc Evangelium linguis omnibus, quas non didicerant, sonuerunt. Quos qui audierunt, partim crediderunt, partim non credentes prædicantibus ferociter restiterunt. Ita fidelibus usque ad mortem pro veritate, non mala rependendo, sed perpetiendo certantibus, nec occidendo, sed moriendo vincentibus; sic in istam religionem mutatus est mundus, sic ad hoc Evangelium corda conversa mortalium, marium et feminarum, parvulorum atque magnorum, doctorum et indoctorum, sapientium et insipientium, potentium et infirmorum, nobilium et ignobilium, excelsorum et humilium, et per omnes gentes Ecclesia diffusa sit crevit, ut etiam contra ipsam catholicam fidem nulla secta perversa, nullum genus exoriatur erroris, quod ita reperiatur Christianæ veritati adversari, ut non affectet atque ambiat Christi nomine gloriari : quod quidem non sineretur pullulare per terram, nisi exerceret sanam et ipsa contradictio disciplinam. Quando tantum crucifixus ille potuisset, nisi Deus hominem suscepisset, etiam si nulla per Prophetas futura talia prædixisset? Cum vero tam magnum pietatis sacramentum habuerit, (*b*) antecedentes vates suos atque præcones, quorum divinis vocibus et prænuntiatum, et sic venerit quemadmodum est prænuntiatum, quis ita sit demens, ut dicat Apostolos de Christo fuisse mentitos, quem sic venisse prædicaverunt, quemadmodum cum venturum Prophetæ ante prædixerunt, qui nec de ipsis Apostolis vera futura tacuerunt? De his quippe dixerant : « Non sunt loquelæ neque sermones, quorum

---

(*a*) Editi, *exspoliatum.* At Mss. *expalmatum* : quod verbum familiare est Augustino. — (*b*) Editi, *atque credentes vates suos.* Castigantur auxilio Mss.

tende leur prédication. Le son de leur voix s'est répandu dans tout l'univers, il a retenti jusqu'aux extrémités de la terre. » (*Ps.* XVIII, 4, 5.) Il est certain que nous voyons l'accomplissement de cette prophétie, quoique nous n'ayons pas le Christ sur la terre. Quel est donc l'homme assez aveugle ou assez opiniâtre pour ne pas croire à nos saints livres, qui ont prédit la soumission de tout l'univers?

CHAPITRE VIII. — 11. Pour vous, mes frères bien-aimés, qui possédez cette foi, ou qui commencez à la recevoir comme une nouvelle semence, faites qu'elle se développe et grandisse dans vos cœurs. Les temps que les prophètes avaient prédits de si loin sont venus; les promesses que nous avons pour l'éternité s'accompliront aussi. Que personne ne vous séduise, ni les païens avec leurs vanités, ni les Juifs avec leurs faussetés, ni les hérétiques avec leurs subtilités, ni les mauvais chrétiens qui déshonorent la foi catholique, et qui sont d'autant plus nuisibles, qu'ils sont des ennemis domestiques. Les faibles ne doivent pas se laisser ébranler par de tels exemples, puisque le prophète nous a prévenus, dans le Cantique des cantiques, où l'Epoux dit à l'Epouse, c'est-à-dire Notre-Seigneur à l'Eglise : « Comme le lis au milieu des épines, ma bien-aimée s'élève au milieu des jeunes filles. » (*Cant.*, II, 2.) Il ne dit pas : Au milieu des étrangères, mais : « Au milieu des jeunes filles. » « Que celui-là entende, qui a des oreilles pour entendre; » (*Matth.*, XIII, 9) et pendant que le filet qui est jeté dans la mer, et qui ramasse toutes sortes de poissons est ramené sur le rivage, comme parle l'Evangile (*Ibid.*, 47), c'est-à-dire sur les confins du monde, séparez-vous de ceux qui sont mauvais, séparez-vous de cœur, non de corps, en corrigeant ce qui est mauvais, sans rompre les filets de la sainte Eglise; éprouvez votre foi, sans paraître vous mêler aux réprouvés, afin qu'après avoir été séparés sur le rivage, vous trouviez la vie éternelle, au lieu de la damnation.

non audiantur voces eorum; in omnem terram exivit sonus eorum, et in fines orbis terræ verba eorum. » (*Psal.* XVIII, 4, 5.) Quod certe in orbe videmus impletum, etsi in carne nondum vidimus Christum. Quis itaque nisi mirabili dementia cæcatus, aut mirabili pertinacia durus ac ferreus, nolit habere sacris litteris fidem, quæ totius orbis prædixerunt fidem?

CAPUT VIII. — 11. Vos autem Carissimi, qui hanc fidem habetis, vel qui nunc novam habere cœpistis, nutriatur et crescat in vobis. Sicut olim venerunt temporalia (*a*) tanto ante prædicta, venient et sempiterna promissa. Nec vos decipiant vel vani Pagani, vel falsi Judæi, vel fallaces hæretici, nec non in ipsa Catholica mali Christiani, tanto nocentiores, quanto interiores inimici. Quia et hinc ne perturbarentur infirmi, prophetia divina non tacuit, ubi loquens in Cantico canticorum sponsus ad sponsam, id est, Christus Dominus ad Ecclesiam : « Sicut lilium, inquit, in medio spinarum, ita proxima mea in medio filiarum. » (*Cant.*, II, 2.) Non dixit, in medio extranearum; sed, « in medio filiarum. Qui habet aures audiendi, audiat : » (*Matth.*, XIII, 9) et dum sagena, quæ missa est in mare, et congregat omnia genera piscium, sicut sanctum loquitur Evangelium (*Ibid.*, 47), trahitur ad littus, id est, ad sæculi finem, secernat se a piscibus malis, corde, non corpore; mores malos mutando, non retia sancta rumpendo : (*b*) ne qui nunc probati reprobis videntur esse permixti, non vitam, sed pœnam reperiant sempiternam, cum cœperint in littore separari.

(*a*) Mss. *tanta prædicta* : omisso *ante.* — (*b*) Nonnulli codices, *ut qui nunc probati reprobis videntur esse permixti, non pœnam, sed vitam.*

SUR L'OPUSCULE SUIVANT

ON LIT AU LIVRE PREMIER DES RÉTRACTATIONS, CHAPITRE XVII.

Dans le temps même que les évêques tenaient à Hippone un Concile général de la province d'Afrique, pour leur obéir, moi qui n'étais que simple prêtre, j'ai fait une conférence en leur présence *sur la foi et le symbole*. J'ai rédigé cette conférence sur les vives instances de ceux qui m'étaient le plus attachés, et j'en ai fait un livre, mais en expliquant les articles du symbole, je n'ai pas rapporté tous les termes dans lesquels on les faisait apprendre de mémoire aux catéchumènes. J'ai dit en parlant de la résurrection de la chair (ch. x) : « Le corps ressuscitera, comme nous l'enseigne la foi chrétienne qui ne peut nous tromper. Celui qui trouve la chose incroyable considère le corps dans sa condition présente, mais il ne voit pas ce qu'il sera après la résurrection, alors il sera transformé comme la nature angélique, ce ne sera plus la chair ni le sang, mais seulement le corps, » et les autres choses que j'ai développées sur le changement des corps terrestres en corps célestes, suivant cette parole de l'Apôtre : « La chair et le sang ne posséderont point le royaume de Dieu. » (I *Cor.*, xv, 50.) Si mes paroles avaient été prises dans ce sens, que notre corps, tel que nous l'avons ici-bas, sera changé en un corps céleste pour la résurrection, et que nous n'aurons plus nos membres ni la substance de notre chair, ce serait une erreur qu'il faudrait corriger, en se rappelant que le Seigneur, après sa résurrection, s'est montré aux regards avec son corps et ses membres, qu'il s'est fait toucher avec les mains, en ajoutant ces paroles : « Touchez et voyez qu'un Esprit n'a ni chair ni os, comme vous voyez que j'ai. » (*Luc.*, xxiv, 39.) C'est ce qui prouve que l'Apôtre n'a point dit que nous ne serions pas avec notre chair dans le royaume de Dieu ; mais que par le nom de chair et de sang, il a entendu les hommes qui vivent selon la chair, ou bien l'état de corruption où sont nos corps ici-bas. Car après avoir dit : « La chair et le sang ne posséderont pas le royaume de Dieu, » il ajoute, comme pour expliquer sa pensée : « Et la corruption ne possédera point cet héritage incorruptible. » (I *Cor.*, xv, 50.) Cette matière difficile à expliquer aux infidèles, je l'ai traitée avec toute l'attention possible dans la *Cité de Dieu*. On la trouvera dans le dernier livre. Cet opuscule commence ainsi : « Il est dit dans l'Ecriture. »

DE SUBSEQUENTE OPUSCULO
LIBRI I RETRACTATIONUM, CAPUT XVII.

Per idem tempus coram episcopis hoc mihi jubentibus, qui plenarium totius Africæ (a) concilium Hipponeregio habebant, « de Fide ac Symbolo » presbyter disputavi. Quam disputationem, nonnullis eorum qui nos familiarius diligentes studiosissime instantibus, in librum contuli : in quo de rebus ipsis ita disseretur, ut tamen non fiat verborum illa contextio, quæ tenenda memoriter Competentibus traditur. In hoc libro cum de resurrectione carnis ageretur (*Cap.* x) : « Resurget, inquam, corpus secundum Christianam fidem, quæ fallere non potest. Quod cui videtur incredibile, qualis sit nunc caro attendit ; qualis autem tunc futura sit, non considerat : quia illo tempore immutationis angelicæ, non jam caro erit et sanguis, sed tantum corpus, » et cætera quæ ibi de corporum terrestrium in corpora cœlestia mutatione disserui, quoniam dixit Apostolus cum inde loqueretur : « Caro et sanguis regnum Dei non possidebunt. » (I *Cor.*, xv, 50.) Sed quisquis ea sic accipit, ut existimet ita corpus terrenum, quale nunc habemus, in corpus cœleste resurrectione mutari, ut nec membra ista, nec carnis sit futura substantia, procul dubio corrigendus est, commonitus de corpore Domini, qui post resurrectionem in eisdem membris non solum conspiciendus oculis, verum etiam manibus tractandus apparuit, carnemque se habere etiam sermone firmavit, dicens : « Palpate, et videte, quia spiritus carnem et ossa non habet, sicut me videtis habere. » (*Luc.*, xxiv, 39.) Unde constat, Apostolum non carnis substantiam negasse in Dei regno futuram ; sed aut homines qui secundum carnem vivunt, carnis et sanguinis nomine nuncupasse, aut ipsam carnis corruptionem, quæ tunc utique nulla erit. Nam cum dixisset : « Caro et sanguis regnum Dei non possidebunt : » (I *Cor.*, xv, 50) bene intelligitur tanquam exponendo quid dixerit continuo subdidisse : « Neque corruptio incorruptionem possidebit. » De qua re ad persuadendum infidelibus difficili, diligenter quantum potui me disseruisse reperiet, quisquis *de Civitate Dei* librum legerit novissimum. (*Cap.* v et xxi.) Hoc opus sic incipit : « Quoniam scriptum est. »

(a) Hipponense istud concilium in secretario basilicæ Pacis habitum notatur anno 393. octavo idus Octobris.

SUR
LA FOI ET LE SYMBOLE

LIVRE UNIQUE [1]

OU SONT EXPLIQUÉS L'UN APRÈS L'AUTRE LES ARTICLES DU SYMBOLE, AVEC LA RÉFUTATION DES HÉRÉTIQUES QUI ATTAQUENT LA FOI CATHOLIQUE, ET SURTOUT LES MANICHÉENS.

Chapitre I. — 1. Il est dit dans l'Ecriture, et l'Apôtre répète cette parole avec toute l'autorité de son enseignement : « Que le juste vit de la foi. » (*Hab.*, II, 4, *Gal.*, III, 11.) Cette foi doit être dans le cœur et dans la bouche ; car l'Apôtre dit : « On croit dans son cœur pour être justifié, et on confesse de bouche pour être sauvé. » (*Rom.*, X, 10.) Nous avons donc besoin de nous rappeler les conditions de la justice et du salut. Puisque nous sommes appelés à régner dans la justice éternelle, sachons que nous ne pouvons nous sauver au milieu de ce monde d'iniquité, qu'à la condition d'édifier notre prochain, en professant de bouche la foi que nous avons dans le cœur ; et pour que cette foi reste vierge dans nos cœurs, sans se laisser séduire par les ruses trompeuses des hérétiques, nous avons besoin de veiller avec piété et prudence. Or, les fidèles connaissent la foi catholique par le symbole ; elle est dans leur mémoire, autant qu'on a pu la renfermer dans un petit abrégé. Ceux qui commencent comme des enfants nouvellement nés dans le Christ, et qui n'en sont qu'au lait de la doctrine, n'ayant pas encore grandi dans la méditation et la connaissance des divines Ecritures, trouvent dans ce petit abrégé tout ce qu'il faut croire ; mais il sera nécessaire de le leur expliquer longuement, à mesure qu'ils grandiront, et qu'ils s'élèveront dans la science divine avec la force de l'humilité et de la charité. Or, ces paroles abrégées du Symbole n'ont pas trouvé grâce devant les hérétiques, et ils se sont efforcés d'y déposer leur venin ; mais la bonté de Dieu a suscité et suscite encore des hommes spirituels pour les combattre, ayant mérité non-seulement d'accepter et de croire le Symbole, mais encore de le comprendre et de le connaître à fond par la lumière de Dieu. Car il est écrit :

(1) Ecrit l'an 393.

DE FIDE ET SYMBOLO

LIBER UNUS.

SYMBOLI CAPITA SINGULA STUDIOSE EXPLICANTUR, CUM HÆRETICORUM FIDEI CATHOLICÆ ADVERSANTIUM, ET MAXIME MANICHÆORUM REPREHENSIONE.

Caput I. — 1. Quoniam scriptum est et apostolicæ disciplinæ robustissima auctoritate firmatum : « Quia justus ex fide vivit; » (*Hab.*, II, 4 ; *Gal.*, III, 11) eaque fides officium a nobis exigit et cordis et linguæ; ait enim Apostolus : « Corde creditur ad justitiam, ore autem confessio fit ad salutem: » (*Rom.*, X, 10) oportet non esse et justitiæ memores et salutis. Quando quidem in sempiterna justitia regnaturi, a præsenti sæculo maligno salvi fieri non possumus, nisi et nos ad salutem proximorum nitentes, etiam ore profiteamur fidem, quam corde gestamus : quæ fides ne fraudulentis calliditatibus hæreticorum possit in nobis aliqua ex parte violari, pia cautaque vigilantia providendum est. Est autem catholica fides in Symbolo nota fidelibus, memoriæque mandata, quanta res passa est brevitate sermonis : ut incipientibus atque lactentibus, eis qui in Christo renati sunt, nondum Scripturarum divinarum diligentissima et spirituali tractatione atque cognitione roboratis, paucis verbis credendum constitueretur, quod multis verbis exponendum esset proficientibus, et ad divinam doctrinam certa humilitatis atque caritatis firmitate surgentibus. Sub ipsis ergo paucis verbis in Symbolo constitutis, plerique hæretici venena sua occultare conati sunt : quibus restitit et resistit divina misericordia per spiritales viros, qui catholicam fidem, non tantum in illis verbis accipere et credere, sed etiam Domino revelante intelligere atque cogno-

« Si vous ne croyez pas, vous ne comprendrez pas. » (*Isa.*, VII, 9, *selon les Sept.*) Une explication de la foi est donc nécessaire pour la défense du Symbole ; cela ne veut pas dire que les fidèles doivent l'apprendre de mémoire et le réciter à la place du Symbole ; mais elle sauvegarde d'une manière plus ferme et par l'autorité catholique les vérités du Symbole, contre les embûches des hérétiques.

CHAPITRE II. — 2. Quelques-uns ont voulu persuader que Dieu le Père n'est pas tout-puissant. Ce n'est pas qu'ils osent le dire en propres termes ; mais leur enseignement prouve que tel est leur sentiment et leur croyance. Ils disent en effet, qu'il existe une matière que Dieu n'a point créée, et dont il s'est servi néanmoins pour fabriquer ce monde, en accordant que tout y est fait avec un ordre admirable. Ils nient donc sa toute-puissance, puisqu'ils ne croient pas qu'il ait pu faire le monde autrement qu'en se servant d'une matière qui existait déjà, et qu'il n'avait pas faite lui-même. Ils mettent Dieu au niveau de l'homme, parce qu'ils ont vu les fabricants, les architectes, et en général, les ouvriers qui ont besoin d'une matière première pour pouvoir faire les ouvrages de leur art. Ils pensent donc que le fabricateur du monde n'est pas tout-puissant, s'il n'a pu le fabriquer sans avoir une matière première, qu'il n'aurait point faite lui-même. Si au contraire ils nous accordent que Dieu est tout-puissant comme créateur du monde, il faut bien qu'ils avouent qu'il a fait de rien tout ce qu'il a fait. S'il est tout-puissant, rien ne peut exister sans qu'il l'ait créé. Il est vrai qu'il a fait quelque chose avec une autre matière, l'homme, par exemple, avec le limon de la terre ; mais il ne l'a pas fait avec une matière qui lui fût étrangère ; car la terre d'où vient le limon, il l'avait faite de rien. S'il a fait le ciel et la terre, c'est-à-dire le monde et tout ce qu'il renferme avec une matière première, suivant l'expression de l'Ecriture : « Vous avez fait le monde avec une matière invisible, ou informe, » (*Sag.*, XI, 18) comme portent certains exemplaires ; cela ne veut pas dire que cette matière dont le monde a été fait, quoique informe ou invisible, tout ce qu'on voudra, ait pu exister par elle-même, éternelle et ancienne comme Dieu ; mais son mode d'existence, quel qu'il ait été, et qui lui était nécessaire pour exister d'une manière quelconque, et pour recevoir la forme des objets distincts, tout cela lui avait été donné par le Dieu tout-puissant, qui seul donne la forme aux êtres, et qui les rend susceptibles de la recevoir. Entre l'être formé et l'être formable il y a cette différence, c'est que l'un a reçu sa

---

scere meruerunt. Scriptum est enim : « Nisi credideritis, non intelligetis. » (*Isa.*, VII, 9, *sec.* LXX.) Sed tractatio fidei ad muniendum Symbolum valet : non ut ipsa pro Symbolo gratiam Dei consequentibus memoriæ mandanda et reddenda tradatur ; sed ut illa quæ in Symbolo retinentur, contra hæreticorum insidias auctoritate catholica et munitiore defensione custodiat.

CAPUT II. — 2. Conati sunt enim quidam persuadere Deum Patrem non esse omnipotentem : non quia hoc dicere ausi sunt, sed in suis traditionibus hoc sentire et credere convincuntur. Cum enim dicunt esse naturam, quam Deus omnipotens non creaverit, de qua tamen istum mundum fabricaverit, quem pulchre (*a*) ordinatum esse concedunt : ita omnipotentem Deum negant, ut non eum credant mundum potuisse facere, nisi ad eum fabricandum alia natura, quæ jam fuerat, et quam ipse non fecerat, uteretur : carnali scilicet consuetudine videndi fabros et domorum structores et quoslibet opifices, qui nisi adjuventur parata materia, ad effectum suæ artis pervenire non possunt. Ita etiam intelligunt fabricatorem mundi non esse omnipotentem, (*b*) si mundum fabricare non posset, nisi cum aliqua non ab illo fabricata natura, tanquam materies, adjuvaret. Aut si omnipotentem Deum fabricatorem mundi esse concedunt, fateantur necesse est ex nihilo eum fecisse quæ fecit. Non enim aliquid esse potest, cujus creator non sit, cum esset omnipotens. Quia etsi aliquid fecit ex aliquo, sicut hominem de limo, non utique fecit ex eo quod ipse non fecerat ; quia terram unde limus est, ex nihilo fecerat. Et si ipsum cœlum et terram, id est, mundum et omnia quæ in eo sunt, ex aliqua materia fecerat, sicut scriptum est : « Qui fecisti mundum ex materia invisa, » (*Sap.*, XI, 18) vel etiam « informi, » sicut nonnulla exemplaria tenent ; nullo modo credendum est illam ipsam materiam de qua factus est mundus, quamvis informem, quamvis invisam, quocumque modo esset, per se ipsam esse potuisse, tanquam coæternam et coævam Deo : sed quemlibet modum suum, quem habebat, ut quoquo modo esset, et distinctarum rerum formas posset accipere, non habebat nisi ab omnipotente Deo, cujus beneficio est res non solum quæcumque formata, sed etiam quæcumque formabilis. Inter formatum autem et formabile hoc interest, quod formatum jam accepit formam, formabile

---

(*a*) Editi, *ornatum* At Miss. *ordinatum*. — (*b*) Mss. duo, *qui*.

forme, et l'autre peut la recevoir. Mais celui qui donne aux êtres leur forme, les rend aussi susceptibles de la recevoir; en lui se trouve le type immuable et absolu de toute beauté, comme il en est la source; et par conséquent il n'y a que lui qui donne à chaque chose non-seulement la beauté qu'elle a, mais encore la beauté qu'elle peut avoir. Nous croyons donc avec raison que Dieu a tout fait de rien; si le monde a été fait d'une matière première, nous disons que cette matière elle-même a été tirée du néant, et que sous la main organisatrice de Dieu, elle a été rendue capable de recevoir les formes voulues, et qu'ensuite Dieu a formé tout ce qui existe. Nous avons donné cette explication, pour qu'on n'aille pas croire que la divine Ecriture se contredit elle-même, en disant que Dieu a tout fait de rien, et que le monde a été fait d'une matière informe.

3. En disant que nous croyons en Dieu le Père tout-puissant, nous devons penser qu'aucune créature n'existe sans que Dieu l'ait faite. Il a aussi tout créé par son Verbe, (*Jean*, XIV, 6) qu'on appelle la vertu et la sagesse de Dieu (I *Cor.*, I, 18); mais sous les différents noms qu'il porte, notre foi le reconnait comme Notre-Seigneur Jésus-Christ, le libérateur des hommes, et le Fils de Dieu créateur; car le Verbe par qui tout a été fait, ne pouvait avoir pour Père que celui qui avait tout créé par lui.

CHAPITRE III. — C'est pourquoi nous croyons aussi « en Jésus-Christ, Fils de Dieu, Fils unique du Père, Notre-Seigneur. » Or, le Verbe ici ne doit pas s'entendre dans le sens du Verbe que produit notre bouche, quand nous prononçons des paroles qui frappent l'air, et qui ne durent pas plus que le son. Le Verbe de Dieu demeure en lui-même d'une manière immuable, suivant cette parole de l'Ecriture, appliquée à la sagesse : « Immuable en elle-même, elle renouvelle toutes choses. » (*Sag.*, VII, 27.) On l'appelle le Verbe du Père, parce que le Père se fait connaître par lui. De même que nos paroles, quand nous disons la vérité, font connaître notre âme à celui qui nous écoute, et que tous les secrets que nous portons dans notre cœur arrivent à la connaissance d'un autre par le moyen du langage; ainsi cette sagesse que Dieu le Père a engendrée, et par laquelle il se fait connaître aux âmes pures, malgré sa nature impénétrable, s'appelle avec raison le Verbe de Dieu.

4. Or, il y a une grande différence entre notre âme et nos paroles, qui nous servent à la faire connaître. D'abord nous n'engendrons pas nos

autem potest accipere. Sed qui præstat rebus formam, ipse præstat etiam posse formari : quoniam de illo et in illo est omnium speciosissima species incommutabilis : et ideo ipse unus est, qui cuilibet rei, non solum ut pulchra sit, sed etiam ut pulchra esse posse attribuit. Quapropter rectissime credimus omnia Deum fecisse de nihilo : quia etiam si de aliqua materia factus est mundus, eadem ipsa materia de nihilo facta est, ut ordinatissimo Dei munere (*a*) prima capacitas formarum fieret, ac deinde formarentur quæcumque formata sunt. Hoc autem diximus, ne quis existimet contrarias sibi esse divinarum Scripturarum sententias, quoniam et omnia Deum fecisse de nihilo scriptum est, et mundum esse factum de informi materia.

3. Credentes itaque in Deum Patrem omnipotentem, nullam creaturam esse quæ ab omnipotente non creata sit, existimare debemus. Et quia omnia per Verbum creavit (*Joan.*, XIV, 6), quod Verbum et Veritas dicitur, et Virtus et Sapientia Dei (I *Cor.*, I, 18), multisque aliis insinuatur vocabulis (*b*) qui nostræ fidei Jesus Christus Dominus commendatur, liberator scilicet noster et (*c*) rector Filius Dei; non enim Verbum illud per quod sunt omnia condita, generare potuit nisi ille qui per ipsum condidit omnia.

CAPUT III. — Credimus etiam in Jesum Christum Filium Dei, Patris unigenitum, id est, unicum, Dominum nostrum. Quod tamen Verbum non sicut verba nostra debemus accipere, quæ voce atque ore prolata verberato aere transeunt, nec diutius manent quam sonant. Manet enim illud Verbum incommutabiliter : nam de ipso dictum est, cum de Sapientia diceretur : « In se ipsa manens innovat omnia. » (*Sap.*, VII, 27.) Verbum autem Patris ideo dictum est, quia per ipsum innotescit Pater. Sicut ergo verbis nostris id agimus, cum verum loquimur, ut noster animus innotescat audienti, et quidquid secretum in corde gerimus, per signa hujusmodi ad cognitionem alterius proferatur : sic illa Sapientia, quam Deus Pater genuit, quoniam per ipsam innotescit (*d*) dignis animis secretissimus Pater, Verbum ejus convenientissime nominatur.

4. Inter animum autem nostrum et verba nostra, quibus eumdem animum ostendere conamur, pluri-

---

(*a*) Mss. quatuor *primo*. — (*b*) Quinque Mss. *quibus*. — (*c*) Ms. Colbert. et *creator*. — (*d*) Am. et Lov. *innotescit animus secretissimus Patris*. Er. *innotescit signis secretissimus Pater*. Mss. sex, *innotescit dignis animis secretissimus Pater*. Hanc lectionem esse veriorem, id partim persuasit quod inferius n. 4, dicitur, *se indicare animi*, etc., partim quod in cæteris Mss. post verbum *innotescit*, habetur *ignis*, aut *signis animi*.

paroles, mais nous les produisons nous-mêmes par les organes de notre corps; or, notre corps diffère beaucoup de notre âme. Mais Dieu, quand il engendre son Verbe, engendre un autre lui-même; il ne le tire pas du néant, ni d'une autre matière déjà faite et formée, mais il le produit de lui-même comme un autre lui-même. C'est ce que nous faisons nous-mêmes, quand nous parlons, à bien considérer le mouvement de notre volonté, non toutefois quand nous mentons, mais quand nous disons la vérité. Que faisons-nous, en effet, si ce n'est verser notre âme, autant que possible, dans l'âme de notre auditeur, pour la faire voir et connaître? Et pourtant nous restons en nous-mêmes, nous ne sortons pas de nous-mêmes; mais la parole que nous produisons est tellement notre image, qu'un autre nous connaît par elle; on dirait, si la chose était possible, que notre âme produit une autre âme pour se faire connaître. En cette circonstance nous employons toutes nos puissances, la parole, le son de la voix, l'air du visage, l'action du corps, quand il s'agit de dévoiler, par tous les moyens possibles, ce qui est au fond de notre conscience, ne pouvant pas faire sortir notre âme de nous-mêmes; chose impossible, du reste, puisque l'âme, par la parole, ne se fait jamais connaître dans toute sa profondeur, et qu'elle peut trouver le moyen de tromper par le mensonge. Mais Dieu le Père qui a voulu, et qui a pu se dévoiler dans toute sa vérité aux âmes capables de le connaître, a engendré, pour se faire voir, un autre lui-même, qu'on appelle la vertu et la sagesse de Dieu (I *Cor.*, 1, 24), et c'est par lui qu'il a fait et disposé toutes choses, suivant cette parole : « Il atteint d'une extrémité à l'autre avec force et dispose tout avec douceur. » (*Sag.*, VIII, 1.)

Chapitre IV. — 5. Ainsi donc le Fils unique de Dieu n'a point été fait par le Père, puisque, comme dit l'Evangéliste : « Tout a été fait par lui. » (*Jean*, 1, 3.) Il n'a point été engendré dans le temps, puisque Dieu qui est éternellement sage, a toujours possédé avec lui son éternelle sagesse; il n'est pas inférieur au Père, ni au-dessous de lui, suivant cette parole de l'Apôtre : « Comme il possédait la nature divine, il n'a rien usurpé en se disant égal à Dieu. » (*Philip.*, II, 6.) D'après ces principes de la foi catholique, nous excluons donc ceux qui disent que le Fils n'est pas distinct du Père, parce que le Verbe ne peut être avec Dieu, sans y être comme Dieu avec son Père, et qu'on ne pourrait donner un égal à celui qui serait seul. Nous excluons aussi ceux qui disent que le Fils est une créature, quoiqu'on l'élève au-dessus des autres créatures.

---

mum distat. Nos quippe non gignimus sonantia verba, sed facimus; quibus faciendis materia subjacet corpus. Plurimum autem interest inter animum et corpus. Deus vero cum Verbum genuit, id quod est ipse genuit : neque de nihilo, neque de aliqua jam facta conditaque materia; sed de seipso id quod est ipse. Hoc enim et nos conamur, cum loquimur, si diligenter consideremus nostræ voluntatis appetitum; non cum mentimur, sed cum verum loquimur. Quid enim aliud molimur, nisi animum ipsum nostrum, si fieri potest, cognoscendum et perspiciendum animo auditoris inferre; ut in nobis ipsi quidem maneamus, nec recedamus a nobis, et tamen tale indicium, quo fiat in altero nostra notitia, proferamus; ut, quantum facultas conceditur, quasi alter animus ab animo per quem se indicet proferatur? Id facimus (a) conantes et verbis, et ipso sono vocis, et vultu, et gestu corporis, tot scilicet machinamentis id quod intus est demonstrare cupientes : quia tale aliquid proferre non possumus; et ideo non potest loquentis animus penitus innotescere; unde etiam mendaciis locus patet. Deus autem Pater, qui verissime se indicare animis cognituris et voluit et potuit, hoc ad se ipsum indicandum genuit, quod est ipse qui genuit : qui etiam Virtus ejus et Sapientia (I *Cor.*, 1, 24) dicitur, quia per ipsum operatus est et disposuit omnia; de quo propterea dicitur : « Attingit a fine usque ad finem fortiter, et disponit omnia suaviter. (*Sap.*, VIII, 1.)

Caput IV. — 5. Quamobrem unigenitus Filius Dei, neque factus est a Patre; quia sicut dicit Evangelista : « Omnia per ipsum facta sunt : »(*Joan.*, 1, 3) neque ex tempore genitus; quoniam (b) sempiterne Deus sapiens, sempiternam secum habet sapientiam suam : neque impar est Patri, id est, in aliquo minor; quia et Apostolus dicit : « Qui cum in forma Dei esset constitutus, non rapinam arbitratus est esse æqualis Deo. » (*Philip.*, II, 6.) Hac igitur fide catholica, et illi excluduntur qui eumdem dicunt Filium esse qui Pater est; quia et hoc Verbum apud Deum esse non posset nisi apud Patrem Deum, et nulli est æqualis qui solus est. Excluduntur etiam illi, qui creaturam esse dicunt Filium, quamvis non talem, quales sunt cæteræ creaturæ. Quantamcumque enim

---

(a) Mss. tres melioris notæ, *conante fetu verbi*. Forte legendum, *conantes fetu verbi*. — (b) Editi, *sempiternus*. At Mss. omnes, *sempiterne*.

Quelle que grande que soit cette créature, du moment qu'elle est créature, elle a été créée et faite. Car faire et créer c'est la même chose; quoiqu'il soit habituel à la langue latine de dire, créer pour engendrer; mais la langue grecque distingue davantage, et ce que nous appelons créature, les Grecs l'appellent κτίσμα ou κτίσιν. Et quand nous voulons parler sans ambiguïté, au lieu de créer, nous disons faire. Donc si le Fils est une créature, quelque grand qu'il soit, il a été fait. Or, nous croyons en celui par qui tout a été fait, non pas le reste, mais tout ce qui a été fait. Car quand nous disons *tout*, nous comprenons d'une manière absolue, et sans aucune exclusion, tout ce qui a été fait.

6. Mais : « Le Verbe s'étant fait chair et ayant habité parmi nous, » (*Jean*, I, 14) la même sagesse, qui est engendrée de Dieu, a daigné se faire créature avec les créatures. C'est le sens de cette parole : « Le Seigneur m'a créé au commencement de ses voies. » (*Prov.*, VIII, 22.) Le commencement des voies, c'est le chef de l'Eglise, le Christ fait homme, qui nous a donné un modèle de vie, c'est-à-dire une voie certaine, pour arriver à Dieu. Nous ne pouvions retourner à lui que par l'humilité, nous qui étions tombés par l'orgueil, d'après ce qui avait été dit à la première créature humaine : « Goûtez, et vous serez comme des dieux. » (*Gen.*, III, 5.) Cet exemple d'humilité, c'est-à-dire cette voie qu'il fallait prendre pour revenir, notre réparateur lui-même nous l'a montrée dans sa personne, « lui qui n'usurpait rien en se disant l'égal de Dieu, mais il s'anéantit lui-même en prenant la nature de l'esclave; » (*Philip.*, II, 6) et il se fit homme au commencement des voies de Dieu, lui le Verbe par qui tout a été fait. Ainsi comme Fils unique, il n'a point de frères; mais comme premier-né, il a daigné donner le nom de frères à tous ceux qui après lui et en vertu de son droit d'aînesse, renaissent à la grâce de Dieu par l'adoption des enfants (*Luc*, VIII, 21; *Hebr.*, II, 11), comme nous l'enseigne la doctrine de l'Apôtre. Celui qui est Fils unique par nature est donc né de la substance même du Père, étant ce qu'est le Père, Dieu de Dieu, lumière de lumière. Nous, nous ne sommes pas lumière, mais nous sommes illuminés par cette lumière, afin que nous puissions briller par la sagesse. Car « il était, dit l'Apôtre, la vraie lumière qui éclaire tout homme venant en ce monde. » (*Jean*, I, 9.) Notre foi embrasse donc, avec les choses éternelles, tout ce que Notre-Seigneur a daigné faire et accomplir pour notre salut pendant sa vie

---

creaturam dicant, si creatura est, condita et facta est. Nam idem est condere, quod creare : quanquam in Latinæ linguæ consuetudine dicatur aliquando creare, pro eo quod est gignere : sed Græca discernit. Hoc enim dicimus creaturam, quod illi κτίσμα vel κτίσιν vocant : et cum sine ambiguitate loqui volumus, non dicimus creare, sed condere. Ergo si creatura est Filius, quamlibet magna sit, facta est. Nos autem in eum credimus per quem facta sunt omnia, non in eum per quem facta sunt cætera : neque enim hic aliter accipere possumus omnia, nisi quæcumque sunt facta.

6. Sed quoniam « Verbum caro factum est, et habitavit in nobis; » (*Joan.*, I, 14) eadem Sapientia quæ de Deo genita est, dignata est etiam in (*a*) hominibus creari. Quo pertinet illud : « Dominus creavit me in principio viarum suarum. » (*Prov.*, VIII, 22.) Viarum enim ejus principium (*b*) caput est Ecclesiæ, quod est Christus homine indutus, per quem vivendi exemplum nobis daretur, (*c*) hoc est via certa, qua perveniremus ad Deum. Non enim redire potuimus nisi humilitate, qui superbia lapsi sumus, sicut dictum est primæ nostræ creaturæ : « Gustate, et eritis tanquam dii. » (*Gen.*, III, 5.) Hujus igitur humilitatis exemplum, id est, viæ qua redeundum fuit, ipse Reparator noster in se ipso demonstrare dignatus est, « qui non rapinam arbitratus est esse æqualis Deo, sed semetipsum evacuavit formam servi accipiens; » (*Philip.*, II, 6) ut crearetur homo in principio viarum ejus, Verbum per quod facta sunt omnia. Quapropter secundum id quod unigenitus est, non habet fratres : secundum id autem quod primogenitus est, fratres vocare dignatus est omnes qui post (*d*) ejus et per ejus primatum in Dei gratiam renascuntur per adoptionem filiorum, sicut apostolica (*e*) disciplina commendat. (*Luc.*, VIII, 21; *Hebr.*, II, 11.) Naturalis ergo Filius de ipsa Patris substantia unicus natus est, (*f*) id existens quod Pater est, Deus de Deo, Lumen de Lumine : nos autem non lumen naturaliter sumus, sed ab illo lumine illuminamur, ut sapientia lucere possimus. « Erat enim, inquit, Lumen verum, quod illuminat omnem hominem venientem in hunc mundum. » (*Joan.*, I, 9.) Addimus itaque fidei rerum æternarum etiam temporalem dis-

---

(*a*) Ms. Remigianus, *in omnibus :* id est, inter omnia quæ facta sunt; nec male. — (*b*) Sic Mss. Al. editi, *principium et caput Ecclesiæ est Christus*. — (*c*) Editi, *Hæc est via certa*. Mss. vero, *hoc est*. Tum ex iis quatuor, *via recta*. — (*d*) Er. post *ejus primitias in Dei gratia nascimur*. — (*e*) Editi, *doctrina :* pro quo Mss. *disciplina*. — (*f*) Sic Mss. At Vulgati, *idem existens quod pater Deus*.

temporelle. Car, en tant qu'il est Fils unique de Dieu, on ne peut pas dire, il a été et il sera, mais seulement il est; parce que, ce qui a été n'est plus, et ce qui sera n'est pas encore. Il est donc immuable, sans admettre de changement ni subir les lois du temps. C'est de là, je pense, que vient le nom qu'il s'est donné, en parlant à son serviteur Moïse. Car Moïse lui demandant, dans le cas où le peuple ne l'accueillerait pas, par qui il se dirait envoyé, Dieu lui répondit : « Je suis celui qui suis, » et il ajouta : « Vous direz aux enfants d'Israël : Celui qui est, m'a envoyé vers vous. » (*Exod.*, III, 14.)

7. J'ai donc la confiance que les âmes intelligentes comprennent déjà qu'aucune nature ne peut être contraire à Dieu. Car si Dieu est celui qui est, et cette parole ne peut, à proprement parler, se dire que de Dieu. Car ce qui est véritablement, demeure dans un état immuable; au lieu que ce qui change était hier ce qu'il n'est plus, et sera demain ce qu'il n'est pas encore. Dieu n'a donc rien (en lui-même) qui lui soit contraire; si l'on nous demande ce qui est contraire au blanc, nous répondons, c'est le noir; ce qui est contraire au chaud, c'est le froid; ce qui est contraire à la vitesse, c'est la lenteur; et ainsi du reste. Mais si l'on nous demande ce qui est contraire à ce qui est, nous répondons très-bien : C'est ce qui n'est pas.

8. Mais la sagesse immuable de Dieu, par un effet de grande miséricorde, ayant pris notre nature infirme avec toutes les conditions de la vie temporelle, pour opérer notre salut et notre réparation, nous embrassons donc aussi dans notre foi toute l'histoire de cette vie, qui a été si salutaire pour nous, et nous croyons en ce Fils de Dieu « qui est né par le Saint-Esprit de la vierge Marie. » C'est donc par un don de Dieu, c'est par l'opération du Saint-Esprit, que ce grand Dieu s'est tant abaissé pour venir à nous, et qu'il a daigné prendre la nature humaine tout entière dans le sein d'une vierge, entrant dans cette demeure et la quittant sans rien ôter à sa virginité. Les hérétiques attaquent de plusieurs manières le mystère de cette vie temporelle. Mais celui qui tient à la foi catholique, croira que le Verbe de Dieu a pris la nature humaine tout entière, le corps, l'âme et l'intelligence, et il sera fort contre leurs attaques. Car cette union des deux natures ayant pour but notre salut, il faut se garder de croire qu'il y manque quelque chose, de peur que notre place ne manque aussi dans le nombre des élus. Et comme l'homme, à l'exception de la forme extérieure qui varie suivant les espèces, ne diffère de l'animal que par

---

pensationem Domini nostri, quam gerere nobis et ministrare pro nostra salute dignatus est. Nam secundum id quod unigenitus est Dei Filius, non potest dici : Fuit et erit; sed tantum : Est : quia et quod fuit, jam non est; et quod erit, nondum est. Ille ergo est incommutabilis sine conditione temporum et varietate. Nec aliunde arbitror manare illud, quod famulo suo Moysi tale nomen suum insinuavit. Nam cum ab eo quæreret, si se populus ad quem mittebatur contemneret, a quo se diceret esse missum; responsum dicentis accepit : « Ego sum qui sum. » Deinde subjunxit : « Hæc dices filiis Israel : Qui est, misit me ad vos. » (*Exod.*, III, 14.)

7. Ex quo jam spiritalibus animis patere confido, nullam naturam Deo esse posse contrariam. Si enim ille est, et de solo Deo proprie dici potest hoc verbum; (quod enim vere est, incommutabiliter manet; quoniam quod mutatur, fuit aliquid quod jam non est, et erit quod nondum est :) nihil ergo habet Deus contrarium. Si enim quæreretur a nobis quid sit albo contrarium, responderemus nigrum : si quæreretur quid sit calido contrarium, responderemus frigidum : si quæreretur quid veloci contrarium, responderemus tardum; et quæcumque similia. Cum autem quæritur quid sit contrarium ei quod est, recte responderetur quod non est.

8. Sed quoniam per temporalem, ut dixi, dispensationem, ad nostram salutem et reparationem, operante Dei benignitate, ab illa incommutabili Dei Sapientia natura mutabilis nostra suscepta est, temporalium rerum salubriter pro nobis gestarum adjungimus fidem, credentes in eum Dei Filium qui natus est per Spiritum sanctum ex virgine Maria. Dono enim Dei, hoc est, sancto Spiritu concessa nobis est tanta humilitas tanti Dei, ut totum hominem susceperit dignaretur in utero virginis, maternum corpus integrum inhabitans, integrum (*a*) deserens. Cui temporali dispensationi multis modis insidiantur hæretici. Sed si quis tenuerit catholicam fidem, ut totum hominem credat a Verbo Dei esse susceptum, id est corpus, animam, spiritum, satis contra illos munitus est. Quippe cum ista susceptio pro salute nostra sit gesta, cavendum est ne cum crediderit aliquid nostrum non pertinere ad istam susceptionem,

(*a*) Emanuel Sa putavit legendum, *deferens*. Verum codices omnes habent, *deserens* : quo verbo significatur Christi nativitate detractum nihil esse Virginis matris integritati.

la raison qu'on appelle l'intelligence; comment pourrait-on croire que la sagesse de Dieu aurait pris de notre nature la partie qui nous est commune avec les animaux, et qu'elle n'aurait pas pris la partie la plus noble, celle qu'éclaire la lumière de cette même sagesse, et qui est le propre de l'homme?

9. Il faut réprouver aussi ceux qui disent que Notre-Seigneur Jésus-Christ n'a pas eu Marie pour mère, sur la terre; puisque le mystère de son incarnation avait pour but d'honorer l'un et l'autre sexe, et que Dieu voulait relever non-seulement celui qu'il a pris en se faisant homme, mais encore celui par lequel il s'est incarné, en naissant de la femme. On ne peut pas conclure à la négation de la mère du Christ, de cette parole de l'Evangile : « Femme, qu'y a-t-il de commun entre vous et moi? Mon heure n'est pas encore venue. » (*Jean*, II, 4.) Cette parole est plutôt pour nous faire comprendre que comme Dieu, il n'a point de mère, et il s'agissait pour lui de montrer sa divinité, par le changement de l'eau en vin. Mais quand il est crucifié, c'est comme homme qu'il est crucifié, et c'était l'heure qui n'était pas encore venue, dont il voulait parler, quand il dit : « Qu'y a-t-il de commun entre vous et moi? Mon heure n'est pas encore venue, » (*Jean*, XIX, 5) c'est-à-dire, l'heure où je vous reconnaîtrai. C'est alors que le crucifié reconnut sa mère comme homme, et qu'il la recommanda avec une si grande humanité à son disciple bien-aimé. Il ne faut pas s'étonner non plus de la réponse, qu'il fit à ceux qui lui annonçaient l'arrivée de sa mère et de ses frères, quand il dit : « Qui est ma mère? Qui sont mes frères? » etc. Cette parole est un avertissement pour ceux qui sont chargés de prêcher la parole de Dieu, comme s'il nous disait de ne pas connaître nos parents, quand ils sont un obstacle à notre ministère. Mais si l'on s'imagine que Notre-Seigneur n'avait pas une mère sur la terre, parce qu'il a dit : « Qui est ma mère? » (*Matth.*, XII, 48) il faudra donc croire aussi que les Apôtres n'ont pas eu de pères, parce qu'il leur a dit : « N'appelez personne votre père sur la terre; vous n'avez qu'un père qui est dans le ciel. » (*Matth.*, XXIII, 9.)

10. Il ne faut pas que notre foi s'effarouche à la pensée du sein de la femme, et que la génération de Notre-Seigneur nous semble incroyable sous ce rapport, parce qu'elle paraît grossière à ceux qui sont grossiers. « Ce qui est folie en Dieu est plus sage que les hommes, et tout est pur pour ceux qui sont purs, » (I *Cor.*, I, 25; *Tit.*, I, 15) comme dit avec raison l'Apôtre. Ceux qui s'arrêtent à cette pensée devraient considérer que les rayons du soleil, qui est pour eux (les Manichéens), non pas une créature

non pertineat ad salutem. Et cum homo excepta forma membrorum, quæ diversis generibus animantium diversa tributa est, non distet a pecore nisi rationali spiritu, quæ mens (νοῦς) etiam nominatur; quomodo sana est fides, qua creditur, quod id nostrum susceperit Dei Sapientia quod habemus commune cum pecore, illud autem non susceperit quod illustratur luce Sapientiæ, et quod hominis proprium est?

9. Detestandi autem etiam illi sunt, qui Dominum nostrum Jesum Christum matrem Mariam in terris habuisse negant, cum illa dispensatio utrumque sexum, et masculinum et femininum honoraverit, et ad curam Dei pertinere monstraverit, non solum quem suscepit, sed illum etiam per quem suscepit, virum gerendo, nascendo de femina. Nec nos ad negandam Christi matrem cogit, quod ab eo dictum est : « Quid mihi et tibi est mulier? nondum venit hora mea. » (*Joan.*, II, 4.) Sed admonet potius ut intelligamus secundum Deum non eum habuisse matrem, cujus majestatis personam parabat ostendere aquam in vinum vertendo. Quod autem crucifixus est, secundum hominem crucifixus est, et illa erat hora, quæ nondum venerat, quando dictum est : « Mihi et tibi quid est? nondum venit hora mea, » (*Joan.*, XIX, 5) id est, qua te cognoscam. Tunc enim ut homo crucifixus cognovit hominem matrem, et dilectissimo discipulo humanissime commendavit. Nec illud nos moveat, quod cum ei nuntiaretur mater ejus, et fratres, respondit : « Quæ mihi mater, aut qui fratres? » etc. Sed potius doceat ministerium nostrum, quo verbum Dei fratribus ministramus, parentes cum impediunt, non eos debere cognosci. Nam si propterea quisque putaverit non eum habuisse matrem in terris, quia dixit : « Quæ mihi mater? » (*Matth.*, XII, 48) cogatur necesse est et Apostolos negare habuisse patres in terris, quoniam præcepit eis dicens : « Nolite vobis patrem dicere in terris : unus est enim Pater vester, qui in cœlis est. » (*Matth.*, XXIII, 9.)

10. Nec nobis fidem istam minuat cogitatio muliebrium viscerum, ut propterea recusanda videatur talis Domini nostri generatio, quod eam sordidi sordidam putant. Quia et « stultum Dei sapientius esse hominibus, et omnia munda mundis, » (I *Cor.*, I, 25; *Tit.*, I, 15) verissime Apostolus dicit. Debent igitur intueri, qui hoc putant, solis hujus radios, quem certe non tanquam creaturam Dei laudant, sed tan-

mais un Dieu, pénètrent dans les lieux les plus infects et les plus dégoûtants, et qu'ils développent partout leur activité, sans que leur pureté soit atteinte de la moindre souillure; et pourtant cette lumière visible, par sa nature, a naturellement des rapports avec les ordures qu'elle touche. Mais comment le Verbe de Dieu, qui n'est ni corporel ni visible, pouvait-il être souillé dans le sein d'une femme, où il a pris la chair de l'homme, avec son âme et son esprit, voulant que l'âme fût le sanctuaire de sa majesté, pour se mettre à l'abri des fragilités du corps? Il est donc manifeste que le Verbe de Dieu n'a pu contracter aucune souillure dans son union avec le corps de l'homme, comme aussi notre âme n'est point souillée par son union avec notre corps. Ce n'est pas en gouvernant et en vivifiant le corps que notre âme se souille, mais plutôt en se laissant aller à la concupiscence des biens périssables. Si ces hérétiques tenaient à avoir une âme pure, ils s'épargneraient tous ces mensonges et ces sacrilèges.

Chapitre V. — 11. Mais ce n'était pas assez pour Notre-Seigneur de s'abaisser pour nous dans sa naissance; il voulut aussi mourir pour nous autres mortels. Car : « Il s'est humilié et s'est rendu obéissant jusqu'à la mort, et à la mort de la croix. » (*Philip.*, II, 8.) Il voulait que tout homme, quand même il serait assez courageux pour ne pas craindre la mort, n'eût aucune répugnance pour un genre de mort que les hommes regardent comme ignominieux. Nous croyons donc en celui qui « a été crucifié sous Ponce-Pilate, et enseveli. » Il fallait citer le nom du juge, pour fixer la date de l'événement. Au sujet de sa sépulture, nous nous rappelons ce monument nouveau, où il fut mis avant de ressusciter à une vie nouvelle, comme il descendit dans le sein d'une vierge avant de naître. Personne ne fut mis dans ce monument, ni avant, ni après Notre-Seigneur (*Jean*, XIX, 41); aucun mortel ne fut conçu dans le sein de Marie ni avant ni après Notre-Seigneur.

12. Nous croyons aussi que le « troisième jour il est ressuscité des morts » comme premier né entre ses frères (*Ephés.*, I, 5), qu'il appela à l'adoption des enfants de Dieu, et dont il daigna faire ses compagnons et ses cohéritiers.

Chapitre VI. — 13. Nous croyons « qu'il est monté au ciel, » qu'il nous a promis comme séjour de la béatitude, en disant : « Ils seront comme les anges dans le ciel, » (*Matth.*, XXII, 30) dans cette cité qui est notre mère, la Jérusalem éternelle et céleste. (*Gal.*, IV, 26.) Il y a des impies parmi les Gentils ou les hérétiques qui s'offusquent, de ce que nous croyons qu'un corps ter-

quam Deum (Manichæi) adorant, per cloacarum fœtores et quæcumque horribilia usquequaque diffundi, et in his operari secundum naturam suam, nec tamen inde aliqua contaminatione sordescere, cum visibilis lux visibilibus sordibus sit natura conjunctior : quanto minus igitur poterat pollui Verbum Dei, non corporeum neque visibile, de femineo corpore, ubi humanam carnem suscepit cum anima et spiritu, quibus intervenientibus habitat majestas Verbi ab humani corporis (*a*) fragilitate secretius? Unde manifestum est nullo modo potuisse Verbum Dei macularai humano corpore, quo nec ipsa anima humana maculata est. Non enim cum regit corpus atque vivificat, sed cum ejus bona mortalia concupiscit, de corpore anima maculatur. Quod si animæ maculas illi vitare vellent, hæc mendacia potius et sacrilegia formidarent.

Caput V. — 11. Sed parva erat pro nobis Domini nostri humilitas in nascendo : accessit etiam ut mori pro mortalibus dignaretur. « Humiliavit enim se, factus subditus usque ad mortem, mortem autem crucis : » (*Philip.*, II, 8) ne quisquam nostrum etiam si mortem posset non timere, aliquod genus mortis, quod homines ignominiosissimum arbitrantur, horreret. Credimus itaque in eum qui sub Pontio Pilato crucifixus est, et sepultus. Addendum enim erat judicis nomen, propter temporum cognitionem. Sepultura vero illa cum creditur, fit recordatio novi (*b*) monumenti, quod resurrecturo ad vitæ novitatem præberet testimonium, sicut nascituro uterus virginalis. Nam sicut in illo monumento nullus alius mortuus sepultus est (*Joan.*, XIX, 41), nec ante, nec postea; sic in illo utero nec ante, nec postea, quidquam mortale conceptum est.

12. Credimus etiam illum tertio die resurrexisse a mortuis, primogenitum consecuturis fratribus, quos in adoptionem filiorum Dei vocavit, quos comparticipes et cohæredes suos esse dignatus est. (*Ephes.*, I, 5.)

Caput VI. — 13. Credimus in cœlum ascendisse, quem beatitudinis locum etiam nobis promisit, dicens : « Erunt sicut Angeli in cœlis, » (*Matth.*, XXII, 30) in illa civitate quæ est mater omnium nostrum Jerusalem (*Gal.*, IV, 26) æterna in cœlis. Solet autem quosdam offendere vel impios gentiles vel hæreticos, quod credamus assumptum terrenum corpus in cœ-

(*a*) Sic Lov. et nonnulli Mss. Alii vero cum Er. *ad humani corporis fragilitatem.* — (*b*) Editi, *testamenti.* Verius Mss. *monumenti.*

restre est transporté dans le ciel. La plupart des Gentils se servent d'arguments philosophiques pour dire que rien de terrestre ne peut être dans le ciel. Ils ne connaissent pas nos Ecritures, et ne savent pas comment on a dit : « Notre corps est semé corps animal, et il ressuscitera corps spirituel. » (I *Cor.*, xv, 44.) On n'a pas voulu dire que le corps serait changé en esprit, pour être un esprit; car notre corps, qui est maintenant animal, n'est pas changé en âme pour être une âme. Mais un corps spirituel est celui qui est tellement subordonné à l'esprit, qu'il est capable d'habiter le ciel, n'ayant plus rien de la fragilité et des souillures de la terre, et se trouvant transformé dans un état de stabilité et de pureté céleste. Telle est la transformation dont parle l'Apôtre quand il dit : « Nous ressusciterons tous, mais nous ne serons pas tous transformés. » (*Ibid.*, 51.) Or, cette transformation ne sera pas un état pire, mais un état meilleur, comme l'enseigne le même Apôtre, quand il dit : « Et nous, nous serons transformés. » Mais où et comment se trouve dans le ciel le corps de Notre-Seigneur? Cette question est complétement oiseuse et inutile; qu'il nous suffise de croire qu'il est au ciel. Il n'appartient pas à notre faiblesse de discuter les mystères du ciel; mais notre foi ne doit avoir que des sentiments honnêtes et sublimes sur la dignité du corps de Notre-Seigneur.

CHAPITRE VII. — 14. Nous croyons aussi qu'il est assis à la droite du Père. Il ne faut pas nous figurer que Dieu le Père existe, pour ainsi dire, dans une forme humaine, ni penser qu'il y a son côté droit et son côté gauche; et quand on dit que le Père est assis, n'allons pas croire qu'il est dans cette posture où les genoux sont pliés; autrement nous tomberions dans ce sacrilége, que l'Apôtre reprochait à ceux qui ont dénaturé la gloire du Dieu incorruptible, pour le faire semblable à l'homme corruptible. (*Rom.*, 1, 23.) Ce serait un crime de placer, (avec des pensées aussi peu dignes de la majesté divine,) dans un temple chrétien une image où Dieu serait ainsi représenté. Nous serions plus coupables encore de mettre cette image dans notre cœur qui est le temple de Dieu, s'il est purifié de toute erreur et de toute cupidité. Par la droite, il faut donc entendre la souveraine béatitude, où se trouve la justice, la paix et la joie; de même qu'à la gauche se trouvent les boucs (*Matth.*, xxv, 35); c'est la souveraine misère où l'on souffre, à cause du péché, toutes sortes de peines et de tourments. Quand on dit que Dieu est assis, il ne faut donc pas ici considérer la posture du corps, mais la puissance judiciaire qu'exerce sans cesse la majesté divine, en rendant à chacun ce qu'il mérite. Néanmoins, c'est au jugement dernier que se

---

lum. Sed gentiles plerumque Philosophorum argumentis nobiscum agere student, ut dicant, terrenum aliquid in cœlo esse non posse. Nostras enim Scripturas non noverunt, nec sciunt quomodo dictum sit : « Seminatur corpus animale, surgit corpus spiritale. » (I *Cor.*, xv, 44.) Non enim ita dictum est, quasi corpus vertatur in spiritum, et spiritus fiat : quia et nunc corpus nostrum quod animale dicitur, non in animam versum est et anima factum. Sed spiritale corpus intelligitur, (*a*) quod ita spiritui subditum est, ut cœlesti habitationi conveniat, omni fragilitate ac labe terrena in cœlestem puritatem et stabilitatem mutata atque conversa. Hæc est immutatio, de qua item dicit Apostolus : « Omnes resurgemus, sed non omnes immutabimur. » (*Ibid.* 51.) Quam immutationem non in deterius, sed in melius fieri docet idem, cum dicit : « Et nos immutabimur. » Sed ubi et quomodo sit in cœlo corpus Dominicum, curiosissimum et supervacaneum est quærere; tantummodo in cœlo esse credendum est. Non enim est fragilitatis nostræ cœlorum secreta discutere, sed est nostræ fidei de Dominici corporis dignitate sublimia et honesta sentire.

CAPUT VII. — 14. Credimus etiam, quod sedet ad dexteram Patris. Nec ideo tamen quasi humana forma circumscriptum esse Deum Patrem arbitrandum est, ut de illo cogitantibus dextrum aut sinistrum latus animo occurrat; aut idipsum quod sedere Pater dicitur, flexis poplitibus fieri putandum est, ne in illud incidamus sacrilegium, in quo exsecratur Apostolus eos qui commutaverunt gloriam incorruptibilis Dei in similitudinem corruptibilis hominis. (*Rom.*, 1, 23.) Tale enim simulacrum Deo nefas est Christiano in templo collocare; multo magis in corde nefarium est, ubi vere est templum Dei, si a terrena cupiditate atque errore mundetur. Ad dexteram ergo intelligendum est sic dictum esse, in summa beatitudine, ubi justitia et pax et gaudium est : sicut ad sinistram hædi constituuntur (*Matth.*, xxv, 35), id est in miseria, propter (*b*) iniquitates, labores atque cruciatus. Sedere ergo quod dicitur Deus, non membrorum positionem, sed judiciariam significat potestatem, qua illa majestas nunquam

---

(*a*) Er. et trois Mss. *quia ita coaptandum est.* — (*b*) Trois Mss. *propter iniquitatis labores.*

manifestera avec plus d'éclat parmi les hommes la gloire du Fils de Dieu, comme souverain juge des vivants et des morts.

CHAPITRE VIII. — 15. Nous croyons aussi qu'il viendra, dans le temps le plus convenable, pour juger les vivants et les morts ; soit qu'on entende par ces paroles les justes et les pécheurs ; soit les vivants qu'il trouvera sur la terre, et les morts qui ressusciteront au moment de sa venue. Il a donc son action temporelle, comme il a sa génération divine ; non-seulement elle existe, mais elle a été et elle sera. Car Notre-Seigneur a été sur la terre ; il est maintenant dans le ciel, et il viendra dans sa gloire comme juge des vivants et des morts. Il viendra, comme il est monté, suivant le témoignage consigné dans les Actes des Apôtres. (chap. I, 11.) C'est l'action de cette vie temporelle qu'il expose dans l'Apocalypse, où il est écrit (chap. I, 8) : « Voici ce que dit Celui qui est, qui a été et qui viendra. »

CHAPITRE IX. — 16. Après avoir exposé et expliqué comme dogme de foi, la génération divine de Notre-Seigneur et sa vie temporelle, nous avons à compléter notre foi sur ce qui a rapport à Dieu, et nous faisons en outre profession de croire au Saint-Esprit, qui n'est pas d'une nature inférieure au Père ni au Fils, mais qui leur est, si je puis parler ainsi, consubstantiel et coéternel ; car cette Trinité est un seul Dieu, non pas dans ce sens que le Père soit le même que le Fils et le Saint-Esprit ; mais dans ce sens que le Père est le Père, le Fils est le Fils, le Saint-Esprit est le Saint-Esprit, et cette Trinité est un seul Dieu, suivant cette parole : « Ecoute, ô Israël, le Seigneur ton Dieu est un seul Dieu. » (*Deut.*, VI, 4.) Cependant si l'on nous interroge au sujet de chaque personne, et qu'on nous dise : Le Père est-il Dieu? nous répondrons : Il est Dieu. Qu'on nous demande si le Fils est Dieu, nous répondrons la même chose. Et si l'on nous adresse la même question sur le Saint-Esprit, nous ne devons pas dire qu'il est autre chose que Dieu ; tout en prenant bien garde de donner à ce terme le sens qu'on lui donne en parlant des hommes, quand on dit : « Vous êtes des dieux. » (*Ps.* LXXXI, 6.) Car on ne peut pas appeler dieux dans un sens propre, ceux que le Père a créés et formés par son Fils avec le don du Saint-Esprit. L'Apôtre a donc voulu nous montrer la Trinité, quand il a dit : « Tout est de lui, tout est en lui, tout est par lui. » (*Rom.*, XI, 36.) Et quoique nous répondions au sujet de chacun qu'il est Dieu, soit le Père, soit le Fils, soit le Saint-Esprit, cependant personne ne doit croire que nous adorions trois dieux.

caret, semper digna dignis tribuendo'; quamvis in extremo judicio multo manifestius inter homines unigeniti Filii Dei judicis vivorum atque mortuorum claritas indubitata (*b*) futura sit.

CAPUT. VIII. — 15. Credimus etiam inde venturum convenientissimo tempore ; et judicaturum vivos et mortuos. Sive istis nominibus justi et peccatores significentur ; sive quos tunc ante mortem (*b*) in terris inventurus est appellati sint vivi, mortui vero qui in ejus adventu resurrecturi sunt : hæc dispensatio temporalis, non tantum est, sicut illa generatio secundum Deum ; sed etiam fuit, et erit. Nam fuit Dominus noster in terris, et nunc est in cœlo, et erit in claritate judex vivorum atque mortuorum. Ita enim veniet, sicut ascendit, secundum auctoritatem quæ in Actibus Apostolorum continetur. (*Act.*, I, 11.) Ex hac itaque temporali dispensatione loquitur in Apocalypsi, ubi scriptum est : « Hæc dicit qui est, et qui fuit, et qui venturus est. » (*Apoc.*, I, 8.)

CAPUT IX. — 16. Digesta itaque (*c*) fideique commendata et divina generatione Domini nostri et humana dispensatione, adjungitur confessioni nostræ, ad perficiendam fidem quæ nobis de Deo est : Spiritus sanctus, (*d*) non minore natura quam Pater et Filius, sed, ut ita dicam, consubstantialis et coæternus : quia ista Trinitas unus est Deus : non ut idem sit Pater qui et Filius et Spiritus sanctus ; sed ut Pater sit Pater, et Filius sit Filius, et Spiritus sanctus sit Spiritus sanctus, et hæc Trinitas unus Deus, sicut scriptum est : « Audi Israel, Dominus Deus tuus, Deus unus est. » (*Deut.*, VI, 4.) Tamen si interrogemur de singulis, et dicatur nobis : Deus est Pater? respondebimus, Deus. Si quæratur utrum Deus sit Filius, hoc respondebimus. Nec si fuerit de Spiritu sancto talis interrogatio, aliud eum esse debemus respondere quam Deum : vehementer caventes sic accipere, quomodo de hominibus dictum est : « Dii estis. » (*Psal.* LXXXI, 6.) Non enim sunt naturaliter dii, quicumque sunt facti atque conditi ex Patre per Filium dono Spiritus sancti. Ipsa enim significatur Trinitas, cum Apostolus dicit : « Quoniam ex ipso et in ipso et per ipsum sunt omnia. » (*Rom.*, XI, 36.) Quanquam ergo de singulis interrogati, respondeamus Deum esse de quo quæritur, sive Patrem, sive Filium, sive Spiritum sanctum ; non tamen tres deos a nobis coli quisquam existimaverit.

(*a*) Ita in Mss. At in excusis, *fulsura sit*. — (*b*) Hic editi addunt *nostram* : renitentibus Mss. — (*c*) Sic in Mss. At apud Lov. *fide atque commendata divina*. — (*d*) Er. *non de minore*. Forte legendum, *non minor*.

17. Il ne faut pas nous étonner que la nature la plus incompréhensible nous soit présentée sous des rapports aussi mystérieux, puisque les choses matérielles que nous voyons de nos yeux, et que nous discernons par nos sens, nous offrent des rapports de similitude. Suivant les questions qu'on nous adresse, nous ne pouvons pas dire que la source soit le fleuve, ni que le fleuve soit la source; et le breuvage qui vient de la source ou du fleuve, nous ne l'appelons pas la source ni le fleuve. Cependant sous ces trois rapports et sous ces trois noms différents, il n'y a qu'une chose, c'est l'eau; et si l'on nous demande ce qu'est chaque chose en particulier, nous répondons de chacune que c'est l'eau. Je demande ce qu'il y a dans la source; on nous répond, l'eau; ce qu'il y a dans le fleuve, même réponse; ce qu'il y a dans le breuvage, même réponse encore. Et pourtant ce ne sont pas trois eaux, mais une seule eau. Il faut prendre garde sans doute d'assimiler dans notre pensée l'ineffable majesté de Dieu avec cette eau matérielle dans sa source, dans le fleuve et dans le breuvage. Car l'eau, qui est d'abord dans la source, s'en va dans le fleuve et ne reste pas en elle-même; et lorsqu'on la puise dans le fleuve ou dans la source pour remplir la coupe du breuvage, elle n'est plus là où vous l'avez puisée. Il peut donc arriver que la même eau soit à la fois l'eau de la source, l'eau du fleuve et l'eau du breuvage. Mais quand nous parlons de la sainte Trinité, on ne peut pas supposer que le Père soit jamais le Fils, soit jamais le Saint-Esprit. Ainsi dans un arbre la racine n'est pas autre chose que la racine, le tronc n'est pas autre chose que le tronc et les branches sont nécessairement les branches. On ne peut donc pas dire que la racine soit le tronc ni les branches; et le bois qui est dans la racine ne se déplace pas pour être tantôt dans la racine, tantôt dans le tronc, tantôt dans les branches; mais il n'est que dans la racine; et pourtant dans la manière de parler, on dit : La racine, est bois, le tronc est bois, et les branches sont bois, et ce ne sont pas trois bois, mais un seul bois. Néanmoins ces trois parties de l'arbre, par la différence de leurs qualités, pourraient être considérées comme trois sortes de bois; mais du moins on nous accordera que d'une même source on peut emplir trois coupes, qui formeraient trois breuvages, et non trois eaux, mais une même eau, quoique pourtant chaque coupe renferme une portion d'eau, et que cette eau n'ait point été déplacée, comme celle qui passe de la source dans le fleuve. Nous faisons ces comparaisons, non pour les appliquer à la nature divine, mais pour montrer que dans la nature matérielle il y a ce genre d'unité, et que quelquefois trois choses qui s'appellent cha-

---

17. Nec mirum quod hæc de ineffabili natura dicuntur, cum in iis etiam rebus, quas corporeis oculis cernimus, et corporeo sensu dijudicamus, tale aliquid accidat. Nam cum de fonte interrogati, non possimus dicere quod ipse sit fluvius; nec de fluvio interrogati possimus cum fontem vocare; et rursum potionem quæ de fonte vel fluvio est, nec fluvium possimus appellare nec fontem : tamen in hac trinitate aquam nominamus, et cum de singulis quæritur, singillatim aquam respondemus. Nam si quæro utrum aqua in fonte sit, respondetur aqua; et si quæramus utrum aqua sit in fluvio, nihil aliud respondetur, et in illa potione non poterit esse alia responsio : nec tamen eas tres aquas; sed unam dicimus. Sane cavendum est, ne quisquam ineffabilem illius majestatis substantiam sicut fontem istum visibilem atque corporeum vel fluvium vel potionem cogitet. In his enim aqua illa, quæ nunc in fonte est, exit in fluvium, nec in se manet; et cum de fluvio vel de fonte in potionem transit, non ibi permanet, unde sumitur. Itaque fieri potest ut eadem aqua nunc ad fontis appellationem pertineat, nunc ad fluvii, nunc ad potionis : cum in illa Trinitate dixerimus, non posse fieri ut Pater aliquando sit Filius, aliquando Spiritus sanctus : sicut in arbore non est radix nisi radix, nec robur est aliud quam robur, nec ramos nisi ramos possumus dicere : non enim quod dicitur radix, id potest dici robur et rami; nec lignum quod pertinet ad radicem, potest aliquo transitu nunc in radice esse, nunc in robore, nunc in ramis, sed tantummodo in radice : cum illa regula nominis maneat, ut radix lignum sit, et robur lignum, et rami lignum; nec tamen tria ligna dicantur, sed unum. Aut si hæc habent aliquam dissimilitudinem, ut possint non absurde tria ligna dici, propter firmitatis diversitatem; illud certe omnes concedent, si ex uno fonte tria pocula impleantur, posse dici tria pocula, tres autem aquas non posse dici, sed omnino unam aquam; quamquam de singulis poculis interrogatus in quolibet horum aquam esse respondeas : quamvis nullus hic transitus fiat, sicut de fonte in fluvium dicebamus. Sed hæc non propter illius divinæ naturæ similitudinem, sed propter visibilium etiam unitatem corporalia exempla data sunt, ut intelligeretur fieri posse, ut aliqua tria non tantum singillatim, sed etiam simul unum

cune du même nom, ne font qu'une seule et même chose sous la même dénomination. On ne doit donc pas s'étonner, ni trouver absurde que nous disions : Le Père est Dieu, le Fils est Dieu, le Saint-Esprit est Dieu, sans dire qu'il y a trois Dieux dans cette Trinité, mais un seul Dieu avec une seule nature.

18. Des hommes doctes et versés dans les sciences spirituelles, ont beaucoup écrit sur le Père et le Fils, pour montrer, autant que la chose est possible à l'homme, comment le Père et le Fils ne sont pas une seule personne, mais une même substance; pour discerner les propriétés du Père et celles du Fils; l'un engendre, l'autre est engendré; l'un ne sort pas du Fils, l'autre sort du Père; le Père est principe du Fils, par conséquent chef du Christ (I *Cor.*, XI, 3; *Jean*, VIII, 25); quoique le Christ soit aussi principe, mais non relativement au Père, le Fils est l'image du Père (*Coloss.*, I, 15), mais sans qu'il y ait la moindre différence et avec une parfaite égalité. Ils traitent tous ces sujets avec plus de développement que nous, pour donner une ample explication de la foi chrétienne. C'est pourquoi le Fils, en sa qualité de Fils, doit au Père d'être ce qu'il est, tandis que le Père n'a rien reçu du Fils, et comme homme il a pris, dans l'ordre temporel, par un effet de sa grande miséricorde, notre nature changeante pour la transformer. C'est pourquoi nous trouvons sur ce sujet dans les saintes Écritures plusieurs passages que les hérétiques, jaloux d'instruire avant de savoir, ont faussement interprétés, s'imaginant que le Fils n'est pas égal au Père, ni de la même substance, d'après ces paroles : « Parce que mon Père est plus grand que moi; » (*Jean*, XIV, 28) et : « L'homme est chef de la femme; le Christ est chef de l'homme; mais Dieu est le chef du Christ; » (I *Cor.*, XI, 3) et : « Alors il sera lui-même assujetti à celui qui lui aura assujetti toutes choses; » (I *Cor.*, XV, 28) et : « Je vais à mon Père et à votre Père, à mon Dieu et à votre Dieu. » (*Jean*, XX, 17.) J'omets d'autres passages qui ont été écrits dans tout autre but que d'établir l'inégalité de nature et de substance. Car on ne pourrait pas contredire ces autres paroles : « Mon Père et moi nous sommes un; » (*Jean*, X, 30) et : « Celui qui me voit, voit aussi mon Père; » et : « Le Verbe était Dieu. Car il n'a pas été fait, puisque tout a été fait par lui; » (*Jean*, XIV, 9) et : « Il n'a pas cru rien usurper en se disant égal à Dieu; » (*Philipp.*, II, 6) et bien d'autres qui ont le même sens. Les premiers passages que nous avons cités ont rapport à la vie temporelle de l'Homme-Dieu, par laquelle on dit : « Il s'est anéanti lui-même; »

---

singulare nomen obtineant; nec quisquam miretur et absurdum putet, quod Deum dicimus Patrem : Deum Filium, Deum Spiritum sanctum, nec tamen tres Deos in ista Trinitate sed unum Deum, (*a*) unamque substantiam.

18. Et de Patre quidem ac Filio multis libris disseruerunt docti et (*b*) spiritales viri, quibus quantum homines hominibus poterant, et quemadmodum non unus esset Pater et Filius, sed unum essent; et quid proprie Pater esset, et quid Filius insinuare conati sunt : quod ille genitor, hic genitus; ille non de Filio, hic de Patre; hujus ille principium, et caput Christi dicitur (I *Cor.*, XI, 3), quamvis et Christus principium (*Joan.*, VIII, 25), sed non Patris; hic vero illius imago (*Colos.*, I, 15), quamvis nulla ex parte dissimilis et omnino indifferenter æqualis. Tractantur hæc latius ab eis, qui non tam breviter quam nos, totius Christianæ fidei professionem volunt explicare. Itaque in quantum Filius est, de Patre accepit ut sit, cum ille de Filio id non acceperit : et in quantum hominem, mutabilem scilicet creaturam in melius commutandam, ineffabili misericordia, temporali dispensatione suscepit, multa de illo in Scripturis inveniuntur ita dicta, ut impias hæreticorum mentes prius volentes docere quam posse, in errorem miserint, ut putarent cum non æqualem Patri, nec ejusdem esse substantiæ, qualia sunt illa : « Quoniam Pater major me est; » (*Joan.*, XIV, 28) et : « Caput mulieris vir, caput viri Christus, caput autem Christi Deus; » (I *Cor.*, XI, 3) et : « Tunc ipse subjectus erit ei, qui illi subjecit omnia; » (I *Cor.*, XV, 28) et : « Vado ad Patrem meum et Patrem vestrum, Deum meum et Deum vestrum; » (*Joan.*, XX, 17) et nonnulla hujusmodi : quæ omnia posita sunt, non ut naturæ atque substantiæ inæqualitatem significent, ne falsa sint illa : « Ego et Pater unum sumus; » (*Joan.*, X, 30) et : « Qui me vidit, vidit et Patrem meum; » (*Joan.*, XIV, 9) et « Deus erat Verbum; » non enim factus est, cum omnia per ipsum facta sint : et : « Non rapinam arbitratus est esse æqualis Deo; » (*Philip.*, II, 6) et cætera talia : sed illa posita sunt, partim propter administrationem suscepti hominis, qua dicitur : « Semetipsum exinanivit; » non quia mutata est illa Sapientia, cum sit

---

(*a*) Mss. *sed unum colamus unamque substantiam*. — (*b*) In Vulgatis, *religiosi*. Cujus loco in Mss. *spiritales*.

non pas que la souveraine sagesse ait subi aucune altération, puisqu'elle est immuable ; mais parce qu'elle a voulu se faire connaître aux hommes dans cet état d'abaissement. Ces mêmes passages, qui prêtent aux calomnies des hérétiques, ont donc rapport à l'état d'abaissement du Fils de Dieu ; mais ils signifient également que le Fils doit au Père ce qu'il est, même l'égalité par laquelle il est semblable à lui, tandis que le Père ne doit à personne ce qu'il est.

19. Quant au Saint-Esprit, nous ne trouvons pas que cette matière ait encore été traitée d'une manière spéciale et développée par les doctes et grands interprètes des divines Ecritures, et il nous est moins facile de comprendre le caractère propre par lequel nous pouvons dire qu'il n'est ni le Fils ni le Père, mais seulement le Saint-Esprit. Tout ce que nous savons, c'est qu'il est le don de Dieu, et nous croyons que le don de Dieu n'est pas inférieur à Dieu. On enseigne néanmoins que le Saint-Esprit n'est pas engendré du Père comme le Fils ; car le Christ est Fils unique ; ni engendré du Fils comme petit-fils du Père suprême. Et cependant ils ne disent pas qu'il tient son existence de lui-même, mais du Père qui est le principe de toutes choses, ne voulant pas admettre deux principes sans principe, ce qui serait absolument faux, absurde, contraire à la foi catholique, et dans le sens de certains hérétiques (les Manichéens). Quelques auteurs pourtant se sont hasardés à expliquer ce mystère, en disant que le lien d'union entre le Père et le Fils, et si je puis parler ainsi, leur divinité que les Grecs appellent θεότητα n'était pas autre chose que le Saint-Esprit, parce que le Père étant Dieu et le Fils étant Dieu, la divinité par laquelle ils sont unis, l'un en engendrant son Fils, et l'autre en restant attaché à son Père, devient égale à celui par qui le Fils est engendré. Or, cette divinité qu'ils appellent aussi l'amour et la charité que le Père et le Fils ont l'un pour l'autre, il faut dire, suivant leur opinion, que c'est le Saint-Esprit. Et l'Ecriture ne manque pas de témoignages pour appuyer leur sentiment ; ils citent celui-ci (*Rom.*, v, 5) : « Car la charité de Dieu a été répandue dans nos cœurs par le Saint-Esprit qui nous a été donné. » Ils en citent d'autres semblables et en grand nombre ; et quand on dit que nous sommes réconciliés avec Dieu par le Saint-Esprit qu'on appelle aussi le don de Dieu, ils en concluent avec assez de raison que l'amour de Dieu, c'est le Saint-Esprit. (I *Jean*, III, 1.) Car nous ne sommes réconciliés avec Dieu que par l'amour, en vertu duquel nous sommes appelés ses enfants, n'étant plus sous l'empire de la crainte comme des esclaves, parce que l'amour parfait bannit toute crainte (I *Jean*, IV, 18) ; et recevant aussi l'esprit de li-

---

omnino incommutabilis ; sed quia tam humiliter hominibus innotescere voluit : partim ergo propter hanc administrationem illa ita scripta sunt, de quibus hæretici calumniantur ; partim propter hoc, quia Filius Patri debet quod est, hoc etiam debens utique Patri quod eidem Patri æqualis aut par est ; Pater autem nulli debet quidquid est.

19. De Spiritu sancto autem nondum tam copiose ac diligenter disputatum est a doctis et magnis divinarum Scripturarum tractatoribus, ut intelligi facile possit ex ipsa proprium, quo proprio fit ut eum neque Filium neque Patrem dicere possimus, sed tantum Spiritum sanctum ; nisi quod eum donum Dei esse prædicant, ut Deum credamus non se ipso inferius donum dare. Servant tamen ut non genitum Spiritum sanctum tanquam Filium de Patre prædicent ; unicus enim est Christus : neque de Filio tanquam nepotem summi Patris : nec tamen id quod est, nulli debere, sed Patri, ex quo omnia ; ne duo constituamus principia sine principio, quod falsissimum est et absurdissimum, et non catholicæ fidei, sed quorumdam hæreticorum errori proprium. Ausi sunt tamen quidam ipsam communionem Patris et Filii, atque (ut ita dicam) deitatem, quam Græci θεότητα appellant, Spiritum sanctum credere : ut, quoniam Pater Deus et Filius Deus, ipsa deitas, qua sibi copulantur et ille gignendo filium et ille Patri cohærendo, ei a quo est genitus æquetur. Hanc ergo deitatem, quam etiam dilectionem in se invicem amborum caritatemque volunt intelligi, Spiritum sanctum appellatum dicunt, multisque Scripturarum documentis adsunt huic opinioni suæ ; sive illo quod dictum est : « Quoniam caritas Dei diffusa est in cordibus nostris per Spiritum sanctum qui datus est nobis ; » (*Rom.*, v, 5) sive aliis multis talibus testimoniis ; et eo ipso quod per Spiritum sanctum reconciliamur Deo, unde etiam cum donum Dei dicitur, satis significari volunt caritatem Dei esse Spiritum sanctum. Non enim reconciliamur illi, nisi per dilectionem (I *Joan.*, III, 1), qua etiam filii (*a*) appellamur : non jam sub timore tanquam servi, quia consummata dilectio foras mittit timorem (I *Joan.*, IV, 18) ;

(*a*) In vulgatis additur, *Dei* ; quod abest a Mss.

berté par lequel nous crions : « Père, mon Père. » (*Rom.*, VIII, 15.) Nous sommes donc réconciliés et rétablis dans l'amitié de Dieu par la charité, et ainsi nous pouvons pénétrer tous les secrets de Dieu ; c'est pourquoi on dit du Saint-Esprit : « Lui-même vous introduira dans toute vérité. » (*Jean*, XVI, 13.) Le courage dont furent remplis les apôtres, à la descente du Saint-Esprit, pour prêcher l'Evangile, était un fruit de la charité (*Act.*, II, 4) ; car la pusillanimité vient de la crainte, et la vraie charité l'exclut. Le Saint-Esprit s'appelle aussi le don de Dieu (*Eph.*, III, 7), parce qu'on ne peut pas jouir d'un bien qu'on connaît, à moins qu'on ne l'aime aussi. Or, jouir de la sagesse de Dieu, ce n'est pas autre chose que s'y attacher par amour ; et personne ne garde un bien qu'il possède qu'autant qu'il l'aime ; c'est pour cela que l'Esprit divin s'appelle saint, parce que la sainteté indique la permanence qui ressemble à la sanction d'une loi ; et il ne faut pas douter que sainteté vient du verbe *sancire*, sanctionner. Mais les auteurs de l'opinion que nous exposons, s'appuient surtout sur ce témoignage de l'Ecriture : « Ce qui est né de la chair est chair, et ce qui est né de l'Esprit est Esprit, parce que Dieu est Esprit. » (*Jean*, III, 6 ; IV, 24.) L'Apôtre ici parle de notre génération qui se fait, non pas selon Adam par la chair, mais selon le Christ par le Saint-Esprit. Comme il est fait mention du Saint-Esprit dans ce passage, et qu'il est dit « que Dieu est Esprit, » ils disent qu'il faut remarquer une chose, c'est qu'on ne dit pas : L'Esprit est Dieu, mais : « Dieu est Esprit, » en sorte que la divinité du Père et du Fils soit désignée comme Dieu, pour dire le Saint-Esprit. Un autre témoignage de saint Jean vient encore à l'appui de notre explication, lorsqu'il dit : « Dieu est amour. » (I *Jean*, IV, 16.) Il ne dit pas ici : L'amour est Dieu, mais : « Dieu est amour, » pour faire comprendre que la divinité même, c'est l'amour. Lisez aussi dans l'Apôtre cette énumération de pensées qui s'enchaînent, quand il dit : « Tout est à vous ; mais vous, vous êtes à Jésus-Christ, et Jésus-Christ est à Dieu. » (I *Cor.*, III, 22.) Et : « Le chef de la femme, c'est l'homme ; le chef de l'homme, c'est Jésus-Christ ; le chef de Jésus-Christ, c'est Dieu. » (I *Cor.*, XI, 3.) Ici, disent-ils, on ne fait point mention du Saint-Esprit, parce que, quand on parle de choses qui se tiennent entre elles, il n'est pas question du lien qui les unit. Voici encore un passage qui nous montre, si on le lit avec attention, la sainte Trinité, c'est celui-ci : « Tout est de lui, tout est par lui, tout est en lui. »

---

et Spiritum libertatis accepimus, « in quo clamamus : Abba Pater. » (*Rom.*, VIII, 15.) Et quia reconciliati (*Rom.*, V, 10) et in amicitiam revocati per caritatem poterimus omnia Dei secreta cognoscere, propterea de Spiritu sancto dicitur : « Ipse vos inducet in omnem veritatem. » (*Joan.*, XVI, 13.) Propterea et confidentia prædicandæ veritatis, qua impleti sunt in adventu ejus Apostoli (*Act.*, II, 4), recte caritati tribuitur : quia et diffidentia timori datur, quem consummatio caritatis excludit. Ideo etiam donum Dei dicitur, quia eo quod quisque novit non fruitur, nisi et id diligat. (*Ephes.*, III, 7.) Frui autem sapientia Dei, nihil est aliud quam ei dilectione cohærere : neque quisquam in eo quod percipit permanet nisi dilectione : et ideo Spiritus sanctus dicitur, quoniam ad permanendum sanciuntur quæcumque (*a*) sanciuntur, nec dubium est a sanciendo sanctitatem vocari. Maxime autem illo testimonio utuntur assertores hujus sententiæ, quod scriptum est : « Quod natum est de carne, caro est ; et quod natum est de Spiritu, spiritus est (*Joan.*, III, 6) : quoniam Deus Spiritus est. » (*Joan.*, IV, 24.) (*b*) Hic enim regenerationem nostram dicit, quæ non secundum Adam de carne est, sed secundum Christum de Spiritu sancto. Quapropter si Spiritus sancti hoc loco facta est commemoratio, cum dictum est : « Quoniam Deus spiritus est ; » animadvertendum dicunt, non dictum esse : Quoniam Spiritus (*c*) Deus est ; sed : « Quoniam Deus Spiritus est ; » ut ipsa deitas Patris et Filii hoc loco dicta sit Deus, quod est Spiritus sanctus. Huc accedit aliud testimonium quod dicit Joannes apostolus : « Quoniam Deus dilectio est. » (I *Joan.*, IV, 16.) Etiam hic enim non ait : Dilectio Deus est ; sed : « Deus dilectio est ; » ut ipsa deitas dilectio intelligatur. Et quod in illa enumeratione connexarum sibi rerum, ubi dicitur : « Omnia vestra sunt, vos autem Christi, Christus autem Dei ; » (I *Cor.*, III, 22) et (I *Cor.*, II, 3) : « Caput mulieris vir, caput viri Christus, caput autem Christi Deus ; » nulla fit commemoratio Spiritus sancti, ad hoc pertinere dicunt, quia non fere in iis quæ sibi connexa sunt numerari solet ipsa connexio. Unde in illo etiam loco Trinitatem ipsam videntur agnoscere qui legunt attentius, cum dicitur : « Quoniam ex ipso, et per ipsum, et in ipso sunt omnia. » (*Rom.*, XI, 36.) « Ex ipso, » tanquam ex eo qui nulli debet quod est ;

(*a*) Editi, *sanctificantur*. At. Mss. constanter, *sanciuntur*. — (*b*) Ita Mss. Editi vero : *Hoc enim.... dicunt*. — (*c*) Editi et aliquot Mss. *Spiritus Dei est*. Iidemque paulo post, *non ait : Dilectio Dei est*. Alii codices utroque loco, *Deus est* : nec minus bene.

(*Rom.*, xi, 36.) Tout est *de lui*, comme du principe qui ne doit à personne ce qu'il est; tout est par lui, c'est-à-dire par le médiateur; tout est en lui, parce qu'il contient et réunit comme un lien.

20. Cette opinion trouve des contradicteurs. Ceux-ci nous disent que ce lien que nous appelons divinité, amour ou charité n'est pas une substance; ils veulent donc qu'on leur montre le Saint-Esprit, comme substance, mais ils ne comprennent pas qu'il est impossible de dire : « Dieu est amour, » (I *Jean,* iv, 16) sans que cet amour soit une substance. Ce qui les trompe, c'est l'assimilation qu'ils font avec les choses matérielles. En effet, si deux corps sont unis, de manière à se toucher, on ne peut pas dire que cette union soit un corps, car du moment que vous les séparez, vous ne trouvez aucune trace de leur union; et cependant elle ne s'est pas déplacée, elle ne s'est pas éloignée comme les corps eux-mêmes. Il faut donc purifier son cœur, autant qu'il est possible, et considérer que dans la nature divine il ne peut pas y avoir d'un côté la substance, et de l'autre les accidents de la substance, sans que ces accidents soient eux-mêmes substantiels. En Dieu rien n'est accident, tout est substance. Tout cela, on peut le dire et le croire facilement; mais voir, et voir les choses en Dieu dans la réalité, voilà ce qui est impossible, si l'on n'a pas le cœur pur. Quoiqu'il en soit de ces diverses opinions, que la vérité soit dans notre explication, ou qu'elle soit ailleurs, voici ce qu'il faut croire avec une foi inébranlable, c'est que le Père est Dieu, le Fils est Dieu, et le Saint-Esprit est Dieu; ils ne sont pas trois dieux, mais cette Trinité n'est qu'un seul et même Dieu. Ils ne sont pas différents de nature, mais de la même substance; le Père ne pouvant jamais être le Fils, jamais le Saint-Esprit; mais le Père étant toujours le Père, le Fils toujours le Fils, le Saint-Esprit toujours le Saint-Esprit. Avec la science seule, vous ne pouvez rien affirmer sans témérité sur les choses invisibles, il vous faut la foi; et pour les voir, il faut un cœur pur; et encore celui qui les entrevoit ici-bas par un côté, comme il est dit, et en énigme (I *Cor.*, xiii, 12), ne peut pas les montrer à celui qui l'écoute, et dont le cœur est souillé. « Bienheureux ceux qui ont le cœur pur, parce qu'ils verront Dieu. » (*Matth.*, v, 8.) Telle est notre foi sur Dieu, créateur et réparateur.

21. Mais l'amour n'est pas seulement pour nous un devoir envers Dieu, selon ce précepte : « Vous aimerez le Seigneur votre Dieu de tout votre cœur, de toute votre âme et de tout votre esprit; » (*Deut.*, vi, 5) mais encore envers le prochain, selon cet autre précepte : « Vous aimerez votre prochain comme vous-même. » (*Luc.*, x, 27.) Si la foi n'est pas implantée dans

---

« per ipsum, » tanquam per mediatorem; « in ipso, » tanquam in eo qui continet, id est, copulatione conjungit.

20. Huic sententiæ contradicunt, qui arbitrantur istam communionem, quam sive deitatem sive dilectionem sive caritatem appellamus, non esse substantiam : quærunt autem secundum substantiam sibi exponi Spiritum sanctum, nec intelligunt non aliter potuisse dici : « Deus dilectio est, » (I *Joan.*, iv, 16) nisi esset dilectio substantia. Ducuntur quippe consuetudine rerum corporalium; quoniam si duo sibi corpora copulentur, ita ut juxta invicem colloceutur, ipsa copulatio non est corpus; quando quidem separatis illis corporibus, quæ copulata fuerant, nulla invenitur : nec tamen quasi discessisse et migrasse intelligitur, sicut illa corpora. Sed hi tales cor mundum faciant, quantum possunt, ut videre valeant in Dei substantia non esse aliquid tale, quasi aliud ibi sit substantia, aliud quod accidat substantiæ, et non sit substantia; sed quidquid ibi intelligi potest, substantia est. Verum hæc dici possunt facile, et credi : videri autem nisi corde puro quomodo se habeant, omnino nos possunt. Quapropter sive ista vera sit sententia, sive aliud aliquid sit, fides inconcussa tenenda est, ut Deum dicamus Patrem, Deum Filium, Deum Spiritum sanctum; neque tres deos; sed istam Trinitatem unum Deum; neque diversos natura, sed ejusdem substantiæ; neque ut Pater aliquando sit Filius, aliquando sit Spiritus sanctus; sed Pater semper Pater, et Filius semper Filius, et Spiritus sanctus semper Spiritus sanctus. Nec temere de invisibilibus aliquid affirmemus tanquam scientes, sed tanquam credentes; quoniam videri nisi mundato corde non possunt : et qui ea videt in hac vita ex parte (I *Cor.*, xiii, 12), ut dictum est, atque in ænigmate, non potest efficere ut et ille videat cui loquitur, si cordis sordibus impeditur. « Beati autem mundo corde, quoniam ipsi Deum videbunt. » (*Matth.*, v, 8.) Hæc fides est de Deo conditore et renovatore nostro.

21. Sed quoniam dilectio non tantum in Deum nobis imperata est, cum dictum est : « Diliges Dominum Deum tuum ex toto corde tuo, et ex tota anima tua, et ex tota mente tua; » (*Deut.*, vi, 5) sed etiam in proximum; nam : « Diliges, inquit, proximum tuum tanquam te ipsum : » (*Luc.*, x, 27) si autem ista fides congregationem societatemque ho-

la société humaine pour y opérer la charité fraternelle, elle ne porte pour ainsi dire aucun fruit.

CHAPITRE X. — Nous croyons donc aussi la sainte Eglise qui est l'Eglise catholique. Les hérétiques et les schismatiques appellent Eglise la réunion de leurs partisans. Mais les hérétiques corrompent la foi en la falsifiant, et les schismatiques déchirent la charité fraternelle par des divisions injustes, quoi qu'ils aient la même foi que nous. C'est pourquoi les hérétiques n'appartiennent point à l'Eglise catholique qui aime Dieu, ni les schismatiques, parce qu'elle aime le prochain. En effet, l'Eglise pardonne facilement au prochain, puisqu'elle implore pour elle-même le pardon auprès de celui qui nous a réconciliés avec lui, en effaçant nos péchés passés, et en nous appelant à une nouvelle vie. Mais en attendant que cette nouvelle vie nous soit donnée dans sa perfection, nous ne pouvons pas vivre ici-bas sans péchés. Il importe donc que nous les connaissions.

22. En parlant des péchés, comme nous allons le faire, notre intention n'est pas de faire un traité spécial sur cette matière; mais nous devons croire d'une manière absolue que nos péchés ne nous seront point pardonnés, si nous sommes inexorables pour pardonner aux autres. Nous croyons donc aussi la rémission des péchés.

23. L'homme est composé de trois choses, l'esprit, l'âme et le corps; et ces trois choses peuvent se réduire à deux, parce que souvent l'âme se confond avec l'esprit. La partie raisonnable de l'âme, dont les animaux sont privés, s'appelle l'esprit; l'esprit est la partie principale de notre être; puis la vie qui nous unit à notre corps s'appelle l'âme; enfin le corps lui-même qui est la chose visible est la partie inférieure de notre être. Or, toute créature, qu'on appelle l'homme, gémit jusqu'à cette heure et souffre les douleurs de l'enfantement (*Rom.*, VIII, 22); et pourtant elle a déjà donné les prémices de l'esprit, en croyant à Dieu, et en témoignant de sa bonne volonté. L'esprit s'appelle aussi l'intelligence, suivant cette parole de l'Apôtre : « Je suis soumis à la loi de Dieu par mon intelligence. » (*Rom.*, VII, 25.) Il dit aussi dans un autre endroit : « Dieu m'est témoin, lui que je sers en esprit. » (*Rom.*, I, 9.) Mais l'âme, en tant qu'elle désire les biens charnels, s'appelle la chair. Elle résiste donc à l'esprit par un certain côté qui n'est pas sa nature, mais qui vient de l'habitude du péché. C'est pourquoi l'Apôtre dit : « Je suis soumis à la loi de Dieu par l'esprit, et à la loi du péché par la chair. » Cette habitude est devenue une seconde nature, depuis que nous sommes engendrés à la mort par le péché du premier homme. C'est pour cela qu'il est écrit : « Nous avons été autrefois par notre naissance

---

minum non teneat, in qua fraterna caritas operetur, minus fructuosa est.

CAPUT X. — Credimus et (*a*) Sanctam Ecclesiam, utique catholicam. Nam et hæretici et schismatici congregationes suas ecclesias vocant. Sed hæretici de Deo falsa sentiendo ipsam fidem violant; schismatici autem discissionibus iniquis a fraterna caritate dissiliunt, quamvis ea credant quæ credimus. Quapropter nec hæretici pertinent ad Ecclesiam catholicam, quæ diligit Deum; nec schismatici, quoniam diligit proximum; et ideo peccatis proximi facile ignoscit, quia sibi precatur ignosci ab illo, qui nos reconciliavit sibi, delens omnia præterita, et ad vitam novam nos vocans : quam vitam donec perfectam capiamus, sine peccatis esse non possumus : interest tamen qualia sint.

22. Nec de peccatorum differentia modo tractandum est, sed credendum omnino, nullo modo nobis ignosci ea quæ peccamus, si nos inexorabiles ad ignoscenda peccata fuerimus. (*Matth.*, VI, 15.) Itaque credimus et remissionem peccatorum.

23. Et quoniam tria sunt quibus homo constat, spiritus, anima et corpus : quæ rursus duo dicuntur, quia sæpe anima simul cum spiritu nominatur. Pars enim quædam ejusdem rationalis, qua carent bestiæ, spiritus dicitur; principale nostrum spiritus est : deinde vita qua conjungimur corpori, anima dicitur (τὸ ἡγεμονικόν) : postremo ipsum corpus quoniam visibile est, ultimum nostrum est. Hæc autem omnis creatura ingemiscit et parturit usque nunc (*Rom.*, VIII, 22) : dedit tamen primitias spiritus, quia credidit Deo, et bonæ jam voluntatis est. Hic spiritus etiam vocatur mens, de quo dicit Apostolus : « Mente servio legi Dei. » (*Rom.*, VII, 25.) Qui item alio loco dicit : « Testis est enim mihi Deus, cui servio in spiritu meo. » (*Rom.*, I, 9.) Anima vero cum carnalia bona adhuc appetit, caro nominatur. (*b*) Pars enim ejus quædam resistit spiritui, non natura, sed consuetudine peccatorum. Unde dicitur : « Mente servio legi Dei, carne autem legi peccati. Quæ consuetudo in naturam versa est secundum generationem mortalem peccato primi hominis. Ideoque scriptum est : « Et nos aliquando fuimus naturaliter filii iræ, »

(*a*) Tres Mss. *in sanctam Ecclesiam*, etc. Et aliquanto post, *in remissionem peccatorum*. Sic etiam inferius, *in carnis resurrectionem.* —
(*b*) Quatuor probæ notæ Mss. *nominatur et resistit spiritui :* omisso : *Pars ejus quædam.*

des enfants de colère, » (*Ephes.*, II, 3) c'est-à-dire de vengeance, et par là nous avons été les esclaves de la loi du péché. Or, notre âme est dans la perfection de sa nature lorsqu'elle obéit à l'esprit et qu'elle le suit, quand il est soumis à Dieu. C'est pourquoi l'homme animal ne comprend pas les choses qui sont de l'esprit de Dieu. (I *Cor.*, II, 14.) Mais l'âme n'est pas si prompte à se soumettre à l'esprit pour faire le bien, que l'esprit est prompt à obéir à Dieu par la foi et par les mouvements d'une bonne volonté. Il faut quelquefois de longues années pour mettre un frein à cette ardeur qui l'emporte vers les biens charnels et temporels. Mais elle finit par se purifier en rentrant dans le calme de sa nature, sous la conduite de l'esprit qui est son chef, comme le Christ est le chef de l'esprit; et il ne faut pas désespérer non plus de rendre le corps à l'état normal de sa nature; mais il est certain qu'il n'y reviendra pas si promptement que l'âme, de même que l'âme n'y revient pas si vite que l'esprit. Il faut attendre le temps opportun, lorsque sonnera la dernière trompette, et que « les morts ressusciteront incorruptibles, et que nous serons transformés. » (I *Cor.*, XV, 52.) C'est pourquoi nous croyons aussi la résurrection de la chair; je veux dire que non-seulement notre âme sera relevée de sa dégradation à cause de ses affections charnelles, mais notre chair elle-même, cette chair visible et naturellement chair, qui fait que notre âme devient chair, à cause de ses affections charnelles, mais contrairement à sa nature; oui, nous croyons sans le moindre doute que cette chair ressuscitera. L'apôtre saint Paul semble la montrer du doigt, quand il dit : « Il faut que ce corps corruptible soit revêtu d'incorruptibilité. » (1 *Cor.*, XV, 53.) En disant : « Ce corps, » il le montre du doigt, et on ne montre ainsi que ce qui est visible; autrement on aurait pu comprendre qu'il s'agissait de l'âme qui est aussi corruptible par la contagion des vices. « Il faut que ce corps mortel soit revêtu d'immortalité. » Voilà ce qu'on lit encore, sans entendre autre chose que notre « chair » visible, que l'Apôtre semble une fois encore montrer du doigt, parce que l'âme qui est corruptible par la contagion du vice est également mortelle. En effet, « la mort de l'âme, c'est la séparation d'avec Dieu. » (*Eccli.*, X, 14.) Ce fut là le premier péché qui fut commis dans le paradis, comme l'Ecriture nous le raconte. (*Gen.*, III, 6.)

24. Notre corps ressuscitera donc, comme nous l'enseigne la foi chrétienne qui ne peut nous tromper. Celui qui croit la chose impossible, considère notre chair dans son état actuel, sans faire attention à son état futur. Car lorsque viendra le temps de la transformation angélique, il n'y aura plus ni chair ni sang, mais le

---

(*Ephes.*, II, 3) id est vindictæ, per quam factum est ut serviamus legi peccati. Est autem animæ natura perfecta, cum spiritui suo subditur, et cum sequitur sequentem Deum. Ideo « animalis homo non percipit quæ sunt Spiritus Dei. » (I *Cor.*, II, 14.) Sed non tam cito anima subjugatur spiritui ad bonam operationem, quam cito spiritus Deo ad veram fidem et bonam voluntatem; sed aliquando tardius ejus impetus, quo in carnalia et temporalia defluit, refrenatur. Sed quoniam et ipsa mundatur, recipiens stabilitatem naturæ suæ dominante spiritu, quod sibi caput est, cui ejus capiti caput est Christus, non est desperandum etiam corpus restitui naturæ propriæ : sed utique non tam cito quam anima, sicut neque anima tam cito quam spiritus, sed tempore opportuno in novissima tuba, cum « mortui resurgent incorrupti, et nos immutabimur. » (1 *Cor.*, XV, 52.) Et ideo credimus et carnis resurrectionem; non tantum quia reparatur anima, quæ nunc propter carnales affectiones caro nominatur; sed hæc etiam visibilis caro quæ naturaliter est caro, cujus nomen anima non propter naturam, sed propter affectiones carnales accepit: hæc ergo visibilis, quæ proprie dicitur caro, sine dubitatione credenda est resurgere. Videtur enim Paulus Apostolus eam tanquam digito ostendere, cum dicit : « Oportet corruptibile hoc induere incorruptionem. » (1 *Cor.*, XV, 53.) Cum enim dicit, « hoc, » in eam quasi digitum intendit. Quod autem visibile est, id potest digito ostendi : quoniam posset etiam anima corruptibilis dici; nam vitiis morum ipsa corrumpitur. « Et mortale hoc induere immortalitatem, » cum legitur, eadem significatur visibilis caro, quia in eam identidem velut digitus intenditur. Potest enim et anima sicut corruptibilis propter morum vitia, ita etiam mortalis dici. « Mors quippe animæ est apostatare a Deo : » (*Eccl.*, X, 14) quod primum ejus peccatum (*Gen.*, III, 6) in paradiso sacris litteris continetur. (1 *Retr.*, XVII.)

24. Resurget igitur corpus secundum christianam fidem, quæ fallere non potest. Quod cui videtur incredibile, qualis nunc sit caro attendit, qualis autem futura sit non considerat : quia illo tempore immutationis angelicæ non jam caro erit et sanguis, sed tantum corpus. Cum enim de carne Apostolus loqueretur : « Alia, inquit, caro pecorum, alia volucrum, alia piscium, alia serpentum ; et corpora co-

CHAPITRE X.

corps seulement. L'Apôtre nous dit en parlant de la chair : « Autre est la chair des animaux, autre celle des oiseaux, autre celle des poissons, autre celle des serpents. Il y a les corps terrestres, il y a les corps célestes. » (I *Cor.*, xv, 39.) Il ne dit pas, la chair céleste, mais : « Les corps célestes et les corps terrestres. » Toute chair est un corps, mais tout corps n'est pas chair. Voyez sur la terre : le bois est un corps, mais il n'est pas chair; le corps de l'homme et de l'animal est à la fois corps et chair. Voyez dans le ciel : rien n'est chair; tous les corps sont simples et brillants, et l'Apôtre les appelle spirituels; d'autres les appellent éthérés. Et cependant la résurrection n'en est pas moins certaine, quoiqu'il dise : « La chair et le sang ne posséderont point le royaume de Dieu, » (I *Cor.*, xv, 50) car il nous montre la transformation, que subira ce qui est maintenant la chair et le sang. Si vous ne pouvez pas croire à la transformation possible de cette chair, suivez-moi, et je vais vous conduire à cette foi par degrés. Je vous demande si la terre peut se changer en eau; comme il n'y a qu'un pas à faire, la chose ne vous paraît pas incroyable. Je vous demande ensuite si l'eau peut se changer en air; les deux choses se touchant de si près, ce changement ne vous paraît pas absurde. On vous demande encore si l'air peut se changer en un corps éthéré ou céleste; la distance ne vous paraît pas grande, et vous voilà persuadé. Or, si vous croyez possible, en supposant une gradation, que la terre se change en un corps éthéré, pourquoi, supposé la volonté de Dieu, qui a pu faire marcher l'homme sur les eaux, ne pas croire que notre transformation puisse se faire tout à coup, et, comme on dit, en un clin d'œil (I *Cor.*, xv, 52), sans passer par différents degrés, de même que l'on voit tout à coup la fumée se changer en une flamme brillante ? Car notre chair est formée de terre; et les philosophes, dont les arguments sont une arme pour combattre la résurrection de la chair, sous prétexte qu'aucun corps terrestre ne peut être dans le ciel, nous accordent néanmoins que tout corps peut être converti et changé en un autre corps. La résurrection nous affranchira des lois du temps, et nous jouirons de la vie éternelle, dans une charité ineffable que rien ne pourra changer ni corrompre. Et alors s'accomplira cette parole : « La mort est absorbée par la victoire. O mort ! où est ton aiguillon ? O mort ! où est ta victoire ? » (I *Cor.*, xv, 54.)

25. Telle est la foi qu'on enseigne en abrégé dans le Symbole aux jeunes néophytes. Ces quelques articles, tous les fidèles les connaissent; afin qu'en croyant ils obéissent à Dieu, et qu'en obéissant ils vivent bien, et qu'en vivant bien ils purifient leur cœur, et qu'en purifiant leur cœur ils comprennent ce qu'ils croient.

---

lestia, et corpora terrestria. » (1 *Cor.*, xv, 39.) Non enim dixit, et caro cœlestis : dixit autem : « et cœlestia et terrestria corpora. » Omnis enim caro etiam corpus est, non autem omne corpus etiam caro est : primo in istis terrestribus, quoniam lignum corpus est, sed non caro : hominis autem vel pecoris et corpus et caro est : in cœlestibus vero nulla caro, sed corpora simplicia et lucida, quæ appellat Apostolus spiritalia; nonnulli autem vocant ætherea. Et ideo non carnis resurrectioni contradicit illud quod ait : « Caro et sanguis regnum Dei non possidebunt : » (I *Cor.*, xv, 50) : sed quale futurum sit quod nunc caro et sanguis est, prædicat. In qualem naturam quisquis hanc carnem converti posse non credit, gradibus ducendus est ad fidem. Si enim ab eo quæras utrum terra in aquam possit converti; propter vicinitatem non ei videtur incredibile. Rursum si quæras, utrum aqua possit in aerem; neque hoc absurdum esse respondet, vicina enim sunt sibi. Et de aere si quæratur, utrum in æthereum corpus, id est, cœleste possit mutari; jam ipsa vicinitas persuadet. Quod ergo per hos gradus fieri posse concedit, ut terra in corpus æthereum convertatur, cur non accedente Dei voluntate, qua corpus humanum supra aquas potuit ambulare, celerrime id fieri posse, quemadmodum dictum est, « in ictu oculi, » (I *Cor.*, xv, 52) sine ullis talibus gradibus credit, sicut plerumque fumus in flammam mira celeritate convertitur? Caro enim nostra utique ex terra est : philosophi autem, quorum argumentis sæpius resurrectioni carnis resistitur, quibus asserunt nullum esse posse terrenum corpus in cœlo, quodlibet corpus in omne corpus converti et mutari posse concedunt. Qua corporis resurrectione facta (*a*) a temporis conditione liberati, æterna vita ineffabili caritate atque stabilitate sine corruptione perfruemur. Tunc enim fiet illud quod scriptum est : « Absorpta est mors in victoriam. Ubi est mors aculeus tuus? ubi est mors contentio tua ? » (I *Cor.*, xv, 54.)

25. Hæc est fides quæ paucis verbis tenenda in Symbolo novellis Christianis datur. Quæ pauca verba fidelibus nota sunt, ut credendo subjugentur Deo, subjugati recte vivant, recte vivendo cor mundent, corde mundato quod credunt intelligant.

(*a*) Aliquot Mss. *corpus a temporis conditione liberatum æterna vita ineffabili caritate perfruetur.*

AVERTISSEMENT

SUR

LE LIVRE DE LA FOI ET DES ŒUVRES

Ce livre peut se rapporter au commencement de l'année 413, saint Augustin y fait mention de son livre sur *l'Esprit et la lettre*, qui parut vers la fin de 412, en disant, au chapitre XIV, qu'il l'avait écrit peu de temps auparavant. « Naguère, dit-il, j'ai fait paraître un livre étendu sur cette question, avec ce titre : *De la lettre et de l'esprit :* » C'est pourquoi après avoir revu, dans ses *Retract.*, II, le même livre de *l'Esprit et de la lettre*, il ajoute aussitôt en parlant de son livre, *de la Foi et des œuvres :* « Pendant ce temps-là, des frères m'ont envoyé quelques écrits. » Ce sont les écrits qu'il réfute ici.

Le savant Garnier, dans son appendice à la première partie des œuvres de Marius Mercator, page 117, pense que les écrits dont il est ici question, sont nécessairement ceux que saint Jérôme a fait paraître sur Isaïe ou sur les Epîtres de saint Paul, et son opinion, c'est que les trois questions que traite et que réfute ici saint Augustin, sont prises dans saint Jérôme, dont il tait le nom, « par respect, dit-il, pour un homme éminent. » Nous n'osons pas nous ranger à cette opinion. Car, à n'examiner que la première question, où il est dit qu'il faut admettre indistinctement toute personne au baptême, sans même refuser les adultères notoires et opiniâtres qui ne veulent point s'amender, il faut avouer que nous n'avons découvert dans saint Jérôme rien qui ressemble à cette erreur. Quant à la seconde question, où l'on disait que c'était une chose mauvaise et superflue, d'enseigner la morale chrétienne avant de baptiser, on pourrait facilement en rendre responsable saint Jérôme, d'après ce qu'il écrit sur saint Matthieu (XXVIII) : « Voici l'ordre prescrit ; il ordonne aux apôtres d'enseigner d'abord toutes

ADMONITIO

IN LIBRUM DE FIDE ET OPERIBUS.

Ad initium anni 413, referendus est iste liber. In eo enim Augustinus librum *de Spiritu et littera*, qui sub anni 412 finem prodiit, a se paulo ante scriptum commemorat capite XIV. « Modo, ait, de hac quæstione prolixum librum edidi, qui inscribitur, *De littera et spiritu.* » Propterea in *Retract.* II, recensito eodem libro *de Spiritu et littera*, mox in eum qui *de Fide et operibus* est, retractionem subjecit in hæc verba : « Interea missa sunt mihi a quibusdam fratribus...... scripta nonnulla : » ea nimirum quæ refellenda hic suscepit.

Scripta vero illa eruditus Garnerius in append. ad 1 part. oper. M. Mercatoris, pag. 117, censet non alia fuisse, quam quæ Hieronymus sive in Isaiam edidit, sive in epistolas Pauli, et sumptas ab Hieronymo arbitratur quæstiones illas tres, quas hic Augustinus, tacito nomine, « præ reverentia, inquit, tanti viri, » tractat et refellit. Opinionem hanc nos confirmare non audemus. Nam quod spectat quæstionem primam, quæ est de omnibus citra discrimen admittendis ad baptismum, ita ut adulteri nec ipsi repellantur noti ac pertinaces, qui vitam mutare nolunt, nihil in Hieronymo consentaneum huic errori deteximus. Ad secundam vero quæstionem, qua perversum ac præposterum dicebatur, prius morum Christianorum doctrinam tradere, ac deinde baptizare, id posset facile pertrahi quod Hieronymus in Matth., XXVIII, 28 scripsit : « Ordo præcipuus, jussit Apostolis

les nations, ensuite de les baptiser dans le sacrement de la foi, et après l'instruction et le baptême, de leur prescrire ce qu'il faut observer. » La pensée du pieux interprète n'était peut-être pas de blâmer l'enseignement de la morale chrétienne avant le baptême, mais plutôt de recommander de ne pas l'omettre, et de donner cet enseignement au moins après le baptême, et à ceux qui sont baptisés. Enfin, au sujet de la troisième question où l'on dit que les chrétiens baptisés, quand même ils ne voudraient rien changer à leur vie, si dépravée qu'elle soit, seront sauvés par la foi, voici ce qu'on trouve dans le premier dialogue de saint Jérôme contre Pélage. « Si Origène nous dit que les créatures raisonnables ne seront pas perdues, et que le diable fera pénitence, est-ce que cela nous regarde? Nous disons, nous, que le diable et ses satellites, que les impies et tous les prévaricateurs périront à jamais, et que les chrétiens, s'ils sont surpris dans leurs péchés par la mort, seront sauvés après les avoir expiés. » On lit aussi dans les *Commentaires sur Isaïe*, vers la fin : « Nous croyons que le diable, les athées et les impies qui ont dit dans leur cœur : Il n'y a pas de Dieu, souffriront des peines éternelles ; et nous disons aussi que les pécheurs et les impies, mais qui sont chrétiens, dont les œuvres seront éprouvées et purifiées dans le feu, trouveront auprès du Juge une sentence mêlée de miséricorde. » Il y a des théologiens qui expliquent ces passages et d'autres semblables, de manière à défendre saint Jérôme de cette erreur, qui est refutée avec force dans l'*Enchiridion* et dans le XXIe livre de la *Cité de Dieu*. Mais nous ne pensons pas que l'on doive attribuer à saint Jérôme, tous les arguments qui sont combattus dans ce livre, où saint Augustin ne cite point les témoignages de l'Ecriture que cite saint Jérôme dans son Isaïe, en disant qu'ils sont une arme pour ceux qui ne veulent pas croire aux peines éternelles des pécheurs.

Saint Augustin parle de son livre *de la Foi et des œuvres* dans son *Enchiridion*, ch. LXVII, dans son livre *des huit Questions de Dulcitius*, quest. I, n. 2, et dans son Épître CCV *à Consentius*, n. 18.

ut primum docerent universas gentes, deinde fidei intinguerent sacramento, et post fidem ac baptisma quæ essent observanda præciperent. » Quanquam forte pius interpres minime curabat ne baptismo præmitteretur, sed tantum ne omnino prætermitteretur morum doctrina, tradenda certe vel post baptismum, et baptizatis observanda. Pro tertia demum quæstione, quæ fuit de baptizatis, etiamsi mores quantumlibet improbos emendare noluerint, per fidem salvandis, profertur illud ex ejus dialogo I *adversus Pelag.* « Si Origenes omnes rationabiles creaturas dicit non esse perdendas, et diabolo tribuit pœnitentiam ; quid ad nos, qui et diabolum et satellites ejus omnesque impios et prævaricatores dicimus perire perpetuo, et Christianos, si in peccato præventi fuerint, salvandos esse post pœnas? » Et ex *Commentariis in Isa.* ult. : « Sicut diaboli et omnium negatorum atque impiorum, qui dixerunt in corde suo : Non est Deus, credimus æterna tormenta : sic peccatorum atque impiorum et tamen Christianorum, quorum opera in igne probanda atque purganda sunt, moderatam arbitramur et mistam clementiæ sententiam judicis. » Hæc tamen Theologi alii, et similia si qua sunt loca, eo pacto explicant, ut ab illo errore, qui graviter itidem in *Enchiridio* libroque *de Civitate Dei*, XXI, confutatur, defendant Hieronymum. Cui nec nos putamus tribuenda omnia argumenta, quæ in præsenti opere diluuntur, et quidem prætermissis ab Augustino iis Scripturæ testimoniis, quibus Hieronymus in Isaiam observat uti eos qui volunt peccatorum aliquando finiri supplicia.

Libri *De Fide et operibus* meminit Augustinus in *Enchiridio*, c. 67 in lib. *de octo quæstionibus Dulcitii* q. I, n. 2, et in epistola 205 *ad Consentium*, n. 18.

LIVRE II DES RÉTRACTATIONS, CHAPITRE XXXVIII

Pendant ce temps-là, des frères qui ne sont que laïques, mais s'appliquant à l'étude de la sainte Ecriture, m'ont envoyé quelques écrits, où l'on établit une distinction entre la foi et les bonnes œuvres, de manière à faire croire que sans la foi on ne peut pas être sauvé, mais que sans les bonnes œuvres on peut arriver à la vie éternelle. Pour y répondre, j'ai écrit le livre intitulé : *De la foi et des œuvres.* J'y discute non-seulement comment doivent vivre ceux qui sont régénérés par la grâce de Dieu, mais encore ce que doivent être ceux qu'on admet au sacrement de la régénération. Ce livre commence ainsi : « Selon l'opinion de quelques personnes. »

LIBRI II RETRACTATIONUM, CAPUT XXXVIII.

Interea missa sunt mihi a quibusdam fratribus laicis quidem, sed divinorum eloquiorum studiosis, scripta nonnulla, quæ ita distinguerent a bonis operibus Christianam fidem, ut sine hac non posse, sine illis autem posse perveniri suaderetur ad æternam vitam. Quibus respondens librum scripsi, cujus nomen est : *De fide et operibus.* In quo disputavi, non solum quemadmodum vivere debeant gratia Dei regenerati, verum etiam quales ad lavacrum regenerationis admitti. Hic liber sic incipit : « Quibusdam videtur. »

SUR

LA FOI ET LES ŒUVRES

LIVRE UNIQUE [1]

On réfute dans cet ouvrage, contre quelques écrivains, une triple erreur, et on démontre : 1° qu'il ne faut pas admettre indistinctement toute personne au baptême, et que, s'il faut une certaine tolérance pour les méchants dans l'Eglise, il ne faut pas négliger la discipline ecclésiastique; 2° qu'il faut enseigner à ceux qu'on prépare au baptême, non-seulement les vérités de la foi, mais encore les règles de la vie chrétienne; 3° enfin, que ceux qui sont baptisés ont besoin de corriger leur vie mauvaise, et que la foi seule ne suffit pas pour les sauver.

CHAPITRE I. — 1. Selon l'opinion de quelques personnes, on doit admettre indistinctement toute personne au sacrement de la régénération, qui nous est donnée en Jésus-Christ Notre-Seigneur, quand même on ne voudrait rien changer à une vie mauvaise, honteuse et trop notoire en crimes et en forfaits, et qu'on déclarerait ouvertement qu'on veut y persévérer. Voici ce qu'on dit, par exemple : Si un homme habite avec une prostituée, il ne faut pas exiger d'abord qu'il la quitte, avant de se présenter au baptême; mais quoiqu'il reste avec elle et qu'il ait l'intention d'y rester, qu'il le dise même, il faut l'admettre et le baptiser, et ne pas l'empêcher de devenir un membre du Christ, quoiqu'il persiste à être membre d'une prostituée. (I Cor., VI, 15.) Ensuite on l'instruira sur la gravité de son péché, et on lui montrera qu'étant baptisé, il doit changer de vie. Ces hommes s'imaginent donc qu'il est mauvais et inopportun de faire connaître avant de le baptiser, comment devra vivre un chrétien, et ils sont d'avis qu'il faut d'abord baptiser, et donner ensuite l'instruction sur les règles de la vie morale. S'il l'observe, il fera une bonne chose; s'il ne l'observe pas, pourvu qu'il conserve la foi, sans laquelle il périrait pour l'éternité, quelle que soit sa vie criminelle et déréglée, il sera sauvé, comme en passant par le feu, semblable à celui qui bâtit sur le fondement qui est le Christ, non un édifice d'or, d'argent et de pierres précieuses,

(1) Ecrit vers le commencement de l'an 413.

DE FIDE ET OPERIBUS

LIBER UNUS.

Refellitur error quorumdam triplex, et contra demonstratur: 1° Non omnes indiscrete admittendos ad baptismum, sicque esse tolerandos in Ecclesia malos, ut non negligatur ecclesiastica disciplina. 2° Baptizandis non solius fidei, sed vitæ etiam Christianæ tradendas esse regulas. 3° Baptizatos demum, nisi vitam malam mutarint, nunquam ad salutem æternam fide sola perventuros.

CAPUT I. — 1. Quibusdam videtur indiscrete omnes admittendos esse ad lavacrum regenerationis, quæ est in Christo Jesu Domino nostro, etiamsi malam turpemque vitam facinoribus et flagitiis evidentissimis (a) notam mutare noluerint, atque in ea se perseveraturos aperta etiam professione declaraverint. Verbi gratia, si quisquam meretrici adhæserit, non ei prius præcipiatur ut ab ea discedat, et tunc veniat ad baptismum, sed etiam cum ea manens mansurumque se confidens, seu etiam profitens, admittatur et baptizetur, nec impediatur fieri membrum Christi, etiamsi membrum meretricis esse perstiterit (I Cor., VI, 15) : sed postea doceatur quam sit hoc malum, jamque baptizatus de mutandis in melius moribus instruatur. Perversum enim putant atque præposterum, prius docere quemadmodum debeat vivere Christianus, et deinde baptizari. Sed censent præcedere debere baptismi sacramentum, ut deinde sequatur vitæ morumque doctrina : quam si tenere et custodire voluerit, utiliter fecerit ; si autem noluerit, retenta fide Christiana, sine qua in æternum periret, in quolibet scelere immunditiaque permanserit, salvum eum futurum tanquam per ignem, velut qui ædificaverit super fundamentum quod est

(a) Unus e Vatic. Mss. deditam.

mais un édifice de bois, de foin, de paille (I *Cor.*, III, 12), c'est-à-dire, des œuvres non de justice et de chasteté, mais d'injustice et d'impudicité.

2. Ce qui paraît avoir poussé nos adversaires à cette discussion, c'est quand ils ont vu qu'on refusait d'admettre au baptême les maris qui quittaient leurs femmes, et les femmes qui quittaient leurs maris, pour en épouser d'autres; car Notre-Seigneur témoigne clairement que ces unions ne sont pas des mariages, mais des adultères. (*Matth.*, XIX, 9.) Ils ne pouvaient donc pas nier l'illégitimité de ces unions, en présence de l'affirmation formelle de celui qui est la vérité; mais voulant favoriser, pour l'admission au baptême, ceux qu'ils voyaient dans cette fausse situation, ils pensèrent que, si on les rejetait, ils aimeraient mieux vivre et mourir même sans ce sacrement, que de rompre un lien coupable; alors ils se laissèrent aller à un sentiment de compassion toute humaine en leur faveur, et ils prétendirent qu'il fallait les admettre, et avec eux tous les criminels, tous les gens de mauvaise vie, sans exiger d'eux ni renoncement, ni instruction, ni pénitence, sous le prétexte qu'en ne les baptisant pas, ils périront éternellement, et qu'en les baptisant, quand même ils continueraient de vivre mal, ils seront sauvés, en passant par le feu.

CHAPITRE II. — 3. Je leur réponds, et je dis d'abord qu'il ne faut pas mal interpréter les passages de l'Ecriture, au sujet du mélange des bons et des méchants, comme il existe maintenant, et comme il existera plus tard, et s'imaginer que la discipline doive se relâcher ou être abandonnée; ce serait montrer peu de connaissance dans les saintes Ecritures, et se laisser tromper par son imagination. Car Moïse, le serviteur de Dieu, quoiqu'il ait supporté très-patiemment le mélange du premier peuple avec les nations étrangères (*Nombr.*, XXV, 5, 7), ne s'est pas montré moins sévère pour cela, en faisant périr par le glaive un grand nombre d'Israélites. Le prêtre Phinées a percé de son glaive vengeur ceux qu'il surprit en adultère. Ces exemples montrent pourquoi l'Eglise a établi la dégradation et l'excommunication, qu'elle substituait comme une arme spirituelle au glaive extérieur. Et le bienheureux apôtre saint Paul, quoiqu'il gémisse au milieu des faux frères (II *Cor.*, XI, 26), qu'il les supporte avec une grande patience, et qu'il permette même à quelques-uns, que dévore la jalousie du démon, de prêcher le Christ (*Philip.*, I, 15), néanmoins il ne croit pas devoir épargner ce chrétien, qui vivait avec la femme de son père; il veut qu'on rassemble l'Eglise et qu'on le livre à Satan pour être puni

Christus, non aurum, argentum, lapides pretiosos, sed ligna, fœnum, stipulam; id est, non justos castosque mores, sed iniquos et impudicos. (I *Cor.*, III, 12.)

2. Ad hanc autem disputationem videntur impulsi, quod eos (*a*) moverit, non admitti ad baptismum qui dimissis uxoribus alias duxerint, vel feminas quæ dimissis viris aliis nupserint : quia hæc non conjugia, sed adulteria esse Dominus Christus sine ulla dubitatione testatur. (*Matth.*, XIX, 9.) Cum enim negare non possent esse adulterium, quod Veritas adulterium esse sine (*b*) ambage confirmat, eisque suffragari vellent ad accipiendum baptismum, quos hujusmodi laqueo ita captos viderent, ut si non admitterentur ad baptismum, sine ullo sacramento mallent vivere vel etiam mori, quam disrupto adulterii vinculo liberari : humana quadam miseratione commoti sunt ad eorum causam sic suscipiendam, ut omnes cum eis facinorosos et flagitiosos, etiam nulla prohibitione correptos, nulla instructione correctos, nulla pœnitentia mutatos ad baptismum admittendos esse censerent; existimantes eos, nisi fieret, in æternum esse perituros; si autem fieret, etiam in illis malis perseverantes salvos per ignem futuros.

CAPUT II. — 3. Quibus respondens, hoc primum dico, ne quis ea testimonia Scripturarum, quæ commixtionem bonorum et malorum in Ecclesia vel præsentem indicant, vel futuram prænuntiant, sic accipiat, ut disciplinæ severitatem sive diligentiam solvendam omnino atque omittendam, non illis edoctus litteris, sed sua opinatione deceptus existimet. Neque enim, quia illam primi populi permixtionem Moyses Dei famulus patientissime perferebat, ideo non in multos etiam gladio vindicavit. (*Num.*, XXV, 5 et 7.) Et Phinees sacerdos adulteros simul inventos ferro ultore confixit. Quod utique degradationibus et excommunicationibus significatum est esse faciendum hoc tempore, cum in Ecclesia disciplina visibilis fuerat gladius cessaturus. Nec, quia beatus Apostolus inter falsos fratres tolerantissime congemiscit (II *Cor.*, XI, 26); et quosdam etiam diabolicis invidentiæ stimulis agitatos, Christum tamen prædicare permittit (*Philip.*, I, 15), ideo parcendum censet illi, qui uxorem patris sui habuit, quem præcipit congregata Ecclesia tradendum Satanæ in interitum carnis, ut spiritus salvus sit in die Domini Jesu (I *Cor.*, V, 4) : aut ideo

(*a*) Sic Er. et Mss. At Lov. *noverint*. — (*b*) Plerique Mss. *sine ambiguitate*.

dans son corps, afin que son âme soit sauvée au jour de Notre-Seigneur Jésus-Christ. (I *Cor.*, v, 4.) Il ne craint pas non plus d'en livrer d'autres à Satan, pour leur apprendre à ne pas blasphémer (I *Tim.*, I, 20); ce n'est pas en vain qu'il dit : « Je vous ai écrit dans une lettre que vous n'eussiez point de commerce avec les impudiques; ce que je n'entends pas des impudiques de ce monde, non plus que des avares, des ravisseurs du bien d'autrui, ou des idolâtres; autrement il faudrait que vous sortissiez du monde. Mais quand je vous ai écrit que vous n'eussiez point de commerce avec eux, j'ai entendu que si votre frère est impudique, ou avare, ou idolâtre, ou médisant, ou ivrogne, ou ravisseur du bien d'autrui, vous ne mangiez pas même avec lui. En effet, pourquoi entreprendrais-je de juger ceux qui sont hors de l'Eglise? N'est-ce pas de ceux qui sont dans l'Eglise que vous avez droit de juger? Dieu jugera ceux qui sont en dehors. Mais retranchez le méchant du milieu de vous. » (I *Cor.*, v, 9, etc.) Il y en a qui entendent cette dernière parole comme si l'Apôtre eût voulu dire : Que chacun retranche de soi-même le mal qui s'y trouve, et qu'il devienne bon. Mais qu'on l'entende comme on voudra, qu'on l'applique à l'Eglise, pour dire qu'elle doit retrancher par l'excommunication les méchants, qu'on l'applique à chacun, pour dire qu'il doit ôter le mal de son cœur; il n'en est pas moins vrai que l'Apôtre nous dit positivement plus haut, que nous ne devons avoir aucun commerce avec les frères qu'il a désignés, et qui sont connus d'une manière notoire par quelqu'un des vices qu'il a désignés.

CHAPITRE III. — Il fait voir en même temps que cette sévérité doit avoir un but, qu'elle doit être pleine de miséricorde et de charité, puisqu'il dit : « Afin que l'âme soit sauvée au jour de Notre-Seigneur Jésus-Christ. » Il dit encore ailleurs : « Que si quelqu'un n'obéit point à ce que nous ordonnons par notre lettre, notez-le, et n'ayez point de commerce avec lui, afin qu'il en ait de la confusion. Ne le regardez pas néanmoins comme un ennemi, mais reprenez-le comme un frère. » (II *Thess.*, III, 14.)

4. On ne dira pas que Notre-Seigneur n'est pas un modèle incomparable de patience; il a souffert un démon au nombre de ses apôtres jusqu'à sa passion; il a dit (*Matth.*, XIII, 29) : « Laissez croître l'un et l'autre jusqu'à la moisson, de peur qu'en arrachant l'ivraie, vous ne déraciniez le bon grain; » pour figurer l'Eglise, il a prédit que le filet ramènerait toujours sur le rivage, c'est-à-dire jusqu'à la fin du monde, toutes sortes de poissons, bons et mauvais. Il a fait connaître de plusieurs autres manières, soit ouvertement, soit par paraboles, qu'il y aurait le mélange des bons et des méchants. Et pourtant sa pensée n'était pas qu'il fallait s'endormir pour la discipline de l'Eglise; au contraire, il

ipse alios non tradidit Satanæ, ut discerent non blasphemare (I *Tim.*, I, 20) : aut frustra dicit : (I *Cor.*, v, 9, etc.) « Scripsi vobis in epistola, non commisceri fornicariis, non utique fornicariis hujus mundi, aut avaris, aut raptoribus, aut idolis servientibus; alioquin debueratis de hoc mundo exire : nunc autem scripsi vobis non commisceri, si quis frater nominatur aut fornicator, aut idolis serviens, aut avarus, aut maledicus, aut ebriosus, aut rapax; cum hujusmodi nec cibum quidem sumere. Quo enim mihi de iis qui foris sunt judicare? Nonne de iis qui intus sunt vos judicatis? De his autem qui foris sunt Deus judicabit. Auferte malum ex vobis ipsis. » Ubi quidem aliquid id quod dictum est, « ex vobis ipsis, » ita intelligunt, ut ex se ipso unusquisque auferat malum, hoc est, ut ipse sit bonus. Sed utrolibet modo intelligatur, sive ut severitate Ecclesiæ mali excommunicationibus corripiantur, sive ut se quisque corripiendo et corrigendo a se ipso auferat malum; illud tamen quod supra dictum est, non habet ambiguitatem, ubi præcipit non commisceri eis fratribus, qui in aliquo supra dicto vitio nominantur, id est, noti famosique sunt.

CAPUT III. — Quo autem animo et qua caritate misericors ista severitas adhibenda sit, non solum eo loco ubi ait, « ut spiritus salvus sit in die Domini Jesu; » sed alibi quoque evidenter ostendit dicens : « Si quis non obaudit verbo nostro per epistolam, hunc notate, et nolite commisceri cum eo, ut erubescat, et non ut inimicum eum existimetis, sed corripite ut fratrem. » (II *Thes.*, III, 14.)

4. Et ipse Dominus exemplum singulare patientiæ, qui etiam in duodecim Apostolis usque ad passionem diabolum pertulit; et qui ait : « Sinite utraque crescere usque ad messem, ne forte dum vultis colligere zizania, simul eradicetis et triticum; » (*Matth.*, XIII, 29) retiaque illa in similitudine Ecclesiæ usque ad littus, hoc est, usque ad sæculi finem bonos et malos pisces habitura prædixit; et cætera, si qua de permixtione bonorum et malorum sive aperte sive per similitudines locutus est : non ideo tamen omittendam censuit Ecclesiæ disciplinam; imo

recommande d'y veiller, quand il dit (*Matth.*, XVIII, 15, etc.) : « Prenez-y bien garde ; si votre frère a péché contre vous, allez et reprenez-le entre vous et lui seul ; s'il vous écoute, vous aurez gagné votre frère ; mais s'il ne vous écoute point, prenez avec vous deux ou trois personnes, afin que tout repose sur la parole de deux ou trois témoins ; que s'il ne les écoute point, dites-le à l'Eglise ; et s'il n'écoute point l'Eglise, qu'il vous soit comme un païen et un publicain. » Puis sa sévérité prend un ton menaçant, quand il ajoute les paroles qui suivent (*Ibid.*, 18) : « Tout ce que vous aurez délié sur la terre, sera délié dans le ciel ; et tout ce que vous aurez lié sur la terre, sera lié dans le ciel. » Il défend aussi de donner aux chiens les choses saintes. (*Matth.*, VII, 6.) L'Apôtre dit aussi : « Reprenez publiquement les pécheurs, afin d'inspirer la crainte aux autres, » (1 *Tim.*, v, 20) et en cela il ne contredit pas la parole du Maître : « Reprenez-le entre vous et lui seul. » (*Matth.*, XVIII, 15.) Car il faut faire l'un et l'autre suivant les circonstances, et le genre d'infirmité que nous remarquons dans ceux que nous voulons, non pas perdre, mais corriger et guérir. Et alors il s'agit de guérir l'un d'une manière, et l'autre d'une autre. Voilà les raisons qu'on a de dissimuler, et de tolérer les méchants dans l'Eglise ; c'est aussi pour les mêmes raisons qu'on châtie, qu'on corrige, qu'on n'admet pas, et qu'on éloigne de la communion.

CHAPITRE IV. — 5. Mais l'homme se trompe souvent en ne gardant pas la mesure qu'il faut garder ; en se laissant aller à une idée dont il suit la pente, il ne regarde plus les autres témoignages de l'autorité divine qui pourraient l'arrêter, et le rappeler dans ce juste milieu, où se trouve la vérité et la modération ; et ces excès se produisent non-seulement dans la question qui nous occupe, mais encore dans plusieurs autres. C'est ainsi qu'en considérant d'une manière exclusive les passages de la sainte Ecriture, qui prescrivent l'adoration d'un seul Dieu, certains hommes ont confondu le Père et le Saint-Esprit avec le Fils ; d'autres, poussés par une manie contraire, voyaient clairement par l'Ecriture l'existence de la Trinité ; mais ne pouvant comprendre l'unité de Dieu, lorsque le Père n'était pas le Fils, que le Fils n'était pas le Père, et que le Saint-Esprit n'était ni le Père ni le Fils, ils crurent qu'il fallait affirmer plusieurs substances en Dieu. Ceux-ci lisent dans la sainte Ecriture l'éloge de la sainte virginité, et ils condamnent les mariages ; ceux-là voient au contraire que les chastes unions sont en honneur, et ils disent que le mariage est aussi honorable que la virginité. D'autres lisent ces paroles (*Rom.*, XIV, 21) : « Il est bon, mes frères,

vero admonuit adhibendam, quando ait (*Matth.*, XVIII, 15, etc.) : « Attendite vobis : Si peccaverit in te frater tuus, vade, et corripe eum inter te et ipsum solum. Si audierit te, lucratus eris fratrem tuum. Si autem non audierit te, assume tecum unum vel duos, ut in ore testium duorum vel trium stet omne verbum. Quod si non audierit eos, dic Ecclesiæ. Si autem nec Ecclesiam audierit, sit tibi tanquam ethnicus et publicanus. » Deinde ipsius severitatis terrorem gravissimum adjecit etiam eo loco, dicens : « Quæ solveritis in terra, soluta erunt et in cœlo ; et quæ ligaveritis in terra, ligata erunt et in cœlo. » (*Ibid.*, 18.) Prohibet etiam sanctum dari canibus. (*Matth.*, VII, 6.) Nec contrarius est Apostolus Domino, quia dicit (1 *Tim.*, v, 20) : « Peccantes coram omnibus argue, ut cæteri timorem habeant : » cum ille dicat : « Corripe eum inter te et ipsum. » (*Matth.*, XVIII, 15.) Utrumque enim faciendum est, sicut infirmitatis diversitas admonet eorum, quos utique non perdendos, sed corrigendos curandosque suscepimus ; et alius sic, alius autem sic sanandus est. Ita etiam est ratio dissimulandi et tolerandi malos in Ecclesia : et est rursus ratio castigandi et corripiendi, non admittendi vel a communione removendi.

CAPUT IV. — 5. Errant autem homines, non servantes modum ; et cum in unam partem proclivitate ire cœperint, non respiciunt divinæ auctoritatis alia testimonia, quibus possint ab illa intentione revocari, et in ea quæ ex utrisque temperata est veritate ac moderatione consistere : nec in hac re tantum, de qua nunc quæstio est, sed etiam in aliis multis. Nam quidam intuentes divinarum testimonia litterarum, quibus unus Deus colendus insinuatur, eumdem Patrem qui est Filius, sanctumque Spiritum putaverunt : alii rursus veluti morbo contrario laborantes, cum attenderent ea quibus Trinitas declaratur, nec valerent intelligere quomodo sit unus Deus, cum et Pater non sit Filius, nec Filius sit Pater, nec Spiritus sanctus aut Filius aut Pater, diversitates etiam substantiarum asserendas putaverunt. Quidam intuentes in Scripturis sanctæ virginitatis laudem, connubia damnaverunt : quidam rursus ea testimonia consectantes quibus casta conjugia prædicantur, virginitatem nuptiis æquaverunt. Quidam cum legerent (*Rom.*, XIV, 21) : « Bonum est, fratres, non mandu-

de ne point manger de chair ni de boire du vin, » et autres choses semblables, et les voilà qui condamnent la créature de Dieu, et qui regardent comme immondes certaines nourritures. J'en connais qui ont lu ces autres paroles (I *Tim.*, IV, 4) : « Tout ce que Dieu a créé est bon, et l'on ne doit rejeter aucune des choses, qui peuvent être prises avec action de grâces; » et aussitôt ils se livrent aux excès de la gourmandise et de l'ivrognerie, impuissants à corriger leurs vices, à moins de tomber dans d'autres aussi grands ou plus grands encore.

6. Dans la question qui nous occupe en ce moment, nous voyons des hommes qui ne considèrent que les préceptes rigoureux, qui commandent de réprimer les perturbateurs, de ne pas donner aux chiens les choses saintes, de traiter comme un publicain celui qui méprise l'Eglise, de retrancher du corps le membre scandaleux; leur zèle intempestif trouble tellement l'Eglise, qu'ils voudraient avant le temps arracher l'ivraie, et leur aveuglement les rend eux-mêmes ennemis de l'unité de Jésus-Christ. Voilà ce que nous avons à dire contre le schisme de Donat. Je ne m'adresse pas ici à ceux qui ont connu Cécilien qu'ils ont calomnié, et que la honte retient dans leur sentiment pernicieux ; mais je m'adresse aux autres et je leur dis : Quand même ceux qui ont donné prétexte à votre schisme eussent été mauvais, vous auriez dû supporter ceux que vous ne pouviez ni corriger ni éloigner, et rester fidèles à l'Eglise. D'autres tombent dans une erreur contraire, mais également périlleuse, en voyant que le mélange des bons et des méchants dans l'Eglise est une chose nécessaire et prédite, et qu'il faut le supporter avec patience. (Pour nous, c'est une occasion de nous affermir davantage, et l'ivraie que nous voyons dans l'Eglise n'est point un obstacle pour notre foi ou pour notre charité, ni une raison qui nous fasse quitter l'Eglise.) *Saint Cyprien*, let. LI, *aux confesseurs qui ont abandonné le schisme*. Mais ceux dont nous parlons veulent au contraire que l'Eglise ne tienne pas à sa discipline ; ils semblent vouloir que les prélats se renferment dans une funeste sécurité, comme s'ils devaient se contenter de dire ce qu'il faut faire, ce qu'il faut éviter, sans s'inquiéter de ce que chacun pourra faire.

CHAPITRE V. — 7. Quant à nous, nous pensons que, pour se renfermer dans les limites de la saine doctrine, il faut éviter également la trop grande sévérité et le relâchement, et par conséquent ne pas donner aux chiens les choses saintes, et les tolérer dans l'Eglise pour la paix de l'Eglise, autant que possible. Lors donc que par la négligence des prélats, ou par la nécessité des circonstances, ou par des ruses qui nous échap-

---

care carnem, neque bibere vinum, » et nonnulla similia; creaturam Dei et, quas voluerunt, escas immundas esse senserunt : quidam vero legentes : « Omnis creatura Dei bona est, et nihil adjiciendum quod cum gratiarum actione percipitur (I *Tim.*, IV, 4), in voracitatem vinolentiamque collapsi sunt, non sibi valentes auferre vitia, nisi eis e contrario vel tanta vel majora succederent.

6. Sic etiam in hac causa, quæ habetur in manibus, quidam intuentes præcepta severitatis, quibus admonemur corripere inquietos, non dare sanctum canibus, ut ethnicum habere Ecclesiæ contemptorem, a compage corporis membrum quod scandalizat avellere; ita perturbant Ecclesiæ pacem, ut conentur ante tempus separare zizania, atque hoc errore cæcati ipsi potius a Christi unitate separentur. Qualis nobis causa est adversus schisma Donati. Et hoc non cum illis qui noverunt Cæcilianum, non veris, sed calumniosis criminibus appetitum, et perniciosam sententiam suam mortifero pudore non deserunt; sed cum illis quibus dicimus : Etiamsi mali fuissent propter quos in Ecclesia non estis, vos tamen eos ferendo quos emendare aut segregare minime poteratis, in Ecclesia permanere debuistis. Quidam vero e contrario periclitantes, cum bonorum malorumque commixtionem in Ecclesia demonstratam vel prædictam esse perspexerint, et patientiæ præcepta didicerint, (*Ex Cypriani epist.* LI, *ad confessores de schismate reversos*) (quæ ita nos firmissimos reddunt, ut etiamsi videntur in Ecclesia esse zizania, non tamen impediatur aut fides, aut caritas nostra, ut quoniam zizania esse in Ecclesia cernimus, ipsi de Ecclesia recedamus), (*a*) destituendam putant Ecclesiæ disciplinam, quamdam perversissimam securitatem præpositis tribuentes, ut ad eos non pertineat nisi dicere quid cavendum quidve faciendum sit, quodlibet autem quisque faciat non curare.

CAPUT V. — 7. Nos vero ad sanam doctrinam pertinere arbitramur ex utrisque testimoniis (*b*) vitam sententiamque moderari, ut et canes in Ecclesia propter pacem Ecclesiæ toleremus, et canibus sanctum, ubi pax Ecclesiæ tuta est, non demus. Cum

---

(*a*) Ita Mss. Editi autem, *instituendam putant esse et Ecclesiam et disciplinam.* — (*b*) Am. et Er. *tutam sententiam moderari.*

pent, nous trouvons dans l'Eglise des pécheurs, que la discipline ecclésiastique n'a pu ni corriger ni arrêter, prenons garde de laisser entrer dans notre cœur cette pensée impie et présomptueuse, de nous séparer d'eux pour ne pas nous souiller à leur contact; de vouloir former comme un troupeau de disciples purs et saints : nous ne ferions que rompre l'unité, sous le prétexte de nous soustraire à la société des méchants. Au contraire rappelons à notre esprit les paraboles de l'Ecriture, ses divins oracles, ses exemples frappants, où il nous est démontré et prédit que, dans l'Eglise, les méchants seront toujours mêlés aux bons, jusqu'à la fin du monde et au jour du jugement, sans que leur participation aux sacrements soit aucunement nuisible aux bons, du moment qu'ils n'auront point trempé dans leurs péchés. Mais d'un autre côté, les chefs de l'Eglise ayant le pouvoir, sans troubler la paix, d'appliquer les règles de la discipline contre les méchants et les criminels, nous devons alors ne pas nous endormir dans une stupide indifférence; l'aiguillon des préceptes doit nous rappeler les sévérités de la répression. C'est ainsi que nous marcherons dans la voie du Seigneur, avec cette circonspection qu'il inspire lui-même, de manière à ne pas colorer notre paresse du prétexte de la patience, et notre rigueur du prétexte du zèle.

Chapitre VI. — 8. Après avoir posé ces règles de modération suivant la saine doctrine, revenons à notre question, et voyons s'il faut admettre au baptême tous les hommes, sans s'inquiéter si l'on donne aux chiens les choses saintes. Faudra-t-il même ne pas écarter d'un sacrement si saint les adultères déclarés, et résolus à persévérer dans leur crime? Et pourtant, nous savons d'un autre côté qu'on n'admettrait pas au baptême un homme marié légitimement, mais qui ne voudrait pas quitter son épouse, et garder la continence, pendant les quelques jours de solennelle préparation à ce sacrement, lorsque ceux qui se sont fait inscrire passent par les épreuves de l'abstinence, des jeûnes et des exorcismes. Comment pourrait-on donc admettre un adultère qui refuse de se corriger d'un crime, puisque l'on refuse l'homme marié qui ne veut pas se soumettre à une règle de convenance?

9. Mais, disent-ils, qu'on le baptise d'abord, ensuite on l'instruira de ce qui a rapport aux règles de la morale. C'est ce que l'on fait, quand une personne est sur le point de mourir. On lui rappelle en quelques paroles les principaux articles de la foi qu'il faut croire; on lui donne le

---

ergo sive per negligentiam præpositorum, sive per aliquam excusabilem necessitatem, sive per occultas obreptiones invenimus in Ecclesia malos, quos ecclesiastica disciplina corrigere aut coercere non possumus; tunc (ne ascendat in cor nostrum impia et perniciosa præsumptio, qua existimemus nos ab his esse separandos, ut peccatis eorum non inquinemur, atque ita post nos trahere conemur veluti mundos sanctosque discipulos, ab unitatis compage quasi a malorum consortio segregatos), veniant in mentem illæ de scripturis similitudines et divina oracula vel certissima exempla, quibus demonstratum et prænuntiatum est, malos in Ecclesia permixtos bonis usque in finem sæculi tempusque judicii futuros, et nihil bonis in unitate ac participatione sacramentorum qui eorum factis non consenserint obfuturos. Cum vero eis per quos Ecclesia regitur, adest salva pace Ecclesiæ potestas disciplinæ adversus improbos aut nefarios exercendæ, tunc rursus, ne socordia segnitiaque dormiamus, aliis aculeis præceptorum, quæ ad severitatem coercitionis pertinent, excitandi sumus, ut gressus nostros in via Domini ex utrisque testimoniis illo duce atque *(a)* adjutore dirigentes, nec patientiæ nomine torpescamus, nec obtentu diligentiæ sæviamus.

Caput VI. — 8. Hac ergo secundum sanam doctrinam moderatione servata, videamus unde agitur, id est, utrum ad percipiendum baptismum sic admittendi sunt homines, ut nulla ibi vigilet diligentia, ne sanctum canibus detur; usque adeo ut apertissimi adulterii perpetratores et ejus perseverantiæ professores a sacramento tantæ sanctitatis videantur arcendi : quo sine dubio non admitterentur, si per ipsos dies, quibus eamdem gratiam percepturi, suis nominibus datis, abstinentia, jejuniis, exorcismisque purgantur, cum suis legitimis et veris uxoribus se concubituros profiterentur, atque hujus rei, quamvis alio tempore licitæ, paucis ipsis solemnibus diebus nullam continentiam servaturos. Quomodo igitur ad illa sancta recusans correctionem adulter admittitur, quo recusans observationem non admittitur conjugatus?

9. Sed prius, inquiunt, baptizetur; deinde doceatur qui ad bonam vitam moresque pertineat. Fit hoc ubi quemquam forte dies urget extremus, ut ad verba paucissima, quibus tamen omnia continentur, credat, sacramentumque percipiat, ut si ex hac vita emigraverit, liberatus exeat a reatu præteritorum

(a) Mss. *atque tutore.*

sacrement, et si elle vient à quitter la vie, elle se trouve délivrée de tous ses péchés. Mais si celui qui demande le baptême se porte bien, s'il a le temps de s'instruire, où trouverez-vous, pour lui enseigner la manière de bien vivre, un temps plus favorable que celui où son âme est toute attention et toute religion, pour se préparer à recevoir le sacrement très-salutaire de la foi? Serions-nous devenus étrangers à nous-mêmes, pour ne pas nous rappeler avec quelle attention, avec quelle sollicitude nous écoutions les instructions de nos catéchistes, lorsque nous étions sur les rangs pour demander le sacrement de la fontaine sacrée, et qu'on nous appelait pour cette raison les postulants? Ne voyons-nous pas ces hommes, qui chaque année accourent au bain de la régénération, comment ils se montrent dans les jours de catéchismes, d'exorcismes et d'examens, leur empressement pour venir, leur ferveur pour s'appliquer, leur soin pour écouter. Si ce n'est pas le moment pour eux de s'instruire du genre de vie, qui se rapporte à ce grand sacrement, je vous le demande, quand le trouverez-vous? Attendrez-vous qu'ils aient reçu le baptême, étant encore tout couverts de leurs crimes, n'étant pas des hommes nouveaux, mais de vieux pécheurs? Et ainsi par un renversement d'idées inexplicable, on leur dirait d'abord : Revêtez l'homme nouveau, et ensuite on leur dirait : Dépouillez le vieil homme, contrairement à l'ordre si sage suivi par l'Apôtre qui dit : « Dépouillez le vieil homme et revêtez le nouveau; » (*Coloss.*, III, 9, 10) contrairement aussi à cette parole du Seigneur : « Personne ne coud un morceau de drap neuf à un vieux vêtement; et l'on ne met pas du vin nouveau dans de vieilles outres. » (*Matth.*, IX, 16, 17.) D'ailleurs que font les catéchumènes, tant qu'ils portent ce nom, et qu'ils sont à la place qui leur convient? Ils écoutent pour apprendre ce que c'est que la foi, et ce que doit être la vie du chrétien, afin qu'après s'être éprouvés, ils mangent à la table du Seigneur et boivent à son calice. « Car celui qui mange et boit indignement, mange et boit son jugement. » (I *Cor.*, XI, 23.) Or, cette instruction a lieu pendant tout le temps que l'Eglise a établi d'une manière si sage, pour ceux qui se sont fait inscrire, et qui sont comptés au nombre des catéchumènes; mais elle a lieu d'une manière plus assidue et plus fréquente encore, lorsque les catéchumènes deviennent postulants, après qu'ils ont donné leurs noms pour la réception du baptême.

CHAPITRE VII. — 10. Que pensez-vous, disent-ils, d'une jeune fille qui épouse un homme déjà marié. Si elle l'ignore toujours, elle ne sera jamais adultère; du moment qu'elle en est ins-

ominium peccatorum. Si autem sanus petit, spatiumque dicendi est, quod aliud opportunius tempus reperiri potest, quo audiat quemadmodum fidelis fieri ac vivere debeat, quam illud cum attentiore animo atque ipsa religione suspenso saluberrimæ fidei sacramentum petit? An usque adeo dissimulamus a sensibus nostris, ut vel nos ipsos non recordemur quam fuerimus attenti atque solliciti quid nobis præciperent a quibus catechizabamur, cum fontis illius sacramenta peteremus, atque ob hoc Competentes etiam vocaremur; vel non intueamur alios, qui per annos singulos ad lavacrum regenerationis accurrunt, quales sint ipsis diebus quibus catechizantur, exorcizantur, scrutantur, quanta vigilantia conveniant, quo studio ferveant, qua cura pendeant? Si tunc tempus non est (*a*) discendi, quæ vita congruat tanto, quod accipere desiderant, sacramento, quando erit? An vero cum acceperint, in tantis criminibus permanentes etiam post baptismum, non novi homines, sed rei veteres? ut videlicet perversitate mirabili prius eis dicatur : Induite hominem novum; et cum induti fuerint, postea dicatur : Exuite vete-rem : cum Apostolus sanum ordinem tenens dicat : « Exuite veterem, et induite novum; » (*Coloss.*, III, 9, 10) et ipse Dominus clamet : « Nemo assuit pannum novum vestimento veteri, et nemo mittit vinum novum in utres veteres. » (*Matth.*, IX, 16, 17.) Quid autem aliud agit totum tempus, quo Catechumenorum locum et nomen tenent, nisi ut audiant quæ fides et qualis vita debeat esse Christiani; ut cum se ipsos probaverint, tunc de mensa Domini manducent, et de calice bibant? Quoniam « qui manducat et bibit indigne, judicium sibi manducat et bibit. » (I *Cor.*, XI, 23.) Quod autem fit per omne tempus, quo in Ecclesia salubriter constitutum est, ut ad nomen Christi accedentes Catechumenorum gradus (*b*) excipiat; hoc fit multo diligentius et instantius his diebus, quibus Competentes vocantur, cum ad percipiendum baptismum sua nomina jam dederunt.

CAPUT VII. — 10. Quid si, inquiunt, virgo nesciens viro nupserit alieno? Hoc si semper nesciat, nunquam ex hoc erit adultera : si autem sciat, jam ex hoc esse incipiet, ex quo cum alieno viro sciens cuba-

(*a*) Mss. *dicendi*. — (*b*) Editi, *accipiant*. Concinnius Mss. *excipiat*, ipse scilicet gradus Catechumenorum eos qui ad Christi nomen accedunt.

truite, elle ne peut plus habiter avec lui sans l'être. Il en est ainsi dans les droits de propriété, où l'homme est avec raison considéré comme possesseur de bonne foi, tant qu'il ignore avoir en sa possession le bien d'autrui ; mais s'il découvre la vérité, et qu'il ne rende pas ce qui n'est pas à lui, il est coupable de mauvaise foi, et c'est avec raison qu'on l'accuse d'être injuste. Gardons-nous donc, je ne dis pas d'une compassion toute humaine, mais de l'illusion qui nous ferait déplorer la censure des infamies, comme une atteinte portée au mariage, surtout quand nous sommes dans la cité de notre Dieu, sur la montagne sainte (*Ps.* XLVII, 2), c'est-à-dire dans l'Église, où non-seulement on respecte le lien des époux, mais encore le sacrement qui les sanctifie, de sorte qu'il n'est pas permis à l'époux de livrer son épouse à un autre homme, comme on a vu la chose se pratiquer dans l'ancienne république romaine. Car non-seulement on excuse Caton, (PLUTARQUE, *Vie de Caton le jeune*), mais on le loue d'avoir agi de cette manière. Mais il n'est pas nécessaire d'insister sur ce point, puisque les adversaires auxquels je réponds, n'osent pas dire que ces actions ne soient pas un péché, ni même un adultère, pour ne pas paraître ouvertement rebelles à Notre-Seigneur lui-même et au saint Évangile. Mais il n'en est pas moins vrai, qu'ils veulent admettre au sacrement de baptême des hommes de cette espèce, quand même ils auraient refusé ouvertement de se corriger ; ils vont même jusqu'à dire qu'il ne faut les prévenir de rien avant le baptême ; qu'il suffira de les instruire après la réception du sacrement ; que s'ils se soumettent à l'observation de la loi, en se corrigeant, on les mettra parmi le bon grain ; que s'ils sont rebelles, on les tolérera comme l'ivraie. Et par là ils montrent suffisamment qu'ils ne défendent pas ces crimes, et qu'ils ne les traitent pas comme s'ils étaient nuls, et de peu d'importance. Quel est, en effet, le chrétien de bonne foi qui voudrait croire que l'adultère n'est pas un crime, ou qu'il n'est qu'une faute légère ?

11. Nos adversaires prétendent que la sainte Écriture les autorise à suivre l'ordre de conduite qu'ils indiquent pour la correction ou la tolérance du vice, et ils disent que les apôtres n'ont pas agi d'une autre manière ; ils citent même des témoignages puisés dans leurs Épîtres, pour montrer que d'abord ils ont enseigné la doctrine de la foi, et en second lieu, les préceptes des mœurs. De là ils concluent qu'il faut d'abord enseigner à ceux qui se préparent au baptême les règles de la foi, et seulement quand ils sont baptisés, les préceptes d'une vie meilleure. Comme si les apôtres avaient laissé des Épîtres spéciales sur les matières de la foi, pour ceux qu'on prépare au baptême, et d'autres pour enseigner à ceux qui sont baptisés les préceptes nécessaires sur le bien et sur le mal. On sait que les apôtres

---

verit. Sicut in jure prædiorum, tamdiu quisque bonæ fidei possessor rectissime dicitur, quamdiu se possidere ignorat alienum : cum vero scierit, nec ab aliena possessione recesserit, tunc malæ fidei perhibetur, tunc juste injustus vocatur. Absit ergo, ut sensu plane non humano, sed plane vano sic doleamus cum flagitia corriguntur, tanquam connubia dirimantur : maxime in civitate Dei nostri, in monte sancto ejus (*Psal.* XLVII, 2), hoc est, in Ecclesia, ubi nuptiarum non solum vinculum, verum etiam sacramentum ita commendatur, ut non liceat viro uxorem suam alteri tradere : quod in republica tunc Romana, non solum minime culpabiliter, verum etiam laudabiliter (*Plutarch., in Catone minore.*) Cato fecisse perhibetur. Neque hinc diutius modo disputare opus est, cum et illi quibus respondeo non audeant affirmare, nullum hoc esse peccatum, neque negent esse adulterium, ne ipsi Domino sanctoque Evangelio aperte convincantur obsistere. Sed cum eis placet primum admittendos esse tales ad percipiendum baptismi sacramentum et ad Dominicam mensam, etiamsi correctionem voce manifestissima recusaverint ; imo vero nihil eos de hac re prorsus admoneri oportere, sed postea doceri ; ut si præcepti observationem receperint, culpamque correxerint, habeantur in tritico ; si autem contempserint, inter zizania tolerentur : satis ostendunt non se crimina ista defendere, aut quasi levia vel nulla sint agere. Quis enim adulterium bonæ spei Christianus nullum seu parvum crimen existimet ?

11. Ordinem tamen, quo hæc in aliis vel corrigantur vel ferantur, de Scripturis sanctis se proferre arbitrantur, cum dicunt Apostolos sic egisse : et de litteris eorum quædam testimonia proferunt, ubi reperiuntur prius insinuasse doctrinam fidei, ac deinde morum tradidisse præcepta. Atque hinc intelligi volunt, fidei tantummodo regulam baptizandis esse insinuandam, postea vero jam baptizatis etiam vitæ in melius mutandæ præcepta tradenda : quasi aliquas Apostolorum epistolas legant ad eos qui baptizandi sunt datas, ubi de sola fide disputaverunt ; et alias ad baptizatos, quibus præcepta de malis ca-

écrivaient aux chrétiens déjà baptisés ; pourquoi leurs épîtres ont-elles pour objet et les vérités qui se rapportent à la foi, et les préceptes qui ont rapport à la morale ? On ira peut-être jusqu'à dire qu'il ne faut plus rien enseigner avant le baptême, et réserver la doctrine de la foi et des mœurs pour ceux qui sont baptisés ? Mais on reculerait devant une pareille absurdité. Donc il faut avouer que les apôtres ont donné dans leurs Epîtres une doctrine complète sur la foi et sur la morale ; mais que s'ils ont parlé ordinairement de la foi en premier lieu, et ensuite de ce qui a rapport à la vie morale, c'est que si l'homme n'a pas avant tout la foi, sa vie ne peut pas être véritablement bonne. Car toute bonne action que paraît faire un homme, n'est véritablement une bonne action, qu'autant qu'elle se rapporte à la piété qui a Dieu pour objet. Si l'on était assez insensé et assez ignorant pour prétendre que les Epîtres des apôtres étaient adressées aux catéchumènes, on serait forcé d'avouer par là même que ceux qui n'étaient pas baptisés étaient instruits sur les règles de la morale en même temps que sur les règles de la foi ; à moins qu'ils ne disent, pour nous forcer à la dernière extrémité, que la première partie des lettres apostoliques, où l'on traite de la foi, était pour les catéchumènes ; et que la seconde partie, où l'on traite de la vie chrétienne, était réservée aux fidèles.

Que si une pareille assertion serait absurde, rien donc, dans les Epîtres des apôtres, ne nous autorise à penser que la foi seule doit être enseignée à ceux qui se préparent au baptême, et que l'instruction morale est pour ceux qui sont baptisés ; quoique ces mêmes épîtres traitent en premier lieu de la foi, et en second lieu, des préceptes de la vie chrétienne. Malgré cet ordre qu'il faut observer, il arrive souvent néanmoins, pour rendre l'instruction plus complète et plus profitable, que dans le même discours on entremêle les vérités de la foi avec les préceptes de la morale, soit qu'on parle aux catéchumènes, ou aux fidèles ; à ceux qui ne sont pas baptisés ou à ceux qui sont baptisés. Il est bon d'agir de la sorte, soit pour instruire, soit pour rappeler les vérités, soit pour donner la foi, soit pour y affermir. Ainsi donc, quand on nous parle des Epîtres de saint Pierre, de celles de saint Jean, d'où on tire des textes pour nous les opposer, quand on y ajouterait encore les Epîtres de saint Paul et des autres apôtres, pour nous dire qu'ils ont d'abord traité de la foi, et ensuite de la morale, j'ai donné, si je ne me trompe, une raison très-convaincante de l'ordre qu'ils ont suivi.

Chapitre VIII. — 12. Mais, disent-ils, nous voyons que Pierre, dans les Actes des Apôtres, parle à la multitude, dont trois mille, après l'avoir entendu, furent baptisés, quoiqu'il leur eût

vendis bonisque instituendis moribus continentur. Cum igitur eos ad Christianos jam baptizatos dedisse litteras constet ; cur utroque sermone contextæ sunt, et eo scilicet qui ad fidem, et eo qui ad vitam bonam pertinet ? An forte jam placet ut baptizandis utrumque non demus, et baptizatis utrumque reddamus ? Quod si absurde dicitur, ergo fateantur Apostolos doctrinam suam ex utroque perfectam suis epistolis indidisse ; sed propterea plerumque insinuasse prius fidem, ac deinde quod ad vitam bonam pertinet subjecisse, quia et in homine ipso nisi præcedat fides, vita bona sequi non poterit. Quidquid enim homo veluti recte fecerit, nisi ad pietatem quæ ad Deum est, referatur, rectum dici non oportet. Quod si arbitrarentur aliqui stulti et nimis imperiti Apostolorum epistolas ad Catechumenos datas, profecto etiam ipsi faterentur, nondum baptizatis præcepta morum qui fidei congruant, simul cum fidei regulis intimanda : nisi forte ad hanc necessitatem sua nos isti disputatione compellunt, ut primas partes epistolarum apostolicarum ubi de fide loquuntur, Catechumenis legendas velint ; posteriores autem fidelibus, ubi jam præcipitur quemadmodum Christiani vivere debeant. Quod si stultissimum est dicere ; nullum ergo documentum est hujus opinionis ex epistolis Apostolorum, cur ideo arbitremur baptizandos de sola fide, baptizatos autem de moribus admonendos, quia illi primis partibus litterarum suarum commendaverunt fidem, ac postea consequenter ut bene a fidelibus viveretur hortati sunt. Quamvis enim illud prius, hoc posterius, sæpissime tamen una contextione sermonis utrumque Catechumenis, utrumque fidelibus, utrumque baptizandis, utrumque baptizatis, sive ut instruantur, sive ne obliviscantur, sive ut profiteantur, sive ut confirmentur, doctrina sanissima et diligentissima prædicandum est. Epistolæ itaque Petri, epistolæ Joannis, de quibus quædam testimonia commemorant, addant et Pauli et aliorum Apostolorum, ea ratione accipiendum est quod adverterunt prius de fide ac postea de moribus dici, quam, nisi fallor, apertissime exposui.

Caput VIII. — 12. Sed in Actibus Apostolorum Petrus, inquiunt, sic allocutus est illos, qui verbo audito baptizati sunt uno die tria millia, ut illis solam fidem, qua in Christum crederent, prædicaret. Qui cum dixissent : « Quid faciemus ? » respondit eis :

seulement prêché la foi pour croire au Christ. Lorsqu'ils eurent dit : « Que faut-il faire? » il leur répondit : « Faites pénitence, et que chacun de vous soit baptisé au nom de Notre-Seigneur Jésus-Christ, pour la rémission des péchés, et vous recevrez le don du Saint-Esprit. » (*Act.*, II, 38.) D'où vient qu'ils ne remarquent pas cette parole : « Faites pénitence? » Elle renferme le dépouillement de la vie ancienne, afin que ceux qui reçoivent le baptême, soient revêtus d'une vie nouvelle. Mais où voyez-vous des fruits de pénitence sur les péchés de la vie passée, quand l'homme persévère dans l'adultère, et les autres crimes qu'entraîne l'amour de ce monde?

13. Mais, disent-ils, l'Apôtre a seulement voulu qu'ils fissent pénitence de leur infidélité, qui les empêchait de croire au Christ. J'admire cette présomption, que je ne veux pas qualifier plus sévèrement. Ainsi, quand l'Apôtre leur eut dit : « Faites pénitence, » ils n'auraient eu qu'à renoncer à leur infidélité, tandis que, d'après l'Evangile, il s'agissait de changer la vie ancienne en une vie nouvelle, et que cette vie nouvelle comprenait nécessairement cette maxime de l'Apôtre : « Celui qui était voleur ne doit plus être voleur, » (*Ephes.*, IV, 28) et les autres préceptes qui indiquent la transformation du vieil homme en l'homme nouveau. Les paroles mêmes de saint Pierre portent avec elles une lumière suffisante, s'ils voulaient y faire attention. Il dit donc d'abord : « Faites pénitence, et que chacun de vous soit baptisé au nom de Jésus-Christ Notre-Seigneur, pour la rémission de vos péchés, et vous recevrez le don du Saint-Esprit. Car la promesse est faite à nous et à nos enfants, et à tous ceux qui sont éloignés, autant que le Seigneur notre Dieu en appellera. » (*Act.*, II, 38, 39.) L'auteur du livre continue en disant : « Et par plusieurs autres discours, il rendait témoignage et les exhortait, disant : Sauvez-vous de cette génération perverse. Ceux donc qui reçurent sa parole furent baptisés, et ils furent ce jour-là au nombre de trois mille. » (*Ibid.*, 40, 41.) Quand l'écrivain sacré nous dit que l'Apôtre employa plusieurs autres discours qu'il ne cite pas pour abréger, ne voit-on pas que saint Pierre expliquait de quelle manière il fallait s'arracher à ce monde pervers? et cette parole n'est qu'une formule abrégée que saint Pierre s'efforçait d'expliquer en détail. Il raconte donc en deux mots ce qu'il disait : « Sauvez-vous de cette génération perverse. » Mais saint Pierre expliquait plus longuement la manière de le faire. Or, ces discours comprenaient d'abord le renoncement aux œuvres de mort, auxquelles se livrent les coupables amis de ce monde; et ensuite le plan d'une vie chrétienne, que doivent suivre et pratiquer ceux qui ont

---

« Agite pœnitentiam, et baptizetur unusquisque vestrum in nomine Domini Jesu Christi in remissionem peccatorum, et accipietis donum Spiritus sancti. » (*Act.*, II, 38.) Cur ergo non advertunt quod dictum est : « Agite pœnitentiam ? » Ibi est enim vitæ veteris expoliatio, ut nova induantur qui baptizantur. Cui autem fructuosa est pœnitentia, quæ agitur de mortuis operibus, si in adulterio perseveret aliisque sceleribus, quibus dilectio mundi hujus involvitur ?

13. Sed infidelitatis, inquiunt, tantummodo, qua in Christum non crediderunt, eos voluit agere pœnitentiam. Mira præsumptio, (nolo quidquam gravius dicere,) quando eo audito quod dictum est : « Agite pœnitentiam, » solius infidelitatis acta dicitur, cum vita mutanda ex vetere in novam doctrina Evangelica traderetur, ubi utique et illud est quod in ea sententia ponit Apostolus : « Qui furabatur, jam non furetur : » (*Ephes.*, IV, 28) et cætera, quibus exsequitur quid sit deponere veterem hominem et induere novum. In his autem ipsis verbis Petri habent unde admoneri potuissent, si diligenter attendere voluissent. Cum enim dixisset (*Act.*, II, 38, 39) : « Agite pœnitentiam, et baptizetur unusquisque vestrum in nomine Domini Jesu Christi in remissionem peccatorum, et accipietis donum Spiritus sancti. Nobis enim hæc est promissio et filiis nostris, et omnibus qui sunt longe quoscumque advocaverit Dominus Deus noster : » continuo subjecit qui librum scripsit, atque ait (*Ibid.*, 40, 41) : « Et cæteris verbis pluribus testificabatur, dicens : Eripite vos a sæculo hoc pravo. At illi avidissime capientes exceperunt verba et crediderunt et baptizati sunt, et adjectæ sunt illa die tria millia animæ. » Quis hic non intelligat, cæteris pluribus verbis, quæ a scriptore propter longitudinem reticentur, id egisse Petrum, ut eriperent se ab hoc sæculo pravo; quando quidem ipsa sententia breviter indita est, cui persuadendæ verbis pluribus Petrus instabat. Ipsa quippe summa posita est, cum dictum est : « Eripite vos a sæculo hoc pravo. » Verbis autem pluribus, ut hoc fieret, testificabatur Petrus. In his verbis erat mortuorum operum condemnatio, quæ nequiter agunt hujus sæculi dilectores, et commendatio vitæ bonæ, quam tenant atque sectentur qui se ab hoc pravo sæculo eripiunt. Jam itaque, si placet, affirmare conentur, eum se

quitté ce monde pervers. Qu'on vienne donc nous dire maintenant, si on l'ose encore, que pour quitter le monde pervers il suffit de croire en Jésus-Christ, quand même on voudrait persévérer dans ses crimes, jusqu'à afficher l'adultère. Ce serait un crime de parler ainsi; c'est pourquoi ceux qui se préparent au baptême, doivent savoir non-seulement ce qui a rapport à la foi, mais encore ce qu'il faut faire pour s'arracher à ce monde pervers. Car, pour y réussir, ils doivent apprendre comment il faut vivre quand on a la foi.

CHAPITRE IX. — 14. Cet eunuque, disent-ils, que Philippe a baptisé, n'a pas dit d'autre parole que celle-ci : « Je crois que Jésus-Christ est le Fils de Dieu; » (*Act.*, VIII, 37) et après cette profession, il fut baptisé immédiatement. Cela veut donc dire que l'homme n'a pas autre chose à répondre, et qu'il pourra recevoir de suite le baptême? On ne dira rien ni du Saint-Esprit, ni de la sainte Église, ni de la rémission des péchés, ni de la résurrection des morts; on ne dira rien non plus de Notre-Seigneur Jésus-Christ, si ce n'est qu'il est Fils de Dieu; mais on ne dira point qu'il s'est incarné et qu'il est né d'une vierge, qu'il a souffert, qu'il est mort sur la croix, qu'il a été mis dans le tombeau, qu'il est ressuscité le troisième jour, qu'il est monté au ciel, qu'il est assis à la droite de son Père; celui qui catéchise n'aura donc rien à dire de tout cela, et celui qui croit rien à professer? Si la réponse de l'eunuque : « Je crois que Jésus-Christ est le Fils de Dieu, » a paru suffisante pour qu'il fût baptisé de suite, pourquoi ne faisons-nous pas la même chose? Pourquoi ne pas imiter Philippe, et supprimer tout ce que nous croyons nécessaire d'exprimer, même quand il y a urgence de baptiser, par les interrogations que nous adressons au catéchumène, afin qu'il réponde à chaque point essentiel, quand même il n'aurait pas eu le temps de le confier à sa mémoire? Or, je dis que l'Écriture, en gardant le silence, nous laisse à comprendre tout ce que Philippe a dû faire avant de baptiser l'eunuque; et en disant : « Philippe l'a baptisé, » elle nous dit par là même que toutes les conditions prescrites, et consacrées par la tradition ont été remplies, quoique l'Écriture, pour abréger, n'en dise rien. Quand on écrit aussi que Philippe a fait connaître à l'eunuque Notre-Seigneur Jésus-Christ, il n'est pas douteux que dans son intention il n'ait expliqué le genre de vie et de conduite, que doit avoir celui qui croit en Jésus-Christ. Car prêcher le Christ, ce n'est pas seulement dire ce qu'il faut croire du Christ, mais encore ce que doit observer celui qui veut devenir membre de son corps mystique; prêcher le Christ, c'est dire surtout toutes les choses qu'il faut croire du Christ, non-seulement en faisant connaître de qui il est le Fils, comment il est engendré comme Dieu et

---

eripere ab hoc sæculo pravo, qui tantummodo credit in Christum, etiamsi in flagitiis quibus voluerit perseveret usque ad professionem adulterii. Quod si dicere nefas est, audiant baptizandi, non solum quid credere debeant, sed etiam quemadmodum se ab hoc pravo sæculo eripiant. Ibi enim necesse est ut audiant quemadmodum credentes vivere debeant.

CAPUT IX. — 14. Spado, inquiunt, ille quem Philippus baptizavit, nihil plus dixit, quam : « Credo Filium Dei esse Jesum Christum : » (*Act.*, VIII, 37) et in hac professione continuo baptizatus est. Num ergo placet, ut hoc solum homines respondeant, et continuo baptizentur? nihil de Spiritu sancto, nihil de sancta Ecclesia, nihil de remissione peccatorum, nihil de resurrectione mortuorum, postremo de ipso Domino Jesu Christo nihil nisi quia Filius Dei est, non de incarnatione ejus ex virgine, non de passione, de morte crucis, de sepultura, de tertii diei resurrectione, de ascensione ac sede ad dexteram Patris aliquid dicendum est catechizanti, ac profitendum credenti? Si enim Spado cum respondisset : « Credo Filium Dei esse Jesum Christum, » hoc ei sufficere visum est, ut continuo baptizatus absconderet; cur non id sequimur? Cur non imitamur, atque auferimus cætera quæ necesse habemus, etiam cum ad baptizandum temporis urget angustia, exprimere interrogando, ut baptizandus ad cuncta respondeat, etiamsi ea memoriæ mandare non vacavit? Si autem Scriptura tacuit, atque intelligenda dimisit cætera, quæ cum illo Spadone baptizando Philippus egit, atque in eo quod ait : « Baptizavit eum Philippus, » intelligi voluit impleta omnia, quæ licet taceantur in Scripturis gratia brevitatis, tamen serie traditionis scimus implenda : pari modo etiam in eo quod scriptum est evangelizasse Philippum Spadoni Dominum Jesum, nullo modo dubitandum est et illa in catechismo dicta esse, quæ ad vitam moresque pertinent ejus qui credit in Dominum Jesum. Hoc est enim evangelizare Christum, non tantum dicere quæ sunt credenda de Christo, sed etiam quæ observanda ei qui accedit ad compagem corporis Christi : imo vero cuncta dicere quæ sunt credenda de Christo :

comme homme, ce qu'il a souffert et pourquoi, la vertu de sa résurrection, le don de l'esprit qu'il a promis et donné aux fidèles; mais il faut dire encore quels doivent être les membres dont il est le chef, comment il les veut, comment il les forme, les aime, et les affranchit, pour les conduire à la gloire et à la vie éternelle. Quand on prêche cette doctrine, soit d'une manière plus abrégée et plus serrée, soit avec plus d'étendue et de développement, c'est prêcher le Christ; et il est aisé de voir que rien n'est omis, non-seulement pour ce qui concerne la foi, mais encore pour ce qui concerne la conduite des fidèles.

CHAPITRE X. — 15. On comprend qu'il n'y a pas d'autre marche à suivre, et ils se condamnent même en citant cette parole de l'apôtre saint Paul : « Je n'ai point fait profession parmi vous de savoir autre chose que Jésus-Christ, et Jésus crucifié. » (I *Cor.*, II, 2.) A les entendre, cette parole ne signifierait autre chose, sinon qu'il faut croire d'abord, et qu'après la réception du baptême il faut apprendre tout ce qui concerne la vie morale. L'Apôtre, disent-ils, n'en a pas demandé davantage, et il dit aux Corinthiens que s'ils ont plusieurs maîtres en Jésus-Christ, ils n'ont pas plusieurs pères, puisque c'est lui-même qui les a engendrés par l'Evangile. Si donc l'Apôtre qui les a engendrés par l'Evangile, quoi qu'il rende grâces à Dieu de n'avoir baptisé personne parmi eux, si ce n'est Crispus et Caïus et la maison de Stéphanas (I *Cor.*, I, 14), ne leur a enseigné que Jésus crucifié, que répondrons-nous, si quelqu'un vient nous dire qu'on ne leur avait point parlé de la résurrection du Christ, lorsqu'ils ont été engendrés par l'Evangile? Pourquoi l'Apôtre leur dit-il : « Je vous ai enseigné avant tout que le Christ est mort, suivant les Ecritures, qu'il a été enseveli et qu'il est ressuscité le troisième jour, suivant les Ecritures, » (I *Cor.*, XV, 3) s'il n'avait fait que leur enseigner Jésus crucifié? Mais je veux bien que nos adversaires ne l'entendent pas ainsi, et qu'ils admettent toutes les circonstances qui se rapportent à Jésus crucifié; ils devraient savoir aussi que Jésus crucifié est un grand enseignement pour les hommes, et que surtout il nous apprend que « le vieil homme en nous a été crucifié avec lui, afin que le corps du péché soit détruit, et que désormais nous ne soyons plus esclaves du péché. » (*Rom.*, VI, 6.) C'est pourquoi l'Apôtre dit de lui-même : « A Dieu ne plaise que je me glorifie en rien autre chose, qu'en la croix de Notre-Seigneur Jésus-Christ, par qui le monde est crucifié pour moi, et par qui je suis crucifié pour le monde! » (*Gal.*, VI, 14.) Nos adversaires doivent faire attention, et voir comment on enseigne, et comment on apprend Jésus crucifié. Ils sauront que la croix est

---

non solum cujus sit Filius, unde secundum divinitatem, unde secundum carnem genitus, quæ perpessus et quare, quæ sit virtus resurrectionis ejus, quod donum Spiritus promiserit dederitque fidelibus; sed etiam qualia membra, quibus sit caput, quærat, instituat, diligat, liberet, atque ad æternam vitam honoremque perducat. Hæc cum dicuntur, aliquando brevius atque constrictius, aliquando latius et uberius, Christus evangelizatur; et tamen non solum quod ad fidem, verum etiam quod ad mores fidelium pertinet, non prætermittitur.

CAPUT X. — 15. Hoc intelligi potest etiam in eo quod commemorant dixisse apostolum Paulum (I *Cor.*, II, 2) : « Nihil me duxi scire in vobis, nisi Christum Jesum; et hunc crucifixum. » Quod illi putant ita dictum, tanquam nihil aliud eis insinuatum esset; (*a*) ut primitus crederent, ac deinde baptizati quidquid ad vitam moresque pertinet discerent. Hoc, inquiunt, Apostolo satis superque suffecit, qui eis dixit, quod etsi multos pædagogos haberent in Christo, sed non multos patres, quia eos in Christo Jesu per Evangelium ipse genuisset. Si ergo ille qui per Evangelium genuit, quamvis gratias agat quod neminem ipsorum baptizaverit nisi Crispum et Gaium et Stephanæ domum (I *Cor.*, I, 14), nihil eos amplius docuit quam Christum crucifixum; quid si dicat aliquis, nec resurrexisse Christum eos audisse, quando per Evangelium geniti sunt? Unde est igitur quod eis dicit (I *Cor.*, XV, 3): « Tradidi enim vobis in primis, quia Christus mortuus est secundum Scripturas, et quia sepultus est, et quia resurrexit tertia die secundum Scripturas, » si nihil nisi crucifixum docuerat? Si autem non ita intelligunt, sed hoc quoque ad Christum crucifixum pertinere (*b*) contendunt; sciant in Christo crucifixo multa homines discere, et maxime quod « vetus homo noster simul crucifixus est, ut evacuetur corpus peccati, et ultra non serviamus peccato. » (*Rom.*, VI, 6.) Unde etiam de se ipso dicit (*Gal.*, VI, 14) : « Mihi autem absit gloriari, nisi in cruce Domini nostri Jesu Christi, per quem mihi mundus crucifixus est, et ego mundo. » Proinde attendant, et videant quemadmodum docea-

---

(*a*) Editi, *nisi ut primitus*. Abest *nisi a* Mss. — (*b*) Sic Mss. At editi, *concedunt*.

un grand exemple, qui nous montre que nous sommes crucifiés au monde dans le corps de Jésus-Christ; qu'il faut réprimer toutes les passions mauvaises, et qu'il est impossible que les disciples de la croix puissent se livrer ouvertement à l'adultère. Car l'apôtre saint Pierre aussi, parlant du mystère de la croix, c'est-à-dire de la passion du Christ, nous dit que ceux qui sont consacrés par la croix ne doivent plus pécher, et voici ses paroles : « Puisque Jésus-Christ a souffert la mort en sa chair, armez-vous de cette pensée, que quiconque est mort à la concupiscence charnelle a cessé de pécher; en sorte que, durant tout le temps qui lui reste de cette vie mortelle, il ne vit plus selon les passions des hommes, mais selon la volonté de Dieu (I *Pierre*, IV, 1); et le reste, où il montre que pour appartenir à Jésus crucifié, ou ayant souffert dans son corps, il faut vivre suivant la doctrine de l'Évangile, en crucifiant tous les désirs charnels dans son propre corps.

16. Quoi! ne vont-ils pas jusqu'à s'imaginer que les deux préceptes, dans lesquels Notre-Seigneur renferme la loi et les prophètes, sont favorables à leur opinion? Ainsi, le premier commandement étant celui-ci : « Vous aimerez le Seigneur votre Dieu de tout votre cœur, de toute votre âme et de tout votre esprit; » mais le second est semblable au premier : «Vous aimerez votre prochain comme vous-même. » (*Matth.*, XXII, 40 ; *Deut.*, VI, 5). Ils disent que le premier commandement, qui prescrit l'amour de Dieu, s'adresse à ceux qui se préparent au baptême, et que le second, où sont renfermées les obligations de la vie morale, concerne ceux qui sont baptisés. Mais ils oublient ce qui est écrit : « Si vous n'aimez pas votre frère que vous voyez, comment pourrez-vous aimer Dieu, que vous ne voyez pas? » (I *Jean*, IV, 20.) Ils oublient cette autre parole du même apôtre : « Si quelqu'un aime le monde, l'amour du Père n'est point en lui. » (I *Jean*, II, 15.) D'où viennent tous les crimes qui désolent la société, si ce n'est de l'amour du monde? Il est donc bien évident que le premier commandement lui-même, quoiqu'ils se bornent à en prescrire l'observation aux catéchumènes, ne peut pas être observé en dehors des bonnes mœurs. Je ne veux pas insister davantage; mais disons que ces deux commandements bien examinés, se trouvent tellement liés l'un à l'autre, que l'homme ne peut pas aimer Dieu sans aimer le prochain, et qu'il ne peut pas aimer le prochain sans aimer Dieu. Mais dans la question qui nous occupe, ce que nous venons de dire sur les deux commandements doit être suffisant.

---

tur atque discatur Christus crucifixus, et ad ejus crucem noverint pertinere, quod etiam nos in ejus corpore crucifigimur mundo, ubi intelligitur omnis coercitio malarum concupiscentiarum : ac per hoc fieri non potest, ut eis qui (*a*) cruce Christi formantur, professa adulteria permittantur. Nam et apostolus Petrus de sacramento ipsius crucis, hoc est, passionis Christi, admonet, ut qui ea consecrantur peccare desinant, ita loquens (I *Petr.*, IV, 1) : « Christo ergo passo in carne, et vos eadem cogitatione armamini ; quia qui mortuus est carne, desiit peccare, ut jam non hominum desideriis, sed voluntate Domini Dei reliquum in carne vivat : » et cætera, quibus consequenter ostendit, cum pertinere ad Christum crucifixum, hoc est, per carnem passum, qui in ejus corpore crucifixis carnalibus desideriis bene vivit per Evangelium.

16. Quid, quod etiam duo illa præcepta, in quibus Dominus ait totam Legem Propheticasque pendere, huic suæ opinioni suffragari arbitrantur? et sic ea commemorant, ut quoniam primum præceptum dictum est : « Diliges Dominum Deum tuum ex toto corde tuo, et ex tota anima tua, et ex tota mente tua ; secundum autem simile huic : Diliges proximum tuum tanquam te ipsum : » (*Matth.*, XXII, 40; *Deut.*, VI, 5 ; *Levit.*, XIX, 18) primum credant pertinere ad baptizandos, ubi dilectio Dei præcipitur; secundum autem ad baptizatos, ubi videntur esse mores conversationis humanæ : sic obliti quod scriptum est : « Si fratrem tuum quem vides non diligis : Deum quem non vides quomodo diligere poteris ? » (I *Joan.*, IV, 20.) Et illud aliud in eadem epistola Joannis : « Si quis diligit mundum, non est caritas Patris in illo. » (I *Joan.*, II, 15.) Quo autem pertinent omnia flagitia morum malorum, nisi ad mundi hujus dilectionem? Ac per hoc illud primum præceptum, quod ad baptizandos pertinere arbitrantur, sine bonis moribus observari nullo pacto potest. Nolo pluribus immorari : nam diligenter considerata ista duo præcepta, ita ex alterutro connexa reperiuntur, ut nec dilectio Dei possit esse in homine si non diligit proximum, nec dilectio proximi si non diligit Deum. Sed ad rem quæ nunc agitur, quod de his duobus præceptis diximus sufficit.

(*a*) Lov. *in cruce Christi informantur*. Abest *in* ab editis aliis et a Mss. quorum præcipui loco *informantur*, habent *formantur*.

CHAPITRE XI. — 17. On nous dit encore : Mais le peuple d'Israël fut conduit d'abord à travers la mer Rouge, qui figurait le baptême, et ensuite il reçut la loi, pour apprendre la manière de bien vivre. — Dans ce cas, je demanderai pourquoi nous enseignons le Symbole aux catéchumènes, en exigeant qu'ils nous le répètent? Car le peuple d'Israël n'a point été soumis à une épreuve de ce genre, lorsque Dieu l'a délivré de l'Egypte, en lui faisant traverser la mer Rouge. Si l'on nous dit avec raison que les Israélites eurent leur instruction préparatoire, avant de quitter l'Egypte, dans la cérémonie mystérieuse du sang de l'agneau, dont on marqua les portes des maisons, comme aussi dans les azymes de la sincérité et de la vérité, pourquoi ne pas comprendre aussi que la sortie d'Egypte signifie le renoncement au péché, que promettent les catéchumènes? C'est ce que veut dire l'apôtre saint Pierre par cette parole : « Faites pénitence, et que chacun de vous soit baptisé au nom de Notre-Seigneur Jésus-Christ; » (*Act.*, II, 38) comme s'il disait : Sortez de l'Egypte, et traversez la mer Rouge. C'est pourquoi dans l'Epître aux Hébreux, l'Apôtre, en rappelant les épreuves par lesquels on fait passer les catéchumènes, y fait figurer la pénitence pour les œuvres de mort. Voici comment il s'exprime : « Laissons donc les instructions que l'on donne à ceux, qui ne font que commencer à croire en Jésus-Christ; élevons-nous à ce qu'il y a de plus parfait, sans nous arrêter à établir de nouveau la doctrine fondamentale de la pénitence pour les œuvres de mort, de la foi en Dieu, de la science qui regarde le baptême, de l'imposition des mains, de la résurrection des morts et du jugement éternel. » (*Hebr.*, VI, 1, 2.) Nous savons, par les témoignages les plus clairs de l'Ecriture, que les néophytes avaient dû passer par toutes ces initiations. Or, qu'est-ce que la pénitence pour les œuvres de mort, si ce n'est le renoncement à tout ce qu'il faut mortifier, pour que nous vivions? Si les adultères et les fornications ne font pas partie de ces œuvres, quelles seront donc les œuvres de mort? Ainsi, il ne suffit pas qu'on promette de renoncer à ces œuvres; il faut encore que tous les péchés passés, qui semblent nous poursuivre, soient détruits dans le bain de la régénération. Il en fut de même pour les Israélites; il ne leur a pas suffi de quitter l'Egypte; il a fallu que cette multitude d'ennemis, qui les poursuivait, fût engloutie dans les flots de la mer, après qu'elle se fut ouverte pour livrer passage, et donner la liberté au peuple de Dieu. Celui donc qui déclare ouvertement sa volonté de persévérer dans l'adultère, comment traversera-t-il la mer Rouge, puisqu'il ne veut pas même quitter l'Egypte? Nos adversaires, en outre, ne font pas attention que dans la loi que reçut le

CAPUT XI. — 17. At enim populus Israel primum per mare Rubrum ductus est, quo significatur baptismus; et postea legem accepit, ubi disceret quemadmodum viveret. Cur ergo baptizandis vel Symbolum tradimus, reddendumque reposcimus? Nihil enim tale factum est erga illos, quos per mare Rubrum Deus ab Ægyptiis liberavit. Si autem recte intelligunt hoc significari præcedentibus mysteriis de sanguine ovis postibus illito, et de azymis sinceritatis et veritatis; cur non etiam illud consequenter intelligunt, ipsam ab Ægyptiis separationem significare discessionem a peccatis, quam baptizandi profitentur? Ad hoc enim pertinet quod a Petro dictum est (*Act.*, II, 38) : « Agite pœnitentiam, et baptizetur unusquisque vestrum in nomine Domini nostri Jesu Christi : » tanquam diceret : Recedite ab Ægypto, et per mare Rubrum transite. Unde et in epistola quæ ad Hebræos inscribitur, cum eorum qui baptizantur commemorarentur initia, posita est ibi pœnitentia a mortuis operibus. Sic enim dicit (*Hebr.*, VI, 1, 2) : « Ideo remittentes initia Christi verbum, in consummationem respiciamus, non iterum jacientes fundamentum pœnitentiæ a mortuis operibus, et fidei in Deum, lavacri doctrinæ, impositionis manuum, resurrectionis etiam mortuorum et judicii æterni. » Hæc igitur omnia pertinere ad initia neophytorum satis aperteque Scriptura testatur. Quid est autem a mortuis operibus pœnitentia, nisi ab his quæ oportet mortificari, ut vivamus? quæ si adulteria fornicationesque non sunt, quid jam inter opera mortua nominandum est? Sic autem non sufficit professio recessionis a talibus, nisi etiam lavacro regenerationis cuncta præterita, quæ velut persequuntur, peccata deleantur; sicut non sufficit Israelitis recedere ab Ægypto, nisi ea quæ insequebatur hostium multitudo ejusdem maris fluctibus interiret, qui Dei populo transituro liberandoque patuerunt. Qui ergo profitetur ab adulterio nolle se mutare, quomodo per mare Rubrum ducetur, cum ab Ægypto adhuc recuset abscedere? Deinde non attendunt in ea lege, quæ post transitum maris Rubri illi populo data est, primum esse præceptum (*Exod.*, XX, 4) : « Non erunt

CHAPITRE XII.

peuple, après le passage de la mer Rouge, il y a ce premier commandement : « Tu ne te feras point d'idole taillée, ni aucune image de ce qui est au ciel, ni sur la terre au-dessous, ni dans les eaux sous la terre. Tu ne les adoreras point, et ne les serviras pas, » et tout ce qui a rapport à ce premier commandement. Ils pourront donc affirmer maintenant, même en contredisant leur première assertion, qu'il ne faut rien dire aux catéchumènes du culte du vrai Dieu et du renoncement à l'idolâtrie, et réserver cet enseignement pour ceux qui sont baptisés; ils n'auront plus besoin d'enseigner, comme ils le disaient auparavant, que la foi suffit aux catéchumènes, et qu'après leur baptême on les instruira des préceptes de la vie morale, ou du second commandement, qui concerne l'amour du prochain. Car la loi renferme les deux commandements, et le peuple d'Israël n'a reçu cette loi qu'après le passage de la mer Rouge, qui était comme son baptême ; on ne peut pas dire qu'il y a eu division dans la distribution de cette loi, comme si une partie eût été donnée au peuple avant le passage de la mer Rouge, sur la fuite de l'idolâtrie, et que l'autre partie ne lui eût été donnée qu'après, sur l'obligation d'honorer son père et sa mère, d'éviter la fornication, l'homicide, et tout ce qui constitue pour l'homme la vie bonne et honnête.

CHAPITRE XII. — 18. Je suppose donc un homme qui se présente pour demander le baptême, tout en déclarant qu'il ne veut pas quitter le culte des idoles, à moins qu'il ne s'y détermine plus tard, quand il le jugera à propos; cet homme demande donc le baptême avec instance, il veut devenir le temple du Dieu vivant, et il reste attaché au culte des idoles, il est même un prêtre de ce culte abominable. Je demande donc à nos adversaires s'ils pourront l'admettre même comme catéchumène; je les entends s'écrier que la chose est impossible, et je ne doute pas de la sincérité de leur conviction. Pourtant, d'après leur manière d'interpréter les Ecritures, je veux qu'ils disent pourquoi ils le refusent, pourquoi ils ne jugent pas à propos de l'admettre, surtout quand cet homme réclame et dit : Je connais et j'honore le Christ crucifié; je crois que Jésus-Christ est fils de Dieu; admettez-moi, et ne m'en demandez pas davantage. Quand l'Apôtre engendrait les fidèles par l'Evangile, il n'exigeait pas autre chose, sinon qu'ils connussent le Christ crucifié; sitôt que l'eunuque eut répondu qu'il croyait que Jésus-Christ était le Fils de Dieu, Philippe le baptisa sans différer. Pourquoi voulez-vous que je quitte les idoles, et pourquoi ne voulez-vous

---

tibi alii dii præter me. Non facies tibi idola, neque ullum simulacrum quæcumque in cœlo sunt sursum, et quæcumque in terra deorsum, et quæcumque in aqua et sub terra; non adorabis ea, neque servies eis : » et cætera ad hoc præceptum pertinentia. Affirment itaque isti, si volunt, contra ipsam suam assertionem, etiam de unius Dei cultu cavendaque idololatria, non adhuc baptizandis, sed jam baptizatis esse prædicandum : et non jam dicant, eis qui baptismum percepturi sunt, fidem tantum quæ in Deum est intimandam, et post ejus sacramenti perceptionem de moribus vitæ tanquam de secundo præcepto eos quod ad dilectionem proximi pertinet instruendos. Utrumque enim lex continet, quam post mare Rubrum tanquam post baptismum populus accepit ; nec ita facta est distributio præceptorum, ut ante illius maris transitum de cavenda idololatria plebs doceretur, et postea quam transierunt, audirent honorandum patrem et matrem, non mæchandum, non occidendum, et cætera bonæ atque innocentis conversationis humanæ.

CAPUT XII. — 18. Si ergo ita quisquam veniat ad sancti lavacri petitionem, ut profiteatur se ab idolorum sacrificiis non recessurum, nisi forte postea quando placuerit, baptismum tamen jam jamque deposcat, templumque Dei vivi se fieri flagitet, non solum cultor idolorum, verum etiam in aliquo tam nefario (*a*) sacerdotio perseverans; quæro ab istis utrum cum faciendum vel catechumenum censeant : quod procul dubio fieri non debere clamabunt. Neque enim aliud de illorum corde sentiendum est. Reddant itaque rationem secundum testimonia Scripturarum, quæ sic intelligenda putant, quo modo huic audeant contradicere, nec admittendum esse confirment reclamantem atque dicentem : Didici et veneror Christum crucifixum, credo Filium Dei esse Christum Jesum ; non me ultra differas, nihil amplius jam requiras. Quos per Evangelium generabat Apostolus, nihil eos nosse tunc amplius quam Christum crucifixum volebat; post vocem spadonis, qua se credere Jesum Christum Filium Dei esse respondit, continuo Philippus eum baptizare non distulit; quid me ab idolorum cultu prohibes, nec ad sacramentum Christi admittis, prius quam inde disces-

---

(*a*) Sic melioris notæ Mss. Quidam addunt *sacrilego* : alii autem pro *sacerdotio* : habent *scelere*. At editi, *sacrilegio*.

pas m'admettre sans cette condition? C'est une habitude d'enfance, et j'y suis forcément engagé. Je les quitterai, quand il me sera possible, quand je verrai l'occasion favorable ; et quand même je n'en ferais rien, néanmoins je ne veux pas mourir sans être baptisé, ou bien Dieu vous demandera compte de mon âme. Que répondront-ils à un pareil discours? L'admettront-ils? Non sans doute. Je ne croirai jamais qu'ils en viennent à une pareille extrémité. Mais enfin que répondront-ils, si cet homme leur tient ce langage, et surtout s'il ajoute qu'avant le baptême, on n'a rien à lui dire sur le renoncement à l'idolâtrie, de même qu'on n'en a rien dit au premier peuple, avant le passage de la mer Rouge, puisque cette prescription se trouve dans la loi, et que la loi ne fut donnée qu'après la sortie d'Egypte? Sans doute ils diront à cet homme : Par le baptême, vous deviendrez le temple de Dieu. Or, l'Apôtre dit : « Quel rapport entre le temple de Dieu et les idoles? » (II *Cor.*, vi, 16.) Comment ne voient-ils donc pas qu'il faudrait dire également : Par le baptême, vous deviendrez un membre du Christ, et les membres du Christ ne peuvent pas être les membres d'une prostituée? (I *Cor.*, vi, 15.) C'est ce que dit aussi l'Apôtre, comme il dit dans un autre endroit : « Ne vous y trompez pas : ni les fornicateurs, ni les idolâtres, » et d'autres qu'il énumère, « ne posséderont point le royaume de Dieu. » (*Ibid.*, 11.) Pourquoi, si nous n'admettons pas au baptême les idolâtres, croirions-nous pouvoir y admettre les fornicateurs, puisque l'Apôtre dit aux uns comme aux autres : « Quelques-uns d'entre vous ont été tout cela autrefois; mais vous avez été lavés, vous avez été sanctifiés, vous avez été justifiés au nom de Notre-Seigneur Jésus-Christ et par l'Esprit de Dieu? » (*Ibid.*, 11.) Pourquoi donc, lorsqu'il y a obligation de repousser le fornicateur comme l'idolâtre, permettrai-je à l'un de recevoir le baptême et non à l'autre? Car j'ai entendu qu'on disait à l'un aussi bien qu'à l'autre : « Vous avez été tout cela autrefois, mais vous êtes lavés. » La grande raison de nos adversaires, c'est qu'ils s'imaginent assurer le salut, quoiqu'en passant par le feu, de ceux qui croient en Jésus-Christ, et qui auront reçu son sacrement, c'est-à-dire qui auront été baptisés, quand même ils négligeraient de corriger leurs mauvaises habitudes, et qu'ils vivraient dans l'iniquité. Mais je vais examiner, si Dieu vient à mon aide, ce qu'il faut en penser, d'après l'Ecriture.

CHAPITRE XIII. — 19. Je reviens donc à la question, où il semble à nos adversaires qu'il faut enseigner à ceux qui sont baptisés toutes les règles qui ont rapport à la vie chrétienne, et se contenter, pour ceux qui ne le sont pas, d'enseigner ce qui a rapport à la foi. S'il en

---

sero? Illud a pueritia didici, consuetudine ibi gravissima premor : faciam cum potuero, cum commodum fuerit : quod etsi non faciam, non tamen sine Christi sacramento hanc vitam finiam, ne Deus exigat animam meam de manibus tuis. Quid huic respondendum existimant? An placet ut admittatur? Absit : nullo modo crediderim in tantum eos progredi. Quid ergo respondebunt hæc dicenti, et addenti quod nihil sibi de idololatria relinquenda saltem dici debuit ante baptismum, sicut nihil inde ante mare Rubrum populus ille primus audivit, quoniam lex hoc habet, quam ex Ægypto jam liberatus accepit. Profecto dicturi sunt homini : Templum Dei futurus es, cum baptismum acceperis; dicit autem Apostolus : « Quæ compositio templo Dei cum idolis? » (II *Cor.*, vi, 16.) Quare ergo non vident similiter esse dicendum : Membrum Christi futurus es, cum acceperis baptismum; non possunt membra Christi esse membra meretricis? (I *Cor.*, vi, 15.) Quia et hoc Apostolus dicit : qui et alio loco : « Nolite, inquit, errare ; neque fornicatores, neque idolis servientes, » et cætera quæ illic enumerat, « regnum Dei possidebunt. » (*Ibid.*, 9.) Cur ergo ad baptismum idolis servientes non admittimus, et fornicatores admittendos putamus, cum et his et cæteris malis dicat (*Ibid.*, 11) : Et hæc quidam fuistis, sed abluti estis, sed sanctificati estis, sed justificati estis in nomine Domini Jesu Christi et in spiritu Dei nostri? » Quid igitur causæ est, ut cum potestas pateat utrumque prohibendi, venientem ad baptismum permittam fornicarium permanere, et non permittam idolis servientem? cum et illis et illis dici audiam : « Et hæc quidam fuistis, sed abluti estis. » Sed eo moventur isti, quia putant esse in tuto salutem eorum, quamvis per ignem, qui in Christum crediderint, sacramentumque ejus acceperint, id est baptizati fuerint, etiamsi morum corrigendorum ita negligentes sint, ut nequiter vivant. Unde mox videbo, si Deus juverit, quid secundum Scripturas sentiendum sit.

CAPUT XIII. — 19. Nunc in hac quæstione adhuc versor, in qua eis videtur, baptizatos admonendos esse de moribus ad Christianam vitam pertinentibus,

était ainsi, outre les raisons que nous avons déjà données, saint Jean-Baptiste n'aurait pas dit à ceux qui venaient pour recevoir son baptême : « Race de vipères, qui vous a montré à fuir la colère qui s'approche ? Faites donc de dignes fruits de pénitence ; » (*Matth.*, III, 7) et le reste qui avait rapport, non pas à la foi, mais aux bonnes mœurs. Et comme les soldats lui disaient : « Que faut-il faire ? » (*Luc*, III, 10) il ne leur dit pas : Commencez par croire et soyez baptisés ; ensuite on vous dira ce que vous devez faire. Non ; mais avant tout, il leur parle, il les instruit, afin de préparer leur cœur, en le purifiant, à recevoir le Seigneur qui allait venir. Il leur disait donc : « N'usez de fraude ni de violence contre personne, et contentez-vous de votre solde. » (*Ibid.*, 14.) Les publicains lui demandaient aussi ce qu'ils avaient à faire, et il leur disait : « N'exigez rien de plus que ce qui vous est ordonné. » L'Évangéliste, en rapportant brièvement ces instructions, sans pouvoir les rapporter toutes, nous montre assez que c'est un devoir pour celui qui prépare les autres au baptême, de les instruire sur les règles de la morale. Supposons qu'ils aient répondu à Jean : Nous ne voulons pas faire de dignes fruits de pénitence, nous continuerons nos fraudes, nos violences, nos usures, et que Jean, malgré cette déclaration, les ait baptisés ; on ne pourrait pas en conclure, dans la question qui nous occupe relativement aux catéchumènes, qu'on ne doit pas les instruire sur la manière de bien vivre. Jean-Baptiste en effet instruit les publicains et les soldats au moment de les baptiser.

20. Que répondit le Seigneur lui-même, pour me borner à cet exemple, au riche qui lui demandait ce qu'il fallait faire pour obtenir la vie éternelle ? Rappelez-vous sa réponse : « Si vous voulez, dit-il, arriver à la vie, gardez les commandements. » (*Matth.*, XIX, 17.) Alors le Seigneur énumère les préceptes de la loi : « Vous ne tuerez point ; vous ne serez point fornicateur, » et les autres. Le riche ayant répondu qu'il avait fait tout cela depuis sa jeunesse, le Seigneur y ajouta un commandement de perfection, en lui disant de vendre tous ses biens, de les donner aux pauvres, et qu'il aurait un trésor dans le ciel, et l'invita à le suivre. Nos adversaires doivent donc remarquer qu'on ne dit pas à cet homme de croire et d'être baptisé, comme si c'était le seul moyen pour l'homme, suivant leur opinion, d'arriver à la vie ; mais on lui donne les préceptes de la vie morale, qu'il est impossible de garder et d'observer sans la foi. Remarquez que le Seigneur ne dit rien ici de la foi, et que nous, nous nous gardons bien de nous autoriser de ce silence, pour prétendre qu'il suffit d'enseigner aux hommes les pré-

baptizandis autem solam insinuandam fidem. Quod si ita esset, præter tam multa quæ diximus, non Joannes Baptista venientibus ad baptismum suum diceret : « Generatio viperarum, quis ostendit vobis fugere ab ira ventura ? Facite ergo fructum dignum pœnitentiæ : » (*Matth.*, III, 7) et cætera, quæ utique non de fide, sed de bonis operibus admonet. Unde et militibus dicentibus : « Quid faciemus ? » (*Luc.*, III, 10) non dixit : Interim credite et baptizamini, post audietis quid facere debeatis : sed ante dixit, ante præmonuit, ut venturo Domino in cor eorum tanquam præcursor mundaret viam : « Neminem concusseritis, nulli calumniam feceritis, sufficiat vobis stipendium vestrum. » (*Ibid.*, 14.) Similiter publicanis quærentibus quid facere deberent : « Nihil amplius, inquit, exigatis præter quam constitutum est vobis. » His breviter commemoratis Evangelista, (non enim totos catechismos inserere debuit,) satis significavit pertinere ad eum a quo baptizandus catechizatur, docere et monere de moribus. Quod si respondissent Joanni : Prorsus non faciemus fructus dignos pœnitentiæ, calumniaturi sumus, concussuri sumus, ea quæ nobis non debentur exacturi sumus, et nihilo minus eos post hanc professionem baptizaret ; nec sic tamen dici posset, unde modo quæstio est, non esse temporis cum quisque baptizandus est, ut prius illi sermo fiat quemadmodum vitam bonam agere debeat.

20. Quid ipse Dominus, ut alia omittam, cum ab eo dives ille quæreret quid boni faceret ut vitam æternam consequeretur ; recolant quid responderit : « Si vis venire, inquit, ad vitam, serva mandata. » At ille : « Quæ ? » Tunc Dominus commemoravit præcepta legis : « Non occides : Non mœchaberis, » (*Matth.*, XIX, 17) et cætera. Ubi cum ille respondisset hæc se fecisse a juventute sua, addidit etiam perfectionis præceptum, ut venditis suis omnibus et in pauperum eleemosynas erogatis haberet thesaurum in cœlo, et eumdem Dominum sequeretur. Videant igitur, non ei dictum esse ut crederet et baptizaretur, quo solo adjutorio putant isti venire hominem ad vitam, sed morum præcepta homini data, quæ utique sine fide custodiri observarique non possunt. Nec tamen quia hic de insinuanda fide Dominus videtur tacuisse, præscribimus nos atque contendimus, morum tantummodo præcepta dicenda esse homini-

ceptes de la morale, pour arriver à la vie. Car la foi et la morale se tiennent, comme je l'ai dit plus haut, et l'homme ne peut pas aimer Dieu sans aimer le prochain, et il ne peut pas aimer le prochain sans aimer Dieu. C'est pourquoi l'Ecriture, sans être incomplète, nous enseigne quelquefois l'un sans l'autre, tantôt l'un, tantôt l'autre, pour nous faire comprendre qu'ils sont inséparables. Car celui qui croit en Dieu, doit faire ce que Dieu commande; et pour la même raison, celui qui fait ce que Dieu commande doit croire en Dieu.

Chapitre XIV. — 21. Nous devons donc aviser à détromper les âmes chrétiennes, pour qu'elles ne se perdent pas par une fausse sécurité, en s'imaginant que la foi suffit pour le salut, quand on négligerait de bien vivre et de suivre la voie de Dieu par les bonnes œuvres. Car, du temps même des apôtres, il y eut des hommes qui comprenaient mal certains passages, quelque peu obscurs de l'apôtre saint Paul, et qui lui faisaient dire : « Faisons le mal, » pour qu'il en arrive du bien; au lieu qu'il avait dit : « La loi en venant a donné lieu à l'abondance du péché; mais où il y a eu abondance de péché, il y a eu aussi surabondance de grâce. » (*Rom.*, III, 8.) Rien de plus vrai; car les hommes, après avoir reçu la loi, conçurent dans leur cœur une présomption orgueilleuse de leurs propres forces, et n'étant point aidés par le secours de Dieu, qu'ils n'imploraient pas avec foi pour vaincre leurs passions mauvaises, ils devinrent prévaricateurs de la loi, et par là même leurs péchés se multiplièrent et devinrent un fardeau plus lourd; se sentant donc si coupables, et poussés par le remords, ils se tournèrent vers la foi, pour pouvoir mériter leur pardon et « le secours du Seigneur, qui a fait le ciel et la terre. » (*Ps.* cxx, 2.) Il fut nécessaire que la charité fût répandue dans leurs cœurs par le Saint-Esprit (*Rom.*, v, 5), pour qu'ils fissent avec amour ce qui était opposé à l'amour de ce monde, selon cette prédiction du psaume : « Leurs infirmités se sont multipliées, mais ensuite ils se sont empressés de marcher. » (*Ps.* xv, 4.) Or, l'Apôtre, en exprimant son sentiment, et en disant que l'homme est justifié par la foi sans les œuvres de la loi (*Rom.*, v, 1), ne veut pas faire entendre qu'il suffit d'avoir et de professer la foi, comme si les œuvres de justice étaient inutiles; mais il veut nous apprendre que l'homme peut être justifié par la foi, quand même auparavant il n'aurait pas pratiqué les œuvres de la loi. Les œuvres deviennent méritoires après la justification; elles ne le sont pas auparavant. Mais il est inutile de m'étendre ici davantage sur ce sujet; vu que j'ai déjà donné sur cette question un livre assez complet, qui a pour titre : *De la lettre et de l'esprit*. Cette opi-

bus ad vitam pervenire cupientibus. Utraque enim mutuo connexa sunt, sicut ante dixi : quia neque dilectio Dei potest esse in homine qui non diligit proximum, nec dilectio proximi in eo qui non diligit Deum. Ideo aliquando alterum sine altero, sive illud, sive illud pro plena doctrina invenitur Scriptura commemorare, ut etiam hoc modo intelligatur alterum sine altero esse non posse : quia et qui credit Deo, debet facere quod præcepit Deus; et qui propterea facit quia præcepit Deus, necesse est ut credat Deo.

Caput XIV. — 21. Quamobrem jam illud videamus, quod excutiendum est a cordibus religiosis, ne mala securitate salutem suam perdant, si ad eam obtinendam sufficere fidem putaverint, bene autem vivere et bonis operibus viam Dei tenere neglexerint. Nam etiam temporibus Apostolorum non intellectis quibusdam subobscuris sententiis apostoli Pauli, hoc cum quidam arbitrati sunt dicere : « Faciamus mala, ut veniant bona : » (*Rom.*, III, 8) quia dixerat : « Lex subintravit, ut abundaret delictum; ubi autem abundavit delictum, superabundavit gratia. » Quod ideo verum est, quia legem accipientes homines qui de suis viribus superbissime præsumebant, nec divinum adjutorium vincendarum malarum concupiscentiarum recta fide impetrantes, pluribus gravioribusque delictis etiam lege prævaricata onerati sunt : ac sic magno reatu compellente confugerunt ad fidem, qua misericordiam indulgentiæ mererentur, et «auxilium a Domino qui fecit cœlum et terram : » (*Psal.* cxx, 2) ut diffusa per Spiritum sanctum caritate in cordibus suis (*Rom.*, v, 5), cum dilectione agerent quæ contra sæculi hujus concupiscentias juberentur, secundum id quod prædictum fuerat in Psalmo : « Multiplicatæ sunt infirmitates eorum, postea acceleraverunt. » (*Psal.* xv, 4.) Cum ergo dicit Apostolus, arbitrari se justificari hominem per fidem sine operibus legis (*Rom.*, v, 1) : non hoc agit, ut percepta ac professa fide opera justitiæ contemnantur; sed ut sciat se quisque per fidem posse justificari, etiamsi legis opera non præcesserint. Sequuntur enim justificatum, non præcedunt justificandum. Unde in præsenti opere non opus est latius disputare; præsertim quia modo de hac quæstione prolixum librum edidi, qui inscribitur : *De littera et spiritu*. Quoniam ergo hæc opinio tunc fuerat exorta, aliæ apostolicæ

nion ayant donc pris consistance, on vit les apôtres Pierre, Jean, Jacques et Jude écrire leurs épîtres pour la combattre, et établir avec force que la foi sans les œuvres ne peut pas être utile; on sait aussi que saint Paul lui-même ne se contente pas d'une foi quelconque, mais qu'il enseigne la foi qui procure le salut, et qui est dans le sens de l'Evangile, celle dont les œuvres ont leur principe dans l'amour; « et la foi, dit-il, qui opère par la charité. » (*Galat.*, v, 6.) Cette autre foi, dont se contentent quelques-uns pour le salut, paraît donc à l'Apôtre complètement inutile, puisqu'il dit : « Quand j'aurais toute la foi possible jusqu'à transporter les montagnes, si je n'ai point la charité, je ne suis rien. » (I *Cor.*, xiii, 1.) Or, quand la charité opère avec la foi, c'est le moyen sans doute de bien vivre. Car « la plénitude de la loi, c'est la charité. » (*Rom.*, xiii, 10.)

22. On voit pourquoi saint Pierre, dans sa seconde épître, exhorte les fidèles à être saints dans leur vie et leurs mœurs, leur montrant que ce monde doit finir, et qu'il faut attendre de nouveaux cieux et une nouvelle terre, où habiteront les justes; et que par conséquent ils doivent s'appliquer à vivre convenablement, pour se rendre dignes de cette demeure. Il savait que certains hommes pervers abusaient de quelques passages un peu obscurs de l'apôtre saint Paul, pour mettre toute leur confiance dans la foi, sans s'inquiéter de bien vivre, et il rappelle que dans les épîtres de cet Apôtre, il y a quelques passages difficiles à entendre, que des hommes ignorants détournent à de mauvais sens, aussi bien que les autres Ecritures, pour leur propre ruine. Et pourtant saint Paul ne pensait pas autrement que les autres apôtres sur le salut éternel, qu'on ne pouvait obtenir sans une bonne vie. Voici comment s'exprime saint Pierre : « Puis donc que toutes choses, dit-il, doivent être détruites, quels devez-vous être, et quelle doit être la sainteté de votre vie, et la piété de vos actions? Attendant et désirant avec empressement que le jour du Seigneur vienne, ce jour où l'ardeur du feu dissoudra les cieux et fera fondre tous les éléments. Car nous attendons, selon sa promesse, de nouveaux cieux et une nouvelle terre dans lesquels la justice habitera. C'est pourquoi, mes bien-aimés, dans l'attente de ces choses, faites en sorte que le Seigneur vous trouve purs, irrépréhensibles, dans la paix; et croyez que sa longue patience est pour votre bien. C'est aussi ce que Paul, notre très-cher frère, vous a écrit selon la sagesse qui lui a été donnée; comme aussi dans toutes ses lettres où il parle du même sujet, lettres dans lesquelles il y a quelques passages difficiles à entendre, et que des hommes ignorants et légers détournent

---

epistolæ, Petri, Joannis, Jacobi, Judæ, contra eam maxime diriguut intentionem, ut vehementer astruant fidem sine operibus non prodesse : sicut etiam ipse Paulus, non qualemlibet fidem, qua in Deum creditur, sed eam salubrem planeque evangelicam definivit, cujus opera ex dilectione procedunt : « Et fides, inquit, quæ per dilectionem operatur. » (*Gal.*, v, 6.) Unde illam fidem, quæ sufficere ad salutem quibusdam videtur, ita nihil prodesse asseverat, ut dicat : « Si habeam omnem fidem, ita ut montes transferam, caritatem autem non habeam, nihil sum. » (I *Cor.*, xiii, 1.) Ubi autem (*a*) fidelis caritas operatur, sine dubio bene vivitur. « Plenitudo enim legis caritas. » (*Rom.*, xiii, 10.)

22. Unde evidenter in secunda epistola sua Petrus, cum ad vitæ et morum sanctitatem hortaretur, mundumque istum transiturum prænuntiaret, cœlos vero novos et terram novam expectari, quæ justis inhabitanda traderetur, ut ex hoc attenderent qualiter eos oporteret vivere, ut habitatione illa digni fierent, sciens de apostoli Pauli quibusdam subobscuris sententiis nonnullos iniquos accepisse occasionem, ut tanquam securi de salute quæ in fide est, bene vivere non curarent, commemoravit quædam ad intelligendum difficilia esse in epistolis ejus, quæ homines perverterent, sicut et alias Scripturas, ad proprium suum interitum : cum tamen et ille Apostolus de salute æterna, quæ nisi bene viventibus non daretur, eadem sentiret, quæ cæteri Apostoli. Sic itaque Petrus (II *Pet.*, iii, 11, etc.) : « His ergo, inquit, omnibus pereuntibus, quales oportet vos esse in sanctis conversationibus et pietatibus, expectantes et properantes ad præsentiam diei Domini, per quam cœli ardentes solventur, et elementa ardore ignis decoquentur : novos vero cœlos et terram novam secundum promissa ipsius expectamus, in quibus justitia inhabitat. Quapropter, carissimi, hæc expectantes satagite inviolati et immaculati apud eum reperiri in pace, et Domini nostri patientiam salutem existimate. Sicut et dilectissimus frater noster Paulus secundum eam, quæ data est illi, sapientiam scripsit vobis, ut et in omnibus epistolis, loquens in eis de

---

(*a*) Casalinus liber : *Ubi autem fides est et caritas operatur.*

à de mauvais sens, aussi bien que les autres Ecritures, pour leur propre ruine. Vous donc, mes frères, qui en êtes avertis, prenez garde à vous, de peur qu'entraînés par les égarements de ces hommes insensés, vous ne veniez à tomber de votre propre assurance. Croissez au contraire dans la grâce et dans la connaissance de Jésus-Christ, notre Seigneur et notre Sauveur. A lui soit la gloire maintenant, et jusqu'au jour de l'éternité. (II *Pier.*, III, 11 et suiv.)

23. Saint Jacques s'élève avec tant de force, contre ceux qui pensent que la foi sans les œuvres suffit pour le salut, qu'il les compare même aux démons. « Vous croyez, dit-il, qu'il n'y a qu'un seul Dieu ; vous avez raison ; les démons le croient aussi et ils tremblent. » (*Jacq.*, II, 19.) Pouvait-il rien dire de plus court, de plus vrai, de plus fort, puisque nous lisons dans l'Evangile (*Marc*, I, 24), que les démons ont fait cet aveu en disant que le Christ était le fils de Dieu, et que Notre-Seigneur les reprenait pour les faire taire, quoiqu'il ait loué la même confession dans saint Pierre? (*Matth.*, XVI, 16.) « Que servirait-il à un homme, mes frères, dit saint Jacques, de dire qu'il a la foi, s'il n'a pas les œuvres ? La foi pourra-t-elle le sauver ? » (*Jacq.*, II, 14.) Il dit encore que « la foi sans les œuvres est une foi morte. » (*Ibid.*, 20) Combien sont-ils donc dans l'erreur ceux qui, avec une foi morte, se promettent la vie éternelle ?

CHAPITRE XV. — 24. C'est pourquoi il faut examiner attentivement, quoiqu'il soit difficile, pour le bien comprendre, ce passage de l'apôtre saint Paul, où il dit : « Personne ne peut poser un autre fondement que celui qui a été posé, qui est Jésus-Christ. Que si l'on élève sur ce fondement un édifice d'or, d'argent, de pierres précieuses, de bois, de foin, de paille, l'ouvrage de chacun paraîtra enfin ; car le jour du Seigneur le fera connaître, et il sera découvert par le feu, et le feu mettra à l'épreuve l'ouvrage de chacun. Celui qui aura bâti un ouvrage qui subsiste en recevra la récompense ; celui dont l'ouvrage sera consumé par le feu, en souffrira la perte ; il ne laissera pas néanmoins d'être sauvé, mais comme par le feu, » (I *Cor.*, III, 11, etc.) Or, il y en a qui interprètent ce passage en disant qu'on bâtit sur le fondement un édifice d'or, d'argent et de pierres précieuses, quand on a la foi et les œuvres ; mais qu'on bâtit un édifice de foin, de bois, de paille, quand on a la foi et qu'on vit mal. C'est pourquoi ils pensent qu'une certaine peine du feu les purifiera pour obtenir le salut, à cause du fondement de l'édifice.

his, in quibus sunt difficilia quædam intellectu, quæ indocti et instabiles pervertunt, sicut et cæteras Scripturas, ad proprium suum interitum. Vos igitur, amantissimi præscientes, cavete ne (*a*) infaustorum errore seducti decidatis a corroboratione vestra : crescite vero in gratia et intellectu Domini nostri et salvatoris Jesu Christi : ipsi gloria, et nunc et in diem æternitatis. »

23. Jacobus autem tam vehementer infestus est eis qui sapiunt fidem sine operibus valere ad salutem, ut illos etiam dæmonibus comparet, dicens : « Tu credis quoniam unus est Deus : bene facis, et dæmones credunt, et contremiscunt. » (*Jac.*, II, 19.) Quid brevius, verius, vehementius dici potuit, cum et in Evangelio legamus hoc dixisse dæmonia, cum Christum Filium Dei confiterentur (*Marc.*, I, 24), et ab illo corriperentur, quod in Petri confessione laudatum est ? (*Matth.*, XVI, 16.) « Quid proderit, » ait Jacobus, « fratres mei, si dicat quis se fidem habere, opera autem non habeat ? Numquid poterit fides salvare eum ? » (*Jac.*, II, 14.) Dicit etiam, « quia fides sine operibus mortua est. » (*Ibid.*, xx.) Quo usque ergo falluntur, qui de fide mortua sibi vitam perpetuam pollicentur ?

CAPUT XV. — 24. Quapropter diligenter oportet attendere quomodo accipienda sit apostoli Pauli illa sententia, plane ad intelligendum difficilis, ubi ait : « Fundamentum enim aliud nemo potest ponere, præter id quod positum est, quod est Christus Jesus. Si quis autem superædificat super fundamentum hoc aurum, argentum, lapides pretiosos, ligna, fœnum, stipulam, uniuscujusque opus manifestabitur. Dies enim (*b*) declarabit, quia in igne revelabitur, et uniuscujusque opus quale sit ignis probabit. Si cujus opus permanserit, quod superædificavit, mercedem accipiet. Si cujus autem opus arserit, damnum patietur : ipse autem salvus erit, sic tamen quasi per ignem. » Quod quidam ita intelligendum putant, ut illi videantur ædificare super hoc fundamentum aurum, argentum, lapides pretiosos, qui fidei quæ in Christo est, bona opera adjiciunt ; illi autem fœnum, ligna, stipulam, qui, cum eamdem fidem habeant, male operantur. Unde arbitrantur per quasdam pœnas ignis eos posse purgari ad salutem percipiendam merito fundamenti.

(*a*) Sic tredecim Mss. At editi, *infalsorum* : forte pro *insulsorum*, quod melius respondet Vulgatæ, *insipientium*. Sed in Græco textu est, ἀθέσμων, *nefariorum*. — (*b*) Editi, *dies enim Domini*. Abest *Domini* a Mss. et a Græco textu Apostoli.

25. S'il en est ainsi, il faut avouer que les hommes de cette opinion méritent des éloges pour leur charité et les efforts qu'ils font afin d'admettre au baptême tout le monde indistinctement, non-seulement les adultères de l'un et l'autre sexe, réprouvés par le Seigneur, malgré une apparence d'union légitime, mais encore les femmes publiques qui ne quittent pas leur profession infâme, et que pourtant on n'admet nulle part, quelque relâché que l'on soit, sans qu'elles aient renoncé à la prostitution. D'après le principe en question, je ne vois pas pourquoi on ne les admettrait pas comme les autres. Ne vaut-il pas mieux en effet qu'elles bâtissent sur le fondement même un édifice de foin, de bois et de paille, sauf à passer plus longtemps par la purification du feu, plutôt que de périr éternellement? Il faudra donc dire que l'Apôtre nous a trompés, lorsqu'il nous dit sans obscurité et sans ambiguïté : « Quand j'aurais toute la foi possible, jusqu'à transporter les montagnes, si je n'ai point la charité, je ne suis rien. » (I *Cor*., XIII, 2.) « Que sert-il à l'homme, mes frères, dit saint Jacques (II, 14), de dire qu'il a la foi, s'il n'a pas les œuvres? La foi pourra-t-elle le sauver ? » Paul a eu tort aussi, quand il a dit : « Ne vous y trompez pas, ni les fornicateurs, ni les idolâtres, ni les voleurs, ni les avares, ni les adultères, ni les efféminés, ni les abominables, ni les ivrognes, ni les médisants, ni les ravisseurs du bien d'autrui ne posséderont le royaume de Dieu. » (I *Cor*., VI, 6, 10.) Voici encore une parole qui serait fausse : « Il est aisé de connaître les œuvres de la chair, qui sont : La fornication, l'impureté, la luxure, l'idolâtrie, les empoisonnements, les dissensions, les inimitiés, les jalousies, les animosités, les querelles, les divisions, les hérésies, les envies, les ivrogneries, les débauches et autres crimes semblables; je vous l'ai dit, et je vous le répète encore, ceux qui les commettent ne posséderont point le royaume de Dieu. » (*Gal*., v, 19. etc.) Tout cela sera donc faux. Car s'il suffit de croire et d'être baptisé, quoiqu'on vive dans le crime, on sera sauvé par le feu ; et ceux qui sont baptisés dans le Christ, quoiqu'ils se livrent à leurs passions, posséderont le royaume de Dieu. C'est en vain que l'Apôtre aurait dit : Vous avez été tout cela autrefois, mais vous avez été lavés (I *Cor*., VI, 11); puisque ceux qui ont été lavés seraient encore tout cela. C'est en vain aussi que saint Pierre aurait dit : Vous voyez que le baptême vous sauve, non en ôtant les souillures de la chair, mais en vous engageant au service de Dieu avec une conscience pure (I *Pier*., III, 21) ; s'il est vrai que les hommes, dont la conscience est chargée de tous les crimes et de tous les forfaits, et qui ne sont pas convertis par la pénitence, trouvent le salut dans le

---

25. Hoc si ita est, fatemur istos laudabili caritate conari, ut omnes indiscrete admittantur ad baptismum, non solum adulteri et adulteræ, contra sententiam Domini falsas nuptias prætendentes, verum etiam publicæ meretrices in turpissima professione perseverantes, quas certe etiam nulla negligentissima Ecclesia consuevit admittere, nisi ab illa primitus prostitutione liberatas. Sed ista ratione cur non omni modo admittantur, omnino non video. Quis enim non malit eas posito fundamento, licet ligna, fœnum et stipulam congerant, aliquanto certe diuturniore igne purgari, quam in æternum perire? Sed falsa erunt illa, quæ obscuritatem ambiguitatemque non habent : « Si habeam omnem fidem, ita ut montes transferam, caritatem autem non habeam, nihil sum. » (I *Cor*., XIII, 2.) Et (*Jac*., II, 14) : « Quid proderit, fratres mei, si fidem quis dicat se habere, opera autem non habeat? numquid poterit fides salvare cum ? » Falsum erit et illud (I *Cor*., VI, 9 et 10) : « Nolite errare, neque fornicatores, neque idolis servientes, neque fures, neque avari, neque adulteri, neque molles, neque masculorum concubitores, neque ebriosi, neque maledici, neque rapaces regnum Dei possidebunt. » Falsum et illud (*Gal*., v, 19, etc.): « Manifesta sunt opera carnis, quæ sunt fornicationes, immunditiæ, impudicitia, luxuria, idolorum servitus, veneficia, inimicitiæ, contentiones, æmulationes, animositates, dissensiones, hæreses, invidiæ, ebrietates, comessationes, et his similia, quæ prædico vobis, sicut et prædixi, quoniam qui talia agunt, regnum Dei non possidebunt. » Falsa erunt hæc. Si enim tantummodo credant et baptizentur, quamvis in malis talibus perseverent, salvi erunt per ignem : atque ideo in Christo baptizati, etiam qui talia agunt, regnum Dei possidebunt. Frustra autem dicitur : « Et hæc quidam fuistis, sed abluti estis : » (I *Cor*., VI, 11) quando et abluti hæc sunt. Inaniter etiam illud a Petro dictum videbitur : « Sic et vos simili forma baptisma salvos facit, non carnis depositio sordium, sed conscientiæ bonæ interrogatio. » (I *Pet*., III, 21) si quidem et habentes pessimas conscientias omnium flagitiorum et scelerum plenas, nec eorum malorum pœnitentia mutatas, tamen baptisma salvos facit : propter fundamentum enim quod in eodem baptismate ponitur, licet per ignem, salvi erunt. Illud quoque non video cur Do-

baptême. Car à cause du fondement qui est posé dans le baptême, ils seront sauvés, quoiqu'en passant par le feu. Je ne vois pas non plus pourquoi Notre-Seigneur aurait dit (*Matth.*, XIX, 17) : « Si vous voulez arriver à la vie, observez les commandements ; » ni pourquoi il aurait rappelé tout ce qui tient à la règle des bonnes mœurs, s'il est possible d'arriver à la vie sans les observer, par la foi seule qui est « morte sans les œuvres. » Et comment expliquer ce qu'il dira aux réprouvés placés à sa gauche : « Allez au feu éternel, qui a été préparé pour le diable et ses anges ? » Il leur reproche non pas d'avoir manqué de foi, mais de n'avoir pas pratiqué les bonnes œuvres. Car Notre-Seigneur, voulant nous enseigner que la foi sans les œuvres ne suffisait pas pour arriver à la vie éternelle, nous annonce qu'il rassemblera toutes les nations, qui paissaient dans les mêmes pâturages, et que ceux qui lui diront : « Seigneur, quand est-ce que nous vous avons vu souffrir de telle ou telle nécessité, et que nous avons manqué de vous secourir ? (*Ibid.*, 44) sont précisément ceux qui croyaient en lui, mais qui ne prenaient aucun souci des bonnes œuvres, comme si la foi morte et toute seule eût suffi pour obtenir la vie éternelle. Dirons-nous qu'on ira au feu éternel, si on ne fait pas les œuvres de miséricorde, et qu'on n'ira pas, si on ravit le bien d'autrui, si on profane en soi-même le temple de Dieu en se traitant sans miséricorde, comme si les œuvres de miséricorde étaient utiles au salut sans la charité, suivant cette parole de l'Apôtre : « Quand je donnerais tous mes biens aux pauvres, si je n'ai pas la charité, cela ne me sert de rien ; » (1 *Cor.*, XIII, 3) ou comme si on pouvait aimer son prochain, quand on ne s'aime pas soi-même ? « Car celui qui aime l'iniquité hait son âme. » (*Ps.* X, 6.) On ne pourra pas dire, comme disent quelques-uns pour se tromper eux-mêmes, que le feu est éternel, mais que la peine n'est pas éternelle. Ils disent donc que le feu est éternel, et que ceux qui doivent être sauvés par le feu à cause de leur foi morte, passeront par ce feu ; qu'à la vérité le feu est éternel, mais que la combustion, ou l'opération du feu pour eux ne sera pas éternelle ; tandis que Notre-Seigneur qui prévoit tout comme souverain Maître termine son arrêt par ces paroles : « Ainsi ils iront dans la combustion éternelle, et les justes dans la vie éternelle. » (*Matth.*, XXV, 46.) La combustion sera donc éternelle comme le feu, et la vérité nous dit qu'ils brûleront éternellement, si elle reconnaît qu'en eux il y a, je ne dis pas absence de foi, mais absence de bonnes œuvres.

26. Si donc tous ces textes, que nous venons de citer et qui sont clairs comme le jour, sans compter mille autres semblables que nous pour-

---

minus dixerit : « Si vis venire ad vitam, serva mandata ; » (*Matth.*, XIX, 17) et commemoravit ea quæ ad bonos mores pertinent : si etiam his non servatis ad vitam veniri potest per solam fidem, quæ « sine operibus mortua est. » (*Jac.*, II, 26.) Illud deinde quomodo verum erit, quod eis quos ad sinistram positurus est dicet : « Ite in ignem æternum, qui paratus est diabolo et angelis ejus ? » (*Matth.*, XXV, 41.) (*a*) Quos non increpat quia in eum non crediderunt, sed quia bona opera non fecerunt. Nam profecto non sibi quisquam de fide, quæ sine operibus mortua est, vitam promittat æternam, propterea omnes gentes segregaturum se dixit, quæ permixtæ eisdem (*b*) pascuis utebantur, ut appareat eos illi dicturos : « Domine quando te vidimus illa et illa patientem, et non ministravimus tibi ? » (*Ibid.*, 44) qui in eum crediderant, sed bona operari non curaverant, tanquam de ipsa fide mortua ad vitam perveniretur æternam. An forte ibunt in ignem æternum qui opera misericordiæ non fecerunt, et non ibunt qui aliena rapuerunt, vel corrumpendo in se templum Dei in se ipsos immisericordes fuerunt, quasi opera misericordiæ prosint aliquid sine dilectione, dicente Apostolo (1 *Cor.*, XIII, 3) « Si distribuam omnia mea pauperibus, caritatem autem non habeam, nihil mihi prodest ; » aut diligat quisquam proximum sicut se ipsum, qui non diligit se ipsum ? « Qui enim diligit iniquitatem, odit animam suam. » (*Psal.* X, 6.) Neque illud dici hic poterit, in quo nonnulli se ipsos seducunt dicentes, ignem æternum dictum, non ipsam (*c*) pœnam æternam : per ignem quippe, qui æternus erit, transituros arbitrantur eos, quibus propter fidem mortuam per ignem promittunt salutem ; ut videlicet ipse ignis æternus sit, combustio vero eorum, hoc est operatio ignis non sit in eos æterna : cum et hoc prævidens Dominus, tanquam Dominus, sententiam suam ita concluserit, dicens (*Matth.*, XXV, 46) : « Sic ibunt illi in combustionem æternam, justi autem in vitam æternam. » Erit ergo æterna combustio, sicut ignis ; et eo in illam ituros Veritas dixit, quorum non fidem, sed bona opera defuisse declaravit.

26. Si ergo hæc omnia, et cætera quæ innumera-

(*a*) Plerique Mss. *Quibus non increpat*, vel *increpitat.* — (*b*) Tres melioris notæ Mss. *pastoribus.* — (*c*) In Mss. plerisque, *pœnam æternam.*

rions trouver dans la sainte Ecriture, si tout cela est faux, alors on peut donner créance à l'interprétation du bois, du foin et de la paille, pour dire qu'on sera sauvé par le feu, du moment qu'on aura eu la foi en Jésus-Christ, quoiqu'on ait négligé les bonnes œuvres. Mais si nos textes qui sont clairs sont aussi les plus vrais, il n'est pas douteux qu'il faut chercher à entendre autrement le texte de l'Apôtre. C'est ici qu'il faut appliquer la remarque de saint Pierre, quand il dit que, dans les écrits de saint Paul, il y a des passages difficiles à entendre (II *Pierre*, III, 16), et qu'on ne doit pas détourner à un mauvais sens pour sa propre ruine. Car en agissant de cette manière, on contredit les témoignages les plus formels de l'Ecriture; on donne une fausse sécurité sur leur salut aux hommes pervers, qui s'obstinent dans le mal, et qui restent les mêmes sans se corriger ni faire pénitence.

CHAPITRE XVI. — 27. On me demandera peut-être ce que je pense du texte de saint Paul et comment il faut l'interpréter. J'avoue que sur ce sujet j'aimerais mieux entendre des hommes plus capables et plus instruits, qui l'expliqueraient de manière à laisser, dans toute leur force et leur vérité, les passages que j'ai cités ou que je n'ai pas cités, et par lesquels la sainte Ecriture nous montre clairement que la foi ne sert de rien, si ce n'est celle dont parle l'Apôtre, laquelle agit par la charité; que la foi sans les œuvres ne peut pas sauver, ni avec le feu, ni sans le feu; car si elle sauvait par le feu, elle sauverait donc par elle-même. Il est dit d'une manière claire et absolue : « Que sert-il à l'homme de dire qu'il a la foi, s'il n'a pas les œuvres? Est-ce que la foi pourra le sauver? » (*Jacq.*, II, 14.) Je dirai cependant, d'une manière aussi brève que possible, ce que je pense de ce texte de saint Paul, difficile à comprendre, pourvu qu'il soit bien entendu que, selon ma déclaration, j'aimerais mieux sur ce sujet, entendre des hommes plus compétents. Le Christ est le fondement dans la construction du sage architecte. Cela n'a pas besoin d'explication, puisqu'il est dit clairement : « Personne ne peut poser d'autre fondement que celui qui a été posé, qui est Jésus-Christ. » (I *Cor.*, III, 10.) Or, si le Christ est le fondement, cela veut dire que c'est la foi du Christ; car c'est par la foi que le Christ habite dans nos cœurs, comme dit le même Apôtre. (*Ephés.*, III, 17.) Si donc c'est la foi du Christ, c'est celle que définit encore l'Apôtre, et « qui opère par la charité. » (*Gal.*, V, 6.) Car on ne peut pas accepter pour fondement la foi des démons qui croient, et qui tremblent tout en confessant que Jésus est le Fils de Dieu. Pour-

---

bilia per omnes Scripturas sine ambiguitate dicta reperiri possunt, falsa erunt; poterit verus esse ille intellectus de lignis, fœno et stipula, quod hi salvi erunt per ignem, qui solam in Christum fidem tenentes bona opera neglexerunt. Si autem ista et vera, et clara sunt; procul dubio in illa Apostoli sententia alius requirendus est intellectus, atque in his deputanda est, quæ Petrus dicit esse in scriptis ejus quædam difficilia intellectu (II *Pet.*, III, 16), (*a*) quæ non debent homines pervertere ad proprium suum interitum, ut contra evidentissima testimonia Scripturarum securos faciant de percipienda salute nequissimos, nequitiæ suæ pertinacissime cohærentes, nec emendando aut pœnitendo mutatos.

CAPUT XVI. — 27. Hic a me fortasse quæratur, de ipsa Pauli apostoli sententia quid ego sentiam, et quonam modo intelligendam putem. Fateor, hinc mallem audire intelligentiores atque doctiores, qui sic eam exponant, ut illa omnia vera et inconcussa permaneant, quæ supra commemoravi, et quæcumque alia non commemoravi, quibus apertissime Scriptura testatur, nihil prodesse fidem, nisi eam quam definivit Apostolus, id est, quæ per dilectio-

(*a*) Mss. *quam*.

nem operatur; sine operibus autem salvare non posse, neque præter ignem, neque per ignem : quia si per ignem salvat, ipsa utique salvat. Absolute autem dictum est et aperte (*Jac.*, II, 14) : « Quid prodest, si dicat quis se fidem habere, opera autem non habeat? numquid poterit fides salvare eum? » Dicam tamen, quam brevissime potero, etiam ipse quid sentiam de illa sententia Pauli apostoli ad intelligendum difficili, dummodo illud, quod ad meam professionem attinet, præcipue teneatur, quod de hac me malle dixi audire meliores. Fundamentum Christus est in structura architecti sapientis : hoc expositione non indiget. Aperte enim dictum est (I *Cor.*, III, 10) : « Fundamentum enim aliud nemo potest ponere præter id quod positum est, quod est Christus Jesus. » Si autem Christus, procul dubio fides Christi. Per fidem quippe habitat Christus in cordibus nostris, sicut idem Apostolus dicit. (*Ephes.*, III, 17.) Porro si fides Christi, illa utique quam definivit Apostolus, « quæ per dilectionem operatur. » (*Gal.*, V, 6.) Non enim fides illa dæmonum, cum et ipsi credant et contremiscant, et Filium Dei confiteantur Jesum, potest accipi in fundamento. Quare,

quoi? parce que cette foi, au lieu d'opérer par la charité, ne se manifeste que par la crainte. C'est pourquoi la foi du Christ, qui est la foi de la grâce chrétienne, parce qu'elle opère par la charité, c'est celle qui est posée dans le fondement et qui ne laisse périr personne. Mais qu'est-ce que bâtir sur ce fondement un édifice d'or, d'argent, de pierres précieuses, de bois, de foin, de paille? Si j'essaie de mettre de la subtilité dans la discussion, je crains qu'elle ne devienne encore plus difficile à comprendre. Je vais m'efforcer néanmoins, pourvu que le Seigneur me vienne en aide, d'exposer mon sentiment avec brièveté, et, autant que je le pourrai, avec lucidité. Ecoutons d'abord cet homme, qui demande au bon Maître ce qu'il faut faire de bien pour arriver à la vie éternelle; et on lui répond que, s'il veut venir à la vie, il faut observer les commandements. Et comme il demandait quels étaient ces commandements, on lui dit : « Vous ne tuerez pas; vous ne commettrez pas de fornication; vous ne déroberez pas; vous ne porterez pas de faux témoignage; honorez votre père et votre mère, et vous aimerez votre prochain comme vous-même. » (*Matth.*, XIX, 16, etc.) En faisant tout cela dans la foi du Christ, il est certain qu'il aurait eu la vraie foi qui opère par l'amour. Du reste on n'aime le prochain comme soi-même qu'autant qu'on a l'amour de Dieu,

sans lequel on ne peut s'aimer soi-même. En outre, s'il eût fait encore ce que le Seigneur ajoute, en disant : « Si vous voulez être parfait, allez, vendez ce que vous avez, donnez-le aux pauvres, et vous aurez un trésor dans le ciel; puis venez, et suivez-moi, » (*Ibid.*, 22) il aurait bâti sur ce fondement un édifice d'or, d'argent, et de pierres précieuses. Il ne penserait qu'aux moyens de plaire à Dieu, et ce sont ces pensées qui seraient l'or, l'argent et les pierres précieuses. Mais je suppose qu'il a une affection charnelle pour les richesses qu'il possède, quoiqu'il fasse beaucoup d'aumônes, et qu'il n'emploie aucun moyen de fraude ou de rapine pour les augmenter, et que même la crainte de les diminuer ou de les perdre, ne le pousse à aucun acte criminel, (autrement il cesserait d'appartenir au fondement solide de l'édifice), je suppose donc en cet homme une affection charnelle pour ces biens, de sorte qu'il ne pourrait pas en être privé sans une grande douleur; alors il bâtirait sur le fondement un édifice de bois, de foin et de paille, surtout si, étant marié, il avait, à cause de son épouse, des pensées toutes mondaines pour chercher les moyens de lui plaire. Or, ces biens qu'on aime d'une affection charnelle, on ne les perd pas sans peine; car ceux qui les possèdent, tout en ayant dans le Christ la foi qui opère par la charité, et sans donner à ces biens

nisi quia non est fides quæ per dilectionem operatur, sed quæ exprimitur per timorem? Fides itaque Christi, fides gratiæ Christianæ, id est, ea fides quæ per dilectionem operatur, posita in fundamento neminem perire permittit. Sed quid sit ædificare super hoc fundamentum, aurum, argentum, lapides pretiosos, et ligna, fœnum, stipulam, si subtilius disserere coner, vereor ne ad intelligendum difficilior sit ipsa expositio : enitar tamen, quantum Dominus adjuvat, et breviter, et quantum potero, dilucide expedire quod sentio. Ecce ille qui quæsivit a magistro bono, quid boni faceret, ut haberet vitam æternam (*Matth.*, XIX, 16, etc.); et audivit, si ad vitam venire vellet, servanda sibi esse mandata; et cum quæreret quæ mandata, dictum est ei : «Non occides : Non mœchaberis : Non furtum facies : Non falsum testimonium dices : Honora patrem tuum et matrem tuam : Et diliges proximum tuum tanquam te ipsum : » hæc faciens in fide Christi, teneret procul dubio fidem, quæ per dilectionem operatur. Neque enim diligeret proximum tanquam se idem, nisi recepta dilectione Dei, sine qua non diligeret se ipsum. Porro si faceret etiam quod Dominus addidit,

dicens (*Ibid.*, 22) : « Si vis perfectus esse, vade, vende omnia quæ habes, et da pauperibus, et habebis thesaurum in cœlo, et veni sequere me : » ædificaret super illud fundamentum, aurum, argentum, lapides pretiosos : non enim cogitaret, nisi quæ sunt Dei, quomodo placeret Deo : et hæ cogitationes sunt, quantum existimo, aurum, argentum, lapides pretiosi. Porro si circa divitias suas carnali quodam teneretur affectu, quamvis ex eis multas eleemosynas faceret, nec ad eas augendas fraudis aliquid rapinæque moliretur, aut earum minuendarum vel amittendarum metu in aliquod facinus flagitiumve laberetur; (alioquin jam se isto modo ab illius fundamenti stabilitate subtraheret :) sed propter carnalem, ut dixi, quem in eis haberet affectum, quo talibus bonis sine dolore carere non posset, ædificaret super fundamentum illud ligna, fœnum, stipulam : maxime si et uxorem sic haberet, ut etiam propter istam cogitaret ea quæ sunt mundi, quomodo placeret uxori. Hæc igitur quoniam affectu dilecta carnali non sine dolore amittuntur, propterea quia ea sic habent, ut habeant in fundamento fidem, quæ per dilectionem operatur, neque huic ista ulla

CHAPITRE XVI.

une préférence d'estime et d'amour, cependant, s'ils viennent à les perdre, ils subissent une peine de cette privation, et arrivent au salut, en passant pour ainsi dire par le feu de la douleur. Quant à l'homme qui, pour les conserver ou les acquérir, se rend coupable d'homicide, d'adultère, de fornication, d'idolâtrie et d'autres crimes semblables, je ne dis pas qu'il sera sauvé, à cause du fondement, en passant par le feu, mais je dis qu'il s'est détaché du fondement, et qu'il sera tourmenté par le feu éternel.

28. Mais on nous objecte un autre texte, pour nous prouver combien la foi toute seule a de puissance ; c'est encore un texte de l'Apôtre, où il dit : « Si l'époux infidèle se retire, qu'on le laisse aller ; car par là notre frère ou notre sœur n'ont plus d'engagement. » (I *Cor.*, VII, 15.) Et on prétend qu'à cause de la foi du Christ, on peut ainsi abandonner, sans être coupable, une épouse légitime, si elle ne veut pas rester avec un mari chrétien, par cela même qu'il est chrétien. Mais on ne fait pas attention que c'est avec raison qu'on laisse aller cette épouse, si elle dit à son mari : Je ne veux plus être ton épouse, à moins que tu ne continues, quoiqu'étant chrétien, à m'apporter le fruit de tes rapines, et à exercer dans notre maison les débauches accoutumées ; ou bien tout autre métier criminel, et qu'elle connaissait à son mari, et dont elle profitait pour satisfaire ses passions, faire bonne chère, ou soigner sa parure. Alors le mari, entendant son épouse tenir un pareil langage, s'il était véritablement contrit de ses péchés, quand il a reçu le baptême, et s'il a la foi, qui opère par la charité, éprouvera dans son cœur, il n'en faut pas douter, un plus grand amour pour la grâce divine que pour une épouse charnelle, et la regardant comme un membre de scandale, il n'hésite pas à s'en séparer. Or, cette séparation est une douleur pour son cœur, à cause de son affection charnelle pour son épouse ; voilà la perte qu'il éprouve, voilà le feu qui brûle le foin et qui le sauve. Si au contraire le mari était avec son épouse, comme n'y étant pas, l'aimant non pour la concupiscence, mais par miséricorde, dans l'espérance de la sauver, rendant plutôt qu'il n'exige le devoir conjugal, il est certain qu'il n'aura pas à souffrir, si son épouse vient à le quitter. Car en demeurant avec elle, il ne pensait déjà qu'aux choses de Dieu et aux moyens de lui plaire. (I *Cor.*, VII, 32.) C'est pourquoi plus ces pensées s'élevaient sur le fondement comme un édifice d'or, d'argent et de pierres précieuses, moins il éprouve les pertes, et moins aussi sa construction

ratione vel cupiditate præponant, in eorum amissione passi detrimentum per ignem quemdam doloris perveniunt ad salutem. A quo dolore atque detrimento tanto est quisque securior, quanto ea vel minus amaverit, vel tanquam non habens habuerit. Qui vero propter illa vel tenenda vel adipiscenda, homicidium, adulterium, fornicationem, idolatriam, et similia quæque commiserit, non propter fundamentum per ignem salvabitur, sed amisso fundamento, æterno igne torquebitur.

28. Quamobrem et illud quod dicunt, veluti probare cupientes quantum valeat sola fides, ubi Apostolus dicit : « Quod si infidelis discedit, discedat ; non est enim servituti subjectus frater vel soror in hujusmodi ; » (I *Cor.*, VII, 15) id est, ut propter fidem Christi etiam ipsa uxor legitima societate conjuncta, sine ulla culpa relinquatur, si cum viro Christiano, propter hoc quia Christianus est, permanere noluerit : non attendunt eo modo illam rectissime dimitti, si viro suo dicat : Non ero exor tua, nisi mihi vel de latrocinio divitias congeras, aut nisi solita lenocinia, quibus nostram domum transigebas, etiam Christianus exerceas ; aut si quid aliud vel facinorosum vel flagitiosum (*a*) in viro noverat, quo delectata vel libidinem explebat, vel facilem victum habebat, vel etiam incedebat ornatior. Tunc enim illa cui hoc uxor dicit, si veraciter egit pœnitentiam ab operibus mortuis, quando accessit ad baptismum, habetque in fundamento fidem quæ per dilectionem operatur, procul dubio plus tenebitur amore divinæ gratiæ, quam carnis uxoriæ, et membrum quod eum scandalizat, fortiter amputat. Quemcumque autem in hac diremptione dolorem cordis propter carnalem affectum conjugis sustinebit, hoc est detrimentum quod patietur, hic est ignis per quem ardente ipse salvabitur. Si autem jam sic habebat uxorem tanquam non habens, non propter concupiscentiam, sed propter misericordiam, ne forte eam salvam faceret, reddens potius quam exigens debitum conjugale ; profecto nec dolebit carnaliter, cum ab illo (*b*) tale connubium separabitur : neque enim in ea cogitabat, nisi quæ sunt Dei, quomodo placeret Deo. (I *Cor.*, VII, 32.) Ac per hoc in quantum aurum, argentum, et lapides pretiosos illis cogitationibus superædificabat, in tantum detrimentum nullum pateretur, in tantum ejus struc-

(*a*) Remensis Ms. *virum agere noverat.* — (*b*) Sic Mss. At editi, *tali conjugio separabitur : neque enim in eo cogitabat.*

qui n'est pas de paille subit les ravages du feu.

29. Soit que l'homme souffre en cette vie ces peines expiatoires, soit qu'il les souffre après le jugement dans l'autre vie, l'interprétation que je donne ici au texte de saint Paul, ne me paraît pas contraire à la raison ni à la vérité. Et pourtant si l'on doit donner la préférence à une autre interprétation qui m'échappe, je dis que nous devons garder celle-ci, plutôt que de dire aux hommes injustes, rebelles, scélérats, impurs, parricides, homicides, fornicateurs, abominables, furieux, menteurs, parjures, ou autres ennemis de la saine doctrine conforme à l'Evangile de la gloire de Dieu (1 *Tim.*, I, 9) : Il vous suffit de croire au Christ, et de recevoir le baptême, sans rien changer à votre vie criminelle, et vous serez sauvés.

30. On ne peut pas non plus nous objecter la femme chananéenne, en nous disant que le Seigneur lui a accordé ce qu'elle lui demandait, après lui avoir répondu : « Il n'est pas bon de prendre le pain des enfants, pour le jeter aux chiens. » (*Matth.*, XV, 26.) Lisant au fond des cœurs, il a vu que cette femme était changée, et qu'elle méritait ses louanges. C'est pourquoi il ne lui parle plus comme si elle était un chien, mais il lui dit : « O femme, votre foi est grande! » Il l'appelle autrement, parce que le cœur de cette femme est changé; la réprimande avait porté son fruit. Je me demande s'il aurait loué dans cette femme la foi sans les œuvres, la foi autre que celle qui opère par la charité (*Jacq.*; II, 19), la foi morte, et que saint Jacques ne craint pas d'appeler, non la foi des chrétiens, mais la foi des démons. Enfin, si nos adversaires ne veulent pas comprendre que cette femme chananéenne a renoncé à sa mauvaise vie, que Jésus-Christ méprisait et réprouvait par la dureté de ses paroles, qu'ils agissent donc en conséquence. Lorsqu'ils rencontreront de ces hommes qui se contentent de croire, sans vouloir rien changer à leur vie criminelle, et qui, loin de la cacher, se font gloire de l'étaler en public, qu'ils guérissent, s'ils le peuvent, les enfants de ces hommes, comme Notre-Seigneur a guéri la fille de la chananéenne; mais qu'ils se gardent bien de les admettre eux-mêmes comme membres du Christ, puisqu'ils veulent rester membres d'une prostituée. Du reste, ils ont raison de penser qu'on pèche contre le Saint-Esprit, (*Gal.*, V, 6), et qu'on est coupable d'un péché irrémissible quand on s'obstine jusqu'au dernier moment de la vie à ne pas croire en Jésus-Christ; l'essentiel, c'est de savoir comment il faut croire en Jésus-Christ, car cette foi ne peut pas être la foi des démons, qui est une foi morte, mais celle qui opère par la charité.

---

tura, quæ non erat fœnea, nullo incendio crematur.

29. Sive ergo in hac tantum vita ista homines patiuntur, sive etiam post hanc vitam talia quædam judicia subsequuntur, non abhorret, quantum arbitror, a ratione veritatis iste intellectus hujusce sententiæ. Verumtamen etiam si est alius, qui mihi non occurrit, potius eligendus; istum quamdiu tenemus, non cogimur dicere injustis, non subditis, scelestis, contaminatis, parricidis, matricidis, homicidis, fornicatoribus, masculorum concubitoribus, plagiariis, mendacibus, perjuris, et si quid aliud sanæ doctrinæ adversatur, quæ est secundum Evangelium gloriæ beati Dei (1 *Tim.*, 1, 9) : Si tantummodo in Christum credatis, et sacramentum baptismi ejus accipiatis, etiamsi vitam istam pessimam non mutaveritis, salvi eritis.

30. Unde nec illa nobis mulier Chananæa præscribit, quia Dominus ei quod petebat dedit, cum ante dixisset : « Non est bonum tollere panem filiorum et mittere canibus : » (*Matth.*, XV, 26) quia ille cordis inspector mutatam vidit, quando laudavit. Et ideo non ait : O canis, magna est fides tua : sed : « O mulier, magna est fides tua. » Mutavit vocabulum, quia mutatum vidit affectum, atque illam correptionem ad fructum pervenisse cognovit. Miror autem si laudaret in ea fidem sine operibus, id est, fidem non talem quæ jam per dilectionem posset operari (*Jacob.*, II, 19), fidem mortuam, et quod Jacobus dicere minime dubitavit, fidem non Christianorum, sed dæmonum. Postremo si istam Chananæam nolunt intelligere mutasse perditos mores, quando eam Christus contemnendo et corripiendo redarguit : quoscumque invenerint tantummodo credere, vitam vero inquinatissimam, nec saltem occultare, sed etiam libere profiteri, ac nolle mutare; sanent filios eorum, si possunt, sicut sanata est filia Chananææ mulieris : non tamen eos faciant membra Christi, cum ipsi esse non desinant membra meretricis. Illud sane non absurde intelligunt, cum peccare in Spiritum sanctum, et esse sine venia reum æterni peccati, qui usque in finem vitæ noluerit credere in Christum ; sed si recte intelligerent, quid sit credere in Christum. Non enim hoc est habere dæmonum fidem, quæ recte mortua perhibetur, sed fidem quæ per dilectionem operatur. (*Gal.*, V, 6.)

CHAPITRE XVII. — 31. Donc, quand nous refusons d'admettre au baptême les hommes qui ont de telles dispositions, on ne peut dire que nous voulons arracher l'ivraie avant la moisson; au contraire, c'est que nous ne voulons pas imiter le démon, et la semer parmi le bon grain. Nous n'éloignons pas ceux qui veulent venir à Jésus-Christ, mais nous leur montrons qu'en restant dans leur profession, ce sont eux qui ne veulent pas venir au Sauveur. Nous ne les empêchons pas de croire en Jésus-Christ; nous leur prouvons au contraire que ce sont eux qui refusent de croire en lui, en disant, contrairement à la doctrine de Jésus-Christ, que l'adultère n'est pas un adultère, ou en s'imaginant que les adultères peuvent devenir ses membres, tandis que l'Apôtre leur dit qu'ils ne posséderont pas le royaume de Dieu (1 *Cor.*, VI, 10), et qu'ils sont ennemis de la saine doctrine que Dieu s'est plu à nous donner par l'Evangile. (1 *Tim.*, I, 10, 11.) Ces hommes, il ne faut donc pas les compter parmi ceux qui viennent au festin des noces, mais parmi ceux qui ont refusé d'y venir. (*Luc*, XIV, 16.) Car du moment qu'ils contredisent ouvertement la doctrine de Jésus-Christ, (*Matth.*, XXII, 2), et qu'ils combattent le saint Evangile, on ne peut pas dire qu'on les repousse quand ils viennent, puisqu'ils dédaignent de venir. Il y en a qui renoncent au monde, du moins en paroles, quoique le renoncement ne soit pas réel; ceux-là viennent néanmoins, ils sont semés parmi le bon grain, ils sont amassés dans l'aire, ils sont réunis aux brebis, ils entrent dans les filets, ils sont assis au nombre des convives. Mais soit qu'on les connaisse ou qu'on ne les connaisse pas à l'intérieur, on doit les tolérer, si on ne peut pas les corriger, et on n'a aucune raison de les séparer. N'allons pas croire, en lisant dans l'Ecriture qu'on a amené au festin de noces « tous ceux qu'on a trouvés, bons et mauvais, » (*Luc*, XIV, 21) que cette parole s'applique aux hommes obstinés dans le mal. Autrement les serviteurs du père de famille sémeraient eux-mêmes l'ivraie, et le père de famille ne pourrait pas dire : « C'est mon ennemi, le démon, qui l'a semée. » (*Matth.*, XIII, 28.) Cette hypothèse étant impossible, il faut dire que les serviteurs ont amené « les bons et les mauvais, » parce qu'on ne les connaissait pas, ou qu'on ne les a connus qu'après leur admission et leur introduction. Peut-être aussi les appelle-t-on « bons et mauvais, » d'après leur conduite antérieure dans la société, comme si l'on voulait dire qu'avant de croire, leur vie était louable ou blâmable. C'est dans ce sens que Notre-Seigneur recommandait à ses disciples, en les envoyant prêcher pour la première fois l'Evangile, de demander, quand ils entreraient dans une ville, un citoyen digne et recommandable, et de rester chez lui jusqu'à leur dé-

CAPUT XVII. — 31. Quæ cum ita sint, quando tales ad baptismum non admittimus, non ante tempus zizania evellere conamur, sed nolumus insuper, sicut diabolus, zizania seminare : nec ad Christum volentes venire prohibemus, sed eos ad Christum venire nolle, ipsa sua professione convincimus : nec vetamus Christo credere, sed demonstramus eos nolle Christo credere, qui vel adulterium dicunt non esse, quod ille adulterium dicit esse, vel credunt adulteros ejus membra posse esse, quos per Apostolum dicit regnum Dei non possidere, et sanæ doctrinæ adversari, quæ est secundum Evangelium gloriæ beati Dei. (1 *Cor.*, VI, 10; 1 *Tim.*, I, 10, 11.) Unde non sunt isti inter eos deputandi, qui ad convivium nuptiarum venerunt; sed inter eos qui venire noluerunt. (*Luc.*, XIV, 16; *Matth.*, XXII, 2.) Cum enim ipsi doctrinæ Christi audent apertissime contradicere, et sancto adversari Evangelio, non venientes repelluntur, sed venire contemnunt. Qui autem sæculo saltem verbis, etiamsi non factis, renuntiant, veniunt quidem, et inter triticum seminantur, et in aeram congeruntur, et ovibus aggregantur, et retia subeunt, et convivantibus admiscentur; sed intus sive lateant, sive pareant, tunc erit ratio tolerandi, si potestas nulla est corrigendi, nec debet esse præsumptio separandi. Absit autem ut sic intelligamus quod scriptum est, ad convivium nuptiarum adductos, « quos invenerunt bonos et malos, » (*Luc.*, XIV, 21) ut eos adduxisse credantur, qui se malos perseveraturos professi sunt. Alioquin ipsi servi patris familias zizania seminaverunt, falsumque erit illud : « Inimicus autem qui ea seminavit, diabolus est. » (*Matth.*, XIII, 28.) Sed quia hoc falsum esse non potest, adduxerunt « servi bonos et malos, » sive qui laterent, sive qui jam adducti et intromissi apparerent; sive « bonos et malos » dictum est secundum quamdam humanam conversationem, in qua etiam ii qui nondum crediderunt, vel laudari vel vituperari solent. Unde est etiam et illud quod Dominus monet discipulos, quos ad Evangelium prædicandum primitus mittit, ut in quamcumque venerint civitatem, quærant quis illic dignus sit, ut

part. (*Matth.*, x, 11.) Quel est l'homme digne, si ce n'est celui qui a bonne renommée parmi ses concitoyens ? Quel est l'homme indigne, si ce n'est celui qui a mauvaise renommée ? Ceux qui viennent à la foi de Jésus-Christ appartiennent à l'une ou l'autre classe, et ainsi on amène les bons et les mauvais ; parce que ceux qui sont mauvais ne refusent pas de faire pénitence de leurs péchés. S'ils refusaient, c'est qu'ils ne voudraient pas entrer, et on les éloigne ; ils se fermeraient eux-mêmes la porte par leur mauvaise volonté.

32. Le serviteur de l'Evangile pourra bannir toute inquiétude ; il ne sera pas condamné comme négligent, pour n'avoir pas voulu faire fructifier le talent de son maître (*Matth.*, xxv, 26) ; puisque ceux chez lesquels il voulait les faire fructifier, n'ont pas voulu le recevoir. Car la parabole de l'Evangile s'adresse à ceux qui ne veulent pas accepter dans l'Eglise, la charge de dispensateur, donnant pour excuse à leur paresse, qu'ils ne veulent pas avoir à rendre compte des péchés d'autrui. Ils écoutent et ne font pas, c'est-à-dire ils reçoivent et ne rendent pas. Mais le dispensateur fidèle et vigilant est toujours prêt à donner ; il est très-zélé pour les intérêts de son Maître, il dit à l'adultère : Ne sois plus adultère, si tu veux être baptisé ; crois en Jésus-Christ qui condamne ta conduite comme adultère, si tu veux être baptisé ; ne sois pas membre d'une prostituée, si tu veux être membre du Christ. Mais si cet homme répond : C'est inutile, je ne ferai pas ce que vous exigez ; il est clair qu'il refuse de recevoir le talent du Seigneur, ayant lui-même la prétention de verser dans le trésor du maître la fausse monnaie de ses adultères. Si au contraire cet homme promet d'obéir, quoiqu'il ne le fasse pas en réalité, et qu'on ne puisse pas l'amener à résipiscence, il s'agira pour lors de l'empêcher de nuire aux autres, puisqu'on ne peut l'empêcher de se nuire à lui-même. S'il est un mauvais poisson dans les précieux filets du Seigneur, il ne faut pas du moins qu'il attire les poissons de son Maître dans ses filets dangereux ; je veux dire que si sa vie est scandaleuse dans l'Eglise, il ne faut pas du moins que sa doctrine devienne pernicieuse. Si vous admettez au baptême des hommes, qui se retranchent dans cette ligne de conduite, et qui déclarent ouvertement leur intention d'y persévérer, vous enseignez positivement par cette manière d'agir que les fornicateurs et les adultères, quand même ils persévéreraient jusqu'à la fin dans leur iniquité, posséderont le royaume de Dieu, et que, par le seul mérite de la foi qui, sans les œuvres, est une foi morte, ils arriveront au salut et à la vie éternelle. Voilà les filets qui sont dangereux, et que doivent rejeter surtout

---

apud cum habitent, donec inde proficiscantur. (*Matth.*, x, 11.) Profecto ille dignus quis erit, nisi qui existimatione suorum civium bonus habebitur ? et quis indignus, nisi qui eis malus innotuerit ? Ex hoc utroque genere veniunt ad Christi fidem, et sic adducuntur boni et mali : quia et illi mali a mortuis operibus pœnitentiam non recusant. Si autem recusant, non intrare cupientes repelluntur, sed ab introitu ipsi aperta contradictione discedunt.

32. Erit ergo et servus ille securus, nec inter pigros damnabitur, quod dominicum talentum noluerit erogare ; quando quidem illi noluerunt quod erogabat accipere. Propter illos enim hæc similitudo proposita est, qui nolunt suscipere in Ecclesia dispensatoris officium, desidiosam prætendentes excusationem, nolle se rationem reddere de peccatis alienis ; qui audiunt et non faciunt, id est, accipiunt et non reddunt. (*Matth.*, xxv, 26.) Cum vero dispensator fidelis et diligens, in erogando paratissimus, et lucrorum dominicorum avidissimus, dicit adultero : Noli esse adulter, si vis baptizari ; crede Christo, qui hoc quod facis dicit esse adulterium, si vis baptizari ; noli esse membrum meretricis, si vis fieri membrum Christi : ille autem respondet : Non obedio, non facio : ipse non vult veram pecuniam dominicam accipere, sed suam potius adulterinam vult thesauris dominicis importare. Si autem se facturum profiteretur, nec faceret, nec postea quolibet modo corrigi posset ; inveniretur quid de illo fieret, ne aliis inutilis esset, qui sibi utilis esse non posset : ut si intra retia Domini bona piscis malus esset, non tamen pisces Domini sui malis retibus irretiret ; hoc est, ut si haberet in Ecclesia vitam malam, non tamen illi institueret doctrinam malam. Cum enim tales facta sua talia defendunt, vel in eis se perseveraturos apertissime profitentes admittuntur ad baptismum, nihil (*a*) videtur aliud prædicare, nisi fornicatores et adulteros etiam usque in vitæ hujus finem in ea nequitia permanentes, regnum Dei possessuros, et merito fidei, quæ sine operibus mortua est, ad vitam æternam salutemque venturos. Hæc sunt mala retia, quæ cavere debent præcipue piscatores : si tamen

(*a*) Ita Mss. Editi autem, *nihil videntur aliud prædicare*.

les pêcheurs, s'il est vrai toutefois que, d'après la parabole de l'Evangile les pêcheurs soient les évêques, et les prêtres du second ordre chargés du soin des églises, selon cette parole : « Venez, et je vous ferai pêcheurs d'hommes. » (*Matth.*, IV, 19.) On peut prendre dans les filets de l'Eglise les bons et les mauvais poissons ; mais dans les filets des méchants, vous ne pouvez pas prendre de bons poissons. Quand la doctrine est bonne, on peut être bon, si on l'écoute et qu'on la pratique : mauvais, quand on l'écoute sans la pratiquer. Mais quand la doctrine est mauvaise, il suffit de la croire bonne, sans même la pratiquer, pour être mauvais ; mais la pratiquer c'est être pire encore.

CHAPITRE XVIII. — 33. Ce qu'il y a de surprenant, c'est que des frères qui ont de tout autres sentiments, et qui devraient détester une opinion si pernicieuse, qu'elle soit ancienne ou nouvelle, sont les premiers à dire que nous enseignons une nouvelle doctrine, quand nous disons qu'il ne faut pas admettre au baptême des hommes pervers, déclarant ouvertement leur intention de continuer leur vie abominable. Qu'ils aillent où ils voudront, et nulle part ils ne verront admettre aux sacrements du christianisme les prostituées, les histrions, et quiconque exerce publiquement une profession infâme, sans qu'auparavant ils ne se soient dégagés de ces liens criminels. Et pourtant, d'après l'opinion que nous combattons, il faudrait les admettre, si la sainte Eglise ne veillait pas à conserver son antique et indestructible usage, fondé sur cette vérité manifeste : « Ceux qui commettent ces crimes ne possèderont pas le royaume de Dieu. » (*Gal.*, v, 21 ; 1 *Cor.*, VI, 10.) En effet, s'ils ne font pas pénitence de leurs œuvres de mort, on leur refuse le baptême. Entrent-ils dans l'Eglise d'une manière frauduleuse, ou bien ils feront pénitence, ou bien ils ne peuvent être sauvés. Les avares, les ivrognes, les médisants, et autres pêcheurs de ce genre n'offrent pas dans leur conduite de ces faits, qu'on puisse signaler et reprendre avec sévérité ; cependant les prescriptions et les enseignements des catéchismes sont pour eux comme une forte leçon qui les châtie, les change et les ramène au bien, et on peut les admettre au baptême s'il arrive qu'en certains lieux, et par une trop grande négligence, on ait admis au baptême ; des adultères que tolère la loi humaine, mais que condamne la loi divine, c'est-à-dire des hommes qui vivent avec des femmes qui ne sont pas leurs épouses, et des femmes qui vivent avec des hommes qui ne sont pas leurs maris ; je dis qu'il faut corriger le mal par l'exemple du bien, et s'efforcer de ne pas les admettre. Mais il ne faut pas que le mal se substitue au bien, jusqu'à ce point de poser en principe que les aspirants au baptême, n'ont pas besoin d'être instruits sur

illa evangelica similitudine piscatores episcopi, vel inferioris ordinis Ecclesiarum præpositi intelligendi sunt : quia dictum est : « Venite, et faciam vos piscatores hominum. » (*Matth.*, IV, 19.) Retibus enim bonis capi possunt pisces et boni et mali ; retibus autem malis capi non possunt pisces boni. Quoniam in doctrina bona et, bonus potest esse qui audit et facit, et malus qui audit et non facit : in doctrina vero mala, et qui eam veram putat, quamvis ei non obtemperet, malus est ; et qui obtemperat, pejor est.

CAPUT XVIII. — 33. Illud sane mirabile est, quod fratres qui aliter sapiunt, cum debeant ab ista vel nova vel vetere, perniciosa tamen opinione discedere, ipsi insuper dicunt novam esse doctrinam, qua nequissimi homines in suis flagitiis perseveraturos in propatulo profitentes non admittuntur ad baptismum : quasi nescio ubi peregrinentur, quando meretrices et histriones, et quilibet alii publicæ turpitudinis professores, nisi solutis aut disruptis talibus vinculis, ad christiana sacramenta non permittuntur accedere : qui utique secundum istorum sententiam omnes admitterentur, nisi antiquum et robustum morem sancta Ecclesia retineret, ex illa scilicet liquidissima veritate venientem, qua certum habet, « quoniam qui talia agunt, regnum Dei non possidebunt. » (*Gal.*, v, 21 ; 1 *Cor.*, VI, 10.) Et nisi egerint ab his mortuis operibus pœnitentiam, accedere ad baptismum non sinuntur : si autem subrepserint, nisi vel postea mutati egerint (*supple*, pœnitentiam), salvi esse non possunt. Sed ebriosi, avari, maledici, et si qua alia vitia damnabilia apertis factis convinci redarguique non possunt ; præceptis tamen et catechismis validissime flagellantur, atque omnes tales mutata in melius voluntate ad baptismum videntur accedere. Sed si forte adulteros, quos non lex humana, sed divina condemnat, id est qui alienas uxores tanquam suas habent, vel feminas quæ alienos maritos, alicubi negligentius admitti solere adverterunt ; ex illis rectis debent conari ista corrigere, hoc est, ut etiam isti non admittantur ; non ex his pravis illa recta depravare, ut neque de morum cor-

la correction des mœurs, et que par conséquent on peut admettre tous ceux qui font profession publique d'infamie et de scélératesse, les prostituées, les fauteurs de débauches, les gladiateurs et autres gens de cette espèce, quand même ils ne voudraient rien changer à leur état de vie. Quand il s'agit de ces crimes dont l'Apôtre fait l'énumération, et dont il dit « que ceux qui les commettent ne posséderont pas le royaume de Dieu, » il ne faut pas se montrer indulgent. Les pasteurs zélés emploient toute leur énergie pour corriger ces scandales, quand ils les connaissent; et si les coupables déclarent ne pas vouloir se soumettre, on ne les admet pas au baptême.

Chapitre XIX. — 34. Ceux qui pensent que l'aumône rachète les péchés, n'hésitent pas à reconnaître qu'il y en a trois qui sont mortels et dignes de l'excommunication, jusqu'à ce qu'on les ait expiés par les humiliations de la pénitence : l'impudicité, l'idolâtrie, l'homicide. Il n'est pas nécessaire d'entrer ici dans le fond de cette opinion, pour examiner s'il faut la modifier ou l'approuver; ce serait compliquer notre travail d'une question, qui n'en fait pas nécessairement partie. Il suffit de constater que s'il y a des obstacles à la réception du sacrement de baptême, un de ces obstacles est l'adultère; et que s'il n'y en a que trois, un de ces trois est encore l'adultère. Or, c'est là le péché qui a soulevé cette discussion.

35. Mais comme les mauvais chrétiens qui vivaient avant nous et dont les mœurs étaient déplorables, ne paraissent pas s'être oubliés à ce point d'épouser, les hommes des femmes déjà mariées, et les femmes des hommes déjà mariés. C'est pour cette raison sans doute que, dans certaines Eglises, on a négligé peu à peu, quand on catéchisait les aspirants, de prendre les informations nécessaires et de réprimer ces vices. Plus tard on a prétendu que ces vices n'étaient pas un obstacle, et pourtant ils sont rares chez les chrétiens; et s'il y en a des exemples encore trop nombreux, il faut les attribuer à notre apathie. Ce défaut qui tient à la négligence chez les uns, à l'imprévoyance chez les autres, et quelquefois à l'ignorance, voilà sans doute cet état de sommeil que Notre-Seigneur nous rappelle dans l'Evangile, quand il dit : « Mais pendant que les hommes dormaient, l'ennemi vint et sema l'ivraie par-dessus. » (*Matth.*, xiii, 25.) Il faut donc croire que ces vices ne se sont pas rencontrés d'abord, même dans les mœurs des mauvais chrétiens. Car le bienheureux Cyprien, dans sa lettre *De lapsis,* tout en déplorant et en signalant les crimes qui avaient excité la colère de Dieu et

---

rectione catechizandos esse censeant competentes ; et consequenter omnes etiam illarum publicarum turpitudinum et scelerum professores, hoc est, meretrices, lenones, gladiatores, ac si quid hujusmodi est, etiam in illis malis permanentes, admitti oportere arbitrentur. Omnia quippe illa quæ Apostolus enumerat, concludens, « quoniam qui talia agunt, regnum Dei non possidebunt : » qui vehementius agunt, manifestata sibi congruenter increpant, et resistentes atque in eis se permansuros profitentes ad accipiendum baptismum non admittunt.

Caput XIX. — 34. Qui autem opinantur cætera eleemosynis facile compensari, tria tamen mortifera esse non dubitant et excommunicationibus punienda, donec pœnitentia humiliore sanentur, impudicitiam, idolatriam, homicidium. Neque nunc opus est quærere qualis sit eorum ista sententia, et utrum corrigenda, an approbanda, ne opus suscepto mittamus in longum propter eam quæstionem, quæ huic (*a*) absolvendæ minime necessaria est. Sufficit enim, quia si omnia non sunt admittenda ad baptismi sacramentum, inter hæc omnia est adulterium : si autem tria illa sola excipienda sunt, etiam in his tribus est adulterium, unde ista disputatio nata est.

35. Sed quoniam malorum Christianorum mores, qui fuerunt antea etiam pessimi, habuisse non videntur hoc malum, ut alienas uxores ducerent viri, aut alienis viris feminæ nuberent ; inde fortasse apud quasdam Ecclesias negligentia ista subrepsit, ut in catechismis Competentium nec quærerentur nec (*b*) percuterentur hæc vitia; atque inde factum est, ut inciperent et defendi : quæ tamen in baptizatis rara sunt adhuc, si ea nos negligendo non (*c*) densa faciamus. Talem quippe in quibusdam negligentiam, in aliis imperitiam, in aliis ignorantiam probabiliter Dominus somni nomine significasse intelligitur, ubi ait : « Cum autem dormirent homines, venit inimicus, et superseminavit zizania. » (*Matth.*, xiii, 25.) Hinc autem existimandum est, non ea primum apparuisse in moribus, quamvis malorum Christianorum, quoniam beatus Cyprianus in Epistola de lapsis, cum deplorando et arguendo multa commemoraret, quibus merito dicit indignationem Dei fuisse commotam, ut intolerabili persecutione Ecclesiam suam sineret flagellari, hæc ibi omnino non

(*a*) Am. Er. et duo Mss. *absolvendo*. — (*b*) Sic Mss. At editi, *repercuterentur*. — (*c*) Editi, *defensa*. Erratum corrigunt veteres libri.

CHAPITRE XX.

attiré sur l'Eglise une violente persécution, ne dit pas un mot de l'adultère; et pourtant il prend soin de relever, comme un acte d'immoralité, le mariage d'un chrétien avec une infidèle, en disant nettement qu'une pareille union est la prostitution des membres du Christ aux Gentils. Et pourtant, à notre époque, ces unions ne sont plus regardées comme des crimes; le Nouveau Testament ne prescrivant rien à ce sujet, on a pu croire que la chose était permise, ou qu'elle était douteuse. On ne sait pas non plus, lorsque Hérode vivait avec la femme de son frère, si ce frère était mort ou encore vivant (*Matth.*, XIV, 5); voilà pourquoi on se demande dans quel sens Jean lui reprochait sa conduite comme illicite. Si une concubine déclare qu'elle ne connaîtra jamais d'autre homme que celui avec lequel elle vit, quand même il l'abandonnerait, on doute avec raison si on ne peut pas l'admettre au baptême. Un homme qui surprend sa femme en adultère, et qui l'abandonne pour en épouser une autre, ne peut être assimilé à un autre homme qui, sans raison, quitte sa femme et en épouse une autre; et l'Ecriture sainte ne nous dit pas si cet homme, qui peut sans doute quitter sa femme adultère, devient adultère lui-même, en épousant une autre femme, de sorte qu'à mon avis il n'y aurait pas faute grave. Il faut donc regarder comme un obstacle insurmontable pour le baptême tout crime d'impudicité, quand il est manifeste, à moins qu'on ne s'en corrige par une conversion sincère et par la pénitence. Quand il est douteux, il faut s'efforcer d'empêcher ces unions. Car pourquoi se mettre dans toutes ces perplexités d'une situation douteuse? Si le fait est accompli, je ne sais pas si, dans cette circonstance, il ne faudrait pas admettre les personnes au baptême.

Chapitre XX. — 36. Pour se renfermer donc dans la doctrine salutaire de la vérité, il faut éviter de donner une fatale sécurité au pécheur, et surtout de l'autoriser dans une audace scandaleuse, et voici l'ordre qu'il faut suivre : ceux qui doivent être baptisés sont obligés de croire en Dieu Père, Fils et Saint-Esprit, suivant la formule du Symbole qui leur est enseigné. Ensuite ils doivent faire pénitence de tous leurs péchés, et ne pas douter que le baptême effacera toutes les fautes passées. Ce pardon ne sera pas une licence, mais une décharge; ce sera une indulgence, et non une autorisation. C'est alors qu'on peut dire, dans un sens spirituel : « Vous voilà guéri maintenant, ne péchez plus. » (*Jean*, v, 14.) Et quand le Seigneur parlait ainsi au malade qu'il venait de guérir, il savait bien que sa maladie était une suite de ses péchés. Mais je me

---

nominat : cum etiam illud non taceat, et ad eosdem mores malos pertinere confirmet, jungere cum infidelibus vinculum matrimonii, nihil aliud esse asserens, quam prostituere gentilibus membra Christi : quæ nostris temporibus jam non putantur esse peccata; quoniam re vera in Novo Testamento nihil inde præceptum est, et ideo aut licere creditum est, aut velut dubium derelictum. Sicut etiam illud ambiguum est, utrum Herodes (*a*) mortui duxerit, an vivi fratris uxorem : et ideo non ita claret, quid Joannes ei non licere dicebat. (*Matth.*, XIV, 3.) De concubina quoque, si professa fuerit nullum se alium cognituram, etiamsi ab illo cui subdita est dimittatur, merito dubitatur, utrum ad percipiendum baptismum non debeat admitti. Quisquis etiam uxorem in adulterio deprehensam dimiserit, et aliam duxerit, non videtur æquandus eis, qui excepta causa adulterii dimittunt et ducunt.: et in ipsis divinis sententiis ita obscurum est, utrum et iste, cui quidem sine dubio adulteram licet dimittere, adulter tamen habeatur si alteram duxerit, ut, quantum existimo, venialiter ibi quisque fallatur. Quamobrem quæ manifesta sunt impudicitiæ crimina, omni modo a baptismo prohibenda sunt, nisi mutatione voluntatis et pœnitentia corrigantur : quæ autem dubia, omni modo conandum est ne fiant tales conjunctiones. Quid enim opus est in tantum discrimen ambiguitatis caput mittere? Si autem factæ fuerint, nescio utrum ii qui fecerint, similiter ad baptismum non debere videantur admitti.

Caput XX. — 36. Quantum attinet igitur ad doctrinam salubrem veritatis, ne cuiquam mortifero peccato perniciosissima securitas detur, vel etiam pestilentiosissima tribuatur auctoritas, iste curationis ordo est, ut baptizandi credant in Deum Patrem et Filium et Spiritum sanctum, eo ritu quo Symbolum traditur; et a mortuis operibus agant pœnitentiam, omniumque se omnino præteritorum remissionem in baptismo accepturos esse non dubitent : non ut peccare liceat, sed ut peccasse non noceat; ut sit facti remissio, non permissio faciendi. Tunc vere dici potest, etiam spiritaliter : « Ecce sanus factus es, jam noli peccare : » (*Joan.*, v, 14) quod Dominus de corporali sanitate ideo dixit, quoniam sciebat ei quem salvum fecerat, meritis peccatorum illum etiam

---

(*a*) Fratris viventis uxorem duxisse, tradit Josephus Antiq. Jud., l. 18, c. VII, idque in celebritate Decoll. S. Joan. canitur in Breviario Rom.

demande comment nos adversaires, en voyant un homme entrer adultère dans l'eau du baptême, et en sortir adultère, pourraient lui dire : « Vous voilà guéri maintenant. » Où trouvez-vous une maladie grave et mortelle, si l'adultère est la santé?

Chapitre XXI. — 37. Rappelez-vous, disent nos adversaires, ces trois mille hommes que les apôtres ont baptisés en un seul jour ; ces milliers de fidèles que l'Apôtre a évangélisés depuis Jérusalem jusqu'en Illyrie ; il y avait certainement dans cette multitude des hommes et des femmes qui vivaient dans l'adultère ; et les apôtres, sur ce point, auraient dû établir une règle pour être observée dans les Églises, et prescrire de ne pas les admettre, avant qu'ils n'eussent renoncé à l'adultère. Nous répondrons à nos adversaires que si, dans l'histoire de ces premiers temps, il n'est pas question de les rejeter, on ne parle pas non plus de les admettre. On ne pouvait pas rappeler les péchés de chacun en particulier ; ce détail aurait entraîné trop loin : il y avait une règle générale suffisante et plus que suffisante, établie par saint Pierre, quand il dit aux hommes qu'il venait d'instruire avant de les baptiser : « Quittez ce monde pervers. » (*Act.*, II, 40.) Qui pourrait douter que l'adultère, ainsi que ceux qui veulent y persévérer, ne fasse partie de la corruption de ce monde? On peut dire également que, dans cette multitude de fidèles de toutes nations, il s'est rencontré des prostituées de profession, qu'on n'admet nulle part au baptême, sans qu'elles aient renoncé à cette infamie, et que les apôtres auraient dû établir des règles pour les admettre ou les éloigner. D'ailleurs, nous avons des faits de moindre importance, qui peuvent nous fixer sur des faits d'une importance capitale. En effet, quand les publicains venaient au baptême de Jean, on leur défendait d'exiger plus qu'il n'était ordonné (*Luc*, III, 13) ; et je me demande si ceux qui viennent au baptême du Christ, pourront vivre librement dans l'adultère.

38. On nous objecte encore que les Israélites se sont rendus coupables de mille manières, qu'ils ont répandu à profusion le sang des prophètes, et que cependant leur destruction n'est point attribuée à ces crimes, mais seulement à leur incrédulité, parce qu'ils n'ont pas voulu croire en Jésus-Christ. Mais on ne réfléchit pas, que leur péché n'est pas seulement de n'avoir pas cru en Jésus-Christ, mais encore de l'avoir mis à mort. Il y avait donc dans leur péché un crime d'incrédulité, et un crime de cruauté, l'un qui est contre la foi, et l'autre contre la bonne morale. Or, il faut être pur de ce double péché, quand on a la foi du Christ ; non la foi morte, sans les œuvres (*Jacq.*, II, 20), qui est celle des

---

carnis accidisse languorem. Hi autem ci homini, qui et baptizandus adulter ingreditur, et baptizatus adulter egreditur, miror quomodo dici existimint : « Ecce sanus factus es. » Quis enim gravis et exitiabilis morbus erit, si adulterium sanitas erit?

Caput XXI. — 37. Sed in tribus millibus, inquiunt, quos uno die Apostoli baptizarunt, et in tot millibus credentium, in quibus Apostolus ad Jerusalem usque in Illyricum Evangelium replevit (*Rom.*, XV, 19), erant utique aliqui alienis uxoribus copulati, vel feminæ alienis maritis : in quibus regulam Apostoli constituere debuerunt, quæ deinceps in Ecclesiis servaretur, utrum non admitterentur ad baptismum, nisi illa adulteria correxissent. Quasi non similiter adversus eos dici possit, quod non inveniunt aliquem commemoratum, qui cum talis esset, admissus est. Aut vero possint singulorum hominum crimina, quod infinitum erat, commemorari ; cum generalis illa regula satis superque sufficiat, ubi Petrus pluribus verbis testificans baptizandis ait : « Eripite vos ab hoc sæculo pravo. » (*Act.*, II, 40.) Quis enim dubitet ad hujus sæculi pravitatem adulteria pertinere, et illos qui elegerint in eadem iniquitate persistere? Similiter autem dici potest, puplicas meretrices, quas utique ad baptismum, nisi ab illa turpitudine liberatas, nulla admittit Ecclesia, potuisse inveniri in tot millibus tunc credentium per tot gentes, et de his suscipiendis vel prohibendis constituere Apostolos exempla debuisse. Verumtamen de quibusdam minoribus possumus conjectare majora. Si enim ad baptismum Joannis venientes publicani prohibiti sunt aliquid amplius exigere, quam quod eis fuerat constitutum (*Luc*, III, 13) ; miror si venientibus ad baptismum Christi posset permitti adulterium.

38. Commemoraverunt etiam Israelitas multa mala et gravia perpetrasse, et effudisse multum sanguinem prophetarum, nec tamen ex his factis penitus meruisse deleri, sed ex infidelitate sola, qua in Christum credere noluerunt : non intuentes quia peccatum eorum non hoc solum fuit, quia in Christum non crediderunt, verum etiam quia Christum occiderunt ; quorum unum pertinet ad crimen incredulitatis, alterum ad crimen crudelitatis. Illud ergo est contra fidem rectam, istud contra bonam vitam. Utroque autem vitio caret, qui fidem Christi habet ; non sine operibus mortuam (*Jac.*, II, 20), quæ

démons, mais la foi de la grâce, qui opère par la charité. (*Gal.*, v, 6.)

39. Telle est la foi dont il est dit : « Le royaume des cieux est au milieu de vous. » (*Luc*, XVII, 21.) Pour enlever ce royaume, il faut croire et se faire violence, après avoir obtenu l'esprit de charité, qui renferme la plénitude de la loi (*Rom.*, XIII, 10), et sans laquelle la loi n'était qu'une lettre morte, qui rendait les hommes coupables de prévarication. Quand on dit : « Le royaume des cieux souffre violence, et il faut se faire violence pour l'enlever, » (*Matth.*, XI, 12) cette parole ne signifie pas que les méchants peuvent se contenter de croire, tout en vivant mal, pour arriver au ciel; mais elle signifie que le péché de prévarication, dont la loi est la cause, quand elle commande seule, je veux dire la lettre sans l'esprit, est anéanti par la foi, que la vivacité de la foi obtient le Saint-Esprit; et que le Saint-Esprit répandant la charité dans les cœurs, la loi est parfaitement accomplie, non par la crainte du châtiment, mais par l'amour de la justice.

CHAPITRE XXII. — 40. L'âme ne doit donc pas se tromper elle-même, et s'imaginer imprudemment qu'elle connaît Dieu, parce qu'elle le confesse avec une foi morte, c'est-à-dire sans les bonnes œuvres, comme les démons. Qu'elle n'aille donc pas se croire assurée de la vie éternelle, parce que le Seigneur a dit : « Voilà la vie éternelle, c'est de vous connaître comme le seul vrai Dieu, et celui que vous avez envoyé, Jésus-Christ. » (*Jean*, XVII, 3.) Car il ne faut pas oublier cette autre parole de l'Écriture : « Nous sommes assurés que nous le connaissons, si nous observons ses commandements. Celui qui dit qu'il le connaît, et qui ne garde pas ses commandements, est un menteur, et la vérité n'est point en lui. » (1 *Jean*, II, 3, 4.) Il ne faut pas s'imaginer que les commandements de Dieu se rapportent uniquement à la foi ; personne du reste, n'a osé produire cette assertion, puisqu'il s'agit des commandements, et que, pour empêcher la pensée de s'égarer dans un trop grand nombre, on les réduit encore à deux, suivant cette parole : « Dans ces deux commandements sont renfermés la loi et les prophètes. » (*Matth.*, XXII, 40.) Néanmoins on pourrait dire à la rigueur et dans un sens vrai, que les commandements de Dieu se rapportent uniquement à la foi, mais à la foi qui n'est pas morte, à la foi qui est vivante, et qui opère par la charité. C'est ainsi que saint Jean explique plus loin sa pensée, quand il dit : « Voilà le commandement de Dieu, c'est de croire au nom de son fils Jésus-Christ, et de nous aimer les uns les autres. » (1 *Jean*, III, 23.)

41. Le salut véritable, c'est de croire fermement en Dieu, de l'adorer, de le connaître, afin

---

etiam in dæmonibus invenitur; sed fidem gratiæ, quæ per dilectionem operatur. (*Gal.*, v, 6.)

39. Hæc est fides de qua dicitur : « Regnum cœlorum intra vos est. » (*Luc.*, XVII, 21.) Hoc enim diripiunt, qui vim faciunt credendo, impetrantes Spiritum caritatis, ubi est plenitudo legis, sine qua lex in littera reos faciebat etiam prævaricationis. (*Rom.*, XIII, 10.) Non itaque putandum est ideo dictum : « Regnum cœlorum vim patitur, et qui vim faciunt, diripiunt illud; » (*Matth.*, XI, 12) quia etiam mali tantummodo credendo et pessime vivendo perveniunt in regnum cœlorum : sed quia reatus ille prævaricationis, quem sola lex, id est, littera sine spiritu jubendo faciebat, credendo solvitur, et violentia fidei Spiritus sanctus impetratur; per quem diffusa caritate in cordibus nostris (*Rom.*, v, 5), lex non timore pœnæ, sed justitiæ amore completur.

CAPUT XXII. — 40. Nequaquam ergo mens incauta fallatur, ut se existimet Deum cognovisse, si eum fide mortua, hoc est, sine bonis operibus confiteatur, more dæmonum; et ideo se jam non dubitet ad vitam æternam esse venturam, quia Dominus dicit : « Hæc est autem vita æterna, ut cognoscant te unum verum Deum, et quem misisti Jesum Christum. » (*Joan.*, XVII, 3.) Venire quippe debet etiam illud in mentem, quod scriptum est : « In hoc cognoscimus eum, si mandata ejus servemus. Qui dicit, quia cognovi eum, et mandata ejus non servat, mendax est, et in hoc veritas non est. » (1 *Joan.*, II, 3 et 4.) Et ne quisquam existimet mandata ejus ad solam fidem pertinere : quamquam dicere hoc nullus est ausus, præsertim quia mandata dixit, quæ ne multitudine (*a*) cogitationem spargerent : « In illis duobus tota Lex pendet et Prophetæ : » (*Matth.*, XXII, 40) licet recte dici possit, ad solam fidem pertinere Dei mandata, si non mortua, sed viva illa intelligatur fides, quæ per dilectionem operatur (*Gal.*, v, 6) : tamen postea Joannes ipse aperuit quid diceret, cum ait : « Hoc est mandatum ejus, ut credamus nomini filii ejus Jesu Christi, et diligamus invicem. » (1 *Joan.*, III, 23.)

41. Hoc itaque prodest, in Deum recta fide cre-

(*a*) Sic Mss. Editi vero, *cogitationes parerent*.

qu'il nous accorde la grâce de bien vivre, et que nous méritions, si nous venons à pécher, son indulgente miséricorde. Ce n'est donc pas en persévérant avec sécurité, dans les œuvres qu'il déteste, mais en s'en abstenant, et en disant à Dieu : « Je vous l'ai dit, Seigneur, ayez pitié de moi, guérissez mon âme, car j'ai péché. » (*Ps.* XL, 5.) Ils ne peuvent pas dire cette prière, ceux qui ne croient pas en Dieu; et ils la disent en vain, ceux qui sont loin de lui, et qui n'ont point de part à la grâce du médiateur. Nous lisons dans le livre de la Sagesse ces paroles, qu'on a trouvé moyen d'interpréter dans le sens d'une pernicieuse sécurité : « Eussions-nous péché, nous sommes à vous. » (*Sag.*, XV, 2.) Oui sans doute, parce que nous avons un maître grand et bon, qui peut et veut guérir les pécheurs qui se repentent; mais nous ne voulons pas dire, qu'il n'oserait pas perdre les pécheurs endurcis dans le mal. Après avoir lu : « Nous sommes à vous, » nous lisons ensuite : « Connaissant votre puissance. » Oui, sa puissance à laquelle ne peut se soustraire ni se dérober le pécheur. C'est pourquoi nous lisons encore : « Mais si nous ne péchons pas, nous savons que nous sommes comptés près de vous. « Quel est l'homme qui, pensant à cette demeure auprès de Dieu, que nous espérons tous par la prédestination, suivant le décret de notre vocation, ne s'efforcera pas de vivre de manière à pouvoir y habiter un jour? C'est donc en ce sens que parle saint Jean, quand il dit : « Je vous écris ceci, afin que vous ne péchiez point. Cependant, s'il arrive que quelqu'un pèche, nous avons pour avocat auprès du Père Jésus-Christ qui est le juste, et lui-même est la victime de propitiation pour nos péchés. » (I *Jean*, II, 1, 2.) Le but de l'Apôtre n'est pas de nous donner de la sécurité pour pécher. Il veut au contraire que nous quittions le péché, si nous sommes coupables, et que nous ne désespérions point de notre pardon, à cause de cet avocat que n'ont pas les infidèles.

CHAPITRE XXIII. — 42. Ces paroles de l'Apôtre ne mettent donc pas dans une meilleure condition, ceux qui croient en Dieu de manière à rester dans leurs habitudes coupables. Au contraire saint Paul dit en parlant d'eux : « Ceux qui ont péché sans la loi périront sans la loi; et ceux qui ont péché dans la loi seront jugés par la loi. » (*Rom.*, II, 12.) Malgré la différence des termes, les mots « périr et être jugé, » ont ici la même signification; l'Ecriture étant dans l'usage d'employer le mot jugement pour la damnation éternelle. C'est ainsi que le Seigneur dit dans l'Evangile : « L'heure viendra où tous ceux qui sont dans les sépulcres entendront sa voix. Et ceux

---

dere, Deum colere, Deum nosse, ut et bene vivendi ab illo sit nobis auxilium, et si peccaverimus, ab illo indulgentiam mereamur : non in factis quæ odit securi perseverantes, sed ab eis recedentes, eique dicentes : « Ego dixi, Domine miserere mei, sana animam meam, quoniam peccavi tibi : » (*Psal.* XC, 5) quod non habent cui dicant, qui non in eum credunt; et frustra dicunt, qui cum tam longe ab illo sint, a gratia Mediatoris alieni sunt. Hinc illa verba sunt in libro Sapientiæ, quæ nescio quomodo intelligit perniciosa securitas : « Et si peccaverimus, tui sumus : » (*Sap.*, XV, 2) quoniam scilicet bonum et magnum Dominum habemus, qui et velit atque possit pœnitentium peccata sanare, non qui minime audeat permanentes in malignitate disperdere. Denique cum dixisset, « tui sumus; » addidit, « scientes potentiam tuam : » utique potentiam, cui se subtrahere nequeat aut occultare peccator. Ideoque secutus adjunxit : « Non peccabimus autem, scientes quoniam tui sumus deputati. » Quis enim digne cogitans habitationem apud Deum, in qua omnes prædestinatione sunt deputati, qui secundum propositum vocati sunt, non enitatur ita vivere, ut tali habitationi congruat? Quod ergo et Joannes dicit (I *Joan.*, II, 1 et 2) : « Hæc scripsi vobis, ut non peccetis; et si quis peccaverit, advocatum habemus apud Patrem Jesum Christum justum, et ipse est exoratio pro peccatis nostris : » non id (*a*) agit, ut cum securitate peccemus; sed ut recedentes a peccato, si quod admissum est, propter illum advocatum, quem non habent infideles, minime de indulgentia desperemus.

CAPUT XXIII. — 42. Nec de his igitur verbis mitior ulla conditio promittenda est, sic in Deum credere volentibus, ut permaneant in perditis moribus : multo minus de illis ubi Apostolus ait : « Qui sine lege peccaverunt, sine lege peribunt; qui autem in lege peccaverunt, per legem judicabuntur : » (*Rom.*, II, 12) tanquam hoc loco aliquid distet inter perire et judicari, cum alio verbo hoc idem significatum sit. Solent enim Scripturæ judicium etiam pro æterna damnatione ponere. Sicut in Evangelio Dominus loquitur : « Veniet hora, in qua omnes qui sunt in monumentis audient vocem ejus; et procedent qui

---

(*a*) Editi, *ait :* pro quo Mss. *agit.*

qui auront bien fait, en sortiront pour la résurrection de vie; mais ceux qui auront mal fait, pour la résurrection du jugement. » (*Jean*, v, 28, 29.) Vous voyez qu'on ne dit pas ici : D'un côté ceux qui auront cru, et d'un autre côté ceux qui n'auront pas cru, mais on dit : « Ceux qui auront bien fait, et ceux qui auront mal fait ; » (*Gal.*, v, 6) car la bonne vie est inséparable de la foi qui opère par la charité; ou plutôt la bonne vie n'est pas autre chose que cette foi. Nous voyons que Notre-Seigneur dit la résurrection du jugement, au lieu de dire, la résurrection de la damnation éternelle. Car il fait deux parts de ceux qui doivent ressusciter, sans excepter ceux qui ne croient pas, et qui seront également dans les sépulcres, et il déclare que les uns ressusciteront pour la résurrection de vie, et les autres pour la résurrection du jugement.

43. On dira peut-être qu'ici il n'est pas question des infidèles, mais de ceux qui seront sauvés par l'épreuve du feu, parce qu'ils ont eu la foi, quoiqu'ils aient mal vécu, et que le jugement signifie la peine temporaire qu'ils auront à subir. Il faudrait une grande audace pour parler ainsi. Car Notre-Seigneur ne fait absolument que deux parts de ceux qui doivent ressusciter, sans excepter certainement les incrédules, et pour eux c'est « la vie et le jugement. » (*Jean*, III, 18.) Le jugement éternel sans doute, quoiqu'il ne l'ajoute pas, ainsi que la vie éternelle. Car il ne dit pas non plus, la vie éternelle, quoiqu'il ne veuille pas dire autre chose. Mais que répondra-t-on à cette parole : « Celui qui ne croit pas est déjà jugé? » Ici sans doute, ils diront que par jugement, il faut entendre la peine éternelle ; ou bien ils auront la hardiesse de dire que les incrédules eux-mêmes seront sauvés par l'épreuve du feu, par cette raison que, « celui qui ne croit pas est déjà jugé, » c'est-à-dire destiné au jugement; et les choses étant ainsi, les promesses qu'ils font aux fidèles qui vivent mal n'ont plus une grande valeur, puisque les incrédules eux-mêmes ne seront pas damnés, mais jugés. Mais s'ils n'osent pas aller jusque-là, qu'ils se gardent donc aussi de tromper ceux dont il est dit : « Ils seront jugés par la loi. » Car il est certain que le jugement signifie, suivant le langage ordinaire, la damnation éternelle. Quoi ! ne savons-nous pas au contraire que les conditions, loin d'être plus douces, seront plus sévères, pour ceux qui pèchent avec connaissance de cause? Et ceux qui ont reçu la loi sont surtout dans ce cas. Car il est écrit : « Là où il n'y a point de loi, il n'y a point de prévarication. » (*Rom.*, IV, 15.) On lit encore ailleurs : « Je n'aurais point connu la convoitise, si la loi ne disait : Vous ne convoiterez point. Or, à l'occasion du commandement, le péché a produit en moi toute

---

bene fecerunt in resurrectionem vitæ ; qui autem male egerunt in resurrectionem judicii. » (*Joan.*, v, 28 et 29.) Neque hic dictum est, hoc qui crediderunt, illud autem qui non crediderunt : sed hoc « illi qui bene egerunt, » illud « qui male egerunt. » (*Gal.*, v, 6.) Inseparabilis est quippe bona vita a fide, quæ per dilectionem operatur : imo vero ea ipsa est bona vita. Videmus itaque resurrectionem judicii dixisse Dominum pro resurrectione damnationis æternæ. De omnibus quippe resurrecturis, (ubi procul dubio erunt etiam ii qui omnino non credunt, neque enim ipsi non sunt in monumentis), duas partes fecit, alios in resurrectionem vitæ, alios in resurrectionem judicii resurrecturos esse declarans.

43. Quod si dicunt, non ibi intelligendos etiam eos qui omnino non credunt, sed eos qui per ignem salvi erunt, quia crediderunt, etiamsi male vixerunt, ut eorum transitoriam pœnam judicii nomine significatam arbitrentur. Quanquam hoc impudentissime dicatur, cum omnino Dominus omnes resurrecturos, in quibus sine dubio et increduli erunt, in duo diviserit, « vitam et judicium; » ita volens judicium æternum intelligi, quamvis hoc non addiderit, sicut et vitam. Neque enim ait, in resurrectionem vitæ æternæ; cum aliud utique intelligi noluerit. Videant tamen quid responsuri sunt, ubi ait : « Qui autem non credit, jam judicatus est. » (*Joan.*, III, 18.) Nam hic procul dubio, aut judicium pro pœna æterna positum intelligunt, aut per ignem salvos futuros etiam incredulos dicere audebunt : quoniam : « Qui non credit, inquit, jam judicatus est, » hoc est, jam judicio destinatus : et non erit quod pro magno beneficio polliceantur credentibus nequiterque viventibus, quando et ii qui non credunt non erunt perdendi, sed judicandi. Quod si dicere non audent, non audeant aliquid mitius polliceri eis de quibus dictum est, « per legem judicabuntur : » quia constat judicium etiam pro æterna damnatione solere nominari. Quid, quod invenimus non solum minime mitioris, verum etiam deterioris conditionis esse illos qui scientes peccant ? Hi sunt enim maxime qui legem acceperunt. Nam sicut scriptum est (*Rom.*, IV, 15) : « Ubi lex non est, nec prævaricatio. » Hinc est et illud (*Rom.*, VII, 7 et 8) : « Concupiscentiam nesciebam nisi lex diceret : Non concupisces. Occasione itaque accepta peccatum per mandatum operatum est

concupiscence; » (*Rom.*, VII, 7, 8) et plusieurs autres passages que l'on trouve dans l'Apôtre sur le même sujet. La grâce du Saint-Esprit nous a délivrés de ce malheureux état du péché par Jésus-Christ Notre-Seigneur, et cette grâce, en répandant la charité dans nos cœurs, nous fait goûter le bonheur de la justice, et triompher des excès de la concupiscence. Il est donc vrai qu'on réserve un sort non pas plus doux, mais plus sévère pour ceux dont il est dit : « Ceux qui ont péché dans la loi, seront jugés par la loi. » (*Rom.*, II, 12.) Oui leur sort sera plus sévère que pour ceux qui ont péché sans la loi, et qui périront sans la loi. Le mot jugement ne veut pas dire ici une peine temporaire, mais la peine que subiront même les incrédules.

44. Or, ceux qui se servent de ce passage pour promettre le salut, moyennant l'épreuve du feu, à ceux qui ont la foi et qui vivent mal, leur disent : « Ceux qui ont péché sans la loi, périront par la loi; mais ceux qui ont péché sous la loi, seront jugés par la loi; » (*Ibid.*) comme si ces paroles voulaient dire : Ils ne périront pas, mais ils seront sauvés par le feu. Mais ces interprètes ne remarquent pas, que l'Apôtre parle ici de ceux qui ont péché sans la loi, et de ceux qui ont péché sous la loi, n'ayant en vue que les Gentils et les Juifs, et voulant montrer que la grâce du Christ pour les affranchir est nécessaire non-seulement aux Gentils, mais aux Juifs également, ce qui est tout le dessein de l'Épître aux Romains. Rien n'empêche donc nos interprètes de promettre aussi le salut, par l'épreuve du feu, aux Juifs qui ont péché sous la loi, et que la grâce du Christ n'a point délivrés, puisque c'est d'eux qu'il est dit : « Ils seront jugés par la loi. » Ils s'en garderont bien sans doute, pour ne pas se contredire eux-mêmes, car ils accusent les Juifs du crime énorme de l'infidélité. Mais pourquoi, dans une question qui touche à la foi, se permettent-ils d'appliquer aux infidèles et aux fidèles, ce qui est dit positivement de ceux qui ont péché sans la loi, et de ceux qui ont péché sous la loi, l'Apôtre s'adressant aux Juifs et aux Gentils pour les inviter les uns et les autres à la grâce du Christ?

CHAPITRE XXIV. — Car le texte ne porte pas : Ceux qui ont péché sans la foi périront sans la foi; et ceux qui ont péché dans la foi, seront jugés par la foi; non, il porte au contraire « sans la loi, » et « sous la loi, » pour montrer que la question traitée concernait les Juifs et les Gentils, et non les bons et les mauvais chrétiens.

45. Dans cet endroit ils veulent confondre la

---

in me omnem concupiscentiam : » et alia multa quæ de hac re idem Apostolus dicit. Ab hoc reatu graviore liberat gratia Spiritus sancti per Jesum Christum Dominum nostrum, quæ diffusa caritate in cordibus nostris donat justitiæ (*a*) delectationem, qua immoderatio concupiscentiæ superetur. Hinc itaque confirmatur non solum nihil mitius, sed gravius aliquid intelligendum, de quibus dictum est : « Qui in lege peccaverunt, per legem judicabuntur; » (*Rom.*, II, 12) quam de illis qui sine lege peccantes sine lege peribunt : nec pro pœna transitoria hoc loco dictum judicium, sed pro ea qua etiam non credentes judicabuntur.

44. Nam qui hac utuntur sententia ad promittendam salutem per ignem, illis qui etiam credentes pessime vivunt, ut eis dicant : « Qui sine lege peccaverunt, sine lege peribunt; qui autem in lege peccaverunt, per legem judicabuntur, » (*Ibid.*) tanquam dictum sit, non peribunt, sed per ignem salvi erunt; nec illud attendere potuerunt, hoc Apostolum de illis qui sine lege et illis qui in lege peccaverunt dixisse, cum de Gentibus et de Judæis ageret; ut non tantum Gentibus, sed utrisque gratiam Christi, qua liberentur, necessariam demonstraret : quod (*b*) tota ipsa epistola ad Romanos evidenter ostendit. Jam ergo etiam Judæis in lege peccantibus, de quibus dictum est : « per legem judicabuntur, » non eos liberante gratia Christi, promittant, si placet, per ignem salutem; quoniam de his dictum est, « per legem judicabuntur. » Quod si non faciunt, (*c*) ne contra seipsos veniant, qui eos gravissimo infidelitatis crimine obstrictos esse dicunt : ut quid transferunt ad infideles et fideles in eo quod ad fidem Christi attinet, illud quod dictum est de iis qui sine legis et iis qui in lege peccaverunt, cum de Judæis et de Gentibus ageretur, ut ad Christi gratiam utrique invitarentur?

CAPUT XXIV. — Neque enim dictum est : Qui sine fide peccaverunt, sine fide peribunt; qui autem in fide peccaverunt, per fidem judicabuntur; sed « sine lege » dictum est, et « in lege; » ut satis appareret illam causam tangi, quæ inter Gentes et Judæos agebatur, non quæ inter bonos malosque Christianos.

45. Quanquam si illo loco legem pro fide accipi volunt, quod nimis importunum et absurdum est,

---

(*a*) Nonnulli codices *dilectionem*. — (*b*) Sic Mss. At editi, *totum.* — (*c*) Editi omissa particula *ne*, habent *contra se ipsos veniant.* Emendantur a Mss.

loi avec la foi, ce qui est aussi faux que déplorable. Mais je veux aussi leur rappeler un texte très-clair de l'apôtre saint Pierre, où il parle de ceux qui prennent dans un sens charnel, et comme un voile pour couvrir de mauvaises actions (I *Pierre,* II, 16), ce qui est ainsi écrit : « nous, » appartenant au Nouveau Testament, « nous ne sommes point les enfants de l'esclave, mais de la femme libre; et c'est Jésus-Christ qui nous a donné cette liberté. » (*Gal.,* IV, 31.) Ils s'imaginaient donc que la rédemption leur donnaient toute sécurité, toute liberté, et qu'ils pouvaient faire ce qu'ils voulaient, ne faisant pas attention à cette autre parole : « Vous êtes appelés, mes frères, à la liberté; ayez soin seulement que cette liberté, ne vous soit point une occasion de vivre selon la chair. » (*Gal.,* V, 13.) Saint Pierre disait encore : « Vous êtes libres, non pour vous servir de votre liberté, comme d'un voile qui couvre vos mauvaises actions. (I *Pierre,* II, 16.) C'est donc de ces hommes qu'il parle dans cette même Epître, et qu'il dit (II, 17) : « Ils sont des fontaines sans eau, des nuées agitées par des tourbillons de vent; la profondeur des ténèbres leur est réservée, car avec des discours pleins d'insolence et de folie, ils attirent, par les passions de la chair et de la volupté, ceux qui venaient de se séparer des hommes nourris dans l'erreur. Ils leur promettent la liberté, lorsqu'ils sont eux-mêmes esclaves de la corruption, puisque quiconque est vaincu, devient esclave de celui qui l'a vaincu. Et si ceux qui, par la connaissance de Jésus-Christ Notre-Seigneur et notre Sauveur, s'étaient retirés de la corruption du monde, se laissent vaincre, en s'y engageant de nouveau, leur dernier état devient pire que le premier. (*Matth.,* XII, 45.) En effet, il eût mieux valu pour eux qu'ils n'eussent point connu la voie de la justice, que de retourner en arrière après l'avoir connue, et d'abandonner la loi sainte qui leur avait été donnée. Mais il leur est arrivé ce que dit un proverbe très-véritable : Le chien est retourné à son vomissement; et le pourceau lavé s'est roulé de nouveau dans la boue. » (*Prov.,* XXVI, 11.) Pourquoi donc, malgré une vérité si évidente, promettre encore à ceux qui ont connu la voie de la justice, c'est-à-dire Notre-Seigneur Jésus-Christ, et qui vivent mal, une condition meilleure que s'ils ne l'avaient pas connu ? Puisqu'on dit clairement : « Il eût mieux valu pour eux qu'ils n'eussent point connu la voie de la justice, que de retourner en arrière après l'avoir connue, et d'abandonner le saint commandement qui leur avait été donné.

CHAPITRE XXV. — 46. « Le saint commandement » dont il est ici question, n'est pas précisément celui qui nous ordonne de croire en Dieu,

---

etiam hinc apertissimam possunt legere sententiam apostoli Petri, qui cum loqueretur de iis qui in occasionem carnis acceperant, et in velamentum malitiæ (I *Petr.,* II, 16), quod scriptum est, « nos » ad Novum Testamentum pertinentes, «non ancillæ filios esse, sed liberæ, qua libertate Christus nos liberavit : » (*Gal.,* IV, 31) et putaverant hoc esse libere vivere, ut tanquam de tanta redemptione securi, quidquid liberet licere sibi arbitrarentur, non intuentes quod dictum est : « Vos in libertatem vocati estis fratres, tantum ne libertatem in occasionem carnis detis : » (*Gal.,* V, 13) unde et ipse Petrus dicit (I *Petr.,* II, 6) : « Liberi non sicut velamentum malitiæ habentes libertatem : » ait de illis et in secunda epistola sua (II *Petr.,* II, 17, etc.) : « Hi sunt fontes sicci, et nebulæ a turbine exagitatæ, quibus caligo tenebrarum reservata est : superba enim vanitatis loquentes illiciunt in concupiscentiis carnis impudicitiæ eos qui paululum effugerunt, in errore conversati, libertatem illis promittentes, cum ipsi servi sint corruptionis. A quo enim quis devictus est, huic et servus addictus est. Si enim refugientes coinquinationes mundi in agnitionem Domini nostri et conservatoris Jesu Christi, his rursus implexi superantur, facta sunt illis posteriora deteriora prioribus. (*Matth.,* XII, 45.) Melius enim erat illis non cognoscere viam justitiæ, quam cognoscentes retrorsum reflecti a tradito sibi sancto mandato. Contigit enim illis res veri proverbii : Canis reversus ad suum vomitum, et sus lota in volutabris cœni. » (*Prov.,* XXVI, 11.) Quid adhuc promittitur contra istam manifestissimam veritatem conditio melior iis qui cognoverunt jam justitiæ, hoc est, Dominum Christum, et perdite vivunt, (*a*) quam si omnino non cognovissent? cum apertissime dicatur : « Melius erat illis non cognoscere viam justitiæ, quam cognoscentes retrorsum reflecti a tradito sibi sancto mandato. »

CAPUT XXV. — 46. Neque enim illud hoc loco intelligendum est sanctum mandatum, quo præceptum est, ut in Deum credamus : quanquam eo ipso totum continetur, si eam intelligamus fidem creden-

---

(*a*) In excusis, *quasi.* Verius in Mss. *quam si.*

quoique à vrai dire tout est renfermé dans le précepte de la foi, si l'on entend cette foi qui opère par la charité. Mais l'Apôtre dit nettement que, par le saint commandement, il entend celui qui nous ordonne de quitter la corruption du monde pour vivre saintement. Ecoutez ce qu'il dit : « Et si ceux qui, par la connaissance de Jésus-Christ Notre-Seigneur et notre Sauveur, s'étaient retirés de la corruption du monde, se laissent vaincre, en s'y engageant de nouveau, leur dernier état devient pire que le premier. » Il ne dit pas : Ceux qui quittent l'état d'ignorance, ou les ténèbres de l'infidélité, ou autre chose semblable, mais : « La corruption du monde, » où se trouve renfermée toute espèce d'iniquité. En parlant de ces hommes, l'Apôtre disait plus haut : « Ils s'abandonnent à la dissolution dans leurs festins avec vous; leurs yeux sont pleins d'adultère, et d'un péché qui ne cesse pas. » (II *Pierre*, II, 13.) C'est pourquoi il les appelle encore des fontaines sans eau; des fontaines, parce qu'ils ont reçu la connaissance de Notre-Seigneur Jésus-Christ; sans eau, parce qu'ils vivent indignement. Voici ce que dit l'apôtre saint Jude, en parlant aussi de ces hommes : « Leurs festins sont des infamies; ils mangent sans règle, ils ne songent qu'à se nourrir eux-mêmes; véritables nuées sans eau; » (*Jude*, I, 12) et le reste. Il n'est pas possible de mieux s'accorder; saint Pierre dit : « Ils s'abandonnent à la dissolution dans leurs festins avec vous, leurs yeux sont pleins d'adultère. » Saint Jude dit : « Leurs festins sont des infamies. » Les méchants, en effet, sont mêlés avec les bons dans la participation aux sacrements et dans les effusions de la charité. Saint Pierre dit : « Ils sont des fontaines sans eau. » Saint Jude : « Ils sont des nuées sans eau; » et saint Jacques : « Leur foi est morte. »

47. Ne promettez donc pas la peine temporaire du feu à ceux qui vivent dans la honte et le crime, parce qu'ils ont connu la voie de la justice. Il eût mieux valu pour eux qu'ils ne la connussent pas, comme l'Ecriture nous l'atteste avec vérité. Notre-Seigneur avait en vue les hommes de cette sorte, quand il disait : « Le dernier état de cet homme devient pire que le premier. » (*Matth.*, XII, 45.) Car en ne recevant pas le Saint-Esprit pour habiter sa maison et la purifier, il appelle l'esprit immonde suivi de ses compagnons. (*Luc*, XI, 26.) On osera peut-être dire qu'ils ne sont nullement dans un cas pareil; qu'ils n'ont point à se reprocher de rentrer dans la voie de l'adultère, qu'ils n'ont point quittée, ni de se souiller de nouveau, puisqu'ils n'ont pas voulu se purifier. Car, avant d'entrer dans les eaux du baptême, ils n'ont pas daigné soulager leur conscience et se débarrasser du moins, par le vomissement, de leurs vieilles souillures, dussent-ils le reprendre ensuite, comme les

---

tium, quæ per dilectionem operatur : sed aperte expressit quid diceret sanctum mandatum, id est, quo præceptum est, ut ab hujus mundi coinquinationibus recedentes casta conversatione vivamus. Sic enim ait : « Si enim refugientes coinquinationes mundi in agnitionem Domini nostri et conservatoris Jesu Christi, his rursus implexi superantur, facta sunt illis posteriora deteriora prioribus. » Non ait, refugientes ignorantiam Dei, aut refugientes infidelitatem sæculi, vel tale aliquid : sed, « coinquinationes mundi, » in quibus est utique omnis immunditia flagitiorum. Nam de his superius loquens, dixit : « Coepulantes vobiscum, oculos habentes plenos adulterii et indesinentis peccati. » (II *Petr.*, II, 13.) Ideo etiam fontes siccos eos appellat ; fontes videlicet, quod acceperint agnitionem Domini Christi; siccos autem, quia non congruenter vivunt. De talibus quippe etiam Judas apostolus loquens (*Jud.*, I, 12) : « Ii sunt, inquit, qui in dilectionibus vestris maculati coepulantur, sine timore semetipsos pascentes, nubes sine aqua : » et cætera. Quod enim Petrus ait : Coepulantes vobiscum, oculos habentes plenos adulterii : » hoc Judas : « In dilectionibus vestris maculati coepulantur. » Mixti sunt enim bonis in epulis sacramentorum et dilectionibus plebium. Et quod Petrus ait : « Fontes sicci : » hoc Judas : « Nubes sine aqua; » hoc Jacobus : « Fides mortua. »

47. Non itaque promittatur pœna ignis transitoria turpiter scelerateque viventibus, quia viam justitiæ cognoverunt, quibus melius erat non cognoscere, sicut veracissima Scriptura testatur. De talibus quippe etiam Dominus ait : « Et erunt novissima illius hominis pejora quam erant prima : » (*Matth.*, XII, 45) quoniam purgationis suæ habitatorem Spiritum sanctum non recipiens, fecit in se immundum spiritum multipliciorem redire. (*Luc.*, XI, 26.) Nisi forte ideo sunt isti, de quibus agitur, meliores habendi, quia non redierunt ad immunditiam adulterorum, sed ab ea non recesserunt ; nec purgati se rursus inquinaverunt, sed purgari recusaverunt. Neque enim, ut relevata conscientia intrent ad baptismum, dignantur saltem vomere pristinas immunditias, quas canum more

chiens; au contraire, ils sont entrés dans le bain sacré avec audace, ayant un cœur où palpite encore le péché, et une conscience qui vient de se charger d'un crime. Ils ne cachent point leur infamie par des promesses mêmes simulées, mais ils l'étalent avec impudence. Ils ne sortent pas de Sodome, comme l'épouse de Loth (*Gen.*, XIX, 26), pour regarder en arrière; ils veulent rester dans cette ville abominable, et même ils voudraient y faire entrer le Christ avec eux. Ecoutez ce que dit l'apôtre saint Paul : « J'étais autrefois un blasphémateur, un persécuteur, et un véritable ennemi; mais Dieu m'a fait miséricorde, parce que j'ai fait tous ces maux par ignorance, n'ayant point la foi. » (I *Tim.*, I, 13.) Et on dit aux hommes que nous signalons : Vous obtiendrez plutôt miséricorde, si vous savez que vous vivez mal, pourvu que vous ayez la foi. Nous irions trop loin, et nous n'en finirions pas, si nous voulions recueillir tous les témoignages de l'Ecriture, pour montrer que, quand on vit dans le crime et l'injustice, ce n'est pas un avantage de connaître la vérité; au contraire, on n'en est que plus coupable. Mais il est temps de s'arrêter.

CHAPITRE XXVI. — 48. Veillons donc avec le plus grand soin, et avec l'aide de Notre-Seigneur Jésus-Christ, pour ne pas donner aux hommes une pernicieuse sécurité, en leur disant qu'il leur suffit, pour arriver à la vie éternelle, d'être baptisés en Jésus-Christ, et d'avoir la foi, quelle que soit leur manière de vivre. Ne faisons pas des chrétiens, comme les Juifs font des prosélytes, et auxquels Notre-Seigneur parle ainsi : « Malheur à vous, scribes et pharisiens qui parcourez la terre et les mers pour faire un seul prosélyte; et lorsqu'il l'est devenu, vous le rendez digne de l'enfer deux fois plus que vous. » (*Matth.*, XXIII, 15.) Nous qui sommes chargés d'enseigner, attachons-nous, sous l'un et l'autre rapport, à la saine doctrine qui vient de Dieu, afin qu'il y ait harmonie entre le saint baptême et la vie chrétienne, et gardons-nous de promettre à personne la vie éternelle, quand on n'a pas l'un et l'autre. C'est Jésus-Christ qui a dit : « Si quelqu'un ne renaît de l'eau et du Saint-Esprit, il ne peut entrer dans le royaume des cieux. » (*Jean*, III, 5.) Il a dit également : « Si votre justice n'est pas plus abondante que celle des scribes et des pharisiens, vous n'entrerez point dans le royaume des cieux. » (*Matth.*, V, 20.) Il dit aussi, en parlant de ces derniers : « Les scribes et les pharisiens sont assis sur la chaire de Moïse. Retenez donc tout ce qu'ils vous diront et faites-le; mais ne faites pas ce qu'ils font, car ils disent et ne font pas. » (*Matth.*, XXIII, 2, 3.) Voilà donc leur justice; ils disent et ne font pas. C'est pourquoi il veut que la nôtre soit plus

---

iterum sorbeant; sed in lavacri ipsius sanctitate pertinaciter crudo pectore indigestam nequitiam tenere contendunt : nec occultant eam pollicitatione vel ficta, sed impudentia professionis cructant : nec exeuntes de Sodomis more uxoris Loth (*Gen.*, XIX, 26), in præterita iterum attendunt, sed omnino de Sodomis dedignantur exire; imo ad Christum cum Sodomis conantur intrare. Paulus apostolus dicit : « Qui prius fui blasphemus et persecutor et injuriosus, sed misericordiam consecutus sum, quia ignorans feci in incredulitate. » (I *Tim.*, I, 13.) Et istis dicitur : Tunc potius misericordiam consequemini, si scientes male vixeritis in ipsa fide. Nimis longum est, et pene infinitum omnia testimonia Scripturarum velle colligere, quibus apparet non solum non esse mitiorem causam eorum qui scientes, quam qui nescientes vitam nequissimam et iniquissimam ducunt, verum etiam hoc ipso esse graviorem : proinde ista suffecerint.

CAPUT XXVI. — 48. Caveamus ergo diligenter in adjutorio Domini Dei nostri non facere homines male securos, dicentes eis, quod si fuerint in Christo baptizati, quomodolibet in ea fide vixerint, eos ad salutem æternam esse venturos; ne sic faciamus Christianos, quomodo Judæi proselytos, quibus Dominus ait (*Matth.*, XXIII, 15) : « Væ vobis Scribæ et Pharisæi, qui circumitis mare et terram, facere unum proselytum; cum autem feceretis, facitis eum filium gehennæ duplo quam vos estis. » Sed potius sanam doctrinam Dei magistri in utroque teneamus; ut sancto baptismo consona sit vita Christiana, nec cuiquam homini, si utrumlibet defuerit, vita promittatur æterna. Qui enim dixit (*Joan.*, III, 5) : « Nisi quis renatus fuerit ex (*a*) aqua et Spiritu, non intrabit in regnum cœlorum : » ipse etiam dixit (*Matth.*, V, 20) : « Nisi abundaverit justitia vestra super Scribarum et Pharisæorum, non intrabitis in regnum cœlorum. » De illis quippe ait (*Matth.*, XXIII, 2, 3) : « Scribæ et Pharisæi super cathedram Moysi sedent; quæ dicunt facite, quæ autem faciunt, facere nolite; dicunt enim et non faciunt. » Ergo justitia eorum est, dicere et non facere : ac per hoc nostram esse voluit

---

(*a*) Veteres libri, *ex Spiritu sancto* : omisso, *aqua et*.

abondante, nous devons dire et faire. S'il n'en est pas ainsi, on n'entrera point dans le royaume des cieux. Il est vrai que personne ne doit se flatter, je ne dis pas devant les autres, mais dans son propre cœur, qu'il puisse vivre sans péché sur la terre. Mais s'il ne se rencontrait pas quelquefois de ces crimes énormes, qui méritent l'excommunication l'Apôtre ne dirait pas : « Rassemblez-vous, et je me trouverai en esprit au milieu de vous pour livrer le coupable à Satan, afin qu'il soit puni dans son corps, et que son âme soit sauvée au jour de Notre-Seigneur Jésus-Christ. » (I *Cor.*, v, 4, 5.) Il dit encore à ce propos : « Je crains d'avoir à pleurer sur le sort de plusieurs qui, après avoir péché, n'ont point fait pénitence des impuretés et des fornications qu'ils ont commises. » (II *Cor.*, xii, 21.) S'il n'y avait pas encore d'autres fautes qui, sans exiger les humiliations de la pénitence que l'Eglise impose à ceux qu'on appelle proprement les pénitents, réclament néanmoins certains moyens de correction, Notre-Seigneur ne dirait pas : « Allez, reprenez votre frère entre vous et lui seul ; s'il vous écoute, vous aurez gagné votre frère. » (*Matth.*, xviii, 15.) Enfin si notre vie n'était pas exposée à certaines misères qui sont inévitables, Notre-Seigneur n'aurait pas eu besoin de nous en donner le remède dans cette prière quotidienne où nous disons : « Pardonnez-nous nos offenses, comme nous pardonnons à ceux qui nous ont offensés. » (*Matth.*, vi, 12.)

CHAPITRE XXVII. — 49. J'ai dit tout ce qu'il fallait dire, à mon avis, sur ce sujet qui renferme trois questions : la première sur le mélange des bons et des méchants dans l'Eglise, figuré par la parabole du bon grain et de l'ivraie. Mais ici il faut faire attention que cette parabole, ou celle des animaux immondes dans l'arche, ou tout autre semblable, n'a pas pour but de dire à l'Eglise qu'elle doit laisser dormir sa discipline. Car l'Eglise est comme cette femme des Proverbes dont il est dit : « La discipline de sa maison est sévère. » (*Prov.*, ii, 18, *selon les Sept.*) D'un autre côté cette sévérité, qui est la vigilance, ne doit pas aller jusqu'à une folle témérité, ni jeter le trouble et le schisme dans l'Eglise, en voulant la séparation des bons et des méchants. Ces paraboles et ces figures ne sont donc pas un conseil de paresse que l'on donne aux bons, pour qu'ils négligent ce qu'ils doivent empêcher ; elles sont un encouragement de patience, pour qu'ils supportent, en réservant tous les droits de la vérité, ce qu'ils ne peuvent pas corriger. S'il est écrit que les animaux immondes sont entrés dans l'arche avec Noé (*Gen.*, vii, 2.) Cela ne veut pas dire que les chefs de l'Eglise ne doivent pas s'opposer à ce que les immondes se présentent au baptême, au sortir de la danse, et surtout quand ils viennent de quitter la maison

---

abundantem super illorum, dicere et facere : quæ si non fuerit, non intrabitur in regnum cœlorum. Non quia quisquam ita debet extolli, ut, non dicam apud alios jactare, sed apud se ipsum putare audeat, se in hac vita esse sine peccato : sed nisi essent quædam ita gravia, ut etiam excommunicatione plectenda sint, non diceret Apostolus (I *Cor.*, v, 4, 5) : « Congregatis vobis et meo spiritu tradere ejusmodi Satanæ in interitum carnis, ut spiritus salvus sit in die Domini Jesu. » Unde etiam dicit (II *Cor.*, xii, 21) : « Ne lugeam multos, qui ante peccaverunt, et non egerunt pœnitentiam super immunditiam et fornicationem, quam gesserunt. » Item nisi essent quædam non ea humilitate pœnitentiæ sananda, qualis in Ecclesia datur eis qui proprie pœnitentes vocantur, sed quibusdam correptionum medicamentis, non diceret ipse Dominus (*Matth.*, xviii, 15) : « Corripe cum inter te et ipsum solum, et si te audierit, lucratus es fratrem tuum. » Postremo nisi essent quædam sine quibus hæc vita non agitur, non quotidianam medelam poneret in oratione quam docuit, ut dicamus : « Dimitte nobis debita nostra, sicut et nos dimittimus debitoribus nostris. » (*Matth.*, vi, 12.)

CAPUT XXVII. — 49. Jam satis, quantum arbitror, de tota illa opinione quid mihi videretur exposui, ubi tres quæstiones moverunt : unam de permixtione in Ecclesia bonorum et malorum, tanquam tritici et zizaniorum : ubi cavendum est, ne ideo putemus esse propositas istas similitudines, vel hanc, vel de immundis in arca animalibus, vel quæcumque alia idem significant, ut dormiat Ecclesiæ disciplina, de qua in figura illius mulieris dictum est : « Severæ sunt conversationes domus ejus : » (*Prov.*, ii, 18, *seq.* lxx) sed ut non eo usque progrediatur dementiæ potius temeritas, quam severitas diligentiæ, ut quasi bonos a malis per nefaria schismata separare præsumat. Neque enim per has similitudines et præmuntiationes consilium desidiæ datum est bonis, qua negligant quod prohibere debent ; sed patientiæ, qua perferant salva doctrina veritatis quod emendare non valent. Nec quia scriptum est (*Gen.*, vii, 2) introisse ad Noe in arcam etiam immunda animalia,

de l'adultère. Mais cette figure de l'Ancien Testament nous montrait qu'il y aurait des impurs dans l'Eglise, qu'il faudrait tolérer, sans que la doctrine fléchisse, et sans que la discipline s'énerve. On sait du reste que les animaux immondes n'entrèrent pas de divers côtés dans l'arche, mais que leur entrée eut lieu sans violence, et par la seule et unique ouverture que Noé avait pratiquée. Nous avons traité aussi la seconde question, où nos adversaires prétendent qu'il faut enseigner seulement la foi aux catéchumènes, et réserver, après le baptême, les instructions sur la morale. Mais, si je ne me trompe, il a été bien démontré que c'est une obligation pour l'évêque, lorsque tous les aspirants au baptême viennent écouter avec attention et sollicitude les instructions qui leur sont adressées, de ne pas garder le silence sur les châtiments que Dieu réserve à ceux qui vivent dans le péché. Il ne faut pas qu'ils restent chargés des crimes les plus énormes, en recevant un sacrement qui remet tous les péchés. La troisième question est pleine d'écueils; examinée superficiellement, sans être approfondie dans le sens de la parole divine, elle devient cette opinion que nous avons combattue, et par laquelle on promet aux hommes les plus criminels et les plus infâmes le salut et la vie éternelle, quand même ils persévéreraient dans leur genre de vie, pourvu qu'ils croient en Jésus-Christ, et qu'ils reçoivent ses sacrements; opinion évidemment contraire à cette maxime du Seigneur qui disait, comme réponse à cet homme qui désirait la vie éternelle : « Si vous voulez venir à la vie, observez les commandements. » (*Matth.*, xix, 17.) Il rappelait en même temps les commandements qu'il fallait observer, pour éviter le péché, et qu'interprètent, je ne sais comment, ceux qui promettent le salut éternel à la foi toute seule, quand elle est une foi morte, sans les œuvres. Je pense donc avoir assez développé ces trois questions, et ainsi j'ai démontré qu'il fallait tolérer les méchants dans l'Eglise, sans négliger pour cela la discipline ecclésiastique; qu'il fallait instruire ceux qui aspirent au baptême, pour qu'ils sachent et apprennent, non-seulement ce qu'ils doivent croire, mais encore comment ils doivent vivre; que la vie éternelle est promise aux fidèles, non dans ce sens que personne puisse y arriver par la foi morte, qui ne peut sauver sans les œuvres, mais par la foi de la grâce, qui opère par la charité. Il ne faut donc pas accuser les dispensateurs fidèles, comme s'ils étaient coupables d'indifférence ou d'oisiveté; il faut plutôt accuser l'opiniâtreté de certains hommes, qui ne veulent pas recevoir le talent

---

ideo, præpositi vetare non debent, si qui immundissimi ad baptismum velint intrare saltantes, quod est certe mitius quam mœchantes : sed per hanc figuram rei gestæ prænuntiatum est immundos in Ecclesia futuros propter tolerantiæ rationem, non propter doctrinæ corruptionem, vel disciplinæ dissolutionem. Non enim quacumque libuit intraverunt immunda animalia arcæ compage confracta, sed ea integra per unum atque idem ostium, quod artifex fecerat. Altera quæstio est, in qua eis visum est fidem solam baptizandis esse tradendam, postea vero jam baptizatos docendos esse de moribus. Sed satis demonstratum est, nisi fallor, tunc magis pertinere ad curam speculatoris, cum omnes qui fidelium competunt sacramentum, omnia quæ dicuntur intentius et sollicitius audiunt, non tacere de pœna, quam male viventibus Dominus comminatur : ne in ipso baptismo rei sint gravissimorum criminum, quo veniunt ut (*a*) remittatur reatus omnium peccatorum. Tertia quæstio est periculosissima, qua parum considerata, et non secundum divinum eloquium pertractata, tota illa opinio mihi videtur exorta, in qua promittitur scelestissime turpissimeque viventibus, etiamsi eo modo vivere perseverent, et tantummodo credant in Christum, ejusque sacramenta percipiant, eos ad salutem vitamque æternam esse venturos : contra apertissimam Domini sententiam, qui desideranti vitam æternam respondit : « Si vis venire ad vitam, serva mandata (*Matth.*, xix, 17) : et commemoravit quæ mandata, ubi ea scilicet peccata vitantur, quibus nescio quomodo salus æterna promittitur propter fidem sine operibus mortuam. De his tribus quæstionibus satis, quantum existimo, disputavi : demonstravique sic tolerandos in Ecclesia malos, ut non negligatur ecclesiastica disciplina; sic catechizandos eos, qui baptismum petunt, ut non solum audiant atque suscipiant quid credere, verum etiam qualiter vivere debeant; sic promitti fidelibus vitam æternam, ut non etiam per fidem mortuam, quæ sine operibus salvare non potest, ad eam se quisque pervenire posse arbitretur, sed per illam fidem gratiæ, quæ per dilectionem operatur. Non itaque culpentur dispensatores fideles, non sua negligentia vel pigritia, sed quorumdam potius contumacia, qui pecuniam dominicam recusant accipere, et adulterinam suam cogunt servos dominicos ero-

(*a*) Plures Mss. *remittantur.*

du Seigneur, et qui forcent ses ministres à recevoir leur fausse monnaie, plus coupables que ces pécheurs dont parle saint Cyprien (serm. *de lapsis*), qui renoncent au monde en paroles, sans y renoncer réellement. Quant à ceux dont nous parlons, ils ne veulent pas même renoncer aux paroles, aux œuvres du démon, puisqu'ils déclarent ouvertement qu'ils veulent persévérer dans l'adultère. Je pense avoir touché dans cet ouvrage tous les points importants de cette controverse. Si j'ai omis quelque particularité, c'est qu'elle m'a paru inutile, comme étrangère à la question, ou d'un si mince intérêt que chacun pourrait facilement y répondre.

gare, dum nolunt saltem tales esse mali, quales sanctus Cyprianus commemorat (Cyprianus, serm. *de lapsis*), sæculo verbis solis et non factis renuntiantes : quando nec verbis renuntiare diaboli operibus volunt, cum se in adulterio permansuros voce apertissima profitentur. Si quid ab eis dici solet, quod forte disputando non attigi, tale esse arbitratus sum, cui mea responsio necessaria non fuisset; sive quod ad rem, de qua agitur, non pertineret, sive quod tam leve esset, ut a quolibet redargui facillime posset (*a*).

(*a*) **In veteribus libris additur :** *Deo gratias*.

AVERTISSEMENT SUR LE LIVRE SUIVANT

Saint Augustin, dans le deuxième livre *des Rétractations*, place cet opuscule adressé à Laurent, parmi les dernières œuvres qu'il publia, et après les six livres *contre Julien*, qui appartiennent environ à l'année 421. Ce manuel n'était pas encore achevé à la fin de l'année 420. En effet, saint Jérôme qui, d'après Prospère, mourut la même année 420, la veille des calendes d'octobre, n'existait déjà plus, lorsque saint Augustin disait de lui (chap. LXXXVII) : « Le prêtre Jérôme, de sainte mémoire, a laissé un écrit. »

Laurent, à qui ce livre est adressé, est désigné comme frère de Dulcitius, dans le livre des *huit questions de Dulcitius*, auquel il était uni, non-seulement par la foi chrétienne, mais encore, comme nous le pensons, par les liens du sang et de la parenté. Saint Augustin parle de Laurent, comme d'un homme de grande érudition et adonné à de pieuses études, mais il ne le sépare pas du troupeau des fidèles laïques ; car au commencement de cet ouvrage il l'appelle son fils, et à la fin il dit qu'il le chérit dans les membres du Christ. Le titre de ce livre ne montre pas clairement quelle était la dignité de Laurent. Nos plus anciens manuscrits portent seulement en tête : *Commencement du manuel*. Ceux qui ajoutent *à Laurent primicier* (1) sont plus récents et ne s'accordent pas entre eux. Le manuscrit de Carcassonne porte en tête : *A Laurent, chef des secrétaires de la ville de Rome*. Un autre manuscrit du Vatican adresse ce manuel à *Laurent, primicier de l'Eglise romaine*, quelques autres *à Laurent primicier* ; le manuscrit royal, *à Laurent* (et rien de plus), comme on le lit également dans les éditions d'Amerbach et d'Erasme, mais celle de Louvain ajoute au titre, *primicier de la ville de Rome*. Dans un

(1) Le *primicier* était proprement un officier supérieur de la Cour impériale.

ADMONITIO IN SUBSEQUENTEM LIBRUM

Enchiridion ad Laurentium inter postremas suas lucubrationes recensuit Augustinus in libro *Retractationum* secundo, postque sex *contra Julianum* libros, qui ad annum circiter 421, pertinent, collocavit. Hunc certe librum labente anno 420 nondum perfecerat. Nam Hieronymum, qui anno eodem 420, juxta Prosperum, pridie kalendas octobris obiit, jam morte functum laudabat cap. LXXXVII, in hæc verba : « Sanctæ memoriæ Hieronymus presbyter scriptum reliquit. »

Laurentius porro, cui scriptus liber, frater Dulcitii appellatur in libro *de octo Dulcitii quæstionibus* ad q. I, n. 10, quia propinquitate et cognatione, uti arbitramur, naturali, non Christiana tantum Dulcitio conjunctus erat. Virum ab eruditione et a piis studiis egregie commendat, sed a laicorum fidelium grege nihilo secernit Augustinus, qui et operis initio filium ipsum vocat, et in fine eum sibi in Christi membris dilectum dicit. Neque Laurentii dignitas explorata est et probata satis ex vulgato libri titulo. Quippe codices nostri antiquiores habent tantum : Incipit *Enchiridion* : qui vero *ad Laurentium primicerium* addunt, aliquanto recentiores sunt, atque isti secum invicem haud omnino consentientes, Carcassonensis præfert, *ad Laurentium primicerium Notariorum urbis Romæ*. Unus e Vaticanis in fronte operis, *ad Laurentium primicerium Romanæ Ecclesiæ* ; et ad calcem habet, *ad Laurentium primicerium Ecclesiæ urbis Romanæ*. Cisterciensis et alii quidam MSS. *ad Laurentium primicerium* : Regius, etc., *ad Laurentium*, nihilque supra ; quomodo etiam editiones Amerbachii et Erasmi. At Lovaniensium editio titulo addidit, *Primicerium*

ancien *abrégé*, on lit, *à Laurent, secrétaire de la ville de Rome*, et dans un livre de la collection de Colbert, *à Laurent, diacre*.

Quoique ce livre soit du consentement même de saint Augustin, comme on le voit au chapitre cxxii, intitulé *Enchiridion* (1), parce que Laurent lui avait demandé un livre peu volumineux, qu'il voulait toujours avoir entre les mains; cependant saint Augustin, dans ses *Rétractations*, dans le livre *sur les huit questions de Dulcitius*, et dans la lettre 231 *à Darius* l'appelle constamment, *livre sur la foi, l'espérance et la charité*. C'est également sous ce titre qu'il est désigné par Possidius. En effet, c'est à ces trois points de la doctrine chrétienne, que le saint docteur a jugé bon de ramener toutes les questions de Laurent qui, enflammé de l'amour de la sagesse et de notre religion, qu'il professait lui-même, voulait recevoir de saint Augustin un ouvrage qui contînt le fondement de la foi catholique, un abrégé de la doctrine chrétienne, et généralement tous les points qui touchent à l'orthodoxie de la foi et de la religion. Il voulait être instruit par un si grand maître, et être prémuni contre les diverses hérésies qui se propageaient à cette époque. Dans la première partie de ce livre, qui est aussi la plus développée, saint Augustin, sans s'écarter de l'ordre suivi dans le symbole, enseigne tout ce qu'on doit croire, et réfute successivement les hérésies des manichéens, des apollinaristes, des priscillianistes, des ariens, et surtout des pélagiens, sans toutefois les nommer. La seconde partie a rapport à l'espérance, qu'il explique dans une exposition très courte de l'oraison dominicale. Enfin la troisième partie, également peu étendue, traite de la charité.

Cet ouvrage est très-diversement divisé dans les différents manuscrits. Les uns le partagent en cent trente-quatre chapitres, les autres en cent-vingt-six. Des éditions en adoptent cent vingt-deux, d'autres soixante et onze, quelques-unes cinquante-quatre et même moins, enfin dans quelques autres on ne trouve aucune division.

(1) *Enchiridion*, signifie proprement ce qu'on a habituellement entre les mains, manuel; du grec ἐν, *en*, *dans*, et χείρ *main*.

urbis Romæ. In vetere libro compendiensi legitur, *ad Laurentium Notarium urbis Romæ*. In altero e Colbertinis, *ad Laurentium diaconum*.

Tametsi vero liber recte appelletur *Enchiridion* ipsius concessu Augustini in cap. cxxii, quia scilicet *Enchiridion* postulaverat Laurentius, id est, opusculum mole exiguum de ejus manibus non recessurum : ibidem tamen Augustinus, itemque in *Retractationibus*, in libro *de octo Dulcitii quæstionibus*, et in epistola 231, *ad Darium* constanter vocat librum *de Fide, spe et caritate*, nec aliter Possidius indic. cap. vi. Ad hæc enim tria commodum visum est sancto Doctori revocare Laurentii quæstiones omnes, qui sapientiæ studio incensus, ac nostræ, quam profitebatur, amore religionis, volebat in primis certum propriumque fidei catholicæ fundamentum, totius Christianæ doctrinæ summam, et universim quidquid orthodoxa fide ac religione a primo ad ultimum teneretur, ab Augustino accipere, eoque magistro institui et muniri contra diversas hæreses ea tempestate grassantes. Prima quidem et quam maxima libri parte Augustinus quæ credenda sint docet servato symboli ordine, ac varias hæreses manichæorum, appollinaristarum, priscillianistarum, arianorum, præcipueque Pelagianorum, tacito earum nomine, passim refellit. Secundam partem, de iis quæ ad spem pertinent in dominicæ orationis expositione quam brevissima impendit. Tertiam postremo, nec eam prolixam, adjungit de caritate.

Opus in scriptis codicibus capitulationes et sectiones non easdem sortitum est. In quibusdam centum triginta quatuor, aut centum viginti sex, vel, ut in editis, centum viginti duas; in aliis septuaginta et unam, in nonnullis quinquaginta quatuor, aut rariores habet, et in quibusdam nullas.

LIVRE II DES RÉTRACTATIONS, CHAPITRE LXIII

J'ai aussi écrit un livre sur *la foi, l'espérance et la charité*, d'après la demande même de celui à qui il est adressé, et qui désirait un livre peu volumineux, pour l'avoir sans cesse entre les mains. Les Grecs donnent à ces espèces d'ouvrages le nom d'*Enchiridion*. Je crois y avoir suffisamment expliqué, comment il faut honorer Dieu, et quelle est la vraie sagesse, telle qu'elle est définie dans l'Ecriture. Ce livre commence ainsi : « Je ne puis vous exprimer, mon très-cher fils Laurent. »

LIBRI II RETRACTATIONUM CAPUT LXIII.

Scripsi etiam librum *De Fide, Spe et Caritate*, cum ad me ad quem scriptus est postulasset, ut aliquod opusculum haberet meum de suis manibus non recessurum : quod genus Græci *Enchiridion* vocant. Ubi satis diligenter mihi videor esse complexus, quomodo sit colendus Deus, quam sapientiam esse hominis utique veram divina Scriptura definit. Hic liber sic incipit : « Dici non potest, dilectissime fili Laurenti. »

MANUEL A LAURENT

OU LIVRE

DE LA FOI, DE L'ESPÉRANCE

ET DE LA CHARITÉ [1]

Chapitre I. — 1. Je ne saurais vous dire, mon très-cher fils Laurent, combien je me réjouis de votre érudition, et jusqu'à quel point je désire vous voir au nombre des sages, non de ceux dont il est dit (I *Corinth.*, 1, 20) : « Que sont devenus les sages ? Que sont devenus les docteurs de la loi ? Que sont devenus ces hommes curieux des sciences de ce siècle ? Dieu n'a-t-il pas rendu folle la sagesse de ce monde ? » Mais de ceux dont il est écrit (*Sag.*, vi, 26) : « La multitude des sages est le salut de toute la terre. » La sagesse que je désire en vous est celle que l'Apôtre souhaitait aux Corinthiens, quand il leur dit : « Je veux que vous soyez sages dans le bien, mais simples dans le mal. » (*Rom.*, xvi, 19.) De même que personne ne tient l'être de lui-même, de même personne ne tient de lui-même la sagesse. Il faut pour cela être éclairé par celui dont il est dit : « Toute sagesse vient de Dieu. » (*Eccl.*, 1, 1.)

Chapitre II. — La sagesse de l'homme c'est la piété, comme nous l'apprend le livre de Job, dans lequel on lit que la sagesse elle-même a dit à l'homme : « La sagesse n'est autre chose que la piété. » (*Job*, xxviii, 28.) Si vous demandez ce que signifie dans ce passage le mot de piété, vous en trouverez l'explication bien claire dans l'expression grecque θεοσέβεια, qui veut dire le culte qu'on rend à Dieu. Les Grecs expriment encore la piété par un autre terme, εὐσέβεια, qui signifie un culte bon, quoiqu'ils s'en servent principalement pour signifier les honneurs rendus à Dieu. Mais quand il s'agit de dire en quoi consiste la sagesse de l'homme, il n'y a pas de terme plus convenable que le premier, par lequel le culte de Dieu est clairement exprimé. Pouvez-

[1] Écrit l'an 421 ou peu après.

ENCHIRIDION AD LAURENTIUM

SIVE

DE FIDE, SPE, ET CARITATE

LIBER UNUS.

Caput I. — 1. Dici non potest, dilectissime fili Laurenti, quantum tua eruditione delecter, quamque te cupiam esse sapientem : non ex eorum numero de quibus dicitur : « Ubi sapiens, ubi scriba, ubi conquisitor hujus sæculi? Nonne stultam fecit Deus sapientiam hujus mundi? » (1 *Cor.*, 1, 20) sed ex eorum de quibus scriptum est : « Multitudo sapientium sanitas est orbis terrarum. » (*Sap.*, vi, 26.) Et quales vult Apostolus fieri, quibus dicit : « Volo autem vos sapientes quidem esse in bono, simplices autem in malo. » (*Rom.*, xvi, 19.) (*a*) Sicut autem nemo a se ipso esse potest, ita etiam nemo a se ipso sapiens esse potest, sed ab illo illustrante, de quo scriptum est : « Omnis sapientia a Deo est. » (*Eccl.*, 1, 1.)

Caput II. — Hominis autem sapientia pietas est. Habes hoc in libro sancti Job : nam ibi legitur, quod ipsa Sapientia dixerit homini : « Ecce pietas est sapientia : » (*Job*, xxviii, 28.) Si autem quæras quam dixerit eo loco pietatem, distinctius in Græco reperies θεοσέβεια, qui est Dei cultus. Dicitur enim Græce pietas et aliter, id est εὐσέβεια, quo nomine significatur bonus cultus, quamvis et hoc præcipue referatur ad colendum Deum. Sed nihil est commodius illo nomine, quo evidenter Dei cultus expressus est, cum quid esset homini sapientia diceretur. Qua-

(*a*) Hæc sententia carent veteres codices Mss.

vous désirer une parole plus concise, vous qui me priez « de vous dire de grandes choses en peu de mots ? » Peut-être désirez-vous que je vous explique aussi en abrégé de quelle manière on doit honorer Dieu ?

Chapitre III. — Si je vous répondais simplement que c'est par la foi, l'espérance et la charité, vous me diriez sans doute que je me suis exprimé avec plus de brièveté, que vous ne le vouliez, et vous me demanderiez encore de courtes explications sur ce qui concerne ces trois vertus, c'est-à-dire ce qu'il faut croire, ce qu'il faut espérer, ce qu'il faut aimer. En satisfaisant à votre demande, j'aurai ainsi répondu à toutes les questions que vous m'avez posées dans votre lettre. Relisez-la, si vous en avez conservé une copie ; dans le cas contraire, je vais vous les rappeler moi-même.

Chapitre IV. — Vous désirez, m'écrivez-vous, « que je vous fasse un livre, dans le genre de ce qu'on appelle vulgairement un *Enchiridion*, c'est-à-dire un manuel qui ne sortira pas de vos mains, et qui réponde aux questions suivantes : A quoi faut-il principalement s'attacher ? Que doit-on surtout éviter par rapport aux diverses hérésies ? Jusqu'à quel point la raison doit-elle intervenir en matière de religion, ou quand faut-il imposer silence à la raison pour laisser parler la foi seule ? Quel est le commencement et la fin de nos espérances ? Quel est l'abrégé de toute la doctrine chrétienne ? Sur quoi repose proprement et d'une manière certaine la foi catholique ? » Vous saurez positivement tout ce que vous demandez, en sachant ce qu'il faut croire, ce qu'il faut espérer, ce qu'il faut aimer. Voilà les points principaux ou plutôt les seuls auxquels il faut s'attacher dans la religion. Celui qui s'en écarte est ou ennemi du nom de Jésus-Christ, ou hérétique. On peut recourir à la raison pour soutenir les choses, dont les sens nous ont donné un commencement de connaissance, ou dont nous avons acquis une notion plus distincte par l'intelligence de l'esprit. Pour celles que nous ne pouvons connaître ni par les sens du corps, ni atteindre par l'intelligence, il faut sans balancer s'en rapporter au témoignage de ceux qui ont écrit les livres, qu'on peut avec raison appeler les livres divins, et qui, soit par l'entremise des sens, soit par les lumières que Dieu a répandues dans leur esprit, ont pu voir ou prévoir tout ce qu'ils ont rapporté.

Chapitre V. — Quand une fois l'âme a reçu les premières impressions « de la foi qui opère

---

risne aliquid dici brevius, qui petis a me « ut breviter magna dicantur? » An hoc ipsum tibi fortasse desideras breviter aperiri, atque in sermonem colligi brevem, quonam modo sit colendus Deus?

Caput III. — Hic si respondero, fide, spe, caritate colendum Deum, profecto dicturus es, brevius hoc dictum esse quam velles ; ac deinde petiturus ea tibi breviter explicari, quae ad singula tria ista pertineant, quid credendum scilicet, quid sperandum, quid amandum sit. Quod cum fecero, ibi erunt omnia illa quae in epistola tua (*a*) quaerendo posuisti : cujus exemplum si est penes te, facile est ut ea revolvas et relegas ; si autem non est, commemorante me recolas.

Caput IV. — Vis enim tibi, ut scribis, « librum a me fieri, quem Enchiridion (ut dicunt) habeas, et de tuis manibus non recedat : continens postulata, id est, quid sequendum maxime, quid propter diversas principaliter haereses sit fugiendum ; in quantum ratio pro religione contendat, vel quid in (*b*) ratione, cum fides sit sola, non conveniat ; quid primum, quid ultimum teneatur, quae totius definitionis summa sit ; quod certum propriumque fidei catholicae fundamentum. » Haec omnia quae requiris procul dubio scies, diligenter sciendo quid credi, quid sperari debeat, quid amari. Haec enim maxime, imo vero sola in religione sequenda sunt. His qui contradicit, aut omnino a Christi nomine alienus est, aut haereticus. Haec sunt defendenda ratione, (*c*) vel a sensibus corporis inchoata, vel ab intelligentia mentis inventa. Quae autem nec corporeo sensu experti sumus, nec mente assequi valuimus aut valemus, eis sine ulla dubitatione credenda sunt testibus, a quibus ea quae divina vocari jam meruit Scriptura confecta est : qui ea sive per corpus, sive per animum, divinitus adjuti, vel videre, vel etiam praevidere potuerunt.

Caput V. — Cum autem initio fidei quae per dilectionem operatur, imbuta mens fuerit, tendit

---

(*a*) Sic editio Lov. et Arn. Id est Lovaniensium et Antonii Arnaldi. Editio autem Am. id est Joannis Amerbachii, Er. Desiderii Erasmi, et Dan. Lamberti Danaei, ac Mss. plures habent *quaerenda*. — (*b*) Vetus codex Germanensis, *in religione*, *cum fides sit sola*, *non veniat*. Melius Colbertinus, *in rationem*, *cum fides sit sola*, *non veniat*. Cui lectioni favent Regius, Carnutensis, Gemmeticensis et alii duo Mss. habentes, *in ratione*, *fides sit sola*, *non veniat*. Compendiensis vero pro *non veniat*, habet *inveniat*. Alter Colbertinus, et unus e Vaticanis ferunt, *in ratione*, *cum fides sit sola conveniat*. Antonius Arnaldus restituendum censuit, *in ratione cum fide*, *si sit sola*, *non conveniat*. (Audacior Lamb. Danaeus absque librorum auctoritate restituit, *in ratione cum fide non conveniat* : rejectis verbis, *sit sola*. — (*c*) Am. Er. Dan. et quatuor Mss. *quae vel*.

par l'amour, » elle s'efforce, par une sainte vie, de parvenir jusqu'à la connaissance de la vérité suprême dont l'ineffable beauté n'est connue que des cœurs purs et parfaits, et dont la pleine et et entière vision est pour eux le comble de la félicité. Vous voyez, comme vous me le demandez, « quel est, en matière de foi, le premier ou le dernier point qu'il faut observer. » C'est par la foi qu'on commence, c'est par la claire vision qu'on arrive au but. Tel est aussi l'abrégé de toute la doctrine chrétienne. Quant au fondement propre et certain de la foi catholique, il n'est autre que le Christ. « Personne, dit l'Apôtre, ne peut poser un autre fondement que celui qui est déjà posé, et qui est Jésus-Christ. » (I *Cor.*, III, 11.) En vain dirait-on que le Christ n'est pas le fondement propre de la foi catholique, parce que c'est aussi sur le Christ que s'appuient comme nous, quelques hérétiques. En effet, si l'on considère attentivement tout ce qui a rapport à Jésus-Christ, on trouvera que les hérétiques quels qu'ils soient, qui veulent être appelés chrétiens, le sont seulement de nom, mais que le Christ n'est point avec eux. Il serait trop long de le démontrer, car nous devrions pour cela passer en revue toutes les hérésies qui ont été, qui sont encore, ou qui ont pu exister sous un nom chrétien, et prouver par chacune d'elles la vérité de ce que nous avan-

çons. Une pareille discussion demanderait plusieurs volumes.

CHAPITRE VI. — Mais c'est un *Manuel* que vous nous demandez, pour l'avoir toujours en main, et non pour remplir une bibliothèque. Pour en revenir aux trois vertus, par lesquelles nous avons dit qu'il fallait honorer Dieu, c'est-à-dire la foi, l'espérance et la charité, il est facile de dire ce qu'il faut croire, ce qu'il faut espérer et ce qu'il faut aimer; mais pour défendre ces points contre les attaques de ceux qui pensent autrement, c'est l'œuvre d'un travail pénible d'une science profonde, et pour la posséder, il ne suffit pas d'avoir entre les mains un manuel fort abrégé, il faut aussi que l'âme soit embrasée d'un zèle ardent.

CHAPITRE VII. — 2. Je mets d'abord sous vos yeux le Symbole et l'Oraison dominicale. Que peut-on lire ou entendre de plus concis? Quoi de plus facile à confier à la mémoire? Lorsque le genre humain, par suite du péché, gémissait sous le poids de ses maux, et avait besoin de la miséricorde divine, un prophète, prédisant le temps où devait se manifester la grâce de Dieu, dit : « Quiconque invoquera le nom du Seigneur sera sauvé. » (*Joel.*, II, 32.) De là vient la prière. Mais l'Apôtre, après avoir rapporté les paroles du prophète, pour recommander la grâce divine, ajoute aussitôt : « Mais comment invoqueront-ils

---

bene vivendo etiam ad speciem pervenire, ubi est sanctis et perfectis cordibus nota ineffabilis pulchritudo, cujus plena visio est summa felicitas. Hoc est nimirum quod requiris, « quid primum, quid ultimum teneatur : » inchoari fide, perfici specie. Hæc etiam totius definitionis est summa. Certum vero propriumque fidei catholicæ fundamentum, Christus est : « Fundamentum enim aliud, » ait Apostolus, « nemo potest ponere, præter id quod positum est, quod est Christus Jesus. » (I *Cor.*, III, 11.) Neque hoc ideo negandum est proprium fundamentum esse fidei catholicæ, quia putari potest aliquibus hæreticis hoc nobiscum esse commune. Si enim diligenter quæ ad Christum pertinent cogitentur, nomine tenus invenitur Christus apud quoslibet hæreticos, qui se Christianos vocari volunt : re ipsa vero non est apud eos. Quod ostendere nimis longum est : quoniam commemorandæ sunt omnes hæreses, sive quæ fuerunt, sive quæ sunt, sive quæ (*a*) potuerunt esse sub vocabulo Christiano, et quam sit hoc verum per singulas quasque monstrandum. Quæ disputatio tam

multorum est voluminum, ut etiam infinita videatur.

CAPUT VI. — Tu autem *Enchiridion* a nobis postulas, id est, « quod manu possit astringi, non quod armaria possit onerare. » Ut igitur ad illa tria redeamus, per quæ diximus colendum Deum, fidem, spem, caritatem, facile est ut dicatur quid credendum, quid sperandum, quid amandum sit : sed quemadmodum adversus eorum qui diversa sentiunt calumnias defendatur, operosioris uberiorisque doctrinæ est; quæ ut habeatur, non brevi Enchiridio manus debet impleri, sed grandi studio pectus accendi.

CAPUT VII. — 2. Nam ecce tibi (*b*) est Symbolum et Dominica oratio; quid brevius auditur aut legitur? quid facilius memoriæ commendatur? Quia enim de peccato, gravi miseria premebatur genus humanum, et divina indigebat misericordia, gratiæ Dei tempus Propheta prædicens ait : « Et erit, omnis qui invocaverit nomen Domini, salvus erit. » (*Joel.*, II, 32.) Propter hoc oratio. Sed Apostolus cum ad ipsam gratiam commendandam hoc propheticum commemorasset testimonium, continuo subjecit : « Quomodo

---

(*a*) Sic Dav. et plerique Mss. At. Am. Er. Lov. et Arn. *poterunt*. — (*b*) Aliquot Mss. *Nam ecce ibi.* Quidam : *Nam ecce et ibi.*

celui en qui ils ne croient pas. » (*Rom.*, x, 24 ?) De là vient le Symbole de la foi. Dans l'Oraison dominicale et dans le Symbole vous trouverez ces trois vertus : la foi qui croit, l'espérance et la charité qui prient ; mais ces deux dernières ne pouvant exister sans la foi, la foi prie donc également. Voilà pourquoi l'Apôtre a dit : « Comment invoqueront-ils celui en qui ils ne croient pas ? »

Chapitre VIII. — Mais comment espérer ce qu'on ne croit pas, bien que cependant on puisse croire ce qu'on n'espère pas ? Quel est, en effet, le fidèle qui ne croie pas aux châtiments réservés à l'impie ? Cependant loin de les espérer, il les fuit, il les redoute, quand il s'en croit menacé. Ici, il y a crainte et non pas espérance. Un poète (Lucain, ii, ch. *Pharsale*) a bien distingué ces deux cas, lorsqu'il dit : « Si l'on craint, qu'il soit du moins permis d'espérer. » Un autre poète (Virgile, iv, *Énéide*), quoique supérieur au premier, n'a pas dit avec le même bonheur : « Devais-je jamais espérer une si grande douleur ? » Quelques grammairiens citent ce vers comme exemple d'impropriété d'expression, et disent que Virgile a mis « espérer » au lieu de « craindre. » La foi embrasse donc également ce qui est bon et ce qui est mauvais, puisqu'on croit au bien et au mal ; mais la foi n'en est pas moins bonne pour cela. Elle a aussi pour objet le passé, le présent et le futur. En effet, nous croyons que Jésus-Christ est mort ; cela regarde le passé. Nous croyons qu'il est assis à la droite du Père ; voilà pour le présent. Nous croyons qu'il viendra juger les vivants et les morts ; cela s'applique au futur. Notre foi s'étend aussi sur ce qui nous regarde personnellement, et sur ce qui nous est étranger. Ainsi chacun croit qu'il a eu un commencement et qu'il n'a pas toujours été, et croit la même chose des autres hommes et des autres créatures. Nous croyons aussi en matière de religion bien des choses, non-seulement au sujet des autres hommes, mais encore au sujet des anges. L'espérance au contraire ne s'étend qu'aux choses qui sont bonnes, qui sont encore dans l'avenir, et qui concernent uniquement celui qui les espère. Cela étant, il faut distinguer la foi de l'espérance. La différence entre ces deux vertus n'est pas seulement dans le mot, elle est aussi dans la raison. Ne pas voir ou ce qu'on croit, ou ce qu'on espère, est cependant commun à la foi et à l'espérance. En effet, dans l'Épître aux Hébreux, dont tant d'illustres défenseurs de la doctrine catholique ont invoqué le témoignage, la foi est appelée : « Une convic-

---

autem invocabunt, in quem non crediderunt ? » (*Rom.*, x, 14) propter hoc Symbolum. In his duobus tria intuere : Fides credit, spes et caritas orant. Sed sine fide esse non possunt : ac per hoc et fides orat. Propterea quippe dictum est : « Quomodo invocabunt, in quem non crediderunt ? »

Caput VIII. — Quid autem sperari potest, quod non creditur ? Porro aliquid etiam quod non speratur, credi potest. Quis namque fidelium pœnas non credit impiorum ? nec sperat tamen, et quisquis eas imminere sibi credit ac fugaci motu animi exhorret, rectius timere dicitur quam sperare. Quæ duo (*a*) quidam (Lucanus, ii, *Pharsal.*) distinguens ait : Liceat sperare timenti. Non autem ab alio poeta (Virgil., iv, *Æneid.*), quamvis meliore, proprie dictum est : Hunc ergo si potui tantum sperare dolorem. Denique nonnulli in arte grammatica verbi hujus utuntur exemplo ad ostendendam impropriam dictionem, et aiunt : Sperare dixit, pro timere. Est itaque fides et malarum rerum, et bonarum : quia et bona creduntur, et mala ; et hoc fide bona, non mala. Est etiam fides et præteritarum rerum, et præsentium, et futurarum. (III *Sent.*, dist. 26, cap. *Et sicut.*) Credimus enim Christum mortuum ; quod jam præteriit : credimus sedere ad dexteram Patris ; quod nunc est : credimus venturum ad judicandum ; quod futurum est. Item fides et suarum rerum est, et alienarum. Nam et se quisque credit aliquando esse cœpisse, nec fuisse utique sempiternum ; et (*d*) alios, atque alia : nec solum de aliis hominibus multa, (*c*) quæ ad religionem pertinent, verum etiam de angelis credimus. Spes autem non nisi bonarum rerum est, nec nisi futurarum, et ad eum pertinentium qui earum spem gerere perhibetur. Quæ cum ita sint, propter has causas distinguenda erit fides ab spe, sicut vocabulo, ita et rationabili differentia. Nam quod attinet ad non videre, sive quæ creduntur, sive quæ sperantur, fidei speique commune est. In epistola quippe ad Hebræos, quæ teste usi sunt illustres catholicæ (*d*) Regulæ defensores, fides esse dicta est (ἐλεγχος) : « Convictio rerum quæ non videntur. » (*Hebr.*, xi, 1.) Quamvis quando se quisque non verbis, non testi-

---

(*a*) In excusis, *Lucanus distinguens*. Non nominatur *Lucanus* in Mss. sed ejus nominis loco habetur *quidam*. — (*b*) Editi, *et alia atque alia*. At. Mss. et *alios* (supple homines,) *atque alia* (scilicet rerum genera esse cœpisse, nec fuisse sempiterna.) — (*c*) Istud, *quæ ad religionem pertinent*, reperitur in omnibus libris scriptis et excusis. Glossema esse volebat Lambertus Danæus, qui hunc et alios quamplures locos animo vexavit minime æquo et liberali. — (*d*) Quatuor Mss. *catholicæ fidei ac regulæ*. Apud Augustinum Regula fidei solet dici Symbolum, ut infra in cap. lvi.

tion des choses qu'on ne voit pas. » (*Hebr.*, II, 2.) Cependant, quand un homme dit qu'il croit, c'est-à-dire qu'il ajoute foi à un fait qu'il ne tient ni des paroles, ni du témoignage, ni des preuves qui viennent des autres, mais de l'évidence même de la chose qui s'est passée sous ses yeux, on ne saurait pourtant pas lui reprocher de s'être exprimé ainsi, ni lui dire : Vous avez vu , donc vous n'avez pas cru. Par conséquent il n'est pas indispensable de n'avoir pas vu une chose pour dire qu'on la croit. Cependant il vaut mieux entendre par la foi, telle que nous l'enseignent les saintes Ecritures, la croyance aux choses, qu'on ne voit pas. L'Apôtre dit également de l'espérance : « Quand on voit ce qu'on a espéré, ce n'est plus espérance, car comment espérerait-on ce qu'on voit déjà? Or, si nous espérons ce que nous ne voyons pas encore, nous l'attendons par la patience. » (*Rom.*, VIII, 24.) Ainsi croire à des biens qui doivent nous arriver, c'est les espérer. Que dirai-je maintenant de l'amour? Sans lui la foi ne sert de rien. Quant à l'espérance , elle ne peut pas même exister sans l'amour. Enfin, selon l'apôtre saint Jacques : « Les démons croient, et ils tremblent. » (*Jacques*, II, 19.) Cependant il n'y a en eux ni amour, ni espérance, mais en croyant ce qui fait l'objet de notre espérance et de notre amour, ils craignent de le voir arriver. C'est pourquoi l'apôtre saint Paul (*Gal.*, V, 6) approuve et recommande uniquement la foi qui opère par l'amour, et qui ne peut être sans l'espérance. Ainsi donc l'amour ne peut être sans l'espérance, ni l'espérance sans l'amour, ni l'un et l'autre sans la foi.

CHAPITRE IX.— 3. Si l'on demande ce qu'il faut croire en matière de religion, je répondrai qu'il est inutile de scruter trop profondément ce qui tient à la nature des choses, comme le font les philosophes que les Grecs appellent physiciens. Il n'y a pas grand mal pour un chrétien d'ignorer la vertu et le nombre des éléments, les mouvements, la marche et les éclipses des corps célestes, la configuration du ciel , le genre et la nature des animaux , des plantes , des pierres, des sources, des fleuves, des montagnes, les signes précurseurs des orages, les distances des lieux et des temps, et mille autres choses semblables que ces philosophes ont trouvées , ou croient avoir découvertes. En effet, ces savants, malgré la supériorité de leur génie, leur zèle ardent pour l'étude , le temps qu'ils y ont consacré, sont loin d'avoir trouvé tout ce qu'ils ont cherché. Ils n'ont pu, sur certaines choses donner que des conjectures , sur d'autres que des suppositions historiques ; et dans les choses mêmes qu'ils se vantent d'avoir trouvées, il y a plus d'opinions personnelles que de connaissances certaines et de science véritable. Il suffit

bus, non denique ullis argumentis, sed præsentium rerum evidentiæ credidisse, hoc est, fidem accommodasse dicit, non ita videtur (*a*) absurdus, ut recte reprehendatur in verbo, eique dicatur : Vidisti, ergo non credidisti : unde putari potest non esse consequens, ut non videatur res quæcumque creditur. Sed melius hanc appellamus fidem, quam divina eloquia docuerunt, earum scilicet rerum quæ non videntur. De spe quoque ait Apostolus : « Spes quæ videtur, non est spes. Quod enim videt quis, quid sperat? Si autem quod non videmus speramus, per patientiam expectamus. » (*Rom.*, VIII, 24.) Cum ergo bona nobis futura esse creduntur, nihil aliud quam sperantur. Jam de amore quid dicam, sine quo fides nihil prodest? Spes vero esse sine amore non potest. Denique, ut ait apostolus Jacobus : « Et dæmones credunt, et contremiscunt : » (*Jac.*, II, 19) nec tamen sperant vel amant; sed potius quod speramus et amamus credendo venturum esse formidant. Propter quod apostolus Paulus fidem quæ per dilectionem operatur (*Gal.*, V, 6), approbat atque commendat, quæ utique sine spe non potest esse. Proinde nec amor sine spe est, nec sine amore spes, nec utrumque sine fide. (III *Sent.* dist. 23, cap. *Si vero*.)

CAPUT IX. — 3. Cum ergo quæritur, quid credendum sit quod ad religionem pertineat, non rerum natura ita rimanda est, quemadmodum ab eis quos physicos Græci vocant : nec metuendum est, (*b*) ne aliquid de vi et numero elementorum, de motu atque ordine et defectibus siderum, et figura cœli, de generibus et naturis animalium, fruticum, lapidum, fontium, fluminum, montium, de spatiis locorum et temporum, de signis imminentium tempestatum, et alia sexcenta de iis rebus quas illi vel invenerunt vel invenisse se existimant, Christianus ignoret : quia nec ipsi omnia repererunt tanto excellentes ingenio, flagrantes studio, abundantes otio, et quædam humana conjectura investigantes, quædam vero historica experientia perscrutantes, et in eis quæ se invenisse gloriantur, plura opinantes potius quam

(*a*) Sic meliores Mss. Editi vero, *absurdum*. — (*b*) Hic apud Am. Er. Lov. et Arn. additur, *quemadmodum ab eisdem* : quod glossema non habent veteres libri.

au chrétien de croire que toutes choses créées, soit dans le ciel, soit sur la terre, visibles ou invisibles, sont l'œuvre de la bonté du Créateur, qui est le seul et vrai Dieu ; qu'il n'existe aucune nature, qui ne soit ou Dieu même, ou l'ouvrage de Dieu; que Dieu est Trinité, c'est-à-dire Dieu en trois personnes, savoir : le Père, et le Fils engendré par le Père, et le Saint-Esprit qui procède aussi du Père, et qui est le seul et même Esprit du Père et du Fils.

CHAPITRE X. — Cette Trinité souverainement, également et immuablement bonne, a créé toutes choses qui, sans être comme elle souverainement, également et immuablement bonnes, ont cependant chacune en elle-même une bonté particulière (*Gen.*, I, 31), et dont l'ensemble parfaitement bon, forme l'admirable beauté de l'univers.

CHAPITRE XI. — Le mal lui-même, tel qu'on le définit, a aussi sa place dans l'ordre universel des choses. Il fait mieux ressortir le bien qui, par comparaison avec le mal, paraît meilleur et plus digne de nos désirs. En effet, Dieu qui, de l'aveu même des infidèles (VIRG., *Enéide*, 10), est souverainement puissant et souverainement bon, ne souffrirait rien de mauvais dans ses œuvres, s'il n'était pas assez bon, et assez puissant pour tirer le bien du mal lui-même. Or, qu'est-ce que ce mal, sinon l'absence du bien ? Comme dans le corps des animaux, être malade ou blessé n'est autre chose qu'être privé de la santé ; (car les remèdes qu'on emploie afin de les guérir n'ont pas pour but d'éloigner de leurs corps les maladies et les blessures, pour les transporter ailleurs, mais de les faire disparaître entièrement, puisque les maladies ou les blessures ne sont pas une substance, mais un vice qui se trouve dans la substance de la chair, tandis que la chair est une substance, et conséquemment un bien, qui n'est qu'accidentellement soumis aux maladies et aux blessures, qui privent la substance de ce bien qu'on appelle la santé); de même tous les vices qui affectent l'âme sont autant de privations de biens propres à sa nature. Quand ces vices sont guéris, ils ne sont pas transportés ailleurs, mais ils n'existent plus nulle part, lorsque l'âme a recouvré sa force et sa pureté.

CHAPITRE XII. — 4. Toutes les natures sont donc bonnes, parce que celui qui les a créées est souverainement bon. Mais comme elles n'ont pas, à l'égal de leur Créateur, une bonté souveraine et immuable, ce qu'il y a de bon en elles est susceptible de diminution ou d'augmenta-

---

scientes. Satis est Christiano rerum creatarum causam, sive cœlestium sive terrestrium, sive visibilium sive invisibilium, non nisi bonitatem credere Creatoris, qui est Deus unus et verus; nullamque esse naturam, quæ non aut ipse sit, aut ab ipso : eumque esse Trinitatem, Patrem scilicet, et Filium a Patre genitum, et Spiritum sanctum ab eodem Patre (*a*) procedentem, sed unum cumdemque Spiritum Patris et Filii.

CAPUT X. — Ab hac (*b*) summe et æqualiter et immutabiliter bona Trinitate creata sunt omnia, et nec summe, nec æqualiter, nec immutabiliter bona, sed tamen bona etiam singula : simul vero universa valde bona (*Gen.*, I, 31); quia ex omnibus consistit universitatis admirabilis pulchritudo.

CAPUT XI. — In qua etiam illud quod malum dicitur, bene ordinatum et loco suo positum, eminentius commendat bona, ut magis placeant et laudabiliora sint dum comparantur malis. Neque enim Deus omnipotens, quod etiam infideles fatentur (VIRGIL., *Æneid.* 10), rerum cui summa potestas, cum summe bonus sit (I *Sent.*, dist. 46, cap. *Quod vero*), ullo modo sineret mali aliquid esse in operibus suis, nisi usque adeo esset omnipotens et bonus, ut bene faceret et de malo. (*c*) Quid est autem aliud quod malum dicitur, nisi privatio boni ? Nam sicut corporibus animalium nihil est aliud morbis et vulneribus affici, quam sanitate privari : (Neque enim id agitur, cum adhibetur curatio (II *Sent.* dist. 34, cap. *Ostensa*, et dist. 35, cap. *Quocirca*), ut mala ista quæ inerant, id est, morbi ac vulnera recedant hinc, et alibi sint ; sed utique ut non sint. Non enim ulla substantia, sed carnalis substantiæ vitium est vulnus aut morbus : cum caro sit ipsa substantia, profecto aliquod bonum, (*d*) cui accidunt ista mala, id est, privationes ejus boni, quod dicitur sanitas,) ita et animorum quæcumque sunt vitia, naturalium sunt privationes bonorum : quæ cum sanantur, non aliquo transferuntur; sed ea quæ ibi erant, nusquam erunt, quando in illa sanitate non erunt.

CAPUT XII. — 4. Naturæ igitur omnes, quoniam naturarum prorsus omnium Conditor summe bonus est, bonæ sunt : sed quia non sicut earum Conditor summe atque incommutabiliter bonæ sunt, ideo in eis et minui bonum et augeri potest. Sed (*e*) bonum minui malum est : quamvis, quantumcumque mi-

---

(*a*) Duo ex Vaticanis Mss. *et Filio procedentem*. — (*b*) Lov. et Arn. *summa*. Aptius editi alii et Mss. *summe*. Et sic in I *Sent.* d. 46, c. *Est enim*. — (*c*) Apud Am. Er. et Lamb. Danæum additur hoc loco : *De bona natura vitiato ipse Deus bene facit, reformando aut puniendo vitiatum ac per hoc ergo malum nec vitium erit, quia nihil est cum coacuatur.* Ineptum glossema. — (*d*) Editi, *bonum est*. Verbum *est* expunximus auctoritate Mss. plurium et meliorum. — (*e*) Vetustissimus liber Colb. *bono*.

tion|; mais une diminution de bien est toujours un mal. Cependant quelle que soit cette diminution, la nature qui l'éprouve, tant qu'elle est encore une nature, conserve nécessairement en elle quelque chose de ce qui fait qu'elle est nature. En effet, toute nature, quelque petite et faible qu'elle soit, ne peut perdre le bien qui est en elle et qui fait sa nature, sans qu'elle soit détruite elle-même. C'est donc avec raison qu'on loue une nature qui n'est pas corrompue. Mais, si en outre cette nature est incorruptible, et hors d'atteinte de toute espèce de corruption, elle en est sans aucun doute bien plus digne de louanges. Quand une nature se corrompt, cette corruption est un mal, parce qu'elle la prive de quelque bien. Si en effet elle ne la privait d'aucun bien, elle ne lui serait pas nuisible; mais comme elle lui est nuisible, elle lui ôte donc quelque bien. Ainsi tant qu'une nature se corrompt, il y a toujours en elle un bien dont elle peut être privée. Par conséquent s'il restait à cette nature quelque bien inaccessible à la corruption, elle deviendrait alors incorruptible, et c'est par la corruption même qu'elle parviendrait au bonheur immense de l'incorruptibilité. Si au contraire la corruption ne cesse de faire en elle des progrès, tant que cette corruption aura lieu, la nature qui en est atteinte conservera toujours en elle quelque bien que la corruption pourra lui faire perdre. Enfin si la corruption la gagne entièrement, ce qui fait qu'il n'y aura plus aucun bien en elle, c'est qu'elle aura cessé d'exister. Ainsi la corruption ne peut anéantir entièrement le bien qui est dans une nature, sans anéantir cette nature elle-même. Toute nature est donc en elle-même un bien, grand si elle ne peut être corrompue, petit si elle peut l'être. On ne peut donc pas nier sans folie ou sans ignorance qu'une nature quelconque ne soit un bien. Si elle est entièrement absorbée par la corruption, il n'y aura plus de corruption possible, par cela même qu'il n'y aura plus de nature où elle puisse exister.

CHAPITRE XIII. — Il n'y a donc aucun mal, s'il n'y a aucun bien, mais le bien qui est exempt de tout mal, est un bien pur et parfait, tandis que le bien dans lequel il y a quelque mal, est un bien détérioré ou susceptible de l'être. De même, il ne peut y avoir aucun mal, là où il n'y a aucun bien. Il résulte de cela quelque chose qui peut paraître étonnant; c'est que puisque toute nature est bonne en elle-même, quand on dit qu'une nature vicieuse est une mauvaise nature, on semble dire que ce qui est un bien, est un mal, et qu'il n'y a de mauvais que ce qui est bon, puisque toute nature est un bien, et qu'une chose ne serait pas mauvaise, si cette chose qui est mauvaise, n'était pas une nature. Rien donc ne peut être mal, sinon ce qui a été bien. Cela paraît

---

nuatur, remaneat aliquid necesse est, (si adhuc natura est,) unde natura sit. Neque enim, si qualiscumque et quantulacumque natura est, consumi bonum (a) quo natura est, nisi et ipsa consumatur, potest. Merito quippe natura incorrupta laudatur : porro si et incorruptibilis sit, quæ corrumpi omnino non possit, multo est procul dubio laudabilior. Cum vero corrumpitur, ideo malum est ejus corruptio, quia eam qualicumque privat bono : nam si nullo bono privat, non nocet : nocet autem, (b) adimit igitur bonum. Quamdiu itaque natura corrumpitur. inest ei bonum quo privetur : ac per hoc si naturæ aliquid remanebit quod jam corrumpi nequeat, profecto natura incorruptibilis erit, et ad hoc tam magnum bonum (c) corruptione perveniet. At si corrumpi non desinet, nec bonum habere utique desinet, quo eam possit privare corruptio. Quam si penitus totamque consumpserit, ideo nullum bonum inerit, quia natura nulla erit. Quocirca bonum consumere corruptio non potest, nisi consumendo naturam. Omnis ergo natura bonum est, magnum si corrumpi non potest, parvum si potest : negari tamen bonum esse, nisi stulte atque imperite prorsus non potest. Quæ si corruptione consumitur, nec ipsa corruptio remanebit, (d) nulla ubi esse possit subsistente natura.

CAPUT XIII. — Ac per hoc nullum est quod dicitur malum, si nullum sit bonum. Sed bonum omni malo carens, integrum bonum est : cui vero inest malum, vitiatum vel vitiosum bonum est : nec malum unquam potest esse ullum, ubi bonum est nullum. Unde res mira conficitur, ut quia omnis natura, in quantum natura est, bonum est, nihil aliud dici videatur, cum vitiosa natura mala esse natura dicitur, nisi malum esse quod bonum est : nec malum esse, nisi quod bonum est; quoniam omnis natura bonum est, nec res aliqua mala esset, si res ipsa quæ mala est natura non esset. (II *Sent.*, dist. 35, cap. *Item* et *aliter*.) Non igitur potest esse malum, nisi

---

(a) Ita unus ex Vaticanis. At Mss. alii et editi, *quod*. — (b) Editi, *nocet autem adimendo bonum*. Castigantur a veteribus libris. — (c) Am. Er. et Lov. *corruptio non perveniet.* Aliquot Mss. *incorruptione perveniet.* Verius Arn. *corruptione perveniet.* — (d) Locus ex Mss. castigatus. Nam alias Am. Er. et Lov. *ubi nulla esse possit subsistente natura*, male. Nec melius Danæus correxerat addita negante particula sic, *ubi nulla esse possit, non subsistente natura.*

absurde à dire, et cependant c'est une vérité, que l'enchaînement logique du raisonnement nous force d'avouer. Tout en l'admettant, prenons garde toutefois de tomber sous le coup de la sentence du prophète, quand il s'écrie : « Malheur à ceux qui disent que le bien est un mal, et le mal un bien, qui donnent aux ténèbres le nom de lumière, et à la lumière le nom de ténèbres, qui appellent doux ce qui est amer, et amer ce qui doux ! » (*Isaïe*, v, 20.) D'un autre côté Jésus-Christ dit : « L'homme mauvais ne tire que de mauvaises choses du mauvais trésor de son cœur. » (*Matth.*, XII, 35.) Qu'est-ce qu'un homme mauvais, sinon une mauvaise nature; puisque l'homme est une nature? Or, si l'homme est un bien, parce qu'il est une nature, qu'est-ce qu'un homme mauvais, sinon un mauvais bien ? Cependant quand on examine attentivement ces deux choses, on trouve que l'homme n'est pas un mal, en tant qu'il est homme, et qu'il n'est pas un bien, en tant qu'il est injuste, mais qu'il est un bien parce qu'il est homme, et qu'il est un mal parce qu'il est injuste. Quiconque dirait donc que c'est un mal d'être homme, ou que c'est un bien d'être injuste, tomberait sous le coup de la sentence du prophète : « Malheur à ceux qui disent que le bien est un mal, et que le mal est un bien ! » Celui qui parlerait ainsi, blâmerait l'œuvre de Dieu dans la création de l'homme, et louerait l'homme dans son iniquité. C'est pourquoi toute nature même vicieuse, est un bien en tant qu'elle est nature, mais elle est un mal en tant qu'elle est vicieuse.

CHAPITRE XIV. — Aux choses qui sont contraires de leur nature, comme le bien et le mal, on ne saurait appliquer la maxime des dialecticiens, savoir que deux contraires ne se trouvent pas dans la même chose. L'air en effet, ne peut être tout à la fois clair et ténébreux; une nourriture ou une boisson ne peuvent être en même temps douces et amères; un corps ne peut être blanc là où il est noir, ni difforme dans les parties qui sont belles. Il en est de même de toutes ou presque toutes les choses contraires, elles ne peuvent se trouver ensemble dans le même sujet. Cependant le bien et mal, quoique certainement bien opposés entre eux, peuvent non-seulement se trouver réunis, mais encore le mal ne peut être entièrement sans le bien, et ne peut même être que dans le bien, quoique toutefois le bien puisse être sans le mal. Les hommes ou les anges, par exemple, peuvent n'être pas injustes, mais il n'y a que les hommes ou les anges qui puissent l'être. C'est dans le premier cas, un bien pour l'homme d'être homme, comme pour l'ange d'être ange : dans le second cas c'est un mal pour l'un et pour l'autre d'être injustes. Ces deux contraires, savoir le bien et le mal, se trouvent tellement ensemble, qu'il ne pourrait y avoir aucun mal, s'il n'existait pas un bien

---

aliquod bonum. Quod cum dici videatur absurde, connexio tamen ratiocinationis hujus velut inevitabiliter nos compellit hoc dicere. Et cavendum est, ne incidamus in illam propheticam sententiam, ubi legitur (*Isa.*, v, 20; II *Sent.*, dist. 34, cap. *Ad hoc*) : « Væ iis qui dicunt quod bonum est malum, et malum est bonum; qui dicunt tenebras lucem, et lucem tenebras ; qui dicunt dulce amarum, et amarum dulce. » Et tamen Dominus ait : « Malus homo de malo thesauro cordis sui profert mala. » (*Matth.*, XII, 35.) Quid est autem malus homo, nisi mala natura ; quia homo natura est? (II *Sent.*, dist. 34, cap. *Ex quo*.) Porro si homo aliquod bonum est, quia natura est, quid est malus homo, nisi malum bonum? Tamen cum duo ista discernimus, invenimus nec ideo malum quia homo est, nec ideo bonum quia iniquus est; sed bonum quia homo, malum quia iniquus. Quisquis ergo dicit : Malum est hominem esse, aut : Bonum est iniquum esse : ipse incidit in propheticam illam sententiam : « Væ iis qui dicunt quod bonum est malum, et quod malum est bonum. » Opus enim Dei culpat, quod est homo; et vitium hominis laudat, quod est iniquitas. Omnis itaque natura, etiamsi vitiosa est, in quantum natura est, bona est; in quantum vitiosa est, mala est.

CAPUT XIV. — Quapropter in iis contrariis, quæ mala et bona vocantur, illa dialecticorum regula deficit, qua dicunt : Nulli rei duo simul inesse contraria. Nullus enim aer simul est et tenebrosus et lucidus : nullus cibus aut potus simul dulcis et amarus : nullum corpus simul ubi album, ibi et nigrum; nullum simul ubi deforme, ibi et formosum. (II *Sent.*, dist. 34, cap. *Ideoque*.) Et hoc in multis ac pene in omnibus contrariis reperitur, ut in una re simul esse non possint. Cum autem bona et mala nullus ambigat esse contraria, non solum simul esse possunt, sed mala omnino sine bonis et nisi in bonis esse non possunt : quamvis bona sine malis possint. Potest enim homo vel angelus non esse injustus : injustus autem non potest esse nisi homo vel angelus : et bonum quod homo, bonum quod angelus ; malum quod injustus. Et hæc duo contraria ita simul sunt, ut si

dans lequel le mal pût être, parce qu'alors non-seulement il n'y aurait rien où le mal pût exister, mais encore aucune cause d'où il pût naître ; puisqu'il n'y aurait plus rien qui pût donner matière à corruption, le bien seul étant susceptible de se corrompre. Qu'est-ce en effet que la corruption, sinon la perte et la privation du bien ? Le mal est donc né du bien, et ne peut se trouver que dans le bien, sans quoi la nature du mal n'aurait pas même d'origine. En effet, s'il n'y avait quelque chose qui pût produire le mal, cette chose, en tant qu'elle serait une nature, ne pourrait être que bonne. Si cette nature était incorruptible, elle serait un grand bien ; si même elle était corruptible, elle aurait encore un fond de bien, puisque la corruption ne pourrait lui nuire, qu'en corrompant le bien qui serait en elle.

Chapitre XV. — Mais en disant que le mal est né du bien, n'est-ce pas contredire les paroles du Seigneur qui a dit : « Un bon arbre ne peut produire de mauvais fruits ? » (*Matth.*, VII, 18.) On ne peut en effet, comme le dit la Vérité elle-même, « cueillir des raisins sur des épines, » (*Ibid.*, 16) parce que les épines ne produisent pas de raisins ; quoiqu'une bonne terre puisse produire tout à la foi des vignes et des épines. De même qu'un mauvais arbre ne peut donner de bons fruits, de même une volonté mauvaise ne peut produire de bonnes œuvres. Mais de la nature de l'homme qui est bonne, peuvent naître également la bonne et la mauvaise volonté, et la source primitive de la mauvaise volonté est dans la nature de l'ange et de l'homme, qui est bonne en elle-même. C'est ce que nous apprend le Seigneur dans le même passage, où parlant de l'arbre et des fruits qu'il produit, il dit : « Ou rendez l'arbre bon ainsi que ses fruits, ou rendez l'arbre et ses fruits mauvais. » (*Ibid.*, XII, 33.) Il nous montre ainsi qu'un bon arbre ne peut produire de mauvais fruits, et qu'un mauvais arbre ne peut pas en donner de bons ; mais que la même terre, par laquelle il désignait les hommes auxquels il parlait, peut faire naître de son sein de bons et de mauvais arbres.

Chapitre XVI. — 5. Puisqu'il en est ainsi, ne croyons pas, parce que nous avons du plaisir à lire ce vers de Virgile : « Heureux celui qui a pu découvrir les causes et les principes de toutes choses. » (Virgile, *Géorg.*, II, v. 490.) Ne croyons pas, dis-je, qu'il importe à notre bonheur de connaître les causes des grands mouvements de tous ces corps qui composent le monde, secrets cachés dans le sein le plus intime de la nature : de savoir, par exemple, « ce qui produit les tremblements de terre, la cause qui soulève les mers profondes, en brisant leurs barrières, et les fait ensuite retomber paisiblement sur elles-mêmes, » (Virgile, *Ibid.*) ainsi que d'autres choses semblables. Ce que nous devons connaître,

bonum non esset, in quo (*supple,* malum) esset, prorsus nec malum esse potuisset : quia non modo ubi consisteret, sed unde oriretur corruptio non haberet, nisi esset quod corrumperetur : quod nisi bonum esset, nec corrumperetur : quoniam nihil est aliud corruptio, quam boni exterminatio. Ex bonis igitur mala orta sunt, et nisi in aliquibus bonis non sunt : nec erat alias unde oriretur ulla mali natura. Nam si esset, in quantum natura esset, profecto bona esset : et ait incorruptibilis natura magnum esset bonum, aut etiam natura corruptibilis nullo modo esset nisi aliquod bonum, quod bonum corrumpendo posset ei nocere corruptio.

Caput XV. — Sed cum mala ex bonis orta esse dicimus, non putetur hoc Dominicæ sententiæ refragari, qua dixit : « Non potest arbor bona fructus malos facere. » (*Matth.*, VII, 18.) Non potest enim, sicut Veritas ait, colligi uva de spinis, quia non potest nasci uva de spinis : sed ex bona terra et vites nasci posse videmus et spinas. Et eodem modo tanquam arbor mala fructus bonos (*Ibid.*, 16), id est, opera bona, non potest facere voluntas mala : sed ex bona hominis natura oriri voluntas et bona potest et mala : nec fuit prorsus unde primitus oriretur voluntas mala, nisi ex angeli et hominis natura bona. (II *Sent.*, dist. 34, cap. *Ideoque.*) Quod et ipse Dominus eodem loco, ubi de arbore et fructibus loquebatur, apertissime ostendit : ait enim : « Aut facite arborem bonam et fructum ejus bonum, aut facite arborem malam et fructum ejus malum : » (*Matth.*, XII, 33.) satis admonens ex arbore quidem bona malos, aut ex mala bonos nasci fructus non posse; ex ipsa tamen terra, cui loquebatur, utramque arborem posse.

Caput XVI. — 5. Quæ cum ita sunt, quando nobis Maronis ille versus placet : « Felix qui potuit rerum cognoscere causas : » (*Georg.*, II) non nobis videatur ad felicitatem consequendam pertinere, si sciamus causas magnarum in mundo corporalium motionum, quæ abditissimis naturæ sinibus occuluntur : « Unde tremor terris, qua vi maria alta tumescant, obicibus ruptis, rursusque in se ipsa residant ; » et cætera hujusmodi. Sed bonarum et malarum rerum causas

ce sont les causes du bien et du mal, autant qu'il est donné à l'homme, dans cette vie remplie d'erreurs et de misères, de les approfondir et de les connaître, dans le but d'éviter et les mêmes misères et les mêmes erreurs. Nous devons tendre en effet à cette félicité, exempte de toutes les peines qui nous affligent, et de toutes les erreurs qui nous trompent. Si la connaissance des mouvements qui se passent dans les corps, nous était nécessaire, il n'y en aurait certainement pas de plus importante pour nous, que celle des causes qui influent sur notre santé. Mais puisque dans l'ignorance où nous sommes à cet égard, nous avons recours aux médecins, à plus forte raison devons-nous nous résoudre avec patience à ignorer tous les secrets du ciel et de la terre.

CHAPITRE XVII. — Quoiqu'il faille avec soin éviter toute erreur, non-seulement dans les grandes, mais aussi dans les moindres choses, et que l'ignorance soit la cause de nos erreurs, il ne s'en suit pas qu'on se trompe toujours en ignorant quelque chose, mais en croyant savoir ce qu'on ne sait pas, car alors on prend le faux pour le vrai, ce qui est le propre de l'erreur. Cependant toutes les erreurs ne sont pas égales ; il importe beaucoup de les distinguer, suivant la nature des objets sur lesquels on se trompe. Quand il s'agit d'une seule et même chose, on préfère avec raison celui qui la connaît à celui qui ne la connaît pas, celui qui ne se trompe pas à celui qui se trompe. Mais quand il s'agit de choses différentes, c'est-à-dire, quand tel homme a certaines connaissances, et que celui-là en a d'autres, quand les connaissances de l'un sont utiles, et que celles de l'autre ne le sont pas et peuvent même être nuisibles, ne doit-on pas préférer celui qui manque ces dernières connaissances à celui qui les a ? Il y a en effet des choses qu'il vaut mieux ignorer que savoir. Quelques-uns se sont bien trouvés quelquefois de s'être trompés, dans le chemin où nous portons nos pieds, bien entendu, mais non dans la voie de la vertu et des mœurs. C'est ce qui m'est arrivé à moi-même (1). Me trouvant entre deux chemins, je me trompai de route, et j'évitai par là un endroit où une troupe de donatistes armés attendait mon passage. Je n'arrivai ainsi que par un long détour à l'endroit où je voulais aller. Ayant appris l'embûche qui m'avait été dressée, je me félicitai de m'être trompé, et j'en rendis grâces à Dieu. Qui ne préférerait un voyageur qui s'égare ainsi dans sa route, à un voleur qui connaît parfaitement son chemin ? C'est sans doute pour cette raison qu'un illustre poète fait ainsi parler un malheureux amant : « Dès que je la vis, je fus perdu. Quelle malheureuse erreur m'a entraîné ? » (VIRG. *Eglog.*, VIII, v. 41.) C'est en effet une mauvaise erreur, car il en est de bonnes qui non-seulement ne nuisent pas,

(1) Possidius. *Vie de saint Augustin*, ch. XII.

nosse debemus : et id hactenus, quatenus eas homini in hac vita erroribus ærumnisque plenissima, ad eosdem errores et ærumnas evadendas nosse conceditur. Ad illam quippe felicitatem tendendum est, ubi nulla quatiamur ærumna, nullo errore fallamur. Nam si causæ corporalium motionum noscendæ nobis essent, nullas magis nosse quam nostræ valetudinis deberemus. Cum vero eis ignoratis, medicos quærimus, quis non videat quod de secretis cœli et terræ nos latet, quanta sit patientia nesciendum.

CAPUT XVII. — Quamvis enim error quanta possumus cura cavendus sit, non solum in majoribus, verum etiam in minoribus rebus, nec nisi rerum ignorantia possit errari : non est tamen consequens, ut continuo erret quisquis aliquid nescit ; sed quisquis se existimat sciere quod nescit : pro vero quippe approbat falsum, quod est erroris proprium. Verumtamen in qua re quisque erret, interest plurimum. Nam in una eademque re et nescienti sciens, et erranti non errans, recta ratione præponitur. In diversis autem rebus, id est, cum iste sciat alia, ille alia ; et iste utiliora, ille minus utilia, vel etiam noxia : quis non in eis quæ ille scit, ei præferat nescientem ? Sunt enim quædam quæ nescire quam scire sit melius. Itemque nonnullis errare profuit aliquando, sed in via pedum, non in via morum. Nam nobis ipsis accidit, ut in quodam bivio falleremur, et non iremus per eum locum ubi opperiens transitum nostrum (*a*) Donatistarum manus armata subsederat : atque ita factum est, ut eo quo tendebamus, per devium circuitum veniremus ; cognitisque insidiis illorum, nos gratularemur errasse, atque inde gratias ageremus Deo. Quis ergo viatorem sic errantem sic non erranti latroni præponere dubitaverit ? Et fortasse ideo apud illum summum poetam loquens quidam miser amator : « Ut vidi, inquit, ut perii, ut me malus abstulit error : » (VIRGIL., *Eclog.*, VIII) quoniam est et error bonus, qui non solum nihil obsit, verum

(*a*) Circumcelliones armati contra Augustinum vias aliquoties obsederunt, teste Possidio in ejus vita c. XII, ubi hujus etiam recordatus periculi, quod hominis ductoris errore evasit Augustinus.

mais quelquefois même sont utiles. Mais puisqu'en examinant plus attentivement les choses, il faut convenir que se tromper, c'est regarder comme vrai ce qui est faux, et comme faux ce qui est vrai, ou comme certain ce qui est incertain, et comme incertain ce qui est certain, soit que la chose que l'on croit soit vraie ou qu'elle soit fausse; et que les jugements que nous portons ainsi donnent à l'esprit autant de difformité et d'inconvenance, qu'il y a de convenance et de beauté dans nos paroles et dans nos jugements à ne dire jamais, oui que lorsque c'est oui, ou non que lorsque c'est non (*Matth.*, v, 37); il faut convenir également que cette vie que nous passons sur la terre est bien misérable, puisque l'erreur est quelquefois nécessaire à sa conservation. A Dieu ne plaise qu'il en soit ainsi de cette existence future, où la vérité est la vie de notre âme, où personne ne trompe et ne peut être trompé. Mais ici-bas, les hommes trompent et sont trompés; et il est plus malheureux de tromper en mentant, que d'être trompé en ajoutant foi au mensonge. Cependant la nature raisonnable a tant d'aversion pour la fausseté et tant d'éloignement pour l'erreur, que ceux qui aiment à tromper, ne veulent pas être trompés eux-mêmes. En effet, celui qui ment ne croit pas être dans l'erreur, mais y induire celui qui croit à ses paroles. Il ne se trompe pas effectivement dans la chose qu'il déguise par un mensonge, s'il sait au fond ce qu'il en est; mais il se trompe en pensant que son mensonge ne lui sera pas nuisible, puisque tout péché est plus préjudiciable à celui qui le commet, qu'à celui qui en souffre.

Chapitre XVIII. — 6. Ici se présente une question très-obscure et épineuse, que j'ai déjà résolue dans un livre assez volumineux, forcé que j'étais de répondre à des objections qui m'étaient faites, savoir : s'il était du devoir d'un homme juste de mentir quelquefois. En effet, quelques-uns vont jusqu'à prétendre, que se parjurer et dire quelque chose de faux, sur ce qui concerne le culte qu'on doit à Dieu, et sur la nature de Dieu même, est quelquefois une œuvre bonne et pieuse. Pour moi, je pense que tout mensonge est un péché; mais qu'il est important d'examiner dans quelle intention et sur quelle chose on le commet. En effet, il y a une différence entre un péché commis dans un but d'utilité, et un péché dicté par la volonté de nuire. De même celui qui, par un mensonge, trompe un voyageur, en lui faisant prendre un chemin contraire à celui qu'il doit suivre, n'est pas aussi coupable qu'un autre, qui par ses mensonges détourne son prochain du droit chemin de la vie. Il ne faut pas accuser de mensonge celui qui avance quelque chose de faux, en

---

etiam prosit aliquid. Sed diligentius considerata veritate, cum aliud nihil sit errare, quam verum putare quod falsum est, falsumque quod verum est; vel certum habere pro incerto, incertumve pro certo, sive falsum, sive sit verum : idque tam sit in animo deforme atque indecens, quam pulcrum et decorum esse sentimus, vel in loquendo, vel in assentiendo : Est, est : Non, non (*Matth.*, v, 37) : profecto et ob hoc ipsum est vita misera ista qua vivimus, quod ei nonnumquam, ut non amittatur, error est necessarius. Absit ut talis sit illa vita, ubi est animæ nostræ ipsa veritas vita; ubi nemo fallit, fallitur nemo. Hic autem homines fallunt atque falluntur; miserioresque sunt cum mentiendo fallunt, quam cum mentientibus credendo falluntur. Usque adeo tamen rationalis natura refugit falsitatem, et quantum potest devitat errorem, ut falli nolint etiam quicumque amant fallere. Non enim sibi qui mentitur videtur errare, sed alium in errorem mittere credentem sibi. Et in ea quidem re non errat quam mendacio contegit, si novit ipse quid verum sit : sed in hoc fallitur, quod putat sibi suum non obesse mendacium; cum magis facienti quam patienti obsit omne peccatum.

Caput XVIII. — 6. Verum hic difficillima et latebrosissima gignitur quæstio, de qua jam grandem librum, cum respondendi necessitas nos urgeret, absolvimus : utrum ad officium hominis justi pertineat aliquando mentiri. Nonnulli, (Priscillianistæ redarguuntur,) enim eo usque progrediuntur, ut et pejerare, et de rebus ad Dei cultum pertinentibus ac de ipsa Dei natura falsum aliquid dicere, nonnumquam bonum piumque opus esse contendant. Mihi autem videtur peccatum quidem esse omne mendacium, sed multum interesse quo animo et quibus de rebus quisque mentiatur. (III *Sent.*, dist. 38, cap. *Mentiri*.) Non enim sic peccat ille qui consulendi, quomodo ille qui nocendi voluntate mentitur : (*a*) aut vero tantum nocet qui viatorem mentiendo in diversum iter mittit, quantum is qui viam vitæ mendacio fallente depravat. Nemo sane mentiens judicandus est,

(*a*) Am. Er. Lov. et Dan. *Haud vero.* At. Mss. et Arn. *aut vero :* concinnius quidem, sed eodem sensu; nam a sententia præcedente vir huc usque porrigitur particulæ negantis.

croyant que c'est vrai, car il trompe moins qu'il n'est trompé lui-même. Il y a moins mensonge qu'imprudence et témérité, à avancer comme vraie, une chose fausse à laquelle on croit. Mais on peut en accuser celui qui ment sciemment, en donnant pour vraie une chose qu'il sait être fausse. Car en considérant son intention, comme il ne dit pas ce qu'il pense, il ne dit pas la vérité, quand bien même la vérité se trouverait dans ce qu'il avance. Il n'est pas non plus exempt de mensonge celui dont la bouche dit la vérité sans le vouloir, et dont l'intention est de mentir. Ainsi sans considérer les choses dont on parle, mais à prendre seulement l'intention de celui qui les avance, on trouvera que l'homme qui, sans le vouloir, dit une fausseté, en croyant dire la vérité, est bien préférable à celui qui, avec l'intention de mentir, dit la vérité sans le savoir. En effet, le premier ne parle pas autrement qu'il ne pense; tandis que le second, quelle que soit en elle-même la chose qu'il avance, n'a pas au fond du cœur ce qu'il a sur les lèvres; et c'est là ce qui constitue le péché du mensonge. Par rapport aux choses sur lesquelles les hommes se trompent ou commettent un mensonge, il faut en examiner la qualité, cette considération est très-importante. En effet, bien que ce soit, relativement à la volonté de l'homme, un moindre mal de se tromper que de mentir, on est cependant plus excusable de de commettre un mensonge sur des choses qui ne concernent pas la religion, qu'à se tromper sur celles, sans la foi et la connaissance desquelles, on ne peut rendre à Dieu le culte qui lui est dû. Supposons, par exemple, que quelqu'un, en mentant, assure que tel homme qui est mort est encore vivant, et qu'un autre par erreur croie, qu'après une longue suite de temps le Christ mourra une seconde fois. Ne vaut-il pas incomparablement mieux mentir comme le premier, que de se tromper comme le second ; et n'y a-t-il pas moins de mal et de danger à induire quelqu'un dans la première erreur, qu'à être entraîné par quelqu'un dans la seconde ?

CHAPITRE XIX. — Il y a donc des choses où l'erreur peut causer ou un grand ou un moindre mal ; d'autres où l'erreur n'a rien de préjudiciable, quelques-unes mêmes où elle est la cause d'un bien. L'erreur produit un grand mal, lorsqu'elle nous porte à ne pas croire ce qui conduit à la vie éternelle, ou à croire ce qui mène à l'éternelle mort. Elle est moins dangereuse, lorsqu'en prenant pour vrai ce qui est faux, nous tombons dans une de ces misères temporelles, que la patience et la foi peuvent convertir en bien. De même, par exemple, lorsque prenant pour

qui dicit falsum quod putat verum : quoniam quantum in ipso est, non fallit ipse, sed fallitur. Non itaque mendacii, sed aliquando temeritatis arguendus est, qui falsa incautius credita pro veris habet. Potiusque e contrario, quantum in ipso est, ille mentitur, qui dicit verum quod putat falsum. Quantum enim ad animum ejus adtinet, quia non quod sentit hoc dicit, non verum dicit, quamvis verum inveniatur esse quod dicit : nec ullo modo liber est a mendacio, qui ore nesciens verum loquitur, sciens autem voluntate mentitur. Non consideratis itaque rebus ipsis de quibus aliquid dicitur, sed sola intentione dicentis, melior est qui nesciens falsum dicit, quoniam id verum putat, quam qui mentiendi animum sciens gerit, nesciens verum esse quod dicit. Ille namque non aliud habet in animo, aliud in verbo : huic vero, qualecumque per se ipsum sit quod ab eo dicitur, aliud tamen clausum in pectore, aliud in lingua promptum est ; quod malum est proprium mentientis. In ipsarum autem quæ dicuntur consideratione rerum tantum interest, qua in re quisque fallatur sive mentiatur, ut cum falli quam mentiri minus sit malum, quantum pertinet ad hominis voluntatem, tamen longe tolerabilius sit in iis quæ a religione sunt sejuncta, mentiri, quam in iis sine quorum fide vel notitia Deus coli non potest, falli. (a) Quod ut illustretur exemplis, intueamur quale sit, si quispiam dum mentitur, vivere nuntiet aliquem mortuum ; et alius dum fallitur, credat iterum Christum post quamlibet longa tempora moriturum : nonne illo modo mentiri quam isto modo falli incomparabiliter præstat, multoque minoris mali est in illum errorem aliquem inducere, quam in istum ab aliquo induci?

CAPUT XIX. — In quibusdam ergo rebus magno, in quibusdam parvo, in quibusdam nullo malo, in quibusdam nonnullo etiam bono fallimur. Nam magno malo fallitur homo, cum hoc non credit quod ad vitam ducit æternam, vel hoc credit quod ad mortem ducit æternam. (III Sent., dist. 38, cap. Illud.) Parvo autem malo fallitur, qui falsum pro vero approbando incidit in aliquas molestias temporales, quibus tamen adhibita (b) fidelis patientia, convertit eas in usum bonum. Velut si quisquam bonum hominem

---

(a) Hic in editis Am. Er. et Dan. additur, *ut in pluribus a perquirente lucidius investigabitur.* — (b) Am. Er. Dan. et plures potioresque Mss. *fideli.*

bon un homme qui est méchant, on en éprouve quelque injustice. Mais il n'y a aucun mal à se tromper, quand on croit à la bonté d'un méchant, et qu'on en souffre aucun mal ; car alors on ne tombe pas sous le coup de la malédiction du prophète : « Malheur à ceux qui appellent bien ce qui est mal ! » (*Isaïe*, v, 20.) Paroles qui s'appliquent aux choses qui rendent les hommes mauvais, et non aux hommes eux-mêmes. Ainsi quiconque dirait que l'adultère est un bien, serait compris dans la malédiction du prophète ; mais quand on appelle bon un homme qu'on croit chaste, et qu'on ne sait pas adultère, ce n'est pas se tromper sur la nature des choses bonnes et mauvaises, mais sur ce qu'il y a de caché dans les mœurs des hommes. On appelle cet homme bon, parce qu'on suppose en lui quelque chose qui est bon, quoique l'on soit convaincu qu'un homme adultère est mauvais, et qu'un homme chaste est bon ; mais on se trompe, en disant que quelqu'un est homme de bien, quand on ignore qu'il est adultère, et qu'il n'est point chaste (1). Lorsque par suite d'une erreur on échappe à un grand danger, comme cela m'est arrivé dans le voyage, dont j'ai parlé plus haut, il y a de l'avantage à se tromper. Cependant, lorsque je dis qu'il y a certaines choses sur lesquelles on peut se tromper, non-seulement sans qu'il y ait aucun mal, mais même avec quelqu'avantage, ce n'est pas à dire pour cela que je regarde l'erreur, comme n'étant pas un mal, et comme pouvant même être un bien. Je ne parle que du mal où elle ne nous fait pas tomber, ou du bien qu'elle nous procure, c'est-à-dire des suites qu'elle peut avoir, car l'erreur en elle-même est toujours un mal, grand, quand elle a lieu pour une grande chose, petit, quand la chose est moins importante. En effet, quel homme, s'il n'est pas lui-même dans l'erreur, dira que ce n'est point un mal de prendre le faux pour le vrai, ou de rejeter la vérité pour admettre la fausseté, de regarder l'incertain pour le certain, ou le certain pour ce qui ne l'est pas ? Autre chose est de prendre un homme mauvais pour un homme de bien, et c'est là le propre de l'erreur, autre chose est si cette erreur, qui est un mal, n'est point la cause d'un autre mal, de souffrir, par exemple quelque préjudice de la part de quelqu'un qu'on a pris pour un homme de bien. De même autre chose est de se tromper dans un chemin qui n'est pas celui que l'on doit suivre, autre chose de retirer de cette erreur, qui cependant est encore un mal, l'avantage d'échapper aux embûches des méchants.

CHAPITRE XX. — 7. Je ne sais pas s'il faut regarder comme mal les erreurs de l'espèce suivante : Lorsqu'on a, par exemple, une bonne opinion d'un malhonnête homme qu'on ne con-

---

(1) Ce passage fort obscur semble un peu corrompu. Toutes les anciennes éditions donnent : *sed hunc bonum dicens, nesciendo adulterum esse; illum malum, nesciendo castum.* C'est la version que nous avons suivie dans notre traduction.

---

putando qui malus est, aliquid ab eo patiatur mali. Qui vero malum hominem ita bonum credit, ut nihil ab eo patiatur mali, nullo (*a*) malo fallitur : nec in eum cadit illa prophetica detestatio : « Væ iis qui dicunt quod malum est bonum. » (*Isa.*, v, 20 ; II *Sent.*, dist. 34, cap. *Ad hoc.*) De ipsis enim rebus quibus homines mali sunt, non de hominibus dictum intelligendum est. Unde qui adulterium dicit bonum, recte arguitur illa voce prophetica. Qui vero ipsum hominem dicit bonum, quem putat castum, nescit adulterum, non in doctrina rerum bonarum et malarum, sed in occultis humanorum fallitur morum ; vocans hominem bonum, in quo putat esse quod esse (*b*) non dubitat bonum, et dicens malum adulterum et bonum castum : sed hunc bonum dicens, nesciendo adulterum esse, (*d*) non castum. Porro si per errorem evadit quisque perniciem, sicut superius dixi nobis in itinere contigisse, etiam boni aliquid homini errore confertur. Sed cum dico in quibusdam rebus nullo malo aliquem, vel nonnullo etiam bono falli ; non ipsum errorem dico nullum malum vel nonnullum bonum ; sed malum quo non venitur, vel bonum quo venitur errando, id est, ex ipso errore quid non eveniat, vel quid proveniat. Nam ipse per se ipsum error aut magnum in re magna, aut parvum in re parva, tamen semper est malum. Quis enim nisi errans malum neget, approbare falsa pro veris aut improbare vera pro falsis, aut habere incerta pro certis vel certa pro incertis ? Sed aliud est bonum hominem putare qui malus est, quod est erroris ; et aliud est ex hoc malo aliud malum non pati, si nihil noceat homo malus, qui est putatus bonus. Itemque aliud est ipsam viam putare, quæ non est ipsa ; et aliud est ex hoc erroris malo aliquid boni consequi, velut est ab insidiis malorum hominum liberari.

CAPUT XX. — 7. Nescio sane utrum etiam (*c*) hujusmodi errores : cum homo de malo homine bene

---

(*a*) Sic Dan. Arn. et aliquot Mss. At Am. Er. et Lov. *nullo modo :* mendose. — (*b*) Plures Mss. *quod novit bonum.* — (*c*) Am. Er. Dan. *hujusmodi error est.* Mss. duo, *hujus sit modus erroris.* Melius Lov. *ejusmodi errores.* Refert ad illud infra, *peccata dicenda sint.*

CHAPITRE XX.

naît pas pour ce qu'il est; quand on croit apercevoir par les sens du corps des choses qui ne sont que dans l'imagination, mais qui sont ressenties par l'esprit, comme si elles affectaient le corps; ou par le corps, quand elles ne frappent que l'esprit, comme il arriva à l'apôtre Pierre qui croyait faire un songe, quand il fut délivré par un ange de sa prison et de ses chaînes. Ou lorsque dans les corps on prend pour lisse et poli ce qui est rude, ou pour doux ce qui est amer; quand on croit respirer un parfum agréable, là où il n'y a qu'une odeur fétide, ou entendre le tonnerre lorsque ce n'est que le bruit d'un char qui passe; ou bien encore, si l'on prend quelqu'un pour un autre à cause d'une grande ressemblance entre eux, comme cela arrive souvent à l'égard des jumeaux, ce qui a fait dire au poëte : « Erreur bien agréable au cœur de leurs parents. » (VIRGILE, *Enéide*, x.) Je ne sais pas, dis-je, si de telles méprises peuvent être regardées comme des fautes. Je n'ai pas, au reste, l'intention de résoudre la question si épineuse qui a tant embarrassé les académiciens, malgré toute la finesse de leur esprit, savoir : si le sage ne doit pas s'abstenir de se prononcer sur quoique ce soit dans la crainte de tomber dans l'erreur, en admettant pour vrai ce qui est faux, puisque d'après leur doctrine tout est inconnu et incertain. J'ai d'ailleurs, au commencement de ma conversion, composé trois volumes à ce sujet, pour ne pas être arrêté par cette question, à l'entrée même de mes nouvelles études. En effet, j'ai dû d'abord éloigner de mon esprit le désespoir de trouver la vérité, désespoir que les raisonnements des académiciens tendent à fortifier. Selon eux, toute erreur est un péché, dans lequel on ne peut s'empêcher de tomber, à moins de suspendre son jugement sur tout; car c'est se tromper, disent-ils, lorsqu'on donne son assentiment à ce qui est incertain; or, il n'y a aucune certitude dans les perceptions de l'homme, parce qu'il existe entre le faux et le vrai une ressemblance telle, qu'il est souvent impossible de distinguer l'un de l'autre, la chose que l'on voit, fût-elle vraie en elle-même. C'est un principe erroné qu'ils cherchent à établir par des discussions, et des arguments aussi subtils qu'insensés. Mais pour nous, « le juste vit de la foi. » (*Habac.*, II, 4; *Rom.*, 1, 17.) Or, ôter à l'esprit tout assentiment, c'est détruire la foi, puisque sans l'assentiment, il n'est plus de croyance possible. Il y a certainement des choses vraies, bien qu'elles échappent à notre vue humaine, et si l'on n'y croit pas, on ne peut arriver à la vie bienheureuse, qui n'est autre que l'éternelle vie. Je ne sais vraiment pas s'il est besoin de discuter avec des hommes qui ne savent pas s'ils vivront éternellement, et même s'ils vivent présentement, et qui vont jusqu'à prétendre ne pas savoir ce qu'il leur est impossible d'ignorer. En effet, un homme peut-il ignorer qu'il vit? Or,

---

sentit qualis sit nesciens; aut pro eis quæ per sensus corporis capimus, occurrunt similia, quæ spiritu tanquam corpore, aut corpore tanquam spiritu sentiuntur; quale putabat esse apostolus Petrus, quando existimabat se visum videre, repente de claustris et vinculis per Angelum liberatus (*Act.*, XII, 9) : aut in ipsis rebus corporeis lene putatur esse quod asperum est, aut dulce quod amarum est, aut bene olere quod putidum est, aut tonare cum rheda transit, aut illum esse hominem cum alius sit, quando duo simillimi sibi sunt, quod in geminis sæpe contingit; unde ait ille : « Gratusque parentibus error; » (VIRGIL., *Æneid.*, x) et cætera talia etiam peccata dicenda sint. Nec quæstio nodosissima, quæ homines acutissimos Academicos torsit, nunc mihi enodanda suscepta est, utrum aliquid debeat sapiens approbare, ne incidat in errorem, si pro veris approbaverit falsa, cum omnia (sicut affirmant) vel occulta sint, vel incerta. Unde tria confeci volumina in initio conversionis meæ, ne impedimento nobis (*a*) essent, quæ tanquam in ostio contradicebant. Et utique fuerat removenda inveniendæ desperatio veritatis, quæ illorum videtur argumentationibus roborari. Apud illos ergo error omnis putatur esse peccatum, quod vitari non posse contendunt, nisi omnis suspendatur assensio. Errare quippe dicunt eum quisquis assentitur incertis : nihilque certum esse in hominum (*b*) visis, propter indiscretam similitudinem falsi, etiamsi quod videtur, forte sit verum, acutissimis quidem, sed impudentissimis conflictationibus disputant. Apud nos autem : « Justus ex fide vivit. » (*Habac.*, II, 4; *Rom.*, 1, 17.) At si tollatur assensio, fides tollitur; quia sine assensione nihil creditur. Et sunt vera quamvis non videantur, quæ nisi credantur, ad vitam beatam, quæ non nisi æterna est, non potest perveniri. Cum istis vero utrum loqui debeamus ignoro, qui, non victuros in æternum, sed in præsentia se vivere nesciunt : imo nescire se dicunt, quod nescire non possunt. Neque enim quisquam sinitur nescire se vivere : quando quidem si non

---

(*a*) Plures Mss. *esset quæ tanquam in ostio contradicebat*: subintellige, *quæstio.* — (*b*) Sic aliquot Mss. Editi autem, *visu*.

s'il ne vit pas, il ne peut même point ignorer quelque chose, puisqu'il n'y a que celui qui existe qui puisse non-seulement savoir, mais encore ignorer. Ils croient se préserver de l'erreur, en n'assurant pas même qu'ils sont vivants; tandis qu'en supposant même qu'ils se trompent, cette erreur doit les convaincre qu'ils sont vivants; puisqu'il est impossible que celui qui ne vit pas puisse se tromper. De même donc que non-seulement il est vrai et certain que nous vivons, de même il est beaucoup de choses vraies et certaines, auxquelles on ne peut refuser son assentiment. Ne point les admettre, ce n'est pas de la sagesse, mais de la folie.

CHAPITRE XXI. — Quant aux choses que, pour gagner le royaume de Dieu, il est indifférent de croire ou de ne pas croire, de regarder comme vraies ou comme fausses; je pense que l'on ne pèche pas, ou que du moins on commet une faute bien légère, en se trompant à leur égard, c'est-à-dire en prenant l'une pour l'autre. Du reste, quelle que soit, et quelque grande que soit cette faute, elle ne regarde pas la voie qui conduit à Dieu: cette voie, c'est la foi en Jésus-Christ, « la foi qui opère par l'amour. » (*Gal.*, v, 6.) Ainsi cette erreur si douce au cœur des parents à l'égard de leurs fils jumeaux (VIRGILE, *Enéide*, X, 392), ne les détournait pas de cette voie. L'apôtre Pierre ne s'en écartait pas non plus, quand se croyant le jouet d'un songe, il prenait une chose pour l'autre, et comme fantastique ce qui existait réellement, jusqu'à ce que l'ange son libérateur se fût éloigné (*Actes*, XII, 9.) Le patriarche Jacob ne s'égarait pas non plus dans cette voie, quand il croyait que son fils vivant encore, avait été dévoré par une bête sauvage. On peut se tromper par de pareilles méprises, sans altération de sa foi en Dieu, et sans s'écarter de la voie qui conduit à lui. Ces erreurs qui ne sont pas en elles-mêmes des péchés, doivent être imputées aux misères de cette vie, qui est tellement « assujettie à la vanité, » (*Genèse*, XXXVII, 33) que l'homme croit souvent le faux pour le vrai, rejette le vrai pour le faux, et prend l'incertain pour le certain. Bien que toutes ces choses ne nuisent pas à la foi, par laquelle nous aspirons à la vraie et certaine béatitude de l'éternité, elles sont cependant inhérentes aux misères de cette vie mortelle. Nous ne serions jamais trompés en rien ni par ce qui se passe dans notre esprit, ni par les sens du corps, si nous jouissions déjà de la véritable et parfaite félicité.

CHAPITRE XXII. — Tout mensonge au contraire doit être appelé péché, parce que tout homme, non-seulement, quand il sait la vérité

---

vivit, non potest aliquid (*a*) vel nescire; quoniam non solum scire, verum etiam nescire viventis est. Sed videlicet non assentiendo quod vivant, cavere sibi videntur errorem : cum etiam errando convincantur vivere; quoniam non potest qui non vivit errare. Sicut ergo nos vivere non solum verum, sed etiam certum est : ita vera et certa sunt multa, quibus non assentiri, absit ut sapientia potius quam dementia nominanda sit.

CAPUT XXI. — In (*b*) quibus autem rebus nihil interest ad capessendum Dei regnum, utrum credantur, an non; vel utrum vera sive sint sive putentur, an falsa; in his errare, id est, aliud pro alio putare, non arbitrandum est esse peccatum; aut si est, minimum esse atque levissimum. Postremo qualecumque illud et quantumcumque sit, ad illam viam non pertinet, qua imus ad Deum : quæ via fides est Christi, quæ per dilectionem operatur. (*Galat.*, v, 6.) Neque enim ab hac via deviabat in geminis filiis gratus ille parentibus error : aut ab hac via deviabat apostolus Petrus, quando se existimans visum videre (*Act.*, XII, 9), aliud pro alio sic putabat, ut a corporum imaginibus, in quibus se esse arbitrabatur, vera in quibus erat corpora non dignosceret, nisi cum ab illo Angelus, per quem fuerat liberatus, abscessit : aut hac via deviabat Jacob patriarcha, quando viventem filium a bestia credebat occisum. (*Gen.*, XXXVII, 33.) In his atque hujusmodi falsitatibus, salva fide, quæ in Deum nobis est, fallimur, et via non relicta quæ ad illum ducit, erramus : qui errores etiamsi peccata non sunt, tamen in malis hujus vitæ deputandi sunt, quæ ita subjecta est vanitati, ut approbentur hic falsa pro veris, respuantur vera pro falsis, teneantur incerta pro certis. Quamvis enim hæc ab ea fide absint, per quam (*c*) veram certamque ad æternam beatitudinem tendimus : ab ea tamen miseria non absunt, in qua adhuc sumus. Nullo modo quippe falleremur in aliquo vel animi vel corporis sensu, si jam vera illa atque perfecta felicitate frueremur.

CAPUT XXII. — Porro autem omne mendacium ideo dicendum est esse peccatum, quia homo non

---

(*a*) Editi, *scire, vel nescire*. Et paulo post, *nonnisi viventis est*. Abest *scire*, et nonnisi, a Mss. — (*b*) Am. Er. Lov. et Dan : *In quibusdam*. Castigantur ex Mss. quibus consentit textus, III *Sent.*, d. LVIII, c. *Illud*. — (*c*) Sic Mss. At editis, *per quam ad veram certamque atque æternam beatitudinem tendimus* : minus bene.

de ce qu'il dit ; mais encore lorsqu'il se trompe, puisque l'humanité est exposée à l'erreur, doit toujours parler conformément à ce qu'il a dans l'esprit, soit que les choses qu'il avance soient vraies, ou qu'il les croie vraies, tandis qu'elles ne le sont pas. Or, celui qui ment parle contre sa pensée dans l'intention de tromper les autres. La parole, en effet, n'a pas été donnée aux hommes pour se tromper mutuellement, mais pour se communiquer leurs pensées l'un à l'autre. Or, faire usage de la parole pour tromper, et non dans le but pour lequel elle a été instituée, c'est pécher. Il ne faut donc pas croire qu'il puisse y avoir des mensonges exempts de péché, parce que nous pouvons quelquefois, en mentant, rendre service à quelqu'un. Nous pouvons aussi donner ouvertement à un pauvre, qui en éprouvera du soulagement, ce que nous dérobons à un riche qui n'en sentira pas la perte. Dira-t-on cependant qu'un pareil vol n'est pas un péché? Ne pouvons-nous pas également par l'adultère produire quelque bien, lorsque par exemple une femme, dans un excès d'amour, est exposée à mourir si l'on ne consent pas à ce qu'elle désire, tandis qu'en vivant elle peut effacer sa faute par le repentir et la pénitence? Dira-t-on pour cela que l'adultère n'est pas un péché? Sans doute la chasteté doit nous plaire; mais pourquoi n'en serait-il pas de même de la vérité? Nous ne voulons pas, même pour l'utilité d'autrui, violer la chasteté par l'adultère, et nous ne craignons pas de violer la vérité par le mensonge (1)? On a sans doute déjà fait de grands progrès dans le bien, quand on commet un mensonge uniquement pour le salut d'un homme; mais ce qui mérite d'être loué ou même récompensé temporellement dans de tels progrès, c'est le sentiment de bienveillance qui nous fait agir, et non le mensonge auquel nous avons recours. C'est assez qu'on l'excuse; mais il ne mérite aucune louange, surtout dans les héritiers du Nouveau Testament auxquels il est dit : « N'ayez pas dans la bouche d'autres paroles que : Oui cela est, non cela n'est pas, car ce qui est de plus, vient du mal. » (*Matth.*, v, 37.) C'est parce que ce mal se glisse sans cesse dans l'esprit des hommes, que les cohéritiers eux-mêmes de Jésus-Christ disent : « Pardonnez-nous nos offenses. » (*Matth.*, vi, 12.)

Chapitre XXIII. — Ces divers points étant établis, autant que me l'a permis la brièveté que réclame un pareil ouvrage, nous allons maintenant examiner quelles sont les causes du bien et du mal, d'une manière suffisante pour reconnaître la voie qui conduit au royaume de Dieu, où la vie ne sera plus sujette à la mort, la vérité à

---

(1) Les éditions portent à cet endroit : *Non ideo mendacium poterit aliquando laudari, quia nonnunquam pro salute quorumdam, mentimur. Peccatum ergo est, sed veniale, quod benevolentiæ excusat, et ideo fallacia damnat.* C'est-à-dire, on ne pourra jamais louer un mensonge, parce qu'on le commet quelquefois pour la conservation de quelqu'un. Le mensonge est donc même dans ce cas un péché, véniel il est vrai, que le sentiment de bienveillance par lequel on l'a commis rend excusable, mais que l'esprit de fausseté rend condamnable. Ces paroles manquent dans presque tous les manuscrits.

---

solum quando scit ipse quod verum sit, sed etiam si quando errat et fallitur sicut homo, hoc debet loqui quod animo gerit : sive illud verum sit, sive putetur et non sit. Omnis autem qui mentitur, contra id quod animo sentit loquitur voluntate fallendi. Et utique verba propterea sunt instituta, non per quæ se homines invicem fallant, sed per quæ in alterius quisque notitiam cogitationes suas perferat. Verbis ergo uti ad fallaciam, non ad quod instituta sunt, peccatum est. Nec ideo ullum mendacium putandum est non esse peccatum, quia possumus aliquando alicui prodesse mentiendo. (III *Sent.*, dist. 38. cap. *Sciendum*, et cap. *Mentiri*.) Possumus enim et furando, si pauper cui palam datur, sentit commodum, et dives cui clam tollitur, non sentit incommodum : nec ideo tale furtum quisquam dixerit non esse peccatum. Possumus et adulterando, si aliqua, nisi ad hoc ei consentiatur, appareat amando moritura, et si vixerit, pœnitendo purganda : nec ideo peccatum negabitur tale adulterium. Si autem merito nobis placet castitas, quid offendit veritas, ut propter alienam utilitatem illa non violetur adulterando, et violetur ista mentiendo ? Plurimum quidem ad bonum profecisse homines, qui non nisi pro salute hominis mentiuntur, non est negandum : sed in eorum tali profectu merito laudatur, vel etiam temporaliter remuneratur benevolentia, non fallacia, quæ ut ignoscatur sat est, non ut etiam prædicetur, maxime in hæredibus Testamenti Novi, quibus dicitur : « Sit in ore vestro : Est, est ; Non, non : quod enim amplius est, a malo est. » (*Matth.*, v, 37.) Propter quod malum, quia subrepere in hac mortalitate non desinit, etiam ipsi cohæredes Christi dicunt : « Dimitte nobis debita nostra. » (*Matth.*, vi, 12.)

Caput XXIII. — 8. His itaque pro hujus brevitatis necessitate tractatis, quoniam causæ cognoscendæ sunt rerum bonarum et malarum, quantum viæ satis est quæ nos perducat ad regnum, ubi erit vita sine morte, sine errore veritas, sine perturbatione

l'erreur, la félicité au trouble et à l'inquiétude. A cet égard nous ne devons pas douter que la bonté divine ne soit la cause de tout le bien qui est en nous, et que le mal ne vienne de la volonté de la créature bonne en elle-même, mais muable, qui s'est écartée de l'éternel et immuable bien, c'est-à-dire qu'il vient de la volonté de l'ange d'abord et ensuite de l'homme.

CHAPITRE XXIV. — Voilà le premier mal, c'est-à-dire, la première privation de bien éprouvée par la créature raisonnable. Ensuite sont venues l'ignorance de ce qui doit être fait, et la concupiscence de ce qui est nuisible, qu'accompagnent l'erreur et la douleur. Quand on sent l'imminence de ces deux maux, le mouvement de l'âme qui cherche à les fuir est ce qu'on appelle la crainte. D'un autre côté, lorsque nous sommes parvenus à posséder les choses qui sont l'objet de nos convoitises, comme l'erreur où nous sommes tombés ne nous permet pas d'en sentir le danger et la vanité; ou nous sommes dominés par le charme mortel qu'elles nous inspirent, ou bien nous nous abandonnons à une folle joie. C'est de ces diverses passions que découlent, comme d'autant de sources de pauvreté et non d'abondance, toutes les misères dont sont accablées les créatures raisonnables.

CHAPITRE XXV. — Cependant au milieu de toutes ces misères, la créature raisonnable n'a pu perdre ses aspirations à la félicité. Ces maux sont communs aux hommes et aux anges que la justice de Dieu a condamnés à cause de leur malice. Mais l'homme subit une peine qui lui est particulière, celle de la mort de son corps, supplice dont Dieu l'avait menacé, s'il tombait dans le péché. (*Gen.*, II, 17.) Tout en lui donnant le libre arbitre, le Seigneur n'avait pas renoncé à lui imposer sa loi, et à lui inspirer la crainte salutaire de ses châtiments; et il l'avait placé également au milieu des félicités du paradis, qui n'étaient que l'ombre d'une vie meilleure où il serait parvenu, s'il avait conservé la justice.

CHAPITRE XXVI. — Exilé à cause de son péché de ce lieu de délices, le premier homme, par sa faute, a souillé en lui toute sa race comme dans sa racine, et l'a entraînée avec lui dans la mort et la damnation. Ainsi tous les hommes, qui par la voie de la concupiscence charnelle, devaient naître de lui et de sa compagne, instrument de son péché, et compagne de sa condamnation, comme elle avait été complice de sa désobéissance; tous les hommes, dis-je, devaient contracter en naissant le péché originel, par lequel, à travers des erreurs et des douleurs de toute espèce, ils seraient entraînés au dernier supplice sans fin, avec les anges déchus, leurs corrupteurs, leurs maîtres, et les compagnons de leur malheureux sort. C'est ainsi, dit l'Apôtre, « que par un seul homme le péché est entré dans le monde, et la mort par le péché, et que cette

---

felicitas : nequaquam dubitare debemus, rerum quæ ad nos pertinent bonarum causam non esse nisi bonitatem Dei ; malarum vero ab immutabili bono deficientem boni mutabilis voluntatem, prius angeli, hominis postea. (II *Sent.*, dist. 34, cap. *Mala.*)

CAPUT XXIV. — Hoc primum est creaturæ rationalis malum, id est, prima privatio boni : deinde jam etiam dolentibus subintravit ignorantia rerum agendarum, et concupiscentia noxiarum ; quibus comites subinferuntur error et dolor : quæ duo mala quando imminentia sentiuntur, ea fugitantis animi motus vocatur metus. Porro animus cum adipiscitur concupita, quamvis perniciosa vel inania, quoniam id errore non sentit, vel delectatione morbida vincitur, (*a*) vel vana etiam lætitia ventilatur. Ex his morborum, non ubertatis, sed indigentiæ tanquam fontibus omnis miseria naturæ rationalis emanat.

CAPUT XXV. — Quæ tamen natura in malis suis non potuit amittere beatitudinis appetitum. Verum hæc communia mala sunt et hominum et angelorum pro sua malitia Domini justitia damnatorum. Sed homo habet et pœnam propriam, qua etiam corporis morte punitus est. Mortis ei quippe supplicium Deus comminatus fuerat, si peccaret (*Gen.*, II, 17) : sic eum munerans libero arbitrio, ut tamen regeret imperio, terreret exitio ; atque in paradisi felicitate tanquam in umbra vitæ, unde justitia custodita in meliora conscenderet, collocavit.

CAPUT XXVI. — Hinc post peccatum exsul effectus, stirpem quoque suam, quam peccando in se tanquam in radice vitiaverat, pœna mortis et (*b*) damnationis obstrinxit : ut quidquid prolis ex illo et simul damnata per quam peccaverat conjuge, per carnalem concupiscentiam, in qua inobedientiæ pœna similis retributa est, nasceretur, traheret originale peccatum, quo traheretur per errores doloresque diversos ad illud extremum cum desertoribus angelis vitiatoribus et possessoribus et consortibus suis sine fine supplicium. Sic « per unum hominem peccatum intravit in mundum, et per peccatum

---

(*a*) Hic Am. Er. Dan. Arn. et aliquot Mss. omittunt, *vel.* — (*b*) Sic Am. Er. Dan. et plures Mss. At. Lov. et Arn. *damnatione.*

mort a passé dans tous les hommes par celui en qui tous ont péché. » (*Rom.*, v, 11.) Saint Paul, dans ce passage, a désigné par le mot *monde*, le genre humain tout entier.

CHAPITRE XXVII. — Tel était donc l'état des choses. Toute la masse du genre humain condamnée était plongée dans le malheur, ou plutôt roulait précipitée de maux en maux comme au fond d'un abîme, et associée à la partie des anges prévaricateurs, payait les justes peines de son impie désertion. En effet tout le mal que les méchants commettent volontairement, dans l'aveuglement et le déréglement de leur concupiscence, comme tous les maux visibles et invisibles qu'ils endurent, sont l'effet de la juste colère de Dieu. Cependant la bonté du Créateur n'a pas cessé de se manifester envers les mauvais anges, en leur donnant la vie, et une puissance toujours active sans laquelle ils cesseraient d'être, comme envers les hommes en en propageant la race, bien qu'issue d'une souche souillée et condamnée. Il forme leur corps qu'il anime du souffle de la vie. Il dispose leurs membres qu'il met en harmonie avec les différents âges, avec les temps, avec la diversité des lieux. Il leur donne les aliments qui leur conviennent, pour entretenir la vigueur de leurs sens, car dans la sagesse il a mieux aimé tirer le bien du mal, que de ne pas permettre qu'il n'arrivât aucun mal. Si même il avait traité les hommes comme il a traité les mauvais anges, c'est-à-dire s'il avait voulu ne pas réparer leur nature, pourrait-on l'accuser d'injustice? Pourrait-on se plaindre s'il eût abandonné à la peine éternelle qu'elle méritait, cette créature qui avait renoncé à Dieu, qui, usant mal de son libre arbitre, avait foulé aux pieds et violé les préceptes de son Créateur auxquels il lui était facile de se conformer; qui avait effacé en elle l'image de son auteur et détourné opiniâtrement les yeux de sa lumière, et qui avait volontairement brisé le joug salutaire de ses lois? C'est ce que Dieu aurait fait, s'il n'eût été que juste et non miséricordieux, et s'il n'eût pas voulu montrer d'une manière plus évidente toute la gratuité de la miséricorde, en délivrant des hommes qui en étaient indignes.

CHAPITRE XXVIII. — 9. Une partie des anges emportés par leur orgueil impie, ayant donc abandonné Dieu, furent précipités du haut de la demeure céleste dans les régions inférieures de l'air remplies de ténèbres; les autres restèrent auprès de Dieu dans leur béatitude et leur sainteté. La chûte d'un seul ange n'avait pas entraîné tous les autres dans la même condamnation, parce que ne descendant pas de lui par voie de propagation, ils n'avaient pas comme les

---

mors; et ita in omnes homines pertransit, in quo omnes peccaverunt. » (*Rom.*, v, 12.) Mundum quippe appellavit eo loco Apostolus universum genus humanum.

CAPUT XXVII. — Ita ergo se res habebat : jacebat in malis, vel etiam volvebatur, et de malis in mala præcipitabatur totius humani generis massa damnata ; et adjuncta parti eorum qui peccaverant angelorum, luebat impiæ desertionis dignissimas pœnas. Ad iram quippe Dei pertinet justam, quidquid cæca et indomita concupiscentia faciunt libenter mali , et quidquid manifestis (*a*) opertisque pœnis patiuntur inviti : non sane Creatoris desistente bonitate et malis angelis subministrare vitam vivacemque potentiam, quæ subministratio si auferatur, (*b*) interibunt ; et hominum , quamvis de propagine vitiata damnataque nascentium , formare semina et animare, (*c*) ordinare membra , per temporum ætates, per locorum spatia vegetare sensus , alimenta donare. Melius enim judicavit de malis bene facere, quam mala nulla esse permittere. (I *Sent.*, dist. 46, cap. *Quod vero*.) Et si quidem in melius hominum reformationem nullam prorsus esse voluisset, sicut impiorum nulla est angelorum, nonne merito fieret, ut natura quæ Deum deseruit, quæ præceptum sui Creatoris, quod custodire facillime posset, sua male utens potestate calcavit atque transgressa est, quæ in se sui Conditoris imaginem ab ejus lumine contumaciter aversa violavit, quæ salubrem servitutem ab ejus legibus male libero abrupit arbitrio, universa in æternum desereretur ab eo, et pro suo merito pœnam penderet sempiternam? Plane ita faceret, si tantum justus , non etiam misericors esset, suamque indebitam misericordiam multo evidentius in indignorum potius liberatione (*d*) monstraret.

CAPUT XXVIII. — 9. Angelis igitur aliquibus impia superbia descentibus Deum, et in hujus aeris imam caliginem de superna cœlesti habitatione dejectis, residuus numerus angelorum in æterna cum Deo beatitudine et sanctitate permansit. Neque enim ex uno angelo lapso atque damnato cæteri propagati

---

(*a*) Am. Er. Dan. et fere omnes Mss. *apertisque*. — (*b*) Plures Mss. *intercidit*, vel *intercidet* : et quidam , *intercidunt*. — (*c*) Editi, et *ordinare membra*. Abest et a plerisque Mss. atque ex iis plures post *ordinare membra*, prosequuntur sic, *per locorum ætates*, *per temporum spatia*. Cisterciensis et Fuliensis, *per locorum varietates*. — (*d*) Danæus auctoritate veteris cujusdam exemplaris emendari vult, *non monstraret*. Sufficit tamen particula negans quæ membro proxime antecedenti præfigitur, neque hic repetitur in nostris Mss.

hommes, par les liens d'une responsable succession, contracté un péché originel, qui les exposât tous au châtiment. L'un d'entre eux qui devint le chef des démons, s'étant avec ses compagnons élevé au comble de l'impiété, fut avec eux renversé du faîte de son orgueil. Les autres anges restèrent soumis à Dieu, et reçurent en récompense ce que les premiers n'avaient pas eu, c'est-à-dire une science certaine, qui leur ôtait toute crainte sur la durée de leur éternelle félicité.

Chapitre XXIX. — Comme la totalité des anges n'avait point abandonné Dieu, le Créateur et le Modérateur de l'univers a voulu, que ceux qui avaient péri en l'abandonnant demeurassent à jamais perdus, mais que ceux qui, pendant la désertion des autres, lui étaient restés fidèles, eussent la conscience et les joies de leur béatitude sans fin. A l'égard de l'autre espèce de créature raisonnable, c'est-à-dire des hommes; comme ils étaient tous tombés dans la perdition et condamnés aux supplices à cause du péché qu'ils avaient contracté en naissant, et de ceux qu'ils avaient commis eux-mêmes, Dieu a voulu également en régénérer une partie, pour remplir le vide que la révolte des démons, avait causé dans la société des anges. En effet, il a été promis aux saints, qu'après leur résurrection, ils seront égaux aux anges. (*Luc*, xx, 36.) Ainsi la céleste Jérusalem, notre mère, cette cité de Dieu, ne verra pas diminuer le nombre de ses habitants, dont la multitude au contraire sera peut-être plus abondante. (Voy. le liv. de la *Cité de Dieu*, chap. I.) Car nous ne connaissons ni le nombre des hommes saints qui régneront dans le ciel, ni celui des démons impurs à la place desquels succèderont les enfants de l'Eglise, cette sainte mère qui paraissait stérile sur la terre (*Isaï.*, LIV, 1), et qui, dans le sein d'une paix éternelle, dont les impies ont été privés, goûteront des joies qui n'auront pas de fin. Mais quel est ou quel sera le nombre de ces heureux citoyens? Cela n'est connu que de celui « qui appelle tout ce qui est, comme tout ce qui n'est pas (*Rom.*, IV, 17), et qui règle toutes choses avec nombre, poids et mesure. » (*Sag.*, XI, 21.)

Chapitre XXX. — Mais cette partie du genre humain, à laquelle Dieu a promis la délivrance de ses péchés et la possession de son royaume éternel, est-ce aux mérites de ses œuvres personnelles qu'elle devra sa régénération? Gardons-nous de le croire. Quel bien peut opérer celui qui est perdu, à moins d'avoir été délivré de sa perdition? Sera-ce à son libre arbitre?

sunt, ut eos sicut homines originale malum obnoxiæ successionis vinculis obligaret, atque universos traheret ad debitas pœnas : sed eo qui diabolus factus est, cum sociis impietatis elato,.et (*a*) ipsa cum eis elatione prostrato, cæteri pia obedientia Domino cohæserunt, accipientes etiam, quod illi non habuerunt, certam scientiam, qua essent de sua sempiterna et nunquam casura stabilitate securi.

Caput XXIX. — Placuit itaque universitatis creatori atque moderatori Deo, ut quoniam non tota multitudo angelorum Deum deserendo perierat, ea quæ perierat in perpetua perditione remaneret : quæ autem cum Deo illa deserente perstiterat, de sua certissime cognita semper futura felicitate (*b*) gauderet : alia vero creatura rationalis quæ in hominibus erat, quoniam peccatis atque suppliciis et originalibus et propriis tota perierat, ex ejus parte reparata, quod angelicæ societati ruina illa diabolica minuerat, (*c*) suppleretur. Hoc enim promissum est resurgentibus sanctis, quod erunt æquales angelis Dei. (*Luc.*, xx, 36.) Ita superna Jerusalem mater nostra, civitas Dei, nulla civium suorum numerositate fraudabitur, (*d*) aut uberiore etiam copia fortasse regnabit. (II *Sent.*, dist. 9, cap. *A quibusdam*. Vid. lib. XXII. *De civit. Dei.* cap. I.) Neque enim numerum aut sanctorum hominum, aut immundorum dæmonum novimus, in quorum locum succedentes filii sanctæ matris, (*e*) quæ sterilis apparebat in terris (*Isai.*, LIV, 1), in ea pace de qua illi ceciderunt, sine ullo temporis termino permanebunt. Sed illorum civium numerus, sive qui est, sive qui futurus est, in contemplatione est ejus artificis, qui « vocat ea quæ non sunt, tanquam ea quæ sunt, » (*Rom.*, IV, 17) atque in mensura et numero et pondere cuncta disponit. (*Sap.*, XI, 21.)

Caput XXX. — Verum hæc pars generis humani, cui liberationem Deus regnumque promisit æternum, numquid meritis operum suorum reparari potest? Absit. Quid enim boni (*f*) operatur perditus, nisi quantum fuerit a perditione liberatus? Numquid libero voluntatis arbitrio? Et hoc absit : nam libero arbitrio male utens homo et se perdidit et

(*a*) Lov. et Arn. et *in ipsa*. Abest *in* ab omnibus prope Mss. et ab editis Am. Er. Dan. — (*b*) Hic editi addunt, *secura* : quæ vox in melioribus Mss. non habetur. — (*c*) Ita Am. Er. Dan. et plerique Mss. At Lov. et Arn. *suppleret*. — (*d*) Sic Am. Er. Dan. et Mss. At Lov. et Ara. *sed uberiore*. — (*e*) Editi, *sanctæ matris Ecclesiæ*. Abest *Ecclesiæ* a Mss. — (*f*) Editi, *operari potest perditus* At Mss. *operatur perditus*. Atque ex iis codices decem prosequuntur, *nisi quando fuerit*. Unus e Vaticanis, *nisi quando vel quantum fuerit*. Pluresque loco *liberatus*, habent *reparatus*.

CHAPITRE XXXI.

Loin de nous également cette pensée. Car c'est en faisant un mauvais usage de ce libre arbitre, que l'homme, en le perdant, s'est perdu lui-même. En effet, de même que celui qui se tue, le fait quand il est encore en vie, mais cesse de vivre en se tuant, sans pouvoir se ressusciter lui-même, une fois qu'il s'est donné la mort, de même l'homme en péchant par son libre arbitre, le perd, et tombe dans l'esclavage du péché : « Car quiconque est vaincu, devient l'esclave de son vainqueur. » (II *Pierre*, II, 19.) Tel est l'avis de l'apôtre Pierre, et comme ses paroles sont la vérité, quelle peut-être la liberté d'un homme esclave du péché, sinon une liberté dans laquelle il se plaît à faire le mal? On sert son maître, comme il convient à un homme libre, lorsqu'on accomplit avec plaisir la volonté de ce maître. De même on a acquis la triste liberté de pécher, quand on s'est fait l'esclave du péché. On ne pourra donc recouvrer la liberté d'agir justement, que lorsque délivré des liens du péché, on commencera à être esclave de la justice. Voilà qu'elle est la véritable liberté, parce qu'on trouve sa joie à faire le bien. Voilà quelle est la pieuse servitude, parce qu'on se soumet aux préceptes du Seigneur. Mais quelle liberté pour faire le bien peut avoir l'homme asservi et vendu au péché, s'il n'est racheté par celui qui nous dit : « Si le Fils vous délivre, vous serez véritablement libres. » (*Jean*, VIII, 36.) Mais avant que cette grâce arrive à l'homme, peut-il se glorifier d'accomplir quelque bonne œuvre au moyen de son libre arbitre, lorsqu'il n'est pas encore libre pour faire le bien? Ce serait le comble de l'orgueil et de la vanité, ce que l'Apôtre réprime en disant : « C'est par la grâce que vous avez été sauvés au moyen de la foi. » (*Ephés.*, II, 8.)

CHAPITRE XXXI. — Mais pour empêcher les hommes de s'attribuer à eux-mêmes le mérite de la foi, et de ne pas la considérer comme un don divin, le même Apôtre, dans un autre passage, dit que c'est à la miséricorde de Dieu qu'il doit d'être devenu fidèle, et ajoute : « Cette foi ne vient pas de vous, mais c'est un don de Dieu, et ce don n'est pas fait en récompense de vos œuvres, afin que nul ne s'élève. » (I *Cor.*, VII, 25.) Et pour que les fidèles ne soient pas regardés comme ne pouvant faire de bonnes œuvres, il ajoute aussitôt : « Nous sommes l'ouvrage de Dieu, étant créés en Jésus-Christ pour les bonnes œuvres que Dieu a préparées, afin que nous y marchions. » (*Ephés.*, II, 10.) Nous ne devenons donc parfaitement libres, que quand nous devenons l'ouvrage de Dieu, c'est-à-dire, quand il nous forme et nous crée, non pour être hommes, ce que nous sommes déjà, mais pour être hommes de bien, ce que nous ne pouvons être

---

ipsum. (II *Sent.*, dist. 25, cap. *Unde manifestum.*) Sicut enim qui se occidit, utique vivendo se occidit, sed se occidendo non vivit, nec se ipsum poterit resuscitare cum occiderit : ita cum libero peccaretur arbitrio, victore peccato amissum est liberum arbitrium : « A quo enim quis devictus est, huic et servus addictus est. » (II *Petr.*, II, 19.) Petri certe apostoli est ista sententia : quæ cum vera sit, qualis quæso potest servi addicti esse libertas, nisi quando cum peccare delectat? Liberaliter enim servit, qui sui domini voluntatem libenter facit. Ac per hoc ad peccandum liber est, qui peccati servus est. Unde ad juste faciendum liber non erit, nisi a peccato liberatus esse justitiæ cœperit servus. (I *Sent.*, dist. 25, cap. *Istam libertatem.*) Ipsa est vera libertas propter recti facti (*a*) lætitiam, simul et pia servitus propter præcepti obedientiam. Sed ad bene faciendum ista libertas unde erit homini addicto et vendito, nisi redimat cujus illa vox est (*Joan.*, VIII, 36) : « Si vos Filius liberaverit, tunc vere liberi eritis? » Quod antequam fieri in homine incipiat, quomodo quisquam de libero arbitrio in bono gloriabitur opere, qui nondum est liber ad operandum bene, nisi se vana superbia inflatus extollat? quam cohibet Apostolus dicens : « Gratia salvi facti estis per fidem. » (*Ephes.*, II, 8.)

CAPUT XXXI. — Et ne ipsam sibi saltem fidem sic arrogarent, ut non intelligerent divinitus esse donatam, sicut idem Apostolus alio loco dicit, se ut fidelis esset misericordiam, consecutum ; hic quoque adjunxit, atque ait : « Et hoc non ex vobis, sed Dei donum est, non ex operibus, ne forte quis extollatur. » (I *Cor.*, VII, 25.) Et ne putarentur fidelibus bona opera defutura, rursus adjecit : « Ipsius enim sumus figmentum creati in Christo Jesu in operibus bonis, quæ præparavit Deus, ut in illis ambulemus. » (*Ephes.*, II, 10.) Tunc ergo efficimur liberi, cum Deus nos fingit, id est, format et creat, non ut homines, quod jam fecit ; sed ut boni (*b*) homines simus, quod nunc gratia sua facit : ut simus in

---

(*a*) Sic Am. Er. Dan. Arn. et aliquot Mss. Alii plerique cum Lov. *propter recte facti licentiam.* Nonnulli, *propter recte faciendi licentiam.* Legendum videtur, *propter recte facti libentiam.* — (*b*) Vox *homines* hinc abest in aliquot Mss.

que par sa grâce, afin que nous devenions des créatures nouvelles en Jésus-Christ (*Gal.*, VI, 15), selon ce qui est dit : « O Dieu, créez en moi un cœur pur. » (*Ps.* L, 12.) Il ne s'agit pas ici du cœur de l'homme, en tant qu'il appartient à l'organisation de la nature humaine, puisque Dieu l'avait déjà créé dans son prophète, quand il parle ainsi.

Chapitre XXXII. — Enfin, pour que l'homme, sans se glorifier toutefois de ses bonnes œuvres, ne se glorifie pas non plus de son libre arbitre, comme étant la source de quelque mérite, en considération duquel la liberté de faire le bien lui est donnée à titre de légitime récompense, écoutons ce que dit le même panégyriste de la grâce : « C'est Dieu qui opère en nous le vouloir et le faire selon son bon plaisir, » (*Philip.*, II, 13) et dans un autre endroit : « Cela ne dépend ni de celui qui veut, ni de celui qui court, mais de la miséricorde de Dieu. » (*Rom.*, IX, 16.) Il est cependant hors de doute, que lorsque l'homme est arrivé à l'âge de raison, il ne peut croire, espérer et aimer, que s'il le veut, et qu'il ne peut parvenir à la couronne céleste à laquelle Dieu l'appelle, s'il n'y court de sa pleine volonté. (*Philip.*, III, 14.) Pourquoi donc saint Paul a-t-il dit : « Que cela ne dépend ni de celui qui veut, ni de celui qui court, mais de la miséricorde de Dieu, » sinon, parce que la volonté elle-même, comme il est écrit, est préparée par Dieu ? (*Prov.*, VIII, 35, *selon les Septante.*) Autrement, si l'Apôtre en disant : « Cela ne dépend ni de celui qui veut, ni de celui qui court, mais de la miséricorde divine, » n'a voulu exprimer autre chose, sinon que l'œuvre de grâce dépend tout à la fois et de la volonté humaine et de la volonté divine. La volonté de l'homme ne suffit donc pas seule sans le secours de la miséricorde de Dieu ; et par conséquent si l'on a pu dire avec raison que tout dépend « ni de celui qui veut, ni de celui qui court, mais de Dieu qui fait miséricorde, » par la raison que la volonté de l'homme est insuffisante pour opérer seule l'œuvre du salut, pourquoi ne dirait-on pas également : Cela ne dépend pas de la miséricorde de Dieu, mais de la volonté de l'homme ; puisque la miséricorde divine serait également insuffisante, sans le concours de la volonté humaine ? Or, si nul chrétien n'oserait dire que cela ne dépend pas de la miséricorde de Dieu, mais de la volonté de l'homme, sans être en contradiction flagrante avec les paroles de l'Apôtre. Il ne reste donc pas d'autre parti à prendre, pour bien interpréter ce que saint Paul a voulu dire par ces paroles : « Cela ne dépend ni de celui qui veut, ni de celui qui court, mais de la miséricorde du Seigneur, » que d'attribuer tout à Dieu, qui prépare la bonne vo-

---

Christo Jesu nova creatura (*Gal.*, VI, 15), secundum quod dictum est : « Cor mundum crea in me Deus. » (*Psal.* L, 12.) Neque enim cor ejus, quantum pertinet ad naturam cordis humani, non jam creaverat Deus (a).

Caput XXXII. — Item ne quisquam, etsi non de operibus, de ipso glorietur libero arbitrio voluntatis, tanquam ab ipso incipiat meritum, cui tanquam debitum reddatur præmium, bene operandi ipsa libertas ; audiat eumdem gratiæ præconem dicentem : « Deus est enim qui operatur in vobis et velle et operari pro bona voluntate. » (*Philip.*, II, 13.) Et alio loco : « Igitur non volentis, neque currentis, sed miserentis est Dei. » (*Rom.*, IX, 16.) Cum procul dubio, si homo ejus ætatis est ut ratione jam utatur, non possit credere, sperare, diligere, nisi velit, nec pervenire ad palmam supernæ vocationis Dei (*Philip.*, III, 14), nisi voluntate cucurrerit. Quomodo ergo « non volentis, neque currentis, sed miserentis est Dei, » nisi quia et ipsa « voluntas, » sicut scriptum est, « a Domino præparatur ? » (*Prov.*, VIII, 35, sec. LXX.) Alioquin si propterea dictum est : « Non volentis, neque currentis, sed miserentis est Dei, » quia ex utroque fit, id est, et voluntate hominis, et misericordia Dei (II *Sent.*, dist. 26, cap. *Voluntatem*) : ut sic dictum accipiamus : « Non volentis, neque currentis, sed miserentis est Dei, » tanquam diceretur : Non sufficit sola voluntas hominis, si non sit etiam misericordia Dei : Non ergo sufficit et sola misericordia Dei, si non sit etiam voluntas hominis : ac per hoc si recte dictum est : « Non volentis hominis, sed miserentis est Dei, » quia id voluntas hominis sola non implet ; cur non e contrario recte dicitur : Non miserentis est Dei, sed volentis est hominis, quia id misericordia Dei sola non implet ? Porro si nullus dicere Christianus audebit : Non miserentis est Dei, sed volentis est hominis, ne Apostolo apertissime contradicat : restat ut propterea recte dictum intelligatur : « Non volentis, neque currentis, sed miserentis est Dei, » ut totum Deo detur, qui

---

(a) Apud Lov. additur, *sed renovationem animæ demorantis in corde Prophetæ postulat*. Manifestum glossema, quod expunximus veterum codicum auctoritate, et editionum Am. Er. Dan. Arn.

lonté pour l'aider, et qui l'aide après l'avoir préparée. La bonne volonté de l'homme précède en effet plusieurs dons du Seigneur, mais elle ne les précède pas tous. Elle est elle-même un des dons qu'elle ne précède pas ; car on lit d'un côté dans les saintes Ecritures : « La miséricorde du Seigneur me préviendra, » (*Ps.* LVIII, 11) et de l'autre : « Sa miséricorde me suivra. »(*Ps.* XXII, 6.) Elle prévient l'homme qui ne veut pas, afin qu'il veuille ; elle suit l'homme qui veut, afin que sa volonté ne soit pas stérile. Pourquoi l'Evangile nous recommande-t-il de prier pour nos ennemis, (*Matth.*, v, 44) c'est-à-dire, pour ceux qui ne veulent pas vivre saintement, sinon pour que Dieu opère en eux le vouloir ? Pourquoi nous est-il aussi ordonné de demander pour que nous recevions (*Matth.*, VII, 7), sinon afin que celui qui a fait en nous le vouloir, fasse aussi ce que nous voulons ? Ainsi nous prions pour nos ennemis, afin que la miséricorde divine les prévienne, comme elle nous a prévenus nous-mêmes : nous prions pour nous, afin que cette même miséricorde nous suive.

CHAPITRE XXXIII. — 10. Le genre humain tout entier était sous le coup d'une juste condamnation, parce que tous les hommes étaient enfants de la colère, de cette colère dont il est écrit : « Tous nos jours se sont consumés, et nous nous sommes trouvés consumés nous-mêmes par la rigueur de votre colère. Nos années se passent comme celles de l'araignée en de vaines inquiétudes, » (*Ps.* LXXXIX) de cette colère dont Job dit : « L'homme né de la femme ne vit que très-peu de temps, il est rempli des effets de la colère divine ; » (*Job*, XIV, 1) de cette colère dont Notre-Seigneur Jésus-Christ dit lui-même : « Celui qui croit au Fils, a la vie éternelle, et celui qui ne croit pas au Fils, n'a point la vie, mais la colère de Dieu demeure sur lui. » (*Jean*, III, 36.) L'Evangéliste ne dit pas, la colère de Dieu *viendra*, mais *demeure* sur lui ; car tous les hommes naissent sous le coup de cette colère. C'est pourquoi l'Apôtre dit : « Nous étions nous-mêmes autrefois, ainsi que les autres, enfants de la colère. » (*Ephés.*, II, 3.) Comme tous les hommes étaient exposés à cette colère par le péché originel, d'autant plus pesant et plus dangereux, qu'ils l'avaient encore aggravé par de nouvelles et plus grandes fautes, ils avaient besoin d'un médiateur, c'est-à-dire de quelqu'un qui les réconciliât avec Dieu, et qui pût apaiser la colère divine par l'oblation d'un ineffable sacrifice, dont tous ceux de la loi et des prophètes n'étaient qu'une ombre. C'est ce qui fait dire à l'Apôtre : « Si lorsque nous étions ennemis de Dieu, nous avons été réconciliés avec lui par la mort de son Fils, à plus forte raison étant réconciliés avec lui par son sang, nous serons par

---

hominis voluntatem bonam et præparat adjuvandam, et adjuvat præparatam. (II *Sent.*, dist. 26, c. *Ipsa tamen.*) Præcedit enim bona voluntas hominis multa Dei dona, sed non omnia : quæ autem non præcedit ipsa, in eis est et ipsa : Nam utrumque legitur in sanctis eloquiis, et (*Psal.* LVIII, 11) : « Misericordia ejus præveniet me ; » et : « Misericordia ejus subsequetur me. » (*Psal.* XXII, 6.) Nolentem prævenit, ut velit ; volentem subsequitur, ne frustra velit. Cur enim admonemur orare pro inimicis nostris (*Matth.*, v, 44), utique nolentibus pie vivere, (*a*) nisi ut Deus in illis operetur et velle ? Itemque cur admonemur petere ut accipiamus (*Matth.*, VII, 7), nisi ut ab illo fiat quod volumus, a quo factum est ut velimus ? Oramus ergo pro inimicis nostris, ut misericordia Dei præveniat eos, sicut prævenit et nos : oramus autem pro nobis, ut misericordia ejus subsequatur nos.

CAPUT XXXIII. — 10. Tenebatur itaque justa damnatione genus humanum, et omnes erant iræ filii. De qua ira scriptum est : « Quoniam omnes dies nostri defecerunt, et in ira tua defecimus : anni nostri sicut aranea meditabuntur. » (*Psal.* LXXXIX, 9.) De qua ira dicit etiam Job : « Homo enim natus ex muliere, brevis vitæ et plenus iræ. » (*Job*, XIV, 1.) De qua ira dicit et Dominus Jesus : « Qui credit in Filium, habet vitam æternam ; qui autem non credit in Filium, non habet vitam (*b*), sed ira Dei manet super eum ; » (*Joan.*, III, 36) non ait, veniet, sed « manet. » Cum hac quippe omnis homo nascitur. Propter quod dicit Apostolus : « Fuimus enim et nos natura filii iræ, sicut et cæteri. » (*Ephes.*, II, 3.) In hac ira cum essent homines per originale peccatum, tanto gravius et perniciosius, quanto majora vel plura insuper addiderant, necessarius erat mediator, hoc est reconciliator, qui hanc iram sacrificii singularis, cujus erant umbræ omnia sacrificia Legis et Prophetarum, oblatione placaret. Unde dicit Apostolus (*Rom.*, v, 10) : « Si enim cum inimici essemus, reconciliati sumus Deo per mortem filii ejus, multo magis re-

---

(*a*) Sic Am. Er. Dan. et Mss. At. Lov. et Arn. *nisi Deus in illis operetur ut velint.* — (*b*) Editi, *non habet vitam æternam.* At Mss. Evangelio consentiunt, nec repetunt hoc loco, *æternam* : ex his etiam nonnulli futuro tempore ferunt, *non habebit vitam.*

le sang de ce Fils, délivrés de la colère de son Père. » (*Rom.*, v, 10.) La colère de Dieu n'est pas ce trouble, qui s'empare de l'esprit de l'homme irrité. C'est une expression empruntée aux mouvements, qui se passent dans le cœur humain, et par laquelle, sous le nom de colère, on désigne la vengeance de Dieu qui n'est qu'un effet de sa justice. Nous avions donc besoin d'un médiateur, pour nous réconcilier avec Dieu et recevoir le Saint-Esprit, afin que d'ennemis de Dieu que nous étions, nous puissions devenir ses enfants, « car tous ceux qui sont poussés par l'Esprit de Dieu, sont les enfants de Dieu. » (*Rom.*, viii, 14.) Telle est la grâce que nous recevons de Dieu par Notre-Seigneur Jésus-Christ.

Chapitre XXXIV. — Il faudrait trop de discours pour parler dignement de ce divin médiateur, dont le langage humain ne saurait d'ailleurs exprimer toute la grandeur. Qui pourrait en effet trouver des paroles convenables pour expliquer seulement « que le Verbe s'est fait chair, et qu'il a habité parmi nous, » (*Jean*, i, 14) afin de nous faire croire en Jésus-Christ, Fils unique de Dieu, le Père tout-puissant, né du Saint-Esprit et de la vierge Marie ? Car c'est ainsi que le Verbe s'est fait chair, non que la divinité se soit changée en chair, mais parce qu'elle s'est revêtue d'une enveloppe charnelle. Par le nom de chair, il faut entendre ici l'homme lui-même.

C'est une façon de parler pour exprimer le tout par la partie. C'est dans ce sens que saint Paul a dit : « Nulle chair, » c'est-à-dire nul homme, « ne sera justifié devant Dieu par les œuvres de la loi ; » (*Rom.*, iii, 20) car il n'est pas permis de dire que le Christ, en prenant la nature humaine, ne l'ait pas prise tout entière, mais c'était une nature exempte de tout lien du péché. Elle n'était pas le résultat de l'union des deux sexes et de la concupiscence charnelle ; elle n'était souillée d'aucun péché, qui dût être effacé par la régénération spirituelle ; elle était telle qu'elle devait être dans celui qui devait naître du sein d'une Vierge, et qui avait été conçu, non par la concupiscence, mais par la foi de sa mère. En effet, si la naisssance du Fils avait porté la moindre atteinte à la virginité de la mère, il ne serait pas né du sein d'une vierge, et ce serait faussement, ce qu'on ne pourrait dire sans impiété, que l'on confesserait avec toute l'Eglise « que Jésus-Christ est né de la Vierge Marie. » C'est à l'imitation de cette sainte maternité que l'Eglise, sans cesser d'être vierge, enfante tous les jours de nouveaux membres de Jésus-Christ. Lisez, si cela peut vous être agréable, la lettre (lettre 137) que j'ai écrite au sujet de la virginité de la sainte Vierge, à l'illustre Volusien, pour qui j'ai autant d'estime que d'affection.

Chapitre XXXV. — Ainsi Jésus-Christ, Fils

---

conciliati nunc in sanguine ejus salvi erimus ab ira per ipsum. » Cum autem Deus irasci dicitur, non ejus significatur perturbatio, qualis est in animo irascentis hominis : sed ex humanis motibus translato vocabulo, vindicta ejus, quæ non nisi justa est, iræ nomen accepit. Quod ergo per mediatorem reconciliamur Deo, et accipimus Spiritum sanctum, ut ex inimicis efficiamur filii : « Quotquot enim Spiritu Dei aguntur, hi filii sunt Dei : » (*Rom.*, viii, 14) hæc est gratia Dei per Jesum Christum Dominum nostrum.

Caput XXXIV. — De quo mediatore longum est, ut quanta dignum est, tanta dicantur, quamvis ab homine dici (*a*) digne non possint. Quis enim hoc solum congruentibus explicet verbis, quod « Verbum caro factum est, et habitavit in nobis, » (*Joan.*, i, 14) ut crederemus in Dei Patris omnipotentis unicum Filium natum de Spiritu sancto et Maria virgine ? Ita quippe Verbum caro factum est, a divinitate carne suscepta, non in carnem divinitate mutata. Carnem porro hic hominem debemus accipere, a parte totum significante locutione : sicut dictum est : « Quoniam ex operibus legis non justificabitur omnis caro, » (*Rom.*, iii, 20) id est omnis homo. Nam nihil naturæ humanæ in illa susceptione fas est dicere defuisse ; sed naturæ ab omni peccati nexu omni modo liberæ : non qualis de utroque sexu nascitur per concupiscentiam carnis cum obligatione delicti, cujus reatus regeneratione diluitur ; sed qualem de virgine nasci oportebat, (*b*) quem fides matris, non libido conceperat : quo si vel nascente corrumperetur ejus integritas, non jam ille de virgine nasceretur ; cumque falso, quod absit, natum de virgine Maria tota confiteretur Ecclesia ; quæ imitans ejus matrem quotidie parit membra ejus, et virgo est. Lege, si placet, de virginitate sanctæ Mariæ meas litteras ad illustrem virum, quem cum honore ac dilectione nomino, Volusianum. (*Epist.* cxxxvii.)

Caput XXXV. — Proinde Christus Jesus Dei Filius, (*c*) est et Deus et homo. Deus ante omnia sæcula,

---

(*a*) In plerisque Mss. *digna*. — (*b*) Lov. et Arn. *quam*. At Mss. *quem*. Ilis accedunt eo loci Am. Er. et Dan. sed mox recedunt a Mss. habentque cum Lov. et Arn. *Quod si vel per nascentem*. — (*c*) Am. Er. Lov. Arn. *Dei Filius est, et Deus et homo est*. Mutamus interpunctionem vocum deleto altero *est*, auctoritate quorumdam. Mss.

de Dieu, est donc Dieu et homme tout ensemble. Dieu avant tous les temps, et homme dans le temps. Dieu, parce qu'il est le Verbe de Dieu, car le Verbe était Dieu.(*Jean*, I, 1) ; homme, parce que le corps et l'âme raisonnable se sont joints au Verbe dans l'unité d'une seule personne. En tant que Dieu, lui et le Père ne font qu'un. (*Jean*, X, 30.) En tant qu'homme, le Père est plus grand que lui. (*Jean*, XIV, 28.) Comme il était Fils unique de Dieu, non par grâce, mais par nature, il a été fait Fils de l'homme pour être aussi plein de grâce. Enfin Dieu et l'homme ne font en lui qu'un seul Christ. C'est pour « cela qu'étant Dieu par sa nature, il n'a pas cru faire une usurpation, en se disant égal à Dieu, mais il s'est anéanti lui-même en prenant la forme d'un serviteur, » (*Philipp.*, II, 6 et 7) sans perdre toutefois et sans diminuer en rien sa nature divine. Ainsi tout en se faisant moindre, il est demeuré égal à son Père, ne faisant toujours, comme je l'ai dit, qu'un seul et même Christ. Mais il n'est pas comme Verbe, la même chose que comme homme. Verbe, il est égal au Père : homme, il est moindre que lui. Le Fils unique de Dieu est en lui la même personne que le Fils de l'homme, comme le Fils de l'homme est également en lui le même que le Fils de Dieu. Dieu et l'homme ne sont pas en Jésus-Christ deux Fils de Dieu, mais le seul et unique Fils de Dieu. Comme Dieu, il n'a pas eu de commencement. Comme homme, il a commencé à être. Ce Verbe de Dieu, ce Fils unique de Dieu, ce Fils de l'homme, ce Dieu et homme tout ensemble, c'est Notre-Seigneur Jésus-Christ.

CHAPITRE XXXVI. — 11. C'est là où la grâce de Dieu se montre dans toute son évidence, et dans toute sa grandeur. En effet, qu'avait mérité la nature humaine en Jésus-Christ homme, pour être unie d'une manière si merveilleuse au Fils unique de Dieu en unité de personne ? Quelle sainte volonté, quelles résolutions, quelles bonnes œuvres avaient donc précédé dans cet homme, pour mériter de devenir une seule et même personne avec Dieu ? Avant cette divine union, avait-il déjà été homme, et serait-ce en vertu de ses mérites envers Dieu, qu'une grâce si ineffable lui a été accccordée. Mais dès qu'il a commencé d'être homme, il était Fils de Dieu, Fils unique de Dieu, Dieu lui-même, par son identité avec le Verbe qui est Dieu, et qui en se l'unissant s'est fait chair. Ainsi, de même que tout homme, c'est-à-dire la réunion d'une âme raisonnable et d'un corps, ne fait qu'une seule personne, de même le Christ, c'est-à-dire l'union du Verbe et de l'homme, n'est aussi qu'une seule personne. Comment la nature humaine a-t-elle donc pu recevoir une gloire si grande, une gloire indubitablement gratuite,

---

homo in nostro sæculo. Deus, quia Dei Verbum : « Deus enim erat Verbum : » (*Joan.*, I, 1) homo autem, quia in (*a*) unitatem personæ accessit Verbo anima rationalis et caro. Quocirca in quantum Deus est, ipse et Pater unum sunt (*Joan.*, X, 30) : in quantum autem homo est, Pater major est illo. (*Joan.*, XIV, 28.) Cum enim esset unicus Dei Filius, non gratia, sed natura, ut esset etiam plenus gratia, factus est et hominis filius : idemque ipse utrumque ex utroque unus Christus. Quia « cum in forma Dei esset, non rapinam arbitratus est, » quod natura erat, id est, « esse æqualis Deo. Exinanivit autem se, accipiens formam servi, » (*Philip.*, II, 6, 7) non amittens vel minuens formam Dei. Ac per hoc et minor est factus, et mansit æqualis, utrumque unus, sicut dictum est : sed aliud propter Verbum, aliud propter hominem : propter Verbum æqualis Patri, propter hominem minor. Unus Dei Filius, idemque hominis filius ; unus hominis filius, idemque Dei Filius : non duo filii Dei Deus et homo, sed unus Dei Filius : Deus sine initio, homo a certo initio : Dominus noster Jesus Christus.

CAPUT XXXVI. — 11. Hic omnino granditer et evidenter Dei gratia commendatur. Quid enim natura humana in homine Christo meruit, ut in unitatem personæ unici Filii Dei singulariter esset assumpta ? Quæ bona voluntas, cujus boni propositi studium, quæ bona opera præcesserunt, quibus mereretur iste homo, una fieri persona cum Deo (III *Sent.*, dist. 6, cap. *Et ne*) ? Numquid antea fuit homo, et hoc ei singulare beneficium præstitum est, (*b*) cum singulariter promereretur Deum ? Nempe ex quo esse homo cœpit, non aliud cœpit esse (*c*) homo quam Dei Filius : et hoc unicus, et propter Deum Verbum, quod illo suscepto caro factum est, utique Deus : ut quemadmodum unus persona quilibet homo, anima scilicet rationalis et caro, ita sit Christus una persona, Verbum et homo. Unde naturæ humanæ tanta (*d*) gloria, nullis præcedentibus meritis sine dubitatione gratuita, nisi quia magna hic et

---

(*a*) Aliquot Mss. hic et infra *in unitate*. Sed concinnior Vulgata lectio, *in unitatem*. — (*b*) Sic optimæ notæ Remigianus codex et Colbertini duo cum uno e Vaticanis. Alii vero Mss. cum ante editis habent, *ut singulariter promereretur Deum*. — (*c*) Hic vox *homo* non est in Am. Er. Dan. et pluribus Mss. — (*d*) Fuliensis Ms. *tanta gratia*.

puisqu'elle n'était précédée d'aucun mérite, sinon par une grâce spéciale de Dieu, pour que les hommes, en considérant avec foi cet ineffable bienfait, comprissent qu'ils sont justifiés de leurs péchés par la même grâce, qui a rendu Jésus-Christ homme exempt de tout péché. Le mystère de cette grâce est exprimé par les paroles dont l'ange salua Marie, en lui annonçant son divin enfantement : « Je vous salue, lui dit-il, ô vous qui êtes pleine de grâce ; » (*Luc.*, I, 28 et 30) et un peu après : « Vous avez trouvé grâce devant le Seigneur. » Si cette vierge était pleine de grâce et avait trouvé grâce devant le Seigneur, c'est parce qu'elle devait être la mère de son Seigneur, ou plutôt du Seigneur de tous les hommes. Mais à l'égard de Jésus-Christ, saint Jean l'évangéliste après avoir dit : « Et le Verbe s'est fait chair, et il a habité parmi nous, » (*Jean*, I, 14) ajoute : « Et nous avons vu sa gloire, telle qu'elle appartient au Fils unique engendré par le Père, et il était plein de grâce et de vérité. » Quand il dit : « Le Verbe s'est fait chair, » cela signifie qu'il « était plein de grâce, » et quand il dit : « La gloire du Fils unique engendré par le Père, » il veut faire entendre qu'il « était plein de vérité. » En effet, la vérité elle-même, c'est-à-dire le Fils unique de Dieu, non par grâce mais par nature, s'est uni par une grâce spéciale, si étroitement à l'homme en unité de personne, que celui qui était Fils de Dieu est aussi devenu Fils de l'homme.

CHAPITRE XXXVII. — En effet, le même Jésus-Christ, Fils unique de Dieu et Notre-Seigneur, est né du Saint-Esprit et de la Vierge Marie, et comme le Saint-Esprit est un don de Dieu, don égal à celui qui le donne, le Saint-Esprit est par cela même Dieu comme le Père et le Fils, et ne leur est pas inférieur. Or, la naissance du Christ, comme homme, par l'opération du Saint-Esprit, qu'est-elle, sinon une preuve évidente de la grâce ? En effet, lorsque Marie demanda à l'ange comment pourrait se faire ce qu'il lui annonçait, puisqu'elle ne connaissait pas d'homme, il lui répondit : « Le Saint-Esprit descendra en vous, et la vertu du Très-Haut vous environnera de son ombre, c'est pourquoi le fruit saint, qui naîtra de vous, sera appelé le Fils de Dieu. » (*Luc.*, I, 35.) De même, lorsque Joseph voulait renvoyer Marie, la soupçonnant d'adultère, parce qu'il savait bien qu'elle n'avait pas conçu de lui, l'ange lui répondit : « Ne craignez pas de retenir près de vous Marie, votre femme, car ce qui est né en elle vient du Saint-Esprit, » (*Matth.*, I, 20) c'est-à-dire, ce que vous soupçonnez l'œuvre d'un homme, est celle du Saint-Esprit lui-même.

CHAPITRE XXXVIII. — 12. Parce que le Christ est né du Saint-Esprit, dirons-nous, pour cela que le Saint-Esprit est le père de Jésus-Christ

---

sola Dei gratia fideliter et sobrie considerantibus evidenter ostenditur, ut intelligant homines per eamdem gratiam se justificari a peccatis, per quam factum est ut homo Christus nullum habere posset peccatum ? Sic et ejus matrem Angelus salutavit, quando ei futurum annuntiavit hunc partum : « Ave, inquit, gratia plena. » (*Luc.*, I, 28, 30.) Et paulo post : « Invenisti, ait, gratiam apud Deum. » Et hæc quidem gratia plena, et invenisse apud Deum gratiam dicitur, ut Domini sui, imo omnium Domini mater esset. De ipso autem Christo Joannes Evangelista cum dixisset : « Et Verbum caro factum est, et habitavit in nobis ; et vidimus, inquit, gloriam ejus quasi unigeniti a Patre, plenum gratiæ et veritatis. » Quod ait : « Verbum caro factum est : » hoc est, « plenum gratiæ. » Quod ait : « gloriam unigeniti a Patre : » hoc est, « plenum veritatis. » Veritas quippe ipsa, unigenitus Dei Filius, non gratia, sed natura, gratia suscepit hominem tanta unitate personæ, ut idem ipse esset etiam hominis filius.

CAPUT XXXVII. — Idem namque Jesus Christus Filius Dei unigenitus, (*a*) id est unicus, Dominus noster, natus est de Spiritu sancto et virgine Maria. Et utique Spiritus sanctus Dei donum est, quod quidem et ipsum est æquale donanti : et ideo Deus est etiam Spiritus sanctus, Patre Filioque non minor. Ex hoc ergo quod de Spiritu sancto est secundum hominem nativitas Christi, quid aliud quam ipsa gratia demonstratur ? Cum enim virgo quæsivisset ab Angelo, quomodo id fieret quod ei nuntiabat, quando quidem illa virum non cognosceret : respondit Angelus : « Spiritus sanctus superveniet in te, et virtus Altissimi obumbrabit tibi ; ideoque et quod nascetur ex te sanctum, vocabitur Filius Dei. » (*Luc.*, I, 35.) Et Joseph cum vellet eam dimittere, suspicatus adulteram, quam sciebat non de se gravidam, tale responsum ab Angelo accepit : « Noli timere accipere Mariam conjugem tuam ; quod enim in ea natum est, de Spiritu sancto est : » (*Matth.*, I, 20) id est, quod tu esse de alio viro suspicaris, de Spiritu sancto est.

CAPUT XXXVIII. — 12. Numquid tamen ideo dicturi sumus patrem hominis Christi esse Spiritum sanc-

(*a*) Sic plures Mss. cum Am. Er. et Dan. At Lov. et Arn. *idem*.

homme, de sorte que Dieu le Père aurait engendré le Verbe, et le Saint-Esprit l'homme, et que de l'union de ces deux substances, Jésus-Christ serait comme Verbe le Fils de Dieu, et comme homme le Fils du Saint-Esprit, parce que l'Esprit saint comme père l'aurait engendré de la Vierge sa mère? Qui oserait dire cela? Il est inutile de discuter une pareille opinion, pour faire voir combien d'absurdités en seraient la suite, puisque la chose en elle-même est tellement contraire à la raison, qu'aucune oreille chrétienne ne pourrait l'entendre. Ainsi donc, comme nous le confessons, Notre-Seigneur Jésus-Christ qui est Dieu de Dieu, et homme né du Saint-Esprit et de la Vierge Marie, est dans ses deux natures, c'est-à-dire dans la nature divine et dans la nature humaine, Fils unique de Dieu le Père tout-puissant, dont procède le Saint-Esprit. Comment donc pouvons-nous dire que Jésus-Christ est né du Saint-Esprit, si le Saint-Esprit ne l'a pas engendré? Est-ce parce que le Saint-Esprit l'a fait? Mais il est dit de Notre-Seigneur Jésus-Christ, en tant que Dieu : « Tout a été fait par lui, » (*Jean*, 1, 3) et en tant qu'homme : Il a été fait lui-même, selon les paroles de l'Apôtre : « Il a été fait de la race de David selon la chair. » (*Rom.*, 1, 3.) Mais puisque cette créature que la Vierge Marie a conçu et enfanté, et qui appartient à la seule personne du Fils, est l'œuvre de la Trinité tout entière, et que les œuvres de la Trinité sont inséparables, pourquoi dans cette opération est-il seulement fait mention du Saint-Esprit? Est-ce que dans une œuvre quelconque, lorsqu'on nomme seulement une des trois personnes divines, on doit entendre que la Trinité tout entière a pris part à cette œuvre? Oui sans doute, et on peut le prouver par beaucoup d'exemples; mais il est inutile de nous arrêter plus longtemps sur ce point. Ce qui jette quelque confusion dans notre esprit, c'est de savoir comment on peut dire que Jésus-Christ est né du Saint-Esprit, quoiqu'il ne soit en aucune manière le fils du Saint-Esprit. Parce que Dieu a fait le monde, dira-t-on pour cela que le monde est fils de Dieu, ou qu'il est né de Dieu? Non, nous pouvons dire seulement qu'il a été fait, ou créé, ou établi, ou institué par Dieu, ou nous servir de toute autre expression semblable. Mais puisque dans notre profession de foi, nous disons que Jésus-Christ est né du Saint-Esprit et de la Vierge Marie, pourquoi n'est-il pas le Fils du Saint-Esprit, comme il l'est de la Vierge Marie, puisqu'il est né de l'un et de l'autre? Il est difficile de l'expliquer. Ce qu'il y a de certain, c'est qu'il n'est pas né du Saint-Esprit comme de son père, et qu'il est né de la Vierge Marie, comme de sa mère.

CHAPITRE XXXIX. — On ne peut pas dire que tout ce qui naît d'une chose, soit pour cela le fils

---

tum, ut Deus Pater Verbum genuerit, Spiritus sanctus hominem, ex qua utraque substantia Christus unus esset, et Dei Patris filius secundum Verbum, et Spiritus sancti filius secundum hominem : quod cum Spiritus sanctus tanquam pater ejus de matre virgine genuisset (III *Sent.*, dist. 4, cap. *Sed non*)? Quis hoc dicere audebit? Nec opus est ostendere disputando quanta alia sequantur absurda, cum hoc ipsum jam ita sit absurdum, ut nullæ fideles aures id valeant sustinere. Proinde sicut confitemur, Dominus noster Jesus Christus, qui de Deo Deus, homo autem natus est de Spiritu sancto et virgine Maria, utraque substantia, divina scilicet atque humana, Filius est unicus Dei Patris omnipotentis, de quo procedit Spiritus sanctus. Quomodo ergo dicimus Christum natum de Spiritu sancto, si non eum genuit Spiritus sanctus? An quia fecit eum? Quoniam Dominus noster Jesus Christus in quantum Deus est, « omnia per ipsum facta sunt : » (*Joan.*, 1, 3) in quantum autem homo est, et ipse factus est, sicut Apostolus dicit : « Factus est semine David secundum carnem. » (*Rom.*, 1, 3.) Sed cum illam creaturam, quam virgo concepit et peperit, quamvis ad solam personam Filii pertinentem, tota Trinitas fecerit, neque enim separabilia sunt opera Trinitatis, cur in ea facienda solus Spiritus sanctus nominatus est (III *Sent.*, dist. 4, cap. 1)? An et quando unus trium in aliquo opere nominatur, universa operari Trinitas intelligitur? Ita vero est, et exemplis doceri potest. (*Ibid.*, cap. *Sed non*.) Sed non est in hoc diutius immorandum. Illud enim movet quomodo dictum sit : Natus de Spiritu sancto, cum filius nullo modo sit Spiritus sancti. Neque enim quia mundum istum fecit Deus, dici eum fas est Dei Filium, aut eum natum de Deo ; sed facium, vel creatum, vel conditum, vel institutum ab illo, vel si quid hujusmodi recte possumus dicere. Hic ergo, cum confiteamur natum de Spiritu sancto et virgine Maria, quomodo non sit filius Spiritus sancti, et sit filius virginis Mariæ, cum et de illo et de illa sit natus, explicare difficile est. Procul dubio quippe non sic de illo ut de patre, sic autem de illa ut de matre natus est.

CAPUT XXXIX. — Non igitur concedendum est quidquid de aliqua re nascitur, continuo ejusdem rei filium nuncupandum. Ut enim omittam aliter de ho-

de cette chose. Un fils par exemple naît de son père, autrement que les cheveux, la vermine, les vers intestinaux naissent de l'homme ; et certes on ne saurait dire que ces choses sont les fils de l'homme. Mais sans entrer dans des détails et des comparaisons indignes de la grandeur du sujet qui nous occupe, on peut dire certainement que ceux qui, par le sacrement du baptême, naissent de l'eau et du Saint-Esprit, ne sont pas les fils de l'eau, mais qu'ils sont les enfants de Dieu le Père et de l'Église, leur mère. De même Jésus-Christ né du Saint-Esprit, est Fils de Dieu le Père et non du Saint-Esprit. Lorsque j'ai parlé plus haut de cheveux et d'autres choses, c'était simplement pour faire voir que tout ce qui naît d'une chose, ne peut pas pour cela en être appelé le fils. De même, tous ceux qui sont regardés comme les fils de tel ou tel homme, ne sont pas nécessairement nés de lui, puisqu'il s'en trouve parmi eux qui ne sont que des enfants d'adoption. On dit aussi : « Les enfants de l'enfer, » non parce qu'ils sont nés de l'enfer, mais parce qu'ils y sont destinés, comme on nomme pareillement « enfants du royaume, » ceux à qui le royaume du ciel est réservé.

CHAPITRE XL. — Ainsi puisqu'une chose peut naître d'une autre sans pour cela en être le fils, et qu'on peut aussi être appelé le fils de quelqu'un, sans pour cela être né de lui, le mystère ineffable par lequel Jésus-Christ est né du Saint-Esprit, sans en être le fils, et de la Vierge Marie, comme en étant le fils, nous fait voir la grâce de Dieu par laquelle l'homme, sans aucuns mérites précédents, devait, dans le moment où il a commencé d'être, se trouver joint au Verbe de Dieu, dans une telle unité de personne, que le même qui était Fils de l'homme était Fils de Dieu, et le même qui était Fils de Dieu était Fils de l'homme, et qu'ainsi la grâce elle-même qui ne pourrait souffrir aucun péché deviendrait, en quelque façon, naturelle à cet homme. Cette grâce devait être marquée par le Saint-Esprit, parce qu'il a cela de particulier, que quoique Dieu, il est aussi appelé don de Dieu. (*Jean*., IV, 10; *Act.*, VIII, 20.) Il faudrait un long discours pour expliquer tout cela, si toutefois la chose était possible.

CHAPITRE XLI. — 13. Le Christ engendré et conçu en dehors de toute concupiscence charnelle, n'était donc souillé d'aucun péché originel. Par un effet merveilleux et ineffable de la grâce divine, intimement lié en unité de personne au Verbe qui est, non par grâce mais par nature, le Fils unique du Père, il ne pouvait pas non plus par la suite commettre aucun péché. Cependant à cause de la ressemblance de la chair du péché, dans laquelle il était venu au monde, il a

---

mine nasci filium, aliter capillum, (*a*) pediculum, lumbricum, quorum nihil est filius : ut ergo hæc omittam, quoniam tantæ rei deformiter comparantur; certe qui nascuntur ex aqua et Spiritu sancto, non aquæ filios eos rite dixerit quispiam : sed plane dicuntur filii Dei Patris et matris Ecclesiæ. Sic ergo de Spiritu sancto natus est filius Dei Patris, non Spiritus sancti. Nam et illud quod de capillo et de cæteris diximus, ad hoc tantum valet, ut admoneamur, non omne quod de aliquo nascitur, etiam filium ejus de quo nascitur posse dici. Sicut non omnes qui dicuntu alicujus filii, consequens est ut de illo etiam nati esse dicantur; sicut sunt qui adoptantur. Dicuntur etiam filii gehennæ, non ex illa nati, sed in illam præparati, sicut filii regni (*b*) qui præparantur in regnum.

CAPUT XL. — Cum itaque de aliquo nascatur aliquid etiam non eo modo ut sit filius, nec rursus omnis qui dicitur filius, de illo sit natus cujus dicitur filius ; profecto modus iste, quo natus est Christus de Spiritu sancto non sicut filius, et de Maria virgine sicut filius, insinuat nobis gratiam Dei, qua homo nullis præcedentibus meritis, in ipso exordio naturæ suæ quo esse cœpit, Verbo (*c*) Deo copularetur in tantam personæ unitatem, ut idem ipse esset filius Dei qui filius hominis, et filius hominis qui filius Dei : ac sic in natura humanæ susceptione fieret quodam modo ipsa gratia illi homini naturalis, (*d*) quæ nullum peccatum posset admittere. Quæ gratia propterea per Spiritum sanctum fuerat significanda, quia ipse proprie sic est Deus, ut dicatur etiam Dei donum. (*Joan.*, IV, 10 ; *Act.*, VIII, 20.) Unde sufficienter loqui (*e*) (si tamen id fieri potest) valde prolixæ disputationis est.

CAPUT XLI. — 13. Nulla igitur voluptate carnalis concupiscentiæ seminatus sive conceptus, et ideo nullum peccatum originaliter trahens; Dei quoque gratia Verbo Patris unigenito, non gratia filio, sed natura, in (*f*) unitate personæ modo mirabili et ineffabili adjunctus atque concretus, et ideo nullum

(*a*) Antiquiores codices, *peduculum.* — (*b*) Pronomen *qui* abest a quatuor Vaticanis et antiquiorib. Gallicanis. — (*c*) Sic meliores Mss. At editi, *Verbo Dei*. — (*d*) Germanensis codex, *qui*. Alii duo Mss. *qua*. — (*e*) Hic Am. Er. Lov. et Arn. addunt *per longum esset* : quod abest a Mss. — (*f*) Nonnulli Mss. *in unitatem personæ*.

été lui-même appelé péché, comme victime devant être sacrifiée pour effacer les péchés : Car dans l'ancienne loi les sacrifices offerts pour les péchés étaient eux-mêmes appelés péchés. (*Osée*, VI, 8.) Le Christ est donc ainsi réellement devenu le grand et sublime sacrifice dont les autres n'étaient que l'ombre et la figure. C'est pourquoi l'Apôtre après avoir dit : « Nous vous conjurons, au nom de Jésus-Christ de vous réconcilier avec Dieu, » (II *Corinth.*, v, 21) ajoute aussitôt : « Dieu a rendu péché pour nous, celui qui n'avait pas connu le péché, afin que nous devinssions en lui la justice de Dieu. » Saint Paul ne dit pas, comme le portent faussement quelques exemplaires : Celui qui n'avait pas connu le péché a commis le péché pour nous, car Jésus-Christ n'a pas péché pour nous, mais il dit : « Celui qui n'avait pas connu le péché, » c'est-à-dire le Christ, « a été fait péché pour nous, » afin de nous réconcilier avec Dieu ; c'est-à-dire que Jésus-Christ a été fait, pour effacer nos péchés, ce sublime et divin sacrifice, qui seul pouvait opérer notre réconciliation avec le ciel. Il a donc été fait péché, pour que nous fussions justes, non de notre propre justice, mais « de la justice de Dieu, » non en nous-mêmes, mais « en lui. » C'est ainsi que le péché, non le sien, mais le nôtre, non existant dans sa personne mais dans la nôtre, a été mis en évidence par lui-même, par la ressemblance de la chair du péché dans laquelle il a été crucifié. Quoiqu'il n'y eût pas de péché en lui, il est cependant en quelque sorte mort au péché, en mourant à la chair qui portait la ressemblance du péché ; comme aussi, quoique n'ayant jamais vécu lui-même sous l'empire et le coup de l'ancien péché, il a représenté par sa résurrection la vie nouvelle, qui nous délivre de la mort ancienne où nous avait jetés le péché.

CHAPITRE XLII. — Voilà ce qui s'opère en nous, et qui est exprimé par le grand sacrement du baptême. Tous ceux qui en reçoivent la grâce meurent au péché, comme Jésus-Christ est dit y être mort lui-même, parce qu'il est mort à la chair, c'est-à-dire à ce qui a la ressemblance du péché ; mais à quelque âge que ce soit ils renaissent à une nouvelle vie en sortant du bain sacré, comme le Seigneur en sortant glorieux du tombeau.

CHAPITRE XLIII. — Depuis la tendre enfance jusqu'à l'extrême vieillesse, comme il n'y a personne qui puisse être exclu du baptême, il n'est aussi personne qui, en le recevant, ne meure au péché. La seule différence, c'est que les enfants meurent seulement au péché originel, tandis que ceux qui sont plus âgés, meurent à tous les péchés qu'ils ont, par une mauvaise vie, ajoutés à celui qu'ils avaient contracté en naissant.

peccatum et ipse committens; tamen propter similitudinem carnis peccati in qua venerat, dictus est et ipse peccatum, sacrificandus ad diluenda peccata. In vetere quippe lege peccata vocabantur sacrificia pro peccatis (*Osee*, IV, 8) : quod vere iste factus est cujus umbræ erant illa. Hinc Apostolus cum dixisset : « Obsecramus pro Christo reconciliari Deo : » (II *Cor.*, v, 20) continuo subjunxit atque ait : « Eum qui non noverat peccatum, pro nobis peccatum fecit, ut nos simus justitia Dei in ipso. » (*Ibid.*, 21.) Non ait, ut in quibusdam mendosis codicibus legitur : Is qui non noverat peccatum, pro nobis peccatum fecit ; tanquam pro nobis Christus ipse peccaverit : sed ait : « Eum qui non noverat peccatum, » id est Christum, « pro nobis peccatum fecit » Deus, cui reconciliandi sumus, hoc est, sacrificium pro peccatis, per quod reconciliari valeremus. Ipse ergo peccatum, ut nos justitia ; nec nostra, sed Dei ; nec in nobis, sed in ipso : sicut ipse peccatum, non suum, sed nostrum; nec in se, sed in nobis constitutum, similitudine carnis peccati (*Rom.*, VIII, 3), in qua crucifixus est, demonstravit : ut quoniam peccatum ei non inerat, ita quodam modo peccato moreretur, dum moritur (*a*) carni, in qua erat similitudo peccati ; et cum secundum vetustatem peccati nunquam ipse vixisset, nostram ex morte veteri, qua in peccato mortui fueramus, reviviscentem vitam (*b*) novam sua resurrectione signaret.

CAPUT XLII. — Ipsum est quod in nobis celebratur, magnum baptismatis sacramentum, ut quicumque ad istam pertinent gratiam, moriantur peccato, sicut ipse peccato mortuus dicitur, quia mortuus est carni, hoc est, peccati similitudini : et vivant a lavacro renascendo, sicut ipse a sepulcro resurgendo, quamlibet corporis ætatem gerant.

CAPUT XLIII. — A parvulo enim recens nato usque ad decrepitum senem, sicut nullus est prohibendus a baptismo, ita nullus est qui non peccato moriatur in baptismo : sed parvuli tantum originali, majores autem etiam iis omnibus moriuntur peccatis, quæcumque male vivendo addiderunt ad illud quod nascendo traxerunt.

(*a*) Sic Am. Er. Dan. et plerique Mss. At Lov. et Arn. *carne*. — (*b*) Editi, *nova*. Melius Mss. *novam* : jungendo *ad vitam*, quo stet antithesis ad præcedentia verba, *ex morte veteri*.

Chapitre XLIV. — Mais on dit généralement qu'ils meurent au péché, quoique sans aucun doute cette mort s'étende non à un seul péché, mais à beaucoup d'autres, qu'ils ont pu commettre par pensées, par paroles ou par actions. C'est prendre le singulier pour le pluriel, comme lorsque le poète dit : « Ils remplissent le ventre d'un cheval d'un soldat armé, » (Virgile, *Enéide*, II) c'est-à-dire de soldats armés. Nous lisons également dans nos saintes Ecritures : « Priez donc le Seigneur qu'il nous délivre du serpent. » (*Nombr.*, XXI, 7, *selon les Septante*.) L'Ecriture ne dit pas des serpents, quoique le peuple fût exposé au venin d'une infinité de serpents. On pourrait citer une foule d'exemples semblables. Il arrive au contraire que le péché originel, quoique seul, est souvent exprimé au pluriel, comme lorsqu'on dit que les petits enfants sont baptisés pour la rémission des péchés. Nous ne disons pas pour la rémission du péché. C'est une locution opposée à la première, par laquelle le pluriel est mis pour le singulier. Ainsi dans l'Evangile il est dit d'Hérode après sa mort : « Ceux qui cherchaient à se défaire de l'enfant sont morts, » (*Matth.*, II, 20) pour celui qui cherchait à se défaire de l'enfant est mort. Il est dit de même dans l'Exode : « Ils se firent des dieux d'or, » (*Exode*, XXXII, 8) quoiqu'ils n'eussent érigé pour leur culte sacrilége, qu'un seul veau dont ils dirent : « Voilà, Israël, tes dieux qui t'ont tiré de la terre d'Egypte. » Le pluriel était également ici employé pour le singulier.

Chapitre XLV. — On pourrait dire aussi que le péché qui, par un seul homme entra dans le monde, et qui a passé dans tous les hommes, péché qui rend le baptême nécessaire aux enfants, renferme plusieurs péchés, si on le divise dans toutes les parties qui le constituent. En effet, il contient l'orgueil, parce que le premier homme a mieux aimé dépendre de lui-même que de Dieu; le sacrilége, parce qu'il a manqué de foi à Dieu; l'homicide, parce qu'il s'est précipité dans l'abîme de la mort; la fornication spirituelle, parce qu'il a laissé corrompre la pureté de son âme par les conseils du serpent; le vol, parce qu'il a dérobé le fruit défendu; l'avarice, parce qu'il a désiré plus que ce qui lui devait suffire. Il renferme encore d'autres choses non moins criminelles, et qu'un examen attentif nous ferait voir dans ce seul péché du premier homme.

Chapitre XLVI. — On peut dire avec probabilité que les enfants participent aux péchés, non-seulement de nos premiers parents, mais encore aux péchés de ceux qui leur ont donné le jour. En effet, tant que les enfants n'appartiennent pas à la nouvelle alliance par la régénération,

---

Caput XLIV. — Sed ideo etiam ipsi peccato mori plerumque dicuntur, cum procul dubio non uni, sed multis peccatis omnibusque moriantur, quæcumque jam propria commiserunt, vel cogitatione, vel locutione, vel opere; quia etiam per singularem numerum pluralis numerus significari solet : sicut ait ille : « Uterumque armato milite complent » (Virg., *Æneid.*, II); quamvis hoc multis militibus fecerint. Et in nostris litteris legitur : « Ora ergo ad Dominum, ut auferat a nobis serpentem : » (*Num.*, XXI, 7, *sec.* LXX) non ait serpentes, quos patiebatur populus, ut hoc diceret : et innumerabilia talia. (II *Sent.*, dist. 33, cap. *Et quod*, et cap. *Alioquin*.) Cum vero et illud originale unum plurali numero significatur, quando dicimus in peccatorum remissionem baptizari parvulos, nec dicimus in remissionem peccati; illa est e contrario locutio, qua per pluralem (*a*) significatur numerus singularis. Sicut in Evangelio Herode mortuo dictum est : « Mortui sunt enim qui quærebant animam pueri : » (*Matth.*, II, 20) non dictum est, mortuus est. Et in Exodo (*Exod.*, XXXII, 31) « Fecerunt, inquit, sibi deos aureos : » cum unum vitulum fecerint, de quo dixerunt : « Hi sunt dii tui Israel, qui eduxerunt te de terra Ægypti : » et hic pluralem ponentes pro singulari.

Caput XLV. — Quamvis et in illo peccato uno, quod per unum hominem intravit in mundum, et in omnes homines pertransiit (*Rom.*, v, 12), propter quod etiam parvuli baptizantur, possint intelligi plura peccata, si unum ipsum in sua quasi membra singula dividatur. (II *Sent.*, dist. 33, cap. *Quod vero*.) Nam et superbia est illic, quia homo in sua potius esse, quam in Dei potestate dilexit; et sacrilegium, quia Deo non credidit; et homicidium, quia se præcipitavit in mortem; et fornicatio spiritalis, quia integritas mentis humanæ serpentina suasione corrupta est (*Gen.*, III, 4); et furtum, quia cibus prohibitus usurpatus est; et avaritia, quia plus quam illi sufficere debuit appetivit : et si quid aliud in hoc uno admisso diligenti consideratione inveniri potest.

Caput XLVI. — Parentum quoque peccatis parvulos obligari, non solum primorum hominum, sed etiam suorum, de quibus ipsi nati sunt, non improbabiliter dicitur. Illa quippe divina sententia : « Reddam peccata patrum in filios; » tenet eos utique ante

---

(*a*) Am. Er. Lov. et Arn. hoc loco addunt *locutionem :* superfluo ; nam in Mss. melius subauditur, *numerum.*

ils sont sous le coup de l'arrêt divin : « Je punirai l'iniquité des pères sur les enfants. » (*Deut.*, v, 9.) C'est cette nouvelle alliance qu'Ezéchiel prophétisait, en disant, qu'alors les enfants n'hériteraient plus des péchés de leurs pères, et que ces paroles proverbiales du peuple d'Israël n'auraient plus d'effet : « Les pères ont mangé des raisins verts, et les dents des enfants ont été agacées. » (*Ezech.*, XVIII.) Le sacrement de la régénération brise, en effet, les liens qui attachent l'homme au péché au moment de sa naissance. Les péchés que nous commettons plus tard par une vie mauvaise, peuvent être guéris par la pénitence, comme nous voyons que cela arrive après le baptême. Le sacrement de la régénération spirituelle a donc été institué, parce que la génération humaine est tellement vicieuse, que le saint roi David, quoique né d'un mariage légitime, s'écrie : « J'ai été conçu dans les iniquités, et c'est dans les péchés que ma mère m'a conçu et nourri dans son sein. » (*Ps.* L, 7.) Il ne dit pas dans l'iniquité et le péché, quoiqu'il eût pu s'exprimer ainsi, mais il a mieux aimé dire : « Dans les iniquités et les péchés. » C'est que dans ce seul péché qui a passé dans tous les hommes, et dont l'énormité a été assez grande pour pervertir la nature humaine, et la réduire à la nécessité de mourir, sont renfermés, comme je l'ai dit plus haut, un grand nombre de péchés, indépendamment de ceux commis par nos parents, et qui, sans produire sur notre naturel le même effet que le péché originel, ne laissent pas cependant de peser sur les enfants, s'ils n'en sont point délivrés par la grâce toute gratuite et la miséricorde divine.

CHAPITRE XLVII. — A l'égard des péchés des autres parents, qui se sont succédé par voie de propagation, depuis Adam jusqu'à notre propre père, il est assez difficile de décider si à notre naissance nous sommes chargés de toutes les mauvaises œuvres, et des fautes multipliées de ceux dont nous tirons notre origine, de manière que plus cette origine remonte à un temps reculé, plus est lourd le fardeau des péchés qui pèse sur nous. Dieu menaçant de punir les pères dans les enfants seulement jusqu'à la troisième et la quatrième génération, on pourrait encore demander si ce n'est point parce que sa miséricorde mettra à sa colère des bornes, au delà desquelles les enfants ne seront plus responsables des péchés de leurs ancêtres ; afin que ceux qui n'ont pas reçu la grâce du sacrement de la régénération ne soient pas, dans la damnation éternelle, accablés d'un poids trop pesant, s'ils étaient obligés de contracter originairement les péchés de leurs parents, qui se sont succédé jusqu'à eux depuis le commencement du genre humain, et de porter la peine de tant de péchés accumulés. Un

---

quam per regenerationem ad Testamentum Novum incipiant pertinere. (*Deut.*, v, 9.) Quod Testamentum prophetabatur, cum diceretur per Ezechielem, non accepturos filios peccata patrum suorum, nec ulterius futuram in Israel parabolam illam : « Patres manducaverunt uvam acerbam, et dentes filiorum (*a*) obstupuerunt. » (*Ezech.*, XVIII.) Ideo enim quisque renascitur, ut solvatur in eo quidquid peccati est cum quo nascitur. Nam peccata quæ male agendo postea committuntur, possunt et pœnitendo sanari, sicut etiam post baptismum fieri videmus. Ac per hoc non est instituta regeneratio, nisi quia vitiosa est generatio ; usque adeo ut etiam de legitimo matrimonio procreatus dicat : « In iniquitatibus conceptus sum, et in peccatis mater mea me in utero aluit. » (*Psal.* L, 7.) Neque hic dixit : In iniquitate, vel peccato, cum et hoc recte dici posset : sed iniquitates et peccata dicere maluit. Quia et in illo uno, quod in omnes homines pertransiit, atque tam magnum est, ut (*b*) eo mutaretur et converteretur in necessitatem mortis humana natura, reperiuntur, sicut supra disserui, plura peccata, et alia parentum, quæ etsi non ita possunt mutare naturam, reatu tamen obligant filios, nisi gratuita gratia et misericordia divina subveniat.

CAPUT XLVII. — Sed de peccatis aliorum parentum, quibus ab ipso Adam usque ad patrem suum progeneratorem suis quisque succedit, an immerito disceptari potest : utrum omnium malis actibus et multiplicatis delictis originalibus qui nascitur implicetur, ut tanto pejus quanto posterius quisque nascatur ; an propterea Deus in tertiam et quartam generationem de peccatis parentum eorum posteris comminetur (*Deut.*, v, 9 ; II *Sent.*, dist. 33, cap. *De hoc*), quia iram suam quantum ad progenerantium culpas non extendit ulterius moderatione miserationis suæ ; ne quibus regenerationis gratia non confertur, nimia sarcina in ipsa sua æterna damnatione prementur, si cogerentur ab initio generis humani omnium præcedentium parentum suorum originalium peccata contrahere, et pœnas pro eis debitas pendere : an aliud aliquid de re tanta : Scripturis sanctis

---

(*a*) Antiquiores Mss. *obstupuerunt*: ductum verbum a stipite. — (*b*) Editi, *ut in eo*. Abest *in* a Mss.

examen attentif et approfondi des saintes Ecritures, pourrait-il ou ne pourrait-il pas résoudre cette question? C'est ce que je n'ose affirmer témérairement.

Chapitre XLVIII. — 14. Toujours est-il que le péché d'Adam, commis dans le séjour d'une ineffable félicité, péché si grand, qu'il a enveloppé originairement et radicalement par un seul homme, le genre humain tout entier dans une commune damnation, ne peut être délié et effacé que par un médiateur entre Dieu et les hommes, et ce médiateur est Jésus-Christ-homme, qui seul a pu naître sans avoir besoin d'être régénéré.

Chapitre XLIX. — Ce n'était pas, en effet, une nouvelle naissance que recevaient ceux qui étaient baptisés par saint Jean, qui conféra le baptême à Jésus-Christ lui-même. Saint Jean n'était dans ce ministère que le précurseur qui disait: « Préparez la voie au Seigneur, » (*Matth.*, iii, 13) c'est-à-dire, à celui seul en qui les hommes pouvaient renaître. Le baptême de Jésus-Christ n'est pas seulement, comme celui de Jean, le baptême de l'eau, mais aussi celui du Saint-Esprit, afin que quiconque croit en Jésus-Christ, soit régénéré par le Saint-Esprit (*Luc*, iii, 4), dont le Christ est né sans avoir besoin d'être régénéré. (*Marc*, i, 8.) De là cette parole que le Père fit entendre sur son Fils, qui venait d'être baptisé : « Je vous ai engendré aujourd'hui. » (*Ps.* ii, 7.) Dieu n'indiquait point par là le jour où le Christ a été baptisé, mais le jour de l'immuable éternité, et voulait apprendre au monde que cet homme était la personne même de son Fils unique. Car le jour qui n'a pas de précédent et qui n'a pas de lendemain, est éternellement le jour d'aujourd'hui. Jésus-Christ a donc voulu recevoir le baptême de l'eau des mains de saint Jean, non pour effacer aucune iniquité, puisqu'il en était exempt, mais pour donner l'exemple d'une grande humilité. Il n'y avait en lui rien qui dût être purifié par le baptême, comme la mort n'avait trouvé en lui rien à punir. Si le Seigneur a agi ainsi, c'était pour triompher du démon par la vérité de sa divine justice, et non par la force de la puissance qui était en lui ; car il était juste que le démon qui l'avait fait mourir sans qu'il l'eût mérité par aucun péché, perdît l'empire sur tous ceux que le péché avait mis sous sa puissance. Si donc il a reçu le baptême et subi la mort, c'est en vertu d'une dispensation de choses éternellement arrêtée. Il n'y était pas forcé par la nécessité, mais porté par un esprit de charité et de miséricorde. Un seul devait effacer du monde le péché, qu'un seul y avait introduit, et répandu sur tout le genre humain.

Chapitre L. — Il faut remarquer toutefois, qu'Adam n'a introduit dans le monde qu'un seul

---

diligentius perscrutatis atque tractatis, valeat vel non valeat reperiri, temere affirmare non audeo.

Caput XLVIII. — 14. Illud tamen unum peccatum, quod tam magnum in loco et habitu tantæ felicitatis admissum est, ut in uno homine originaliter, atque (ut ita dixerim) radicaliter totum genus humanum damnaretur, non solvitur ac diluitur nisi per unum mediatorem Dei et hominum hominem Christum Jesum, qui solus potuit ita nasci, ut ei non opus esset renasci. (II *Sent.*, dist. 33, cap. *Hic quæri solet.*)

Caput XLIX. — Non enim renascebantur, qui baptismate Joannis baptizabantur, a quo et ipse baptizatus est (*Matth.*, iii, 13) : sed quodam præcursorio illius ministerio qui dicebat : « Parate viam Domino, » (*Luc.*, iii, 4) huic uni in quo solo renasci poterant parabantur. Hujus enim baptismus est non in aqua tantum, sicut fuit Joannis, verum etiam in Spiritu sancto (*Marc.*, i, 8); ut de illo Spiritu regeneretur quisquis in Christum credit, de quo Christus (*a*) generatus regeneratione non eguit. Unde vox illa Patris quæ super baptizatum facta est : « (*b*) Ego hodie genui te : » (*Psal.* ii, 7) non unum illum temporis diem quo baptizatus est, sed immutabilis æternitatis ostendit, ut illum hominem ad Unigeniti personam pertinere monstraret. (*Hebr.*, i, 3, et cap. v, 5.) Ubi enim dies nec hesterni fine inchoatur, nec initio crastini terminatur, semper hodiernus est. In aqua ergo baptizari voluit a Joanne, non ut ejus iniquitas ulla dilueretur, sed ut magna commendaretur humilitas. Ita quippe nihil in eo baptismus quod ablueret, sicut mors nihil quod puniret, invenit : ut diabolus veritate justitiæ, non violentia potestatis oppressus et victus, quoniam ipsum sine ullo peccati merito iniquissime occidere, per ipsum justissime amitteret quos peccati merito detinebat. Utrumque igitur ab illo, id est, et baptismus et mors, certa dispensationis causa, non miseranda necessitate, sed miserante potius voluntate susceptum est : ut unus peccatum tolleret mundi, sicut unus peccatum misit in mundum, hoc est, in universum genus humanum.

Caput L. — Nisi quod ille unus unum peccatum

(*a*) Lov. *regeneratus*, Verius Am. Er. Dan. et potiores Mss. *generatus*. — (*b*) Non sic in Evangelio : unde hic audacter Danæus absque codicum auctoritate addit : *Tu es filius meus.*

péché, mais que Jésus-Christ a effacé non-seulement cet unique péché, mais tous ceux que les hommes y avaient ajoutés. C'est ce qui fait dire à l'Apôtre : « Il n'en est pas de la grâce, comme de ce qui est arrivé par un seul homme qui a péché, car le jugement de condamnation vient d'un seul péché, mais le don de la grâce nous justifie de plusieurs péchés. » (*Rom.*, v, 16.) En effet, le péché originel suffit seul pour nous mettre sous le coup de la condamnation; mais la grâce, même après plusieurs péchés, justifie l'homme qui, outre ce péché commun à tous et qu'il a contracté à sa naissance, en a encore commis beaucoup d'autres qui lui sont propres.

Chapitre LI. — Ce que l'Apôtre ajoute un peu après : « Comme par le péché d'un seul, tous les hommes sont tombés dans la damnation, ainsi par la justice d'un seul tous les hommes reçoivent la justification qui donne la vie; » (*Ibid.*, v, 18) fait voir clairement que quiconque est né d'Adam, est sous le coup de la condamnation universelle, dont ne peuvent être affranchis que ceux qui renaissent en Jésus-Christ.

Chapitre LII. — Saint Paul après avoir parlé, autant qu'il le crut nécessaire au but de son Epître aux Romains, de la condamnation causée par un seul homme, et de la grâce donnée au monde par un seul homme, explique le grand mystère du sacrement de baptême renfermé dans la croix du Christ, pour nous faire comprendre que le baptême dans Jésus-Christ n'est autre chose que la figure de sa mort, et que la mort de Jésus crucifié n'est autre chose que la figure de la rémission du péché; en sorte que, comme il est véritablement mort, de même nos péchés nous sont véritablement remis, et que, comme le Christ est véritablement ressuscité, de même aussi nous sommes véritablement justifiés. En effet, s'écrie l'Apôtre : « Que dirons-nous donc? Demeurerons-nous dans le péché pour faire abonder la grâce ? » (*Rom.*, vi, 1.) Il avait dit précédemment : « Car là où il y avait eu abondance de péchés, il y a eu surabondance de grâce. » (*Ibid.*, v, 20.) C'est une question qu'il se posait à lui-même, pour savoir si afin de faire abonder la grâce, il fallait rester dans le péché. Mais il répond bien vite : « A Dieu ne plaise, » et il ajoute : « Si nous sommes morts au péché, comment vivrons-nous encore dans le péché ? » (*Rom.*, vi, 2.) Ensuite pour nous faire voir que nous étions véritablement morts au péché, il continue en ces termes : « Ignorez-vous, mes frères, que nous tous qui avons été baptisés en Jésus-Christ, nous avons été baptisés en sa mort ? » (*Ibid.*, vi, 3.) Si donc il est prouvé que nous sommes morts au péché, parce que nous avons été baptisés dans la mort de Jésus-Christ,

misit in mundum, iste vero unus non solum illud unum, sed cuncta simul abstulit quæ addita invenit. Unde dicit Apostolus : « Non sicut per unum (*a*) peccantem, ita est et donum : nam judicium quidem ex uno in condemnationem, gratia autem ex multis delictis in justificationem. » (*Rom.*, v, 16.) Quia utique illud unum quod originaliter trahitur, etiam si solum sit, obnoxios damnationi facit : gratia vero ex multis delictis justificat hominem, qui præter illud unum quod communiter cum omnibus originaliter traxit, sua quoque propria multa commisit.

Caput LI. — Verumtamen quod paulo post dicit : « Sicut per unius delictum in omnes homines ad condemnationem, ita et per unius justitiam in omnes homines ad justificationem vitæ : » satis indicat, ex Adam neminem natum nisi damnatione detineri, et neminem nisi in Christo renatum a damnatione liberari.

Caput LII. — De qua per unum hominem pœna et per unum hominem gratia cum locutus fuisset, quantum illi epistolæ suæ loco sufficere judicavit, deinde sacri baptismatis in cruce Christi grande mysterium commendavit eo modo, ut intelligamus nihil aliud esse in Christo baptismum, nisi mortis Christi similitudinem ; nihil autem aliud mortem Christi crucifixi nisi remissionis peccati similitudinem : ut quemadmodum in illo vera mors facta est, sic in nobis vera remissio peccatorum ; et quemadmodum in illo vera resurrectio, ita in nobis vera justificatio. Ait enim : « Quid ergo dicemus ? Permanebimus in peccato, ut gratia abundet ? » (*Rom.*, vi, 1.) Dixerat enim superius : « Ubi enim abundavit peccatum, superabundavit gratia. » (*Rom.*, v, 20.) Et ideo quæstionem sibi ipse proposuit, utrum propter abundantiam gratiæ consequendam in peccato sit permanendum. Sed respondit : « Absit. » Atque subjecit : « Si mortui sumus peccato, quomodo vivemus in eo ? » (*Rom.*, vi, 2, etc.) Deinde ut ostenderet nos mortuos esse peccato : « An ignoratis, inquit, quoniam quicumque baptizati sumus in Christo Jesu, in morte ipsius baptizati sumus ? » Si ergo hinc ostendimur mortui esse peccato, quia in morte Christi bap-

---

(*a*) Arn. et sex Mss. *per unum peccatum*. Retinuimus antiquam lectionem respondentem Græcæ, δι' ἑνὸς ἁμαρτήσαντος, quem sequi solet Augustinus.

TOM. XXI. 21

il s'ensuit que les petits enfants qui sont baptisés dans le Christ, meurent au péché, puisqu'ils sont baptisés dans la mort du Seigneur; car c'est sans exception que saint Paul a dit : « Nous tous qui avons été baptisés en Jésus-Christ, nous avons été baptisés dans sa mort. » Et s'il a parlé ainsi, c'était pour nous prouver que nous étions réellement morts au péché, auquel les enfants ne meurent quand ils sont régénérés, que parce qu'ils l'avaient contracté au moment de leur naissance. C'est donc également à eux que s'adressent les paroles suivantes : (*Rom.*, VI, 4.) « Nous sommes donc ensevelis avec Jésus-Christ en sa mort par le baptême, afin que comme Jésus-Christ est ressuscité d'entre les morts par la gloire du Père, nous marchions nous aussi dans une vie nouvelle. Car si nous sommes entés en lui par la ressemblance de sa mort, nous le serons aussi par la ressemblance de sa résurrection : Sachant que notre vieil homme a été crucifié avec lui, afin que le corps du péché soit détruit, et que nous ne soyons plus désormais asservis au péché. Car celui qui est mort, est justifié et affranchi du péché. Or, si nous sommes morts avec le Christ, nous croyons que nous vivrons aussi avec lui, parce que nous savons que Jésus-Christ étant ressuscité d'entre les morts, ne meurt plus, et que la mort n'aura plus d'empire sur lui. Car quant à ce qu'il est mort au péché, il n'est mort qu'une seule fois, mais quant à la vie qu'il a maintenant, il vit pour Dieu. Mettez-vous donc bien dans l'esprit que vous aussi vous êtes morts au péché, et que vous vivez pour Dieu en Jésus-Christ Notre-Seigneur. » L'Apôtre avait commencé par prouver que nous ne devions pas rester dans le péché, afin de rendre la grâce abondante, et pour cela il avait dit : « Si nous sommes morts au péché, comment vivrons-nous encore dans le péché? » Pour montrer que nous étions morts au péché, il avait ajouté : « Ignorez-vous que nous tous qui avons été baptisés en Jésus-Christ, nous avons été baptisés dans sa mort ? » C'est pourquoi il termine ainsi tout ce passage, comme il l'a commencé. En effet, quand il nous parle de la mort de Jésus-Christ, c'est pour nous dire que le Christ est mort au péché. A quel péché, sinon à la chair, qui bien qu'exempte de tout péché, a été appelée péché à cause de sa ressemblance avec le péché. En conséquence, c'est à tous ceux qui sont baptisés dans la mort de Jésus-Christ, aussi bien aux enfants qu'aux personnes plus âgées, que l'Apôtre dit : « Mettez-vous dans l'esprit que vous aussi, » c'est-à-dire comme le Christ lui-même, » vous êtes morts au péché, et que vous vivez pour Dieu en Jésus-Christ. » (*Rom.*, VI, 11.)

Chapitre LIII. — Ainsi tout ce qui s'est passé sur la croix, dans la sépulture et à la résurrec-

---

tizati sumus; profecto et parvuli qui baptizantur in Christo, peccato moriuntur, quia in morte ipsius baptizantur. Nullo enim excepto dictum est : « Quicumque baptizati sumus in Christo Jesu, in morte ipsius baptizati sumus. » Et ideo dictum est, ut probaretur mortuos nos esse peccato. Cui autem peccato parvuli renascendo moriuntur, nisi quod nascendo traxerunt? Ac per hoc etiam ad ipsos pertinet quod sequitur, dicens (*Rom.*, VI, 4, etc.) : « Consepulti (*a*) sumus ergo illi per baptismum in mortem, ut quemadmodum surrexit Christus a mortuis per gloriam Patris, ita et nos in novitate vitæ ambulemus. Si enim complantati facti sumus similitudini mortis ejus, simul et resurrectionis erimus : hoc scientes, quia vetus homo noster simul crucifixus est, ut evacuetur corpus peccati, ut ultra non serviamus peccato. Qui enim mortuus est, justificatus est a peccato. Si autem mortui sumus cum Christo, credimus quia simul etiam vivemus cum illo : scientes quia Christus resurgens a mortuis, jam non moritur, mors illi ultra non dominabitur. Quod enim mortuus est peccato, mortuus est semel : quod autem vivit, vivit Deo. Ita et vos existimate mortuos quidem vos esse peccato, (*b*) vivere autem Deo in Christo Jesu. » Hinc enim probare cœperat, non esse nobis permanendum in peccato, ut gratia abundet : et dixerat : « Si mortui sumus peccato, quomodo vivemus in eo ? » Atque ut ostenderet, mortuos nos esse peccato, (*c*) subjecerat : « An ignoratis quoniam quicumque baptizati sumus in Christo Jesu, in morte ipsius baptizati sumus? » Sic itaque totum locum istum clausit, ut cœpit. Mortem quippe Christi sic insinuavit, ut etiam ipsum mortuum diceret esse peccato. Cui peccato, nisi (*d*) carni, in qua erat, non peccatum, sed similitudo peccati, et ideo nomine appellata est peccati ? Baptizatis itaque in morte Christi, in qua non solum majores, verum etiam parvuli baptizantur, ait : « Sic et vos, » id est, quemadmodum Christus, « sic et vos existimate vos mortuos esse peccato, vivere autem Deo in Christo Jesu. » (*Rom.*, VI, 11.)

Caput LIII. — Quidquid igitur gestum est in cruce Christi, in sepultura, in resurrectione tertio die, in

---

(*a*) Sic antiquiores Mss. juxta Græc. At editi : *Consepulti enim sumus*. — (*b*) Aliquot Mss. *viventes*. — (*c*) Ita Mss. Editi vero, *subjecit*. — (*d*) Editi, *carnis*. At Mss. plures, *carni*. Nonnulli vero eam vocem prætereunt.

tion du Christ, trois jours après sa mort, à son ascension au ciel, dans la gloire où il est assis à la droite du Père; tout cela s'est fait pour représenter non-seulement par des paroles mystiques, mais encore par des faits, la vie des chrétiens sur la terre. En effet, au sujet de la croix du Sauveur, il est dit : « Ceux qui sont avec Jésus-Christ ont crucifié leur chair avec toutes ses passions et ses convoitises. » (*Gal.*, v, 24.) Au sujet de sa sépulture : « Nous avons été ensevelis avec Jésus-Christ, par le baptême, pour mourir au péché. » (*Rom.*, vi, 4.) Au sujet de sa résurrection : « Afin que, comme Jésus-Christ est ressuscité d'entre les morts par la gloire de son Père, nous marchions aussi nous-mêmes dans une nouvelle vie. » Au sujet de son ascension au ciel et de la gloire où il est assis à la droite du Père : « Si vous êtes ressuscités avec Jésus-Christ, recherchez ce qui est dans le ciel, où Jésus-Christ est assis à la droite de Dieu. » (*Colos.*, iii, 1.) « N'ayez du goût que pour les choses du ciel, et non pour celles de la terre. Car vous êtes morts, et votre vie est cachée en Dieu avec Jésus-Christ. »

CHAPITRE LIV. — A l'égard de cet autre article du symbole par lequel nous confessons que Jésus-Christ descendra du ciel pour juger les vivants et les morts, cela ne regarde pas la vie présente, car il ne s'agit pas de choses que le Seigneur a déjà faites, mais de ce qu'il fera à la fin des siècles, et c'est à cela que se rapportent les paroles que l'Apôtre ajoute ensuite : « Lorsque le Christ qui est votre vie apparaîtra, vous aussi vous apparaîtrez avec lui dans la gloire. » (*Colos.*, iii, 4.)

CHAPITRE LV. — Ces paroles : « Il viendra juger les vivants et les morts, » peuvent s'interpréter de deux manières. Par les vivants, on peut entendre ceux qui ne seront pas encore morts, et qu'à son avénement il trouvera encore vivants dans cette chair ; et par les morts, ceux qui seront déjà sortis de ce monde, ou qui en sortiront avant l'arrivée du Seigneur. On peut entendre aussi par vivants, les justes ; et par morts, les pécheurs, puisque les justes aussi paraîtront devant le Christ pour être jugés. En effet, dans quelques passages de l'Ecriture, le jugement de Dieu est pris dans un sens de châtiment, comme lorsque saint Jean dit : « Ceux qui auront mal vécu, ressusciteront pour être jugés, » (*Jean*, v, 29) en d'autres endroits, il est pris dans un sens de récompense, selon ce qui est écrit : « Mon Dieu, sauvez-moi par votre nom, et jugez-moi par votre puissance. » (*Ps.* liii, 3.) Et de fait, c'est par le jugement de Dieu que se fera la séparation des bons et des méchants, afin que les bons qui doivent être délivrés de tout mal, et ne pas être enveloppés dans la perte des méchants, soient placés à droite. (*Matth.*, xxv, 33.) C'est pour cela que

---

ascensione in cœlum, in sede ad dexteram Patris ; ita gestum est, ut his rebus non mystice tantum dictis, sed etiam gestis configuraretur vita Christiana quæ hic geritur. Nam propter ejus crucem dictum est : « Qui autem Jesu Christi sunt, carnem suam crucifixerunt cum (*a*) passionibus et concupiscentiis. » (*Gal.*, v, 24.) Propter sepulturam : « Consepulti sumus Christo per baptismum in mortem. » (*Rom.*, vi, 4.) Propter resurrectionem : « Ut quemadmodum Christus resurrexit a mortuis per gloriam Patris, ita et nos in novitate vitæ ambulemus. » Propter ascensionem in cœlum sedemque ad dexteram Patris : « Si autem resurrexistis cum Christo, quæ sursum sunt quærite, ubi Christus est ad dexteram Dei sedens; quæ sursum sunt sapite, non quæ super terram : mortui enim estis, et vita vestra absconditia est cum Christo in Deo. » (*Coloss.*, iii, 1, etc.)

CAPUT LIV. — Jam vero quod de Christo confitemur futurum, quoniam de cœlo venturus est, vivos judicaturus ac mortuos, non pertinet ad vitam nostram quæ hic geritur ; quia nec in rebus gestis ejus est, sed in fine sæculi gerendis. Ad hoc pertinet quod Apostolus secutus adjunxit : « Cum Christus apparuerit vita vestra, tunc et vos apparebitis cum illo in gloria. » (*Coloss.*, iii, 4.)

CAPUT LV. — Duobus autem modis accipi potest, quod vivos et mortuos judicabit : sive ut vivos intelligamus, quos hic nondum mortuos, sed adhuc in ista carne viventes inventurus est ejus adventus ; mortuos autem, qui de corpore, prius quam veniat, exierunt vel exituri sunt : sive vivos justos, mortuos autem injustos ; quoniam justi quoque judicabuntur. (IV *Sent.*, dist. 43, cap. *His autem.*) Aliquando enim judicium Dei ponitur in malo, unde illud est : « Qui autem male egerunt, in resurrectionem judicii : » (*Joan.*, v, 29) aliquando et in bono, secundum quod dictum est : « Deus in nomine tuo salvum me fac, et in virtute tua judica me. » (*Psal.* liii, 3.) Per judicium quippe Dei fit ipsa bonorum malorumque discretio, ut liberandi a malo, non perdendi cum malis,

---

(*a*) Editi, *cum vittis.* Præcipui Mss. *cum passionibus :* juxta Græc. σὺν τοῖς παθήμασιν.

David s'écriait : « Jugez-moi, Seigneur, et séparez ma cause d'avec celle de la nation qui n'est pas sainte. » (*Ps.* XLII, 1.)

CHAPITRE LVI. — 15. Après avoir fait autant que le comporte la brièveté du symbole, notre profession de foi en Jésus-Christ Notre-Seigneur, Fils unique de Dieu, nous ajoutons que nous croyons aussi au Saint-Esprit, afin de compléter la sainte Trinité qui est Dieu, et nous faisons ensuite mention de l'Eglise. Cet ordre du symbole nous donne à entendre, que nous devons exposer notre croyance dans l'assemblée des créatures raisonnables, composant la Jérusalem qui est libre, seulement après avoir fait notre profession de foi en Dieu le Créateur, c'est-à-dire dans la sainte et souveraine Trinité. Car tout ce qui a été dit précédemment de Jésus-Christ homme, concerne l'unité de personne du Fils unique. Il était donc juste que dans l'ordre de l'exposition de notre foi, après avoir confessé celle que nous avons dans la Trinité, nous fissions aussi profession de ce que nous croyons touchant l'Eglise, pour ne pas séparer dans l'espérance de notre croyance la maison et celui qui l'habite, le temple et le Dieu qu'on y adore, la cité et celui qui l'a fondée. Il faut entendre ici l'Eglise universelle tout entière, non-seulement cette portion de l'Eglise, qui accomplit encore son pèlerinage sur la terre, qui loue le nom du Seigneur depuis l'Orient jusqu'à l'Occident, (*Ps.* CXII, 3) et qui chante un cantique nouveau à la gloire de celui qui a brisé le lien de son ancien esclavage ; mais encore cette portion bienheureuse qui est toujours restée fidèle à Dieu dans le ciel, depuis qu'elle y a été établie, sans y avoir jamais éprouvé aucun mal, parce qu'elle n'a fait aucune chute. Cette céleste portion composée des saints anges, soutient et secourt, autant qu'il le faut, l'autre partie d'elle-même, qui accomplit encore son pèlerinage sur la terre. Ces deux parties seront un jour réunies par les liens de l'éternité, comme ils le sont présentement par ceux de la charité, et toutes les deux ensemble forment la totalité de l'Eglise, qui a été instituée pour adorer le seul et vrai Dieu. C'est pourquoi elle ne veut ni tout entière, ni dans aucune de ses parties être adorée à la place de Dieu, ni être le Dieu d'aucun de ceux qui appartiennent au temple de Dieu, quoique ce temple soit composé de dieux créés par le Dieu suprême, qui seul n'a pas été créé. C'est pourquoi si le Saint-Esprit était créature et non créateur, il serait sans doute une créature raisonnable, car il serait la plus parfaite des créatures ; et par conséquent, dans l'ordre du symbole, il ne serait point placé avant l'Eglise, puisqu'il appartiendrait à cette portion de l'Eglise qui est dans le ciel. Il n'aurait pas non plus de temple, puisqu'il serait temple lui-même, et cependant il a un temple, dont l'Apôtre dit aux fidèles de Corinthe :

---

boni ad dexteram segregentur. (*Matth.*, XXV, 33.) Propter quod ille clamabat : « Judica me Deus. » Et quid dixerat velut exponens : « Et discerne, inquit, causam meam de gente non sancta. » (*Psal.* XLII, 1.)

CAPUT LVI. — 15. Cum autem de Jesu Christo filio Dei unico Domino nostro, quod ad brevitatem Confessionis pertinet, dixerimus, adjungimus (*a*) sic credere nos et in Spiritum sanctum, ut illa Trinitas compleatur, quæ Deus est : deinde sancta commemoratur Ecclesia. Unde datur intelligi rationalem creaturam ad Jerusalem liberam pertinentem, post commemorationem Creatoris, id est summæ illius Trinitatis, fuisse subdendam. Quoniam quidquid de homine Christo dictum est, ad unitatem personæ Unigeniti pertinet. Rectus itaque Confessionis ordo poscebat, ut Trinitati subjungeretur Ecclesia, tanquam habitatori domus sua, et Deo templum suum, et conditori civitas sua. Quæ tota hic accipienda est, non solum ex parte (*b*) qua peregrinatur in terris, a solis ortu usque ad occasum laudans nomen Domini (*Psal.* CXII, 3), et post captivitatem vetustatis cantans canticum novum : verum etiam ex illa quæ in cœlis semper, ex quo condita est, cohæsit Deo, nec ullum malum sui casus experta est. Hæc in sanctis Angelis beata persistit, et suæ parti peregrinanti sicut oportet opitulatur : quia utraque una erit consortio æternitatis, et nunc una est vinculo caritatis, quæ tota instituta est ad colendum unum Deum. Unde nec tota, nec ulla pars ejus vult se coli pro Deo, nec cuiquam esse Deus pertinenti ad templum Dei, quod ædificatur ex diis quos facit non factus Deus. Ac per hoc spiritus sanctus si creatura non creator esset, profecto creatura rationalis esset ; (*c*) ipsa est enim summa creatura. Et ideo in Regula fidei non poneretur ante Ecclesiam, quia et ipse ad Ecclesiam pertineret in illa ejus parte quæ in cœlis est. Nec haberet templum, sed etiam ipse templum esset. Templum

---

(*a*) Plures Mss. *adjungimus his credere nos.* Nonnulli, *adjungimus, ut convenit, sic credere nos.* Quidam denique, *adjungimus, ut scis, credere nos :* non minus bene. — (*b*) Am. Er. Dan. et plures Mss. *quæ.* — (*c*) Sic Mss. At editi : *Ipse enim esset summa creatura.*

« Ne savez-vous pas que vos corps sont le temple du Saint-Esprit qui habite en vous, et que vous avez reçu de Dieu, » (I *Cor.*, vi, 19) et dans un autre endroit : « Ne savez-vous pas que vos corps sont les membres de Jésus-Christ? » (I *Cor.*, vi, 15.) Comment donc ne serait-il pas Dieu celui qui a un temple? Comment serait-il inférieur au Christ, celui qui a pour temple les membres mêmes de Jésus-Christ? On ne peut pas dire non plus que le temple du Saint-Esprit soit autre que celui de Dieu, puisque le même Apôtre dit : « Ne savez-vous pas que vous êtes le temple de Dieu ? » (I *Cor.*, iii, 16) et pour le prouver il ajoute : « Et que l'Esprit de Dieu habite en vous ? » Dieu donc habite dans son temple, et ce Dieu est non-seulement le Saint-Esprit, mais encore le Père et le Fils qui, en parlant de son corps, selon lequel il a été fait chef de l'Eglise composée d'hommes, afin qu'il eût la supériorité sur tous (*Colos.*, i, 18), a dit aux Juifs : « Détruisez ce temple et je le rebâtirai en trois jours. » (*Jean*, ii, 19.) Le temple de Dieu, c'est-à-dire de toute la Trinité, est donc la sainte Eglise universelle qui est dans le ciel et sur la terre.

CHAPITRE LVII. — Mais que pouvons-nous dire avec assurance de l'Eglise qui est dans le ciel, sinon qu'il ne s'y trouve aucun méchant, que personne n'en a jamais été et n'en sera jamais exclu, « depuis que Dieu, » comme le dit l'Apôtre Pierre, « a laissé tomber sa colère sur les anges qui avaient péché, et les a précipités dans l'abîme des ténèbres qui leur sert de prison, où ils sont tenus comme en réserve, jusqu'au jour du jugement, pour recevoir la punition qu'ils méritent ? » (II *Pierre*, ii, 4.)

CHAPITRE LVIII. — Comment s'administre cette bienheureuse et céleste société? Quelle est la différence des fonctions et des rangs, que chacun y occupe, puisque tous sont compris sous le nom général d'anges, comme nous le lisons dans l'Epître de saint Paul aux Hébreux : « A qui de ses anges a-t-il jamais dit : Asseyez-vous à ma droite. » (*Hébr.*, i, 13.) L'Apôtre indique assez clairement que tous les membres de cette divine société sont appelés anges. S'en trouve-t-il cependant qui soit archanges, et sont-ils les mêmes que ceux qu'on appelle vertus ; de manière que lorsque le Psalmiste s'écrie : « Anges de Dieu, louez tous le Seigneur ! Vertus du Seigneur, louez tous le Seigneur ! » (*Psaume* cxlviii, 2.) C'est comme s'il disait : Anges du Seigneur, louez tous le Seigneur, archanges du Seigneur, louez tous le Seigneur ! Quelle différence y a-t-il également entre ces quatre dénominations, dans lesquelles l'Apôtre a compris cette céleste société tout entière quand il dit : « Soit les trônes, soit les dominations, soit les principautés, soit les puissances? » (*Colos.*, i, 16.)

autem habet, de quo dicit Apostolus : « Nescitis quia corpora vestra templum est Spiritus sancti, qui in vobis est, quem habetis a Deo ? » (I *Cor.*, vi, 19.) De quibus alio loco dicit : « Nescitis quia corpora vestra membra sunt Christi? » (*Ibid.*, 15.) Quomodo ergo Deus non est, qui templum habet? aut minor Christo est, cujus membra templum habet? Neque enim aliud templum ejus, aliud templum Dei est, cum idem dicat Apostolus : « Nescitis quia templum Dei estis. » (I *Cor.*, iii, 16.) Quod ut probaret, adjecit : « Et Spiritus Dei habitat in vobis. » Deus ergo habitat in templo suo, non solum Spiritus sanctus, sed etiam Pater et Filius, qui etiam de corpore suo, per quod factus est caput Ecclesiæ, quæ in hominibus, est « ut sit ipse in omnibus primatum tenens, » (*Colos.*, i, 18) ait : « Solvite templum hoc, et in triduo suscitabo illud. » (*Joan.*, ii, 19.) Templum ergo Dei, hoc est totius summæ Trinitatis, sancta est Ecclesia, scilicet universa in cœlo et in terra.

CAPUT LVII. — Sed de illa quæ in cœlo est, affirmare quid possumus, nisi quod nullus in ea malus est, nec quisquam deinceps inde cecidit aut casurus est, ex quo Deus « angelis peccantibus non pepercit, » sicut scribit apostolus Petrus, « sed carceribus caliginis inferi retrudens tradidit in judicio puniendos reservari. » (II *Pet.*, ii, 4.)

CAPUT LVIII. — Quomodo autem se habeat beatissima illa et superna societas, quæ ibi sint differentiæ (*a*) præpositurarum, ut cum omnes tanquam generali nomine angeli nuncupentur, (sicut in epistola ad Hebræos legimus : « Cui enim angelorum dixit aliquando : Sede a dextris meis? » (*Hebr.*, i, 13) hoc quippe modo significavit omnes universaliter angelos dici :) sint tamen illic archangeli : et utrum iidem archangeli appellentur virtutes; atque ita dictum sit : « Laudate eum omnes angeli ejus, laudate eum omnes virtutes ejus; » (*Psal.* cxlviii, 2) ac si diceretur : Laudate eum omnes angeli ejus, laudate eum omnes archangeli ejus : et quid inter se distent quatuor illa vocabula, quibus universam ipsam cœlestem societatem videtur Apostolus esse complexus, dicendo: « Sive sedes, sive dominationes, sive principatus,

---

(*a*) Editi, *personarum*. At Mss. plerique, *præpositurarum* : et nonnulli, *præpositorum*.

L'explique qui pourra, pourvu qu'il puisse prouver ce qu'il avance. Pour moi, j'avoue que je l'ignore. Je ne suis pas même certain si l'on ne doit pas ranger dans cette société céleste le soleil, la lune et les autres astres, quoique quelques-uns les regardent comme des corps lumineux privés de sens et d'intelligence.

CHAPITRE LIX. — Qui pourrait aussi expliquer quelle est la qualité des corps, dans lesquels les anges ont apparu aux hommes, de manière, non-seulement à être vus, mais encore touchés par eux? Pourquoi dans d'autres occasions, n'est-ce pas sous la forme d'un corps solide, mais d'une manière toute spirituelle, qu'ils présentent certaines visions, non aux yeux du corps, mais à ceux de l'esprit, et qu'ils parlent non à l'oreille extérieure, mais intérieurement à l'esprit même de l'homme, comme nous le voyons dans le livre des prophètes : « Et l'ange qui parlait en moi me dit ? » (*Zach.*, I, 9.) Car le prophète ne dit pas, l'ange qui me parlait, mais qui parlait en moi. Quelquefois aussi, c'est pendant le sommeil qu'ils apparaissent, et qu'ils tiennent le langage que l'on croit entendre dans les songes. Nous lisons, en effet, dans l'Evangile : « Voilà qu'un ange du Seigneur apparut à Joseph pendant son sommeil et lui dit. » (*Matth.*, I, 20.) Ces différentes apparitions semblent indiquer que les anges n'ont point de corps palpable. Mais ce qui rend la question très-difficile, c'est d'expliquer comment les patriarches ont pu leur laver les pieds (*Gen.*, XVIII, 4, et XIX, 2); comment Jacob lutta avec un ange qu'il étreignit si fortement dans ses bras, (*Ibid.*, XXXII, 24.) Ces questions où chacun émet, comme il peut, ses conjectures, ne sont pas inutiles pour exercer l'esprit, pourvu qu'on les discute avec réserve et modération, et qu'on évite l'erreur de ceux qui croient savoir ce qu'ils ne savent pas. A quoi bon, en effet, affirmer, nier, discuter opiniâtrément des choses qu'on peut ignorer sans crime?

CHAP. LX. — 16. Il est une question plus utile à examiner et à discerner, c'est lorsque Satan se transforme en ange de lumière, afin de ne pas nous laisser séduire et entraîner par ses ruses, à quelque chose qui nous serait pernicieux. Tant qu'il ne fait que tromper les sens du corps, sans détourner notre esprit des sentiments de vérité et de droiture qui règlent la vie des fidèles, il n'y a en cela rien de dangereux pour la religion. De même lorsque prenant la forme d'un bon ange, il ne dit et ne fait que ce qui convient aux saints anges eux-mêmes, qu'on le prenne pour ce qu'il n'est pas, cette erreur n'a rien de préjudiciable à la foi chrétienne. Mais lorsque sous ces dehors, il commence et cherche à nous attirer à ses projets, c'est alors que nous ne sau-

---

sive potestates, » (*Colos.*, I, 16) dicant qui possunt, si tamen possunt probare quod dicunt : ego me ista ignorare confiteor. Sed ne illud quidem certum habeo, utrum ad eamdem societatem pertineant sol et luna et cuncta sidera : quamvis nonnullis lucida corpora esse, non cum sensu vel intelligentia, videantur. (V lib. *ad Orosium contra Priscillianist.* cap. 11.)

CAPUT LIX. — Itemque angeli quis explicet cum qualibus corporibus apparuerint hominibus, ut non solum cernerentur, verum etiam tangerentur ; et rursus non solida corpulentia, sed spiritali potentia quasdam visiones, non oculis corporeis, sed spiritalibus, vel mentibus ingerant, vel dicant aliquid non ad aurem forinsecus, sed intus (*a*) in animo hominis, etiam ipsi ibidem constituti : sicut scriptum est in Prophetarum libro : « Et dixit mihi angelus qui loquebatur in me : » (*Zach.*, I, 9) non enim ait, qui loquebatur ad me, sed « in me. » Vel appareant et in somnis, et colloquantur more somniorum : habemus quippe in Evangelio : « Ecce angelus Domini apparuit illi in somnis, dicens. » (*Matth.*, I, 20.) His enim modis velut indicant se angeli contrectabilia corpora non habere (*Gen.*, XVIII, 4 et XIX, 2) : faciuntque difficillimam quæstionem, quomodo patres eis pedes laverint, quomodo Jacob cum angelo tam solida contrectatione luctatus sit. (*Gen.*, XXXII, 24.) Cum ista quæruntur, et ea sicut potest, quisque conjectat, non inutiliter exercentur ingenia, si adhibeatur disceptatio moderata, et absit error opinantium se scire quod nesciunt. Quid enim opus est, ut hæc atque hujusmodi affirmentur vel negentur vel definiantur cum discrimine, quando sine crimine nesciuntur?

CAPUT LX. — 16. Magis opus est dijudicare atque dignoscere, cum se satanas transfigurat velut angelum lucis, ne fallendo ad aliqua perniciosa seducat. Nam quando sensus corporis fallit, mentem vero non movet a vera rectaque sententia, qua quisque vitam fidelem gerit, nullum est in religione periculum : vel cum se bonum fingens (II *Cor.*, XI, 14), ea facit sive dicit, quæ bonis angelis congruunt, etiam si credatur bonus, non est error Christianæ fidei periculosus aut morbidus. Cum vero per hæc aliena ad

(*a*) Mss. *sed intus animæ hominis.*

rions apporter trop de vigilance pour discerner ses ruses et ne pas marcher à sa suite. Mais quel est l'homme en état d'échapper aux artifices mortels d'un tel ennemi, sans le soutien et la protection de Dieu? La difficulté de lui résister a du moins l'avantage d'avertir l'homme, de ne mettre sa confiance ni en lui-même ni dans un autre, mais de la placer en Dieu seul, qui est le protecteur des siens. Car aucun homme pieux ne peut douter que cela ne soit pas pour nous un grand avantage.

Chapitre LXI. — La partie de l'Eglise, qui renferme les saints anges et les vertus de Dieu, ne nous sera connue que lorsqu'à la fin des siècles, nous serons réunis à elle pour en partager l'éternelle félicité. La partie qui accomplit encore son pèlerinage sur la terre, nous est plus connue parce que nous sommes en elle, qu'elle est composée d'hommes, et que nous sommes hommes nous-mêmes. C'est cette partie qui a été rachetée du péché par le sang du divin Médiateur exempt de tout péché. C'est elle qui nous dit par la bouche de l'Apôtre : « Si Dieu est pour nous, qui sera contre nous? Il n'a point épargné son propre Fils, mais il l'a livré pour nous tous. » (*Rom.*, VIII, 31.) Bien que ce ne soit pas pour les anges que Jésus-Christ est mort, ils en ont cependant retiré un grand avantage, car tous les hommes qui sont par sa mort rachetés et délivrés du mal rentrent, pour ainsi dire, en grâce avec eux; et outre cette réconciliation, qui fait cesser les inimitiés que le péché avait causées entre les saints anges et les hommes, la rédemption de l'homme par Jésus-Christ permet de réparer les vides, que la chute des anges rebelles avait faits dans les rangs de la céleste armée.

Chapitre LXII. — Les saints anges instruits par Dieu, et qui trouvent leur bonheur dans l'éternelle contemplation de la vérité, connaissent d'avance combien de citoyens le genre humain doit fournir à la cité céleste pour la compléter. C'est pour cela que saint Paul dit : « Tout est rétabli en Jésus-Christ et par Jésus-Christ, tant ce qui est dans les cieux que ce qui est sur la terre. » (*Ephés.*, I, 10.) Tout en effet, est rétabli dans les cieux, lorsque les hommes viennent prendre la place des anges qui sont tombés; et et tout ce qui est sur la terre est également rétabli, lorsque les hommes qui sont prédestinés à la vie éternelle, sont délivrés de leur ancienne corruption, pour entrer dans une nouvelle vie. Ainsi par ce sacrifice unique et ineffable, dans lequel le médiateur a été immolé, et dont les nombreuses victimes des sacrifices de l'ancienne loi n'étaient que l'ombre et la figure, les choses des cieux ont été réconciliées avec celles de la terre, et les choses de la terre avec celles des cieux, parce que, comme le dit le même Apôtre : « Il a plu au Père que toute plénitude habitât en Jésus-Christ, que toutes choses fus-

---

sua incipit ducere, tunc cum dignoscere, nec ire post cum, magna et necessaria vigilantia est. Sed quotusquisque hominum idoneus est omnes mortiferos ejus dolos evadere, nisi regat atque tueatur Deus? Et ipsa hujus rei difficultas ad hoc est utilis, ne sit spes sibi quisque, aut homo alter alteri, sed Deus suis omnibus. Id enim nobis potius expedire prorsus piorum ambigit nemo.

Caput LXI. — Hæc ergo quæ in sanctis angelis et virtutibus Dei est Ecclesia, tunc nobis sicuti est innotescet, cum ei conjuncti fuerimus in finem, ad simul habendam beatitudinem sempiternam. Ista vero quæ ab illa peregrinatur in terris, eo nobis notior est, quod in illa sumus, et quia hominum est, quod et nos sumus. Hæc sanguine Mediatoris nullum habentis peccatum, ab omni redempta est peccato, ejusque vox est : « Si Deus pro nobis, quis contra nos? Qui Filio proprio non pepercit, sed pro nobis omnibus tradidit illum. » (*Rom.*, VIII, 31.) Non enim pro angelis mortuus est Christus. Sed ideo etiam pro angelis fit, quidquid hominum per ejus mortem redimitur et liberatur a malo, quoniam cum eis quodam modo redit in gratiam, post inimicitias quas inter homines et sanctos angelos peccata fecerunt, et ex ipsa hominum redemptione ruinæ illius angelicæ detrimenta reparantur.

Caput LXII. — Et utique noverunt angeli sancti docti de Deo, cujus veritatis æterna contemplatione beati sunt, quanti numeri supplementum de genere humano integritas illius civitatis expectet. Propter hoc ait Apostolus, « instaurari omnia in Christo, quæ in cœlis sunt, et quæ in terris, in ipso. » (*Ephes.*, I, 10.) Instaurantur quippe quæ in cœlis sunt, cum id quod inde in angelis lapsum est, ex hominibus redditur : instaurantur autem quæ in terris sunt, cum ipsi homines qui prædestinati sunt ad æternam vitam, a corruptionis vetustate renovantur. Ac sic per illud singulare sacrificium, in quo Mediator est immolatus, quod unum multæ in lege victimæ figurabant, pacificantur cœlestia cum terrestribus, et terrestria cum cœlestibus. Quoniam sicut idem Apostolus dicit : « In ipso complacuit omnem plepitudi-

sent réconciliées par lui et en lui, et que par le sang qu'il a répandu sur la croix, la paix fût faite entre ce qui est dans les cieux et ce qui est sur la terre. » (*Coloss.*, I, 19 et 20.)

Chapitre LXIII. — « Cette paix, » comme il est écrit, « surpasse toute intelligence. » (*Philip.*, IV, 7.) Elle ne saurait être comprise par nous, que lorsque nous serons parvenus à la posséder. Comment, en effet, les choses du ciel peuvent-elles être pacifiées, sinon par rapport à nous, c'est-à-dire par leur accord avec nous-mêmes ? Car dans le ciel règne une paix éternelle entre les créatures spirituelles, comme entre elles et leur créateur. (XXII, *Cité de Dieu*, XXIX.) « Cette paix, » comme nous venons de le dire, selon l'Apôtre, « surpasse toute intelligence, » c'est-à-dire la nôtre, mais non celle des anges qui contemplent sans cesse la face du Père. Pour nous, quelque grande que soit notre intelligence, nous ne connaissons cette paix qu'en partie, nous la voyons seulement en énigme et comme dans un miroir. Mais quand nous serons devenus égaux aux anges de Dieu, nous verrons comme eux Dieu face à face; nous serons avec eux dans une paix parfaite, comme ils le seront eux-mêmes avec nous, parce que nous aurons pour eux le même amour qu'ils auront pour nous. Alors nous connaîtrons pleinement la paix dont ils jouissent, parce que la nôtre sera semblable à la leur, et ne sera plus au-dessus de notre intelligence. Quant à la paix de Dieu à l'égard de ses anges, elle sera toujours au-dessus de leur intelligence et de la nôtre. En effet, toute créature raisonnable qui est heureuse doit son bonheur à Dieu seul, et Dieu ne doit le sien à aucune créature. C'est donc aussi dans ce sens qu'on peut le mieux interpréter ces paroles de l'Apôtre : « La paix de Dieu qui surpasse toute intelligence, » afin que par le mot *toute* intelligence, on n'excepte même pas l'intelligence des saints anges, mais seulement celle de Dieu; car la paix qui est en lui, ne saurait être au-dessus de sa divine intelligence.

Chapitre LXIV. — 17. Dès cette vie même, les anges sont en paix avec nous, quand nos péchés nous sont remis. C'est pourquoi, après avoir parlé de la sainte Église, le symbole place dans l'ordre des articles de notre foi, la rémission des péchés. Cette rémission est en effet la base de l'Église qui est sur la terre; c'est par elle qu'est sauvé ce qui avait péri, et qui a été retrouvé. Le sacrement du baptême institué contre le péché originel, afin d'effacer par une régénération spirituelle, la souillure de notre génération charnelle, efface aussi les péchés actuels qu'il trouve en nous, et que nous avons commis par pensées, par paroles et par actions. Mais in-

---

nem (*a*) inhabitare, et per eum reconciliari omnia in ipsum, pacificans per sanguinem crucis ejus, sive quæ in terris sunt, sive quæ in cœlis. » (*Col.*, I, 19 et 20.)

Caput LXIII. — « Pax ista præcellit, » sicut scriptum est, « omnem intellectum; » (*Philip.*, IV, 7) neque sciri a nobis, nisi cum ad ea venerimus, potest. Quomodo enim pacificantur cœlestia nisi (*b*) nobis, id est, concordando nobiscum? Nam ibi semper est pax, et inter se universis intellectualibus creaturis, et cum suo Creatore. (lib. XXII, *De civit. Dei*, cap. 29.) Quæ « pax præcellit, » ut dictum est, « omnem intellectum; » sed utique nostrum, non eorum qui semper vident, faciem Patris. Nos autem, quantumcumque sit in nobis intellectus humanus, ex parte scimus, et videmus nunc per speculum in ænigmate (I *Cor.*, XIII, 12) : cum vero æquales angelis Dei fuerimus, tunc quemadmodum et ipsi, videbimus facie ad faciem (*Luc.*, XX, 36); tantamque pacem habebimus erga eos, quantam et ipsi erga nos; quia tantum eos dilecturi sumus, quantum ab eis diligimur. Itaque pax eorum nota nobis erit, quia et nostra talis ac tanta erit, nec præcellet tunc intellectum nostrum : Dei vero pax quæ illic est erga eos, et nostrum et illorum intellectum sine dubitatione præcellet. De ipso quippe beata est rationalis creatura, quæcumque beata est, non ipse de illa. Unde secundum hoc melius accipitur quod scriptum est : « Pax Dei quæ præcellit omnem intellectum : » ut in eo quod dixit, omnem, nec ipse intellectus sanctorum angelorum esse possit exceptus; sed Dei solius : neque enim et ipsius intellectum pax ejus excellit.

Caput LXIV. — 17. Concordant autem nobiscum angeli etiam nunc, cum remittuntur nostra peccata. Ideo post commemorationem sanctæ Ecclesiæ in ordine Confessionis ponitur remissio peccatorum. Per hanc enim stat Ecclesia quæ in terris est : per hanc non perit quod perierat et inventum est. (*Luc.*, XV, 24.) Excepto quippe baptismatis munere, quod contra originale peccatum donatum est, ut quod generatione attractum est, regeneratione detrahatur; et tamen activa quoque peccata, quæcumque corde, ore, opere commissa invenerit tollit : hac ergo excepta

---

(*a*) Hic editi addunt, *divinitatis* : quod plerique ac potiores Mss. non habent. — (*b*) Editi, *nisi in nobis*. Abest *in* a Mss.

dépendamment de cette grande indulgence, en vertu de laquelle commence le renouvellement de l'homme, et qui efface tous nos péchés, celui que nous tenons de notre naissance, comme ceux que nous y avons ajoutés, nous avons sans cesse besoin d'une nouvelle rémission de nos fautes; en effet, le cours de la vie de l'homme arrivé à l'âge de raison, ne se passe pas exempt de péchés, à quelque degré de justice qu'il soit d'ailleurs parvenu. Les enfants de Dieu, tant qu'ils sont dans cette vie mortelle, ont à lutter contre la mort spirituelle; et bien qu'il ait été dit d'eux avec vérité : « Tous ceux qui sont guidés par l'esprit de Dieu sont enfants de Dieu, » (*Rom.*, VIII, 14) cependant, ils ont beau être sous l'inspiration de l'esprit de Dieu, et comme enfants de Dieu s'avancer vers lui; appesantis comme enfants des hommes par leur propre esprit et par leur chair corruptible, et entraînés par des mouvements humains, ils ne peuvent s'empêcher de retomber en quelque sorte sur eux-mêmes, et par conséquent de pécher. Ces péchés, il est vrai, n'ont pas tous la même gravité, car tout péché n'est pas un crime, comme tout crime est un péché. La vie des justes et des saints sur la terre peut donc être exempte de crimes, mais non de péchés, car selon les paroles de saint Jean : « Si nous disions que nous sommes sans péchés, nous nous tromperions nous-mêmes, » et la vérité ne serait point en nous. » (I *Jean*, I, 8.)

CHAPITRE LXV. — Dans la sainte Eglise, quelque graves que soient les crimes qu'on ait commis, on ne doit pas désespérer de la miséricorde de Dieu pour nous les remettre, lorsqu'on en fait une pénitence proportionnée à la grandeur du délit. Quand le crime qui a été commis est de nature à mériter que nous soyons séparés du corps de Jésus-Christ, il faut, dans la pénitence, prendre moins en considération la durée du temps, que la vivacité de la douleur; « car Dieu ne repousse jamais un cœur contrit et humilié. » (*Ps.* L, 19.) Mais comme ordinairement tout autre que nous-mêmes ne peut pas connaître la sincérité de notre repentir, et que ce n'est ni par des paroles, ni par des signes quelconques que nous pouvons la prouver, parce qu'elle n'a pour témoin que celui à qui David disait : « La sincérité de mes gémissements ne vous est point inconnue, » (*Ps.* XXXVII, 10) c'est à ceux qui gouvernent les églises à déterminer le temps de la pénitence, pour que satisfaction soit ainsi donnée à l'Eglise, dans laquelle le pécheur reçoit la rémission de ses fautes, et hors de laquelle nos péchés ne peuvent nous être remis. L'Eglise seule, en effet, a reçu le gage du Saint-Esprit, sans lequel il n'y a pas de rémission efficace des péchés, qui nous conduise à la vie éternelle.

magna indulgentia, unde incipit hominis renovatio, in qua solvitur omnis reatus et ingeneratus et additus ; ipsa etiam vita cætera jam ratione utentis ætatis, quantalibet præpolleat fecunditate justitiæ, sine peccatorum remissione non agitur. Quoniam filii Dei quamdiu mortaliter vivunt, cum morte confligunt. Et quamvis de illis sit veraciter dictum : « Quotquot Spiritu Dei aguntur, hi filii sunt Dei : » (*Rom.*, VIII, 14) sic tamen Spiritu Dei excitantur, et tanquam filii Dei proficiunt ad Deum, ut etiam spiritu suo, maxime aggravante corruptibili corpore, tanquam filii (a) hominum quibusdam humanis motibus deficiant ad se ipsos, et ideo peccent. (*Sap.*, IX, 15.) Interest quidem quantum : neque enim quia peccatum est omne crimen, ideo crimen est etiam omne peccatum. Itaque sanctorum hominum vitam quamdiu in hac (b) mortali vivitur, inveniri posse dicimus sine crimine : « Peccatum autem si dixerimus quia non habemus, » ut (c) tantus Apostolus, « nosmetipsos seducimus, et veritas in nobis non est. » (I *Joan.*, I, 8.)

CAPUT LXV. — Sed neque de ipsis criminibus quamlibet magnis remittendis in sancta Ecclesia, Dei misericordia desperanda est agentibus pœnitentiam secundum modum sui cujusque peccati. (IV *Sent.* dist. 20, cap. *Si vero de illo*.) In actione autem pœnitentiæ, ubi tale commissum est, ut is qui commisit a Christi etiam corpore separetur, non tam consideranda est mensura temporis quam doloris. Cor enim contritum et humiliatum Deus non spernit. (*Psal.* L, 19.) Verum quia plerumque dolor alterius cordis occultus est alteri, neque in aliorum notitiam per verba vel quæcumque alia signa procedit ; cum sit coram illo cui dicitur. « Gemitus meus a te non est absconditus : » (*Psal.* XXXVII, 10) recte constituuntur ab iis qui (d) Ecclesiis præsunt tempora pœnitentiæ, ut fiat satis etiam Ecclesiæ, in qua remittuntur ipsa peccata : extra eam quippe non remittuntur. Ipsa namque proprie Spiritum sanctum pignus accepit (II *Cor.*, I, 22), sine quo non remittuntur ulla peccata, ita ut quibus remittuntur consequantur vitam æternam.

(a) Mss. *tanquam filii hominis in quibusdam*, etc. — (b) Editi, *in hac morte*. At Mss. *in hac mortali :* supple, *vita*. — (c) Editi, *sanctus Apostolus*. Sed Mss. aptius ad rem cum emphasi confirmandam, *tantus Apostolus*. — (d) Sic Mss. Editi vero, *Ecclesia*.

CHAPITRE LXVI. — C'est surtout en vue du jugement dernier, que les péchés sont remis. Car dans cette vie, comme le dit l'Ecriture : « Le joug qui pèse sur les enfants d'Adam, depuis le jour qu'ils ont quitté le sein de leur mère, jusqu'au jour où ils retournent dans le sein de la terre, leur mère commune, » (*Eccl.*, XL, 1) est si lourd, que nous voyons les enfants mêmes, après leur régénération dans les eaux du baptême, affligés et tourmentés par mille maux divers. Dieu a voulu nous faire connaître par là que les sacrements si salutaires en eux-mêmes, ont plutôt pour objet les biens futurs que nous espérons, que la conservation ou l'acquisition des biens présents. Bien des fautes ici-bas paraissent pardonnées, parce qu'elles ne sont pas punies, mais le châtiment les atteindra dans la vie future. Ce n'est point en vain qu'on appelle proprement le jour du jugement, celui où apparaîtra le juge des vivants et des morts. (*Matth.*, XII, 36.) Au contraire, il y a quelques péchés qui reçoivent déjà leur punition sur la terre, mais qui ne nous porteront pas préjudice dans l'autre vie, si nous en avons reçu la rémission. C'est pourquoi au sujet de ces peines temporelles, que Dieu inflige aux pécheurs pendant leur vie, pour qu'à la fin des siècles, ceux à qui ces péchés auront été remis n'en portent pas le châtiment, l'Apôtre dit : « Si nous nous jugions nous-mêmes, nous ne serions pas jugés par le Seigneur, mais lorsqu'il nous juge, c'est par miséricorde qu'il nous châtie, afin que nous ne soyons pas condamnés avec ce monde (1). » (I *Cor.*, XI, 31, 32.)

CHAPITRE LXVII. — 18. Quelques hommes croient que tous ceux qui ne renoncent pas à la religion du Christ, et qui baptisés dans son Eglise, ne s'en séparent ni par aucun schisme, ni par aucune hérésie, quelques crimes qu'ils commettent de leur vivant, sans les effacer par la pénitence, ou les racheter par des aumônes, mais qui y persévèrent jusqu'au dernier jour de leur vie, seront sauvés en passant par le feu, dont la durée sera proportionnée à la grandeur de leur crime, mais sans être toutefois éternelle. Ceux qui pensent ainsi, quoiqu'ils soient catholiques, me paraissent se tromper par un sentiment d'indulgence humaine. L'Ecriture en juge tout autrement. J'ai écrit sur cette question un livre intitulé : *De la foi et des bonnes œuvres* (2), dans lequel, selon les Ecritures et autant que je l'ai pu avec l'aide du Seigneur, j'ai démontré que la foi qui nous sauve, est celle que l'apôtre

---

(1) Platon dans le *Gorgias* exprime la même pensée : Pour être délivré du mal que l'on a commis, il faut l'expier ici-bas, soit par le châtiment de Dieu, soit par celui des hommes, autrement ce mal reste en nous. Il fera notre tourment et notre supplice éternel.

(2) Saint Augustin a toujours évité de nommer ceux donc il relève l'erreur à ce sujet, non-seulement dans le livre de la *Foi et des bonnes œuvres*, mais aussi dans le livre XXI, de la *Cité de Dieu*, chapitre XVII et suivants. Cependant Jean Garnier, dans son *Appendice* 1, croit que saint Augustin, en écrivant ce passage, avait en vue saint Jérôme. Voyez à ce sujet l'Avertissement, qui est en tête du livre de la *Foi et des bonnes œuvres*.

CAPUT LXVI. — Magis enim propter futurum judicium fit remissio peccatorum. In hac autem vita usque adeo valet quod scriptum est : « Grave jugum super filios Adam a die exitus de ventre matris eorum usque in diem sepulturæ in matrem omnium : » (*Eccli.*, XL, 1) ut etiam parvulos videamus post lavacrum regenerationis diversorum malorum afflictione cruciari : ut intelligamus, totum quod salutaribus agitur sacramentis, magis ad spem venturorum bonorum, quam ad retentionem vel adeptionem præsentium pertinere. Multa etiam hic videntur ignosci et nullis suppliciis vindicari : sed eorum pœnæ reservantur in posterum. Neque enim frustra ille proprie dicitur dies judicii, quando venturus est judex vivorum atque mortuorum. (*Matth.*, XII, 36 ; *Act.*, X, 24.) Sicut e contrario vindicantur hic aliqua, et tamen si remittuntur, profecto in futuro sæculo non nocebunt. Propterea de quibusdam temporalibus pœnis, quæ in hac vita peccantibus irrogantur, eis quorum peccata delentur, ne reserventur in finem, ait Apostolus : « Si enim nos ipsos judicaremus, a Domino non judicaremur : cum judicamur autem a Domino corripimur, ne cum hoc mundo damnemur. » (I *Cor.*, XI, 31 et 32.)

CAPUT LXVII. — 18. Creduntur autem a quibusdam etiam ii qui nomen Christi non relinquunt, et ejus lavacro in Ecclesia baptizantur, nec ab ea ullo schismate vel hæresi præciduntur, in quantislibet sceleribus vivant, quæ nec diluant pœnitendo, nec eleemosynis redimant, sed in eis usque ad hujus vitæ ultimum diem pertinacissime perseverent, salvi futuri per ignem ; licet pro magnitudine facinorum flagitiorumque diuturno, non tamen æterno igne (a) puniri. Sed qui hoc credunt, et tamen catholici sunt, humana quadam benevolentia mihi falli videntur. Nam Scriptura divina aliud consulta respondet. Librum autem de hac quæstione conscripsi, cujus titulus est : *De Fide et operibus* (cap. 14, 15 et 16) : ubi secundum Scripturas sanctas, quantum Deo adjuvante potui, demonstravi, eam fidem salvos facere, quam

---

(a) Nonnulli codices, *punituri*. Forte reponendum, *puniti*, vel *puniendi*.

Paul a désignée avec toute évidence, quand il dit (*Galat.*, v, 6) : « Ce n'est ni la circoncision en Jésus-Christ, ni l'incirconcision qui servent à quelque chose, mais la foi qui opère par l'amour. » Or, si les œuvres de cette foi sont mauvaises (*Jacq.*, II, 17), « c'est une foi morte en elle-même, » selon les paroles de l'apôtre saint Jacques qui dit encore (*Ibid.*, 14) : « Si quelqu'un prétend qu'il a la foi, et qu'il n'ait pas de bonnes œuvres, sa foi pourra-t-elle le sauver ? » Or, si un homme couvert de crimes, peut, en vertu de sa foi seule, être sauvé, en passant par le feu, et si c'est ainsi qu'il faut entendre les paroles du bienheureux Paul (I *Cor.*, III, 15) : « Il sera sauvé mais néanmoins comme à travers le feu, » il s'en suivra que la foi peut sauver sans les œuvres, et qu'il n'y a pas eu de vérité dans ce qu'a dit l'apôtre saint Jacques, ni dans les paroles de saint Paul lui-même quand il dit : « Ne vous y trompez pas, ni les fornicateurs, ni les idolâtres, ni les adultères, ni les efféminés, ni les abominables, ni les voleurs, ni les avares, ni les ivrognes, ni les médisants, ni les ravisseurs, ne posséderont le royaume des cieux. » (I *Cor.*, VI, 9.) Car si ceux qui persévèrent dans tous ces crimes, peuvent être sauvés, en vertu de leur foi seule en Jésus-Christ, comment l'Apôtre aurait-il pu dire qu'ils « ne posséderont pas le royaume des cieux ? »

CHAPITRE LXVIII. — Mais comme ces témoignages apostoliques si clairs et si évidents ne peuvent être faux, voyons comment on peut les concilier avec ce qui a été dit obscurément touchant ceux qui, sur un fondement qui est Jésus-Christ, élèvent et bâtissent non de l'or ni de l'argent, ni des pierres précieuses, mais du bois et de la paille ; c'est-à-dire voyons comment ils pourront être sauvés en passant par le feu, parce que le fondement sur lequel ils bâtissent les empêchera de périr. Par ce bois, ce foin, cette paille, on peut fort bien entendre l'amour que les hommes ont pour les choses de la terre acquises sans iniquités, mais dont la perte est pour eux un sujet de regrets et de douleur. Comme cette douleur est un feu qui nous brûle, si l'édifice que nous élevons dans notre cœur a Jésus-Christ pour fondement, c'est-à-dire, s'il n'y a rien que nous lui préférions, et que malgré la douleur qui nous brûle et nous consume, nous aimons mieux perdre des biens que nous chérissons, plutôt que de perdre Jésus-Christ, nous serons ainsi sauvés en passant par le feu. Si au contraire nous préférons, au jour de la tentation, conserver ces choses temporelles plutôt que Jésus-Christ, c'est alors que cet édifice spirituel que nous élevons, n'a pas le Christ pour fondement, puisque dans un édifice rien ne doit être préféré au fondement. Ainsi le feu dont il est question dans ce passage de l'Apôtre, est

---

satis evidenter expressit Paulus apostolus, dicens : « In Christo enim Jesu neque circumcisio quidquam valet, neque præputium, sed fides quæ per dilectionem operatur. » (*Gal.*, v, 6.) Si autem male et non bene operatur, procul dubio, secundum apostolum Jacobum, « mortua est in semetipsa. » (*Jac.*, II, 17.) Qui rursus ait : « Si fidem dicat se quis habere, opera autem non habeat, numquid poterit fides salvare eum ? » (*Ibid.*, 14.) Porro autem si homo sceleratus propter fidem solam per ignem salvabitur, et sic est accipiendum quod ait beatus Paulus : « Ipse autem salvus erit, sic tamen quasi per ignem : » (I *Cor.*, III, 15) poterit ergo salvare sine operibus fides, et falsum erit quod dixit ejus coapostolus Jacobus. Falsum erit et illud quod idem ipse Paulus dixit (I *Cor.*, VI, 9, etc.) : « Nolite, inquit, errare ; neque fornicatores, neque idolis servientes, neque adulteri, neque molles, neque masculorum concubitores, neque fures, neque avari, neque ebriosi, neque maledici, neque rapaces regnum Dei possidebunt. » Si enim etiam in istis perseverantes criminibus, tamen propter fidem Christi salvi erunt, quomodo in regno Dei non erunt ?

CAPUT LXVIII. — Sed quia hæc apostolica manifestissima et apertissima testimonia falsa esse non possunt, illud quod obscure dictum est de iis qui superædificant super fundamentum, quod est Christus, non aurum, argentum, lapides pretiosos, sed ligna, fœnum, stipulam, (de his enim dictum est, quod per ignem salvi erunt, quoniam fundamenti merito non peribunt :) sic intelligendum est, ut his manifestis non inveniatur esse contrarium. (IV *Sent.* dist. 21, cap. *Hic objici.*) Ligna quippe et fœnum et stipula non absurde accipi possunt rerum sæcularium, quamvis licite concessarum, tales cupiditates, ut amitti sine animi dolore non possint. Cum autem iste dolor urit, si Christus in corde fundamenti habet locum, id est, ut ei nihil anteponatur, et malit homo, qui tali dolore uritur, rebus quas ita diligit, magis carere quam Christo ; per ignem fit salvus. Cum autem res hujusmodi temporales ac sæculares tempore tentationis maluerit tenere quam Christum ; eum in fundamento non habuit : quia hæc priore loco habuit, cum in ædificio prius non sit aliquid fundamento. Ignis enim, de quo eo loco est locutus Apostolus, talis debet intelligi, ut ambo per eum transeant, id

celui par lequel doivent passer et ceux qui, sur ce fondement, élèvent et bâtissent de l'or, de l'argent, des pierres précieuses, et ceux qui élèvent et bâtissent du bois, du foin, de la paille. En effet, saint Paul ajoute à ce qu'il vient de dire : « L'ouvrage de chacun sera éprouvé par le feu, pour voir ce qu'il est. Si l'ouvrage que quelqu'un aura bâti sur ce fondement subsiste, il en recevra la récompense. Si l'ouvrage de quelqu'un est consumé par le feu, il perdra le fruit de son travail; mais pour lui, il échappera toutefois comme par le feu. » (I *Cor.*, III, 13.) C'est donc l'ouvrage de tous les deux, et non celui du dernier seul qui sera éprouvé par le feu. Ce feu n'est donc autre chose que l'épreuve de la tribulation, et c'est dans ce sens que l'Ecriture en parle dans un autre endroit : « Les vases de terre sont éprouvés par la fournaise, et les hommes justes sont éprouvés par la tribulation. » (*Eccli.*, XXVII, 6.) Entre temps, ce feu produit dans cette vie l'effet dont parle l'Apôtre. (I *Cor.*, VII, 32.) Prenons pour exemple deux fidèles. L'un ne pense qu'aux choses de Dieu, qu'au moyen de lui être agréable. Il bâtit sur un fondement qui est Jésus-Christ, de l'or, de l'argent, des pierres précieuses. L'autre ne pense qu'aux choses du monde, qu'au moyen de plaire à son épouse. Il bâtit sur le même fondement du bois, du foin, de la paille. L'ouvrage de l'un ne souffre aucune atteinte du feu, parce qu'il n'a pas aimé et qu'il ne s'est pas attaché à ces choses, dont la perte serait pour lui un sujet de tourment; mais l'ouvrage de l'autre est consumé par le feu, parce qu'il ne peut perdre, sans en éprouver une grande douleur, des choses dont la possession faisait son bonheur. Cependant le chrétien, qui dans cette alternative, aimerait mieux renoncer à ces biens qu'à Jésus-Christ, et que la crainte de les perdre n'éloignerait pas du Christ, quelque douleur que lui fît éprouver la privation de ces choses du monde, celui-là sera sauvé, « mais en passant toutefois par le feu; » car la douleur que lui cause la perte des biens qu'il chérissait, est un feu qui le brûle, mais qui pourtant ne saurait ni l'abattre, ni le consumer, parce que son édifice est construit sur un fondement, que rien ne peut ébranler ni altérer.

CHAPITRE LXIX. — Il n'est pas incroyable que quelque chose de semblable arrive après cette vie. C'est une question que l'on peut examiner; et soit qu'on puisse ou qu'on ne puisse pas la résoudre, on peut cependant chercher à connaître s'il n'y a pas quelques fidèles qui sont sauvés par un feu destiné à les purifier, et dont la durée est en proportion de l'amour qu'ils ont eu pour les biens périssables de la terre, sans qu'on puisse les mettre au rang de ceux dont l'Apôtre a dit « qu'ils ne posséderont pas le royaume de Dieu, » (I *Cor.*, VI, 10), à moins d'avoir obtenu, par une pénitence convenable,

---

est, et qui ædificat super hoc fundamentum aurum, argentum, lapides pretiosos; et qui ædificat ligna, fœnum et stipulam. Cum enim hoc dixisset, adjunxit (I *Cor.*, III, 13, etc.) : « Uniuscujusque opus quale sit, ignis probabit. Si cujus opus permanserit, quod superædificavit, mercedem accipiet. Si cujus opus autem exustum fuerit, damnum patietur : ipse autem salvus erit, sic tamen quasi per ignem. » Non ergo unius eorum, sed utriusque opus ignis probabit. Est (*a*) quidam ignis tentatio tribulationis, de quo aperte alio loco scriptum est : « Vasa figuli probat fornax, et homines justos tentatio tribulationis. » (*Eccli.*, XXVII, 6.) Iste ignis in hac interim vita facit quod Apostolus dixit, si (*b*) accidat duobus fidelibus, uni scilicet cogitanti quæ Dei sunt, quomodo placeat Deo (I *Cor.*, VII, 13, etc.) : « Uniuscujus, hoc est, ædificanti super (*c*) Christum fundamentum, aurum, argentum, lapides pretiosos; alteri autem cogitanti ea quæ sunt mundi, quomodo placeat uxori, id est, ædificanti super idem fundamentum ligna, fœnum, stipulam.

Illius enim opus non exuritur, quia non ea dilexit quorum amissione crucietur : exuritur autem hujus; quoniam sine dolore non pereunt, quæ cum amore possessa sunt. Sed quoniam alterutra conditione proposita, eis potius carere mallet quam Christo, nec timore amittendi talia deserit Christum, quamvis doleat cum amittit; « salvus est quidem, sic tamen quasi per ignem : » quia urit eum rerum dolor, quas dilexerat, amissarum ; sed non subvertit neque consumit fundamenti stabilitate atque incorruptione munitum.

CAPUT LXIX. — Tale aliquid etiam post hanc vitam fieri, incredibile non est, et utrum ita sit, quæri potest : et aut inveniri, aut latere, nonnullos fideles per ignem quemdam purgatorium, quanto magis minusve bona pereuntia dilexerunt, tanto tardius citiusque salvari (IV *Sent.* dist., 21, cap. *In illo*); non tamen tales de quibus dictum est, quod « regnum Dei non possidebunt, » (I *Cor.*, VI, 10) nisi convenienter pœnitentibus eadem crimina remittantur.

(*a*) Sic Mss. Editi vero, *quidem*. — (*b*) Lov. et Arn. *accedat*. Alii codices, *accidat*. — (*c*) Quidam Mss. *super Christi fundamentum*.

la rémission de leurs crimes. Je dis « convenable, » pour les engager à ne pas être stériles en aumônes auxquelles la sainte Écriture attache une telle importance, que le Seigneur lui-même a prédit que c'est le fruit et les mérites de l'aumône qu'il imputera à ceux qui seront à sa droite, et la stérilité en œuvres de charité qu'il reprochera à ceux qui seront à sa gauche, lorsqu'au jour du jugement dernier il dira aux premiers : « Venez, les bénis de mon Père, recevez son royaume en héritage, » (*Matth.*, xxv, 34, 41) et à ceux qui seront à sa gauche : «Allez, maudits, dans le feu éternel. »

Chapitre LXX. — 19. Gardons-nous bien de croire que l'on peut commettre chaque jour des crimes, tels que ceux qui nous excluent du royaume de Dieu, pourvu que chaque jour on les rachète par des aumônes. Il faut avant tout changer de manière de vivre, et se rendre ensuite Dieu favorable par des aumônes, pour qu'il nous pardonne nos fautes passées. Mais qu'on ne croie pas par ce moyen, pouvoir acheter de lui la liberté de commettre impunément des fautes. « Dieu n'a donné à personne la liberté de pécher, » (*Eccli.*, xv, 21) quoique dans sa miséricorde il efface les péchés passés, si on n'a pas négligé de lui en donner une satisfaction convenable.

Chapitre LXXI. — A l'égard de ces fautes journalières et sans gravité, dont la vie humaine ne peut être exempte, l'oraison quotidienne que les fidèles adressent à Dieu, suffit pour les effacer. Car il n'appartient de dire : « Notre Père, qui êtes aux cieux, » qu'à ceux qui ont été régénérés à un tel Père par le baptême de l'eau et de l'Esprit. Cette prière efface entièrement ces fautes légères de tous les jours. Elle efface même les actes criminels dont les fidèles ont souillé leur vie, pourvu que par la pénitence ils soient revenus à une vie meilleure. Mais il faut pour cela, que s'ils disent avec vérité : « Pardonnez-nous nos offenses, » car il y en a toujours en nous à pardonner, ils disent avec la même sincérité de cœur : « Comme nous pardonnons à ceux qui nous ont offensés, » c'est-à-dire si, comme ils le disent, ils accordent le pardon qu'on leur demande ; car ce pardon est aussi une aumône.

Chapitre LXXII. — C'est donc à tout ce que la miséricorde nous fait accomplir de bon et d'utile pour le prochain, que reviennent ces paroles du Seigneur : « Faites l'aumône, et tout sera pur pour vous. » (*Luc*, xi, 41.) L'aumône ne consiste pas seulement à donner à manger à celui qui a faim, et à boire à celui qui a soif, des habits à celui qui est nu, l'hospitalité au voyageur, une retraite à celui qui est poursuivi, à visiter les malades et les prisonniers, à racheter

---

Convenienter autem dixi, ut steriles in eleemosynis non sint, quibus tantum tribuit Scriptura divina, ut earum tantummodo fructum se imputaturum prænuntiet Dominus dextris, et earum tantummodo sterilitatem sinistris, quando his dicturus est (*Matth.*, xxv, 34 et 41) : « Venite benedicti Patris mei, percipite regnum : » illis autem : « Ite in ignem æternum.»

Caput LXX. — 19. Sane cavendum est, ne quisquam existimet infanda illa crimina, qualia qui agunt, regnum Dei non possidebunt, quotidie perpetranda, et eleemosynis quotidie redimenda. In melius quippe est vita mutanda, et per eleemosynas de peccatis præteritis est propitiandus Deus; non ad hoc emendus quodam modo, ut ea semper liceat impune committere. « Nemini enim dedit laxamentum peccandi : » (*Eccli.*, xv, 21) quamvis miserando deleat jam facta peccata, si non satisfactio congrua negligatur.

Caput LXXI. — De quotidianis autem brevibus levibusque peccatis, sine quibus hæc vita non ducitur, quotidiana fidelium oratio satisfacit. Eorum est enim dicere : « Pater noster qui es in cœlis, » qui jam Patri tali regenerati sunt ex aqua et Spiritu (*a*). Delet omnino hæc oratio minima et quotidiana peccata. (IV *Sent.*, dist. 16, cap. *Quæ autem.*) Delet et illa, a quibus vita fidelium etiam scelerate gesta, sed pœnitendo in melius mutata discedit : si quemadmodum veraciter dicitur : « Dimitte nobis debita nostra, » quoniam non desunt quæ dimittantur ; ita veraciter dicatur : « Sicut et nos dimittimus debitoribus nostris : » (*Matth.*, vi, 9, etc.) id est, (*b*) si fiat quod dicitur ; quia et ipsa eleemosyna est, veniam petenti homini ignoscere.

Caput LXXII. — Ac per hoc ad omnia quæ utili misericordia fiunt, valet quod Dominus ait : « Date eleemosynam, et ecce omnia munda sunt vobis. » (*Luc.*, xi, 41.) Non solum (*c*) ergo qui dat esurienti cibum, sitienti potum, nudo vestimentum, peregrinanti hospitium, fugienti latibulum, ægroto vel incluso visitationem, captivo redemptionem, debili

---

(*a*) Editi hic et simili loco infra c. lxxv, addunt, *sancto* : quæ vox a Mss. abest et a Græco textu Evangelii *Joan.*, iii, 5, in quem respiciebat Augustinus. — (*b*) Abest *si* a Mss. et ab Am. Er. Dan. — (*c*) Ita Mss. At editi : *Non solum autem.*

les captifs, à porter ceux qui ne peuvent marcher, à conduire les aveugles, à consoler les affligés, à procurer des remèdes aux malades, à remettre dans leur route ceux qui sont égarés, à donner des conseils à tous ceux qui sont dans le doute; en un mot, à donner à chacun ce dont il a besoin, mais encore à pardonner les offenses; car c'est là une grande et véritable aumône, comme c'en est une aussi de châtier ceux qui sont sous notre puissance, et de les ramener au bien par quelque acte disciplinaire. Tout en leur pardonnant avec une entière sincérité de cœur l'offense qu'on en a reçue, et qu'on prie Dieu de leur pardonner. En effet, c'est faire acte d'aumône, parce que c'est faire acte de miséricorde, non-seulement de pardonner à ceux qui nous ont offensés et de prier Dieu pour eux, mais encore de les reprendre et de les châtier pour les ramener à la vertu. On peut faire beaucoup de bien aux hommes malgré eux, en consultant leur utilité, et non leur volonté. Il arrive trop souvent, en effet, que les hommes sont ennemis d'eux-mêmes, et que leurs véritables amis sont ceux qu'ils regardent comme leurs ennemis. Dans leur erreur ils rendent ainsi le mal pour le bien, tandis que le chrétien ne doit jamais rendre le mal pour le mal. Il y a donc, comme on le voit, plusieurs genres d'aumônes, dont l'accomplissement appelle sur nous le pardon et la rémission de nos fautes.

CHAPITRE LXXIII. — La plus grande de toutes est celle qui nous fait pardonner du fond du cœur les offenses de ceux qui nous ont offensés. Il n'y a pas beaucoup de mérite à être bienveillant et bienfaisant envers ceux, qui ne nous ont fait aucun mal, mais il est grand, il est admirable de bonté celui qui chérit ses ennemis, celui qui veut et qui fait, quand il le peut, du bien à ceux qui lui veulent et lui font du mal, lorsqu'ils en trouvent l'occasion. Celui-là a certainement entendu la voix du Seigneur qui lui dit : (1) « Aimez vos ennemis, faites du bien à ceux qui vous haïssent, et priez pour ceux qui vous persécutent. » (*Matth.*, v, 44.) Mais comme il n'y a que les enfants de Dieu qui soient capables de cette perfection, à laquelle cependant tout fidèle doit s'efforcer d'atteindre par la prière et par une lutte avec soi-même, pour amener la nature humaine à ces sentiments d'amour et de charité; comme, dis-je, il n'appartient pas à autant de gens qu'on pourrait le croire, d'être exaucés quand ils disent : « Pardonnez-nous nos offenses, comme nous pardonnons à ceux qui nous ont offensés, » (*Matth.*, vi, 12) cependant on peut

(1) La plupart des manuscrits, après avoir écrit *quod passis*, continuent ainsi : *audiens dicentem Deum* : ou *audiens, dicentem Jesum*, version qui est adoptée par Erasme et Daniel. Mais les éditions de Louvain et d'Arnoulf après les mots *cum passis*, ajoutent : *illius memor exempli, qui in cruce pendens, pro suis exorat persecutoribus. Suosque admonuit dicens. Diligite*, etc., c'est-à-dire à l'exemple de celui qui, suspendu à la croix, pria pour ses persécuteurs et dit à ses disciples : « Aimez vos ennemis. »

subventionem, cæco deductionem, tristi consolationem, non sano medelam, erranti viam, deliberanti consilium, et (*a*) quod cuique necessarium est indigenti; verum etiam qui dat veniam peccanti, eleemosynam dat; et qui emendat verbere in quem potestas datur, vel coercet aliqua disciplina, et tamen peccatum ejus, quo ab illo læsus aut offensus est, dimittit ex corde, vel orat ut ei dimittatur, non solum in eo quod dimittit atque orat, verum etiam in eo quod corripit, et aliqua emendatoria pœna plectit, eleemosynam dat ; quia misericordiam præstat. (*Apprime in Donatistas ;* IV *Sent.,* dist. 15, cap. *His responderi.*) Multa enim bona præstantur invitis, quando eorum consulitur utilitati, non voluntati : quia ipsi sibi inveniuntur esse inimici, amici vero eorum potius illi quos inimicos putant; et reddunt errando mala pro bonis, cum reddere mala Christianus non debeat nec pro malis. Multa itaque genera sunt eleemosynarum, quæ cum facimus, adjuvamur ut dimittantur nostra peccata.

(*a*) Plures Mss. *quodcumque.* — (*b*) Duo e Vatic. Mss. *ut etiam.*

CAPUT LXXIII. — Sed ea nihil est majus, qua ex corde dimittimus, quod in nos quisque peccavit. Minus enim magnum est erga eum esse benevolum, sive etiam beneficum, qui tibi mali nihil fecerit : illud multo grandius et magnificentissimæ bonitatis est, ut tuum quoque inimicum diligas, et ei qui tibi malum vult, et si potest facit, tu bonum semper velis, faciasque cum possis, audiens dicentem Deum : « Diligite inimicos vestros, bene facite eis qui vos oderunt, et orate pro eis qui vos persequuntur. » (*Matth.*, v, 44.) Sed quoniam perfectorum sunt ista filiorum Dei, quo quidem se debet omnis fidelis extendere, et humanum animum ad hunc affectum orando Deum, secumque agendo luctandoque perducere : tamen quia hoc tam magnum bonum tantæ multitudinis non est, quantam credimus exaudiri, cum in oratione dicitur : « Dimitte nobis debita nostra, sicut et nos dimittimus debitoribus nostris; » (*Matth.*, vi, 12) procul dubio verba sponsionis hujus implentur, si homo qui nondum ita profecit, (*b*) ut

croire que cette promesse faite en paroles est de fait accomplie, si l'homme qui la fait, sans être encore arrivé au point d'aimer son ennemi, pardonne du moins de tout son cœur à celui qui l'a offensé et qui réclame son indulgence. Cet homme prouve alors, qu'il désire que ses fautes lui soient également remises, lorsqu'il dit : « Comme nous pardonnons à ceux qui nous ont offensés. » Ainsi, ces paroles de l'Oraison dominicale signifient donc : Accordez à nos prières le pardon de nos offenses, comme nous pardonnons, sur leur prière, à ceux qui nous ont offensés.

Chapitre LXXIV. — Celui qui par regret d'avoir offensé quelqu'un lui en demande sincèrement pardon, ne peut plus être regardé comme un ennemi, et il n'est plus aussi difficile de l'aimer, que quand on était en but à son inimitié; mais le chrétien qui ne pardonne pas de tout son cœur à celui qui, dans un esprit de repentir, lui demande pardon de ses offenses, ce chrétien-là ne doit pas espérer que ses propres péchés lui seront remis par le Seigneur, car la vérité ne peut mentir. Quel est l'homme ayant lu ou entendu lire l'Evangile, qui ignore quel est celui qui a dit : « Je suis la vérité? » (*Jean*, xiv, 6.) Or, celui qui est la vérité, après avoir enseigné à ses disciples la prière que nous expliquons, y recommande surtout le pardon des offenses, en disant : « Si vous pardonnez aux hommes les péchés qu'ils ont commis contre vous, votre Père céleste vous remettra à vous-mêmes vos péchés. Si au contraire vous ne remettez pas aux hommes leurs offenses, Dieu ne vous remettra pas non plus les vôtres. » (*Matth.*, vi, 14, 15.) Celui qui ne se réveille point au bruit de ces paroles formidables, ne dort pas, il est mort. Cependant Dieu est assez puissant pour ressusciter même les morts.

Chapitre LXXV. — 20. Ceux qui vivent dans le désordre, sans songer à corriger leur vie et leurs mœurs, et qui, au milieu de leurs crimes et de leurs excès, ne cessent pas de faire assidûment des aumônes, se flattent en vain de pouvoir s'appliquer les paroles du Seigneur, quand il dit : « Faites l'aumône, et tout sera pur pour vous. » (*Luc*, xi, 41.) Ils ne comprennent certainement pas toute l'étendue de ces divines paroles. Pour en avoir l'intelligence, qu'ils fassent attention à qui le Seigneur les a adressées. Voici en effet ce qui est écrit au même chapitre de l'Evangile : « Comme Jésus-Christ parlait, un pharisien le pria de dîner chez lui. Jésus entra et se mit à table. Mais le pharisien commença à penser et à se dire en lui-même : Pourquoi donc ne s'est-il pas lavé avant le dîner? Mais le Seigneur lui dit : Vous autres, pharisiens, vous nettoyez les dehors de la coupe et du plat, mais intérieurement vous êtes pleins de rapines et d'iniquités. Insensés, celui qui a fait le dehors, n'a-t-il pas

---

jam diligat inimicum, tamen quando rogatur ab homine qui peccavit in eum, ut ei dimittat, dimittit ex corde : quia etiam sibi roganti utique vult dimitti, cum orat et dicit : « Sicut et nos dimittimus debitoribus nostris : » id est : Sic dimitte debita nostra rogantibus nobis, sicut et nos dimittimus rogantibus debitoribus nostris.

Caput LXXIV. — Jam vero qui eum, in quem peccavit, hominem rogat, si peccato suo movetur ut roget, non est adhuc deputandus inimicus, ut eum diligere sit difficile, sicut difficile erat quando inimicitias exercebat. Quisquis autem roganti et peccati sui pœnitenti non ex corde dimittit, nullo modo existimet a Domino sua peccata dimitti; quoniam mentiri veritas non potest. Quem vero lateat Evangelii auditorem sive lectorem, quis dixerit : « Ego sum veritas ? » (*Joan.*, xiv, 6.) Qui cum docuisset orationem, hanc in ea positam sententiam vehementer commendavit, dicens (*Matth.*, vi, 14 et 15) : « Si enim dimiseritis hominibus peccata eorum, dimittet et vobis Pater vester cœlestis peccata vestra. Si autem non dimiseritis hominibus, nec Pater vester dimittet peccata vestra. » Ad tam magnum tonitruum qui non expergiscitur, non dormit, sed mortuus est : et tamen potens est ille etiam mortuos suscitare.

Caput LXXV. — 20. Sane qui sceleratissime vivunt, nec curant talem vitam moresque corrigere, et inter ipsa facinora et flagitia sua eleemosynas frequentare non cessant, frustra ideo sibi blandiuntur, quoniam Dominus ait : « Date eleemosynam, et ecce omnia munda sunt vobis. » (*Luc.*, xi, 41 ; IV *Sent.*, dist. 15, cap. *His responderi.*) Hoc enim quam late pateat, non intelligunt. Sed ut intelligant, attendant quibus dixerit. Nempe in Evangelio sic scriptum est (*Ibid.*, 37, etc.) : « Cum loqueretur, rogavit illum quidam Pharisæus ut pranderet apud se, et ingressus recubuit. Pharisæus autem cœpit intra se reputans dicere, quare non baptizatus esset ante prandium? Et ait Dominus ad illum : Nunc vos Pharisæi quod deforis est calicis et catini, mundatis; quod autem intus est vestrum, plenum est rapina et iniquitate. Stulti, nonne qui fecit id quod deforis est, etiam id quod

fait aussi le dedans? Au reste, donnez l'aumône, et tout sera pur pour vous. » (*Luc*, XXXVII.) Peut-on conclure de ces paroles, que bien que les pharisiens n'eussent aucune foi en Jésus-Christ, il ait voulu leur dire que sans croire en lui, et sans être régénérés par l'eau et l'esprit, tout serait pur pour eux, pourvu qu'ils fissent l'aumône, comme ceux dont nous combattons l'erreur, croient que l'aumône suffira pour les purifier? Mais il n'y a aucune pureté dans ceux, qui ne sont pas purifiés par la foi du Christ, de laquelle il est écrit : « C'est par la foi que Dieu purifie les cœurs, » (*Actes*, XV, 9) et dont l'Apôtre dit aussi (*Tit.*, I, 15) : « Rien n'est pur pour ceux qui sont impurs, ni pour les infidèles. Mais leur âme et leur conscience sont souillées. » Comment donc tout serait-il pur pour les pharisiens, parce qu'ils feraient l'aumône, sans avoir la foi? Et comment auraient-ils cette foi en refusant de croire en Jésus-Christ, et de renaître par sa grâce. Cependant ce qu'a dit le Seigneur est de toute vérité : « Faites l'aumône, et tout sera pur pour vous. »

CHAPITRE LXXVI. — Celui qui veut faire régulièrement l'aumône, doit commencer par la faire à lui-même. L'aumône est, en effet, une œuvre de miséricorde, et c'est avec vérité que l'Ecriture dit : « Ayez pitié de votre âme, en cherchant à plaire à Dieu. » (*Eccli.*, XXX, 24.) Or, nous ne pouvons plaire à Dieu qu'en renaissant spirituellement à lui, puisque la souillure que nous avons contractée en naissant lui déplaît. Voilà la première aumône que nous nous faisons à nous-mêmes, parce que, par un effet de la miséricorde de Dieu qui a eu pitié de nous, nous avons songé à nous, en reconnaissant notre misère, tout en confessant d'ailleurs que nous l'avions justement méritée, selon l'arrêt divin, dont l'Apôtre dit : « Nous avons été condamnés par le jugement de Dieu à cause du péché d'un seul. » (*Rom.*, V, 16.) Alors nous avons rendu grâces à cette ineffable et divine charité dont le même Apôtre, ce prédicateur de la grâce, dit aux Romains (*Ibid.*, 8) : « Dieu a signalé son amour pour nous, parce que, quand nous étions encore dans le péché, le Christ est mort pour nous, » afin que par cet aveu de notre misère, et en aimant Dieu de cet amour que lui-même nous a inspiré, nous vivions dans la piété et dans la justice. Quoique les pharisiens ne fissent aucun cas de ce jugement et de cet amour de Dieu; cependant pour faire leurs aumônes, ils prélevaient la dîme des moindres fruits de leurs terres. Mais ils ne faisaient pas l'aumône en commençant par eux-mêmes, et n'avaient pas avant tout pitié de leur âme. C'est cependant ainsi que le

intus est fecit? (*a*) Verumtamen quod superest, date eleemosynam, et ecce omnia munda sunt vobis. » Itaque hoc intellecturi sumus, ut Pharisæis non habentibus fidem Christi, etiamsi non in eum crediderint, nec renati fuerint ex aqua et Spiritu, munda sint omnia, tantum si eleemosynas dederint, sicut isti eas dandas putant? cum sint immundi omnes quos non mundat fides Christi, de qua scriptum est : « Mundans fide corda eorum : » (*Act.*, XV, 9) et dicat Apostolus : « Immundis autem et infidelibus nihil est mundum, sed polluta sunt eorum et mens et conscientia. » (*Tit.*, I, 15.) Quomodo ergo Pharisæis omnia munda essent, si eleemosynas darent, et fideles non essent? Aut quomodo fideles essent, si in Christum credere atque in ejus renasci gratia noluissent? Et tamen verum est quod audierunt : « Date eleemosynam, et ecce omnia munda sunt vobis. »

CAPUT LXXVI. — Qui (*b*) enim vult ordinate dare eleemosynam, a se ipso debet incipere, et eam sibi primum dare. Est enim eleemosyna opus misericordiæ; verissime quæ dictum est : « Miserere animæ tuæ placens Deo. » (*Eccli.*, XXX, 24.) Propter hoc renascimur, ut Deo placeamus, cui merito displicet quod nascendo contraximus. Hæc est prima eleemosyna, quam nobis dedimus, quoniam nos ipsos miseros per miserantis Dei misericordiam requisivimus, justum judicium ejus confitentes, quo miseri effecti sumus, de quo dicit Apostolus : « Judicium quidem ex uno in condemnationem : » (*Rom.*, V, 16) et magnæ caritati ejus gratias agentes, de qua idem ipse dicit gratiæ prædicator (*Ibid.*, 8) : « Commendat autem suam dilectionem Deus in nobis, quoniam cum adhuc peccatores essemus, Christus pro nobis mortuus est : » ut et nos veraciter de nostra miseria judicantes, et (*c*) Deum caritate quam donavit ipse diligentes, pie recteque vivamus. Quod judicium et caritatem Dei cum Pharisæi præterirent, decimabant tamen propter eleemosynas quas faciebant etiam quæque minutissima fructuum suorum : et ideo non dabant eleemosynas a se incipientes, secumque prius misericordiam facientes (*d*). Propter quem

---

(*a*) Hic apud Lov. additum : *Videte ut etiam id quod intus est mundum fiat :* quod ab editis Am. Er. Dan. et plerisque ac potioribus Mss. abest, necnon ab Evangelio Lucæ citato. — (*b*) Sic Mss. Editi vero : *Qui autem.* — (*c*) Editi, et *Dei caritatem*. Castigantur a Mss. — (*d*) Am. Er. Lov. post *facientes*, addunt *sicut isti eas dandas putant*. Verba sunt ex superiore capite male huc translata.

Seigneur nous recommande de régler notre charité, quand il dit : « Vous aimerez votre prochain comme vous-mêmes. » (*Luc*, x, 27.) Après donc avoir reproché aux pharisiens de ne se laver qu'extérieurement, et de demeurer intérieurement pleins de rapines et d'iniquités, il les avertit qu'il y a une espèce d'aumône, que les hommes se doivent avant tout à eux-mêmes, celle de purifier leur cœur. « Au reste, leur dit-il : Faites l'aumône, et tout sera pur pour vous. » Ensuite, pour leur faire comprendre l'avertissement qu'il leur donnait, et ce qu'ils négligeaient d'accomplir, envers eux-mêmes, et en même temps pour les empêcher de croire que leurs aumônes lui étaient inconnues, il ajoute : « Mais malheur à vous, pharisiens ! » Comme s'il disait : Je vous ai recommandé de faire l'aumône, par laquelle tout serait pur pour vous : « Mais malheur à vous qui donnez la dîme de la menthe, de la rue et des légumes de vos terres. » Je connais les aumônes que vous faites, mais ne croyez point que ce soit de celles-là que je veuille vous parler. Vous faites des aumônes, c'est vrai, « mais vous ne faites aucun cas du jugement et de la charité de Dieu, » seule aumône par laquelle vous puissiez purifier votre âme de toute souillure intérieure, comme vous purifiez votre corps en le lavant avec soin. Par ce mot « tout, » il faut entendre tout ce qui est au dedans comme au dehors ; selon ce qui est dit ailleurs : « Purifiez ce qui est au dedans, et ce qui est au dehors sera pur. » (*Matth.*, XXIII, 26.) Cependant le Seigneur, pour ne pas paraître condamner les aumônes qui se font des fruits de la terre, leur dit : « Il faut faire ces choses, » c'est-à-dire reconnaître le jugement et la charité de Dieu, « sans négliger toutefois les autres, » c'est-à-dire, les aumônes que vous faites avec le revenu de vos terres.

CHAPITRE LXXVII. — Qu'ils cessent donc de s'abuser ceux qui croient par les aumônes d'argent ou des fruits de leurs terres, quelqu'abondantes qu'elles soient, pouvoir acheter la liberté de persister impunément dans les crimes et les iniquités que, non-seulement ils commettent chaque jour, mais dans lesquels, s'ils le pouvaient sans être punis, ils voudraient encore passer le reste de leur vie : « Celui qui aime l'iniquité hait son âme, » (*Ps.* x, 6) a dit le Psalmiste, et celui qui hait son âme, loin d'être miséricordieux, est cruel envers elle. En l'aimant selon le monde, il la hait selon Dieu. S'il voulait lui faire cette aumône recommandée par le Seigneur, afin que toutes choses fussent pures pour lui, il haïrait son âme selon le monde ; et l'aimerait selon Dieu. Or, personne ne fait l'aumône, quelle qu'elle soit, si la main de celui qui n'a besoin de rien, ne lui donne de quoi la

---

dilectionis ordinem dictum est : « Diliges proximum tuum tanquam te ipsum. » (*Luc.*, x, 27.) Cum ergo increpasset eos quod forinsecus se lavabant, intus autem rapina et iniquitate pleni erant, admonens (*a*) quodam eleemosyna, quam sibi homo debet primitus dare, interiora mundari : « Verumtamen, inquit, quod superest, date eleemosynam, et ecce omnia munda sunt vobis. » (*Luc.*, XI, 41.) Deinde ut ostenderet quid admonuisset, et quid ipsi facere non curarent, ne illum putarent eorum eleemosynas ignorare : « Sed væ vobis, inquit, Pharisæis : » tanquam diceret : Ego quidem commonui vos eleemosynam dandam, per quam vobis munda sint omnia : « Sed væ vobis qui decimatis mentam et rutam et omne olus ; » has enim novi eleemosynas vestras, ne de illis me nunc vos admonuisse arbitremini : « et præteritis judicium et caritatem Dei ; » qua eleemosyna possetis ab omni inquinamento interiori mundari, ut vobis munda essent et corpora quæ lavatis : hoc est enim « omnia », et interiora scilicet et exteriora : sicut alibi legitur : « Mundate quæ intus sunt, et quæ foris sunt munda erunt. » (*Matth.*, XXIII, 26.) Sed ne istas eleemosynas, quæ fiunt de fructibus terræ, respuisse videretur : « Hæc inquit, oportuit facere, » id est, judicium et caritatem Dei ; « et illa non omittere, » (*Luc.*, XI, 42) id est, eleemosynas fructuum terrenorum.

CAPUT LXXVII. — Non ergo se fallant, qui per eleemosynas quaslibet largissimas fructuum suorum vel cujuscumque pecuniæ, impunitatem se emere existimant in facinorum immanitate ac flagitiorum nequitia permanendi : non solum enim hæc faciunt, sed ita diligunt, ut in eis semper optent, tantum si possent impune, versari. « Qui autem diligit iniquitatem, odit animam suam : » (*Psal.* x, 6) et qui odit animam suam, non est in eam misericors, sed crudelis. Diligendo eam quippe secundum sæculum, odit eam secundum Deum. Si ergo vellet ei dare eleemosynam, per quam illi essent munda omnia, odisset eam secundum sæculum, et diligeret secundum Deum. Nemo autem dat eleemosynam qualemlibet, nisi unde det ab illo accipiat qui non eget :

(*a*) Am. Er. Lov. Arn. *admonens quamdam eleemosynam* : et infra post *dare*, habebant, *et interiora mundare*. Emendantur hic ex Mss.

faire. C'est pourquoi il est dit : « Sa miséricorde me préviendra. » (*Ps.* LVIII, 11.)

CHAPITRE LXXVIII.—21. C'est par le jugement de Dieu, et non par celui des hommes, que l'on doit juger de la grandeur des péchés. Il en est quelques-uns que les Apôtres eux-mêmes ont permis par indulgence, comme par exemple, lorsque saint Paul dit aux personnes mariées : « Ne vous privez pas l'un l'autre de ce que vous vous devez, si ce n'est d'un commun accord et pour un temps, afin de vous appliquer plus librement à la prière, et ensuite vivez ensemble comme auparavant, de peur que le démon ne prenne occasion de votre continence pour vous tenter. » (1 *Cor.*, VII, 5.) On pourrait croire d'après ces paroles, que ce n'est pas un péché pour les époux de se réunir uniquement dans un but de volupté charnelle, et non pour avoir des enfants, ce qui est le bien du mariage, et que saint Paul a parlé ainsi pour soustraire la faiblesse humaine à la fornication, à l'adultère ou à toute autre impureté mortelle, qu'il est honteux même de nommer, et où les passions et l'esprit tentateur pourraient nous entraîner. On pourrait donc, je le répète, croire qu'un tel usage du mariage n'est point un péché, si l'Apôtre n'avait pas ajouté : « Je vous dis cela par indulgence, et non par commandement. » Peut-on nier qu'une chose que l'on pardonne en vertu de l'autorité apostolique à ceux qui la font, ne soit en elle-même un péché ? Saint Paul dit également aux Corinthiens : « Lorsque quelqu'un d'entre vous a un différend avec un autre, comment ose-t-il l'appeler en jugement devant les infidèles, plutôt que devant les saints. » (I *Cor.*, VI, 1.) Et un peu après il ajoute : « Si donc vous avez des différends pour les choses de cette vie, prenez plutôt pour juges ceux qui sont le moins considérés dans l'Eglise. Je dis cela pour vous faire honte. N'y a-t-il donc point de sages parmi vous, non pas même un seul qui puisse juger entre ses frères ? Mais un frère a des procès contre son frère, et cela devant des infidèles ! » On pourrait également croire, d'après ces paroles, que ce n'est point un péché d'avoir des procès avec un autre, et que le péché consiste seulement à vouloir que le différend soit jugé hors de l'Eglise, si le même Apôtre n'ajoutait pas : « C'est déjà une assez grande faute d'avoir des procès entre vous. » Et pour ôter toute excuse à celui qui prétendrait que son affaire est juste, et que c'est uniquement pour se soustraire à l'iniquité dont il est victime, qu'il a recours aux juges, l'Evangile prévient toutes ces prétentions et ces

---

ideo dictum est : « Misericordia ejus præveniet me. » (*Psal.* LVIII, 11.)

CAPUT LXXVIII. — 21. Quæ sint autem levia, quæ gravia peccata, non humano, sed divino sunt pensanda judicio. Videmus enim quædam ab ipsis quoque Apostolis ignoscendo fuisse concessa : quale illud est quod (*a*) venerabilis Paulus conjugibus ait : « Nolite fraudare invicem , nisi ex consensu ad tempus , ut vacetis orationi ; et iterum ad (*b*) idipsum estote, ne vos tentet satanas propter incontinentiam vestram : » (1 *Cor.*, VII, 5) quod putari posset non esse peccatum, misceri scilicet conjugi non filiorum procreandorum causa, quod bonum est nuptiale, sed carnalis etiam voluptatis ; ut fornicationis, sive adulterii, sive cujusquam alterius immunditiæ mortiferum malum, quod turpe est etiam dicere, quo potest tentante satana libido pertrahere , incontinentium devitet infirmitas. Posset ergo , ut dixi, hoc putari non esse peccatum, nisi addidisset : « Hoc autem dico secundum veniam, non secundum imperium. » Quis autem jam esse peccatum neget, cum dari veniam facientibus apostolica (*c*) auctoritate, fateatur ? Tale quidam est, ubi dicit (I *Cor.*, VI, 1, etc.) : « Audet quisquam vestrum adversus alterum negotium habens judicare apud iniquos, et non apud sanctos ? » Et paulo post : « Sæcularia igitur judicia si habueritis, inquit, eos qui contemptibiles sunt in Ecclesia, hos collocate (*d*). Ad reverentiam vobis dico : sic non est inter vos quisquam sapiens qui possit inter fratrem suum judicare ; sed frater cum fratre judicatur, et hoc apud infideles. » Nam et hic posset putari judicium habere adversus alterum, non esse peccatum, sed tantummodo id extra Ecclesiam velle judicari, nisi secutus adjungeret : « Jam quidem omnino delictum est , quia judicia habetis vobiscum. » Et ne quisquam hoc ita excusaret , ut diceret justum se habere negotium , sed iniquitatem se pati , quam vellet a se judicium sententia removeri : continuo

---

(*a*) Vox *venerabilis* deest in uno tantum e Vaticanis Mss. — (*b*) Editi, *ad ipsum revertimini*. At plerique ac meliores Mss. *ad idipsum* (vel *ad ipsum estote.*) Hanc lectionem sequi solet Augustinus in epistola CCLXII, in Sermone CCCLI, n. 5. in lib. V, *contra Faust.*, c. IX, eademque lectio apud Origenem adhibita fuit in homilia *in Numeros*, vigesima tertia : quasi pro συνέρχησθε, legerent olim γίνεσθε. In fine ejusdem sententiæ, loco *incontinentiam*, nonnulli codices ferunt *intemperantiam*. — (*c*) In editis, *apostolica auctoritas*. At in melioris notæ Mss. *apostolica auctoritate* : id est, ab Apostolo dari veniam, secundum illud paulo ante dictum, *ab ipsis quoque Apostolis ignoscendo fuisse concessa*. — (*d*) Editi addunt, *ad judicandum*. Sed hoc nec Mss. habent, nec textus Græcus Apostoli. Rursum infra consentientes Græco veteres codices sequimur, relictis editis, qui ferebant : *inter fratrem et fratrem judicare, sed frater cum fratre judicio contendit*,

excuses en disant : « Pourquoi ne souffrez-vous pas plutôt l'injustice ? Pourquoi ne souffrez-vous pas plutôt qu'on vous trompe ? » Ce qui revient aux paroles mêmes du Seigneur : « Si quelqu'un veut vous enlever votre tunique, et vous intenter sur cela un procès, abandonnez lui plutôt votre manteau, » (*Matth.*, v, 40) et à celles qui se trouvent dans un autre passage : « Ne demandez pas votre bien à celui qui l'a pris. » (*Luc.*, vi, 30.) Ainsi le Seigneur défend d'avoir tout procès avec les autres concernant les affaires de ce monde, et c'est d'après cette doctrine que l'Apôtre regarde tout procès comme un péché. En permettant toutefois que de pareils procès se terminent entre frères dans l'assemblée des fidèles, et en prenant des frères pour juges, il défend expressément d'en avoir hors de cette assemblée ; ce qui prouve qu'ici encore cette permission est seulement une indulgence accordée à la faiblesse humaine. Pour les péchés de cette espèce, et d'autres plus légers que l'on commet par paroles et par pensées, et qui ont fait dire à l'apôtre saint Jacques : « Nous péchons tous en bien des choses, » (*Jacq.*, iii, 2) il faut chaque jour et souvent prier le Seigneur et lui dire : « Pardonnez-nous nos offenses, » en ajoutant avec sincérité de cœur : « Comme nous pardonnons à ceux qui nous ont offensés. »

Chapitre LXXIX. — Il y a certains péchés qui pourraient paraître légers, si l'Ecriture ne démontrait pas qu'ils sont plus graves, qu'on ne le pense. Qui croirait, en effet, que l'on s'expose aux peines de l'enfer en appelant son frère *fou*, si celui qui est la vérité même ne l'avait déclaré ? Mais il indique aussitôt un remède pour guérir cette blessure faite à l'âme, en prescrivant aux frères de se réconcilier entre eux : « Si vous présentez, dit-il, une offrande à l'autel, et que là vous vous souveniez que votre frère a quelque chose contre vous, laissez là votre offrande devant l'autel, et allez premièrement vous réconcilier avec votre frère. » (*Matth.*, v, 22 et 23.) Qui croirait aussi que c'est un grand péché de faire attention aux jours, aux mois, aux années, au temps, comme le font quelques personnes qui se règlent sur les jours, les mois, les années et les temps, pour commencer ou différer l'exécution de certaines choses, en attachant à tout cela, selon les vains préjugés des hommes, une idée de bonheur ou de malheur, si l'Apôtre ne nous indiquait pas la grandeur de ce mal en disant : « Je crains bien d'avoir en vain travaillé pour vous. » (*Gal.*, iv, 11.)

Chapitre LXXX. — Ajoutez encore à cela que l'habitude de certains péchés, même très-grands et très-graves, nous les fait regarder comme petits ou nuls ; en sorte que non-seulement nous finissons par ne plus en rougir, mais encore par

---

talibus cogitationibus vel excusationibus occurrit, atque ait : « Quare non magis iniquitatem patimini? quare non potius fraudamini? » Ut ad illud redeatur, quod Dominus ait : « Si quis voluerit tunicam tuam tollere, et judicio tecum contendere, dimitte illi et pallium. » (*Matth.*, v, 40.) Et alio loco : « Qui abstulerit, inquit, tua, noli repetere. » (*Luc.*, vi, 30.) Prohibuit itaque suos de sæcularibus rebus cum aliis hominibus habere judicium : ex qua doctrina Apostolus dicit esse delictum. Tamen cum sinit in Ecclesia talia judicia finiri inter fratres fratribus judicantibus, extra Ecclesiam vero terribiliter vetat (I *Cor.*, vi, 7) ; manifestum est etiam hic quid secundum veniam concedatur infirmis. Propter hæc atque hujusmodi peccata, et alia, licet iis minora, quæ fiunt verborum et cogitationum offensionibus, apostolo Jacobo confitente ac dicente : « In multis enim offendimus omnes : » (*Jac.*, iii, 2) oportet ut quotidie crebroque oremus Dominum, atque dicamus : « Dimitte nobis debita nostra : » nec in eo quod sequitur mentiamur, « sicut et nos dimittimus debitoribus nostris. » (*Matth.*, vi, 12.)

Caput LXXIX. — Sunt autem quædam quæ levissima putarentur, nisi in Scripturis demonstrarentur opinione graviora. Quis enim dicentem fratri suo Fatue, reum gehennæ putaret, nisi Veritas diceret? Cui tamen vulneri subjecit continuo medicinam, præceptum fraternæ reconciliationis adjungens : mox quippe ait : « Si ergo (*a*) offers munus tuum ad altare, et ibi recordatus fueris, quia frater tuus habet aliquid adversum te, » etc. (*Matth.*, v, 22, 23.) Aut quis æstimaret quam magnum peccatum sit, dies observare et menses et annos et tempora, sicut observant qui certis diebus sive mensibus sive annis volunt vel nolunt aliquid inchoare, eo quod secundum vanas doctrinas hominum fausta vel infausta existimant tempora ; nisi hujus mali magnitudinem ex timore Apostoli pensaremus, qui talibus ait : « Timeo vos ne forte sine causa laboraverim in vobis ? » (*Gal.*, iv, 11.)

Caput LXXX. — (*b*) Huc accedit, quod peccata, quamvis magna et horrenda, cum in consuetudinem venerint, aut parva aut nulla esse creduntur ; usque

---

(*a*) In Mss. *offeres.* Græce est προσφέρῃς. — (*b*) Lov. et Arn. *Hinc accidit :* minus bene.

les avouer hautement et nous en vanter, lorsque, comme le dit l'Ecriture : « Le pécheur est loué dans les désirs de son âme, et celui qui fait le mal, béni dans son iniquité. » (*Ps.* ix, 24.) C'est cette iniquité que les Livres saints appellent *un cri*. Le prophète Isaïe, en parlant du peuple juif, sous la figure d'une mauvaise vigne, dit : « J'ai attendu qu'elle fît des actes de justice, et elle a commis l'iniquité. Au lieu de rester fidèle à la justice, elle a fait un cri. » C'est aussi l'expression dont se sert la Genèse pour désigner le péché. « Le cri de Sodôme et de Gomorrhe se multiplie de plus en plus. » (*Gen.*, xviii, 20.) En effet, non-seulement les crimes infâmes de ces hommes n'étaient pas punis, mais ils étaient commis publiquement, et comme passés en force de loi. De nos jours il y a aussi beaucoup de péchés qui, sans être aussi damnables, sont tellement entrés dans nos mœurs, que non-seulement nous n'osons plus excommunier un laïque, mais même dégrader un clerc qui en serait coupable. C'est pourquoi, lorsqu'il y a déjà quelques années j'expliquais l'Epître aux Galates, où saint Paul dit : « Je crains bien d'avoir en vain travaillé parmi vous, » (*Gal.*, iv, 11) j'ai été malgré moi forcé de m'écrier : « Malheur aux péchés des hommes! Il n'y a plus que ceux qui ne sont point passés en habitude qui nous font horreur,

mais ceux qui sont usités, et pour l'expiation desquels le sang du Fils de Dieu a été répandu, péchés si grands qu'ils nous ferment l'entrée du royaume de Dieu; en les voyant commis sous nos yeux, nous sommes forcés de les tolérer, et l'habitude de les tolérer nous force à en commettre nous-mêmes. Faites donc, Seigneur, que du moins nous ne fassions pas ce que nous n'avons pu défendre. » Peut-être dans l'excès de ma douleur, quelques paroles inconsidérées sont-elles sorties de ma bouche.

Chapitre LXXXI. — 22. Je répéterai encore ici ce que j'ai déjà dit dans d'autres endroits de mes ouvrages. Nos péchés viennent de deux causes, ou parce que nous ignorons encore ce que nous devons faire, ou parce que nous ne faisons pas ce qui doit être fait, bien que le sachant déjà. D'un côté, c'est l'ignorance, de l'autre, c'est la faiblesse qui nous entraîne au péché. Nous devons combattre ces deux causes, mais nous succomberions dans cette lutte si Dieu ne venait point à notre secours, non-seulement pour nous faire connaître ce que nous devons faire, mais aussi pour que, guéris de notre faiblesse, nous préférions les charmes de la justice, aux charmes trompeurs de ces choses qui nous entraînent, en connaissance de cause, au péché, soit par le désir de les posséder, soit par la

---

adeo ut non solum non occultanda, verum etiam prædicanda ac diffamanda videantur, quando, sicut scriptum est : « Laudatur peccator in desideriis animæ suæ, et qui iniqua gerit benedicitur. » (*Psal.* ix, 24.) Talis in divinis libris iniquitas clamor vocatur. Sic habes apud Isaiam prophetam de vinea mala : « Expectavi, inquit, ut faceret judicium, fecit autem (*a*) iniquitatem, et non justitiam, sed clamorem. » (*Isa.*, v, 7.) Unde est et illud in Genesi : « Clamor Sodomorum et Gomorrhæorum multiplicatus est. » (*Gen.*, xviii, 20.) Quia non solum jam apud eos non puniebantur illa flagitia, verum etiam publice veluti lege frequentabantur. Sic nostris temporibus ita multa mala, etsi non talia, in apertam consuetudinem jam venerunt, ut pro his non solum excommunicare aliquem laicum non audeamus, sed nec clericum degradare. Unde cum exponerem ante aliquot annos epistolam ad Galatas, in eo ipso loco ubi ait Apostolus : « Timeo vos ne forte sine causa laboraverim in vobis; » (*Gal.*, iv, 11) exclamare compulsus sum : « Væ peccatis hominum, quæ sola inusitata

exhorescimus : usitata vero, pro quibus abluendis Filii Dei sanguis effusus est, quamvis tam magna sint, ut omnino claudi contra se faciant regnum Dei, sæpe videndo omnia tolerare, sæpe tolerando nonnulla etiam facere cogimur. Atque utinam, o Domine, non omnia quæ non (*b*) potuerimus prohibere faciamus! » Sed videro utrum me immoderatus dolor incaute aliquid compulerit dicere.

Caput LXXXI. — 22. Hoc nunc dicam, quod quidem et in aliis opusculorum meorum locis sæpe jam dixi. Duabus ex causis peccamus, aut nondum videndo quid facere debeamus, aut non faciendo quod debere fieri jam videmus : quorum duorum illud ignorantiæ malum est, hoc infirmitatis. Contra quæ quidem pugnare nos convenit : sed profecto vincimur, nisi divinitus adjuvemur, ut non solum videamus quid faciendum sit, sed etiam accedente (*c*) sanitate delectatio justitiæ vincat in nobis earum rerum delectationes, quas vel habere cupiendo, vel amittere metuendo, scientes videntesque peccamus; jam non solum peccatores, quod eramus etiam cum

---

(*a*) Veteres Mss. duo, *fecit autem facinus*. — (*b*) Editi, *poterimus*. Melius Mss. *potuerimus*. Nam sic expositio citata epistolæ ad Galatas. — (*c*) Unus e Colbertinis vetustissimis codex *accedente suavitate*. Non inepte : aptius tamen Mss. cæteri et editi, *accedente sanitate* : qua scilicet pellatur malum infirmitatis.

crainte de les perdre. Alors nous ne sommes pas simplement pécheurs comme nous l'étions, lorsque nous péchions par ignorance, mais nous sommes aussi prévaricateurs de la loi, lorsque nous ne faisons pas ce qui doit être fait, ou que nous faisons sciemment ce qui ne doit pas l'être. C'est pourquoi, non-seulement lorsque pour obtenir le pardon de nos fautes, nous disons : « Remettez-nous nos offenses, comme nous pardonnons à ceux qui nous ont offensés, » mais encore, lorsque pour être préservés du péché, nous disons : « Ne nous laissez pas succomber à la tentation, » nous devons implorer le secours de celui dont le Psalmiste dit : « Le Seigneur est ma lumière et mon salut. » (*Ps.* xxvi, 1.) Il est notre lumière, en ce qu'il dissipe les ténèbres de notre ignorance : il est notre salut, en ce qu'il nous guérit de notre faiblesse.

CHAPITRE LXXXII. — Notre faiblesse en effet, se refuse à la pénitence, dans des cas pour lesquels les règles de l'Eglise la prescrivent impérieusement, parce qu'une mauvaise honte et la crainte de déplaire au monde nous arrêtent, tandis que l'estime des hommes a plus de prix à nos yeux que la justice, qui nous prescrit de nous humilier par la pénitence. Ainsi non-seulement quand on fait pénitence, mais encore pour la faire, la miséricorde divine est nécessaire. Autrement l'Apôtre ne dirait pas de quelques-uns : « Dans l'espérance que Dieu leur accordera la grâce de se repentir. » (I *Tim.*, II, 25.) Et afin de nous faire connaître pourquoi saint Pierre versa des larmes si amères, l'Evangéliste dit avant tout : « Le Seigneur jeta un regard sur lui. » (*Luc*, XXII, 61.)

CHAPITRE LXXXIII. — Celui qui, croyant que l'Eglise n'a pas le pouvoir de remettre les péchés, méprise l'ineffable grandeur de ce bienfait divin, et finit ses jours dans cet aveuglement, se rend coupable d'un péché irrémissible envers le Saint-Esprit, dans lequel Jésus-Christ remet les péchés. J'ai développé et éclairci, autant que je le pouvais, cette question si difficile dans un livre spécialement composé à ce sujet (1).

CHAPITRE LXXXIV. — 23. A l'égard de la résurrection de la chair, non comme celle de quelques hommes qui ont été rappelés à la vie pour mourir de nouveau, mais de cette résurrection pour la vie éternelle, comme est ressuscitée la chair de Jésus-Christ lui-même, il est bien difficile, dans un ouvrage aussi abrégé que celui-ci, de répondre à toutes les questions que soulève un pareil sujet. Quoi qu'il en soit, la foi chrétienne nous ordonne de croire, que cette résurrection aura lieu pour la chair de tous les hommes, qui sont ou qui naîtront, comme de ceux qui sont morts ou qui mourront.

CHAPITRE LXXXV. — La première question

---

(1) Saint Augustin veut sans doute parler du Sermon autrefois le xi, aujourd'hui le LXXI : *Des paroles du Seigneur*.

---

per ignorantiam peccabamus, verum etiam legis prævaricatores, cum id non facimus quod faciendum, vel facimus quod non faciendum esse jam scimus. Quapropter non solum si peccavimus ut ignoscat, propter quod dicimus : « Dimitte nobis debita nostra, sicut et nos dimittimus debitoribus nostris; » (*Matth.*, VI, 12) verum etiam ne peccemus ut regat, propter quod dicimus : « Ne nos inferas in tentationem; » ille rogandus est, cui dicitur in Psalmo : « Dominus illuminatio mea et salus mea : » (*Psal.* XXVI, 1) ut illuminatio detrahat ignorantiam, salus infirmitatem.

CAPUT LXXXII. — Nam et ipsa pœnitentia, quando digna causa est secundum morem Ecclesiæ cur agatur, plerumque infirmitate non agitur : quia et pudor timor est displicendi, quam plus delectat hominum existimatio, quam justitia qua se quisque humiliat pœnitendo. Unde non solum cum agitur pœnitentia, verum etiam ut agatur, Dei misericordia necessaria est. Alioquin non diceret Apostolus de quibusdam : « Ne forte det illis Deus pœnitentiam. » (I *Tim.*, II, 25.) Et ut Petrus amare fleret, præmisit Evangelista, et ait : « Respexit eum Dominus. » (*Luc.*, XXII, 61.)

CAPUT LXXXIII. — Qui vero in Ecclesia remitti peccata non credens, contemnit tantam divini muneris largitatem, et in hac obstinatione mentis diem claudit extremum, reus est illo irremissibili peccato in Spiritum sanctum (*Matth.*, XII, 32), in quo Christus peccata dimittit. De qua quæstione difficili in quodam propter hoc solum conscripto libello enucleatissime quantum potui disputavi.

CAPUT LXXXIV. — 23. Jam vero de resurrectione carnis, non sicut quidam revixerunt, iterumque sunt mortui, sed in æternam vitam, sicut Christi ipsius caro resurrexit, quemadmodum possim breviter disputare, et omnibus quæstionibus quæ de hac re moveri adsolent satisfacere, non invenio. Resurrecturam tamen carnem omnium quicumque nati sunt hominum atque nascentur, et mortui sunt atque morientur, nullo modo dubitare debet Christianus.

CAPUT LXXXV. — Unde primo occurrit de aborti-

qui se présente est celle qui concerne les enfants morts avant terme, qui sont déjà conçus dans le sein de leur mère, mais qui ne sont pas arrivés au point de pouvoir renaître en Jésus-Christ. Dirons-nous qu'ils ressusciteront? Cette idée pourrait être reçue à l'égard de ceux qui ont déjà pris quelque forme humaine, mais pour ceux qui sont encore informes, ne serait-on pas plus porté à croire qu'ils périssent, comme les germes qui n'ont pas été fécondés? Mais qui oserait nier, bien qu'on ne puisse en donner l'assurance, qu'ils ne ressusciteront pas de manière à ce que tout ce qui manquait à leur forme, sera complété au moment de leur résurrection? Ainsi ils ne manqueraient pas de la perfection que le temps aurait apportée en eux, comme ils seront également exempts des défectuosités, qui seraient survenues avec les années. En sorte que leur nature ne sera pas privée des proportions convenables, qui se seraient formées en eux avec le temps; comme elle ne sera pas non plus déformée par les accidents qui auraient pu survenir dans la suite des années. En un mot, ce qui n'était pas entièrement formé recevra son accomplissement, comme ce qui avait été endommagé sera réparé.

CHAPITRE LXXXVI. — Il est aussi une question qui mérite d'être approfondie par les savants, et qui est peut-être au-dessus de l'intelligence humaine, c'est de savoir à quelle époque commence la vie d'un être humain, encore enfermé dans le sein maternel. N'y a-t-il pas en lui un principe de vie cachée, qui ne se manifeste pas encore par des mouvements sensibles? Nier que les enfants qu'on ne peut mettre au jour, qu'en les tirant par morceaux du sein de leur mère, et dont ils causeraient la mort si on les y laissait, ont vécu, ce serait de la dernière impudence. Or, du moment qu'un homme commence à vivre, par cela même il peut mourir. Mais une fois mort, en quelque endroit que cette mort ait pu arriver, je ne vois pas comment il n'appartiendrait pas à la résurrection générale des morts.

CHAPITRE LXXXVII. — Quant aux monstres qui naissent et qui vivent, quoiqu'ils meurent presque aussitôt, dira-t-on qu'ils ne ressusciteront pas, ou doit-on croire qu'ils ressusciteront dans l'état où ils sont nés? Ne serait-il pas mieux de penser, que tout ce qu'il y avait d'informe et de monstrueux dans leur nature sera corrigé et réparé? Il est né il y a quelque temps en Orient un enfant dont les membres étaient doubles, des frères dignes de foi l'ont vu, et ont rapporté ce fait. Jérôme, ce prêtre de sainte mémoire, en parle aussi dans ses écrits (1). Cet être mons-

---

(1) Saint Jérôme, dans sa lettre à Vital, dit : « Parce que de notre temps il est né à *Lydde*, un homme à deux têtes, à quatre mains, un seul ventre et deux pieds, est-il donc nécessaire que tous les hommes viennent au monde dans le même état ? » Voyez aussi le livre XIV, c. VIII, *de la cité de Dieu*.

---

vis fetibus quæstio, qui jam quidem nati sunt in uteris matrum, sed nondum ita ut jam possent renasci. (lib. XXII, *de Civit. Dei*, cap. 12, 13 ; IV *Sent.*, dist. 44, cap. *Illud.*) Si enim resurrecturos eos dixerimus; de iis qui jam formati sunt, tolerari potest utcumque quod dicitur : informes vero abortus quis non proclivius perire arbitretur, sicut semina quæ concepta non fuerint? Sed quis negare audeat, etsi affirmare non audeat, id acturam resurrectionem, ut quidquid formæ defuit impleatur? Atque ita non desit perfectio, quæ accessura erat tempore, quemadmodum non erunt vitia quæ accesserant tempore : ut neque in eo quod aptum et congruum dies allaturi fuerant, natura fraudetur; neque in eo quod adversum atque contrarium dies attulerant, natura turpetur; sed integretur quod nondum erat integrum, sicut instaurabitur quod fuerat vitiatum.

CAPUT LXXXVI. — Ac per hoc scrupulosissime quidem inter doctissimos quæri ac disputari potest, quod utrum ab homine inveniri possit ignoro, quando incipiat homo in utero vivere, utrum sit quædam vita (a) et occulta, quæ nondum motibus viventis appareat. Nam negare vixisse puerperia, quæ propterea membratim exsecantur et ejiciuntur ex uteris prægnantium, ne matres quoque si mortua ibi relinquantur occidant, impudentia nimia videtur. Ex quo autem incipit homo vivere, ex illo utique jam mori potest. Mortuus vero, ubicumque illi mors potuit invenire, quomodo ad resurrectionem non pertineat mortuorum, reperire non possum.

CAPUT LXXXVII. — Neque enim et monstra quæ nascuntur et vivunt, quamlibet cito moriantur, aut resurrectura negabuntur, aut ita (b) resurrectura credenda sunt, ac non potius correcta emendataque natura. Absit enim ut illum bimembrem, qui nuper natus est in Oriente, de quo et fratres fidelissimi quod eum viderint retulerunt, et sanctæ memoriæ Hieronymus presbyter scriptum reliquit : absit, inquam, ut unum hominem duplicem, ac non potius

---

(a) Am. Er. Dan. Arn. et pauci Mss. omittunt, etc. — (b) Hic Am. Er. et Dan. addunt, *vitiata* : quæ vox abest a Mss.

trueux reparaîtra-t-il à la résurrection, comme un seul homme avec un double corps. Gardons-nous d'une telle pensée, et croyons plutôt que ce sont deux hommes qui ressusciteront, comme cela serait arrivé s'ils étaient nés jumeaux. Ainsi tous les êtres humains qui viennent au monde, avec quelques parties de plus ou de moins, ou qu'une trop grande difformité nous fait regarder comme des monstres, reprendront, à la résurrection de la chair, la forme et la figure de la nature humaine; de manière que chaque âme aura et habitera son corps, dégagé de toutes parties attachées l'une à l'autre contre nature, avec lesquelles il était né; chacun aura à part tous les membres qu'il doit avoir, et qui forment l'intégrité du corps humain.

CHAPITRE LXXXVIII. — La matière terrestre dont le corps humain a été formé, ne périt jamais à l'égard de Dieu. En quelque cendre ou quelque poussière que ce corps ait été dissous, en quelque souffle, en quelque air qu'il se soit évaporé, en quelque substance d'autre corps, ou en quelque élément qu'il se soit changé, en quelque nourriture, ou en quelque chair d'animaux et même d'hommes il ait été converti, en une minute ce corps se réunira à l'âme, par laquelle il a été animé pour devenir homme, vivre et se développer.

CHAPITRE LXXXIX. — Cette matière qui, au moment où l'âme s'en sépare, devient cadavre, ne sera pas à la résurrection rétablie de manière à ce que les parties, qui s'en sont détachées et qui ont pris d'autres formes, ou qui se sont changées en d'autres corps de diverses espèces, bien que rendues au corps dont elles ont été séparées, reprennent dans ce corps la même place, qu'elles occupaient pendant sa vie. Autrement, si la superfluité des cheveux ou des ongles qu'on a si souvent coupés, revenait s'ajouter aux cheveux et aux ongles que nous avions dans le principe, il en résulterait une difformité ridicule. Avancer une telle opinion serait prêter à rire à ceux, qui ne croient pas à la résurrection de la chair. Si un ouvrier faisait fondre au feu, ou réduisait en poussière, ou convertissait en une masse informe une statue d'un métal quelconque, et qu'il voulût avec la même quantité de cette matière refaire cette statue; il importerait peu que pour la rétablir entièrement, il replaçât chaque partie de métal dans la partie du membre qu'elle occupait, pourvu que la statue dans son ensemble reçût tout le métal, dont elle était d'abord composée. Il en est de même de Dieu, ce sublime et ineffable ouvrier, qui avec une merveilleuse promptitude, rétablira nos corps de la même matière dont il les avait créés. Mais peu importe, pour leur intégralité, que la matière des cheveux revienne en cheveux, celle des ongles en ongles, ou que tout ce qui s'en était perdu se change en chair et en

duos, quod futurum fuerat, si gemini nascerentur, resurrecturos existimemus. Ita cætera quæ singuli quique partus vel amplius vel minus aliquid habendo, vel quadam nimia deformitate monstra dicuntur, ad humanæ naturæ figuram resurrectione revocabuntur; ita ut singulæ animæ singula sua corpora obtineant, nullis cohærentibus etiam quæcumque cohærentia nata fuerant; sed seorsum sibi singulis sua membra gestantibus, quibus humani corporis completur integritas.

CAPUT LXXXVIII. — Non autem perit Deo terrena materies, de qua mortalium creatur caro : sed in quemlibet pulverem cineremve solvatur, in quoslibet halitus aurasque diffugiat, in quamcumque aliorum corporum substantiam vel in ipsa elementa vertatur, in quorumcumque animalium etiam hominum cibum cedat carnemque mutetur, illi animæ humanæ puncto temporis redit, quæ illam primitus, ut homo fieret, viveret, cresceret, animavit. (IV Sent., dist. 44, cap. Non enim.)

CAPUT LXXXIX. — Ipsa itaque terrena materies, quæ discedente anima fit cadaver, non ita resurrectione reparabitur, ut ea quæ dilabuntur et in alias atque alias aliarum rerum species formasque vertuntur, quamvis ad corpus redeant unde dilapsa sunt, ad easdem quoque corporis partes ubi fuerunt, redire necesse sit. Alioquin si capillis redit quod tam crebra tonsura detraxit, si unguibus quod totiens dempsit exsectio; immoderata et indecens cogitantibus, et ideo resurrectionem carnis non credentibus occurrit informitas. (L. XXII, de Civit. Dei, cap. 19.) Sed quemadmodum si statua cujuslibet solubilis metalli aut igne liquesceret, aut contereretur in pulverem, aut confunderetur in massam, et eam vellet artifex rursus ex illius materiæ quantitate reparare, nihil interesset ad ejus integritatem, quæ particula materiæ cui membro statuæ redderetur, dum tamen totum ex quo constituta fuerat, restituta resumeret: ita Deus mirabiliter atque ineffabiliter artifex, de toto quo caro nostra constiterat, eam mirabili et ineffabili celeritate restituet : nec aliquid attinebit ad ejus redintegrationem, utrum capilli ad capillos

d'autres parties du corps. L'habile et divin ouvrier saura bien donner à son ouvrage tout ce qu'il faut pour le rendre parfait.

Chapitre XC. — Il ne s'ensuit pas non plus, parce que les hommes auront été de taille différente pendant leur vie, qu'ils ressusciteront avec la même différence. Que ceux qui étaient maigres conserveront leur maigreur, ou que ceux qui étaient gras conserveront le même embonpoint. Mais s'il plaît au Créateur que chacun dans sa forme extérieure garde les propriétés particulières et les traits qui le distinguaient, et que les autres qualités du corps soient égales pour tous; celui qui a créé de rien tout ce qu'il a voulu, modifiera la matière dans chaque individu, de manière à ce qu'elle ne perde aucune de ses parties, et saura bien aussi suppléer à ce qui aura manqué dans quelques corps. S'il se trouve dans le corps des hommes ressuscités des inégalités qui tiennent à certaines raisons, comme par exemple dans les sons de la voix, qui forment et composent le chant, ces inégalités seront modifiées dans la matière de chaque corps, de manière à rendre en cela l'homme digne (1) de figurer dans l'assemblée des anges, sans avoir rien qui blesse la délicatesse de leurs sens. Il n'y aura là rien de déplacé et d'inconvenant. Toute chose y sera bien et comme elle doit être, parce que tout ce qui est contraire à la convenance n'y sera pas.

Chapitre XCI. — Les corps des saints ressusciteront donc sans aucun défaut, sans aucune difformité, à l'abri de toute corruption, de toute pesanteur, de tout embarras. Ils seront aussi libres et dispos qu'ils seront heureux. C'est pour cela qu'ils sont appelés spirituels, bien qu'il soit certain qu'ils seront des corps et non des esprits. Mais comme présentement on dit que le corps est animal, quoiqu'il soit un corps et non une âme, de même après la résurrection le corps sera spirituel, quoique réellement il sera un corps et non un esprit. (I *Cor.*, xv, 44.) Quant à ce qui concerne la corruption qui appesantit l'âme et les vices par lesquels la chair a des désirs contraires à ceux de l'esprit, cette chair ne sera plus chair (*Gal.*, v, 17), mais corps, mais comme le sont les corps célestes. C'est pourquoi saint Paul a pu dire : « La chair et le sang ne posséderont pas le royaume de Dieu; » mais pour expliquer sa pensée il ajoute : « Et la corruption ne possédera pas l'incorruptibilité. » Ce qu'il venait d'appeler chair et sang, il l'appelle maintenant corruption, et ce qu'il avait désigné par l'expression, « de royaume de Dieu, » il le désigne sous celle d'incorruptibilité. Pour ce qui est de la substance même du corps, elle

---

(1) Les éditions d'Ambroise, d'Erasme et celles de Louvain, donnent *reddat hominem æqualem*. Ces manuscrits omettent *æqualem*. Cependant sans ce mot ou un autre équivalent, il serait difficile de donner un sens à cette phrase.

---

redeant, et ungues ad ungues; an quidquid eorum perierat, mutetur in carnem, et in partes alias corporis revocetur, curante artificis providentia ne quid indecens fiat.

Caput XC. — Nec illud est consequens, ut ideo diversa sit statura reviviscentium singulorum, quia fuerat diversa viventium, aut macri cum eadem macie, aut pingues cum eadem pinguedine reviviscant. Sed si hoc est in consilio Creatoris, ut in effigie sua cujusque proprietas et discernibilis similitudo servetur, in cæteris autem (a) corporis bonis æqualia cuncta reddantur; ita modificabitur illa in unoquoque materies, ut nec aliquid ex ea pereat, et quod alicui defuerit ille suppleat, qui etiam de nihilo potuit quod voluit operari. Si autem in corporibus resurgentium rationabilis inæqualitas erit, sicut est vocum quibus cantus impletur; hoc fiet cuique de materie corporis sui, quod et hominem reddat angelicis cœtibus, et nihil inconveniens eorum ingerat sensibus. Indecorum quippe aliquid ibi non erit; sed quidquid futurum est, hoc decebit; quia nec futurum est, si non decebit. (IV *Sent.*, dist. 44, cap. *Non enim*.)

Caput XCI. — Resurgent igitur sanctorum corpora sine ullo vitio, sine ulla deformitate, sicut sine ulla corruptione, onere, difficultate : in quibus tanta facilitas, quanta felicitas erit. Propter quod et spiritalia dicta sunt, cum procul dubio corpora sint futura, non spiritus. (IV *Sent.*, dist. 44, cap. *Hoc autem*.) Sed sicut nunc corpus animale dicitur, quod tamen corpus, non anima est : ita tunc spiritale corpus erit (I *Cor.*, xv, 44), corpus tamen, non spiritus erit. Proinde quantum attinet ad corruptionem, quæ nunc aggravat animam (*Sap.*, ix, 15), et ad vitia, quibus caro adversus spiritum concupiscit (*Gal.*, v, 17), tunc non erit caro, sed corpus : quia et cœlestia corpora perhibentur. Propter quod dictum est : « Caro et sanguis regnum Dei non possidebunt. » (I *Cor.*, xv, 50.) Et tanquam exponens quid dixerit : « Neque corruptio, inquit, incorruptionem possidebit. » Quod prius dixit, « caro et sanguis; » hoc posterius dixit : « corruptio : » et quod prius, « regnum Dei; » hoc posterius, « incorruptionem. » Quantum autem atti-

---

(a) Ex Vaticanis Mss. unus habet, *corporeis membris*.

sera encore chair, comme le corps du Seigneur est appelé chair même après sa résurrection. (*Luc*, xxiv, 39.) Si l'Apôtre dit en parlant du corps : « Il est mis en terre corps animal, comme une semence, mais il ressuscitera corps spirituel, » (1 *Cor.*, xv, 44) c'est qu'alors un accord parfait régnera entre la chair et l'esprit. Cette chair, vivifiée par l'esprit auquel elle sera soumise, n'aura plus besoin d'aucun aliment pour se soutenir. Il n'y aura plus en nous de révolte contre nous-mêmes, et comme nous n'aurons pas d'ennemi extérieur à combattre, toute inimitié intérieure contre nous-mêmes cessera également.

CHAPITRE XCII. — Tous ceux qui appartiennent à cette masse de perdition dont le premier homme a été l'auteur, sans avoir été délivrés par l'unique médiateur entre Dieu et les hommes, ressusciteront aussi chacun avec leur propre chair, mais pour être punis avec le démon et ses anges. Ressusciteront-ils avec les vices et les difformités de corps, qu'ils avaient pendant leur vie? C'est une question qui ne vaut guère la peine qu'on s'en préoccupe. A quoi bon se fatiguer pour savoir quel sera l'état ou la beauté de leur corps, chose fort incertaine, lorsqu'on est certain de leur éternelle condamnation? Nous ne devons pas non plus nous embarrasser de connaître comment leur corps sera incorruptible, s'il est condamné à souffrir, ou comment il sera sujet à la corruption, s'il n'est plus sujet à la mort. Il n'y a pas, en effet, de véritable vie, sinon celle qui est heureuse, ni de véritable incorruptibilité, sinon celle qui n'est altérée par aucune douleur. Mais là où le malheureux ne peut mourir, la mort, pour ainsi dire, ne meurt pas, et là où une douleur perpétuelle ne tue pas, mais afflige seulement, on éprouve une corruption qui n'a pas de fin. C'est ce que les saintes Ecritures appellent une seconde mort.

CHAPITRE XCIII. — Ni la première mort, par laquelle l'âme est obligée de se séparer de son corps, ni la seconde mort, dans laquelle l'âme ne peut plus quitter son corps destiné aux souffrances, ne seraient arrivées si l'homme n'avait point péché. La peine la plus douce sera pour ceux qui n'auront pas ajouté d'autres péchés, à celui qu'ils ont contracté à leur naissance. Mais pour ceux qui en ont commis d'autres, leur condamnation sera d'autant moins rigoureuse que leur iniquité aura été moins grande.

CHAPITRE XCIV. — 24. La peine éternelle, que subiront les mauvais anges et les réprouvés, fera connaître plus parfaitement aux saints toute la grandeur du bien, qu'ils auront reçu de la grâce. Alors se réalisera avec toute évidence ce qui est écrit dans le Psaume : « Seigneur, je chanterai les louanges de votre miséricorde et de la justice

---

net ad substantiam, etiam tunc caro erit. Propter quod et post resurrectionem corpus Christi, caro appellata est. (*Luc.*, xxiv, 39.) Sed ideo ait Apostolus : « Seminatur corpus animale, resurget corpus spiritale : » (I *Cor.*, xv, 44) quoniam tanta erit tunc concordia carnis et spiritus, vivificante spiritu sine sustentaculi alicujus indigentia subditam carnem, ut nihil nobis repugnet ex nobis ; sed sicut foris neminem, ita nec intus nos ipsos patiamur inimicos.

CAPUT XCII. — Quicumque vero ab illa perditionis massa, quæ facta est per hominem primum, non liberantur per unum Mediatorem Dei et hominum, resurgent quidem etiam ipsi unusquisque cum sua carne, sed ut cum diabolo et ejus angelis puniantur. Utrum sane ipsi cum vitiis et deformitatibus suorum corporum resurgant, quæcumque in eis vitiosa et deformia membra gestarunt, in requirendo laborare quid opus est? Neque enim fatigare nos debet incerta eorum habitudo vel pulchritudo, quorum erit certa et sempiterna damnatio. Nec moveat, quomodo in eis erit corpus incorruptibile, si dolere poterit; aut quomodo corruptibile, si mori non poterit. (L. XXI *de Civit. Dei*, cap. 5.) Non est enim vera vita, nisi ubi feliciter vivitur; nec vera incorruptio, nisi ubi salus nullo dolore corrumpitur. Ubi autem infelix mori non sinitur, ut ita dicam, mors ipsa non moritur (*Apoc.*, ii, 11 et xx, 6, 14); et ubi dolor perpetuus non interimit, sed affligit, ipsa corruptio non finitur. Hæc in sanctis Scripturis secunda mors dicitur.

CAPUT XCIII. — Nec prima tamen qua suum corpus anima relinquere cogitur, nec secunda qua pœnale corpus (a) anima relinquere non permittitur, homini accidisset, si nemo peccasset. (II *Sent.*, dist. 33, cap. *Alioquin.*) Mitissima sane omnium pœna erit eorum, qui præter peccatum, quod originale traxerunt, nullum insuper addiderunt : et in cæteris qui addiderunt, tanto quisque tolerabiliorem ibi habebit damnationem, quanto hic minorem habuit iniquitatem.

CAPUT XCIV. — 24. Remanentibus itaque angelis et hominibus reprobis in æterna pœna, tunc Sancti scient plenius quid boni eis contulerit gratia. Tunc rebus ipsis evidentius apparebit quod in Psalmo

---

(a) Lov. et Arn. *animam.* Editi alii et Mss. *anima.*

de votre jugement. » (*Ps.* c, 11.) Car c'est par la miséricorde gratuite de Dieu qu'on peut être délivré, comme c'est par la justice de son jugement qu'on est condamné.

Chapitre XCV. — Alors se dévoilera ce qui est aujourd'hui caché pour nous. On verra pourquoi de deux enfants, l'un devait être choisi par miséricorde, et l'autre rejeté par un jugement, qui fît connaître à l'élu ce qu'il aurait eu à souffrir, s'il n'avait pas été secouru par la miséricorde divine, et pourquoi il a été choisi de préférence à l'autre, puisque leur cause était la même. On verra également, pourquoi quelques-uns n'ont pas été témoins de miracles qui, s'ils s'étaient passés sous leurs yeux, les auraient engagés à la pénitence, tandis que ces miracles ont eu lieu devant des hommes, qui devaient rester incrédules. Le Seigneur dit, en effet, très-clairement : « Malheur à toi, Corosaïn ! Malheur à toi, Bethsaïde ! car si les miracles, qui ont été faits au milieu de vous, avaient été faits dans Tyr et dans Sidon, elles auraient fait pénitence sous le cilice et dans la cendre. » (*Matth.*, xi, 21.) Ce n'est cependant pas injustement que Dieu n'a pas voulu sauver ceux qui auraient pu l'être, si telle

eût été leur volonté. Alors la lumière de l'éternelle sagesse fera voir aux fidèles ce que leur foi croit déjà, mais ne connaît pas encore manifestement, combien est certaine, immuable, efficace, la volonté de Dieu ; combien de choses il peut et ne veut pas faire, tandis qu'il peut tout ce qu'il veut ; et combien est vrai ce que dit le Psalmiste : « Notre Dieu qui est élevé au plus haut des cieux, a fait tout ce qu'il a voulu dans le ciel et sur la terre. » (*Ps.* cxiii, 11.) Ce qui ne serait pas vrai, s'il y avait une chose qu'il ait voulue et qu'il n'ait pas faite, et ce qui est encore plus indigne de lui, qu'il n'ait pas faite, parce que la volonté de l'homme aurait empêché le Tout-Puissant de faire ce qu'il voulait. Toutes les choses de ce monde se font donc parce que ainsi le veut le Tout-Puissant, soit en permettant qu'elles se fassent, soit en les faisant lui-même.

Chapitre XCVI. — Il est donc indubitable que Dieu fait bien, même en permettant le mal ; car le mal n'arrive que par un effet de ses jugements, qui sont toujours justes. Or, tout ce qui est juste est bon. Quoique le mal en lui-même ne soit pas un bien, cependant il est bon que dans le monde, il y ait non-seulement du

---

scriptum est : « Misericordiam et judicium cantabo tibi, Domine : » (*Ps.* c. 1) quia nisi per indebitam misericordiam nemo liberatur, et nisi per debitum judicium nemo damnatur.

Caput XCV. — Tunc non latebit quod nunc latet, cum de duobus parvulis unus esset assumendus per misericordiam, alius per judicium relinquendus, in quo, is qui assumeretur, agnosceret quid sibi per judicium deberetur, nisi misericordia subveniret ; cur ille potius quam iste fuerit assumptus, cum causa una esset ambobus : cur apud quosdam non factæ sint virtutes, quæ si factæ fuissent, egissent illi homines pœnitentiam, et factæ sint apud eos qui non fuerant credituri. Apertissime namque Dominus dicit (*Matth.*, xi, 21) : « Væ tibi Corozaim, væ tibi Bethsaida : quia si in Tyro et Sidone factæ fuissent virtutes quæ factæ sunt in vobis, olim in cilicio et cinere pœnitentiam egissent. » Nec utique Deus injuste noluit salvos fieri, cum possent salvi esse, si

(*a*) vellent. Tunc in clarissima sapientiæ luce videbitur, quod nunc piorum fides habet, ante quam manifesta cognitione videatur, quam certa, immutabilis, efficacissima sit voluntas Dei ; quam multa possit et non velit, nihil autem velit quod non possit : quamque sit verum quod in Psalmo canitur : « Deus autem noster in cœlo (*b*) sursum, in cœlo et in terra omnia quæcumque voluit fecit. » (*Psal.* cxiii, 11.) Quod utique non est verum, si aliqua voluit, et non fecit, et quod est indignius, ideo non fecit, quoniam ne fieret quod volebat omnipotens, voluntas hominis impedivit. (l *Sent.*, dist. 46, cap. *Nunc videre restat.*) Non ergo fit aliquid nisi omnipotens fieri velit, vel sinendo ut fiat, vel ipse faciendo. (l *Sent.*, dist. 45, cap. *Permissio.*)

Caput XCVI. — Nec dubitandum est Deum facere bene, etiam sinendo fieri quæcumque fiunt male. Non enim hoc nisi justo judicio sinit : et profecto bonum est omne quod justum est. (I *Sent.*, dist, 46, cap. *Qui enim.*) Quamvis ergo ea quæ mala sunt, in

---

(*a*) Veteres codices viginti quinque, scilicet Romani bibliothecæ Vaticanæ duo, et Parisienses isti sexdecim, Regiæ bibliothecæ unus, Navarrici collegii duo, Sorbonici quatuor, abbatiæ sancti Victoris tres, sanctæ Genovefæ unus, cœnobii sancti Bernardi PP. Fuliensium unus, PP. Dominicanorum via Jacobea unus, PP. Franciscanorum majoris conventus unus, cœnobii nostri Germanensis duo, præterque Lemovicensis ecclesiæ sancti Martialis unus, abbatiæ Regalis montis unus, Longi-pontis unus, Beccensis unus, sancti Petri de Cultura apud Cenomanos unus, sancti Remigii apud Remos unus, et antiquissimus Corbeiensis habent, *si vellet*. Contra editi, uno excepto Arnaldino ferunt, *si vellent* : cumque illis conveniunt hi subsequentes undecim manuscripti, unus et alter Vaticanus, Colbertini tres, Regius unus, Antonii Faure Doctoris Theologi Facultatis Parisiensis unus, item Sorbonicus, Victorinus, Carcassonensis et Lemovicensis unus : quanquam in isto Lemovicensi, in alio ex recensitis Colbertinis, inque uno ex Vaticanis jugulata fuerat littera penultima, ut legeretur *vellet*. Lovanienses Theologi in sua Operum Augustini editione scripserunt ad marginem, *forte vellet*. Sic legendum incunctanter affirmat Guillelmus Estius in I *Sent.*, dist. 66 §. 2, ac sic ce ipsa legit Petrus Lombardus in I *Sent.* dist. 43, cap. *His autem.* — (*b*) Er. Lov. et Arn. omittunt, *in cœlo sursum.* Habent editi alii et Mss. hic et in Enarratione *Ps.* cxiii.

bien, mais encore du mal; car si ce n'était pas un bien qu'il y eût aussi du mal, le Tout-Puissant dans sa bonté ne le permettrait pas. En effet, celui qui peut faire ce qu'il veut, peut avec la même facilité ne pas permettre ce qu'il ne veut pas. Ne pas le croire serait manquer au premier article du Symbole, dans lequel nous déclarons « croire en Dieu le Père tout-puissant. » Or, Dieu n'est véritablement appelé tout-puissant que parce qu'il peut tout ce qu'il veut, et que la volonté d'aucune créature, ne saurait empêcher l'accomplissement de la volonté toute-puissante du Créateur.

CHAPITRE XCVII. — Voyons donc dans quel sens l'Apôtre, dont les paroles sont véridiques, a dit : « Que Dieu veut que tous les hommes soient sauvés. » (1 *Tim.*, II, 4.) Puisque, sinon tous les hommes, du moins le plus grand nombre d'entre eux ne sont pas sauvés, il semblerait que tout ce que Dieu veut qui soit fait, ne l'est pas, et que la volonté humaine peut mettre obstacle à l'accomplissement de la volonté divine. Quand on demande la raison pour laquelle tous les hommes ne sont pas sauvés, on répond ordinairement : c'est parce qu'ils ne le veulent pas. Cette réponse ne saurait s'appliquer aux enfants, qui sont encore incapables de vouloir ou de ne pas vouloir. S'il fallait, en effet, attribuer à un acte de volonté leurs mouvements enfantins, et la résistance qu'ils opposent quand on les baptise, il faudrait dire aussi que c'est contre leur gré qu'ils sont sauvés. Lorsque nous lisons si clairement dans l'Evangile que Dieu, en s'adressant à l'impie Jérusalem, lui dit : « Combien de fois ai-je voulu rassembler tes enfants, comme une poule rassemble ses poussins, et tu ne l'as pas voulu. » (*Matth.*, XXIII, 37.) Ne pourrait-on pas dire aussi, que la volonté des hommes a triomphé de celle de Dieu, et que par la résistance des faibles la volonté du Tout-Puissant n'a pu faire ce qu'elle voulait ? Où est donc cette toute-puissance, qui a fait tout ce qu'elle a voulu dans le ciel et sur la terre, si voulant rassembler les enfants de Jérusalem elle ne l'a pas fait ? Ne serait-il pas plus vrai de dire, qu'effectivement Jérusalem n'a pas voulu que ses enfants fussent rassemblés par le Seigneur, mais que malgré sa résistance, Jésus-Christ, n'a pas laissé de rassembler de ses enfants tous ceux qu'il a voulu ? « Parce qu'au ciel et sur la terre, » (*Ps.* CXIII, 11) il n'y a pas certaines choses qu'il n'a pas voulues et qu'il a faites, et d'autres qu'il a voulues et qu'il n'a pas faites; mais « il a fait tout ce qu'il a voulu. »

CHAPITRE XCVIII. — 25. Qui serait assez insensé et assez impie pour dire que Dieu ne puisse, quand il veut, et comme il le veut, convertir

---

quantum mala sunt, non sint bona : tamen ut non solum bona, sed etiam sint et mala, bonum est. Nam nisi esset bonum, ut essent et mala, nullo modo esse sinerentur ab omnipotente bono : cui procul dubio quam facile est quod vult facere, tam facile est quod non vult esse non sinere. Hoc nisi credamus, periclitatur ipsum nostræ (*a*) Confessionis initium, qua nos in Deum Patrem omnipotentem credere confitemur. Neque enim ob aliud veraciter vocatur omnipotens, nisi quoniam quidquid vult potest, nec voluntate cujuspiam creaturæ voluntatis omnipotentis impeditur effectus. (1 *Sent.*, dist. 42, cap. *Ex quibusdam.*)

CAPUT XCVII. — Quamobrem videndum est quemadmodum sit de Deo dictum, quia et hoc verissime Apostolus dixit : « Qui omnes homines vult salvos fieri. » (1 *Tim.*, II, 4.) Cum enim non omnes, sed multo plures non fiunt salvi, videtur utique non fieri quod Deus vult fieri, humana scilicet voluntate impediente voluntatem Dei. Quando enim quæritur causa, cur non omnes salvi fiant, responderi solet, quia hoc ipsi nolunt. Quod quidem dici de parvulis non potest, quorum nondum est velle, seu nolle. (1 *Sent.*), dist. 46, cap. 1 et 2.) Nam quod (*b*) infantili motu faciunt, et eorum voluntati judicaretur esse tribuendum, quando baptizantur, cum resistunt quantum possunt, etiam nolentes eos salvos fieri diceremus. Sed apertius Dominus in Evangelio compellans impiam civitatem : « Quoties, inquit, volui colligere filios tuos sicut gallina pullos suos, et noluisti ? » (*Matth.*, XXIII, 37) tanquam Dei voluntas superata sit hominum voluntate, et infirmissimis nolendo impedientibus non potuerit facere potentissimus quod volebat. Et ubi est illa omnipotentia, qua in cœlo et in terra omnia quæcumque voluit fecit, si colligere filios Jerusalem voluit, et non fecit? An potius illa quidem filios suos ab ipso colligi noluit, sed ea quoque nolente filios ejus collegit ipse quos voluit ? quia « in cœlo et in terra, » (*Psal.* CXIII, 11) non quædam voluit et fecit, quædam vero voluit et non fecit, sed « omnia quæcumque voluit fecit. »

CAPUT XCVIII. — 25. Quis porro tam impie desipiat, ut dicat Deum malas hominum voluntates quas

---

(*a*) Editi, *nostræ fidei Confessionis.* Abest *fidei* a Mss. Et sic passim posita sine addito est vox *Confessionis*, loco Symboli. — (*b*) Sic Am. Er. Dan. et aliquot Mss. At Lov. et Arn. *infantuli.*

celles des mauvaises volontés humaines, qu'il lui plait de faire tourner au bien? Lorsqu'il le fait, c'est par miséricorde; lorsqu'il ne le fait pas, c'est par un équitable jugement. « Il a pitié de qui il veut, et endurcit qui il lui plaît. » (*Rom.*, IX, 18.) Lorsque l'Apôtre parlait ainsi, c'était au sujet de la grâce, dont il avait déjà fait voir la gratuité et la vertu, en citant l'exemple des deux jumeaux, qui étaient encore dans le sein de leur mère. « Avant qu'ils fussent nés, dit-il, et qu'ils eussent fait ni bien ni mal, afin que le décret de Dieu fondé sur son élection demeurât ferme, il fut dit à Rébecca, non en conséquence de leurs œuvres, mais en vertu de la vocation de Dieu : « L'aîné sera assujetti au plus jeune. » (*Ibid.*, IX, 11.) Et pour donner plus de force à ce qu'il venait de dire, saint Paul ajouta ce témoignage du prophète : « J'ai aimé Jacob et j'ai haï Esaü. » *Genèse*, XXV, 23; *Malach.*, I, 2.) Mais sentant bien que ses paroles pourraient émouvoir ceux, dont l'intelligence n'était pas capable de comprendre toute la profondeur du bienfait de la grâce, il se demande à lui-même : « Que dirons-nous donc? Est-ce qu'il y a de l'injustice en Dieu? Loin de nous une telle pensée. » (*Rom.*, IX, 14.) Il paraît injuste, il est vrai, que sans aucun mérite de bonnes ou de mauvaises œuvres, Dieu aime l'un et haïsse l'autre. Si saint Paul avait voulu faire entendre par là que Dieu avait mis entre eux cette différence, parce qu'il prévoyait pour l'avenir les bonnes œuvres de l'un et les mauvaises œuvres de l'autre, l'Apôtre n'aurait pas dit : « Non en considération de leurs œuvres, » mais en considération de leurs œuvres futures. Il aurait ainsi tranché la question, ou plutôt il n'y aurait aucune question à résoudre. Mais après avoir répondu à la demande qu'il s'était posée à lui-même : « Loin de nous une telle pensée, » c'est-à-dire, gardons-nous de croire qu'il y ait de l'injustice en Dieu, pour prouver que Dieu, dans le choix des deux jumeaux, n'était poussé par aucun sentiment d'iniquité, il rappelle les paroles du Seigneur à Moïse. « Dieu dit à Moïse : J'aurai pitié de qui je voudrai avoir pitié, et je ferai miséricorde à qui il me plaira de faire miséricorde. » (*Exode*, XXXIII, 19.) Qui pourrait donc, sans folie, accuser Dieu d'injustice, soit qu'il inflige un châtiment à celui qui le mérite, soit qu'il fasse miséricorde à celui qui ne le mérite pas? Enfin saint Paul conclut en disant : « Tout dépend donc non de celui qui veut, ni de celui qui court, mais de la miséricorde de Dieu. » (*Rom.*, IX, 16.) Les deux jumeaux de Rébecca étaient nés l'un et l'autre enfants de la colère. Ils n'étaient coupables d'aucune œuvre qui leur fût personnelle, et n'étaient tenus que par le lien de condamnation, où les avait jetés le péché d'Adam dès leur origine; mais celui qui a dit à Moïse : « Je ferai miséricorde à qui il me plaira de faire miséricorde, » a aimé Jacob par

---

voluerit, quando voluerit, ubi voluerit, in bonum non posse pervertere? Sed cum facit, per misericordiam facit : cum autem non facit, per judicium non facit. Quoniam « cujus vult miseretur, et quem vult obdurat. » (*Rom.*, IX, 18.) Quod (*a*) ut diceret Apostolus, gratiam commendabat : ad cujus commendationem de illis in Rebeccæ utero geminis fuerat jam locutus, quibus « nondum natis, nec aliquid agentibus boni seu mali, ut secundum electionem propositum Dei maneret, non ex operibus, sed ex vocante dictum est ei, quia major serviet minori. » (*Ibid.*, 11, etc.; I *Sent.*, dist. 26, cap. *Nunc videre*.) Propter quod adhibuit alterum propheticum testimonium, ubi scriptum est : « Jacob dilexi, Esau autem odio habui. » (*Gen.*, XXV, 23; *Maluch.*, I, 2.) Sentiens autem quemadmodum posset hoc quod dictum est permovere eos qui penetrare intelligendo non possunt hanc altitudinem gratiæ : « Quid ergo dicemus, ait? Numquid iniquitas apud Deum? Absit. » (*Rom.*, IX, 14.) Iniquum enim videtur, ut sine ullis bonorum malo- rumve operum meritis, unum Deus diligat, oderit alterum. Qua in re si futura opera vel bona hujus vel mala illius, quæ Deus utique præsciebat, vellet intelligi, nequaquam diceret, « non ex operibus : » sed diceret, ex futuris operibus; eoque modo istam solveret quæstionem; imo nullam, quam solvi opus esset, faceret quæstionem. Nunc vero cum respondisset : « Absit, » id est : Absit ut sit iniquitas apud Deum; mox ut probaret nulla hoc iniquitate Dei fieri, inquit : « Moysi enim dicit : Miserebor cujus misertus ero, et misericordiam præstabo cui misericors fuero. » (*Ibid.*, 13; *Exod.*, XXXIII, 19.) Quis enim nisi insipiens Deum iniquum putet, sive judicium pœnale ingerat digno, sive misericordiam præstet indigno? Denique infert, et dicit : « Igitur non volentis, neque currentis, sed miserentis est Dei. » (*Rom.*, IX, 16.) Ambo itaque gemini natura filii iræ nascebantur (*Ephes.*, II, 3), nullis quidem operibus propriis, sed originaliter ex Adam vinculo damnationis obstricti. Sed qui dixit : « Miserebor cujus

---

(*a*) Editi : *Quod cum diceret*. At Mss. *Quod ut diceret*. Eodem sensu infra in cap. CIII, legitur, *ut hoc diceret*.

une miséricorde toute gratuite, et haï Esaü par un jugement qui n'est empreint d'aucune iniquité. Comme la punition que Dieu prononça contre l'un était également due à tous les deux, le plus jeune a reconnu qu'il ne devait pas attribuer à une différence de mérite, qui lui fût propre, le bienfait de ne pas encourir le même châtiment que son frère, mais uniquement à la vertu toute-puissante de la grâce divine ; puisque ce bienfait ne venait « ni de celui qui veut, ni de celui qui court, mais de Dieu qui fait miséricorde. » Tout l'ensemble, et pour ainsi dire tous les traits des saintes Ecritures, donnent à tous ceux qui les lisent avec attention, la sainte et salutaire leçon, « que celui qui se glorifie doit se glorifier dans le Seigneur. »

Chapitre XCIX. — Après avoir fait apprécier la miséricorde de Dieu, en disant que « tout dépend non de celui qui veut, ni de celui qui court, mais de Dieu qui fait miséricorde, » saint Paul, pour célébrer également la justice des jugements de Dieu, car ceux qui ne sont pas l'objet de sa miséricorde n'éprouvent pas pour cela aucune injustice du Seigneur, mais l'effet d'un jugement de justice, puisque l'injustice ne peut être en Dieu ; saint Paul, dis-je, ajoute aussitôt : « Dieu dit à Pharaon, dans l'Ecriture, je t'ai élevé pour montrer ma puissance en toi, et pour que mon nom soit annoncé sur toute la terre. » (*Rom.*, ix, 17 ; *Exode*, ix, 16.) Après ces paroles, l'Apôtre, pour compléter ce qu'il a dit concernant la miséricorde et le jugement de punition, conclut en disant : « Dieu donc fait miséricorde à qui il veut, et endurcit qui il lui plaît. » (*Rom.*, ix, 18.) Quand il fait miséricorde, c'est par un effet de sa souveraine bonté ; quand il endurcit, c'est sans injustice, afin que celui que sa grâce a délivré, ne s'en glorifie pas comme le devant à son propre mérite, et que celui qui a été condamné, ne se plaigne pas du châtiment qu'il a mérité. C'est, en effet, la grâce seule qui distingue et sépare les enfants de la rédemption, d'avec ceux qui sont destinés à périr. Car tous les hommes ne formaient plus qu'une masse de perdition, par suite du péché contracté à leur naissance. Il y a des hommes qui, pour combattre ces paroles de l'Apôtre, disent : « De quoi Dieu se plaint-il donc ? Qui peut résister à sa volonté. » (*Rom.*, ix, 19) et qui prétendent par là que l'homme n'est pas coupable, « puisque Dieu fait miséricorde à qui il veut, et endurcit qui il lui plaît ? » Ne craignons pas de leur faire la même réponse que leur adressa saint Paul : « O homme ! qui es-tu pour oser contester avec Dieu ? Le vase d'argile, dit-il à l'ouvrier qui l'a formé, pourquoi m'avez-vous fait ainsi ? Le potier n'est-il pas maître de faire d'une même masse d'argile un vase d'honneur ou un vase d'ignominie ? » (*Rom.*, ix, 20, 21.) Quelques-uns sont assez insensés pour croire que la réponse

---

misertus ero, » Jacob dilexit per misericordiam gratuitam, Esau autem odio habuit per judicium debitum. Quod cum deberetur ambobus, in altero alter agnovit non de suis distantibus meritis sibi esse gloriandum, quod in eadem causa idem supplicium non incurrit ; sed de divinæ gratiæ largitate : quia « non volentis, neque currentis, sed miserentis est Dei. » Altissimo quippe ac saluberrimo sacramento universa facies, atque (ut ita dixerim) vultus sanctarum Scripturarum, bene intuentes id admonere invenitur, « ut qui glorietur, in Domino glorietur. »

Caput XCIX. — Cum autem Dei misericordiam commendasset in eo quod ait : « Igitur non volentis, neque currentis, sed miserentis est Dei : » deinde ut etiam judicium commendaret, (quoniam in quo non fit misericordia, non iniquitas sit, sed judicium ; non est quippe iniquitas apud Deum :) continuo subjunxit, atque ait : « Dicit enim Scriptura Pharaoni : Quia ad hoc te excitavi, ut ostendam in te (*a*) potentiam meam, et ut annuntietur nomen meum in universa terra. » (*Rom.*, ix, 17 ; *Exod.*, ix, 16.) Quibus dictis ad utrumque concludens, id est, et ad misericordiam et ad judicium : « Ergo, inquit, cujus vult miseretur, et quem vult obdurat. » (*Rom.*, ix, 18.) Miseretur scilicet magna bonitate, obdurat nulla iniquitate ; ut nec liberatus de suis meritis glorietur, nec damnatus nisi de suis meritis conqueratur. Sola enim gratia redemptos discernit a perditis, quos in unam perditionis concreverat massam ab origine ducta causa communis. Hoc autem qui eo modo audit, ut dicat : « Quid adhuc conqueritur ? nam voluntati ejus quis resistit ? » (*Ibid.*, 19.) tanquam propterea malus non videatur esse culpandus, quia Deus « cujus vult miseretur, et quem vult obdurat : » absit ut pudeat nos hoc respondere, quod respondisse videmus Apostolum (*Ibid.*, 20, 21) : « O homo tu quis es, qui respondeas Deo ? Numquid dicit figmentum ei qui se finxit : Quare me fecisti sic ? An non habet potestatem figulus luti ex eadem massa facere, aliud quidem vas in honorem, aliud

(*a*) Aliquot Mss. *fortitudinem.*

de saint Paul ne prouve rien, et que c'est à défaut de bonnes raisons qu'il a imposé silence à ceux qui osaient le contredire. Cependant la réponse de l'Apôtre est d'un grand poids : « O homme! qui es-tu? » Par un seul mot, bien bref, il est vrai, mais d'un grand sens, il rappelle dans toutes questions semblables, l'homme aux bornes étroites de son intelligence. Comment, en effet, celui qui ne comprend pas ces paroles, ose-t-il contester avec Dieu? Et celui qui les comprend, que peut-il répondre au Seigneur? S'il les comprend, il est convaincu que tout le genre humain avait été, dans sa racine même, condamné par un jugement divin si équitable, que quand bien même personne ne serait affranchi de cette universelle condamnation, on ne pourrait pas en accuser la justice de Dieu; et que ceux qui en sont délivrés, le sont de manière à ce que la vue de ceux, qui restent sous le coup de cette juste condamnation, leur fasse comprendre ce que méritait la masse entière du genre humain, et les peines qu'ils auraient encourues eux-mêmes par le juste jugement de Dieu, si sa miséricorde toute gratuite n'était venue à leur secours, afin que « la bouche soit fermée à ceux qui veulent se glorifier de leur mérite (*Rom.*, III, 19), et pour que celui qui se glorifie, ne se glorifie que dans le Seigneur. » (I *Cor.*, I, 31.)

CHAPITRE C. — 26. C'est ce qui a fait dire à David : « Les œuvres du Seigneur sont grandes et toujours proportionnées à ses desseins. » (*Ps.* CX, 2.) Elles y sont en effet proportionnées avec tant de sagesse, que lorsque l'ange et l'homme sont tombés dans le péché, en agissant selon leur volonté contre celle de Dieu, le Créateur a fait servir la volonté de la créature quoique entièrement opposée à la sienne, à l'accomplissement de ce qu'il voulait. Comme il est souverainement bon, il sait faire un bon usage même du mal, pour la condamnation de ceux qu'il a destinés au supplice, et pour le salut de ceux que dans sa miséricorde, il a prédestinés à la grâce. Car les méchants, autant qu'il a dépendu d'eux, ont fait, il est vrai, ce que Dieu ne voulait pas, mais pour ce qui regarde la toute-puissance du Seigneur, ils n'ont pu empêcher l'accomplissement de sa volonté. Ils n'ont donc fait qu'agir selon sa volonté, même en faisant ce qu'il ne voulait pas. « C'est en cela que les œuvres du Seigneur sont grandes, et toujours proportionnées à ses desseins, » puisque par un effet merveilleux et ineffable de sa divine sagesse, il ne se fait rien contre sa volonté que par sa volonté même. Cela ne se ferait pas sans sa permission, et s'il le permet, ce n'est pas malgré lui, mais parce qu'il le veut. Souverainement bon, il ne laisserait pas le mal s'accomplir, si souverainement puissant,

---

vero in contumeliam? » Hoc loco enim quidam stulti putant Apostolum in responsione defecisse, et inopia reddendæ rationis repressisse contradictoris audaciam. Sed magnum habet pondus quod dictum est : « O homo tu quis es ? » Et (a) in talibus quæstionibus ad suæ capacitatis considerationem revocat hominem verbo quidem brevi, sed re ipsa magna est redditio rationis. Si enim hæc non capit, quis est qui respondeat Deo? Si autem capit, magis non invenit quid respondeat. Videt enim, si capit, universum genus humanum tam justo judicio divino in apostatica radice damnatum, ut etiamsi nullus inde liberaretur, nemo recte posset Dei vituperare justitiam; et qui liberantur, sic oportuisse liberari, ut ex pluribus non liberatis, atque in damnatione justissima derelictis, ostenderetur quid meruisset universa consparsio, et quo etiam istos debitum judicium Dei duceret, nisi eis indebita misericordia subveniret : ut volentium de suis meritis gloriari, « omne os obstruatur (*Rom.*, III, 19); et qui gloriatur, in Domino glorietur. » (I *Cor.*, I, 31.)

CAPUT C. — 26. Hæc sunt « magna opera Domini, exquisita in omnes voluntates ejus : » (*Psal.* CX, 2) et tam sapienter exquisita, ut cum angelica et humana creatura peccasset, id est, non quod ille, sed quod voluit ipsa fecisset, etiam per camdem creaturæ voluntatem, qua factum est quod Creator noluit, impleret ipse quod voluit : bene utens et malis, tanquam summe bonus, ad eorum damnationem quos juste prædestinavit ad pœnam, et ad eorum salutem quos benigne prædestinavit ad gratiam. (I *Sent.*, dist. 47, cap. I, lib. XIV, *de Civit. Dei*, cap. XXVII.) Quantum enim ad ipsos attinet, quod Deus noluit fecerunt : quantum vero ad omnipotentiam Dei, nullo modo id efficere valuerunt. Hoc quippe ipso quod contra voluntatem fecerunt ejus, de ipsis facta est voluntas ejus. Propterea namque « magna opera Domini, exquisita in omnes voluntates ejus : » ut miro et ineffabili modo non fiat præter ejus voluntatem, quod etiam contra ejus sit voluntatem. Quia non fieret, si non sineret : nec utique nolens sinit, sed volens : nec sineret bonus fieri

---

(a) Nonnulli Mss. *Et ut in talibus..... revocaret hominem, verbo quidem brevis, sed re*, etc.

il ne pouvait pas tirer le bien du mal même.

CHAPITRE CI. — Quelquefois il arrive que l'homme, par une bonne volonté, veut ce que Dieu ne veut pas, par une volonté qui est bonne aussi, mais incomparablement meilleure. Car la volonté du Seigneur ne peut jamais être mauvaise. Un bon fils, par exemple, peut vouloir et désirer la conservation de son père, dont Dieu, par une volonté meilleure encore, veut la mort. Au contraire, il peut arriver qu'un homme, par une volonté coupable, veuille ce que Dieu veut aussi, mais par esprit de bonté. Comme lorsqu'un mauvais fils veut la mort de son père, et que Dieu le veut aussi. Dans le premier cas, le fils veut ce que Dieu ne veut pas; dans le second, le fils veut ce que Dieu veut aussi. Cependant la piété filiale de l'un est bien plus conforme à la volonté de Dieu qui, quoique toujours bonne, ne se rend pas au désir du fils affectueux, que l'impiété du mauvais fils, dont la volonté se trouve la même que celle de Dieu. Tant il y a de différence entre ce que l'homme veut, et ce que Dieu juge convenable de faire. C'est le but auquel tend la volonté de chacun, qui la rend bonne ou condamnable. Dieu accomplit souvent quelques-unes de ses volontés, toujours bonnes en elles-mêmes, par les volontés perverses des méchants. C'est ainsi que la sainte volonté du Père s'est servie de la malveillance des Juifs pour faire mourir le Christ, qui devait nous sauver : bienfait si grand, si ineffable, que l'apôtre saint Pierre, qui voulait s'y opposer, fut appelé Satan par celui-là même, qui était venu pour être immolé. (*Matth.*, XVI, 23.) Certes elle paraissait bonne et louable la volonté de ces pieux fidèles, qui s'opposaient au départ de l'apôtre Paul pour Jérusalem, dans la crainte qu'il ne souffrît les maux, que lui avait prédits le prophète Agabus. (*Act.*, XXI, 12.) Et cependant Dieu voulait que l'Apôtre les subît, pour annoncer la parole de l'Evangile, et qu'il fût martyr de la foi de Jésus-Christ. Ce ne fut pas toutefois par la volonté des chrétiens qui était bonne, mais par celle des Juifs qui était mauvaise, que Dieu accomplit sa volonté. Cependant les fidèles qui ne voulaient pas ce que Dieu voulait, lui appartenaient bien plus, que ceux par la mauvaise volonté desquels il accomplit sa propre volonté; parce que bien que ces Juifs aient concouru à l'accomplissement de la volonté divine, c'est par une volonté criminelle qu'ils ont fait, ce que Dieu par une sainte volonté a fait par eux.

CHAPITRE CII. — Quelles que soient les volontés des anges ou des hommes, des bons ou des méchants, qu'elles soient ou ne soient pas conformes à celle de Dieu, la volonté du Tout-Puissant est toujours victorieuse, et ne saurait jamais être mauvaise. Même lorsqu'elle inflige

---

male, nisi omnipotens et de malo facere posset bene.

CAPUT CI. — Aliquando autem bona voluntate homo vult aliquid, quod Deus non vult, etiam ipse bona multo amplius multoque certius voluntate : nam illius mala voluntas esse nunquam potest. Tanquam si bonus filius patrem velit vivere, quem Deus bona voluntate vult mori. Et rursus fieri potest, ut hoc velit homo voluntate mala, quod Deus vult bona : velut si malus filius velit mori patrem, velit hoc etiam Deus. (I *Sent.*, dist. 48, cap. 1.) Nempe ille vult quod non vult Deus, iste vero id vult quod vult et Deus : et tamen bonæ Dei voluntati pietas illius potius consonat, quamvis aliud volentis, quam hujus idem volentis impietas. Tantum interest quid velle homini, quid Deo congruat, et ad quem finem suam quisque referat voluntatem, ut aut probetur aut improbetur. (I *Sent.*, dist. 48, cap. *Sed ad hoc.*) Nam Deus quasdam voluntates suas, utique bonas, implet per malorum hominum voluntates malas : sicut per Judæos malevolos bona voluntate Patris pro nobis Christus occisus est : quod tantum bonum factum est, ut apostolus Petrus quando id fieri nolebat, satanas ab ipso qui occidi venerat diceretur. (*Matth.*, XVI, 23; 1 *Sent.*, dist. 48, cap. *Si vero.*) Quam bonæ apparebant voluntates piorum fidelium, qui nolebant apostolum Paulum Jerusalem pergere, ne ibi pateretur mala quæ Agabus propheta prædixerat (*Act.*, XXI, 12) : et tamen Deus hæc illum pati volebat pro annuntianda fide Christi, exercens martyrem Christi. Neque (*a*) istam bonam voluntatem suam implevit per Christianorum voluntates bonas, sed per Judæorum malas : et ad eum potius pertinebant qui nolebant quod volebat, quam illi per quos volentes factum est quod volebat; quia idipsum quidem, sed ipse per eos bona, illi autem mala voluntate fecerunt.

CAPUT CII. — Sed quantælibet sint voluntates vel angelorum vel hominum, vel bonorum vel malorum, vel illud quod Deus, vel aliud volentes quam Deus, omnipotentis voluntas semper invicta est : quæ mala esse nunquam potest; (*b*) quia etiam cum mala

---

(*a*) Sic Mss. At Lov. et Arn. *Neque enim iste.* — (*b*) Quidam libri, *quæ etiam.*

des châtiments elle est juste, et par cela même qu'elle est juste, elle ne peut être que bonne. Que Dieu dans sa toute-puissance fasse miséricorde à qui il veut, qu'il endurcisse qui il lui plaît, il n'y a jamais d'iniquité de sa part. Tout ce qu'il fait, c'est qu'il le veut, et tout ce qu'il veut, il le fait.

Chapitre CIII. — 27. Lorsque nous entendons dire, ou que nous lisons dans les saintes Ecritures, que Dieu veut que tous les hommes soient sauvés, bien que nous soyons certains que tous les hommes ne le seront pas, nous ne devons cependant pas révoquer en doute la toute-puissance divine, mais comprendre ce qui est écrit, que : « Dieu veut que tous les hommes soient sauvés. » (1 *Tim.*, II, 4.) C'est comme s'il était dit que nul homme n'est sauvé, sinon celui que Dieu veut qu'il le soit, et non pas qu'il n'y a point d'hommes dont Dieu ne veuille le salut, mais qu'il n'y en a pas qui soit sauvé sans la volonté expresse de Dieu. C'est pourquoi il faut appeler sur nous, par nos prières, la sainte volonté de Dieu, parce que ce qu'il veut s'accomplira infailliblement. C'est à l'occasion de la nécessité de prier Dieu, que l'Apôtre adresse à Timothée, les paroles dont il s'agit. C'est dans le même sens qu'il faut entendre ce qui est écrit dans l'Evangile : « C'est le Christ qui éclaire tout homme. » (*Jean*, I, 9.) Cela ne veut pas dire qu'il n'y a point d'homme qui ne soit éclairé, mais qu'il n'y a d'hommes éclairés que ceux qui le sont par le Seigneur. On peut aussi entendre par ces paroles : « Dieu veut que tous les hommes soient sauvés, » non qu'il n'y ait aucun homme dont il ne veuille le salut, lui qui n'a pas voulu faire de miracles aux yeux de ceux qui, comme il le dit lui-même, auraient fait pénitence, s'ils en avaient été témoins ; mais, « par tous les hommes, » on peut entendre le genre humain tout entier, quelque différence d'état et de condition qu'on y voie établis ; c'est-à-dire rois, particuliers, nobles, roturiers, grands, petits ; savants, ignorants ; forts et bien faits, faibles et estropiés ; hommes de génie ou à l'esprit pesant, insensés, riches, pauvres, ceux qui n'ont qu'une fortune médiocre ; hommes, femmes, enfants pouvant à peine parler, ceux qui commencent à sortir de l'enfance, adolescents, jeunes gens, ceux qui s'approchent de l'âge viril, vieillards ; quelle que soit parmi ces gens la différence de langues, de mœurs, d'arts, de professions, de volontés, de conscience, différence qui est aussi variée qu'innombrable dans l'espèce humaine. Or, parmi toutes ces classes d'hommes répandues dans tant de nations, en est-il un seul que Dieu, s'il le veut, ne puisse sauver par son Fils unique, Notre-Seigneur Jésus-Christ, et qu'il ne sauve effectivement, puisque, comme tout-

---

irrogat, justa est, et profecto quæ justa est, mala non est. (I *Sent.*, dist. 47, cap. *Verum ut.*) Deus igitur omnipotens sive per misericordiam cujus vult misereatur, sive per judicium quem vult obduret, nec inique aliquid facit, nec nisi volens quidquam facit, et omnia quæcumque vult facit.

Caput CIII. — 27. Ac per hoc cum audimus et in sacris litteris legimus, quod velit omnes homines salvos fieri, quamvis certum sit nobis non omnes homines salvos fieri, non tamen ideo debemus omnipotentissimæ Dei voluntati aliquid derogare ; sed ita intelligere quod scriptum est : « Qui omnes homines vult salvos fieri : » (1 *Tim.*, II, 4) tanquam diceretur, nullum hominem fieri salvum, nisi quem fieri ipse voluerit : non quod nullus sit hominum, nisi quem salvum fieri velit ; sed quod nullus fiat, nisi quem velit ; et ideo sit rogandus ut velit, quia necesse est fieri si voluerit. (1 *Sent.*, dist. 46, cap. *Nunc videre restat.*) De orando quippe Deo agebat Apostolus, ut hoc diceret. Sic enim intelligimus et quod in Evangelio scriptum est : « Qui illuminat omnem hominem : » non quia nullus est hominum qui non illuminetur, sed quia nisi ab ipso nullus illuminatur. Aut certe sic dictum est : « Qui omnes homines vult salvos fieri ; » non quod nullus hominum esset quem salvum fieri nollet, qui virtutes miraculorum facere noluit apud eos quos dicit acturos fuisse pœnitentiam si fecisset ; sed ut « omnes homines » omne genus (*a*) humanum intelligamus per quascumque differentias distributum, reges, privatos, nobiles, ignobiles, sublimes, humiles, doctos, indoctos, integri corporis, debiles, ingeniosos, tardicordes, fatuos, divites, pauperes, mediocres, mares, feminas, infantes, pueros, adolescentes, juvenes, seniores, senes ; in linguis omnibus, in moribus omnibus, in artibus omnibus, in professionibus omnibus, in voluntatum et conscientiarum varietate innumerabili constitutos, et si quid aliud differentiarum est in hominibus. Quid est enim eorum unde non Deus per Unigenitum suum Dominum nostrum per omnes gentes salvos fieri homines velit, et ideo (*b*) faciat, quia omnipotens velle inaniter non potest quodcum-

---

(*a*) Nonnulli Mss. omittunt, *humanum* : et quidam cum editione Dau. ejus loco habent, *hominum.* — (*b*) Unus e Vatic. Mss. *fiat.*

puissant, il ne peut pas vouloir en vain ce qu'il a voulu. L'Apôtre en effet, avait recommandé « de prier pour tous les hommes, » et avait spécialement ajouté : « Pour les rois, pour ceux qui sont élevés en dignité, » et qui, dans le faste et l'orgueil de ce monde, pouvaient paraître mépriser l'humilité de la foi chrétienne : « Car c'est, dit-il, un bien devant le Sauveur, notre Dieu, de prier aussi pour de tels hommes. » Et pour que personne n'ait à se désespérer, il ajoute : « Devant notre Dieu, qui veut que tous les hommes soient sauvés, et arrivent à la connaissance de la vérité. » En effet, Dieu a jugé bon que les grands de la terre dussent leur salut aux prières des petits et des humbles, et nous en voyons déjà l'accomplissement. Le Seigneur lui-même a employé cette manière de parler dans ce passage de l'Evangile, où il dit aux pharisiens : « Vous donnez aux pauvres la dîme de la menthe, de la rue et de tous les légumes. » Les pharisiens en effet ne donnaient pas la dîme de tous les légumes qui n'étaient pas à eux, et qui croissaient dans toutes les terres étrangères. De même donc qu'ici, « tous les légumes » signifient toute espèce de légumes, de même dans les paroles de l'Apôtre, « tous les hommes, » peuvent s'entendre dans le sens de toutes les différentes espèces d'hommes, ou de toute autre manière, pourvu que nous ne soyons pas obligés de croire que Dieu tout-puissant a voulu quelque chose qui ne s'est pas fait. Si selon les paroles de la vérité même, « il a fait tout ce qu'il a voulu dans le ciel et sur la terre, » (*Ps.* CXIII, 11) il est évident que ce qu'il n'a pas fait, c'est qu'il ne l'a pas voulu faire.

CHAPITRE CIV. — 28. Dieu aurait donc voulu conserver le premier homme dans l'état de salut où il l'avait créé, et l'aurait, en temps opportun, conduit après une longue filiation, et sans le faire passer par la mort, à une condition meilleure ; où non-seulement il n'aurait commis aucune faute, mais où il n'aurait même pas éprouvé le désir de pécher, s'il avait prévu que l'homme aurait toujours la volonté de garder l'innocence dans laquelle il avait été créé. Mais comme le Créateur savait d'avance qu'il ferait un mauvais usage de son libre arbitre, c'est-à-dire qu'il tomberait dans le péché, il donna lui-même un autre but à sa volonté, celui de faire naître le bien du mal même que feraient les hommes, de manière à ce que la mauvaise volonté de l'homme ne mît aucun obstacle, mais servit au contraire à l'accomplissement de la bonne volonté du Tout-Puissant.

CHAPITRE CV. — Il fallait que l'homme fût d'abord créé dans un état, où il pût vouloir le bien comme le mal ; le bien pour en être récom-

---

que voluerit ? Præceperat enim Apostolus, ut oraretur « pro (*a*) omnibus hominibus, » et specialiter addiderat « pro regibus et iis qui in sublimitate sunt, » (1 *Tim.*, II, 1, etc.) qui putari poterant, fastu et superbia sæculari a fidei Christianæ humilitate abhorrere. Proinde dicens : « Hoc enim bonum est coram salvatore nostro Deo, » id est, ut etiam pro talibus oretur : statim ut desperationem tolleret, addidit : « Qui omnes homines vult salvos fieri, et in agnitionem veritatis venire. » Hoc quippe Deus bonum judicavit, ut orationibus humilium dignaretur salutem præstare sublimium : quod utique jam videmus impletum. Isto locutionis modo et Dominus est usus in Evangelio, ubi ait Pharisæis : « Decimatis mentam et rutam et omne olus. » (*Luc.*, II, 42.) Neque enim Pharisæi et quæcumque aliena et omnium per omnes terras alienigenarum omnia olera decimabant. Sicut ergo hic « omne olus, » omne olerum genus ; ita et illic « omnes homines, » omne hominum genus, et illic « omnes homines, » omne hominum genus intelligere possumus : et quocumque alio modo intelligi potest, dum tamen credere non cogamur aliquid omnipotentem Deum voluisse fieri, factumque non esse : qui sine ullis ambiguitatibus, si « in cœlo et in terra, » sicut (*b*) cum veritas cantat, « omnia quæcumque voluit, fecit, » (*Psal.* CXIII, 11) profecto facere noluit quodcumque non fecit.

CAPUT CIV. — 28. Quapropter etiam primum hominem Deus in ea salute, in qua conditus erat, custodire voluisset, cumque opportuno tempore post genitos filios sine interpositione mortis ad meliora perducere, ubi jam non solum peccatum (*c*) non committere, sed nec voluntatem posset habere peccandi, si ad permanendum sine peccato, sicut factus erat, perpetuam voluntatem habiturum esse præscisset. Quia vero eum male usurum libero arbitrio, hoc est peccaturum esse præsciebat, ad hoc potius præparavit voluntatem suam, ut bene ipse faceret etiam de male faciente, ac sic hominis voluntate mala non evacuaretur, sed nihilo minus impleretur omnipotentis bona.

CAPUT CV. — Sic enim oportebat prius hominem fieri, ut et bene velle posset, et male ; nec gratis, si bene ; nec impune, si male : postea vero sic erit, ut

---

(*a*) Am. Er. Dan. Lov. *pro singulis.* Verius Mss. magno consensu, *pro omnibus.* Sic enim Apostolus loco citato. — (*b*) Sic Mss. Editi vero, *sicut et veritas.* — (*c*) Abest *non* ab omnibus prope Mss.

pensé, le mal pour en être puni. Mais dans le second état qui lui est destiné, il ne pourra plus vouloir le mal, sans être cependant pour cela privé de son libre arbitre. Au contraire sa volonté sera d'autant plus libre, qu'elle ne pourra plus être esclave du péché. Blâmera-t-on, par exemple, notre volonté, ou dira-t-on que cette volonté est nulle ou qu'elle n'est pas libre, quand nous voulons être heureux, tandis que cette volonté est si forte que non-seulement nous ne voulons pas être malheureux, mais que nous ne pouvons pas même le vouloir? De même donc que dans sa condition présente notre âme ne veut pas être malheureuse, de même dans sa condition future elle ne voudra pas pécher. Mais rien ne pouvait interrompre l'ordre des choses par lequel Dieu voulait nous montrer tout ce qu'il y a de bien dans la créature raisonnable, en ce qu'elle peut s'abstenir du péché, quoiqu'il serait mieux encore que le péché ne lui fût même pas possible. Il en est de même de l'immortalité dont l'homme jouissait dans son état d'innocence. Il pouvait bien ne pas mourir, mais cependant cette immortalité est inférieure à celle qui nous attend dans l'autre vie, alors qu'il ne nous sera même plus possible de mourir.

CHAPITRE CVI. — La nature humaine a perdu par son libre arbitre ce premier degré d'immortalité. Elle recevra par la grâce le second degré qu'elle aurait obtenu par son mérite, si elle n'était pas tombée dans le péché, quoique sans la grâce elle n'aurait pu, même alors, avoir aucun mérite. En effet, bien qu'en raison même de son libre arbitre l'homme pût pécher, ce libre arbitre cependant ne lui suffisait pas pour pouvoir rester fidèle à la justice. Il fallait encore que la protection divine vînt à son aide, et le fît participer à l'immuable et souverain bien. Car de même qu'il est au pouvoir de l'homme de mourir quand il le veut, puisque sans nommer les autres moyens de se détruire, il peut se donner la mort en se privant de nourriture; mais sa volonté ne lui suffit pas pour lui conserver la vie, quand il manque de nourriture ou de tout autre moyen d'existence. De même l'homme, quand il était dans le paradis, pouvait par sa seule volonté donner la mort à son âme en abandonnant la justice; mais, pour conserver la vie de justice, sa volonté ne lui suffisait pas, sans le secours de la grâce de celui qui l'avait créé. Depuis sa chute, il a besoin d'une plus grande miséricorde de Dieu, puisqu'il faut délivrer le libre arbitre de l'esclavage, dans lequel la mort domine avec le péché. Ce n'est pas par lui-même que l'homme peut s'en affranchir, mais uniquement par la grâce de Dieu, qui consiste dans la foi en Jésus-Christ.

male velle non possit; nec ideo libero carebit arbitrio. Multo quippe liberius erit arbitrium, quod omnino non poterat servire peccato. Neque enim culpanda est voluntas, aut voluntas non est, aut libera dicenda non est, qua beati esse sic volumus, ut esse miseri non solum nolimus, sed nequaquam prorsus velle possimus. (II *Sent.*, dist. 7, cap. *Boni vero*, et dist. 25, cap. *Angeli*.) Sicut ergo anima nostra etiam nunc nolle infelicitatem, ita nolle iniquitatem semper habitura est. Sed ordo prætermittendus non fuit, in quo Deus noluit ostendere, quam bonum sit animal rationale quod etiam (*a*) non peccare possit, quamvis sit melius quod peccare non possit : sicut minor fuit immortalitas, sed tamen fuit, in qua posset etiam non mori, quamvis major futura sit in qua non possit mori.

CAPUT CVI. — Illam (*b*) natura humana perdidit per liberum arbitrium, hanc est acceptura per gratiam, quam fuerat, si non peccasset, acceptura per meritum : quamvis sine gratia nec tunc ullum meritum esse potuisset. Quia etsi peccatum in solo libero arbitrio erat constitutum, non tamen justitiæ retinendæ sufficiebat liberum arbitrium, nisi participatione immutabilis boni divinum adjutorium præberetur. Sicut enim mori est in hominis potestate cum velit, nemo est enim qui non se ipsum, ut nihil aliud dicam, vel non vescendo possit occidere; ad vitam vero tenendam voluntas non satis est, si adjutoria sive alimentorum sive quorumcumque tutaminum desint : sic homo in paradiso ad se occidendum relinquendo justitiam idoneus erat per voluntatem, ut autem ab eo teneretur vita justitiæ, parum erat velle, nisi ille qui eum fecerat adjuvaret. (II *Sent.*, dist. 26, cap. *Et si*.) Sed post illam ruinam major est misericordia Dei, quando et ipsum (*c*) arbitrium liberandum est a servitute, cui dominatur cum morte peccatum. Nec omnino per se ipsum, sed per solam Dei gratiam, quæ in fide Christi posita est, li-

---

(*a*) Am. Er. Dan. et Lov. *quod etiam peccare possit* : et infra, *in qua posset etiam mori* : omissa negante particula ; quam utroque loco in plerisque Mss. reperimus, necnon in editione Arn. — (*b*) Frustra monet Lambertus Danæus ut *illam* referamus ad voluntatem hominis, de qua superiori capite. Verior Petri Lombardi interpretatio sic locum citantis in II *Sent.*, d. 29, c. 1 : *Illam* : inquit, *immortalitatem in qua poterat non mori natura humana, perdidit per liberum arbitrium : hanc vero in qua non poterit mori, acceptura est per gratiam*. — (*c*) In excusis, *liberum arbitrium*. Abest *liberum* a Mss.

C'est par cette grâce (*Prov.*, VIII, 35, *selon les Septante*), comme il est écrit, que Dieu prépare la volonté, qui nous rend capables de recevoir ses autres bienfaits, au moyen desquels nous arrivons à la récompense éternelle.

CHAPITRE CVII. — C'est pourquoi la vie éternelle, qui est certainement la récompense des bonnes œuvres, est appelée par l'Apôtre une grâce de Dieu. « La mort, dit-il, est la solde du péché, mais la vie éternelle est une grâce de Dieu en Jésus-Christ Notre-Seigneur. » (*Rom.*, VI, 23.) La solde n'est pas un don fait au soldat, mais le prix de son service militaire. Ainsi lorsque saint Paul dit : « La mort est la solde du péché, » c'est pour faire voir qu'elle a été avec justice et dûment infligée au péché, tandis que si la grâce n'était pas purement gratuite, elle ne serait pas une grâce. On doit donc conclure de là, que les mérites eux-mêmes de l'homme sont un don de Dieu, et qu'ainsi, lorsque la vie éternelle nous est donnée en récompense de ces mérites, c'est une nouvelle grâce ajoutée à une grâce précédente. L'homme a donc été créé dans un état de justice, où il pouvait se maintenir avec le secours divin, comme aussi se pervertir par sa propre volonté. Quelque choix qu'il fît entre ces deux états, toujours la volonté de Dieu s'accomplissait soit par lui, soit sur lui. Mais comme l'homme a préféré sa volonté à la volonté divine, Dieu a fait de lui ce qu'il a voulu. Car de la masse de perdition dont le premier homme est la souche, le Seigneur fait des uns des vases d'honneur, et des autres des vases d'ignominie ; des vases d'honneur par un effet tout gratuit de sa miséricorde, des vases d'ignominie par ses jugements équitables ; afin que personne ne se glorifie dans l'homme, et par conséquent en soi-même.

CHAPITRE CVIII. — Nous ne serions pas délivrés par l'unique médiateur entre Dieu et les hommes, c'est-à-dire par Jésus-Christ homme, s'il n'était pas Dieu lui-même. Lorsqu'Adam a été créé, il n'avait pas besoin de médiateur, parce qu'il était encore exempt de péché ; mais lorsque le péché a mis une séparation entre Dieu et le genre humain, il fallait que jusqu'à la résurrection de la chair pour la vie éternelle, nous fussions réconciliés avec Dieu par un médiateur qui seul est né, a vécu, et a été immolé sans avoir commis aucun péché. Il n'y avait que l'humilité d'un Dieu qui pût convaincre l'homme de la folie de son orgueil, la guérir et montrer à cet homme, combien par le péché il s'était éloigné de son Créateur, puisque pour opérer sa réconciliation avec Dieu, il fallait que Dieu se fît homme et donnât par son ineffable incarnation, à l'homme rebelle et orgueilleux, l'exemple de la soumission à la volonté divine. C'est ainsi que le Fils unique de Dieu, en prenant la forme de l'esclave, sans qu'il eût en rien mérité un tel abais-

---

beratur : ut voluntas ipsa, sicut scriptum est, a Domino præparetur (*Prov.*, VIII, 35, sec. LXX), qua cætera Dei munera capiantur, per quæ veniatur ad munus æternum.

CAPUT CVII. — Unde et ipsam vitam æternam, quæ (*a*) certe merces est operum bonorum, gratiam Dei appellat Apostolus : « Stipendium enim, inquit, peccati mors, gratia autem Dei vita æterna in Christo Jesu Domino nostro. » (*Rom.*, VI, 23.) Stipendium pro opere militiæ debitum redditur, non donatur : ideo dixit : « Stipendium peccati mors, » ut mortem peccato non immerito illatam, sed debitam demonstraret. Gratia vero nisi gratis est, gratia non est. Intelligendum est igitur etiam ipsa hominis bona merita esse Dei munera ; quibus cum vita æterna redditur, quid nisi gratia pro gratia redditur ? (*Joan.*, I, 16.) Sic ergo factus est homo rectus, ut et manere in ea rectitudine posset non sine adjutorio divino, et suo fieri perversus arbitrio. (II *Sent.*, dist. 24, cap. 1.) Utrumlibet horum elegisset, Dei voluntas fieret, aut etiam ab illo, aut certe de illo. Proinde quia suam maluit facere quam Dei, de illo facta est voluntas Dei, qui ex eadem massa perditionis, quæ de illius stirpe profluxit, facit aliud vas in honorem, aliud in contumeliam (*Rom.*, IX, 21) : in honorem, per misericordiam ; in contumeliam, per judicium : ut nemo glorietur in homine ; ac per hoc, nec in se.

CAPUT CVIII. — Nam neque per ipsum liberaremur unum Mediatorem Dei et hominum hominem Jesum Christum (1 *Tim.*, II, 5), nisi esset et Deus. Sed cum factus est Adam, homo scilicet rectus : Mediatore non opus erat. Cum vero genus humanum peccata longe separaverunt a Deo, per Mediatorem, qui solus sine peccato natus est, vixit, occisus est, reconciliari nos oportebat Deo usque ad carnis resurrectionem in vitam æternam : ut humana superbia per humilitatem Dei argueretur ac sanaretur, et demonstraretur homini quam longe a Deo recesserat, cum per incarnatum Deum revocaretur, et exemplum obedientiæ per hominem Deum contumaci homini

---

(*a*) Am. Er. Dan. et aliquot Mss. *certa merces.*

sement, devint pour l'homme une source abondante de grâce; c'est ainsi que le Rédempteur, par sa glorieuse résurrection, confirma à ceux qu'il avait rachetés, la promesse de la future résurrection de la chair. C'est également ainsi que le démon fut vaincu par la nature même, qu'il se réjouissait d'avoir séduite, sans que l'homme pût se glorifier de cette victoire, et donner par là un nouvel élan à son orgueil. Voilà, avec d'autres raisons encore, ce que les hommes qui ont fait des progrès dans la foi peuvent voir, et dire touchant le grand mystère du Médiateur, ou du moins ce qu'ils peuvent voir, sans pouvoir cependant l'expliquer.

Chapitre CIX. — 29. Pendant le temps qui s'écoule entre la mort de l'homme et la résurrection générale, les âmes sont enfermées dans des lieux qui nous sont inconnus, et où chacune, d'après son mérite, est placée dans le repos ou dans la peine, selon ce qu'elle a mérité pendant sa vie dans le corps qu'elle animait.

Chapitre CX. — On ne peut cependant pas nier que les âmes des morts ne reçoivent quelque soulagement, par suite de la piété des parents qu'elles ont laissés sur la terre, quand on offre pour elles le saint sacrifice du Médiateur, ou qu'on répand en leur intention des aumônes dans l'assemblée des fidèles. Mais cela ne peut servir qu'à ceux qui, pendant leur vie, ont mérité que ces offrandes leur fussent utiles. Il y a des hommes dont la vie n'a été ni assez bonne, pour n'avoir pas besoin de semblables secours après leur mort, ni assez mauvaise, pour n'en tirer aucun soulagement. Il y en a d'autres dont la vie a été assez bonne pour pouvoir s'en passer, ou tellement mauvaise, qu'ils ne peuvent en tirer aucun profit, quand ils ont passé de la vie à la mort. C'est donc sur la terre que chacun amasse ce qui peut lui mériter, ou un soulagement, ou une aggravation à la condition où il se trouve après cette vie. Mais que personne n'espère, quand il sera sorti de ce monde, trouver auprès de Dieu ce qu'il aura négligé de se préparer sur la terre. Tout ce que l'Eglise observe et pratique, pour recommander à Dieu les âmes des morts, n'a rien de contraire à la parole de l'Apôtre, lorsqu'il dit : « Nous comparaîtrons tous devant le tribunal de Jésus-Christ, afin que chacun reçoive ce qui lui sera dû, selon le bien ou le mal qu'il aura fait, pendant qu'il était revêtu de son corps. » (*Rom.*, xiv, 10; II *Cor.*, v, 10.) Chacun, en effet, a amassé pendant sa vie la somme de mérites nécessaire, pour que les bonnes œuvres faites en sa faveur, puissent lui être de quelque utilité. Cependant elles ne servent pas indistinctement à tous. Quelle en est la raison, sinon la différence de vie que chacun a menée, lorsque son âme était encore unie à son

---

præberetur; et Unigenito suscipiente formam servi, quæ nihil ante meruerat, fons gratiæ panderetur; et carnis etiam resurrectio redemptis promissa in ipso Redemptore præmonstraretur; et per camdem naturam quam se decepisse lætabatur, diabolus vinceretur; nec tamen homo gloriaretur, ne iterum superbia nasceretur : et si quid aliud de tanto Mediatoris sacramento a proficientibus videri et dici potest, aut tantum videri, etiamsi dici non potest.

Caput CIX. — 29. Tempus autem quod inter hominis mortem et ultimam resurrectionem interpositum est, animas abditis receptaculis continet, sicut unaquæque digna est vel requie vel ærumna, pro eo quod sortita est in carne cum viveret. (IV *Sent.*, dist. 45, cap. 1.)

Caput CX. — Neque negandum est, defunctorum animas pietate suorum viventium relevari, cum pro illis sacrificium Mediatoris offertur, vel eleemosynæ in ecclesia fiunt. Sed eis hæc prosunt, qui cum viverent, ut hæc sibi postea possent prodesse, meruerunt. Est enim quidam vivendi modus, nec tam bonus ut non requirat ista post mortem, nec tam malus ut non ei prosint ista post mortem : est vero talis in bono, ut ista non requirat, et est rursus talis in malo, ut nec his valeat, cum ex hac vita transierit, adjuvari. (IV *Sent.*, dist. 45, cap. *Neque.*) Quocirca hic omne meritum comparatur, quo possit post hanc vitam relevari quispiam vel gravari. Nemo se autem (*a*) speret, quod hic neglexerit, cum obierit, apud Deum promereri. Non igitur ista quæ pro defunctis commendandis frequentat Ecclesia, illi Apostolicæ sunt adversa sententiæ, qua dictum est (*Rom.*, xiv, 10; II *Cor.*, v, 10) : « Omnes enim adstabimus ante tribunal Christi, ut referat unusquisque secundum ea quæ per corpus gessit, sive bonum, sive malum. » Quia etiam hoc meritum sibi quisque dum in corpore viveret comparavit, ut ei possint ista prodesse. Non enim omnibus prosunt : et quare non omnibus prosunt, nisi propter differentiam vitæ quam quisque gessit in corpore? Cum ergo sacrificia sive altaris sive quarumcumque eleemosynarum pro baptiza-

---

(*a*) Plures probæ notæ Mss. *Nemo se autem præparet, quod hic neglexerit.* Iidemque cum aliis plerisque prosequuntur sic. *cum obierit Dominum promereri* : omisso *apud*.

enveloppe mortelle? Quoi qu'il en soit, les sacrifices du saint autel, les aumônes offertes en mémoire de tous les fidèles trépassés et munis du sacrement de baptême, sont pour les bons et les justes des actions de grâces; pour ceux qui ne sont pas entièrement justes, des offrandes propitiatoires; et pour ceux qui sont criminels, sinon du secours après leur mort, du moins des consolations pour ceux qui leur survivent. A l'égard de ceux auxquels ces actes pieux sont utiles, ils en retirent cet avantage, ou de recevoir pleine et entière rémission de leurs fautes, ou certainement de trouver quelque adoucissement à la rigueur de leur condamnation (1).

CHAPITRE CXI. — Lorsqu'après la résurrection, le jugement universel aura été prononcé et accompli, les deux cités, l'une du Christ, l'autre du démon, celle des bons et celle des méchants, l'une et l'autre cependant composées d'anges et d'hommes, seront pour toujours séparées. Les bons n'auront plus la volonté de pécher, les méchants n'en auront plus le pouvoir. Dans l'une et dans l'autre la mort sera inconnue. Dans la première on jouira d'une vie éternellement heureuse, dans la seconde d'une vie malheureuse, dans une éternelle mort, où l'on n'aura même pas le bonheur de pouvoir mourir. La félicité des uns, comme le malheur des autres n'auront pas de fin. Pour les bons il y aura divers degrés de béatitude, pour les méchants des peines plus ou moins supportables.

CHAPITRE CXII. — C'est en vain que quelques hommes, ou pour mieux dire beaucoup d'hommes, mus par un sentiment d'humanité, et prenant en pitié la peine et les tourments sans fin qui affligeront les damnés, croient qu'il n'en sera pas ainsi. Ils n'ont sans doute pas l'intention de contredire les divines Ecritures; mais ils sont portés par les mouvements de leur cœur à adoucir ce qui leur paraît trop dur, et à interpréter d'une manière plus humaine, ce qu'ils pensent avoir

---

(1) Albert le Grand prétend qu'il faut par cette *condamnation* entendre, la punition de ceux qui seront sauvés, après avoir subi les peines du purgatoire. Plusieurs auteurs après lui adoptent cette interprétation. Pierre Lombard dit qu'il s'agit dans ce passage, de la punition des condamnés qui ne seront jamais délivrés, et il conclut en disant que ces actes pieux, ne sont utiles aux hommes dont l'iniquité n'est pas trop grande, que pour apporter quelque adoucissement à leur châtiment. Car il met une différence entre ceux dont l'iniquité n'est pas trop grande, et ceux qui, un peu plus tôt ou un peu plus tard, seront affranchis des peines du purgatoire par les prières de l'Eglise. Il appelle les condamnés de cette catégorie, des hommes qui ne sont *qu'à moitié justes et bons*, et il exprime sa pensée par une note où il dit : *Mediocriter malis prosunt, ad hoc ut minus puniantur, nunquam tamen liberabuntur.* C'est-à-dire : Ces actes pieux serviront à ceux qui ne sont pas trop criminels, pour adoucir leur supplice, mais jamais pour les délivrer. Albert le Grand cite à ce sujet un ancien manuscrit intitulé : *Missa pro cujus anima dubitatur.* Messe en faveur d'une âme, sur le salut de laquelle on a quelque doute, et dans laquelle se trouve la prière suivante : *Omnipotens et misericors Deus, qui habes potestatem mortificare et iterum vivificare; deducere ad inferos, et iterum reducere; et vocas ea quæ non sunt, tanquam ea quæ sunt; cujus potestas in cœlo et in terra; et in mari et in inferis plena adsistit : Te humiles trementesque deprecamur, pro anima famuli tui; quam traxisti de præsenti sæculo absque pœnitentiæ spatio, ut si forsitan ob gravitatem criminum non meretur surgere ad gloriam, pro tanto sacro oblationis libamina, vel tolerabilia fiant ipsa tormenta.* « Dieu tout-puissant et miséricordieux, vous qui avez le pouvoir de donner la mort et de rappeler à la vie ; d'envoyer les hommes dans les enfers et de les en retirer ; vous qui appelez les choses qui sont, comme celles qui ne sont pas ; vous qui avez pleine et entière puissance dans le ciel, sur la terre, sur les mers et dans les enfers. Nous vous prions humblement et en tremblant, pour l'âme de votre serviteur que vous avez retirée de la vie présente, sans lui avoir laissé le temps de faire pénitence ; afin que si par la gravité de ses crimes, il ne mérite pas d'être élevé à la gloire éternelle, il trouve du moins par la vertu de ce sacrifice que nous vous offrons, quelque soulagement à ses peines. »

Aderualde, dans le livre des miracles de saint Benoit, chapitre XXI, écrit que dans l'Eglise de Florence, on adressa des prières au Seigneur, pour les âmes des brigands qui avaient péri dans un combat; *quatenus etsi perpetuis non mereentur absolvi cruciatibus, saltem minoribus multarentur a stricto judice pœnis,* afin que s'ils ne méritaient pas d'être délivrés du supplice éternel, ils obtinssent du moins quelqu'adoucissement aux peines prononcées contre eux par la sévérité du juge.

---

tis defunctis omnibus offeruntur, pro valde bonis gratiarum actiones sunt; pro non valde malis propitiationes sunt; pro valde malis etiamsi nulla sunt adjumenta mortuorum, qualescumque vivorum consolationes sunt. Quibus autem prosunt, aut ad hoc prosunt, ut sit plena remissio, aut certe ut tolerabilior fiat ipsa damnatio.

CAPUT CXI. — Post resurrectionem vero facto universo completoque judicio, suos fines habebunt civitates duæ, una scilicet Christi, altera diaboli; una bonorum, altera malorum; utraque tamen et angelorum et hominum. Istis voluntas, illis facultas non poterit ulla esse peccandi, vel ulla conditio moriendi; istis in æterna vita vere feliciterque viventibus, illis infeliciter in æterna morte sine moriendi (*a*) potestate durantibus, quoniam utrique sine fine. (IV *Sent.*, dist. 50, cap. 1.) Sed in beatitudine isti alius alio præstabilius, in miseria vero illi alius alio tolerabilius permanebunt.

CAPUT CXII. — Frustra itaque nonnulli, imo quam plurimi, æternam damnatorum pœnam et cruciatus sine intermissione perpetuos humano miserantur affectu, atque ita futurum esse non credunt; non quidem Scripturis divinis adversando, sed pro suo motu dura quæque molliendo, et in leniorem flectendo sententiam, quæ putant (*b*) in eis terribilius

---

(*a*) Unus e Vatic. et alius e Colbert. *sine moriendi necessitate.* — (*b*) Plures Mss. *putant magis terribilius.*

été dit, plutôt dans le but d'imprimer une terreur salutaire aux hommes, que dans celui de dire la vérité. Dieu, disent-ils, « n'oubliera pas entièrement sa clémence, et dans sa colère il n'arrêtera pas les effets de sa miséricorde. » (*Ps.* LXXVI, 10.) C'est, en effet, ce qui est écrit dans les saints psaumes; mais il faut en appliquer le sens à ceux que l'Ecriture appelle des vases de miséricorde, parce que, s'ils sont affranchis du malheur éternel, ce n'est pas en considération de leurs mérites, mais par la miséricorde divine. Si toutefois on veut appliquer ces paroles du Psalmiste à tous les hommes, on ne doit pas aller jusqu'à croire qu'il y aura une fin pour le supplice de ceux dont il est dit : « Ils iront au supplice éternel, » car il faudrait croire aussi qu'il y aura une fin au bonheur de ceux dont l'Evangile a dit au contraire : « Mais les justes iront à la vie éternelle. » On peut, toutefois, si l'on veut, penser que le supplice des damnés sera de temps en temps suspendu, comme un adoucissement apporté à leurs tourments. Tout en comprenant la chose de cette manière, on n'en doit pas moins croire que la colère de Dieu, c'est-à-dire, non une perturbation de son esprit divin, mais la condamnation qu'il aura prononcée contre les méchants, ne cessera de peser sur eux, mais que cette colère, tout en restant sur les impies, n'arrêtera pas les effets de sa miséricorde, non en mettant une fin à leur condamnation, mais en l'adoucissant par la suspension momentanée de leur supplice. Le Psalmiste ne dit pas, en effet, que la colère de Dieu aura une fin, ou qu'après la colère viendra la miséricorde, mais que « dans sa colère Dieu n'arrêtera pas les effets de sa commisération. » Quand bien même cette colère serait considérée dans ses effets les moins rigoureux, c'est-à-dire à n'avoir aucune part au royaume de Dieu, à être exilés de la cité de Dieu, à être exclus de la vie de Dieu, à être privés de l'abondance des délices qu'il tient en réserve pour ceux qui le craignent, et qu'il réserve à ceux qui mettent leur espérance en lui; cette punition cependant est si grande, qu'on ne saurait la comparer à aucun tourment que nous puissions imaginer, dussent ces tourments se prolonger pendant une suite innombrable de siècles, si cette colère ou cette punition du Seigneur devait être éternelle.

CHAPITRE CXIII. — La mort des réprouvés, c'est-à-dire leur privation de la vie de Dieu sera donc éternelle et leur sera commune à tous, quelque opinion qu'on se fasse, selon les mouvements d'humanité qu'on éprouve, de la variété de leurs supplices, des soulagements et des intervalles de repos accordés à leurs souffrances, comme la vie éternelle des saints leur sera commune à tous,

esse dicta, quam verius. (IV *Sent.*, dist. 46, cap. I, et XXI, *de Civ. Dei*, cap. XVIII et XXIV.) « Non enim obliviscetur, inquiunt, misereri Deus, aut continebit in ira sua miserationes suas. » (*Psal.* LXXVI, 10.) Hoc quidem in Psalmo legitur sancto : sed de his sine ullo scrupulo intelligitur, qui vasa misericordiæ nuncupantur, quia et ipsi non pro meritis suis, sed Deo miserante de miseria liberantur. Aut si hoc ad omnes existimant pertinere, non ideo necesse est ut damnationem opinentur posse finiri eorum, de quibus dictum est : « Et ibunt isti in supplicium æternum : » (*Matth.*, XXV, 46) ne isto modo putetur habitura finem quandoque felicitas etiam illorum, de quibus e contrario dictum est : « Justi autem in vitam æternam. » Sed pœnas damnatorum certis temporum intervallis existiment, si hoc eis placet, (*a*) aliquatenus mitigari. Etiam sic quippe intelligi potest manere in illis ira Dei (*Joan.*, III, 36), hoc est, ipsa damnatio : (hæc enim vocatur ira Dei, non divini animi perturbatio :) ut in ira sua, hoc est, manente ira sua, non tamen contineat miserationes suas; non æterno supplicio finem dando, sed levamen adhibendo vel interponendo cruciatibus. Quia nec Psalmus ait, ad finiendam iram suam, vel post iram suam; sed, « in ira sua. » Quæ si sola esset quanta ibi minima cogitari potest; perire a regno Dei, exulare a civitate Dei, alienari a vita Dei, carere tam magna multitudine dulcedinis Dei quam abscondit (*b*) timentibus se (*Psal.* XXX, 20), perfecit autem sperantibus in se, tam grandis est pœna, ut ei nulla possint tormenta quæ novimus comparari si illa sit æterna, ista autem sint quamlibet multis sæculis longa.

CAPUT CXIII. — Manebit ergo sine fine mors illa perpetua damnatorum, id est, alienatio a vita Dei, et omnibus erit ipsa communis, (*c*) quælibet homines de varietate pœnarum, de dolorum relevatione vel intermissione pro suis humanis motibus suspicentur : sicut manebit communiter omnium vita æterna

---

(*a*) Quidam Mss. *aliquantum*. — (*b*) Lambertus Danæus loco *timentibus*, substituit *tementibus*, non veterum librorum auctoritate, sed postulante, uti se dicit conjectura, antithesi ad aliud membrum, *sperantibus in se* : sed mala conjectura, ut patet ex Enarratione, *Ps.* XXX, et lib. XXI, *de Civitate Dei*, c. XVIII et XXIV. — (*c*) Sic Mss. At editi, *quamlibet* : qui et infra *bonorum*, pro *honorum*.

quelle que soit la différence des honneurs dont ils brilleront.

Chapitre CXIV. — 30. De cette profession de foi contenue en abrégé dans le Symbole, et qui considérée selon la chair, est le lait des petits enfants; mais qui considérée, approfondie selon l'esprit, est la nourriture des forts, naît l'espérance des fidèles, dont la charité sainte est la compagne inséparable. Mais de toutes ces choses que la foi nous ordonne de croire, il n'y a que celles qui sont renfermées dans l'Oraison dominicale, qui appartiennent à l'espérance. Car comme le disent les saintes Ecritures : « Maudit soit celui qui met son espérance en l'homme; » (*Jérémie*, xvii, 5) et par conséquent quiconque la met en soi-même, est sous le coup de cette malédiction. C'est donc à Dieu seul que nous devons demander tout le bien que nous espérons faire, ou la récompense que nous pouvons espérer de nos bonnes œuvres.

Chapitre CXV. — Dans l'Evangile selon saint Matthieu, l'Oraison paraît contenir sept demandes. Dans les trois premières on demande les biens éternels; dans les quatre autres, les biens temporels, qui sont toutefois nécessaires pour obtenir les biens éternels. Lorsque nous disons : « Que votre nom soit sanctifié, que votre règne arrive, que votre volonté soit faite dans le ciel et sur la terre, » (*Matth.*, vi, 9) (ce que quelques-uns, avec raison, appliquent à l'âme et au corps), nous demandons des biens qui ne doivent pas finir, et qui, commencés ici-bas, s'augmentent en nous, à proportion de nos progrès dans la vertu, et que, comme nous devons l'espérer, nous posséderons pour toujours dans l'autre vie. Mais lorsque nous disons : « Donnez-nous aujourd'hui notre pain quotidien; pardonnez-nous nos offenses, comme nous pardonnons à ceux qui nous ont offensés, et ne nous laissez pas succomber à la tentation, mais délivrez-nous du mal, » qui ne voit pas que ces paroles concernent nos besoins de la vie présente? Ainsi, et la sanctification du nom de Dieu, et son règne, et l'accomplissement de sa volonté dans notre esprit et notre corps, sont des biens que nous posséderons pleinement et sans fin, dans cette vie éternelle, où nous espérons parvenir. Quant au pain que nous demandons, soit qu'on l'entende dans un sens spirituel ou corporel, soit dans l'un et l'autre à la fois, nous l'appelons quotidien, parce qu'il nous est nécessaire ici-bas, pour les besoins de notre âme et de notre corps. C'est aussi pour et dans cette vie, que nous demandons la rémission des péchés, puisque là seulement nous pouvons en commettre; c'est pour et dans cette vie, que nous demandons de ne pas tomber dans les tentations, qui nous attirent et nous poussent au péché; c'est enfin pour

---

sanctorum, qualibet honorum distantia concorditer fulgeant.

Caput CXIV. — 30. Ex ista fidei confessione, quæ breviter Symbolo continetur, et carnaliter cogitata lac parvulorum est, spiritaliter autem considerata atque tractata cibus est fortium, nascitur Spes bona fidelium, cui Caritas sancta comitatur. Sed de iis omnibus quæ fideliter sunt credenda, ea tantum ad spem pertinent quæ oratione Dominica continentur. « Maledictus enim omnis, » sicut divina testantur eloquia, « qui spem ponit in homine : » (*Jerem.*, xvii, 5) ac per hoc et in se ipso qui spem ponit, hujus maledicti vinculo innectitur. Ideo non nisi a Domino Deo petere debemus, quidquid speramus nos vel bene operaturos vel (*a*) pro bonis operibus adepturos.

Caput CXV. — Proinde apud evangelistam Matthæum septem petitiones continere Dominica videtur oratio : quarum tribus æterna poscuntur, reliquis quatuor, temporalia, quæ tamen propter æterna consequenda sunt necessaria. Nam quod dicimus : « Sanctificetur nomen tuum : Adveniat regnum tuum : Fiat voluntas tua sicut in cœlo et in terra, » (*Matth.*, vi, 9, etc.) (quod non absurde quidam intellexerunt, in spiritu et corpore), omnino sine fine retinenda sunt : et hic (*b*) inchoata quantumcumque proficimus augentur in nobis; perfecta vero, quod in alia vita sperandum est, semper possidebuntur. Quod vero dicimus : « Panem nostrum quotidianum da nobis hodie : Et dimitte nobis debita nostra, sicut et nos dimittimus debitoribus nostris : Et ne nos inferas in tentationem : Sed libera nos a malo, » quis non videat ad præsentis vitæ indigentiam pertinere? In illa itaque vita æterna ubi nos semper speramus futuros, et nominis Dei sanctificatio, et regnum ejus, et voluntas ejus in nostro spiritu et corpore perfecte atque immortaliter permanebunt. Panis vero quotidianus ideo dictus est, quia hic est necessarius, quantus animæ carnique tribuendus est, sive spiritaliter, sive carnaliter, sive utroque intelligatur modo. Hic est etiam quam poscimus remissio, ubi est commissio peccatorum; hic tenta-

(*a*) Particula *pro* abest a pluribus Mss. — (*b*) Plerique Mss. *et hic inchoantur, quantumque proficimus.*

et dans cette vie, que nous désirons être délivrés du mal, car dans l'autre vie, nous n'aurons pas besoin de demander rien de toutes ces choses.

Chapitre CXVI. — Saint Luc, l'évangéliste, ne comprend que cinq demandes au lieu de sept, dans l'Oraison dominicale. Il ne contredit pas pour cela saint Matthieu; il n'a fait qu'indiquer, avec la brièveté qui lui est ordinaire, comment il faut entendre les sept demandes de l'autre évangéliste. Selon lui, c'est dans notre esprit que le nom de Dieu est sanctifié, mais c'est à la résurrection de la chair que le règne du Seigneur arrivera. En passant sous silence la troisième demande, il nous fait mieux comprendre qu'elle est la répétition des deux précédentes. Aux deux premières demandes, c'est-à-dire à la sanctification du saint nom de Dieu, et à l'arrivée de son règne, il en ajoute trois autres, le pain quotidien, la rémission des péchés, et l'affranchissement de la tentation. Mais les paroles par lesquelles saint Matthieu termine sa prière : « Délivrez-nous du mal, » sont omises par saint Luc, pour nous faire comprendre qu'elles se rapportent à ce qui a été dit plus haut « de la tentation. » En effet, saint Matthieu dit : « Mais délivrez-nous du mal, » et non pas, et délivrez-nous du mal, nous indiquant ainsi que ce n'est qu'une seule et même demande, comme lorsqu'on dit : Ne faites point ceci, mais faites cela, et qu'ainsi être délivré du mal, c'est n'être pas induit en tentation.

Chapitre CXVII. — 31. Quant à la charité, cette vertu que l'Apôtre dit être plus grande que les deux autres, c'est-à-dire, que la foi et l'espérance, plus elle est grande en nous, meilleurs nous sommes. En effet, lorsqu'on demande si quelqu'un est bon, on ne demande pas ce qu'il croit, ce qu'il espère, mais ce qu'il aime. Car celui dont l'amour a pour but ce qui est bien, doit nécessairement diriger vers le même but sa foi et son espérance. Celui qui n'aime pas, croit inutilement, quand bien même ce qu'il croit serait véritable; comme son espérance serait vaine sans l'amour, quand bien même elle tendrait à l'éternelle et véritable félicité. Il faut donc que dans sa foi et son espérance, l'homme n'ait pour objet que ce qui peut être accordé à ses prières, c'est-à-dire, ce qu'il peut aimer. En effet, bien qu'on ne puisse espérer, sans aimer ce qu'on espère, il peut cependant arriver qu'on n'aime pas la chose sans laquelle il est impossible d'arriver au but de son espérance. On peut, en effet, espérer la vie éternelle, vers laquelle tendent naturellement toutes nos aspirations; et ne pas aimer la justice, sans laquelle nous ne pouvons arriver à l'éternelle vie. La foi chrétienne que recommande l'Apôtre (*Gal.*, v, 6), cette foi qui

---

tiones quæ nos ad peccandum vel alliciunt vel impellunt; hic denique malum unde cupimus liberari : illic autem nihil istorum est.

Caput CXVI. — Evangelista vero Lucas in oratione Dominica petitiones non septem, sed quinque complexus est : nec ab isto utique discrepavit, sed quomodo istæ septem sint intelligendæ, ipsa sua brevitate commonuit. Nomen quippe Dei sanctificatur in spiritu, Dei autem regnum in carnis resurrectione venturum est. Ostendens ergo Lucas tertiam petitionem duarum superiorum esse quodam modo repetitionem, magis eam prætermittendo facit intelligi. (*Luc.*, XI, 2.) Deinde tres alias adjungit, de pane quotidiano, de remissione peccatorum, de tentatione vitanda. At vero quod ille in ultimo posuit : « Sed libera nos a malo; » iste non posuit, ut intelligeremus ad illud superius quod de tentatione dictum est, pertinere. Ideo quippe ait : « Sed libera; » non ait : Et libera, tanquam unam petitionem esse demonstrans : (*a*) [Noli hoc, sed hoc :] ut sciat unusquisque in eo se liberari a malo, quod non infertur in tentationem.

Caput CXVII. — 31. Jam porro Caritas, quam duabus istis, id est : Fide ac Spe majorem dixit Apostolus (I *Cor.*, XIII, 13), quanto in quocumque major est, tanto melior est in quo est. Cum enim quæritur, utrum quisque sit homo bonus, non quæritur quid credat, aut speret, sed quid amet. Nam qui recte amat, procul dubio recte credit et sperat : qui vero non amat, inaniter credit, etiamsi sint vera quæ credit; inaniter sperat, etiamsi ad veram felicitatem doceantur pertinere quæ sperat : nisi et hoc credat ac speret, quod sibi petenti donari possit ut amet. Quamvis enim sperare sine amore non possit, fieri tamen potest ut id non amet, sine quo ad id quod sperat non potest pervenire. Tanquam si speret vitam æternam, (*b*) [quam quis non amat?] et non amet justitiam, sine qua nemo ad illam pervenit. Ipsa est autem fides Christi, quam commendat Apostolus, quæ per dilectionem operatur (*Gal.*, v, 6), et quod in di-

---

(*a*) Sic Mss. Editi autem : *Non hoc.* — (*b*) Editi Am. Er. Dan. et aliquot Mss. *quamvis non habeat, et non amet justitiam.* Lov. et Arn. *quamvis non amet justitiam :* omisso *non habeat.* Emendantur auxilio veterum librorum.

opère par l'amour, qui demande ce qu'elle n'a pas encore dans son amour (*Matth.*, VII, 7), afin de le recevoir; qui cherche pour trouver, qui frappe pour qu'on lui ouvre; cette foi seule obtient et accomplit ce qui est ordonné par la loi. Car sans le don de Dieu, c'est-à-dire, sans le Saint-Esprit, par qui la charité est répandue dans nos cœurs, la loi pourra ordonner, mais sans nous aider à accomplir ce qu'elle commande; elle pourra même rendre prévaricateur celui qui la viole, parce qu'il ne pourra pas s'excuser de l'avoir ignorée. Ce n'est en effet qu'une affection charnelle qui règne là où n'est pas la charité de Dieu.

CHAPITRE CXVIII. — Lorsque, plongé dans les profondes ténèbres de l'ignorance, on vit selon la chair, sans que la raison nous oppose la moindre résistance, c'est, pour ainsi dire, le premier âge ou le premier état de l'homme. Lorsque la loi nous fait connaître le péché, et que, sans être secouru par l'Esprit divin, on succombe en voulant vivre selon la loi, et que, bien qu'avec la conscience de ses iniquités, on est sous l'esclavage du péché, « car on est esclave de celui par lequel on a été vaincu. » (II *Pierre*, II, 19.) Alors la connaissance de la loi, en faisant naître le péché dans l'homme, lui inspire toute espèce de mauvais désirs, en l'exposant à la prévarication; car c'est ainsi que s'accomplissent ces paroles de saint Paul aux Romains : « La loi est entrée dans le monde pour donner lieu à l'abondance du péché; » (*Rom.*, V, 20) c'est là le second état de l'homme. Mais lorsque, sous l'œil miséricordieux du Seigneur, on croit que le secours divin est nécessaire pour accomplir les commandements du Seigneur, et que, conduit par l'Esprit de Dieu, et fortifié par la charité, on commence à avoir des désirs contraires à ceux de la chair (*Gal.*, V, 17), quoiqu'il y ait encore en nous quelque chose de l'homme qui combat contre lui-même, et qu'on ne soit pas encore entièrement guéri de sa faiblesse, on est cependant déjà juste (*Rom.*, I, 17), vivant de la foi et selon la justice, parce que l'amour de la justice triomphe en nous des passions et des mauvais désirs; c'est là le troisième état de l'homme, état de bonne et heureuse espérance. S'il persévère en faisant de continuels progrès dans la vertu, il ne lui reste plus à attendre que la paix, qui est le quatrième état de l'homme, et qui sera parfaite et accomplie après cette vie, d'abord par le repos de l'âme, et ensuite par la résurrection de la chair. Ainsi de ces quatre états, le premier est avant la loi, le second sous la loi, le troisième sous la grâce, le quatrième dans toute la plénitude d'une paix sainte et parfaite. C'est ainsi que Dieu a réglé l'ordre et la marche de son peuple à travers les temps et les siècles, et cela comme il lui a plu, « parce qu'il dispose tout avec poids, avec nombre

---

lectione nondum habet, petit ut accipiat, quærit ut inveniat, pulsat ut aperiatur ei. (*Matth.*, VII, 7.) Fides namque impetrat quod lex imperat. Nam sine Dei dono, id est, sine Spiritu sancto, per quem diffunditur Caritas in cordibus nostris, jubere lex poterit, non juvare; et prævaricatorem insuper facere, qui de ignorantia se excusare non possit. (II *Sent.*, dist. 26, cap. *Et si; Rom.*, V, 5.) Regnat enim carnalis cupiditas, ubi non est Dei Caritas.

CAPUT CXVIII. — Sed cum in altissimis ignorantiæ tenebris nulla resistente ratione secundum carnem vivitur, hæc sunt prima hominis. Deinde cum per legem cognitio fuerit facta peccati, si nondum divinus adjuvat Spiritus, secundum legem volens vivere vincitur et sciens peccat, peccatoque subditus servit : « A quo enim quis devictus est, huic et servus addictus est : » (II *Petr.*, II, 19) id agente scientia mandati, ut peccatum operetur in homine omnem concupiscentiam, cumulo prævaricationis adjecto, atque ita quod scriptum est impleatur : « Lex subintravit, ut abundaret delictum. » (*Rom.*, V, 20.) Hæc sunt secunda hominis. Si autem respexerit Deus, ut ad implenda quæ mandat ipse adjuvare credatur, et agi homo cœperit Dei Spiritu, concupiscitur adversus carnem fortiore robore caritatis (*Galat.*, V, 17) : ut quamvis adhuc sit quod homini repugnet ex homine, nondum tota infirmitate sanata, ex fide tamen justus vivat (*Rom.*, I, 17), justeque vivat, in quantum non cedit malæ concupiscentiæ, vincente (a) delectatione justitiæ. Hæc sunt tertia bonæ spei hominis; in quibus si pia perseverantia quisque proficiat, postrema pax restat, quæ post hanc vitam in requie spiritus, deinde in resurrectione etiam carnis implebitur. Harum quatuor differentiarum prima est ante legem, secunda sub lege, tertia sub gratia, quarta in pace plena atque perfecta. Sic est et Dei populus ordinatus per temporum intervalla, sicut Deo placuit, qui in mensura et numero et pondere cuncta disponit. (*Sap.*, XI, 21.) Nam fuit primitus ante legem; secundo sub lege, quæ data est per Moysen;

(a) Lov. et Arn. *dilectione*, dissentientibus editis aliis et omnibus fere Mss.

et avec mesure. » (*Sagesse,* XI, 21.) Ce peuple a d'abord vécu avant la loi, secondement sous la loi qui a été donnée par Moïse, ensuite sous la grâce qui a été révélée par le premier avénement du divin Médiateur. Mais dans les temps mêmes qui ont précédé, cette grâce n'a pas manqué à ceux auxquels elle devait être communiquée, quoique vu la dispensation des temps, elle fût alors comme voilée et cachée. En effet, les anciens justes n'ont pu être sauvés que par la foi en Jésus-Christ. Or, s'ils ne l'avaient pas connu, comment auraient-ils pu nous l'annoncer tantôt plus, tantôt moins clairement par leur ministère?

CHAPITRE CXIX. — Quel que soit celui de ces quatre âges où la grâce de la régénération ait trouvé un homme, tous ses péchés passés lui ont été remis, et la souillure qu'il avait contractée à sa naissance selon la chair, a été effacée par sa renaissance spirituelle. Il est si vrai que « l'esprit souffle où il veut, » (*Jean,* III, 8) selon les paroles de l'Ecriture, que quelques-uns, même sans passer par le second état, c'est-à-dire, par l'esclavage du péché sous la loi, reçoivent en même temps le commandement, et le secours de Dieu pour l'accomplir.

CHAPITRE CXX. — Avant que l'homme soit en état de comprendre et d'accomplir aucun précepte, il vit nécessairement selon la chair, mais dès qu'il est muni du sacrement de la régénération, la mort n'apportera aucun obstacle à son salut. Car, comme le dit l'Apôtre : « Le Christ est mort, et il est ressuscité, afin de régner sur les morts et sur les vivants, » (*Rom.,* XIV, 9) et le royaume de la mort ne peut être destiné à ceux pour lesquels est mort celui qui « seul est libre entre les morts. » (*Ps.* LXXXVII, 6.)

CHAPITRE CXXI. — 32. Tous les préceptes divins se rapportent donc à la charité dont saint Paul dit : « La fin du précepte est la charité qui procède d'un cœur pur, d'une bonne conscience et d'une foi sincère. » (I *Tim.,* I, 5.) Ainsi la charité est la fin de tout précepte, c'est-à-dire que tous les préceptes tendent à l'accomplissement de la charité. Tout ce qu'on fait ou par crainte d'un châtiment, ou par quelqu'intention charnelle, sans le rapporter à cette charité que le Saint-Esprit répand dans nos cœurs, n'est pas une œuvre accomplie comme elle doit l'être (*Rom.,* V, 5), bien qu'elle en ait l'apparence, car la charité a pour objet Dieu et notre prochain. « Toute la loi et les prophètes, dit le Seigneur, sont renfermés dans ces deux préceptes. » (*Matth.,* XXVII, 40.) L'Evangile et les apôtres y sont également renfermés, car ce sont eux qui nous ont dit : « La charité est la fin du précepte,

---

deinde sub gratia, quæ revelata est per primum Mediatoris adventum. (*Joan.,* I, 17.) Quæ quidem gratia nec antea defuit, quibus eam oportuit impertiri, quamvis pro temporis dispensatione velata et occulta. Neque enim antiquorum quicumque justorum præter Christi fidem salutem potuit invenire, (*a*) aut vero nisi et illis cognitus fuisset, potuisset nobis per eorum ministerium alias apertius, alias occultius prophetari.

CAPUT CXIX. — In quacumque autem quatuor istarum velut ætatum singulum quemque hominem gratia regenerationis invenerit, ibi ei remittuntur præterita universa peccata ; et reatus ille nascendo contractus, renascendo dissolvitur. Tamque multum valet, quod « Spiritus ubi vult spirat, » (*Joan.,* III, 8) ut quidam (*b*) secundum illam servitutem sub lege non noverint, sed cum mandato incipiant adjutorium habere divinum.

CAPUT CXX. — Ante quam possit autem homo capax esse mandati, secundum carnem vivat necesse est : sed si jam sacramento regenerationis imbutus est, nihil ei oberit si tunc ex hac vita migraverit. Quia « ideo Christus mortuus est et resurrexit, ut et vivorum et mortuorum dominetur ; » (*Rom.,* XIV, 9) nec tenebit regnum mortis eum, pro quo mortuus est ille liber in mortuis. (*Psal.* LXXXVII, 6.)

CAPUT CXXI. — 32. Omnia igitur præcepta divina referuntur ad Caritatem, de qua dicit Apostolus : « Finis autem præcepti est Caritas de corde puro, et conscientia bona, et fide non ficta. » (I *Tim.,* I, 5.) Omnis itaque præcepti finis est Caritas, id est, ad Caritatem refertur omne præceptum. (III *Sent.,* dist. 36, cap. *Cum duo sint.*) Quod vero ita sit vel timore pœnæ, vel aliqua intentione carnali, ut non referatur ad illam Caritatem, quam diffundit Spiritus sanctus in cordibus nostris (*Rom.,* V, 5), nondum fit quemadmodum fieri oportet, quamvis fieri videatur. Caritas quippe ista Dei est et proximi : et utique « in his duobus præceptis tota Lex pendet et Prophetæ. » (*Matth.,* XXII, 40.) Adde Evangelium, adde Apostolos : non enim aliunde vox ista est : « Finis præcepti est Caritas : » (I *Tim.,* I, 5) et : « Deus ca-

---

(*a*) Sic Mss. Editi autem : *At vero nisi et illis cognitus fuisset, non potuisset nobis,* etc. — (*b*) Editi, *secundum illam servitutem sub lege esse non noverint.* Verius Mss. *secundam,* absque verbo *esse.* Nempe secundam hanc appellat servitutem sub lege, quam præcessit servitus sub peccato.

et la charité c'est Dieu. » (I *Tim.*, 1, 5; I *Jean*, IV, 16.) Tout ce que Dieu ordonne, comme par exemple : « Vous ne commettrez pas l'adultère, » (*Matth.*, v, 27) et tout ce qu'il n'ordonne pas, mais conseille, comme lorsqu'il est dit : « Il est bon pour l'homme de n'avoir aucun commerce avec la femme; » (I *Corinth.*, VII, 1) tout cela est bien fait, quand on a pour but l'amour de Dieu et de son prochain pour l'amour de Dieu, dans cette vie et dans l'autre. Présentement c'est par la foi que nous aimons Dieu, alors ce sera par la connaissance et la contemplation de lui-même, comme présentement c'est aussi par la foi que nous aimons notre prochain. Car, mortels que nous sommes nous-mêmes, nous ne connaissons pas le cœur des mortels; mais dans l'autre vie, « Dieu éclairera ce qui est aujourd'hui couvert de ténèbres; il mettra au grand jour les pensées les plus secrètes du cœur, et alors chacun recevra de Dieu la louange qu'il mérite; » (I *Cor.*, IV, 5) c'est-à-dire que Dieu nous montrera clairement ce qu'il faut aimer et louer dans le prochain, afin que le bien qui s'y trouve ne soit pas ignoré. La cupidité et l'égoïsme s'affaiblissent à mesure que la charité s'accroît en nous, jusqu'à ce que cette charité ait atteint dans cette vie une grandeur au delà de laquelle elle ne puisse plus s'élever. « Personne, en effet, ne peut arriver à un plus haut degré de charité, que lorsque nous ne craignons pas de sacrifier notre vie pour ceux que nous aimons. » (*Jean*, xv, 13.) Mais les paroles pourraient-elles exprimer, quelle sera dans le ciel la grandeur de la charité, alors qu'il n'y aura plus de passions à vaincre et à réprimer; car l'âme jouira alors d'une santé parfaite, quand elle n'aura plus rien à démêler avec la mort.

CHAPITRE CXXII. — 33. Mais il est temps de terminer ce traité. Je vous laisse à décider si vous devez lui donner le nom de *Manuel*, et l'avoir toujours comme tel entre les mains. Pour moi je n'ai pas voulu rester indifférent à votre zèle et à votre foi en Jésus-Christ, et convaincu de tout le bien qui est en vous, et qui, je l'espère, s'augmentera encore par la grâce de notre Rédempteur, dont vous êtes un des membres que je chéris le plus, j'ai composé pour vous, comme je l'ai pu, cet ouvrage sur la foi, l'espérance et la charité. Puisse sa longueur ne pas vous empêcher de vous en servir avec fruit !

ritas est. » (1 *Joan.*, IV, 16.) Quæcumque ergo mandat Deus, ex quibus unum est : « Non mœchaberis : » (*Matth.*, v, 27) et quæcumque non jubentur, sed spiritali consilio (*a*) monentur, ex quibus unum est : « Bonum est homini mulierem non tangere : » (1 *Cor.*, VII, 1) tunc recte fiunt, cum referuntur ad diligendum Deum, et proximum propter Deum, et in hoc sæculo, et in futuro; nunc Deum per fidem, tunc per speciem, et ipsum proximum nunc per fidem. Non enim scimus mortales corda mortalium, tunc autem « illuminabit Dominus abscondita tenebrarum et manifestabit cogitationes cordis ; et laus erit unicuique a Deo : » (I *Cor.*, IV, 5) quia id laudabitur et diligetur a proximo in proximo, quod ne lateat, ab ipso illuminabitur Deo. (*b*) Minuitur autem cupiditas Caritate crescente, donec veniat (*c*) hic ad tantam magnitudinem, qua major esse non possit : « Majorem enim Caritatem nemo habet, quam ut animam suam quis ponat pro amicis suis. » (*Joan.*, xv, 13.) Ibi autem quis explicet quanta Caritas erit, ubi cupiditas quam vel coercendo superet nulla erit? (*d*) quoniam summa sanitas erit, quando contentio mortis nulla erit.

CAPUT CXXII. — 33. Sed sit aliquando hujus voluminis finis, quod ipse videris utrum Enchiridion vel appellare debeas, vel habere. Ego tamen cum spernenda tua in Christo studia non putarem, bona de te credens in adjutorio nostri Redemptoris (*e*) ac sperans, teque in ejus membris plurimum diligens, librum ad te, sicut valui, utinam tam commodum quam prolixum, de Fide, Spe et Caritate conscripsi.

(*a*) In Mss. *voventur*. — (*b*) Lov. dissentientibus editis aliis et Mss. *Minuetur*. — (*c*) Unus Germanensis Ms. omittit *hic :* quam particulam loco movit Arnaldus, et illud transtulit : *Majorem hic enim caritatem*, etc. — (*d*) Sic plerique Mss. Alii quidam cum Dan. *quam summa*. Lov. et Arn. *quando summa*. — (*e*) Editi, *bona de te credens, in adjutorio nostri Redemptoris confidens ac sperans*. Verbum *confidens* abest a Mss. plerisque, et alia in eis est vocum interpunctio, ut sensus sit, *bona credens ac sperans de te*.

AVERTISSEMENT
SUR
LE LIVRE DU COMBAT CHRÉTIEN

Il faut rapporter ce livre à l'année 396 ou 397 de l'année de Notre-Seigneur, car dans le livre second des *Rétractations*, il est mis le troisième de ceux que saint Augustin composa après son élévation à l'épiscopat, qui eut lieu à la fin de l'année 395. En effet, au chapitre XXIX, où il détourne les chrétiens de l'hérésie des donatistes, divisée elle-même en plusieurs schismes; il fait observer avec raison, que de même que Donat avait voulu *diviser le Christ*; de même il était à son tour divisé chaque jour par ses propres partisans. Il ne cite point cependant, dans l'intérêt de la cause qu'il soutient, de faire mention que Prétextat et Félicien, exclus du sein de l'Eglise par la célèbre sentence du concile de Bagaie, avaient été ensuite reçus par les donatistes dans leur communion, quoique cette réception ait eu lieu vers le commencement de l'année 397. Et cela n'est pas sans importance pour confirmer l'opinion, que nous avons émise dans la préface du tome deuxième, où en parlant de la date de la lettre XXXI à saint Paulin, nous n'avons pas voulu la ranger dans les livres à Simplicien, qu'on a coutume de rapporter à l'année 397, en sorte qu'on peut rapporter ces livres à l'année 396, puisque dans les *Rétractations*, il en est fait mention avant l'opuscule du *Combat chrétien*.

Saint Augustin a intitulé ce livre: *Combat chrétien*, parce que dans cet ouvrage il apprend aux chrétiens à combattre le démon. Il leur dit que c'est par la sincérité de leur foi, et la sainteté de leurs mœurs, qu'ils doivent combattre l'ennemi invisible. C'est pourquoi il leur recommande avant tout de chercher à vaincre leurs passions, à triompher des désirs de la

ADMONITIO
IN LIBRUM DE AGONE CHRISTIANO.

Adscribendus iste liber anno Domini supra trecentesimum aut nonagesimosexto, aut nonagesimo septimo. Nam tertio loco positus in *Retractationum* libro secundo reperitur, inter illa Opuscula, quæ Augustinus post susceptum episcopatum (quod munus exeunte anno 395, indeptus est) prima confecit. Enim vero in capite XXIX, ubi Christianos deterret atque avocat a Donatistarum schismate, quod varias in partes discissum merito fuisse observat, ut quomodo Christum dividere conatus erat, sic ipse a suis Donatus quotidiana concisione divideretur: illic tamen ad causæ utilitatem non trahit, quod Prætextatum et Felicianum Donatistæ, utrumque propter scelera a se percelebri sententia concilii Bagaiensis ejectum, recepissent postea in suam communionem: tametsi istæc receptio circa initium anni 397 contigerit. Neque vero parum id momenti habet ad roborandam opinionem, quam in II Tomi præfatione, cum de ætate Epistolæ XXXI ad Paulinum scriptæ diceremus, liberam esse voluimus de libris ad Simplicianum, quos referre solent ad annum 397, ut eos scilicet libros (quando quidem in Retractationibus ante Opus de Agone recensentur) ad annum 396, revocare liceret.

De Agone Christiano librum appellavit Augustinus, quia Christianos ad pugnandum cum diabolo erudit. Invisibilem hostem debellari docet recta fide et probis moribus. Quapropter monet

chair et à se soumettre à Dieu. Ensuite comme c'est par la foi que nous commençons à nous soumettre à Dieu, il nous exhorte à nous en tenir au symbole de la foi catholique, et à rejeter toutes les hérésies qui y seraient contraires. Il cite dans ce livre quelques-unes des principales sectes hérétiques, mais l'ouvrage en lui-même paraît avoir principalement pour but de combattre la doctrine des Manichéens, afin de détourner le peuple de cette hérésie aussi insensée que sacrilége. C'est contre eux qu'est dirigée, non-seulement la première partie de cet opuscule, dans laquelle le saint docteur condamne les rêveries de ces hérétiques, sur le combat de la race des ténèbres révoltée contre Dieu, mais encore la seconde partie, où il fait voir la simplicité, et la pureté de la foi chrétienne, que les Manichéens tournaient en ridicule.

Cassiodore Sénator fait mention de cet ouvrage dans son livre *de Institutione divinarum litterarum*, chap. XVI, où il dit : « Le livre que saint Augustin a composé sur le *Combat chrétien*, vous est très-nécessaire à vous qui, ayant foulé aux pieds toutes les vanités du siècle, combattez en véritables et zélés chrétiens. »

in primis, ut contra cupiditates decertemus, et corpus nostrum servituti, nosque ipsos Deo subjiciamus. Deinde vero quia subjici Deo per fidem incipimus, ad catholicæ fidei Regulam, rejectis contrariis hæresibus, tenendam cohortatur. Præcipuas quasdam hæreticorum sectas hic nominat : sed contra Manichæos præsertim fecisse librum videtur, ut ab illa stolida æque ac sacrilega hæresi plebem averteret. In eos est non tantum prima pars libri, qua explodit horum somnia de pugna Gentis tenebrarum rebellantis adversus Deum; sed altera etiam pars, qua fidei Christianæ, quam hæretici iidem irridebant, simplicitatem et sinceritatem commendat.

Hujus Operis meminit Cassiodorus Senator in libro de *Institutione divinarum litterarum*, cap. XVI. « Ejusdem, ait Augustini liber unus, quem de *Agone Christiano* composuit, maxime vobis necessarius, qui calcato sæculo desudatis in certamine Christiano. »

LIVRE II DES RÉTRACTATIONS, CHAPITRE III

Le livre sur le *Combat chrétien* renfermant le symbole de la foi, et les préceptes d'une bonne et sainte vie, a été écrit en style peu élevé, pour les frères qui ne connaissent pas parfaitement la langue latine. Dans le passage où je dis : « N'écoutons pas ceux qui nient la résurrection future de la chair, et qui citent à l'appui de leur opinion les paroles de saint Paul (*ch.* XXXII) : La chair et le sang ne posséderont pas le royaume de Dieu. Ils ne comprennent pas ce que dit le même Apôtre (1 *Corinth.*, XV, 50) : Il faut que cette chair corruptible soit revêtue d'incorruptibilité, et que ce corps mortel, soit revêtu d'immortalité. (1 *Corinth.*, XV, 53.) En effet, lorsque cela aura été accompli, il n'y aura plus ni chair, ni sang, mais un corps céleste. » Dans ce passage, dis-je, j'ai voulu faire voir qu'il ne faut pas interpréter ces paroles, dans le sens que la chair ne sera plus une substance, mais que par le nom de chair et de sang, l'Apôtre a voulu désigner la corruption même

LIBRI II RETRACTATIONUM CAPUT III.

Liber de *Agone Christiano* fratribus in eloquio Latino ineruditis humili sermone conscriptus est, fidei Regulam continens, et præcepta vivendi. In quo illud quod positum est : « Nec eos audiamus, qui carnis resurrectionem futuram negant, et commemorant quod ait Paulus apostolus (*In cap.* XXXII) : Caro et sanguis regnum Dei non possidebunt; non intelligentes quod ipse dicit Apostolus (1 *Cor.*, XV) : Oportet corruptibile hoc induere incorruptionem, et mortale hoc induere immortalitatem. Cum enim hoc factum fuerit, jam non erit caro et sanguis, sed cœleste corpus : » non sic accipiendum est, quasi carnis non sit futura substantia; sed carnis et sanguinis nomine ipsam corruptionem carnis et sanguinis intelli-

du sang et de la chair, corruption qui n'aura pas lieu dans le royaume du ciel, où la chair sera revêtue d'incorruptibilité. On pourrait aussi entendre que, par les mots de chair et de sang, l'Apôtre a voulu exprimer les œuvres du sang et de la chair, et faire comprendre que le royaume de Dieu ne sera point possédé par ceux qui jusqu'à la fin, persévèrent dans leur amour, et leur attachement à ces œuvres charnelles. Ce livre commence ainsi : « La couronne de la victoire. »

gendus est Apostolus nuncupasse, quæ utique in regno illo non erit, ubi caro incorruptibilis erit. Quamvis et aliter possit intelligi, ut carnem et sanguinem opera carnis et sanguinis dixisse accipiamus Apostolum, et eos regnum Dei non possessuros, qui perseveranter ista dilexerint. Hic liber sic incipit : « Corona victoriæ. »

SUR

LE COMBAT CHRÉTIEN

LIVRE UNIQUE [1]

Saint Augustin exhorte les chrétiens à combattre le démon. Il fait voir que nous en triomphons, lorsque nous sommes vainqueurs de nos passions, et que nous avons réduit notre propre corps à l'esclavage. Il nous enseigne que le corps ne peut nous être soumis, qu'autant que nous nous soumettons nous-mêmes à Dieu, que toute créature doit servir ou volontairement ou nécessairement. Il fait voir ensuite que la foi est d'un puissant secours à la faiblesse humaine, et quel remède efficace cette faiblesse a trouvé dans la divine incarnation du Fils de Dieu. Enfin, parcourant chacun des articles de la foi compris dans le Symbole, il fait voir les différentes hérésies, qui se sont élevées contre cette foi, et ordonne de les éviter.

CHAPITRE I. — 1. La couronne de la victoire n'est promise qu'à ceux qui combattent. Mais les divines Ecritures nous disent continuellement que cette couronne est promise seulement à ceux qui sont vainqueurs. Pour ne pas citer tous les passages qu'elles renferment à ce sujet, contentons-nous de rapporter les paroles de l'Apôtre : « J'ai combattu fortement, j'ai achevé ma course, j'ai gardé la foi, il ne me reste qu'à attendre la couronne de justice qui m'est réservée. » (II *Tim.*, IV, 7 et 8.) Nous devons donc connaître quel est l'ennemi que nous avons à vaincre, pour obtenir la couronne promise. Cet ennemi est celui dont Notre-Seigneur a triomphé le premier, afin que nous en triomphions nous-mêmes, en restant fidèlement attachés à la sainte loi. En effet, la vertu, la sagesse et le Verbe de Dieu par qui tout a été créé, et qui n'est autre que le Fils unique de Dieu, est éternellement immuable, éternellement au-dessus de toute créature. Or, comme toute créature, même celle qui n'a point péché, est au-dessous de lui, combien plus doit y être celle que le péché a déjà souillée ? Or, puisque tous les saints anges sont soumis à sa puissance, sa domination doit à plus forte raison, s'étendre sur tous les anges prévaricateurs, dont le démon est le chef et le prince. Mais comme le démon avait trompé notre nature, le Fils unique de Dieu a daigné se revêtir de notre propre nature, afin de vaincre par elle le

(1) Ecrit l'an 396 ou peu après.

DE AGONE CHRISTIANO

LIBER UNUS.

Hortatur et instituit ad decertandum Christiana pugna cum diabolo. Hunc vinci a nobis ac subigi, quando vincuntur cupiditates et corpus in servitutem redigitur; ipsum vero corpus servituti subjici docet, si nos ipsos subjiciamus Deo, cui creatura omnis aut voluntate servit aut necessitate. Subsidio fidei munitam esse humanam imbecillitatem, eique per Filium Dei carnem factum quam opportuno remedio subventum esse ostendit. Postea catholicæ fidei capita singula Symbolo comprehensa percurrens, exortas varias in eam hæreses detegit et vitari jubet.

CAPUT I. — 1. Corona victoriæ non promittitur nisi certantibus. In divinis autem Scripturis assidue invenimus promitti nobis coronam, si vicerimus. (*Apoc.*, II, 10, etc.) Sed ne longum sit multa commemorare, apud apostolum Paulum manifestissime legitur : « Opus perfeci, cursum consummavi, fidem servavi, jam superest mihi corona justitiæ. » (II *Tim.*, IV, 7, 8.) Debemus ergo cognoscere quis sit ipse adversarius, quem si vicerimus coronabimur. Ipse est enim quem Dominus noster prior vicit, ut etiam nos in illo permanentes vincamus. Et Dei quidem Virtus atque sapientia, et Verbum per quod facta sunt omnia, qui Filius Dei unicus est, super omnem creaturam semper incommutabilis manet. Et quoniam sub illo est creatura etiam quæ non peccavit, quanto magis sub illo est omnis creatura peccatrix ? Ergo quoniam sub illo sunt omnes sancti Angeli, multo magis sub illo sunt omnes prævaricatores angeli, quorum diabolus princeps est. Sed quia naturam nostram deceperat, dignatus est unigenitus

démon qui nous avait séduits, et pour mettre sous notre puissance, celui qu'il tient éternellement sous la sienne. C'est ce qu'il nous indique lui-même en disant : « Maintenant le prince du monde a été chassé. » (*Jean*, XII, 31.) Non pas qu'il ait été chassé du monde, comme le pensent quelques hérétiques, mais du cœur de ceux qui sont sincèrement attachés à la parole de Dieu, et qui n'aiment pas le monde, dont le démon est le prince. Il en est le prince, parce qu'il règne sur ceux qui aiment les biens temporels, et les choses visibles de la terre ; non pas qu'il soit le souverain maître de ce monde, mais seulement le prince des mauvaises passions par lesquelles on désire tout ce qui est passager, en sorte qu'il a pour sujets, ceux qui négligent ce qu'ils doivent au seul Dieu véritable et éternel, et qui chérissent ce qui est frivole et sujet au changement. « La cupidité, en effet, est la racine de tous les maux, et quelques-uns en étant possédés, se sont égarés de la foi, et se sont jetés dans de grandes douleurs. » (1 *Tim.*, VI, 10.) C'est par cette cupidité, cet amour des choses de la terre, que le démon règne dans l'homme, et en tient le cœur soumis à sa puissance. Tels sont tous ceux qui font de ce monde l'objet de leur amour. Mais on parvient à se délivrer du démon, en renonçant de tout son cœur à ce monde ; et on renonce au démon qui est le prince de ce monde, en renonçant à ses séductions, à ses pompes et à ses anges. C'est pourquoi le Seigneur portant déjà en lui-même victorieuse et triomphante, la nature humaine dont il s'était revêtu, a dit : « Sachez que j'ai vaincu le monde. » (*Jean*, XVI, 33.)

CHAPITRE II. — Il y a beaucoup d'hommes qui disent : Comment pouvons-nous vaincre le démon, puisque nous ne le voyons pas ? Mais nous avons un Maître divin, qui a daigné nous apprendre les moyens de triompher des ennemis invisibles. C'est de lui que l'Apôtre dit : « Ayant désarmé les principautés et les puissances, il les a exposées à l'ignominie, après avoir triomphé d'elles par sa propre puissance. » (*Coloss.*, II, 15.) On est donc victorieux des puissances invisibles, quand on l'est des passions invisibles elles-mêmes. Or, puisque c'est en nous seuls que nous pouvons vaincre les passions qui nous attachent aux choses temporelles, c'est en nous également que nous devons vaincre celui qui, par ces passions, exerce son empire sur l'homme. Dieu en disant au démon : « Tu mangeras la poussière durant tous les jours de ta vie, » (*Genèse*, III, 14) a dit au pécheur : « Tu n'es que poussière, et tu retourneras en poussière. » (*Genèse*, III, 19.) Le pécheur a donc été donné au démon pour lui servir de nourriture. Ne soyons pas poussière, si nous ne voulons pas servir de nourriture au serpent. En effet, comme ce que nous mangeons

---

Dei Filius ipsam naturam nostram suscipere, ut de ipsa diabolus vinceretur, et quem semper ipse sub se habet, etiam sub nobis eum esse faceret. Ipsum significat dicens : « Princeps hujus mundi missus est foras. » (*Joan.*, XII, 31.) Non quia extra mundum missus est, quomodo quidam hæretici putant : sed foras ab animis eorum qui cohærent verbo Dei, et non diligunt mundum, cujus ille princeps est; quia dominatur eis qui diligunt temporalia bona, quæ hoc mundo visibili continentur : non quia ipse dominus est hujus mundi, sed princeps cupiditatum earum quibus concupiscitur omne quod transit; ut ei subjaceant qui negligunt æternum Deum, et diligunt instabilia et mutabilia. « Radix enim est omnium malorum cupiditas, quam quidam appetentes a fide erraverunt, et inseruerunt se doloribus multis. » (1 *Tim.*, VI, 10.) Per hanc cupiditatem regnat in homine diabolus, et cor ejus tenet. Tales sunt omnes qui diligunt istum mundum. Mittitur autem diabolus foras, quando ex toto corde renuntiatur huic mundo. Sic enim renuntiatur diabolo, qui princeps est hujus mundi, cum renuntiatur corruptelis et pompis et angelis ejus. Ideoque ipse Dominus jam triumphantem naturam hominis portans : « Scitote, inquit, quia ego vici mundum. » (*Joan.*, XVI, 33.)

CAPUT II. — 2. Multi autem dicunt : Quomodo possumus vincere diabolum, quem non videmus ? Sed habemus magistrum, qui nobis demonstrare dignatus est, quomodo invisibiles hostes vincantur. De illo enim dicit Apostolus : « Exuens se carne principatus et potestates exemplavit, fiducialiter triumphans eos in semetipso. » (*Coloss.*, II, 15.) Ibi ergo vincuntur inimicæ nobis invisibiles potestates, ubi vincuntur invisibiles cupiditates : et ideo quia in nobis ipsis vincimus temporalium rerum cupiditates, necesse est ut in nobis ipsis vincamus et illum, qui per ipsas cupiditates regnat in homine. Quando enim dictum est diabolo : « Terram manducabis : » dictum est peccatori : « Terra es, et in terram ibis. » (*Gen.*, III, 14, 19.) Datus est ergo in cibum (*a*) diabolo peccator. Non simus terra, si nolu-

(*a*) plerique Mss. *diaboli*.

CHAPITRE IV.

se convertit en notre propre substance, de manière que notre nourriture devient, ce que nous sommes selon le corps; de même par la dissolution de nos mœurs, par notre perversité, par notre orgueil, par notre impiété, nous devenons ce que le démon est lui-même, c'est-à-dire semblables à lui et soumis à lui, comme notre corps l'est à nous-mêmes. Voilà ce qu'on appelle servir de nourriture au serpent. Quiconque craint le feu éternel réservé à Satan et à ses anges, doit donc s'efforcer d'en triompher en lui-même. En effet, nous sommes intérieurement vainqueurs des ennemis qui nous attaquent extérieurement, en triomphant des passions et des concupiscences, par lesquelles ces ennemis exercent leur empire sur nous, et entraînent avec eux dans l'abîme tous ceux qui leur ressemblent.

3. C'est ce que l'Apôtre veut nous faire entendre, lorsqu'en parlant du combat, qu'il soutient contre les puissances extérieures, il dit : « Ce n'est pas contre des hommes de chair et de sang que nous avons à combattre, mais contre les principautés, contre les puissances, contre les princes du monde, c'est-à-dire de ce siècle de ténèbres, contre les esprits de malice répandus dans les airs. »

Chapitre III. — On appelle aussi ciel cet air, siège des vents, des nuages, des tempêtes et des tourbillons, comme on le voit dans beaucoup de passages des saintes Ecritures, par exemple :

« Le Seigneur fit entendre son tonnerre du haut du ciel; » (*Ps.* xvii, 14) et dans un autre endroit : « Les oiseaux des cieux, » (*Ps.* viii, 9) tandis qu'évidemment c'est dans les airs que volent les oiseaux. Nous aussi, dans le langage ordinaire, nous donnons à l'air le nom de ciel. Ainsi, lorsque nous demandons si le temps est serein ou nuageux, nous disons quelquefois : Quel est l'état de l'air? comme quelquefois également : Quel est l'état du ciel? Je dis cela pour empêcher de croire que les esprits du mal habitent dans les régions, où Dieu a établi le soleil, la lune et les étoiles. L'Apôtre appelle spirituels, les démons du mal, parce que les divines Ecritures désignent aussi les mauvais anges par le nom d'esprits. Il les appelle princes de ténèbres, dans le même sens qu'il donne le nom de ténèbres, aux pécheurs sur lesquels ces esprits ont de l'empire. C'est ainsi que dans un autre passage il dit aux Ephésiens : « Vous étiez autrefois ténèbres, mais maintenant vous êtes devenus lumière dans le Seigneur, » (*Ephés.*, v, 8) parce que de pécheurs, ils étaient devenus justes. Ne croyons donc pas que le démon et ses anges habitent au haut des cieux, d'où nous croyons qu'ils ont été précipités.

Chapitre IV. — 4. C'est là le principe de l'hérésie des Manichéens. Ils prétendent qu'avant la création du monde, il y avait une race de ténèbres, qui se révolta contre Dieu, et les insensés croient

---

mus manducari a serpente. Sicut enim quod manducamus, in nostrum corpus convertimus, ut cibus ipse secundum corpus hoc efficiatur quod nos sumus : sic malis moribus per nequitiam et superbiam et impietatem hoc efficitur quisque quod diabolus, id est, similis ejus ; et subjicitur ei, sicut subjectum est nobis corpus nostrum. Et hoc est quod dicitur, manducari a serpente. Quisquis itaque timet illum ignem, qui paratus est diabolo et angelis ejus (*Matth.*, xxv, 41), det operam triumphare de illo in semetipso. Eos enim qui foris non oppugnant, intus vincimus, vincendo concupiscentias per quas nobis dominantur. Et quos invenerint sui similes, secum ad pœnas trahunt.

3. Sic et Apostolus dicit, quod in semetipso pugnat adversus potestates exteriores. Ait enim : « Non est nobis colluctatio adversus carnem et sanguinem, sed adversus principes et potestates hujus mundi, rectores harum tenebrarum, adversus spiritalia nequitiæ in cœlestibus. » (*Ephes.*, vi, 12.)

Caput III. — Cœlum enim dicitur et iste aer, ubi venti et nubes et procellæ et turbines fiunt, sicut etiam Scriptura dicit multis locis : « Et intonuit de cœlo Dominus : » (*Psal.* xvii, 14) et, « aves cœli, » et « volatilia cœli ; » (*Psal.* viii, 9) cum manifestum sit aves in aere volare. Et nos in consuetudine hunc aerem cœlum appellamus : nam cum de sereno vel nubilo quærimus (*Matth.*, vi, 26), aliquando dicimus : Qualis est aer? aliquando : Quale est cœlum? Hoc dixi, ne quis existimet ibi habitare mala dæmonia, ubi solem et lunam stellas Deus ordinavit. Quæ mala dæmonia ideo Apostolus appellat spiritalia (*Ephes.*, vi, 12), quia etiam mali angeli in Scripturis divinis spiritus appellantur. Ideo autem rectores harum tenebrarum eos dicit, quoniam peccatores homines tenebras appellat, quibus isti dominantur. Ideo et alio loco dicit : « Fuistis enim aliquando tenebræ, nunc autem lux in Domino : » (*Ephes.*, v, 8) quia ex peccatoribus justificati erant. Non ergo arbitremur in summo cœlo habitare diabolum cum angelis suis, unde lapsum esse credimus.

Caput IV. — 4 Sic enim erraverunt Manichæi, qui dicunt ante mundi constitutionem fuisse gentem tenebrarum, quæ contra Deum rebellavit : in quo bello credunt miseri omnipotentem Deum non sibi aliter potuisse succurrere, nisi partem suam contra

que dans cette guerre, le Dieu tout-puissant n'eut d'autre moyen de se défendre que d'envoyer, contre ces ennemis, une partie de lui-même. Les princes de cette race, disent-ils, dévorèrent cette partie de Dieu, et s'apaisèrent, afin de pouvoir servir à la création du monde. Ainsi Dieu, selon eux, ne remporta la victoire qu'au prix des plus grandes calamités, de tourments infinis, et au détriment de ses propres membres. Ces membres divins, ajoutent-ils encore, se mêlèrent aux entrailles de ces princes des ténèbres, dont ils calmèrent la fureur. Insensés, qui ne comprennent pas ce qu'il y a d'impie, et de sacrilége dans une pareille doctrine. N'est-ce pas, en effet, un crime affreux de croire que Dieu dont la puissance est infinie, a dû combattre contre les ténèbres, non par ce qu'il avait créé, mais par sa propre nature? Leur folie va plus loin encore. Ils prétendent que ces esprits de ténèbres devinrent meilleurs après leur défaite, parce que leur fureur avait été calmée, mais que la nature de Dieu qui triompha dans cette lutte devint très-malheureuse, et qu'en se mêlant à la race des ténèbres, elle perdit son intelligence et sa béatitude, pour être désormais sujette à de graves erreurs et à de grands désastres. S'ils disaient que la nature de Dieu a pu enfin tout entière recouvrer sa première pureté, ce serait déjà une grande impiété de croire qu'une partie de la nature divine ait pu rester si longtemps exposée à des erreurs et à des peines, sans l'avoir mérité par aucun péché; mais les malheureux vont jusqu'à dire, que cette partie de la substance divine, non-seulement n'a pu être entièrement purifiée, mais encore que cette partie qui ne l'a pas été, s'est engagée dans des liens qui l'attachent au tombeau de l'iniquité et de la malice, et qu'ainsi cette partie de Dieu, pure de tout péché, est éternellement malheureuse, éternellement enchaînée dans la prison des ténèbres. Ces impies parlent ainsi pour tromper les esprits faibles. Mais qui serait assez simple pour ne pas comprendre, que c'est un sacrilége d'affirmer que Dieu, dont la puissance est infinie, a été forcé, par la nécessité, de livrer à tant de calamités et à une telle impureté, une sainte et innocente partie de sa nature, sans pouvoir la délivrer tout entière, d'enchaîner lui-même dans des liens éternels, cette partie qu'il était impuissant à sauver? Qui n'aurait point horreur d'une pareille doctrine? Qui n'en comprendrait pas tout l'odieux et l'impiété? Mais lorsque ces hérétiques cherchent à tromper les faibles, ils se gardent bien de leur débiter d'abord de pareilles folies; ils seraient bien vite tournés en ridicule et abandonnés par tous; ils choisissent d'abord quelques passages des saintes Ecritures, que les esprits simples ne comprennent pas, et parvien-

---

eam mitteret. Cujus gentis principes, sicut illi dicunt, devoraverunt partem Dei, et temperati sunt ut posset mundus de illis fabricari. Sic dicunt Deum pervenisse ad victoriam cum magnis calamitatibus et cruciatibus et miseriis membrorum suorum : quæ membra dicunt esse commixta tenebrosis visceribus principum illorum, ut eos temperarent, et a furore compescerent. Et non intelligunt tam sacrilegam esse suam sectam, ut credant omnipotentem Deum non per creaturam quam fecerit, sed per ipsam naturam suam bellasse cum tenebris : quod nefas est credere. Neque hoc solum, sed etiam illos qui victi sunt, factos esse meliores, quia furor eorum compressus est : Dei autem naturam quæ vicit, factam esse miserrimam. Dicunt etiam eam per ipsam commixtionem perdidisse intellectum et beatitudinem suam, et magnis erroribus et cladibus esse implicatam. Quam si aliquando vel totam purgari dicerent, magnam tamen impietatem contra omnipotentem Deum affirmarent, cujus partem crederent tanto tempore in erroribus et pœnis esse jactatam sine aliquo peccati crimine. Nunc vero infelices audent adhuc dicere nec totam posse purgari ; et ipsam partem quæ purgari non potuerit, proficere ad vinculum, ut inde involvatur et illigetur malitiæ (*a*) sepulcro ; et sic ibi semper sit pars ipsa Dei misera, quæ nihil peccavit, et (*b*) affigatur in æternum carcere tenebrarum. Hoc illi dicunt, ut simplices animas fallant. Sed quis tam simplex est, ut ista non sentiat esse sacrilega, quibus affirmant omnipotentem Deum necessitate oppressum esse, ut partem suam bonam et innocentem tantis cladibus obruendam et tanta immunditia inquinandam daret, ut nec totam liberare posset ; et quod liberare non potuit, æternis vinculis colligaret ? Quis ergo ista non exscretur ? Quis non intelligat impia esse et nefanda ? Sed illi quando capiunt homines, non ista prius dicunt ; quæ si dicerent, riderentur, aut (*c*) fugerentur ab omnibus : sed eligunt capitula de Scripturis, quæ simplices homines non intelligunt ; et per illa

---

(*a*) Omnes Mss. *sepulcrum*. — (*b*) Nonnulli Mss. *affigatur* (vel *affigitur*), *in æternum carceri tenebrarum*. — (*c*) Sic Parv. id est editio Joannis Parvi, et plures Mss. At editiones aliæ, *fugerentur*. Tres Mss. *fugerentur ab hominibus*.

nent à surprendre des âmes sans expérience, en leur demandant d'où vient le mal. Quand ils leur citent, par exemple, ce passage de l'Apôtre, où il est dit : « Ces princes des ténèbres, ces esprits de malice répandus dans les airs, » (*Ephés.*, VI, 12) ils demandent à quelqu'un, qui ne comprend pas le sens des divines Ecritures, et qu'ils veulent tromper, où sont « dans le ciel ces princes des ténèbres? » Et comme le malheureux est incapable de leur répondre, ils lui traduisent ce passage, pour satisfaire sa curiosité, car tout esprit ignorant est curieux de sa nature. Mais celui qui est bien pénétré de la foi catholique, et dont la vie est pure et la piété sincère, bien qu'ignorant l'hérésie dans laquelle on veut l'attirer, ne garde cependant pas le silence. Car il est impossible de tromper celui qui connaît déjà tout ce qui concerne la foi chrétienne, c'est-à-dire la foi catholique répandue dans tout l'univers, et qui, par le secours du Seigneur, est désormais à l'abri de l'impiété des pécheurs et même de l'indifférence de ses propres enfants (1).

CHAPITRE V.—5. Lorsqu'en citant le passage où l'apôtre saint Paul dit que nous avons à combattre contre les princes des ténèbres, et contre les esprits de malice répandus dans les airs, nous avons prouvé que la couche d'air qui environne la terre était souvent appelée le ciel, il faut croire que ce combat à soutenir est contre le démon et ses anges, qui se plaisent à troubler notre esprit. En effet, l'Apôtre dans un autre endroit appelle aussi le démon « prince de la puissance de l'air. » (*Ephés.*, II, 2.) Cependant le passage où il dit : « Les esprits de malice répandus dans les airs, » (*Ephés.*, VI, 12) peut être compris autrement, par exemple, que ce ne sont pas les anges prévaricateurs qui sont dans les airs, c'est-à-dire dans le ciel, mais plutôt nous-mêmes, dont il dit dans un autre endroit : « Mais pour nous, nous vivons déjà dans le ciel. » (*Philip.*, III, 20.) Ainsi habitant déjà le ciel, c'est-à-dire marchant dans la voie des préceptes spirituels de Dieu, la lutte que nous avons à soutenir, est contre les esprits de malice, qui cherchent à nous retirer de notre céleste demeure. Tous nos soins doivent donc tendre à chercher les moyens de combattre et de vaincre ces ennemis que nous ne voyons pas ; que personne ne soit assez sot pour croire que c'est contre l'air même que nous avons à combattre.

CHAPITRE VI. — 6. C'est ce que l'Apôtre nous apprend, quand il dit : « Lorsque je combats, je ne frappe pas vainement l'air, mais je châtie mon corps et le réduis en servitude, de peur qu'après avoir prêché aux autres, je ne sois ré-

---

(1) Les manuscrits ne sont pas d'accord sur le texte de cette phrase. Quatre d'entre eux écrivent *de negligentibus autem suis*. Sept autres portent *negligentes autem etiam suos*. Les éditions d'Amerb., d'Erasme et de Louvain donnent *negligentes autem sui*. Cette variante nous paraissant plus claire, nous l'avons adoptée dans notre traduction.

---

decipiunt animas imperitas, quærendo unde sit malum. Sicut in isto capitulo faciunt, quod ab Apostolo scriptum est : « Rectores harum tenebrarum, et spiritalia nequitiæ in cœlestibus. » (*Ephes.*, VI, 12.) Quærunt enim deceptores illi, et interrogant hominem Scripturas divinas non intelligentem, unde sint in cœlo rectores tenebrarum : ut cum responderé non potuerit, traducatur ab eis per curiositatem : quia omnis anima indocta curiosa est. Qui autem fidem catholicam bene didicit, et bonis moribus et vera pietate munitus est, quamvis eorum hæresim nesciat, respondet illis tamen. Nec enim decipi potest, qui jam novit quid pertineat ad Christianam fidem, quæ catholica dicitur, per orbem terrarum sparsa, et contra omnes impios et peccatores, negligentes autem etiam suos, Domino gubernante secura.

CAPUT V. — 5. Quoniam ergo dicebamus Apostolum Paulum dixisse habere nos colluctationem adversus rectores tenebrarum et spiritalia nequitiæ in cœlestibus ; et probavimus etiam istum aerem terræ proximum cœlum vocari : oportet credere adversum diabolum et angelos ejus nos dimicare, qui gaudent perturbationibus nostris. Nam et ipse Apostolus alio loco diabolum principem potestatis aeris hujus appellat. (*Ephes.*, II, 2.) Quamvis ille locus, ubi ait : « Spiritalia nequitiæ in cœlestibus, » (*Ephes.*, VI, 12) possit et aliter intelligi, ut non ipsos prævaricatores angelos in cœlestibus esse dixerit, sed nos potius, de quibus alio loco dicit : « Conversatio nostra in cœlis est : » (*Philip.*, III, 20) ut nos in cœlestibus constituti, id est, in spiritalibus præceptis Dei ambulantes, dimicemus adversus spiritalia nequitiæ, quæ nos inde conantur abstrahere. Magis ergo illud quærendum est, quomodo adversus eos, quos non videmus, pugnare possimus, et vincere : ne putent stulti adversus aerem nos debere certare.

CAPUT VI. — 6. Docet itaque Apostolus ipse, dicens : « Non sic pugno, quasi aerem cædens : sed castigo corpus meum, et in servitutem redigo, ne forte aliis prædicans, ipse reprobus inveniar. » (1 *Cor.*, IX, 26, 27.) Item dicit : « Imitatores mei

prouvé moi-même. » (I *Corinth.*, ix, 26-27.) Il dit aussi : « Soyez mes imitateurs, comme moi je le suis du Christ. » Saint Paul veut nous faire entendre par là, qu'il avait triomphé en lui-même des puissances de ce monde, comme il avait dit précédemment qu'il « était imitateur de Jésus-Christ. » (I *Corinth.*, xi, 1.) Imitons-le donc à notre tour, comme il nous y exhorte. Châtions notre corps et réduisons-le en servitude, si nous voulons triompher du monde. Le monde, en effet, par ses plaisirs illicites, ses pompes, et la dangereuse curiosité qu'il nous inspire, peut triompher de nous; c'est-à-dire, les choses pernicieuses du monde, enchaînent par leur dangereux attrait, ceux dont l'affection se porte uniquement sur ce qui est soumis au temps, et les forcent à servir le démon et ses anges. C'est en renonçant à tout cela que nous pouvons réduire notre corps en servitude.

Chapitre VII. — 7. Mais comment demandera-t-on peut-être, pouvons-nous réduire notre corps en servitude? C'est une chose facile à comprendre et à faire. Commençons par nous soumettre volontairement, et avec une foi sincère à Dieu; car toute créature, qu'elle le veuille ou ne le veuille pas, est sous la puissance de Dieu son seul et souverain Seigneur. C'est donc de notre pleine et entière volonté, que nous devons servir le Seigneur notre Dieu. Les justes le servent librement, les injustes par force et malgré eux. Les uns et les autres cependant sont soumis à la providence divine. Les uns comme des enfants fidèles et obéissants qui agissent envers elle comme il convient, les autres comme des esclaves à la chaîne, et envers lesquels on agit comme il est juste. Ainsi, Dieu tout-puissant, Seigneur et souverain maître de toute créature « qui a fait toutes choses, » et qui, comme il est écrit, « les a trouvées parfaites, » les a, dans son éternelle prévoyance, ordonnées de manière à toujours bien agir soit à l'égard des bons, soit à l'égard des méchants. Car ce qui est fait justement est toujours bien fait. Or, c'est avec justice que les bons sont heureux, comme c'est avec justice que les méchants sont punis. Dieu agit donc bien à l'égard des bons comme à l'égard des méchants, parce qu'il fait tout avec justice. Les bons sont ceux qui servent Dieu de leur pleine et entière volonté; les méchants ceux qui le servent forcément, car personne ne peut éluder les lois du Tout-puissant. Mais autre chose est de faire ce que la loi ordonne, autre chose de souffrir ce qui est ordonné par la loi. C'est pourquoi les bons agissent conformément à la loi, comme c'est aussi conformément à la loi que les méchants sont punis.

8. Ne soyons pas étonnés que dans cette vie selon la chair, dont ils ont encore à porter le

---

estote, sicut et ego Christi. » (I *Cor.*, xi, 1; II *Cor.*, ii, 14.) Quare intelligendum est, etiam ipsum Apostolum in semetipso triumphasse de potestatibus hujus mundi (*Colos.*, ii, 15), sicut de Domino dixerat, cujus se imitatorem esse profitetur. Imitemur ergo et nos illum, sicut hortatur, et castigemus corpus nostrum, et in servitutem redigamus, si mundum volumus vincere. Quia per illicitas delectationes suas et pompas et perniciosam curiositatem nobis dominari potest hic mundus, id est, ea quæ in hoc mundo perniciosa delectatione colligant amatores rerum temporalium, et diabolo atque angelis ejus servire cogunt : quibus omnibus si (*a*) renuntiavimus, redigamus in servitutem corpus nostrum.

Caput VII. — 7. Sed ne quis forte hoc ipsum quærat, quomodo fiat ut corpus nostrum servituti subjiciamus : facile intelligi et fieri potest, si prius nos ipsos subjiciamus Deo, bona voluntate et sincera caritate. Nam omnis creatura, velit nolit, uni Deo et Domino suo subjecta est. Sed hoc admonemur, ut tota voluntate serviamus Domino Deo nostro. Quoniam justus liberaliter servit, injustus autem compeditus servit. Omnes tamen divinæ providentiæ serviunt : sed alii obediunt tanquam filii, et faciunt cum ea quod bonum est; alii vero ligantur tanquam servi, et fit de illis quod justum est. Ita Deus omnipotens, Dominus universæ creaturæ, qui « fecit omnia, » sicut scriptum est, « bona valde, » (*Gen.*, i, 31) sic ea ordinavit, ut et de bonis et de malis bene faciat. Quod enim juste fit, bene fit. Juste autem sunt beati boni, et juste mali pœnas patiuntur. Ergo et de bonis et de malis bene facit Deus, quoniam juste omnia facit. Boni sunt autem, qui tota voluntate Deo serviunt; mali autem necessitate serviunt : nemo enim leges Omnipotentis evadit. Sed aliud est facere quod lex jubet, aliud pati quod lex jubet. Quapropter boni secundum leges faciunt, mali secundum leges patiuntur.

8. Nec nos moveat, quod in hac vita secundum carnem, quam portant, justi multa gravia et aspera tolerant. Nihil enim mali patiuntur, qui jam possunt

---

(*a*) Editi, *si renuntiamus, redigamus*. At. Mss. omnes, *redigamus* : et ex iisdem plures, *renuntiavimus*.

CHAPITRE VII.

fardeau, les justes aient à souffrir bien des maux et bien des douleurs. Ils ne souffrent, en effet, aucun mal ceux qui peuvent déjà dire, comme cet homme tout spirituel, cet ardent Apôtre de la foi : « Nous nous glorifions même dans nos afflictions, sachant que l'affliction produit la patience, la patience l'épreuve, et l'épreuve l'espérance. Et cette espérance n'est pas vaine, parce que l'amour de Dieu a été répandu dans nos cœurs par le Saint-Esprit, qui nous a été donné. » (*Rom.*, v, 3-5.) Si donc dans cette vie, où il y a tant de tourments à souffrir, les justes et les bons qui y sont exposés, les supportent non-seulement avec calme et patience, mais encore s'en glorifient en Dieu, que doit-on penser de cette autre vie, qui nous est promise, et dans laquelle nous serons exempts de toute inquiétude corporelle? Le corps des justes ne ressuscitera pas, en effet, pour arriver à la même condition que celui des impies. « Nous ressusciterons tous, » dit l'Apôtre, « mais nous ne serons pas tous changés. » (I *Corinth.*, xv, 51.) Et pour empêcher de croire, que ce n'est pas aux justes, mais plutôt aux impies que ce changement a été promis, comme une peine et comme un châtiment, saint Paul ajoute : « Les morts ressusciteront incorruptibles, et alors nous serons changés. » (I *Corinth.*, xv, 52.) Dans l'ordre éternel des choses, les méchants sont destinés à se nuire mutuellement entre eux, comme chacun d'eux à se nuire particulièrement à soi-même. En effet, leur unique aspiration est pour les choses dont l'amour est pernicieux, et qu'on peut facilement leur enlever; or, ils se les enlèvent mutuellement, quand ils se persécutent entre eux. Ceux qui perdent ces biens temporels en sont tourmentés autant qu'ils les aimaient; d'un autre côté, ceux qui les leur enlèvent en éprouvent une joie, qui n'est autre pour eux qu'un fatal aveuglement et le comble de la misère, car elle ne fait qu'ajouter un fardeau nouveau, à celui qui pèse déjà sur leur conscience, et les conduire à des tourments plus grands encore. Quel plaisir n'éprouve pas le poisson lorsque sans voir le perfide hameçon, il dévore la nourriture qui s'y trouve attachée; mais lorsque le pêcheur commence à l'attirer à lui, il éprouve d'abord d'affreuses douleurs dans ses entrailles déchirées, et la nourriture qui lui avait causé tant de joie, est bientôt la cause de sa mort. Il en est de même de ceux qui mettent leur bonheur dans les biens temporels. Ils saisissent avec empressement les attraits, que ces biens leur présentent, comme un hameçon qu'ils entraînent avec eux, mais bientôt ils sentiront quelle douleur et quels tourments ils ont engloutis dans leur sein avec tant d'avidité. Les bons au contraire n'ont rien à craindre des méchants, car on ne peut leur enlever que les choses qu'ils n'aiment pas, tandis que celles qu'ils aiment et qui font leur bonheur, personne ne saurait les leur ravir. Les tourments corpo-

---

dicere quod ille vir spiritalis exultat et prædicat Apostolus, dicens (*Rom.*, v, 3, etc.) : « Gloriamur in tribulationibus, scientes quoniam tribulatio patientiam operatur, patientia probationem, probatio vero spem, spes autem non confundit : quia caritas Dei diffusa est in cordibus nostris per Spiritum sanctum qui datus est nobis. » Si ergo in hac vita, ubi tanta tormenta sunt, possunt boni et justi viri, cum talia patiuntur, non solum æquo animo tolerare, sed etiam (*a*) in Dei caritate gloriari; quid cogitandum est de illa vita, quæ nobis promittitur, ubi nullam de corpore molestiam sentiemus? Quoniam non ad hoc resurget corpus justorum, ad quod resurget corpus impiorum : sicut scriptum est : « Omnes resurgemus, sed non omnes immutabimur. » (I *Cor.*, xv, 51.) Et ne quisquam putet non justis immutationem istam promitti, sed potius injustis, et eam existimet esse pœnalem, sequitur et dicit : « Et mortui resurgent incorrupti, et nos immutabimur. » (*Ibid.*, 52.)

Quicumque ergo mali sunt, sic ordinati sunt : quia et unusquisque sibi, et omnes invicem sibi nocent. Hoc enim appetunt, quod perniciose diligitur, et quod eis facile auferri potest; et hoc sibi auferunt invicem, quando se persequuntur. Et ideo cruciantur quibus auferuntur temporalia, quia diligunt ea : illi autem qui auferunt, gaudent. Sed talis lætitia cæcitas est, et summa miseria : ipsa enim magis implicat animam, et ad majora tormenta perducit. Nam gaudet et piscis, quando hamum non videns, escam devorat : sed cum piscator eum adducere cœperit, viscera ejus torquentur primo; deinde ab omni lætitia sua per ipsam escam, de qua lætatus est, ad consumptionem trahitur. Sic sunt omnes, qui de bonus temporalibus beatos se putant : hamum enim acceperunt, et cum illo sibi vagantur : veniet tempus ut sentiant quanta tormenta cum aviditate devoraverint. Et ideo bonis nihil nocent; quia hoc eis auferunt, quod non diligunt : nam quod diligunt, et unde

(*a*) Sic Parv. et Mss. At Am. Er. Lov. *caritate in Deo gloriari*.

rels sont un sujet de misère et d'affliction pour l'âme des méchants, mais fortifient au contraire et purifient celles des bons. Il arrive par là que les impies et les mauvais anges combattent en faveur de la divine Providence, mais sans savoir quel bien Dieu opère par eux. C'est pourquoi ce n'est pas à cause du service qu'ils rendent, mais en raison de leur malice, qu'ils reçoivent la récompense due à leurs œuvres.

CHAPITRE VIII. — 9. Mais de même que les âmes qui ont la volonté de nuire et le pouvoir de penser sont, dans l'ordre général de l'univers, soumises aux lois éternelles de Dieu, de même aussi toutes les choses animales et corporelles, sont chacune dans leur espèce et dans le rang qu'elles y occupent, soumises aux lois de la Providence divine. C'est pourquoi le Seigneur a dit : « Deux passereaux ne se vendent-ils pas une obole? Cependant l'un d'eux ne tombera pas sur la terre, sans la volonté de mon Père. » (*Matth.*, x, 29.) Le Seigneur a parlé ainsi, pour faire voir que ce qui paraît le plus vil aux yeux des hommes, est pourtant gouverné par la toute-puissance de Dieu. Celui qui est la vérité même a dit également : « C'est Dieu qui nourrit les oiseaux du ciel (*Matth.*, VI, 26), et qui donne aux lis des champs leur vêtement et leur éclat; » (*Matth.*, VI, 28) comme il dit aussi dans son Évangile que « tous les cheveux de notre tête sont comptés. » (*Matth.*, x, 30.) Mais si Dieu prend lui-même soin des âmes pures et douées de raison, soit dans les meilleurs et les plus saints de ses anges, soit dans les hommes qui le servent avec zèle et de leur pleine volonté, c'est par eux qu'il gouverne les autres choses de sa création. C'est pourquoi l'Apôtre a pu dire avec raison : « Est-ce que Dieu se soucie des bœufs? » (I *Cor.*, IX, 9.) En effet, le Seigneur, dans ses saintes Ecritures, enseigne aux hommes comment ils doivent agir envers leurs semblables, et comment ils doivent servir Dieu. Mais l'expérience, la raison naturelle, la science, toutes choses qu'ils doivent aux trésors de la miséricorde divine, leur ont appris comment ils doivent gouverner et soigner leurs troupeaux. Que celui donc, qui est capable de comprendre comment l'auteur de toutes créatures les gouverne par l'intermédiaire des saintes âmes, qui sont ses ministres dans le ciel et sur la terre, parce qu'elles-mêmes ont été créées par lui, et qu'elles occupent le premier rang dans sa création; que celui, dis-je, qui est capable de comprendre ce mystère, le comprenne, « et qu'il entre dans la joie de son Seigneur. » (*Matth.*, XXV, 21.)

CHAPITRE IX. — 10. Si nous ne sommes pas en état de le comprendre tant que nous sommes dans cette chair mortelle, et loin du Seigneur dans notre pèlerinage ici-bas, « goûtons du

---

beati sunt, auferre illis nemo potest. Cruciatus vero corporis malas animas miserabiliter affligit, bonas autem fortiter purgat. Sic fit ut et malus homo et malus angelus divinæ providentiæ militent; sed nesciunt quid boni de illis operetur Deus. Non itaque pro meritis officii, sed pro meritis malitiæ stipendiantur.

CAPUT VIII. — 9. Sed ut hæ animæ, quæ habent voluntatem nocendi et rationem cogitandi, sub divinis legibus ordinatæ sunt, ne aliquid injustum quisque patiatur : ita omnia et animalia et corporalia in genere suo et in ordine suo divinæ providentiæ legibus subdita administrantur. Ideo Dominus dicit : « Nonne duo passeres asse veneunt, et unus eorum non cadit in terram sine voluntate Patris vestri? » (*Matth.*, x, 29.) Hoc enim dixit, volens ostendere quidquid vilissimum homines putant, omnipotentia Dei gubernari. Sic enim et volatilia cœli ab eo pasci, et lilia agri ab eo vestiri (*Matth.*, VI, 26) : Veritas loquitur, quæ capillos etiam nostros numeratos esse dicit. (*Matth.*, x, 30.) Sed quoniam mundas animas rationales per se ipse Deus curat, sive in optimis et magnis Angelis, sive in hominibus tota sibi voluntate servientibus, cætera vero per ipsos gubernat; verissime dici potuit etiam illud ab Apostolo : « Non enim de bobus cura est Deo. » (I *Cor.*, IX, 9.) In Scripturis enim sanctis Deus homines docet, quomodo cum hominibus agant, et ipsi Deo serviant : quomodo autem agant cum pecoribus suis, ipsi sciunt, id est, quomodo salutem pecorum suorum gubernent usu et peritia et ratione naturali; quæ quidem omnia de magnis sui Creatoris opibus acceperunt. Qui ergo potest intelligere quomodo universæ creaturæ conditor Deus gubernet eam per animas sanctas, quæ (*a*) ministeria ejus sunt in cœlis et in terris; quia et ipsæ sanctæ animæ ab ipso factæ sunt, et in ejus creatura primatum tenent : qui ergo potest intelligere, intelligat, et intret in gaudium Domini sui. (*Matth.*, XXV, 21.)

CAPUT IX. — 10. Si autem hoc non possumus, quamdiu sumus in corpore, et peregrinamur a Domino (II *Cor.*, V, 6), gustemus saltem quam suavis est Dominus (*Psal.* XXXIII, 9) ; quia dedit nobis pignus

(*a*) Sic Parv. cum Mss. Editi vero alii, *mysteria*.

moins combien le Seigneur est doux (*Ps.* XXXIII, 9), lui qui nous a donné pour gage son Esprit saint, » (II *Cor.*, v, 5) afin que nous sentions tout ce qu'il y a de douceur en lui, et que, désirant nous approcher de la source de vie, nous puissions dans une sainte ivresse rafraîchir et inonder notre cœur de ses eaux salutaires, « comme un arbre planté près du courant des eaux, qui donne des fruits en son temps et dont les feuilles ne tombent jamais. » (*Ps.* I, 3.) En effet, le Saint-Esprit a dit par la bouche de son Prophète : « Seigneur, les enfants des hommes espèrent à l'ombre de vos ailes. Ils seront enivrés de l'abondance de votre maison ; vous les abreuverez du torrent de vos délices, car en vous est la source de la vie. » (*Ps.* XXXV, 8). Une telle ivresse ne trouble pas l'âme, mais l'élève au contraire vers les choses du ciel, et lui fait oublier celles de la terre. Il faut toutefois que nous puissions, dans l'ardeur de notre amour, nous écrier avec le saint Roi : « Comme le cerf altéré soupire après l'eau des torrents, ainsi mon âme soupire après vous, ô mon Dieu ! » (*Ps.* XLI, 2.)

Chapitre X.—11. Que si les maladies et les langueurs, que l'amour du siècle a fait naître dans notre âme, ne nous permettent pas de goûter encore combien le Seigneur est doux, croyons du moins à l'autorité divine, qu'il a voulu consigner dans les saintes Ecritures, « touchant son Fils qui lui est né, selon la chair, de la race de David, » (*Rom.*, I, 2) comme le dit l'Apôtre, et « par lequel, » est-il écrit dans l'Evangile, « toutes choses ont été faites, et rien de ce qui a été fait n'a été fait sans lui. » (*Jean*, I, 3.) Ce Fils divin est venu sur la terre par pitié pour notre faiblesse, faiblesse que nous ne pouvons lui imputer, et que nous devons à notre propre volonté. Dieu créa l'homme immortel, et lui donna le pouvoir d'agir librement selon sa volonté. (*Sag.*, II, 23.) Car l'homme n'eût pas été parfait, si c'eût été par force et par nécessité, mais non par son libre arbitre qu'il eût obéi aux commandements de Dieu. C'est une chose facile à comprendre, à mon avis, et que ne veulent pourtant pas admettre ceux qui ont abandonné la foi chrétienne, et qui veulent, malgré cela, être encore appelés chrétiens. En effet, s'ils sont d'accord avec nous pour reconnaître que c'est en faisant le bien, que notre nature peut être guérie de sa faiblesse, ils doivent aussi avouer que c'est au péché seul qu'elle la doit. C'est pourquoi il ne faut pas croire que notre âme est de la même substance que Dieu, car si cela était, ce ne serait ni par sa propre volonté, ni par quelque force indépendante d'elle-même, qu'elle deviendrait moins pure et moins bonne, puisqu'en aucune manière on ne peut supposer que Dieu soit soumis au changement. C'est une chose que peuvent comprendre seulement ceux qui ne sont pas portés par un esprit de contention et de rivalité, ni par l'amour d'une vaine gloire, à parler de ce qu'ils ne savent pas, mais qui, dans la bonté de leur esprit, ont sur

---

Spiritum (II *Cor.*, I, 22 et v, 5), in quo sentiamus ejus dulcedinem : et desideremus ipsum vitæ fontem, ubi sobria ebrietate inundemur et irrigemur, sicut lignum quod plantatum est secundum decursus aquarum, et dat fructum in tempore suo, et folia ejus non decident. (*Psal.* I, 3.) Dicit enim Spiritus sanctus : « Filii autem hominum in tegmine alarum tuarum sperabunt : inebriabuntur ab ubertate domus tuæ, et torrente voluptatis tuæ potabis eos. Quoniam apud te est fons vitæ. » (*Psal.* XXXV, 8, etc.) Talis ebrietas non evertit mentem, sed tamen rapit sursum, et oblivionem præstat omnium terrenorum. Sed si possumus toto affectu jam dicere : « Quemadmodum desiderat servus ad fontes aquarum, ita desiderat anima mea a te Deus. » (*Psal.* XLI, 2.)

Caput X. 11. Quod si forte adhuc propter ægritudines animæ, quas de sæculi amore concepit, nec gustare sumus idonei quam dulcis est Dominus : vel credamus divinæ auctoritati, quam voluit esse in Scripturis sanctis de Filio suo, « qui factus est ei ex semine David secundum carnem, » (*Rom.*, I, 2) sicut Apostolus loquitur. « Omnia enim per ipsum facta sunt, » sicut in Evangelio scriptum est, « et sine ipso factum est nihil. » (*Joan.*, I, 3.) Qui nostræ imbecillitatis misertus est ; quam imbecillitatem non ejus opere, sed nostra voluntate meruimus. Nam Deus hominem inexterminabilem fecit, et ei liberum voluntatis arbitrium dedit. (*Sap.*, II, 23.) Non enim esset optimus, si Dei præceptis necessitate, non voluntate serviret. Facile est omnino, quantum existimo : quod intelligere nolunt, qui catholicam deseruerunt fidem, et Christiani vocari volunt. Nam si nobiscum fatentur naturam nostram non sanari nisi recte faciendo ; fateantur eam non infirmari nisi peccando. Et ideo non est credendum animam nostram hoc esse quod Deus est : quia si hoc esset, nec sua voluntate, nec aliqua necessitate in deterius mutaretur ; quoniam omni modo incommutabilis intelligitur Deus, sed ab eis qui non in contentione et æmulatione et vanæ gloriæ cupiditate amant loqui.

Dieu les sentiments que leur inspire l'humilité chrétienne, et qui le cherchent dans la simplicité de leur cœur. Le Fils de Dieu a donc daigné se revêtir de notre faiblesse, et c'est pour cela « que le Verbe s'est fait chair et qu'il a habité parmi nous, » (*Jean*, I, 4) sans que son éternité en ait toutefois subi le moindre changement; mais il a voulu montrer aux yeux de l'homme, sujet à changer, une créature sujette elle-même au changement, et dont il a revêtu la forme dans son immuable majesté.

CHAPITRE XI. — 12. Il y a cependant des hommes assez insensés pour dire : la sagesse de Dieu ne pouvait-elle délivrer autrement les hommes qu'en se faisant homme, en naissant d'une femme, et en s'exposant à tous les maux que lui ont fait souffrir les pécheurs? A cela nous leur répondons : Certainement le Fils de Dieu le pouvait, mais s'il avait agi autrement, il n'en déplairait pas moins à votre folie. S'il n'avait pas apparu aux yeux des pécheurs, sa lumière éternelle, qui ne peut être aperçue que par les yeux du cœur, n'aurait pu être vue par l'esprit des impies. Mais comme il a daigné nous instruire visiblement, afin de nous préparer aux choses invisibles, il déplaît aux avares, parce que son corps n'était pas d'or précieux; il déplaît aux impudiques, parce qu'il était né d'une femme (car les impudiques haïssent que les femmes conçoivent et mettent au monde); il déplaît aux superbes, parce qu'il a souffert les outrages avec patience; il déplaît aux efféminés, à cause de ses tourments; il déplaît aux lâches, à cause de sa mort. Cependant pour ne pas paraître défendre leurs propres vices, ces hérétiques disent que ce n'est pas dans l'homme, mais dans le Fils de Dieu que toutes ces choses leur déplaisent. Ils n'ont aucune idée de l'éternité de Dieu, qui s'est revêtue de notre humanité, ni de la nature humaine elle-même qui, par le changement qu'elle a subi, était rappelée à son premier état de force et de dignité; car le Seigneur lui-même nous apprenait ainsi que toutes les infirmités, que nous avons réunies en nous par le péché, pouvaient être guéries par une bonne et sainte vie. Il nous faisait voir dans quel état de faiblesse et de fragilité l'homme était tombé par sa faute, et la puissance du secours divin par lequel nous en sommes délivrés. C'est pourquoi le Fils de Dieu s'est revêtu de la nature humaine, dans laquelle il a souffert tous les maux auxquels l'homme est exposé. Ce divin remède apporté à l'homme sur la terre, est plus grand qu'on ne peut l'imaginer. Quelle est, en effet, l'avarice qui puisse être guérie, si elle ne l'est point par la pauvreté du Fils de Dieu? Quelle colère peut être guérie, si elle ne l'est point par la patience du Fils de Dieu? Quelle impiété peut être guérie, si elle ne l'est point par l'amour et la charité du Fils de Dieu? Enfin, quelle crainte de l'avenir peut être guérie, si

---

quod nesciunt, sed humilitate Christiana sentiunt de Domino in bonitate, et in simplicitate cordis quærunt eum. (*Sap.*, I, 1.) Hanc ergo imbecillitatem nostram suscipere dignatus est Filius Dei, « et Verbum caro factum est, et habitavit in nobis : » (*Joan.*, I, 4) non quia æternitas illa mutata est, sed quia mutabilem creaturam mutabilibus hominum oculis ostendit, quam incommutabili majestate suscepit.

CAPUT XI. — 12. Sunt autem stulti qui dicunt : Non poterat aliter Sapientia Dei homines liberare, nisi susciperet hominem, et nasceretur de femina, et a peccatoribus omnia illa pateretur? Quibus dicimus : Poterat omnino, sed si aliter faceret, similiter vestræ stultitiæ displiceret. Si enim non appareret oculis peccatorum, lumen ejus æternum utique, quod per interiores oculos videtur, inquinatis mentibus videri non posset. Nunc autem quia visibiliter nos commonere dignatus est, ut ad invisibilia præpararet, displicet avaris, quia non aureum corpus habuit; displicet impudicis, quia de femina natus est : (multum enim oderunt impudici, quod concipiunt et pariunt feminæ :) displicet superbis, quod contumelias patientissime pertulit; displicet delicatis, quia cruciatus est; displicet timidis, quia mortuus est. Et ut non vitia sua videantur defendere, non in homine dicunt sibi hoc displicere, sed in Filio Dei. Non enim intelligunt quid sit æternitas Dei, quæ hominem assumpsit; et quid ipsa humana creatura, quæ mutationibus suis in pristinam firmitatem revocabatur, ut disceremus, docente ipso Domino, infirmitates quas peccando collegimus, recte faciendo posse sanari. Ostendebatur enim nobis ad quam fragilitatem homo sua culpa pervenerit, et ex qua fragilitate divino auxilio liberatur. Itaque Filius Dei hominem assumpsit, et in illo humana perpessus est. Hæc medicina hominum tanta est, quanta non potest cogitari. Nam quæ superbia sanari potest, si humilitate Filii Dei non sanatur? Quæ avaritia sanari potest, si paupertate Filii Dei non sanatur? Quæ iracundia sanari potest, si patientia Filii Dei non sanatur? Quæ impietas sanari potest, si caritate Filii Dei non sanatur? Postremo quæ timiditas sanari potest, si

elle ne l'est point par la résurrection du corps de Notre-Seigneur Jésus-Christ? Que le genre humain élève donc vers lui toutes ses espérances; qu'il reconnaisse l'excellence de sa nature, et voie quelle grande place il occupe dans les œuvres de la création divine. Hommes, ne vous méprisez pas vous-mêmes : le Fils de Dieu s'est fait homme. Femmes, ne vous méprisez pas : le Fils de Dieu est né d'une femme. N'aimez pas cependant ce qui concerne la chair, car dans le Fils de Dieu il n'y a ni homme ni femme. N'aimez pas les biens de ce monde, parce que s'il était bon de les aimer, ils seraient aimés par l'homme, dont le Fils de Dieu a pris la forme et la nature. Ne craignez ni les outrages, ni le supplice de la croix, ni la mort, parce que si ces choses étaient nuisibles à l'homme, elles ne seraient pas endurées par l'homme, dont le Fils de Dieu a pris la forme et la nature. Toutes ces grandes exhortations, qui sont maintenant prêchées et reçues avec respect par toute la terre, et qui guérissent toute âme qui leur obéit, ne seraient pas dans les choses humaines, si Dieu n'avait point fait ce qui déplaît aux insensés. Quel est donc celui que les superbes et les orgueilleux daigneraient imiter, pour être en état de comprendre et de pratiquer la vertu, s'ils rougissent d'imiter celui dont il a été dit longtemps avant sa naissance, « qu'il serait appelé le Fils du Très-Haut? » (*Luc*, I, 32) et qui aujourd'hui, comme personne ne peut le nier, est appelé dans l'univers entier le Fils du Très-Haut. Si nous avons une bonne opinion de nous-mêmes, daignons imiter celui qui est appelé le Fils du Très-Haut. Si nous n'avons pas de nous une assez haute opinion, osons suivre l'exemple des pêcheurs et des publicains qui l'ont imité. O divin remède, qui convient à tous les maux, qui réprime tout orgueil, relève tout abattement, retranche toute superfluité, garde et conserve tout ce qui est nécessaire, répare toute perte et corrige toute dépravation! O qui osera désormais s'élever contre le Fils de Dieu? Comment désespérer de soi-même, lorsque le Fils de Dieu s'est tant humilié pour nous? Quel homme fera désormais consister le bonheur de la vie dans des choses, que le Fils de Dieu nous a appris à mépriser? Quelles adversités pourraient abattre celui qui voit la nature humaine victorieuse dans le Fils de Dieu de tant et de si grandes persécutions? Croira-t-il que le royaume du ciel lui est fermé, celui qui sait que des publicains et des femmes de mauvaise vie ont imité le Fils de Dieu? De quelle perversité ne seront pas guéris ceux qui considèrent, aiment et suivent les paroles et les actions de cet homme, sous la forme duquel le Fils de Dieu s'est présenté à nous, pour nous donner l'exemple d'une sainte vie?

---

resurrectione corporis (*a*) Christi Domini non sanatur? Erigat spem suam genus humanum, et recognoscat naturam suam, videat quantum locum habeat in operibus Dei. Nolite vos ipsos contemnere viri : Filius Dei virum suscepit. Nolite vos ipsas contemnere feminæ : Filius Dei natus ex femina est. Nolite tamen amare carnalia : quia in Filio Dei nec masculus nec femina sumus. Nolite amare temporalia : quia si bene amarentur, amaret ea homo quem suscepit Filius Dei. Nolite timere contumelias et cruces et mortem : quia si nocerent homini, non ea pateretur homo quem suscepit Filius Dei. Hæc omnis hortatio, quæ jam ubique prædicatur, ubique veneratur, quæ omnem obedientem animam sanat, non esset in rebus humanis, si non essent facta illa omnia quæ stultissimis displicent. Quem dignatur imitari vitiosa jactantia, ut ad virtutem percipiendam possit adduci, si erubescit imitari eum, de quo dictum est ante quam nasceretur, quod Filius Altissimi vocabitur (*Luc.*, I, 32), et per omnes jam gentes, quod negare nemo potest, Filius Altissimi vocatur? Si multum de nobis sentimus, dignemur imitari eum qui Filius Altissimi vocatur : si parum de nobis sentimus, audeamus imitari piscatores et publicanos, qui eum imitati sunt. O medicinam omnibus consulentem, omnia tumentia comprimentem, omnia tabescentia reficientem, omnia superflua resecantem, omnia necessaria custodientem, omnia perdita reparantem, omnia depravata corrigentem. Quis jam se extollat contra Filium Dei? Quis de se desperet, pro quo tam humilis esse voluit Filius Dei? Quis beatam vitam esse arbitretur in iis quæ contemnenda esse docuit Filius Dei? Quibus adversitatibus cedat, qui naturam hominis (*b*) tantis persecutionibus custoditam credit in Filio Dei? Quis sibi esse clausum regnum cœlorum putet, qui cognoscit publicanos et meretrices (*c*) imitatos esse Filium Dei? (*Matth.*, XXI, 31.) Qua perversitate non careat, qui facta et dicta intuetur et diligit et sectatur illius hominis, in quo se nobis ad exemplum vitæ præbuit Filius Dei?

(*a*) Editi Parv. Am. Er. et Mss. omittunt, *Christi Domini*. Unus tamen codex ejus loco habet, *Filii Dei*. — (*b*) Editi, *a tantis*. Sed omnes Mss. carent præpositione *a*. — (*c*) Parv. et aliquot Mss. *imitatores esse Filii Dei*.

Chapitre XII. — 13. Déjà les hommes et les femmes, tous les âges, toutes les dignités de ce monde, mettent leur espérance dans la vie éternelle. Les uns méprisant les biens périssables de la terre, n'ont plus d'aspiration que pour les choses du ciel; les autres, entraînés par cet exemple, louent ce qu'ils n'osent pas imiter. Un petit nombre murmure encore et est déchiré par l'envie. Ce sont ceux qui, sous des dehors de catholicisme, cherchent leur intérêt dans l'Eglise, ou des hérétiques voulant acquérir quelque gloire personnelle, en couvrant leur iniquité du nom de Jésus-Christ, ou des Juifs qui veulent défendre leur impiété, ou des païens qui craignent de perdre les pratiques de leur culte licencieux. Mais l'Eglise catholique répandue aujourd'hui sur toute la terre, en brisant dès les premiers temps les efforts qu'ils faisaient pour l'abattre, s'est consolidée de plus en plus, moins par la résistance que par sa patience à tout souffrir. Maintenant, forte de sa foi, elle se moque de toutes les insidieuses questions, que ces impies soulèvent encore; elle les discute avec soin et les résout avec intelligence. Elle fait peu d'attention aux reproches de ceux qui l'accusent d'avoir de la paille dans son sein, parce qu'elle sait distinguer le temps de la moisson, celui où il faut nettoyer le grain dans l'aire du Seigneur, et l'époque où l'on doit le serrer dans les greniers. Mais pour ceux qui calomnient son bon grain, quand elle voit que c'est par erreur, elle les reprend avec bonté, et quand elle s'aperçoit que c'est par envie, elle les range parmi les épines et l'ivraie. Soumettons donc notre âme à Dieu, si nous voulons réduire notre corps en servitude et triompher du démon.

Chapitre XIII. — 14. C'est la foi qui avant tout soumet notre âme à Dieu. Viennent ensuite les préceptes d'une sainte vie dont l'observation fortifie notre espérance et nourrit la charité. Alors commence à luire à notre intelligence, ce qui n'était d'abord reçu que par la foi. Puisque connaître et agir est ce qui fait le bonheur de l'homme, il faut dans toute espèce de connaissance se préserver de l'erreur, comme dans toute action éviter la perversité. Il se trompe étrangement celui qui croit connaître la vérité, tant qu'il vit dans le mal. Or, la perversité consiste à aimer le monde, à mettre une grande importance dans les choses qui ne font que naître et passer, à les désirer avec ardeur, à se donner beaucoup de peine pour les acquérir, à se réjouir de les posséder en abondance, à craindre de les perdre et à s'affliger de les avoir perdues. En menant une telle vie, il est impossible de voir et de connaître cette pure et immuable vérité, de s'attacher à elle, et d'obtenir un repos qui soit éternel. Avant donc de purifier notre esprit de tout vice et de

---

Caput XII. — 13. Itaque jam et masculi et feminæ, et omnis ætas, et omnis hujus sæculi dignitas ad spem vitæ æternæ commota est. Alii neglectis temporalibus bonis convolant ad divina. Alii cedunt eorum virtutibus qui hæc faciunt, et laudant quod imitari non audent. Pauci autem adhuc murmurant, et inani livore torquentur, aut qui sua quærunt in Ecclesia, quamvis videantur catholici, aut ex ipso Christi nomine gloriam quærentes hæretici, aut peccatum impietatis suæ defendere cupientes Judæi, aut curiositatem vanæ (a) licentiæ perdere timentes pagani. Sed Ecclesia catholica per totum orbem longe lateque diffusa, impetus eorum prioribus temporibus frangens, magis magisque roborata est; non resistendo, sed perferendo. Nunc vero insidiosas eorum quæstiones fide irridet, diligentia discutit, intelligentia dissolvit: criminatores palearum suarum non curat; quia tempus messis, et tempus arearum, et tempus horreorum caute diligenterque distinguit: criminatores autem frumenti sui, aut errantes corrigit, aut invidentes inter spinas et zizania computat. Subjiciamus ergo animam Deo, si volumus servituti subjicere corpus nostrum, et de diabolo triumphare.

Caput XIII. — 14. Fides est prima quæ subjugat animam Deo; deinde præcepta vivendi, quibus custoditis spes nostra firmatur, et nutritur caritas, et lucere incipit quod antea tantummodo credebatur. Cum enim cognitio et actio (b) beatum hominem faciant; sicut in cognitione cavendus est error, sic in actione cavenda est nequitia. Errat autem, quisquis putat veritatem se posse cognoscere, cum adhuc nequiter vivat. Nequitia est autem mundum istum diligere, et ea quæ nascuntur et transeunt, pro magno habere, et ea concupiscere, et pro his laborare, ut acquirantur; et lætari, cum abundaverint; et timere, ne pereant; et contristari, cum pereunt. Talis vita non potest puram illam et sinceram et incommutabilem videre veritatem, et inhærere illi, et in æternum jam non (c) moveri. Itaque prius quam mens nostra purgetur, debemus credere quod intel-

---

(a) Unus e Vaticanis Mss. *scientiæ.* — (b) Editi, *et actio dona sint Dei, et beatum hominem faciunt.* At Mss. non habent, *dona sint Dei et.* — (c) Plerique Mss. *non mori.*

toute erreur, nous devons croire ce que nous ne pouvons pas encore comprendre. Le prophète a dit avec vérité : « Si vous ne commencez point par croire, vous ne pourrez pas comprendre. » (*Ps.* VII, 9, *selon les Septante*.)

15. L'Eglise fait en peu de mots sa profession de foi. Elle y comprend les choses éternelles, qui ne peuvent être comprises par ceux qui vivent encore selon la chair, ainsi que les choses passées et futures soumises aux changements des temps, et qui ont été ou seront faites par la divine Providence, pour le salut du genre humain. Croyons-donc en Dieu le Père tout-puissant, en Jésus-Christ son Fils unique et dans le Saint-Esprit. Voilà les choses éternelles ; voilà celles qui sont immuables, c'est-à-dire un seul Dieu en trois personnes également éternelles, et d'une seule et même substance, un seul Dieu par qui tout a été fait et qui renferme tout en lui.

CHAPITRE XIV. — 16. N'écoutons pas ceux qui disent que le Père seul existe, qu'il n'a pas de Fils, et que le Saint-Esprit n'est pas avec lui, mais que le Père est tantôt appelé Fils, tantôt Saint-Esprit. Ils ne connaissent ni le principe éternel de qui tout procède, ni son image, c'est-à-dire son Verbe, ni sa sainteté, c'est-à-dire l'Esprit saint, qui règle et dispose toutes choses.

CHAPITRE XV. — 17. N'écoutons pas ceux qui s'indignent et se déchaînent contre nous, parce que nous disons qu'il ne faut pas adorer trois dieux. Ils ne comprennent point en effet ce que c'est qu'une seule et même substance, et sont le jouet de leur imagination. Accoutumés à voir avec les yeux du corps, ou trois animaux ou trois corps quelconques, occupant chacun une place différente, ils appliquent la même idée à la substance divine ; erreur fatale qui vient de leur orgueil. Ils ne peuvent pas connaître la vérité, parce qu'ils refusent de croire.

CHAPITRE XVI. — 18. N'écoutons pas ceux qui disent : Le Père est le seul Dieu véritable et éternel ; le Fils n'est pas engendré de lui, mais il a été tiré par lui du néant ; il fut un temps où ce Fils n'existait pas, mais cependant il occupe le premier rang parmi les créatures. Ne les écoutons pas davantage quand ils disent : Le Saint-Esprit est, sous le rapport de la majesté, inférieur au Fils, il a été créé après le Fils, et ces trois personnes ont des substances différentes, comme l'or, l'argent et l'airain. Ils ne savent ce qu'ils disent, et ils apportent dans leurs discussions les vaines idées, qu'ils se sont formées sur les choses qu'ils ont l'habitude de voir avec les yeux de la chair. C'est une grande chose, en effet, de pouvoir par les seuls yeux de l'esprit voir et comprendre une génération, qui n'a ni commencement ni fin, mais qui est de toute éternité, et de se faire une idée de l'amour et de la sainteté, qui forment l'ineffable union du

ligere nondum valemus ; quoniam verissime dictum est per Prophetam : « Nisi credideritis, non intelligetis. » (*Isai.*, VII, 9, *sec.* LXX.)

15. Fides in Ecclesia brevissime traditur, in qua commendantur æterna, quæ intelligi a carnalibus nondum possunt ; et temporalia præterita et futura, quæ pro salute hominum gessit et gestura est æternitas divinæ providentiæ. Credamus ergo in Patrem et Filium et Spiritum sanctum : hæc æterna sunt et incommutabilia, id est, unus Deus, unius substantiæ Trinitas æterna, Deus ex quo omnia, per quem omnia, in quo omnia. (*Rom.*, XI, 36.)

CAPUT XIV. — 16. Nec eos audiamus, qui dicunt Patrem tantummodo esse, nec habere Filium, nec esse cum eo Spiritum sanctum ; sed ipsum Patrem aliquando appellari Filium, aliquando Spiritum sanctum. Nesciunt enim principium ex quo sunt omnia, et imaginem ejus per quam formantur omnia, et sanctitatem ejus in qua ordinantur omnia.

CAPUT XV. — 17. Nec eos audiamus, qui indignantur et stomachantur, quia non tres deos colendos dicimus. Nesciunt enim quid sit una eademque substantia ; et phantasmatis suis illuduntur, quia solent videre corporaliter vel animalia tria, vel quæcumque corpora tria locis suis esse separata : sic putant intelligendam substantiam Dei ; et multum errant, quoniam superbi sunt ; et non possunt discere, quia nolunt credere.

CAPUT XVI. — 18. Nec eos audiamus, qui Patrem solum verum Deum et sempiternum esse dicunt : Filium autem non de ipso genitum, sed ab ipso factum de nihilo, et fuisse tempus quando non erat, sed tamen primum locum tenere in omni creatura ; et Spiritum sanctum minoris majestatis esse quam Filium, et ipsum factum esse post Filium ; et horum trium diversas esse substantias, tanquam aurum et argentum et æramentum. Nesciunt enim quid loquantur, et de his rebus quas per oculos carneos videre consueverunt, vanas imagines ad disputationes suas transferunt. Quia re vera magnum est mente conspicere generationem, quæ non fit ex aliquo tempore, sed æterna est ; et ipsam caritatem et sanc-

Père et du Fils. C'est, je le répète, une chose bien grande et bien difficile de pénétrer un pareil mystère, même dans le calme et la tranquillité de notre esprit. Il est impossible que cela soit compris par ceux dont la pensée se porte exclusivement sur les générations terrestres, et qui aux ténèbres qui obscurcissent leur intelligence, ajoutent encore la fumée que produisent en eux leurs contestations et leurs discussions continuelles. Leur esprit, toujours rempli d'impressions charnelles, est comme ces bois saturés d'humidité, qui ne donnent que de la fumée et aucune flamme claire et brillante. C'est ce qu'on peut dire avec vérité de tous les hérétiques. Croyant donc en l'immutabilité de la sainte Trinité, croyons aussi que, dans la dispensation des temps selon les décrets de Dieu (1), Jésus-Christ est né pour le salut du genre humain.

CHAPITRE XVII. — 19. N'écoutons pas ceux qui disent que Jésus-Christ le Fils de Dieu, n'est autre chose qu'un homme, mais si juste qu'il a mérité d'être appelé le Fils de Dieu. La foi catholique répudie une pareille doctrine professée par des hommes qui, aveuglés par le désir d'acquérir une vaine gloire, se sont engagés dans des discussions opiniâtres, avant de comprendre ce que c'est que la vertu et la sagesse de Dieu (I *Cor.*, I, 24), c'est-à-dire, « le Verbe qui a été dès le commencement, par qui tout a été fait, et comment ce Verbe s'est fait chair et a habité parmi nous. » (*Jean*, I, 3 et 14.)

CHAPITRE XVIII. — 20. N'écoutons pas ceux qui disent : le Fils de Dieu ne s'est pas véritablement revêtu de la nature humaine ; il n'est pas né d'une femme, mais il s'est montré aux yeux des hommes sous l'apparence, et sous une fausse image du corps humain. Ils ignorent que la substance divine qui gouverne toute créature, ne saurait contracter aucune souillure en elle-même. Ils avouent cependant que ce soleil visible répand ses rayons sur tous les corps les plus immondes, et qu'il les purifie et les conserve partout. Si donc des choses visibles et pures en elles-mêmes peuvent être mises en contact avec des choses visibles et immondes, sans en être souillées ; combien plus l'invisible et immuable Vérité, recevant une âme par l'esprit et par l'âme un corps, et se revêtant ainsi de la nature de l'homme tout entier, a-t-elle pu le délivrer de toutes ses infirmités et de ses misères, sans en contracter elle-même aucune souillure ? C'est pourquoi ces hérétiques se trouvent bien embarrassés, et craignant, ce qui ne peut être, qu'un corps humain n'imprime quelque souillure à la vérité, ils accusent la vérité de mensonge. Quoique celui qui est la vérité ait dit,

---

(1) Toutes les éditions ajoutent *esse natum Deum*. Ces mots nous ayant paru indispensables pour la clarté de la phrase, nous les avons admis dans notre traduction.

---

titatem, qua generator et generatus ineffabiliter sibi copulantur : magnum et difficile est hæc mente conspicere, etiamsi pacata et tranquilla sit. Non potest ergo fieri ut illi hæc videant, qui terrenas generationes nimis intuentur, et ad istas tenebras addunt adhuc summum, quem sibi contentionibus et certaminibus quotidianis excitare non cessant, habentes animas carnis affectibus (*a*) diffluentes, tanquam ligna humore saginata, in quibus ignis summum solum (*b*) vomit, et habere flammas lucidas non potest. Et hoc quidem de omnibus hæreticis rectissime dici potest. Credentes ergo incommutabilem Trinitatem, credamus etiam dispensationem temporalem pro salute generis humani.

CAPUT. XVII. — 19. Nec eos audiamus, qui Filium Dei Jesum Christum nihil esse aliud quam hominem dicunt, sed ita justum, ut dignus sit appellari Filius Dei. Et hos enim catholica disciplina misit foras ; quoniam vanæ gloriæ cupiditate decepti, contentiose disputare voluerunt, ante quam intelligerent quid sit Dei Virtus et Dei sapientia (I *Cor.*, I, 24), et in principio Verbum, per quod « facta sunt omnia, » et quomodo « Verbum caro factum est, et habitavit in nobis. » (*Joan.*, I, 3, 14.)

CAPUT XVIII. — 20. Nec eos audiamus, qui non verum hominem suscepisse dicunt Filium Dei, neque natum esse de femina, sed falsam carnem et imaginem simulatam corporis humani ostendisse videntibus. Nesciunt enim quomodo substantia Dei administrans universam creaturam inquinari omnino non possit : et tamen prædicant istum visibilem solem radios suos per omnes fæces et sordes corporum spargere, et eos mundos et sinceros ubique servare. (III *Sent.*, dist. 3, cap. *Assumpsit*, ; I *Sent.*, dist. 37, cap. *Solet etiam.*) Si ergo visibilia munda a visibilibus immundis contingi possunt, et non inquinari ; quanto magis invisibilis et incommutabilis Veritas per spiritum animam et per animam corpus suscipiens, toto homine assumpto ab omnibus cum infirmitatibus nulla sui contaminatione liberavit ? Itaque magnas patiuntur augustias, et cum timent, quod fieri non potest, ne humana carne Veritas inquine-

---

(*a*) Sic Mss. Editi vero, *defluentes.* — (*b*) Fuxensis codex, *movet.*

« que votre parole soit uniquement oui, oui, non, non, » (*Matth.*, v, 37) et que de son côté l'Apôtre s'écrie : « Le oui et le non ne se trouvaient pas en lui, mais il n'y avait en lui que oui ; » (II *Cor.*, I, 19) ils prétendent que le corps tout entier de Jésus-Christ n'avait que l'apparence de la chair. Ils croiraient sans doute ne pas imiter le Christ s'ils ne trompaient pas leurs auditeurs par quelque mensonge.

CHAPITRE XIX. — 21. N'écoutons pas ceux qui, tout en reconnaissant dans la Trinité une seule et même éternelle substance, osent cependant dire que celui qui, lorsque le temps de sa venue était accompli, s'est fait homme, n'a pas eu en lui l'esprit, mais seulement l'âme et le corps de l'homme. N'est-ce pas comme s'ils disaient : Le Christ n'a pas été homme, il n'avait que les membres du corps humain. Car les animaux eux-mêmes ont un corps et une âme, mais ils n'ont pas la raison, qui est le propre et l'attribut de l'esprit. C'est déjà un horrible blasphème de dire que le Christ n'a pas eu un corps humain, bien que ce soit la partie la plus infime de la nature humaine ; mais n'est-ce pas le comble de l'impudence, de ne pas reconnaître en lui ce qu'il y a de plus grand et de plus noble dans l'homme ? L'esprit humain serait en effet bien digne de pitié, s'il était inférieur au corps qu'il vivifie, et s'il n'avait pas reçu une forme nouvelle en cet homme, dans lequel le corps humain lui-même a reçu une forme divine. Que Dieu nous préserve d'ajouter foi à de pareils blasphèmes enfantés par l'esprit de témérité, d'aveuglement et d'orgueil.

CHAPITRE XX. — 22. N'écoutons pas non plus ceux qui disent, que la sagesse éternelle s'est unie à l'homme qui est né d'une Vierge, de la même manière qu'elle s'unit aux autres hommes, qu'elle élève à la sagesse parfaite. Car ils ignorent le mystère qui est spécial à cet homme, et ils pensent que cela seul le distingue des autres saints, d'être né d'une Vierge. S'ils considéraient attentivement ce mystère, peut-être croiraient-ils que ce qui l'élève en mérite, c'est que cette union a un caractère particulier, qui ne se trouve pas dans les autres hommes, auxquels la sagesse daigne s'unir. Autre chose, en effet, est de devenir sage par la sagesse, autre chose de lui être uni, d'en remplir le rôle et les fonctions. Bien que la nature de l'Eglise soit la même, cependant quel est celui qui ne comprendra pas, qu'il existe une grande différence entre la tête et les membres. Or, la tête de l'Eglise est cet homme auquel la sagesse s'est unie de manière que l'on peut dire : « Le Verbe s'est fait chair, et il a habité parmi nous, » (*Jean*, I, 14) et les autres membres sont tous les saints, qui en forment le complément et la perfection. C'est

---

tur : Veritatem dicunt esse mentitam. Et cum ille præceperit dicens : « Sit in ore vestro : Est, est ; Non, non ; » (*Matth.*, v, 37) et Apostolus clamet : « Non erat in illo Est et Non, sed Est in illo erat ; » (II *Cor.*, I, 19) isti totum corpus ejus falsam carnem fuisse contendunt, ut non sibi videantur imitari Christum, si non suis (*a*) Auditoribus mentiantur.

CAPUT XIX. — 21. Nec eos audiamus, qui Trinitatem quidem in una æterna substantia confitentur; sed hominem ipsum, qui temporali dispensatione susceptus est, audent dicere non habuisse hominis mentem, sed solam animam et corpus. Hoc est dicere : Non fuit homo, sed membra corporis habebat humana. Animam enim et corpus habent et bestiæ, sed rationem non habent, quæ mentis est propria. Sed si exsecrandi sunt illi, qui eum negant humanum corpus habuisse, quod est infimum in homine ; miror quod isti non erubescunt, qui hoc cum negant habuisse quod est optimum in homine. Multum enim lugenda est mens humana, si vincitur a corpore suo : si quidem in illo homine non reformata est, in quo ipsum corpus humanum jam dignitatem formæ cœlestis accepit. Sed absit ut hoc credamus, quod confinxit temeraria cæcitas et superba loquacitas.

CAPUT XX. — 22. Nec eos audiamus, qui sic dicunt ab illa æterna Sapientia susceptum esse hominem, qui de virgine natus est, quomodo et alii homines ab ea sapientes fiunt, qui perfecte sapientes sunt. Nesciunt enim proprium illius hominis sacramentum, et putant hoc solum eum plus habuisse inter cæteros beatissimos, quod de virgine natus est. Quod ipsum si bene considerent, fortassis credant ideo illum hoc præter cæteros meruisse, quod aliquid proprium præter cæteros habet etiam ista susceptio. Aliud est enim sapientem tantum fieri per Sapientiam Dei, et aliud ipsam personam sustinere Sapientiæ Dei. Quamvis enim eadem natura sit corporis Ecclesiæ, multum tamen distare inter caput et membra cætera quis non intelligat ? Si enim Ecclesiæ caput est homo ille, cujus susceptione « Verbum caro factum est, et habitavit in nobis ; » (*Joan.*, I, 14)

(*a*) Nonnulli codices, *suis auctoribus* : male. Nam reprehenduntur isthic Manichæi, in quibus erant alii Electi, alii Auditores.

l'âme qui anime et vivifie notre corps tout entier; mais c'est dans la tête qu'elle perçoit les sensations qui lui arrivent de la vue, de l'ouïe, de l'odorat, du goût et du toucher, tandis que, par les autres membres, elle ne perçoit que la sensation du toucher. Pour cette raison, la tête qui domine tout par sa position, et qui est le centre où viennent se réunir toutes les sensations, est le chef des autres membres, qui lui sont soumis pour agir, parce qu'elle remplit en quelque sorte le rôle, et les fonctions de l'âme chargée de veiller sur le corps. Ainsi en est-il de Jésus-Christ, homme et médiateur entre Dieu et les hommes; il est la tête de tous les saints qui ne forment qu'un seul corps. C'est pour cela que la sagesse divine ou Verbe de Dieu, qui était dans le commencement, par qui tout a été fait, ne s'est pas unie à cette homme comme elle s'unit aux autres saints; mais elle l'a fait d'une manière plus excellente et plus sublime; elle s'y est unie, comme il le fallait, pour se manifester aux hommes, et se rendre visible à leurs yeux d'une manière convenable. Donc les autres hommes, quelqu'ils soient, qui ont pu ou qui pourront exister, sont sages d'une toute autre manière que Jésus-Christ homme, médiateur entre Dieu et les hommes; car non-seulement il possède le bienfait de la sagesse, mais il est la sagesse même et en remplit les fonctions. On peut dire, en effet, avec raison de ces hommes sages et spirituels, qu'ils ont en eux le Verbe de Dieu, par qui tout a été fait, mais on ne saurait dire avec la même vérité, « que le Verbe en s'unissant à eux a été fait chair, et qu'il a habité parmi nous. » Ce qui peut se dire avec vérité seulement de Jésus-Christ Notre-Seigneur.

Chapitre XXI. — 23. N'écoutons pas ceux qui disent que le corps humain est la seule chose, dont le Verbe de Dieu ait daigné se revêtir, et qui interprètent les paroles de l'Evangile : « Et le Verbe s'est fait chair, » dans le sens que Jésus-Christ homme n'a pris de l'homme ni l'âme, ni rien de ce qui appartient à l'homme, à l'exception de la chair. Ils sont dans une grande erreur, et ne comprennent pas que dans les paroles de l'Evangile : « Et le Verbe s'est fait chair, » il est seulement fait mention de la chair, parce que la chair seule pouvait se manifester aux yeux des hommes, pour lesquels le Seigneur avait daigné se revêtir de cette chair. S'il est indigne et absurde de croire, comme nous nous l'avons dit plus haut, que Jésus-Christ homme n'ait pas eu en lui l'esprit de l'homme, n'est-ce pas le comble de l'absurdité et de l'impiété de prétendre, qu'il n'en a eu ni l'esprit ni l'âme, mais seulement le corps, c'est-à-dire, ce qu'il y a de plus

---

membra cætera sunt omnes sancti, quibus perficitur et completur Ecclesia. Quomodo ergo anima totum corpus nostrum animat et vivificat, sed in capite et videndo sentit, et audiendo, et odorando, et gustando, et tangendo, in cæteris autem membris tangendo tantum; et ideo capiti cuncta subjecta sunt ad operandum, illud autem supra collocatum est ad consulendum; quia ipsius animæ, quæ consulit corpori, quodam modo personam sustinet caput, ibi enim omnis sensus apparet : sic universo populo sanctorum tanquam uni corpori caput est Mediator Dei et hominum homo Christus Jesus. (1 *Tim.*, II, 5.) Et propterea Sapientia Dei, et Verbum in principio per quod facta sunt omnia, non sic assumpsit illum hominem ut cæteros sanctos, sed multo excellentius, multoque sublimius : (*a*) quomodo ipsum solum assumi oportuit, in quo Sapientia (*b*) hominibus appareret, sicut eam visibiliter decebat ostendi. Quapropter aliter sunt sapientes cæteri homines quicumque sunt, vel esse potuerunt, vel poterunt; et aliter ille unus Mediator Dei et hominum homo Christus Jesus, qui sapientiæ ipsius, per quam sapientes fiunt quicumque homines, non solum beneficium habet, sed etiam personam gerit. De cæteris enim sapientibus et spiritualibus animis recte dici potest, quod habeant in se Verbum Dei per quod facta sunt omnia : sed in nullo eorum recte dici potest, quod « Verbum caro factum est, et habitavit in nobis; » quod in solo Domino nostro Jesu Christo rectissime dicitur.

Caput XXI. — 23. Nec eos audiamus, qui solum corpus humanum susceptum esse dicunt a Verbo Dei, et sic audiunt quod dictum est : « Et Verbum caro factum est, » (*Joan.*, I, 14) ut negent illum hominem vel animam vel aliquid hominis habuisse, nisi carnem solam. Errant enim multum : nec intelligunt ideo carnem solam nominatam esse in eo quod dictum est : « Verbum caro factum est, » quia hominum oculis, propter quos facta est illa susceptio, caro sola potuit apparere. Nam si absurdum est et valde indignum, ut humanum spiritum homo ille non habuerit, sicut superius tractavimus; quanto magis absurdum et indignum est, ut nec spiritum, nec animam habuerit, et hoc solum habuerit quod

---

(*a*) Sic Mss. Editi vero, *quoniam ipsum*, etc. — (*b*) Editi : *Sapientia Dei Patris*. Abest *Dei Patris* a Mss.

vil et de plus bas même dans les animaux? Que notre foi rejette donc un tel blasphème. Croyons que le Verbe de Dieu s'est revêtu de la nature humaine entière, dans toute sa plénitude et dans toute sa perfection.

CHAPITRE XXII.—24. N'écoutons pas ceux qui disent : Notre-Seigneur a eu un corps de la même manière que la colombe, que saint Jean-Baptiste vit descendre du ciel, et se poser sur lui comme symbole du Saint-Esprit. Ils cherchent ainsi à persuader à leurs adeptes que le Fils de Dieu n'est pas né d'une femme. Si le Christ, disent-ils, devait se manifester aux yeux de la chair, il pouvait du moins prendre un corps comme en prit le Saint-Esprit. En effet, ajoutent-ils, cette colombe n'était pas née d'un œuf, et pourtant elle a pu apparaître à des yeux mortels. Nous leur répondons d'abord, que là où nous lisons que le Saint-Esprit apparut à saint Jean sous la forme d'une colombe, (*Matth.*, III, 16), nous lisons aussi que le Christ est né d'une femme. (*Ibid.*, I, 20.) Il ne faut donc pas d'un côté croire à l'Évangile, et d'un autre côté ne pas y croire. Pour quelle raison croyez-vous que le Saint-Esprit s'est montré sous la forme d'une colombe? Parce que vous l'avez lu dans l'Évangile. Je crois donc aussi moi, que le Christ est né d'une vierge, parce que je l'ai lu dans l'Évangile. Mais pourquoi le Saint-Esprit n'est-il pas né d'une colombe, comme le Christ est né d'une femme? Parce que le Saint-Esprit n'était pas venu pour délivrer les pigeons; mais pour annoncer et recommander aux hommes l'innocence et l'amour spirituel, dont la colombe était le symbole. Tandis que Notre-Seigneur Jésus-Christ, qui était venu pour délivrer le genre humain, dans lequel se trouvent les hommes et les femmes qui doivent être sauvés, a montré le même amour et pour l'homme puisqu'il en avait pris la forme, et pour la femme puisqu'il était né d'une femme. Cela nous représente encore un grand mystère. C'était par une femme que nous était venue la mort, c'était aussi par une femme que nous devions revenir à la vie. L'une et l'autre nature, c'est-à-dire celle de l'homme et de la femme, devaient donc ainsi triompher et tirer vengeance du démon. Il se réjouissait de les avoir entraînées à leur perte, mais il n'aurait pas été assez puni, si ces deux natures avaient été seulement délivrées en nous, sans que nous fussions aussi délivrés par elles. Nous ne voulons point faire entendre par là, que seul le corps de Notre-Seigneur Jésus-Christ ait été un véritable corps, et que le Saint-Esprit se soit montré sous une apparence trompeuse aux yeux des hommes. Nous croyons que les corps de l'un et de l'autre ont été de véritables corps. Il ne convenait pas que le Fils de Dieu trompât les

---

etiam in pecoribus vilius est et extremius, id est corpus? A nostra ergo fide etiam ista impietas excludatur, totumque hominem atque perfectum a Verbo Dei susceptum esse credamus.

CAPUT XXII. — 24. Nec eos audiamus, qui tale corpus Dominum nostrum habuisse dicunt, quale apparuit in columba, quam vidit Joannes Baptista descendentem de cœlo et manentem super eum in signo Spiritus sancti. Ita enim persuadere conantur Filium Dei natum non esse de femina : Quia si carnalibus oculis eum oportebat ostendi, potuit, inquiunt, sic assumere corpus, quomodo Spiritus sanctus. Non enim et columba illa de ovo nata est, aiunt; et tamen humanis oculis potuit apparere. Quibus primum illud respondendum est, quod ibi legimus in specie columbæ apparuisse Joanni Spiritum sanctum (*Matth.*, III, 16), ubi legimus etiam Christum natum esse de femina (*Matth.*, I, 20, etc); et non oportet in parte credere Evangelio, et in parte non credere. Unde enim credis in columbæ specie demonstratum esse Spiritum sanctum, nisi quia in Evangelio legisti? Ergo et ego inde credo Christum natum de virgine esse, quia in Evangelio legi.

Quare autem Spiritus sanctus non est natus de columba, quemadmodum Christus de femina, illa causa est, quia non columbas liberare venerat Spiritus sanctus, sed hominibus significare innocentiam et amorem spiritalem, quod in columbæ specie visibiliter figuratum est. Dominus autem Jesus Christus, qui venerat ad homines liberandos, in quibus et mares et feminæ pertinent ad salutem, nec mares fastidivit, quia marem suscepit; nec feminas, quia de femina natus est. Huc accedit magnum sacramentum, ut quoniam per feminam nobis mors accederat, vita nobis per feminam nasceretur : ut de utraque natura, id est feminina et masculina, victus diabolus cruciaretur, quoniam de ambarum subversione lætabatur; cui parum fuerat ad pœnam si ambæ naturæ in nobis liberarentur, nisi etiam per ambas liberaremur. Neque hoc ita dicimus, ut Dominum Jesum Christum dicamus solum verum corpus habuisse, Spiritum sanctum autem fallaciter apparuisse oculis hominum : sed ambo illa corpora, vera corpora credimus. Sicut enim non oportebat ut homines falleret Filius Dei, sic non decebat ut homines falleret Spiritus sanctus: sed omni-

hommes; de même il eût été malséant au Saint-Esprit de les tromper. Etait-il donc plus difficile au Tout-Puissant qui a créé toutes choses, de donner un vrai corps à la colombe, sans le secours des pigeons, que de former sans le concours de l'homme, un corps véritable dans le sein de Marie, puisque pour former l'homme dans le sein d'une femme, comme pour former une colombe dans le monde, la nature corporelle obéit au commandement et à la volonté du Seigneur. Mais les hommes dans leur folie et leur misère ne croient pas que Dieu, dont la puissance est infinie, ait pu faire ce qu'eux-mêmes ne sauraient accomplir, ou ce qu'ils n'ont jamais vu dans leur vie.

CHAPITRE XXIII. — 25. N'écoutons pas non plus ceux qui veulent nous forcer à mettre le Fils de Dieu au rang des créatures, parce qu'il a souffert. S'il a souffert, disent-ils, il est donc sujet à changer, et dans ce cas il n'est qu'une créature. Nous reconnaissons avec eux que la substance divine n'est soumise à aucun changement, tandis qu'il n'en est pas de même de la créature. Mais autre chose est d'être créature, autre chose de prendre la forme d'une créature. Or, le Fils unique de Dieu qui est la vertu et la sagesse du Père, et le Verbe par qui tout a été fait, ne pouvant subir aucun changement, a daigné prendre la forme de la créature humaine pour la relever de sa chute, et lui donner un nouvel être. Les maux qu'il a soufferts en elle, n'ont porté aucune atteinte à sa Divinité, et par sa glorieuse résurrection, il a au contraire rendu meilleure et plus noble cette créature dont il avait pris la forme. On ne saurait donc nier que le Verbe du Père, c'est-à-dire le Fils unique de Dieu, soit né, et qu'il ait souffert pour nous. Ne disons-nous pas que les martyrs ont souffert, et sont morts pour obtenir le royaume des cieux, et cependant leur âme n'a pas péri avec eux dans leurs souffrances et dans leur mort. « Ne craignez pas, » dit le Seigneur lui-même, « ceux qui ôtent la vie du corps et qui ne peuvent faire mourir l'âme. » (*Matth.*, x, 28.) Ainsi comme nous disons que les martyrs ont souffert et sont morts dans leur corps, sans que pour cela leur âme ait été anéantie, de même nous disons que le Fils de Dieu a souffert et est mort dans l'homme dont il avait pris la forme et la nature, sans que sa Divinité ait eu à souffrir la moindre atteinte d'aucun changement ou de la mort.

CHAPITRE XXIV. — 26. N'écoutons pas ceux qui disent que le corps du Seigneur n'est pas ressuscité davantage tel qu'il avait été mis dans le tombeau. S'il n'était pas resté le même, le Christ après sa résurrection n'aurait point dit à ses disciples : « Touchez et voyez, car un esprit n'a ni chair, ni os,

---

potenti Deo, qui universam creaturam de nihilo fabricavit, non erat difficile verum corpus columbæ sine aliorum columbarum ministerio figurare, sicut ei non fuit difficile verum corpus in utero Mariæ sine virili semine fabricare : cum (*a*) natura corporea et in visceribus feminæ ad formandum hominem, et in ipso mundo ad formandam columbam imperio Domini voluntatique serviret. Sed stulti homines et miseri, quod aut ipsi facere non possunt, aut in vita sua nunquam viderunt, etiam ab omnipotente Deo fieri potuisse non credunt.

CAPUT XXIII. — 25. Nec eos audiamus, qui propterea volunt cogere, ut inter creaturas Filium Dei numeremus, quia passus est. Dicunt enim : Si passus est, mutabilis est : et si mutabilis est, creatura est; quia Dei substantia non potest immutari. Cum quibus etiam nos dicimus, et Dei substantiam commutari non posse, et creaturam esse mutabilem. Sed aliud est esse creaturam, et aliud suscipere creaturam. Filius ergo unigenitus Dei, qui est Virtus et Sapientia Dei, et Verbum per quod facta sunt omnia, quia immutari non potest omnino, suscepit humanam creaturam, quam lapsam erigere, atque inveteratam renovare dignatus est. Nec in ea per passionem ipse in deterius commutatus est, sed eam potius per resurrectionem in melius commutavit. Nec propterea Verbum Patris, id est unicum Dei Filium, per quem facta sunt omnia, negandum est natum et passum esse pro nobis. Et Martyres enim passos dicimus et mortuos propter regna cœlorum; nec tamen in ea passione et morte animæ eorum occisæ sunt. Dicit enim Dominus : « Nolite timere eos qui corpus occidunt, animæ autem nihil possunt facere. » (*Matth.*, x, 28.) Sicut ergo Martyres passos et mortuos dicimus in corporibus quæ portabant, sine animarum interfectione vel morte; sic Filium Dei passum et mortuum dicimus in homine quem portabat, sine divinitatis aliqua commutatione vel morte.

CAPUT XXIV. — 26. Nec eos audiamus, qui negant tale corpus Domini resurrexisse, quale positum est in monumento. Si enim tale non fuisset, non ipse dixisset post resurrectionem discipulis : « Palpate, et videte, quoniam spiritus ossa et (*b*) carnem non ha-

---

(*a*) Parv. et Mss. *creatura corporea.* — (*b*) Parv. *ossa et nervos.* Sic etiam plerique Mss. et ex his plures infra loco *Sacrilegum,* habent, habent *Sacrilegium.*

comme vous voyez que j'en ai. » (*Luc*, XXIV, 39.) Ce serait en effet un sacrilége de croire que Notre-Seigneur, qui est la vérité même, ait pu commettre le moindre mensonge. Ne soyons pas non plus étonnés si le Christ, comme il est écrit, s'est montré tout à coup à ses disciples, dans la maison où ils étaient assemblés, et dont les portes étaient fermées, et ne refusons pas de croire qu'il ait eu un corps humain, parce qu'un corps de cette nature ne saurait pénétrer dans un lieu dont les portes sont closes. Tout n'est-il pas possible à Dieu? Il est contre la nature d'un pareil corps de pouvoir marcher sur les eaux, cependant le Seigneur avant sa passion (*Matth.*, XIX, 26), non-seulement marcha sur la surface de la mer, mais encore y fit marcher Pierre avec lui. (*Matth.*, XIV, 25 et 29.) De même après sa résurrection il a pu faire de son corps ce qu'il a voulu. Si le Seigneur, avant sa passion, a pu rendre « son visage aussi resplendissant que le soleil, » (*Matth.*, XVII, 2) pourquoi n'aurait-il pas pu, après sa résurrection, donner subitement à son corps une subtilité assez grande, pour pouvoir entrer par des portes fermées?

CHAPITRE XXV. — 27. N'écoutons pas ceux qui nient que le Seigneur ait élevé son corps vers le ciel, et qui appuient leur opinion sur ce passage de l'Evangile où il est dit : « Personne ne peut monter au ciel, si ce n'est celui qui en est descendu. » (*Jean*, III, 13.) Or, comme le corps du Christ n'est pas descendu du ciel, il n'a pas pu selon eux y monter. Ils ne comprennent point que ce n'est pas le corps lui-même qui monta au ciel, mais le Seigneur qui, en montant au ciel enleva son corps avec lui. Si quelqu'un par exemple descendait nu d'une montagne, et qu'après en être descendu et s'être habillé il y remontât couvert de ses vêtements, nous pourrions dire assurément : Celui qui a monté cette montagne est celui qui en est descendu, et sans faire attention au vêtement qu'il enleva avec lui, nous disons simplement : Celui-là même qui est vêtu est le seul qui y soit monté.

CHAPITRE XXVI. — 28. N'écoutons pas ceux qui nient que le Fils de Dieu soit assis à la droite de son Père. Dieu le Père, disent-ils, a-t-il donc, comme les corps, un côté droit et un côté gauche? Telle n'est pas non plus notre opinion sur Dieu le Père. Car Dieu n'est limité ni circonscrit par aucune forme corporelle. La droite du Père, c'est la félicité éternelle promise aux saints, comme sa gauche est le malheur éternel réservé aux impies. C'est dans ce sens qu'il faut entendre la droite et la gauche de Dieu, et non comme lorsqu'il s'agit des créatures. Ainsi le corps de Jésus-Christ, qui n'est autre que l'Eglise, sera placé à la droite de Dieu, c'est-à-dire dans l'éternelle félicité, parce que comme le dit l'Apôtre :

---

bet, sicut me videtis habere. » (*Luc.*, XXIV, 39.) Sacrilegum est enim credere Dominum nostrum, cum ipse sit Veritas, in aliquo fuisse mentitum. Nec nos moveat quod clausis ostiis subito cum apparuisse discipulis scriptum est (*Joan.*, XX, 26), ut propterea negemus illud fuisse corpus humanum, quia contra naturam hujus corporis videmus esse per clausa ostia intrare. Omnia enim possibilia sunt Deo. (*Matth.*, XIX, 26.) Nam et ambulare super aquas contra naturam hujus corporis esse manifestum est; et tamen non solum ipse Dominus ante passionem ambulavit, sed etiam Petrum ambulare fecit. (*Matth.*, XIV, 25 et 29.) Ita ergo et post resurrectionem de corpore suo fecit quod voluit. Si enim potuit ante passionem clarificare illud sicut splendorem solis (*Matth.*, XVII, 2), quare non potuit et post passionem ad quantam vellet subtilitatem in temporis momento redigere, ut per clausa ostia posset intrare?

CAPUT XXV. — 27. Nec eos audiamus, qui negant ipsum corpus secum levasse in cœlum Dominum nostrum, et commemorant in Evangelio quod scriptum est : « Nemo ascendit in cœlum, nisi qui de cœlo descendit : » (*Joan.*, III, 13) et dicunt, quia corpus non descendit de cœlo, non potuisse ascendere in cœlum. Non enim intelligunt, quoniam corpus non ascendit in cœlum : Dominus enim ascendit, corpus autem non ascendit, sed levatum est in cœlum illo levante qui ascendit. Si enim quis descendat, verbi gratia, de monte nudus, cum autem descenderit, vestiat se, et vestitus iterum ascendat, recte utique dicimus : Nemo ascendit, nisi qui descendit : nec vestem consideramus quam secum levavit, sed ipsum qui vestitus est, solum dicimus ascendisse.

CAPUT XXVI. — 28. Nec eos audiamus, qui negant ad dexteram Patris sedere Filium. Dicunt enim : Numquid Deus Pater habet latus dextrum aut sinistrum, sicuti corpora ? Nec nos hoc de Deo Patre sentimus : nulla enim forma corporis Deus definitur atque concluditur. Sed dextera Patris est beatitudo perpetua, quæ sanctis promittitur; sicut sinistra ejus rectissime dicitur miseria perpetua, quæ impiis datur : ut non in ipso Deo, sed in creaturis hoc modo, quo diximus, intelligatur dextera et sinistra. Quia et corpus Christi, quod est Ecclesia, in ipsa dextera, hoc est in ipsa beatitudine futurum est, sicut Apostolus dicit, quia « et simul nos suscitavit,

« Dieu nous a ressuscités avec Jésus-Christ, et nous a fait asseoir avec lui dans le ciel. » (*Ephés.*, II, 6.) Quoique notre chair n'y soit pas encore, nous y sommes déjà en espérance. C'est ainsi que le Seigneur, après sa résurrection, trouvant ses disciples occupés à pêcher, « leur ordonna de jeter leurs filets à droite de la barque. » (*Jean*, XXI, 6.) Ils le firent et prirent beaucoup de grands poissons, ce qui est la figure des justes auxquels la droite de Dieu est promise. C'est encore dans ce sens qu'il faut entendre les paroles du Seigneur, lorsqu'en parlant du jugement dernier, « il a dit qu'il mettrait les brebis à sa droite et les boucs à sa gauche. » (*Matth.*, XXV, 33.)

CHAPITRE XXVII. — 29. N'écoutons pas ceux qui ne croient point au jugement dernier, et qui s'appuient sur ces paroles de l'Evangile : « Celui qui croit en Jésus-Christ ne sera pas jugé, mais celui qui n'y croit point est déjà jugé. » (*Jean*, III, 18.) Si celui qui croit, disent-ils, ne doit pas être jugé, et si celui qui ne croit pas l'est déjà, où sont donc ceux que le Christ jugera au jour du jugement? Ils ne comprennent pas que l'Ecriture, en parlant ainsi, met le passé pour le futur, comme lorsque l'Apôtre a dit de nous, « que Dieu nous a fait asseoir dans le ciel avec Jésus-Christ. » (*Ephés.*, II, 6.) C'est une chose qui n'est pas encore accomplie, mais comme elle doit l'être certainement, saint Paul en parle comme si elle était déjà faite. Le Seigneur a dit de même à ses disciples : « Je vous ai fait connaître tout ce que j'ai appris de mon Père, » (*Jean*, XV, 15) et un peu après : « J'ai encore beaucoup de choses à vous dire, mais vous ne pouvez pas les porter à présent. » (*Jean*, XVI, 12.) Lorsque le Seigneur dit : « Je vous ai fait connaître tout ce que j'ai appris de mon Père, » ne parle-t-il pas d'une chose qu'il devait certainement faire par le Saint-Esprit, comme s'il l'avait déjà faite? De même aussi, lorsque saint Jean dit : « Celui qui croit en Jésus-Christ ne sera pas jugé, » (*Jean*, III, 18) c'est comme s'il disait : Celui-là ne sera pas condamné, car le mot de *jugement* est pris aussi dans le sens de *condamnation*. C'est ainsi que l'Apôtre dit : « Que celui qui ne mange pas de tout, ne juge pas celui qui en mange, » c'est-à-dire, « ne méprise pas. » (*Rom.*, XIV, 3.) Le Seigneur dit aussi : « Ne jugez pas, afin que vous ne soyez pas jugé. » (*Matth.*, VII, 1.) Ce n'est pas que le Seigneur nous refuse par ces paroles l'intelligence de juger, puisqu'il nous dit par son prophète : « O fils des hommes, si vous aimez véritablement la justice, que les jugements que vous portez soient droits, » (*Ps.* V, 7-2) et que le Seigneur nous dit lui-même dans son Evangile : « Ne jugez pas personnellement, mais que la justice préside à vos jugements. » Dans ce passage où il défend de juger, il nous avertit seule-

---

et simul sedere fecit in cœlestibus. » (*Ephes.*, II, 6.) Quamvis enim corpus nostrum nondum ibi sit, tamen spes nostra jam ibi est. Propterea et ipse Dominus post resurrectionem jussit discipulis quos piscantes invenit, ut in dexteram partem mitterent retia. (*Joan.*, XXI, 6.) Quod cum fecissent, ceperunt pisces, qui omnes magni erant, id est, justos significabant, quibus dextera promittitur. Hoc significat, quod etiam in judicio dixit se agnos ad dexteram, hædos autem ad sinistram esse positurum. (*Matth.*, XXV, 33.)

CAPUT XXVII. — 29. Nec eos audiamus, qui negant diem judicii futurum, et commemorant quod in Evangelio scriptum est, eum qui credit in Christum, non judicari; qui autem non credit in illum, jam judicatum esse. (*Joan.*, III, 18.) Dicunt enim : Si et ille qui credit, non veniet in judicium, et ille qui non credit, jam judicatus est; ubi sunt quos judicaturus est in die judicii? Non intelligunt sic loqui Scripturas, ut præteritum tempus pro futuro tempore insinuent : sicut supra diximus, quod Apostolus dixit de nobis, quod « simul nos sedere fecit in cœlestibus, » nondum factum est; sed quia certissime est futurum, ita dictum est quasi jam factum sit. Sicut et ipse Dominus discipulis dixit : « Omnia quæ audivi a Patre meo, nota feci vobis : » (*Joan.*, XV, 15) et paulo post dicit : « Multa habeo vobis dicere, sed non potestis illa portare modo. » (*Joan.*, XVI, 12.) Quomodo ergo dixerat : « Omnia quæ audivi a Patre meo, nota feci vobis, » nisi quia illud quod per Spiritum sanctum certissime facturus erat, quasi jam fecisset, locutus est? Sic ergo cum audimus : « Qui credit in Christum, non veniet in judicium; » (*Joan.*, III, 18) intelligamus, quia non veniet ad damnationem. Dicitur enim judicium pro damnatione, sicut dicit Apostolus : « Qui non manducat, manducantem non judicet : » (*Rom.*, XIV, 3) id est, non de illo male existimet. Et Dominus dicit : « Nolite judicare, ne judicetur de vobis. » (*Matth.*, VII, 1.) Non enim tollit nobis intelligentiam judicandi, cum et Propheta dicat (*Psal.* V, 7, 2) : « Si vere justitiam diligitis, recta judicate filii hominum : » et ipse Dominus dicat (*Joan.*, VII, 42) : « Nolite judicare personaliter,

ment de ne condamner personne, quand nous ne connaissons pas le fond de la pensée, ou quand nous ignorons ce qu'il sera un jour. Ainsi lorsque le Seigneur a dit : « Celui qui croit ne sera pas jugé, » (*Jean*, III, 18) il a voulu dire : Celui-là ne sera pas condamné, et quand il a dit : « Celui qui ne croit pas est déjà condamné, » il a voulu faire entendre, que celui-là est déjà condamné par la prescience de Dieu, qui connaît ce qui doit arriver à ceux qui ne croient pas.

CHAPITRE XXVIII.—30. N'écoutons pas ceux qui disent que le Saint-Esprit, promis par le Seigneur à ses apôtres, est descendu sur l'apôtre Paul ou sur Montanus et Priscilla, comme le prétendent les Cataphryges, ou sur je ne sais quel Manès, comme le disent les Manichéens. Tel est l'aveuglement de ces gens-là, qu'ils ne comprennent pas le véritable sens des Ecritures, ou que par indifférence pour leur salut, ils ne se donnent pas même la peine de les lire. Comment, en les lisant attentivement, ne pas comprendre ce que le Seigneur dit dans son Evangile, qui fut écrit après sa résurrection : « Et moi je vais vous envoyer le don promis par mon Père. Cependant demeurez dans la ville de Jérusalem, jusqu'à ce que vous soyez revêtus de la force d'en Haut. » (*Luc*, XXIV, 49.) Ils ne font pas non plus attention que dans les Actes des Apôtres il est dit :

Après que le Seigneur, en s'élevant au ciel, eût disparu aux yeux de ses disciples, dix jours après, c'est-à-dire le jour de la Pentecôte, le Saint-Esprit descendit sur eux (*Act.*, II, 1-6); et lorsqu'ils étaient dans la ville de Jérusalem, où le Sauveur leur avait dit de rester, ils furent remplis de son Esprit saint, et commencèrent à parler des langues étrangères. En effet, des hommes de diverses nations qui se trouvaient alors à Jérusalem, étaient étonnés de ce que chacun d'eux les entendait parler en sa propre langue. Mais le but de ces hérétiques est de tromper ceux qui, négligeant la foi catholique et leur propre foi, si claire et si manifeste dans les saintes Ecritures, ne veulent pas apprendre la vérité, et qui, chose bien plus grave et plus douloureuse, pleins d'indifférence pour la foi catholique, écoutent avec empressement les discours des hérétiques.

CHAPITRE XXIX.— 31. N'écoutons pas ceux qui disent que la sainte Eglise, qui n'est autre que l'Eglise catholique, n'est pas répandue par toute la terre, et qui prétendent qu'elle est seulement puissante et florissante dans l'Afrique, c'est-à-dire dans le parti de Donat. Ils ne veulent pas entendre la voix qui leur crie : « C'est toi qui est mon fils, je t'ai engendré aujourd'hui, demande moi, et je te donnerai les nations pour héritage et la terre pour empire; » (*Ps.* VII, 2)

---

sed justum judicium judicate. » Sed illo loco ubi vetat judicare, illud admonet, ne damnemus aliquem, cujus vel cogitatio nobis non est aperta, vel nescimus qualis postea sit futurus. Sic ergo cum dixit, « ad judicium non veniet : » hoc dixit, quia non veniet ad damnationem. « Qui autem non credit, jam judicatus est : » hoc dixit, quia jam damnatus est præscientia Dei, qui novit quid immineat non credentibus.

CAPUT XXVIII. — 30. Nec eos audiamus, qui dicunt Spiritum sanctum, quem in Evangelio Dominus promisit discipulis, aut in Paulo apostolo venisse, aut in Montano et Priscilla, sicut Cataphryges dicunt, aut in nescio quo Manete vel Manichæo, sicut Manichæi dicunt. Tam enim cæci sunt isti, ut Scripturas manifestas non intelligant; aut tam negligentes salutis suæ, ut omnino non legant. Quis enim, cum legerit, non intelligat vel in Evangelio quod post Domini resurrectionem scriptum est, dicente Domino : « Ego mitto promissum Patris mei in vos; vos autem sedete hic in civitate, quo usque induamini virtute

ex alto ? » (*Luc.*, XXIV, 49.) Et in Actibus Apostolorum, postea quam Dominus abscessit a discipulorum oculis in cœlum, decem diebus peractis, die Pentecostes non attendunt apertissime venisse Spiritum sanctum; et cum essent illi in civitate, sicut eos ante monuerat, implevisse illos, ita ut loquerentur linguis. (*Act.*, II, 4.) Nam diversæ nationes quæ tunc aderant, unusquisque audientium suam linguam intelligebant. Sed isti homines decipiunt eos qui negligentes catholicam fidem, et ipsam fidem suam quæ in Scripturis manifesta est, nolunt (*a*) discere, et quod est gravius et multum dolendum, cum in Catholica (*b*) negligenter versentur, hæreticis aurem diligenter accommodant.

CAPUT XXIX. — 31. Nec eos audiamus, qui sanctam Ecclesiam, quæ una catholica est, negant per orbem esse diffusam, sed in sola Africa, hoc est, in parte Donati pollere arbitrantur. Ita surdi sunt adversus Prophetam dicentem : « Filius meus es tu, ego hodie genui te : postula a me, et dabo tibi gentes hæreditatem tuam, et possessionem tuam terminos terræ. »

(*a*) Sic Parv. et plures Mss. At Am. Er. Lov. *dicere*.— (*b*) Editi, addunt *fide :* cujus loco subaudiri potest : *Ecclesia*.

ni comprendre beaucoup d'autres choses, qui ont été écrites dans l'Ancien et le Nouveau Testament, pour déclarer ouvertement que l'Eglise du Christ est répandue dans l'univers entier. Lorsque nous leur objectons tous ces témoignages, ils répondent que tout cela a été accompli avant l'existence du parti de Donat, mais ils prétendent que depuis lors, l'Eglise tout entière a péri, et qu'il en est resté seulement quelque chose dans le parti de Donat. Que d'orgueil, que de blasphèmes dans de pareilles prétentions ! Elles ne seraient pas justes, même s'ils vivaient de manière à conserver entre eux la paix et l'union, mais ils ne font pas attention que déjà s'est accomplie dans le parti de Donat la prédiction de l'Evangile : « La mesure dont vous vous serez servis pour mesurer les autres, on s'en servira pour vous mesurer vous-mêmes. » (*Matth.*, VII, 2.) De même en effet, que Donat a voulu diviser le Christ, de même il est divisé chaque jour par les siens. C'est dans ce sens également que le Seigneur a dit : « Quiconque se servira de l'épée périra par l'épée. » (*Matth.*, XXVI, 52.) L'épée, dans ce passage, s'il faut interpréter ce mot en mauvaise part, exprime les paroles de discorde, par lesquelles Donat a frappé l'Eglise, mais sans pouvoir lui donner la mort. Le Seigneur, en effet, n'a point dit quiconque donnera la mort par l'épée, mais « quiconque se servira de l'épée périra par l'épée. » C'est avec le glaive de la parole de discorde que Donat a frappé l'Eglise, et c'est par ce glaive qu'il est frappé à son tour et qu'il périra. L'apôtre saint Pierre, en agissant ainsi, n'y avait pas été poussé par l'orgueil, mais par un amour qui, bien que sincère pour son divin Maître, avait quelque chose de terrestre. C'est pourquoi repris pas le Seigneur, il remit son épée dans le fourreau. Mais Donat quoique vaincu n'a pas imité l'exemple de l'Apôtre. Lorsqu'il plaidait sa cause avec l'évêque Cécilien, en présence des évêques de Rome, qu'il avait demandés pour juges, et qu'il ne put rien prouver de ce qu'il avait avancé, il n'en persista pas moins dans son schisme sacrilége, et périt ainsi par le glaive dont il s'était servi. Quant à ses partisans, comme ils ne veulent entendre ni les prophètes, ni l'Evangile où il est clairement écrit que l'Eglise du Christ est répandue par toute la terre ; comme ils écoutent les schismatiques, qui cherchent leur propre gloire et non celle de Dieu, ils montrent par là qu'ils sont esclaves et non libres, et qu'ils ont comme le serviteur du grand prêtre, l'oreille droite coupée. (*Matth.*, XXVI, 51.) Ce n'est pas, en effet, à un homme libre, mais à un serviteur que saint Pierre, dans un excès d'amour pour son divin Maître, abattit l'oreille droite avec son épée. On doit en conclure que ceux qui frappent avec le glaive du schisme, sont esclaves de la chair, et n'ont pas encore été appelés à la liberté

(*Psal.* II, 7.) Et alia multa, sive in veteris, sive in novi Testamenti libris, quæ scripta sunt, ut apertissime declarent Ecclesiam Christi per orbem terræ esse diffusam. Quod cum eis objicimus, dicunt jam ista omnia fuisse completa, ante quam esset pars Donati, sed postea totam Ecclesiam perisse, et in sola Donati parte reliquias ejus remansisse contendunt. O linguam superbam et nefariam ! nec si vere sic viverent, ut vel inter se pacem postea custodirent. Nunc autem non attendunt jam in ipso Donato completum fuisse quod dictum est (*Matth.*, VII, 2) : « In qua mensura mensi fueritis, in ea remetietur vobis. » Sicut enim Christum dividere conatus est, sic ipse a suis quotidiana concisione dividitur. Ad hoc etiam pertinet illud quod Dominus dicit : « Qui enim gladio percusserit, gladio morietur. » (*Matth.*, XXVI, 52.) Gladius enim illo loco, si quidem in malo positus est, discordiosam linguam significat, qua tunc ille infelix Ecclesiam percussit, sed non occidit. Non enim dixit Dominus : Qui occiderit gladio, gladio morietur : sed : « Qui gladio usus fuerit, inquit, gladio morietur. » Ergo ille percussit Ecclesiam lingua litigiosa, qua nunc ipse conciditur, ut omnino dispereat atque moriatur. Et tamen illud tunc apostolus Petrus, non superbia sua, sed quamvis carnali, tamen amore Domini fecerat. Itaque admonitus recondit gladium : iste autem nec victus hoc fecit. Si quidem cum episcopo Cæciliano causam cum diceret, audientibus episcopis Romæ, quos ipse petiverat, nihil eorum quæ intenderat potuit probare : et sic remansit in schismate, ut suo gladio moreretur. Populus autem ipsius, quando non audit Prophetas et Evangelium, in quibus apertissime scriptum est, Ecclesiam Christi per omnes gentes esse diffusam, et audit schismaticos, non Dei gloriam quærentes, sed suam, satis significat servum se esse, non liberum, et aurem dexteram se habere præcisam. Petrus enim errans in amore Domini, servo, non libero, aurem dexteram præcidit. Ex quo significat, eos qui gladio schismatis feriuntur, et servos esse carnalium desideriorum, nondum eductos in libertatem Spiritus sancti, ut jam non confidant in homine ; et non

du Saint-Esprit, de manière à ne plus mettre leur confiance dans l'homme. Ils ne voient et ne cherchent pas ce qui est à droite, c'est-à-dire la gloire du Seigneur répandue sur toute la terre par l'Eglise catholique, mais ils écoutent ce qui est à gauche, c'est-à-dire la voix et les paroles de l'orgueil humain. Cependant puisque le Seigneur dit dans son Evangile, que lorsque sa parole aura été annoncée à toutes les nations du monde, alors arrivera la fin des siècles (*Matth.*, XXIV, 14); comment ces hérétiques osent-ils encore prétendre que les autres peuples se sont séparés de la foi catholique, et que l'Eglise du Christ n'est plus que dans le parti de Donat. Au contraire, n'est-il pas évident, que depuis leur séparation de l'unité de l'Eglise, plusieurs nations ont embrassé la foi chrétienne, et que chaque jour l'Evangile ne cesse pas d'être prêché, parmi celles qui n'ont pas encore cru. Qui ne serait pas indigné que des hommes qui prétendent au nom de chrétiens, s'emportent avec tant d'impiété contre la gloire du Christ, jusqu'à oser dire que les peuples qui entrent dans le sein de l'Eglise de Dieu, et qui s'empressent de croire en Jésus-Christ, Fils unique de Dieu, font une chose vaine et stérile, parce qu'ils n'ont pas reçu le baptême de la main de quelque donatiste? Il n'est certainement personne qui ne répudiât avec horreur une telle doctrine, et qui ne s'empressât de l'abandonner, s'il cherchait véritablement le Christ, s'il en aimait la sainte Eglise, et si son oreille droite n'avait pas été coupée par le glaive.

CHAPITRE XXX. — 32. N'écoutons pas ceux qui, sans rebaptiser cependant personne, se sont pourtant séparés de l'unité de l'Eglise, et aiment mieux être appelés lucifériens que catholiques. Ils ont raison sans doute de croire, qu'on ne peut pas conférer une seconde fois le baptême de Jésus-Christ. Ils comprennent, en effet, que l'Eglise catholique peut seule régénérer l'homme par les saintes eaux du baptême; mais ils prétendent que les rameaux retranchés de la vigne, conservent toujours la forme qu'ils avaient reçue sur la vigne elle-même, avant d'en être retranchés. Ce sont ceux-là dont l'Apôtre dit : « Ils ont l'apparence de la sainteté, mais ils n'en ont pas la vertu. » En effet, la vertu principale de la sainteté consiste dans la paix et l'unité, parce qu'il n'y a qu'un seul Dieu. Or, ils n'ont pas cette vertu, puisqu'ils sont retranchés de l'unité. C'est pourquoi lorsque quelques-uns d'entre eux entrent dans le sein de l'Eglise catholique, ils ne reçoivent pas de nouveau l'apparence de la sainteté qu'ils ont déjà, mais ils en reçoivent la vertu qu'ils n'ont pas encore. L'Apôtre, en effet, nous apprend que « les rameaux retranchés peuvent être entés de nouveau sur leur tige, s'ils ne persistent pas dans leur incrédulité. » (*Rom.*, XI, 23.) Nous ne blâmons pas les lucifériens de penser ainsi, et

audire quod dextrum est, id est, Domini gloriam per catholicam Ecclesiam latissime pervagatam, sed audire sinistram humanæ inflationis errorem. Sed tamen cum Dominus dicat in Evangelio, cum per omnes gentes Evangelium fuerit prædicatum, tunc finem esse futurum (*Matth.*, XXIV, 14); quomodo isti dicunt, quod jam cæteræ omnes gentes ceciderunt a fide, et in sola parte Donati remansit Ecclesia, cum manifestum sit, ex quo ista pars ab unitate præcisa est, nonnullas gentes postea credidisse, et adhuc esse aliquas quæ nondum crediderunt, quibus quotidie non (*a*) cessatur Evangelium prædicari? Quis non miretur esse aliquem, qui se Christianum dici velit, et adversus Christi gloriam tanta impietate rapiatur, ut audeat dicere omnes populos gentium, qui modo adhuc accedunt Ecclesiæ Dei, et in Dei Filium festinanter credunt, inaniter facere, quia non eos aliquis Donatista baptizat? Sine dubio ista exsecrarentur homines, et eos sine dilatione relinquerent, si Christum quærerent, si Ecclesiam diligerent, si liberi essent, si aurem dexteram integram retinerent.

CAPUT XXX. — 32. Nec eos audiamus, qui quamvis neminem rebaptizent, præciderunt se tamen ab unitate, et Luciferiani magis dici quam Catholici maluerunt. In eo enim quod intelligunt baptisma Christi non esse repetendum, recte faciunt. Sentiunt enim sacramentum sancti lavacri nusquam esse, nisi ex catholica Ecclesia; sed eam formam secum habere sarmenta præcisa, quam in ipsa vite, ante quam præciderentur, acceperant. Hi sunt enim de quibus Apostolus dicit : « Habentes speciem pietatis, virtutem autem ejus abnegantes. » Est enim magna virtus pietatis, pax et unitas : quia unus est Deus. Hanc illi non habent, quia præcisi ab unitate sunt. Itaque, si qui ex ipsis ad Catholicam veniunt, non iterant speciem pietatis quam habent; sed accipiunt virtutem pietatis quam non habent. Nam et amputatos ramos denuo posse inseri (*Rom.*, XI, 23), si non permanserint in incredulitate, apertissime Apostolus docet. Quod cum Luciferiani intelligunt, et non

(*a*) Unus e Vatic. Mss. *non cessat.*

de ne pas rebaptiser ceux qui le sont déjà ; mais qui ne détesterait pas l'erreur, par laquelle ils ont voulu être retranchés de leur tige, et surtout parce que la chose qui leur déplaisait dans l'Eglise catholique, est précisément ce qui donne à cette Eglise son plus haut caractère d'excellence et de sainteté? N'est-ce pas, en effet, dans le sein de l'Eglise catholique que les trésors de la miséricorde doivent être le plus abondants, afin que comme une véritable mère, elle ne repousse pas avec dédain ses enfants, quand ils sont tombés dans le péché, et qu'elle ne montre pas trop de rigueur pour leur pardonner, quand ils se corrigent? Ce n'est pas sans raison que parmi tous les apôtres, saint Pierre représente l'Eglise catholique, car c'est à cette Eglise que le Seigneur a confié les clefs du royaume des cieux, quand il les a remises entre les mains de saint Pierre (*Matth.*, XVI, 19), en lui disant : « M'aimez-vous ? Paissez mes brebis. » (*Jean*, XXI, 17.) Ces paroles du Seigneur s'adressaient à tous. L'Eglise catholique doit donc pardonner volontiers à ses enfants, quand ils se sont corrigés et affermis dans la foi, puisque le Sauveur pardonna à saint Pierre, son représentant sur la terre. Pierre cependant manquant de foi, n'avait point osé suivre son maître sur les eaux de la mer (*Matth.*, XIV, 30); il avait dans une pensée charnelle cherché à le détourner de sa divine passion (*Matth.*, XVI, 22); il avait de son épée coupé l'oreille à l'un des serviteurs du grand-prêtre (*Matth.*, XXV, 51); il avait par trois fois renié le Seigneur ; il était plus tard tombé dans une dissimulation superstitieuse, en refusant de manger avec les Gentils. (*Gal.*, II, 12.) Nous voyons ce même Apôtre, non-seulement pardonné, mais converti et fortifié dans sa foi jusqu'à mourir glorieusement pour le Seigneur. C'est pourquoi après la persécution suscitée par l'hérésie des Ariens, lorsque la paix que l'Eglise catholique conserve dans le Seigneur, eût été rétablie par les princes du siècle, un grand nombre d'évêques qui dans cette persécution s'étaient associés à la perfidie des Ariens, rentrèrent dans l'Eglise catholique, en condamnant ce qu'ils avaient cru ou ce qu'ils avaient feint de croire ; l'Eglise, en charitable mère, ne balança point à les recevoir, comme Pierre, lorsque averti par le chant du coq, il pleura amèrement d'avoir renié son divin Maître (*Matth.*, XXVI, 75), ou comme lorsqu'il fut repris par les paroles de saint Paul (*Gal.*, II, 12), qui lui reprochait sa dissimulation. Mais ceux qui dans leur orgueil ont méconnu l'amour de cette charitable mère, et qui ont poussé l'impiété jusqu'à la blâmer, puisqu'ils n'ont pas approuvé le repentir de Pierre s'éloignant pour pleurer amèrement, lorsqu'il entendit le chant du coq (*Jean*, XIV, 12), ils ont mérité de tomber avec l'étoile du matin, qui se levait du côté de l'Orient.

CHAPITRE XXXI. — 33. N'écoutons pas ceux qui

---

rebaptizant, non improbamus : sed quod etiam ipsi præcidi a radice voluerunt, quis non detestandum esse cognoscat? Et ideo maxime, quia hoc eis displicuit in Ecclesia catholica, quod vere catholicæ sanctitatis est. Nusquam enim tam vigere debent viscera misericordiæ, quam in catholica Ecclesia, ut tanquam vera mater nec peccantibus filiis superbe insultet, nec correctis difficile ignoscat. Non enim sine causa inter omnes Apostolos hujus Ecclesiæ catholicæ personam sustinet Petrus : huic enim Ecclesiæ claves regni cœlorum datæ sunt, cum Petro datæ sunt. (*Matth.*, XVI, 19.) Et cum ei dicitur, ad omnes dicitur: « Amas me ? Pasce oves meas. » (*Joan.*, XXI, 17.) Debet ergo Ecclesia catholica correctis et pietate firmatis filiis libenter ignoscere ; cum ipsi Petro personam ejus gestanti, et cum in mari titubasset, et cum Dominum carnaliter a passione revocasset, et cum aurem servi gladio præcidisset, et cum ipsum Dominum ter negasset (*Matth.*, XIV, 30 et XVI, 22 et XXV, 51 et 70), et cum in simulationem postea superstitiosam lapsus esset (*Gal.*, II, 12), videamus veniam esse concessam, eumque correctum atque firmatum usque ad Dominicæ passionis gloriam pervenisse. Itaque post persecutionem, quæ per Arianos hæreticos facta erat, postea quam pax, quam quidem Catholica in Domino tenet, etiam a principibus sæculi reddita est, episcopi qui perfidiæ Arianorum in illa (*a*) persecutione consenserant, multi correcti redire in Catholicam delegerunt, damnantes sive quod crediderant, sive quod se credidisse simularant. Hos Ecclesia catholica materno recepit sinu, tanquam Petrum post fletum negationis per galli cantum admonitum, aut tanquam eumdem post pravam simulationem Pauli voce correctum. Hanc illi matris caritatem superbe accipientes, et impie reprehendentes, quia Petro post galli cantum surgenti non gratulati sunt (*Matth.*, XXVI, 75), cum Lucifero, qui mane oriebatur, cadere meruerunt. (*Isa.*, XIV, 12.)

CAPUT XXXI. — 33. Nec eos audiamus, qui negant

(*a*) Nonnulli codices, *perturbatione*.

CHAPITRE XXXIII.

disent que l'Eglise de Dieu ne peut pas remettre tous les péchés. Ces insensés qui ne comprennent pas que l'apôtre saint Pierre est la pierre sur laquelle est bâtie l'Eglise du Christ, et que c'est à elle que les clefs du royaume des cieux ont été remises, les ont eux-mêmes laissé échapper de leurs mains. Ce sont ces mêmes gens qui condamnent comme adultères, les veuves qui se remarient, et qui prétendent qu'eux-mêmes sont par leur pureté, au-dessus de la doctrine des apôtres. S'ils se donnaient la peine d'examiner quel nom on peut leur donner, ils reconnaîtraient qu'on doit les appeler des hommes aimant le monde, plutôt qu'amis de la pureté. Ne voulant pas, en effet, se corriger de leurs fautes, ils ont pris le parti de se damner avec le monde. En effet, ils ne conservent pas pour cela la santé à ceux, auxquels ils refusent le pardon des péchés; mais ils ôtent à ceux qui sont malades tout moyen de se guérir. Enfin, ne permettant pas à leurs veuves de se marier, « ils les forcent à brûler. » Seraient-ils par hasard plus sages que l'apôtre saint Paul, qui conseille « aux veuves de se marier plutôt que de brûler? » (I *Cor.*, VII, 9.)

CHAPITRE XXXII. — 34. N'écoutons pas ceux qui nient la résurrection future de la chair, et qui appuient leur opinion sacrilège sur ces paroles de l'Apôtre : « La chair et le sang ne posséderont pas le royaume de Dieu. » (I *Cor.*, XV, 50.) Ils ne comprennent pas ce que le même Apôtre dit plus loin : « Il faut que cette chair corruptible soit revêtue d'incorruptibilité, et que ce corps mortel soit revêtu d'immortalité. » (I *Cor.*, XV, 53.) En effet, lorsque cela sera accompli, il n'y aura plus ni chair, ni sang, mais un corps appartenant au ciel. C'est ce que le Seigneur lui-même a promis en disant : « Au jour de la résurrection les hommes ne prendront plus de femmes, ni les femmes de maris, mais ils seront comme les anges de Dieu dans le ciel. » (*Matth.*, XXII, 30.) Les hommes, en effet, ne vivront plus que pour Dieu, quand ils seront devenus semblables aux anges. La chair et le sang seront donc alors changés, et il ne restera plus qu'un corps céleste et angélique, « car les morts ressusciteront incorruptibles (I *Cor.*, XV, 52), et alors nous serons changés. » Il est donc vrai de dire que la chair ressuscitera, comme il est également vrai de dire que la chair et le sang ne posséderont pas le royaume de Dieu.

CHAPITRE XXXIII. — 35. Dès notre enfance, nourrissons-nous en Jésus-Christ de la simplicité de la foi comme d'un lait salutaire. Laissons à l'âge plus avancé les mets qui lui conviennent, et contentons-nous d'une nourriture, qui nous fasse croître et grandir en Jésus-Christ; gardons toujours une grande sainteté de mœurs, et l'amour de la justice chrétienne, dans laquelle consiste le véritable et parfait amour de Dieu et du prochain, afin que nous puissions triompher du

---

Ecclesiam Dei omnia peccata posse dimittere. Itaque miseri, dum in Petro petram non intelligunt, et nolunt credere datas Ecclesiæ claves regni cœlorum, ipsi eas de manibus amiserunt. Isti sunt qui viduas, si nupserint, tanquam adulteras damnant, et super doctrinam apostolicam se prædicant esse mundiores. Qui nomen suum si vellent agnoscere, mundanos se potius, quam mundos vocarent. Nolentes enim si peccaverint corrigi, nihil aliud elegerunt, nisi cum hoc mundo damnari. (I *Tim.*, v, 14.) Nam quibus veniam peccatorum negant, non eos aliqua (*a*) sanitate custodiunt, sed ægris subtrahunt medicinam; et viduas suas uri cogunt, quas nubere non permittunt. Non enim prudentiores habendi sunt, quam Paulus apostolus, qui maluit eas nubere, quam uri. (I *Cor.*, VII, 9.)

CAPUT XXXII. — 34. Nec eos audiamus, qui carnis resurrectionem futuram negant, et commemorant quod ait Apostolus Paulus (I *Cor.*, xv, 50) : « Caro et sanguis regnum Dei non possidebunt : » non intelligentes quod ipse dicit Apostolus : « Oportet corruptibile hoc induere incorruptionem, et mortale hoc induere immortalitatem. » (*Ibid.*, 53 ; *Confer.* II *Retract.*, III.) Cum enim hoc factum fuerit, jam non erit caro et sanguis, sed cœleste corpus. Quod et Dominus promittit, cum dicit (*Matth.*, XXII, 30) : « Neque nubent, neque uxores ducent, sed erunt æquales Angelis Dei. » Non enim jam hominibus, sed Deo vivent, cum æquales Angelis facti fuerint. Immutabitur ergo caro et sanguis, et fiet corpus cœleste et angelicum. « Et mortui enim resurgent incorrupti, et nos immutabimur : » (I *Cor.*, xv, 52) ut et illud verum sit, quod resurget caro ; et illud verum sit, quod « caro et sanguis regnum Dei non possidebunt. »

CAPUT XXXIII. — 35. Ista fidei simplicitate et sinceritate lactati nutriamur in Christo, et cum parvuli sumus, majorum cibos non appetamus, sed nutrimentis saluberrimis crescamus in Christo, accedentibus bonis moribus et Christiana justitia, in qua est caritas Dei et proximi perfecta et firmata : ut unus-

---

(*a*) Duo Mss. *sanctitate*.

démon et de ses anges, par nous-mêmes en Jésus-Christ dont nous nous serons revêtus. Le véritable et parfait amour de Dieu, exclut en effet tout amour et toute crainte du siècle, c'est-à-dire tout désir d'acquérir des biens temporels et toute crainte de les perdre. Ce sont comme deux portes par lesquelles entre et règne dans nos cœurs notre ancien ennemi, qu'il faut en chasser, d'abord par la crainte et ensuite par l'amour de Dieu. C'est pourquoi nous devons chercher à connaître la vérité, avec une ardeur égale aux progrès que l'amour de Dieu a faits en nous, et purifier notre cœur par la sincérité et la simplicité de cet amour. Car c'est par l'œil extérieur de l'âme qu'on peut voir et connaître la vérité.

« Heureux ceux qui ont le cœur pur, car ils verront Dieu. (*Matth.*, v, 8.) Afin qu'étant enracinés et fondés dans la charité, vous puissiez comprendre avec tous les saints quelle est la largeur, la longueur, la hauteur et la profondeur de l'édifice de Dieu, et connaître également l'amour de Jésus-Christ qui surpasse toute connaissance, afin que vous en soyez remplis selon toute la plénitude de Dieu. » (*Ephés.*, III, 18, 21.) C'est après avoir soutenu ces combats contre l'ennemi invisible, car pour les hommes de bonne volonté et remplis d'amour pour le Seigneur, « son joug est doux et son fardeau léger, » (*Matth.*, XI, 30) que nous serons dignes de recevoir la couronne promise au vainqueur.

quisque nostrum de diabolo inimico et angelis ejus triumphet in semetipso in Christo quem induit. Quia perfecta caritas nec cupiditatem habet sæculi, nec timorem sæculi, id est, nec cupiditatem ut adquirat res temporales, nec timorem ne amittat res temporales. Per quas duas januas intrat et regnat inimicus, qui primo Dei timore, deinde caritate pellendus est. Debemus itaque tanto avidius appetere apertissimam et evidentissimam cognitionem veritatis, quanto nos videmus in caritate proficere, et (*a*) ejus simplicitate cor habere mundatum, quia ipso interiore oculo videtur veritas : « Beati enim mundo corde, inquit, quia ipsi Deum videbunt. (*Matth.*, v, 8.) Ut in caritate radicati et fundati prævaleamus comprehendere cum omnibus sanctis, quæ sit latitudo, et longitudo, et altitudo, et profundum; scire etiam supereminentem scientiam caritatis Christi, ut impleamur in omnem plenitudinem Dei : » (*Ephes.*, III, 17, etc.) et post ista cum invisibili hoste certamina, quoniam volentibus et amantibus jugum Christi lene est, et sarcina ejus levis (*Matth.*, XI, 30), coronam victoriæ mereamur.

(*a*) Editi, *in ejus simplicitate*. Abest *in* a Mss.

SUR LE LIVRE SUIVANT

DE LA

MANIÈRE D'ENSEIGNER LA DOCTRINE CHRÉTIENNE

ON LIT AU LIVRE II DES RÉTRACTATIONS, CHAPITRE XIV.

Nous avons aussi composé un livre ayant pour titre : *De la manière d'instruire les ignorants.* Dans le passage de ce livre où je dis : « L'ange qui, avec les esprits, compagnons de sa révolte, refusa par orgueil de se soumettre à Dieu, ne peut se nuire qu'à lui-même, sans causer à Dieu aucun dommage; en effet, Dieu sait régler le sort des *âmes* qui l'abandonnent. » Il eût mieux valu mettre : « des *esprits* qui l'abandonnent, » parce qu'il s'agit ici des anges. Ce livre commence ainsi : « Vous m'avez prié, cher frère Deogratias. »

IN SUBSEQUENTEM LIBRUM DE CATECHIZANDIS RUDIBUS

LIBRI II RETRACTATIONUM, CAPUT XIV.

Est etiam liber (a) noster *de catechizandis rudibus*, hoc ipso titulo praenotatus. In q uo libro ubi dixi (cap. xviii) : « Nec angelus qui cum spiritibus aliis satellitibus suis superbiendo deseruit obedientiam Dei, et diabolus factus est, aliquid nocuit Deo, sed sibi : novit enim Deus ordinare deserentes se animas : » convenientius diceretur, deserentes se spiritus ; quoniam de angelis agebatur. Hic libet sic incipit : « Petisti me, frater Deogratias. »

(a) In quibusdam Mss. loco *noster,* est *unus.* Hunc porro librum suum Augustinus ibi recenset inter ea Opera, quae circiter annum Christi 400, composuit.

SUR LA MANIÈRE D'ENSEIGNER
LA DOCTRINE CHRÉTIENNE
AUX IGNORANTS

LIVRE UNIQUE [1]

Sur la demande d'un diacre de Carthage, saint Augustin entreprend un traité sur la manière d'enseigner la doctrine chrétienne à ceux qui n'en sont pas encore instruits. Il commence par tracer les règles pour parvenir à ce but, non-seulement avec méthode et certitude, mais encore de manière à écarter tout ennui, et même à répandre un certain charme dans cette étude. Passant ensuite des préceptes à la pratique, il donne comme exemples, pour instruire celui qui désire embrasser le christianisme, deux discours dont l'un est fort court, et l'autre beaucoup plus développé.

CHAPITRE I. — 1. Vous m'avez prié, cher frère Deogratias (2), d'écrire pour votre usage un livre sur la manière d'enseigner la doctrine chrétienne à ceux qui n'en sont pas encore instruits. Vous me dites que souvent à Carthage, où vous êtes diacre, on vous amène des personnes auxquelles vous devez enseigner les premiers principes de la foi chrétienne, parce que l'on connaît le talent, la facilité et le charme de votre parole, pour apprendre aux autres tout ce qui concerne la foi. Mais vous êtes presque toujours embarrassé de savoir comment vous devez vous y prendre, pour enseigner ce qu'il faut croire afin d'être chrétien ; par où il faut commencer, et jusqu'à quel point il faut aller. Doit-on terminer son discours par quelque exhortation, ou bien faut-il se contenter d'exposer à celui à qui l'on parle les préceptes, qu'il doit observer pour mener et professer la vie chrétienne ? Mais vous avouez et vous vous plaignez, que souvent il vous est arrivé de trouver votre langage trop bas et fastidieux pour vous-même, et par conséquent, ennuyeux pour celui que vous voulez instruire, et pour ceux qui vous écoutent. C'est là, me dites-vous, ce qui vous a forcé de recourir à moi, afin que la charité que je vous dois, m'engageât à dérober quelque temps à mes occupations, pour vous écrire quelque chose au sujet de votre demande.

(1) Ecrit vers l'an 400.
(2) Peut-être ce Deogratias est-il le même que le prêtre auquel saint Augustin répondit vers l'an 406, dans sa lettre 102e, sur diverses questions concernant les païens, questions que ce prêtre lui avait envoyées de Carthage.

DE
CATECHIZANDIS RUDIBUS

LIBER UNUS.

Rogatus Augustinus a Diacono Carthaginensi, catechizandi artem docendam suscipit : ac primo præcepta tradit, ut id officii non tantùm certa methodo atque idonea ratione, sed etiam sine tædio et cum hilaritate impleatur. Postea revocatis ad usum præceptis, profert ipse in exemplum sermones, ad eum erudiendum qui Christianus esse velit, comparatos duos, longiorem unum, alterum brevissimum.

CAPUT I. — 1. Petisti me, frater Deogratias, ut aliquid ad te de catechizandis rudibus, quod tibi usui esset, scriberem. Dixisti enim quod sæpe apud Carthaginem, ubi diaconus es, ad te adducuntur, qui fide Christiana primitus imbuendi sunt, eo quod existimeris habere catechizandi uberem facultatem, et (a) doctrina fidei et suavitate sermonis : te autem pene semper angustias pati, idipsum quod credendo Christiani sumus, quo pacto commode intimandum sit ; unde exordienda, quo usque sit perducenda narratio ; utrum exhortationem aliquam terminata narratione adhibere debeamus, an præcepta sola, quibus observandis cui loquimur noverit Christianam vitam professionemque (b) retineri. Sæpe autem tibi accidisse confessus atque conquestus es, ut in sermone longo et tepido tibi ipse vilesceres essesque fastidio, nedum illi quem loquendo imbuebas, et cæteris qui audientes aderant : eaque te necessitate fuisse compulsum, ut ea me quam tibi debeo caritate compelleres, ne gravareris inter occupationes meas tibi de hac re aliquid scribere.

(a) Lov. et doctrinam fidei et suavitatem sermonis. — (b) Sic in Mss. At in editis, retinere.

2. Ce n'est pas seulement l'affectueuse charité que je vous dois, mais celle que réclame de moi la sainte Église, notre mère commune, qui m'oblige à prêter, avec l'aide de Dieu, mon concours à ceux que le Seigneur m'a donnés pour frères, à les aider en toute occasion, et même à aller au devant de leurs désirs avec autant de promptitude que de dévouement. Plus je désire, en effet, voir se répandre les trésors du Seigneur, plus aussi, lorsque j'en vois les dispensateurs embarrassés dans l'accomplissement de cette sainte œuvre, je dois faire tous mes efforts pour leur faciliter les moyens de répondre à leur pieuse volonté.

Chapitre II. — 3. Quant à ce qui vous concerne personnellement, ne soyez pas en peine, si quelquefois votre langage vous paraît trop bas et même ennuyeux, car il peut se faire qu'il n'en soit pas de même pour celui que vous instruisez : mais comme vous désireriez faire entendre quelque chose de meilleur, vous croyez aussi que votre parole ne paraît pas assez digne à ceux qui vous écoutent. Moi-même, je suis presque toujours mécontent de ce que je dis : je voudrais quelque chose de mieux, que je sens intérieurement avant de l'exprimer par la parole, et quand je reconnais que mon langage est au-dessous de ma pensée, je m'attriste de ce que ma langue ne rend qu'imparfaitement les sentiments de mon cœur. Je désirerais que tout ce que j'ai dans l'esprit passât dans celui de mon auditeur, et je sens que ma parole n'atteint pas ce but. Cela vient surtout de ce que nos pensées se forment dans notre intelligence avec la rapidité de l'éclair, et que c'est seulement avec lenteur qu'on peut les exprimer, souvent même tout autrement qu'on les a conçues; et pendant que l'expression de la pensée se déroule successivement par les mots, l'éclair qui traversait notre intelligence s'est déjà affaibli et a disparu. Mais comme la mémoire en a gardé des traces, qui s'y impriment merveilleusement au moyen des syllabes et des mots, ce sont ces traces que nous exprimons par la parole, ou en grec, ou en latin, ou en hébreu, ou en toute autre langue, soit qu'elles se présentent seulement à notre pensée, soit que nous les rendions sensibles par la voix. Cependant ces traces ne sont ni latines, ni grecques, ni hébraïques, ni particulières à aucune autre nation; mais elles se forment dans l'esprit, comme les mouvements de l'âme se manifestent sur le visage. En effet, le terme par lequel on exprime en latin la colère est autre que celui par lequel on l'exprime en grec ou en toute autre langue, mais les traits caractéristiques de la colère ne sont ni latins ni grecs. Lorsque quelqu'un dira en langue latine, je suis en colère, il n'y aura que les Latins qui le comprendront; mais si le feu de la colère éclate et se peint sur le visage d'un homme, tous ceux

---

2. Ego vero non ea tantum quam familiariter tibi, sed etiam quam matri Ecclesiæ universaliter debeo, caritate ac servitute compellor, si quid per operam meam quam Domini nostri largitate possum exhibere, idem eos Dominus quos mihi fratres fecit, adjuvari jubet, nullo modo recusare, sed potius prompta et devota voluntate suscipere. Quanto enim cupio latius erogari pecuniam Dominicam, tanto magis me oportet, si quam dispensatores conservos meos difficultatem in erogando sentire cognosco, agere quantum in me est, ut facile atque expedite possint, quod impigre ac studiose volunt.

Caput II. — 3. Sed quod ad tuam propriæ considerationem pertinet, nolim te moveri ex eo quod sæpe tibi abjectum sermonem fastidiosumque habere visus es. Fieri enim potest, ut ei quem instruebas, non ita sit visum, sed quia tu aliquid melius audiri desiderabas, eo tibi quod dicebas videretur indignum auribus aliorum. Nam et mihi prope semper sermo meus displicet. Melioris enim avidus sum, quo sæpe fruor interius, ante quam eum explicare verbis sonantibus cœpero : quod ubi minus quam mihi notus est evaluero, contristor linguam meam cordi meo non potuisse sufficere. Totum enim quod intelligo, volo ut qui me audit intelligat; et sentio me non ita loqui, ut hoc efficiam : maxime quia ille intellectus quasi rapida coruscatione perfundit animum; illa autem locutio tarda et longa est, longeque dissimilis : et dum ista volvitur, jam se ille in secreta sua condidit : tamen quia vestigia quædam miro modo impressit memoriæ, perdurant illa cum syllabarum morulis; atque ex eisdem vestigiis sonantia signa peragimus, quæ lingua dicitur vel Latina, vel Græca, vel Hebræa, vel alia quælibet; sive cogitentur hæc signa, sive etiam voce proferantur; cum illa vestigia nec Latina, nec Græca vel Hebræa, nec cujusque alterius gentis sint propria, sed ita efficiantur in animo, ut vultus in corpore. Aliter enim Latine ira dicitur, aliter Græce, aliter atque aliter aliarum diversitate linguarum : non autem Latinus aut Græcus est vultus irati. Non itaque omnes gentes intelligunt, cum quisque dicit : Iratus sum,

qui le verront comprendront qu'il est irrité. Mais il n'est pas possible de faire passer par le son de la voix, dans l'esprit de ceux qui nous écoutent, les traces que la conception rapide d'une pensée laisse et imprime dans notre mémoire, comme le ferait la vue des passions manifestement exprimées sur les traits du visage. Dans le premier cas, c'est une action qui se passe et s'opère intérieurement dans notre esprit ; dans le second, c'est une chose qui se manifeste extérieurement sur les traits du visage. On peut voir par là toute la différence qu'il y a entre les sons que rend notre bouche, et ce qui frappe notre intelligence, puisque la parole même est impuissante à exprimer parfaitement les impressions de notre mémoire. La plupart du temps l'ardeur même dont nous sommes animés pour le bien de ceux qui nous écoutent, et qui nous fait désirer de leur faire entendre les choses comme nous les concevons, nuit à notre parole. Ce non succès nous tourmente, et l'idée que nos peines et nos efforts ne produiront aucun fruit, nous inspirent du dégoût et de l'ennui qui rendent encore notre discours plus faible et plus languissant.

4. Cependant l'attention de ceux qui m'écoutent, m'indique souvent que ma parole n'est pas aussi froide qu'elle me le paraît, et je vois qu'ils peuvent en retirer quelques fruits, par le plaisir qu'ils ont à m'entendre. Je redouble alors de zèle pour ne pas manquer à un ministère dans lequel je les vois accueillir favorablement mes discours. Vous aussi, mon frère, vous devez voir par l'empressement, que l'on met à vous amener des personnes à instruire dans la foi catholique, que vos discours sont aux autres plus agréables qu'ils ne le sont à vous-même ; et il ne faut pas les regarder comme infructueux, parce que vous n'expliquez pas, comme vous le désirez, les choses que conçoit votre intelligence, puisque vous ne les concevez peut-être pas vous-même aussi parfaitement que vous le voudriez. En effet, « qui dans cette vie voit les choses autrement qu'en énigme et comme dans un miroir ? » (I *Cor.*, XIII, 12.) Notre amour des choses divines n'est pas assez grand pour dissiper les ténèbres de la chair, et pénétrer dans l'éternelle lumière, qui éclaire même les choses passagères de ce monde. Mais comme les hommes vertueux deviennent de plus en plus capables de voir ce jour, qui n'est soumis ni aux révolutions du ciel, ni aux vicissitudes des nuits, jour divin « que l'œil n'a point vu, l'oreille pas entendu, et que le cœur de l'homme n'a jamais conçu, » (I *Cor.*, II, 9) le plaisir de contempler des choses sublimes et l'ennui de les exprimer en langage commun, sont la cause principale pour laquelle notre langage nous paraît faible et sans prix, lorsqu'il s'agit d'enseigner la doctrine chrétienne à ceux qui l'ignorent encore. En effet, notre parole a plus de charme pour les autres, lorsqu'elle nous plaît à nous-mêmes. Le plaisir que nous y trou-

---

sed Latini tantum : at si affectus excandescentis animi exeat in faciem, vultumque faciat, omnes sentiunt qui intuentur iratum. Sed neque ita licet educere et quasi exporrigere in sensum audientium per sonum vocis illa vestigia, quæ imprimit intellectus memoriæ, sicut apertus et manifestus est vultus : illa enim sunt intus in animo, iste foris in corpore. Quapropter conjiciendum est, quantum distet sonus oris nostri ab illo ictu intelligentiæ, quando ne ipsi quidem impressioni memoriæ similis est. Nos autem plerumque in auditoris utilitatem vehementer ardentes, ita loqui volumus, quemadmodum tunc intelligimus, cum per ipsam intentionem loqui non possumus : et quia non succedit angimur, et velut frustra operam insumamus, tædio marcescimus : atque ex ipso tædio languidior fit idem sermo, et hebetior quam erat, unde perduxit ad tædium.

4. Sed mihi sæpe indicat eorum studium, qui me audire cupiunt, non ita esse frigidum eloquium meum, ut videtur mihi : et eos inde aliquid utile capere, ex eorum delectatione cognosco : mecumque ago sedulo, ut huic exhibendo ministerio non desim, in quo illos video bene accipere quod exhibetur. Sic et tu, eo ipso quod ad te sæpius adducuntur qui fide imbuendi sunt, debes intelligere non ita displicere aliis sermonem tuum ut displicet tibi : nec infructuosum te debes putare, quod ea quæ cernis non explicas ita ut cupis ; quando forte ut cupis nec cernere valeas. Quis enim in hac vita nisi in ænigmate et per speculum videt ? (I *Cor.*, XIII, 12.) Nec ipse amor tantus est, ut carnis disrupta caligine penetret in æternum serenum, unde utcumque fulgent etiam ista quæ transeunt. Sed quia boni proficiunt de die in diem ad videndum diem sine volumine cœli et sine noctis incursu, quem oculus non vidit, nec auris audivit, nec in cor hominis ascendit (I *Cor.*, II, 9) : nulla major causa est, cur nobis in imbuendis rudibus noster sermo vilescat, nisi quia libet inusitate cernere, et tædet usitate proloqui. Et re quidem vera multo gratius audimur, cum et nos eodem opere delecta-

vons, la fait couler de nos lèvres, avec plus de facilité et d'agrément. La difficulté n'est donc pas d'enseigner aux autres ce qu'ils doivent croire; par où il faut commencer, ou jusqu'à quel point il faut pousser son discours; ni comment il faut le varier, pour qu'il soit tantôt plus court, tantôt plus long, sans rien omettre cependant de ce qu'il faut dire; ni de voir quand il faut restreindre, ou quand il faut prolonger son instruction; non, tout consiste dans le plaisir qu'on trouvera soi-même à instruire les autres, car plus ce plaisir sera grand pour nous, plus nos leçons seront agréables à ceux qui les reçoivent. Le précepte à donner pour cela est facile. Si Dieu aime celui qui fait l'aumône temporelle, combien plus doit-il aimer celui qui fait avec joie l'aumône spirituelle. (II *Cor.*, IX, 7.) Mais pour que cette joie vienne à propos, cela dépend de la miséricorde de celui qui nous la recommande. Je commencerai donc par vous parler, selon votre désir, et autant que Dieu m'en fera la grâce, de la manière d'instruire les autres; ensuite des préceptes à leur donner et des exhortations à leur faire, et enfin du moyen d'acquérir cette joie du cœur que Dieu nous inspire.

CHAPITRE III. — 5. L'instruction est pleine et entière, lorsqu'on remonte au premier verset de la Genèse : « Au commencement Dieu créa le ciel et la terre, » (*Gen.*, I, 1) jusqu'aux temps présents de l'Eglise. On ne doit pas pour cela réciter tout le Pentateuque, tous les livres des Juges, des Rois, d'Esdras, tout l'Evangile et les Actes des Apôtres, quand bien même nous les saurions par cœur, ni leur développer et leur expliquer, même sans en citer le texte, tout ce qui est contenu dans ces livres. Le temps n'y suffirait pas, et il n'y a d'ailleurs aucune nécessité en cela. Il faut simplement donner un ensemble général et sommaire de tous ces faits ; choisir ceux qui sont le plus merveilleux, et qu'on écoute avec le plus de plaisir. Pour ces faits qui se présentent aux différentes époques des temps (1), il ne faut pas se contenter de les exposer par des figures, et les faire passer rapidement sous les yeux des auditeurs, mais il est nécessaire de s'y arrêter quelque temps, de les expliquer, de les développer, et de montrer tout ce qu'ils ont de sublime et d'admirable. Pour les autres, on peut tout en en faisant voir la suite et l'enchaînement, les effleurer légèrement. Par là nous ferons mieux ressortir ceux que nous voulons spécialement recommander, et nous arriverons ainsi à notre but, sans fatiguer l'attention, ni surcharger la mémoire de ceux que nous voulons instruire.

6. Dans toutes nos instructions nous ne devons pas seulement avoir en vue « la fin du précepte,

---

(1) Ces époques, au nombre de cinq, sont mentionnées plus loin, aux nombres 6 et 39.

---

mur : afficitur enim filum locutionis nostræ ipso nostro gaudio, et exit facilius atque acceptius. Quapropter non arduum est negotium, ea quæ credenda insinuantur, præcipere unde et quo usque narranda sint ; nec quomodo sit varianda narratio, ut aliquando brevior, aliquando longior, semper tamen plena atque perfecta sit ; et quando breviore, et quando longiore sit utendum : sed quibus modis faciendum sit, ut gaudens quisque catechizet, (tanto enim suavior erit, quanto magis id potuerit,) ea cura maxima est. Et præceptum quidem rei hujus in promptu est. Si enim in pecunia corporali, quanto magis in spiritali hilarem datorem diligit Deus ? (I *Cor.*, IX, 7). Sed hæc hilaritas ad horam ut adsit, ejus est misericordiæ qui ista præcepit. Itaque prius de modo narrationis quod te velle cognovi, tum de præcipiendo atque cohortando, postea de hac hilaritate comparanda, quæ Deus suggesserit, disseremus.

CAPUT III. — 5. Narratio plena est, cum quisque primo catechizatur ab eo quod scriptum est : « In principio fecit Deus cœlum et terram, » (*Gen.*, I, 1) usque ad præsentia tempora Ecclesiæ. Non tamen propterea debemus totum Pentateuchum, totosque Judicum et Regnorum et (a) Esdræ libros, totumque Evangelium et Actus Apostolorum, vel, si ad verbum edidicimus, memoriter reddere, vel nostris verbis omnia quæ his continentur voluminibus narrando evolvere et explicare ; quod nec tempus capit, nec ulla necessitas postulat : sed cuncta summatim generatimque complecti, ita ut eligantur quædam mirabiliora quæ suavius audiuntur, atque in ipsis articulis constituta sunt, ut ea tanquam in involucris ostendere, statimque a conspectu abripere non oporteat, sed aliquantum immorando quasi resolvere atque expandere, et inspicienda atque miranda offerre animis auditorum : cætera vero celeri percursione inserendo contexere. Ita et illa quæ maxime commendari volumus, aliorum submissione magis eminent ; nec ad ea fatigatus pervenit, quem narrando volumus excitare ; nec illius memoria confunditur, quem docendo debemus instruere.

6. In omnibus sane non tantum nos oportet in-

(a) In Mss. *Ezræ*.

qui est la charité, partant d'un cœur pur, d'une bonne conscience et d'une foi sincère, » (I *Tim*., I, 5) il faut encore toucher (1) le cœur et diriger vers ce but les regards et les aspirations de celui que nous voulons instruire par nos paroles. Tout ce qui a été écrit dans les saintes Ecritures avant l'avénement du Seigneur, ne l'a été que pour signaler cet avénement et annoncer la future Eglise, qui est son corps, c'est-à-dire le peuple de Dieu répandu sur toute la terre, en y comprenant tous les saints, qui ont vécu avant la venue du Christ, et qui ont cru qu'il viendrait sur la terre, comme nous croyons maintenant qu'il y est venu. Jacob, avant même de paraître au jour, sortit du sein de sa mère la main dont il tenait le pied de son frère qui l'avait devancé, puis ensuite la tête, et enfin les autres membres. (*Gen*., XXV, 25.) Cependant la tête surpasse en dignité et en puissance les autres membres, et même la main qui dans Jacob parut la première ; et quoique selon l'ordre du temps elle n'apparut pas la première au monde, dans l'ordre de la nature elle l'emporte sur le reste du corps. De même Notre-Seigneur Jésus-Christ, « ce médiateur entre Dieu et les hommes (I *Tim*., II, 5), Dieu béni par-dessus tout dans tous les siècles, » (*Rom*., IX, 5) avant d'apparaître sous son enveloppe charnelle, comme homme aux yeux des hommes, et de sortir en quelque sorte du sein mystérieux de sa divinité, a laissé voir d'abord dans les patriarches et dans les prophètes une partie de son corps, comme une main qui annonçait sa naissance, et avec laquelle il renversa un peuple orgueilleux qui l'avait précédé, en l'enchaînant par les liens de la loi, comme avec les cinq doigts de la main de Jacob. Pendant cinq différentes périodes du temps, son avénement n'a point cessé d'être annoncé par la voix des prophètes, et c'est aussi en cinq livres que la loi a été écrite par celui qui l'a donnée. La main de Jésus-Christ ne s'est pas ouverte pour répandre ses bénédictions sur ces hommes charnels, « qui ont voulu substituer leur propre justice à celle de Dieu, » (*Rom*., X, 3) mais elle s'est fermée et resserrée pour les tenir en esclavage. « C'est pourquoi leurs pieds ont été engagés comme dans des chaînes, et ils sont tombés ; tandis que nous, nous sommes relevés et redressés. » (*Ps*. XIX, 9.) Ainsi donc, comme je l'ai dit, bien que Notre-Seigneur Jésus-Christ ait laissé paraître une partie de son corps dans les saints, qui l'ont précédé par leur naissance, « cependant il est resté lui-même la tête du corps de son Eglise, » (*Coloss*., I, 18) et tous les saints se sont attachés au corps de cette Eglise dont Jésus-Christ est le chef et la tête, en croyant en celui que leur

---

(1) Les manuscrits portent *movendus* ; les éditions *monendus* dont le sens serait faible et une répétition de *dirigendus*.

---

tueri præcepti finem, quod est caritas de corde puro et conscientia bona et fide non ficta (I *Tim*., I, 5), quo ea quæ loquimur cuncta referamus : sed etiam illius quem loquendo instruimus, ad id movendus atque illuc dirigendus aspectus est. Neque enim ob aliud ante adventum Domini scripta sunt omnia quæ in sanctis Scripturis legimus, nisi ut illius commendaretur adventus, et futura præsignaretur Ecclesia, id est, populus Dei per omnes gentes, quod est corpus ejus ; adjunctis atque annumeratis omnibus sanctis, qui etiam ante adventum ejus in hoc sæculo vixerunt, ita eum credentes venturum esse, sicut nos venisse. Sicut enim Jacob manum prius dum nasceretur emisit ex utero (*Gen*., XXV, 25), qua etiam pedem prænascentis fratris tenebat, deinde utique secutum est caput, tum demum necessario membra cætera : sed tamen caput non tantum ea membra quæ secuta sunt, sed etiam ipsam manum quæ in nascendo præcessit, dignitate ac potestate præcedit ; et quamvis non tempore apparendi, tamen naturæ ordine prius est : ita et Dominus Jesus Christus etsi ante quam appareret in carne, et quodam modo ex utero secreti sui ad hominum oculos Mediator Dei et hominum homo procederet (I *Tim*., II, 5), qui est super omnes Deus benedictus in sæcula (*Rom*., IX, 5), præmisit in sanctis Patriarchis et Prophetis quamdam partem corporis sui, qua velut manu se nasciturum esse prænuntians, etiam populum præcedentem superbe vinculis legis tanquam digitis quinque (*a*) supplantavit : (quia et per quinque temporum articulos prænuntiari venturus prophetarique non destitit ; et huic rei consonans per quem lex data est, quinque libros conscripsit : et superbi carnaliter sentientes, et suam justitiam volentes constituere (*Rom*., X, 3), non aperta manu Christi repleti sunt benedictione, sed constricta atque conclusa retenti sunt : itaque illis obligati sunt pedes, et ceciderunt, nos autem surreximus et erecti sumus) (*Psal*. XIX, 9) : quamvis ergo, ut dixi, præmiserit Dominus Christus quamdam partem corporis sui in sanctis, qui eum nascendi tempore præcurrunt ; tamen ipse est caput corporis Ecclesiæ (*Coloss*., I, 18) ; illique omnes eidem corpori

---

(*a*) Aliquot Mss. *supplantaret*.

bouche annonçait. Quoiqu'ils l'aient précédé, ils n'en étaient pas cependant séparés, mais ils lui étaient plutôt unis par leur foi et leur obéissance. La main, en effet, peut paraître la première, mais elle n'en est pas moins unie et soumise à la tête. « Toutes les choses qui ont été écrites dans l'Ancien Testament, n'étaient donc pour nous que des figures qui s'accomplissaient dans le peuple juif (*Rom.*, xv, 4), mais elles ont été écrites pour nous qui sommes parvenus aux derniers temps. » (I *Cor.*, x, 11.)

CHAPITRE IV. — 7. Quel a été le but principal de Dieu en nous envoyant son Fils, sinon de nous montrer toute l'étendue de sa charité envers nous, et dont il nous a donné la marque la plus certaine, puisque « c'est dans le temps où nous étions encore ses ennemis que Jésus-Christ est mort pour nous. » (*Rom.*, v, 6.) Dieu a voulu nous montrer par là « que la charité est la fin du précepte, et l'accomplissement de la loi, » (1 *Tim.*, I, 5; *Rom.*, XIII, 10) c'est-à-dire que nous devons nous aimer mutuellement, et qu'à l'exemple de celui qui a donné sa vie pour nous, nous devons aussi donner la nôtre pour nos frères (I *Jean*, III, 16), afin que si nous avons négligé d'aimer Dieu précédemment, nous l'aimions désormais de tout notre cœur, lui qui nous a aimés le premier (I *Jean*, IV, 10), lui qui n'a pas épargné son propre Fils, mais qui l'a livré à la mort pour nous. (*Rom.*, VIII, 32.) Pouvait-il nous inviter plus puissamment à l'aimer, que de prévenir notre amour pour lui par le sien envers nous? Qu'il serait dur le cœur qui, s'il avait été indifférent jusque-là, ne rendrait pas désormais à Dieu amour pour amour? Dans l'amour vil et impur, ceux qui veulent être aimés à leur tour, cherchent par toutes les preuves possibles, à montrer toute l'étendue de leur tendresse. Ils demandent ensuite comme par une justice qui leur est due, à être payés d'un égal amour par ceux qu'ils veulent captiver, et ils sentent eux-mêmes redoubler le feu de leur passion, lorsqu'ils croient l'avoir allumé dans le cœur de ceux qu'ils aiment. Si donc celui qui était d'abord insensible, ne peut rester indifférent quand il se sent aimé, et si l'affection de celui qui aimait déjà devient plus vive et plus ardente, quand il reconnaît qu'il est payé de retour, il est évident qu'il n'y a pas de plus puissant motif pour faire naître ou augmenter l'amour, que lorsque celui qui n'aime pas encore reconnaît qu'il est aimé, ou que, lorsque celui qui aimait déjà a la preuve, ou du moins l'espoir d'être aimé par l'objet de sa tendresse. Si tels sont les effets d'un amour impur, combien plus doivent-ils se produire dans l'amitié! En effet, par quoi craignons-nous le plus d'offenser un ami? n'est-ce pas de lui laisser croire que nous ne l'aimons pas autant, ou que

---

cujus ille caput est cohæserunt, credendo in eum quem prænuntiabant. Non enim præcurrendo divulsi sunt, sed adjuncti potius obsequendo. Nam etsi manus a capite præmitti potest, connexio tamen ejus sub capite est. Quapropter omnia quæ ante scripta sunt, ut nos doceremur scripta sunt (*Rom.*, xv, 4), et figuræ nostræ fuerunt, et in figura contingebant (*a*) in eis (I *Cor.*, x, 11); scripta sunt autem propter nos, in quos finis sæculorum obvenit.

CAPUT IV. — 7. Quæ autem major causa est adventus Domini, nisi ut ostenderet Deus dilectionem suam in nobis, commendans eam vehementer; quia cum adhuc inimici essemus: Christus pro nobis mortuus est. (*Rom.*, v, 6.) Hoc autem ideo, quia finis præcepti et plenitudo legis, caritas est (I *Tim.*, I, 5; *Rom.*, XIII, 10): ut et nos invicem diligamus, et quemadmodum ille pro nobis animam suam posuit, sic et nos pro fratribus animam ponamus (I *Joan.*, III, 16): et ipsum Deum, quoniam prior dilexit nos (*Ibid.*, IV, 10): et Filio suo unico non pepercit, sed pro nobis omnibus tradidit eum (*Rom.*, VIII, 32), si amare pigebat, saltem nunc redamare non pigeat. Nulla est enim major ad amorem invitatio, quam prævenire amando: et nimis durus est animus, qui dilectionem si nolebat impendere, nolit rependere. Quod si in ipsis flagitiosis et sordidis amoribus videmus, nihil aliud eos agere qui amari vicissim volunt, nisi ut documentis quibus valent, aperiant et ostendant quantum ament, camque imaginem justitiæ prætendere affectant, ut vicem sibi reddi quodam modo flagitent ab eis animis, quos illecebrare moliuntur; ipsique ardentius æstuant, cum jam moveri eodem igne etiam illas mentes quas appetunt sentiunt: si ergo et animus qui torpebat, cum se amari senserit excitatur, et qui jam fervebat, cum se redamari didicerit, magis accenditur: manifestum est nullam esse majorem causam, qua vel inchoetur vel augeatur amor, quam cum amari se cognoscit, qui nondum amat, aut redamari se vel posse sperat, vel jam probat, qui prior amat. Et si hoc etiam in turpibus amoribus, quanto (*b*) plus in amicitia? Quid enim aliud cavemus in offensione amicitiæ, nisi ne

---

(*a*) Editi, *contingebant eis*: omissa particula *in*, quæ tamen hic reperitur in Mss. et in Græco textu Apostoli, I *Cor.*, x, 11. — (*b*) Plerique Mss. *purius*. Am. et Ms. Vatic. *plurius*.

nous l'aimons moins qu'il nous aime? S'il le pensait, il sentirait se refroidir en lui cette tendresse, où le cœur des hommes se confond dans une affection mutuelle. Quand bien même il aurait assez de force, pour que cette offense ne refroidît pas entièrement son amitié envers nous, il se bornera à nous être utile au besoin, mais le charme de l'amitié aura disparu. En fait d'amitié, ceux qui sont d'un rang élevé veulent être aimés par ceux qui sont au-dessous d'eux, et si touchés de leur déférence et de leur zèle, ils les aiment en proportion de l'affection que ces inférieurs ont pour eux, combien plus doit être vif le sentiment de l'amitié dans un inférieur qui se sent aimé par son supérieur? L'amitié qui part de la bienveillance et de la générosité du cœur, a quelque chose de plus touchant que celle qui est l'effet de l'indigence. L'une vient de la misère, l'autre de la miséricorde et de la charité. Mais l'inférieur qui n'avait aucun espoir d'être aimé par son supérieur, ne devra-t-il pas être transporté pour lui d'une ineffable tendresse, si ce supérieur a daigné lui montrer combien il l'aimait lui, lui qui ne pouvait pas s'attendre à un tel bonheur? Or, qu'y a-t-il de plus élevé au-dessus de nous que Dieu qui doit nous juger, et qui est-ce qui doit s'attendre à en être le moins aimé, sinon le pécheur? Et pourquoi le pécheur s'est-il fait l'esclave de ces puissances superbes, qui ne pouvaient pas le rendre heureux, sinon à cause du peu d'espérance qu'il avait d'être aimé et protégé par cette providence divine, dont la grandeur ne consiste pas dans la puissance de faire du mal, mais dans celle de faire le bien?

8. Si Jésus-Christ est venu au monde pour nous faire connaître combien nous étions aimés de Dieu, afin que cette connaissance nous enflammât d'amour pour ce Dieu qui nous avait aimés le premier; s'il nous ordonne et nous montre lui-même que nous devons aimer notre prochain, lui qui à force d'amour pour nous, s'est fait notre prochain, lorsque loin de nous approcher de lui, nous nous en éloignons de plus en plus; si les anciens livres divins n'ont été écrits que pour annoncer l'avénement du Seigneur, et si tout ce qui a été depuis écrit et confirmé par l'autorité divine, parle de Jésus-Christ et prêche la charité; il est évident que non-seulement toute la loi et les prophètes contenus dans l'Ecriture ancienne, mais encore que tout ce qui a été confié depuis à la mémoire des hommes par ces livres divins, se réduisent « au double précepte d'aimer Dieu et le prochain, » (*Matth.*, XXII, 40) comme l'a dit Jésus-Christ même. C'est pourquoi l'on peut dire que l'Ancien Testament, n'est qu'un voile qui cachait le Nouveau, et que le Nouveau a été la manifestation de l'Ancien. Les hommes charnels des an-

amicus arbitretur quod eum vel non diligimus, vel minus diligimus quam ipse nos diligit? Quod si crediderit, frigidior erit in eo amore quo invicem homines mutua familiaritate perfruuntur : et si non ita est infirmus, ut hæc illum offensio faciat ab omni dilectione frigescere; in ea se tenet, qua non ut fruatur, sed ut consulat diligit. Operæ pretium est autem animadvertere, quomodo, quanquam et superiores velint se ab inferioribus diligi, eorumque in se (*a*) studioso delectentur obsequio, et quanto magis id senserint, tanto magis eos diligant, tamen quanto amore exardescat inferior, cum a superiore se diligi senserit. Ibi enim gratior amor est, ubi non æstuat indigentiæ siccitate, sed ubertate (*b*) beneficientiæ profluit. Ille namque amor ex miseria est, iste ex misericordia. Jam vero si etiam se amari posse a superiore desperabat inferior, ineffabiliter commovebitur in amorem, si ultro ille fuerit dignatus ostendere, quantum diligat eum qui nequaquam sibi tantum bonum promittere auderet. Quid autem superius Deo judicante, et quid desperatius homine peccante? qui se tanto magis tuendum et subjugandum superbis potestatibus addixerat, quæ beatificare non possunt, quanto magis desperaverat posse sui curam geri ab ea potestate, quæ non malitia sublimis esse vult, sed bonitate sublimis est.

8. Si ergo maxime propterea Christus advenit, ut cognosceret homo quantum eum diligat Deus; et ideo cognosceret, ut in ejus dilectionem a quo prior dilectus est inardesceret, proximumque illo jubente et demonstrante diligeret, qui non proximus, sed longe peregrinantem diligendo factus est proximus; omnisque Scriptura divina quæ ante scripta est, ad prænuntiandum adventum Domini scripta est; et quidquid postea mandatum est litteris et divina auctoritate firmatum : Christum narrat, et dilectionem monet : manifestum est non tantum totam Legem et Prophetas in illis duobus pendere præceptis dilectionis Dei et proximi (*Matth.*, XXII, 40), quæ adhuc sola Scriptura sancta erat cum hoc Dominus diceret, sed etiam quæcumque posterius salubriter (*c*) conscripta sunt memoriæque mandata divinarum volu-

(*a*) Sic Mss. At editi, *studiose*. — (*b*) Veteres libri, *beneficientiæ*. — (*c*) Am. Er. et plures Mss. *consecrata*. Alii duo Mss. *consecuta*.

ciens temps, comme ceux de nos jours, qui jugeant matériellement des choses, ne savent pas en soulever le voile, sont esclaves de la crainte dont ils portent la peine; mais les hommes spirituels de l'ancienne loi, auxquels leurs pieuses recherches ont permis de découvrir ce qui était caché à leur intelligence, et ceux de nos jours qui cherchent la vérité sans orgueil, de peur que ce qui était clair ne devienne obscur pour eux, ont été délivrés de toute crainte, et sont devenus libres par le don de la charité. Or, comme il n'y a rien de plus contraire à la charité que l'envie, et que l'orgueil engendre l'envie; le même Jésus-Christ Dieu et homme, est dans sa Divinité, une preuve de l'ineffable amour qu'il nous porte, et dans son humanité, un exemple d'humilité, qui nous invite à nous guérir de notre orgueil, quelque grand qu'il soit, par un remède contraire et plus grand encore. En effet, si l'orgueil de l'homme est une grande misère, il y a une miséricorde bien plus grande encore dans l'humilité d'un Dieu. Que la charité soit donc le but où tendent tous vos discours; tout ce que vous dites, dites-le de manière à inspirer la foi, à celui à qui vous parlez, afin que la foi fasse naître en lui l'espérance, et l'espérance la charité.

Chapitre V. — 9. Il faut fonder l'édifice de la charité sur la sévérité divine, qui frappe toujours d'une crainte salutaire l'esprit des mortels; afin que charmés d'être aimés par celui qu'ils craignent, ils ne balancent pas à lui rendre amour pour amour, et redoutent de déplaire, quand bien même ils pourraient le faire impunément, à ce Dieu qui leur a ouvert le sein de sa charité. En effet, il arrive rarement ou plutôt jamais, que quelqu'un veuille se faire chrétien, à moins d'y avoir été poussé par la crainte de Dieu. Car si c'était par l'espoir d'obtenir quelqu'avantage de la part des hommes, auxquels ils ne trouveraient pas d'autres moyens de plaire, ou pour éviter quelque mal de ceux qu'ils craignent d'offenser, et dont ils redoutent l'inimitié, ce ne serait pas désirer, mais feindre d'être chrétien. La foi n'est pas dans les déférences et les obséquiosités temporelles, mais dans la sincérité de l'âme qui croit véritablement. Mais, souvent la miséricorde de Dieu vient à notre secours quand nous instruisons les autres, afin que, touchés par notre parole, ils veuillent réellement devenir ce qu'ils ne voulaient être que par feinte. Ce n'est que quand cette volonté aura commencé de germer en eux, que nous pouvons croire qu'ils viennent sincèrement à nous. Nous ne saurions, il est vrai, connaître si c'est le cœur qui amène à nous celui dont nous ne voyons encore que l'extérieur; agissons cependant à son égard, de

---

mina litterarum. Quapropter in Veteri Testamento est occultatio novi, in Novo Testamento est manifestatio veteris. Secundum illam occultationem carnaliter intelligentes carnales, et tunc et nunc pœnali timore subjugati sunt. Secundum hanc autem manifestationem spiritales, et tunc quibus pie pulsantibus etiam occulta patuerunt, et nunc qui non superbe quærunt, ne etiam aperta claudantur, spiritaliter intelligentes donata caritate liberati sunt. Quia ergo caritati nihil adversius quam invidentia; mater autem invidentiæ superbia est : idem Dominus Jesus Christus, Deus homo, et divinæ in nos dilectionis indicium est, et humanæ apud nos humilitatis exemplum, ut magnus tumor noster majore contraria medicina sanaretur. Magna est enim miseria, superbus homo : sed major misericordia, humilis Deus. Hac ergo dilectione tibi proposito, quo referas omnia quæ dicis : quidquid narras ita narra, ut ille cui loqueris audiendo credat, credendo speret, sperando amet.

Caput V. — 9. De ipsa etiam se veritate Dei, qua corda mortalium saluberrimo terrore quatiuntur, caritas ædificanda est, ut ab eo quem timet, amari se gaudens, cum redamare audeat, ejusque in se dilectioni, etiamsi impune posset, tamen displicere vereatur. Rarissime quippe accidit, imo vero nunquam, ut quisquam veniat volens fieri Christianus, qui non sit aliquo Dei timore perculsus. Si enim aliquod commodum expectando ab hominibus, quibus se aliter placiturum non putat, aut aliquod ab hominibus incommodum devitando, quorum offensionem aut inimicitias reformidat, vult fieri Christianus; non fieri vult potius quam fingere. Fides enim non res est (a) salutantis corporis, sed credentis animi. Sed plane sæpe adest misericordia Dei per ministerium catechizantis, ut sermone commotus jam fieri velit, quod decreverat fingere : quod cum velle cœperat, tunc eum venisse deputemus. Et occultum quidem nobis est (b) quando veniat animo, quem jam corpore præsentem videmus : sed tamen sic cum eo

---

(a) Editi Er. et Lov. *salvandi.* Nonnulli codices, *salutis.* Quidam, *salutantis.* Sed plerique ac melioris notæ Mss. cum editione Am. *salutantis :* id est, salutem sive assensum gestu significantis. — (b) Sic Arn. Er. et Mss. At Lov. *quo.*

manière à faire naître en lui cette volonté, si elle n'y est pas encore. Y serait-elle déjà, que nos paroles, loin de l'affaiblir, ne feraient que la fortifier, quand bien même nous ne saurions ni en quel temps, ni à quelle heure elle a commencé. Tâchons toutefois de savoir, s'il est possible, par ceux qui le connaissent, quelles sont ses dispositions, et quels motifs l'ont poussé à embrasser la religion chrétienne. Si ces renseignements nous manquaient, il faudrait l'interroger lui-même, afin de savoir par ses réponses comment et par où nous devons commencer son instruction. Si c'est avec dissimulation qu'il vient à nous, dans l'espoir de retirer des avantages de sa démarche, ou d'éviter des désagréments temporels, il mentira sans doute. Que ce qu'il feint vous serve de matière pour commencer à l'instruire, sans chercher toutefois à le confondre, comme si vous étiez certain qu'il ne dit pas la vérité. Que le but louable qu'il met en avant soit vrai ou faux, peu importe, faisons en sorte par nos louanges et notre approbation, qu'il trouve du plaisir à devenir tel qu'il a envie de paraître. Si ses paroles ne sont pas celles d'un homme qui désire sincèrement embrasser la foi chrétienne, il faut le reprendre avec douceur, comme s'il n'était qu'ignorant, et lui faire voir quelle est la fin véritable et si glorieuse de la foi chrétienne, mais le lui démontrer fortement, quoiqu'en peu de mots, pour ne pas perdre en paroles inutiles, le temps que demandera encore le reste de son instruction. Il ne faut pas surtout lui imposer les devoirs de cette foi, avant de l'y avoir bien préparé. Faites seulement en sorte qu'il veuille ce que, par ignorance ou par dissimulation, il ne voulait pas encore.

Chapitre VI. — 10. Si celui que nous interrogeons nous répond que c'est une terreur ou un avertissement venant du ciel qui l'a porté à se faire chrétien, il nous donne ainsi un moyen facile d'entrer en matière, en lui faisant voir combien grand est l'amour de Dieu pour nous. Après lui avoir fait sentir ce que ces songes, ou ces avertissements avaient de miraculeux, on appellera son attention sur les oracles plus certains des saintes Ecritures, afin qu'il reconnaisse toute la grandeur de la miséricorde de Dieu, qui, par ces avertissements, l'a appelé à lui, avant même qu'il eût aucune connaissance de ces Ecritures divines. Il faut surtout lui démontrer, que le Seigneur ne l'aurait point poussé par ces avertissements à entrer dans le sein de l'Eglise, s'il n'avait pas voulu, par de telles révélations, lui ouvrir et lui préparer la voie plus sûre des saintes Ecritures, afin qu'il ne cherchât plus des miracles visibles, mais qu'il s'accoutumât à espérer les choses invisibles et spirituelles, sans s'attendre désormais à être averti en songe, mais seulement par la vigilance de son esprit. De

debemus agere, ut fiat in illo hæc voluntas, etiamsi non est. Nihil enim deperit, quando si est, utique tali nostra actione firmatur, quamvis quo tempore, vel qua hora cœperit, ignoremus. Utile est sane, ut præmoneamur antea, si fieri potest, ab iis qui eum norunt, in quo statu animi sit, vel quibus causis commotus ad suscipiendam religionem venerit. Quod si defuerit alius a quo id noverimus, etiam ipse interrogandus est, ut ex eo quod responderit ducamus sermonis exordium. Sed si ficto pectore accessit, humana commoda cupiens, vel incommoda fugiens, utique mentiturus est : tamen ex eo ipso quod mentitur, capiendum est principium : non ut refellatur ejus mendacium, quasi tibi certum sit ; sed ut si dixerit eo proposito se venisse quod vere approbandum est, sive ille verum sive falsum dicat, tale tamen propositum quali se venisse responderit, approbantes atque laudantes, faciamus eum delectari esse se talem, qualem videri cupit. Si autem aliud dixerit, quam oportet esse in animo ejus qui Christiana fide imbuendus est; blandius et lenius reprehendendo tanquam rudem et ignarum, et Christianæ doctrinæ finem verissimum demonstrando atque laudando breviter et graviter, ne aut tempora futuræ narrationis occupes, aut eam non prius collocato animo audeas imponere, facias eum velle quod aut per errorem aut per simulationem nondum volebat.

Caput VI. — 10. Quod si forte se divinitus admonitum vel territum esse responderit, ut fieret Christianus, lætissimum nobis exordiendi aditum præbet, quanta Deo sit cura pro nobis. Sane ab hujusmodi miraculorum sive somniorum, ad Scripturarum solidiorem viam et oracula certiora transferenda est ejus intentio : ut et illa admonitio quam misericorditer ei prærogata sit, noverit, ante quam Scripturis sanctis inhæreret. Et utique demonstrandum est ei, quod ipse Dominus non eum admoneret aut compelleret fieri Christianum et incorporari Ecclesiæ, seu talibus signis aut revelationibus erudiret, nisi jam præparatum iter in Scripturis sanctis, ubi non quæreret visibilia miracula, sed invisibilia sperare consuesceret, neque dormiens, sed vigilans moneretur,

là il faut passer à l'histoire de la création, depuis le moment où « Dieu fit toutes choses qu'il trouva bonnes, » (*Gen.*, I, 31) jusqu'aux temps présents de l'Eglise. Dans tout fait, dans tout événement que vous rapportez, faites voir les causes et les raisons, en démontrant qu'ils ont pour fin la charité, que nous ne devons jamais perdre de vue dans nos actions comme dans nos paroles. Si les bons grammairiens s'efforcent toujours de rapporter à quelque but d'utilité, futile il est vrai et concernant les choses de la terre, les fables des poètes, uniquement inventées pour le plaisir de ceux qui repaissent leur esprit de bagatelles; combien plus devons-nous mettre de soin et de prudence, pour que les vérités que nous rapportons, ne servent pas d'aliment à un vain plaisir de l'esprit, et même à une curiosité pernicieuse; ce qui arriverait, si nous n'en rendions pas la raison évidente. Il ne faut pas toutefois exposer ces raisons, de manière à interrompre le fil de nos discours, ni entrer dans des discussions qui ne feraient qu'embarrasser notre pensée et notre parole. Que les raisons de toute vérité que nous rapportons, soient comme l'or qui enchaîne des diamants, sans en troubler par trop de profusion l'ordre et l'éclat.

CHAPITRE VII. — 11. Après avoir exposé tout ce qui regarde l'histoire, il faut en venir à l'espoir de la résurrection, autant que nous le permettent le temps et la capacité de ceux qui nous écoutent. Il faut, en confondant les vaines railleries des infidèles, traiter de la résurrection du corps, du jugement dernier, si heureux pour les bons, si funeste pour les méchants, juste pour tous. Dépeignez ensuite, avec horreur et exécration, les supplices réservés aux impies; mais que votre parole soit pleine de joie pour annoncer le règne des justes, et faire naître dans le cœur des fidèles le désir d'entrer dans la céleste Jérusalem. Il faut surtout prémunir et encourager la faiblesse humaine contre les tentations, et les scandales qui s'élèvent soit au dehors, soit au dedans même de l'Eglise. Au dehors, contre les gentils, les juifs ou les hérétiques, au dedans, contre ceux qui sont comme la paille dans l'aire du Seigneur. Il est inutile d'entrer en discussion sur les divers genres de perversité, ni de réfuter par des questions formelles toutes les fausses opinions des impies. Il faut se contenter de démontrer brièvement que tout ce mal a été prédit, que les tentations sont utiles pour l'instruction des fidèles, et que pour les supporter et nous en guérir, nous devons chercher des remèdes dans l'exemple de la patience de Dieu, qui a voulu et permis qu'il en fût ainsi jusqu'à la fin des siècles. Lorsqu'on donnera aux catéchumènes des instructions contre la perversité

eum securius et tutius carpere voluisset. Inde jam exordienda narratio est, ab eo quod fecit Deus omnia bona valde (*Gen.*, I, 31), et perducenda, ut diximus, usque ad præsentia tempora Ecclesiæ : ita ut singularum rerum atque gestorum quæ narramus, causæ rationesque reddantur, quibus ea referamus ad illum finem dilectionis, unde neque agentis aliquid neque loquentis oculus avertendus est. Si enim fictas poetarum fabulas, et ad (*a*) voluptatem excogitatas animorum quorum cibus nugæ sunt, tamen boni qui habentur atque appellantur Grammatici, ad aliquam utilitatem referre conantur, quanquam et ipsam vanam et avidam saginæ sæcularis : quanto nos decet esse cautiores, ne illa quæ vera narramus, sine suarum causarum redditione digesta, aut inani suavitate, aut etiam perniciosa cupiditate credantur. Non tamen sic asseramus has causas, ut relicto narrationis tractu, cor nostrum et lingua in nodos difficilioris disputationis excurrat; sed ipsa veritas (*b*) adhibitæ rationis, quasi aurum sit gemmarum ordinem ligans, non tamen ornamenti seriem ulla immoderatione perturbans.

CAPUT VII. — 11. Narratione finita, spes resurrectionis intimanda est, et pro capacitate ac viribus audientis, proque ipsius temporis modulo, adversus vanas irrisiones infidelium de corporis resurrectione tractandum, et futuri ultimi judicii bonitate in bonos, severitate in malos, veritate in omnes ; commemoratisque cum detestatione et horrore pœnis impiorum, regnum justorum atque fidelium et superna illa civitas ejusque gaudium cum desiderio prædicandum est. Tum vero instruenda et animanda est infirmitas hominis adversus tentationes et scandala, sive foris sive in ipsa intus Ecclesia : foris adversus gentiles vel Judæos vel hæreticos ; intus autem adversus areæ Dominicæ paleam. Non ut contra singula perversorum genera disputetur, omnesque illorum pravæ opiniones propositis quæstionibus refellantur : sed pro tempore brevi demonstrandum est, ita esse prædictum, et quæ sit utilitas tentationum erudiendis fidelibus, et quæ medicina in exemplo patientiæ Dei, qui statuit usque in finem ista permittere. Cum vero adversus eos instruitur, quorum perversæ turbæ

(*a*) Am. et plerique Mss. *voluntatem.* — (*b*) Sic vetus codex Corbeiensis. At Victorinus, *adhibitæ narrationis.* Editiones Am. et Er. *adhibita rationi.* Denique Lov. *adhibita rationis.*

de ceux dont la foule remplit les églises, sans en être des membres spirituels, il faut leur donner brièvement et d'une manière convenable les préceptes nécessaires à une vie chrétienne, de peur que séduits par les discours et les exemples des ivrognes, des avares, des trompeurs, des joueurs, des adultères, des fornicateurs, des amateurs de spectacles, des donneurs de remèdes sacriléges, de ceux qui prétendent détruire les enchantements, des devins et d'autres gens de cette espèce, ils ne croient pouvoir suivre impunément leur exemple, en voyant beaucoup de ceux qui se disent chrétiens, aimer, pratiquer, défendre et conseiller de telles choses. Montrons-leur par les témoignages des livres saints, quelle fin est réservée à ceux qui persistent dans de pareils désordres; pourquoi il faut cependant les tolérer dans l'Eglise, jusqu'au jour où se fera la séparation des bons et des méchants. On doit cependant prévenir celui qu'on instruit, qu'il trouvera aussi dans l'Eglise, beaucoup de vrais citoyens de la Jérusalem céleste, dès qu'il en sera digne lui-même. « De peur qu'il ne mette son espérance dans l'homme, » (*Jérém.*, XVII, 10) il faut l'avertir qu'il est difficile à l'homme lui-même, de juger quel est celui qui est véritablement juste; et que quand bien même il le pourrait, il ne faut pas se proposer l'exemple des justes, comme pouvant attendre d'eux notre justification, mais seulement pour qu'en les imitant, nous puissions être justifiés par le suprême et souverain justificateur. Par là il arrivera, chose bien importante, que lorsque ceux que nous instruisons, ou plutôt que Dieu instruit par notre bouche, commenceront à croître en science et en piété, ils n'attribueront pas leurs progrès, ni à nous, ni à eux; ils n'aimeront eux-mêmes, nous et tous ceux qui leur sont chers, qu'en celui et pour celui qui, alors même qu'ils étaient encore éloignés de lui, les a aimés pour les justifier et en faire ses amis. Il n'est pas besoin, je pense, de vous apprendre que lorsque vous et ceux qui vous écoutent, êtes appelés à d'autres occupations, vous ne devez pas parler trop longuement, et qu'au contraire, lorsque le temps le permet, vous pouvez prolonger vos instructions. C'est un point que la nécessité même vous prescrit.

Chapitre VIII. — 12. Si quelqu'un versé dans les sciences libérales et voulant se faire chrétien, se présente à vous pour le devenir, et être instruit des vérités de la foi, il est difficile de croire que ces hommes-là, ne soient pas déjà au courant de beaucoup de choses de nos saintes Ecritures, dont la connaissance leur permet d'être admis à la participation de nos sacrements. Ce n'est pas, en effet, au moment même de se faire chrétiens, mais longtemps d'avance, qu'ils ont examiné avec soin tous les points qui peuvent les intéresser à cet égard, et qu'ils les ont discutés avec

---

corporaliter implent ecclesias, simul etiam præcepta breviter et decenter commemorentur Christianæ atque honestæ conversationis, ne ab ebriosis, avaris, fraudatoribus, aleatoribus, adulteris, fornicatoribus, spectaculorum amatoribus, remediorum sacrilegorum alligatoribus, præcantatoribus, mathematicis, vel quarumlibet artium vanarum et malarum divinatoribus, atque hujusmodi cæteris ita facile seducatur, et impunitum sibi fore arbitretur, quia videt multos qui Christiani appellantur, hæc amare, et agere, et defendere, et suadere, et persuadere. Quis enim finis præstitutus sit in tali vita perseverantibus, et quam sint in ipsa Ecclesia tolerandi, ex qua in fine separandi sunt, divinorum librorum testimoniis edocendum est. Prænuntiandum est etiam inventurum cum in Ecclesia multos Christianos bonos, verissimos cives cœlestis Jerusalem, si esse ipse cœperit. Ad extremum ne spes ejus in homine ponatur, sedulo monendus est : quia neque facile ab homine judicari potest quis homo sit justus; et si facile posset, non ideo nobis proponi exempla justorum, ut ab eis justificemur, sed ut eos imitantes ab eorum justificatore nos quoque justificari sciamus. Hinc enim fiet, quod maxime commendandum est, ut cum ille qui nos audit, imo per nos audit Deum, moribus et scientia proficere cœperit, et viam Christi alacriter ingredi, nec nobis id audeat assignare, nec sibi; sed et se ipsum, et nos, et quoscumque alios diligit amicos, in illo et propter illum diligat, qui eum dilexit inimicum, ut justificans faceret amicum. Hic jam non te puto præceptore indigere, ut cum occupata sunt tempora, vel tua, vel eorum qui te audiunt, breviter agas; cum autem largiora, largius eloquaris : hoc enim nullo admonente ipsa necessitas præcipit.

Caput VIII. — 12. Sed illud plane non prætereundum est, ut si ad te quisquam catechizandus venerit liberalibus doctrinis excultus, qui jam decreverit esse Christianus, et ideo venerit ut fiat, difficillimum omnino est ut non multa nostrarum scripturarum litterarumque cognoverit, quibus jam instructus ad sacramentorum participationem tantummodo venerit. Tales enim non eadem hora qua Christiani fiunt,

CHAPITRE VIII.

d'autres. Il faut donc avec eux, traiter brièvement des divines matières qui concernent la foi, pour ne pas les ennuyer en répétant ce qu'ils savent déjà. Il faut se contenter d'effleurer ces matières, en leur disant que notre croyance consiste, comme ils le savent déjà, en tels et tels points, et parcourir seulement ce que nous serions obligés d'expliquer plus longuement, pour l'inculquer dans l'esprit des gens manquant de toute espèce d'instruction. Il faut que cet homme instruit, n'entende pas, comme de la bouche d'un docteur, ce qu'il sait déjà, et que s'il ignore encore certaines choses, il les apprenne, tandis que nous lui rappelons celles dont nous croyons qu'il a déjà connaissance. Il n'est pas inutile de lui demander quels motifs l'ont porté à se faire chrétien. Si vous voyez que c'est par la lecture des livres canoniques ou des traités qui les expliquent, profitez-en pour entrer en matière. Louez-en le mérite selon qu'ils s'appuient avec le plus de vérité sur l'autorité de l'Evangile, et qu'ils en exposent le mieux la foi et la pensée. Faites-lui surtout remarquer la salutaire simplicité jointe à la sublime élévation, qu'on trouve dans les saintes Ecritures; montrez dans ceux qui les ont expliquées, selon leur caractère et leur capacité, le style plus ou moins pompeux, plus ou moins étudié capable de plaire à des esprits, d'autant plus sensibles à ces faibles mérites, qu'ils sont plus cultivés. Il faut aussi que cet homme que nous instruisons, nous indique quels sont les livres à la lecture desquels il s'est le plus attaché, et qui ont fait naître en lui le dessein d'entrer dans le sein de l'Eglise. Si ces livres nous sont connus, ou si nous savons par la réputation dont ils jouissent dans l'Eglise, qu'ils ont été écrits par un catholique d'un mérite reconnu, nous approuverons son choix; si, au contraire, ce sont les écrits de quelque hérétique qui sont tombés entre ses mains, et qu'ignorant ce que la vraie foi condamne, il ait pris l'erreur pour la doctrine catholique, il faut éclairer son ignorance en s'appuyant sur l'autorité de l'Eglise universelle, et par les discussions et les ouvrages des auteurs les plus instruits, qui se sont rendus le plus célèbres dans la connaissance des saintes vérités. Cependant ceux-mêmes qui sont morts dans la foi catholique, et qui ont laissé à la postérité quelques écrits sur la doctrine chrétienne, soit qu'on ne les ait pas bien compris, soit que, comme cela arrive à la faiblesse de l'esprit humain, ils aient manqué de l'intelligence nécessaire pour pénétrer certains passages obscurs des saintes Ecritures, ces auteurs, dis-je, en prenant la ressemblance du vrai pour la vérité même, ont, dans plusieurs endroits de leurs ouvrages, donné à des esprits hardis et présomptueux l'occasion d'élever des hérésies. Il ne faut pas s'en éton-

---

sed ante solent omnia diligenter inquirere, et motus animi sui, cum quibus possunt, communicare atque discutere. Cum his itaque breviter agendum est, et non (a) odiose inculcando quæ norunt, sed modeste perstringendo; ita ut dicamus nos credere quod jam noverint illud, atque illud : atque hoc modo cursim enumerare omnia quæ rudibus indoctisque inculcanda sunt : ut etsi quid novit eruditus iste, non tanquam a doctore audiat ; et si quid adhuc ignorat, dum ea commemoramus quæ illum nosse jam credimus, discat. Nec ipse sane inutiliter interrogatur, quibus rebus motus sit, ut velit esse Christianus : ut si libris ei persuasum esse videris, sive canonicis, sive utilium Tractatorum, de his aliquid in principio loquaris, collaudans eos pro diversitate meritorum canonicæ auctoritatis et (b) exponentium sollertissimæ diligentiæ ; maximeque commendans in scripturis canonicis admirandæ altitudinis saluberrimam humilitatem, in illis autem pro sua cujusque facultate aptum superbioribus, et per hoc infirmioribus animis, stilum sonantioris et quasi tornatioris elo- qui. Sane etiam exprimendum de illo est, ut indicet quem maxime legerit, et quibus libris familiarius inhæserit, unde illi persuasum est, ut sociari vellet Ecclesiæ. Quod cum dixerit, tum si nobis noti sunt illi libri, aut ecclesiastica fama saltem accepimus a catholico aliquo memorabili viro esse conscriptos, læti approbemus. Si autem in alicujus hæretici volumina incurrit, et nesciens forte quod vera fides improbat, tenuit animo, et catholicum esse arbitratur ; sedulo edocendus est, prælata auctoritate universalis Ecclesiæ aliorumque doctissimorum hominum et disputationibus in ejus veritate florentium. Quanquam et illi qui catholici ex hac vita emigrarunt, et aliquid litterarum Christianarum posteris reliquerunt, in quibusdam locis opusculorum suorum, vel non intellecti, vel sicuti est humana infirmitas, minus valentes acie mentis abditiora penetrare, et veri similitudine aberrantes a veritate, præsumptoribus et audacibus fuerunt occasioni ad aliquam hæresim moliendam atque gignendam. Quod mirum non est, cum de ipsis canonicis litteris, ubi omnia

(a) Aliquot Mss. *otiose*. — (b) Plures codices, *et ad exponendum*.

ner, puisque l'Ecriture elle-même, où tout a été certainement dit comme cela devait l'être, a fait tomber bien des hommes, je ne dis pas dans une fausse interprétation de la pensée de l'auteur, ou dans un sens contraire à la vérité, (car s'il n'y avait que cela, qui ne pardonnerait pas à la faiblesse humaine, pourvu qu'elle fût prête à reconnaître son erreur?) mais dans des opinions dangereuses, qu'ils ont défendues avec autant d'opiniâtreté que d'orgueil, et dans des dogmes pernicieux, qui les ont séparées de l'unité et la communion de l'Eglise. Voilà ce qu'il faut traiter, comme dans une simple conférence, avec celui qui, voulant embrasser la religion chrétienne, se présente à nous, non en ignorant, comme on dit communément, mais en homme dont l'esprit est déjà orné et cultivé par l'étude de la connaissance des bons livres. La seule autorité que nous devons prendre sur lui en l'instruisant, ne doit avoir pour but que d'empêcher qu'il ne tombe dans l'erreur par présomption, quand nous reconnaîtrons que l'humilité avec laquelle il est venu à nous, ne lui fera point paraître cette autorité trop pesante. Quant aux autres choses qu'on doit leur apprendre selon les règles de la saine doctrine, soit sur la foi, soit sur les mœurs, soit sur les tentations, il faut, comme je l'ai dit, les effleurer en passant, mais en les rapportant toutes à la voie suprême de la charité.

Chapitre IX. — 13. Il vient aussi vers nous pour s'instruire, des hommes sortant des écoles, des grammairiens et des orateurs. Sans les compter parmi les ignorants, on ne peut cependant pas les mettre au nombre de ceux, dont l'esprit s'est exercé sur des questions d'un haut intérêt. Lors donc que des hommes qui paraissent l'emporter sur les autres par l'éloquence, se présentent à nous pour se faire chrétiens, ce que nous devons chercher pour eux, plus que pour ceux qui n'ont aucune connaissance des lettres : c'est de leur inspirer l'humilité chrétienne et de leur apprendre à ne pas mépriser ceux qui évitent plutôt de pécher contre les mœurs, que contre les règles du langage, et à préférer la pureté du cœur à l'éloquence, que jusqu'alors ils avaient mise au-dessus de tout. Ce qu'il faut surtout leur enseigner, c'est de quelle manière ils doivent lire et étudier les saintes Ecritures, de peur que la manière dont elles s'expriment, toute solide et toute profonde qu'elle est, ne les dégoûte, parce qu'elle n'a rien de brillant ni d'enflé. Ils ne doivent pas croire que les paroles et les actions rapportées dans les livres divins, souvent enveloppées d'un voile en quelque sorte terrestre et charnel, ne doivent pas être approfondies avec soin pour en découvrir le véritable sens, mais qu'il faut les prendre à la lettre. On doit leur faire voir combien est grande, au contraire, l'utilité de ces choses cachées sous un voile, et qui sont par cela même des mystères, et combien cette manière énigmatique de s'exprimer a de

---

sanissime dicta sunt, non quidem aliter accipiendo quædam, quam vel scriptor sensit, vel se ipsa veritas habet : (nam si hoc solum esset, quis non humanæ infirmitati ad corrigendum paratæ libenter ignosceret?) sed id quod perverse ac prave opinati sunt, animositate acerrima et pervicaci arrogantia defensitantes, multi multa perniciosa dogmata, concisa communionis unitate pepererunt. Hæc omnia cum illo, qui ad societatem populi Christiani, non idiota, ut aiunt, sed doctorum libris expolitus atque excultus accedit, modesta collatione tractanda sunt : tantum assumpta præcipiendi auctoritate, ut caveat præsumptionis errores ; quantum ejus humilitas quæ illum adduxit, jam sentitur admittere. Cætera vero secundum regulas doctrinæ salutaris, sive de fide, quæcumque narranda vel disserenda sunt, sive de moribus, sive de tentationibus, eo modo percurrendo quo dixi, ad illam supereminentiorem viam omnia referenda sunt.

Caput IX. — 13. Sunt item quidam de scholis usitatissimis Grammaticorum Oratorumque venientes, quos neque inter idiotas numerare audeas, neque inter illos doctissimos, quorum mens magnarum rerum est exercitata quæstionibus. His ergo qui loquendi arte cæteris hominibus excellere videntur, cum veniunt ut Christiani fiant, hoc amplius quam illis illiteratis impertire debemus, quod sedulo monendi sunt, ut humilitate induti Christiana, discant non contemnere, quos cognoverint morum vitia quam verborum amplius devitare ; et cordi casto linguam exercitatam nec conferre audeant, quam etiam præferre consueverant. Maxime autem isti docendi sunt Scripturas audire divinas, ne sordeat eis solidum eloquium, quia non est inflatum ; neque arbitrentur carnalibus integumentis involuta atque operta dicta vel facta hominum, quæ in illis libris leguntur, non evolvenda atque aperienda ut intelligantur, sed sic accipienda ut litteræ sonant ; deque ipsa utilitate secreti, unde etiam mysteria vocantur, quid valeant ænigmatum latebræ ad amorem veritatis acuen-

force, pour faire naître en nous le désir de connaître la vérité. Elle a aussi l'avantage de dissiper l'ennui et le dégoût, que finit par nous inspirer tout ce que nous découvrons trop facilement. C'est ce qu'il faut leur prouver par expérience, en les accoutumant à tirer d'une allégorie la vérité qui s'y trouvait renfermée. Il est utile que ces hommes-là reconnaissent que la pensée l'emporte sur les mots, comme l'âme sur le corps, et qu'ils doivent préférer dans les discours la vérité à l'éloquence, comme on doit préférer des amis sages et prudents, à ceux qui n'auraient pour mérite que l'élégance et la beauté. Qu'ils soient surtout convaincus, que le langage du cœur est le seul qui arrive jusqu'aux oreilles de Dieu. Alors ils ne seront plus portés à tourner en raillerie et en dérision des prélats ou des ministres de l'Eglise, qui, dans les prières qu'ils adressent à Dieu, emploieraient des expressions barbares ou contraires aux règles de la grammaire, ou qui par la manière dont ils prononcent les mots, paraîtraient n'en pas comprendre le sens. Ce sont néanmoins des défauts dont tout ministre de Dieu doit se corriger, pour que le peuple puisse répondre *Amen* à des paroles qu'il aura comprises. Ces fautes légères doivent cependant être tolérées par ceux qui savent que, si dans le forum on exalte une voix éloquente, dans l'Eglise on aime un cœur pieux. C'est pourquoi une diction bonne parfois peut-être au forum, ne peut jamais être dite une bénédiction (1). Pour ce qui concerne le sacrement du baptême, que doivent recevoir ceux qui sont éclairés, il suffit de leur en expliquer la signification; mais il faut entrer dans plus de détails avec les ignorants, et leur en faire comprendre le sens par des comparaisons, de peur qu'ils n'aient pas assez de respect pour ce qui ne frapperait alors que leurs yeux.

Chapitre X. — 14. Peut-être désirez-vous que je vous donne maintenant quelque modèle de discours, pour mettre en pratique les règles que j'ai posées précédemment. C'est ce que je ferai, aussi bien que je le pourrai avec l'aide de Dieu. Mais auparavant, je dois vous parler, comme je l'ai promis, de la manière d'acquérir cette gaieté du cœur que nous devons avoir en instruisant. Je ne me crois pas obligé de mettre moi-même en pratique dans cet ouvrage, les règles que je vous ai prescrites. Si je le fais, ce sera au delà de la tâche que je me suis imposée; mais, ce qui est au delà de cette tâche, ne doit venir qu'après l'accomplissement de ma promesse. En effet, ce dont vous vous plaignez particulièrement, c'est que votre parole vous paraît toujours trop faible et trop languissante, lorsque vous enseignez à quelqu'un les préceptes de la foi chrétienne. Cela ne vient pas, je le sais,

(1) Saint Augustin joue ici sur les mots *dicere, benedicere, dictio, benedictio*, ce qu'il est difficile de bien rendre en français.

dum (*a*), decutiendumque fastidii torporem, ipsa experientia probandum est talibus, cum aliquid eis quod in promptu positum non ita movebat, enodatione allegoriæ alicujus eruitur. His enim maxime utile est nosse, ita esse præponendas verbis sententias, ut præponitur animus corpori. Ex quo fit, ut ita malle debeant veriores quam disertiores audire sermones, sicut malle debent prudentiores quam formosiores habere amicos. Noverint etiam non esse vocem ad aures Dei, nisi animi affectum : ita enim non irridebunt, si aliquos antistites et ministros Ecclesiæ forte animadverterint, vel cum barbarismis et solœcismis Deum invocare, vel eadem verba quæ pronuntiant non intelligere, perturbateque distinguere. Non quia ista minime corrigenda sunt, ut populus ad id quod plane intelligit, dicat Amen : sed tamen pie toleranda sunt ab eis, qui didicerint, ut sono in foro, sic voto in Ecclesia benedici. Itaque forensis illa nonnunquam forte bona dici, numquam tamen benedictio dici potest. De sacramento autem quod accepturi sunt, sufficit prudentioribus audire quid res illa significet : cum tardioribus autem aliquando pluribus verbis et similitudinibus agendum est, ne contemnant quod vident.

Caput X. — 14. Hic tu fortasse exemplum aliquod sermonis desideras, ut ipso tibi opere ostendam, quomodo facienda sint ista quæ monui. Quod quidem faciam, quantum Domino adjuvante potuero : sed prius de illa hilaritate comparanda, quod pollicitus sum, dicere debeo. Jam enim de ipsis præceptis explicandi sermonis, in catechizando eo qui sic venit ut Christianus fiat, quantum satis visum est, quod promiseram exsolvi. Indebitum quippe est, ut etiam ipse faciam in hoc volumine, quod fieri oportere præcipio. Si ergo fecero, ad cumulum valebit : cumulus autem quo pacto a me superfundi potest, antequam mensuram debiti explevero? Neque enim te maxime conqueri audivi, nisi quod tibi sermo tuus vilis abjectusque videretur, cum aliquem Christiano nomine imbueres. Hoc autem scio, non tam rerum

(*a*) Sic plures Mss. At editi, *discutiendumque.*

de ce que vous ne savez pas les choses qu'il faut dire, et dans lesquelles je connais assez votre science et votre instruction, ni d'un manque d'habileté dans la manière de vous exprimer, mais uniquement d'un ennui et d'un dégoût qui s'emparent de votre esprit, ou parce que, comme je vous l'ai dit, nous trouvons plus de charme et de plaisir dans les conceptions silencieuses de notre intelligence, dont nous ne voulons pas être détournés par le bruit de paroles qui ne répondent pas à notre pensée. Cet ennui vient aussi de ce que, malgré le plaisir que peut nous causer ce que nous disons, nous en éprouverions un plus grand encore à lire ou à entendre des choses qui ont été mieux dites par d'autres, et qui ne nous auraient coûté ni soin, ni peine, plutôt que d'improviser des paroles, à la mesure de l'intelligence de ceux qui nous écoutent, sans savoir l'effet qu'elles produisent sur eux, ni si elles répondront à leur manière de voir et de sentir, ou s'ils en retireront quelque profit. Ajoutez à cela le dégoût de revenir sans cesse, pour instruire des ignorants, sur des choses qui nous sont connues, et qui ne nous sont plus nécessaires à nous-mêmes. Un esprit qui a déjà grandi dans la connaissance des choses qui lui sont familières, ne peut plus trouver de plaisir à marcher pour ainsi dire avec des enfants. Ce qui fatigue encore celui qui parle, c'est l'immobilité de son auditeur, soit qu'il ne paraisse touché de rien, soit qu'il n'indique par aucun signe qu'il comprend ce qu'on lui dit, et qu'il y trouve quelque plaisir. Non pas que nous devions attacher quelque prix à la louange et à l'approbation des hommes; mais comme nous sommes les ministres de la parole divine, plus nous aimons ceux à qui nous l'adressons, plus nous désirons qu'elle leur plaise et profite à leur salut. S'il en est autrement, nous sommes accablés de tristesse, abattus et découragés dans notre marche, en croyant que nos efforts et nos peines resteront sans résultat. Il arrive aussi quelquefois que nous sommes détournés de quelque chose que nous voulions faire, qui nous plaisait et qui nous paraissait plus nécessaire; mais nous y sommes forcés par l'ordre de quelqu'un, que nous craignons d'offenser, ou par les instances réitérées qu'on nous fait de venir instruire quelque catéchumène. Alors nous arrivons, l'esprit troublé, pour accomplir une chose qui demande du calme et de la tranquillité. Nous sommes affligés, de n'être pas maîtres de diriger nos actions dans l'ordre que nous voudrions, et de ne pouvoir suffire à tout. Nos paroles se ressentant de cette tristesse, sont moins agréables, sont plus arides et coulent avec moins d'abondance. D'autres fois aussi, c'est quelque scandale qui afflige notre âme d'un chagrin amer, et dans un pareil moment, on nous dit : « Venez, instruisez cet homme qui veut se faire chrétien. »

---

quæ dicendæ sunt, quibus de satis novi paratum et instructum, neque ipsius locutionis inopia, sed animi tædio fieri; vel illa causa quam dixi, quia magis nos delectat et tenet, quod in silentio mente cernimus, nec inde volumus avocari ad verborum longe disparem strepitum; vel quia etiam cum sermo jocundus est, magis nos libet audire aut legere quæ melius dicta sunt, et quæ sive nostra cura et sollicitudine promuntur, quam ad alienum sensum repentina verba coaptare incerto exitu, sive utrum occurrant pro sententia, sive utrum accipiantur utiliter; vel quia illa quæ rudibus insinuantur, eo quod nobis notissima sunt, et provectui nostro jam non necessaria, piget ad ea sæpissime redire, nec in eis tam usitatis et tanquam infantilibus cum aliqua voluptate jam grandiusculus animus graditur. Facit etiam loquenti tædium auditor immobilis, [(a) vel quia non movetur affectu, vel quia nullo motu corporis indicat se intelligere vel sibi placere quæ dicuntur;] non quia humanæ laudis nos esse avidos decet, sed quia ea quæ ministramus Dei sunt; et quanto magis diligimus eos quibus loquimur, tanto magis eis cupimus ut placeant, quæ ad eorum porriguntur salutem : quod si non succedit, contristamur, et in ipso cursu debilitamur et frangimur, quasi frustra operam conteramus. Nonnunquam etiam cum avertimur ab aliqua re, quam desideramus agere, et cujus actio aut delectabat nos, aut magis nobis necessaria videbatur, et cogimur aut jussu ejus quem offendere nolumus, aut aliquorum inevitabili instantia catechizare aliquem, jam conturbati accedimus ad negotium, cui magna tranquillitate opus est, dolentes quod neque ordinem actionum nobis conceditur tenere quem volumus, nec sufficere omnibus possumus : atque ita ex ipsa tristitia sermo procedens minus gratus est, quia de ariditate moestitiæ minus exuberat. Aliquando item ex aliquo scandalo mœror pectus obsedit, et tunc nobis dicitur : Veni, loquere huic, Christianus vult fieri. (b) Dicitur enim ab ignorantibus quid nos clausum intus exurat : quibus si

---

(a) Absunt hæc verba a plerisque Mss. et ab Am. Er. — (b) Sola editio Lov. *Nescitur.*

Ceux qui nous parlent ainsi ignorent la douleur ardente qui nous brûle intérieurement; et comme il n'est pas convenable de leur faire voir notre affliction, nous nous rendons, mais à contre-cœur, à leur volonté; alors nos paroles, prenant la teinte de tristesse qui navre notre cœur, sont languissantes, et n'ont plus rien qui puisse plaire et attacher. Pour toutes ces causes qui troublent et obscurcissent la sérénité de notre esprit, il faut chercher des remèdes en Dieu, pour tempérer cette affliction qui resserre et contracte notre cœur, et retrouver ainsi cette ferveur d'esprit, qui nous permette d'accomplir avec calme et plaisir la bonne œuvre à laquelle nous sommes appelés, « car Dieu aime celui qui donne avec joie. » (II *Cor.*, IX, 7.)

15. Si la cause de notre tristesse vient de ce que notre pensée n'entre pas dans l'esprit de celui qui nous écoute, et que descendant en quelque sorte de la hauteur de notre conception, nous sommes arrêtés pour l'exprimer vivement par la lenteur qu'exige la prononciation des mots et des syllabes; si l'ennui de parler et le désir que nous aurions plutôt de garder le silence, proviennent de ce que nous devons recourir à de longues circonlocutions pour énoncer les idées vives et rapides qui traversent et éclairent notre intelligence, et que souvent la parole ne rend pas exactement, songeons à celui « qui nous a laissé son exemple, pour que nous marchions sur ses traces. » (I *Pierre*, II, 21.) Quelque différence, en effet, qu'il y ait entre la lenteur de notre parole et la vivacité de notre intelligence, elle est loin d'égaler la distance qui existe entre la mortalité de la chair et la divinité de Jésus-Christ; cependant, « tout Dieu qu'il était, il s'est anéanti en prenant la forme de serviteur, et en s'humiliant jusqu'à la mort de la croix. » (*Philipp.*, II, 7 et 8.) Pour quelle raison, « sinon pour gagner les faibles en se faisant faible avec eux? » (I *Cor.*, IX, 22.) Écoutez aussi celui qui l'a imité, lorsqu'il dit aux Corinthiens : « Car, soit que nous soyons comportés hors de nous-mêmes, c'est pour Dieu; soit que nous soyons plus calmes, c'est pour vous, parce que l'amour de Jésus-Christ nous presse en pensant qu'un seul est mort pour tous. » (II *Cor.*, V, 13, 14.) Comment aurait-il été prêt à se donner lui-même pour le salut de ceux à qui il s'adressait, s'il ne s'était pas abaissé à la portée de leur intelligence? (*Ibid.*, XII, 15.) « Il s'est donc fait petit au milieu de nous, comme une nourrice pleine de tendresse pour ses enfants. » (I *Thessal.*, II, 7.) N'est-ce pas l'amour seul qui nous invite, et nous fait trouver du plaisir à balbutier des demi-mots avec les enfants? Et qui n'aime à avoir des enfants, pour jouir du bonheur de leur apprendre à parler? C'est ainsi qu'il est plus doux à une mère de

---

affectum nostrum aperire non oportet, suscipimus ingratius quod volunt : et profecto languidus et insuavis ille sermo erit per venam cordis æstuantem fumantemque trajectus. Tot igitur ex causis, quælibet earum serenitatem nostræ mentis obnubilet, secundum Deum sunt quærenda remedia, quibus relaxetur illa contractio, et fervore spiritus exsultemus et jocundemur in tranquillitate boni operis. « Hilarem enim datorem diligit Deus. » (II *Cor.*, IX, 7.)

15. Si enim causa illa contristat, quod intellectum nostrum auditor non capit, a cujus cacumine quodam modo descendentes cogimur in syllabarum longe infra distantium tarditate demorari, et curam gerimus quemadmodum longis et perplexis anfractibus procedat ex ore carnis, quod celerrimo haustu mentis imbibitur, et quia multum dissimiliter exit, tædet loqui, et libet tacere : cogitemus quid nobis prærogatum sit ab illo, qui demonstravit nobis exemplum, ut sequamur vestigia ejus. (I *Petr.*, II, 21.) Quantumvis enim differat articulata vox nostra ab intelligentiæ nostræ vivacitate, longe differentior est mortalitas carnis ab æqualitate Dei. Et tamen cum in eadem « forma esset, semetipsum exinanivit formam servi accipiens, » etc., (*Philip.*, II, 7, 8) (*a*) usque ad « mortem crucis. » Quam ob causam, nisi quia factus est infirmis infirmus, ut infirmos lucrifaceret? (I *Cor.*, IX, 22.) Audi ejus imitatorem alibi etiam dicentem : « Sive enim mente excessimus, Deo ; sive temperantes sumus, vobis. Caritas enim Christi compellit nos, judicantes hoc, quia unus pro omnibus mortuus est. » (II *Cor.*, V, 13, 14.) Quomodo enim paratus esset impendi pro animabus eorum (II *Cor.*, XII, 15), si eum pigeret inclinari ad aures eorum? Hinc ergo factus est parvulus in medio nostrum (I *Thess.*, II, 7), tanquam nutrix fovens filios suos. Num enim delectat, nisi amor invitet, decurtata et mutilata verba immurmurare? Et tamen optant homines habere infantes, quibus id exhibeant : et suavius est matri minuta mansa inspuere parvulo filio, quam ipsam mandere ac devorare grandiora.

(*a*) Istæ voces, etc., *usque ad*, librarii sunt prætereuntis, ut solet, verba intermedia citati loci.

donner à son petit enfant une nourriture, que par tendresse elle a préparée dans sa bouche, que de prendre elle-même des aliments plus abondants. N'oublions pas non plus l'exemple de la poule (*Matth.*, XXIII, 37), qui couvre languissamment de ses ailes ses jeunes poussins, et les appelle d'une voix plaintive; si orgueilleux, ils refusent ce doux abri, ils deviennent la pâture des oiseaux de proie. Si au fond de nous-mêmes nous aimons à jouir en secret des conceptions de notre intelligence, aimons aussi à méditer et à comprendre que plus nous nous abaissons dans nos œuvres de charité, plus nous nous sentons intérieurement forts et encouragés, en pensant dans le fond de notre conscience que nous n'avons en vue que le salut éternel de ceux pour qui nous nous abaissons.

Chapitre XI. — 16. Si nous préférions lire et et entendre des choses mieux dites et déjà préparées par d'autres, et que ce fût ainsi la cause de l'ennui que nous éprouvons à adapter nos discours à la circonstance présente, sans savoir quel en sera le résultat, ne perdons jamais de vue la vérité; alors si, dans nos paroles, quelque chose a pu choquer ceux qui nous écoutent, ils comprendront que, pourvu que les vérités qu'on leur explique soient intelligibles, ils ne doivent pas faire attention si nos expressions sont plus ou moins propres, plus ou moins exactes, puisque nous ne les employions que pour leur faire comprendre la chose elle-même. Que si même, comme cela peut arriver à la faiblesse humaine, il nous échappait quelque chose qui ne fût pas conforme à la vérité, quoique cela soit difficile dans des sujets aussi connus et aussi fréquemment traités, que le sont les principes de la foi; si cependant il nous arrivait d'avoir, par quelques mots, choqué ceux qui nous écoutent, regardons cela comme une épreuve que Dieu nous envoie, pour voir, si en défendant notre erreur, nous ne tomberons pas dans une erreur plus grande encore, au lieu de la reconnaître avec calme et humilité. Si personne ne nous reprend de cette erreur, si elle est inaperçue par nous et par ceux qui nous ont entendus, nous ne devons pas nous en mettre en peine, pourvu que nous n'y retombions pas. Souvent lorsque nous repassons en nous-mêmes ce que nous avons dit, nous y trouvons quelque chose à blâmer, et ignorant comment la chose a été reçue, nous en éprouvons une douleur d'autant plus forte, que notre charité plus ardente nous fait craindre d'avoir semé l'erreur dans l'esprit de ceux que nous instruisons. Alors, de même que nous nous reprenons nous-même en silence, de même aussi il faut saisir l'occasion favorable de rappeler à la vérité ceux qui, en entendant nos paroles et non celles de Dieu, seraient tombés dans l'erreur. S'il arrive que, poussé par le venin de

---

Non ergo recedat de pectore etiam cogitatio gallinæ illius (*Matth.*, XXIII, 37), quæ languidulis plumis teneros fetus operit, et susurrantes pullos confracta voce advocat; cujus blandas alas refugientibus superbi, præda fiunt alitibus. Si enim intellectus delectat in penetralibus sincerissimis, hoc etiam intelligere delectet, quomodo caritas, quanto officiosius descendit in infima, tanto robustius recurrit in intima per bonam conscientiam nihil (*a*) quærendi ab eis ad quos descendit, præter eorum sempiternam salutem.

Caput XI. — 16. Si autem magis appetimus, ea quæ jam parata sunt et melius dicta legere vel audire, et ideo piget incerto exitu ad tempus coaptare quæ loquimur; tantum a veritate rerum non aberret animus, facile est ut si in verbis auditorum aliquid offenderit, ex ipsa occasione discat, quam sit re intellecta contemnendum, si minus integre, aut si minus proprie sonare potuit, quod ideo sonabat ut res intelligeretur. Quod si humanæ infirmitatis intentio etiam ab ipsa rerum veritate aberraverit; quanquam in catechizandis rudibus, ubi via tritissima tenenda est, difficile potest accidere : tamen ne forte accidat ut etiam hinc offendatur auditor, non aliunde nobis debet videri accidisse, nisi quia Deus experiri nos voluit, utrum cum mentis placiditate corrigamur, ne in defensionem nostri erroris majore præcipitemur errore. Quod si nemo nobis dixerit, nosque et illos qui audierunt omnino latuerit, nullus dolor est, si non fiat iterum. Plerumque autem nos ipsi recolentes quæ dixerimus, reprehendimus aliquid, et ignoramus quomodo acceptum sit; magisque dolemus, quando in nobis fervet caritas, si cum falsum esset, libenter acceptum est. Ideoque opportunitate reperta, sicut nos ipsos in silentio reprehendimus, ita curandum est, ut etiam illi sensim corrigantur, qui non Dei Verbis, sed plane nostris in aliquam lapsi sunt falsitatem. Si vero aliqui livore vesano cæci crassæ nos gaudent, susurrones, detractores, Deo odibiles (*Rom.*, I, 30),

(*a*) Sic Mss. Editi vero, *nihil quærendo.*

l'envie, quelques-uns de ces détracteurs secrets, de ces médisants, de ces ennemis de Dieu (*Rom.*, I, 30), se réjouissent de notre faute, que cela soit pour nous un moyen de pratiquer la vertu de la patience et de la miséricorde, puisque Dieu lui-même nous en donne l'exemple en les appelant à lui par la pénitence. (*Rom.*, II, 4.) Qu'y a-t-il en effet de plus détestable, et de plus capable d'amasser sur nous un trésor de colère pour les jours de la colère et de la manifestation des justes jugements de Dieu (*Ibid.*, II, 5), que de trouver comme le démon, sa joie et son plaisir dans le mal des autres. Quelquefois aussi il arrive que, bien qu'une vérité ait été énoncée comme elle doit l'être, elle n'a pas été comprise, ou que par sa nouveauté elle a choqué et troublé l'esprit de nos auditeurs, parce qu'elle est contraire à leur opinion, ou à quelque erreur invétérée dans leur esprit. Si nous nous en apercevons et que nous puissions y remédier, ayons sans délai recours à toutes les autorités et à toutes les raisons possibles. Si la blessure de celui que nous instruisons est secrète, il n'y a que Dieu qui puisse l'en guérir. S'il refuse et repousse tous remèdes, consolons-nous-en par l'exemple de Notre-Seigneur qui, voyant quelques hommes scandalisés par ses paroles, et les rejetant comme trop dures, dit à ceux qui restaient auprès de lui : « Et vous, ne voulez-vous pas aussi vous en aller ? » (*Jean*, VI, 68.) Retenons comme une vérité fixe et inébranlable dans notre cœur, que dans le cours des siècles, Dieu n'a d'autre but que de délivrer des chaînes de la Babylone terrestre la céleste Jérusalem, dont aucun citoyen ne périra, parce que celui qui périra, n'appartient pas à la sainte cité. « Car le solide fondement de Dieu subsiste, ayant pour sceau cette parole : Le Seigneur connaît ceux qui sont à lui ; et cette autre : Quiconque invoque le nom de Jésus-Christ renonce à l'iniquité. » (II *Tim.*, II, 19.) En pensant ainsi et en invoquant Jésus-Christ au fond de notre cœur, nous ne nous embarrasserons plus du résultat incertain de nos discours, ni de ce qui peut se passer dans l'esprit de nos auditeurs. Au contraire, ce qui était pour nous une cause de tristesse, dans l'accomplissement de notre œuvre miséricordieuse, deviendra un sujet de joie, si nous n'y cherchons pas notre propre gloire. Une œuvre n'est véritablement bonne, que lorsqu'elle a pour principe la charité. Remontant alors, pour ainsi dire, jusqu'à sa source, elle trouve son repos et son bonheur dans la charité qui l'a inspirée. Si nous trouvions plus de plaisir à lire ou à entendre quelque chose de meilleur, et que la paresse ou l'ennui de parler nous-mêmes nous fît préférer à nos propres paroles, cette lecture aura pour nous plus de charme, après la fatigue du travail, et nous pourrons alors demander à Dieu avec plus de confiance de nous

---

præbeant nobis materiam exercendæ patientiæ cum misericordia, quia et patientia Dei ad pœnitentiam eos adducit. (*Rom.*, II, 4, 5.) Quid enim est detestabilius, et quod magis thesaurizet iram in die iræ et revelationis justi judicii Dei, quam de malo alterius (*a*) mala diaboli similitudine atque imitatione lætari?— Nonnunquam etiam, cum recte omnia vereque dicantur, aut non intellectum aliquid, aut contra opinionem et consuetudinem veteris erroris ipsa novitate asperum, offendit et perturbat audientem. Quod si apparuerit, sanabilemque se præbet, auctoritatem rationumque copia sine ulla dilatione sanandus est. Si autem tacita et occulta offensio est, Dei medicina opitulari potest. At si resiluerit, et curari recusaverit, consoletur nos dominicum illud exemplum, qui offensis hominibus ex verbo suo, et tanquam durum refugientibus, etiam iis qui remanserant ait : « Numquid et vos vultis ire ? » (*Joan.*, VI, 68.) Satis enim fixum atque immobile debet corde retineri, Jerusalem captivam ab hujus sæculi Babylonia decursis temporibus liberari, nullumque ex illa esse periturum ; quia qui perierit, non ex illa erat. « Firmum enim fundamentum Dei stat, habens signaculum hoc : Novit Dominus qui sunt ejus, et recedat ab iniquitate omnis qui nominat nomen Domini. » (II *Tim.*, II, 19.) Ista cogitantes, et invocantes Dominum in cor nostrum, minus timebimus incertos exitus sermonis nostri propter incertos motus auditorum, delectabitque nos etiam ipsa perpessio molestiarum pro misericordi opere, si non in eo nostram gloriam requiramus. Tunc enim est vere opus bonum, cum a caritate jaculatur agentis intentio, et tanquam ad locum suum rediens, rursus in caritate requiescit. Lectio vero quæ nos delectat, aut aliqua auditio melioris eloquii, ut eam promendo sermoni nostro præponere volentes, cum pigritia vel tædio loquamur, alacriores nos suscipiet, jocundiorque præstabitur post laborem ; et majore fiducia deprecabimur, ut loquatur nobis Deus quomodo volumus, si suscipiamus hilariter ut loquatur per nos

(*a*) Ita in Mss. At in editis, *mera*.

parler comme nous le souhaitons, pourvu que nous le priions avec joie, de parler par notre bouche aussi bien que nous le pourrons. C'est ainsi que « toutes les choses concourent au bien pour ceux qui aiment Dieu. » (*Rom.*, VIII, 28.)

Chapitre XII. — 17. Si notre dégoût vient de ce que nous sommes obligés de répéter sans cesse des choses communes, et qui ne conviennent qu'à des enfants, conformons-nous à leur intelligence avec des sentiments fraternels, avec la tendresse d'un père et d'une mère, et par cette union de cœur avec eux, ce que nous dirons nous paraîtra nouveau à nous-mêmes. Telle est la puissance de la charité du cœur, que lorsque nous voyons ceux qui nous écoutent émus par nos paroles, et que nous le sommes nous-mêmes en les instruisant, nous ne faisons plus qu'un avec eux. Ce qu'ils entendent alors de notre bouche est comme s'ils nous le disaient, et ce que nous leur apprenons comme s'ils l'apprenaient à nous-mêmes. N'est-ce pas là, en effet, ce qui arrive en d'autres circonstances? Nous passions avec indifférence devant des lieux et des choses admirables, soit dans les villes, soit dans la campagne. L'habitude de les voir avait émoussé en nous le plaisir du spectacle. Montrons-les à ceux qui ne les avaient pas encore vues, et notre plaisir éteint se renouvellera dans leur joie et leur admiration, avec d'autant plus de vivacité qu'ils nous sont plus chers. Plus le lien de l'amitié qui nous unit à eux sera grand, plus belles et plus nouvelles redeviendront à nos yeux, les choses qui étaient devenues communes et sans attrait pour nous. Si nous avons fait quelques progrès dans la contemplation des choses de ce monde, nous ne voulons pas toutefois que ceux que nous aimons, s'arrêtent à l'admiration des ouvrages sortant de la main des hommes; nous voulons, au contraire, élever leur esprit jusqu'à la connaissance de l'art divin et des desseins de Dieu, et leur cœur à l'admiration et à la louange du Souverain Créateur de toutes choses, ce qui est la fin la plus salutaire de la charité. Combien plus grande doit donc être notre joie, lorsque nous voyons les hommes s'approcher de la connaissance de Dieu, à qui doit se rapporter tout ce qu'il faut apprendre. Dans leur renouvellement spirituel, ne sommes-nous pas comme renouvelés nous-mêmes? Si l'habitude avait rendu notre parole froide et languissante, ne retrouvera-t-elle pas une nouvelle force, et une nouvelle ardeur devant des hommes, qui nous écoutent avec un zèle inaccoutumé? Ce qui doit encore redoubler notre joie, c'est de penser que notre parole fait passer celui que nous instruisons, de la mort de l'erreur à la vie de la foi. Si nous traversons avec plaisir des bourgs qui nous sont très-connus, lorsque par hasard nous remettons dans son chemin quelqu'un qui s'était égaré, avec quelle joie plus grande encore ne devons-nous pas marcher dans la voie de la doctrine du salut, même

---

quomodo possumus : ita sit ut diligentibus Deum omnia concurrant in bonum. (*Rom.*, VIII, 28.)

Caput XII. — 17. Jam vero si usitata et parvulis congruentia sæpe repetere fastidimus : congruamus eis per fraternum, paternum, maternumque amorem, et copulatis cordi eorum etiam nobis nova videbuntur. Tantum enim valet animi compatientis affectus, ut cum illi afficiuntur nobis loquentibus, et nos illis discentibus, habitemus in invicem; atque ita et illi quæ audiunt quasi loquantur in nobis, et nos in illis discamus quodam modo quæ docemus. Nonne accidere hoc solet, cum loca quædam ampla et pulchra, vel urbium vel agrorum, quæ jam nos sæpe videndo sine aliqua voluptate præteribamus, ostendimus eis qui antea nunquam viderant, ut nostra delectatio in eorum novitate delectatione renovetur? Et tanto magis, quanto sunt amiciores : quia per amoris vinculum in quantum in illis sumus, in tantum et nobis nova fiunt quæ vetera fuerunt. Sed si in rebus contemplandis aliquantum profecimus, non volumus eos quos diligimus lætari et stupere, cum intuentur opera manuum hominum; sed volumus eos in ipsam (*a*) artem consiliumve institutoris adtollere, atque inde exsurgere in admirationem laudemque omnicreantis Dei, ubi amoris fructuosissimus finis est : quanto ergo magis delectari nos oportet, cum ipsum Deum jam discere homines accedunt, propter quem discenda sunt quæcumque discenda sunt; et in eorum novitate innovari, ut si frigidior est (*b*) solita nostra prædicatio, insolita eorum auditione fervescat. Huc accedit ad comparandam lætitiam, quod cogitamus et consideramus, de qua erroris morte in vitam fidei transeat homo. Et si vicos usitatissimos cum benefica hilaritate transimus, quando alicui forte qui errando laboraverat, demonstramus viam : quanto alacrius et cum gaudio

---

(*a*) Editi, *arcem*. Aptius Mss. *artem*. — (*b*) Sic Am. et plerique Mss. At Er. et Lov. *solito*.

lorsque nous n'avons pas besoin de la recommencer pour nous, mais quand il s'agit de guider une âme fatiguée par les égarements du siècle, dans le chemin de la paix, d'après l'ordre de celui qui nous l'a montré et enseigné à nous-mêmes.

Chapitre XIII. — 18. Je sais qu'il est très-pénible de continuer à parler, jusqu'au terme qu'on s'est fixé, lorsque nous voyons l'insensibilité de notre auditeur; soit que retenu par une crainte religieuse, ou par un sentiment de honte humaine, il n'ose témoigner son approbation, ni par aucun mot, ni par le moindre geste; soit encore qu'il ne comprenne pas, ou qu'il méprise ce qu'on lui dit. Dans l'ignorance où nous sommes de voir ce qui se passe dans son esprit, nous devons recourir, dans notre discours, à tous les moyens qui peuvent l'émouvoir, et le faire sortir de l'état où il nous cache le fond de sa pensée. A cette crainte qui l'empêche de manifester sa manière de voir, il faut opposer une confiance et une douceur fraternelles, lui demander s'il nous comprend, et lui inspirer le courage de déclarer franchement, s'il trouve quelque chose à redire à nos paroles. Il faut aussi lui demander s'il n'a pas déjà entendu les choses que nous lui disons, et dont il n'est pas touché, parce qu'elles lui sont trop connues. Alors, selon sa réponse, ou nous devons lui parler avec plus de clarté, ou réfuter l'opinion contraire qu'il peut avoir, ou passer plus légèrement sur les choses qu'il sait déjà. Choisissons surtout dans ce que nous lui racontons, quelques-unes des allégories des livres saints, dont l'explication rendra notre instruction plus douce et plus attrayante. S'il est assez borné pour rester insensible à tout ce qu'on peut lui dire d'agréable, il faut encore le supporter avec charité, et se contenter de parcourir brièvement tout le reste. Il faut appuyer fortement sur les points les plus nécessaires à connaître, c'est-à-dire sur l'unité de l'Eglise catholique, sur les tentations, sur la vie pieuse et chrétienne qu'on doit mener, en insistant sur les terribles rigueurs du jugement dernier. En un mot, il faut plutôt prier Dieu pour lui, que lui dire beaucoup de choses sur Dieu et sur lui-même.

19. Souvent aussi il arrive que celui qui d'abord nous prêtait une oreille attentive, fatigué d'écouter ou de se tenir debout, ne trouve plus rien qui l'intéresse dans ce que nous lui disons, mais qu'il témoigne malgré lui, par ses bâillements, l'envie qu'il a de s'en aller. Dès qu'on s'en aperçoit, il faut réveiller son attention par quelque discours, qui n'ait rien d'inconvenant, mais qui soit assaisonné de gaieté, et qui réponde bien à la chose que l'on traite. Ou il faut présenter à

---

majore in doctrina salutari, etiam illa quæ propter nos retexere non opus est, perambulare debemus; cum animam miserandam et erroribus sæculi fatigatam per itinera pacis, ipso qui nobis (a) eam præstitit jubente, deducimus?

Caput XIII. — 18. Sed re vera multum est perdurare in loquendo usque ad terminum præstitutum, cum moveri non videmus audientem; quod sive non audeat, religionis timore constrictus, voce aut aliquo motu corporis significare approbationem suam, sive humana verecundia reprimatur; sive dicta non intelligat, sive contemnat : quando quidem nobis non cernentibus animum ejus incertum est, omnia sermone tentanda sunt, quæ ad eum excitandum et tanquam de latebris eruendum possint valere. Nam et timor nimius atque impediens declarationem judicii ejus, blanda exhortatione pellendus est, et insinuando fraternam societatem verecundia temperanda, et interrogatione quærendum utrum intelligat, et danda fiducia ut si quid ei contradicendum videtur, libere proferat. Quærendum etiam de illo, utrum hæc aliquando jam audierit, et fortassis eum tanquam nota et pervulgata non moveant; et agendum pro ejus responsione, ut aut planius et enodatius loquamur, aut opinionem contrariam refellamus, aut ea quæ illi nota sunt non explicare latius, sed breviter complicemus, eligamusque aliqua ex his quæ mystice dicta sunt in sanctis libris, et maxime in ipsa narratione, quæ aperiendo et revelando noster sermo dulcescat. Quod si nimis tardus est, et ab omni tali suavitate absurdus et aversus, misericorditer sufferendus est, breviterque decursis cæteris, ea quæ maxime necessaria sunt, de unitate (b) Catholicæ, de tentationibus, de Christiana conversatione propter futurum judicium terribiliter inculcanda sunt, magisque pro illo ad Deum, quam illi de Deo multa dicenda.

19. Sæpe etiam fit, ut qui primo libenter audiebat, vel audiendo vel stando fatigatus, non jam laudans, sed oscitans labia diducat, vel se abire velle etiam invitus ostendat. Quod ubi senserimus, aut renovare oportet ejus animum, dicendo aliquid honesta hilaritate conditum et aptum rei quæ agitur, vel aliquid valde mirandum et stupendum, vel etiam dolendum atque plangendum; et magis de ipso, ut propria cura punctus evigilet; quod tamen non

---

(a) Codex Corb. *ea*. — (b) Lov. *Catholicæ fidei*. Editi vero alii et plerique Mss. non habent *fidei* : pro quo subauditi debet *Ecclesiæ*.

son esprit quelque chose d'admirable, d'étonnant, ou bien quelque trait qui excite sa douleur et ses larmes, et qui le touche même personnellement, afin que son intérêt propre soutienne son attention, sans le blesser par aucune dureté. Il faut, au contraire, le gagner et l'attacher à nous par la douceur et l'affection de nos paroles. On peut encore, pour le soulager de sa lassitude, lui offrir un siége, et même dès le commencement de notre instruction, si les convenances le permettent, l'inviter à s'asseoir. Ce n'est pas sans raison que dans quelques églises d'outre-mer, les évêques sont assis quand ils parlent au peuple, et que le peuple lui-même occupe des siéges, pour que ceux qui sont faibles, et fatigués de rester debout, ne détournent pas leur attention de ce qu'on leur dit, et même ne soient pas obligés de sortir de l'Eglise. Il y a cependant beaucoup moins d'inconvénient, qu'un homme déjà admis à la participation des saints mystères, se retire d'une grande assemblée pour réparer ses forces, que si un de ceux qu'on doit préparer aux premiers sacrements (et c'est presque toujours inévitable), tombant en défaillance faute d'aliment, est obligé de se retirer, sans oser dire pourquoi il s'en va, sa faiblesse l'empêchant de rester debout plus longtemps. J'en parle ainsi par expérience. La chose est arrivée à un villageois pendant que je le catéchisais, et j'ai appris ainsi à prévenir de pareils accidents.

Notre arrogance serait-elle supportable, si nous ne laissions pas s'asseoir en notre présence des hommes qui sont nos frères, et encore plus ceux que nous devons chercher, par toute la sollicitude possible, à préparer pour devenir nos frères? N'est-ce pas assise qu'une femme écoutait la parole de Notre-Seigneur, auquel obéissent et les hommes et les anges? (*Luc*, x, 39.) Si notre discours ne doit pas être long, et qu'il n'y ait pas, dans le lieu où nous parlons, de place pour s'asseoir, on peut se tenir debout pour nous écouter, pourvu que l'assemblée soit nombreuse, et non composée de personnes à initier. Mais quand il n'y a qu'un ou deux, ou du moins quelques rares assistants, il y a du danger à rester debout pour nous entendre. Si cependant on a commencé à leur parler en cet état, dès qu'on s'aperçoit que l'ennui les gagne, il faut leur offrir un siége, les forcer même à s'asseoir, et leur dire quelque chose qui réveille leur attention, et qui dissipe les pensées tristes, qui auraient pu s'emparer de leur esprit. Dans l'ignorance où nous met leur silence, disons-leur, après qu'ils sont assis, quelque chose de gai ou de triste, pour combattre les pensées et les soucis qui peuvent leur être survenus, au sujet d'affaires temporelles, afin que si ce sont là les causes qui avaient occupé leur esprit, nous parvenions à les en éloigner, comme si nous les avions devinées. Que s'il en est autrement, et que ce

offendat ejus verecundiam asperitate aliqua, sed potius familiaritate conciliet : aut oblata sessione (*a*) succurrere; quanquam sine dubitatione melius fiat, ubi decenter fieri potest, ut a principio sedens audiat; longeque consultius in quibusdam Ecclesiis transmarinis non solum antistites sedentes loquuntur ad populum, sed ipsi etiam populo sedilia subjacent, ne quisquam infirmior stando lassatus a saluberrima intentione avertatur, aut etiam cogatur abscedere. Et tamen multum interest, si se quisquam de magna multitudine subtrahat ad reparandas vires, qui jam sacramentorum societate devinctus est; et si ille discedat, (quod plerumque inevitabiliter urgetur, ne interiore defectu victus etiam cadat,) qui primis sacramentis imbuendus est : et pudore enim non dicit cur eat, et imbecillitate stare non sinitur. Expertus hæc dico : nam fecit hoc quidam, cum eum catechizarem, homo rusticanus, unde magnopere præcavendum esse didici. Quis enim ferat arrogantiam nostram, cum (*b*) viros fratres nostros,

vel etiam quod majore sollicitudine curandum est, ut sint fratres nostri, coram nobis sedere non facimus; et ipsum Dominum nostrum, cui assistunt Angeli, sedens mulier audiebat? (*Luc.*, x, 39.) Sane si aut brevis sermo futurus est, aut consessui locus non est aptus, stantes audiant; sed cum multi audiunt, et non (*c*) tunc initiandi. Nam cum unus, aut duo, aut pauci, qui propterea venerunt ut Christiani fiant, periculose loquimur stantibus. Tamen si jam sic cœpimus, saltem animadverso auditoris tædio, et offerenda sessio est, imo vero prorsus urgendus ut sedeat, et dicendum aliquid quod renovetur, quo etiam cura, si qua forte irruens cum avocare cœperat, fugiat ex animo. Cum enim causæ incertæ sint, cur jam tacitus recuset audire, jam sedenti aliquid adversus incidentes cogitationes sæcularium negotiorum dicatur, aut hilari, ut dixi, aut tristi modo : ut si ipsæ sunt quæ mentem occupaverant, cedant quasi nominatim accusatæ; si autem ipsæ non sunt, et audiendo fatigatus est, cum de

(*a*) Apud Lov. additur, *studeat* Sed subaudiendum, *oportet*. — (*b*) Nonnulli Mss. *veros*. — (*c*) Sola editio Lov. pro *tunc*, habet *sunt*.

soit l'ennui et la fatigue qui les empêchent de nous écouter, réveillons leur attention par quelque chose d'inopiné, d'extraordinaire, dont ils sentent l'application à ce qui les agite. Mais soyons courts, puisque ce n'est qu'une digression à laquelle nous avons recours; autrement, loin de dissiper l'ennui, le remède ne ferait qu'empirer le mal. Passons rapidement sur ce que nous avons encore à dire, et promettons, sans y manquer, de finir bientôt.

CHAPITRE XIV. — 20. Votre dégoût et votre abattement viennent-ils d'avoir quitté une occupation, à laquelle vous donniez tous vos soins, parce qu'elle vous paraissait plus nécessaire? Est-ce là ce qui vous attriste et rend à vous-même vos instructions moins agréables! Songez alors qu'à l'exception des devoirs de charité et de miséricorde, que nous avons à remplir envers notre prochain, il nous est difficile de discerner l'utilité et l'opportunité qu'il y a à faire telle chose, à l'interrompre où à l'abandonner entièrement. Nous ignorons d'ailleurs quels mérites ont aux yeux de Dieu ceux pour qui nous travaillons, et ce qui leur convient dans toutes circonstances. Nous ne pouvons, à cet égard, que former des conjectures très-légères et fort incertaines. Réglons comme nous l'entendons le mieux, ce que nous avons à faire. Si nous pouvons l'accomplir comme nous l'avons arrêté, réjouissons-nous-en, non parce que cela nous plaît, mais parce qu'il en a plu ainsi à Dieu. S'il arrive que nous soyons obligés de changer les dispositions que nous avons prises, plions, pour ne pas être brisés, et conformons-nous à l'ordre que Dieu lui-même a établi dans nos actions, car il est plus juste que nous suivions sa volonté que lui la nôtre. L'ordre même que nous arrêtons n'est bon que lorsqu'il n'y a rien de préférable à choisir avant tout. Or, Dieu ne doit-il pas être préféré aux autres hommes, et si nous suivions notre ordre de préférence au sien, ne serait-ce pas tomber dans le désordre? Personne ne règle mieux ses actions, que celui qui est plus disposé à les soumettre à la volonté divine, qu'aux résolutions de l'esprit humain, « car beaucoup de pensées s'agitent dans le cœur de l'homme, mais les desseins de Dieu demeurent éternellement.» (*Prov.*, XIX, 21.)

21. Si le trouble de notre esprit est causé par quelque scandale, qui ne nous permet pas de parler avec calme et d'une manière agréable; notre charité envers ceux pour qui Jésus-Christ est mort, afin de les délivrer par son sang de la mort des égarements du siècle, doit être assez grande pour que notre tristesse se dissipe, lorsqu'on vient nous annoncer qu'il y a là quelqu'un qui veut se faire chrétien. La pieuse résolution de cet homme n'est-elle pas propre à nous consoler, comme l'espoir d'un nouveau gain adoucit

---

illis tanquam ipsæ sint, (quando quidem ignoramus,) inopinatum aliquid et extraordinarium, eo modo quo dixi, loquimur, a tædio renovatur intentio. Sed et breve sit, maxime quia extra ordinem inseritur, ne morbum fastidii cui subvenire volumus, etiam augeat ipsa medicina : et acceleranda sunt cætera, et promittendus atque exhibendus finis propinquior.

CAPUT XIV. — 20. Si autem confregit animum tuum alterius actionis, cui tanquam magis necessariæ jam suspensus eras, omissio, et propterea tristis insuaviter catechizas : cogitare debes, excepto quod scimus misericorditer nobis agendum esse quidquid cum hominibus agimus, et ex officio sincerissimæ caritatis; hoc ergo excepto, incertum esse quid utilius agamus, et quid opportunius aut intermittamus, aut omnino exhibeamus. Quia enim merita hominum pro quibus agimus, qualia sint apud Deum non novimus, quid eis ad tempus expediat aut nulla aut tenuissima et incertissima conjectura suspicamur, potius quam comprehendimus. Quapropter res quidem agendas pro nostro captu ordinare debemus : quas eo modo quo statuimus si peragere potuerimus, non ideo gaudeamus quia nobis, sed quia Deo sic eas agi placuit : si autem aliqua inciderit necessitas, qua noster ille ordo turbetur; flectamur facile, ne frangamur; ut quem Deus nostro præposuit, ipse sit noster. Æquius est enim, ut nos ejus quam ut ille nostram voluntatem sequatur. Quia et ordo agendarum rerum, quem nostro arbitrio tenere volumus, ille utique approbandus est, ubi potiora præcedunt. Cur ergo nos dolemus homines a Domino Deo tanto potiore præcedi, ut eo ipso quo nostrum amamus ordinem, inordinati esse cupiamus? Nemo enim melius ordinat quid agat, nisi qui paratior est non agere quod divina potestate prohibetur, quam cupidior agere quod humana cogitatione meditatur. Quia « multæ cogitationes sunt in corde viri, consilium autem Domini manet in æternum. » (*Prov.*, XIX, 21.)

21. Si vero ex aliquo scandalo perturbatus animus non valet edere serenum jocundumque sermonem, tantam esse caritatem oportet in eos pro quibus Christus mortuus est, volens eos pretio sanguinis sui ab errorum sæcularium morte redimere; ut hoc ipsum quod nobis tristibus nuntiatur, præsto esse aliquem qui desideret fieri Christianus, ad consolationem illius resolutionemque tristitiæ valere debeat;

la douleur causée par des pertes que nous avons éprouvées? Or, pourquoi sommes-nous effrayés par les scandales d'un autre, sinon parce que nous le voyons courir à sa perte, où il entraîne d'autres avec lui?. Que l'espérance de voir s'avancer dans la voie du salut, celui qui vient pour être initié, nous console de la perte de celui qui est tombé. La crainte de voir celui qui se présente à nous devenir un de ces prosélytes, enfants de la géhenne, comme il y en a tant de nos jours, dont les scandales sont pour nous d'amères et cuisantes douleurs; cette crainte, dis-je, loin de ralentir notre zèle, doit au contraire le rendre plus actif et plus ardent, afin que celui que nous instruisons, se garde d'imiter ceux qui ne sont chrétiens que de nom, et de peur que, surpris du grand nombre de ces mauvais chrétiens, il ne veuille les imiter, ou qu'à cause d'eux, il ne refuse de suivre la doctrine de Jésus-Christ. Il est à craindre en effet qu'il ne veuille pas être dans la même Eglise qu'eux, ou qu'il veuille y être tel qu'ils y sont. Je ne sais comment il se fait que notre parole, échauffée en quelque sorte par notre douleur présente, devient plus vive et plus ardente, et que, loin de nous ralentir dans notre zèle, nous disons avec plus de feu et de force, ce que nous aurions dit plus froidement si nous avions été calmes et sans crainte. Nous avons alors la joie de voir que les émotions de notre âme, nous ont donné l'occasion de rendre nos instructions salutaires et fructueuses.

22. Que si notre douleur est causée par quelque erreur ou quelque faute dans laquelle nous sommes tombés, souvenons-nous que le sacrifice le plus agréable, qu'on puisse offrir à Dieu, est celui d'un cœur affligé par les tribulations (*Ps.* L, 19), « et que l'aumône éteint le péché comme l'eau éteint le feu; » (*Eccli*, III, 33) ou que, comme dit le prophète : « Dieu demande des œuvres de miséricorde plutôt que des sacrifices. » (*Osée*, VI, 7.) De même que si nous étions en danger de périr par le feu, nous nous empresserions de recourir à l'eau pour l'éteindre, et que nous serions reconnaissants envers celui qui nous en fournirait le plus vite, de même lorsque la flamme du péché menace de nous consumer, et que c'est là le motif de notre trouble, nous devons nous réjouir de l'occasion, que nous trouvons d'accomplir quelque œuvre de miséricorde, comme d'une eau qui s'offrirait à nous, pour éteindre la cause qui avait occasionné ce feu. Car nous ne sommes pas assez insensés pour croire qu'il faut mettre plus d'empressement, pour donner du pain à ceux qui ont faim, que pour distribuer la parole de Dieu afin d'en nourrir, comme d'un pain de vie, ceux qui veulent la connaître. Ajoutez à cela que s'il y avait seulement quelque avantage à faire cette

---

sicut solent lucrorum gaudia dolorem lenire damnorum. Non enim scandalum nos contristat alicujus, nisi quem perire aut per quem perire infirmum vel credimus vel videmus. Ille igitur qui initiandus advenit, dum speratur posse proficere, dolorem deficientis abstergat. Quia et si timor ille suggeretur, ne fiat proselytus filius gehennæ (*Matth.*, XXIII, 15), dum multi tales versantur ante oculos, ex quibus oriuntur ea quibus urimur scandala, non ad retardandos nos pertinere debet, sed magis ad excitandos et acuendos : quatenus quem imbuimus moneamus, ut caveat imitationem eorum, qui non ipsa veritate, sed solo nomine Christiani sunt ; nec eorum turba commotus, aut sectari velit eos, aut Christum nolit sectari propter eos ; et aut nolit esse in Ecclesia Dei ubi illi sunt, aut talis ibi velit esse quales illi sunt. Et nescio quomodo in hujusmodi (*a*) monitis ardentior sermo est, cui fomitem subministrat præsens dolor : ut non solum pigriores non simus, sed eo ipso dicamus accensius atque vehementius, quod securiores frigidius et lentius diceremus ; gaudeamusque nobis occasionem dari, ubi motus animi nostri sine fructificatione non transeat.

22. Si autem de aliquo errato nostro vel peccato nos mœstitudo comprehendit, non tantum meminerimus sacrificium Deo spiritum esse contribulatum (*Psal.* L, 19), sed etiam illud : « Quia sicut aqua ignem, sic eleemosyna extinguit peccatum. » (*Eccli.*, III, 33.) Et : « Quia misericordiam, inquit, volo quam sacrificium. » (*Osee.*, VI, 6.) Sicut ergo si periclitaremur incendio, ad aquam utique curreremus, quo posset extingui, et gratularemur si quis eam e proximo offerret : ita si de nostro fœno aliqua peccati flamma surrexit, et propterea conturbamur, data occasione misericordissimi operis, tanquam de oblato fonte gaudeamus, ut inde illud quod exarserat opprimatur. Nisi forte tam stulti sumus, ut alacrius arbitremur cum pane currendum, quo ventrem esurientis impleamus, quam cum verbo Dei, quo mentem (*b*) istud edentis instruamus. Huc accedit, quia

---

(*a*) Editi, *motu* : quam vocem prætereunt Mss. plures : alii autem ejus loco habent, *monitis*. Paulo post ex verbo *subministrat*, sive uti scribi solet in antiquis codicibus, *subministrat*, factum erat in editis *suum ministrat*. — (*b*) Sic Mss. Editi vero, *mentem studentis*.

bonne œuvre, et nul inconvénient à ne pas l'accomplir; il y aurait malheur pour nous à mépriser le remède qui nous est offert dans le danger où se trouve, non le salut de notre prochain, mais le nôtre. Mais lorsque nous entendons la voix menaçante du Seigneur qui nous crie : « Méchant et paresseux serviteur, pourquoi n'avez-vous pas confié mon argent aux changeurs? » (*Matth.*, xxv, 26.) Quelle est notre folie, parce que le remords d'avoir péché nous tourmente, de vouloir pécher de nouveau, en ne donnant pas l'argent du Seigneur à celui qui le désire et qui le demande?•C'est par ces pensées et ces considérations que nous parviendrons à dissiper le nuage de tristesse qui pèse sur nous, et que nos paroles seront plus propres à instruire les autres, et à pénétrer en eux avec plus d'agrément, parce qu'elles découlent sans peine et avec joie du sein de la charité, comme d'une source abondante. Ces recommandations, ce n'est pas moi qui vous les fais, elles nous sont adressées à nous tous par la charité elle-même, « qui est répandue dans nos cœurs, par le Saint-Esprit qui nous a été donné. » (*Rom.*, v, 5.)

Chapitre XV. — 23. Peut-être me demanderez-vous maintenant de satisfaire à ce que je ne vous dois, que parce que je vous l'ai promis, c'est-à-dire que je vous donne, comme si je catéchisais moi-même, quelque discours qui vous serve de modèle, et que vous puissiez avoir toujours sous les yeux. Avant de commencer cette tâche, je dois vous faire observer que tout autre est la disposition d'esprit d'un homme qui dicte quelque chose destiné à être lu, et celle d'un homme qui parle en présence de quelqu'un qui l'écoute, et que dans ce cas même, on est autrement disposé, quand on s'adresse à un auditeur seul, sans qu'il y ait personne qui puisse juger ce que nous disons, que lorsqu'on enseigne quelque chose en public, devant de nombreux auditeurs, qui n'ont pas tous la même opinion. Ici encore, il y a des différences à établir : ou vos instructions s'adressent à un seul, et les autres assistants ne sont là que pour porter un jugement sur des choses qui leur sont connues, ou tous attendent et réclament les mêmes instructions. Ici également, il y a diverses considérations à observer : ou c'est une assemblée dans laquelle on traite des points de doctrine, comme dans une conversation familière, ou bien c'est tout un peuple silencieux, qui a l'esprit et les yeux tournés vers l'orateur qui parle, du haut d'une chaire élevée. Lorsque nous parlons ainsi, autre chose est quand l'assemblée est petite ou quand elle est nombreuse; quand elle est composée de savants ou d'ignorants, ou de tous les deux; de gens de la ville ou de la campagne, ou si les uns et les autres s'y trouvent confondus avec des personnes de tout rang et de toute condition. Il est impossible, en effet, que selon ces cas différents, celui qui

si tantummodo prodesset hoc facere, non facere autem nihil obesset ; infeliciter in periculo salutis, non jam proximi, sed nostræ, oblatum remedium sperneremus. Cum vero ex ore Domini tam minaciter sonet : « Serve nequam et piger, dares pecuniam meam nummulariis : » (*Matth.*, xxv, 26.) quæ tandem dementia est, quoniam peccatum nostrum nos angit, ideo rursus velle peccare, non dando pecuniam dominicam volenti et petenti?•His atque hujusmodi cogitationibus et considerationibus depulsa caligine tædiorum, ad catechizandum aptatur intentio, ut suaviter imbibatur, quod impigre atque hilariter de caritatis ubertate prorumpit. Hæc enim non tam ego tibi, quam omnibus nobis (*a*) dicit ipsa dilectio, quæ diffusa est in cordibus nostris per Spiritum sanctum, qui datus est nobis. (*Rom.*, v, 5.)

Caput XV. — 23. Sed nunc etiam illud quod priusquam promitterem non debebam, jam fortasse debitum flagitas, ut aliquod sermonis exemplum, tanquam si ego aliquem catechizem, non me pigeat explicare, et intuendum tibi proponere. Quod priusquam faciam, volo cogites aliam esse intentionem dictantis, cum lector futurus cogitatur; et aliam loquentis, cum præsens auditor attenditur : et in eo ipso aliam in secreto monentis, dum nullus alius qui de nobis judicet præsto est; aliam palam docentis aliquid, cum dissimiliter opinantium circumstat auditus : et in hoc genere aliam, cum docetur unus, cæteri autem tanquam judicantes aut attestantes quæ sibi nota sunt audiunt; aliam cum omnes communiter quid ab eos proferamus expectant : et rursus in hoc ipso aliam, cum quasi privatim consedetur, ut sermocinatio conseratur; aliam, cum populus tacens unum de loco superiore dicturum suspensus intuetur : multumque interest, cum ita dicimus, utrum pauci adsint an multi; docti an indocti, an ex utroque genere mixti ; urbani an rustici, an hi et illi simul; an populus ex omni hominum genere temperatus sit. Fieri enim non potest, nisi aliter atque aliter afficiant locuturum atque dicturum, et ut

(*a*) Editi fere soli, *dictat*.

TOM. XXI.

parle ne soit diversement affecté, et que son discours, se ressentant de cette disposition, ne soit comme l'image de ce qui se passe dans son âme, et ne produise une impression différente sur des auditeurs, qui se trouvent eux-mêmes dans une disposition d'esprit très-diverse en présence les uns des autres. Mais comme il s'agit ici de la manière d'enseigner la doctrine chrétienne à ceux qui n'en sont pas instruits, je puis vous attester à cet égard, que pour ce qui me concerne, je suis différemment affecté selon la condition de celui que j'ai à instruire. Est-il savant, ignorant? est-ce un compatriote, un étranger, un riche, un pauvre, un simple particulier, un homme honoré, élevé en dignité? de quelle nation, de quel âge, de quel sexe, de quelle secte religieuse est-il, de quel préjugé populaire est-il imbu? Toutes ces circonstances différentes influent sur mon esprit; et mon discours s'en ressent depuis le commencement jusqu'à la fin. Quoique tous aient les mêmes droits à notre charité, nous ne pouvons cependant pas l'employer de la même manière, comme un remède invariable pour guérir tous les maux. La charité, en effet, enfante les uns à la vie spirituelle, se conforme à la faiblesse des autres, cherche à édifier ceux-ci, craint d'offenser ceux-là, s'humilie devant quelques-uns, s'élève fièrement devant quelques autres : douce et bienfaisante pour l'un, elle est sévère pour l'autre; elle n'est l'ennemie d'aucun, elle a pour tous des entrailles de mère. Ceux à qui la charité n'a pas fait éprouver ce que je dis nous croient heureux, parce que le peu de talent qu'il a plu à Dieu de nous donner pour nous faire entendre, est accueilli favorablement par le peuple; mais puisse « le Dieu qui entend les gémissements de ceux qui sont dans les chaînes, voir notre humilité et nos peines, et nous pardonner tous nos péchés! » (*Ps.* LXXVIII, 11; XXIV, 18.) Si vous avez trouvé en nous quelque chose qui vous ait plu, et qui vous ait engagé à vous régler sur nous dans vos discours, vous l'apprendriez bien mieux en nous voyant et en nous attendant, lorsque nous sommes à l'œuvre, qu'en lisant ce que nous dictons ici.

CHAPITRE XVI. — 24. Supposons donc que celui qui vient à nous pour se faire chrétien, appartienne à cette classe d'hommes sans instruction, qui vivent non à la campagne, mais dans les villes, comme sûrement vous en avez vu beaucoup à Carthage. Supposons encore, qu'après lui avoir demandé si c'est pour obtenir quelque avantage temporel qu'il veut entrer dans le sein de l'Eglise chrétienne, il nous réponde que c'est uniquement dans l'espoir de jouir du repos et du bonheur de la vie future, nous commencerons notre discours à peu près en ces termes : « J'en rends grâces à Dieu, mon frère, je vous en félicite, et je me réjouis pour vous, de ce que vous avez pensé à chercher un port sûr et tranquille

---

sermo qui profertur, affectionis animi a quo profertur, quemdam quasi vultum gerat, et pro eadem diversitate diverse afficiat auditores, cum et ipsi se ipsos diverse afficiant invicem præsentia sua. Sed quia de rudibus imbuendis nunc agimus, de me ipso tibi testis sum, aliter atque aliter me moveri, cum ante me catechizandum video eruditum, inertem, civem, peregrinum, divitem, pauperem, privatum, honoratum, in potestate aliqua constitutum, illius aut illius gentis hominem, illius aut illius ætatis aut sexus, ex illa aut illa secta, ex illo aut illo vulgari errore venientem : ac pro diversitate motus mei sermo ipse et procedit, et progreditur, et finitur. Et quia cum eadem omnibus debeatur caritas, non eadem est omnibus adhibenda medicina : ipsa item caritas alios parturit, cum aliis infirmatur; alios curat ædificare, alios contremiscit offendere; ad alios se inclinat, ad alios se erigit; aliis blanda, aliis severa, nulli inimica, omnibus mater. Et qui non expertus est eadem caritate quod dico, cum videt nos, quia facultas aliqua nobis donata delectat laudabiliter innotescere in ore multitudinis, inde nos beatos putat : Deus autem, in cujus conspectum intrat gemitus compeditorum (*Psal.* LXXVIII, 11), videat humilitatem nostram et laborem nostrum, et dimittat omnia peccata nostra. (*Psal.* XXIV, 18.) Quamobrem si quid tibi in nobis placuit, ut aliquam observationem sermonis tui a nobis audire quæreres, melius videndo et audiendo nos cum hæc agimus, quam legendo cum hæc dictamus, edisceres.

CAPUT XVI. — 24. Sed tamen faciamus aliquem venisse ad nos, qui vult esse Christianus, et de genere quidem idiotarum, non tamen rusticanorum, sed urbanorum, quales apud Carthaginem plures experiri te necesse est : interrogatum etiam utrum propter vitæ præsentis aliquod commodum, an propter requiem quæ post hanc vitam speratur, Christianus esse desiderat, propter futuram requiem respondisse : tali fortasse a nobis instrueretur alloquio. Deo gratias, frater : valde tibi gratulor, et gaudeo de te, quod in tantis ac tam periculosis hujus sæculi tempestatibus de aliqua vera et certa securitate cogitasti. Nam

au milieu des orages et des périls de ce monde. Les hommes, en effet, désirent le repos et la sécurité ; ils font tous leurs efforts pour y parvenir, mais ils en sont empêchés par leurs mauvaises passions. Le repos peut-il se trouver dans des choses qui n'ont rien de stable, rien de solide ? Comme ces choses sont emportées par le temps, elles ne laissent en passant que regrets et douleurs, mais rien qui assure notre tranquillité. Si c'est dans les richesses que l'homme cherche son repos, elles lui donnent plus d'orgueil que de sécurité. Ne voyons-nous pas, en effet, combien d'hommes les ont tout à coup perdues, et combien aussi se sont perdus pour elles ? On désire les posséder, et souvent elles nous sont ravies par des gens encore plus avides que nous-mêmes. Quand bien même elles nous resteraient toute notre vie, et n'abandonneraient pas celui qui met en elles tout son amour, ne doit-il pas les abandonner lui-même à sa mort ? Et qu'elle est courte la vie de l'homme, quand même il atteindrait l'extrême vieillesse ! En désirant cette même vieillesse, que désirons-nous, sinon la prolongation de nos misères et de nos infirmités ? Les honneurs de ce monde ne sont également qu'orgueil, néant et danger de se perdre. Aussi l'Ecriture a-t-elle raison de dire : « Toute chair est comme l'herbe, et la gloire des hommes comme la fleur de l'herbe. L'herbe se dessèche et la fleur tombe, mais la parole de Dieu demeure éternellement. » (*Isa.*, XL, 6, 8.) C'est pourquoi celui qui désire le vrai bonheur et le vrai repos, doit détourner son espérance des choses mortelles et passagères, pour la placer dans la parole du Seigneur, afin que, s'attachant à celui qui demeure éternellement, il jouisse avec lui de l'éternité. »

25. « Il y en a aussi qui, ne recherchant ni les richesses, ni le vain éclat des honneurs, mettent leur plaisir et croient trouver le repos dans le vin, les débauches, les théâtres et les spectacles frivoles, dont ils jouissent gratuitement dans les grandes villes. Qu'y gagnent-ils, sinon de perdre dans la débauche le peu qu'ils avaient, pour ensuite se livrer aux larcins, aux violences et même quelquefois aux brigandages, source pour eux de terreurs et de craintes perpétuelles. Alors aux chants joyeux des cabarets, succèdent les noires idées des tourments de la prison. Le goût des spectacles ne les rend-il pas semblables aux démons ? Entendez-les exciter par leurs clameurs, à se battre et à se tuer, dans des luttes et des combats acharnés, des hommes qui n'ont aucun sujet de se vouloir du mal, et qui ne veulent que plaire à un peuple furieux. S'ils croient que ces malheureux s'entendent, ils les poursuivent de leur haine et de leurs clameurs ; ils demandent à grands cris qu'on les frappe de verges, comme coupables de collusion, et forcent à cet acte d'i-

---

et in hac vita homines magnis laboribus requiem quærunt et securitatem, sed pravis cupiditatibus non invenient. Volunt enim requiescere in rebus inquietis et non permanentibus : et quia illæ tempore subtrahuntur et transeunt, timoribus et doloribus eos agitant, nec quietos esse permittunt. Sive enim in divitiis velit homo requiescere, magis superbus efficitur, quam securus. An non videmus quam multi eas subito perdiderint, multi etiam propter illas perierint, aut cum eas habere cupiunt, aut cum eis oppressis a cupidioribus auferuntur ? Quæ si etiam per totam vitam cum homine permanerent, et non desererent dilectorem suum, ipse illas sua morte desereret. Quanta est enim vita hominis, etiamsi senescat ? Aut cum sibi homines optant senectutem, quid aliud optant nisi longam infirmitatem ? Sic et honores hujus sæculi, quid sunt nisi typhus, (a) et inanitas, et ruinæ periculum ? Quia sic Scriptura sancta dicit : « Omnis caro fœnum, et claritas hominis ut flos fœni. Fœnum aruit, flos decidit : verbum autem Domini manet in æternum. » (*Isa.*, XL, 6 et 8.) Ideo qui veram requiem et veram felicitatem desiderat, debet tollere spem suam de rebus mortalibus et præatereuntibus, et eam collocare in verbo Domini, ut hærens ei quod manet in æternum, etiam ipse cum illo maneat in æternum.

25. Sunt etiam homines qui nec divites quærunt esse, nec ad vanas honorum pompas ambiunt pervenire : sed gaudere et requiescere volunt in popinis et in fornicationibus, et in theatris atque spectaculis nugacitatis quæ in magnis civitatibus gratis habent. Sed sic etiam ipsi aut consumunt per luxuriam paupertatem suam, et ab egestate postea in furta et effracturas, et aliquando etiam in latrocinia prosiliunt, et subito multis et magnis timoribus implentur ; et qui in popina paulo ante cantabant, jam planctus carceris somniant. Studiis autem spectaculorum fiunt dæmonibus similes, clamoribus suis incitando homines, ut se invicem cædant, secumque habeant contentiosa certamina qui se non læserunt, dum placere insano populo cupiunt : quos si animadverterint esse concordes, tunc eos oderunt et persequuntur, et

(a) Sic plerique Mss. At editi omittunt, *et inanitas* : cujus loco nonnulli Mss. *et vanitas*.

niquité les juges établis pour punir l'iniquité même. Au contraire, plus ils voient ces gladiateurs, quelque nom qu'ils portent dans ces jeux sanglants (1), lutter entre eux de haine et de rage sauvage, malheureux qu'on acharne les uns contre les autres, sans compter ceux que l'on force à disputer leur vie à des bêtes féroces, plus ils les voient s'acharner avec fureur l'un contre l'autre, plus ils les aiment, plus ils se réjouissent et plus ils les excitent par leurs applaudissements. Les spectateurs prenant parti, l'un pour celui-ci, l'autre pour celui-là, deviennent entre eux et contre eux-mêmes plus furieux que ceux qu'ils excitent au combat. Comment pourrait-il conserver le calme et la paix dans son esprit, celui qui aime à se repaître de ces spectacles et de ces luttes barbares? Il en est de cela comme de la santé du corps, qui dépend de la nourriture que l'on prend. Enfin, quoique les joies contraires à la raison ne soient pas de véritables joies, supposons quelles qu'elles soient qu'on les ait à sa disposition : richesses, honneurs, vin, combats, théâtres, lieux de débauches, bains; une simple fièvre peut nous priver de toutes ces jouissances et nous enlever, pendant que nous vivons encore, cette ombre de faux bonheur. Que nous reste-t-il ensuite? Une conscience vide et souillée, sentant qu'elle aura pour juge le Dieu qu'elle n'a pas voulu prendre pour guide, et qu'elle doit s'attendre à la juste rigueur de celui qu'elle a refusé de rechercher et d'aimer comme un tendre père. Pour vous, mon frère, qui cherchez le vrai repos promis aux chrétiens dans la vie future, vous le trouverez déjà ici-bas, au milieu des soucis et des peines amères de cette vie, si vous gardez avec amour les préceptes de celui qui seul peut donner la paix et le bonheur. Vous sentirez bientôt que les fruits de la justice sont plus doux que ceux de l'iniquité, et qu'au milieu des peines et des tribulations, une bonne conscience procure à l'homme plus de véritable joie qu'une conscience mauvaise au milieu des délices du monde, parce que ce n'est pas pour en retirer quelque avantage temporel, que vous voulez devenir enfant de l'Eglise de Dieu. »

CHAPITRE XVII. — 26. Il y en a qui ne veulent devenir chrétiens que pour obtenir la faveur de ceux dont ils attendent des avantages temporels, ou pour ne pas blesser ceux qu'ils craignent. De tels hommes sont réprouvés par Dieu. L'Eglise a beau les tolérer dans son sein, ils n'y sont que comme la paille dans l'aire du Seigneur, jus-

(1) La plupart des noms qui se trouvent dans le texte latin n'ont pas de termes correspondants en français. Ce sont, sans doute, des dénominations qui étaient alors usitées en Afrique. Voyez, au sujet des diverses sortes de gladiateurs, et de la passion du peuple pour ces jeux barbares, les *Césars* du comte de Champagny.

tanquam collusores ut fustibus verberentur exclamant, et hanc iniquitatem facere etiam vindicem iniquitatum judicem cogunt; si autem horrendas adversus invicem inimicitias eos exercere cognoverint, sive (a) sintæ qui appellantur, sive scenici et thymelici, sive aurigæ, sive venatores, quos miseros non solum homines cum hominibus, sed etiam homines cum bestiis in certamen pugnamque committunt; quo majore adversus invicem discordia furere senserint, eo magis amant et delectantur, et (b) incitatis favent, et faventes incitant, plus adversus se ipsos insanientes ipsi spectatores alter pro altero, quam illi quorum insaniam insani provocant, sed insaniendo spectare desiderant. Quomodo ergo sanitatem pacis tenere animus potest, qui discordiis et certaminibus pascitur? Qualis enim cibus sumitur, talis valetudo consequitur. Postremo quamvis insana gaudia non sint gaudia, tamen qualiacumque sint, et quantumlibet delectet jactantia divitiarum, et tumor honorum, vorago popinarum, et bella (c) theatrorum, et immunditia fornicationum, et prurigo thermarum, aufert omnia ista una febricula, et adhuc viventibus totam falsam beatitudinem subtrahit : remanet inanis et saucia conscientia, Deum sensura judicem, quem noluit habere custodem; et inventura asperum Dominum, quem dulcem patrem quærere et amare contempsit. Tu autem quia veram requiem quæ post hanc vitam Christianis promittitur quæris, etiam hic eam inter amarissimas vitæ hujus molestias suavem jocundamque gustabis, si ejus qui eam promisit præcepta dilexeris. Cito enim senties dulciores esse justitiæ fructus quam iniquitatis, et verius atque jocundius gaudere hominem de bona conscientia inter molestias, quam de mala inter delicias : qui non sic venisti conjungi Ecclesiæ Dei, ut ex ea temporalem aliquam utilitatem requiras.

CAPUT XVII. — 26. Sunt enim qui propterea volunt esse Christiani, ut aut promereantur homines a quibus temporalia commoda expectant, aut quia offendere nolunt quos timent. Sed isti reprobi sunt : et si ad tempus eos portat Ecclesia, sicut area usque ad tempus ventilationis paleam sustinet (*Matth.*,

(a) Lov. *sint athletæ qui appellantur.* At plerique ac melioris notæ Mss. *sintæ.* Vox erat forsitan apud Afros tunc vulgaris. In Corbeiensi codice scribitur, *sinthæ.* In Mss. quibusdam et apud Am. legitur, *sint æqui appellantur.* Apud Er. *sint qui appellantvr.* — (b) Am. Er. et aliquot Mss. *et incitati.* Alii plures Mss. *et incitantes.* — (c) Sic Am. Er. et plerique Mss. At Lov. *theatricorum.*

qu'au jour où cette aire sera vannée. (*Matth.*, III, 12.) Mais à la fin ils en seront rejetés, s'ils ne sont pas revenus à de meilleurs sentiments, et s'ils n'ont pas sincèrement embrassé la foi chrétienne, en vue seulement de jouir, dans l'autre vie, de l'éternelle félicité. Qu'ils ne se flattent pas de demeurer avec le bon grain dans l'aire du Seigneur. Ils en seront séparés pour être jetés au feu éternel. Il y en a d'autres dont les aspirations sont meilleures, mais qui courent également de grands dangers. Ils craignent Dieu, il est vrai, le nom de chrétien n'est pas pour eux un objet de dérision, ce n'est pas par un esprit de feinte qu'ils entrent dans l'Eglise de Dieu, mais c'est dans cette vie qu'ils veulent trouver le bonheur, afin d'y être plus heureux que ceux qui ne servent pas Dieu. Aussi lorsqu'ils voient des hommes impies et criminels comblés des prospérités de la terre, tandis qu'eux-mêmes ne jouissent pas d'une égale faveur, ou perdent ce qu'ils avaient, ils finissent par se troubler, comme s'il ne leur servait de rien de servir Dieu, et leur foi s'ébranle et s'affaiblit aisément.

27. Il n'y a de vrai chrétien que celui qui veut l'être, pour jouir du repos et de l'éternelle félicité que le Seigneur réserve aux saints après cette vie. Ce n'est pas dans le feu éternel qu'il veut être jeté avec le démon, mais dans l'éternel et divin royaume qu'il veut entrer avec Jésus-Christ. (*Matth.*, XXV, 46.) En garde contre les tentations, pour n'être pas corrompu par la prospérité, ni brisé par l'adversité, il sait se modérer dans l'abondance des biens de la terre ; et dans les tribulations il montre autant de force que de patience. Celui qui, par ses progrès, serait parvenu à aimer Dieu plus qu'à craindre l'enfer, quand Dieu même lui dirait : Jouis éternellement des plaisirs des sens ; commets autant de fautes que tu le voudras ; tu ne mourras pas, tu ne seras pas jeté dans les flammes de l'enfer ; la seule peine que tu subiras, sera d'être privé de moi ; celui-là, dis-je, sans égard pour cette permission, éviterait avec soin le moindre péché, quoiqu'il n'y eût plus pour lui d'enfer à redouter, mais par la crainte d'offenser celui qu'il aime, et dans lequel seul se trouve ce repos que Dieu réserve à ceux qui le chérissent, « ce repos que l'œil de l'homme n'a point vu, l'oreille n'a point entendu, et le cœur jamais conçu. » (I *Cor.*, II, 9.)

28. Ce repos est indiqué dans l'Ecriture quand elle dit « qu'au commencement du monde lorsque Dieu créa le ciel et la terre et tout ce qu'ils contiennent, » (*Gen.*, I, 1) « il travailla pendant six jours et se reposa le septième. » (*Gen.*, II, 2.) Le Tout-Puissant pouvait certainement tout créer en une minute, et il n'avait pas besoin de se reposer après son travail, puisqu'à sa parole tout a été fait, à son ordre tout a été créé ; »

III, 12); si non se correxerint, et propter futuram sempiternam requiem Christiani esse cœperint, in fine separabuntur. Nec sibi blandiantur quod in area possunt esse cum frumento Dei : quia in horreo cum illo non erunt, sed igni debito (*a*) destinantur. Sunt etiam alii meliore quidem spe, sed tamen non minore periculo, qui jam Deum timent, et non irrident Christianum nomen, nec simulato corde intrant Ecclesiam Dei, sed in ista vita expectant felicitatem, ut feliciores sint in rebus terrenis, quam illi qui non colunt Deum : ideoque cum viderint quosdam sceleratos et impios ista (*b*) sæculi prosperitate pollere et excellere, se autem vel minus habere ista vel amittere, perturbantur tanquam sine causa Deum colant, et facile a fide deficiunt.

27. Qui autem propter beatitudinem sempiternam et perpetuam requiem, quæ post hanc vitam sanctis futura promittitur, vult fieri Christianus, ut non eat in ignem æternum cum diabolo (*Matth.*, XXV, 46) sed in regnum æternum intret cum Christo, vere ipse Christianus est ; cautus in omni tentatione, ne prosperis rebus corrumpatur, et ne frangatur adversis, et in abundantia bonorum terrenorum modestus et temperans, et in tribulationibus fortis et patiens. Qui etiam proficiendo perveniet ad talem animum, ut plus amet Deum, quam timeat gehennam : ut etiamsi dicat illi Deus : Utere deliciis carnalibus sempiternis, et quantum potes pecca, nec morieris, nec in gehennam mitteris, sed mecum tantummodo non eris ; exhorrescat, et omnino non peccet, non jam in illud quod timebat non incidat, sed ne illum quem sic amat offendat : in quo (*c*) uno est requies, quam oculus non vidit, nec auris audivit, nec in cor hominis ascendit, quam præparavit Deus diligentibus eum. (1 *Cor.*, II, 9.)

28. De qua requie significat Scriptura, et non tacet, quod ab initio mundi ex quo fecit Deus cœlum et terram et omnia quæ in eis sunt, sex diebus operatus est, et septimo die requievit. (*Gen*, I, 1 ; II, 2.) Poterat enim omnipotens et uno momento temporis omnia facere. Non autem laboraverat, ut requiesceret, quando : « Dixit, et facta sunt ; mandavit et

---

(*a*) Lov. *destinabuntur*. At Am. Er. et Mss. habent præsenti tempore, *destinantur*. — (*b*) Am. Er. et tres Mss. *sæculari*. — (*c*) Sic Mss. Editi vero, *in quo una est requies*.

(*Ps.* CXLVIII, 5) mais il a voulu montrer par là qu'après les six âges du monde, il en viendrait un septième, qui sera comme un septième jour, où il se reposera dans ses saints. Alors eux-mêmes se reposeront en lui, après avoir accompli les bonnes œuvres par lesquelles ils l'auront servi, et qui auront été opérées en eux par ce même Dieu qui appelle les hommes à lui, leur prescrit ses lois, pardonne toutes fautes passées, et justifie celui qui d'abord était impie. Mais comme on dit avec raison que c'est lui qui opère dans ses saints, parce que c'est par un don de sa divine grâce qu'ils accomplissent leurs bonnes œuvres, on peut dire également avec raison que lorsqu'ils se reposent en lui, c'est lui-même qui se repose. Car pour ce qui le concerne, il n'a pas besoin de repos, puisque le travail ne lui cause aucune fatigue. Il a tout fait PAR SON VERBE, et ce Verbe est le Christ, en qui se reposent, dans un saint et éternel silence, les anges et tous les esprits bienheureux et célestes. Pour l'homme déchu par le péché, il a perdu le repos dont il jouissait dans la divinité de Jésus-Christ, mais qu'il recouvre dans son humanité. C'est pourquoi le Christ connaissant le temps opportun où il devait se manifester, s'est fait homme, en naissant du sein d'une femme, sans crainte d'être souillé par la chair, lui qui venait pour purifier toute chair. Il a été révélé par l'Esprit à tous les saints des temps anciens, qui l'ont connu et annoncé au monde, et c'est ainsi qu'ils ont été sauvés en croyant qu'il viendrait un jour, comme nous sommes sauvés nous-mêmes en croyant qu'il est venu ; afin que nous aimassions Dieu qui nous a aimés jusqu'à nous envoyer son Fils unique, pour que revêtu de l'infirmité de notre corps mortel, il reçût la mort de la main des pécheurs, et mourût pour le salut des pécheurs eux-mêmes. Dès le commencement des siècles, ce profond et ineffable mystère n'a cessé d'être annoncé par des signes et par la voix des prophètes.

CHAPITRE XVIII. — 29. Dieu qui est tout-puissant, bon, juste et miséricordieux, après avoir fait toutes choses, soit grandes, soit petites, soit humbles, soit élevées, mais qui toutes sont bonnes elles-mêmes ; après avoir créé tout ce qui est visible, comme le ciel, la terre, la mer ; dans le ciel, le soleil, la lune et les autres astres ; sur la terre et dans la mer, les animaux de chaque espèce, les arbres, les plantes et enfin les corps célestes et terrestres, et tout ce qui est invisible comme les esprits qui animent et vivifient les corps ; Dieu, dis-je, fit enfin l'homme à son image, afin que, comme lui-même par sa toute-puissance est au-dessus de toute créature, de même l'homme par son intelligence, qui lui permet de connaître et servir son Créateur, fût au-

---

creata sunt : » (*Psal.* CXLVIII, 5) sed ut significaret, quia post sex ætates mundi hujus, septima ætate tanquam septimo die requieturus est in sanctis suis : quia ipsi in illo requiescent post omnia bona opera, in quibus ei servierunt, quæ ipse in illis operatur, qui vocat, et præcipit, et delicta præterita dimittit, et justificat eum qui prius erat impius. Sicut autem cum illi ex dono ejus bene operantur, recte dicitur ipse operari : sic cum (*a*) in illo requiescunt, recte dicitur ipse requiescere. Nam quod ad ipsum attinet, pausationem non quærit, quia laborem non sentit. Fecit autem omnia per Verbum suum : et Verbum ejus ipse Christus, in quo requiescunt Angeli et omnes cœlestes mundissimi spiritus in sancto silentio. Homo autem peccato lapsus perdidit requiem, quam habebat in ejus divinitate, et recipit eam in ejus humanitate : ideoque opportuno tempore, quo ipse sciebat oportere fieri, homo factus et de femina natus est. A carne quippe contaminari non poterat, ipse carnem potius mundaturus. Ipsum antiqui sancti venturum in revelatione Spiritus cognoverunt, et prophetaverunt : et sic salvi facti sunt credendo quia veniet, sicut nos salvi efficimur credendo quia venit : ut diligeremus Deum, qui sic nos dilexit, ut unicum Filium suum mitteret, qui (*b*) humilitate nostræ mortalitatis indutus, et a peccatoribus et pro peccatoribus moreretur. Jam enim olim ab ineuntibus sæculis mysterii hujus altitudo præfigurari prænuntiarique non cessat.

CAPUT XVIII. — 29. Quoniam Deus omnipotens, et bonus et justus et misericors, qui fecit omnia bona, sive magna sive parva, sive summa sive infima ; sive quæ videntur, sicuti sunt cœlum et terra et mare, et in cœlo sol et luna, et cætera sidera, in terra autem et mari arbores et frutices et animalia suæ cujusque naturæ, et omnia corpora vel cœlestia vel terrestria ; sive quæ non videntur, sicuti sunt spiritus quibus corpora vegetantur et vivificantur : fecit et hominem ad imaginem suam ; ut quemadmodum ipse per omnipotentiam suam præest universæ creaturæ, sic homo per intelligentiam suam, qua etiam Creatorem suum cognoscit et colit, præesset omnibus terrenis

---

(*a*) Ita Mss At editi, *sic cum illi requiescunt.* — (*b*) Am. et Er. *humanitate.*

CHAPITRE XVIII.

dessus de tous les êtres animés qui sont sur la terre. Il lui donna une femme pour aide et pour compagne, non pour satisfaire les désirs de la chair, puisque leurs corps n'ont été soumis à cette corruption qu'après que la mort eut étendu son empire sur eux en punition de leur péché, mais afin que comme l'homme était la gloire de Dieu, lorsqu'il obéissait à la divine sagesse; la femme fût aussi la gloire de l'homme en le suivant pour aller à Dieu, et en imitant l'exemple qu'il lui donnerait en sainteté et en piété.

30. Il les plaça dans un lieu de félicité éternelle que l'Ecriture appelle le paradis. Il leur donna un commandement dont la transgression devait, comme punition, les rendre sujets à la mort, et dont l'observation, au contraire, leur permettait de jouir du bienfait de l'immortalité. Dieu prévoyait bien qu'ils enfreindraient ses ordres, mais comme il est le créateur de tout bien, lorsqu'il créa les animaux, il créa aussi l'homme et la femme pour qu'aucun bien, aucun ornement ne manquât à la terre, car l'homme, quoique pécheur, est encore infiniment supérieur à la brute. Quand Dieu donna à l'homme et à la femme le commandement qu'ils devaient violer, c'était pour les rendre inexcusables lorsque arriverait le jour de sa vengeance. Quelque chose que nous fassions, nous trouvons toujours Dieu digne d'être loué dans ses œuvres : louable par la justice de ses récompenses quand nous faisons le bien; louable par l'équité de ses châtiments quand nous faisons le mal; louable par la grandeur de sa miséricorde et de son indulgence lorsque, confessant nos fautes, nous revenons à une meilleure vie. Pourquoi donc Dieu n'aurait-il pas créé l'homme, quoiqu'il connût d'avance qu'il tomberait dans le péché? Innocent, il l'aurait couronné; pécheur, il devait le relever, et l'aider de son divin secours après qu'il se serait relevé. Toujours et partout, la gloire de Dieu éclate dans sa bonté, dans sa justice et dans sa clémence. Il savait en outre que de la race de cet homme mortel devrait sortir une génération de saints, qui ne chercheraient pas leur propre gloire, mais celle de leur Créateur, et qui par le culte qu'ils lui rendraient, délivrés de toute corruption, mériteraient de vivre avec les anges dans une béatitude éternelle. Le libre arbitre qu'il a donné aux hommes pour qu'ils pussent le servir, non par une servile nécessité, mais par l'effet d'une volonté dégagée de toute entrave, il l'avait également donné aux anges. C'est pourquoi ni l'homme par son péché, ni l'ange qui, par son orgueil, s'est soustrait avec ses compagnons à l'obéissance qu'il devait à son Créateur et est devenu le prince des démons, n'ont porté aucun préjudice à la grandeur et à la majesté de Dieu. Ils n'ont

---

animalibus. Fecit illi etiam adjutorium feminam : non ad carnalem concupiscentiam, quando quidem nec corruptibilia corpora tunc habebant, ante quam eos mortalitas invaderet pœna peccati ; sed ut haberet et vir gloriam de femina, cum ei præiret ad (*a*) Deum, seque illi præberet imitandum in sanctitate atque pietate ; sicut ipse esset gloria Dei, cum ejus sapientiam sequeretur.

30. Itaque constituit eos in quodam loco perpetuæ beatitudinis, quem appellat Scriptura paradisum ; præceptumque illis dedit, quod si non transgrederentur, in illa semper immortalitatis beatitudine permanerent : si autem transgrederentur, supplicia mortalitatis expenderent. Præsciebat autem Deus eos transgressuros : sed tamen quia conditor est et effector omnis boni, magis eos fecit, quando fecit et bestias, ut impleret terram bonis terrenis. Et utique melior est homo etiam peccator, quam bestia. Et præceptum quod non erant servaturi, magis dedit, ut essent inexcusabiles, cum in eos vindicare cœpisset. Quidquid enim homo fecerit, laudabilem in suis factis invenit Deum : si recte egerit, laudabilem invenit per justitiam præmiorum : si peccaverit, laudabilem invenit per justitiam suppliciorum : si peccata confessus ad recte vivendum redierit, laudabilem invenit per misericordiam indulgentiarum. Cur ergo non faceret Deus hominem, quamvis illum peccaturum prænosceret, cum et stantem coronaret, et cadentem ordinaret, et surgentem adjuvaret, semper et ubique ipse gloriosus bonitate, justitia, clementia? maxime quia et illud præsciebat, de propagine mortalitatis ejus futuros sanctos, qui non sibi quærerent, sed Creatori suo gloriam darent, et eum colendo ab omni corruptione liberati, cum Angelis sanctis semper vivere et beate vivere mererentur? Qui enim hominibus dedit liberum arbitrium, ut non servili necessitate, sed ingenua voluntate Deum colerent, dedit etiam angelis : et ideo nec angelus, qui cum spiritibus aliis satellitibus suis superbiendo deseruit obedientiam Dei, et diabolus factus est, aliquid nocuit Deo, sed sibi. Novit enim Deus ordinare deserentes se animas, et ex earum justa miseria inferio-

---

(*a*) Er. *ad dominium*. Editi alii, *ad Dominum*.

été nuisibles qu'à eux seuls. Dieu sait, en effet, par une admirable dispensation de ses lois, faire tourner la juste misère des âmes qui l'ont abandonné à la beauté de l'ordre qu'il a établi dans les rangs les plus inférieurs, comme dans les plus élevés de la création. Le démon n'a donc fait aucun tort à Dieu, lorsque par sa rébellion il est tombé dans les ténèbres, ou quand, par ses séductions, il a placé l'homme sous l'empire de la mort; comme l'homme lui-même n'a porté aucune atteinte à la vérité, à la puissance, à la félicité de son Créateur, parce que de sa propre volonté il s'est laissé entraîner par sa femme séduite par le démon, à faire ce que Dieu lui avait défendu. (*Gen.*, III, 4.) Ils ont donc été punis par les lois équitables de Dieu, dont la gloire a éclaté dans la justice de sa vengeance, tandis qu'eux restaient sous la honte et l'opprobre du châtiment qu'ils avaient mérité : l'homme, parce qu'ayant abandonné son Créateur, il devint l'esclave du démon; et le démon, parce qu'à son tour il est vaincu par l'homme, lorsque ce dernier revient à son Créateur. C'est pourquoi tous ceux qui, jusqu'à la fin, obéiront au démon, seront avec lui jetés dans les supplices qui n'auront pas de fin; et ceux qui s'humilieront devant Dieu et qui, par sa grâce, resteront vainqueurs du démon, recevront des récompenses éternelles.

CHAPITRE XIX. — 31. Nous ne devons pas nous étonner qu'il y en ait beaucoup qui soient esclaves du démon, et peu qui soient soumis à Dieu. Il est ordinaire que la quantité du froment soit en comparaison bien plus petite que celle de la paille. Mais de même que le laboureur sait quel usage il doit faire de ce monceau de paille; de même le grand nombre de pécheurs n'est rien pour Dieu, qui sait ce qu'il en doit faire pour que l'administration de son royaume n'en soit ni troublée ni souillée. Il ne faut pas croire non plus que le démon ait remporté une victoire complète, parce qu'il en a gagné beaucoup à sa cause, puisque peu suffiront pour triompher de lui et de tous ceux qui l'auront suivi. Il y a donc deux cités, l'une composée de justes, l'autre de méchants. Elles existent depuis le commencement du monde, et existeront jusqu'à la fin des siècles. Elles sont présentement unies de corps, mais non de volonté; mais au jour du jugement, elles seront séparées de corps. Tous les hommes qui aiment l'orgueil et la domination temporelle, avec ses vaines pompes et son éclat trompeur, tous ceux qui mettent leur bonheur dans de telles choses, et leur gloire dans leur élévation au-dessus des autres, quoique souvent ils se disputent entre eux ces frivoles avantages, ne forment qu'une seule et même société, dans laquelle ils sont unis par la similitude de leurs mœurs, et entraînés dans le même abîme, par le poids de leurs fautes et de leur cupidité. D'un autre côté, tous ceux qui, dans leur

---

res partes creaturæ suæ convenientissimis et congruentissimis legimus admirandæ dispensationis (*a*) ornare. Itaque nec diabolus aliquid Deo nocuit, quia vel ipse lapsus est, vel hominem seduxit ad mortem (*Gen.*, III, 4) : nec ipse homo in aliquo minuit veritatem aut potestatem (*b*) aut beatitatem Conditoris sui, quia conjugi suæ seductæ a diabolo, ad id quod Deus prohibuerat, propria voluntate consensit. Justissimis enim Dei legibus omnes damnati sunt, Deo glorioso per æquitatem vindictæ, ipsi ignominiosi per turpitudinem pœnæ : ut et homo a suo Creatore aversus victus diabolo subderetur, et diabolus homini ad Creatorem suum converso vincendus proponeretur; ut quicumque diabolo usque in finem consentirent, cum illo irent in æterna supplicia; quicumque autem humiliarent se Deo, et per ejus gratiam diabolum vincerent, æterna præmia mererentur.

CAPUT XIX. — 31. Neque hoc nos movere debet; quia multi diabolo consentiunt, et pauci Deum sequuntur : quia et frumentum in comparatione palearum valde pauciorem habet numerum. Sed sicut agricola novit quid faciat de ingenti acervo paleæ, sic nihil est Deo multitudo peccatorum, qui novit quid de illis agat, ut administratio regni ejus ex nulla parte turbetur atque turpetur. Nec ideo putandus est vicisse diabolus, quia secum plures, cum quibus a paucis vinceretur, attraxit. Duæ itaque civitates, una iniquorum, altera sanctorum, ab initio generis humani usque in finem sæculi perducuntur, nunc permixtæ corporibus, sed voluntatibus separatæ, in die vero judicii etiam corpore separandæ. Omnes enim homines amantes superbiam et temporalem dominationem cum vano typho et pompa arrogantiæ, omnesque spiritus qui talia diligunt, et gloriam suam subjectione hominum quærunt, simul una societate devincti sunt ; sed et si sæpe adversum se pro his rebus dimicant, pari tamen pondere cupiditatis in eamdem profunditatem præcipitantur, et sibi morum et meritorum similitudine conjungun-

---

(*a*) Sola editio Lov. *ordinare*. — (*b*) Plerique Mss. omittunt, *aut beatitatem*.

humilité, ne cherchent pas leur gloire, mais celle de Dieu, et qui le servent avec piété, ne font aussi qu'une même société; et cependant Dieu, dans sa miséricorde, supporte avec patience les impies, et leur fournit l'occasion de se corriger et de faire pénitence.

32. Il savait bien qu'il n'y avait aucun espoir d'amendement et de repentir à attendre de la part de ceux qu'il fit périr dans les eaux du déluge, à l'exception d'un juste et de sa famille, qu'il voulut sauver dans l'arche. (*Gen.*, VII.) Les cent années qu'il fallut employer à la construction de l'arche étaient, pour les hommes, un avertissement que la colère de Dieu tomberait sur eux, et que s'ils se convertissaient à lui, il les épargnerait, comme il épargna la ville de Ninive, lorsqu'elle fit pénitence à la voix du prophète lui prédisant la ruine dont elle était menacée. (*Jonas*, III.) Le Seigneur n'agit ainsi, même envers ceux dont il connaît d'avance la persévérance dans le mal, leur laissant d'ailleurs le temps de se repentir, que pour nous former par son exemple à la vertu de la patience, et pour nous apprendre avec quelle charité il faut supporter les méchants, puisque nous ignorons ce qu'ils peuvent être dans la suite lorsque lui, pour qui l'avenir n'a rien de caché, les épargne et les laisse vivre. Le bois de l'arche, symbole du bois sacré par lequel les justes ont été sauvés, était encore la figure de la future Eglise que Jésus-Christ, qui en est le roi et le Dieu, a, par le mystère de sa croix, sauvée du naufrage de cette vie. Dieu n'ignorait pas non plus que, de ceux qu'il avait sauvés dans l'arche, naîtraient des méchants, qui rempliraient de nouveau de leurs iniquités toute la surface de la terre, mais il donnait ainsi l'exemple du jugement qui sera rendu au dernier jour, et le mystère de la croix était le présage de la délivrance des justes. Bientôt, en effet, la méchanceté, l'orgueil, les passions, l'impiété ne cessèrent de s'accroître et de se répandre sur la terre. Les hommes, oubliant leur Créateur, en vinrent jusqu'au point d'adorer, au lieu de Dieu, non-seulement ce qu'il avait créé, mais encore les ouvrages mêmes de leurs mains, et leur âme s'abaissa jusqu'à rendre un culte impie aux images fabriquées par des artisans. Ils se laissèrent ainsi vaincre honteusement par le démon, qui se réjouit d'être vénéré et adoré dans de pareilles idoles, et dont la malice se repait de l'égarement des hommes.

33. Cependant il y eut encore alors des justes, cherchant Dieu avec piété, triomphant de l'orgueil du démon, citoyens de la sainte cité que l'humilité du Christ, leur chef et leur roi, qui leur avait été révélée par l'esprit de Dieu,

---

tur. Et rursus omnes homines et omnes spiritus humiliter Dei gloriam quærentes, non suam, et cum pietate sectantes, ad unam pertinent societatem. Et tamen Deus misericordissimus, et super impios homines patiens est, et præbet iis pœnitentiæ atque correctionis locum.

32. Nam et quod omnes diluvio delevit, excepto uno justo cum suis, quos in arca servari voluit, noverat quidem quod non se correcturi essent : verumtamen cum per centum annos arca fabricata est, prædicabatur utique eis ira Dei ventura super eos : et si converterentur ad Deum, parceret eis; sicut pepercit postea Ninive civitati agenti pœnitentiam, cum ei per Prophetam futurum interitum prænuntiasset. (*Jonæ*, III.) Hoc autem facit Deus, etiam illis quos novit in malitia perseveraturos dans pœnitendi spatium, ut nostram patientiam exerceat et informet exemplo suo; quo noverimus quantum nos oportet tolerabiliter malos sustinere, cum ignoremus quales postea futuri sunt, quando ille parcit et sinit eos vivere, quem nihil futurorum latet. Prænuntiabatur tamen etiam diluvii sacramento quo per lignum justi liberati sunt, futura Ecclesia quam Rex ejus et Deus Christus mysterio suæ crucis ab hujus sæculi submersione suspendit. Neque enim Deus ignorabat, quod etiam ex illis qui fuerant in arca servati, nascituri erant mali, qui faciem terræ iniquitatibus iterum implerent : sed tamen et exemplum futuri judicii dedit, et sanctorum liberationem ligni ministerio prænuntiavit. Nam et post hæc non cessavit repullulare malitia per superbiam et libidines et illicitas impietates, cum homines deserto Creatore suo, non solam ad creaturam quam Deus condidit lapsi sunt, ut pro Deo colerent quod fecit Deus ; sed etiam ad opera manuum hominum et ad fabrorum artificia curvaverunt animas suas, ubi de illis turpius diabolus et dæmonia triumpharent : quæ se in talibus figmentis adorari venerarique lætantur, dum errores suos humanis erroribus (*a*) pascunt.

33. Neque tunc sane desuerunt justi, qui Deum pie quærerent, et superbiam diaboli vincerent (*Gen.*, XII), cives illius sanctæ civitatis, quos Regis sui Christi ventura humilitas per Spiritum revelata sanavit. Ex quibus Abraham pius et fidelis Dei servus electus est,

---

(*a*) Floriacensis quidam Ms. *miscent*.

avait guéris de la contagion de l'orgueil et du péché. (*Gen.*, XII.) De ce nombre était Abraham, ce fidèle et pieux serviteur de Dieu, choisi par Dieu même, qui lui dévoila le mystère de son divin Fils, afin que les fidèles de toutes les nations fussent, en imitant sa foi, appelés enfants d'Abraham. C'est de lui qu'est sorti le peuple qui, attaché au culte du seul et vrai Dieu, créateur du ciel et de la terre, tandis que toutes les autres nations adoraient les démons et leurs idoles, a été la figure la plus évidente de l'Eglise qui devait s'élever un jour. Il y avait bien au milieu de ce peuple une multitude charnelle qui ne servait Dieu qu'en vue des biens temporels ; mais il s'y trouvait aussi quelques justes, dont toutes les pensées et les aspirations étaient tournées vers la félicité future et la céleste patrie, et que l'humilité de Jésus-Christ, notre Seigneur, notre Dieu et notre roi, qui leur avait été révélée par leur esprit de prophétie, avait guéris du venin de la présomption et de l'orgueil. Ces saints qui ont précédé le temps de la naissance du Seigneur ont été, non-seulement par leurs paroles, mais encore par leur mariage et les enfants qui en sont issus, l'image prophétique des temps présents où, par la foi de la passion de Jésus-Christ, l'Eglise s'élève en réunissant dans son sein les hommes de toutes les nations de la terre. Quoique le ministère des saints patriarches et de ces prophètes se bornât à enseigner au peuple charnel d'Israël, qui fut ensuite appelé le peuple juif, les récompenses temporelles que ce peuple, vivant selon la chair, demandait au Seigneur ; ou à l'instruire, comme il convenait à la dureté de leur cœur, des peines temporelles, dont la seule crainte pouvait lui servir de loi et de frein. Tout cela cependant représentait les mystères spirituels de Jésus-Christ et de l'Eglise, dont ces saints étaient des membres, quoiqu'ils aient précédé dans cette vie le temps où Notre-Seigneur Jésus-Christ est né selon la chair. Car le Fils unique de Dieu, ce verbe du Père, égal au Père, éternel comme le Père, par qui tout a été créé, s'est fait homme pour nous, afin d'être à l'Eglise tout entière ce que la tête est au corps. Mais de même qu'à la naissance de tout homme, quand bien même la main apparaîtrait la première, elle n'en est pas moins unie au reste du corps et soumise à l'autorité de la tête. De même que, comme en signe du mystère dont nous parlons, ce fut la main qui parut la première à la naissance du patriarche Jacob, de même aussi tous les saints qui sont venus au monde avant la naissance de Notre-Seigneur Jésus-Christ, quoique nés avant lui, n'en étaient pas moins unis et attachés au reste du corps, dont lui seul est le chef et la tête.

CHAPITRE XX. — 34. Ce peuple transporté en Egypte fut réduit en servitude sous un roi sans pitié. Instruit enfin par les travaux pénibles qui

---

cui demonstraretur sacramentum Filii Dei, ut propter imitationem fidei omnes fideles omnium gentium filii ejus futuri dicerentur. Ex illo natus est populus, a quo unus Deus verus coleretur, qui fecit cœlum et terram : cum cæteræ gentes simulacris et dæmoniis servirent. In eo plane populo multo evidentius futura Ecclesia figurata est. Erat enim ibi multitudo carnalis, quæ propter visibilia beneficia colebat Deum. Erant autem pauci futuram requiem cogitantes et cœlestem patriam requirentes, quibus prophetando revelabatur futura humilitas Dei, Regis et Domini nostri Jesu Christi, ut per eam fidem ab omni superbia et tumore sanarentur. Horum sanctorum, qui præcesserunt tempore nativitatem Domini, non solum sermo, sed etiam vita et conjugia et filii et facta prophetia fuit hujus temporis, quo per fidem passionis Christi ex gentibus congregatur Ecclesia. Per illos sanctos Patriarchas et Prophetas carnali populo Israel, qui postea etiam Judæi appellati sunt, et visibilia beneficia ministrabantur quæ carnaliter a Domino desiderabant, et coercitiones pœnarum corporalium quibus pro tempore terrerentur, sicut corum duritiæ congruebat. Et in his tamen omnibus mysteria spiritalia significabantur, quæ ad Christum et Ecclesiam pertinerent : cujus Ecclesiæ membra erant etiam illi sancti, quamvis in hac vita fuerint ante quam secundum carnem Christus Dominus nasceretur. Ipse enim unigenitus Dei Filius, Verbum Patris, æquale et cœternum Patri, per quod facta sunt omnia, homo propter nos factus est, ut totius Ecclesiæ tanquam totius corporis caput esset. Sed velut totus homo dum nascitur, etiamsi manum in nascendo præmittat, tamen universo corpori sub capite conjuncta atque compacta est, quemadmodum etiam nonnulli in ipsis Patriarchis ad hujus ipsius rei signum manu præmissa nati sunt : ita omnes sancti qui ante Domini nostri Jesu Christi nativitatem in terris fuerunt, quamvis ante nati sunt, tamen universo corpori, cujus ille caput est, sub capite cohæserunt.

CAPUT XX. — 34. Populus ergo ille delatus in Ægyptum, servivit regi durissimo; et gravissimis

CHAPITRE XX.

lui étaient imposés, il demanda sa délivrance à Dieu, qui lui envoya son fidèle serviteur Moïse, israélite lui-même ; celui-ci, après avoir effrayé la nation impie des Egyptiens par les grands miracles, que la vertu de Dieu lui permit d'accomplir, tira le peuple de Dieu de la servitude où il gémissait, en lui faisant traverser la mer Rouge, dont les eaux s'ouvrirent pour leur livrer un passage. Les Egyptiens qui les poursuivaient furent tous engloutis dans les eaux qui revinrent sur elles-mêmes (*Exode*, VII, 1 ; VIII, 1, et XIV, 22). Ainsi, de même que par le déluge la terre fut purgée de l'iniquité des pécheurs, qui périrent dans cette inondation universelle, tandis que les justes furent sauvés par le bois de l'arche (*Gen.*, VII) ; de même le peuple de Dieu, à sa sortie de l'Egypte, trouva un passage au travers des eaux où périrent ses ennemis. Le bois servit encore d'instrument à l'accomplissement de ce mystère, car c'est avec sa verge que Moïse frappa les eaux pour les séparer (*Exode*, XIV, 16, 21). Ces deux choses sont la figure du saint baptême qui fait passer les fidèles à une nouvelle vie, en effaçant et en faisant périr comme dans les eaux leurs péchés, qui étaient leurs ennemis. La passion du Christ est encore figurée d'une manière plus évidente dans le sacrifice de l'agneau que les Israélites reçurent l'ordre d'immoler et de manger, en marquant de son sang les portes de leurs maisons ; chaque année ils devaient célébrer cette cérémonie qu'ils appelaient la Pâque (*Ibid.*, XII, 3), c'est-à-dire, le passage du Seigneur. Or, c'est bien là la prophétie qui dit de Notre-Seigneur Jésus-Christ : « Qu'il a été mené comme un agneau pour être immolé. » (*Isaïe*, LIII, 7.) Vous devez donc être aujourd'hui, comme le sont tous les chrétiens, marqué au front, comme sur une porte, du signe de la passion et de la croix de Jésus-Christ.

35. Ce peuple fut ensuite pendant quarante années conduit par le désert (*Exode*, XIV, 35), où il reçut la loi écrite par le doigt de Dieu (*Nombr.*, XIV, 33), nom par lequel est désigné le Saint-Esprit, comme l'Evangile le déclare positivement (*Luc*, XI, 20) ; car Dieu n'est pas circonscrit par une forme corporelle, et il ne faut pas se le figurer avec des membres et des doigts semblables à ceux que nous avons ; mais comme c'est par le Saint-Esprit que Dieu distribue aux saints ses dons qui, bien que divers, ont pour lien commun la charité, et sont comme les doigts qui, bien que séparés en apparence, se rattachent à la main qui est leur point d'union et d'unité ; c'est pour cette raison, ou pour toute autre, que le Saint-Esprit est appelé le doigt de Dieu, sans que pour cela nous devions concevoir Dieu lui-même sous la forme d'un corps. Le peuple d'Israël reçut donc la loi écrite par le

---

laboribus eruditus, quæsivit liberatorem Deum : et missus est eis unus de ipso populo, sanctus Dei servus Moyses, qui in virtute Dei magnis miraculis terrens tunc impiam gentem Ægyptiorum, eduxit inde populum Dei per mare rubrum ; ubi discedens aqua viam præbuit transeuntibus : Ægyptii autem cum eos persequerentur, redeuntibus in se fluctibus demersi exstincti sunt. (*Exod.*, VII, 1 et VIII, 1, et XIV, 22.) Ita quemadmodum per diluvium aquis terra purgata est a nequitia peccatorum, qui tunc in illa inundatione deleti sunt, et justi evaserunt per lignum (*Gen.*, VII) : sic ex Ægypto exiens populus Dei, per aquas iter invenit, quibus ipsorum hostes consumpti sunt. Nec ibi defuit ligni sacramentum. Nam virga percussit Moyses, ut illud miraculum fieret (*Exod.*, XIV, 16 et 21.) Utrumque signum est sancti Baptismi, per quod fideles in novam vitam transeunt, peccata vero eorum tanquam inimici delentur atque moriuntur. Apertius autem Christi passio in illo populo figurata est, cum jussi sunt ovem occidere et manducare, et de sanguine ejus postes suos signare, et hoc celebrare omni anno, et appellare Pascha Domini. (*Ibid.*, XII, 3.) Manifestissime quippe (*a*) prophetia de Domino Jesu Christo dicit, quia « tanquam ovis ad immolandum ductus est. » (*Isa.*, LIII, 7.) Cujus passionis et crucis signo in fronte hodie tanquam in poste signandus es, omnesque Christiani signantur.

35. Inde per desertum populus ille ductus est per quadraginta annos (*Exod.*, XIV, 35) : accepit etiam legem digito Dei scriptam (*Num.*, XIV, 33), quo nomine significatur Spiritus sanctus, sicut in Evangelio manifestissime declaratur. Neque enim Deus forma corporis definitus est, nec sic in illo membra et digiti cogitandi sunt (*Deut.*, XXIX, 3), quemadmodum videmus in nobis : sed quia per Spiritum sanctum dona Dei sanctis dividuntur (*Luc.*, XI, 20), ut cum diversa possunt, non tamen discedant a concordia caritatis, in digitis autem maxime apparet quædam divisio, nec tamen ab unitate præcisio, sive propterea, sive propter aliam quamcumque causam Spiritus sanctus appellatus est digitus Dei, non tamen cum hoc audimus, humani corporis forma cogitanda est. Accepit

(*a*) Soli editi, *propheta*.

doigt de Dieu sur deux tables de pierre, pour exprimer la dureté du cœur de ceux qui ne devaient pas accomplir cette loi. En effet, comme ils ne demandaient au Seigneur que des biens temporels, ils étaient plutôt retenus par une crainte toute charnelle que par l'esprit de charité. Or, « c'est par la charité seule que la loi est accomplie. » (*Rom.*, XIII, 9.) Leurs rites religieux, tout extérieurs, étaient comme un joug servile qui pesait sur eux, et consistaient soit dans la distinction des mets, soit dans des sacrifices d'animaux, ou dans d'autres pratiques innombrables, qui toutes cependant étaient les figures des choses spirituelles qui se rapportent à Notre-Seigneur Jésus-Christ et à son Eglise. Ces pratiques, dont le sens caché était pour leur salut connu de quelques saints, étaient cependant observées par eux, comme il convenait aux temps où ils vivaient, mais la multitude des charnels les observaient sans les comprendre.

36. Après bien des événements divers qu'il serait trop long d'énumérer, mais qui tous étaient des signes de ce qui devait arriver, et dont nous voyons aujourd'hui l'accomplissement dans l'Eglise, ce peuple arriva enfin dans la terre promise, où il fonda un royaume selon les désirs charnels de son cœur, royaume terrestre qui cependant était l'image du royaume spirituel. C'est sur cette terre que s'éleva la célèbre ville de Jérusalem choisie par Dieu, et qui bien qu'esclave, était l'image de la cité libre qu'on appelle la céleste Jérusalem (*Gal.*, IV, 26), mot hébreu qui signifie *vision de la paix*. Les citoyens de cette sainte cité sont les hommes qui ont été, qui sont, et qui seront sanctifiés, ainsi que tous les esprits bienheureux qui placés au plus haut des cieux, sont dévoués et soumis à Dieu, et n'imitent pas l'orgueilleuse impiété de Satan et de ses anges. Le roi de cette cité est Notre-Seigneur Jésus-Christ, Verbe de Dieu, qui commande aux anges, et qui s'est uni à l'homme pour gouverner également les hommes, qui régneront avec lui dans la paix éternelle. Comme figure de ce roi divin, celui qui a le plus marqué dans le royaume terrestre du peuple d'Israël, est David (1 *Rois*, XVI, 13), de la race duquel devait naître selon la chair notre véritable roi, Jésus-Christ, « qui est Dieu, élevé au-dessus de tout et béni dans tous les siècles. » (*Rom.*, IX, 5.) Dans cette terre de la promesse, il s'est passé bien des choses figurant l'avénement de Jésus-Christ, et que vous apprendrez peu à peu dans les saintes Ecritures.

CHAPITRE XXI. — 37. Après plusieurs générations, nous voyons un fait figuratif qui se rapporte très-bien au sujet que nous traitons. La ville de Jérusalem fut prise, et la plupart de

ergo ille populus legem digito Dei scriptam in tabulis sane lapideis, ad significandam duritiam cordis illorum, quod legem non erant impleturi. Corporalia quippe dona desiderantes a Domino, magis carnali timore quam spirituali caritate tenebantur : legem autem non implet nisi caritas. Ideo multis sacramentis visibilibus onerati sunt, quo servili jugo premerentur in observationibus ciborum et in sacrificiis animalium, et in aliis innumerabilibus : quæ tamen signa erant rerum spiritualium ad Dominum Jesum Christum et ad Ecclesiam pertinentium ; quæ tunc a paucis sanctis et intelligebantur ad fructum salutis, et observabantur ad congruentiam temporis, a multitudine vero carnalium tantummodo observabantur, non intelligebantur.

36. Per multa itaque et varia signa rerum futurarum, quas longum est omnes commemorare, et eas nunc in Ecclesia videmus impleri, perductus est ille populus ad terram promissionis, ubi temporaliter carnaliterque regnaret pro modo desiderii sui : quod tamen regnum terrenum regni spiritalis imaginem gessit. Ibi Jerusalem condita est famosissima civitas Dei, serviens in signo liberæ civitatis, quæ cœlestis Jerusalem dicitur, quod verbum est Hebræum, et interpretatur visio pacis. (*Gal.*, IV, 26.) Cujus cives sunt omnes sanctificati homines qui fuerunt, et qui sunt, et qui futuri sunt; et omnes sanctificati spiritus, etiam quicumque in excelsis cœlorum partibus pia devotione obtemperant Deo, nec imitantur impiam diaboli superbiam et angelorum ejus. Hujus civitatis rex est Dominus Jesus Christus, Verbum Dei quo reguntur summi angeli, et Verbum hominem assumens ut eo regerentur et homines, qui simul omnes cum illo in æterna pace regnabunt. Ad hujus Regis præfigurationem in illo terreno regno populi Israel maxime eminuit rex David (1 *Reg.*, XVI, 13), de cujus semine secundum carnem veniret verissimus Rex noster Dominus Jesus Christus, « qui est super omnia Deus benedictus in sæcula. » (*Rom.*, IX, 5.) Multa in illa terra promissionis gesta sunt in figuram venturi Christi et Ecclesiæ, quæ in sanctis libris paulatim discere poteris.

CAPUT XXI. — 37. Post aliquot tamen generationes ostendit alium typum ad rem maxime pertinentem. Nam captivata est illa civitas, et multa pars ejus educta in Babyloniam. Sicut autem Jerusalem signi-

ses habitants furent conduits en captivité à Babylone. De même que Jérusalem représente la cité et la société des saints, de même Babylone représente la cité et la société des méchants, car son nom exprime la confusion (1). Nous avons parlé précédemment de ces deux cités, qui subsistent ensemble depuis le commencement du monde (chap. 19), et dont la séparation n'aura lieu qu'au jugement dernier. La captivité de la ville de Jérusalem fut donc un effet de la volonté de Dieu, qui par la bouche de Jérémie son prophète (*Jérém.*, XXV, 21, 29), ordonna aux habitants de cette cité de se laisser conduire en servitude à Babylone. Or, il arriva que quelques rois de Babylone, sous lesquels les Israélites étaient esclaves, frappés d'admiration à la vue de plusieurs miracles, connurent, adorèrent et donnèrent à leurs sujets l'ordre d'adorer le seul et vrai Dieu, créateur de toutes choses (*Esdras*, I, 7). Il fut ordonné alors aux Israélites de prier pour ceux qui les tenaient en captivité, leur faisant voir et espérer que c'était dans la paix de leurs maîtres qu'ils trouveraient eux-mêmes la paix, et pourraient engendrer des enfants, construire des maisons, et cultiver des jardins et des vignes. (*Jérém.*, XXIX, 4.) Il leur promit cependant qu'au bout de soixante-dix ans, ils seraient délivrés de leur captivité. Or, tout cela était une figure signifiant que l'Église du Christ serait, dans la personne de tous les saints qui sont les citoyens de la céleste Jérusalem, soumise aux rois de la terre. Car l'Apôtre lui-même dit que toute âme soit « soumise aux puissances supérieures. Rendez donc à chacun ce qui lui est dû, le tribut à qui vous devez le tribut, les impôts à qui vous devez les impôts, » (*Rom.*, XIII, 1, 7) et les autres choses que, sans porter atteinte au culte de Dieu, nous devons rendre aux princes qui gouvernent la société humaine. Le Seigneur lui-même, pour nous donner l'exemple de cette sainte doctrine, n'a pas refusé, comme homme, ayant pris notre nature, de payer le tribut personnel qu'on exigeait de lui. (*Matth.*, XVII, 27.) Dieu veut aussi que tous les serviteurs chrétiens servent de bon cœur et avec fidélité les maîtres qu'ils ont sur la terre (*Ephés.*, VI, 5), et dont ils seront les juges, si ces maîtres persistent jusqu'à la fin dans leur iniquité, ou avec lesquels ils règneront un jour, s'ils se sont convertis au culte du vrai Dieu. Dieu nous prescrit encore d'être soumis à toutes les puissances humaines, jusqu'à ce qu'après le temps déterminé, l'Église soit délivrée de la confusion de ce siècle, comme après les soixante-dix ans de captivité, Jérusalem a été délivrée de la captivité de Babylone.

---

(1) Saint Augustin fait ici allusion à la tour de Babel, lorsqu'arriva la confusion des langues.

---

ficat civitatem societatemque sanctorum, sic Babylonia significat civitatem societatemque iniquorum, quoniam dicitur interpretari confusio. De quibus duabus civitatibus, ab exordio generis humani usque in finem sæculi (*a*) permixte temporum varietate currentibus, et ultimo judicio separandis, paulo ante jam diximus. Illa ergo captivitas Jerusalem civitatis, et ille populus in Babyloniam ductus ad servitutem ire jubetur a Domino per Jeremiam illius temporis prophetam. (*Jerem.*, XXV, 21, et XXIX, 1.) Et exstiterunt reges Babyloniæ, sub quibus illi serviebant (I *Esdr.*, I, 7), qui ex eorum occasione commoti quibusdam miraculis cognoscerent et colerent et coli juberent unum verum Deum, qui condidit universam creaturam. Jussi sunt autem et orare pro eis a quibus captivi tenebantur, et in eorum pace pacem sperare, ad gignendos filios et domos ædificandas et plantandos hortos et vineas. (*Jerem.*, XXIX, 4.) Post septuaginta autem annos promittitur eis ab illa captivitate liberatio. Hoc autem totum figurate significabat Ecclesiam Christi in omnibus sanctis ejus, qui sunt cives Jerusalem cœlestis, servituram fuisse sub regibus hujus sæculi. Dicit enim et apostolica doctrina, ut « omnis anima sublimioribus potestatibus subdita sit : » et ut « reddantur omnibus omnia, cui tributum tributum, cui vectigal ; vectigal ; » (*Rom.*, XIII, 1, 7) et cætera quæ salvo Dei nostri cultu, constitutionis humanæ principibus reddimus ; quando et ipse Dominus, ut nobis hujus sanæ doctrinæ præberet exemplum, pro capite hominis quo erat indutus, tributum solvere non dedignatus est. (*Matth.*, XVII, 27.) Jubentur autem etiam servi Christiani et boni fideles dominis suis temporalibus æquanimiter fideliterque servire (*Ephes.*, VI, 5); quos judicaturi sunt, si usque in finem iniquos invenerint, aut cum quibus æqualiter regnaturi sunt, si et illi ad verum Deum conversi fuerint. Omnibus tamen præcipitur servire humanis potestatibus atque terrenis, quo usque post tempus præfinitum, quod significant septuaginta anni, ab istius sæculi confusione tanquam de captivitate Babyloniæ, sicut Jerusalem liberetur Ecclesia. Ex cujus captivitatis occasione ipsi etiam terreni reges desertis

---

(*a*) Sic Mss. At editi, *permixta*.

De cette captivité il résulte que les rois de la terre abandonnant le culte des idoles, pour lesquelles ils persécutaient les chrétiens, ont connu et adorent aujourd'hui le seul vrai Dieu et Notre-Seigneur Jésus-Christ. C'est pour cela que l'apôtre saint Paul a voulu que l'on priât pour eux, alors même qu'ils persécutaient l'Eglise, car il dit expressément : « Je vous conjure donc avant toutes choses que l'on fasse des supplications, des prières, des demandes et des actions de grâces pour les rois, pour tous les hommes et pour tous ceux qui sont élevés en dignité, afin que nous menions une vie paisible en toute piété et en toute honnêteté. » (I *Tim.*, II, 5.) Ainsi c'est à eux que l'Eglise doit la paix et la tranquillité temporelle, qui lui permet d'élever des maisons spirituelles, de cultiver des jardins et des vignes en l'honneur et à la gloire du Seigneur. C'est aussi au bienfait de cette paix donnée à toute la terre par les rois chrétiens, que nous pouvons par notre parole vous édifier et vous cultiver vous-mêmes, car vous êtes, comme le dit l'Apôtre, « un fonds que Dieu cultive et un édifice qu'il bâtit. » (I *Cor.*, III, 9.)

38. Enfin, après l'accomplissement des soixante-dix années de captivité que Jérémie avait annoncées comme figure de la fin des siècles, (*Jérém.*, XXV, 12 ; XXIX, 10), pour que cette figure fût complète, le temple de Dieu se releva dans Jérusalem. Mais comme tout cela n'était au fond qu'une figure, ce ne fut ni une paix solide, ni la liberté qui fut rendue aux Juifs, car ils furent bientôt après vaincus par les Romains, dont ils devinrent tributaires. Cependant dès le temps que les Juifs entrèrent en possession de la terre promise, et qu'ils commencèrent à être gouvernés par des rois, l'avènement de Jésus-Christ, comme libérateur, leur fut annoncé plus clairement, non-seulement par David lui-même, dans le livre des Psaumes, mais encore par d'autres grands et saints prophètes, jusqu'au temps de la captivité de Babylone, pour les empêcher de croire que la venue du libérateur qu'on leur avait promis s'était accomplie dans la personne de l'un de leurs rois. Pendant le temps de la captivité même, la voix de plusieurs prophètes s'éleva encore pour annoncer la venue de Notre-Seigneur Jésus-Christ, comme libérateur du monde entier. Et lors même qu'après l'accomplissement des soixante-dix années de la captivité, le temple fut rebâti, les Juifs eurent à souffrir tant de vexations et de calamités de la part des rois de la terre, qu'il leur était facile de comprendre que le libérateur dont ils attendaient, non une délivrance spirituelle, mais la fin de leurs maux temporels, n'était pas encore venu.

CHAPITRE XXII. — 39. Toute la suite des

---

idolis, pro quibus persequebantur Christianos, unum verum Deum et Christum Dominum cognoverunt et colunt, pro quibus apostolus Paulus jubet orari, etiam cum persequerentur Ecclesiam. Sic enim dicit : « Obsecro itaque primum fieri deprecationes, (*a*) adorationes, interpellationes, gratiarum actiones, pro regibus, pro omnibus hominibus, et omnibus qui in sublimitate sunt, ut securam et tranquillam vitam agamus cum omni pietate et (*b*) caritate. » (I *Tim.*, II, 1 et 2.) Itaque per ipsos data pax est Ecclesiæ, quamvis temporalis, tranquillitas (*c*) temporalis ad ædificandas spiritualiter domos et plantandos hortos et vineas. Nam et ecce te modo per istum sermonem ædificamus atque plantamus. Et hoc fit per totum orbem terrarum cum pace regum Christianorum, sicut idem dicit Apostolus : « Dei agricultura, Dei ædificatio estis. » (I *Cor.*, III, 9.)

38. Et post annos quidem septuaginta quos mystice prophetaverat Jeremias, ut finem temporum præfiguraret (*Jer.*, XXV, 12 ; XXIX, 10), tamen ut ipsa figura integraretur, facta est in Jerusalem restitutio ædificationis templi Dei : sed quia totum figurate agebatur, non erat firma pax ac libertas reddita Judæis. Itaque postea a Romanis victi sunt, et tributarii facti. Ex illo autem tempore ex quo terram promissionis acceperunt, et reges habere cœperunt, ne in aliquo regum suorum completum esse arbitrarentur quod eis liberator Christus promittebatur, apertius per multas prophetias prophetatus est Christus, non solum ab ipso David in libro Psalmorum, sed etiam a cæteris et magnis et sanctis Prophetis, usque ad tempus captivitatis in Babyloniam : et in ipsa captivitate fuerunt Prophetæ, qui venturum Dominum Jesum Christum liberatorem omnium prophetarent. Et postea quam templum transactis septuaginta annis restitutum est, tantas pressuras et calamitates a regibus gentium Judæi perpessi sunt, ut intelligerent nondum venisse liberatorem, quem non spiritaliter liberaturum intelligebant, sed pro liberatione carnali desiderabant.

CAPUT XXII. — 39. Peractis ergo quinque ætatibus

(*a*) Lov. *orationes*. Editi autem alii et Mss. *adorationes*. Græce est, προσευχάς. — (*b*) Vulgata, *castitate* : juxta Græc. σεμνότητι. — (*c*) Sic Mss. Editi vero, *temporis*.

temps, jusqu'à Jésus-Christ, se divise en cinq âges : le premier, depuis l'origine du monde, c'est-à-dire, depuis Adam, qui fut le premier homme, jusqu'à Noé, qui construisit l'arche pour s'y retirer pendant le déluge (*Gen.*, VI, 22); le second, jusqu'à Abraham, qui fut appelé le père de toutes les nations qui garderaient sa foi (*Gen.*, XVII, 4), mais selon la chair seulement, père du peuple juif, qui, avant la propagation de la foi chrétienne, fut entre tous les peuples le seul qui adora le vrai Dieu, et de la race duquel devait naître selon la chair le Sauveur du monde, Notre-Seigneur Jésus-Christ. Tous les faits qui concernent ces deux premiers âges, sont surtout bien relatés dans l'Ancien Testament; mais ceux des trois âges suivants le sont aussi dans l'Evangile, qui donne la généalogie de Jésus-Christ, en tant que né selon la chair. (*Matth.*, I, 17.) Le troisième âge va depuis Abraham jusqu'au roi David. Le quatrième, depuis David jusqu'au temps où le peuple de Dieu fut emmené captif à Babylone; et le cinquième, depuis cette captivité jusqu'à l'avénement de Notre-Seigneur Jésus-Christ. C'est alors que commence le sixième âge du monde, où la grâce spirituelle, qui n'était connue que de quelques patriarches et de quelques prophètes, fut manifestée à toutes les nations, afin que les hommes servissent Dieu gratuitement, et non plus en vue de récompenses temporelles ou des félicités de la vie présente, mais seulement pour arriver à la vie éternelle, dont ils jouiraient avec Dieu lui-même. C'est ainsi qu'à ce sixième âge, l'esprit humain fut renouvelé à l'image de Dieu, comme au sixième jour de la création, l'homme avait été créé à l'image et à la ressemblance de son Créateur. (*Gen.*, I, 27.) C'est alors aussi que la loi reçut sa plénitude, lorsque les commandements qu'elle contient ne furent plus accomplis en vue d'aucun avantage temporel, mais pour l'amour de celui qui les avaient donnés. Qui donc refuserait d'aimer à son tour ce Dieu si juste, si miséricordieux, qui a été le premier à aimer les méchants et les orgueilleux, jusqu'à leur envoyer son Fils unique, par lequel il a fait toutes choses, ce Fils qui, sans rien perdre de sa nature divine, a daigné se revêtir de la nôtre, et qui s'est fait homme, non-seulement pour vivre avec nous, mais encore pour mourir par nous et pour nous.

40. C'est donc Jésus-Christ qui a manifesté le Nouveau Testament, qui donne droit à l'héritage éternel, afin que l'homme, renouvelé par l'alliance que Dieu faisait avec lui, entrât dans une vie nouvelle, c'est-à-dire, toute spirituelle; tandis que sous l'empire de l'ancienne loi, le peuple, à l'exception de quelques patriarches et de quelques prophètes, ainsi que d'un petit

---

sæculi, quarum prima est ab initio generis humani, id est, ab Adam, qui primus homo factus est, usque ad Noe, qui fecit arcam in diluvio (*Gen.*, VI, 22), inde secunda est usque ad Abraham, qui pater (*a*) dictus est omnium quidem gentium, quæ fidem ipsius imitarentur (*Gen.*, XVII, 4); sed tamen ex propagine carnis suæ futuri populi Judæorum : qui ante fidem Christianam gentium, unus inter omnes omnium terrarum populus unum verum Deum coluit, ex quo populo salvator Christus secundum carnem veniret. Isti enim articuli duarum ætatum eminent in veteribus libris : reliquarum autem trium in Evangelio etiam declarantur, cum carnalis origo Domini Jesu Christi commemoratur. (*Matth.*, I, 17.) Nam tertia est ab Abraham usque ad David regem : quarta a David usque ad illam captivitatem, qua populus Dei in Babyloniam transmigravit : quinta ab illa transmigratione usque ad adventum Domini nostri Jesu Christi; ex cujus adventu sexta ætas agitur : ut jam spiritalis gratia, quæ paucis tunc Patriarchis et Prophetis nota erat, manifestaretur omnibus gentibus : ne quisquam Deum nisi gratis coleret, non visibilia præmia servitutis suæ et præsentis vitæ felicitatem, sed solam vitam æternam, in qua ipso Deo frueretur, ab illo desiderans; ut hac sexta ætate mens humana renovetur ad imaginem Dei, sicut sexta die homo factus est ad imaginem Dei. (*Gen.*, I, 27.) Tunc enim et lex impletur, dum non cupiditate rerum temporalium, sed caritate illius qui præcepit, fiunt quæcumque præcepit. Quis autem non redamare affectet justissimum et misericordissimum Deum, qui prior sic amavit injustissimos et superbissimos homines, ut propter eos mitteret unicum Filium, per quem fecit omnia, qui non sui mutatione, sed hominis assumptione homo factus, non solum cum eis vivere, sed etiam pro eis et ab eis posset occidi?

40. Itaque novum Testamentum hereditatis sempiternæ manifestans, in quo renovatus homo per gratiam Dei ageret novam vitam, hoc est vitam spiritalem; ut vetus ostenderet primum, in quo carnalis populus agens veterem hominem, exceptis paucis intelligentibus Patriarchis et Prophetis et nonnullis

(*a*) Mss. *electus est*.

nombre de saints cachés, qui avaient l'intelligence des choses divines, le peuple, dis-je, qui vivait selon le vieil homme, demandait seulement à Dieu, dans sa vie charnelle, des récompenses charnelles, qu'il recevait néanmoins en signe et en figure des biens spirituels. Notre-Seigneur Jésus-Christ, en se faisant homme, a méprisé tous les biens terrestres, pour apprendre aux hommes à les mépriser également. Il a souffert sur la terre tous les maux qu'il nous recommandait de supporter, pour nous enseigner que notre bonheur n'est pas dans ces biens, et notre malheur dans ces maux. S'il est né d'une mère qui l'a conçu sans que sa pureté virginale en souffrît la moindre atteinte, et qui est demeurée intacte, qui est restée vierge en le concevant, vierge en le mettant au monde, vierge jusqu'au moment de sa mort, et qui avait été fiancée à un simple artisan, c'était pour éteindre l'orgueil qu'inspire la noblesse de la naissance. S'il est né dans la ville de Bethléem, si peu considérable parmi celles de la Judée, qu'aujourd'hui elle n'est plus considérée que comme un village, c'était pour nous apprendre à ne pas nous glorifier de la célébrité d'une ville où nous avons reçu le jour. S'il s'est fait pauvre, lui qui est le maître et le créateur de toutes choses, c'était pour enseigner à ceux qui croiraient en lui, à ne pas s'enorgueillir des richesses de la terre. S'il a refusé les royautés que lui offraient les hommes, lui dont toute créature reconnaît le royaume éternel, c'était pour montrer le chemin de l'humilité aux malheureux que l'orgueil aurait pu éloigner de lui. Il a eu faim, lui qui nourrit tous les hommes; il a eu soif, lui qui a créé le monde entier; lui qui est le pain spirituel de ceux qui ont faim, et l'eau salutaire de ceux qui ont soif. Il a supporté les fatigues du voyage, lui qui nous a frayé la voie qui conduit au ciel. Il est resté muet, il est resté sourd devant les outrages qu'on lui prodiguait, lui qui a fait parler les muets et entendre les sourds. Il a été enchaîné, lui qui nous a délivrés des liens de nos infirmités. Il a été flagellé, lui qui a éloigné du corps des hommes le fouet des souffrances et de la douleur. Il a été crucifié, lui qui a mis fin à nos tourments. Il est mort, lui qui a rendu la vie aux morts, mais il est ressuscité lui-même pour ne plus mourir, afin d'apprendre aux hommes à ne pas mépriser la mort, comme s'ils ne devaient jamais revivre.

CHAPITRE XXIII. — 41. Après avoir fortifié la foi de ses disciples, il resta encore avec eux quarante jours. Il monta au ciel en leur présence, et cinquante jours après sa résurrection, il leur envoya, selon sa promesse, le Saint-Esprit qui répandit la charité dans leur cœur, afin qu'ils pussent non-seulement sans peine, mais encore avec joie, accomplir la loi donnée aux Juifs, dans les dix commandements qu'on

---

latentibus sanctis, carnaliter vivens carnalia præmia desiderabat a Domino Deo, et in figura spiritalium bonorum accipiebat : omnia ergo bona terrena contempsit homo factus Dominus Christus, ut contemnenda monstraret; et omnia terrena sustinuit mala, quæ sustinenda præcipiebat : ut neque in illis quæreretur felicitas, neque in istis infelicitas timeretur. Natus enim de matre, quæ quamvis a viro intacta conceperit, semperque intacta permanserit, virgo concipiens, virgo pariens, virgo moriens, tamen fabro desponsata erat, omnem typhum carnalis nobilitatis exstinxit. Natus etiam in civitate Bethleem, quæ inter omnes Judææ civitates ita erat exigua, ut hodieque villa appelletur, noluit quemquam de cujusquam terrenæ civitatis sublimitate gloriari. Pauper etiam factus est cujus sunt omnia, et per quem creata sunt omnia; ne quisquam cum in eum crederet, de terrenis divitiis auderet extolli. Noluit rex ab hominibus fieri; quia humilitas ostendebat viam miseris, quos ab (a) eo superbia separaverat : quamvis sempiternum ejus regnum universa creatura testetur. Esurivit qui omnes pascit, sitivit per quem creatur omnis potus, et qui spiritaliter panis est esurientium fonsque sitientium : ab itinere terrestri fatigatus est, qui se ipsum nobis viam fecit in cœlum : velut obmutuit et obsurduit coram conviciantibus, per quem mutus locutus est et surdus audivit : vinctus est, qui de infirmitatum vinculis solvit : flagellatus est, qui omnium dolorum flagella de hominum corporibus expulit : crucifixus est, qui cruciatus nostros finivit : mortuus est, qui mortuos suscitavit. Sed et resurrexit nunquam moriturus, ne ab illo quisquam sic disceret mortem contemnere, quasi nunquam (b) victurus.

CAPUT XXIII. — 41. Inde confirmatis discipulis, conversatus cum eis quadraginta diebus, eisdem spectantibus ascendit in cœlum; et completis a resurrectione quinquaginta diebus misit eis Spiritum sanctum, (promiserat enim,) per quem diffusa caritate in cordibus eorum, non solum sine onere, sed etiam cum jucunditate legem possent implere. Quæ

(a) Sic Mss. At editi, *ab ea*. — (b) Am. Er. et feré omnes Mss. *futurus*. Unus Vatic. *resurrecturus*.

appelle décalogue, et qui se réduisent tous aux deux préceptes « d'aimer Dieu de tout notre cœur, de tout notre esprit, de toute notre âme, et notre prochain comme nous-mêmes. » (*Matth.*, XXII, 37.) Le Seigneur même nous a appris dans son Evangile et nous a montré par son exemple « que toute la loi et les prophètes sont contenus dans ces deux commandements. » (*Matth.*, XXII, 40.) De même que ce fut cinquante jours après que les Israélites eurent célébré en figure le mystère de la Pâque, en immolant et en mangeant un agneau (*Exode*, XII), avec le sang duquel ils marquèrent le haut de leurs portes, pour être préservés de tout mal, qu'ils reçurent la loi écrite par le doigt de Dieu (*Exode*, XIX, 1) qui, comme je l'ai dit plus haut, est l'expression du Saint-Esprit (*Luc*, XI, 20); de même ce fut cinquante jours après la passion et la résurrection du Seigneur, c'est-à-dire après la véritable Pâque, que le Saint-Esprit fut envoyé aux disciples. Ce n'était plus une loi écrite sur des tables de pierre, symbole de la dureté du cœur, qui leur fut donnée; mais lorsque les apôtres étaient tous rassemblés dans un même lieu, à Jérusalem, un grand bruit, comme celui d'un vent impétueux se fit entendre dans le ciel, et l'on vit paraître comme des langues de feu séparées les unes des autres, et ils commencèrent à parler diverses langues, de manière que chacun de ceux qui étaient présents, croyaient les entendre parler dans sa propre langue. (*Act.*, II, 1.) En effet, une multitude de Juifs qui parlaient différentes langues, selon la différence des pays qu'ils habitaient, étaient venus à Jérusalem de toutes les parties de la terre où ils étaient dispersés. Ensuite les disciples prêchèrent Jésus-Christ avec toute la force que leur inspirait leur foi, et firent en son nom plusieurs miracles si grands et si merveilleux, que saint Pierre qui passait, ressuscita un mort en le touchant seulement de son ombre. (*Act.*, V, 15.)

42. Les Juifs voyant tant de miracles s'accomplir au nom de celui que, partie par envie, partie par ignorance, ils avaient crucifié, entrèrent, les uns en fureur et commencèrent à persécuter les apôtres qui le prêchaient; les autres, au contraire, et ils étaient au nombre de plusieurs milliers, à la vue des prodiges qui se faisaient au nom de celui, qui avait été l'objet de leur mépris et de leur dérision, parce qu'ils en avaient triomphé, firent pénitence et crurent en lui. Ce n'étaient plus des biens temporels et un royaume terrestre qu'ils demandaient à Dieu; ils n'attendaient plus dans des désirs charnels, ce Messie qui leur avait été promis comme roi; mais ils comprenaient dans son immortalité et aimaient celui qui pour eux et par eux avait souffert tant de maux, pendant sa vie mortelle, et qui cependant leur pardonnait, jusqu'à la cruauté avec laquelle ils avaient répandu son sang.

---

data est Judæis in decem præceptis, quod appellant decalogum. Quæ rursus ad duo rediguntur, ut diligamus Deum ex toto corde, ex tota anima, ex tota mente; et diligamus proximum sicut nos ipsos. (*Matth.*, XXII, 37.) Nam in his duobus præceptis totam legem propheticasque pendere, ipse Dominus et dixit in Evangelio (*Ibid.*, 40), et suo manifestavit exemplo. Nam et populus Israel ex die quo primum pascha in imagine celebrarunt novem occidentes et manducantes, cujus sanguine postes eorum ad salutis tutelam signati sunt (*Exod.*, XII); ex ipso ergo die quinquagesimus dies impletus est (*Exod.*, XIX, 1), et legem acceperunt scriptam digito Dei, quo nomine jam diximus significari Spiritum sanctum (*Luc.*, XI, 20): sicut post Domini passionem et resurrectionem, quod est verum pascha, quinquagesimo die ipse Spiritus sanctus discipulis missus est : non jam lapideis tabulis corda dura significans; sed cum essent unum in locum congregati in ipsa Jerusalem, factus est subito de cœlo sonus, quasi ferretur flatus vehemens, et visæ sunt illis linguæ divisæ quasi ignis, et cœperunt linguis loqui, ita ut omnes qui ad illos venerant, suam linguam quisque cognosceret (*Act.*, II, 1, etc.): (ad illam enim civitatem ex omni terra conveniebant Judæi, quæcunque dispersi erant, et diversas linguas gentium diversarum didicerant :) deinde cum tota fiducia Christum prædicantes, in ejus nomine multa signa faciebant, ita ut quemdam mortuum transeunte Petro umbra ejus tetigerit, et resurrexerit. (*Act.*, V, 15.)

42. Sed cum viderent Judæi tanta signa fieri in ejus nomine, quem partim per invidiam, partim per errorem crucifixerunt, alii irritati sunt ad persequendos prædicatores ejus Apostolos, alii vero idipsum amplius admirantes, quod in ejus nomine, quem veluti a se oppressum et victum riserant, tanta miracula fierent, pœnitendo conversi crediderunt in eum millia Judæorum. Non erant jam illi temporalia beneficia terrenumque regnum desiderantes a Deo, nec promissum regem Christum carnaliter expectantes; sed immortaliter intelligentes et diligentes eum, qui pro ipsis ab ipsis tanta mortaliter pertulit,

L'exemple de sa résurrection leur faisait espérer et désirer la vie immortelle. C'est pourquoi mortifiant les désirs charnels du vieil homme, brûlant d'amour pour la vie nouvelle et toute spirituelle où ils étaient entrés, ils vendaient, selon les préceptes du Seigneur, tout ce qu'ils possédaient, et en déposaient le prix aux pieds des apôtres, en leur laissant le soin de le distribuer à chacun selon ses besoins. (*Actes*, II, 44; IV, 34.) Animés l'un envers l'autre d'une charité chrétienne, ils vivaient ensemble dans la paix et l'union, ne regardant plus ce qu'ils avaient comme leur bien personnel, mais comme celui de tous. Ils ne faisaient plus qu'un seul cœur et qu'une seule âme en Dieu. Ils furent eux-mêmes persécutés par les Juifs charnels leurs concitoyens, et dispersés dans le monde; mais leur dispersion ne servit qu'à répandre plus au loin la connaissance et la foi du Christ, et à leur faire imiter la patience de leur divin Maître qui, les ayant soufferts avec douceur, leur ordonnait de montrer la même douceur dans les maux qu'ils auraient à souffrir pour lui.

43. Parmi les persécuteurs des saints avait été l'apôtre saint Paul, qui sévissait avec beaucoup d'acharnement contre les chrétiens. Mais plus tard, il crut, et devint apôtre du Seigneur. Envoyé pour prêcher l'Évangile aux Gentils, il fut exposé, pour le nom du Christ, à des tourments et à des maux plus grands encore, que ceux qu'il avait fait souffrir aux chrétiens. Il établissait des églises, dans tous les lieux où il semait la parole évangélique; et comme il eût été difficile de faire comprendre à des peuples qui, sortant à peine de l'idolâtrie, ne savaient pas encore comment on doit honorer le vrai Dieu, de vendre, pour le servir, ce qu'ils possédaient et d'en distribuer le prix aux indigents, il leur recommandait vivement d'en faire l'offrande aux pauvres des églises de la Judée qui croyaient en Jésus-Christ. C'est ainsi que saint Paul établit les uns comme soldats du Christ, les autres comme tributaires de ces soldats dans les différentes provinces, leur prêchant à tous Jésus-Christ comme la pierre angulaire, prédite par les prophètes (*Ps.* CXVII, 22; *Isaïe*, XXVIII, 16), et par laquelle deux murs venant de deux côtés différents se trouvent joints et réunis, ainsi que les Juifs et les Gentils doivent l'être par le lien de la charité. Mais bientôt s'élevèrent de la part des nations infidèles de graves et fréquentes persécutions contre l'Église du Christ, et chaque jour voyait s'accomplir cette parole du Seigneur à ses disciples : « Je vous envoie comme des brebis au milieu des loups. » (*Matth.*, X, 12.)

CHAPITRE XXIV. — 44. Mais cette vigne qui

---

et eis usque ad sui sanguinis (*a*) peccata donavit, et immortalitatem a se sperandam et desiderandam exemplo suæ resurrectionis ostendit. Itaque jam veteris hominis terrena desideria mortificantes, et spiritalis vitæ novitates flagrantes, sicut præceperat in Evangelio Dominus, vendebant omnia quæ habebant, et pretia rerum suarum ante pedes Apostolorum ponebant, ut ipsi distribuerent unicuique, sicut cuique opus erat : viventesque in Christiana dilectione concorditer, non dicebant aliquid suum, sed erant illis omnia communia, et anima et cor unum in Deum. (*Act.*, II, 44, et IV, 34.) Deinde etiam ipsi a Judæis carnalibus civibus carnis suæ persecutionem passi atque dispersi sunt, ut latius Christus eorum dispersione prædicaretur, et imitarentur etiam ipsi patientiam Domini sui : quia qui (*b*) eos mansuetus passus fuerat, mansuefactos pro se pati jubebat.

43. Ex ipsis sanctorum persecutoribus fuerat etiam apostolus Paulus, et in Christianos maxime sæviebat : sed postea credens et apostolus factus, missus est ut Gentibus Evangelium prædicaret, graviora perpessus pro nomine Christi, quam fecerat contra nomen Christi. Ecclesias autem constituens per omnes gentes qua Evangelium seminabat, impense præcipiebat, ut quoniam ipsi ex idolorum cultu venientes, et ad unum Deum colendum rudes, non facile poterant rebus suis venditis et distributis servire Deo, oblationes facerent in pauperes sanctorum qui erant in Ecclesiis Judææ, quæ Christo crediderant : ita illos tanquam milites, illos autem tanquam stipendiarios provinciales apostolica doctrina constituit; inserens eis Christum velut lapidem angularem (*Ps.* CXVII, 22), sicut per Prophetam prænuntiatus erat (*Isai.*, XXVIII, 16), in quo ambo quasi parietes de diverso venientes, de Judæis videlicet atque Gentibus, germana caritate copularentur. Sed postea graviores et crebriores persecutiones ex incredulis gentibus adversus Christi Ecclesiam surrexerunt, et implebatur in dies singulos verbum Domini prædicentis : « Ecce ego mitto vos velut oves in medio luporum. » (*Matth.*, X, 16.)

CAPUT XXIV. — 44. Sed illa vitis quæ per orbem terrarum, sicut de illa prophetatum est, et ab ipso Do-

---

(*a*) Hic in editione Lov. additum fuerat, *effusionem* : minus bene. — (*b*) Am. et Er. *qui ante eos*. Lov. *qui pro eis*. Aliquot Mss. *qui per eos* : et quidam, *qui propter eos* : plerique autem, *qui eos*.

étend ses branches fécondes sur toute la terre, comme les prophètes l'avaient prédit, et comme le Seigneur lui-même l'avait annoncé, prospérait d'autant plus qu'elle était plus abondamment arrosée du sang des martyrs. Les supplices de tous ces saints qui mouraient pour soutenir la vérité de la foi, triomphèrent enfin de la persécution des rois qui se convertirent, et baissèrent humblement leur tête orgueilleuse pour adorer le Christ, qu'ils avaient reconnu. Mais il fallait, comme le Seigneur l'avait également prédit (*Jean*, xv, 2), que cette vigne fût taillée, et qu'on en retranchât les rameaux stériles, c'est-à-dire ceux qui, sous le nom du Christ, avaient élevé en divers lieux des schismes et des hérésies, ne cherchant que leur propre gloire, et non la gloire de celui dont ils invoquaient le nom. Ces divisions intérieures ne pouvaient d'ailleurs servir qu'à exercer la patience de l'Eglise, et à faire de plus en plus ressortir la grandeur et la supériorité de sa doctrine.

45. Nous voyons donc l'accomplissement de tous les faits, qui ont été prédits si longtemps d'avance; et de même que les premiers chrétiens qui n'en avaient pas encore été les témoins, croyaient par les miracles qui se passaient sous leurs yeux; de même l'accomplissement de tous ces faits, tel que nous le lisons dans les Ecritures, où toutes les choses futures ont été annoncées comme nous les voyons présentement, nous édifie à la foi, et doit nous porter à croire, avec toute confiance dans le Seigneur, que ce qui n'est pas encore arrivé s'accomplira un jour. L'Ecriture, en effet, nous annonce encore d'autres tribulations pour l'avenir, et le jour du jugement dernier, où les citoyens des deux cités reprendront leur corps pour venir rendre compte de leur vie devant le tribunal du Christ, qui les jugera. En effet, celui qui a daigné venir sur la terre revêtu de l'humanité de la nature humaine, apparaîtra alors, dans tout l'éclat de sa gloire et de sa puissance, et fera la séparation des bons et des méchants, parmi lesquels il rangera, non-seulement ceux qui n'ont pas voulu croire en lui, mais encore ceux dont la foi en lui a été vaine et infructueuse. Aux bons il donnera le royaume éternel avec lui, aux méchants les peines éternelles avec le démon. (*Matth.*, xxv, 46.) Et de même que nulle joie temporelle ne peut donner aucune idée des joies et des félicités de la vie éternelle, qui sera donnée aux saints, de même aucun des tourments qu'on souffre sur la terre ne peut être comparé aux supplices réservés aux impies.

CHAPITRE XXV. — 46. C'est pourquoi, mon frère, il faut vous fortifier, au nom et avec l'aide de celui en qui vous croyez, contre les discours de ceux pour qui notre foi n'est qu'un objet de

---

mino prænuntiatum erat, fructuosos palmites diffundebat, tanto pullulabat amplius, quanto uberiore Martyrum sanguine rigabatur. Quibus per omnes terras innumerabiliter pro fidei veritate morientibus, etiam ipsa persequentia regna cesserunt, et ad Christum cognoscendum atque venerandum fracta superbiæ cervice conversa sunt. Oportebat autem ut eadem vitis, sicut a Domino identidem prædictum erat, putaretur, et ex ea præciderentur infructuosa sarmenta (*Joan.*, xv, 2), quibus hæreses et schismata per loca facta sunt, sub Christi nomine, non ipsius gloriam, sed suam quærentium, per quorum adversitates magis magisque exerceretur Ecclesia et probaretur atque illustraretur et doctrina ejus et patientia.

45. Omnia ergo hæc, sicut tanto ante prædicta legimus, sic et facta cognoscimus : et quemadmodum primi Christiani, quia nondum ista provenisse videbant, miraculis movebantur ut crederent; sic nos quia omnia ista ita completa sunt, sicut ea in libris legimus, qui longe ante quam hæc implerentur conscripti sunt, ubi omnia futura dicebantur, et præsentia jam videntur, ædificamur ad fidem, ut etiam illa quæ restant, sustinentes et perseverantes in Domino, sine dubitatione ventura credamus. Si quidem adhuc tribulationes futuræ in eisdem Scripturis leguntur, et ipse ultimus judicii dies, ubi omnes cives ambarum illarum civitatum receptis corporibus surrecturi sunt, et rationem vitæ suæ ante tribunal Christi judicis reddituri. Veniet enim in claritate potestatis, qui prius in humilitate humanitatis venire dignatus est ; et omnes pios ab impiis segregabit : non tantum eis qui in eum credere omnino noluerunt, sed etiam eis qui frustra et infructuose crediderunt in eum; illis daturus regnum secum æternum, illis autem pœnam æternam cum diabolo. Sed sicut nullum gaudium rerum temporalium ex aliqua parte simile potest inveniri gaudio vitæ æternæ, quam sancti accepturi sunt : ita nullus cruciatus pœnarum temporalium potest sempiternis iniquorum cruciatibus comparari.

CAPUT XXV. — 46. Itaque frater confirma te ipsum in ejus nomine atque adjutorio cui credis, adversus linguas eorum qui fidem nostram irrident, de quibus diabolus seductoria verba loquitur, maxime volens irridere fidem resurrectionis. Sed ex te ipso

dérision. C'est le démon qui parle par leur bouche pour nous séduire et tourner en ridicule surtout le mystère de la résurrection. Croyez d'après vous-même, qu'après avoir été, vous serez encore un jour, puisqu'il fut un temps où vous n'étiez pas, et que vous êtes présentement. Où était la matière de votre corps, où étaient la forme et l'assemblage de tous vos membres, il y a peu d'années encore, et même avant que votre mère vous eût conçu dans son sein ? Ne sont-ils pas l'effet de cette création mystérieuse, par laquelle Dieu forme invisiblement toutes choses, et n'est-ce point par la succession des années, que votre corps est arrivé insensiblement à la grandeur et à la forme qu'il a présentement ? Dieu qui en un instant rassemble on ne sait d'où, ces amas de nuages qui dérobent le ciel à nos yeux, ne pourra-t-il pas avec la même facilité réunir cette portion de matière dont votre corps est composé, puisque c'est lui qui l'a créée lorsqu'elle n'existait pas encore ? Croyez donc, mon frère, croyez inébranlablement, que tout ce qui paraît s'anéantir aux yeux des hommes, demeure intact et ne périt pas devant la toute-puissance de Dieu. Ce corps qui tombera en poussière, Dieu saura bien le rétablir sans délai et sans peine, quand il plaira à sa justice; afin que les hommes rendent compte de leurs actions dans les mêmes corps, qui les auront accomplies; et qu'en récompense de leur piété, leurs corps reçoivent dans le ciel une éternelle incorruptibilité; ou qu'en punition de leur iniquité, ces corps soient de nouveau corruptibles, non plus pour être détruits par la mort, mais pour servir d'aliments à d'éternelles douleurs.

47. Evitez donc, mon frère, par la fermeté de votre foi et la pureté de vos mœurs; évitez ces tourments, où les bourreaux ne se lassent pas, et dans lesquels les condamnés ne meurent pas; ces tourments dans lesquels c'est une mort perpétuelle, que de ne pouvoir mourir dans de si atroces douleurs. Brûlez d'amour et de désirs pour la vie éternelle des saints, où l'on n'éprouvera ni la fatigue de l'action, ni l'ennui du repos, où on louera Dieu sans fatigue et sans tiédeur, où l'esprit ne sera soumis à aucun dégoût, ni le corps à aucune fatigue, où il n'y a ni indigence à craindre pour nous, ni aucune à secourir dans un autre. Dieu fera toute notre joie, toutes nos délices dans cette sainte cité dont il sera la nourriture spirituelle, et où dans le sein d'une éternelle félicité, nous ne vivrons qu'en lui et pour lui. Là nous deviendrons, selon la promesse qui nous en a été faite, et comme nous l'espérons avec confiance, « égaux aux anges de Dieu, » (*Luc*, xx, 36) en compagnie desquels nous jouirons par la claire vision, de cette ineffable Trinité que nous n'embrassons encore que par la

---

crede futurum te esse cum fueris, quando cum ante non fueris, nunc esse te vides. Ubi enim erat ista moles corporis tui et ista forma membrorumque compago ante paucos annos, prius quam natus, vel etiam prius quam in matris utero conceptus esses, ubi erat hæc moles et hæc statura corporis tui? Nonne de occultis hujus creaturæ secretis, Domino Deo invisibiliter formante, processit in lucem, certisque ætatum incrementis in istam magnitudinem formamque surrexit? Nunquid ergo difficile est Deo, qui etiam aggeres nubium ex occulto in momento contrahit, et contegit cœlum in ictu temporis, reddere istam quantitatem corporis tui sicut erat, qui eam facere potuit (*a*) sicut non erat? Crede ergo fortiter et inconcusse, quia omnia quæ videntur quasi pereundo humanis oculis subtrahi, salva et integra sunt omnipotentiæ Dei; qui ea cum voluerit, sine ulla mora et difficultate reparabit, ea dumtaxat quæ justitia ejus reparanda esse judicat : ut in his corporibus reddant homines factorum suorum rationem, in quibus ea fecerunt; et in his mereantur aut commutationem cœlestis incorruptionis pro meritis pietatis, aut (*b*) corruptibilem corporis conditionem pro meritis iniquitatis, non quæ morte solvatur, sed quæ materiam sempiternis doloribus præbeat.

47. Fuge ergo per immobilem fidem (*c*) et mores bonos, fuge frater illa tormenta, ubi nec tortores deficiunt, nec torti moriuntur; quibus sine fine mors est, non posse in cruciatibus mori. Et exardesce amore atque desiderio sempiternæ vitæ sanctorum, ubi nec operosa erit actio, nec requies desidiosa : laus erit Dei sine fastidio, sine defectu : nullum in animo tædium, nullus labor in corpore; nulla indigentia, nec tua cui subveniri desideres, nec proximi cui subvenire festines. Omnes deliciæ Deus erit et (*d*) satietas sanctæ civitatis in illo et de illo sapienter beateque viventis. Efficiemur enim, sicut ab illo promissum speramus et expectamus, æquales Angelis Dei (*Luc.*, xx, 36), et cum eis pariter illa Trinitate perfruemur jam per speciem, in qua nunc per fidem

---

(*a*) Sic Am. Er. et plures Mss. At Lov. *potuit cum non erat*. Corbeiensis codex a secunda manu, *sic cum non erat*. — (*b*) Aliquot Mss. *aut corruptibilis.* — (*c*) Sic Mss. Editi vero, *ad mores bonos*. — (*d*) Editi, *et societas*. Aptius forte quinque Mss. *et satietas*.

foi. Car nous croyons ce que nous ne voyons pas encore (II *Cor.*, v, 7), afin que le mérite de notre foi, nous permette de voir un jour et de posséder ce que nous croyons présentement. Alors au lieu de confesser avec la parole de la foi, et des syllabes qui ne sonnent qu'aux oreilles, l'égalité du Père, du Fils et du Saint-Esprit, et l'unité de la Trinité elle-même, nous jouirons de cette vue ineffable, plongés dans le silence de la plus pure et de la plus ardente contemplation.

48. Gravez bien toutes ces choses dans votre esprit et dans votre cœur, mon frère, et priez Dieu en qui vous croyez, de vous protéger contre les tentations du démon. Soyez toujours sur vos gardes, pour n'être pas surpris par cet invisible ennemi, qui n'a d'autre joie pour se consoler de sa damnation, que lorsqu'il peut la faire partager à d'autres avec lui. Ce n'est pas seulement par ceux qui haïssent le nom de chrétien, qui le voient avec douleur répandu sur toute la terre, qu'ils voudraient voir encore asservie au culte des idoles et aux arts de la magie, qu'il ose tenter les chrétiens; mais aussi par ceux dont j'ai parlé précédemment, qu'on appelle hérétiques et schismatiques, et qui sont séparés de l'unité de l'Eglise, comme des branches stériles retranchées de la vigne. Il essaie même quelquefois de les tenter et de les séduire par les Juifs, et ce qui est le plus à craindre, par des hommes qui sont dans l'Eglise catholique qui les supporte comme la paille dans l'aire du Seigneur, jusqu'au jour où elle sera séparée d'avec le bon grain. Si Dieu les souffre avec patience, c'est pour fortifier et exercer, par leur perversité, la foi et la prudence de ses élus, et aussi parce que parmi ces gens-là, il y en a beaucoup qui, par un mouvement soudain de repentir, se convertissent et prennent (1) pitié de leur âme pour plaire à Dieu. Car la patience de Dieu « n'amasse pas également sur tous les trésors de sa colère pour le jour du juste jugement, » (*Rom.*, II, 5) mais elle en ramène beaucoup à la salutaire douleur de la pénitence. Jusqu'à ce qu'ils arrivent à cet heureux état, ils servent à exercer et à éprouver, non-seulement la tolérance, mais encore la miséricorde de ceux qui sont déjà entrés dans la bonne voie. Attendez-vous donc à voir beaucoup de gens adonnés à l'ivrognerie, à l'avarice, à la fraude, aux jeux de hasard, à l'adultère, à la fornication, ayant recours à des remèdes sacriléges, aux devins, aux tireurs d'horoscopes, et à tous ceux qui exercent des arts impies. Vous

---

(1) L'édition de Louvain donne *miseranti Deo*, c'est-à-dire, Dieu ayant pitié de leur âme; mais Erasme et quelques manuscrits écrivent *miserati*, et cette version est préférable, parce que saint Augustin fait allusion ici à ce passage de l'*Eccl.*, xxx, 24 : *Miserere animæ tuæ placens Deo* : Ayez pitié de votre âme, si vous voulez plaire à Dieu.

---

ambulamus. (II *Cor.*, v, 7.) Credimus enim quod non videmus, ut ipsis meritis fidei etiam videre quod credimus et inhærere mereamur : ut æqualitatem Patris et Filii et Spiritus sancti, et ipsius Trinitatis unitatem, quomodo sint hæc tria unus Deus, non jam verbis fidei et strepentibus syllabis personemus, sed contemplatione purissima et ardentissima in illo silentio (*a*) sorbeamus.

48. Hæc tene fixa in corde tuo, et invoca Deum cui credis, ut tueatur te adversus tentationes diaboli : et esto cautus, ne tibi aliunde hostis ille subrepat, qui ad solatium malevolentissimum damnationis suæ, cum quibus damnetur inquirit. Non enim per eos solos qui Christianum nomen oderunt, et dolent eo nomine occupatum esse orbem terrarum, et adhuc simulacris et dæmoniorum curiositatibus servire desiderant, audet ille tentare Christianos : sed etiam per eos quos paulo ante commemoravimus, de unitate Ecclesiæ, velut putata vite, præcisos, quæ hæretici vel schismatici dicuntur, conatur etiam id quidem interdum. Sed tamen id etiam aliquando conatur et per Judæos tentare, atque seducere. Sed maxime cavendum est, ne per homines qui sunt in ipsa catholica Ecclesia, quos velut paleam usque ad tempus ventilationis suæ sustinet, unusquisque tentetur et decipiatur. Propterea enim Deus patiens est in illos, ut et suorum electorum fidem atque prudentiam per illorum perversitatem exercendo confirmet; et quia de numero eorum multi proficiunt, et ad placendum Deo miserati animas suas, magno impetu convertuntur. Non enim omnes sibi per patientiam Dei thesaurizant iram in die iræ justi judicii ejus (*Rom.*, II, 5) : sed multos eadem omnipotentis patientia perducit ad saluberrimum pœnitentiæ dolorem. Quod donec fiat, exercetur per eos illorum qui jam rectam viam tenent, non solum tolerantia, sed etiam misericordia. Multos ergo visurus es ebriosos, avaros, fraudatores, aleatores, adulteros, fornicatores, remedia sacrilega sibi alligantes, præcantatoribus et mathematicis vel quarumlibet impiarum artium divinatoribus deditos. Animadversurus etiam quod illæ turbæ implent ecclesias per dies festos

---

(*a*) Sic duo Mss. At editi, *sorbeamur*.

verrez même de ces gens-là remplir les églises, les jours de fêtes consacrés au culte chrétien, et les théâtres, pendant les jours de solennités païennes, et peut-être à cette vue, serez-vous tenté de les imiter. Que dis-je, vous le verrez? vous ne le savez déjà que trop, car vous n'ignorez pas que beaucoup d'hommes, qui portent le nom de chrétiens, pratiquent les œuvres de mal que je viens de vous énumérer brièvement, et tombent dans des excès bien plus graves encore. Si vous voulez vous faire chrétien dans l'intention de suivre impunément leur exemple, vous vous trompez étrangement. Le nom de chrétien ne vous servira de rien, lorsqu'arrivera le jour où vous serez sévèrement jugé par celui, qui avait daigné venir miséricordieusement à votre secours. Il a lui-même prédit tout cela, et dit dans son Evangile : « Tous ceux qui me disent : Seigneur, Seigneur, n'entreront pas dans le royaume des cieux, mais celui qui fait la volonté de mon Père. Plusieurs me diront ce jour-là : Seigneur, Seigneur, n'avons-nous pas bu et mangé en votre nom. » (*Matth.*, VII, 21, 22.) Tous ceux qui persévèrent dans de telles œuvres, n'ont rien à attendre que la damnation. Lors donc que vous en verrez qui, non-seulement les pratiquent, mais encore les excusent et essaient d'y attirer les autres, tenez-vous ferme à la loi de Dieu, et ne suivez pas ceux qui en sont les prévaricateurs. Car ce n'est pas selon l'esprit de ces gens-là, mais selon la vérité de cette loi que vous serez jugé.

49. Unissez-vous à ceux que vous verrez aimer avec vous votre divin Roi, car vous trouverez aussi beaucoup de ces hommes pieux, dès que vous commencerez à être tel vous-même. Si vous recherchiez autrefois la compagnie de ceux, qui aimaient avec vous à applaudir dans les cirques et dans les théâtres, l'adresse d'un conducteur de char, d'un chasseur ou le jeu d'un histrion ; combien plus devez-vous trouver de charme dans la société de ceux qui, avec vous aiment Dieu, qu'on n'a pas à rougir de servir et d'aimer, puisque non-seulement, il est invincible, mais qu'il rend invincibles comme lui, ceux qui le chérissent dans toute la sincérité de leur cœur. Ne mettez toutefois votre espérance, ni dans vous, quelque progrès que vous ayez faits dans la vérité, ni dans ceux qui vous ont précédé ou qui marchent avec vous dans la voie du Seigneur ; mais en celui qui les fait et qui vous fait vous-même ce que vous êtes, en vous communiquant sa grâce et sa justice. On peut se fier à Dieu, parce qu'il ne change pas, mais on ne saurait sans témérité se fier aux hommes. Cependant si nous devons aimer ceux qui ne sont pas encore justes, afin qu'ils le deviennent, combien plus ardemment devons-nous aimer ceux qui le sont déjà. Mais autre chose est d'aimer, autre chose est de mettre sa confiance en

---

Christianorum, quæ implent et theatra per dies sollemnes Paganorum ; et hæc videndo ad imitandum tentaberis. Et quid dicam, videbis, quod etiam nunc jam utique nosti : non enim nescis multos qui appellantur Christiani, hæc omnia mala operari, quæ breviter commemoravi. Et (*a*) aliquando fortasse graviora facere homines non ignoras, quos nosti appellari Christianos. Sed si hoc animo venisti, ut quasi securus talia facias, multum erras : nec tibi proderit nomen Christi, cum cœperit ille severissime judicare, qui prius dignatus est misericordissime subvenire. Prædixit enim ista, et ait in Evangelio : « Non omnis qui dicit mihi, Domine, Domine, intrabit in regnum cœlorum, sed is qui facit voluntatem Patris mei. Multi dicent mihi in illa die, Domine, Domine, in nomine tuo manducavimus et bibimus. » (*Matth.*, VII, 21, 22.) Omnibus ergo qui in talibus operibus perseverant, damnatio finis est. Cum ergo videris multos non solum hæc facere, sed etiam defendere atque suadere, tene te ad legem Dei, et non sequaris prævaricatores ejus. Non enim secundum illorum sensum, sed secundum illius veritatem judicaberis.

49. Conjungere bonis, quos vides amare tecum Regem tuum. Multos enim inventurus es, si et tu talis esse cœperis. Nam si in spectaculis (*b*) cum illis esse cupiebas et eis inhærere, qui tecum vel aurigam, vel venatorem, vel aliquem histrionem simul amabant ; quanto magis te delectare debet eorum conjunctio, qui tecum amant Deum, de quo nunquam erubescet amator ejus, quia non solum ipse non potest vinci, sed etiam dilectores suos reddet invictos. Nec tamen etiam in ipsis bonis, qui te vel præcedunt vel tibi comitantur ad Deum, spem tuam collocare debes, quia nec in te ipso debes quantumcumque profeceris, sed in illo qui eos et te justificando tales facit. Securus es enim de Deo, quia non mutatur : de homine autem nemo prudenter securus est. Sed si illos qui nondum justi sunt, amare debemus ut sint ; quanto ardentius qui jam sunt, amandi sunt. Sed aliud est diligere hominem, aliud

---

(*a*) Mss. *aliquanto*. — (*b*) Sic Am. Er. et Mss. At Lov. *Nam si in spectaculis et vanitatibus insanorum certaminum illis cupiebas inhærere*.

eux. Il y a une telle différence entre ces deux actions, que Dieu ordonne la première et défend la seconde. Si vous souffrez, pour l'amour de Jésus-Christ, quelques insultes et des tribulations sans rien perdre de la force et de la vivacité de votre foi, et sans vous écarter du droit chemin, la récompense que vous en recevrez sera grande ; mais ceux qui, dans les épreuves succombent aux séductions du démon, perdent même le peu qu'ils pouvaient attendre. Humiliez-vous donc devant Dieu, « afin qu'il ne permette pas que vous soyez tenté au delà de vos forces. » (I *Cor.*, x, 13.)

Chapitre XXVI. — 50. Après avoir ainsi parlé, on doit demander à celui que l'on instruit, s'il croit et s'il est disposé à suivre tout ce qu'on vient de lui dire. S'il répond affirmativement, il faut le marquer solennellement du sceau de Jésus-Christ, et le traiter selon les coutumes de l'Eglise. Au sujet de la consécration qu'il vient de recevoir par le sel (1), après lui avoir fait comprendre que les choses dont on se sert pour administrer les sacrements sont visibles, il est vrai, mais qu'il faut honorer en elles les mystères invisibles dont elles sont le symbole, et qu'il ne faut point, par exemple, regarder le sel qu'il vient de recevoir, et qui a été sanctifié par la bénédiction, comme on le ferait dans l'usage ordinaire. Il faut lui expliquer ce que signifient les paroles qu'il aura entendues, et ce qu'il y a de semblable aux effets du sel dans le sacrement, qui lui a été conféré par cette matière. Il faut à cette occasion l'avertir que lorsqu'il trouvera dans l'Ecriture quelques passages qui paraissent éveiller une idée charnelle, il doit croire, quand bien même il ne les comprendrait pas, qu'ils ont un sens spirituel, qui regarde les bonnes mœurs et la vie future. Ce peu de paroles suffiront pour lui apprendre que tout ce qu'il verra dans les livres canoniques, qui ne se rapporte pas à l'amour de l'éternité, de la vérité, de la sainteté, et à celui du prochain, doit être considéré par lui comme n'ayant été dit ou fait qu'en figure, et que pour le comprendre il doit le rapporter au double amour de Dieu et du prochain. Par ce mot de prochain, il ne doit pas entendre un degré plus ou moins rapproché de parenté, mais tous ceux qui peuvent être comme lui citoyens de la sainte cité, soit qu'ils en aient déjà ou n'en portent pas encore le caractère. Car on doit toujours espérer que tout homme finira par se corriger, puisque, comme le dit l'Apôtre, la patience de Dieu ne le laisse vivre « que pour l'amener à la pénitence. » (*Rom.*, II, 4.)

51. Si ce discours que je viens de faire, comme si j'avais en ma présence quelqu'un à instruire,

---

(1) Il s'agit ici du sel qu'on donnait aux catéchumènes. Au lieu de *sane*, il faudrait donc lire *sacramento salis*; comme plus bas, au lieu de *condatur* que l'on trouve dans l'édition d'Erasme et de Louvain, il faut lire *condiat*, comme l'écrivent avec plus de vérité les manuscrits et l'édition d'Amerbach. Cela ressort du passage de saint Augustin, où il dit, dans *ses Confessions*, liv. I, ch. II : *Et signabar jam signo crucis ejus, et condiebar ejus sale, jam inde ab utero matris meæ.* Dès le sein de ma mère, j'étais déjà marqué du signe de sa croix, et sanctifié par son sel. Saint Augustin l'explique encore par les mots qui suivent : *Illam speciem benedictione sanctificatam*. Cette matière sanctifiée par la bénédiction.

---

spem ponere in homine; tantumque interest, ut illud Deus jubeat, hoc prohibeat. Si autem aliquas vel insultationes vel tribulationes pro nomine Christi passus non defeceris a fide, nec a bona (*a*) via deviaveris, majorem mercedem accepturus es : qui autem in his diabolo cesserint, etiam minorem perdunt. Sed humilis esto Deo, ut non te permittat tentari ultra vires tuas.

Caput XXVI. — 50. His dictis interrogandus est an hæc credat, atque observare desideret. Quod cum responderit, solemniter utique signandus est et Ecclesiæ more tractandus. De sacramento sane quod accipit, cum ei bene commendatum fuerit, signacula quidem rerum divinarum esse visibilia, sed res ipsas invisibiles in eis honorari; nec sic habendam esse illam speciem benedictione sanctificatam, quemadmodum habetur in usu quolibet : dicendum etiam quid significet et sermo ille quem audivit, quid in illo condiat, cujus illa res similitudinem gerit. Deinde monendus est ex hac occasione, ut si quid etiam in Scripturis audiat quod carnaliter sonet, etiamsi non intelligit, credat tamen spiritale aliquid significari, quod ad sanctos mores futuramque vitam pertineat. Hoc autem ita breviter discit, ut quidquid audierit ex libris canonicis quod ad dilectionem æternitatis et veritatis et sanctitatis, et ad dilectionem proximi referre non possit, figurate dictum vel gestum esse credat; atque ita conetur intelligere, ut ad illam geminam referat dilectionem. Ita sane ut proximum non carnaliter intelligat, sed omnem qui cum eo in illa sancta civitate potest esse, sive jam, sive nondum appareat : et ut de nullius hominis correctione desperet, quem patientia Dei videt vivere, non ob aliud, sicut Apostolus ait, nisi ut adducatur ad pænitentiam. (*Rom.*, II, 4.)

51. Si longus tibi videtur iste sermo, quo tanquam

(*a*) Am. Er. et plures Mss. *vita*.

vous paraît trop étendu, vous pouvez l'abréger. Tout ce que je crois, c'est qu'il ne faut pas qu'il soit plus long. Il faut en cela se régler sur les exigences des circonstances, et sur la capacité et les désirs de ceux qui viennent à nous. Désirez-vous maintenant connaître comment on peut expliquer brièvement ce que l'on doit dire? Supposons de nouveau que quelqu'un se présente à nous pour devenir chrétien, et qu'après avoir été interrogé, il nous ait fait les mêmes réponses que le premier, ou, que du moins nous lui ayons dit ce qu'il aurait dû répondre ; voici de quelle manière nous pouvons continuer notre discours.

52. « Vous avez raison, mon cher frère, c'est la vraie et la souveraine félicité qui est promise aux saints dans la vie future, car toutes les choses qui frappent nos yeux, passent et s'évanouissent bien vite. Les grandeurs, les délices, les curiosités de la terre périssent, et entraînent dans leur ruine ceux qui les ont trop aimées. C'est pour préserver de cette ruine, c'est-à-dire pour sauver les hommes des peines éternelles, pourvu qu'ils ne soient pas ennemis d'eux-mêmes, et ne résistent pas à la miséricorde de leur Créateur, que Dieu leur a envoyé son Fils unique, c'est-à-dire son Verbe, qui lui est égal et par lequel il a fait toutes choses. Sans rien perdre de sa divinité, sans s'éloigner de son père, sans éprouver le moindre changement, il s'est fait homme, et c'est sous l'enveloppe d'une chair mortelle qu'il s'est montré aux hommes et qu'il est venu vers eux. De même que ce fut par un homme, c'est-à-dire par Adam, que la mort entra dans le monde, parce que cet homme, le premier qui fut créé, s'était laissé entraîner par sa femme séduite par le démon, à violer le commandement de Dieu, de même ce fut un homme, Dieu et Fils de Dieu, Notre-Seigneur Jésus-Christ, qui effaça tous les péchés du monde, afin que ceux qui croiraient en lui pussent obtenir la vie éternelle.

Chapitre XXVII. — 53. Tout ce que vous voyez aujourd'hui dans l'Eglise de Dieu, et tout ce qui se fait au nom du Christ par toute la terre a été prédit, il y a déjà bien des siècles ; et telles que ces choses sont annoncées dans les saintes Ecritures, telles nous les voyons de nos yeux, et c'est ce qui édifie notre foi. La terre fut autrefois engloutie sous les eaux d'un déluge universel pour la destruction des pécheurs, et cependant ceux qui furent sauvés dans l'arche, étaient déjà la figure de l'Eglise qui flotte aujourd'hui sur les flots de la mer de ce siècle, et qui est préservée du naufrage par le bois sacré de la croix de Jésus-Christ. Il a été prédit à Abraham, fidèle serviteur de Dieu, que de lui sortirait tout un peuple qui servirait le seul et

---

præsentem rudem hominem instruxi, licet ea tibi dicere brevius, longiorem tamen esse debere non puto : quanquam multum interest, quid res ipsa cum agitur moneat, et quid auditorum præsentia non solum ferre, sed etiam desiderare se ostendat. Cum autem celeritate opus est, vide quam facile explicari tota res possit. Fac rursus adesse aliquem, qui velit esse Christianus : ergo et interrogatum, illud quod superior respondisse ; quia et si non hoc respondet, hoc eum respondere debuisse dicendum est. Deinde hoc modo et cætera contexenda.

52. Vere, frater, illa magna et vera beatitudo est, quæ in futuro sæculo sanctis promittitur. Omnia vero visibilia transeunt, et omnis hujus sæculi pompa et deliciæ et curiositas interibunt, et secum ad interitum trahunt amatores suos. A quo interitu, hoc est, pœnis sempiternis Deus misericors volens homines liberare, si sibi ipsi non sint inimici, et non resistant misericordiæ Creatoris sui, misit unigenitum Filium suum, hoc est, Verbum suum æquale sibi, per quod condidit omnia. Et manens quidem in divinitate sua, et non recedens a Patre, nec in aliquo mutatus, assumendo tamen hominem, et in carne (a) mortali hominibus apparendo venit ad homines : ut quemadmodum per unum hominem qui primus factus est, id est Adam, mors intravit in genus humanum, quia consensit mulieri suæ seductæ a diabolo, ut præceptum Dei transgrederentur; sic per unum hominem qui etiam Deus est Dei Filius, Jesum Christum, deletis omnibus peccatis præteritis, credentes in eum omnes in æternam vitam ingrederentur.

Caput XXVII.— 53. Omnia enim quæ nunc vides in Ecclesia Dei, et sub Christi nomine per totum orbem terrarum (b) geri, ante sæcula jam prædicta sunt, et sicut ea legimus, ita et videmus; et inde ædificamur in fidem. Factum est aliquando diluvium per totam terram, ut peccatores delerentur : et tamen illi qui evaserunt in arca, sacramentum futuræ Ecclesiæ demonstrabant, quæ nunc in fluctibus sæculi natat, et per lignum crucis Christi a submersione liberatur. Prædictum est Abrahæ fideli servo Dei, uni

---

(a) Aliquot Mss. *mortalis*. — (b) Abest *geri* a Mss.

vrai Dieu, au milieu des autres nations qui adoreraient les idoles ; et tout ce qui a été prédit concernant ce peuple est arrivé, comme la voix des prophètes l'avait annoncé. Il fut aussi prédit que dans le sein de ce peuple, et de la race d'Abraham, un Messie, roi et Dieu de tous les saints, naîtrait selon la chair dont il s'est revêtu, afin qu'Abraham fut appelé le père de tous ceux qui imiteraient sa foi ; et il en fut ainsi. Le Christ est né de la Vierge Marie, qui était de la race d'Abraham. Les prophètes annoncèrent aussi que ce Fils de Marie serait crucifié par ce même peuple juif, dont il descendait selon la chair ; et cela est arrivé comme il avait été prédit. Il a été prédit qu'il ressusciterait, il est ressuscité ; qu'il monterait au ciel, il y est monté ; qu'il enverrait le Saint-Esprit à ses apôtres, il le leur a envoyé. Il a été prédit, non-seulement par les prophètes, mais encore par Notre-Seigneur Jésus-Christ lui-même, que son Eglise se répandrait par toute la terre, et devrait son élévation aux martyres et aux souffrances de ses saints ; et ces choses, il les prédisait alors que son nom était encore inconnu aux nations, et que là où on le connaissait, il était un objet de mépris et de dérision. Cependant par la vertu des miracles qu'il a faits ou par lui-même, ou par ses disciples qui annonçaient sa parole, et en établissaient la foi, tout ce qu'il avait prédit s'est accompli, comme nous le voyons. Les rois de la terre eux-mêmes qui persécutaient les chrétiens, se sont soumis à la loi du Christ. Enfin, il a été prédit que des schismatiques et des hérétiques s'élèveraient dans le sein même de l'Eglise, et que se couvrant du nom de Jésus-Christ, ils chercheraient à établir leur gloire et non la sienne, et tout cela est arrivé.

54. Devons-nous donc penser que ce qui reste encore à faire ne s'accomplira pas ? Ce qui est arrivé nous répond de ce qui arrivera en son temps ; des tribulations que les justes éprouveront encore ; du jugement dernier, où les morts sortiront de leurs tombeaux pour que se fasse la séparation des bons et des méchants ; non-seulement ceux qui n'ont pas été dans l'Eglise, mais aussi ceux qui n'y auront été que comme la paille, qu'il fallait y supporter patiemment, jusqu'au jour où le souverain vanneur les écartera de l'aire du Seigneur pour les jeter au feu. Ceux qui se moquent de la résurrection, parce que, disent-ils, la chair corruptible tombant en putréfaction, ne peut pas revenir à la vie, ressusciteront pourtant dans cette chair, pour leur éternelle damnation. Dieu leur fera voir que, puisqu'il a pu tirer les corps du néant, il peut aussi en un instant les rétablir tels qu'ils étaient. Mais les fidèles qui règneront avec Jésus-Christ, ressusciteront dans le même

homini, quod de illo esset populus nasciturus, qui coleret unum Deum inter cæteras gentes quæ idola colebant : et omnia quæ illi populo ventura prædicta sunt, sic evenerunt, ut prædicta sunt. Prophetatus est in illo populo etiam Christus Rex omnium sanctorum et Deus venturus ex semine ipsius Abraham secundum carnem, quam assumpsit, ut omnes etiam filii essent Abrahæ, qui fidem ejus imitarentur ; et sic est factum : natus est Christus de Maria virgine, quæ ex illo genere fuit. Prædictum est per Prophetas quod in cruce passurus esset ab eodem populo Judæorum, de cujus genere secundum carnem veniebat ; et sic est factum. Prædictum est quod resurrecturus esset ; resurrexit : et secundum ipsa prædicta Prophetarum ascendit in cœlum, et discipulis suis Spiritum sanctum misit. Prædictum est non solum a Prophetis, sed etiam ab ipso Domino Jesu Christo, quod Ecclesia ejus per universum orbem terrarum esset futura, per sanctorum martyria passionesque disseminata ; et tunc prædictum, quando adhuc nomen ejus et latebat gentes, et ubi notum erat irridebatur : et tamen in virtutibus miraculorum ejus, sive quæ per se ipse, sive quæ per servos suos fecit, dum annuntiantur hæc et creduntur, jam videmus quod prædictum est esse completum, regesque ipsos terræ, qui antea persequebantur Christianos, jam Christi nomini subjugatos. Prædictum est etiam quod schismata et hæreses ex ejus Ecclesia essent exituræ, et sub ejus nomine per loca ubi possent, suum, non Christi, gloriam quæsituræ ; et ista completa sunt.

54. Numquid ergo illa quæ restant non sunt ventura ? Manifestum est quia sicut ista prædicta venerunt, sic etiam illa ventura sunt : quæcumque tribulationes justorum adhuc restant ; et judicii dies, qui separabit omnes impios a justis in resurrectione mortuorum ; et non solum eos qui sunt extra Ecclesiam, sed etiam ipsius Ecclesiæ paleas, quas oportet usque ad novissimam ventilationem patientissime sufferat, ad ignem debitum segregabit. Qui autem irrident resurrectionem, putantes quod caro ista quia putrescit, resurgere non potest, ad pœnas in ea resurrecturi sunt : et ostendet eis Deus, quia qui potuit hæc corpora facere ante quam essent, potest ea in momento restituere sicut erant. Omnes autem fideles regnaturi cum Christo, ita resurgent in eodem

corps qu'ils ont eu sur la terre et dans un état d'éternelle incorruptibilité, pour devenir, selon la promesse du Christ lui-même, « semblables aux anges de Dieu, » (*Luc*, xx, 36) et chanter sans cesse et sans ennui les louanges du Seigneur ; ils vivront, éternellement en lui et de lui, dans des transports de joie et de félicité, que la bouche et l'esprit de l'homme ne sauraient ni exprimer ni concevoir.

55. Pour vous, mon frère, qui croyez à ces vérités, gardez-vous des tentations, car le démon cherche toujours à faire quelques victimes. Méfiez-vous de cet ennemi perfide qui emploiera pour vous séduire, non-seulement ceux qui sont hors de l'Eglise, soit Juifs, soit païens, soit hérétiques, mais encore ceux qui sont dans l'Eglise catholique ; car vous en trouverez qui vivent mal, qui sont adonnés aux plaisirs immodérés de la table et de l'impudicité, qui n'aiment que les vaines curiosités des spectacles, les remèdes sacrilèges, et tous les arts inventés par le démon, tous gens remplis d'orgueil, d'avarice, et menant une vie que la loi de Dieu condamne et punit. Fuyez, mon frère, fuyez leur exemple. Unissez-vous plutôt aux gens de bien que vous trouverez facilement dès que vous leur ressemblerez. Avec eux vous pourrez servir et aimer Dieu pour lui-même ; car il sera lui-même toute notre récompense, puisque notre bonheur dans la vie que nous passerons près de lui, sera de jouir éternellement de sa bonté infinie et de son ineffable beauté. Cependant il ne faut pas l'aimer comme ce qui frappe nos yeux, mais comme on aime la sagesse, la vérité, la sainteté, la justice, la charité et tout ce qu'on peut nommer de semblable, non pas toutefois comme ces choses se trouvent dans les hommes, mais comme elles le sont dans la source même de l'incorruptible sagesse. Soyez donc uni de cœur avec ceux qui ont de pareils sentiments, afin que Jésus-Christ qui s'est fait homme, pour être médiateur entre Dieu et les hommes, vous réconcilie avec Dieu. Mais les hommes pervers, ont beau entrer dans les églises, ils n'entreront pas pour cela dans le royaume des cieux ; car lorsque le temps sera venu, ils seront séparés d'avec les justes, s'ils ne se sont pas convertis. Imitez donc les bons, supportez les méchants, aimez-les tous, puisque vous ignorez ce que sera demain, celui qui est méchant aujourd'hui. Ce n'est pas qu'on doive aimer l'iniquité dans les méchants, mais il faut les aimer eux-mêmes, pour leur apprendre la justice. A l'amour de Dieu il faut aussi joindre celui du prochain, double commandement qui renferme toute la loi et les prophètes. (*Matth.*, xxii, 37, 39.) Or, on

corpore, ut etiam commutari mereantur ad incorruptionem angelicam : ut fiant æquales Angelis Dei (*Luc.*, xx, 36), sicut Dominus ipse promisit ; et laudent cum sine aliquo defectu et sine aliquo fastidio, semper viventes in illo et de illo, cum tali gaudio et beatitudine, quali nec dici nec cogitari ab homine potest.

55. Tu itaque credens ista, cave tentationes ; (quia diabolus quærit qui secum pereant :) ut non solum per eos qui extra Ecclesiam sunt, sive pagani, sive Judæi, sive hæretici, non te hostis ille seducat ; sed etiam quos in ipsa Ecclesia catholica videris male viventes, aut (*a*) immoderatos voluptatibus ventris et gutturis, aut impudicos, aut vanis curiositatibus vel illicitis deditos, sive spectaculorum, sive remediorum (*b*) aut divinatiorum diabolicarum, sive in pompa et typho avaritiæ atque superbiæ, sive in aliqua vita quam lex (*c*) damnat et punit, non eos imiteris :°sed potius conjungaris bonis, quos inventurus es facile, si et tu talis fueris ; ut simul colatis et diligatis Deum gratis : quia totum præmium nostrum ipse erit, ut in illa vita, bonitate ejus et pulchritudine perfruamur. Sed amandus est, non sicut aliquod quod videtur oculis ; sed sicut amatur sapientia, et veritas, (*d*) et sanctitas, et justitia, et caritas, et si quid aliud tale dicitur : non quemadmodum sunt ista in hominibus ; sed quemadmodum sunt in ipso fonte incorruptibilis et incommutabilis sapientiæ. Quoscumque ergo videris hæc amare, illis conjungere, ut per Christum qui homo factus est, ut esset Mediator Dei et hominum, reconcilieris Deo. Homines autem perversos, etiamsi intrent parietes ecclesiæ, nos eos arbitreris intraturos in regnum cœlorum : quia suo tempore separabuntur, si se in melius non commutaverint. Homines ergo bonos imitare, malos tolera, omnes ama : quoniam nescis quid cras futurus sit qui hodie malus est. Nec eorum ames injustitiam ; sed ipsos ideo ama, ut apprehendant justitiam : quia non solum dilectio Dei nobis præcepta est, sed etiam dilectio proximi, in quibus duobus præceptis tota lex pendet et Prophetæ. (*Matth.*, xxii, 37, 39.) Quam non implet nisi qui (*e*) donum

---

(*a*) Mss. *immoderatis* : forte pro, *in immoderatis*. — (*b*) Editi, *sive remediorum sacrilegorum*. Abest *sacrilegorum* a Mss. ut illa, quæ post adhibetur, vox *diabolicarum* et ad *divinationum* referatur, et ad *remediorum*.— (*c*) Corbeiensis Ms. *lex Dei* : sed additum *Dei* a secunda manu. — (*d*) Mss. omittunt, *et sanctitas, et justitia*, et car (as. — (*e*) Sola editio Lov. pro *donum*, habet *Dominum*.

ne peut accomplir cette loi, qu'après avoir reçu le don du Saint-Esprit, qui est égal au Père et au Fils, dont la triple union forme la sainte Trinité qui est Dieu, dans lequel nous devons mettre notre espérance, mais non pas dans l'homme quel qu'il puisse être. Autre chose est, en effet, celui qui nous justifie, et ceux avec qui nous sommes justifiés. Ce n'est pas seulement aux passions et à la cupidité, que le démon a recours pour nous tenter, mais aussi à la crainte des outrages, aux douleurs et aux terreurs même de la mort. Plus nous aurons souffert pour le nom de Jésus-Christ, et dans l'espoir de la vie éternelle, plus nous aurons montré de constance pour supporter ces maux, plus grande aussi sera la récompense que nous en recevrons. Au contraire si nous sommes vaincus par le démon, nous serons damnés avec lui; mais si une pieuse humilité accompagne nos œuvres de miséricorde, « Dieu ne permettra pas que ses serviteurs soient tentés au delà de leurs forces. » (I *Corinth.*, x, 13.)

---

acceperit Spiritum sanctum, Patri et Filio utique æqualem ; quia ipsa Trinitas Deus est : in quo Deo spes omnis ponenda est. In homine non est ponenda, qualiscumque ille fuerit. Aliud est enim ille a quo justificamur, aliud illi cum quibus justificamur. Non autem solum per cupiditates diabolus tentat, sed etiam per terrores insultationum et dolorum et ipsius mortis. Quidquid autem homo passus fuerit pro nomine Christi, et pro spe vitæ æternæ, et permanens toleraverit, major ei merces dabitur : quod si cesserit diabolo, cum illo damnabitur. Sed opera misericordiæ cum pia humilitate impetrant a Domino, ut non permittat servos suos tentari plus quam possunt sustinere. (I *Cor.*, x, 13.)

AVERTISSEMENT SUR LE LIVRE SUIVANT

Saint Augustin, dans sa lettre 262, au comte Darius, reconnaît comme de lui le livre *sur la Continence*. Possidius parle de cet ouvrage dans sa table, chap. x; Bède ou Florus et Eugypius, qui vivaient dans des temps plus proches de saint Augustin, en citent quelques extraits dans leurs recueils. Par là se trouve réfutée la critique qu'Erasme a mise à la tête de ce livre, disant qu'il lui paraissait être d'Hugues, et que le style prouvait qu'il n'était pas de saint Augustin. Le style et la diction, à notre avis, sont parfaitement semblables à ceux de beaucoup de sermons de saint Augustin, surtout de ceux qu'il a prononcés ou écrits dans les premières années. Le commencement montre assez que ce livre est une sorte de sermon ; c'est pour cela qu'il n'en a point parlé dans ses *Rétractations*. D'ailleurs c'est ainsi que l'appellent les anciens ouvrages, ainsi que Possidius, Eugypius et Florus. On verra que c'est avec raison qu'on le rapporte à ses premières années, parce que c'est un sermon assez long, et qu'il est fait en grande partie contre les Manichéens, hérétiques que saint Augustin avait coutume de combattre surtout au commencement de sa conversion.

ADMONITIO IN SUBSEQUENTEM LIBRUM

Librum *de Continentia* suum ipse agnoscit Augustinus in epistola 262, ad Darium comitem. Ejusdem operis meminit Possidius in indiculo, cap. x, et nonnulla ex eodem libro excerpta in suis collectaneis profert Beda seu Florus, et qui ab Augustini tempore propius distat Eugypius. Hinc censura refellitur Desiderii Erasmi, quam in fronte libri præfixit, videri sibi esse Hugonis, et phrasim arguere quod non sit Augustini. Stilus et dictio, nostro quidem judicio, similis omnino est multorum Augustini sermonum, eorum præsertim quos primis annis dixit sive dictavit. Hunc vero librum sermonem quemdam esse, quem idcirco in librorum suorum *Retractationibus* præteriit, ipso satis exordio declaratur. Sic vero appellant veteres libri, nec non Possidius, Eugypius et Florus. Commode etiam in priores annos ipsius revocari, nemo negaverit ; quando quidem et longior sermo est, et magnam partem contra Manichæos, quorum hæresim Augustinus maxime initio suæ conversionis insectari solebat.

SUR LA CONTINENCE

LIVRE UNIQUE [1]

Saint Augustin explique dans ce livre les deux versets du psaume cent quarante : « Seigneur, mettez une garde à bouche, et la barrière de la continence autour de mes lèvres, de peur que mon cœur ne se laisse aller à des paroles, d'iniquité pour excuser le péché. » Tirant de là les arguments de son discours, il enseigne que la vertu de la continence a pour but de réprimer les passions de l'âme et du corps, et généralement de nous mettre en garde contre les plaisirs de la concupiscence, si contraires à ceux de la sagesse. Il nous avertit de ne pas mettre trop de confiance en nos propres forces, pour combattre la concupiscence que nous connaissons, il est vrai, par la loi, mais dont nous ne triomphons que par la grâce de Dieu. Il reprend les superbes qui ont toujours des prétextes pour excuser leurs péchés à cette occasion ; il réfute longuement les Manichéens qui attribuent leurs fautes à la nature du mal incréée dans l'homme. Il démontre l'erreur de ces hérétiques qui, pour prouver que dans l'homme il y a deux natures, celle du bien et celle du mal, s'appuyaient sur ce passage de l'Apôtre aux *Galates*, v, 16 : « La chair dans sa concupiscence est en révolte contre l'esprit. »

CHAPITRE I. — Il est difficile de parler dignement et d'une manière convenable de cette vertu de l'âme qu'on appelle la continence ; mais celui, dont cette vertu est un des plus grands bienfaits accordés à l'homme, viendra en aide à notre faiblesse, qui succomberait sous un si lourd fardeau. Car le Dieu qui donne la continence à ses fidèles, donnera aussi à ses ministres les moyens de la célébrer. Nous ne dirons donc sur une si grande chose, que ce qu'il daignera nous inspirer. La continence est un don de Dieu. Voilà ce que nous disons avant tout, et ce que nous allons prouver. Nous lisons, en effet, dans le livre de la Sagesse « que personne ne saurait avoir la vertu de la continence, si Dieu ne la lui donne. » (*Sagesse*, III, 21.) Le Seigneur lui-même dit de cette grande et glorieuse vertu, par laquelle on s'abstient même des liens du mariage : « Tous ne sont pas capables d'une si grande chose, mais seulement ceux à qui cette grâce est accordée ; » (*Matth.*, XXIX, 11) et comme la chasteté conjugale ne peut être gardée que par la continence, qui la maintient dans les bornes légitimes du mariage, l'Apôtre, en parlant de ces deux espèces de continence, l'une dans l'état du mariage, l'autre dans le célibat, dit qu'elles sont

[1] Écrit vers l'an 395 de Jésus-Christ lorsque saint Augustin était encore prêtre ou récemment élevé à l'épiscopat.

DE CONTINENTIA

LIBER UNUS.

Explicat versiculos duos Psalmi CXL : « Pone Domine custodiam ori meo, et ostium continentiæ circum labia mea : ut non delinies cor meum in verba maligna, ad excusandas excusationes in peccatis. » Captoque inde Sermonis argumento docet Continentiæ virtutem pro suo officio coercendas habere libidines et corporis et animi, atque universim delectationibus concupiscentiæ, quæ delectationi sapientiæ adversantur, cohibendis invigilare. Jubet ne de propriis viribus confidamus pugnantes contra concupiscentiam, quæ per legem quidem cognoscitur, sed non vincitur nisi per gratiam. Superbos reprehendit excusationes varias in peccatis afferentes : quo in genere iniquiores Manichæos, qui peccata sua in mali naturam in seipsis insitam referebant, operosius refellit, et locum Apostoli *Galat.*, v, 16. « Caro enim concupiscit adv rsus spiritum, etc. » quo demonstratas duas boni et mali naturas volebant, perperam ab iis hæreticis intellectum esse ex Apostolo eodem evincit.

CAPUT I. — 1. De virtute animæ, quæ Continentia nominatur, satis convenienter et digne disputare difficile est : sed exiguitatem nostram sub tantis ponderis sarcina ille cujus hæc virtus magnum munus est, adjuvabit. Nam qui eam donat continentibus fidelibus suis, ipse dat sermonem de illa loquentibus ministris suis. Denique de re tanta, quod ipsi dederit locuturi, Dei donum esse continentiam primum dicimus et probamus. In libro Sapientiæ scriptum habemus, nisi Deus det, continentem esse neminem posse. (*Sap.*, VIII, 21.) Dominus autem de ipsa majore et gloriosiore continentia, qua (a) conjugali vinculo continetur, ait : « Non omnes capiunt verbum hoc, sed quibus datum est. » (*Matth.*, XIX, 11.) Et quoniam ipse quoque castitas conjugalis, nisi contineatur ab illicito concubitu, non potest custodiri ; utrumque Apostolus donum Dei esse prædicavit, cum de vita utraque, id est, et conjugali, et ea

(a) Cisterciensis Ms. *qua conjugale vinculum contemnitur.*

toutes les deux un don de Dieu. « Je voudrais, écrit-il aux Corinthiens, que tous fussent comme je suis, mais Dieu donne à chacun le don qu'il lui plaît, à l'un celui-ci, à l'autre celui-là. » (I *Cor.*, VII, 7.)

2. Pour ne pas laisser croire qu'il ne faille attendre de Dieu que la continence, qui réprime les passions de la chair, le Psalmiste s'écrie : « Seigneur, mettez une garde à ma bouche, et à mes lèvres la barrière de la continence. » (*Ps.* CXL, 3.) Si nous comprenons bien quelle est cette bouche dont parle le prophète, nous sentirons alors la grandeur du bienfait que Dieu nous accorde en mettant une barrière à nos lèvres. Ce serait peu, en effet, que la bouche du corps fût retenue, pour que le son de la voix n'en laissât rien échapper de mauvais. Il y a encore, au dedans de nous, la bouche du cœur, et c'est pour celle-là que le prophète demande au Seigneur une barrière qui la retienne. Tel est le sens de la prière qu'il adresse à Dieu, et qu'il nous a prescrite. Il y a, en effet, bien des choses que la bouche du corps ne dit pas, et qui sortent secrètement de la bouche du cœur. Il ne s'échappe de la bouche du corps aucun mot sur lequel le cœur garde le silence, et la bouche ne fait entendre que ce qui a résonné au fond du cœur. Or, tout ce qui en sort de mauvais souille l'âme, quoique la bouche reste silencieuse. La barrière de la continence doit donc être mise là où la conscience, même de ceux qui gardent le silence, fait entendre sa voix, afin qu'il n'en sorte rien qui, lorsque la bouche est fermée, imprimerait à l'âme la souillure d'une mauvaise pensée.

CHAPITRE II. — 3. Pour faire voir plus clairement quelle est cette bouche intérieure dont il a voulu parler en disant : « Seigneur, mettez une garde à ma bouche, et à mes lèvres une barrière qui les retienne, » le prophète ajoute aussitôt : « De peur que mon cœur ne se laisse aller à des paroles d'iniquité. » *Ps.* CXL, 34. Or, comment le cœur se laisse-t-il aller, sinon par le consentement? En effet, celui qui ne se laisse point aller par le consentement aux suggestions de l'esprit du mal, n'a pas encore parlé par la bouche de son cœur, mais s'il y a consenti, la bouche de son cœur a prononcé le mal, quand bien même celle de son corps serait resté muette; et quoique ni ses lèvres, ni sa main, ni toute autre partie de son corps n'ait eu aucune part au mouvement de son âme, il a fait en pensée ce qu'il avait résolu d'accomplir, et devant Dieu il est coupable, bien que sa pensée fût cachée aux yeux des hommes. Son corps, il est vrai, n'avait commis aucune action coupable, mais la voix de son cœur avait parlé. Pour accomplir un acte quelconque, il remuerait en vain les membres de son corps, si la voix intérieure du cœur ne se faisait pas entendre avant l'accomplissement de

---

quæ est sine conjugio, loqueretur dicens : « Vellem omnes homines sic esse sicut me ipsum : sed unusquisque proprium donum habet a Deo, alius sic, alius autem sic. » (I *Cor.*, VII, 7.)

2. Et ne in sola inferiorum partium carnis libidine continentia necessaria videretur a Domino speranda, etiam in Psalmo canitur : « Pone Domine custodiam ori meo et ostium continentiæ circum labia mea. » (*Psal.* CXL, 3.) In hoc autem divini eloquii testimonio, si os intelligamus sicut intelligere debemus, ibi posita continentia quantum sit Dei munus agnoscimus. Parum est quippe hos corporis continere, ne aliquid inde non expedit per sonum vocis erumpat. Intus est enim os cordis, ubi sibi custodiam et ostium continentiæ poni desideravit a Domino, qui verba illa dixit, nobisque dicenda conscripsit. Multa enim corporis ore non dicimus, et corde clamamus : nullum autem procedit rei alicujus ex ore corporis verbum, cujus est in corde silentium. Inde igitur quod non emanat, foris non sonat : quod vero emanat inde, si malum est, etsi non moveat linguam, inquinat animam. Ibi ergo ponenda est continentia, ubi et tacentium loquitur conscientia. Fit enim per ostium continentiæ, ut non inde exeat quod etiam clausis labiis carnis vitam polluat cogitantis.

CAPUT II. — 3. Denique ut apertius os interius, quod per illa verba significavit, ostenderet, cum dixisset : « Pone Domine custodiam ori meo, et ostium continentiæ circum labia mea : » (*Psal.* CXL, 34) continuo subdidit : « Ne declines cor meum in verba maligna. » Declinatio cordis quis est, nisi consensio? Nondum enim dixit, quisquis in corde occurrentibus suggestionibus faciendum quorum visorum nulla cordis declinatione consensit. Si autem consensit, jam corde dixit, etiamsi ore non sonuit : etiamsi manu vel qualibet corporis parte non fecit, fecit tamen quod cogitatione faciendum sibi esse jam statuit ; divinis legibus reus, quamvis humanis sensibus absconditus ; verbo in corde dicto, nullo facto per corpus admisso. Nequaquam vero membrum foris movisset in facto, cujus facti initium non

cet acte. C'est pourquoi il est écrit en toute vérité : « La parole est le principe de toute action. » Ainsi, sans que la bouche s'ouvre, sans que la langue remue, sans que la voix fasse entendre le moindre son, nous faisons encore beaucoup de choses. Cependant toute action n'est que le résultat de ce qu'a prononcé la bouche du cœur. Nous commettons donc, par cette voix intérieure, bien des péchés qui ne se produisent point par des actes extérieurs. Mais il n'y a point de péchés commis extérieurement, qui ne procèdent de la voix secrète du cœur. On sera pur et innocent des uns et des autres, en mettant autour des lèvres intérieures la barrière de la continence.

4. C'est pourquoi le Seigneur lui-même a dit : « Purifiez tout ce qui est au dedans, et ce qui est au dehors sera pur : » (*Matth.*, XXIII, 26) et ailleurs, pour réfuter les vains discours des Juifs, qui faisaient un crime à ses disciples de manger sans s'être lavé les mains : « Ce n'est pas, dit-il, ce qui entre par la bouche qui rend l'homme impur, mais c'est ce qui sort de ses lèvres. » (*Matth.*, XV, 11.) Or, ce serait bien mal comprendre la pensée du Seigneur de n'entendre dans ses paroles que la bouche corporelle ; car ce qu'une indigestion nous fait rendre par la bouche, ne nous souille pas plus que la nourriture qu'on y introduit. Sans doute ces paroles précédentes : « Ce qui entre dans la bouche ne souille pas l'homme » regardent la bouche charnelle, mais c'est évidemment la bouche du cœur qu'il désigne quand il dit ensuite : « Mais ce qui sort des lèvres du cœur, voilà ce qui souille l'homme. » (*Marc*, VII, 15.) Enfin, lorsque l'apôtre Pierre lui demandait l'explication de cette manière de parler qui tient de la parabole, il lui répondit : « Et vous aussi, êtes-vous donc encore sans intelligence ? Ne comprenez-vous pas que tout ce qui entre dans la bouche, descend dans les entrailles, et est jeté dans les lieux secrets ? » (*Matth.*, XV, 16.) Il est facile de voir ici que cette bouche, dans laquelle entre la nourriture, est la bouche du corps. Mais la lenteur de notre esprit ne nous aurait pas permis de comprendre que dans les paroles qu'il a ajoutées, il désignait la bouche du cœur, si celui qui est la vérité même n'avait pas daigné se mettre au niveau de la faiblesse de notre intelligence. En effet, quand il dit : « Ce qui sort de la bouche part du cœur, » c'est comme s'il disait : entendez par le mot de « bouche » la bouche du cœur, et même l'une et l'autre, afin que la première serve à expliquer la seconde. L'homme a au dedans de lui-même une bouche dont la voix se fait entendre à l'oreille intérieure, c'est pourquoi ce qui sort de cette bouche part du cœur, et c'est là ce qui rend l'homme impur. Laissant ensuite de côté

---

intus præcessisset in verbo. Neque enim mendaciter scriptum est : « Initium omnis operis, verbum. » Multa quippe homines faciunt ore clauso, quieta lingua, voce frenata : sed tamen nihil agunt corporis opere, quod non prius dixerint corde. Ac per hoc quoniam multa sunt peccata in interioribus dictis, quæ non sunt in exterioribus factis ; nulla sunt autem in exterioribus factis ; quæ non (*a*) præcedant in interioribus dictis ; erit ab utrisque puritas innocentiæ, si circum interiora labia ponatur ostium continentiæ.

4. Propter quod etiam ipse ore proprio Dominus ait : « Mundate quæ intus sunt, et quæ foris sunt munda erunt. » (*Matth.*, XXIII, 26.) Itemque alio loco cum Judæorum stultiloquia refutaret, quia calumniabantur discipulis ejus non lotis manibus manducantibus : « Non quod intrat in os, inquit, coinquinat hominem ; sed quod procedit ex ore, hoc coinquinat hominem. » (*Matth.*, XV, 11.) Quæ sententia si tota de ore corporis accipiatur, absurda est. Neque enim quem non coinquinat cibus, coinquinat vomitus. Cibus quippe in hos intrat, vomitus ex ore procedit. Sed procul dubio priora verba pertinent ad os carnis, ubi ait : « Non quod intrat in nos, coinquinat hominem : » posteriora vero ad os carnis, ubi ait : « sed quod procedit ex ore, hoc coinquinat hominem. » Denique cum ab illo apostolus Petrus expositionem velut parabolæ hujus exquireret, ille respondit : « Adhuc et vos sine intellectu estis : non intelligitis, quia omne quod in hos intrat, in ventrem vadit, et in secessum emittitur ? » (*Ibid.*, 16, etc.) Hic certe in quod intrat cibus, os carnis cognoscimus. In his vero quæ adjungit, ut agnosceremus os cordis, non sequeretur nostri tarditas cordis, nisi et cum tardis ambulare Veritas dignaretur. Ait enim : « Quæ autem procedunt de ore, de corde exeunt : » tanquam diceret : Cum audis « de ore, » de corde intellige. Utrumque dico ; sed alterum ex altero expono. Habet os interius homo interior, et hoc discernit auris interior : de hoc ore quæ procedunt, de corde exeunt, et ea coinquinant hominem. Deinde jam relicto oris nomine, quod potest et de corpore intelligi, apertius

(*a*) Sic aliquot Mss. Editi vero, *procedant ab interioribus dictis*.

l'expression de « bouche, » qu'on aurait pu confondre avec celle du corps, il explique avec plus de clarté ce qu'il faut entendre de cette bouche en disant : « Car c'est du cœur que partent les mauvaises pensées, les homicides, les adultères, les fornications, les larcins, les faux témoignages, les blasphèmes, et c'est là ce qui rend l'homme impur. » Or, de tous ces maux qui ne s'opèrent que par les organes extérieurs du corps, il n'en est aucun qui ne soit le résultat d'une mauvaise pensée antérieure, et qui ne souille l'homme, quel que soit l'obstacle qui en ait arrêté l'accomplissement criminel. Si, parce que la main n'en a pas eu le pouvoir, elle s'abstient de tuer un homme, le cœur en sera-t-il pour cela moins coupable du crime d'homicide? Si l'on veut dérober le bien d'autrui et qu'on ne le puisse pas, en sera-t-on moins un voleur pour cela? En sera-t-on moins adultère au fond du cœur, si la chasteté de celle qu'on veut séduire nous arrête dans l'accomplissement de notre pensée criminelle? Si la femme de mauvaise vie ne se trouve pas dans sa maison de débauche, celui qui la cherche n'a-t-il pas commis en pensée le crime de fornication? Lorsque notre désir est de nuire à notre prochain par un mensonge, et que le temps et l'occasion nous manquent, ne serons-nous pas déjà coupables d'un faux témoignage, quoique nous ne l'ayons porté que par la voix secrète de notre cœur? Celui qui, par crainte des hommes, n'ose pas faire entendre de sa bouche un blasphème, n'est-il pas coupable de ce crime, lorsque au fond de son cœur il a dit : « Dieu n'existe pas. » (*Ps.* XIII, 1.) Il en est de même de tous les autres crimes auxquels le corps reste étranger et qui ne se manifestent pas au dehors, mais qui, intérieurement, n'en rendent pas moins coupables ceux qui y donnent leur assentiment dans le secret de leur pensée. Voilà ce qu'on appelle la parole d'iniquité prononcée par la bouche intérieure, parole à laquelle le prophète, craignant de laisser aller son cœur, demande à Dieu de mettre « une garde à sa bouche et une barrière autour des lèvres de ce cœur, pour les retenir et les empêcher de prononcer des paroles d'iniquité. » (*Ps.* CXL, 4.) Le seul moyen de les retenir est de ne pas permettre à la pensée d'aller jusqu'au consentement. En effet, l'Apôtre nous recommande « de ne pas laisser régner le péché dans notre corps mortel, et de ne pas livrer nos membres au péché comme des armes d'iniquité. » (*Rom.*, VI, 12, 13.) On est bien loin d'accomplir ce précepte en s'abstenant du péché uniquement, parce que nous n'avons pas le pouvoir de le commettre, tandis que si nous l'avions, nos membres, comme des armes d'iniquité, nous porteraient bien vite au péché, et feraient voir ce qui se passe au fond de notre cœur. Ainsi, vouloir le mal, quoique nous ne le fassions pas, parce que nous n'en avons pas le pouvoir, c'est livrer ses

---

quid dicat ostendit : « De corde enim exeunt, inquit, cogitationes malæ, homicidia, adulteria, fornicationes, furta, falsa testimonia, blasphemiæ : hæc sunt quæ coinquinant hominem. » Nihil est certe istorum malorum, quæ perpetrari etiam membris corporis possunt, quod cogitatio non antecedat mala, et coinquinet hominem, etiamsi aliquid impediat ne subsequantur opera flagitiosa et facinorosa membrorum. Si enim quia potestas non datur, vacat manus ab hominis interfectione, numquid ideo mundum est ab scelere cor homicidæ? Aut si rem subripere alienam, non ut quis vult potest, numquid ideo in ipsa voluntate fur non est? Aut si casta est, quam vult adulterare non castus, ideo eam non est in corde mœchatus? Aut si meretrix non inveniatur in fornice, ideo qui eam quærit, non fornicatur in mente? Aut si cupienti per mendacium lædere proximum, tempus vel locus desit, ideo falsum testimonium non ore interiore jam dixit? Aut si quisquam homines timens, non audeat lingua carnis sonare blasphemiam, ideo non est hujus criminis reus, qui dicit in corde suo : Non est Deus (*Psal.* XIII, 1)? Ita cætera mala facta hominum, quæ nullus agit corporis motus, quæ nescit ullus corporis sensus, reos suos occultos habent; quos etiam solus inquinat in cogitatione consensus, id est, oris interioris verbum malignum. In quod timens ille declinari cor suum, ostium continentiæ circum labia oris hujus poni possit a Domino, quod contineat cor, ne declinetur in verba maligna (*Psal.* CXL, 4) : contineat autem, non sinendo cogitationem procedere in consensionem; sic enim secundum præceptum apostolicum (*Rom.*, VI, 12, 13), non regnat peccatum in nostro mortali corpore, neque exhibemus membra nostra arma iniquitatis peccato. A quo præcepto implendo utique alieni sunt, qui ob hoc ad peccandum membra non movent, qui potestas illa non permittitur : quæ si adsit, protinus ex membrorum velut armorum motibus, quis in eis intus regnet, ostendunt. Proinde quantum in ipsis est, membra sua exhibent arma iniquitatis peccato : quia hoc

membres au péché comme des armes d'iniquité.

5. Ce qu'on appelle proprement continence, c'est-à-dire, celle qui met un frein aux organes qui nous portent aux actions contre la pudeur, n'est nullement violée, tant que cette continence intérieure, dont nous avons déjà beaucoup parlé, se garde dans le cœur. C'est pourquoi le Seigneur, après avoir dit : « Les mauvaises pensées viennent du cœur, » (*Matth.*, xv, 19); pour faire voir quels sont les péchés dont les mauvaises pensées sont la source, nomme les homicides, les adultères et d'autres crimes semblables ; il n'en cite que quelques-uns comme exemples, et nous laisse deviner les autres. Aucun de ces crimes ne serait commis, s'il n'était d'abord précédé d'une mauvaise pensée, qui médite intérieurement ce qui doit se manifester au dehors, et la parole d'iniquité prononcée par la bouche du cœur suffit pour souiller l'homme, quand bien même, faute de pouvoir, les membres du corps n'auraient pas permis l'acte criminel. Lors donc que cette bouche du cœur d'où sort tout ce qui peut souiller l'homme, est fermée par une barrière qui la retienne, et n'en laisse échapper rien de mauvais, il en résulte une pureté qui fait la joie et la tranquillité de la conscience, quoique ce ne soit pas encore là la perfection, où il n'y a plus de lutte à soutenir contre le vice. Mais présentement « tant que la chair a des désirs contraires à ceux de l'esprit, comme l'esprit en a de contraires à ceux de la chair, » (*Gal.*, v, 17) il nous suffit de ne pas consentir au mal dont nous sentons les mouvements dans notre cœur. Mais quand nous y donnons notre assentiment, c'est alors que de cette bouche du cœur sort tout ce qui rend l'homme impur. Si au contraire la continence arrête et retient notre consentement, nous n'avons plus aucun mal à craindre des désirs de la chair, contre lesquels s'élèvent et combattent ceux de l'esprit.

CHAPITRE III. — 6. Autre chose est de combattre courageusement, et c'est là notre tâche en ce monde, où « nous avons à résister à l'aiguillon de la mort; » (I *Cor.*, xv, 55, 26) autre chose est de n'avoir plus d'ennemis, et c'est l'état où nous serons lorsque « la mort, notre dernière ennemie, sera détruite. » La continence en réprimant nos passions, dirige nos désirs et nos aspirations vers cet état d'immortalité, et nous fait repousser le mal, contre lequel nous combattons pendant cette vie mortelle. C'est ce bien immortel que la continence recherche et chérit, tandis qu'elle n'a que de la haine contre les vices de la chair. La gloire de la vertu est l'objet de ses affections, la

---

volunt, quod propterea non exhibent, quia non possunt.

5. Ac per hoc illa quæ genitalibus membris pudicitia refrenatis, solet maxime ac proprie continentia nominari, nulla transgressione violatur, si superior continentia, de qua jam diu loquimur, in corde servetur. Propterea Dominus cum dixisset : « De corde enim exeunt cogitationes malæ : » (*Matth.*, xv, 19) deinde quid pertineat ad cogitationes malas sequutus adjunxit : « homicidia, adulteria, » et cætera. Nec dixit omnia ; sed quibusdam exempli gratia nominatis et alia intelligenda commonuit. Quorum nihil est quod fieri possit, si mala cogitatio non præcesserit, qua intus (*a*) instituitur, quod foris agitur ; et ex ore cordis procedens, jam coinquinat hominem, etiamsi nulla facultate permissa foris per membra corporis non agatur. Posito igitur ostio continentiæ in ore cordis, unde cuncta exeunt quæ coinquinant hominem, si nil tale inde permittatur exire, sequitur munditia qua possit jam gaudere conscientia; quamvis nondum sit illa perfectio, ubi non luctabitur cum vitio continentia. Nunc autem quamdiu concupiscit caro adversus spiritum, et spiritus adversus carnem (*Gal.*, v, 17), sat est nobis non consentire malis quæ sentimus in nobis. Cum autem sit ista consensio, tunc exit ex ore cordis quod coinquinat hominem. Cum vero per continentiam consensio (*b*) non tenetur, malum concupiscentiæ carnalis, contra quod pugnat concupiscentia spiritalis, nocere non sinitur.

CAPUT III. — 6. Sed aliud est bene pugnare, quod nunc est, quando (*c*) mortis contentioni resistitur ; aliud adversarium non habere, quod tunc erit, quando mors novissima inimica destruetur. (I *Cor.*, xv, 55, 26.) Nam et ipsa continentia cum frenat cohibetque libidines, simul et appetit bonum ad cujus immortalitatem tendimus, et respuit malum cum quo in hac mortalitate contendimus. Illius quippe amatrix et (*d*) spectatrix, hujus vero et hastis et testis est ; et decus appetens, et dedecus fugiens. Non

---

(*a*) Michaelinus Ms. *constituitur.* — (*b*) Duo Vaticani Mss. et Fuliensis, *consensio tenetur* : omisso *non*. — (*c*) Michaelinus codex, *morti contentione resistitur.* Vaticani duo, *mentis intentione resisti* : male. Nam alludit Augustinus ad illud Apostoli, I *Cor.*, xv, 55 : *Ubi est mors contentio tua?* Ita nempe citare solet hunc locum, qui pro *contentione*, modo *victoriam* habet in Vulgata : quia Græcum νεῖκος cum diphtongo scriptum, contentionem ; secus vero, victoriam significat. — (*d*) Vaticani Mss. *appetitrix*. Forte leg. *expectatrix*.

honte du vice celui de ses aversions. La continence n'aurait pas tant de combats à soutenir pour réprimer les passions, si rien en nous ne s'opposait à la vertu, et si la concupiscence du mal n'arrêtait pas notre bonne volonté pour le bien. « Je sais, dit l'Apôtre, qu'il n'y a rien de bon en moi, c'est-à-dire dans ma chair, car quoique je sente en moi-même le désir de faire le bien, je ne trouve pas le moyen de l'accomplir. » (*Rom.*, VII, 18.) Nous pouvons présentement faire le bien, de manière à ne pas consentir au désir du mal ; mais nous ne pourrons parvenir à la perfection du bien, que lorsque le désir du mal sera complètement éteint dans notre cœur. C'est pourquoi le même docteur des Gentils s'écrie : « Je me plais dans la loi de Dieu, selon l'homme intérieur, mais je sens dans les membres de mon corps, une autre loi qui combat contre la loi de mon esprit. » (*Rom.*, VII, 22.)

7. Cette lutte intérieure n'est connue que de ceux qui combattent au dedans d'eux-mêmes par la vertu contre le vice, car on ne dompte le mal de la concupiscence que par le bien de la continence. Il s'en trouve malheureusement qui, ignorant la loi de Dieu, ne regardent pas les mauvais désirs comme les ennemis qu'ils ont le plus à craindre, et qui, dans leur funeste aveuglement, s'en faisant les esclaves, trouvent leur bonheur à les satisfaire au lieu de les réprimer.

Il y en a aussi à qui la loi a fait connaître le mal des mauvais désirs, « car la loi, dit l'Apôtre, donne la connaissance du péché ; » (*Rom.*, III, 20) et il écrit ailleurs : « Je n'aurais pas connu la convoitise, si la loi n'avait pas dit : Vous ne convoiterez pas. » (*Rom.*, VII, 7.) Ces mauvais désirs finissent par triompher d'eux, parce qu'ils vivent sous la loi qui ordonne le bien sans pouvoir le donner, mais ne vivent pas sous la grâce qui donne, par le Saint-Esprit, ce que la loi ne fait que commander. « La loi n'est donc entrée en eux que pour y faire abonder le péché. » (*Rom.*, V, 20.) La défense n'a servi qu'à augmenter dans leur cœur l'ardeur de la concupiscence, et l'a rendue invincible. Elle les a conduits même jusqu'à la prévarication, dans laquelle ils ne seraient pas tombés sans la loi, quoique cependant ils n'eussent pas été exempts de péché. « En effet, dit l'Apôtre, où la loi n'est pas, il n'y a pas de prévarication. » (*Rom.*, IV, 15.) Ainsi, sans le secours de la grâce, la loi, quoiqu'en défendant le péché, devient l'auxiliaire et la force même du péché. C'est ce qui fait dire à l'Apôtre : « La loi est la force du péché. » (I *Cor.*, XV, 56.) Il n'est donc pas étonnant que la faiblesse humaine, en se croyant capable d'accomplir la loi par elle-même, n'ait fait, malgré la bonté de la loi, qu'ajouter de nouvelles forces au péché. « Ne connaissant pas la justice que Dieu donne à ceux qui reconnaissent leur fai-

utique in cupiditatibus frenendis continentia laboraret, si nihil nos contra quod (*a*) decet liberet, si nihil nostræ bonæ voluntati ex mala concupiscentia repugnaret. Clamat Apostolus : « Scio, inquit, quia non habitat in me, hoc est, in carne mea, bonum. Velle enim adjacet mihi, perficere autem bonum non invenio. » (*Rom.*, VII, 18.) Non enim fieri bonum potest, ut malæ concupiscentiæ non consentiatur : perficietur autem bonum, quando ipsa mala concupiscentia finietur. Itemque idem Doctor gentium clamat : « Condelector legi Dei secundum interiorem hominem ; video autem aliam legem in membris meis, repugnantem legi mentis meæ. » (*Ibid.* 22.)

7. Hanc pugnam non experiuntur in semetipsis nisi bellatores virtutum debellatoresque vitiorum : nec expugnat concupiscentiæ malum, nisi continentiæ bonum. Sunt autem qui legem Dei omnino nescientes, malas concupiscentias nec in hostibus deputant, eisque miserabilis cœcitate servientes, in-

super etiam beatos se putant, satiando eas potius quam domando. Qui vero per legem cognoverunt eas : « Per legem enim cognitio peccati : » (*Rom.*, III, 20) et : « Concupiscentiam, inquit, nesciebam, nisi lex diceret : Non concupisces : » (*Rom.*, VII, 7) et earum tamen oppugnatione vincuntur, quia sub lege vivunt, qua jubetur quod bonum est, non et datur ; non vivunt sub gratia, quæ dat per Spiritum sanctum quod per legem jubetur : his ideo subintravit lex, ut in eis abundaret delictum. Auxit prohibitio concupiscentiam, eamque fecit invictam ; et accederet prævaricatio, quæ sine lege non fuit, etiamsi peccatum (*b*) fuit. « Ubi enim non est lex, nec prævaricatio. » (*Rom.*, IV, 15.) Ita lex gratia non juvante, prohibens peccatum, virtus est insuper (*c*) facta peccati : unde ait Apostolus : « Virtus peccati lex. » (I *Cor.*, XV, 56.) Nec mirandum est, quod humana infirmitas etiam de lege bona vires malo addidit, dum ad ipsam legem faciendam de suis viri-

(*a*) Er. et Lov. *nos contra quod contenderet, detineret.* At Mss. *nos contra quod decet* (vel *deceret*) *liberet.* Sic passim Augustinus verbum *libet*, quod jungi dativo solet, jungit accusativo. — (*b*) Lov. *non fuit.* Abest *non* ab editione. Er. et a Mss. — (*c*) Ex Mss. restituimus verbum *facta*, omissum in editis. Ejus tamen loco nonnulli Mss. habent *facti*.

blesse, et voulant y substituer la leur, » (*Rom.*, x, 3) quoique dans leur mortelle infirmité, ils n'en aient aucune, « les hommes ne sont pas soumis à la justice divine, et sont tombés dans l'orgueil et la réprobation. » Si la loi, comme un maître bienveillant, pour nous conduire à la grâce, n'a rendu l'homme prévaricateur que pour lui faire sentir, par la gravité de sa blessure, le besoin de recourir au médecin, alors Dieu, à la place de cette douceur mortelle qui rendait la concupiscence victorieuse, nous fait sentir une douceur bienveillante, où la continence trouve à la fois ses délices et son triomphe : « Alors aussi notre terre rapporte ses fruits, » (*Ps.* LXVI, 7) dont se nourrissent les soldats de la foi, qui avec l'aide de Dieu font la guerre au péché.

8. Ce sont ces soldats que les sons de la trompette apostolique animent au combat. « Ne souffrez pas, s'écrie saint Paul, que le péché règne dans votre corps mortel, en sorte que vous obéissiez à ses désirs déréglés ; n'abandonnez pas non plus les membres de votre corps au péché pour lui servir d'armes d'iniquité, mais donnez-vous à Dieu, comme devenus vivants, de morts que vous étiez, et consacrez-lui vos membres, pour servir d'armes de justice, alors le péché ne régnera pas en vous. Car vous n'êtes pas sous l'empire de la loi, mais sous le règne de la grâce. » (*Rom.*, VI, 12.) Et dans un autre passage il dit encore : « Nous ne sommes point redevables à la chair, pour vivre selon la chair ; que si vous vivez selon la chair vous mourrez, mais si vous faites mourir par l'esprit les passions de la chair, vous vivrez ; car ceux qui sont conduits par l'esprit de Dieu sont enfants de de Dieu. » (*Rom.*, VIII, 12.) Tant que nous sommes sur la terre, le but comme l'effet de la grâce est donc d'empêcher que le péché, c'est-à-dire le désir du péché, ne règne dans notre chair mortelle ; car c'est par le mot de péché que l'Apôtre désigne ici la concupiscence. Or, la concupiscence règne en nous, quand nous obéissons à ses mauvais désirs. Il y a donc en nous une cupidité à laquelle il ne faut laisser prendre aucun empire, et ce sont les désirs de cette cupidité auxquels il ne faut pas obéir, car ceux qui s'y soumettent en deviennent les esclaves. Que la concupiscence ne se rende donc pas maîtresse de nos membres ; laissons cette victoire à la continence, afin qu'ils servent d'armes de justice à Dieu, et non d'armes d'iniquité au péché. C'est ainsi que le péché ne régnera pas en nous. Nous ne sommes pas sous l'empire de la loi, qui ordonne le bien sans pouvoir le donner, mais sous le règne de la grâce, qui nous fait aimer ce que la loi commande, et qui exerce sur nous un empire qui ne gêne en rien notre liberté.

9. Lorsque saint Paul nous exhorte à ne pas

---

bus fidit. Ignorans quippe Dei justitiam (*Rom.*, x, 3), quam dat infirmo, et suam volens constituere, qua caret infirmus, justitiæ Dei non est subjectus, reprobus et superbus. Si autem lex factum prævaricatorem, tanquam et hoc gravius vulneratum ut desideret medicum, tanquam pædagogus perducit ad gratiam ; contra suavitatem noxiam qua vincebat concupiscentia, Dominus dat suavitatem beneficam qua (*a*) delectet amplius continentia, et terra nostra dat fructum suum (*Psal.* LXVI, 7), quo pascitur miles, qui debellat Deo juvante peccatum.

8. Tales milites apostolica tuba isto sonitu accendit in prœlium : « Non ergo regnet, inquit, peccatum in vestro mortali corpore ad obediendum desideriis ejus ; neque exhibueritis membra vestra arma iniquitatis peccato : sed exhibete vos Deo tanquam ex mortuis viventes, et membra vestra arma justitiæ Deo. Peccatum enim vobis non dominabitur. Non enim estis sub lege, sed sub gratia. » (*Rom.*, VI, 12, etc.) Et alio loco : « Ergo, inquit, fratres debitores sumus non carni, ut secundum carnem vivamus. Si enim secundum carnem vixeritis, moriemini : si autem spiritu facta carnis mortificaveritis, vivetis. Quotquot enim Spiritu Dei aguntur, hi filii sunt Dei. » (*Rom.*, VIII, 12, etc.) Id ergo nunc agitur, quamdiu est mortalis hæc vita nostra sub gratia, ne peccatum, id est concupiscentia peccati (hanc enim hoc loco peccati nomine appellat), regnet in nostro mortali corpore. Tunc autem regnare ostenditur, si desideriis ejus obediatur. Est ergo in nobis peccati concupiscentia, quæ non est permittenda regnare : sunt ejus desideria, quibus non est obediendum, ne obedientibus regnet. Propter quod membra nostra non sibi usurpet concupiscentia, sed sibi vindicet continentia ; ut sint arma justitiæ Deo, ne sint iniquitatis arma peccato : sic enim nobis peccatum non dominabitur. Non enim sumus sub lege, bonum quidem jubente, non tamen dante : sed sumus sub gratia, quæ id quod lex jubet faciens nos amare, potest liberis imperare.

9. Itemque cum hortatur, ut non secundum car-

(*a*) Ita Cisterciensis Ms. At editi, *delectetur*.

vivre selon la chair, afin de ne pas mourir, mais à mortifier la chair par l'esprit, afin de vivre, il fait encore entendre sa voix comme une céleste trompette, pour nous avertir de la guerre que nous avons à soutenir, et pour nous exciter à combattre avec ardeur, afin de donner la mort à nos ennemis, et de ne pas tomber nous-mêmes sous leurs coups. Quels sont ces ennemis auxquels il veut que nous donnions la mort, sinon les œuvres de la chair? En effet, il nous dit : « Si vous faites mourir par l'esprit les désirs de la chair, vous vivrez. » Et pour nous faire connaître quels sont ces désirs, il écrit aux Galates (*Gal.*, v, 19) : « Il est aisé de voir quels sont les désirs de la chair. Ce sont la fornication, l'impureté, la luxure, l'idolâtrie, les empoisonnements, les inimitiés, les dissensions, les jalousies, les animosités, les querelles, les divisions, les hérésies, les envies, les meurtres, les ivrogneries, les débauches et autres crimes semblables. Je vous l'ai déjà dit, et je vous répète encore que ceux qui les commettent ne posséderont pas le royaume de Dieu. C'est encore pour nous apprendre de quelle guerre il s'agit, et quels ennemis nous avons à terrasser, que saint Paul faisait retentir la trompette spirituelle et céleste, pour animer les soldats du Christ au combat, lorsqu'il parlait ainsi, comme plus haut, quand il dit (*Gal.*, v, 16) : « Conduisez-vous selon l'esprit, et vous n'accomplirez pas les désirs de la chair, car la chair s'élève contre l'esprit, et l'esprit contre la chair, ils sont sans cesse en lutte l'un contre l'autre, de sorte que vous ne faites pas les choses que vous voudriez. Que si vous êtes conduits par l'esprit, vous n'êtes point sous la loi. » C'est donc contre les œuvres de la chair que l'Apôtre engage ceux qui sont sous la grâce à lutter avec persévérance ; et pour montrer quelles sont les œuvres de la chair, il a énoncé celles que j'ai rapportées plus haut : « Les œuvres de la chair sont faciles à reconnaître, ce sont les fornications, » et d'autres crimes semblables, tant ceux dont il a fait mention que ceux qu'il donne à entendre ; et c'est pour cela qu'après avoir fait l'énumération des œuvres charnelles, il a ajouté « et d'autres crimes semblables. » Enfin après avoir fait avancer dans ce combat, comme une armée charnelle, il en fait avancer une autre toute spirituelle, quand il dit : « Les fruits de l'esprit, au contraire, sont la charité, la joie, la paix, la patience, l'humanité, la bonté, la longanimité, la douceur, la foi, la modestie, la tempérance, la chasteté, et il n'y a pas de loi contre ceux qui vivent de la sorte. » (*Gal.*, v, 22.) Saint Paul ne dit pas : Contre ces choses, de peur de laisser croire qu'il n'y en a pas d'autres. Cependant, quand bien même il se serait borné à ne nommer que celles-là, nous aurions pu comprendre toutes les autres, que nous pouvons regarder comme des biens de la même sorte, mais il dit expressément : « Contre les autres choses de cette espèce, » c'est-à-dire il n'y a pas

---

nem vivamus, ne moriamur, sed spiritu facta carnis mortificemus, ut vivamus; tuba utique quæ canit, bellum in quo versamur ostendit, et ut acriter dimicemus et hostes nostros mortificemus, ne ab eis mortificemur, accendit. Qui sint vero hostes, satis evidenter expressit. Quos enim a nobis voluit mortificari, ipsi sunt, scilicet opera carnis. Sic enim ait : « Si autem spiritu facta carnis mortificaveritis, vivetis. » Et ista quæ sint ut sciamus, eumdem itidem audiamus ad Galatas scribentem et dicentem (*Gal.*, v, 19, etc.) : « Manifesta sunt autem opera carnis, quæ sunt fornicationes, immunditiæ, luxuriæ, idolorum servitus, veneficia, inimicitiæ, contentiones, æmulationes, animositates, dissensiones, hæreses, invidiæ, ebrietates, comessationes, et his similia, quæ prædico vobis, sicut prædixi, quoniam qui talia agunt regnum Dei non possidebunt. » Ipsum enim etiam ibi bellum, ut hæc diceret, ostendebat, et ad hos hostes mortificandos eadem cœlesti et spiritali tuba Christi milites excitabat. Supra enim dixerat (*Ibid.*, 16, etc.) : « Dico autem, spiritu ambulate, et desideria carnis ne perfeceritis. Caro enim concupiscit adversus spiritum, spiritus autem adversus carnem. Hæc enim invicem adversantur, ut non ea quæ vultis faciatis. Quod si spiritu ducimini, non estis sub lege. » Ergo sub gratia constitutos vult istum adversus opera carnis habere conflictum. Et hæc opera carnis ut demonstraret, adjunxit quæ supra commemoravi : « Manifesta autem sunt opera carnis, quæ sunt fornicationes, » et cætera, sive quæ commemoravit, sive quæ intelligenda commonuit, maxime adjiciens, « et his similia. » Denique in hoc prælio adversus carnalem quodam modo exercitum velut aliam producens aciem spiritalem : « Fructus autem spiritus est, inquit, caritas, gaudium, pax, longanimitas, benignitas, bonitas, fides, mansuetudo, continentia : adversus hujusmodi non est lex. » (*Ibid.*, 22, etc.) Non ait, adversus hæc, ne sola esse putarentur : quamvis et si hoc diceret, omnia deberemus intelligere, quæ ejusdem generis bona

de loi contre ces vertus et contre celles qui leur ressemblent. Si, dans cette énumération, il a parlé en dernier lieu de la continence, sur laquelle nous avons entrepris de discuter, et dont nous avons dit déjà beaucoup de choses, c'est qu'il a voulu graver profondément l'amour de cette vertu dans nos cœurs. La continence est, en effet, l'arme la plus puissante dans cette guerre de l'esprit contre la chair, puisque c'est celle qui crucifie en quelque sorte les concupiscences charnelles. C'est pourquoi l'Apôtre, après avoir parlé des biens qui sont les fruits de l'esprit, ajoute aussitôt : « Or, ceux qui sont à Jésus-Christ ont crucifié leur chair avec ses passions et ses mauvais désirs. » (*Gal.*, v, 24.) Telle est la force et la vertu de la continence. Voilà comme on fait mourir les œuvres de la chair qui, à leur tour, donnent la mort à ceux en qui la continence s'affaiblit, et qui, entraînés par les mauvais désirs, finissent par donner leur consentement aux œuvres du mal.

Chapitre IV. — 10. Pour ne pas laisser s'affaiblir en nous la continence, nous devons surtout nous mettre en garde contre les embûches du démon, qui cherche à nous inspirer beaucoup de présomption dans nos propres forces. Car le prophète a dit : « Maudit est celui qui met son espérance en l'homme; » (*Jérém.*, xvii, 5) et quel est cet homme en qui nous ne pouvons, sans être maudits, mettre notre espérance, sinon nous-même? On ne peut donc pas dire avec vérité, qu'on ne met pas son espérance en l'homme, quand on la met en soi-même. En effet, vivre selon l'homme n'est-ce pas vivre selon la chair? Que celui donc qui se laisse aller à une pareille tentation, écoute les paroles de l'Apôtre, et s'il a encore quelques sentiments chrétiens, qu'il tremble en entendant l'Apôtre lui dire : « Si vous vivez selon la chair, vous mourrez. » (*Rom.*, viii, 13.)

11. Mais peut-être quelqu'un me dira-t-il : vivre selon l'homme, ce n'est pas vivre selon la chair. L'homme, en effet, est une créature douée de raison. Il y a en lui une âme raisonnable qui le distingue des animaux, tandis que la chair est la partie infime et terrestre de l'homme, et quand il vit selon cette partie inférieure, c'est en cela qu'il est coupable; c'est pourquoi celui qui vit selon l'homme, ne vit pas selon la chair, mais plutôt selon cette partie par laquelle l'homme est véritablement homme, c'est-à-dire selon l'intelligence qui lui donne la prééminence sur les animaux. Peut-être cette distinction aurait-elle quelque valeur dans une école de philosophes, mais nous, pour comprendre les paroles de l'Apôtre du Christ, nous devons nous en tenir à la manière de s'exprimer des livres chrétiens. Notre foi commune à nous tous chré-

---

cogitare possemus: sed ait, « adversus hujusmodi ; » et hæc scilicet et quæcumque similia. Verumtamen quod in eis bonis quæ commemoravit, ultimo loco posuit continentiam, de qua nunc disputare suscepimus, et propter quam multa jam diximus, præcipue voluit eam nostris mentibus inhærere. Ipsa quippe in hoc bello valet plurimum, in quo adversus carnem spiritus concupiscit; quoniam ipsas carnis concupiscentias quodam modo crucifigit. Unde cum hæc dixisset Apostolus, continuo subjecit : « Qui autem Jesu Christi sunt, carnem suam crucifixerunt cum passionibus et concupiscentiis. » (*Ibid.*, 24.) Hæc est actio continentiæ : sic opera carnis mortificantur. Mortificant vero eos, quos deficientes a continentia ad consensionem perpetrandorum talium operum trahit concupiscentia.

Caput IV. — 10. Ut autem a continentia non deficiamus, adversus illas præcipue diabolicarum suggestionum insidias vigilare debemus, ne de nostris viribus præsumamus. « Maledictus enim omnis, qui spem suam ponit in homine. » (*Jer.*, xvii, 5.) Et quis est iste nisi (*a*) homo? Non potest ergo veraciter dicere, non se spem ponere in homine, qui eam ponit in se. Nam et hoc secundum hominem vivere, quid est nisi secundum carnem vivere? Audiat ergo qui tali suggestione tentatur, et si ullus ei Christianus sensus est, contremiscat : audiat, inquam : « Si secundum carnem vixeritis, moriemini. » (*Rom.*, viii, 13.)

11. Sed quispiam dicturus est mihi aliud esse secundum hominem, aliud secundum carnem vivere : quia homo videlicet rationalis creatura est, et in eo rationalis est animus, quo distat a pecore; caro autem est infima et terrena pars hominis, et ideo secundum eam vivere vitiosum est : propter quod ille qui secundum hominem vivit, non utique secundum carnem, sed potius secundum eam partem hominis vivit qua homo est, hoc est, secundum spiritum mentis, quo pecoribus præeminet. Verum hæc disputatio valet fortassis aliquid in scholis philosophorum : nos autem ut intelligamus Apostolum Christi, libri Christiani quemadmodum loqui soleant, debemus advertere. Fides certe omnium nostrum

(*a*) Editi, *nisi ipse homo*. Abest *ipse* a Mss.

tiens qui vivons en Jésus-Christ, est que le Verbe de Dieu s'est revêtu de la nature humaine, mais non sans une âme raisonnable, comme le prétendent quelques hérétiques. Cependant il est écrit : « Et le Verbe s'est fait chair. » (*Jean*, I, 14.) Que signifie ici le mot *chair*, sinon *l'homme*? « Toute chair verra le Sauveur envoyé par Dieu. » (*Luc*, III, 6.) Quelle est cette chair, sinon l'homme? « Toute chair viendra à vous. » (*Ps.* LXIV, 3.) Quelle est cette chair qui viendra, sinon l'homme? « Vous lui avez donné puissance sur toute chair. » (*Jean*, XVII, 2.) Sur quelle chair, sinon sur l'homme? « Nulle chair ne sera justifiée par les œuvres de la loi. » (*Rom.*, III, 20.) De quelle chair parle saint Paul, sinon de l'homme? C'est ce que l'Apôtre fait voir d'une manière plus claire quand il dit ailleurs : « L'homme ne sera pas justifié par les œuvres de la loi ; » (*Rom.*, III, 20) comme lorsque blâmant les Corinthiens, il leur écrit : « N'êtes-vous pas maintenant charnels, et ne marchez-vous pas selon l'homme? » (I *Cor.*, III, 3.) Après leur avoir dit qu'ils étaient charnels, il n'ajoute pas, vous marchez selon la chair, mais « selon l'homme, » quoiqu'ici encore il n'ait pas voulu dire autre chose que « selon la chair. » En effet, si c'était chose blâmable de marcher, c'est-à-dire de vivre selon la chair, et louable de vivre selon l'homme, saint Paul, pour faire un reproche aux Corinthiens, ne leur aurait pas dit : « Vous marchez selon l'homme. » Que l'homme reconnaisse donc l'opprobre auquel il s'expose, qu'il change de conduite, qu'il évite la mort. O homme, écoutez la parole de l'Apôtre ! Ne marchez pas selon l'homme, mais selon celui qui a fait l'homme. Ne vous détournez pas de votre Créateur, et ne mettez pas votre confiance en vous-même. Un homme, mais qui ne vivait pas selon l'homme, disait aux Corinthiens : « Non que nous ne soyons pas capables d'avoir de nous-mêmes une bonne pensée comme de nous-mêmes, mais c'est Dieu qui nous en rend capables. » (II *Cor.*, III, 5.) Voyez s'il vivait selon l'homme, celui qui parlait ainsi avec tant de vérité. En nous recommandant de ne pas vivre selon l'homme, l'Apôtre rendait l'homme à Dieu. Or, celui qui ne vit pas selon l'homme, mais selon Dieu, ne vit certainement pas selon lui-même ; puisqu'en lui-même il est homme. Mais on dit aussi qu'il vit selon la chair quand il vit ainsi, parce que par le mot *chair* il faut entendre l'homme, comme par le mot *âme*, c'est aussi l'homme qu'il faut entendre. C'est pourquoi saint Paul a dit : « Que toute âme soit soumise aux puissances supérieures, » (*Rom.*, XIII, 1) c'est-à-dire que tout homme soit soumis. Comme quand on dit également : « Soixante-quinze âmes passèrent en Egypte avec Jacob, » (*Deut.*, X, 22 ; *Genes.*, XLVI, 15 ; *Actes*, VII, 14)

---

est, (*a*) quibus Christus vivere est, hominem a Verbo Dei assumptum, non utique sine anima rationali, sicut quidam hæretici volunt ; et tamen legimus : « Verbum caro factum est. » (*Joan.*, I, 14.) Quid hic caro intelligenda est, nisi homo? « Et videbit omnis caro salutare Dei : » (*Luc.*, III, 6) quid potest intelligi, nisi omnis homo? « Ad te omnis caro veniet : » (*Psal.* LXIV, 3) quid est, nisi omnis homo? « Dedisti ei potestatem omnis carnis : » (*Joan.*, XVII, 2) quid est, nisi omnis hominis? « Ex operibus legis non justificabitur omnis caro : » (*Rom.*, III, 20) quid est, nisi nullus justificabitur homo? Quod idem Apostolus alibi exprimens manifestius : « Non, inquit, justificabitur homo ex operibus legis. » (*Gal.*, II, 16.) Corinthios quoque increpat dicens : « Nonne carnales estis, et secundum hominem ambulatis? » (I *Cor.*, III, 3.) Cum carnales eos dixisset, non ait, secundum carnem ambulatis ; sed, « secundum hominem : » quia et hoc quid voluit intelligi, nisi secundum carnem? Nam utique si culpabiliter quidem secundum carnem, laudabiliter autem secundum hominem ambularetur, id est, viveretur, non exprobrans diceret, « secundum hominem ambulatis. » Agnoscat homo opprobrium, mutet propositum, vitet interitum. Audi homo, noli ambulare secundum hominem, sed secundum eum qui fecit hominem : ab eo qui fecit te, noli deficere nec ad te. Homo enim dicebat, qui tamen non secundum hominem vivebat : « Non quia idonei sumus cogitare aliquid a nobis quasi ex nobismetipsis ; sed sufficientia nostra ex Deo est. » (II *Cor.*, III, 5.) Vide si secundum hominem vivebat, qui veraciter ista dicebat. Admonens ergo Apostolus hominem, ne vivat secundum hominem, hominem Deo reddit. Qui autem non vivit secundum hominem, sed secundum Deum, profecto non vivit etiam secundum se ipsum : quia homo est et ipse. Sed ideo dicitur etiam secundum carnem vivere, cum ita vivit ; quia et carne sola nominata intelligitur homo, quod jam ostendimus : sicut sola anima nominata intelligitur homo ; unde dictum est (*Rom.*, XIII, 1) : « Omnis anima sublimioribus potestatibus subdita sit, » id est, omnis homo : et : « Septuaginta quinque

---

(*a*) Tres Mss. *nostrum est, ut Christus venerit, et hominem a Verbo*, etc. Genovefæus codex, *nostrum est, ut Christus venerit hominem a Verbo*, etc.

c'est comme si l'on disait : soixante-quinze hommes. O homme, gardez-vous donc bien de vivre selon vous-même. C'est par là que vous vous étiez perdu, quand le Seigneur vous a retrouvé. N'accusez pas toutefois la nature de la chair, lorsque l'Apôtre vous dit : « Si vous vivez selon la chair, vous mourrez. » (*Rom.*, VIII, 13.) L'Apôtre a donc dit et pu dire en toute vérité : Si vous vivez selon vous-mêmes, vous mourrez. Le démon, en effet, n'a point de chair, mais en voulant vivre selon lui-même, « il n'a point persévéré dans la vérité. » (*Jean*, VIII, 44.) Faut-il donc s'étonner qu'en vivant selon lui-même, « il ne fait que dire ce qui lui est propre, quand il profère le mensonge? » (*Ibid.*) C'est donc en toute vérité que la vérité elle-même a parlé ainsi du démon.

Chapitre V. — 12. Lorsque saint Paul dit : « Le péché n'aura plus d'empire sur vous, » (*Rom.*, VI, 14) ne croyez pas que ce soit à vos propres forces que vous le devrez. C'est un bienfait qui vient de celui à qui un saint prophète disait : « Seigneur, dressez mes pas selon vos préceptes, et ne souffrez pas que l'iniquité domine en moi. » (*Ps.* CXVIII, 113.) En effet, pour empêcher l'orgueil de s'emparer de nous, et ne pas nous laisser croire que c'est par nos seules forces que le péché ne dominera plus en nous, l'Apôtre ajoute : « Car vous n'êtes plus sous la loi, mais sous la grâce. » (*Rom.*, VI, 14.) C'est donc à la grâce que nous devons de ne plus être dominés par le péché. De même, lorsque saint Paul dit : « Si vous faites mourir par l'esprit les passions de la chair, vous vivrez, » (*Ibid.*, VIII, 13) nous ne devons pas non plus attribuer un si grand bien à notre esprit, comme si par lui-même il était capable de nous le donner. En effet, de peur qu'un esprit de mort, plutôt que de mortification, ne nous fasse attacher un sens charnel à ses paroles, l'Apôtre ajoute aussitôt : « Car tous ceux qui sont conduits par l'esprit de Dieu sont enfants de Dieu. » (*Ibid.*, 14.) Notre esprit ne fait donc mourir les œuvres de la chair qu'autant que nous sommes conduits par l'esprit de Dieu, qui nous donne la continence, par laquelle nous réprimons, nous enchaînons, nous domptons la concupiscence.

13. Dans cette grande lutte que l'homme soutient quand il vit sous la grâce, et dans laquelle, aidé par le Seigneur, il combat avec courage, « et se réjouit en Dieu quoiqu'en tremblant, » (*Ps.* II, 11) dans cette grande lutte, dis-je, il ne faut pas croire que les plus braves combattants, ceux qui travaillent avec le plus d'ardeur pour mortifier et anéantir les œuvres de la chair, soient à l'abri des blessures du péché ; aussi pour les guérir ont-ils soin de répéter chaque jour :

---

animæ descenderunt in Ægyptum cum Jacob, » (*Deut.*, X, 22 ; *Gen.*, XLVI, 15 ; *Act.*, VII, 14) id est, septuaginta quinque homines. Noli ergo vivere secundum te ipsum, o homo : inde perieras, sed quæsitus es. Noli, inquam, vivere secundum te ipsum : (*a*) inde perieras, et inventus es. Noli carnis accusare naturam, quando audis : « Si secundum carnem vixeritis, moriemini. » (*Rom.*, VIII, 13.) Sic enim dici potuit, et verissime potuit : « Si secundum vos vixeritis, moriemini. Nam diabolus non habet carnem, et tamen quia secundum se ipsum vivere voluit, « in veritate non stetit. » Quid ergo (*b*) mirum, si secundum se ipsum vivens, « cum loquitur mendacium, de suo loquitur? » (*Joan.*, VIII, 44) quod verum de illo Veritas dixit.

Caput V. — 12. Cum ergo audis : « Peccatum vobis non dominabitur : » (*Rom.*, VI, 14) noli de te fidere, ut peccatum tibi non dominetur ; sed de illo cui dicit orans quidam sanctus : « Itinera mea dirige secundum verbum tuum, et non dominetur mihi omnis iniquitas. » (*Psal.* CXVIII, 113.) Etenim ne forte, cum audissemus : « peccatum vobis non dominabitur, » nos ipsos extolleremus, et viribus nostris hoc tribueremus, statim hoc vidit Apostolus, atque subjecit : « Non enim estis sub lege, sed sub gratia. » (*Rom.*, VI, 14.) Gratia itaque facit, ut peccatum tibi non dominetur. Noli ergo de te fidere, ne multo amplius inde tibi dominetur. Et cum audimus : « Si spiritu actiones carnis mortificaveritis, vivetis, » (*Rom.*, VIII, 13) non hoc tantum bonum spiritui nostro, quasi per se ipsum possit ista, tribuamus. Nam ne istum carnalem sensum spiritu mortuo potius quam (*c*) mortificante saperemus, illico addidit : « Quotquot enim Spiritu Dei aguntur, hi filii sunt Dei. » (*Ibid.*, 14.) Itaque ut spiritu nostro opere carnis mortificemus : Spiritu Dei agimur ; qui dat continentiam, qua frenemus, domemus, vincamus concupiscentiam.

13. In hoc tam magno prælio, in quo vivit homo sub gratia, et cum bene pugnat adjutus, exultat in Domino cum tremore, non desunt tamen etiam strenuis bellatoribus, et operum carnis quamvis invictis mortificatoribus, aliqua vulnera peccatorum, propter

---

(*a*) Habent sic aliquot Mss. At Er. *si quia perieras, inventus es.* Lov. *si perieras, inventus es.* — (*b*) Ita plures Mss. At editi : *Qui ! ergo verius :* et iidem infra pro *quod verum,* habent *quod vere.* — (*c*) Editi, *vivificante.* Contra vero Mss. *mortificante.*

« Pardonnez-nous nos offenses. » (*Matth.*, VI, 12.) Mais, fortifiés par cette prière, ils n'en sont que plus actifs et plus ardents pour combattre les désirs du péché, et le démon qui en est le prince et la source, et pour empêcher que ses suggestions mortelles, par lesquelles il excite au mal, ne portent les pécheurs à excuser, plutôt qu'à avouer leurs fautes ; car les blessures que nous aurions reçues, non-seulement ne pourraient être guéries, mais de légères qu'elles étaient, elles deviendraient graves et mortelles. C'est alors que la continence doit redoubler de vigilance et de précaution, pour réprimer les élans de l'orgueil, par lequel l'homme non-seulement se plait à lui-même, et ne veut jamais se reconnaître coupable ; mais encore, loin d'être convaincu qu'il a péché, lors même qu'il pèche, cherche par un orgueil mortel à excuser ses fautes, au lieu de les avouer avec une salutaire humilité. C'est pour réprimer cet orgueil, que le saint roi dont j'ai cité plus haut les paroles, en les recommandant autant que j'ai pu, demande à Dieu la vertu de la continence. En effet, après avoir dit : « Seigneur, mettez une garde à ma bouche, et à mes lèvres une barrière qui les retienne, de peur que mon cœur ne se laisse aller à des paroles d'iniquité, » (*Ps.* CXL, 3, 4) il ajoute, pour mieux faire comprendre le sens de ses paroles : « Et ne cherche des excuses à son péché. » Qu'y a-t-il de plus inique que les paroles par lesquelles le méchant nie son mal, quoiqu'on puisse l'en convaincre d'une manière irréfragable ? Ne pouvant toutefois cacher son action, ni soutenir qu'elle soit bonne et qu'il n'en est pas l'auteur, il cherche alors à faire retomber sur un autre le mal qu'il a fait, comme s'il pouvait par là s'éviter le châtiment qu'il mérite. En refusant de s'avouer coupable, il ajoute plutôt un nouveau grief à sa faute, et par les excuses qu'il donne, au lieu d'un aveu humble et sincère, il ne voit pas que c'est son pardon qu'il recule, et non la peine à laquelle il ne peut se soustraire. En effet, près des hommes qui le jugent, et qui comme hommes peuvent être trompés, il peut trouver pour un certain temps quelque avantage à couvrir par le mensonge et la ruse le mal qu'il a commis, mais auprès de Dieu qui ne peut être trompé, ce n'est ni à la ruse ni au mensonge qu'il faut recourir, mais à l'aveu franc et sincère de ses fautes.

14. Il y en a d'autres qui, pour excuser leurs péchés, se plaignent que c'est le destin qui les y a poussés. Cela, disent-ils, était décrété par les astres, et c'est le ciel qui, en réglant ainsi les choses, est le premier auteur du mal, de sorte que l'homme en péchant, n'a fait qu'accomplir ce qui était arrêté. D'autres, quand ils commettent des fautes, les imputent à la fortune. Ceux qui croient que tout est l'œuvre du hasard, prétendent toutefois qu'il n'entre dans leurs rai-

---

quæ sananda quotidie veraciter dicant : « Dimitte nobis debita nostra : » (*Matth.*, VI, 12) contra eadem vitia, et contra diabolum principem regemque vitiorum, multo vigilantius et acrius ipsa oratione certantes, ne valeant aliquid mortiferæ suggestiones ejus, quibus instigat insuper peccatorem ad sua excusanda potius quam accusanda peccata : ac sic illa vulnera non modo non sanentur, verum etiam, etsi mortifera non erant, graviter et lethaliter infligantur. Et hic ergo cautiore opus est continentia, qua cohibeatur superbus hominis appetitus, quo placet sibi et non vult culpabilis inveniri, dedignaturque cum peccat convinci quod ipse peccaverit, non salubri humilitate suscipiens accusationem sui, sed excusationem potius ruinosa elatione conquirens. Ad hanc superbiam coercendam, continentiam petivit a Domino ille, cujus superius verba jam posui, et sicut potui, commendavi. Namque cum dixisset : « Pone Domine custodiam ori meo, et ostium continentiæ circum labia mea ; ne declines cor meum in verba maligna : » (*Psal.* CXL, 3, 4) unde hoc diceret evidentius explicans, « ad excusandas, inquit, excusationes in peccatis. » Quid enim malignius his verbis, quibus malus malum se negat, etiam de opere malo convictus quod negare non valeat ? Et quoniam factum non potest tegere, nec benefactum potest dicere, et a se factum videt patere, quærit in alium referre quod fecit, tanquam inde possit auferre quod meruit. Nolens se esse reum, addit potius ad reatum, et sua excusando, non accusando peccata, ignorat non se pœnam removere, sed veniam. Apud homines enim judices, quoniam falli possunt, quacumque velut purgare fallacia quod perperam factum est, prodesse aliquid videtur ad tempus : apud Deum autem, qui falli non potest, non est adhibenda fallax defensio, sed verax confessio peccatorum.

14. Et alii quidem qui sua consueverunt excusare peccata, fato se ad peccandum queruntur impelli, tanquam hoc decreverint sidera, et cœlum prius talia decernendo peccaverit, ut homo postea talia committendo peccaret. Alii fortunæ malunt imputare quod peccant : qui omnia fortuitis casibus agitari

sonnements, ni hasard, ni témérité, mais pure et saine raison. Quelle démence d'attribuer à la raison ce qu'ils disent, et au hasard ce qu'ils font! D'autres encore rejettent sur le démon le mal dont ils se rendent coupables. Ils ne veulent pas même en prendre la plus petite partie sur leur propre compte. Cependant tout en soupçonnant que c'est lui qui, par des suggestions cachées, les a poussés au mal, ils devraient pourtant bien reconnaître que ce sont eux-mêmes qui ont consenti à ces suggestions, quel qu'en fût du reste l'auteur. On en voit d'autres qui cherchent à s'excuser de leurs fautes, en poussant l'impiété jusqu'à en accuser Dieu lui-même. Malheureux, aveuglés par un secret jugement de Dieu, blasphémateurs et impies par leur propre fureur! Il y a, selon eux, en Dieu même, une certaine substance de mal, un principe qui lui est contraire, et auquel il n'aurait pu résister, s'il n'avait pas à ce principe rebelle, mêlé une partie de sa nature et de sa substance, qui est ainsi tombée dans la souillure et la corruption. D'après eux, quand l'homme pèche, c'est lorsque la nature du mal l'emporte sur la nature de Dieu. Telle est la doctrine aussi impure qu'insensée des Manichéens, dont les machinations inspirées par le démon sont facilement renversées par la force de la vérité, qui confesse et proclame que la nature de Dieu est exempte de toute souillure et de toute corruption. Mais de quelle corruption ne doit-on pas croire souillés ceux qui prétendent que Dieu, qui est souverainement et incomparablement bon, est sujet à l'impureté et à la corruption?

Chapitre VI. — 15. Il y en a encore qui, pour excuser leurs fautes, en accusent Dieu, en prétendant que le péché lui plaît. Si le péché ne lui était pas agréable, disent-ils, comment sa toute-puissance le permettrait-elle? comme si Dieu laissait le péché impuni, même dans ceux qu'il délivre du supplice éternel par la rémission de leurs fautes. En effet, Dieu n'a jamais fait grâce à personne d'un châtiment grave et justement mérité, sans lui avoir fait payer par une peine, quoique plus légère, les fautes qu'il a commises. C'est ainsi que la grandeur de sa clémence s'accorde avec la justice de sa loi. Le péché qui paraît impuni a toujours son châtiment qui le suit; soit que le coupable en soit puni par les remords de sa conscience, ou par l'insensibilité de l'aveuglement. De même que vous dites, pourquoi Dieu permet-il le péché s'il lui déplaît? de même, je vous dis à mon tour, pourquoi le punit-il s'il lui est agréable? C'est pourquoi si je confesse avec vous que nul péché n'aurait lieu, si la toute-puissance de Dieu ne le permettait pas, vous m'avouerez, de votre côté, qu'on ne doit pas faire ce qui est puni par sa justice. C'est en nous abstenant de faire ce qui nous expose à ses châtiments,

putant; nec tamen hoc se fortuita temeritate, sed perspecta ratione sapere atque asseverare contendunt. Qualis ergo dementia est, disputationes suas rationi tribuere, et actiones suas casibus subjugare? Alii totum quod male faciunt, in diabolum referunt: nec volunt cum illo habere vel partem, cum illum sibi occultis suggestionibus mala suasisse suspicari possunt, se autem illis suggestionibus, undecumque fuerint, consensisse dubitare non possunt. Sunt etiam qui excusationem suam extendunt in accusationem Dei, divino judicio miseri, suo autem furore blasphemi. Etenim adversus eum ex contrario principio inducunt mali substantiam rebellantem, cui non potuisset resistere, nisi substantiæ naturæque suæ partem eidem rebellanti contaminandam corrumpendamque miscuisset : et tunc se peccare dicunt, quando natura mali prævalet naturæ Dei. Hæc Manichæorum est immundissima insania, quorum machinamenta diabolica facillime veritas indubitata subvertit, quæ Dei naturam incontaminabilem atque incorruptibilem confitetur. Quid autem flagitiosæ contaminationis et corruptionis de istis merito non creditur, a quibus Deus, qui summe atque incomparabiliter bonus est, contaminabilis et corruptibilis creditur?

Caput VI. — 15. Sunt et qui eo modo in excusatione peccatorum suorum accusant Deum, ut dicant ei placere peccata. Nam si displicerent, inquiunt, nullo modo ea fieri omnipotentissima utique potestate permitteret. Quasi vero peccata Deus impunita esse permiserit, etiam in iis quos a supplicio sempiterno remissione liberat peccatorum. Nullus quippe debitæ gravioris pœnæ accipit veniam, nisi qualemcumque, etsi longe minorem quam debebat, solverit pœnam : atque ita impartitur largitas misericordiæ, ut non relinquatur etiam justitia disciplinæ. Nam et peccatum quod inultum videtur, habet pedissequam pœnam suam, ut nemo de admisso nisi aut amaritudine doleat, aut cæcitate non doleat. Sicut ergo tu dicis : Cur permittit ista, si displicent? ita ego dico : Cur punit ista, si placent? Ac per hoc sicut ego confiteor, quod omnino ista non fierent, nisi ab omnipotente permitterentur; ita tu confitere. facienda non esse, quæ a justo puniantur : ut non faciendo quæ punit, mereamur ab eo discere, cur permittit esse quæ puniat. « Perfectorum est » enim, sicut scrip-

que nous mériterons qu'il nous fasse comprendre pourquoi il punit ce qu'il permet. Il est écrit « que la nourriture solide n'est que pour les parfaits. » (*Hébr.*, v, 14.) Ceux qu'elle a fortifiés sont en état de comprendre, que c'est en raison même de sa toute-puissance, que Dieu a permis que le péché vînt de la libre volonté de l'homme. En effet, Dieu, dans sa toute-puissance, est assez bon pour savoir tirer le bien, du mal même, soit en le pardonnant, soit en le guérissant, soit en le faisant tourner au profit des justes, soit en le frappant de sa juste vengeance. Toutes ces choses sont bonnes et dignes de la miséricorde et de la toute-puissance de Dieu, et cependant c'est du mal que Dieu les fait provenir. Peut-il donc y avoir quelque chose de comparable à la bonté et à la puissance de celui qui, sans jamais faire le mal, fait naître le bien du mal même? Lorsque ceux qui ont péché crient au Seigneur : « Pardonnez-nous nos offenses, » (*Matth.*, VI, 12) le Seigneur les exauce et leur pardonne. Le mal que les pécheurs ont commis leur a-t-il été nuisible? Dieu vient à leur secours et guérit leurs langueurs. Ceux qui lui sont fidèles sont-ils exposés à la cruauté de leurs ennemis? De cette cruauté il fait sortir la gloire des martyrs. D'un autre côté il condamne aussi ceux qu'il juge dignes de sa condamnation. Quelques maux qu'il leur inflige, il ne fait cependant que ce qui est bien, car ce qui est juste ne peut être que bien; et de même qu'il y a injustice dans le péché, de même il y a justice dans la punition du péché.

16. Dieu, certainement, avait le pouvoir de donner à l'homme une nature qui ne fût pas sujette au péché, mais il a voulu le créer tel, qu'il pût à sa volonté pécher ou ne pas pécher, lui défendant l'un, lui commandant l'autre; afin qu'en s'abstenant du péché, ce fût pour l'homme un premier bien, qui lui méritât ensuite la juste récompense de ne plus pouvoir pécher. Car c'est dans cette condition qu'à la fin des temps il établira ses saints, et dans laquelle sont déjà ses anges, que nous aimons d'autant plus en lui, que nous ne craignons pas que le péché en fasse tomber aucun à l'état de démon. C'est une présomption que nous ne pouvons former sur aucun homme, quelque juste qu'il soit, tant qu'il est dans cette vie mortelle. Mais nous avons la conviction que telle sera la condition de tous ceux qui auront part à la vie immortelle. Si le Dieu tout-puissant sait tirer le bien de notre mal même, quels biens ne devons-nous pas attendre de lui, lorsqu'il nous aura délivrés de tous les maux? Il y aurait encore bien des choses à dire et à discuter sur le bon usage que Dieu sait faire du mal, mais cela est étranger à notre sujet, et il faut d'ailleurs éviter toute longueur inutile.

CHAPITRE VII. — 17. Revenons donc à notre sujet, dont nous nous sommes écartés pour dire ce qui précède. La continence est une vertu qui

---

tum est, « solidus cibus : » (*Hebr.*, v, 14) in quo hi qui bene profecerunt, jam intelligunt ad omnipotentiam Dei potius id pertinuisse, ut ex libero arbitrio voluntatis venientia mala esse permitteret. Tanta quippe est omnipotens ejus bonitas, ut etiam de malis possit facere bona, sive ignoscendo, sive sanando, sive ad utilitates piorum coaptando atque vertendo, sive etiam justissime vindicando. Omnia namque ista bona sunt, et Deo bono atque omnipotente dignissima : nec tamen fiunt nisi de malis. Quid igitur melius, quid omnipotentius eo, qui cum mali nihil faciat, bene etiam de malis facit? Clamant ad eum qui male fecerunt : « Dimitte nobis debita nostra : » (*Matth.*, VI, 12) exaudit, ignoscit. Nocuerunt sua mala peccantibus : subvenit eorum medeturque languoribus. Sæviunt suorum hostes : de illorum sævitia facit Martyres. Postremo etiam condemnat eos, quos damnatione judicat dignos : sua licet illi mala patiantur, facit tamen ille quod bonum est. Non potest enim bonum non esse, quod justum est : et utique sicut injustum est peccatum, ita justum est peccati supplicium.

16. Non autem potestas Deo defuit, talem facere hominem qui peccare non posset : sed maluit eum talem facere, cui adjaceret peccare, si vellet; non peccare, si nollet : hoc prohibens, illud præcipiens : ut prius illi esset bonum meritum non peccare, et postea justum præmium non posse peccare. Nam etiam tales sanctos suos in fine facturus est, qui omnino peccare non possint. Tales habet quippe etiam nunc Angelos suos, quos in illo sic amamus, ut de nullo eorum ne peccando fiat diabolus formidemus. Quod de nemine homine justo in hujus vitæ mortalitate præsumimus. Tales autem omnes futuros in illius vitæ immortalitate confidimus. Omnipotens enim Deus qui operatur bona etiam de nostris malis, qualia dabit bona, cum liberaverit ab omnibus malis? Multa de bono usu mali copiosius possunt et subtilius disputari : sed neque hoc isto Sermone suscepimus, et ejus nimia vitanda est longitudo.

CAPUT VII. — 17. Nunc ergo ad illud, propter quod diximus ista, redeamus. Continentia nobis opus est, et eam divinum esse munus cognoscimus, ne decli-

CHAPITRE VII.

nous est nécessaire, et nous devons la considérer comme un don que Dieu nous donne, pour que notre cœur ne se laisse pas aller à des paroles d'iniquité, en cherchant à excuser nos fautes. (*Ps.* CXL, 4.) Comment la continence ne nous serait-elle pas nécessaire pour empêcher n'importe quel péché, puisque lorsque nous en avons commis, elle ne nous est pas moins nécessaire, pour réprimer l'orgueil avec lequel nous pourrions les défendre? Nous avons donc toujours besoin de la continence pour éviter le mal, comme pour faire le bien nous avons besoin d'une autre vertu, c'est-à-dire, de la justice. Les saints Psaumes nous l'apprennent en disant : « Evitez le mal et faites le bien ; » (*Ps.* XXXIII, 15) et pour nous montrer à quelle fin nous devons agir ainsi, ils ajoutent : « Cherchez la paix et observez-la. » Nous ne jouirons parfaitement de cette paix que lorsque notre nature étant inséparablement unie à son créateur, il n'y aura plus rien en nous, qui combatte contre nous-mêmes. C'est ce que le Sauveur lui-même a voulu nous faire entendre quand il dit : « Que vos reins soient entourés d'une ceinture, et que vos lampes brûlent en vos mains. » (*Luc*, XII, 35.) Ceindre ses reins, c'est réprimer les passions, ce qui est le propre de la continence. Avoir dans ses mains des lampes ardentes, c'est être rempli d'ardeur et de lumière pour l'accomplissement des bonnes œuvres, ce qui appartient à la justice. Et pour ne pas nous laisser ignorer dans quel but il nous fait cette recommandation, il ajoute : « Soyez comme des gens qui attendent leur maître, quand il reviendra des noces. » (*Luc*, XII, 36.) En effet, ce maître, à son retour, nous récompensera, si nous nous sommes abstenus des œuvres auxquelles nous pousse la concupiscence, et si nous avons pratiqué celles que nous inspire, et nous ordonne la charité. Alors dans le sein et dans la plénitude de sa paix éternelle, et sans ressentir la moindre atteinte du mal, nous jouirons dans son royaume des délices ineffables du souverain bien.

18. Nous tous donc qui croyons au Dieu vivant et véritable, dont la nature est souverainement bonne et immuable, incapable de faire ni de souffrir aucun mal ; en ce Dieu source et principe de tout bien, lequel bien peut, il est vrai, éprouver quelqu'altération dans ses créatures, mais qui en lui-même n'en peut éprouver aucune, en ce Dieu qui est à lui-même son souverain bien. Gardons-nous d'adopter la doctrine aussi impie qu'insensée des Manichéens, qui prétendent que l'Apôtre a voulu indiquer deux natures, sans cesse en lutte l'une contre l'autre, celle du bien et celle du mal, lorsqu'il, dit aux Galates : « Conduisez-vous selon l'esprit et vous n'accomplirez pas les désirs de la chair, car la

---

netur cor nostrum in verba maligna ad excusandas excusationes in peccatis. (*Psal.* CXL, 4.) Cui autem peccato cohibendo non habemus necessariam continentiam, ne committatur, quando et hoc ipsa cohibet, ne commissum si fuerit nefaria superbia defendatur? Universaliter ergo continentia nobis opus est, ut declinemus a malo. Ut autem faciamus bonum, ad aliam videtur virtutem, hoc est, ad justitiam pertinere. Hoc nos admonet sacer Psalmus, ubi legimus : « Declina a malo, et fac bonum. » (*Psal.* XXXIII, 15.) Quo autem fine ista faciamus, mox addidit, dicens : « Quære pacem, et sequere eam. » Pax enim perfecta tunc erit nobis, quando natura nostra Creatori suo inseparabiliter cohærente, nihil nobis repugnabit ex nobis. Hoc et ipse Salvator voluit, quantum mihi videtur, intelligi, ubi ait : « Sint lumbi vestri accincti, et lucernæ ardentes (*a*). » (*Luc.*, XII, 35.) Quid est lumbos accingere? Libidines coercere, quod est continentiæ. Lucernas vero ardentes habere, est bonis operibus lucere atque fervere, quod est justitiæ. Neque hic tacuit quo fine ista faciamus, addendo atque dicendo : « Et vos similes hominibus expectantibus dominum suum, quando veniat a nuptiis. » (*Ibid.*, 36.) Cum enim venerit, nos remunerabit, qui continuimus nos ab his quæ (*b*) cupiditas, et ea quæ imperavit caritas fecimus : ut in ejus perfecta et sempiterna pace, sine ulla mali contentione et cum summa boni delectatione regnemus.

18. Omnes ergo qui credimus in Deum vivum et verum, cujus summe bona immutabilisque natura nec mali aliquid facit, nec mali aliquid patitur, a quo est omne bonum, quod etiam minui (*c*) potest, et qui suo bono quod ipse est omnino minui non potest, cum audimus Apostolum dicentem (*Gal.*, V, 16 et 17.) : « Spiritu ambulate, et concupiscentias carnis ne perfeceritis; caro enim concupiscit adversus spiritum, spiritus autem adversus carnem; hæc enim invicem sibi adversantur, ut non ea quæ vultis fa-

---

(*a*) Unus e Vaticanis Mss. addit, *in manibus vestris*: quod nec editi, nec alii Mss. habent. Id etiam a Græco textu Evangelii abest : immo et a Latino in antiquis Corbeiensibus Bibliis. — (*b*) Hic Cistorciensis codex addit, *suggerebat*. Vaticani autem, *instigavit*. Sed subauditur *imperavit*. — (*c*) Lov. *non potest* : male et repugnantibus editis aliis ac Mss.

chair s'élève contre l'esprit, et l'esprit contre la chair. Ils sont sans cesse en lutte l'un contre l'autre ; en sorte que vous ne faites pas les choses que vous voudriez. »(*Gal.*, v, 16, 17.) Or, ces deux principes sont bons en eux-mêmes. L'esprit est un bien comme la chair en est également un, et l'homme qui est un composé de ces deux principes, l'un destiné à commander, l'autre à obéir, est également un bien, mais sujet au changement, et qui n'a pu être fait que par celui qui est le bien souverain et immuable, et qui est la source et le principe de tout bien créé, quelque petit ou quelque grand qu'il soit. S'il est petit, il n'en est pas moins l'œuvre d'un bien supérieur ; s'il est grand, il n'est cependant pas comparable à la grandeur et à l'immensité du bien d'où il dérive. Quoique la nature de l'homme soit bonne, et qu'elle soit un bien sorti des mains de celui qui est le bien même, elle est cependant présentement agitée par une guerre intestine, parce qu'elle n'est pas encore arrivée au port du salut. Dès que ses langueurs et ses faiblesses seront guéries, elle aura la paix. Mais ces infirmités sont la punition de ses fautes, et non les suites de sa condition. Sans doute ces fautes ont été effacées par la grâce de Dieu dans la régénération du baptême, mais la nature humaine se débat encore avec ses langueurs et ses infirmités sous la main du médecin. La santé sera la victoire que la nature remportera dans cette lutte, non une santé temporaire, mais éternelle, où non-seulement il n'y aura plus ni infirmité, ni langueur, mais encore aucun principe qui puisse en faire naître. C'est pourquoi le juste parle ainsi à son âme : « O mon âme, bénissez le Seigneur, et n'oubliez pas ses bienfaits, car il est propice à toutes vos iniquités, et c'est lui qui guérit vos langueurs. » (*Ps.* cii, 2, 3.) Il est propice à nos iniquités, quand il nous pardonne nos fautes ; il guérit nos langueurs, lorsqu'il réprime nos mauvais désirs. Il est propice à nos iniquités, en nous accordant son indulgence ; il guérit nos langueurs, en nous donnant la vertu de la continence. Nous avons obtenu le premier bienfait de Dieu, lorsque nous avons confessé nos fautes en recevant le baptême ; nous obtenons chaque jour le second dans la lutte, où avec son secours divin nous cherchons à triompher de nos faiblesses et de nos langueurs. Nous l'obtenons encore continuellement lorsque nous lui disons : « Pardonnez-nous nos offenses, » (*Matth.*, vi, 12) et qu'il écoute favorablement notre prière ; comme aussi lorsque nous le prions « de ne pas nous laisser succomber à la tentation. » En effet, comme le dit l'apôtre saint Jacques : « Chacun est tenté par sa propre concupiscence qui l'attire et l'entraîne. » (*Jac.*, i, 14.) C'est contre ce mal que nous implorons le secours du divin médecin, qui peut guérir toutes les langueurs de notre âme, non en retranchant en nous une nature étrangère, mais en purifiant et en régénérant la nôtre. C'est

ciatis : » absit ut credamus, quod Manichæorum credit insania, duas hic demonstratas esse naturas ex contrariis inter se principiis confligentes, unam boni, alteram mali. Prorsus ista duo ambo sunt bona : et spiritus bonum est, et caro bonum ; et homo qui ex utroque constat, uno imperante, alio serviente, utique bonum est, sed mutabile bonum : quod tamen fieri non posset, nisi ab incommutabili bono, a quo est omne bonum creatum, sive parvum, sive magnum ; sed quamlibet parvum, a magno tamen factum ; et quamlibet magnum, nullo modo tamen factoris magnitudini comparandum. Verum in hac bona hominis et bene a bono condita institutaque natura nunc bellum est, quoniam salus manibus est. Languor sanetur, pax est. Languorem istum culpa meruit, natura non habuit. Quam sane culpam per lavacrum regenerationis Dei gratia fidelibus jam remisit, sed sub ejusdem medici manibus adhuc natura cum suo languore confligit. In tali autem pugna sanitas erit tota victoria : nec temporaria sanitas, sed æterna ; ubi non solum finiatur hic languor, verum etiam deinceps nullus oriatur. Propter quod alloquitur animam suam justus, et dicit (*Psal.* cii, 2, 3) : « Benedic anima mea Dominum, et noli oblivisci omnes retributiones ejus : qui propitius fit omnibus iniquitatibus tuis, qui sanat omnes languores tuos. » Propitius fit iniquitatibus, cum peccata dimittit : sanat languores, cum desideria prava compescit. Propitius fit iniquitatibus, dando indulgentiam : sanat languores, dando continentiam. Illud factum est in baptismate confitentibus, hoc fit in agone certantibus ; in quo a nobis noster per ejus adjutorium vincendus est morbus. Etiam nunc illud fit, cum exaudimur dicentes : « Dimitte nobis debita nostra : » (*Matth.*, vi, 12) hoc autem, cum exaudimur dicentes : « Ne nos inferas in tentationem. Unusquisque enim tentatur, » sicut ait apostolus Jacobus (*Jac.*, i, 14), « a concupiscentia sua abstractus et illectus. » Contra quod vitium, medicinale poscitur adjutorium ab illo, qui potest omnes hujusce-

pourquoi l'apôtre que nous venons de citer ne dit pas : chacun est tenté par la concupiscence, mais : « par sa propre concupiscence, » (*Gal.*, v) afin que, celui qui l'écoute, comprenne dans quel esprit il doit dire à Dieu : « Seigneur, ayez pitié de moi, et guérissez mon âme, car j'ai péché contre vous. » (*Ps.* xl, 5.) Cette âme n'aurait pas besoin d'être guérie, si elle ne s'était pas souillée par le péché. C'est pourquoi sa chair forme des désirs contre elle, ou plutôt c'est elle qui, dans la partie où elle est assujettie à la chair, se livre des combats à elle-même.

CHAPITRE VIII. — 19. La chair n'a de concupiscence que par l'âme ; mais on dit que « la chair forme des désirs contraires à ceux de l'esprit, » lorsque l'âme, emportée par une concupiscence charnelle, s'élève contre l'esprit. L'âme et la chair, c'est ce qui forme la totalité de nous-mêmes. Cette chair, qui est la partie la moins noble de notre être, et qui meurt lorsque l'âme s'en sépare, nous ne la perdons pas pour toujours ; nous la déposons pour la reprendre un jour, et pour ne plus la quitter une fois qu'elle aura été reprise. C'est un corps animal et charnel que l'on confie à la terre, et c'est un corps spirituel qui ressuscitera à la fin des siècles. (I *Cor.*, xv, 44.) Alors la chair n'aura plus de désirs contraires à ceux de l'esprit, lorsqu'elle même sera devenue spirituelle. Elle sera pour toujours soumise à l'esprit, non-seulement sans lui opposer la moindre résistance, mais encore c'est de lui qu'elle recevra la vie, sans avoir besoin d'aucun aliment pour se soutenir. Puisque ces deux principes, qui aujourd'hui se livrent des combats en nous, constituent notre être, prions et agissons pour qu'ils marchent d'accord. Nous ne devons pas regarder l'un d'eux comme notre ennemi. L'ennemi que nous devons craindre, c'est le vice par lequel la chair forme des désirs contraires à ceux de l'esprit. Une fois que nous en serons guéris, il n'existera plus, et les deux principes dont nous sommes composés, rendus au calme et à la santé, demeureront en paix l'un avec l'autre. C'est ce que l'Apôtre nous apprend quand il dit : « Je sais qu'il n'y a rien de bon en moi, c'est-à-dire dans ma chair. » (*Rom.*, vii, 18.) Il parle ainsi parce que les vices de la chair, quoiqu'ils reposent sur une chose bonne en elle-même, ne sont pas un bien ; or dès que ces vices disparaîtront, la chair restera ce qu'elle est, mais dégagée de toute souillure et de toute impureté. Cependant, quelle qu'elle soit, elle appartient à notre nature. Le même Apôtre nous l'apprend en disant d'abord : « Je sais qu'il n'y a rien de bon en moi ; » mais pour expliquer ses paroles, il ajoute aussitôt : « c'est-à-dire dans ma chair. » Il se désigne donc lui-même sous le nom « de sa chair. » Ainsi la chair n'est pas notre ennemie, et quand elle résiste aux vices qui l'obsèdent, bien loin de mériter notre haine comme une ennemie, elle mérite notre amour, et c'est ce que nous faisons en cherchant à la

---

modi sanare languores, non a nobis alienæ separatione naturæ. Unde et prædictus Apostolus non ait : « Unusquisque tentatur a concupiscentia ; » sed addidit, « sua : » ut qui hoc audit intelligat quomodo clamare debeat : « Ego dixi : Domine, miserere mei, sana animam meam, quoniam peccavi tibi. » (*Psal.* xl, 5.) Non enim sanatione indiguisset, nisi ipsa peccando vitiasset, ut adversus eam caro sua concupisceret, id est, ipsa sibimetipsi ex ea parte qua in carne infirmata est repugnaret.

CAPUT VIII. — 19. Caro enim nihil nisi per animam concupiscit : sed concupiscere caro adversus spiritum dicitur, quando anima carnali concupiscentia spiritui reluctatur. Totum hoc nos sumus : et caro ipsa quæ discedente anima moritur, nostra pars infima, non fugienda dimittitur, sed recipienda deponitur, nec recepta ulterius relinquetur. « Seminatur autem corpus animale, resurget corpus spiritale. » (I *Cor.*, xv, 44.) Tunc jam caro nihil concupiscet adversus spiritum, quando et ipsa spiritalis vocabitur, quo-niam spiritui non solum sine ulla repugnantia, verum etiam sine ulla corporalis alimenti indigentia in æternum vivificanda subdetur. Hæc igitur duo, quæ nunc invicem adversantur in nobis, quoniam in utroque nos sumus, ut concordent oremus et agamus. Non enim alterum eorum putare debemus inimicum ; sed vitium quo caro concupiscit adversus spiritum : quod sanatum, nec ipsum erit, et substantia utraque salva erit, et inter utramque nulla pugna erit. Audiamus Apostolum : « Scio, inquit, quia non habitat in me, hoc est, in carne mea, bonum. » (*Rom.*, vii, 18.) Hoc utique ait, quia vitium carnis in re bona non est bonum : quod cum esse destiterit, caro erit, sed jam vitiata vel vitiosa non erit. Quam tamen ad nostram pertinere naturam, idem doctor ostendit, prius dicendo : « Scio quia non habitat in me : » quod ut exponeret, addidit, « hoc est, in carne mea, bonum. » Se itaque dicit esse carnem suam. Non ergo ipsa est inimica nostra : et quando ejus vitiis resistitur, ipsa amatur, quia ipsa curatur. « Ne-

guérir. En effet, comme le dit l'Apôtre : « Personne n'a jamais haï sa chair; » (*Eph.*, v, 29) et dans un autre passage : « Par l'esprit, dit-il, je suis soumis à la loi de Dieu, et par la chair, à la loi du péché. » (*Rom.*, vii, 25.) Que ceux qui ont des oreilles entendent. Saint Paul dit : « Donc moi-même; » moi selon l'esprit, moi selon la chair; mais selon l'esprit il est soumis à la loi de Dieu, et selon la chair à la loi du péché. Comment par la chair est-il soumis à la loi du péché? N'est-ce pas en consentant aux désirs charnels? Loin de nous une telle pensée. Il exprimait seulement les mouvements des désirs qu'il avait en lui-même, et dont il voulait être délivré; mais en ne consentant pas à ces désirs, par l'esprit il était soumis à la loi de Dieu, et gardait ses membres dans la continence, pour les empêcher de servir d'armes d'iniquité au péché.

20. Il y a donc en nous de mauvais désirs. En les repoussant, notre vie est exempte de mal. Il y a en nous des velléités de péché. En refusant d'y obéir, nous ne faisons pas le mal, mais par cela seul que nous les avons en nous-mêmes, nous ne faisons pas encore le bien dans sa perfection. C'est ce que l'Apôtre nous enseigne, en nous faisant voir que le bien ne peut pas s'accomplir dans toute sa perfection, là où il y a encore des aspirations au mal, et que le mal ne s'accomplit pas non plus lorsqu'on n'obéit pas à ses mauvais désirs. Saint Paul nous explique clairement ces deux points, lorsque d'un côté il dit aux Romains : « Je trouve bien en moi la volonté de faire le bien, mais non pas le moyen de l'accomplir ; » (*Rom.*, vii, 18) et quand d'un autre côté il écrit aux Galates : « Conduisez-vous par l'esprit, et vous n'accomplirez pas les désirs de la chair. » (*Gal.*, v, 16) Il ne dit pas aux Romains qu'il ne trouve pas en lui le moyen de faire le bien, mais « de l'accomplir dans toute sa perfection ; » comme il n'écrit pas aux Galates de ne pas avoir de désirs charnels, mais « de ne pas y consentir. » Nous avons donc en nous des aspirations au mal, lorsque nous aimerions à faire ce qui est défendu, mais elles restent sans effet, tant que, soumis à la loi de Dieu, nous mettons un frein à nos passions. Au contraire, nous accomplissons le bien, lorsque le mal qui nous plairait est étouffé et vaincu par la joie que nous inspire le bien même. Mais ce bien ne peut être porté par nous à toute sa perfection, tant que la chair, soumise à la loi du péché, nous fait sentir les mouvements de la concupiscence et des passions, quoique nous n'y donnions aucune suite. Nous n'aurions pas, en effet, besoin de les réprimer, si nous n'en sentions pas les sollicitations. Nous ne pourrons donc atteindre à toute la perfection du bien que lorsque le mal sera détruit. L'apogée de l'un sortira de l'anéantissement de l'autre. L'espérer dans cette vie mortelle, c'est une erreur. Cela ne peut être que lorsque la mort sera détruite, et que là

---

mo enim unquam carnem suam odio habuit : » (*Ephes.*, v, 29) sicut ipse Apostolus dicit. Et alio loco ait : « Igitur ipse ego mente servio legi Dei, carne autem legi peccati. » (*Rom.*, vii, 25.) Audiant qui aures habent : « Igitur ipse ego ; » ego mente, ego carne; sed « mente servio legi Dei, carne autem legi peccati. » Quomodo « carne legi peccati ? » numquid concupiscentiæ consentiendo carnali? Absit : sed motus desideriorum illic habendo, quos habere nolebat, et tamen habebat. Sed eis non consentiendo mente serviebat legi Dei, et tenebat membra, ne fierent arma peccati.

20. Sunt ergo in nobis desideria mala, quibus non consentiendo non vivimus male : sunt in nobis concupiscentiæ peccatorum, quibus non obediendo non perficimus malum, sed eas habendo nondum perficimus bonum. Utrumque ostendit Apostolus, nec bonum hic perfici, ubi malum sic concupiscitur; nec malum hic perfici, quando tali concupiscentiæ non obeditur. Illud quippe ostendit ubi ait : « Velle adjacet mihi, perficere autem bonum non : » (*Ibid.*, 18) hoc vero, ubi ait : « Spiritu ambulate, et concupiscentias carnis ne perfeceritis. » (*Gal.*, v, 16.) Neque ibi enim dicit, non sibi adjacere bonum; sed, perficere : neque hic dicit : « Concupiscentias carnis ne habueritis; sed, « ne perfeceritis. » Fiunt itaque in nobis concupiscentiæ malæ, quando id quod non licet libet : sed non perficiuntur, cum legi Dei mente serviente libidines continentur. Et bonum fit, cum id quod male libet, vincente bona delectatione non fit : sed boni perfectio non impletur, quamdiu legi peccati (*a*) carne serviente libido illicit, et quamvis contineatur, tamen movetur. Non enim opus esset ut contineretur, nisi moveretur. Erit quandoque etiam perfectio boni, quando consumptio mali : illud summum, hoc erit nullum. Quod si in ista mortalitate sperandum putamus, fallimur. Tunc enim erit, quando mors non erit; et ibi erit, ubi vita æterna

(*a*) Edit. Lov. *in carnis serviente.* Emendatur ex editis aliis et ex Mss. quorum plurimi postea ferunt, *libido illicita, quamvis contineatur*, etc.

où la vie est éternelle. Ce sera seulement dans ce siècle et dans ce royaume à venir, que nous posséderons le souverain bien, sans avoir à craindre aucun mal, alors qu'épris de l'amour de l'éternelle sagesse, nous n'aurons plus besoin de la vertu de la continence. La chair en elle-même n'est donc pas mauvaise, lorsqu'elle est exempte du mal, c'est-à-dire du vice par lequel l'homme est souillé, l'homme qui n'a pas été fait mauvais, mais qui s'est rendu tel lui-même. Dans les deux parties qui le composent, c'est-à-dire dans l'âme et dans le corps, l'homme a été créé bon par Dieu qui est la bonté même, mais c'est en faisant le mal que l'homme est devenu mauvais. Quoique Dieu, dans sa suprême miséricorde, l'ait délié de son péché, il a voulu cependant, pour lui faire comprendre toute l'étendue de sa faute, qu'il eût besoin de combattre ses vices et ses passions par la vertu de la continence. Ne croyons pas cependant qu'il doive rester encore quelques vices à réprimer dans ceux qui régneront dans le séjour de l'éternelle paix; puisque dans ceux-mêmes qui combattent ici-bas avec persévérance, nous voyons diminuer et s'affaiblir tous les jours, non-seulement les péchés, mais les désirs mêmes du péché contre lesquels il faut lutter, en refusant de leur obéir, et qui nous entraînent dans le mal quand nous leur obéissons.

21. Si la chair a des désirs qui ne sont pas conformes à ceux de l'esprit, si le bien ne se trouve pas dans notre chair, s'il y a dans nos membres une loi qui résiste à celle de l'esprit; ce n'est point parce qu'il y a en nous un mélange de deux natures dont les principes sont contraires; mais parce qu'en punition du péché, il s'est fait une division entre ces deux principes, et qu'ainsi la nature s'est soulevée contre elle-même. Elle n'était pas telle en Adam, avant que, cédant aux tentations du mauvais esprit qui l'avait séduit, il eût méprisé et offensé son créateur. Ce n'est point là la vie primitive de l'homme sorti des mains de Dieu, mais le châtiment du coupable condamné. Ceux qui sont délivrés de cette condamnation par la grâce de Jésus-Christ, combattent contre ce châtiment, affranchis, il est vrai, de l'esclavage du péché, mais n'étant pas encore dans toute la plénitude du salut, dont ils n'ont reçu que le gage. Pour ceux qui n'ont pas été délivrés par la grâce, ils restent chargés de leurs péchés, et sous le coup des peines qui les attendent. Après cette vie, ils supporteront éternellement la peine de leurs fautes. Mais ceux qui auront été délivrés, seront exempts de toute faute et de toute peine, et ils subsisteront éternellement en esprit et en chair, c'est-à-dire dans ces deux substances, que Dieu souverainement bon et immuable leur a données, comme bonnes en elles-mêmes, quoique sujettes au changement. Ces deux substances subsisteront donc, mais dans un état meilleur, qui n'aura à craindre aucune détérioration, car alors tout mal sera détruit, aussi bien celui que

---

erit. In illo enim sæculo et in illo regno erit bonum summum, malum nullum; quando erit et ubi erit sapientiæ amor summus, continentiæ labor nullus. Non igitur mala est caro, si malo careat, id est, vitio quo vitiatus est homo, non factus male, sed ipse faciens. Ex utraque enim parte, id est, et anima et corpore a bono Deo factus bonus, ipse fecit malum quo factus est malus. A cujus mali reatu jam etiam solutus per indulgentiam, ne leve existimet esse quod fecit, adhuc cum suo vitio pugnat per continentiam. Absit autem ut insint ulla vitia in illa quæ futura est pace regnantibus : quando quidem in isto bello quotidie minuuntur in proficientibus, non peccata solum, sed ipsæ quoque concupiscentiæ, cum quibus non consentiendo confligitur, et quibus consentiendo peccatur.

21. Quod ergo caro concupiscit adversus spiritum quod non habitat in carne nostra bonum, quod lex in membris nostris repugnat legi mentis, non est duarum naturarum ex contrariis principiis facta commixtio, sed unius adversus se ipsam propter peccati meritum facta divisio. Non sic fuimus in Adam, ante quam natura suo deceptore audito ac secuto, suum contempsisset atque offendisset auctorem : non est ista prior vita creati hominis, sed posterior pœna damnati. Ex qua damnatione per Jesum Christum gratia liberati, cum pœna sua dimicant liberi, nondum salute plena, sed jam pignore salutis accepto : non liberati autem, et (a) peccatis rei sunt, et suppliciis implicati. Post hanc vero vitam reis manebit in æternum pœna pro culpa; liberis non remanebit in æternum nec culpa, nec pœna : sed permanebunt in æternum substantiæ bonæ spiritus et caro; quas Deus bonus et immutabilis bonas, quamvis mutabiles, condidit. Permanebunt autem in melius commutatæ, nunquam jam in deterius mutandæ, consumpto penitus omni malo, et quod homo fecit injuste, et quod passus est juste. Quibus duobus mali

(a) Michaelinus Ms. *peccati*. Fuliensis et alii quidam, *non liberati autem a peccatis*, *rei sunt*.

l'homme a commis par son injustice, que celui qu'il a souffert justement. Après l'anéantissement de ces deux espèces de maux, dont l'un est le résultat des iniquités qui l'ont précédé, et l'autre la conséquence du châtiment qui suit le crime, la volonté de l'homme sera bonne et exempte de toute perversité. Alors on verra clairement, ce que beaucoup de fidèles croient déjà, mais que peut-être bien peu comprennent, c'est-à-dire, que le mal n'est pas une substance, mais qu'il est à la substance ce qu'une blessure est au corps. C'est cette substance qui s'est corrompue elle-même par le péché, qui sera détruite lorsque, dans l'autre vie, nous jouirons d'une santé parfaite. Lorsque le mal qui a pris naissance en nous aura été anéanti en nous, et que le bien que nous avons aura été élevé au comble de l'ineffable incorruptibilité et de l'immortalité, quelle ne sera pas l'excellence des deux substances qui composent notre être! Puisque dans l'état de corruption et de mort où nous sommes présentement; « lorsque cette chair corruptible appesantit notre âme, » (*Sagesse*, IX, 15) et, comme le dit l'Apôtre, « que le corps est mort par le péché, » (*Rom.*, VIII, 10) ce même Apôtre rend un témoignage si éclatant à notre chair, cette partie terrestre et infirme de notre être, en disant, comme nous l'avons rapporté précédemment : « Personne n'a jamais haï sa propre chair, » ajoutent : « Mais au contraire, on la nourrit et on la soigne, comme Jésus-Christ le fait pour son Eglise? » (*Ephés.*, v, 29.)

CHAPITRE IX. — 22. Quelle est donc, je ne dis pas l'erreur, mais la folie des Manichéens, qui prétendent que notre chair est sortie de je ne sais quelle race imaginaire de ténèbres, qui aurait toujours existé et toujours été mauvaise par sa nature? Ecoutons au contraire le docteur de la vérité qui, pour exhorter les hommes à aimer leurs femmes, leur rappelle l'amour qu'ils ont pour leur propre chair, et leur donne aussi pour exemple l'amour de Jésus-Christ pour son Eglise. Citons tout entier ce passage de l'Apôtre qui s'applique si bien à notre sujet (*Ephés.*, v, 25) : « Hommes, aimez vos femmes, comme Jésus-Christ a aimé son Eglise, jusqu'à se livrer lui-même pour elle, afin de la sanctifier, en la purifiant dans le baptême de l'eau par la parole de vie, pour la faire paraître devant lui pleine de gloire, n'ayant ni tache, ni ride, ni rien de semblable, mais sainte et sans aucun défaut. C'est ainsi que les maris doivent aimer leurs femmes comme leur propre corps. Celui qui aime sa femme, s'aime lui-même. » Ensuite il ajoute les paroles que nous avons déjà rapportées : « Or, nul n'a jamais haï sa propre chair, mais il la nourrit et la soigne, comme Jésus-Christ le fait pour son Eglise. » Que peut répondre à cela cette impie et abomi-

---

generibus omnino pereuntibus, quorum est unum præcedentis iniquitatis, alterum consequentis infelicitatis, erit hominis sine ulla pravitate voluntas recta. Ibi omnibus erit clarum atque perspicuum, quod nunc a fidelibus multis creditur, a paucis intelligitur, malum non esse substantiam, sed sicut vulnus in corpore, ita (*a*) in substantia quæ se ipsam vitiavit, esse cœpisse peste inchoata, atque ibi esse desinere sanitate perfecta. Omni ergo malo exorto a nobis, et perdito in nobis, bono etiam nostro usque ad culmen felicissimæ incorruptionis et immortalitatis aucto atque perfecto, qualis erit utraque nostra substantia? Quando quidem nunc in ista corruptione et mortalitate, cum adhuc « corpus corruptibile aggravat animam, » (*Sap.*, IX, 15) et quod Apostolus dicit : « Corpus mortuum est propter peccatum, » (*Rom.*, VIII, 10) tale tamen testimonium perhibet idem ipse carni nostræ, id est, parti nostræ infimæ atque terrenæ, ut dicat quod paulo ante commemoravi (*Ephes.*, v, 29) : « Nemo unquam carnem suam odio habuit; » statimque subjungat, « sed nutrit eam et fovet, sicut et Christus Ecclesiam. »

CAPUT IX. — 22. Quo igitur, non dico, errore, sed prorsus furore, Manichæi carnem nostram nescio cui fabulosæ genti tribuunt tenebrarum, quam volunt suam sine ullo initio malam semper habuisse naturam? cum verax doctor viros diligere uxores suas exemplo suæ carnis hortetur, quos ad hoc ipsum Christi quoque et Ecclesiæ hortatur exemplo. Totus denique ipse apostolicæ epistolæ locus, valde ad rem pertinens, recordandus est. « Viri, inquit, (*Ephes.*, v, 25, etc.) diligite uxores vestras, sicut et Christus dilexit Ecclesiam, et se ipsum tradidit pro ea, ut eam sanctificaret, mundans lavacro aquæ in verbo; ut exhiberet sibi ipse gloriosam Ecclesiam, non habentem maculam, aut rugam, aut aliquid hujusmodi; sed ut sit sancta et immaculata. Ita, inquit, et viri debent diligere uxores suas, sicut corpora sua. Qui diligit uxorem suam, se ipsum diligit. » Deinde subjunxit, quod jam commemoravimus : « Nemo enim unquam carnem suam odio habuit, sed nutrit et fovet eam, sicut et Christus

(*a*) Sic aliquot Mss. At editi, *ita substantiam.*

nable hérésie ? Que répondrez-vous à cela, Manichéens, vous qui voulez conclure des paroles de l'Apôtre, qu'il y a deux natures éternelles, l'une du bien, l'autre du mal; vous qui fermez l'oreille à ses leçons, qui pourraient vous guérir de votre sacrilége perversité ? Si vous trouvez dans ses épîtres (*Galat.*, v, 17) : « Que la chair s'élève contre l'esprit, » et ces autres paroles : « Je sais qu'il n'y a rien de bon dans ma chair, » (*Rom.*, VII, 18) n'y lisez-vous pas aussi : « Personne n'a jamais haï sa propre chair, au contraire il la nourrit et la soigne comme Jésus-Christ le fait pour son Eglise ? » (*Ephés.*, v, 29.) Si vous trouvez dans ses écrits, « qu'il y a dans nos membres une loi qui résiste à la loi de l'esprit, » (*Rom.*, VII, 23) n'y lisez-vous pas aussi : « Que comme Jésus-Christ a aimé son Eglise, de même les maris doivent aimer leurs femmes comme leur propre corps. » Devant ces témoignages des saintes Ecritures ne soyez pas perfides pour interpréter les uns, sourds pour entendre les autres. Les deux ensemble pourront vous corriger et vous instruire. Si vous adoptez les uns comme il convient, vous tâcherez alors de comprendre les autres dans leur sens véritable.

23. L'Apôtre nous propose, dans ce qui précède, trois sortes d'unions : le Christ et l'Eglise, l'homme et la femme, l'esprit et la chair. Dans ces trois unions, celles qui sont les meilleures commandent à celles qui le sont moins, et les dernières sont soumises à la première. Toutes cependant sont bonnes, pourvu que chacune conserve le rang supérieur ou inférieur qui leur est assigné. L'Apôtre donne à l'homme et à la femme un précepte et un exemple sur la manière dont ils doivent être l'un envers l'autre : « Que les femmes soient soumises à leurs maris, comme à Jésus-Christ, parce que le mari est le chef de sa femme ; et vous maris aimez vos femmes. » (*Ephés.*, v, 22.) Voilà le précepte. L'exemple va suivre. Aux femmes, il propose celui de l'Eglise, aux hommes, celui de Jésus-Christ. « De même que l'Eglise, dit-il, est soumise à Jésus-Christ, de même les femmes doivent être soumises à leurs maris en toutes choses. » Il fait également suivre d'un exemple le précepte qu'il a donné aux hommes d'aimer leurs femmes, et il ajoute : « Comme Jésus-Christ a aimé son Eglise. » Il ne se contente pas d'exhorter les maris par un exemple qui est au-dessus d'eux, c'est-à-dire par celui de leur maître et Seigneur, mais encore par l'exemple de ce qui est au-dessous d'eux, c'est-à-dire par l'exemple de leur propre corps. En effet, saint Paul ne dit pas seulement : « Maris, aimez vos femmes comme Jésus-Christ a aimé son Eglise, » exemple tiré d'une chose supérieure ; mais il dit aussi : « Les maris doivent aimer leurs femmes comme leur propre corps ; » exemple tiré d'une chose inférieure. L'Apôtre parle ainsi, parce que ces choses ou ces substances supérieures et infé-

---

Ecclesiam. » Quid ad hæc dicit immundissimæ impietatis insania ? Quid ad hæc dicitis Manichæi ? qui nobis velut ex apostolicis litteris duas sine initio naturas, unam boni, alteram mali, conamini inducere ; et apostolicas litteras, quæ vos ab ista sacrilega perversitate corrigant, non vultis audire. Sicut legitis (*Gal.*, v, 17) : « Caro concupiscit adversus spiritum ; » et : Non habitat in carne mea bonum : » (*Rom.*, VII, 18) ita legite : « Nemo nunquam carnem suam odio habuit, sed nutrit et fovet eam, sicut et Christus Ecclesiam. » (*Ephes.*, v, 29). Sicut legitis : « Video aliam legem in membris meis repugnantem legi mentis meæ : » (*Rom.*, VII, 23) ita legite : « Sicut Christus dilexit Ecclesiam, ita et viri debent diligere uxores suas, sicut sua corpora. » Nolite in illis sanctæ Scripturæ testimoniis esse insidiosi, in his surdi ; et eritis in utrisque correcti. Hæc enim si accipiatis ut dignum est, conabimini et illa intelligere ut verum est.

23. Tres quasdam copulas nobis insinuavit Apostolus, Christum et Ecclesiam, virum et uxorem, spiritum et carnem. Horum priora posterioribus consulunt, posteriora prioribus famulantur. Omnia bona sunt, cum in eis quædam ordinis pulchritudinem excellenter præposita, quædam decenter subjecta custodiunt. Vir et uxor, quales secum esse debeant, præceptum accipiunt et exemplum. Præceptum est : « Mulieres viris suis subditæ sint : sicut Domino ; quia vir caput mulieris est : » et : « Viri diligite uxores vestras. » (*Ephes.*, v, 22, etc). Exemplum autem datur mulieribus de Ecclesia, viris de Christo : « Sicut Ecclesia, inquit, subdita est Christo, ita et mulieres viris suis in omnibus. » Similiter et viris dato præcepto, ut uxores suas diligant, adjecit exemplum : « Sicut Christus dilexit Ecclesiam. » Sed viros et a re inferiore adhortatus est, id est, a corpore suo ; non tantum a superiore, id est, a Domino suo. Non enim solum ait : « Viri diligite uxores vestras, sicut et Christus dilexit Ecclesiam, » quod est a superiore : verum etiam dixit : « Viri debent diligere uxores suas sicut corpora sua, » quod est ab

rieures sont également bonnes. S'il ne propose pas à la femme un exemple tiré du corps ou de la chair, pour l'exhorter à être soumise à son mari, comme la chair l'est à l'esprit; c'est qu'il a voulu qu'on tirât comme conséquence de ce qu'il avait dit, ce qu'il passait sous silence; ou parce que, comme dans cette vie mortelle la chair est sans cesse en révolte contre l'esprit, il n'a pas voulu en tirer un exemple de soumission pour le proposer à la femme. Mais il en a tiré un de cette même chair pour les hommes, parce que, quoique l'esprit s'élève contre la chair, l'esprit en cela même agit dans l'intérêt de la chair, tandis que la chair s'élevant contre l'esprit, nuit à l'esprit aussi bien qu'à elle-même. Cependant l'esprit ne pourrait pas consulter les intérêts de la chair, soit en la fortifiant et en l'entretenant par ses soins et sa prévoyance, soit en résistant à ses déréglements par la continence, si la beauté de l'ordre qui règne entre les deux substances n'indiquait clairement que l'une et l'autre sont l'ouvrage de Dieu. Pourquoi donc, Manichéens, êtes-vous assez insensés pour vous vanter d'être chrétiens, tandis que vos yeux restent fermés, ou plutôt éteints à la lumière des saintes Écritures, contre lesquelles vous vous élevez, en assurant que le Christ a apparu aux mortels sous une fausse enveloppe de chair; que les fidèles qui composent l'Eglise appartiennent par l'esprit à Jésus-Christ, mais par le corps au démon; que le sexe qui distingue l'homme de la femme est l'œuvre du démon, mais non pas celle de Dieu, et que la chair n'est attachée à l'esprit que comme une mauvaise substance à une bonne?

CHAPITRE X. — 24. Si vous pensez que les paroles et les épîtres apostoliques que nous vous avons citées ne répondent pas suffisamment à vos objections, écoutez encore d'autres témoignages, si vous avez des oreilles pour entendre. Que dit votre doctrine insensée concernant la chair du Christ? qu'elle n'était qu'apparente et non réelle. Mais que répond à cela le bienheureux Apôtre? « Souvenez-vous que Jésus-Christ, né de la race de David, est ressuscité, selon l'Evangile que je prêche; » (II *Tim.*, II, 8) et le Seigneur lui-même dit à ses disciples : « Touchez et voyez, car un esprit n'a ni chair ni os, comme vous voyez que j'en ai. » (*Luc*, XXIV, 39.) Quelle vérité peut-il donc y avoir dans une doctrine qui publie qu'il n'y avait rien de réel dans la chair de Jésus-Christ? Comment donc alors accorder l'absence de tout mal dans le Christ, avec un aussi grand mensonge dans sa personne? Quoi! des gens qui poussent la pureté jusqu'à dire que la chair est un mal, ne croient pas qu'il soit mal de déguiser la vérité par une fausse appa-

inferiore : quia et superiora et inferiora bona sunt omnia. Nec tamen mulier a corpore vel carne accepit exemplum, ut ita esset subdita viro, sicut spiritui caro : sed aut consequenter Apostolus intelligi voluit, quod dicere prætermisit; aut forte quia caro concupiscit adversus spiritum in hujus vitæ mortalitate atque languore, ideo de illa noluit mulieri exemplum subjectionis adhibere. Viris autem ideo voluit, quia etsi concupiscit spiritus adversus carnem, etiam in hoc ipso consulit carni : non sicut caro concupiscens adversus spiritum, nec spiritui consulit (*a*) tali repugnatione, nec sibi. Non tamen ei spiritus bonus, sive ejus naturam per providentiam nutriendo ac fovendo, sive ejus vitiis per continentiam resistendo consuleret, nisi utraque substantia utriusque artificem Deum, etiam decore sui hujus ordinis indicaret. Quid est ergo quod vos vera dementia et Christianos esse jactatis, et contra Scripturas Christianas oculis clausis, vel potius extinctis, tanta perversitate contenditis, et Christum afferentes in falsa carne apparuisse mortalibus et Ecclesiam in anima ad Christum, in corpore ad diabolum pertinere, et sexum virilem atque muliebrem diaboli opera esse, non Dei, et spiritui carnem tanquam malam substantiam bonæ substantiæ cohærere?

CAPUT X. — 24. Si (*b*) parum vobis videntur respondere quæ de apostolicis commemoravimus litteris, audite adhuc alia, si aures habetis. Quid de carne Christi dicit insanissimus Manichæus? Quod non fuerit vera, sed falsa. Quid ad hoc dicit beatus Apostolus? « Memor esto Christum Jesum surrexisse a mortuis ex semine David, secundum Evangelium meum. » (II *Tim.*, II, 8.) Et ipse Christus Jesus : « Palpate, inquit, et videte, quia spiritus carnem et ossa non habet, sicut me videtis habere. » (*Luc.*, XXIV, 39.) Quomodo est in eorum doctrina veritas, quæ prædicat quod in carne Christi erat falsitas? Quomodo in Christo non erat ullum malum, in quo erat tam grande mendacium? Quia videlicet hominibus nimium mundis malum est caro vera, et non est malum falsa pro vera : malum est caro vera nas-

---

(*a*) Sic Mss. Editi vero, *talis repugnatio*. — (*b*) Aliquot Mss. *Si parvum vobis videtur respondere*.

CHAPITRE X.

rence? Une chair véritable serait un mal dans celui qui est né de la race de David, et il n'y en aurait aucun à dire faussement : «Touchez, car un esprit n'a ni chair, ni os, comme vous voyez que j'en ai? » Au sujet de l'Eglise, que dit, dans sa funeste erreur, Manès ce séducteur des hommes? Que les fidèles qui la composent appartiennent au Christ par l'âme, et par le corps au démon. Que répond à cela le docteur des Gentils avec toute la force de la foi et de la vérité? « Ne savez-vous pas, dit-il aux Corinthiens, que vos corps sont les membres du Christ? » (I *Cor.*, VI, 15.) Que dit le fils de la perdition, sur la différence du sexe de l'homme et de la femme? Que ces deux sexes ne sont pas l'ouvrage de Dieu, mais celui du démon. Que répond le vase d'élection? « Que comme la femme a été formée de l'homme, l'homme aussi naît de la femme, mais que l'homme et la femme sont sortis des mains de Dieu. » (I *Cor.*, XI, 12.) Que dit sur la chair l'esprit impur, par la bouche des Manichéens? Que la chair est une substance mauvaise par sa nature, et qu'elle n'a pas été créée par Dieu, mais par le principe opposé à Dieu. Que répond à cela le Saint-Esprit par la bouche de l'apôtre Paul? « Comme notre corps qui n'est qu'un est composé de plusieurs membres, et comme il y a plusieurs membres dans le corps, qui ne sont tous ensemble qu'un seul corps, il en est de même de Jésus-Christ; » (I *Cor.*, XII, 12) et un peu après il ajoute : « Dieu a mis dans le corps plusieurs membres, et il les y a placés comme il lui a plu; » (*Ibid.*, 18) et plus loin il dit encore (*Ibid.*, 24, 25) : « Dieu a mis une harmonie et un tel ordre dans tout le corps, que les membres les moins nobles sont ceux pour lesquels on a naturellement le plus d'égards, afin qu'il n'y ait point de schisme et de division dans le corps, et qu'au contraire tous les membres conspirent également au bien les uns des autres; aussi dès qu'un membre souffre, tous les autres souffrent avec lui; et si un des membres est glorifié, tous les autres s'en réjouissent avec lui. » Comment donc la chair serait-elle une chose mauvaise, lorsque l'Apôtre invite les âmes à imiter l'accord et l'harmonie qui règnent dans les membres du corps? Comment la chair serait-elle l'ouvrage d'un principe ennemi de Dieu, lorsque cette union, qui existe dans les membres du corps, est donnée comme exemple aux âmes elles-mêmes qui gouvernent les corps, afin qu'elles n'aient entre elles ni divisions, ni inimitiés, et qu'elles se réjouissent d'avoir par la grâce, ce que Dieu a donné au corps par la nature? C'est donc avec raison que saint Paul écrit aux Romains : « Je vous conjure, mes frères, par la miséricorde de Dieu, de lui offrir vos corps comme une hostie vivante, sainte et agréable à ses yeux. » (*Rom.*, XII, 1.) Ne serait-ce pas prendre les ténèbres pour la lumière, et la lumière pour les ténèbres, que

---

centis ex David semine, et non est malum lingua falsa dicentis : « Palpate, et videte quia spiritus ossa et carnem non habet, sicut me videtis habere. » De Ecclesia quid dicit deceptor hominum in mortifero errore? Quod ex parte animarum pertineat ad Christum, ex parte corporum ad diabolum? Quid ad hæc dicit Doctor gentium in fide et veritate? « Nescitis, inquit, quia corpora vestra membra sunt Christi? » (I *Cor.*, VI, 15.) De sexu masculi et feminæ quid dicit filius perditionis? Quod uterque sexus non ex Deo sit, sed ex diabolo. Quid ad hæc dicit Vas electionis? « Sicut, inquit, mulier ex viro, ita et vir per mulierem, omnia autem ex Deo. » (I *Cor.*, XI, 12.) De carne quid dicit per Manichæum spiritus immundus? Quod sit mala substantia, nec Dei, sed inimici creatura. Quid ad hæc dicit per Paulum Spiritus sanctus? « Sicut enim corpus unum est, inquit, et membra habet multa, omnia autem membra corporis cum sint multa, unum est corpus; ita et Christus. » (I *Cor.*, XII, 12.) Et paulo post (*Ibid.*, 18) : « Posuit, inquit, Deus membra, singulum quodque eorum in corpore, prout voluit. » Item paulo post (*Ibid.*, 24, 25) : « Deus, inquit, temperavit corpus, ei cui deerat majorem honorem dans, ut non essent scissuræ in corpore, sed idem ipsum et pro invicem sollicita sint membra : et sive patitur unum membrum, compatiuntur omnia membra ; sive glorificatur unum membrum, congaudent omnia membra. » Quomodo est mala caro, quando ipsæ animæ pacem membrorum ejus ut imitentur, monentur? Quomodo est inimici creatura, quando ipsæ animæ quæ corpora regunt, ut inter se inimicitiarum scissuras non habeant, exemplum de membris corporis summunt, ut quod præstitit Deus corpori per naturam, ament et ipsæ hoc habere per gratiam ? Merito ad Romanos cum scriberet : « Obsecro, inquit (*Rom.*, XII, 1), vos fratres, per misericordiam Dei, ut exhibeatis corpora vestra hostiam vivam, sanctam, Deo placentem. » Sine causa (*a*) non tenebras lucem, et lucem tenebras esse contendimus, si hostiam vivam,

---

(*a*) Sic Mss. At editi pro *non*, habent *enim* : minus bene.

d'offrir à Dieu, comme une hostie vivante, sainte et agréable à ses yeux, des corps sortis de la race des ténèbres?

CHAPITRE XI. — 25. Mais, disent-ils, comment la chair peut-elle être comparée à l'Eglise? Quels points de ressemblance y a-t-il donc entre elles? Est-ce que l'Eglise a des désirs contraires à ceux de Jésus-Christ, puisque, selon les paroles de l'Apôtre, « l'Eglise est soumise au Christ? » (*Ephés.*, v, 24.) Sans doute elle lui est soumise, et l'esprit ne forme des désirs contraires à la chair, qu'afin que l'Eglise, c'est-à-dire les fidèles, soient soumis à Jésus-Christ en esprit et en corps. Mais la chair a aussi des désirs contraires à ceux de l'esprit, parce que l'Eglise, c'est-à-dire nous qui composons l'assemblée des fidèles, n'avons pas encore reçu cette paix parfaite qui nous a été promise. Ainsi, quoique l'Eglise soit soumise à Jésus-Christ, par le gage de salut qui lui a été donné, la chair ne laisse pas d'avoir des idées contraires à ceux de l'esprit, par un effet de sa faiblesse et de ses langueurs. Ils étaient certainement membres de l'Eglise, ceux auxquels l'Apôtre disait (*Gal.*, v, 16, 17) : « Conduisez-vous par l'esprit, et vous n'accomplirez pas les désirs de la chair, car la chair s'élève contre l'esprit, comme l'esprit s'élève contre la chair, et ces deux principes sont en lutte l'un contre l'autre, en sorte que vous ne faites pas ce que vous voudriez. » Ces paroles s'adressaient donc à l'Eglise, dans laquelle, si elle n'était pas soumise au Christ, l'esprit ne s'élèverait pas contre la chair par la vertu de la continence. C'est pourquoi, ceux à qui s'adressait saint Paul, pouvaient bien ne pas accomplir les désirs de la chair; mais comme la chair en forme sans cesse contre l'esprit, ils ne pouvaient pas faire ce qu'ils voulaient, c'est-à-dire être délivrés de tous désirs charnels. D'ailleurs, pourquoi n'avouerions-nous pas que c'est dans les hommes spirituels, que l'Eglise est soumise à Jésus-Christ, mais que dans les hommes charnels elle forme encore des désirs contraires à ceux du Christ? Ceux à qui l'Apôtre disait : « Quoi donc! Jésus-Christ est-il divisé? » (I *Cor.*, I, 13) et dans un autre endroit : « Je n'ai pu vous parler comme à des hommes spirituels, mais comme à des hommes encore charnels; et comme des enfants en Jésus-Christ, je ne vous ai nourris que de lait et non pas de viandes solides, parce que vous n'en étiez pas alors capables, et à présent même vous ne l'êtes pas encore, parce que vous êtes encore charnels. En effet, puisqu'il y a parmi vous des jalousies, des divisions, n'êtes-vous pas charnels? » (I *Cor.*, III, 1, etc.) Contre qui les jalousies et les divisions se soulèvent-elles? N'est-ce pas contre le Christ? Le Seigneur les guérit dans ses fidèles, mais il ne les aime dans personne. Tant que la sainte Eglise a de tels membres dans son sein, elle n'est ni sans rides, ni sans tache. Ajoutez encore à cela ces péchés,

---

sanctam, Deo placentem de gentis tenebrarum corporibus exhibemus.

CAPUT XI. — 25. Sed, inquiunt, quomodo caro per quamdam similitudinem comparatur Ecclesiæ? Numquid Ecclesia concupiscit adversus Christum? cum idem Apostolus dixerit : « Ecclesia subdita est Christo. » (*Ephes.*, v, 24.) Plane Ecclesia subdita est Christo : quia ideo spiritus concupiscit adversus carnem, ut omni ex parte Christo subdatur Ecclesia; caro autem concupiscit adversus spiritum, quia nondum pacem, quæ perfecta promissa est, accepit Ecclesia. Ac per hoc Ecclesia subdita est Christo ex pignore salutis, et caro concupiscit adversus spiritum ex infirmitate languoris. Neque enim non Ecclesiæ membra erant iidem, quibus ista dicebat (*Gal.*, v, 16, 17) : « Spiritu ambulate, et concupiscentias carnis ne perfeceritis. Caro enim concupiscit adversus spiritum, et spiritus adversus carnem. Hæc enim sibi invicem adversantur, ut non ea quæ vultis faciatis. » Hæc utique Ecclesiæ dicebantur, quæ si Christo, subdita non esset, non in ea spiritus adversus carnem per continentiam concupisceret. Propter quod poterant quidem concupiscentias carnis non perficere, sed carne concupiscente adversus spiritum non poterant ea facere quæ volebant, id est, etiam ipsas carnis concupiscentias non habere. Deinde, cur non confiteamur in hominibus spiritualibus Ecclesiam subditam Christo, in carnalibus autem adhuc concupiscere adversus Christum? An adversus Christum non concupiscebant, quibus dicebatur (I *Cor.*, I, 13) : « Divisus est Christus ? » Et : « Non potui loqui vobis quasi spiritalibus, sed quasi carnalibus : tanquam parvulis in Christo lac vobis potum dedi, non escam ; nondum enim poteratis : sed nec nunc quidem potestis, adhuc enim estis carnales. Cum enim sint in vobis æmulatio et contentio, nonne carnales estis ? » (I *Cor.*, III, 1, etc.) Adversus quem concupiscit æmulatio et contentio, nisi adversus Christum? Has enim carnis concupiscentias Christus in suis sanat, sed in nullis amat. Unde sancta Ecclesia quamdiu habet etiam membra talia, nondum est sine macula et ruga. Huc accedunt et illa peccata, pro

CHAPITRE XI.

pour lesquels la voix de l'Eglise tout entière s'élève vers Dieu pour lui dire : « Pardonnez-nous nos offenses. » (*Matth.*, VI, 12.) Ne croyez pas que les hommes spirituels soient à l'abri de ces péchés; ils y sont exposés comme ceux qui marchent selon la chair. L'Apôtre lui-même, qui reposait sa tête sur le sein du Christ, celui que le Seigneur aimait le plus, ne s'en croyait pas exempt. (*Jean*, XIII, 23.) « Si nous prétendons, dit-il, que nous sommes sans péchés, nous nous trompons nous-mêmes, et la vérité n'est pas en nous. » (I *Jean*, I, 8.) Or, toute espèce de péché est une révolte plus ou moins grande contre la justice, selon la gravité de la faute. L'Ecriture dit que « Jésus-Christ nous a été fait de la part de Dieu, sagesse, justice, sanctification et rédemption. » (I *Cor.*, I, 30.) Ainsi tout péché est donc une révolte contre le Christ. Mais lorsque celui qui guérit nos infirmités et nos langueurs, (*Ps.* CII, 3) aura amené son Eglise à un état de santé parfaite, alors il n'y aura plus les moindres traces de tache ni de ride dans aucun de ses membres. Alors la chair ne formera nuls désirs contraires à ceux de l'esprit, et par conséquent il n'y aura plus de motifs, pour que l'esprit en forme de contraires à ceux de la chair. Alors tous ces combats qui s'élèvent en nous cesseront. Alors les deux principes dont nous sommes composés seront en paix et en concorde. Alors, il n'y aura plus d'hommes charnels, puisque la chair elle-même sera spirituelle. Ce que chacun fait présentement à l'égard de sa chair, en vivant selon Jésus-Christ, lorsqu'il combat les mauvais désirs de cette chair, qu'il cherche à guérir par la continence, et dont, malgré l'état de maladie, il soigne et entretient la nature qui est bonne en elle-même, parce que, comme le dit l'Apôtre aux Ephésiens : « Personne n'a jamais haï sa propre chair; » (*Ephés.*, V, 29) ce que chacun, dis-je, fait à l'égard de sa propre chair, Jésus-Christ le fait à l'égard de son Eglise, autant toutefois qu'il est permis de comparer une chose grande et sainte à une petite. En effet, le Seigneur n'épargne pas les corrections à son Eglise, de peur que l'impunité ne lui inspire de l'orgueil; mais il la relève par ses consolations, de peur qu'elle ne succombe sous le poids de ses infirmités et de ses langueurs. C'est ce qui fait dire à l'Apôtre : « Si nous nous jugions nous-mêmes, nous ne serions pas jugés par Dieu; mais quand nous sommes jugés, c'est le Seigneur qui nous châtie, afin que nous ne soyons pas condamnés avec le monde. » (I *Cor.*, XI, 31, 32.) C'est aussi ce qui inspire au Psalmiste les paroles suivantes : « Seigneur, selon la multitude des douleurs qui affligent mon cœur, vous avez réjoui mon âme par vos consolations. » (*Ps.* XCIII, 19.) Nous devons donc espérer que notre corps jouira de toute la plénitude de la santé, sans opposer la moindre résistance à l'esprit, lorsque

---

quibus quotidiana vox totius Ecclesiæ est : « Dimitte nobis debita nostra : » (*Matth.*, VI, 12) a quibus ne spiritales putaremus alienos, non quicumque carnalium, nec ipsorum quicumque spiritalium, sed qui super pectus Domini discumbebat, et quem præ cæteris diligebat (*Joan.*, XIII, 23) : « Si dixerimus, inquit, quia peccatum non habemus, nos ipsos decipimus, et veritas in nobis non est. » (I *Joan.*, I, 8.) In omni autem peccato, plus in majore, minus in minore, tamen contra justitiam concupiscitur. Et de Christo scriptum est (I *Cor.*, 1, 30) : « Qui factus est nobis sapientia a Deo, et justitia, et sanctificatio, et redemptio. » In omni igitur peccato contra Christum sine dubio concupiscitur : sed qui sanat omnes languores nostros (*Psal.* CII, 3), cum perduxerit ecclesiam ad promissam languoris sanitatem, tunc in nullo membrorum ejus quamlibet minima erit ulla macula aut ruga. Tunc nullo modo caro adversus spiritum concupiscet : et ideo nulla erit causa cur adversus carnem etiam spiritus concupiscat. Tunc finem accipiet omnis hæc pugna, tunc ambarum substantiarum erit summa concordia : tunc usque adeo ibi nullus erit carnalis, ut etiam caro ipsa sit spiritalis. Quod ergo nunc agit cum carne sua quisque secundum Christum vivens, cum et concupiscit adversus ejus malam concupiscentiam, (*a*) quam sanandam continet, quam nondum sanatam tenet; et tamen ejus bonam nutrit naturam fovetque, quoniam « nemo unquam carnem suam odio habuit : » (*Ephes.*, V, 29) hoc etiam agit cum Ecclesia Christus, quantum fas est comparare minora majoribus. Nam et correptionibus eam reprimit, ne impunitate inflata (*b*) dissiliat; et consolationibus erigit, ne gravata infirmitate succumbat. Hinc est illud Apostoli (I *Cor.*, XI, 31, 32) : « Si enim nos ipsos dijudicaremus, non judicaremur : cum judicamur autem, a Domino corripimur, ne cum hoc mundo damnemur. » Et illud in Psalmo (*Psal.* XCIII, 19) : « Secundum multitudinem dolorum meorum in corde meo, consolationes tuæ jocundaverunt animam meam. » Tunc

---

(*a*) Duo Mss. *quoniam.* Er. *quando.* — (*b*) Aliquot Mss. *dissolcat.*

l'Eglise du Christ sera dans une sécurité parfaite et à l'abri de toute espèce de crainte.

26. Ce que nous venons de dire suffit pour défendre la vraie continence contre celle des Manichéens, qui n'est que fausse et spécieuse. Notre but était de prouver que la vertu de la continence, toute pénible qu'elle soit, est cependant aussi utile que glorieuse; et que quand elle réprime dans la partie infime de notre être, c'est-à-dire dans le corps, les plaisirs illicites et immodérés, on doit la considérer comme un frein salutaire, et non comme une persécution hostile.

Chapitre XII. — Le corps est différent de la nature de l'âme, mais il n'est pas étranger à la nature de l'homme. En effet, l'âme n'est point un corps, mais cependant l'homme est composé d'un corps et d'une âme. Ainsi, quand Dieu délivre un homme, il le délivre tout entier. C'est pourquoi le Sauveur s'est revêtu de notre humanité tout entière; et en nous délivrant, il a délivré en son entier l'ouvrage de ses mains. Ceux qui n'admettent pas cette vérité, à quoi leur sert-il de réprimer leurs passions, si toutefois ils en répriment quelques-unes? Que peuvent purifier en eux, par la continence, ceux dont la continence n'a rien de pur? si toutefois on peut même donner ce nom à l'espèce de retenue qu'ils affectent. Penser ce qu'ils pensent, c'est le venin du démon, mais la continence est un don de Dieu. Celui qui souffre quelque chose, qui supporte avec courage des douleurs quelconques, n'a pas pour cela cette vertu qui est aussi un don de Dieu, et qu'on nomme la patience. En effet, il y en a beaucoup qui, pour ne pas trahir les complices de leurs crimes ou ne pas se trahir eux-mêmes; beaucoup qui, pour assouvir l'ardeur de leurs passions, et pour obtenir ou ne pas perdre des choses dont l'amour les retient comme dans des chaînes; beaucoup enfin qui, pour soutenir leurs fatales et pernicieuses erreurs, endurent de longs et cruels tourments; mais tous ces gens-là n'ont pas ce qu'on peut appeler véritablement la patience. Il en est de même de ceux qui peuvent réprimer quelque affection, et même réfréner d'une manière admirable les passions du corps et de l'âme. Ils n'ont pas pour cela cette continence sur l'utilité et la beauté de laquelle nous discutons. Quelques-uns, en effet, ce qui paraît un paradoxe, se continent par l'incontinence même, comme, par exemple, une femme qui s'abstiendrait de son mari, parce qu'elle aurait juré cela à son amant adultère. Quelques autres sont continents en s'écartant des justes prescriptions que leur condition leur impose, comme le serait un mari qui ne s'acquitterait pas de ses devoirs conjugaux, parce que lui ou sa femme pourrait triompher de ce désir charnel. D'autres enfin sont continents, parce qu'ils ont été trompés dans leurs vaines

---

ergo speranda est carnis nostræ sine ulla repugnatione perfecta sanitas, quando erit Ecclesiæ Christi sine ullo timore certa securitas.

26. Hæc adversus Manichæos fallaciter continentes, pro veraci continentia disputasse suffecerit, ne continentiæ fructuosus et gloriosus labor, partem infimam nostram, id est, corpus, quando ab immoderatis et illicitis voluptatibus cohibet et refrenat, non salubriter castigare, sed insectari credatur hostiliter.

Caput XII. — Corpus quippe ad animi est quidem natura diversum, sed non est a natura hominis alienum. Non enim animus constat ex corpore; sed tamen homo ex animo constat et corpore : et utique Deus quem liberat, totum hominem liberat. Unde totum hominem etiam Salvator ipse suscepit, dignatus in nobis totum liberare quod fecit. Qui contra istam sentiunt veritatem, quid eis prodest libidines continere? si tamen aliquas continent. Quid in eis per continentiam potest fieri mundum, quorum continentia talis immunda est? quæ nec continentia nominanda est. Sentire quippe quod sentiunt, virus est diaboli; continentia vero munus est Dei. Sicut autem non omnis qui aliquid patitur, aut quoslibet dolores tolerantissime patitur, habet eam virtutem, quæ similiter Dei munus est, et patientia nuncupatur : multi enim tolerant multa tormenta, ne in suis criminibus prodant aut male sibi conscios, aut se ipsos; multi pro explendis ardentissimis libidinibus, et obtinendis, vel non relinquendis eis rebus quibus vinculo pravi amoris obstricti sunt; multi pro diversis et perniciosis; quibus vehementer tenentur, erroribus; quos omnes absit ut veram dicamus habere patientiam : ita non omnis qui aliquid continet, vel ipsa etiam carnis aut animi libidines mirabiliter continet, istam continentiam, de cujus utilitate et decore disserimus, habere dicendus est. Quidam enim, quod mirum dictu videri potest, per incontinentiam se continent; velut si se mulier continuat a marito, quia hoc juravit adultero. Quidam per injustitiam, velut si miscendi sexus non reddat conjux conjugi debitum, quia ipse vel ipsa jam potest vincere talem corporis appetitum. Item quidam conti-

espérances, ou dans la poursuite des biens auxquels ils n'ont pu parvenir. Dans ces diverses catégories il faut ranger tous les hérétiques et tous ceux qui, sous le nom de religion, sont le jouet de quelque erreur. Leur continence serait vraie si leur foi l'était également; mais comme leur foi ne mérite pas ce nom, parce qu'elle ne repose pas sur la vérité, de même leur continence ne peut être appelée ainsi, parce qu'elle n'a rien de véritable. Dirons-nous que la continence, celle que nous pouvons réellement appeler un don de Dieu, est un péché? Loin de nos cœurs une aussi détestable démence. Le bienheureux Apôtre dit : « Tout ce qui ne se fait pas selon la foi est péché. » (*Rom.*, xiv, 23.) On ne peut donc pas appeler continence, celle qui n'a pas la foi pour base et pour mobile.

27. Il y en a aussi qui, esclaves de la malice du démon, s'abstiennent des plaisirs charnels pour mieux assouvir, par les arts magiques des mauvais esprits, leurs criminelles voluptés, dont ils ne peuvent réprimer l'impétueuse ardeur. Pour en citer un exemple et passer tous les autres sous silence, afin de ne pas traîner inutilement mon discours en longueur, il y en a, dis-je, qui ne s'approchent pas même de leurs épouses et cherchent, par les arts de la magie, à suborner les femmes des autres. O l'admirable continence! N'est-ce pas plutôt une infâme impudicité? Si c'était une continence véritable, ne fuiraient-ils pas l'adultère, plutôt que de s'abstenir de tout désir charnel avec leurs femmes, afin de commettre l'adultère même ? La continence conjugale diminue ordinairement cette concupiscence charnelle, et y met un frein, de manière à ce que, dans le mariage même, elle n'aille pas jusqu'à l'excès, mais garde de justes bornes commandées, soit par le tempérament délicat de l'un des deux époux à qui l'Apôtre le pardonne (I *Cor.*, vii, 6), sans toutefois le lui commander, soit par le but légitime d'avoir des enfants, cause unique pour laquelle s'unissaient autrefois les saints dans les liens du mariage. C'est ainsi que la continence, modérant et limitant en quelque sorte la concupiscence de la chair dans le mariage, et en réprimant les mouvements désordonnés pour les diriger vers un but conforme à la raison, fait un bon usage du mal qui est dans l'homme, qu'elle rend meilleur et veut rendre parfait dans le bien, comme Dieu lui-même se sert des méchants pour faire arriver les bons à la perfection de la sagesse.

Chapitre XIII. — 28. La continence dont l'Ecriture dit : « Il n'appartient qu'au sage de savoir par qui cette vertu nous est donnée (*Sagesse*, viii, 21), n'est pas en ceux qui ne mettent un frein à leurs désirs que pour embrasser de fatales erreurs, ou pour vaincre de faibles pas-

---

nent decepti fide falsa, et vana sperantes, et vana sectantes : in quibus sunt omnes hæretici, et quicumque sub nomine religionis aliquo errore falluntur; quorum continentia vera esset, si esset et fides vera : cum vero illa propterea nec fides sit appellanda, quia falsa est, sine dubio et ista continentiæ nomine indigna est. Numquid enim continentiam, (*a*) quam revera Dei verissime dicimus, dicturi sumus esse peccatum? Absit a nostris cordibus tam detestanda dementia. Beatus autem Apostolus ait : « Omne quod non est ex fide, peccatum est. » (*Rom.*, xiv, 23.) Quæ igitur non habet fidem, nec continentia nominanda est.

27. Sunt etiam qui aperte malignis serviendo dæmonibus a corporis voluptatibus continent, ut per eos expleant nefarias voluptates, quarum impetum ardoremque non continent. Unde ut aliquid dicam, et cætera propter sermonis longitudinem taceam ; quidam non attingunt etiam uxores suas, dum quasi mundi per magicas artes pervenire ad uxores moliuntur alienas. O mirabilem continentiam, imo vero nequitiam atque immunditiam singularem! Si enim vera esset continentia, magis ab adulterio, quam propter adulterium perpetrandum, carnis concupiscentia debuit a conjugio continere. Hanc quippe concupiscentiam carnis relaxare solet continentia conjugalis, ejusque frenis hactenus moderamen imponere, ut nec in ipso conjugio immoderata licentia (*b*) diffluatur, sed custodiatur modus, aut infirmitati conjugis debitus, cui hoc non secundum imperium præcipit, sed secundum veniam concedit Apostolus (1 *Cor.*, vii, 6); aut filiis procreandis accommodatus, quæ una fuit causa miscendæ invicem carnis et patribus quondam et matribus sanctis. Id autem faciens continentia, id est, moderans et quodam modo limitans in conjugibus carnis concupiscentiam, et ejus inquietum atque inordinatum motum certis quodam modo finibus ordinans, bene utitur hominis malo, quem facit et vult perficere bonum : sicut Deus utitur etiam hominibus malis, propter eos quos perficit bonos.

Caput XIII. — 28. Absit ergo ut continentiam, de qua Scriptura dicit : « Et hoc ipsum erat sapientiæ, scire cujus esset hoc donum, » (*Sap.*, viii, 21) etiam

(*a*) Editi, *continentiam fidei*. Abest *fidei* a Mss. — (*b*) Duo Mss. *Diffluat*.

sions, afin d'en assouvir d'autres à la violence desquelles ils ne peuvent résister. La vraie continence qui vient d'en haut, ne réprime pas des maux pour faire place à d'autres maux plus grands encore, mais guérit le mal par le bien. Pour en embrasser en quelques mots toute l'étendue et toute l'action, la continence a pour devoir de veiller sans cesse à éteindre et à guérir dans notre cœur tous les désirs et les plaisirs de la concupiscence contraires aux pures joies de la sagesse. C'est définir trop étroitement la continence, que de dire qu'elle n'a pas d'autre but que de réprimer les passions du corps. C'est la comprendre d'une manière plus juste et plus large quand on dit, sans parler du corps, qu'elle tend à maitriser et à diriger toute espèce de cupidité et de passions dans l'homme. Cette cupidité, qui est un vice, n'atteint pas seulement le corps, mais aussi l'âme. En effet, si la fornication, l'ivrognerie, sont des vices et des passions du corps, les inimitiés, les disputes, les jalousies, qui ne sont pas, il est vrai, étrangères au corps, n'appartiennent-elles pas cependant plutôt aux vices et aux passions de l'âme, dans laquelle elles apportent le trouble et le désordre? Si l'Apôtre a compris sous le nom d'œuvres de la chair (*Gal.*, v, 19), toutes les passions qui atteignent et la chair et l'âme, c'est qu'il désigne l'homme par le mot de chair. Toute œuvre, en effet, qui vient de l'homme n'est pas œuvre de Dieu. L'homme, en l'accomplissant, agit selon lui-même et non selon Dieu. Il y a cependant d'autres œuvres de l'homme, qu'on pourrait plutôt appeler des œuvres de Dieu, car, comme le dit l'Apôtre : « C'est Dieu qui, par sa volonté, opère en nous le vouloir et le faire. » (*Philip.*, II, 13.) Et ailleurs : « Ce sont ceux qui sont conduits par l'esprit de Dieu, qui sont les enfants de Dieu. » (*Rom.*, VIII, 14.)

29. Ainsi l'esprit de l'homme qui s'attache à l'esprit de Dieu forme des désirs contraires à ceux de la chair, c'est-à-dire contraires à lui-même, mais cependant pour son propre bien ; afin que tous les mouvements s'élevant, soit dans le corps, soit dans l'âme, selon l'homme mais non selon Dieu, et qui sont encore le résultat de nos faiblesses et de nos langueurs, soient réprimés par la continence, et nous permettent d'arriver à une parfaite santé. Alors l'homme, ne vivant plus selon lui-même, pourra dire : « Ce n'est plus moi qui vis en moi-même, mais Jésus-Christ qui vit en moi ; » (*Gal.*, II, 20) alors, au lieu de dire « ce n'est plus moi, » il dira avec plus de bonheur « c'est moi. » Comme, lorsqu'il s'élèvera dans l'homme quelque mouvement déréglé auquel il ne consentira pas, parce qu'il s'est soumis à la loi de Dieu, il pourra dire : « Ce n'est plus moi qui l'opère. » (*Rom.*,

---

eos habere dicamus, qui continendo, vel erroribus serviunt, vel aliquas minores cupiditates ideo vincunt, ut alias expleant, quarum granditate vincuntur. Ea vero quæ vera est de super veniens continentia, non aliis malis mala premere alia, sed bonis mala sanare vult omnia. Cujus ut breviter complectar actionem; omnibus prorsus delectationibus concupiscentiæ, quæ adversantur delectationi sapientiæ, coercendis atque sanandis invigilat officium continentiæ. Unde angustius eam sine dubitatione metiuntur, qui solas libidines corporis cohibere definiunt : melius profecto illi, qui non addunt corporis, sed generaliter libidinem sive cupiditatem regendam dicunt ad continentiam pertinere. Quæ cupiditas in vitio ponitur, nec tantum est corporis, verum et animi. Etenim si cupiditas corporis est in fornicationibus et ebrietatibus, numquid inimicitiæ, contentiones, æmulationes, postremo animositates, in corporis voluptatibus, ac non potius in animi motibus et perturbationibus exercentur ? Carnis tamen opera hæc omnia nuncupavit Apostolus (*Gal.*, v, 19), sive quæ ad animum, sive quæ ad carnem proprie pertinerent, ipsum scilicet hominem nomine carnis appellans. Opera quippe hominis sunt quæ non dicuntur Dei ; quoniam homo qui hæc agit, secundum se ipsum vivit, non secundum Deum, in quantum hæc agit. Sunt autem alia opera hominis, quæ magis dicenda sunt opera Dei. « Deus est enim, inquit Apostolus (*Philip.*, II, 13), qui operatur in vobis et velle et operari pro bona voluntate. » Inde est et illud : « Quotquot enim Spiritu Dei aguntur, hi filii sunt Dei. » (*Rom.*, VIII, 14.)

29. Spiritus itaque hominis adhærens Spiritui Dei, concupiscit adversus carnem, id est, adversus se ipsum ; sed pro se ipso, ut motus illi sive in carne, sive in anima, secundum hominem, non secundum Deum, qui sunt adhuc per acquisitum languorem, continentia cohibeantur, propter acquirendam salutem : ut homo non secundum hominem vivens, jam possit dicere : « Vivo autem jam non ego, vivit vero in me Christus. » (*Gal.*, II, 20.) Ubi enim non ego, ibi felicius ego : ut quando secundum hominem reprobus ullus motus exsurgit, cui non consentit qui mente legi Dei servit, dicat etiam illud : « Jam non ego operor illud. » (*Rom.*, VII, 17.) Talibus quippe et illa dicuntur, quæ sicut eorum socii participesque

VII, 17.) C'est à ceux-là et à nous-mêmes, qui leur sommes unis par les mêmes sentiments, que l'Apôtre dit : « Si vous êtes ressuscités avec Jésus-Christ, recherchez ce qui est dans le ciel où Jésus-Christ est assis à la droite de Dieu; n'ayez de goût que pour les choses du ciel et non pour celles de la terre, car vous êtes morts, et votre vie est cachée en Dieu avec Jésus-Christ ; mais lorsque Jésus-Christ, qui est votre vie, viendra à paraître, vous paraîtrez aussi avec lui dans sa gloire. » (*Coloss.*, III, 1.) Comprenons bien à qui l'Apôtre parle ainsi, ou plutôt faisons bien attention à ses paroles. Qu'y a-t-il, en effet, de plus clair et de plus évident ? Il parle certainement à ceux qui sont ressuscités avec Jésus-Christ non de corps, mais en esprit. C'est à ces morts, ou plutôt à ces vivants, qu'il s'adresse quand il dit : « Ce n'est plus moi qui vis en moi-même, mais Jésus-Christ qui vit en moi. » (*Gal.*, II, 20.) Ce sont donc ceux « dont la vie est cachée en Dieu, » qu'il exhorte à faire mourir leurs membres qui sont sur la terre. Car il ajoute aussitôt : « Faites donc mourir vos membres qui sont sur la terre; » (*Coloss.*, III, 5) et pour que des hommes peu intelligents ne croient pas que ce sont les membres visibles de leur corps qu'ils doivent faire mourir, il leur explique plus clairement sa pensée en leur disant : « Les membres qu'il faut faire mourir sont la fornication, l'impureté, les passions déshonnêtes, les mauvais désirs et l'avarice, qui est une idolâtrie. » Pourrait-on croire que ceux qui sont morts, comme le dit l'Apôtre, ceux dont la vie est cachée en Dieu avec Jésus-Christ, sont encore sujets à la fornication, à des mœurs déréglées, à des œuvres d'impureté, aux perturbations de l'esprit, aux mauvais désirs et à l'avarice? Quel est l'homme assez insensé pour penser ainsi? Qu'est-ce donc que saint Paul veut que nous fassions mourir par la vertu de la continence, sinon ces mouvements qui vivent encore en nous, qui nous sollicitent, quoique notre esprit n'y consente pas, et que les membres de notre corps ne leur prêtent aucune coopération ? Et comment la vertu de la continence peut-elle faire mourir ces mouvements, sinon quand l'esprit les repousse, et que les membres de notre corps ne leur servent pas d'armes d'iniquité ? Il faut que la continence veille à détourner même notre pensée des choses qui peuvent la tenter et la toucher, pour ainsi dire, par un murmure doux et trompeur qu'elle lui font entendre ; afin qu'elle n'y trouve aucun charme, et qu'elle se tourne vers les plaisirs ineffables, qui sont au-dessus de la terre. Si dans nos discours nous faisons mention de ces mouvements désordonnés qui s'élèvent dans notre âme, que ce soit pour en inspirer le dégoût et les empêcher de vivre en nous. C'est à quoi nous parviendrons si nous écoutons celui qui nous dit par son Apôtre :

debemus audire (*Colos.*, III, 1, etc.) : « Si consurrexistis cum Christo, quæ sursum sunt quærite, ubi Christus est in dextera Dei sedens ; quæ sursum sunt sapite, non quæ super terram. Mortui enim estis, et vita vestra abscondita est cum Christo in Deo : cum Christus apparuerit vita vestra, tunc et vos apparebitis cum illo in gloria. » Quibus loquatur intelligamus, imo vero attentius audiamus. Nam quid hoc planius, quid apertius ? Eis certe loquitur, qui consurrexerant cum Christo, nondum utique carne, sed mente; quos mortuos dicit, et magis hinc vivos : nam « vita vestra, inquit, abscondita est cum Christo in Deo. » Talium mortuorum vox est : « Vivo autem jam non ego, vivit vero in me Christus. » (*Gal.*, II, 20.) Quorum ergo vita erat abscondita in Deo, admonentur et exhortantur, ut membra sua mortificent quæ sunt super terram. Id enim sequitur : « Mortificate ergo membra vestra quæ sunt super terram. » (*Colos.*, III, 5.) Et ne quisquam nimis tardus membra ista visibilia corporis mortificanda putaret a talibus, continuo quid dicat aperiens : « Fornicationem, inquit, immunditiam, perturbationem, concupiscentiam malam, et avaritiam quæ est idolorum servitus. » Itane vero credendum est, quod isti qui jam mortui erant, eorumque vita abscondita erat cum Christo in Deo, adhuc fornicabantur, adhuc perturbationibus, concupiscentiæ malæ, atque avaritiæ serviebant? Quis demens ista de talibus senserit ? Quid ergo vult ut mortificent, opere scilicet continentiæ, nisi motus ipsos adhuc in sua quadam interpellatione, sine nostræ mentis consensione, sine membrorum corporalium operatione viventes? Et quomodo isti mortificantur opere continentiæ, nisi cum eis mente non consentitur, nec exhibentur eis arma corporis membra ; et quod est majus, atque vigilantia continentiæ majore curandum, ipsa etiam nostra cogitatio, quamvis eorum quodam modo suggestione et quasi susurratione tangatur, tamen ab eis ne oblectetur avertitur, et ad superna delectabilius cogitanda convertitur; ob hoc ea nominans in sermonibus, ne habitetur in eis, sed fugiatur ab eis ?

« Cherchez ce qui est dans le ciel, où Jésus-Christ est assis à la droite de Dieu ; n'ayez de goût que pour les choses du ciel, et non pour celles de la terre. » (*Coloss.*, III, 1, 2.)

Chapitre XIV. — 30. L'Apôtre, après avoir fait mention de tous ces vices, ajoute : « Ce sont ces crimes qui attirent la colère de Dieu sur les enfants de l'infidélité. » (*Coloss.*, III, 6.) Afin de nous inspirer une crainte salutaire, et d'empêcher les fidèles de croire, qu'en vivant dans ces déréglements, leur foi suffira pour les sauver, l'apôtre Jacques déclare hautement : « Que servira-t-il à un homme de dire qu'il a la foi, s'il n'a pas les œuvres, la foi pourra-t-elle le sauver ? » (*Jacq.*, II, 14.) Le docteur des Gentils dit aussi que ce sont ces déréglements qui ont attiré la colère de Dieu sur les enfants de l'infidélité, et lorsqu'en parlant aux Colossiens il ajoute : « Vous les avez commis autrefois vous-mêmes, lorsque vous viviez dans ces désordres, » (*Coloss.*, III, 7) il fait assez voir qu'ils n'y vivaient plus, et que c'est parce qu'ils étaient morts à ces vices que leur vie était cachée en Dieu avec Jésus-Christ. C'est parce qu'ils ne vivaient plus dans ces désordres, que l'Apôtre leur ordonne de les faire mourir. Car, comme je l'ai expliqué précédemment, ces vices vivaient encore dans ceux-mêmes qui ne vivaient plus en eux, et par le mot de membres, il désigne les vices qui vivaient dans leurs membres. C'est une façon de parler par laquelle on exprime le contenant par le contenu ; comme quand on dit : Tout le forum parle de cela, c'est-à-dire que tous les hommes qui sont dans le forum en parlent. Le Psalmiste dit dans le même sens : « Seigneur, toute la terre vous adore ; » (*Ps.* LXV, 4) c'est-à-dire tous les hommes qui sont sur la terre.

31. Maintenant, poursuit l'Apôtre, « renoncez vous-mêmes à tous ces péchés, » (*Coloss.*, III, 8) dont il cite un grand nombre. Pourquoi ne se contente-t-il pas de dire : renoncez à tous ces péchés, mais ajoute-t-il la conjonction *et vos*, c'est-à-dire « vous-mêmes » (même vous) ; sinon pour les empêcher de croire qu'ils pouvaient commettre ces désordres et y vivre impunément, parce que leur foi suffirait pour les préserver de la colère de Dieu, qui est tombée sur les enfants de l'infidélité qui se rendaient coupables de ces déréglements, et qui y vivaient sans avoir la foi. « Renoncez donc aussi vous-mêmes, dit l'Apôtre, à tous ces péchés qui ont attiré la colère de Dieu sur les enfants de l'infidélité, » et ne vous promettez pas l'impunité de ces crimes en récompense de votre foi. Il ne dirait pas : renoncez à tous ces péchés, à ceux qui les avait déjà expulsés de leur cœur en n'y consentant pas, et en ne livrant pas leurs membres pour servir d'armes d'iniquité au péché, si la vie même des saints,

---

Quod fit, si efficaciter audiamus, ipso adjuvante qui hoc per Apostolum suum præcipit : « Quæ sursum sunt quærite, ubi Christus est in dextera Dei sedens ; quæ sursum sunt sapite, non quæ super terram. » (*Colos.*, III, 1, 2.)

Caput XIV. — 30. Cum autem mala illa commemorasset, adjunxit atque ait : « Propter quæ venit ira Dei in filios infidelitatis. » (*Ibid.*, 6.) Utique salubriter terruit, ne putarent fideles propter solam fidem suam, etiamsi in his malis viverent, se posse salvari ; apostolo Jacobo contra istum sensum voce manifestissima reclamante ac dicente : « Si fidem quis dicat se habere, opera autem non habeat, numquid poterit fides salvare eum ? » (*Jacob.*, II, 14.) Unde et hic Doctor gentium propter illa mala venire iram Dei dixit in filios infidelitatis. Cum autem dicit : « In quibus et vos aliquando ambulastis, cum viveretis in illis : » (*Colos.*, III, 7) satis ostendit quod in illis jam non viverent. His quippe mortui erant, ut eorum vita in Deo cum Christo esset abscondita. Cum ergo jam in illis non viverent, mortificare jam talia jubebantur. Ipsis quippe in eisdem non viventibus illa vivebant ; sicut paulo ante jam ostendi : et membra dicebantur ipsorum, ea videlicet vitia quæ in membris habitabant ipsorum, modo locutionis (*a*) per id quod continet id quod continetur : sicut dicitur : Totum forum inde loquitur, cum homines loquantur qui sunt in foro. Ipso locutionis modo in Psalmo canitur : « Omnis terra adoret te : » (*Psal.* LXV, 4) id est, omnes homines qui sunt in terra.

31. « Nunc autem deponite, inquit, et vos universa : » (*Colos.*, III, 8) et commemorat plura ejusmodi mala. Sed quid est, quod ei non sufficit dicere : « Deponite vos universa ; » sed addita conjunctione dixit, « et vos ? » Nisi ne propterea se putarent hæc mala facere, atque impune in eis vivere, quia fides eorum liberaret eos ab ira, quæ venit in filios infidelitatis ista facientes, et in his sine fide viventes. Deponite, inquit, et vos illa mala propter quæ venit ira Dei in filios infidelitatis ; nec vobis eorum impunitatem propter fidei meritum promittatis. Non autem diceret : « Deponite, » eis qui jam deposuerant ex

(*a*) Sic plerique Mss. Quidam vero addunt, *quo exprimitur*. Editi autem, *quo significatur*.

tant que dure cette vie mortelle, n'était pas exposée à les combattre et à les réprimer. En effet, tant que l'esprit forme des désirs contraires à ceux de la chair, il y a une grande lutte à soutenir, afin d'opposer aux passions impures, aux mouvements honteux et charnels, la douceur de la sainteté, l'amour de la chasteté, la vigueur de l'esprit et la beauté de la continence. C'est par là que ceux qui sont morts à ces péchés et qui ne vivent plus dans ces dérèglements en refusant d'y consentir, finissent par s'en défaire, pourvu qu'ils les combattent continuellement par la vertu de la continence, afin de les empêcher de se réveiller et de renaître dans leur cœur. Dès que, par une fausse sécurité, on cessera un instant de travailler à les anéantir, ils s'empareront bientôt de la citadelle de notre âme, en chasseront la continence, et réduiront cette âme à un humiliant et honteux esclavage. Alors, le péché régnera en maître dans le corps mortel de l'homme, et le forcera à obéir à tous les désirs de la chair. (*Rom.*, VI, 12.) Alors aussi l'homme prêtera ses membres pour servir d'armes d'iniquité au péché, « et son dernier état sera pire que le premier. » (*Matth.*, XII, 45.) Il vaudrait bien mieux n'avoir jamais entrepris cette lutte, que de l'abandonner une fois qu'on l'a commencée, et de vaillant soldat et même vainqueur devenir honteusement captif. C'est pourquoi le Seigneur ne dit pas que c'est celui qui aura commencé, « mais celui qui aura persévéré jusqu'à la fin, qui sera sauvé. » (*Matth.*, x, 22.)

32. Soit que nous combattions avec courage, pour n'être pas vaincus, soit que quelquefois nous remportions la victoire avec une facilité inespérée, rapportons-en la gloire à celui qui nous donne la vertu de la continence. Souvenons-nous de ce juste qui, par trop de confiance en lui-même, avait dit : « Je ne serai jamais ébranlé. » (*Ps.* XXIX, 7.) Le Seigneur lui fit voir combien il avait parlé témérairement, en attribuant à ses propres forces ce qui lui venait d'en haut. Ce juste en fait l'aveu lui-même en ajoutant : « C'était votre grâce, Seigneur, qui m'avait fortifié et mis dans cet heureux état, aussi suis-je tombé dans le trouble, dès que vous avez détourné de moi votre visage. » (*Ps.* XXIX, 8.) Pour le guérir par un remède providentiel et salutaire, son libérateur l'abandonna pendant un temps, pour l'empêcher d'abandonner lui-même son sauveur par un orgueil pernicieux. Soit donc pendant les combats que nous soutenons ici-bas pour dompter et diminuer nos vices, soit dans la vie future où nous n'aurons plus d'ennemis à craindre, parce que nous n'aurons plus de péché à réprimer, le but salutaire que Dieu veut nous faire atteindre est « que celui qui se glorifie, ne se glorifie que dans le Seigneur. » (1 *Cor.*, I, 31.)

---

ea parte qua talibus vitiis non consentiebant, nec sua membra eis arma peccati dabant, nisi quia in hoc facto est, et in hac adhuc operatione versatur, quamdiu mortales sumus, vita sanctorum. Dum enim spiritus concupiscit adversus carnem, (*a*) hæc magna intentione res agitur, delectationibus pravis, libidinibus immundis, motibus carnalibus atque turpibus, suavitate sanctitatis, amore castitatis, spirituali vigore, et continentiæ decore resistitur : sic deponuntur ab eis qui mortui sunt eis, nec consentiendo vivunt in eis. Sic, inquam, deponuntur, dum continuata continentia ne resurgant premuntur. Quisquis quasi securus ab hac eorum depositione cessaverit, illico in arcem mentis prosiliunt, eamque inde ipsa deponent, atque in suam redigent servitutem, turpiter deformiterque captivam. Tunc regnabit peccatum in hominis mortali corpore ad obediendum desideriis ejus (*Rom.*, VI, 12) : tunc sua membra exhibebit arma iniquitatis peccato, et erunt novissima illius pejora prioribus. (*Matth.*, XII, 45.) Multo est enim tolerabilius certamen hujusmodi non cœpisse, quam cœptum reliquisse conflictum, et factum ex bono præliatore vel etiam ex victore captivum. Unde Dominus non ait : Qui cœperit : sed : « Qui perseveraverit usque in finem, hic salvus erit. » (*Matth.*, x, 22.)

32. Sive autem ne vincamur acriter confligentes, sive aliquotiens vel etiam insperata vel inopinata facilitate vincentes, ei qui nobis dat continentiam demus gloriam. Meminerimus quemdam justum dixisse in abundantia sua : « Non movebor in æternum : » (*Psal.* XXIX, 7) demonstratumque illi esse quam temere hoc dixerit, tanquam suis viribus tribuens, quod ei de super præstabatur. Hoc autem ipso confitente didicimus : mox enim adjunxit (*Ibid.*, 8) : « Domine in voluntate tua præstitisti decori meo virtutem ; avertisti autem faciem tuam, et factus sum conturbatus. » Per medicinalem providentiam paululum desertus est a rectore, ne per exitialem superbiam desereret ipse rectorem. Sive ergo hic, ubi cum vitiis nostris domandis minuendisque confligimus ; sive ibi, quod in fine futurum est, ubi omni hoste, quia omni peste carebimus ; id nobiscum salubriter agitur, ut « qui gloriatur, in Domino glorietur. » (1 *Cor.*, I, 31.)

(*a*) Cisterciensis Ms. *ac magna intentione delectationibus pravis*, etc., omisso, *hæc res agitur*.

AVERTISSEMENT

SUR

LE LIVRE DU BIEN DU MARIAGE

Ce livre, ainsi que celui qui le suivra prochainement, a pour but de combattre quelques restes de l'hérésie de Jovinien. Saint Augustin, dans le livre deuxième *sur le Mariage et la Concupiscence* (chap. XXIII), fait mention de cette hérésie, qui avait pris naissance de son temps. « Jovinien, dit-il, qui, il y a peu d'années, chercha à répandre cette hérésie, prétendait que les catholiques soutenaient les Manichéens, parce que, contre son opinion, ils préféraient la sainte virginité chrétienne au mariage. » Dans le livre *des Hérésies* (chap. LXXXII), il dit aussi : « C'est un certain moine, nommé Jovinien, qui de notre temps a établi cette hérésie. J'étais alors encore fort jeune. » Il ajoute qu'elle fut bien vite éteinte, environ vers l'an 390 de Jésus-Christ. Elle fut d'abord condamnée à Rome, puis ensuite à Milan. Il existe à ce sujet des lettres du pape Siricius à l'église de Milan, et qui furent publiées par le concile de Milan, présidé par saint Ambroise. Baronius les rapporte à la même année 390, que nous avons indiquée plus haut. Saint Jérôme avait bien réfuté Jovinien, mais comme il paraissait n'avoir défendu l'excellence de la virginité que pour condamner le mariage, on prétendait qu'il avait, sans le vouloir, favorisé l'hérésie des Manichéens. Saint Augustin, pour empêcher qu'une semblable calomnie, ou qu'une pareille plainte ne s'élevât contre lui, jugea à propos, avant de parler de l'excellence de la virginité, d'écrire un livre sur le bien du mariage. Cet ouvrage parut au jour vers l'an 401, comme on peut le voir, non-seulement dans la revue de ses œuvres, mais encore dans ses commentaires sur la *Genèse*, commencés vers cette même année 401. En effet, dans le livre neuvième sur la *Genèse* (chap. VII), où il fait mention du bien du mariage, il

ADMONITIO

IN LIBRUM DE BONO CONJUGALI.

Liber iste cum altero proxime secuturo pariter est contra reliquias quasdam hæresis Joviniani. Hanc hæresim suo tempore natam commemorat Augustinus in libro II, *de Nuptiis et Concupiscentia*, cap. XXIII. « Jovinianus, ait, qui paucos ante annos novellam conatus est hæresim condere, Manichæis patrocinari dicebat catholicos, quod adversus eum sanctam virginitatem nuptiis præferebant. » Et in libro *de Hæresibus*, cap. LXXXII : « A Joviniano quodam monacho ista hæresis orta est ætate nostra, cum adhuc juvenes essemus. » Additque fuisse illam cito oppressam et extinctam, puta circiter annum Christi 390. Romæ primum damnatam, tum deinde Mediolani : qua de re exstant Siricii papæ ad Mediolanensem ecclesiam litteræ, et quæ ad ipsum a synodo Mediolanensi Ambrosio præsule redditæ sunt, a Baronio ad prædictum annum 390 relatæ. Confutaverat Jovinianum Hieronymus, sed excellentiæ virginalis defensionem nonnisi damnatione nuptiarum tentasse ferebatur, adeoque Manichæis hæreticis incaute favisse. Ne similem calumniam sive querelam pateretur Augustinus, ante quam virginitatis præstantia diceret, scribendum de conjugii bono judicavit : quod opus circiter annum 401 perfecisse, non modo ex retractationum serie intelligitur, sed etiam ex libris *de Genesi* ad litteram, eo fere anno 401 inchoatis. Nempe in libro nono *de Genesi*, cap. VII, ubi conjugii bonum commendat : « Hoc autem, ait,

dit : « Le bien du mariage repose sur trois points, la fidélité, les enfants, le sacrement. La fidélité ordonne que les époux observent l'un envers l'autre la foi qu'ils se sont promise, et ne portent pas la moindre atteinte au saint nœud du mariage. Les enfants conçus dans un esprit d'amour, doivent être nourris et entretenus avec bonté, et élevés dans des sentiments religieux. Le sacrement exige que les époux ne se séparent jamais, et que ni l'un ni l'autre, en vue d'avoir des enfants, ne convolent pas à une nouvelle union. Tels sont les trois points qui doivent servir de règle au mariage, dans lesquels il trouve sa gloire et sa fécondité, et qui mettent un frein à la perversité de l'incontinence. Comme nous avons assez longtemps discuté ce sujet, dans le livre que nous avons publié sur le *Bien du mariage*, où nous avons fait une distinction entre la continence du veuvage et l'excellence de la virginité, selon que chaque sujet le comportait, il est inutile de nous y arrêter davantage. » Il est encore parlé de cet ouvrage, au livre Ier (chap. XXIX) *des mérites et de la rémission des péchés*.

tripartitum est, fides, proles, sacramentum. In fide attenditur ne præter vinculum conjugale cum altera vel altero concumbatur : in prole ut amanter suscipiatur, benigne nutriatur, religiose educetur : in sacramento autem ut conjugium non separetur, et dimissus aut dimissa nec causa prolis alteri conjungatur. Hæc est tanquam regula nuptiarum, qua vel naturæ decoratur fecunditas, vel incontinentiæ regitur pravitas. Unde quia satis disseruimus in eo libro, quem *de Bono conjugali* nuper edidimus, ubi et continentiam vidualem, et excellentiam virginalem pro suorum graduum dignitate distinximus, diutius hic noster stilus non est occupandus. » Hoc ipsum opus notatur in lib. I, *de peccatorum meritis et remissione*, cap. XXIX.

LIVRE II DES RÉTRACTATIONS, CHAPITRE XXII

1. L'hérésie de Jovinien, qui mettait la chasteté conjugale sur le même rang que celle des vierges consacrées au Seigneur, eut d'abord tant de force à Rome, qu'elle avait, disait-on, jeté, contre leur vœu, dans le mariage quelques religieuses, sur la chasteté desquelles aucun soupçon ne s'était élevé jusqu'alors. Il les pressait surtout par cet argument : Etes-vous donc meilleures que Sara ? Etes-vous meilleures que Suzanne et qu'Anne ? Et leur citait encore, pour gagner leur esprit, d'autres saintes femmes célébrées par les Ecritures, et auxquelles les vierges, loin de se croire supérieures, n'avaient même jamais pensé à s'égaler. C'est de la même manière, qu'en citant l'exemple des patriarches qui s'étaient mariés, et en les comparant aux religieux qu'il voulait séduire, il détruisait les saints vœux du célibat. Cette monstruosité trouva dans l'Eglise de Rome une forte et pieuse résistance. Dans les conversations particulières, on s'entretenait bien de la doctrine et des idées de Jovinien, mais on n'osait pas les répandre ouvertement. Cependant il était nécessaire, avec la grâce de Dieu, de s'opposer à la propagation de ce venin, qui se glissait en secret et insensiblement dans les esprits, d'autant plus que partout on disait que l'on ne pouvait

LIBRI II RETRACTATIONUM CAPUT XXII.

1. Joviniani hæresis sacrarum virginum meritum æquando pudicitiæ conjugali tantum valuit in urbe Roma, ut nonnullas etiam sanctimoniales, de quarum pudicitia suspicio nulla præcesserat, dejecisse in nuptias diceretur, hoc maxime argumento cum eas urgeret, dicens : Tu ergo melior quam Sara, melior quam Susanna sive Anna ? et cæteras commemorando testimonio sanctæ Scripturæ commendatissimas feminas, quibus se illæ meliores, vel etiam pares cogitare non possent. Hoc modo etiam virorum sanctorum sanctum cælibatum, commemoratione patrum conjugatorum et comparatione frangebat. Huic monstro sancta Ecclesia quæ ibi est, fidelissime ac fortissime restitit. Remanserant autem istæ disputationes ejus in quorumdam sermonculis ac susurris, quas palam suadere nullus audebat. Sed etiam occulte venenis serpentibus, facultate quam donabat Dominus, occurrendum fuit : maxime quoniam jactabatur, Joviniano respon-

répondre victorieusement à Jovinien, qu'en blâmant le mariage. C'est pourquoi j'ai composé un livre (chap. II) intitulé : *Du bien du mariage*. Je n'ai pas traité, dans cet ouvrage, la grande question de savoir comment seraient nés les enfants, avant que les hommes eussent mérité la mort par leurs péchés, puisque le commerce de l'homme et de la femme semble n'appartenir qu'à des corps mortels, mais je crois l'avoir assez expliqué dans mes autres ouvrages.

2. J'ai aussi dit dans un endroit (chap. XVI) : « que ce commerce de l'homme et de la femme était aussi nécessaire à la conservation du genre humain, que la nourriture l'est à la conservation des corps, et que ces deux choses ne s'accomplissaient pas sans un plaisir charnel, qui cependant modéré par la tempérance, n'est qu'une satisfaction donnée aux besoins de la nature, mais ne peut pas être regardé comme un déréglement. » J'ai dit cela, parce que l'accomplissement d'un besoin légitime n'est pas une passion désordonnée. En effet, de même qu'il est mal de faire un mauvais usage de ce qui est bon; de même, il est bien de faire un bon usage de ce qui est mauvais. J'ai surtout développé cette idée dans mon ouvrage contre la nouvelle hérésie des Pélagiens. Je n'approuve pas trop ce que j'ai dit d'Abraham (chap. XXIII) : « Que ce fut par cette obéissance que le patriarche Abraham, qui n'a pas vécu sans femme, était disposé à se priver de son fils unique et à l'immoler lui-même ; » car on doit plutôt penser qu'il croyait que s'il avait immolé ce fils, Dieu le lui aurait rendu aussitôt en le rappelant à la vie, ainsi qu'on le dit dans l'épître aux Hébreux. (*Hébr.*, XI, 19.) Ce livre commence ainsi : « Comme chaque homme fait partie du genre humain. »

deri non potuisse cum laude, sed cum vituperatione nuptiarum. Propter hoc librum edidi, cujus inscriptio est : *de Bono Conjugali*. Ubi (*cap.* II) de propagatione filiorum prius quam homines mortem peccando mererentur, quoniam concubitus mortalium corporum res videtur, quæstio magna dilata est : sed in aliis postea litteris nostris, satis quantum arbitror explicatur.

2. Dixi etiam quodam loco (*cap.* XVI) : « Quod enim est cibus ad salutem hominis, hoc est concubitus ad salutem generis, et utrumque non est sine delectatione carnali, quæ tamen modificata et temperantia refrenante in usum naturalem redacta, libido esse non potest. » Quod ideo dictum est, quoniam libido non est bonus et rectus usus libidinis. Sicut enim malum est male uti bonis, ita bonum est bene uti malis : de qua re alias, maxime contra novos hæreticos Pelagianos, diligentius disputavi. De Abraham quod dixi (*cap.* XXIII) : « Ex hac obedientia pater ille Abraham, qui sine uxore non fuit, esse sine unico filio et a se occiso paratus fuit, » non satis approbo. Magis enim filium, si esset occisus, resuscitatione sibi mox fuisse reddendum, credidisse credendus est, sicut in epistola legitur quæ est ad Hebræos. (*Heb.*, XI, 19.) Hic liber sic incipit : « Quoniam unusquisque homo humani generis pars est. »

SUR

LE BIEN DU MARIAGE

LIVRE UNIQUE [1]

Dans ce livre, saint Augustin démontre que le mariage est honorable sous beaucoup de rapports, qu'il n'a rien de commun avec le péché de la fornication ; qu'en lui-même il est bon et exempt de toutes fautes, mais que cependant la continence est bien plus préférable. Si le mariage, ajoute le saint Docteur était autrefois nécessaire pour propager le peuple de Dieu d'où, selon les prophéties, devait naître le Christ, les saints ont dû en faire usage, mais présentement, après qu'il a été dit : « Que celui qui peut comprendre comprenne, » on doit seulement embrasser le mariage, lorsqu'on ne peut garder la continence : Que du reste les fidèles de nos jours, qui vivent dans la continence, ne peuvent sous aucun rapport être comparés, bien loin de leur être préférés, à ceux des temps anciens, qui se sont mariés, nommément Abraham et Sara ; car la supériorité est incontestable du côté de ces saints qui, tout en se mariant, conservaient dans leur cœur l'amour de la continence, et qui surtout se distinguèrent par le mérite de l'obéissance, vertu qui renferme en elle-même toutes les autres.

CHAPITRE Ier. — 1. Chaque homme fait partie du genre humain, et par sa nature est porté à vivre en société. Il en résulte un grand bien et comme une solidarité d'amitié entre tous. C'est pour cela que Dieu a voulu, que tous les hommes sortissent d'un seul, afin qu'ils fussent unis dans leur société, non-seulement par la ressemblance d'une même nature, mais encore par le lien de la parenté. La première alliance de la société est donc l'union de l'homme et de la femme. Dieu ne les a pas créés séparément et unis comme des étrangers, mais il a formé l'une de l'autre, indiquant même la force de cette union par le côté d'où la femme a été tirée. (*Gen.*, II, 21.) En effet, c'est par les côtés que ceux qui marchent d'un pas égal sont unis, et regardent ensemble le lieu où ils vont. Les enfants viennent ensuite consolider le lien de leur société, comme le seul fruit honnête, non de la simple union de l'homme et de la femme, mais de leur commerce entre eux ; car même sans ce commerce, il pouvait exister entre les deux sexes une union formée par les seuls nœuds d'une amitié pure et sincère, l'homme ayant pour sa part le commandement, et la femme celle de l'obéissance.

[1] Écrit vers l'an 401 de Jésus-Christ.

DE BONO CONJUGALI

LIBER UNUS.

In quo docet Augustinus, nuptias multis nominibus esse honorabiles, et non tantum in fornicationis comparatione, sed ex proprio genere bonas ac de se ab omni peccato immunes. Continentiam vero longe esse præstantiorem ostendit : adeoque nuptias, quas olim necessarias ad propagandum Dei populum, per quem Christus prophetaretur et nasceretur, in usu habere sancti debuerunt, nunc temporis post quam dictum est : « Qui potest capere capiat, » non amplectendas nisi ab iis qui se continere non valent. Cæterum continentes nostros antiquis illis conjugatis, Abrahamo nominatim et Saræ, vix ulla ratione conferri, nedum iis præferri posse ; quippe qui et continentiæ virtutem in animi habitu tenuerunt nubentes, et obedientiæ laude, qua tanquam matrice virtutes omnes continentur, quam maxime excelluerunt.

CAPUT I. — 1. Quoniam unusquisque homo humani generis pars est, et sociale quiddam est humana natura, magnumque habet et naturale bonum, vim quoque amicitiæ : ob hoc ex uno Deus voluit omnes homines condere, ut in sua societate non sola similitudine generis, sed etiam cognationis vinculo tenerentur. Prima itaque naturalis humanæ societatis copula vir et uxor est. Quos nec ipsos singulos condidit Deus, et tanquam alienigenas junxit : sed alteram creavit ex altero (*Gen.*, II, 21) ; signans etiam vim conjunctionis in latere, unde illa detracta, formata est. Lateribus enim sibi junguntur, qui pariter ambulant, et pariter quo ambulant intuentur. Consequens est connexio societatis in filiis, qui unus honestus fructus est, non conjunctionis maris et feminæ, sed concubitus. Poterat enim esse in utroque sexu, etiam sine tali commixtione, alterius regentis, alterius obsequentis amicalis quædam et germana conjunctio.

CHAPITRE II. — 2. Il n'est pas nécessaire d'examiner ici, et de porter un jugement définitif, sur la manière dont nos premiers parents, que Dieu avait bénis en leur disant : « Croissez, multipliez et remplissez toute la terre, » (*Gen.*, I, 28) auraient pu avoir des enfants, s'ils n'avaient point péché, puisque c'est par le péché que leur corps est tombé sous l'empire de la mort, et que le commerce charnel ne peut convenir qu'à des corps mortels. Les opinions, à ce sujet, sont très-partagées. Pour les examiner, il faudrait recourir à une longue discussion, afin de voir quelle est celle qui s'accorde le plus avec la vérité des saintes Ecritures. Si les hommes n'avaient pas péché, auraient-ils eu des enfants par un autre moyen que par l'union des sexes ? Par exemple, par la grâce du Créateur, qui dans sa toute-puissance a pu les créer eux-mêmes sans parents antérieurs ; qui a pu former le corps de Jésus-Christ dans le sein d'une vierge, et pour parler aux infidèles mêmes, qui a donné aux abeilles le moyen de se reproduire sans concours de mâle et de femelle ? Faut-il interpréter dans un sens mystique et figuré ce qui est écrit : « Remplissez la terre et exercez-y votre domination, » comme si cela devait se faire par une plénitude et une perfection de puissance et de vie, ou comprendre ces paroles : « Croissez et multipliez, » comme si cet accroissement et cette multiplication dussent être l'effet des progrès de l'esprit dans le bien, et de l'abondance des vertus, comme il est dit dans le psaume : « Vous multiplierez la vertu dans mon âme, » (*Ps.* CXXXVII, 3) et qu'ainsi Dieu n'a donné aux hommes le pouvoir d'engendrer des enfants pour leur succéder, que pour remplacer le vide que leur mort, par suite du péché, laisserait dans les rangs de la société humaine ? Ou bien le corps que Dieu a donné à nos premiers parents n'était-il pas spirituel, mais animal, afin que par le mérite de leur obéissance, ce corps devînt spirituel et digne d'obtenir l'immortalité, non après la mort qui est entrée dans le monde « par l'envie et la jalousie du démon, » (*Sag.*, II, 24) et comme châtiment du péché, mais par ce changement dont l'Apôtre dit : « Ensuite nous qui vivrons, et qui seront restés sur la terre, nous serons enlevés tous ensemble dans les nuées au milieu des airs, pour aller au-devant du Seigneur ? » (I *Thes.*, IV, 16.) Nous devrions donc croire que le corps de nos premiers parents, fut créé dans un état de mortalité ; mais que cependant sans le péché, ils n'auraient pas été sujets à la mort, dont Dieu les avait menacés, comme d'une blessure qui pouvait atteindre leur corps, parce qu'il était vulnérable, mais dont ils auraient été exempts, s'ils n'avaient pas enfreint la défense du Seigneur. Le com-

CAPUT II. — Nec nunc opus est, ut scrutemur, et in ea quæstione definitam sententiam proferamus, unde primorum hominum proles posset existere, quos benedixerat Deus, dicens : « Crescite, et multiplicamini, et implete terram, » (*Gen.*, I, 28) si non peccassent : » cum mortis conditionem corpora eorum peccando meruerint, nec esse concubitus nisi mortalium corporum possit. Plures enim de hac re sententiæ diversæque exstiterunt : et si examinandum sit, (*a*) veritati divinarum Scripturarum quædam earum potissimum congruat, prolixæ disputationis negotium est. Sive ergo sine coeundi complexu alio aliquo modo, si non peccassent, habituri essent filios ex munere omnipotentissimi Creatoris, qui potuit etiam ipsos sine parentibus condere, qui potuit carnem Christi in utero virginali formare , et ut etiam ipsis infidelibus loquar, qui potuit apibus prolem sine concubitu dare : sive ibi multa mystice ac figurate dicta sint, aliterque sit intelligendum quod scriptum est : « Implete terram, et dominamini ejus, » id est, ut plenitudine et perfectione vitæ ac potestatis id fieret, ut ipsum quoque incrementum et multiplicatio qua dictum est : « Crescite, et multiplicamini, » provectu mentis et copia virtutis intelligatur, sicut in Psalmo positum est : « Multiplicabis (*b*) me in anima mea virtute ; » (*Psal.* CXXXVII, 3) nec data sit homini prolis ista successio, nisi postea quam causa peccati, futura erat in morte decessio : sive corpus non spiritale illis hominibus, sed primo animale factum erat, ut obedientiæ merito postea fieret spiritale, ad immortalitatem capessendam , non post mortem, quæ invidia diaboli intravit in orbem terrarum (*Sap.*, II, 24), et facta est pœna peccati ; sed per illam commutationem quam significat Apostolus, ubi ait (I *Thess.*, IV, 16) : « Deinde nos viventes qui reliqui sumus, simul cum illis rapiemur in nubibus in obviam Christo in aera : » ut illa corpora primi conjugii et mortalia fuisse intelligamus prima conformatione , et tamen non moritura nisi peccassent, sicut minatus erat Deus : tanquam si vulnus minaretur, quia vulnerabile corpus erat ; quod tamen non accidisset, nisi fieret

(*a*) Sic Mss. Editi autem, *veritate*. — (*b*) Editi omittunt *me :* et loco *virtute*, habent *virtutem*. At Augustinus legere solet : *Multiplicabis me in anima mea virtute :* juxta LXX et ita hic Mss. nisi quod antiquissimus Corbeiensis pro *virtute*, habet *in virtutem*.

merce de l'homme et de la femme pouvait donc engendrer de pareils corps, qui, jusqu'à un certain point, auraient de l'accroissement, sans toutefois tomber dans la vieillesse, ou parvenir jusqu'à la vieillesse, mais être exempts de la mort, jusqu'à ce que la terre ait été remplie d'hommes que la bénédiction du Seigneur aurait multipliés. Si Dieu a permis que les Israélites portassent pendant quarante ans leurs vêtements intacts et sans la moindre détoriation ; (*Deut.*, XXIX, 5) combien plus ne pouvait-il pas permettre que le corps de ceux qui obéissaient à sa loi conservât une constitution exempte de toute espèce d'affaiblissement, jusqu'à ce qu'ils fussent arrivés à une condition meilleure, non par la mort qui sépare l'âme du corps, mais par une heureuse transition de la mortalité à l'immortalité, et d'une condition animale à la plus pure spiritualité.

CHAPITRE III. — 3. Quelle est la meilleure de ces opinions ? Ne peut-on pas encore en donner d'autres, ou en tirer de nouvelles de ces paroles de l'Ecriture ? C'est une recherche et une discussion qui nous mèneraient trop loin. Nous nous bornerons donc à dire, que dans la condition de naître et de mourir, dans laquelle nous savons que nous avons été créés, l'union de l'homme et de la femme est un bien ; et l'Ecriture en recommande la fidèle observation avec tant de force, qu'elle défend à la femme délaissée par son mari de s'unir à un autre homme, tant que son premier époux vit encore, et à un homme abandonné par sa femme, d'en épouser une autre avant la mort de celle qui l'a quitté. Le mariage est donc un bien. Le Seigneur lui-même l'a confirmé dans son Evangile (*Matth.*, XIX, 9), non-seulement en défendant à l'homme de se séparer de sa femme, si ce n'est pour cause d'adultère, mais encore parce qu'il s'est rendu à des noces auxquelles il avait été invité. (*Jean*, II.) On demande avec raison pourquoi le mariage est un bien. Il en est un, selon moi, non-seulement à cause de la génération des enfants, mais encore à cause de cette société naturelle entre les deux sexes ; autrement l'union entre des personnes âgées ne serait plus un mariage, surtout si elles avaient perdu leurs enfants, ou qu'elles n'en eussent jamais eu. Ne voyons-nous pas, en effet, dans ces mariages bénis où l'homme et la femme ont vieilli ensemble, l'affection et la charité survivre aux feux éteints de la jeunesse ; plus ils avaient de vertu, plus vite ils ont renoncé d'un commun accord aux plaisirs charnels du mariage, non pour s'engager nécessairement à ne plus faire ensuite ce qu'ils voudraient, mais pour mériter la gloire d'avoir renoncé d'abord à ce qui leur était permis. Si donc les deux époux ont gardé l'un envers l'autre la fidélité et les égards

---

quod ille vetuisset. Ita ergo possent etiam per concubitum talium corporum generationes subsistere, quæ usque ad certum modum, haberent incrementum, nec vergerent tamen (*a*) in senium ; aut usque in senium, nec tamen in mortem, donec illa benedictionis multiplicatione terra impleretur. Si enim vestibus Israelitarum præstitit Deus per annos quadraginta sine ullo detrimento proprium statum (*Deut.*, XXIX, 5) : quanto magis præstaret corporibus obedientium præcepto suo felicissimum quoddam temperamentum certi status donec in melius converterentur, non morte hominis qua corpus ab anima deseritur, sed beata commutatione a mortalitate ad immortalitatem, ab animali ad spiritalem qualitatem.

CAPUT III. — 3. Harum sententiarum quæ vera sit, vel si alia vel aliæ possunt adhuc ex illis verbis exsculpi, quærere ac disserere longum est. Illud nunc dicimus, secundum istam conditionem nascendi et moriendi, quam novimus, et in qua creati sumus, aliquid boni esse conjugium masculi et feminæ : cujus confœderationem ita divina Scriptura commendat, ut nec dimissæ a viro nubere liceat alteri, quamdiu vir ejus vivit ; nec dimisso ab uxore liceat alteram ducere, nisi mortua fuerit quæ recessit. Bonum ergo conjugii quod etiam Dominus in Evangelio confirmavit (*Matth.*, XIX, 9), non solum quia prohibuit dimittere uxorem, nisi ex causa fornicationis (*Joan.*, II), sed etiam quia venit invitatus ad nuptias, cur sit bonum merito quæritur. Quod mihi non videtur propter solam filiorum procreationem, sed propter ipsam etiam naturalem in diverso sexu societatem. Alioquin non jam diceretur conjugium in senibus, præsertim si vel amisissent filios, vel minime genuissent. Nunc vero in bono licet annoso conjugio, etsi emarcuit ardor ætatis inter masculum et feminam, viget tamen ordo caritatis inter maritum et uxorem : quia quanto meliores sunt, tanto maturius a commixtione carnis suæ pari consensu se continere cœperunt, non ut necessitatis esset postea non posse quod vellent, sed ut laudis esset primum noluisse quod possent. Si ergo servatur fides honoris et ob-

(*a*) Sola editio. Lov. omittit, *aut usque in senium.*

qu'ils se devaient mutuellement, leur corps a beau tomber dans cet état de langueur et d'affaiblissement voisin de la mort, l'union de leur cœur, par leur persévérance dans la chasteté, est d'autant plus sincère qu'elle est plus éprouvée, d'autant plus sure qu'elle est moins agitée. Le mariage a encore l'heureux avantage que l'incontinence, toute vicieuse qu'elle soit, mais qui n'est que trop habituelle au jeune âge, se trouve réduite à l'honnête bonheur d'avoir des enfants, de sorte que le lien conjugal fait tourner au bien le mal même de la concupiscence. Il modère en outre, et rend en quelque sorte plus chastes les ardeurs de la chair, car par le désir d'avoir des enfants au plaisir bouillant des sens, se mêle je ne sais quelle gravité qui, dans le commerce de l'homme et de la femme, naît de l'intention réfléchie d'être bientôt père et mère.

Chapitre IV. — 4. Il faut encore ajouter que dans l'accomplissement même des devoirs que le mariage impose aux époux, quand bien même ils s'y porteraient avec trop de passion et d'incontinence, ils se doivent mutuellement fidélité, et cette fidélité est si importante aux yeux de l'Apôtre, qu'il l'appelle « puissance, » car il dit : « Le corps de la femme n'est pas en sa puissance, mais en celle du mari ; de même aussi le corps du mari n'est pas en sa puissance, mais en celle de sa femme. » (I *Cor.*, vii, 4.) La violation de cette fidélité s'appelle adultère, lorsque soit par le mouvement de sa propre volonté, soit par le consentement d'un autre, on viole le pacte conjugal par un criminel concubinage. C'est ainsi qu'on brise cette foi qui, dans les choses corporelles et les plus basses, est un bien de l'esprit. Il faut donc la préférer aux biens du corps, au nombre desquels doit être comprise cette vie même que nous passons ici-bas. En effet, quoiqu'un brin de paille ne soit rien en comparaison d'un monceau d'or, cependant la foi gardée sincèrement dans une affaire de paille, comme dans une affaire d'or, n'en est pas moins estimable, pour être gardée dans une chose de peu de valeur. Quand on engage sa foi pour commettre un péché, je ne crois pas qu'on puisse appeler cela de la foi ; mais enfin quelle qu'elle soit, si on la viole, on n'en est que plus coupable, à moins que ce ne soit pour revenir à la foi véritable et légitime, c'est-à-dire, pour effacer la faute qu'on a commise, et corriger l'iniquité de sa première volonté. Supposons qu'un homme ne se croyant pas seul en état de dépouiller quelqu'un, s'associe un compagnon pour l'aider, à condition de partager avec lui la dépouille, et que la chose une fois faite, il s'empare seul du butin. Celui qui a été trompé se plaint qu'on n'ait pas gardé envers lui la foi

---

sequiorum invicem debitorum ab alterutro sexu, etiamsi languescentibus et prope cadaverinis utriusque membris, animorum tamen rite conjugatorum tanto sincerior, quanto probatior, et tanto securior, quanto placidior castitas perseverat. Habent etiam id bonum conjugia, quod carnalis vel juvenilis incontinentia, etiamsi vitiosa est, ad propagandæ prolis redigitur honestatem, ut ex malo libidinis aliquid boni faciat copulatio conjugalis. Deinde quia reprimitur, et quodam modo verecundius æstuat concupiscentia carnis, quam temperat parentalis affectus. Intercedit enim quædam gravitas fervidæ (*a*) voluptatis, cum in eo quod sibi vir et mulier adhærescunt, pater et mater esse meditantur.

Caput IV. — 4. Huc accedit, quia in eo ipso quod sibi invicem conjuges debitum solvunt, etiam si id aliquanto intemperantius et incontinentius expetant, fidem tamen sibi pariter debent. Cui fidei tantum juris tribuit Apostolus, ut eam potestatem appellaret, dicens (I *Cor.*, vii, 4) : « Mulier non habet potestatem corporis sui, sed vir : similiter autem et vir non habet potestatem corporis sui, sed mulier. » Hujus autem fidei violatio dicitur adulterium, cum vel propriæ libidinis instinctu, vel alienæ consensu, cum altero vel altera contra pactum conjugale concumbitur : atque ita frangitur fides ; quæ in rebus etiam corporeis et abjectis magnum animi bonum est ; et ideo eam saluti quoque corporali qua etiam vita nostra ista continetur, certum est debere præponi. Etsi enim exigua palea præ multo auro pene res nulla est : fides tamen cum in negotio paleæ, sicut in auro sincera servatur, non ideo minor est quia in re minore servatur. Cum vero ad peccatum admittendum adhibetur fides, mirum si fides appellanda est : verumtamen qualiscumque sit, si et contra ipsam fit, pejus fit : nisi cum propterea deseritur, ut ad veram fidem ac legitimam redeatur, id est, ut peccatum emendetur, voluntatis pravitate correcta. Tanquam si quis cum homimem solus expoliare non possit, inveniat socium iniquitatis, et cum eo paciscatur ut simul id faciant spoliumque partiantur, quo facinore commisso totum solus auferat. Dolet qui-

---

(*a*) Bigotianus. Mss. *voluptati*.

promise; cependant, au lieu de se plaindre, il devrait plutôt penser qu'il aurait bien mieux fait de mener une bonne vie et de garder la foi due à la société humaine, qui lui commandait de ne pas dépouiller iniquement son prochain, puisqu'il sent lui-même avec quelle iniquité son compagnon de crime a violé envers lui la foi jurée. Mais celui qui l'a trompé est doublement coupable, car il est doublement perfide. Si toutefois ce dernier venait à se repentir du mal commis avec son complice, et s'était refusé de partager avec lui le butin, dans l'intention de le rendre à celui auquel il avait été enlevé, il ne pourrait pas être accusé de perfidie, même par le compagnon de son crime. Il en est de même d'une femme qui aurait violé la foi conjugale, et resterait fidèle à son adultère. Certainement cette femme serait criminelle, mais si elle était infidèle même à son adultère, elle serait doublement coupable. Cependant si, se repentant de sa faute, et revenant à la foi conjugale, elle rompait toutes liaisons avec le complice de ses débauches, l'amant adultère ne pourrait l'accuser d'avoir violé sa foi.

CHAPITRE V. — 5. On pose assez souvent cette question : Si un homme et une femme, sans être légitimement unis, vivent ensemble, non pour avoir des enfants, mais parce qu'ils ne pouvaient pas observer la continence, peut-on appeler cela un mariage, quoiqu'ils se soient engagés mutuellement à ne pas connaître, lui, une autre femme, elle, un autre homme ? Peut-être pourrait-on donner ce nom à une pareille union, s'ils avaient résolu de garder entre eux, jusqu'à la mort, la foi qu'ils se sont promise, et que, bien que cette union ne reposât pas sur le désir d'avoir des enfants, ils n'aient pas cherché à en être privés, soit en désirant de n'en pas avoir, soit en employant pour cet effet des moyens criminels. Mais s'il leur manquait l'une et l'autre, ou même une seule de ces raisons, je ne vois pas comment on pourrait donner à leur alliance le nom de mariage. En effet, si un homme prenait une femme seulement pour un temps, jusqu'à ce qu'il en eût trouvé une autre, qui répondît à son rang et à ses richesses, et qu'il l'épousât comme lui étant égale ; cet homme serait adultère dans le cœur, non envers celle qu'il désire trouver, mais envers celle avec qui il vivrait sans la regarder comme sa légitime épouse. Il en serait de même à l'égard de cette femme qui, sciemment et de sa propre volonté, consentirait à entretenir un commerce impudique avec un homme, auquel elle n'est attachée par aucun lien conjugal. Si toutefois elle lui était fidèle, et qu'après le mariage de cet homme avec une autre, elle ne pensât pas à se marier, mais à s'abstenir désormais d'une pareille liaison, je n'oserais pas l'ac-

---

dem ille, et fidem sibi servatam non esse conqueritur : verum in ipsa sua querela cogitare debet, potius in bona vita humanæ societati fuisse servandam, ne præda iniqua ex homine fieret, si sentit quam inique sibi in peccati societate servata non fuerit. Ille quippe (a) utrobique perfidus, profecto sceleratior judicandus est. At si id quod male fecerant ei displicuisset, et propterea cum participe facinoris prædam dividere noluisset, ut homini cui ablata fuerat, redderetur, cum perfidum nec perfidus diceret. Ita mulier si fide conjugali violata fidem servet adultero, utique mala est : sed si nec adultero, pejor est. Porro si eam flagitii pœniteat, et ad castitatem rediens conjugalem, pacta ac placita adulterina rescindat, miror si eam fidei violatricem vel ipse adulter putabit.

CAPUT V. — 5. Solet etiam quæri, cum masculus et femina, nec ille maritus, nec illa uxor alterius, sibimet non filiorum procreandorum, sed propter incontinentiam solius concubitus causa copulantur, ea fide media, ut nec ille cum altera, nec illa cum altero id faciat, utrum nuptiæ sint vocandæ. Et potest quidem fortasse non absurde hoc appellari connubium (IV *Sent.*, dist. 31, cap. *Et est sciendum*), si usque ad mortem alterius eorum id inter eos placuerit, et prolis generationem, quamvis non ea causa conjuncti sint, non tamen vitaverint, ut vel nolint sibi nasci filios, vel etiam opere aliquo malo agant ne nascantur. Cæterum si vel utrumque vel unum horum desit, non invenio quemadmodum has nuptias appellare possimus. Etenim si aliquam sibi vir ad tempus adhibuerit, donec aliam dignam vel honoribus vel facultatibus suis inveniat, quam comparem ducat; ipso animo adulter est, nec cum illa quam cupit invenire, sed cum ista cum qua sic cubat, ut cum ea non habeat maritale consortium. Unde et ipsa hoc sciens ac volens, impudice utique miscetur, ei, cum quo non habet fœdus uxorium. Verumtamen si ei thori fidem servet, et cum ille uxorem duxerit, nubere ipsa non cogitet, atque a tali prorsus opere continere se præparet, adulteram quidem fortassis facile appellare non audeam, non peccare tamen

---

(a) In Corbeiensi codice vetustissimo, *utrumubique.*

cuser d'adultère, quoique cependant elle fût coupable de vivre avec un homme, dont elle sait bien qu'elle n'est pas l'épouse. Mais si c'était dans l'intention d'avoir des enfants qu'elle consentît à rester avec cet homme, et que ce fût malgré elle qu'elle endurât tout ce qui est au delà de ce but, elle serait préférable à bien des femmes mariées qui, sans être cependant adultères, forcent leurs maris, qui voudraient pendant quelque temps observer la continence, à leur rendre le devoir conjugal, non dans le désir d'avoir des enfants, mais emportées qu'elles sont par le feu de la concupiscence, et usant de leur droit avec excès. Quoiqu'il en soit, le mariage est un bien pour elles, puisque du moins l'ardeur de leurs sens trouve à se satisfaire dans des liens légitimes, et les empêche de tomber dans la honte et la dissolution. La chair a par elle-même des faiblesses qu'elle ne peut réfréner; le mariage du moins les renferme et les restreint dans les liens indissolubles de la fidélité due à l'union conjugale; elle fait naître en nous des désirs immodérés, mais le mariage les ramène au but chaste et légitime d'engendrer des enfants. S'il est honteux, en effet, pour une femme de vouloir user de son mari uniquement pour satisfaire les plaisirs des sens, il est bon du moins de ne vouloir les goûter qu'avec son mari, et de ne devenir mère que par lui seul.

CHAPITRE VI. — 6. Il y a aussi des hommes qui poussent l'incontinence jusqu'à ne pas s'abstenir de leurs femmes, même pendant leur grossesse. Mais tout ce qui se passe entre les époux, contre la modération, la pudeur et la chasteté, est la faute de l'homme et non du mariage lui-même. Dans ces exigences même immodérées du devoir conjugal, qui n'ont pas pour but la génération des enfants, et que l'Apôtre ne commande pas, mais qu'il pardonne, quoique les hommes y soient poussés par la perversité de leurs mœurs, le mariage est encore un bien, parce qu'il les préserve de la fornication et de l'adultère. Car le mariage n'est pas la cause de ces excès, mais il les rend excusables. Les époux sont donc obligés d'accomplir fidèlement l'un envers l'autre le devoir conjugal, dans le but de donner le jour à des enfants, ce qui, dans cette vie mortelle, est le premier lien qui unit la société du genre humain; mais pour éviter de contracter, hors de leur union, des liaisons coupables et illicites, ils doivent encore, en quelque sorte, se rendre esclaves l'un de l'autre, pour supporter mutuellement les faiblesses de la chair, de manière que si l'un voulait garder continuellement la continence, il ne le pourrait qu'avec le consentement de l'autre. En effet, comme le dit l'Apôtre : « Le corps de la femme n'est pas en sa puissance, mais en celle de son mari, comme le corps du mari n'est pas en sa puissance, mais en celle de sa femme, » (I *Cor.*,

---

quis dixerit, cum eam viro, cujus uxor non est, misceri sciat? Jam vero si ex illo concubitu, quantum ad ipsam adtinet, non nisi filios velit, et quidquid ultra causam procreandi patitur invita patiatur : multis quidem ista matronis anteponenda est; quæ tametsi non sunt adulteræ, viros tamen suos plerumque etiam continere cupientes ad reddendum carnale debitum cogunt, non desiderio prolis, sed ardore concupiscentiæ ipso suo jure intemperanter utentes : in quarum tamen nuptiis bonum est hoc ipsum quod nuptæ sunt. Ad hoc enim nuptæ sunt, ut illa concupiscentia redacta ad legitimum vinculum, non deformis et dissoluta fluitaret, habens de se ipsa irrefrenabilem carnis infirmitatem, de nuptiis autem indissolubilem fidei societatem; de se ipsa progressio immoderate coeundi, de nuptiis modum caste procreandi. Etsi enim turpe est libidiuose uti (a) velle marito; honestum est tamen nolle misceri nisi marito, et non parere nisi de marito.

CAPUT VI. — 6. Sunt item viri usque adeo incontinentes, ut conjugibus nec gravidis parcant. Quidquid ergo inter se conjugati immodestum, inverecundum, sordidum gerunt, vitium est hominum, non culpa nuptiarum. Jam in ipsa quoque immoderatione exactione debiti carnalis, quam eis non secundum imperium præcipit, sed secundum veniam concedit Apostolus, ut etiam præter causam procreandi sibi misceantur; etsi eos pravi mores ad talem concubitum impellunt, nuptiæ tamen ab adulterio seu fornicatione defendunt. Neque enim illud propter nuptias admittitur, sed propter nuptias ignoscitur. Debent ergo sibi conjugati non solum ipsius sexus sui commiscendi fidem, liberorum procreandorum causa, quæ prima est humani generis in ista mortalitate societas; verum etiam infirmitatis invicem excipiendæ, ad illicitos concubitus evitandos, mutuam quodam modo servitutem; ut etsi alteri eorum perpetua continentia placeat, nisi ex alterius consensu non possit. Et ad hoc enim uxor non habet potestatem corporis sui, sed vir (I *Cor.*, VII, 4); simi-

(a) Mss. *uti vel marito.*

vii, 4). Ce que la femme demande de son mari, ou le mari de la femme, non dans une vue de génération, mais par faiblesse et par incontinence, ils ne doivent pas se le refuser, afin d'éviter par là cette damnable corruption, où les ferait tomber le démon en excitant l'incontinence, soit des deux époux, soit de l'un ou de l'autre séparément. Le devoir que les époux se rendent l'un envers l'autre pour avoir des enfants, est exempt de toute faute. Si c'est pour satisfaire la concupiscence, pourvu que ce soit entre mari et femme, le péché n'est que véniel, parce que la fidélité du lit conjugal n'est pas violée. Mais l'adultère et la fornication sont des péchés mortels. C'est pourquoi l'état perpétuel de continence est préférable au mariage, ayant même pour but la génération des enfants.

Chapitre VII. — Mais comme l'état de continence est celui qui a le plus de mérite, comme l'accomplissement du devoir conjugal est exempt de toute faute, que l'exiger au delà de ce qui est nécessaire pour la génération, est un péché véniel, tandis que la fornication et l'adultère sont des péchés mortels, la charité exige que les époux prennent garde, en cherchant à acquérir le plus de mérite et d'honneur possible, de s'exposer l'un ou l'autre à tomber dans la damnation. En effet, « celui qui quitte sa femme, si ce n'est pour cause d'adultère, la fait devenir adultère. »
(*Matth.*, v, 32.) Tant il est vrai que le lien conjugal, une fois contracté, est une chose si sainte, si sacramentelle, qu'il ne peut être rompu même par la séparation; puisque la femme abandonnée par son mari ne peut pas, sans adultère, se marier à un autre, du vivant de son époux, quoique par son abandon ce dernier serait cause de ce mal.

7. Mais s'il est permis à un homme d'abandonner sa femme adultère, lui est-il permis d'en épouser une autre? L'Ecriture nous présente à cet égard une difficulté assez grande à résoudre. L'Apôtre dit en effet (I *Cor.*, vii, 10) : Il y a un commandement du Seigneur qui défend à la femme de se séparer de son mari; si elle s'en sépare, elle doit rester sans se marier, ou se réconcilier avec son époux, puisque l'adultère seule peut la séparer de lui. Dans ce cas même, elle doit s'abstenir d'un nouveau mariage, de peur qu'en se séparant de son mari, s'il n'était pas adultère, elle ne fût cause qu'il le devînt. Elle ferait mieux, toutefois, de se réconcilier avec lui, en le tolérant dans son vice, où après qu'il s'en serait corrigé, si elle ne pouvait pas elle-même garder la continence. Pour moi, je ne vois pas comment il serait permis à un homme, qui a quitté sa femme pour cause d'adultère, d'en épouser une autre, tandis qu'il n'est pas permis à une femme qui, pour le même motif, a quitté son mari, de contracter un nouveau mariage. S'il

---

liter et vir non habet potestatem corporis sui, sed mulier : ut et quod non filiorum procreandorum, sed infirmitatis et incontinentiæ causa expetit, vel ille de matrimonio, vel illa de marito, non sibi alterutrum negent : ne per hoc incidat in damnabiles corruptelas, tentante satana, propter incontinentiam, vel amborum, vel cujusquam eorum. Conjugalis enim concubitus generandi gratia, non habet culpam (IV *Sent.*, dist. 31, cap. *Cum ergo*); concupiscentiæ vero satiandæ, sed tamen cum conjuge, propter thori fidem, venialem habet culpam : adulterium vero sive fornicatio lethalem habet culpam. Ac per hoc melior est quidem ab omni concubitu continentia, quam vel ipse matrimonialis concubitus, qui fit causa gignendi.

Caput VII. — Sed quia illa continentia meriti amplioris est, reddere vero debitum conjugale, nullius est criminis, exigere autem ultra generandi necessitatem, culpæ venialis, fornicari vero vel mœchari, puniendi criminis; cavere debet caritas conjugalis, ne dum sibi quærit unde amplius honoretur, conjugi faciat unde damnetur. « Qui enim dimittit uxorem suam, excepta causa fornicationis, facit eam mœchari. » (*Matth.*, v, 32.) Usque adeo fœdus illud initum nuptiale cujusdam sacramenti res est, ut nec ipsa separatione irritum fiat : quando quidem vivente viro, et a quo relicta est, mœchatur, si alteri nupserit; et ille hujus mali causa est qui reliquit.

7. Miror autem, si quemadmodum licet dimittere adulteram uxorem, ita liceat ea dimissa alteram ducere. Facit enim de hac re sancta Scriptura difficilem nodum, dicente Apostolo (I *Cor.*, vii, 10), ex præcepto Domini mulierem a viro non debere discedere, quod si discesserit, manere innuptam, aut viro suo reconciliari : cum recedere utique et manere innupta, nisi ab adultero viro non debeat, ne recedendo ab eo qui adulter non est, faciat eum mœchari. Reconciliari autem viro vel tolerando, si se (*a*) ipsa continere non potest, vel correcto, forsitan juste potest. Quomodo autem viro possit esse licentia ducendæ alterius, si adulteram reliquerit, cum mulieri non sit nubendi alteri, si adulterum relique-

---

(*a*) Sola fere editio Lov. *se ipse.*

en est ainsi, il faut avouer que le lien social qui unit les époux a tant de force, que contracté en vue d'avoir des enfants, il ne peut pas être rompu même pour en avoir lorsque ce but n'est pas atteint. Dans ce cas, en effet, un homme pourrait quitter sa femme, si elle était stérile, et en épouser une autre qui lui donnerait des enfants, et cependant cela ne lui est pas permis. De notre temps, et selon la loi romaine, il ne peut pas en prendre une seconde, tant que la première est vivante. De même si un homme quittait sa femme, ou une femme son mari, pour cause d'adultère, ils pourraient l'un et l'autre, en contractant un nouveau mariage, avoir plusieurs enfants ; or, si cela ne leur est pas permis, comme semble le prescrire la loi de Dieu, ne voit-on point par là toute la solidité et la puissance du lien conjugal ? Je ne crois pas, toutefois, qu'il aurait eu tant de force, si, vu l'état de faiblesse et de mortalité où nous sommes sur la terre, il n'était pas le signe mystérieux d'une chose plus grande encore, et un sacrement dont le sceau ineffaçable ne pouvait être violé par les hommes, sans les exposer au châtiment. En effet, le divorce ne détruit pas le lien nuptial. Quoique séparés l'un de l'autre, les deux époux n'en restent pas moins sous l'empire du mariage, et deviennent adultères avec ceux auxquels ils s'unissent après s'être répudiés. Ce n'est cependant que dans l'Eglise, qui est selon le Prophète, « la cité de Dieu, et sa montagne sainte, » (*Ps.* XLVII, 2) que le mariage est dans ces conditions.

CHAPITRE VIII. — Du reste, personne n'ignore qu'il n'en est pas ainsi dans la loi des Gentils, où le divorce est permis, sans tomber sous le coup d'aucun châtiment humain. La femme se marie à qui elle veut, et l'homme comme il lui plaît. Moïse, dans son livre sur le divorce (*Deut.*, XXIV, 1 ; *Matth.*, XIX, 8), paraît avoir permis aux Israélites, à cause de la dureté de leur cœur, une coutume à peu près semblable. Cependant, il est visible que cette permission est plutôt un blâme, qu'une approbation du divorce.

8. Il est donc constant que « le mariage est honorable en tous points, et que le lit nuptial est sans tache. » (*Hébr.*, III, 14.) Nous ne disons pas, toutefois, que le mariage est un bien, uniquement par rapport à la fornication ; autrement ce seraient deux maux, l'un pire que l'autre. La fornication serait alors un bien, parce que l'adultère est un crime plus grand encore, car on est plus coupable en souillant la couche d'autrui, qu'en vivant avec une courtisane. Comme à son tour l'adultère serait un bien, parce que l'inceste est un plus grand mal, puisqu'on est bien plus criminel d'entretenir un commerce illégitime avec sa mère, qu'avec la femme d'un autre. Et jusqu'à ce que de degré en degré on arrive à ces actions que « la pudeur même, » (*Ephés.*, V, 12) comme le dit l'Apôtre, « défend

---

rit, non video. Quæ si ita sunt, tantum valet illud sociale vinculum conjugum, ut cum causa procreandi colligetur, nec ipsa causa procreandi solvatur. Possit enim homo dimittere sterilem uxorem, et ducere de qua filios habeat : et tamen non licet ; et nostris quidem jam temporibus ac more Romano, nec superducere, ut amplius habeat quam unam vivam : et utique relicta adultera vel relicto adultero possent plures nasci homines, si vel illa alteri nuberet, vel ille alteram duceret. Quod tamen si non licet, sicut divina regula præscribere videtur ; quem non faciat intentum, quid sibi velit tanta firmitas vinculi conjugalis ? Quod nequaquam puto tantum valere potuisse, nisi alicujus rei majoris ex hac infirma mortalitate hominum quoddam sacramentum adhiberetur, quod desertentibus hominibus atque id dissolvere cupientibus, inconcussum illis maneret ad pœnam. Si quidem interveniente divortio non aboletur illa confœderatio nuptialis : ita ut sibi conjuges sint, etiam separati ; cum illis autem adulterium committant, quibus fuerint etiam post suum repudium copulati, vel illa viro, vel ille mulieri. Nec tamen nisi in civitate Dei nostri, in monte sancto ejus (*Psal.* XLVII, 2), talis est causa cum uxore.

CAPUT VIII. — Cæterum aliter se habere jura gentilium, quis ignorat, ubi interposito repudio sine reatu aliquo ultionis humanæ, et illa cui voluerit nubit, et ille quam voluerit ducit. Cui consuetudini simile aliquid, propter Israelitarum duritiam, videtur permisisse Moyses de libello repudii. (*Deut.*, XXIV, 1 ; *Matth.*, XIX, 8.) Qua in re exprobratio quam approbatio divortii magis apparet.

8. « Honorabiles ergo nuptiæ in omnibus, et thorus immaculatus. » (*Hebr.*, III, 14.) Quod non sic dicimus bonum, ut in fornicationis comparatione sit bonum : alioquin duo mala erunt, quorum alterum pejus : aut bonum erit et fornicatio, quia est pejus adulterium ; pejus est enim alienum matrimonium violare, quam meretrici adhærere : et bonum adulterium, quia est pejor incestus ; pejus est enim cum matre quam cum aliena uxore concumbere : et donec ad ea perveniatur, quæ sicut Apostolus ait : « Turpe

de nommer, » tous les autres crimes seront des biens, en comparaison de ceux qui sont pires encore. Qui ne voit pas ce qu'il y a de faux et d'absurde dans une opinion pareille? Le mariage et la fornication ne sont donc pas deux maux, dont l'un est plus grand que l'autre, mais le mariage et la continence sont deux biens, dont l'un est préférable à l'autre. De même que la santé et la faiblesse du corps ne sont pas deux maux dont l'un est plus grand que l'autre, de même la santé pendant cette vie, et l'immortalité dans l'autre, sont deux biens dont le second l'emporte de beaucoup sur le premier. Il en est de même de la science et de la vanité : ce ne sont pas deux maux dont la vanité est le pire, mais la science et la charité sont deux biens dont la charité est le meilleur. « Car la science, dit l'Apôtre, sera anéantie, » (I *Cor.*, XIII, 8) quoiqu'elle soit nécessaire dans cette vie, « mais la charité ne périra jamais. » De même aussi la génération mortelle, qui est le but du mariage, sera détruite, tandis que la continence, qui est ici-bas une imitation de la vie des anges, demeurera éternellement. Mais comme le repas des justes a plus de prix devant Dieu, que le jeûne des méchants, de même le mariage des fidèles est préférable à la virginité des impies. Ce n'est pas le repas en lui-même que l'on préfère au jeûne, mais la justice au sacrilége; comme ce n'est pas le mariage que l'on préfère à la virginité, mais la foi à l'impiété. En effet, les justes, en mangeant lorsqu'ils en ont besoin, se conduisent envers leurs corps comme les bons maîtres à l'égard de leurs serviteurs, en leur fournissant ce qui est juste et équitable de leur donner pour les soutenir; mais lorsque les sacriléges jeûnent, c'est uniquement pour honorer les démons. De même, lorsque des femmes chrétiennes se marient, c'est pour s'unir chastement à leurs maris; mais les impies ne restent vierges que pour devenir adultères devant le vrai Dieu. L'action de Marthe (*Luc*, X, 39, 40), occupée à préparer ce qu'il fallait pour le service des saints qu'elle avait reçus dans sa maison, était certainement bonne; mais Marie, sa sœur, assise aux pieds du Seigneur pour écouter sa parole, avait choisi la meilleure part. Nous louons, comme un bien, la chasteté de Suzanne dans le lien conjugal (*Daniel*, XIII, 22), mais nous louons comme un plus grand bien, le veuvage d'Anne, et comme beaucoup plus grand encore la virginité de Marie. (*Luc*, II, 36.) Sans doute les deux sœurs accomplissaient une bonne œuvre, en fournissant à leurs frais tout ce qui était nécessaire à Jésus-Christ et à ses disciples (*Luc*, I, 27); mais c'était une œuvre plus méritoire encore, celle des pieux fidèles qui abandonnaient tous leurs biens, pour être plus libres de suivre le Seigneur. Entre ces deux sortes de biens, soit celui de ces fidèles, soit celui de Marthe et de Marie, on ne

est etiam dicere, » (*Ephes.*, V, 12) omnia bona erunt in comparatione pejorum. Hoc autem falsum esse, quis dubitet? Non ergo duo mala sunt connubium et fornicatio, quorum alterum pejus : sed duo bona sunt connubium et continentia, quorum alterum est melius. Sicut ista temporalis sanitas et imbecillitas non sunt duo mala, quorum alterum pejus : sed ista sanitas et immortalitas duo bona sunt, quorum alterum melius. Item scientia et vanitas non duo mala sunt, quorum vanitas pejus : sed scientia et caritas duo bona sunt, quorum caritas melius. Namque « scientia destructur, » ait Apostolus (I *Cor.*, XIII, 8); et tamen huic tempori necessaria est : « Caritas autem nunquam cadet. » Sic et mortalis ista generatio, propter quam fiunt nuptiæ, destruetur : ab omni autem concubitu immunitas, et hic angelica meditatio est, et permanet in æternum. Sicut autem jejuniis sacrilegorum meliora sunt prandia justorum ; ita nuptiæ fidelium virginitati anteponuntur (*a*) impiarum. Verumtamen neque ibi prandium jejunio, sed justitia sacrilegio; neque hic nuptiæ virginitati, sed fides impietati præfertur. Ad hoc enim justi cum opus est prudent, ut tanquam boni domini quod justum et æquum est servis corporibus præbeant : ad hoc autem sacrilegi jejunant, ut dæmonibus serviant. Sic ad hoc nubunt fideles, ut maritis pudice copulentur : ad hoc autem sunt virgines impiæ, ut a vero Deo fornicentur. Sicut ergo bonum erat quod Martha faciebat, occupata circa ministerium sanctorum (*Luc.*, X, 39, 40), sed melius quod Maria soror ejus sedens ad pedes Domini, et audiens verbum ejus (*b*) : ita bonum Susannæ in conjugali castitate laudamus (*Dan.*, XIII, 22); sed tamen ei bonum viduæ Annæ (*Luc.*, II, 36), ac multo magis Mariæ virginis anteponimus. (*Luc.*, I, 27.) Bonum erat quod faciebant, quæ de substantia sua Christo ac discipulis ejus necessaria ministrabant; sed melius qui omnem suam substantiam dimiserunt, ut expeditiores eumdem Dominum sequerentur. In his autem binis bonis, sive quæ isti, sive quæ Martha et Maria

---

(*a*) Lov. *impiorum* : dissentientibus aliis editis et Mss. — (*b*) Hic sola editio Lov. addit, *cum eum ambæ hospitio recepissent.*

pourrait choisir le meilleur, qu'en renonçant à l'autre. Cela doit nous faire comprendre qu'il ne faut pas regarder le mariage comme un mal, parce qu'on doit s'en abstenir pour avoir la chasteté d'une veuve ou l'intégrité d'une vierge. Comme il ne faut pas croire non plus que la manière d'agir de Marthe fût mauvaise, parce que c'était en s'abstenant d'aider sa sœur que Marie « choisissait la meilleure part, » ou que ce soit un mal de recevoir un juste ou un prophète dans sa maison, parce que celui qui veut suivre Jésus-Christ jusqu'à la perfection, ne doit pas avoir de maison, afin de pouvoir faire ce qui est le meilleur.

CHAPITRE IX. — 9. Il faut considérer que parmi les biens que Dieu nous donne, les uns sont désirables pour eux-mêmes, comme la sagesse, la santé, l'amitié, et d'autres nous sont nécessaires pour arriver à quelque but, comme la science, le manger, le boire, le sommeil, le mariage, le commerce des sexes entre eux. Parmi ces derniers, quelques-uns sont nécessaires pour arriver à la sagesse, par exemple, la science; d'autres pour conserver la santé, comme le manger, le boire, le sommeil; d'autres encore pour entretenir l'amitié, comme le mariage, le commerce des deux sexes; c'est de là que vient la propagation du genre humain, et l'union affectueuse, qui produit cet effet, est un grand bien. C'est pourquoi ceux qui n'usent pas des biens qui nous sont nécessaires pour en acquérir d'autres, dans le but que Dieu a fixé en nous les donnant, pèchent véniellement ou mortellement. Celui qui en fait usage afin d'arriver au but pour lequel ils nous ont été donnés, fait bien. Mais celui à qui ces biens ne sont pas nécessaires, et qui n'en fait pas usage, fait mieux encore. En conséquence, il est bon de désirer ces biens quand nous en avons besoin, mais il est mieux encore de ne pas les désirer que de les désirer, parce que nous les possédons plus pleinement, lorsque nous n'en avons pas besoin. C'est pourquoi le mariage est un bien, parce que c'en est un « que d'avoir des enfants et de gouverner sagement son ménage; » (I *Tim.*, v, 14) mais il est encore meilleur de ne pas se marier, parce qu'il est plus avantageux de n'avoir pas besoin de ce moyen pour entretenir la société humaine. En effet, tel est actuellement l'état du genre humain, que par l'incontinence des uns dans le mariage, et des autres dans des liaisons et des commerces illicites, le Créateur sachant tirer le bien du mal, il ne manque pas d'enfants dont les générations se succèdent, et permettent ainsi à de saintes amitiés de naître et de s'établir. D'où il faut conclure que dans les premiers temps du genre humain, en vue surtout de la propagation du peuple de Dieu, par lequel devait être annoncé, et d'où devait sortir le Prince

faciebant, fieri non posset quod melius est, nisi altero praetermisso aut relicto. Unde intelligendum est, non ideo malum putandum esse nuptias, quia nisi ab eis abstineatur, non potest haberi vidualis castitas aut virginalis integritas. Neque enim ideo malum erat quod Martha faciebat, quia nisi inde abstineret soror ejus, non faceret quod melius erat: aut ideo malum est suscipere justum aut prophetam in domum suam, quia nec domum habere debet, ut quod melius est faciat, qui vult ad perfectionem Christum sequi.

CAPUT IX. — 9. Sane videndum est, alia bona nobis Deum dare, quæ propter se ipsa expetenda sunt, sicut est sapientia, salus, amicitia; alia quæ propter aliquid sunt necessaria, sicut doctrina, cibus, potus, somnus, conjugium, concubitus. Horum enim quædam necessaria sunt propter sapientiam, sicut doctrina; quædam propter salutem, sicut cibus, et potus, et somnus, quædam propter amicitiam, sicut nuptiæ vel concubitus: hinc enim subsistit propagatio generis humani, in quo societas amicalis magnum bonum est. His itaque bonis quæ propter aliud necessaria sunt, qui non ad hoc utitur propter quod instituta sunt, peccat, alias venialiter, alias damnabiliter. Quisquis vero eis propter hoc utitur, propter quod data sunt, bene facit. Cui ergo non sunt nacessaria, si non utitur, melius facit. Proinde ista bona cum opus habemus, bene volumus: sed melius ea nolumus quam volumus; quia tunc melius nos habemus, cum ea necessaria non habemus. Ac per hoc bonum est nubere (I *Tim.*, v, 14), quia bonum est filios procreare, matrem familias esse: sed melius est non nubere, quia melius est ad ipsam humanam societatem hoc opere non egere. Ita enim jam sese habet humanum genus, ut aliis qui se non continent, non solum per nuptias occupatis, sed multis etiam per illicitos concubitus luxuriantibus, bono Creatore de malis eorum faciente quod bonum est, non desit numerositas prolis et abundantia successionis, unde sanctæ amicitiæ conquirantur. Ex quo colligitur, primis temporibus generis humani, maxime propter Dei populum propa-

et le Sauveur du monde, les saints ont dû user du bien du mariage, non désirable en lui-même, mais nécessaire pour une autre fin. Mais comme aujourd'hui la terre entière fournit une grande quantité d'hommes spirituels, pour former une société sainte et parfaite, on peut conseiller à ceux qui veulent se marier, même dans l'unique et légitime but d'avoir des enfants, de préférer la continence, comme un bien beaucoup plus grand et plus élevé que le mariage.

Chapitre X. — 10. Je sais qu'il y a des hommes qui ne sont pas de cet avis et qui disent : Qu'arriverait-il, si tous les hommes voulaient s'abstenir du mariage ? Comment pourrait subsister le genre humain ? Plût à Dieu que tous le voulussent, « mais par la charité qui vient d'un cœur pur, d'une bonne conscience, et d'une foi sincère. » (I *Timothée*, I, 5.) La cité de Dieu n'en serait que plus vite remplie, et plus vite aussi arriverait la fin des siècles. N'est-ce pas là, en effet, ce que l'Apôtre semble nous exhorter à faire quand il dit : « Je voudrais que tous fussent comme moi, » et dans ce passage : (I *Cor.*, VII, 7, 29-35) « Voici donc, mes frères ce que je vous dis, le temps est court. Ainsi que ceux qui ont des femmes soient comme s'ils n'en avaient pas, et ceux qui pleurent comme s'ils ne pleuraient pas ; ceux qui se réjouissent comme s'ils ne se réjouissaient pas ; ceux qui achètent comme s'ils n'achetaient pas ; ceux qui usent de ce monde comme s'ils n'en usaient pas. Car la figure de ce monde passe, et je voudrais vous voir dégagés de tous soins et de toute sollicitude. » « Celui qui n'est pas marié (I *Cor.*, VII, 32, 33, 34), ajoute-t-il, s'occupe des choses qui regardent le Seigneur, cherchant à plaire au Seigneur, mais celui qui est marié s'occupe des choses du monde, cherchant à plaire à sa femme. Il y a cette différence entre la femme mariée et la vierge : celle qui n'est pas mariée s'occupe des choses du Seigneur pour être sainte d'esprit et de corps ; mais celle qui est mariée, s'occupe des choses du monde pour plaire à son mari. » Ces paroles de saint Paul, me font croire que dans le temps où nous sommes, il n'y a que ceux qui ne peuvent pas garder la continence qui doivent se marier, suivant cet avis du même Apôtre : « Que ceux qui ne peuvent pas garder la continence se marient, car il vaut mieux se marier que brûler. » (I *Cor.*, VII, 9.)

11. Ce n'est pas toutefois pour eux un péché que le mariage, qui, contracté pour éviter la fornication, serait sans doute un péché moins grand que la fornication, mais qui cependant serait encore un péché. Que répondre cependant à ces paroles si claires de l'Apôtre : « Qu'un

---

gandum, per quem et prophetaretur et nasceretur Princeps et Salvator omnium populorum, uti debuisse sanctos isto, non propter se expectendo, sed propter aliud necessario bono nuptiarum : nunc vero cum ad ineundam sanctam et sinceram societatem undique ex omnibus gentibus copia spiritalis cognationis exuberet, etiam propter solos filios connubia copulare cupientes, ut ampliore continentiæ bono potius utantur admonendi sunt.

Caput X. — 10. Sed novi qui murmurant : Quid si, inquiunt, omnes homines velint ab omni concubitu continere ; unde subsistet genus humanum ? Utinam omnes hoc vellent, dumtaxat in caritate de corde puro et conscientia bona et fide non ficta (I *Tim.*, I, 5) : multo citius Dei civitas compleretur, et accelereretur terminus sæculi. Quid enim aliud hortari apparet Apostolum, ubi ait, cum inde loqueretur (I *Cor.*, VII, 7) : « Vellem omnes esse sicut me ipsum ? » Aut illo loco (*Ibid.*, 29, etc.) : « Hoc autem dico, fratres, tempus breve est, reliquum est ut et hi qui habent uxores tanquam non habentes sint, et qui flent tanquam non flentes, et qui gaudent tanquam non gaudentes, et qui emunt tanquam non ementes, et qui utuntur hoc mundo tanquam non utantur. Præterit enim figura hujus mundi : volo vos sine sollicitudine esse. » Deinde subjungit : « Qui sine uxore est, cogitat ea quæ sunt Domini, quomodo placeat Domino. Qui autem matrimonio conjunctus est, cogitat quæ sunt mundi, quomodo placeat uxori. Et divisa est mulier (a) innupta et virgo : quæ innupta est, sollicita est ea quæ sunt Domini, ut sit sancta et corpore et spiritu : quæ autem nupta est, sollicita est quæ sunt mundi, quomodo placeat viro. » Unde mihi videtur hoc tempore solos eos qui se non continent, conjugari oportere, secundum illam ejusdem Apostoli sententiam : « Quod si se non continent, nubant ; melius est enim nubere quam uri. »

11. Nec ipsæ tamen peccatum sunt nuptiæ, quæ si in comparatione fornicationis eligerentur, minus peccatum essent quam fornicatio, sed tamen peccatum essent. Nunc autem quid dicturi sumus adversus evi-

---

(a) Lectio hæc est omnium fere veterum Mss. explicata ab Augustino in libro de sancta Virginitate, cap. XXII, et in libro de bono Viduitatis, cap. II, quæ quidem hic in ante editis male emendata fuerat hunc in modum : *Et divisa est mulier nupta, et virgo quæ innupta est.* In isto loco Apostoli dissonantiam codicum Latinorum notavit Hieronymus in lib. I, contra Jovinianum.

homme fasse ce qu'il voudra, il ne pèche pas si sa fille se marie, » (I *Cor.*, VII, 36) et à celles qui suivent : « Si vous épousez une femme, vous ne péchez pas, et si une fille se marie, elle ne pèche pas non plus. » (*Ibid.*, VII, 28.) On peut donc conclure de là, que le mariage n'est pas un péché. Ce n'est donc pas le mariage que l'Apôtre permet seulement comme une chose qu'il pardonne, car pourrait-on dire sans extravagance qu'une chose qui a besoin de pardon n'est pas un péché? Mais ce qu'il permet, tout en le pardonnant, c'est ce commerce que les époux ont ensemble, simplement par passion, et non pas seulement pour avoir des enfants, et même parfois sans penser nullement à en avoir. Le mariage ne nécessite pas, mais excuse le devoir conjugal accompli dans ces conditions ; pourvu toutefois que ce dernier ne nuise point au temps réservé pour la prière, et ne dégénère pas dans un usage contraire à la nature, sur lequel l'Apôtre n'a pu garder le silence (*Rom.*, I, 26), en parlant de la corruption et de l'impiété de ces hommes impurs. Le commerce que les époux ont entre eux en vue d'avoir des enfants n'a rien de blâmable, et c'est le seul qui convienne au mariage, mais quand on le porte au delà de cette nécessité, on n'obéit plus à la raison mais à la concupiscence. Que si l'un des deux époux ne l'exige pas, mais se rend au désir de l'autre, dans la crainte qu'un refus ne le jette dans la fornication, il accomplit seulement un devoir conjugal ; mais si tous les deux se laissent aller à une passion désordonnée, de pareils excès n'appartiennent plus au mariage. Cependant si dans le commerce qu'ils ont ensemble, ils préfèrent ce qui est honnête à ce qui ne l'est pas, c'est-à-dire ce qui est du mariage à ce qui n'en est point, ils sont excusables selon l'avis même de l'Apôtre. Cet appel aux plaisirs de la chair ne vient pas du mariage qui, au contraire, leur en fait obtenir le pardon, pourvu qu'ils ne détournent pas d'eux la miséricorde divine, soit en ne s'abstenant pas de tout commerce charnel, pendant certains jours consacrés à la prière, afin de rendre par cette abstinence, comme par des jeûnes, leurs prières plus pures et plus agréables au Seigneur, soit en changeant « l'usage conforme à la loi naturelle en celui qui est contre la nature, » (*Rom.*, I, 26) crime horrible en lui-même, mais plus damnable encore dans le mariage.

CHAPITRE XI. — 12. Lorsque cet usage permis par la nature va au delà de ce qui convient, c'est-à-dire au delà de ce qui est nécessaire pour avoir des enfants, c'est un péché véniel quand il est commis entre époux, et condamnable lorsqu'un homme l'accomplit avec une prostituée. Mais l'usage que l'on fait du plaisir des sens, contre les lois de la nature, est exécrable quand on le satisfait avec une femme débauchée, et l'est bien

---

dentissimam vocem Apostoli dicentis (1 *Cor.*, VI, 36): « Quod vult faciat; non peccat, si nubat. » Et : « Si acceperis uxorem, non peccasti ; et si nupserit virgo, non peccat. » (*Ibid.*, 28.) Hinc certe jam dubitare fas non est, nuptias non esse peccatum. Non itaque nuptias secundum veniam concedit Apostolus : nam quis ambigat absurdissime dici, non eos peccasse quibus venia datur? Sed illum concubitum secundum veniam concedit, qui sit per incontinentiam, non sola causa procreandi, et aliquando nulla causa procreandi ; quem nuptiæ non fieri cogunt, sed ignosci impetrant : si tamen non ita sit nimius, ut impediat quæ seposita esse debent tempora orandi, nec immutetur in eum usum qui est contra naturam, de quo Apostolus tacere non potuit (*Rom.*, I, 26), cum de corruptelis nimiis immundorum et impiorum hominum loqueretur. Concubitus enim necessarius causa generandi, inculpabilis et solus ipse nuptialis est. Ille autem qui ultra istam necessitatem progreditur, jam non rationi, sed libidini obsequitur. Et hunc tamen non exigere, sed reddere conjugi, ne forni- cando damnabiliter peccet, ad personam pertinet conjugalem. (IV *Sent.*, dist. 31, cap. *Sed si.*) Si autem ambo tali concupiscentiæ subiguntur, rem faciunt non plane nuptiarum. Veruntamen si magis in sua conjunctione diligunt quod honestum, quam quod inhonestum est, id est, quod est nuptiarum, quam id quod non est nuptiarum, hoc eis auctore Apostolo secundum veniam conceditur : cujus delicti non habent hortatrices nuptias, sed deprecatrices, si Dei misericordiam ad se avertant, vel non abstinendo quibusdam diebus ut orationibus vacent, et per hanc abstinentiam sicut per jejunia commendent preces suas, vel immutando naturalem usum in eum usum qui est contra naturam, quod damnabilius fit in conjuge.

CAPUT XI.— 12. Nam cum ille naturalis usus, quando prolabitur ultra pacta nuptialia, id est, ultra propagandi necessitatem, venialis sit in uxore, in meretrice damnabilis ; iste qui est contra naturam, exsecrabiliter fit in meretrice, sed exsecrabilius in uxore. Tantum valet ordinatio Creatoris et ordo creaturæ,

plus lorsqu'on s'y abandonne avec son épouse. L'ordre établi par le Créateur, et qui doit être gardé par la créature, a tant de force, que dans les choses dont l'usage est permis, on est plus excusable quand on en dépasse les justes bornes, que lorsqu'on les transgresse soit rarement, soit une seule fois dans les choses qui sont défendues. C'est pourquoi il est dans les choses permises et pardonnables d'user immodérément des droits du mariage, afin de ne pas tomber, par l'ardeur des sens, dans celles qui sont défendues. C'est pour la même raison qu'un homme pèche moins par un commerce fréquent et assidu avec sa propre femme, que s'il tombait même rarement dans la fornication. Mais lorsqu'un homme veut user de sa femme d'une manière contraire aux lois de la nature, il est plus honteux pour une femme de souffrir l'accomplissement d'un tel crime sur sa propre personne, que de le laisser commettre sur une autre. L'honneur du lien conjugal consiste donc dans la chaste et légitime génération des enfants, et dans l'accomplissement des devoirs que les époux se doivent mutuellement. Tel est le but du mariage, et c'est par là que l'Apôtre le déclare exempt de toute faute, quand il dit : « Si vous prenez une femme, vous ne péchez pas ; si une vierge se marie, elle ne pèche pas. Que l'homme fasse donc comme il le veut, il ne pèche pas en se mariant. » (I *Cor.*, VII, 28.) Quant aux exigences immodérées des devoirs conjugaux qu'un sexe peut réclamer de l'autre, c'est une chose digne de pardon, pour les raisons que j'ai rapportées.

13. Lorsque saint Paul dit : « Celle qui n'est pas mariée s'occupe des choses du Seigneur, afin d'être sainte d'esprit et de corps, » (1 *Cor.*, VII, 36) il ne faut pas comprendre ces paroles dans le sens qu'une chaste épouse chrétienne n'est pas sainte, car c'est à tous les fidèles que l'Apôtre s'adresse en disant : « Ne savez-vous pas que votre corps est le temple du Saint-Esprit qui habite en vous, et qui vous a été donné par Dieu ? » (I *Cor.*, VI, 19.) Ils sont donc saints les corps même de ceux qui sont mariés, et qui gardent religieusement la foi qu'ils doivent à Dieu et à eux-mêmes. Cette sainteté ne souffre aucune atteinte, ni de l'infidélité d'un époux envers sa femme, dont la sainteté au contraire peut servir au salut de son mari infidèle, comme la sainteté du mari, loin d'être altérée par l'infidélité de son épouse, peut servir au salut de sa femme infidèle. L'Apôtre le déclare formellement quand il dit (I *Cor.*, VII, 14) : « Le mari infidèle est sanctifié par la femme fidèle, et la femme infidèle est sanctifiée par le mari fidèle. » (1) Ces paroles signifient donc simplement que la sainteté des femmes qui ne sont pas mariées est plus grande que celle des fem-

(1) Les éditions portent *in uxore fideli*, et plus bas *in fratre fideli* ; l'expression *fideli* manque dans les manuscrits, et dans le texte grec de l'Apôtre ; saint Augustin l'omet aussi ordinairement, comme on le voit au livre 1er, ch. XVI, touchant discours du Seigneur sur la montagne.

---

ut in rebus ad utendum concessis, etiam cum modus exceditur, longe sit tolerabilius, quam in (a) eis quæ concessa non sunt, vel unus vel rarus excessus. Et ideo in re concessa immoderatio conjugis, ne in rem non concessam libido prorumpat, toleranda est. Hinc est etiam quod longe minus peccat quamlibet assiduus ad uxorem, quam vel rarissimus ad fornicationem. Cum vero vir membris mulieris non ad hoc concesso uti voluerit, turpior est uxor si in se, quam si in alia fieri permiserit. Decus ergo conjugale est castitas procreandi, et reddendi carnalis debiti fides (IV *Sent.*, dist. 31, cap. *Sed si*) : hoc est opus nuptiarum, hoc ab omni crimine defendit Apostolus dicendo (I *Cor.*, VII, 28) : « Et si acceperis uxorem, non peccasti : et si nupserit virgo, non peccat. » Et (*Ibid.*, 36) : « Quod vult faciat ; non peccat, si nubat. » Exigendi autem debiti ab alterutro sexu immoderatior progressio, propter illa quæ supra dixit, conjugibus secundum veniam conceditur.

13. Quod ergo ait : « Quæ inupta est, cogitat ea quæ sunt Domini, ut sit sancta et corpore et spiritu, » (*Ibid.*, 34) non sic accipiendum est, ut putemus non esse sanctam corpore Christianam conjugem castam. Omnibus quippe fidelibus dictum est : « Nescitis quia corpora vestra templum in vobis est Spiritus sancti, quem habetis a Deo. » (I *Cor.*, VI, 19.) Sancta sunt ergo etiam corpora conjugatorum, fidem sibi et Domino servantium. Cui sanctitati cujuslibet eorum, nec infidelem conjugem obsistere, sed potius sanctitatem uxoris prodesse infideli viro, aut sanctitatem viri prodesse infideli uxori, idem Apostolus testis est, dicens (I *Cor.*, VII, 14) : « Sanctificatus est enim vir infidelis in uxore, et sanctificata est mulier infidelis in fratre. » Proinde illud dictum est secundum ampliorem sanctitatem innuptarum quam nuptarum, cui merces etiam debetur amplior secundum

(a) Mss. *in ea*.

mes qui le sont, et qu'elles ont droit à une plus glorieuse récompense, parce que cet état est pour elles un bien beaucoup plus grand que l'autre, « puisqu'elles ne pensent qu'à ce qui peut plaire au Seigneur. » Ce n'est pas toutefois qu'une femme fidèle, qui garde la chasteté dans les liens du mariage, ne pense pas aussi à ce qui peut plaire au Seigneur ; seulement elle y pense moins, parce qu'elle s'occupe en même temps des choses du monde et des moyens de plaire à son mari. Tout ce que l'Apôtre a voulu dire d'elles, c'est que, comme une conséquence des liens du mariage, elles sont obligées de penser aux choses du monde et aux moyens de plaire à leurs maris.

CHAPITRE XII. — 14. On doute avec raison, si saint Paul a voulu appliquer ces paroles à toutes les femmes mariées, ou seulement à cette sorte de femmes qui sont en si grand nombre qu'on peut les ranger toutes dans la même classe. Car ce qu'il dit de celles qui ne sont pas engagées dans les liens du mariage : « Que celle qui n'est pas mariée s'occupe des choses qui concernent le Seigneur, afin d'être sainte d'esprit et de corps, » (I *Cor.*, VII, 34) ne s'applique pas non plus à toutes celles qui ne sont pas mariées, puisque selon le même Apôtre : « Il y a des veuves qui, vivant dans les délices, sont mortes quoique vivantes. » (I *Tim.*, v, 6.) Cependant puisqu'il s'agit d'établir une différence entre les femmes mariées et celles qui ne le sont pas, et de marquer ce qui caractérise les unes et les autres, nous dirons : de même qu'on doit détester celle qui, renonçant au mariage, c'est-à-dire à une chose permise, ne s'abstient pas de pécher, soit par orgueil, soit par luxure, soit par curiosité, soit par excès de langue ; de même il est bien rare de trouver une femme mariée qui, au milieu des obligations que lui impose le mariage, ne pense qu'au moyen de plaire au Seigneur, « en prenant pour ornement la pudeur et la modestie, comme il convient à des femmes qui font profession de servir Dieu par leurs bonnes œuvres, et non en se parant avec des cheveux frisés, de l'or, des pierres précieuses et des vêtements somptueux. » (I *Tim.*, II, 9, 10.) C'est aussi des mariages de cette sorte que parle l'apôtre saint Pierre quand il donne ces préceptes aux femmes mariées (I *Pierre*, III, 1 et suiv.) : « Et vous aussi, femmes, soyez soumises à vos maris, afin que s'il y en a qui ne croient pas à la parole, ils soient gagnés, même sans la parole, par la conduite de leurs femmes, lorsqu'ils verront la pureté dans laquelle vous vivez, et le respect craintif que vous aurez pour eux. Que votre parure ne consiste pas au dehors dans la frisure de vos cheveux, dans des ornements d'or et des étoffes somptueuses, mais que votre parure soit celle de l'homme intérieur vivant au fond de son cœur, c'est-à-dire la pureté incorruptible d'un esprit doux et paisible. Voilà l'ornement le plus précieux aux yeux du Seigneur, car c'est ainsi

quod isto bono illud est melius; quia et hoc solum cogitat, quomodo placeat Domino. Neque enim femina fidelis, servans pudicitiam conjugalem, non cogitat quomodo placeat Domino, sed utique minus; quia cogitat etiam quæ sunt mundi, quomodo placeat viro. Hoc enim de illis dicere voluit, (*a*) quod possunt habere quodam modo de necessitate connubii, ut cogitent quæ sunt mundi, quomodo placeant viris suis.

CAPUT XII. — 14. Quod utrum de omnibus nuptis dixerit, an de talibus quales ita multæ sunt, ut pene omnes putari possint, non immerito dubitatur. Neque enim et illud quod de innuptis ait : « Quæ innupta est, cogitat ea quæ sunt Domini, ut sit sancta et corpore et spiritu, » (I *Cor.*, VII, 34) ad omnes innuptas pertinet ; cum sint quædam viduæ mortuæ, quæ in deliciis vivunt. (I *Tim.*, v, 6.) Verumtamen quod attinet ad quamdam distinctionem et quasi proprietatem innuptarum atque nuptarum, sicut nimium detestanda est, quæ continens a nuptiis, id est, a re concessa, non continet a delictis, vel luxuriæ, vel superbiæ, vel curiositatis et verbositatis : ita rara nupta est, quæ in ipso quoque obsequio conjugali non cogitat nisi quomodo placeat Deo (I *Cor.*, VII, 32), ornando se, non intortis crinibus, aut auro et margaritis et veste pretiosa, sed quod decet mulieres promittentes pietatem per bonam conversationem. (I *Tim.*, II, 9, 10.) Talia quippe conjugia Petrus quoque apostolus præcipiendo describit : « Similiter, inquit (I *Pet.*, III, 1, etc.), mulieres obaudientes maritis suis; ut et si qui non credunt verbo, per mulierum conversationem sine loquela lucrifieri possint, videntes timorem et castam conversationem vestram : ut sint non quæ a foris ornantur capillorum incrispationibus, aut circumdatæ auro, aut veste decora ; sed ille absconditus cordis (*b*) vestri homo in illa perpetuitate quieti et modesti spiritus, qui et apud Dominum locuples est. Nam sic quædam sanctæ

(*a*) Sic Mss. Editi vero, *quæ.* — (*b*) Sola editio Lov. *nostri.*

que se paraient autrefois les saintes femmes qui espéraient en Dieu, et qui étaient soumises à leurs maris, comme Sara qui obéissait à Abraham, et l'appelait son seigneur ; Sara dont vous êtes devenues les filles, en faisant le bien et en ne vous laissant abattre par aucune crainte. Vous aussi, maris, vivez en paix et sagement avec vos femmes ; traitez-les avec honneur et circonspection, comme des vases fragiles, car elles hériteront comme vous de la grâce qui donne la vie, et prenez garde que vos prières ne soient interrompues. » Peut-on dire que ceux qui suivent ces préceptes dans le mariage, « ne s'occupent pas des choses du Seigneur et des moyens de lui plaire ? » (I *Cor.*, VII, 32.) Cependant on ne peut nier qu'ils ne soient bien rares, et que dans ce petit nombre même, ceux qui leur ressemblent, ne se sont pas mariés pour devenir tels, mais ne le sont devenus qu'après leur mariage.

CHAPITRE XIII. — 15. Quels sont les chrétiens de nos jours qui, libres des liens du mariage, et pouvant s'abstenir de tout commerce charnel, puisque le temps (*Eccl.*, III, 5) non-seulement de ne pas embrasser, » pour me servir des termes de l'Ecriture, » mais encore de s'abstenir de tout embrassement, » est arrivé pour eux, ne préféreraient pas garder l'état de continence dans la virginité ou le veuvage, plutôt que de s'exposer à toutes les tribulations de la chair inséparables du mariage, (sans compter les autres que l'Apôtre par ses conseils a voulu leur épargner) (I *Cor.*, VII, 28), lorsqu'ils n'y sont plus astreints par aucun devoir envers la société humaine ? Mais comme c'est la concupiscence qui les a jetés dans les liens du mariage, qu'ils n'ont plus la liberté de rompre, comme ils avaient celle de ne les pas contracter, s'ils peuvent ensuite triompher des mouvements de la chair, ils deviennent tels que le comportent les lois du mariage. Alors, ou les deux époux d'un commun accord parviendront à un degré plus élevé de sainteté, ou si tous les deux ne sont pas dans cet état, celui qui y sera, se contentera d'accomplir envers l'autre ce que demande le commerce conjugal, sans jamais l'exiger pour lui-même, et remplira dans tout le reste les devoirs d'une chaste et religieuse union. Mais dans les temps où le mystère de notre salut était encore caché sous le voile des sacrements prophétiques, ceux mêmes qui étaient tels avant le mariage, s'y engageaient cependant afin d'avoir des enfants, poussés qu'ils y étaient, non par des désirs charnels, mais par une pure et sincère piété. S'ils avaient eu la liberté de choisir ce que l'Evangile offre à tous depuis la révélation du Nouveau Testament, où le Seigneur dit à ses disciples (*Matth.*, XIX, 2) : « Que celui qui peut comprendre le comprenne, » (1) on ne doutera pas que les saints de

---

(1) Cette parole du Seigneur, rapportée par saint Matthieu, ch. XIX, verset 14, a trait à la réponse que le Christ fit à ses apôtres qui lui disaient (v. 10) : « Si telle est la condition de l'homme avec la femme, il ne convient pas de se marier, » à quoi le Seigneur, en leur disant de quelles manières différentes les hommes deviennent stériles, répondit : « Que celui qui peut comprendre ceci, le comprenne. » Qui potest capere capiat.

---

mulieres quæ in Dominum sperabant, ornabant se, obsequentes viris suis; quomodo Sara obaudiebat Abrahæ, Dominum illum vocans; cujus factæ estis filiæ benefacientes, et non timentes ullum vanum timorem. Viri simili ratione concordes et castæ viventes cum uxoribus vestris, et tanquam vasi infirmiori et subjecto tribuite honorem, quasi cohæredibus gratiæ, (*a*) et videte ne impediantur orationes vestræ. » Itane vero conjugia talia non cogitant ea quæ sunt Domini, quomodo placeant Domino ? Sed perrara sunt. Quis negat ? et in ipsa raritate pene omnes qui tales sunt, non ut tales essent conjuncti sunt, sed jam conjuncti tales facti sunt.

CAPUT XIII. — 15. Qui enim nostri temporis homines Christiani nuptiarum vinculo liberi valentes ab omni concubitu se continere, cum jam «tempus» esse perspicerent (*Eccle.*, III, 5), sicut scriptum est, « non amplectendi, sed abstinendi ab amplexu, » non potius eligerent vel virginalem vel vidualem continentiam conservare, quam tribulationem carnis, sinequa conjugia esse non possunt, (ut alia taceantur a quibus parcit Apostolus (I *Cor.*, VII, 28) nullo jam cogente humanæ societatis officio sustinere ? Sed cum dominante concupiscentia fuerint copulati, si eam postea vicerint, quia non ita licet dissolvere conjugium, sicut licebat non colligare. fiunt tales quales profitetur forma nuptiarum ; ita ut vel pari consensu ascendant celsiorem sanctitatis gradum, aut si non ambo sunt tales, erit qui talis est non exactor, sed redditor debiti, servans in omnibus castam religiosamque concordiam. Illis vero temporibus, cum adhuc propheticis sacramentis salutis nostræ mysterium velabatur, etiam qui ante nuptias tales erant, officio propagandi nuptias copulabant, non victi libidine, sed ducti pietate : quibus si optio talis daretur, qualis revelato Novo Testamento data est, dicente

---

(*a*) Non sic Vulgata in sacris Bibliis, sed habet, *cohæredibus gratiæ vitæ, ne impediantur orationes vestræ.*

l'ancienne alliance n'eussent embrassé avec joie la continence, si on considère avec attention, en lisant l'Ecriture, de quelle manière ils usaient de leurs femmes, lors même qu'il était permis à un homme d'en avoir plusieurs. Ils vivaient avec elles plus chastement que ne le font avec une seule, ceux qui tombent dans ces excès d'incontinence, que l'Apôtre tolère en eux comme un péché digne de pardon. (I *Cor*., VII, 6.) En effet, ces saints ne se mariaient qu'en vue d'avoir des enfants, et non pour satisfaire les passions de la chair, « comme les païens qui ne connaissent pas Dieu. » (I *Thess*., IV, 5.) C'est une vertu si grande, qu'il est plus facile à beaucoup d'hommes de s'abstenir, durant leur vie entière, de tout commerce charnel, que de s'approcher de leur femme, s'ils étaient mariés, uniquement en vue d'avoir des enfants. Nous avons beaucoup de nos frères cohéritiers avec nous de la céleste patrie, appartenant à l'un et à l'autre sexe, vivent dans la continence, soient qu'ils aient été mariés, soit qu'ils aient toujours gardé leur virginité, et le nombre de ces frères est considérable; cependant en avons-nous jamais entendu un seul de ceux qui sont mariés ou qui l'ont été, nous avouer dans une conversation familière, qu'ils n'ont eu de commerce avec leurs femmes que dans l'espoir d'en avoir des enfants? Les préceptes, que les apôtres donnent à ceux qui sont mariés, concernent donc le mariage même. Ce qu'ils tolèrent en eux, comme une chose digne de pardon, ou ce qui les rend incapables de prier, n'est pas une obligation, mais une tolérance dans le mariage.

CHAPITRE XIV. — 16. C'est pourquoi s'il arrivait, et j'ignore si cela peut se faire, je crois plutôt que cela ne se peut pas, mais enfin s'il arrivait qu'un homme eût pris quelque temps une concubine dans le seul but d'en avoir des enfants, cette union ne devrait pas être préférée aux mariages de ceux qui commettent des choses que l'Apôtre juge dignes de pardon. Il faut, en effet, considérer ce que le mariage est en lui-même, et non les actes de ceux qui sont mariés et qui usent avec excès du mariage. Car enfin un homme qui se serait emparé contre tout droit et toute justice de la propriété d'un autre, aurait beau en faire un bon usage en consacrant le revenu de ses terres à de larges et abondantes aumônes, cela ne justifierait pas son vol : comme on ne pourrait pas non plus accuser le droit civil, qui aurait mis en possession d'un bien paternel et légitimement acquis un avare qui n'en ferait pas un usage charitable. De même l'injuste usurpation du pouvoir par un tyran n'en serait pas plus louable, parce qu'il traiterait ses sujets avec la clémence d'un bon roi, comme il ne faudrait pas non plus imputer au pouvoir royal lui-même, la cruauté d'un roi qui traiterait son peuple en tyran. Autre chose est, en effet, d'user justement d'un pouvoir que l'on possède d'une manière illégitime, autre

---

Domino : « Qui potest capere capiat; » (*Matth*., XIX, 2) non eos dubitat etiam cum gaudio suscepturos fuisse, qui diligenter intentus legit quomodo conjugibus utebantur, cum et plures habere uni viro licebat, quas castius habebat quam nunc unam quilibet istorum, quibus videmus quid secundum veniam concedat Apostolus. (I *Cor*., VII, 6.) Habebant enim eas in tempore generandi, non in morbo desiderii sicut gentes quæ ignorant Deum. (I *Thess*., IV, 5.) Quod tam magnum est, ut multi hodie facilius se tota vita ab omni concubitu abstineant, quam modum teneant non coeundi, nisi prolis causa, si matrimonio copulentur. Nempe multos habemus fratres et socios cœlestis hæreditatis utriusque sexus continentes sive expertos nuptias, sive ab omni tali commixtione integros, nempe innumerabiles sunt : quem tandem audivimus inter familiaria colloquia, sive eorum qui conjugati sunt, sive qui fuerunt, indicantem nobis nunquam se conjugi esse commixtum, nisi sperando conceptum? Quod ergo præcipiunt conjugatis Apostoli, hoc est nuptiarum : quod autem venialiter concedunt, aut quod impedit orationes, non cogunt nuptiæ, sed ferunt.

CAPUT XIV. — 16. Itaque si forte, quod utrum fieri possit ignoro, magisque fieri non posse existimo; sed tamen si forte ad tempus adhibita concubina filios solos ex eadem commixtione quæsiverit : nec sic ista conjunctio vel earum nuptiis præponenda est, quæ veniale illud operantur. Quid enim sit nuptiarum, considerandum est, non quid sit nubentium et immoderatius nuptiis utentium. Neque enim si agris inique ac perperam invasis ita quisque utatur, ut ex eorum fructibus largas eleemosynas faciat, ideo rapinam justificat : neque si alius ruri paterno vel juste quæsito avarus incumbat, ideo culpanda est juris civilis regula, qua possessor legitimus factus est. Nec tyrannicæ factionis perversitas laudabilis erit, si regia clementia tyrannus subditos tractet; nec vituperabilis ordo regiæ potestatis, si rex crudelitate tyrannica sæviat. Aliud est namque injusta

chose est d'user injustement d'un pouvoir auquel on a des droits légitimes. Ainsi le concubinage auquel on se livrerait pendant quelque temps, même dans le but et l'espoir d'en avoir des enfants, ne rendrait pas pour cela ce commerce juste et permis, comme ce n'est pas non plus à l'ordre du mariage lui-même que l'on doit imputer les excès charnels auxquels les époux peuvent se livrer entre eux.

17. Du reste, il est hors de doute que des personnes, qui auraient vécu ensemble dans un commerce illégitime, peuvent ensuite s'unir entre elles par le mariage, en le contractant toutefois avec la volonté de mener ensemble une vie honnête et régulière.

CHAPITRE XV. — Mais une fois le mariage contracté dans l'Eglise, qui est la cité de Dieu et où il reçoit comme un cachet sacramentel, en mémoire de nos premiers parents, il ne peut sous aucun prétexte être dissous, si ce n'est par la mort de l'un des conjoints. Ce lien ne saurait être rompu pour cause de stérilité, quand bien même les époux, qui se seraient mariés en vue d'avoir des enfants, n'auraient pas atteint leur but. Ainsi, malgré la conviction des époux qu'aucun enfant ne naîtra de leur union, il ne leur est pas permis de se séparer et de contracter un nouveau mariage, même pour avoir des descendants ; autrement ils commettraient un adultère avec ceux auxquels ils se seraient unis, et n'en resteraient pas moins eux-mêmes époux comme auparavant. Du temps de nos pères, un mari, sur le consentement de sa femme, pouvait en prendre une autre pour en avoir des enfants qui leur seraient communs, au mari, par droit de paternité, à la femme par la liberté qu'elle en aurait laissée à son mari. En serait-il de même aujourd'hui ? je n'oserais l'affirmer. Le besoin d'une nombreuse génération ne se fait pas sentir de nos jours comme dans les temps anciens, où, malgré la fécondité de leurs femmes, il était permis aux maris d'en prendre encore de nouvelles, afin d'avoir par ce moyen une plus abondante postérité. Présentement cela n'est plus permis. La différence des temps influe tellement sur l'opportunité qu'il y a à faire ou à ne pas faire telle ou telle chose, que de nos jours il vaut mieux ne pas s'engager dans les liens du mariage, à moins qu'on ne puisse garder la continence. Mais alors il était permis, sans encourir aucun reproche, d'épouser plusieurs femmes, même à ceux qui pouvaient s'abstenir facilement du mariage, si la pieuse nécessité de ces temps n'en avait ordonné autrement. De même que le juste et le sage, malgré son désir de mourir pour être avec Jésus-Christ (*Philip.*, I, 23), bien suprême auquel il aspire avant tout, ne prend plus de nourriture en vue de prolonger son séjour sur cette terre, mais uniquement parce que son devoir lui commande de rester dans cette vie, autant de temps qu'il le faut pour être utile à son prochain, de même c'était le devoir et non la concupiscence qui portait les saints des anciens jours à prendre

---

potestate juste velle uti, et aliud est justa potestate injuste uti. Ita nec concubinæ ad tempus adhibitæ, si filiorum causa concumbant, justum faciunt concubinatum suum ; nec conjugatæ, si cum maritis lasciviant, nuptiali ordini crimen imponunt.

17. Posse sane fieri nuptias ex male conjunctis, honesto postea placito consequente, manifestum est. (IV *Sent.* dist. 35, cap. *Solet.*)

CAPUT XV. — Semel autem initum connubium in civitate Dei nostri, ubi etiam ex prima duorum hominum copula quoddam sacramentum nuptiæ gerunt, nullo modo potest nisi alicujus eorum morte dissolvi. Manet enim vinculum nuptiarum, etiamsi proles, cujus causa initum est, manifesta sterilitate non subsequatur : ita ut jam scientibus conjugibus non se filios habituros, separare se tamen vel ipsa causa filiorum atque aliis copulare non liceat. Quod si fecerint, cum eis quibus se copulaverint, adulterium committunt, ipsi autem conjuges manent.

Plane uxoris voluntate adhibere aliam, unde communes filii nascantur unius commixtione ac semine, alterius autem jure ac potestate, apud antiquos patres fas erat : utrum et nunc fas sit, non temere dixerim. Non est enim nunc propagandi necessitas, quæ tunc fuit, quando et parientibus conjugibus alias propter copiosiorem posteritatem superducere licebat, quod nunc certe non licet. Nam tantum affert opportunitatis ad aliquid juste agendum seu non agendum temporum secreta distinctio, ut nunc melius faciat, qui nec unam duxerit, nisi se continere non possit. Tunc autem etiam plures inculpabiliter ducebant, et qui se multo facilius continere possent, nisi aliud pietas illo tempore postularet. Sicut enim sapiens et justus, qui jam concupiscit dissolvi et esse cum Christo (IV *Sent.*, dist. 35, cap. *Quæritur*; *Philip.*, I, 23), et hoc magis optimo delectatur, jam non hic vivendi cupiditate, sed consulendi officio sumit alimentum, ut maneat in carne, quod necessarium est

plusieurs femmes, selon le droit que leur en donnait alors la loi du mariage.

Chapitre XVI. — 18. Ce que la nourriture est, en effet, pour la conservation de l'homme, le mariage l'est pour la conservation du genre humain ; et la satisfaction de ces deux besoins n'est pas sans un certain plaisir charnel, qui cependant modifié et réduit par le frein de la tempérance à ce que réclame la nature, n'a rien de blâmable ni de criminel. (Il *Retr.*, 22.) Mais ce que les mets défendus sont pour le soutien de la vie, la fornication et l'adultère le sont pour la génération des enfants. Il en est d'une nourriture défendue, prise uniquement pour contenter l'intempérance de la bouche, comme d'une union illicite contractée pour satisfaire la concupiscence de la chair, et non en vue d'avoir des enfants. Il en est enfin d'un mets permis, mais pris avec immodération, comme ce qui est dans le mariage, le commerce que l'Apôtre « souffre entre les époux comme une chose digne de pardon. » (I *Corinth.*, vii, 6.) Ainsi, de même qu'il vaut mieux mourir de faim que de manger des viandes (1) offertes aux idoles, de même il vaut mieux mourir sans enfants, que d'en avoir par des moyens illicites. Quelle que soit, du reste, la manière dont les hommes viennent au monde, pourvu qu'ils n'imitent pas les vices de leurs parents et qu'ils servent Dieu avec fidélité, ils seront honorables et n'auront rien à craindre pour leur salut, car la semence de l'homme, de quelque homme qu'elle vienne, est une créature de Dieu, qui n'a rien de mauvais en elle-même, et qui n'est pernicieuse que pour ceux qui en font un mauvais usage. Comme l'enfant vertueux, fruit de l'adultère, ne justifie pas l'adultère, de même on ne peut pas imputer au mariage la naissance d'enfants vicieux issus de parents légitimement unis. En résumé, de même que les saints de la nouvelle alliance, quoique en prenant avec un certain plaisir charnel les mets qui leur étaient nécessaires, afin de pouvoir accomplir le bien qu'ils avaient à faire, n'étaient nullement comparables ni à ceux qui goûtaient ce même plaisir en mangeant des viandes immolées aux idoles, ni à ceux qui, se nourrissant de mets permis, en usaient sans modération ; de même les saints de l'ancienne alliance qui se mariaient afin de servir, comme nous l'avons dit, le bien commun, tout en goûtant le plaisir naturel attaché au commerce conjugal, en usaient cependant avec modération, sans tomber dans les excès déréglés et criminels de la concupiscence charnelle, ne doivent pas être comparés ni à ceux qui se plongent dans la honte de l'adultère, ni à ceux qui ne gardent aucune tempérance dans le mariage. Car c'est de la même source de charité d'où doivent

---

(1) Publicola, appartenant à l'une des premières familles de l'empire romain, avait soumis à saint Augustin la question de savoir : Si un chrétien en voyage, pressé par la faim, et ne trouvant nulle part d'autre nourriture que des mets offerts aux idoles dans un lieu désert, où nul œil humain ne le verrait, pouvait manger de ces mets plutôt que de se laisser mourir de faim. Saint Augustin dans la lettre 47, n° 6, lui répond en ces termes : « Ou il est certain que cette viande a été immolée aux idoles, ou il est certain qu'elle ne l'a pas été, ou l'on ne sait ni l'un ni l'autre : Si on le sait, il convient à un fidèle chrétien de s'en abstenir, si au contraire il est positif qu'elle ne l'a pas été, ou que du moins on l'ignore, on peut en faire usage sans aucun scrupule de conscience. »

---

propter alios : sic misceri seminis jure nuptiarum officiosum fuit tunc sanctis viris, non libidinosum.

Caput XVI. — 18. Quod enim est cibus ad salutem hominis, hoc est concubitus ad salutem generis : et utrumque non est sine delectatione carnali : quæ tamen modificata, et temperantia refrenante in usum naturalem redacta, libido esse non potest. (Il *Retr.*, xii.) Quod est autem in sustentanda vita illicitus cibus, hoc est in quærenda prole fornicarius vel adulterinus concubitus. Et quod est in luxuria ventris et gutturis illicitus cibus, hoc est in libidine nullam prolem quærente illicitus concubitus. Et quod est in cibo licito nonnullis immoderatior appetitus, hoc est in conjugibus venialis ille concubitus. Sicut ergo satius est emori fame, quam idolothytis vesci : ita satius est defungi sine liberis, quam ex illicito coitu stirpem quærere. (IV *Sent.*, dist. 33, cap. Ultimo.) Undecumque autem nascantur homines, si parentum vitia non sectentur, et Deum recte colant, honesti et salvi erunt. Semen enim hominis ex qualicumque homine, Dei creatura est, et eo male utentibus male erit, non ipsum aliquando malum erit. Sicut autem filii boni adulterorum, nulla defensio est adulteriorum : sic mali conjugatorum, nullum crimen est nuptiarum. Proinde sicut patres temporis Novi Testamenti ex officio consulendi alimenta sumentes, quamvis ea cum delectatione naturali carnis acciperent, nullo modo tamen comparabantur delectationi eorum qui immolatitio vescebantur (I *Cor.*, viii, 7), aut eorum qui quamvis licitas escas, tamen immoderatius assumebant ; sic patres temporis Veteris Testamenti, consulendi officio concumbebant, quorum delectatio illa naturalis nequaquam usque ad irrationalem aut nefariam libidinem relaxata, nec

naître aujourd'hui les enfants spirituels, que devaient naître alors les enfants engendrés charnellement, pour cette Jérusalem notre mère ; mais la différence des actions de nos pères provenait uniquement de la différence des temps ; et comme il était nécessaire que les prophètes, bien qu'ils ne fussent point des hommes charnels, engendrassent charnellement, de même il était nécessaire que les apôtres se nourrissent charnellement, quoiqu'ils ne fussent pas charnels.

CHAPITRE XVII. — 19. Quelque nombreux que soient donc ceux dont l'Apôtre dit : « S'ils ne peuvent pas garder la continence, qu'ils se marient, » (I *Cor.*, VII, 9) ils ne peuvent être comparés aux saints qui se mariaient en ce temps-là. Chez toutes les nations de la terre, le mariage a le même but, celui de la génération des enfants auxquels, malgré ce qu'ils peuvent devenir dans la suite, l'institution du mariage procure le bienfait d'une naissance honnête et légitime. Aujourd'hui ceux qui ne peuvent garder la continence s'élèvent, pour ainsi dire, jusqu'au mariage par un sentiment de convenance et d'honnêteté ; tandis que les patriarches, qui sans aucun doute l'auraient gardée, si le temps où ils vivaient l'eût permis, sont en quelque sorte descendus jusqu'au mariage par un sentiment de piété. En conséquence, quoique le mariage des uns et des autres soit également bon en tant que mariage, puisqu'il a pour fin la génération des enfants ; cependant ceux qui se marient présentement, ne peuvent pas être comparés aux saints qui se mariaient alors. En effet, les premiers ont besoin qu'en considération de la sainteté du mariage, on souffre en eux (I *Cor.*, VII, 6), comme une chose digne de pardon, mais qui n'appartient pourtant pas au mariage, leur incontinence dans le commerce conjugal poussé au delà de ce qui est nécessaire pour avoir des enfants, tandis que les saints des temps anciens n'avaient pas besoin de ce pardon. Mais ceux mêmes, s'il s'en trouve par hasard quelques-uns de nos jours, qui ne cherchent dans le mariage que le but pour lequel il a été institué, ne peuvent pas être égalés aux saints des premiers temps. Dans les uns, le désir d'avoir des enfants est charnel, dans les autres, il était tout spirituel, parce qu'il se rapportait aux mystères de l'époque où ils vivaient. Aujourd'hui, tout homme d'une parfaite piété, ne veut avoir que des enfants engendrés selon l'esprit, tandis qu'alors c'était une œuvre même de piété d'en avoir selon la chair, parce que la génération de ce peuple était l'image de ce qui devait arriver un jour, et appartenait à la dispensation des événements annoncés par les prophètes.

20. C'est pour cela qu'il était permis à un homme d'avoir plusieurs femmes, et qu'il ne l'était pas à une femme d'avoir plusieurs maris,

turpidini stuprorum nec conjugatorum intemperantiæ conferenda est. Eadem quippe vena caritatis, nunc spiritaliter, tunc carnaliter propter illam matrem Jerusalem propagandi erant filii : sed diversa opera patrum non faciebat nisi diversitas temporum. Sic autem necesse erat ut carnaliter coirent, etiam non carnales Prophetæ ; sicut necesse erat ut carnaliter vescerentur, etiam non carnales Apostoli.

CAPUT XVII. — 19. Quotquot ergo nunc sunt quibus dicitur : « Si se non continent, nubant ; » (I *Cor.*, VII, 9) non comparandæ sunt tunc etiam nubentibus sanctis. Ipsæ quidem nuptiæ in omnibus gentibus eadem sunt filiorum procreandorum causa, qui qualeslibet postea fuerint, ad hoc tamen institutæ sunt nuptiæ, ut ordinate honesteque nascantur. Sed homines qui se non continent, tanquam ascendunt in nuptias gradu honestatis : qui autem se sine dubio continerent, si hoc illius temporis ratio permisisset, quodam modo descenderunt in nuptias gradu pietatis. Ac per hoc quamvis utrorumque nuptiæ in quantum nuptiæ sunt, quia procreandi causa sunt, æqualiter bonæ sint, hi tamen homines conjugati illis hominibus conjugatis non sunt comparandi. Habent enim isti quod illis propter honestatem nuptiarum, quamvis ad nuptias non pertineat, secundum veniam concedatur, id est, progressum illum qui excedit generandi necessitatem, quod illi non habebant. Sed neque hi, si qui forte nunc inveniuntur, qui non quærunt in connubio nec appetunt, nisi propter quod institutæ sunt nuptiæ, coæquari possunt illis hominibus. In istis enim carnale est ipsum desiderium filiorum ; in illis autem spiritale erat, quia sacramento illius temporis congruebat. Nunc quippe nullus pietate perfectus filios habere nisi spiritaliter quærit : tunc vero ipsius pietatis erat operatio, etiam carnaliter filios propagare ; quia illius populi generatio nuntia futurorum erat, et ad dispensationem propheticam pertinebat.

20. Ideoque non sicut uni viro etiam plures habere licebat uxores, ita uni feminæ plures viros, nec prolis ipsius causa, si forte illa parere posset, ille

même en vue d'avoir des enfants, dans le cas où elle aurait été capable de concevoir, et le mari incapable d'engendrer. En effet, par une loi secrète de la nature, les choses qui sont supérieures aiment à être seules, tandis que les choses inférieures, non-seulement sont soumises l'une à l'autre, mais encore si la raison de la nature ou de la société le permet, c'est une beauté, lorsque plusieurs sont soumises à une seule. Car de même qu'un seul serviteur n'a pas plusieurs maîtres, comme un seul maître a plusieurs serviteurs; de même nous ne lisons nulle part qu'aucune des saintes femmes ait eu deux ou plusieurs maris vivants, tandis que nous lisons souvent qu'un même homme avait eu ensemble plusieurs femmes, lorsque c'était dans les lois de cette nation ou dans les exigences de ce ce temps-là. Cela d'ailleurs n'est pas contraire à la nature du mariage, car plusieurs femmes peuvent être fécondées par un seul homme, et une seule ne peut l'être par plusieurs maris. Telle est donc la force et la vertu des choses supérieures qui commandent aux autres, qu'un homme puisse avoir plusieurs femmes (1), comme plusieurs âmes sont assujetties à un seul Dieu. Il n'y a donc qu'un seul et vrai Dieu qui puisse être l'époux des âmes, tandis qu'une seule âme peut tomber dans l'adultère en s'unissant à plusieurs faux dieux, mais alors elle restera toujours stérile.

CHAPITRE XVIII. — 21. Mais comme beaucoup d'âmes ne formeront un jour qu'une seule cité, dont tous les habitants n'auront qu'une seule âme et un seul cœur en Dieu (*Act.*, IV, 32); ce qui sera la perfection de notre unité après ce pèlerinage terrestre; et qu'alors les pensées de chacun seront manifestées à tous, sans qu'ils s'élève jamais entre eux le moindre dissentiment; c'est pour cela que de nos jours, le sacrement du mariage a été réduit à un seul mari et à une seule femme, et qu'il n'est pas permis à un évêque de conférer les ordres de la prêtrise à un homme ayant plus d'une seule femme. (*Tit.*, I, 6.) Ceux qui ont été d'avis qu'il était défendu d'ordonner celui qui en aurait épousé une seconde, lors même qu'il était païen ou catéchumène, sont entrés plus véritablement dans la pensée de l'Apôtre. En effet, il s'agit ici d'un sacrement et non d'un péché, puisque tous les péchés sont effacés par le baptême. Mais celui qui a dit : « Si vous prenez une femme, vous ne péchez pas; si une fille se marie, elle ne pèche pas. Qu'un homme fasse donc comme il voudra, il ne pèche pas en se mariant, » (1 *Cor.*, VII, 28) a fait assez voir par ses paroles, que le mariage n'est pas un péché. Mais à cause de la sainteté du sacrement, de même qu'une fille, qui aurait été souillée n'étant encore que catéchumène, ne pourrait pas, même après avoir été purifiée par les eaux du baptême, être consacrée parmi les

(1) Les éditions après *hæc est principiorum vis*, ajoutent *ut plures feminæ uni viro sint*, paroles qui ne se trouvent dans aucun manuscrit. Cependant sans ses mots, le sens de la phrase serait tellement obscur, qu'on serait toujours obligé de l'expliquer dans la traduction.

generare non posset. Occulta enim lege naturæ amant singularitatem quæ principantur : subjecta vero non solum singula singulis, sed si ratio naturalis vel socialis admittit, etiam plura uni non sine decore subduntur. Neque enim sic habet unus servus plures dominos, quomodo plures servi unum dominum. Ita duobus seu pluribus maritis vivis nullam legimus servisse sanctarum, plures autem feminas uni viro legimus (*subaud.* servisse), cum gentis illius societas sinebat, et temporis ratio suadebat : neque enim contra naturam nuptiarum est. Plures enim feminæ ab uno viro fetari possunt : una vero a pluribus non potest : (hæc est principiorum vis :) sicut multæ animæ uni Deo recte subduntur. Ideoque non est verus Deus animarum nisi unus, una vero anima per multos falsos deos fornicari potest, non fecundari.

CAPUT XVIII. — 21. Sed quoniam ex multis animis una civitas futura est habentium animam unam et cor unum in Deum (*Act.*, IV, 32; 1 *Tim.*, III, 2); quæ unitatis nostræ perfectio post hanc peregrinationem futura est, ubi omnium cogitationes nec latebunt invicem, nec inter se in aliquo repugnabunt : propterea sacramentum nuptiarum temporis nostri sic ad unum virum et unam uxorem redactum est, ut Ecclesiæ dispensatorem non liceat ordinare, nisi unius uxoris virum. (*Tit.*, I, 6.) Quod acutius intellexerunt, (*a*) qui nec eum qui catechumenus vel paganus habuerit alteram, ordinandum esse censuerunt. De sacramento enim agitur, non de peccato. Nam in baptismo peccata omnia dimittuntur. Sed qui dixit (1 *Cor.*, VII, 28) : « Si acceperis uxorem, non peccasti ; et si nupserit virgo, non peccat : » et : « Quod vult faciat, non peccat, si nubat : » satis declaravit nuptias nullum esse peccatum. Propter sacramenti autem sanctitatem, sicut femina etiamsi catechumena fuerit vitiata, non potest post baptis-

(*a*) Hoc intellexit modo Ambrosius in epist. ad Vercellensem Ecclesiam, estque olim hic sensus recepto Ecclesiæ more probatus. Attamen Hieronymus epist. ad Oceanum, acriter dureque egit contra hunc sensum. Id sibi objectum Ruffino testatur in fine libri I, contra Ruff.

vierges du Seigneur ; de même aussi on a pensé avec raison que celui qui avait épousé plus d'une femme, sans avoir pour cela commis un péché, avait du moins perdu une des conditions requises au sacrement, condition nécessaire pour recevoir le sceau de l'ordination ecclésiastique, et non pour rendre sa vie plus sainte et plus méritoire. C'est pourquoi, de même que la pluralité des femmes permise aux anciens patriarches, figuraient nos Eglises qui devaient un jour s'élever parmi toutes les nations de la terre, et se soumettre à Jésus-Christ comme à un seul époux; de même notre évêque n'ayant épousé qu'une seule femme, représente l'unité de toutes les nations soumises à un seul homme qui est Jésus-Christ. Unité toutefois, qui ne sera parfaite, « que lorsque le Seigneur aura produit à la lumière, ce qui est caché dans les ténèbres, et découvert les pensées les plus secrètes des cœurs, afin que chacun reçoive de Dieu la louange qu'il mérite. » (I *Cor.*, IV, 5.) Présentement, bien des dissensions, les unes manifestes, les autres cachées, existent encore, sans toutefois nuire à leur charité, parmi ceux qui un jour ne feront qu'un en un seul Dieu, et qui alors ne connaîtront plus ce qui les divise ici-bas. Comme le mariage contracté avec plusieurs femmes était, dans les temps anciens, une figure représentant la multitude des fidèles qui, dans toutes les nations de la terre, devait un jour être soumise à Dieu ; ainsi de nos jours, le sacrement du mariage, qui ne peut être conféré qu'à un seul homme et à une seule femme, est la figure de notre unité future soumise à Dieu dans une seule et même cité céleste. C'est pourquoi, de même qu'il n'a jamais été, qu'il n'est pas, et qu'il ne sera jamais permis de servir deux ou plusieurs dieux ; de même il ne sera jamais permis à une femme de se séparer de son mari vivant encore, pour en épouser un autre; car abandonner, par une criminelle apostasie, le seul et vrai Dieu, pour embrasser le culte superstitieux d'un autre, est toujours un mal qui ressemble à l'adultère. Jamais nos saints, pour avoir beaucoup d'enfants, n'ont imité Caton, ce Romain qui, de son vivant, livra sa femme à un autre, afin qu'elle peuplât de nombreux enfants la maison de cet étranger. De nos jours, dans le mariage, on attache plus d'importance à la sainteté du sacrement, qu'à la fécondité de la femme.

22. Ceux qui se marient dans la seule vue d'avoir des enfants, ce qui est la fin du mariage, ne sont donc pas comparables aux anciens patriarches, qui désiraient d'en avoir, mais dans un tout autre but. En effet, Abraham, ayant reçu de Dieu l'ordre d'immoler son fils, qu'il avait engendré dans un âge où il avait si peu d'espérance d'en avoir, aurait eu assez de courage et de dévouement envers Dieu, pour ne pas

---

mum inter Dei virgines consecrari ; ita non absurde visum est eum qui excessit uxorum numerum singularem, non peccatum aliquod commisisse, sed normam quamdam sacramenti amisisse; non ad vitæ bonæ meritum, sed ad ordinationis Ecclesiasticæ signaculum necessariam. Ac per hoc sicut plures uxores antiquorum patrum significaverunt futuras nostras ex omnibus gentibus Ecclesias uni viro subditas Christo : ita noster antistes unius uxoris vir significat ex omnibus gentibus unitatem uni viro subditam Christo : quæ tunc perficietur, cum revelaverit occulta tenebrarum, et manifestaverit cogitationes cordis, ut tunc laus sit unicuique a Deo. (I *Cor.*, IV, 5.) Nunc autem (*a*) sunt manifestæ, non latentes dissensiones, etiam salva caritate, inter eos qui unum et in uno futuri sunt : quæ tunc utique nullæ erunt. Sicut ergo sacramentum pluralium nuptiarum illius temporis significavit futuram multitudinem Deo subjectam in terrenis omnibus gentibus : sic sacramentum nuptiarum singularum nostri temporis significat unitatem omnium nostrum subjectam Deo futuram in una cœlesti civitate. Itaque sicut duobus pluribusve servire, sic a viro vivo in alterius transire connubium, nec tunc licuit, nec nunc licet, nec unquam licebit. Apostatare quippe ab uno Deo, et ire in alterius adulterinam superstitionem, semper est malum. Nec causa ergo numerosioris prolis fecerunt sancti nostri, quod Cato dicitur fecisse Romanus (CATO MINOR, *apud Plutarch.*), ut traderet vivus uxorem etiam alterius domum filiis impleturam. In nostrarum quippe nuptiis plus valet sanctitas sacramenti, quam fecunditas uteri. (IV *Sentent.*, dist. 26, cap. *Inde est.*)

22. Si ergo et illi qui propter solam generationem, propter quam sunt institutæ nuptiæ, conjunguntur, non comparantur patribus, multo aliter ipsos filios quam isti quærentibus; quando quidem filium immolare jussus Abraham, intrepidus ac devotus, quem de tanta desperatione susceperat, unico non peper-

(*a*) Sic Mss. At editi : *Nunc autem manifeste sunt latentes dissensiones.*

épargner son fils unique, si sa main n'eût été arrêtée par celui qui lui avait commandé de la lever.

Chapitre XIX. — Il nous reste à examiner si ceux qui de nos jours gardent la continence, ne pourraient pas du moins être comparés aux patriarches qui se sont mariés, à moins que peut-être on ne veuille même les préférer à ces saints, auxquels nous n'avons pas encore trouvé quelqu'un de comparable. Il y avait, en effet, dans le mariage de ces patriarches, un bien beaucoup plus grand que celui qui est attaché au mariage ordinaire, auquel on doit, sans aucun doute, préférer la vertu de continence. Ces saints ne désiraient pas d'avoir des enfants de leur mariage, dans les mêmes vues que ceux qui se marient aujourd'hui, et qui, par un sentiment de leur nature mortelle, cherchent à laisser après leur mort des enfants qui leur succèdent. Ce désir cependant est un bien, et le nier, ce serait méconnaître que Dieu est le créateur de tous les biens, depuis les biens de la terre jusqu'à ceux du ciel, depuis les biens qui sont immortels, jusqu'à ceux qui sont fragiles et périssables. Les animaux eux-mêmes ne sont pas entièrement privés de cet instinct qui les porte à engendrer, nous le remarquons surtout dans les oiseaux. Voyez, en effet, avec quels soins ils construisent leurs nids. Ne contractent-ils pas comme une espèce de mariage pour faire et pour nourrir leurs petits? Mais ces patriarches s'élevaient, avec une supériorité d'esprit bien plus sainte, au-dessus de ces mouvements d'une nature mortelle, dont cependant la chasteté jointe au culte de Dieu, est représentée, selon l'avis de quelques-uns, par ce grain qui produisait trente pour un (1). S'ils désiraient avoir des enfants de leur mariage, c'était en vue de Jésus-Christ, afin de distinguer de toutes les nations du monde, le peuple, dont le Sauveur devait naître selon la chair. Dieu avait, en effet, voulu que la prophétie la plus évidente de la venue du Christ, fût celle qui annonçait de quelle famille et de quel peuple il sortirait, pour apparaître aux hommes sous une enveloppe charnelle. Il y avait donc dans le mariage de ces saints, un bien beaucoup plus grand que dans celui de nos fidèles, quelque chastes qu'ils puissent être. C'est ce bien qu'Abraham reconnut comme étant renfermé dans sa cuisse (*Gen.*, xxiv, 2, 9), sur laquelle il ordonna au plus ancien de ses serviteurs de mettre la main, en le faisant jurer au sujet de la femme qu'il devait choisir pour son fils. Or, le serviteur, en plaçant la main sur la cuisse de son maître, et en jurant par le Dieu du ciel, marquait-il autre chose, sinon que le Dieu du ciel viendrait au monde dans une chair qui tirerait son origine de cette

(1) Dans le livre *de la sainte Virginité*, ch. xlv, saint Augustin développe ainsi ce passage, en parlant de la fécondité spirituelle des différentes conditions de la vie comparée à celle d'une bonne terre : « Les cent grains pour un, représentent l'état des vierges; les soixante pour un, celui des veuves, et les trente pour un, celui des personnes mariées. »

cit, nisi eo prohibente manum deponeret, quo jubente levaverat.

Caput XIX. — Restat ut videamus, utrum saltem continentes nostri conjugatis illis patribus comparandi sint; nisi forte jam isti præferendi sunt eis, quibus nondum quos conferamus invenimus. Majus enim bonum erat in illorum nuptiis, quam est bonum proprium nuptiarum, cui procul dubio bonum continentiæ præferendum est : quia non tali officio quærebant illi filios ex nuptiis, quali ducuntur isti, ex quodam sensu naturæ mortalis successionem decessioni (*a*) requirentis. Quod quisquis bonum negat, ignorat Deum omnium bonorum a cœlestibus usque ad terrena, ab immortalibus usque ad mortalia creatorem. Hoc autem sensu generandi nec bestiæ penitus carent, et maxime alites, quarum in promptu est cura nidificandi, et quædam conjugiorum similitudo ad simul procreandum atque nutriendum. Sed illi homines istum naturæ mortalis affectum, cujus in suo genere castitas accedente Dei cultu, sicut (*Lib. de Virginitate*, cap. 45) quidam intellexerunt, in tricenario fructu ponitur, longe sanctiore mente superabant, qui de suis nuptiis filios propter Christum quærebant, ad genus ejus secundum carnem distinguendum ab omnibus gentibus : sicut Deo disponere placuit, ut hoc præ cæteris ad eum prophetandum valeret, quod prænuntiabatur ex quo etiam genere et ex qua gente esset in carne venturus. Valde ergo nostrorum fidelium castis nuptiis amplius bonum erat, quod pater Abraham in suo femore noverat (*Gen.*, xxiv, 2), cui manum subdere famulum jussit, ut de uxore quæ a filio esset ducenda juraret. Ponens enim manum sub femore hominis, et jurans per Deum cœli, quid aliud significabat, nisi in ea carne, quæ ex illo femore originem duceret, Deum cœli esse venturum? Bonum ergo sunt nuptiæ, in quibus

(*a*) Aliquot Mss. *requirentes*.

cuisse? Le mariage est donc un bien qui rend les époux d'autant meilleurs qu'ils sont plus chastes, plus fidèles et plus remplis de la crainte de Dieu, surtout s'ils élèvent spirituellement les enfants qu'ils désirent avoir selon la chair.

Chapitre XX. — 23. La loi qui ordonne à l'homme de se purifier après le commerce qu'il a eu avec sa femme, ne prouve pas que le mariage soit un péché (*Lév.*, xv, 25), pourvu que ce ne soit pas ce commerce que l'Apôtre « permet comme une chose digne de pardon, » (I *Cor.*, vi, 6) et dont les excès empêchent de prier. Mais comme la loi avait établi dans les sacrements une foule de choses qui n'étaient que les figures de ce qui devait arriver un jour, cette matière encore informe servant à la génération et qui, lorsqu'elle est formée, doit reproduire le corps de l'homme, a été regardée par la loi comme la figure d'une vie encore grossière et sans instruction, qui ne peut être tirée de son ignorance que par la purification spirituelle de la science et de l'instruction, et c'est en signe de cela que la loi a prescrit la purification du corps, après l'accomplissement de l'acte conjugal. En effet, l'illusion qui arrive quelquefois pendant le sommeil n'est pas un péché, et cependant la loi, dans ce cas, ordonne aussi de se purifier. Si l'on prétend que cela est un péché parce que cela n'a pu arriver que par suite d'un désir charnel, ce qui est faux, il faudrait donc aussi regarder comme un péché ce que les femmes éprouvent chaque mois, et pour lesquels la loi ancienne (*Lévit.*, xv, 25) prescrit aussi la purification, mais uniquement à cause de cette matière informe que la nature ajoute après la conception, comme pour la formation et la construction du corps. C'est pourquoi lorsque cette matière coule sans aucune espèce de forme, la loi a voulu qu'elle exprimât l'état honteux d'un esprit mou et dissolu, qui ne connait encore aucune forme de discipline, comme par la purification qu'elle ordonne pour cet écoulement corporel, elle indique qu'il faut aussi former et purifier l'esprit. Enfin, est-ce un péché de mourir, et n'est-ce pas une bonne œuvre de charité que d'ensevelir un mort? Cependant la loi, dans ce cas, ordonnait encore de se purifier, (*Nom.*, xix, 11), parce que bien que ce ne soit pas un péché pour un corps d'être abandonné par le principe de vie qui l'animait, il exprime par sa mort l'état de péché où se trouve une âme abandonnée par la justice.

24. Le mariage, je le répète, est donc une bonne chose, que l'on peut défendre avec raison contre toutes les calomnies possibles. Cependant ce que je veux ici n'est pas d'examiner quel mariage, mais quelle continence on peut comparer au mariage des saints patriarches; ou plutôt, comme je ne trouve pas quel mariage je pourrais comparer avec tel autre, puisqu'ils sont tous

---

tanto meliores sunt conjugati, quanto castiores ac fideliores Deum timent, maxime si filios quos carnaliter desiderant, etiam spiritaliter nutriant.

Caput XX. — 23. Nec quod purificari lex hominem et post conjugalem concubitum jubet (*Levit.*, xv, 16), peccatum esse declarat; si non est ille qui secundum veniam conceditur, qui etiam nimius impedit orationes. Sed sicut multa lex ponit in sacramentis et umbris futurorum; quædam in semine quasi materialis informitas, quæ formata corpus hominis reddutura est, in significatione posita est vitæ informis et ineruditæ : a qua informitate quoniam oportet hominem doctrinæ forma et eruditione mundari, in hujus rei signum illa purificatio præcepta est post seminis emissionem. Neque enim et in somnis (*a*) peccato fit : et tamen etiam ibi præcepta est purificatio. (*Ibid.*) Aut si et hoc peccatum quisquam putat, non arbitrans accidere nisi ex aliquo hujusmodi desiderio, quod procul dubio falsum est : numquid et solita (*b*) menstrua peccata sunt feminarum? (*Levit.*, xv, 25) a quibus tamen eas eadem legis vetustas præcepit expiari; non nisi propter ipsam materialem informitatem, quæ facto conceptu tanquam in ædificationem corporis additur : ac per hoc cum informiter fluit, significari per illam lex voluit animum sine disciplinæ forma indecenter fluidum ac dissolutum; quem formari oportere significat, cum talem fluxum corporis jubet purificari. Postremo numquid et mori peccatum est, aut mortuum sepelire non etiam bonum opus humanitatis est? Et tamen purificatio etiam inde mandata est (*Num.*, xix, 11) : quia et mortuum corpus vita deserente, peccatum non est, sed peccatum significat animæ desertæ a justitia.

24. Bonum, inquam, sunt nuptiæ, et contra omnes calumnias possunt sana ratione defendi. Nuptiis tamen sanctorum patrum, non quas nuptias, sed quam continentiam comparem quæro : imo non nuptias nuptiis, nam par in omnibus munus est mortali ho-

---

(*a*) Sic potiores Mss. At editi, *peccatum fit.* — (*b*) Mss. *et solita mensium*, sive ut in vetustissimis scribi consuevit, *mensuum.* Hinc forte factum ut in editione Er. legeretur, *et solita menstruum.*

indistinctement un bien accordé par Dieu à la nature mortelle des hommes. Mais comme on ne peut comparer ceux qui usent maintenant du mariage avec ceux qui en ont usé autrefois d'une manière bien différente, je me contenterai d'examiner quels sont les fidèles vivant en continence que je puis comparer aux saints patriarches qui se sont mariés ; à moins qu'on ne s'imagine qu'Abraham ne pouvait pas s'abstenir du mariage pour mériter le royaume éternel, lui qui ne craignait pas, en vue de ce même royaume, de consentir à immoler le gage unique de son hymen, quoique les enfants soient ce qui nous fait le plus aimer le mariage.

Chapitre XXI. — 25. La continence est une vertu de l'esprit et non du corps ; mais les vertus de l'esprit se manifestent tantôt par des œuvres extérieures, tantôt restent cachées à l'état d'habitude. Ainsi la vertu des martyrs a éclaté et s'est manifestée par leur courage à endurer les plus cruelles souffrances, mais combien s'en trouve-t-il qui, possédant la même vertu au fond de leur cœur, n'ont pas trouvé l'occasion d'être éprouvés, afin de manifester devant les hommes ce qui n'était que sous l'œil de Dieu. En effet, il ne manquait à cette vertu déjà en eux, que les moyens de se faire connaître. Job avait déjà en lui cette patience que Dieu connaissait et à laquelle il rendit témoignage, (*Job*, I, 20), mais elle ne fut connue des hommes que lorsqu'elle fut soumise aux épreuves, qui firent éclater au grand jour ce qui était caché et existait déjà en lui avant de se manifester. Timothée avait la vertu de pouvoir s'abstenir de vin. Saint Paul ne la lui fit pas perdre (I *Tim.*, v, 23) en lui conseillant de faire un usage modéré de cette boisson, à cause de la faiblesse de son estomac et de ses fréquentes maladies ; autrement, il lui aurait donné le conseil pernicieux d'affaiblir la vertu de son âme pour la santé de son corps ; mais comme Timothée pouvait se rendre au conseil de l'Apôtre sans porter la moindre atteinte à sa vertu, le soulagement qu'il procura à son corps en prenant un peu de vin ne lui fit pas perdre l'habitude de pouvoir s'en passer. L'habitude consiste à faire une chose quand il en est besoin. Lorsqu'on ne la fait pas, ce n'est point la possibilité qui nous manque, mais la nécessité qui n'y est pas. La continence, dans ce qui concerne le mariage, n'est pas la vertu habituelle de ceux auxquels l'Apôtre dit : « Que ceux qui ne peuvent pas garder la continence se marient ; » (I *Cor.*, VII, 9) mais elle est celle des hommes auxquels il est dit : « Que celui qui peut atteindre jusque-là le fasse. » (*Matth.*, XIX, 12.) C'est ainsi que les hommes d'une vertu parfaite ont usé des biens de la terre nécessaires pour autre chose. Leur habitude de continence non-seulement ne leur

---

minum naturæ datum ; sed homines qui nuptiis utuntur, aliis hominibus qui longe aliter nuptiis usi sunt quos conferam quoniam non invenio, (*a*) quinam continentes illis conjugatis conferendi sint requirendum est. Nisi forte Abraham continere se non posset a nuptiis propter regnum cœlorum, qui unicum prolis pignus, propter quod nuptiæ caræ sunt, potuit intrepidus immolare propter regnum cœlorum. (*Gen.*, XXII, 12.)

Caput XXI. — 25. Continentia quippe, non corporis, sed animi virtus est. Virtutes autem animi aliquando in opere manifestantur, aliquando in habitu latent, sicut martyrii virtus emicuit apparuitque tolerando passiones : sed quam multi sunt in eadem virtute animi, quibus tentatio deest, qua id quod intus est in conspectu Dei, etiam in hominum procedat, nec tunc esse incipiat, sed tunc innotescat. Jam enim erat in Job patientia (*Job*, I, 20), quam noverat Deus, et cui testimonium perhibebat, sed hominibus innotuit tentationis examine ; et quod latebat intrinsecus, per ea quæ forinsecus illata sunt, non natum, sed manifestatum est. Habebat utique et Timotheus virtutem continendi a vino, quam non ei abstulit Paulus (I *Tim.*, v, 23), monendo ut vino modico uteretur propter stomachum et frequentes suas infirmitates ; alioquin perniciose docebat, ut propter salutem corporis fieret in animo damnum virtutis : sed quia poterat ea virtute salva fieri quod monebat, ita relaxata est corporis utilitas bibendi, ut maneret in animo habitus continendi. Ipse est enim habitus, quo aliquid agitur, cum opus est ; cum autem non agitur, potest agi, sed non opus est. Hunc habitum circa continentiam quæ fit a concubitu, non habent illi quibus dicitur : « Si se non continent, nubant. » (I *Cor.*, VII, 9.) Hunc vero habent quibus dicitur : « Qui potest capere capiat. » (*Matth.*, XIX, 12.) Sic usi sunt perfecti animi bonis terrenis ad aliud necessariis per hunc habitum continentiæ, quo eis non obligarentur, et quo possent eis etiam non uti, si non opus esset. Nec quisquam eis bene utitur, nisi

(*a*) Sic Mss. At editi, *quomodo continentes*.

inspirait aucun attachement pour ces biens, mais leur permettait même de n'en point user, à moins que cela ne fût nécessaire. Personne, en effet, n'use mieux des biens terrestres que celui qui sait et peut s'en passer. Il est plus facile à bien des hommes de s'abstenir de l'usage d'une chose, que de se modérer dans le bon usage qu'ils en peuvent faire. Personne cependant ne peut être assez sage pour en user comme il faut, sinon celui qui peut en user non-seulement avec continence, mais encore s'en abstenir entièrement. C'est par suite de cette habitude que saint Paul disait : « Je sais vivre dans l'abondance, mais je sais aussi souffrir la pauvreté et la faim. » (*Philip.*, IV, 12.) Souffrir la pauvreté et la faim est une chose commune à tous les hommes, mais savoir la souffrir n'appartient qu'aux grandes âmes. Chacun peut aussi vivre dans l'abondance, mais savoir vivre dans l'abondance n'appartient qu'à ceux pour qui l'abondance ne saurait être un sujet de corruption.

26. Pour mieux faire voir comment la vertu peut être habituelle, sans se manifester par des actes extérieurs, je citerai un exemple qui ne laissera à cet égard aucun doute dans l'esprit des chrétiens catholiques. Notre-Seigneur Jésus-Christ a eu faim, a eu soif, il a bu et mangé dans un véritable corps, aucun de ceux qui sont fidèles à son Evangile ne peut le contester. Croit-on pour cela qu'il n'aurait pas pu s'abstenir de toute boisson et de toute nourriture, et qu'il n'avait pas une vertu de continence aussi grande que celle de Jean-Baptiste? « En effet, Jean est venu ne mangeant ni ne buvant, et ils disent : Il est possédé du démon. Le Fils de l'homme est venu mangeant et buvant, et ils disent : Voilà un mangeur et un buveur de vin, ami des publicains et des pécheurs. » (*Matth.*, XI, 18.) Ne pourrait-on pas faire à nos pères, qui étaient ses serviteurs, un reproche semblable, quoique portant sur une autre manière d'user des biens de la terre, c'est-à-dire en ce qui concerne le mariage, et dire : voilà des hommes débauchés et impurs, aimant les femmes et le plaisir des sens? Or, de même que ce qu'on disait de Notre-Seigneur était faux, quoiqu'il fût vrai qu'il ne s'abstenait pas du boire et du manger comme saint Jean, puisqu'il dit lui-même très-clairement : « Jean est venu ne mangeant et ne buvant; le Fils de l'homme est venu buvant et mangeant. » De même ce reproche d'incontinence adressé à ces anciens patriarches est faux. De nos jours a paru l'Apôtre de Jésus-Christ n'ayant ni femme ni enfants, les païens ont dit : C'est un magicien. Dans les temps anciens vécut le Prophète du Christ, étant marié et ayant des enfants, et les Manichéens ont dit : C'était un homme adonné aux femmes. « Mais

---

qui et non uti potest. Multi quidem facilius se abstinent ut non utantur, quam temperent ut bene utantur : nemo tamen eis potest sapienter uti, nisi qui potest et continenter non uti. Ex hoc habitu et Paulus dicebat (*Philip.*, IV, 12) : « Scio et abundare et penuriam pati. » Penuriam quippe pati, quorumcumque hominum est; sed scire penuriam pati, magnorum est. Sic et abundare quis non potest? Scire autem et abundare, non nisi eorum est quos abundantia non corrumpit.

26. Verum ut apertius intelligatur, quomodo sit virtus in habitu, etiamsi non sit in opere, loquor de exemplo, de quo nullus dubitat catholicorum Christianorum. Dominus enim noster Jesus Christus, quod in veritate carnis esurierit ac sitierit, manducaverit ac biberit (*Matth.*, IV, 2), nullus ambigit eorum qui ex ejus Evangelio fideles sunt. Num igitur non erat in illo continentiæ virtus a cibo et potu, quanta erat in Joanne Baptista? « Venit enim Joannes non manducans neque bibens, et dixerunt : Dæmonium habet : venit Filius hominis et manducans et bibens, et dixerunt : Ecce vorax et (*a*) potator vini, amicus publicanorum et peccatorum. » (*Matth.*, XI, 18.) Numquid non talia dicuntur in domesticos ejus, patres nostros, ex alio genere utendi terrenis quantum ad concubitum pertinet : Ecce homines libidinosi et immundi, amatores feminarum et lasciviarum? Et tamen sicut in illo illud non erat verum; quamvis verum esset, quod non sicut Joannes abstineret a manducando et bibendo; ipse enim apertissime verissimeque ait : « Venit Joannes non manducans, neque bibens, venit Filius hominis manducans et bibens : » sic nec hoc in illis patribus verum est; quamvis venerit modo Apostolus Christi non conjugatus nec generans, quem dicant Pagani, Magus erat; venerit autem tunc Propheta Christi nuptias faciens et filios procreans, quem dicant Manichæi, Mulierosus erat : « Et justificata est, inquit, sapien-

---

(*a*) Antiquissimus Corbeiensis codex cum Bigotiano Mss. *et vinaria.* Editio Er. cum nonnullis Mss. *et vinarius :* ad marginem vero habet, *alias vinaurius;* au forte pro, *vinhaurius.*

la sagesse a été justifiée par ses enfants. » (*Matth.*, XI, 19.) C'est ainsi qu'après avoir parlé de Jean et de lui-même, Jésus-Christ ajouta : « Mais la sagesse a été justifiée par ses enfants. » On voit donc que l'âme doit toujours avoir l'habitude de la continence, quoiqu'elle ne se manifeste par des œuvres extérieures que selon l'opportunité des temps et des choses, comme la vertu de la patience des martyrs ne s'est manifestée que dans leurs œuvres, tandis que celle d'autres hommes qui les égalaient en sainteté est restée cachée dans l'habitude. C'est pourquoi le mérite de la patience dans l'apôtre Pierre, qui a subi le martyre, n'est pas plus grand que dans saint Jean, qui ne l'a pas souffert ; comme saint Jean (1), par la continence qu'il a observée, n'a pas plus de mérite qu'Abraham, qui a eu des enfants. Le célibat de l'un et le mariage de l'autre ont, selon la différence des temps, milité en faveur des desseins de Jésus-Christ. Mais la continence de Jean se manifestait dans ses œuvres, et celle d'Abraham était une vertu d'habitude.

CHAPITRE XXII. — 27. Il est donc certain que dans le temps où la loi, qui fut donnée après les patriarches, déclarait maudit celui qui ne laisserait pas d'enfants en Israël, ceux qui pouvaient garder la continence, et ne la manifestaient point par leurs œuvres, la possédaient pourtant ; mais depuis que les temps ont été accomplis et qu'il a été dit, « que celui qui peut atteindre jusque-là le fasse ; »(*Matth.*, XIX, 12) depuis ce temps, dis-je, jusqu'à nos jours, et ensuite jusqu'à la fin des siècles, celui qui a cette vertu doit la mettre en pratique, et s'il ne le fait pas, il prétendrait faussement l'avoir. C'est donc dans un esprit de vaine et criminelle subtilité, que ceux qui cherchent par leurs discours à corrompre les bonnes mœurs, disent à un chrétien gardant la continence et ne voulant pas se marier : Etes-vous donc meilleur qu'Abraham ? Que celui à qui on adresse ces paroles n'en soit pas troublé, et qu'il persiste dans sa résolution, sans oser dire toutefois : Oui, je suis meilleur qu'Abraham, car il y aurait mensonge dans ses paroles et péché dans sa conduite. Qu'il réponde : Non, je ne suis pas meilleur qu'Abraham ; mais la chasteté du célibat vaut mieux que la chasteté observée dans le mariage. Abraham manifestait l'une des deux par ses œuvres, et les possédait toutes les deux dans l'habitude de son âme. Il fut chaste dans le mariage, comme il aurait pu l'être sans se marier ; mais les temps où il vivait ne le permettaient pas. Pour moi, répondra toujours ce chrétien, il m'est plus facile de me passer du mariage, dont Abraham ne s'est point abstenu, que

---

(1) Saint Augustin se conforme ici à l'opinion de saint Jérôme qui, dans son livre premier, contre Jovinien, dit que saint Jean a toujours conservé la virginité, et que c'est pour cette raison que Jésus-Christ l'a aimé plus que tous ses autres apôtres. Le Seigneur en effet l'avait trouvé tel, lorsqu'il était encore presque enfant. Saint Jérôme le prouve en disant : « L'histoire de l'Église démontre de la manière la plus évidente que saint Jean vécut jusqu'au règne de Trajan, c'est-à-dire qu'il mourut soixante-huit ans après la passion de Notre-Seigneur. » Voyez aussi le traité de saint Augustin *sur saint Jean*, ch. CXXIV, nº 7.

---

tia a filiis suis. » (*Matth.*, XI, 19.) Quod Dominus ibi subjecit, cum de Joanne ac de se illa dixisset : « Justificata est, inquit, sapientia a filiis suis. » Qui vident continentiæ virtutem in habitu animi semper esse debere, in opere autem pro rerum ac temporum opportunitate manifestari : sicut virtus patientiæ sanctorum Martyrum in opere apparuit, cæterorum vero æque sanctorum in habitu fuit. Quocirca sicut non est impar meritum patientiæ in Petro qui passus est, et in Joanne qui passus non est (IV *Sent.*, dist. 33, cap. *Quod vero*) : sic non est impar meritum continentiæ in Joanne qui nullas expertus est nuptias, et in Abraham qui filios generavit. Et illius enim cœlibatus, et illius connubium pro temporum distributione Christo militarunt : sed continentiam Joannes et in opere, Abraham vero in solo habitu habebat.

CAPUT XXII. — 27. Illo itaque tempore cum et lex dies Patriarcharum subsequens, maledictum dixit, qui non excitaret semen in Israel, et qui poterat non promebat, sed tamen habebat. (*Deut.*, XXV ; *Gal.*, IV, 4.) Ex quo autem venit plenitudo temporis, ut diceretur : « Qui potest capere capiat ; » (*Matth.*, XIX, 12) ex illo usque adhuc, et deinceps usque in finem, qui habet operatur ; qui operari noluerit, non se habere mentiatur. Ac per hoc ab eis qui corrumpunt bonos mores colloquiis malis, inani et vana versutia dicitur homini Christiano continenti et nuptias recusanti : Tu ergo melior quam Abraham ? Quod ille cum audierit, non perturbetur ; nec audeat dicere : Melior, nec a proposito delabatur : illud enim non vere dicit, hoc non recte facit. Sed dicat : Ego quidem non sum melior quam Abraham, sed melior est castitas cœlibum quam castitas nuptiarum quarum Abraham unam habebat in usu, ambas in habitu. Caste quippe conjugaliter vixit : esse autem castus sine conjugio potuit, sed tunc non oportuit. Ego vero facilius non utor nuptiis quibus usus est Abraham, quam sic utar nuptiis quemadmodum est usus Abraham : et ideo melior sum illis qui per

d'en user comme il l'a fait. Je suis donc meilleur que ceux qui, par esprit d'incontinence, ne peuvent pas ce que je puis, mais je ne vaux pas mieux que ceux auxquels la différence des temps n'a pas permis de faire ce que je fais. Car ce que je fais présentement, ils l'auraient accompli mieux que moi, si c'eût été le temps de le faire; cependant je ne pourrais pas faire ce qu'ils ont fait, si je devais suivre aujourd'hui leur exemple. Ou si cet homme, à qui les partisans de Jovinien adressent ces captieuses questions, se reconnaissait et se sentait assez fort pour croire que, sans rien perdre de la vertu de continence dont il conserverait toujours l'habitude dans son âme, il aurait pu vivre et devenir, comme Abraham, mari et père dans le mariage, s'il se fût rabaissé jusqu'à cet état par quelque devoir de religion et de piété, que cet homme, dis-je, ne craigne pas de répondre : Je ne suis pas, il est vrai, meilleur qu'Abraham, dans ce genre de continence qu'il possédait, sans la manifester par ses œuvres, mais ce qui fait que je suis son égal, c'est que n'ayant pas autre chose que ce qu'il avait, j'en use autrement que lui. Qu'il dise ouvertement cela (I *Cor.*, XII, 6), car lors même qu'il voudrait s'en glorifier, il le pourrait avec raison, parce qu'il dirait la vérité; mais s'il n'ose le faire, dans la crainte qu'on ne l'estime au-dessus de ce qu'on voit en lui, ou de ce qu'on entend dire de lui, il n'a pas besoin de parler de lui-même, mais uniquement de la chose, et peut se borner à dire : « Celui qui pourrait aller jusque-là, » serait tel que fût Abraham. Il peut se faire aussi que la vertu de continence ne soit pas, dans celui qui s'abstient du mariage, aussi grande qu'elle l'a été dans Abraham qui s'était marié. Cependant cette vertu est plus grande en lui, par l'usage qu'il a fait du mariage, que dans l'âme de celui qui a observé la chasteté du mariage, uniquement parce qu'il n'a pas eu la force d'en garder une plus grande dans un autre état. Si une femme non mariée qui ne pense qu'aux choses du Seigneur, afin d'être sainte d'esprit et de corps (I *Cor.*, VII, 54), entendait un de ces impudents questionneurs lui dire : Etes-vous donc meilleure que Sara? qu'elle lui réponde : Si je l'emporte sur quelqu'un, c'est sur ceux qui ne savent pas garder la vertu de continence, mais je ne crois point que Sara ait été dans ce cas-là. Sara a pratiqué cette vertu, comme il convenait au temps où elle vivait; mais pour moi, je ne suis pas liée par les mêmes circonstances, et je puis manifester par les œuvres de mon corps ce qu'elle gardait secrètement dans l'habitude de son cœur.

CHAPITRE XXIII. — 28. Si l'on compare les choses entre elles, la chasteté de la continence est sans contredit meilleure que celle du mariage, quoique l'une et l'autre soient un bien; mais lorsque l'on compare les hommes entre eux, le meilleur est celui qui possède un bien

---

animi incontinentiam non possunt quod ego, non illis qui propter temporis differentiam non fecerunt quod ego. Quod enim ego nunc ago, melius illi egissent, si tunc agendum esset : quod autem illi egerunt, sic ego non agerem, et si nunc agendum esset. Aut si talem se iste sentit et novit, ut salva et permanente in habitu animi sui virtute continentiæ, si ad usum nuptiarum ex aliquo religionis officio descendisset, talis maritus et talis pater esset, qualis fuit Abraham ; audeat plane respondere ipsi captioso interrogatori, et dicere : Non sum quidem melior quam Abraham, in hoc duntaxat genere continentiæ, qua ille non carebat, etsi non apparebat ; sed sum talis, non aliud habens, sed aliud agens. Dicat plane ista : quia et si voluerit gloriari, non erit insipiens ; veritatem enim dicit. (II *Cor.*, XII, 6.) Si autem parcit, ne quis eum existimet super id quod eum videt, aut audit aliquid ex illo ; auferat a persona sua nodum quæstionis, et non de homine, sed de ipsa respondeat, et dicat : Qui tantum potest, talis est qualis fuit Abraham. Potest autem fieri ut minor sit continentiæ virtus in animo ejus qui non utitur nuptiis, quibus est usus Abraham : sed tamen major est, (*a*) quam in animo ejus qui propterea tenuit conjugii castitatem, quia non potuit ampliorem. Sic et femina innupta, quæ cogitat ea quæ sunt Domini, ut sit sancta et corpore et spiritu (I *Cor.*, VII, 54), cum audierit impudentem illum percontatorem dicentem : Tu ergo melior quam Sara ? respondeat : Ego melior sum, sed iis quæ virtute hujus continentiæ carent, quod de Sara non credo : fecit ergo illa cum ista virtute quod illi tempori congruebat, a quo ego sum immunis, ut in meo etiam corpore appareat quod illa in animo conservabat.

CAPUT XXIII. — 28. Res ergo ipsas si comparemus, nullo modo dubitandum est meliorem esse castitatem continentiæ quam castitatem nuptialem, cum tamen utrumque sit bonum . homines vero cum comparamus, ille est melior qui bonum amplius quam alius habet. Porro qui amplius ejusdem ge-

---

(*a*) Hic apud Lov. additur, in *opere ejus* : quod ab Er. et Mss. abest.

plus grand que celui d'un autre. Celui qui dans le même genre de bien en possède le plus grand, possède aussi le bien qui l'est moins ; mais celui qui ne posséderait que le bien inférieur, ne saurait en aucun cas posséder le plus grand. Le nombre trente, en effet, est compris dans celui de soixante, tandis que le nombre soixante ne l'est pas dans celui de trente. Ce n'est point par manque de vertu, mais à cause de la répartition et de la diversité des devoirs que nous avons à remplir, que nous n'accomplissons pas les œuvres que nous pourrions faire ; comme on ne manque pas de miséricorde, parce qu'on ne trouve pas de malheureux à soulager dans leur misère.

29. Ajoutez encore à cela que la comparaison qu'on établit entre plusieurs hommes, d'après quelques biens particuliers, n'a rien de juste. Il peut se faire, en effet, que l'un n'ait pas ce que l'autre a, et que cependant il ait quelque chose de bien plus estimable. L'obéissance, par exemple, est un bien plus grand que la continence, car le mariage n'est blâmé dans aucun endroit de nos saintes Ecritures, tandis que partout la désobéissance y est condamnée. Supposons, en effet, d'un côté, une vierge disposée à ne jamais abandonner son état, mais qui soit désobéissante ; et de l'autre côté, une femme qui s'est mariée parce qu'elle ne pouvait pas demeurer vierge, mais qui possède la vertu de l'obéissance, à laquelle des deux doit-on donner la préférence ? A celle qui est moins louable que si elle était vierge, ou à celle qui est condamnable toute vierge qu'elle est ? Il en serait de même si on mettait en comparaison une vierge adonnée au vin, et une femme mariée recommandable par sa sobriété. On porterait dans ce cas le même jugement que dans celui qui précède. Le mariage et la virginité sont donc deux biens dont l'un est plus grand que l'autre ; mais il n'en est pas de même entre la sobriété et l'ivrognerie, ni entre l'obéissance et l'opiniâtreté. D'un côté, il y a deux biens ; de l'autre, il y a deux maux. Toutefois il vaut mieux avoir des biens, même petits, que d'avoir un grand bien avec un grand mal. Il en est de même dans les biens qui concernent le corps ; mieux vaut avoir la petite taille de Zachée avec la santé, que la stature de Goliath avec la fièvre.

30. La vraie question n'est pas d'établir une comparaison entre une vierge entièrement désobéissante, et une femme mariée qui posséderait la vertu de l'obéissance, mais entre l'infériorité de la première, et la supériorité de la seconde en ce qui concerne l'obéissance. Car la chasteté du mariage est une véritable chasteté, et par conséquent un bien, mais elle est inférieure à la chasteté d'une vierge. Si l'on établit donc une comparaison entre deux personnes dont l'une est d'autant plus inférieure sous le rapport de l'obéissance, que l'autre l'emporte davantage en ce qui concerne la chasteté, il sera facile de voir celle à qui l'on doit donner la préférence ; car en comparant avant tout l'obéissance avec la chasteté, on verra que l'obéissance est en quelque

neris habet, et id quod minus est habet : qui autem tantummodo quod minus est habet, id quod est amplius non utique habet. In sexaginta enim sunt et triginta, non in triginta sunt et sexaginta. Non operari autem ex eo quod habet, in distributione officiorum positum est, non in egestate virtutum : quia nec bono misericordiæ caret, qui non invenit miseros quibus possit misericorditer subvenire.

29. Huc accedit, quia non recte comparantur homines hominibus ex uno aliquo bono. Fieri enim potest ut alius non habeat aliquid quod alius habet, sed aliud habeat quod pluris æstimandum est. Majus enim bonum est obedientiæ quam continentiæ. Nam connubium nusquam nostrarum Scripturarum auctoritate damnatur, inobedientia vero nusquam absolvitur. Si ergo proponatur virgo permansura, sed tamen inobediens, et maritata quæ virgo permanere non posset, sed tamen obediens, quam meliorem dicamus? Minus laudabilem quam si virgo esset, an damnabilem sicut virgo est? Ita si conferas ebriosam virginem sobriæ conjugatæ, quis dubitet eamdem ferre sententiam? Nuptiæ quippe et virginitas duo bona sunt, quorum alterum majus : sobrietas autem et ebriositas, sicut obedientia et contumacia, illa bona sunt, hæc mala. Melius est autem habere omnia bona vel minora, quam magnum bonum cum magno malo : quia et in corporis bonis melius est habere Zacchæi staturam cum sanitate, quam Goliæ cum febre.

30. Recte plane quæritur, non utrum omnimodis inobediens virgo conjugat obedientiæ, sed minus obediens obedientiori comparanda sit ; quia et illa nuptialis castitas est, et ideo bonum est, sed minor quam virginalis. Tanto ergo minor in bono obedientiæ, quanto major in bono castitatis, si altera alteri comparetur, quæ præponenda sit judicat, qui primo ipsam castitatem et obedientiam comparans, videt omnium virtutum quodam modo matrem esse obe-

sorte la mère de toutes les vertus. C'est pourquoi l'obéissance peut exister sans la virginité, parce que la virginité est une vertu d'inspiration et non commandée par le précepte. Je parle de cette obéissance par laquelle on accomplit les commandements de Dieu; et c'est pour cela que l'obéissance à la loi divine peut exister sans la virginité, mais non sans la chasteté, car la chasteté défend la fornication, l'adultère et toute souillure d'impureté. Or, quiconque enfreint cette défense, agit contre les préceptes de Dieu, et ne possède plus la vertu de l'obéissance. Quant à la virginité, ce qui fait qu'elle peut exister sans l'obéissance, c'est qu'une femme, par exemple, peut prendre la résolution de rester vierge, demeurer dans cet état, et cependant mépriser les commandements de Dieu. Ne voyons-nous pas, en effet, beaucoup de vierges consacrées au Seigneur, être curieuses, parler sans aucune modération, aimer le vin, les querelles, tomber dans le péché de l'avarice et de l'orgueil ? Or, tous ces vices sont contraires aux préceptes divins, et perdent ces vierges, comme Eve a été perdue par le crime de sa désobéissance. C'est pourquoi l'on doit préférer, non-seulement une femme mariée obéissante à une vierge qui ne l'est pas, mais encore une femme mariée qui serait plus obéissante, à une vierge qui le serait moins.

31. C'est en vertu de cette obéissance que ce patriarche, qui a vécu dans les liens du mariage, était prêt à se priver du fils unique qu'il avait eu, et à l'immoler de sa propre main. Je puis avec raison appeler fils unique, celui dont le Seigneur avait dit à Abraham : « Ce sera Isaac qui sera appelé votre fils. » (*Gen.*, XXI, 12.) Avec combien plus d'empressement encore le saint homme aurait-il consenti à vivre sans épouse, si Dieu le lui avait ordonné? Nous sommes donc avec raison étonnés de voir souvent beaucoup de personnes de l'un et de l'autre sexe s'abstenir de tout commerce conjugal, et bien que vivant dans la continence, négliger d'obéir aux commandements de Dieu, tandis que rien n'a arrêté leur ardeur pour renoncer aux choses dont l'usage leur était permis. Qui pourrait douter après cela, qu'on ne saurait comparer à l'éminente sainteté de ces pères et de ces mères qui engendraient des enfants, les hommes et les femmes de nos jours qui, malgré la continence qu'ils observent à l'égard de tout commerce charnel, leur sont cependant inférieurs sous le rapport de l'obéissance; quand bien même ces saints personnages n'auraient pas eu dans l'habitude de leur esprit, ce que les hommes de notre temps manifestent par leurs œuvres? Que les jeunes hommes qui, selon les paroles de l'Apocalypse, « ne se sont pas souillés avec les femmes, parce qu'ils sont vierges, » (*Apoc.*, XIV, 4) suivent donc l'agneau, en chantant le cantique nouveau; mais qu'ils ne se croient pas meilleurs que ces saints patriarches des premiers jours, qui ont usé du mariage se-

---

dientiam. Ac per hoc ideo potest esse obedientia sine virginitate, quia virginitas ex consilio est, non ex præcepto. Obedientiam vero illam dico, qua præceptis obtemperatur. Ideoque obedientia præceptorum sine virginitate quidem potest, sed sine castitate esse non potest. Ad castitatem namque pertinet non fornicari, non mœchari, nullo illicito concubitu maculari : quæ qui non observant, contra præcepta Dei faciunt, et ob hoc extorres sunt a virtute obedientiæ. Virginitas autem propterea potest esse sine obedientia, quia potest femina consilio virginitatis accepto, et custodita virginitate, præcepta contemnere : sicut multas sacras virgines novimus verbosas, curiosas, ebriosas, litigiosas, avaras, superbas; quæ omnia contra præcepta sunt, et sicut ipsam Evam inobedientiæ crimine occidunt. Quapropter non solum obediens inobedienti, sed obedientior conjugata minus obedienti virgini præponenda est.

31. Ex hac obedientia pater ille qui sine uxore non fuit, esse sine unico filio et a se occiso paratus fuit. (II *Retr.* XXII, n. 2.) Unicum enim non immerito dixerim, de quo audivit a Domino : « In Isaac vocabitur tibi semen. » (*Gen.*, XXI, 12.) Quanto ergo citius, ut etiam sine uxore esset, si hoc juberetur, audiret? Unde non frustra sæpe miramur nonnullos utriusque sexus ab omni concubitu continentes, negligenter obedire præceptis, cum tam ardenter arripuerint non uti concessis. Unde quis dubitat et excellentiæ sanctorum illorum patrum atque matrum filios generantium non recte comparari mares et feminas nostri temporis, quamvis ab omni concubitu immunes, in virtute obedientiæ minores; etiamsi illis hominibus et in habitu animi defuisset, quod in istorum opere manifestum est ? Sequantur ergo agnum pueri cantantes canticum novum, sicut in Apocalypsi scriptum est, « qui cum mulieribus se non contaminaverunt; » (*Apoc.*, XIV, 4) non ab aliud nisi quia virgines permanserunt. Nec ideo se arbitrentur meliores esse primis patribus sanctis, qui nuptiis,

lon l'esprit et la fin du mariage même; car l'usage qu'on en fait, pour peu qu'il excède ce qui est nécessaire à la génération des enfants, est, bien que péché véniel, une souillure que nous contractons. En effet, si cet excès ne souillait pas notre âme, nous n'aurions pas besoin de pardon. C'est donc parce qu'ils sont demeurés vierges, que ces jeunes hommes qui suivaient l'agneau, étaient exempts de toute souillure.

CHAPITRE XXIV. — 32. Le mariage est donc chez tous les peuples et parmi tous les hommes, un bien qui consiste dans la génération des enfants et dans la fidélité de la chasteté conjugale. Dans le peuple de Dieu, il consiste aussi dans la sainteté du sacrement par lequel, en cas de divorce même, il n'est pas permis à la femme répudiée, tant que son mari vit encore, d'épouser un autre homme, même en vue d'avoir des enfants; et quand bien même ce but unique du mariage, ne serait pas atteint, le lien conjugal ne peut être rompu que par la mort de l'un des deux époux. Il en est de même de l'ordination, qui serait conférée à un clerc pour diriger une assemblée de fidèles. Quand bien même cette assemblée n'aurait pas lieu, le sacrement de l'ordination n'en resterait pas moins dans ceux qui l'ont reçu, et si l'un même d'entre eux était privé, par suite de quelque faute, de son ministère, il garderait néanmoins le sacrement du Seigneur, comme un sceau ineffaçable, mais pour son jugement et sa condamnation. Le mariage a donc été institué pour la génération des enfants. L'Apôtre l'atteste évidemment quand il dit : « Je veux que les jeunes veuves se marient, » (I *Timothée*, v, 14) et comme si on lui en demandait la raison, il ajoute immédiatement : « Afin qu'elles aient des enfants, et qu'elles gouvernent leur maison en mères de famille. » Pour ce qui concerne la fidélité conjugale, il s'explique ainsi : « Le corps de la femme n'est pas en sa puissance, mais en celle du mari; de même le corps du mari n'est pas en sa puissance, mais en celle de sa femme; » (I *Corinth.*, VII, 4) et pour ce qui touche la sainteté du sacrement, il dit : « La femme ne peut pas se séparer de son mari. Si elle s'en sépare, il faut qu'elle demeure sans se marier, ou qu'elle se réconcilie avec son mari. Que le mari de même ne quitte pas sa femme. » (I *Corinth.*, VII, 10, 11.) Le bien du mariage repose donc sur ces trois points qui sont également des biens, « les enfants, la fidélité, le sacrement. » Dans le temps où nous vivons, il est mieux, il est plus saint de ne pas rechercher le mariage en vue de la génération charnelle, et par conséquent de se tenir toujours libre et affranchi d'un pareil commerce, afin de se soumettre spirituellement à un unique époux, qui est Jésus-Christ; pourvu toutefois que les hommes ne profitent de cette liberté que

ut ita dicam, (*a*) nuptialiter usi sunt. Earum quippe usus ita se habet, ut si quid in eis per carnis commixtionem, quod excedat generandi necessitatem, quamvis venialiter factum fuerit, contaminatio sit. Nam quid expiat venia, si omnino non contaminat illa progressio? A qua contaminatione mirum si immunes essent pueri sequentes agnum, nisi virgines permanerent.

CAPUT XXIV. — 32. Bonum igitur nuptiarum per omnes gentes atque omnes homines in causa generandi est, et in fide castitatis : quod autem ad populum Dei pertinet, etiam in sanctitate sacramenti, per quam nefas est etiam repudio discedentem alteri nubere, dum vir ejus vivit, nec saltem ipsa causa pariendi : quæ cum sola sit qua nuptiæ fiunt, nec ea re non subsequente propter quam fiunt, solvitur vinculum nuptiale nisi conjugis morte. Quemadmodum si fiat ordinatio cleri ad plebem congregandam, etiamsi plebis congregatio non subsequatur, manet tamen in illis ordinatis sacramentum ordinationis; et si aliqua culpa quisquam ab officio removeatur, sacramento Domini semel imposito non carebit, quamvis ad judicium permanente. Generationis itaque causa fieri nuptias, Apostolus ita testis est : « Volo, inquit, juniores nubere. » (I *Tim.*, v, 14.) Et quasi ei diceretur : Ut quid? continuo subjecit, « filios procreare, matresfamilias esse. » Ad fidem autem castitatis illud pertinet : « Uxor non habet potestatem corporis sui, sed vir : similiter et vir non habet potestatem corporis sui, sed mulier. » (I *Cor.*, VII, 4.) Ad sacramenti sanctitatem illud : « Uxorem a viro non discedere, quod si discesserit, manere innuptam, aut viro suo reconciliari : et vir uxorem non dimittat. » (*Ibid.*, 10, 11.) Hæc omnia bona sunt, propter quæ nuptiæ (*b*) bonæ sunt, proles, fides, sacramentum. Nec prolem autem carnalem jam hoc tempore quærere, ac per hoc ab omni tali opere immunitatem quamdam perpetuam retinere, atque uni viro Christo spiritaliter subdi, melius est utique et sanctius : si tamen ea vacatione sic utantur ho-

---

(*a*) Lov. *non nuptialiter usi sunt* : reluctantibus editis aliis et Mss. — (*b*) In Mss. *bonum sunt.*

CHAPITRE XXVI.

pour « s'occuper, comme il est écrit, du soin des choses du Seigneur, et des moyens de plaire à Dieu, » (I *Corinth.*, VII, 32) c'est-à-dire, que leur obéissance doit être égale à leur chasteté. L'obéissance est une vertu radicale, et comme la mère de toutes les autres vertus. Les saints patriarches des anciens temps l'ont pratiquée et manifestée dans leurs œuvres, et ont gardé la continence dans l'habitude de leur âme. Cette obéissance qui les a rendus justes, saints et toujours disposés à accomplir de bonnes œuvres, ils l'auraient également observée, si Dieu leur avait ordonné de renoncer à tout commerce conjugal. Il leur eût été facile de se soumettre aux ordres et aux exhortations du Seigneur, en s'abstenant du mariage, eux qui en usaient uniquement pour avoir des enfants, que, dans leur sainte obéissance, ils étaient encore prêts à immoler à Dieu.

CHAPITRE XXV. — 33. Cela étant ainsi, je crois avoir suffisamment, et même plus qu'il ne faut, répondu aux calomnies que les hérétiques, soit Manichéens, soit de toute autre secte, ont débitées sur les patriarches de l'Ancien Testament, au sujet de la pluralité des femmes, car c'est par là qu'ils croient les convaincre d'incontinence. Ils devraient cependant bien comprendre qu'il n'y a pas de péché dans ce qui n'est ni contraire aux lois de la nature, puisque ces saints hommes n'usaient du mariage que pour avoir des enfants, et non pour satisfaire des désirs charnels, ni contre l'usage, puisque les temps d'alors le permettaient, ni contre le précepte, puisqu'aucune loi ne s'y opposait. Pour ceux qui ont fait un usage illicite du mariage, ou la sainte Ecriture les blâme, ou les abandonne à notre jugement; ou elle nous les propose comme des exemples, que nous ne devons ni approuver ni imiter.

CHAPITRE XXVI. — 34. Pour ceux de nos frères qui sont mariés, nous les avertissons, autant que nous le pouvons, de ne pas juger, d'après leur propre faiblesse, les saints patriarches des anciens jours, « en ne se comparant ainsi qu'avec eux-mêmes, » (II *Corinth.*, X, 12) comme le dit l'Apôtre; autrement, ils ne pourraient pas comprendre quelle force il y a dans une âme soumise à la justice, pour combattre les passions et l'empêcher, non-seulement de consentir aux mouvements de la chair, mais aussi pour que dans le commerce conjugal, ces mouvements n'aillent pas au delà de ce qui est nécessaire à la génération des enfants, et ne dépassent point ce qui est prescrit par les mœurs, l'usage et les ordonnances légales. En effet, les hommes d'aujourd'hui jugent ceux des anciens temps d'après l'incontinence qui les a portés eux-mêmes à se marier, ou d'après l'usage immodéré qu'ils font du mariage. Pour ceux qui font profession de continence, soit hommes

---

mines, quomodo scriptum est, ut cogitent quæ sunt Domini, quomodo placeant Deo (1 *Cor.*, VII, 32); id est, ut perpetuo cogitet continentia, ne quid minus habeat obedientia: quam virtutem tanquam radicalem, atque ut dici solet, matricem, et plane generalem, sancti antiqui patres in opere exercuerunt; illam vero continentiam in animi habitu tenuerunt. Qui profecto per obedientiam qua justi et sancti erant, et ad omne opus bonum semper parati, etiam si ab omni concubitu abstinere juberentur, effecerent. Quanto enim facilius possent vel jussione, vel exhortatione Dei non concumbere, qui prolem cui uni propagandæ concumbendo serviebant, obediendo poterant immolare.

CAPUT XXV. — 33. Quæ cum ita sint, hæreticis quidem sive Manichæis, sive quicumque alii patribus Veteris Testamenti de pluribus calumniantur uxoribus, hoc esse argumentum deputantes, quo eorum convincant incontinentiam, satis superque responsum est: si tamen capiunt non esse peccatum, quod neque contra naturam committitur, quia non lasciviendi, sed gignendi causa illis feminis utebantur; neque contra morem, quia illis temporibus ea faciebantur; neque contra præceptum, quia nulla lege prohibebantur. Illos vero qui illicite feminis usi sunt, vel arguit in Scripturis illis divina sententia, vel nobis lectio judicandos atque vitandos, non approbandos imitandosve proponit.

CAPUT XXVI. — 34. Nostros autem qui conjuges habent, quantum possumus, admonemus, ne secundum suam infirmitatem de illis sanctis patribus audeant judicare; comparantes, ut ait Apostolus (II *Cor.*, X, 12), semetipsos sibimetipsis; et ideo non intelligentes quantas vires habeat animus justitiæ contra libidines serviens, ne carnalibus hujuscemodi motibus acquiescat, eosque in concubitum ultra generandi necessitatem prolabi aut progredi sinat, quantum ordo naturæ, quantum morum consuetudo, quantum legum scita præscribunt. Hoc quippe ideo de illis patribus homines suspicantur, quia ipsi per incontinentiam vel nuptias elegerunt, vel conjugibus intemperanter utuntur. At vero continentes vel

après la mort de leurs femmes, soit femmes après celle de leurs maris, soit l'un et l'autre, ayant fait d'un commun accord vœu de chasteté devant Dieu, qu'ils sachent qu'ils ont droit à une plus grande récompense, que ceux qui observent la continence dans l'état conjugal. Mais bien loin de mépriser le mariage prophétique des saints patriarches, ils doivent au contraire, le préférer au leur, car dans leur union, ces saints n'avaient d'autre but que d'avoir des enfants, et dans ces enfants, des moyens de servir le Christ, qui devait se montrer au monde sous l'enveloppe d'une chair mortelle.

35. C'est surtout aux jeunes garçons et aux jeunes filles, qui consacrent à Dieu leur virginité, que nous donnons ces conseils, afin de leur apprendre à garder pendant leur vie sur la terre, une humilité d'autant plus grande, que ce qu'ils ont voué à Dieu appartient plus exclusivement au ciel. Il est écrit : « Plus vous êtes grand, plus vous devez vous humilier en toutes choses. » (*Ecclésiaste*, III, 20.) Si c'est à nous de parler de leur grandeur, c'est à eux de songer à la grande humilité qu'ils doivent avoir. Qu'ils sachent, qu'à l'exception de plusieurs de ces saints hommes et de ces saintes femmes de l'ancienne alliance, qui étaient mariés, et qu'ils ne peuvent surpasser en mérite, parce que s'ils étaient mariés eux-mêmes, ils n'auraient pu leur ressembler ; qu'ils sachent, dis-je, et qu'ils soient convaincus, qu'ils sont au-dessus de tous ceux qui sont mariés de nos jours, ou qui vivent en continence après avoir usé du mariage. Je ne dis pas toutefois qu'ils les surpassent autant qu'Anne surpasse Susanne, mais autant que Marie les surpasse toutes les deux. Ce que je dis ne concerne toutefois que la sainte virginité de la chair, car personne n'ignore tous les autres mérites de Marie ? Ils doivent donc mener une vie qui réponde à la grandeur du but qu'ils se sont proposé, afin d'être assurés de la glorieuse récompense qu'ils en recevront. Car ils savent que, bien que la gloire des saints brille d'un éclat différent, selon la différence de leur mérite, ils partageront avec eux et avec tous les fidèles, membres chéris et élus du Christ, accourus en grand nombre « de l'Orient et de l'Occident, » (*Matth.*, VIII, 11) l'immense et ineffable bonheur « d'avoir part au royaume de Dieu avec Abraham, Isaac et Jacob, » (*Ibid.*) qui ne se sont pas mariés et n'ont point engendré d'enfants pour ce siècle, mais uniquement pour Jésus-Christ.

mares qui defunctis uxoribus, vel feminæ quæ defunctis viris, vel utrique qui pari consensu continentiam Deo voverunt, sciant sibi quidem mercedis amplius deberi, quam conjugalis castitas poscit : sed sanctorum patrum nuptias, qui prophetice conjungebantur, qui neque in concubitu nisi prolem, neque in ipsa prole nisi quod in carne venturo Christo proficeret, requirebant, non solum præ suo proposito non contemnant, verum etiam suo proposito sine dubitatione præponant.

35. Pueros quoque ac virgines integritatem ipsam Deo dicantes, multo maxime commonemus, ut tanta norint humilitate tuendum esse quod in terra interim vivunt, quanto magis cœli est quod voverunt. Nempe scriptum est : « Quanto magnus es, tanto humilia te in omnibus. » (*Eccli.*, III, 20.) Nostrum ergo est de magnitudine eorum aliquid dicere, illorum de magna humilitate cogitare. Exceptis igitur quibusdam illis conjugatis patribus et matribus sanctis, quibus ideo isti meliores non sunt, quamvis conjugati non sint, quia si conjugati essent, pares non essent ; cæteros omnino hujus temporis conjugatos, vel post expertum concubitum continentes, a se superari non dubitent : non quantum ab Anna, Susanna ; sed quantum ambæ a Maria superantur. Quod ad ipsam pertinet sanctam carnis integritatem, loquor ; nam quæ alia sint Mariæ merita, quis ignorat ? Mores itaque congruos huic tanto proposito adjungant, ut de præpollenti præmio certam securitatem gerant : scientes sane sibi atque omnibus fidelibus dilectis et electis Christi membris multis ab Oriente et Occidente venientibus (*Matth.*, VIII, 11), etsi inter se distante pro meritis gloriæ luce fulgentibus, hoc tamen magnum in commune præstari, ut cum Abraham et Isaac et Jacob recumbant in regno Dei, qui non propter hoc sæculum, sed propter Christum conjuges, propter Christum patres fuerunt.

SUR LE LIVRE SUIVANT

DE LA SAINTE VIRGINITÉ

ON LIT AU LIVRE II DES RÉTRACTATIONS, CHAPITRE XXIII.

Après le livre que j'ai écrit *sur le bien du Mariage*, on en attendait un autre de moi, *sur la sainte Virginité* (1). Je n'ai mis aucun retard pour m'acquitter de cette tâche, et j'ai fait voir autant que je l'ai pu, dans un seul volume, toute l'excellence de ce don de Dieu, et la grandeur de l'humilité avec laquelle on devait le conserver. Ce livre commence ainsi : « J'ai publié naguère un livre sur *le bien du Mariage*. »

(1) Saint Augustin fait aussi mention de cet ouvrage dans le livre suivant, ch. xv et xxiii, *sur le bien du veuvage*, ainsi que dans le livre I, ch. xxix, *du mérite et de la rémission des péchés*.

IN SUBSEQUENTEM LIBRUM DE SANCTA VIRGINITATE

LIBRI II RETRACTATIONUM, CAPUT XXIII.

Postea quam scripsi *de Bono Conjugali*, expectabatur ut scriberem *de sancta Virginitate* ; nec distuli : atque id Dei munus, et quam magnum, et quanta humilitate custodiendum esset, uno sicut potui volumine ostendi. Hic liber sic incipit : « Librum *de Bono Conjugali* nuper edidimus.

SUR
LA SAINTE VIRGINITÉ

LIVRE UNIQUE [1]

Il parle d'abord de l'excellence de la sainte virginité consacrée à Dieu, et à laquelle on ne saurait sous aucun rapport comparer la fécondité du mariage. Il réfute ensuite deux erreurs contraires, l'une de ceux qui blâment le mariage, et l'autre de ceux qui l'égalent à la virginité ; c'est-à-dire, d'un côté, l'opinion de ceux qui pensent que l'Apôtre blâme indirectement le mariage, dans ces paroles qu'il adresse aux Corinthiens : « Cependant ils auront des afflictions dans la chair, et je voudrais vous les épargner, » (I *Cor.*, VII, 28) et de l'autre, l'avis contraire de ceux qui, se fondant sur ce passage du même Apôtre : « Cependant je pense que c'est un bien à cause de la nécessité présente, » prétendent que l'observation perpétuelle de la continence est recommandée en vue de la vie présente, et non en celle de la vie future. Il engage ensuite les vierges chrétiennes à garder l'humilité en toutes choses, comme le moyen le plus propre à conserver le don si grand et si excellent qu'elles ont reçu du Seigneur. Notre saint les y exhorte par des paroles pleines de force et de gravité.

CHAPITRE I. — 1. J'ai naguère publié *sur le Bien du mariage* un livre dans lequel j'ai averti les vierges du Christ, comme je les avertis encore présentement, de ne pas mépriser, en les comparant à elles-mêmes, et en raison de la supériorité du don qu'elles ont reçu du Seigneur, de ne pas mépriser, dis-je, ces pères et ces mères qui ont donné naissance au peuple de Dieu, et ces hommes que l'Apôtre, pour réprimer notre orgueil, représente comme l'olivier franc sur lequel nous avons été entés comme l'olivier sauvage. Car, parce que la continence et la virginité sont préférables de droit divin au mariage, ces vierges ne doivent pas croire qu'elles sont supérieures en mérite à ces hommes qui, en propageant les enfants dans Israël, servaient Jésus-Christ qui devait venir un jour. C'étaient, en effet, ces hommes dont la vie conjugale était prophétique, qui préparaient et enfantaient en quelque sorte l'avenir, dont nous voyons aujourd'hui l'efficace et merveilleux accomplissement. Ce ne fut pas par l'effet des désirs et des joies ordinaires aux hommes, mais par un profond dessein de Dieu, que quelques-uns d'entre eux ont mérité l'honneur de la fécondité, et que dans quelques autres la stérilité a mérité de de-

[1] Écrit vers l'an 401.

DE SANCTA VIRGINITATE

LIBER UNUS.

Dicit primum de præstantia sacræ ac Deo dicatæ Virginitatis, cui fecunditatem conjugalem jam non posse ullam comparari demonstrat. Duobus subinde occurrit contrariis erroribus, alteri culpantium Nuptias, alteri eas æquantium Virginitati : illorum scilicet putantium Nuptias ex obliquo et tacite damnatas ab Apostolo dicente (I *Cor.*, VII) : « Tribulationem tamen carnis habebunt hujusmodi, ego autem vobis parco : » istorum vero, quia ibidem scribit : « Existimo itaque hoc bonum esse propter præsentem necessitatem, » contendentium perpetuam continentiam propter sæculi hujus vitam, non propter futuram commendari. Postea Christi Virgines humilitatem, qua tam excellens conservatur earum munus, habere jubet, atque ad eam quam maxime sectandam multa et gravi oratione adhortatur.

CAPUT I. — Librum *de Bono conjugali* nuper edidimus, in quo etiam Christi virgines admonuimus atque monemus, ne propter excellentiam muneris amplioris quod divinitus acceperunt, contemnant in sui comparatione patres et matres populi Dei, hominesque illos quos tanquam olivam commendat Apostolus (*Rom.*, XI, 17), ne superbiat incertus oleaster, qui venturo Christo etiam filiorum propagatione serviebant, ideo meriti inferioris esse arbitrentur, quia jure divino continentia connubio, et nuptiis piæ Virginitas anteponitur. In illis quippe parabantur et parturiebantur futura, quæ nunc impleri mirabiliter et efficaciter cernimus, quorum etiam vita conjugalis prophetica fuit : unde non consuetudine humanorum votorum atque gaudiorum, sed valde profundo consilio Dei, in quibusdam eorum fecunditas honorari, in quibusdam etiam fecundari sterilitas meruit. Hoc vero tempore quibus dictum est : « Si se non continent, nubant ; » (I *Cor.*, VII, 9) non adhi-

venir féconde. Mais dans le temps où nous vivons, ceux auxquels il a été dit : « Que ceux qui ne peuvent pas garder la continence se marient, » (I *Cor.*, VII, 9) ceux-là, dis-je, ont plutôt besoin de consolation que d'exhortation. Pour ceux, au contraire, auxquels il est dit : « Que celui qui peut s'élever jusque-là le fasse, » (*Matth.*, XIX, 12) ils ont besoin d'être exhortés pour ne pas être effrayés, comme ils ont besoin d'être effrayés pour qu'ils ne s'enorgueillissent pas. Il ne faut donc pas seulement louer la virginité afin de la faire aimer, il faut encore l'avertir pour qu'elle ne se laisse point aller à l'orgueil.

CHAPITRE II. — 2. Voilà ce que nous avons entrepris de prouver dans ce traité. Puissions-nous être aidé par Jésus-Christ, fils d'une vierge et époux des vierges, né selon la chair du sein d'une vierge, et époux spirituel d'une autre vierge. Or, puisque « l'Eglise universelle est cette vierge fiancée à Jésus-Christ, son unique époux, » (I *Cor.*, XI, 2) selon les paroles de l'Apôtre, de quel honneur ne sont pas dignes les membres qui gardent dans la chair, ce que l'Eglise tout entière garde dans la foi, imitant ainsi la mère de son époux et de son Seigneur, car l'Eglise aussi est vierge et mère tout à la fois. En effet, à l'intégrité de qui veillons-nous donc, si elle n'est pas vierge ? ou de qui sont les enfants auxquels nous adressons la parole, si elle n'est pas mère ? Marie a enfanté corporellement le chef, la tête de ce corps (1), et l'Eglise enfante spirituellement les membres de ce divin chef. Dans Marie comme dans l'Eglise, la virginité n'est point un obstacle à la fécondité, et la fécondité ne nuit point à la virginité. Ainsi, puisque l'Eglise entière est sainte de corps et d'esprit, et que cependant elle n'est pas entièrement vierge par le corps, mais par l'esprit, combien plus grande est sa sainteté dans ceux de ses membres où elle est tout à la fois vierge d'esprit et de corps.

CHAPITRE III. — 3. Nous lisons dans l'Evangile que le Christ ayant été prévenu que sa mère et ses frères, c'est-à-dire ses parents selon la chair, l'attendaient en dehors du temple, parce que la foule les empêchait de pénétrer jusqu'à lui, répondit : « Qui est ma mère et qui sont mes frères, » et qu'étendant la main sur ses disciples, il dit : « Voici ma mère et voici mes frères, car quiconque fait la volonté de mon Père, celui-là est mon frère, ma mère et ma sœur. » (*Matth.*, XII, 48, etc.) Qu'a-t-il voulu nous apprendre par ces paroles, sinon que nous devons préférer à nos parents, selon la chair, ceux qui nous sont unis par les liens spirituels, et que ce qui rend les hommes heureux, ce n'est pas leur parenté charnelle avec les justes et les saints, mais la foi avec laquelle ils obéis-

---

(1) En effet, ce qui regarde Jésus-Christ chef et tête de l'Eglise, s'est accompli dans le mystère de l'Incarnation, et ce qui regarde les membres spirituels de ce chef, s'accomplit tous les jours dans la sainte Eglise. Comparez ce qui est dit ici avec les Commentaires de saint Augustin sur le psaume LXI.

---

benda est exhortatio, sed consolatio. Quibus autem dictum est : « Qui potest capere, capiat ; » (*Matth.*, XIX, 12) exhortandi sunt ne terreantur et terrendi ne extollantur. Non solum ergo prædicanda est Virginitas, ut ametur ; verum etiam monenda, ne infletur.

CAPUT II. — 2. Hoc isto sermone suscepimus : adjuvet Christus Virginis filius, et Virginum sponsus, virginali utero corporaliter natus, virginali connubio spiritaliter conjugatus. Cum ipsa igitur universa Ecclesia virgo sit desponsata uni viro Christo, sicut dicit Apostolus (II *Cor.*, XI, 2); quanto digna sunt honore membra ejus, quæ hoc custodiunt etiam in ipsa carne, quod tota custodit in fide ? quæ imitatur matrem viri sui et Domini sui. Nam Ecclesia quoque et mater et virgo est. Cujus enim integritati consulimus, si virgo non est ? aut cujus prolem alloquimur, si mater non est ? Maria corporaliter caput hujus corporis peperit : Ecclesia spiritaliter membra illius capitis parit. In utraque virginitas fecunditatem non impedit : in utraque fecunditas virginitatem non adimit. Proinde cum Ecclesia universa sit sancta et corpore et spiritu, nec tamen universa sit corpore virgo, sed spiritu ; quanto sanctior est in his membris, ubi virgo est et corpore et spiritu ?

CAPUT III. — 3. Scriptum est in Evangelio, quod mater et fratres Christi, hoc est, consanguinei carnis ejus, cum illi nuntiati fuissent, et foris expectarent, quia non possent cum adire præ turba, ille respondit : « Quæ est mater mea, aut qui sunt fratres mei ? Et extendens manum super discipulos suos, ait : Hi sunt fratres mei, et quicumque fecerit voluntatem Patris mei, ipse mihi frater, et mater, et soror est. » (*Matth.*, XII, 48, etc.) Quid aliud nos docens, nisi carnali cognationi genus nostrum spiritale præponere : nec inde beatos esse homines, si justis et sanctis carnis propinquitate jungantur, sed si eorum doctrinæ ac moribus obediendo atque imitando cohærescunt ? Beatior ergo Maria percipiendo fidem

sent à leur doctrine et imitent la pureté de leur vie? Le bonheur de Marie est donc bien plus grand d'avoir reçu la foi de Jésus-Christ, que d'avoir enfanté le Sauveur selon la chair. Quelqu'un, en effet, lui ayant dit : « Heureuses sont les entrailles qui vous ont porté, » il répondit : « Plus heureux encore sont ceux qui entendent la parole de Dieu et qui la gardent dans leur cœur. » (*Luc*, XI, 27, 28.) Enfin, à quoi cette parenté charnelle a-t-elle servi à ses frères, c'est-à-dire à ses parents selon la chair, et qui n'ont pas cru en lui? De même les liens maternels, qui unissaient Marie à son divin Fils, ne lui eussent servi de rien, si elle ne l'avait pas porté plus heureusement dans son cœur que dans son sein.

CHAPITRE IV.— 4. Ce qui a rendu la virginité de Marie si sainte et si agréable à Dieu, ce n'est point parce que la conception du Christ la lui a conservée, en empêchant qu'elle lui fût ravie par son époux, mais parce qu'avant même de concevoir, elle l'avait déjà vouée à Dieu, et avait mérité ainsi par là d'être choisie pour le mettre au monde. C'est ce qu'indiquait clairement la réponse qu'elle fit à l'ange qui lui annonçait qu'elle serait mère : « Comment, dit-elle, cela se fera-t-il, puisque je ne connais pas d'homme ? » (*Luc*, I, 34.) Paroles qu'elle n'aurait certainement pas prononcées, si elle n'avait pas auparavant fait vœu au Seigneur de demeurer toujours vierge. Mais comme la coutume des Israélites s'y refusait alors, elle fut fiancée à un homme juste qui, loin de lui ravir ce qu'elle avait voué à Dieu, devait en être au contraire le fidèle gardien. Quand bien même elle aurait dit seulement : « Comment cela se fera-t-il, sans ajouter puisque je ne connais pas d'homme, » sachant bien qu'elle était femme, elle n'aurait pas demandé comment elle pouvait mettre au jour ce fils qu'on lui promettait, si elle s'était mariée pour avoir des enfants. Elle pouvait bien aussi recevoir du ciel l'ordre de demeurer vierge, comme étant celle en qui le Fils de Dieu devait prendre la forme de serviteur, ce qui aurait été conforme à un si grand miracle. Mais comme elle devait donner l'exemple à celles qui se consacrent au Seigneur; pour ne pas laisser croire qu'il n'y avait que celle qui avait mérité de concevoir sans connaître d'homme, qui dût rester vierge, elle consacra sa virginité à Dieu avant de savoir quel était celui qu'elle devait engendrer. Elle apprenait ainsi aux autres que l'imitation de la vie du ciel dans un corps terrestre doit être l'effet d'un vœu libre et volontaire, mais non celui d'un commandement, et que c'est par amour pour Dieu, et non par nécessité d'obéir à un précepte, que l'on consacre sa vie au service du Seigneur. De même le Christ, en naissant du sein d'une vierge qui avait résolu de garder sa virginité avant de savoir de qui elle serait mère, a mieux aimé approuver que commander la sainte virginité. C'est aussi pourquoi il a voulu que la virginité de la femme, dans le sein de laquelle il a pris la forme de serviteur, fût l'effet de la seule et libre volonté de cette femme.

Christi, quam concipiendo carnem Christi. Nam et dicenti cuidam : « Beatus venter qui te portavit : » ipse respondit : « Imo beati qui audiunt verbum Dei et custodiunt. » (*Luc.*, XI, 27, 28.) Denique fratribus ejus, id est, secundum carnem cognatis, qui non in eum crediderunt, quid profuit illa cognatio ? Sic et materna propinquitas nihil Mariæ profuisset, nisi felicius Christum corde quam carne gestasset.

CAPUT IV. — 4. Ipsa quoque virginitas ejus ideo gratior et acceptior, quia non eam conceptus Christus viro violaturo quam conservaret ipse præripuit, sed prius quam conciperetur jam Deo dicatam de qua nasceretur elegit. Hoc indicant verba, quæ sibi fetum annuntianti Angelo Maria reddidit. « Quomodo, inquit, fiet istud, quoniam virum non cognosco ? » (*Luc.*, I, 34.) Quod profecto non diceret, nisi Deo virginem se ante vovisset. Sed quia hoc Israelitarum mores adhuc recusabant, desponsata est viro justo, non violenter ablaturo, sed potius contra violentos custodituro, quod illa jam voverat. Quanquam etiamsi hoc solum dixisset : « Quomodo fiet istud ? » nec addidisset, « quoniam virum non cognosco : » non quæsisset utique, promissum sibi filium quomodo femina paritura esset, si concubitura nupsisset. Poterat et juberi virgo permanere, in qua Dei Filius formam servi congruenti miraculo acciperet : sed exemplo sanctis futura virginibus, ne putaretur sola virgo esse debuisse, quæ prolem etiam sine concubitu concipere meruisset, virginitatem Deo dicavit, cum adhuc quid esset conceptura nesciret, ut in terreno mortalique corpore cœlestis vitæ imitatio voto fieret, non præcepto; amore eligendi, non necessitate serviendi. Ita Christus nascendo de virgine, quæ ante quam sciret quis de illa fuerat nasciturus, virgo statuerat permanere, virginitatem sanctam approbare maluit quam imperare. Ac sic etiam in ipsa femina in qua formam servi accepit, virginitatem esse liberam voluit.

CHAPITRE V. — 5. Les vierges du Seigneur ne doivent donc pas s'affliger de ce qu'en gardant, comme Marie, leur virginité, elles ne peuvent pas devenir mères selon la chair. Il n'y avait que celui dont la naissance est sans pareille qui pouvait décemment la devoir à la virginité. Cependant celui qui est le fruit d'une seule vierge sainte est la gloire et l'honneur de toutes les autres saintes vierges ; car elles sont elles-mêmes, comme Marie, les mères du Christ, si elles font la volonté de son Père. La gloire et le bonheur de Marie d'être la mère de Jésus-Christ éclatent donc surtout dans les paroles du Seigneur, que nous avons citées plus haut : « Quiconque fait la volonté de mon Père, qui est dans les cieux, celui-là est mon frère, ma sœur et ma mère. » (*Matth.*, XII, 50.) Il indique ainsi les parentés spirituelles qui le rattachent au peuple qu'il a racheté. Ses frères et ses sœurs sont les saints hommes et les saintes femmes qui ont part avec lui à l'héritage céleste. Sa mère est l'Eglise tout entière, parce que c'est elle qui, par la grâce de Dieu, enfante les membres de Jésus-Christ, c'est-à-dire ceux qui lui sont fidèles. Sa mère est encore toute âme sainte, faisant la volonté de son Père, et dont la féconde charité se manifeste dans ceux qu'elle enfante pour lui, jusqu'à ce que lui-même soit formé en eux. (*Gal.*, IV, 19.) Marie, faisant la volonté de Dieu, est donc seulement la mère de Jésus-Christ, selon la chair, mais elle en est spirituellement et la mère et la sœur.

CHAPITRE VI. — 6. C'est pourquoi, entre toutes les femmes, Marie est la seule qui soit en même temps et vierge et mère, non-seulement par l'esprit, mais aussi par le corps. Elle est mère selon l'esprit, non de celui qui est notre chef, c'est-à-dire du Sauveur, dont elle est plutôt née spirituellement, parce que tous ceux qui ont cru en lui, au nombre desquels elle est elle-même, sont appelés avec raison « les enfants de l'Epoux ; » (*Matth.*, IX, 15) mais elle est certainement la mère de ses membres, c'est-à-dire de nous-mêmes, parce qu'elle a coopéré par sa charité à enfanter dans l'Eglise les fidèles, qui sont les membres de ce divin chef, dont elle-même est selon la chair la véritable mère. Il fallait, en effet, que notre chef, par un ineffable miracle, naquît selon la chair du sein d'une vierge, pour nous apprendre que ses membres, c'est-à-dire ses fidèles, devaient naître selon l'esprit d'une autre vierge qui est l'Eglise. Marie est donc la seule qui soit tout à la fois d'esprit et de corps mère et vierge, mère de Jésus-Christ, et vierge de Jésus-Christ. Mais l'Eglise, dans les saints qui doivent posséder le royaume de Dieu, est tout entière, selon l'esprit, mère de Jésus-Christ et vierge de Jésus-Christ ; mais selon le corps, elle n'est pas dans tous mère et vierge de Jésus-Christ ; dans quelques uns elle est vierge de Jésus-Christ,

---

CAPUT V. — 5. Non est ergo cur Dei virgines contristentur, quod etiam ipsæ virginitate servata matres carnis esse non possunt. Illum enim solum virginitas decenter parere posset, qui in sua nativitate parem habere non posset. Verumtamen ille unius sanctæ virginis partus omnium sanctarum virginum est decus. Et ipsæ cum Maria matres Christi sunt, si Patris ejus faciunt voluntatem. Hinc enim et Maria laudabilius atque beatius Christi mater est, secundum supra memoratam ejus sententiam : « Quicumque facit voluntatem Patris mei qui in cœlis est, ipse mihi frater, et soror, et mater est. » (*Matth.*, XII, 50.) Has sibi omnes propinquitates, in populo quem redemit, spiritaliter exhibet : fratres et sorores habet sanctos viros et sanctas feminas, quoniam sunt illi in cœlesti hæreditate cohæredes. Mater ejus est tota Ecclesia, quia membra ejus, id est, fideles ejus per Dei gratiam ipsa utique parit. Item mater ejus est omnis anima pia, faciens voluntatem Patris ejus fecundissima caritate, in iis quos parturit, donec in eis ipse formetur. (*Gal.*, IV, 19.) Maria ergo faciens voluntatem Dei, corporaliter Christi tantummodo mater est, spiritaliter autem et soror et mater.

CAPUT VI. — 6. Ac per hoc illa una femina, non solum spiritu, verum etiam corpore, et mater est et virgo. Et mater quidem spiritu, non capitis nostri, quod est ipse Salvator, ex quo magis illa spiritaliter nata est ; quia omnes qui in eum crediderint, in quibus et ipsa est, recte filii sponsi appellantur (*Matth.*, IX, 15) : sed plane mater membrorum ejus, quod nos sumus ; quia cooperata est caritate, ut fideles in Ecclesia nascerentur, quæ illius capitis membra sunt : corpore vero ipsius capitis mater. Oportebat enim caput nostrum propter insigne miraculum secundum carnem nasci de virgine, quo significaret membra sua de virgine Ecclesia secundum spiritum nascitura. Sola ergo Maria et spiritu et corpore mater et virgo, et mater Christi, et virgo Christi : Ecclesia vero in sanctis regnum Dei possessuris, spiritu quidem tota mater Christi est, tota virgo Christi ; corpore autem non tota, sed in quibusdam virgo Christi, in quibusdam mater, sed non

dans quelques autres elle est mère, mais non de Jésus-Christ. En effet, les femmes fidèles qui sont mariées et les vierges consacrées à Dieu, sont par la sainteté de leurs mœurs, par leur charité partant d'un cœur pur, d'une bonne conscience et d'une foi sincère (I *Tim.*, I, 5), sont, dis-je, spirituellement les mères de Jésus-Christ, « parce qu'elles font la volonté de son Père. » Pour celles qui sont engagées dans le lien du mariage, elles engendrent selon la chair, non le Christ, mais Adam, et c'est pour cela qu'elles s'empressent de présenter leurs enfants aux sacrements, pour qu'ils deviennent membres de Jésus-Christ, car elles n'ignorent pas l'état de ceux auxquels elles ont donné le jour.

Chapitre VII.— 7. Je dis cela, de peur que les femmes mariées n'osent comparer la fécondité du mariage à la pureté virginale, et proposer aux vierges du Seigneur l'exemple de Marie en leur disant : Deux choses ont honoré le corps de Marie, la virginité et la fécondité, car tout en restant vierge, elle a enfanté. Comme ni vous, ni nous, n'avons pu avoir ce bonheur, nous l'avons partagé; vous, vous êtes vierges, et nous, nous sommes mères. Que la virginité que vous avez conservée vous console de n'avoir pas d'enfants; pour nous, nous trouvons dans ceux que nous avons, une compensation de la perte de notre virginité. Ces paroles que les femmes fidèles mariées adressent aux vierges sacrées, seraient jusqu'à un certain point supportables, si les enfants qu'elles mettent au monde selon la chair étaient chrétiens, et qu'à l'exception de la virginité, Marie ne l'emportât sur elles sous le rapport de la fécondité charnelle, que parce que Marie serait la mère du chef, tandis qu'elles n'auraient donné le jour qu'aux membres de ce chef divin. Quand bien même celles qui parlent ainsi prétendraient qu'en s'unissant à leurs maris, pour remplir le devoir conjugal, leur but est d'avoir des enfants, et leur seule pensée de les gagner à Jésus-Christ, ce qu'elles font, en effet, le plus tôt qu'elles peuvent ; ce ne sont cependant pas des chrétiens qui naissent de leur chair; ils ne le deviennent que lorsqu'ils sont enfantés de nouveau par l'Eglise, qui est la mère spirituelle des membres du Christ, comme elle en est aussi spirituellement la vierge. Les mères qui ont enfanté selon la chair ces enfants non chrétiens, coopèrent, il est vrai, à leur renaissance spirituelle, afin qu'ils acquièrent ce que, comme elles le savent bien, elles ne pouvaient leur donner par leur naissance charnelle, mais elles n'y contribuent cependant que par la vertu qui rend les vierges mêmes, mères de Jésus-Christ, c'est-à-dire « par la foi qui opère par la charité. » (*Gal.*, v, 6.)

Chapitre VIII. — 8. On ne peut donc établir aucune comparaison entre la fécondité charnelle et la sainte virginité même du corps. Car ce n'est point par elle-même que la virginité est digne

---

Christi. Et conjugatæ quippe fideles feminæ et virgines Deo dicatæ, sanctis moribus et caritate de corde puro et conscientia bona et fide non ficta (I *Tim.*, I, 5), quia voluntatem Patris faciunt, Christi spiritaliter matres sunt. Quæ autem conjugali vita corporaliter pariunt, non Christum, sed Adam pariunt, et ideo currunt ut Sacramentis imbuti Christi membra fiant partus earum, quoniam quid pepererint norunt.

Caput VII.— 7. Hoc dixi, ne forte audeat fecunditas conjugalis cum virginali integritate contendere, atque ipsam Mariam proponere, ac virginibus Dei dicere : Illa in corpore duas res habuit honorandas; virginitatem et fecunditatem, quia et integra permansit et peperit : hanc felicitatem quoniam totam utræque habere non potuimus, partitæ sumus, ut vos sitis virgines, nos simus matres : vobis quod (*a*) defit in prole, consoletur servata virginitas, nobis prolis lucro amissa compensetur integritas. Hæc vox fidelium conjugatarum ad sacras virgines utcumque ferenda esset, si Christianos corpore parerent; ut hoc solo esset Mariæ fecunditas carnis excepta virginitate præstantior, quod illa ipsum caput horum membrorum, hæ autem membra illius capitis procrearent : nunc vero etiamsi tales hac voce contendant, quæ ob hoc tantum viris junguntur atque miscentur, ut filios habeant, nihilque aliud de filiis cogitant ; nisi ut eos Christo lucrentur, atque id mox ut potuerint faciunt ; non tamen Christiani ex earum carne nascuntur, sed postea fiunt, Ecclesia pariente per hoc quod membrorum Christi spiritaliter mater est, cujus etiam spiritaliter virgo est. Cui sancto partui cooperantur et matres, quæ non Christianos corpore pepererunt, ut fiant quod se corpore parere non potuisse noverunt: per hoc tamen cooperantur, ubi et ipsæ virgines (*b*) matresque Christi sunt, in fide scilicet quæ per dilectionem operatur. (*Gal.*, v, 6.)

Caput VIII. — 8. Nulla ergo carnis fecunditas sanctæ virginitati etiam carnis comparari potest.

(*a*) Editi, *desit*. At Mss. *defit* : quo verbo sæpe utitur Augustinus. — (*b*) Melius forte, *matres Christi sunt*, expuncta particula *que*.

d'être honorée, mais parce qu'elle est consacrée à Dieu. C'est, il est vrai, dans le corps que l'on garde la virginité, mais c'est par la religion et la piété de l'esprit qu'on la conserve. Ainsi la virginité même du corps est spirituelle, parce que c'est la piété qui la voue à Dieu, et la continence qui la conserve. En effet, de même qu'on ne peut faire aucun usage impur de son corps, sans en avoir d'abord conçu la pensée criminelle dans son esprit, de même personne ne peut respecter la pudeur à l'égard de son corps, si l'esprit n'a pas d'abord l'amour et le sentiment de la chasteté. Mais enfin, si la chasteté dans le mariage, quoiqu'elle se garde dans la chair, est une vertu qui appartient moins au corps qu'à l'esprit qui restreint et renferme les désirs et les mouvements de la chair dans les liens légitimes du mariage, combien plus doit-on ranger parmi les biens de l'esprit cette vertu de continence qui voue, consacre et conserve au Créateur de l'âme et du corps la chasteté et la virginité de la chair.

CHAPITRE IX. — 9. Il ne faut donc pas croire que la fécondité des femmes qui, même dans le mariage, n'ont en vue d'avoir des enfants que pour en faire des serviteurs de Jésus-Christ, puisse compenser en elles la perte de leur virginité. En effet, dans les temps anciens, la génération charnelle des enfants était dans une grande nation, où tout était prophétique, nécessaire aux desseins de Jésus-Christ, qui devait lui-même naître selon la chair. Mais aujourd'hui que de toutes les conditions, et de toutes les nations de la terre, on peut rassembler des membres de Jésus-Christ, pour en former le peuple de Dieu et composer la sainte cité des cieux, que celui qui peut garder la sainte virginité la garde (*Matth.*, XIX, 12), et que celle qui ne peut observer la continence se marie. (I *Cor.*, VII, 9.) En effet, si quelque femme riche consacrait beaucoup d'argent à la bonne œuvre d'acheter de toutes parts des esclaves, afin d'en faire des chrétiens, n'engendrerait-elle pas, en quelque sorte, des membres de Jésus-Christ en plus grand nombre, et avec plus d'abondance que par toute fécondité charnelle? Elle n'oserait pas cependant comparer le don de son argent au mérite d'une vierge qui consacre à Dieu sa virginité. Si la fécondité charnelle d'une femme qui donnerait le jour à des enfants pour en faire des chrétiens, pouvait compenser en elle la perte de sa virginité, ne pourrait-on pas considérer, comme une œuvre bien plus fructueuse encore, celle d'une femme qui consentirait à cette perte, moyennant un grand prix, afin d'acheter, pour les consacrer à Jésus-Christ, beaucoup plus d'enfants que le sein d'une femme, quelque féconde qu'elle fût, n'en pourrait mettre au monde?

CHAPITRE X. — Puisqu'on ne peut parler ainsi sans absurdité, les femmes chrétiennes qui sont

---

Neque enim et ipsa quia virginitas est, sed quia Deo dicata est honoratur, quæ licet in carne servetur, spiritus tamen religione ac devotione servatur. Ac per hoc spiritalis est etiam virginitas corporis, quam (*a*) vovet et servat continentia pietatis. Sicut enim nemo impudice utitur corpore, nisi spiritu prius concepta nequitia; ita nemo pudicitiam servat in corpore, nisi spiritu prius insita castitate. Porro autem si pudicitia conjugalis, quamvis custodiatur in carne, animo tamen, non carni tribuitur, quo præside atque rectore, nulli præter proprium conjugium caro ipsa miscetur : quanto magis quantoque honoratius in animi bonis illa continentia numeranda est, qua integritas carnis ipsi Creatori animæ et carnis vovetur, consecratur, servatur?

CAPUT IX. — 9. Nec illarum ergo fecunditas carnis, quæ hoc tempore nihil aliud in conjugio quam prolem requirunt, quam mancipent Christo, pro amissa virginitate compensari posse credenda est. Prioribus quippe temporibus venturo secundum carnem Christo ipsum genus carnis in ampla quadam et prophetica gente necessarium fuit : nunc autem cum ex omni hominum genere, atque omnibus gentibus ad populum Dei et civitatem regni cœlorum membra Christi colligi possint, sacram virginitatem qui potest capere capiat (*Matth.*, XIX, 12), et ea tantum quæ se non continet nubat. (I *Cor.*, VII, 9.) Quid enim si aliqua mulier dives multam pecuniam huic bono operi impendat, ut emat ex diversis gentibus servos, quos faciat Christianos, nonne uberius atque numerosius quam uteri quantalibet feracitate Christi membra gignenda curabit? Nec ideo tamen pecuniam suam comparare muneri sacræ virginitatis audebit. At si propter faciendos qui nati fuerint Christianos, fecunditas carnis pro amissa virginitate merito compensabitur, fructuosius erit hoc negotium, si magno pecuniario pretio virginitas amittatur, quo pueri faciendi Christiani multo plures emantur, quam unius utero quamlibet fertili nascerentur.

CAPUT X. — Quod si stultissime dicitur, habeant fideles nuptæ bonum suum, de quo in alio volumine quantum visum est disseruimus; et honorent am-

---

(*a*) Sola editio Lov. *jovet*.

mariées doivent se contenter du bien qui leur est propre, et dont nous avons parlé dans un autre ouvrage, autant que cela nous a paru nécessaire; mais elles doivent estimer aussi dans les vierges sacrées, plus précieux, comme elles le font avec raison, le bien de la virginité dont nous parlons présentement.

10. On ne pourrait pas non plus égaler le mariage au mérite de la continence, par la raison que c'est au mariage que les vierges doivent leur naissance, car cela est un bien de la nature et non du mariage lui-même. Dieu a voulu que de l'union des deux sexes, soit légitime et honnête, soit illicite et honteuse, aucune femme ne pût naître autrement que vierge, mais non vierge sacrée; ainsi une vierge peut être le fruit de la débauche, sans que pour cela une vierge sacrée soit celui d'un légitime mariage.

Chapitre XI. — 11. Ce que nous louons dans les vierges, ce n'est pas parce qu'elles sont vierges, mais parce qu'elles ont consacré leur virginité à Dieu par une sainte continence. Pour moi, je ne crains pas de dire qu'une femme déjà mariée me paraît plus heureuse qu'une vierge qui doit l'être. L'une, en effet, a déjà ce que l'autre désire, surtout si elle n'est encore fiancée à aucun homme. La femme mariée ne cherche à plaire qu'à celui à qui elle s'est donnée; celle qui ne l'est pas, incertaine qu'elle est, à qui elle sera unie, cherche à plaire à plusieurs, et la seule chose qui puisse justifier la pudeur de sa pensée, en cherchant à plaire à plusieurs, est que ce n'est point un adultère, mais un mari qu'elle cherche entre tous. La vierge que l'on peut préférer à la femme mariée, n'est donc pas celle qui, pour rencontrer dans le monde un homme qui l'aime, cherche à se faire aimer de beaucoup, ni celle qui l'ayant trouvé, tâche de lui complaire en toutes choses, « pensant uniquement aux choses du monde et au moyen de plaire à son mari. » (1 *Cor.*, VII, 34.) La vierge qui doit être préférée est celle qui a été remplie d'un tel amour « pour celui dont la beauté dépasse celle de tous les enfants des hommes, » (*Ps.* XLIV, 3) que ne pouvant le concevoir corporellement, mais seulement dans son cœur, elle lui consacre, à l'exemple de Marie, la sainte virginité de sa chair.

Chapitre XII. — Les vierges de cette sorte ne sont pas le fruit de la fécondité corporelle; elles ne sont les enfants ni de la chair ni du sang. Si l'on demande quelle est leur mère, c'est l'Eglise. Il n'y a qu'une vierge sacrée qui puisse donner le jour à des vierges sacrées, c'est-à-dire, celle « qui est fiancée à Jésus-Christ, son unique époux, pour lui être présentée chaste et pure. » (II *Corinth.*, XI, 2.) C'est de cette vierge, qui ne l'est pas tout entière de corps, mais qui l'est toute selon l'esprit, que naissent les vierges sacrées, qui sont vierges d'esprit et de corps.

12. Que le mariage se contente donc de revendiquer le bien qui lui est propre, et qui consiste, non dans la génération des enfants, mais en ce qu'ils sont engendrés selon les droits de

---

plius, sicut rectissime consueverunt, in sacris virginibus melius earum, de quo isto sermone disserimus.

10. Nam ne illo quidem debent continentium meritis se conferre conjugia, quod ex eis virgines procreantur : hoc enim non conjugii bonum est, sed naturæ; quæ sic divinitus instituta est, ut ex quolibet humano utriusque sexus concubitu, sive ordinato et honesto, sive turpi et illicito, nulla femina nisi virgo nascatur, nulla tamen sacra virgo nascitur : ita fit ut virgo nascatur etiam de stupro, sacra autem virgo nec de conjugio.

Caput XI. — 11. Nec nos hoc in virginibus prædicamus, quod virgines sunt; sed quod Deo dicatæ pia continentia virgines. Nam, quod non temere dixerim, felicior mihi videtur nupta mulier quam virgo nuptura : habet enim jam illa quod ista adhuc cupit, præsertim si nondum vel sponsa cujusquam sit. Illa uni studet placere, cui data est : hæc multis, incerta cui danda est; hoc uno pudicitiam cogitationis defendit a turba, quod non adulterum, sed maritum quærit in turba. Illa igitur virgo conjugatæ merito præponitur, quæ nec multitudini se amandam proponit, cum amorem unius ex multitudine inquirit; nec se uni jam componit invento, cogitans quæ sunt mundi, quomodo placeat viro (I *Cor.*, VII, 34); sed speciosum forma præ filiis hominum sic amavit (*Psal.* XLIV, 3), ut quia eum sicut Maria concipere carne non posset, ei corde concepto etiam carnem integram custodiret.

Caput XII. — Hoc genus virginum nulla corporalis fecunditas protulit : non est hæc proles carnis et sanguinis. Si harum quæritur mater, Ecclesia est. Non parit virgines sacras nisi virgo sacra, illa quæ desponsata est uni viro casta exhiberi Christo. (II *Cor.*, XI, 2.) Ex illa non tota corpore, sed tota virgine spiritu, nascuntur sanctæ virgines et corpore et spiritu.

12. Habeant conjugia bonum suum, non quia filios procreant, sed quia honeste, quia licite, quia

la légitimité, de l'honnêteté, de la pudeur, de l'union conjugale ; et en ce que les époux mettent tous leurs soins à les élever saintement, à garder l'un envers l'autre la fidélité du lit nuptial, et à ne pas violer le sacrement par lequel ils sont unis.

Chapitre XIII. — Toutes ces choses sont la conséquence des devoirs de l'homme, mais la virginité et la chasteté qui, par une pieuse continence, s'abstient de tout commerce charnel, est le partage des anges ; elle est dans une chair corruptible, une sainte aspiration vers l'éternelle incorruptibilité. Que toute fécondité corporelle, que toute pudeur conjugale ne se compare donc pas à cette sainte virginité. La fécondité de la chair n'est pas au pouvoir de l'homme ; la pudeur conjugale ne demeure pas éternellement. La première ne dépend pas du libre arbitre ; le ciel ne connaîtra point la seconde. Ils auront donc un bien grand avantage, dans l'immortalité commune à tous les saints, ceux qui encore dans la chair, n'ont déjà plus rien de charnel.

13. Il faut donc être bien insensé pour croire que le bien de la continence n'est pas nécessaire pour le royaume des cieux, mais uniquement pour la vie présente, parce que le mariage est rempli de soucis et de soins pour les choses de la terre, tandis que rien de tout cela n'altère la tranquillité des vierges et de ceux qui vivent dans la continence. Comme s'il était préférable de ne pas se marier, uniquement pour être à l'abri de ces misères pendant la vie présente, et non parce que cela nous est avantageux pour la vie future. Mais pour ne pas laisser croire qu'une telle opinion vient de la vanité de leur propre cœur, ceux qui pensent ainsi invoquent le témoignage de l'Apôtre, qui dit aux Corinthiens : « Quant aux vierges, je n'ai pas reçu de commandement du Seigneur, mais voici le conseil que je donne, comme ayant reçu du Seigneur la grâce d'être son fidèle ministre : Je crois donc que cet état est avantageux à cause des misères de la vie présente, c'est-à-dire, qu'il est avantageux à l'homme de ne pas se marier. » (I *Corinth.*, VII, 25, 26.) Ces paroles de l'Apôtre montrent évidemment, selon eux, que la virginité et la continence sont un bien à cause des fâcheuses nécessités de la vie présente, mais ne servent de rien pour l'éternité future. Comme si l'Apôtre tenait seulement compte des nécessités de la vie présente, sans songer aux intérêts de la vie future, tandis qu'au contraire, tout son ministère a pour but de nous appeler à l'éternelle vie ?

Chapitre XIV. — 14. Il faut donc autant que possible s'affranchir des nécessités de la vie présente, j'entends de celles qui sont un obstacle aux biens de la vie future ; comme celles qui, dans la vie conjugale, « obligent les époux à s'occuper des choses du monde et des moyens

---

pudice, quia socialiter procreant, et procreatos pariter, salubriter, instanter educant, quia thori fidem invicem servant, quia sacramentum connubii non violant.

Caput XIII. — Hæc tamen omnia humani officii sunt munera : virginalis autem integritas, et per piam continentiam ab omni concubitu immunitas angelica portio est, et in carne corruptibili incorruptionis perpetuæ meditatio. Cedat huic omnis fecunditas carnis, omnis pudicitia conjugalis : illa non est in potestate, illa non est in æternitate : fecunditatem carnalem non habet liberum arbitrium, pudicitiam conjugalem non habet cœlum. Profecto habebunt magnum aliquid præter cæteros in illa communi immortalitate, qui habent aliquid jam non carnis in carne.

13. Unde mirabiliter desipiunt, qui putant hujus continentiæ bonum non esse necessarium propter regnum cœlorum, sed propter præsens sæculum ; quod scilicet conjugia terrenis curis pluribus atque arctioribus distenduntur, qua molestia virgines et continentes carent : quasi ob hoc tantum melius sit non conjugari, ut hujus temporis relaxentur angustiæ, non quod in futurum sæculum aliquid prosit. Hanc vanam sententiam ne cordis (a) proprii vanitate protulisse videantur, adhibent ex Apostolo testimonium, ubi ait : « De virginibus autem præceptum Domini non habeo, consilium autem do, tanquam misericordiam consecutus a Deo, ut fidelis essem. Existimo itaque hoc bonum esse propter præsentem necessitatem, quia bonum est homini sic esse. » (1 *Cor.*, VII, 25, 26.) Ecce, inquiunt, ubi manifestat Apostolus hoc propter præsentem necessitatem bonum esse, non propter futuram æternitatem. Quasi præsentis necessitatis rationem haberet Apostolus, (b) nisi providens et consulens in futurum ; cum omnis ejus dispensatio non nisi ad vitam æternam vocet.

Caput XIV. — 14. Præsens ergo est vitanda necessitas, sed tamen quæ aliquid bonorum impedit futurorum : qua necessitate vita cogitur conjugalis cogi-

---

(a) Sic aliquot Mss. Editi vero, *propria*. — (b) Editi, *non providens*. At Mss. *nisi providens*.

de plaire, le mari à sa femme et la femme à son mari. » (I *Corinth.*, VII, 13.) Ce n'est pas toutefois qu'elles ferment aux époux l'entrée du royaume des cieux, comme le font les péchés qui sont défendus par la loi de Dieu et non par un simple conseil, car la désobéissance aux commandements du Seigneur jette l'homme dans la damnation. Mais comme la part de bonheur que nous pouvons avoir dans le royaume céleste sera en proportion du soin que nous prendrons ici-bas de plaire à Dieu, elle sera nécessairement moins grande, lorsque les soucis du mariage en détourneront plus nos pensées. C'est donc pour cela que l'Apôtre dit : « Quant aux vierges, je n'ai pas reçu de commandement du Seigneur. » Quiconque, en effet, n'obéit pas aux commandements de Dieu, est coupable, et portera la peine de sa désobéissance. Or, comme il n'y a pas de péché à épouser une femme, ni à une femme de s'unir à un mari, car si c'était un péché, le mariage serait défendu par quelque précepte, c'est pour cela qu'il n'y a aucun commandement du Seigneur, qui oblige à la virginité. Mais comme après nous être préservés des péchés, ou après en avoir reçu le pardon, nous devons penser à mériter la vie éternelle, et que dans cette éternelle vie, il y a un degré de gloire qui ne sera pas donné à tous ceux qui vivront éternellement, mais à quelques-uns seulement, il ne suffit point, pour l'obtenir, d'être délivré de ses péchés ; il faut encore vouer au libérateur lui-même, quelque chose à quoi on aurait pu sans crime ne pas s'engager, mais qu'il est louable et glorieux d'avoir promis et accompli avec fidélité. C'est pour cela que l'Apôtre dit : « Voici le conseil que je donne comme ayant reçu du Seigneur la grâce d'être son fidèle ministre. » Comme s'il disait : Devenu fidèle par la miséricorde de Dieu, et non par mes propres mérites, je ne dois pas vous refuser un conseil utile. « Je crois donc qu'il est avantageux à l'homme de ne pas se marier, à cause des fâcheuses nécessités de la vie présente. Mais sur ce point, dit-il, je n'ai pas reçu de commandement du Seigneur, c'est un conseil que je vous donne ; » c'est-à-dire, je crois qu'il est avantageux de demeurer vierge, à cause des fâcheuses nécessités de la vie présente. Je n'ignore pas, en effet, toutes les fâcheuses nécessités que le mariage impose dans la vie présente, et combien elles nous empêchent de nous occuper des choses de Dieu, autant qu'il le faudrait pour arriver à cette gloire, qui ne sera point le partage de tous ceux mêmes qui jouiront du salut et de la vie éternelle. « En effet, parmi les étoiles, il y en a qui brillent plus les unes que les autres. Il en sera de même à la résurrection des morts (I *Cor.*, XV, 41.) Il est donc avantageux à l'homme de demeurer comme il est. » (I *Cor.*, VII, 26.)

CHAPITRE XV. — 15. Saint Paul ajoute ensuite : « Etes-vous lié avec une femme, ne cherchez pas à vous délier ; n'avez-vous pas de femme, ne cherchez point à vous marier. »

tare quæ mundi sunt, quomodo placeat vir uxori, vel uxor viro. Non quod ea separent a regno Dei, sicut sunt peccata, quæ ideo præcepto, non consilio cohibentur, quia Domino præcipienti non obedire damnabile est : sed illud quod in ipso Dei regno amplius haberi posset, si amplius cogitaretur quomodo placendum esset Deo, minus erit utique cum hoc ipsum minus conjugii necessitate cogitatur. Ideo : « De virginibus, inquit, præceptum Domini non habeo. » Præcepto enim quisquis non obtemperat, reus est et debitor pœnæ. Proinde quia uxorem ducere vel nubere peccatum non est, si autem peccatum esset, præcepto vetaretur ; propterea præceptum Domini de virginibus nullum est. Sed quoniam devitatis remissisve peccatis, adeunda est vita æterna, in qua est quædam egregia gloria, non omnibus in æternum victuris, sed quibusdam ibi tribuenda, cui consequendæ parum est liberatum esse a peccatis, nisi aliquid ipsi liberatori voveatur, quod non sit criminis non vovisse, sed vovisse ac reddidisse sit laudis : « Consilium, inquit, do tanquam misericordiam consecutus a Deo, ut fidelis essem. » Neque enim invidere debeo fidele consilium, qui non meis meritis, sed Dei misericordia sum fidelis. « Existimo itaque hoc bonum esse propter præsentem necessitatem. » Hoc, inquit, unde præceptum Domini non habeo, sed consilium do, hoc est de virginibus, existimo bonum esse propter præsentem necessitatem. Novi enim quid præsentis temporis, cui conjugia serviunt, necessitas cogat, ut ea quæ Dei sunt minus cogitentur, quam sufficit adipiscendæ illi gloriæ, quæ non erit omnium, quamvis in æterna vita ac salute manentium. « Stella enim ab stella differt in claritate, sic et resurrectio mortuorum. » (I *Cor.*, XV, 41.) « Bonum est ergo homini sic esse. » (I *Cor.*, VII, 26.)

CAPUT XV. — 15. Deinde adjungit idem Apostolus, et dicit : « Alligatus es uxori, ne quæsieris solu-

(I *Cor.*, VII, 27.) Des deux choses qu'il avance, la première est un précepte qu'on ne peut violer. En effet, il n'est pas permis de quitter sa femme, si ce n'est pour cause d'adultère, comme le dit le Seigneur lui-même dans son Evangile (*Matth.*, XIX, 9.) La seconde, lorsqu'il dit : « N'avez-vous pas de femme, ne cherchez point à vous marier, » n'est pas un précepte, mais un conseil. Le mariage est donc permis, mais il est mieux de s'en abstenir. Enfin, saint Paul ajoute aussitôt : « Si vous épousez une femme, vous ne péchez pas; et si une fille se marie, elle ne pèche pas. » (I *Corinth.*, VII, 28.) Mais aux paroles précédentes : « Etes-vous lié avec une femme, ne cherchez pas à vous délier, » il n'a pas ajouté : Et si vous vous en séparez, vous ne péchez pas. Il aurait été en contradiction avec lui-même, puisque précédemment il avait dit : « Pour ceux qui sont mariés, ce n'est pas moi, mais le Seigneur qui ordonne que la femme ne doit pas se séparer de son mari; si elle s'en sépare, qu'elle reste sans se marier, ou qu'elle se réconcilie avec son mari. » (I *Cor.*, VII, 10, 11.) Il peut arriver, en effet, que ce ne soit pas elle, mais son mari qui soit cause de cette séparation. Quand il dit ensuite : « Que le mari non plus ne quitte pas sa femme, » c'est un précepte du Seigneur qu'il pose ici, et c'est pourquoi il n'ajoute pas : Et s'il la quitte, il ne pèche pas. Car cette défense faite à l'homme est un commandement de Dieu, auquel on ne peut désobéir sans péché, et non un simple conseil qu'on peut ne pas suivre si l'on veut, sans pour cela faire quelque chose de mal, quoique par là, cependant, on se prive de quelque bien. C'est pourquoi, après avoir dit : « N'avez-vous pas de femme, ne cherchez point à vous marier, » comme ce n'était pas un mal qu'il commandait de fuir, mais un bien qu'il conseillait, il ajoute aussitôt : « Si vous épousez une femme, vous ne péchez pas, et si une fille se marie, elle ne pèche pas non plus. »

CHAPITRE XVI.—16. Cependant l'Apôtre ajoute aux paroles précédentes : « Mais ces personnes-là souffriront dans leur chair des peines et des afflictions, et je voudrais vous les épargner. » (I *Cor.*, VII, 28.) Il exhorte ainsi les hommes à la virginité et à la continence perpétuelle, de manière à les détourner, mais avec précaution, du mariage non comme d'une chose mauvaise et illicite, mais comme d'un état qui peut causer bien des peines et des contrariétés dans la vie. Autre chose, en effet, est de consentir aux désirs honteux de la chair, autre chose est de ressentir des maux et des afflictions dans sa chair. Dans le premier cas, on est coupable; dans le second, on souffre des peines; ce que la plupart des hommes ne craignent pas de supporter pour les fins les plus honnêtes et les plus légitimes. Mais dans les temps présents où la propagation des enfants

---

tionem; solutus es ab uxore, ne quæsieris uxorem. » (I *Cor.*, VII, 27.) Horum duorum quod prius posuit, ad præceptum pertinet, contra quod non licet facere. Non enim licet dimittere uxorem, nisi ex causa fornicationis, sicut in Evangelio ipse Dominus dicit. (*Matth.*, XIX, 9.) Illud autem quod addidit : « Solutus es ab uxore, ne quæsieris uxorem, » consilii sententia est, contra quod non est peccati : licet itaque facere, sed melius est non facere. Denique continuo subjecit : « Et si acceperis uxorem, non peccasti; et si nupserit virgo, non peccat. » (I *Cor.*, VII, 28.) Illud autem prius cum dixisset : « Alligatus es uxori, ne quæsieris solutionem; » numquid addidit : Et si solveris, non peccasti? Jam enim supra dixerat : « His autem qui sunt in conjugio præcipio, non ego, sed Dominus, uxorem a viro non discedere; quod si discesserit, manere innuptam, aut viro suo reconciliari : » (*Ibid.*, 10, 11) fieri enim potest ut non sua culpa, sed mariti discedat. Deinde ait : « Et vir uxorem ne dimittat; » quod nihilo minus ex præcepto Domini posuit, nec ibi addidit : Et si dimiserit, non peccat.

Præceptum est enim hoc, cui non obedire peccatum est; non consilium, quo si uti nolueris, minus boni adipisceris, non mali perpetrabis. Propterea cum dixisset : « Solutus es ab uxore, ne quæsieris uxorem; » quia non præcipiebat ne malum fieret, sed consulebat ut melius fieret; continuo subjunxit : « Et si acceperis uxorem, non peccasti; et si nupserit virgo, non peccat. »

CAPUT XVI. — 16. Addidit tamen : « Tribulationem autem carnis habebunt hujusmodi, ego autem vobis parco : » (I *Cor.*, VII, 28) hoc modo exhortans ad virginitatem continentiamque perpetuam, ut aliquantulum a nuptiis etiam deterreret, modeste sane, non tanquam a re mala et illicita, sed tanquam ab onerosa ac molesta. Aliud est enim admittere carnis turpitudinem, aliud habere carnis tribulationem : illud est criminis facere, hoc laborie est pati, quem plerumque homines etiam pro officiis honestissimis non recusant. Sed pro habendo conjugio jam hoc tempore, quo non per carnis propaginem venturo Christo ipsius prolis propagatione servitur, istam

n'est plus utile à l'avénement de Jésus-Christ selon la chair, il serait hors de raison de s'exposer par le mariage aux tribulations de la chair, que l'Apôtre prédit à ceux qui veulent se marier, à moins que ceux qui ne peuvent garder la continence ne craignent de tomber, par les séductions du démon, dans des péchés qui mériteraient la damnation. Lorsque l'Apôtre dit qu'il veut épargner ceux auxquels il prédit des afflictions et des peines dans leur chair, je ne puis mieux expliquer sa pensée, qu'il n'a pas voulu développer par beaucoup de paroles, qu'en la rapportant aux tribulations de la chair, qu'il annonce à ceux qui se marient; c'est-à-dire aux soupçons et aux jalousies qui s'élèvent entre époux, aux douleurs de l'enfantement, à la peine de nourrir et d'élever les enfants, ainsi qu'à la crainte et au chagrin de les perdre. En effet, quiconque s'engage dans les liens du mariage n'est-il pas continuellement agité et tourmenté par ces différentes affections de l'esprit et du cœur? Mais ce n'est pas à nous de les exagérer, car ce ne serait pas ménager ceux que l'Apôtre a voulu épargner.

Chapitre XVII. — 17. Ce que je viens d'exposer en peu de mots est pour avertir le lecteur d'être en garde contre ceux qui, pour blâmer le mariage, s'appuient sur ces paroles que l'Apôtre adresse aux Corinthiens : « Mais ces personnes-là souffriront dans leur chair des peines et des afflictions, et je voudrais vous les épargner. »
(I *Cor.*, VII, 28.) On prétend ainsi que l'Apôtre n'ayant pas voulu condamner ouvertement le mariage, l'a cependant fait indirectement en disant : « Mais moi je voudrais vous les épargner. » Or, saint Paul, en épargnant les autres, n'aurait pas épargné sa propre conscience, s'il avait menti, en disant : « Si vous épousez une femme, vous ne péchez pas, et si une fille se marie, elle ne pèche pas non plus. » (I *Cor.*, VII, 28.) Ceux qui croient cela des saintes Ecritures, ou qui veulent le faire croire aux autres, veulent en quelque sorte s'ouvrir un chemin au mensonge, ou trouver le moyen de défendre la perversité de leur opinion, en avançant ce qui est contraire à la saine doctrine. En effet, si pour confondre leurs erreurs, on leur cite quelques témoignages évidents des livres divins, ils les repoussent par cette réponse qu'ils ont toute prête, et dont ils se couvrent comme d'un bouclier, pour se défendre contre la vérité, pendant qu'ils se découvrent eux-mêmes et s'exposent aux traits et aux blessures du démon. L'auteur de ce livre, répondent-ils, n'a pas dit la vérité; s'il a parlé de la sorte, c'est pour épargner les faibles, ou pour effrayer ceux qui ont trop de confiance en eux-mêmes. En un mot, ils saisissent tous les moyens qui leur paraissent les plus avantageux, pour défendre leur mauvaise doctrine. C'est ainsi que, aimant mieux défendre que de corriger leur pernicieuse erreur, ils s'efforcent de détruire l'autorité de la sainte Ecri-

---

tribulationem carnis, quam nupturis prædicit Apostolus, suscipere tolerandam perstultum esset, nisi metueretur incontinentibus, ne tentante satana in peccata damnabilia laberentur. Quod autem se dicit eis parcere, quos ait tribulationem carnis habituros, nihil mihi interim sanius occurrit, quam eum noluisse aperire et explicare verbis eamdem ipsam carnis tribulationem, quam prænuntiavit eis qui eligunt nuptias, in suspicionibus zeli conjugalis, in procreandis filiis atque nutriendis, in timoribus et mœroribus orbitatis. Quotus enim quisque, cum se connubii vinculis alligaverit, non istis trahatur atque agitetur, affectibus? Quos neque nos exaggerare debemus, ne ipsis non parcamus, quibus parcendum existimavit Apostolus.

Caput XVII. — 17. Tantum per hoc quod breviter posui, cautum fieri lectorem oportuit adversus eos, qui in hoc quod scriptum est : « Tribulationem autem carnis habebunt hujusmodi, ego autem vobis parco,
nuptiis calumniantur, quod eas ex obliquo sententia ista damnaverit; velut ipsam damnationem noluerit dicere, cum ait : « Ego autem vobis parco : » (I *Cor.*, VII, 28) ut videlicet cum istis parcit, animæ suæ non pepercerit, si mentiendo dixit : « Et si acceperis uxorem, non peccasti; et si nupserit virgo, non peccat. » (*Ibid.*) Quod qui de sancta Scriptura credunt vel credi volunt, tanquam viam sibi muniunt ad mentiendi licentiam, vel ad defensionem suæ perversæ opinionis, ubicumque aliud sentiunt quam sana doctrina postulat. Si quid enim manifestum de divinis libris prolatum fuerit, quo eorum confutentur errores, hoc ad manum habent velut scutum, quo se adversus veritatem quasi tuentes nudent a diabolo vulnerandos, ut dicant hoc auctorem libri non verum dixisse, alias ut infirmis parceret, alias ut contemptores terreret; sicut occurrerit causa, qua eorum perversa sententia defendatur : atque ita dum ea quæ opinantur, defendere quam corrigere malunt, Scripturæ sanctæ auctoritatem frangere conantur,

ture, qui seule peut dompter l'orgueil et l'opiniâtreté des hommes.

Chapitre XVIII. — 18. J'exhorte donc tous ceux et toutes celles qui font profession de continence perpétuelle et de sainte virginité, à préférer au mariage le bien appartenant à leur état, sans toutefois regarder le mariage comme un mal, et à s'en tenir aux paroles véridiques de l'Apôtre, lorsqu'il dit : « Celui qui donne sa fille en mariage fait bien ; celui qui ne la donne pas fait mieux encore. — Si vous épousez une femme, vous ne péchez pas, et si une fille se marie, elle ne pèche pas non plus ; » et un peu après : « Mais, à mon avis, elle sera plus heureuse encore, si elle demeure telle qu'elle est. » (I *Cor.*, VII, 38, 28 et 40.) Et dans la crainte qu'on ne regarde ce conseil comme venant d'un homme, saint Paul ajoute : « Et je crois que j'ai aussi l'esprit de Dieu. » La doctrine du Seigneur, la doctrine des apôtres, la véritable et saine doctrine est donc de choisir les biens les meilleurs, sans mépriser ceux qui ne le sont pas autant. Or, la vérité de Dieu, dans les divines Ecritures, est préférable à la virginité de l'homme dans son esprit et dans son corps. Il faut donc aimer la chasteté de manière à ne pas méconnaître la vérité. Quel mal, en effet, ne peuvent pas penser de leur propre chair ceux qui croient que l'Apôtre a pu corrompre en quelque sorte par un mensonge la virginité de sa parole, dans le passage où il recommande la virginité du corps ? Ainsi, en premier lieu et avant tout, ceux qui choisissent le bien de la sainte virginité, doivent être bien convaincus qu'il n'y a aucun mensonge dans les saintes Ecritures, et que, par conséquent, il n'y a rien que de vrai dans ces paroles de saint Paul : « Si vous épousez une femme, vous ne péchez pas, et si une fille se marie, elle ne pèche pas non plus. » On ne doit donc pas croire que si le mariage n'est pas un mal, le bien de la virginité en soit moins excellent pour cela. Les vierges, au contraire, doivent être convaincues qu'elles se sont préparé une gloire d'autant plus grande, que si elles ne sont pas mariées, ce n'est pas par crainte d'être damnées, mais pour être couronnées plus glorieusement en renonçant au mariage. Ceux donc qui ne veulent pas se marier ne doivent pas éviter le mariage comme une chose qui les ferait tomber dans l'abîme du péché ; mais qu'elles le laissent de côté, comme une colline où elles ne trouveraient qu'un moindre bien, pour aller jouir du repos sur les hauteurs de la continence parfaite. On n'habite, en effet, cette colline qu'à la condition de n'en plus descendre, puisque, comme le dit l'Apôtre : « La femme mariée est liée à son mari par la loi tant qu'il est vivant. » (I *Cor.*, VII, 39.) Le mariage toutefois est comme un degré qui permet à la femme de s'élever jusqu'à la continence des

---

qua una omnes cervices superbæ duræque franguntur.

Caput XVIII. — 1°. Unde sectatores et sectatrices perpetuæ continentiæ et sacræ virginitatis admoneo, ut bonum suum ita præferant nuptiis, ne malum judicent nuptias : neque fallaciter, sed plane veraciter ab Apostolo dictum noverint : « Qui dat nuptum, bene facit ; et qui non dat nuptum, melius facit. (I *Cor.*, VII, 38.) Et si acceperis uxorem non peccasti ; et si nupserit virgo, non peccat. » Et paulo post : « Beatior autem erit, si sic permanserit, secundum meam sententiam. » (*Ibid.*, 28.) Et ne humana sententia putaretur, adjungit : « Puto autem et ego Spiritum Dei habeo. » (*Ibid.*, 40.) Hæc dominica, hæc apostolica, hæc vera, hæc sana doctrina est, sic eligere dona majora, ne minora damnentur. Melior est in Scriptura Dei veritas Dei, quam in cujusquam mente aut carne virginitas hominis. Quod castum est sic ametur, ut quod verum est non negetur. Nam quid mali non possunt etiam de sua carne cogitare, qui credunt apostolicam linguam in eo ipso loco ubi virginitatem corporis commendabat, a corruptione mendacii virginem non fuisse ? Primitus ergo ac maxime, qui bonum virginitatis eligunt, Scripturas sanctas firmissime teneant nihil esse mentitas : ac per hoc etiam illud verum esse quod dictum est : « Et si acceperis uxorem, non peccasti ; et si nupserit virgo, non peccat. » Nec putent minui tam magnum integritatis bonum, si nuptiæ non erunt malum. Imo vero hinc sibi potius majoris gloriæ palmam præparatam esse (a) confidat, quæ non damnari si nuberet timuit, sed honoratius coronari, quia non nuberet, concupivit. Qui ergo sine conjugio permanere voluerint, non tanquam foveam peccati nuptias fugiant : sed tanquam collem minoris boni transcendant, ut in majoris continentiæ monte requiescant. Ea quippe lege collis iste inhabitatur, ut non cum voluerit quis emigret. « Mulier enim alligata est, quamdiu vir ejus vivit. » (I *Cor.*, VII, 39.) Verumtamen ad continentiam vidualem ab ipso tan-

---

(a) Sola editio Lov. *confidant, quæ non damnari si nuberent timuerunt, sed honoratius coronari, quia non nubere concupierunt.*

veuves ; mais pour atteindre à celle des vierges, elle doit ou laisser de côté ce degré, c'est-à-dire le mariage, en refusant de s'unir à ceux qui lui en exprimeraient le désir, ou passer par-dessus en prévenant même leur demande.

Chapitre XIX.—19. Mais pour qu'on n'aille pas s'imaginer que les récompenses de ces deux états, dont l'un est bon et l'autre meilleur, seront égales, j'ai dû réfuter ceux qui ont interprété ces paroles de l'Apôtre : « Je crois qu'il est avantageux à l'homme de ne pas se marier, à cause des fâcheuses nécessités de la vie présente, » (I *Cor.*, VII, 26) dans ce sens que la virginité n'est utile que pour la vie présente, et non pour le royaume du ciel ; mais que ceux qui la choisissent comme un bien préférable, n'auront pas dans la vie éternelle une récompense plus grande que les autres. Lorsque dans cette réfutation nous en sommes venus à ce que dit le même Apôtre : « Ceux qui se marient souffriront dans leur chair des peines et des afflictions, et je voudrais vous les épargner, » (I *Cor.*, VII, 28) nous nous sommes trouvés en face d'une autre opinion contraire, qui non-seulement n'égale pas le mariage à l'état d'une continence perpétuelle, mais encore le condamne entièrement. Il y a exagération des deux côtés, soit que l'on condamne entièrement le mariage, soit qu'on l'égale à la sainte virginité ; ces deux erreurs dont nous devons nous préserver se contredisent l'une l'autre, parce que de part et d'autre on n'a pas voulu s'en tenir dans le juste milieu de la vérité, où l'on voit et par des raisons certaines, et par l'autorité des saintes Ecritures, que le mariage n'est pas un mal, et que pourtant il ne faut pas l'égaler au bien de la continence des vierges, ni même à celui de la continence des veuves.

Chapitre XX. — Les uns, par leur trop grand amour pour la virginité, ont regardé le mariage comme aussi condamnable que l'adultère. Les autres, en prenant la défense du mariage, ont prétendu que la vertu de la continence perpétuelle n'était pas plus méritoire que la pudeur conjugale : comme si la chasteté de Susanne devait être l'humiliation de Marie, ou que le bien beaucoup plus excellent de Marie dût être la condamnation de Suzanne.

20. A Dieu ne plaise que l'Apôtre, en disant à ceux qui sont mariés ou à ceux qui veulent s'engager dans le mariage : « Pour moi je veux vous épargner, » (I *Corinth.*, VII, 28) ait parlé de la sorte, parce qu'il ne voulait pas dire ouvertement quelle était la peine réservée dans la vie future à ceux qui se marieraient! A Dieu ne plaise que saint Paul envoie dans les enfers la femme que Daniel a délivrée de la justice temporelle des hommes. A Dieu ne plaise que le lit conjugal soit devant le tribunal de Jésus-Christ, un sujet de condamnation pour celle qui, afin

---

quam gradu conscenditur : propter virginalem vero vel declinandus est non consentiendo petitoribus, vel transiliendus præveniendo petitores.

Caput XIX. — 19. Ne quis autem putaret duorum operum boni atque melioris æqualia fore præmia, propterea contra eos disserendum fuit, qui quod ait Apostolus : « Existimo autem hoc bonum esse propter præsentem necessitatem, » (I *Cor.*, VII, 26) ita interpretati sunt, ut non propter regnum cœlorum, sed propter sæculum præsens virginitatem utilem dicerent, tanquam in illa vita æterna nihil cæteris amplius habituri essent, qui hoc melius elegissent. In qua disputatione cum ad illud veniremus quod idem Apostolus ait : « Tribulationem autem carnis habebunt hujusmodi, ego autem vobis parco ; » (*Ibid.*, 28) in alios litigatores incurrimus, qui non æquales perpetuæ continentiæ nuptias facerent, sed eas omnino damnarent. Nam cum error uterque sit, vel æquare sanctæ virginitati nuptias, vel damnare : (*a*) nimis invicem fugiendo, duo isti errores adversa fronte confligunt, quia veritatis medium tenere noluerunt ; quo et certa ratione, et sanctarum Scripturarum auctoritate, nec peccatum esse nuptias invenimus, nec eas bono vel virginalis continentiæ, vel etiam vidualis æquamus.

Caput XX. — Alii quippe appetendo virginitatem, nuptias tanquam adulterium detestandas esse putaverunt : alii vero defendendo connubium, excellentiam perpetuæ continentiæ nihil mereri amplius quam conjugalem pudicitiam voluerunt ; quasi vel Susannæ bonum, Mariæ sit humiliatio ; vel Mariæ majus bonum, Susannæ debeat esse damnatio.

20. Absit ergo ut ita dixerit Apostolus nuptis sive nupturis : « Ego autem vobis parco ; » tanquam noluerit dicere, quæ pœna conjugatis in futuro sæculo debeatur. Absit ut a Daniele de temporali judicio liberatam Paulus mittat in gehennam. Absit ut maritalis thorus ei pœna sit ante tribunal Christi, cui fidem servando elegit sub falsa accusatione adulterii vel periclitari, vel mori. Quid egit vox illa : «Melius

---

(*a*) Editio Lov. omittit, *nimis* : et loco *fugiendo*, habet cum Er. *fugiendi*. Emendatur ex Mss.

de rester fidèle à son époux, aima mieux s'exposer à l'affront d'être accusée d'adultère et même à la mort! Quel a été l'effet de ces paroles : « J'aime mieux tomber entre vos mains que de pécher en la présence de Dieu, » (I *Cor.*, VII, 28) si Dieu ne devait pas la délivrer, parce qu'elle était fidèle à la chasteté du lit conjugal, mais au contraire la condamner parce qu'elle était mariée? Cet effet, le voici : c'est que maintenant, toutes les fois qu'on s'appuie sur la vérité des saintes Ecritures, pour défendre la chasteté conjugale contre ceux qui calomnient, ou qui condamnent le mariage, c'est Susanne qui est défendue par le Saint-Esprit même contre les faux témoins, justifiée du crime dont on l'accuse, cette défense produit un effet plus important encore ; car alors il ne s'agissait que d'une femme mariée, et toutes aujourd'hui sont défendues par la cause de cette femme. Alors, c'était une seule qui était accusée d'un adultère secret et faux, et aujourd'hui on voudrait faire à toutes un crime du mariage légitime et public; alors, c'était une seule femme qui était mise en accusation sur la déposition d'iniques et impudents vieillards, aujourd'hui on s'appuie sur ce que l'Apôtre n'a jamais voulu dire, pour accuser tous les maris et toutes les femmes. Saint Paul, leur dit-on, a voulu dissimuler votre condamnation, lorsqu'il dit : « Pour moi, je veux vous épargner. » (I *Corinth.*, VII, 28.) Mais qui donc a dit cela? N'est-ce pas celui qui avait dit précédemment : « Si vous épousez une femme, vous ne péchez pas, et si une fille se marie, elle ne pèche pas non plus? » (*Ibid.*) De quel droit supposez-vous, que sa modeste réticence soit une condamnation du mariage, et ne reconnaissez-vous pas dans ce qu'il dit ouvertement, la défense et l'approbation du mariage même? Condamnerait-il par son silence ceux qu'il absout par sa parole? Il serait certainement moins injurieux d'accuser Susanne, non pas d'être mariée, mais même d'être adultère, que d'accuser de mensonge la doctrine des apôtres. Que nous resterait-il à faire dans un si grand danger, s'il n'était pas aussi évident et certain que les liens du chaste mariage ne sauraient être condamnés, qu'il est évident et certain que la sainte Ecriture ne peut commettre de mensonge?

CHAPITRE XXI. — 21. Mais, dira-t-on, en quoi tout cela touche-t-il la sainte virginité, ou l'état de continence perpétuelle, dont il s'agit dans ce traité? A cette question je répondrai d'abord, comme je l'ai déjà dit plus haut, que l'excellence de cet état, comme un bien de beaucoup supérieur au mariage, paraît d'autant plus grande, que pour y parvenir, il n'est pas nécessaire d'éviter le mariage comme un péché, mais de s'élever au-dessus comme un moindre bien. Autrement, il ne faudrait pas faire un éloge particulier de la continence, il suffirait de ne pas la blâmer, si on l'observait uniquement parce que

est mihi incidere in manus vestras, quam peccare in conspectu Dei, » (*Dan.*, XIII, 23) si Deus eam fuerat, non quia pudicitiam nuptialem servabat liberaturus, sed quia nupserat damnaturus? Et nunc quotiens castitas conjugalis adversus calumniatores criminatoresque nuptiarum Scripturæ sanctæ veritate munitur, totiens a Spiritu sancto contra falsos testes Susanna defenditur, totiens a falso crimine liberatur, et multo majore negotio. Tunc enim uni conjugatæ, nunc omnibus; tunc de occulto et falso adulterio, nunc de vero et manifesto connubio crimen intenditur. Tunc una mulier ex eo quod iniqui seniores dicebant, nunc omnes mariti et uxores ex eo quod Apostolus dicere noluit, accusantur. Damnationem quippe vestram, inquiunt, tacuit, cum ait : « Ego autem vobis parco. » (II *Cor.*, VII, 28.) Quis hoc? Nempe ille qui superius dixerat : « Et si acceperis uxorem, non peccasti; et si nupserit virgo, non peccat. » (*Ibid.*) Cur igitur in eo quod modeste tacuit, conjugiorum suspicamini crimen; et in eo quod aperte dixit, conjugiorum non agnoscitis defensionem? An eos damnat tacitus, quos locutus absolvit? Nonne jam mitius accusator Susanna, non de conjugio, sed de ipso adulterio, quam doctrina apostolica de mendacio? Quid in tanto periculo faceremus, nisi tam certum apertumque esset pudicas nuptias non debere damnari, quam certum apertumque est sanctam Scripturam non posse mentiri?

CAPUT XXI. — 21. Hic dicet aliquis : Quid hoc pertinet ad sacram virginitatem, vel perpetuam continentiam, cujus prædicatio isto sermone suscepta est? Cui respondeo primo, quod superius commemoravi, ex hoc gloriam majoris illius boni esse majorem, quod ejus adipiscendæ causa bonum conjugale transcenditur, non peccatum conjugii devitatur. Alioquin perpetuæ continentiæ (a) non præcipue laudari, sed tantum non vituperari sufficeret; si propterea teneretur, quoniam nubere crimen esset. Deinde quia

(a) Editi, *continentiæ bonum*. Abest *bonum* a Mss.

le mariage serait un crime. Ensuite, comme on doit exhorter les hommes à embrasser, comme un don particulier du ciel, l'état de la continence, non d'après des raisons humaines, mais en s'appuyant sur l'autorité des saintes Ecritures, on doit leur faire voir, non légèrement, mais avec force, que les livres divins ne contiennent rien de contraire à la vérité. Car ce serait détourner les vierges du saint état de la virginité, plutôt que les y exhorter, si on les forçait à demeurer dans cet état, en condamnant le mariage. Comment pourraient-elles ajouter foi à ce qui est écrit : « Mais celui qui ne marie pas sa fille, fait encore mieux, » (I Corinth., VII, 38) si elles regardaient comme un mensonge ce que l'Apôtre a dit précédemment : « Et celui qui marie sa fille, fait bien ? » (Ibid.) Si, au contraire, elles croient indubitablement ce que la sainte Ecriture dit du bien du mariage, fortifiées par l'autorité de la parole divine qui ne saurait mentir, elles auront plus de ferveur et plus de confiance pour s'élever au-dessus du bien du mariage, et courir en quelque sorte avec allégresse vers le bien supérieur de la virginité. Nous avons donc dit tout ce qu'il fallait pour soutenir la tâche que nous avons entreprise, et nous avons démontré, autant que nous l'avons pu, que les paroles de l'Apôtre : « Il est avantageux de ne pas se marier, à cause des fâcheuses nécessités de la vie présente, » (I Cor., VII, 26) ne doivent pas être comprises comme s'il avait dit, que l'état des vierges sacrées est, dans cette vie, préférable à celui des femmes chrétiennes qui sont engagées dans le mariage; mais que dans le royaume des cieux et dans la vie future, elles auront les unes et les autres le même sort et la même part de félicité. Nous avons également prouvé qu'il ne fallait pas non plus interpréter ce que le même Apôtre dit au sujet des personnes qui se marient : « Elles sentiront dans leur chair des afflictions et des maux, je voudrais vous les épargner, » (I Corinth., VII, 28) comme s'il eût mieux aimé dissimuler par sa réticence, que de déclarer ouvertement, que le mariage est un péché digne de la damnation. Ces deux opinions renferment deux erreurs dont l'une est contraire à l'autre, et qui viennent de ce qu'on a mal compris les paroles de l'Apôtre. Ceux qui interprètent en faveur de leur sentiment ce qu'il dit concernant les fâcheuses nécessités de la vie présente, s'efforcent d'égaler le mariage à la continence, et ceux qui condamnent le mariage comme un mal, s'appuient sur ces paroles du même Apôtre : « Mais moi, je veux vous épargner ces afflictions. » Pour nous, selon la foi due aux saintes Ecritures et à la saine doctrine, nous soutenons que le mariage n'est pas un péché, mais que cependant, quoique bon en lui-même, il est au-dessous, non-seulement de la virginité, mais encore de la continence des veuves, et que les nécessités fâcheuses attachées présentement au mariage, ne sont pas un obstacle pour arriver à la vie éternelle, mais seule-

non humana sententia, sed divinæ Scripturæ auctoritate ad tam excellens donum homines exhortandi sunt, non mediocriter neque prætereunter agendum est, ne cuiquam ipsa divina Scriptura in aliquo mentita videatur. Dehortantur enim potius quam exhortantur virgines sacras, qui eas sic permanere nuptiarum damnatione compellunt. Unde enim confidant verum esse quod scriptum est : « Et qui non dat nuptum, melius facit; » (I Cor., VII, 38) si falsum putant esse quod juxta superius nihilo minus scriptum est : « Et qui dat virginem suam, bene facit ? » Si autem loquenti Scripturæ de nuptiarum bono indubitanter crediderint, eadem cœlestis eloquii veracissima auctoritate firmatæ ad melius suum ferventi ac fidenti alacritate transcurrent. Unde jam satis pro suscepto negotio diximus, et quantum potuimus demonstravimus. nec illud quod ait Apostolus : « Existimo autem hoc bonum esse propter præsentem necessitatem, » (I Cor., VII, 26) sic esse accipiendum, tanquam in hoc sæculo meliores sint sacræ virgines fidelibus conjugatis, in regno autem cœlorum atque in futuro sæculo pares sint: nec illud ubi ait de nubentibus : « Tribulationem autem carnis habebunt hujusmodi, ego autem vobis parco, » (Ibid., 28) ita intelligendum, tanquam nuptiarum peccatum et damnationem maluerit tacere quam dicere. Harum quippe duarum sententiarum singulas, duo errores sibimet contrarii non eas intelligendo tenuerunt. Illam enim de præsenti necessitate illi pro se interpretantur, qui nubentes non nubentibus æquare contendunt : hanc vero ubi dictum est : « Ego autem vobis parco, » illi qui nubentes damnare præsumunt. Nos autem secundum Scripturarum sanctarum fidem sanamque doctrinam, nec peccatum esse dicimus nuptias, et earum tamen bonum non solum infra virginalem, verum etiam infra vidualem continentiam constituimus; præsentemque necessitatem conjugatorum, non quidem ad

ment pour atteindre à l'excellence de la gloire réservée à la continence perpétuelle. Nous soutenons aussi, que dans les temps où nous vivons, le mariage n'est utile qu'à ceux qui ne sont pas assez forts pour garder la continence; et que, quant aux tribulations de la chair, venant de ces affections charnelles, dont le mariage des personnes qui ne peuvent se contenir ne saurait être exempt, l'Apôtre n'a voulu ni les cacher, ni déguiser la vérité, mais que pour épargner la faiblesse humaine, il s'est seulement abstenu de s'expliquer pleinement à ce sujet.

CHAPITRE XXII. — 22. Nous devons maintenant faire voir plus clairement, par les témoignages les plus évidents des saintes Ecritures, autant qu'il s'en présentera à notre mémoire, que ce n'est pas pour la vie présente, mais pour celle qui nous est promise dans le royaume des cieux, qu'on doit choisir l'état de continence perpétuelle. Qui pourrait en douter, quand on lit attentivement ce que le même Apôtre dit un peu après : « Celui qui n'est pas marié s'occupe des choses du Seigneur et des moyens de lui plaire (I *Corinth.*, VII, 32), mais celui qui est marié s'occupe des choses du monde, et des moyens de plaire à sa femme. Il y a cette différence entre une femme qui n'est pas mariée et une vierge : la femme qui n'est pas mariée, s'occupe des choses qui regardent le Seigneur, pour être sainte d'esprit et de corps; tandis que celle qui est mariée s'occupe des choses du monde, et des moyens de plaire à son mari. » (I *Corinth.*, VII, 32, 34.) Saint Paul ne dit pas, que celui qui n'est pas marié pense uniquement à ce qui peut assurer sa tranquillité pendant cette vie, afin de la passer sans de trop graves tribulations. Il ne dit pas non plus que l'état d'une femme qui n'est pas mariée et celui d'une vierge diffère de la condition d'une femme mariée, en ce que celle qui n'est pas mariée, passe une vie tranquille et exempte des afflictions temporelles, inséparables du mariage; mais en ce que celle « qui n'est pas mariée s'occupe des choses qui regardent le Seigneur et ne pense qu'aux moyens de lui plaire, afin d'être sainte d'esprit et de corps. » A moins qu'on ne porte l'esprit de contention jusqu'à affirmer contre toute raison, que ce n'est pas pour le royaume des cieux, mais pour la vie présente que nous voulons plaire au Seigneur, et que c'est pour cette vie terrestre, et non pour l'éternelle vie, que les femmes doivent être saintes d'esprit et de corps. Penser ainsi, n'est-ce pas être le plus misérable de tous les hommes? En effet, que dit l'Apôtre? « Si nous n'avons d'espérance en Jésus-Christ

vitam æternam, verumtamen ad excellentem gloriam et honorem qui perpetuæ continentiæ reservatur, impedire eorum meritum dicimus ; neque hoc tempore nisi eis qui se non continent nuptias expedire, tribulationemque carnis ex affectu carnali venientem, sine quo nuptiæ incontinentium esse non possunt, nec tacere voluisse Apostolum vera præmonentem, nec plenius explicare hominum infirmitati parcentem.

CAPUT XXII. — 22. Nunc jam Scripturarum divinarum evidentissimis testimoniis, quæ pro nostræ memoriæ modulo recordari valuerimus, clarius appareat, non propter præsentem hujus sæculi vitam, sed propter futuram quæ in regno cœlorum promittitur, perpetuam continentiam (*a*) deligendam. Quis autem hoc non advertat in eo quod paulo post idem Apostolus ait (I *Cor.*, VII, 32, etc.) : « Qui sine uxore est, cogitat ea quæ sunt Domini, quomodo placeat Domino : qui autem matrimonio junctus est, cogitat ea quæ sunt mundi, quomodo placeat uxori. (*b*) Et divisa est mulier innupta et virgo : quæ innupta est, sollicita est quæ sunt Domini, ut sit sancta et corpore et spiritu : quæ autem nupta est, sollicita est quæ sunt mundi, quomodo placeat viro. » Non utique ait, cogitat ea quæ securitatis sunt in hoc sæculo, ut sine gravioribus molestiis tempus transigat : neque ad hoc divisam dicit innuptam et virginem ab ea quæ nupta est, id est distinctam atque discretam ut innupta in hac vita secura sit propter temporales molestias evitandas, quibus nupta non caret: sed : « Cogitat, inquit, quæ sunt Domini, (*c*) quomodo placeat Domino, et sollicita est quæ sunt Domini, ut sit sancta et corpore et spiritu. » Nisi forte usque adeo quisque insipienter contentiosus est, ut conetur asserere, non propter regnum cœlorum, sed propter præsens sæculum Domino placere nos velle, aut propter vitam istam, non propter æternam esse sanctas et corpore et spiritu. Hoc credere, quid est aliud, nisi miserabiliorem esse omnibus hominibus? Sic enim Apostolus ait : « Si in hac vita tantum in

---

(*a*) Sic Mss. Editi vero, *diligendam*. — (*b*) Er. *Et divisa est mulier nupta, et virgo quæ innupta est* : *sollicita est quæ sunt Domini*. Multo mendosius editio Lov. post *placea' uxori*, prosequitur sic , *et divisus est. Mulier etiam innupta sollicita est quæ sunt Domini*. Redintegratur locus ope vetustissimorum codicum, hic et supra in lib. *de Bono Conjugali*, cap. x. — (*c*) In Mss. omittitur, *quomodo placeat Domino*, *et sollicita est quæ sunt Domini.*

que pour cette vie, nous sommes les plus misérables de tous les hommes. » (I *Corinth.*, xv, 19.) Si l'on regarde comme peu sensé celui qui partage son pain avec celui qui a faim, seulement en vue de la vie présente, peut-on regarder comme sage celui qui châtie son corps par une continence perpétuelle, sans vouloir s'engager dans le mariage, si cela ne doit lui être d'aucune utilité dans le royaume des cieux ?

Chapitre XXIII. — 23. Enfin, écoutons à ce sujet le jugement formel de Notre-Seigneur lui-même. Comme sa bouche divine venait de prononcer un jugement terrible, qui défendait aux époux de se séparer l'un de l'autre, si ce n'est pour cause d'adultère, ses disciples lui dirent : « Si telle est la condition de l'homme avec la femme, il n'est pas avantageux de se marier. » A quoi Jésus leur répondit : « Tous n'entendent pas cette parole, car il y a des eunuques qui sont nés tels, il y en a qui ont été faits eunuques par les hommes; il y en a aussi qui se sont faits eunuques eux-mêmes, pour gagner le royaume des cieux; que celui qui peut comprendre cela le comprenne. » (*Matth.*, xix, 10-12.) Peut-on parler avec plus de vérité, avec plus de clarté? C'est Jésus-Christ qui dit, c'est la vérité qui dit, c'est la vertu et la sagesse de Dieu qui disent que ceux qui prennent la pieuse résolution de s'abstenir du mariage, « se rendent eunuques eux-mêmes, pour gagner le royaume des cieux, » et la vanité humaine, par une impie témérité, prétend que ceux qui le font, évitent seulement par là les tribulations nécessairement attachées à l'état du mariage, mais qu'ils n'auront rien de plus que les autres dans le royaume des cieux.

Chapitre XXIV. — 24. Quels sont donc ces eunuques dont Dieu parle par son prophète Isaïe, et auxquels « il promet de donner dans sa maison et dans l'enceinte de ses murs, une place particulière et beaucoup plus honorable qu'à ses autres enfants, » (*Isaïe*, LVI, 5) sinon ceux qui se rendent eunuques eux-mêmes, pour gagner le royaume des cieux? Car pour ceux que les hommes font eunuques, afin qu'ils ne puissent pas engendrer, comme sont les eunuques des puissants et des rois, ils auront, s'ils sont chrétiens et qu'ils observent les commandements de Dieu, étant du reste dans l'intention de se marier, s'ils le pouvaient, ils auront, dis-je, une place égale à celle des autres fidèles mariés, qui élèvent dans la crainte de Dieu les enfants qu'ils ont eus d'un chaste et légitime mariage, et à qui ils apprennent à mettre leur espérance dans le Seigneur; mais ils ne doivent pas espérer d'y obtenir un rang meilleur que celui « des autres enfants, » car ce n'est point par vertu de l'âme, mais par impuissance de la chair qu'ils ne se marient pas. On peut prétendre, si l'on veut,

---

Christo sperantes sumus, miserabiliores sumus omnibus hominibus. » (I *Cor.*, xv, 19.) An vero qui frangit panem suum esurienti, si tantum propter hanc vitam facit, stultus est; et ille erit prudens, qui castigat corpus suum usque ad continentiam, qua nec conjugio misceatur, si ei nihil proderit in regno cœlorum ?

Caput XXIII. — 23. Postremo ipsum Dominum audiamus evidentissimam hinc sententiam proferentem. Nam cum de conjugibus non separandis nisi causa fornicationis divine ac terribiliter loqueretur, dixerunt ei discipuli : « Si talis est causa cum uxore, non expedit nubere. » (*Matth.*, xix, 10, etc.) Quibus ille : « Non omnes, inquit, capiunt verbum hoc : sunt enim spadones qui ita nati sunt; sunt autem alii qui ab hominibus facti sunt; et sunt spadones qui se ipsos castraverunt propter regnum cœlorum : qui potest capere, capiat. » Quid veracius, quid lucidius dici potuit? Christus dicit, Veritas dicit, Virtus et Sapientia Dei dicit, eos qui pio proposito ab uxore ducenda se continuerint, castrare se ipsos propter regnum cœlorum, et contra humana vanitas impia temeritate contendit, eos qui hoc faciunt, præsentem tantummodo necessitatem molestiarum conjugalium devitare, in regno autem cœlorum amplius quidquam cæteris non habere?

Caput XXIV. — 24. De quibus autem spadonibus loquitur Deus per Isaiam prophetam, quibus se dicit daturum in domo sua et in muro suo locum nominatum, meliorem multo quam filiorum atque filiarum, nisi de his qui se ipsos castrant propter regnum cœlorum? Nam illis quibus ipsum virile membrum debilitatur, ut generare non possint, sicut sunt eunuchi divitum et regum, sufficit utique cum Christiani fiunt, et Dei præcepta custodiant, eo tamen proposito sunt, ut conjuges si potuissent haberent, cæteris in domo Dei conjugatis fidelibus adæquari, qui prolem licite pudiceque susceptam in Dei timore nutriunt, docentes filios suos ut ponant in Deo spem suam; non autem accipere meliorem locum quam est filiorum atque filiarum. Neque enim uxores animi virtute, sed carnis necessitate non ducunt.

que le prophète a voulu seulement parler de ceux qui sont eunuques selon la chair; j'y consens, car cette erreur vient à l'appui de la cause que nous défendons. Dieu, en effet, ne préfère pas ces eunuques à ceux qui n'ont aucune place dans sa maison, mais à ceux qui vivent méritoirement dans le mariage, n'ayant en vue que la génération des enfants. En effet, lorsqu'il dit : « Je leur donnerai une place beaucoup plus honorable; » (*Isaïe*, LVI, 5) il montre clairement qu'il donnera aussi une place à ceux qui sont mariés, mais inférieure à l'autre. Nous accordons donc que les eunuques qui auront une place dans la maison de Dieu, sont ceux qui le sont selon la chair, et qui n'appartenaient pas au peuple d'Israël, puisqu'ils ne peuvent être juifs, en même temps que nous les voyons se faire chrétiens. Nous accordons même que le prophète n'a pas voulu parler de ceux qui, renonçant au mariage pour garder la continence, se font eux-mêmes eunuques, afin de gagner le royaume des cieux. Poussera-t-on la folie, pour le plaisir de contredire la vérité, jusqu'à prétendre que les eunuques selon la chair, auront dans la maison du Seigneur une place plus honorable que celle des fidèles mariés; tandis qu'on prétendra que ceux qui gardent pieusement la vertu de la continence, qui châtient leur corps jusqu'à mépriser toute union charnelle, qui se rendent eunuques eux-mêmes, non dans le corps, mais dans la racine même de la concupiscence, qui bien que mortels et encore sur la terre mènent déjà la vie céleste des anges, n'ont pas un mérite supérieur à celui des personnes mariées? Lorsque Jésus-Christ loue ceux qui se font eunuques eux-mêmes, non à cause de ce siècle, « mais pour gagner le royaume du ciel, » (*Matth.*, XIX, 12) un chrétien osera-t-il contredire le Seigneur, en affirmant que cela n'est utile que pour la vie présente, et non pour celle à venir? Que pourraient dire encore de pareils contradicteurs, sinon que le royaume des cieux lui-même appartient à la vie temporelle où nous sommes présentement? Pourquoi, en effet, leur aveugle présomption ne se porterait-elle pas à ce degré d'impiété et de folie? Mais pourrait-on concevoir quelque chose de plus insensé, qu'une pareille assertion? En effet, quoique l'Eglise de nos jours soit quelquefois appelée le royaume des cieux, elle reçoit ce nom parce que c'est en vue de la vie éternelle que les fidèles qui la composent se rassemblent ici-bas, et « quoique ce soit à elle que sont promis les biens de la vie présente et ceux de la vie future, » (1 *Tim.*, IV, 8) dans toutes les bonnes œuvres qu'elle accomplit, elle n'envisage pas « les choses visibles, mais celles qui sont invisibles, car les choses visibles ne sont que pour un temps, et les invisibles sont éternelles. » (II *Cor.*, IV, 18.)

CHAPITRE XXV. — 25. Le Saint-Esprit n'a

Contendat sane qui voluerit de his Prophetam spadonibus hoc prænuntiasse, qui corpore abscisi sunt : iste quoque error causæ quam suscepimus suffragatur. Neque enim spadones istos eis qui in domo ejus nullum habent locum prætulit Deus, sed eis utique qui in filiis generandis conjugalis vitæ meritum servant. Nam cum dicit : « Dabo eis locum multo meliorem ; » (*Isai.*, LVI, 5) ostendit et conjugatis dari, sed multo inferiorem. Ut ergo concedamus in domo Dei prædictos futuros eunuchos secundum carnem, qui in populo Israel non fuerunt ; quia et ipsos videmus cum Judæi non fiant, tamen fieri Christianos ; nec de illis dixisse Prophetam, qui proposito continentiæ conjugia non quærentes, se ipsos castrant propter regnum cœlorum : itane tanta dementia quisquam est contrarius veritati, ut in carne factos eunuchos meliorem quam (a) conjugatos locum in domo Dei habere credat, et pio proposito continentes, corpus usque ad contemptas nuptias castigantes, se ipsos non in corpore, sed in ipsa concupiscentiæ radice castrantes, cœlestem et angelicam vitam in terrena mortalitate meditantes, conjugatorum meritis pares esse contendat ; et Christo laudanti eos qui se ipsos castraverunt, non propter hoc sæculum, sed propter regnum cœlorum (*Matth.*, XIX, 12), Christianus contradicat, affirmans hoc vitæ præsenti esse utile, non futuræ? Quid aliud istis restat, nisi ut ipsum regnum cœlorum ad hanc temporalem vitam, in qua nunc sumus, asserant pertinere? Cur enim non et in hanc insaniam progrediatur cæca præsumptio? Et quid hac assertione furiosius? Nam etsi regnum cœlorum aliquando Ecclesia etiam quæ hoc tempore est, appellatur; ad hoc utique sic appellatur, quia futuræ vitæ sempiternæque colligitur. (1 *Tim.*, IV, 8.) Quamvis ergo promissionem habeat vitæ præsentis et futuræ ; in omnibus tamen bonis operibus suis non respicit « quæ videntur, sed quæ non videntur. Quæ enim videntur, temporalia sunt; quæ autem non videntur, æterna. » (II *Cor.*, IV, 18.)

CAPUT XXV. — 25. Nec sane Spiritus sanctus tacuit

(a) In Mss. *quam conjugati.*

point gardé le silence sur tout ce qui pouvait évidemment et d'une manière irréfragable confondre l'impudence et la folie de ces opiniâtres contradicteurs, et assurer par un rempart inexpugnable contre leur farouche attaque la tranquillité de ses brebis. Après avoir dit, en effet, au sujet de ces eunuques : « Je leur donnerai dans ma maison une place particulière, et beaucoup plus honorable que celle de mes autres enfants, » (*Isaïe*, LVI, 5) pour empêcher les hommes charnels de croire qu'il y avait quelque bien temporel à espérer dans ces paroles, il ajoute aussitôt : « Je leur donnerai à chacun un nom éternel qu'ils ne perdront jamais. » N'est-ce pas comme s'il disait : Pourquoi tant de détours, ô aveugle impiété? Pourquoi chercher à m'échapper? Pourquoi veux-tu répandre sur les rayons de l'éternelle vérité les nuages de la perversité? Pourquoi cherches-tu dans la lumière si éclatante des saintes Ecritures, des ombres et des ténèbres d'où tu puisses tendre des embûches? Pourquoi promets-tu, seulement un bien temporel à mes saints qui gardent la continence? « Je leur donnerai un nom éternel. » Pourquoi t'efforces-tu de persuader à ceux qui sont libres des liens du mariage, et qui ne s'en abstiennent « que pour s'occuper des choses du Seigneur et des moyens de lui plaire, » (I *Cor.*, VII, 32) qu'ils n'en retireront qu'un avantage terrestre? « Je leur donnerai un nom éternel. » Pourquoi cherches-tu à faire croire que ce royaume céleste, pour lequel ces saints eunuques se sont faits tels eux-mêmes, doit s'entendre seulement de la vie présente? « Je leur donnerai un nom éternel, » et pour que tu ne prennes pas ce mot d'*éternel*, comme s'il signifiait une longue durée, je dis de plus, et je veux inculquer mes paroles dans l'esprit de tous, en ajoutant : « Et qui ne leur manquera jamais. » Que cherches-tu davantage? Que peux-tu dire encore? Ce nom éternel, quel qu'il soit, donné aux eunuques de Dieu, et qui signifie une gloire particulière et au-dessus de toute gloire, ne sera cependant pas commun à beaucoup d'autres, quoique habitant le même royaume et la même maison. Et c'est pour cela peut-être qu'il est appelé *nom*, pour distinguer ceux qui le reçoivent de ceux qui ne le portent pas.

Chapitre XXVI. — 26. Que signifie donc, disent-ils, ce denier qu'il faut distribuer également à tous ceux qui ont travaillé à la vigne, aussi bien à ceux qui ont commencé leur ouvrage dès la première heure, qu'à ceux qui n'ont travaillé qu'une seule heure? (*Matth.*, XX, 9.) Il signifie ce qui sera commun à tous, c'est-à-dire la vie éternelle et le royaume du ciel, où seront tous ceux « que Dieu a prédestinés, appelés, justifiés, glorifiés. (I *Cor.*, XV, 53.) Car il faut que cette chair corruptible soit revêtue d'incorruptibilité, et que ce corps mortel soit revêtu de

quod contra istos impudentissime ac dementissime pervicaces apertum atque inconcussum valeret, eorumque belluinum impetum ab ovili suo inexpugnabili munitione repellerent. Cum enim dixisset de spadonibus : « Dabo eis in domo mea et in muro meo locum nominatum, meliorem multo quam filiorum atque filiarum : » (*Isai.*, LVI, 5) ne quis nimium carnalis existimaret aliquid in his verbis temporale sperandum, continuo subjecit : « Nomen æternum dabo eis, nec unquam deerit : » tanquam diceret : Quid tergiversaris impia cæcitas? quid tergiversaris? quid serenitati veritatis nebulas tuæ perversitatis offundis? Quid in tanta Scripturarum luce tenebras unde insidieris inquiris? Quid temporalem tantummodo utilitatem promittis continentibus sanctis? « Nomen æternum dabo eis. » Quid ab omni concubitu immunes, et eo quoque ipso quo hinc se se abstinent, ea quæ sunt Domini cogitantes, quomodo placeant Domino, ad terrenam commoditatem referre conaris? « Nomen æternum dabo eis. » Quid regnum cœlorum, propter quod se ipsos castraverunt sancti spadones, in hac tantum vita intelligendum esse contendis? « Nomen æternum dabo eis. » Et si forte hic ipsum æternum pro diuturno conaris accipere, addo, accumulo, inculco, « nec unquam deerit. » Quid quæris amplius? quid dicis amplius? Æternum hoc nomen, quidquid illud est, spadonibus Dei, quod utique gloriam quamdam propriam excellentemque significat, non erit commune cum multis, quamvis in eodem regno et in eadem domo constitutis. Nam ideo fortassis et nomen dictum est, quod eos quibus datur, distinguit a cæteris.

Caput XXVI. — 26. Quid sibi ergo vult, inquiunt, ille denarius, qui opere vineæ terminato æqualiter omnibus redditur, sive iis qui ex prima hora, sive iis qui una hora operati sunt? (*Matth.*, XX, 9.) Quid utique, nisi aliquid significat, quod omnes communiter habebunt, sicuti est ipsa vita æterna, ipsum regnum cœlorum, ubi erunt omnes quos Deus prædestinavit, vocavit, justificavit, glorificavit? (I *Cor.*, XV, 53.) « Oportet enim corruptibile hoc induere incorruptionem, et mortale hoc induere immortalita-

l'immortalité. » C'est là le denier qui sera la récompense de tous. « Mais comme entre les étoiles il y en a qui sont plus brillantes les unes que les autres, il en sera de même à la résurrection des morts. » (I *Cor.*, xv, 41.) C'est ainsi qu'il y a divers degrés de mérites dans les saints. En effet, si ce denier signifiait le ciel, n'est-ce pas une chose commune à toutes les étoiles d'être dans le ciel? « Cependant, autre est l'éclat du soleil, autre l'éclat de la lune, et autre l'éclat des étoiles. » Si ce denier exprimait la santé du corps, lorsque nous nous portons bien, cette santé n'est-elle pas commune à tous les membres, et si nous la conservions telle jusqu'à la mort, tous nos membres n'en jouiraient-ils pas également? « Cependant Dieu a mis les membres dans le corps, et les y a disposés chacun comme il lui a plu, » (I *Cor.*, xii, 18) de manière que tout le corps n'est pas œil, tout le corps n'est pas ouïe, tout le corps n'est pas odorat; chaque membre, quel qu'il soit, a sa propriété et participe à la santé de tous les autres. Ainsi la vie éternelle que posséderont également tous les saints, est exprimée par ce denier qui est de même distribué à tous; mais comme dans cette vie éternelle le mérite de chacun d'eux brillera d'un éclat différent, c'est pour cela que Jésus dit à ses disciples : « Il y a plusieurs demeures dans la maison de mon Père. » (*Jean*, xiv, 2.) Ce denier distribué également à tous, signifie donc que les uns ne jouiront pas d'une vie plus longue que les autres, comme la diversité des demeures nous apprend que la gloire des uns sera plus éclatante que celle des autres.

Chapitre XXVII. — 27. Marchez donc toujours en avant dans la voie où vous êtes entrés, vous tous qui êtes les saints de Dieu, jeunes garçons, jeunes filles, hommes, femmes, mariés ou non mariés, marchez en avant avec persévérance vers le but que vous vous êtes proposé. Louez le Seigneur avec d'autant plus de plaisir, que votre cœur est plus rempli de lui; espérez en lui avec d'autant plus de bonheur, que vous le servez avec plus de constance; aimez-le avec d'autant plus d'ardeur, que vous êtes plus attentifs à lui plaire. Ceignez vos reins; que vos lampes brillent d'un vif éclat, pour attendre le Seigneur quand il reviendra du festin des noces. (*Luc*, xii, 35.) C'est vous qui, aux noces de l'Agneau, chanterez sur vos harpes le cantique nouveau, non comme le chante toute la terre, suivant ce que dit le Prophète : « Chantez au Seigneur un cantique nouveau, terre entière, chantez au Seigneur, » (*Ps.* xlv, 1) mais comme aucune autre voix que la vôtre ne pourra le faire entendre. C'est ainsi que vous a vu dans son Apocalypse celui que l'Agneau chérissait plus que tous les autres, celui qui avait coutume de se reposer sur son sein, et qui, après y avoir puisé ses célestes et ineffables merveilles sur le Verbe de Dieu, les

---

tem : » hic est ille denarius, merces omnium. « Stella » tamen « ab stella differt in gloria, sic et resurrectio mortuorum : » (*Ibid.*, 41) hæc sunt merita diversa sanctorum. Si enim cœlum significaretur illo denario, nonne in cœlo esse omnibus est commune sideribus? Et tamen « alia est gloria solis, alia gloria lunæ, alia stellarum. » Si denarius ille pro sanitate corporis poneretur, nonne cum recte valemus, omnibus membris communis est sanitas, et ipsa si usque ad mortem permaneat, pariter et æqualiter omnibus inest? Et tamen « posuit Deus membra, singulum quodque eorum in corpore prout voluit, » (I *Cor.*, xii, 18) ut nec totum sit oculus, nec totum auditus, nec totum odoratus; et quidquid est aliud, habet suam proprietatem, quamvis æqualiter habeat cum omnibus sanitatem. Ita quia ipsa vita æterna pariter erit omnibus sanctis, æqualis denarius omnibus attributus est : quia vero in ipsa vita æterna distincte fulgebunt lumina meritorum, multæ mansiones sunt apud Patrem (*Joan.*, xiv, 2) : ac per hoc in denario quidem non impari, non vivit alius alio prolixius; in multis autem mansionibus honoratur alius alio clarius.

Caput XXVII. — 27. Pergite itaque sancti Dei, pueri ac puellæ, mares ac feminæ, cœlibes et (*a*) innuptæ, pergite perseverantes in finem. Laudate Dominum dulcius, quem cogitatis uberius : sperate felicius, cui servitis instantius : amate ardentius, cui placetis attentius. Lumbis accinctis et lucernis ardentibus expectare Dominum, quando veniat a nuptiis. (*Luc.*, xii, 35.) Vos afferetis ad nuptias agni canticum novum, quod cantabitis in citharis vestris (*b*). Non utique tale quale cantat universa terra, cui dicitur (*Psal.* xcv, 1) : « Cantate Domino canticum novum, cantate Domino universa terra : » sed tale quale nemo poterit dicere nisi vos. Sic enim vos vidit in Apocalypsi (*Apoc.*, xiv, 3) quidam præ cæteris dilectus ab agno, qui discumbere super pectus ejus

---

(*a*) Sola editio Lov. *et inuptæ*. — (*b*) Duo Vaticani Mss. addunt, *hoc est in cordibus dicatis laudibus*. Vaticanus alius, *hoc est in cordibus vestris*.

répandait par sa parole. (*Apoc.*, xiv, 3, 4.) Oui, c'est vous qu'il a vus dans ce saint cortége de cent quarante-quatre mille personnes, qui jouaient de la harpe, toutes ayant conservé pure et sans tache la virginité dans leur corps et la vérité dans leur cœur. C'est encore lui qui a écrit de vous, que vous suiviez l'Agneau partout où il allait. Dans quel lieu va donc cet Agneau, où il n'y a que vous qui osiez et qui puissiez le suivre? Où va-t-il? dans quels bois, dans quelles prairies? Sans doute, là où le cœur se repait de joies ineffables, non de ces vaines joies de la terre, qui ne sont que vanités, folies et mensonges, non pas même de celles que goûteront dans le royaume de Dieu ceux qui ne sont pas vierges, mais de ces joies auxquelles aucune autre ne saurait être comparée; joies des vierges de Jésus-Christ, dans Jésus-Christ, avec Jésus-Christ, après Jésus-Christ, par Jésus-Christ, pour Jésus-Christ. Ces joies, propres aux vierges du Christ, ne ressemblent pas à celles des autres saints qui ne sont pas vierges, quoiqu'ils soient aussi à Jésus-Christ. Il y a des joies différentes pour les uns et pour les autres, mais aucune n'est comparable à celles qui vous sont réservées. Marchez donc à ces joies, en suivant l'Agneau, car la chair de l'Agneau est vierge. Il a toujours conservé en lui cette vertu, qu'il n'a pas enlevée à sa mère, quand elle l'a conçu et mis au monde. C'est avec raison que partout où il va, vous le suivez par la virginité du cœur et de la chair. Mais le suivre, n'est-ce pas l'imiter, puisque comme le dit l'apôtre saint Pierre : « Jésus-Christ est mort pour nous, nous laissant un exemple, afin que nous marchions sur ses traces? » (I *Pierre*, ii, 21.) Or, on ne le suit qu'en l'imitant, non comme le Fils unique de Dieu par qui toutes choses ont été faites, mais comme fils de l'homme, qui nous a donné en lui les exemples qu'il faut imiter. Sa vie et sa personne nous offrent bien des choses que tous doivent imiter, à l'exception de la sainte virginité de son corps, qu'il n'est pas donné à tous d'imiter, car que peuvent faire pour être vierges ceux qui ne le sont déjà plus?

Chapitre XXVIII. — 28. Que les autres fidèles, qui ont déjà perdu leur virginité suivent donc l'Agneau, non partout où il va, mais jusqu'où ils peuvent le suivre. Or, ils peuvent suivre ses traces partout, excepté lorsqu'il marche dans l'éclat et la gloire de la virginité. « Bienheureux qui êtes pauvres d'esprit, » (*Matth.*, v, 3) vous l'imitez, « lui qui étant riche, s'est fait pauvre pour vous. » (II *Cor.*, viii, 9.)» Bienheureux qui êtes doux et débonnaires, » (*Matth.*, v, 5) vous l'imitez, lui qui a dit : « Apprenez de moi que je suis doux et humble de cœur. » (*Matth.*, xi, 29.) «Bienheureux qui êtes dans l'affliction, » (*Matth.*, v, 4) vous l'imitez, lui qui a pleuré sur le sort de

---

solitus erat, et bibebat et eructuabat mirabilia super cœlestia Verbum Dei. Ipse vos vidit duodecies duodena millia sanctorum citharœdorum illibatæ virginitatis in corpore, inviolatæ veritatis in corde : et quia sequimini agnum quocumque ierit, scripsit ille de vobis. Quo ire putamus hunc agnum, quo nemo eum sequi vel audeat vel valeat nisi vos? Quo putamus eum ire? in quos saltus et prata? Ubi credo sunt (*a*) gramina gaudia, non gaudia sæculi hujus vana, insaniæ mendaces, nec gaudia qualia in ipso regno Dei cæteris non virginibus erunt, sed a cæterorum omnium gaudiorum sorte distincta. Gaudium virginum Christi, de Christo, in Christo, cum Christo, post Christum, per Christum, propter Christum. Gaudia propria virginum Christi, non sunt eadem non virginum, quamvis Christi. Nam sunt aliis alia, sed nullis talia. Ite in hæc, sequimini agnum, quia et agni caro utique virgo. Hoc enim in se retinuit auctus, quod matri non abstulit conceptio et natus. Merito eum sequimini virginitate cordis et carnis, quocumque ierit. Quid est enim sequi, nisi imitari? Quia Christus pro nobis passus est, relinquens nobis exemplum, sicut ait Apostolus Petrus (I *Petr.*, ii, 21), ut sequamur vestigia ejus. Hunc in eo quisque sequitur, in quo imitatur : non in quantum ille Filius Dei est unus, per quem facta sunt omnia; sed in quantum filius hominis, quæ oportebat, in se præbuit imitanda : et multa in illo ad imitandum omnibus proponuntur; virginitas autem carnis non omnibus, non enim habent quid faciant ut virgines sint, in quibus jam factum est ut virgines non sint.

Caput XXVIII. — 28. Sequantur itaque agnum cæteri fideles qui virginitatem corporis amiserunt, non quocumque ille ierit, sed quo usque ipsi potuerint. Possunt autem ubique, præter cum in decore virginitatis incedit. « Beati pauperes spiritu; » (*Matth.*, v, 3) imitamini eum, qui propter vos pauper factus est, cum dives esset. (II *Cor.*, viii, 9.) « Beati mites; » (*Matth.*, v, 4) imitamini eum qui dixit : « Discite a me, quoniam mitis sum et humilis corde.» (*Matth.*, xi, 29.) «Beati lugentes; » (*Matth.*, v, 5) imi-

(*a*) Editio Lov. loco *gramina*, habet *grandia* : refragantibus Mss. et editione Er.

Jérusalem. « Bienheureux qui avez faim et soif de la justice, » (*Matth.*, v, 6) vous l'imitez, lui qui a dit : « Ma nourriture est de faire la volonté de celui qui m'a envoyé. » (*Jean*, IV, 34.) «Bienheureux qui êtes miséricordieux,»(*Matth.*, v, 7) vous l'imitez, lui qui a secouru « cet homme blessé par les voleurs, et qu'il a trouvé étendu sur le chemin, à demi-mort et abandonné de tous. » (*Luc*, x, 33.) «Bienheureux qui avez le cœur pur, » (*Matth.*, v, 8) vous l'imitez, lui qui n'a commis aucun péché, et dont « la bouche n'a jamais proféré aucune parole trompeuse. » (I *Pier.*, II, 22.) «Bienheureux qui aimez la paix, » (*Matth.*, v, 9) vous l'imitez, lui qui a prié pour ses persécuteurs, en disant: « Père, pardonnez-leur, car ils ne savent pas ce qu'ils font. »(*Luc*, XXIII, 34.) « Bienheureux qui souffrez persécution pour la justice, » (*Matth.*, v, 10) vous l'imitez, « lui qui a souffert pour vous, vous laissant un exemple, pour que vous suiviez ses traces. » (I *Pierre*, II, 21.) Ceux qui imitent toutes ces choses, suivent l'Agneau. Ceux qui sont mariés peuvent également marcher sur ses pas, et quoique ce ne soit point aussi parfaitement et dans les mêmes conditions, ils suivent cependant la même route.

CHAPITRE XXIX. — 29. Mais voilà que l'Agneau marche dans le sentier de la virginité, comment ceux qui l'ont perdue, et qui ne peuvent plus la recouvrer pourront-ils marcher après lui ? C'est vous, vierges, c'est vous seules qui pouvez le suivre dans ce chemin. Marchez-y donc après lui, parce que c'est par le seul bien de votre virginité, que vous le suivez partout où il va. Nous pouvons bien exhorter ceux qui sont mariés, à le suivre par tout autre espèce de saintetés, qui sont des dons de sa grâce, excepté par le bien qu'ils ont irréparablement perdu. Mais vous, vous le suivez en gardant avec persévérance ce que vous lui avez voué dans l'ardeur de votre foi. Faites en sorte, lorsque vous le pouvez, de ne jamais perdre le bien de la virginité, que vous ne sauriez recouvrer une fois que vous l'auriez perdu. La troupe des fidèles qui ne peuvent suivre l'Agneau dans cette voie, vous verra marcher sur ses traces, mais ne vous portera pas envie. Elle prendra part à votre joie, en retrouvant en vous ce qu'elle n'a plus en elle-même. Il ne lui sera pas donné de chanter ce cantique nouveau qui vous est propre, mais elle pourra l'entendre, et se réjouira de l'avantage si grand qui vous est accordé. Pour vous qui chanterez et entendrez ce cantique, puisque votre oreille doit entendre ce que votre bouche prononcera, vous serez comblées d'une joie bien plus abondante, et votre règne sera plus heureux. Cependant ceux qui n'auront pas une part aussi grande que vous à cette ineffable allégresse, ne vous porteront pas envie. En effet, cet Agneau que vous

---

tamini eum qui flevit super Jerusalem. (*Luc.*, XIX, 41.) « Beati qui esuriunt et sitiunt justitiam; » (*Matth.*, v, 6) imitamini eum qui dixit : « Meus cibus est, ut faciam voluntatem ejus qui misit me.»(*Joan.*, IV, 34) «Beati misericordes;» (*Matth.*, v, 7) imitamini eum qui «vulnerato a latronibus et in via jacenti semivivo desperatoque subvenit. » (*Luc.*, x, 33.) « Beati mundicordes; » (*Matth.*, v, 8) imitamini eum « qui peccatum non fecit, nec inventus est dolus in ore ejus. » (I *Pet.*, II, 22.) « Beati pacifici; » (*Matth.*, v, 9) imitamini eum qui pro suis persecutoribus dixit : « Pater, ignosce illis, quia nesciunt quid faciunt. » (*Luc.*, XXIII, 34.) « Beati qui persecutionem patiuntur propter justitiam; » (*Matth.*, v, 10) imitamini eum qui « pro vobis passus est, relinquens vobis exemplum, ut sequamini vestigia ejus. » (I *Petr.*, II, 21.) Hæc qui imitantur, in his agnum sequuntur. Sed certe etiam conjugati possunt ire per ista vestigia, etsi non perfecte in eadem forma ponentes pedem, veruntamen in eisdem semitis gradientes.

CAPUT XXIX. — 29. Sed ecce ille agnus graditur itinere virginali, quomodo post eum ibunt qui hoc amiserunt, quod nullo modo recipiunt? Vos ergo, vos ite post eum virgines ejus; vos et illuc ite post eum, quia propter hoc (*a*) unum quocumque ierit sequimini eum : ad quodlibet enim aliud sanctitatis donum quo eum sequantur, hortari possumus conjugatos, præter hoc quod irreparabiliter amiserunt. Vos itaque sequimini eum tenendo perseveranter, quod vovistis ardenter. Facite cum potestis, ne virginitatis bonum a vobis pereat, cui facere nihil potestis ut redeat. Videbit vos cætera multitudo fidelium, quæ agnum ad hoc sequi non potest : videbit, nec invidebit; et collætando vobis, quod in se non habet, habebit in vobis. Nam et illud canticum novum proprium vestrum dicere non poterit; audire autem poterit, et delectari vestro tam excellenti bono. Sed vos qui et dicetis et audietis, quia et hoc quod dicetis a vobis audietis, felicius exultabitis, jocundiusque regnabitis. De majore tamen vestro gaudio nullus mœror erit, quibus hoc deerit. Agnus ille

(*a*) Editi, *bonum unum*. Abest *bonum* a Mss.

suivez partout où il va, n'abandonnera pas ceux qui ne peuvent le suivre où vous le suivez. Cet Agneau dont nous parlons est tout-puissant, il marche devant vous, mais ne s'écartera pas d'eux, « puisque Dieu sera tout en tous. »(1 *Cor.*, xv, 28.) Vous ne serez pas un objet d'aversion pour ceux qui auront moins que vous, car là où ne règne aucune jalousie, la différence des récompenses ne produit aucune division. Courage et confiance, force et persévérance, ô vous qui vouez et rendez au Seigneur votre Dieu le vœu que vous lui avez fait d'une perpétuelle continence (*Ps.* lxxv, 12), non en vue du siècle présent, mais pour obtenir le royaume des cieux.

Chapitre XXX. — 30. Pour vous qui n'avez pas encore fait ce vœu au Seigneur : « Si vous pouvez vous élever jusque-là, faites-le. »(*Matth.*, xix, 12.) « Ne cessez pas de courir dans cette lice, afin de remporter le prix. »(I *Cor.*, ix, 24.) « Que chacun de vous apporte ses victimes, et entre dans le parvis du Seigneur, »(*Ps.* xcv, 8) « non comme y étant contraint par nécessité, mais comme étant maître de votre volonté. » (I *Cor.*, vii, 37.) On ne peut pas dire, en effet, vous ne vous marierez pas, comme on dit : « Vous ne commettrez pas d'adultère, vous ne tuerez pas. »(*Exod.*, xx, 13, 14.) L'abstinence du mariage est comme une offrande que l'on fait à Dieu, le commandement de la Loi est obligatoire. Dans le premier cas, on est digne de louange, quand on manque au second, on mérite d'être condamné. Dans la loi, c'est une dette que le Seigneur exige de vous. Dans l'abstinence du mariage, vous faites plus que ce que vous êtes obligé de faire, « et le Seigneur vous le rendra à son retour. »(*Luc*, x, 35.) Quelle que soit cette chose, croyez que vous recevrez « dans l'enceinte de sa maison une place particulière et beaucoup plus honorable que celle de ses autres enfants. »(*Isaïe*, lvi, 5.) Croyez que là « il vous donnera, » (*Ibid.*) selon sa promesse, « un nom éternel. » Qui pourrait dire quel sera ce nom? Quel qu'il soit cependant, il sera éternel. C'est par la foi, l'espérance et l'amour de ces biens qui vous sont promis, que vous avez pu éviter le mariage, non comme une chose défendue, mais vous abstenir de ce qui vous était permis.

Chapitre XXXI. — 31. Après vous avoir exhortés, selon nos forces, à mériter la grandeur de ce don, plus il est à nos yeux excellent et divin, plus il éveille notre sollicitude envers vous, et nous engage à vous dire aussi quelque chose, non-seulement de la sainte et glorieuse chasteté, mais aussi de l'humilité, qui est encore le moyen le plus certain de vous assurer ce bien. Lors donc que ceux qui font profession de continence perpétuelle, se comparant avec les personnes mariées, trouveront, d'après les saintes Ecritures, qu'ils sont, et par les œuvres, et par le prix de l'œuvre même, comme par le vœu qu'ils ont fait et la récompense qu'ils en

quippe, quem vos quocumque ierit sequimini, nec eos deseret qui eum quo vos non valent sequi. Omnipotentem agnum loquimur. Et vobis præibit, et ab eis non abibit, cum erit Deus omnia in omnibus. (I *Cor.*, xv, 28.) Et qui minus habebunt, a vobis non abhorrebunt. Ubi enim nulla est invidentia, concors est differentia. Præsumite itaque, fidite, roboramini, permanete, qui vovetis et redditis Domino Deo vestro vota perpetuæ continentiæ (*Psal.* lxxv, 12), non propter præsens sæculum, sed propter regnum cœlorum.

Caput XXX. — 30. Vos etiam qui hoc nondum vovistis, qui potestis capere, capite (*Matth.*, xix, 12); perseveranter currite, ut comprehendatis (I *Cor.*, ix, 24.) Tollite hostias quisque suas, et introite in atria Domini (*Psal.* xcv, 8), non ex necessitate, potestatem habentes vestræ voluntatis. Neque enim sicut : « Non mœchaberis : Non occides : » (*Exod.*, xx, 13, 14) ita dici potest : Non nubes. Illa exiguntur, iste offeruntur. Si fiant ista, laudantur: nisi fiant illa, damnantur. In illis Dominus debitum imperat vobis : in his autem si quid amplius supererogaveritis, in redeundo reddet vobis. (*Luc.*, x, 35.) Cogitate, quidquid illud est, in muro ejus locum nominatum meliorem multo quam filiorum atque filiarum. (*Isa.*, lvi, 5.) Cogitate illic nomen æternum. Quis explicat quale nomen erit? Quidquid tamen erit, æternum erit. Hoc credendo et sperando et amando, potuistis conjugia non divitare prohibita, sed transvolare concessa.

Caput XXXI. — 31. Unde hujus muneris magnitudo, ad quod capessendum pro nostris viribus hortati sumus) quanto est excellentius atque divinius, tanto magis admonet sollicitudinem nostram, non solum de gloriosissima castitate, verum etiam de tutissima humilitate aliquid loqui. Cum ergo perpetuæ continentiæ professores se conjugatis comparantes, secundum Scripturas compererint eos infra esse, et opere et mercede, et voto et præmio ; statim veniat in mentem quod scriptum est : « Quanto

attendent, au-dessus de ceux qui sont engagés dans le mariage, que ceux-là, dis-je, pensent de suite à ces paroles de l'Ecriture : « Plus vous êtes grand, plus vous devez vous humilier en toutes choses, et vous trouverez grâce devant Dieu. » (*Eccl.*, III, 20.) Chacun doit prendre la mesure de son humilité sur celle de sa grandeur, qui est d'autant plus exposée au danger de l'orgueil et aux écueils qui en sont la suite, qu'elle est plus éclatante et plus élevée. Or, l'envie marche toujours à la suite de l'orgueil, qui l'engendre et la traîne à sa suite comme sa fille et sa compagne. C'est le démon qui préside à ces deux maux, l'orgueil et l'envie. C'est pourquoi toute la doctrine chrétienne combat particulièrement l'orgueil, source et cause de l'envie, et nous enseigne l'humilité comme le moyen le plus sûr d'acquérir et de garder la charité au sujet de laquelle l'Apôtre, après avoir dit : « La charité n'est pas envieuse, » (I *Corinth.*, XIII, 4) ajoute aussitôt, comme si nous lui en demandions la raison : « C'est qu'elle ne s'enfle pas d'orgueil. » La charité, d'après ces paroles, ne connaît ni l'orgueil ni l'envie. C'est donc pour nous apprendre l'humilité que le Christ, qui en est le divin maître, a commencé « par s'anéantir lui-même, en prenant la forme et la nature de serviteur, en se rendant semblable aux hommes, et étant reconnu pour homme par tout ce qu'il a laissé paraître de lui. Il s'est abaissé lui-même, en se rendant obéissant jusqu'à la mort, et à la mort de la croix. » (*Philipp.*, II, 7, 8.) Mais qui pourrait facilement expliquer tous les soins, toute la force que met sa doctrine pour inspirer et ordonner l'humilité? Qui pourrait à cet effet réunir tous les témoignages tendant à démontrer cette vérité? C'est une tâche que doit entreprendre celui qui voudrait traiter particulièrement de la vertu de l'humilité. Pour moi, je me suis proposé un autre but dans cet ouvrage, que j'ai entrepris pour parler d'une chose aussi sainte que grande, et qu'il faut surtout préserver du danger de l'orgueil.

Chapitre XXXII. — 32. Je me contenterai de citer sur l'humilité un petit nombre de témoignages tirés de la doctrine de Jésus-Christ, autant que le Seigneur daignera les rappeler à ma mémoire, et qui suffiront, je le pense, à ce que j'ai l'intention de prouver. Le premier discours de quelque étendue, qu'il adresse à ses disciples commence ainsi : « Bienheureux les pauvres d'esprit, car le royaume des cieux est à eux. » (*Matth.*, V, 3.) Par ces pauvres d'esprit, il faut incontestablement entendre ceux qui sont humbles. S'il a tant loué la foi du centurion, en disant : « Qu'il n'en avait pas trouvé une si grande en Israël; » (*Matth.*, VIII, 8) c'est parce que cet homme avait cru en lui avec une telle humi-

---

magnus es, tanto humilia te in omnibus, et coram Deo invenies gratiam. » (*Eccli.*, III, 20.) Mensura humilitatis cuique ex mensura ipsius magnitudinis data est : cui est periculosa superbia, quæ amplius amplioribus insidiatur. Hanc sequitur invidentia, tanquam filia pedissequa : eam quippe superbia continuo parit, nec unquam est sine tali prole atque comite. Quibus duobus malis, hoc est (*a*) superbia et invidentia, diabolus est. Itaque contra superbiam matrem invidentiæ maxime militat universa disciplina Christiana. Hæc enim docet humilitatem, qua et acquirat et custodiat caritatem : de qua cum dictum esset : « Caritas non æmulatur; » (I *Cor.*, XIII, 4) velut si causam quæreremus, unde fiat ut non æmuletur, continuo subdidit : « Non inflatur : » tanquam diceret, ideo non habet invidentiam, quia nec superbiam. Doctor itaque humilitatis Christus primo « semetipsum exinanivit formam servi accipiens, in similitudine hominum factus, et habitu inventus ut homo; humiliavit semetipsum, factus obediens usque ad mortem, mortem autem crucis. » (*Philip.*, II, 7, 8.) Ipsa vero doctrina ejus, quam attente insinuet humilitatem atque huic præcipiendæ vehementer insistat, quis explicare facile possit, atque in hanc rem demonstrandam testimonia cuncta congererel? Hoc facere conetur vel faciat, quisquis seorsum de humilitate voluerit scribere: hujus autem operis aliud propositum est, quod de tam magna re susceptum est, ut ei maxime sit cavenda superbia.

Caput XXXII. — 32. Proinde pauca testimonia, quæ Dominus in mentem dare dignatur, ex doctrina Christi de humilitate commemoro, quæ ad id quod intendi fortasse sufficiant. Sermo ejus, quem primum prolixiorem ad discipulos habuit, inde cœpit : « Beati pauperes spiritu, quoniam ipsorum est regnum cœlorum : » (*Matth.*, V, 3) quos sine ulla controversia humiles intelligimus. Fidem Centurionis illius ideo præcipue laudavit, nec se invenisse in Israel dixit tantam fidem, quia ille tam humiliter credidit, ut diceret : « Non sum dignus ut sub tectum meum intres. » (*Matth.*, VIII, 8.) Unde nec

---

(*a*) Sic Mss. At Er, *superbia et invidentia diabolus præest.* Lov. *superbiæ et invidentiæ diabolus præest.*

lité, qu'il disait : « Seigneur, je ne suis pas digne que vous entriez dans ma maison. » (*Ibid.*) C'est pour cette raison que saint Matthieu dit qu'il vint trouver Jésus, quoique saint Luc prétende qu'il ne vint pas lui-même, mais qu'il envoya vers le Seigneur quelques-uns de ses amis, parce qu'il s'approcha plus de Jésus par cette profonde humilité, que ceux qu'il avait députés vers lui; et c'est ce qui fait dire au prophète : « L'Éternel est élevé, il voit les choses basses, et il connaît de loin les choses les plus élevées, » (*Ps.* cxxxvII, 6) comme s'il voulait dire, que c'est parce qu'elles ne s'approchent pas de lui. C'est encore pour cela qu'il dit à la Chananéenne : « O femme, votre foi est grande, qu'il soit fait comme vous le désirez. » (*Matth.*, xv, 28.) Cependant, il l'avait précédemment appelée « chienne, » ne méritant pas qu'on lui jetât le pain des enfants; mais recevant ce reproche avec humilité, elle lui avait répondu : « Oui, Seigneur, mais les chiens mangent du moins les miettes qui tombent de la table de leurs maîtres. » (*Matth.*, xv, 27.) Ce fut par cet humble aveu qu'elle mérita de recevoir ce qu'elle n'avait pu obtenir par ses cris répétés. C'est aussi « au sujet de ceux qui se croient justes, et qui méprisent les autres, » (*Luc*, xvIII, 9) qu'il propose à ses disciples la parabole de « ces deux hommes priant dans le temple, dont l'un était pharisien et l'autre publicain, » (*Ibid.*, xvIII, 10) voulant leur faire voir qu'il préférait un humble aveu des fautes que l'on a commises à l'énumération des mérites que l'on peut avoir. Le pharisien, dit Jésus-Christ, rendait grâces à Dieu de choses qu'il se complaisait à voir en lui-même, et disait : « O Dieu, je vous rends grâces de ce que je ne suis pas comme le reste des hommes, qui sont injustes, ravisseurs, adultères, ni même comme ce publicain. Je jeûne deux fois la semaine, je donne la dîme de tout ce que je possède. Mais le publicain se tenant éloigné, n'osait pas même lever les yeux au ciel, mais il se frappait la poitrine, en disant : O Dieu, soyez-moi propice, car je suis un pécheur. » (*Luc*, xvIII, 11, 12, 13 et 14.) Or, voici le jugement que le Seigneur prononça sur ces deux hommes : « Je vous dis en vérité, que le publicain descendit du temple plus justifié que le pharisien. » Ensuite Jésus-Christ voulant faire voir à ses disciples la justice de l'arrêt qu'il venait de prononcer, ajouta : « Car quiconque s'élève sera abaissé, et quiconque s'abaisse sera élevé. » Il peut donc arriver qu'un homme évite de véritables maux et qu'il trouve en lui de vrais biens, pour lesquels il rende grâces au Père des lumières, « de qui émane toute grâce excellente et tout don parfait, » (*Jacq.*, 1, 17) et que cependant il soit réprouvé en voulant s'élever, surtout s'il insulte avec orgueil à ceux qui, dans leurs prières ou dans le silence de leur conscience, qui est sous les yeux du Seigneur, font un humble aveu de leurs fautes; car loin d'encourir aucun reproche ou les dédains de l'or-

---

Matthæus ob aliud eum dixit accessisse ad Jesum, cum apertissime Lucas insinuet quod non ad eum ipse venerit, sed amicos suos miserit (*Luc.*, vII, 6, 7), nisi quia fidelissima humilitate magis ipse accessit, quam illi quos misit. Unde et illud propheticum est : « Excelsus est Dominus, et humilia respicit : excelsa autem a longe cognoscit; » (*Psal.* cxxxvII, 6) utique tanquam non accedentia. Hinc et illi mulieri Chananææ dicit : « O mulier, magna est fides tua, fiat tibi sicut vis : » (*Matth.*, xv, 28) quam superius canem appellaverat, nec ei panem filiorum projiciendum esse responderat. Quod illa humiliter accipiens dixerat : « Ita Domine, nam et canes edunt de micis, quæ cadunt de mensa dominorum suorum. » Ac sic quod assiduo clamore non impetrabat, humili confessione promeruit. Hinc et illi duo proponuntur orantes in templo, unus Pharisæus, et alter publicanus, propter eos qui sibi justi videntur, et spernunt cæteros (*Luc.*, xvIII, 10), et enumerationi meritorum præfertur confessio peccatorum. Et utique Deo gratias agebat Pharisæus ex his in quibus sibi multum placebat : « Gratias, inquit, tibi ago, quia non sum sicut cæteri homines, injusti, raptores, adulteri, sicut et publicanus iste. Jejuno bis in sabbato, decimas do omnium quæcumque possideo. Publicanus autem de longinquo stabat, nec oculos ad cœlum audebat levare, sed percutiebat pectus suum, dicens : Deus propitius esto mihi peccatori. » (*Ibid.*, 11, etc.) Sequitur autem divina sententia : « Amen dico vobis, descendit justificatus de templo publicanus magis quam ille Pharisæus. » Deinde causa ostenditur, cur hoc justum sit : « Quoniam qui se exaltat humiliabitur, et qui se humiliat exaltabitur. » Fieri ergo potest, ut quisque et mala vera devitet, et vera bona in se consideret, et de his Patri luminum gratias agat, a quo descendit omne datum optimum, et omne donum perfectum (*Jac.*, 1, 17); et tamen elationis vitio reprobetur, si aliis peccatoribus maximeque peccata in oratione confitentibus, vel sola cogitatione quæ coram Deo est, superbus insultet, qui-

gueil, ils méritent qu'on ait pitié d'eux et qu'on ne désespère pas de leur salut. Lorsque ses disciples se demandaient quel était celui d'entre eux qui était le plus grand, et que le Seigneur, plaçant devant eux un petit enfant, leur dit : « Si vous n'êtes pas comme cet enfant, vous n'entrerez pas dans le royaume des cieux, » (*Matth.*, XVIII, 3) n'a-t-il pas voulu leur montrer par là toute l'excellence de l'humilité, et leur apprendre que c'est en elle que consiste le mérite de la grandeur? Quand il répondit aux enfants de Zébédée, qui désiraient occuper à ses côtés un siége élevé, qu'ils devaient penser à boire le calice de sa passion (*Ibid.*, XX, 21), par lequel il s'est humilié jusqu'à la mort, et à la mort de la croix (*Philipp.*, II, 8), plutôt que de désirer par orgueil d'être préférés aux autres, qu'a-t-il voulu leur apprendre, sinon qu'il élèverait ceux qui auraient imité l'humilité dont il était le docteur et le divin maître? Lorsqu'avant de sortir pour marcher à son supplice, il lava les pieds de ses disciples (*Jean*, XIII, 14), et leur recommanda expressément de faire à l'égard de leurs condisciples, ce que venait de faire pour eux leur Maître et leur Seigneur, n'a-t-il pas fait voir quel prix il attachait à l'humilité? Et pour la recommander, quel temps choisit-il? Celui où ils le voyaient si proche de la mort, qu'il appelait de tous ses vœux. C'était aussi pour que la dernière chose qu'ils auraient vu faire à leur Maître qu'ils devaient imiter, demeurât plus profondément gravée dans leur mémoire. Pendant tout le temps qu'il passa avec eux, il aurait certainement pu faire ce qu'il fit aux derniers jours de sa vie; mais s'il l'avait fait alors, quoiqu'il leur eût donné la même leçon, ils ne l'auraient pas retenue aussi facilement.

CHAPITRE XXXIII. — 33. Tous les chrétiens doivent donc observer l'humilité, puisqu'ils tirent leur nom du Christ lui-même, dont on ne saurait lire l'Évangile avec quelqu'attention, sans reconnaître qu'il enseigne partout l'humilité. Ce sont surtout ceux qui l'emportent sur les autres par quelque bien, qui doivent être les partisans et les gardiens les plus fidèles de cette vertu, et ne jamais perdre de vue les paroles que j'ai rapportées plus haut : « Plus vous êtes grand, plus vous devez vous humilier en toutes choses, et vous trouverez grâce devant Dieu. » (*Eccl.*, III, 20.) Or, comme la continence perpétuelle et surtout la virginité sont un grand bien dans les saints de Dieu, ils doivent avec la plus grande vigilance le préserver de la corruption de l'orgueil.

34. L'apôtre saint Paul, en parlant du déréglement de celles qui ne sont pas mariées, mais qui sont curieuses et causeuses, attribue ce vice à l'oisiveté. « En effet, dit-il, vivant dans l'oisi-

---

bus non exprobratio cum inflatione, sed miseratio sine desperatione debetur. Quid illud quod quærentibus inter se discipulis quisnam eorum major esset, puerum parvulum constituit ante oculos eorum, dicens : « Nisi fueritis sicut puer iste, non intrabitis in regnum cœlorum? » (*Matth.*, XVIII, 3) nonne humilitatem maxime commendavit, et in ea meritum magnitudinis posuit? Vel cum filiis Zebedæi latera ejus in sedium sublimitate concupiscentibus, ita respondit, ut passionis ejus calicem bibendum potius cogitarent (*Matth.*, XX, 21), in quo se humiliavit usque ad mortem, mortem autem crucis (*Philip.*, II, 8), quam superbo appetitu præferri cæteris postularent, quid ostendit, nisi eis se futurum altitudinis largitorem, qui cum doctorem humilitatis antea sequerentur? Jam vero quod exiturus ad passionem lavit pedes discipulis (*Joan.*, XIII, 14), monuitque apertissime ut hoc facerent condiscipulis atque conservis, quod eis fecisset Magister et Dominus, quantum commendavit humilitatem? Cui commendandæ etiam tempus illud elegit, quo cum proxime moriturum cum magno desiderio contuebantur, hoc utique præcipue memoria retentum, quod Magister imitandus ultimum demonstrasset. At ille hoc fecit illo tempore, quod utique potuit et aliis ante diebus, quibus cum eis fuerat conversatus : quando si fieret, hoc ipsum quidem traderetur, sed utique non sic acciperetur.

CAPUT XXXIII. — 33. Cum ergo Christianis omnibus custodienda sit humilitas, quando quidem a Christo Christiani appellantur, cujus Evangelium nemo diligenter intuetur, qui non eum doctorem humilitatis inveniat; tum maxime virtutis hujus sectatores et conservatores eos esse convenit, qui magno aliquo bono cæteris eminent, ut magnopere curent illud quod primitus posui : « Quanto magnus es, tanto humilia te in omnibus, et coram Deo invenies gratiam. » (*Eccl.*, III, 20.) Proinde quia perpetua continentia, maximeque virginitas, magnum bonum est in sanctis Dei, vigilantissime cavendum est ne superbia corrumpatur.

34. Curiosas et verbosas malas innuptas Paulus apostolus notat, et hoc vitium venire dicit ex otio. « Simul autem, inquit, et otiosæ (*a*) discunt circumire

---

(*a*) Mss. *curiosæ esse discunt, circumire domos.*

veté, elles s'accoutument à aller de maisons en maisons. Non-seulement elles sont oisives, mais encore curieuses et causeuses, s'entretenant de choses dont elles ne devraient point parler. » (I *Tim.*, v, 13.) Déjà précédemment il avait dit d'elles : « Pous les jeunes veuves, ne les admettez pas, car après avoir vécu avec mollesse, elles secouent le joug de Jésus-Christ et veulent se remarier, encourant ainsi la condamnation et rendant vaine leur première foi, » c'est-à-dire parce qu'elles ne sont pas demeurées fermes dans le vœu qu'elles avaient fait.

Chapitre XXXIV. — L'Apôtre ne dit pas : Elles se marient, mais : « Elles veulent se marier. » Beaucoup d'entre elles, en effet, sont détournées du mariage, non par amour du glorieux but qu'elles s'étaient proposé, mais par crainte d'un déshonneur public, sentiment qui leur est inspiré par l'orgueil, et qui leur fait craindre de déplaire plutôt aux hommes qu'à Dieu même. Ces veuves donc qui veulent se remarier et ne se marient pas, parce qu'elles ne pourraient pas le faire impunément, « auraient plus d'avantage à se marier, que de s'exposer à brûler, » (I *Cor.*, vii, 9) c'est-à-dire que de laisser ravager leur conscience par la flamme secrète de la concupiscence ; ces veuves, dis-je, qui se repentent de leur profession, et qui n'osent en faire l'aveu, si elles ne corrigent pas la dépravation de leur cœur, si la crainte de Dieu ne les fait pas triompher de leur mollesse, doivent être regardées comme mortes ; soit qu'elles vivent dans les délices, selon cette parole de l'Apôtre : « Pour celle qui vit dans les délices, elle est morte, quoique vivant encore ; (I *Tim.*, v, 6) soit qu'elles mortifient leur corps par le travail et les jeûnes, peines inutiles sans le repentir et la correction du cœur, et qui sont pour elles un sujet d'ostentation plutôt qu'un moyen de se corriger. Ce n'est pas à de telles femmes que je recommande d'observer soigneusement l'humilité. En elles l'orgueil se confond avec les plaies et les souillures de leur conscience. Je ne la recommande pas non plus aux ivrognes, aux avares ou à celles dont l'âme est en proie à quelqu'autre genre de maladie mortelle, puisque faisant profession de garder la continence dans leur corps, elles déshonorent le nom qu'elles portent par la perversité de leurs mœurs. A moins que ces malheureuses dont les châtiments sont différés ne portent l'impudence jusqu'à se glorifier de leurs vices. Je ne m'adresse pas non plus à celles qui ne cherchent que les moyens de plaire, ou par l'élégance de leurs vêtements, comme si la sainteté de leur profession nécessitait de tels soins, ou par les ornements dont elles décorent leur tête, ou par la manière dont elles arrangent en nœuds et en boucles gonflées leurs cheveux, qu'elles couvrent de voiles transparents et légers pour laisser voir les élégants réseaux de leur coiffure. Ce n'est pas à elles que je dois recommander l'humilité, mais plutôt la chasteté et l'intégrité de la pu-

---

domos ; non solum autem otiosæ, verum etiam curiosæ et verbosæ, loquentes quæ non oportet. » (I *Tit.*, v, 13, etc.) De his superius dixerat : « Juniores autem viduas evita. Cum enim in deliciis egerint, in Christo nubere volunt ; habentes damnationem, quoniam primam fidem irritam fecerunt : » id est, in eo quod primo voverant, non steterunt.

Caput XXXIV. — Nec tamen ait, nubunt ; sed, « nubere volunt. » Multas enim earum revocat a nubendo, non amor præclari propositi, sed aperti dedecoris timor, veniens ex ipse de superbia, qua formidatur magis hominibus displicere, quam Deo. Hæ igitur quæ nubere volunt, et ideo non nubunt quia impune non possunt, quæ melius nuberent quam urerentur, id est, quam occulta flamma concupiscentiæ in ipsa (*a*) conscientia vastarentur, quas pœnitet professionis, et piget confessionis, nisi correctum cor dirigant, et Dei timore rursus libidinem vincant, in mortuis deputandæ sunt, sive in deliciis agant, unde dicit Apostolus : « Quæ autem in deliciis agit, vivens mortua est ; » (I *Tim.*, v, 6) sive in laboribus atque jejuniis, nulla cordis correctione superfluis, et magis ostentationi (*b*) quam emendationi servientibus. Non ego talibus magnam curam humilitatis ingero, in quibus superbia ipsa confunditur, et conscientiæ vulnere cruentatur. Nec ebriosis, aut avaris, aut alio quolibet damnabilis morbi genere jacentibus, cum habeant corporalis continentiæ professionem, moribusque perversis a suo nomine dissonent, hanc magnam sollicitudinem piæ humilitatis impono : nisi forte in his malis etiam ostentare se audebunt, quibus non sufficit quod eorum supplicia differuntur. Nec de his ago, in quibus est quidam placendi appetitus, aut elegantiore vestitu quam tantæ professionis necessitas postulat, aut capitis ligamento notabili, sive prætumidis umbonibus capillorum, sive tegminibus ita teneris, ut retiola subter posita appareant : his nondum de humilitate,

---

(*a*) Sic plures Mss. At editi, *in ipsa concupiscentia.* — (*b*) Aliquot Mss. omittunt, *quam emendationi.*

deur. Donnez-m'en donc une qui fasse profession d'une continence perpétuelle, et qui soit exempte de tous ces vices et de toutes ces souillures de l'âme, c'est pour celle-là que je crains l'orgueil; c'est pour le bien si grand et si rare qu'elle possède, que je redoute les atteintes et la corruption d'un sentiment trop élevé d'elle-même; car plus elle a de qualités dans lesquelles elle peut se complaire, plus je crains qu'elle ne déplaise « à celui qui résiste aux superbes et qui donne sa grâce aux humbles. » (*Jacq.*, IV, 6.)

CHAPITRE XXXV. — 35. C'est dans le Christ lui-même qu'on doit chercher les plus belles leçons et l'exemple le plus parfait de la pureté virginale. Que puis-je dire de mieux sur l'humilité à ceux qui gardent la continence, que de répéter les paroles que le divin Maître adresse à tous : « Apprenez de moi que je suis doux et humble de cœur? » (*Matth.*, XI, 29.) Après avoir parlé de son élévation, voulant nous montrer combien de grand qu'il est, il s'est fait petit pour nous, il dit : « O Père, Seigneur du ciel et de la terre, je vous rends gloire de ce que vous avez caché ces choses aux sages et aux prudents, et de ce que vous les avez révélées aux petits. Oui, mon Père, parce qu'il vous a plu ainsi. Toutes choses m'ont été données par mon Père, et nul ne connaît le Fils, si ce n'est le Père, et nul ne connaît le Père, si ce n'est le Fils, et celui à qui le Fils aura voulu le révéler. Venez à moi, vous tous qui êtes chargés, et je vous soulagerai. Prenez mon joug sur vous, et apprenez de moi que je suis doux et humble de cœur. » (*Matth.*, XI, 25, etc.) Celui à qui le Père a mis toutes choses entre les mains ; celui que personne ne connaît, si ce n'est le Père; celui qui seul connaît le Père, ou celui à qui le Fils aura voulu le révéler, ne dit pas : Apprenez de moi à créer le monde ou à ressusciter les morts, mais : « Apprenez de moi que je suis doux et humble de cœur. » O doctrine salutaire ! ô Maître et Seigneur des hommes qui ont bu dans la coupe de l'orgueil la mort qu'ils se transmettent les uns aux autres ! Il n'a pas voulu nous apprendre ce qu'il n'était pas ; il n'a pas voulu nous ordonner ce qu'il ne faisait pas lui-même. O bon Jésus, je vous vois avec les yeux de la foi que vous m'avez ouverts; je vous vois comme si vous disiez dans l'assemblée du genre humain : « Venez à moi, et apprenez de moi. » Je vous en conjure, Fils de Dieu par qui tout a été fait, et qui parmi toutes ces choses vous êtes fait vous-même fils de l'homme, que devons-nous donc apprendre en venant à vous? C'est, dit-il, « que je suis doux et humble de cœur. » Quoi donc, tous les trésors de la sagesse et de la science (*Coloss.*, II, 3) qui sont cachés en vous se réduisent-ils à nous apprendre « que vous êtes doux

---

sed de ipsa castitate vel integritate pudicitiæ danda præcepta sunt. Da mihi profitentem perpetuam continentiam, atque his et hujusmodi omnibus carentem vitiis et maculis morum, huic superbiam timeo, huic tam magno bono ex elationis tumore formido. Quo magis inest unde sibi placeat, eo magis vereor, ne sibi placendo illi displiceat, qui « superbis resistit, humilibus autem dat gratiam. » (*Jac.*, IV, 6.)

CAPUT XXXV. — 35. Certe præcipuum magisterium et virginalis integritatis exemplum in ipso Christo contuendum est. Quid ergo amplius continentibus de humilitate præcipiam, quam quod ille qui omnibus dicit : « Discite a me, quoniam mitis sum et humilis corde? » (*Matth.*, XI, 29) cum magnitudinem suam supra commemorasset : (*a*) et idipsum volens ostendere, quantus propter nos quantillus effectus est : « Confiteor, inquit, tibi, (*b*) Pater, Domine cœli et terræ, quoniam abscondisti hæc a sapientibus et prudentibus, et revelasti ea parvulis. Ita Pater, quoniam sic placitum est coram te. Omnia mihi tradita sunt a Patre meo, et nemo cognoscit Filium nisi Pater, et nemo cognoscit Patrem nisi Filius, et cui voluerit Filius revelare. Venite ad me omnes qui laboratis et onerati estis, et ego vos reficiam. Tollite jugum meum super vos, et discite a me quoniam mitis sum et humilis corde. » (*Ibid.*, 25, etc.) Ille, ille cui omnia tradidit Pater, et quem nemo agnoscit nisi Pater, et qui Patrem solus agnoscit, et cui voluerit revelare, non dicit : Discite a me mundum fabricare, aut mortuos suscitare ; sed, « quia mitis sum et humilis corde. » O doctrinam salutarem, o Magistrum Dominumque mortalium, quibus mors poculo superbiæ propinata atque transfusa est ! Noluit docere quod ipse non esset, noluit jubere quod ipse non faceret. Video te, bone Jesu, oculis fidei, quos aperuisti mihi, tanquam in concione generis humani clamantem ac dicentem : « Venite ad me, et discite a me. » Quid obsecro te, per quem facta sunt omnia, Fili Dei, et idem qui factus es inter omnia, Fili hominis, quid ut discamus a te, venimus ad te? « Quoniam mitis sum, inquit, et humilis corde. » Huccine redacti sunt omnes thesauri sapien-

---

(*a*) Nonnulli Mss. *commemorasset, idipsum volens ostendere :* omissa particula *et*. — (*b*) In Mss. deest vox *Pater*; et paulo post omittitur, *et prudentibus*.

et humble de cœur? » Est-ce donc une chose si grande d'être petit, qu'on ne pourrait pas l'apprendre, si vous qui êtes si grand ne vous étiez fait petit vous-même? Oui, sans doute, car on ne peut trouver le repos de l'âme, qu'en rabaissant l'orgueil qui la remplit de trouble et d'inquiétude, et par lequel elle se croit grande, lorsqu'elle n'est pour vous que faible et malade.

CHAPITRE XXXVI. — 36. Qu'ils viennent à vous, et vous écoutent, et qu'ils apprennent de vous à être doux et humbles de cœur (*Matth.*, XI), tous ceux qui cherchent votre miséricorde et votre vérité, en vivant pour vous et non pour eux-mêmes. Qu'il écoute cette parole, ce pécheur qui (*Luc*, XVIII) fatigué et tellement chargé du poids de ses péchés qu'il n'ose lever les yeux au ciel, ce pécheur qui frappe sa poitrine, et qui par là s'approche de vous, quoiqu'il en soit éloigné. Qu'elle soit écoutée par ce centurion « qui ne se croit pas digne que vous entriez dans sa maison. » (*Matth.*, VIII, 8.) Qu'elle le soit aussi par Zachée, ce chef des publicains, « rendant le quadruple du tort qu'il avait fait aux autres par sa faute. » (*Luc*, XIX, 8.) Qu'elle l'écoute cette femme pécheresse de Jérusalem (*Luc*, VII, 37), qui arrose vos pieds de larmes d'autant plus abondantes qu'elle se sent plus éloignée de vos traces. Que ces courtisanes et les publicains l'écoutent, eux qui précèdent les scribes et les pharisiens dans le royaume des cieux. (*Matth.*, XI, 31.) Que cette parole soit enfin écoutée par tous ces malades avec lesquels on vous faisait un crime de boire et de manger, reproche, il est vrai, qui vous était fait par des gens qui, se croyant en bonne santé, ne cherchaient pas de médecins; tandis que ce n'était pas les justes, mais les pécheurs que vous étiez venu appeler à la pénitence. (*Matth.*, IX, 13.) Toutes ces personnes, lorsqu'elles se convertissent à vous, deviennent facilement douces et humbles devant vous, en se rappelant l'iniquité de leur vie et la grandeur de votre miséricorde, parce que là où « il y a eu abondance du péché, il y a eu aussi surabondance de grâce. » (*Rom.*, V, 20.)

37. Mais voyez ce cortége de jeunes filles et de jeunes garçons, tous vierges, tous nourris et élevés dans votre Eglise, tous sortis du sein de cette mère féconde, et dont la langue s'est déliée pour prononcer votre nom, ce nom qui a été pour eux comme le lait de leur enfance qu'on versait dans leur cœur. Aucun d'entre eux ne peut dire : « J'étais auparavant un blasphémateur, un persécuteur, et un véritable ennemi; mais Dieu m'a fait miséricorde, parce que j'ai fait ce mal par ignorance et avant d'avoir reçu la foi. » (1 *Tim.*, I, 13.) Bien loin de là, ce sont eux-mêmes qui ont choisi et qui vous ont voué ce que vous n'avez pas ordonné, mais ce que vous avez laissé à la liberté de chacun, en disant : « Que celui qui peut atteindre jusque-là le

---

tiæ et scientiæ absconditi in te (*Colos.*, II, 3), ut hoc pro magno discamus a te, quoniam mitis es et humilis corde? Itane magnum est esse parvum, ut nisi a te qui tam magnus es fieret, disci omnino non posset? Ita plane. Non enim aliter invenitur requies animæ, nisi inquieto tumore digesto, quo magna sibi erat, quando tibi sana non erat.

CAPUT XXXVI. — 36. Audiant te, et veniant ad te, et mites atque humiles esse discant a te (*Matth.*, XI), qui misericordiam et veritatem tuam requirunt, tibi vivendo, tibi, non sibi. Audiat hoc laborans et oneratus, qui sarcina premitur, ut oculos ad cœlum levare non audeat, percutiens pectus ille peccator et propinquans de longinquo. (*Luc.*, XVIII.) Audiat Centurio, non dignus cujus tectum subires. (*Matth.*, VIII.) Audiat Zacchæus, major publicanorum, quadrupla restituens lucra damnabilium peccatorum. (*Luc.*, XIX.) Audiat mulier in civitate peccatrix (*Luc.*, VII), tanto lacrymosior pedibus tuis, quanto fuerat alienior a vestigiis tuis. Audiant meretrices et publicani, qui Scribas et Pharisæos præcedunt in regnum cœlorum. (*Matth.*, XI, 31.) Audiat omne genus ægrorum, cum quibus tibi pro crimine sunt objecta convivia, videlicet quasi a sanis qui medicum non quærebant, cum tu non venires vocare justos, sed peccatores in pœnitentiam. (*Matth.*, IX, 13.) Hi omnes cum convertuntur ad te, facile mitescunt et humiliantur coram te, memores iniquissimæ vitæ suæ, et indulgentissimæ misericordiæ tuæ, quia « ubi abundavit peccatum, superabundavit gratia. » (*Rom.*, V, 20.)

37. Sed respice agmina virginum, puerorum puellarumque sanctarum : in Ecclesia tua eruditum est hoc genus; illic tibi a maternis uberibus pullulavit, (*a*) in nomen tuum ad loquendum linguam solvit, nomen tuum velut lac infantiæ suæ suxit infusum. Non potest quisquam ex hoc numero dicere : « Qui prius fui blasphemus et persecutor et injuriosus, sed misericordiam consecutus sum, quia ignorans feci in incredulitate : » (1 *Tim.*, I, 13) imo etiam quod non jussisti, sed tantummodo volentibus arripien-

---

(*a*) Sola editio Lov. omittit particulam *in*.

fasse. » (*Matth.*, XIX, 12.) Ils se sont faits eunuques eux-mêmes, non par suite de vos menaces, mais par l'effet de vos exhortations, et pour obtenir le royaume des cieux.

Chapitre XXXVII. — C'est à eux que vous devez dire, car ils vous écouteront, « que vous êtes doux et humble de cœur. » Ils sont grands, je l'avoue, mais ils ne doivent que s'en humilier davantage pour trouver grâce devant vous. Ils sont justes, mais peuvent-ils, « comme vous, justifier l'impie ? » Ils sont chastes, mais leurs mères les ont conçus dans le péché. (*Ps.* L, 7.) Ils sont saints, mais vous, Seigneur, vous êtes le saint des saints. Ils sont vierges, mais ils ne sont pas comme vous nés du sein d'une vierge. Ils sont purs d'esprit et de chair, mais ils ne sont pas le Verbe qui s'est fait chair. Qu'ils apprennent cependant, non de ceux à qui vous remettez les péchés, « mais de vous, Agneau de Dieu, qui effacez les péchés du monde, que vous êtes doux et humble de cœur. »

38. Ame chaste et pieuse qui avez réprimé les désirs de la chair, jusqu'à vous abstenir du mariage qui vous était permis; vous qui n'avez pas voulu engendrer d'enfants pour succéder à votre corps qui cependant doit mourir, vous qui avez habitué aux choses du ciel vos membres faibles et terrestres. Je ne vous envoie pas, pour apprendre l'humilité, aux publicains et aux pécheurs, quoiqu'ils devancent les superbes dans le royaume des cieux ; non, ce n'est pas à eux que je vous envoie. Délivrés de l'abîme de l'impureté, ils ne sont pas dignes qu'on les propose à la sainte virginité, comme des modèles à imiter. C'est au Roi du ciel que je vous adresse, à celui par qui les hommes ont été créés, et qui a été créé lui-même parmi les hommes pour le salut de ces mêmes hommes; à « celui qui est le plus beau entre tous les enfants des hommes, » (*Ps.* XLIV, 3) et qui a été méprisé et outragé par les enfants des hommes qu'il était venu racheter ; à celui qui, commandant aux anges immortels, n'a pas dédaigné de se faire le serviteur des mortels. Ce n'est certainement pas son iniquité, mais sa charité qui l'a rendu humble, « la charité qui n'est point envieuse, qui ne s'enfle pas d'orgueil ; » (I *Cor.*, XIII, 4) « car le Christ n'a point cherché sa propre satisfaction, » (*Rom.*, XV, 3) mais, comme le dit l'Ecriture : « Les opprobres de ceux qui vous insultent sont tombés sur moi. » (*Ps.* LXVIII, 10.) Venez donc à lui, et de lui-même aussi apprenez « qu'il est doux et humble de cœur. » Vous n'irez pas vers celui qui, accablé sous le poids de son iniquité, n'osait lever les yeux au ciel (*Luc*, XVIII, 13), mais à celui que le poids de sa charité a fait descendre du ciel. (*Jean.*, VI, 38.) Nous n'irez pas vers celle qui arrosait de ses larmes les pieds du Sei-

---

dum proposuisti, dicens : « Qui potest capere, capiat, » (*Matth.*, XIX, 12) arripuerunt, voverunt, et propter regnum cœlorum se ipsos, non quia minatus es, sed quia hortatus es, castraverunt.

Caput XXXVII. — His inclama, hi te audiant, quoniam mitis es et humilis corde. Hi quanto magni sunt, tanto humilient se in omnibus, ut coram te inveniant gratiam. Justi sunt : sed numquid sicut tu (*a*) justificans impium? Casti sunt : sed eos in peccatis matres eorum in uteris aluerunt. (*Psal.* L, 7.) Sancti sunt : sed tu etiam sanctus sanctorum. Virgines sunt : sed nati etiam ex virginibus non sunt. Et Spiritu et carne integri sunt : sed Verbum caro factum non sunt. Et tamen discant, non ab eis quibus peccata dimittis, sed a te ipso agno Dei, qui tollis peccata mundi, quoniam mitis es et humilis corde.

38. Non ego te, anima pie pudica, quæ appetitum carnalem nec usque ad concessum conjugium relaxasti, quæ decessurum corpus nec successori propagando indulsisti, quæ fluitantia membra terrena in cœli consuetudinem suspendisti : non ego te, ut discas humilitatem, ad publicanos et peccatores mitto, qui tamen in regnum cœlorum præcedunt superbos; non te ad hos mitto : indigni sunt enim qui ab immunditiæ voragine liberati sunt, ut eos imitandos mittatur illibata virginitas : ad Regem cœli te mitto, ad eum per quem creati sunt homines, et qui creatus est inter homines propter homines, ad speciosum forma præ filiis hominum (*Psal.* XLIV, 3), et contemptum a filiis hominum pro filiis hominum, ad eum qui dominans Angelis immortalibus, non dedignatus est servire mortalibus. Eum certe humilem non iniquitas, sed caritas fecit ; « caritas quæ non æmulatur, non inflatur, non quærit quæ sua sunt : » (I *Cor.*, XIII, 4) quia « et Christus non sibi placuit; » (*Rom.*, XV, 3) « sed sicut scriptum de illo est: Opprobria exprobrantium tibi ceciderunt super me. » (*Psal.* LXVIII, 10.) Vade, veni ad illum, et disce quoniam mitis est et humilis corde. Non ibis ad eum qui oculos ad cœlum levare non audebat onere iniquitatis (*Luc*, XVIII, 13); sed ad eum qui de cœlo descendit pondere caritatis. (*Joan.*, VI, 38.) Non

---

(*a*) Er. et nonnulli Mss. *justificant impium*.

gneur (*Luc,* VII, 38), demandant indulgence et pardon pour ses crimes ; mais vous irez vers celui qui, en remettant à tous leurs péchés, n'a pas craint de laver les pieds de ses serviteurs. (*Jean,* XIII, 5.) Je connais trop la dignité et le mérite de la virginité, pour vous proposer, comme un modèle à imiter, le publicain s'accusant humblement de ses fautes, mais je crains pour vous l'orgueil du pharisien se glorifiant de son mérite. Je ne vous dis pas : Soyez comme celle dont le Seigneur a dit : « Il lui sera beaucoup pardonné, parce qu'elle a beaucoup aimé, » (*Luc,* VII, 47) mais je crains que votre amour pour Dieu ne s'affaiblisse, en pensant qu'on a peu à vous pardonner.

CHAPITRE XXXVIII. — 39. Ce que je crains, dis-je, beaucoup pour vous, c'est qu'en vous glorifiant de suivre « l'agneau partout où il ira, » l'orgueil ne vous empêche de pouvoir passer avec lui dans les sentiers étroits où souvent il s'avance. Il est donc bon, ô âme virginale, que tout en conservant, et dans votre cœur la grâce par laquelle vous avez reçu une nouvelle vie, et dans votre chair l'intégrité avec laquelle vous êtes venue au monde, « vous conceviez, » cependant, comme le dit le prophète, et que « vous enfantiez l'esprit de salut » par la crainte du Seigneur. (*Isaïe,* XXVI, 18.) « Il n'y a pas de crainte, il est vrai, dans la charité, mais quand elle est parfaite ; car la charité bannit la crainte, » (I *Jean,* IV, 18)

c'est-à-dire, la crainte des hommes, mais non celle de Dieu ; la crainte des maux temporels, et non celle du jugement divin, qui nous attend à la fin des siècles. « N'ayez pas de présomption, mais craignez. » (*Rom.,* XI, 20.) Aimez la bonté de Dieu, mais craignez sa sévérité. Cet amour et cette crainte ne laisseront dans votre cœur aucun accès à l'orgueil ; car en aimant, vous craignez d'offenser grièvement celui que vous aimez et qui vous aime. Quelle injure plus grande, en effet, pourriez-vous lui faire, que de déplaire par votre orgueil à celui qui pour vous a déplu aux superbes ? En qui doit-on surtout trouver « cette crainte chaste qui demeure éternellement, » (*Ps.* XVIII, 10) sinon en vous, « qui ne vous occupez pas des choses du monde, ni des moyens de plaire à un époux, mais qui vous occupez des choses du Seigneur. » (I *Corinth.,* VII, 32.) Cette autre crainte ne se trouve pas dans la charité, mais la charité est toujours accompagnée de celle que l'Ecriture appelle « chaste. » Si vous n'aimez pas, craignez de vous perdre, et si vous aimez, craignez de déplaire à à Dieu. Cette autre crainte est celle que la charité bannit de notre esprit, tandis que la chaste crainte entre dans notre cœur avec la charité. C'est pourquoi l'Apôtre dit : « Nous n'avons pas reçu l'esprit de servitude pour nous conduire par la crainte, mais nous avons reçu l'esprit d'adoption des enfants de Dieu, par lequel nous crions :

---

ibis ad eam quæ Domini sui pedes lacrymis rigavit (*Luc.,* VII, 38), quærens indulgentiam gravium peccatorum ; sed ibis ad eum qui cum daret indulgentiam omnium peccatorum, lavit pedes suorum servorum. (*Joan.,* XIII, 5.) Novi dignitatem virginitatis tuæ : non tibi propono imitandum publicanum humiliter accusantem delicta sua, sed timeo tibi Pharisæum superbe jactantem merita sua. (*Luc.,* XVIII.) Non dico : Esto qualis illa de qua dictum est : « Dimittuntur ei peccata multa, quoniam dilexit multum. » (*Luc.,* VII, 47.) Sed metuo ne cum tibi modicum dimitti putas, modicum diligas.

CAPUT XXXVIII. — 39. Metuo, inquam, tibi vehementer, ne cum te agnum quocumque ierit secuturam esse gloriaris, cum præ tumore superbiæ sequi per angusta non possis. Bonum est tibi, o anima virginalis, ut sic quomodo virgo es, sic omnino servans in corde quod renata es, servans in carne quod nata es, concipias tamen a timore Domini et parturias spiritum salutis. (*Isai.,* XXVI, 18.) « Timor qui-

dem non est in caritate, sed perfecta, » sicut scriptum est, « caritas foras mittit timorem : » (I *Joan.,* IV, 18) sed timorem hominum, non Dei ; timorem temporalium malorum, non divini in fine judicii. « Noli altum sapere, sed time. » (*Rom.,* XI, 20.) Ama Dei bonitatem, time severitatem : utrumque te superbam esse non sinit. Amando enim times, ne amatum et amantem graviter offendas. Nam quæ gravior offensio, quam ut superbia illi displiceas, qui propter te superbis displicuit ? Et ubi magis esse debet « timor ille castus permanens in sæculum sæculi, » (*Psal.* XVIII, 10) quam in te, quæ non cogitas quæ sunt mundi, quomodo placeas conjugi, sed quæ sunt Domini, quomodo placeas Domino ? (I *Cor.,* VII, 32.) Ille alius timor non est in caritate : iste autem castus non recedit a caritate. Si non amas, time ne pereas : si amas, time ne displiceas. Illum timorem caritas foras mittit : cum isto intro currit. Dicit apostolus etiam Paulus : « Non enim accepimus spiritum servitutis iterum in (a) timorem, sed accepimus Spiritum

---

(a) Editi, *in timore.* Veteres autem libri, *in timorem :* juxta Græcum εἰς φόβον : cui concordat Vulgata in antiquis Bibliis Corbeiensibus.

CHAPITRE XXXVIII.

Abba, c'est-à-dire, mon Père. » (*Rom.*, VIII, 15.) Je crois que saint Paul parle ici de cette crainte particulière à l'ancienne alliance, c'est-à-dire, de celle qui faisait redouter la perte des biens temporels, que Dieu avait promis à ceux qui n'étaient pas encore enfants de la grâce. mais esclaves de la loi. Il y a encore la crainte du feu éternel, et lorsqu'on sert Dieu, pour en être délivré, ce n'est pas encore assurément la crainte qui accompagne la charité parfaite; car autre chose est le désir de la récompense, autre chose est la crainte du supplice. En effet, dire : « Où irai-je pour me cacher à votre esprit, où fuirai-je pour me soustraire à votre présence, » (*Ps.* CXXXVIII, 7) n'est pas la même chose que lorsqu'on dit : « J'ai demandé une chose au Seigneur, et je la lui demanderai toujours, c'est d'habiter dans sa maison pendant tous les jours de ma vie, afin de contempler les délices du Seigneur, et d'être sous la protection de son temple. » (*Ps.* XXVI, 4.) Comme ce n'est pas la même chose de dire : « Ne détournez pas de moi votre visage, » (*Ibid.*, XXVI, 9) ou de dire : « Mon âme languit et se consume du désir d'entrer dans la maison du Seigneur. » (*Ibid.*, LXXXIII, 3.) Les premières paroles pouvaient être dans la bouche « de celui qui n'osait pas même lever les yeux au ciel, » (*Luc*, XVIII, 13) et de celle « qui arrosait de ses larmes les pieds du Seigneur, » (*Luc*, VII, 38) afin d'obtenir le pardon de ses crimes. Mais pour vous, « qui vous occupez des choses du Seigneur, afin d'être sainte d'esprit et de corps, » (I *Cor.*, VII, 34) ne craignez pas de répéter à Dieu les secondes. Les premières se ressentent de « cette crainte qui est accompagnée de peine, et que la parfaite charité bannit de notre cœur. » (I *Jean*, IV, 18.) Les secondes expriment cette « chaste crainte du Seigneur qui demeure éternellement. » Dans l'un et dans l'autre cas, on ne saurait trop répéter : « N'ayez pas de présomption, mais craignez; » (*Rom.*, XI, 20) c'est-à-dire, que l'homme ne doit pas s'élever en cherchant à défendre orgueilleusement ses péchés, ni en présumant trop de sa justice. Saint Paul lui-même qui dit : « Vous n'avez pas reçu l'esprit de servitude pour vivre dans la crainte, » (*Rom.*, VIII, 15) dit aussi aux Corinthiens, avec cette crainte qui accompagne la charité : « J'ai été parmi vous dans un état de crainte et de tremblement. » (1 *Cor.*, II, 3.) Et c'est pour que l'olivier sauvage n'insultât pas avec orgueil aux branches brisées de l'olivier franc, à la place desquelles il avait été enté, que l'Apôtre dit ces paroles que j'ai déjà rapportées : « N'ayez pas de présomption, mais craignez. » (*Rom.*, XI, 20.) Il donne encore ce conseil à tous les membres de Jésus-Christ : « Travaillez à votre salut avec crainte et tremblement, car c'est Dieu qui, par sa volonté, produit en vous efficacement le vouloir et le faire, »

---

adoptionis filiorum, in quo clamamus: Abba Pater. » (*Rom.*, VIII, 15.) Illum cum timorem credo dicere, qui datus erat in Vetere Testamento, ne amitterentur temporalia bona, quæ Deus promiserat nondum sub gratia filiis, sed sub lege adhuc servis. Est etiam timor ignis æterni, propter quem devitandum Deo servire, nondum est utique perfectæ caritatis. Aliud est enim desiderium præmii, aliud formido supplicii. Aliæ voces sunt : « Quo abibo ab spiritu tuo, et a facie tua quo fugiam? » (*Psal.* CXXXVII, 7) et aliæ voces sunt : « Unam petii a Domino, hanc requiram, ut inhabitem in domo Domini per omnes dies vitæ meæ, ut contempler delectationem Domini, et (*a*) protegar templum ejus. » (*Psal.* XXVI, 4.) Et : « Ne avertas faciem tuam a me, » (*Ibid.*, 9) et : « Desiderat et deficit anima mea in atria Domini. » (*Psal.* LXXXIII, 3.) Illas voces (*b*) habuerit, qui oculos non audebat levare in cœlum (*Luc.*, XVIII, 13); et quæ rigabat lacrymis pedes ad impetrandam veniam gravium peccatorum (*Luc.*, VII, 38) : has autem tu habeto, quæ sollicita es ea quæ sunt Domini, ut sis sancta et corpore et spiritu. (I *Cor.*, VII, 34.) Illis vocibus comitatur timor qui tormentum habet, quem perfecta caritas foras mittit (1 *Joan.*, IV, 18) : his autem vocibus comitatur timor Domini castus permanens in sæculum sæculi. Et utrique generi dicendum est : « Noli altum sapere, sed time : » (*Rom.*, XI, 20) ut homo nec de peccatorum suorum defensione, nec de justitiæ præsumptione se extollat. Nam et ipse Paulus, qui dicit (*Rom.*, VIII, 15) : « Non enim accepistis spiritum servitutis iterum in timorem : » tamen timore comite caritatis ait : « Cum timore et tremore multo fui ad vos : » (I *Cor.*, II, 3) et ea sententia quam commemoravi, ne adversus fractos oleæ ramos insertus superbiret oleaster, ipse usus est, dicens : « Noli altum sapere, sed time : » (*Rom.*, XI, 20) ipse omnia membra Christi generaliter admonens, ait : « Cum timore et tremore vestram ipsorum salutem operamini;

(*a*) Editi, *protegar a templo ejus*. At Mss. hic et in Enarratione *Ps.* XXV, *templum ejus* : et loco *protegar*, plerique habent *protegi*. —
(*b*) Editi, *non habuerat*. Castigantur a Mss.

(*Philipp.*, II, 12) afin de ne pas leur laisser croire qu'il faut rapporter à l'Ancien Testament ces paroles de l'Ecriture : « Servez le Seigneur dans la crainte, et réjouissez-vous en lui avec tremblement. » (*Ps.* II, 11.)

CHAPITRE XXXIX. — 40. Quels sont les membres du corps sacré de Jésus-Christ, c'est-à-dire, de l'Eglise, qui doivent le plus travailler à ce que le Saint-Esprit repose sur eux, sinon ceux qui font profession de la sainte virginité? Mais comment peut-il reposer là où il ne trouve pas de place? Or, quelle est donc cette place, sinon le cœur humilié, qu'il puisse remplir sans jamais s'en éloigner, et relever au lieu de l'abattre? Dieu dit clairement par la bouche de son prophète : « Sur qui repose mon esprit, sinon sur celui qui est humble, paisible, et qui écoute mes paroles avec tremblement? » (*Isaïe*, LXVI, 2.) Votre vie est pieuse, chaste, sainte, juste ; vous la passez dans la pureté virginale, je le veux bien ; cependant c'est encore ici-bas que vous vivez, et vous ne vous humiliez pas, lorsqu'on vous dit : « La vie de l'homme sur la terre n'est-elle pas une tentation continuelle? » (*Job*, VII.) Ne sentez-vous pas votre orgueil réprimé, par ces paroles de l'Evangile : « Malheur au monde à cause des scandales? » (*Matth.*, XVIII, 7.) Ne tremblez-vous pas de peur d'être mis au nombre de ceux dont la charité se refroidira, parce qu'il y aura en eux « abondance d'iniquité? » (*Ibid.*, XXIV, 11.) Ne frappez-vous pas avec contrition votre poitrine, lorsque vous entendez l'Apôtre dire : « Que celui qui croit être ferme prenne garde de tomber? » (1 *Cor.*, X, 12.) Après tant d'avertissements divins, tant de dangers auxquels est exposée l'humanité, est-il besoin de nous donner beaucoup de peine, pour convaincre les vierges saintes de la nécessité et de l'excellence de l'humilité?

CHAPITRE XL. — 41. Si Dieu permet que beaucoup d'hommes et de femmes qui doivent tomber, soient mêlés parmi ceux de votre profession, n'est-ce pas pour redoubler votre crainte par leur chute, pour réprimer votre orgueil, l'orgueil, ce vice si odieux au Seigneur, que c'est afin de le combattre, que lui qui est si élevé, s'est abaissé si bas? Ce qui vous inspire moins de crainte et plus d'orgueil, et qui vous fait moins aimer celui qui vous a chéris, jusqu'à se livrer lui-même à la mort pour vous (*Galates*, II, 20), serait-ce parce qu'il vous a remis peu de péchés, en raison de la vie que dès votre enfance vous avez passée dans la piété, dans la pudeur, et dans la sainte et pure virginité? Mais c'est au contraire un motif pour vous d'aimer avec plus d'ardeur celui qui, ayant pardonné toutes leurs fautes aux pécheurs qui se sont convertis à lui, a voulu vous en préser-

---

Deus est enim qui operatur in vobis et velle et operari pro bona voluntate : » (*Philip.*, II, 12) ne ad Vetus Testamentum videatur pertinere quod scriptum est : « Servite Domino in timore, et exultate ei cum tremore. » (*Psal.* II, 11.)

CAPUT XXXIX. — 40. Et quæ magis membra corporis sancti, quod est Ecclesia, curare debent, ut super ea requiescat Spiritus sanctus, quam virginalem profitentia sanctitatem? Quomodo autem requiescit ubi non invenit locum suum? quid aliud quam cor humiliatum quod impleat, non unde resiliat; quod erigat, non quod deprimat? cum apertissime dictum sit : « Super quem requiescet Spiritus meus? Super humilem et quietum et trementem verba mea. » (*Isa.*, LXVI, 2.) Jam juste vivis, jam pie vivis, pudice, sancte, virginali castitate vivis : adhuc tamen hic vivis, et non humiliaris audiendo: « Numquid non tentatio est vita humana super terram? » (*Job*, VII, 1.) Non te a præsidenti elatione reverberat : « Væ mundo ab scandalis? » (*Matth.*, XVIII, 7.) Non contremiscis, ne deputeris in multis quorum refrigescit caritas, quoniam abundabit iniquitas? (*Matth.*, XXIV, 11.) Non percutis pectus, cum audis : « Quapropter qui se putat stare, (*a*) videat ne cadat? » (1 *Cor.*, X, 12) Inter hæc divina monita et humana pericula, itane adhuc virginibus sanctis humilitatem persuadere laboramus?

CAPUT XL. — 41. An vero propter aliud credendum est, permittere Deum ut misceantur numero professionis vestræ multi et multæ casuri et casuræ, nisi ut his cadentibus timor vester augeatur, quo superbia comprimatur; quam sic odit Deus, ut contra hanc unam se tantum humiliaret Altissimus? Nisi forte re vera ideo minus timebis, magisque inflaberis, ut modicum diligas eum, qui te tantum dilexit, ut traderet semetipsum pro te (*Gal.*, II, 20), quia modicum tibi dimisit, viventi videlicet a pueritia religiose, pudice (*b*), pia castitate, illibata virginitate. Quasi vero non tu multo ardentius diligere debeas eum, qui flagitiosis ad se conversis quæcumque dimisit, in ea te cadere non permisit? Aut vero ille Pharisæus, qui propterea modicum diligebat, quia

---

(*a*) In Mss. *caveat*. — (*b*) Sola editio Lov. *pie, caste*.

ver. L'erreur et l'aveuglement du pharisien qui aimait faiblement, parce que peu de péchés lui avaient été remis, venaient-ils d'une autre source, sinon « qu'ignorant la justice de Dieu, et voulant y substituer la sienne, il n'était pas soumis à la justice du Seigneur? » (*Rom.*, x, 3.) Mais vous, enfants élus parmi les élus, vous, chœurs de vierges, qui suivez l'agneau, « c'est la grâce qui vous a sauvés par la foi, et cela ne vient pas de vous, car c'est un don de Dieu. Cela ne vient pas de vos œuvres, afin que personne ne se glorifie; car nous sommes son ouvrage, ayant été créés en Jésus-Christ, dans les bonnes œuvres que Dieu nous a préparées, afin que nous y marchions. » (*Ephés.*, II, 8, etc.) Serait-ce donc parce que vous êtes plus comblées de ses dons que vous l'aimeriez moins? Puisse-t-il éloigner de votre cœur une telle ingratitude et une telle démence? Or, puisqu'il est vrai, et que la vérité elle-même a dit, que celui à qui il a été remis peu de péchés est moins porté à aimer; vous, vierges, afin d'aimer avec plus d'ardeur, celui pour l'amour duquel vous avez renoncé aux liens du mariage, regardez comme vous ayant été remises toutes les fautes que, par sa grâce, vous n'avez pas commises, « car vos yeux, » comme dit le prophète, « doivent toujours être élevés vers le Seigneur, parce que c'est lui qui dégage vos pieds des filets qui leur sont tendus; » (*Ps.* XXIV, 15) comme il est aussi écrit ailleurs :

« Que si le Seigneur ne garde lui-même sa ville, c'est en vain que veille celui qui la garde. » (*Ibid.*, CXXVI, 1.) Et l'Apôtre, en parlant de la continence, dit : « Je voudrais que tous les hommes fussent comme moi, mais chacun a reçu de Dieu son don particulier, l'un d'une manière, et l'autre d'une autre. » (I *Cor.*, VII, 7.) A qui donc sommes-nous redevables de ces dons? (*Ibid.*, XII, 11.) Quel est celui qui distribue, comme il lui plaît, à chacun les dons qui lui sont propres? C'est Dieu en qui il n'y a pas d'iniquité. (*Rom.*, IX, 14.) Quelle est la justice qui le guide, en traitant différemment les uns et les autres? C'est ce qu'il est impossible ou bien difficile à l'homme de comprendre. Ce qu'il y a de certain, c'est qu'il fait tout avec équité. « Ainsi, qu'avez-vous donc que vous n'ayez reçu? » (I *Cor.*, IV, 7.) Ou quelle serait votre malice, si plus vous avez reçu de Dieu, moins vous l'aimiez?

CHAPITRE XLI. — 42. La première pensée par laquelle une vierge doit s'humilier, c'est de croire que ce n'est pas à elle qu'elle doit ce qu'elle est, mais que « sa virginité est un don excellent qui vient d'en haut et descend du Père des lumières, en qui il n'y a ni changement, ni ombre de changement. » (*Jacq.*, I, 17.) Par ce moyen, elle ne croira pas qu'il lui a été peu pardonné, afin de se croire obligée à moins d'amour. « Elle évitera aussi de ne pas se soumettre

---

modicum sibi dimitti existimabat, ob aliud hoc errore cæcabatur, nisi quia ignorans Dei justitiam, et suam quærens constituere, justitiæ Dei subjectus non erat? (*Rom.*, x, 3.) Vos autem genus electum, et in electis electius, virginei chori sequentes agnum, etiam vos « gratia salvi facti estis per fidem : et hoc non ex vobis, sed Dei donum est; non ex operibus, ne forte quis extollatur. Ipsius enim sumus figmentum, creati in Christo Jesu in operibus bonis, quæ præparavit Deus ut in illis ambulemus. » (*Ephes.*, II, 8, etc.) Ergone hunc quanto ejus donis ornatiores estis, tanto minus amabitis? Averterit tam horrendam ipse dementiam. Proinde quoniam verum Veritas dixit, quod ille cui modicum dimittitur, modicum diligit; vos ut ardentissime diligatis, cui diligendo a conjugiorum nexibus liberi vacatis, deputate vobis tanquam omnino dimissum, quidquid mali a vobis non est illo regente commissum. « Oculi enim vestri semper ad Dominum (*Psal.* XXIV, 15), quoniam ipse evellet de laqueo pedes vestros. » Et : « Nisi Dominus custodierit civitatem, in vanum vigilavit qui custodit eam. » (*Psal.* CXXVI, 1.) Et de ipsa continentia loquens Apostolus ait : « Volo autem omnes homines esse sicut me ipsum; sed unusquisque proprium donum habet a Deo, alius sic, alius autem sic. » (I *Cor.*, VII, 7.) Quis ergo donat ista? Quis distribuit propria unicuique sicut vult? (I *Cor.*, XII, 11.) Nempe Deus, apud quem non est iniquitas. (*Rom.*, IX, 14.) Ac per hoc qua æquitate ille faciat alios sic, alios autem sic, homini nosse aut impossibile, aut omnino difficile est : quin tamen æquitate faciat, dubitare fas non est. « Quid itaque habes quod non accepisti? » (I *Cor.*, IV, 7) aut qua perversitate minus diligis, a quo amplius accepisti?

CAPUT XLI. — 42. Quapropter hæc prima sit inducendæ humilitatis cogitatio, ne a se sibi putet esse Dei virgo quod talis est, ac non potius hoc donum optimum de super descendere a Patre luminum, apud quem non est transmutatio, nec momenti obumbratio. (*Jacob.*, I, 17.) Ita enim non putabit modicum sibi esse dimissum, ut modicum diligat, et ignorans Dei justitiam, ac suam volens constituere,

à la justice divine, en ignorant la justice de Dieu, et en voulant y substituer la sienne. » (*Rom.*, x, 3.) Ce fut là l'erreur de ce Simon, qui, bien que recevant chez lui Jésus-Christ, resta au-dessous de la pécheresse, à qui « il fut beaucoup pardonné, parce qu'elle avait beaucoup aimé. » (*Luc*, vii, 40.) La vierge humble et soumise croira donc avec bien plus de sagesse et de vérité, « que l'on doit regarder comme pardonnés, tous les péchés que la grâce de Dieu nous empêche de commettre. » C'est une vérité qui nous est prouvée par les pieuses prières, que nous lisons dans les saintes Ecritures, et par lesquelles nous pouvons reconnaître que c'est uniquement avec la grâce et le secours de Dieu, que nous pouvons accomplir les commandements qu'il nous donne. Ce serait donc un mensonge de demander à Dieu la grâce de les accomplir, si nous pouvions le faire sans son divin secours. Est-il une chose qui soit plus généralement recommandée que l'obéissance nécessaire à l'observation des commandements de Dieu ? et cependant nous voyons dans les Ecritures qu'on la lui demande : « Vous avez ordonné, dit le prophète, que l'on garde avec zèle vos commandements; » (*Ps.* CXVIII, 4, etc.) mais il ajoute ensuite : « Faites, Seigneur, que mes voies soient réglées, de manière à tendre toutes à l'observation de vos ordonnances, car je ne tomberai pas dans la confusion, lorsque j'aurai tous vos commandements devant les yeux. » Ainsi le saint roi lui-même demandait à Dieu la grâce d'accomplir ce qu'il avait dit auparavant avoir été ordonné par Dieu. Par là on évite de pécher. Si cependant on a commis des fautes, l'Ecriture nous recommande le repentir, de peur qu'on ne s'expose à périr, en ne détruisant point par la pénitence le mal qu'on a fait, mais en voulant, au contraire, par orgueil le défendre et l'excuser. Cependant cette pénitence, on la demande encore à Dieu, afin de nous faire comprendre qu'on ne peut la faire qu'avec le secours de celui à qui on la demande. « Mettez, dit aussi le prophète, une garde à ma bouche, et à mes lèvres une barrière qui les contienne. Ne souffrez pas que mon cœur se laisse aller à de mauvaises paroles, pour chercher des excuses à mes péchés, comme ceux qui commettent l'iniquité. » (*Ps.* CXL, 3, 4.) Si donc on désire et on demande à Dieu l'obéissance qui nous permette d'observer ses commandements, et la pénitence par laquelle, loin d'excuser, nous avouons humblement nos fautes, il est évident que quand on pratique ces choses, c'est lui qui nous en fait la grâce, et que c'est par son secours qu'on les accomplit. L'Ecriture dit plus clairement encore au sujet de l'obéissance : « Le Seigneur conduira les pas de l'homme, et l'homme voudra suivre la voie du Seigneur; » (*Ps.* XXXVI, 23) et l'Apôtre dit, en parlant de la pénitence : « Dans l'espoir que Dieu leur donnera un jour l'esprit de pénitence. » (II *Tim.*, II, 25.)

43. Quant à la continence, le Sage ne dit-il

---

justitiæ Dei non subjiciatur. (*Rom.*, x, 3.) In quo vitio erat Simon ille, quem superavit mulier cui dimissa sunt peccata multa, quoniam dilexit multum. (*Luc.*, vii, 40.) Sed cautius et verius cogitabit, omnia peccata sic habenda tanquam dimittantur, a quibus Deus custodit ne committantur. Testes sunt voces piarum deprecationum in Scripturis sanctis, quibus ostenditur, ea ipsa quæ præcipiuntur a Deo, non fieri nisi dante atque adjuvante qui præcipit. Mendaciter enim petuntur, si ea non adjuvante ejus gratia facere possemus. Quid tam generaliter maximeque præcipitur, quam obedientia qua custoditur mandata Dei. Et tamen hanc invenimus optari : « Tu, inquit, præcepisti mandata tua custodiri nimis. » Deinde sequitur : « Utinam dirigantur viæ meæ, ad custodiendas justificationes tuas : tunc non confundar, dum inspicio in omnia mandata tua. » (*Psal.* CVIII, 4.) Quod Deum præcepisse supra posuit, hoc ut (*a*) a se impleretur optavit. Hoc fit utique ne peccetur : quod si peccatum fuerit, præcipitur ut pœniteat; ne defensione et excusatione peccati pereat superbiendo qui fecit, dum non vult pœnitendo perire quod fecit. Etiam hoc a Deo petitur, ut intelligatur non fieri, nisi eo præstante a quo petitur. « Pone, inquit, Domine custodiam ori meo, et ostium continentiæ circum labia mea : ne declines cor meum in verba maligna, ad excusandum excusationes in peccatis, cum hominibus operantibus iniquitatem. » (*Psal.* CXL, 3, 4.) Si ergo et obedientia qua ejus mandata servamus, et pœnitentia qua nostra non excusamus, sed accusamus, optatur et petitur; manifestum est, quia cum fit, illo dante habetur, illo adjuvante completur. Apertius etiam dicitur propter obedientiam (*Psal.* XXXVI, 23) : « A Domino gressus hominis diriguntur, et viam ejus volet. » Et de pœnitentia dicit Apostolus (II *Tim.*, II, 25) : « Ne forte det illis Deus pœnitentiam. »

43. De ipsa etiam continentia nonne apertissime

(*a*) Sic Mss. At editi, *ut in se impleretur.*

pas très-clairement : « Je savais que nul ne peut avoir la continence si Dieu ne la lui donne, et c'était déjà un effet de la sagesse de savoir de qui l'on reçoit ce don ? » (*Sag.*, VIII, 21.)

CHAPITRE XLII. — On dira peut-être que la continence, il est vrai, est un don de Dieu ; mais que l'homme peut revendiquer, comme venant de lui, l'esprit de sagesse ; puisque c'est par cet esprit qu'il reconnaît que la continence vient de Dieu et non pas de lui. Mais l'Ecriture dit : « Le Seigneur aveugle les sages. » (*Ps.* CXLV, 8.) Elle dit encore : « La parole de Dieu qui ne trompe jamais donne la sagesse aux petits. » (*Ps.* XVIII, 8.) Et saint Jacques confirme ces paroles en disant : « Si quelqu'un de vous a besoin de sagesse, qu'il la demande à Dieu, qui répand ses dons sur tous libéralement et sans reprocher ce qu'il donne, et la sagesse lui sera donnée. » (*Jacq.*, I, 5.) Il convient donc aux vierges d'être sages, « de peur de laisser éteindre leurs lampes. » (*Matth.*, XXV, 4.) Mais comment peuvent-elles être sages ? « En ne s'élevant pas à des pensées trop hautes, mais en consentant à ce qu'il y a de plus humble. » (*Rom.*, XII, 16.) En effet, la sagesse elle-même a dit à l'homme : « La piété est la vraie sagesse. » (*Job*, XXVIII, 28.) « Si donc vous n'avez rien que vous n'ayez reçu. » (I *Cor.*, IV, 7) « n'ayez pas de présomption, mais craignez. » (*Rom.*, XI, 20.) Surtout n'aimez pas avec tiédeur, comme s'il vous avait été peu par‑ donné, mais au contraire, aimez beaucoup celui dont vous avez beaucoup reçu. Car si celui à qui l'on a remis sa dette est obligé d'aimer, combien plus celui à qui il a été beaucoup donné doit-il avoir d'amour et de reconnaissance ? Celui qui dès le commencement ne s'écarte pas des lois de la chasteté, ne le doit-il pas à Dieu ? Tout pécheur qui devient ami de la pureté ne le doit-il pas à Dieu qui le rappelle au bien ? Quiconque continue à vivre dans le désordre est abandonné de Dieu. Dieu peut agir ainsi dans un dessein qui nous est caché, mais qu'on ne saurait blâmer, et peut-être nous le laisse-t-il ignorer, pour que nous ayons plus de crainte et moins d'orgueil.

CHAPITRE XLIII.—44. D'où il suit que l'homme qui sait que c'est par la grâce de Dieu qu'il est ce qu'il est, doit prendre garde de tomber dans un autre piège, celui de l'orgueil, c'est-à-dire de ne pas tirer vanité de la grâce même de Dieu, pour mépriser les autres. C'était là le vice de ce pharisien, qui rendait grâces à Dieu des avantages qu'il avait, et s'élevait ainsi au-dessus du publicain avouant humblement ses fautes. (*Luc*, XVIII, 11.) Que fera donc une vierge ? A quoi doit-elle penser, pour ne pas s'élever au-dessus de ceux ou de celles, qui sont privés du don si grand qu'elle a reçu ? Ce n'est pas un semblant, mais la réalité et la pratique de l'humilité qu'elle doit avoir, car une feinte humilité n'est autre chose

---

dictum est : « Et cum scirem quia nemo potest esse continens nisi Deus det, et hoc ipsum erat sapientiæ, scire cujus esset hoc donum? » (*Sap.*, VIII, 21.)

CAPUT XLII. — Sed forte continentia donum Dei est, sapientiam vero sibi ipse homo præstat, qua illud donum non suum, sed Dei esse cognoscat. Imo « Dominus sapientes facit cæcos : » (*Psal.* CXLV, 8) et : « Testimonium Domini fidele sapientiam præstat parvulis : » (*Psal.* XVIII, 8) et (*Jacob.*, I, 5) : « Si quis indiget sapientia, postulet a Deo, qui dat omnibus affluenter, et non improperat, et dabitur ei. » Sapientes autem esse virgines decet, ne lampades earum extinguantur. (*Matth.*, XXV, 4.) Quomodo sapientes, nisi « non alta sapientes, sed humilibus consentientes? » (*Rom.*, XII, 16.) « Dixit enim homini » ipsa sapientia : « Ecce pietas est sapientia. » (*Job*, XXVIII, 28.) Si ergo nihil habes quod non accepisti (I *Cor.*, IV, 7) ; « noli altum sapere, sed time. » (*Rom.*, XI, 20.) Et noli modicum diligere, quasi a quo tibi modicum dimissum est : sed potius multum dilige, a quo tibi multum tributum est. Si enim diligit, cui donatum est ne redderet ; quanto magis debet diligere, cui donatum est ut haberet ? Nam et quisquis ab initio pudicus permanet, ab illo regitur ; et quisquis ex impudico pudicus fit, ab illo corrigitur ; et quisquis usque in finem impudicus est, ab illo deseritur. Hoc autem ille occulto judicio facere potest, iniquo non potest : et fortasse ideo latet, ut plus timeatur, et minus superbiatur.

CAPUT XLIII.— 44. Deinde jam sciens homo, gratia Dei se esse quod est, non incidat in alium superbiæ laqueum, ut de ipsa Dei gratia se extollendo spernat cæteros. Quo vitio (*a*) alius ille Pharisæus, et de bonis quæ habebat Deo gratias agebat, et tamen se super Publicanum peccata confitentem extollebat. (*Luc.*, XVIII, 11.) Quid igitur faciat virgo, quid cogitet, ne se extollat super eos vel eas, quæ hoc tam magno dono carent ? Neque enim simulare debet humilitatem, sed exhibere : nam simulatio humilitatis major

(*a*) Nonnulli Mss. *altus*.

que l'orgueil poussé à un plus haut degré. C'est pourquoi l'Ecriture, voulant montrer que l'humilité doit être vraie, après avoir dit : « Plus vous êtes grand, plus vous devez vous humilier en toutes choses, » (*Eccl.*, III, 20) ajoute aussitôt : « Alors vous trouverez grâce devant Dieu. » C'est pour nous avertir que devant Dieu, on ne peut feindre l'humilité.

CHAPITRE XLIV. — 45. Que dirons-nous donc? Une vierge de Dieu peut-elle véritablement penser qu'il y a quelque chose qui ne lui permette pas d'oser s'élever au-dessus d'une femme fidèle, veuve ou mariée? Je ne parle pas d'une vierge réprouvée de Dieu ; car qui ne sait pas qu'une femme obéissante est préférable à une vierge qui ne l'est pas? Mais lorsqu'elles sont l'une comme l'autre soumises aux préceptes de Dieu, craindrait-elle encore de préférer la sainte virginité même au mariage le plus chaste, et la continence à l'union conjugale, c'est-à-dire craindra-t-elle de croire qu'un grain qui rend cent pour un vaut mieux que celui qui n'en donne que trente? Non, qu'elle ne fasse aucune difficulté d'estimer beaucoup plus cet état que l'autre. Cependant que cette vierge obéissante et qui craint Dieu n'ose pas se préférer à n'importe quelle femme qui craint Dieu et qui lui obéit, autrement elle ne serait pas humble, « et Dieu résiste aux superbes. » (*Jacques*, IV, 6.) Quelle devra donc être sa pensée? Que les jugements de Dieu sont cachés, et ne donnent à chacun la conscience de ce qu'il vaut qu'au jour où il est éprouvé. Car sans parler de bien d'autres choses qui peuvent faire connaître à une vierge même, « ne s'occupant que des choses du Seigneur et des moyens de lui plaire, » (1 *Cor.*, VII, 32) s'il n'y a pas encore en elle quelque faiblesse qui l'empêche d'être prête à souffrir le martyre, tandis que la femme, à laquelle elle se préférait, est en état de boire le calice de l'humilité que le Seigneur présenta à ces deux disciples qui demandaient à être assis à ses côtés. (*Matth.*, XX, 21, 22.) Comment, dis-je, saurait-elle si elle-même n'est pas loin d'être une Thècle (1), et si la femme à laquelle se préfère n'est pas déjà une Crispine? L'épreuve seule peut donc faire voir si l'on a reçu ce don et cette grâce du Seigneur.

CHAPITRE XLV. — 46. Cependant ce don est si grand que quelques-uns le comparent au grain qui rend cent pour un (2). Nous en avons un éclatant témoignage dans l'autorité de l'Eglise, car tous les fidèles savent en quel endroit on

---

(1) Thècle était une vierge célèbre qui souffrit pour le Christ les flammes du bûcher sous Néron, et qui triompha des bêtes féroces auxquelles on l'avait exposée. — Crispine était une femme mariée qui, sous Dioclétien et le proconsulat de Maximinien Analinus, fut frappée du glaive en Afrique. Dans son sermon CCCLIV, n° 5, adressé à ceux qui gardent la continence, saint Augustin dit : « Songez qu'aux jours de la persécution, non-seulement la vierge Agnès, mais encore Crispine qui était mariée, ont reçu la couronne du martyre, et il est indubitable que plusieurs de ceux qui gardaient la continence, ont faibli à leur foi, aux jours des épreuves, et que beaucoup de ceux qui étaient mariés, ont combattu et triomphé. »

(2) Saint Jérôme rapporte aussi la même pensée, dans le livre premier contre Jovinien, mais avec cette différence, qu'il compare le grain qui rend cent pour un, aux vierges; celui qui donne soixante pour un, aux veuves, et enfin celui qui ne donne que trente pour un, aux femmes mariées qui vivent chastement.

---

superbia est. Idcirco Scriptura volens ostendere veracem humilitatem esse oportere, cum dixisset : « Quanto magnus es, tanto humilia te in omnibus : » (*Eccli.*, III, 20) mox quoque subdidit, « et coram Deo invenies gratiam; » utique ubi se fallaciter humiliare non posset.

CAPUT XLIV. — 45. Proinde quid dicemus? Est ne aliquid quod virgo Dei veraciter cogitet, unde se fideli mulieri, non tantum viduæ, verum etiam conjugatæ præferre non audeat? Non ego reprobam dico : nam quis nesciat obedientem mulierem inobedienti virgini præponendam? Sed cum ambæ sunt obedientes præceptis Dei, itane trepidabit sanctam virginitatem etiam castis nuptiis et continentiam præferre connubio, fructum centenum præire triceno? Imo vero non dubitet hanc rem illi rei præponere. Hæc tamen vel hæc virgo obediens et Deum timens, illi vel illi mulieri obedienti et Deum timenti se anteferre non audeat : alioquin non erit humilis : et « Deus superbis resistit. » (*Jac.*, IV, 6.) Quid ergo cogitabit? Occulta scilicet dona Dei, quæ nonnisi (a) interrogatio tentationis, etiam in semetipso, unicuique declarat. Ut enim cætera taceam, unde scit virgo, quamvis sollicita quæ sunt Domini, quomodo placeat Domino (I *Cor.*, VII, 32), ne forte propter aliquam sibi incognitam mentis infirmitatem, nondum sit matura martyrio, illa vero mulier cui se præferre gestiebat, jam possit bibere calicem dominicæ humilitatis, quem prius bibendum discipulis amatoribus sublimitatis opposuit? (*Matth.*, XX, 22.) Unde inquam scit, ne forte ipsa nondum sit Thecla, jam sit illa Crispina? Certe nisi adsit tentatio, nulla doni hujus sit demonstratio.

CAPUT XLV. — 46. Hoc autem tam magnum est, ut [cum fructum centenum quidam intelligant. (*Matth.*, XIII, 8.) Perhibet enim præclarissimum testimonium ecclesiastica auctoritas, in qua fidelibus

---

(a) Editi, *quæ nonnisi interrogatione tentationis etiam semetipsum unicuique declarant*. Castigantur ex Mss.

récite, au sacrement de l'autel, les noms des martyrs et celui des vierges. Mais que signifie cette différence de fécondité? Nous laissons le soin de l'expliquer à ceux qui le comprennent mieux que nous. Soit que les cent grains pour un expriment l'état de virginité, les soixante celui du veuvage, les trente celui du mariage; soit que l'on applique les premiers au martyre, les seconds à la continence, les troisièmes au mariage; soit que les cent grains pour un représentent la virginité jointe au martyre, les soixante à la virginité seule, les trente l'état conjugal, mais qui produiraient jusqu'à soixante si le martyre couronnait le mariage; soit, ce qui me paraît le plus probable, que les dons de la grâce divine se partagent en un grand nombre de classes, et qu'il y en ait de plus grands et de meilleurs les uns que les autres, ce qui fait dire à l'Apôtre : « Entre ces dons désirez les plus parfaits. » (I *Cor.*, XII, 31.) Quoi qu'il en soit, on doit croire qu'ils sont assez nombreux pour qu'on ne puisse les diviser en trois classes. Gardons-nous toutefois de regarder la continence des veuves comme infructueuse pour leur salut, ou de la rabaisser au rang de la chasteté conjugale, comme de l'égaler à la gloire de la virginité. Gardons-nous aussi de croire que la palme du martyre, soit qu'on le souffre seulement dans l'intérieur de son âme, lorsque l'occasion d'en subir l'épreuve nous manque, soit qu'on en subisse effectivement les souffrances, n'ajoute pas un nouveau lustre et un mérite plus fructueux à la chasteté de l'un ou de l'autre de ces trois états. D'un autre côté, ne voyons-nous pas beaucoup d'hommes et beaucoup de femmes gardant la continence virginale, sans faire toutefois ce que dit le Seigneur : « Si vous voulez être parfait, allez, vendez tout ce que vous avez, et donnez-le aux pauvres, vous aurez un trésor dans le ciel, puis venez et suivez-moi, » (*Matth.*, XIX, 21) ni sans avoir le courage de s'associer à ceux parmi lesquels nul ne considère quoi que ce soit comme lui appartenant en propre, mais comme un bien commun à tous? (*Act.*, II, 44, et IV, 32.) Or, devons-nous croire que les vierges de Dieu qui se soumettent à ces préceptes de l'Ecriture, n'en retireront aucun fruit, et que même celles qui ne les suivent pas, n'auront pour cela aucun mérite?

CHAPITRE XLVI. — Il est donc certain que les dons du Seigneur sont divers, et que les uns l'emportent sur les autres. Quelquefois l'un produira des fruits avec des dons en plus petit nombre, mais plus efficaces; et l'autre les mêmes fruits avec des dons inférieurs, mais en plus grand nombre. Mais qui oserait dire comment, dans les récompenses éternelles, ils seront rendus égaux ou différents les uns des autres?

notum est, quo (*a*) loco Martyres, et quo defunctæ sanctimoniales ad altaris sacramenta recitentur. Sed quid significet fecunditatis illa diversitas, viderint qui hæc melius quam nos intelligunt; sive virginalis vita in centeno fructu sit, in sexageno vidualis, in triceno autem conjugalis : sive centena fertilitas martyrio potius imputetur, sexagena continentiæ, tricena connubio; sive virginitas accedente martyrio centenum fructum impleat, sola vero in sexageno sit, conjugati autem tricenum ferentes ad sexagenum perveniant si martyres fuerint : sive quod probabilius mihi videtur, quoniam divinæ gratiæ multa sunt munera, et est aliud alio majus ac melius, unde dicit Apostolus : « (*b*) Æmulamini autem dona meliora; » (I *Cor.*, XII, 31) intelligendum est plura esse, quam ut in tres differentias distribui possint. Primum ne continentiam vidualem aut in nullo fructu constituamus, aut ad conjugalis pudicitiæ meritum deponamus, aut virginali gloriæ coæquemus; aut coronam martyrii vel in habitu animi, etiamsi desit tentationis examen, vel in ipsa passionis experientia constitutam, cuilibet illarum trium castitati sine ullo incremento fertilitatis accedere existimemus. Deinde ubi ponimus, quod multi ac multæ ita custodiunt continentiam virginalem, ut tamen non faciant quæ Dominus ait : « Si vis esse perfectus, vade, vende omnia quæ habes, et da pauperibus, et habebis thesaurum in cœlo, et veni sequere me; » (*Matth.*, XIX, 21) nec audeant eorum cohabitationi sociari, in quibus nemo dicit aliquid proprium, sed sunt eis omnia communia? (*Act.*, II, 44, IV, 32.) Nihilne putamus fructificationis accedere virginibus Dei, cum hoc faciunt? aut sine ullo fructu esse virgines Dei, etiamsi hoc non faciunt?

CAPUT XLVI. — Multa ergo sunt dona, et aliis alia clariora ac superiora, singulis singula. Et aliquando alter fructuosus est donis paucioribus, sed potioribus; alter inferioribus, sed pluribus. Et quemadmodum inter se vel coæquentur vel distinguantur in accipiendis æternis honoribus, quis hominum audeat

---

(*a*) Huc pertinet illud in Sermone 159, n. 1 : *Martyres eo loco recitantur ad altare Dei, ubi non pro ipsis oretur : pro cæteris autem commemoratis defunctis oratur.* — (*b*) Omnes Mss. *Imitamini.*

Toutefois, ce qu'il y a de certain, c'est que ces biens sont nombreux et divers, que les meilleurs ne servent pas seulement pour le temps présent, mais aussi pour l'éternité. (*Matth.*, XIII, 8.) Je crois que le Seigneur n'a voulu faire mention de ces trois manières différentes de rendre la vie méritante et fructueuse, qu'afin de laisser les autres à ceux qui pourraient les comprendre. En effet, un autre évangéliste parle seulement du grain qui rapporte au centuple. (*Luc*, VIII, 8.) Doit-on penser pour cela qu'il ait rejeté et ignoré les deux autres? croyons plutôt qu'il a voulu nous les laisser chercher et concevoir.

47. Mais, soit que le grain produisant au centuple exprime l'état de virginité consacrée à Dieu, soit qu'il faille l'entendre comme je l'ai dit; ou dans un autre sens, il n'est personne cependant qui oserait préférer la virginité au martyre, ou qui puisse douter de l'excellence de ce dernier don, quoiqu'il reste caché, lorsque l'occasion ne vient pas mettre notre foi et notre courage à l'épreuve.

Chapitre XLVII. — Une vierge doit donc avoir sans cesse présent à l'esprit ce qui peut lui servir pour observer l'humilité, pour ne pas violer la charité qui l'emporte sur tous les autres dons, et sans laquelle son mérite serait nul, quelques biens qu'elle possède d'ailleurs, rares ou nombreux, grands ou petits. Elle doit, dis-je, toujours penser à n'avoir ni orgueil ni jalousie, et ne pas perdre de vue que, quoique le bien de la virginité qu'elle professe soit de beaucoup supérieur à celui du mariage, elle ignore cependant si elle aurait la force de supporter, pour Jésus-Christ, ce qu'une femme mariée aurait le courage de souffrir, et si ce n'est pas uniquement pour épargner sa faiblesse, que Dieu ne lui a pas envoyé l'épreuve de la tentation. L'Apôtre ne dit-il pas, en effet, « que Dieu est fidèle, et qu'il ne permettra pas que nous soyons tentés au delà de nos forces, mais qu'en permettant la tentation, il nous en fera sortir avec avantage, en sorte que nous la puissions supporter? » (1 *Cor.*, X, 13.) Peut-être donc que ceux ou celles qui observent dans la vie conjugale ce qu'elle a de bon et de louable en elle-même, auraient déjà le courage de résister à un ennemi qui voudrait les forcer à commettre l'iniquité, jusqu'à se laisser déchirer les entrailles et à répandre tout leur sang; tandis que ceux ou celles qui, dès leur jeune âge, gardent la continence et qui se font eux-mêmes eunuques pour obtenir le royaume du ciel, n'auraient pas la force de souffrir de tels maux pour la justice ou pour la chasteté même. Autre chose, en effet, est, pour rester fidèle à la vérité et à la sainte résolution que l'on a prise, de ne point consentir aux conseils pernicieux et aux flatteries de l'ennemi;

---

judicare? dum tamen constet et multa esse ista diversa, et non ad præsens tempus, sed in æternum prodesse meliora. (*Matth.*, XIII, 8.) Sed Dominum tres arbitror voluisse fructificationis commemorare differentias, cæteras intelligentibus reliquisse. Nam et alius Evangelista solum commemoravit centuplum (*Luc.*, VIII, 8): numquid ideo putandus est alia duo vel improbasse vel ignorasse, ac non potius intelligenda reliquisse?

47. Sed ut dicere cœperam, sive centenus fructus sit Deo devota virginitas, sive alio aliquo modo, vel quem commemoravimus, vel quem non commemoravimus, cæteras fertilitatis intelligenda distantia; nemo tamen, quantum puto, ausus fuerit virginitatem præferre martyrio, ac nemo dubitaverit hoc donum occultum esse, si examinatrix desit tentatio.

Caput XLVII.—Habet itaque virgo quod cogitet quod ei prosit ad servandam humilitatem, ne violet illam quæ supereminet donis omnibus caritatem, sine qua utique quæcumque alia vel pauca vel plura vel magna vel parva habuerit, nihil est. Habet, inquam, quod cogitet ut non infletur, non æmuletur; ita se scilicet bonum virginale conjugali bono multo amplius et melius profiteri, ut tamen nesciat utrum illa vel illa conjugata jam pati pro Christo possit, adhuc vero ipsa non possit, et in hoc ei parcatur, quia infirmitas ejus tentatione non interrogatur. « Fidelis enim Deus, ait Apostolus, qui non vos permittit tentari super id quod potestis, sed faciet cum tentatione etiam exitum, ut possitis sustinere. » (1 *Cor.*, X, 13.) Fortassis ergo illi vel illæ conjugalis vitæ retinentes in suo genere laudabilem modum, jam possint contra inimicum ad iniquitatem cogentem etiam laniato viscerum et effusione sanguinis dimicare; illi autem vel illæ a pueritia continentes, seque castrantes propter regnum cœlorum, nondum tamen valeant talia vel pro justitia vel pro ipsa pudicitia sustinere. Aliud est enim pro veritate ac proposito sancto non consentire suadenti atque blandienti, aliud non cedere etiam torquenti atque ferienti. Latent ista in facultatibus et viribus animorum, (*a*) tentatione pandun-

---

(*a*) Er. et aliquot Mss. *tentata panduntur, experta propalantur.*

autre chose est d'opposer l'énergie de sa foi et de sa conscience aux coups et aux tortures les plus cruelles. Tout cela est caché dans les puissances et les forces de l'âme. C'est la tentation qui le découvre, c'est l'épreuve qui le manifeste. Pour éviter donc tout orgueil que pourrait nous inspirer la conscience de ce que nous pouvons faire, pensons avec humilité qu'il y a peut-être encore quelque chose de supérieur que nous n'aurions pas la force d'accomplir; tandis que d'autres, qui n'ont pas ce que nous nous glorifions d'avoir, et qui n'en font pas même profession, pourraient ce que nous ne pouvons pas. C'est ainsi que l'on suivra avec une humilité, non fausse, mais véritable, ces conseils de l'Apôtre : « Prévenez-vous les uns les autres par des témoignages d'honneur et de déférence, et que chacun regarde l'autre comme étant au-dessus de lui-même. » (*Rom.*, xii, 10; *Phil.*, ii, 3.)

Chapitre XLVIII. — 48. Que dirai-je du soin et de la vigilance qu'on doit apporter pour éviter le péché? « Qui peut se glorifier d'avoir le cœur pur? Qui peut se glorifier d'être sans péché? » (*Prov.*, xx, 9.) Les vierges conservent, il est vrai, le bien de leur sainte virginité dès qu'elles quittent le sein de leur mère, « mais il n'y a personne, dit Job, qui soit pur devant vous, ô Seigneur, pas même l'enfant qui ne vit sur la terre que depuis un jour. » (*Job*, xxv, 4.) Il y a encore une autre virginité que l'on conserve inviolablement par la foi, virginité par laquelle l'Eglise, cette chaste vierge, est unie à un seul et divin Epoux. Or cet unique Epoux a appris à tous les fidèles qui sont vierges d'esprit et de corps, ainsi qu'à tous les chrétiens, tant ceux qui vivent selon l'esprit que ceux qui vivent selon la chair, depuis les apôtres jusqu'aux derniers des pénitents, c'est-à-dire depuis les plus hautes jusqu'aux plus basses régions des cieux; cet Epoux, dis-je, a appris à tous à prier et à dire dans leur prière : « Pardonnez-nous nos offenses, comme nous pardonnons à ceux qui nous ont offensés. » (*Matth.*, vi, 12.) Dans cette prière, Dieu nous rappelle ce que nous sommes, par ce que nous lui demandons. Il ne nous ordonne pas en effet de lui dire: « Pardonnez-nous nos offenses comme nous pardonnons à ceux qui nous ont offensés, » pour obtenir le pardon des péchés de toute la vie passée, qu'il nous a remis dans le baptême, en faisant la paix avec nous; autrement, ce seraient plutôt les catéchumènes qui devraient faire cette prière jusqu'au moment du baptême. Mais puisqu'elle est récitée par ceux qui sont déjà baptisés, par les chefs de l'Eglise, et ceux qui sont soumis à leur juridiction, par les pasteurs et leurs troupeaux, on voit assez par là que dans cette vie où tout est tentation, personne ne peut se glorifier d'être exempt de péché.

Chapitre XLIX. — 49. Les vierges du Seigneur, qui suivent l'agneau partout où il va, sont donc irrépréhensibles seulement quand elles ont

---

tur, experientia propalantur. Ut ergo quisque non infletur, ex eo quod se pervidet posse, humiliter cogitet quod ignorat aliquid præstantius se fortasse non posse; aliquos autem qui illud quo sibi gloriose notus est, nec habent nec profitentur, hoc quod ipse non potest posse. Ita servabitur non fallaci, sed veraci humilitate : « Honore mutuo prævenientes, et alter alterum existimantes superiorem sibi. » (*Rom.*, xii, 10; *Philipp.*, ii, 3.)

Caput XLVIII. — 48. Quid jam dicam de ipsa cautela et vigilantia non peccandi? « Quis gloriabitur castum se habere cor? aut quis gloriabitur mundum se esse a peccato? » (*Prov.*, 20.) Integra est quidem ab utero matris sancta virginitas : sed « nemo, inquit, mundus in conspectu tuo, nec infans cujus est unius diei vita super terram. » (*Job*, xxv, 4.) Servatur in fide inviolata quædam castitas virginalis, qua Ecclesia uni viro virgo casta coaptatur : sed ille unus vir, non tantum fideles mente et corpore virgines, sed omnes omnino Christianos ab spiritalibus usque ad carnales, ab Apostolis usque ad ultimos pœnitentes, tanquam a summis cœlorum usque ad terminos eorum, docuit orare, et in ipsa oratione dicere admonuit : « Et dimitte nobis debita nostra, sicut et nos dimittimus debitoribus nostris : » (*Matth.*, xxiv, 31 ; *Ibid.*, vi, 12) ubi per hoc quod petimus, quid etiam nos meminerimus ostendit. Neque enim pro eis debitis, quæ totius præteritæ vitæ in baptismo per ejus pacem nobis dimissa esse confidimus, nos præcepit orare, dicentes : « Dimitte nobis debita nostra, sicut et nos dimittimus debitoribus nostris : » alioquin hanc orationem catechumeni potius usque ad baptismum orare deberent. Cum vero eam baptizati orant, præpositi et plebes, pastores et greges, satis ostenditur in hac vita, quæ tota tentatio est (*Job*, vii, 1), neminem ab tanquam ab omnibus peccatis immunem debere gloriari.

Caput XLIX. — 49. Proinde etiam virgines Dei irreprehensibiles quidem sequuntur agnum quocumque ierit, et peccatorum purgatione perfecta, et

reçu une parfaite rémission de leurs fautes et en conservant leur virginité, qu'elles ne sauraient recouvrer une fois qu'elles l'auraient perdue. Mais comme l'Apocalypse (*Apoc.*, XIV, 5), où la sainteté des vierges a été révélée à un apôtre vierge, les loue, parce qu'aucun mensonge n'est jamais sorti de leur bouche, elles doivent se souvenir, que le plus sûr moyen de prouver leur amour de la vérité, est de ne pas oser dire qu'elles sont exemptes de péchés. Le même saint Jean à qui a été faite cette révélation dit : « Si nous disons que nous sommes sans péché, nous nous trompons nous-mêmes, et la vérité n'est point en nous. Si nous confessons nos péchés, Dieu est fidèle et juste pour nous les remettre, et pour nous purifier de toute iniquité. Que si nous disons que nous sommes sans péché, nous le faisons menteur, et sa parole n'est point en nous. » (*Jean*, I, 8.) Ce que dit l'Apôtre ne s'adresse pas à l'un plus qu'à l'autre, mais à tous les chrétiens, au nombre desquels les vierges doivent se reconnaître. C'est ainsi qu'elles seront sans mensonges, telles qu'elles ont apparu à l'apôtre dans sa divine extase; et tant qu'elles ne seront pas encore arrivées à la céleste sublimité de la perfection, ce n'est que par un humble aveu de leurs péchés qu'elles peuvent devenir pures et irrépréhensibles.

50. Mais dans la crainte qu'on ne profite de ces paroles de l'apôtre pour s'endormir dans une mortelle sécurité sur ses fautes, et qu'on ne s'y laisse entraîner, en croyant qu'elles seront facilement effacées par l'aveu qu'on en ferait, l'apôtre ajoute aussitôt : « Mes petits enfants, je vous écris ces choses, afin que vous ne péchiez pas. Que si quelqu'un a péché, nous avons auprès du Père un avocat, qui est Jésus-Christ lui-même. C'est lui qui est la victime de propitiation pour nos péchés. » (I *Jean*, II, 1.) Que personne donc ne s'éloigne du péché pour y retomber, et qu'il ne fasse pas un pacte de société avec l'iniquité, de manière à trouver plus de plaisir à la confesser qu'à l'éviter.

Chapitre L. — Mais comme malgré tous les soins et la vigilance que nous pouvons mettre, les péchés se glissent dans nos cœurs à cause de la fragilité humaine, quelque petits, quelque peu nombreux qu'ils soient, nous ne pouvons cependant pas dire que nous en sommes exempts, et l'orgueil, en y ajoutant son mal, ne fait qu'en aggraver le poids et les fâcheuses conséquences. Mais si nous cherchons à les effacer par une pieuse humilité, ils nous sont facilement pardonnés par le divin prêtre que nous avons au ciel.

51. Je ne veux cependant pas entrer en discussion avec ceux qui prétendent que l'homme peut vivre sans péchés sur cette terre. Mon intention n'est ni de combattre, ni de contredire leur opinion à cet égard. Peut-être, en effet, jugeons-nous de la grandeur des autres d'après

---

virginitate servata, quæ non rediret amissa : sed quia eadem ipsa Apocalypsis, ubi tales tali revelati sunt, etiam hinc eos laudat, quod in ore eorum non sit inventum mendacium (*Apoc.*, XIV, 5); meminerint etiam in hoc esse veraces, ne se audeant dicere non habere peccatum. Idem quippe Joannes qui illud vidit, hoc dixit : « Si dixerimus quia peccatum non habemus, nos ipsos decipimus, et veritas in nobis non est. Quod si confessi fuerimus delicta nostra, fidelis est et justus, ut dimittat nobis peccata nostra, et purget nos ab omni iniquitate. Quod si dixerimus quoniam non peccavimus, mendacem faciemus eum, et verbum ejus non erit in nobis. » (I *Joan.*, I, 8, etc.) Hoc certe non illis aut illis, sed Christianis omnibus dicitur, ubi et virgines se debent agnoscere. Sic enim erunt sine mendacio, quales in Apocalypsi apparuerunt. Ac per hoc quamdiu nondum est in cœlesti sublimitate perfectio, invituperabiles facit in humilitate confessio.

50. Sed rursus ne per occasionem hujus sententiæ quisquam cum mortifera securitate peccaret, seque trahendum permitteret, tanquam mox delendis facili confessione peccatis, continuo subjecit : « Filioli mei, hæc scripsi vobis, ut non peccetis : et si quis peccaverit, advocatum habemus ad Patrem Jesum Christum justum, et ipse propitiator est peccatorum nostrorum. » (I *Joan*, II, 1.) Nemo itaque a peccato tanquam rediturus abscedat, nec se hujusmodi quasi societatis pacto cum iniquitate constringat, ut eam confiteri quàm cavere delectet.

Caput L. — Sed quoniam etiam satagentibus vigilantibusque ne peccent, subrepunt quodam modo ex humana fragilitate peccata, quamvis parva, quamvis pauca, non tamen nulla; eadem ipsa fiunt magna et gravia, si eis superbia incrementum et pondus adjecerit : a sacerdote autem quem habemus in cœlis, si pia humilitate perimantur, tota facilitate purgantur.

51. Sed non contendo cum eis qui asserunt hominem posse in hac vita sine ullo peccato vivere : non contendo, non contradico. Fortassis enim ex nostra miseria magnos metimur, et comparantes nosmeti-

notre faiblesse, « et en nous comparant avec nous-mêmes, » (II *Cor.*, x, 12) nous ne les connaissons pas. Tout ce que je sais, c'est que ces hommes éminents, au nombre desquels nous ne sommes pas et que nous n'avons pas encore rencontrés sur la terre, « plus ils sont grands, plus ils doivent s'humilier en toutes choses, afin de trouver grâce devant Dieu; » car quelque grands qu'ils puissent être, « le serviteur n'est pas plus grand que son Seigneur ni le disciple que son maître. » (*Jean*, xiii, 16.) Or, c'est le Seigneur qui dit : « Toutes choses m'ont été confiées par mon Père, » (*Matth.*, xi, 27) et c'est ce maître qui dit : « Venez à moi, vous tous qui êtes fatigués, et apprenez de moi. » (*Ibid.*, xi, 27.) Mais que pouvons-nous donc apprendre de lui? « Que je suis doux et humble de cœur. »

CHAPITRE LI. — 52. Peut-être dira-t-on : Mais vous parlez ici de l'humilité et non de la virginité. Est-ce à dire que j'aie entrepris de louer toute espèce de virginité, et non celle qui est le plus selon l'esprit de Dieu? Plus je vois la grandeur de ce bien, plus je crains que l'orgueil ne vienne le ravir. Nul ne peut garder le bien de la virginité, si Dieu qui le lui a donné, ne lui en fait la grâce, et « Dieu est charité. » (I *Jean*, iv, 8.) C'est donc la charité qui est la gardienne de la virginité, et l'humilité est comme la porte où se place cette garde vigilante. C'est là, en effet, qu'habite celui qui a dit, « que son esprit se reposait sur celui qui est humble, pacifique et craignant sa parole. » (*Isaïe*, lxvi, 2.) Me suis-je donc écarté de mon sujet, si en voulant sauvegarder le bien que j'ai loué, j'ai pris soin de préparer une place à la garde vigilante qui doit le conserver? C'est pourquoi je dis en toute confiance, sans crainte d'irriter contre moi ceux que dans ma sollicitude j'avertis de craindre avec moi pour eux-mêmes : Ceux qui sont mariés et qui sont humbles suivent plus facilement l'Agneau que les vierges orgueilleuses. S'ils ne le suivent point partout où il va, ils le suivent du moins jusqu'où ils le peuvent. Peut-on dire, en effet, qu'on suit l'Agneau, quand on ne veut pas s'approcher de lui? Or, comment peut-on s'approcher de celui vers lequel on ne vient pas, pour apprendre « qu'il est doux et humble de cœur? » (*Matth.*, xi, 29.) L'Agneau conduit lui-même, partout où il va, ceux qui le suivent, mais dans lesquels il a trouvé d'abord une place où il puisse reposer sa tête. Un homme orgueilleux et trompeur lui ayant dit : « Seigneur, je vous suivrai partout où vous irez, » le Seigneur lui répondit : « Les renards ont des tanières, et les oiseaux du ciel ont des nids; mais le fils de l'homme n'a pas où reposer sa tête. » (*Matth.*, viii, 19, 20.) Sous le nom de renards, il désignait l'esprit d'astuce et de mensonge, et sous celui d'oi-

---

psos nobismetipsis, non intelligimus. Unum scio, quod isti magni, quales nos sumus, quales nondum experti sumus, quanto magni sunt, tanto humiliant se in omnibus, ut coram Deo inveniant gratiam. (II *Cor.*, x, 12.) Quamlibet enim magni sint, « non est servus major domino suo, vel discipulus magistro suo. » (*Joan.*, xiii, 16.) Et utique ille est Dominus qui dicit : « Omnia mihi tradita sunt a Patre meo. » (*Matth.*, xi, 27.) Et ille est Magister qui dicit : « Venite ad me omnes qui laboratis, et discite a me. » (*Ibid.*, 8.) Et tamen quid discimus ? « Quoniam mitis sum, inquit, et humilis corde. »

CAPUT LI. — 52. Hic dicet aliquis : Non est hoc jam de virginitate, sed de humilitate scribere. Quasi vero quæcumque virginitas, ac non illa quæ secundum Deum est, a nobis prædicanda suscepta est. Quod bonum quanto magnum video, tanto ei, ne pereat, (a) furem superbiam pertimesco. Non ergo custodit bonum virginale, nisi Deus ipse qui dedit : et : « Deus caritas est. » (I *Joan.*, iv, 8.) Custos ergo virginitatis caritas : locus autem hujus custodis humilitas. Ibi quippe habitat, qui dixit super humilem et quietum et trementem verba sua requiescere Spiritum suum. (*Isai.*, lxvi, 2.) Quid itaque alienum feci, si bonum quod laudavi, volens tutius custodiri, curavi etiam locum præparare custodi ? Fidenter enim dico, nec mihi ne irascantur timeo, quos ut mecum sibi timeant sollicitus moneo : facilius sequuntur agnum, etsi non quocumque ierit, certe quo usque potuerint, conjugati humiles, quam superbientes virgines. Quomodo enim sequitur, ad quem non vult accedere? Aut quomodo accedit, ad quem non venit ut discat, « quoniam mitis sum et humilis corde? » (*Matth.*, xi, 29.) Illos proinde sequentes, agnus quocumque ierit ducit, in quibus prius ipse ubi caput inclinet invenerit. Nam et quidam superbus et dolosus hoc ei dixerat : « Domine, sequar te quocumque ieris. » (*Matth.*, viii, 19 et 20.) Cui respondit : « Vulpes foveas habent, et volatilia cœli nidos, filius autem hominis non habet ubi caput suum inclinet. Arguebat nomine vulpium astutam dolositatem, et nomine volucrum ventosam elatio-

(a) Editi, *futuram* habebant, loco *furem*. Emendantur ex Mss.

seaux, la vanité et l'orgueil de cet homme, dans lequel il ne trouvait pas une pieuse humilité, comme une place où il pût y reposer sa tête. C'est ainsi que celui qui avait promis au Seigneur de le suivre, non pas jusqu'à un certain degré de perfection, mais partout où il irait, ne le suivit nulle part.

Chapitre LII. — 53. Courage donc, vierges de Dieu, courage! suivez l'Agneau partout où il va, mais approchez-vous d'abord de celui que vous suivez, et apprenez « qu'il est doux et humble de cœur. » Venez humblement à celui qui est humble, si vous l'aimez, et ne vous éloignez pas de lui, dans la crainte de tomber. Celui qui craint de s'en éloigner, le prie et lui dit : « Que le pied de l'orgueil ne me heurte pas. » (*Ps.* xxxv, 12.) Marchez, vierges de Dieu, marchez toujours en avant, mais avec le pied de l'humilité, dans la voie sublime où vous êtes entrées! Celui qui n'a pas craint de descendre jusque vers ceux qui étaient dans la condition la plus basse, exalte lui-même ceux qui le suivent avec humilité. Confiez à sa garde les dons que vous avez reçus de lui, et mettez sous sa protection la force et le courage qui sont en vous. (*Ps.* lviii, 10.) Tout le mal que, grâce à lui, vous ne commettez pas, regardez-le comme vous ayant été pardonné, dans la crainte qu'en pensant que peu de fautes vous ont été remises, vous n'aimiez avec moins d'ardeur, et que par une vanité qui vous serait funeste, vous ne méprisiez les publicains qui frappent humblement leurs poitrines. Si vous avez fait l'épreuve de vos forces, prenez garde de vous enorgueillir d'avoir pu souffrir quelque chose. Si vous n'en avez pas encore fait l'essai, priez Dieu « de ne pas souffrir que vous soyez tentées au delà de vos forces. » Croyez qu'il y en a beaucoup, qui, dans le secret du cœur, vous sont supérieurs, quoique vous paraissiez meilleures qu'eux aux yeux des hommes. Soyez convaincues qu'en reconnaissant avec bienveillance les vertus qui sont dans les autres et qui vous sont peut-être ignorées, celles que vous savez être en vous ne seront pas diminuées par cette comparaison. Au contraire, vous les affermirez encore plus par votre charité, et s'il vous en manque quelques-unes, elles vous seront données d'autant plus facilement, que vous les aurez désirées avec plus d'humilité. Que la persévérance de celles qui sont parmi vous, vous serve d'exemple, et que la chute des autres redouble votre crainte. Aimez l'exemple des unes pour le suivre et l'imiter, pleurez sur la chute des autres pour ne pas vous élever. « Ne cherchez pas à établir votre propre justice, mais soumettez-vous à Dieu qui vous justifie. » Pardonnez aux autres les fautes qu'ils ont commises, et priez pour obtenir la rémission des vôtres. Veillez, afin d'éviter celles que vous pourriez commettre à l'avenir, et effacez, par une humble confession, celles dans lesquelles vous êtes tombées précédemment.

Chapitre LIII. — 54. Vous voilà arrivées à un état de perfection, où le reste de vos mœurs répond à la sainte virginité que vous avez gardée.

---

nem, in quo ubi requiesceret piam non inveniebat humilitatem. Ac per hoc nusquam omnino secutus est Dominum, qui se promiserat, non usque ad quemdam profectum, sed omnino quocumque ierit secuturum.

Caput LII. — 53. Quapropter hoc agite virgines Dei, hoc agite : sequimini agnum quocumque ierit. Sed prius ad eum quem sequamini, venite, et discite, quoniam mitis est et humilis corde. Humiliter ad humilem venite, si amatis; et ne discedatis ab illo, ne cadatis. Qui enim timet ab illo discedere, rogat et dicit : « Non mihi veniat pes superbiæ. » (*Psal.* xxxv, 12.) Pergite viam sublimitatis, pede humilitatis. Ipse exaltat humiliter sequentes, quem descendere non piguit ad jacentes. Dona ejus illi servanda committite, fortitudinem vestram ad illum custodite. (*Psal.* lviii.) Quidquid mali ipso custodiente non committitis, tanquam remissum ab illo deputate : ne modicum vobis existimantes dimissum, modicum diligatis, et tundentes pectora publicanos ruinosa jactantia contemnatis. De viribus vestris experti cavete, ne quia ferre aliquid potuistis inflemini : de inexpertis autem orate, ne supra quam potestis ferre tentemini. Existimate aliquos in occulto superiores, quibus estis in manifesto meliores. Cum aliorum bona, forte ignota vobis, benigne creduntur a vobis, vestra vobis nota non comparatione minuuntur, sed dilectione firmantur : et quæ forte adhuc desunt, tanto dantur facilius, quanto desiderantur humilius. Perseverantes in numero vestro præbeant vobis exemplum, cadentes autem augeant timorem vestrum. Illud amate, ut imitemini; hoc lugete, ne inflemini. Justitiam vestram nolite statuere, Deo vos justificanti subdite. Veniam peccatis donate alienis, orate pro vestris : futura vigilando vitate, præterita confitendo delete.

Caput LIII. — 54. Ecce jam tales estis, ut professæ atque servatæ virginitati cæteris etiam moribus con-

Vous ne vous êtes rendues coupables ni d'homicide, ni de sacrifices au démon, ni d'abominations, ni de vols, de rapines, de fraudes, de parjures, d'ivrognerie, d'impureté, d'avarice, de feinte, de dissimulation, de jalousie, d'impiété, de cruauté; vous avez même évité les fautes qui sont ou qui passent pour plus légères : traits de visage troublés par les mauvaises passions, regards errants, discours immodérés, rire immodeste, jeux bouffons, vêtements et extérieur sans modestie, démarche efféminée; vous ne rendez plus le mal pour le mal, l'outrage pour l'outrage; votre charité est telle, que vous ne balanceriez pas à donner votre vie pour vos frères, je vous accorde tout cela. Je vous accorde que vous êtes telles que vous devez être, et que toutes ces qualités réunies à votre sainte virginité font voir aux yeux des hommes la vie des anges et les mœurs du ciel; mais qui que vous soyez, hommes ou femmes vierges, arrivés à ce haut degré de perfection n'oubliez pas que plus vous êtes élevés, plus vous devez vous humilier en toutes choses, afin de trouver grâce devant Dieu, car il résiste aux superbes, il abaisse ceux qui s'élèvent, il rejette de la voie étroite ceux qui sont gonflés d'orgueil; mais ces malheurs ne sauraient être à craindre, lorsque dans le même cœur l'humilité est réunie à l'ardeur de la charité.

Chapitre LIV. — 55. Si vous avez méprisé le mariage des enfants des hommes, dont vous n'auriez eu que des enfants des hommes, aimez de tout votre cœur l'Epoux « dont la beauté surpasse celle de tous les enfants des hommes. » (*Ps.* XLIV, 3.) Il s'offre à vous, son cœur est libre de tous les liens du mariage. Considérez la beauté de celui qui vous aime. Songez qu'il est égal à son Père, et soumis à sa mère; qu'il est souverain dans le ciel et serviteur sur la terre; créateur de toutes choses, et créé lui-même entre tous. Voyez combien est glorieux ce qui est en lui un sujet de dérision pour les hommes. Voyez avec les yeux de l'âme les blessures qu'il a reçues sur la croix, les cicatrices qu'il portait à sa résurrection, le sang qu'il a versé à sa mort, comme un gage de salut pour ceux qui croient en lui, et comme le prix de la rédemption de tous les hommes.

Chapitre LV. — Pensez à l'ineffable valeur de toutes ces choses. Pesez-les dans la balance de la charité, et tout ce que vous aviez d'amour à déverser sur votre hymen avec les hommes, donnez-le à ce divin Epoux.

56. Ce qu'il cherche en vous, c'est la beauté intérieure de votre âme, par laquelle il vous a donné le pouvoir de devenir filles de Dieu. Ce qu'il aime en vous, ce n'est pas la beauté de la chair, mais celle des mœurs, qui vous permet de mettre un frein aux désirs de la chair. On ne

gruatis. Ecce jam non solum homicidiis, sacrificiis diabolicis et abominationibus, furtis, rapinis, fraudibus, perjuriis, ebriositatibus, omnique luxuria et avaritia, simulationibus, æmulationibus, impietatibus, crudelitatibus abstinetis : verum etiam illa quæ leviora vel sunt vel putantur, non inveniuntur nec oriuntur in vobis; non improbus vultus, non vagi oculi, non infrenis lingua, non petulans risus, non scurrilis jocus, non indecens habitus, non tumidus aut fluxus incessus : jam non redditis malum pro malo, non maledictum pro maledicto; jam postremo illam mensuram dilectionis impletis, ut ponatis animas pro fratribus vestris. Ecce jam tales estis, quia et tales esse debetis. Hæc addita virginitati, angelicam vitam hominibus, et cœli mores exhibent terris. Sed quanto magni estis, quicumque ita magni estis, tanto humiliate vos in omnibus, ut coram Deo inveniatis gratiam, ne superbis resistat, ne se exaltantes humiliet, ne inflatos per (*a*) angusta non trajiciat : quanquam superflua sit sollicitudo, ne ubi fervet caritas, desit humilitas.

Caput LIV. — 55. Si ergo nuptias contempsistis filiorum hominum, ex quibus gigneretis filios hominum, toto corde amate speciosum forma præ filiis hominum : vacat vobis, liberum est cor a conjugalibus vinculis. Inspicite pulchritudinem amatoris vestri : cogitate æqualem Patri, subditum et matri; etiam in cœlis dominantem, et in terris servientem; creantem omnia, creatum inter omnia. Illud ipsum quod in eo derident superbi, inspicite quam pulchrum sit : internis luminibus inspicite vulnera pendentis, cicatrices resurgentis, sanguinem morientis, pretium credentis, commercium redimentis.

Caput LV. — Hæc quanti valeant cogitate, hæc in statera caritatis appendite, et quidquid amoris (*b*) in nuptias vestras impendendum habebatis, illi rependite.

56. Bene quod interiorem vestram pulchritudinem quærit, ubi vobis dedit potestatem filias Dei fieri : non quærit a vobis pulchram carnem, sed pulchros mores, quibus frenetis et carnem. Non est cui de vobis quisquam mentiatur, et faciat sævire zelantem,

---

(*a*) Sola editio Lov. *per angustam portam*. — (*b*) Sic Mss. At editi *nuptiis vestris*, omisso *in*.

saurait près de lui calomnier votre vertu ni exciter sa jalousie. Voyez donc avec quelle sécurité vous pouvez aimer celui à qui vous n'avez pas à craindre de déplaire par d'injustes soupçons. L'homme et la femme s'aiment mutuellement, parce qu'ils se voient; mais ils craignent aussi l'un pour l'autre ce qu'ils ne voient pas. Or, ce qui est évident, ne peut leur causer aucune joie parfaite, puisque ce qui est caché l'altère par des soupçons qui, la plupart du temps, ne sont que des chimères. Mais vous, vous n'avez rien à reprendre véritablement dans celui que vous ne voyez point par les yeux du corps, mais que vous contemplez avec ceux de la foi. Vous n'avez pas non plus à craindre qu'il conçoive de faux soupçons contre vous. Si donc vous auriez dû avoir beaucoup d'amour pour l'époux que vous auriez choisi, combien plus vous devez aimer celui que vous avez préféré à tous les autres. Qu'il soit fixé dans votre cœur, celui qui pour vous a été attaché à la croix. Qu'il occupe tout entier dans votre âme la place que vous n'avez pas permis à un époux d'occuper; mais souvenez-vous que vous ne devez pas médiocrement aimer celui pour lequel vous avez renoncé même à ce qu'il vous était permis d'aimer. Si vous aimez sincèrement « celui qui est doux et humble de cœur, » je ne craindrai pas pour vous le danger de l'orgueil.

Chapitre LVI. — 57. Nous avons suffisamment parlé, selon la mesure de notre faiblesse, et de la sainteté de l'état d'où vous tirez votre nom de vierges consacrées à Dieu, et de l'humilité par laquelle vous conservez tout ce que ce nom indique de grand. Que les trois jeunes hommes auxquels celui qu'ils aimaient avec tant de ferveur procurait un rafraîchissement au milieu des flammes, vous exhortent à ce que nous vous disons dans ce traité. Ils le feront avec moins de paroles, mais avec une autorité bien plus grande dans l'hymne qu'ils chantaient à la gloire de Dieu. En effet, unissant, en louant le Seigneur, l'humilité à la sainteté, ils nous ont appris que plus nous faisons profession de sainteté, plus nous devons prendre garde d'être induits en erreur par l'esprit d'orgueil. Louez-le donc aussi vous tous qui, bien que vous ne soyez pas mariés, recevez de lui la grâce de ne pas brûler, et en priant également pour nous, dites : « Saints et humbles de cœur, bénissez le Seigneur, célébrez-le dans vos chants, et exaltez sa gloire dans tous les siècles des siècles. » (*Dan.*, III, 87.)

Videte cum quanta securitate ametis, cui displicere falsis suspicionibus non timetis. Vir et uxor amant se, quoniam vident se; et quod non vident, timent in se : nec certi gaudent ex eo quod in manifesto est, dum in occulto suspicantur plerumque quod non est. Vos in isto quem oculis non videtis, et fide conspicitis, nec habetis verum quod reprehendatis, nec eum metuitis ne de falso forsitan offendatis. Si ergo magnum amorem conjugibus deberetis, eum propter quem conjuges habere noluistis, quantum amare debetis? Toto vobis figatur in corde, qui pro vobis est fixus in cruce : totum teneat in animo vestro, quidquid noluistis occupari connubio. Parum vobis amare non licet, propter quem non amastis et quod liceret. Sic amantibus mitem et humilem corde nullam vobis superbiam pertimesco.

Caput LVI. — 57. Pro modulo itaque nostro et de sanctitate qua Sanctimoniales proprie dicimini, et de humilitate qua conservatur quidquid magnum dicimini, satis locuti sumus. Dignius autem illi tres pueri, quibus refrigerium in igne præbebat, quem corde ferventissimo diligebant, vos de hoc opusculo nostro, verborum quidem numero longe brevius, sed pondere auctoritatis multo grandius, in Hymno, quo ab eis Deus honoratur, admoneant. Nam sanctitati humilitatem in Dei laudatoribus conjungentes, apertissime docuerunt, ut tanto quisque caveat ne superbia decipiatur, quanto sanctius aliquid profitetur. Proinde vos quoque laudate eum, qui vobis præstat, ut in ardore medio sæculi hujus, quamvis conjugio non copulemini, non tamen uramini; et orantes etiam pro nobis : « Benedicite sancti et humiles corde Dominum, hymnum dicite et superexaltate eum in sæcula. » (*Dan.*, III, 87.)

AVERTISSEMENT

SUR

LE LIVRE DU BIEN DU VEUVAGE

Erasme prétend que saint Augustin n'est pas l'auteur de ce livre, et l'attribue à Julien, son adversaire. Inutile de réfuter les raisons qu'il donne en faveur de Julien, la seule qu'il allégue contre saint Augustin, est la facilité de style qui règne dans cet ouvrage. Mais cette facilité même est une preuve que ce traité est de notre saint. Jacques Parmélius, dans ses notes sur le livre de Tertullien contre Hermogène (chap. I, n. 7), en disant de cet ouvrage, « l'auteur de l'opuscule sur le *Bien du veuvage*, que l'on range parmi les écrits de saint Augustin, » exprime par là même le doute que saint Augustin en soit l'auteur. Lindanus, qui dans sa Panoplie (livre IV, chap. XCVIII), adopte cette opinion, se base sur un article du quatrième concile de Carthage, auquel, dit-il, saint Augustin souscrivit (canon 104), où il est établi que les veuves qui s'étaient consacrées à Dieu, et avaient pris l'habit religieux, devaient être retranchées de la communion chrétienne et être considérées comme adultères, lorsqu'elles contractent un second mariage. Mais au contraire l'auteur du livre suivant (chap. X et XI), blâme ceux qui pensent que « l'on doit considérer comme adultère le mariage des femmes qui renoncent à la sainte résolution qu'elles avaient prises, et qui veulent qu'on impose la continence à celles qui sont séparées de leurs maris. » Or saint Augustin n'est nullement en dissentiment avec ce canon, qui ne prescrit pas que de pareils mariages soient regardés comme adultères, mais qui dit cependant, que ceux qui renoncent à leur saint vœu sont pires que des adultères. C'est pourquoi il ne s'oppose pas à ce que ceux qui se marient après le vœu de continence qu'ils avaient fait, soient comme les adultères punis de quelque peine d'excom-

ADMONITIO

IN OPUSCULUM DE BONO VIDUITATIS.

Desiderius Erasmus nititur adimere hoc opusculum Augustino, et adversario ipsius Juliano dare. Quæ affert in Juliani gratiam argumenta, piget refellere. Contra Augustinum nihil fere obtendit nisi dictionis facilitatem : sed hæc ipsa facilitas dictionis clamitat opus esse Augustini. Jacobus Pamelius in notis ad Tertulliani librum contra Hermogenem (cap. I, n. 7), id operis citans hisce verbis, « auctor opusculi *de Bono viduitatis* inter lucubrationes D. Augustini, » significat putare se illud minime ab Augustino confectum. Pro qua opinione Lindanus in Panoplia (lib. IV, cap. XCVIII), argumentum existimat non leve sibi suppetere ex concilii Carthaginensis quarti, cui subscripsisse Augustinus legitur, canone 104, quo statutum est, ut viduæ quæ se Domino devoverant suscepto religioso habitu, si ad nuptias sæculares sive secundas postea transierint, sine Christianorum communione maneant, et crimine adulterii notentur. Nempe contra subsequentis libri auctor (cap. X et XI), eos redarguit qui putant « lapsarum a sancto proposito feminarum, si nupserint, non esse conjugia, sed adulteria, et eas volunt a maritis separatas reddere continentiæ. » Verum nihil hic Augustinus ab illo canone dissentit, qui talium quidem nuptias non patitur censeri adulteria, sed ipsos tamen a proposito sancto lapsus adulteriis pejores dicit. Itaque non prohibet quo minus nubentes post votum aliqua excommunicationis pœna mulctentur perinde atque

munication, pourvu, toutefois, qu'après la célébration de leur mariage, ils y restent fidèlement attachés. Dans tous les décrets des anciens conciles, on ne trouve pas d'autre prescription contre le mariage de celles qui ont rompu leur vœu. C'est ce que l'on voit évidemment dans le seizième canon du concile de Chalcédoine, tenu quelques années après la mort de saint Augustin, et dans lequel il est dit : « Lorsqu'une vierge ou un religieux se sont voués à Dieu, il ne leur est plus permis de se marier. Si malgré cette défense, ils contractaient mariage, qu'ils soient excommuniés. Cependant nous décidons qu'on peut user d'indulgence à leur égard, si l'évêque du lieu le juge à propos. » Au reste, la doctrine que saint Augustin établit ici sur les mariages contractés après le vœu de continence, ainsi que dans le livre *sur la sainte virginité* (chap. xxxiv), et dans la lettre ccxx au comte Boniface, se trouve d'accord avec ce que saint Cyprien dit dans la lettre lxii adressée à Pomponius, saint Epiphane, *Hérés.* 61, etc. Il y a d'ailleurs beaucoup de critiques qui regardent comme douteux le concile de Carthage, dont on a parlé plus haut, concile dont il n'est fait aucune mention dans le recueil des canons de l'Eglise d'Afrique, avec les autres conciles de Carthage tenus vers ce temps-là. Quoiqu'on assigne au concile tenu cette année la date de 398, saint Augustin, jeune encore et récemment élevé à l'épiscopat, a souscrit le second après Aurèle à ce concile. C'est sans doute ce qui a induit en erreur Lindanus, qui prétend que saint Augustin n'y a souscrit que dans sa vieillesse.

Saint Augustin ne fait aucune mention de l'opuscule suivant dans ses *Rétractations*, parce qu'il est écrit sous forme de lettre. C'est pourquoi Possidius le range parmi les lettres de notre saint, sous le titre de : *A Julienne, sur le saint état du veuvage*. Cet opuscule est cité et presque tout entier transcrit par Florus ou par le vénérable Bède que Florus a commenté, sur l'Epître I *aux Cor.*, ii, et vii; *aux Philipp.*, iv, et à *Timoth.*, i, v. Tous les anciens manuscrits, dans lesquels se trouve le titre de cette lettre, l'attribuent clairement à saint Augustin, qui montre assez lui-même qu'il en est l'auteur, lorsqu'au chapitre xv il fait mention des livres qu'il a publiés sur *le Bien du mariage*, *sur la sainte virginité*, contre Fauste, ainsi que de sa lettre (chap. iii) adressée à Proba, *sur la manière de prier Dieu*. Le livre sur

adulteræ, dummodo earum nuptiæ, post quam celebratæ sunt, non rescindantur. Nihil aliud adversus lapsarum nuptias præceptum reperitur antiquiorum Conciliorum decretis. In hanc rem celebris est canon sextus decimus Calchedonensis concilii aliquot annis post Augustini obitum sic definientis : « Si qua virgo se dedicaverit Deo, similiter et monachus, non licere eis jungi nuptiis. Si vero inventi fuerint hoc facientes, maneant excommunicati. Statuimus vero posse in eis facere humanitatem, si ita probaverit loci episcopus. » Cæterum Augustini doctrinæ, quam hic de nuptiis post votum, itemque in lib. *de sancta virginitate* (cap. xxxiv et in epist. ccxx), ad Bonifacium comitem n. 12, tradit, nonnihil favet Cyprianus in epist. lxii ad Pomponium, Epiphanius in hæresi 61. quæ est apostolicorum, etc. Neque porro desunt, quibus concilium supra laudatum Carthaginense, quod in codice canonum Ecclesiæ Africanæ cum cæteris Carthaginensibus ejus temporis conciliis non exstat dubiæ fidei videatur. Concilio Augustinus, quamvis id anno habitum consignetur 398, quo ille tempore juvenis et recens erat episcopus, subscripsit secundus ab Aurelio. Hinc forte errandi occasio data Lindano, qui subscripsisse Augustinum senem affirmat.

Subsequentis opusculi mentionem in *Retractationum* libris non fecit Augustinus, quia epistolæ forma conscriptum est. Id propterea Possidius (cap. vii), inter epistolas recenset hoc titulo : *Julianæ de sancta viduitate*. Citat et fere totum transscribit Florus seu Beda vulgatus ad (1 *Cor.*, ii et vii, *ad Philip.*, iv, et *ad* 1 *Tim.*, v, Augustinum refert inscriptio epistolæ in omnibus antiquis codicibus præfixa, et se ipse ostendit (cap. xv), commemorans libros a se editos *de Bono conjugali*, *de sancta Virginitate*, et adversus Faustum, nec non (cap. xxiii), epistolam Probæ scriptam *de*

le Bien du veuvage appartient à l'année 414, et paraît avoir été écrit après la consécration de la vierge Démétriade, dont il est parlé au chap. xix comme venant d'avoir lieu à la fin de l'année 413, ainsi que nous l'avons observé à l'épître cl adressée à Proba et à Julienne. Au chapitre xvii de ce traité, il les avertit d'être en garde contre l'hérésie pélagienne, qui commence, dit-il, à se répandre, sans qu'il cite cependant le nom de ces nouveaux hérétiques. C'est sans doute au sujet de cet avertissement que Julienne remercie saint Augustin qui lui rappelle, dans sa lettre clxxxviii, les paroles dont elle s'était servie pour lui exprimer sa reconnaissance de l'avis qu'il lui avait donné : « Je rends d'abondantes actions de grâces à votre sainteté, pour le pieux avertissement qu'elle me donne, de ne pas prêter l'oreille à ces hommes, qui cherchent à corrompre notre sainte et vénérable foi, par des ouvrages remplis d'erreurs et de perversité. »

orando Deo. Pertinet *viduitatis liber* ad annum circiter 414 scriptus videlicet post Demetriadis virginis consecrationem, laudatam hic (cap. xix), tanquam recentem, quod modo cœpit : hanc sub finem anni 413, factam observavimus tomo II ad epistolam cl, Probæ et Julianæ directam. In capite xvii, a Pelagianorum errore, quem serpere cœpisse dicit, tacito eorum nomine, cavere jubet. De hac ipsa forte admonitione Juliana gratias agit Augustino litteris citatis in epistola clxxxviii, ad eamdem Julianam missa, ubi ejus hæc verba refert Augusstinus : « Sane quod me hortatur reverentia vestra, ne aures indulgeam his hominibus, qui pravis tractatibus venerandam fidem sæpe corrumpunt, gratias uberes ago tam piæ admonitioni. »

SUR

LE BIEN DU VEUVAGE

LIVRE OU ÉPITRE (1)
ADRESSÉ A LA VEUVE JULIENNE

Il donne dans cet ouvrage des enseignements et des exhortations aux veuves. Il leur apprend et leur prouve d'abord, que la profession de la sainte virginité est préférable à celle du mariage, que le mariage en secondes et en troisièmes noces, et même en autant de fois qu'on le répète, pourvu qu'il soit légitimement contracté, n'est jamais un mal. Il ajoute que les veuves ou les vierges, qui se marient après avoir fait vœu de continence, méritent d'être condamnées, mais que toutefois leur mariage ne peut être rompu et considéré comme adultère. Il veut que le mérite des veuves soit jugé d'après le degré de leur piété et de leur continence, et démontre qu'une veuve qui s'est mariée deux fois, est souvent préférable à celle qui n'a pas contracté un second mariage. Il exhorte ensuite Julienne, à attribuer avant tout à la grâce de Dieu sa vertu de continence, et à se mettre en garde contre les discours que commencent à répandre certains hommes ennemis de la grâce de Jésus-Christ. Il lui recommande, ainsi qu'à sa fille encore vierge, et à sa belle-mère qui est veuve, de mettre tous leurs soins pour plaire au Seigneur, de préférer les plaisirs spirituels à ceux de la chair, et enfin de ne rien négliger pour conserver leur bonne réputation.

A LA PIEUSE DAME JULIENNE, SERVANTE DE DIEU, AUGUSTIN, évêque, serviteur du Christ et des serviteurs du Christ, salut dans le Seigneur des seigneurs.

CHAPITRE I. — 1. Pour répondre à votre demande et à la charité que je vous dois en Jésus-Christ, ainsi que pour ne pas différer plus longtemps ce que je vous ai promis, j'ai pris, sur toutes les autres occupations qui m'accablent, le temps nécessaire pour vous écrire quelque chose sur la profession de la sainte viduité. Vous m'en avez prié lorsque je vous ai vue, et comme je n'avais pu me refuser à votre prière, vous m'avez souvent, dans vos lettres, rappelé ma promesse. Si vous trouvez dans cet ouvrage des choses qui ne s'appliquent pas à vous, ni à celles qui vivent avec vous en Jésus-Christ, et qui ne sont pas proprement nécessaires pour l'instruc-

(1) Écrit vers l'an 414.

DE BONO VIDUITATIS

LIBER SEU EPISTOLA AD JULIANAM VIDUAM

Viduas hic docet et exhortatur. Primum docendo probat sanctæ viduatatis professionem nuptiis anteponendam; nuptias tamen secundas, imo et tertias et quotaslibet licitas esse, nec unquam malas : et nubentes quidem post votum viduas sive virgines merito damnari, ipsas autem earum nuptias nec haberi pro adulteriis, nec dirimi oportere. Merita viduarum ex ipso robore continentiæ ac pietatis pensari vult, ideoque biviram univiram viduam aliquando jure præferri demonstrat. Postea exhortando monet Julianam, ut in primis continentiam suam beneficio Dei tribuat, caveatque ab « sermonculis, qui serpere cœperunt, » hominum quorumdam inimicorum gratiæ Christi. Jubet ut suum omne studium cum filia virgine et cum socru vidua impendat ad placendum Deo : delicias spiritales habeant carnalium deliciarum loco; et famam denique suam custodire non negligant.

AUGUSTINUS episcopus, servus (a) Christi, servorumque Christi, religiosæ famulæ Dei JULIANÆ in Domino dominorum salutem.

CAPUT I. — 1. Ne petitioni tuæ (b) et in Christo dilectioni diutius essem debitor promissionis meæ, arripui utcumque inter alias urgentissimas occupationes meas de professione sanctæ Viduitatis aliquid ad te scribere : quoniam et præsentem me rogando (c) onerasti, et cum tibi hoc non potuissem negare, sæpe meum promissum litteris flagitasti. In quo sane opere nostro cum aliqua legeris ad tuam vel ad vestram, quæ simul in Christo vivitis, personam minime pertinere, nec admonitioni vitæ vestræ pro-

(a) Sic Er. nonnulli Mss. At Lov. *Servus servorum Christi.* Vetustissimus Corbeiensis codex, *servus Christi, servorum Christi.* — (b) Cisterciensis Ms. *tuæ in Christo dilectionis.* — (c) Sic Mss. Editi autem, *honorasti.*

tion de votre vie, ne les regardez cependant pas comme superflues. Quoique cette lettre vous soit particulièrement adressée, j'ai cru devoir l'écrire, non-seulement pour vous, mais encore pour que, par votre intermédiaire, elle pût être profitable à d'autres. Tout ce que vous y trouverez donc qui ne vous ait jamais été nécessaire, ou qui ne vous le soit plus, mais que vous croyiez pouvoir être utile à d'autres, recevez-le pour vous sans répugnance, et laissez ceux qui le voudront en prendre lecture, afin que votre charité soit utile à plusieurs.

2. Or, comme dans toute question qui concerne la vie et les mœurs, il faut joindre l'exhortation à l'explication de la doctrine, afin que la doctrine nous apprenne ce que nous devons faire, et que l'exhortation nous anime à pratiquer ce que nous savons déjà, puis-je, à ce sujet, vous donner une meilleure leçon que de vous citer les paroles de l'Apôtre? car la sainte Ecriture doit être la règle et la base de notre doctrine. « Gardons-nous, dit saint Paul, de ne point être sage plus qu'il ne le faut, mais d'être sage avec sobriété, selon la mesure du don de la foi que Dieu a départi à chacun de nous. » (*Rom.*, XII, 3.) Je ne serai donc pour vous instruire que l'écho de ce grand docteur, dont je vous expliquerai les paroles, selon la lumière que le Seigneur daignera me donner.

CHAPITRE II. — 3. Voici donc ce que dit l'Apôtre, ce docteur des nations, ce vase d'élection : « Je déclare à ceux qui ne sont pas mariés et aux veuves qu'il leur est avantageux de demeurer en cet état, comme j'y suis moi-même. » (I *Cor.*, VII, 8.) Par ces paroles, nous devons entendre qu'il ne faut pas mettre de différence entre les veuves et celles qui ne sont pas mariées; car sous le nom de femmes non mariées, saint Paul comprend toutes celles qui ne sont pas engagées dans les liens du mariage, soit qu'elles l'aient été, soient qu'elles ne l'aient jamais été. C'est ce qu'il explique plus clairement dans un autre passage : « Il y a cette différence entre la femme mariée et la vierge. » (I *Cor.*, VII, 34.) Or, puisqu'il ajoute « et la vierge, » que pouvons-nous entendre par « une femme non mariée, » sinon une veuve? C'est pourquoi il comprend ensuite, sous le seul nom de femmes non mariées, celles qui font profession de veuvage ou de virginité. « Celle qui n'est pas mariée, dit-il, s'occupe des choses du Seigneur et des moyens de plaire à Dieu, mais celle qui est mariée s'occupe des choses du monde et des moyens de plaire à son mari. » Il est évident que par femme non mariée, il veut que l'on comprenne non-seulement celle qui ne l'a jamais été, mais encore celle qui a été engagée dans les liens du mariage, et qui en a été délivrée par la viduité. C'est aussi pour cela que par femme mariée il entend seulement celle qui a un mari, et non

---

priæ necessaria, non ideo debetis superflua judicare. Istæ quippe litteræ quamvis ad te, non tamen tantummodo tibi scribendæ fuerunt : sed ut aliis per te quoque prodessent, non utique a nobis negligendum fuit. Quidquid ergo hic inveneris, quod vobis necessarium vel nunquam fuerit, vel jam non sit, et tamen aliis esse perspexeris, nec habere te pigeat, nec dare legendum; ut ei tua caritas sit utilitas aliorum.

2. Cum igitur in omni quæstione quæ ad vitam moresque pertinet, non sola doctrina, verum etiam exhortatio sit necessaria; ut doctrina quid agendum sit noverimus, exhortatione autem excitemur, ne pigeat agere quod agendum esse jam novimus : quid ego amplius te doceam, quam id quod apud Apostolum legimus? Sancta enim scriptura nostræ doctrinæ regulam figit, « ne audeamus sapere plus quam oportet sapere, » ut ipse ait, « ad temperantiam, sicut unicuique Deus partitus est mensuram fidei. » (*Rom.*, XII, 3.) Non sit ergo mihi aliud te docere, nisi verba tibi doctoris exponere, et de iis quod Dominus dederit disputare.

CAPUT II. — 3. Ait itaque Apostolus, doctor gentium, vas electionis : « Dico autem innuptis et viduis, bonum esse illis, si sic permanserint, sicut et ego. » (I *Cor.*, VII, 8.) Hæc verba ita intelligenda sunt, ut non existimemus viduas non oportere innuptas dici, quia nuptias videntur expertæ : innuptarum enim nomine illas significat : quæ non sunt nuptiis alligatæ, sive fuerint, sive non fuerint. Quod alio loco aperit, ubi ait : « Divisa est mulier innupta et virgo. » (*Ibid.*, 34.) Quando utique et virginem adjungit, quid mulierem innuptam, nisi viduam vult intelligi? Unde etiam deinceps uno innuptæ nomine professionem utramque complectitur dicens : « Quæ innupta est, sollicita est ea quæ sunt Domini, quomodo placeat Domino : quæ autem nupta est, sollicita est ea quæ sunt mundi, quomodo placeat viro. » (*Ibid.*) Innuptam certe non eam tantum intelligi voluit, quæ nunquam nupsit; sed etiam eam quæ nuptiarum vinculo per viduitatem liberata, nupta esse destitit : nam ideo et nuptam non dicit, nisi eam quæ virum habet; non etiam eam quæ habuit, et non ha-

celle qui en a eu précédemment, mais qui n'en a plus. Toute veuve doit donc être considérée comme non mariée, mais comme toute femme non mariée n'est pas veuve, puisque parmi les femmes non mariées se trouvent aussi des vierges, l'Apôtre a voulu désigner les unes et les autres quand il dit : « Je déclare à celles qui ne sont pas mariées et aux veuves; » comme s'il disait : Je déclare aux femmes non mariées, c'est-à-dire non-seulement aux vierges, mais encore aux veuves, « qu'il est avantageux pour elles de rester dans cet état, comme j'y suis moi-même. »

Chapitre III. — 4. Voilà que le bien de votre état est comparé à celui que l'Apôtre déclare posséder lui-même, pourvu qu'on soit animé de la même foi que lui, ou plutôt parce qu'on en est animé. Cette doctrine, quoique exposée brièvement, n'en est pas moins bonne pour cela; elle n'en est au contraire que plus facile à retenir, et sa concision même, en lui donnant plus de valeur, la recommande plus fortement à notre amour. Ce n'est pas un bien quelconque dont l'Apôtre parle ici, et qu'il met sans ambiguïté au-dessus de la fidélité conjugale. Mais pour comprendre la grandeur du bien que renferme la fidélité que les époux se doivent l'un à l'autre, c'est-à-dire ceux qui vivent chrétiennement et saintement dans le mariage, faites attention aux paroles de l'Apôtre, lorsque recommandant d'éviter toute impureté charnelle, il dit aux personnes mariées comme aux autres : « Ne savez-vous pas que vos corps sont les membres de Jésus-Christ? » (I *Cor*., VI, 19.) Ainsi la fidélité conjugale est un si grand bien, que ceux qui vivent dans l'état du mariage sont membres de Jésus-Christ. Mais parce que ce bien est inférieur à celui de la continence des veuves, il ne s'ensuit pas qu'une veuve catholique soit quelque chose de plus que d'être membre de Jésus-Christ, mais seulement qu'elle possède parmi les membres de Jésus-Christ un rang plus honorable que la femme mariée. En effet, le même Apôtre dit : « De même que nous avons plusieurs membres dans un seul et même corps, et que tous les membres n'ont pas la même fonction, de même, quoique nous soyons plusieurs, nous sommes tous un seul corps en Jésus-Christ, et nous sommes chacun en particulier les membres les uns des autres, ayant tous des dons différents, selon la grâce qui nous a été donnée. » (*Rom*., XII, 4, etc.)

5. C'est aussi pour cela, qu'avertissant les époux de ne pas se priver l'un l'autre de ce qu'ils doivent à l'union du mariage, de peur que l'un, en refusant d'accomplir le devoir conjugal, ne fasse tomber l'autre, par son incontinence, dans les tentations de Satan et dans l'abîme de la fornication, il ajoute : « Je vous dis cela comme une chose qu'on pardonne, et non que l'on commande, car je voudrais que tous les hommes fussent comme moi; mais chacun a

---

bet. Quapropter vidua omnis innupta est : sed quia non omnis innupta vidua est, sunt enim et virgines, ideo hic utrumque posuit, ubi ait : « Dico autem innuptis et viduis : » tanquam diceret : Quod dico innuptis, non eis solis dico quæ virgines sunt, sed etiam eis quæ viduæ sunt : « bonum esse illis, si sic permanserint, sicut et ego. »

Caput III. — 4. Ecce est bonum tuum ei bono comparatum, quod dicit Apostolus suum, si fides adest, imo quia fides adest. Brevis est ista doctrina, nec ideo contemnenda, quia brevis : sed ideo facilius et carius tenenda, quia in brevitate non vilis. Non enim qualecumque bonum hic commendaret Apostolus, quod fidei nuptarum sine ulla ambiguitate præposuit. Quantum autem bonum habeat nuptarum fides, id est, Christianarum et religiosarum conjugatarum, hinc intelligi potest, quod cum de fugienda fornicatione præciperet, ubi utique et conjugatos alloquebatur : « Nescitis, inquit, quia corpora vestra membra sunt Christi? » (I *Cor*., VI, 19.) Tantum ergo bonum est fidelis conjugii, ut etiam ipsa membra sint Christi. Hoc autem bono (a) quoniam melius est bonum continentiæ vidualis, non hac professione id agitur, ut aliquid plus sit catholica vidua quam membrum Christi; sed ut meliorem quam conjugata locum habeat inter membra Christi. Dicit quippe idem Apostolus : « Sicut enim in uno corpore multa membra habemus, omnia autem membra non eosdem actus habent; ita multi unum corpus sumus in Christo, singuli autem alter alterius membra; habentes dona diversa secundum gratiam quæ data est nobis. » (*Rom*., XII, 4, etc.)

5. Ideo etiam cum moneret conjugatos, ne debito carnalis commixtionis fraudarent invicem, et per hoc alter eorum negato sibi debito conjugali, per intemperantiam suam tentatus a Satana, in fornicationem prolaberetur : « Hoc autem dico, inquit, secundum veniam, non secundum imperium. Volo autem omnes

---

(a) Editi, *quo*. Melius Mss. *quoniam*.

reçu de Dieu un don qui lui est propre, l'un d'une manière et l'autre d'une autre. » (I *Cor.*, VII, 6, 7.)

CHAPITRE IV. — Vous voyez encore par là que la chasteté conjugale et la fidélité du lit nuptial, que les époux chrétiens se doivent réciproquement, sont des dons, et que ces dons viennent de Dieu ; de sorte que les actes où nous porte la concupiscence charnelle au delà de ce qui est nécessaire pour avoir des enfants, sont un mal qui n'appartient pas au mariage, mais que le bien même du mariage fait pardonner. Car ce n'est pas du mariage contracté en vue d'avoir des enfants, ni de la fidélité que les époux se doivent l'un à l'autre ; ce n'est pas de ce lien qui, à raison du sacrement, est indissoluble et ne peut être rompu que par la mort de l'un des deux époux, puisque toutes ces choses sont bonnes en elles-mêmes ; mais c'est de ces convoitises trop sensuelles, que le mariage excuse jusqu'à un certain point, que l'Apôtre parle quand il dit : « Je vous dis cela comme une chose qu'on vous pardonne, et non que l'on vous commande, » (I *Cor.*, VII, 6, 7) et quand il dit encore : « La femme est liée à la loi du mariage tant que son mari est vivant, mais s'il vient à mourir, elle est libre de se remarier à qui elle voudra, pourvu que ce soit selon le Seigneur, mais elle sera plus heureuse si elle reste veuve, comme je le lui conseille. » (I *Cor.*, VII, 39.) Saint Paul fait voir clairement par ces paroles qu'une femme fidèle, qui se marie après la mort de son époux, peut être heureuse dans le Seigneur, mais qu'une veuve est encore plus heureuse également dans le Seigneur ; c'est-à-dire, pour me servir non-seulement des paroles, mais encore des exemples de l'Ecriture, que Ruth est heureuse, mais qu'Anne l'est davantage.

6. C'est pourquoi vous devez donc avant tout reconnaître que les secondes noces ne sont pas condamnées par le bien que vous avez choisi, mais seulement qu'elles sont moins honorées. Car de même que le bien de la sainte virginité, auquel votre fille (1) donne la préférence, ne jette aucun blâme sur votre unique mariage, de même votre veuvage ne saurait être une condamnation de ceux qui contractent une seconde union. C'est surtout en cela que consistait l'hérésie des Cataphryges (2), des Novatiens (3), que Tertullien (4) rendit célèbre par ses discours, plutôt sonores que sages, car il ne craignit pas d'attaquer avec aigreur comme illicites les secondes noces, que l'Apôtre, avec son esprit

---

(1) Démétriade, fille de Julienne. Voyez au sujet de cette vierge la note sur l'épître 130e.
(2) Voyez au sujet de l'hérésie des Cataphryges, et qui sont les mêmes que les Montanistes, qui tirent leur nom de Montan, leur patriarche, qui se disait le Saint-Esprit, les notes sur l'épître 118e.
(3) Voyez sur les Novatiens, hérétiques du troisième siècle, la note sur l'épître 265e.
(4) Tertullien adopta l'hérésie des Montanistes, ce qui rend plusieurs de ses ouvrages dangereux.

---

homines (*a*) esse sicut me ipsum. Sed unusquisque proprium donum habet a Deo, alius quidem sic, alius vero sic. » (I *Cor.*, VII, 6, 7.)

CAPUT IV. — Vides etiam conjugalem pudicitiam et thori Christiani matrimonialem fidem donum esse, et hoc a Deo : ut illud quod ultra liberorum procreandorum necessitatem modum concumbendi aliquatenus concupiscentia carnalis excedit, non nuptiarum sit hoc malum, sed veniale sit propter nuptiarum bonum. Non enim de conjugio, quod copulatur liberorum procreandorum causa, et fide pudicitiæ conjugalis, et indissolubili, quamdiu ambo vivunt, matrimonii sacramento, quæ omnia bona sunt ; sed de illo immodico carnis usu, quin in infirmitate conjugum agnoscitur, et interventu boni nuptialis ignoscitur, ait Apostolus : « Secundum veniam dico, non secundum imperium. » (I *Cor.*, VII, 39.) Item cum dicit : « Mulier alligata est (*b*), quamdiu vir ejus vivit ; quod si mortuus fuerit vir ejus, liberata est : cui vult nubat, tantum in Domino : beatior autem erit, si sic permanserit, secundum meum consilium : » satis ostendit beatam esse in Domino etiam post mortem viri iterum nubentem fidelem, sed in eodem Domino viduam beatiorem : hoc est, ut Scripturarum non tantum verbis, verum etiam exemplis loquar, beatam esse Ruth, sed Annam beatiorem.

6. Quapropter hoc primum oportet ut noveris, bono quod elegisti non damnari secundas nuptias, sed inferius honorari. Nam sicut bonum sanctæ virginitatis, quod elegit filia tua, non damnat unas nuptias tuas ; sic nec viduitas tua cujusquam secundas. Hinc enim maxime Cataphrygarum ac Novatianorum hæreses tumuerunt, quas buccis sonantibus, non sapientibus, etiam Tertullianus inflavit, dum secundas nuptias tanquam illicitas maledico dente concidit, quas omnino licitas Apostolus sobria mente concedit. Ab hac sanitate doctrinæ, nullius

---

(*a*) In editis omissum erat *homines*, quod in Mss. habetur. — (*b*) Non additur, *legi* : vox ex *Rom.*, VII, 2, petita, quæ hoc loco nunc in Vulgata legitur, sed abest a Bibliis scriptis Corb. et Germ.

sage, avait déclarées bonnes et permises. Ne vous laissez pas détourner de cette saine doctrine par les discours des ignorants ou des savants, et que le bien de votre état ne soit pas pour vous un sujet de blâmer, dans les autres, ce que vous regardez comme un mal, tandis que ce n'en est pas un. Réjouissez-vous du bien que vous possédez, d'autant plus qu'il est un moyen non-seulement d'éviter ce qui est mauvais, mais encore de vous élever à des biens supérieurs. Ce qui est véritablement mal, c'est l'adultère et la fornication.

Chapitre V. — Mais il faut regarder comme étant bien éloignée de ces choses mauvaises et illicites, une femme qui s'est librement engagée par un vœu à ne pas faire, ce qui toutefois lui aurait été permis en d'autres circonstances, non par le commandement de la loi, mais par le conseil de la charité. La chasteté conjugale est donc un bien, mais la continence des veuves est un bien plus grand encore. Ce bien supérieur ne tire son éclat que de l'infériorité de l'autre, mais le second n'est pas condamnable à cause du mérite et de la gloire du premier.

7. Lorsque l'Apôtre, en faisant l'éloge du célibat et de l'abstinence du mariage, parce que ceux qui sont dans cet état, « s'occupent des choses du Seigneur, et des moyens de lui plaire, » il ajoute : « Ce que je vous dis est pour votre avantage, et non pour vous tendre un piége; » (I *Cor.*, VII, 35) c'est comme s'il disait : Ce que je vous dis, n'est pas pour vous contraindre, mais pour vous porter à ce qui est saint et honnête. Mais parce qu'il déclare que l'état des personnes non mariées est saint et honnête, on ne doit pas en conclure que le mariage soit quelque chose de honteux, car autrement il faudrait aussi condamner les premières noces. Or, c'est ce que ni les Cataphryges, ni les Novatiens, ni Tertullien, leur chaleureux partisan, n'ont jamais osé avancer. Lorsque saint Paul dit : « Je déclare à ceux qui ne sont pas mariés et aux veuves, qu'il est bon pour eux de demeurer dans cet état; » (1 *Cor.*, VII, 8) il se sert du mot « bon » au lieu de « meilleur, » parce que ce qui est meilleur, en comparaison de ce qui est bon, est indubitablement un bien. Car que peut-on appeler meilleur, sinon quelque chose qui est plus que bon ? Or, parce qu'il dit à ceux qui ne sont pas mariés et aux veuves, « qu'il est avantageux pour eux de rester dans cet état, » nous ne devons pas en conclure qu'il regarde le mariage comme un mal. Il en est de même lorsqu'il dit : « Mais je veux vous porter à ce qui est honnête. » Il ne déclare point par là que le mariage est quelque chose de honteux, mais sous la dénomination générale d'honnête, il marque seulement ce qui est plus honnête que ce qui l'est simplement. Qu'est-ce, en effet, que d'être plus honnête, sinon d'avoir un degré supérieur d'honnêteté ? Ainsi, une chose qui est plus honnête, est toujours une chose honnête en elle-même. L'Apôtre fait voir évidemment en quoi un bien est meilleur que l'autre, quand il dit :

indocti, nullius docti disputatione movearis; nec ita extollas bonum tuum, ut quod malum non est, tanquam malum crimineris alienum : sed tanto magis gaude de tuo bono, quanta magis vides, non tantum illo devitari mala, sed quædam bona etiam superari. Mala sunt enim adulterium vel fornicatio.

Caput V. — Ab his autem illicitis valde longe est, quæ voti libertate se obstrinxit, et sibi etiam licita ne licerent, non imperio legis, sed consilio caritatis effecit. Et bonum est pudicitia conjugalis, sed melius bonum est continentia vidualis. Hoc ergo melius illius boni submissione honoratur : non illud bonum melioris hujus laude damnatur.

7. Quod autem Apostolus, cum cœlibum et innuptarum commendaret fructum, quia cogitant quæ sunt Domini, quomodo placeant Deo, subjecit et ait : « Hoc autem ad utilitatem vestram dico, non ut laqueum vobis injiciam, » id est, non ut vos cogam; « sed ad id quod honestum est : » (I *Cor.*, VII, 35) non quia innuptarum bonum honestum dixit, ideo putare debemus turpe esse vinculum conjugale : alioquin etiam primas nuptias condemnabimus, quas nec Cataphryges, nec Novatiani, nec disertissimus eorum adstipulator Tertullianus turpes ausus est dicere. Sed quemadmodum cum ait : « Dico autem innuptis et viduis, bonum esse illis si sic permanserint : » (*Ibid.*, 8) utique bonum posuit pro meliore, quoniam omne quod bono comparatum melius dicitur, etiam hoc procul dubio bonum est; nam quid est aliud quod ita dicitur melius, nisi quod magis bonum est ? nec ideo consequenter eum sensisse arbitramur, malum esse si nupserint, quoniam dixit : « bonum esse illis si sic permanserint : » ita etiam cum ait : « sed ad id quod honestum est : » non matrimonium turpe esse monstravit, sed quod honesto erat honestius generalis honesti nomine commendavit. Quia honestius quid est, nisi quod magis honestum est ? Magis autem honestum utique honestum

« Celui qui marie sa fille, fait bien; celui qui ne la marie pas, fait mieux encore; » (I *Cor.*, VII, 38) et en quoi un bonheur l'emporte sur un autre, lorsqu'il dit un peu plus loin : » Mais plus heureuse encore est celle qui reste veuve. » Ainsi, de même qu'il y a des choses qui sont meilleures que celles qui sont simplement bonnes, et des états plus heureux que ceux qui ne sont qu'heureux; de même aussi, quand saint Paul parle d'une chose qui est plus honnête qu'une autre, il a voulu désigner généralement ce qui est honnête. A Dieu ne plaise, en effet, que saint Paul ait voulu représenter comme une chose honteuse ce dont parle l'apôtre Pierre, quand il dit : « Et vous, maris, vivez sagement avec vos femmes, les regardant comme des vases fragiles, et les traitant avec honneur, puisqu'elles hériteront comme vous de la grâce qui donne la vie; » (I *Pierre*, III, 7) et lorsque s'adressant aux femmes, il leur recommande, à l'exemple de Sara, d'être soumises à leur mari : « C'est ainsi que se paraient autrefois les saintes femmes qui espéraient en Dieu, et qui étaient soumises à leurs maris. Telle était Sara, qui obéissait à Abraham, et l'appelait son seigneur; cette Sara, dont vous êtes les filles, si vous faites de bonnes œuvres sans aucune crainte. » (I *Pierre*, v, 6.)

CHAPITRE VI. — 8. Lorsque saint Paul dit de celle qui n'est pas mariée, « afin qu'elle soit sainte d'esprit et de corps; » il ne faut pas conclure de ces paroles, qu'une femme mariée, fidèle, chaste et soumise à son mari, comme le recommandent les saintes Ecritures, soit seulement sainte d'esprit et non de corps. Il est impossible, en effet, que l'esprit étant sanctifié, le corps qui sert d'instrument à l'esprit sanctifié, ne soit pas également saint. Mais afin de ne pas paraître recourir à une vaine argumentation plutôt qu'à la parole divine, pour prouver ce que nous avançons, parce que saint Pierre, en citant l'exemple de Sara, dit seulement : « Les saintes femmes, » sans ajouter qu'elles le sont aussi « de corps; » (I *Pierre*, III, 5) considérons, dis-je, pour éviter ce reproche, les paroles de saint Paul, lorsqu'il défend toute espèce d'impureté : « Ne savez-vous pas, dit-il, que vos corps sont les membres de Jésus-Christ ? Arracherai-je donc à Jésus-Christ ses propres membres, pour en faire les membres d'une courtisane ? Dieu m'en garde. » (I *Cor.*, VI, 15.) Que quelqu'un ose donc dire que les membres de Jésus-Christ ne sont pas saints, ou qu'on ose séparer des membres du Christ, les corps des femmes fidèles qui sont mariées. C'est pourquoi l'Apôtre ajoute un peu après : « Votre corps est le temple du Saint-Esprit qui habite en vous, et qui vous a été donné par Dieu, et qu'ainsi vous n'êtes plus à vous-mêmes, car vous avez été rachetés à un grand prix. » (I *Cor.*, VI, 19, 20.) En disant que les corps des fidèles sont les membres de Jésus-Christ et le temple du Saint-Esprit, saint

---

est. Aperte quippe declaravit, hoc esse bono illo melius, ubi ait : « Qui dat nuptum, bene facit; et qui non dat nuptum, melius facit : » (*Ibid.*, 38) et hoc illo beato beatius, ubi ait : « Beatior autem erit, si sic permanserit. » (*Ibid.*, 40.) Sicut ergo bono melius et beato beatius, sic honesto honestius est, quod honestum voluit appellare. Absit enim ut turpe sit unde loquens apostolus Petrus ait : « Viri uxoribus vestris tanquam vasi infirmiori et subjecto tribuite honorem, quasi cohæredibus gratiæ. » (I *Pet.*, III, 7.) Et illas alloquens, subditas esse viris suis exemplo Saræ adhortatur : « Nam sic quædam, inquit, sanctæ mulieres, quæ in Deum sperabant, ornabant se, obsequentes viris suis : quomodo Sara obediebat Abrahæ, dominum illum vocans, cujus factæ estis filiæ benefacientes et non timentes ullam perturbationem. » (*Ibid.*, v, 6.)

CAPUT VI. — 8. Unde et illud quod de innupta Paulus apostolus dixit : « Ut sit sancta et corpore et spiritu, » (I *Cor.*, VII, 34) non sic accipiendum est, quasi nupta fidelis et casta, et secundum Scripturas subdita viro, non sit sancta corpore, sed tantummodo spiritu. Fieri enim non potest, ut sanctificato spiritu non sit sanctum etiam corpus, quo sanctificatus utitur spiritus. Sed ne cuiquam nos potius argumentari, quam hoc divino eloquio probare videamur; quoniam Petrus Saram commemoraus : « Sanctæ, inquit, mulieres » tantummodo; non ait : « et corpore : » (I *Petr.*, III, 5) illud ejusdem Pauli consideremus, ubi prohibens fornicationes ait : « Nescitis quia corpora vestra membra sunt Christi ? Tollens ergo membra Christi, faciam membra meretricis ? Absit. » (I *Cor.*, VI, 15.) Audeat ergo aliquis dicere membra Christi sancta non esse : aut vero audeat a membris Christi fidelium conjugatarum corpora separare. Unde etiam paulo post ait : « Corpus vestrum templum in vobis est Spiritus sancti, quem habetis a Deo : et non estis vestri; empti enim estis pretio magno. » (*Ibid.*, 19, 20.) Corpus fidelium et membra Christi esse dixit, et templum Spiritus

Paul s'adresse certainement aux fidèles des deux sexes. Or, il met de ce nombre les femmes mariées, comme celles qui ne le sont pas, quoique le mérite ne soit pas le même dans les unes que dans les autres. Elle sont comme des membres qui ont plus ou moins d'excellence, mais dont aucun, cependant, n'est séparé du corps. Ainsi, lorsque l'Apôtre dit de celle qui n'est pas mariée, « afin qu'elle soit sainte d'esprit et de corps ; » il a voulu faire voir qu'il y avait plus de sainteté dans l'esprit et dans le corps de celles qui ne sont pas mariées, mais sans prétendre que le corps de celles qui sont mariées soit privé de toute sainteté.

9. Apprenez donc le bien de votre condition, ou plutôt souvenez-vous de ce que vous savez déjà, c'est-à-dire, que ce bien est d'autant plus digne d'éloges, que la condition opposée est bonne en elle-même ; vous ne mériteriez pas ces éloges, si la condition opposée était un mal, ou si elle n'existait pas. Les yeux occupent une place très-honorable dans le corps, mais cette place ne le serait pas autant si les yeux étaient seuls, et s'il n'y avait pas d'autres membres moins importants. Dans le ciel, la lumière du soleil surpasse de beaucoup celle de la lune, mais ne la condamne pas. Une étoile diffère de l'autre par son éclat, mais elle n'en est pas pour cela plus orgueilleuse. (I *Corinth.*, xv, 41.) Dieu a fait « toutes choses, et elles sont toutes très-bonnes. » (*Gen.*, I, 31.) L'Ecriture ne dit pas seulement qu'elles sont bonnes, mais qu'elles sont très-bonnes, parce qu'en parlant ainsi, elle les considère toutes ensemble, tandis que lorsqu'elle parlait de chaque ouvrage particulier de la création, elle disait : « Dieu vit que c'était bon. » (*Gen.*, I, 10.) Mais après avoir nommé toutes les choses sorties de la main de Dieu, elle ajoute « très, » et dit : « Dieu vit tout ce qu'il avait fait, et cela était très-bon. » (*Ibid.*, I, 31.) Chaque chose prise isolément peut être meilleure qu'une autre, mais elles valent mieux toutes ensemble, que chacune en particulier. Que la saine doctrine de Jésus-Christ fasse donc de vous par sa grâce un membre sain dans son corps, afin que si vous avez dans l'esprit et le corps des avantages supérieurs à ceux des autres, votre esprit qui commande à votre corps ne s'en élève point avec orgueil, ou ne juge pas avec ignorance.

10. Parce que j'ai dit que Ruth était heureuse, mais qu'Anne l'était plus, la première s'étant mariée deux fois, et la seconde ayant passé de longs jours dans le veuvage après la mort de son unique époux, il ne faudrait pas pour cela vous croire meilleure que Ruth.

Chapitre VII. — Tout autre était dans les temps prophétiques, la règle de conduite des saintes femmes. L'obéissance à la volonté du Seigneur, et non la concupiscence, les portait au mariage. C'était pour propager le peuple de Dieu, au milieu duquel devaient naître les pro-

---

sancti, ubi profecto utriusque sexus fideles intelliguntur. Ibi ergo sunt nuptæ, ibi et innuptæ ; sed distinctæ meritis, et tanquam membris membra prælata, quorum tamen neutra sint a corpore separata. Quod igitur de innupta loquens ait : « Ut sit sancta et corpore et spiritu : » ampliorem innuptarum et in corpore et in spiritu sanctificationem intelligi voluit, non corpus nuptarum omni sanctificatione privavit.

9. Disce itaque bonum tuum, imo memento quod didicisti, bonum tuum plus laudari, quia est aliud bonum quo sit hoc melius, quam si aliter hoc bonum esse non posset, nisi illud malum esset, aut omnino non esset. Habent oculi in corpore magnum honorem, sed minorem haberent, si soli essent et alia minoris honoris membra non essent. In cœlo ipso sua luce sol lunam superat, non vituperat : et stella ab stella differt in gloria (I *Cor.*, xv, 41), non dissidet in superbia. Ideo « fecit Deus omnia, et ecce bona valde : » (*Gen.*, I, 31) non tantum bona, sed etiam valde ; non ob aliud, nisi quia omnia. Nam et per singula opera dicebatur : « Vidit Deus quia bonum est. » (*Ibid.*, 10.) Ubi autem « omnia » nominata sunt, additum est « valde : » et dictum est : « Vidit Deus omnia quæ fecit, et ecce bona valde. » Meliora enim quædam singula quam alia singula : sed meliora simul omnia quam quælibet singula. Christi itaque doctrina sane in ejus corpore sanam te faciat per ejus gratiam, ut id quod aliis melius habes in corpore et spiritu, idem ipse spiritus tuus qui corpori dominatur, nec extollat insolenter, nec discernat inscienter.

10. Nec quia dixi Ruth beatam, Annam beatiorem, cum illa bis nupserit, hæc uno viro cito viduata diu vixerit, continuo etiam te meliorem putes esse quam Ruth.

Caput VII. — Alia quippe propheticis temporibus sanctarum feminarum dispensatio fuit, quas nubere obedientia, non concupiscentia compellebat, ut propagaretur populus Dei, in quo præmitterentur Pro-

phètes, les précurseurs du Christ; en effet, ce peuple, par les choses qui lui arrivaient comme autant d'avertissements et de symboles, soit en ceux qui les comprenaient, soit en ceux qui ne les comprenaient pas, n'était lui-même qu'un prophète du Christ; c'était de lui que le Sauveur devait naître selon la chair. Afin donc que ce peuple pût se multiplier, la loi frappait de malédiction celui qui ne contribuerait pas à la propagation de la race d'Israël. C'est pour cette raison que les saintes femmes de ces anciens jours étaient portées au mariage, non par un mouvement charnel, mais par le pieux désir de mettre des enfants au monde; de sorte que l'on peut dire avec raison, que si elles avaient pu en avoir d'une autre manière, elles n'auraient pas recherché la compagnie de l'homme. C'est encore pour cela, que la loi permettait à l'homme d'avoir plusieurs femmes vivantes; et ce qui prouve qu'ils n'y étaient pas poussés par la concupiscence charnelle, mais comme par un besoin providentiel d'engendrer des enfants, c'est que s'il était permis à ces saints d'avoir plusieurs femmes vivantes, il ne l'était pas à ces saintes femmes d'avoir plusieurs maris; ce qui, en effet, eût été d'autant plus honteux pour elles, qu'elles n'en auraient pas été plus fécondes pour cela. Aussi Ruth, cette sainte femme, n'ayant pas d'enfant, comme on le désirait dans ce temps pour la propagation d'Israël, chercha, à la mort de son époux, un second mari dont elle pût en avoir. Mais son bonheur n'égala pas celui d'Anne qui, après avoir perdu son unique et seul époux, resta veuve, et mérita ainsi d'être la prophétesse de Jésus-Christ. On peut croire cependant, quoiqu'elle n'ait pas eu d'enfants, ce qui n'est pas certain toutefois, puisque l'Ecriture garde le silence à ce sujet, on peut croire, dis-je, qu'elle a prévu que Jésus-Christ devait bientôt naître du sein d'une vierge, avec le même esprit qui le lui fit reconnaître lorsqu'il n'était encore qu'enfant. C'est donc avec raison, que sans enfants, si toutefois elle n'en a pas eu, elle a refusé de se marier une seconde fois, parce qu'elle avait reconnu que le temps était venu, où la génération des enfants serait moins utile que la continence aux desseins du Christ, et où par conséquent la chasteté des veuves était préférable à la fécondité du mariage. Mais si Ruth savait qu'elle pouvait, par sa chair, contribuer à la propagation du peuple dont le Christ devait naître selon la chair, et que ce fut dans cette vue qu'elle eut recours à un second mariage; je n'oserais dire que le veuvage d'Anne a été un bien plus heureux que la fécondité de Ruth.

CHAPITRE VIII. — 11. Mais vous qui avez des enfants et qui vivez au temps de la fin des siècles, « où le moment est venu de ne plus jeter des pierres, mais de les ramasser, de ne plus s'arrêter aux amours profanes, mais de les rejeter; » (*Eccl.*, III, 5) maintenant que l'Apôtre

phetæ Christi (I *Cor.*, x, 11): cum et ipse populus per ea quæ in figura contingebant in illis, sive in iis qui scirent, sive in iis qui illa nescirent, nihil aliud esset quam propheta Christi, ex quo nasceretur etiam caro Christi. (*Deut*, xxv.) Ut ergo ille populus propagaretur, maledictus habebatur per legis sententiam qui non suscitaret semen in Israel. Unde et sanctæ mulieres accendebantur non cupiditate concumbendi, sed pietate pariendi; ut rectissime credantur coitum non fuisse quæsituræ, si proles posset aliter provenire. Et viris usus plurimarum vivarum concedebatur uxorum: cujus rei non concupiscentiam carnis, sed providentiam generationis fuisse causam illud ostendit, quod sicut viris sanctis habere plures uxores vivas, non ita etiam sanctis feminis licebat misceri maritis pluribus vivis: quoniam tanto essent turpiores, quanto magis apperterent unde non essent fecundiores. Proinde sancta Ruth, cum semen quale illo tempore necessarium fuit in Israel non haberet, mortuo viro quæsivit alterum de quo haberet. Hac itaque bis conjugata ideo Anna (*a*) univira vidua beatior fuit, quia et prophetissa Christi esse meruit: quam credendum est, etiamsi filios nullos habuit, quod quidem Scriptura reticendo reliquit incertum, eo Spiritu prævidisse Christum ex virgine proxime esse venturum, quo potuit agnoscere et parvulum: unde merito etiam sine filiis, si tamen eos non habuit, secundas nuptias recusavit; quia noverat jam tempus esse, quo Christo non officio pariendi, sed studio continendi, nec conjugalibus fetandis visceribus, sed (*b*) castificandis vidualibus moribus, melius serviretur. Si vero etiam sciebat Ruth per suam carnem propagari semen, unde Christus carnem fuerat habiturus, et huic scientiæ nubendo exhibuit ministerium, non audeo jam dicere beatiorem fuisse Annæ viduitatem quam illius fecunditatem.

Caput VIII. — 11. Tu autem quæ et filios habes, et in eo sæculi fine vivis, quo jam tempus est non mittendi lapides, sed colligendi; non amplectendi, sed continendi ab amplexu (*Eccli.*, III, 5), cum clamet

---

(*a*) Sic Er. et potiores Mss. At Lov. *uno viro viduata*. — (*b*) Nonnulli Mss. *castigandis*.

nous crie : « Voici donc, mes frères, ce que je vous dis : Le temps est court ; ainsi que ceux qui ont des femmes soient comme s'ils n'en avaient point, » (I *Cor.*, VII, 29) si vous aviez, dis-je, présentement contracté un second mariage, ce n'aurait plus été un signe d'obéissance à la loi et à la prophétie concernant Jésus-Christ, ni même un désir charnel d'engendrer des enfants, mais uniquement une preuve d'incontinence. Vous auriez fait ce que dit l'Apôtre, lorsqu'après avoir déclaré aux Corinthiens, « qu'il leur était avantageux de rester dans l'état où il était lui-même, » (I *Cor.*, VII, 8, 9) il ajoute aussitôt : « Mais que ceux qui sont trop faibles pour garder la continence se marient, car il vaut mieux se marier que brûler. » Si saint Paul a parlé ainsi, c'est afin que le mal d'une passion effrénée ne fît pas tomber les hommes dans les excès honteux de la débauche, si on leur interdisait les rapports permis du mariage. Mais rendons grâces à Dieu, de ce qu'il est résulté de votre mariage un bien dont vous vous êtes privé, et de ce que la virginité de votre sainte fille a compensé la perte de la vôtre. En effet, interrogez avec soin la doctrine chrétienne ; que vous répondra-t-elle, sinon que dans les temps où nous sommes, le mariage n'est bon et nécessaire que pour mettre un frein à l'incontinence ? Car celui qui a dit : « Que ceux qui sont trop faibles pour garder la continence se marient, » aurait pu dire de même : « Que ceux qui n'ont pas d'enfants se marient. » Mais puisque depuis la résurrection du Christ et la prédication de son Evangile, toutes les nations de la terre fournissent en abondance des enfants, dont la génération doit être purement spirituelle, il n'est plus nécessaire d'en engendrer selon la chair, comme dans les premiers temps. Lorsque dans un autre endroit saint Paul dit : « Je veux que les plus jeunes se marient, qu'elles aient des enfants, qu'elles soient mères de famille, » (I *Tim.*, V, 14) il recommande, avec la modération et l'autorité d'un apôtre, le mariage comme un bien ; mais il n'impose pas à celles qui embrassent l'état de continence, l'obligation d'engendrer des enfants, comme une obéissance aux prescriptions de la loi. Il explique enfin plus clairement sa pensée, en ajoutant : « Qu'elles ne donnent aucune occasion à notre ennemi de médire de nous, car il y en a déjà quelques-unes qui se sont égarées pour suivre Satan. » (I *Tim.*, V, 15.) Par ces paroles, il veut nous faire entendre que celles à qui il conseille de se marier, auraient mieux fait de préférer la continence au mariage, mais que cependant il aime mieux les voir dans ce dernier état qu'à la suite du démon ; c'est-à-dire que de les voir s'exposer à tomber et à se perdre, en revenant sur leurs pas, et en s'écartant les unes du saint vœu de virginité, les autres de la chasteté du veuvage. Ainsi donc, celles qui ne peu-

---

Apostolus : « Hoc autem dico, fratres, tempus breve est, reliquum est ut et qui habent uxores, tanquam non habentes sint : » (I *Cor.*, VII, 29) profecto si secundas nuptias appetisses, nullum prophetiæ vel legis obsequium, nullum prolis saltem carnale desiderium, sed solius incontinentiæ fuisset indicium. Fecisses enim quod ait Apostolus, cum dixisset, « bonum esse illis si sic permanserint, sicut et ego : » (*Ibid.*, 8, 9) continuo quippe addidit : « Quod si se non continent, nubant : malo enim eas nubere quam uri. » Hoc enim dixit, ut effrenatæ libidinis malum non præcipitaretur in turpitudinem flagitiorum, cum exciperetur honestate nuptiarum. Gratias autem Domino, quoniam peperisti quod esse noluisti, et virginitas prolis tuæ compensavit dispendium virginitatis tuæ. Nam diligenter interrogata doctrina Christiana, et primas nuptias jam isto tempore, nisi incontinentiæ sit impedimenti, contemnendas esse respondet. Qui enim dixit : « Si se non continent, nubant : » potuit dicere : Si filios non habent, nubant ; (*a*) si post resurrectionem prædicationemque Christi, quando jam omnibus gentibus filiorum spiritaliter gignendorum tanta suppetit copia, tale officium esset ex carne filios propagare, quale primis temporibus fuit. Et quod alibi dicit : « Volo igitur juniores nubere, filios procreare, matres familias esse : » (I *Tim.*, V, 14) nuptiarum bonum apostolica sobrietate et auctoritate commendat ; non procreandi officium etiam eis, quæ continentiæ bonum capiunt, tanquam ad obsequelam legis imponit. Denique cur hoc dixerit, pandit, cum adjungit et dicit : « Nullam occasionem dare adversario maledicti gratia : jam enim quædam conversæ sunt retro post Satanam : » (*Ibid.*, 15) ut his verbis ejus intelligamus, eas quas nubere voluit, melius potuisse continere quam nubere ; sed melius nubere quam retro post Satanam ire, id est, ab illo excellenti virginalis vel vidualis castitatis proposito, in posteriora respiciendo, cadere et interire. Proinde quæ se non continent, nubant, ante quam continentiam profiteantur, ante quam

---

(*a*) Sic Mss. Editi vero, *sed post resurrectionem :* et paulo post, *tale officium cesset.*

vent pas observer la continence, doivent se marier, avant de faire profession de cette vertu, avant de se consacrer à Dieu, car en renonçant à leur promesse, elles s'exposent à une juste condamnation. C'est, en effet, de ces vierges ou de ces veuves que l'Apôtre dit encore à Timothée (I *Tim.*, v, 11, 12) : « Car après avoir vécu avec mollesse, elles secouent le joug de Jésus-Christ et veulent se remarier, encourant ainsi la condamnation et rendant vaine leur première foi; » c'est-à-dire, qu'elles ont renoncé volontairement à leur vœu de continence, pour tourner leurs désirs du côté du mariage. N'ont-elles pas, en effet, rendu vaine la foi qu'elles avaient jurée à Jésus-Christ, et qu'elles n'ont pas voulu observer avec une sainte persévérance ? Le mariage en lui-même est donc toujours un bien. Il a été pendant un temps, dans le peuple de Dieu, une obéissance à la loi; aujourd'hui, il n'est plus qu'un remède à la faiblesse des hommes, et pour quelques-uns, une consolation humaine. La génération des enfants, non à la manière des bêtes, en usant indistinctement de toutes les femmes, mais en se renfermant dans l'ordre légitime et honnête du mariage, est une inclination naturelle de l'homme, et qui n'a rien de blâmable. Cependant l'âme chrétienne qui sait en triompher, pour ne s'occuper que des choses du ciel, accomplit un acte bien plus glorieux et bien plus méritoire.

CHAPITRE IX. — 12. Mais puisque, selon la parole du Seigneur, « tous n'en sont pas capables; que celle qui peut atteindre jusque-là, le fasse ; » (*Matth.*, xix, 11) que celle qui ne peut pas garder la continence se marie ; que celle qui n'a pas encore commencé réfléchisse bien ; et que celle qui l'a entrepris persévère jusqu'à la fin. Otons à notre ennemi toute occasion de dire du mal de nous, et gardons-nous de soustraire à Jésus-Christ rien de ce que nous lui avons offert. Lorsque dans le lien conjugal on observe la chasteté, on n'a aucune condamnation à craindre ; mais comme c'est à quelque chose de bien plus grand et de plus excellent que les veuves et les vierges aspirent, en faisant vœu de continence, après qu'elles ont choisi et embrassé cet état, après qu'elles se sont engagées par un vœu à y demeurer fidèles, non-seulement le mariage, mais lors même qu'elles ne se marient pas, la volonté seule de se marier les fait tomber dans la damnation. Pour démontrer cette vérité, l'Apôtre ne dit pas : Après avoir vécu avec mollesse, elles se marient en Jésus-Christ, mais : « Elles veulent se marier, encourant ainsi la condamnation, parce qu'elles ont rendu vaine leur première foi, car bien qu'elles ne se marient pas, c'est assez d'en avoir la volonté.» (I *Tim.*, v, 11, 12.) Ce n'est pas le mariage même de ces personnes qui est condamnable, mais ce qui est condamnable, c'est l'infidélité à leur promesse ; ce qui est condamnable, c'est la violation du vœu qu'elles avaient fait. Ce qui

Deo voveant : quod nisi reddant, jure damnantur. Alio quippe loco de talibus dicit : « Cum enim in deliciis egerint, in Christo nubere volunt, habentes damnationem, quoniam primam fidem irritam fecerunt : » (*Ibid.*, 11, 12) id est, (*a*) voluntatem ad nuptias a proposito continentiæ deflexerunt. Irritam quippe fecerunt fidem, qua prius voverant, quod perseverantia implere noluerunt. Nuptiarum igitur bonum semper est quidem bonum : sed in populo Dei fuit aliquando legis obsequium ; nunc est in infirmitatis remedium, in quibusdam vero humanitatis solatium. Filiorum quippe procreationi operam dare, non canino more per usum promiscuum feminarum, sed honesto ordine conjugali, non est in homine improbandus affectus : etiam ipsum tamen laudabilius transcendit et vincit cœlestia cogitans animus Christianus.

CAPUT IX. — 12. Sed quoniam, sicut ait Dominus : « Non omnes capiunt verbum hoc : » (*Matth.*, xix, 11) quæ potest ergo capere, capiat ; et quæ se non continet, nubat : quæ non cœpit, deliberet ; quæ egressa est, perseveret : nulla adversario detur occasio, nulla Christo subtrahatur oblatio. In conjugali quippe vinculo et pudicitia conservatur, damnatio non timetur : sed in viduali et virginali continentia, excellentia muneris amplioris expetitur ; qua expetita et electa et (*b*) voti debito oblata, jam non solum (*c*) capessere nuptias, sed etiamsi non nubatur, nubere velle damnabile est. Nam ut hoc demonstraret Apostolus, non ait : « Cum in deliciis egerint, in Christo » nubunt; sed, « nubere volunt : habentes, inquit, damnationem, quoniam primam fidem irritam fecerunt : » (I *Tim.*, v, 11, 12) etsi non nubendo, tantum volendo : non quia ipsæ nuptiæ vel talium damnandæ judicantur, sed damnatur propositi fraus, damnatur fracta voti fides, damnatur non susceptio a bono

(*a*) Plures Mss. *voluntate ad proposito continentiæ defluxerunt.* — (*b*) Aliquot Mss. *et voti debito oblato.* Beda seu Florus in Paulum, *et voto devoto oblata.* — (*c*) Editi, *non capessere.* Abest *non* a Mss. et a Beda seu Floro.

est condamnable ; ce n'est pas parce qu'elles ont choisi un bien inférieur, mais parce qu'elles sont déchues d'un bien beaucoup plus grand et plus excellent. Ce qui les fait tomber dans la condamnation, ce n'est point de s'être engagées ensuite dans les liens de la foi conjugale, mais d'avoir brisé ceux qui les enchaînaient à leur vœu de continence. Pour exprimer cette vérité en peu de mots, l'Apôtre n'a pas voulu dire qu'elles avaient été condamnées, pour s'être mariées, après avoir embrassé d'abord un état plus saint, de peur qu'on n'en prît occasion de condamner le mariage comme une chose mauvaise. Mais, après avoir dit : « Elles veulent se marier, » il ajoute aussitôt : « Encourant ainsi la condamnation. » Et pourquoi ? « Parce que, ajoute-t-il, elles ont rendu vaine leur première foi. » Il fait ainsi voir clairement que ce qui est condamné en elles, c'est la volonté par laquelle elles renoncent à leur vœu, soient qu'elles se marient ensuite, ou qu'elles ne se marient pas.

Chapitre X. — 13. Ceux qui prétendent que les mariages de telles personnes sont plutôt des adultères que des mariages, n'ont pas, à mon avis, réfléchi avec assez de soin à ce qu'ils disent. Ils sont trompés par une apparence de vérité, car parce qu'on appelle communément épouses de Jésus-Christ, celles qui s'abstiennent du mariage par un sentiment de piété chrétienne, il y a des gens qui en prennent occasion pour dire : Si une femme qui, du vivant de son mari, en épouse un autre, est adultère (*Matth.*, xix, 9), comme l'a dit le Seigneur lui-même dans son Evangile, il s'ensuit nécessairement, que Jésus-Christ qui est toujours vivant, puisque la mort n'a pas d'empire sur lui, celle qui l'avait choisi comme époux, et qui se marie à un homme commet un adultère. Ce raisonnement ne manque pas d'une certaine finesse, mais on ne considère pas assez combien d'absurdités en sont la conséquence. En effet, puisqu'une femme peut, sans encourir le moindre reproche, faire vœu à Jésus-Christ d'observer la continence, du vivant et du consentement de son époux, il s'ensuivrait, d'après le raisonnement de ces gens-là qu'il n'est permis à aucune femme de le faire, sans rendre adultère Jésus-Christ lui-même (ce qu'on ne peut même penser sans crime), si elle le prenait pour époux du vivant de son mari. Ensuite, comme un premier mariage a toujours plus de mérite qu'un second, Dieu veuille préserver les saintes veuves de croire que le Christ serait pour elles comme un second époux. Il l'était déjà précédemment pour elles, non selon la chair, mais selon l'esprit, lorsqu'elles étaient fidèles et soumises à leur mari. L'Eglise, dont elles sont les membres, n'est-elle pas elle-même l'épouse du Christ, épouse entièrement vierge par l'intégrité de la foi, de l'espérance et de la charité, non-seulement dans les vierges saintes, mais encore dans les veuves et dans les femmes mariées qui vivent chrétiennement. Car c'est à l'Eglise entière

inferiore, sed ruina ex bono superiore postremo damnantur tales, non quia conjugalem fidem posterius inierunt, sed quia continentiæ primam fidem irritam fecerunt. Quod ut breviter insinuaret Apostolus, noluit eas dicere habere damnationem, quæ post amplioris sanctitatis propositum nubunt ; (non quia non damnantur, sed ne in eis ipsæ nuptiæ damnari putarentur :) sed cum dixisset, « nubere volunt ; » continuo addidit, « habentes damnationem. » Et dixit quare, « quoniam priorem fidem irritam fecerunt : » ut voluntatem quæ a proposito cecidit, appareat esse damnatam, sive subsequantur nuptiæ, sive desint.

Caput X. — 13. Proinde qui dicunt talium nuptias non esse nuptias, sed potius adulteria, non mihi videntur satis acute ac diligenter considerare quid dicant : fallit eos quippe similitudo veritatis. Quia enim conjugium Christi dicuntur eligere quæ Christiana sanctitate non nubunt, hinc argumentantur quidam dicentes : Si viro suo vivo quæ alteri nubit, adultera est, sicut ipse Dominus in Evangelio definivit (*Matth.*, xix, 9) ; vivo ergo Christo, cui mors ultra non dominatur (*Rom.*, vi, 9), quæ conjugium ejus elegerat, si homini nubit, adultera est. Qui hoc dicunt, acute quidem moventur ; sed parum attendunt hanc argumentationem quanta rerum sequatur absurditas. Cum enim laudabiliter etiam vivente viro ex ejus consensu continentiam femina Christo voveat, jam secundum istorum rationem nulla hoc facere debet, ne ipsum Christum, quod sentire nefas est, adulterum faciat, cui vivente marito nubit. Deinde cum primæ nuptiæ melioris sint meriti quam secundæ, absit ut sanctarum viduarum iste sit sensus, ut Christus eis videatur quasi secundus maritus. Ipsum enim habebant et antea, quando viris suis fideliter serviebant subditæ, non carnaliter, sed spiritaliter virum : cui Ecclesia ipsa, cujus membra sunt, conjux est ; quæ fidei, spei, caritatis integritate, non in solis virginibus sanctis, sed etiam in viduis et conjugatis fidelibus, tota virgo est. Univer-

dont elles sont toutes les membres, que l'Apôtre dit : « Je vous ai fiancée à cet unique époux, qui est Jésus-Christ, pour vous présenter à lui, comme une vierge toute pure. » (II *Cor.*, XI, 2.) Mais celui que sa mère a pu engendrer selon la chair, sans rien perdre de sa virginité, peut bien aussi prendre une vierge pour épouse et la rendre féconde selon l'esprit, sans qu'elle cesse d'être vierge. Que résulte-t-il encore de l'opinion erronée que nous combattons, et qui établit que les mariages de celles qui renoncent à leur sainte profession pour se marier ne sont pas de véritables mariages ? C'est que, (ce qui est certainement un grand mal), on les sépare de leurs maris, comme étant des femmes adultères et non de légitimes épouses, et qu'en voulant par cette séparation les rendre à la continence dont elles avaient fait vœu, on fait de leurs maris de véritables adultères, lorsque du vivant de leurs femmes, ils en épousent d'autres.

CHAPITRE XI. — 14. C'est pourquoi je ne puis pas dire que les femmes qui, pour entrer dans l'état du mariage, renoncent à un état plus saint qu'elles avaient d'abord embrassé, commettent un adultère, et que leur union ne soit pas un véritable mariage. Mais je ne balance pas à dire qu'en tombant d'un état plus pur et plus saint, et qu'en ruinant ainsi la chasteté qu'elles avaient vouée à Dieu, elles commettent une faute plus grande encore que l'adultère. En effet, si, comme on ne saurait en douter, Jésus-Christ est grièvement offensé, lorsqu'un de ses membres ne conserve pas la foi due à son mari ; combien plus doit-il l'être, lorsque cette foi est violée envers lui, dans une chose qu'il a d'autant plus le droit d'exiger, qu'on la lui avait offerte, sans qu'il eût imposé l'obligation de la lui offrir ? En effet, lorsqu'on ne rend pas ce qu'on avait voué et promis à Dieu, sans y être poussé par aucun commandement, mais seulement par l'avertissement de sa grâce, on augmente d'autant plus l'iniquité de la violation de son vœu, que rien ne forçait à le faire. Tout ce que je vous dis est pour vous empêcher de croire que même un second mariage soit un crime, ou qu'un mariage quelconque soit quelque chose de mauvais, par cela seul que c'est un mariage. Ce que je désire de vous, ce n'est pas que vous condamniez le mariage, mais que vous le méprisiez. Le bien de la continence dans les veuves est donc d'autant plus grand et méritoire, que pour le vouer et en faire profession, les femmes méprisent ce qui leur est permis d'aimer. Mais une fois qu'on a fait profession de ce vœu, il faut réprimer et enchaîner tous les désirs qui nous porteraient vers ce qu'il ne nous est plus permis d'aimer.

CHAPITRE XII. — 15. On a coutume de nous questionner aussi sur la valeur d'un troisième ou d'un quatrième mariage, et même d'un plus grand nombre encore. Pour répondre brièvement à cette question, je déclare que je n'ose-

---

sæ quippe Ecclesiæ, cujus illa omnia membra sunt, Apostolus dicit : « Aptavi vos uni viro virginem castam exhibere Christo. » (II *Cor.*, XI, 2.) Novit autem ille conjugem virginem sine corruptione fetare, quem in ipsa etiam carne potuit mater sine corruptione procreare. Fit autem per hanc minus consideratam opinionem, qua putant lapsarum a sancto proposito feminarum, si nupserint, non esse conjugia, non parvum malum, ut a maritis separentur uxores quasi adulteræ sint, non uxores; et cum volunt eas separatas reddere continentiæ, faciunt maritos earum adulteros (*a*) veros, cum suis uxoribus vivis alteras duxerint.

CAPUT XI. — 14. Quapropter non possum quidem dicere, a proposito meliore lapsas, si nupserint, feminas, adulteria esse, non conjugia : sed plane non dubitaverim dicere, lapsus et ruinas a castitate sanctiore, quæ vovetur Domino, adulteriis esse pejores. Si enim, quod nullo modo dubitandum est, ad offensionem Christi pertinet, cum membrum ejus fidem non servat marito; quanto gravius offenditur, cum illi ipsi non servatur fides in eo quod exigit oblatum, qui non exegerat offerendum ? Cum enim quisque non reddit, quod non imperio compulsus, sed consilio commonitus vovit; tanto magis fraudati voti auget iniquitatem, quanto minus habuit vovendi necessitatem. Hæc ideo disputo, ne arbitreris vel secundas nuptias crimen esse, (*b*) vel quascumque nuptias, cum sint nuptiæ, malum esse. Non itaque illas abs te damnatas velis esse, sed spretas. Bonum ergo continentiæ vidualis luculentius decet, cum pro illo vovendo et profitendo possunt contemnere feminæ quod et libet et licet. Sed post voti professionem perseveranter frenandum et vincendum est quod libet, quia jam non licet.

CAPUT XII. — 15. De tertiis et de quartis et de ultra pluribus nuptiis solent homines movere quæstionem. Unde ut breviter respondeam, nec ullas nuptias

---

(*a*) Er. et plerique Mss. *viros.* — (*b*) Hæc verba, *vel quascumque nuptias, cum sint nuptiæ, malum esse,* absunt a plerisque Mss.

rais condamner aucun mariage, ni dire qu'il n'y a pas quelque chose de honteux dans le mariage si souvent répété. Toutefois, dans la crainte que ma réponse ne paraisse pas suffisante à cause de sa brièveté, je suis prêt à écouter un contradicteur, qui traiterait la question plus longuement. Peut-être me donnera-t-on quelque raison pour laquelle on ne trouve rien de blâmable dans de secondes noces, tandis que l'on condamne les troisièmes. Pour moi, comme je l'ai dit au commencement de cet ouvrage : « Je n'ose pas être plus sage qu'il ne faut. » (*Rom.*, XII, 3.) Que suis-je, en effet, pour croire que je puisse décider une chose que l'Apôtre lui-même n'a pas décidée? « La femme, dit-il, est liée à la loi du mariage, tant que son mari est vivant. » (I *Corinth.*, VII, 39.) Il ne dit pas au premier, ou au second, ou au troisième, ou au quatrième ; mais il dit seulement : « La femme est liée à la loi du mariage tant que son mari est vivant ; mais si son mari meurt, elle est libre ; qu'elle se marie à qui elle voudra, pourvu que ce soit selon le Seigneur, mais elle sera plus heureuse si elle reste veuve. » Que peut-on ajouter ou retrancher à ces paroles? pour moi, je l'ignore. J'entends aussi le Maître et le Seigneur lui-même des apôtres et de nous, répondant aux Sadducéens, qui lui demandaient de quel mari serait femme, à la résurrection, celle qui en aurait eu, non pas un, non pas deux, mais qui en aurait eu successivement jusqu'à sept. « Vous vous trompez, dit le Seigneur, parce que vous ne connaissez ni les Ecritures, ni la puissance de Dieu ; car au jour de la résurrection, les hommes n'auront pas de femmes, ni les femmes de maris, parce qu'alors ils ne pourront plus mourir, mais ils seront égaux aux anges de Dieu. » (*Matth.*, XXII, 29, 30.) Il est évident que dans cette réponse, le Seigneur indique ceux qui ressusciteront pour la vie éternelle, et non ceux qui ressusciteront pour la condamnation. Il pouvait donc dire : « Vous vous trompez, ne connaissant ni les Ecritures, ni la puissance de Dieu ; » car à cette résurrection, il n'y aura pas de femmes ayant eu plusieurs maris, et ajouter ensuite, parce qu'alors aucune n'y aura de mari. Mais, comme nous le voyons, le Seigneur, dans sa réponse, n'a même pas condamné la femme qui avait eu plusieurs maris. C'est pourquoi je ne veux pas choquer la décence générale, en disant qu'une femme peut se marier, après la mort de ses maris, autant de fois qu'elle voudra, ni condamner de moi-même, sans m'appuyer sur l'autorité des saintes Ecritures, les mariages, quelque réitérés qu'ils soient. Mais ce que je dis à la veuve qui n'a eu qu'un seul mari, je le dis à toutes les veuves : « Vous serez plus heureuses, si vous restez dans l'état où vous êtes. »

CHAPITRE XIII. — 16. On a coutume aussi de

---

audeo damnare, nec eis verecundiam numerositatis auferre. Sed ne cuiquam brevitas hujus responsionis meæ forte displiceat, uberius disputantem reprehensorem meum audire paratus sum. Fortassis enim affert aliquam rationem, quare secundæ nuptiæ non damnentur, tertiæ damnentur. Nam ego, sicut in exordio sermonis hujus admonui, non audeo plus sapere quam oportet sapere. (*Rom.*, XII, 3.) Quis enim sum, qui putem definiendum, quod nec Apostolum video definisse? Ait enim : « Mulier alligata est, quamdiu vir ejus vivit. » (I *Cor.*, VII, 39.) Non dixit, primus, aut secundus, aut tertius, aut (*a*) quartus : sed : « Mulier, inquit, alligata est, quamdiu vir ejus vivit : si autem mortuus fuerit vir ejus, liberata est ; cui vult nubat, tantum in Domino. Beatior autem erit, si sic permanserit. » Quid huic sententiæ, quantum ad hanc rem attinet, addi vel detrahi possit. ignoro. Deinde ipsum quoque Apostolorum ac nostrum Magistrum et Dominum audio Sadducæis respondentem, cum proposuissent mulierem non univiram vel biviram, sed, si dici potest, septiviram, in resurrectione cujus futura esset uxor. Increpans enim eos, ait : « Erratis, non scientes Scripturas, neque virtutem Dei. In resurrectione enim nec nubent, nec uxores ducent : non enim incipient mori, sed erunt æquales Angelis Dei. » (*Matth.*, XXII, 29, 30.) Eorum itaque resurrectionem commemoravit, qui resurgent ad vitam, non qui resurgent ad pœnam. Potuit ergo dicere : Erratis, nescientes Scripturas, neque virtutem Dei ; in illa enim resurrectione multinubæ istæ esse non poterunt : deinde addere, quia nec aliqua ibi nubit. Sed nec ipsam, ut videmus, tot maritorum mulierem ulla suæ sententiæ significatione damnavit. Quapropter nec contra humanæ verecundiæ sensum audeo dicere, ut quotiens voluerit, viris mortuis nubat femina : nec ex meo corde præter Scripturæ sanctæ auctoritatem (*b*) quotaslibet nuptias audeo condemnare. Quod autem dico univiræ viduæ, hoc dico omni viduæ : Beatior eris, si sic permanseris.

CAPUT XIII. — 16. Nam et illud non insipienter

(*a*) Libri quidam, *aut quotuslibet*. — (*b*) Sic Mss. At editi, *quantaslibet*.

poser, non sans quelque raison, cette autre question, à laquelle répondra qui pourra. Quelle est, entre deux veuves, celle qui a le plus de mérite? Est-ce celle qui n'a eu qu'un mari, et qui, après avoir vécu longtemps avec lui, et en avoir eu des enfants qui sont tous vivants, est devenue veuve et a fait profession de continence, ou celle qui, étant encore jeune, et ayant dans l'espace de deux ans, perdu deux maris, sans en avoir eu d'enfants pour lui servir de consolation, a fait vœu de continence à Dieu, et a persévéré jusqu'à l'âge de la vieillesse dans sa sainte résolution? Qu'ils exercent donc à ce sujet toute la finesse de leur esprit, mais surtout qu'ils nous prouvent quelque chose, ceux qui veulent juger du mérite des veuves, par le nombre de maris qu'elles ont eus, et non par la force de la continence qu'elles ont montrée. S'ils préfèrent la veuve qui n'a eu qu'un seul mari à celle qui en a eu deux, sans appuyer leur opinion sur quelque autorité ou quelque raison spéciale, ils prouveront seulement, qu'entre deux vertus qui regardent l'esprit, au lieu de préférer celle qui est la plus grande, ils ne lui préfèrent qu'une félicité toute charnelle. En effet, vivre longtemps avec un mari et en avoir des enfants, n'est autre chose qu'un bonheur selon la chair. Ou s'ils basaient leur préférence, non sur le nombre d'enfants que cette veuve a eus de son mari, mais sur le temps qu'elle a vécu avec lui, cela n'est-il pas encore une félicité purement charnelle? Or, si l'Ecriture fait un si grand éloge de la sainte veuve Anne, c'est qu'ayant perdu de bonne heure son mari, elle combattit et surmonta les désirs de la chair, pendant le reste de sa longue et pieuse vie. Voici, en effet, ce qu'en dit l'Ecriture : « Il y avait aussi une prophétesse nommée Anne, fille de Phanuel, de la tribu d'Aser. Elle était fort avancée en âge, et avait vécu sept ans avec son mari, depuis sa virginité. (*Luc*, II, 36.) Elle était demeurée veuve jusqu'à quatre-vingt-quatre ans. Elle ne s'éloignait pas du temple, servant Dieu nuit et jour dans les jeûnes et dans les prières. » (*Luc*, II, 37.) Vous voyez que l'Ecriture loue cette sainte veuve, non-seulement parce qu'elle n'a eu qu'un mari, mais encore parce que, n'ayant vécu que peu de temps avec lui, elle avait, pendant son veuvage, gardé avec une si grande piété la vertu de la continence jusqu'à son extrême vieillesse.

CHAPITRE XIV. — 17. Supposons maintenant trois veuves, ayant chacune quelques-unes des qualités qui se trouvaient toutes dans sainte Anne. La première n'a eu qu'un mari, et n'est pas restée aussi longtemps veuve, parce qu'elle a passé de longues années avec son époux ; en outre, elle n'a pas eu, comme Anne, une piété assez grande pour servir Dieu nuit et jour, dans les jeûnes et dans les prières. La seconde a perdu vite un premier et un second mari, et pendant

proponi solet, ut dicat qui potest, quænam vidua meritis præferenda sit, utrum univira, quæ cum vixisset diutius cum marito, filiis procreatis salvisque viduata, continentiam professa est; an ea quæ adolescentula intra duos annos amissis duobus viris, nullis ad consolationem exstantibus liberis, continentiam Deo vovit, et in ea perseverantissima sanctitate consenuit? Hic se exerceant, si possunt, disputando, et nobis aliquid demonstrando, qui de numero virorum, non de ipsius continentiæ viribus pensant merita viduarum. Si enim dixerint, illi biviræ illam univiram esse præferendam, nisi attulerint specialem aliquam rationem vel auctoritatem, profecto invenientur virtuti animi non majorem virtutem animi, sed carnis felicitatem anteponere. Ad felicitatem quippe carnis pertinuit, et diu cum viro vivere, et filios procreare. Sed si non eam ob hoc præponunt, quia filios habuit; idipsum certe quod diu cum viro vixit, quid aliud quam carnis felicitas fuit? Meritum porro Annæ illius eo maxime commendatur, quia cum tam cito extulisset virum, per prolixam ætatem suam diu cum carne conflixit, et vicit. Sic enim scriptum est : « Et erat Anna prophetissa filia Phanuel, de tribu Aser : hæc processerat in diebus multis, et vixerat cum viro suo annis septem a virginitate sua, et hæc vidua usque ad annos octoginta quatuor, quæ non discedebat de templo, jejuniis et obsecrationibus serviens nocte ac die. » (*Luc.*, II, 36.) Vides quemadmodum sancta vidua non solum eo prædicatur quod univira fuerit, verum etiam quod paucos annos cum marito vixerit a virginitate sua, et vidualis continentiæ munus usque ad tantam senectutem tanta pietatis servitute perduxerit.

CAPUT XIV. — 17. Constituamus igitur ante oculos nostros viduas tres, habentes singula eorum quæ huic inerant omnia : unam ponamus univiram, cui desit et tanta prolixitas viduitatis, quod diu cum marito vixerit, et tantum studium pietatis, quod non ita jejuniis et obsecrationibus serviat : alteram, quæ post prioris mariti brevissimam vitam, etiam secundum cito amiserit, et diuturna ætate sit vidua, sed

son long veuvage, elle n'a pas plus que la première donné ses soins à la sainte pratique des jeûnes et des prières. La troisième a eu non-seulement deux maris, avec lesquels, ou avec l'un desquels seulement elle a longtemps vécu. Restée veuve dans un âge avancé, où cependant elle aurait pu se marier encore, si elle l'eût voulu, et avoir des enfants, elle a gardé pendant son veuvage la vertu de la continence. Elle s'est occupée plus que les deux autres des choses du Seigneur et des moyens de lui plaire. Comme Anne, elle l'a servi nuit et jour dans les jeûnes et dans les prières. Si on met dans la balance le mérite de ces trois veuves, qui ne verra pas que la palme doit être accordée à celle qui a montré le plus de piété et le plus de ferveur? Supposons maintenant trois autres veuves, ayant chacune deux des qualités que nous avons mentionnées plus haut, mais manquant de la troisième. N'est-il pas évident que les plus méritantes seront celles qui joindront aux deux biens qui sont en elles, une pieuse humilité pour rendre ainsi leur piété plus élevée?

18. Aucune cependant de ces six sortes de veuves ne peut vous être comparée. En effet, si vous persistez jusqu'à votre vieillesse dans la sainte résolution que vous avez prise, vous pouvez avoir les trois vertus qui font l'excellence du mérite de sainte Anne. Comme elle, vous n'avez eu qu'un mari, avec lequel vous n'avez pas longtemps vécu dans les liens charnels du mariage. C'est pourquoi, si vous vous conformez aux paroles de l'Apôtre lorsqu'il dit à Timothée : « Que celle qui est vraiment veuve et délaissée espère en Dieu, et persiste jour et nuit dans la pratique de la prière, » (I Tim., v, 5) et si vous évitez avec soin ce qu'il dit encore : « Pour celle qui vit dans les délices, elle est morte quoique vivante encore, » (I Tim., v, 6) vous aurez ainsi les trois biens que sainte Anne a possédés. Il est vrai que vous avez des enfants, et que peut-être elle n'en a pas eu; mais ce qui vous rend recommandable, ce n'est pas parce que vous êtes mère, mais parce que vous mettez tous vos soins à élever dans la piété ceux à qui vous avez donné le jour. Leur naissance est l'effet de votre fécondité, leur vie celui d'un bonheur humain, mais leur sainte et pieuse éducation est le résultat de votre volonté et de votre pouvoir. Les hommes se réjouissent avec vous de ces deux premières choses : puissent-ils vous imiter dans la troisième. Anne, par sa science prophétique, a reconnu le Christ enfant dans les bras de la vierge, sa mère; et vous, c'est par la grâce de l'Évangile que vous êtes devenue mère d'une vierge de Jésus-Christ. Ainsi, cette vierge sainte, que d'après sa volonté et sur sa demande vous avez offerte au Seigneur, a ajouté au mérite du veuvage de son aïeule et de sa mère, quelque chose de la gloire

etiam ipsa non tantam det operam jejuniorum et obsecrationum religiosissimæ servituti : tertiam, quæ non solum duos viros habuerit, sed etiam cum ambobus singillatim, vel cum aliquo eorum diutius vixerit, et posteriore ætate viduata, in qua quidem si nubere voluisset, posset et filios procreare, susceperit continentiam vidualem; sed plus intenta in Deum, plus sollicita quæ illi placeant actitare, die ac nocte sicut Anna jejuniis et obsecrationibus serviens. Si contendatur quænam istarum sit meritis potior, quis non videat in hoc certamine palmam dandam esse majori ferventiorique pietati? Ita et si tres aliæ constituantur, quibus (a) illorum trium bina insint, singula desint : quis dubitet eas meliores fore, quibus præpollentius fuerit in suis bonis duobus pia humilitas, ut alia sit pietas.

18. Nulla quidem istarum sex viduarum tuæ normæ adæquatur. Tu enim si hoc votum ad senectutem usque perduxeris, omnia tria potes habere, quibus Annæ meritum excelluit. Nam et unum virum habuisti, et non diu tecum vixit in carne : ac per hoc si exhibueris obedientiam verbis Apostoli dicentis : « Quæ autem vere vidua est et desolata, (b) speravit in Dominum; et persistit in orationibus nocte ac die; » (I Tim., v, 5) atque illud quod sequitur sobria vigilantia devitaveris : « Quæ autem in deliciis agit, vivens mortua est : » (Ibid., 6) omnia illa tria bona quæ Annæ fuerunt. Tibi autem sunt et filii, quos forte illa non habuit : nec ideo laudanda es, quia eos habes, sed quia pie nutrire atque educare studes. Ut enim vere nascerentur, fecunditatis; ut vivant, felicitatis est : ut autem sic instituantur, voluntatis et potestatis. In illis tibi homines gratulentur, in hoc te imitentur. Anna per (c) propheticam scientiam cognovit apud matrem virginem Christum, te Evangelica gratia fecit matrem virginis Christi. Illa itaque sancta (d) virgo, quam Christo volentem et petentem obtulistis, vidualibus aviæ matrisque

---

(a) In Mss. illarum. — (b) Sic potiores Mss. juxta Græcum ἤλπικεν ἐπὶ τὸν Θεόν, καὶ προσμένει. At editi, sperabit in Dominum, et persistit. — (c) Editi, prophetiæ. Aptius Mss. propheticam. — (d) Virgo Demetrias, cujus avia Proba Faltonia, mater Juliana. Adi epistolam Augustini, 130 et 150.

de sa couronne virginale. C'est, en effet, un grand avantage pour vous deux d'avoir une telle fille, et vous êtes en elle ce que vous ne pouvez plus être en vous-même. Car si le mariage vous a fait perdre le bien de la sainte virginité, il en résulté que vous êtes devenue mère d'une vierge.

Chapitre XV. — 19. Je n'entrerais pas dans tous ces détails sur la différence de mérite qui se trouve entre les femmes mariées et celles qui sont veuves, si ce que je vous écris n'était destiné qu'à vous seule. Mais comme dans un pareil sujet il se présente des questions très-difficiles, j'ai voulu dire quelque chose de plus que ce qui vous regarde personnellement. Je l'ai fait surtout à cause de certains hommes qui ne se croient pas savants, s'ils n'attaquent en les déchirant les ouvrages des autres, au lieu de les discuter sincèrement. Je l'ai fait également pour vous, afin que non-seulement vous gardiez fidèlement la résolution que vous avez prise, et que vous fassiez chaque jour de nouveaux progrès dans ce bien ; mais aussi pour que vous soyez plus fermement convaincue, que le bien que vous possédez n'est pas distinct du mariage, comme si le mariage était un mal, mais simplement qu'il est préférable au mariage, qui lui-même est un bien. Quand bien même ceux qui blâment le mariage des veuves pratiqueraient avec éclat et ferveur l'œuvre de continence, en s'abstenant de beaucoup de choses dont vous ne vous privez pas, ne vous laissez pas induire en erreur, et ne croyez pas que vous deviez penser comme eux, parce que vous ne pouvez pas faire ce qu'ils font. Il n'est personne qui voudrait être frénétique, parce qu'il aurait remarqué que dans cet état on a des forces beaucoup plus grandes que celles d'un homme qui est en bonne santé. Que la saine doctrine soit donc la force principale et le plus bel ornement de l'état que vous avez embrassé. Voilà pourquoi des femmes catholiques qui se sont mariées plusieurs fois, sont avec raison préférées non-seulement à des veuves hérétiques, qui ne l'auraient été qu'une fois, mais encore à des vierges qui vivent dans l'hérésie. Il y a dans cette question concernant les trois états du mariage, du veuvage et de la virginité, une foule de difficultés, dont la discussion et la solution demanderaient beaucoup plus de soins et bien plus de développement, afin de n'avoir sur tout cela que des idées conformes à la sagesse et à la vérité, « ou que, si nous pensons autrement, Dieu daignât nous révéler ce que nous ignorons. » (*Philipp.*, III, 15, 16.) Toutefois, conformons-nous à ce que dit l'Apôtre : « Pour les choses à la connaissance desquelles nous sommes déjà parvenus, nous devons nous y tenir fermement. » (*Ibid.*, III, 15, 16.) Or, nous sommes parvenus à savoir, concernant la chose qui nous occupe, que la continence est préférable au mariage, mais que la sainte virginité est au-dessus de la continence des

meritis addidit aliquid de merito virginali. Non enim nihil inde habetis, quæ hanc habetis : et in illa estis, quod in vobis non estis. Nam ut sancta virginitas adimeretur nubentibus vobis, ideo factum est, ut nasceretur ex vobis.

Caput XV. — 19. Hæc itaque de meritis diversis conjugatarum diversarumque viduarum hoc opere non disputarem, si id quod ad te scribo, tibi tantummodo scriberem. Sed quoniam sunt quædam in hoc genere sermonis difficillimæ quæstiones, aliquid amplius quam quod ad te proprie pertinet, dicere volui, propter quosdam qui sibi docti non videntur, nisi alienos labores non judicando conentur discutere, sed lacerando conscindere : deinde ut etiam tu ipsa non solum serves quod vovisti, et in eo bono proficias; verum etiam diligentius firmiusque noveris, idem bonum tuum non a malo nuptiarum distingui, sed bono nuptiarum anteponi. Nam qui viduatarum feminarum nuptias damnant, etiamsi continentiam suam multarum, quibus tu uteris, rerum abstinentia mirabiliter et ferventer exerceant, non ideo te seducant, ut sentias quod sentiunt, etiamsi facere non possis quod faciunt. Nemo enim vult esse phreneticus, etiamsi videat phrenetici vires viribus sanorum esse fortiores. Præcipue igitur doctrina sana bonitatem propositi et ornet et muniat. Inde est quippe quod catholicæ feminæ etiam sæpius nuptæ, non solum univiris viduis, sed et virginibus hæreticorum justo judicio præferuntur. Multi sunt quidem de his tribus rebus, conjugii, viduitatis et virginitatis, quæstionum sinus, multæ perplexitates : quibus disputando penetrandis vel dissolvendis, et majore cura opus est, et copiosiore sermone ; ut vel in omnibus eis recte sapiamus, vel si quid aliter sapimus, id quoque nobis Deus revelet. (*Philipp.*, III, 15.) Veruntamen, quod etiam illic consequenter dicit Apostolus : « In quod pervenimus, in eo ambulemus. » (*Ibid.*, 16.) Pervenimus autem, quod ad hanc rem de qua loquimur attinet, ut continentiam conjugio præponamus, sanctam vero virginitatem

veuves. Nous savons aussi que la sainteté d'un état que nous ou l'un des nôtres aurions embrassé, ne doit pas nous porter à condamner aucune espèce de mariages, et que ces mariages ne sont pas des adultères, mais de véritables mariages. Nous avons déjà dit beaucoup de choses à ce sujet dans un de nos ouvrages, *sur le bien du mariage*, et dans un autre *sur la sainte virginité*, ainsi que dans un livre que nous avons écrit avec tout le soin possible *contre Fauste le manichéen*. Cet hérétique, par ses écrits mordants et envenimés contre les chastes mariages des patriarches et des prophètes, était parvenu à détourner de la vraie foi quelques esprits faibles et ignorants.

CHAPITRE XVI. — 20. Au commencement de ce traité, j'avais posé deux points qui me paraissaient nécessaires à notre sujet, et promis de les traiter également, l'un sur la doctrine, l'autre sur l'exhortation. J'ai développé le premier aussi bien que j'ai pu, et comme il convenait au but que je m'étais proposé. Venons-en maintenant à l'exhortation, afin de faire aimer avec ardeur le bien que l'on connaît déjà. Le premier conseil que j'aie à vous donner à ce sujet, c'est que quelque amour que vous ressentiez en vous pour le saint état de la continence, vous devez l'attribuer à la bonté de Dieu, et lui rendre grâces de vous avoir favorisée avec largesse des dons de son Esprit qui, en répandant la charité dans votre cœur, vous a fait rejeter une chose qui vous était permise, par amour pour un plus grand bien. C'est, en effet, à la grâce du Seigneur que vous devez de ne pas vous être mariée, lorsque vous le pouviez, afin que cela ne vous fût plus permis, lorsque vous le voudriez, et qu'alors vous fussiez plus affermie dans la volonté de ne pas le faire; de peur que vous ne fissiez une chose qui ne vous serait plus permise et à laquelle vous avez renoncé, lors même qu'il vous était permis de la faire. C'est par là que vous, sainte veuve de Jésus-Christ, vous avez mérité d'avoir pour fille une vierge de Jésus-Christ. En effet, pendant que par vos prières vous vous rendez semblable à la sainte veuve Anne, votre fille est devenue semblable à Marie. Plus vous reconnaîtrez que ces choses sont des dons du Seigneur, plus ces dons vous rendront heureuse. Bien plus, vous ne pouvez l'être qu'en reconnaissant de qui vous tenez ce que vous avez. Ecoutez à ce sujet les paroles de l'Apôtre : « Pour nous, nous n'avons pas reçu l'esprit du monde, mais l'Esprit de Dieu, afin de connaître les dons que Dieu nous a faits. » (I *Cor.*, II, 12.) Beaucoup, en effet, sont comblés de dons du Seigneur, et, méconnaissant celui de qui ils les tiennent, ils croient, dans leur impie vanité, ne les devoir qu'à eux-mêmes. Mais personne ne peut être heureux des dons du Seigneur, s'il est ingrat envers celui de qui il les a reçus. C'est

---

etiam continentiæ viduali, et ne aliquas nuptias, quæ tamen non adulteria, sed nuptiæ sunt, cujuslibet nostri nostrorumve propositi laude damnemus. Multa alia de istis rebus dicta sunt a nobis in libro (a) *de Bono Conjugali*, et in alio libro *de sancta Virginitate*; et in opere quod *adversus Faustum Manichæum* quanto potuimus labore conscripsimus : quoniam Patriarcharum et Prophetarum casta conjugia mordacissime reprehendendo scriptis suis, quorumdam indoctorum animos a fidei sanitate detorsit.

CAPUT XVI. — 20. Proinde quoniam in exordio hujus opusculi duo quædam necessaria proposueram, et exsequenda pollicitus eram; unum quod ad doctrinam, alterum quod ad exhortationem pertinet; et priori parti, ut potui, pro suscepto negotio non defui : ad exhortationem veniamus, ut quod bonum prudenter scitur, etiam diligatur ardenter. Qua in re prius illud moneo, ut quantamcumque tibi inesse sentis piæ continentiæ dilectionem, beneficio Dei tribuas, eique gratias agas, qui de Spiritu suo tibi tantum largitus est, ut ejus in corde tuo caritate diffusa, licitæ rei licentiam tibi amor melioris boni auferret. Donavit enim ne liberet nubere cum liceret, ut jam non liceret etiamsi liberet; et ex hoc firmius non liberet, ne fieret quod non liceret, quod factum non est etiam cum liceret: (b) tantumque merereris vidua Christi, ut filiam quoque videres virginem Christi : dum enim tu oras sicut Anna, facta est illa quod Maria. Hæc dona Dei esse quanto magis nosti, tanto magis es eisdem donis beata: imo aliter non es, nisi quod habes noris a quo habeas. Attende enim quid de hac re Apostolus dixit : « Nos autem non spiritum hujus mundi accepimus, sed Spiritum qui ex Deo est; ut sciamus quæ a Deo donata sunt nobis. » (I *Cor.*, II, 12.) Multi quippe habent multa Dei dona, et nesciendo a quo habent, impia vanitate jactantur. Nemo est autem donis Dei beatus, qui donanti exsistit ingratus.

(a) Editio Er. sola omittit, *de Bono Conjugali et in alio libro.* — (b) Sic plerique Mss. At Lov. *tantaque merereris, ut te existente vidua Christi, filiam quoque*, etc. Vaticani libri, *ut te exsistens vidua Christi, virgo etiam fieret tua filia Christi.*

pour cela que dans la célébration des saints mystères, on nous ordonne « d'élever nos cœurs vers Dieu. » Or, nous ne pouvons le faire qu'avec le secours de celui qui nous le commande. C'est pour nous empêcher d'attribuer à nos propres forces l'ineffable bonheur de pouvoir élever notre cœur à Dieu qu'on nous avertit « d'en rendre grâces au Seigneur notre Dieu. » En effet, on nous dit immédiatement: « Cela est juste et raisonnable. » Vous vous souvenez sans doute dans quel moment solennel sont prononcées ces paroles, et quel respect on doit y attacher. Ayez donc et conservez les biens spirituels que vous avez reçus, mais rendez-en grâces à celui qui vous les a donnés. Quoique vous méritiez de recevoir et de posséder ces biens, vous n'avez cependant que ce que vous avez reçu. C'est au superbe et à celui qui, dans son impiété, se glorifie de ce qu'il a, comme s'il le devait à lui seul, que la vérité dit par la bouche de l'Apôtre : « Qu'avez-vous que vous n'ayez reçu? mais si vous l'avez reçu, pourquoi vous en glorifiez-vous comme si vous ne l'aviez point reçu? » (I *Cor.*, IV, 7.)

Chapitre XVII. — 21. Je vous ai donné ces avertissements, pour vous mettre en garde contre les vains discours de certains hommes, qui ont commencé à faire pénétrer par les oreilles dans l'esprit de plusieurs, ce qu'on ne peut dire qu'avec douleur. Ces ennemis de la grâce de Jésus-Christ voudraient nous persuader que nous n'avons pas besoin de prier le Seigneur de ne pas nous laisser succomber à la tentation. Ils cherchent à défendre le libre arbitre de l'homme, en disant que par lui seul, et sans le secours de la grâce divine, nous pouvons accomplir les commandements de Dieu. Ce serait donc en vain que le Seigneur aurait dit : « Veillez et priez, pour ne pas tomber dans la tentation. » (*Matth.*, XXVI, 41.) C'est donc en vain que chaque jour, dans l'Oraison dominicale, nous disons : « Ne nous laissez pas succomber à la tentation. » (*Matth.*, VI, 19.) Si nous pouvons en triompher par nous-mêmes, pourquoi prions-nous pour ne pas y succomber ou y être induits? Faisons plutôt ce qui dépend de notre libre arbitre et de notre pouvoir absolu. Moquons-nous des paroles de l'Apôtre quand il dit : « Dieu est fidèle, il ne permettra pas que nous soyons tentés au delà de nos forces. » (I *Cor.*, X, 13.) Résistons-lui donc, en lui disant : Pourquoi demanderais-je au Seigneur ce qu'il a mis en ma puissance? A Dieu ne plaise, que ce soient là les sentiments d'une âme chrétienne ! Demandons-lui plutôt de nous donner ce qu'il nous ordonne d'avoir. S'il nous commande d'avoir ce que nous n'avons pas encore, c'est pour nous avertir de ce que nous devons lui demander, et afin qu'ayant

---

Quia et illud quod inter sacra mysteria cor habere sursum jubemur, ipso adjuvante id valemus, quo jubente admonemur : et ideo sequitur, ut de hoc tanto bono sursum levati cordis, non nobis gloriam quasi nostrarum virium tribuamus, sed Domino Deo nostro gratias agamus. Hoc enim continuo commonemur, quia hoc dignum est, hoc justum est (*a*). Recordaris hæc verba unde sint, intus qua sanctione et quanta sanctitate commendentur agnoscis. Tene igitur et habe quod accepisti, et datori gratias age. Quamvis enim accipere et habere tuum sit, id tamen habes, quod accepisti : quoniam superbienti, et ex eo quod habebat, quasi a se ipso haberet, impie glorianti Veritas per Apostolum dicit : « Quid enim habes quod non accepisti? Si autem accepisti, quid gloriaris quasi non acceperis? » (I *Cor.*, IV, 7.)

Caput XVII. — 21. Hæc me admonere compellunt cavendi atque devitandi quorumdam sermonculi, qui per aures ad animos multorum serpere cœperunt, quod cum lacrymis dicendum est, inimici gratiæ Christi, per quos suadetur, ut nec oratio nobis ad Dominum necessaria videatur, ne intremus in tentationem. Sic enim conantur, defendere hominis liberum arbitrium, ut eo solo, etiam Dei gratia non adjuti, valeamus, quod divinitus jubetur, implere. Ac per hoc sequitur ut frustra Dominus dixerit : « Vigilate, et orate, ne intretis in tentationem : » (*Matth.*, XXVI, 41) et frustra quotidie in ipsa Dominica oratione dicamus : « Ne nos inferas in tentationem. » (*Matth.*, VI, 13.) Si enim nostræ tantummodo potestatis est ne tentatione superemur, ut quid oramus ne intremus vel inferamur in eam? Faciamus potius quod nostri est liberi arbitrii atque absolutissimæ potestatis ; et irrideamus. Apostolum dicentem : « Fidelis Deus, qui non vos permittat tentari super id quod potestis : » (I *Cor.*, X, 13) et resistamus ei dicentes : Ut quid peto a Domino, quod in mea posuit potestate? Sed absit ut hoc sapiat, qui sanum sapit. Proinde petamus ut det, quod ut habeamus jubet. Ad hoc enim quod nondum habemus jubet ut ha-

---

(*a*) Sic plerique Mss. At. editi, *hoc justum est recordari*. Paulo post Cisterciensis codex et Florus ad 1 *Cor.*, II, habent, *inter quas actiones et qua sanctitate*. Corb. antiquissimus, *inter qua sanctione et quanta sanctitate*. Vatic. tres cum totidem Gallicanis, *inter quæ sancti omnes et quanta sanctitate*. Forte legendum, *unde sint, et qua sanctione*, etc.

trouvé en nous le pouvoir d'accomplir ce qu'il nous aura ordonné, nous sachions de qui nous vient ce pouvoir. Autrement l'esprit du monde, en nous gonflant d'orgueil, nous ferait méconnaître les dons que Dieu nous a faits. Nous ne détruisons pas la liberté de la volonté humaine, en disant qu'elle est aidée par la grâce de Dieu. Bien loin de la nier avec une orgueilleuse ingratitude, nous en publions au contraire toute la valeur avec reconnaissance et piété. Vouloir dépend de nous, c'est vrai, mais la volonté elle-même a besoin d'être éclairée pour se prononcer, d'être guérie pour pouvoir, d'être en quelque sorte agrandie pour recevoir les dons de Dieu, et d'être remplie pour les posséder. Car si nous ne voulions pas, nous ne recevrions, ni ne posséderions pas les choses qui nous sont données. Ainsi, pour prendre de préférence comme exemple, parmi tous les autres dons de Dieu, la continence, puisque c'est d'elle que j'ai entrepris de vous parler, qui pourrait, s'il ne le voulait pas, avoir cette vertu? Car il n'y a que celui qui en a la volonté qui puisse la recevoir; mais si vous voulez savoir quel est celui qui la donne, de manière que notre volonté puisse la recevoir et la posséder, écoutez, ou plutôt rappelez-vous ce que vous savez déjà, et que vous avez lu dans les saintes Ecritures : « Comme je savais, dit le Sage, que je ne pouvais avoir la continence si Dieu ne me la donnait, et que c'était déjà un effet de la sagesse de savoir de qui je recevrais ce don, » etc. (*Sagesse*, VIII, 21.) Ce sont deux dons bien grands que la sagesse et la continence. La sagesse, parce qu'elle nous forme à la connaissance de Dieu; la continence, qui nous empêche de nous conformer au siècle présent. Or, Dieu nous recommande la sagesse et la continence, sans lesquelles nous ne pourrions être ni justes, ni parfaits. Mais prions celui qui, par ses préceptes et ses inspirations, nous avertit de ce que nous devons vouloir, de nous donner d'être fidèles à ce qu'il nous commande et nous inspire. Prions-le de nous conserver ce qu'il nous a donné, et de nous accorder ce qu'il ne nous a pas donné encore. Rendons-lui grâces des bienfaits que nous avons reçus de lui, et si nous en sommes reconnaissants, soyons assurés que nous recevrons aussi ceux qu'il ne nous a pas encore accordés. Celui qui a donné aux fidèles mariés, la grâce de s'abstenir de l'adultère et de la fornication, est le même qui a fait aux vierges sacrées et aux pieuses veuves la grâce de renoncer à toute union charnelle, c'est-à-dire, qui leur a donné la vertu dans laquelle consiste la chasteté et la continence. Dira-t-on peut-être que c'est de lui que nous avons reçu le don de la continence, mais que c'est à nous-mêmes que nous sommes redevables de la sagesse? Mais alors que signifieraient ces paroles de l'apôtre saint Jacques : « Si quelqu'un d'entre vous a besoin de sagesse,

---

beamus, ut admoneat quid petamus; et (*a*) cum nos quod jusserit, posse invenerimus, etiam hoc unde acceperimus intelligamus; ne inflati et elati hujus mundi spiritu, nesciamus quæ a Deo donata sunt nobis. Proinde arbitrium voluntatis humanæ nequaquam destruimus, quando Dei gratiam qua ipsum adjuvatur arbitrium, non superbia negamus ingrata, sed grata potius pietate prædicamus. Nostrum enim est velle : sed voluntas ipsa et admonetur ut surgat, et sanatur ut valeat, et dilatatur ut capiat, et impletur ut habeat. Nam si nos non vellemus, nec nos utique acciperemus ea quæ dantur, nec nos haberemus. Quis enim haberet continentiam, ut inter cætera Dei dona ipsam potius loquar, de qua ad te loquor : quis, inquam, haberet continentiam nisi volens? quia et nemo acciperet nisi volens. Sed a quo detur, ut nostra voluntate accipi et haberi possit, si quæris, attende Scripturam : imo quia nosti, recole quod legisti (*Sap.*, VIII, 21) : « Cum scirem, inquit, quia nemo esse potest continens nisi Deus det, et hoc ipsum erat sapientiæ, scire cujus esset hoc donum. » Magna ista sunt duo munera, sapientia et continentia ; sapientia scilicet qua in Dei cognitione formamur, continentia vero qua huic sæculo non conformamur. Jubet autem nobis Deus, ut et sapientes et continentes simus, sine quibus bonis justi perfectique esse non possumus. Sed oremus ut det quod jubet adjuvando et inspirando, qui commonuit quid velle debeamus præcipiendo et vocando. Quidquid (*b*) hinc dedit, ut conservet oremus ; quod autem nondum dedit, ut suppleat oremus : tamen oremus et gratias agamus de acceptis; et quod nondum accepimus, eo ipso quod de acceptis ingrati non sumus, nos accepturos esse fidamus. Qui enim dedit conjugatis fidelibus ut contineant ab adulteriis et fornicationibus, ipse dedit sanctis virginibus et viduis ut contineant ab omni concubitu, in qua virtute vel propriæ vel integritas vel continentia nominatur. An forte ab illo quidem accepimus continentiam, sed a nobis habemus sapientiam? Quid est ergo quod Ja-

(*a*) Sic aliquot Mss. Alii vero cum editis; *et quod nos cum jusserit*. — (*b*) Ita Mss. At editi, *hic dedit*. Et infra, *ut expleat oremus*.

qu'il la demande à Dieu, qui donne à tous libéralement et sans reproche, et la sagesse lui sera donnée? » (*Jacques*, I, 5.) Nous avons déjà dit, avec l'aide du Seigneur, beaucoup de choses à ce sujet dans plusieurs autres de nos ouvrages, et lorsque l'occasion s'en présentera, nous en parlerons encore, autant que nous en serons capables et qu'il nous en fera la grâce.

CHAPITRE XVIII. — 22. J'ai voulu en dire quelque chose présentement, parce que plusieurs de nos frères, avec qui nous sommes liés d'une étroite amitié, sont tombés dans cette erreur, sans mauvaise intention, il est vrai, mais partageant néanmoins cette nouvelle hérésie. Ils croient qu'en exhortant les autres à la justice et à la piété, leurs exhortations resteront sans effet, à moins que ce qu'ils leur conseillent ne dépende uniquement de la puissance de celui qui agit, sans être secourue par la grâce divine, mais soutenue seulement par les forces du libre arbitre. Comme si sans le secours divin la volonté humaine pouvait seule accomplir une bonne œuvre. Ils ne font pas attention qu'eux-mêmes sont redevables à la grâce de Dieu, de pouvoir exhorter les autres à embrasser une bonne et sainte vie, de réveiller l'indifférence des uns, d'échauffer la tiédeur des autres, de corriger la perversité de plusieurs, de ramener à la vérité ceux qui s'en sont éloignés, et de rendre à la paix de Dieu tous ceux qui sont en révolte contre lui. C'est par cette même grâce qu'ils peuvent persuader ce qu'ils enseignent. Ou si ce qu'ils font est contraire à ce que veulent les hommes, pourquoi tant de soins et tant de discours ? qu'ils les laissent plutôt à leur libre arbitre. Mais s'ils croient au contraire que ce sont eux qui agissent sur la volonté humaine, peut-on penser que la volonté d'un homme peut exercer une si grande influence sur la volonté des autres, et que Dieu n'y puisse rien faire par le secours de sa grâce? Croyons bien plutôt que quelle que soit l'éloquence dont un homme soit doué, pour faire pénétrer par l'habileté de sa parole et la suavité de son langage, la vérité dans l'esprit des autres, pour y entretenir la charité, en éloigner l'erreur, en réveiller la torpeur et l'indifférence par ses exhortations; croyons, dis-je, avec l'Apôtre « que celui qui plante ou qui arrose, n'est rien, mais que c'est Dieu seul qui donne l'accroissement. » (I *Cor.*, III, 7.) Car c'est en vain que l'ouvrier travaillerait au dehors, sans l'action cachée du Créateur au dedans. Si je suis entré dans quelques développements à ce sujet, c'est dans l'espoir que par la considération méritée dont vous jouissez dans ce monde, ma lettre parviendra bientôt entre les mains des personnes qui partagent l'erreur que nous combattons. J'ai voulu également, que lorsque vous et les autres veuves aurez lu ou entendu lire ce que je vous écris, vous soyez toutes

---

cobus apostolus dicit : « Si quis autem vestrum indiget sapientia, postulet a Deo, qui dat omnibus affluenter, et non improperat, et dabitur illi. » (*Jac.*, I, 5.) Sed de hac quæstione, et in aliis jam Opusculis nostris, quantum adjuvit Dominus, multa diximus, et alias quantum per ipsum potuerimus, data opportunitate dicemus.

CAPUT XVIII. — 22. Nunc inde aliquid ideo dicere volui, propter quosdam fratres nostros amicissimos et dilectissimos nobis, nec malitiose quidem errori huic implicatos, sed implicatos tamen; qui putant cum aliquos ad justitiam pietatemque exhortantur, vires non habituram exhortationem suam, nisi totum illud, quod ut agat homo, agunt cum homine, in hominis constituant potestate, non adjuta Dei munere, sed solo arbitrio liberæ voluntatis exserta : quasi possit esse ad perficiendum opus bonum voluntas libera, nisi Dei munere liberata. Nec attendunt idipsum etiam se ipsos Dei dono habere, quod ea facultate exhortantur, ut ad capessendam vitam bonam hominum voluntates pigras excitent, accendant frigidas, corrigant pravas, aversas convertant, repugnantes pacificent. Sic (*a*) enim possunt persuadere quod suadent. Aut si hæc in voluntatibus hominum non agunt, quid agunt ? ut quid loquuntur ? Dimittant eas potius arbitrio suo. Si autem in eis hæc agunt, itane tandem homo in hominis voluntate tanta agit loquendo, et Deus illic non agit aliquid adjuvando ? Imo vero, quantalibet homo sermonis facultate præpolleat, ut solertia disputandi et suavitate dicendi in hominis voluntate inserat veritatem, nutriat caritatem, doceniga tollat errorem, exhortando torporem : « Neque qui plantat est aliquid, neque qui rigat, sed qui incrementum dat Deus. » (I *Cor.*, III, 7.) Frustra quippe operarius omnia moliretur extrinsecus, nisi Creator intrinsecus latenter operaretur. Spero ergo has litteras meas merito excellentiæ vestræ cito in manus etiam talium esse venturas : ideo nonnulla hinc dicenda arbitratus sum. Deinde ut tu ipsa et quæcumque aliæ viduæ

(*a*) Editi : *Si enim non possunt.* Abest *non* a Mss. qui et loco *Si*, habent *Sic*.

convaincues, que pour aimer et posséder le bien de la continence, vos prières sont plus utiles que nos exhortations. Car si notre parole a pu à cet égard vous être de quelque secours, il faut l'attribuer à la grâce de « celui qui, comme le dit le Sage, tient dans sa main et nous et nos paroles. » (*Sagesse*, VII, 16.)

CHAPITRE XIX. — 23. Si vous n'aviez pas déjà promis à Dieu de garder la continence pendant votre veuvage, nous vous exhorterions à lui faire ce vœu, mais comme vous l'avez déjà fait, nous ne pouvons que vous engager à y persévérer. Je crois cependant devoir dire quelque chose, pour faire aimer et embrasser cet état à celles qui penseraient encore à se marier. Prêtons donc l'oreille aux paroles de l'Apôtre : « Celle qui n'est pas mariée s'occupe des choses du Seigneur, pour être sainte d'esprit et de corps; mais celle qui est mariée s'occupe des choses du monde, et des moyens de plaire à son mari. » (I *Cor.*, VII, 34.) Il ne dit pas qu'elle s'occupe des choses du monde, afin de n'être pas sainte, mais, ce qui est certain, c'est que la sainteté qu'on peut avoir dans le mariage est toujours moindre, en proportion des soins dont on est occupé, en pensant aux plaisirs et aux choses du monde. Il faut donc qu'une femme chrétienne qui n'est pas mariée rapporte, à la seule intention de plaire à Dieu, toutes les pensées et toutes les sollicitudes qu'elle aurait, si elle voulait plaire à un mari. Voyez à qui plaît celle qui plaît au Seigneur. Plus elle lui plaît, plus elle est heureuse. Mais elle lui plaît d'autant moins, qu'elle est plus occupée des choses du monde. Que tous vos soins tendent donc à plaire « à celui qui est le plus beau parmi les enfants des hommes. » (*Ps.* XLIV, 3.) Vous lui plairez par cette grâce qui est répandue sur ses lèvres. Plaisez-lui en rapportant à lui seul les soins que vous prendriez pour les choses de la terre, afin de plaire à un mari. Plaisez à celui qui n'a pas craint de déplaire au monde, pour en délivrer ceux qui lui plairaient. Et de fait, « celui qui est le plus beau parmi les enfants des hommes, » a été vu par eux au milieu des souffrances et de sa passion, « alors qu'il n'avait ni beauté, ni éclat; alors que ses traits étaient défigurés, et qu'étendu ignominieusement sur la croix, il n'inspirait que du mépris. » (*Isaïe*, LIII, 3.) C'est cependant de cette laideur divine de votre Rédempteur, qu'est découlée votre beauté intérieure, « car toute la beauté de la fille du roi est au dedans d'elle-même. » (*Ps.* XLIV, 14.) Voilà la beauté par laquelle vous devez lui plaire. Voilà la beauté pour l'acquisition de laquelle vous devez mettre tous vos soins, toutes vos pensées, toute votre sollicitude. Il n'aime ni les artifices, ni les dehors trompeurs. Il est, comme vous l'a-

---

ista legerint, vel cum leguntur audicrint, noveritis vos ad diligendum et habendum continentiæ bonum plus proficere orationibus vestris, quam exhortationibus nostris : quoniam si quid vos adjuvat, quod vobis etiam nostra ministrantur alloquia, totum illius gratiæ tribuendum est, « in cujus manu sunt, » sicut scriptum est, « et nos et sermones nostri. » (*Sap.*, VII, 16.)

CAPUT XIX. — 23. Si ergo nondum Deo vovisses continentiam vidualem, exhortaremur profecto ut voveres : quia vero jam vovisti, exhortamur ut perseveres. Talia mihi tamen video esse dicenda, quibus eam diligant et arripiant et quæ adhuc nubere cogitabant. Aurem igitur inclinemus Apostolo : « Quæ innupta est, inquit, sollicita est ea quæ sunt Domini, ut sit sancta et corpore et spiritu : quæ autem nupta est, sollicita est quæ sunt mundi, quomodo placeat viro. » (I *Cor.*, VII, 34.) Non ait, sollicita est ea quæ sunt mundi, ut sancta non sit : sed certe minor est (*a*) ea conjugalis sanctitas ex ea parte curarum qua mundana cogitatur voluptas. Quidquid itaque intentionis animi etiam his rebus impenderetur quibus placendum esset viro, colligere quodammodo et redigere debet innupta Christiana in eam intentionem qua placendum est Domino. Et (*b*) vide cui placeat, quæ Domino placet : et utique tanto est beatior, quanto plus placet ei : quanto autem magis cogitat ea quæ sunt mundi, tanto minus placet. Placete itaque tota intentione specioso forma præ filiis hominum. (*Psal.* XLIV, 3.) Ejus enim gratia illi placetis, quæ diffusa est in labiis ejus. Placete illi ea quoque parte cogitationis, quæ occuparetur mundo, ut placeretur viro. Placete illi qui displicuit mundo, ut placentes ei liberarentur ex mundo. Hunc enim speciosum forma præ filiis hominum viderunt homines in cruce passionis, et « non habuit speciem neque decorem, sed facies ejus abjecta et deformis positio ejus. » (*Isa.*, LIII, 3.) Ex hac tamen deformitate Redemptoris vestri, manavit pretium decoris vestri, sed decoris interioris. « Omnis enim pulchritudo filiæ regis intrinsecus. » (*Psal.* XLIV, 14.) Hac pulchritudine illi placete : hanc pulchritudinem studiosa

---

(*a*) Omnes prope Mss. et Florus, *sed certe minor est divina sanctitas.* — (*b*) Sic Mss. At editi : *Et videat.*

vez lu, la vérité ; et la vérité ne se plaît que dans ce qui est vrai. Lui-même a dit : « Je suis la voie, la vérité et la vie. » (*Jean*, XIV, 6.) Courez à lui par lui-même ; ne cherchez qu'en lui seul les moyens de lui plaire ; vivez avec lui, en lui et de lui ; aimez à être chérie d'un tel Epoux, par la sincérité de votre affection et de votre sainte chasteté.

24. Que la pieuse vierge dont vous êtes la mère écoute aussi ces conseils ; savoir combien elle vous précède dans ce royaume du grand Roi, c'est une autre question. Ce qu'il y a de positif, c'est que l'une et l'autre, par la beauté de la chasteté, vous avez trouvé à qui plaire, elle, en s'abstenant de tout lien du mariage, vous, en renonçant à en contracter un second. Si vous et votre fille, vous aviez des maris auxquels vous devriez plaire, peut-être n'oseriez-vous pas vous parer comme le ferait votre fille ; mais ne craignez pas maintenant de faire tout ce qui peut vous servir d'ornement à l'une et à l'autre, parce qu'il n'est pas criminel, mais plutôt glorieux d'être aimées toutes les deux à la fois par ce seul et unique Epoux. Quand bien même vous seriez mariées, vous n'auriez recours à aucun fard, pour feindre le blanc ou le rouge sur votre visage, parce que vous croiriez qu'il est indigne de tromper vos époux, comme d'être vous-mêmes trompées par eux. Maintenant donc c'est par la seule et simple vérité que vous devez plaire à ce Roi, qui a aimé la beauté de cette unique Epouse, dont vous êtes les membres. Attachez-vous l'une et l'autre à lui, votre fille, par sa virginité, vous, par votre continence de veuve, toutes les deux, par votre beauté spirituelle. C'est par cette beauté que s'est également distinguée son aïeule, votre belle-mère (1), et qu'elle partage encore avec vous malgré son âge avancé. Car la charité ne fait qu'augmenter de plus en plus l'éclat de cette beauté, à laquelle la vieillesse ne peut apporter aucunes rides. Vous avez près de vous cette sainte femme, avec laquelle vous habitez sous le même toit et en Jésus-Christ : consultez-la pour persévérer dans votre résolution. Demandez-lui comment il faut combattre l'esprit de tentation, ce qu'il faut faire pour en triompher facilement, à quoi il faut recourir pour empêcher qu'il ne nous dresse de nouveaux piéges. Son âge avancé, la bienveillance de son amour, sa pieuse sollicitude, la sagesse que lui donnent les longues années de sa vie, tout en elle vous garantit la sûreté de ses leçons et de ses conseils. Vous surtout, consultez-la dans les choses qu'elle a éprouvées, et dont vous avez aussi fait l'expérience. Car pour votre sainte fille, elle chante déjà le cantique qu'il n'appartient qu'aux vierges de chanter, comme nous l'apprend l'Apocalypse. (*Apoc.*, XIV, 4.) Votre belle-mère prie

(1) Proba, aïeule de Démétriade et belle-mère de Julienne.

---

cura et sollicita cogitatione componite. Non amat ille fallaciarum fucos : veris veritas delectatur : et ille, si quod legisti agnoscis, veritas vocatur. « Ego sum, inquit, via, et veritas, et vita. » (*Joan.*, XIV, 6.) Currite ad illum per illum ; placete illi ex illo ; vivite cum illo, in illo, de illo. Affectibus veris et sanctissima castitate a viro tali amate amari.

24. Audiat hæc virginis etiam sanctæ prolis tuæ auris interior. (*a*) Viderо quantum te præcedat in regno Regis illius : alia quæstio est. Invenistis tamen mater et filia, cui contemptis nuptiis, illa omnibus, tu secundis, pulchritudine castitatis simul placere debeatis. Certe si mariti essent quibus placendum esset, jam te fortasse cum filia puderet ornari : nunc non pudeat agere quibus simul ornemini ; quia non est criminosum, sed potius gloriosum, ut ab illo uno simul amemini. Simulatum autem candorem ac ruborem et pigmentis illitum non adhiberetis, etiamsi viros haberetis ; non putantes dignos quos falleretis, nec vos quæ fallere deberetis : nunc ergo illi Regi, qui unicæ sponsæ, cujus membra estis, speciem concupivit, veraciter simul placete, simul inhærete ; illa integritate virginali, tu continentia viduali, ambæ pulchritudine spirituali. In qua pulchritudine etiam illius avia, socrus tua, quæ jam certe senuit, est pulchra vobiscum. Vigorem quippe hujus pulchritudinis dum extendit in anteriora caritas, rugam in ea non facit annositas. Habetis vobiscum anum sanctam et in domo et in Christo, quam de perseverantia consulatis : quomodo cum illa (*b*) vel illa tentatione pugnandum sit, quid agendum ut facile superetur, quod munimentum sumendum, ne facile rursus insidietur : et si quid hujusmodi est, docet vos diuturnitate jam certa, amore benevola, pietate sollicita, ætate secura. Tu præcipue, tu consule in talibus eam, quæ experta est quod experta es. Nam proles vestra illud canticum cantat, quod in Apocalypsi nisi virgines cantare non possunt. (*Apoc.*, XIV, 4.) Pro

(*a*) Editi : *Quæ vero.* At Mss. *Videro,* omisso *Quæ.* Unus Augustinensium codex habet : *Videre.* — (*b*) Sic Ms. uno excepto Augustinensium, qui habet, *cum illa belluina tentatione.* At editi, *cum illa contra bella tentatoris.*

certainement avec plus de sollicitude pour vous deux que pour elle-même, mais avec plus de ferveur encore pour sa petite-fille, dont l'âge encore tendre a plus de tentations à éprouver et à vaincre. Quant à vous, elle vous voit plus rapprochée de son âge, et ce n'est pas, je pense, sans une certaine honte que vous eussiez été mère en même temps que votre fille, si elle s'était mariée, ce qui maintenant ne lui est plus permis, et dont Dieu veuille la préserver. Que vous reste-t-il donc encore d'années dangereuses à passer, à vous qui n'êtes pas aïeule, parce votre fille s'est unie à vous, pour mener une vie féconde seulement en saintes pensées et en bonnes œuvres ? Ce n'est donc pas sans raison que votre belle-mère est plus remplie de soins affectueux pour celle qui inspire aussi tant de sollicitude à votre cœur maternel. C'est que bien grand et bien saint est ce vœu qu'elle a fait au Seigneur, et qu'il lui reste encore bien du temps avant d'avoir accompli ce qu'elle ne fait que commencer. Que Dieu exauce donc ses prières, afin que vous imitiez les vertus de celle qui dans sa jeunesse a mis au monde le corps de votre mari (1), et qui dans sa vieillesse enfante spirituellement le cœur de votre fille. Toutes ensemble, unissez vos soins et vos efforts pour plaire, par la pureté de vos mœurs, à l'unique Epoux de cette unique Epouse, dans le corps de laquelle vous vivez d'un même esprit, et persévérez avec ardeur dans la sainte pratique de la prière.

CHAPITRE XX. — 25. Le jour passé ne reviendra plus, celui d'aujourd'hui chasse devant lui celui d'hier, et celui de demain chassera également celui qui l'aura précédé. Ainsi passent le temps et toutes les choses temporelles, jusqu'à ce que s'accomplisse la promesse, qui doit demeurer éternellement. « Celui qui persévèrera jusqu'à la fin sera sauvé. » (*Matth.*, x, 22.) Si le monde est près de périr, pour qui donc une femme mariée donne-t-elle le jour à des enfants ? ou dans quel but se marie une femme, qui doit désormais enfanter selon l'esprit et non selon la chair ? Que si le monde doit durer encore, pourquoi ne pas aimer de préférence celui qui en est le créateur ? Si tous les plaisirs et les charmes du siècle doivent bientôt finir, ont-ils donc de quoi tenter l'esprit d'un chrétien ? Si, au contraire, ils doivent encore avoir quelque durée, ne doit-il pas en témoigner son mépris par la sainteté de sa vie ? Dans le premier cas, il n'y a aucune espérance de satisfaire ses désirs; dans le second, la charité paraît avec plus de force et de gloire. Sera-t-il encore bien long le temps où la vie charnelle paraît être dans toute sa force et sa fleur ? Bien des femmes pensent à se marier et le désirent avec ardeur, et au milieu des dédains et des retards qu'elles éprouvent à ce sujet, la vieillesse les a bientôt atteintes, et il y

---

(1) Olibrius. Voyez aussi au sujet de la famille de Démétriade, la 22ᵉ lettre que saint Jérôme adresse à cette vierge, qui, après la prise de Rome par les Goths, s'était réfugiée en Afrique dans un monastère, où, sur les conseils de saint Augustin, elle fit ses vœux de virginité.

---

ambabus tamen vobis sollicitus orat quam pro se ipsa : sed magis pro nepte sollicita est, cui vincendarum tentationem spatium plus restat annorum : te autem videt ævo suo viciniorem, et ejus filiæ matrem, quam si nuptam, quod jam non licet, atque absit, vidisses, puto quod parere cum illa erubuisses. Quantum est ergo quod jam tibi periculosæ restat ætatis, quæ ideo non diceris avia, ut sanctarum cogitationum et operum fetibus cum filia possis esse fecunda ? Non itaque immerito magis pro illa sollicita est avia, pro qua et tu mater : quia et majus est quod vovit, et totum ei restat quod modo cœpit. Exaudiat Dominus preces ejus, (*a*) ut sancte obsequamini meritis ejus, quæ carnem viri tui in juventa peperit, cor filiæ tuæ in senecta parturit. Omnes itaque pariter atque concorditer univiro unius conjugis, in cujus corpore uno spiritu vivitis, placete moribus, instate orationibus.

CAPUT XX. — 25. Præteritus dies non revertitur in futurum, et post hesternum pergit hodiernus, et post hodiernum perrecturus est crastinus, et omnia tempora et temporalia transeunt, ut veniat mansura promissio : et « qui perseveraverit usque in finem, hic salvus erit. » (*Matth.*, x, 22.) Si mundus jam perit, nupta cui parit ? Aut corde paritura, et carne non paritura, cur nubit ? Si autem adhuc duraturus est mundus, cur non magis amatur per quem factus est mundus ? Si jam deficiunt illecebræ sæculares, non est quod Christianus animus cupiditate conquirat : si autem adhuc manebunt, non est quod sanctitate contemnat. Horum duorum in altero spes nulla libidinis, in altero major est gloria caritatis. Quot aut quanti sunt ipsi anni, quibus videtur vigere flos carnalis ætatis ? Nonnullæ feminæ nuptias cogitantes et ardenter optantes, dum spernuntur aut differuntur, repente senuerunt, ut eas nubere jam

---

(*a*) Probæ notæ Mss. *et sanctæ*.

aurait pour elles plus de honte que de plaisir à contracter un mariage. Beaucoup aussi, peu de temps après leur union, ont été séparées de leurs maris partis pour des pays lointains. En attendant leur retour, elles ont vieilli, et dans cette espèce de veuvage anticipé, elles n'ont même pas eu le plaisir de revoir leurs maris devenus vieux comme elles. Si donc pendant les dédains, ou les retards, ou les voyages d'un mari, on peut maîtriser la concupiscence de la chair, pour ne commettre ni fornication ni adultère, ne pourrait-on pas aussi triompher des désirs charnels, pour ne pas tomber dans le sacrilége? Si cette concupiscence a pu être réfrénée, lorsque le retard même qu'elle éprouvait la rendait plus vive et plus ardente, ne serait-il donc pas possible de l'éteindre entièrement, lorsqu'on lui a en quelque sorte ôté sa raison d'être? En effet, ce qui alimente l'ardeur de la passion, c'est l'espoir de pouvoir un jour en goûter le plaisir. Mais quand une femme non mariée fait vœu de chasteté au Seigneur, elle s'ôte jusqu'à l'espérance même, qui est comme l'aiguillon de l'amour. C'est pourquoi il est plus facile de réfréner les désirs de la concupiscence, quand elle n'a plus rien à attendre qui puisse l'enflammer. Si cependant, pour en triompher, on n'a pas recours à la prière, plus la chose est défendue, plus on la désire avec ardeur.

Chapitre XXI. — 26. Il faut donc, quand on fait profession d'une sainte chasteté, remplacer tout ce qui tient aux plaisirs des sens, par des plaisirs purement spirituels, comme la lecture, l'oraison, le chant des psaumes, de pieuses pensées, la pratique de bonnes œuvres, l'espoir de la vie future, l'élévation de notre cœur vers Dieu. Il faut surtout rendre grâces de tout cela « au Père des lumières, d'où émane, comme l'atteste l'Ecriture, tout don excellent et parfait. » (*Jacq.*, 1, 17.) Car si pour remplacer les plaisirs de la chair que les femmes mariées trouvent dans l'union conjugale, les veuves avaient recours à d'autres plaisirs charnels, comme une espèce de consolation, qu'ai-je besoin de dire les maux qui en seraient la conséquence? L'Apôtre lui-même n'a-t-il pas dit en peu de mots : « Que la veuve qui vit dans les délices, est morte quoique vivante encore? » (1 *Tim.*, v, 6.) Saintes femmes, à qui je m'adresse, plaise à Dieu que la passion des richesses ne s'empare point de vous, au lieu de celle du mariage, et que l'amour de l'or ne prenne point dans votre cœur la place qu'y occuperait un mari ! Nous avons, en effet, souvent remarqué, que dans quelques hommes la répression des passions charnelles a fait naître en eux le mal de l'avarice. Dans les sens du corps, l'ouïe est plus fine chez les aveugles, qui distinguent aussi par le toucher beaucoup de choses, dont la perception n'est pas aussi vive et aussi sensible pour ceux qui jouissent de la lumière. Cela vient que l'intensité de la sensation étant réprimée et empêchée de se produire

puderet amplius quam liberet. Multæ autem nuptæ recentissima sua conjunctione in longinqua profectis viris suis, reditum eorum expectando grandævæ factæ sunt, et tanquam cito viduatæ aliquando nec remeantes saltem senes suos anus suscipere meruerunt. Si ergo vel spernentibus vel tardantibus sponsis, vel peregrinantibus maritis, carnalis concupiscentia potuit contineri ne stuprum aut adulterium committeretur, cur contineri non potest ne sacrilegium committatur? Si repressa est cum ferveret dilata, cur non opprimitur cum friguerit amputata? Plus enim (*a*) ardentem ferunt libidinem, quæ non desperant ejusdem libidinis voluptatem. Quæ autem innuptarum castitatem Deo vovent, ipsam spem subtrahunt, quæ fomes amoris est. Unde facilius concupiscentia refrenetur, quæ nulla expectatione succenditur : contra quam tamen nisi oretur, ut superetur, ipsa illicita exoptatur ardentius.

Caput XXI. — 26. Deliciæ igitur spirituales deliciis carnalibus in sancta castitate succedant, lectio, oratio, psalmus, bona cogitatio, bonorum operum frequentatio, spes futuri sæculi, et cor sursum : atque de his omnibus gratiarum actio Patri luminum, a quo sine ulla dubitatione omne datum optimum et omne donum perfectum : Scriptura teste, descendit. (*Jacob.*, 1, 17.) Nam quando pro deliciis nuptarum quas in carne virorum habent, aliarum carnalium deliciarum tanquam in solatium usus assumitur, quid ego dicam quæ sequantur mala, cum breviter Apostolus dixerit, viventem mortuam esse viduam, quæ in deliciis vivit? (*I Tim.*, v, 6.) Absit autem a vobis ut divitiarum cupiditate capiamini pro cupiditate nuptiarum, et in cordibus vestris nummus viri amori succedat. Intuentes enim hominum conversationem, sæpe experti sumus, in quibusdam lascivia compressa crevisse avaritiam. Nam sicut in ipsis sensibus corporis acutius audiunt qui non vident, et tangendo multa discernunt, nec tanta vivacitate tangunt qui oculis

(*a*) Lov. *ardenter*. Editi alii cum Mss. *ardentem*.

par une issue, c'est-à-dire par celle des yeux, se reporte avec plus de force vers les autres sens, et donne ainsi au toucher plus de subtilité pour distinguer les objets, comme si un sens communiquait à l'autre ce qu'il n'a plus en lui-même. De même, il arrive souvent que la concupiscence, arrêtée dans ses élans pour les plaisirs charnels, se porte avec plus de force et d'ardeur vers la passion de l'or, et que détournée d'un côté, elle s'élance vers l'autre avec plus de violence. Mais pour vous, il faut que l'amour des richesses ne soit pas plus vif dans votre cœur que le désir du mariage. Employez les biens que vous possédez à vous procurer des délices spirituelles, par le pieux usage que vous en ferez; et que votre charité soit plus ardente pour secourir les malheureux, que pour vous enrichir en devenant avares. Ce ne sont pas les dons magnifiques des gens avides que Dieu reçoit dans ses trésors célestes, mais les aumônes du pauvre, qui donnent une grande efficacité aux prières des veuves. Les jeûnes, les veilles, autant que votre santé n'en souffre pas, la prière, le chant des psaumes, la lecture et la méditation continuelle des lois du Seigneur, quelque pénible que tout cela paraisse, se changent facilement en délices spirituelles. Une chose, en effet, ne fatigue pas quand on l'aime; on y trouve même du plaisir. C'est ce que nous voyons dans ceux qui chassent, qui tendent des pièges aux oiseaux, qui pêchent, qui vendangent, qui trafiquent, qui s'amusent à quelque jeu. On s'intéresse donc toujours à ce qu'on aime. Car une chose qu'on aime, loin de nous fatiguer, nous fait même aimer la peine qu'elle nous donne. Voyez maintenant combien il est honteux et déplorable, qu'on ait du plaisir à se fatiguer pour prendre une bête, pour remplir sa cuve ou sa bourse, pour lancer un palet, et qu'on n'en trouve pas pour acquérir la possession de Dieu.

CHAPITRE XXII. — 27. Parmi toutes les délices spirituelles dont jouissent celles qui renoncent au mariage, elles doivent joindre dans toute leur conduite la circonspection à la sainteté; car il pourrait arriver que, bien que leur vie fût exempte de tout reproche d'impureté, leur réputation ne souffrît quelque atteinte par suite de leur négligence. Il y a des hommes et des femmes, faisant profession d'une sainte vie qui, lorsqu'on leur reproche quelque acte de négligence, par lequel ils attirent sur eux de mauvais soupçons, dont ils savent que leur vie est fort éloignée, répondent qu'il leur suffit d'avoir la conscience pure devant Dieu, et qui méprisent, non-seulement avec impudence, mais encore avec cruauté l'opinion du monde. En effet, par cette manière de penser, ils sont cause de la mort spirituelle des autres; soit de ceux qui blasphèment contre les voies de Dieu, et qui, sur de faux soupçons, regardant comme hon-

utuntur; ubi intelligitur ex uno aditu, id est, luminum, repressa intentione sentiendi, (a) eam so in alios sensus promptiorem dignoscendi acumine exserere, tanquam ex altero conetur implere quod negatur in altero : ita etiam sæpe carnalis cupiditas a concumbendi voluptate cohibita, majoribus viribus in pecuniæ se porrigit appetitum, et illinc aversa, huc se impetu ardentiore convertit. In vobis autem amor divitiarum simul frigescat cum amore nuptiarum ; et pius usus rerum quas possidetis, ad spiritales delicias conferatur, ut liberalitas vestra magis ferveat adjuvandis egenis quam ditandis avaris. In thesaurum quippe cœlestem non mittuntur dona cupidorum, sed eleemosynæ pauperum, quæ in immensum modum orationes adjuvant viduarum. Jejunia quoque ac vigiliæ in quantum valetudinem non perturbant, si orando, psallendo, legendo, et in lege Dei meditando insumantur, in delicias spiritales etiam ipsa quæ videntur laboriosa vertuntur. Nullo modo enim sunt onerosi labores amantium, sed etiam ipsi dilectant, sicut venantium, aucupantium, piscantium, vindemiantium, negotiantium, ludo aliquo sese oblectantium. Interest ergo quid ametur. Nam in eo quod amatur, aut non laboratur, aut et labor amatur. Et vide quam pudendum et dolendum sit, si delectat labor ut fera capiatur, ut cupa et sacculus impleatur, ut pila jaciatur, et non delectat ut Deus acquiratur.

CAPUT XXII. — 27. In omnibus sane spiritalibus deliciis, quibus fruuntur innuptæ, sancta earum conversatio cauta etiam debet esse, ne forte cum mala vita non sit per lasciviam, mala sit fama per negligentiam. Nec audiendi sunt, sive viri sancti, sive feminæ, quando reprehensa in aliquo negligentia sua, per quam fit ut in malam veniant suspicionem, unde suam vitam longe abesse sciunt, dicunt sibi coram Deo sufficere conscientiam, existimationem hominum non (b) imprudenter solum, verum etiam crudeliter contemnentes; cum occidant animas aliorum, sive blasphemantium viam Dei, quibus secun-

(a) Sic Mss. At editi, *repressa intentione, sentiendi vim in alios sensus*, etc. — *(b)* Plures Mss. *impudenter.*

teuse la vie pure et chaste de ses serviteurs, n'éprouvent plus pour elle que du dégoût et de l'aversion, soit de ceux qui veulent excuser leurs désordres, en réglant leur conduite, non sur ce qu'ils voient, mais sur ce qu'ils supposent. C'est pourquoi, quiconque met sa vie à l'abri de toute accusation criminelle ou honteuse, agit dans son intérêt, et quiconque apporte les mêmes soins pour garder sa réputation est miséricordieux envers les autres. Car si notre vie nous est nécessaire, notre réputation l'est pour notre prochain. Ainsi la miséricorde que nous avons pour le salut des autres, tourne à notre propre avantage. Ce n'est donc pas en vain que l'Apôtre dit : « Car nous tâchons de faire le bien, non-seulement devant Dieu, mais encore devant les hommes, » (II *Corinth.*, VIII, 21) et ailleurs : « Plaisez à tous en toutes choses, comme je tâche moi-même de plaire à tous en toutes choses, ne cherchant pas ce qui m'est avantageux en particulier, mais ce qui est utile à beaucoup pour leur salut. » (I *Corinth.*, X, 33.) Dans une exhortation qu'il adresse aux Philippiens, il dit encore : « Enfin, mes frères, tout ce qui est vrai, tout ce qui est honnête, tout ce qui est juste, tout ce qui est saint, tout ce qui est aimable, tout ce qui a une bonne réputation, tout ce qui est vertueux, tout ce qui est louable dans les mœurs, que ce soit là ce qui occupe vos pensées : mettez en pratique ce que je vous ai enseigné et que vous avez appris, ce que vous avez entendu dire de moi et ce que vous avez vu en moi. » (*Philipp.*, IV, 8.) Remarquez que parmi tout ce qu'il recommande dans cette exhortation, il n'oublie pas « ce qui concerne une bonne réputation, » et qu'il réduit à deux choses toutes celles qu'il vient d'énumérer, c'est-à-dire, « aux choses dans lesquelles il y a quelque gloire et quelque vertu. » A la vertu appartiennent tous les biens qu'il a énumérés précédemment, et à la gloire tout ce qui tient à la réputation. Ce n'est pas toutefois que l'Apôtre fit grand cas de la louange des hommes, puisque dans un autre endroit il dit : « Pour moi, je me mets peu en peine d'être jugé par vous ou par quelque homme; » (I *Corinth.*, IV, 3) et ailleurs : « Si je plaisais aux hommes, je ne serais pas serviteur de Jésus-Christ; » (*Galates*, I, 10) et dans un autre passage encore : « Notre gloire est dans le témoignage que nous rend notre conscience. » (II *Corinth.*, I, 12.) De ces deux choses, dont l'une regarde une sainte vie, et l'autre, une bonne réputation, ou en moins de mots, la vertu et la louange, l'Apôtre, dans sa sagesse, retenait la première pour lui-même, et ménageait la seconde par miséricorde pour son prochain. Cependant, comme toute la prudence possible ne peut pas toujours nous mettre à l'abri de soupçons malveillants, faisons tout ce qui dépend de nous pour notre réputation; et si des envieux cherchent à la ternir, soit en croyant, soit en inventant quelque mal sur notre

dum suam suspicionem quasi turpis quæ casta est displicet vita sanctorum, sive etiam cum excusatione imitantium, non quod vident, sed quod putant. Proinde quisquis a criminibus flagitiorum atque facinorum vitam suam custodit, sibi bene facit : quisquis autem etiam famam, et in alios misericors est. Nobis enim necessaria est vita nostra, aliis fama nostra : et utique etiam quod aliis ministramus misericorditer ad salutem, ad nostram quoque redundat utilitatem. Unde non frustra Apostolus : « Providemus, inquit, bona, non solum coram Deo, verum etiam coram hominibus. » (II *Cor.*, VIII, 21.) Item dicit : « Placete omnibus per omnia, sicut et ego omnibus per omnia placeo, non quærens quod mihi utile est, sed quod multis, ut salvi fiant. » (I *Cor.*, X, 33.) In quadam etiam exhortatione dicit : « De cætero, fratres, quæcumque sunt vera, quæcumque sancta, quæcumque justa, quæcumque casta, quæcumque carissima, quæcumque bonæ famæ, si qua virtus, si qua laus, hæc cogitate, quæ et didicistis, et accepistis, et audistis, et vidistis in me. » (*Philip.*, IV, 8, 9.) Cernis quemadmodum inter multa quæ exhortando commonuit, non neglexerit ponere, « quæcumque bonæ famæ; » duobusque verbis cuncta concluserit, ubi ait : « Si qua virtus, si qua laus. » Ad virtutem namque pertinent quæ antea memoravit bona, fama vero ad laudem. Puto quod non laudem hominum pro magno sumebat Apostolus, alio loco dicens : « Mihi autem minimum est ut a vobis dijudicer, aut ab humano die. » (I *Cor.*, IV, 3.) Et alibi : « Si hominibus placerem, Christi servus non essem. » (*Gal.*, I, 10.) Et iterum : « Nam gloria nostra hæc est, testimonium conscientiæ nostræ. » (II *Cor.*, I, 12.) Sed illorum duorum, id est, bonæ vitæ et bonæ famæ, vel quod brevius dicitur, virtutis et laudis, unum propter se ipsum sapientissime retinebat, alterum propter alios misericordissime providebat. Sed quoniam quantalibet humana cautela suspiciones malevolentissimas non potest omni ex parte vitare, ubi pro existimatione nostra quidquid

compte, cherchons alors notre consolation dans le for de notre conscience, et nous y trouverons aussi notre joie, en pensant qu'une grande récompense nous est réservée dans le ciel (*Matth.*, v, 12), même si les hommes disaient beaucoup de mal de nous, malgré la piété et la justice de notre vie. Car cette récompense est « comme la solde des soldats du Christ, qui combattent avec les armes de la justice, » (I *Corinth.*, vi, 8) non-seulement à droite, mais encore à gauche, c'est-à-dire, entre l'honneur et l'ignominie, entre la mauvaise et la bonne réputation.

Chapitre XXIII. — 28. Poursuivez donc votre course, courez avec persévérance jusqu'au bout de la carrière, afin de remporter le prix. Par votre exemple et vos exhortations, entraînez avec vous dans la lice toutes celles que vous pourrez. Ne vous laissez pas détourner du zèle avec lequel vous excitez les autres à suivre votre exemple, par les vains discours de ceux qui disent : Que deviendrait le genre humain, si tous gardaient la continence ? Comme si la fin des siècles n'était pas retardée uniquement, pour que le nombre des saints qui ont été prédestinés fût au complet, car une fois qu'il y sera, la fin du monde ne sera plus différée. Que votre ardeur à exhorter les autres à poursuivre le même bien que vous, ne soit pas ralentie, parce qu'on pourrait vous dire : Puisque le mariage est aussi un bien, comment tous les biens, grands et petits, pourront-ils être dans le corps de Jésus-Christ, si la gloire et l'amour de la continence portent toutes les femmes à vous imiter? Malgré tous vos soins et tous vos efforts, pour les amener toutes dans votre voie, il n'y en aura toujours que fort peu qui vous y suivront. « En effet, toutes ne sont pas capables d'atteindre jusque-là. Mais comme il est écrit, que celui qui peut le faire le fasse ; » (*Matth.*, xix, 11) peut-être alors que toutes celles qui en sont capables, tâcheront d'y parvenir, quand on le dira même à celles qui ne le sont pas. On ne doit pas craindre non plus que toutes ne soient pas capables « d'atteindre jusque-là, » et qu'ainsi il ne manque quelques-uns des biens inférieurs, comme est le mariage dans le corps de Jésus-Christ. Si d'ailleurs tous entendaient la voix qui les appelle à ce but et voulaient y atteindre, on devrait en conclure que cela était arrêté dans les conseils de Dieu, c'est-à-dire, qu'il suffisait pour la perfection du corps de Jésus-Christ, que les biens attachés à l'état du mariage se soient trouvés dans le grand nombre de ses membres, qui ont vécu jusqu'ici. En effet, quand bien même tous les hommes vivraient aujourd'hui dans l'état de continence, on ne pourrait pas représenter la gloire de ceux qui observent cette vertu, par les grains qui produisent trente pour un dans

---

recte possumus fecerimus, si aliqui de nobis vel mala fingendo, vel male credendo, famam nostram decolorare conantur, adsit conscientiæ solatium, planeque etiam gaudium, quod merces nostra magna est in cœlis (*Matth.*, v, 12), etiam cum dicunt homines mala multa de nobis, pie tamen justeque viventibus. Illa enim merces tanquam stipendium est militantium, per arma justitiæ, non solum dextera, verum et sinistra, per gloriam scilicet et ignobilitatem; per infamiam et bonam famam. (I *Cor.*, vi, 8.)

Caput XXIII. — 28. Agite itaque cursum vestrum; et perseveranter currite, ut comprehendatis ; et exemplo vitæ exhortationisque sermone rapite in eumdem cursum vestrum quascumque potueritis. Non vos ab hoc studio, quo multas ad imitandum excitatis, frangat querela vanorum, qui dicunt : Quomodo subsistet genus humanum, si omnes fuerint continentes? Quasi propter aliud retardetur hoc sæculum, nisi ut impleatur prædestinatus numerus ille sanctorum, quo citius impleto, profecto nec terminus sæculi differetur. Nec illud vos retardet ab studio persuadendi aliis bonum vestrum, si dicatur vobis cum et nuptiæ bonæ sint, quomodo erunt omnia bona in Christi corpore, et majora scilicet et minora, si omnes continentiæ (a) laude atque amore imitentur ? Primo quia conando ut omnes sint continentes, tunc erunt vel paucæ. « Neque enim omnes capiunt verbum hoc. » (*Matth.*, xix, 11.) Sed quoniam scriptum est : « Qui potest capere, capiat : » tunc capiunt quæ possunt, si nec illis quæ non capiunt taceatur. Deinde nec timere debemus, ne forte omnes capiant, et aliquid de minoribus bonis, id est conjugalis (b) vita, Christi desit in corpore. Si enim omnes audierint, et omnes ceperint, intelligere debemus hoc ipsum fuisse prædestinatum, ut conjugalia bona in illorum numero membrorum jam sufficiant, quæ tam multa ex hac vita transierunt. Neque enim nunc, si omnes fuerint continentes, honorem continentium daturi sunt eis qui, tricenarium fructum, (c) si in conjugali bono ipse intelligitur,

---

(a) Sic Mss. At editi, *laudem atque amorem*. — (b) Er. et plures Mss. *vitæ*. — (c) Ita Mss. At editi, *qui conjugali bono inesse intelligitur*.

les greniers du Seigneur (*Matth.*, XIII, 8), puisqu'on entend par ce fruit le bien du mariage. Tous ces différents biens auront donc là leur place, quand même dans la suite nul homme et nulle femme ne voudraient se marier. Vous pouvez donc sans crainte insister près de toutes celles que vous pourrez, afin qu'elles suivent votre exemple. Mais priez surtout avec ferveur, pour que la main du Très-Haut et l'abondance de sa grâce et de sa miséricorde vous aident à persévérer dans ce que vous êtes, et vous fasse avancer de plus en plus vers ce que vous serez un jour.

29. Maintenant je vous conjure, par celui de qui vous avez reçu ce don, et de qui vous en espérez la récompense, de ne pas m'oublier dans vos prières et dans celles des fidèles qui sont dans votre maison. J'ai eu l'heureuse pensée d'écrire à votre mère, déjà très-avancée en âge, une lettre au sujet de la prière (1); car c'est à elle surtout qu'il appartient de combattre pour vous dans ses prières, elle qui a pour vous et votre fille bien plus de sollicitude que pour elle-même. Mais j'ai voulu vous adresser à vous, plutôt qu'à elle, cet opuscule sur la continence des veuves, parce qu'il vous reste encore à vaincre bien des choses dont son âge a déjà triomphé. Si votre fille, cette vierge sainte, désire de moi quelque chose concernant sa profession, elle trouvera parmi mes ouvrages un livre assez détaillé sur la sainte virginité. Qu'elle le lise. Je vous avais engagée vous-même à en prendre lecture, parce qu'il contient beaucoup de choses qui sont nécessaires à la chasteté des vierges et des veuves. Je n'ai fait que les effleurer dans cet opuscule que je vous envoie. Il y en a même beaucoup que j'ai passées sous silence, parce que je les avais amplement traitées dans cet autre ouvrage. Persévérez dans la grâce de Notre-Seigneur Jésus-Christ.

(1) Lettre 130 à Proba.

jam dominicis horreis intulerunt. (*Matth.*, XIII, 8.) Habebunt ergo illic omnia ista bona suum locum, etiamsi deinceps nulla velit nubere, vel nemo ducere uxorem. Secure itaque instate quibus potestis, ut fiant quod vos estis : et orate vigilanter atque ferventer, ut adjutorio dexteræ Excelsi et abundantia misericordissimæ gratiæ Domini, et perseveretis in eo quod estis, et proficiatis ad id quod eritis.

29. Deinde obsecro vos per illum a quo et hoc donum accepistis, et hujus doni præmia speratis, ut me quoque orationibus vestris memineritis inserere cum tota domestica vestra Ecclesia. Ordinatissime quippe provenit, ut matri vestræ jam grandævæ de oratione epistolam scriberem ; ad ipsam quippe maxime pertinet orando concertare pro vobis, quæ de se minus sollicita est quam de vobis : et ut ad te potius quam ad illam hoc de continentia viduali opusculum facerem; quia tibi superare adhuc restat, quod jam ætas illius superavit. Virgo autem sancta proles vestra, si aliquid de sua professione desiderat ex laboribus nostris, habet grandem librum de sancta virginitate, quem legat. De quo legendo etiam te commonueram, quoniam multa continet utrique necessaria castitati, hoc est, virginali atque viduali, quæ hic propterea partim tenuiter attigi, partim omnino prætermisi, quia ibi copiosius disputavi. Perseveres in gratia Christi.

SUR

LES DEUX LIVRES SUIVANTS

ON LIT AU LIVRE II DES RÉTRACTATIONS, CHAP. LVII.

J'ai écrit deux livres sur *les Mariages adultères*. J'ai cherché à résoudre dans le sens des saintes Ecritures, et autant qu'il m'a été possible, les difficultés que renferme cette question. Les ai-je toutes résolues clairement? Je l'ignore. Mais quoique j'en aie développé plusieurs, je sens cependant que je suis resté bien au-dessous de ma tâche. C'est ce dont pourra juger un lecteur intelligent. Le premier livre de cet ouvrage commence ainsi : « La première question, mon cher frère Pollentius. » Le second : « A ce que vous m'aviez écrit, j'ai répondu. »

IN SEQUENTES LIBROS

LIBRI II RETRACTATIONUM, CAPUT LVII.

Scripsi duos libros *de Conjugiis adulterinis*, quantum potui secundum Scripturas cupiens solvere difficillimam quæstionem. Quod utrum enodatissime fecerim, nescio : imo vero non me pervenisse ad hujus rei perfectionem sentio, quamvis multos sinus ejus aperuerim : quod judicare poterit quisquis intelligenter legit. Hujus operis primus liber sic incipit : Prima quæstio est, frater dilectissime Pollenti. » Secundus autem sic : « Ad ea quæ mihi scripseras. »

LES DEUX LIVRES A POLLENTIUS

SUR LES

MARIAGES ADULTÈRES [1]

LIVRE PREMIER

Saint Augustin y traite particulièrement deux questions. La première sur ce passage de la première épître de l'apôtre saint Paul aux Corinthiens, ch. VII : « Pour ceux qui sont dans l'état du mariage, ce n'est pas moi, mais le Seigneur qui leur fait ce commandement : que si la femme se sépare de son mari, elle doit demeurer sans se marier. » Pollentius croit que ce précepte de l'Apôtre regarde les femmes qui se séparent de leurs maris sans cause d'adultère, et que c'est à elles seules qu'il est défendu de contracter un nouveau mariage. Saint Augustin, au contraire, pense que ce commandement concerne les femmes qui se séparent pour cause de fornication, et que hors ce cas, il ne leur est pas permis de quitter leurs maris. La seconde question roule sur cet autre passage du même chapitre. « Pour ce qui est des autres, ce n'est pas le Seigneur, mais moi qui leur dis, » etc. Saint Augustin enseigne que c'est un conseil que l'Apôtre donne aux fidèles, qui auraient été mariés à des infidèles, de ne point user de la permission qu'ils ont d'abandonner leurs époux infidèles; Pollentius, au contraire, pense que c'est un ordre que leur donne saint Paul de ne pas les abandonner. Notre saint touche enfin la question de savoir s'il est utile de donner le baptême aux catéchumènes en danger de mort, s'ils ne demandent pas ce sacrement, et sont hors d'état de répondre pour eux-mêmes.

Chapitre I. — 1. La première des questions que vous avez traitées dans votre lettre, mon cher frère Pollentius, comme pour me consulter, roule sur ces paroles que l'Apôtre adresse aux Corinthiens : « Pour ceux qui sont mariés, ce n'est pas moi, mais le Seigneur qui leur fait ce commandement, que la femme ne se sépare point de son mari, si elle s'en sépare, qu'elle reste sans se marier, ou qu'elle se réconcilie avec son mari ; que le mari de même ne quitte pas sa femme. » (I *Cor.*, VII, 10, 11.) Faut-il entendre ces paroles comme vous le pensez, c'est-à-dire que le Seigneur défend à la femme de se remarier lorsque, sans cause d'adultère elle s'est séparée de son mari, ou bien faut-il les interpréter, comme je l'ai fait, dans les ouvrages que

[1] Écrits vers l'an de Jésus-Christ 419.

DE

CONJUGIIS ADULTERINIS

AD POLLENTIUM, LIBRI DUO [a]

LIBER PRIMUS.

In quo tractantur quæstiones potissimum duæ. Prima est in illud, I *Cor.*, VII : « His autem qui sunt in conjugio præcipio..... inuliorem..... si discesserit, manere innuptam, » etc., quod Apostoli præceptum Pollentio quidem videtur pertinere ad mulieres recedentes a viris præter fornicationis causam, hisque solis prohibitum nubere alteri viro : contra autem Augustinus eas tantum spectare contendit, quæ a viris fornicationis causa recesserint, atque præter hanc causam recedere non permissum. Secunda quæstio est circa illud item, 1 *Cor.*, VII : « Cæteris autem ego dico, non Dominus, » etc. Hoc monendo dictum ab Apostolo docet Augustinus, ut scilicet fideles conjuges in relinquendis infidelibus permissa licentia non utantur : Pollentius contra sentit vetitum ibi esse a Paulo, ne conjuges etiam infideles dimittantur a fidelibus. Attingitur postremo quæstio de Catechumenis in ultimo vitæ constitutis, an iis nec petentibus, nec pro se respondere valentibus, prosit baptizari.

Caput I. — 1. Prima quæstio est, frater dilectissime Pollenti, earum quas ad me scribens, tanquam consulendo tractasti, quod ait Apostolus : « His autem qui sunt in conjugio præcipio, non ego, sed Dominus, mulierem a viro non discedere, quod si discesserit, maneat innuptam, aut viro suo reconciliari, et vir uxorem non dimittat, » (I *Cor.*, VII, 10, 11) utrum ita sit accipiendum, ut eam prohibuisse nubere intelligatur, quæ sine causa fornicationis discessit a viro ; id enim sentis : an sicut ego sensi in eis libris,

[a] In *Retractationum* libro secundo proxime post *Opus de Origine animæ*, quod anno Christi 419, conscriptum est, collocantur. Hoc Possidius cap. VI, appellat, *de incompetentibus Nuptiis*.

j'ai publiés il y a plusieurs années, où j'explique le sermon du Seigneur sur la montagne, rapporté dans l'Evangile selon saint Matthieu ; c'est-à-dire qu'il est défendu à la femme de contracter un nouveau mariage, lorsqu'elle est séparée de son mari pour cause d'adultère, seul cas où cette séparation est autorisée ? Ainsi, vous croyez qu'il n'est pas permis à une femme de se remarier, lorsqu'elle se sépare de son mari sans y être poussée pour cause d'adultère. Mais vous ne faites pas attention que s'il n'y a pas d'adultère de la part du mari, non-seulement une femme qui se sépare de lui ne peut pas se remarier, mais que cette séparation même ne lui est pas permise. Le commandement qui ordonne à la femme séparée de son mari, de ne pas convoler à de nouvelles noces, ne lui ôte pas la liberté de se séparer de son époux, mais seulement de ne pas se marier. S'il en est ainsi toute licence est donc donnée à la femme d'embrasser, si elle le veut, l'état de continence, sans attendre le consentement de son mari ; de sorte que la défense que saint Paul fait à la femme de se séparer de son mari s'adresserait non à celles qui voudraient garder la continence, mais à celles qui choisiraient le parti du divorce, afin de se marier avec qui bon leur semblerait. Ainsi, selon vous, toutes les femmes qui ne voudraient plus avoir aucun commerce avec leurs époux, ou qui renonceraient aux liens du mariage, pourraient, sans cause aucune d'adultère de la part de leurs maris, se séparer d'eux, et, suivant les prescriptions de l'Apôtre, demeurer sans se marier. Il en serait de même à l'égard des hommes, puisque la loi est aussi formelle pour eux que pour les femmes. S'ils veulent garder la continence, ils pourront, même sans le consentement de leurs épouses, les abandonner et renoncer désormais à l'état du mariage. Car, d'après votre sentiment, si ce divorce était provoqué pour cause de fornication, il leur serait permis de contracter une nouvelle union. Mais si ce cas n'existe point, il ne reste pas, selon vous, d'autre parti à prendre par les personnes mariées, que celui-ci, ou qu'aucun des deux époux ne se sépare jamais de l'autre, ou que s'ils se séparent, ils restent sans se marier, ou que du moins celui des deux qui a abandonné l'autre se réconcilie avec lui. Ainsi donc, toujours selon votre opinion, s'il n'y a point crime d'adultère, il sera permis aux époux de choisir une de ces trois choses, ou de ne pas se séparer, ou s'ils se séparent de rester dans cet état, ou s'ils ne veulent pas y demeurer de ne pas contracter un autre mariage, mais de revenir mutuellement l'un à l'autre.

Chapitre II. — 2. Mais alors, que devient la prescription du même Apôtre, « que les époux ne doivent pas s'exempter de remplir l'un envers l'autre le devoir conjugal, même pour un temps, afin de vaquer à la prière, si ce n'est du consentement de l'un et de l'autre ? » (I *Cor.*,

quos ante plurimos annos de sermone Evangelico scripsi, quem secundum Matthæum habuit Salvator in monte, illas innuptas manere præceperit, quæ a viris suis ea causa recesserint quæ sola permissa est, id est, fornicationis. Videtur enim tibi tunc a viro discedentem feminam nubere non debere, si nulla viri fornicatione compulsa discesserit. Nec attendis, si nullam vir ejus causam fornicationis habuerit, non eam discedentem manere innuptam, sed omnino discedere non debere. Nam utique cui præcipitur, ut si a viro discesserit innupta permaneat, non discedendi aufertur licentia, sed nubendi. Quod si ita est, datur ergo licentia feminis quæ continentes esse voluerint, nullum maritorum expectare consensum, ut quod dictum est, « mulierem a viro non discedere, » eis præceptum esse videatur, quæ possent eligere, non continentiam, sed tale divortium quo liceret eis in aliorum nuptias convenire. Proinde quæ dilexerint nullum desiderare concubitum, nullum ferre connubium, licebit eis, viros suos etiam sine ulla fornicationis causa relinquere, et innuptas secundum Apostolum permanere. Et viri similiter (quoniam par forma est in utrisque) si continentes esse voluerint, etiam uxoribus non consentientibus deserent eas, et sine ullis nuptiis permanebunt. Tunc enim eis, ut putas, alia conjugia liceret inquirere, si fornicationis causa divortium nasceretur. Cum vero ista causa non est, superest, secundum id quod existimas, ut aut conjux non discedat a conjuge, aut si discesserit, sine conjugio maneat, aut ad pristinum conjugium revertatur. Nulla ergo existente causa fornicationis, cuilibet conjugi licebit unum de tribus eligere ; aut non discedere a conjuge ; aut si discesserit, sic manere ; aut si non sic manserit, non alterum quærere, sed priori se reddere.

Caput II. — 2. Et ubi est quod idem Apostolus, nec ad tempus, ut vacetur orationi, nisi ex consensu, voluit conjuges carnali fraudare invicem debito ? (I *Cor.*, VII, 5.) Quomodo salvum erit quod ait : « Propter fornicationes autem unusquisque uxorem suam

LIVRE I. — CHAPITRE III.

VII, 5.) Comment serait observé ce qu'il dit plus haut : « Pour éviter la fornication, que chaque homme ait sa femme et chaque femme son mari ? Que le mari rende à sa femme ce qu'il lui doit, et que la femme agisse de même envers son mari. Le corps de la femme n'est pas en sa puissance, mais en celle de son mari; de même le corps de l'homme n'est pas en sa puissance, mais en celle de sa femme ? » (I *Cor.*, VII, 2, 3.) Où serait la vérité de ces paroles : « Que l'un des deux époux ne peut garder la continence qu'avec le consentement de l'autre ? » Car s'il était permis à la femme de quitter son époux pour recouvrer sa liberté, son corps ne serait plus en la puissance de son mari, mais uniquement en la sienne. Il en serait de même du mari à l'égard de sa femme. Et lorsque le Seigneur dit : « Quiconque quitte sa femme, si ce n'est pour cause de fornication, la rend adultère. » (*Matth.*, V, 32.) Quel sens donner à ces paroles, sinon qu'il n'est pas permis à l'homme d'abandonner sa femme, lorsqu'il ne peut lui reprocher aucun crime d'adultère ? Et pourquoi ? « Dans la crainte de la faire devenir adultère. » Or, quoique ce ne soit pas la femme qui quitte son mari, mais elle qui est abandonnée par lui, elle devient adultère si elle en épouse un autre.

Chapitre III. — C'est pour éviter un si grand mal, qu'il est défendu à l'homme de quitter sa femme, si ce n'est pour cause de fornication, car alors il ne la fait pas devenir adultère en la renvoyant, mais il ne fait que répudier une adultère. S'il disait : Je renvoie, il est vrai, ma femme sans avoir aucun reproche à lui faire sur sa fidélité, mais je garderai la continence, dirons-nous qu'il n'est pas coupable d'avoir agi ainsi ? Quel est celui qui oserait avancer une telle opinion, s'il comprend les paroles du Seigneur qui, hors le cas de fornication, ne permet pas à l'homme de quitter sa femme, même pour garder la continence ?

3. Revenons donc aux paroles de l'Apôtre : « Quant à ceux qui sont mariés, ce n'est pas moi, mais le Seigneur qui ordonne à la femme de ne pas se séparer de son mari, et que si elle s'en sépare, elle ne contracte pas un nouveau mariage. » (I *Cor.*, VII, 10, 11.) Interrogeons saint Paul, et comme s'il était ici présent, demandons-lui : Pourquoi donc, ô Apôtre, avez-vous dit que si une femme se sépare de son mari, elle ne doit pas contracter un nouveau mariage ? Lui est-il, ou ne lui est-il pas permis de se séparer de son mari ? Si cela ne lui est pas permis, pourquoi lui ordonnez-vous, si elle s'en sépare, de rester sans se marier ? Si cela lui est permis, c'est sans doute pour quelque raison. Or, nous avons beau en chercher, nous n'en trouvons pas d'autre que celle alléguée par le Sauveur lui-même, c'est-à-dire l'adultère. L'Apôtre n'a donc prescrit à la femme, qui se sépare de son mari, de rester sans se marier, uniquement pour la raison qui seule peut l'autoriser à

---

habeat, et unaquæque virum suum habeat : uxori vir debitum reddat, similiter autem et uxor viro. Uxor non habet potestatem corporis sui, sed vir; similiter et vir non habet potestatem corporis sui, sed mulier. » (*Ibid.*, 2, 3.) Hoc quomodo verum erit, nisi quia nolente conjuge, non licet conjugi continere ? Nam si licet mulieri sic dimittere virum, ut maneat innupta, non vir habet, sed ipsa sui corporis potestatem, quod etiam de viro intelligitur. Deinde cum dictum est : « Quicumque dimiserit uxorem suam, excepta causa fornicationis, facit eam mœchari : » (*Matth.*, V, 32) quomodo dictum intellecturi sumus, nisi prohibitum esse homini dimittere uxorem, si nulla causa fornicationis exstiterit ? Et dictum est quare, ne scilicet faciat eam mœchari : utique ideo, quia etiamsi non ipsa dimiserit, sed dimissa fuerit, erit mœcha, si nupserit.

Caput III. — Propter hoc ergo tam magnum malum, non licet homini dimittere uxorem, nisi ex causa fornicationis. Tunc enim non ipse dimittendo facit adulteram, sed dimittit adulteram. Quid si ergo dicat : Dimitto quidem uxorem meam sine ulla causa fornicationis, sed continens permanebo; ideone dicemus eum impune fecisse quod fecit ? Quis hoc dicere audebit, qui voluntatem Domini hæc dicentis intelligit ? Quoniam nec continentiæ causa dimitti conjugem voluit, qui solam causam fornicationis excepit.

3. Redeamus igitur ad ipsa Apostoli verba dicentis : « His autem qui sunt in conjugio præcipio, non ego, sed Dominus, uxorem a viro non discedere; quod si discesserit, manere innuptam. » (I *Cor.*, VII, 10, 11.) Et eum velut interrogemus, et tanquam præsentem quodam modo consulamus : Cur dixisti, Apostole, « quod si discesserit, manere innuptam ? » Licetne discedere, an non licet ? Si non licet, cur præcipis discedenti ut maneat innupta ? Si autem licet, profecto est aliqua causa qua liceat. Hæc autem inquisita non invenitur, nisi quam solam Salvator excepit, id est, causa fornicationis. Ac per hoc non præcepit Apostolus mulierem si discesserit manere

cette séparation. Et lorsqu'il dit : « Je défends à la femme de se séparer de son mari, et si elle s'en sépare, qu'elle demeure sans se marier; » ne croyons pas que celle qui se sépare ainsi de son mari, pour s'abstenir désormais du mariage, soit en opposition avec la défense de l'Apôtre. Cette défense ne s'adresse qu'à la femme à qui il est permis de se séparer. Or, cette permission n'est donnée qu'à celle dont le mari s'est rendu coupable d'adultère. Qui osera dire après cela que la femme qui se sépare de son mari, hors le cas d'adultère, doit demeurer sans se marier, puisque, hors ce cas, il ne lui est jamais permis de se séparer de son époux? Je pense que vous devez voir maintenant combien le sens que vous donnez aux paroles de l'Apôtre, est contraire au lien conjugal, puisque le Seigneur lui-même ne permet aux époux d'embrasser l'état de continence, qu'avec le consentement de l'un et de l'autre.

CHAPITRE IV. — 4. Développons un peu plus clairement cette question et rendons-la, pour ainsi dire, visible aux yeux de tous. Voici une femme à laquelle il plaît de vivre dans la continence, mais cela ne plaît pas à son mari. Cette femme se sépare de lui, et commence à mettre son dessein à exécution. Elle restera chaste, j'y consens, mais elle agira contre la volonté du Seigneur, c'est-à-dire qu'elle rendra son mari adultère, parce que ne pouvant pas observer la continence, il entretiendra un commerce criminel avec une autre. Que pouvons-nous dire à cette femme, sinon ce que lui prescrit la saine doctrine de l'Église? Rendez à votre mari ce que vous lui devez, de peur que là où vous cherchez pour vous plus de gloire et d'honneur, il n'y trouve une occasion de se perdre. Nous lui dirions la même chose à lui-même, s'il voulait malgré vous, observer la continence. « Car votre corps n'est pas en votre puissance, mais en celle de votre mari; comme son corps n'est pas en sa puissance, mais en la vôtre. » (I *Cor.*, VII, 3.) Ne vous refusez donc pas, sinon d'un commun accord, ce que vous vous devez l'un à l'autre. Lorsque nous aurons dit tout cela et beaucoup d'autres choses semblables, croyez-vous que cette femme, en adoptant votre manière de voir, aurait le droit de nous répondre : J'entends l'Apôtre me dire : « J'ordonne à la femme de ne pas se séparer de son mari, et que si elle s'en sépare, elle ne contracte pas un nouveau mariage, ou bien qu'elle se réconcilie avec son époux. » (I *Cor.*, VII, 10, 11.) Eh bien! je m'en suis séparée; je ne veux pas me réconcilier avec lui, mais rester sans me marier. Car l'Apôtre ne dit pas que si la femme se sépare de son mari, elle doit rester sans se marier, jusqu'à ce qu'elle se soit réconciliée avec lui, mais il dit : « Qu'elle doit rester sans se marier, ou bien se réconcilier avec son mari. » Or, l'Apôtre, en disant qu'elle fasse ceci ou cela, lui a donc permis de choisir l'une de ces deux choses, mais ne l'astreint à aucune

---

innuptam, nisi quæ illa causa discedit a viro, qua sola ei licitum est discedere a viro. Ubi enim dicitur : « Præcipio non discedere, quod si discesserit, manere innuptam, » absit ut contra hoc præceptum faciat, quæ sic discedit ut innupta permaneat. Nisi ergo illa intelligatur cui licet discedere, (non autem licet nisi viro fornicante,) quomodo jubetur innupta, si discesserit, permanere? Quis est qui dicat : Si discesserit mulier a viro non fornicante, innupta permaneat, cum ei nisi a viro fornicante discedere omnino non liceat? Sensus itaque iste tuus quantum adversetur vinculo conjugali, ubi Dominus nec continentiam voluit suscipi, nisi pari concordique consensu, puto quod jam intelligas.

CAPUT IV. — 4. Sed rem ipsam paulo apertius proloquamur, et quasi constituamus ante oculos. Ecce placuit continentia mulieri, viro non placuit : discessit ab eo mulier, et cœpit vivere continenter, ipsa scilicet casta mansura, sed factura, quod Dominus non vult, adulterum virum; qui cum se non continuerit, alteram quæret. Quid sumus dicturi mulieri, nisi quod dicit Ecclesiæ sana doctrina? Redde debitum viro, ne dum tu quæris unde amplius honoreris, ille unde damnetur inveniat. Hoc enim et illi diceremus, si te nolente continere voluisset. Non enim habes potestatem corporis tui, sed ille : sicut nec ille habet potestatem corporis sui, sed tu. Nolite invicem fraudare, nisi ex consensu. Cum hæc atque hujusmodi plura quæ ad hoc pertinerent dixerimus, placetne tibi ut nobis mulier ex ista tua ratione respondeat? Ego Apostolum audio dicentem (I *Cor.*, VII, 10, 11) : « Præcipio mulierem a viro non discedere; quod si discesserit, manere innuptam, aut viro suo reconciliari. » Ecce discessi, nolo reconciliari viro, sed innupta permaneo. Non enim ait, si discesserit, manere innuptam, donec viro suo reconcilietur; sed « manere, inquit, innuptam, aut viro suo reconciliari. » Hoc, inquit, faciat, aut illud : unum e duobus eligendum permisit; non autem in horum alterum compulit. Manere innupta eligo, ac

des deux. En prenant le parti de ne pas me marier, j'accomplis donc le précepte. Si je me marie, ayez recours contre moi à tous les châtiments, à toutes les réprimandes, à toute la sévérité que vous voudrez.

Chapitre V. — 5. Que pourrais-je répondre à cette femme, sinon qu'elle comprend mal les paroles de l'Apôtre? Il n'aurait pas, en effet, ordonné à la femme qui se serait séparée de son mari, de ne pas se marier, si ce n'est à celle à qui cette séparation était permise, et pour le cas seulement où son mari se serait rendu coupable d'adultère. Si l'Apôtre a passé ce cas sous silence, c'est parce qu'il était assez connu de tous. Car c'est le seul que Dieu, notre maître, ait excepté, lorsqu'il a défendu au mari d'abandonner sa femme, et il nous a donné clairement à entendre que cette loi est également formelle pour la femme à l'égard de son mari. Car « le corps de la femme n'est pas en sa puissance, mais en celle de son mari, comme le corps du mari n'est pas en sa puissance, mais en celle de sa femme. » (1 *Cor.*, VII, 3.) Si donc vous ne pouvez pas accuser votre mari de fornication, comment pouvez-vous, sous prétexte que vous ne vous mariez pas, excuser votre séparation d'avec celui dont il ne vous est jamais permis de vous séparer? Je pense qu'après avoir donné ces explications à cette femme, vous ne voudriez pas qu'elle nous répondit, que si elle ne se marie pas, c'est parce que le mari dont elle s'est séparée n'a commis aucun adultère, car s'il en était coupable, non-seulement elle pourrait se séparer de lui, mais encore en épouser un autre.

Chapitre VI. — 6. Cette femme n'oserait pas nous faire une pareille réponse, puisque vous-même vous avez craint de laisser une telle permission aux femmes. Vous dites, en effet : « Si un mari répudie sa femme pour cause d'adultère, et se marie avec une autre, le déshonneur en retombera sur la femme seule; mais si par le même motif, une femme quitte son mari et prend un autre époux, ce n'est pas seulement le mari, mais encore la femme qui sera déshonorée. » Pour rendre raison de ce que vous avancez, vous ajoutez : « Car on dira que cette femme n'a quitté son mari que pour en épouser un autre, qui ne vaudra peut-être pas mieux que celui dont elle s'est séparée; les hommes, en effet, n'ont que trop de penchant au vice de l'impureté. Si pour cette raison elle quitte encore son second mari, pour en prendre un troisième, on n'en sera que plus porté à attribuer ce changement fréquent de maris à une concupiscence charnelle. » Après avoir expliqué vos raisons, vous concluez, en disant : « Tout bien pesé, tout bien examiné, une femme doit supporter son mari tel qu'il est, ou s'abstenir de tout autre mariage. » Vous avez vraiment donné là un beau conseil aux femmes. Vous leur faites voir que, s'il leur est permis de se séparer de leurs maris pour cause de fornication, et de se marier

---

sic præceptum impleo. Corripe, argue, increpa, utere qua volueris severitate, si nupsero.

Caput V. — 5. Quid huic contradicam? nisi, Apostolum non bene intelligis. Neque enim ille præcepisset, si a viro discesserit, innuptam manere mulierem, nisi eam cui discedere licuisset, illa una videlicet causa, quæ ibi propterea tacita est, quia notissima est, hoc est, fornicationis. Hanc enim solam Deus magister excepit, cum de dimittenda loqueretur uxore; deditque intelligi talem formam etiam in viro esse servandam : quoniam non solum mulier non habet potestatem corporis sui, sed vir; sed similiter et vir non habet potestatem corporis sui, sed mulier. Cum ergo tuum maritum arguere de fornicatione non possis, quomodo putas quod ab eo discedis non nubendo excusare, a quo tibi non licet omnino discedere? Cum hæc a nobis mulier audierit, puto quod nolis sic respondere, ut dicat propterea se manere innuptam, quia sine ulla viri fornicatione discessit, nam si ille fornicatus esset, non solum sibi discedere, verum etiam nubere licuisset.

Caput VI. — 6. Nequaquam hoc illa diceret, cum et ipse sis verecundatus istam mulieribus dare licentiam. Dixisti enim : « Si vir uxorem adulteram dimiserit, et aliam duxerit, mulier tantum opprobrium habebit. Si autem mulier supradicta causa virum dimiserit, et alii nupserit, non vir tantum, sed et mulier opprobrium habebit. » Cujus sententiæ tuæ rationem reddens : « Dicent enim, inquis, eam ideo discessisse, ut alium virum sibi conjungeret, etsi talis forte fuerit qualis a quo discessit; perquam facile enim viris est, in hoc morbi vitium irruere. Si autem et ipsum dimiserit, et alii nupserit, magis magisque dicent eam numerositatem virorum appetisse. » Hac reddita ratione concludis, et dicis : « His ergo pertractatis vel etiam discussis, oportet mulierem virum tolerare, aut innuptam manere. » Bonum plane dedisti consilium mulieribus, ut cum sciant sibi esse permissum, si adulteros viros dimiserint,

à d'autres, elles ne doivent cependant pas le faire, dans la crainte de se déshonorer ; mais de tolérer plutôt leurs époux, quoique adultères, afin de ne point paraître profiter de l'occasion du divorce, pour s'unir à plusieurs hommes ; par la raison, dites-vous, qu'il est bien difficile qu'une femme ne trouve pas, dans un nouvel époux, un homme qui ressemble, par son penchant aux plaisirs des sens, à celui qu'elle a quitté, puisque tous les hommes sont travaillés par cette maladie. Ainsi, lorsque nous disons à la femme qui a quitté son mari pour cause d'adultère, qu'il ne lui est pas permis de se marier, vous dites, vous, que cela lui est permis, mais ne lui est pas avantageux. Nous sommes l'un et l'autre d'accord sur un point ; c'est qu'une femme qui quitte son mari pour cause d'adultère, ne doit pas se marier. Mais il y a entre nous deux cette différence ; c'est que, lorsque les deux époux sont chrétiens, je dis à la femme qui a quitté son mari pour cause d'adultère, qu'elle ne doit pas contracter un nouveau mariage, et que si elle n'a aucun reproche d'impureté à lui faire, elle ne peut et ne doit pas se séparer de lui. Pour vous, vous dites que si une femme se sépare de son mari exempt de tout reproche d'adultère, il ne lui est pas permis d'en épouser un autre, par respect pour le commandement du Seigneur ; mais que si elle se sépare d'un mari coupable de fornication, il ne lui est pas avantageux de contracter un autre mariage, à cause de l'opprobre qu'elle en subirait. Ainsi vous permettez à une femme qui aurait pris la résolution de ne pas se remarier, de se séparer de son époux coupable ou non du crime de fornication.

Chapitre VII. — 7. Or, puisque le bienheureux Apôtre, ou plutôt le Seigneur, par la bouche de son Apôtre, défend à la femme de se séparer de son mari, quand il est innocent de tout crime d'adultère ; il est évident que la défense qu'il lui fait de se marier, si elle s'en séparait, regarde uniquement celle à qui cette séparation est permise pour cause d'adultère. En effet, celle dont il est dit, que si elle se sépare de son mari, il ne lui est pas permis de se marier, a la liberté de s'en séparer, à condition de ne pas contracter un autre mariage. Si donc elle a pris le parti de s'abstenir du mariage, il n'y a plus de raison qui l'empêche de se séparer de son mari. Il en est de cette femme, comme de celle dont l'Apôtre dit : « Si elle ne peut garder la continence, qu'elle se marie. » (I *Cor.*, VII, 9.) Si celle qui ne peut pas rester dans l'état de continence doit se marier, il est évident qu'une fois mariée, il lui est permis de ne plus garder la continence. Ainsi, de même qu'on force au mariage celle qui est trop faible pour garder la continence, afin que cette faiblesse ne tourne pas à sa condamnation ; de même la femme qui se sépare de son mari, est obligée de renoncer au mariage, afin qu'elle puisse sans péché opérer cette séparation. Mais le péché restera sur elle, si elle quitte son mari innocent de toute fornication, quand bien même elle resterait sans se marier. Ainsi le précepte

---

aliis conjugari, non tamen faciant propter opprobrium, sed potius tolerent etiam adulteros viros, ne videantur hac occasione multis velle misceri, eo quod difficile sit, ut non talem inveniat mulier cui nubat, qualis fuerit quem dimisit, quoniam valde in hunc morbum sunt proclives viri. Cum ergo nos dicimus etiam illi mulieri, quæ virum fornicantem dimiserit, alteri nubere non licere, tu autem dicis licere quidem, sed non expedire; utrique procul dubio dicimus eam quæ fornicantem virum dimittit, nubere non debere. Verum hoc interest, quod nos, quando conjuges ambo Christiani sunt, mulieri, si a viro fornicante discesserit, dicimus non licere alteri nubere, a viro autem non fornicante non licere omnino discedere : tu vero dicis, si mulier a viro non fornicante discesserit, non ei licere alteri nubere, propter præceptum; si autem a fornicante discesserit, non ei expedire nubere propter opprobrium. Mulierem itaque non nupturam discedere a viro, sive fornicante, sive non fornicante, permittis.

Caput VII. — 7. Porro beatus Apostolus, imo per Apostolum Dominus, quia mulierem non permittit a viro non fornicante discedere ; restat ut eam prohibeat, si discesserit, nubere, quam permittit a fornicante discedere. De qua enim dicitur : Si a viro discesserit, non nubat ; ea conditione discedere permittitur, ut non nubat. Si ergo elegerit non nubere, non est cur prohibeatur discedere. Sicut illa de qua dicitur : Si se non continet nubat ; hac utique conditione non continere permittitur, ut tamen nubat. (I *Cor.*, VII, 9.) Si ergo elegerit nubere, cogi non potest continere. Sicut ergo ista incontinens compellitur nubere, ut possit quod non continet non esse damnabile : sic a viro illa discedens, innupta compellitur permanere, ut possit quod discedit non esse culpabile. Culpabiliter autem a viro non fornicante discedit, etiamsi innupta permanserit. Illa ergo

qui ordonne à la femme qui se sépare de son mari, de ne pas se marier, ne s'applique qu'à celle qui quitte son mari pour cause d'adultère. Puisqu'il en est ainsi, si nous entendions les paroles de l'Apôtre de manière à pouvoir dire aux femmes : Ne croyez pas qu'il vous est défendu de vous séparer de vos maris, même fidèles à la foi conjugale, pourvu qu'en vous en séparant, vous vous absteniez du mariage, toutes celles à qui il plairait de garder la continence, sans le consentement de leurs maris, croiraient alors qu'il leur est permis de se séparer d'eux. Or, il est de toute évidence que nous ne devons pas leur accorder une pareille permission. Nous devons, au contraire, leur apprendre que ces paroles de l'Apôtre : « La femme qui se sépare de son mari, doit rester sans se marier, » ne s'appliquent qu'à celle à qui cette séparation est permise, c'est-à-dire, pour cause d'adultère ; autrement, sous prétexte de recommander la continence, nous jetterions le trouble dans les mariages chrétiens, et contre le précepte si miséricordieux du Seigneur, nous pousserions à l'adultère les maris incontinents, abandonnés par leurs femmes qui veulent garder la continence, ou les femmes trop faibles pour garder cette vertu, qui seraient délaissées par leurs maris qui veulent l'observer.

Chapitre VIII. — 8. Le Seigneur a dit, non dans le sermon qu'il a prononcé sur la montagne, et que nous avons expliqué précédemment, mais dans un autre endroit de son Evangile : « Quiconque répudie sa femme, hors le cas d'adultère, et en épouse une autre, devient adultère. » (*Matth.*, XIX, 9.) Si on interprétait ces paroles dans le sens, que quiconque renvoie sa femme pour cause d'adultère et en épouse une autre ne commet pas d'adultère, la loi, dans ce cas, ne serait pas la même pour le mari et pour la femme ; puisque la femme qui se sépare de son mari, même pour cause de fornication, devient adultère si elle en épouse un autre, tandis que l'homme ne le deviendrait pas, si pour le même motif, il répudiait sa femme et en épousait une autre. Or, si la loi regarde également les deux époux, il s'ensuit que l'un et l'autre commettent un adultère en contractant un autre mariage, même quand ils se sont séparés pour cause de fornication. Cependant, en ce cas, la loi est formelle pour le mari comme pour la femme. C'est ce que prouve l'Apôtre dans ce passage, qu'il nous faut souvent répéter : « Le corps de la femme n'est pas en sa puissance, mais en celle du mari ; de même le corps du mari n'est pas en sa puissance, mais en celle de sa femme. » (1 *Cor.*, VII, 4.)

Chapitre IX. — 9. « Mais, dites-vous, pourquoi le Seigneur a-t-il inséré dans son commandement la cause d'adultère, et n'a-t-il pas dit d'une manière générale : Quiconque renvoie sa femme et en épouse une autre, commet un adultère, s'il est vrai qu'un homme devient adultère

---

innupta manere præcipitur. Si discesserit, quæ a fornicante discedit. Quæ cum ita se habeant, si eo modo intellexerimus Apostolum, ut mulieribus dicamus : Ita nolite discedere a viris vestris etiam pudicis, ut si discedere volueritis, innuptæ maneatis : omnes quibus placuerit continentia, etiam non consentientibus viris, existimabunt sibi licere discedere. Quod procul dubio quia permittere non debemus, restat ut quod dictum est : « Si discesserit, manere innuptam, » de illa dictum docere debeamus, cui licere discedere, non utique nisi a fornicante, didicimus. Ne si aliter docuerimus, obtentu continentiæ perturbemus Christiana conjugia, et contra misericordissimum Domini præceptum dimissos a continentibus mulieribus incontinentes viros, vel a continentibus viris incontinentes mulieres in adulteria compellamus.

Caput VIII. — 8. Illud ergo quod Dominus, non quidem in sermone ipso qui exponebatur a nobis, sed tamen alibi ait : « Quicumque dimiserit uxorem suam, nisi ex causa fornicationis, et aliam duxerit ; mœchatur, » (*Matth.*, XIX, 9) si hoc modo intelligendum est, ut quicumque causa fornicationis dimiserit et aliam duxerit, non mœchatur, non videtur in hac causa par forma esse mariti et uxoris, quando quidem mulier etiamsi causa fornicationis discesserit a viro et alii nupserit, mœchatur, vir autem si eadem causa uxorem dimiserit et aliam duxerit, non mœchatur. At si par forma est in utroque, uterque mœchatur, si se alteri junxerit, etiam cum se a fornicante disjunxerit. Parem vero esse formam in hac causa viri atque mulieris, ibi ostendit Apostolus (quod sæpe commemorandum est), ubi cum dixisset : « Uxor non habet potestatem corporis sui ; sed vir ; » adjecit atque ait : « Similiter et vir non habet potestatem corporis sui, sed mulier. » (1 *Cor.*, VII, 4.)

Caput IX. — 9. « Cur ergo, inquis, interposuit Dominus causam fornicationis, et non potius generaliter ait : Quicumque dimiserit uxorem suam et aliam duxerit, mœchatur, si et ille mœchus est, qui

en épousant une autre femme, après avoir renvoyé la sienne, coupable d'infidélité au lit conjugal? » C'est, je crois, parce que de deux crimes le Seigneur n'a voulu mentionner que le plus grand. Peut-on nier, en effet, que l'adultère de celui qui épouse une autre femme après avoir renvoyé la sienne, exempte de toute impureté, ne soit plus grand et plus criminel que si quelqu'un répudiait la sienne coupable de fornication, et en épousait ensuite une autre? Non pas que dans ce dernier cas il n'y ait pas aussi adultère; mais parce que cet adultère est moins criminel. L'apôtre saint Jacques s'est exprimé d'une manière semblable quand il dit : « Celui qui sait le bien qu'il doit faire et qui ne le fait pas commet un péché. » (*Jacq.*, IV, 17.) Est-ce à dire que celui qui, ne sachant pas le bien qu'il doit faire, ne le fait pas, ne commet pas aussi un péché? Il pèche aussi également, mais sa faute serait plus grave si, sachant le bien qu'il doit faire, il ne le faisait pas. Cependant la faute qu'il commet par ignorance, quoique moins grande, n'en est pas moins un péché. De même donc qu'un homme qui répudie sa femme, hors le cas d'adultère, et en épouse une autre, devient adultère, de même aussi celui qui sait le bien qu'il doit faire et ne le fait pas commet un péché. Mais de même qu'on ne peut pas dire que celui qui, ne sachant pas le bien qu'il doit faire, ne le fait pas, est exempt de péché, car il y a aussi des péchés d'ignorance, quoique moins graves que ceux que l'on commet en connaissance de cause; de même on ne peut pas dire que celui qui renvoie sa femme pour cause d'adultère, et en épouse une autre, n'est pas adultère; car il y a également adultère de la part de celui qui épouse une autre femme, après avoir renvoyé la sienne pour cause de fornication, quoique cet adultère soit moins criminel que celui des hommes qui, sans avoir le moindre reproche à faire à la vertu de leurs femmes, les répudient et en épousent d'autres. Car, si l'on peut dire que « celui qui, sachant le bien qu'il doit faire, ne le fait pas, commet un péché, » (*Jacq.*, IV, 17) de même aussi l'on peut dire que celui qui répudie sa femme, hors le cas d'adultère, et en épouse une autre commet lui-même un adultère. Enfin, de même que lorsque nous disons : Quiconque épouse une femme répudiée par son mari, hors le cas d'adultère, est coupable d'adultère, nous avançons une vérité, sans néanmoins absoudre de ce crime celui qui épouserait une femme répudiée par son mari pour cause d'infidélité au lien conjugal, et nous aurions, sans balancer, raison de les regarder l'un et l'autre comme criminels; de même nous déclarons adultère celui qui renvoie sa femme, hors le cas d'adultère, et qui en épouse une autre, sans néanmoins regarder comme innocent de ce crime celui qui, pour cause d'adultère, répu-

---

dimissa fornicante muliere alteram ducit? » Credo quia illud quod majus est, hoc Dominus (a) commemorare voluit. Majus enim adulterium esse quis negat, uxore non fornicante dimissa alteram ducere, quam si fornicantem quisque dimiserit, et tunc alteram duxerit? Non quia et hoc adulterium non est; sed quia minus est, ubi fornicante dimissa altera ducitur. Nam simili locutione usus etiam apostolus Jacobus ait : « Scienti igitur bonum facere, et non facienti, peccatum est illi. » (*Jacob.*, IV, 17.) Numquid ideo non peccatum est illi etiam, qui nescit bonum facere, et ideo non facit? Utique peccatum est; sed hoc gravius, si etiam sciat et non faciat : nec illud ideo nullum, quia minus. Ut ergo eodem modo utrumque dicamus, sicut quicumque dimiserit uxorem, excepta causa fornicationis, et aliam duxerit, mœchatur: ita quicumque scit bonum facere, et non facit, peccat. Sed quemadmodum hic recte dici non potest : Ergo si nescit, non peccat ; sunt enim etiam peccata ignorantium, quamvis minora quam scientium : ita nec illic recte dici potest : Ergo si causa fornicationis dimiserit, et aliam duxerit, non mœchatur: est enim mœchatio eorum etiam, qui alias ducunt, relictis propter fornicationem prioribus; sed utique minor quam eorum qui non propter fornicationem dimittunt, et alteras ducunt. Potest quippe, sicut dictum est : « Scienti bonum facere, et non facienti, peccatum est illi; » eodem modo et illud dici : Dimittenti uxorem sine causa fornicationis, et aliam ducenti mœchatio est illi. Quemadmodum igitur si dixerimus : Quicumque mulierem a marito præter causam fornicationis dimissam duxerit, mœchatur, procul dubio verum dicimus; nec tamen ideo nullum qui propter causam fornicationis dimissam duxerit, ab hoc crimine absolvimus, sed utrosque mœchos esse minime dubitamus : ita cum qui propter causam fornicationis uxorem dimiserit et aliam duxerit, mœchum pronuntiamus; nec ideo tamen eum qui propter causam fornicationis dimiserit, et alteram duxerit, ab hujus peccati labe de-

(a) In Mss. *commendare.*

die sa femme et en épouse une autre. Nous les regardons tous les deux comme adultères, quoique l'un le soit moins criminellement que l'autre. Car il n'y a personne assez dénué de bon sens pour dire que celui qui épouse une femme repoussée par son mari pour cause d'adultère, ne soit pas adultère lui-même, tandis qu'il regarde comme adultère celui qui épouserait une femme délaissée par son mari, innocente de tout péché d'impureté. L'un et l'autre sont donc adultères. C'est pourquoi, lorsque nous déclarons adultère celui qui épouse une femme renvoyée par son mari, hors le cas d'adultère, nous ne portons de jugement que sur un seul; mais nous ne déclarons pas pour cela innocent d'adultère, celui qui aurait épousé une femme rejetée par son mari pour cause d'infidélité conjugale. Il en est de même de deux maris, dont le premier aurait renvoyé sa femme, hors le cas d'adultère, et en aurait épousé une autre, et le second qui aurait répudié sa femme pour cause de fornication et aurait contracté un nouveau mariage : ils sont l'un et l'autre adultères; mais parce que l'Ecriture ne porte de jugement que sur l'un des deux, il ne faut pas en conclure qu'elle nie dans l'un le crime qu'elle reconnaît dans l'autre.

10. Mais si l'Evangile selon saint Matthieu rend cette question difficile à comprendre, parce qu'il ne fait mention que de l'une de ces deux espèces d'adultères, et ne parle pas de l'autre, les autres évangélistes ne lèvent-ils pas toute obscurité à cet égard, en comprenant ces deux espèces sous la même expression générale? En effet, voici ce que dit saint Marc : « Quiconque renvoie sa femme et en épouse une autre, commet un adultère à l'égard de la première, et si une femme quitte son mari et en épouse un autre, elle est également coupable d'adultère. » (*Marc*, x, 11, 12.) Voici maintenant ce qu'écrit saint Luc : « Tout homme qui renvoie sa femme et en épouse une autre est adultère, et celui qui épouse une femme répudiée par son mari commet un adultère. » (*Luc*, xvi, 18.) Qui sommes-nous donc, nous, pour oser dire que, lorsque deux maris répudient leurs femmes et en épousent une autre, l'un est adultère et l'autre ne l'est pas, tandis que l'Evangile déclare adultère celui qui agit ainsi ? Si donc quiconque répudie sa femme, ou en d'autres termes, si tout homme qui répudie sa femme et en épouse une autre est adultère, il va sans dire qu'il y a également crime d'adultère et de la part de celui qui renvoie son épouse, hors le cas de fornication, et de la part de celui qui la renvoie sans pouvoir invoquer un pareil motif. Car c'est bien là ce que veulent faire entendre les deux évangélistes en disant, l'un « quiconque renvoie sa femme, » et l'autre « tout homme qui renvoie sa femme. »

CHAPITRE X. — 11. Au reste, il n'est pas vrai

fendimus. Ambos enim, licet alterum altero gravius, mœchos tamen esse cognoscimus. Neque enim quisquam ita est absurdus, ut mœchum neget esse qui duxerit eam quam maritus propter causam fornicationis abjecit, cum mœchum dicat eum qui duxerit eam quæ præter causam fornicationis abjecta est : sic ergo isti ambo sunt mœchi. Unde cum dicimus : Quicumque mulierem præter causam fornicationis a viro dimissam duxerit, mœchatur; de uno quidem ipsorum dicimus, nec tamen ideo mœchum negamus cum qui eam duxerit, quam propter causam fornicationis maritus dimiserit : ita cum ambo sint mœchi, et ille scilicet qui dimiserit uxorem suam præter causam fornicationis et aliam duxerit, et ille qui propter causam fornicationis uxore dimissa se alteri copulaverit; profecto quando de uno eorum legimus, non ita intelligere debemus, quasi ex hoc alter mœchus negatus sit, quod alter expressus sit.

10. Sed si hoc Evangelista Matthæus, quia expressa una specie alteram tacuit, facit ad intelligendum difficile; numquid non alii generaliter idipsum ita complexi sunt, ut de utroque posset intelligi. Nam secundum Marcum sic scriptum est : « Quicumque dimiserit uxorem suam, et alteram duxerit, adulterium committit super eam; et si uxor dimiserit virum suum, et alii nupserit, mœchatur. (*Marc*., x, 11, 12.) Secundum Lucam sic : « Omnis qui dimittit uxorem suam, et alteram ducit, mœchatur; et qui dimissam a viro ducit, mœchatur. » (*Luc*., xvi, 18.) Qui ergo nos sumus, ut dicamus : Est qui mœchatur, uxore sua dimissa alteram ducens, et est qui hoc faciens non mœchatur? cum Evangelium dicat omnem mœchari qui hoc facit. Proinde si quicumque hoc fecerit, id est, omnis qui hoc fecerit, ut uxore sua dimissa alteram ducat, mœchatur; sine dubitatione ibi sunt ambo, et qui præter causam fornicationis, et qui propter causam fornicationis dimittit uxorem. Hoc est enim : « Quicumque dimiserit : » hoc est : « Omnis qui dimittit. »

CAPUT X. — 11. Non autem, (sicut nescio quare tibi visum est,) cum Evangelii secundum Matthæum

qu'en citant le passage de l'Evangile selon saint Matthieu, j'en aie supprimé ces mots : « Et s'il en épouse une autre, » ajoutant de suite ceux-ci : « Commet un adultère, » comme vous semblez le croire, je ne sais pour quel motif. Je me suis borné à citer le passage tel qu'il se trouve dans le long sermon que le Seigneur adresse à ses disciples sur la montagne. Lorsque j'ai entrepris d'expliquer ce discours, j'y ai lu les paroles suivantes telles que je les ai répétées : « Quiconque quitte sa femme, hors le cas d'adultère, la rend adultère, et celui qui épouse une femme répudiée par son mari, commet un adultère. » (*Matth.*, v, 32.) Quelques exemplaires, il est vrai, rapportent la même chose avec quelque différence d'expressions, mais sans s'écarter cependant du vrai sens qu'il faut entendre. Les uns, en effet, portent : « Quiconque renvoie sa femme, » d'autres : « Tout homme qui renvoie sa femme. » Quelques-uns aussi écrivent : « Excepté pour cause d'adultère, » et quelques autres : « Hors le cas d'adultère; » comme il y en a aussi qui portent : « Si ce n'est pour cause d'adultère. » De même on lit dans les uns : « Celui qui épouse une femme séparée de son mari commet un adultère, » et dans d'autres : « Celui qui épouse une femme répudiée par son mari commet un adultère. » Vous voyez, je le pense, que ces variantes de texte reviennent toutes cependant au même sens, quoique les dernières paroles, « celui qui épouse une femme répudiée par son mari commet un adultère, » ne se trouvent pas dans quelques exemplaires grecs et latins, qui rapportent le sermon de Jésus-Christ sur la montagne, sans doute parce que le sens était assez clairement expliqué par les mots précédents, « la fait devenir adultère. » Comment, en effet, la femme répudiée peut-elle devenir adultère, si celui qui l'épouse ne le devient pas lui-même ?

Chapitre XI. — 12. Quant aux paroles que vous avez rapportées vous-même, et qui vous font croire que celui qui renvoie sa femme pour cause d'adultère, et qui en épouse une autre, ne commet pas le crime d'adultère, j'avoue qu'elles sont assez obscures, et je ne suis pas étonné que le lecteur éprouve quelque difficulté à les comprendre. Mais elles ne se trouvent pas dans ce sermon du Seigneur, que j'expliquais, lorsque j'ai écrit ce qui vous a embarrassé en me lisant. Saint Matthieu, en effet, ne dit pas que le Seigneur les ait prononcées dans son long sermon sur la montagne, mais dans la réponse aux pharisiens, qui lui demandaient s'il était permis à un homme de quitter sa femme pour une cause quelconque. Au reste, ce qui présente quelque obscurité dans saint Matthieu, est très-clair dans les autres évangélistes. Ainsi, lorsque nous lisons dans l'Evangile selon saint Matthieu : « Quiconque renvoie sa femme, si ce n'est pour cause d'adul-

---

verba proferrem, prætermisi quod scriptum est, « et aliam duxerit; » et sic dixi, « mœchatur : » sed ea verba posui quæ in sermone illo prolixo leguntur, quem Dominus habuit in monte. Hunc enim tractandum susceperam, quæ verba illic ita leguntur ut posui, id est : « Quicumque dimiserit uxorem suam, excepta causa fornicationis, facit eam mœchari; et qui solutam a viro duxerit, mœchatur. » (*Matth.*, v, 32.) Ubi etsi nonnulla exemplaria verbis diversis eumdem sensum habent interpretatum, non tamen ab eo quod intelligitur discrepant. Alia quippe habent : « Quicumque dimiserit : » alia : « Omnis qui dimiserit. » Itemque alia : « excepta causa fornicationis : » alia, « præter causam fornicationis : » alia, « nisi ob causam fornicationis. » Item alia, « qui solutam a viro duxerit, mœchatur : » alia, « qui dimissam a viro duxerit, mœchatur. » Ubi puto quod videas nihil interesse ad unam eamdemque sententiam. Quamvis illud ultimum, id est, « qui dimissam a viro duxerit, mœchatur; » in eo sermone quem Dominus fecit in monte, nonnulli codices et Græci et Latini non habeant. Credo propterea, quia et ibi explicatus hic sensus putari potuit, in eo quod superius dictum est, « facit eam mœchari. » Quomodo enim dimissa sit mœcha, nisi fiat qui eam duxerit mœchus ?

Caput XI. — 12. Verba vero quæ ipse posuisti, unde tibi visum est non mœchari eum qui propter causam fornicationis uxorem dimiserit et aliam duxerit, obscure quidem posita sunt. Unde non miror in eis intelligendis laborare lectorem : sed non sunt in eo sermone Domini, qui tunc a me tractabatur, quando illa conscripsi, quæ cum legeres te moverunt. Alibi quippe idem Matthæus ea Dominum dixisse narravit, non cum illum prolixum faceret in monte sermonem, sed cum interrogatus esset a Pharisæis, utrum liceret ex quacumque causa dimittere uxorem. Sed quod minus intelligitur apud Matthæum, apud alios Evangelistas intelligi potest. Quapropter cum legerimus in Evangelio secundum Matthæum : « Quicumque dimiserit uxorem nisi ob fornicationem, » aut quod magis in Græco legitur, « præter causam fornicatio-

LIVRE I. — CHAPITRE XII.

tère, » (*Matth.*, xix, 9) ou plutôt, comme le porte le texte grec : « Hors le cas d'adultère, et en épouse une autre, commet un adultère; » nous ne devons pas en conclure de prime abord, qu'il n'y a pas adultère de la part de celui qui répudie sa femme pour cause d'adultère, et qui en épouse une autre; mais nous devons rester dans le doute, jusqu'à ce que nous ayons consulté le texte des autres évangélistes qui a trait au même sujet. Qu'importe, en effet, que saint Matthieu n'ait pas développé tout ce qui concerne ce point, si ce qu'il en a dit suffit pour faire comprendre le reste, tandis que saint Luc et saint Marc, pour rendre la pensée plus claire, ont mieux aimé l'exprimer tout entière. Nous admettons donc d'abord, comme indubitable vérité, ce que nous lisons dans saint Matthieu, que : « Quiconque quitte sa femme, hors le cas d'adultère, et en épouse une autre, commet un adultère ; » et si nous demandons ensuite : N'y a-t-il que celui qui renvoie sa femme, hors le cas d'adultère, et qui en épouse une autre, qui soit adultère, ou bien faut-il regarder, comme coupable de ce crime, tout homme qui répudie sa femme et en épouse une autre, même celui qui la renverrait pour cause d'adultère ? on nous répondra, selon saint Marc : Pourquoi demandez-vous si l'un est adultère et l'autre ne l'est pas ? « Quiconque renvoie sa femme et en épouse une autre, commet un adultère. » (*Marc*, x, 11.) Ne nous dira-t-on pas aussi avec saint Luc : Pourquoi doutez-vous si un homme qui renvoie sa femme pour cause d'adultère et en épouse une autre, est lui-même adultère ? « Tout homme qui renvoie sa femme et en épouse une autre, est adultère. » (*Luc*, xvi, 18.) Or, comme il ne nous est pas permis de dire que les évangélistes, quoiqu'ils diffèrent de mots, en parlant d'une seule et même chose, ne soient point parfaitement d'accord sur le sens et le fond même de la doctrine, il nous reste à croire que saint Matthieu a voulu nous faire comprendre sa pensée tout entière, en n'en donnant qu'une partie; mais que du reste il est d'accord avec ses autres collègues dans l'apostolat, pour dire, non pas que celui qui renvoie sa femme, hors le cas d'adultère, et en épouse une autre, est adultère, et que celui qui la renvoie pour cause d'adultère, ne l'est pas, mais que tout homme qui répudie sa femme, et en épouse une autre, est indubitablement adultère.

CHAPITRE XII. — 13. Voici une nouvelle preuve de la même vérité. Nous lisons dans saint Luc, « que celui qui épouse une femme répudiée par son mari, est adultère. » Mais comment est-il vrai qu'il soit adultère, sinon parce que celle qu'il a épousée est toujours la femme d'autrui, tant que l'homme qui l'a répudiée est encore vivant (1)? En effet, si c'était à sa propre femme

(1) Pour bien comprendre ce passage, ainsi que beaucoup d'autres qui, dans ce traité touchent à la même question, on ne saurait trop engager le lecteur à étudier sérieusement le livre de saint Augustin *sur le Bien du mariage*. Les rapports qui existent entre ces deux

---

nis, et aliam duxerit, mœchatur : » (*Matth.*, xix, 9) non debemus continuo putare illum non mœchari, qui propter causam fornicationis dimiserit, et aliam duxerit, sed adhuc ambigere, donec Evangelium secundum alios Evangelistas a quibus hoc narratum est, consulamus. Quid si enim secundum Matthæum, non quidem quod ad hanc rem pertinet dictum est totum, sed ita pars dicta est, ut intelligeretur a parte totum, quod tanquam explanantes Marcus et Lucas, ut claret plena sententia, totum dicere maluerunt? Cum itaque primum non dubitantes verum esse quod apud Matthæum legitur : « Quicumque dimiserit uxorem suam præter causam fornicationis, et aliam duxerit, mœchatur ; » quæsierimus utrum tantum iste mœchetur ducendo alteram uxorem, qui præter causam fornicationis priorem dimiserit, an omnis qui dimissa uxore alteram duxerit, ut ibi sit etiam ille qui fornicantem dimiserit; nonne secundum Marcum respondebitur nobis : Quid quæritis utrum ille sit mœchus, et ille non sit? « Quicumque dimiserit uxorem suam, et aliam duxerit, adulterium committit. » (*Marc.*, x, 11.) Nonne etiam secundum Lucam dicetur nobis : Quid ambigitis utrum ille qui propter causam fornicationis dimiserit, at aliam duxerit, non mœchetur? « Omnis qui dimittit uxorem suam, et ducit alteram, mœchatur. » (*Luc.*, xvi, 18.) Ac per hoc, quoniam fas non est ut Evangelistas, quamvis diversis verbis de una re loquentes, ab uno sensu eademque sententia dissentire dicamus; restat ut Matthæum intelligamus a parte totum significare voluisse, eamdem tamen tenuisse sententiam, ut dimittens uxorem et alteram ducens, non quidam mœchetur, id est, qui præter fornicationem dimiserit, quidam vero non mœchetur, id est, qui propter fornicationem dimiserit, sed omnis qui dimittit uxorem suam, et ducit alteram, mœchari minime dubitetur.

CAPUT XII. — 13. Nam et illud quod etiam secundum Lucam sequitur : « Qui dimissam a viro ducit, mœchatur, » quomodo est verum? Quomodo mœchatur, nisi quia illa quam duxit, eo vivente a quo dimissa est, adhuc uxor aliena est? Si enim jam suæ,

et non à celle d'autrui qu'il s'unit, il ne commettrait pas d'adultère. Cependant il en commet un, donc la femme à laquelle il s'unit est la femme d'autrui. Or, si elle est la femme d'un autre, elle est celle de celui par qui elle a été répudiée, quand bien même elle l'aurait été pour cause d'adultère, elle n'a point cessé pour cela d'être sa femme. Si elle a cessé de l'être, elle est donc devenue la femme du second avec qui elle s'est mariée; et si elle est la femme de ce second mari, il ne peut plus être considéré comme adultère, mais comme légitime mari. Or, comme l'Ecriture le qualifie d'adultère et non de mari, la femme qu'il a épousée est donc toujours celle de l'homme par qui elle a été repoussée comme coupable d'adultère. Par conséquent, toute autre femme avec qui cet homme se mariera, après avoir renvoyé la sienne, sera une adultère, parce qu'elle habite avec un homme qui n'est pas son mari légitime. Comment donc pourrait-il se faire que ce dernier ne fût pas adultère lui-même, puisque la femme qu'il épouse est coupable de ce crime ?

CHAPITRE XIII. — 14. Venons-en maintenant à ce que dit l'Apôtre : « Pour ce qui est des autres, ce n'est pas le Seigneur, mais c'est moi qui leur dis. » (I *Cor.*, VII, 12.) Saint Paul veut parler ici des mariages inégaux, c'est-à-dire, de ceux où les deux époux ne sont pas chrétiens, et selon moi, ce n'est qu'un conseil qu'il prétend donner. En effet, si un des deux époux chrétiens, peut licitement abandonner l'autre qui n'est pas converti à la foi, ce n'est pas le Seigneur, mais l'Apôtre qui le défend. Car ce que le Seigneur défend, il n'est jamais permis de le faire. L'Apôtre conseille donc aux époux fidèles, de ne pas profiter de la liberté que leur laisse la loi, de se séparer de leurs conjoints infidèles, parce qu'ils peuvent par là gagner beaucoup d'âmes à Jésus-Christ. Vous, au contraire, vous croyez que cette séparation n'est point permise, parce que l'Apôtre la défend. Pour moi, si je dis que cela leur est permis, c'est parce que le Seigneur ne le défend pas ; mais je dis aussi que cela ne leur est pas avantageux, parce que l'Apôtre leur conseille de ne pas le faire. Il donne même la raison pour laquelle cela ne leur est pas avantageux, quoique permis. « Que savez-vous, femme, s'écrie-t-il, si vous ne sauverez pas votre mari ? (I *Corinth.*, VII, 16.) Et vous, mari, que savez-vous si vous ne sauverez pas votre femme ? » Il avait dit auparavant : « Car le mari infidèle est sanctifié par la femme fidèle, et la femme infidèle est sanctifiée par le frère, » (I *Ibid.*, VII, 14) c'est-à-dire, par le mari chrétien. « Autrement vos enfants seraient impurs,

---

ouvrages sont trop nombreux, pour que nous en faissions l'objet de notes particulières, ce n'est qu'on les rapprochant l'un de l'autre qu'on pourra parfaitement les comprendre. Remarquons pourtant dans ces deux traités, le soin avec lequel saint Augustin défend, même entre personne de religion différente, la grandeur et la sainteté du mariage, qui ne peut être rompu que par la mort de l'un des époux. Qu'on lise surtout avec attention, au sujet du mariage des païens le ch. XVIII, *sur le Bien du mariage*; et dans ce traité, le ch. XVIII, où le saint docteur, en parlant des infidèles mariés, dont l'un s'est converti à la foi, engage la partie fidèle à ne plus se séparer de la partie infidèle, tant le lien du mariage est sacré à ses yeux ! Cette vérité, qu'il n'est pas permis à des époux même infidèles de contracter un nouveau mariage, tant que l'un des deux est vivant, est encore plus clairement développée dans le second livre de ce traité par les objections de Pollentius, et les réponses de saint Augustin.

---

non alienæ miscetur uxori, utique non mœchatur : mœchatur autem : aliena est ergo, cui miscetur, Porro si aliena est, hoc est, ejus a quo dimissa est ; etiamsi propter fornicationis causam dimissa est, nondum dimittentis uxor esse cessavit. Si autem illius esse cessavit ; jam hujus est cui alteri nupsit : et si hujus est, non mœchus judicandus est, sed maritus. Sed quia non eum maritum dicit Scriptura, sed mœchum ; adhuc illa alius est, a quo etiam causa fornicationis abjecta est. Et ideo quamcumque etiam ipse illa dimissa ducit uxorem, quia cum alieno marito concumbit, adultera est. Unde autem fieri potest, ut adulter etiam ipse non sit, cum constet adulterare quam duxit ?

CAPUT XIII. — 14. Jam nunc illud videamus quod ait Apostolus : « Cæteris autem ego dico, non Dominus ; » (I *Cor.*, VII, 12) ad imparia scilicet, hoc est, ubi non ambo Christiani fuerant, conjugia loquitur. Quod mihi visum est eum monendo dixisse. Quia enim conjux fidelis relinquere conjugem licite potuit infidelem, ideo fieri hoc non Dominus, sed Apostolus prohibet. Quod enim Dominus prohibet, fieri omnino non licet. Monet ergo Apostolus, quo possit esse multorum occasio lucrandorum, ut fideles conjuges in relinquendis infidelibus permissa licentia non utantur. Tibi autem videtur infideles quoque dimitti a fidelibus non licere, quia hoc vetat Apostolus : cum ego dicam licere, quia hoc non vetat Dominus ; non tamen expedire, quia hoc ne fiat, monet Apostolus : qui reddit etiam rationem cur fieri non expediat, quamvis liceat. « Quid enim scis, inquit, mulier, si virum salvum facies ? aut unde scis vir, si uxorem salvam facies ? » (*Ibid.*, 10.) Cum etiam superius dixisset : « Sanctificatus est enim vir infidelis

tandis que maintenant ils sont saints. » Saint Paul exhorte donc, comme on le voit, les époux fidèles à gagner à Jésus-Christ leurs époux et leurs enfants infidèles, et leur cite à cet effet plusieurs exemples de cette heureuse conversion. Pourquoi donc n'est-il pas avantageux à des époux fidèles de se séparer de leurs conjoints même infidèles? L'Apôtre en explique clairement la raison. En effet, pour défendre une pareille séparation entre des époux de religion différente, saint Paul ne s'appuie pas (1) sur le lien conjugal qu'elles doivent d'ailleurs respecter, comme existant entre elles, mais sur l'avantage de gagner des âmes à Jésus-Christ.

CHAPITRE XIV. — 15. Il y a bien des devoirs que la loi ne nous prescrit pas, mais que la charité nous impose, et dont l'accomplissement est d'autant plus méritoire pour nous, que sans y être obligés, nous les remplissons par un pur sentiment de charité. Le Seigneur nous en a donné le premier l'exemple. Après avoir démontré qu'il ne devait pas le tribut qu'on lui réclamait (*Matth.*, XVII, 26), il le paya cependant, pour ne pas scandaliser ceux qu'il aimait jusqu'à se faire homme pour leur salut éternel. Voici comment l'Apôtre recommande l'accomplissement de ces devoirs : « Quoique je sois libre à l'égard de tous, je me suis fait le serviteur de tous, afin d'en gagner un plus grand nombre. » (I *Corinth.*, IX, 19.) Il avait dit plus haut : « N'avons-nous pas le droit de vous demander à boire et à manger? N'avons-nous pas le droit de mener partout avec nous une femme d'entre nos sœurs, comme font les autres apôtres et les frères du Seigneur, et Céphas? Ou n'y a-t-il donc que moi et Barnabé qui n'ayons pas le pouvoir d'en user de la sorte? Qui est-ce qui va à la guerre à ses propres dépens? Qui est-ce qui plante une vigne, et qui n'en mange pas du fruit? Qui est-ce qui fait paître un troupeau, et qui ne profite pas du lait de ce troupeau? » (*I Corinth.*, IX, 4, 5, 6, 7.) Peu après il dit encore : « Si d'autres usent de ce droit sur vous, pourquoi n'en userions-nous pas plutôt qu'eux? Cependant nous n'en avons point usé, mais nous souffrons tout, afin de n'apporter aucun obstacle à l'Evangile de Jésus-Christ. » (1 *Cor.*, IX, 12.) Puis un peu plus loin il ajoute : « Quelle ré-

---

(1) L'indissolubilité du mariage, entre les époux pendant leur vie, même entre ceux dont l'un se serait converti à la foi, et dont l'autre serait encore païen, est une chose si importante aux yeux de saint Augustin, qu'il y revient sans cesse, pour en montrer la nécessité, non-seulement sous le rapport du lien qui en résulte pour la société, mais encore sous celui de la religion. Qu'on lise attentivement ce qu'il dit à ce sujet à la fin du ch. xv, et aux n°s 21 et 22 du ch. xviii, à la fin du ch. xvii, il confirme tout ce qu'il pense à l'égard du respect qui est dû au lien conjugal, même entre les personnes de religion différente : « Le Seigneur, dit-il, ne défend pas, mais n'ordonne pas non plus aux maris fidèles de se séparer de leurs femmes infidèles, ni aux femmes fidèles de se séparer de leurs maris infidèles. Si une telle séparation eût été un ordre donné par le Seigneur, l'Apôtre ne s'y serait point opposé par ses conseils, car ce que le maître ordonne, un bon serviteur ne peut pas le défendre. » Voyez encore à cet égard, ce que le saint docteur dit au chapitre xix, n° 6, du premier livre de ses *Rétractations*. Quelques critiques prétendent que saint Augustin permet le divorce entre deux époux, dont l'un serait chrétien et l'autre infidèle, et s'appuient sur cette phrase qui termine le n° 14 du xiiie chapitre : *Non enim propter vinculum cum talibus conjugale servandum, sed ut acquirantur in Christum, recedi ab infidelibus conjugibus Apostolus vetat.* Comme si le lien conjugal ne devait pas être observé entre deux époux, dont l'un aurait embrassé la foi chrétienne. L'erreur de ces critiques vient de ce qu'ils ont mal interprété ce passage dont le sens est tout le contraire, et dont le sens est comme nous l'avons rendu : « En effet, pour défendre une pareille séparation entre des époux de religion différente, saint Paul ne s'appuie pas sur le lien conjugal qu'elles doivent d'ailleurs garder, mais sur l'avantage de gagner des âmes à Jésus-Christ. »

---

in uxore (*a*), et sanctificata est mulier infidelis in fratre » (*Ibid.*, 14) hoc est, in Christiano : « alioquin filii vestri, inquit, immundi essent, nunc autem sancti sunt. » Sic ad lucrandos conjuges et filios Christo, etiam exempla quæ jam provenerant, videtur hortatus. Cur ergo non expediat etiam infideles conjuges dimitti a fidelibus, causa evidenter expressa est. Non enim propter vinculum cum talibus conjugale servandum, sed ut acquirantur (*b*) in Christum, recedi ab infidelibus conjugibus Apostolus vetat.

CAPUT XIV. — 15. Multa sunt autem facienda non jubente lege, sed libera caritate : et ea sunt in nostris officiis gratiora, quæ cum liceret nobis etiam non impendere, tamen causa dilectionis impendimus. Unde prior ipse Dominus, cum se tributum non debere monstrasset, solvit tamen, ne scandalizaret eos quibus ad æternam salutem gerens hominem consulebat. (*Matth.*, XVII, 26.) Jam vero Apostolus quemadmodum ista commendet, ejus verba testantur, ubi dicit : « Cum enim liber sim ex omnibus, omnium servum me feci, ut plures lucrifacerem. » (I *Cor.*, IX, 19.) Cum paulo superius dixisset : « Numquid non habemus potestatem manducandi et bibendi? Numquid non habemus licentiam sororem mulierem circumducendi, sicut et cæteri Apostoli et fratres Domini et Cephas? An ego solus et Barnabas non habemus potestatem hoc operandi? Quis militat suis stipendiis unquam? Quis plantavit vineam, et de fructu ejus non edit? Quis pascit gregem, et de lacte gregis non percipit? » (*Ibid.*, 4, etc.) Et paulo post : « Si alii, inquit, potestatis vestræ participant, non magis nos? Sed non sumus usi hac potestate, sed omnia toleramus, ne quod impedimentum demus

---

(*a*) Lov. *in uxore fideli*. Abest *fideli* ab editis aliis et Mss. — (*b*) Sola editio Lov. *acquirantur Christo*.

compense en aurai-je donc? C'est qu'en prêchant l'Evangile, j'établirai l'Evangile gratuitement, et sans me prévaloir du droit que me donne l'Evangile. » (*Ibid.*, IX, 18.) Et il poursuit, en répétant ce que nous avons rapporté plus haut : « Quoique je sois libre à l'égard de tous, je me suis fait le serviteur de tous, afin d'en gagner un plus grand nombre. » Dans un autre endroit, au sujet de certains mots, il dit : « Il m'est permis d'user de toutes choses, mais il n'est pas toujours bon de le faire. Il m'est permis d'user de toutes choses, mais je ne me rendrai esclave de rien. Les viandes sont pour le ventre et le ventre pour les viandes, mais un jour Dieu détruira l'un et l'autre. » (I *Corinth.*, VI, 12, 13.) Dans un autre passage, il dit au même sujet : « Il m'est permis d'user de toutes choses, mais il n'est pas toujours bon de le faire. Il m'est permis d'user de toutes choses, mais tout n'édifie pas. Que personne ne cherche son avantage particulier, mais celui de son prochain. » (I *Cor.*, X, 23.) Et pour nous faire voir de quoi il veut parler, il dit : « Mangez de tout ce qui se vend à la boucherie, sans vous informer de rien par scrupule de conscience. » (*Ibid.*, X, 25.) Et cependant il dit ailleurs : « Je ne mangerai plutôt jamais de viande que de scandaliser le prochain. » (I *Corinth.*, VIII, 13.) Et en s'adressant aux Romains : « Ce n'est pas, dit-il, que toutes choses ne soient pures en elles-mêmes, mais il est mal à un homme d'en manger, lorsque par là il cause du scandale. » (*Rom.*, XIV, 20.) Que veut dire l'Apôtre par ces mots : « Il m'est permis d'user de tout ? » C'est user de tout ce qui est pur. Que veut-il dire quand il ajoute : « Mais il n'est pas toujours bon de le faire ? » C'est de manger quelque chose qui pourrait scandaliser les autres. Il fait voir ainsi que ce qui est permis, c'est-à-dire, ce qui n'est défendu par aucun commandement du Seigneur, doit être fait, sans que la loi l'ordonne, mais par un pur sentiment de charité. C'est ce que nous enseigne aussi l'exemple du charitable Samaritain qui, après avoir conduit à l'hôtellerie le blessé qu'il avait trouvé sur sa route, paya l'hôte d'avance, et promit en outre de rembourser tous les frais qu'exigeraient les soins du blessé. (*Luc*, X, 35.) C'est pour cela que les devoirs qui ne sont pas prescrits par le Seigneur, mais que la charité nous conseille de lui offrir, sont d'autant plus méritant, qu'ils sont moins obligatoires.

Chapitre XV. — 16. Mais puisque parmi les choses qui sont permises, il s'en trouve qui ne sont pas avantageuses et utiles, on ne peut pas dire de ces dernières, celle-ci est bonne, mais celle-là est encore meilleure, comme il est dit, en parlant du mariage : « Celui qui marie sa fille fait bien, et celui qui ne la marie pas fait mieux encore. » (I *Cor.*, VII, 18.) Car en cela, les deux choses sont permises, et peuvent être

---

Evangelio Christi. » (*Ibid.*, 12.) Deinde post pauca : « Quæ ergo, inquit, mihi merces erit? Ut evangelizans sine sumptu ponam Evangelium, ut non abutar potestate mea in Evangelio. » (*Ibid.*, 18.) Continuoque subjungit quod paulo ante commemoravi : « Cum enim liber sim ex omnibus, omnium me servum feci, ut plures lucrifacerem. » Item alio loco de quibusdam quæ ad escam pertinent : « Omnia, inquit, mihi licita sunt, sed non omnia expediunt : omnia mihi licita sunt, sed ego sub nullius redigar potestate. Esca ventri et venter escis, Deus autem et hunc et has evacuabit. » (I *Cor.*, VI, 12, 13.) Item alibi de hoc ipso : « Omnia (*a*) mihi licita sunt, sed non omnia expediunt : omnia mihi licita sunt, sed non omnia ædificant. Nemo quod suum est quærat, sed id quod alterius est. » (I *Cor.*, X, 22, etc.) Atque ut ostenderet unde loqueretur : « Omne, inquit, quod in macello venit, manducate, nihil interrogantes propter conscientiam. » (*Ibid.*, 25.) Et tamen alibi dicit : « Non manducabo carnem in æternum, ut non fratrem meum scandalizem. » (I *Cor.*, VIII, 13.) Itemque alibi : « Omnia quidem munda, sed malum est homini qui per offensionem manducat. » (*Rom.*, XIV, 20.) Quod est : « Omnia licita sunt : » ipsum est : « Omnia quidem munda. » Et quod est, « sed non omnia expediunt : » ipsum est, « sed malum est homini qui per offensionem manducat. » Ita ostendit ea quæ licita sunt, id est, nullo præcepto Domini prohibentur, sicut expedit potius esse tractanda, non præscripto legis, sed consilio caritatis. Hæc sunt quæ amplius erogantur saucio, qui curandus ad stabulum Samaritani illius miseratione perductus est. (*Luc.*, X, 35.) Et ideo dicuntur non a Domino præcipi, quamvis (*b*) Domino moneantur offerri ; ut tanto intelligantur esse gratiora, quanto magis ostenduntur indebita.

Caput XV. — 16. Sed ea quæ in his talia sunt, ut quamvis sint licita non expediant, non in eis dici potest : Bonum est hoc, sed illud melius : sicut dictum est : « Qui dat nuptum, bene facit ; et qui non dat nuptum, melius facit. » (I *Cor.*, VII, 38.) Ibi enim

---

(*a*) Particula *mihi* hoc et proximo infra loco abest a Mss. — (*b*) Sic Mss. At editi, *a Domino* minus bene.

tantôt l'une, tantôt l'autre avantageuse. Pour les femmes, en effet, qui ne peuvent pas observer la continence, le mariage est chose utile, et dans ce cas, il y a pour elles avantage et permission. Mais pour celles qui ont fait vœu de continence, il ne leur est ni permis ni avantageux de se marier. Il en est de même pour deux époux qui ne sont pas tous les deux chrétiens. Celui qui est fidèle peut se séparer de celui qui ne l'est pas, mais cela n'est pas avantageux pour lui. Cependant s'il consent à demeurer avec celui qui n'est pas converti à la foi, cela lui est tout à la fois avantageux et permis ; car si la chose ne lui était pas permise, elle ne lui serait pas non plus avantageuse. Une chose peut donc être permise, sans être pour cela avantageuse, mais ce qui n'est pas permis ne saurait être avantageux. Ainsi, toutes choses permises ne sont pas pour cela avantageuses, mais il suffit qu'une chose ne soit pas permise pour qu'elle ne soit pas avantageuse. En effet, de même que quiconque a été racheté par le sang de Jésus-Christ est homme, sans qu'on puisse dire que que tout homme soit racheté par le sang du Christ ; de même, on peut dire que tout ce qui n'est pas permis n'est pas avantageux, sans qu'il soit vrai que tout ce qui n'est pas avantageux n'est pas permis, car il y a, comme l'Apôtre nous l'apprend, des choses qui, bien que permises, ne sont pas avantageuses.

CHAPITRE XVI. — 17. Mais, en quoi ce qui n'est pas permis, et par conséquent n'est pas avantageux, diffère-t-il de ce qui est permis sans être pour cela avantageux ? Il est bien difficile d'établir à cet égard une règle générale. On aura bientôt fait de dire : Tout ce qui n'est pas avantageux de faire est un péché, or, comme tout péché n'est pas permis, toute chose qui n'est pas avantageuse n'est donc pas permise. Mais comment reconnaître les choses que l'Apôtre déclare être permises, sans qu'il soit avantageux de les faire, si toutes celles qui ne sont pas avantageuses ne sont pas permises ? Or, comme nous ne pouvons pas douter que l'Apôtre n'ait dit la vérité, et que nous n'osons pas affirmer qu'il y a des péchés qui sont permis, nous sommes réduits à avancer qu'il y a certaines choses qu'on peut faire, sans qu'elles soient avantageuses, et que cependant si on peut les faire, elles ne sont pas des péchés, quoiqu'après tout on doive s'en abstenir, parce qu'elles ne sont pas avantageuses. S'il paraît absurde de dire qu'on peut faire ce qui n'est pas avantageux, et qu'il n'y a pas de péchés à le faire, il faut attribuer cette apparence d'absurdité à une certaine manière de parler, par laquelle nous étendons si loin le sens propre des mots, que nous disons, par exemple, qu'il faut châtier les animaux qui font des fautes, quoiqu'ils soient privés de raison. Or, il n'y a, proprement parlant, que l'être doué de raison et du libre arbitre qui puisse faire des fautes, et il n'y a que l'homme qui ait reçu de Dieu cet

---

utrumque licet, et ho... aliquando, aliquando illud expedit. Nam illis quæ se non continent, utique expedit nubere, et quod licet expedit : quæ autem voverint continentiam, nec licet, nec expedit. Porro discedere ab infideli conjuge licet, sed non expedit : manere autem cum illo, si cohabitare consentit, et licet et expedit ; quia si non liceret, expedire non posset. Potest ergo aliquid licere et non expedire : expedire autem quod non licet non potest. Ac per hoc non omnia licita expediunt ; omnia autem illicita non expediunt. Sicut enim omnis qui Christi sanguine redemptus est, homo est ; non tamen omnis qui homo est, etiam sanguine Christi redemptus est : ita omne quod non licet non expedit, non tamen omne quod non expedit etiam non licet. Sunt quippe licita quæ non expediunt, sicut Apostolo teste didicimus.

CAPUT XVI. — 17. Sed inter id quod illicitum est et ideo non expedit, atque id quod licitum est nec tamen expedit, quid intersit, aliqua universali regula definire difficile est. Citius enim quisque dixerit : Omne quod fieri non expedit, peccatum est : omne autem peccatum illicitum est : omne ergo quod non expedit, illicitum est. Et ubi erunt illa quæ licita esse, sed non expedire, Apostolus dixit, si omne quod non expedit, licitum non est ? Quapropter quia verum dixisse Apostolum dubitare non possumus, et aliqua peccata esse licita dicere, non audemus ; restat ut dicamus, fieri aliquid quod non expediat, et tamen *a*) si licitum est, non esse peccatum, quamvis quoniam non expedit, non sit utique faciendum. Quod si absurdum videtur, ut aliquid fiat quod non expedit, et dicatur non peccasse si fecerit ; intelligendum est hoc ex consuetudine sermonis absurdum : quæ ita late patet, ut etiam jumenta, quamvis sint rationis expertia, tamen plerumque dicamus debere vapulare cum peccant : peccare autem proprie non est nisi ejus qui utitur rationali voluntatis arbitrio, quod in

---

(*a*) Sola editio Lov. *et tamen sic licitum : nec esse peccatum*, etc.

attribut, qui le distingue du reste des animaux mortels. Mais autre chose est le langage propre et naturel, autre chose est le langage métaphorique et abusif.

Chapitre XVII. — 18. Tâchons donc, si nous le pouvons, de fixer la limite certaine qui distingue ce qui est permis quoique non avantageux, de ce qui n'est pas avantageux parce que ce n'est pas permis. Les choses qui me paraissent permises sans être avantageuses, sont celles qui sont permises par la justice telle qu'elle est devant Dieu, mais dont il faut s'abstenir afin de ne pas scandaliser les hommes et nuire à leur salut. Et les choses qui ne sont pas permises et qui par conséquent ne sont pas avantageuses, sont celles que la justice même nous défend de faire, quand bien même elles obtiendraient les éloges de ceux, à la connaissance de qui elles seraient portées. S'il en est ainsi, Dieu ne nous a défendu les choses illicites que pour nous détourner des choses qui sont permises sans être avantageuses, non par un commandement de sa loi, mais par un pur et libre sentiment de charité envers notre prochain.

19. C'est pourquoi, s'il n'était pas permis à l'un des deux époux chrétiens, de renvoyer l'autre qui veut rester dans l'infidélité, le Seigneur aurait défendu de le faire, et l'Apôtre n'aurait pas osé dire : « Ce n'est pas le Seigneur, mais c'est moi qui vous le dis. » (1 *Cor.*, vii, 12.) S'il est permis, en effet, à un homme de se séparer de sa femme pour cause d'adultère, combien plus doit être détesté dans une épouse l'adultère spirituel, c'est-à-dire cette infidélité dont il est écrit : « Car ceux qui s'éloignent de vous périront, et vous avez résolu, Seigneur, de perdre tous ceux qui deviennent adultères à votre égard. » (*Ps.* LXXII, 27.)

Chapitre XVIII. — Mais quoique cette séparation du mari fidèle d'avec la femme infidèle soit permise, elle n'est pourtant pas avantageuse ; car il est à craindre que les autres infidèles, scandalisés par une telle séparation, ne prennent en horreur la doctrine salutaire, qui défend tout ce qui est illicite, et que devenus plus méchants encore, ils ne se perdent entièrement, en persistant dans leur infidélité. C'est pour cela que l'Apôtre intervient et défend par ses conseils de faire une action, permise il est vrai, mais qui n'est pas avantageuse. Nous voyons que le Seigneur ne défend pas, mais n'ordonne pas non plus aux maris fidèles de se séparer de leurs femmes infidèles, ni aux femmes fidèles de se séparer de leurs maris infidèles. Si une telle séparation eût été un ordre donné par le Seigneur, l'Apôtre ne s'y serait point opposé par ses conseils, car ce que le maître ordonne, un bon serviteur ne peut le défendre.

20. Il est vrai que le Seigneur a donné autrefois un pareil ordre par la bouche d'Esdras, son

---

omnibus mortalibus animantibus non nisi homini est divinitus attributum. Sed aliud est cum proprie loquimur, aliud cum verba ex aliis rebus transferendo vel abutendo (*a*) mutuamur.

Caput XVII. — 18. Ut igitur, sit possumus, enitamur, inter id quod licet et non expedit, et id quod non licet atque ideo non expedit, aliquo certo fine distinguere : ea mihi videntur licere et non expedire, quæ per justitiam quidem, quæ coram Deo est, permittuntur, sed propter offensionem hominum, ne ob hoc impediantur a salute, vitanda sunt : ea vero non licere, et ideo nec expedire, quæ sic ipsa justitia vetantur, ut facienda non sint ; etiamsi ab eis, quibus in notitiam fuerint perlata, laudentur. Quod si ita est, ideo non nisi illicita prohibentur a Domino, ut ea quæ licita sunt et non expediunt, non legis vinculo, sed libera dilectionis beneficentia caveantur.

19. Quocirca si dimittere infidelem conjugem non liceret, hoc fieri Dominus prohiberet, neque id Apostolus prohibens diceret : « Ego dico, non Dominus. »

(I *Cor.*, vii, 22.) Nam si propter fornicationem carnis permittitur homo a conjuge separari ; quanto magis in conjuge mentis fornicatio detestanda est ? id est, (*b*) infidelitas, de qua scriptum est : « Quoniam ecce qui longe se faciunt a te, peribunt ; perdidisti omnem qui fornicatur abs te. » (*Psal.* LXXII, 27.)

Caput XVIII. — Sed quia ita licitum est, ut non expediat : ne propter conjugum separationes offensi homines, ipsam doctrinam salutis, qua illicita prohibentur, exhorreant, ac sic pejores atque perituri in eadem infidelitate remaneant ; intercedit Apostolus, et monendo fieri vetat, quod ita licitum est ut non expediat. Sic enim recedere ab infidelibus uxoribus vel maritis, fideles viri vel feminæ non prohibentur a Domino, ut neque jubeantur. Nam si dimittere tales conjuges juberentur, nullus esset locus consilio monentis Apostoli ne hoc fieret. Nullo modo enim quod Dominus jubet, servus bonus fieri prohiberet.

20. Namque hoc Dominus aliquando per Esdram

(*a*) In sola editione Lov. *mutamus*. — (*b*) Mss. *infidelitatis*.

prophète, et qu'en exécution de ce commandement, les Israélites renvoyèrent les femmes qu'ils avaient épousées. (*Esdras*, x, 11.) Ces femmes, en effet, entraînaient leur maris, par leurs séductions, à l'adoration des dieux étrangers, sans qu'elles pussent être converties par leurs maris au culte du vrai Dieu. Mais alors la grâce du Sauveur n'avait pas encore jeté son éclat dans le monde, et la masse du peuple n'aspirait encore qu'aux biens temporels promis par l'Ancien Testament. Et comme les Israélites voyaient les adorateurs des faux dieux comblés de ces biens qu'ils attendaient du Seigneur, comme la plus grande des récompenses, séduits par les caresses de leurs femmes, ils craignaient d'abord d'offenser ces faux dieux, qu'ils finissaient bientôt par adorer eux-mêmes. C'est pourquoi le Seigneur leur avait défendu, par la bouche de Moïse, d'épouser une femme étrangère. (*Deut.*, VII, 3.) C'est donc avec raison, que sur l'ordre du Seigneur ils renvoyèrent les femmes qu'ils avaient épousées malgré sa défense. Mais lorsque l'Évangile commença à être prêché aux Gentils, la parole divine trouva déjà beaucoup d'entre eux unis par les liens du mariage. Dans cet état de choses, si les deux époux n'étaient pas convertis à la foi, et que celui des deux devenu fidèle consentît à demeurer avec celui qui était encore dans l'infidélité, il n'entrait pas dans les vues de la justice du Seigneur d'ordonner ni d'empêcher que la partie fidèle répudiât celle qui ne l'était pas. Le Seigneur ne pouvait pas l'empêcher, parce que la justice permet aux époux de se séparer pour cause d'adultère, et que l'adultère spirituel est plus criminel encore que l'adultère charnel. On ne peut pas même dire que la femme infidèle, quelque chaste qu'elle soit avec son mari, ait une vraie chasteté conjugale, « puisque tout ce qui n'est pas selon la foi est péché, » (*Rom.*, XIV, 23) tandis que celui des deux époux qui est fidèle, peut avoir cette chasteté, même en demeurant avec l'autre époux qui n'a pas cette chasteté. Le Seigneur ne pouvait pas non plus ordonner aux époux fidèles de se séparer de leurs conjoints infidèles, parce que, leur mariage, bien que contracté dans l'infidélité, ne l'avait pas été contre l'ordre de Dieu.

21. Or, comme ce n'est pas le Seigneur qui ordonne ou défend à l'époux fidèle de se séparer de l'infidèle, ce n'est donc pas le Seigneur, mais l'Apôtre qui lui dit de ne pas s'en séparer. Et certes, l'Esprit saint qui était en lui, pouvait lui permettre de donner un utile et sage conseil. C'est pourquoi, après avoir dit à la femme devenue libre par la mort de son mari : « Mais elle sera plus heureuse si elle reste veuve, et c'est le conseil que je lui donne, » (I *Cor.*, VII, 40) pour empêcher de mépriser ce conseil, comme venant d'un homme et non du Seigneur, il ajoute aussitôt : « Or, je pense aussi avoir l'esprit de Dieu. » Il faut donc croire que ce qui n'est pas ordonné

prophetam jussit, et factum est : dimiserunt Israelitæ uxores alienigenas, quicumque tunc habere potuerunt, per quas fiebat ut et ipsi ad alienos seducerentur deos, non ut illæ per maritos vero adquirerentur Deo. Nondum enim tanta gratia Salvatoris illuxerat, et promissis temporalibus Veteris Testamenti adhuc inhiabat illius populi multitudo. Et propterea cum bona terrena, quæ pro magno expectabant a Domino, viderent etiam his abundare qui multos falsos colebant deos, blanditiis uxorum prius eos reverebantur offendere, deinde inducebantur et colere. Unde jusserat Dominus per sanctum Moysen, ne quis uxorem alienigenam duceret. (*Deut.*, VII, 3.) Merito ergo, quas duxerant Domino prohibente, Domino jubente dimiserunt. Cum vero cœpisset gentibus Evangelium prædicari, jam conjunctos gentiles gentilibus comperit conjuges : ex quibus si non ambo crederent, sed unus aut una infidelis cum fideli consentiret habitare, nec prohiberi a Domino debuit fidelis infidelem dimittere, nec juberi : ideo scilicet non prohiberi, quia justitia permittit a fornicante discedere, et infidelis hominis fornicatio est major in corde; nec vera ejus pudicitia cum conjuge dici potest, quia « Omne quod non est ex fide, peccatum est : » (*Rom.*, XIV, 23) quamvis veram fidelis habeat pudicitiam etiam cum infideli conjuge, qui non habet veram. Ideo autem nec juberi debuerunt fideles ab infidelibus separari, quia non contra jussionem Domini gentiles fuerant ambo conjuncti.

21. Quoniam ergo ab infideli fidelem discedere nec prohibet nec jubet Dominus, ideo ut non discedat, Apostolus dicit, non Dominus : habens utique Spiritum sanctum, in quo dare posset utile et fidele consilium. Unde cum dixisset de muliere, cujus vir mortuus fierit : « Beatior autem erit, si sic permanserit, secundum meum consilium : » (I *Cor.*, VII, 40) ne quis hoc consilium tanquam humanum, non divinum contemnendum putaret, adjecit : « Puto autem et ego Spiritum Dei habeo. » Proinde intelligendum est, etiam ipsa quæ non a Domino jubentur, sed a

par le Seigneur, mais conseillé par son fidèle et saint serviteur, sont d'utiles conseils qui lui sont inspirés par le Seigneur lui-même. A Dieu ne plaise, en effet, qu'un catholique puisse dire, lorsque le Saint-Esprit lui conseille quelque chose, que ce conseil ne vient pas du Seigneur, puisque le Saint-Esprit est lui-même Seigneur, et que les œuvres de la Trinité sont inséparables. Cependant le même Apôtre dit ailleurs : « Pour ce qui est des vierges, je n'ai pas reçu de commandement du Seigneur, c'est un conseil que je leur donne. » (I *Cor.*, VII, 25.) Mais pour que nous ne pensions pas que le conseil qu'il donne ne vient pas du Seigneur, il ajoute aussitôt : « Je le donne, comme ayant mérité du Seigneur la grâce d'être son fidèle ministre. » C'est donc selon Dieu qu'il donne ce fidèle conseil, qui lui est inspiré par l'Esprit, dont il dit : « Or, je crois que j'ai aussi l'Esprit de Dieu. »

22. Autre chose cependant est le commandement du Seigneur qui ordonne, autre chose est le fidèle conseil, que celui qui, quelque saint qu'il soit, est comme nous serviteur de Dieu, nous donne par un esprit de miséricorde et de charité, qui lui est inspiré par le Seigneur. On ne peut pas s'opposer à l'ordre de Dieu ; on peut ne pas suivre le conseil de son serviteur ; car parfois il peut être avantageux de le suivre et parfois non. Il est avantageux, lorsque non-seulement il est permis, parce qui est éternellement juste devant Dieu, mais encore lorsqu'il ne nuit en rien au salut du prochain. Comme, par exemple, lorsque l'Apôtre conseillant à une vierge de ne pas se marier, déclare qu'il n'a reçu à cet égard aucun commandement du Seigneur. Elle peut agir autrement, c'est-à-dire embrasser l'état du mariage, qui est un bien en lui-même, quoique inférieur à celui de la continence. Cependant, outre que ce parti est permis, il est encore avantageux, parce qu'il empêche la faiblesse de la chair de tomber dans des excès dangereux et défendus, en la renfermant dans les limites honnêtes du mariage, et qu'il ne nuit au salut de personne. Cependant il serait plus avantageux et plus honorable à cette vierge de suivre le conseil de l'Apôtre, quoiqu'elle n'y soit forcée par aucun commandement du Seigneur. Au contraire, ce qui est permis n'est pas avantageux, lorsque l'usage de cette permission est nuisible au salut des autres. Dans ce cas est la question que nous traitons, c'est-à-dire la séparation d'un époux fidèle d'avec son conjoint infidèle. Cette séparation n'est défendue par aucun précepte du Seigneur, parce que devant lui, elle n'est point injuste ; mais l'Apôtre la défend par un conseil de miséricorde et de charité, parce qu'elle est nuisible au salut des infidèles, non-seulement parce qu'ils en sont dangereusement scandalisés, mais encore parce que, contractant de nouveaux mariages du vivant de la partie qui les a abandonnés, ils s'enchaînent dans des liens adul-

---

sancto ejus famulo utiliter suadentur, eodem Domino inspirante suaderi. Absit enim ut quisquam catholicus dixerit, quando suadet Spiritus sanctus, non Dominum suadere ; cum et ipse Dominus sit, et inseparabilia sint opera Trinitatis. Dicit tamen : « De virginibus autem præceptum Domini non habeo, consilium autem do. » (*Ibid.*, 25.) Non ut hoc consilium alienum existimemus a Domino, cum continuo sequatur et dicat, « tanquam misericordiam consecutus a Domino ut fidelis essem. » Secundum Deum ergo dat fidele consilium in eo Spiritu, de quo ait : « Puto autem et ego Spiritum Dei habeo. »

22. Verumtamen aliud est Domini jubentis imperium, aliud conservi secundum misericordiam caritatis, quæ est illi a Domino inspirata atque donata, fidele consilium. Ibi aliud facere non licet, hic autem licet : ita sane ut ipsum licitum partim quidem expediat, partim vero non expediat. Expedit tunc, quando non solum per justitiam, quæ coram Domino est, permittitur, sed etiam hominibus nullum ex hoc impedimentum salutis infertur : velut cum dat consilium non nubendi Apostolus virgini, unde præceptum Domini se non habere testatur ; licet aliud facere, id est, nubere, et minus quam continentiæ, bonum tamen tenere nuptiarum. Ipsumque licitum etiam expedit : quoniam in vetita et illicita ruituram carnis infirmitatem sic excipit honestate nubendi, ut neminem impediat ad salutem ; quamvis magis expediret, magisque honestum esset, si virgo consilium, quo præceptum eam non compellit, arriperet. Tunc autem non expedit id quod licitum est, quando permittitur quidem, sed usus ipsius potestatis aliis affert impedimentum salutis. Sicut est, unde jam diu loquimur, discessio fidelis conjugis ab infideli, quam non prohibet Dominus præcepto legis, quia coram illo injusta non est ; sed prohibet Apostolus consilio caritatis, quia infidelibus affert impedimentum salutis : non solum quia perniciosissime scandalizantur offensi ; verum etiam quia in alia conjugia cum ceciderint viventibus eis a quibus dimittuntur,

tères, qui ne peuvent être rompus qu'avec la plus grande difficulté.

Chapitre XIX. — 23. Ainsi dans le cas, où ce qui est permis n'est pas avantageux, on ne peut pas dire : Si l'époux fidèle renvoie son conjoint infidèle, il fait bien, et s'il ne le renvoie pas, il fait mieux encore, comme on dit : « Celui qui marie sa fille, fait bien, mais celui qui ne la marie pas, fait mieux encore. » (I *Cor*., vii, 38.) C'est parce que ces deux actions sont également permises, que le Seigneur n'en fait aucune obligation, et c'est parce qu'elles sont avantageuses, quoique l'une le soit plus que l'autre, que l'Apôtre conseille à celui qui en a la force, de choisir la meilleure. Quant à la question de savoir si un époux fidèle doit ou ne doit pas renvoyer son conjoint infidèle, ces deux choses sont également permises par ce qui est juste aux yeux de Dieu, et c'est pour cela que le Seigneur ne les défend pas ; mais elles ne sont pas également avantageuses à cause de la faiblesse humaine, et c'est pour cela que l'Apôtre en fait l'objet d'une défense, le Seigneur lui laissant toute liberté à ce sujet, parce que le conseil de l'Apôtre n'est en opposition avec aucune défense du Seigneur, et que la défense de l'Apôtre ne l'est avec aucun commandement divin. S'il en était autrement, l'Apôtre ne conseillerait pas quelque chose de contraire à la défense du Seigneur, et ne défendrait pas une action contraire à ses ordres. Ainsi dans ces deux questions, l'une de savoir si une vierge doit ou ne doit pas se marier ; l'autre, si un époux fidèle doit ou ne doit pas renvoyer son conjoint infidèle, il y a une différence à remarquer dans les paroles de l'Apôtre. D'un côté elles se ressemblent, de l'autre elles ne se ressemblent pas. Elles se ressemblent quand il dit : « Je n'ai reçu à ce sujet aucun commandement du Seigneur ; » (1 *Cor*., vii, 25) et répondent à celles-ci : « Ce n'est pas le Seigneur qui le dit, mais c'est moi. » Ces paroles : « Je n'ai reçu à ce sujet aucun commandement du Seigneur, » répondent à celles-ci : « Ce n'est pas le Seigneur qui le dit. » Et quand il ajoute : « C'est un conseil que je donne ; » c'est comme s'il disait : Ce n'est pas le Seigneur, « mais c'est moi qui le dis. » Les expressions de l'Apôtre ne se ressemblent pas, parce que quand il s'agit de savoir si une vierge doit ou ne doit pas se marier, on peut dire : En se mariant elle fait bien, mais en ne se mariant pas, elle fait mieux encore. Car ici les deux actions sont avantageuses, quoique l'une le soit moins que l'autre. Mais quand il s'agit d'examiner si un époux fidèle doit ou ne doit pas renvoyer son conjoint infidèle, comme l'un de ces deux partis est avantageux, et que l'autre ne l'est point, on ne peut pas dire : Celui des deux époux qui renvoie l'autre, parce qu'il est infidèle fait bien, et celui qui ne le renvoie pas, fait

---

adulterinis nexibus colligati (*a*) difficillime resolvuntur.

Caput XIX. — 23. Ideo hic, ubi id quod licet non expedit, non potest dici : Si dimiserit infidelem, bene facit ; si non dimiserit, melius facit : sicut dictum est : « Qui dat nuptum, bene facit ; et qui non dat nuptum, melius facit. » (I *Cor*., vii, 38.) Quoniam illud non solum utrumque pariter licet, unde ad nihil horum præcepto Domini quisque compellitur : sed etiam utrumque expedit, aliud minus, aliud amplius, unde ad id quod amplius expedit, consilio Apostoli, quicumque potest capere, provocatur. Hoc autem ubi de dimittendo vel non dimittendo infideli conjugio quæritur, utrumque quidem pariter licitum est per justitiam quæ coram Domino est, et ideo nihil horum Dominus prohibet : sed non utrumque expedit, propter infirmitates hominum, et ideo id quod non expedit, Apostolus prohibet ; dante sibi Domino liberum prohibendi locum, quia neque id quod monet Apostolus, prohibet Dominus, neque id quod prohibet Apostolus, jubet Dominus. Quod nisi ita esset, neque contra prohibitionem Domini Apostolus aliquid moneret, neque contra jussionem ejus aliquid prohiberet. Proinde in his duabus causis, una de nubendo vel non nubendo, altera de infideli conjuge dimittendo vel non dimittendo, aliquid simile est in verbis Apostoli, aliquid dissimile. Simile quidem illud quod et ibi dicit : « Præceptum Domini non habeo, consilium autem do : » (1 *Cor*., vii, 25) et hic dicit : « Ego dico, non Dominus. » Quale est enim : « Præceptum Domini non habeo : » tale est : « Non dicit Dominus. » (*Ibid*., 12.) Et quale est, « consilium do : » tale est, « ego dico. » Illud autem dissimile est, quia de nubendo et non nubendo potest dici, hoc bene fieri, illud melius ; quoniam utrumque expedit, minus aliud, magis aliud : at vero de conjuge infideli dimittendo vel non dimittendo, quoniam unum horum non expedit, aliud expedit, dici non oportet : Qui dimittit, bene facit ; et qui non dimittit, melius facit : sed dici oportet : Non dimittat :

(*a*) Aliquot Mss. *ob infidelitate difficillime resolvuntur*. Alii melioris notæ codices editis consentiunt.

mieux encore. Mais il faut dire : Il ne doit pas le renvoyer, parce que, bien que cela lui soit permis, ce n'est pas avantageux. En résumé, nous pouvons dire : Il est préférable qu'un époux fidèle ne renvoie pas son conjoint infidèle, quoique cela lui soit permis, comme nous pouvons dire avec la même justesse, que ce qui est tout à la fois permis et avantageux vaut mieux que ce qui est permis sans être avantageux.

Chapitre XX. — 24. C'est pourquoi, dans l'exposition que j'ai faite du sermon que le Seigneur fit sur la montagne, lorsque j'en vins à la question de savoir, si un époux fidèle devait ou ne devait pas renvoyer son conjoint infidèle, invoquant le témoignage des apôtres, j'ai avancé que saint Paul en disant : « Pour ce qui est des autres, ce n'est pas le Seigneur, mais c'est moi qui leur dis, » (1 *Cor.*, vii, 12) ne donnait qu'un conseil, et non un commandement du Seigneur, et qu'il avertissait ainsi les époux fidèles dont les conjoints étaient dans l'infidélité, de ne pas les renvoyer quand ils consentaient à demeurer avec eux. C'est donc un conseil et non un précepte qu'il donne, parce qu'il est bien plus important de défendre aux hommes ce qui n'est pas permis, que ce qu'il leur serait permis de faire, quoique cela ne leur fût pas avantageux. Si saint Paul a daigné quelquefois donner des conseils, lorsqu'il pouvait donner des ordres, il l'a fait par égard pour la faiblesse humaine,

mais sans préjudice de la loi. Ainsi lorsqu'il dit aux Corinthiens : « Ce n'est pas pour vous donner de confusion que je vous écris ces choses, mais ce sont des avis que je vous donne, comme à mes chers enfants. » (1 *Cor.*, iv, 14.) Aussi, lorsqu'il écrit aux Galates : « Je vous déclare, moi Paul, que si vous vous faites circoncire, Jésus-Christ ne vous servira de rien ; » (*Gal.*, v, 2) n'a-t-il pas dit encore dans cette circonstance : « Ce n'est pas le Seigneur, mais moi qui vous dis cela ? » Il y a donc une différence notable dans les paroles de l'Apôtre, en ce sens, qu'il a pu, sans manquer à sa dignité, et sans contredire le Seigneur, conseiller ce qu'ordonne le Seigneur lui-même ; car nous invitons ceux qui nous sont chers à observer les préceptes et les ordres de Dieu. Mais lorsque saint Paul dit : « Ce n'est pas le Seigneur, mais c'est moi qui vous dis cela, » il montre assez clairement, que ce qu'il défend n'est pourtant pas défendu par le Seigneur. Car le Seigneur l'aurait certainement défendu si cela n'était pas permis. Pour résumer ce que nous avons expliqué si longuement, nous pouvons dire que les actions que saint Paul défendait étaient bien permises par la justice, mais que, quoique permises, on devait s'en abstenir par principe de bienveillance et de charité.

Chapitre XXI. — 25. Pour vous, mon frère Pollentius, vous croyez que quoique une chose

---

quia etsi licet, non expedit. Sic ergo possumus dicere, melius esse infidelem conjugem non dimittere, quamvis liceat et dimittere; quemadmodum recte dicimus, melius esse quod et licet et expedit, quam id quod licet, nec expedit.

Caput XX. — 24. His de causis factum est, ut exponens Domini sermonem, quem prolixum in monte habuit, ubi ventum est ad quæstionem de conjugibus dimittendis vel non dimittendis, adhibitis etiam apostolicis testimoniis, dicerem consilium esse Apostoli, non præceptum Domini, ubi ait : « Cæteris autem ego dico, non Dominus, » (1 *Cor.*, vii, 12) monens eos qui haberent conjuges infideles, ut consentientes habitare secum non dimitterent. Quod utique ideo monendum, non jubendum fuit, quia non tanto pondere prohibendi sunt homines facere licita, quamvis non expediant, quanto pondere prohibentur illicita. Si autem alicubi Apostolus etiam illa quæ jubenda sunt, monere dignatus est, hoc fecit (a) parcendo infirmitati, non præjudicando ju-

sioni. Unde si dixit : « Non ut confundam vos hæc scribo, sed ut filios meos carissimos moneo : » (1 *Cor.*, iv, 14) quid habet quæstionis, ubi ait : « Ego dico, non Dominus. » Item ubi ait : « Ecce ego Paulus dico vobis, quia si circumcidamini, Christus vobis nihil proderit : » (*Gal.*, v, 2) numquid etiam hic dixit : « Ego dico, non Dominus ? » Non sunt itaque ista similia, quia etiam illæ quæ jubet Dominus, non est indignum neque contrarium, sic eadem monet Apostolus. Monemus enim quos caros habemus, ut faciant Domini præcepta, vel jussa. Cum vero ait : « Ego dico, non Dominus : » satis ostendit Dominum non prohibere quod ipse prohibebat. Prohibuisset autem Dominus, si esset illicitum. Ergo secundum ea quæ supra diu diximus, multumque versavimus, licitum erat per justitiam ; sed etiam licitum non erat faciendum propter liberam benevolentiam.

Caput XXI. — 25. Tu autem cui placet, ita non licere quod non vetat Dominus, sed Apostolus,

---

(a) Duo Mss. *parendo*.

ne soit pas défendue par le Seigneur, il n'est pas plus permis de la faire, lorsque l'Apôtre le défend, que si elle était défendue par le Seigneur lui-même. Et en voulant expliquer le sens des paroles adressées par saint Paul aux maris fidèles, dont les femmes n'étaient pas converties à la foi, lorsqu'il leur dit : « Ce n'est pas le Seigneur, mais c'est moi qui dis, » (I *Cor.*, VII, 12) vous prétendez que le Seigneur a défendu le mariage entre personnes de religion différente, et vous invoquez le témoignage même du Seigneur lorsqu'il dit : « Vous n'accepterez pour épouse de votre fils aucune femme étrangère, de peur qu'elle ne l'entraîne au culte de ses faux dieux, et qu'elle ne perde l'âme de son mari. » (*Deut.*, VII, 3.) Vous avez même recours à ces paroles de l'Apôtre, lorsqu'il dit aux Corinthiens : « La femme est liée à son mari tant qu'il est vivant; mais s'il vient à mourir, elle est libre et peut se marier avec qui bon lui semblera, pourvu que ce soit selon le Seigneur; » (I *Cor.*, VII, 39) et vous ajoutez : « C'est-à-dire à un chrétien. » Ensuite vous poursuivez en disant : « Il est donc ordonné par le Seigneur, dans l'Ancien comme dans le Nouveau Testament, que les liens du mariage ne peuvent subsister qu'entre des personnes de même religion. » Si c'est un précepte du Seigneur consigné dans l'Ancien et le Nouveau Testament, si le Seigneur ordonne, si l'Apôtre enseigne que les liens du mariage ne peuvent subsister qu'entre époux de la même religion; pourquoi donc, contre l'ordre du Seigneur, contre sa propre doctrine, contre le précepte de l'Ancien et du Nouveau Testament, l'Apôtre ordonne-t-il de respecter les liens du mariage, qui unissent les époux qui n'ont pas la même foi et la même croyance? « Parce que, me répondez-vous, saint Paul, apôtre et prédicateur des Gentils, non-seulement conseille, mais encore ordonne, que si un des deux époux embrassait la foi, il ne devrait pas renvoyer son conjoint persistant dans l'infidélité, si ce conjoint consentait à demeurer avec lui. » Vous changez ainsi la nature de votre question. Il s'agissait d'abord, en fait de mariage à contracter, de défendre à une femme d'épouser un mari infidèle, ou à un homme de se marier avec une femme qui n'eût pas la même foi que lui. Voilà, disiez-vous, ce que le Seigneur ordonne, ce que l'Apôtre enseigne, ce qui est prescrit dans l'Ancien et dans le Nouveau Testament. Mais la question est tout autre quand il s'agit, non de mariages à contracter, mais de mariages déjà contractés. Dans ce dernier cas, deux époux étaient encore l'un et l'autre dans la même infidélité quand ils se sont unis, et c'est seulement lorsque l'Evangile a été annoncée que le mari sans la femme, ou la femme sans le mari s'est convertie à la foi. Si donc ce cas est tout différent du premier, ce

---

quemadmodum non licet quod vetat Dominus, cum exponere voluisses quid sibi vellet quod ait : « Ego dico, non Dominus, » (I *Cor.*, VII, 12) cum alloqueretur fideles quibus essent conjuges infideles, dixisti, « quia Dominus jussit ne conjugia sibimet diversæ religionis copularentur : » et ipsum adhibuisti testimonium Domini dicentis : « Non accipies uxorem filio tuo a filiabus alienigenarum, ne traducat eum post deos suos, et pereat anima ejus. » (*Deut.*, VII, 3.) Addidisti etiam verba Apostoli, ubi dixit : « Mulier alligata est, quamdiu vir ejus vivit. Quod si mortuus fuerit vir ejus, liberata est : cui vult nubat, tantum in Domino : » (I *Cor.*, VII, 39) quod ita exposuisti, ut adjungeres, (a) id est Christiano. » Deinde secutus es, et aisti : « Hoc est ergo Domini præceptum tam in Veteri quam in Novo Testamento, ut non nisi unius religionis et fidei conjugia sibi maneant copulata. » Si hoc ergo est Domini præceptum tam in Veteri Testamento quam in Novo, et hoc jubet Dominus, hoc docet Apostolus, ut non unius religionis et fidei maneant copulata conjugia; quare contra hoc Domini jussum, contra doctrinam suam, contra præceptum Testamenti Veteris et Novi, jubet Apostolus ut diversæ fidei conjugia maneant copulata? « Quia Paulus, inquis, gentium prædicator et apostolus, jam in conjugio positos, non solum monet, sed etiam jubet, ut si unus aut una a conjugibus credidisset alterum vel alteram non credentem, secum tamen habitare consentientem, non dimitteret. » His verbis tuis aliud hoc, aliud esse illud, satis evidenter ostendis. Illud enim de his conjugiis agitur, quæ sibi primitus copulantur, ne nubat femina non suæ religionis viro, vel vir talem ducat uxorem. « Id enim, ut dicis, jubet Deus, docet Apostolus, utrumque præcipit Testamentum. » Hoc autem diversum esse quis abnuat, ubi agitur non de conjungendis; sed de conjunctis? Ambo quippe unius ejusdemque infidelitatis fuerunt quando conjuncti sunt, sed Evangelium cum venisset, alter sine altera, vel altera sine altero credidit. Si ergo aliud est hoc, quod sine scrupulo

(a) Sola editio Lov. *idque Christiano.*

dont on ne peut douter, pourquoi le Seigneur n'ordonne-t-il pas, aussi bien que l'Apôtre, à l'époux converti de demeurer avec son conjoint qui ne l'est pas encore? A moins que saint Paul n'ait pas voulu dire ici ce qu'il dit avec tant de confiance ailleurs : « Est-ce que vous voulez éprouver la puissance de Jésus-Christ qui parle par ma bouche? » (I *Cor*., XIII, 3.) Et Jésus-Christ, n'est-ce pas le Seigneur? Comprenez-vous bien ce que je veux dire, ou dois-je vous donner encore de plus amples explications?

26. Prêtez-moi donc toute votre attention. Je vais mettre dans tout son jour la question sous vos yeux. Supposons deux époux, l'un et l'autre infidèles, et qui l'étaient avant leur union. Il n'y a rien à leur égard qui concerne la défense du Seigneur, ni la doctrine de l'Apôtre, ni aucun précepte de l'Ancien et du Nouveau Testament, défendant à un fidèle de contracter mariage avec une infidèle. Les voilà unis. Tous les deux sont dans l'infidélité, et tels qu'ils étaient avant et après leur mariage. Vient un prédicateur de l'Evangile. L'un des deux époux se convertit, et l'un des conjoints infidèles consent à demeurer avec l'autre qui a embrassé la foi. Le Seigneur ordonne-t-il ou n'ordonne-t-il pas à l'époux fidèle d'abandonner l'infidèle? Si vous dites qu'il l'ordonne, l'Apôtre élève la voix et dit : « Ce n'est pas le Seigneur, mais c'est moi qui dis. » Si vous dites, au contraire, que le Seigneur ne l'ordonne pas, je vous en demande la raison. Vous ne me donnerez pas celle que vous avez alléguée dans votre lettre : « C'est parce que le Seigneur défend aux fidèles de se marier avec des infidèles; » car ce n'est plus là la question, puisqu'il s'agit de personnes déjà mariées, et non de personnes qui doivent l'être. Si donc vous ne trouvez pas la raison pour laquelle le Seigneur ne défend pas ce qui est défendu par l'Apôtre, vous devez voir déjà, je le pense, que celle que vous aviez donnée n'est pas juste. Voyez maintenant si celle que j'ai alléguée ne serait pas la véritable; j'ai dû l'indiquer précédemment et présentement je vais la défendre. Alors nous comprendrons que les préceptes du Seigneur se réduisent à l'observation de la justice éternelle, telle qu'elle est devant lui, et dont nous ne pouvons transgresser les lois; c'est-à-dire qu'il ne nous est pas permis d'agir en dehors de ses ordres ou de sa défense, et que ce qu'il laisse au pouvoir de notre volonté, et que nous pouvons faire ou omettre sans manquer à la justice, il l'abandonne à la sagesse de ses serviteurs, pour qu'ils nous conseillent ce qui leur paraît le plus avantageux pour notre salut.

27. Ayons à cœur, d'abord et avant tout, de ne rien faire qui soit défendu. Mais lorsqu'une chose est permise, de manière que celle qui lui est contraire n'est pas défendue, faisons celle qui est avantageuse ou celle qui peut tourner le

---

ullius dubitationis apparet, cur fidelem cum infideli in conjugio permanere, non et Dominus sicut Apostolus jubet? Nisi forte isto loco vacat, quod tam fidenter ipse ait : « An vultis experimentum accipere ejus qui in me loquitur Christus? » (II *Cor*., XIII, 3.) Et utique Dominus est Christus. Intelligisne quid dicam? An in hoc explanando aliquanto diligentius immorabor.

26. Attende, ut rem ipsam tanquam in conspectu considerandam planiore sermone ponamus. Ecce conjuges duo, unius infidelitatis : ita fuerunt quando conjuncti sunt : nulla de his quæstio est, quæ pertineat ad illam Domini jussionem doctrinamque apostolicam et præceptum Testamenti Veteris et Novi, quo prohibetur fidelis cum infideli copulare conjugium. Jam sunt conjuges, et adhuc ambo sunt infideles, adhuc tales sunt quales fuerunt ante quam jungerentur, qualesque conjuncti sunt. Venit Evangelii prædicator, credidit eorum aut unus, aut una, sed ita ut infidelis cum fideli habitare consentiat. Jubet fideli Dominus ne infidelem dimittat, an non jubet? Si dixeris : Jubet : reclamat Apostolus : « Ego dico, non Dominus. » Si dixeris : Non jubet : causam requiro. Neque illam mihi responsurus es, quam tuis litteris indidisti, « quia Dominus prohibet fideles infidelibus jungi. » Hic enim nullo modo est ista causa : de jam junctis loquimur, non de jungendis. Si ergo tu causam non invenisti, cur non vetet Dominus, quod vetat Apostolus; cernis enim jam, ut existimo, non esse ipsam quam esse putaveras, vide ne forte illa sit quæ mihi visa est, et tunc proferenda, et nunc defendenda; ut scilicet illud intelligamus dicere Dominum, quod habet coram illo nullo modo transgredienda justitia, id est, quod ita jubet aut vetat, ut aliud facere omnino non liceat : quod autem volentis potestati ita permittit, ut nec agatur nec prætermittatur illicite, ibi servorum suorum consilio locum dare, ut id potius suadeant quod viderint expedire.

27. Teneatur hic ergo primitus ac maxime, ne committantur illicita. Ubi autem aliquid ita licitum est, ut aliud facere non sit illicitum, fiat quod expe-

plus à notre avantage et à notre utilité. Ce que dit le Seigneur, comme Seigneur, c'est-à-dire non comme un conseiller qui daigne nous avertir, mais comme un maître qui commande, il ne nous est jamais permis, et par conséquent il ne nous est pas avantageux de nous y refuser. Ainsi le Seigneur « défend à la femme de se séparer de son mari, que si elle s'en sépare, » (I *Cor.*, VII, 10, 12) dans le cas toutefois où cela lui serait permis, « elle doit demeurer sans se marier, ou se réconcilier avec son époux. Car la femme est liée à son mari tant qu'il est vivant. Si donc du vivant de son mari elle en épouse un autre, elle sera regardée comme adultère; » (*Rom.*, VII, 2, 3) « parce que la femme est liée à la loi du mariage pendant la vie de son mari. » (I *Cor.*, VII, 39.) « C'est pourquoi si une femme quitte son mari et en épouse un autre, elle commet un adultère. » (*Marc*, X, 12.) De même : « Celui qui épouse une femme répudiée par son mari commet un adultère. » (*Matth.*, XIX, 9.) C'est d'après ce précepte du Seigneur, que l'Apôtre « défend à un mari de quitter sa femme, » (I *Cor.*, VII, 11) parce que « celui qui renvoie sa femme, hors le cas d'adultère, la fait devenir adultère. » (*Matth.*, III, 12.) Et encore, s'il la renvoie pour cette cause, il ne doit pas contracter un nouveau mariage; « car quiconque répudie sa femme et en épouse une autre est adultère. » (*Luc*, XVI, 18.)

Chapitre XXII. — Tous ces enseignements donnés par le Seigneur doivent être observés sans aucune réserve. Telle est la loi de cette éternelle justice qui est agréée de Dieu, malgré l'approbation ou la désapprobation des hommes. Dans aucun cas, il n'est permis de dire qu'on peut s'affranchir d'obéir à ces préceptes, sous prétexte qu'en les observant on pourrait scandaliser les hommes ou nuire à leur salut qui est en Jésus-Christ. Quel est le chrétien qui oserait dire : Pour ne pas scandaliser les hommes, ou pour les gagner à Jésus-Christ, je rendrai une femme adultère, ou je le deviendrai moi-même?

28. Il pourrait arriver, en effet, qu'un chrétien qui aurait renvoyé sa femme pour infidélité au lit conjugal éprouvât la tentation suivante. Par exemple, une femme païenne qui voudrait l'épouser pourrait, pour y parvenir, lui promettre de se faire chrétienne. Nous supposons que sa promesse ne serait pas trompeuse, et que si elle l'épousait, elle l'accomplirait sincèrement. S'il refusait de s'engager dans ce mariage, l'esprit de tentation ne pourrait-il pas chercher à le séduire en lui disant : Le Seigneur, il est vrai, a déclaré « que quiconque renvoie sa femme, hors le cas d'adultère, et en épouse une autre commet un adultère; » (*Matth.*, V, 32) vous avez renvoyé la vôtre coupable de ce crime, si vous en épou-

---

dit, vel quod magis expedit. Illa igitur quæ Dominus ita dicit ut Dominus, id est, non monentis consilio, sed dominantis imperio, (*a*) non facere non licet, et ideo nec expedit. Dominus itaque præcipit, « mulierem a viro non discedere, quod si discesserit, » (I *Cor.*, VII, 10, 11) ea utique causa qua discedere licitum est, « manere innuptam, aut viro suo reconciliari. » (*Rom.*, VII, 2, 3.) « Mulier enim sub viro vivo marito juncta est legi; » et « vivente viro vocabitur adultera, si fuerit cum alio viro; quoniam mulier alligata est, quamdiu vir ejus vivit. » (I *Cor.*, VII, 39.) Unde, « si uxor dimiserit virum suum et alii nupserit, mœchatur : » (*Marc.*, X, 12) et : « Qui dimissam a viro duxerit, mœchatur. » (*Matth.*, XIX, 9.) Ideoque ex eodem præcepto Domini, « et vir uxorem ne dimittat : » (I *Cor.*, VII, 11) quoniam « qui dimiserit uxorem suam præter causam fornicationis, facit eam mœchari. » (*Matth.*, III, 32.) Sed si propter hanc causam dimiserit, etiam ipse sic maneat : « Omnis enim qui dimittit uxorem suam, et ducit alteram, mœchatur. » (*Luc.*, XVI, 18.)

Caput XXII. — Hæc constituta Domini sine ulla retractatione servanda sunt. Habet enim hæc justitia quæ coram illo est, sive approbent sive improbent homines : et ideo dici non oportet, propter offensiones hominum, aut ne impediantur homines ab ea salute, quæ in Christo est, non esse servanda. Quis enim Christianus audeat dicere : Ne homines offendam, aut ut homines Christo acquiram, faciam uxorem meam, aut ego ipse mœchus fiam?

28. Potest enim fieri, ut cum adulteram uxorem quisque dimiserit Christianus, ita tentetur, ut aliqua femina quæ nondum credidit, cupiens in ejus nuptias convenire, promittat se futuram esse Christianam, non fallaciter, sed si ei nupserit hoc omnino factura. Huic itaque hoc connubium recusanti poterit suggerere ille tentator, Dominus dixit : « Quicumque dimiserit uxorem suam præter causam fornicationis, et aliam duxerit, mœchatur : » (*Matth.*, V, 32) tu autem qui dimisisti propter causam fornicationis uxorem, si aliam duxeris, non mœchaberis,

---

(*a*) Sic Mss. At. editi, *facere non licet* : omisso *non*, ante *facere*.

sez une autre, vous ne commettez pas d'adultère. A un pareil raisonnement, notre chrétien, s'il est instruit des règles de la saine doctrine, pourra répondre : Celui qui renvoie sa femme hors le cas d'adultère, et en épouse une autre, commet sans doute un adultère plus criminel; mais celui qui renvoie la sienne pour infidélité au lit conjugal et en épouse une autre, n'en commet pas moins pour cela un adultère. De même il y a adultère de la part de celui qui épouse une femme renvoyée par son mari, hors le cas d'adultère, sans que l'on puisse dire qu'il n'y a pas aussi adultère de la part de celui qui épouse une femme répudiée par son mari pour cause de fornication. Notre chrétien pourra encore ajouter : S'il y a quelque obscurité dans le texte de saint Matthieu, parce qu'il n'a énoncé qu'une partie de sa pensée et laissé deviner le reste, les autres évangélistes n'ont rien sous-entendu dans l'expression de la leur. Ainsi, on lit dans saint Marc : « Quiconque renvoie sa femme et en épouse une autre commet un adultère; » (*Marc*, x, 11) et dans saint Luc : « Tout homme qui renvoie sa femme et en épouse une autre commet un adultère. » (*Luc*, xvi, 18.) Ils n'ont pas dit que parmi ceux qui renvoient leurs femmes, les uns commettent un adultère, et les autres n'en commettent pas, mais ils ont dit positivement et sans exception, « quiconque renvoie, » ou « tout homme qui renvoie sa femme et en épouse une autre commet un adultère. »

Chapitre XXIII. — 29. Telle est la réponse que pourra faire un chrétien, comprenant qu'il lui était permis de renvoyer sa femme adultère, mais qu'il ne lui est pas permis d'en épouser une autre. Mais que répondra-t-il à l'esprit tentateur, qui lui dirait : Commettez cette faute, pour gagner à Jésus-Christ l'âme d'une femme plongée dans la mort de l'infidélité, et qui est prête à se faire chrétienne si vous l'épousez? Que répondra, dis-je, ce chrétien, sinon qu'il ne peut agir ainsi, sans se mettre sous le coup du jugement prononcé par l'Apôtre, quand il dit : « Quelques-uns qui nous calomnient et qui sont justement condamnés, nous font dire : Faisons du mal pour qu'il en résulte du bien. » (*Rom.*, III, 8.) A quoi d'ailleurs servirait au salut de cette femme de se faire chrétienne, puisqu'elle serait adultère avec le mari qui l'épouserait?

Chapitre XXIV. — 30. Non-seulement l'adultère est défendu, et ce crime est commis, non pas par un, mais par tout homme qui renvoie sa femme et en épouse une autre, même dans l'intention de la rendre chrétienne. Il y a plus, celui-là aussi serait coupable de cette faute qui, sans être engagé dans les liens du mariage, aurait fait à Dieu vœu de continence, et qui croirait pouvoir se dégager de ce vœu, en épou-

---

Huic talia suggerenti, erudito corde respondeat, mœchari quidem illum gravius qui præter causam fornicationis uxore dimissa alteram duxerit; sed etiam illum qui uxore fornicante dimissa sibi aliam copulavit, non ideo non mœchari, quia fornicantem reliquit : sicut mœchatur qui eam quæ præter causam fornicationis dimittitur, duxerit; nec ideo non mœchatur qui eam ducit, quam dimissam propter causam fornicationis invenerit. Et propterea quod subobscure apud Matthæum positum est, (*a*) quoniam totum a parte significatum est, expositum esse apud alios, qui totum generaliter expresserunt, sicut legitur apud Marcum : « Quicumque dimiserit uxorem suam, et aliam duxerit, adulterium committit. » (*Marc.*, x, 11.) Et apud Lucam : « Omnis qui dimittit uxorem suam, et ducit alteram, mœchatur. » (*Luc.*, xvi, 18.) Non enim alios dixerunt mœchari, alios non mœchari, qui dimissis uxoribus suis duxerint alteras; sed quicumque dimiserit, omnem prorsus qui dimiserit uxorem suam, et aliam duxerit, mœchari cum sine ulla exceptione dixerunt.

Caput XXIII. — 29. Sed si hæc ille Christianus responderit tentatori, intelligens licuisse quidem sibi dimittere adulteram, sed aliam ducere non licere : quid si dicat ille tentator : Committe hoc peccatum, ut acquiras animam Christo in morte infidelitatis positæ feminæ, quæ parata est, si tibi nupserit, fieri Christiana : quid aliud Christianus respondere ad ista debet et dicere, nisi se non posse, si hoc fecerit, evadere judicium, quod commemoravit Apostolus ubi ait : « Et sicut dicunt quidam nos dicere : Faciamus mala, ut veniant bona, quorum judicium justum est? » (*Rom.*, III, 8.) Quomodo autem poterit esse salubriter Christiana, quæ cum illo a quo ducitur erit adultera?

Caput XXIV. — 30. Non solum autem mœchandum non est, quod facit, non quidam, sed omnis qui dimittit uxorem suam, et ducit alteram, etsi propterea duxerit ut faciat Christianam. Sed etiam quisquis non alligatus uxori continentiam Deo voverit, nullo modo debet ista compensatione peccare, ut ideo credat uxorem sibi esse ducendam, quia pro-

---

(*a*) Sic Mss. At editi, *quomodo.*

sant une femme, qui, pour se marier avec lui, aurait promis d'embrasser la religion chrétienne. Ce qui était permis à quelqu'un avant d'avoir fait ce vœu, ne lui est plus permis une fois qu'il l'a prononcé, pourvu toutefois que ce vœu n'ait rien de contraire à ce qu'il lui était permis de promettre à Dieu. Telle est la virginité perpétuelle, ou la continence que veulent garder des époux, qui sont devenus libres du lien conjugal par la mort de l'un d'eux, ou bien encore, ceux qui, d'un consentement commun, renonceraient, dans un but de chasteté, aux devoirs du mariage qu'ils se doivent l'un à l'autre; vœu toutefois que le mari ne peut faire sans la volonté de sa femme, ni la femme sans celle de son mari. Ces vœux et d'autres semblables également légitimes, une fois qu'on les a faits, rien ne peut nous autoriser à les rompre, quand rien ne nous forçait à nous y engager. Le Seigneur lui-même nous le prescrit dans son Ecriture, où nous lisons : « Faites des vœux au Seigneur votre Dieu, et remplissez-les fidèlement. » (*Ps.* LXXV, 12.) C'est ce qui fait dire à l'Apôtre au sujet de quelques veuves, qui, après avoir fait vœu de continence, veulent se marier, chose qui leur était permise, avant de s'être engagées par aucune promesse envers Dieu. « Elles tombent, dit saint Paul, dans la condamnation, en violant la foi qu'elles avaient jurée à Jésus-Christ. » (1 *Tim.*, v, 12.)

Chapitre XXV. — 31. Ainsi ce qui n'est pas permis n'est point avantageux, et ce qui est défendu par le Seigneur, n'est jamais permis. Pour ce qui est des choses auxquelles nous ne sommes obligés par aucun précepte du Seigneur, et qui sont laissées à notre libre volonté, écoutons la voix de l'Apôtre, qui nous conseille par l'inspiration du Saint-Esprit, de prendre le parti le meilleur, ou d'éviter celui qui n'a rien d'utile et d'avantageux. Ecoutons-le, quand il dit : « Je n'ai reçu aucun commandement du Seigneur à cet égard, mais c'est un conseil que je vous donne; » (I *Cor.*, VII, 25) et encore : « Ce n'est pas le Seigneur, mais c'est moi qui vous dis. » (*Ibid.*, VII, 12.) Ecoutons-le, lorsque nous cherchons le meilleur parti, et qu'il nous dit : « Qu'un homme qui n'a point de femme ne cherche pas à se marier. » (*Ibid.*, VII, 27.) Ce parti est en effet le meilleur, parce que « celui qui se marie ne pèche pas, » de même que lorsqu'il conseille à une vierge de ne pas se marier, il dit : « Celui qui ne marie pas sa fille prend le meilleur parti, quoiqu'en la mariant il fasse bien encore. » (I *Cor.*, VII, 38.) Ecoutons-le, quand il dit à une veuve, qu'elle sera plus heureuse, en demeurant dans son état de veuvage, quoiqu'après la mort de son mari, elle puisse se marier encore avec qui elle voudra, « pourvu que ce soit selon le Seigneur. » (*Ibid.*, 39.) Ce qu'on peut entendre de deux manières, c'est-à-dire, pourvu qu'elle reste chrétienne, ou pourvu qu'elle épouse un chrétien. Je ne me souviens pas d'avoir vu quelque part depuis la révélation du Nouveau Testament, ni dans l'E-

---

misit quæ nuptias ejus appetit, futuram se esse Christianam. Quod enim cuique ante quam vovisset licebat, cum id se nunquam facturum voverit, non licebit : si tamen id voverit quod vovendum fuit, sicuti est perpetua virginitas, vel continentia post experta connubia solutis a vinculo conjugali, vel ex consensu voventibus et carnalia debita sibi invicem relaxantibus fidelibus castisque conjugibus; quod alterum sine altera, vel alteram sine altero vovere fas non est. Hæc ergo, et si qua alia sunt quæ rectissime voventur, cum homines voverint, nulla conditione rumpenda sunt, quæ sine ulla conditione voverunt. Quia et hoc Dominum præcepisse intelligendum est, ubi legitur : « Vovete, et reddite Domino Deo vestro. » (*Psal.* LXXV, 12.) Unde Apostolus de quibusdam quæ continentiam vovent, et postea nubere volunt, quod eis ante quam vovissent utique licebat : « Habentes, inquit, damnationem, quoniam primam fidem irritam fecerunt. » (1 *Tim.*, v, 12.)

Caput XXV. — 31. Nihil ergo expedit quod illicitum est, et nihil quod prohibet Dominus licitum est. Quæ autem nullo Domini constringente præcepto in potestate dimissa sunt, in his audiatur Apostolus in Spiritu sancto monens et consulens, ut vel meliora capiantur, vel ea quæ non expediunt caveantur. Ibi audiatur dicens : « Præceptum Domini non habeo, consilium autem do. » (I *Cor.*, VII, 25.) Et : « Ego dico, non Dominus. » (*Ibid.*, 12.) Ibi si meliora elegerit, qui audit : « Solutus est ab uxore, non quærat uxorem, quia et si acceperit uxorem, non peccat : » (*Ibid.*, 27) ibi virgo non nubat. « Qui enim non dat nuptum, melius facit; et qui dat nuptum, bene facit. » (*Ibid.*, 38.) Ibi beatior sit mulier sic permanendo, quæ mortuo viro suo in potestate habet, cui vult nubere, « tantum in Domino. » (*Ibid.*, 39.) Quod duobus modis accipi potest, aut Christiana permanens, aut Christiano nubens. Non enim tempore revelati Testamenti Novi, in Evangelio vel ullis

vangile, ni dans les lettres des apôtres, que le Seigneur ait expressément défendu aux fidèles d'épouser des infidèles. Cependant, le bienheureux Cyprien n'en doute nullement (CYPRIEN, lib. *de Lapsis*), et range même au nombre des péchés assez graves, tout mariage contracté avec des infidèles, prétendant que c'est prostituer aux païens les membres de Jésus-Christ. Mais comme la question est tout autre, quand il s'agit de personnes déjà mariées, écoutons encore ici l'Apôtre, quand il dit : « Si quelqu'un de nous a une femme qui soit infidèle, et qu'elle consente à demeurer avec lui, qu'il ne la quitte point ; et si quelque femme a un mari qui soit infidèle, et qu'il consente à demeurer avec elle, qu'elle ne le quitte point. » (I *Cor.*, VII, 12, 13.) On doit, en effet, l'écouter, parce que, bien que la chose soit permise, puisque le Seigneur ne le défend pas, on ne doit pourtant pas la faire, parce qu'elle n'est point avantageuse. Car l'Apôtre enseigne clairement, comme nous l'avons démontré précédemment, que tout ce qui est permis n'est pas pour cela utile et avantageux. Mais quel que soit le genre d'adultère, soit charnel, soit spirituel, c'est-à-dire, infidélité à Dieu, il n'est permis ni à l'homme, qui répudie sa femme, ni à la femme répudiée par son mari, de contracter un nouveau mariage, parce que le Seigneur dit sans aucune exception : « Si une femme quitte son mari et en épouse un autre, elle commet un adultère. » (*Marc*, X, 11.) Et encore : « Tout homme qui renvoie sa femme et en épouse une autre, commet un adultère. » (*Luc*, XVI, 18.)

32. Quoique j'aie examiné et discuté tout ce qui concerne le mariage, autant que mes lumières me l'ont permis, j'avoue que c'est une question bien obscure et bien compliquée. Je ne me flatte pas d'en avoir résolu toutes les difficultés, ni dans cet ouvrage, ni dans aucun autre ; et je ne crois pas pouvoir jamais les expliquer, quelque instance qu'on me fît à cet égard. Quant à l'autre question que vous m'avez posée dans une feuille à part, je m'en occuperais volontiers, si nous étions d'avis différent. Mais, puisqu'à ce sujet nous sommes d'accord, je ne vois pas la nécessité de m'y arrêter longtemps.

CHAPITRE XXVI. — 33. Les cathécumènes qui sont en danger de mort, et qui, soit par la maladie, soit par toute autre circonstance, sont hors d'état, quoique vivant encore, de demander le baptême, ou de répondre aux questions qu'on pourrait leur faire, doivent être, selon moi, en vertu de leur volonté déjà connue, d'embrasser la foi chrétienne, baptisés comme on baptise les enfants, qui n'ont encore donné aucun signe de volonté à cet égard. Nous ne devons pas cependant blâmer ceux de nos collègues qui, dans de pareilles circonstances, agissent avec

---

apostolicis litteris sine ambiguitate declaratum esse recolo, utrum Dominus prohiberit fideles infidelibus jungi. Quamvis beatissimus Cyprianus inde non dubitet, nec in levibus peccatis constituat, jungere cum infidelibus vinculum matrimonii, atque id esse dicat prostituere gentilibus membra Christi. (CYPRIANUS, lib. *de lapsis.*) Sed quia de iis qui jam conjuncti sunt alia quæstio est; audiatur et hic Apostolus dicens : « Si quis frater habet uxorem infidelem, et hæc consentit habitare cum illo, non dimittat illam : et si qua mulier habet virum infidelem, et hic consentit habitare cum illa, non dimittat virum. » (I *Cor.*, VII, 12, 13.) Et sic audiatur, ut quamvis fieri licitum sit, quia hoc non dicit Dominus ; non tamen fiat, quia non expedit. Non enim omnia expedire quæ licita sunt, apertissime docet Apostolus (I *Cor.*, X, 22), sicut supra jam ostendimus. Propter quodlibet tamen fornicationis genus, sive carnis, sive spiritus, ubi et infidelitas intelligitur, et dimisso viro non licet alteri nubere, et dimissa uxore non licet alteram ducere : quoniam Dominus nulla exceptione facta dicit : « Si uxor dimiserit virum suum, et alii nupserit, mœchatur. » (*Marc.*, X, 12.) Et : « Omnis qui dimittit uxorem suam, et ducit alteram, mœchatur. » (*Luc.*, XVI, 18.)

32. His ita pro meo modulo pertractatis atque discussis, quæstionem tamen de conjugiis obscurissimam et implicatissimam esse non nescio. Nec audeo profiteri omnes sinus ejus, vel in hoc opere, vel in alio me adhuc explicasse, vel jam posse, si urgear, explicare. Illud autem unde me itidem in alia scheda consulendum existimasti, seorsum etiam ego enodare curarem, si mihi aliud quam tibi visum est, videretur : cum vero eadem sit etiam nostra sententia, non hinc opus est diutius disputare.

CAPUT XXVI. — 33. Catechumenis ergo in hujus vitæ ultimo constitutis, si morbo seu casu aliquo sic oppressi sint, ut quamvis adhuc vivant, petere sibi tamen baptismum vel ad interrogata respondere non possint, prosit eis quod eorum in fide Christiana jam nota voluntas est, ut eo modo baptizentur, quo modo baptizantur infantes, quorum voluntas nulla adhuc patuit. (Lib. IV, *Confess.*, cap. IV, n. 8.) Non tamen

plus de réserve qu'ils ne devraient en mettre, selon notre manière de voir; en effet, on pourrait nous accuser d'avoir voulu les juger avec plus d'injustice que de prudence, au sujet de l'usage qu'ils font de l'argent qui leur a été confié par le Seigneur, pour le faire valoir au profit du maître. Il suffit, dans de pareilles choses, de ne pas perdre de vue ce que dit l'Apôtre : « Chacun de nous rendra compte à Dieu pour soi-même. » (*Rom.*, XIV, 12.) Que ces paroles nous servent donc de règle pour nous juger les uns les autres. Il y en a qui, dans le cas dont il s'agit et dans d'autres semblables, croient qu'il faut observer ce qu'a dit le Seigneur : « Ne donnez pas aux chiens ce qui est saint, et ne jetez pas vos perles devant les pourceaux. » (*Matth.*, VII, 6.) Et sur ces paroles du Sauveur, ils n'osent pas conférer le baptême à ceux qui ne sont pas en état de répondre pour eux-mêmes, dans la crainte d'agir contre leur volonté; ce qu'on n'a pas à redouter de la part des enfants qui n'ont encore aucun usage de la raison. Toutefois, comme il n'est pas croyable qu'un catéchumène, à la fin de sa vie, refuserait d'être baptisé, il vaut mieux, dans l'incertitude où nous sommes de sa volonté, lui conférer le baptême contre sa volonté, que de le lui refuser s'il le désire. Le veut-il, ou ne le veut-il point, c'est ce que nous ignorons. Cependant il est plus croyable que s'il le pouvait, il aurait demandé lui-même ce sacrement, sans lequel il savait déjà qu'il ne devait pas quitter cette vie.

CHAPITRE XXVII. — 34. Si le Seigneur, quand il dit : « Ne donnez pas aux chiens ce qui est saint, » avait voulu qu'on interprétât sa parole dans le sens qui inspire tant de crainte et de réserve à quelques-uns de nos collègues, lui-même, sans aucune faute de sa part, n'eût pas donné à celui qui devait le livrer, ce que le traître, pour sa perte, il est vrai, reçut comme ceux qui en étaient dignes. Il faut donc conclure de là, que par ces paroles, le Seigneur a voulu faire entendre que la lumière et l'intelligence des choses spirituelles ne pénètrent pas dans les cœurs impurs. Comme si un docteur confie des vérités sublimes à des hommes qui les prennent en mauvaise part, et qui, faute de les comprendre, les critiquent ou les rejettent avec mépris. En effet, si le bienheureux Apôtre dit à ceux qui, bien que déjà régénérés en Jésus-Christ, sont encore dans l'enfance de la vie spirituelle, qu'il ne leur a donné que du lait, et non de la nourriture solide, parce que, leur dit-il : « Vous n'étiez pas en état de les supporter, et vous ne l'êtes pas encore; » (I *Cor.*, III, 2) si enfin le Seigneur lui-même dit aux apôtres qu'il avait choisis : « J'aurais encore beaucoup de choses à vous dire, mais vous ne pouvez pas les porter présentement, » (*Jean*, XVI, 12) combien moins la lumière des vérités immatérielles pourra-

---

propterea damnare debemus eos qui timidius agunt, quam nobis videtur agi oportere, ne de pecunia conservo credita improbius quam cautius judicare voluisse judicemur. Satis quippe in talibus respiciendum est illud Apostoli, ubi dicit : « Unusquisque nostrum pro se rationem reddet Deo. » (*Rom.*, XIV, 12.) Non ergo amplius invicem judicemus. Sunt enim qui vel in his, vel etiam in aliis observandum putant, quod dixisse Dominum legimus : « Nolite sanctum dare canibus, neque projeceritis margaritas vestras ante porcos. » (*Matth.*, VII, 6.) Et ista Salvatoris verba (*a*) referentes, baptizare non audent eos qui pro se respondere nequiverint, ne forte contrarium gerant voluntatis arbitrium. Quod de parvulis dici non potest, in quibus adhuc rationis nullus est usus. Sed non solum incredibile est, nec in fine vitæ hujus baptizari catechumenum velle, verum etiam si voluntas ejus incerta est, multo satius est nolenti dare quam volenti negare, ubi velit an nolit sic non apparet, ut tamen credibilius sit eum, si posset, velle se potius fuisse dicturum ea sacramenta percipere, sine quibus jam credidit non se oportere de corpore exire.

CAPUT XXVII. — 34. Si autem Dominus, ubi ait : « Nolite dare sanctum canibus, » hoc quod isti cavendum putant, vellet intelligi, non ipse suo traditori dedisset, quod in suam ille perniciem, sine culpa dantis, cum dignis indignus accepit. Unde cum hoc diceret Dominus, credendum est significare voluisse, quod lucem intelligentiæ spiritalis immunda corda non portant. Et si portanda doctor ingesserit, quæ non recte accipiunt, quia non capiunt, vel reprehensionis morsibus lacerant, vel contemnendo conculcant. Si enim beatus Apostolus, quamvis in Christo jam renatis, tamen adhuc parvulis, lac dicit se dedisse, non escam : « Necdum enim poteratis, inquit, sed nec adhuc quidem potestis. » (I *Cor.*, III, 2.) Si denique ipse Dominus electis Apostolus dixit : « Adhuc multa habeo vobis dicere, sed non potestis illa portare modo : » (*Joan.*, XVI, 12) quanto minus

(*a*) Aliquot Mss. *reverentes.*

t-elle pénétrer dans l'âme impure des impies?

Chapitre XXVIII. — 35. Pour terminer notre discours par où nous l'avons commencé, je pense que tous les catéchumènes, même ceux d'entre eux qui, dans les liens d'un mariage légitime, entretiennent un commerce adultère, doivent être baptisés, quoique dans ce cas nous ne les admettrions point à ce sacrement, s'ils étaient en bonne santé. Mais mon avis est qu'on ne doit pas les en priver, lorsqu'ils sont dans un état désespéré, et qu'ils ne peuvent pas répondre pour eux-mêmes, afin que l'eau sainte de la régénération efface en eux, avec les autres souillures, le péché de l'adultère. Qui sait, en effet, si leur intention était de persévérer jusqu'au moment du baptême dans les liens de leur commerce criminel? Ne peuvent-ils pas, s'ils échappaient à la mort qui les menace, accomplir ce qu'ils avaient résolu de faire, et obéir aux conseils de ceux qui les instruisent? S'ils les méprisaient, alors on pourra agir à leur égard comme envers ceux qui sont déjà baptisés. Ce que nous disons au sujet du baptême, nous le disons également de la réconciliation, lorsqu'un danger de mort imminente surprend un pénitent. L'Eglise, notre sainte mère, ne doit pas vouloir laisser ses enfants sortir de cette vie, sans leur avoir donné le gage de sa paix.

LIVRE SECOND

Saint Augustin réfute Pollentius, qui pensait que le mariage est dissous par l'adultère aussi bien que par la mort de l'un des conjoints, et qui s'appuyait en cela sur ces paroles de l'Apôtre aux Corinthiens : « Si le mari meurt, la femme est libre, » (1 *Corinth.*, vii) prétendant dans ce passage qu'on devait l'entendre du mari adultère comme du mari mort. Saint Augustin réfute ensuite les autres raisonnements par lesquels Pollentius expose les divers inconvénients qui peuvent naître de la défense faite à un homme d'épouser une autre femme, lorsqu'il a répudié la sienne pour cause d'adultère.

Chapitre I. — 1. J'avais déjà répondu assez longuement, mon cher frère Pollentius, aux questions que vous m'aviez adressées concernant ceux qui, du vivant de leurs conjoints, s'engagent de nouveau dans les liens du mariage. Lorsque vous avez eu connaissance de mon écrit, vous avez ajouté à votre livre différentes considérations auxquelles vous désiriez que je réponde. Je me disposais à vous satisfaire, en faisant de mon côté quelques additions à mon ouvrage, de manière cependant à ce que ma réponse ne formât qu'un seul livre; mais à peine en avais-je achevé

possunt ferre, quæcumque de incorporea luce dicuntur, immundæ mentes impiorum?

Caput XXVIII. — 35. Sed ut sermo noster ad hoc potius claudatur, unde sumpsit exordium, ego non solum alios catechumenos, verum etiam ipsos qui viventium conjugiis copulati retinent adulterina consortia, cum salvos corpore (*a*) non admittamus ad baptismum, tamen si desperati jacuerint, nec pro se respondere potuerint, baptizandos puto, ut etiam hoc peccatum cum cæteris lavacro regenerationis abluatur. Quis enim novit utrum fortassis adulterinæ carnis illecebra usque ad baptismum statuerant detineri? Si autem ab illa desperatione recreati potuerint vivere, aut facient quod statuerunt, aut edocti obtemperabunt, aut de contemptoribus fiet quod fieri etiam de baptizatis talibus debet. Quæ autem baptismatis, eadem reconciliationis est causa, si forte pœnitentem finiendæ vitæ periculum præoccupaverit. Nec ipsos enim ex hac vita sine arra suæ pacis exire velle debet mater Ecclesia.

LIBER SECUNDUS.

Redarguitur Pollentius, adulterio putans perinde atque morte solvi conjugium, eoque trahens illud Apostoli, 1 *Cor.*, vii : « Quod si mortuus fuerit vir ejus, liberata est, » ut mortuum hoc loco velit etiam adulterum intelligi. Argumenta deinde ejus reliqua diluuntur, et varia quæ suboriri timet incommoda, nisi repudiata adultera ducere alteram viro liceat, refutantur.

Caput I. — 1. Ad ea quæ mihi scripseras, frater religiose Pollenti, jam rescripseram non parvum volumen, de iis qui viventibus conjugibus suis aliis copulantur. Quod cum innotuisset dilectionis tuæ, addidisti aliqua ad libellum tuum, etiam his me respondere desiderans : sed cum facere disponerem, addendo et ego ad meum, ita ut unus liber esset

---

(*a*) Hic in editi superfluo fuerat additum, *in his permanentes* : itemque post *tamen si desperati*, in iis legebatur, *et intra se pœnitentes* : quæ verba veterum librorum auctoritate expunximus.

LIVRE II. — CHAPITRE II.

la première partie, que nos frères, sur les vives sollicitations des fidèles, se sont empressés de la publier, sans savoir que je voulais encore y ajouter quelque chose. Me voilà donc forcé de répondre par un second opuscule aux questions que vous avez ajoutées. Ces additions vous ne les avez pas mises à la fin de votre opuscule, mais vous avez choisi la place qui vous a paru convenable pour les intercaler dans le corps de cet ouvrage.

CHAPITRE II. — 2. La première de vos questions à laquelle je crois devoir répondre, est celle qui concerne ces paroles de l'Apôtre : « Pour ce qui est des autres, ce n'est pas le Seigneur, mais c'est moi qui leur dis : Que la femme ne se sépare pas de son mari. Que si elle s'en sépare, elle doit demeurer sans se marier, ou se réconcilier avec son époux. » (I *Cor.*, VII, 10, 11.) Vous ne pensez pas que ces paroles : « Si elle s'en sépare, » doivent s'entendre de la femme qui se sépare de son mari pour cause d'adultère, seul cas où cette séparation lui soit permise; mais vous croyez qu'il vaut mieux les appliquer à la femme qui se sépare de son mari fidèle à la foi conjugale, et que c'est pour cela qu'il lui est ordonné de ne pas contracter un autre mariage, afin qu'elle puisse se réconcilier avec lui. Vous craignez que s'il était trop faible pour garder la continence, elle ne le forçât ainsi, faute de se réconcilier avec lui, à se jeter dans le crime de l'adultère, c'est-à-dire, dans les liens d'un nou-

vel hymen, pendant qu'elle est encore vivante. Du reste, si c'est pour cause d'adultère que cette femme est séparée de son mari, votre sentiment est qu'il ne lui est pas prescrit de rester sans se marier, et que si elle demeure dans cet état, c'est uniquement par sa volonté et par amour de la continence, mais qu'en se mariant, elle ne violerait aucun précepte du Seigneur. La même règle, selon vous, doit être observée par le mari. Il ne lui est pas permis de renvoyer sa femme, si ce n'est pour cause d'adultère ; et s'il la renvoie, il ne doit pas contracter un autre mariage, afin de pouvoir se réconcilier avec sa femme innocente, à moins qu'elle veuille garder la continence ; vous craignez qu'en refusant de se réconcilier avec cette épouse, restée chaste, il ne la force ainsi à se jeter dans le crime de l'adultère, si, incapable de rester dans l'état de continence, elle se marie avec un autre, du vivant de son premier mari. Si au contraire c'est pour cause d'infidélité qu'il a répudié sa femme, votre avis est qu'aucun précepte ne l'oblige à être continent, et qu'il ne commet pas d'adultère en épousant une autre femme du vivant de sa première. Vous appuyez ce sentiment sur ce passage de l'Apôtre : « La femme est liée à la loi du mariage tant que son mari est vivant; mais si son mari vient à mourir, elle est libre et peut se marier à qui elle voudra. » (I *Cor.*, VII, 39.) Vous pensez qu'il faut interpréter les paroles de l'Apôtre dans le sens, que si un mari ou une femme ont commis

---

etiam responsionis meæ, repente illud editum est quod absolveram prius, flagitantibus fratribus, (*a*) et nescientibus nostris quod adhuc aliquid esset addendum. Hinc factum est, ut altero seorsum Opusculo, ad ea quæ addidisti, respondere compellerer. Non autem quæ addidisti, adjuncta sunt fini Opusculi tui; sed, ubi visum est, ejus interjecta sunt corpori.

CAPUT II. — 2. Horum primum illud est, cui quidem arbitror me respondere debere, quod in his Apostoli verbis, ubi ait : « Cæteris autem ego dico, non Dominus, mulierem a viro non discedere, quod si discesserit, manere innuptam, aut viro suo reconciliari, » (I *Cor.*, VII, 10, 11) non putas ita dictum esse, « si discesserit, » ut a viro fornicante discessisse intelligatur, qua sola causa discedere licitum est; sed potius existimas a pudico, et ideo jussam manere innuptam, ut posset ei reconciliari, si continere ille noluisset, ne virum ad fornicandum, id est, ad aliam se vivente ducendam, ipsa non reconciliata compelleret. Cæterum si a viro fornicante discesserit, putas ei non præcipi ut innupta permaneat; sed hoc eam facere, si continens esse voluerit; non ut præcepti violatrix inveniatur esse, si nupserit. Quæ tibi videtur forma et a viro esse servanda, ut uxorem non dimittat, excepta causa fornicationis; si autem dimiserit, maneat sine conjugio, ut pudice reconciliari possit uxori, nisi forte continentiam illa delegerit; ne uxoris castæ reconciliationem refugiens, ipse illam cogat mœchari, si sese non continens vivente illo nupserit alteri : si autem fuerit ab uxore fornicante disjunctus, jam eum nullo præcepto ut se contineat detineri, nec omnino mœchari, si viva illa alteram duxerit : quoniam id quod ait idem Apostolus : « Mulier alligata est, quamdiu vir ejus vivit; quod si mortuus fuerit vir ejus, liberata est, cui vult nubat; » (I *Cor.*, VII, 39) sic intelligen-

---

(*a*) Editi, *flagitantibus fratribus nostris et nescientibus*. At Mss. vocem *nostris* collocant post *et nescientibus*, ut in his quidem domesticos et convictores, in *flagitantibus fratribus* vero extraneos intelligamus.

le crime d'adultère, on doit les regarder comme morts; et que par conséquent il est permis à chacun des deux époux de contracter un autre mariage après l'adultère, comme après la mort de son conjoint.

Chapitre III. — 3. Après avoir bien réfléchi sur votre opinion, je me permettrai de vous faire une question : Celui qui épouse une femme qui a cessé d'être liée à son mari par les lois du mariage, doit-il être considéré comme adultère? Je pense que telle n'est pas votre opinion. En effet, « la femme ne peut être appelée adultère que si, du vivant de son mari, elle en épouse un autre, »(*Rom.*, vii, 3) parce que « elle est liée par la loi du mariage, tant que son mari est vivant. » (I *Cor.*, vii, 39.) Mais si ce lien n'existait pas entre elle et son mari, quoique vivant, elle pourrait, sans commettre d'adultère, en épouser un autre. Cependant si elle est liée à la loi du mariage, pendant la vie de son époux, ce lien ne peut être rompu que par la mort du mari. Or, si la mort dissout le lien qui existait entre le mari et la femme, et que le cas d'adultère, comme vous le dites, doive être considéré comme un cas de mort, il est hors de doute que la femme adultère devient libre de tout lien conjugal. Car on ne peut pas dire qu'une femme est liée à son mari, lorsque ce mari est dégagé de tout lien qui l'attachait à sa femme. Par conséquent, quiconque épouserait la femme qui par suite d'infidélité conjugale, cesserait d'être liée à son mari, ne commettrait pas le crime d'adultère.

Chapitre IV. — Voyez comme il est absurde de ne pas regarder un homme comme adultère, parce qu'il aurait épousé une femme adultère. Mais voici qui est plus étonnant encore. Cette femme elle-même ne sera pas adultère, parce qu'elle ne sera pas une étrangère pour ce second mari, mais sa propre femme. En effet, dites-vous, le lien conjugal qui l'attachait à son premier mari, ayant été rompu par l'adultère, elle pourrait en épouser un autre, pouvu qu'il fût libre de tout engagement; et alors ce ne serait plus une union d'adultère avec adultère, mais de femme avec son mari. Comment accorderez-vous cette opinion avec cette vérité de l'Apôtre : « La femme est liée par la loi du mariage, tant que son mari est vivant? » (I *Cor.*, vii, 39.) Hé bien! son mari vit encore. Ni la mort, ni l'adultère, que vous voulez regarder comme la mort même, n'ont brisé le fil de ses jours, et cette femme ne lui serait plus unie par la loi du mariage! Ne voyez-vous pas combien ce sentiment est contraire à ce que dit l'Apôtre? « La femme est liée par la loi du mariage tant que son mari est vivant. » Direz-vous peut-être : Son mari vit encore, c'est vrai, mais il a cessé d'être son mari, du moment qu'elle a rompu le lien conjugal, en se rendant adultère? Mais alors, comment l'Apôtre a-t-il pu dire « qu'elle sera regardée

---

dum existimas, ut si vir fuerit fornicatus, pro mortuo deputetur, et uxor pro mortua; et ideo liceat cuilibet illorum, tanquam post mortem, ita post fornicationem conjugis alteri copulari.

Caput III. — 3. Quibus tuis sensibus consideratis, abs te quæro, utrum quicumque duxerit mulierem, quæ viro alligata esse destiterit, adulter habendus sit? Quod tibi existimo non videri. Ideo enim mulier « vivente viro vocabitur adultera, si fuerit cum alio viro; » (*Rom.*, vii, 3) quoniam « alligata est, quamdiu vir ejus vivit. » (I *Cor.*, vii, 39.) Hoc autem vinculum si ei cum viro vivente non esset, sine ullo adulterii crimine alteri nuberet. Proinde si alligata est quamdiu vir ejus vivit, nullo modo nisi viro mortuo soluta dicenda est ab hoc vinculo. Porro si morte cujuslibet eorum inter maritum et uxorem hoc vinculum solvitur, et pro morte habenda est, sicut dicis, etiam fornicatio, procul dubio erit ab hoc et mulier soluta, quando fuerit fornicata. Neque enim dici poterit hæc alligata viro, quando ab illa fuerit vir solutus. Ac per hoc postea quam fornicando alligata viro esse destiterit, quisquis eam duxerit, adulter non erit.

Caput IV. — Et vide quam sit absurdum, ut ideo non sit adulter, quia duxit adulteram. Imo vero, quod est monstruosius, nec ipsa mulier erit adultera : quoniam non erit posteriori viro uxor aliena, sed sua. Soluto enim per adulterium priore conjugali vinculo, cuicumque jam nupserit conjugem non habenti, non adultera cum adultero, sed uxor erit potius cum marito. Quomodo ergo erit verum : « Mulier alligata est, quamdiu vir ejus vivit? » (I *Cor.*, vii, 39.) Ecce vir ejus vivit, quia nec de corpore excessit, nec fornicatus est, quod pro morte his deputari, et tamen ei mulier alligata jam non est. Nonne attendis quam sit hoc contra Apostolum dicentem : « Mulier alligata est, quamdiu vir ejus vivit? » An forte dicturus es : Vivit quidem, sed vir ejus jam non est; quoniam tunc esse destitit, quando illa per adulterium conjugale vinculum solvit? Quomodo igitur « vivente viro vocabitur adultera, si fuerit cum alio viro ; » (*Rom.*, vii, 3) quando quidem

comme adultère, si elle épouse un autre homme pendant la vie de son mari, » (*Rom.*, VII, 3) puisque son mari a cessé de l'être, dès que l'adultère de sa femme a rompu le lien conjugal qui l'attachait à elle. Pendant la vie de quel mari, sinon du sien, sera-t-elle regardée comme adultère, si elle en épouse un autre? Si son premier mari a cessé de l'être, on ne pourra plus dire qu'elle est adultère, si du vivant de son mari elle en épouse un autre. Mais il faudra avouer que n'ayant plus de mari, elle contracte avec un autre un mariage légitime. Ne voyez-vous pas combien quelqu'un qui penserait ainsi, serait en contradiction avec la doctrine de l'Apôtre? Je sais bien que tel n'est pas votre sentiment personnel, mais telles sont les conséquences de ce que vous avancez. Changez donc les principes, si vous voulez en éviter les conséquences, et ne dites plus que par la mort du mari ou de la femme, saint Paul a entendu l'adultère de la femme ou du mari.

4. Selon la saine doctrine, « la femme est liée par la loi du mariage, tant que son mari est vivant, » (*Rom.*, VII, 2, 3) c'est-à-dire tant que son âme n'a pas quitté son corps. « Car la femme est liée par la loi à son mari, tant qu'il vit, » c'est-à-dire tant que son âme est unie à son corps. S'il meurt, c'est-à-dire si son âme s'est séparée de son corps, « la femme est libre de la loi qui l'attachait à son mari. Donc, si du vivant de son mari, elle en épouse un autre, elle commet le crime d'adultère. Mais si son mari vient à mourir, elle est affranchie de la loi qui l'attachait à lui, et elle peut en épouser un autre, sans être coupable d'adultère. » Ces paroles de l'Apôtre, si souvent répétées, si souvent inculquées dans les esprits, sont des paroles de vérité, de vie, d'évidence, et dont la clarté ne laisse aucun doute. Une femme ne peut devenir l'épouse légitime du second mari, que lorsqu'elle a cessé de l'être du premier. Or, elle ne cessera d'être la femme de ce premier mari, que si la mort et non pas l'adultère la sépare de lui. Une femme peut donc être justement répudiée par son mari pour cause d'adultère, mais le lien qui l'attachait à ce mari subsiste toujours. C'est pourquoi celui qui épouserait cette femme répudiée par son mari pour cause d'adultère, deviendrait adultère lui-même.

CHAPITRE V. — De même que le sacrement de la régénération subsiste toujours dans celui qui est excommunié pour un crime quelconque, et ne saurait être effacé en lui, quand bien même il se réconcilierait jamais avec Dieu ; de même le lien du mariage étant indissoluble, la femme répudiée pour cause d'adultère, n'est pas affranchie de ce lien, quand bien même elle ne se réconcilierait jamais avec son mari ; elle n'en sera dégagée que par la mort de son époux. Mais la raison pour laquelle un chrétien excommunié conserve toujours en lui le sacrement de la régénération, même s'il ne s'est pas réconcilié

---

vir ejus ille jam non est, conjugali vinculo per mulieris adulterium jam soluto? Quo enim vivente viro, nisi suo, vocabitur adultera, si fuerit cum alio viro? At si vir ejus esse ille jam destitit; non utique vivente viro vocabitur adultera, si fuerit cum alio viro; sed nullum habens virum nubendo erit cum suo viro. Hoc qui sentit, nonne cernis quam contra Apostolum sentiat? Quod quidem non ipse sentis, sed hoc sequitur illa quæ sentis. Muta ergo antecedentia, si vis cavere sequentia : et noli dicere, mortuum virum vel mortuam uxorem hoc loco debere intelligi etiam fornicantem.

4. Quamobrem secundum doctrinam sanam : « Mulier alligata est, quamdiu vir ejus vivit, » id est, nondum e corpore abscessit. « Mulier enim sub viro vivo marito juncta est legi, » hoc est, in corpore constituto. « Si autem mortuus fuerit, » hoc est, de corpore exierit, » evacuata est a lege viri. Igitur vivente viro, vocabitur adultera, si fuerit cum alio viro. Si autem mortuus fuerit vir ejus, liberata est a lege (*a*), ut non sit adultera, si fuerit cum alio viro. » (*Rom.*, VII, 2, 3.) Hæc verba Apostoli totiens repetita, totiens inculcata, vera sunt, viva sunt, sana sunt, plana sunt. Nullius viri posterioris mulier uxor esse incipit, nisi prioris esse desiverit. Esse autem desinet uxor prioris, si moriatur vir ejus ; non si fornicetur. Licite itaque dimittitur conjux ob causam fornicationis ; sed manet vinculum prioris, propter quod fit reus adulterii, qui dimissam duxerit etiam ob causam fornicationis.

CAPUT V. — Sicut enim manente in se sacramento regenerationis, excommunicatur cujusquam reus criminis, nec illo sacramento caret, etiamsi numquam reconcilietur Deo : ita manente in se vinculo fœderis conjugalis, uxor dimittitur ob causam fornicationis, nec carebit illo vinculo, etiamsi numquam reconcilietur viro ; carebit autem, si mortuus fuerit vir ejus. Reus vero excommunicatus ideo numquam

(*a*) Editi, *liberata est a lege viri.* Vox *viri* hoc loco non reperitur in Mss.

avec Dieu, c'est que Dieu ne meurt jamais. Il reste donc à reconnaître, si nous voulons être d'accord avec l'Apôtre, qu'un homme adultère ne doit pas être réputé mort, et qu'en conséquence, il n'est pas permis à sa femme d'en épouser un autre. Quoique l'adultère soit, il est vrai, une mort, non celle du corps, mais ce qui est plus terrible, celle de l'âme, ce n'est cependant pas de cette sorte de mort que parlait l'Apôtre, quand il disait : « Si son mari meurt elle peut se marier à qui elle voudra; » (I *Cor.*, VII, 39) mais de la mort par laquelle l'âme est séparée du corps. En effet, si le lien conjugal était rompu par l'adultère, il en résulterait cette conséquence absurde, qu'il faut éviter, comme je l'ai démontré; c'est-à-dire, que la femme pourrait recourir à l'impudicité, pour s'affranchir de ce lien qui, une fois rompu, la dégagerait de la loi qui l'attache à son mari; et, ce qui est plus insensé encore, qu'elle ne serait pas adultère, en épousant un autre homme, parce que l'adultère l'aurait rendu libre à l'égard de son premier mari. Un pareil sentiment est trop contraire à la vérité pour être admis, je ne dis point par un chrétien, mais par tout homme ayant le sens commun. Disons donc avec l'Apôtre : « qu'une femme est liée par la loi du mariage, tant que son mari est vivant, » c'est-à-dire, pour parler plus clairement, tant que l'âme de son mari n'a pas quitté son corps. Le mari est soumis à la même loi, tant que l'âme de sa femme est unie à son corps. C'est pourquoi, s'il veut renvoyer sa femme adultère, il ne doit pas en épouser une autre, afin de ne pas tomber lui-même dans le crime pour lequel il l'a répudiée. De même si la femme quitte son mari coupable d'adultère, elle ne doit pas s'unir à un autre, parce qu'elle est liée par la loi du mariage, tant que son mari est vivant, et qu'elle n'est affranchie de cette loi que par la mort de son époux; autrement elle serait adultère, si elle en épousait un autre.

CHAPITRE VI. — 5. Quant à ce qui vous paraît si dur, qu'un des époux se réconcilie avec son conjoint coupable d'adultère; si la partie innocente possède la foi, la chose sera moins pénible qu'elle ne vous semble. En effet, pourquoi traiter encore d'adultères ceux qui ont été purifiés par les eaux du baptême, ou dont l'âme a été guérie par la pénitence? Dans la loi de l'ancienne alliance, aucun sacrifice ne pouvait effacer le crime de l'adultère; mais dans la loi nouvelle, ce crime est purifié par le sang du Sauveur. C'est pour cela que dans les temps anciens, il était défendu au mari de recevoir chez lui son épouse souillée par le contact adultère d'un autre homme, quoique David n'ai fait aucune difficulté pour reprendre la fille de Saül, que ce prince lui avait enlevée, pour la donner à un autre. (II *Rois*, III, 14.) Mais il était en cela

carebit regenerationis sacramento, etiam non reconciliatus, quoniam nunquam moritur Deus. Remanet itaque ut, si sapere secundum Apostolum volemus, non dicamus virum adulterum pro mortuo deputandum, et ideo licere uxori ejus alteri nubere. Quamvis enim sit mors adulterium, non corporis, sed quod pejus est, animæ : non tamen et de ista morte loquebatur Apostolus, cum dicebat : « Quod si mortuus fuerit vir ejus, cui vult nubat : » (I *Cor.*, VII, 39) sed de illa sola qua de corpore exitur. Quoniam si per conjugis adulterium conjugale solvitur vinculum, sequitur illa perversitas, quam cavendam esse monstravi, ut et mulier per impudicitiam solvatur hoc vinculo : quæ si solvitur, libera erit a lege viri; et ideo, quod insipientissime dicitur, non erit adultera, si fuerit cum alio viro, quia per adulterium liberata est a priore viro. Quod si ita est a veritate devium, ut nullus id, non dico Christianus, sed humanus sensus admittat, « profecto mulier alligata est, quandiu vir ejus vivit : » quod ut apertius dicam, quamdiu vir ejus in corpore est. Pari ergo forma et vir alligatus est, quamdiu mulier ejus in corpore est. Unde si vult dimittere adulteram, non ducat alteram, ne quod in illa culpat, ipse committat. Similiter et mulier si dimittit adulterum, non sibi copulet alterum : alligata est enim, quamdiu vir ejus vivit; nec a lege viri nisi mortui liberatur, ut non sit adultera, si fuerit cum alio viro.

CAPUT VI. — 5. Quod autem tibi durum videtur, ut post adulterium reconcilietur conjugi conjux; si fides adsit, non erit durum. Cur enim adhuc deputamus adulteros, quos vel baptismate abluos, vel pœnitentia credimus esse sanatos? Hæc crimina in vetere Dei lege nullis sacrificiis mundabantur, quæ Novi Testamenti (*a*) sanguine sine dubitatione mundantur : et ideo tunc omni modo prohibitum est ab alio contaminatam viro recipere uxorem; quamvis David Saulis filiam, quam pater ejusdem mulieris ab

---

(*a*) Sic editio Er. nostris ibi plerisque ac melioribus Mss. consentiens. At Lov. *quæ Novi Testamenti in sanguine Christi sine dubitatione mundantur.*

comme la figure du Nouveau Testament. Au contraire, depuis que le Christ a dit à la femme adultère : « Je ne vous condamnerai pas non plus, allez, et ne péchez plus à l'avenir, » (*Jean*, VIII, 11) qui ne comprendrait pas qu'un mari doit pardonner à sa femme ce que le souverain Maître de l'un et de l'autre a pardonné ? Qui oserait encore appeler adultère la femme repentante, dont le crime a été effacé par la miséricorde divine ?

CHAPITRE VII. — 6. Je sais que des esprits infidèles n'adoptent qu'avec répugnance de pareils sentiments. Quelques-uns même de peu de foi, ou plutôt ennemis de la vraie foi, craignant, je le pense, de donner à leurs femmes un exemple d'impunité, ont eu la témérité de retrancher de leurs exemplaires du saint Évangile (1), ce que le Seigneur, dans sa divine indulgence, fit pour la femme adultère. Comme si la liberté de pécher avait été donnée par celui qui a dit : « Désormais ne péchez plus, » ou que le divin médecin eût dû s'abstenir de guérir l'âme de la femme adultère, en lui remettant le péché qu'elle avait commis, pour ne pas offenser ceux qui avaient besoin d'être guéris eux-mêmes. Car il ne faut pas croire que ceux à qui déplaît la miséricorde du Seigneur, soient des modèles de continence, et que ce soit leur chasteté qui les rend sévères. Ils sont plutôt du nombre de ces hommes à qui le Seigneur dit : « Que celui d'entre vous qui est sans péché lui jette la première pierre. » (*Jean*, VIII, 7.) Du moins ceux à qui le Seigneur parla ainsi, effrayés par la voix de leur conscience, se retirèrent et cessèrent de tenter le Christ et d'accuser la femme adultère ; tandis que ceux-ci, tout malades qu'ils sont, blâment le médecin, et adultères eux-mêmes, agissent avec cruauté contre leurs femmes adultères. Si on leur disait, non pas comme aux premiers, « que celui d'entre vous qui est sans péché, » car quel est l'homme qui en soit exempt, mais : Que celui de vous qui n'a pas commis le crime d'adultère « lui jette la première pierre ; » peut-être alors que ces hommes, indignés qu'on ne leur permette pas de mettre à mort la femme adultère, réfléchiraient à ce qu'ils doivent à la grandeur de la miséricorde divine, qui les laisse vivre, bien que coupables de ce crime.

CHAPITRE VIII. — 7. Lorsque nous parlons ainsi à ces gens-là, non-seulement ils ne veulent se démettre en rien de leur sévérité, mais encore ils s'irritent de la vérité de nos paroles, et nous répondent : Mais nous, nous sommes des hommes. Est-ce que, vu la dignité de notre sexe,

---

(1) La plupart des exemplaires grecs ne font pas mention de l'histoire de la femme adultère. On n'en trouve également rien dans les commentaires de saint Jean Chrysostome et de Théophilacte sur l'Évangile de saint Jean. Cependant saint Jean Chrysostome en parle dans son homélie LX. Saint Jérôme dans son deuxième dialogue contre les Pélagiens en fait également mention en ces termes : « Beaucoup de manuscrits grecs et latins de l'Évangile selon saint Jean parlent de la femme adultère qui fut accusée devant le Seigneur. » Eusèbe, dans le troisième livre de son Histoire ecclésiastique, dit que cette histoire de la femme adultère a été ajoutée au texte de saint Jean, d'après l'Évangile qui a pour titre *selon les Hébreux*. Il est à croire, comme saint Augustin le soupçonne, que cette histoire existait dans les anciens exemplaires de l'Évangile de saint Jean, et qu'elle en ait été retranchée témérairement par l'imprudence de quelques hommes, dans la crainte de laisser croire que l'Évangile donnait toute licence et toute impunité aux femmes adultères, contre lesquelles les lois civiles étaient très-rigoureuses.

---

eo separatam dederat alteri (II *Reg.*, III, 14), tanquam Novi Testamenti præfigurator sine cunctatione receperit : nunc autem postea quam Christus ait adulteræ : « Nec ego te damnabo, vade, deinceps noli peccare ; » (*Joan.*, VIII, 11) quis non intelligat debere ignoscere maritum, quod videt ignovisse Dominum amborum, nec jam se debere adulteram dicere, cujus pœnitentis crimen divina credit miseratione deletum ?

CAPUT VII. — 6. Sed hoc videlicet infidelium sensus exhorret, ita ut nonnulli modicæ fidei vel potius inimici veræ fidei, credo metuentes peccandi impunitatem dari mulieribus suis, illud quod de adulteræ indulgentia Dominus fecit, auferrent de codicibus suis : quasi permissionem peccandi tribuerit qui dixit : « Jam deinceps noli peccare : » aut ideo non debuerit mulier a medico Deo illius peccati remissione sanari, ne offenderentur insani. Neque enim quibus illud factum Domini displicet, ipsi pudici sunt, et eos severos castitas facit : sed potius ex illo sunt hominum numero, quibus Dominus ait : « Qui sine peccato est vestrum, prior in eam lapidem jaciat. » (*Joan.*, VIII, 7.) Nisi quod illi conscientia territi recesserunt, et tentare Christum atque adulteram persequi destiterunt : isti autem et ægroti medicum reprehendunt, et in adulteras adulteri sæviunt : quibus si diceretur, non quod illi audierunt : « Qui sine peccato est ; » quis enim sine peccato ? sed : Qui sine isto peccato est, « prior in illam lapidem mittat : » tum vero forsitan cogitarent, qui indignabantur quod adulteram non occiderunt, quanta illis Dei misericordia parceretur ut adulteri viverent.

CAPUT VIII. — 7. Sed cum hæc eis dicimus, non solum nihil volunt detrahere severitati : sed irascuntur insuper veritati, et loquuntur atque respondent : Sed nos viri sumus : an vero sexus nostri dignitas hanc sustinebit injuriam, ut cum aliis feminis præter

nous devons subir l'injure d'être confondus avec des femmes, dans les châtiments qu'on leur inflige, pour les punir de leurs fautes, si nous, hommes, nous entretenons quelque commerce avec d'autres femmes que les nôtres? Comme si par cela même qu'ils sont hommes, ils ne devraient pas avoir plus de force et de courage pour mettre un frein aux désirs illicites de la concupiscence? Comme si, par cela même qu'ils sont hommes, ils ne devraient pas être plus portés à donner à leurs femmes l'exemple de la vertu qu'ils exigent d'elles? Comme si, par cela même qu'ils sont hommes, ils ne devraient pas faire plus d'efforts pour triompher de la passion qui les entraîne? Comme si, par cela même qu'ils sont hommes, ils ne devraient pas être moins assujettis aux mouvements lascifs de la chair? Et cependant ils s'indignent, lorsqu'ils entendent dire que les hommes adultères doivent subir les mêmes châtiments que les femmes coupables de ce crime; lorsqu'au contraire ils devraient être punis avec d'autant plus de sévérité, que c'est à eux qu'il appartient, en qualité d'hommes, de l'emporter en vertu sur leurs femmes, et de les diriger par leur exemple. Je parle ici à des chrétiens qui écoutent avec foi ce que leur dit l'Apôtre: « Le mari est le chef de la femme; » (*Ephés.*, v, 23) paroles qui leur montrent qu'ils sont les chefs qui doivent marcher en avant, et que les femmes ne sont que les compagnes qui doivent les suivre. C'est pour cela que l'homme doit prendre garde d'entrer, par sa conduite, dans une voie, où il craint que sa femme ne le suive, en voulant l'imiter. Mais que ceux qui ne peuvent souffrir que l'homme, sous le rapport de la chasteté, soient soumis à la même règle que la femme, et qui aiment mieux, à ce sujet, être sous la loi qui régit la société humaine, que sous celle de Jésus-Christ, parce que le droit civil n'assujettit pas aussi strictement les hommes que les femmes à l'observation de la chasteté; que ces hommes, dis-je, lisent la constitution qu'Antonin a publiée sur cette matière. Cet empereur n'était certainement pas chrétien, cependant il ne permet pas qu'un mari puisse accuser sa femme du crime d'adultère, du moment où lui-même par ses mœurs ne lui a pas donné l'exemple de la chasteté, et il les condamne tous les deux, s'ils sont l'un et l'autre également atteints et convaincus d'impudicité. Voici les paroles de cet empereur, telles qu'on les lit dans Grégorien (1) : « Mes présentes lettres ne préjugeront rien à votre cause ; car si c'est par votre faute que votre mariage a été dissous, et qu'Eupasie, votre femme, en ait épousé un autre, conformément à la loi Julia, je ne prétends pas qu'en vertu de mon rescrit elle soit condamnée comme adultère, à moins qu'il ne soit constaté qu'elle est coupable de ce crime. Les juges devront donc examiner avec soin, si par la chas-

---

(1) Il ne reste plus que quelques fragments de Grégorien, parmi lesquels se trouve la constitution d'Antonin. Nous pensons que c'est de lui que saint Augustin a extrait ce passage. On en voit aussi une partie dans le troisième livre, ch. XIII, d'Ulpien.

---

uxores nostras si quid admittimus, in luendis pœnis mulieribus comparemur? Quasi non propterea magis debeant illicitas concupiscentias viriliter frenare, quia viri sunt : quasi non propterea magis debeant mulieribus suis ad virtutis hujus exemplum se præbere, quia viri sunt : quasi non propterea minus debeant a libidine superari, quia viri sunt : quasi non propterea minus debeant lascivienti carni servire, quia viri sunt? Et tamen indignantur, si audiant adulteros viros pendere similes adulteris feminis pœnas; cum tanto gravius eos puniri oportuerit, quanto magis ad eos pertinet et virtute vincere, et exemplo regere feminas. Christianis equidem loquor, qui fideliter audiunt : « Caput mulieris vir : » (*Ephes.*, v, 23) ubi se agnoscunt duces, illas autem comites esse debere : et ideo cavendum viro illac ire vivendo, qua timet ne uxor sequatur imitando. Sed isti quibus displicet, ut inter virum et uxorem par pudicitiæ forma servetur, et potius eligunt, maximeque in hac causa, mundi legibus subditi esse quam Christi, quoniam jura forensia non eisdem quibus feminas pudicitiæ nexibus viros videntur obstringere ; legant quid imperator (a) Antoninus, non utique Christianus, de hac re constituerit, ubi maritus uxorem de adulterii crimine accusare non sinitur, cui moribus suis non præbuit castitatis exemplum, ita ut ambo damnentur, si ambos pariter impudicos conflictus ipse vicerit. Nam supra dicti imperatoris hæc verba sunt, quæ apud Gregorianum leguntur : « Sane, inquit, meæ litteræ nulla parte causæ præjudicabunt. Neque enim si penes te culpa fuit ut matrimonium solveretur, et secundum legem Juliam Eupasia uxor tua nuberet, propter hoc rescriptum meum adulterii damnata erit, nisi constet esse commissum. Habebunt autem ante oculos hoc inquirere, an cum tu pudice viveres, illi quoque bonos mores colendi auc-

---

(a) Editio Er. *Antonius* : male et refragantibus omnibus Mss.

teté de votre vie, vous avez porté votre femme à la pratique de la vertu. Car il me paraît souverainement injuste qu'un mari exige de sa femme une chasteté dont lui-même ne donne pas l'exemple. Cela seul suffit pour vous faire condamner vous-même. Je ne permets pas aux juges de vous renvoyer dos à dos, sous prétexte qu'il y a de part et d'autre compensation de crime, et je leur défends également de supprimer cette affaire. » Si une telle conduite doit être observée pour l'honneur de la cité terrestre, combien plus pures encore doivent être les mœurs de ceux qui sont destinés à habiter la céleste patrie, et à vivre dans la société des anges! S'il en est ainsi, est-elle moindre, ou plutôt n'est-elle pas beaucoup plus grande et plus criminelle l'impudicité des hommes, par cela même qu'ils y joignent une vanterie orgueilleuse et pleine de scandale? Que les hommes ne s'indignent donc plus que le Christ ait pardonné à la femme adultère; mais qu'ils reconnaissent plutôt le danger où ils sont eux-mêmes, et que travaillés par la même maladie que la pécheresse, ils supplient avec piété le Sauveur de les guérir. Qu'ils sentent combien ce pardon qu'ils lisent lui avoir été accordé leur est nécessaire à eux-mêmes, et qu'ils lui demandent à leur tour un remède pour purifier leurs âmes de la souillure de leurs adultères. Qu'ils cessent de se jeter dans l'impureté. Reconnaissants de la patience de Dieu à leur égard, qu'ils se hâtent de faire pénitence ; qu'ils soient désormais plus indulgents; qu'ils changent de sentiments à l'égard des peines qu'ils appellent sur les fautes de leurs femmes, et de l'impunité qu'ils s'arrogent pour eux-mêmes.

Chapitre IX. — 8. Si l'on considère attentivement tout ce que nous venons de dire, si l'on réfléchit véritablement et avec humilité, que tout est commun entre l'homme et la femme, condition, dangers et misères, blessures de l'âme, guérison et salut; alors il ne paraîtra plus honteux ni difficile aux hommes de se réconcilier avec leurs femmes même coupables d'adultère, lorsqu'elles ont été purifiées de leurs fautes par la pénitence; puisqu'alors il n'est plus permis de douter que la clef du royaume des cieux leur a ouvert la porte du pardon et de la rémission de leurs péchés. Ce ne sera plus une femme adultère répudiée par son mari qui sera reçue par lui, mais une épouse qui ne doit plus être considérée comme adultère, parce qu'elle est devenue membre de Jésus-Christ. Mais, peut-être les hommes n'écouteront-ils pas ces sages conseils. Rien, en effet, ne les y force, puisqu'au contraire ils peuvent invoquer quelques lois civiles qui s'y opposent, conformément aux usages de la cité terrestre, où l'on ne pense guère que tous les péchés sont effacés par le sang du Sauveur. Qu'ils embrassent du moins l'état de continence, il n'y a pas de loi qui les en empêche; alors ils ne commettront plus de nouveaux adultères. Mais que nous importe après tout qu'une femme adultère ne soit pas réconciliée avec son mari, même lorsqu'elle a été purifiée par la miséricorde divine, pourvu, toutefois, que ces

---

tor fuisti. Periniquum enim mihi videtur esse, ut pudicitiam vir ab uxore exigat, quam ipse non exhibet : quæ res potest et virum damnare, non ob compensationem mutui criminis rem inter utrumque componere, vel causam facti tollere. » Si hæc observanda sunt propter decus terrenæ civitatis, quanto castiores quærit cœlestis patria et societas Angelorum? Quæ cum ita sint, numquid ideo minor est, ac non potius major et pejor virorum impudicitia, quia inest illis superba et licentiosa jactantia? Non igitur exhorreant viri, quod adulteræ Christus ignovit : sed potius cognoscant etiam periculum suum, et simili morbo laborantes ad eumdem Salvatorem supplici pietate confugiant; et quod in illa factum legunt, etiam sibi necessarium esse fateantur, adulteriorum suorum medicinam suscipiant, adulterare jam desinant, laudent in se Dei patientiam, agant pœnitentiam, sumant indulgentiam, mutent de pœna feminarum et de sua impunitate sententiam.

Caput IX. — 8. Quibus consideratis atque tractatis, si communis conditio, commune malum, commune periculum, commune vulnus, communis salus, fideliter et humiliter cogitetur, non erit turpis, neque difficilis, etiam post perpetrata atque purgata adulteria reconciliatio conjugum, ubi per claves regni cœlorum non dubitatur fieri remissio peccatorum : non ut post viri divortium adultera revocetur, sed ut post Christi consortium adultera non vocetur. Verum ecce non fiat, nemo compellit, quia forte lex aliqua hujus sæculi vetat secundum terrenæ civitatis modum, ubi cogitata non est abolitio criminum per sanguinem sanctum. Suscipiatur ergo continentia, quam nulla lex prohibet : in alia non eatur adulteria. Et quid ad nos, si nec saltem divina

adultères, refusant de se réconcilier, ne contractent pas de nouveaux liens qu'ils appellent des mariages, et que nous appelons des adultères? Car, comme le dit l'Apôtre : « La femme est liée par la loi du mariage, tant que son mari est vivant. » (I *Cor.*, VII, 39.) Et par une conséquence nécessaire, l'homme, de son côté, est lié par la loi du mariage, tant que sa femme est vivante. Cette union indissoluble du vivant des époux, fait qu'ils ne peuvent, sans commettre d'adultère, contracter un nouveau mariage. Qu'arriverait-il en effet? Que de deux époux unis d'abord légitimement, il en résulterait quatre adultères, si la femme épousait un autre homme, et le mari une autre femme. Quoique le mari qui renvoie sa femme à qui il ne peut reprocher aucune infidélité, commette un adultère plus criminel, dont saint Matthieu fait mention dans son Evangile, cependant il n'est pas le seul qui se rende coupable d'adultère. Mais comme le dit saint Marc : « Quiconque renvoie sa femme et en épouse une autre, commet un adultère à l'égard de la première, et la femme qui quitte son mari pour en prendre un autre, commet un adultère. » (*Marc*, X, 11, 12.) Et selon saint Luc : « Tout homme qui répudie sa femme et en épouse une autre, commet un adultère. » (*Luc*, XVI, 18.) Dans mon premier livre, j'ai déjà suffisamment expliqué ces témoignages de l'Evangile.

CHAPITRE X. — 9. Mais vous me répondez : « Il y a bien peu d'hommes qui peuvent garder l'état de continence. C'est pourquoi ceux qui renvoient leurs femmes coupables d'adultère, et avec lesquelles toute réconciliation est impossible, se trouvent exposés à un tel danger, qu'ils regardent comme cruelle et non faite pour l'homme la loi de Jésus-Christ. » O mon frère! quant à ce qui regarde les incontinents, ils peuvent à ce sujet élever beaucoup de plaintes, eux qui, comme vous le dites, traitent la loi de Jésus-Christ, non pas de loi humaine, mais de loi barbare! Et cependant nous ne pouvons pas pour eux renverser ou changer l'Evangile du Christ. Vous n'êtes, semble-t-il, touché que des plaintes de ceux qui renvoient leurs épouses coupables d'adultère. Vous les plaignez, s'il ne leur est pas permis de contracter un autre mariage, parce que, dites-vous, il n'appartient qu'à bien peu de personnes de garder l'état de continence, et vous voudriez qu'ils y fussent portés par la gloire et le mérite attachés à cette vertu, sans leur en imposer la nécessité par une loi. C'est pourquoi, si après avoir renvoyé une épouse adultère, il n'est pas permis d'en épouser une autre, les hommes incontinents auront, selon vous, un juste sujet de plainte. Mais si nous admettions toutes les plaintes des hommes incontinents, voyez combien il se présenterait de cas où nous serions obligés de permettre l'adultère. Qu'une

miseratione mundata marito reconcilietur (*a*) adultera, dum tamen non reconciliatis adulteris, non alia fiant quasi connubia, quæ convincuntur esse adulteria? « Mulier enim alligata est, quamdiu vir ejus vivit. » (1 *Cor.*, VII, 39.) Ergo consequenter et vir alligatus est, quamdiu mulier ejus vivit. Hæc alligatio facit, ut aliis conjungi sine adulterina copulatione non possint. Unde necesse est ex duobus conjugibus quatuor adulteros fieri, si et illa (*b*) alteri nupserit, et ille alteram duxerit. Quamvis enim sceleratius moechetur, qui non causa fornicationis uxore dimissa alteram ducit; quod genus adulterii commemoravit Matthæus : tamen non solum ipse moechatur, sed sicuti est apud Marcum : « Quicumque dimiserit uxorem suam, et aliam duxerit, adulterium committit super eam, et si uxor dimiserit virum suum, et alii nupserit, moechatur : » (*Marc.*, X, 11, 12) et sicuti est apud Lucam : « Omnis qui dimittit uxorem suam, et ducit alteram moechatur; et qui dimissam a viro duxerit, moechatur. » (*Luc.*, XVI, 18.) De quibus testimoniis jam satis in libro superiore disserui.

CAPUT X. — 9. Sed respondes mihi : « Continenter vivere paucorum est : et ideo qui fornicantes conjuges dimiserunt, quoniam non possunt reconciliari, tantum se vident periclitari, ut legem Christi non humanam, sed feralem pronuntient. » O frater, quantum ad incontinentes pertinet, multas querelas habere possunt, quibus, ut dicis legem Christi feralem pronuntient, non humanam. Et tamen non propter illos Evangelium Christi pervertere, vel mutare debemus. Te quippe sola eorum querela permovet, qui conjuges causa fornicationis intercedente dimittunt, si alias ducere non sinantur : quoniam continere paucorum est, atque ad id debent laude adhortari, non lege compelli. Itaque si dimissa adultera non ducitur altera, justam querelam, sicut putas, habebit hominum incontinentia. Sed attende quam plura sunt, ubi si querelas incontinentium velimus admittere, necesse nobis erit adulteria facienda permittere.

(*a*) Editi, *reconcilietur a Deo*. At Mss. non addunt *a Deo*. — (*b*) Sola editio Lov. *si et illa adultero nupserit, et ille adulteram duxerit*.

femme soit affligée de quelque maladie chronique ou incurable, qui empêche son mari de la voir. Qu'un cas de captivité ou de violence en retienne une autre éloignée de son mari, qui n'ignore pas qu'elle est vivante, et qui ne peut s'approcher d'elle, faudra-t-il écouter les plaintes et les murmures des maris incontinents, et leur permettre l'adultère? Lorsqu'on demanda au Seigneur s'il était permis à un homme de renvoyer sa femme pour une cause quelconque, il répondit que non; et il ajouta que si Moïse avait permis le divorce aux Israélites, c'était à cause de la dureté de leur cœur. Croyez-vous que cette loi de Jésus-Christ plaise à ces maris incontinents, qui ont des femmes querelleuses, arrogantes, dédaigneuses, faisant difficulté de rendre le devoir conjugal? Ils ne demanderaient pas mieux, au moyen du divorce, que de s'en séparer pour en épouser d'autres. Faudrait-il donc, parce que ces hommes adonnés à l'incontinence, ont en horreur la loi de Jésus-Christ, changer cette loi divine au gré de leurs caprices?

10. Supposons maintenant qu'une femme quitte son mari, ou un mari sa femme, non pour cause d'adultère, mais afin de garder la continence, et que celui ou celle à qui on aurait permis le divorce pour cela, soit trop faible pour observer cette vertu, l'homme ou la femme ne seront-ils pas adultères, en contractant un autre mariage? Si l'on prétend que non, on est en contradiction avec le Seigneur, dont voici les paroles : « Il a été dit : Quiconque voudra quitter sa femme, qu'il lui donne l'acte de divorce. Mais moi je vous dis : Quiconque répudie sa femme, si ce n'est point pour cause d'adultère, l'expose à devenir adultère; et quiconque épouse la femme qui a été répudiée, commet un adultère. » (*Matth.*, v, 31, 32.) Voici une femme qui, contre sa volonté, a été renvoyée par son mari; comme selon vous, la continence n'est pas la vertu de beaucoup de monde, elle a cédé aux désirs de la chair, et s'est mariée avec un autre. Les voilà donc l'un et l'autre adultère, l'un et l'autre sous le coup de la condamnation, et celle qui a épousé un autre homme du vivant de son mari, et celui qui a épousé la femme, dont le mari vit encore. Dirons-nous ici qu'elle est inhumaine cette loi du Christ, qui déclare criminelle et digne de châtiment la femme que son mari a renvoyée sans qu'elle fût coupable d'adultère, et qu'il a, par ce fait, forcée à contracter un nouveau mariage, parce que la continence n'est pas la vertu de beaucoup de monde? Pourquoi aussi ne pas dire que l'on doit regarder comme mort le mari, qui, en répudiant injustement sa femme, a le premier rompu le lien conjugal? Je ne vois pas, en effet, pour quelle raison vous pourriez dire que le mari qui, quoique adultère, n'a pas renvoyé

Quid si enim aliquo diuturno et insanabili morbo corporis (*a*) teneatur conjux, quo concubitus impediatur? Quid si captivitas, vel vis aliqua separet, ita ut sciat vivere maritus uxorem, cujus sibi copia denegatur, censesne admittenda incontinentium murmura, et permittenda adulteria? Quid in hoc ipso unde interrogatus est Dominus, responditque fieri non debere, sed ad duritiam cordis illorum Moysen permisisse dari libellum repudii, et quacumque causa dimittere conjugem, nonne lex Christi incontinentibus displicet, qui uxores litigiosas, injuriosas, imperiosas, fastidiosas, et ad reddendum debitum conjugale difficillimas, repudio interposito abjicere volunt, et alteras ducere? Jam ergo, quia istorum incontinentia legem Christi horruit, ad eorum lex Christi arbitrium commutanda est?

10. Jam porro si maritum relinquat uxor, vel maritus uxorem, non causa fornicationis, sed potius continentiæ, sitque incontinens cui repudium propter hoc datur, quæro utrum non erit adulter vel adultera, si alteri copuletur? Si non erit dicitur, Domino contradicitur, cujus hæc verba sunt : « Dictum est autem : Quicumque dimiserit uxorem suam, det illi libellum repudii. Ego autem dico vobis, quia omnis qui dimiserit uxorem suam, excepta causa fornicationis, facit eam mœchari; et qui dimissam duxerit, adulter. » (*Matth.*, v, 31, 32.) Ecce dimissa est, non dimisit; et quia continere paucorum est, incontinentiæ cessit et nupsit; et tamen adulter adulteram duxit. Ambo rei, ambo damnandi sunt; et quæ nupsit vivo marito, et qui duxit eam cujus vivit maritus. Numquid hic legem Christi dicimus inhumanam, qua constituitur rea tanti criminis atque punitur, quam vir nulla ejus præcedente fornicatione dimisit, et quia paucorum est continere, dimittendo compulit nubere? Cur non hic dicimus habendum esse pro mortuo, qui male dimittendo prior conjugale vinculum rupit? Nam qua ratione dicturus est eum rupisse vinculum conjugale, qui licet sit mœchus, non dimisit uxorem ; et eum non rupisse, qui etiam castam

---

(*a*) Frustra opponitur Gregorii II rescriptum ad Bonifacium, epistola 13, sive inter Bonifacianas 126, et male alias Gregorii III quarta : quod quidem Gratianus in II q. xxxii, c. *Quod proposuisti*, rejicit ut *Evangelicæ et apostolicæ doctrinæ penitus adversum* : Baronius vero ad an. 726, accipit in meliorem partem, nec Augustino contrariam.

sa femme, a rompu le lien conjugal, et que celui qui a renvoyé la sienne, toute chaste qu'elle fût, n'a pas rompu ce lien? Pour moi je soutiens que dans l'un et dans l'autre de ces deux cas, subsiste toujours le lien par lequel une femme est attachée à son mari par la loi du mariage, tant qu'il est vivant, que ce mari soit chaste ou adultère; et que par conséquent toute femme répudiée par son mari, est adultère, quand elle se marie avec un autre, et que celui qui épouse cette femme répudiée par son mari, chaste ou incontinent, est également adultère, parce que « la femme est liée par la loi du mariage, tant que son mari est vivant. » Mais puisqu'il s'agit maintenant des plaintes élevées par ceux qui sont incontinents, peut-on trouver injuste celle d'une femme qui dirait : Ce n'est pas moi qui ai quitté mon mari, c'est lui qui m'a chassée; et comme il y a bien peu de personnes qui puissent observer la continence, je n'ai pas eu la force de la garder, et pour ne pas tomber dans le crime de la fornication, je me suis mariée, et pour cela on me traite d'adultère? Pensez-vous que, à cause de cette plainte qui a quelque apparence de justice, et pour ne pas regarder cette femme comme adultère, nous devions changer la loi divine donnée par le Sauveur? Dieu nous en préserve! Mais, répondrez-vous, son mari n'aurait pas dû la renvoyer, puisqu'il n'avait à lui reprocher aucune faute contre la foi conjugale. Cela est vrai. Le Seigneur lui-même a expressément déclaré ce mari coupable, lorsqu'il dit :

« Celui qui renvoie sa femme, hors le cas d'adultère, l'expose à commettre ce crime. » (*Matth.*, v, 32.) Mais le crime du mari, qui a répudié sa femme, excuse-t-il, celui que la femme commet en contractant un autre mariage? A quoi donc sert-il à cette femme, qui n'a pu garder la continence, de se plaindre de la loi de Jésus-Christ, sinon à s'attirer par ses murmures une punition plus rigoureuse encore?

Chapitre XI. — 11. Examinons maintenant la question que vous avez ajoutée à votre premier écrit, en l'intercalant dans le corps de votre ouvrage, et à laquelle vous me priez de répondre. Vous avez pitié d'un homme forcé d'habiter avec sa femme adultère, et vous demandez s'il ne lui serait pas permis de répudier l'épouse coupable pour en épouser une autre, du vivant de la première, non point par incontinence, mais par le désir et le besoin d'avoir des enfants. Votre compassion serait juste, s'il n'y avait pas crime d'adultère à épouser une autre femme du vivant de la première, tout adultère qu'elle est. Or, si cette action est un adultère, comme nous l'avons clairement démontré par tout ce qui précède, à quoi bon mettre en avant ce désir d'avoir des enfants? Ce désir peut-il être un motif pour ouvrir la porte au crime? La crainte de mourir sans postérité est-elle comparable au devoir de nous procurer pour l'avenir une autre vie, que ne partageront pas les adultères qui, après la première mort qui les attend sur la terre, sont condamnés à subir éternellement les

---

dimisit uxorem? Ego autem dico in utroque manere hoc vinculum, quo mulier alligata est, quamdiu vir ejus vivit, sive continens, sive mœchus : et ideo mœchari eam quæ dimissa nupserit, et mœchari eum qui dimissam duxerit, sive a mœcho, sive a continente dimissa sit; quoniam « mulier alligata est, quamdiu vir ejus vivit. » Sed nunc de querelis incontinentium disputamus. Quid enim videtur justius hujus mulieris querela, quæ dicit : Dimissa sum, non dimisi; et quoniam continere paucorum est, non me continui, ne fornicarer nupsi; et dicor mœchata, quia nupsi. Numquid propter hujus quasi justam querelam, legem censebimus mutandam esse divinam, ut istam non judicemus adulteram? Absit. Sed respondebis non eam debuisse dimitti, quia fornicationis nulla causa præcesserat. Verum dicis : nam peccatum mariti ejus Dominus expressit, ubi ait : « Qui dimiserit uxorem suam, excepta causa fornicationis, facit eam mœchari. » (*Matth.*, v, 32.) Sed numquid ista ideo nubendo postea non peccavit, quia prius dimittendo ille peccavit? Quid ergo ei prodest, quod de lege Christi mulier incontinens queritur, nisi ut murmurans puniatur.

Caput XI. — 11. Jam nunc etiam illa videamus, quæ alio loco interponens addidisti, meque ad ea respondere voluisti : ubi te movet, et miseraris hominem, qui cubare cum adultera, etiamsi non incontinentia, certe filiorum procreandorum necessitate compellitur, si non ei licet sic eam dimittere, ut ea vivente alteram ducat. Unde recte movereris, si adulterium non esset, quamvis adultera viva uxore, alteram ducere. Si autem adulterium est, ut ea quæ sunt disputata docuerunt, quid obtenditur procreandorum causa filiorum? Non enim propterea flagitiorum est permittenda licentia, aut vero tam cavendum est sine posteris mori, quam eligendum in posterum vivere : quod non sinentur adulteri, quos necesse est post primam mortem secundæ mortis æternitate

supplices de la seconde? En effet, ce prétexte d'avoir des enfants servira de raison aux incontinents pour épouser une autre femme et renvoyer la première, non-seulement innocente de toute impureté, mais encore d'une chasteté exemplaire, si par hasard elle est stérile. Je ne pense pas que ce soit là votre avis.

12. Si donc la nécessité d'éviter l'incontinence ne saurait excuser les mariages adultères, combien moins excusables encore les rendra le désir d'avoir des enfants?

Chapitre XII. — C'est à cette faiblesse humaine, c'est-à-dire, à l'incontinence, que l'Apôtre a voulu apporter remède par le bien du mariage. Car il n'a pas dit : Que celui qui n'a pas d'enfants se marie, mais : « Que celui qui ne peut pas garder la continence se marie. » (1 *Cor.*, vii, 9.) Dans ce cas, la génération des enfants compense ce qu'on cède à l'incontinence par le bien du mariage, car si l'incontinence est un mal, le mariage n'en est pas un. Ainsi, le bien que renferme le mariage, rend le mal de l'incontinence, qui force à embrasser cet état, digne d'excuse et de pardon. Or, comme le mariage a pour but la génération des enfants, c'est pour cette fin que les anciens patriarches se mariaient. Mais si pour remplir ce devoir, ils s'unissaient à des femmes, c'était par des liens légitimes. Il y avait alors pour la propagation du genre humain une nécessité qui n'existe plus aujourd'hui. « Il y a, dit l'Ecclésiaste, temps d'user du mariage, » c'est le temps d'autrefois, « et temps de s'en abstenir, » c'est celui de nos jours. (*Ecclés.*, iii, 5.) C'est de ce dernier temps que l'Apôtre dit : « Ce qui me reste à vous dire, mes frères, c'est que le temps est court : ainsi il faut que ceux mêmes qui ont des femmes, soient comme s'ils n'en avaient pas. » (1 *Cor.*, vii, 29.) On peut donc dire maintenant avec raison : « Que celui qui peut comprendre, comprenne, » (*Matth.*, xix, 12) « que celui qui ne peut garder la continence se marie. » (1 *Cor.*, vii, 9.) Du temps des patriarches, la vertu de continence s'abaissait à l'état du mariage par devoir de propager la race humaine. Aujourd'hui le bien du mariage n'est plus qu'un remède au vice de l'incontinence, afin que ceux qui ne peuvent se contenir, engendrent des enfants, non honteusement par la débauche, mais honnêtement par le mariage. Pourquoi donc l'Apôtre n'a-t-il pas dit : Que ceux qui n'ont pas d'enfants se marient? Parce qu'aujourd'hui, qui est « le temps de s'abstenir du mariage, » la génération n'est plus une nécessité. Et pourquoi a-t-il dit : « Que celui qui ne peut point garder la continence se marie? » (1 *Cor.*, vii, 9.) Parce qu'il craignait que l'incontinence ne les jetât dans le crime de l'adultère. Ainsi, que celui qui peut garder la continence s'abstienne du mariage et de la génération des enfants, et que celui qui ne peut point observer

---

damnari? Nam procreandorum filiorum ista causatio, etiam non adulteras, sed castissimas feminas, si forte sint steriles, cogit dimitti, et alteras duci : quod tibi existimo non placere.

12. Quapropter si causa incontinentiæ non sunt excusanda adulteria, quanto minus excusantur procreandorum causa filiorum?

Caput XII. — Illi quippe infirmitati, hoc est, incontinentiæ voluit Apostolus subvenire honestate nuptiarum. Non enim ait : Si filios non habet, nubat : sed : « Si se non continet, nubat. » (1 *Cor.*, vii, 9.) Filiorum quidem propagine compensatur, quod incontinentiæ nubendo ceditur. Nam utique incontinentia vitium est, conjugium autem non est vitium : et ideo fit per hoc bonum, ut illud veniale sit malum. Cum sint ergo nuptiæ causa generandi institutæ, ea causa fiebant a Patribus, qui tantum officio generandi feminis, sed non illicite miscebantur. Erat enim tunc quædam propagandi necessitas, quæ nunc non est : quoniam « tempus amplectendi, » (*Eccl.*, iii, 5) sicut scriptum est, quod utique tunc fuit; « et tempus continendi ab amplexu, » quod nunc est. De quo tempore Apostolus loquens ait : « De cætero, fratres, tempus breve est, reliquum est ut et qui habent uxores, tanquam non habentes sint. » (1 *Cor.*, vii, 29.) Unde nunc rectissime dicitur : « Qui potest capere, capiat : » (*Matth.*, xix, 12) qui autem se non continet, nubat. Tunc ergo etiam continentia propter propagationem filiorum in (*a*) nuptias descendebat officio : nunc autem vinculum nuptiale incontinentiæ subvenit vitio; ut ab eis qui se non continent, non per turpitudinem stuprorum, sed per honestatem conjugiorum, fiat propagatio filiorum. Cur ergo non dixit Apostolus : Si filios non habet, nubat? Quia scilicet hoc tempore continendi ab amplexu, non est necesse filios propagare. Et quare dixit : « Si se non continet, nubat? » (1 *Cor.*, vii, 9.) Utique propterea, ne per incontinentiam cogatur adulterare. Si ergo se continet, nec nubat, nec generet. Si autem se non continet, licite nubat,

---

(*a*) Germanensis Ms. *in nuptiarum descendebat officium.*

cette vertu, contracte un légitime mariage, afin de ne pas engendrer d'une manière criminelle, ou de se livrer au libertinage d'une manière plus criminelle encore. Cependant des époux même légitimement unis, se livrent quelquefois à ce dernier désordre. Toutefois c'est un crime honteux d'empêcher la naissance des enfants, dans ses relations même avec une épouse légitime. Ce crime, Dieu l'a puni de mort dans Onan, fils de Juda. (*Gen.*, XXXVIII, 9.) La génération des enfants est donc, avant tout, la fin légitime et naturelle du mariage. C'est pourquoi ceux qui se marient pour éviter l'incontinence, ne doivent pas tempérer l'ardeur de leur passion, de manière à frustrer le mariage du bien qui lui est propre, c'est-à-dire, la génération des enfants. C'est au sujet de ces personnes trop faibles pour garder la continence, que l'Apôtre disait en parlant des veuves : « J'aime mieux que les jeunes se marient, qu'elles aient des enfants, qu'elles soient mères de famille, et qu'elles ne donnent à nos ennemis aucun sujet de médire de nous. Car il s'en trouve déjà quelques-unes qui se sont égarées pour suivre le démon. » (I *Tim.*, v, 14, 15.) Ainsi lorsque l'Apôtre disait : « J'aime mieux que les jeunes se marient, » c'est un conseil qu'il leur donne, pour les préserver de se perdre par le crime de l'incontinence. Mais comme elles auraient pu penser qu'il ne s'agissait, dans cet avis, que de la concupiscence charnelle, à laquelle le mariage seul peut apporter quelque remède, pour les empêcher de mépriser ou de négliger le bien du mariage, saint Paul ajoute aussitôt : « Qu'elles aient des enfants, et qu'elles soient mères de famille. » Cependant ceux qui choisissent l'état de continence, prennent un parti meilleur que celui d'avoir des enfants, qui est le bien du mariage. Or, si on choisit la continence, afin de posséder un bien supérieur à celui du mariage, combien plus doit-on apporter de soin pour conserver cette vertu, afin de se préserver de l'adultère? En effet, l'Apôtre, après avoir dit : « Que celui qui ne peut se contenir se marie, » (I *Corinth.*, VII, 9) ajoute : « Car il vaut mieux se marier que de brûler. » Mais faites attention qu'il ne dit pas: Il vaut mieux commettre l'adultère que de brûler.

CHAPITRE XIII.— 13. La seule exhortation que nous ayons à faire aux époux qui craignent de se réconcilier avec leurs femmes adultères, quoique purifiées par la pénitence, c'est d'observer la vertu de continence. Car la femme est liée par la loi du mariage à son mari chaste ou adultère tant qu'il est vivant, et elle commet elle-même un adultère en se mariant avec un autre. Et l'homme, de son côté, est attaché par la loi du mariage à sa femme chaste ou adultère, et se rend lui-même coupable d'adultère, s'il en épouse une autre. En effet, le lien du mariage reste indissoluble malgré le divorce par lequel une femme serait séparée de son mari chaste et

ne turpiter generet, aut turpius concumbendo non generet. Quanquam hoc quod ultimum dixi, nonnulli faciant etiam licite conjugati. Illicite namque et turpiter etiam cum legitima uxore concumbitur, ubi prolis conceptio devitatur. Quod faciebat Onan filius Judæ, et occidit illum propter hoc Deus. (*Gen.*, XXXVIII, 9.) Propagatio itaque filiorum, ipsa est prima et naturalis et legitima causa nuptiarum : ac per hoc qui propter incontinentiam conjungantur, non sic debent temperare malum suum, ut bonum exterminent nuptiarum, id est, propaginem filiorum. De incontinentibus quippe loquebatur Apostolus, ubi ait : « Volo igitur juniores nubere, filios procreare, matresfamilias esse, nullam occasionem dare adversario maledicti gratia. Jam enim conversæ quædam sunt retro post Satanam. » (I *Tim.*, v, 14, 15.) Cum itaque dicebat : « Volo juniores nubere: » hoc utique monebat propter ruinam incontinentiæ fulciendam. Sed ne forte ab eis sola carnalis concupiscentiæ cogitaretur infirmitas, cui tantummodo esset opere connubii serviendum, nuptiarum autem vel contemneretur vel negligeretur bonum ; continuo subjunxit, « filios procreare, matresfamilias esse. » Qui vero eligunt continere, aliquid utique melius eligunt quam est nuptiarum bonum, hoc est generatio filiorum. Unde si eligitur continentia, ut bono nuptiarum melius aliquid capessatur ; quanto potius custodienda est, ut adulterium caveatur? Cum enim dixisset Apostolus : « Quod si se non continet, nubat : Melius est enim, inquit, nubere quam uri. » (I *Cor.*, VII, 9.) Non dixit : Melius est mœchari quam uri.

CAPUT XIII. — 13. Non est igitur ad quod exhortemur eos, qui reconciliari timent conjugibus adulteris pœnitendo sanatis, nisi ad custodiendam continentiam. Quoniam mulier alligata quamdiu sive mœchus sive castus vir ejus vivit, mœchatur si alteri nupserit ; et vir alligatus quamdiu sive mœcha sive casta uxor ejus vivit, mœchatur si alteram duxerit. Hæc namque alligatio quando quidem non solvitur,

continent : combien moins encore est-il rompu par l'adultère que commet une femme non séparée de son mari ! Il n'y a donc que la mort du mari qui puisse briser ce lien, non la mort spirituelle que produit l'adultère, mais celle qui arrive par la séparation de l'âme et du corps. C'est pourquoi, si une femme quitte son mari adultère, et ne veut pas se réconcilier avec lui, qu'elle reste sans se marier. De même si un mari renvoie sa femme adultère et ne veut plus la recevoir, même après la pénitence de sa faute, qu'il observe la continence. Si cette résolution ne lui est pas dictée par le désir de posséder le bien inestimable de la continence, que ce soit du moins par la nécessité d'éviter un mal funeste. Voilà le conseil que je lui donnerais, même si sa femme était affligée d'une maladie chronique ou incurable, même si elle était dans un lieu où son mari ne pourrait la voir. Je le lui donnerais encore dans le cas où sa femme, chaste et innocente, le quitterait, lui exempt de toute impureté, afin de vivre dans la continence, quoiqu'il soit contraire à la discipline chrétienne, d'embrasser cet état sans le consentement de son mari. Je ne pense pas, en effet, qu'il y ait un chrétien qui puisse contester qu'un homme soit adultère lorsque, sous prétexte ou d'une longue maladie, ou d'une absence prolongée de sa femme, ou du désir qu'elle éprouve de vivre dans la continence, il entretient un commerce criminel avec une autre. Il en est de même lorsqu'un mari, après avoir renvoyé sa femme adultère, vit avec une autre femme. Il est nécessairement adultère, car le Seigneur n'a pas dit celui-ci ou celui-là, mais « tout homme qui renvoie sa femme et en épouse une autre commet un adultère. » (*Luc*, XVI, 18.) C'est pourquoi, si l'on n'aspire point à la vie des saints, libres de tout lien conjugal, qu'on redoute du moins le châtiment réservé aux adultères, et que cette crainte salutaire mette un frein à la concupiscence, si la vertu de la continence n'est pas l'objet de nos désirs et de notre amour. N'ayons pas pour cela trop de confiance dans nos propres forces, mais joignons nos prières à nos efforts mêmes, afin d'être comblés de biens par celui qui nous préserve des maux.

Chapitre XIV. — 14. Répondons maintenant à une autre de vos questions. Vous prétendez qu'en empêchant les maris d'épouser d'autres femmes du vivant de leurs premières, c'est les pousser à faire punir de mort, sans miséricorde aucune, leurs épouses coupables d'adultère afin de s'en délivrer par ce moyen. Pour mieux faire ressortir cette cruauté, vous dites : « Votre manière de penser, très-cher père, ne s'accorde pas avec celle du Seigneur, puisqu'elle exclut tout sentiment de bienveillance et de miséricorde. » Votre raisonnement tend à ceci. Les maris ne doivent épargner leurs femmes

---

etiamsi per repudium conjux a (*a*) casto conjuge separetur; multo minus solvitur, si non separata mœchetur. Ac per hoc non eam solvit, nisi mors conjugis, non in adulterium corruentis, sed de corpore exeuntis. Quapropter si recesserit mulier ab adultero viro, et ei reconciliari non vult, maneat innupta : et si dimiserit vir adulteram mulierem, et eam non vult recipere nec post pœnitentiam, custodiat continentiam : etsi non ex voluntate eligendi potioris boni, certe ex necessitate vitandi perniciosi mali. Ad hoc exhortarer etiamsi uxor esset in languore insanabili atque diuturno, etiamsi alicubi esset corpore separata, quo maritus non posset accedere : postremo ad hoc exhortarer etiamsi mulier volens vivere continenter, quamvis contra disciplinam, quia non vult consensu, tamen pudicum pudica dimitteret. Puto enim Christianum neminem reluctari, adulterum esse, qui vel diu languente, vel diu absente, vel continenter vivere cupiente sua uxore, alteri commixtus est feminæ. Sic ergo et dimissa adultera, adulter est cum altera : quoniam non ille, aut ille; sed : « Omnis qui dimittit uxorem suam, et ducit alteram, mœchatur. » (*Luc.*, XVI, 18.) Quapropter si a conjugali vinculo immunis minus appetitur vita sanctorum, exhorreatur pœna mœchorum : et timore saltem frenetur concupiscentia, si amore non eligitur continentia. Si enim ubi est timor, operetur labor; ubi erat labor, erit et amor. Non enim confidendum est de nostris viribus : sed oratio adjungenda conatibus, ut impleat bonis, qui deterret a malis.

Caput XIV. — 14. Respondeamus etiam ad illud, ubi putas maritos ad puniendas adulteras sine ulla miseratione compelli; cum volunt eas mori, si eis viventibus non licet eis alteras ducere. Quam crudelitatem volens exaggerare dixisti : « Non mihi videtur, amantissime pater, hic divinus esse sensus, ubi benignitas et pietas excluditur. » Ita istud dicis, quasi propterea mariti parcere debeant adulteris feminis, quia licet eis alteras ducere ; ut si non licet, non par-

(*a*) Sic melioris notæ Mss. At Lov. *conjunx a casto conjuge.* Er. *conjunx casto corpore.*

adultères que s'ils peuvent en épouser d'autres. Si cette permission leur est refusée, qu'ils ne les épargnent pas pour qu'un nouveau mariage leur soit permis. Ils doivent, au contraire, user de miséricorde envers leurs femmes coupables afin d'obtenir eux-mêmes miséricorde pour leurs péchés, et c'est ce que doivent faire surtout ceux qui, après avoir renvoyé leurs femmes adultères, veulent vivre dans la continence ; car ils doivent être d'autant plus miséricordieux, qu'ils veulent mener une vie plus vertueuse et plus sainte. Mais pour conserver cette chasteté en eux-mêmes, ils ont besoin du secours divin, qu'ils ne peuvent obtenir qu'en renonçant à poursuivre leur femme coupable devant les hommes. C'est dans une pareille circonstance qu'ils doivent se rappeler les paroles du Seigneur : « Que celui d'entre vous qui est sans péché lui jette la première pierre. » (*Jean*, VIII, 7.) Il n'est pas ici question de celui qui est sans péché d'adultère, puisque nous parlons de maris qui sont chastes, mais de celui qui est sans péché. Or, s'ils prétendent qu'ils en sont exempts, « ils se trompent eux-mêmes, et la vérité n'est point en eux. » (I *Jean*, I, 8.) Si, au contraire, ils ne se trompent pas eux-mêmes et que la vérité soit en eux, ils ne seront plus aussi sévères. En effet, dès qu'ils reconnaissent qu'ils ne sont pas sans péché, ils pardonnent pour qu'il leur soit pardonné à eux-mêmes. Alors ni la bienveillance, ni la miséricorde ne sont bannies de leur cœur. Ces vertus, au contraire, seraient exclues si c'était non par un sentiment de miséricorde, mais afin d'avoir plus de liberté pour satisfaire leurs passions qu'ils pardonnent à leurs femmes, c'est-à-dire s'ils ne les épargnaient qu'afin de pouvoir en épouser d'autres, et non par le désir d'attirer sur eux-mêmes la miséricorde du Seigneur.

15. Combien il est meilleur et plus noble, combien il est plus digne de la profession des chrétiens d'épargner le sang de leurs épouses adultères ! Rappelons-leur, pour les y exhorter, ces paroles de l'Ecriture : « Pardonnez à votre prochain le mal qu'il vous a fait, et vos péchés vous seront remis, lorsque vous en demanderez pardon au Seigneur. L'homme garde sa colère contre un homme, et il demande à Dieu de le guérir. Il n'a point de compassion pour son prochain, et il implore la miséricorde divine pour ses propres péchés. Lui, qui n'est que chair, garde sa colère, mais qui pourra alors lui pardonner ses fautes ? » (*Ecclés.*, XXVIII, 2, etc.) Disons-leur encore d'après l'Evangile : Pardonnez, et il vous sera pardonné. » (*Luc*, VI, 37.) Pardonnez, afin de pouvoir dire à Dieu : « Pardonnez-nous nos offenses comme nous pardonnons à ceux qui nous ont offensés. » (*Matth.*, VI, 12.) Disons-leur enfin avec l'Apôtre : « Ne rendez à personne le mal pour le mal, » (*Rom.*, XII, 17) et tout ce que nous lisons de semblable dans les saintes Ecritures qui puisse apaiser dans un

---

cant ut liceat. Quin imo propterea debent peccatricibus præbere misericordiam, ut et ipsi pro suis peccatis misericordiam consequantur. Et multo magis hoc eis faciendum est, qui dimissis uxoribus adulteris cupiunt vivere continenter. Tanto quippe debent esse misericordiores, quanto volunt esse sanctiores : ut et ad castitatem in se ipsis servandam divinitus adjuventur, dum castitatem ab uxoribus violatam nec ipsi humanitus ulciscuntur. Et maxime vox illa dominica est eis in memoriam revocanda : « Qui sine peccato est, prior in illam lapidem jaciat. » (*Joan.*, VIII, 7.) Non : Qui sine ipso peccato est, quoniam loquimur de pudicis viris ; sed : « Qui sine peccato est : » (I *Joan.*, I, 8) quod si esse se dixerint, se ipsos seducunt, et veritas in eis non est. Porro si non se seducunt, et est in eis veritas, non erit in eis cruenta severitas. Scientes enim se non esse sine peccato, dimittunt ut dimittatur eis ; nec ab eis benignitas et pietas excluditur. Magis enim hæc excluduntur, si peccatis conjugum ab eis impetret veniam licentia libidinis, non cura pietatis, id est, ut propterea parcant quia licet eis alteras ducere, et non potius propterea quia volunt et sibi Dominum parcere.

15. Quanto itaque melius, et honestius, Christiana denique professione dignius, ut parcant adulterarum sanguini uxorum, quod scriptum est, eis dicimus : « Dimitte injustitiam proximo tuo, et tunc precanti tibi peccata solventur. Homo homini conservat iram, et a Domino quærit medelam. Super hominem similem sibi non habet misericordiam, et de peccatis suis deprecatur. Cum ipse caro sit, conservat iracundiam, quis propitiabitur peccatis illius ? » (*Eccl.*, XXVIII, 2, etc.) Et de Evangelio : « Dimittite, et dimittetur vobis : » (*Luc*, VI, 37) ut possumus dicere : « Dimitte nobis debita nostra, sicut et nos dimittimus debitoribus nostris. » (*Matth.*, VI, 12.) Et de Apostolo : « Nulli malum pro malo reddentes. » (*Rom.*, XII, 17.) Et si qua sunt hujusmodi in Scripturis sanctis, quibus, ad ulciscendum quando humanus

homme, par cela seul qu'il est chrétien, le désir de la vengeance qu'il nourrit dans son cœur.

Chapitre XV. — Ne vaut-il pas mieux leur parler ainsi que de leur dire : Contentez-vous de renvoyer ces femmes adultères, et ne faites pas répandre leur sang ; si elles ont blessé votre cœur par leurs crimes, celles que vous épouserez vous en consoleront. Vous auriez raison de vouloir les retrancher du nombre des vivants, si leur vie était un obstacle à ce que vous pussiez en épouser d'autres, mais puisque maintenant il vous est permis, de leur vivant, de contracter d'autres mariages, à quoi bon les faire périr? Si nous tenions un pareil langage, ne voyez-vous pas combien nous serions éloigné de l'esprit du christianisme? Ne serait-il pas contraire à la vérité de leur dire qu'il leur est permis de faire ce qui leur est défendu, c'est-à-dire de se marier avec d'autres, pendant que leurs femmes vivent encore? Et dès lors s'ils épargnaient leurs épouses, ce ne serait plus par un sentiment de miséricorde, mais parce qu'ils auraient la liberté de convoler à d'autres noces? Enfin, je vous demande s'il est permis à un mari chrétien, soit d'après l'ancienne loi de Dieu, soit selon les lois romaines, de demander la mort de sa femme coupable d'adultère? Si cela lui était permis, il vaudrait mieux pour lui s'abstenir tout à la fois de ces deux choses : de réclamer le châtiment de sa femme coupable, ou tout en la laissant vivre de contracter un mariage qui lui est défendu. S'il s'obstine à vouloir faire l'une ou l'autre de ces deux choses, qu'il choisisse du moins celle qui lui est permise, c'est-à-dire la punition de son épouse coupable, plutôt que celle qui lui est défendue, c'est-à-dire le crime d'adultère, dont il se rendrait coupable en épousant une autre femme du vivant de sa première. Si, au contraire, ce qui est plus conforme à la vérité, il n'est pas permis à un chrétien de demander la mort de sa femme adultère, mais seulement de la renvoyer, qui pourrait être assez insensé pour lui dire : Commencez par faire une faute pour avoir le droit d'en commettre une autre? Or, puisque la loi de Jésus-Christ s'oppose à ce qu'un mari poursuive la mort de sa femme adultère, ou que, du vivant de sa première femme, il en épouse une autre, il doit en conséquence s'abstenir de l'une et de l'autre de ces actions, et non en choisir une de préférence à l'autre, puisqu'elles sont toutes deux également défendues. Que s'il devait en commettre une qui ne lui est pas permise, que ce soit l'adultère et non l'homicide. Que du vivant de sa femme il en épouse une autre, mais qu'il ne répande pas le sang humain. Et comme ces deux choses sont également criminelles, il ne doit pas préférer l'une à l'autre, mais les éviter toutes deux.

Chapitre XVI. — 16. Je vois ce que peuvent alléguer les incontinents. Si un mari, diront-ils, renvoie sa femme coupable, et que la laissant

---

animus excitatur, quia Christianus est, mitigatur.

Caput XV. — Quanto, inquam, melius ista dicimus, quam ut dicamus : Tantum adulteras ista dimittite, et earum nolite sanguinem quærere : quidquid doloris ex earum flagitiis habetis, consolabuntur vos aliæ quas duxeritis : merito enim velletis istas de viventium numero auferre, si earum vita impedimento esset, quo minus alias duceretis ; nunc vero, etiam istis viventibus cum liceat alia vobis matrimonia providere, quid eas tantopere vultis occidere? Hæc si dicimus, nonne attendis quam nostra suasio longe sit a (a) charactere Christiano : quia et falsum dicimus, eis licere quod non licet, hoc est, istis viventibus ut aliis copulentur ; et si propterea illis pepercerint, non parcent propter pietatem, sed propter aliarum nuptiarum liberam potestatem. Postremo quæro abs te, utrum marito Christiano liceat vel secundum veterem Dei legem, vel (b) Romanis legibus adulteram occidere ? Si licet, melius est ut ab utroque se temperet, id est, et a licito illa peccante supplicio, et ab illicito illa vivente conjugio. Quod si alterutrum eligere perseverat, satius est ei facere quod licet, ut adultera puniatur, quam id quod non licet, ut ipsa viva ille mœchetur. Si autem quod verius dicitur, non licet homini Christiano adulteram conjugem occidere, sed tantum dimittere ; quis est tam demens qui ei dicat : Fac quod non licet, ut tibi liceat quod non licet? Cum enim utrumque secundum legem Christi illicitum sit, sive adulteram occidere, sive illa vivente alteram ducere, ab utroque abstinendum est, non illicitum pro illicito faciendum. Si enim facturus es quod non licet, jam faciat adulterium, et non faciat homicidium, ut vivente uxore alteram ducat, et non humanum sanguinem fundat. Quod si est utrumque nefarium, non debet alterum pro altero perpetrare, sed utrumque vitare.

Caput XVI. — 16. Hic video quid dici ab incontinentibus possit : quod videlicet qui dimittit et vivere

(a) Corbeiensis codex, caritate Christi. — (b) Sic omnes Mss. At editi, vel Romanas adulteram occidere.

vivre, il en épouse une autre, il sera dans un adultère perpétuel, tant que vivra sa femme, et la pénitence qu'il pourrait faire ne lui servira de rien, s'il ne renonce point à son état criminel. Serait-il catéchumène, on ne l'admettra pas au sacrement du baptême, dont il sera nécessairement éloigné, tant qu'il ne changera pas de conduite, comme la pénitence elle-même ne saurait le réconcilier avec Dieu, s'il persévère dans son immoralité. Au contraire, si en accusant sa femme d'adultère, il parvient à lui faire donner la mort, comme ce sera un péché accompli, dans lequel, par conséquent, il ne persévèrera pas, il pourra en être purifié par le baptême, s'il est catéchumène, ou s'il est baptisé, recevoir le pardon de sa faute par la pénitence et la réconciliation. Mais dirons-nous pour cela que l'adultère que commet incontestablement un mari qui, du vivant de sa femme, en épouse une autre, n'est point un adultère? Laissons de côté, si vous le voulez, ce genre d'adultère. Prétendrez-vous qu'un homme n'est point adultère lorsqu'il épouse la femme d'un mari vivant encore, quoiqu'elle ait été répudiée par ce mari, sans avoir manqué à la foi conjugale? Et si cet homme, voyant qu'après une telle action, il ne peut être baptisé, s'il est catéchumène, ou que s'il a reçu le baptême, c'est en vain qu'il ferait pénitence, si loin de se corriger, il persistait à demeurer dans son état criminel. Si cet homme, dis-je, prenait alors la résolution de tuer le mari dont il a épousé la femme, dans l'espoir que ce crime sera lavé par les eaux du baptême, ou effacé par la pénitence ; ou bien encore dans l'espérance que son état d'adultère ne subsistera plus, si la femme qu'il a épousée se trouve affranchie par la mort de son mari, des liens qui l'attachaient à lui, et qu'ainsi l'adultère qu'il a commis, étant chose accomplie et passée, le crime lui sera remis par la pénitence ou effacé par l'eau de la régénération ; diriez-vous alors, mon frère, qu'il faille accuser la loi de Jésus-Christ d'avoir forcé cet homme adultère à devenir homicide, lorsque cette loi déclare adultère celui qui épouse une femme répudiée par son mari, tout innocente qu'elle soit du crime d'impureté?

17. Pour peu que l'on examine la question dont il s'agit présentement, on trouvera qu'il est possible d'alléguer des inconvénients bien plus graves encore que ceux que vous avez signalés. En effet, pour ne pas regarder comme adultères ceux qui, après avoir répudié leurs femmes coupables de ce crime, contractent de nouveaux mariages, voici ce que vous avez trouvé : « Si nous déclarons, dites-vous, ces mariages adultères, nous forçons les maris à poursuivre la mort de leurs femmes adultères, parce que tant qu'elles vivent, ils ne peuvent pas en épouser d'autres. » Et vous exagérez cette opinion jusqu'à dire : « Votre manière de penser, mon très-cher père, ne s'accorde pas avec celle du Seigneur, puisque je n'y vois aucun sentiment de bienveillance et de miséricorde. » Si quelqu'un, ne voulant pas regarder comme adultère

---

permittit adulteram, si alteram duxerit, quamdiu prior illa vivit, perpetuus adulter est, nec agit pœnitentiam fructuosam a flagitio non recedens ; nec si catechumenus est, ad baptismum admittitur ; quoniam ab eo quod impedit non mutatur ; nec reconciliari pœnitens potest in eadem nequitia perseverans : si autem accusando adulteram occiderit, hoc peccatum quoniam transactum est, et in eo non permanet, et si a catechumeno factum est, baptismate abluitur, et si a baptizato, pœnitentia et reconciliatione sanatur. Sed numquid propterea dicturi sumus, adulterium non esse adulterium, quod sine dubio committitur, si conjuge adultera vivente altera ducitur? Sed hoc adulterii genere excepto, nempe non dubitas esse adulterium, si quisquam ducat viventis uxorem a viro suo per libellum repudii sine ulla mulieris fornicatione dimissam. Quid ergo, cum viderit se nec ad baptismum admitti, si catechumenus, nec utiliter agere pœnitentiam, si baptizatus hoc fecit, non corrigendo et relinquendo quod fecit, si cum voluerit et potuerit occidere cujus duxit uxorem, ut hoc scelus vel baptismate diluatur, vel pœnitendo solvatur, atque ita etiam illud adulterium non permaneat, evacuata muliere a lege viri post mortem viri, sed de transacto quod factum est, per pœnitentiam satis fiat, vel regeneratione deleatur ; numquid propterea est accusanda lex Christi, tanquam compulerit fieri homicidium, cum sine crimine fornicationis repudiatam ducere, dicit esse adulterium?

17. Hic enim, si parum quid loquamur attendimus, multo graviora dici possunt quam ipse dixisti. Nam tu dum non vis esse adulteria, si aliæ ducantur dimissis adulteris, hoc invenisti, « quoniam si hæc adulteria dixerimus, cogentur mariti occidere uxores, quarum vita impediuntur alteras ducere. » Atque ut hoc exaggerares, dixisti : « Non mihi videtur, amantissime pater, hic divinus esse sensus, ubi benignitas et pietas excluditur. » Si ergo quispiam

le cas où un homme épouse une femme répudiée par son mari, hors le cas d'adultère, alléguait contre vous : qu'une telle manière de voir, pousse les hommes à commettre des homicides, et à se débarrasser des maris dont ils ont épousé les femmes répudiées, soit en leur tendant toutes les embûches qu'ils pourront imaginer, soit en les attaquant par des calomnies, soit en les accusant, pour les faire périr, de quelques véritables crimes qu'ils seront parvenus à découvrir, afin que leurs mariages, qui du vivant de ces maris étaient des adultères, soient légitimés par leur mort, cet individu, exagérant la chose à son tour, ne vous dira-t-il pas : Votre manière de voir, très-cher frère, ne s'accorde pas avec celle du Seigneur, parce que je n'y trouve aucun sentiment de bienveillance et de miséricorde, et qu'elle porte au contraire les hommes à des excès de malice et d'impiété ? Combien, en effet, n'est-il pas plus supportable et moins cruel que des maris poursuivent légalement la mort de leurs femmes coupables, que de voir des adultères poursuivre celles d'un mari innocent ? Devrions-nous donc, je vous le demande, abandonner pour des craintes chimériques, la défense de la loi du Seigneur, et même accuser cette loi divine, en disant qu'on ne doit pas regarder comme adultère l'action d'un homme qui épouserait une femme répudiée par son mari, hors le cas d'adultère, dans la crainte de pousser cet homme à tuer le mari de la femme par qui elle a été répudiée, et cela, afin de pouvoir convertir en mariage légitime, par la mort du premier époux de cette femme, l'état d'adultère dans lequel il vivait ? Je sais que votre sentiment n'est pas, que pour des craintes qui n'ont aucun fondement, on trouve dure et inhumaine la loi de Jésus-Christ, qui est une loi de salut et de vérité ; mais vous ne devez pas non plus trouver mauvais qu'on traite d'adultère un homme qui, après avoir renvoyé sa femme adultère, en épouse une autre, parce que, selon vous, un mari peut être porté par là à poursuivre la mort de sa femme adultère, afin de pouvoir par la mort de sa femme en épouser une autre, ce qui ne lui serait point permis durant la vie de sa première. Pourquoi les détracteurs de la foi chrétienne ne diraient-ils pas encore que la loi divine du Christ force les hommes à se défaire de leurs femmes, en les faisant traîtreusement tomber dans des crimes dignes de mort, lorsqu'elles leur sont devenues insupportables, soit par une longue maladie, soit par leur refus de s'acquitter du devoir conjugal, soit par leur pauvreté, ou leur stérilité, ou leur laideur, afin de pouvoir en épouser d'autres joignant à la santé, l'opulence, la fécondité et la beauté ? En effet, faites attention que, selon eux, tous ces crimes résultent de la défense faite aux maris, à qui leurs femmes sont devenues insupportables, de les répudier, hors le cas d'adultère, pour en épouser d'autres,

---

nolens credere esse adulterium quando a marito sine fornicationis crimine repudiata ab altero ducitur, et hoc contra te inveniat, quia ista ratione suadetur hominibus homicidia perpetrare, et earum maritos, quas eo modo repudiatas duxerint, vel insidiis quibus potuerint, vel calumniis appetere, vel aliquibus veris criminibus accusare et occidere, ut eis mortuis esse possint conjugia, quæ vivis fuerant adulteria : nonne id exaggerando tibi dicturus est : Non mihi videtur amantissime frater, hic divinus esse sensus, ubi non solum benignitas et pietas excluditur, sed etiam ingens malignitas et impietas excitatur? Quando quidem multo est levius et tolerabilius, ut adulteras mariti, quam ut maritos adulteri occidant. Placetne tibi, ut propter vanissimam invidiam, dominicæ defensionem sententiæ deseramus, vel eam insuper accusemus, dicentes non debere adulterium (a) vindicari, etiamsi præter causam fornicationis repudiata a viro alteri conjugetur, ne maritum ejus a quo dimissa est compellatur occidere, dum adulterium in connubium cupit viri prioris morte convertere? Scio hoc tibi non placere, ut propter hanc vanissimam invidiam, lex Christi, cum vera inveniatur et sana, dura et inhumana dicatur. Sic itaque non tibi debet videri ideo negandum esse adulterium, quando uxore adultera vivente altera ducitur, quia potest maritus per hoc cogi adulteram occidere, dum cupit sibi licere illa extincta alteram ducere, si hoc ea vivente non licet facere. Quod si enim et illud dicant Christianæ fidei detractatores, cogi homines occidere uxores suas insidiarum sceleribus, quas molestas ferre non possunt, sive diuturno languore laborantes et pati concubitum non valentes, sive pauperes, sive steriles, sive deformes, aliarum spe ducendarum, sanarum, opulentarum, fecundarum, pulcherrimarum : quia eas quas perpeti nolunt, præter causam fornicationis repudiare non licet, et alteras ducere, ne perpetuo devincti adulterio, nec baptizari possint,

(a) Michaelinus codex, *judicari*.

afin de ne pas rester enchaînés dans les liens d'un adultère perpétuel, et être privés par là du salut, du baptême et de la pénitence? Pour empêcher ces crimes et ces homicides, devons-nous donc dire qu'il n'y a pas d'adultère à épouser une autre femme, après avoir répudiée la sienne exempte de toute infidélité à la foi conjugale?

Chapitre XVII. — 18. En admettant votre sentiment, qu'un homme ne commet pas d'adultère en épousant une autre femme, après avoir répudié la sienne pour cause d'adultère, n'est-il pas à craindre que des maris, à qui leurs femmes sont devenues insupportables pour mille causes différentes, ne cherchent les moyens de les faire tomber dans l'adultère, afin qu'affranchis, selon vous, par l'impudicité de leurs femmes, du lien qui les attachait à elles, ils aient la liberté de contracter de nouveaux mariages, et puissent ensuite être absous par le sacrement du baptême ou de la pénitence, du crime qu'ils ont commis, en forçant leurs femmes à devenir adultères? Ils savent, en effet, que cette grâce divine et ce remède salutaire leur seront refusés, tant qu'ils vivront dans l'adultère, en épousant d'autres femmes, après avoir répudié les premières innocentes de toute impureté. A moins qu'on ne vienne dire que personne ne peut forcer une femme réellement chaste et pure à commettre le crime d'adultère. Cependant le Seigneur a dit : « Quiconque quitte sa femme, si ce n'est pour cause d'adultère, la fait devenir adultère. » (*Matth.*, v, 33.) Cette femme, en effet, dont la vie était sans tache avec son mari, peut être trop faible pour garder la continence, après avoir été renvoyée par lui, se trouve exposée à en épouser un autre du vivant de son premier époux, et à tomber ainsi dans le crime de l'adultère. Elle ne l'aurait sans doute pas commis, si son mari ne l'y avait poussée par tous les moyens possibles, et Dieu lui en imputera la faute, même si sa femme persistait à garder son innocence et sa chasteté. Mais personne n'ignore combien il est rare de voir des femmes vivre avec leurs maris dans un tel état de continence, qu'une fois répudiées par eux, elles ne cherchent pas en épouser d'autres. Malheureusement le nombre de ces femmes est incomparablement plus grand, que celui des épouses qui agissent autrement. Supposons que des hommes croyant à la parole du Seigneur qui a dit : « Quiconque quitte sa femme, si ce n'est pour cause d'adultère, la fait devenir adultère, » ajoutent foi à ce que vous alléguez, qu'il est permis à un homme dont la femme est coupable d'adultère, d'en épouser une autre, qu'en résultera-t-il ? Celui qui voudra, pour une cause quelconque se séparer de la femme à laquelle il est lié, et qui lui est devenue importune, commencera par la rendre adultère, en la renvoyant tout innocente qu'elle était d'abord de ce crime, afin que lorsqu'elle sera devenue adultère en se mariant, il puisse en épouser une autre, et cela dans l'espé-

---

nec pœnitendo sanari. Numquid propterea ne ista homicidiorum scelera perpetrentur, dicturi sumus, non esse adulteria, repudiatis præter causam fornicationis uxoribus, sibi alteras copulare?

Caput XVII. — 18. Jam vero ex hoc quod sapis non esse adulterium, si vir uxorem causa fornicationis abjecerit, et alteram duxerit, nonne arbitraris cavendum, ne discant viri uxores suas, quas propter alias innumerabiles causas ferre non possunt, mœchari cogere, ut ab eis vinculo conjugali per fornicationem, sicut putas, soluto, liceat eis alteras ducere, et ex eo quod illas mœchari coegerunt, aut baptismate ablui, aut pœnitendo sanari, quoniam illis et gratia et medicina negabitur quamdiu cum adulteris vivent, si prioribus præter causam fornicationis repudiatis alteras duxerint? Nisi forte quis dicat, neminem posse uxorem suam mœchari facere, si pudica est : et tamen Dominus : « Omnis qui dimiserit, inquit, uxorem suam, præter causam fornicationis, facit eam mœchari. » (*Matth.*, v, 33.) Utique propterea, quia cum esset pudica cum viro, tamen dimissa cogitur per incontinentiam vivo priore alteri copulari, et hoc est mœchari. Quod si hoc ista non fecerit, tamen ille quantum in ipso est facere compulit, et hoc ei Deus peccatum, etiamsi illa casta permaneat, imputabit. Sed quis nesciat quam sint rarissimæ, quæ ita pudice vivant cum viris, ut etiamsi ab eis dimittantur, alios non requirant? Incomparabiliter quippe numerus est amplior feminarum, quæ cum pudice adhæreant maritis, tamen si dimissæ fuerint a maritis, non differunt nubere. Cum ergo crediderint homines Domino dicenti: « Omnis qui dimiserit uxorem suam, præter causam fornicationis, facit eam mœchari; » si crediderint et tibi dicenti, muliere fornicante licere viro ejus alteram ducere; quisquis voluerit propter alias quaslibet molestias carere uxore qui junctus est, prius eam mœchari faciat sine fornicatione dimittendo, ut tunc ducat alteram, cum fuerit illa mœcha nubendo : ac sic a priore peccato quo eam mœchari fecit, sive per bap-

rance, qu'absous par le sacrement du baptême ou de la pénitence du crime qu'il a commis en rendant sa femme adultère, il pourra, sans être adultère lui-même, retenir celle qu'il a épousée, le lien de son mariage avec sa première femme ayant été ainsi rompu. Quand un homme se sera rendu coupable de ces odieuses machinations, quand il aura rendu sa femme adultère, et le sera devenu lui-même, en se mariant avec une autre, même après l'infidélité de sa première épouse, à quoi lui servira d'avoir ajouté foi à vos paroles, plutôt qu'à celui qui a dit, sans aucune exception : « Tout homme qui renvoie sa femme et en épouse une autre, commet un adultère ? » (*Luc*, XVI, 18.)

Chapitre XVIII. — 19. Après avoir examiné sérieusement toutes ces vérités, il ne restera plus à ceux qui les écoutent et les reçoivent avec fidélité qu'à nous dire : « Si telle est la condition de l'homme avec la femme, il n'est pas avantageux de se marier. » (*Matth.*, XIX, 10, etc.) Pour nous, quelle réponse pourrons-nous leur donner, sinon celle que le Seigneur lui-même a faite à ses disciples : « Tous ne comprennent pas cela. Il n'y a que ceux qui en ont reçu le don. Car il y a des eunuques qui sont venus tels au monde, en quittant le sein de leur mère. Il y en a qui ont été faits eunuques par les hommes. Il y en a qui se sont faits eunuques eux-mêmes afin d'obtenir le royaume des cieux. Que ceux qui peuvent comprendre comprennent ? » Ainsi que celui qui le peut, comprenne ce que tous ne comprennent pas. Ceux-là seuls en sont capables, auxquels Dieu, dans sa miséricorde secrète, mais juste, a accordé ce don. Mais parmi tous ceux qui se sont faits eunuques pour obtenir le royaume du ciel, il faut établir des différences. Il y en a de l'un et de l'autre sexe qui n'ont jamais connu le mariage ; il y en a d'autres qui ont passé par cet état, et qui l'ont quitté, soit que leur union ait été illicite, soit qu'elle ait été légitime. Parmi ceux qui étaient légitimement mariés, les uns ont usé du mariage selon les convenances et les droits que leur permettait cet état. Les autres en ont abusé, car quelques-uns ne connaissent que leurs femmes, tandis que quelques autres se livrent à la débauche avec des femmes étrangères. Mais parmi ceux qui, après la vie conjugale, se font eunuques eux-mêmes pour gagner le royaume du ciel, les uns le font, ou lorsque la mort les a privés de leurs conjoints, ou lorsque, par un consentement mutuel, les deux époux veulent observer la continence ; ou bien encore, lorsqu'après une séparation devenue nécessaire pour ne pas commettre le crime d'adultère, en contractant un nouveau mariage du vivant de leurs conjoints, ils se font eux-mêmes eunuques pour obtenir le royaume des cieux, non pas pour y briller d'une gloire plus éclatante, mais parce qu'ils ne pourraient pas y parvenir autrement. En effet, ceux qui ne s'astreignent pas à

tismum, sive per pœnitentiam liberatus, sine suo adulterio sibi habere videatur, quam post prioris adulterium, tanquam hinc soluto matrimonii vinculo, alteram duxerit. Quod quidem si fuerit machinatus, et uxorem suam mœcham faciet, et ipse quamvis post adulterium conjugis aliam ducendo mœchus erit ; nihilque illi proderit quod tibi credidit, et non ei potius qui nullo excepto ait : « Omnis qui reliquerit uxorem suam, et aliam duxerit, mœchatur. » (*Luc.*, XVI, 18.)

Caput XVIII. — 19. Quibus omnibus consideratis atque tractatis, restat ut ab eis qui hæc fideliter audiunt, dicatur nobis quod Domino dictum est : « Si talis est causa cum uxore, non expedit nubere. » (*Matth.*, XIX, 10, etc.) Quibus et nos quid respondeamus, nisi quod ipse respondit ? « Non omnes capiunt verbum hoc, sed quibus datum est. Sunt enim eunuchi qui de matris utero sic nati sunt, et sunt eunuchi qui facti sunt ab hominibus, et sunt eunuchi qui se ipsos castraverunt propter regnum cœlorum. Qui potest capere, capiat. » Ergo qui potest capiat, quod non omnes capiunt. Possunt autem capere hi quibus hoc præstat Dei misericordia occulta, sed justa. Sed in his omnibus qui se ipsos castraverunt propter regnum cœlorum, alii sunt qui in utroque sexu concubitum nesciunt, alii qui experti et aversi sunt, partim quidem illicite, partim vero licite experti. Porro in his qui licite experti sunt, quidam sunt qui non nisi licite, quidam et illicite et licite. Sunt quippe in eis qui conjugia sua tantum sciunt ; sunt autem qui et alias feminas ac stupra quælibet. Sed qui post concubitum conjugum, se ipsos castrant propter regnum cœlorum, aut morte amittunt conjuges, aut ex consensu cum eis continentiam profitentur, aut ex necessitate divortiorum, ne vivis conjugibus se aliis copulando adulteria perpetrent, castrant se ipsos propter regnum cœlorum, non ut clariores ibi esse possint, sed quod aliter ibi esse non possint : nam qui non ista necessitate se continent, sed boni appetitione melioris, possent ibi esse, etiam servata

cette vertu par la même raison de nécessité, mais par le désir d'un bien meilleur, ceux-là, dis-je, peuvent être admis dans ce bienheureux séjour, quoiqu'avec une récompense inférieure, en se contentant de garder la chasteté conjugale. Pour ceux qui n'observent la continence que par la crainte qu'ils éprouvent de contracter de nouveaux liens, du vivant de leurs premiers conjoints, ils doivent apporter plus de soin pour leur salut, que ceux qui ont embrassé l'état de continence, dans l'espoir d'obtenir une plus belle récompense dans le royaume de Dieu. Ils y seront admis, s'ils ne sont pas adultères. Mais s'ils n'observent pas la continence ils seront adultères en épousant du vivant de leurs premiers conjoints des épouses qui ne seront point légitimes, mais adultères. Or, si par ce crime ils sont exclus du royaume des cieux, où seront-ils, sinon là où seront ceux qui ne sont pas sauvés ?

CHAPITRE XIX. — 20. C'est donc à ces derniers que je demande ce qu'ils croiraient devoir faire, s'ils avaient des épouses affligées d'une maladie chronique, ou séparées d'eux sans qu'ils puissent en approcher, ou bien encore s'obstinant, par animosité et contre leur devoir, à garder la continence? Qu'ils agissent alors comme ils le feraient, si leurs femmes étaient souillées par le crime d'adultère, et qu'ils eussent pour cela rompu tout lien conjugal avec elles; mais qu'ils ne cherchent pas à former de nouveaux nœuds avec d'autres, car leur union ne serait pas un mariage, mais un adultère. En effet, puisque la loi qui unit l'homme et la femme, est la même pour l'un comme pour l'autre, « si la femme du vivant de son mari, devient adultère en se mariant avec un autre homme ; » (*Rom.*, VII, 11) le mari le deviendra également, si du vivant de sa femme il en épouse une autre. Sa conduite, toutefois, sera plus criminelle, s'il agit ainsi, hors le cas d'adultère, mais il n'en est pas moins vrai que « tout homme qui renvoie sa femme et en épouse une autre, commet un adultère. » (*Luc*, XVI, 18.) L'observation de la continence ne doit pas les effrayer, ce fardeau sera léger pour eux, s'ils le portent comme le joug du Christ; et il sera le joug du Christ, s'ils ont la foi, qui obtient de celui qui commande la grâce d'accomplir ce qu'il a ordonné. Qu'ils ne se laissent point abattre, si la continence qu'ils observent leur paraît une vertu de nécessité et non un choix de leur volonté. Ceux qui l'ont adoptée volontairement, en ont fait pour eux une vertu de nécessité, parce qu'ils ne pourraient plus s'en écarter sans s'exposer à la condamnation, et ceux qui s'y sont engagés par nécessité en ont fait une vertu de leur choix et de leur volonté, s'ils ne comptent pas pour l'observer sur leurs propres forces, mais sur la grâce de celui qui est la source de tout bien. Ceux-là se sont élevés vers cette vertu, pour obtenir dans le ciel une gloire plus éclatante et une plus grande récom-

---

pudicitia conjugali, quamvis in præmiis minoribus, tamen intus. Qui vero propterea se continent, quia prioribus conjugibus vivis timent aliis conjugari, majorem curam debent gerere pro salute, quam gesserunt illi a quibus continentia pro munere (*a*) delecta est ampliore. Tunc quippe ibi erunt, si adulteri non erunt. Si autem non continent, adulteri erunt; quia viventibus conjugibus pristinis, non conjugibus alteris, sed adulteris adhærebunt. Et si a regno cœlorum aberunt, ubi erunt, nisi ubi salvi non erunt?

CAPUT XIX. — 20. Hos igitur alloquor, ut quod facere deberent, si haberent conjuges diuturno languore marcescentes, vel loco sibi inaccessibili absentes, vel animositate illicita continentes; hoc faciant, si habuerint conjuges adulterina inquinatione sordentes, et propter hoc a suo consortio (*b*) divortiantes : non alia quærant conjugia, quia non erunt conjugia, sed adulteria. Cum enim par forma sit in hoc vinculo viri et uxoris, sicut uxor « vivente viro vocabitur adultera, si fuerit cum alio viro; » (*Rom.*, VII, 3) ita et vir vivente uxore vocabitur adulter, si fuerit cum alia muliere. Etsi enim gravius qui præter causam fornicationis, « omnis tamen qui dimiserit uxorem suam, et aliam duxerit, mœchatur. » (*Luc.*, XVI, 18.) Non eos terreat sarcina continentiæ : levis erit, si Christi erit; Christi erit, si fides aderit, quæ impetrat a jubente quod jusserit. Non eos frangat, quod videtur eorum continentia necessitatis esse, non voluntatis : quia et illi qui eam voluntate delegerunt, fecerunt eam esse necessitatis; quoniam jam sine damnatione ab illa deviare non possunt : et qui in eam necessitate contrusi sunt, faciunt eam esse voluntatis, si non de se ipsis, sed de illo a quo est bonum omne confidunt. Illi ad eam conscenderunt causa majoris gloriæ, ut aliquid amplius invenirent;

(*a*) Er. et Mss. *dilecta est.* — (*b*) In Mss. *divortientes.*

pense. Ceux-ci l'ont adoptée comme un refuge qui assurait leur salut et les empêchait de périr. Que les uns et les autres persistent dans leur sainte résolution; qu'ils marchent jusqu'à la fin dans la voie où ils sont entrés; que leur zèle ne se refroidisse pas, et qu'à cet effet ils adressent sans cesse à Dieu leurs vœux et leurs supplications. Si la crainte de déchoir du degré de perfection qu'ils ont volontairement embrassée, doit porter les premiers à songer sans cesse à leur état; les seconds ne doivent pas désespérer de participer à cette même gloire, s'ils persistent à pratiquer une vertu vers laquelle les avait portés la nécessité. En effet, il peut arriver que leurs pensées prennent une meilleure direction, sous l'influence de la crainte salutaire et des exhortations secrètes de Dieu, qui tourne et remplit à son gré le cœur des hommes. Qu'alors ils fassent vœu de vivre éloignés du mariage, et de tous les plaisirs charnels qui y sont attachés, afin que si la mort de leurs conjoints leur ouvrait l'accès à de nouveaux hymens, il soit fermé par le vœu qu'ils ont fait, et qu'ainsi ce qu'ils avaient commencé par nécessité, s'achève et s'accomplisse par la charité. Alors ils recevront certainement la même récompense que ceux qui, dans le mariage ont fait d'un commun accord vœu de continence, ou que ceux qui n'ayant jamais été mariés, ont embrassé cette vertu pour se procurer un plus grand bien. Mais s'ils gardent la continence, uniquement parce que la vie de leurs femmes s'opposent à ce qu'ils contractent un nouveau mariage, et qu'ils en conservent toujours le désir et la résolution, si leurs épouses venaient à mourir, quand bien même ils partiraient les premiers de ce monde, ils n'auront eu d'autre mérite, en observant ainsi la continence, que d'avoir gardé la chasteté conjugale, qui les empêchait de faire ce qu'ils auraient fait, si cela leur eût été permis. Etre continent dans une telle intention, est bien peu de chose pour obtenir les récompenses dues à cette vertu, quand elle est le résultat d'un choix libre de la volonté. Mais cela suffit pour se préserver de l'adultère.

Chapitre XX. — 21. Ce que je dis, ne l'oubliez pas, concerne l'un et l'autre sexe, mais particulièrement les hommes qui, par cela même qu'ils se croient d'une nature supérieure à celle des femmes, ne se croient pas astreints à observer la même chasteté. Ils doivent, au contraire, les précéder dans cette voie, afin qu'elles les y suivent comme leurs chefs. Mais, si lorsque la loi de Dieu défend l'adultère, on admet pour l'excuser la faiblesse de la chair qui ne permet pas de garder la continence, on ouvre à bien des gens, par l'espérance illusoire de l'impunité, la voie de l'éternelle condamnation. Les femmes aussi ont une chair dont elles peuvent alléguer la faiblesse, et cependant les hommes ne leur permettent pas, en raison de cette faiblesse, des actions dont ils s'arrogent le droit, parce qu'ils sont hommes. Mais à Dieu ne plaise, que l'on

isti ad eam confugerunt cura salutis novissimæ, ne perirent : utrique permaneant, utrique in quod pervenerunt ambulent usque in finem, ferveant studiis, supplicent votis : quia et illis salus cogitanda est, ut ab eo quod voluntas arripuit cadere timeant; et istis gloria desperanda non est, si in eo quod necessitas intulit, persistere (a) deligant. Fieri enim potest, ut Deo terrente et hortante, convertente et implente, humanus in melius mutetur affectus : atque ita voveant sine conjugiis et sine ullo concubitu atque immunda libidinis attrectatione perseverantissime vivere, ut etiamsi separata conjugia locum ducendi alias moriendo aperuerint, claudatur ex voto quod patet ex licito, et quod erat necessitate cœptum, fiat caritate perfectum. Talibus profecto id retribuetur, quod illis qui vel pari consensu cum conjugibus hoc voverunt, vel nullis conjugiis alligati propter majus bonum continentiam delegerunt. Si autem ita se continent, ut si moriantur quarum vita conjugari impediuntur, alias ducere cogitent; profecto etiamsi prius ipsi in tali continentia de corpore abscedant, non eis imputatur nisi ad pudicitiam conjugalem, propter quam non faciunt quod facerent si liceret. Hac quippe intentione continenter vivere, parum est ad accipienda illius quæ liberius eligitur continentiæ præmia, sed sufficit ad cavenda adulteria.

Caput XX. — 21. Hæc autem me de utroque sexu memineris dicere, sed maxime propter viros, qui propterea se feminis superiores esse arbitrantur, ne pudicitia pares esse dignentur : in qua etiam præire debuerunt, ut eos illæ tanquam sua capita sequerentur. Quando autem lex prohibet adulteria, si obtentu incontinentiæ carnalis infirmitatis admittatur excusatio, multis sub nomine falsæ impunitatis pereundi aperitur occasio. Neque enim carnem non habent feminæ, quibus viri aliquid tale nolunt licere, quasi

(a) Er. et Mss. *diligant*.

accorde comme un honneur, au sexe qui a la prééminence, un tel privilége au détriment de la chasteté! L'honneur n'est justement dû qu'à la vertu et non au vice. Il y a plus encore; les hommes exigent de leurs femmes, qui ont certainement une chair aussi faible que la leur, la plus scrupuleuse chasteté. Lorsque des voyages dans des pays lointains, les retiennent pendant de longues années éloignés de leurs épouses, ils veulent qu'elles passent l'âge bouillant de leur jeunesse sans se souiller par aucun commerce adultère, et beaucoup d'entre elles se soumettent à cette condition; comme les Syriennes surtout, dont les maris occupés par leurs affaires de négoce, dans des contrées étrangères, les abandonnent encore fort jeunes, et ne reviennent quelquefois auprès d'elles que quand ils sont vieux, et qu'elles-mêmes sont déjà d'un âge très-avancé. Cela doit donc prouver aux hommes qu'il ne leur est pas impossible de garder la continence, qu'ils prétendent n'être pas en état d'observer. Si les hommes ne le pouvaient pas à cause de leur faiblesse, à plus forte raison les femmes le pourraient-elles moins encore, à cause de leur sexe, dont la faiblesse est beaucoup plus grande.

22. C'est pourquoi, lorsque nous voulons inspirer à ces hommes, qui font consister la prééminence de l'homme dans la liberté de commettre des fautes, une terreur salutaire, pour les détourner des mariages adultères, qui les feraient périr pour l'éternité, nous avons coutume de leur proposer, pour exemple, la continence des clercs, auxquels on impose souvent, malgré leurs humbles remontrances, le même joug, et qui, une fois qu'ils l'ont accepté, le portent courageusement avec l'aide du Seigneur jusqu'à la fin de leur vie. Nous disons donc à ces hommes : Que feriez-vous si la volonté d'un peuple pieux vous forçait à subir la même condition? Ne rempliriez-vous pas chastement jusqu'à la fin le devoir qui vous aurait été imposé? Ne vous tourneriez-vous pas aussitôt vers Dieu, pour obtenir de lui, à cet effet, des forces que vous n'aviez pas pensé jusqu'à ce jour à lui demander? Mais, diront peut-être ces hommes, les clercs trouvent de grandes consolations dans les honneurs attachés à leur charge. Et vous, leur répondrons-nous, la crainte de vous perdre ne doit-elle pas être pour vous un mobile plus puissant de continence et de modération? Si un grand nombre de ministres du Seigneur ont accepté le joug qui leur a été tout à coup imposé, dans l'espoir d'occuper une place plus élevée dans l'héritage de Jésus-Christ, combien plus devez-vous apporter de soin pour éviter l'adultère et vivre dans la continence, je ne dis pas dans la crainte d'obtenir un rang moins brillant dans le royaume de Dieu, mais dans celle de brûler éternellement dans le feu des enfers? Telles sont les observations et d'autres semblables, que nous avons à faire aux maris qui, après que leurs femmes se

---

eis quia viri sunt liceat. Sed absit ut melioris sexus tanquam honori debeatur, quod pudori detrahitur; cum honor justus virtuti, non vitio debeatur. Quin imo cum a feminis utique habentibus carnem, tantam flagitant castitatem, ut quando ab uxoribus diutissime peregrinantur, velint eas ab adulterino concubitu incontaminatas fervorem transigere juventutis ; (et plurimæ pudicissime transigunt, et maxime Syræ, quarum mariti negotiandi quæstibus occupati, juvenes adolescentulas deserunt, et vix aliquando senes ad aniculas revertuntur :) eo ipso evidentius convincuntur non esse impossibile, quod se non posse causantur. Si enim hoc non posset infirmitas hominum, multo minus id posset sexus infirmior feminarum.

22. Unde istos, qui virilem excellentiam non putant nisi peccandi licentiam, quando terremus ne adulterinis conjugiis hærendo pereant in æternum, solemus eis proponere etiam continentiam clericorum, qui plerumque ad eamdem sarcinam subeundam capiuntur inviti, eamque susceptam usque ad debitum finem, Domino adjuvante, perducunt. Dicimus ergo eis : Quid si et vos ad hoc subeundum populorum violentia caperemini, nonne susceptum caste custodiretis officium, repente conversi ad impetrandas vires a Domino, de quibus nunquam antea cogitastis? Sed illos, inquiunt, honor plurimum consolatur. Respondemus : Et (a) vobis timor multo amplius moderetur. Si enim hoc multi Dei ministri repente atque inopinate impositum susceperunt, sperantes se illustrius in Christi hæreditate fulgere; quanto magis vos adulteria cavendo vivere continenter debetis, metuentes non in regno Dei minus lucere, sed in gehenna ignis ardere? Hæc atque hujusmodi eis ut possumus dicimus, qui quoquo modo a se discedentibus vel propter adulterium dimissis

(a) Sola editio Lov. *Et vos timor amplior moderetur.*

sont séparées d'eux, ou qu'ils ont eux-mêmes répudiées pour cause d'adultère, veulent en épouser d'autres, et qui opposent à la défense qui leur en est faite, la faiblesse de leur chair. Mais il est temps de terminer ce livre et de prier Dieu, ou qu'il ne permette pas que ces hommes soient exposés à la tentation en se trouvant séparés de leurs femmes ; ou s'il le permet que la crainte d'exposer leur salut éternel soit pour eux une occasion de prouver d'une manière plus sûre et plus éclatante leur amour pour la chasteté.

conjugibus suis, alias volunt ducere, et cum prohibentur, ut non tentari non sinat separationibus conjugum; bentur, infirmitatem nobis carnis opponunt. Sed si non ita sinat, ut timor periclitantis salutis fiat illis liber etiam iste claudendus est, et rogandus Deus ut amatoris sive probatioris occasio castitatis.

FIN DU TOME VINGT-UNIÈME.

TABLE DES MATIÈRES DU TOME VINGT-UNIÈME

Préface du tome sixième de l'édition des bénédictins V

LES QUATRE-VINGT-TROIS QUESTIONS.

Extrait du livre I des *Rétractations* sur le livre suivant. IX
Question I. — L'âme existe-t-elle par elle-même? 1
— II. — Le libre arbitre 1
— III. — Dieu est-il l'auteur du mal dans l'homme? 1
— IV. — Quelle est la cause du mal dans l'homme? 2
— V. — L'animal sans raison peut-il être heureux? 2
— VI. — Le mal 2
— VII. — Qu'est-ce que l'âme proprement dite dans l'animal? . . 2
— VIII. — L'âme a-t-elle son mouvement propre? 3
— IX. — La vérité peut-elle être perçue par les sens corporels? . 3
— X. — Le corps vient-il de Dieu? 4
— XI. — Pourquoi le Christ est-il né d'une femme? 4
— XII. — Sentiment d'un sage, Fontéus de Carthage, sur la nécessité de purifier son âme pour voir Dieu. 5
— XIII. — Comment prouver que l'homme est supérieur à l'animal? 5
— XIV. — Le corps du Christ n'était pas un fantôme 5
— XV. — De l'intellect 5
— XVI. — Du Fils de Dieu 5
— XVII. — De la science de Dieu. 5
— XVIII. — De la Trinité. 5
— XIX. — De Dieu et de la créature 6
— XX. — Où est Dieu? 6
— XXI. — Dieu est-il ou n'est-il pas l'auteur du mal? 6
— XXII. — Dieu n'éprouve aucun besoin 7
— XXIII. — Du Père et du Fils. 7
— XXIV. — Le bien et le mal dépendent-ils du libre arbitre de la volonté? 8
— XXV. — De la croix du Christ 8
— XXVI. — De la différence des péchés 9
— XXVII. — De la Providence. 9
— XXVIII. — Pourquoi Dieu a-t-il voulu créer le monde? 10
— XXIX. — Y a-t-il quelque chose en haut ou en bas dans l'univers? 10
— XXX. — Tout a-t-il été créé pour l'utilité de l'homme? . . . 10
— XXXI. — Sentiment de Cicéron sur la division et la définition des vertus. 12
— XXXII. — L'un peut-il comprendre une chose mieux qu'un autre, et ainsi l'intelligence de cette chose peut-elle s'étendre à l'infini? 14
— XXXIII. — De la crainte 15
— XXXIV. — Faut-il ne pas aimer autre chose que d'être sans crainte? . 16
— XXXV. — Que faut-il aimer? 16
— XXXVI. — Il faut nourrir la charité. 18
— XXXVII. — De celui qui est toujours né 20
— XXXVIII. — De la conformation de l'âme. 20
— XXXIX. — Des aliments. 21
— XL. — La nature des âmes étant la même, pourquoi dans les hommes des volontés différentes. 21

TOM. XXI. 41

TABE DES MATIÈRES.

QUESTION XLI. — Dieu ayant fait toutes choses, pourquoi ne sont-elles pas égales?		21
— XLII. — Comment le Christ était-il en même temps dans le sein de sa mère et dans le ciel?...		21
— XLIII. — Pourquoi le Fils de Dieu est-il venu sous la forme humaine, et le Saint-Esprit sous la forme d'une colombe?		22
— XLIV. — Pourquoi Notre-Seigneur Jésus-Christ est-il venu si longtemps après, et non pas aussitôt après le péché de l'homme?		22
— XLV. — Contre les mathématiciens		22
— XLVI. — Des idées.		24
— XLVII. — Pourrons-nous un jour voir nos pensées?		26
— XLVIII. — Des choses à croire.		26
— XLIX. — Pourquoi les enfants d'Israël offraient-ils des animaux en sacrifice?		26
— L. — L'égalité du Fils.		27
— LI. — De l'homme créé à l'image et ressemblance de Dieu.		27
— LII. — Sur cette parole : « Je me repens d'avoir créé l'homme. » (Genèse, VI, 7.)		29
— LIII. — De l'or et de l'argent que les Israélites empruntèrent aux Egyptiens		30
— LIV. — Sur cette parole : « C'est un bien de m'attacher à Dieu. » (Ps. LXXII, 28)		34
— LV. — Sur cette parole : « Il y a soixante reines, quatre-vingts concubines et des jeunes filles sans nombre. » (Cant., VI, 7.)		35
— LVI. — Sur les quarante-six années qu'il a fallu pour bâtir le temple.		36
— LVII. — Des cent cinquante-trois poissons. (Jean, XXI, 11.)		36
— LVIII. — Sur Jean-Baptiste		39
— LIX. — Les dix vierges		42
— LX. — Personne ne sait rien de ce jour, ni de l'heure, ni les Anges du ciel, ni le Fils de l'homme, excepté le Père. (Matth., XXIV, 36.)		47
— LXI. — De ce qui est écrit dans l'Evangile, que le Seigneur a nourri sur la montagne une grande multitude avec cinq pains. (Jean, VI, 9.)		48
— LXII. — Sur ces paroles de l'Evangile : « Jésus baptisait plus de monde que Jean, quoiqu'il ne baptizât pas lui-même, mais ses disciples. » (Jean, IV, 1.)		54
— LXIII. — Du Verbe.		56
— LXIV. — La femme Samaritaine		56
— LXV. — De la résurrection de Lazare. (Jean, XI, 1.)		62
— LXVI. — Sur ces paroles de l'Ecriture : « Ignorez-vous, mes frères, car je parle ici à des personnes instruites de la loi ; ignorez-vous que la loi est obligatoire pour l'homme, tant qu'il vit ; » jusqu'à cet endroit du chapitre : « Il vivifiera vos corps mortels par le Saint-Esprit qui habite en vous. » (Rom., VII, 1, etc.)		64
— LXVII. — Sur ces paroles de saint Paul : « Or, j'estime que les souffrances de la vie présente n'ont aucune proportion avec cette gloire qui doit un jour éclater en nous, » jusqu'à cet endroit : « Car nous ne sommes sauvés qu'en espérance. »		71
— LXVIII. — Sur cette parole de l'Ecriture : « O homme, qui es-tu, pour oser répondre à Dieu? » (Rom., IX, 20.)		76
— LXIX. — Sur ces paroles : « Alors le Fils sera lui-même assujetti à celui qui lui aura assujetti toutes choses. » (I Cor., XV, 28.)		82
— LXX. — Sur ces paroles de l'Apôtre : « La mort a été absorbée par la victoire : O mort où est ta victoire? O mort où est ton aiguillon? Or, l'aiguillon de la mort c'est le péché, et la force du péché c'est la loi. » (I Cor., XV, 54.)		89
— LXXI. — Sur ces paroles : « Portez les fardeaux les uns des autres, et vous accomplirez ainsi la loi du Christ. » (Gal., VI, 2.)		90
— LXXII. — Des temps éternels.		94
— LXXIII. — Sur ces paroles : « Et il fut reconnu pour homme par les dehors, » (habitu.) (Philipp., II, 7.)		95
— LXXIV. — Sur ces paroles de l'Epître de saint Paul aux Colossiens : « En qui nous avons été rachetés, et en qui nous avons reçu le pardon de nos péchés, qui est l'image du Dieu invisible. » (Col., I, 14, 15.)		97
— LXXV. — De l'héritage de Dieu.		98
— LXXVI. — Sur ces paroles de saint Jacques : « Or, voulez-vous savoir, homme vain, que la foi sans les œuvres est morte? » (Jacq., II, 20.)		99
— LXXVII. — La crainte est-elle un péché?		102
— LXXVIII. — De la beauté des idoles.		102
— LXXIX. — Pourquoi les magiciens de Pharaon ont-ils fait certains prodiges, comme Moïse le serviteur de Dieu? (Exod., VII, 11.)		103
— LXXX. — Contre les Apollinaristes		107
— LXXXI. — Du Carême et de la Pentecôte		111

QUESTION LXXXII. — Sur ces paroles : « Car le Seigneur châtie celui qu'il aime, et il frappe de verges celui qu'il reçoit parmi ses enfants. » (*Hebr.*, XII, 6.) 113
— LXXXIII. — Sur le mariage, d'après ces paroles du Seigneur : « Si quelqu'un quitte son épouse, excepté pour cause de fornication, » etc. (*Matth.*, V, 32.) 115

LES DEUX LIVRES A SIMPLICIEN SUR DIVERSES QUESTIONS.

Observations sur ces deux livres (extraites des *Rétractations*, etc.) 117
LIVRE PREMIER 121
QUESTION I. — Sur ce passage (*Rom.*, VII, 7) : « Que dirons-nous donc, la loi est-elle un péché, » etc., jusqu'à cet autre : « Car selon l'homme intérieur je trouve du plaisir dans la loi de Dieu, » etc. . 121
— II. — Sur ce passage (*Rom.*, IX, 10) : « Et cela se voit non-seulement dans Sara, » etc., jusqu'à ces paroles : « Si le Seigneur des armées n'avait réservé quelques-uns de notre race, » etc. (*Ibid.*, 29.) 132
LIVRE SECOND. *Préface* 155
QUESTION I. — Sur ces paroles (I *Rois*, X, 10) : « L'esprit du Seigneur se saisit de Saül. » 156
— II. — Sur ces paroles (I *Rois*, XV, 11) : « Je me repens d'avoir établi Saül roi. » 167
— III. — Si la Pythonisse a eu le pouvoir de faire venir Samuel en présence de Saül. (I *Rois*, XXVIII, 12.) 172
— IV. — Sur ces paroles (II *Rois*, VII, 18) : « Le roi David entra et s'assit devant le Seigneur. » . . 175
— V. — Sur ces paroles du prophète Elie (III *Rois*, XVII, 20) : « Seigneur mon Dieu, qui connaissez cette veuve, vous l'avez traitée bien durement en faisant mourir son fils. » 176
— VI. — Sur l'esprit de mensonge qui trompa Achab. (III *Rois*, XXII, 20.) 177

DES HUIT QUESTIONS DE DULCITIUS.

Avertissement sur le livre des huit questions de Dulcitius 179
DES HUIT QUESTIONS DE DULCITIUS. *Préface* 181
QUESTION I. — Les pécheurs qui ont été baptisés sortiront-ils un jour de l'enfer ? 182
— II. — L'offrande que l'on fait pour les défunts peut-elle être utile à leurs âmes ? . . . 192
— III. — Faut-il croire que le jugement aura lieu sitôt que viendra Notre-Seigneur, ou après un intervalle de temps ? 194
— IV. — Pourquoi David a-t-il dit : La postérité du juste sera bénie, etc. (*Ps.* CXI, 2), puisque nous voyons les enfants des justes maudits quelquefois ? etc. 197
— VI. — Est-il vrai que la Pythonisse ait évoqué de l'enfer l'ombre de Samuel ? 199
— VII. — Comment répondre à ceux qui prétendent que Sara a été déshonorée ? 203
— VIII. — Sur ce qui est dit que l'esprit de Dieu était porté sur les eaux 204
— V. — Pourquoi le Seigneur qui connaît l'avenir a-t-il dit : J'ai choisi David selon mon cœur, malgré les crimes si grands de cet homme ? 206

DE LA FOI AUX CHOSES QU'ON NE VOIT PAS.

Avertissement sur le livre suivant. 209
De la foi aux choses qu'on ne voit pas (livre unique). 211

SUR LA FOI ET LE SYMBOLE.

Avertissement sur l'opuscule suivant 223
Sur la foi et le symbole. 224

DE LA FOI ET DES ŒUVRES.

Avertissement sur le livre suivant. 242
Sur la foi et les œuvres (livre unique). 245

MANUEL A LAURENT, OU LIVRE DE LA FOI, DE L'ESPÉRANCE ET DE LA CHARITÉ.

Avertissement sur le Manuel à Laurent. 287
Manuel à Laurent, ou livre de la foi, de l'espérance et de la charité. 290

DU COMBAT CHRÉTIEN.

Avertissement sur le livre du combat chrétien. 364
Sur le combat chrétien (livre unique). 367

SUR LA MANIÈRE D'ENSEIGNER LA DOCTRINE CHRÉTIENNE AUX IGNORANTS.

Extrait du livre II des *Rétractations* sur le livre suivant. 393
Sur la manière d'enseigner la doctrine chrétienne aux ignorants. 394

SUR LA CONTINENCE.

Avertissement sur le livre suivant. 444
Sur la continence (livre unique). 445

SUR LE BIEN DU MARIAGE.

Avertissement sur le livre suivant. 476
Sur le bien du mariage (livre unique). 479

SUR LA SAINTE VIRGINITÉ.

Avertissement sur le livre suivant. 511
Sur la sainte virginité (livre unique). 512

SUR LE BIEN DU VEUVAGE.

Avertissement sur le livre suivant. 557
Sur le bien du veuvage. 560

LES DEUX LIVRES A POLLENTIUS SUR LES MARIAGES ADULTÈRES.

Extrait du livre II des *Rétractations* sur les deux livres suivants. 588
Sur les mariages adultères, livre I. 589
Sur les mariages adultères, livre II. 616

FIN DE LA TABLE DU TOME VINGT-UNIÈME.

Besançon. — Imprimerie d'Outhenin-Chalandre fils.

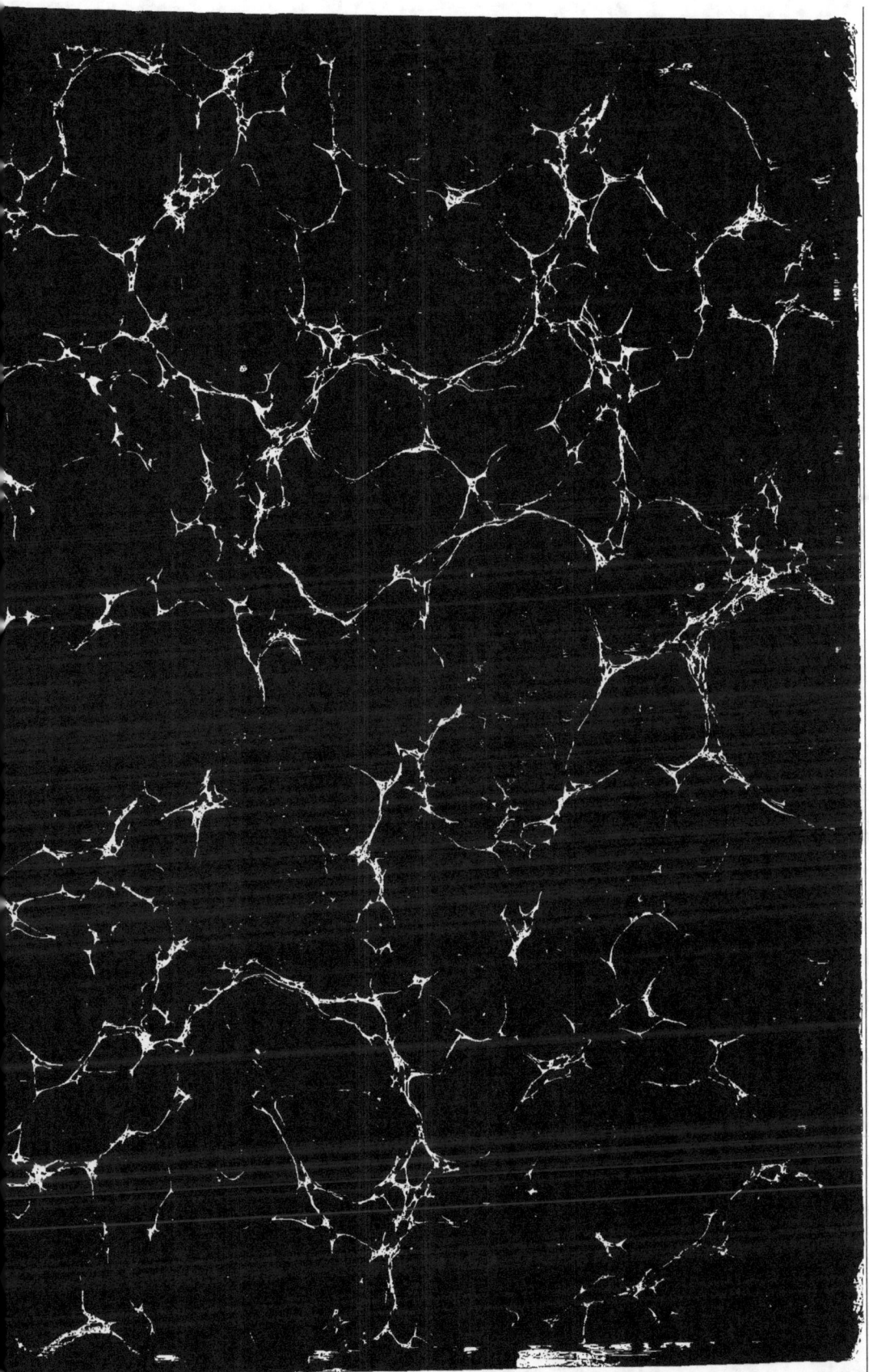

www.ingramcontent.com/pod-product-compliance
Lightning Source LLC
Chambersburg PA
CBHW070836250426
43673CB00060B/1411